Main Points and Basis of Judgment in Difficult Cases of Marriage and Family Inheritance Disputes

婚姻家庭继承纠纷疑难案件裁判要点与依据

陈枝辉　编著

上册

法律出版社
LAW PRESS·CHINA

序 言

2021年1月1日,《中华人民共和国民法典》(以下简称《民法典》)正式实施。长期作为单行法律的《婚姻法》《收养法》《继承法》均已纳入《民法典》中,成为第五编"婚姻家庭"编和第六编"继承"编。调整有关亲属、继承的人身关系和财产关系的婚姻家庭、继承编,是《民法典》作为"人法"的重要组成部分,体现了立法的与时俱进、问题导向和对民意的尊重。

《民法典》关于"婚姻家庭"及"继承"两编的规定共有124条,尽管法律制度有所拓展、有所创新,但其相对抽象和简略的规定对回应和解决社会生活以及司法实践中纷繁复杂的婚姻家庭、继承疑难问题,仍然是远远不够的。《民法典》的颁布开启了对法典研究的新时代,家事法的研究方兴未艾。针对有关夫妻共同债务、家事代理、婚内析产、离婚冷静期、亲子关系确认与否认、离婚损害赔偿等诸多疑难问题的研讨,不仅不会随着《民法典》及相关司法解释的出台而销声匿迹,反而会更为深入。司法实践中婚姻家庭、继承领域新类型案件依然会层出不穷,在法律没有规定或规定比较原则的情况下,需要结合对婚姻家庭、继承立法的基本原则的深入理解,注重中国婚姻家庭文化的特色和理念,重视婚姻家庭关系的人伦本质与人文关怀,从维护婚姻家庭的伦理属性及团体价值出发,探寻具体特殊个案的适法性处理规则,以实现法律的实质正义。陈枝辉律师编著的《婚姻家庭继承纠纷疑难案件裁判要点与依据》一书,很好地填补了《民法典》实施后,裁判依据及参考缺乏的问题。有关婚姻家庭、继承领域的法律体系在《民法典》实施后,有了较大的变化,原有《婚姻法》《收养法》《继承法》法律规定被新的《民法典》融合或调整。如何在《民法典》规制的婚姻家庭、继承成文体系下接续既有裁判秩序,是司法实践面临和需要解决的问题。在新的司法解释出台前,过往的、现存有效的司法解释和规章、地方司法性文件仍然具有理论及实务上的价值,可以成为实务案件的处理依据或参考。本书以专题形式，系统梳理了婚姻家庭、继承领域裁判依据或参考方面的法律及其他规范性文件、研究成果和典型案例，对于全面理解和适用《民法典》婚姻家庭、继承编条文，具有很好的参阅价值。

本书所选案例，均为真实案例。所有案例都标明了清晰的来源和出处，从中可以看出这些案例均有实务界权威的刊物作为背书，如《最高人民法院公报》、最高人民法院各业务庭审判指导类连续性刊物，以及汇集地方司法裁判智慧的《中国审判案例要览》《人民司法》《人民法院案例选》《人民法院报》等。能够将这些发布最新、最具代表性裁判文书或案例解读文章的刊物集齐，并将其中有关婚姻家庭、继承的案例全部精编、整理出来，本身就是一件工程量浩大的工作，同时这也是一件非常有意义的工作。

本书是案例和法规并重的图书，体例新颖、逻辑清晰。专注婚姻家庭和继承领域，选择了100个专题，并分了十大专题，每个大专题又由10个小专题组成，几乎囊括了该领域的全部疑难问题。对每一个专题而言，从案例和法规两方面入手，这实际上也是司法实践中处理实务的一种必然路径和逻辑：一方面，对某一法律疑难问题，法律是怎么规定的？实务中是怎么处理的？另一方面，从法条搜集情况来看，也非常全面，尤其涉及体量庞大的地方司法性文件，这些在法律法规之外，旨在为各级法院实务审判提供内部指导性文件，弥补了成文法在处理具体问题、个别问题时裁判参考或处理规则的不足，具有独特的存在价值。本书每个专题，可以说都是一篇专题类研究文章，无论对于理论研究还是实务操作，都是很好的基础性参考资料。

本书的作者长期从事律师实务工作，重视案例对疑难法律问题研究的作用。作者在选取、运用典型案例时，对案情、裁判处理过程以及裁判结果进行了高度概括，在保留每个原始案例关键信息的同时，对个案裁判规则及类案裁判规则进行了提炼并按一定逻辑体系归类，以方便读者查找和参阅使用。

相信各位读者在阅读和使用这套丛书时，一定能够感受到本丛书作者认真踏实、视野开阔的研究态度，清晰严谨、逻辑严密的探究精神。相信本书的出版对《民法典》颁布后婚姻家庭、继承制度的理论研究及实务操作均将有所助益。

夏吟兰

中国法学会婚姻家庭法学研究会会长

中国政法大学教授

2020年12月22日

自　序

裁判依据系列图书中，此书写作最为曲折与艰难。

2012年，一边律师执业，一边筹划并动笔写作本书，用了将近一年时间，基本搭好了框架，搜集法律法规资料，整理案例，到2013年6月份时，已具70万余字规模。

2013年7月份，因开始人生一段重要历程，即系统梳理中国司法实践中二三十年来典型、权威案例，立志打造中国案例“钥匙码”。七年间，搁置一切手头其他事务，心无旁骛为“天同码”案例项目废寝忘食。抑或上天眷顾，最终由本人执笔的“天同十八部”4200万字在2019年年底出版。其间，虽历经三次猝死体验，也算是将这套堪为案例词典的皇皇巨著问心无愧地呈现在无数法律人面前，感念无憾。

但此生并未真正完成。从“天同码”项目走出来后，重理心结，拾掇起八年前已至半途的婚姻家庭裁判依据书稿，发现法律法规已天翻地覆，大量新的司法解释、地方司法性文件出现，尤其是《民法典》的出台，本书稿原来的写作框架及已有内容几无赓续意义，遂决意打破框架，另起炉灶。好在过去长期经历的隐几伏案工作并未白费，在原有整理典型权威案例的基础上，大量案例增廓填补了新书判例部分遗阙，为本书推倒重来写作过程节省了大量时间。同时，因实务案例的更全面收集，对婚姻家庭领域纠纷的目录框架重新快速搭建也创造了便利条件。

初稿完成后，已是2021年年初，权威的《民法典》司法解释出炉，大量原有司法解释被正式废止，成为本书写作与出版不可回避的回应工作，于是沉下心来再次校订，并对每篇法律法规进行了效力核校。虽相信法律出版社编辑很专业，其有严格的编校审流程，但以自己在写作方面的一贯要求，各方面须做到无缺漏，手把手过一遍才能放心。

此套书用心，自我总结，体现在以下几方面：第一，婚姻家庭继承领域典型权威司法案例收录全。业界尤其司法裁判实务一线裁判案例权威来源刊物基本囊括,案例裁判时间跨越二三十年,每一案例都有清晰权威来源,以方便读者检索、对照。第二,每一案例尽量全息呈现原有裁判重要信息。篇幅所限,原有典型案例裁判文书动辄数千上万字,本书关注裁判规则及逻辑,同时附个案简短案情介绍、详细索引,俾过往司法裁判智慧以一种便于检索方式在法律人之间传承。第三,法律法规尤其地方司法性文件收录全面、版本权威。婚姻家庭领域,各地法院司法性文件有很多,网络上各种版本鱼龙混杂,很多以讹传讹,考证缺失颁布或发布时间、文号成为裁判参考依据的一项重要工作,很多版本的真伪需多方艰难向法院研究室等部门求证。第四,形式上的极致追求。内容用心,须有形式上的极致追求匹配。在能做到的形式美、逻辑美方面,本书延续裁判依据系列图书体例上的一致性。从目录体系的十大专题、每大专题划分十小专题,到每个专题名称九字主标题、五言十字副标题,力图以简洁、显明方式做到整体婚姻家庭继承领域疑难问题及解决方案的提纲挈领、纲举目张。

要特别说明的是,《民法典》实施后,《婚姻法》《继承法》《物权法》等一些基本法被废止,同时,最高人民法院相继出台新的司法解释,并对以往相关司法解释进行梳理,大量司法解释被修订或被废止。考虑到《婚姻法》《继承法》及相关重要司法解释在过去相当长一段时期内作为婚姻家庭纠纷司法实践的法律规范,系大量权威、典型案例所引用法条渊源,故本书对相关被废止的重要法律法规仍予保留,以对照过往案例进行阅读和研究,在裁判依据或参考中,亦尽可能在明显处对相关文件效力作出说明。

裁判依据系列图书已有交通、房屋、劳动,加上本部婚姻,与普通老百姓生活息息相关,故名为"民生四部"。前三部相继在2010年至2012年出版,封底推荐介绍时亦一直将婚姻在内的各部系列一并联署,但长达八年时间未问世,其间亦收到很多读者问询。这次,终于可以放下这个负担了。用心至诚,也算是对得起读者的等待。

最后,要感谢夏吟兰教授不吝赐序。夏老师是我国研究婚姻法、妇女权益保障法等领域的资深专家,没想到能通过朋友跟夏老师有缘联系上,在汇报写作思路、呈交打印书稿后,夏老师在很短时间内就同意作序。只是后来书稿因整理、更新法规、反复审校,到拙著正式定稿时,距离夏老师作序已过去大半年。希望迟到的本书出版,能对得住夏老师对后辈后学拳拳提携之意。

本书写作重启是在"天同码"项目完成之后,有赖于天同给了我一个人生难得的平台。在将个人兴趣爱好与行业知识管理结合的同时,让自己知道有一个地方,有一群优秀的人,每天都充满奋斗和阳光,相信未来值得热爱,也值得付出。所以,未来不管到哪里,脚下路均需踏实走下去,因为大家都在向前进,只有不停歇,才不会落伍,世上无白走的路,亦无真正意义上的弯路。

辞职专注本书重写及核校工作,倏忽半载,是另一种投入和体验。从本书筹划动笔到最终付梓,春去秋来逾九载,蕲能嗣后继续秉持热爱,将个人知识管理所花费心力,通过出版帮助到更多同行同道以节省时间而凸显、放大价值,则厥功不废、足慰平生矣,亦以此与各位读者勉旃。

陈枝辉

2021 年 7 月

目　录

一、婚姻登记

二、婚姻关系

三、共同财产

四、财产分割

五、夫妻债务

六、离婚诉讼

七、抚养纠纷

八、家庭关系

九、遗产继承

十、遗嘱遗赠

附 录

一、婚姻登记

1. 结婚登记的实质要件

——一方未到场，结婚必无效？

【结婚登记】

【案情简介及争议焦点】

2004年张某与李某相识。2005年，张某在未到场情况下，通过熟人关系领取了结婚证，并与李某在当地举行了婚礼，随后共同生活且生育子女。2008年，张某意外死亡，张某母亲到法院申请宣告婚姻无效。

争议焦点：1."自愿结婚"如何认定？2. 违反法定程序是否必然婚姻无效？

【裁判要点】

1. 本案结婚登记未违反婚姻实质要件。结婚登记时一方未亲自到场虽影响婚姻登记机关对双方结婚是否属于自愿的审查，但要求双方亲自到婚姻登记机关只能说是结婚登记程序条件之一。如双方当事人在结婚登记时不违反婚姻实质要件，仅一方未到场，随后双方还举行了结婚仪式，且共同生活生育子女，就不能认定男方系非自愿结婚。

2. 违反法定程序不必然导致婚姻无效。虽然法律规定"要求结婚的男女双方必须亲自到婚姻登记机关进行结婚登记"，但由于婚姻登记机关管理不严，当事人未亲自到场也办理了结婚登记手续的并不少见。对一方未到场究竟应如何处理，并无明文规定。要求双方亲自到场只能说是结婚登记程序条件之一，对不符合结婚实质要件的当事人，即便双方亲自到场，亦不能进行结婚登记。如登记结婚时只有一方当事人到场，而当事人双方完全符合结婚实质要件，且在一起实际共同生活，就不能以违反法定程序为由轻易否定婚姻效力，否则将不利于婚姻家庭生活稳定。作为一种既存社会关系，"婚姻"已形成事实，并以此为基础向社会辐射出各种关系，简单地否认这种身份关系存在，必然会对家庭及社会产生一系列负面影响。当事人未亲自到场却办理了结婚登记手续，问题首先出在婚姻登记人员身上，加强登记人员管理，强化登记人员责任，尽量避免此类问题再次发生，比单纯宣告婚姻无效来惩罚当事人更为有益。因此，在处理此类纠纷时，应首先审查双方是否具有法律所规定无效婚姻几种情形，如无法定无效婚姻情形，仅是婚姻登记时一方未到场,实际上双方已在一起共同生活,法院应驳回当事人申请宣告婚姻无效诉请。

【裁判依据或参考】

1. 一般规定。《**民法典**》(2021 年 1 月 1 日)第 1041 条:"婚姻家庭受国家保护。实行婚姻自由、一夫一妻、男女平等的婚姻制度。保护妇女、未成年人、老年人、残疾人的合法权益。"第 1042 条:"禁止包办、买卖婚姻和其他干涉婚姻自由的行为。禁止借婚姻索取财物。禁止重婚。禁止有配偶者与他人同居。禁止家庭暴力。禁止家庭成员间的虐待和遗弃。"第 1049 条:"要求结婚的男女双方应当亲自到婚姻登记机关申请结婚登记。符合本法规定的,予以登记,发给结婚证。完成结婚登记,即确立婚姻关系。未办理结婚登记的,应当补办登记。"第 1050 条:"登记结婚后,按照男女双方约定,女方可以成为男方家庭的成员,男方可以成为女方家庭的成员。"第 1083 条:"离婚后,男女双方自愿恢复婚姻关系的,应当到婚姻登记机关重新进行结婚登记。"《**婚姻登记条例**》(2003 年 10 月 1 日)第 4 条:"内地居民结婚,男女双方应当共同到一方当事人常住户口所在地的婚姻登记机关办理结婚登记。中国公民同外国人在中国内地结婚的,内地居民同香港居民、澳门居民、台湾居民、华侨在中国内地结婚的,男女双方应当共同到内地居民常住户口所在地的婚姻登记机关办理结婚登记。"第 6 条:"办理结婚登记的当事人有下列情形之一的,婚姻登记机关不予登记:(一)未到法定结婚年龄的;(二)非双方自愿的;(三)一方或者双方已有配偶的;(四)属于直系血亲或者三代以内旁系血亲的;(五)患有医学上认为不应当结婚的疾病的。"第 7 条:"婚姻登记机关应当对结婚登记当事人出具的证件、证明材料进行审查并询问相关情况。对当事人符合结婚条件的,应当当场予以登记,发给结婚证;对当事人不符合结婚条件不予登记的,应当向当事人说明理由。"国务院《**关于同意在部分地区开展内地居民婚姻登记"跨省通办"试点的批复**》(2021 年 4 月 30 日 国函〔2021〕48 号):"为加快推进政务服务'跨省通办',满足群众在非户籍地办理婚姻登记的需求,推进婚姻登记制度改革,增强人民群众获得感、幸福感,同意在辽宁省、山东省、广东省、重庆市、四川省实施结婚登记和离婚登记'跨省通办'试点,在江苏省、河南省、湖北省武汉市、陕西省西安市实施结婚登记'跨省通办'试点。在试点地区,相应暂时调整实施《婚姻登记条例》第四条第一款、第十条第一款的有关规定(目录附后)。调整后,双方均非本地户籍的婚姻登记当事人可以凭一方居住证和双方户口簿、身份证,在居住证发放地婚姻登记机关申请办理婚姻登记,或者自行选择在一方常住户口所在地办理婚姻登记。试点期限为 2 年,自 2021 年 6 月 1 日起至 2023 年 5 月 31 日止。"最高人民法院《**关于适用〈中华人民共和国民法典〉婚姻家庭编的解释(一)**》(2021

年1月1日　法释〔2020〕22号)第17条:“当事人以民法典第一千零五十一条规定的三种无效婚姻以外的情形请求确认婚姻无效的,人民法院应当判决驳回当事人的诉讼请求。当事人以结婚登记程序存在瑕疵为由提起民事诉讼,主张撤销结婚登记的,告知其可以依法申请行政复议或者提起行政诉讼。”第18条:“行为人以给另一方当事人或者其近亲属的生命、身体、健康、名誉、财产等方面造成损害为要挟,迫使另一方当事人违背真实意愿结婚的,可以认定为民法典第一千零五十二条所称的‘胁迫’。因受胁迫而请求撤销婚姻的,只能是受胁迫一方的婚姻关系当事人本人。”第19条:“民法典第一千零五十二条规定的‘一年’,不适用诉讼时效中止、中断或者延长的规定。受胁迫或者被非法限制人身自由的当事人请求撤销婚姻的,不适用民法典第一百五十二条第二款的规定。”第20条:“民法典第一千零五十四条所规定的‘自始没有法律约束力’,是指无效婚姻或者可撤销婚姻在依法被确认无效或者被撤销时,才确定该婚姻自始不受法律保护。”第21条:“人民法院根据当事人的请求,依法确认婚姻无效或者撤销婚姻的,应当收缴双方的结婚证书并将生效的判决书寄送当地婚姻登记管理机关。”第22条:“被确认无效或者被撤销的婚姻,当事人同居期间所得的财产,除有证据证明为当事人一方所有的以外,按共同共有处理。”最高人民法院**《对吴中输与养女吴凤兰请求结婚问题意见的复函》**(1953年1月31日　法办字第228号):“……关于吴中输与养女吴凤兰请求结婚的问题,根据保护养子女利益的原则,我们同意你院的第二种意见:不准他们结婚。并请注意了解一下男方的历史、职业、阶级成份和男女双方情况,看女方与养父结婚是否出于自愿,如男方有威逼利诱等犯罪行为即须考虑予以适当的处罚,同时为照顾女方情绪也要进行一些必要的说服教育,对她的生活作适当安置,不使发生意外。”最高人民法院**《对于已进行结婚登记后又翻悔不结婚问题的答复》**(1951年3月27日　法编字第3389号):“……妇方在登记后即行反悔,不愿结婚,我们认为既已进行登记,并领得结婚证书,其结婚程序即已完毕,如要解除关系,应按离婚之规定办理。另一种情形,如在区政府所为之登记,仅系男女双方预先申报结婚的日期,尚未经区政府发给结婚证书即已反悔不愿结婚,则可按取消婚约处理,由双方向登记机关声明取消登记或一方向登记机关声明后再通知对方。”民政部**《关于贯彻落实〈中华人民共和国民法典〉中有关婚姻登记规定的通知》**(2021年1月1日　民发〔2020〕116号)第2条:“调整离婚登记程序。根据《民法典》第一千零七十六条、第一千零七十七条和第一千零七十八条规定,离婚登记按如下程序办理:(一)申请。夫妻双方自愿离婚的,应当签订书面离婚协议,共同到有管辖权的婚姻登记机关提出申请,并提供以下证件和证明材料:1. 内地婚姻登记机关或者中国驻外使(领)馆颁发的结婚证;2. 符合《婚姻登记工作规范》第二十九条至第三十五条规定的有效身份证件;3. 在婚姻登记机关现场填写的《离婚登记申请书》(附件1)。(二)受理。婚姻登记员按照《婚姻登记工作规范》有关规定对当事人提交的上述材料进行初审。申请办理离婚登记的当事人有一本结婚证丢失的,当事人应当书面声明遗失,婚姻登记员可以根据另一本结婚证受理离婚登记申请;申请办理离婚登记的当事人两本结婚证都丢失的,当事人应当书面声明结婚证遗失并提供加盖查档专用章的结婚登记档案复印件,婚姻登记员可根据当事人提供的,上述材料受理离婚登记申请。婚姻登记员对当事人提交的证件和证明材料初审无误后,发给《离婚登记申请受理回执单》(附件2)。不符合离婚登记申请条件的,不予受理。当事人要求出具《不予受理离婚登记申请告知书》(附件3)的,应当出具……(五)登记(发证)。婚姻登记机关按照《婚姻登记工作规范》第五十八条至六十条规定,予以登记,发给离婚证。离婚协议书一式三份,男女双方各一份并自行保存,婚姻登记处存档一份。婚姻登记员在当事人持有的两份离婚协议书上加盖'此件与存档件一致,涂改无效。××××婚姻登记处××××年××月××日'的长方形红色印章并填写日期。多页离婚协议书同时在骑缝处加盖此印章,骑缝处不填写日期。当事人亲自签订的离婚协议书原件存档。婚姻登记处在存档的离婚协议书加盖'×××登记处存档件××××年××月××日'的长方形红色印章并填写日期。"民政部**《关于印发〈婚姻登记工作规范〉的通知》**(2016年2月1日)第4条:"婚姻登记机关履行下列职责:(一)办理婚姻登记;(二)补发婚姻登记证;(三)撤销受胁迫的婚姻;(四)建立和管理婚姻登记档案;(五)宣传婚姻法律法规,倡导文明婚俗。"第25条:"婚姻登记员的主要职责:(一)负责对当事人有关婚姻状况声明的监督;(二)审查当事人是否具备结婚、离婚、补发婚姻登记证、撤销受胁迫婚姻的条件;(三)办理婚姻登记手续,签发婚姻登记证;(四)建立婚姻登记档案。"第28条:"受理结婚登记申请的条件是:(一)婚姻登记处具有管辖权;(二)要求结婚的男女双方共同到婚姻登记处提出申请;(三)当事人男年满22周岁,女年满20周岁;(四)当事人双方均无配偶(未婚、离婚、丧偶);(五)当事人双方没有直系血亲和三代以内旁系血亲关系;(六)双方自愿结婚;(七)当事人提交3张2寸双方近期半身免冠合影照片;(八)当事人持有本规范第二十九条至第三十五条规定的有效证件。"民政部办公厅**《关于对〈关于婚姻登记工作中涉及户籍问题的请示〉的复函》**(2005年3月16日　民办函〔2005〕47号)第1条:"民政部《关于贯彻执行〈婚姻登记条例〉若干问题的意见》(民函〔2004〕76号,以下简称《意见》)第二条第一款'当事人无法出具居民户口簿的,婚姻登记机关可凭公安部门或有关户籍管理机构出具的加盖印章的户籍证明办理婚姻登记'中,'有关户籍管理机构'是指负责户籍管理的公安派出所以及负责集体户籍管理的单位、组织。根据《公安部办公厅关天对执行〈婚姻登记条例〉有关问题的意见的函》(公治〔2003〕181号)关于'可凭公安派出所或厂矿企业户籍管理机构出具的加盖单位印章的户籍证明申请办理婚姻登记'的意见,我部认为,单位内部的户籍管理科室是单位内部具体负责户籍管理的部门,直接掌握、了解本单位管理的户籍情况,其为本单位申请婚姻登记的当事人出具户籍证明,婚姻登记机关可以接受。"第2条:"《意见》第二条第二款'当事人未办理落户手续的,户口迁出地或另一方当事人户口所在地的婚姻登记机关可凭公安部门或者有关户籍管理机构出具的证明材料办理婚姻登记'中的'公安部门或者有关户籍管理机构出具的证明材料'是指包括户口迁移证明在内的证明当事人的户口正在办理迁移的证明。"民政部**《关于贯彻执行〈婚姻登记条例〉若干问题的意见》**(2004年3月29日　民函〔2004〕76号)第1条:"关于身份证问题。当事人无法提交居民身份证的,婚姻登记机关可根据当事人出具的有效临时身份证办理婚姻登记。"第2条:"关于户口簿问题。当事人无法出具居民户口簿的,婚姻登记机关可凭公安部门或有关户籍管理机构出具的加盖印章的户籍证明办理婚姻登记;当事人属于集体户口的,婚姻登记机关可凭集体户口簿内本人的户口卡片或加盖单位印章的记载其户籍情况的户口簿复印件办理婚姻登记。当事人未办理落户手续的,户口迁出地或另一方当事人户口所在地的婚姻登记机关可凭公安部门或有关户籍管理机构出具的证明材料办理婚姻登记。"第3条:"关于身份证、户口簿查验问题。当事人所持户口簿与身份证上的'姓名'、'性别'、'出生日期'内容不一致的,婚姻登记机关应告知当事人先到户籍所在地的公安部门履行相关项目变更和必要的证簿换领手续后再办理婚姻登记。当事人声明的婚姻状况与户口簿'婚姻状况'内容不一致的,婚姻登记机关对当事人婚姻状况的审查主要依据其本人书面声明。"第4条:"关于少数民族当事人提供的照片问题。为尊重少数民族的风俗习惯,少数民族当事人办理婚姻登记时提供的照片是否免冠从习俗。"民政部办公厅**《关于居民身份证编号纠错后涉及婚姻管理问题的复函》**(1998年8月27日　厅办函〔1998〕148号):"……鉴于婚姻证件上'居民身份证'编号不真实的内容各异,情况比较复杂,为此,在处理要求更换新婚姻证件等问题时,要严格执行《中华人民共和国婚姻法》、《婚姻登记管理条例》,具体问题具体分析,不能简单地划几道杠,对号入座。凡不符合条件的,坚决不予办理。同时,在严格依法办事的前提下,要树立为婚姻当事人服务的观念,尽可能减少当事人持证数量,可以用一种证件证明的,就不用两种证件证明。"民政部办公厅**《关于对请求办理结婚委托书的意见》**(1997年5月4日　厅办函〔1997〕121号):"……在婚姻当事人黄天贵、黄兴东的工作单位证明其因工作繁忙,无法回户籍地办理结婚登记手续的情况下,可由他人持当事人的户口证明、居民身份证、所在单位出具的婚姻状况证明,向户籍地婚姻登记管理机关提出委托现工作地婚姻登记管理机关受理当事人结婚登记申请的请求。户籍地婚姻登记管理机关对上述证件证明审查无误,应出具委托书。受理当事人结婚登记申请的机关须按照《婚姻法》和《婚姻登记管理条例》关于结婚的规定,审查当事人是否符合结婚条件,符合条件的准予登记,不符合条件的不予登记。”民政部办公厅**《关于民政部门在婚姻登记管理中有关职权范围的复函》**(1991年11月2日　民办函〔1991〕238号):“……各级民政部门是代表各级人民政府行使婚姻管理的主管部门,有权对婚姻登记机关工作中出现的问题进行监督、检查和纠正,行使必要的管理权力,以保证婚姻登记机关严格依法办事,保护婚姻当事人的合法权益。”民政部**《关于婚姻登记若干问题的解答》**(1986年9月11日　民〔1986〕民29号)第1条:“有的生产建设兵团、国营农场、牧场、林场规模很大,又没有设立政权机构,这些单位的职工、家属到何处办理婚姻登记?答:上述单位的职工、家属可以就近到单位驻地附近的婚姻登记机关办理婚姻登记。路途较远、交通不便的,也可以由所在市、市辖区、县人民政府委托上述单位代办婚姻登记。市、市辖区、县民政部门负责对代办单位的婚姻登记人员进行培训、考核、发证和业务指导。代办单位的婚姻登记统计工作由市、市辖区、县民政部门负责管理。”第2条:“申请结婚的当事人,要求共同到一方父母户口所在地的婚姻登记机关办理结婚登记,该婚姻登记机关可否受理?答:原则上应按《婚姻登记法》执行。如婚姻当事人双方不在同一地区工作,也不和父母同住一地,要求共同到一方父母户口所在地的婚姻登记机关办理结婚登记,该婚姻登记机关可作为特殊情况受理。婚姻当事人除需提供《婚姻登记办法》规定的证件外,还需提供当事人父或母所在单位或村(居)民委员会出具的该人与当事人确属父子(女)或母子(女)关系的证明。”第3条:“当事人以受单位或他人干涉取不到申请结婚所需证明为由要求办理结婚登记,婚姻登记机关如何受理?答:婚姻登记机关应首先查明当事人取不到有关证明的原因。如当事人双方或一方不符合婚姻法规定的结婚条件,婚姻登记机关应向当事人进行婚姻法的宣传教育。如当事人双方均已符合婚姻法规定的结婚条件,婚姻登记机关应主动同有关单位联系,充分做好疏导工作。经疏导无效,当事人仍不能取得申请结婚登记所需证明的,婚姻登记机关可以将调查和工作的情况注明于《结婚申请书》中‘提供证件情况’栏内,依法为当事人办理结婚登记。”第9条:“婚姻当事人因《结婚证》陈旧或《结婚证》遗失,要求更换《结婚证》或补发《结婚证》,婚姻登记机关是否可以受理?答:不论当事人《结婚证》如何陈旧,仍为有效法律证件。更换《结婚证》会引起发证时间的变动,从而影响到该证件的法律效力。因此,不能更换。对于因《结婚证》遗失而要求补发《结婚证》以证明其夫妻关系的,婚姻登记机关可根据婚姻登记档案依法向当事人出具《夫妻关系证明书》,不能补发《结婚证》。”浙江高院行政审判庭**《关于审理婚姻登记行政案件具体适用法律若干问题的指导意见(试行)》**(2011年2月23日　浙民事〔2011〕40号)第1条:“婚姻登记机关在办理登记过程中应主动告知当事人应当注意的事项,以及提交虚假材料可能引发的法律后果,警示当事人防范相应的登记风险，尽可能避免异常登记情形出现。”第 2 条：“婚姻登记机关对受理的申请材料以及申请人身份信息的真实性履行审慎合理审查职责，即应尽到一般注意义务，如对申请材料的合法性有疑义，应当对申请材料的实质内容进一步核实。当事人申请材料不符合法定要求或者未在规定期限内补齐材料的，婚姻登记机关在不予登记的同时应书面告知理由。”第 3 条：“婚姻登记行政案件诉讼中，婚姻登记机关应着重就其是否履行法定程序及审慎合理审查职责进行答辩。”第 4 条：“市、县（市、区）民政部门应加强与公安机关、人民法院沟通，增强虚假信息识别能力，避免婚姻登记错误，提高婚姻登记公信力。”浙江高院行政审判庭**《关于审理婚姻登记行政案件具体适用法律若干问题的指导意见（试行）》**（2010 年 12 月 29 日　浙高法行〔2010〕8 号）第 10 条：“人民法院在婚姻登记机关以申请人提交的申请材料不符合法定条件或者应补充相关材料为由，不予办理婚姻登记，当事人起诉请求其履行婚姻登记法定职责的行政诉讼中，经审理查明婚姻登记机关不予办理婚姻登记具备合法依据的，应当判决驳回原告的诉讼请求；不具备事实或者法律依据的，应当在裁判文书中予以指明，并判决婚姻登记机关履行受理审查该婚姻登记申请的法定职责。”

2. 婚姻关系证明。民政部**《关于做好出具（无）婚姻登记记录证明服务工作的指导意见》**（2012 年 6 月 18 日　民发〔2012〕99 号）第 3 条：“提供证件材料。申请人应在婚姻登记机关填写并提交《申请出具〈无婚姻登记记录证明〉声明书》（格式见附件 1）或《申请出具〈婚姻登记记录证明〉声明书》（格式见附件 2），同时提供以下证件材料：当事人亲自到婚姻登记机关提出申请的，应提供本人户口簿和居民身份证（军人出具《军官证》等军人身份证件，华侨、外国人提供有效护照，香港居民、澳门居民、台湾居民提供有效通行证、身份证，下同）；当事人委托他人申请的，受托人应提供本人居民身份证、委托人户口簿和居民身份证原件以及委托人写明具体委托事项的委托书；受托人不能提供委托人户口簿和居民身份证原件的，应提供委托人户口簿、居民身份证复印件和经公证机关公证的写明具体委托事项的委托书；监护人提出申请的，监护人应提供本人居民身份证、当事人户口簿和居民身份证、当事人为限制民事行为能力人或无民事行为能力人的证明、申请人与当事人有监护关系的证明；当事人死亡，其近亲属提出申请的，近亲属应提供本人居民身份证、当事人死亡证明、申请人与当事人有近亲属关系的证明；当事人死亡，与当事人有继承关系的其他人提出申请的，应提供本人居民身份证、当事人死亡证明、申请人与当事人有继承关系的证明。申请出具当事人离婚、丧偶后《无婚姻登记记录证明》的，申请人还应提供当事人离婚证明或丧偶证明。上述限制民事行为能力或无民事行为能力证明包括医院或村（居）民委员会等出具的证明；监护关系证明、近亲属关系证明包括户口簿上的记载，单位或村（居）民委员会等出具的证明；死亡证明包括公安、医院、村(居)民委员会等出具的证明;继承关系证明包括涉及继承关系的判决书、公证书等生效法律文书。涉及民事行为能力、监护关系、宣告死亡的生效法律文书可作为相关证明使用。"第4条:"出具证明。婚姻登记机关根据申请人的申请及声明,经查阅婚姻登记电子档案、纸质档案,出具《无婚姻登记记录证明》(格式见附件3)或《婚姻登记记录证明》(格式见附件4)。婚姻登记机关出具证明时查阅起始时间为婚姻登记机关保存电子档案或纸质档案起始之日。当事人离婚、丧偶后申请出具《无婚姻登记记录证明》的,查阅起始时间为当事人离婚、丧偶之日。查阅截止时间为婚姻登记机关出证前一日。当事人户口发生过迁移的,由原户口所在地、现户口所在地婚姻登记机关根据户口迁出、迁入时间出具证明;现户口所在地与原户口所在地婚姻登记信息已联网的,可由现户口所在地婚姻登记机关出具证明。申请人声明的婚姻状况或婚姻登记信息与查阅信息不符的,婚姻登记机关不得出具证明。"民政部办公厅**《关于出具无婚姻登记记录证明的答复》**(2004年2月20日　民办函〔2004〕32号):"……《婚姻登记条例》实施后,如何解决当事人在办理房产交易、贷款、出国结婚等活动中所需婚姻状况证明的问题,我们的意见是:民政部门可以根据所掌握的婚姻登记档案为当事人出具在本辖区域内'无婚姻登记记录证明',并须备注不包括在本辖区域外的其他地方的婚姻登记。出具'无婚姻登记记录证明'可以作为婚姻服务项目,收费标准由婚姻服务机构报经当地物价部门核准。"民政部办公厅**《关于暂时调整涉外未婚未再婚公证办证方式问题的通知》**(2004年1月15日　民办通〔2004〕第7号):"……《婚姻登记条例》自2003年10月1日实施后,公证处在办理涉外未婚、未再婚公证时遇到了一些新情况:一是我国婚姻登记机关在为我国公民办理结婚登记时,不再要求当事人提供所在单位证明或村(居)民委员会证明,单位或村(居)民委员会已无法准确掌握有关当事人的婚姻状况;二是户籍管理部门也不掌握准确的居民婚姻状况,户口簿上登记的婚姻状况不能及时准确反映当事人的婚姻状况;三是全国婚姻登记机关目前没有联网,婚姻登记机关不能提供有关当事人未婚、未再婚的证明。上述情况的出现,导致公证处难以查实当事人是否为未婚或未再婚。因此,经部领导同意,在公证机构不能获得有效证明之前,对涉外未婚、未再婚公证暂做如下调整:一、当事人申请办理未婚、未再婚公证的,不宜再按《关于修改部分民事公证书格式及公证书译文、贴照片等问题的通知》((93)司公函053号)和《关于发布〈公证书格式〉(试行)的通知》((92)司公字15号)所规定之第三十四式未婚公证书格式(之一至之四)和第三十八式未再婚公证书格式(之一、之二)出具公证书。二、根据当事人的申请,可对当事人的未婚、未再婚声明书予以公证。办理未婚、未再婚声明书公证时,应注意:(一)须向当事人说明声明书公证与原规定格式的实体性未婚或未再婚公证不同,国外使用机构有可能不予采证;(二)应当要求当事人在声明书中表明‘本人保证上述声明完全真实，如有不实，愿承担一切法律责任’。三、根据当事人的申请，对能提供证明材料并经查证属实的，可办理当事人在其户籍所在地婚姻登记机关无婚姻登记记录的公证。四、对于尚未达到法定结婚年龄的，仍按第三十四式未婚公证书格式（之六、之七）出具公证书。五、对于在2003年10月1日前已经离境，要求证明离境前未曾在中华人民共和国境内登记结婚或再婚的，如能提供证明材料，公证处仍可按第三十四式未婚公证书格式（之二、之四）和第三十八式未再婚公证书格式（之一、之二）出具公证书。在公证机构具备获得未婚、未再婚有关证明材料的条件下，我部拟再研究以何种方式办理涉外未婚、未再婚公证。”司法部公证司**《复〈关于能否为当事人马益标办理结婚公证的请示〉的函》**（1997年3月26日　〔97〕司公字009号）：“……我国第一部《婚姻法》颁布施行初期，在尚未建立健全婚姻登记机关的地区，当事人在人民法院经公证结婚或人民政府办理的结婚登记，均视为有效。马益标与董素秋是1952年10月1日在上海市人民法院经公证结婚的，上海市婚姻登记机关是在同年12月才建立健全的，因此，应视为有效，公证处可依据其结婚公证书办理实体的结婚公证。”民政部办公厅**《关于对贵州省民政厅关于为流动人口出具未婚证明的答复》**（1997年3月4日　厅办函〔1997〕41号）：“……我们认为，向未婚人员出具《未婚证明》是加强流动人口婚姻登记管理、落实计划生育国策的一种措施，是改革出具婚姻状况证明的一种尝试。为此，同意你厅执行贵州省政府办公厅（黔府办〔1995〕90号）文中关于‘今后，未婚证明统一归口民政部门管理，其他任何部门一律不得办理’的规定。但要在省政府领导下做好这项工作。要加强对印制未婚证明的管理，防止出现伪证现象；要严格控制发放范围，目前仅限于发放给达到法定结婚年龄的流动人口；要从减轻农民负担的角度考虑收费标准，并应报省物价部门批准，防止发生乱收费的问题；要协调好与劳动、计划生育等有关部门的关系；要不断总结工作中的经验，并报我部社会事务司。”民政部**《关于纠正处理发放未婚证件的通知》**（1993年3月31日　民婚函〔1993〕82号）：“……你区陆川县等个别地方的民政部门擅自为外出务工、经商的未婚男女青年发放《流动人口未婚证》（以下简称《未婚证》虽事出有因，但这种做法是错误的。应予以纠正，抓紧处理，并将处理结果及时报部。同时希望你们以此事为借鉴，进一步提高认识，高度重视婚姻管理工作，认真贯彻执行《婚姻法》《婚姻登记办法》，严格依法出具《结婚证》《离婚证》《夫妻关系证明书》《解除夫妻关系证明书》等四种法律文书。加强监督检查，发现有类似事件发生的，要尽快采取措施予以纠正；对不听劝阻的，要及时向同级人民政府或上级民政部门反映，坚决予以制止。”司法部公证司**《关于为未婚同居者办理婚姻状况等公证书的复函》**（1992年5月23日　〔92〕司公函076号）：“……对于未婚男女同居，并生有子女者申办婚姻状况公证的，公证处应按（87）司公字第63号（见《公证工作手册》第九辑第 96 页)和(89)司公字第 13 号文(见《公证规章集成》第 313 页)的规定办理,即为当事人办理未婚公证书,不能办理非法同居公证书。当事人要求办理父母子女关系公证的,可以依据实际情况为其子女办理出生公证。由于该子女是非婚生子女,因此生父的确定应符合认领亲子的规定。”司法部公证司**《关于不办理〈打算结婚声明书〉公证的复函》**(1991 年 3 月 25 日 〔91〕司公字第 57 号):“……经商外交部领事司认为,鉴于我国和加拿大已于 1984 年就简化我国公民赴加拿大探亲和定居手续达成了谅解(见《公证工作手册》第九辑第 48 页),公证处不办理《打算结婚声明书》公证。另,请通过广东省中国旅行社代办签证部,告知加拿大驻港专员公署,如中国公民赴加拿大探亲、定居手续程序有变化,应由加拿大驻华使馆向中国外交部正式提出。”民政部民政司**《关于无户籍居民办理结婚登记手续问题的复函》**(1986 年 10 月 25 日 〔86〕民民字第 153 号):“……同意你们所拟‘凡本地出生无户籍者,应持本人出生证和所在单位(无单位持街道)出具婚姻状况证明,可准予登记’的处理意见。”司法部公证律师司**《关于为吴精惠出具结婚证明书的复函》**(1984 年 5 月 18 日 〔84〕司公字第 100 号):“……同意你处意见,对于解放前按当地风俗习惯结婚时,写有民间婚书,且在婚书上写明结婚时间、地点的,可以换发方式,为其出具结婚公证书,原件存档。今后凡遇类似情况可照此办理。”司法部**《关于解释和公证婚姻状况问题的通知》**(1983 年 7 月 16 日 〔83〕司发公字第 257 号)第 2 条:“关于婚姻状况的公证问题。1. 对于第一部婚姻法公布施行前(即 1950 年 5 月 1 日以前),按当时当地风俗习惯结婚,且为群众公证的,经调查核实后,给予办理夫妻关系证明。2. 对第一部婚姻法公布施行后结婚的(即 1950 年 5 月 1 日以后结婚的),公证处凭申请人的结婚证,经调查核实后,给予办理结婚证明,出具公证书。3. 对于未履行结婚登记手续的所谓‘事实婚姻’的当事人,申请办理有关婚姻状况公证书的,公证处应动员教育他们先办理结婚登记手续,然后凭他们的结婚证,经调查核实后,给予办理结婚证明,出具公证书。登记时间为结婚时间。不得凭其他证明文件办理结婚证明,出具公证书。对于他们办理结婚登记以前生育的子女,公证处在办理其出生证明时,公证书的内容按《公证书试行格式》第八式出具即可,不必证明他们的父母结婚登记前的婚姻状况。”

3. 胁迫婚姻。《民法典》(2021 年 1 月 1 日)第 150 条:“一方或者第三人以胁迫手段,使对方在违背真实意思的情况下实施的民事法律行为,受胁迫方有权请求人民法院或者仲裁机构予以撤销。”第 152 条:“有下列情形之一的,撤销权消灭:(一)当事人自知道或者应当知道撤销事由之日起一年内、重大误解的当事人自知道或者应当知道撤销事由之日起九十日内没有行使撤销权;(二)当事人受胁迫,自胁迫行为终止之日起一年内没有行使撤销权;(三)当事人知道撤销事由后明确表示或者以自己的行为表明放弃撤销权。当事人自民事法律行为发生之日起五年内没有行使撤销权的,撤销权消灭。”第 1046 条:“结婚应当男女双方完全自愿,禁止任何一方对另一方加以强迫,禁止任何组织或者个人加以干涉。”第 1052 条:“因胁迫结婚的,受胁迫的一方可以向人民法院请求撤销婚姻。请求撤销婚姻的,应当自胁迫行为终止之日起一年内提出。被非法限制人身自由的当事人请求撤销婚姻的,应当自恢复人身自由之日起一年内提出。”**《妇女权益保障法(2018 修正)》**(2018 年 10 月 26 日)第 44 条:“国家保护妇女的婚姻自主权。禁止干涉妇女的结婚、离婚自由。”**《婚姻登记条例》**(2003 年 10 月 1 日)第 9 条:“因胁迫结婚的,受胁迫的当事人依据婚姻法第十一条的规定向婚姻登记机关请求撤销其婚姻的,应当出具下列证明材料:(一)本人的身份证、结婚证;(二)能够证明受胁迫结婚的证明材料。婚姻登记机关经审查认为受胁迫结婚的情况属实且不涉及子女抚养、财产及债务问题的,应当撤销该婚姻,宣告结婚证作废。”最高人民法院**《关于适用〈中华人民共和国民法典〉婚姻家庭编的解释(一)》**(2021 年 1 月 1 日　法释〔2020〕22 号)第 18 条:“行为人以给另一方当事人或者其近亲属的生命、身体、健康、名誉、财产等方面造成损害为要挟,迫使另一方当事人违背真实意愿结婚的,可以认定为民法典第一千零五十二条所称的‘胁迫’。因受胁迫而请求撤销婚姻的,只能是受胁迫一方的婚姻关系当事人本人。”第 19 条:“民法典第一千零五十二条规定的‘一年’,不适用诉讼时效中止、中断或者延长的规定。受胁迫或者被非法限制人身自由的当事人请求撤销婚姻的,不适用民法典第一百五十二条第二款的规定。”第 20 条:“民法典第一千零五十四条所规定的‘自始没有法律约束力’,是指无效婚姻或者可撤销婚姻在依法被确认无效或者被撤销时,才确定该婚姻自始不受法律保护。”第 21 条:“人民法院根据当事人的请求,依法确认婚姻无效或者撤销婚姻的,应当收缴双方的结婚证书并将生效的判决书寄送当地婚姻登记管理机关。”第 22 条:“被确认无效或者被撤销的婚姻,当事人同居期间所得的财产,除有证据证明为当事人一方所有的以外,按共同共有处理。”最高人民法院法官郑学林、刘敏、王丹**《〈关于适用民法典婚姻家庭编的解释(一)〉的若干重点问题的理解与适用》**(载《人民司法》2021 年第 13 期):“……关于体系化协调问题。《解释(一)》第 19 条第 1 款来源于婚姻法解释一第 12 条,该条是对婚姻法第十一条的解释。婚姻法第十一条规定:因胁迫结婚的,受胁迫的一方可以向婚姻登记机关或人民法院请求撤销该婚姻。受胁迫的一方撤销婚姻的请求,应当自结婚登记之日起 1 年内提出。被非法限制人身自由的当事人请求撤销婚姻的,应当自恢复人身自由之日起 1 年内提出。该条规定的婚姻撤销权,其性质属于形成权,功能在于权利主体得依其单方之意思表示,干预他人之法律关系,使权利人自己与他人已成立的法律关系发生变更。因撤销权的行使将干预他人的利益,为保护相对人的利益,法律规定形成权的行使应受相应的限制,以避免置相对人和法律关系处于不确定之状态。该条规定中‘1 年’的性质属于对形成权行使的限制,即除斥期间。除斥期间是法定权利的存续期间,它是一种不变期间,法定权利因该期间的经过将发生实体权利消灭的法律效果。它与诉讼时效不同,除斥期间不发生中止、中断、延长的问题。故婚姻法解释一第 12 条明确,该‘1 年’不适用诉讼时效中止、中断或者延长的规定。婚姻法解释一的规定并无不当,故此次清理中予以保留。但由于此次民法典编撰过程中在总则编第一百五十二条第二款增加了当事人自民事法律行为发生之日起 5 年内没有行使撤销权的,撤销权消灭,因此,从体系解释的角度,需要回答该款是否适用婚姻家庭编中婚姻撤销权这一问题。我们经研究认为,在婚姻法回归民法体系的大前提下,原则上婚姻家庭编作为分编,应当受总则编的规制。但是,根据特别法优于一般法的法律适用基本原则,亦应当作精细化解释。虽然总则编规定了撤销民事法律行为的各种情形,但是,对撤销婚姻的具体情形,在婚姻家庭编中有单独的规定,应当适用该特别规定。针对被胁迫或者非法限制人身自由的情况,民法典第一千零五十二条作出了明确规定,而在该规定中,并未如总则编第一百五十二条第二款一样对撤销权消灭的客观标准进行规定;而且,由于胁迫或非法限制人身自由可能一直处于持续状态,如果自被胁迫或者非法限制人身自由之日起 5 年内没有行使撤销权的,撤销权即消灭,将对当事人的基本人身权益产生重大影响。从最大限度保护当事人婚姻自主权和妇女权益的角度,作此理解更为妥当。故《解释(一)》在婚姻法解释一第 12 条的基础上专门增加了一款,明确受胁迫或者被非法限制人身自由的当事人请求撤销婚姻的,不适用民法典第一百五十二条第二款的规定,以体现婚姻家庭编保护当事人婚姻自主权的基本价值取向。”最高人民法院**《关于为实施乡村振兴战略提供司法服务和保障的意见》**(2018 年 10 月 23 日　法发〔2018〕19 号)第 24 条:“大力弘扬社会美德,传承发展提升农村优秀传统文化。依法妥善处理乡村邻里纠纷,弘扬守望相助、崇德修睦的乡邻美德,维护熟人社会基于血缘、亲缘、宗缘、地缘关系建立的情感和道德纽带。注意甄别地方风俗、民族习惯,通过司法审判引导农村摒弃高额彩礼、干预婚姻自由、不赡养老人等不良风气。通过司法审判依法监督行政机关在农村公共文化建设、移风易俗行动中依法行使职权,推动乡风文明新气象的形成。”最高人民法院**《关于适用〈中华人民共和国婚姻法〉若干问题的解释(一)》**(2001 年 12 月 27 日　法释〔2001〕30 号,已于 2021 年 1 月 1 日起废止)第 10 条:“婚姻法第十一条所称的‘胁迫’,是指行为人以给另一方当事人或者其近亲属的生命、身体健康、名誉、财产等方面造成损害为要挟,迫使另一方当事人违背真实意愿结婚的情况。因受胁迫而请求撤销婚姻的,只能是受胁迫一方的婚姻关系当事人本人。”第 11 条:“人民法院审理婚姻当事人因受胁迫而请求撤销婚姻的案件,应当适用简易程序或者普通程序。”第 12 条:“婚姻法第十一条规定的‘一年’,不适用诉讼时效中止、中断或者延长的规定。”第 13

条："婚姻法第十二条所规定的自始无效，是指无效或者可撤销婚姻在依法被宣告无效或被撤销时，才确定该婚姻自始不受法律保护。"第14条："人民法院根据当事人的申请，依法宣告婚姻无效或者撤销婚姻的，应当收缴双方的结婚证书并将生效的判决书寄送当地婚姻登记管理机关。"最高人民法院**《对于婚姻继承等有关问题的来问之解答》**（1951年5月31日　法编字第5528号）："……婚姻法第三条规定'结婚须男女双方本人完全自愿，不许……任何第三者加以干涉'。男女干部如系合法的婚姻，自然任何第三者不得加以干涉，你院在第（7）问中所提出的一个具体问题，不能认为是第三者干涉婚姻自由的问题，而是一个组织与纪律的问题，同时婚姻自由与服从组织纪律两者是一致的，并不发生第三者干涉的问题，在土改前他们结婚的请求，组织上都同意，后来因为土改，上级不准闹个人问题，是照顾到革命的整体利益暂时放下个人问题，以免影响工作，从来问所说的情形看，上级对他们提出批评是应当的，因批评或受到纪律上的处分就更闹情绪，甚至闹要自杀更是不应该的。你院对于这个问题，如收到男方或女方的申请时，不能视为干涉婚姻自由的问题，否则就是很错误的，但应很好的给双方以思想说服。"民政部**《关于贯彻落实〈中华人民共和国民法典〉中有关婚姻登记规定的通知》**（2021年1月1日　民发〔2020〕116号）第1条："婚姻登记机关不再受理因胁迫结婚请求撤销业务。《民法典》第一千零五十二条第一款规定：'因胁迫结婚的，受胁迫的一方可以向人民法院请求撤销婚姻。'因此，婚姻登记机关不再受理因胁迫结婚的撤销婚姻申请，《婚姻登记工作规范》第四条第三款、第五章废止，删除第十四条第（五）项中'及可撤销婚姻'、第二十五条第（二）项中'撤销受胁迫婚姻'及第七十二条第（二）项中'撤销婚姻'表述。"民政部**《关于印发〈婚姻登记工作规范〉的通知》**（2016年2月1日）第46条："受胁迫结婚的婚姻当事人，可以向原办理该结婚登记的机关请求撤销婚姻。"第47条："撤销婚姻应当按照初审—受理—审查—报批—公告的程序办理。"第48条："受理撤销婚姻申请的条件：（一）婚姻登记处具有管辖权；（二）受胁迫的一方和对方共同到婚姻登记机关签署双方无子女抚养、财产及债务问题的声明书；（三）申请时距结婚登记之日或受胁迫的一方恢复人身自由之日不超过1年；（四）当事人持有：1. 本人的身份证、结婚证；2. 要求撤销婚姻的书面申请；3. 公安机关出具的当事人被拐卖、解救的相关材料，或者人民法院作出的能够证明当事人被胁迫结婚的判决书。"第49条："符合撤销婚姻的，婚姻登记处按以下程序进行：（一）查验本规范第四十八条规定的证件和证明材料。（二）当事人在婚姻登记员面前亲自填写《撤销婚姻申请书》，双方当事人在'声明人'一栏签名并按指纹。（三）当事人宣读本人的申请书，婚姻登记员作监誓人并在监誓人一栏签名。"第52条："婚姻登记处对不符合撤销婚姻条件的，应当告知当事人不予撤销原因，并告知当事人可以向人民法院请求撤销婚姻。"第53条："除受胁迫结婚之外，以任何理由请求宣告婚姻无效或者撤销婚姻的,婚姻登记机关不予受理。”民政部**《中国边民与毗邻国边民婚姻登记办法》**(2012 年 10 月 1 日)第 11 条:“因受胁迫结婚的,受胁迫的边民可以依据《中华人民共和国婚姻法》第十一条的规定向婚姻登记机关请求撤销其婚姻。受胁迫方应当出具下列证件、证明材料:(一)本人的身份证件;(二)结婚证;(三)要求撤销婚姻的书面申请;(四)公安机关出具或者人民法院作出的能够证明当事人被胁迫结婚的证明材料。受胁迫方为毗邻国边民的,其身份证件包括能够证明边民身份的有效护照、国际旅行证件或者边境地区出入境通行证件。婚姻登记机关经审查认为受胁迫结婚的情况属实且不涉及子女抚养、财产及债务问题的,应当撤销该婚姻,宣告结婚证作废。”民政部**《关于张志仁申请撤销结婚登记问题的答复》**(2005 年 6 月 28 日　民函〔2005〕149 号):“……《大陆居民与台湾居民婚姻登记管理暂行办法》是 1998 年 12 月 10 日发布实施的,其制定的依据是当时正在实行的 1980 年 9 月 10 日第五届全国人大第三次会议通过的《中华人民共和国婚姻法》(以下简称《婚姻法》)和 1994 年 2 月 1 日发布实施的《婚姻登记管理条例》。2001 年 4 月 28 日第九届全国人大常委会第二十一次会议通过了《关于修改〈中华人民共和国婚姻法〉的决定》,修改后的《婚姻法》增加了无效婚姻和可撤销婚姻的内容,但其可撤销婚姻仅限于因胁迫结婚的。2003 年 10 月 1 日,国务院颁布实施《婚姻登记条例》(以下简称《条例》),《条例》根据修改后的《婚姻法》中无效婚姻和可撤销婚姻的规定,没有规定‘申请婚姻登记的当事人弄虚作假、骗取婚姻登记的,婚姻登记管理机关应当撤销婚姻登记,对结婚、复婚的当事人宣布其婚姻关系无效并收回结婚证,对离婚的当事人宣布其解除婚姻关系无效并收回离婚证’的内容。同时,《条例》也在适用范围上做了调整,它不仅适用于内地居民之间的婚姻登记,而且还适用于内地居民与香港居民、澳门居民、台湾居民以及国内居民与华侨、外国人之间的婚姻登记。从《条例》施行之日起,1994 年颁布的《婚姻登记管理条例》即废止,以往依据该条例制定的《中国公民同外国人办理婚姻登记的几项规定》《大陆居民与台湾居民婚姻登记管理暂行办法》《华侨同国内公民、港澳同胞同内地公民之间办理婚姻登记的几项规定》等法规、规章也同时废止。《中华人民共和国立法法》第七十九条规定,‘行政法规的效力高于地方性法规、规章。’第八十三条规定,‘同一机关制定的法律、行政法规、地方性法规、自治条例和单行条例、规章,特别规定与一般规定不一致的,适用特别规定’,《条例》与《大陆居民与台湾居民婚姻登记管理暂行办法》不是同一机关制定的,《条例》是上位法。因此,婚姻登记机关只能撤销具备一定条件的胁迫婚姻。”司法部公证司**《关于不能为“事实婚姻”当事人出具夫妻关系公证书的复函》**(1990 年 7 月 13 日　〔90〕司公字第 82 号):“……关于旅美再婚当事人为申请与‘事实婚姻’的前夫所生子女移居美国而申办与前夫的结婚公证书,经与民政部婚姻管理司研究认为,不能为其出具结婚证明或夫妻关系证明;可按(83)司发公字第257号文的规定,为其与前夫所生子女出具出生证明。”司法部公证司、民政部婚姻管理司**《关于已形成“事实婚姻”的当事人申办未婚公证问题的复函》**(1989年1月31日 〔89〕司公字第13号):“……所谓‘事实婚姻’属诉讼时法院认定的事实,公证机关无权认定。故应按公证律师司(87)司公字第63号《关于办理未婚证明书的通知》(见《公证工作手册》第九辑第96页)的规定,对于未履行结婚登记手续的当事人,公证处可证明其未曾登记结婚。”司法部公证律师司**《关于为未达法定婚龄的人出具未婚证明事的函》**(1988年9月10日 〔88〕司公字第75号):“……我司曾于一九八七年三月十三日以(87)司公字第24号《关于办理余丽云未婚公证事的函》规定,对未达我国婚姻法所规定的结婚年龄的当事人,公证处不宜为其出具未婚公证书,而以信函方式答复申请人。该文件下发后,一些公证处反映,有的国家不接受公证处的信函,仍要求当事人提供未婚公证书。为方便当事人,我司意见可以为其出具未婚公证书。证词为:‘兹证明×××(男或女,××××年×月×日出生,现住××省××县××乡××村)现尚未达到《中华人民共和国婚姻法》规定的结婚年龄,至今未曾登记结婚。’对于已到国外定居的当事人,证明的后半部分为:‘至××××年×月×日离境(或去香港、澳门)之日,尚未达到《中华人民共和国婚姻法》规定的结婚年龄,未曾登记结婚。’”公安部、司法部、民政部、商业部、全国妇联**《关于解决被干涉婚姻自由的当事人户口、粮食关系问题的联合通知》**(1987年7月14日 妇字〔1987〕18号)第1条:“关于户口分立、迁移。(一)公安、司法、民政、妇联及有关单位要互相配合,加强法制宣传,特别是加强中华人民共和国婚姻法的宣传,使每一个公民都懂得干涉他人婚姻自由是违法的。对已进行结婚登记者,应根据《中华人民共和国户口登记条例》规定的精神,准予分户和迁移户口,任何人不得卡住不放。(二)干涉他人婚姻自由的当事人不愿交出户口簿,经有关单位多次调解无效的,婚姻当事人可持《结婚证》和村(居)民委员会组织的证明,到当地公安派出所办理分户或户口迁移手续。公安派出所在办理手续时,应在户口登记簿上注明日期和原因。并通知持原户口簿的人,由公安派出所对原户口本上的有关婚姻当事人的户卡给予吊销,使其失去效力。”第2条:“关于粮食关系的办理。(一)被干涉婚姻自由的当事人可持原购粮证和分立、迁移的户口证明到当地基层粮食管理部门办理粮食分立、转迁手续。(二)干涉婚姻自由的当事人,拒绝给原购粮证,被干涉婚姻自由的当事人可持户口证明、《结婚证》和调解单位的证明,到当地基层粮食管理部门,办理迁出粮食供应关系手续。基层粮食管理部门应予以办理,并通知粮店停止供应原购粮证上迁出人的口粮。”司法部公证律师司**《关于办理未婚证明书的通知》**(1987年6月11日 〔87〕司公字第63号):“……关于来函反映美驻广州总领馆要求赴美定居的当事人提供的未婚证明中应包括:1. 是否有结婚记录;2. 是否举行过传统的或非正式的婚礼;3. 是否有过子女事。最近,我司公证业务处约见了美驻华使馆领事处官员。通过会谈了解到,美驻广州总领馆提出这些要求是因为:1. 我未婚证明书的证词中'现在未婚'不能说明从来未登记结婚;2. 有些当事人虽已结婚但办移民签证手续时称未婚,赴美定居后又申请其配偶出境等。会谈中我方明确提出,美驻广州总领馆的要求不符合我国法律规定和我公证机关的办证原则,我公证机关不能出具这样的公证书。考虑到美方提出这些要求的原因,为使我公证书更加准确,特对办理未婚证明书做如下补充规定:一、对于从未曾登记结婚的人,公证处应证明该人未曾登记结婚,尚未离境的和已经离境的分别参照附件一和附件二的格式出具'未婚证明书'。二、若当事人已离婚而现时独身,参照附件三的格式出具'离婚证明书',不能出具'未婚证明书'。三、我国实行登记婚制,对于第一部婚姻法颁布施行以后,未办理合法登记手续,而以各种形式成立的婚姻,不能承认其效力,我公证处不能证明这种婚姻状况。四、如美方要求当事人提供有无子女证明,公证处可为其出具'亲属关系证明书'。"江苏高院**《婚姻家庭案件审理指南(2010年)》**(2010年5月18日)第4章:"……二、可撤销婚姻。(一)可撤销婚姻事由。缔结婚姻首先需双方自愿,而如果结婚非当事人自愿,系受到对方胁迫,则尽管双方已办理了登记手续,法律规定该登记婚中受到胁迫的一方可在法定时间内申请撤销。所谓胁迫一般是指行为人实施了对受胁迫人或者其近亲属的生命、身体健康、名誉、财产等方面造成损害为要挟的不法行为,而受胁迫人正是在这种胁迫之下作出了违背真实意愿与胁迫者结婚的行为。(二)婚姻撤销权的行使主体。无效婚姻违反了《婚姻法》关于一夫一妻原则和优生学、道德伦理所要求的婚姻实质要件的规定,有损于社会公共秩序与利益,而可撤销婚姻违反了婚姻自由原则,纯属个人意愿和权益范围的事由,相比之下,无效婚姻违反了婚姻的公益要件,可撤销婚姻违反了婚姻的私益要件,因此根据《婚姻法解释一》第十条第二款的规定,因受胁迫而请求撤销婚姻的,只能由受胁迫一方的婚姻当事人本人提出,其近亲属或他人组织或个人均无权提出。(三)婚姻撤销权的行使。根据《婚姻法》第十一条的规定,撤销权应通过向婚姻登记机关或人民法院请求撤销婚姻的方式行使。人民法院审理婚姻当事人因受胁迫而请求撤销婚姻的案件,应当适用简易程序或者普通程序。为避免可撤销婚姻的效力长期处于不确定的状态,平衡兼顾婚姻当事人的利益并维护婚姻关系的安定性,根据规定,受胁迫的一方申请撤销婚姻,应当在婚姻登记之日起一年内提出,被非法限制人身自由的当事人请求撤销婚姻的,应当自恢复人身自由之日起一年内提出。该期限属于除斥期间,不适用诉讼时效的中止、中断或者延长的规定,该期间届满,撤销权消灭。"广东高院**《关于审理婚姻案件若干问题的指导意见》**(2001年11月9日　粤高法发〔2001〕44号)第15条:"人民法院根据《婚姻法》第十一条规定，审理撤销婚姻的案件时，对符合下列条件的，可以认定为‘受胁迫’：(1)行为人主观上有胁迫的故意；(2)行为人客观上实施了威胁、暴力、强迫等行为，且该行为是以对受胁迫人本人或其近亲属的生命、健康、自由、名誉、财产等方面造成损害为要挟；(3)行为人的胁迫行为导致受胁迫一方违背真实意愿而结婚。”上海高院**《关于下发〈关于在民事审判中实施“中华人民共和国婚姻法”的暂行意见〉的通知》**(2001 年 6 月 7 日　沪高法〔2001〕263 号)第 13 条：“受胁迫一方当事人要求人民法院撤销婚姻关系的‘一年’期间，为除斥期间，不存在中止、中断、延长事由。超过婚姻法规定的一年期间，受胁迫一方当事人要求撤销婚姻的权利消灭。”

4. 婚检。国务院**《母婴保健法实施办法(2017 修订)》**(2017 年 11 月 17 日)第 13 条：“婚前医学检查包括询问病史、体格及相关检查。婚前医学检查应当遵守婚前保健工作规范并按照婚前医学检查项目进行。婚前保健工作规范和婚前医学检查项目由国务院卫生行政部门规定。”第 14 条：“经婚前医学检查，医疗、保健机构应当向接受婚前医学检查的当事人出具婚前医学检查证明。婚前医学检查证明应当列明是否发现下列疾病：(一)在传染期内的指定传染病；(二)在发病期内的有关精神病；(三)不宜生育的严重遗传性疾病；(四)医学上认为不宜结婚的其他疾病。发现前款第(一)项、第(二)项、第(三)项疾病的，医师应当向当事人说明情况，提出预防、治疗以及采取相应医学措施的建议。当事人依据医生的医学意见，可以暂缓结婚，也可以自愿采用长效避孕措施或者结扎手术；医疗、保健机构应当为其治疗提供医学咨询和医疗服务。”第 15 条：“经婚前医学检查，医疗、保健机构不能确诊的，应当转到设区的市级以上人民政府卫生行政部门指定的医疗、保健机构确诊。”第 16 条：“在实行婚前医学检查的地区，婚姻登记机关在办理结婚登记时，应当查验婚前医学检查证明或者母婴保健法第十一条规定的医学鉴定证明。”第 17 条：“医疗、保健机构应当为育龄妇女提供有关避孕、节育、生育、不育和生殖健康的咨询和医疗保健服务。医师发现或者怀疑育龄夫妻患有严重遗传性疾病的，应当提出医学意见；限于现有医疗技术水平难以确诊的，应当向当事人说明情况。育龄夫妻可以选择避孕、节育、不孕等相应的医学措施。”第 21 条：“母婴保健法第十八条规定的胎儿的严重遗传性疾病、胎儿的严重缺陷、孕妇患继续妊娠可能危及其生命健康和安全的严重疾病目录，由国务院卫生行政部门规定。”第 22 条：“生育过严重遗传性疾病或者严重缺陷患儿的，再次妊娠前，夫妻双方应当按照国家有关规定到医疗、保健机构进行医学检查。医疗、保健机构应当向当事人介绍有关遗传性疾病的知识，给予咨询、指导。对诊断患有医学上认为不宜生育的严重遗传性疾病的，医师应当向当事人说明情况，并提出医学意见。”第 23 条：“严禁采用技术手段对胎儿进行性别鉴定。对怀疑胎儿可能为伴性遗传病，需要进行性别鉴定的，由省、自治区、直辖市人民政府卫生行政部门指定的医疗、保健机构按照国务院卫生行政部门的规定进行鉴定。”

5. 特殊群体。

(1)军人。民政部**《关于印发〈婚姻登记工作规范〉的通知》**(2016年2月1日)第5条:“婚姻登记管辖按照行政区域划分……(三)现役军人由部队驻地、入伍前常住户口所在地或另一方当事人常住户口所在地婚姻登记机关办理婚姻登记。婚姻登记机关不得违反上述规定办理婚姻登记。”第30条:“现役军人办理结婚登记应当提交本人的居民身份证、军人证件和部队出具的军人婚姻登记证明。居民身份证、军人证件和军人婚姻登记证明上的姓名、性别、出生日期、公民身份证号码应当一致;不一致的,当事人应当先到有关部门更正。”民政部**《关于做好出具(无)婚姻登记记录证明服务工作的指导意见》**(2012年6月18日　民发〔2012〕99号)第1条:“受理机关。申请出具《无婚姻登记记录证明》的,由当事人常住户口所在地的婚姻登记机关受理;军人申请出具《无婚姻登记记录证明》的,由军人部队驻地所在地的婚姻登记机关受理。申请出具《婚姻登记记录证明》的,由为当事人办理婚姻登记的婚姻登记机关受理。省(自治区、直辖市)或者设区的市可根据本地婚姻登记信息联网及历史数据补录情况,按照便民原则放宽出具证明的受理机关。”第3条:“提供证件材料。申请人应在婚姻登记机关填写并提交《申请出具〈无婚姻登记记录证明〉声明书》(格式见附件1)或《申请出具〈婚姻登记记录证明〉声明书》(格式见附件2),同时提供以下证件材料:当事人亲自到婚姻登记机关提出申请的,应提供本人户口簿和居民身份证(军人出具《军官证》等军人身份证件)……”民政部**《关于士官婚姻管理有关问题的通知》**(2011年12月28日　民发〔2011〕219号)第1条:“士官符合下列条件之一的,经师(旅)级以上单位政治机关批准,可以在驻地或者部队内部找对象结婚:(一)中级士官;(二)年龄超过28周岁的男士官或者年龄超过26周岁的女士官;(三)烈士子女、孤儿或者因战、因公、因病致残的士官。”第2条:“军队政治机关负责对士官在部队驻地或者部队内部找对象结婚的条件进行审查,符合条件的按有关规定出具《军人婚姻登记证明》。婚姻登记机关依据军队政治机关出具的《军人婚姻登记证明》,为士官办理婚姻登记。”民政部办公厅**《关于暂未领取居民身份证军人办理婚姻登记问题的处理意见》**(2010年4月13日　民办函〔2010〕80号)第1条:“团级以上政治机关出具《军人婚姻登记证明》时,根据军人无居民身份证的具体情况,在证明右上角分别标注‘暂未领取居民身份证、已编制公民身份证号码。’或‘暂未领取居民身份证、未编制公民身份证号码。’并在标注处加盖印章。对‘暂未领取居民身份证、未编制公民身份证号码’的,《军人婚姻登记证明》中‘公民身份证号码’栏填写‘无’。”第2条:“军人持标注有‘暂未领取居民身份证、已编制公民身份证号码’或‘暂未领取居民身份证、未编制公民身份证号码’的,若除居民身份证外,当事人其他证件、证明材料齐全且符合相关规定的，婚姻登记机关应当受理其有关登记或补领证件的申请。为保障军人婚姻权益，在文件下发过程中，军人持 2010 年 8 月 1 日之前出具的有效期内的《军人婚姻登记证明》或旧式婚姻状况证明，若证明中未标注‘暂未领取居民身份证’，但军人声称无居民身份证的，由军人本人做出无居民身份证书面声明，婚姻登记机关可不要求声明人提供居民身份证。”第 3 条：“军人有居民身份证或‘暂未领取居民身份证、已编制公民身份证号码’的，《申请结（离）婚登记声明书》《结（离）婚登记审查处理表》及《结（离）婚证》上的‘身份证件号’按照《通知》要求填写；‘暂未领取居民身份证、未编制公民身份号码’的，上述材料中的‘身份证号码’栏填写当事人的《军官证》或《文职干部证》、《学员证》、《士兵证》、《离休证》、《退休证》等军人身份证件号码。”民政部**《关于贯彻执行〈婚姻登记条例〉若干问题的意见》**（2004 年 3 月 29 日　民函〔2004〕76 号）第 9 条：“关于现役军人的婚姻登记问题。办理现役军人的婚姻登记仍按《民政部办公厅关于印发军队贯彻实施〈中华人民共和国婚姻法〉若干问题的规定有关内容的通知》（民办函〔2001〕226 号）执行。办理现役军人婚姻登记的机关可以是现役军人部队驻地所在地或户口注销前常住户口所在地的婚姻登记机关，也可以是非现役军人一方常住户口所在地的婚姻登记机关。”民政部办公厅**《关于退伍军人待安置期间办理结婚登记问题的答复》**（2004 年 1 月 20 日　民办函〔2004〕17 号）：“……目前，由于现役军人身份证件和户口簿的管理与普通居民确有不同，退伍军人待安置期间可能暂时没有身份证和户口簿。如果因此不能办理婚姻登记，将影响退伍军人的正常生活和工作。为妥善解决其结婚登记的问题，可由该退伍军人入伍前常住户口所在地的公安部门出具其身份、户籍证明，替代普通居民的身份证和户口簿，其他则须按《婚姻登记条例》的规定办理。安置部门出具的待安置未分配证明和入伍通知书可复印存档、备查。”

（2）边民。民政部**《中国边民与毗邻国边民婚姻登记办法》**（2012 年 10 月 1 日）第 4 条：“边民办理婚姻登记的机关是边境地区县级人民政府民政部门。边境地区婚姻登记机关应当按照便民原则在交通不便的乡（镇）巡回登记。”第 5 条：“中国边民与毗邻国边民在中国边境地区结婚，男女双方应当共同到中国一方当事人常住户口所在地的婚姻登记机关办理结婚登记。”第 6 条：“办理结婚登记的中国边民应当出具下列证件、证明材料：（一）本人的居民户口簿、居民身份证；（二）本人无配偶以及与对方当事人没有直系血亲和三代以内旁系血亲关系的签字声明。办理结婚登记的毗邻国边民应当出具下列证明材料：（一）能够证明本人边民身份的有效护照、国际旅行证件或者边境地区出入境通行证件；所在国公证机构或者有权机关出具的、经中华人民共和国驻该国使（领）馆认证或者该国驻华使（领）馆认证的本人无配偶的证明，或者所在国驻华使（领）馆出具的本人无配偶的证明，或者由毗邻国边境地区与中国乡(镇)人民政府同级的政府出具的本人无配偶证明。”第7条:“办理结婚登记的当事人有下列情形之一的,婚姻登记机关不予登记:(一)未到中国法定结婚年龄的;(二)非双方自愿的;(三)一方或者双方已有配偶的;(四)属于直系血亲或者三代以内旁系血亲的;(五)患有医学上认为不应当结婚的疾病的。”第10条:“未到婚姻登记机关办理结婚登记以夫妻名义同居生活的,不成立夫妻关系。”第11条:“因受胁迫结婚的,受胁迫的边民可以依据《中华人民共和国婚姻法》第十一条的规定向婚姻登记机关请求撤销其婚姻。受胁迫方应当出具下列证件、证明材料:(一)本人的身份证件;(二)结婚证;(三)要求撤销婚姻的书面申请;(四)公安机关出具或者人民法院作出的能够证明当事人被胁迫结婚的证明材料。受胁迫方为毗邻国边民的,其身份证件包括能够证明边民身份的有效护照、国际旅行证件或者边境地区出入境通行证件。婚姻登记机关经审查认为受胁迫结婚的情况属实且不涉及子女抚养、财产及债务问题的,应当撤销该婚姻,宣告结婚证作废。”

(3)留学生。国务院**《批转〈外国留学生管理办法〉》**(1985年10月14日 国发〔1985〕121号)第32条:“应当对留学生和经常接触留学生的我国公民,进行正确对待不同国家间男女社交、恋爱和婚姻问题的教育。对留学生与我国公民的正当交往、正当恋爱,不要干预。除中专生、专科生和本科生在校学习期间一般不得结婚外,其他学生要求与中国人结婚而又符合我国婚姻法及有关规定的,可允许他们向我国婚姻登记机关申请登记。学校不提供夫妇用房。”民政部办公厅**《对〈关于为应聘来港留学人员出具婚姻状况证明事〉的复函》**(1996年11月8日 厅办函〔1996〕219号):“……经研究并征求国务院港澳办公室和外交部意见,同意你社建议。即:有关应聘赴港留学人员在港期间的婚姻情况,由香港政府婚姻登记处出具婚姻情况证明;由你社开具当事人系应聘在港工作的原留学人员证明,内容包括当事人姓名、护照号码、留学国别、应聘来港时间、在港工作单位。”司法部公证司**《关于公证处可以为在我驻外使、领馆登记结婚的我国公民办理结婚公证的通知》**(1995年5月4日 〔95〕司公函019号):“……据我驻米兰总领事馆反映,一些在该馆登记结婚的我国侨民,其在国内的一方配偶为申请出国团聚,持该总领馆出具的结婚证申办结婚公证时,公证处不予办理。为了维护我国侨民侨眷的正当权利,经研究,今后公证处对上述情况应比照外交部领事司《关于自费留学生婚姻的有关问题》〈领认函〔1990〕002号〉〔见《公证规章集成》第314—315页〕第二条的规定办理,即,公证处根据我驻外使领馆出具的结婚证及其他证据,为当事人办理结婚公证书。”民政部**《关于出国留学生申请与台湾居民办理结婚登记问题的复函》**(1994年5月7日):“……关于我出国留学生申请与台胞在国内登记结婚的问题,我们原则同意你们的意见。即出国留学生同台胞要求在国内登记结婚的,双方须共同到国内留学生出国前户口所在地经省人民政府指定的涉台婚姻登记机关申请登记，并按照《关于出国留学生办理婚姻登记的暂行规定》（民〔1984〕民36号）和《关于台湾同胞与大陆公民之间办理结婚登记有关问题的通知》（民〔1988〕民字9号）精神，出具本人的有关证件及证明材料。经婚姻登记机关审查，符合结婚条件的，应准予当事人登记结婚。今后，如有我出国留学生申请与台胞在国内婚姻登记机关登记结婚，均按此原则办理。”司法部公证司、国家教委留学生司**《关于公派自费留学人员为在国外结婚申办有关公证的复函》**（1991年10月17日　〔91〕司公字第106号）：“……现就有关问题答复如下：1. 对公派（包括国家公派和单位公派）留学人员，无论其留学费用由谁负担，在办理有关公证事项时，均应视为公派留学人员。2. 公派留学人员因在国外结婚而申办有关公证的，公证处经调查属实，可予办理。3. 关于当事人陈小萍的出生公证申请，根据《公证暂行条例》第十条规定，申请人户籍所在地、法律行为或事实发生地的公证处均有管辖权。如公证申请人住所地的有关证明材料比出生地更齐全、更准确，也可根据实际情况，由当事人陈小萍出国前最后住所地公证处管辖。”司法部公证司**《关于转发〈关于自费留学生婚姻的有关问题〉的通知》**（1990年2月27日　〔90〕司公字第20号）：“……经商司法部公证司和民政部婚姻管理司，为了今后更好地处理我自费留学生的婚姻问题，特将有关规定和做法说明如下：一、双方均是我自费留学生，自愿在国外登记结婚，适用于婚姻缔结地法律。对在国外依法产生的婚姻关系，我承认其婚姻是有效的，但并不排除婚姻双方遵守《中华人民共和国婚姻法》的义务。上述留学生回国后，为了去第三国而申办婚姻状况公证，我公证机关可凭当事人提供的并经原婚姻缔结地国外交部或外交部授权的机构认证和我驻该国使、领馆认证的结婚证书，出具夫妻关系证明，但不能出具结婚公证书。二、双方均是我自费留学生，到我驻外使、领馆要求办理结婚登记，我应受理。符合《中华人民共和国婚姻法》和婚姻登记办法的，应给予结婚登记，颁发结婚证。回国后如因某种需要再申办婚姻状况公证，我公证机关可根据我驻外使领馆出具的结婚证，为申办人办理结婚公证书或夫妻关系公证书。三、我自费留学生回国结婚，要求我驻外使、领馆出具未婚证明的，仍按领事司一九八九年二月十二日领四函〔1989〕98号文件中的有关规定办理。四、我自费留学生在日本已办理结婚登记，为申请其配偶赴日，日本国入境管理局应当承认日本国婚姻登记机关出具的结婚证件，无须要求当事人提供我驻日使、领馆或我公证机关公证的结婚证明。对申办人的此项申请，我公证机关不予受理。对此，我驻日使馆可向日本国入境管理局作些解释。五、我驻日使、领馆为自费赴日留学生办理结婚证明认证时，必须要求婚姻当事人双方亲自到场，并提供相应的身份证件，以防止个别当事人钻空子。”外交部**《关于如何为我自费留学生出具未婚证明事》**（1989年5月12日　领四函〔1989〕98号）第1条：“居住在能够查核外侨婚姻状况并能出具婚姻状况证明的国家的自费留学生,可直接向居住国有关当局申办未婚证明。如该国主管当局出具的未婚证明需带回国内使用,则需按规定办妥居住国外交部或外交部授权机关及我驻外使、领馆的认证。”第2条:“居住在不能查核外侨婚姻状况或虽能查核但有关当局不为外侨出证的国家的自费留学生,可按如下办法向我使馆申办未婚证明:(一)申办婚姻状况证明,当事人原则上应亲自到我驻外使领馆办理,同时当事人须提供本人护照、居留证和出国前的婚姻状况证明;(二)当事人应提交未婚保证书一份。该保证书包括下述内容:1. 姓名、性别、出生日期、护照号码、出国前的工作单位及住址;2. 在国外的居住日期(居住日期应与国内出具的未婚证明的日期相衔接)、就读院校名称、详细地址及证明人;3. 在国外居留期间,从没有在任何地方同任何人登记结婚(或离婚后未同任何人结婚),如隐瞒事实,将由本人承担由此而引起的法律责任。申办人应在领事官员面前在上述保证书上签名。使领馆将此保证书及申请表格等证明材料永久存档,以备今后发生问题时可为我司法部门提供证据……”第3条:“对已经回国的自费留学生要求补办未婚证明者,可由申办人在国内按第二条要求写好保证书并经户籍所在地公证机关公证后,连同其他证明材料寄给国外的亲友,委托他们到我使领馆代办。据此,使领馆可为他们出具在国外期间未结婚的证明。”民政部办公厅**《关于婚姻状况证明的认证等几个问题的函》**(1985年5月22日 〔85〕民民字第73号):“……最近,有关省、市反映我驻外使馆在办理婚姻状况证明的认证方面有几个问题,现将这些反映分述如下:……三、我出国人员在国外学习期间要求与国内公民结婚,而本人又不能回国办理结婚登记手续。我有的驻外使馆为其出具证明,要求婚姻登记机关变通处理。这不符合婚姻法‘要求结婚的男女双方必须亲自到婚姻登记机关进行结婚登记’的规定。涉外婚姻登记工作是一项政策性很强的工作,严格执法,不仅关系到婚姻当事人的切身利益,而且关系到我国的国际信誉。希各驻外使领馆协助婚姻登记机关做好婚姻当事人的思想工作,严格依法办事。”

(4)大学生。民政部办公厅**《关于未落户口大学毕业生结婚问题的复函》**(1998年5月11日 厅办函〔1998〕70号):“……经研究,答复如下:一、关于申请婚姻登记的问题。未落户口大学毕业生应先办理落户手续,再申请结婚登记。根据《国家教育委员会、人事部关于印发〈关于改进一九八九年高等学校毕业生分配工作的报告〉的通知》(89教学字001号)、《国务院办公厅转发国家教委关于一九九一年高等学校毕业生和毕业研究生分配问题报告的通知》(国办发〔1990〕72号)、《国家教育委员会、人事部、国家计划委员会、公安部、商业部关于发布〈普通高等学校招收自费生暂行规定〉的通知》的规定,大学毕业生不存在无法落户口的问题。目前社会上出现的大学毕业生户口随身带的现象,究其原因主要是未及时按规定申请办理户口。为此,婚姻登记管理机关应向当事人说明申请结婚登记的条件，坚持依法办理婚姻登记。二、关于出具婚姻状况证明的问题。鉴于个体工商业、私营企业无员工人事档案，且员工流动频繁，难以出具《婚姻状况证明》的情况，可由当事人到户口所在地村（居）委会申请出具婚姻状况证明。”民政部民政司**《关于普通高等学校学生、民航空勤人员和国家队运动员结婚年龄问题的函》**（1986 年 7 月 9 日　〔86〕民民字第 87 号）：“……一九八六年五月六日，民政部办公厅以（86）民办字第 38 号函向中央国家机关各部门和中国人民解放军总政治部查询是否对本系统人员结婚年龄作出过特殊规定。查询结果，除全日制普通高等学校学生、民航空勤人员和国家队运动员之外，其余均无特殊规定。现将教育部、民航总局和国家体委的有关规定（摘录）转发给你们。请照此执行。附一：教育部关于高等学校在校学生结婚规定的通知（摘录）（〔81〕教学字 012 号）高等学校在校学生，一般应是未婚者，如果有的学生要求在学习期间结婚，则应先办理退学手续。但年龄在三十岁结婚的和已经结婚的，可继续留校学习。附二：关于民航空勤人员婚龄及配偶政审的规定（摘录）（〔81〕民航政组字 26 号）民航凡从事飞行的空勤人员（包括飞行、领航、通讯、机务、乘务等），其结婚年龄男不得早于 26 周岁，女不得早于 24 周岁。附三：国家体委《优秀运动队工作条例》（摘录）运动员在国家队期间不许结婚，特殊情况应经组织批准。”

（5）羁押人员。最高人民法院**《关于妨害婚姻家庭罪犯在缓刑期间要求与原通奸人结婚不应允许问题的批复》**（1964 年 9 月 11 日　〔64〕法研字第 74 号）：“……关于因妨害婚姻家庭被判徒刑宣告缓刑的被告在缓刑期间要求与原通奸人（已离婚）结婚是否允许的问题，我们研究后认为，这是一种特殊情况，不应适用最高人民法院、最高人民检察院、公安部 1963 年 8 月 31 日‘关于徒刑缓刑、假释、监外执行等罪犯的恋爱与结婚问题的联合批复’的规定，因为群众对妨害婚姻家庭的犯罪一般是有气愤的，如果允许罪犯在缓刑期内与原通奸人结婚，势必引起群众更加不满，而且还容易造成其他不良后果。同时，在服刑期间允许被告与原通奸人结婚也失掉了判处刑罚的严肃性，不利于对罪犯的改造。因此，在缓刑期内不应允许被告与原通奸人结婚。”最高人民法院**《关于劳教分子配偶提出离婚案件管辖问题的批复》**（1962 年 2 月 3 日）：“……关于外县或外省（区）的劳教分子，他们的配偶提出离婚案件的管辖问题，我们同意你院意见，可以参照本院对内蒙古自治区高级人民法院关于劳改犯、留场就业人员、自流人员婚姻案件管辖问题意见的批复处理，即由原告所在地人民法院审理，被告所在地人民法院可作征询意见和了解情况等工作。但只限于这几种人的婚姻案件，其他，仍参照过去有关规定执行。”最高人民法院**《关于劳改犯婚姻问题的批复》**（1957 年 8 月 15 日　法研字第 17140 号）：“……关于邹花子对汉川县人民法院的离婚判决不服，提出申诉，如何处理的问题，我们同意你院的处理意见（即：法院判决杨勋与邹花子离婚时应通过劳改部门征询邹花子的意见。但是在1952年那时,对于劳改犯配偶提出与劳改犯人离婚必须征询劳改犯人的意见并无具体规定,也强调得不够,所以也情有可原。既然已经缺席判决离婚,一般的不应再作处理,用教育说服办法执行判决。如果男方当时未收到判决书,现在法院可以补发一份。女方已另与他人结婚,假如又要求与原夫复婚,必须再与后一结婚者办理了离婚手续后方可)。”最高人民法院**《关于在缓刑期间或者取保监外执行的犯人可以依法结婚等问题的批复》**(1957年3月9日　法研字第5431号)第2条:“关于判处徒刑宣告缓刑或者取保监外执行(包括因病保外就医在内)的犯人,在缓刑或者取保监外执行期间是否可以结婚问题,我们同意你院意见,这种犯人只要是合于婚姻法所定结婚条件的,也和一般公民一样,是可以登记结婚的。”民政部**《关于贯彻执行〈婚姻登记条例〉若干问题的意见》**(2004年3月29日　民函〔2004〕76号)第10条:“关于服刑人员的婚姻登记问题。服刑人员申请办理婚姻登记,应当亲自到婚姻登记机关提出申请并出具有效的身份证件;服刑人员无法出具身份证件的,可由监狱管理部门出具有关证明材料。办理服刑人员婚姻登记的机关可以是一方当事人常住户口所在地或服刑监狱所在地的婚姻登记机关。”公安部**《关于颁发〈监狱、劳改队管教工作细则〉的通知》**(1992年2月18日)第85条:“有关犯人的婚姻问题,应当按照下列原则办理:(一)处理犯人的离婚问题,必须严格按照婚姻法的规定执行。为了保障犯人的诉讼权利,在犯人的配偶提出离婚时,受理的人民法院应当通知劳改单位转告被告人提出答辩意见。劳改单位负责将法院对其配偶提出离婚的通知转交犯人,并将犯人的答辩意见转告人民法院。如犯人调动单位时,原劳改单位应将法院的通知转给犯人所在劳改单位。(二)犯人在关押或保外就医、监外执行期间,不准结婚。”民政部办公厅**《关于正在劳改的犯人及正在接受劳教的人员申请结婚问题的通知》**(1986年9月11日〔86〕民办字第84号):“……最近,一些省、市、自治区民政部门请示正在劳改的犯人和正在接受劳动教养的人员申请结婚的处理问题。对上述人员的婚姻处理,司法部、公安部和最高人民法院等部门曾做过规定。为便于婚姻登记机关掌握,现将有关规定摘转你们,请参照执行。(一)一九八二年公安部颁布的《监狱、劳改队管教工作细则》(试行)第八十五条规定:‘犯人在关押或保外就医、监外执行期间,不准结婚。’(二)根据《中华人民共和国刑法》第六十七条和第七十三条宣告缓刑、假释的犯罪分子,依照一九六三年八月三十一日最高人民法院、最高人民检察院、公安部《关于徒刑缓刑、假释、监外执行等罪犯的恋爱与结婚问题的联合批复》第二条的规定:‘在缓刑或假释期间,他们的恋爱与结婚问题,只要合于婚姻法规定的条件,是可以允许的,不必经过公安机关或人民法院审查批准’。(三)正在接受劳动教养的人员在劳教期间的婚姻问题,一九六二年三月十三日公安部《关于解决部分劳教人员婚姻问题的请示报告的批复》规定:‘对于劳教前确有婚约关系,现在双方要求结婚，或已经离婚双方又要求复婚，都应当允许向政府登记结婚或复婚。’‘对未婚的或已正式离婚的男女劳教人员，相互间在改造中建立了感情，并且要求结婚的，可根据情况劝他们解除劳教后结婚，如劝说无效，亦应准予向政府登记结婚。’”

【参考类案】

①2013年**吉林某婚姻行登记行政诉讼案**，2000年，宋某与李某在民政局办理结婚登记，因宋某子女不同意父亲再婚而扣留宋某户口簿和身份证，宋某事后在派出所补开身份证明提交给民政局。宋某去世后，李某依遗嘱继承了宋某大部分财产。2010年，宋某子女以结婚证件不全、结婚登记申请上宋某指印系李某所为为由起诉民政局，要求撤销宋某与李某结婚登记。法院认为：婚姻登记行为是婚姻登记机关对双方民事关系的确认，对该行为进行合法性审查应更注重双方是否自愿结婚这一实体问题。只要双方自愿且无法律禁止或无效情形，即应认定婚姻登记行为有效，故结婚登记程序瑕疵不足以否定婚姻登记行为效力。有权起诉的公民死亡后，其近亲属不服结婚登记行为，可以死者权利受侵犯为由提起行政诉讼，但不得仅以自身继承权受损为由。法院审理此类案件，应更多地尊重婚姻双方的结婚意愿，采取实质合法性审查标准。依《婚姻登记管理条例》第4条规定，婚姻登记管理处是民政局授权的主管婚姻登记管理工作部门，具有婚姻登记管理职能。在办理李某和宋某结婚登记时，履行了国家行政机关应尽的登记审查义务。民政局要求宋某须到户籍地派出所出具身份证证明后方可领取结婚证，符合《婚姻登记管理条例》第13条“申请登记的当事人受单位或者他人干涉，不能获得所需证明时，经婚姻登记管理机关查明确实符合结婚条件的，应当予以登记”规定。虽然民政局在宋某户口簿和身份证未提交情况下填写结婚证，但从结婚登记过程及宋某在遗嘱笔录中的叙述，可证明李某和宋某自愿、合法办理了结婚登记手续。宋某子女所提供证据不能充分反证证明所有登记材料都是编造、伪造的，对其要求撤销该结婚登记证主张不予支持。判决驳回宋某子女诉请。

②2010年**福建某离婚纠纷案**，1985年，熊某与钟某领取村委会盖章的“结婚证”。2010年，熊某诉请离婚。法院认为：双方当事人虽于1985年7月25日领取结婚证，但该结婚证上体现发证机关加盖的是村委会印章，违反了国务院1985年10月23日批准、民政部1980年11月11日发布的《婚姻登记办法》有关规定，其中第6条规定：结婚证、离婚证由省、自治区、直辖市人民政府统一印制，由县(旗)、市辖区或不设区的市人民政府加盖印章。第7条规定：办理婚姻登记的机关，在城市是街道办事处或区人民政府；在农村是人民公社管理委员会、镇人民政府。距离婚姻登记机关较远的，交通不便的地方，县(旗)人民政府可以委托就近的有关基层单位办理婚姻登记工作。依上述规定，该结婚证不具有法律效力。依最高人民法院

《关于人民法院审理未办结婚登记而以夫妻名义同居生活案件的若干意见》第1条、第6条规定,熊某、钟某之间属于事实婚姻关系,应先进行调解,经调解和好或撤诉的,确认婚姻关系有效,发给调解书或裁定书,经调解不能和好的,应调解或判决准予离婚。本案在审理过程中经调解,双方不能和好,故熊某要求离婚的诉请,应予准许。

③2009年**上海某婚姻登记行政诉讼案**,2007年,袁某与钱某办理结婚登记,在各方均明知钱某为加拿大国籍应到上级民政局办理情况下,该民政局以钱某尚未注销的中国身份证和户口簿为二人办理了登记。2008年,袁某起诉民政局要求撤销婚姻登记行政行为。法院认为:作为婚姻登记的行政机关,民政局在本案中行使的行政职权,系依袁某和钱某申请,为申请人办理的结婚登记行为。该登记行为系向社会提供公示,以表明结婚双方建立婚姻关系事实。袁某在已知钱某外籍身份情况下,仍申请并与其办理结婚登记手续,同时向登记机关提交中国居民身份资料,又承诺对申报的身份情况承担法律责任,故案涉婚姻登记符合民政局完成被诉登记行为的条件,袁某与钱某婚姻关系由此成立。婚姻关系是一种特殊身份关系,婚姻登记行为法律效力主要取决于《婚姻法》实体规定,而程序缺陷不直接产生否定婚姻登记法律效果。本案民政局登记行为主观上无过错,客观程序上的瑕疵亦未影响到袁某与他人自愿缔结婚姻关系有效性,袁某亦无证据表明其结婚登记具有《婚姻法》明确规定的无效或可撤销事由,以及禁止结婚的任何情形。袁某陈述因与钱某国籍原因所导致两人之间问题实属其婚姻关系存续期间发生矛盾的范畴,并不属于行政案件审理范围,袁某可通过相应民事途径予以解决,故民政局为袁某办理的结婚登记行为有效,不予撤销。

④2006年**浙江某无效婚姻案**,2002年2月,张某、胡某在镇政府办理结婚登记手续时,因缺少胡某离婚证明而未办成,胡某填写申请表格后,第二天委托堂兄带着胡某离婚证明换结婚证。同年10月,胡某逝世,留下近亿元遗产。2003年1月,张某起诉胡某母亲郑某、胡某与前妻之子胡奕某,起诉分割夫妻共同财产及遗产。诉讼中,郑某、胡奕某起诉民政局撤销胡某和张某的结婚证。法院认为:民政局颁发结婚证行为虽存在程序瑕疵,但该瑕疵并不足以导致结婚登记行为被撤销的法律后果,判决维持民政局颁发的结婚证。

⑤2005年**辽宁某法定继承纠纷案**,2001年初,王某与任某同居生活。2002年12月,二人办理结婚登记。2005年,王某病故。王某母、王某女起诉任某,要求分割2001年9月以王某名义购买的房产。法院认为:任某同被继承人王某结婚登记时间虽在2002年12月23日,但王某于2001年初与前妻离婚后,即与任某同居生活。根据最高人民法院《关于适用〈婚姻法〉若干问题的解释(一)》(已于2021年1月1日起废止)第4条规定,王某与任某婚姻关系效力应从双方同居生活时开始

计算。据此,诉争房屋是双方同居期间所购买。在任某与王某双方对婚姻关系存续期间财产归属未约定情况下,应适用法定夫妻财产制,故该楼房应属夫妻共有。依《继承法》第26条规定,对该楼房遗产分割时,应先分出一半归任某所有,其余一半作为遗产继承。关于被继承人王某单位返还的住房公积金、养老保险金亦应属于遗产。判决诉争房产归任某所有,任某补偿王某母、王某女,住房公积金、养老保险金由三人均分。

【典型类案实务要点】

1.**【结婚登记时一方未亲自到场,非婚姻当然无效理由】**如无法定无效婚姻情形,仅是婚姻登记时一方未到场,实际上双方已在一起共同生活,法院应驳回当事人申请宣告婚姻无效诉请。

2.**【结婚登记审查,应更注重是否自愿结婚的实体问题】**婚姻登记行为是婚姻登记机关对双方民事关系的确认,对该行为进行合法性审查应更注重双方是否自愿结婚这一实体问题。只要双方自愿且无法律禁止或无效情形,即应认定婚姻登记行为有效,故结婚登记程序瑕疵不足以否定婚姻登记行为效力。

3.**【早期结婚证上加盖村委会公章,应认定为事实婚姻】**男女双方早期领取的“结婚证”虽然格式规范,但加盖的系村委会公章,民政部门无结婚登记记录的,应认定为事实婚姻。

4.**【与外籍人士结婚,虽程序有瑕疵,登记行为仍有效】**婚姻登记机关结婚登记行为对民事婚姻的实质不存在认定或干涉的职权,登记程序上的瑕疵不影响婚姻实质效力。

5.**【未亲自到现场办理结婚登记,不必然导致结婚无效】**办理结婚登记双方未亲自到现场办理结婚登记,民政局颁发结婚证行为虽存在程序瑕疵,但不必然导致婚姻无效。

6.**【婚姻关系效力从同居时起算的,同居期间房产共有】**男女双方补办结婚登记,婚姻关系效力从双方均符合法定结婚实质要件的同居生活开始时起算的,同居期间所购房产应认定为夫妻共同财产。

【类案裁判一般规则】

办理结婚登记双方未亲自到现场办理结婚登记,婚姻登记部门颁发结婚证行为虽存在程序瑕疵,但不必然导致婚姻无效。

【典型参考案例索引】

主旨案例:见《结婚登记时一方未亲自到场,能否以此为由主张婚姻无效》

(《民事审判指导与参考》研究组),载《民事审判指导与参考·民事审判信箱》(200901/37:302)。**其他案例:**①最高人民法院(2013)行监字第679号“宋家四子女与梅河口市民政局等行政诉讼案”,见《对结婚登记的审查应以结婚意愿为重》(蔡小雪、金诚轩,最高院),载《人民司法·案例》(201412:89)。②福建武夷山法院(2010)武民初字第931号“熊某与钟某离婚纠纷案”,见《熊玉英诉衷培兴离婚案(事实婚姻)》(林典仲),载《中国审判案例要览》(2011民:405)。③上海一中院(2009)沪一中行终字第84号“袁某诉某民政局行政诉讼案”,见《裁判要旨·民事》(洪伟),载《人民法院案例选·月版》(201002/14:188)。④浙江江山法院(2006)江民特初字第3号“毛某诉高某无效婚姻案”,见《因诈骗发生的婚姻法院可宣告无效——浙江省江山市法院判决毛某无效婚姻案》(王根清),载《人民法院报·案例指导》(20070618:05)。⑤辽宁辽阳弓长岭区法院(2005)辽弓民初字第111号“秦某与任某等法定继承纠纷案”,见《秦兰秀等诉任桂焕法定继承案(夫妻共同财产的认定)》(梅宝庆),载《中国审判案例要览》(2006民:509)。

2. 离婚登记与审查义务

——登记虽无错,为何仍撤销?

【离婚登记】

【案情简介及争议焦点】

2014年,李某与患有精神分裂症的蔡某在民政局协议离婚。随后,法院宣告蔡某办理协议离婚时和目前均为限制民事行为能力人。2015年,蔡某父亲作为法定代理人,以蔡某名义起诉民政局,要求撤销离婚登记。

争议焦点:1. 民政局审查义务如何认定?2. 颁证行为应否撤销?

【裁判要点】

1. 民政局已尽审慎审查义务。民政局系具有依法履行婚姻登记行政职能的婚姻登记机关,具有办理离婚登记的法定职责。民政局在办理蔡某与李某离婚登记时对双方出具证件、材料进行了审查,在认定双方确属自愿离婚,并已对子女抚养、财产、债务等问题达成了一致处理意见后,当场予以登记离婚,颁发离婚证。虽然蔡某曾住院接受精神病治疗,但因李某及蔡某在询问笔录上签名时予以隐瞒,当时又未经法院判决宣告蔡某为限制民事行为能力人，故民政局客观上无法确定蔡某为限制民事行为能力人，其已尽审慎合理审查义务。

2. 颁发离婚证行为应予撤销。 鉴于法院已判决宣告蔡某办理离婚登记时为限制民事行为能力人，依《婚姻登记条例》第 12 条规定，办理婚姻登记的当事人属于无民事行为能力人或者限制民事行为能力人情形的，婚姻登记机关不予受理。民政局颁发给蔡某及李某离婚证行为，认定事实不清，证据不足，故判决撤销该离婚登记行政行为，离婚证作废。

【裁判依据或参考】

1. 一般规定。《民法典》（2021 年 1 月 1 日）第 1041 条："婚姻家庭受国家保护。实行婚姻自由、一夫一妻、男女平等的婚姻制度。保护妇女、未成年人、老年人、残疾人的合法权益。"第 1077 条："自婚姻登记机关收到离婚登记申请之日起三十日内，任何一方不愿意离婚的，可以向婚姻登记机关撤回离婚登记申请。前款规定期限届满后三十日内，双方应当亲自到婚姻登记机关申请发给离婚证；未申请的，视为撤回离婚登记申请。"第 1078 条："婚姻登记机关查明双方确实是自愿离婚，并已经对子女抚养、财产以及债务处理等事项协商一致的，予以登记，发给离婚证。"第 1080 条："完成离婚登记，或者离婚判决书、调解书生效，即解除婚姻关系。"**《婚姻登记条例》**（2003 年 10 月 1 日）第 10 条："内地居民自愿离婚的，男女双方应当共同到一方当事人常住户口所在地的婚姻登记机关办理离婚登记。中国公民同外国人在中国内地自愿离婚的，内地居民同香港居民、澳门居民、台湾居民、华侨在中国内地自愿离婚的，男女双方应当共同到内地居民常住户口所在地的婚姻登记机关办理离婚登记。"中央法制委员会**《对内务部〈关于结婚登记后未同居要求撤销登记应按离婚办理〉的复函》**（1954 年 7 月 24 日）："关于男女双方申请结婚登记领得结婚证后，未曾同居，一方或双方即行反悔，请求撤销结婚登记，应如何处理的问题。我们认为：对这问题如送人民法院处理时，仍须按照离婚手续办理，若仅因当事人间同意与否而发生不同的处理，如法院不按照离婚手续办理，而以未曾同居为理由予以撤销登记，会使群众误解结婚登记后，夫妻身份尚未确立，一定要到同居之后才能确立夫妻关系；也会影响结婚登记制度的严肃性，而且与婚姻法所定的婚姻登记的精神不甚相符。又如当事人双方同意按照离婚手续办理，这样既体现了结婚登记的严肃性，在手续上也并不烦难；如一方不同意，则可送人民法院按照离婚办理，在反对视结婚为儿戏的轻率态度上也是有好处的，因之，主张一律按照离婚手续办理为宜。"最高人民法院**《关于适用〈中华人民共和国民法典〉婚姻家庭编的解释（一）》**（2021 年 1 月 1 日　法释〔2020〕22 号）第 17 条："当事人以民法典第一千零五十一条规定的三种无效婚姻以外的情形请求确认婚姻无效的，人民法院应当判决驳回当事人的诉讼请求。当事人以结婚登记程序存在瑕疵为由提起民事诉讼,主张撤销结婚登记的,告知其可以依法申请行政复议或者提起行政诉讼。"第19条:"民法典第一千零五十二条规定的'一年',不适用诉讼时效中止、中断或者延长的规定。受胁迫或者被非法限制人身自由的当事人请求撤销婚姻的,不适用民法典第一百五十二条第二款的规定。"第20条:"民法典第一千零五十四条所规定的'自始没有法律约束力',是指无效婚姻或者可撤销婚姻在依法被确认无效或者被撤销时,才确定该婚姻自始不受法律保护。"第21条:"人民法院根据当事人的请求,依法确认婚姻无效或者撤销婚姻的,应当收缴双方的结婚证书并将生效的判决书寄送当地婚姻登记管理机关。"第22条:"被确认无效或者被撤销的婚姻,当事人同居期间所得的财产,除有证据证明为当事人一方所有的以外,按共同共有处理。"最高人民法院**《对我国留学生夫妻双方要求离婚如何办理离婚手续的通知》**(1985年12月31日 〔85〕民他字第38号):"……你们双方要求解除婚姻关系一事的来信收悉。根据我国法律的有关规定,如果你们双方对离婚及财产分割、子女抚养等问题没有任何争议,可以回国向原结婚登记机关申请办理离婚手续;如果对以上问题存有争议,则需回国向原结婚登记地人民法院提起离婚诉讼。你们双方如因特殊情况不能回国,可办理授权委托书,委托国内亲友或律师作为代理人代为办理,并向国内原结婚登记机关或结婚登记地人民法院提交书面意见,由该登记机关办理或由人民法院进行审理。委托书和意见书须经当地公证机关公证、我驻美使领馆认证,亦可由我驻美使领馆直接公证。"最高人民法院**《关于经乡人民委员会调解成立的离婚协议是否具有法律效力问题的批复》**(1957年5月23日 法研字第4017号):"……对于撤区并乡后由乡人民委员会办理的离婚登记所发的离婚证书,我们同意你院意见,应承认其具有法律效力。至于此项登记工作,今后应否由乡人民委员会办理,须由民政部门考虑决定。对于撤区并乡前经乡调解成立的协议离婚是否有效,我们意见,经过这种调解而成立的协调离婚,只要这协议确是出于双方自愿的,仍应认为有效。"民政部**《关于印发〈婚姻登记工作规范〉的通知》**(2016年2月1日)第55条:"受理离婚登记申请的条件是:(一)婚姻登记处具有管辖权;(二)要求离婚的夫妻双方共同到婚姻登记处提出申请;(三)双方均具有完全民事行为能力;(四)当事人持有离婚协议书,协议书中载明双方自愿离婚的意思表示以及对子女抚养、财产及债务处理等事项协商一致的意见;(五)当事人持有内地婚姻登记机关或者中国驻外使(领)馆颁发的结婚证;(六)当事人各提交2张2寸单人近期半身免冠照片;(七)当事人持有本规范第二十九条至第三十五条规定的有效身份证件。"第56条:"婚姻登记员受理离婚登记申请,应当按照下列程序进行:(一)分开询问当事人的离婚意愿,以及对离婚协议内容的意愿,并进行笔录,笔录当事人阅后签名。(二)查验本规范第五十五条规定的证件和材料。申请办理离婚登记的当事人有一本结婚证丢失的，当事人应当书面声明遗失，婚姻登记机关可以根据另一本结婚证办理离婚登记；申请办理离婚登记的当事人两本结婚证都丢失的，当事人应当书面声明结婚证遗失并提供加盖查档专用章的结婚登记档案复印件，婚姻登记机关可根据当事人提供的上述材料办理离婚登记。（三）双方自愿离婚且对子女抚养、财产及债务处理等事项协商一致的，双方填写《申请离婚登记声明书》；《申请离婚登记声明书》中‘声明人’一栏的签名必须由声明人在监誓人面前完成并按指纹；婚姻登记员作监誓人并在监誓人一栏签名。（四）夫妻双方应当在离婚协议上现场签名；婚姻登记员可以在离婚协议书上加盖‘此件与存档件一致，涂改无效。××××婚姻登记处××年××月××日’的长方形印章。协议书夫妻双方各一份，婚姻登记处存档一份。当事人因离婚协议书遗失等原因，要求婚姻登记机关复印其离婚协议书的，按照《婚姻登记档案管理办法》的规定查阅婚姻登记档案。离婚登记完成后，当事人要求更换离婚协议书或变更离婚协议内容的，婚姻登记机关不予受理。”第 62 条：“当事人遗失、损毁婚姻登记证，可以向原办理该婚姻登记的机关或者一方常住户口所在地的婚姻登记机关申请补领。有条件的省份，可以允许本省居民向本辖区内负责内地居民婚姻登记的机关申请补领婚姻登记证。”第 64 条：“受理补领结婚证、离婚证申请的条件是：（一）婚姻登记处具有管辖权；（二）当事人依法登记结婚或者离婚，现今仍然维持该状况；（三）当事人持有本规范第二十九条至第三十五条规定的身份证件；（四）当事人亲自到婚姻登记处提出申请，填写《申请补领婚姻登记证声明书》。当事人因故不能到婚姻登记处申请补领婚姻登记证的，有档案可查且档案信息与身份信息一致的，可以委托他人办理。委托办理应当提交当事人的户口簿、身份证和经公证机关公证的授权委托书。委托书应当写明当事人姓名、身份证件号码、办理婚姻登记的时间及承办机关、目前的婚姻状况、委托事由、受委托人的姓名和身份证件号码。受委托人应当同时提交本人的身份证件。当事人结婚登记档案查找不到的，当事人应当提供充分证据证明婚姻关系，婚姻登记机关经过严格审查，确认当事人存在婚姻关系的，可以为其补领结婚证。”第 67 条：“补发婚姻登记证时，应当向当事人询问核对姓名、出生日期，见证当事人本人亲自在《补发婚姻登记证审查处理表》‘当事人领证签名并按指纹’一栏中签名并按指纹，将婚姻登记证发给当事人。”第 69 条：“当事人办理过结婚登记，申请补领时的婚姻状况因离婚或丧偶发生改变的，不予补发结婚证；当事人办理过离婚登记的，申请补领时的婚姻状况因复婚发生改变的，不予补发离婚证。”民政部**《关于贯彻执行〈婚姻登记条例〉若干问题的意见》**（2004 年 3 月 29 日　民函〔2004〕76 号）第 5 条：“关于离婚登记中的结婚证问题。申请办理离婚登记的当事人有一本结婚证丢失的，婚姻登记机关可根据另一本结婚证办理离婚登记；当事人两本结婚证都丢失的，婚姻登记机关可根据结婚登记档案或当事人提供的结婚登记记录证明等证明材料办理离婚登记。当事人应对结婚证丢失情况作出书面说明,该说明由婚姻登记机关存档。申请办理离婚登记的当事人提供的结婚证上的姓名、出生日期、身份证号与身份证、户口簿不一致的,当事人应书面说明不一致的原因。"第6条:"关于补领结婚证、离婚证问题。申请补领结婚证、离婚证的当事人出具的身份证、户口簿上的姓名、年龄、身份证号与原婚姻登记档案记载不一致的,当事人应书面说明不一致的原因,婚姻登记机关可根据当事人出具的身份证件补发结婚证、离婚证。当事人办理结婚登记时未达法定婚龄,申请补领时仍未达法定婚龄的,婚姻登记机关不得补发结婚证。当事人办理结婚登记时未达法定婚龄,申请补领时已达法定婚龄的,当事人应对结婚登记情况作出书面说明;婚姻登记机关补发的结婚证登记日期应为当事人达到法定婚龄之日。"民政部**《关于婚姻登记若干问题的解答》**(1986年9月11日　民〔1986〕民29号)第4条:"《婚姻登记办法》对协议离婚没有规定调解程序,是否意味着婚姻登记机关在受理离婚申请时不需进行调解工作?答:《婚姻登记办法》规定,双方协议离婚,'婚姻登记机关查明情况属实,应准予登记'。这里所说的'查明情况属实',主要指当事人离婚是否确属双方自愿,是否感情确已破裂,是否对子女抚养、财产处理有了妥善安排。对于尚不构成上述协议离婚三要件的申请,婚姻登记机关应当配合当事人所在单位或村(居)民委员会做好调解工作。对确实符合离婚条件的,婚姻登记机关不应久拖不办,以保障当事人离婚自由的合法权益。"浙江高院行政审判庭**《关于审理婚姻登记行政案件具体适用法律若干问题的指导意见(试行)》**(2010年12月29日　浙高法行〔2010〕8号)第11条:"本指导意见第一条中所称的'当事人'包括下列人员:(一)被诉婚姻登记行为记载的公民;(二)被诉婚姻登记行为记载的公民死亡的,死亡公民的近亲属;(三)被诉离婚登记行为记载的公民系无民事行为能力或限制民事行为能力的,该公民的监护人;(四)冒用他人身份办理结婚登记的公民。"山东省公安厅**《关于夫妻离婚后一方及其子女户口迁移有关问题的通知》**(2014年8月8日　鲁公治〔2014〕103号,已失效)第1条:"离婚当事人一方可以持居民户口簿和离婚证书(或法院判决书)调解书(或离婚协议书)等材料,按照'公民应当在经常居住的地方登记为常住人口'的原则,到公安机关申请办理户口迁移手续。"第2条:"离婚当事人一方因家庭矛盾不愿将本户居民户口簿交出的,公安派出所经说服无效、履行告知程序后(《告知书》一式二份,一份交被告知人,一份公安机关留存,式样附后),凭另一方当事人书面申请和相关证明,为其制发含首页和其本人常住人口登记卡的居民户口簿。对拒绝在《告知书》上签字的,可以在2名以上见证人在场的情况下,由民警写明'被告知人拒绝签名',并由见证人签名佐证后,公安派出所凭另一方当事人书面申请和相关证明,为其制发含首页和其本人常住人口登记卡的居民户口簿。离婚当事人一方可以持新签发的居民户口簿到公安机关申请办理户口迁移手续。”

2. 离婚证明。最高人民法院**《关于当事人申请承认澳大利亚法院出具的离婚证明书人民法院应否受理问题的批复(2020 修正)》**(2021 年 1 月 1 日 法释〔2020〕20 号):“……当事人持澳大利亚法院出具的离婚证明书向人民法院申请承认其效力的,人民法院应予受理,并依照《中华人民共和国民事诉讼法》第二百六十五条和第二百六十六条以及最高人民法院《关于中国公民申请承认外国法院离婚判决程序问题的规定》的有关规定进行审查,依法作出承认或者不予承认的裁定。”最高人民法院**《关于进一步深化家事审判方式和工作机制改革的意见(试行)》**(2018 年 7 月 18 日 法发〔2018〕12 号)第 41 条:“人民法院判决或者调解离婚的案件,根据当事人的申请,人民法院可以为当事人出具离婚证明书。”最高人民法院**《关于林嘉秀与在美国居住的华侨康继光离婚问题的批复》**(1956 年 3 月 15 日 法研字第 2288 号):“……如果来函所说的男方康继光曾来信表示同意离婚,他在美国已另行结婚以及他曾两次给他们的父母来信索要离婚证明等情况都有确实材料可以证明,可以判决离婚。在这种情况下,对争取康继光回国问题,不至于发生不利影响。但如果上述情况不能证实,则在处理上仍应特别慎重。”司法部**《关于国外外国机构要求核查我公证书应如何处理的通知》**(2000 年 11 月 24 日 〔2000〕司律公字 095 号):“……今年四月,广西南宁市公证处根据外国一官方办事机构的要求对一婚姻状况公证书进行了核查。其后,自治区司法厅公证管理处按我司要求将情况报告等材料报来。经外交部领事司转我驻外使馆核实,上述材料中提供的地址并无该机构。鉴于公证处对国外外国机构的真实性、合法性无法做出判断,同时,对核查结果的用途更无法把握,经研究并征求外交部领事司意见认为,今后,国外外国机构直接致函公证处或各地公证管理部门要求核查公证书的,公证处或各地公证管理部门应将核查结果通过省级司法厅(局)公证管理部门报由我司处理,公证处、省级司法厅(局)公证管理部门不得直接答复上述机构核查结果。对外国驻华使领馆直接致函公证处要求核查公证书的,仍按原有规定处理。”民政部办公厅**《关于居民身份证编号纠错后涉及婚姻管理问题的复函》**(1998 年 8 月 27 日 厅办函〔1998〕148 号):“……鉴于婚姻证件上‘居民身份证’编号不真实的内容各异,情况比较复杂,为此,在处理要求更换新婚姻证件等问题时,要严格执行《中华人民共和国婚姻法》《婚姻登记管理条例》,具体问题具体分析,不能简单地划几道杠,对号入座。凡不符合条件的,坚决不予办理。同时,在严格依法办事的前提下,要树立为婚姻当事人服务的观念,尽可能减少当事人持证数量,可以用一种证件证明的,就不用两种证件证明。”司法部公证律师司**《关于办理未婚证明书的通知》**(1987 年 6 月 11 日 〔87〕司公字第 63 号):“……二、若当事人已离婚而现时独身,参照附件三的格式出具‘离婚证明书’,不能出具‘未婚证明书’。三、我国实行登记婚制,对于第一部婚姻法颁布施行以后,未办理合法登记手续,而以各种形式成立的婚姻,不能承认其效力,我公证处不能证明这种婚姻状况。四、如美方要求当事人提供有无子女证明,公证处可为其出具'亲属关系证明书'。"民政部**《关于婚姻登记若干问题的解答》**(1986年9月11日　民〔1986〕民29号)第6条:"出具《夫妻关系证明书》或《解除夫妻关系证明书》需要什么手续?答:婚姻当事人在丢失婚姻证件以后,因出国、继承财产等原因,需要证明夫妻关系或已解除夫妻关系,应持本人户籍证明和所在单位或所在村(居)民委员会出具的《婚姻状况证明》(申请理由注明于《婚姻状况证明》的'备注'栏内),到原婚姻登记机关提出申请。婚姻登记机关经核查婚姻登记档案,证实当事人确曾依法在此办理过婚姻登记,应将当事人申请及核查婚姻登记档案情况报市、市辖区、县民政部门审查批准后,依法出具《夫妻关系证明书》或《解除夫妻关系证明书》。"司法部公证律师司**《关于严格按照〈婚姻登记办法〉出具婚姻状况证明的通知》**(1986年3月13日　〔86〕司公字第38号):"……民政部修订的《婚姻登记办法》经国务院批准,民政部将于三月十五日发布。新的《婚姻登记办法》的施行,对公证机关办理婚姻状况证明提供了可靠的合法证据。今后凡《结婚证》或《离婚证》遗失的当事人申办婚姻状况证明,应严格按照这一新的办法,根据当事人提交的婚姻登记机关发给的《夫妻关系证明书》或《解除夫妻关系证明书》出具证明。但对办理新的办法施行前的婚姻状况证明,如婚姻登记机关无档案记载,仍按我部〔83〕司发公字第257号通知规定办理。"广东高院**《广东法院审理离婚案件程序指引》**(2018年7月16日)第16条:"【离婚证明书】人民法院做出解除婚姻关系的判决书或者调解书生效后,当事人可以向作出该裁判文书的人民法院申请出具离婚证明书。离婚证明书的编号应当采用生效裁判文书的案号,并写明当事人婚姻关系的缔结时间、登记机关、婚姻关系解除时间、生效法律文书名称。"江苏常州天宁区法院**《家事案件诉讼指南》**(2015年1月)第10条:"[离婚证明书]当事人在人民法院经判决或调解离婚后,裁判文书中不仅会载明双方离婚的事实,往往还会涉及双方离婚的原因、有何矛盾以及财产的分割等个人隐私。当事人在需提交裁判文书证明自己离婚状况时,会导致他人知晓上述个人隐私。因此,离婚案件当事人为保护个人隐私,可以在人民法院做出解除婚姻关系的裁判文书生效后,向人民法院申请出具离婚证明书,申请时应当提交书面申请及原生效裁判文书副本。"第57条:"离婚案件当事人为保护个人隐私,可以在人民法院做出解除婚姻关系的裁判后,向作出生效裁判文书的人民法院申请出具离婚证明书。"第58条:"当事人向人民法院申请出具离婚证明书时,应当提交书面申请及原生效裁判文书副本。"第59条:"离婚证明书由作出生效裁判文书的承办法官在收到当事人申请后的五个工作日内制作完毕。离婚案件当事人向人民法院申请离婚证明书时,作出原生效裁判文书的承办法官已经调离的,由庭长指定一名工作人员负责制作。”第60条:“离婚证明书的编号应当采用原生效裁判的案号,并写明当事人婚姻关系的缔结时间、地点以及婚姻关系解除的时间和有关生效裁判文书名称。”第61条:“离婚证明书应同当事人的申请书、原生效裁判文书副本一并归入离婚诉讼档案。”第62条:“人民法院作出的离婚证明书,送达当事人原结婚登记机关存档。”广东深圳中院**《关于进一步完善离婚证明书制度的若干意见》**(2013年5月16日)第1条:“离婚纠纷案件当事人为保护个人隐私,可以在人民法院做出解除婚姻关系的裁判后,向作出生效裁判文书的人民法院申请出具离婚证明书。”第2条:“当事人向人民法院申请出具离婚证明书时,应当提交书面申请及原生效裁判文书副本。”第3条:“离婚证明书,由作出生效裁判文书的承办法官在收到当事人申请后的五个工作日内制作完毕。离婚纠纷案件当事人向人民法院申请离婚证明书时,作出原生效裁判文书的承办法官已经调离的,由庭长指定一名法官负责制作。”第4条:“离婚证明书的编号应当采用原生效裁判文书的案号,并写明有关当事人婚姻关系缔结的时间、地点以及婚姻关系解除的时间和有关生效裁判文书名称,具体样式见附件。”广东深圳中院**《关于进一步推进家事纠纷案件审理方式改革的若干意见(试行)》**(2012年11月1日)第33条:“离婚判决后,作出生效判决的人民法院应当在判决书生效之日起三个工作日内完成离婚判决生效证明书的制作。离婚判决生效证明书应当包含有关当事人婚姻缔结的时间、地点以及婚姻关系解除的时间和有关裁判文书的案号。离婚判决生效证明书应当归档留存。离婚判决生效后,当事人可以申请人民法院出具离婚判决生效证明书。”山东临沂中院**《关于审理民事案件的若干指导意见(试行)/婚姻家庭部分》**(2011年3月29日　临中法〔2011〕55号)第10条:“一审离婚判决生效后,人民法院应当根据最高人民法院的相关规定,应当事人的申请,为其出具判决生效证明。”第11条:“人民法院受理离婚案件时或首次开庭时应收取双方的结婚证并入卷。如认为不应判决离婚,可复印后原件退回。”浙江高院行政审判庭**《关于审理婚姻登记行政案件具体适用法律若干问题的指导意见(试行)》**(2010年12月29日　浙高法行〔2010〕8号)第12条:“人民法院判决撤销被诉婚姻登记行为的,应当收缴诉讼参与人的婚姻登记证书。”山东临沂中院**《民事审判工作座谈会纪要(婚姻家庭部分)》**(2009年11月10日　临中法〔2009〕109号)第4条:“关于离婚生效证明及告知判决生效前不得结婚的问题。在近几年的司法实践中,个别离婚案件当事人在二审期间即出现了与他人结婚的问题,亦有个别当事人到中院申请出具离婚生效证明的问题,出现上述问题的原因可能在于新任法官对旧有的法律及司法解释不了解,亦可能因管理不严、培训不到位等造成。经协商,会议就此达成如下一致意见:一是一审离婚判决宣判后,人民法院应根据最高人民法院《关于离婚案件当事人一方收到判决书,须待对方收到判决书,过了上诉期限,判决发生法律效力后,才可另行结婚问题的复函》(〔1958〕法研字第22号)的相关规定,告知双方当事人,在上诉期间,任何一方不得结婚。如有一方在宣判时未到庭,或者距离人民法院较远不能及时收到判决书,应当告知宣判时到庭或者收到判决书较早的一方,须待对方收到判决书,过了上诉期限,判决发生法律效力后(有法院出具的生效证明),才可另行结婚,上述告知事项应当记录在卷。二是生效证明的出具问题。一审离婚判决生效后,人民法院应当根据最高人民法院《关于第一审离婚判决生效后应出具证明书的通知》(编者注:已于2021年1月1日起废止)的相关规定,应当事人的申请,为其出具判决生效证明。其格式与民事判决书的格式相同:标题为山东省××县(区)人民法院(另起一行)证明书;再起一行靠右为文书编号:(年度)×民初字第×号(同案件立案编号);正文内容为:本院关于×××诉×××离婚一案的(年度)×民初字第×号民事判决书,已于×年×月×日生效;再下靠右为年月日加盖印章(不需要合议庭署名)。三是为避免离婚判决生效后结婚证不收回可能产生的消极后果,原则上立案后或开庭时即应收取双方的结婚证,并入卷。如认为不应判决离婚,可复印后原件退回。该做法已经形成有效的司法惯例,资深法官执行得很好。但近年来,随着人员更新,业务传承出现断层,该惯例有逐渐淡化、消失的迹象。民间借贷案件亦存在类似问题,即亦存在判决后不收回借条原件入卷从而导致重复起诉的问题,在此有必要特别强调一下,希望在今后的审判工作中继续遵照执行。"

3. 假离婚。最高人民法院吴晓芳法官**《关于婚姻家庭纠纷审理热点难点问答》**〔载《民事法律文件解读》2012年第8辑(总第92辑)〕第7条:"离婚后财产纠纷有哪些类型?答:近年来,全国法院受理的离婚后财产纠纷案件呈逐年递增趋势,主要存在以下几种类型:……5. 当初离婚系'假离婚'或其他原因,未对夫妻共同财产进行处理,后产生纠纷又起诉到法院请求分割。离婚后请求分割离婚时未处理的夫妻共同财产,属于共有物分割请求权,夫妻双方对共有物实际上一直处在共同共有的状态,只不过双方在离婚后不再具有法律上的夫妻关系。故一方请求分割离婚时未处理的夫妻共同财产,不应受到诉讼时效的限制,法院不能以离婚已经超过两年为由不予受理。"第8条:"双方离婚后,一方以尚有夫妻共同财产未处理为由向人民法院起诉请求分割的,经审查确属离婚时未涉及的夫妻共同财产,人民法院可以依法予以分割吗?答:离婚后财产纠纷中的财产范围,既包括离婚时未涉及的共同财产,比如有的当事人为了某个目的'假离婚',登记或诉讼离婚时未涉及夫妻共同财产的分割问题;也包括婚姻法第四十七条所规定的一方在离婚时隐藏、转移、变卖、毁损的夫妻共同财产及伪造债务侵占的另一方的财产。对于离婚时尚未涉及的夫妻共同财产,实际上一直处于双方共同共有的状态,一方起诉主张分割的,人民法院应当受理并依法予以分割。根据婚姻法的规定,婚姻关系存续期间取得的财产,除法律有特别规定或夫妻双方有特别约定外,即为夫妻共同财产,夫妻对婚姻关系存续期间取得的同一财产享有所有权,即'一物一权,数个所有权人',夫妻双方都是物权的所有权人。物权具有追及效力,即物权成立后,不论其标的物辗转至何人之手,权利人都可以追击标的物之所在,并直接行使权利。如果夫妻离婚时尚有部分共同财产没有处理,该部分未分割的财产仍然属于双方共有的物权,也就是说,双方是在没有配偶身份的情况下共有物权,一方可根据物权的追及效力,要求分割共同财产。"最高人民法院吴晓芳法官**《关于婚姻家庭纠纷审理热点难点问答》**〔载《民事法律文件解读》2011 年第 11 辑(总第 83 辑)〕第 46 条:"对假离婚应如何处理? 答:假离婚,是指当事人为了满足一方或者双方的某种利益骗取对方的同意或者双方协商后,通过婚姻登记机关或者法院调解离婚,双方当事人离婚后,又继续以夫妻名义同居生活。出现矛盾后,一方甚至双方要求撤销离婚登记或离婚调解书。对于这种假离婚纠纷,笔者认为,作为具有完全民事行为能力的自然人,对于解除夫妻身份关系的离婚,应该十分清楚其法律后果。无论出于何种目的,该行为的意思表示都是当事人自己做出的,不存在一方受对方或者第三人欺诈、胁迫的问题。双方一旦在婚姻登记机关办理离婚登记领取了离婚证书或在人民法院调解离婚签收了调解书,其婚姻关系即正式解除。尽管离婚后双方还以夫妻名义在一起共同生活,但这种同居关系是不受法律保护的。对于事后一方或双方反悔要求撤销离婚登记或法院调解书的,一般不予支持。最高人民法院早在 1979 年就对假离婚问题有过复函:'从法律上说,张某某与陈某某的离婚是合法的,张某某与朱某某的结婚也是合法的。现在陈某某以他们的离婚登记,是张某某用先离婚后复婚的欺骗手段造成的假离婚,要求予以撤销,并要求废除张某某与朱某某的婚姻关系,维持她与张某某的夫妻关系。这种要求,在法律上是站不住脚的。陈某某与张某某在离婚当时,都是具有法律行为能力的公民,双方依法办理了离婚手续,并已经发生了法律效力,从那时起,他们之间的婚姻关系,在法律上已经消灭。'"最高人民法院**《关于陈建英诉张海平"假离婚"案的请示报告的复函》**(1979 年 12 月 31 日 〔79〕反监字第 2029 号):"……陈建英与张海平是经过双方申请,于 1976 年 8 月 16 日去兰州市七里河区革委会协议离婚的,双方对子女抚养和财产也达成了一致意见,领取了离婚证。张海平与朱小渝于 1978 年 1 月 9 日在北京经合法手续登记结婚,领取了结婚证。从法律上说,张海平与陈建英的离婚是合法的,张海平与朱小渝的结婚也是合法的。现在陈建英以他们的离婚登记,是张海平用先离婚后复婚的欺骗手段造成的假离婚,要求予以撤销;并要求废除张海平与朱小渝的婚姻关系,维持她与张海平的夫妻关系。这种要求,在法律上是站不住脚的。陈建英与张海平在离婚当时,都是具有法律行为能力的公民,双方依法办理了离婚手续,并已经发生了法律效力,从那时起,他们之间的婚姻关系,在法律上已经消灭。根据案卷的调查材料,造成他们离婚,双方都有责任,张海平的责任可能多一些。但从案件情况来看,都还是批评教育问题,使他们今后能严肃慎重地处理婚姻家庭问题,不影响已经登记离婚的合法性……”民政部办公厅**《关于能否撤销李某与张某离婚登记问题的复函》**(2003 年 5 月 22 日　民办函〔2003〕71 号):“……从你厅的请示和所附材料看,李某与张某办理离婚登记时,离婚意思表示明确,证件证明齐全,程序合法。当事人李某以假离婚、离婚的目的是逃避债务为由,请求宣布其解除婚姻关系无效,没有法律依据:(1)《婚姻法》第三十一条规定‘男女双方自愿离婚的,准予离婚。双方必须到婚姻登记机关申请离婚。婚姻登记机关查明双方确实是自愿并对子女和财产已有适当处理时,发给离婚证’。婚姻法没有关于离婚目的的规定,也未规定离婚目的对离婚效力的影响。(2)《婚姻登记管理条例》第 25 条‘申请婚姻登记的当事人弄虚作假、骗取婚姻登记的,婚姻登记管理机关应当撤销婚姻登记,……对离婚的当事人宣布其解除婚姻关系无效并收回离婚证’是指申请人不符合婚姻登记的实质条件,通过弄虚作假,骗取登记的,婚姻登记机关应当撤销登记。而李某与张某是双方自愿离婚,并对子女抚养和财产处理达成一致意见(见双方的离婚协议书),不存在不符合离婚登记实质条件的情况,因此,婚姻登记机关不能撤销李某与张某的离婚登记。当事人所在单位出具的证明内容是否是真实的,单位是否真实地知道当事人的离婚目的以及是否认真做了调解和好工作,不影响离婚登记效力。关于离婚当事人之间以及当事人与第三人之间财产、债务纠纷,可以向人民法院提起诉讼,由人民法院根据具体情况进行调解或判决。《婚姻法》第四十一条规定‘离婚时,原为夫妻共同生活所负债务,应当共同偿还。共同财产不足清偿的,或财产归各自所有的,由双方协议清偿;协议不成时,由人民法院判决。’1986 年 10 月 3 日最高人民法院《关于男女双方登记离婚后,因对财产、子女抚养发生纠纷,当事人向人民法院起诉的,法院应予受理的批复》(〔1986〕民他字第 45 号)规定‘男女双方经婚姻登记机关办理离婚登记后,因对财产、子女抚养引起纠纷,当事人向人民法院起诉的,可直接由有关法院依法受理’。”江苏高院**《执行异议及执行异议之诉案件审理指南(二)》**(2019 年 2 月 26 日)第 27 条:“执行依据确定的债务人为夫妻一方,被执行人在案涉房产查封前已经协议离婚,约定被查封房产归另一方所有,被执行人原配偶提起执行异议及异议之诉的,区分下列情形处理:(1)案涉房产已经过户登记到被执行人原配偶名下,被执行人原配偶因此提起案外人执行异议之诉,请求排除执行的,如果离婚财产协议分割行为发生在执行依据诉讼或仲裁之前,或者发生在执行依据所确定的债务形成之前的,应予支持。申请执行人有证据证明被执行人系与案外人虚假离婚放弃财产或无偿转让财产的,可根据《合同法》第五十二条、第七十四条规定另行起诉,请求确认夫妻财产分割协议无效或撤销该协议……”

4. 边民。民政部《**中国边民与毗邻国边民婚姻登记办法**》(2012年10月1日)第12条:"中国边民与毗邻国边民在中国边境地区自愿离婚的,应当共同到中国边民常住户口所在地的婚姻登记机关办理离婚登记。"第13条:"办理离婚登记的双方当事人应当出具下列证件、证明材料:(一)本人的结婚证;(二)双方当事人共同签署的离婚协议书。除上述材料外,办理离婚登记的中国边民还需要提供本人的居民户口簿和居民身份证,毗邻国边民还需要提供能够证明边民身份的有效护照、国际旅行证件或者边境地区出入境通行证件。离婚协议书应当载明双方当事人自愿离婚的意思表示以及对子女抚养、财产及债务处理等事项协商一致的意见。"第14条:"办理离婚登记的当事人有下列情形之一的,婚姻登记机关不予受理:(一)未达成离婚协议的;(二)属于无民事行为能力或者限制民事行为能力人的;(三)其结婚登记不是在中国内地办理的。"第15条:"婚姻登记机关应当对离婚登记当事人出具的证件、证明材料进行审查并询问相关情况。对当事人确属自愿离婚,并已对子女抚养、财产、债务等问题达成一致处理意见的,应当当场予以登记,发给离婚证。"第16条:"离婚的男女双方自愿恢复夫妻关系的,应当到婚姻登记机关办理复婚登记。复婚登记适用本办法关于结婚登记的规定。"第17条:"结婚证、离婚证遗失或者损毁的,中国边民可以持居民户口簿、居民身份证,毗邻国边民可以持能够证明边民身份的有效护照、国际旅行证件或者边境地区出入境通行证向原办理婚姻登记的机关或者中国一方当事人常住户口所在地的婚姻登记机关申请补领。婚姻登记机关对当事人的婚姻登记档案进行查证,确认属实的,应当为当事人补发结婚证、离婚证。"

【参考类案】

①2013年**河南某婚姻登记行政诉讼案**,2005年,唐某与常某结婚。2011年,唐某被医院诊断为精神分裂症,经鉴定为限制民事行为能力人。2012年,唐某与常某在民政局办理离婚登记。事后,唐某法定代理人诉请民政局撤销离婚证。法院认为:加强离婚登记管理,依法进行离婚登记是婚姻登记的基本要求,也是实现《婚姻法》规定的婚姻自由基本原则的法制措施。《婚姻登记条例》第12条规定:"办理离婚登记的当事人有下列情形之一的,婚姻登记机关不予受理:(一)未达成离婚协议的;(二)属于无民事行为能力人或者限制民事行为能力人的……"第13条规定:"婚姻登记机关应当对离婚登记当事人出具的证件、证明材料进行审查并询问相关情况。对当事人确属自愿离婚,并已对子女扶养、财产、债务等问题达成一致处理意见的,应当当场登记发给离婚证。"本案中,唐某在离婚证颁发前,已经患有精神分裂症,有在医院治疗的证据证实。民政局未提供充分证据证明其已按照《婚姻登记条例》要求进行了有效询问和查验,致使限制民事行为能力人唐某在不能完

全表达真实意愿又无法定代理人在场情况下,而确认其意愿表达的真实性并进行了离婚登记,属事实不清,主要证据不足;且民政局应适用《婚姻登记条例》第12条规定对限制民事行为能力人唐某离婚登记申请不予受理而违规受理,亦属适法错误。判决撤销民政局核发的唐某与常某离婚证。

②2013年**江苏某婚姻登记行政诉讼案**,1998年,殷某与江某登记结婚。2008年,江某与一自称"殷某"女子离婚。2010年,江某与张某登记结婚。同年,江某死亡。生效判决确认民政局办理江某与殷某离婚登记行政行为违法。随后,殷某诉请确认民政局为江某与张某颁发结婚登记证书行为违法。法院认为:一般而言,婚姻登记双方当事人之外的其他人无权对婚姻登记行为提起行政诉讼,但如第三人与婚姻登记双方当事人之一的婚姻关系尚未解除或经法院确认解除婚姻关系行为违法,其基于原婚姻关系存续仍依法享有配偶身份权以及财产权、继承权等相关民事权利,即有权对该登记行为提起行政诉讼。本案中,殷某同张某与江某结婚登记行为具有法律上利害关系,具有行政诉讼原告主体资格。对照国务院《婚姻登记条例》、民政部《婚姻登记工作暂行规范》及江苏省民政厅《江苏省婚姻登记工作规范》规定,民政局向江某与第三人张某颁发结婚证具体行政行为在程序上并无不当。然而,婚姻登记行为不仅涉及婚姻登记当事人双方之间合意,同时涉及行政机关公权力行使,且因婚姻关系设立影响婚姻家庭关系乃至一定区域内社会秩序稳定,故在婚姻关系设立时需公权力因素介入,其成立需遵循我国行政公权力设定的一定原则。当前我国制定的婚姻制度实行的是婚姻自由、一夫一妻、男女平等原则。本案中,殷某与江某离婚登记行为已被确认无效,意味着两人之间婚姻关系仍然存续,故江某与张某之间婚姻登记行为违反了我国一夫一妻原则性规定,应认定无效。判决确认民政局为江某与张某颁发结婚证具体行政行为无效。

③2009年**江苏某婚姻登记行政诉讼案**,2008年,与周某结婚16年的毛某携一冒名女子持相关证件到民政局办理了离婚登记。周某起诉民政局,要求确认该离婚登记具体行政行为无效。法院认为:民政局在为毛某及冒名周某的女子办理离婚登记时,虽已根据《婚姻登记条例》有关规定履行了相应审查义务,但仅限于对形式要件审查,审查内容不全面,导致毛某与冒名女子得以骗取了离婚证,存在重大明显瑕疵。民政局在受欺骗情况下作出离婚登记发证行为存在重大明显瑕疵,且不符合《婚姻法》和《婚姻登记条例》离婚登记条件,故判决确认无效。

④2008年**重庆某婚姻登记行政诉讼案**,2008年,方某与丈夫杨某在民政局协议离婚,双方声明载明已对子女抚养、财产、债务达成一致处理意见。在未收离婚协议、未注销结婚证情况下,民政局颁发了离婚登记证。杨某随后与他人结婚。方某诉民政局要求撤销离婚证。法院认为:民政局虽无确凿证据证明其办理离婚证时收集了双方书面离婚协议,应认定其存在过错,但该过错并不足以导致离婚证失

效。因办离婚登记时,有经双方签字认可的申请离婚登记声明书。杨某随后与他人结婚,一旦撤销本案所诉离婚登记,将会导致杨某形式上存在两个婚姻,明显违背我国《婚姻法》基本精神,故本次离婚登记行为虽存在程序瑕疵,但不应撤销。结婚证未及时注销,属于离婚登记行政行为完成后手续完善问题,不会影响离婚登记行政行为效力,故应驳回方某要求撤销离婚证诉请。

⑤2001年**湖北某离婚纠纷案**,2000年,因刘某未达法定婚龄,应某为其制作虚假身份证明后,双方办理结婚登记。同年11月,刘某生育一子。2001年5月,应某以刘某不达法定婚龄与其结婚为由,诉请解除无效婚姻关系。法院认为:《婚姻法》第34条规定:"女方在怀孕期间、分娩后一年内或终止妊娠后六个月内,男方不得提出离婚。"第10条规定:"有下列情形之一的,婚姻无效……(四)未到法定婚龄的。"最高人民法院《关于适用〈中华人民共和国婚姻法〉若干问题的解释(一)》(已于2021年1月1日起废止)第8条规定:"当事人依据《婚姻法》第十条规定向人民法院申请宣告婚姻无效的,申请时,法定的无效婚姻情形已经消失的,人民法院不予支持。"本案中,双方当事人以虚假身份证明隐瞒刘某真实年龄登记结婚,且登记结婚时刘某未到结婚年龄,此种行为虽系违法,婚姻应属无效,但刘某此期间分娩生育一子,至应某起诉时仅有7个月。鉴于刘某现正处于上述特定期间内,应予特殊保护。为维护妇女儿童合法权益,对应某在刘某分娩不到一年内起诉,要求解除双方无效婚姻关系诉请,不予支持。判决驳回应某起诉。

【典型类案实务要点】

1.**【民政局为精神病人办离婚登记虽无过错,仍应撤销】**婚姻登记机关在办理离婚行政登记过程中没有过错,但事后被证明认定事实错误的,虽可避免承担行政责任,但认定事实错误的婚姻登记行为应依法撤销。

2.**【民政局为限制民事行为能力人办理离婚,可予撤销】**限制民事行为能力人在不能完全表达真实意愿又无法定代理人在场情况下,在民政局办理离婚登记,该离婚证可予撤销。

3.**【骗取离婚登记一方又与他人登记结婚的,登记无效】**骗取离婚登记一方又与他人登记结婚的,民政局登记程序虽合法,但违反婚姻登记行为实质性要求的,应确认结婚登记行为无效。

4.**【假冒配偶之名办理离婚登记,应由法院确认为无效】**申请办理离婚登记的一方当事人找人冒充配偶之名,骗取离婚证的,因婚姻登记机关在受欺骗情况下作出的离婚登记发证行为存在重大明显瑕疵,且不符合法定离婚登记条件,应确认无效。

5.**【离婚登记程序有瑕疵,不必然导致婚姻登记被撤销】**婚姻登记行为法律效力主要取决于是否符合结婚或离婚实质要件,违反婚姻登记程序不能轻易否定婚姻登记法律效力。

6.【**女方分娩后一年内,起诉解除无效婚姻,应予驳回**】男方以结婚时女方未达法定婚龄未理由诉请解除无效婚姻的,因在女方分娩后一年以内,应认定不符合起诉条件。

【类案裁判一般规则】

离婚登记行为法律效力主要取决于是否符合离婚实质要件,违反离婚登记程序不能轻易否定离婚登记法律效力。

【典型参考案例索引】

主旨案例:浙江瑞安法院(2015)温瑞行初字第1号“蔡阿媚与瑞安市民政局等行政诉讼案”,见《限制民事行为能力人婚姻登记的审查标准》(林波),载《人民司法·案例》(201623:94)。**其他案例:**①河南南阳中院(2013)南行终字第119号“唐俭兰与河南省内乡县民政局、昌玉团行政诉讼案”,见《离婚登记诉讼中法院应对据以登记的法律基础作实质性审查》(柳殿奎、杨慧文),载《人民司法·案例》(201424:63);另见《法院对离婚登记行政案件应遵循的审查原则——河南南阳中院判决唐某诉内乡民政局离婚登记行政案》(杨慧文、郭晓菊),载《人民法院报·案例指导》(20131024:06)。②江苏泰州中院(2013)泰中行终字第0061号“殷福娣与靖江市民政局等行政诉讼案”,见《第三人对婚姻登记提起行政诉讼的资格审查》(蔡鹏),载《人民司法·案例》(201408:93)。③江苏南京江宁区法院(2009)江宁行初字第9号“周某诉某民政局等行政诉讼案”,见《婚姻登记行政机关因受相对人的欺骗作出的婚姻登记行政行为,应由人民法院确认无效——周福云诉南京市江宁区民政局确认离婚证无效案》(吕润进),载《人民法院案例选·月版》(200912/12:129)。④重庆高院(2008)渝高法行终字第118号“方某诉某民政局行政诉讼案”,见《婚姻登记行政诉讼的司法审查标准》(樊非、刘兴旺),载《人民司法·案例》(200916:101)。⑤湖北武汉江汉区法院2001年8月30日“应某与刘某离婚纠纷案”,见《应超在女方分娩后一年以内以结婚时女方不达法定婚龄为理由诉刘媛媛解除无效婚姻案》(肖玮),载《人民法院案例选》(200204/42:84)。

3. 补办婚姻登记的效力
——补办理登记,是否有效力?

【补办登记】

【案情简介及争议焦点】

2014 年,邢某与柴某诉讼中调解离婚。2015 年,依邢某与柴某遗失补证申请,民政局为二人补办了结婚证。其后,二人再次到民政局办理离婚时,被告知不能办理。邢某遂起诉民政局,要求撤销其补发结婚证行为。

争议焦点:1. 本案民政局是否具有补发结婚证职权? 2. 颁证行为应否撤销?

【裁判要点】

1. 本案民政局具有为邢某及第三人补发结婚证的职权。《婚姻登记条例》第 2 条第 1 款规定:"内地居民办理婚姻登记的机关是县级人民政府民政部门或者乡(镇)人民政府,省、自治区、直辖市人民政府可以按照便民原则确定农村居民办理婚姻登记的具体机关。"第 17 条规定:"结婚证、离婚证遗失或者损毁的,当事人可以持户口簿、身份证向原办理婚姻登记的机关或者一方当事人常住户口所在地的婚姻登记机关申请补领。婚姻登记机关对当事人的婚姻登记档案进行查证,确认属实的,应当为当事人补发结婚证、离婚证。"故本案民政局具有为邢某及第三人补发结婚证的职权。

2. 本案民政局补发结婚证行为缺乏事实基础,应撤销。本案中,邢某与第三人未将已经法院调解离婚的事实如实告知民政局,未向民政局提交法院民事调解书,而是提交结婚证遗失声明、补领申请,以结婚证遗失为由申请补领结婚证,属于申报情况明显与事实不符。民政局在收到相关材料后,审查了该二人身份证、户口簿及婚姻登记档案,为二人补发结婚证,已尽审慎审查义务。鉴于邢某与第三人已经法院调解离婚,民政局为二人补发结婚证行为缺乏事实基础,故判决撤销该补发结婚证。但邢某与第三人未向民政局如实陈述客观事实行为,有违诚实守信原则,法院提出批评。

【裁判依据或参考】

1. 法律规定。《民法典》(2021 年 1 月 1 日)第 1049 条:“要求结婚的男女双方应当亲自到婚姻登记机关申请结婚登记。符合本法规定的,予以登记,发给结婚证。完成结婚登记,即确立婚姻关系。未办理结婚登记的,应当补办登记。”

2. 行政法规。《婚姻登记条例》(2003 年 10 月 1 日)第 8 条:“男女双方补办结婚登记的,适用本条例结婚登记的规定。”第 14 条:“离婚的男女双方自愿恢复夫妻关系的,应当到婚姻登记机关办理复婚登记。复婚登记适用本条例结婚登记的规定。”第 17 条:“结婚证、离婚证遗失或者损毁的,当事人可以持户口簿、身份证向原办理婚姻登记的机关或者一方当事人常住户口所在地的婚姻登记机关申请补领。婚姻登记机关对当事人的婚姻登记档案进行查证,确认属实的,应当为当事人补发结婚证、离婚证。”第 18 条:“婚姻登记机关及其婚姻登记员有下列行为之一的,对直接负责的主管人员和其他直接责任人员依法给予行政处分:(一)为不符合婚姻登记条件的当事人办理婚姻登记的;(二)玩忽职守造成婚姻登记档案损失的;(三)办理婚姻登记或者补发结婚证、离婚证超过收费标准收取费用的。违反前款第(三)项规定收取的费用,应当退还当事人。”

3. 最高人民法院司法解释及其他司法性文件/解读文章。最高人民法院**《关于适用〈中华人民共和国民法典〉婚姻家庭编的解释(一)》**(2021 年 1 月 1 日　法释〔2020〕22 号)第 6 条:“男女双方依据民法典第一千零四十九条规定补办结婚登记的,婚姻关系的效力从双方均符合民法典所规定的结婚的实质要件时起算。”第 17 条:“当事人以民法典第一千零五十一条规定的三种无效婚姻以外的情形请求确认婚姻无效的,人民法院应当判决驳回当事人的诉讼请求。当事人以结婚登记程序存在瑕疵为由提起民事诉讼,主张撤销结婚登记的,告知其可以依法申请行政复议或者提起行政诉讼。”第 19 条:“民法典第一千零五十二条规定的‘一年’,不适用诉讼时效中止、中断或者延长的规定。受胁迫或者被非法限制人身自由的当事人请求撤销婚姻的,不适用民法典第一百五十二条第二款的规定。”第 20 条:“民法典第一千零五十四条所规定的‘自始没有法律约束力’,是指无效婚姻或者可撤销婚姻在依法被确认无效或者被撤销时,才确定该婚姻自始不受法律保护。”第 21 条:“人民法院根据当事人的请求,依法确认婚姻无效或者撤销婚姻的,应当收缴双方的结婚证书并将生效的判决书寄送当地婚姻登记管理机关。”第 22 条:“被确认无效或者被撤销的婚姻,当事人同居期间所得的财产,除有证据证明为当事人一方所有的以外,按共同共有处理。”最高人民法院法官郑学林、刘敏、王丹**《〈关于适用民法典婚姻家庭编的解释(一)〉的若干重点问题的理解与适用》**(载《人民司法》2021 年第 13 期):“……关于同居关系问题。民法典第一千零四十九条规定,要求结婚的男女双方应当亲自到婚姻登记机关申请结婚登记。符合本法规定的,予以登记,发给结婚证。完成结婚登记,即确立婚姻关系。未办理结婚登记的,应当补办登记。可见,法律倡导有结婚意愿的男女通过办理结婚登记的方式保护其合法权益,未办理结婚登记的,应当补办登记。虽然单身适婚男女同居是当事人的自主选择,不再被认定为违法行为,但法律对该种行为是持否定态度的,表现在未办理结婚登记的,双方不具有夫妻之间的权利义务关系,相互之间的扶养、继承等有关身份权利无法得到法律的保障。同居关系问题非常复杂,1989 年最高人民法院就曾出台《关于人民法院审理未办结婚登记而以夫妻名义同居生活案件的若干意见》,针对当时同居引发的纠纷进行规范。该意见距今已经 30 余年,经济社会生活以及人们的思想观念发生了巨大变化,同居群体的年龄结构、心理预期、财产形式等均与 30 年前有很大不同,该司法解释确立的规则大部分已经不能适应新的审判实践需要,而新规则的确立需要考量社会、文化、心理等多方面因素,更需要大量的审判实践支持,在广泛深入的调研后再出台有针对性的规则更为适宜,因此,清理中整体废止了上述关于同居的司法解释。同时,对婚姻法司法解释中的其他相关条文也进行了体系化梳理和修改,具体有以下几个问题需要关注:1. 关于补办登记是否具有溯及力的问题。民法典第一千零四十九条规定,完成结婚登记,即确立婚姻关系。结婚登记是男女缔结婚姻关系的法定必经程序,因此原则上双方应当以结婚登记作为婚姻关系确立的起点。该条同时规定,未办理结婚登记的,应当补办登记。在编撰民法典时,对该条后半部分是否予以保留有过争议,其中就包括补办登记的情况下婚姻关系自何时确立的问题,最后民法典仍保留了原婚姻法的表述,但是,对于补办结婚登记的情况下婚姻关系的效力能否具有溯及力没有明确。我们认为,既然法律规定可以补办登记,那么认定补办登记具有溯及既往的效力更能保护当事人的权益。即不仅认可事实婚姻关系在补办登记后的合法婚姻效力,而且对补办登记前的事实婚姻关系也应予以认可。但对补办登记前婚姻效力的追及认可,是以没有办理结婚登记即以夫妻名义同居生活的男女双方必须具备结婚的法定实质要件为条件的,即补办登记的溯及力自男女双方均符合结婚的实质要件时起算,而不是溯及男女双方以夫妻名义同居生活时。对于该条规定,人大法工委在征求意见的回函中亦未提出不同意见……”最高人民法院民一庭**《民事审判实务问答(同居、事实婚姻问题)》**(2005 年 4 月)第 2 条:“审理‘未办理结婚登记而以夫妻名义共同生活的男女’的‘离婚’案,如果认为其符合结婚的条件,在告知其补办结婚登记后仍不补办的,应如何处理?答:对未办理结婚登记而以夫妻名义共同生活的男女所提起的‘离婚’诉讼,最高人民法院关于适用《中华人民共和国婚姻法的解释(一)》第五条规定,应当区别对待:‘(一)1994 年 2 月 1 日民政部《婚姻登记管理条例》公布实施前,男女双方已经符合结婚实质要件的,按事实婚姻处理。

(二)1994年2月1日民政部《婚姻登记管理条例》公布实施以后,男女双方符合结婚实质要件的,人民法院应当告知其在案件受理前补办结婚登记未补办结婚登记的,按解除同居关系处理’。根据上述规定,对法院告知其补办结婚登记后仍不补办的,应按解除同居关系处理。”第6条:“如何认定事实婚姻?自2001年婚姻法修改后,事实婚姻还受法律保护吗?答:事实婚姻是相对于法律婚姻而言的,在我国,1980年婚姻法对婚姻的无效或撤销未做明文规定,2001年婚姻法修订以后,强化了程序上的实质审查登记要件,即如果没有办理登记手续,即使以夫妻名义共同生活多年,法律也不承认双方的夫妻关系。但同时新修订的婚姻法又增加了补登记制度,为那些共同生活但没有办理结婚登记的男女双方提供了一个补救的机会和措施,使双方能够更好的得到法律的保护。随后为了解决现实中存在的那些诉讼到人民法院要求离婚且又坚持不办理补登记手续的男女双方的共同生活状态应如何认定的问题,《最高人民法院在关于适用婚姻法若干问题的解释(一)》第五条作出了专门的规定:‘未按婚姻法第八条规定办理结婚登记而以夫妻名义共同生活的男女,起诉到人民法院要求离婚的,应当区别对待:(一)1994年2月1日民政部《婚姻登记管理条例》公布实施以前,男女双方已经符合结婚实质要件的,按事实婚姻处理;(二)1994年2月1日民政部《婚姻登记管理条例》公布实施以后,男女双方符合结婚实质要件的,人民法院应当告知其在案件受理前补办结婚登记未补办结婚登记的,按解除同居关系处理。’结合现行婚姻法和相关司法解释,可以看出我国在一定的范围内承认事实婚姻的合法性。根据司法解释的规定,认定构成事实婚姻的截止时间是1994年2月1日,在此之前男女双方符合结婚实质要件的,按事实婚姻处理,法律给予应有的保护,而不问双方共同生活的时间长短,也不论双方共同生活初期或者某个阶段中可能还不完全符合婚姻关系的实质要求等情况的存在,只要在1994年2月1日这一天之前具备了结婚实质要件的,都可以认定为事实婚姻。在1994年2月1日之后,如果没有办理婚姻登记,则不再是事实婚姻,除非是男女双方补办登记手续,否则当事人基于婚姻而产生的合法权益就得不到法律的保障。”最高人民法院**《关于适用〈中华人民共和国婚姻法〉若干问题的解释(一)》**(2001年12月27日　法释〔2001〕30号,已于2021年1月1日起废止)第4条:“男女双方根据婚姻法第八条规定补办结婚登记的,婚姻关系的效力从双方均符合婚姻法所规定的结婚的实质要件时起算。”

4. 部门规章。民政部**《关于印发〈婚姻登记工作规范〉的通知》**(2016年2月1日)第42条:“申请补办结婚登记的,当事人填写《申请补办结婚登记声明书》,婚姻登记机关按照结婚登记程序办理。”第42条:“申请复婚登记的,当事人填写《申请结婚登记声明书》,婚姻登记机关按照结婚登记程序办理。”民政部办公厅**《关于补发婚姻登记证中相关字段填写问题的复函》**(2007年1月9日　民办函〔2007〕3

号)第1条:“补发婚姻登记证中‘姓名’、‘国籍’、‘身份证件号’、‘出生日期’的填写:婚姻登记证是当事人依法缔结或解除婚姻关系的法律文书。按照《婚姻登记条例》和《民政部婚姻登记工作暂行规范》(民发〔2003〕127号,以下简称《暂行规范》)的规定,申请补领婚姻登记证必须具备两个条件:一是当事人依法缔结或解除了婚姻关系,二是该关系持续至今。由此可见,婚姻登记机关为当事人补发的婚姻登记证反映的是补发时当事人双方之间存在夫妻或离异关系(排除可能有人弄虚作假,骗取婚姻登记证的情形)。因此,补发婚姻证中的‘姓名’、‘国籍’、‘身份证件号’、‘出生日期’应当按照当事人申请补领时出具的身份证件上的内容填写。”第2条:“补发婚姻登记证中‘登记日期’的填写:婚姻登记证中的‘登记日期’是指当事人进行结婚登记或离婚登记的日期。《中华人民共和国婚姻法》规定,‘要求结婚的男女双方必须亲自到婚姻登记机关进行结婚登记。符合本法规定的,予以登记,发给结婚证。取得结婚证,即确立夫妻关系’,‘男女双方自愿离婚的,准予离婚。……婚姻登记机关查明双方确实是自愿并对子女和财产问题已有适当处理时,发给离婚证’,因此,‘登记日期’即是双方当事人依法登记建立或解除婚姻关系的日期。鉴于婚姻登记证在不同时期有不同的式样,早年登记的当事人持新版式婚姻登记证有可能引发真实性的质疑,新版婚姻登记证专门设‘备注’栏,解决这一问题。《民政部办公厅关于启用新式婚姻登记证等问题的通知》(民办函〔2003〕166号)规定:‘当事人结婚证、离婚证遗失或损毁的,仍补发结婚证、离婚证,但须在证件备注中注明:结(离)婚证遗失(损毁),补发此证。××××年××月××日(补发日期)。’即补发原因和补发日期填写在‘备注’栏中。”第3条:“补发婚姻登记证中‘结(离)婚证字号’的填写:婚姻登记证中‘结(离)婚证字号’是从方便管理的角度,由婚姻登记机关为发出证书设定的编号。按照《暂行规范》的规定,‘结(离)婚证字号’反映的是办理该登记的机关、登记年份及登记序号。由于补发婚姻登记证与办理婚姻登记,发给结婚证(或离婚证)的性质不同(办理婚姻登记,发给结婚证,当事人即建立夫妻关系。办理离婚登记,发给离婚证,当事人即解除夫妻关系。无论是结婚登记、还是离婚登记,当事人之间的民事关系都发生了改变。但是,补领婚姻登记证,不改变当事人之间的民事关系,如果当事人婚姻登记证丢失或损毁后,未到婚姻登记机关补领,双方的夫妻或离异关系依然存在),属于不同的类别,其编号应当与婚姻登记发证编号有区别。《民政部办公厅关于规范补领婚姻证件字号的复函》(民办函〔2005〕70号)规定:‘补领婚姻登记证类可以在字号中增加「补」字。’另外,由于婚姻登记证中的‘结(离)婚证字号’对当事人之间的婚姻关系并无实质影响,而且相当一部分早期的婚姻登记档案中并未设置证书字号,因此,新版婚姻登记证中未设计填写原婚姻证件字号。如果当事人要求取得原婚姻登记信息(姓名、国籍、身份证件号、出生日期、证书字号)证明,可以按照

《婚姻登记档案管理办法》向婚姻登记档案保管部门申领加盖婚姻登记档案保管部门印章的婚姻登记档案复印件。”民政部办公厅**《关于规范补领婚姻证件字号的复函》**(2005 年 4 月 15 日　民办函〔2005〕70 号):“……补领婚姻登记证与婚姻登记的性质不同,他们的统计和归档属于不同类别,编号亦应有所区别。补领婚姻登记证类可以在字号中增加‘补’字。”民政部**《关于贯彻执行〈婚姻登记条例〉若干问题的意见》**(2004 年 3 月 29 日　民函〔2004〕76 号)第 6 条:“关于补领结婚证、离婚证问题。申请补领结婚证、离婚证的当事人出具的身份证、户口簿上的姓名、年龄、身份证号与原婚姻登记档案记载不一致的,当事人应书面说明不一致的原因,婚姻登记机关可根据当事人出具的身份证件补发结婚证、离婚证。当事人办理结婚登记时未达法定婚龄,申请补领时仍未达法定婚龄的,婚姻登记机关不得补发结婚证。当事人办理结婚登记时未达法定婚龄,申请补领时已达法定婚龄的,当事人应对结婚登记情况作出书面说明;婚姻登记机关补发的结婚证登记日期应为当事人达到法定婚龄之日。”民政部**《关于婚姻登记若干问题的解答》**(1986 年 9 月 11 日　民〔1986〕民 29 号)第 5 条:“《婚姻登记办法》规定,办理复婚登记时应收回《离婚证》。由法院判决离婚的当事人申请复婚时,婚姻登记机关是否收回法院的判决书?答:规定复婚登记时收回《离婚证》的目的,是防止当事人重婚。因此,由法院判决离婚的当事人申请复婚时,婚姻登记机关应收回法院的离婚判决书。如当事人坚持要求自己保存,婚姻登记机关可在办理复婚登记时,在原离婚判决书上注明当事人已于何时在何处办理复婚登记并加盖婚姻登记机关印章。”

5. 地方司法性文件。广东深圳中院**《关于婚姻家庭纠纷案件的裁判指引(2014 修订)》**(2014 年 5 月 21 日)第 13 条:“下列要件应认定为《婚姻法》所规定的结婚的实质要件:1. 男女双方必须完全自愿结婚;2. 男女双方必须达到法定婚龄;3. 男女双方不属于直系血亲或三代以内的旁系血亲;4. 男女双方均未患有医学上认为不应当结婚的疾病。说明:第十三条是对如何理解结婚的实质要件的裁判指引。《婚姻法》第 8 条规定了补办结婚登记制度,《婚姻法解释(一)》第 4 条则明确规定了补办结婚登记后,登记的效力应追溯到双方具备结婚实质要件的同居期间。因此对结婚的实质要件的理解是确定结婚效力的关键。此条主要目的在于解决婚前同居行为是否符合结婚实质要件的实践问题。《婚姻法》第 5、6、7 条规定了结婚的实质要件,包括(一)积极要件:①必须男女双方完全自愿结婚;②必须达到法定婚龄;(二)消极要件:①已有配偶的;②属于直系血亲或三代的旁系血亲;③患有医学上认为不应当结婚的疾病的。审判实践中较为常见的情形是婚前同居(俗称‘试婚’)的情况,同居双方相互不承认是一种夫妻关系,只是一种同居的事实状态,双方并未达成结为夫妻的合意,故此种同居关系不符合结婚的实质要件,双方同居一段时间后登记结婚的行为亦不属于补办登记的行为，不能将婚姻关系的效力追溯到同居期间。此种同居关系与事实婚姻的最重要的区别是，事实婚姻是指‘没有配偶的男女未进行结婚登记，以夫妻关系同居生活，群众认为是夫妻关系的’，而婚前同居关系不以夫妻名义共同生活，婚前同居关系不属于法律调整范围，不受法律保护，当事人诉请解除婚前同居关系的，人民法院不应受理，但‘有配偶者与他人同居’的情形除外。”第 14 条：“婚姻关系存续期间是指合法缔结婚姻到婚姻关系依法解除或自然终止期间，不包括以下期间：1. 双方虽然共同生活，但双方不具备结婚实质要件，尚未领取结婚证之时的期间；2. 双方登记离婚或诉讼离婚生效后又同居生活的期间。说明：第十四条是对如何理解婚姻法规定的‘婚姻关系存续期间’的裁判指引。如何正确理解婚姻法规定的‘婚姻关系存续期间’是认定夫妻共同财产、继承权等问题的关键，审判实践中出现的问题主要在于婚姻关系的起算时间和终止时间。婚姻关系的起算时间应依据《婚姻法》第 8 条和《婚姻法解释（一）》第 4、5 条的规定确定，即存在两个标准：一是领取结婚证时间作为起算时间的标准，领取结婚证后是否共同生活不影响婚姻关系的认定；二是是否符合结婚实质要件的标准，未领取结婚证但符合结婚实质要件的，婚姻效力具有追溯力，不应以补办结婚登记为起算时间而应以符合结婚实质要件时间为起算时间。婚姻关系终止情形：一是合法解除，包括登记离婚和诉讼离婚；二是自然终止：一方或双方死亡。需要注意的是两种情况，一是在离婚诉讼中一审或二审判决虽准予离婚，但离婚判决尚未生效之前婚姻关系尚未终止；二是登记离婚或离婚判决书或调解书生效后，夫妻又和好并继续共同生活的时间，应认定为婚姻关系已经终止，此期间本质上与未婚男女婚前同居并无不同。”第 15 条：“离婚后的男女双方自愿恢复夫妻关系、以夫妻名义共同生活但未到婚姻登记机关进行复婚登记的，应当补办结婚登记，未补办结婚登记的，按同居关系处理。说明：第十五条是对未办理复婚登记情形如何处理的裁判指引。复婚的夫妻如果不进行复婚登记，只是在事实上恢复夫妻关系而以夫妻名义共同生活的，在法律上不具有恢复婚姻关系的效力。当事人离婚后的法律状态将恢复至结婚前的状态，一旦离婚，则男女双方之间的权利义务与未婚男女无任何差异。男女双方如果自愿恢复夫妻关系必须与未婚男女一样履行同样的婚姻登记程序。因此此种情形应按《婚姻法解释（一）》第 5 条的规定处理。”浙江高院行政审判庭**《关于审理婚姻登记行政案件具体适用法律若干问题的指导意见（试行）》**（2010 年 12 月 29 日　浙高法行〔2010〕8 号）第 1 条：“当事人认为婚姻登记机关办理婚姻登记的行为及相应的不作为侵犯其合法权益，提起行政诉讼的，属于人民法院行政诉讼的受案范围。当事人对婚姻登记机关根据《婚姻登记工作暂行规范》第五十八条规定作出的补发婚姻登记证行为不服提起行政诉讼的，人民法院不予受理，但当事人认为该补发婚姻登记证行为改变原婚姻登记内容的除外。”第 7 条:“人民法院在当事人以婚姻登记机关补发的婚姻登记证与原婚姻登记的实质内容不符为由提起的行政诉讼中,经审理查明当事人理由成立的,可以判决撤销该补发婚姻登记证的行为。”江苏高院**《关于当前民事审判中需要明确的若干具体问题(婚姻家庭部分)》**(2006 年 4 月 26 日)第 2 条:“关于事实婚姻和补办结婚登记。最高人民法院司法解释规定了事实婚姻的认定条件,对事实婚姻的处理可根据案件具体情况进行调解或判决准予离婚或不准离婚。对 1994 年 2 月 1 日以后,男女双方符合结婚实质要件,经人民法院告知并在案件受理前补办结婚登记的,不得将补办登记的行为作为判断夫妻感情是否破裂的标准。在审理解除同居关系的案件时,如原告无故不到庭,可按撤诉处理。”广东高院**《关于审理婚姻案件若干问题的指导意见》**(2001 年 11 月 9 日　粤高法发〔2001〕44 号,2021 年 1 月 1 日起废止)第 11 条:“当事人根据《婚姻法》第八条规定补办了结婚登记的,婚姻关系的效力可以溯及双方具备结婚的法定条件之时,但人民法院不能在判决书主文中责令双方当事人补办结婚登记。”上海高院**《关于下发〈关于在民事审判中实施“中华人民共和国婚姻法”的暂行意见〉的通知》**(2001 年 6 月 7 日　沪高法〔2001〕263 号)第 15 条:“未办理结婚登记手续的当事人,向人民法院提起离婚诉讼的,人民法院应判决解除双方同居关系,并对同居期间所得财产和子女抚养问题作出处理,不应在判决主文中责令双方补办结婚登记。符合《婚姻法》的结合条件未办理结婚登记手续的当事人,向人民法院提起离婚诉讼,在诉讼终结前,经调解双方自愿补办妥结婚登记的,应予准许,可按离婚案件调解和好结案。”

【参考类案】

①2016 年**黑龙江某重婚罪案**,1966 年,常某与王某举行结婚仪式后同居并育有一女二子。1985 年,因感情不和,常某离家做生意。1991 年,常某与高某以夫妻名义共同生活,并育一子。1997 年,王某亦与他人共同生活。2004 年,常某、高某补办结婚登记手续。2015 年,王某以常某与高某构成重婚罪为由提起刑事自诉。法院认为:依最高人民法院《关于适用〈中华人民共和国婚姻法〉若干问题的解释(一)》(已于 2021 年 1 月 1 日起废止)第 5 条规定,1994 年 2 月 1 日民政部《婚姻登记管理条例》公布实施以前,男女双方已经符合结婚实质要件的,按事实婚姻处理。公布实施以后,男女双方符合结婚实质要件的,人民法院应当告知其在案件受理前补办结婚登记;未补办结婚登记的,按解除同居关系处理。由此可见,民法上仅承认 1994 年 2 月 1 日之前的事实婚姻。而刑法上,对于事实婚姻是否可成为重婚罪条件之一,1994 年 12 月 14 日最高人民法院以批复形式对此给予了肯定。本案中,常某明知自己之前与自诉人存在事实婚姻,还仍与高某以夫妻名义共同生活,并组建家庭,从某种程度上来说,其主观上具有一定故意,但是否重婚罪上的主

观故意,还需结合其他犯罪要件或情节予以综合认定。王某与常某 1966 年 4 月开始共同生活,且生育三名子女,二人之间成立了事实婚姻关系。常某与高某于 1991 年以夫妻名义开始共同生活,并生育一子,2004 年虽补办结婚证,但 1991 年事实婚姻关系已成立。现王某无证据证实 1991 年后其还与常某共同生活,且村委会亦证实王某于 1997 年后亦与他人另组家庭,因而可认定王某与常某均认为事实婚姻已解除,故常某无重婚故意,事实上亦未同时保持两个婚姻关系。现有证据无法证实高某明知常某有配偶而与之结婚,故高某与常某行为均不符合重婚罪主、客观构成要件。判决高某、常某无罪。

②2012 年**北京某继承纠纷案**,1999 年,徐某与郑某各自离异后以夫妻名义同居。2001 年,徐某购房。2005 年,双方办理结婚登记。2009 年,徐某去世。一直随徐某生活的许某、一直与郑某生活但判归郑某前夫抚养的郑某儿子邹某,均主张对徐某名下房产及存款、公积金等财产的遗产分割。法院认为:《婚姻法》第 8 条规定:“要求结婚的男女双方必须亲自到婚姻登记机关进行结婚登记……未办理结婚登记的,应当补办登记。”最高人民法院《关于适用〈中华人民共和国婚姻法〉若干问题的解释(一)》(已于 2021 年 1 月 1 日起废止)第 4 条规定:“男女双方根据婚姻法第八条规定补办结婚登记的,婚姻关系的效力从双方均符合婚姻法所规定的结婚的实质要件时起算。”本案中,徐某与郑某于 2005 年登记结婚,结婚登记档案中双方所作申请结婚登记声明明确表示双方申请进行结婚登记,故双方婚姻效力应从双方登记结婚之日起算,而不应进行婚姻效力的追溯。据此,本案涉诉房产系徐某婚前所购买,系徐某个人财产。此外,存款、基金、住房公积金、家具、社保退费、年终奖金等财产均为徐某与郑某夫妻共同财产,在进行遗产分割时,应先留出郑某一半,剩余部分为徐某遗产。继承开始后,由第一顺序继承人继承,第一顺序继承人为配偶、子女、父母,其中子女包括有抚养关系的继子女。本案中,徐某第一顺序继承人为配偶郑某与女儿许某。根据查明事实,郑某与其前夫离婚时已明确约定婚生子邹某由男方直接抚养,女方每月给付孩子抚养费 260 元,至邹某独立生活时止,之后双方未通过法律途径变更过抚养关系,故应认定邹某与徐某间未形成抚养关系,不能作为徐某第一顺序继承人。遗产分割应有利于生产和生活需要,不损害遗产效用。考虑到郑某居住情况,诉争房产以判归郑某为宜,郑某向许某支付相应房屋折价款。本案审理过程中,郑某与许某对房产内鸡翅红木家具等财产已协商一致认可价值为 9 万元,且同意涉诉房产归谁所有,则房产内财产即归谁所有,所有人给付对方相应财产折价款,此协商结果系当事人真实意思表示,法院对此不持异议。判决确认案涉遗产归郑某所有,郑某按房屋一半折价款、其他财产按 1/4 折价款给付许某。

【典型类案实务要点】

1.**【应办结婚而非补证，虽尽审慎审查义务，亦应撤销】**婚姻登记机关依当事人申请，对申请人提交材料真实性、合法性进行审查后，为已经诉讼调解离婚的当事人办理补办结婚证而非办理结婚登记，即便判决撤销，亦应视为婚姻登记机关已尽到审慎审查义务。

2.**【两个事实婚姻之间并无重合，不应认定构成重婚罪】**行为人于 1994 年 2 月 1 日前存在两个事实婚，且后一事实婚姻补办了结婚证，两个事实婚姻无重合的，不构成重婚罪。

3.**【补办结婚登记未履行特定程序，只能视为婚姻登记】**符合实质结婚要件的补办结婚登记须在婚姻登记机关履行特定程序，否则应认定为婚姻登记，不能进行婚姻效力追溯。

【类案裁判一般规则】

婚姻登记机关依当事人申请，对申请人提交材料真实性、合法性进行审查后，为符合实质婚姻登记要件的当事人补办相关手续，应认定尽到审慎审查义务。

【典型参考案例索引】

主旨案例：北京平谷区法院（2015）平行初字第 147 号“邢某与某民政局婚姻行政登记案”，见《邢某某诉北京市平谷区民政局婚姻行政登记案——涉婚姻登记案件适用的司法审查标准》（祖鹏、郝玉洁），载《人民法院案例选》（201604/98：218）。**其他案例：**①黑龙江大庆高新区法院（2016）黑 0691 刑初第 13 号“王某诉常某等重婚罪案”，见《重婚罪中事实婚姻解除效力的司法认定——黑龙江大庆高新区法院判决自诉人王某诉被告人常某、高某犯重婚罪案》（付建国），载《人民法院报·案例精选》（20161215：06）。②北京一中院（2012）年一中民终字第 03095 号“许某与郑某等法定继承纠纷案”，见《“补办婚姻登记”的限缩解释》（郭嘉），载《民事审判指导与参考·地方法院典型案件解析》（201302/54：215）；另见《徐毅、邹孟燚诉郑国玲、北京市御石泉商务服务有限责任公司法定继承纠纷案（“补办婚姻登记”的限缩解释）》（郭嘉），载《中国审判案例要览》（2013 民：353）。

4. 瑕疵婚姻登记的效力

——冒名办登记，应如何处理？

【骗取登记】

【案情简介及争议焦点】

2004年，因陈某兄当时无身份证，故借用陈某身份证与王某办理了结婚登记手续并领取了结婚证（结婚证上身份信息是陈某的，但照片是陈某兄的）。2008年，王某诉请判令其与陈某离婚。

争议焦点：1. 能否以婚姻登记时的瑕疵主张婚姻无效？2. 本案如何处理？

【裁判要点】

1. 本案婚姻无效情形已消失。2003年10月1日起实施的《婚姻登记条例》与1994年2月1日公布施行的《婚姻登记管理条例》相比，新的《婚姻登记条例》删除了原来《婚姻登记管理条例》中有关申请婚姻登记的当事人弄虚作假、骗取婚姻登记的，婚姻登记管理机关有权撤销婚姻登记，宣布婚姻无效并收回结婚证，还可以对当事人处以200元以下的罚款的规定。新的《婚姻登记条例》只在第9条规定，婚姻登记机关对因胁迫结婚的，有撤销该婚姻，宣告结婚证作废的权利。同时，民政部《婚姻登记工作暂行规范》第46条规定："除受胁迫结婚之外，以任何理由请求宣告婚姻无效或者撤销婚姻的，婚姻登记机关不予受理。"婚姻无效与婚姻登记瑕疵是两个完全不同概念。婚姻登记是行政行为，受行政法调整；婚姻无效是欠缺结婚实质要件婚姻在民事法律关系上的后果，不能以婚姻登记时的瑕疵来主张婚姻无效。婚姻无效制度，是法律设立的一种对结婚形式上已成立的婚姻关系，由当事人或利害关系人针对该婚姻关系是否有效成立提出异议的一种救济制度。婚姻无效制度是结婚制度重要组成部分，能预防和制裁违法婚姻。依2001年修改的《婚姻法》第10条规定，婚姻无效情形仅限于重婚、有禁止结婚的亲属关系、婚前患有医学上认为不应当结婚的疾病且婚后尚未治愈以及未达到法定婚龄的四种情形。最高人民法院《关于适用〈婚姻法〉若干问题的解释（一）》（已于2021年1月1日起废止）对申请宣告婚姻无效主体范围、法院审理无效婚姻案件适用程序、婚姻无效阻却事由等问题均作出了具体规定。申请宣告婚姻无效的，应以起诉时状态为准,因无论起诉前或缔结婚姻时状况怎样,一旦经过一定期间,当双方已具备法律规定的结婚条件时,无效婚姻情形已消失,就不能再用以前的无效事由申请宣告婚姻无效。

2. 本案应通过行政途径处理。本案中,王某到法院请求与结婚证上的陈某离婚,其实际是与陈某兄在一起共同生活。王某与陈某既无结婚意愿,又未在一起共同生活,其结婚证是在弄虚作假情况下取得的,法院显然不能以离婚为案由处理此案。如王某申请宣告与陈某婚姻无效,亦不符合婚姻无效四种情形,王某救济途径是对有瑕疵的结婚登记请求婚姻登记机关予以补正或重新确认,当事人亦可依法提起行政诉讼。判决驳回王某诉请。

【裁判依据或参考】

1. 法律规定。《**民法典**》(2021 年 1 月 1 日)第 146 条:"行为人与相对人以虚假的意思表示实施的民事法律行为无效。以虚假的意思表示隐藏的民事法律行为的效力,依照有关法律规定处理。"第 148 条:"一方以欺诈手段,使对方在违背真实意思的情况下实施的民事法律行为,受欺诈方有权请求人民法院或者仲裁机构予以撤销。"第 149 条:"第三人实施欺诈行为,使一方在违背真实意思的情况下实施的民事法律行为,对方知道或者应当知道该欺诈行为的,受欺诈方有权请求人民法院或者仲裁机构予以撤销。"第 152 条:"有下列情形之一的,撤销权消灭:(一)当事人自知道或者应当知道撤销事由之日起一年内、重大误解的当事人自知道或者应当知道撤销事由之日起九十日内没有行使撤销权;(二)当事人受胁迫,自胁迫行为终止之日起一年内没有行使撤销权;(三)当事人知道撤销事由后明确表示或者以自己的行为表明放弃撤销权。当事人自民事法律行为发生之日起五年内没有行使撤销权的,撤销权消灭。"第 155 条:"无效的或者被撤销的民事法律行为自始没有法律约束力。"第 156 条:"民事法律行为部分无效,不影响其他部分效力的,其他部分仍然有效。"第 157 条:"民事法律行为无效、被撤销或者确定不发生效力后,行为人因该行为取得的财产,应当予以返还;不能返还或者没有必要返还的,应当折价补偿。有过错的一方应当赔偿对方由此所受到的损失;各方都有过错的,应当各自承担相应的责任。法律另有规定的,依照其规定。"第 1041 条:"婚姻家庭受国家保护。实行婚姻自由、一夫一妻、男女平等的婚姻制度。保护妇女、未成年人、老年人、残疾人的合法权益。"第 1042 条:"禁止包办、买卖婚姻和其他干涉婚姻自由的行为。禁止借婚姻索取财物。禁止重婚。禁止有配偶者与他人同居。禁止家庭暴力。禁止家庭成员间的虐待和遗弃。"

2. 行政法规。国务院办公厅《**转发民政部等部门〈关于加强婚姻管理制止早婚早育意见〉的通知**》(1992 年 9 月 12 日　国办发〔1992〕51 号)第 3 条:"……婚姻登记管理机关要严格依法办理婚姻登记,杜绝违法登记现象。如有婚姻登记管理人员利用工作之便,为不符合结婚条件的人办理结婚登记的,一经发现,要给予政纪处分,并撤销结婚登记。对弄虚作假骗取结婚登记的,以及提供其他方便造成他人早婚的直接责任人,也要严肃处理。同时,严禁借办理结婚登记搭车收费和附加条件。如有此种情况,当地政府要坚决予以制止,婚姻登记管理人员有权拒绝执行,以切实维护群众在办理结婚登记中的合法权益。一些地方采取与新婚夫妇签订晚育合同促使其晚育的做法,可以在结婚登记后,经过宣传教育,在群众自觉自愿的基础上进行。”

3. 最高人民法院司法解释及其他司法性文件/解读文章。最高人民法院**《关于适用〈中华人民共和国民法典〉婚姻家庭编的解释(一)》**(2021年1月1日　法释〔2020〕22号)第17条:“当事人以民法典第一千零五十一条规定的三种无效婚姻以外的情形请求确认婚姻无效的,人民法院应当判决驳回当事人的诉讼请求。当事人以结婚登记程序存在瑕疵为由提起民事诉讼,主张撤销结婚登记的,告知其可以依法申请行政复议或者提起行政诉讼。”第19条:“民法典第一千零五十二条规定的‘一年’,不适用诉讼时效中止、中断或者延长的规定。受胁迫或者被非法限制人身自由的当事人请求撤销婚姻的,不适用民法典第一百五十二条第二款的规定。”第20条:“民法典第一千零五十四条所规定的‘自始没有法律约束力’,是指无效婚姻或者可撤销婚姻在依法被确认无效或者被撤销时,才确定该婚姻自始不受法律保护。”第21条:“人民法院根据当事人的请求,依法确认婚姻无效或者撤销婚姻的,应当收缴双方的结婚证书并将生效的判决书寄送当地婚姻登记管理机关。”第22条:“被确认无效或者被撤销的婚姻,当事人同居期间所得的财产,除有证据证明为当事人一方所有的以外,按共同共有处理。”最高人民法院**《关于适用〈中华人民共和国婚姻法〉若干问题的解释(三)》**(2011年8月13日　法释〔2011〕18号,2021年1月1日起废止)第1条:“当事人以婚姻法第十条规定以外的情形申请宣告婚姻无效的,人民法院应当判决驳回当事人的申请。当事人以结婚登记程序存在瑕疵为由提起民事诉讼,主张撤销结婚登记的,告知其可以依法申请行政复议或者提起行政诉讼。”最高人民法院吴晓芳法官**《关于婚姻家庭纠纷审理热点难点问答》**〔载《民事法律文件解读》2011年第11辑(总第83辑)〕第8条:“双方登记结婚时,因女方未达法定婚龄,女方便拿自己姐姐的身份证与男方办理了结婚登记。后双方发生纠纷,女方到法院申请宣告婚姻无效,此种情形不符合《婚姻法》第十条的规定,应如何处理呢?答:本案的症结在于无效婚姻、可撤销婚姻与婚姻登记瑕疵是三个不同的概念,不能因婚姻登记上的瑕疵而主张婚姻无效或可撤销。《婚姻法》对无效婚姻和可撤销婚姻的法定事由作了明确规定,不能随意进行扩大解释。因此,对当事人请求宣告婚姻无效或撤销婚姻关系的,只能从符合无效或可撤销婚姻要求的几类法定情形来处理,不能以违反法定程序为由随意确认婚姻无效或撤销婚姻登记。2003 年 10 月 1 日起实施的《婚姻登记条例》与 1994 年 2 月 1 日公布施行的《婚姻登记管理条例》相比,新的《婚姻登记条例》删除了原来《婚姻登记管理条例》中有关申请婚姻登记的当事人弄虚作假、骗取婚姻登记的,婚姻登记管理机关有权撤销婚姻登记,宣布婚姻无效并收回结婚证,还可以对当事人处以 200 元以下的罚款的规定。新的《婚姻登记条例》只在第九条规定,婚姻登记机关对因胁迫结婚的,有撤销该婚姻,宣告结婚证作废的权利。同时,民政部制定的《婚姻登记工作暂行规范》第四十六条规定:‘除受胁迫结婚之外,以任何理由请求宣告婚姻无效或者撤销婚姻的,婚姻登记机关不予受理。’因为婚姻登记机关作为政府的行政部门,体现的仅仅是国家对缔结婚姻行为在登记环节上的监督和管理,而对婚姻效力的确认及相关财产分割、子女抚养等民事权利的问题,应由人民法院行使裁判权,原规定以行政权力代替司法审判,显然不利于民事权利的充分保护。综上,可以看出,新的《婚姻登记条例》没有授权婚姻登记机关行使宣告婚姻无效的权利,仅授权婚姻登记机关对因胁迫结婚的,依当事人的申请行使撤销婚姻的职责……依据 2001 年修改的《婚姻法》第十条的规定,婚姻无效的情形仅限于重婚、有禁止结婚的亲属关系、婚前患有医学上认为不应当结婚的疾病且婚后尚未治愈以及未达到法定婚龄的四种情形。《最高人民法院关于适用〈中华人民共和国婚姻法〉若干问题的解释(一)》对申请宣告婚姻无效的主体范围、人民法院审理无效婚姻案件适用的程序、婚姻无效的阻却事由等问题均作出了具体的规定。申请宣告婚姻无效的,应以起诉时的状态为准,因为无论起诉前或缔结婚姻时的状况怎样,一旦经过一定的期间,当双方已经具备法律规定的结婚条件时,无效婚姻的情形已经消失,就不能再用以前的无效事由申请宣告婚姻无效。从民事审判的角度来说,对当事人请求宣告婚姻无效的,只能从是否符合无效婚姻的四种情形方面进行审查。如果将符合结婚实质要件但婚姻登记程序上有瑕疵的婚姻宣告为无效婚姻,不仅随意扩大了无效婚姻的适用范围,同时也有悖于无效婚姻制度设立的初衷。法院经审查发现不属于《婚姻法》规定的无效婚姻的四种情形,只能判决驳回当事人申请宣告婚姻无效的诉讼请求,当事人可以依法申请行政复议或提起行政诉讼。而对于有瑕疵的行政行为,除非‘严重且明显’,并不当然无效或可撤销。为防止随意撤销政府行为,人为制造混乱,法院在决定是否以程序违法为由撤销授益行政行为(设定或证明权利或者具有法律利益的行为)时,要综合考虑程序违法的程度和对关系人的信赖保护。授益行政行为有程序瑕疵的,如果可以补正,可由政府自行补正。如果无法补正或者补正徒劳无益,只要程序瑕疵没有明显影响实质决定,程序瑕疵可以忽略不计,不能以程序瑕疵主张撤销行政行为或认定行政行为无效。作为一种既存的社会关系,‘婚姻’已形成事实,并以此为基础向社会辐射出各种关系，简单地否认这种身份关系的存在，必然会对家庭及社会产生一系列的负面影响。基于对人类情感的尊重，基于切实保护妇女儿童利益的需要，基于重视婚姻事实的考虑，特别是在该婚姻关系并不损害他人和社会公共利益时，人民法院不应轻易否定当事人婚姻的效力。综上所述，当事人以法定无效婚姻四种情形（重婚、有禁止结婚的亲属关系、婚前患有医学上认为不应当结婚的疾病且婚后尚未治愈以及未达到法定婚龄）以外的理由申请宣告婚姻无效的，应当判决驳回当事人申请宣告婚姻无效的诉讼请求，告知其可以依照《行政复议法》及《行政诉讼法》规定的程序办理。”第 9 条：“借用他人身份证件进行结婚登记，结婚证上载明的主体与实际共同生活者不一致时，应如何处理为妥？实际生活中，因一方未达法定婚龄而借用他人身份证件登记结婚的情形并不少见。如果结婚证上载明的主体对结婚证效力提出异议的，可以请求民政部门撤销结婚登记或直接提起行政诉讼；如果实际共同生活的当事人请求离婚的，法院应对当事人进行释明，告知因其结婚登记存在瑕疵，请求离婚的双方与结婚证上载明的主体不符，无法判断双方是否存在婚姻关系。若当事人坚持自己的诉讼请求，则应当裁定驳回起诉；若经过法院释明后，当事人变更诉讼请求，主张解决同居期间的财产分割、子女抚养等问题时，法院可以依法继续进行审理。值得注意的是，如果当事人系在 1994 年 2 月 1 日之前以夫妻名义共同生活，可按照事实婚姻处理。结婚证的效力是具体行政行为的结果。针对的对象是特定的，只是对结婚证上载明的主体有约束力，而不应及于他人。我国对婚姻关系确立形式只有一种，即采取的是登记主义模式，记载于结婚证上的申请人才是行政机关许可缔结婚姻并承认婚姻关系的当事人。行政机关颁发结婚证，实际确立的是被借用身份证件之人与持有真实身份证件之人夫妻关系的有效法律文件，具有公示公信的效力，是形式合法的婚姻关系，在未经法定机关通过法定程序撤销前，不能直接否认其效力。基于行政行为的相对性，该结婚证的效力不应及于实际共同生活的当事人，当事人之间不存在法律所承认的婚姻关系。”第 10 条：“一方使用虚假身份证件，以骗取钱财为目的与另一方登记结婚，婚后不久即下落不明。经公安机关查证，一方的身份证件系伪造，另一方起诉离婚被法院裁定驳回，理由是没有明确的被告，此种情况有什么救济途径？答：如果一方当事人向婚姻登记机关提供虚假身份证等证明材料，骗取了结婚证，其目的是骗取钱财，婚姻登记机关是在受欺骗的情况下作出的婚姻登记发证行为，该行政行为形式上虽已经存在，但因具有重大、明显的瑕疵，且显然不符合《婚姻法》和《婚姻登记条例》有关结婚登记的条件。该行政行为属于无效行政行为的情形，应当确认该行政行为无效。根据有关规定，对无效行政行为的认定，主要有行政主体进行认定和法院在行政诉讼中进行认定两种方式，现鉴于婚姻登记机关一般不受理此类问题，根据《最高人民法院关于执行〈中华人民共和国行政诉讼法〉若干问题的解释》第五十七条规定,即被诉具体行政行为依法不成立或无效的,人民法院应当作出确认被诉具体行政行为违法或者无效的判决。因此,受骗一方的救济途径是提起行政诉讼,请求撤销结婚登记。”最高人民法院行政审判庭**《关于婚姻登记行政案件原告资格及判决方式有关问题的答复》**(2005 年 10 月 8 日　法〔2005〕行他字第 13 号)第 1 条:“依据《中华人民共和国行政诉讼法》第二十四条第二款规定,有权起诉婚姻登记行为的婚姻关系当事人死亡的,其近亲属可以提起行政诉讼。”第 2 条:“依据《中华人民共和国婚姻法》第八条规定,婚姻关系双方或一方当事人未亲自到婚姻登记机关进行婚姻登记,且不能证明婚姻登记系男女双方的真实意思表示,当事人对该婚姻登记不服提起诉讼的,人民法院应当依法予以撤销。”最高人民法院民事审判庭**《关于贯彻执行最高人民法院〈关于人民法院审理未办结婚登记而以夫妻名义同居生活案件的若干意见〉有关问题的电话答复》**(1990 年 10 月 11 日　〔90〕法民字 11 号)第 1 条:“关于你院请示中一、二条所提一方或双方当事人隐瞒结婚时年龄以及隐瞒近亲属关系骗取结婚证,现一方提出离婚,是作为非法同居关系,事实婚姻关系还是作为登记婚姻处理的问题,我们认为:非法同居关系,事实婚姻关系的共同特征是未办结婚登记即以夫妻名义同居生活。隐瞒结婚年龄以及隐瞒近亲属关系骗取结婚证后,一方要求离婚的案件,不符合非法同居关系或事实婚姻关系的构成特征,因此不能按非法同居关系或事实婚姻关系对待,而应作为登记婚姻按《最高人民法院关于判决离婚的若干具体规定》第四条和其他有关规定处理。”最高人民法院**《关于三代以内的旁系血亲之间的婚姻关系如何处理问题的批复》**(1987 年 1 月 14 日　〔1987〕民他字第 36 号):“……曹永林与占可琴是三代以内的表兄妹,双方隐瞒近亲关系骗取结婚登记,违反了我国婚姻法第六条关于禁止三代以内的旁系血亲结婚的规定,这种婚姻关系依法是不应保护的。但曹、占两人已经结婚多年,并生有子女,根据本案的具体情况,为保护妇女和儿童的利益,同意你院的第二种意见,按婚姻法第二十五条规定处理。处理时,必须指出双方骗取结婚登记的错误,特别是对男方曹永林的错误要进行严肃的批评教育,并可建议其工作单位给以适当处分,对子女抚养和财产分割,应照顾子女和女方的合法权益,合情合理地予以解决。”最高人民法院**《关于未达婚龄欺骗婚姻登记机关登记结婚的婚姻关系在法律上的效力问题的复函》**(1957 年 3 月 26 日):“……(一)在 1953 年贯彻婚姻法运动后,双方均未达婚龄,欺骗婚姻登记机关而登记结婚的男女,现在一方提出离婚时,如果双方均仍未达婚龄,不能认为双方有法律上的婚姻关系。(二)在1953 年贯彻婚姻法运动后,一方未达婚龄,欺骗婚姻登记机关而登记结婚的男女,现在一方提出离婚时,可参照本院 1956 年 11 月 14 日研字第 11633 号对河南省高级人民法院复函第(二)项分别处理,但对于提出离婚时双方均已达婚龄的男女,在承认其事实上的婚姻关系时,应对其欺骗婚姻登记机关而登记结婚的行为进行批评教育。另外，人民法院对于欺骗婚姻登记机关登记结婚后又提出离婚的案件，应在判决后，检附判决书抄件，通知原登记机关。”最高人民法院**《关于聘金或聘礼的几个疑义及早婚如何处理的问题的复函》**（1951年12月3日　法编字第11230号）第1条：“我院与司法部会发法编字第9577号函第一项注解：‘一切以索取对方一定的财物为结婚条件者’，就索取者来说，应包括当事人之父母、本人或第三人。”第3条：“所谓伪装结婚骗取聘金、聘礼等财物的行为，与男女双方均以婚姻为目的之买卖婚姻不同，是以诈骗对方财物为目的，以伪作结婚为得到对方财务的手段，并无与对方度夫妻共同生活的意思。其所骗取的聘金、聘礼等财物，一般的应返还被害人。但如此种聘金、聘礼等的给付，非属赠与性质，而系属买卖婚姻或变相买卖婚姻的性质，则给付的一方就不单纯是一个受骗的人，而自己也有了违法行为。问题就不单纯是一个聘金、聘礼的问题，而得酌情根据指示函中一、二两点的原则作适当的处理。”

4. 部门规章。民政部**《关于印发〈婚姻登记工作规范〉的通知》**（2016年2月1日）第29条：“内地居民办理结婚登记应当提交本人有效的居民身份证和户口簿，因故不能提交身份证的可以出具有效的临时身份证。居民身份证与户口簿上的姓名、性别、出生日期、公民身份证号码应当一致；不一致的，当事人应当先到有关部门更正。户口簿上的婚姻状况应当与当事人声明一致。不一致的，当事人应当向登记机关提供能够证明其声明真实性的法院生效司法文书、配偶居民死亡医学证明（推断）书等材料；不一致且无法提供相关材料的，当事人应当先到有关部门更正。当事人声明的婚姻状况与婚姻登记档案记载不一致的，当事人应当向登记机关提供能够证明其声明真实性的法院生效司法文书、配偶居民死亡医学证明（推断）书等材料。”第36条：“婚姻登记员受理结婚登记申请，应当按照下列程序进行：（一）询问当事人的结婚意愿；（二）查验本规范第二十九条至第三十五条规定的相应证件和材料；（三）自愿结婚的双方各填写一份《申请结婚登记声明书》；《申请结婚登记声明书》中‘声明人’一栏的签名必须由声明人在监誓人面前完成并按指纹；（四）当事人现场复述声明书内容，婚姻登记员作监誓人并在监誓人一栏签名。”第68条：“当事人的户口簿上以曾用名的方式反映姓名变更的，婚姻登记机关可以采信。当事人办理结婚登记时未达到法定婚龄，通过非法手段骗取婚姻登记，其在申请补领时仍未达法定婚龄的，婚姻登记机关不得补发结婚证；其在申请补领时已达法定婚龄的，当事人应对结婚登记情况作出书面说明，婚姻登记机关补发的结婚证登记日期为当事人达到法定婚龄之日。”民政部**《关于进一步加强涉外、涉港澳台居民及华侨婚姻登记管理工作的通知》**（2007年11月14日　民函〔2007〕314号）第4条：“严格登记程序，加强审查、询问和告知等程序。婚姻登记机关要加强对境外证件、证明材料的辨认和审查，认真比对当事人和身份证件上的照片，比对港、澳居民单身证明中公证人签名与印发的公证人签名式样,审查单身证明的格式和用语。要加强对当事人的询问,发现有疑点的,要进一步询问或者分别向双方当事人询问,提醒当事人谨防上当受骗。要向当事人履行必要的告知义务,宣传有关政策法规并告知其骗婚、重婚的法律后果,引导涉台婚姻登记当事人登记前阅读民政部编印的《两岸婚姻政策指南》。”第5条:“妥善处理有关事宜,建立可疑信息报告制度。婚姻登记机关发现当事人证件、证明材料有疑问的,应暂缓办理登记,先做进一步核实。对香港居民所持单身证明有疑问的,可以向中国法律服务(香港)有限公司核实……对台湾居民所持单身证明有疑问的,可以向省级公证协会核查当事人单身证明副本。确认当事人持有的证件、证明材料为伪造的,或者当事人承认是骗取婚姻登记的,婚姻登记机关应当终止办理程序。婚姻登记机关发现有团伙组织人员办理涉台婚姻登记的,应当及时报告当地台办,并建议其协调有关部门侦查、处理;发生内地一方以假身份结婚,台湾居民要求解除婚姻关系的,应当向当地台办报告,建议其协调地方法院妥善处理。发现有团伙组织人员办理涉外、涉港澳居民及华侨婚姻登记等非正常情况的,应当及时向公安部门反映情况。”民政部**《关于张志仁申请撤销结婚登记问题的答复》**(2005年6月28日 民函〔2005〕149号):“……《大陆居民与台湾居民婚姻登记管理暂行办法》是1998年12月10日发布实施的,其制定的依据是当时正在实行的1980年9月10日第五届全国人大第三次会议通过的《中华人民共和国婚姻法》(以下简称《婚姻法》)和1994年2月1日发布实施的《婚姻登记管理条例》。2001年4月28日第九届全国人大常委会第二十一次会议通过了《关于修改〈中华人民共和国婚姻法〉的决定》,修改后的《婚姻法》增加了无效婚姻和可撤销婚姻的内容,但其可撤销婚姻仅限于因胁迫结婚的。2003年10月1日,国务院颁布实施《婚姻登记条例》(以下简称《条例》),《条例》根据修改后的《婚姻法》中无效婚姻和可撤销婚姻的规定,没有规定‘申请婚姻登记的当事人弄虚作假、骗取婚姻登记的,婚姻登记管理机关应当撤销婚姻登记,对结婚、复婚的当事人宣布其婚姻关系无效并收回结婚证,对离婚的当事人宣布其解除婚姻关系无效并收回离婚证’的内容。同时,《条例》也在适用范围上作了调整,它不仅适用于内地居民之间的婚姻登记,而且还适用于内地居民与香港居民、澳门居民、台湾居民以及国内居民与华侨、外国人之间的婚姻登记。从《条例》施行之日起,1994年颁布的《婚姻登记管理条例》即废止,以往依据该条例制定的《中国公民同外国人办理婚姻登记的几项规定》《大陆居民与台湾居民婚姻登记管理暂行办法》《华侨同国内公民、港澳同胞同内地公民之间办理婚姻登记的几项规定》等法规、规章也同时废止。《中华人民共和国立法法》第七十九条规定,‘行政法规的效力高于地方性法规、规章。’第八十三条规定,‘同一机关制定的法律、行政法规、地方性法规、自治条例和单行条例、规章,特别规定与一般规定不一致的,适用特别规定'，《条例》与《大陆居民与台湾居民婚姻登记管理暂行办法》不是同一机关制定的，《条例》是上位法。因此，婚姻登记机关只能撤销具备一定条件的胁迫婚姻。"民政部办公厅**《关于能否撤销李某与张某离婚登记问题的复函》**（2003年5月22日　民办函〔2003〕71号）："……从你厅的请示和所附材料看，李某与张某办理离婚登记时，离婚意思表示明确，证件证明齐全，程序合法。当事人李某以假离婚、离婚的目的是逃避债务为由，请求宣布其解除婚姻关系无效，没有法律依据：(1)《婚姻法》第三十一条规定'男女双方自愿离婚的，准予离婚。双方必须到婚姻登记机关申请离婚。婚姻登记机关查明双方确实是自愿并对子女和财产已有适当处理时，发给离婚证'。婚姻法没有关于离婚目的的规定，也未规定离婚目的对离婚效力的影响。(2)《婚姻登记管理条例》第25条'申请婚姻登记的当事人弄虚作假、骗取婚姻登记的，婚姻登记管理机关应当撤销婚姻登记，……对离婚的当事人宣布其解除婚姻关系无效并收回离婚证'是指申请人不符合婚姻登记的实质条件，通过弄虚作假，骗取登记的，婚姻登记机关应当撤销登记。而李某与张某是双方自愿离婚，并对子女抚养和财产处理达成一致意见（见双方的离婚协议书），不存在不符合离婚登记实质条件的情况，因此，婚姻登记机关不能撤销李某与张某的离婚登记。当事人所在单位出具的证明内容是否是真实的，单位是否真实地知道当事人的离婚目的以及是否认真做了调解和好工作，不影响离婚登记效力。关于离婚当事人之间以及当事人与第三人之间财产、债务纠纷，可以向人民法院提起诉讼，由人民法院根据具体情况进行调解或判决。《婚姻法》第四十一条规定'离婚时，原为夫妻共同生活所负债务，应当共同偿还。共同财产不足清偿的，或财产归各自所有的，由双方协议清偿；协议不成时，由人民法院判决。'1986年10月3日最高人民法院《关于男女双方登记离婚后，因对财产、子女抚养发生纠纷，当事人向人民法院起诉的，法院应予受理的批复》（〔1986〕民他字第45号）规定'男女双方经婚姻登记机关办理离婚登记后，因对财产、子女抚养引起纠纷，当事人向人民法院起诉的，可直接由有关法院依法受理'。"民政部办公厅**《关于民政部门在婚姻登记管理中有关职权范围的复函》**（1991年11月2日　民办函〔1991〕238号）："……各级民政部门是代表各级人民政府行使婚姻管理的主管部门，有权对婚姻登记机关工作中出现的问题进行监督、检查和纠正，行使必要的管理权力，以保证婚姻登记机关严格依法办事，保护婚姻当事人的合法权益。"

5. 地方司法性文件。北京高院民一庭**《关于审理婚姻纠纷案件若干疑难问题的参考意见》**（2016年8月4日）第2条："【结婚登记被撤销后的处理】因结婚登记瑕疵导致结婚登记被撤销后，可参照《中华人民共和国婚姻法》（以下简称《婚姻法》）第十二条及《婚姻法司法解释一》第十五条有关规定处理同居期间的财产与子女问题。"第3条："【协议登记离婚瑕疵的主管】当事人以协议登记离婚有重大瑕疵为由提起离婚登记无效或撤销离婚登记的诉讼,不属于民事诉讼受案范围。”安徽滁州中院**《关于审理婚姻家庭纠纷案件座谈会纪要》**(2013 年 8 月 2 日)第 3 条:“当事人以姓名被他人冒用而诉请撤销结婚证,或者以虚假名义登记结婚的双方诉请撤销结婚证的,不予受理,告知其向婚姻登记机关申请撤销。审理离婚案件中,发现离婚诉讼的主体非结婚证上登记的主体时,不应认定为合法婚姻。”浙江高院行政审判庭**《关于审理婚姻登记行政案件具体适用法律若干问题的指导意见(试行)》**(2011 年 2 月 23 日　浙民事〔2011〕40 号)第 1 条:“婚姻登记机关在办理登记过程中应主动告知当事人应当注意的事项,以及提交虚假材料可能引发的法律后果,警示当事人防范相应的登记风险,尽可能避免异常登记情形出现。”第 2 条:“婚姻登记机关对受理的申请材料以及申请人身份信息的真实性履行审慎合理审查职责,即应尽到一般注意义务,如对申请材料的合法性有疑义,应当对申请材料的实质内容进一步核实。当事人申请材料不符合法定要求或者未在规定期限内补齐材料的,婚姻登记机关在不予登记的同时应书面告知理由。”第 3 条:“婚姻登记行政案件诉讼中,婚姻登记机关应着重就其是否履行法定程序及审慎合理审查职责进行答辩。”第 4 条:“市、县(市、区)民政部门应加强与公安机关、人民法院沟通,增强虚假信息识别能力,避免婚姻登记错误,提高婚姻登记公信力。”浙江高院行政审判庭**《关于审理婚姻登记行政案件具体适用法律若干问题的指导意见(试行)》**(2010 年 12 月 29 日　浙高法行〔2010〕8 号)第 2 条:“利害关系人以婚姻登记机关办理的结婚登记属于《中华人民共和国婚姻法》第十条、第十一条规定的婚姻无效、胁迫结婚情形,提起行政诉讼请求撤销该结婚登记的,人民法院应告知其提起请求宣告婚姻无效或撤销婚姻的民事诉讼,或就胁迫结婚情形请求婚姻登记机关撤销婚姻登记。”第 3 条:“婚姻登记机关为持虚构身份或者假冒他人身份的公民办理婚姻登记,当事人对该婚姻登记行为提起行政诉讼的,人民法院在一审开庭审理之前可以确认该公民真实身份及送达地址的,应当通知其作为第三人参加诉讼;人民法院在一审开庭审理之前可以确认被冒用身份公民的真实身份及送达地址的,可以通知其作为第三人参加诉讼。第三人明示拒绝或不予答复的,不影响诉讼活动的进行。”第 4 条:“持虚构身份或者假冒他人身份申请办理的婚姻登记,当事人知道或者应当知道婚姻登记的夫妻一方系虚构身份或者假冒他人身份的事实之日,视为其知道或者应当知道被诉具体行政行为的内容之日。”第 5 条:“人民法院在审理当事人以婚姻登记机关未尽审查职责为由提起的婚姻登记案件中,应当确认婚姻登记机关作出婚姻登记行为时,有无对申请人身份信息的真实性以及是否符合婚姻登记法定要件履行审慎合理的审查职责。”第 6 条:“人民法院经审理查明,婚姻登记机关在作出婚姻登记行为时履行了审慎合理的审查职责,但由于申请人的原因造成婚姻登记行为存在下列违法情形之一的,在确认婚姻登记机关履行了审慎合理审查职责的同时,可以判决撤销被诉婚姻登记行为:(一)当事人持虚构身份或者假冒他人身份,申请办理婚姻登记的;(二)第三人假冒夫妻关系一方身份,与夫妻关系另一方申请办理离婚登记的;(三)无民事行为能力或限制民事行为能力人申请办理离婚登记的。在行政案件一审判决前,存在上述(二)、(三)项情形的一方当事人已经与他人办理结婚登记的,人民法院应当判决确认该离婚登记行为违法,同时在判决理由中说明被诉离婚登记行为的有效性。"第 8 条:"人民法院在审理被诉婚姻登记行为已被判决撤销或者确认违法的行政赔偿案件中,对婚姻登记机关已被确认依法履行了审慎合理审查职责的,应当判决驳回原告的行政赔偿请求。"第 9 条:"人民法院经审理查明,婚姻登记机关违反《婚姻登记条例》第四条、第十条规定,为未共同到场的当事人办理婚姻登记的,应当以违反法定程序为由,判决撤销被诉婚姻登记行为;但有证据证明办理婚姻登记系男女双方真实意思表示的,可以判决确认被诉婚姻登记行为违法,同时在判决理由中说明被诉婚姻登记行为的有效性。"第 11 条:"本指导意见第一条中所称的'当事人'包括下列人员:(一)被诉婚姻登记行为记载的公民;(二)被诉婚姻登记行为记载的公民死亡的,死亡公民的近亲属;(三)被诉离婚登记行为记载的公民系无民事行为能力或限制民事行为能力的,该公民的监护人;(四)冒用他人身份办理结婚登记的公民。"江苏高院**《婚姻家庭案件审理指南(2010 年)》**(2010 年 5 月 18 日)第 4 章:"……(五)登记瑕疵的婚姻效力认定与处理。众所周知,缔结婚姻既需具备结婚的实质要件,也需按法定程序进行登记。如欠缺结婚的实质要件,法律规定了无效婚姻制度和可撤销婚姻制度。而如欠缺结婚的形式要件,即不符合法定程序,则其婚姻效力如何认定、实体上如何处理,理论上既存在争议,实践中也是做法各异。欠缺结婚的形式要件,通常指的就是婚姻登记瑕疵,一般来说有以下情形:非当事人本人亲自到婚姻机关进行登记、借用他人身份证进行登记、使用虚假姓名登记或姓名登记错误等等。司法实践中,当事人常以婚姻登记存在瑕疵为由诉至法院申请宣告婚姻无效。婚姻登记瑕疵与婚姻无效是两个完全不同的概念。《婚姻法》第十条规定了婚姻无效的四种情形,在该四种情形之外,法律上并未有兜底规定,故以婚姻登记瑕疵为由申请宣告婚姻无效,缺乏法律依据。但对实际生活中确实存在的登记瑕疵婚姻如何处理,新近出台的《最高人民法院关于适用〈中华人民共和国婚姻法〉若干问题的解释(三)》(以下简称《婚姻法解释三》)第一条作了明确,即当事人就《婚姻法》第十条规定的四种无效婚姻以外的情形申请宣告婚姻无效的,人民法院应当判决驳回当事人的申请。对当事人以婚姻登记程序存在瑕疵为由提起民事诉讼,主张撤销结婚登记的,应当告知其通过行政程序解决,或者依法申请行政复议,或者提起行政诉讼。该条规定解决了司法实践中的难题。"山东高院**《2008 年民事审判工作会议纪要》**(2008 年 10 月 13 日　鲁高法〔2008〕243 号)第 1 条:

“……(五)关于结婚登记有瑕疵的婚姻关系的处理问题。实践中违反《婚姻登记条例》的行为,如婚姻当事人未亲自到场,由他人代为办理登记;以他人的名义或者身份证办理结婚登记;一方以虚假身份领取结婚证,而并非婚姻当事人等等均是婚姻登记过程中存有瑕疵的行为。这些行为不属于《婚姻法》规定的无效婚姻或者可撤销婚姻的范围,因此,对因婚姻登记中的瑕疵引起的婚姻关系纠纷,不属于人民法院民事诉讼的受理范围,应当告知当事人由婚姻登记机关予以处理。”湖南常德中院民一庭**《关于当前民事审判工作中应当注意的几个问题》**(2008年8月7日)第2条:“……婚姻登记瑕疵的处理。婚姻登记瑕疵主要是因为妹妹或弟弟没有达到结婚年龄,即冒名登记,妹妹冒充姐姐的,弟弟冒用哥哥的,后感情不好,一方起诉离婚。对于此类案件的处理,因其情形不符合《中华人民共和国婚姻法》规定的无效婚姻或可撤销婚姻的情形,案由应定为同居关系析产、子女抚养纠纷。对其‘婚姻关系’,一是可建议婚姻登记部门撤销婚姻登记,婚姻登记机关不处理的,可以婚姻登记机关为为由提起诉讼,二是可建设形式上的婚姻关系当事人提起离婚诉讼。”重庆高院**《关于当前民事审判若干法律问题的指导意见》**(2007年11月22日)第31条:“假名登记结婚问题。所谓假名登记结婚,是指一方使用虚造名字或第三人的名字与他人登记结婚。《婚姻法》第十条、十一条分别对无效婚姻和可撤销婚姻进行了规定。假名登记结婚不属于无效婚姻的情形,也不属于婚姻法规定的可撤销婚姻。假名登记结婚的当事人起诉离婚的,按照下述原则处理:首先告知当事人对于婚姻登记机关的错误登记,通过行政途径解决;如果婚姻登记机关未予更正,可由当事人选择是否进行行政诉讼;如果当事人通过以上途径均不能有效解决登记错误的问题,按照同居关系处理纳入民事诉讼。如涉及财产分割或子女抚养问题,人民法院应当一并处理。”山东济南中院**《关于当前民商事审判若干法律适用问题的解答(五)》**(2007年11月9日　济中法发〔2007〕14号)第3条:“关于持假证件结婚的婚姻效力问题。对该问题有两种意见:第一种意见,认为持假证件结婚的双方当事人之间不存在婚姻关系,原告所诉并无明确被告,且主张的事实不属于人民法院的受案范围,故应裁定驳回起诉。第二种意见,认为双方在办理结婚登记手续时弄虚作假、骗取婚姻登记,应认定婚姻无效,按无效婚姻处理。《中华人民共和国婚姻法》及最高人民法院关于《婚姻法》的两个司法解释虽未将此类情况列入无效婚姻的情形,但由于办理结婚登记手续的双方违反结婚的实质要件,故应扩大无效婚姻的适用范围。如驳回当事人起诉,不利于其权益的维护,也违反司法最终裁决的原则。我们认为,对这类案件,不应予以受理;如已受理,应裁定驳回起诉。理由如下:持假证件结婚的情形,一般是结婚照片上的双方当事人即为实际共同生活者,但一方在办理结婚登记时冒用他人户口簿及身份证中载明的信息。由此产生的纠纷在司法实践中主要表现为两种情况:一是一方以申请人身份申请宣告婚姻无效;二是一方以原告身份起诉要求离婚。对于第一种情况,从程序上看,申请人所诉并非无明确被申请人,只是与申请人实际共同生活的对方与所诉被申请人的身份不符,以致被申请人主体不适格。从实体上看,《中华人民共和国婚姻法》第十条规定:'有下列情形之一的,婚姻无效:(一)重婚的;(二)有禁止结婚的亲属关系的;(三)婚前患有医学上认为不应当结婚的疾病,婚后尚未治愈的;(四)未到法定婚龄的。'据此,婚姻无效的法定情形并不包括持假证件结婚,不应任意扩大该条规定的适用范围。对于第二种情况,原告如根据结婚登记确定离婚案件的被告,也不能认定原告与办理结婚登记的对方之间系无效婚姻,因为法院无权确认被告是否存在冒用他人户口簿及身份证的行为,而应由相应的行政机关(如公安机关或者婚姻登记机关)加以处理。故该类案件不属于民事案件的受理范围,应不予受理。如持假证件结婚的当事人因同居期间财产分割或者子女抚养纠纷提起诉讼的,人民法院应当受理。"北京高院**《关于印发〈关于行政审判适用法律问题的解答(二)〉的通知》**(2007年4月11日　京高法发〔2007〕113号)第1条:"审理行政登记类案件时,如何理解相关法律规定的'登记机关应当对申请人出具的证件、证明材料进行审查'的规定?答:登记机关在进行行政登记时,根据相关法律、法规及规定对申请人提交的证件、证明材料进行审查应理解为是否符合法律规定的要求进行审查(形式审查)。但考虑其作为行政登记的专门机构,在具体案件的司法审查中,可要求行政登记机关在形式审查时履行较高的必要合理注意义务。例如,申请人在登记机关预留有印章、签名的,登记机关应当就申请件与预留件进行比对,并对是否一致作出合理注意义务的判断。"第2条:"行政登记机关为无民事行为能力人或者限制民事行为能力人办理了行政登记,无民事行为能力人或者限制民事行为能力人的监护人认为该行政登记机关的登记行为违法,提起行政诉讼的,如何审理?答:行政登记机关在办理行政登记时,尽到了必要合理注意义务,但当事人确属无民事行为能力人或者限制民事行为能力人,可不认定行政登记行为违法。此类案件的处理,可视行政登记行为的具体特点、情况分别作出判决驳回原告诉讼请求、撤销、确认无效或者以其他方式予以处理。"第3条:"法院经过合法性审查,认定婚姻登记机关离婚登记确实违法的,如何进行处理?答:离婚登记行政诉讼案件直接涉及双方当事人之间的人身关系,具有特殊性。因此,婚姻登记机关所实施的婚姻登记行为确属违法的,法院应作出确认婚姻登记行为违法判决,也可视具体情况,分别以判决驳回原告诉讼请求、撤销、确认无效等方式予以处理。离婚登记双方当事人单独就离婚协议中财产及债务处理发生争议提起行政诉讼,请求撤销离婚登记行为的,不属于法院行政诉讼收案范围,应裁定驳回起诉。"广东高院**《关于审理婚姻纠纷案件若干问题的指导意见》**(2006年11月14日　粤高法发〔2006〕39号,2021年1月1日起废止)第1条:"婚姻当事人以未亲自到婚姻登记机关办理结婚登记而取得结婚证违反结婚登记的程序为由,请求宣告婚姻无效或者请求撤销婚姻的,人民法院不予受理,告知其向婚姻登记机关申请处理。"江苏高院民一庭**《婚姻家庭案件疑难问题法律适用研讨会综述》**(2005 年 5 月)第 3 条:"关于离婚。(一)关于骗取结婚证案件的处理。目前在实践当中经常出现这样的情况:当事人未按婚姻登记条例的规定,亲自办理结婚登记;或者当事人由于未达到法定婚龄,而冒用他人名义登记或用虚假的姓名登记结婚,而民政部门由于审查不严给当事人颁发了结婚证。如果是前一种情况,当事人如以登记程序违法而要求法院撤销结婚登记或宣布登记无效的,该请求不属于民事案件审查范围,人民法院可告知当事人通过行政途径解决。如果当事人拒绝通过行政途径解决的,不影响人民法院对当事人婚姻效力的认定。如果是后一种情况,则存在着登记主体与真实同居生活主体不一致的情况。对结婚证如何认定与处理?民政部门认为,只有符合婚姻法规定的可撤销婚姻,民政部门才撤销结婚登记,此外,如果因当事人弄虚作假而骗取结婚证的,应由法院处理。对此,代表们讨论认为,只要民政部门颁发了结婚证,应推定登记婚合法有效。法院审理离婚案件,也应当以结婚证上登记主体为离婚当事人。如果当事人提出自己姓名被他人冒用而要求撤销结婚证,或者以虚假名义登记结婚的双方要求撤销结婚证的,都不属民事案件审查范围。人民法院在审理离婚案件中发现离婚的主体非结婚证上登记的主体时,不应认定当事人为登记婚。而应以真实同居主体之间是事实婚姻关系或同居关系做相应处理……"上海高院**《婚姻家庭纠纷办案要件指南(一)》**(2005 年 3 月 4 日　沪高发民一〔2005〕2 号)第 8 条:"申请撤销婚姻的当事人,应举证证明:(一)现存婚姻是因为胁迫缔结的;(二)结婚违背当事人的真实意愿;(三)申请人是拟申请撤销的婚姻关系一方当事人;(四)申请未超出法定期限。〔说明〕根据婚姻法的规定,因胁迫而缔结的婚姻可以被撤销。因为可撤销婚姻违背了婚姻自由的基本原则,不是当事人的真实意思表示,是行为人以给另一方当事人或者其近亲属的生命、身体健康、名誉、财产等方面造成损害为要挟,迫使另一方当事人违背意愿而形成的婚姻关系,依法应准予撤销。但可撤销婚姻的撤销权只能由受胁迫的当事人本人行使,由婚姻登记机关或人民法院依法撤销。受胁迫一方撤销婚姻的请求,应当自结婚登记之日起一年内提出,如撤销权人被非法限制人身自由的,应当自恢复人身自由之日起一年内提出请求撤销。"广东高院**《关于审理婚姻案件若干问题的指导意见》**(2001 年 11 月 9 日　粤高法发〔2001〕44 号,2021 年 1 月 1 日起废止)第 5 条:"当事人以受欺诈、诱骗、包办等为由,向人民法院起诉请求撤销婚姻的,人民法院不予受理。但当事人以上述理由请求离婚的,人民法院应予受理。利害关系人以当事人受胁迫为由请求撤销婚姻的,人民法院不予受理。"第 16 条:"《婚姻法》第十一条规定:'撤销婚姻的请求,应当自结婚登记之日起一年内提出。'这里的'一年'是除斥期间,不存在中止、中断、延长的事由。"上海高院**《关于下发〈关于在民事审判中实施"中华人民共和国婚姻法"的暂行意见〉的通知》**(2001年6月7日沪高法〔2001〕263号)第2条:"当事人以受欺诈、诱骗、包办为由,向人民法院请求撤销婚姻的,人民法院不予受理。"

【参考类案】

①2016年**浙江某婚姻登记行政诉讼案**,2005年,徐某与一化名为"吴凤英"的女子向乡政府申请办理了结婚登记手续。2006年,"吴凤英"离家出走,至今下落不明。2016年,徐某到本地公安机关及"吴凤英"提供的户籍地公安机关查询,证明辖区内无"吴凤英"此人,并确认"吴凤英"提供的身份证为虚假证件。徐某遂以民政局为被告提起行政诉讼,请求依法确认婚姻登记行政行为无效。法院认为:婚姻登记机关受理结婚登记申请,既要审查申请人提交的申请材料是否齐全、真实,还要审查申请结婚登记的男女是否符合《婚姻法》第5条、第6条、第7条规定的结婚自愿、法定婚龄、无禁止结婚情形等结婚条件,以确保结婚登记结果与基础民事法律关系相一致。本案中,结婚登记一方当事人"吴凤英"以虚假身份骗取婚姻登记,违反了婚姻登记管理制度,法律不允许以虚假身份骗取的婚姻登记产生确认、宣告夫妻关系效力。婚姻登记机关对申请材料进行了审查,但受限于技术条件未能识别身份证件真伪,以致被骗取婚姻登记,实际上,登记机关至今亦无法确定结婚是否"吴凤英"虚假身份掩盖下的自然人真实意愿,其申请显然不符合《婚姻法》规定的结婚条件。因该婚姻登记行政行为存在重大、明显违法情形,属无效行政行为,判决确认被诉行政行为无效。

②2015年**重庆某行政登记案**,2009年,牟某与自称张某的女子到民政局办理结婚登记。2014年,牟某发现张某身份信息虚假,张某遂离家出走,下落不明。2015年,牟某起诉民政局,要求撤销结婚证。法院认为:《婚姻登记条例》第2条第1款规定:"内地居民办理婚姻登记的机关是县级人民政府民政部门或者乡(镇)人民政府;省、自治区、直辖市人民政府可以按照便民原则确定农村居民办理婚姻登记的具体机关。"本案中,民政局作为主管本行政区域内婚姻登记管理工作的民政部门,其主体资格符合行政法规规定。牟某与民政局行政行为存在法律上利害关系,故牟某认为民政局行政行为侵犯其合法权益时,有权向有管辖权法院提起行政诉讼。《婚姻登记条例》第5条规定:"办理结婚登记的内地居民应当出具下列证件和证明材料:(一)本人的户口簿、身份证;(二)本人无配偶以及与对方当事人没有直系血亲和三代以内旁系血亲关系的签字声明。"第7条规定:"婚姻登记机关应当对结婚登记当事人出具的证件、证明材料进行审查并询问相关情况。对当事人符合结婚条件的,应当当场予以登记,发给结婚证;对当事人不符合结婚条件不予

登记的,应当向当事人说明理由。”本案中,民政局受理牟某及张某婚姻登记申请后,应按上述规定对双方当事人提交的户口簿及居民身份证原件进行核对,并收取复印件,经过审查符合结婚条件的,方可予以登记。现根据本案查明事实,女方张某在办理结婚登记时所提交身份证号码、户口簿上载明身份证号码及住址均系伪造。民政局在此情况下为牟某及张某颁发了结婚证,存在审查不严情形。判决撤销民政局登记行为。

③2015 年**重庆某婚姻登记行政诉讼案**,2007 年,周某与唐某在镇政府办理结婚登记后下落不明。2013 年,公安局经查询后证明周某身份证号码系伪造,且无法核实其真实身份。唐某遂起诉镇政府撤销结婚登记,法院以超过起诉期限为由驳回。2015 年,唐某起诉离婚,法院以被告不明确为由裁定不予受理。唐某遂要求县民政局婚姻登记处撤销婚姻登记,因未收到答复,唐某提起行政诉讼。法院认为:《婚姻登记条例》第 2 条规定县级人民政府民政部门或乡(镇)人民政府是法定的婚姻登记机关,具有婚姻登记的行政职能。唐某及周某申请婚姻登记时按《婚姻登记条例》第 5 条规定向镇政府提供了本人身份证、户口簿及申请结婚登记声明书,虽然镇政府在办理登记时,当事人应履行如实告知义务,但仍不能免除镇政府对申请人提供材料及陈述的真实性进行审查的义务。本着严格执法、有错必纠的原则,行政机关在执行行政事务的过程中,发现确实存在错误的,应积极予以纠正。本案所涉婚姻登记本应由原登记机关镇政府予以撤销,但县机构编制委员会嗣后批准县民政局设立县婚姻登记处,负责办理本县行政区域内的婚姻登记民事注册工作,镇政府不应再履行相应职责。依最高人民法院《关于执行〈中华人民共和国行政诉讼法〉若干问题的解释》第 20 条第 1 款规定:“行政机关组建并赋予行政管理职能但不具有独立承担法律责任能力的机构,以自己的名义作出具体行政行为,当事人不服提起诉讼的,应当以组建该机构的行政机关为被告。”由于县婚姻登记处负责办理县行政区域内的婚姻登记民事注册工作是由县机构编制委员会批复授权,而非经法律、法规、规章授权,故婚姻登记处对外不能承担独立的法律责任,县民政局仍应对婚姻登记职能对外承担法律责任。判决县民政局撤销镇政府所作案涉婚姻登记。

④2013 年**江苏某婚姻登记行政诉讼案**,1998 年,殷某与江某登记结婚。2008 年,江某与一自称“殷某”女子离婚。2010 年,江某与张某登记结婚。同年,江某死亡。生效判决确认民政局办理江某与殷某离婚登记行政行为违法。随后,殷某诉请确认民政局为江某与张某颁发结婚登记证书行为违法。法院认为:一般而言,婚姻登记双方当事人之外的其他人无权对婚姻登记行为提起行政诉讼,但如第三人与婚姻登记双方当事人之一的婚姻关系尚未解除或经法院确认解除婚姻关系行为违法,其基于原婚姻关系存续仍依法享有配偶身份权以及财产权、继承权等相关民

事权利，即有权对该登记行为提起行政诉讼。本案中，殷某同张某与江某结婚登记行为具有法律上利害关系，具有行政诉讼原告主体资格。对照国务院《婚姻登记条例》、民政部《婚姻登记工作暂行规范》及江苏省民政厅《江苏省婚姻登记工作规范》规定，民政局向江某与第三人张某颁发结婚证具体行政行为在程序上并无不当。然而，婚姻登记行为不仅涉及婚姻登记当事人双方之间合意，同时涉及行政机关公权力行使，且因婚姻关系设立影响婚姻家庭关系乃至一定区域内社会秩序稳定，故在婚姻关系设立时需公权力因素介入，其成立需遵循我国行政公权力设定的一定原则。当前我国制定的婚姻制度实行的是婚姻自由、一夫一妻、男女平等原则。本案中，殷某与江某离婚登记行为已被确认无效，意味着两人之间婚姻关系仍然存续，故江某与张某之间婚姻登记行为违反了我国一夫一妻原则性规定，应认定无效。判决确认民政局为江某与张某颁发结婚证具体行政行为无效。

⑤2011 年**山东某婚姻登记行政诉讼案**，2005 年，高某与第三人“张振哲”（化名）双方自愿到民政局申请办理结婚登记，民政局审查了当事人出具的本人户口簿、身份证和血亲关系的签字声明，为高某和第三人颁发了结婚登记证。后“张振哲”下落不明，经公安机关证实没有“张振哲”身份信息，其使用的户口簿、身份证在公安机关没有登记，该人真实身份不明。高某诉请撤销结婚登记证。法院认为：高某与第三人“张振哲”申请办理结婚登记，民政局依《婚姻登记条例》规定，要求当事人出具了相应证件和证明材料，并作了形式上审查，认定高某和第三人申请符合《婚姻法》规定，予以登记并颁发结婚登记证，该行政行为符合法律规定。因“张振哲”下落不明，经公安机关查证第三人“张振哲”使用的户口簿、身份证是虚假的。“张振哲”行为是导致民政局错误认定高某和第三人结婚登记申请符合《婚姻法》规定，即民政局据以作出具体行政行为的主要证据不足，故依法应当撤销。判决撤销案涉结婚登记证。

⑥2009 年**浙江某离婚纠纷案**，2003 年，无户籍的李某持伪造身份证明与杨某登记结婚。2009 年双方协议离婚，到民政局办理离婚手续时因证件虚假而未办妥，遂诉讼离婚。法院认为：杨某要求解除婚姻关系应通过提起民事诉讼途径解决。李某因未办理户籍登记而无法取得相关户籍证明，但其以自己名义与杨某办理结婚登记并领取结婚证，应认定该婚姻关系真实有效，可确认双方夫妻关系。因双方夫妻感情破裂，且均同意离婚，故法院判决予以准许。

⑦2009 年**江苏某婚姻登记行政诉讼案**，2008 年，与周某结婚 16 年的毛某携一冒名女子持相关证件到民政局办理了离婚登记。周某起诉民政局，要求确认该离婚登记具体行政行为无效。法院认为：民政局在为毛某及冒名周某的女子办理离婚登记时，虽已根据《婚姻登记条例》有关规定履行了相应审查义务，但仅限于对形式要件审查，审查内容不全面，导致毛某与冒名女子得以骗取了离婚证，存在重大

明显瑕疵。民政局在受欺骗情况下作出离婚登记发证行为存在重大明显瑕疵,且不符合《婚姻法》和《婚姻登记条例》离婚登记条件,故判决确认无效。

⑧2008 年**江苏某婚姻登记行政诉讼案**,2004 年,左某妹、周某弟因未达法定婚龄,分别冒用左某、周某身份,用两人自己照片,到民政局办理结婚登记。2008 年,左某到民政局办理结婚登记时,知晓被冒名事实而无法办理,诉请民政局撤销前述冒名结婚登记。法院认为:《行政诉讼法》第 2 条规定:“公民、法人或者其他组织认为行政机关和行政机关工作人员的具体行政行为侵犯其合法权益,有权依照本法向人民法院提起诉讼。”本案中,民政局作为婚姻登记机关,依据虚假申请材料,在左某本人未亲自到场情况下,办理了以左某为持证人的结婚证,导致左某本人申请结婚登记时无法登记,对左某婚姻自主权产生了影响。左某与民政局具体行政行为有法律上利害关系,合法权利受到侵害,其具有原告资格。婚姻登记中心是民政局下设部门,以自己名义独立行使职权,其向案外人颁发结婚证行为,系其在履行法定职权,属于特定事项,其行政管理相对人(即持证人)左某和周某也是特定的,该行政行为也产生了特定后果,即使左某与周某确立了法律上夫妻关系,故其颁发分别以左某、周某为持证人的行政行为,属于具体行政行为。民政局在履行婚姻登记管理职能过程中,对当事人提交身份证件审查不严,有明显过错,其在诉讼中主动纠错,撤销了错误的婚姻登记,左某认为诉讼目的已达到,经法院裁定准许撤回起诉。

⑨2008 年**浙江某婚姻登记行政诉讼案**,1996 年,邱某持村委会证明与傅某在镇政府登记结婚,后下落不明。2006 年,傅某起诉离婚,发现邱某所持村委会证明虚假。2008 年,傅某诉请撤销镇政府结婚登记行为。法院认为:依《婚姻登记管理条例》(1994 年 2 月 1 日发布,2003 年 10 月 1 日因《婚姻登记条例》颁布而废止)规定,办理婚姻登记系镇政府法定职责。镇政府在受理当事人结婚登记申请时,根据该条例规定,应由当事人提交户口证明,居民身份证,所在单位、村委会或居委会出具的婚姻状况证明。本案镇政府忽略了要求邱某提交居民身份证,从而让邱某利用虚假内容的身份证明取得了结婚登记。同时,镇政府在邱某未提交婚姻状况证明情况下,先给邱某办理了婚姻登记,而后再要求其补交婚姻状况证明。因镇政府作出的婚姻登记事实不清、程序违法,判决撤销镇政府作出的结婚登记具体行政行为。

⑩2006 年**云南某人身权纠纷案**,2002 年,闫某持陆某开具的结婚登记材料,在陆某未到场情况下,托人到非户籍地某婚姻登记处办了一个无证件编号的结婚证,为工作安置便利,将结婚日期还提前 2 年。2004 年,闫某起诉离婚。此期间,该证被登记处撤销。在闫某撤回离婚起诉后,陆某起诉闫某,要求明确婚姻登记被撤销的责任,并索要精神损害赔偿。法院认为:婚姻自由、自愿是我国公民一项基本权

利。男女双方在享受婚姻自由权利同时，亦须通过自己积极作为或消极不作为，承担着保障对方婚姻自由权利实现的法定义务。婚姻关系中任何一方，不得为实现自己不法婚姻利益，而侵害婚姻相对方婚姻自由权利。婚姻登记机关已认定闫某作为申请登记当事人，明知在非户籍地，且婚姻对方当事人不在登记现场情况下，为获取不法婚姻利益，以弄虚作假方式骗取登记，进而登记机关依法撤销并宣告双方婚姻关系无效，闫某对由此产生的法律后果存在明显不当和过错行为，主观上和客观上侵害了作为婚姻相对方婚姻自由的基本权利，破坏了国家法律保护婚姻自由的基本原则和制度，亦造成了陆某欲成为闫某配偶身份权的侵害和社会评价降低，故闫某应赔偿因侵害陆某身份权和名誉权造成的精神伤害和痛苦。判决闫某赔偿陆某精神抚慰金2万元。

⑪2001年**河南某离婚纠纷案**，2000年，刘某外出打工期间由父亲通过熟人到婚姻登记机关领取了刘某与梁某的结婚证。2001年，因性格不合，梁某诉请离婚。法院认为：双方同居时，未办理登记手续，虽通过他人骗取了结婚证，但按《婚姻登记管理条例》《婚姻法》规定，双方婚姻属非法同居关系，不受法律保护，应依法予以解除。梁某要求分割共同劳动所得的财产，应予支持，判决解除双方的非法同居关系，刘某在共有财产中给付梁某小麦1200斤，其他归刘某所有，梁某返还刘某拖拉机一台，梁某嫁妆归自己所有，彩电属刘某个人财产。

【典型类案实务要点】

1.**【冒名登记结婚，不构成申请宣告婚姻无效法定理由】**当事人以法定无效婚姻四种情形（重婚、有禁止结婚的亲属关系、婚前患有医学上认为不应当结婚的疾病且婚后尚未治愈以及未达到法定婚龄）以外理由申请宣告婚姻无效的，不予支持。

2.**【使用虚假身份信息办理的婚姻登记，应予确认无效】**法院审理婚姻登记行政行为案，对使用虚假身份信息办理的婚姻登记行为，视为自始无效，应适用确认无效判决。

3.**【以虚假身份信息登记结婚的，该登记行为可予撤销】**当事人申请结婚登记时提供虚假身份信息，婚姻登记机关对当事人申请材料未尽到必要的审慎审查义务而作出错误婚姻登记的，应予撤销。

4.**【使用虚假身份登记结婚后下落不明的，登记可撤销】**一方当事人使用虚假身份证登记结婚后下落不明且无法核实真实身份的，另一方当事人可通过行政诉讼撤销婚姻登记。

5.**【骗取离婚登记一方又与他人登记结婚的，登记无效】**骗取离婚登记一方又与他人登记结婚的，民政局登记程序虽合法，但违反婚姻登记行为实质性要求的，应确认结婚登记行为无效。

6.【**当事人弄虚作假骗取结婚登记,可经行政诉讼撤销**】婚姻登记机关结婚登记行为属行政诉讼受案范围;登记机关未尽充分审核职责,应承担登记行为被撤销等行政责任。

7.【**单纯利用虚假身份证明登记结婚,婚姻亦真实有效**】利用虚假身份证明登记结婚,如登记时双方当事人结婚意思表示真实,且不存在法律禁止结婚情形,则婚姻真实有效。一方当事人欲解除婚姻关系应通过离婚民事诉讼,而不应通过提起撤销婚姻登记行政诉讼。无户籍登记当事人身份表述可用当事人自用名。

8.【**假冒配偶之名办理离婚登记,应由法院确认为无效**】申请办理离婚登记的一方当事人找人冒充配偶之名,骗取离婚证的,因婚姻登记机关在受欺骗情况下作出的离婚登记发证行为存在重大明显瑕疵,且不符合法定离婚登记条件,应确认无效。

9.【**被他人冒名婚姻登记,婚姻登记机关可依申请撤销**】被他人假冒身份申请办理结婚登记,导致本人无法申请结婚登记的,被假冒人本人有权申请婚姻登记机关撤销该冒名婚姻登记。

10.【**用虚假身份登记结婚的,对方可诉请撤销婚姻登记**】一方当事人提供虚假身份证明进行婚姻登记后下落不明,对其真实身份无法查实的,另一方当事人可提起撤销婚姻登记行政诉讼。

11.【**弄虚作假骗取婚姻登记,侵犯配偶身份权及名誉权**】结婚申请登记人以弄虚作假方式骗取登记,导致婚姻机关撤销并宣告婚姻无效的,构成对婚姻对方当事人配偶身份权及名誉权的侵害。

12.【**骗取登记取得结婚证,不能据此证明合法夫妻关系**】同居男女不具备法定结婚条件或取得结婚证的途径违法,而使该证丧失证明男女同居系合法夫妻关系的法律效力。

【类案裁判一般规则】

当事人申请结婚登记时提供虚假身份信息,婚姻登记机关对当事人申请材料未尽到必要的审慎审查义务而作出错误婚姻登记的,婚姻登记机关具有主动纠错的法定义务。

【典型参考案例索引】

主旨案例:见《当事人以婚姻法规定的无效婚姻四种情形以外的理由申请宣告婚姻无效法院不予支持》(安徽宁国法院民三庭),载《民事审判指导与参考·指导性案例》(200803/35:129)。**其他案例:**①浙江永嘉法院(2016)浙0324行初124号“徐某与某民政局婚姻登记行政诉讼案”,见《使用虚假身份信息办理的婚姻行政登记应予确认无效——浙江永嘉法院判决徐某诉永嘉县民政局婚姻行政登记案》(胡朝俊、郑璐郴),载《人民法院报·案例精选》(20170824:06)。②重庆九龙坡法院(2015)九法行初字第00152号“牟某成诉重庆市九龙坡区民政局民政行政登记纠纷案”,见《当事人提供信息不实导致婚姻登记错误应予撤销》(薛梅、梁桂平),载《人民司法·案例》(201711:105)。③重庆二中院(2015)渝二中法行终字第283号“唐治川与梁平县民政局等行政诉讼案”,见《用虚假身份登记结婚后下落不明的行政诉讼救济》(吴美来、詹亮),载《人民司法·案例》(201611:98)。④江苏泰州中院(2013)泰中行终字第0061号“殷福娣与靖江市民政局等行政诉讼案”,见《第三人对婚姻登记提起行政诉讼的资格审查》(蔡鹏),载《人民司法·案例》(201408:93)。⑤山东即墨法院(2011)即行初字第30号“高某与某民政局行政诉讼案”,见《当事人弄虚作假骗取的结婚登记应予撤销——山东即墨法院判决高萍丽诉即墨民政局结婚行政登记案》(陈文),载《人民法院报·案例指导》(20120726:06)。⑥浙江宁波鄞州区法院(2009)甬鄞民初字第2170号“杨某与李某离婚纠纷案”,见《裁判要旨·民事》(郭敬波),载《人民法院案例选·月版》(200911/11:200)。⑦江苏南京江宁区法院(2009)江宁行初字第9号“周某诉某民政局等行政诉讼案”,见《婚姻登记行政机关因受相对人的欺骗作出的婚姻登记行政行为,应由人民法院确认无效——周福云诉南京市江宁区民政局确认离婚证无效案》(吕润进),载《人民法院案例选·月版》(200912/12:129)。⑧江苏灌南法院(2008)南行初字第0015号“左志平诉江苏省灌南县民政局婚姻登记纠纷案”,见《婚姻登记机关可依申请撤销冒名婚姻登记》(苗士举、王永仑),载《人民司法·案例》(201002:102)。⑨浙江宁波鄞州区法院(2008)甬鄞行初字第87号“傅碧萍诉浙江省宁波市鄞州区东钱湖镇人民政府婚姻登记行政行为纠纷案”,见《用虚假身份登记结婚后下落不明的司法救济》(郭敬波、郑秋妍),载《人民司法·案例》(201002:105)。⑩云南昆明中院(2006)昆民三终字第276号“陆某与闫某人身权案”,见《陆冬梅诉闫锦平人身权案(婚姻自主权纠纷)》(余锋、宋光玉),载《中国审判案例要览》(2007民:163)。⑪河南夏邑法院2001年9月5日判决“梁某诉刘某离婚案”,责任编辑评析观点认为,结婚登记程序上瑕疵所引起法律后果,不能当然作为认定婚姻无效、可撤销婚姻的必要条件,更不能据此认定当事人之间为非法同居关系,本案要么按离婚处理,要么宣告婚姻无效。见《梁玲丽持一方未到场而领取的结婚证诉与刘波离婚,刘波以双方为同居关系同意解除案》(李宏伟),载《人民法院案例选》(200301/43:73)。

5. 禁止结婚的血亲关系

——近亲结夫妻,婚姻有无效?

【禁止血亲】

【案情简介及争议焦点】

2004 年,虎某与马某结婚并生育。2012 年,虎某诉请离婚。双方均提出系姑表亲表兄妹关系,但均未提交证据证明。一审判决准予离婚,并对子女抚养和财产分割作了处理。二审中,马某提交了婚姻无效的特殊身份关系证明。

争议焦点:1. 法院应否主动审查婚姻无效事由? 2. 本案二审程序如何处理?

【裁判要点】

1. 法院应主动审查婚姻无效事由。最高人民法院《关于适用〈中华人民共和国婚姻法〉若干问题的解释(二)》(已于 2021 年 1 月 1 日起废止)第 3 条规定:“人民法院受理离婚案件后,经审查确属无效婚姻的,应当将婚姻无效的情形告知当事人,并依法作出宣告婚姻无效的判决。”法院在审理离婚案件中,对欠缺登记结婚实质要件的婚姻关系应依法宣告无效。如涉及子女抚养、财产分割等事项,对婚姻效力及其他纠纷应分别制作裁判文书。身份关系不适用自认规则,且关于婚姻效力的判决,作出即生效,当事人无上诉权。婚姻无效是国家对婚姻登记实质要件的强行干预,法院有义务通过案件审理来保障国家法律得到执行。

2. 本案二审应宣告双方婚姻无效。对于离婚案件中当事人主张双方存在特定身份关系导致婚姻无效,法院不能依照双方一致陈述确认特定身份关系,应引导当事人对身份关系进行举证,在当事人举证存在困难情况下,依当事人提供的相关线索依职权调查、收集相关证据。对于当事人提交证据,应结合当事人陈述,根据具体案情进行审查。如当事人陈述一致,相关证据与当事人陈述相互印证,可确认存在特定身份关系。如双方对存在特定身份关系有争议,主张存在特定身份关系一方提供的证据,另一方提出异议的,法院应加大对证据真实性、合法性、关联性审查力度,以准确认定当事人是否存在特定身份关系。二审根据马某提交的身份关系证明,判决宣告双方婚姻无效,对一审涉及的子女抚养和财产分割等判项予以维持。

【裁判依据或参考】

1. 法律规定。《民法典》(2021 年 1 月 1 日)第 1045 条:“亲属包括配偶、血亲和姻亲。配偶、父母、子女、兄弟姐妹、祖父母、外祖父母、孙子女、外孙子女为近亲属。配偶、父母、子女和其他共同生活的近亲属为家庭成员。”第 1048 条:“直系血亲或者三代以内的旁系血亲禁止结婚。”第 1051 条:“有下列情形之一的,婚姻无效:(一)重婚;(二)有禁止结婚的亲属关系;(三)未到法定婚龄。”

2. 行政法规。《婚姻登记条例》(2003 年 10 月 1 日)第 6 条:“办理结婚登记的当事人有下列情形之一的,婚姻登记机关不予登记……(四)属于直系血亲或者三代以内旁系血亲的;(五)患有医学上认为不应当结婚的疾病的。”

3. 最高人民法院司法解释及其他司法性文件/解读文章。最高人民法院**《关于适用〈中华人民共和国民法典〉婚姻家庭编的解释(一)》**(2021 年 1 月 1 日 法释〔2020〕22 号)第 9 条:“有权依据民法典第一千零五十一条规定向人民法院就已办理结婚登记的婚姻请求确认婚姻无效的主体,包括婚姻当事人及利害关系人。其中,利害关系人包括:(一)以重婚为由的,为当事人的近亲属及基层组织;(二)以未到法定婚龄为由的,为未到法定婚龄者的近亲属;(三)以有禁止结婚的亲属关系为由的,为当事人的近亲属。”第 10 条:“当事人依据民法典第一千零五十一条规定向人民法院请求确认婚姻无效,法定的无效婚姻情形在提起诉讼时已经消失的,人民法院不予支持。”第 11 条:“人民法院受理请求确认婚姻无效案件后,原告申请撤诉的,不予准许。对婚姻效力的审理不适用调解,应当依法作出判决。涉及财产分割和子女抚养的,可以调解。调解达成协议的,另行制作调解书;未达成调解协议的,应当一并作出判决。”第 12 条:“人民法院受理离婚案件后,经审理确属无效婚姻的,应当将婚姻无效的情形告知当事人,并依法作出确认婚姻无效的判决。”第 13 条:“人民法院就同一婚姻关系分别受理了离婚和请求确认婚姻无效案件的,对于离婚案件的审理,应当待请求确认婚姻无效案件作出判决后进行。”第 14 条:“夫妻一方或者双方死亡后,生存一方或者利害关系人依据民法典第一千零五十一条的规定请求确认婚姻无效的,人民法院应当受理。”第 15 条:“利害关系人依据民法典第一千零五十一条的规定,请求人民法院确认婚姻无效的,利害关系人为原告,婚姻关系当事人双方为被告。夫妻一方死亡的,生存一方为被告。”第 17 条:“当事人以民法典第一千零五十一条规定的三种无效婚姻以外的情形请求确认婚姻无效的,人民法院应当判决驳回当事人的诉讼请求。当事人以结婚登记程序存在瑕疵为由提起民事诉讼,主张撤销结婚登记的,告知其可以依法申请行政复议或者提起行政诉讼。”最高人民法院吴晓芳法官**《关于婚姻家庭纠纷审理热点难点问答》**〔载《民事法律文件解读》2011 年第 11 辑(总第 83 辑)〕第 11 条:“巩某的父亲与表姑从小感情很好,由于是亲戚一直不能结婚。后巩某的父亲身患癌症,其与巩某的表姑隐瞒真实情况办理了结婚登记,巩某父亲去世后不久,巩某到法院申请宣告其父亲与表姑的婚姻无效。此种情况,该如何处理?答:巩某的父亲与表姑是表兄妹关系,系三代以内的旁系血亲,属法律禁止结婚的情形,其婚姻当属无效。他们的婚姻关系虽因巩某父亲的死亡而终止,但双方三代以内旁系血亲的亲属关系永远不会改变。巩某在父亲死亡后1年内请求法院确认其父与表姑的婚姻无效,于法有据,应予支持。无效婚姻是欠缺婚姻成立要件的违法婚姻,因而不具有婚姻的法律效力。《婚姻法》有关结婚条件和结婚程序的规定,在性质上属于强制性规范而不是任意性规范,当事人是不能自行改变或者通过约定加以改变的。一旦违反,便应导致婚姻无效的后果。婚姻无效的情形可以分为绝对无效和相对无效两种,未达法定婚龄和患有医学上认为不应当结婚的疾病属于相对无效的情形,而重婚和有禁止结婚亲属关系的则属于绝对无效的情形。对以重婚为由申请宣告婚姻无效的,因重婚是严重违反一夫一妻制的行为,不应存在阻却事由,即无论申请宣告婚姻无效时,重婚者是存在两个婚姻关系还是只有一个婚姻关系,都应宣告其中一个婚姻无效,构成犯罪的,还应追究刑事责任;对以有禁止结婚的亲属关系为由申请宣告婚姻无效的,因亲属关系是当事人之间因出生或血缘关系而产生的特定身份关系,它不会随着时间的推移而消失,也不会人为解除。因此,对有禁止结婚亲属关系的婚姻申请宣告无效,不存在阻却事由,即该婚姻无论经过多长时间和双方当事人是否有子女或不再生育,都应是绝对无效。如果对不生育子女的具有禁止结婚亲属关系的婚姻给予'豁免',不宣告婚姻无效,将会使禁止近亲结婚的法律规定形同虚设,损害法律的权威性。禁止一定范围内的血亲结婚是世界各国的立法通例,我国《婚姻法》也明确规定,直系血亲和三代以内的旁系血亲禁止结婚。有禁止结婚的亲属关系的,婚姻无效。对于无效婚姻的一方或双方当事人死亡的情况,最高人民法院相关司法解释规定:'夫妻一方或者双方死亡后一年内,生存一方或者利害关系人依据婚姻法第十条的规定申请宣告婚姻无效的,人民法院应当受理。'也就是说,虽然夫妻一方已经死亡,但人民法院根据利害关系人的申请就婚姻关系是否有效所作出的判决,对夫妻中生存一方与死者之间曾经拥有的配偶身份关系具有直接的拘束力。一旦该婚姻关系被宣告为无效,婚姻关系当事人中生存一方原来依法享有的死者配偶的身份就会丧失,同时丧失其作为死者第一顺序继承人的身份,与死者亲属之间的姻亲关系也归于消灭。"第12条:"养父母和养子女结婚属于无效婚姻吗?答:养父母和养子女是基于收养关系而形成的法律拟制血亲关系,《婚姻法》和《收养法》规定,合法的收养关系受到法律的保护,一旦收养关系成立,养父母与养子女之间的权利义务关系就等同于生父母子女之间的权利义务关系。根据《婚姻法》第十条的规定,禁止结婚的亲属关系是宣告婚姻无效的四种法定情形之一，如果养父母与养子女没有解除收养关系而结婚，他们的婚姻属于无效婚姻。当然，在收养关系依法解除后，如果当事人或利害关系人还以有禁止结婚的亲属关系为由申请宣告婚姻无效的，人民法院不予支持。”最高人民法院**《关于三代以内的旁系血亲之间的婚姻关系如何处理问题的批复》**（1987 年 1 月 14 日 〔1987〕民他字第 36 号）：“……曹永林与占可琴是三代以内的表兄妹，双方隐瞒近亲关系骗取结婚登记，违反了我国婚姻法第六条关于禁止三代以内的旁系血亲结婚的规定，这种婚姻关系依法是不应保护的。但曹、占两人已经结婚多年，并生有子女，根据本案的具体情况，为保护妇女和儿童的利益，同意你院的第二种意见，按婚姻法第二十五条规定处理。处理时，必须指出双方骗取结婚登记的错误，特别是对男方曹永林的错误要进行严肃的批评教育，并可建议其工作单位给以适当处分，对子女抚养和财产分割，应照顾子女和女方的合法权益，合情合理地予以解决。”最高人民法院**《关于辈分不同的旁系血亲能否结婚等问题的批复》**（1955 年 11 月 26 日 法行字第 16441 号）：“……你们对张 × 与张 × × 婚姻问题的处理意见，基本上是妥当可行的。但应把处理办法的顺序颠倒一下即：应先劝说其母亲，争取她同意其女儿与张 × 结婚；如劝说确实无效时，再劝说张 × 与张 × × 双方另行结婚；如劝说也无效时，则可让他们到外地结婚。唯张 × 与张 × × 都是农民，如离乡背井到外地结婚，事实上是否可能，需要慎重考虑。”最高人民法院办公厅**《关于五代以内旁系血亲可否结婚问题的复函》**（1955 年 7 月 15 日 法行字第 10607 号）：“……全国人民代表大会常务委员会转来你县绣衣池谢国亚的来信，提出第四代旁系血亲的从堂兄妹能否结婚的问题。我们意见，根据婚姻法第五条第一款第二项的规定精神，原则上应从习惯。但对具体问题亦应适当考虑具体情况和几年来由于婚姻法的贯彻，群众觉悟的提高，如当地虽无此种习惯，但经向群众说服不致产生不良影响时，可以允许结婚，如经过说服群众（而不是几个人）仍非常反对时，为免发生意外，可斟酌具体情况适当处理（如申请人迁居等）。”最高人民法院**《对吴中输与养女吴凤兰请求结婚问题意见的复函》**（1953 年 1 月 31 日 法办字第 228 号）：“……关于吴中输与养女吴凤兰请求结婚的问题，根据保护养子女利益的原则，我们同意你院的第二种意见：不准他们结婚。并请注意了解一下男方的历史、职业、阶级成分和男女双方情况，看女方与养父结婚是否出于自愿，如男方有威逼利诱等犯罪行为即须考虑予以适当的处罚，同时为照顾女方情绪也要进行一些必要的说服教育，对她的生活作适当安置，不使发生意外。”最高人民法院**《关于唐邑县岳景林与岳氏请求结婚案的批复》**（1951 年 5 月 1 日）：“……关于唐邑县岳景林与岳氏结婚问题，我们认为该两人既是五代以外的旁系血亲，双方自主自愿请求结婚，与婚姻法并无抵触，第三者横加干涉是不应该的。但因该男女双方在婚前早已发生肉体关系，其时男方 18 岁，女亦不过 15 岁，后各另娶另嫁，隔了四年又各与原配偶离婚,再相约逃往济南同居将近一年。这些过去事实,都足以使女方岳氏母子及乡村群众增加反感。你院在处理该案时,应先对请求结婚的男女指出过去的错误加以适当批评,再对反对他们结婚的岳氏母子和乡村群众讲明政策进行教育,或再邀同妇联妥予说服批评。为了防止发生意外,并应责成区村政府注意岳景林与岳氏之安全,如仍有所顾虑,则酌劝该结婚男女暂时移居别地,避免激刺他人亦无不可。"最高人民法院**《关于陪审婚姻案件办法的通令》**(1950 年 9 月 18 日 法秘字第 413 号):"……兹经本院第七次委员会议议决:'今后各级人民法院审判婚姻案件,凡遇案件对社会有重大影响,或有教育意义,或当事人双方或一方请求或者其他必要原因时,应请当地民主妇联,派代表陪审'……全国人民代表大会常务委员会转来你县绣衣池谢国亚的来信,提出第四代旁系血亲的从堂兄妹能否结婚的问题。我们意见,根据婚姻法第五条第一款第二项的规定精神,原则上应从习惯。但对具体问题亦应适当考虑具体情况和几年来由于婚姻法的贯彻,群众觉悟的提高,如当地虽无此种习惯,但经向群众说服不致产生不良影响时,可以允许结婚,如经过说服群众(而不是几个人)仍非常反对时,为免发生意外,可斟酌具体情况适当处理(如申请人迁居等)。"

4. 部门规章。民政部民政司**《关于表姨和表外甥能否结婚的复函》**(1986 年 3 月 26 日 〔86〕民民字第 42 号):"……婚姻法第六条一款规定:'直系血亲和三代以内的旁系血亲'禁止结婚。所谓'三代以内的旁系血亲',是指同一祖父母或外祖父母的血亲关系。你们所询表姨和表外甥并不是同一外祖父母,因此不属三代以内的旁系血亲。他们之间不属禁婚之列。但是,从遗传学角度考虑,血缘过近的婚配,是不利于优生的,建议劝说双方当事人慎重考虑,为了子孙后代的健康,以另外择偶为好。"民政部**《关于堂姐、堂弟的子女能否结婚问题的复函》**(1986 年 1 月 18 日 〔86〕民民字第 9 号):"……根据全国人大常委会法制委员会副主任武新宇《关于中华人民共和国婚姻法(修改草案)的说明》中对三代以内的旁系血亲禁止结婚所作的解释,我们认为,张嫒同雷维宇属于第四代的旁系血亲。张嫒、雷维宇两人如在其他问题上也符合《婚姻法》关于结婚的规定,婚姻登记机关可予以登记。"中央法制委员会、内务部**《有关婚姻问题对广州市人民政府的若干解答》**(1953 年 7 月 18 日 法内会字第 329 号)第 2 条:"五代内旁系血亲间禁止结婚的问题,仍应遵照婚姻法第五条第一款从习惯的规定。"

5. 地方司法性文件。江苏高院**《婚姻家庭案件审理指南(2010 年)》**(2010 年 5 月 18 日)第 4 章:"无效婚姻与可撤销婚姻纠纷。一、无效婚姻。无效婚姻是指虽经婚姻登记部门登记结婚,但婚姻当事人欠缺结婚实质要件,故不具备法律效力的一种违法婚姻。(一)无效婚姻的法定情形。《婚姻法》第十条规定了婚姻无效的四种情形:……2. 有禁止结婚的亲属关系的。根据《婚姻法》第七条第(一)项规定，直系血亲和三代以内的旁系血亲禁止结婚……（三）申请宣告婚姻无效的主体范围。申请宣告婚姻无效的主体包括婚姻当事人及利害关系人。针对不同的无效婚姻事由，法律上规定了不同的利害关系人范围。具体是：……3. 以有禁止结婚的亲属关系为由申请宣告婚姻无效的，为当事人的近亲属……”

【参考类案】

①2008 年**山东某宣告婚姻无效案**，张某之母与胡某之母系亲姐妹关系。1989 年，张某与胡某登记结婚。婚后胡某患上精神病，张某申请宣告婚姻无效。法院认为：依《婚姻法》规定，直系血亲和三代以内旁系血亲均属禁止结婚范围，即使办理结婚登记手续，亦属无效婚姻，婚姻当事人及其利害关系人可向法院申请宣告婚姻无效。本案中，申请人张某与被申请人胡某系姨表姐弟关系，属三代以内旁系血亲，双方虽办理了结婚登记并共同生活多年，但依《婚姻法》规定，该婚姻关系属无效婚姻，应宣告无效。

②2001 年**新疆某无效婚姻案**，杨某、张某双方的母亲系同胞姐妹，杨某、张某系姨表兄妹。1994 年 2 月 26 日，双方登记结婚，并生育一子。2001 年，双方因感情不和诉讼离婚。法院认为：双方系姨表兄妹，属三代以内旁系血亲，是《婚姻法》禁止结婚的亲属关系，故该婚姻依法无效，自始无效，双方不具有夫妻的权利和义务。同居期间所生孩子抚养经协商达成协议，法院无异议。同居期间所盖房屋及所购财产，应作为一般共有财产，按照顾子女和女方权利原则予以分割。张某同居期间所欠债务，杨某认可并有充分证据证实的，属共同债务，除双方协议承担的债务外，应由双方共同承担，判决婚姻无效，孩子由张某抚养，杨某每月给付抚养费 100 元至其年满 18 岁止，房屋等财产及债务按上述原则分割。

【典型类案实务要点】

1.**【特定身份关系，可能导致婚姻无效的，应特别处理】**离婚案件中当事人主张存在特定身份关系导致婚姻无效，应结合当事人陈述，注重审查证据，或依职权进行收集、调查，就婚姻效力和子女抚养、财产分割等问题分别作出判决，切实保护当事人诉权。

2.**【姨表姐弟结婚，属三代以内旁系血亲，应宣告无效】**姨表姐弟关系属三代以内旁系血亲，双方虽办理了结婚登记并共同生活多年，但依《婚姻法》规定，该婚姻关系属无效婚姻，应宣告无效；直系血亲和三代以内旁系血亲结婚，被法院依法宣告婚姻无效后，其效力溯及当事人结婚之时，即应自始无效。

【类案裁判一般规则】

直系血亲和三代以内的旁系血亲禁止结婚。有禁止结婚的亲属关系的，婚姻无效。

【典型参考案例索引】

主旨案例:宁夏石嘴山中院(2013)石民终字第254-1号"马某与虎某离婚纠纷上诉案",见《特定身份关系导致婚姻无效的证据审查、收集》(吴林海),载《人民司法·案例》(201320:78)。**其他案例:**①山东省成武县人民法院(2008)成民初字第262号"张某申请宣告婚姻无效案",见《张启科申请宣告婚姻无效案(无效婚姻认定)》(田现忠),载《中国审判案例要览》(2009民:422)。②新疆石河子法院2001年6月20日判决"杨某诉张某离婚案",见《杨小霞与张全荣因属三代以内姨表近亲结婚被确认无效案》(杨善明),载《人民法院案例选》(200301/43:68)。

6. 违反法定婚龄的后果

——年龄未达到,婚姻须撤销?

【法定婚龄】

【案情简介及争议焦点】

1997年,杨某持虚报年龄的婚姻状况证明在民政局办理了与邵某的结婚登记。2011年,一直与邵某共同生活、且已生育两子女的杨某以民政局为被告、邵某为第三人提起行政诉讼,请求撤销结婚登记。

争议焦点:1. 婚姻登记是否违反法定程序?2. 本案婚姻应否认定无效?

【裁判要点】

1. 本案婚姻登记行为属违反法定程序。民政局对杨某与邵某结婚申请进行审查时,未按当时施行的《婚姻登记管理条例》第9条规定,要求当事人提交双方户口证明、居民身份证,且对所提交婚姻状况证明未进行合理审查,导致未能发现杨某当时未达法定婚龄,亦未能发现所提交婚姻状况证明中记载的杨某出生日期不真实。民政局对未达法定婚龄的当事人提出的结婚申请作出准予登记的行政行为并颁发结婚证,该登记行为违反法定程序。

2. 本案未达法定婚龄不影响婚姻效力。根据查明事实,杨某及邵某在申请结婚登记前已按农村习俗举行了婚礼,并共同生活。登记结婚后双方仍继续共同生活,其间生育有2个子女,可见双方结婚意愿真实。申请结婚登记时,杨某虽未达法定婚龄，但该情形早在其达到法定婚龄时消失，该情形消失后双方婚姻已具备《婚姻法》规定的结婚实质要件，结婚登记时杨某未达法定婚龄不影响双方婚姻关系效力。判决驳回杨某诉请。

【裁判依据或参考】

1. 法律规定。《民法典》（2021 年 1 月 1 日）第 1047 条：“结婚年龄，男不得早于二十二周岁，女不得早于二十周岁。”第 1051 条：“有下列情形之一的，婚姻无效：（一）重婚；（二）有禁止结婚的亲属关系；（三）未到法定婚龄。”

2. 行政法规。《婚姻登记条例》（2003 年 10 月 1 日）第 6 条：“办理结婚登记的当事人有下列情形之一的，婚姻登记机关不予登记：（一）未到法定结婚年龄的……”

3. 最高人民法院司法解释及其他司法性文件/解读文章。最高人民法院《**关于适用〈中华人民共和国民法典〉婚姻家庭编的解释（一）**》（2021 年 1 月 1 日　法释〔2020〕22 号）第 9 条：“有权依据民法典第一千零五十一条规定向人民法院就已办理结婚登记的婚姻请求确认婚姻无效的主体，包括婚姻当事人及利害关系人。其中，利害关系人包括：（一）以重婚为由的，为当事人的近亲属及基层组织；（二）以未到法定婚龄为由的，为未到法定婚龄者的近亲属；（三）以有禁止结婚的亲属关系为由的，为当事人的近亲属。”第 10 条：“当事人依据民法典第一千零五十一条规定向人民法院请求确认婚姻无效，法定的无效婚姻情形在提起诉讼时已经消失的，人民法院不予支持。”第 11 条：“人民法院受理请求确认婚姻无效案件后，原告申请撤诉的，不予准许。对婚姻效力的审理不适用调解，应当依法作出判决。涉及财产分割和子女抚养的，可以调解。调解达成协议的，另行制作调解书；未达成调解协议的，应当一并作出判决。”第 12 条：“人民法院受理离婚案件后，经审理确属无效婚姻的，应当将婚姻无效的情形告知当事人，并依法作出确认婚姻无效的判决。”第 13 条：“人民法院就同一婚姻关系分别受理了离婚和请求确认婚姻无效案件的，对于离婚案件的审理，应当待请求确认婚姻无效案件作出判决后进行。”第 14 条：“夫妻一方或者双方死亡后，生存一方或者利害关系人依据民法典第一千零五十一条的规定请求确认婚姻无效的，人民法院应当受理。”第 15 条：“利害关系人依据民法典第一千零五十一条的规定，请求人民法院确认婚姻无效的，利害关系人为原告，婚姻关系当事人双方为被告。夫妻一方死亡的，生存一方为被告。”第 17 条：“当事人以民法典第一千零五十一条规定的三种无效婚姻以外的情形请求确认婚姻无效的，人民法院应当判决驳回当事人的诉讼请求。当事人以结婚登记程序存在瑕疵为由提起民事诉讼，主张撤销结婚登记的，告知其可以依法申请行政复议或者提起行政诉讼。”最高人民法院吴晓芳法官《**关于婚姻家庭纠纷审理热点难点**

问答》〔载《民事法律文件解读》2011 年第 11 辑(总第 83 辑)〕第 8 条:“双方登记结婚时,因女方未达法定婚龄,女方便拿自己姐姐的身份证与男方办理了结婚登记。后双方发生纠纷,女方到法院申请宣告婚姻无效,此种情形不符合《婚姻法》第十条的规定,应如何处理呢? 答:本案的症结在于无效婚姻、可撤销婚姻与婚姻登记瑕疵是三个不同的概念,不能因婚姻登记上的瑕疵而主张婚姻无效或可撤销。《婚姻法》对无效婚姻和可撤销婚姻的法定事由作了明确规定,不能随意进行扩大解释。因此,对当事人请求宣告婚姻无效或撤销婚姻关系的,只能从符合无效或可撤销婚姻要求的几类法定情形来处理,不能以违反法定程序为由随意确认婚姻无效或撤销婚姻登记。2003 年 10 月 1 日起实施的《婚姻登记条例》与 1994 年 2 月 1 日公布施行的《婚姻登记管理条例》相比,新的《婚姻登记条例》删除了原来《婚姻登记管理条例》中有关申请婚姻登记的当事人弄虚作假、骗取婚姻登记的,婚姻登记管理机关有权撤销婚姻登记,宣布婚姻无效并收回结婚证,还可以对当事人处以 200 元以下的罚款的规定。新的《婚姻登记条例》只在第九条规定,婚姻登记机关对因胁迫结婚的,有撤销该婚姻,宣告结婚证作废的权利。同时,民政部制定的《婚姻登记工作暂行规范》第四十六条规定:‘除受胁迫结婚之外,以任何理由请求宣告婚姻无效或者撤销婚姻的,婚姻登记机关不予受理。’因为婚姻登记机关作为政府的行政部门,体现的仅仅是国家对缔结婚姻行为在登记环节上的监督和管理,而对婚姻效力的确认及相关财产分割、子女抚养等民事权利的问题,应由人民法院行使裁判权,原规定以行政权力代替司法审判,显然不利于民事权利的充分保护。综上,可以看出,新的《婚姻登记条例》没有授权婚姻登记机关行使宣告婚姻无效的权利,仅授权婚姻登记机关对因胁迫结婚的,依当事人的申请行使撤销婚姻的职责……依据 2001 年修改的《婚姻法》第十条的规定,婚姻无效的情形仅限于重婚、有禁止结婚的亲属关系、婚前患有医学上认为不应当结婚的疾病且婚后尚未治愈以及未达到法定婚龄的四种情形。《最高人民法院关于适用〈中华人民共和国婚姻法〉若干问题的解释(一)》对申请宣告婚姻无效的主体范围、人民法院审理无效婚姻案件适用的程序、婚姻无效的阻却事由等问题均作出了具体的规定。申请宣告婚姻无效的,应以起诉时的状态为准,因为无论起诉前或缔结婚姻时的状况怎样,一旦经过一定的期间,当双方已经具备法律规定的结婚条件时,无效婚姻的情形已经消失,就不能再用以前的无效事由申请宣告婚姻无效。从民事审判的角度来说,对当事人请求宣告婚姻无效的,只能从是否符合无效婚姻的四种情形方面进行审查。如果将符合结婚实质要件但婚姻登记程序上有瑕疵的婚姻宣告为无效婚姻,不仅随意扩大了无效婚姻的适用范围,同时也有悖于无效婚姻制度设立的初衷。法院经审查发现不属于《婚姻法》规定的无效婚姻的四种情形,只能判决驳回当事人申请宣告婚姻无效的诉讼请求,当事人可以依法申请行政复议或提起行政诉讼。

而对于有瑕疵的行政行为，除非‘严重且明显’，并不当然无效或可撤销。为防止随意撤销政府行为，人为制造混乱，法院在决定是否以程序违法为由撤销授益行政行为（设定或证明权利或者具有法律利益的行为）时，要综合考虑程序违法的程度和对关系人的信赖保护。授益行政行为有程序瑕疵的，如果可以补正，可由政府自行补正。如果无法补正或者补正徒劳无益，只要程序瑕疵没有明显影响实质决定，程序瑕疵可以忽略不计，不能以程序瑕疵主张撤销行政行为或认定行政行为无效。作为一种既存的社会关系，‘婚姻’已形成事实，并以此为基础向社会辐射出各种关系，简单地否认这种身份关系的存在，必然会对家庭及社会产生一系列的负面影响。基于对人类情感的尊重，基于切实保护妇女儿童利益的需要，基于重视婚姻事实的考虑，特别是在该婚姻关系并不损害他人和社会公共利益时，人民法院不应轻易否定当事人婚姻的效力。综上所述，当事人以法定无效婚姻四种情形（重婚、有禁止结婚的亲属关系、婚前患有医学上认为不应当结婚的疾病且婚后尚未治愈以及未达到法定婚龄）以外的理由申请宣告婚姻无效的，应当判决驳回当事人申请宣告婚姻无效的诉讼请求，告知其可以依照《行政复议法》及《行政诉讼法》规定的程序办理。”第 9 条：“借用他人身份证件进行结婚登记，结婚证上载明的主体与实际共同生活者不一致时，应如何处理为妥？实际生活中，因一方未达法定婚龄而借用他人身份证件登记结婚的情形并不少见。如果结婚证上载明的主体对结婚证效力提出异议的，可以请求民政部门撤销结婚登记或直接提起行政诉讼；如果实际共同生活的当事人请求离婚的，法院应对当事人进行释明，告知因其结婚登记存在瑕疵，请求离婚的双方与结婚证上载明的主体不符，无法判断双方是否存在婚姻关系。若当事人坚持自己的诉讼请求，则应当裁定驳回起诉；若经过法院释明后，当事人变更诉讼请求，主张解决同居期间的财产分割、子女抚养等问题时，法院可以依法继续进行审理。值得注意的是，如果当事人系在 1994 年 2 月 1 日之前以夫妻名义共同生活，可按照事实婚姻处理。结婚证的效力是具体行政行为的结果。针对的对象是特定的，只是对结婚证上载明的主体有约束力，而不应及于他人。我国对婚姻关系确立形式只有一种，即采取的是登记主义模式，记载于结婚证上的申请人才是行政机关许可缔结婚姻并承认婚姻关系的当事人。行政机关颁发结婚证，实际确立的是被借用身份证件之人与持有真实身份证件之人夫妻关系的有效法律文件，具有公示公信的效力，是形式合法的婚姻关系，在未经法定机关通过法定程序撤销前，不能直接否认其效力。基于行政行为的相对性，该结婚证的效力不应及于实际共同生活的当事人，当事人之间不存在法律所承认的婚姻关系。”最高人民法院**《关于适用〈中华人民共和国婚姻法〉若干问题的解释（一）》**（2001 年 12 月 27 日　法释〔2001〕30 号，已于 2021 年 1 月 1 日起废止）第 7 条：“有权依据婚姻法第十条规定向人民法院就已办理结婚登记的婚姻申请宣告婚姻无效的主体，包括婚姻当事人及利害关系人。利害关系人包括:(一)以重婚为由申请宣告婚姻无效的,为当事人的近亲属及基层组织。(二)以未到法定婚龄为由申请宣告婚姻无效的,为未达法定婚龄者的近亲属。(三)以有禁止结婚的亲属关系为由申请宣告婚姻无效的,为当事人的近亲属。(四)以婚前患有医学上认为不应当结婚的疾病,婚后尚未治愈为由申请宣告婚姻无效的,为与患病者共同生活的近亲属。"最高人民法院**《关于未达婚龄欺骗婚姻登记机关登记结婚的婚姻关系在法律上的效力问题的复函》**(1957 年 3 月 26 日):"……(一)在 1953 年贯彻婚姻法运动后,双方均未达婚龄,欺骗婚姻登记机关而登记结婚的男女,现在一方提出离婚时,如果双方均仍未达婚龄,不能认为双方有法律上的婚姻关系。(二)在 1953 年贯彻婚姻法运动后,一方未达婚龄,欺骗婚姻登记机关而登记结婚的男女,现在一方提出离婚时,可参照本院 1956 年 11 月 14 日研字第 11633 号对河南省高级人民法院复函第(二)项分别处理,但对于提出离婚时双方均已达婚龄的男女,在承认其事实上的婚姻关系时,应对其欺骗婚姻登记机关而登记结婚的行为进行批评教育。另外,人民法院对于欺骗婚姻登记机关登记结婚后又提出离婚的案件,应在判决后,检附判决书抄件,通知原登记机关。"最高人民法院**《关于未登记的婚姻关系在法律上的效力问题的复函》**(1956 年 11 月 14 日　研字第 11633 号)第 1 条:"关于所问在 1953 年贯彻婚姻法运动前,未进行登记而结婚的男女,现在一方提出离婚,可否按婚姻法办理的问题,本院原则上同意商丘县人民法院的意见,即合于婚姻法关于结婚的规定的男女,事实上已经结婚而仅缺登记手续,当一方提出离婚时,仍应认为双方有婚姻关系,并作为离婚案件处理。"第 2 条:"关于所问在 1953 年贯彻婚姻法运动后,未达婚龄、未进行登记而结婚的男女,现在一方提出离婚,可按下列情况分别处理:(一)当一方提出离婚时,双方都已达婚龄,其婚姻关系应予承认,并作为离婚案件处理。(二)当一方提出离婚时,双方都未达婚龄或者一方未达婚龄,一般的应取消双方结婚的关系。惟其中有特殊情况,如怀孕、生了孩子或者生活特别困难等,应参照婚姻法的规定,对于女方及子女利益予以照顾。上述两种情况,如系由父母包办的,可对其父母给予批评教育。"第 3 条:"成年男女一方婚嫁多次,私自同居,应如何处理?这一问题本身提得不明确,究竟是'婚嫁多次'还是'私自同居',无从判明,因此不便答复。"最高人民法院**《关于聘金或聘礼的几个疑义及早婚如何处理的问题的复函》**(1951 年 12 月 3 日　法编字第 11230 号)第 4 条:"未达法定结婚年龄申请为结婚登记是不合法的,不应准许。至个别未达法定结婚年龄的男女不经登记即举行结婚仪式径行同居者,得视具体情况作不同的处理。如距离婚龄已不甚远,而身体发育已经成熟,双方同居,又是出于两厢情爱者,可进行教育,使待婚龄满时进行登记手续。如距离婚龄太远,可向双方父母及子女说服教育使之脱离,否则即予强制分居,俟达结婚年龄时,如该男女双方仍愿结婚,再行申请为结婚登记。”

4. 部门规章。民政部《**关于做好出具(无)婚姻登记记录证明服务工作的指导意见**》(2012 年 6 月 18 日　民发〔2012〕99 号)第 2 条:“申请人。申请出具证明的当事人应达到我国法定婚龄并亲自到婚姻登记机关提出申请。当事人无法亲自到婚姻登记机关提出申请的,可以委托他人办理。当事人为限制民事行为能力人或无民事行为能力人的,其监护人可以提出申请。当事人已经死亡的,其近亲属、与当事人有继承关系的其他人可以提出申请。其中,近亲属包括配偶、父母、子女、兄弟姐妹、祖父母、外祖父母、孙子女、外孙子女。”民政部《**关于按法定婚龄办理结婚登记问题的函**》(2004 年 10 月 26 日　民函〔2004〕268 号):“……《中华人民共和国婚姻法》对法定婚龄有明确规定:‘结婚年龄,男不得早于二十二周岁,女不得早于二十周岁’,对晚婚晚育‘应予鼓励’,而不应强制。从我部了解的情况看,全国各地目前惟有你省采取这种强制性的晚婚政策,群众反响极大。在我部接到的投诉中,已有当事人明确表态,如果事情仍得不到解决,将进一步向中央电视台的《焦点访谈》节目组、甚至国外的媒体反映中国政府有法不依、违法不究、剥夺人权的事实,从而影响政府形象。我们认为,山东省部分市(县)的做法违背了婚姻法和《婚姻登记条例》的规定。为防止事态的进一步扩大,建议请省政府协调有关部门和地方政府及时研究解决。”民政部办公厅《**关于暂时调整涉外未婚未再婚公证办证方式问题的通知**》(2004 年 1 月 15 日　民办通〔2004〕第 7 号):“……对于尚未达到法定结婚年龄的,仍按第三十四式未婚公证书格式(之六、之七)出具公证书。五、对于在 2003 年 10 月 1 日前已经离境,要求证明离境前未曾在中华人民共和国境内登记结婚或再婚的,如能提供证明材料,公证处仍可按第三十四式未婚公证书格式(之二、之四)和第三十八式未再婚公证书格式(之一、之二)出具公证书。在公证机构具备获得未婚、未再婚有关证明材料的条件下,我部拟再研究以何种方式办理涉外未婚、未再婚公证。”司法部公证司《**关于办理“同意结婚声明书”公证的复函**》(1992 年 4 月 2 日　〔92〕司公函 047 号):“……关于能否为居住在内地的当事人办理同意其居住在香港的子女在香港结婚声明书公证事,经研究认为,公证处经审查后,可为当事人办理同意其在香港有居留权的,已满 16 周岁未满 21 周岁的子女在港结婚的声明书公证书,证明当事人在声明书上的签字属实。但是对于临时去港学习、工作、探亲、旅游,未达我国婚姻法规定的法定婚龄的子女在港结婚的声明书,公证处不予办理公证。(附注,根据香港有关方面的要求,声明人应是申请结婚人的父亲;父亲去世或为限制行为能力的,声明人应是母亲;父母都已去世或限制行为能力的,可由申请结婚人的监护人发表声明)。”司法部公证律师司《**关于为未达法定婚龄的人出具未婚证明事的函**》(1988 年 9 月 10 日　〔88〕司公字第 75 号):“……我司曾于一九八七年三月十三日以(87)司公字第 24 号《关于办理余丽云未婚公证事的函》规定,对未达我国婚姻法所规定的结婚年龄的当事人,公证处不宜为其出具未婚公证书,而以信函方式答复申请人。该文件下发后,一些公证处反映,有的国家不接受公证处的信函,仍要求当事人提供未婚公证书。为方便当事人,我司意见可以为其出具未婚公证书。证词为:'兹证明×××(男或女,××××年×月×日出生,现住××省××县××乡××村)现尚未达到《中华人民共和国婚姻法》规定的结婚年龄,至今未曾登记结婚。'对于已到国外定居的当事人,证明的后半部分为:'至××××年×月×日离境(或去香港、澳门)之日,尚未达到《中华人民共和国婚姻法》规定的结婚年龄,未曾登记结婚。'"民政部办公厅《**关于婚姻状况证明的认证等几个问题的函**》(1985 年 5 月 22 日 〔85〕民民字第 73 号):"……最近,有关省、市反映我驻外使馆在办理婚姻状况证明的认证方面有几个问题,现将这些反映分述如下:一、反映我有的驻外使馆为不到我婚姻法规定的婚龄的华侨认证了婚姻状况证明。当事人回国申请结婚时,婚姻登记机关不予办理结婚登记。这不仅给当事人造成了不必要的经济损失,也给我们的工作带来了不良影响……"内务部、公安部《**为纠正婚姻登记未达婚龄私自同居等问题的联合通知**》(1958 年 3 月 1 日):"……婚姻登记机关必须结合婚姻登记工作进行婚姻法的宣传教育,加强人民群众的法制观念,使其自觉地遵守婚姻法。在进行结婚登记工作时,应当认真审查结婚当事人的条件,是否合乎婚姻法的规定,对于年龄问题必要时可直接向户口登记机关进行核对。如果当事人未达婚龄或有虚报年龄的行为,应给以批评教育,交待政策,说明早婚的害处,不予登记。对于未达婚龄私自同居的,除向当事人进行批评教育外,并可责成他们的家长劝告双方分居。因结婚、离婚和恢复结婚引起户口变动的,必须在十天以内,由户主或本人持结婚、离婚和恢复结婚的证件向当地户口登记机关申报办理户口变动登记。如果当事人没有证件或者发现有虚报结婚年龄和婚姻变动而不申报户口变动登记的,除应及时通知婚姻登记机关处理外,并应按照户口登记条例第二十条的规定酌情予以处理,同时将处理情况通知婚姻登记机关。为此,婚姻登记机关与户口登记机关必须密切联系,互相配合,并应运用群众路线的工作方法,依靠广大群众,切实做好婚姻登记和户口登记工作。"

5. 地方司法性文件。广东深圳中院《**关于婚姻家庭纠纷案件的裁判指引(2014 修订)**》(2014 年 5 月 21 日)第 4 条:"人民法院受理申请宣告婚姻无效案件后,经审查确属无效婚姻的,不适用按自动撤诉处理的规定。人民法院在审理无效婚姻案件时发现法定的婚姻无效情形已经消失,婚姻关系则转为有效,人民法院告知当事人后,当事人申请撤诉的,可以准许。说明:第四条是对无效婚姻案件中当事人申请撤诉或拒不到庭如何处理的裁判指引。《婚姻法解释(二)》第 2 条规定了无效婚姻案件不准许撤诉的规定,但原告撤诉不成时可能拒不到庭,在此情况下同样也不应按撤诉处理。第二款根据《婚姻法解释(一)》第 8 条的规定,申请宣告婚姻无效时，法定的婚姻无效情形已消失的，人民法院对该申请不予支持。因此此时当事人申请撤诉不受无效婚姻相关条文的限制，如登记时未达定婚龄，申请无效时已经达到法定婚龄的情形。”江苏高院**《婚姻家庭案件审理指南(2010年)》**(2010年5月18日)第4章：“无效婚姻与可撤销婚姻纠纷。一、无效婚姻。无效婚姻是指虽经婚姻登记部门登记结婚，但婚姻当事人欠缺结婚实质要件，故不具备法律效力的一种违法婚姻。(一)无效婚姻的法定情形。《婚姻法》第十条规定了婚姻无效的四种情形：……4. 未达法定婚龄的。即违反了《婚姻法》第六条‘结婚年龄，男不得早于二十二周岁，女不得早于二十周岁’的规定，当然民族自治地方例外。(二)无效婚姻的阻却事由。虽然符合无效婚姻的事由，但如果当事人申请确认婚姻无效时，无效事由已经消失的，人民法院可不予判决婚姻无效。比如虽婚前患有医学上认为不应当结婚的疾病，但在起诉时已经治愈的；虽登记结婚时不达法定婚龄，但起诉时已达婚龄的。因此，无效婚姻的认定存在阻却事由的问题，人民法院在审查时应予关注。如果人民法院认定当事人申请宣告婚姻无效的请求并不成立，而当事人坚持要求解除人身关系的，人民法院可建议当事人按离婚诉讼处理。(三)申请宣告婚姻无效的主体范围。申请宣告婚姻无效的主体包括婚姻当事人及利害关系人。针对不同的无效婚姻事由，法律上规定了不同的利害关系人范围。具体是……2. 以未到法定婚龄为由申请宣告婚姻无效的，为未达法定婚龄者的近亲属。3. 以有禁止结婚的亲属关系为由申请宣告婚姻无效的，为当事人的近亲属……”上海高院**《关于下发〈关于在民事审判中实施“中华人民共和国婚姻法”的暂行意见〉的通知》**(2001年6月7日　沪高法〔2001〕263号)第1条：“当事人以及利害关系人向人民法院请求确认婚姻无效，或受胁迫当事人向人民法院请求撤销婚姻的，人民法院应当予以受理。前款所称‘利害关系人’，是指与他人重婚的当事人的合法配偶；有禁止结婚的亲属关系而结婚的当事人的父母；患有医学上认为不应当结婚的疾病而结婚的当事人的父母；未到法定婚龄而结婚的当事人的父母。未成年当事人的父母已经死亡或没有行为能力的，也可由其他监护人作为利害关系人。”北京高院**《对审理离婚案件适用法律政策的几点意见》**(1986年8月12日)第4条：“一方或双方未达法定婚龄采取违法手段登记结婚的，发生诉讼时，一方或双方仍未达法定婚龄，法庭应当宣布该婚姻为无效婚姻，判令解除同居关系；如果双方已达法定婚龄，又没有违背其他结婚条件，法院应当按离婚案件处理。”

【参考类案】

2001年**湖北某离婚纠纷案**，2000年，因刘某未达法定婚龄，应某为其制作虚假身份证明后，双方办理结婚登记。同年11月，刘某生育一子。2001年5月，应某以刘某不达法定婚龄与其结婚为由,诉请解除无效婚姻关系。法院认为:《婚姻法》第34条规定:"女方在怀孕期间、分娩后一年内或中止妊娠后六个月内,男方不得提出离婚。"第10条规定:"有下列情形之一的,婚姻无效……(四)未到法定婚龄的。"最高人民法院《关于适用〈中华人民共和国婚姻法〉若干问题的解释(一)》(已于2021年1月1日起废止)第8条规定:"当事人依据《婚姻法》第十条规定向人民法院申请宣告婚姻无效的,申请时,法定的无效婚姻情形已经消失的,人民法院不予支持。"本案中,双方当事人以虚假身份证明隐瞒刘某真实年龄登记结婚,且登记结婚时刘某未到结婚年龄,此种行为虽系违法,婚姻应属无效,但刘某此期间分娩生育一子,至应某起诉时仅有7个月。鉴于刘某现正处于上述特定期间内,应予特殊保护。为维护妇女儿童合法权益,对应某在刘某分娩不到一年内起诉,要求解除双方无效婚姻关系诉请,不予支持。判决驳回应某起诉。

【典型类案实务要点】

1.**【未达婚龄骗取结婚登记,程序违法,并不一概撤销】**弄虚作假、隐瞒真实年龄骗取结婚登记,但嗣后符合结婚登记实质要件的,不宜以登记机关程序违法或有瑕疵为由判决撤销。

2.**【女方分娩后一年内,起诉解除无效婚姻,应予驳回】**男方以结婚时女方未达法定婚龄未理由诉请解除无效婚姻的,因在女方分娩后一年以内,应认定不符合起诉条件。

【类案裁判一般规则】

以办理结婚登记时未达到法定婚龄理由申请宣告婚姻无效时,法定的婚姻无效情形已消失的,法院对该申请不予支持。

【典型参考案例索引】

主旨案例:云南大理宾川法院(2015)宾行初字第20号"杨某与宾川县民政局行政诉讼案",见《骗取的结婚登记不宜一概判决撤销》(蔡桂华),载《人民司法·案例》(201629:99)。**其他案例:**湖北武汉江汉区法院2001年8月30日"应某与刘某离婚纠纷案",见《应超在女方分娩后一年以内以结婚时女方不达法定婚龄为理由诉刘媛媛解除无效婚姻案》(肖玮),载《人民法院案例选》(200204/42:84)。

7. 禁止结婚的疾病类型

——疾病型婚姻，是否应撤销？

【疾患婚姻】

【案情简介及争议焦点】

1993 年，高某离婚，女儿朱某由高某抚养。1995 年，高某、杨某结婚。2002 年，高某、杨某开始分居生活。2007 年，二人离婚。2018 年，朱某将高某送入敬老院休养。2019 年，高某经确诊为老年性痴呆。随后，高某与杨某复婚。嗣后，经司法鉴定，高某患有老年性痴呆（混合型），为无民事行为能力。据此，法院宣告高某为无民事行为能力人。2020 年 1 月，朱某申请撤销高某、杨某婚姻。

争议焦点：1. 本案朱某是否有权申请撤销婚姻？2. 本案婚姻应否撤销？

【裁判要点】

1. 朱某有权申请撤销。婚姻成立应符合法律规定的结婚实质要件。《民法典》（2021 年 1 月 1 日）第 1053 条："一方患有重大疾病的，应当在结婚登记前如实告知另一方；不如实告知的，另一方可以向人民法院请求撤销婚姻。请求撤销婚姻的，应当自知道或者应当知道撤销事由之日起一年内提出。"以往司法解释将申请宣告婚姻无效的利害关系人限制规定为与患病者共同生活的近亲属，主要是考虑到在实际生活中，当事人是否患有医学上认为不应结婚的疾病、是否已治愈，除当事人和与患病者共同生活的近亲属外，其他人一般并不清楚。但在具体适用上述司法解释条款时，应结合案件具体情况作出认定，不宜仅从字面意思上机械理解。在现实生活中，有些老人考虑到子女工作繁忙，可能更愿意选择去敬老院生活，在这种情况下，"与患病者共同生活的近亲属"严格意义上讲是缺位的。在这类申请宣告婚姻效力的权利人主体资格认定问题上，宜对"共同生活"一词作比较宽泛理解，像本案中作为女儿的朱某以前与高某共同生活，高某与杨某离婚后其实际在履行对高某的监护职责，从对无行为能力人监护角度考虑，朱某亦应有资格向法院申请撤销婚姻。

2. 本案婚姻应予撤销。本案中，高某自 1995 年与杨某离婚后，与女儿朱某共同生活,在朱某结婚成家后,亦经常在朱某处居住,虽然期间高某确与杨某共同生活过,但嗣后由于高某精神状况朱某将其领回,并经由高某单位将其送入敬老院休养,此阶段客观上朱某虽未与高某共同生活,但实际已承担起监护照顾高某责任,广泛意义上仍应视作朱某是与高某共同生活,故朱某有权向法院申请撤销高某与杨某婚姻。高某行为能力鉴定和判决虽是在高某与杨某办理复婚之后作出,不能证明高某办理复婚手续时已系无民事行为能力人,但根据病史资料,足以证实早在复婚之前高某即已被诊断为老年性痴呆,故可认定高某婚前即患有老年性痴呆,属医学上认为不应结婚的精神疾病,婚后又尚未治愈。综上,高某与杨某始于 2007 年的婚姻虽在形式上经合法登记结婚,但具有法律上禁止结婚情形,因而该婚姻应予撤销。

【裁判依据或参考】

1. 法律规定。《**民法典**》(2021 年 1 月 1 日)第 147 条:"基于重大误解实施的民事法律行为,行为人有权请求人民法院或者仲裁机构予以撤销。"第 152 条:"有下列情形之一的,撤销权消灭:(一)当事人自知道或者应当知道撤销事由之日起一年内、重大误解的当事人自知道或者应当知道撤销事由之日起九十日内没有行使撤销权;(二)当事人受胁迫,自胁迫行为终止之日起一年内没有行使撤销权;(三)当事人知道撤销事由后明确表示或者以自己的行为表明放弃撤销权。当事人自民事法律行为发生之日起五年内没有行使撤销权的,撤销权消灭。"第 155 条:"无效的或者被撤销的民事法律行为自始没有法律约束力。"第 156 条:"民事法律行为部分无效,不影响其他部分效力的,其他部分仍然有效。"第 157 条:"民事法律行为无效、被撤销或者确定不发生效力后,行为人因该行为取得的财产,应当予以返还;不能返还或者没有必要返还的,应当折价补偿。有过错的一方应当赔偿对方由此所受到的损失;各方都有过错的,应当各自承担相应的责任。法律另有规定的,依照其规定。"第 1053 条:"一方患有重大疾病的,应当在结婚登记前如实告知另一方;不如实告知的,另一方可以向人民法院请求撤销婚姻。请求撤销婚姻的,应当自知道或者应当知道撤销事由之日起一年内提出。"全国人大常委会办公厅秘书组《**关于麻风病患者治愈后能否准予结婚问题的复函**》(1975 年 10 月 8 日):"……关于殷培昌同志患麻风病治愈后能否准予结婚问题,经我们向卫生部防治局了解,按惯例麻风病人治好后,经过三至五年的观察没有复发,应允许结婚。但应指出,麻风病是很顽固的,很容易复发,如果结婚对对方、子女都没有好处,应尽量说服对方,多观察几年,再考虑结婚问题。"

2. 行政法规。《**婚姻登记条例**》(2003 年 10 月 1 日)第 6 条:"办理结婚登记的当事人有下列情形之一的,婚姻登记机关不予登记……(五)患有医学上认为不应当结婚的疾病的。”

3. 最高人民法院司法解释及其他司法性文件/解读文章。最高人民法院**《关于适用〈中华人民共和国民法典〉婚姻家庭编的解释(一)》**(2021 年 1 月 1 日　法释〔2020〕22 号)第 17 条:“当事人以民法典第一千零五十一条规定的三种无效婚姻以外的情形请求确认婚姻无效的,人民法院应当判决驳回当事人的诉讼请求。当事人以结婚登记程序存在瑕疵为由提起民事诉讼,主张撤销结婚登记的,告知其可以依法申请行政复议或者提起行政诉讼。”第 19 条:“民法典第一千零五十二条规定的‘一年’,不适用诉讼时效中止、中断或者延长的规定。受胁迫或者被非法限制人身自由的当事人请求撤销婚姻的,不适用民法典第一百五十二条第二款的规定。”第 20 条:“民法典第一千零五十四条所规定的‘自始没有法律约束力’,是指无效婚姻或者可撤销婚姻在依法被确认无效或者被撤销时,才确定该婚姻自始不受法律保护。”第 21 条:“人民法院根据当事人的请求,依法确认婚姻无效或者撤销婚姻的,应当收缴双方的结婚证书并将生效的判决书寄送当地婚姻登记管理机关。”第 22 条:“被确认无效或者被撤销的婚姻,当事人同居期间所得的财产,除有证据证明为当事人一方所有的以外,按共同共有处理。”最高人民法院**《关于适用〈中华人民共和国婚姻法〉若干问题的解释(一)》**(2001 年 12 月 27 日　法释〔2001〕30 号,已于 2021 年 1 月 1 日起废止)第 7 条:“有权依据婚姻法第十条规定向人民法院就已办理结婚登记的婚姻申请宣告婚姻无效的主体,包括婚姻当事人及利害关系人。利害关系人包括:……(四)以婚前患有医学上认为不应当结婚的疾病,婚后尚未治愈为由申请宣告婚姻无效的,为与患病者共同生活的近亲属。”最高人民法院**《有关婚姻问题的指示》**(1952 年 7 月 19 日　法办字第 3050 号):“……关于第二点,即禁止花柳病患者结婚的问题,亦由我院向民族事务委员会去函联系,今得答复如下:‘关于这一问题,我们曾征询内蒙古自治区人民政府乌兰夫主席的意见,他说:禁止梅毒患者结婚在内蒙古自治区目前也实行不通,因患者很普遍,驱梅工作也仅是在个别地区重点试验,若禁止梅毒患者结婚,会更增加性的混乱,因此,我们的意见:目前应请卫生部门注意进行驱梅工作,并针对伊盟地区的具体情况,广泛地向蒙民群众深入宣传梅毒的危害性和防治的办法,而在进行婚姻登记时,对于双方自愿申请登记者,是否患有梅毒,可暂不过问。’兹特续函,将以上意见转给你们参考。”最高人民法院西南分院**《关于处理瘫痪、白痴、聋哑者离婚问题的批复》**(1952 年 4 月 21 日):“……关于患瘫痪、白痴、聋哑者的离婚问题,基本上同意你院意见。附:川北人民法院原意见:一、婚姻法第五条第二和第三两款关于禁止结婚的规定:‘有生理缺陷不能发生性行为者,患花柳病或精神失常未经治愈,患麻风或其他在医学上认为不应结婚之疾病者。’可知凡不能发生性行为及患有传染性及遗传性疾病者,均须禁止其结婚。因为‘不能发生性行为’,在实质上就失去了'结婚'的意义;而且对夫妻履行'互爱'的义务,也要发生莫大的阻碍,至对患有传染性及遗传性疾病的人,如准其结婚,则不仅对结婚双方本人不利(有的传染对方,有的对本身亦有害);而且对于女的健康和整个民族的健康,都是有害的。故我院认为对凡已结婚而患有上述病症、在短期间又不能治愈者,如他方因此而要求离婚,原则上均应判准(或调解离婚)。二、结合来文所述的几种情况而言。(甲)'丈夫患瘫痪已5年,吃饭穿衣便溺均需人扶持。其妻以其夫之病不可治疗,坚决向区上要求离婚。'这种情况,多属下半身瘫痪,一般均不能发生性行为,应准其离婚。(乙)'女的或男的白痴,不知月日,不会劳动。当庭讯问他则痴笑,无主宰,无要求,此种人离了婚亦不能生活。'经研究白痴不能发生性行为,有遗传性,在近代医术上尚无法治疗,应准其离婚(至于离婚后的生活问题,可根据双方具体情况,另行设法解决)。(丙)'女的以其丈夫既聋且哑,其他都无问题,只是不能互通言语,坚决要求离婚。'经研究聋、哑并不传染他人。不过哑疾可能遗传(或隔代遗传)子孙,且因双方不通言语,自然也要影响夫妻感情,但亦有感情尚好者,故我们处理此类案件,应多加斟酌,除对确已达到不堪同居程度的,可准其离婚外;一般的仍应对其施以耐心地说服教育,劝他们不离。以免影响所及,适成更多的婚姻纠纷。"最高人民法院《**对内蒙古人民法院1950年工作总结中有关执行婚姻法方面存在的问题的意见**》(1951年5月18日　法督字第5137号)第2条:"花柳病患者结婚问题:禁止花柳病患者结婚,婚姻法有明确规定,不能因该地区患者多而改变为仅'禁止患者与非患或已治愈者结婚',因为这样,仍将助长花柳病的毒害,严重影响社会与民族的健康发展。而治疗与宣传工作也将不可能有其实际效果。目前限于条件,可以不去强调婚前身体检查,但不等于法律上承认花柳病患者可以结婚,因之你院所提变通办法不尽符合婚姻法的精神。牧业区患有花柳病者竟占当地人口70%,这是一个严重的社会问题,希即商请自治区人民政府针对当前具体情况,拟定切实有效办法,有步骤的来扑灭这一病源,以维民族健康。"

4. 部门规章。中央法制委员会、内务部《**有关婚姻问题对广州市人民政府的若干解答**》(1953年7月18日　法内会字第329号)第3条:"患活动性肺结核病未治愈者是否可以结婚的问题,依照婚姻法第五条第三款的规定,对于患活动性肺结核病者,虽未明白列出来,但如经医生证明其确是患有此种病症不应结婚者,则可包括在其他不应结婚的疾病内,对于这种病患者,准其登记与否,应以当时医生证明书来决定。"

5. 地方司法性文件。山东泰安中院民一庭《**法官会议纪要(家事部分)**》(2020年)第2条:"罹患新冠肺炎(感染新型冠状病毒),在没有经过医学诊断或医学鉴定前,不宜通过判决形式认定为'婚前患有医学上认为不应当结婚的疾病'。"福建三明中院《**民事审判若干实务问题探讨**》(2016年)第17条:"离婚案件的一方当事人有精神病史，诉讼时是否需要通过鉴定确定其精神状况？如果法院发现存在精神异常时，案件如何处理？答：1. 如果是间歇性精神病，应当在其精神正常的时间进行诉讼；如果是无行为能力或者是限制行为能力的精神病人，应该由其监护人代为诉讼。2. 离婚案件中，当事人一方是否患有精神病，法院一般应根据司法精神病学鉴定或者参照医院的诊断、鉴定进行确认。3. 关于当事人有无诉讼行为能力问题，根据民事诉讼法第一百七十条第一款、最高人民法院关于适用《中华人民共和国民事诉讼法》若干问题的意见第193条规定处理。4. 关于是否准许离婚问题。根据最高人民法院《关于人民法院审理离婚案件如何认定感情确已破裂的若干具体问题》第三条规定处理。”山东潍坊中院**《民事审判工作会议纪要（婚姻家庭部分）》**（2008年）第4条：“关于禁止结婚的疾病如何掌握的问题。《婚姻法》第十条第（三）项规定，婚前患有医学上认为不应当结婚的疾病，婚后尚未治愈的，婚姻关系无效，但对于医学上认为不应当结婚的疾病的范围，婚姻法及其司法解释并未明确界定，目前主要适用《母婴保健法》的规定，包括严重遗传性疾病、指定传染病、有关精神病，乙肝携带者不在上述规定的范围。”江苏高院民一庭**《婚姻家庭案件疑难问题法律适用研讨会综述》**（2005年5月）第3条：“……（四）关于禁止结婚的疾病如何掌握。《婚姻法》第十条第（三）项规定：‘婚前患有医学上认为不应当结婚的疾病，婚后尚未治愈的’，婚姻关系无效。该条规定相当原则，实践中，哪些疾病属于影响婚姻效力的疾病？遇到此类问题时人民法院应当如何处理？与会代表一致认为，医学是一门发展的科学，不同时期，‘医学上认为不应当结婚的疾病’范围也不同。实践中遇到具体问题难以判断时，人民法院应当征询医学专家的意见，结合医学专家对疾病的意见，对婚姻效力作出相应认定……”上海高院**《民事法律适用问答》**（2005年第3期）第3条：“夫妻一方婚前患有精神病，但婚后依靠药物维持，仍然可以保持正常精神状态。现患精神疾病一方的母亲主张宣告婚姻无效，可否支持？答：不可以。因为婚姻法规定婚姻无效情形是指婚前患有医学上认为不应当结婚、婚后尚未治愈的情况。最高人民法院的司法解释还规定，对于申请宣告婚姻无效时，法定的婚姻无效情形已经不存在的，可以认定婚姻有效。依靠药物治疗就可以维持正常状态的，说明导致婚姻无效的原因已经不再存在，所以不能宣告其无效。”广东高院**《关于审理婚姻案件若干问题的指导意见》**（2001年11月9日　粤高法发〔2001〕44号，2021年1月1日起废止）第13条：“人民法院依照《婚姻法》第七条规定，在审查当事人是否患有医学上认为不应当结婚的疾病时，应当依照《中华人民共和国母婴保健法》的规定，委托医疗保健机构提出医学意见。”上海高院**《关于下发〈关于在民事审判中实施“中华人民共和国婚姻法”的暂行意见〉的通知》**（2001年6月7日　沪高法〔2001〕263号）第1条：“当事人以及利害关系人向人民法院请求确认婚姻无效，或受胁迫当事人向人民法院请求撤销婚姻的，人民法院应当予以受理……患有医学上认为不应当结婚的疾病而结婚的当事人的父母;未到法定婚龄而结婚的当事人的父母。未成年当事人的父母已经死亡或没有行为能力的,也可由其他监护人作为利害关系人。”第 12 条:“‘患有医学上认为不应当结婚的疾病’,可参照《中华人民共和国母婴保健法》第 8 条、第 9 条、第 10 条、第 38 条之规定确定:①法律规定的禁止结婚的严重遗传性疾病;②指定传染病,即艾滋病、淋病、梅毒、麻风病及医学上认为影响结婚和生育的传染病;③有关精神病,指精神分裂症、躁狂抑郁型精神病及其他重型精神病。”

【参考类案】

2010 年**重庆某无效婚姻案**,2008 年,赵某与身患慢性肾功能不全尿毒症期、慢性肾小球肾炎、代谢性脑病、多发性肾囊肿、器质性精神障碍,正病重治疗的张某登记结婚。2010 年,张某病故。其间,张某以双方共同名义购买房产。张某子女以父亲张某非自愿结婚为由,起诉赵某,要求宣告婚姻无效。法院认为:依《母婴保健法》(1994 年)相关规定,医学上认为不应当结婚的疾病主要包括三类:一是指定传染病,即传染病防治法中规定的艾滋病、淋病、梅毒、麻风病以及医学上认为影响结婚和生育的其他传染病;二是严重遗传性疾病,指由于遗传因素先天形成,患者全部或者部分丧失自主生活能力,后代再现风险高,医学上认为不宜生育的遗传性疾病;三是有关精神疾病,指精神分裂症、躁狂抑郁型精神病以及其他重型精神病。本案张某所患疾病不属于上述法律规定的三种类型,故并不导致婚姻无效。经司法鉴定,张某登记结婚时在《申请结婚登记声明书》与《结婚登记审查处理表》上签名、捺印均系张某本人签字和捺印。从法庭调取的医院病程记录与护理记录显示,张某在结婚前后几天,神志清楚,精神状态较好。证据之间能相互印证,形成证据锁链,故对于原告所提张某结婚时已失去意思表示能力,不是自愿结婚的理由,法庭不予采信。判决驳回原告诉请。

【典型类案实务要点】

1.**【疾病型效力婚姻申请主体,应结合实际情况来判断】**疾病型效力婚姻申请主体一般应是婚姻当事人或与患者共同生活的近亲属,但对“与患病者共同生活的近亲属”不宜机械理解,而应结合案件实际情况作出判断,同时应以疾病患者利益保护作为考量基点。

2.**【患有老年性痴呆,是否应构成撤销婚姻的判断原则】**关于何为“医学上认为不应当结婚的疾病”,应委托专门的医疗保健机构提出医学意见来认定,对疾病型婚姻效力,应结合案件实际情况作出判断,同时应以疾病患者利益保护作为考量基点。

3.**【婚姻一方患病,但不属不应结婚疾病法定类型情形】**对于不应结婚的疾病认定，应严格把握为：婚前患有重度、极重度智力低下，当事人不具有婚姻意识能力，或重型精神病，病情发作期有攻击危害行为。

【类案裁判一般规则】

一方患有重大疾病的，应当在结婚登记前如实告知另一方；不如实告知的，另一方可以向人民法院请求撤销婚姻。请求撤销婚姻的，应当自知道或者应当知道撤销事由之日起一年内提出。《民法典》不再将“患有医学上认为不应当结婚的疾病”作为禁止结婚的情形，而是规定一方隐瞒重大疾病的，另一方可以向人民法院请求撤销婚姻，并且有权请求损害赔偿。

【典型参考案例索引】

主旨案例：见《申请疾病型婚姻无效的主体资格认定》（孙韵清，上海黄浦区法院），载《民事审判指导与参考·指导性案例》（200901/37：145）。注：本主旨案例根据《民法典》规定，相应做了改编。**其他案例：**重庆南岸区法院（2010）南法民初字第 191 号“张某等诉赵某婚姻无效纠纷案”，见《认定不应当结婚的疾病的司法尺度》（王敏、严蓓佳、王渊），载《人民司法·案例》（201218：69）。

8. 重婚认定与婚姻效力

——重婚应无效，事实怎认定？

【重婚行为】

【案情简介及争议焦点】

2003 年，王某与李某结婚。2008 年，法院判决王某与李某离婚。2009 年，王某以李某 2006 年与赵某登记结婚、构成重婚为由，向法院申请宣告李某与赵某婚姻无效。

争议焦点：1. 本案应否宣告婚姻无效？2. 本案是否构成重婚行为？

【裁判要点】

1. 本案婚姻无效原因已消失。最高人民法院《关于适用〈中华人民共和国婚姻法〉若干问题的解释（一）》（已于 2021 年 1 月 1 日起废止）第 8 条规定：“当事人依据婚姻法第十条规定向人民法院申请宣告婚姻无效的，申请时，法定的无效婚姻情形已经消失的,人民法院不予支持。”婚姻无效以婚姻违法性为条件,如违法性已不复存在,即婚姻无效原因已消失,不应再宣告婚姻无效。

2. 本案应判决驳回王某申请。本案中,王某到法院申请宣告李某与赵某婚姻无效时,其已与李某离婚,此时李某只有一个婚姻,并非同时存在两个或两个以上婚姻。判决驳回王某申请。

【裁判依据或参考】

1. 法律规定。《民法典》(2021 年 1 月 1 日)第 1041 条:“婚姻家庭受国家保护。实行婚姻自由、一夫一妻、男女平等的婚姻制度。保护妇女、未成年人、老年人、残疾人的合法权益。”第 1042 条:“禁止包办、买卖婚姻和其他干涉婚姻自由的行为。禁止借婚姻索取财物。禁止重婚。禁止有配偶者与他人同居。禁止家庭暴力。禁止家庭成员间的虐待和遗弃。”第 1054 条:“无效的或者被撤销的婚姻自始没有法律约束力,当事人不具有夫妻的权利和义务。同居期间所得的财产,由当事人协议处理;协议不成的,由人民法院根据照顾无过错方的原则判决。对重婚导致的无效婚姻的财产处理,不得侵害合法婚姻当事人的财产权益。当事人所生的子女,适用本法关于父母子女的规定。婚姻无效或者被撤销的,无过错方有权请求损害赔偿。”第 1079 条:“夫妻一方要求离婚的,可以由有关组织进行调解或者直接向人民法院提起离婚诉讼。人民法院审理离婚案件,应当进行调解;如果感情确已破裂,调解无效的,应当准予离婚。有下列情形之一,调解无效的,应当准予离婚:(一)重婚或者与他人同居;(二)实施家庭暴力或者虐待、遗弃家庭成员;(三)有赌博、吸毒等恶习屡教不改;(四)因感情不和分居满二年;(五)其他导致夫妻感情破裂的情形。一方被宣告失踪,另一方提起离婚诉讼的,应当准予离婚。经人民法院判决不准离婚后,双方又分居满一年,一方再次提起离婚诉讼的,应当准予离婚。”第 1091 条:“有下列情形之一,导致离婚的,无过错方有权请求损害赔偿:(一)重婚;(二)与他人同居;(三)实施家庭暴力;(四)虐待、遗弃家庭成员;(五)有其他重大过错。”

2. 行政法规。《婚姻登记条例》(2003 年 10 月 1 日)第 6 条:“办理结婚登记的当事人有下列情形之一的,婚姻登记机关不予登记……(三)一方或者双方已有配偶的;(四)属于直系血亲或者三代以内旁系血亲的;(五)患有医学上认为不应当结婚的疾病的。”

3. 最高人民法院司法解释及其他司法性文件/解读文章。最高人民法院**《关于适用〈中华人民共和国民法典〉婚姻家庭编的解释(一)》**(2021 年 1 月 1 日　法释〔2020〕22 号)第 9 条:“有权依据民法典第一千零五十一条规定向人民法院就已办理结婚登记的婚姻请求确认婚姻无效的主体,包括婚姻当事人及利害关系人。

其中,利害关系人包括:(一)以重婚为由的,为当事人的近亲属及基层组织;(二)以未到法定婚龄为由的,为未到法定婚龄者的近亲属;(三)以有禁止结婚的亲属关系为由的,为当事人的近亲属。"第10条:"当事人依据民法典第一千零五十一条规定向人民法院请求确认婚姻无效,法定的无效婚姻情形在提起诉讼时已经消失的,人民法院不予支持。"第11条:"人民法院受理请求确认婚姻无效案件后,原告申请撤诉的,不予准许。对婚姻效力的审理不适用调解,应当依法作出判决。涉及财产分割和子女抚养的,可以调解。调解达成协议的,另行制作调解书;未达成调解协议的,应当一并作出判决。"第12条:"人民法院受理离婚案件后,经审理确属无效婚姻的,应当将婚姻无效的情形告知当事人,并依法作出确认婚姻无效的判决。"第13条:"人民法院就同一婚姻关系分别受理了离婚和请求确认婚姻无效案件的,对于离婚案件的审理,应当待请求确认婚姻无效案件作出判决后进行。"第14条:"夫妻一方或者双方死亡后,生存一方或者利害关系人依据民法典第一千零五十一条的规定请求确认婚姻无效的,人民法院应当受理。"第15条:"利害关系人依据民法典第一千零五十一条的规定,请求人民法院确认婚姻无效的,利害关系人为原告,婚姻关系当事人双方为被告。夫妻一方死亡的,生存一方为被告。"第16条:"人民法院审理重婚导致的无效婚姻案件时,涉及财产处理的,应当准许合法婚姻当事人作为有独立请求权的第三人参加诉讼。"17条:"当事人以民法典第一千零五十一条规定的三种无效婚姻以外的情形请求确认婚姻无效的,人民法院应当判决驳回当事人的诉讼请求。当事人以结婚登记程序存在瑕疵为由提起民事诉讼,主张撤销结婚登记的,告知其可以依法申请行政复议或者提起行政诉讼。"最高人民法院吴晓芳法官《**关于婚姻家庭纠纷审理热点难点问答**》〔载《民事法律文件解读》2012年第8辑(总第92辑)〕第13条:"一方的行为不构成重婚及与他人婚外同居,但与他人通奸并生育子女的证据是充分的,能否据此判决通奸一方承担离婚损害赔偿责任?答:倾向性观点认为,既然一方当事人提供的证据不能证明配偶一方重婚或与他人婚外同居,仅凭通奸并生育子女的事实是不能支持其离婚损害赔偿请求的。因为法律的侧重点在于重婚及与他人婚外同居的行为,即制裁的是挑战一夫一妻制的行为。而界定与他人婚外同居行为的客观标准是'不以夫妻名义持续、稳定地共同居住',这里既要求共同居住的证据,还要求时间上的持续、稳定。就通奸行为而言,通奸一次也有可能生育子女,不能因为生育了子女就把通奸行为硬性认定为与他人婚外同居的行为,这里还是有个尺度和界限的问题。"最高人民法院吴晓芳法官《**关于婚姻家庭纠纷审理热点难点问答**》〔载《民事法律文件解读》2011年第11辑(总第83辑)〕第13条:"重婚是构成婚姻无效的情形之一,'有配偶者与他人同居'是离婚损害赔偿的情形之一,事实上的重婚与'有配偶者与他人同居'的主要区别是什么?答:重婚分为法律上的重婚和事实上的重婚,有配偶者又与他人登记结婚的,是法律上的重婚;虽未登记但确与他人以夫妻名义同居生活的,为事实上的重婚。根据《刑法》和《最高人民法院关于〈婚姻登记管理条例〉施行后发生的以夫妻名义非法同居的重婚案件是否以重婚罪定罪处罚的批复》的规定,已登记结婚的一方与他人又登记结婚或与他人以夫妻名义同居生活的,应认定为重婚行为并予以法律制裁。但在现实生活中,不少人采取了规避法律的方式,在与他人婚外同居时,既不去登记结婚,也不以夫妻名义同居生活。针对这种情况,修订后的《婚姻法》特别规定'禁止有配偶者与他人同居'。因此,事实上的重婚和有配偶者与他人同居之间最大的区别就在于是否以夫妻名义同居生活,如果双方以夫妻名义同居生活,则构成事实上的重婚;如果双方没有以夫妻名义同居生活,则不属于刑法予以处罚的范围,而属于婚姻法禁止的行为。当然,重婚的含义与'有配偶者与他人同居'有交叉重合之处,事实上的重婚也是有配偶者与他人同居,但这种同居是有名分的,即以夫妻名义相称,而不是以所谓的秘书、亲戚、朋友相称。《婚姻法司法解释(一)》第二条规定得很明确,即'婚姻法第三条、第三十二条、第四十六条规定的「有配偶者与他人同居」的情形,是指有配偶者与婚外异性,不以夫妻名义,持续、稳定地共同居住'。有配偶者与他人婚外同居,其直接构成离婚的法定理由,同时无过错的配偶一方有权提起离婚损害赔偿请求。"第15条:"在婚姻关系无效的情况下,与他人结婚是否构成重婚?如某男与某女登记结婚后,又与别人登记结婚。后来某男对其前婚向婚姻登记机关提出申请,称婚姻登记违法要求予以撤销。婚姻登记机关审查后,确认某男与某女的婚姻登记违法,决定撤销其结婚登记并收回结婚证书,某男两次登记结婚的行为是否构成重婚?答:我们认为,无效婚姻并非当然无效,只有经法院依法宣告为无效婚姻后才自始无效。最高人民法院相关司法解释也规定得很明确:'婚姻法第十二条所规定的自始无效,是指无效或者可撤销婚姻在依法被宣告无效或被撤销时,才确定该婚姻自始不受法律保护。'也就是说,婚姻是否无效,必须由当事人或利害关系人申请经法院审查后才能确认,并非由当事人或利害关系人自由心证、自己说了算。因此,凡是领取过结婚证书的人,未经人民法院或婚姻登记机关确认婚姻无效或撤销的,都应受婚姻关系的约束。某男与某女的结婚登记在未被婚姻登记机关确认违法前,双方均应受其约束,而某男又与别人登记结婚的行为当然构成重婚。"最高人民法院民一庭**《民事审判实务问答(婚姻家庭继承纠纷一般问题)》**(2005年4月)第6条:"丈夫起诉与妻子离婚,妻子起诉丈夫犯重婚罪,两件案件是否可同步?答:丈夫起诉与妻子离婚属于民事诉讼案件,妻子起诉丈夫犯重婚罪属于刑事自诉案件中由人民法院直接受理的'被害人有证据证明的轻微刑事案件',两件案件适用不同的诉讼程序。依照《中华人民共和国婚姻法》第三十二条第三款第(一)项、第四十六条的规定,一方重婚导致离婚的情形,经调解无效的,应准予离婚;对因重婚而导致离婚的,无过错方有权请求有过错方给予损害赔偿。由于是否构成重婚罪需经人民法院生效的刑事判决予以认定,离婚案件的审理须以刑事重婚案的审理结果为依据,在重婚案尚未审结前,不宜对离婚案件作出处理,因此对丈夫起诉与妻子离婚而妻子起诉丈夫犯重婚罪的情形,应依照《中华人民共和国民事诉讼法》第一百三十六条第一款第(五)项的规定裁定离婚案件中止诉讼待刑事重婚案件审结后再恢复诉讼。”第 14 条:“离婚的一方当事人对配偶的重婚行为不追究,只要求处理离婚问题,法院是否准许? 法院对发现的重婚问题是否应主动移送有关部门处理? 答:依照《中华人民共和国民事诉讼法》的规定民事诉讼的当事人有权在法律规定的范围内处分自己的民事权利和诉讼权利,因此在离婚案件中一方当事人对配偶的重婚行为不追究,只要求处理离婚问题,人民法院应予准许。但该当事人在离婚诉讼案件中不追究配偶的重婚行为,不影响其事后依据刑事诉讼法提起其配偶重婚的自诉案件。一夫一妻是《中华人民共和国婚姻法》的基本原则,重婚罪侵犯的不仅是重婚行为人与其配偶的婚姻关系,也是对法律规定的一夫一妻制度的破坏。因此,人民法院对发现的重婚问题应主动移送公安部门侦查处理。”最高人民法院**《关于适用〈中华人民共和国婚姻法〉若干问题的解释(一)》**(2001 年 12 月 27 日法释〔2001〕30 号,已于 2021 年 1 月 1 日起废止)第 16 条:“人民法院审理重婚导致的无效婚姻案件时,涉及财产处理的,应当准许合法婚姻当事人作为有独立请求权的第三人参加诉讼。”最高人民法院研究室**《关于重婚案件中受骗的一方当事人能否作为被害人向法院提起诉讼问题的电话答复》**(1992 年 11 月 7 日):“……基本同意你院的第二种意见,即:重婚案件中的被害人,既包括重婚者在原合法婚姻关系中的配偶,也包括后来受欺骗而与重婚者结婚的人。鉴于受骗一方当事人在主观上不具有重婚的故意,因此,根据你院《请示》中介绍的案情,陈若容可以作为本案的被害人。根据最高人民法院、最高人民检察院 1983 年 7 月 26 日《关于重婚案件管辖问题的通知》中关于‘由被害人提出控告的重婚案件……由人民法院直接受理’的规定,陈若容可以作为自诉人,直接向人民法院提起诉讼。”最高人民法院研究室**《关于重婚案件的被告人长期外逃法院能否中止审理和是否受追诉时效限制问题的电话答复》**(1989 年 8 月 16 日):“……同意你院意见,即胡应亭诉焦有枝、赵炳信重婚一案,在人民法院对焦有枝采取取保候审的强制措施后,焦有枝潜逃并和赵炳信一直在外流窜,下落不明的情况下,可参照最高人民法院法(研)复〔1988〕29 号《关于刑事案件取保候审的被告人在法院审理期间潜逃应宣告中止审理的批复》的规定,中止审理,俟被告人追捕归案后,再恢复审理。关于追诉时效问题,根据刑法第七十七条的规定,对焦有枝追究刑事责任不受追诉期限的限制。对于赵炳信,只要他同焦有枝的非法婚姻关系不解除,他们的重婚犯罪行为就处于一种继续状态,根据刑法第七十八条的规定,人民法院随时都可以对他追究刑事责任。此外,如果公安机关已对赵炳信发布了通缉令,也可以根据刑法第七十七条的规定,对他追究刑事责任,不受追诉期限的限制。”最高人民法院**《关于熊碧华与杨万福婚姻纠纷一案的处理意见的电话答复》**(1985年10月5日　民他字第34号):“……经我院研究,同意你院意见。即熊碧华与杨万福于1982年5月16日经巴青县人民法院调解离婚,调解书送达后,根据民事诉讼法(试行)第一百零一条的规定,即具有法律效力。此后杨万福与熊碧华的同居属于非法的同居行为。杨万福与曾令萍于1985年3月登记结婚,不构成重婚罪……”最高人民法院**《关于黄翠英申请与在台人员李幼梅复婚问题的请示的批复》**(1982年10月8日　〔82〕民他字第34号):“……经研究,我们认为:按照我国婚姻法原则,一夫多妻制是不允许的。但是,鉴于历史原因造成的特殊情况,为了更有利于祖国统一大业,如果内地一方在判决离婚后没有再婚,现在向法院提出要求注销原离婚判决的,可按照我院1980年8月28日法民字第9号转发上海市高级人民法院请示报告中第5项的意见办理。”最高人民法院研究室**《关于处理重婚案件判处原配夫妻离婚同时对非法婚姻关系在法律文书上如何表述问题的电话答复》**(1964年10月20日):“……我院认为,你省审理重婚案件判处原配夫妻离婚的同时,对非法的婚姻关系的三种表示方法中,第一、二两种做法,根据具体案件不同情况,均可分别采用,这样比较主动。第三种表示方法等于是在法律上明确承认非法婚姻关系为合法,这种表示方法非常被动,不宜采用。”最高人民法院**《关于贯彻执行民事政策几个问题的意见(修正稿)》**(1963年8月28日)第2条:“……(二)重婚问题。重婚是有配偶的男女,未曾办理离婚的法律手续,又与他人登记结婚的,或者虽未登记,而实际上已构成重婚的。重婚是违法行为,必须严肃处理。原则上应当维持原配夫妻关系,宣布重婚关系无效。对于重婚行为应根据重婚的原因、情节和后果予以适当处理。凡是由于严重的自然灾害确实因生活困难而与他人重婚的,可以不按重婚罪论处,但应进行批评教育。对于婚姻问题的解决。原则上应维持原来的婚姻关系。在具体处理案件时,既要维护法律的严肃性,也要从实际出发,根据婚姻基础、感情好坏、重婚时间长短、有无子女等全面加以考虑,妥善处理。对那种原来夫妻感情还好,并有恢复和好可能的,应尽量做好调解工作,争取与原夫和好。如果原来夫妻感情不好,女方坚决不愿回去的,或者外出重婚的时间长,与后夫感情很好,而且已生儿育女的,经动员教育无效,可以说服原夫调解或判决离婚。无论离与不离,均应做好思想教育工作,不要简单强制女方回原夫家,女方同意回去的,也应做好家庭和群众工作,消除舆论障碍和女方的思想顾虑。同时,要防止侵犯人权和抢婚械斗事件的发生。对重婚纳妾或者好逸恶劳,贪图享受,重婚骗财屡教不改的分子,应给予适当的刑事处分,并解除其非法婚姻关系。”最高人民法院**《关于黄少亭重婚问题的批复》**(1957年12月24日):“……该解答称:‘……在婚姻法公布施行后的重婚、纳妾行为……，应认定都是一种违反婚姻法的行为，但这是旧社会封建婚姻制度所造成的恶果，如发生在贯彻婚姻法运动月之前，由于群众尚未受到系统的教育，各级人民法院在对待这类问题上，一般应以不告不理为原则，如果当事人不申请离婚而为其他人检举揭发，一般仍应以批评教育方式解决。至于有虐待、遗弃等行为者，则应给以适当的处理'。黄少亭于1950年与盛玉琴重婚，此事发生于1953年贯彻婚姻法运动月之前，盛玉琴又未控告他重婚，对重婚不必给以处分。至于离婚部分，如盛玉琴确系自愿撤销离婚请求，也可准许。"最高人民法院**《关于婚姻法实施后和贯彻婚姻法运动后的重婚经群众检举人民法院应否直接受理问题的批复》**(1957年5月16日)："……这类案件不是自诉案件，人民法院不应直接受理，应将检举材料移人民检察院处理。人民法院在审理婚姻法实施后的重婚案件时，可参照前中央人民政府法制委员会1953年12月22日法制办字第811号'关于在婚姻法公布后的重婚、纳妾如何处理的问题'的解答精神处理。"最高人民法院**《关于离婚案件在上诉期间当事人一方与第三者结婚应如何处理等问题的批复》**(1957年2月21日　研字第3580号)第1条："离婚案件的一方当事人，在提起上诉的期间内(即自当事人接到判决书的次日起10天内)与第三者另行结婚。这种结婚行为是非法的，也是无效的。上诉审人民法院判决准予离婚后，如果他(她)仍愿和该第三者结婚，应当再依法向婚姻登记机关办理结婚登记手续。至于他(她)在上述期间内和第三者结婚的行为算不算是重婚犯罪行为，要不要给予刑事处分，须根据具体情况研究确定，不能一概而论。"最高人民法院**《关于重婚纳妾几点意见的复函》**(1953年9月8日　法行字第6544号)第1条："来文第一问题的一二三四各项，都可依据本年3月22日人民日报所载法制委员会'有关婚姻问题的若干解答'的第一答来处理，如女方已提出离婚，经下级法院判决离婚，在上诉中双方又在外和好请求撤销原法院判决，可由诉讼人到法院成立和解或调解记明笔录，和解或调解成立后，原法院的判决当然不再发生效力，上诉审法院应将和解或调解结果通知原判决法院。女方(妻或妾)要求其夫与另一女方离婚，或男方要求与女方(妻或妾)离婚，仍可依据法制委员会解答的第一答下半段办理。即'如果女方没有这样要求，就仍应让他们保持原来共同生活的关系。男方提出离婚时人民法院可根据保护妇女和子女利益精神结合具体情况处理之'。我们理解这一条解答的精神，是妻或妾本人要求离婚，应判准离婚。如妻或妾本人没有这样(离婚)要求，就不应判决离婚。为了保护妇女、子女利益、男方要求与女方(妻或妾)离婚，以及妻或妾要求其夫与另一女方离婚，一般不应准许。"第2条："来文第二个问题：实际就包括以下两个问题。重婚纳妾的行为，是否一律予以刑事处分？重婚纳妾如属于刑事范围究应从何时起算？我院最近答复华东分院的意见是这样：婚姻法第二条规定，禁止重婚纳妾，故自婚姻法颁布日起重婚纳妾即为违法行为，属于刑事范围，至于重婚纳妾者属于刑事范围,究应从贯彻婚姻法运动月后起算?抑应从婚姻法颁布日起算?就上述法制委员会解答的第三答:'婚姻法施行后一子顶两门娶二妻,或为传后代而再娶一妻,都是重婚。都是违反婚姻法的,是不能准许的'来看,仍应从婚姻法颁布之日起算。在处理具体案件时,可视案件情节轻重影响大小,酌予较轻而不同程度的刑事处分(包括缓刑和训诫)。"最高人民法院**《关于婚姻问题的复函》**(1953年8月20日 法行字第5875号):"……婚姻法第二条规定,禁止重婚、纳妾。故自婚姻法颁布时起,重婚纳妾即为违法行为,属于刑事范畴。至于重婚、纳妾之属于刑事范围究应从贯彻婚姻法运动后起算,抑应从婚姻法颁布时起算,本就本年3月22日人民日报所载法制委员会《有关婚姻问题的若干解答》来看,仍应从婚姻法颁布之时起算。但在处理具体案件时,可视各地区贯彻婚姻法的情况及案件情节的轻重,影响的大小,酌予较轻的刑事处分(包括缓刑和训诫)。"最高人民法院**《关于徐建珠与李静一离婚问题的函》**(1953年7月8日 法行字第4498号)第1条:"1953年3月19日中央法制委员会'有关婚姻问题的解答'中问题一的解答是:'依婚姻法规定,婚姻是一夫一妻制的。至于婚姻法施行前的重婚纳妾是旧社会遗留下来的问题,是否离婚,要看女方(妻、妾)要求来决定。如女方提出离婚,人民法院应依法准许其请求。如果女方没有这样的要求,就仍应让她们保持原来共同生活的关系。男方提出离婚时,人民法院可根据保护妇女和子女利益的精神,结合具体情况处理之。'(载3月22日人民日报)。据此,婚姻法施行前的重婚,原则上不予追究,如女方提出离婚应准许其请求。如男方提出,则应根据保护妇女和子女利益的精神及双方感情等具体情况,酌情处理,可判离,也可判不离。如判离,法院亦不应限制其准离后妻,不准离前妻,或准离前妻,不准离后妻。"最高人民法院**《关于因病残废的婚姻案件的处理问题的答复》**(1951年7月17日 法编字第7147号):"……一、男方未与女方离婚而另行结婚,应构成重婚。二、所举第一例男女双方如不离婚,而男方另与他人结婚,则将构成重婚。现双方感情依然很好,且依来文:'某甲亦念结发夫妻,不忍因乃妻残废提出离婚',这样就没有发生离婚问题,更没有发生因离婚而使其妻'忿懑加病而死'之责任问题。三、根据第二例所举情况,如能证明女方之痴呆确已没有治好的希望,则男方可以请求离婚;但该男方对女方离婚后的生活和治疗各方面仍须负责,并应作很好的安排,不能仅以'退回娘家抚养'了之。"

4. 地方司法性文件。山东潍坊中院**《民事审判工作会议纪要(婚姻家庭部分)》**(2008年)第1条:"关于离婚案件中一方当事人主张另一方当事人重婚的问题。主张对方重婚的当事人可提起自诉,也可依法公诉,离婚的标准是夫妻感情确已破裂并调解无效,重婚并不必然是夫妻感情破裂的前提条件,离婚民事诉讼与重婚刑事诉讼可同时进行。离婚诉讼中一方主张对方重婚,法官应予释明,原则上不中止民事诉讼。如特殊案件需要,对感情破裂的认定、孩子抚养及财产分割必须以重婚为前提的,也可中止诉讼。对重婚引起损害赔偿问题,按婚姻法解释(二)的规定办理。”广东高院**《关于在审判工作中认真贯彻实施〈归侨侨眷权益保护法〉的通知》**(2006 年 7 月 27 日　粤高法〔2006〕268 号)第 2 条:“……一是要把握一夫一妻制的原则,对于解放前在国内有配偶、出国后未经离婚而另觅配偶的华侨,其在国内的配偶的合法权益要予以保护。在国外有配偶的华侨回国后,未经离婚而另觅配偶的,依法不予保护……”上海高院**《婚姻家庭纠纷办案要件指南(一)》**(2005 年 3 月 4 日　沪高发民一〔2005〕2 号)第 9 条:“以重婚为由主张解除婚姻关系的,应举证证明下列事实:(一)当事人原有合法婚姻关系存在;(二)合法婚姻关系的当事人有重婚的事实。〔说明〕重婚是指有配偶者又与他人登记结婚,或虽未登记,但事实上确以夫妻名义同居生活的违法行为。在因重婚而离婚的纠纷中,无论哪一方提出离婚,无过错方均有权请求赔偿。”第 10 条:“以有配偶者与他人同居为由而主张解除婚姻关系的,应当举证证明:(一)有配偶者与他人婚外同居的事实;(二)申请人是解除婚姻关系的适格申请人。〔说明〕一般认为,同居是指男女两性的共同居住、生活。有配偶者与他人同居与重婚的概念有交叉重合之处,重婚也是有配偶者与他人同居,但两者的主要区别在于:有配偶者与他人同居是指同居时既不办理婚姻登记,对外也不以夫妻名义共同生活;重婚则是指有配偶者与他人同居时办理了结婚登记或对外以夫妻名义生活。”广东高院**《关于审理婚姻案件若干问题的指导意见》**(2001 年 11 月 9 日　粤高法发〔2001〕44 号,2021 年 1 月 1 日起废止)第 3 条:“因重婚导致婚姻无效,人民法院处理无效婚姻当事人同居期间的财产时,应当征求其合法配偶的意见,该配偶可以作为有独立请求权的第三人申请参加诉讼。”第 4 条:“当事人向人民法院提起离婚诉讼,经审查具有《婚姻法》第十条规定的无效婚姻情形的,人民法院可以直接宣告婚姻无效,并依照《婚姻法》第十二条的规定,对同居期间的财产、子女等问题作出处理。”第 9 条:“当事人以《婚姻法》第四十六条规定,对与自己配偶重婚、同居的第三者提起民事诉讼或者以自己配偶和第三者为共同被告提起民事诉讼,要求第三者承担损害赔偿责任的,人民法院不予受理。”上海高院**《关于下发〈关于在民事审判中实施“中华人民共和国婚姻法”的暂行意见〉的通知》**(2001 年 6 月 7 日　沪高法〔2001〕263 号)第 8 条:“当事人以婚姻法第 46 条规定,起诉与自己配偶重婚、同居的第三者,请求赔偿的,人民法院不予受理。”广东高院、省检察院、省公安厅、省司法厅**《关于印发〈关于处理婚姻关系中违法犯罪行为及财产等问题的意见〉的通知》**(2000 年 5 月 30 日　粤高法〔2000〕18 号)第 1 条:“根据《刑法》第二百五十八条及有关司法解释规定,重婚是指一方有配偶又与他人登记结婚或者与他人以夫妻名义共同生活;以及明知他人有配偶又与之登记结婚,或者以夫妻名义共同生活的行为。”第 2 条:“有以下情形之一的,应视为以夫妻名义共同生活:1. 有配偶的人与他人举行结婚仪式的;2. 有配偶的人虽未与他人举行结婚仪式,但以夫妻相称或者对外以夫妻自居的。"第3条:"根据《刑事诉讼法》第十八条、第八十四条、第一百七十条的规定,人民法院可直接受理人民检察院没有提起公诉,而被害人有证据证明的重婚自诉案件。"第4条:"被害人向人民法院控告他人重婚的,人民法院应当依法予以受理,受理后经审查,认为有以下情形之一的,应当将案件移交公安机关处理:1. 被害人仅对重婚的一方起诉,而不愿起诉另一方,人民法院认为应一并追究刑事责任的。2. 被害人起诉后又撤诉,人民法院认为应追究刑事责任的。3. 被害人起诉所得供的证据不足或者无证据的。"第5条:"人民法院、人民检察院在办理其他案件过程中,发现有重婚行为属公安机关管辖的,应当及时将有关证据移交公安机关处理。"第6条:"公安机关接到重婚犯罪的举报后,应及时调查、收集证据,对构成犯罪的应移送检察机关提起公诉。"第7条:"检察机关应积极配合公安机关对重婚案件的侦查工作,对公安机关移送起诉的重婚案件,应及时作出处理。"北京高院**《对审理离婚案件适用法律政策的几点意见》**(1986年8月12日)第4条:"……法院在审理离婚案件中,如果发现夫或妻与婚外异性未办结婚登记手续而以夫妻名义公开地共同生活,严重地破坏合法婚姻关系,当事人要求追究刑事责任的,法院应当中上离婚案件审理,以重婚罪追究其刑事责任。待刑事问题处理完毕后,再继续审理离婚案件。"

【参考类案】

①2016年**黑龙江某重婚罪案**,1966年,常某与王某举行结婚仪式后同居并育有一女二子。1985年,因感情不和,常某离家做生意。1991年,常某与高某以夫妻名义共同生活,并育一子。1997年,王某亦与他人共同生活。2004年,常某、高某补办结婚登记手续。2015年,王某以常某与高某构成重婚罪为由提起刑事自诉。法院认为:最高人民法院《关于适用〈中华人民共和国婚姻法〉若干问题的解释(一)》(已于2021年1月1日起废止)第5条规定,1994年2月1日民政部《婚姻登记管理条例》公布实施以前,男女双方已经符合结婚实质要件的,按事实婚姻处理。公布实施以后,男女双方符合结婚实质要件的,人民法院应当告知其在案件受理前补办结婚登记;未补办结婚登记的,按解除同居关系处理。由此可见,民法上仅承认1994年2月1日之前的事实婚姻。而刑法上,对于事实婚姻是否可成为重婚罪条件之一,1994年12月14日最高人民法院以批复形式对此给予了肯定。本案中,常某明知自己之前与自诉人存在事实婚姻,还仍与高某以夫妻名义共同生活,并组建家庭,从某种程度上来说,其主观上具有一定故意,但是否重婚罪上的主观故意,还需结合其他犯罪要件或情节予以综合认定。王某与常某1966年4月开

始共同生活,且生育三名子女,二人之间成立了事实婚姻关系。常某与高某于1991年以夫妻名义开始共同生活,并生育一子,2004年虽补办结婚证,但1991年事实婚姻关系已成立。现王某无证据证实1991年后其还与常某共同生活,且村委会亦证实王某于1997年后亦与他人另组家庭,因而可认定王某与常某均认为事实婚姻已解除,故常某无重婚故意,事实上亦未同时保持两个婚姻关系。现有证据无法证实高某明知常某有配偶而与之结婚,故高某与常某行为均不符合重婚罪主、客观构成要件。判决高某、常某无罪。

②2012年**河南某无效婚姻案**,1983年,田某与黄某结婚,婚后生育田某某。1991年,田某与郭某登记结婚。1996年,田某与黄某诉讼调解离婚。2011年,田某某诉请宣告田某与郭某婚姻无效。法院认为:《婚姻法》第10条规定了四种无效婚姻情形:重婚的、有禁止结婚的亲属关系的、婚前患有医学上认为不应结婚疾病且婚后尚未治愈的、未到法定婚龄的。只要存在上述情形,婚姻关系当事人及其利害关系人,即有权向法院就已办理结婚登记的婚姻申请宣告婚姻无效。最高人民法院《关于适用〈中华人民共和国婚姻法〉若干问题的解释(一)》(已于2021年1月1日起废止)第8条规定:"当事人依据婚姻法第十条规定向人民法院申请宣告婚姻无效的,申请时,法定的无效婚姻情形已经消失的,人民法院不予支持。"从《婚姻法》基本原则分析:重婚行为违反一夫一妻制,有悖于社会公序良俗,是我国法律明令禁止的严重的婚姻违法行为,从性质上不应存在阻却事由,产生从违法到合法转化问题,故无论申请确认婚姻无效时,重婚者是存在两个婚姻关系,还是只存余一个婚姻关系,均应确认构成重婚的婚姻无效。即使前婚已合法终止,后一婚姻关系仍为无效。判决宣告田某与郭某婚姻无效。

【典型类案实务要点】

1.**【离婚后,一方无权申请宣告对方与第三人婚姻无效】**夫妻离婚后,一方以重婚为由向法院申请宣告另一方与第三人婚姻无效的,因违法性已消失,故不应再宣告婚姻无效。

2.**【两个事实婚姻之间并无重合,不应认定构成重婚罪】**行为人于1994年2月1日前存在两个事实婚,且后一事实婚姻补办了结婚证,两个事实婚姻无重合的,不构成重婚罪。

3.**【重婚情形已消失,均应判决宣告构成重婚婚姻无效】**重婚行为违反一夫一妻制,申请确认婚姻无效时,重婚者无论是存在两个婚姻关系,还是只存余一个婚姻关系,法院均应判决宣告构成重婚的婚姻无效。

【类案裁判一般规则】

有配偶者与他人登记结婚,或虽未登记,但事实上确以夫妻名义同居生活的,构成重婚。在因重婚而离婚的纠纷中,无论哪一方提出离婚,无过错方均有权请求赔偿。

【典型参考案例索引】

主旨案例:见《如何理解"法定的无效婚姻情形已经消失"》(吴晓芳,最高院民一庭),载《民事审判指导与参考·指导性案例》(201701/69:171)。**其他案例:**①黑龙江大庆高新区法院(2016)黑0691刑初第13号"王某诉常某等重婚罪案",见《重婚罪中事实婚姻解除效力的司法认定——黑龙江大庆高新区法院判决自诉人王某诉被告人常某、高某犯重婚罪案》(付建国),载《人民法院报·案例精选》(20161215:06)。②河南郑州金水区法院(2012)金民再初字第13号"田某与郭某等婚姻无效纠纷案",见《重婚情形已消失能否判定现存婚姻有效——河南郑州金水区法院判决田雄华诉田华、郭淑云婚姻无效纠纷案》(闫明、钟晓奇),载《人民法院报·案例精选》(20140918:06)。

9. 有条件承认事实婚姻

——未办理登记,应否判离婚?

【事实婚姻】

【问题提出】

对认定为事实婚姻关系的双方当事人,一起共同生活多年,一方坚决要求"离婚"的,法院能否判决不准离婚?

【处理意见】

1. 法律适用。未办结婚登记而以夫妻名义共同生活者,是否被认定为事实婚姻,应以1994年2月1日民政部《婚姻登记管理条例》公布实施为界。此日期之后的一概认定为同居关系。

2. 法院处理。对事实婚姻在一定条件下予以保护,并不意味着其效力完全等同于登记婚姻,在具体处理上要与登记婚姻有所区别。最高人民法院《关于人民法院审理未办结婚登记而以夫妻名义同居生活案件的若干意见》第6条规定:"审理事实婚姻关系的离婚案件,应当先进行调解。经调解和好或撤诉的,确认婚姻关系有效,发给调解书或裁定书;经调解不能和好的,应调解或判决准予离婚。"即对事实婚姻关系的当事人，只能调解或判决准予离婚。在一方坚决要求解除这种事实婚姻关系时，不能强行要求双方仍以夫妻名义继续同居。

【裁判依据或参考】

1. 法律规定。《民法典》(2021 年 1 月 1 日)第 1049 条："要求结婚的男女双方应当亲自到婚姻登记机关申请结婚登记。符合本法规定的，予以登记，发给结婚证。完成结婚登记，即确立婚姻关系。未办理结婚登记的，应当补办登记。"第 1050 条："登记结婚后，按照男女双方约定，女方可以成为男方家庭的成员，男方可以成为女方家庭的成员。"第 1083 条："离婚后，男女双方自愿恢复婚姻关系的，应当到婚姻登记机关重新进行结婚登记。"

2. 行政法规。《婚姻登记条例》(2003 年 10 月 1 日)第 4 条："内地居民结婚，男女双方应当共同到一方当事人常住户口所在地的婚姻登记机关办理结婚登记。中国公民同外国人在中国内地结婚的，内地居民同香港居民、澳门居民、台湾居民、华侨在中国内地结婚的，男女双方应当共同到内地居民常住户口所在地的婚姻登记机关办理结婚登记。"第 7 条："婚姻登记机关应当对结婚登记当事人出具的证件、证明材料进行审查并询问相关情况。对当事人符合结婚条件的，应当当场予以登记，发给结婚证；对当事人不符合结婚条件不予登记的，应当向当事人说明理由。"

3. 最高人民法院司法解释及其他司法性文件/解读文章。最高人民法院《关于适用〈中华人民共和国民法典〉婚姻家庭编的解释(一)》(2021 年 1 月 1 日　法释〔2020〕22 号)第 7 条："未依据民法典第一千零四十九条规定办理结婚登记而以夫妻名义共同生活的男女，提起诉讼要求离婚的，应当区别对待：(一)1994 年 2 月 1 日民政部《婚姻登记管理条例》公布实施以前，男女双方已经符合结婚实质要件的，按事实婚姻处理。(二)1994 年 2 月 1 日民政部《婚姻登记管理条例》公布实施以后，男女双方符合结婚实质要件的，人民法院应当告知其补办结婚登记。未补办结婚登记的，依据本解释第三条规定处理。"第 8 条："未依据民法典第一千零四十九条规定办理结婚登记而以夫妻名义共同生活的男女，一方死亡，另一方以配偶身份主张享有继承权的，依据本解释第七条的原则处理。"最高人民法院吴晓芳法官《关于婚姻家庭纠纷审理热点难点问答》〔载《民事法律文件解读》2012 年第 6 辑(总第 90 辑)〕第 6 条："在双方关系被认定为事实婚姻的情形下，一方坚决主张解除婚姻关系，而另一方坚决不同意，如果双方以夫妻名义共同生活多年，经调解无效，人民法院能否判决不准离婚？2001 年婚姻法修订后，最高人民法院在此前出台的司法解释有关条款是否还可继续适用？答：在审理离婚案件时，对双方属于事实婚姻的情况，要特别注意与合法登记婚姻的不同之处。《最高人民法院关于人民法院审理未办结婚登记而以夫妻名义同居生活案件的若干意见》第6条就明确规定:‘审理事实婚姻关系的离婚案件,应当先进行调解。经调解和好或撤诉的,确认婚姻关系有效,发给调解书或裁定书;经调解不能和好的,应调解或判决准予离婚。’而不像合法登记结婚的当事人提出离婚时,法院经调解不能和好的,如果认为夫妻感情没有破裂,也可以判决不准离婚。因为事实婚姻在一定条件下被认可,并不意味着其就是完全合法的婚姻,故在具体处理上要与登记婚姻有所区别。也就是说,如果法院认为夫妻感情没有彻底破裂,可以在调解和好无效的情况下,判决登记婚姻的当事人不准离婚,再给双方当事人一次挽救婚姻关系的机会,而对事实婚姻关系的当事人就只能调解或判决准予离婚。1989年11月21日,最高人民法院作出了《关于人民法院审理离婚案件如何认定夫妻感情确已破裂的若干具体意见》的司法解释,要求人民法院在审理离婚案件时,要从双方的婚姻基础、婚后感情、离婚原因、双方有无和好可能等多方面综合判断夫妻感情是否确已破裂,并列举了14种视为夫妻感情确已破裂的情形。2001年4月28日修订后的婚姻法实施后,该司法解释中与婚姻法规定不一致的,应当适用婚姻法的规定;婚姻法中没有规定而该司法解释中有明确规定,内容又与婚姻法不相冲突的,在审判实践中仍然可以参考使用。”最高人民法院吴晓芳法官**《关于婚姻家庭纠纷审理热点难点问答》**〔载《民事法律文件解读》2011年第11辑(总第83辑)〕第44条:“在双方关系被认定为事实婚姻的情形下,一方坚决主张解除婚姻关系,而另一方坚决不同意,如果双方以夫妻名义共同生活多年,经调解无效,人民法院能否判决不准离婚?2001年《婚姻法》修订后,最高人民法院在此前出台的司法解释有关条款是否还可继续适用?答:在审理离婚案件时,对双方属于事实婚姻的情况,要特别注意与合法登记婚姻的不同之处。《最高人民法院关于人民法院审理未办结婚登记而以夫妻名义同居生活案件的若干意见》第六条就明确规定‘审理事实婚姻关系的离婚案件,应当先进行调解。经调解和好或撤诉的,确认婚姻关系有效,发给调解书或裁定书;经调解不能和好的,应调解或判决准予离婚’而不像合法登记结婚的当事人提出离婚时,法院经调解不能和好的,如果认为夫妻感情没有破裂,也可以判决不准离婚。因为事实婚姻在一定条件下被认可,并不意味着其就是完全合法的婚姻,故在具体处理上要与登记婚姻有所区别。也就是说,如果法院认为夫妻感情没有彻底破裂,可以在调解和好无效的情况下,判决登记婚姻的当事人不准离婚,再给双方当事人一次挽救婚姻关系的机会,而对事实婚姻关系的当事人就只能调解或判决准予离婚。1989年11月21日,最高人民法院作出了《关于人民法院审理离婚案件如何认定夫妻感情确已破裂的若干具体意见》的司法解释,要求人民法院在审理离婚案件时,要从双方的婚姻基础、婚后感情、离婚原因、双方有无和好可能等多方面综合判断夫妻感情是否确已破裂,并列举了14种视为夫妻感情确已破裂的情形。2001 年 4 月 28 日修订后的《婚姻法》实施后，该司法解释中与《婚姻法》规定不一致的，应当适用《婚姻法》的规定；《婚姻法》中没有规定而该司法解释中有明确规定，内容又与《婚姻法》不相冲突的，在审判实践中仍然可以参考使用。”最高人民法院民一庭**《民事审判实务问答（同居、事实婚姻问题）》**（2005 年 4 月）第 6 条：“如何认定事实婚姻？自 2001 年婚姻法修改后，事实婚姻还受法律保护吗？答：事实婚姻是相对于法律婚姻而言的，在我国，1980 年婚姻法对婚姻的无效或撤销未做明文规定，2001 年婚姻法修订以后，强化了程序上的实质审查登记要件，即如果没有办理登记手续，即使以夫妻名义共同生活多年，法律也不承认双方的夫妻关系。但同时新修订的婚姻法又增加了补登记制度，为那些共同生活但没有办理结婚登记的男女双方提供了一个补救的机会和措施，使双方能够更好的得到法律的保护。随后为了解决现实中存在的那些诉讼到人民法院要求离婚且又坚持不办理补登记手续的男女双方的共同生活状态应如何认定的问题，最高人民法院在《关于适用婚姻法若干问题的解释（一）》第五条作出了专门的规定：‘未按婚姻法第八条规定办理结婚登记而以夫妻名义共同生活的男女，起诉到人民法院要求离婚的，应当区别对待：（一）1994 年 2 月 1 日民政部《婚姻登记管理条例》公布实施以前，男女双方已经符合结婚实质要件的，按事实婚姻处理；（二）1994 年 2 月 1 日民政部《婚姻登记管理条例》公布实施以后，男女双方符合结婚实质要件的，人民法院应当告知其在案件受理前补办结婚登记未补办结婚登记的，按解除同居关系处理。’结合现行婚姻法和相关司法解释，可以看出我国在一定的范围内承认事实婚姻的合法性。根据司法解释的规定，认定构成事实婚姻的截止时间是 1994 年 2 月 1 日，在此之前男女双方符合结婚实质要件的，按事实婚姻处理，法律给予应有的保护，而不问双方共同生活的时间长短，也不论双方共同生活初期或者某个阶段中可能还不完全符合婚姻关系的实质要求等情况的存在，只要在 1994 年 2 月 1 日这一天之前具备了结婚实质要件的，都可以认定为事实婚姻。在 1994 年 2 月 1 日之后，如果没有办理婚姻登记，则不再是事实婚姻，除非是男女双方补办登记手续，否则当事人基于婚姻而产生的合法权益就得不到法律的保障。”最高人民法院**《关于符合结婚条件的男女在登记结婚之前曾公开同居生活能否连续计算婚姻关系存续期间并依此分割财产问题的复函》**（2002 年 9 月 19 日 〔2002〕民监他字第 4 号）：“……我院同意你院审判委员会的第一种意见，即根据民政部 1994 年 2 月 1 日实施的《婚姻登记管理条例》、1989 年 11 月 21 日我院《关于人民法院审理未办理结婚登记而以夫妻名义同居生活案件的若干意见》以及 1994 年 4 月 4 日我院《关于适用新的婚姻登记管理条例的通知》的有关规定，在民政部婚姻登记管理条例施行之前，对于符合结婚条件的男女在登记结婚之前，以夫妻名义同居生活，群众也认为是夫妻关系的，可认定为事实婚姻关系，与登记婚姻关系合并计算婚姻关系存续期间。”最高人民法院**《关于适用〈中华人民共和国婚姻法〉若干问题的解释(一)》**(2001 年 12 月 27 日　法释〔2001〕30 号,已于 2021 年 1 月 1 日起废止)第 5 条:“未按婚姻法第八条规定办理结婚登记而以夫妻名义共同生活的男女,起诉到人民法院要求离婚的,应当区别对待:(一)1994 年 2 月 1 日民政部《婚姻登记管理条例》公布实施以前,男女双方已经符合结婚实质要件的,按事实婚姻处理;(二)1994年 2 月 1 日民政部《婚姻登记管理条例》公布实施以后,男女双方符合结婚实质要件的,人民法院应当告知其在案件受理前补办结婚登记;未补办结婚登记的,按解除同居关系处理。”最高人民法院**《关于人民法院审理离婚案件处理财产分割问题的若干具体意见》**(1993 年 11 月 3 日　法发〔1993〕32 号,已于 2021 年 1 月 1 日起废止)第 22 条:“属于事实婚姻的,其财产分割适用本意见。属于非法同居的,其财产分割按最高人民法院《关于人民法院审理未办结婚登记而以夫妻名义同居生活案件的若干意见》的有关规定处理。”最高人民法院**《印发〈关于人民法院审理未办结婚登记而以夫妻名义同居生活案件的若干意见〉的通知》**(1989 年 12 月 13 日　法〔民〕发〔1987〕38 号,已于 2021 年 1 月 1 日起废止)第 1 条:“1986 年 3 月 15 日《婚姻登记办法》施行之前,没有配偶的男女,未办结婚登记手续即以夫妻名义同居生活,群众也认为是夫妻关系的,一方向人民法院起诉‘离婚’,如起诉时双方均符合结婚的法定条件,可认定为事实婚姻关系;如起诉时一方或双方不符合结婚的法定条件,应认定为非法同居关系。”第 2 条:“1986 年 3 月 15 日《婚姻登记办法》施行之后,没有配偶的男女,未办结婚登记手续即以夫妻名义同居生活,群众也认为是夫妻关系的,一方向人民法院起诉‘离婚’,如同居时双方均符合结婚的法定条件,可认定为事实婚姻关系;如同居时一方或双方不符合结婚的法定条件,应认定为非法同居关系。”第 5 条:“已登记结婚的一方又与第三人形成事实婚姻关系,或事实婚姻关系的一方又与第三人登记结婚,或事实婚姻关系的一方又与第三人形成新的事实婚姻关系,凡前一个婚姻关系的一方要求追究重婚罪的,无论其重婚行为是否构成重婚罪,均应解除后一个婚姻关系。前一个婚姻关系的一方如要求处理离婚问题,应根据其婚姻关系的具体情况进行调解或者作出判决。”第 6 条:“审理事实婚姻关系的离婚案件,应当先进行调解。经调解和好或撤诉的,确认婚姻关系有效,发给调解书或裁定书;经调解不能和好的,应调解或判决准予离婚。”第 13 条:“同居生活期间一方死亡,另一方要求继承死者遗产,如认定为事实婚姻关系的,可以配偶身份按继承法的有关规定处理;如认定为非法同居关系,而又符合继承法第十四条规定的,可根据相互扶助的具体情况处理。”最高人民法院民事审判庭**《关于未经结婚登记以夫妻名义同居生活一方死亡后另一方有无继承其遗产权利的答复》**(1987 年 7 月 25 日　〔1987〕民他字第 40 号):“……你院关于未经结婚登记以夫妻名义同居生活,一方死亡后另一方有无继承其遗产权利的案情报告收悉。经研究认为,在本案中,不能承认刘美珍与栾庆吉为事实婚姻。至于栾庆杰死亡后遗留的财产,可按财产纠纷处理。”最高人民法院民事审判庭**《关于李玲与王景年婚姻纠纷案的复函》**(1982 年 8 月 9 日 〔82〕民他字第 13 号):“……他们双方在插队期间,以夫妻相待,共同生活长达 5 年之久,回城就业时李玲又将户口粮食关系落在王景年家中,邻里群众均公认他们是夫妻,双方年龄又都符合 1950 年婚姻法规定的条件,虽未经政府登记结婚,但已构成事实婚姻,他们的婚姻纠纷应按一般离婚案件审理。”最高人民法院**《关于外国人与中国公民以夫妻关系同居多年现外国人提出离婚应如何处理的批复》**(1964 年 12 月 17 日 〔64〕民他字第 62 号):“……双方同居多年,并生有四个孩子,事实上已构成夫妻关系,从你院报告及张俊的申请看,双方互有缺点错误,应设法加强教育,促使他(她)们和好,一般情况下,不要轻易判决离婚。如经教育实不能和好,可按照我国婚姻法予以处理。”最高人民法院**《关于如何正确理解婚姻法第十七条规定的复函》**(1963 年 6 月 22 日):“……这条第一款是保障男女离婚自由的原则规定。但为了正确实行离婚自由这一原则,所以在第二款中又规定了实现这种离婚自由的严肃郑重的法律程序,以便合情合理地依法处理离婚案件,使离婚及其有关的子女与财产和生活问题都得到恰当的解决,并防止和反对轻率离婚的现象。因而规定:‘男女一方坚决要求离婚的……如调解无效时,即行判决。’这个所谓‘即行判决’包括两种可能的结果,即人民法院对于一方坚持要求离婚的,如经调解无效而又确实不能继续维持夫妻关系的,应判决准予离婚。如虽经调解无效,但事实证明他们并没到确实不能继续同居的程度,也可以判决不准离婚。”最高人民法院**《关于“事实上的婚姻关系”应如何予以保护和一方提出离婚应如何处理等问题的复函》**(1958 年 3 月 3 日 法研字第 31 号):“……承认事实上的婚姻关系的结果,就是把由于这种婚姻关系而发生的家庭中的扶养关系、财产关系、继承关系以及双方婚姻关系不受第三者破坏的权利等都看作与由于登记结婚的婚姻关系而发生的相同,而予以保护。一方如果起诉请求离婚,法院也承认这种诉讼是离婚案件而予以受理。但法院审判这种离婚案件,就一般来讲,可不像审判登记结婚的夫妻一方请求离婚的案件那样审查离婚理由,而应准予离婚。这种办法是和前中央人民政府法制委员会 1953 年 7 月 13 日法审字第 328 号‘关于未经登记而同居的可否准其离婚登记的答复’的精神一致的。承认事实上的婚姻关系并保障由此而发生的各种权利义务关系是有实际需要的,也并没有与婚姻法不相符合的地方。一方请求离婚即予判离,就表现了事实上的婚姻关系和经过登记的法律上的婚姻关系还是有根本区别的。”最高人民法院**《关于离婚登记后又恢复同居的是否承认其为事实婚问题的批复》**(1957 年 6 月 22 日 法研字第 12574 号):“……关于陈阿宝与彭道会登记离婚后,未办理恢复结婚的登记手续而又实行同居,其婚姻关系具有何种效力问题,按照本院今年 8

月 6 日研字第 4691 号对甘肃省高级人民法院的批复(已抄致各省、市、自治区高级人民法院,并在‘人民司法工作’1957 年第 4 期上予以刊登),如果他们事实上已经恢复夫妻关系,而问题只是缺登记手续,当一方提出离婚时,仍应承认双方有事实上的婚姻关系。不过,如来文所说,陈阿宝仅是向嘉善县人民法院询问另行结婚是否可以的问题,人民法院还不宜径行做为离婚案件处理;可告知陈阿宝在他们之间的事实上的婚姻关系继续存在时,不能与第三者另行结婚。”最高人民法院**《关于男女双方已达婚龄未进行登记而结婚的一方提出离婚时应如何处理问题的批复》**(1957 年 3 月 6 日　研字第 4691 号):“……无论在 1953 年贯彻婚姻法运动以前或以后,未进行登记而结婚的男女,如果他们事实上已经结婚,而问题只是缺登记手续,当一方提出离婚时,仍应认为双方有事实上的婚姻关系,与婚姻法第六条的规定并不发生抵触。”最高人民法院华东分院**《关于贯彻婚姻法运动后不登记结婚者请求离婚是否按离婚办理问题的批复》**(1953 年 7 月 29 日):“……我们认为婚姻法施行后,婚姻登记机关已建立地区,结婚而不去登记或在这次贯彻婚姻法运动后,仍有不经登记而结婚的都是不应该的。但在目前情况下,婚姻法宣传还不够广与深,因此对事实上已结婚,而仅欠缺结婚登记手续者,除给一定教育外,仍应视为是夫妻关系。其要求脱离者亦应根据具体情况,按照婚姻法关于离婚的规定办理。但如不经登记结婚而有违反婚姻法第五条关于禁止结婚规定者,其要求脱离时,则应根据具体情况分别办理。”

4. 部门规章。司法部公证司**《关于不能为“事实婚姻”当事人出具夫妻关系公证书的复函》**(1990 年 7 月 13 日　〔90〕司公字第 82 号):“……关于旅美再婚当事人为申请与‘事实婚姻’的前夫所生子女移居美国而申办与前夫的结婚公证书,经与民政部婚姻管理司研究认为,不能为其出具结婚证明或夫妻关系证明;可按(83)司发公字第 257 号文的规定,为其与前夫所生子女出具出生证明。”司法部公证司、民政部婚姻管理司**《关于已形成“事实婚姻”的当事人申办未婚公证问题的复函》**(1989 年 1 月 31 日　〔89〕司公字第 13 号):“……所谓‘事实婚姻’属诉讼时法院认定的事实,公证机关无权认定。故应按公证律师司(87)司公字第 63 号《关于办理未婚证明书的通知》(见《公证工作手册》第九辑第 96 页)的规定,对于未履行结婚登记手续的当事人,公证处可证明其未曾登记结婚。”司法部**《关于解释和公证婚姻状况问题的通知》**(1983 年 7 月 16 日　〔83〕司发公字第 257 号)第 1 条:“关于婚姻状况的解释问题。我国实行登记婚姻制度。凡符合我国婚姻法规定结婚条件的男女,到婚姻登记机关登记,领取结婚证后,即确立了夫妻关系。登记时间为结婚时间。由于我国是一个经历过长期封建统治的国家,经济和文化较落后,解放后三十多年来,虽然两次颁布婚姻法,多次大张旗鼓地宣传婚姻法,但历史上遗留的某些封建传统习惯对于婚姻家庭问题的影响,还一时难以完全消除。至今在一些地方,特别是偏僻地区的农村,仍有一些人结婚时没有按婚姻法的规定到婚姻登记机关登记,就以夫妻相待共同生活,有的已生儿育女,形成了事实上的夫妻关系(所谓'事实婚姻')。对于这种不符合我国婚姻法规定的情况,一般应通过宣传教育,动员他们到婚姻登记机关办理登记手续,登记时间为结婚时间。他们在登记前所生育的子女,根据我国婚姻法第十九条的规定,享有与婚生子女同等的权利。"

5. 地方司法性文件。江苏高院《**家事纠纷案件审理指南(婚姻家庭部分)**》(2019年7月18日)第6条:"事实婚姻经调解不能和好的,能否判决不准予离婚?事实婚姻经调解不能和好的,应当依照最高人民法院《关于人民法院审理未办结婚登记而以夫妻名义同居生活案件的若干意见》第6条的规定,调解或者判决准予离婚。"安徽滁州中院《**关于审理婚姻家庭纠纷案件座谈会纪要**》(2013年8月2日)第9条:"当事人就事实婚姻申请宣告婚姻无效的,不予受理,告知其按离婚程序办理。"江苏高院《**婚姻家庭案件审理指南(2010年)**》(2010年5月18日)第3章:"……(三)关于事实婚姻关系。事实婚姻与未婚同居实质并无不同,但法律后果却不一样。根据《婚姻法解释一》第五条的规定,对事实婚姻如当事人要求解除的,人民法院应按离婚案件立案受理。那么何谓事实婚姻,则是必须首要解决的问题。对此,《婚姻法解释一》明确规定:'在1994年2月1日民政部《婚姻登记管理条例》公布实施以前,男女双方已经符合结婚实质要件的,按事实婚姻处理。'因此,事实婚姻的认定条件:一是男女双方在1994年2月1日前符合结婚实质要件;二是以夫妻名义同居,外人也认为其为夫妻;三是在1994年2月1日以前即开始同居;四是未办结婚登记。如此则意味着1994年2月1日之后不再存在事实婚姻的问题……"浙江温州中院民四庭《**关于贯彻执行〈婚姻法〉的指导意见**》(2009年5月1日)第2条:"事实婚姻与登记婚姻具有同等效力,对于事实婚姻的当事人,如其请求与婚姻法关于准予离婚的规定不符,可以判决驳回原告的诉讼请求。"江苏高院《**关于当前民事审判中需要明确的若干具体问题(婚姻家庭部分)**》(2006年4月26日)第2条:"关于事实婚姻和补办结婚登记。最高人民法院司法解释规定了事实婚姻的认定条件,对事实婚姻的处理可根据案件具体情况进行调解或判决准予离婚或不准离婚。对1994年2月1日以后,男女双方符合结婚实质要件,经人民法院告知并在案件受理前补办结婚登记的,不得将补办登记的行为作为判断夫妻感情是否破裂的标准。在审理解除同居关系的案件时,如原告无故不到庭,可按撤诉处理。"江苏高院民一庭《**婚姻家庭案件疑难问题法律适用研讨会综述**》(2005年5月)第3条:"……(五)关于事实婚姻的处理。最高人民法院1989年《关于人民法院审理未办理结婚登记而以夫妻名义同居生活案件的若干意见》第6条规定,对于事实婚姻,调解不成的,一律判决准予离婚。新婚姻法实施后,该条规定是否还适用,实践中有不同认识。对此,与会代表一致认为,法律在不同历史时期对事实婚姻态度是不同的。考虑到事实婚姻形成的具体情况比较复杂,总体上法律对事实婚姻是不承认的,但是,为了保护妇女儿童的合法权益,法律有条件地承认事实婚姻。但是,从《解释一》第五条的规定来看,一方面法律对事实婚姻的认定从宽,另一方面,如果符合事实婚姻构成条件,则与合法登记的婚姻同等对待。因此,事实婚姻与合法登记的婚姻处理原则是相同的,可以调解或判决准予离婚,也可以判决不准离婚……”上海高院《**民事法律适用问答**》(2003 年第 1 期)第 4 条:“夫妻双方离婚后,未办理复婚手续,又以夫妻名义共同生活,现起诉到法院要求离婚,法院是按事实婚姻处理,还是按解除同居关系处理?答:根据最高人民法院《关于适用〈中华人民共和国婚姻法〉若干问题的解释(一)》第 5 条之规定,应以行为发生的时间加以区分。1994 年 2 月 1 日民政部《婚姻登记管理条例》公布实施以前,夫妻双方离婚后,未办理复婚登记手续,又以夫妻名义共同生活,按事实婚姻处理;1994 年 2 月 1 日民政部《婚姻登记管理条例》公布实施以后,夫妻双方离婚后,未办理复婚登记手续,又以夫妻名义共同生活,按解除同居关系对待。”北京高院《**对审理离婚案件适用法律政策的几点意见**》(1986 年 8 月 12 日)第 4 条:“……男女双方符合结婚的各项条件,未经登记而举行结婚仪式,以夫妻名义公开地、连续地共同生活,因感情不和起诉到法院的,应当列离婚案由,参照《婚姻法》第二十五条规定精神处理。”

【参考类案】

①问题提出:在双方关系被认定为事实婚姻情形下,一方主张解除婚姻关系,另一方坚决不同意,如双方以夫妻名义生活多年,调解无效,法院能否判决不准离婚?2001 年《婚姻法》修订后,此前最高人民法院出台的司法解释有关条款是否继续适用?处理意见:最高人民法院 1989 年 11 月 21 日《关于人民法院审理未办结婚登记而以夫妻名义同居生活案件的若干意见》第 6 条明确:“审理事实婚姻关系的离婚案件,应当先进行调解。经调解和好或撤诉的,确认婚姻关系有效,发给调解书或裁定书;经调解不能和好的,应调解或判决准予离婚。”如系合法登记结婚情形,当事人提出离婚时,法院调解不能和好的,如认为夫妻感情未彻底破裂,亦可判决不准离婚,对于事实婚姻就只能调解或判决准予离婚。需要注意的是,最高人民法院在 2001 年 4 月 28 日修改后的《婚姻法》实施前出台的一系列司法解释,只要与《婚姻法》没有抵触,仍可在审理有关婚姻家庭案件中继续适用。

②问题提出:1997 年,李某和张某开始以夫妻名义共同生活在一起。2009 年,张某去世。李某以双方所育子女对张某遗产有继承权为由,诉请确认其同样享有继承权。处理意见:最高人民法院《关于适用〈中华人民共和国婚姻法〉若干问题的解释(一)》第 5 条规定:“未按婚姻法第八条规定办理结婚登记而以夫妻名义共

同生活的男女，起诉到人民法院要求离婚的，应当区别对待：(一)1994 年 2 月 1 日民政部《婚姻登记管理条例》公布实施以前，男女双方已经符合结婚实质要件的，按事实婚姻处理；(二)1994 年 2 月 1 日民政部《婚姻登记管理条例》公布实施以后，男女双方符合结婚实质要件的，人民法院应当告知其在案件受理前补办结婚登记；未补办结婚登记的，按解除同居关系处理。”根据上述规定精神，1994 年 2 月 1 日起，即使李某和张某以夫妻名义生活在一起，且具备结婚实质要件，但未补办结婚登记的，仍不能认定为存在婚姻关系，而应认定为同居关系。至于李某和张某所生非婚生子女享有同婚生子女同等权利，法律规定目的在于保护非婚生子女利益，而不能由此反推李某和张某存在婚姻关系。基于李某和张某自 1997 年后只具有同居关系，而不具有婚姻关系，故李某对张某遗产不享有继承权。

③2002 年**某离婚纠纷案**，1992 年 5 月，王某与张某公开同居生活，双方均符合结婚法定条件。1993 年 1 月，双方办理结婚登记手续。1997 年 6 月，王某起诉张某要求离婚。关于王某名下承租公房处理，涉及双方婚姻关系存续期间是否超过 5 年的认定。法院认为：依最高人民法院《关于人民法院审理未办理结婚登记而以夫妻名义同居生活案件的若干意见》及当时其他规定，在民政部《婚姻登记管理条例》施行之前，对于符合结婚条件的男女在登记结婚之前公开同居，以夫妻名义共同生活，群众也认为是夫妻关系的，可认定为事实婚姻关系。对在民政部《婚姻登记管理条例》施行之后男女双方符合结婚实质要件的，法院应告知其在案件受理前补办结婚登记；未补办结婚登记的，按解除同居关系处理。本案双方当事人同居生活期间发生在 1994 年 2 月 1 日前述条例实施之前，按前述司法解释规定，王某与张某同居生活期间应认定为事实婚姻关系。依最高人民法院《印发〈关于审理离婚案件中公房使用、承租若干问题的解答〉的通知》(已于 2021 年 1 月 1 日起废止)第 2 条第 1 项关于婚前由一方承租的公房，婚姻关系存续 5 年以上的，离婚后，双方均可承租的规定，王某婚前承租的房屋，因事实婚姻关系期间与登记婚姻关系合并计算婚姻关系存续期间超过 5 年，故离婚后，张某亦可承租。

④1999 年**某离婚纠纷案**，1993 年，谢某、罗某以夫妻名义共同生活。1996 年，双方生育一子。1998 年，谢某起诉丈夫罗某，要求解除婚姻关系。法院认为：最高人民法院《关于人民法院审理未办结婚登记而以夫妻名义同居生活案件的若干意见》第 2 条规定，1986 年 3 月 15 日《婚姻登记办法》施行之后，未办结婚登记手续即以夫妻名义同居生活，群众也认为是夫妻关系的，一方向人民法院起诉“离婚”，如同居时双方均符合结婚的法定条件，可认定为事实婚姻关系；如同居时一方或双方不符合结婚的法定条件，应认定为非法同居关系。本案中，谢某与罗某于 1993 年底即公开以夫妻名义共同生活，并于 1996 年 3 月 21 日生育一子，符合前述司法解释第 2 条规定，应认定为双方存在事实婚姻关系。经调解，双方自愿达成以下协

议:解除事实婚姻关系,儿子由罗某抚养,罗某一次性补偿谢某8万元,同时对共同财产做了分割处理。

⑤2010年**福建某离婚纠纷案**,1985年,熊某与钟某领取村委会盖章的“结婚证”。2010年,熊某诉请离婚。法院认为:双方当事人虽于1985年7月25日领取结婚证,但该结婚证上体现发证机关加盖的是村委会印章,违反了国务院1985年10月23日批准、民政部1980年11月11日发布的《婚姻登记办法》有关规定,其中第6条规定:结婚证、离婚证由省、自治区、直辖市人民政府统一印制,由县(旗)、市辖区或不设区的市人民政府加盖印章。第7条规定:办理婚姻登记的机关,在城市是街道办事处或区人民政府;在农村是人民公社管理委员会、镇人民政府。距离婚姻登记机关较远的,交通不便的地方,县(旗)人民政府可以委托就近的有关基层单位办理婚姻登记工作。依上述规定,该结婚证不具有法律效力。依最高人民法院《关于人民法院审理未办结婚登记而以夫妻名义同居生活案件的若干意见》第1条、第6条规定,熊某、钟某之间属于事实婚姻关系,应先进行调解,经调解和好或撤诉的,确认婚姻关系有效,发给调解书或裁定书,经调解不能和好的,应调解或判决准予离婚。本案在审理过程中经调解,双方不能和好,故熊某要求离婚的诉请,应予准许。

⑥2008年**福建某同居纠纷案**,1971年,卫某在医院就医时认识医生邹某。1986年前后,双方各自与原配偶离婚后即在一起共同居住、生活。1999年,邹某出资购买单位房改房。2004年,卫某向邹某出具暂借住房承诺书。2008年,卫某起诉邹某要求解除事实婚姻关系并分割邹某名下财产。法院认为:夫妻生活包括物质生活、性生活、社交生活、精神生活等。事实婚姻关系应有夫妻生活内容,男女双方要以夫妻名义共同生活,男女双方要互尽夫妻义务,要互相扶养、救助,对另一方有家事代理权,对双方财产没有约定的,要以财产共有人身份来管理双方财产。本案所涉所有财产产权均登记在邹某名下,卫某确认均未出资,对邹某购买房产等重大开支事宜卫某亦不知情,从2004年卫某出具承诺书内容分析,邹某系将房屋借给卫某使用,且有期限,邹某只是本着友好态度,不收取卫某租金,说明卫某并非以财产共有人身份来管理财产。另从卫某曾要求与邹某办理结婚登记,但每次邹某推托不同意情况分析,邹某亦未有与卫某结婚意愿。结合双方提交证据证明力,卫某提交书信、电话本、邹某与卫某及卫某家人照片等尚不足以证实双方系以夫妻名义共同生活,故双方并不存在事实婚姻关系,卫某基于事实婚姻关系提出要求解除双方之间事实婚姻关系,分割财产诉请,不予支持。

⑦2003年**某离婚纠纷案**,虞某与金某1969年相识后未办结婚登记即以夫妻名义同居生活。2002年,虞某诉请离婚。一审期间,金某有限制虞某人身自由行为,并以夫妻感情一直较好为由不同意离婚。经法院调解,虞某仍坚持要求离婚。法

院认为:本案双方当事人未办结婚登记手续,即以夫妻名义共同生活,因该行为发生在1994年2月1日民政部《婚姻登记管理条例》公布实施前,故本案双方当事人属事实婚姻关系。金某虽强调双方夫妻感情一直较好,不愿意离婚,但一审法院审理期间,却采取不恰当方式加剧夫妻之间矛盾。二审庭审中,法院对双方做调解工作,但未能调解好。依1989年11月21日最高人民法院《关于人民法院审理未办理结婚登记而以夫妻名义同居生活案件的若干意见》第6条规定:"审理事实婚姻关系的离婚案件,应当先进行调解,经调解和好或撤诉的,确认婚姻关系有效,发给调解书或裁定书;经调解不能和好的,应调解或判决准予离婚。"因事实婚姻关系不能完全等同于依法登记的婚姻关系,对经调解不能和好的,法院不得强行判决不准离婚,故判决准予虞某与金某离婚。

⑧2000年**上海某继承纠纷案**,1993年10月,离婚后儿子由前妻抚养的孙某与沈某同居,并抚养了沈某与前夫所生孩子黄某。1994年元旦,孙某与沈某举办了结婚仪式但一直未办结婚登记。1999年,孙某病故,获得保险金10万元。孙某儿子诉请遗产分割。法院认为:诉争保险金因投保时未指定受益人,依《保险法》规定,应作为被保险人遗产,以法定继承人为受益人。沈某与被继承人孙某,于1993年10月未经登记结婚即同居生活,并于1994年元旦按农村习俗举办结婚仪式,显属缺乏结婚应履行登记的必要要件。依最高人民法院《关于人民法院审理未办结婚登记的而以夫妻名义同居生活案件的若干意见》规定,在1994年2月1日实施的新《婚姻登记管理条例》实施之日前共同生活,应属事实婚姻,故应认定孙某与沈某系事实婚姻关系,沈某享有继承权。孙某与黄某共同生活,且抚养了他,形成了继子女关系,继子女与婚生子女享有同等权利,故黄某、沈某及孙某与前妻所生儿子同是法定继承人,同属第一顺序继承人,应按相等份额对保险金享有继承权。

⑨2000年**云南某遗赠纠纷案**,1997年10月,马某在妻子去世后,先后与邢某、杨某、任某生活过一段时间。1999年10月,马某去世。杨某拿出有证人及代书人签名、盖有马某私章但无签名的代书遗嘱及证人证明的口头遗嘱,主张独自继承马某房屋及存款。法院认为:马某未经婚姻登记即与杨某共同生活的事实,发生在马某之妻1997年10月死亡之后,发生在民政部1994年2月1日发布施行《婚姻登记管理条例》之后,故依最高人民法院《关于适用新的〈婚姻登记管理条例〉的通知》规定,马某与杨某之间关系属非法同居关系。我国法律规定的代书遗嘱应有两个以上见证人在场见证,由其中一人代书,注明年、月、日,并由代书人、其他见证人和遗嘱人签名。本案中,杨某所提交代书遗嘱无遗嘱人马某亲笔签名,缺乏法定形式要件,不具备证据合法性特征,且该代书遗嘱内容不真实,不具备证据客观性特征,故该代书遗嘱无效。证人证言虽称口头遗嘱有4人在场见证且称系马某病危时所立,形式符合法律规定的口头遗嘱要件,但该口头遗嘱内容却是对上述代书遗

嘱虚假内容的重申,故亦应认定为无效。杨某所举口头、书面遗嘱证据因不具备真实性、合法性特征,不具有证据效力,故杨某要求以配偶身份继承马某遗产,不予支持。

【典型类案实务要点】

1.**【对事实婚姻关系当事人,只能调解或判决准予离婚】**对事实婚姻关系的当事人,只能调解或判决准予离婚,在一方坚决要求解除事实婚姻关系时,不能强行要求双方仍以夫妻名义继续同居。

2.**【事实婚姻情形,如调解无效,法院只能判准予离婚】**对事实婚姻,一方主张解除婚姻关系,另一方坚决不同意,如调解无效,即使夫妻感情未彻底破裂,法院亦只能调解或判决准予离婚。

3.**【非事实婚姻同居一方,在对方去世后,没有继承权】**不符合按事实婚姻处理条件的同居一方,并不因同居期间所生子女享有对同居另一方的继承权而同样享有继承权。

4.**【构成事实婚姻关系,可连续计算婚姻关系存续期间】**符合结婚条件的男女在登记结婚之前曾公开同居生活构成事实婚姻关系的,可连续计算婚姻关系存续期间并依此分割财产。

5.**【未办登记即以夫妻名义同居生活,属事实婚姻情形】**未办结婚登记手续即以夫妻名义同居生活,一方起诉“离婚”,如符合结婚法定条件且同居发生在 1986 年 3 月 15 日后,可认定为事实婚姻关系。

6.**【早期结婚证上加盖村委会公章,应认定为事实婚姻】**男女双方早期领取的“结婚证”虽然格式规范,但加盖的系村委会公章,民政部门无结婚登记记录的,应认定为事实婚姻。

7.**【长期共同生活,非以夫妻名义的,不构成事实婚姻】**双方虽长期共同居住、共同生活,但并无结婚组建婚姻关系的意愿,亦不具备婚姻关系中共同购置、管理家庭重大财产的共同管理、享受物质生活的实质内容,不能认定双方已构成事实婚姻关系。

8.**【事实婚姻关系的配偶,可依继承法规定享有继承权】**同居期间一方死亡,另一方要求继承遗产,如认定为事实婚姻关系的,可以配偶身份按《继承法》有关规定处理。

9.**【1994 年 2 月 1 日后,未婚同居男女,非属事实婚姻】**自 1994 年 2 月 1 日起没有配偶的男女,未经结婚登记即以夫妻名义同居生活的,其婚姻关系无效,不受法律保护。

【类案裁判一般规则】

未办结婚登记手续即以夫妻名义同居生活，一方起诉"离婚"，如符合结婚法定条件且同居发生在特定时期，可认定为事实婚姻关系。对事实婚姻，一方主张解除婚姻关系，另一方坚决不同意，如调解无效，即使夫妻感情未彻底破裂，法院亦只能调解或判决准予离婚。

【典型参考案例索引】

主旨案例：见《事实婚姻关系如何处理》（《民事审判指导与参考》研究组），载《民事审判指导与参考·民事审判信箱》（201603/67:275）。**其他案例：**①见《事实婚姻能否判决不准离婚》（《民事审判指导与参考》研究组），载《民事审判指导与参考·民事审判信箱》（201101/45:246）。②见《同居关系一方当事人对对方遗产不享有继承权》（《民事审判指导与参考》研究组），载《民事审判指导与参考·民事审判信箱》（201004/44:300）。③最高人民法院《关于符合结婚条件的男女在登记结婚之前曾公开同居生活能否连续计算婚姻关系存续期间并依此分割财产问题的复函》（〔2002〕民立他字第4号　2002年9月19日），载《立案工作指导·请示与答复》（200301/2:147）；另见《关于符合结婚条件的男女在登记结婚之前曾公开同居生活能否连续计算婚姻关系存续期间并依此分割财产问题的请示与答复》（于金陵，最高院立案庭），载《立案工作指导·请示与答复》（200301/2:148）。④最高人民法院（1999）民终字第72号"谢某与罗某解除事实婚姻关系案"，见《谢忠东与罗中华解除事实婚姻关系上诉案》（审判长范建邦，审判员何抒，代理审判员高珂），载《民事审判指导与参考·裁判文书选登》（200003/3:277）。⑤福建武夷山法院（2010）武民初字第931号"熊某与钟某离婚纠纷案"，见《熊玉英诉衷培兴离婚案（事实婚姻）》（林典仲），载《中国审判案例要览》（2011民:405）。⑥福建厦门思明区法院（2008）思民初字第3885号"卫某诉邹某同居析产纠纷案"，见《卫培芝诉邹士林同居析产案（同居期间共同财产分割）》（张卫华），载《中国审判案例要览》（2009民:428）。⑦最高人民法院（2003）民一终字第66号"虞某与金某离婚案"，见《虞某某与金某某离婚案》（吴晓芳，最高院民一庭），载《人民法院案例选·案香浮动》（201701/99:239）。⑧上海金山区法院（2000）金民初字581号"沈某等诉孙某继承纠纷案"，见《沈辉等诉孙岳明案（继承）》（张建国、张雁虹），载《中国审判案例要览》（2001民:36）。⑨云南昆明中院（2000）昆民终字第902号"杨某诉邢某等遗赠纠纷案"，见《杨桂英诉邢元寿案（遗赠）》（曾庆娟），载《中国审判案例要览》（2001民:39）。

10. 涉外婚姻登记与离婚

——涉外涉港澳,处理何不同?

【涉外婚姻】

【案情简介及争议焦点】

1985 年,梁某与黄某登记结婚。2007 年,黄某取得新加坡国籍。2015 年,梁某与黄某以感情破裂为由持中国居民身份证、户口簿等至民政局婚姻登记处办理离婚登记。二人就离婚、子女抚养、财产分割等签订离婚协议书,同时签署了申请离婚登记声明书,声明书中国籍部分打印为"中华人民共和国",二人填写的常住户口所在地均为中国。民政局审查后颁发离婚证。2018 年,民政局以黄某办理离婚登记时已取得新加坡国籍、2015 年办理的离婚登记无效为由,通知梁某将离婚证交回。梁某以民政局作出《离婚登记情况说明》违法为由,提起行政诉讼。

争议焦点:1. 离婚登记法律效力? 2. 本案如何判决?

【裁判要点】

1. 当事人之间的婚姻关系一经离婚登记予以解除后即具有不可逆性。行政越权,是指行政主体在行政活动中,超越其法定的权力范围或权力限度而作出的行政行为。行政越权无效(含可撤销)是行政法的基本原则并体现在我国相关具体法律规范中,如《行政诉讼法》第 70 条第 4 项、第 75 条等规定。对于绝大多数行政越权行为,可通过行政机关自纠、层级监督及法院裁判等途径以确认无效或撤销的方式予以纠正。但对于极少数特定的行政越权行为,若以确认无效或撤销的形式予以纠正,会给国家利益、社会公共利益及相关法律秩序带来重大损害,且该损害客观上难以得到有效恢复与补救,则该类行政越权行为应当作为行政越权无效的例外情形,不应确认无效或予以撤销。本案婚姻登记机关对婚姻当事人越权作出的案涉离婚登记即为例外情形之一。就离婚登记,依法律规定,男女双方自愿离婚的,准予离婚。双方必须到婚姻登记机关申请离婚。婚姻登记机关查明双方确实是自愿并对子女和财产问题已有适当处理时,发给离婚证。据此,离婚登记是婚姻登记机关依当事人的申请,对当事人之间自愿解除婚姻关系及子女抚养、财产等问题所达成的协议予以认可,并以颁发离婚证的形式确认当事人之间婚姻关系解除的行政行为。因在婚姻登记机关颁发离婚证之时，婚姻登记机关对当事人之间的离婚登记即已完成，当事人之间的婚姻关系即已解除，离婚证所确认的婚姻解除情况即产生对外效力，具有社会公信力。在已离婚人员持有离婚证的情况下，符合法定条件的其他人员完全可对离婚证所反映的婚姻解除情况产生信赖，进而与已离婚人员建立合法的婚姻关系或其他特定关系。如婚姻登记机关或其他职能部门可对离婚登记中的被解除的婚姻关系确认无效或予以撤销，将会使相关人身法律关系处于随时可变化的不稳定状态，也会使社会公众对婚姻登记机关的离婚登记行为产生不安全感及不信任感，使法律确定的一夫一妻等基本原则和基本社会关系架构遭到破坏，进而损害现实的法律秩序和社会公共利益，故当事人之间的婚姻关系一经离婚登记予以解除后便具有不可逆性。因离婚登记中当事人婚姻关系解除具有不可逆性；对于离婚登记中的子女、财产事项，虽然依相关法律规范，当事人可以向法院申请变更、撤销等法定方式寻求救济，但亦无法律规范授权婚姻登记机关可予确认无效或予以撤销。故对于当事人在婚姻登记机关进行的离婚登记，一旦婚姻登记机关以颁发离婚证的形式完成后，该婚姻登记机关并无确认该离婚登记无效或撤销该离婚登记的职权。对于已完成的离婚登记，如在登记过程中确有违法情形，则由存在相关违法行为的当事人或登记机关及其工作人员依法承担相应的民事、行政、刑事责任。

2. 本案民政局作出的《离婚登记情况说明》行政行为应确认为无效。就涉外离婚登记，《婚姻登记条例》第 2 条第 2 款规定，中国公民同外国人，内地居民同香港特别行政区居民、澳门特别行政区居民、台湾地区居民、华侨办理婚姻登记的机关是省、自治区、直辖市人民政府民政部门或者省、自治区、直辖市人民政府民政部门确定的机关。本案中，梁某与黄某办理案涉离婚登记之前，黄某已取得了新加坡国籍，其在办理案涉离婚登记时系外国人，并非中国公民。因此，民政局并无办理该离婚登记的职权，梁某与黄某应在省民政厅办理涉外婚姻登记的部门进行离婚登记。黄某与梁某于 2015 年 8 月 10 日在民政局自愿办理离婚登记时，未告知民政局黄某系新加坡国籍，在黄某持有未注销的中国内地户口簿、身份证的情况下，民政局依规定审查了黄某与梁某提交的离婚申请材料后，为黄某与梁某颁发了离婚证，以法定形式完成了该离婚登记。即使此后民政局发现其无办理涉外离婚登记的职权，其亦无职权确认该离婚登记无效或撤销该离婚登记。据此，民政局作出案涉《离婚登记情况说明》，确认案涉离婚登记应为无效登记及由此形成的相关后果缺乏法律依据。判决确认民政局作出的《离婚登记情况说明》无效。

【裁判依据或参考】

1. 涉外婚姻。

（1）法律规定。《涉外民事关系法律适用法》（2011 年 4 月 1 日）第 21 条：“结婚条件,适用当事人共同经常居所地法律;没有共同经常居所地的,适用共同国籍国法律;没有共同国籍,在一方当事人经常居所地或者国籍国缔结婚姻的,适用婚姻缔结地法律。”第22条:“结婚手续,符合婚姻缔结地法律、一方当事人经常居所地法律或者国籍国法律的,均为有效。”第23条:“夫妻人身关系,适用共同经常居所地法律;没有共同经常居所地的,适用共同国籍国法律。”第24条:“夫妻财产关系,当事人可以协议选择适用一方当事人经常居所地法律、国籍国法律或者主要财产所在地法律。当事人没有选择的,适用共同经常居所地法律;没有共同经常居所地的,适用共同国籍国法律。”第25条:“父母子女人身、财产关系,适用共同经常居所地法律;没有共同经常居所地的,适用一方当事人经常居所地法律或者国籍国法律中有利于保护弱者权益的法律。”

(2)行政法规。国务院办公厅**《转发民政部、外交部、公安部、国家安全部〈关于涉外婚姻几个问题的请示〉的通知》**(1984年8月3日　国办发〔1984〕63号)第1条:“提高对中外通婚的认识。目前仍有一些单位和个人对中央领导同志关于中外通婚要‘放宽、快办’的指示理解不深,‘左’的思想影响仍存在。有的把中国国公民同外国人结婚视为受资本主义的影响,视为不正当的行为,甚至加以阻挠。应该看到,中外通婚在我国历史上早已存在,不同国籍的人互相通婚,在近代更是通常的事情。我国已把‘禁止破坏婚姻自由’写入宪法,只要男女双方符合我国婚姻法和关于中外通婚规定的条件,任何单位或个人都无权干涉。因此,建议各省、自治区、直辖市以及中央各部门要在干部中进行宣传教育,加深对中央领导同志关于中外通婚指示的理解,排除‘左’的思想干扰,增强法制观念,严格按照国务院批转民政部、外交部、公安部关于修订《中国人同外国人结婚问题的内部规定》的请示的通知(国发〔1983〕128号文件)的规定办事,以保证中外通婚的正常进行。”第2条:“清理过去关于限制中外通婚的规定。《中国公民同外国人办理婚姻登记的几项规定》颁发后,有些国家机关和企事业单位,对过去限制中外通婚的规定没有进行相应的清理,一些老的规定没有废除,影响着新《规定》的贯彻执行。因此,我们建议,一切国家机关,应以《中国公民同外国人办理婚姻登记的几项规定》为依据进行一次清理,凡与此相违背的规定,一律撤销。关于学生、学徒工,在学习、学徒或见习期间不准结婚的规定,也适用于涉外通婚问题;涉外工作单位可以作出不准利用工作之便与外国人谈恋爱,违反者可予以辞退的规定,对违反本单位规定者应按本单位规定处理。但对他们的结婚问题,仍按照国家规定办理。对要求在中国境内登记结婚的当事人,其所在单位(包括退学或辞退后的原所在单位)应按照《中国公民同外国人办理婚姻登记的几项规定》向涉外婚姻登记机关出具证明,由涉外婚姻登记机关依照国家规定,审查是否准予登记结婚。单位对当事人同外国人结婚有异议的,可同时将意见通知涉外婚姻登记机关,供其审查时参考。对拒不出具证明的单位，涉外婚姻登记机关有权代表政府进行督促。涉外婚姻登记机关，应严格按照国务院批转民政部、外交部、公安部关于修订《中国人同外国人结婚问题的内部规定》的请示通知（国发〔1983〕128号文件）精神办理涉外婚姻登记。遇有重大疑难问题，应会同外事、公安、国家安全部门共同研究确定。”第3条：“关于掌握重大机密人员不准同外国人结婚问题。目前在掌握上有偏严的现象。我们认为：所谓掌握重大机密的人员，主要是指掌握党和国家重大机密和科技尖端机密的人员。他们所知机密泄露后，对国家安全不利或将损害国家的重大利益。对于不准与外国人结婚的单位的人员，及其他单位掌握重大机密的人员，都应事先进行教育，宣布不准和外国人谈恋爱，不准同外国人结婚的规定。如果本人不听从教育、不服从规定，由本单位报请上级主管部门审批，确认属于掌握重大机密的人员，应予调离或解雇，并在其所掌握机密失效后，方准许与外国人结婚。对国家机关、科研、企事业单位掌握一般对外保密事项，一旦泄露，在一定时期内会使我们在政治上或经济上遭受一定损失的工作人员，如果与外国人谈恋爱，应要求他们必须事先向组织报告，对要求同外国人结婚的人，应先调离工作岗位，间隔一定时间后，方准许与外国人结婚。间隔时间的长短，应由所在单位根据其所知保密事项的失效时间，实事求是地确定。间隔时间确定后应正式通知当事人，教育他们在此期间内不得向外国人泄露所知保密事项。对国家机关、科研、企事业单位不掌握对外保密事项的一般工作人员，不能视为掌握重大机密人员。他们和外国人通婚的问题，按一般公民对待。”

（3）最高人民法院司法解释及其他司法性文件/解读文章。最高人民法院《**转发公安部、外交部〈关于处理外籍人来华同中国公民结婚问题的规定〉的函**》（1975年2月4日）：“……外籍人来华要求同我国公民结婚，必须遵守我国婚姻法规定和提倡晚婚的精神，并具备下列条件：一、具有居住国司法公证机构的无配偶证明，并办理必要的认证手续。二、在国外有正当职业。三、持有我县级以上医疗单位的健康检查证明。四、结婚对象不属于我现役军人、外交、公安和机要单位（或岗位）的工作人员。五、我国公民同外籍人结婚，需具有所在单位（或公社、街道革委会）证明，经县以上民政部门征求同级公安部门意见，酌定给予登记。”最高人民法院华东分院《**关于天主教徒结婚问题的批复**》（1953年8月3日　东法行字第4162号）：“……对于天主教神甫之此种干涉，一般应作为教会内部的事件，以教徒自愿为原则，政府不予过问。若教会方面坚持干涉，且教徒又不愿服从时，则政府应予教徒以法律保障。根据共同纲领及婚姻法的规定，对教徒的婚姻自由，予以保障。”

（4）部门规章。民政部《**关于印发〈婚姻登记工作规范〉的通知**》（2016年2月1日）第35条：“外国人办理结婚登记应当提交：（一）本人的有效护照或者其他有效的国际旅行证件；（二）所在国公证机构或者有权机关出具的、经中华人民共和国驻该国使(领)馆认证或者该国驻华使(领)馆认证的本人无配偶的证明,或者所在国驻华使(领)馆出具的本人无配偶证明。与中国无外交关系的国家出具的有关证明,应当经与该国及中国均有外交关系的第三国驻该国使(领)馆和中国驻第三国使(领)馆认证,或者经第三国驻华使(领)馆认证。”民政部办公厅**《关于婚姻登记中“婚姻状况证明”中文翻译问题的复函》**(2008 年 12 月 31 日　民办函〔2008〕276 号)第 1 条:“《中华人民共和国国家通用语言文字法》第九条规定:‘国家机关以普通话和规范汉字为公务用语用字。法律另有规定的除外。’因此,当事人向婚姻登记机关提交的‘婚姻状况证明’等材料是外国语言文字的,应当翻译成中文。当事人未提交中文译文的,视为未提交该文件。”第 2 条:“除港澳台地区提交的材料可以按照其地区习惯使用繁体字外,其他材料均应当以中国文字改革委员会公布的简化字为准。”第 3 条:“为确保‘婚姻状况证明’译文的真实性和准确性。由下列机构之一出具的翻译文本,婚姻登记机关应当予以接受:1. 当事人所在国驻我国使领馆;2. 我国驻外国使领馆;3. 婚姻登记机关认可的权威翻译机构;4. 婚姻登记机关指定的翻译机构。以上 3、4 两项,由受理婚姻登记机关负责公开。”民政部**《关于外国人、华侨提供的无配偶证明认定问题的通知》**(2008 年 2 月 15 日　民函〔2008〕49 号)第 1 条:“当事人持‘婚姻无障碍’、具备‘婚姻法律能力’证明的,需一并提交该国有权机关出具的‘婚姻无障碍’、具备‘婚姻法律能力’即指当事人无配偶的证明材料。”第 2 条:“当事人持‘婚姻查找无记录’、‘婚姻查找记录’(当事人又提供离婚判决书等离婚证件)、婚姻状况栏为空白或无婚姻状况栏的户籍证明的,需一并提交经中国驻该国使(领)馆认证或该国驻华使(领)馆认证的本人无配偶声明。”第 3 条:“若有关国家照会我部,明确该国出具的‘婚姻无障碍’、具备‘婚姻法律能力’、‘婚姻查找无记录’等证明即指当事人无配偶的,经我部通知各地后,该国出具的上述证明可以作为无配偶证明使用。近日,法国驻华大使馆照会我部,明确法国出具的‘婚姻无障碍’证明与无配偶证明具有相同的效力和作用,今后,各地应当将法国出具的‘婚姻无障碍’证明作为无配偶证明采用。”民政部**《关于进一步加强涉外、涉港澳台居民及华侨婚姻登记管理工作的通知》**(2007 年 11 月 14 日　民函〔2007〕314 号)第 4 条:“严格登记程序,加强审查、询问和告知等程序。婚姻登记机关要加强对境外证件、证明材料的辨认和审查,认真比对当事人和身份证件上的照片,比对港、澳居民单身证明中公证人签名与印发的公证人签名式样,审查单身证明的格式和用语。要加强对当事人的询问,发现有疑点的,要进一步询问或者分别向双方当事人询问,提醒当事人谨防上当受骗。要向当事人履行必要的告知义务,宣传有关政策法规并告知其骗婚、重婚的法律后果,引导涉台婚姻登记当事人登记前阅读民政部编印的《两岸婚姻政策指南》。”民政部**《关于变更涉韩结婚登记证明材料有关问题的通知》**(2007 年 4 月 9 日　民办函〔2007〕81

号）："……为规范涉韩结婚登记所需证明材料，经与外交部研究决定，自2007年4月起，对韩方当事人提供的无配偶证明做如下调整：一、韩户籍誊本英译本（中译本）中不再加注婚姻状况。二、韩方当事人除提交户籍誊本外，还应提交单身声明书，户籍誊本和单身声明书均应经过韩国有关部门公证和我驻韩使领馆认证。各地婚姻登记机关在办理涉韩婚姻登记时，应注意比对韩方当事人户籍誊本记载的婚姻信息与单身声明书是否一致。户籍誊本中未记载婚姻信息的，可视为未婚；户籍誊本中记载当事人最近一次婚姻状况变动为'离婚'的，可视为离婚未再婚；户籍誊本中记载配偶死亡时间，并在此时间后再无当事人婚姻状况变动的，可视为丧偶。"民政部办公厅**《关于请予纠正庆安县婚姻登记机关违规填写婚姻登记证件问题的函》**（2007年3月5日　民办函〔2007〕42号）："……我部接到我驻日本国大阪总领事馆《关于婚姻证件上无登记员签名的情况反映》，反映你省庆安县民政局出具的'黑庆25126号'结婚证和'黑庆离字010600266号'离婚证上没有婚姻登记员的签名。驻大阪总领事馆向庆安县民政局确认出证事实，该局表示其为当事人出证时一贯只加盖登记部门公章，无须婚姻登记员签署。庆安县民政局的做法违反了《婚姻登记工作暂行规范》（民发〔2003〕127号）的规定。《婚姻登记工作暂行规范》第三十二条规定：结婚证中'婚姻登记员'一栏'由批准该结婚登记的婚姻登记员使用黑色墨水钢笔或签字笔亲笔签名。'请你们纠正庆安县民政局的错误做法，加强对婚姻登记工作的指导和监督，切实保护婚姻当事人的合法权益，维护民政部门的公信力。"民政部办公厅**《关于申请在华结婚登记的外国人委托办理的无配偶证明是否有效问题的复函》**（2005年12月15日　民办函〔2005〕239号）："……从请示内容看，现有一些国家的当事人是在到了中国之后委托其本国律师、家人或朋友以委托人的身份办理无配偶证明。关于申请在华结婚登记的外国人委托办理的无配偶证明是否有效问题，经商外交部，我们的意见是：如果申请在华结婚登记的外国人到中国后委托其本国律师、家人或朋友以委托人身份办理的单身证明，表明当事人无配偶且经我驻该国使（领）馆或该国驻华使（领）馆认证，登记机关在办理结婚登记时可以采用。"民政部**《关于贯彻执行〈婚姻登记条例〉若干问题的意见》**（2004年3月29日　民函〔2004〕76号）第8条："关于双方均非内地居民的结婚登记问题。双方均为外国人，要求在内地办理结婚登记的，如果当事人能够出具《婚姻登记条例》规定的相应证件和证明材料以及当事人本国承认其居民在国外办理结婚登记效力的证明，当事人工作或生活所在地具有办理涉外婚姻登记权限的登记机关应予受理。一方为外国人、另一方为港澳台居民或华侨，或者双方均为港澳台居民或华侨，要求在内地办理结婚登记的，如果当事人能够出具《婚姻登记条例》规定的相应证件和证明材料，当事人工作或生活所在地具有相应办理婚姻登记权限的登记机关应予受理。一方为出国人员、另一方为外国人或港澳台居民,或双方均为出国人员,要求在内地办理结婚登记的,如果当事人能够出具《婚姻登记条例》规定的相应证件和证明材料,出国人员出国前户口所在地具有相应办理婚姻登记权限的登记机关应予受理。”民政部办公厅**《关于暂时调整涉外未婚未再婚公证办证方式问题的通知》**(2004 年 1 月 15 日　民办通〔2004〕第 7 号):“……《婚姻登记条例》自 2003 年 10 月 1 日实施后,公证处在办理涉外未婚、未再婚公证时遇到了一些新情况:一是我国婚姻登记机关在为我国公民办理结婚登记时,不再要求当事人提供所在单位证明或村(居)民委员会证明,单位或村(居)民委员会已无法准确掌握有关当事人的婚姻状况;二是户籍管理部门也不掌握准确的居民婚姻状况,户口簿上登记的婚姻状况不能及时准确反映当事人的婚姻状况;三是全国婚姻登记机关目前没有联网,婚姻登记机关不能提供有关当事人未婚、未再婚的证明。上述情况的出现,导致公证处难以查实当事人是否为未婚或未再婚。因此,经部领导同意,在公证机构不能获得有效证明之前,对涉外未婚、未再婚公证暂做如下调整:一、当事人申请办理未婚、未再婚公证的,不宜再按《关于修改部分民事公证书格式及公证书译文、贴照片等问题的通知》((93)司公函 053 号)和《关于发布〈公证书格式〉(试行)的通知》((92)司公字 15 号)所规定之第三十四式未婚公证书格式(之一至之四)和第三十八式未再婚公证书格式(之一、之二)出具公证书。二、根据当事人的申请,可对当事人的未婚、未再婚声明书予以公证。办理未婚、未再婚声明书公证时,应注意:(一)须向当事人说明声明书公证与原规定格式的实体性未婚或未再婚公证不同,国外使用机构有可能不予采证;(二)应当要求当事人在声明书中表明‘本人保证上述声明完全真实,如有不实,愿承担一切法律责任’。三、根据当事人的申请,对能提供证明材料并经查证属实的,可办理当事人在其户籍所在地婚姻登记机关无婚姻登记记录的公证。四、对于尚未达到法定结婚年龄的,仍按第三十四式未婚公证书格式(之六、之七)出具公证书。五、对于在 2003 年 10 月 1 日前已经离境,要求证明离境前未曾在中华人民共和国境内登记结婚或再婚的,如能提供证明材料,公证处仍可按第三十四式未婚公证书格式(之二、之四)和第三十八式未再婚公证书格式(之一、之二)出具公证书。在公证机构具备获得未婚、未再婚有关证明材料的条件下,我部拟再研究以何种方式办理涉外未婚、未再婚公证。”民政部**《国境内外国人宗教活动管理规定实施细则》**(2000 年 9 月 26 日)第 10 条:“经中国的宗教社会团体同意,境内外国人可以邀请中国宗教教职人员按各教习惯为其举行洗礼、婚礼、葬礼和道场、法会等宗教仪式。其中,举行婚礼的外国人必须是已经依法缔结婚姻关系的男女双方。中国宗教教职人员是指由依法登记的宗教社会团体认定、备案的各种宗教教职人员。”民政部办公厅**《对具有双重国籍的章恭财申请办理结婚登记处理意见的复函》**(1997 年 3 月 26 日　厅办函〔1997〕71 号):“……持有两个以上国家(地区)身份证件的当事人申请同中国(国内、内地、大陆)公民结婚,其合法入境身份视为当事人身份。即,当事人持外国护照入境,其婚姻登记须按照涉外婚姻有关规定办理……”民政部办公厅**《关于对涉外婚姻婚前医学检查问题请示的复函》**(1997年2月25日　厅办函〔1997〕34号)第1条:“1983年经国务院批准的《中国公民同外国人办理婚姻登记的几项规定》(以下简称《规定》),是目前我国涉外婚姻登记管理工作的主要法律依据。其中明确规定:‘申请结婚的男女双方,还须提交婚姻登记机关指定医院出具的婚前健康检查证明。’这是针对涉外婚前医学检查作出的特殊性规定。”1994年第八届全国人大常委会第十次会议通过,于1995年6月1日施行的《中华人民共和国母婴保健法》(以下简称《母婴保健法》)第三十二条规定:“医疗保健机构依照本法规定开展婚前医学检查……必须符合国务院卫生行政部门规定的条件和技术标准,并经县级以上地方人民政府卫生行政部门许可。’这是针对婚前医学检查作出的一般性规定,没有就涉外婚姻婚前医学检查作专门规定。根据《母婴保健法》和《规定》,我们认为,开展婚前医学检查的医疗保健机构,首先应当经县级以上地方人民政府卫生行政部门许可,其中开展涉外婚前医学检查的医院,必须由婚姻登记机关指定。因此,《规定》与《母婴保健法》不抵触,仍然是有效的、适用的。”第2条:“《母婴保健法》第三十二条规定了国家对开展婚前医学检查的医疗保健机构实行许可制度。按照这一规定,凡符合规定条件和技术标准的医疗保健机构,均可提出从事婚前医学检查的申请,县级以上地方人民政府卫生行政部门有权作出许可。从你局上报的材料中看,重庆市渝中区妇幼保健院承担涉外婚前医学检查,是区政府和区卫生局同意的,市民政局认可的。虽然许可的时间在《母婴保健法》发布之前,但符合规定精神。重庆市妇幼保健院称其为本市唯一一家涉外婚前医学检查机构,不符合实际情况。在‘许可’制度下。不应当存在‘唯一一家’的垄断。同时,市妇幼保健院不是市民政局行政管理的相对人。其对市民政局提起行政诉讼,状告市民政局侵权,无法律依据。”第3条:“1995年卫生部发布的《中华人民共和国母婴保健法实施办法》中规定:‘涉外婚姻当事人应当到省级卫生行政部门批准的婚前医学检查单位进行婚前医学检查。’1996年四川省第八届人大常委会22次会议通过的《四川省〈中华人民共和国母婴保健法〉实施办法》中规定:‘涉外婚前医学检查机构,由市级卫生行政部门提名,省卫生行政部门审批。’1995年四川省人民政府发布施行的《四川省婚前医学检查管理办法》中规定:‘负责涉外婚姻婚前医学检查的机构,由市(地、州)卫生行政部门提名,报省卫生行政部门审定。’上述部门规章、地方性法规和地方政府规章中规定的‘批准’、‘审批’、‘审定’等,与《母婴保健法》的规定不一致,也与国务院的《规定》不一致。当部门规章或地方性法规和规章与国家行政法规相抵触时,应当执行国家行政法规。”民政部办公厅**《关于地区行政公署的民政部门办理婚姻登记有关问题的复函》**(1996年11月5日　厅办函

〔1996〕212 号):“……你省人民政府发布施行的《浙江省婚姻登记管理办法》第二条规定‘申请婚姻登记的一方当事人是外国人、华侨或香港、澳门、台湾地区居民的,办理婚姻登记的机关是省辖市人民政府和地区行政公署的民政部门’。但华侨、港澳同胞同内地公民结婚的,由地区行政公署民政部门办理婚姻登记,不符合《华侨同国内公民、港澳同胞同内地公民之间办理婚姻登记的几项规定》(民〔1983〕民 20 号)第一条‘华侨同国内公民、港澳同胞同内地公民之间结婚、双方自愿离婚和复婚、凡要求在国内(内地)办理的,男女双方须共同到国内(内地)一方户口所在地的县级以上人民政府婚姻登记机关申请登记’的规定。因为地区行政公署属省人民政府的派出机构,不是一级人民政府,请你们依法妥善处理。”司法部公证司**《关于发往韩国使用的婚姻公证文书认证事的通知》**(1996 年 11 月 4 日〔96〕司公函 059 号):“……我国外交部及韩国外务部共同商定,自一九九六年十一月八日起,双方外交(务)部将对双方公民婚姻文书进行领事认证,并由双方驻对方大使馆统一受理有关婚姻文书的领事认证。据此,从上述日期起,凡发往韩国使用的婚姻状况公证书及与中韩公民通婚相关的公证文书均应送我国外交部和韩国驻华大使馆办理领事认证。各地外办及领事馆不再受理此类公证文书的领事认证事宜……自 1996 年 10 月 9 日起 30 日后,中韩双方外交(务)部将对双方公民婚姻文书进行领事认证,并由双方驻对方大使馆统一受理有关婚姻文书的领事认证……”司法部**《关于涉韩公证若干问题的通知》**(1996 年 1 月 4 日 〔96〕司公字 01 号)第 2 条:“婚姻状况公证。韩国公民在华与我国公民登记结婚的,公证处可为其办理结婚公证书;我国公民赴韩国结婚、定居、探亲的,公证处可为其办理现存婚姻状况的公证。出具婚姻状况公证书后,不得另纸出具过去的婚姻状况的公证。对离婚后立即与韩国人登记结婚的,要从严审查离婚、结婚的意思表示是否真实,严防假结婚、买卖婚姻等违法行为的发生。”第 3 条:“声明书公证。根据我驻韩使馆要求,我国公民邀请韩国公民来华,需证明相互之间的关系,对此,可由我国公民发表声明,公证处可对声明人的身份、意思表示的真实性以及声明的时间、地点予以公证,按《公证书格式(试行)》第五十一式出具公证书。当事人提供的声明书应当是打印的,当事人无力打印的由公证处代为打印,手写的声明一律不予公证,其他涉韩声明书公证比照此规定办理。办理涉韩声明书公证,声明书中不得有损我国国格、法律、社会公德、家庭关系的内容,如声明书中有保证‘不携带自己子女赴韩国’或‘不邀请自己子女来韩探亲、定居’等文字,公证处应当拒绝公证。”第 4 条:“公证书译文,发往韩国使用的公证书应当附朝鲜文或英文译文,并要办理译文与中文相附公证。公证处应按《公证书格式(试行)》第四十九式之六另纸出具公证书,并装订在原公证书译文页之后,公证书译文页及译文与原文相符公证书证页应当使用‘公证专用水印纸’。”第 5 条:“发往韩国使用的公证要办理我国外交部认证和韩

国驻华使馆认证。”司法部公证司**《关于不办理婚前婚姻状况公证书的复函》**（1992年1月27日 〔92〕司公函015号）：“……关于澳大利亚驻华使馆要求赴该国定居的我国公民提供婚姻状况公证书同时，提供婚姻史公证书问题，经商外交部领事司认为，婚姻史涉及当事人隐私，取证也较困难，在办理婚姻状况公证后实际意义不大，因此不宜办理。”司法部公证司**《关于为申请加入外籍的当事人办理其已死亡的父母的结婚公证书的复函》**（1990年4月17日 〔90〕司公字第43号）：“……申请加入外籍的当事人要求办理其已死亡的父母的结婚公证书或夫妻关系公证书，应当依据我部（83）司发公字第257号《关于解释和公证婚姻状况问题的通知》（见《公证工作手册》第五辑第44页）、原公证律师司（83）司公字第125号《关于夫妻关系公证书格式的复函》（见《公证工作手册》第五辑第109页）和（86）司公字第38号《关于严格按照婚姻登记办法出具婚姻状况证明的通知》（见《公证工作手册》第九辑第95页）的规定办理。对申请人的父母一方或双方已死亡的，可将此公证书与死者的死亡公证书装订在一起。如申请人不需证明其父母的死亡事实，则可在其父母结婚公证书或夫妻关系公证书中死者名字后加括号注明‘已故’即可。对于申请人父母均已死亡，因年代久远结婚时间无从查考的，公证处不予公证。但如果确有知情者健在，可由知情者发表声明，证明申请人父母结婚的时间、地点。公证处证明其签字盖章属实。”民政部**《关于婚姻登记若干问题的解答》**（1986年9月11日 民〔1986〕民29号）第7条：“申请与我国公民结婚的外国人，其所在国与我国无外交关系，其婚姻状况证明如何出具？答：与我国无外交关系的国家的公民要求与我国公民结婚，其婚姻状况证明须经与我国和当事人所属国均有外交关系的第三国的外交部或该国驻我国使领馆认证。”民政部办公厅**《关于婚姻状况证明的认证等几个问题的函》**（1985年5月22日 〔85〕民民字第73号）：“……最近，有关省、市反映我驻外使馆在办理婚姻状况证明的认证方面有几个问题，现将这些反映分述如下：一、反映我有的驻外使馆为不到我婚姻法规定的婚龄的华侨认证了婚姻状况证明。当事人回国申请结婚时，婚姻登记机关不予办理结婚登记。这不仅给当事人造成了不必要的经济损失，也给我们的工作带来了不良影响。二、反映我有的驻外使馆把外国人或外籍华人按华侨对待，直接为其出具了婚姻状况证明。这不符合《中国公民同外国人办理婚姻登记的几项规定》。三、我出国人员在国外学习期间要求与国内公民结婚，而本人又不能回国办理结婚登记手续。我有的驻外使馆为其出具证明，要求婚姻登记机关变通处理。这不符合婚姻法‘要求结婚的男女双方必须亲自到婚姻登记机关进行结婚登记’的规定。涉外婚姻登记工作是一项政策性很强的工作，严格执法，不仅关系到婚姻当事人的切身利益，而且关系到我国的国际信誉。希各驻外使领馆协助婚姻登记机关作好婚姻当事人的思想工作，严格依法办事。”司法部公证律师司**《关于申请去阿根廷定居办理公证书及认证**

的有关注意事项》(1984年8月4日 〔84〕司公字第185号):"……据外交部领事司一九八四年八月二十九日函告,今年三月十二日,阿根廷民选总统颁布法令,对约五十万非法移民实行大赦,并以很简化的手续为他们办理永久居留;对去年十二月一日以后去阿而申请定居的移民,阿将按正常手续为其办理长期居留。我国各省、市、自治区以探亲名义去阿正在办理长期居留手续者有数百人;旅阿华侨和华人拟申请国内亲属去阿者也不少。根据我驻阿使馆的建议和领事司近年来申办阿驻华使馆认证的实践,现将办理去阿定居所使用的证书和有关认证手续的注意事项说明如下:一、对已经以探亲名义申请去阿根廷、现由于申请定居而需要补办公证书的我国公民,以及对今后申请去阿定居的有关人员,公证处应按照《公证暂行条例》的规定和公安部〔84〕公发(境)59号《关于放宽因私出国审批条件的请示》的文件精神,根据申请人的要求,尽快为其办理有关公证书。二、根据阿有关当局要求,申请定居者须提供下述证件:(1)出生证明书;(2)婚姻状况证明书;(3)近三年内未受刑事制裁证明书;(4)申请人如系学生,应持有学历证明书;(5)工作经历证明书或毕业证书(供申请人去阿后谋职用)。前三项为必备证明书,后两项可视申请人的具体情况酌情出具。三、公证书均应由公证员亲笔签署,不要以签名章代之,否则该国不予承认,证书无效。所有公证文书均应附译文,最好附西班牙语译文,如有的公证处及其所在地无西班牙语翻译人才,则可附英文代之。四、由于我国方言发音的差别和其他多方面的原因,海外华侨和华人所使用的外文名字绝大多数不可能与我国目前通行的汉语拼音一致。为避免阿有关当局可能产生的误会,在为申请人办理公证书时,申请人及其在阿关系人的外文姓名,均可采用他们在国外所使用的姓名,必要时在括号内加注汉语拼音。五、阿规定,用于申请定居的公证文书,必须由申请人所在国外交部和阿根廷驻该国的大使馆认证。证书寄送阿根廷后,在阿关系人还须申办阿外交部领事司的认证,阿移民当局才能接受。因此,今后发往阿根廷用于定居的各种公证书,均请按要求办理我外交部领事司和阿驻华使馆的认证。六、据阿根廷驻华使馆告,该馆收取认证费系按份计收,而不采用多数使馆按件计收的办法。也就是说,如果一本公证书内有四份不同内容的证明书,认证费将按四件收取;公证书的内容不同,收费标准也不同。如果在一本公证书内装有几份内容不同的证明书,他们往往把收费高的一份作为基数,然后再乘以实有证明书份数,向我收取认证费。为减轻申请人的负担,今后凡发往阿根廷使用的证书,均请分别装订。从近年来的实践看,申办阿驻华使馆的认证很费时间,有的长达两个月左右。虽经交涉,亦无效果。请各公证处代向申请人解释,一般情况下不必去函催询。关于申请去阿根廷定居办理公证书及认证的有关事项,凡过去的规定与本文抵触者,以本文所告为准。"民政部**《关于办理婚姻登记中几个涉外问题处理意见的批复》**(1983年12月9日 民〔1983〕民133号)第3条:"对于男女双方都是来华工作的外国人;或一方是在华工作的外国人,另一方是临时来华的外国人,要求在华办理结婚登记的,只要他们具备《中国公民同外国人办理婚姻登记的几项规定》中所要求的证件,符合我国《婚姻法》关于结婚的规定,可予办理结婚登记。为了保证我婚姻登记的有效性,可以让婚姻当事人提供本国法律在国外办理结婚登记有效的条文。"第 4 条:"《中国公民同外国人办理婚姻登记的几项规定》中,关于中国公民同外国人在华要求离婚的规定,是根据有的国家不经法院判决离婚无效的情况做出的,不论双方自愿离婚还是一方要求离婚的,都由我人民法院处理。这一规定是经最高人民法院同意的,应按规定执行。"

2. 涉港澳台婚姻。《婚姻登记条例》(2003 年 10 月 1 日)第 2 条:"内地居民办理婚姻登记的机关是县级人民政府民政部门或者乡(镇)人民政府,省、自治区、直辖市人民政府可以按照便民原则确定农村居民办理婚姻登记的具体机关。中国公民同外国人,内地居民同香港特别行政区居民(以下简称香港居民)、澳门特别行政区居民(以下简称澳门居民)、台湾地区居民(以下简称台湾居民)、华侨办理婚姻登记的机关是省、自治区、直辖市人民政府民政部门或者省、自治区、直辖市人民政府民政部门确定的机关。"第 4 条:"内地居民结婚,男女双方应当共同到一方当事人常住户口所在地的婚姻登记机关办理结婚登记。中国公民同外国人在中国内地结婚的,内地居民同香港居民、澳门居民、台湾居民、华侨在中国内地结婚的,男女双方应当共同到内地居民常住户口所在地的婚姻登记机关办理结婚登记。"第 5 条:"办理结婚登记的内地居民应当出具下列证件和证明材料:(一)本人的户口簿、身份证;(二)本人无配偶以及与对方当事人没有直系血亲和三代以内旁系血亲关系的签字声明。办理结婚登记的香港居民、澳门居民、台湾居民应当出具下列证件和证明材料:(一)本人的有效通行证、身份证;(二)经居住地公证机构公证的本人无配偶以及与对方当事人没有直系血亲和三代以内旁系血亲关系的声明。办理结婚登记的华侨应当出具下列证件和证明材料:(一)本人的有效护照;(二)居住国公证机构或者有权机关出具的、经中华人民共和国驻该国使(领)馆认证的本人无配偶以及与对方当事人没有直系血亲和三代以内旁系血亲关系的证明,或者中华人民共和国驻该国使(领)馆出具的本人无配偶以及与对方当事人没有直系血亲和三代以内旁系血亲关系的证明。办理结婚登记的外国人应当出具下列证件和证明材料:(一)本人的有效护照或者其他有效的国际旅行证件;(二)所在国公证机构或者有权机关出具的、经中华人民共和国驻该国使(领)馆认证或者该国驻华使(领)馆认证的本人无配偶的证明,或者所在国驻华使(领)馆出具的本人无配偶的证明。"第 11 条:"办理离婚登记的内地居民应当出具下列证件和证明材料:(一)本人的户口簿、身份证;(二)本人的结婚证;(三)双方当事人共同签署的离婚协议书。办理离婚登记的香港居民、澳门居民、台湾居民、华侨、外国人除应当出具前款第(二)项、第(三)项规定的证件、证明材料外,香港居民、澳门居民、台湾居民还应当出具本人的有效通行证、身份证,华侨、外国人还应当出具本人的有效护照或者其他有效国际旅行证件。离婚协议书应当载明双方当事人自愿离婚的意思表示以及对子女抚养、财产及债务处理等事项协商一致的意见。"第 12 条:"办理离婚登记的当事人有下列情形之一的,婚姻登记机关不予受理:(一)未达成离婚协议的;(二)属于无民事行为能力人或者限制民事行为能力人的;(三)其结婚登记不是在中国内地办理的。"第 19 条:"中华人民共和国驻外使(领)馆可以依照本条例的有关规定,为男女双方均居住于驻在国的中国公民办理婚姻登记。"民政部**《关于印发〈婚姻登记工作规范〉的通知》**(2016 年 2 月 1 日)第 5 条:"婚姻登记管辖按照行政区域划分。(一)县、不设区的市、市辖区人民政府民政部门办理双方或者一方常住户口在本行政区域内的内地居民之间的婚姻登记。省级人民政府可以根据实际情况,规定乡(镇)人民政府办理双方或者一方常住户口在本乡(镇)的内地居民之间的婚姻登记。(二)省级人民政府民政部门或者其确定的民政部门,办理一方常住户口在辖区内的涉外和涉香港、澳门、台湾居民以及华侨的婚姻登记。办理经济技术开发区、高新技术开发区等特别区域内居民婚姻登记的机关由省级人民政府民政部门提出意见报同级人民政府确定……"第 31 条:"香港居民办理结婚登记应当提交:(一)港澳居民来往内地通行证或者港澳同胞回乡证;(二)香港居民身份证;(三)经香港委托公证人公证的本人无配偶以及与对方当事人没有直系血亲和三代以内旁系血亲关系的声明。"第 32 条:"澳门居民办理结婚登记应当提交:(一)港澳居民来往内地通行证或者港澳同胞回乡证;(二)澳门居民身份证;(三)经澳门公证机构公证的本人无配偶以及与对方当事人没有直系血亲和三代以内旁系血亲关系的声明。"第 33 条:"台湾居民办理结婚登记应当提交:(一)台湾居民来往大陆通行证或者其他有效旅行证件;(二)本人在台湾地区居住的有效身份证;(三)经台湾公证机构公证的本人无配偶以及与对方当事人没有直系血亲和三代以内旁系血亲关系的声明。"民政部**《关于做好出具(无)婚姻登记记录证明服务工作的指导意见》**(2012 年 6 月 18 日　民发〔2012〕99 号)第 3 条:"提供证件材料。申请人应在婚姻登记机关填写并提交《申请出具〈无婚姻登记记录证明〉声明书》(格式见附件 1)或《申请出具〈婚姻登记记录证明〉声明书》(格式见附件 2),同时提供以下证件材料:当事人亲自到婚姻登记机关提出申请的,应提供本人户口簿和居民身份证(军人出具《军官证》等军人身份证件,华侨、外国人提供有效护照,香港居民、澳门居民、台湾居民提供有效通行证、身份证,下同);当事人委托他人申请的,受托人应提供本人居民身份证、委托人户口簿和居民身份证原件以及委托人写明具体委托事项的委托书;受托人不能提供委托人户口簿和居民身份证原件的,应提供委托人户口簿、居民身份证复印件和经公证机关公证的写明具体委托事项的委托书……”民政部办公厅**《关于持中国护照在台工作人员办理结婚登记所需证件、证明材料问题的复函》**(2008 年 8 月 20 日　民办函〔2008〕181 号):“……来函称:当事人陈××2004 年持中国护照在美国留学两年后,于 2006 年 9 月 17 日到台湾大学物理系从事学术科技研究至今。现陈××持中国护照、台湾地区入出境许可证、切结(宣誓)书(台湾地方法院公证处出具)到武汉市办理结婚登记时遇到困难,即按《婚姻登记条例》规定,如按出国人员身份办理结婚登记,陈××无法(不便)到美国开具无配偶证明;如按台湾居民身份办理结婚登记,当事人又没有台湾身份证和台湾居民来往内地通行证。由于目前没有针对办理此类婚姻登记的法律依据,来函希望能够进行具体指导。经商国务院台湾事务办公室,现答复如下:考虑到持中国护照的在台工作人员回内地办理结婚登记遇到的实际困难,今后,该类人员出具以下证件和证明材料的,婚姻登记机关应当为其办理结婚登记:(1)本人的有效护照;(2)台湾地区入出境许可证;(3)经台湾公证机构公证的无配偶证明(切结书、宣誓书);(4)经台湾公证机构公证的在台就业单位出具的当事人在该单位就业的证明。”民政部**《关于进一步加强涉外、涉港澳台居民及华侨婚姻登记管理工作的通知》**(2007 年 11 月 14 日　民函〔2007〕314 号)第 4 条:“严格登记程序,加强审查、询问和告知等程序。婚姻登记机关要加强对境外证件、证明材料的辨认和审查,认真比对当事人和身份证件上的照片,比对港、澳居民单身证明中公证人签名与印发的公证人签名式样,审查单身证明的格式和用语。要加强对当事人的询问,发现有疑点的,要进一步询问或者分别向双方当事人询问,提醒当事人谨防上当受骗。要向当事人履行必要的告知义务,宣传有关政策法规并告知其骗婚、重婚的法律后果,引导涉台婚姻登记当事人登记前阅读民政部编印的《两岸婚姻政策指南》。”第 5 条:“妥善处理有关事宜,建立可疑信息报告制度。婚姻登记机关发现当事人证件、证明材料有疑问的,应暂缓办理登记,先作进一步核实。对香港居民所持单身证明有疑问的,可以向中国法律服务(香港)有限公司核实……对台湾居民所持单身证明有疑问的,可以向省级公证协会核查当事人单身证明副本。确认当事人持有的证件、证明材料为伪造的,或者当事人承认是骗取婚姻登记的,婚姻登记机关应当终止办理程序。婚姻登记机关发现有团伙组织人员办理涉台婚姻登记的,应当及时报告当地台办,并建议其协调有关部门侦查、处理;发生内地一方以假身份结婚,台湾居民要求解除婚姻关系的,应当向当地台办报告,建议其协调地方法院妥善处理。发现有团伙组织人员办理涉外、涉港澳居民及华侨婚姻登记等非正常情况的,应当及时向公安部门反映情况。”民政部办公厅**《关于香港居民霍志斌与内地居民童国兵婚姻问题的答复》**(2007 年 10 月 9 日　民函〔2007〕269 号):“……从请示内容看,香港居民霍志斌先生与湖北居民童国兵女士 2006 年 2 月 13 日在你厅婚姻登记处办理了结婚登记,双方证件齐全,现已育有一女。

后经公安部门查证,童国兵原系黄冈市浠水县人,因某种原因向荆州市公安局某派出所一公安干警买入了荆州市户口和身份证,并以荆州居民身份与霍志斌办理了结婚登记。事发后,公安部门注销了童国兵非法的荆州户籍,其去港探亲也遭拒。其夫霍志斌因渴望夫妻团聚,遂向民建联内地联络小组求助。鉴于童国兵的荆州户籍及身份证是向当地公安干警买入的,现已由公安部门注销,我们的意见是,如果当事人申请换领结婚证,婚姻登记机关应当受理。在双方当事人共同到场并提交相关证件证明的情况下,按补发结婚证程序办理。当事人应提交以下证件证明材料:1. 公安部门出具的童国兵办理结婚登记时的户籍、身份证号已被注销的证明和现有身份的证明;2. 原结婚证(两本);3. 双方当事人的有效身份证件。补发的结婚证'登记日期'为原结婚登记日期,童国兵'身份证件号'为现有身份证号。婚姻登记机关应注销原结婚证,并将公安部门出具的证明材料及注销的结婚证一并存入补发的结婚登记档案。"民政部办公厅**《关于出国人员在港工作期间办理结婚登记所需证件、证明问题的复函》**(2005 年 11 月 4 日 民办函〔2005〕209 号):"……鉴于赴港工作人员的实际情况,我部意见,由国外机构派驻香港工作的出国人员或应聘在香港工作的我国原海外留学人员可以出具以下证件和证明材料办理结婚登记:(1)本人的有效护照;(2)本人的香港居民身份证;(3)经香港委托公证人公证的本人无配偶及与对方当事人没有直系血亲和三代以内旁系血亲关系的声明。"民政部**《关于刘明与侨胞吕春蓉办理婚姻登记的答复》**(2005 年 8 月 12 日 民函〔2005〕209 号):"……《婚姻登记条例》第五条规定,华侨办理结婚登记需要出具本人的有效护照,这里的'有效护照'是一个广义的概念,是指中国公民持有的入境证件。目前,旅居海外的台胞来祖国大陆均需到我驻外使、领馆领取旅行证。凭旅行证入境。在办理婚姻登记时,我驻外使、领馆签发的旅行证与护照具有同等效力。"民政部**《关于张志仁申请撤销结婚登记问题的答复》**(2005 年 6 月 28 日 民函〔2005〕149 号):"……《大陆居民与台湾居民婚姻登记管理暂行办法》是 1998 年 12 月 10 日发布实施的,其制定的依据是当时正在实行的 1980 年 9 月 10 日第五届全国人大第三次会议通过的《中华人民共和国婚姻法》(以下简称《婚姻法》)和 1994 年 2 月 1 日发布实施的《婚姻登记管理条例》。2001 年 4 月 28 日第九届全国人大常委会第二十一次会议通过了《关于修改〈中华人民共和国婚姻法〉的决定》,修改后的《婚姻法》增加了无效婚姻和可撤销婚姻的内容,但其可撤销婚姻仅限于因胁迫结婚的。2003 年 10 月 1 日,国务院颁布实施《婚姻登记条例》(以下简称《条例》),《条例》根据修改后的《婚姻法》中无效婚姻和可撤销婚姻的规定,没有规定'申请婚姻登记的当事人弄虚作假、骗取婚姻登记的,婚姻登记管理机关应当撤销婚姻登记,对结婚、复婚的当事人宣布其婚姻关系无效并收回结婚证,对离婚的当事人宣布其解除婚姻关系无效并收回离婚证'的内容。同时,《条例》也在适用范围上作了调整，它不仅适用于内地居民之间的婚姻登记，而且还适用于内地居民与香港居民、澳门居民、台湾居民以及国内居民与华侨、外国人之间的婚姻登记。从《条例》施行之日起，1994 年颁布的《婚姻登记管理条例》即废止，以往依据该条例制定的《中国公民同外国人办理婚姻登记的几项规定》、《大陆居民与台湾居民婚姻登记管理暂行办法》、《华侨同国内公民、港澳同胞同内地公民之间办理婚姻登记的几项规定》等法规、规章也同时废止。《中华人民共和国立法法》第七十九条规定，'行政法规的效力高于地方性法规、规章。'第八十三条规定，'同一机关制定的法律、行政法规、地方性法规、自治条例和单行条例、规章，特别规定与一般规定不一致的，适用特别规定'，《条例》与《大陆居民与台湾居民婚姻登记管理暂行办法》不是同一机关制定的，《条例》是上位法。因此，婚姻登记机关只能撤销具备一定条件的胁迫婚姻。"民政部**《关于贯彻执行〈婚姻登记条例〉若干问题的意见》**(2004 年 3 月 29 日　民函〔2004〕76 号)第 7 条："关于出国人员、华侨及港澳台居民结婚提交材料的问题。出国人员办理结婚登记应根据其出具的证件分情况处理。当事人出具身份证、户口簿作为身份证件的，按内地居民婚姻登记规定办理；当事人出具中国护照作为身份证件的，按华侨婚姻登记规定办理。当事人以中国护照作为身份证件，在内地居住满一年、无法取得有关国家或我驻外使领馆出具的婚姻状况证明的，婚姻登记机关可根据当事人本人的相关情况声明及两个近亲属出具的有关当事人婚姻状况的证明办理结婚登记。"第 8 条："关于双方均非内地居民的结婚登记问题。双方均为外国人，要求在内地办理结婚登记的，如果当事人能够出具《婚姻登记条例》规定的相应证件和证明材料以及当事人本国承认其居民在国外办理结婚登记效力的证明，当事人工作或生活所在地具有办理涉外婚姻登记权限的登记机关应予受理。一方为外国人、另一方为港澳台居民或华侨，或者双方均为港澳台居民或华侨，要求在内地办理结婚登记的，如果当事人能够出具《婚姻登记条例》规定的相应证件和证明材料，当事人工作或生活所在地具有相应办理婚姻登记权限的登记机关应予受理。一方为出国人员、另一方为外国人或港澳台居民，或双方均为出国人员，要求在内地办理结婚登记的，如果当事人能够出具《婚姻登记条例》规定的相应证件和证明材料，出国人员出国前户口所在地具有相应办理婚姻登记权限的登记机关应予受理。"民政部办公厅**《关于涉外婚姻登记机构设置问题的答复》**(2003 年 5 月 21 日　民办函〔2003〕70 号)："……关于涉外(包括涉华侨和涉港、澳、台居民)婚姻登记机构如何设置问题，有关的行政法规、部门规章都作出了明确规定。1983 年 8 月经国务院批准、民政部颁布的《中国公民同外国人办理婚姻登记的几项规定》规定，'中国公民同外国人(包括常驻我国和临时来华的外国人、外籍华人、定居我国的侨民)在中国境内自愿结婚的，男女双方必须共同到中国公民一方户口所在地的省、自治区、直辖市人民政府指定的婚姻登记机关申请登记’;同年民政部发布的《华侨同国内公民、港澳同胞同内地公民之间办理婚姻登记的几项规定》规定,‘华侨同国内公民、港澳同胞同内地公民之间结婚、双方自愿离婚和复婚,凡要求在国内(内地)办理的,男女双方必须共同到国内(内地)一方户口所在地的县级以上人民政府婚姻登记机关申请登记’;1994 年国务院批准、民政部发布的《婚姻登记管理条例》重申了上述原则规定。此外,1998 年 12 月民政部发布的《大陆居民与台湾居民婚姻登记管理暂行办法》规定,‘大陆居民与台湾居民在大陆结婚登记、离婚登记、复婚登记,应当双方共同到大陆一方户籍所在地的省(自治区、直辖市)民政厅(局)指定的地级以上地方人民政府民政部门的婚姻登记管理机关申请’。这些规定表明,涉外(包括涉华侨和涉港、澳、台居民)婚姻登记机构如何设置,主要由省级人民政府或省级人民政府民政部门根据当地实际情况,指定县级以上婚姻登记机关办理上述婚姻登记。涉外(包括涉华侨和涉港、澳、台居民)婚姻登记工作具有较强的政策性、政治性和时效性,赋予省级人民政府、省级人民政府民政部门一定的自主权,体现了务实灵活的原则,有利于规范婚姻登记工作,保证登记质量和水平,有利于方便当事人。由此,你厅关于涉外(包括涉华侨和涉港、澳、台居民)婚姻登记机构设置的规定和现行的几种登记做法是有法规依据的,并无不妥。另外,办理婚姻登记并不是行政审批,而是婚姻登记机关在对当事人婚姻关系的合法性加以确认后,进行正式登录和记载,并签发婚姻登记证书。个别地方把办理婚姻登记当作行政审批进行改革的做法,不应支持。”民政部办公厅**《关于驻外使、领馆办理香港中国公民婚姻登记有关问题的通知》**(1998 年 11 月 13 日　厅办函〔1998〕206 号):“我驻外使、领馆在驻在国承认领事婚姻的前提下,可受理香港中国公民之间、内地出国人员与香港中国公民的婚姻登记申请。香港中国公民申请婚姻登记须按照香港中国公民在内地办理婚姻登记的规定提供本人的证件、证明。当事人证件证明齐全、符合法定婚姻登记条件的,使、领馆应为其办理婚姻登记,发给婚姻证件。对澳门、台湾同胞的婚姻登记申请,我驻外使、领馆暂不受理。”民政部办公厅**《关于外国驻香港领事机构出具的公证文书在内地使用问题的复函》**(1997 年 9 月 29 日　厅办函〔1997〕259 号):“……香港回归后,外国驻香港领事机构为其本国公民出具的公证文书可在内地直接使用,无须办理领事认证或其他确认手续。”民政部办公厅**《关于对结婚登记当事人申请更改所持结婚证上姓名问题的复函》**(1997 年 5 月 4 日　厅办函〔1997〕122 号):“……结婚证作为证明婚姻状况的法律证件,是不能改动其内容的。台胞谢念兹在使用结婚证时,可持台湾有关方面批准其更名的台胞证和户籍誊本,证明已将谢里兹改名为谢念兹。为此,请你厅向当事人做好解释工作。”民政部办公厅**《对具有双重国籍的章恭财申请办理结婚登记处理意见的复函》**(1997 年 3 月 26 日　厅办函〔1997〕71 号):“……当事人持台湾同胞身份证件入境,其婚姻登记须按照涉台婚姻有关规定办理;当事人持港澳同胞或华侨身份证件入境,其婚姻登记须按照涉港澳、华侨婚姻有关规定办理。”民政部办公厅**《关于被撤销结婚登记的当事人再次申请登记结婚须重新提供婚姻状况证明等问题的复函》**(1997年3月5日　厅办函〔1997〕44号)第1条:“关于当事人的婚姻登记被依法撤销后,再次申请结婚登记,是否应重新出具婚姻状况证明的问题。按规定须重新提供必要的证件、证明。如果婚姻当事人的一方是台湾同胞,并已将被撤销的结婚登记在台湾户籍上申登的,还须提供结婚登记撤销通知书。”民政部办公厅**《对〈关于为应聘来港留学人员出具婚姻状况证明事〉的复函》**(1996年11月8日　厅办函〔1996〕219号):“……经研究并征求国务院港澳办公室和外交部意见,同意你社建议。即:有关应聘赴港留学人员在港期间的婚姻情况,由香港政府婚姻登记处出具婚姻情况证明;由你社开具当事人系应聘在港工作的原留学人员证明,内容包括当事人姓名、护照号码、留学国别、应聘来港时间、在港工作单位。”民政部办公厅**《关于地区行政公署的民政部门办理婚姻登记有关问题的复函》**(1996年11月5日　厅办函〔1996〕212号):“……你省人民政府发布施行的《浙江省婚姻登记管理办法》第二条规定‘申请婚姻登记的一方当事人是外国人、华侨或香港、澳门、台湾地区居民的,办理婚姻登记的机关是省辖市人民政府和地区行政公署的民政部门’。但华侨、港澳同胞同内地公民结婚的,由地区行政公署民政部门办理婚姻登记,不符合《华侨同国内公民、港澳同胞同内地公民之间办理婚姻登记的几项规定》(民〔1983〕民20号)第一条‘华侨同国内公民、港澳同胞同内地公民之间结婚、双方自愿离婚和复婚、凡要求在国内(内地)办理的,男女双方须共同到国内(内地)一方户口所在地的县级以上人民政府婚姻登记机关申请登记’的规定。因为地区行政公署属省人民政府的派出机构,不是一级人民政府,请你们依法妥善处理。”民政部**《关于出国留学生申请与台湾居民办理结婚登记问题的复函》**(1994年5月7日):“……关于我出国留学生申请与台胞在国内登记结婚的问题,我们原则同意你们的意见。即出国留学生同台胞要求在国内登记结婚的,双方须共同到国内留学生出国前户口所在地经省人民政府指定的涉台婚姻登记机关申请登记,并按照《关于出国留学生办理婚姻登记的暂行规定》(民〔1984〕民36号)和《关于台湾同胞与大陆公民之间办理结婚登记有关问题的通知》(民〔1988〕民字9号)精神,出具本人的有关证件及证明材料。经婚姻登记机关审查,符合结婚条件的,应准予当事人登记结婚。今后,如有我出国留学生申请与台胞在国内婚姻登记机关登记结婚,均按此原则办理。”司法部公证司**《关于为取得澳门合法居留权者办理公证的复函》**(1992年5月15日　〔92〕司公函073号):“……关于偷渡到澳门后获澳当局特赦,并已取得合法居留权者,为在澳门登记结婚向我公证处申办出生、婚姻状况公证事,经商国务院港澳办三司认为,公证处可以为取得澳门合法居留权的人办理出生、婚姻状况等有关公证书。”司法部公证司**《关于办理"同意结婚声明书"公证的复函》**(1992 年 4 月 2 日 〔92〕司公函 047 号):"……关于能否为居住在内地的当事人办理同意其居住在香港的子女在香港结婚声明书公证事,经研究认为,公证处经审查后,可为当事人办理同意其在香港有居留权的,已满 16 周岁未满 21 周岁的子女在港结婚的声明书公证书,证明当事人在声明书上的签字属实。但是对于临时去港学习、工作、探亲、旅游,未达我国婚姻法规定的法定婚龄的子女在港结婚的声明书,公证处不予办理公证。(附注,根据香港有关方面的要求,声明人应是申请结婚人的父亲;父亲去世或为限制行为能力的,声明人应是母亲;父母都已去世或限制行为能力的,可由申请结婚人的监护人发表声明)。"司法部公证司**《关于发往澳门使用的公证书二个问题的复函》**(1990 年 9 月 28 日 〔90〕司公字第 148 号)第 1 条:"关于可否为已与澳门居民在内地登记结婚的内地居民,委托他人到澳门婚姻登记局代办婚姻备案手续的委托书办理公证事,经向新华社澳门分社外事部了解,葡萄牙公民之间或葡公民与外籍人在葡萄牙以外地区结婚的,需把婚姻资料通过葡驻外使领馆送里斯本婚姻登记局总部备案,此婚姻才能得到葡国确认。备案确认的程序要求夫妻双方亲自到葡驻外使领馆或澳门婚姻登记局提交有关资料,办理有关手续。如其中一方不能亲自前往,可委托他人代办,受托人需持经公证的委托书随另一方前往办理手续。澳门葡籍居民与内地居民在内地依法登记结婚后,可把有关资料送到葡驻华大使馆或澳门婚姻登记局,由他们送里斯本总部,婚姻关系即可得到葡国认可。鉴于此种情况,公证处可为上述委托人办理委托书公证,证明委托人在委托书上的签字属实。"第 2 条:"关于可否为澳门原内地居民加入葡籍办理国籍公证事,经商国务院港澳办认为,公证处不予办理。"司法部公证司**《关于在港登记结婚的内地居民申办夫妻关系证明的复函》**(1990 年 8 月 22 日 〔90〕司公字第 122 号):"……经商公安部六局,并征得新华通讯社香港分社同意,内地居民与香港居民在港登记结婚后,需在我公证机关办理夫妻关系证明时,当事人在港的配偶必须持香港婚姻登记处颁发的结婚证书,到我部委托的香港律师处辨别真假,由律师另行出具证明,并将双方照片贴在公证书上,加盖钢印。我公证机关根据香港婚姻登记处颁发的结婚证书和我委托的香港律师出具的公证书,办理夫妻关系证明。请通知所属办理涉外公证的公证处。"民政部、司法部**《关于去台人员与其留在大陆的配偶之间婚姻关系问题处理意见的通知》**(1988 年 4 月 16 日 民〔1988〕民字 14 号,已于 2021 年 4 月 9 日起废止):"……去台人员与其留在大陆的配偶之间的婚姻关系情况比较复杂。发生类婚姻纠纷,当事人要求人民政府解决时,要根据《中华人民共和国婚姻法》规定的原则,结合实际情况,按照下列精神酌情调解解决或依法处理。一、双方分离后,未办离婚、且均未再婚的,承认其婚姻关系存续。二、双方分离后,留在大陆的一方依据法律与去台一方解除了婚姻关系,但双方均未再婚,现双方自愿恢复婚姻关系的，按复婚的有关规定处理。三、双方分离后，去台一方依照台湾有关法律与留在大陆的一方解除了婚姻关系，但双方均未再婚，现双方自愿恢复婚姻关系的，可承认其婚姻关系存续。四、双方分离后，一方或双方再婚后的配偶已离异或死亡，现双方自愿恢复婚姻关系的，应重新办理结婚登记。五、双方分离后，一方或双方再婚后的配偶健在，现双方自愿恢复与原配偶的婚姻关系，应按照一夫一妻制的原则，先与再婚配偶解除婚姻关系，再按结婚的有关规定办理。”司法部公证律师司**《关于为台属去台定居办理有关公证证明事的复函》**（1988年3月9日　〔88〕司公字第24号）：“……关于张益金与其子管政国为申请去台湾定居，申办结婚，出生等公证书事，经与有关部门研究认为，我公证机关可为在大陆台属办理去定居所需公证证明。办理张益金与其夫管启炳结婚证证明时，只要对于他们在大陆结婚的情况调查属实，即可为其出具公证书，不需管启炳提供在台的婚姻状况证明。”公安部**《中国公民因私事往来香港地区或者澳门地区的暂行管理办法》**（1986年12月25日）第7条：“有下列情形之一的，可以申请前往香港、澳门定居：（一）夫妻一方定居香港、澳门，分居多年的；（二）定居香港、澳门的父母年老体弱，必须由内地子女前往照料的；（三）内地无依无靠的老人和儿童须投靠在香港、澳门的直系亲属和近亲属的；（四）定居香港、澳门直系亲属的产业无人继承，必须由内地子女去定居才能继承的；（五）有其他特殊情况必须去定居的。”第10条：“本办法第九条第四项所称的证明是指：（一）夫妻团聚，须提交合法婚姻证明，以及配偶在香港、澳门有永久居住资格的证明；（二）去香港、澳门照顾年老体弱父母或者无依无靠的老人、儿童投靠香港、澳门亲属，须提交与香港、澳门亲属关系及其在香港、澳门有永久居住资格的证明；（三）继承或者处理产业，须提交产业状况和合法继承权的证明；（四）探望在香港、澳门亲属，须提交亲属函件；时间急迫的，应尽可能提交与申请事由相关的说明或者证明；（五）会见台湾亲属或者会见居住国外的亲属，须提交亲属到达香港、澳门日期的确切证明。”民政部**《关于婚姻登记若干问题的解答》**（1986年9月11日　民〔1986〕民29号）第8条：“有的港澳同胞申请同内地公民结婚时，取不到原籍出具的婚姻状况证明或内地两个了解情况的亲友为其出具的无配偶保证，婚姻登记机关如何受理？答：《华侨同国内公民、港澳同胞同内地公民之间办理婚姻登记的几项规定》要求不在原籍登记结婚的港澳同胞还需持有此项证明的目的，是为了全面掌握当事人的婚姻状况。如当事人从小就随父辈去港澳定居或出生在港澳、从未回过内地，申请同内地公民结婚时可免交此项证明。不属这个范围的，按原规定执行。”第10条：“港澳同胞双方原在内地办理过结婚登记，现要求原婚姻登记机关为其办理自愿离婚登记手续，婚姻登记机关是否受理？答：经核查婚姻登记档案，当事人确在该机关办理过结婚登记，现双方确系自愿离婚并对子女抚养和财产处理达成协议的，原婚姻登记机关可以受理。如婚姻登记机关查不到婚姻登记档案,当事人的《结婚证》也已遗失,可着当事人到办理婚姻登记时居住地的户籍管理机关出具其原在该地居住过的户籍证明、当事人双方出具确在该机关办理过结婚登记手续的声明书及由内地两名亲友出具的保证书。当事人的声明书和亲友保证书均须经过当地公证机关的公证。具备上述条件后,婚姻登记机关方可受理。”民政部民政司**《关于香港政务总署出具的〈未婚声明书〉是否有效的复函》**(1986 年 7 月 18 日 〔86〕民民字第 95 号):“……香港政务总署不属于我部一九八三年颁布的《关于华侨同国内公民、港澳同胞同内地公民办理婚姻登记的几项规定》中所规定的出证机构。因此,该机构(包括香港各区政务处)所出具的《未婚声明书》,不具有法律效力。”司法部公证律师司**《关于澳门同胞回内地处理民事法律事务办理证明事的通知》**(1986 年 6 月 25 日 〔86〕司公字第 87 号):“……关于澳门同胞回内地处理民事法律事务需要办理有关证明事,经与有关部门联系,我司认为,可由下列机关出具证明:一、我内地驻澳机构:澳门南光公司、澳门南光(集团)有限公司、澳门南通银行(即将易名为:中国银行澳门分行)等三个机构可为其职工出具有关证明。二、澳门工会联合总会、澳门中华教育会、澳门中华总商会、澳门街访会联合总会等四个社团,可为本社团的工作人员和会员出具有关证明。三、婚姻状况证明可由澳门司法事务室下属的四个民事登记局,即第一、第二、第三及海岛市民事登记局(以地区划分)出具《结婚资格证明书》。这种证明书需申请人提供证人,并经一定的调查,较为可靠。另一种同为上述机构签发的称为《无结婚登记证明书》则较不可靠,它只是证明当事人未曾在某一民事登记局办理过婚姻登记手续,但不证明当事人是否曾在其他登记局作过婚姻登记或已结婚未作登记。四、除上列我驻澳机构、澳门社团及澳葡机关出具的证明可予承认外,其他如澳门建成公司等商业性质机构所发出的证明文件应属无效。”民政部**《关于对持外国护照的中国血统香港居民同我国内地公民结婚问题的批复》**(1986 年 5 月 18 日 民〔1986〕民 18 号):“……经研究,答复如下:一、1984 年 12 月 19 日中英关于香港问题的联合声明中方备忘录明确指出:‘根据中华人民共和国国籍法,所有香港中国同胞,不论其是否持有《英国属土公民护照》,都是中国公民’。因此,凡持《英国属土公民护照》或《英国国民(海外)护照》的香港中国同胞申请同内地公民结婚时,我婚姻登记机关均应按照民政部发布的《华侨同国内公民、港澳同胞同内地公民之间办理婚姻登记的几项规定》(民〔1983〕民 20 号文件)中对香港同胞同内地公民婚姻登记的要求办理。二、凡持《英国本土公民护照》或其他国家护照的长住香港的中国血统外籍人要求同我国内地公民登记结婚的,应按《中国公民同外国人办理婚姻登记的几项规定》(民〔1983〕民 94 号文件)办理。三、关于在港澳出生长大或自幼就移居港澳的同胞回内地申请结婚,因原籍无亲友或原籍不明,无法取得内地亲友为其出具的无配偶保证的问题。同意你厅意见,凡在港澳出生长大或未满十八周岁即移居港澳的港澳同胞，回内地申请与内地公民结婚登记时，可免予出示原籍亲友的保证。”民政部**《关于办理婚姻登记中几个涉外问题处理意见的批复》**（1983年12月9日　民〔1983〕民133号）第1条：“长期居住港澳的外籍华人申请与内地公民结婚的，对持有其国籍所属国证明的，应按照《中国公民同外国人办理婚姻登记的几项规定》办理；对持有港澳有关当局出具的婚姻状况证明的，可参照《华侨同国内公民、港澳同胞同内地公民办理婚姻登记的几项规定》办理。”第2条：“华侨、港澳同胞在申请结婚登记时，须持有在国外和港澳从事的职业或可靠经济来源的证明。但它不是申请结婚登记的主要证明。要这一证明的目的在于了解华侨、港澳同胞在国外是否从事正当职业，以保护国内（内地）公民不受欺骗和出国以后有可靠的经济生活保障。无职业或可靠经济来源证明的，可由婚姻当事人在国内的亲友出具。持有我驻外使、领馆出具或认证的本人无配偶证明，而没有从事职业或可靠经济来源证明，又未发现其他问题的，也可予以办理结婚登记。”

3. 涉华侨婚姻。民政部**《关于印发〈婚姻登记工作规范〉的通知》**（2016年2月1日）第34条：“华侨办理结婚登记应当提交：（一）本人的有效护照；（二）居住国公证机构或者有权机关出具的、经中华人民共和国驻该国使（领）馆认证的本人无配偶以及与对方当事人没有直系血亲和三代以内旁系血亲关系的证明，或者中华人民共和国驻该国使（领）馆出具的本人无配偶以及与对方当事人没有直系血亲和三代以内旁系血亲关系的证明。与中国无外交关系的国家出具的有关证明，应当经与该国及中国均有外交关系的第三国驻该国使（领）馆和中国驻第三国使（领）馆认证，或者经第三国驻华使（领）馆认证。”民政部办公厅**《关于侨居第三国的外国人与中国公民结婚所需证明有关问题的复函》**（1997年6月23日　厅办函〔1997〕167号）：“……侨居美国的马来西亚公民 Kong Voo Liau 申请与我国公民结婚，应要求 Liau 提交其现居住国（美国）公证机关出具，并经居住国外交部或外交部授权机关和中国驻该国使、领馆认证的婚姻状况证明。考虑到当事人移居美国时已成年，因此还应要求其提供由马来西亚公证机关出具，并经马外交部或外交部授权机关和我国驻该国使、领馆认证的移居前的婚姻状况证明；若马驻华使、领馆为其开具在马期间的婚姻状况证明，我亦可接受。”民政部办公厅**《关于地区行政公署的民政部门办理婚姻登记有关问题的复函》**（1996年11月5日　厅办函〔1996〕212号）：“……你省人民政府发布施行的《浙江省婚姻登记管理办法》第二条规定‘申请婚姻登记的一方当事人是外国人、华侨或香港、澳门、台湾地区居民的，办理婚姻登记的机关是省辖市人民政府和地区行政公署的民政部门’。但华侨、港澳同胞同内地公民结婚的，由地区行政公署民政部门办理婚姻登记，不符合《华侨同国内公民、港澳同胞同内地公民之间办理婚姻登记的几项规定》（民

〔1983〕民20号)第一条'华侨同国内公民、港澳同胞同内地公民之间结婚、双方自愿离婚和复婚、凡要求在国内(内地)办理的,男女双方须共同到国内(内地)一方户口所在地的县级以上人民政府婚姻登记机关申请登记'的规定。因为地区行政公署属省人民政府的派出机构,不是一级人民政府,请你们依法妥善处理。"司法部公证司**《关于公证处可以为在我驻外使、领馆登记结婚的我国公民办理结婚公证的通知》**(1995年5月4日 〔95〕司公函019号):"……据我驻米兰总领事馆反映,一些在该馆登记结婚的我国侨民,其在国内的一方配偶为申请出国团聚,持该总领馆出具的结婚证申办结婚公证时,公证处不予办理。为了维护我国侨民侨眷的正当权利,经研究,今后公证处对上述情况应比照外交部领事司《关于自费留学生婚姻的有关问题》〈领认函〔1990〕002号〉〔见《公证规章集成》第314—315页〕第二条的规定办理,即,公证处根据我驻外使领馆出具的结婚证及其他证据,为当事人办理结婚公证书。"民政部、外交部**《关于做好涉外婚姻登记管理工作有关问题的通知》**(1995年2月9日 民事函〔1995〕25号)第1条:"外交部承担的部分涉外婚姻登记管理工作移交民政部主管,主要包括以下几方面:(一)向我驻外使、领馆发送婚姻证书,包括结婚证及结婚登记申请书、离婚证及离婚登记申请书、夫妻关系证明书、解除夫妻关系证明书。(二)处理我驻外使、领馆和外国驻华使、领馆及有关当事人的涉外婚姻的函、电、照会及信件,解答有关婚姻方面的疑问,解决婚姻登记方面出现的问题,提供法律、法规和婚姻登记方面的咨询,核查有关中、外籍人员的婚姻状况。(三)解决我驻外使、领馆及外国驻华使、领馆出具的婚姻方面有关证件中所出现的问题。"第2条:"民政部与外交部联合向驻外使、领馆发送有关涉外婚姻方面的文件规定。有关涉外婚姻具体业务,我驻外使、领馆可直接与民政部联系,并主动汇报有关情况,同时抄报外交部领事司。"司法部公证司**《关于不办理夫妻一方未与他人结婚公证的复函》**(1990年11月5日 〔90〕司公字第173号):"……关于可否为已移居国外的当事人在国内的配偶办理未与他人结婚公证事,经研究同意你处意见,公证处不予办理。如当事人坚持申办公证、公证处可用信函方式答复当事人(修改的信函格式见附件)。"外交部、最高人民法院、民政部、司法部、国务院侨务办公室**《关于驻外使领馆处理华侨婚姻问题的若干规定》**(1983年11月28日 〔83〕部领二字第261号)第1条:"华侨结婚。(一)为了方便华侨在居住国结婚,我们鼓励华侨按居住国的法律在当地办理结婚登记或举行结婚仪式。如当地有关当局为此征求我驻外使领馆的意见,可按以下原则处理:1. 如该婚姻符合我国婚姻法的规定,我可应其要求用口头表示或书面证明:'×××与×××申请结婚,其婚姻的缔结符合中华人民共和国婚姻法关于结婚的规定'。2. 如该婚姻除年龄和禁止近亲通婚的规定外,其他均符合我婚姻法的规定,我也可应其要求,根据情况用口头表示或书面证明:'鉴于×××与×××已在××国定居,如××

国有关当局依照当地法律准许他们结婚,我们不表示异议。'3. 目前有些使领馆应驻在国有关当局的要求,为合乎本条(1)、(2)情况的婚姻出具的证明,虽同上述两种证明的借词不一致,但如它符合我婚姻法的基本精神,并已为驻在国有关当局所接受者,可将所出具证明的格式和案例报外交部领事司转民政部民政司备案后,仍按过去惯用格式办理。4. 如该婚姻违反我婚姻法关于禁止干涉婚姻自由和禁止重婚的规定,我既不能承认该婚姻为有效,也不能为其出具任何证明。5. 华侨与外国人(包括外籍华人)申请结婚登记,我使领馆不受理。如当地有关当局要求我使领馆出具证明时,我可根据情况用口头表示或书面证明:'中国籍人×××与××国籍人×××申请结婚,我们不表示异议'。(二)遇有下列情况之一的结婚申请,我使领馆不宜受理:1. 驻在国法律不承认外国使领馆办理的结婚登记为有效;2. 不符合我婚姻法关于结婚的规定。(三)申请结婚的男女双方均是华侨,且符合我婚姻法的规定者,如驻在国法律允许,双方又坚持要我使领馆为其办理结婚登记的,我使领馆可为其办理结婚登记,并颁发结婚证书。如驻在国有关当局要求,我也可为该证书出具译文,并证明其与原本相符。"第2条:"华侨离婚。(一)鉴于离婚案件比较复杂,我驻外使领馆原则上不受理华侨申请离婚的案件。(二)夫妻一方居住在国外,另一方居住在国内,如双方自愿要求离婚,对抚养子女、赡养父母和处理财产等均无争议的,可按我国婚姻法第二十四条的规定,在国内一方户籍所在地或居所地的婚姻登记机关办理离婚手续。如一方不能到婚姻登记机关申请离婚或双方对离婚有争议,不论那一方提起诉讼,均应向国内一方户籍所在地或居所地的人民法院起诉。如居住在国外的一方已向居住国法院起诉,居住在国内一方可根据情况采取必要的法律步骤。对此,我驻外使领馆应给予必要的协助。(三)夫妻双方均是居住在国外的华侨,他们要求离婚,原则上应向居所地有关机关申请办理离婚手续。如他们原先是在国内办理结婚登记的,现因某种原因,居所地有关机关不受理时,双方可以回国向原结婚登记机关或结婚登记地人民法院申办离婚。如双方因特殊情况不能回国时,当事人可以办理授权委托书,委托国内亲友或律师为代理人代为办理,并向国内原结婚登记机关或结婚登记地人民法院提交书面意见,由该登记机关办理或人民法院审理。委托书和意见书均须经当地公证机关公证,我驻外使领馆认证。上述委托书和意见书也可由我驻外使领馆直接公证。如他们原在我驻外使领馆登记结婚的,申请离婚时,双方无争议的,可向原经办结婚登记的我驻外使领馆办理离婚手续;双方有争议的,则应向出国前最后户籍所在地或居所地的人民法院起诉。如已迁居其他国家仍按以上规定办理,但有关法律文书需经居住国公证机关公证,我驻该国使领馆认证。如已回国定居,其离婚申请则向户籍所在地或居所地的婚姻登记机关或人民法院提出。如他们原是在外国婚姻登记机关办理结婚登记或举行结婚仪式的,他们的离婚案件国内不受理。如他们已回国定居而要求离婚,应向其户籍所在地的婚姻登记机关或人民法院提出。(四)居住在国外的华侨与其配偶(包括居住在国内的中国公民)经居住国法院判决离婚的,如当事人双方对判决无异议,我可不干预。如该判决不违反我婚姻法的基本精神,当事人双方对该判决又无异议,我也可承认它对双方当事人在法律上均有拘束力。如该判决书要在我国内执行,应根据我国民诉法二百零四条的规定进行审查。(五)夫妻双方现均系外籍华人,或一方系华侨另一方现系外籍华人,要求离婚,应向居住国有关机关申请办理离婚手续。我驻外使领馆一般不予受理。如他们原先是在中国或我驻外使领馆办理结婚登记的,现因某种原因,居住国有关机关不受理时,我驻外使领馆可参照处理华侨离婚案件的规定精神予以受理。(六)华侨因离婚受到不公正的对待或不应有的损失时,使领馆为维护华侨的正当权益,应视具体情况,予以关心并采取适当措施。”

【参考类案】

1992年**浙江某离婚纠纷案**,1944年,忻某和曹某结婚。1949年,曹某去台,1957年转美国谋生,并于1991年加入美国国籍。其间夫妻长期分离,但音讯不断。1975年,忻某赴美与曹某团聚,夫妻关系融洽。1984年后,双方每年回国探亲一次,在此期间,在宁波购买商品房。1988年,曹某在宁波结识王某。1989年3月后,曹某王某同居。1990年,忻某回美办理了与忻某的离婚手续。1991年,曹某持美国法院的离婚判决书回中国,未向我国有管辖权的中级人民法院申请承认该判决书的效力,而以该判决书为依据,在宁波市民政局涉外婚姻登记处办理了与王某的“结婚登记”。1991年,忻某向宁波中院起诉离婚,并要求分割夫妻关系存续期间所得共同财产并要求扶养。法院认为:曹某系美籍华人,忻某系中国公民,根据《民法通则》及其司法解释规定,涉外离婚案件适用我国法律。曹某持美国法院离婚判决,未依我国《民事诉讼法》规定,向我国有管辖权的人民法院申请承认,该判决书在我国不具有法律效力。曹某持在我国无法律效力的判决为依据,在宁波市民政局涉外婚姻登记处与王某“登记结婚”的行为,应视为无效。忻某、曹某仍为合法夫妻关系。现忻某向我国法院提起离婚诉讼,并请求分割夫妻共同财产和要求扶养,应根据我国有关法律,以及夫妻之间权利、义务平等原则,依法保护忻某合法权益。根据我国法律规定:人民法院审理离婚案件,应当进行调解,如感情确已破裂,调解无效,应准予离婚。曹某不珍惜多年的夫妻感情,抛弃了患难与共且年老有残疾的妻子,断绝对忻某的生活扶养,致使夫妻感情破裂,过错在曹某。本案审理中忻某一再表示愿意夫妻和好,但曹某坚持不愿和好,离婚态度坚决,夫妻感情确已破裂,应准予离婚。本案可以认定的夫妻共同财产,为双方共同承认并有证据证实的美金以及在国内的房产。在具体处理时应适当考虑保护无过错一方的合法权益。忻某、曹某之间互有扶养义务。本案曹某每月可向美国政府社会福利局领取固定的养老金,而忻某没有固定收入,且身有残疾。根据我国法律规定,一方不履行扶养义务时,需要扶养的一方有要求对方付给扶养费的权利。本案曹某有经济能力,应对忻某负扶养责任。在查明事实,分清是非的基础上,法院依法进行调解,双方达成自愿离婚并就相关财产分割达成一致的协议。

【典型类案实务要点】

1.**【民政部门为涉外婚姻颁证后,无权再自行确认无效】**不具有级别管辖权的婚姻登记机关为符合离婚实质要件的涉外婚姻当事人进行离婚登记,其后又以无管辖权为由,以自行纠正方式确认离婚登记行为无效,对于该自行纠正的行政行为,法院不予支持。

2.**【涉外离婚判决未经我国法院承认,在我国再婚无效】**涉外离婚判决未经我国有管辖权的人民法院承认,该判决在我国没有法律效力,一方当事人在我国的再婚行为应为无效。

【类案裁判一般规则】

不具有级别管辖权的婚姻登记机关为符合离婚实质要件的涉外婚姻当事人进行离婚登记,其后不得再以无管辖权为由,以自行纠正方式确认离婚登记行为无效。

【典型参考案例索引】

主旨案例:江苏高院(2018)苏行终1715号"梁某与某民政局行政诉讼案",见《梁超启诉徐州市云龙区民政局离婚登记行政确认案》,载《江苏省高级人民法院公报·案例》(201906/66:42)。**其他案例:**浙江宁波中院宁市中法(1991)民初字第2号"忻清菊诉曹信宝离婚案",见《忻某诉曹某离婚案》(19921016)。

二、婚姻关系

11. 恋人间财产与侵权案

——恋人间纠纷，法律怎定性？

【恋爱关系】

【案情简介及争议焦点】

2010年4月，谭某出资为恋人刘某购车。同年10月，刘某将名下车辆交给谭某，后两人分手。2012年，刘某起诉谭某，要求返还车辆。

争议焦点：1. 案涉车辆所有权归属？2. 刘某是否仍享有案涉车辆所有权？

【裁判要点】

1. 车辆所有权归属刘某。物权取得和行使，应遵守法律，尊重社会公德，不得损害公共利益和他人合法权益。本案中，双方产生诉讼纠纷，系基于双方原有特殊关系。在双方原有恋爱关系存续期间，谭某出资为刘某购买车辆，并登记于刘某名下，且交付刘某使用，亦未附加任何条件，双方既已形成赠与法律关系，刘某因此取得车辆所有权。谭某所称双方为“借名买车”法律关系，既无书面合同约定，亦无双方事实上共认，故其主张的法律关系不能成立。

2. 车辆所有权并未转移。《物权法》规定：动产物权的设立和转让，自交付时发生效力，但法律另有规定的除外。该规定中“交付”，须基于权利人意思。如权利人无使受让人取得某动产权利意思，即使受让人占有该动产的，亦不构成现实交付。具体到本案中，刘某将车辆交付谭某行为，必须出于其主观意思表示，愿意将车辆返还谭某，才能构成所有权转移。谭某为证实刘某系自愿返还车辆，提交了双方往来短信。根据短信内容显示，刘某确有放弃车辆所有权意思表示，但同时附加了要求谭某支付对价的意思表示。双方就此未达成共识，故刘某起诉。即刘某将车辆交付谭某行为并非无偿转移所有权意思表示。判决谭某返还刘某车辆。

【裁判依据或参考】

1. 法律规定。《民法典》(2021年1月1日)第1041条：“婚姻家庭受国家保护。实行婚姻自由、一夫一妻、男女平等的婚姻制度。保护妇女、未成年人、老年人、残疾人的合法权益。”第1042条：“禁止包办、买卖婚姻和其他干涉婚姻自由的行为。禁止借婚姻索取财物。禁止重婚。禁止有配偶者与他人同居。禁止家庭暴力。禁止家庭成员间的虐待和遗弃。”第1049条:“要求结婚的男女双方应当亲自到婚姻登记机关申请结婚登记。符合本法规定的,予以登记,发给结婚证。完成结婚登记,即确立婚姻关系。未办理结婚登记的,应当补办登记。”第1050条:“登记结婚后,按照男女双方约定,女方可以成为男方家庭的成员,男方可以成为女方家庭的成员。”第1083条:“离婚后,男女双方自愿恢复婚姻关系的,应当到婚姻登记机关重新进行结婚登记。”

2. 行政法规。《婚姻登记条例》(2003年10月1日)第4条:“内地居民结婚,男女双方应当共同到一方当事人常住户口所在地的婚姻登记机关办理结婚登记。中国公民同外国人在中国内地结婚的,内地居民同香港居民、澳门居民、台湾居民、华侨在中国内地结婚的,男女双方应当共同到内地居民常住户口所在地的婚姻登记机关办理结婚登记。”第7条:“婚姻登记机关应当对结婚登记当事人出具的证件、证明材料进行审查并询问相关情况。对当事人符合结婚条件的,应当当场予以登记,发给结婚证;对当事人不符合结婚条件不予登记的,应当向当事人说明理由。”

3. 最高人民法院司法解释及其他司法性文件/解读文章。最高人民法院吴晓芳法官**《关于婚姻家庭纠纷审理热点难点问答》**〔载《民事法律文件解读》2011年第11辑(总第83辑)〕第3条:“双方恋爱期间共同出资买房,产权登记在双方名下,分手后都想自己取得房屋的产权,该如何处理?答:从审判实践来看,恋爱期间购置房屋的纠纷,一般呈现的特点是:(1)双方事先及事后对一旦婚恋不成所购房屋如何处理并无约定。(2)产权证上记载的权利人或预登记的权利人一般为男女双方,而实际房款(含贷款)大多数由一方全额支付。(3)涉讼时房屋市场价格较购房时均有不同程度上升,双方都想自己取得房屋产权。(4)因房价上涨导致的房屋增值部分的归属成为双方争执焦点。对于恋爱期间为了结婚而共同购房,产权登记为双方共有的情形,如果没有按份共有的特别约定,一般认定为共同共有。双方终止恋爱关系后分割共有财产,符合《物权法》关于‘共同共有人在共有的基础丧失或者有重大理由需要分割时可以请求分割’的情形。根据最高人民法院‘同居生活期间双方共同所得的收入和购置的财产,按一般共有财产处理’的规定,一方取得房屋当予退还另一方在此期间的出资,又由于两人在购置房屋时以共同组建家庭为目的,双方均未提供所购房屋的产权份额有过约定的证据,故在共同取得房屋产权登记后,因市场因素房屋价值获得增值,该增值部分的财产当依照共同共有的原则予以处理。”最高人民法院**《印发〈关于贯彻宽严相济刑事政策的若干意见〉的通知》**(2010年2月8日　法发〔2010〕9号)第22条:“对于因恋爱、婚姻、家庭、邻里纠纷等民间矛盾激化引发的犯罪,因劳动纠纷、管理失当等原因引发、犯罪动机不属恶劣的犯罪,因被害方过错或者基于义愤引发的或者具有防卫因素的突发性犯罪,应酌情从宽处罚。”第23条:“被告人案发后对被害人积极进行赔偿,并认罪、悔罪的,依法可以作为酌定量刑情节予以考虑。因婚姻家庭等民间纠纷激化引发的犯罪,被害人及其家属对被告人表示谅解的,应当作为酌定量刑情节予以考虑。犯罪情节轻微,取得被害人谅解的,可以依法从宽处理,不需判处刑罚的,可以免予刑事处罚。”最高人民法院**《关于非婚生子抚养问题的复函》**(1980年5月26日):“……据报送材料和卷宗所载,王桂芳之子郭才生前与高玉兰恋爱过程中致高怀孕,高于1979年1月23日生一男孩后即及时送给事先找妥的收养人徐金柱抚养,后王桂芳以‘留后代’为由要求抚养,虽经喜桂图旗人民法院及呼伦贝尔盟中级人民法院判决归王桂芳抚养,但因生母高玉兰与收养人徐家均不同意,执行不通,而你院拟改变原判决。经我们研究,认为根据婚姻法规定精神,处理这类案件,应以保障儿童身心健康成长为出发点,从该案实际情况看,收养人徐金柱夫妇未生育子女,对所争之男孩从出生到现在已抚养一年多了,又有较好的抚养条件,有利于儿童的成长,应该承认此抚养关系和予以保护。至于王桂芳虽与此男孩有血缘关系,但孩子生父已死,生母为孩子利益着想,有权决定送人抚养,况且王桂芳家抚养条件不利于孩子身心健康成长。因此,我们同意你院的处理意见,即改判由收养人徐金柱继续抚养为宜。对王桂芳之诉讼请求,不予支持,应说服其息诉。”

4. 地方司法性文件。江苏高院**《家事纠纷案件审理指南(婚姻家庭部分)》**(2019年7月18日)第9条:“因恋爱、同居产生的情感债务应当如何处理?婚外情所涉赠与应当如何处理?赠与行为的效力应当如何认定?赠与财物应当如何返还?一方以恋爱、同居为由主张另一方支付‘青春损失费’‘分手费’的,不予支持。但女方在恋爱、同居期间因怀孕中止妊娠主张男方分担医疗费、营养费等合理费用的,可以支持。有配偶者赠与或者约定赠与第三者财物,赠与后反悔主张返还或者第三者主张履行赠与的,不予支持。但配偶一方以赠与夫妻共同财产的行为侵犯其夫妻共同财产权为由主张返还的,可以支持。配偶一方主张赠与行为无效并主张返还赠与财物的,应当认定赠与行为全部无效而非部分无效,赠与财物应当全部返还。赠与行为被认定无效后返还的赠与财物应为赠与当时的标的物,如果赠与的是房屋、车辆等实物,应当返还实物。如果实物因灭失、转让等原因导致无法返还的,可以参照实物灭失、转让时的市场价格或者转让对价折价补偿。”上海高院**《关于恋爱期间购房处理等婚姻家庭案件若干争议问题指导意见》**(2016年民一庭调研与参考〔2016〕3号)第1条:“恋爱期间购房的处理。恋爱期间以结婚为目的购房,一方支付全部首付款,房屋产权登记在另一方名下,并以另一方名义办理贷款。后双方未结婚即分手,如何分割该房屋?倾向意见认为,根据案件查明事实,可以确认尽管产权登记在一方名下,但恋爱双方有以结婚为目的的共同购房的意思表示的,宜认定为共同财产,并根据双方的贡献大小对房产进行分割。”广东深圳中院**《关于婚姻家庭纠纷案件的裁判指引(2014修订)》**(2014年5月21日)第17条:“双方同居或恋爱期间,一方以结婚为目的赠与另一方较大数额财物,分手后请求另一方返还赠与财物的,人民法院应予支持。说明:第十七条是对同居期间以结婚为目的赠与大额财物能够请求返还问题的裁判指引。一方以结婚为目的在婚前给付对方大额财物应定性为附条件赠与行为,如果条件不成就或者条件消失,给付方可请求返还。大陆法系的法国、德国、瑞典等国的民法典均对此有类似规定。最高人民法院吴晓芳法官在《婚姻家庭纠纷审理热点、难点问答》一文中亦持该观点,载于民事法律文件解读2011年第11辑第44页。”第18条:“双方恋爱期间一方个人出资买房,产权登记在出资一方名下,双方恋爱关系终止后另一方要求分割上述房产时,人民法院不予支持。说明:第十八条是对恋爱期间一方出资买房,恋爱关系终止后如何处理问题的裁判指引。恋爱关系与婚姻关系有所不同。在夫妻关系存续期间取得的财产原则上为夫妻共同财产,但在恋爱期间一方购买的房产登记在该方名下,应当认定为该方的个人财产。”第19条:“双方恋爱期间共同出资买房,产权登记在一方或者双方名下的,双方恋爱关系终止后要求分割上述房产时,人民法院应当按照照顾妇女、儿童权益的原则、考虑有关房屋的产权登记情况以及双方实际出资情况,妥善分割。说明:第十九条是对恋爱期间双方共同出资买房,恋爱关系终止后如何处理问题的裁判指引。《最高人民法院关于人民法院审理未办结婚登记而以夫妻名义同居生活案件的若干意见》第八条规定,人民法院审理非法同居关系的案件,如涉及非婚生子女抚养和财产分割问题,应一并予以解决。具体分割财产时,应照顾妇女、儿童的利益,考虑财产的实际情况和双方的过错程度,妥善分割。此种情形于上述规定相类似,在考虑财产实际情况时可以房屋产权登记情况为主结合双方实际出资情况妥当处理。”安徽滁州中院**《关于审理婚姻家庭纠纷案件座谈会纪要》**(2013年8月2日)第29条:“下列物品或费用不属于彩礼:(1)恋爱期间南方赠予女方的小额物品。小额物品的认定可根据当地的经济状况、当事人的经济能力等条件综合判断;(2)筹办婚礼的宴请费用;(3)男方给女方购买服装的费用;(4)按照习俗,男方给付女方的‘过桥礼’、‘梳妆礼’等(数额较大的除外);(5)男方给付女方亲戚的‘见面礼’等。”江苏高院**《婚姻家庭案件审理指南(2010年)》**(2010年5月18日)第2章:“……(一)对于彩礼的认定。要解决彩礼返还问题,首先需认定何谓彩礼。男女恋爱期间互赠财物表情达意实属人之常情。这种表达感情的物质载体并非一概为彩礼,因此男女互赠信物一旦赠与行为已经完成,是否返还完全由双方决定。而彩礼则不然,法律规定了返还原则。基于二者法律后果上的不同,需对何谓彩礼进行判断。对此,法律缺乏明确规定,但从实际情况出发,可从以下几个方面进行考量:1. 当地是否有给付彩礼的习俗。有给付彩礼习俗的，是认定彩礼的前提。如果当地没有给付彩礼的风俗习惯，男方婚前给付一般不宜认定为彩礼。2. 给付财物价值大小多少的考量。彩礼一般为数额较大的金钱或者价值较高的财物。数额是否较大需从当地经济状况出发进行认定。我省某些地区经过调研，根据当地的城镇居民人均可支配收入及农民人均纯收入情况确定礼金或礼物价值在2000元以上则认定为彩礼，这一做法值得肯定。当然随着当地经济发展，这一数字应相对确定，适时仍可调整……”江西高院**《关于审理婚姻家庭纠纷案件适用法律若干问题的解答》**（2008年10月10日）第16条：“恋爱期间赠与对方的财物可否要求返还？恋爱期间为表达感情而馈赠对方的小额财物，属赠与关系，不在彩礼之列，不得请求返还。小额的认定可根据当地的经济状况、当事人的经济能力等条件综合判断。”甘肃定西中院**《关于审理婚姻家庭案返还彩礼问题的若干意见（试行）》**（2008年9月24日）第1条：“彩礼是指基于婚约、按照当地风俗习惯、一方应另一方要求、经中间人（媒人）说和或双方当事人认可的一方给付另一方的财物，既包括一定数量的金钱，也包括各种物品。恋爱中一方赠与另一方的财物不属彩礼（一般表现为未经中间人认可），但另一方当事人认可为彩礼的除外。包办买卖婚姻、借婚姻索取的财物不属彩礼。”河南周口中院**《关于审理涉及婚约彩礼纠纷案件的指导意见（试行）》**（2008年1月1日）第2条：“男女双方在自由恋爱的过程中，完全出于自愿向另一方给付的财物，应认定为一般赠与行为，给付人要求对方返还的，不予支持。”上海高院**《关于审理分家析产案件若干问题的意见》**（2007年9月20日　沪高法民一〔2007〕20号）第5条：“恋爱期间共同购房，一方未出资但产权登记为两人共有，析产分割的处理。从不动产登记的角度分析，房屋已经确定为恋爱双方共有。双方终止恋爱关系后分割共有财产，符合重大理由需要分割的情形。共有关系终止时，对共有财产的分割，有协议的按协议处理；没有协议的，应当考虑共有人对共有财产的贡献大小，适当照顾共有人生产、生活的实际需要等情况，合理确定未出资方的份额，一般以10%到30%的份额为宜。”

【参考类案】

①2013年**上海某共有纠纷案**，2001年，程某与宋某恋爱同居。2003年，双方通过共同或家人帮忙首付方式按揭购买两套房屋。2004年，双方终止恋爱关系。关于房产分割引发纠纷。法院认为：共同共有人在共有基础丧失或有重大理由需分割时可请求分割。程某、宋某原系恋爱关系，在恋爱同居期间共同购买了两套房屋，现双方恋爱关系已终止，故两套房屋共有基础已不存在，两人要求分割，于法有据，可予准许。依《物权法》规定，按份共有人对共有物权未约定份额或约定不明确的，应严格按出资比例进行分割，不能确定出资额的则视为等额出资。而共同共有

人对共有物权分割应以等分为原则,并考虑共有人对共有财产贡献等其他因素。《物权法》生效前形成的共有关系,其共有性质不明时应适用最高人民法院《关于贯彻执行〈中华人民共和国民法通则〉若干问题的意见(试行)》第 88 条规定推定为共同共有;《物权法》生效后形成的共有关系,其共有性质不明时,应适用《物权法》第 103 条规定推定为按份共有,除共有人具有家庭关系等除外。本案中,鉴于双方对各自所占份额并无明确约定,两套房屋价值相差不大,为便于双方各自生活,房屋分割以一人一套为妥。法院结合双方当事人对两套房屋出资情况(其中程某出资较多)、实际居住状况和房屋现状等因素综合考量,将面积较大房屋判归程某所有,并由程某承担该房屋项下全部贷款;将面积较小且有较大部分贷款房屋判归宋某所有,并由宋某承担该房屋项下全部贷款。

②2012 年**河南某人身损害赔偿纠纷案**,2009 年,高某与刘某因婚外情相约自杀。刘某喝完药后,感到后悔即给宾馆服务台打电话,二人被送往医院抢救,高某抢救无效死亡,刘某脱离危险。公安局侦查后作出不予立案通知书。高某近亲属诉请刘某赔偿损失。法院认为:刘某与高某长期有婚外情,由于双方未能按正常人准则行事,在生活中难免会感到处处不能如意,以至于对生活产生绝望心态,在此心态支配下,双方选择离开人世,并共同实施了结束生命的一系列行为。二人相继喝下农药后,刘某出于求生本能而打电话求救,高某因抢救无效不幸死亡,刘某脱险,这不仅表明刘某与高某一同求死的意愿与行为,亦表现出挽救高某的意愿与行为,故刘某对高某死亡无过错。高某作为完全民事行为能力人,对喝农药致死结果及如何终止自杀行为应有足够清楚认识,高某死亡系其自己放弃生命权结果。然而,高某死亡与刘某是有牵连的,刘某应承担行为牵连补偿责任,故脱险后的刘某对高某近亲属应承担一定数额的补偿责任。判决刘某补偿高某近亲属经济损失 1 万元。

③2012 年**江苏某损害赔偿纠纷案**,2011 年,王某经彭某介绍与刘某恋爱。后刘某提出分手,王某与彭某晚上喝啤酒、在 KTV 待一段时间后,骑自行车回家途中,王某突然跳河自杀死亡。王某父母起诉刘某、彭某赔偿。法院认为:公民的生命健康权受法律保护。王某经彭某介绍与刘某相识恋爱,后刘某因个人原因逐渐疏远王某,致王某情绪低落。王某作为一个完全民事行为能力人,选择极端方式结束自己生命,虽令人惋惜,但造成死亡后果应由其本人承担。恋人在恋爱期间有相互选择保持或终止恋爱关系的权利,本案中,刘某欲终止与王某恋爱关系,并不违反法律规定。根据现有证据,刘某在王某自杀前无不适当语言和行为刺激过王某,亦无证据证明刘某事先知道王某要自杀,王某跳河自杀系突发事件,刘某在无法预知情况下,不能避免悲剧发生,故刘某与王某跳河身亡损害后果之间无因果关系。彭某在王某失恋后,得知其情绪低落,立即前去劝慰,并陪同其用餐和散心,虽在用

餐过程中，两人共同饮了3瓶多啤酒，但彭某陪王某饮酒初衷是安抚、宣泄其情绪。从监控录像上看，王某于当晚离开时步伐稳健，并无醉态，且两人在吃完饭后到KTV待了一段时间后才骑车回家，距王某跳河自杀也间隔约1小时。彭某陪王某回家途中，王某突然要求停车，并径直翻坐到桥西侧栏杆上，彭某见此已奋力相救，但最终因力量不支而未能救助成功。作为年仅19岁的彭某，在面对王某跳河自尽这一突发事件时，已尽到了应尽义务，故彭某对王某死亡也不存在过错。刘某、彭某对王某死亡主观上没有过错，客观上亦未实施侵权行为，故不应承担民事赔偿责任。但王某毕竟是因与刘某恋爱过程中感情受挫而选择结束自己生命，给王某父母造成了极大精神创伤，酌情判决由刘某补偿王某父母2万元。

④2011年**新疆某侵权纠纷案**，2010年，于某与谢某恋爱期间，因自愿性行为，嗣后导致于某左侧输卵管妊娠，从而造成于某左侧输卵管切除和10级伤残后果。2011年，于某诉请谢某赔偿。法院认为：构成侵权须具备行为的违法性、行为人主观上有过错、损害事实，以及违法行为与损害事实之间具有因果关系四个要件。本案中，于某与谢某系完全民事行为能力人，双方在恋爱期间自愿发生性行为，虽在社会上不予提倡，但又并非我国法律所明确禁止，故谢某行为不构成侵权。谢某行为虽不构成侵权，但双方发生性行为之后，导致于某伤残后果。从公平原则出发，谢某应对于某伤残后果给予适当补偿。判决谢某补偿于某1.2万余元。

⑤2011年**黑龙江某返还原物纠纷案**，2010年，王某与李某恋爱期间，李某出资13万余元购车并将该车登记在王某名下。2011年，王某诉请李某返还该车。法院认为：依《道路交通安全法》及《机动车登记管理办法》规定，机动车登记目的是便于行政管理及车辆管理。据此，机动车登记不具有物权法上的公示公信力，登记车主并非物权法上车辆所有人，如主张权利人有证据证明由其实际出资，则权属应归属实际出资人。本案中李某提供的证据能充分证实车辆实际出资人为自己，还款亦由其向债权人还款，且该车一直由李某使用，故李某应为车辆实际所有权人，王某只是车辆登记名义人；王某主张该车辆为其所有，但未能提供充分证据证实车辆由其出资，故对其要求李某返还车辆的主张不予支持。判决驳回王某诉请。

⑥2010年**四川某人身损害赔偿纠纷案**，2007年，郑某与肖某同居期间，两次人工流产，第三次怀孕被确诊为宫外孕。2010年，郑某经手术切除右侧输卵管，后法医鉴定构成8级伤残。郑某与肖某分手后，诉请肖某赔偿。法院认为：郑某与肖某同居期间，多次怀孕并人工流产，是双方避孕不当的结果。但双方性行为并不必然导致郑某怀孕，即使致孕亦并不必然导致郑某宫外孕。从医学角度来说，是否出现宫外孕结果，与受孕女性自身特殊生理结构有必然关系，且因输卵管狭部妊娠造成输卵管切除的概率极小。肖某与郑某发生性行为时，导致郑某右输卵管狭部妊娠

的后果是肖某不应当亦不可能预见的,故肖某对郑某损害后果发生没有主观上的过错,不构成侵权。鉴于郑某右输卵管切除,属八级伤残,后果较为严重,由其独自承担损害后果显失公平。依照公平原则,根据实际情况,决定由双方分担损失,酌定判决肖某承担郑某50%损失即4.7万余元。

⑦2006年**北京某婚约财产纠纷案**,2006年,杨某与女友萧某恋爱期间以萧某名义购房,分手后杨某主张返还投资款29万余元,并提供了银行卡对账单及所提交的购买装修材料、家具票据。萧某称该款系杨某从自己恋爱期间交对方保管的开办公司的款项中支出的。法院认为:双方分手时,应本着诚实信用原则,将恋爱期间共同购置的财产,按其投入份额,本着互谅精神合理分割。现杨某以其提交的银行信用卡对账单及所提交的购买装修材料、家具票据,证明其在与萧某购买涉案楼房所投入的资金数额,该证据有效,在双方分手后,萧某理应如数返还。关于萧某所述其与杨某恋爱期间给付对方款项一节,因未提供证据,不予采信,故判决楼房归萧某所有,萧某返还杨某购房款。

⑧2004年**广东某损害赔偿纠纷案**,张某欲办理与妻子赵某的离婚手续后与李某结婚,因已有两子女,计生部门要求张某实施绝育手术后才能开具计划生育证明文件,因张某不同意手术,离婚未成。李某为与张某结婚,征得张某同意后做了绝育手术,但张某在与李某领取结婚证前后悔。李某以其丧失生育功能、构成5级伤残为由,诉请张某赔偿。法院认为:过错责任原则主要以当事人主观过错为考虑基点,在加害人无主观过错情况下,加害人不负赔偿责任。无过错责任原则虽能弥补过错责任原则这一空白,在加害人无过错情况下,亦能令其承担赔偿责任,但无过错责任原则只限于特定领域,且如加害人无主观过错,又具有免责事由,同样不能使无辜当事人得到补偿,使案件审理显失公平。本案女方基于对婚姻的期待而做绝育手术,已成客观事实。就男方不同意结婚而言,不能作出男方有过错的判断,应依公平责任原则规定,当事人对造成损害均无过错的,可根据实际情况,由当事人分担民事责任,判决由张某对李某予以适当补偿。

⑨2003年**上海某婚介服务合同纠纷案**,2000年,杨某交纳费用成为婚介所金卡会员。2002年,婚介所将持假身份证与学历证件的朱某介绍给杨某认识,导致杨某被朱某及其同伙杀害并劫走财物。2003年,杨某父母诉请婚介所赔偿。法院认为:婚介所作为特殊行业在从事婚姻介绍服务活动时,其服务规范应遵守有关行业规定。依《上海市婚姻介绍机构管理办法》规定及法院向有关部门了解,征婚当事人到婚姻介绍机构登记征婚时,应提供本人身份、职业、学历证明并留下证件复印件。本案婚介所在接受朱某征婚登记时,未要求其留下有关证件复印件,违反了行政管理规定的义务。对于婚介所称其对罪犯提供的证件作了形式核实,已尽自己履行一般注意义务的辩解意见,因婚介所未提供证据证实,故法院不予采信。婚

介所在履行与杨某的婚介服务合同时，存在瑕疵，婚介所应承担相应违约责任，返还杨某生前已支付的服务费。由于杨某死亡的直接原因是犯罪人的犯罪行为，婚介所违约行为与杨某死亡无因果关系，且婚介所对杨某死亡事件发生亦无过错，故对于原告要求婚介所赔偿因杨某死亡而发生的死亡赔偿金、丧葬费、交通费、行李托运费诉请，不予支持。根据违约赔偿原则，对原告要求婚介所赔偿精神损失费的诉请亦不予支持。对于婚介所自愿给予原告一定补偿，与法不悖，可予准许。判决婚介所返还原告服务费720元，婚介所补偿原告1万元。

⑩2002年**浙江某经济补偿纠纷案**，2000年，俞某与陶某恋爱并按农村习俗举行了婚礼。2002年，俞某怀孕，双方终止恋爱关系。俞某诉请陶某支付引产费用及误工、营养费和精神抚慰金1万元。法院认为：双方未经结婚登记而发生性行为，并非法律所禁止行为。双方由于实施了该行为而致俞某怀孕，双方主观上不存在过错，行为又不具有违法性，故陶某行为不构成侵权。当然，案涉行为亦绝非法律所倡导行为，虽双方实施这一行为不构成对任何一方侵权，但本案中作为女性的俞某，因非正常怀孕而遭受精神上痛苦及为终止妊娠造成肉体上痛苦和经济上损失，对此，陶某作为行为一方，应给予适当经济补偿。俞某为终止妊娠虽花费1500余元医疗费及相应误工费，但俞某因怀孕而带来的诸多不便及痛苦，难以用金钱计算，故陶某在经济上可适当多予补偿，判决陶某补偿俞某2000元。

⑪1999年**福建某财产纠纷案**，1996年，梁某与刘某恋爱。1997年，二人共同居住使用刘某母亲朱某名下房屋，梁某出资1.8万余元装修。1998年，二人终止恋爱关系。1999年，梁某诉请刘某、朱某返还其装修款。法院认为：梁某以结婚后使用房屋为目的，而出资对朱某所有房屋进行装修，其出资价值已附着于该房屋之上，形成了附合情形的添附现象，该房屋因此形态发生变化，增加了新的经济价值。出于合理处分、避免浪费考虑，朱某作为不动产所有权人，取得了梁某出资装修部分的所有权。由于朱某取得该项利益并无合法根据，且与梁某利益遭受损失具有因果关系，故梁某与朱某之间形成不当得利之债，梁某有权要求朱某返还其所得利益。刘某因只享有该房屋使用权能，并未取得装修部分所有权，故梁某要求其共同承担返还义务，于法无据。判决朱某返还梁某装修出资款1.8万余元。

【典型类案实务要点】

1.**【恋爱期间一方出资为对方购车并办过户，构成赠与】**恋爱期间一方出资为对方购买车辆，并办理登记且交付使用应构成赠与，在未有证据证明双方有变动车辆所有权合意情况下，对方将车辆交回行为不构成所有权转移。

2.**【恋爱同居期间共同购买房屋，恋爱终止时分割原则】**共有性质不明时，共有关系形成于《物权法》生效前的,应适用最高人民法院《关于贯彻执行〈中华人民共和国民法通则〉若干问题的意见(试行)》第88条规定推定为共同共有,之后应推定为按份共有,除共有人具有家庭关系等除外。

3.【**相约殉情自杀中,未遂者应承担行为牵连补偿责任**】相约殉情自杀中,一方死亡,被认定为自杀,自杀未遂者虽无过错,亦因行为牵连而应补偿对方近亲属经济损失。

4.【**恋人性行为导致一方伤残,非侵权,但应适当补偿**】男女双方恋爱期间自愿发生性行为,嗣后导致女方伤残,男方行为虽不构成侵权,但应依公平原则给予女方适当补偿。

5.【**机动车登记车主并非当然即为物权法上车辆所有人**】机动车登记不具有物权法上的公示公信力,登记车主并非物权法上车辆所有人,如主张权利人有证据证明由其实际出资,则权属应归属实际出资人。

6.【**女友宫外孕致残,男方无过错,亦应公平分担损失**】男女恋爱同居期间发生性行为,导致女方宫外孕致残的,男方对损害后果发生虽无主观上过错,亦应依公平原则分担女方损失。

7.【**恋爱中赠与房产,属附条件赠与,分手应酌情返还**】恋爱过程中一方向另一方赠与财产价值较高,虽双方无书面婚约,但亦应视为以能否共同生活为条件的附条件赠与,在双方分手时,应酌情返还。

8.【**为结婚实施绝育手术,损害赔偿适用公平责任原则**】当事人一方为结婚目的实施绝育手术,在对方不同意结婚情况下,可基于公平原则,由对方对受损害方适当补偿。

9.【**婚介所审核不严违约,但与受害人死亡无因果关系**】婚介所审核征婚登记信息存在瑕疵,但该违约行为与受害人死亡无因果关系的,对受害人人身损害后果不应承担赔偿责任。

10.【**女方因非正常怀孕及终止妊娠,男方应予适当补偿**】男女双方未经结婚登记而发生性行为,女方因非正常怀孕及为终止妊娠造成肉体上痛苦和经济上损失,男方应给予适当补偿。

11.【**因恋爱而装修对方房屋,分手后对方应返还装修款**】出于婚后使用一方房屋动机而进行装修形成附合情形的添附,在恋爱关系终止后,接受添附一方应返还相应装修出资款。

【类案裁判一般规则】

双方恋爱期间,一方以结婚为目的赠与另一方较大数额财物,分手后请求另一方返还赠与财物的,法院应予支持。如涉及非婚生子女抚养和财产分割问题,应一并予以解决。具体分割财产时，应照顾妇女、儿童利益，考虑财产产权登记情况为主，结合双方实际出资情况和双方过错程度，妥善分割。

【典型参考案例索引】

主旨案例：北京一中院（2013）一中民终字第06415号“刘某与谭某返还原物纠纷案”，见《刘爽诉谭天硕返还原物纠纷案（非婚赠与、物权变动）》（杨佳林），载《中国审判案例要览》（2014民：5）。**其他案例：**①上海二中院（2013）沪二中民二（民）终字第248号“程某与宋某共有纠纷上诉案”，见《共有性质的推定应适用共有关系形成时的法律》（王坚、荣学磊、黄文旭），载《人民司法·案例》（201314：29）。②河南洛阳中院（2012）洛民终字第2208号“高某等与刘某人身损害赔偿纠纷案”，见《相约殉情自杀中的补偿责任——河南洛阳中院判决高廷光等诉刘达人身损害赔偿纠纷案》（刘晓东、马帅），载《人民法院报·案例指导》（20121122：06）。③江苏淮安青浦区法院（2012）浦民初字第0963号“王某与彭某等损害赔偿纠纷案”，见《王家林、张龙英诉王留建、彭慧因女儿失恋自杀人身损害赔偿纠纷案》，载《江苏省高级人民法院公报》（201303/27：68）。④新疆生产建设兵团农四师中院（2011）农四民终字第50号“于某与谢某侵权纠纷案”，见《于登云诉谢晓磊健康权、身体权案》（王成军），载《中国审判案例要览》（2012民：326）。⑤黑龙江依安法院（2011）依民初字第501号“王某与李某返还原物案”，见《王丽梅诉李焓返还原物案》（陈岩、徐冬华），载《中国审判案例要览》（2012民：394）。⑥四川成都中院（2010）成民终字第3666号“郑某与肖某人身损害赔偿纠纷案”，见《郑兰诉肖平人身损害赔偿案（损失分担）》（张顺强），载《中国审判案例要览》（2011民：292）。⑦北京密云法院（2006）密民初字第5375号“杨某诉萧某婚约财产纠纷案”，见《杨波诉萧晴婚约财产纠纷案（婚约财产纠纷）》（宿杭），载《中国审判案例要览》（2007民：467）。⑧见《因履行“婚约”而实施绝育手术后损害赔偿责任的归责原则》（谢阿桑，广东佛山南海区法院），载《民事审判指导与参考·判解研究》（200404/20：116）。⑨上海卢湾区法院（2003）卢民一（民）初字第73号“杨某与某婚介所服务合同纠纷案”，见《杨昌成等诉上海瑞缘婚姻介绍所服务合同案（居间合同）》（金卫兵），载《中国审判案例要览》（2004民：166）。⑩浙江诸暨法院（2002）诸民初字第3234号“俞某与陶某经济补偿纠纷案”，见《俞敏莉诉俞涛经济补偿案（证明责任）》（陈纯），载《中国审判案例要览》（2003民：554）。⑪福建三明三元区法院1999年12月28日“梁某与朱某财产纠纷案”，见《梁丽青因终止恋爱关系诉朱佳英等返还其为一结婚后使用的房屋装修出资款案》（廖春、白威），载《人民法院案例选》（200003/33：91）。

12. 同居财产与侵权纠纷

——同居引纠纷,财产如何分?

【同居关系】

【案情简介及争议焦点】

2002年5月,徐某开始与郭某同居,并生育一子一女。后徐某诉请解除同居关系,并分割同居期间购买、登记在郭某名下两套房产。法院判决徐某与郭某各享有一套。郭某以转款凭证证明其系实际购买人、该判决侵害其合法权益为由,提起第三人撤销之诉。

争议焦点:1. 同居关系财产处理原则? 2. 案涉房产如何处理?

【裁判要点】

1. 处理原则。同居关系不同于合法婚姻中的夫妻关系,在解除同居关系时,对同居生活期间双方共同所得收入和购置财产,如查明属按份共有的,则按各自份额分享权利;如查明属共同共有关系,则对共有财产共同享有权利。据此,同居期间一方所得工资、奖金和生产、经营收益及因继承、赠与等途径所得合法收入,原则上归其本人所有;如双方同居期间有共同购置的财产或有共同经营所得收入,应按双方出资份额、所作共享等公平合理地予以分割。

2. 本案处理。徐某与郭某2002年5月开始同居,未依法律规定进行结婚登记,不符合认定为事实婚姻相关条件,双方自愿选择的是不受法律保护的同居关系,不享有夫妻之间的权利和义务。夫妻共同财产关系基于配偶身份而产生,法律强调的是身份关系,并不要求夫妻双方付出同等劳动、智力才能共同所有。由于郭某和徐某不具有配偶身份关系,对同居期间所获财产并不当然享有共同所有的权利。最高人民法院《关于人民法院审理未办结婚登记而以夫妻名义同居生活案件的若干意见》(1989年12月13日　法〔民〕发〔1987〕38号,已于2021年1月1日起废止)第10条规定:"解除非法同居关系时,同居生活期间双方共同所得的收入和购置的财产,按一般共有财产处理。"故对同居期间一方名下财产,主张共有一方负有举证责任,但徐某并未提供出资购房相关证据,故徐某无权要求分割郭某名下房产。原生效判决损害了郭某合法权益,应予撤销。

【裁判依据或参考】

1. 法律规定。《民法典》(2021 年 1 月 1 日)第 1041 条:“婚姻家庭受国家保护。实行婚姻自由、一夫一妻、男女平等的婚姻制度。保护妇女、未成年人、老年人、残疾人的合法权益。”第 1042 条:“禁止包办、买卖婚姻和其他干涉婚姻自由的行为。禁止借婚姻索取财物。禁止重婚。禁止有配偶者与他人同居。禁止家庭暴力。禁止家庭成员间的虐待和遗弃。”第 1049 条:“要求结婚的男女双方应当亲自到婚姻登记机关申请结婚登记。符合本法规定的,予以登记,发给结婚证。完成结婚登记,即确立婚姻关系。未办理结婚登记的,应当补办登记。”第 1050 条:“登记结婚后,按照男女双方约定,女方可以成为男方家庭的成员,男方可以成为女方家庭的成员。”第 1054 条:“无效的或者被撤销的婚姻自始没有法律约束力,当事人不具有夫妻的权利和义务。同居期间所得的财产,由当事人协议处理;协议不成的,由人民法院根据照顾无过错方的原则判决。对重婚导致的无效婚姻的财产处理,不得侵害合法婚姻当事人的财产权益。当事人所生的子女,适用本法关于父母子女的规定。婚姻无效或者被撤销的,无过错方有权请求损害赔偿。”第 1083 条:“离婚后,男女双方自愿恢复婚姻关系的,应当到婚姻登记机关重新进行结婚登记。”

2. 行政法规。《婚姻登记条例》(2003 年 10 月 1 日)第 4 条:“内地居民结婚,男女双方应当共同到一方当事人常住户口所在地的婚姻登记机关办理结婚登记。中国公民同外国人在中国内地结婚的,内地居民同香港居民、澳门居民、台湾居民、华侨在中国内地结婚的,男女双方应当共同到内地居民常住户口所在地的婚姻登记机关办理结婚登记。”第 7 条:“婚姻登记机关应当对结婚登记当事人出具的证件、证明材料进行审查并询问相关情况。对当事人符合结婚条件的,应当当场予以登记,发给结婚证;对当事人不符合结婚条件不予登记的,应当向当事人说明理由。”

3. 最高人民法院司法解释及其他司法性文件/解读文章。最高人民法院**《关于适用〈中华人民共和国民法典〉婚姻家庭编的解释(一)》**(2021 年 1 月 1 日　法释〔2020〕22 号)第 3 条:“当事人提起诉讼仅请求解除同居关系的,人民法院不予受理;已经受理的,裁定驳回起诉。当事人因同居期间财产分割或者子女抚养纠纷提起诉讼的,人民法院应当受理。”最高人民法院法官郑学林、刘敏、王丹**《〈关于适用民法典婚姻家庭编的解释(一)〉的若干重点问题的理解与适用》**(载《人民司法》2021 年第 13 期):“……关于同居关系问题……2. 关于是否可以诉请解除同居关系的问题。《关于人民法院审理未办结婚登记而以夫妻名义同居生活案件的若干意见》和婚姻法解释一第 5 条均有解除同居关系的规定,婚姻法解释二第 1 条也在但书部分对有配偶者与他人同居的情形规定可以解除同居关系。我们经研究认为,目前法律并未明确规定同居关系,同居关系本身不具有法律上的权利义务内容,故没有必要由人民法院通过判决的方式予以解除。而且,有配偶者与他人同居亦无例外规定的必要。因此,在《解释(一)》第3条统一规定,当事人提起诉讼仅请求解除同居关系的,人民法院不予受理。同时,在《解释(一)》第7条关于《婚姻登记管理条例》公布实施之后未补办结婚登记的情况,删除了原来'按解除同居关系处理'的规定,转引至第3条统一处理。3.关于婚姻被确认无效或被撤销后的财产问题。民法典第一千零五十四条规定,无效的或者被撤销的婚姻自始没有法律约束力,当事人不具有夫妻的权利和义务。同居期间所得的财产,由当事人协议处理;协议不成的,由人民法院根据照顾无过错方的原则判决。可见,婚姻被确认无效或者被撤销后,对前期同居期间所得的财产,法律并未明确规定为共同共有,而是指引当事人通过协议的方式处理。因此,在婚姻被确认无效或者被撤销后,如果当事人对同居期间所得的财产有协议,应当首先按照协议约定处理,不适用婚姻法有关夫妻法定婚后所得共同制的规定,也不存在依法分割夫妻共同财产的问题。因为无效婚姻或被撤销婚姻的双方在法律上并不是配偶关系而只是同居者,夫妻财产制所调整的财产关系,是以合法的配偶身份关系为前提的,无效婚姻或被撤销婚姻当事人同居期间并非婚姻关系存续期间,在此同居期间所得的财产,不能当然地视为双方当事人共同所有。夫妻共有财产与其他一般共有财产的最大区别在于,夫妻共有财产关系是基于配偶身份,基于彼此是夫妻的特别关系而产生的,虽然财产的形成也含有共同投资、共同劳动的内容,但法律更强调的是身份关系,并不要求双方付出同等的劳动、智力才能共同所有。而其他财产共有关系主要是基于共同投资、共同经营而形成的,如合伙共有财产、出资合购的共有房屋等都不是基于身份而产生的共有关系。无效婚姻或被撤销的婚姻中,虽没有配偶身份关系,但共同生活期间因紧密联系而共同投资、经营或者共同购置的,也可能形成共有财产。这次司法解释清理中,对该条整体上没有改变,只是文字上作了微调,将除外条款提前,以强调这一理念,即同居期间,如果有证据证明为一方所有的,即首先认定为个人财产,以更明确地区别于合法的婚姻关系。要特别说明的是,本条只适用于婚姻被确认无效或者被撤销后同居期间的财产分割问题,而不适用一般同居关系中的财产纠纷。"最高人民法院吴晓芳法官**《关于婚姻家庭纠纷审理热点难点问答》**〔载《民事法律文件解读》2012年第6辑(总第90辑)〕第7条:"一方起诉不要求离婚而请求法院保护其同居权应如何处理?答:我国现行婚姻法中没有关于夫妻同居权的规定。从国外法律来看,比如《法国民法典》第214条第4款就规定,如果夫妻一方不履行其同居义务时,他方得依民事诉讼法规定的方式迫使其履行。就同居义务而言,主要是申请扣押收入或进行精神损害赔偿。又如,英国法律规定,配偶一方违反同居义务,他方享有恢复同居的诉讼请求权。关于恢复同居的判决虽不得强制执行,但不服从这种判决可视为遗弃行为,是构成司法分居的法定理由之一。其同居权的纠纷,法院不宜受理;已经受理的,裁定驳回起诉。”最高人民法院吴晓芳法官**《关于婚姻家庭纠纷审理热点难点问答》**〔载《民事法律文件解读》2011 年第 11 辑(总第 83 辑)〕第 5 条:“女方怀孕,法院能否受理男方有关同居期间财产纠纷的起诉?男方申请宣告婚姻无效可以吗?答:……法律保护的是合法婚姻,当双方当事人选择同居而非登记结婚时,就意味着选择了不受法律保护,不享有夫妻间的权利和义务。同居关系本身不受法律保护,但是基于同居关系而形成的财产关系和子女抚养问题还是受法律保护的。故在女方怀孕期间,男方也可以起诉到法院要求处理同居期间的财产分割和子女抚养问题,即不受《婚姻法》第三十四条的限制。从表面来考虑是与《婚姻法》第三十四条的立法目的相违背,不利于妇女、儿童权益的维护,但我们从深层次仔细分析会发现,这恰恰是为了更好地保护妇女儿童的权益。因为同居关系不如婚姻关系稳定,同居关系本身的松散性,使法律的保护作用显得微不足道。为了引导更多的公民放弃同居而选择婚姻,使自身处于法律的庇护之下。公民主动走向婚姻,构建一种健康、有序、文明的婚姻制度,既有利于自身及子女权益的维护又有利于社会的文明与进步。而无效婚姻是自始无效,当事人之间不具有夫妻的权利和义务。但是婚姻在被宣告无效之前是有效的,即男方在请求人民法院宣告婚姻无效时,该婚姻还是被法律视为有效的,此时该有效的婚姻还是受《婚姻法》第三十四条的限制的。如果赋予男方在第三十四条的情形下有权提起请求宣告婚姻无效之诉,就有可能被人民法院判决婚姻无效,其产生的法律后果比离婚判决的后果更为严重,此时对保护在怀孕期间、分娩后 1 年内或中止妊娠后 6 个月内的妇女更为不利。在这种情形下,男方请求人民法院宣告婚姻无效,不受《婚姻法》第三十四条的限制的规定是与《婚姻法》及相关法律的宗旨相违背的。故我们认为男方请求人民法院宣告婚姻无效仍应受《婚姻法》第三十四条的限制。”最高人民法院民一庭**《民事审判实务问答(同居、事实婚姻问题)》**(2005 年 4 月)第 1 条:“男女因同居生活生下子女,女方因抚养费问题提出起诉如何确定案由?应为解除同居关系还是给付抚养费?答:《最高人民法院民事案件案由规定(试行)》规定:‘第一审法院立案时可根据当事人的起诉确定案由;当事人起诉的法律关系与实际诉争的法律关系不符时,结案时以法庭查明的当事人之间实际存在的法律关系作为确定案由的依据;当事人在同一起诉中涉及不同法律关系,如某一案件涉及主从合同关系的,根据主合同所涉及的法律关系确定案由,当事人仅因为从合同发生争议,按照从合同涉及的法律关系及当事人的争议确定案由’。同居期间所生育的子女为非婚生子女,《中华人民共和国婚姻法》第二十五条规定,非婚生子女与婚生子女享有同等的权利,不直接抚养非婚生子女的生父或生母,应负担子女的生活费和教育费等抚育费用。女方因抚养费问题提出起诉,双方争议的是抚育费的给付问题,涉及的是抚养的法律关系,应确定案由为抚育费纠纷;双方对抚养权发生争议的,应确定案由为抚养纠纷;如同居期间一方起诉'离婚'并要求对子女抚养作出处理的,应确定案由为解除同居关系。"第2条:"审理'未办理结婚登记而以夫妻名义共同生活的男女'的'离婚'案,如果认为其符合结婚的条件,在告知其补办结婚登记后仍不补办的,应如何处理?答:对未办理结婚登记而以夫妻名义共同生活的男女所提起的'离婚'诉讼,最高人民法院关于适用〈中华人民共和国婚姻法〉的解释(一)》第五条规定,应当区别对待:'(一)1994年2月1日民政部《婚姻登记管理条例》公布实施前,男女双方已经符合结婚实质要件的,按事实婚姻处理。(二)1994年2月1日民政部《婚姻登记管理条例》公布实施以后,男女双方符合结婚实质要件的,人民法院应当告知其在案件受理前补办结婚登记未补办结婚登记的,按解除同居关系处理'。根据上述规定,对法院告知其补办结婚登记后仍不补办的,应按解除同居关系处理。"第3条:"解除非法同居关系或离婚诉讼中,女方主张青春补偿费,应否支持?答:《中华人民共和国婚姻法》第四十六条规定了在重婚有配偶者与他人同居、实施家庭暴力、虐待、遗弃家庭成员四种情形下,无过错方有权请求损害赔偿。但在解除非法同居关系或离婚纠纷案件中,女方主张的'青春补偿费'的性质区别于婚姻过错赔偿的请求权也违反了婚姻自由、男女平等的原则,该请求缺乏法律依据,不应予以支持。"第4条:"女方以同居期间多次怀孕人流等原因影响身体健康为理由要求男方赔偿,法院应否支持?答:男女同居关系的法律后果应与合法有效的婚姻关系有区别,同居的男女双方间不存在夫妻关系和夫妻间的扶养扶助等权利和义务。所谓保护妇女权益,应当是保护妇女的合法权益而不是非法行为。女方在同居期间多次怀孕人流属于同居造成的后果,因无合法的婚姻为前提,故其请求缺乏法律依据,人民法院应不予支持。"第5条:"男方起诉解除非法同居关系的案件中,女方已怀孕的,如何处理?答:男女双方未办理结婚登记手续而共同生活的,其同居关系不能作为婚姻关系对待。人民法院在审理解除同居关系案件时,与审理离婚案件是有区别的。前者无需调解,法院经依法审理,决予以解除。而离婚案件中调解则是必经程序,案件审理的结果可能是双方和好,也可能是双方离婚。而且离婚之诉中,如果女方怀孕的,应依照《中华人民共和国婚姻法》第三十四条关于'女方在怀孕期间、分娩后一年内或中止妊娠后六个月内,男方不得提出离婚'的规定处理。基于合法婚姻关系与同居关系的不同性质,婚姻法第三十四条的规定不适用于解除同居关系的案件,这种同居关系的解除,不应因女方怀孕而有例外情况出现,仍应继续审理。"第7条:"基于同居关系期间而产生的债务应如何确定清偿责任?答:基于同居关系期间而产生的债务,必须先分清共同债务和个人债务,共同债务应该由同居双方共同财产清偿,个人债务则应该由个人的财产来清偿。1989 年 11 月 21 日最高人民法院发布的《关于人民法院审理未办结婚登记而以夫妻名义同居生活案件的若干意见》提出,同居期间为共同生产、生活而形成的债务,可按共同债务处理。同居期间所负的债务,是指双方为共同生活或为履行抚养、赡养义务以及一方或双方治疗疾病等需要所负的债务。同居前一方借款购置的房屋等财物的,为购置财物借款所负债务属共同债务。个体工商户、农村承包经营户所负的债务,属于双方经营的,以双方共同财产承担责任的,也属于双共同债务。借款人只要是为了同居双方的共同利益,目的是同居生活的需要并用于同居生活、生产经营,不管是以双方名义还是以一方名义与他人建立的债务关系,均应视为同居期间的共同之债。男女一方在同居前所负的债务,同居后与共同生活无关所负的债务可确认为个人债务。基于同居关系期间而产生的共同债务,双方应承担连带责任,即使一方死亡,另一方也应对全部共同债务承担清偿责任。"最高人民法院《**关于适用〈中华人民共和国婚姻法〉若干问题的解释(二)**》(2004 年 4 月 1 日　法释〔2003〕19 号,已于 2021 年 1 月 1 日起废止)第 1 条:"当事人起诉请求解除同居关系的,人民法院不予受理。但当事人请求解除的同居关系,属于婚姻法第三条、第三十二条、第四十六条规定的'有配偶者与他人同居'的,人民法院应当受理并依法予以解除。当事人因同居期间财产分割或者子女抚养纠纷提起诉讼的,人民法院应当受理。"最高人民法院《**关于适用〈中华人民共和国婚姻法〉若干问题的解释(一)**》(2001 年 12 月 27 日　法释〔2001〕30 号,已于 2021 年 1 月 1 日起废止)第 15 条:"被宣告无效或被撤销的婚姻,当事人同居期间所得的财产,按共同共有处理。但有证据证明为当事人一方所有的除外。"最高人民法院副院长李国光《**在全国民事审判工作会议上的讲话**》(2000 年 10 月 28 日)第 6 条:"……对于解除非法同居关系的,要依法充分考虑未成年子女的利益,妥善处理子女的抚养问题。对于因被拐卖而被迫成婚或收养的,受害者被解救后,违法者请求退还财产、赔偿损失或者要求给付抚养费的,不予支持。"最高人民法院《**关于人民法院审理离婚案件处理财产分割问题的若干具体意见**》(1993 年 11 月 3 日　法发〔1993〕32 号,已于 2021 年 1 月 1 日起废止)第 22 条:"属于事实婚姻的,其财产分割适用本意见。属于非法同居的,其财产分割按最高人民法院《关于人民法院审理未办结婚登记而以夫妻名义同居生活案件的若干意见》的有关规定处理。"最高人民法院民事审判庭《**关于贯彻执行最高人民法院〈关于人民法院审理未办结婚登记而以夫妻名义同居生活案件的若干意见〉有关问题的电话答复**》(1990 年 10 月 11 日　〔90〕法民字 11 号)第 2 条:"关于处理非法同居案件中,双方对非婚生子女抚养和非法同居期间财产处理已达成协议,是分别制作判决书、调解书还是用判决形式一并处理的问题,我们认为:解除非法同居案件中的子女抚养和财产分割属于牵连之诉,应予一并处理。

当事人对子女抚养和财产分割达成协议的,人民法院只须将当事人之间达成的协议直接写进判决书即可,无须分别制作判决书、调解书。”第 3 条:“关于女方在非法同居期间怀孕,男方提出解除非法同居关系人民法院是否受婚姻法第二十七条的限制是否受理的问题,我们认为婚姻法二十七条保护的前提是合法的婚姻关系,女方在非法同居期间怀孕,违反了婚姻法的有关规定,为了严肃执法,对男方诉到法院要求解除非法同居关系的,应予受理。受理后即应作出解除非法同居关系的判决。女方分娩后,再处理子女抚养问题。”最高人民法院**《印发〈关于人民法院审理未办结婚登记而以夫妻名义同居生活案件的若干意见〉的通知》**(1989 年 12 月 13 日　法〔民〕发〔1987〕38 号)第 3 条:“自民政部新的婚姻登记管理条例施行之日起,没有配偶的男女,未办结婚登记即以夫妻名义同居生活,按非法同居关系对待。”第 4 条:“离婚后双方未再婚,未履行复婚登记手续,又以夫妻名义共同生活,一方起诉‘离婚’的,一般应解除其非法同居关系。”第 7 条:“未办结婚登记而以夫妻名义同居生活的男女,一方要求‘离婚’或解除同居关系,经查确属非法同居关系的,应一律判决予以解除。”第 8 条:“人民法院审理非法同居关系的案件,如涉及非婚生子女抚养和财产分割问题,应一并予以解决。具体分割财产时,应照顾妇女、儿童的利益,考虑财产的实际情况和双方的过错程度,妥善分割。”第 9 条:“解除非法同居关系时,双方所生的非婚生子女,由哪一方抚养,双方协商;协商不成时,应根据子女的利益和双方的具体情况判决。哺乳期内的子女,原则上应由母方抚养,如父方条件好,母方同意,也可由父方抚养。子女为限制民事行为能力人的,应征求子女本人的意见。一方将未成年的子女送他人收养,须征得另一方的同意。”第 10 条:“解除非法同居关系时,同居生活期间双方共同所得的收入和购置的财产,按一般共有财产处理。同居生活前,一方自愿赠送给对方的财物可比照赠与关系处理;一方向另一方索取的财物,可参照最高人民法院〔84〕法办字第 112 号《关于贯彻执行民事政策法律若干问题的意见》第(18)条规定的精神处理。”第 11 条:“解除非法同居关系时,同居期间为共同生产、生活而形成的债权、债务,可按共同债权、债务处理。”第 12 条:“解除非法同居关系时,一方在共同生活期间患有严重疾病未治愈的,分割财产时,应予适当照顾,或者由另一方给予一次性的经济帮助。”最高人民法院**《关于本国人与越侨婚姻纠纷案意见的复函》**(1954 年 3 月 25 日　法行字第 2602 号)第 1 条:“附件提到的第二起案件,本国人常效武的判刑问题,常效武订婚后而与越侨曾群芝同居。仅是一私通奸关系,对此双方未婚而发生性行为,可以不判处徒刑的。”

4. 地方司法性文件。山东泰安中院民一庭**《法官会议纪要(家事部分)》**(2020 年)第 1 条:“因疫情影响未办理结婚登记手续的,即便以夫妻名义共同生活,不能被认定为合法夫妻关系,此期间准夫妻的关系仍应按照同居关系处理,涉及财产分割、非婚生子女抚养以及债务承担等纠纷的，应按照同居关系析产纠纷处理。”天津高院**《关于印发〈天津法院民间借贷案件审理指南（试行）〉的通知》**（2020年1月28日　津高法〔2020〕22号）第14条：“【违背公序良俗的借贷合同无效】民间借贷案件的审理应当以维护正常交易秩序、维护家庭伦理道德、维护社会公序良俗和弘扬社会主义核心价值观为基本原则，民间借贷中存在下列情形之一的，应认定民间借贷合同无效，并判决驳回原告的诉讼请求：(1)因非婚同居、不正当两性关系等原因形成的‘精神损失费’、‘分手费’等债务；(2)因赌博、吸毒等非法行为形成的债务；(3)因‘找关系’、‘托人情’等请托行为形成的债务；(4)其他违背社会公序良俗和家庭伦理道德所形成的债务。”江苏高院**《家事纠纷案件审理指南（婚姻家庭部分）》**（2019年7月18日）第9条：“同居期间形成的财产应当如何分割？同居关系不同于合法婚姻关系，对于同居期间一方的工资、奖金、生产经营收益以及因继承、赠与等途径所得的合法收入，原则上归本人所有。双方在同居期间有共同购置的财产或者共同经营所得的收入，如果查明属于按份共有，按照各自的出资额比例分享权利；如果查明属于共同共有，则对共有财产共同享有权利；如果无法查明是按份共有还是共同共有，视为按份共有，不能确定出资额比例的，视为等额享有。对于被宣告无效或者被撤销的婚姻，当事人同居期间所得的财产，按共同共有处理，但有证据证明为当事人一方所有或者按份共有的除外。”第9条：“因恋爱、同居产生的情感债务应当如何处理？婚外情所涉赠与应当如何处理？赠与行为的效力应当如何认定？赠与财物应当如何返还？一方以恋爱、同居为由主张另一方支付‘青春损失费’‘分手费’的，不予支持。但女方在恋爱、同居期间因怀孕中止妊娠主张男方分担医疗费、营养费等合理费用的，可以支持。有配偶者赠与或者约定赠与第三者财物，赠与后反悔主张返还或者第三者主张履行赠与的，不予支持。但配偶一方以赠与夫妻共同财产的行为侵犯其夫妻共同财产权为由主张返还的，可以支持。配偶一方主张赠与行为无效并主张返还赠与财物的，应当认定赠与行为全部无效而非部分无效，赠与财物应当全部返还。赠与行为被认定无效后返还的赠与财物应为赠与当时的标的物，如果赠与的是房屋、车辆等实物，应当返还实物。如果实物因灭失、转让等原因导致无法返还的，可以参照实物灭失、转让时的市场价格或者转让对价折价补偿。”北京三中院民二庭**《婚姻家庭案件法律适用疑难问题研讨会意见》**（2016年11月2日）第8条：“依据‘结束非法同居关系的分手费协议’提出的请求法院能否支持，给付方配偶能否要求返还？我们认为，分手费债务不能通过法院索要或追回。给付了约定财物的一方，因系无权处分且目的有违社会善良风俗，故给付方的配偶请求返还财产的诉讼请求，法院应予以支持，不能返还原物的，接受方应赔偿相应损失。”北京高院民一庭**《关于审理婚姻纠纷案件若干疑难问题的参考意见》**（2016年8月4日）第44条：“【同居关系解除后财产分割原则】男女双方未办理结婚登记手续以夫妻名义同居生活的,同居关系解除后要求分割同居期间共同劳动、经营或管理所得财产的,有约定从约定;无约定且上述同居期间财产混同的,推定为共同共有,但根据同居时间、各自贡献、生活习惯等因素能认定为按份共有财产的除外。男女双方未办理结婚登记手续亦不以夫妻名义同居生活的,同居关系解除后要求分割同居期间共同劳动、经营或管理所得财产的,有约定从约定;无约定且财产混同的,推定为按份共有,具体份额比例可依据同居时间、各自贡献、生活习惯确定。"广东深圳中院《**关于婚姻家庭纠纷案件的裁判指引(2014修订)**》(2014年5月21日)第16条:"一方以同居为由请求对方支付'青春损失费'的,人民法院不予支持,但女方在同居期间怀孕需要做中止妊娠手术请求男方分担部分因此产生的医疗费、营养费等合理费用的,人民法院应予支持。说明:第十六条是对同居期间'青春损失费'及有关费用主张能否支持的裁判指引。同居是双方当事人自愿选择的一种生活方式,如果没有侵权行为发生,单纯以同居为由请求法院判令对方支付'青春损失费'没有法律依据。但对于同居期间女方还需要做中止妊娠手术的情形,基于公平原则,可以要求男方分担一些由此产生的医疗费、营养费等必要费用。最高人民法院吴晓芳法官在《婚姻家庭纠纷审理热点、难点问答(二)》一文中亦持该观点,载于民事法律文件解读第89辑第101页。"第17条:"双方同居或恋爱期间,一方以结婚为目的赠与另一方较大数额财物,分手后请求另一方返还赠与财物的,人民法院应予支持。说明:第十七条是对同居期间以结婚为目的赠与大额财物能够请求返还问题的裁判指引。一方以结婚为目的在婚前给付对方大额财物应定性为附条件赠与行为,如果条件不成就或者条件消失,给付方可请求返还。大陆法系的法国、德国、瑞典等国的民法典均对此有类似规定。最高人民法院吴晓芳法官在《婚姻家庭纠纷审理热点、难点问答》一文中亦持该观点,载于民事法律文件解读2011年第11辑第44页。"湖北高院《**民事审判工作座谈会会议纪要**》(2013年9月1日)第19条:"同居关系的财产处理问题。重点应审查双方同居关系中财产是否发生混同的情况、是否构成了对外以夫妻名义同居,如果发生了财产混同、以夫妻名义同居则先推定财产为共同共有,并结合相关事实及双方同居时间的长短、双方的收入情况以及双方的存取款习惯来综合判断财产的权属。"江苏高院、省检察院、省公安厅、省妇联《**关于印发〈江苏省家庭暴力告诫制度实施办法(试行)〉的通知**》(2013年7月24日 苏公通〔2013〕244号)第16条:"具有同居关系或者曾经有过配偶关系者之间的暴力侵害行为可以参照本办法处理。"江苏高院《**婚姻家庭案件审理指南(2010年)**》(2010年5月18日)第3章:"同居关系纠纷。一、同居关系的分类。(一)未婚同居。《最高人民法院关于适用〈中华人民共和国婚姻法〉若干问题的解释(一)》(以下简称《婚姻法解释一》)第五条规定的'未按婚姻法第八条规定办理结婚登记而以夫妻名义共同生活’,一般指符合结婚的实质要件,但欠缺程序要件的行为。此种同居属自然状态,法律不予介入。(二)婚外同居。《婚姻法解释一》第二条规定的‘有配偶者与他人同居’,指有配偶者与婚外异性,不以夫妻名义,持续、稳定地共同居住。此种同居为法律所禁止。二、同居纠纷的受理。《婚姻法解释二》第一条规定:‘当事人起诉请求解除同居关系的,人民法院不予受理。但当事人请求解除的同居关系,属于婚姻法第三条、第三十二条、第四十六条规定的「有配偶者与他人同居」的,人民法院应当受理并依法予以解除。’(一)关于‘未婚同居’关系。对于未婚同居,往往会产生两种纠纷:一是解除同居关系;二是同居期间产生的财产争议或子女抚养纠纷。对前者,法律明确规定人民法院不予受理。但同居期间产生的财产争议、子女抚养问题,人民法院应予受理。(二)关于‘婚外同居’关系。因婚外同居违反了《婚姻法》一夫一妻的基本制度,有损于社会公序良俗,为法律所禁止,故一方要求解除的,人民法院应予受理。(三)关于事实婚姻关系。事实婚姻与未婚同居实质并无不同,但法律后果却不一样。根据《婚姻法解释一》第五条的规定,对事实婚姻如当事人要求解除的,人民法院应按离婚案件立案受理。那么何谓事实婚姻,则是必须首要解决的问题。对此,《婚姻法解释一》明确规定:‘在 1994 年 2 月 1 日民政部《婚姻登记管理条例》公布实施以前,男女双方已经符合结婚实质要件的,按事实婚姻处理。’因此,事实婚姻的认定条件:一是男女双方在 1994 年 2 月 1 日前符合结婚实质要件;二是以夫妻名义同居,外人也认为其为夫妻;三是在 1994 年 2 月 1 日以前即开始同居;四是未办结婚登记。如此则意味着 1994 年 2 月 1 日之后不再存在事实婚姻的问题。三、同居关系解除后的法律后果。未婚同居是否解除,人民法院虽不予干涉,但同居期间或同居解除后引起的财产争议和子女抚养问题,人民法院应予处理。至于如何处理,《最高人民法院关于人民法院审理未办理结婚登记而以夫妻名义同居生活案件的若干意见》第八条至第十三条作了具体规定。(一)同居引起的财产争议处理。如同居期间形成财产共有关系,则解除同居关系时,对该共有财产,首先由当事人根据自愿的原则协商处理。协商不成的,人民法院可以根据照顾子女和女方的原则,考虑财产的实际情况和双方的过错程度妥善分割。如果涉及婚外同居,在财产处理时需注意不得侵害合法婚姻当事人的财产权益。当然同居期间一方的个人财产不在分割之列。由于同居关系不属于法律保护的范畴,故双方不形成法律所保护的夫妻人身关系。因此,如果同居期间双方各自继承或受赠取得的财产,按个人财产对待。一方如去世,另一方也无权以继承人身份参加继承。(二)同居期间债务的处理。同居期间为共同生产、生活形成的债权、债务可按共同债权、债务处理,双方均应承担共同返还之责。如为一方的个人债务,则由个人偿还。(三)同居期间所生子女抚养问题。同居期间所生子女虽为非婚生子女,但根据《婚姻法》相关规定,享有与婚生子女同等的权利,父母都有抚养的义务。

至于子女由谁直接抚养,首先由生父生母双方协商,协商不成的,人民法院同样应从子女利益最大化角度判决确定。不直接抚养子女的一方应承担抚养费,同时也享有探望子女的权利。”广东广州中院**《民事审判若干问题的解答(婚姻家庭部分)》**(2010 年 4 月)第 14 条:“同居期间签订协议,如不结婚就由对方赔偿,或离婚协议中约定,离婚后对方不再结婚就给付多少款项,如何处理?答:《婚姻法》第二条规定,我国实行婚姻自由的婚姻制度。上述协议限制了婚姻自由,应认定为无效。”浙江温州中院**《当前民事审判中应注意的几个问题》**(2005 年 8 月)第 1 条:“解除同居关系的案件原则上不予受理。依照最高法院 2004 年 4 月 1 日开始实施的《关于适用〈婚姻法〉若干问题的解释》第一条规定,当事人请求解除同居关系的,人民法院不予受理。只有在属于‘有配偶者与他人同居’的,人民法院才应当受理并依法予以解除。去年 4 月份以来,我市部分法院仍对普通同居关系的案件进行调解或作出判决,明显违背了司法解释的规定。为此,我们重申,对于此类案件,已经受理的,应当驳回起诉。”江苏高院民一庭**《婚姻家庭案件疑难问题法律适用研讨会综述》**(2005 年 5 月)第 3 条:“……(三)关于解除同居关系所形成的债务的认定。‘有配偶者与他人同居’,为解除同居关系,当事人以借款形式确定补偿金的,类似的借款协议是否应予支持?多数代表倾向认为,由于这种同居关系是一种非法的人身关系,不受法律保护,因此,解除这种同居关系所承诺的补偿,无论由哪一方作出,在性质上均属于不可强制执行的债权或债务,如果能够查明这种借款是一方为解除这种非法同居关系,补偿对方而出具的,则一方起诉要求其履行的,不应支持。如果一方履行后又反悔,向人民法院主张返还的,也不予支持。但如果这种补偿侵犯了合法配偶的权利,合法配偶向法院起诉要求返还的,人民法院应予支持……”上海高院**《〈关于适用最高人民法院婚姻法司法解释(二)若干问题〉的解答一》**(2004 年 9 月 7 日　沪高法民一〔2004〕25 号)第 7 条:“基于同居关系,当事人仅诉请分割财产或确定子女抚养,或一并诉请分割财产和确定子女抚养的,如何确定案由?答:司法解释(二)施行后,基于同居关系,当事人仅诉请分割财产或子女抚养的,人民法院应当受理。案由可根据具体诉请确定为‘财产权属纠纷’或‘子女抚养纠纷’。如果当事人同时诉请要求分割财产和子女抚养,案由可确定为财产权属和子女抚养纠纷。”上海高院**《民事法律适用问答》**(2003 年第 1 期)第 4 条:“夫妻双方离婚后,未办理复婚手续,又以夫妻名义共同生活,现起诉到法院要求离婚,法院是接事实婚姻处理,还是接解除同居关系处理?答:根据最高法院《关于适用〈中华人民共和国婚姻法〉若干问题的解释(一)》第 5 条之规定,应以行为发生的时间加以区分。1994 年 2 月 1 日民政部《婚姻登记管理条例》公布实施以前,夫妻双方离婚后,未办理复婚登记手续,又以夫妻名义共同生活,按事实婚姻处理;1994 年 2 月 1 日民政部《婚姻登记管理条例》公布实施以后,夫妻双方离婚后,未办理复婚登记手续，又以夫妻名义共同生活，按解除同居关系对待。”辽宁沈阳中院《**关于审理婚姻家庭案件若干问题意见**》(2003年)第1条：“关于同居关系案件的处理问题。(一)此类案件的案由现为‘解除同居关系’。(二)在案件的审理中，如原告方申请撤诉的，应当允许，未申请撤诉的，应一律判决解除同居关系。(三)对同居期间所生子女及财产、债务的处理应按最高人民法院《关于人民法院审理未办结婚登记而以夫妻名义同居生活案件的若干意见》的有关规定处理。”上海高院《**民事法律适用问答**》(2002年第1期)第4条：“有配偶者与他人同居，为解除同居关系，双方以借款形式确定补偿金的，是否支持？答：我们认为，这种同居关系是一种非法的人身关系，不受法律保护。因此，为解除这类同居关系所承诺的‘补偿’，无论由哪一方作出，在性质上均属于不可强制执行的债权或者债务。如果能够查明这种‘借款’是一方为解除这种非法同居关系，‘补偿’对方而出具的，则男一方起诉要求其履行的，不能支持。”广东高院《**关于审理婚姻案件若干问题的指导意见**》(2001年11月9日　粤高法发〔2001〕44号，2021年1月1日起废止)第2条：“人民法院在审理请求宣告婚姻无效的案件时，申请人为无效婚姻当事人的，可以根据其诉讼请求对同居期间的财产、子女等问题作出判决；申请人为利害关系人的，对无效婚姻当事人同居期间的财产、子女等问题，不予处理，告知其由无效婚姻当事人另行起诉解决。”第10条：“没有配偶的男女，未办结婚登记即以夫妻名义同居生活，在《婚姻法》实施后起诉到人民法院请求离婚的，分别以下列不同情况处理：(1)同居行为发生在1986年3月15日《婚姻登记办法》施行之前的，按照最高人民法院《关于人民法院审理未办结婚登记而以夫妻名义同居生活案件的若干意见》第一条规定处理；(2)同居行为发生在1986年3月15日《婚姻登记办法》施行之后、1994年2月1日《婚姻登记管理条例》施行之前的，按照最高人民法院《关于人民法院审理未办结婚登记而以夫妻名义同居生活案件的若干意见》第二条规定处理；(3)同居行为发生在1994年2月1日《婚姻登记管理条例》施行之后的，按照最高人民法院《关于适用新的婚姻登记管理条例的通知》处理，即‘没有配偶的男女，未经结婚登记即以夫妻名义同居生活的，其婚姻关系无效，不受法律保护’。”第12条：“人民法院在审理继承、抚养、监护等案件中，发现没有配偶的男女，未办结婚登记即以夫妻名义同居生活的，对其婚姻关系的认定，应按本意见第10条的规定处理。”上海高院《**关于下发〈关于在民事审判中实施“中华人民共和国婚姻法”的暂行意见〉的通知**》(2001年6月7日　沪高法〔2001〕263号)第14条：“对无效婚姻和可撤销婚姻当事人同居期间所得的财产，可视为一般共有财产。当事人对财产分割协议不成的，由人民法院根据婚姻法第12条规定的照顾无过错方原则作出判决。处理当事人重婚期间所取得的财产，应将重婚方合法配偶应得的财产从重婚期间所得的财产中析出，不得侵害合法婚姻当事人的财产权益。”第15条：“未办理结婚登记手续的当事人,向人民法院提起离婚诉讼的,人民法院应判决解除双方同居关系,并对同居期间所得财产和子女抚养问题作出处理,不应在判决主文中责令双方补办结婚登记。符合《婚姻法》的结合条件未办理结婚登记手续的当事人,向人民法院提起离婚诉讼,在诉讼终结前,经调解双方自愿补办妥结婚登记的,应予准许,可按离婚案件调解和好结案。”北京高院**《对审理离婚案件适用法律政策的几点意见》**(1986 年 8 月 12 日)第 4 条:“……凡确认婚姻关系无效并判令解除同居关系的案件,财产和子女抚育问题应当比照离婚的处理原则处理。”

【参考类案】

①2018 年**四川某不当得利纠纷案**,2016 年,曾某与石某恋爱并同居,石某每月给付曾某生活费 1000 元并共同劳动。2017 年,石某搬离曾某家。曾某以同居期间其为石某垫付 3000 余元医疗费并支付日常生活开销为由,诉请返还不当得利。法院认为:在法律未明确规定情况下,男女双方共同生活期间财产收入和生活花费,首先应依据双方约定处理;未约定的,应依据常情常理和公平理念处理。本案曾某要求石某支付共同生活期间住宿费、伙食费,依社会常理,属共同生活期间必要开支,是不管夫妻还是非夫妻共同生活期间均会产生的维持人之正常生活费用,况且石某每月均支付生活开支,若让其再承担生活期间住宿费、伙食费,显不符合社会常理,亦有失公平。对于男女双方同居期间,一方垫付的医疗费用等应否被认定为不当得利,应结合双方同居期间长短、双方共同生活期间生活消费主要由谁支付、导致一方疾病原因、双方为共同生活创造的劳动财富等多方面进行分析,在费用未超过社会认可范围内,不应认定为不当得利。当然,如一方患病非共同生活期间劳动所致,另一方支出的医疗费亦明显超出合理限度,则可能成立不当得利。本案中,石某将每月退休金交予曾某用于生活,且同居期间一直在从事劳动,创造了财富,而曾某有证据能证明的垫付医疗费并非高额,未超过必要限度,不宜认定为不当得利。经调解,石某一次性给付曾某 4000 元。

②2015 年**福建某生命权纠纷案**,2015 年,王某与男友黄某同居期间,因争吵而猝死在出租屋。经鉴定,王某患有冠状动脉发育不全及轻度冠状动脉粥样硬化疾病。法院认为:因王某患有疾病,可能在精神、心理、冷热刺激、过度疲劳或暴饮暴食等一系列外界因素作用下急剧发病死亡。而王某与黄某系恋人关系,双方长期争吵,黄某还不时言语威胁王某;在交往中王某因怀了黄某小孩而堕胎,堕胎过程中黄某未能妥善处置,反而与王某发生争吵;王某突发疾病时与黄某共处出租房内。综合以上事实,可认定黄某与王某争吵及怀孕处理不当等行为,给王某精神、心理造成刺激,其行为与王某突发急性心源性休克猝死之间有一定因果关系。侵权过错分故意和过失两种,故意是指行为人对特定的或可特定的损害结果发生是

明确知道,且意图追求此种损害后果发生;过失是指行为人对于特定或可特定损害结果发生应当预见且有预见可能,但却未能预见的心理欠缺。作为王某父母的原告事发前均不知道王某患有冠状动脉发育不全及轻度冠状动脉粥样硬化疾病,故可确定黄某亦不知道王某患上述疾病。因黄某对王某上述疾病不知情,故其并无用吵架等方式追求王某死亡意图,亦无应预见吵架等行为可能导致王某死亡过失。同样,王某对自己死亡亦无故意或过失。《侵权责任法》第 24 条规定:"受害人和行为人对损害的发生都没有过错的,可以根据实际情况,由双方分担损失。"判决黄某支付原告医疗费、死亡赔偿金等各项损失共计 8 万余元。

③2012 年**广东某析产纠纷案**,2010 年,许某依生效法律文书申请强制执行张某,法院依申请查封了张某与黎某共有房产。2011 年,黎某以该房系双方 2005 年为结婚目的而单独出资购买为由,起诉张某要求析产。法院以黎某在房屋查封后才起诉,应提案外人执行异议为由裁定驳回起诉。法院认为:最高人民法院《关于人民法院民事执行中查封、扣押、冻结财产的规定》第 14 条规定:对被执行人与其他人共有的财产,人民法院可以查封、扣押、冻结,并及时通知共有人。共有人协议分割共有财产,并经债权人认可的,人民法院可以认定有效。查封、扣押、冻结的效力及于协议分割后被执行人享有份额内的财产;对其他共有人享有份额内的财产的查封、扣押、冻结,人民法院应当裁定予以解除。共有人提起析产诉讼或者申请执行人代位提起析产诉讼的,人民法院应当准许。从上述规定看,我国法律并不排除财产共有人对于在执行中被查封、扣押、冻结的共有财产提出析产诉讼权利。现涉案房屋被法院通过执行裁定所查封,而黎某以其系涉案房屋共有人并要求对其与张某共有的涉案房屋进行析产分割为由,提起本案诉讼,符合前述司法解释规定,法院应予受理。

④2012 年**江苏某财产纠纷案**,2002 年,丧偶夏某与离异蒋某恋爱并同居。2009 年,双方感情破裂。就同居期间取得的房产、车辆,夏某诉请分割。法院认为:夏某提供的数张房租收条时间跨度自 2003 年至 2006 年,结合房屋租赁合同、照片、喧簿名册及多位证人证言和其他证据,可认定双方长期以夫妻名义同居生活的事实。诉争各项财产均系在二人同居生活期间取得,故应按一般共有财产处理。按《物权法》规定,蒋某与夏某之间并不具有家庭关系,故诉争各项财产应视为双方按份共有,因目前双方均未提供证据证明自己出资额,且两人以夫妻名义长期共同生活,对同居过程中形成的财产以不同方式作出贡献,亦无法区分贡献之大小,蒋某称其对共同财产贡献较大无证据证明,故诉争各项财产应视为双方等额享有。蒋某所主张的几笔借款均系夏某提起诉讼后蒋某与债权人以调解形式确认,且债务总额远超出购买诉争财产时的支出,难以认定系蒋某与夏某的共同债务。蒋某抗辩称有部分借款用于讼争房产的装修,但其未能提供证据证明,故对该抗辩不予

采纳。判决诉争财产平均分割。

⑤212 年**江苏某民间借贷纠纷案**,2009 年,孟某向刘某借款 600 万元。2010 年,孟某死亡,刘某诉请孟某妻子李某及其他继承人连带清偿。李某以孟某死亡后,其才获悉孟某系重婚为由,辩称婚姻应无效,应由孟某合法妻子徐某及继承人承担责任。法院认为:最高人民法院《关于适用〈中华人民共和国婚姻法〉若干问题的解释(一)》(已于 2021 年 1 月 1 日起废止)第 15 条规定:“被宣告无效或被撤销的婚姻,当事人同居期间所得的财产,按共同共有处理。但有证据证明为当事人一方所有的除外。”本案中,孟某与李某婚姻关系虽被法院判决宣告无效,但双方在同居期间形成的财产关系并不因婚姻无效而终止,双方在基于同居而形成的财产关系中,既享有共同财产权益,亦负有承担共同债务的义务。从孟某与李某先后取得房产时间来看,该房产应认定为双方同居期间所得财产。孟某向刘某借款发生在其与李某同居期间,该债务依法应由双方共同承担还款责任。因孟某已死亡,故由李某承担还款责任,孟某第一顺序合法继承人在继承孟某个人遗产范围内承担清偿责任。虽然孟某与徐某系夫妻关系,最高人民法院《关于适用〈中华人民共和国婚姻法〉若干问题的解释(一)》(已于 2021 年 1 月 1 日起废止)第 26 条规定:“夫或妻一方死亡的,生存一方应当对婚姻关系存续期间的共同债务承担连带清偿责任。”但本案债务发生在孟某与李某同居期间,故对徐某而言,该债务应认定系孟某个人债务。判决李某偿还刘某借款本息,徐某等在继承孟某个人遗产范围内对上述债务承担连带清偿责任。

⑥2011 年**广东某共有物分割纠纷案**,2005 年 8 月,卢某与恋人庞某共同出资按揭购房,房款 40 万元,首付 16 万元。此前 1 个月前后,卢某变卖自己个人房产得款 9.3 万元,与庞某在其单位分别支取住房资金 4 万元、3.4 万元,该房契税 1.2 万元亦共同支付,随后,该房登记为卢某、庞某共同共有。2006 年 7 月,卢某在单位代庞某领取奖金 4000 元,并用该房抵押向朋友借款 24 万元,最终在同年 9 月提前偿还按揭贷款 20 万元。此前已共同偿还按揭款 2.1 万余元,余下按揭款及利息由卢某偿还。其间,卢某与庞某自愿解除同居关系,并协议约定庞某愿意将共有房屋所有权全部无偿转让给卢某。2010 年 4 月,卢某诉请过户。此时该房价值 80 万余元。法院认为:争议房屋购房款由首付款和按揭贷款两部分组成。从首付款筹款及出资时间、证据形式等情况综合分析,卢某出资较多且其提供证据明显优于庞某出资证据,但双方均无明确证据证实各自实际投入房屋首期款实际金额,只能推定双方等额支付首期款 16 万元,各自支付了 8 万元。按揭款 24 万元,其中 2.1 万元由双方共同支付,余款由卢某支付。卢某代庞某领取 4000 元奖金,无证据显示已交付庞某,亦无证据显示该款用于何处,庞某主张该款用于购房,应予采信。故依相应证据,可认定对争议房屋,庞某出资数额为 10 万元,占购房款 25%。双方虽有

房屋共有权转让协议，但权利义务并不对等，而是无偿赠与，且协议签订后，并未按协议意思过户至卢某名下，由于系无偿赠与性质，在产权未过户前赠与人可撤回赠与，故该协议不能作为双方处分共有财产依据。房产登记公示是认定房产权属甚至是区分按份共有还是共同共有重要依据，但对基于家庭关系或其他特殊关系而产生的共有，有时真正权属与房产证登记可能不尽一致，分割时应尽量体现公平原则。同居期间共同购置房产，通常情况下按投资比例分割，但已明确登记为共同共有房屋，应以共同共有均等分割为基本原则，并应充分考虑投资人对房产出资多少。从双方对房屋实际权利份额及房屋实际使用情况考虑，卢某在取得房屋所有权时，应支付给庞某相应房屋评估价。奖金系个人出资，首付及2.1万余元按揭款、契税为共同出资，总共出资25%，酌情参照30%比例，由卢某折价24万余元给庞某。

⑦2011年**海南某法定继承纠纷案**，2001年，张某与汪某离婚。2003年3月，二人又在一起同居生活。2007年1月办理了复婚手续。2009年，张某因车祸身亡。关于张某2003年3月至2006年12月30日所购6处房产是否为夫妻共同财产，成为张某父母起诉张某妻、女主张继承份额的争议焦点。法院认为：证人出庭作证，均证明自2003年3月至2007年汪某与张某在一起居住生活。同时，张某孩子亦承认其母与其父自2003年起一起居住生活。另外，结合汪某为自己购买保险时的通信地址、张某为汪某购买保险及张某、汪某及孩子分别于2003年、2005年、2006年合影事实，参照最高人民法院《关于适用〈中华人民共和国婚姻法〉若干问题的解释（一）》（已于2021年1月1日起废止）第4条“男女双方根据婚姻法第八条规定补办结婚登记的，婚姻关系的效力从双方均符合婚姻法所规定的结婚的实质要件时起算”规定，张某与汪某双方婚姻关系效力应从2003年3月起算。至于张某父母提出双方补办登记未填写补办登记表格，系行政机关管理方面瑕疵，并不影响张某与汪某补办婚姻登记性质及效力，判决确认2003年3月至2006年12月30日期间，张某名下房产属汪某与张某共同财产。

⑧2011年**某侵权纠纷案**，2004年，刘某与间歇性精神病人女友白某同居，并伪造结婚证，向白某父母称已与白某结婚。2007年，刘某与前妻所生女儿因与白某发生矛盾，被白某刺死，白某因作案时为发病期，无刑事责任能力。2009年，刘某诉请白某父母赔偿。法院认为：《民法通则》第13条第2款规定：“不能完全辨认自己行为的精神病人是限制民事行为能力人，可以进行与他的精神健康状况相适应的民事活动；其他民事活动由他的法定代理人代理，或者征得他的法定代理人的同意。”白某父母作为白某监护人应承担监护责任。最高人民法院《关于贯彻执行〈中华人民共和国民法通则〉若干问题的意见（试行）》第10条规定：“监护人的职责包括：保护被监护人的身体健康，照顾被监护人的生活，管理和保护被监护人的

财产,代理被监护人进行民事活动,对被监护人进行管理和教育,在被监护人合法权益受到侵害或者与人发生争议时,代理其进行诉讼。”在被监护人因侵权行为给他人造成损失情况下,关于监护人责任,我国法律有明确规定。由于本案发生在《侵权责任法》实施之前,限制民事行为能力人造成他人损害,责任依据应是《民法通则》第133条规定:“无民事行为能力人、限制民事行为能力人造成他人损害的,由监护人承担民事责任。监护人尽了监护责任的,可以适当减轻他的民事责任。”廖某和白某在明知女儿属限制民事行为能力人情况下,放任其与他人同居生活,且对其进行结婚这样明显与其行为能力不符的行为不加以干预,属于未尽到监护责任。刘某明知白某是限制民事行为能力的精神病人而与之同居,在白某父母一再要求二人结婚情况下,伪造结婚证欺骗白某父母,使之误以为白某已与刘某结婚,刘某作为白某配偶是其第一顺序监护人,从而放弃了对白某监护。刘某行为实际上侵害了白某父母对女儿监护权。刘某作为完全行为能力人,自其诱使限制民事行为能力人白某脱离法定监护人监护时起,即应负起保护白某不受来自他人不法侵害和不为侵害他人合法权益行为的责任。考虑到受害人未成年,刘某作为监护人放任其与白某共同生活,未尽到对女儿监护责任,故应减轻白某法定监护人责任。判决部分支持刘某诉请。

⑨2009年**江苏某人身损害赔偿纠纷案**,2008年,张某父驾驶农用运输车劳作回来路上翻车,致张某死亡、张某同居女友陆某6级伤残,交警认定张某父全责。陆某诉请张某父赔偿。法院认为:民事主体权利、义务与责任承担,应体现公平原则,兼顾各方当事人利益。本案中,陆某与张某在事故发生前已同居,且在同居期间生育一女,并与张某父亲共同生活,所生育孩子一直由张某母亲抚养,陆某与张家虽无合法婚姻家庭关系,但陆某在张家共同生活、劳作,分享着共同劳动成果,同样应共同分担劳动风险。张某父系从事家庭共同劳动事务行为,在共同劳作中发生交通事故,造成伤亡后果,陆某及张家均因此遭受了巨大损失。基于陆某与张家已不再共同生活,且亦无法继续共同生活的实际情况,张某父对交通事故发生负全部责任,故对陆某要求张某父赔偿诉请,法院予以部分支持。结合张某父在陆某受伤后积极为其治疗情形及其现实给付能力,法院酌定张某父赔偿陆某损失70%即4.7万余元。

⑩2009年**湖北某民间借贷纠纷案**,2004年,黄某与廖某离婚后仍同居。此期间,黄某向王某借款20万元办厂。后黄某因故意杀人被执行死刑,羁押期间曾写信给廖某说明以卖房款还王某。法院认为:黄某与廖某虽在民政部门办理了正式离婚登记手续,但此后对外仍以夫妻名义共同生活,故本案黄某与廖某之间构成非法同居关系。黄某向王某借款20万元用于办厂,其在羁押期间写给廖某书信原件在廖某手中,而廖某拒不提供。因而王某提供的黄某在看守所中写给廖某的书信

复印件,来源清楚、合法,应予采信。而从该信内容上可看出,廖某此前知晓黄某向王某借款20万元事实,且此款用于正常家事,故应认定本案所涉借款,系黄某、廖某同居期间因共同生产、生活而产生的共同债务。依最高人民法院《关于人民法院审理未办结婚登记而以夫妻名义同居生活案件的若干意见》第11条规定,廖某对本案所涉20万元共同债务本息应与黄某承担连带清偿责任,鉴于黄某已被执行死刑,故该笔借款应由廖某偿还。

⑪2007年**江苏某赠与合同纠纷案**,2001年,袁某在与彭某离婚后与龚某再婚。2002年,袁某购房,后与彭某同居。2005年,袁某将该房赠与彭某。2007年,龚某诉请确认该房系夫妻共有房产。法院认为:袁某在婚姻关系存续期间,与明知其有合法配偶的彭某同居生活,两人行为均违反《婚姻法》规定,理应予以纠正。因双方现已自行解除非法同居关系,故法院对此不再作出裁断。诉争房屋系袁某自开发商处购买所得,房屋所有权人亦仅登记为袁某,故该房不能认定为袁某与彭某同居期间共同财产。彭某称该房系其与袁某共同出资购买,无证据证实。即便彭某偿还过住房贷款,亦只说明其与袁某间有债权债务关系,但与房屋所有权归属无关。袁某在婚姻关系存续期间取得案涉房屋所有权,且夫妻双方对婚后财产归属未作特别约定,故应依法认为该套住房为龚某与袁某共同财产。住房是一项重要财产,在婚姻关系存续期间,以住房为标的的处分行为应由夫妻双方共同实施。袁某未经龚某同意,擅自订立协议拟将夫妻共有的住房无偿处分给彭某,损害了龚某的合法权利,既不符合公序良俗,亦有违法律关于处分婚后共同财产的规定,故法院确认袁某与彭某之间订立案涉房屋赠与合同无效。

⑫2006年**新疆某名誉权侵权纠纷案**,2006年,经济报社主办的晨报登载一篇记者尹某撰写的案件报道,写到警方破获一起重大杀人案,找到了犯罪嫌疑人供述和指认的甘某女儿尸体,报道中关于甘某女儿姓名、年龄、籍贯均未经处理,并称甘某女儿与犯罪嫌疑人有过同居、性关系等。法院认为:甘某女儿被杀案尚在侦查阶段,晨报在该报道中随意披露甘某女儿即受害人真实姓名、年龄及与案件无关的与他人同居及性关系等情况,足以使读者能知晓所指向对象,公开了甘某女儿隐私,侵犯了甘某女儿名誉权,使其家人在丧失亲人后再次遭受心理和精神痛苦,故晨报社侵权。经济报社未刊载该报道,不构成侵权。尹某为晨报社记者,晨报社亦认可其身份,写该报道为职务行为,不承担民事责任。判决晨报社赔偿甘某2万元。

⑬2005年**辽宁某法定继承纠纷案**,2001年初,王某与任某同居生活。2002年12月,二人办理结婚登记。2005年,王某病故。王某母、王某女起诉任某,要求分割2001年9月以王某名义购买的房产。法院认为:任某同被继承人王某结婚登记时间虽在2002年12月23日,但王某于2001年初与前妻离婚后,即与任某同居生活。根据最高人民法院《关于适用〈中华人民共和国婚姻法〉若干问题的解释

(一)》(已于2021年1月1日起废止)第4条规定,王某与任某婚姻关系效力应从双方同居生活时开始计算。据此,诉争房屋是双方同居期间所购买。在任某与王某双方对婚姻关系存续期间财产归属未约定情况下,应适用法定夫妻财产制,故该楼房应属夫妻共有。依《继承法》第26条规定,对该楼房遗产分割时,应先分出一半归任某所有,其余一半作为遗产继承。关于被继承人王某单位返还的住房公积金、养老保险金亦应属于遗产。判决诉争房产归任某所有,任某补偿王某母、王某女,住房公积金、养老保险金由三人均分。

⑭2005年**江苏某婚约财产纠纷案**,1994年,于某离婚。2003年4月,苏某离婚。其间,双方一直保持不正当两性关系。2003年6月,双方签订分手协议,约定双方2001年所购房产归于某,苏某另补偿于某10万元。2005年,于某诉请苏某给付剩余8万元。法院认为:案涉协议违反社会公序良俗,属民法理论上的不法约定之契约,应属无效。不法约定之契约无效,不得强制执行,已转移之金钱、动产与不动产不得回复原状,据此于某依据分手协议向苏某主张给付剩余的8万元补偿金无法律依据,不予支持。判决驳回于某诉请。

⑮2004年**河南某解除同居关系案**,2000年,未办结婚登记手续情况下,王某与杨某同居。2002年,双方协议分手,约定"共同财产男方给女方5000元,今后再无财产纠纷"。其后,杨某反悔。法院认为:解除同居关系时,同居生活期间双方共同所得收入和购置的财产,按一般共有财产处理;同居期间为共同生产、生活而形成债权债务,可按共同债权债务处理。本案中,双方未办结婚登记即开始同居生活,其同居关系依法应予解除。双方居住房屋,系王某个人财产在婚后的演变,并不属于双方同居期间所得财产,应属王某个人所有。同居期间取得财产,依照规定,应属二人共同所有,双方对此享有共同权利。双方为解除同居关系所签协议系真实意思表示,且不违反法律规定,应为有效,故判决解除双方同居关系,对当事人已处理财产不再作出判决。

⑯2003年**云南某解除同居关系纠纷案**,2000年,14岁的刘某与牛某自由恋爱。2001年,双方举行婚礼。2002年,刘某生育一女。2003年,刘某诉请解除非法同居关系。法院认为:刘某在未达法定婚龄情况下,即与牛某同居生活。起诉时,刘某年仅16岁,双方行为违反了法律规定,已构成非法同居关系,依法应予解除。对于非婚生女由谁抚养问题,因双方所生女孩尚在哺乳期间,依《婚姻法》第36条第3款"哺乳期内的子女,以随哺乳的母亲抚养为原则"规定,应由刘某抚养。考虑到刘某现仍尚未成年,经征询其法定代理人意见,刘某之父书面向法院承诺愿协助刘某抚养好孩子,故准许双方所生女孩由刘某负责抚养,由其父协助抚养,牛某承担相应抚养费。因双方就共有财产分割无意见,故遵从双方协议。

⑰2001年**湖北某同居纠纷案**,1985年,龙某与李某合伙做生意,并在均有配偶

情况下长期同居，其间共同兴建房产登记在李某名下。2001 年，李某起诉龙某，法院判决解除双方非法同居关系，案涉房产归李某。随后，龙某妻子邓某提起刑事自诉，法院以重婚罪判决龙某、李某刑罚。邓某以解除李某、龙某非法同居关系的生效判决关于房产处理侵害其利益为由，要求再审。法院认为：依《婚姻法》有关规定，对重婚导致婚姻无效的财产处理，不得侵犯合法婚姻当事人的财产权益。本案中，龙某、李某明知对方均有配偶而以夫妻名义长期共同生活，构成重婚。原判对龙某、李某同居期间财产分割，虽系双方当事人意思表示，但明显偏向李某，有可能损害龙某合法配偶的合法权益，再审应予纠正。改判解除李某、龙某非法同居关系同时，同居期间兴建房产归李某所有，由李某按该住房现行评估价一半即 9 万元补偿龙某。

⑱1999 年**云南某解除同居纠纷案**，1988 年，朱某与王某同居时未达法定结婚年龄，此后一直未办结婚登记。1998 年，在孩子已满 8 岁时，二人因感情不和，朱某起诉要求解除同居关系。法院认为：非法同居不同于合法婚姻，故非法同居关系被法院判决解除时，不以感情是否破裂为条件，案件中所涉及的子女抚养、财产分割、债权、债务属于牵连之诉，应予一并处理。考虑到双方曾共同生产、生活的实际情况，双方所生子女虽不是婚生子女，但对子女应按婚生子女对待。对于同居期间双方共同所得的收入、购置的财产，不能按夫妻共同财产进行分割，只能按《民法通则》中规定的一般共同财产处理；对同居期间共同为生产、生活而形成的债权、债务，按共同债权、债务处理。本案中，双方同居生活时，朱某未到法定婚龄，依最高人民法院《关于人民法院审理未办结婚登记而以夫妻名义同居生活案件的若干意见》规定，双方系非法同居关系，不论感情是否破裂，依法应予解除。对双方均认可的共同财产，应遵循公平合理原则予以分割。双方对孩子抚养及孩子医疗费问题的协商意见，法院应予采纳。判决解除双方非法同居关系，双方所生孩子由王某抚养，朱某每月支付抚养费 200 元，孩子医疗费凭发票由双方各负担一半，共同财产各半分割。

⑲1997 年**海南某解除同居纠纷案**，1996 年 5 月，黎某与谢某认识并常同宿，对外以朋友相称。同年 8 月，因双方争吵，导致谢某从黎某宿舍楼跳下，致双腿瘫痪。黎某诉请解除同居关系。法院认为：非法同居指无配偶男女，未办理结婚登记手续即以夫妻名义公开同居生活，群众亦认为是夫妻关系的一种关系。据查，双方当事人从 1996 年 5 月至 8 月虽有同居，但黎某对外介绍谢某是其女朋友，黎某同事也认为他们只是朋友关系，黎某也反对谢某与周围邻居交往，双方只是交朋友、谈恋爱，并非以夫妻名义同居生活。鉴于双方行为只是恋爱过程中的越轨行为，不属非法同居关系，黎某起诉不属法院受理民事诉讼范围，不符合法定起诉条件，裁定驳回黎某起诉。

【典型类案实务要点】

1.**【同居关系解除时,同居期间共有财产应为一般共有】**同居关系不同于合法婚姻中的夫妻关系,在解除同居关系时,同居生活期间双方共同所得收入和购置财产,按一般共有财产处理。

2.**【共有房产被查封,共有人提起析产诉讼,应予受理】**共有房屋在执行案件中被部分查封,共有权人为析产目的提起诉讼的,应允许析产诉讼进入实体审理阶段,而不应程序上驳回起诉。

3.**【同居期间取得财产,无法证明出资额,应视为共有】**同居期间取得的财产,虽登记在一方名下,但双方对财产的取得均作出贡献的,对该财产应认定为双方共同所有,另一方要求分割的,法院应根据照顾妇女、儿童原则,并结合财产实际情况予以合理分配。

4.**【同居期间共同购置房屋,分割时,应考虑出资份额】**同居期间共同购置房产,通常情况下按投资比例分割,但已明确登记为共同共有房屋,应以共同共有均等分割为基本原则,并应充分考虑投资人对房产出资份额。

5.**【复婚前同居期间所得财产,应认定为夫妻共同财产】**夫妻关系存续期间所得财产,除另有约定外,均属夫妻共同财产。夫妻离婚后,同居一段时间再复婚的,只要同居符合实质结婚要件,其间所得财产亦应认定为夫妻共同财产。

6.**【非法同居期间取得财产,认定归属应考虑公序良俗】**认定是否属同居生活期间双方共同购置的财产,不能仅以该项财产取得时间确定,同时对同居期间取得财产权属性质认定应有公共政策的考量。

7.**【婚姻关系效力从同居时起算的,同居期间房产共有】**男女双方补办结婚登记,婚姻关系效力从双方均符合法定结婚实质要件的同居生活开始时起算的,同居期间所购房产应认定为夫妻共同财产。

8.**【非法同居期间的财产处理,不得侵犯他人财产权益】**对非法同居或重婚导致婚姻无效的财产处理,明显偏向一方当事人,侵犯合法婚姻当事人财产权益的,应予纠正。

9.**【同居期间,必要生活费及小额医疗费,非不当得利】**男女双方恋爱同居期间,一方支付的日常生活开销,及一方为对方垫付的小额医疗费,一般不应认定为不当得利。

10.**【无效婚姻被宣告无效前,同居期间债务仍共同偿还】**因重婚而导致婚姻无效在被宣告无效前,基于同居期间发生的借款债务应由双方共担,非共同生活的合法配偶在借款人死亡后,作为继承人在继承遗产范围内对债务承担责任。

11.**【离婚后同居,因共同生活而产生债务,属共同债务】**同居期间因共同生产、生活而产生的共同债务，依最高人民法院《关于人民法院审理未办结婚登记而以夫妻名义同居生活案件的若干意见》第 11 条规定，同居双方应承担连带清偿责任。

12.【**被诱使脱离监护的精神病人侵权，减轻监护人责任**】明知对方限制民事行为能力情况下，仍诱使其脱离监护而与之同居，由此产生侵权的，应减轻加害人监护人责任。

13.【**多因共致同居女友猝死，应适用公平原则分担损失**】同居男女均不知一方患有疾病，争吵中因病发致死亡的，双方均无过错，应适用公平原则综合因果关系和经济能力等因素由当事人分担损失。

14.【**非合法婚姻家庭关系同居者，可诉请家庭成员赔偿**】非合法婚姻家庭关系的同居者，在共同劳作中因家庭成员责任发生交通事故而受伤，责任人仍应承担相应赔偿责任。

15.【**报道凶杀案件，涉及被害人隐私的，构成名誉侵权**】新闻媒体报道公安机关尚在侦查的杀人案情况时，擅自披露被害人与犯罪嫌疑人间同居及性关系，侵犯被害人隐私，构成名誉侵权。

16.【**为解除不正当两性关系所签分手协议，应认定无效**】为解除不正当两性关系所签分手协议，因违反社会公序良俗，属于民法理论上的不法约定之契约，应认定为无效。

17.【**解除同居关系时，双方所签财产分配协议，应有效**】解除同居关系时，同居生活期间双方共同所得收入和购置的财产，按一般共有财产处理；同居期间为共同生产、生活而形成的债权债务，可按共同债权债务处理。

18.【**同居关系解除，未成年母亲抚养子女，监护人协助**】解除非法同居关系后，未成年母亲仍可抚养哺乳期内子女，监护人应照顾被监护人生活，故其监护人应协助抚养。

19.【**同居期间形成共同财产、债务，应平均享有和承担**】同居期间双方共同所得收入、购置财产，按一般共同财产处理；同居期间为生产、生活而形成的债权、债务，按共同债权、债务处理。

20.【**恋爱中虽越轨，不构成一方诉请解除同居关系理由**】恋爱双方虽有越轨行为，但并非以夫妻名义同居生活，一方诉请解除同居关系的，应不属法院受理民事诉讼范围。

【类案裁判一般规则】

同居关系不同于合法婚姻中的夫妻关系，在解除同居关系时，对同居生活期间双方共同所得收入和购置财产，由当事人协议处理；协议不成的，由法院根据照顾无过错方的原则判决。同居期间因共同生产、生活而产生的共同债务，同居双方应承担连带清偿责任。双方所生非婚生子女,由哪一方抚养,双方协商;协商不成时,应根据子女利益和双方具体情况判决。

【典型参考案例索引】

主旨案例:见《同居期间所得财产的处理规则》(吴晓芳,最高院民一庭),载《民事审判指导与参考·指导性案例》(201603/67:185)。**其他案例:**①四川乐山中院(2018)川11民终410号"曾桂英与石汝高不当得利纠纷案",见《同居期间的必要生活费不构成不当得利》(李新萍、孙秀竹),载《人民司法·案例》(201908:18)。②福建厦门集美区法院(2015)集民初字第2210号"王某与黄某等生命权纠纷案",见《王能贤、张南秀诉黄世斌生命权纠纷案——多因共致同居女友猝死出租房中损失应如何分担》(余巍),载《人民法院案例选》(201806/124:35)。③广东广州中院(2012)穗中法民五终字第1230号"黎某与张某析产纠纷案",见《黎汇学诉张艳云析产纠纷案(执行异议之诉的例外、诉讼目的)》(黄彩丽),载《中国审判案例要览》(2013民:375)。④江苏高院(2012)苏民再提字第0124号"夏某与蒋某财产纠纷案",见《夏某诉蒋某某同居关系析产纠纷案》,载《江苏省高级人民法院公报》(201303/27:41)。⑤江苏高院(2012)苏民终字第0041号"刘某与李某等民间借贷纠纷案",见《刘正来诉李小云基于无效婚姻之共同债务及徐秀华等基于遗产继承借款纠纷案》,载《江苏省高级人民法院公报》(201305/29:49)。⑥广东湛江中院(2011)湛中法民一终字第199号"庞某与卢某共有物分割纠纷上诉案",见《共同共有的房产在分割时应考虑共有人的实际出资》(陈志韧),载《人民司法·案例》(201122:72)。⑦海南高院(2011)琼民一终字第38号"张某与汪某等法定继承纠纷案",见《复婚前同居期间所得应认定为夫妻共同财产——海南高院判决张西中等诉汪欣丽等被法定继承纠纷案》(胡娜、詹润红),载《人民法院报·案例指导》(20111222:06)。⑧见《被诱使脱离监护的限制民事行为能力人侵权,如何确定民事责任》(韩玫,最高院民一庭),载《民事审判指导与参考·指导性案例》(201101/45:118)。⑨江苏南京江宁区法院(2009)江宁民一初字第133号"陆某与张某交通事故人身损害赔偿纠纷案",见《陆荣诉张兴利交通事故人身损害赔偿纠纷案》,载《江苏省高级人民法院公报》(200904/4:41)。⑩湖北汉江中院(2009)汉民一终字第92号"王某诉廖某民间借贷案",见《夫妻离婚后同居期间产生的债务应认定为共同债务——湖北省汉江中院判决王晒平诉廖丽红民间借贷纠纷案》(陈忠军、王进力),载《人民法院报·案例指导》(20090619:05)。⑪江苏启东法院(2007)启民初字第0594号"龚某诉彭某赠与合同案",见《龚正霞诉彭卫兰等确认赠与合同无效案(夫妻共同财产、同居期间共同财产)》(陈南松、钱晖),载《中国审判案例要览》(2008民:261)。⑫新疆昌吉中院(2006)昌中民一终字第826号"甘某诉某晨报社等名誉权侵权案”，见《甘维寿诉乌鲁木齐都市消费晨报社、新疆经济报社及尹金钟名誉权侵权纠纷案》（杨善明），载《人民法院案例选》（200703/61：131）。⑬辽宁辽阳弓长岭区法院（2005）辽弓民初字第111号“秦某与任某等法定继承纠纷案”，见《秦兰秀等诉任桂焕法定继承案（夫妻共同财产的认定）》（梅宝庆），载《中国审判案例要览》（2006民：509）。⑭江苏淮安中院（2005）淮民一终第466号“于某与苏某婚约财产纠纷案”，见《于景华诉苏金必婚约财产纠纷案（无效婚约财产协议）》（周玉美），载《中国审判案例要览》（2006民：481）。⑮河南夏邑法院判决“王某诉杨某解除同居关系案”，见《王子亮诉杨秀玲解除同居关系案》（孟敏），载《人民法院案例选》（2004年民事/48：27）。⑯云南宜良法院（2003）宜民二初字第199号“刘某与牛某解除非法同居关系纠纷案”，见《刘春香诉刘树明解除非法同居关系案（非法同居关系的解除）》（袁东），载《中国审判案例要览》（2004民：396）。⑰湖北宜昌夷陵区法院（2001）夷民再字第16号“李某与龙某非法同居纠纷案”，见《李运芝诉龙迎春案（非法同居）》（张静波），载《中国审判案例要览》（2002民：539）。⑱云南昆明中院（1999）昆民终字第14号“朱某诉王某解除非法同居案”，见《朱巧兰诉王来生解除非法同居关系案》（梁美玲），载《中国审判案例要览》（2000民：7）。⑲海南海口秀英区法院1997年6月18日“黎某与谢某解除同居关系纠纷案”，见《黎吉哲诉谢小艺解除未明确夫妻名义的同居关系案》（张思峰），载《人民法院案例选》（200001/31：53）。

13. 夫妻忠诚协议的效力

——夫妻要忠诚，违约是否赔？

【忠诚协议】

【案情简介及争议焦点】

2000年，因尹某常以工作忙为由不回家居住，其妻王某对尹某在外交往产生怀疑，双方约定如尹某晚上12点至凌晨7点不回家居住，每1小时支付100元“空床费”。事后，尹某据此向王某出具4000元“空床费”欠条。2004年，因尹某家庭暴力，李某诉请离婚并主张精神损害赔偿，同时要求王某依约支付4000元“空床费”。

争议焦点：1.“空床费”法律性质？2. 尹某应否依约支付相关费用？

【裁判要点】

1. 本案“空床费”性质。本案中双方当事人约定所谓“空床费”,实为精神损害抚慰金性质的费用。这种“空床费”协议实质就是在丈夫无正当理由不能在约定时间内陪伴妻子情况下,情愿以支付一定数额金钱方式对妻子进行补偿。这种协议内容系当事人真实意思表示,不违反法律、行政法规禁止性规定,无碍善良风俗,理应在法律层面上得到保护。另外,该协议亦符合现行《婚姻法》所倡导的夫妻相互忠实精神,与《婚姻法》第46条规定的离婚损害赔偿制度宗旨亦相吻合。法院在审理此类纠纷时,首先应审查双方当事人在签订协议时有无欺诈、胁迫情形,如完全出于双方自愿,协议内容又无违法之处,应认定为有效协议。

2. 判决尹某支付补偿费。在我国绝大多数夫妻实行法定共同财产制情形下,就财产归属而言,夫妻属于一体,只有在婚姻关系解除时,由于共有基础丧失才发生财产分割问题。在不解除婚姻关系前提下一方要求按协议约定判决对方支付补偿款主张,法院不予支持。本案中,由于王某与尹某夫妻感情彻底破裂,尹某打伤王某属实,故判决离婚、尹某支付王某精神损失费2000元同时,判令尹某支付王某补偿费4000元。

【裁判依据或参考】

1. 法律规定。《**民法典**》(2021年1月1日)第1041条:“婚姻家庭受国家保护。实行婚姻自由、一夫一妻、男女平等的婚姻制度。保护妇女、未成年人、老年人、残疾人的合法权益。”第1042条:“禁止包办、买卖婚姻和其他干涉婚姻自由的行为。禁止借婚姻索取财物。禁止重婚。禁止有配偶者与他人同居。禁止家庭暴力。禁止家庭成员间的虐待和遗弃。”第1043条:“家庭应当树立优良家风,弘扬家庭美德,重视家庭文明建设。夫妻应当互相忠实,互相尊重,互相关爱;家庭成员应当敬老爱幼,互相帮助,维护平等、和睦、文明的婚姻家庭关系。”第1091条:“有下列情形之一,导致离婚的,无过错方有权请求损害赔偿:(一)重婚;(二)与他人同居;(三)实施家庭暴力;(四)虐待、遗弃家庭成员;(五)有其他重大过错。”

2. 最高人民法院司法解释及其他司法性文件/解读文章。最高人民法院《**关于适用〈中华人民共和国民法典〉婚姻家庭编的解释(一)**》(2021年1月1日 法释〔2020〕22号)第8条:“未依据民法典第一千零四十九条规定办理结婚登记而以夫妻名义共同生活的男女,一方死亡,另一方以配偶身份主张享有继承权的,依据本解释第七条的原则处理。”最高人民法院吴晓芳法官《**关于婚姻家庭纠纷审理热点难点问答**》〔载《民事法律文件解读》2011年第11辑(总第83辑)〕第6条:“未婚同居当事人签订的忠诚协议能否受到法律保护?答:不能,对这类纠纷起诉到法院的,不予受理。已经受理的,裁定驳回起诉。因为《婚姻法》是规范合法夫妻关系的,未婚同居关系不是婚姻法调整的范围,恋爱是自由的,恋爱时不得脚踏两只船只是道德范畴的要求。"第16条:"双方婚后签订一份'忠诚协议书'约定:双方应互敬互爱,对家庭、配偶、子女要有道德感和责任感。若一方在婚姻期间与他人有婚外性行为,需赔偿对方名誉损失及精神损失费N万元。后女方发现男方有出轨行为,遂提出离婚,并以男方违反'忠诚协议书'为由,要求法院判令男方支付赔偿金N万元。请问应如何看待'忠诚协议书'的效力?答:……对这种'忠诚协议书'应当认定为有效。因为其符合《婚姻法》的基本精神,是对《婚姻法》中'夫妻应当互相忠实'规定的具体化。也正是由于夫妻签订了具体的协议,使得《婚姻法》上原则性的夫妻忠实义务具有了可诉性。《婚姻法》第四条明文规定,'夫妻应当互相忠实,互相尊重',第四十六条又规定,'因重婚、有配偶者与他人同居等而导致离婚的,无过错方有权请求赔偿'。《婚姻法》规定可以请求提起损害赔偿的范围只限定在重婚和有配偶者与他人同居等四种情形,而一般的通奸行为不在此列,即必须达到重婚或同居的严重程度。如果当事人之间的约定比《婚姻法》规定的范围宽泛,既包括重婚、与他人同居的行为,也包括与他人的通奸行为。虽然,违反夫妻'忠实'规定尚未达到'重婚'、'与他人同居'等严重程度的一方应如何承担相应责任,现行法律未做具体规定,但法律也未明文禁止当事人自行进行约定。'忠诚协议书'的约定与《婚姻法》的基本精神相吻合,给付的赔偿金具有违约赔偿性质,这种协议应当受到法律保护。但这种协议也是属于可撤销的,如果当事人在协议签订后反悔,认为该协议显失公平,或者是在对方要死要活、苦苦相逼情形下被迫无奈签订的所谓'忠诚协议书',则可以在协议签订之日起一年之内提出撤销申请,这一年时间属于除斥期间,超过一年则法院不予支持。《合同法》第二条规定:'婚姻、收养、监护等有关身份关系的协议,适用其他法律的规定。'也就是说,婚姻、收养、监护等有关身份关系的协议并不属于交易关系,当然不应受以调整交易关系为己任的《合同法》调整,例如离婚协议应由《婚姻法》调整,一方违反该协议,另一方亦不得基于《合同法》的规定而请求承担违约责任。目前许多学者认为,《合同法》第二条第二款排除的身份合同仅指没有财产内容的身份合同,夫妻关于财产问题的约定以财产关系为内容,属于《合同法》的调整范围,不过应当优先适用《婚姻法》等有关法律,这些法律没有规定时才可适用《合同法》和《民法通则》。因此,法律并没有禁止人们对有关身份关系进行协商达成协议,只不过这种有关身份关系的协议应由《婚姻法》《收养法》等法律进行调整,法院在确认有关身份关系协议的效力时,首先应审查该协议是否违反《婚姻法》《收养法》等法律的规定。法院对夫妻之间'忠诚协议书'效力的肯定,并没有扩大现行《婚姻法》规定的适用范围。对于不构成婚外同居的一般通奸行为,法院不会主动根据《婚姻法》第四十六的规定判决夫妻中通奸一方对另一方予以赔偿,也不会根据《婚姻法》第四条‘夫妻应当相互忠实’的倡导性条款判令通奸一方承担违反忠实义务的责任。但是,对于夫妻双方在自觉自愿基础上签订的‘忠诚协议书’,法院应当认定这种‘忠诚协议书’有效。既然其与《婚姻法》规定的精神相吻合,又没有欺诈、胁迫的情形,当事人双方愿意通过‘忠诚协议书’约束自己的行为,并提前约定了违反忠诚协议行为的违约责任,法院有什么理由否定其法律效力呢?至于违反忠诚协议行为的举证问题,根据‘谁主张谁举证”的原则,法院当然不会依职权去调查什么通奸的事实,如果一方当事人主张另一方违背忠诚协议但没有相应的证据予以证明,其只能承担败诉的后果,法院又怎么会陷入‘尴尬而危险’的举证困境中呢?值得注意的是,如果当事人约定的赔偿数额过高,超过了实际负担能力,法院可以根据当事人的请求予以适当调整。”第19条:“双方结婚后男方因嫖娼被公安机关处罚,女方起诉离婚,男方坚决不同意,并在法庭上当着法官的面写了保证书称:‘我今后保证和女方和好如初,不出现任何对不起女方的事情,如果出现,放弃所有家产。’但在女方撤回离婚诉讼不久,男方又因在娱乐按摩场所嫖娼,被公安机关处以行政拘留10天,并罚款3千元。女方再次起诉离婚,并要求按保证书履行,男方翻悔不同意。请问这种保证书有效吗?答:作为一个完全民事行为能力人,保证书是男方在法庭上当着法官的面写下的,系对夫妻共同财产处分的真实意思表示,其应当预料到如果再做出对不起女方的事情,离婚时不应分得任何夫妻共同财产;该保证书既体现了夫妻应相互忠实的立法精神,亦符合社会道德的标准,故该保证书对夫妻处分共同财产的行为是有法律约束力的,应当得到法院的支持。”最高人民法院**《关于适用〈中华人民共和国婚姻法〉若干问题的解释(一)》**(2001年12月27日　法释〔2001〕30号,已于2021年1月1日起废止)第3条:“当事人仅以婚姻法第四条为依据提起诉讼的,人民法院不予受理;已经受理的,裁定驳回起诉。”

3. 地方司法性文件。江苏高院**《家事纠纷案件审理指南(婚姻家庭部分)》**(2019年7月18日)第24条:“夫妻双方订立忠诚协议约定如果夫妻一方违反忠诚义务将赔偿夫妻另一方违约金或者精神损害抚慰金,夫妻一方起诉主张确认忠诚协议的效力或者以夫妻另一方违反忠诚协议为由主张其承担责任的,应当如何处理?夫妻忠诚协议是夫妻双方在结婚前后,为保证双方在婚姻关系存续期间不违反夫妻忠诚义务而以书面形式约定违约金或者赔偿金责任的协议。夫妻是否忠诚属于情感道德领域的范畴,夫妻双方订立的忠诚协议应当自觉履行。夫妻一方起诉主张确认忠诚协议的效力或者以夫妻另一方违反忠诚协议为由主张其承担责任的,裁定不予受理,已经受理的,裁定驳回起诉。”北京三中院民二庭**《婚姻家庭案件法律适用疑难问题研讨会意见》**(2016年11月2日)第1条:“夫妻‘忠诚协议’的效力如何认定?‘忠诚协议’的效力尚未形成统一认识,主要有三种观点:第一种观点,认定‘忠诚协议’有效。《婚姻法司法解释(三)》草案曾考虑认定‘忠诚协议’有效,主要基于两点理由:第一,该协议是双方真实意思表示,且不违反法律、行政法规强制性规定,也未损害他人利益;第二,婚姻法第四条规定,夫妻间应当相互忠实,忠诚协议实质上是对婚姻法中抽象的夫妻忠实义务具体化。但正式出台的《婚姻法解释(三)》并未保留该条。第二种观点,认定‘忠诚协议’无效。理由主要是:婚姻法第四条规定的夫妻之间的忠实义务是道德义务而不是法律义务,不宜将道德、感情上的要求转变为法律上的要求并赋予强制执行力。第三种观点,法院不予处理。上海高院目前的做法:在婚姻存续期间主张依忠诚协议获得赔偿的,法院不予受理;在离婚案件中依忠诚协议主张赔偿的,不予处理,相当于超过诉讼时效的债权债务关系。吴晓芳法官个人倾向于法院不予处理。我们认为,对于夫妻间‘忠诚协议’中关于子女抚养等身份关系的内容,法院应认定无效;对于夫妻间‘忠诚协议’关于财产关系的内容,一般应认定有效,无履行可能或显失公平的,法院可以适当调整。”浙江高院民一庭**《关于印发〈关于审理婚姻家庭案件若干问题的解答〉的通知》**(2016年6月27日　浙高法民一〔2016〕2号)第6条:“婚姻关系存续期间,夫妻双方订立如一方发生婚外情或实施家庭暴力等行为,离婚时放弃财产的协议,或者一方出具前述内容的承诺或保证书,另一方起诉以夫妻财产约定为由请求确认协议、承诺或保证书有效并要求据此分割财产的,能否予以支持? 答:婚姻关系存续期间,夫妻双方订立如一方发生婚外情或实施家庭暴力等行为,离婚时放弃财产的协议,或者一方出具的前述内容的承诺或保证书,是对特定条件成就后离婚时夫妻财产分割的约定,非属《婚姻法》第十九条规定的夫妻财产约定。参照《婚姻法司法解释(三)》第十四条‘当事人达成的以登记离婚或者到人民法院协议离婚为条件的财产分割协议,如果双方协议离婚未成,一方在离婚诉讼中反悔的,人民法院应当认定该财产分割协议没有生效,并根据实际情况依法对夫妻共同财产进行分割’的规定,一方在离婚诉讼中反悔的,对此协议、承诺或保证书的效力应不予确认。法院应根据实际情况对财产进行分割。一方存在婚外情、家庭暴力等过错且导致离婚,另一方无过错的,在夫妻共同财产分割时,可综合考虑过错情况等,对无过错方酌情予以照顾,以平衡双方利益。”广东深圳中院**《关于婚姻家庭纠纷案件的裁判指引(2014修订)》**(2014年5月21日)第21条:“存在同居关系的一方当事人以另一方当事人违反忠诚协议为由提起违约之诉,人民法院不予受理。说明:第二十一条是对同居期间能够以违反忠诚协议为由提起违约之诉问题的裁判指引。未婚同居关系并非婚姻法保护范围,恋人之间相互忠诚属于道德范畴,不宜由法律调整。最高人民法院吴晓芳法官在《婚姻家庭纠纷审理热点、难点问答》一文中亦持该观点,载于民事法律文件解读2011年第11辑第47—48页。”第37条:“一方当事人以另一方当事人违反忠诚协议导致离婚为由请求另一方当事人在离婚时履行其在忠诚协议中所作损害赔偿承诺的,人民法院应予支持,但该忠诚协议约定的损害赔偿数额过高时,人民法院可以适当调整。说明:第三十七条是对违反婚内忠诚协议引起的纠纷如何处理的裁判指引。婚姻法规定夫妻应当相互忠实。夫妻之间签订的忠诚协议与婚姻法的上述规定意旨并不冲突,亦不违反民法意思自治原则,因此夫妻之间签订的忠诚协议中的赔偿金具有违约赔偿性质,应受法律保护,但该协议存在可撤销或者可变更事由时,应当准许有关当事人行使撤销权。最高人民法院吴晓芳法官在《婚姻家庭纠纷审理热点、难点问答》一文中亦持该观点,载于民事法律文件解读 2011 年第 11 辑第 55 - 56 页。”广东广州中院《**民事审判若干问题的解答(婚姻家庭部分)**》(2010 年 4 月)第 14 条:“同居期间签订协议,如不结婚就由对方赔偿,或离婚协议中约定,离婚后对方不再结婚就给付多少款项,如何处理?答:《婚姻法》第二条规定,我国实行婚姻自由的婚姻制度。上述协议限制了婚姻自由,应认定为无效。”上海高院《**民事法律适用问答**》(2003 年第 1 期)第 3 条:“夫妻在婚前或婚后所签订的一方应当对另一方忠实,不得有婚外情,如有违反,违反的一方应当支付违约金或赔偿损失的约定,是否具有可诉性,法院应否支持当事人的诉请?答:《婚姻法》第 4 条所规定的忠实义务,是一种道德义务,而不是法律义务,夫妻一方以此道德义务作为对价与另一方进行交换而订立的协议,不能理解为确定具体民事权利义务的协议。所以,经高院审委会讨论,已明确,(1)严格执行最高人民法院《关于适用〈中华人民共和国婚姻法〉若干问题的解释(一)》的规定,对当事人仅以婚姻法第 4 条为依据提起诉讼的,人民法院不予受理;已经受理的,裁定驳回起诉。(2)对夫妻双方签有忠实协议,现一方仅以对方违反忠实协议为由,起诉要求对方履行协议或支付违约金及赔偿损失的,人民法院不予受理。(3)除婚姻法第 46 条规定的情形外,夫妻一方在离婚案件中以对方违反忠实协议或违背忠实义务为由,要求对方支付违约金或损害赔偿的,审理该案的人民法院对此诉请不予处理。(4)之前已审结并发生法律效力的相关案件不再调整。”上海高院《**关于下发〈关于在民事审判中实施“中华人民共和国婚姻法”的暂行意见〉的通知**》(2001 年 6 月 7 日　沪高法〔2001〕263 号)第 4 条:“婚姻关系存续期间,当事人以配偶违反忠实义务,或实施家庭暴力,或虐待家庭成员为由,向人民法院提起民事诉讼,要求排除妨碍的,人民法院应当告知当事人按婚姻法第 43 条规定要求有关部门处理,人民法院不予受理。当事人坚持起诉的,裁定不予受理。”

【参考类案】

①2008 年**河南某离婚纠纷案**,2007 年 3 月,夫写《保证》予妻:再有越轨行为,房屋归妻,并赔偿精神损失费 30 万元。当年年底,夫单位作出的处分决定认定夫

"无悔改之意",依然与其他女性保持不正当男女关系。夫诉离婚并称《保证》系受胁迫应无效。法院认为:夫所做保证,系忠诚于婚姻的保证,应视为夫向妻作出的不履行夫妻忠实义务时给妻的承诺,是其真实意思表示,对夫具有法律拘束力,故夫妻共有房屋归妻所有,依公平原则,妻应支付夫购房款2万元。考虑到双方离婚过程中,夫的过错程度及经济收入情况,可对其所做《保证》中承诺的精神抚慰金适当给付,酌定为2万元。

②2008年**河南某离婚纠纷案**,2001年,王某与妻子赵某签订协议,约定"一方道德品质出现问题,向对方提出离婚,应赔偿对方精神损失费和青春损失费30万元"。2004年,双方因隙分居期间,赵某发现王某有婚外情。赵某起诉离婚时,主张王某应违约赔偿30万元。法院认为:案涉协议系双方婚姻关系存续期间为实现相互尊重、相互帮助、爱护对方、彼此忠诚对待目的签订,该协议不违反法律规定,应为有效,但协议约定的青春损失费因违反公序良俗而不应得到法律支持。双方分居期间,王某与其他异性产生婚外情,导致夫妻感情破裂,使赵某遭受精神伤害。王某违反协议约定,亦违反夫妻应互相忠实法律规定,应依约对无过错方赵某赔偿。赔偿数额应结合本案实际情况及王某收入状况和本地生活水平,由法院酌定精神损害抚慰金为15万元。

③2006年**贵州某离婚纠纷案**,1990年,结婚1年且各方面处于劣势的龚某与妻子袁某订立"爱情协议",约定"从签约之日起15年,财产归女方所有;15年后财产五五分成"。2006年,事业有成的龚某诉请离婚。法院认为:夫妻可以约定婚姻关系存续期间所得财产及婚前财产各自所有、共同所有或部分各自所有、部分共同所有。本案中,双方协议关于15年内财产属女方所有约定实质上是夫妻双方在财产形成前财产约定,可产生在婚前,亦可产生在婚后,属有效内容。夫妻共同财产附属于婚姻关系存在而存在,婚姻关系是夫妻共同财产处置权前提和基础,故协议关于15年后财产五五分成约定,因该约定时期财产尚处预期之中,故应随着婚姻关系结束而归于无效。本案经调解,存款、房屋归女方所有,按揭款由女方支付。

④2005年**北京某欠款纠纷案**,2003年,武某与洪某同居,其间手术终止妊娠。2004年,洪某与他人同居,并向武某出具6万元欠条,作为"自愿给付的精神损失费"。2005年,武某诉请洪某给付6万元。法院认为:合法的民事行为应受法律承认和保护。一个民事行为是否被认定为民事法律行为,从而受到法律保护,应具备下列条件:行为人具有相应民事行为能力;意思表示真实;不违反法律或者社会公共利益;符合法律规定的形式要件。本案中,双方均具有完全民事行为能力,且该行为形式并无不当。洪某基于道德和自身情感上原因,认为自身行为给对方造成了精神上创伤。对此洪某本人书写的欠条词义表述中已得以体现。其与武某达成协议,自愿承诺给付武某精神损害抚慰金,该行为应认定系其自愿真实意思表示。

行为之时,并无干涉其意思表示情形。武某在2004年5月之前系处于已婚状态,之前其与洪某公开以夫妻名义同居行为有悖《婚姻法》“禁止有配偶者与他人同居”规定,对于此期间因双方同居行为所产生的债权债务因违反法律和社会公共利益,自不应予保护。但2004年5月武某与其配偶离婚后,其与洪某同居行为则并不违反法律,且本案所诉争精神损失费是双方在结束同居生活时,对财产的自由处分,该行为性质是洪某认同武某精神受到创伤,自愿表示给予经济补偿以弥补其精神伤害的承诺。该行为本身并无违反法律之处,亦因该补偿仅涉及双方自身利益,并无损害公共利益之处。洪某出具欠条、承诺给付精神损失费的民事行为,意思表示自愿真实,不违反法律和社会公共利益,且并无导致该行为无效或可撤销事由,应认定为合法有效。从而由上述行为所引发出的洪某对武某所负6万元债务,因债之发生根据合法有效,亦就使得该6万元债务应受法律保护。判决洪某给付武某精神损失费6万元。

【典型类案实务要点】

1.**【夫妻关系存续期间约定“空床费”,离婚时应兑现】**夫妻婚姻关系存续期间所签涉及财产问题协议,经审查不存在欺诈、胁迫情形,亦不违法的,离婚时一方要求依约履行的,应予支持。

2.**【不涉及特定人身关系的夫妻忠诚协议,应认定有效】**单纯的不涉及特定人身关系的夫妻忠诚协议有效,各种违反忠诚协议的损失赔偿,实质上为精神损害赔偿,应按相关法律关于离婚损害赔偿的规定处理,对具体财产归属有约定或附条件的,可按约定处理。

3.**【夫妻忠诚协议受法律保护,但青春损失费约定无效】**夫妻一方违反忠实协议约定,对方有权要求支付约定的违约金或精神损害赔偿,但协议约定青春损失费因违反公序良俗而不应得到法律支持。

4.**【十五年后财产五五分成,该约定因离婚应归于无效】**夫妻双方关于财产归一方所有约定应为有效,但关于婚姻关系解除后财产分配的约定不能对双方产生法律约束力。

5.**【解除同居关系时,一方赔偿对方精神损失承诺有效】**男女双方解除同居关系时,一方自愿给付对方精神损害赔偿金的承诺,并不违反法律或社会公共利益,应认定有效。

【类案裁判一般规则】

未婚同居当事人签订的忠诚协议不受法律保护,对这类纠纷起诉到法院的,不予受理;已经受理的,裁定驳回起诉。婚姻关系存续期间,夫妻双方订立如一方发生婚外情或实施家庭暴力等行为，离婚时放弃财产的协议，或者一方出具的前述内容的承诺或保证书，是对特定条件成就后离婚时夫妻财产分割的约定，一方在离婚诉讼中反悔的，对此协议、承诺或保证书效力应不予确认，法院应根据实际情况对财产进行分割。一方存在婚外情、家庭暴力等过错且导致离婚，另一方无过错的，在夫妻共同财产分割时，可综合考虑过错情况等，对无过错方酌情予以照顾，以平衡双方利益。

【典型参考案例索引】

主旨案例：见《如何处理夫妻双方在婚姻关系存续期间签订的涉及财产问题的协议》（吴晓芳，最高院民一庭），载《民事审判指导与参考·指导性案例》（200802/34：65）。**其他案例：**①河南平顶山新华区法院（2008）新民初字第395号"宋某诉向某离婚纠纷案"，见《夫妻之间忠诚协议效力的判断——宋振州诉宋湘敏离婚纠纷案》（范书伟），载《人民法院案例选·月版》（200905/5：48）。②河南新郑法院（2008）新民初字第1600号"赵某诉王某离婚案"，见《夫妻忠诚协议的效力问题——王志勇诉赵淑玲离婚案》（高魁、孙书灵、潘龙峰），载《人民法院案例选·月版》（200911/11：73）；另见《夫妻忠诚协议的效力》（孙书灵、高魁、潘龙峰），载《人民司法·案例》（200922：76）。③贵州遵义红花岗区法院（2006）红民一初字第484号"龚某诉袁某离婚案"，见《是夫妻财产约定，还是爱情忠贞誓言?》（袁古君），载《人民司法·案例》（200705：103）。④北京朝阳区法院（2005）朝民初字第2238号"武某与洪某等欠款纠纷案"，见《武海霞诉洪竹青欠款案（解除同居关系承诺给付精神损害赔偿金的效力）》（李涛、赵彤），载《中国审判案例要览》（2006民：103）。

14. 婚约财产纠纷之处理

——提亲送彩礼，分手退不退?

【婚约彩礼】

【案情简介及争议焦点】

2009年，杨某与女友柳某举办婚礼，因未达法定婚龄而未办结婚登记。男方在举办婚礼前给女方送去2.88万元彩礼，一部分被女方用于购买电视、冰箱等生活用品作为嫁妆带到男方。双方共同生活3年多，并育有一子。2012年，双方解除同居关系并处理了非婚生子抚养问题。2013

年,杨某诉请柳某返还彩礼。

争议焦点:1. 婚约彩礼性质?2. 本案柳某应否返还彩礼?

【裁判要点】

1. 婚约彩礼系附条件赠与。最高人民法院《关于适用〈中华人民共和国婚姻法〉若干问题的解释(二)》(已于2021年1月1日起废止)第10条第1款规定:"当事人请求返还按照习俗给付的彩礼的,如果查明属于以下情形,人民法院应当予以支持:(一)双方未办理结婚登记手续的……"婚约彩礼系附解除条件的赠与,以婚约解除作为解除条件。故婚约解除后,受赠人应将彩礼返还给赠与人,如受赠人拒不返还而继续占有彩礼,将构成民法上不当得利。

2. 本案返还诉请不应支持。对于同居双方已举办婚礼,对外以夫妻名义共同生活较长时间,甚至已生育子女情况,双方结婚时一方支付给另一方的彩礼往往已用于双方共同生活和非婚生子女抚养,此时判令接受彩礼一方返还,将带来实质上不公平。故对未办婚姻登记,一方主张返还彩礼的,应考虑双方共同生活时间长短。对共同生活时间较长的,可不支持返还彩礼请求。因为共同生活时间较长的,一是可以排除女方借婚姻索取财物的主观可能性,二是经过长时间共同生活,女方接受的彩礼大多已转化为夫妻共同财产或已用于共同生活,无返还必要。对共同生活时间较短,但确有证据证明彩礼已用于共同生活或非婚生子女抚养的,女方也可拒绝返还,故本案对杨某返还彩礼诉请不予支持。

【裁判依据或参考】

1. 一般规定。最高人民法院《**关于适用〈中华人民共和国民法典〉婚姻家庭编的解释(一)**》(2021年1月1日　法释〔2020〕22号)第5条:"当事人请求返还按照习俗给付的彩礼的,如果查明属于以下情形,人民法院应当予以支持:(一)双方未办理结婚登记手续;(二)双方办理结婚登记手续但确未共同生活;(三)婚前给付并导致给付人生活困难。适用前款第二项、第三项的规定,应当以双方离婚为条件。"最高人民法院《**关于为实施乡村振兴战略提供司法服务和保障的意见**》(2018年10月23日　法发〔2018〕19号)第24条:"大力弘扬社会美德,传承发展提升农村优秀传统文化。依法妥善处理乡村邻里纠纷,弘扬守望相助、崇德修睦的乡邻美德,维护熟人社会基于血缘、亲缘、宗缘、地缘关系建立的情感和道德纽带。注意甄别地方风俗、民族习惯,通过司法审判引导农村摒弃高额彩礼、干预婚姻自由、不赡养老人等不良风气。通过司法审判依法监督行政机关在农村公共文化建设、移风易俗行动中依法行使职权,推动乡风文明新气象的形成。"最高人民法院办公厅《**关于印发〈全国民事审判工作会议纪要〉的通知**》(2011年10月9日　法办〔2011〕

442 号）的 7 条："……《关于适用〈中华人民共和国婚姻法〉若干问题的解释（二）》第十条第一款第（一）项规定的'双方未办理结婚登记手续'，并非针对双方已共同生活的情形，如果未婚男女双方确已共同生活但最终未能办理结婚登记手续，给付彩礼方请求返还彩礼，人民法院可以根据双方共同生活的时间、彩礼数额并结合当地风俗习惯等因素，确定是否返还及具体返还的数额。"最高人民法院**《关于适用〈中华人民共和国婚姻法〉若干问题的解释（二）》**（2004 年 4 月 1 日　法释〔2003〕19 号，已于 2021 年 1 月 1 日起废止）第 10 条："当事人请求返还按照习俗给付的彩礼的，如果查明属于以下情形，人民法院应当予以支持：（一）双方未办理结婚登记手续的；（二）双方办理结婚登记手续但确未共同生活的；（三）婚前给付并导致给付人生活困难的。适用前款第（二）、（三）项的规定，应当以双方离婚为条件。"农业农村部**《对十三届全国人大二次会议第 5523 号建议的答复》**（2019 年 8 月 30 日）第 2 条："……随着农村经济发展和城乡差距逐步缩小，将为推动解决高价彩礼、大操大办问题提供有利的外部条件。当前阶段扭转落后习俗，要依靠自治组织约束和党员带头发挥重要作用。2018 年 12 月，民政部、中央组织部、中央政法委、中央文明办、司法部、农业农村部、全国妇联出台了《关于做好村规民约和居民公约工作的指导意见》，对村规民约的主要内容、制定程序、监督落实、组织领导等方面提出了明确要求。近日，中办、国办印发《关于加强和改进乡村治理的指导意见》，要求实施乡风文明培育行动，全面推行移风易俗，提倡把喜事新办等内容纳入村规民约，并建立监督和奖惩机制。同时要求发挥党员在乡村治理中的先锋模范作用，带动群众全面参与。中央农办、农业农村部面向全国征集精选了 20 个乡村治理案例，总结了建立自治组织，用村规民约推进移风易俗、建设文明乡风以及党员干部发挥带头示范作用的实践经验。"河南商丘中院**《关于审理婚约财产纠纷案件的裁判指引》**（2020 年 8 月 4 日　商中法〔2020〕106 号）第 7 条："彩礼返还的形式。彩礼（现金、存款除外）的返还，以返还原物为原则，但双方同意折价返还的除外；因不可抗力导致物的损坏、灭失或因自然损耗、物价降低等因素导致物品价值减少的，一方要求另一方赔偿，不予支持。返还彩礼时不计算利息。"第 9 条："特别规范。彩礼给付人在婚约、同居或婚姻关系存续期间实施暴力，导致婚约解除或离婚，对其要求返还彩礼的请求，不予支持。男女双方未涉及同居生活期间财产分割的，不应定性为同居关系析产纠纷，而应定性为婚约财产纠纷。婚约财产纠纷案件中，若涉及一方婚前个人财产，应一并处理。"北京三中院民二庭**《婚姻家庭案件法律适用疑难问题研讨会意见》**（2016 年 11 月 2 日）第 6 条："为促成双方婚姻，一方父母应另一方要求将房屋登记在其名下，后双方没有结婚，登记权人主张房屋为其所有，应当如何处理？我们认为，此类问题应尊重物权登记效力，将房屋认定为登记方所有，同时考虑出资来源，比照适用彩礼的处理返还事宜。"安徽滁州中院**《关于审理**

婚姻家庭纠纷案件座谈会纪要》(2013 年 8 月 2 日)第 2 条:"在离婚纠纷案件中,当事人提出返还彩礼或返还陪嫁物品的,告知当事人可另行提起诉讼。如双方当事人一致同意在离婚案件中对返还彩礼或返还陪嫁物品一并处理,并达成调解协议的除外。"第 28 条:"对于婚约财产纠纷案件,适用诉讼时效两年的规定。如果双方没有登记结婚,给付方要求对方返还婚约财产,对方拒不返还的,自对方拒不返还之日起计算诉讼时效;如果双方登记结婚的,自双方解除婚姻关系之日起计算诉讼时效。"山东临沂中院**《关于审理民事案件的若干指导意见(试行)/婚姻家庭部分》**(2011 年 3 月 29 日　临中法〔2011〕55 号)第 2 条:"在离婚纠纷中,当事人主张返还彩礼的,结婚期限应不超过一年。超过一年的,人民法院不予支持。"江苏高院**《婚姻家庭案件审理指南(2010 年)》**(2010 年 5 月 18 日)第 2 章:"婚约彩礼纠纷……(二)是否返还的问题。1. 不予返还。根据《最高人民法院关于适用〈中华人民共和国婚姻法〉若干问题的解释(二)》(以下简称《婚姻法解释二》)第十条的规定,当事人虽接受彩礼,但已经结婚的,离婚时如一方主张返还的,原则不予支持。但特殊情形下例外:一是虽办理结婚登记但确未共同生活。二是因婚前给付导致给付人生活困难。此处应指因给付行为导致给付人依靠个人财产和离婚分得的财产无法维持当地最基本生活水平的情形。2. 应予返还。有以下三种情形,彩礼应予返还:(1)给付彩礼后双方未办结婚登记的。(2)包办、买卖婚姻而收受彩礼的。(3)以订婚为名行骗取彩礼之实……"辽宁高院**《关于印发〈全省法院民事审判工作座谈会会议纪要〉的通知》**(2009 年 6 月 1 日　辽高法〔2009〕120 号)第 24 条:"关于请求返还彩礼的适应条件。《婚姻法》解释(二)第十条规定的三项彩礼返还条件属原则性规定,审判实践中遇到特殊情况,可根据该原则性规定的精神灵活掌握。对于双方虽未办理结婚登记,但以夫妻名义同居时间较长,甚至生育子女的,当事人返还彩礼的请求原则上不应予以支持。"江西高院**《关于审理婚姻家庭纠纷案件适用法律若干问题的解答》**(2008 年 10 月 10 日)第 18 条:"男女双方未办结婚登记,但按照传统习俗举办了结婚仪式而同居生活后产生的彩礼纠纷、要求返还的,如何处理?彩礼返还的规定是基于我国农村习俗的特殊情况所作出的。考虑农村中未办理结婚登记而同居生活情形的广泛性,《婚姻法解释一》作出了追溯补办结婚登记手续效力的规定。根据该精神,未办理结婚登记而同居生活引起的彩礼纠纷,如符合《婚姻法解释二》第十条规定的情形,可以参照该规定精神,酌情返还。"第 19 条:"双方已一起共同生活或已生育子女,因感情破裂而提出分手的,可否要求返还彩礼?双方共同生活时间超过两年或已生育子女,因感情破裂提出分手或离婚的,一方要求对方返还彩礼的,不予支持。"第 20 条:"婚姻被宣告无效或被撤销后,当事人请求返还彩礼的,应否支持?婚姻被宣告无效或被撤销,同样使当事人不能实现结婚目的,因此而引起的彩礼纠纷,亦可参照《婚姻法解释二》第十条规定及本《解答》精神，酌情返还。”甘肃定西中院**《关于审理婚姻家庭案返还彩礼问题的若干意见（试行）》**（2008年9月24日）第2条：“彩礼返还存在于下列案件之中：（1）婚约财产纠纷；（2）同居关系析产、子女抚养纠纷；（3）离婚纠纷；（4）解除同居关系纠纷；（5）婚姻无效纠纷；（6）撤销婚姻纠纷。除上述第一、二项外，其他彩礼返还案件均以解除婚姻关系、解除同居关系、宣布婚姻无效、撤销婚姻关系为前提，并与该诉讼请求一并提出，合并审理；未提出的，也可在离婚等法律文书生效后的两年内另行起诉，否则，人民法院不予保护。”第15条：“当事人及其亲属以婚姻法解释（一）第7条一项请求宣告婚姻无效的，适用本意见第5条2项、第13条之规定。”第21条：“双方对彩礼清算后达成协议的，经审查协议有效的，按协议执行；协议无效的，依法予以处理。”第22条：“诉讼中双方当事人自愿达成调解协议时不受本意见的限制。”河南周口中院**《关于审理涉及婚约彩礼纠纷案件的指导意见（试行）》**（2008年1月1日）第4条：“不符合最高人民法院《关于适用〈中华人民共和国婚姻法〉若干问题的解释（二）》第十条规定情形，一方请求返还彩礼的，不予支持。”第5条：“男女双方未办理结婚登记手续而共同生活两年以上、生育子女或者所接受的彩礼确已用于共同生活，一方请求对方返还彩礼的，一般不予支持。”第10条：“贵重物品的返还，以返还原物为原则。因不可抗力导致物品损坏、灭失或因自然损耗、物价降低等因素导致物品价值减少的，接受方不承担赔偿责任。接受方在婚约未解除或婚姻关系存续期间，将物品出卖或因为接受方的过错导致物品损坏、灭失的，接受方按物品出卖、损坏、灭失时的实际价值予以赔偿。”江苏无锡中院**《全市民事审判疑难问题研讨会纪要（婚姻家庭部分）》**（2006年3月14日）第1条：“离婚案件中，女方用男方给付的彩礼购买的结婚用品应作为女方的婚前财产，如男方主张返还彩礼的请求予以支持的，应判决女方用金钱返还。结婚用品系男女双方共同购买，如能分清各自的出资份额，可以作为按份共有，如不能分清各自的出资份额，则作为共同共有。如系一方出资购买的则为该方的个人财产。”江苏高院民一庭**《婚姻家庭案件疑难问题法律适用研讨会综述》**（2005年5月）第2条：“……五是离婚案件中一方起诉离婚，另一方提出返还彩礼的，是否作为反诉处理。大多数代表认为，离婚案件属于复合之诉，当事人返还彩礼的请求，不作为反诉处理。但返还彩礼部分的诉讼费用应由提出返还请求的当事人预缴。”内蒙古包头中院**《关于〈关于解决民事审判中若干问题的具体意见〉》**（2004年11月15日）第23条：“订婚后，一方反悔起诉要求对方返还彩礼款、衣服款的，应予支持。”上海高院**《〈关于适用最高人民法院婚姻法司法解释（二）若干问题〉的解答二》**（2004年9月7日　沪高法民一〔2004〕26号）第4条：“彩礼给付后，男女双方仅是形成同居关系，为此，给付彩礼的父母或亲属依司法解释（二）第十条第（一）项的规定要求对方返还彩礼的，能否支持？答：根据司法解释（二）第十条第（一）

项的规定,男女双方未办理婚姻登记的,彩礼应当返还。实践中男女双方可能基于对法律规定的不了解而仅形成了同居关系,但是在法院释明相应法律规定后,男女双方基于感情状况可能愿意补办登记,若人民法院简单地判决返还彩礼反而有失公平或易引发矛盾。因此,在审理上述情形的彩礼返还案件时,人民法院应根据个案实际情况,必要时可向同居的男女双方释明法律规定,在其不补办结婚登记的情况下,可判决返还。"

2. 彩礼性质。最高人民法院《**关于审理彩礼纠纷案件中能否将对方当事人的父母列为共同被告的答复**》(2017 年 8 月 26 日):"……您认为涉婚赠与行为是附条件的赠与,在没有与对方缔结婚姻或最终离婚的情况下,赠与行为所附条件不复存在,我们同意您的观点。对于婚前给付财物的性质问题,有学者称为附条件赠与行为,即以结婚为目的一方给予对方财物,一般数额较大。附条件赠与行为,如果条件不成或条件消失,给付方可请求返还。在农村特别是经济相对不发达地区来说,结婚给付财物(俗称彩礼)的现象比较普遍,通常是因旧俗所累,并非自愿。当两人因种种原因不能成婚时,一方要求另一方予以返还,法院一般应予支持,这也符合公平的法律理念和民间的风俗习惯……"最高人民法院吴晓芳法官《**关于婚姻家庭纠纷审理热点难点问答**》〔载《民事法律文件解读》2011 年第 11 辑(总第 83 辑)〕第 2 条:"一方婚前给付财物请求返还的纠纷如何处理? 答:对于婚前给付财物的性质问题,有学者称为附条件赠与行为,即以结婚为目的而在婚前一方给予对方财物,一般数额较大。附条件赠与行为,如果条件不成或条件消失,给付方可请求返还。对农村特别是经济相对不发达地区来说,通常是因旧俗所累,并非自愿。当两人因种种原因不能成婚时,一方要求另一方予以返还,法院一般应予支持,这也符合公平的法律理念和民间的风俗习惯。也有人认为,一方为达到与对方结婚的目的给付另一方财物,其真实意思无非是想用财物打动或收买对方,在这种情形下,给付一方要求返还财物,应不予支持。从经济学角度分析,一方在婚前给付另一方财物可视为一方与另一方结婚发生的成本,两者发生婚变,应为投资风险,投资者应自负这种风险。笔者认为,这种观点也有一定道理,但鉴于目前我国社会经济发展不平衡的现状,广大农村地区多年来存在的给付彩礼的风俗习惯,有的人家为了娶妻送彩礼而债台高筑,在结婚不成的情况下一概不予返还彩礼显然是很不公平的,也会助长借婚姻索取财物或骗取财物的行为……在司法实践中,适用该规则审理同类案件时应注意以下问题:《最高人民法院婚姻法司法解释(二)》中关于彩礼问题的规定:'当事人请求返还按照习俗给付的彩礼的,如果查明属于以下情形,人民法院应当予以支持:(一)双方未办理结婚登记手续的;(二)双方办理结婚登记手续但确未共同生活的;(三)婚前给付并导致给付人生活困难的。适用前款第(二)、(三)项的规定,应当以双方离婚为条件。'该条规定本意是为了解决广大农村地区普遍存在的彩礼问题,实践中不能任意扩大适用的范围。在经济、文化相对发达的城市中,一方以结婚为目的赠与对方财物的,应从附条件赠与的角度考虑,不能适用上述有关彩礼的司法解释的规定。”最高人民法院**《关于人民法院审理离婚案件处理财产分割问题的若干具体意见》**(1993 年 11 月 3 日　法发〔1993〕32 号,已于 2021 年 1 月 1 日起废止)第 19 条:“借婚姻关系索取的财物,离婚时,如结婚时间不长,或者因索要财物造成对方生活困难的,可酌情返还。对取得财物的性质是索取还是赠与难以认定的,可按赠与处理。”最高人民法院办公厅**《关于买卖婚姻非法所得不应称为“暴利”问题的函》**(1963 年 11 月 28 日　〔63〕法研字第 165 号):“……对于没收的用于买卖婚姻的款项和财物应称为‘非法所得’较为恰当。请你院转知文成县人民法院对于买卖婚姻非法所得不能称为‘暴利’。”最高人民法院**《关于贯彻执行民事政策几个问题的意见(修正稿)》**(1963 年 8 月 28 日)第 2 条:“……(三)买卖婚姻问题。买卖婚姻,是指第三者(包括父母)以索取大量财物为目的,强迫包办他人婚姻。买卖婚姻是法律所禁止的违法行为。对于以索取财物为目的,强迫包办他人婚姻的人,一般的应给予严肃的批评教育,情节恶劣,后果严重的,可酌情给予刑事处分。如果因买卖婚姻提出离婚,又确实未曾建立感情的,应当准予离婚,用于买卖婚姻的财物,应区别对待,是否没收,可根据当地情况提出具体的处理方案,报请省委决定。如果尚未结婚或者结婚时间不长,因买卖婚姻造成男方生产、生活上的严重困难,可酌情令收受财物的人返还一部或全部。但不能因返还财物妨碍婚姻自由或再次造成买卖婚姻。如果婚姻基本上系自主自愿,一方父母虽然索取了对方小量财物,对于这种问题主要是进行正面教育,提倡新风尚的问题,不应作为买卖婚姻处理。对于索取的财物,不予没收,一般的也不予追还,如发生争执时,可根据具体情况参照上述精神合理解决。对于以骗财为职业的媒婆和拐卖妇女的人贩子,必须根据情节,依法严加惩办,其所得财物一律没收。”最高人民法院**《关于聘金或聘礼的几个疑义及早婚如何处理的问题的复函》**(1951 年 12 月 3 日　法编字第 11230 号)第 1 条:“我院与司法部会发法编字第 9577 号函第一项注解:‘一切以索取对方一定的财物为结婚条件者’,就索取者来说,应包括当事人之父母、本人或第三人。”第 3 条:“所谓伪装结婚骗取聘金、聘礼等财物的行为,与男女双方均以婚姻为目的之买卖婚姻不同,是以诈骗对方财物为目的,以伪作结婚为得到对方财务的手段,并无与对方度夫妻共同生活的意思。其所骗取的聘金、聘礼等财物,一般的应返还被害人。但如此种聘金、聘礼等的给付,非属赠与性质,而系属买卖婚姻或变相买卖婚姻的性质,则给付的一方就不单纯是一个受骗的人,而自己也有了违法行为。问题就不单纯是一个聘金、聘礼的问题,而得酌情根据指示函中一、二两点的原则作适当的处理。”最高人民法院**《对于婚姻继承等有关问题的来问之解答》**(1951 年 5 月 31 日　法编字第 5528 号):“……关于聘礼或婚礼应否返还的问题,应依1950年6月26日法制委员会‘有关婚姻法施行的若干问题与解答’之四,先弄清聘礼或婚礼的性质,其发生在婚姻法施行以前或以后,并按取消婚约或离婚分别去处理:如果聘礼就是‘公开的买卖婚姻’或‘变相的买卖婚姻’中所索取之财物,而其发生系在婚姻法施行之后,除斟酌违法轻重给当事人以教育外,其聘礼得予没收(骗取钱财性质的聘礼应返还被害人。)此外,由于订婚人父母或男女双方出于自愿帮助或赠与,即不在婚姻法禁止之列的聘礼不论其交付是在婚姻法前后都可由当事人于取消婚约时自行协议解决,协议不成,得请由法院斟酌具体情况定其应否返还或部分返还。在婚姻法施行以前索取的聘礼,除属公开买卖婚姻者得予没收外,一般不予没收;但应给当事人以教育并得按双方经济状况酌情返还全部或一部。以上是对取消婚约时应否返还聘礼的问题说的。至于离婚而涉及结婚时的婚礼或聘礼的问题,如婚礼或聘礼发生在婚姻法施行前或虽在其后而属于赠与性质者,除当事人自行协议解决外,法院不为应否返还之裁判。如属于买卖性质而又发生于婚姻法施行后者,法院得予没收。无论在取消婚约或离婚的案件中,凡非当事人直接收受的聘礼或婚礼,在没收或返还的问题上,本人都不应负责。更不得以聘礼或婚礼的返还与否,作为取消婚约或离婚的条件。干部婚姻与一般人民的婚姻并无区别,都需切实遵照婚姻法处理。”最高人民法院**《关于契约及继承问题解释的复函》**(1950年12月2日　法秘字第12237号)第2条:“甘肃省人民法院请解释关于使用金银订立契约应否有效问题,你院意见拟就地区(汉族区与少数民族区)的不同情况,有步骤、有分寸、灵活地执行政府法令,是可以的。”河南商丘中院**《关于审理婚约财产纠纷案件的裁判指引》**(2020年8月4日　商中法〔2020〕106号)第1条:“彩礼的性质。彩礼是指以结婚为目的,按照当地风俗习惯,一方或其家庭成员给付另一方的礼金及贵重财物。”安徽淮南中院**《关于审理离婚纠纷案件若干问题的指导意见》**(2014年3月13日)第26条:“离婚时,一方请求返还按照习俗给付的彩礼的,其中的衣物和首饰部分,一般视为赠与,判决不予返还。彩礼中数额较大的现金和财物,按以下规定处理:(一)双方办理结婚登记手续但确未共同生活的,应当返还;(二)双方办理结婚登记手续并共同生活的,离婚时,原则上不予返还。但婚前给付并导致给付人生活困难的,双方共同生活不满六个月的,按给付数额的80%返还;双方共同生活已满六个月不满一年的,按给付数额的60%返还;双方共同生活已满一年不满二年的,按给付数额的40%返还;双方共同生活二年以上的,不予返还。”江苏高院**《婚姻家庭案件审理指南(2010年)》**(2010年5月18日)第2章:“婚约彩礼纠纷。婚约是男女双方以将来结婚为目的所作的事先约定。一、婚约的效力认定。(一)订婚不是法定的结婚必经程序。我国法律并未规定结婚之前必须履行订婚程序,因此是否采用订婚形式,是男女双方根据当地风俗而为,双方只负道义上责任,法律不予干涉。但双方一旦解除婚约产生返还彩礼的纠纷，人民法院予以受理。（二）双方不形成夫妻关系。根据《中华人民共和国婚姻法》（以下简称《婚姻法》）第八条的规定，男女双方只有亲自到婚姻登记机关进行结婚登记，取得结婚证，才可确立夫妻关系。因此订婚本身不产生确立夫妻关系的效力。婚约的解除无需经过任何法律程序，双方合意或单方解除均可，当事人就婚约解除或对婚约本身履行问题发生争议，人民法院不予受理。二、彩礼纠纷的处理。按照农村的一般习俗，婚约一方会向对方或对方亲友赠送订婚礼物，俗称彩礼。彩礼在我国许多地区特别是农村地区具有一定的普遍性。因婚约的解除引发的彩礼返还纠纷，长期以来一直是司法实践中的难点……”甘肃定西中院**《关于审理婚姻家庭案返还彩礼问题的若干意见（试行）》**（2008 年 9 月 24 日）第 1 条：“彩礼是指基于婚约、按照当地风俗习惯、一方应另一方要求、经中间人（媒人）说和或双方当事人认可的一方给付另一方的财物，既包括一定数量的金钱，也包括各种物品。恋爱中一方赠与另一方的财物不属彩礼（一般表现为未经中间人认可），但另一方当事人认可为彩礼的除外。包办买卖婚姻、借婚姻索取的财物不属彩礼。”安徽亳州中院**《审理婚约彩礼纠纷案件若干问题的指导意见》**（2006 年 10 月 1 日）第 2 条：“婚约中财物的给付是完全出于一方自愿，应认定为一般赠与行为，给付人要求对方返还的，不予支持。”第 12 条：“若彩礼给付人在婚约、同居或婚姻关系存续期间实施暴力，导致婚约解除或离婚，对其要求返还彩礼的请求一般不予支持。”内蒙古包头中院**《关于〈关于解决民事审判中若干问题的具体意见〉》**（2004 年 11 月 15 日）第 21 条：“一方当事人的父母在双方结婚后付给对方当事人的婚前同意给付的彩礼款，该笔款项应认定为双方的夫妻共同财产。”江苏姜堰法院**《婚约返还彩礼纠纷案件裁判规范意见》**（2004 年 10 月 28 日）第 1 条：“彩礼是指订立婚约的男女双方及各自父母以男女双方结婚为目的，在婚约期间与结婚时向对方赠送的贵重礼物及礼金。”辽宁沈阳中院**《关于审理婚姻家庭案件若干问题意见》**（2003 年）第 6 条：“关于借婚姻索取财物的认定问题，下列情况应认定为借婚姻索取财物：（一）一方以对方给付一定数额金钱或一定价值的财物为结婚条件；（二）一方索要的财产数额是对方家庭条件难以承受的且明显高于当地习俗的；（三）索要的财物未用于或仅有一少部分用于结婚的。”

3. 彩礼范围。河南商丘中院**《关于审理婚约财产纠纷案件的裁判指引》**（2020 年 8 月 4 日　商中法〔2020〕106 号）第 2 条：“彩礼的范围。彩礼包括但不限于见面礼、聘礼、上车礼、下车礼、改口费及价值 3000 元以上的首饰、电器、通讯工具、交通工具等贵重财物。”第 3 条：“特殊情形。（一）男女双方在交往过程中为表达感情、出于自愿所给付的易损耗的日常用品，赠送的价值较小的物品，请客花费、逢年过节等人情往来的消费性支出，一般应认定为赠与行为；给付人要求返还的，不予支持。（二）男女双方在交往期间，一方向另一方转账或以现金方式给付的有特殊意义数额的金钱,一般应认定为赠与行为,给付人要求返还的,不予支持;给付金钱单次超过3000元或累计超过30000元的,给付人要求返还的,应予支持。(三)一方以结婚为目的,向另一方支付的购房款、购车款为其婚前个人财产,一方要求返还的,应予支持。”浙江高院民一庭**《关于印发〈关于审理婚姻家庭案件若干问题的解答〉的通知》**(2016年6月27日 浙高法民一〔2016〕2号)第5条:“婚约财产纠纷案件中当事人范围应如何把握?答:婚约财产纠纷案件一般以男女双方为诉讼当事人。鉴于实践中彩礼的接受人或给付人可能是婚姻关系当事人的父母或其他亲属,为便于案件事实查明和纠纷解决,可根据双方诉辩确定实际接受人或给付人的诉讼地位。”山东临沂中院**《关于当前民事审判工作中的一些疑难问题会谈纪要(婚姻家庭部分)》**(2015年)第4条:“婚约财产返还范围问题,一方对于数额的认定在二审中有所调整,应当明确返还彩礼的主要范围及具体项目。在婚约订立期间男方向女方给予一定彩礼、物品,是一种传统民俗,并不违法,给予的彩礼、物品法律上称婚约财产,从法律关系而言目前流行的理论学说界定为附身份关系条件的赠与行为,即以结婚为条件,解除婚约,结婚条件不成就,赠与财产应当返还。目前从实践来看,彩礼主张包括现金、衣服、首饰、手机、电动车、摩托车、电视机等,对于返还彩礼的范围,在审判实践中自由裁量度比较大,考虑彩礼的支付是基于婚约这种关系,因此实践中返还彩礼的范围应主要界定在大额现金、首饰和价值较大电动车、摩托车、电视机等,对于衣服、易消耗品、节日期间的节礼、请客费用、按民俗支付相关亲戚的小额礼金和物品不再返还之列。至于具备返还比例和项目,除按照婚姻法解释(二)第十条规定外,应结合当地民俗和双方是否同居、双方的过错等具体情况确定,不能对婚姻法解释(二)第十条规定做机械理解,不分情况判决一律返还或一律不返还。”安徽滁州中院**《关于审理婚姻家庭纠纷案件座谈会纪要》**(2013年8月2日)第29条:“下列物品或费用不属于彩礼:(1)恋爱期间南方赠予女方的小额物品。小额物品的认定可根据当地的经济状况、当事人的经济能力等条件综合判断;(2)筹办婚礼的宴请费用;(3)男方给女方购买服装的费用;(4)按照习俗,男方给付女方的‘过桥礼’、‘梳妆礼’等(数额较大的除外);(5)男方给付女方亲戚的‘见面礼’等。”江苏高院**《婚姻家庭案件审理指南(2010年)》**(2010年5月18日)第2章:“……(一)对于彩礼的认定。要解决彩礼返还问题,首先需认定何谓彩礼。男女恋爱期间互赠财物表情达意实属人之常情。这种表达感情的物质载体并非一概为彩礼,因此男女互赠信物一旦赠与行为已经完成,是否返还完全由双方决定。而彩礼则不然,法律规定了返还原则。基于二者法律后果上的不同,需对何谓彩礼进行判断。对此,法律缺乏明确规定,但从实际情况出发,可从以下几个方面进行考量:1. 当地是否有给付彩礼的习俗。有给付彩礼习俗的,是认定彩礼的前提。如果当地没有给付彩礼的风俗习惯,男方婚前给付一般不宜认定为彩礼。2. 给付财物价值大小多少的考量。彩礼一般为数额较大的金钱或者价值较高的财物。数额是否较大需从当地经济状况出发进行认定。我省某些地区经过调研,根据当地的城镇居民人均可支配收入及农民人均纯收入情况确定礼金或礼物价值在 2000 元以上则认定为彩礼,这一做法值得肯定。当然随着当地经济发展,这一数字应相对确定,适时仍可调整……”江西高院**《关于审理婚姻家庭纠纷案件适用法律若干问题的解答》**(2008 年 10 月 10 日)第 14 条:“哪些财产属于彩礼可以要求返还?以结婚为目的,于婚前给付对方的财产,符合《婚姻法解释二》第十条规定的,可以要求对方返还。”第 15 条:“男女双方在筹备婚礼过程中为款待、宴请亲友所支出的费用,可否要求返还?男女双方在筹备婚礼过程中为款待、宴请亲友所支出的费用,属于共同支出的消费性费用,接受的一方亦未实际取得,故不得要求返还。”第 16 条:“恋爱期间赠与对方的财物可否要求返还?恋爱期间为表达感情而馈赠对方的小额财物,属赠与关系,不在彩礼之列,不得请求返还。小额的认定可根据当地的经济状况、当事人的经济能力等条件综合判断。”甘肃定西中院**《关于审理婚姻家庭案返还彩礼问题的若干意见(试行)》**(2008 年 9 月 24 日)第 4 条:“返还彩礼案件把握的基本原则是:给付彩礼后未缔结婚姻关系的原则上应予返还;给付彩礼后缔结婚姻关系的(包括合法婚姻、无效婚姻、同居关系、可撤销婚姻)原则上不予返还,只是在特殊情况下才予返还,即必须符合最高人民法院《关于适用〈中华人民共和国婚姻法〉若干问题的解释(二)》第十条之规定。”第 5 条:“在下列情况下彩礼不予返还:(1)受胁迫方(收受彩礼方)提出撤销婚姻关系的;(2)解除同居关系案件中给付彩礼方为重婚者;(3)基层组织以婚姻法解释(一)第 7 条(一)项规定申请宣告婚姻无效的;(4)夫妻关系存续或同居生活三年以上或所送彩礼用于夫妻共同生活或同居生活的。夫妻关系存续的起算时间由返还彩礼方举证证明,不能证明的,以登记结婚时间为准。同居生活超过三年的由返还彩礼方举证证明,不能证明的,推定为未超过。彩礼用于夫妻共同生活或同居生活的由返还彩礼方举证证明,不能证明的,推定为未用于共同生活。”河南周口中院**《关于审理涉及婚约彩礼纠纷案件的指导意见(试行)》**(2008 年 1 月 1 日)第 1 条:“男女双方在订立婚约的过程中,其中一方或其家庭成员按照当地风俗习惯,给付对方数额较大的财物,应当认定为最高人民法院《关于适用〈中华人民共和国婚姻法〉若干问题的解释(二)》第十条所规定的‘按照习俗给付的彩礼’。数额较大的财物一般指 500 元以上的现金或价值 500 元以上的首饰、电器、通讯工具、交通工具、生产工具以及不动产等贵重物品。一方向对方所送的烟、酒、食品、衣物等易损耗的日常用品、请客花费以及赠送的价值较小的定情信物等,都不认定为彩礼。”第 2 条:“男女双方在自由恋爱的过程中,完全出于自愿向另一方给付的财物,应认定为一般赠与行为,给付人要求对方返还的,不予支持。”安徽亳州中院**《审理婚约彩礼纠纷案**

件若干问题的指导意见》(2006 年 10 月 1 日)第 1 条:“一方在婚约中迫于当地习惯做法,按当地风俗,一般通过媒人等中间人给付另一方的财物,应认定为《最高人民法院关于适用〈中华人民共和国婚姻法〉若干问题的解释(二)》第十条中的‘按习俗给付彩礼’。彩礼一般包括现金,首饰等贵重物品,一方请客花费或所送少量烟酒及食物等,不计入彩礼的总额。”第 3 条:“双方平时逢年过节等人情往来,属于正常的交际往来,不属于彩礼的范畴。”第 4 条:“当地没有给付彩礼的习俗,一方起诉要求返还彩礼的,不予支持。”江苏高院民一庭**《婚姻家庭案件疑难问题法律适用研讨会综述》**(2005 年 5 月)第 2 条:“关于彩礼。最高人民法院《关于适用〈中华人民共和国婚姻法〉若干问题的解释(二)》(以下简称《解释二》)第十条对彩礼问题进行了比较明确的规定,但是实践中仍然存在着许多具体问题:一是彩礼的范围。《解释二》虽然明确规定了彩礼返还,但对彩礼范围未予明确。除了金钱之外,实物是否也可纳入彩礼的范围?多数代表认为,金钱与实物虽然表现形式不同,但性质相同,均可以成为彩礼,人民法院应当结合当地的具体情况以及客观案情进行认定。如果当地有彩礼给付的习俗,且给付的金钱数额较大,或者给付的实物价值较高,均可以认定为彩礼。至于达到多大的数额或者多高的价值,由人民法院结合各地的经济状况等实际情况酌情确定……”江苏姜堰法院**《婚约返还彩礼纠纷案件裁判规范意见》**(2004 年 10 月 28 日)第 5 条:“具有纪念意义的戒指、项链和手链等特定物,双方当事人能确定其性质、样式、规格、数量和价值且原物存在的,应当返还原物;原物确不存在的,按上述第三条返还彩礼比例计算返还现金;双方当事人不能确定其性质、样式、规格、数量和价值的不予返还。”上海高院**《〈关于适用最高人民法院婚姻法司法解释(二)若干问题〉的解答二》**(2004 年 9 月 7 日　沪高法民一〔2004〕26 号)第 2 条:“如何判断彩礼?答:司法解释(二)中涉及的‘彩礼’,具有严格的针对性,必须是基于当地的风俗习惯,为了最终缔结婚姻关系,不得已而为给付的,其具有明显的风俗性。因此,人民法院对于当事人诉请返还彩礼的条件,应当首先根据双方或收受钱款一方所在地的当地实际及个案情况,确定是否存在必须给付彩礼方能缔结婚姻关系的风俗习惯,否则只能按照赠与进行处理,不能适用司法解释(二)第十条规定。”

4. 诉讼主体。最高人民法院**《关于审理彩礼纠纷案件中能否将对方当事人的父母列为共同被告的答复》**(2017 年 8 月 26 日):“……在实际生活中,彩礼的给付人和接受人并非仅限于男女双方,还可能包括男女双方的父母和亲属,这些人均可成为返还彩礼诉讼的当事人。在中国的传统习俗中,儿女的婚姻被认为是终身大事,一般由父母一手操办,送彩礼也大都由父母代送,且多为家庭共有财产。而在诉讼中大多数也是由当事人本人或父母起诉,因此应诉方以起诉人不适格作为抗辩时,法院不予采信,以最大限度地保护公民的财产权利。对于被告的确定问题也是如此，诉讼方通常把对方当事人的父母列为共同被告，要求他们承担连带责任，一般习俗是父母送彩礼，也是父母代收彩礼，故将当事人父母列为共同被告是适当的。”最高人民法院吴晓芳法官**《关于婚姻家庭纠纷审理热点难点问答》**〔载《民事法律文件解读》2011 年第 11 辑（总第 83 辑）〕第 4 条：“处理有关彩礼纠纷时应注意什么问题？答：《上海市高级人民法院关于适用最高人民法院婚姻法司法解释（二）若干问题的解答（一）》对彩礼问题概括得很到位，即：彩礼具有严格的针对性，必须是基于当地的风俗习惯，为了最终缔结婚姻关系，不得已而为给付的，其具有明显的习俗性。在处理有关彩礼纠纷时应注意以下问题：1. 在实际生活中，彩礼的给付人和接受人并非仅限于男女双方，还可能包括男女双方的父母和亲属，这些人均可成为返还彩礼诉讼的当事人。在中国的传统习俗中，儿女的婚姻被认为是终身大事，一般由父母一手操办，送彩礼也大都由父母代送，且多为家庭共有财产。而在诉讼中大多数也是由当事人本人或父母起诉，因此应诉方以起诉人不适格作为抗辩时，法院不应予以采信，以最大限度地保护公民的财产权利。对于被告的确定问题也是如此，诉讼方通常把对方当事人的父母列为共同被告，要求他们承担连带责任，一般习俗是父母送彩礼，也是父母代收彩礼，故将当事人父母列为共同被告并无不妥。2. 应注意把握彩礼返还的范围，要根据已给付彩礼的实际使用情况，考虑到双方在共同生活中是否发生了必要的消耗，是否为筹办婚事支付了必要的费用等，在此基础上予以适当返还。在实际生活中，给付的彩礼可能已经用于购置双方共同生活的物品，事实上已经转化为双方的共同财产，或者已在双方的共同生活中消耗。故在处理方式上应当灵活把握，真正体现公平原则。”河南商丘中院**《关于审理婚约财产纠纷案件的裁判指引》**（2020 年 8 月 4 日　商中法〔2020〕106 号）第 4 条：“诉讼主体。婚约财产纠纷案件，原则上以婚约双方当事人作为诉讼主体，但下列情形除外：（一）订立婚约的当事人为未成年人的，婚约当事人与其监护人作为共同诉讼主体；（二）给付彩礼一方的婚约当事人虽已成年，但与其父母共同生活，并用家庭财产给付彩礼的，婚约当事人与其父母可以作为共同原告；（三）接受彩礼一方的婚约当事人虽已成年，但与其父母共同生活，或将所接受的彩礼交付给父母或用于家庭共同生活的，可根据原告的选择将婚约当事人和其父母作为共同被告。婚约当事人的父母不得单独作为诉讼主体。”北京高院民一庭**《关于审理婚姻纠纷案件若干疑难问题的参考意见》**（2016 年 8 月 4 日）第 43 条：“【彩礼问题】彩礼一般是指依据当地习俗，一方及其家庭给付另一方及其家庭的与缔结婚姻密切相关的大额财物。不具备上述特点的婚前财产赠与不构成彩礼。涉彩礼纠纷一般应列夫妻双方或未办理结婚登记手续的男女双方为诉讼当事人。”广东深圳中院**《关于婚姻家庭纠纷案件的裁判指引（2014 修订）》**（2014 年 5 月 21 日）第 20 条：“人民法院审理婚约财产纠纷时，应将存在婚约关系的男女双方列为原、被告,如果彩礼给付人或者接收人并非存在婚约关系的男女双方,人民法院可以将彩礼给付人或者接收人列为共同原告或者共同被告。说明:第二十条是对婚约财产纠纷案件诉讼主体如何列明问题的裁判指引。该裁判指引的主要目的在于方面保护公民的财产权利,减少当事人诉累、统一两级法院裁判标准。最高人民法院吴晓芳法官在《婚姻家庭纠纷审理热点、难点问答》一文中亦持该观点,载于民事法律文件解读 2011 年第 11 辑第 46 页。”山东临沂中院**《关于审理民事案件的若干指导意见(试行)/婚姻家庭部分》**(2011 年 3 月 29 日　临中法〔2011〕55 号)第 1 条:“在婚约财产纠纷中,婚约男女一方可以为被告,也可以将婚约对方的父母列为共同被告参加诉讼。”江苏高院**《婚姻家庭案件审理指南(2010 年)》**(2010 年 5 月 18 日)第 2 章:“……(四)返还主体问题。实践中,给付彩礼并不单纯是婚姻当事人之间的事情,很多情况下涉及两个家庭之间的来往,因此彩礼给付人与收受人往往不限于男女双方,而一旦产生纠纷,当事人则抗辩自己非收受方或对方非给付方。对此应区别不同情况进行处理:1. 男女双方办理结婚登记手续后,一方提起离婚诉讼,并在离婚诉讼中要求返还彩礼的,一般不列彩礼的实际给付人、实际收受人为诉讼当事人,而应以男女双方作为彩礼返还的权利人与义务人。一方以不是彩礼的实际给付人或者实际收受人为抗辩,拒绝返还彩礼的,人民法院不予支持。2. 男女双方未办理结婚登记手续,一方提起返还彩礼之诉的,如果彩礼的给付人与收受人不是男女双方,可直接列实际给付人和实际收受人为诉讼当事人,既符合实际的权利义务状态,也有利于真正纠纷的解决。”山东临沂中院**《民事审判工作座谈会纪要(婚姻家庭部分)》**(2009 年 11 月 10 日　临中法〔2009〕109 号)第 1 条:“关于婚约财产诉讼中的主体问题。由于婚约问题来源于历史传统,婚约彩礼的实际控制人既可能是婚约当事人,亦可能是婚约当事人的父母,司法实践中很难查清。上海市高级人民法院在《关于适用最高人民法院婚姻法解释(二)若干问题的解答(二)》中对‘可诉请返还彩礼的当事人范围如何把握’的问题曾作出如下解答:‘由于实践中,彩礼的给付人和接受人并非只限男女双方,还可能包括男女双方的父母或亲属,这些人均可成为返还彩礼诉讼的当事人。对于实践中可能存在的以男女双方为原、被告的彩礼返还诉讼,或在涉及彩礼返还的离婚诉讼中,被告提出原告不是实际给付人或自己不是实际接受人的抗辩,由于彩礼给付实际就是以男女双方为利益对象或代表,因此人民法院对此抗辩可不予采信。’上述解答亦符合本地的实际情况,可在审理类似案件中参照适用,即:既可以婚约男女一方单独列为被告参加诉讼,亦可将婚约男女一方与其父母或父、母列为共同被告参加诉讼,但不能将婚约当事人的父母单独列为被告进行诉讼。”甘肃定西中院**《关于审理婚姻家庭案返还彩礼问题的若干意见(试行)》**(2008 年 9 月 24 日)第 3 条:“彩礼返还案件的当事人为给付、收受彩礼的当事人,既包括缔结婚姻关系的男女双方当事人,也包括双方的近亲属。”河南周口中院《**关于审理涉及婚约彩礼纠纷案件的指导意见(试行)**》(2008年1月1日)第3条:“婚约彩礼纠纷案件,原则上以婚约双方当事人作为诉讼主体。但下列情形除外:订立婚约的当事人为未成年人的,婚约当事人与其监护人作为共同诉讼主体;给付彩礼一方的婚约当事人虽已成年,但与其父母共同生活,并用家庭财产给付彩礼的,婚约当事人与其父母可以作为共同原告;接受彩礼一方的婚约当事人虽已成年,但与其父母共同生活,并将所接受的彩礼用作家庭共同生活的,可根据原告的选择将婚约当事人和其父母作共同被告;婚约当事人的父母不得单独作为诉讼主体。”山东潍坊中院《**民事审判工作会议纪要(婚姻家庭部分)**》(2008年)第7条:“关于返还彩礼的问题。对返还彩礼问题,如果双方未婚,则为婚约财产纠纷,如果已婚,则与离婚案件中一并解决,该两类纠纷,诉讼主体都是特定的,权利义务主体应作限制性的理解。但在彩礼事实的认定中,应对给付彩礼或接受彩礼的主体,作扩张性的理解……”安徽亳州中院《**审理婚约彩礼纠纷案件若干问题的指导意见**》(2006年10月1日)第5条:“彩礼的给付、接受只发生在准备缔结婚姻关系的男女本人之间,给付人给付的是自己个人财产,接受人接受的彩礼未用于家庭生活消费,彩礼成为接受人的个人财产,诉讼主体可列男女本人。彩礼的给付、接受发生在准备缔结婚姻关系的男女之间,或发生在双方父母、其他家庭成员之间,但给付的是家庭共同财产,接受彩礼是以家庭方式出现的,诉讼主体可列包括男女本人和双方的家庭成员。”江苏高院民一庭《**婚姻家庭案件疑难问题法律适用研讨会综述**》(2005年5月)第2条:“……返还彩礼诉讼当事人的范围。实际生活中,彩礼问题比较复杂。返还彩礼诉讼的当事人如何列,谁为彩礼返还的义务人,实践中争议较大。多数意见认为,如果男女双方未办理结婚手续,一方当事人提起彩礼返还之诉的,由于彩礼的给付人与收受人并不仅限于同居双方,还可能包括同居双方的父母或者其他近亲属;彩礼的用途上,既有可能是同居当事人所用,也有可能为双方家庭所用。因此,可以列直接给付人、收受人为案件当事人,彩礼返还义务人为实际收受人,不仅限于男女当事人。这样既符合实际的权利义务状态,也利于真正解决纠纷。如果男女双方办理结婚手续后,一方当事人提起离婚诉讼,并在离婚诉讼中要求返还彩礼的,由于离婚案件审理过程中除非法律另有特别规定,一般不列第三人,故不应列彩礼的实际给付人、收受人为当事人。因彩礼的给付实际是以男女双方为利益对象或者代表,故应以婚姻当事人为彩礼的返还义务人。一方以不是彩礼的实际给付人或者不是彩礼的实际收受人为抗辩,拒不返还彩礼的,人民法院不予采信。少数意见认为,离婚案件中不宜列男女双方的父母或者其他近亲属等彩礼实际给付人、收受人为案件当事人,在离婚诉讼中不处理彩礼返还问题,可以告知当事人在离婚案件结束之后,就彩礼返还另行诉讼。多数代表倾向于第一种意见……”上海高院《**〈关于适用最高人民法院婚姻**

法司法解释(二)若干问题〉的解答二》(2004年9月7日　沪高法民一〔2004〕26号)第3条:“可诉请返还彩礼的当事人范围如何把握?答:由于实践中,彩礼的给付人和接受人并非只限男女双方,还可能包括男女双方的父母或亲属,这些人均可成为返还彩礼诉讼的当事人。对于实践中可能存在的以男女双方为原、被告的彩礼返还诉讼,或在涉及彩礼返还的离婚诉讼中,被告提出原告不是实际给付人或自己不是实际接受人的抗辩,由于彩礼给付实际就是以男女双方为利益对象或代表,因此人民法院对此抗辩可不予采信。”第5条:“应当返还的彩礼范围如何把握?答:虽然根据司法解释(二)第十条的规定,当符合条件时,已给付的彩礼应当予以返还,但在实际生活中,已给付的彩礼可能已用于购置男女双方共同生活的物品,事实上已经转换为男女双方的共同财产,或者已在男女双方的共同生活中消耗。因此,我们在处理涉及彩礼返还的案件时,就应当返还的范围而言,要根据已给付的彩礼的使用情况,是否在男女双方共同生活中发生了必要的消耗,婚姻关系或同居关系存续期间的长短等具体事实,综合把握。在处理方式上也应当灵活运用,特别是彩礼已转换为夫妻共同生活的财产时,可将彩礼的返还与分割共同财产一并考虑,在分割中体现彩礼的返还。”

5. 返还标准。最高人民法院**《关于审理彩礼纠纷案件中能否将对方当事人的父母列为共同被告的答复》**(2017年8月26日):“……针对审判实践中越来越多的彩礼纠纷,为了统一裁判标准,最高人民法院《关于适用〈中华人民共和国婚姻法〉若干问题的解释(二)》(2004年4月1日　法释〔2003〕19号,已于2021年1月1日起废止)第十条明确规定:‘当事人请求返还按照习俗给付的彩礼的,如果查明属于以下情形,人民法院应当予以支持:(一)双方未办理结婚登记手续的;(二)双方办理结婚登记手续但确未共同生活的;(三)婚前给付并导致给付人生活困难的。适用前款第(二)、(三)项的规定,应当以双方离婚为条件’。上述司法解释中‘双方未办理结婚登记手续’,并非针对双方已共同生活的情形,如果双方确已共同生活但最终未能办理结婚登记手续,给付彩礼方请求返还彩礼的,人民法院可以根据双方共同生活的时间、是否生育子女、彩礼数额并结合当地风俗习惯等因素,确定是否返还以及具体返还的数额……”最高人民法院**《关于贯彻执行民事政策几个问题的意见(修正稿)》**(1963年8月28日)第2条:“……(五)离婚案件中的财产和生活费问题。离婚案件的财产纠纷,当前存在的问题主要是各种财产应如何处理的问题。有的法院对妇女应得的财产保护不够,有的由于让妇女退出大量财物,影响到妇女的婚姻自由。有的法院对妇女借离婚索要大量的生活费或男方为了达到离婚目的假许给付大量的生活费,没有认真负责对待,造成判决后执行的困难。处理离婚后的财产和生活费纠纷,必须根据婚姻法的规定,本着有利生产和切实保护妇女与子女的合法权益的原则处理。妇女的婚前财产应归妇女所有。

对其他财产，如房屋、家具、生产工具等，最好由双方协商合理解决，如协商不成，应根据双方结婚时间的长短，家庭财产的变化情况和双方的实际需要等，予以合情合理的解决。男女双方本人生活必需的衣物用品，应归本人所有。口粮、工分和根据按劳分配的其他物款以及自留地收益等，除共同生活已用的外，应按家庭人口共同分配。女方离婚后未再婚，如果在一定时期内不能独立维持生活的，应由男方根据实际情况负担适当的生活费。对一方年老、残废或有病等实际上无劳动能力，而又无依无靠的人，必须更好的予以照顾，必要时则判给较长的或者长期的生活费。”河南商丘中院**《关于审理婚约财产纠纷案件的裁判指引》**（2020 年 8 月 4 日　商中法〔2020〕106 号）第 5 条：“返还的标准。彩礼返还数额应当结合彩礼的数额、男女双方共同生活时间长短、有无子女、过错程度、当地风俗和经济水平等因素综合认定，符合下列情形的，参照下述标准适用：(一)双方未办理结婚登记手续且未共同生活的，一方请求另一方返还彩礼，彩礼款应全额返还；但超过六个月且因给付彩礼方提出解除婚约的，返还不超过彩礼款总额的 90%；(二)双方已办理结婚登记手续但确未共同生活的，离婚时，一方请求另一方返还彩礼，彩礼款应全额返还；若因给付彩礼方原因导致离婚，可酌情返还，返还不超过彩礼款总额的 70%；(三)双方未办理结婚登记手续但确已共同生活的，共同生活超过一年或已生育子女，一方请求另一方返还彩礼，不予支持；双方未办理结婚登记手续但共同生活不足半年，一方请求另一方返还彩礼，按照 10 万元的标准，返还比例为该款的 50% －70%；共同生活超过半年但不足一年的，返还比例为该款的 30% －50%；对彩礼款总额超出 10 万元的部分，应全额返还；(四)双方已办理结婚登记手续但因婚前给付并导致给付人生活困难的，离婚时，一方请求另一方返还彩礼，双方共同生活时间不足三个月，返还彩礼款总额的 50% －70%；双方共同生活时间超过三个月不足一年，返还彩礼款总额的 30% －50%；双方共同生活超过一年，彩礼款一般不予返还。”山东泰安中院民一庭**《法官会议纪要(家事部分)》**（2020 年）第 9 条：“当事人因疫情未举办婚礼也未进行结婚登记，男方要求返还彩礼，返还的金额应当根据双方共同生活的时间长短、当地的风俗习惯、双方有无过错、女方是否怀孕等相关事实予以综合认定，一方罹患新冠肺炎不应作为要求返还或拒绝返还的依据。”江苏高院**《家事纠纷案件审理指南(婚姻家庭部分)》**（2019 年 7 月 18 日）第 8 条：“双方未办理结婚登记手续，但已共同生活，彩礼应否返还？双方已办理结婚登记手续，但共同生活时间较短，离婚时彩礼应否返还？《婚姻法解释二》第十条第一款第一项规定的‘双方未办理结婚登记手续的’并非针对双方已共同生活的情形。如果双方未办理结婚登记手续，但已共同生活，当事人主张返还彩礼的，可以根据未办理结婚登记手续的原因、双方共同生活的时间、彩礼的数额、有无生育子女、财产使用情况、双方经济状况等酌定是否返还以及返还的数额。双方已办理结婚登记手续，但共同生活时间较短,离婚时当事人主张返还彩礼的,可以根据离婚的过错、双方共同生活的时间、彩礼的数额、有无生育子女、财产使用情况、双方经济状况等酌定是否返还以及返还的数额。”浙江高院民一庭**《关于印发〈关于审理婚姻家庭案件若干问题的解答〉的通知》**(2016年6月27日　浙高法民一〔2016〕2号)第4条:“双方虽未登记结婚,但已共同生活的,当事人请求返还彩礼,应如何处理?答:《婚姻法司法解释(二)》第十条第一款第(一)项规定的‘双方未办理结婚登记手续’,并非针对双方已共同生活的情形。双方虽未办理结婚登记手续但确已共同生活,当事人请求返还彩礼的,法院可以根据共同生活时间、生育情况、未登记原因、彩礼数额、彩礼使用、回礼情况以及当地风俗习惯等因素,确定是否返还。需要返还的,可以根据前述因素酌情确定返还数额。”安徽滁州中院**《关于审理婚姻家庭纠纷案件座谈会纪要》**(2013年8月2日)第30条:“对返还彩礼纠纷案件的处理应严格依照《婚姻法解释(二)》第十条规定办理。如各方均无过错,可依下列情形确定返还比例:(1)双方虽未办理结婚登记手续,但按照当地习俗,已举行了‘结婚’仪式,并同居生活超过6个月且未生育子女的,返还比例一般为40%—50%;同居生活不满6个月且未生育子女的,返还比例一般为50%—80%;生育子女的,返还比例一般为10%—40%;(2)双方虽办理结婚登记手续,但共同生活不满6个月的,返还比例一般为40%—50%;(3)当事人主张因婚前给付彩礼导致生活困难,并提供证据予以证明,可在上述返还比例基础上酌情增加10%—20%;不能举证证明的,驳回其该项请求;(4)未办理结婚登记,也未举行结婚仪式的,返还比例一般为80%—100%。”山东临沂中院**《关于审理民事案件的若干指导意见(试行)/婚姻家庭部分》**(2011年3月29日　临中法〔2011〕55号)第3条:“因结婚不超过一年且确需返还彩礼的,人民法院判令返还的数额不宜过高,在彩礼已转换为夫妻共同生活的财产时,可将彩礼的返还与分割共同财产一并考虑,在分割中体现彩礼的返还。”江苏高院**《婚姻家庭案件审理指南(2010年)》**(2010年5月18日)第2章:“……(三)返还数额的认定。法律虽规定了返还与不返还的原则,但如果返还究竟如何掌握返还的尺度,仍需根据当地风俗及当事人特殊情况酌情认定。具体如哪方提出结束人身关系、双方结婚时间长短、有无生育子女、财产使用情况、双方经济状况等。如我省泰州姜堰市法院规定‘接受彩礼方提出解除婚约的,彩礼价值在2000元以上至10000元的,按照80%返还;价值在10000元至20000元的按照90%返还;价值在20000元以上的则全额返还。如果是给付彩礼方提出解除婚约的,2000－10000元按60%返还;10000－20000元按70%返还;20000元以上则全额返还’。此做法兼顾了当地风俗及经济发展情况,效果较好,值得借鉴……”江西高院**《关于审理婚姻家庭纠纷案件适用法律若干问题的解答》**(2008年10月10日)第17条:“彩礼返还额度如何认定?结合哪些因素考虑?彩礼返还额度应根据当事人的请求，综合考虑双方共同生活时间的长短、给付方的经济状况以及过错责任等因素、根据公平原则，全部或部分返还。”甘肃定西中院**《关于审理婚姻家庭案返还彩礼问题的若干意见(试行)》**(2008 年 9 月 24 日)第 6 条:“双方未办理结婚登记手续且未同居生活的，彩礼全额返还；但给付彩礼方提出的，返还金钱彩礼不超过 80%。”第 7 条:“双方虽办理了结婚登记手续，但确未共同生活或因给付彩礼导致给付方生活困难的，坚持照顾无过错方原则、公平原则、适当返还原则，酌情返还金钱彩礼。”第 8 条:“双方虽办理了结婚登记手续，但确未共同生活的，一年内的返还不超过 90%，两年内的返还不超过 80%，三年内返还不超过 70%；给付彩礼方提出离婚的，一年内的返还不超过 70%，两年内的返还不超过 60%，三年内的返还不超过 50%。”第 9 条:“收受彩礼方提出离婚的，一年内的返还不超过 70%，两年内的返还不超过 50%，三年内的返还不超过 30%。”第 10 条:“给付彩礼方提出离婚的，一年内的返还不超过 60%，两年内的返还不超过 40%，三年内的返还不超过 20%。”第 11 条:“因收受彩礼方的过错导致离婚的，在适用本意见第 9 条的基础上加 10%；因给付彩礼方的过错导致离婚的，在适用本意见第 10 条的基础上减 10%；双方都有过错的，不适用本条。”第 12 条:“撤销婚姻关系的，给付彩礼方如为受胁迫方，其请求撤销婚姻关系的返还不超过 80%。”第 13 条:“解除同居关系中，收受彩礼方为重婚方的，一年内的返还不超过 90%，两年内的返还不超过 80%，三年内的返还不超过 70%。”第 14 条:“以婚姻法解释(一)第 7 条二、三、四项宣告婚姻无效的，一年内的返还不超过 70%，两年内的返还不超过 50%，三年内的返还不超过 30%。”第 16 条:“已生育子女的，在上述基础上减 10%。”第 17 条:“彩礼为物品的，原则上返还原物，但双方同意折价返还的除外。”第 18 条:“彩礼为特定物的，按给付时的价格折价返还。”第 19 条:“物品正常灭失或因正常消费致原物不存在的，不予返还。但收受彩礼方将物品出卖或因收受彩礼方的过错导致物品损坏、灭失的，收受彩礼方应按物品出卖、损坏、灭失时的实际价值折价返还。”第 20 条:“返还彩礼时不能计算利息。”河南周口中院**《关于审理涉及婚约彩礼纠纷案件的指导意见(试行)》**(2008 年 1 月 1 日)第 6 条:“因给付彩礼一方的原因导致婚约解除，返还彩礼的数额可根据其过错程度、双方的经济状况等因素，酌情减少，减少的数额一般确定为彩礼总额的 10% 至 50% 之间。”第 7 条:“男女双方未办理结婚登记手续而共同生活一年以上两年以下，一方请求对方返还彩礼的，返还的数额不超过彩礼总额的 30%；共同生活一年以内三个月以上的，返还的数额不超过彩礼总额的 50%；共同生活不满三个月的，返还的数额不超过彩礼总额的 70%；因给付彩礼一方的原因导致同居关系解除的以及在共同生活期间女方怀孕或者流产的，可在前款的基础上再减少 5% 至 20%。”第 9 条:“符合本意见第八条规定情形，但是已经共同生活两年以上、生育子女或者所送彩礼确已用于共同生活，一方请求对方返还彩礼的,一般不予支持。符合本意见第八条规定情形,婚后共同生活一年以上两年以下,一方请求对方返还彩礼的,返还的数额不超过彩礼总额的30%;共同生活一年以内三个月以上的,返还的数额不超过彩礼总额的50%;共同生活不满三个月的,返还的数额不超过彩礼总额的70%;因给付彩礼方的原因导致离婚的或女方怀孕、流产的,可在第二款的基础上再减少5%至20%。"山东济南中院**《关于当前民商事审判若干法律适用问题的解答(五)》**(2007年11月9日 济中法发〔2007〕14号)第2条:"关于离婚案件中,双方当事人结婚后共同生活时间较短,给付彩礼方请求返还彩礼,是否应予支持的问题。对该问题有两种意见:第一种意见主张不予返还。根据是《最高人民法院关于适用〈中华人民共和国婚姻法〉若干问题的解释(二)》第十条第二项之规定:双方办理结婚登记手续,但却未共同生活的;当事人请求返还按照习俗给付的彩礼的,人民法院应当予以支持。因此,只要双方办理结婚登记手续且已共同生活的,一方提出彩礼返还请求的,原则上不予支持。第二种意见认为,应酌情支持返还彩礼的请求。我们认为,首先应对'结婚时间较短'加以合理界定,原则上掌握在两年以内。其次,是否支持返还彩礼的请求还应考虑是否存在'婚前给付并导致给付人生活困难'的情形。理由如下:最高人民法院关于适用《中华人民共和国婚姻法》若干问题的解释(二)第十条之规定:'当事人请求返还按照习俗给付的彩礼的,如果查明属于以下情形,人民法院应当予以支持:……(三)婚前给付并导致给付人生活困难的。'据此可知,只要存在这一法定情形,结婚后也可以请求返还彩礼。为公平起见,判令返还彩礼的数额可掌握在给付部分的80%以下。如给付彩礼方确有过错,导致夫妻感情破裂的,判令返还彩礼的数额应予酌减。"安徽亳州中院**《审理婚约彩礼纠纷案件若干问题的指导意见》**(2006年10月1日)第7条:"双方结婚或未办理结婚登记手续而同居,共同生活两年以上,一方起诉要求返还彩礼的,一般不予支持。"第8条:"双方未办理结婚登记手续且未同居生活的,办理结婚登记手续但未共同生活的,一方起诉要求返还彩礼的,原则上另一方应全额返还。若因彩礼给付人一方原因导致离婚或婚约解除,可酌情予以返还,但返还数额一般不应低于彩礼总额的70%。"第9条:"双方未办理结婚登记手续而同居生活,一方起诉要求返还彩礼,同居一年以内的,返还彩礼数额不超过彩礼总额的40%,同居一年以上两年以内的,返还彩礼数额不超过彩礼总额的20%。若因彩礼给付人一方原因导致婚约解除,返还彩礼的数额可比照前款规定的数额适当减少,但减少的数额一般不超过彩礼总额的10%。若因彩礼接受人一方原因导致婚约解除,返还彩礼的数额可比照第一款规定的数额适当增加,但增加的数额一般不超过彩礼总额的10%。双方对于婚约解除均有过错的,确定返还彩礼的数额时应比较双方的过错大小,一方过错明显大于另一方的,可比照第一款规定的数额适当增加或减少返还数额,但增加或减少的数额一般不超过彩礼总额的5%。若女方在同居期间怀孕或流产,彩礼给付人要求返还彩礼的,可根据前四款的规定确定返还数额后再适当减少返还数额,但多次减少的数额一般不超过彩礼总额的15%。"第10条:"婚前给付并导致给付人生活困难,一方起诉要求返还彩礼,结婚一年以内的,返还彩礼的数额不超过彩礼总额的50%,结婚一年以上两年以内的,返还彩礼数额不超过彩礼总额的30%。若因彩礼给付人一方原因导致离婚,返还彩礼的数额可比照前款规定的数额适当减少,但减少的数额一般不超过彩礼总额的10%。若因彩礼接受人一方原因导致离婚,返还彩礼数额可比照第一款规定的数额适当增加,但增加的数额一般不超过彩礼总额的10%。双方对于离婚均有过错的,确定返还彩礼数额时应比较双方的过错大小,一方过错明显大于另一方的,可比照第一款规定的数额适当增加或减少返还数额,但增加或减少的数额一般不超过彩礼总额的5%。"江苏高院民一庭**《婚姻家庭案件疑难问题法律适用研讨会综述》**(2005年5月)第2条:"……三是返还尺度的掌握。代表们一致认为,人民法院应当结合当事人同居时间长短或者结婚时间长短、双方的家庭状况、财产用途去向、有无子女、当地经济条件等具体情况,酌情全部或者部分返还……"内蒙古包头中院**《关于〈关于解决民事审判中若干问题的具体意见〉》**(2004年11月15日)第22条:"男女双方未登记结婚即同居生活后,一方起诉要求对方返还彩礼款、衣服款的,人民法院按照本意见第十九条的规定确定适当的返还的比例。"江苏姜堰法院**《婚约返还彩礼纠纷案件裁判规范意见》**(2004年10月28日)第2条:"婚约的礼物和礼金价值在人民币2000元以下的,一般不返还;超过人民币2000元以上的,酌情返还。"第3条:"接受彩礼方提出解除婚约的,彩礼价值在2000元以上、10000元以下的,按照80%返还;价值在10000元以上、20000元以下的,按照90%返还;价值在20000元以上的则全额返还。给付彩礼方提出解除婚约的,彩礼价值在2000元以上、10000元以下的,按照60%返还;价值在10000元以上、20000元以下的,按照70%返还;价值在20000元以上的则全额返还。"第4条:"接受彩礼方为结婚做了准备,可以准备的妆奁抵算返还。以现金返还,返还的数额在上述第三条的基础上再下降30%。"

6. 证据规则。河南商丘中院**《关于审理婚约财产纠纷案件的裁判指引》**(2020年8月4日 商中法〔2020〕106号)第6条:"生活困难的认定。生活困难是指给付彩礼的一方婚前举债给付、婚后无经济来源偿还债务,或者是婚前用家庭财产给付,婚后无固定经济来源,依靠自己的力量无法维持最基本的生活水平。确定'生活困难'需根据给付彩礼的数额、给付人的生活来源、当地生活水平等因素综合考虑,结合当事人家庭生活实际情况并根据当地村委会或乡(镇)政府民政部门出具的证明,证明其家庭收入低于当地最低生活保障标准确定。"第8条:"举证责任分配。彩礼的返还,由主张返还一方对彩礼的数额、给付形式、给付时间等承担举证责任。彩礼用于双方共同生活的,由返还彩礼方承担举证责任,举证不能的,推定为未用于共同生活。有证据证明彩礼确已用于双方共同生活,一方起诉要求返还彩礼的,对于已在共同生活中花费的部分,不予支持。共同生活是指男女双方在一起持续、稳定共同居住生活。共同生活的时间,由主张共同生活一方承担举证责任,举证不能的,一般以举行结婚仪式之日起算。"山东临沂中院**《民事审判工作座谈会纪要(婚姻家庭部分)》**(2009 年 11 月 10 日　临中法〔2009〕109 号)第 2 条:"关于离婚纠纷中因彩礼导致生活困难的事实认定问题。山东省高级人民法院鲁高法〔2008〕243 号《2008 年民事审判工作会议纪要》对此曾作出客观标准性质的规定,但实践中仍很难认定。个别当事人通过所在村委出具证明,由于当前的特殊社会背景及国情,对该类证明应从严审查,即使予以认定,返还的数额也不宜过高。具体返还比例要根据彩礼是否在男女双方共同生活中发生了必要的消耗,婚姻关系存续期间的长短等具体事实,综合把握。在处理方式上也应当灵活运用,特别是彩礼已转换为夫妻共同生活的财产时,可将彩礼的返还与分割共同财产一并考虑,在分割中体现彩礼的返还。"山东高院**《2008 年民事审判工作会议纪要》**(2008 年 10 月 13 日　鲁高法〔2008〕243 号)第 1 条:"……(一)关于返还彩礼纠纷的处理问题。要准确理解最高人民法院关于婚姻法适用司法解释的精神,将返还彩礼的范围主要限制在男女双方未结婚的情形下,对男女双方结婚时间比较短或者结婚后未同居生活的,要准确判定司法解释规定的'生活困难'的标准,即一方因彩礼的给付造成其生活绝对困难,不足以维持当地最基本生活水平的,可以有条件地支持一方请求返还彩礼的诉讼主张;对于男女结婚超过 1 年以上的,原则上不支持一方要求退还彩礼的诉讼请求。"河南周口中院**《关于审理涉及婚约彩礼纠纷案件的指导意见(试行)》**(2008 年 1 月 1 日)第 8 条:"最高人民法院《关于适用〈中华人民共和国婚姻法〉若干问题的解释(二)》第十条第一款(三)项所规定'婚前给付并导致给付人生活困难的'情形,是指给付彩礼的一方婚前举债给付、婚后无经济来源偿还债务的,或者是婚前用家庭财产给付、婚后无固定经济来源、依靠自己的力量无法维持最基本的生活水平。确定'生活困难'需根据给付彩礼的数额、给付人的生活来源、当地生活水平等因素综合考虑,目前可参照当地最低生活保障标准合理确定。"山东潍坊中院**《民事审判工作会议纪要(婚姻家庭部分)》**(2008 年)第 7 条:"……离婚中的生活困难,应是指绝对困难,即因给付彩礼导致给付人无法维持当地最基本的生活水平。对能否维持当地最基本的生活水平,主张生活困难的一方负有举证责任,对方对证据提出异议的,可提供相反证据证明。离婚中返还彩礼纠纷必须以离婚为前提,主张返还的一方不必提出反诉请求。返还彩礼的范围主要限制在男女双方未结婚的情形下,对于双方已经结婚超过一年以上的,原则上不支持一方要求返还彩礼的诉讼请求,对于结婚时间比较短或者结婚后未同居生活的，要准确判定‘生活困难’的标准，有条件地支持一方请求返还彩礼的诉讼主张。”安徽亳州中院**《审理婚约彩礼纠纷案件若干问题的指导意见》**(2006 年 10 月 1 日)第 6 条：“如果有证据证明彩礼确已用于双方共同生活，一方起诉要求返还彩礼的，对于已在共同生活中花费的部分，不予支持。”第 11 条：“‘生活困难’指生活依靠自己的力量已经无法维持当地最基本的生活水平。确定‘生活困难’需根据给付彩礼的数额，给付人经济来源，当地生活水平等因素综合考虑，目前城镇居民可参照其收入是否低于最低生活保障标准确定。”江苏高院民一庭**《婚姻家庭案件疑难问题法律适用研讨会综述》**(2005 年 5 月)第 2 条：“……四是‘生活困难’的认定。《解释二》规定‘婚前给付并导致给付人生活困难的’，应当返还彩礼。但对‘生活困难’如何理解，实践中有不同意见。实践中如何把握‘生活困难’标准，与会代表形成两种意见：一种意见认为，《解释二》规定的‘生活困难’是一种相对困难，即因彩礼的给付使得给付人的生活与给付之前发生巨大变化，相对于原来的生活条件而言，生活变得相对困难的，即使双方结婚后又离婚的，也应当返还彩礼。如果以绝对困难作为判断标准，容易造成对给付方的不公，使得当事人的利益无法得到真正的保护。另一种意见认为，给付彩礼的目的是缔结婚姻关系。男女双方在缔结婚姻关系之后，彩礼给付的目的已经实现，原则上收受方已经无须返还彩礼。如果以生活困难作为参考因素，所体现的是法律及审判实践对生活确有困难的当事人的帮助。最高人民法院《关于适用〈中华人民共和国婚姻法〉若干问题的解释(一)》(以下简称《解释一》)第二十七条对《婚姻法》第四十二条规定的‘一方生活困难’解释为“依靠个人财产和离婚时分得的财产无法维持当地基本生活水平’，故从立法本意上说，《解释二》第十条规定的‘生活困难’，应属绝对困难，即以因彩礼的给付导致给付人无法维持当地最基本的生活水平为前提。这也与《解释一》第二十七条精神相吻合。与会大多数代表同意这种意见……”

【参考类案】

①2014 年**江苏某彩礼返还纠纷案**，2012 年，刘某支付邱某 20 万元彩礼，邱某母亲收下后存入自己名下。2014 年，邱某诉请邱某父母返还该彩礼。法院认为：刘某之所以给付 20 万元彩礼，系因邱某父母阻止邱某与刘某自由恋爱，刘某为能和邱某登记结婚而给付彩礼。庭审中，刘某明确表示该款系其给付邱某的。同时，证人证言亦证实刘某给付邱某彩礼，只是因邱某父母不同意交由邱某才存入邱某母亲名下。另根据当地风俗习惯，同时从常理判断亦可得出该彩礼应是给付邱某、属邱某所有的结论。邱某父母虽辩称向刘某索要彩礼系为养老备用，但邱某父母不仅未到需赡养年龄，且未能提供相应证据支持自己辩解。同时，《婚姻法》第 3 条规定：“禁止包办、买卖婚姻和其他干涉婚姻自由的行为。禁止借婚姻索取财物。”

故邱某父母辩解理由不成立。判决邱某父母返还邱某 20 万元。

②2013 年**重庆某返还彩礼案**,2011 年 4 月,崔某与冉某经人介绍认识后,按当地农村风俗订婚。订婚时,崔某给付冉某彩礼 3 万元,同时还给付衣服、手机等其他财物。同居期间,崔某致冉某 3 次怀孕、3 次人流。2013 年 7 月,崔某以感情不和为由提出分手,要求冉某返还全部彩礼。法院认为:最高人民法院《关于适用〈中华人民共和国婚姻法〉若干问题的解释(二)》(已于 2021 年 1 月 1 日起废止)第 10 条规定:"当事人请求返还按照习俗给付的彩礼的,如果查明属于以下情形,人民法院应当予以支持:(一)双方未办理结婚登记手续的;(二)双方办理结婚登记手续但确未共同生活的;(三)婚前给付并导致给付人生活困难的。适用前款第(二)、(三)项的规定,应当以双方离婚为条件。"本案中,崔某按习俗给付冉某彩礼 3 万元,因双方未办理结婚登记手续,前述司法解释第 1 项规定,冉某应返还彩礼。但崔某与冉某已同居生活两年,导致冉某怀孕 3 次、流产 3 次,对冉某在身体和心理等方面均有一定影响,故不应全额返还彩礼。冉某主张彩礼款已在同居生活期间全部开支,无充分证据予以证明,不予支持。从照顾妇女身心健康原则考虑,酌情认定冉某返还彩礼 50% 即 1.5 万元。

③2013 年**广西某解除同居关系案**,2011 年,龙某与田某恋爱,田某交付 1.8 万元彩礼后,龙某就带着"嫁妆"来到田某家,与田某按农村风俗习惯结婚并共同生活。2012 年,龙某以田某家暴、双方已签分手协议为由诉请解除同居关系、返还陪嫁摩托车、大衣柜等嫁妆。田某反诉返还彩礼金。法院认为:最高人民法院《关于适用〈中华人民共和国婚姻法〉若干问题的解释(二)》(已于 2021 年 1 月 1 日起废止)第 10 条规定:"当事人请求返还按照习俗给付的彩礼的,如果查明属于以下情形,人民法院应当予以支持:(一)双方未办理结婚登记手续的;(二)双方办理结婚登记手续但确未共同生活的;(三)婚前给付并导致给付人生活困难的。适用前款第(二)、(三)项的规定,应当以双方离婚为条件。"本案中,龙某与田某按习俗举办了结婚仪式但未办结婚登记手续,法律上属同居,可自行解除。田某请求龙某返还同居前给付的彩礼金,符合前述司法解释第 10 条第 1 款规定。由于双方同居生活了一年半时间,日常生活消费有一定支出,且田某在同居期间有一定过错行为,故应综合考虑,从公平责任出发,女方酌定返还彩礼金为宜。判决田某返还龙某摩托车、大衣柜等财产,龙某返还田某彩礼金 1.8 万元。

④2009 年**江苏某婚约财产纠纷案**,2009 年,金某与朱某未办结婚登记,按农村习俗举办婚礼并同居 7 天后,朱某离家出走。金某诉请朱某及朱某父返还彩礼钱 2 万余元,朱某父称"见面礼"、嫁妆物品价值应相应扣除。法院认为:最高人民法院《关于适用〈中华人民共和国婚姻法〉若干问题的解释(二)》(已于 2021 年 1 月 1 日起废止)第 10 条规定:双方未办理结婚登记,一方请求返还按照习俗给付的彩

礼,予以支持。按照一般习俗,彩礼不是交付给女方,而是交付给女方家庭,并由女方及其重要家庭成员接受,并进而由女方家庭进行处分,故在婚约财产纠纷中,返还彩礼的主体应不仅限于女方,还应包括接受彩礼的女方重要家庭成员,彩礼返还的具体数额亦应根据双方是否同居、女方陪嫁等情况加以确定。本案中,金某与朱某未办理结婚登记手续,在按习俗举行婚礼后同居生活,双方同居时间在 1994 年 2 月 1 日民政部《婚姻登记条例》公布实施后,故双方系同居关系。金某与朱某同居数天后即分居生活,朱某、朱某父以婚约为由收取了金某彩礼,依前述司法解释规定,双方未办结婚登记,按照习俗给付彩礼一方有权请求返还。双方之间所交付的小额礼金、礼品等“见面礼”,符合当地礼尚往来风俗习惯,属赠与行为,不属于彩礼,无须返还。金某给付朱某家彩礼,按习俗是给予朱某家庭,而非仅给朱某,事实上接受彩礼的亦系朱某与朱某父,故应由二人共同返还。因双方对陪嫁物品价格未协商一致,朱某不同意原物返还,故可酌情按金某认可的金额确定陪嫁物品价值,并从应返还彩礼中扣除。判决朱某、朱某父连带返还金某 1.4 万元。

⑤2008 年**青海某婚约财产纠纷案**,2007 年 12 月,伊某与索某订婚,索某父索要彩礼,伊某给付现金 2 万元及“三金”约 5500 元。双方按民族习俗办理婚礼后同居但未办登记。2008 年 4 月,双方因隙分手。伊某起诉要求返还彩礼及办婚礼花的 1.5 万元,给索家人买衣物、回门等费用。法院认为:最高人民法院《关于适用〈中华人民共和国婚姻法〉若干问题的解释(二)》(已于 2021 年 1 月 1 日起废止)第 10 条第 1 款规定:“当事人请求返还按照习俗给付的彩礼的,如果查明属于以下情形,人民法院应当予以支持:(一)双方未办理结婚登记手续的;(二)双方办理结婚登记手续但确未共同生活的;(三)婚前给付并导致给付人生活困难的。适用前款第(二)、(三)项的规定,应当以双方离婚为条件。”伊某与索某未办结婚登记手续以夫妻名义同居生活时间较短,伊某所送彩礼数额较大,被告理应返还,但伊某所称给索某的家人买衣物、回门等花费属赠与,不应返还,所称为举办婚礼花去的 1.5 万元亦不应返还。索某现有陪嫁物应退还索某,被告提供不出其余陪嫁物及黄金项链、黄金耳环、黄金戒指均在伊某家证据,其辩称不必返还理由不予采信,故判决被告共同返还伊某彩礼现金 2 万元,索某现有的陪嫁物被子、毛毯、洋娃娃、大衣、手机归其所有。

⑥2008 年**内蒙古某离婚纠纷案**,2008 年,结婚一年的杨某起诉赵某要求离婚。在赵某提出婚前给付的 4 万元彩礼应予退还时,杨某主张该彩礼用于共同生活支出及购置结婚用品的部分应扣除。法院认为:虽法律规定以给付彩礼是否导致给付人生活困难作为返还彩礼的法定条件,赵某亦未提出相应证据证明因给付彩礼导致其生活困难情形存在,但考虑到赵某职业、家庭生活环境及当地经济状况等综合因素,给付彩礼对其生活产生了一定影响,故杨某应适当返还赵某一定数额的彩

礼。杨某收取彩礼后,以部分彩礼款用于结婚、生育及与赵某共同生活期间支出并购置部分财产,可作为减少返还彩礼数额的因素。

⑦2008年**福建某婚约财产纠纷案**,2007年10月,艾某与林某举行订婚仪式。2008年1月,举行婚礼但未办结婚登记。同年6月,林某离家。艾某起诉林某及林某父母返还婚约彩礼30.3万元。艾某提供了20万元转账记录、含有林某、林某父亲承认收取"礼金30万元"的两份录音。艾某提供了两名证人证明将10.3万元礼金通过其胞兄及媒人之手以现金方式交给林某母亲。法院认为:关于在非公开场合私录对方当事人的视听资料证据合法性认定问题,应从录制内容判断,即按当事人录制的是否自己和对方当事人之间的具有法律意义的民事活动为标准来认定。本案中,艾某在非公开场合私录的与被告谈话内容完整再现了双方婚约情形,体现了案件中争议财产问题,亦未出现其他必须排除在外的非法情形,如采取欺诈、威胁、利诱等恶意方式或以犯罪、违背善良风俗手段或方法取得。对于艾某提供的录音证据,艾某以录音笔录制,录音笔即为该视听资料原始载体,且本案亦无证据显示其来源不合法。从录音资料内容看,其中对话连贯、完整,被告认为有省略、删接,应提供证据证明;被告认为声音非其声音,应在举证期限内申请鉴定,以相应证据证明。从双方相一致陈述,即艾某曾通过银行转账给付林某20万元款项这一证据,亦可印证录音证据体现的艾某与林某因婚约关系而产生的款项来往。被告对录音证据提出异议但未能提出足以反驳的相反证据,故法院对其证明力予以确认。由于艾某与林某订立婚约后至今未办理结婚登记手续,林某领取的婚约彩礼30万元应返还给艾某。艾某未能举证证明其给付林某婚约彩礼总额为30.3万元,故对艾某超出30万元部分诉请,法院不予支持。艾某胞兄作为证人与艾某有利害关系,其证言不能单独为证;所谓"媒人"的证人与本案当事人之间关系不明,对其证言证明力不予确认。因艾某未能举证证明其有给付林某父母婚约彩礼,故其对林某父母诉请无事实依据,不予支持。判决林某返还艾某婚约彩礼30万元。

⑧2008年**上海某彩礼返还纠纷案**,2001年,陈子与王女恋爱并同居。2008年5月,陈家分别通过网转、汇款等给付王家20万余元。2008年7月,二人分手,王父只退还陈子16万元。法院认为:王父退还陈子16万元款项系女方父亲在陈子与王女双方分手后,分几次大金额向男方进行的退款行为,该行为具有清退彩礼性质。在王家能证明其已归还全部款项16万元均已被确认为彩礼退款情况下,因王家始终否认另外几笔为彩礼,故从常理上判断王家不可能做出将其认为的非彩礼款一并混入彩礼退款中进行清退的矛盾行为,故其已退还彩礼款中不应包含余下几笔有证据证明的彩礼款,亦应由王家继续退还。判决王女返还陈父4.5万元、王母返还陈父2000元。

⑨2007年**浙江某婚约财产纠纷案**,2007年,宣某因婚约向女方周某给付彩礼5

万余元，诉讼中提供了关系为朋友的证人和与女方的通话录音。但1万余元酒水钱、礼品款缺乏充分证据。法院认为：证人与宣某系朋友关系，其证言不能单独作为认定案件事实证据，须结合其他证据加以认定。对于视听资料，本案谈话录音所涉及的是宣某与周某之间彩礼纠纷问题，不涉及个人隐私，录音时也未采用暴力等非法方法，该录音资料未违反法律的禁止性规定，可作为证据使用，故本案对证人证言与视听资料等证据能相互印证的事实予以认定。本案宣某与周某虽未办理结婚登记手续，但依最高人民法院司法解释相关规定，其有权请求周某返还按习俗给付的彩礼。宣某主张周某应返还彩金、酒水钱5万余元，其中现金和金器款3万余元有相应证据证实，依法应予支持，宣某对其主张的其余酒水钱、礼品款等计1万余元未能提供充分证据证明，不能认定，其要求返还的请求不予支持。判决周某返还宣某彩礼3万余元。

⑩2007年**河南某返还彩礼案**，2009年，林某与温某相识，2011年，林某认为其与温某存在恋爱关系，现分手要求返还婚约财产，林某提供了购买裘皮、手机、项链、车辆的花费凭证。法院认为：林某认为其与温某之间存在恋爱关系并曾谈婚论嫁，温某称其与林某之间仅为普通朋友关系，林某未提供相关证据证明其与温某之间存在婚约，故无法认定林某关于婚约成立的主张。另根据林某提交的收据，无法认定温某已收到收据上的物品。对于林某为温某支付车辆首付款一节，应认定双方之间构成赠与合同关系，因所赠与财产权利已经转移，林某未提供证据证明其存在法律规定的撤销赠与的情形，故林某为温某支付的购车款不应予以退还，判决驳回林某诉请。

⑪2005年**福建某返还彩礼案**，2004年，杨某经宗某介绍与女方郑某建立恋爱关系，后因婚事不成，杨家要求郑家返还彩礼，郑家返还1.8万余元后，杨家说还有1.4万余元彩礼没有返还，郑某亲戚说没有，宗某作证证实有。因郑家拒绝返还，杨某遂起诉郑某及郑某父母。法院认为：给付彩礼并不单纯是男女双方之间事情，更多时候，涉及双方家庭之间往来，对彩礼给付人和接受人不能仅局限于准备缔结婚姻关系的男女本人，还应包括双方家庭其他成员，故本案中双方诉讼主体适格。由于被告提供证人与其均有亲属关系，该证人证言主观性较大，其真实性相对较低，故其证明力亦相对较弱，不能单独作为定案依据。杨某提供的证人系介绍人宗某，处于中立地位，与双方之间无利害关系，其陈述内容更具有客观性和真实性，该证人证明力相对较强，可作为本案定案证据。依据优势证据适用规则，认定被告还应返还杨某彩礼1.4万余元。

⑫2005年**安徽某离婚纠纷案**，2002年，李某与杨某恋爱。2003年春节，二人办婚礼。同年5月，双方补办结婚登记。婚前李某给付杨某彩礼共计2.6万余元及其他礼品若干。2005年，双方诉讼离婚。法院认为：对李某婚前给付杨某彩礼，有

媒人及在场人出庭予以证实,应予认定。由于李某婚前给付导致其家庭生活困难,有其所在村委会证明及李某单位证明予以证实,故对李某要求杨某返还彩礼诉请,应予酌情支持。李某婚前给付杨某其他礼品,系其自愿赠与。李某结婚时所花酒席款,按当地习俗属正常花费,李某要求返还,理由不当,不予支持。判决杨某返还李某1万元。

⑬2005年**福建某返还不当得利案**,1993年,儿女亲家庄某、吕某为解决子女婚房问题,由庄某将8万元交吕某购置婚房并立协议。2004年,两家子女离婚,庄某以不当得利为由诉请返还出资款本息。法院认为:为一定目的而实施的赠与行为在目的未遂时,受赠人应返还不当得利。庄某付款系出于解决子女婚后住房目的,现该目的因子女离婚而不能实现,故吕某享有该诉争款利益已不再具有法定或约定理由,依法构成不当得利。庄某诉请返还不当得利,并有权要求返还利息,但利息应从吕某不具有合法理由时即双方子女离婚时起计。

⑭2004年**河南某返还婚约财产案**,2001年,乔某与郭某恋爱并订婚,女方先后收取烟酒、水果、手表等礼品及彩礼7000元。2002年,因乔某死亡,乔某父主张退还订婚彩礼。法院认为:因乔某在订婚后死亡,其与郭某之间婚约关系已自行解除。因乔某生前与父共同生活,经济上并不独立,其用于订婚财物主要来自家庭共有财产,因未婚,故其家庭共有财产中应归其个人所有财产无须履行分割手续即转化为其继承人即其父所有,乔某父符合本案原告诉讼主体资格。女方收取男方烟酒、水果等礼品及订婚期间收取衣物、手表符合赠与特征,应按赠与物认定。现金应属不当得利,并不发生所有权的转移,亦非恶意取得,应酌情返还。经调解返还5000元。

⑮2004年**福建某婚约财产纠纷案**,2004年,林某与曾某就子女婚约财产返还纠纷致诉,林某诉请曾某返还彩礼及金饰,一审支持。曾某不服上诉。法院认为:最高人民法院《关于适用〈中华人民共和国婚姻法〉若干问题的解释(二)》(已于2021年1月1日起废止)第10条规定,当事人请求返还按照习俗给付彩礼的,如果双方未办理结婚登记手续的,人民法院应当予以支持。从该司法解释精神,本案诉讼主体应为缔结婚姻关系的原告与被告子女。本案是曾某之女与林某之子为缔结婚姻关系给付彩礼而产生的纠纷,案由应为婚约财产纠纷。本案诉讼主体应为婚约关系的当事人本人,而原审法院却以婚约双方当事人母亲作为诉讼主体,属于遗漏主要当事人,违反了法定程序,可能影响案件正确判决。裁定撤销原判,发回重审。

⑯2000年**福建某聘金纠纷案**,1998年,周某嫁台商杨某,父女收聘金23万元,所具收据言明"周某嫁与杨某,收其结婚聘金23万元""如有反悔,愿如数退还"。双方在当地办了婚礼,但未办结婚登记。3个月后,因周某与杨某家人生争执,双

方解除婚约。杨某诉请返还聘金15万元及存放在周家的一辆摩托车，周某反诉青春及名誉损失20万元。法院认为：杨某、周某未办结婚即以夫妻名义共同生活，应认定为同居关系，不受法律保护，依法应予解除。杨某同居前给付聘金行为虽属赠与，但该赠与行为追求的是双方结婚，现结婚目的不能实现，为结婚而赠与的财物应当返还，考虑到聘金一部分已用于“结婚”仪式，双方同居生活过一段时间，聘金返还数额应根据上述情况，结合双方各自生活水平权衡。本案婚约系双方自愿订立，亦为协商自愿解除，订立婚约未给周某带来任何名誉损失，反诉青春和名誉损失于法无据；被告承认杨某摩托车存放其家，但未举证证明系杨某自愿赠与，故返还摩托车之诉请，应予支持。

⑰2002年**新疆某离婚后财产纠纷案**，1999年10月，马某与哈某登记结婚。2001年5月，马某以其怀孕期间又遭哈某酒后殴打为由起诉离婚，要求分割共同财产并支付引产费、营养费。哈某主张应退还其婚前被索要的彩礼1.6万元及一头牛，并提供了媒人证言。马某否认收到上述财物。法院认为：本案原审仅以“媒人笔录内容与本案相关联，且符合当地少数民族习惯”和“不能排除马某收到哈某彩礼可能性”“马某称未收到彩礼的证据不充分”为由，认定马某及其家人借婚姻索取了1.6万元，其事实不清，证据不足，适用法律不当。本案中，证明存在索取彩礼事实的证据只有媒人证言，是单一证据，无其他任何证据印证，不足以确认事实存在。该证据在证明内容上极其简单，无证明马某经手彩礼具体情节和经手时间、过程、票面、包装物，取得和给付手续，牛的特征及去向，等等，证明事实不清。同时，哈某作为主张该巨额彩礼发生的一方当事人，有责任举出有力证据对自己所主张事实和性质加以证明。原审判决将该证明责任分配给马某承担，以马某“称未收到彩礼的证据不充分”为由认定该事实，实际是把本案作为举证责任倒置处理的，但离婚案件不是、也不应该适用举证责任倒置。最高人民法院《关于人民法院审理离婚案件处理财产分割问题的若干具体意见》（已于2021年1月1日起废止）第19条规定，对于借婚姻索取财物的，只有结婚时间不长或者因索要财物造成对方生活困难的，才可酌情返还。对于取得财物性质是索取还是赠与难以认定的，可按赠与处理。即言，即便需判决返还该1.6万元，亦须查明是借婚姻索取的财物，而本案既无因马某索要1.6万元造成哈某父母生活困难的证明，亦未对1.6万元是借婚姻索取还是赠与进行性质上划分，即判决返还，不符合该司法解释规定。判决准予双方离婚，婚前登记财产归各自所有，婚后共同财产电视机、电话机归马某所有，哈某支付马某引产费、营养费1100元。

⑱1999年**河南某婚约财产纠纷案**，1997年，宋某与郭某订婚，郭某向宋某索要3000元彩礼。1998年，双方因性格不合，无共同语言，宋某提出解除婚姻，郭某同意，但拒绝退还彩礼款。法院认为：婚约系订立双方当事人之间的一种自由约定。

订立婚约、解除婚约均系当事人个人行为,不受法律保护。假订立婚约之名索要彩礼行为,更不受法律保护,与民法上赠与行为不能相提并论。给付彩礼系双方为达到订婚目的而实施的单方或互有给付内容的一种民事行为,不属赠与行为,理应相互返还。判决郭某返还宋某彩礼3000元。

【典型类案实务要点】

1.**【未办婚姻登记,彩礼返还时,应考虑同居时间长短】**对未办婚姻登记,一方主张返还彩礼的,应考虑双方共同生活时间长短。对共同生活时间较长的,可不支持返还彩礼请求;对共同生活时间较短,但确有证据证明彩礼已用于共同生活或非婚生子女抚养的,女方也可拒绝返还。

2.**【男方给予女方彩礼,所有权人应系女方而非其父母】**婚恋中男方给予女方彩礼,赠与对象应系未来结婚对象而非女方父母,相应地,该彩礼所有权人应系女方而非女方父母。

3.**【女方及其家长返还彩礼时,可扣除陪嫁品相应价值】**双方未办结婚登记,一方请求返还按习俗给付的彩礼的,应由女方及接受彩礼的女方家庭成员共同返还,陪嫁物品价值相应扣除。

4.**【婚约财产纠纷,诉讼主体应为婚约关系当事人本人】**婚约财产纠纷案的诉讼主体应为婚约关系当事人本人而非其父母,否则属于遗漏主要当事人,应认定违反法定程序。

5.**【附结婚条件的赠与聘金,婚姻未成就,聘金应返还】**以成就婚姻为前提条件的聘金给付和接受,应认定为附条件的赠与,如所附条件未成就,赠与不发生法律效力,作为赠与物的聘金应当返还。

6.**【未婚同居情形,解除同居关系后,彩礼应酌情返还】**未办结婚登记手续的彩礼应全额返还,仅指既未办理结婚登记手续又未共同生活此种情况。而未办理结婚登记手续却在一起共同生活的即未婚同居情形,解除同居关系后所涉彩礼不应全额返还而应酌情返还。

7.**【未办结婚登记,同居分手后,“陪嫁嫁妆”应返还】**依相关司法解释规定,双方未办结婚登记手续的,其同居时女方带来的“陪嫁”应视为女方个人财产,双方解除同居关系时男方应予返还;男方请求返还彩礼的,应予支持。

8.**【按习俗举办婚礼并同居,彩礼数额较大的,应返还】**未办结婚登记,但双方按民族习俗举行了结婚仪式并同居一段时间,彩礼数额较大的,接受彩礼一方应予返还。

9.**【主张返还婚约彩礼一方,应就双方间存在婚约举证】**主张婚约彩礼返还一方,无法证明与对方之间存在婚约或对方收到相关婚约彩礼的,应认定不具备彩礼返还条件。

10.【**双方订立婚约时互送礼物不属赠与，均应相互返还**】给付彩礼系双方为达到订婚目的而实施的单方或互有给付内容的一种民事行为，不属于赠与行为，理应相互返还。

11.【**彩礼用于共同生活及购置结婚用品部分，应予扣减**】女方婚前所收取彩礼已部分用于购置结婚用品或日常生活开支，在离婚诉讼中男方诉请返还彩礼时，应酌情扣减。

12.【**婚姻缔结过程中给付的彩礼，离婚时应予酌情退还**】婚姻缔结过程中给付彩礼，在夫妻离婚时应依相关司法解释规定酌情退还，自愿赠与及按习俗正常花费部分不必退还。

13.【**为结婚目的而赠与，离婚时，赠与物构成不当得利**】为实现结婚目的而实施赠与行为，如目的不能实现，应按目的赠与定性，允许赠与人就赠与物请求返还不当得利。

14.【**订婚后死亡，收受婚约财产一方，应返还受赠财物**】婚约财产是一种附结婚条件赠与行为，当所附条件不能成就时，赠与行为停止生效，受赠方即有返还受赠物义务。

15.【**是否有借婚姻索取彩礼事实，不适用举证责任倒置**】离婚案件不应适用举证责任倒置，对于借婚姻索取财物的，只有结婚时间不长或因索要财物造成对方生活困难的，才可酌情返还。

16.【**私下录音再现具有法律意义的民事活动，应为合法**】当事人在非公开场合私录对方当事人的视听资料证据合法性，应从录制内容判断，即按当事人录制的是否自己和对方当事人之间的具有法律意义的民事活动为标准来认定。

17.【**彩礼数额，应综合双方家庭之间财物往来情况判断**】基于婚姻缔结目的给付彩礼应视为附条件赠与。在婚约形式简化背景下，彩礼数额应综合双方家庭之间财物往来名义、对象、时间等因素判断。

18.【**谈话录音证明给付的彩礼，未办结婚登记，应退回**】双方未办理结婚登记手续，当事人请求返还按照习俗给付的彩礼，并提供相关谈话录音等证据的，法院应予支持。

19.【**婚约彩礼返还金额争议，可适用优势证据规则认定**】婚约彩礼返还纠纷中，双方就彩礼金额法律事实所举证据均无法达到确凿程度，法官应利用优势证据规则予以裁判。

【类案裁判一般规则】

当事人请求返还按照习俗给付的彩礼的，如查明属于双方未办理结婚登记手续或双方办理结婚登记手续但确未共同生活，或婚前给付并导致给付人生活困难的,法院可根据双方共同生活的时间、彩礼数额并结合当地风俗习惯等因素,确定是否返还及具体返还数额。

【典型参考案例索引】

主旨案例:云南大理鹤庆法院(2013)鹤民一初字第154号“杨某与柳某返还彩礼纠纷案”,见《解除同居关系时彩礼应否返还》(张瑞),载《人民司法·案例》(201632:73)。**其他案例:**①江苏连云港东海法院(2014)东双民初字第0135号“邱某与邱某父母返还彩礼纠纷案”,见《邱凤云诉邱继录返还巨额彩礼纠纷案(彩礼赠与对象)》(王小彪、丁铁生),载《中国审判案例要览》(2015民:322)。②重庆石柱法院(2013)石法民初字第02053号“崔某诉冉某返还彩礼案”,见《未婚同居彩礼可酌情返还——重庆市石柱土家族自治县法院判决崔某诉冉某返还彩礼案》(何福贵),载《人民法院报·案例指导》(20140320:06)。③广西百色中院(2013)百中民一终字第51号“龙某与田某解除同居关系案”,见《同居分手后陪嫁财产及彩礼的酌定返还——广西百色中院判决龙某诉田某解除同居关系案》(罗昌明、姚慧芬),载《人民法院报·案例指导》(20130801:06)。④江苏淮安楚州区法院2009年9月25日判决“金某与朱某等婚约财产纠纷案”,见《金来艮诉朱露芹、朱庭玉婚约财产纠纷案》,载《江苏省高级人民法院公报》(200906/6:55)。⑤青海大通法院(2008)大长民初字第153号“伊某诉索某等婚约财产纠纷案”,见《伊有金诉索生辉等婚约财产案(婚约财产返还)》(马生祥),载《中国审判案例要览》(2009民:431)。⑥内蒙古通辽市科尔沁区法院(2008)科民初字第948号“杨某诉赵某离婚案”,见《裁判要旨·民事》(高朝东),载《人民法院案例选·月版》(201001/13:171)。⑦福建长乐法院(2008)长民初字第1195号“艾某诉林某等婚约财产纠纷案”,见《林爱宝诉林文等婚约财产案(未经同意录制的视听资料的证据效力)》(林平建),载《中国审判案例要览》(2009民:424)。⑧上海松江区法院(2008)松民一(民)初字第5178号“陈某诉王某等彩礼返还纠纷案”,见《婚约形式简化下彩礼返还问题的处理》(张莉、张丹),载《人民司法·案例》(200912:64)。⑨浙江诸暨法院(2007)诸民初字第3107号“宣某诉周某等婚约财产案”,见《宣柳泽诉周旦燕、边珠波婚约财产纠纷案(彩礼)》(张晓华),载《中国审判案例要览》(2008民:413)。⑩河南南阳中院(2007)南民一终字第288号“齐某诉韩某返还彩礼案”,判决返还彩礼5000元。见《彩礼返还应具备的条件——南阳中院审理韩英上诉齐现金返还彩礼纠纷案》(何志),载《人民法院报·案例指导》(20080801:05)。⑪福建三明中院(2005)三民终字第397号“杨某诉郑某返还彩礼案”,见《从本案看优势证据规则的运用》(张明芳),载《人民司法·案例》(200703:55);另见《优势证据可以作为定案的依据——福建三明中院判决一返还彩礼案》(张明芳),载《人民法院报·案例指导》(20070122:5)。⑫安徽淮南中院(2005)淮民一终字第366号“李某诉杨某离婚案”,返还彩礼部分,见《李绍兵诉杨秀娟离婚案》(李永),载《人民法院案例选》(200701/59:129)。⑬福建厦门思明区法院(2005)思民初字第3757号“庄某诉吕某返还不当得利案”,见《庄水龙诉吕素美返还不当得利案》(陈永华),载《人民法院案例选》(200601/55:108)。⑭河南民权法院判决“乔某诉郭某等返还婚约财产案”,见《乔文治之子乔保民与郭红河之女郭俊贞订婚后,乔保民死亡,乔文治诉郭俊贞、郭红河返还婚约财产案》(李振江),载《人民法院案例选》(2004年民事/48:14)。⑮福建泉州中院(2004)泉民终字第1222号“林某与曾某婚约财产纠纷案”,见《林京诉曾英婚约财产纠纷案(诉讼主体)》(庄希文),载《中国审判案例要览》(2005民:551)。⑯福建厦门中院2000年4月17日判决“杨某与周某等聘金纠纷案”,见《杨清坚诉周宝妹、周文皮返还聘金纠纷案》,载《最高人民法院公报·案例》(2002:250)。⑰新疆农四师中院(2002)农四民再终字第5号“马某与哈某离婚后财产纠纷案”,见《马红梅诉哈力离婚后财产分割案(婚后财产分割)》(武理民),载《中国审判案例要览》(2003民:367)。⑱河南新乡中院1999年3月17日“宋某与郭某婚约财产纠纷案”,见《宋光立诉郭云香同意解除婚约返还订立婚约时给付的财物案》(陈和雄),载《人民法院案例选》(200101/35:48)。

15. 夫妻婚内赠与的效力

——婚内赠与房,性质如何定?

【婚内赠与】

【问题提出】

婚姻关系存续期间,双方用夫妻共同财产购买房屋,产权登记在未成年子女名下,离婚时应如何处理?

【处理意见】

1. 过户不等于赠与。夫妻双方婚后用共同财产购买房屋,子女尚未成年,如产权登记在该子女名下,夫妻离婚时不能简单地完全按登记情况将房屋认定为未成年子女财产。因不动产物权登记分为对外效力和对内效力,对外效力是指根据物权公示公信原则,不动产物权经过登记后,善意第三人基于对登记的信赖而与登记权利人发生的不动产交易行为应受到法律保护;对内效力是指应审查当事人真实意思表示来确定真正权利人。

2. 应审查真实意思。实际生活中,夫妻双方共同出资购买房屋后,可能基于各种因素考虑而将房屋产权登记在未成年子女名下,但这并不意味着该房屋真实产权人即为未成年子女,法院应注意审查夫妻双方在购买房屋时真实意思表示。如真实意思确实是将购买房屋赠与未成年子女,离婚时应将该房屋认定为未成年子女财产,由直接抚养未成年子女一方暂时管理;如真实意思并非将房屋赠与未成年子女,离婚时应将该房屋作为夫妻共同财产处理比较适宜。

【裁判依据或参考】

1. 法律规定。《民法典》(2021 年 1 月 1 日)第 158 条:“民事法律行为可以附条件,但是根据其性质不得附条件的除外。附生效条件的民事法律行为,自条件成就时生效。附解除条件的民事法律行为,自条件成就时失效。”第 159 条:“附条件的民事法律行为,当事人为自己的利益不正当地阻止条件成就的,视为条件已经成就;不正当地促成条件成就的,视为条件不成就。”第 215 条:“当事人之间订立有关设立、变更、转让和消灭不动产物权的合同,除法律另有规定或者当事人另有约定外,自合同成立时生效;未办理物权登记的,不影响合同效力。”第 657 条:“赠与合同是赠与人将自己的财产无偿给予受赠人,受赠人表示接受赠与的合同。”第 658 条:“赠与人在赠与财产的权利转移之前可以撤销赠与。经过公证的赠与合同或者依法不得撤销的具有救灾、扶贫、助残等公益、道德义务性质的赠与合同,不适用前款规定。”第 232 条:“处分依照本节规定享有的不动产物权,依照法律规定需要办理登记的,未经登记,不发生物权效力。”第 659 条:“赠与的财产依法需要办理登记或者其他手续的,应当办理有关手续。”第 660 条:“经过公证的赠与合同或者依法不得撤销的具有救灾、扶贫、助残等公益、道德义务性质的赠与合同,赠与人不交付赠与财产的,受赠人可以请求交付。依据前款规定应当交付的赠与财产因赠与人故意或者重大过失致使毁损、灭失的,赠与人应当承担赔偿责任。”第 661 条:“赠与可以附义务。赠与附义务的,受赠人应当按照约定履行义务。”第 663 条:“受赠人有下列情形之一的,赠与人可以撤销赠与:(一)严重侵害赠与人或者赠与人近亲属的合法权益;(二)对赠与人有扶养义务而不履行;(三)不履行赠与合同约定的义务。赠与人的撤销权,自知道或者应当知道撤销事由之日起一年内行使。”第 664 条:“因受赠人的违法行为致使赠与人死亡或者丧失民事行为能力的,赠与人的继承人或者法定代理人可以撤销赠与。赠与人的继承人或者法定代理人的撤销权,自知道或者应当知道撤销事由之日起六个月内行使。”第 665 条:“撤销权人撤销赠与的,可以向受赠人请求返还赠与的财产。”第 666 条:“赠与人的经济状况显著恶化,严重影响其生产经营或者家庭生活的,可以不再履行赠与义务。”

2. 最高人民法院司法解释及其他司法性文件/解读文章。最高人民法院《**关于适用〈中华人民共和国民法典〉婚姻家庭编的解释(一)**》(2021年1月1日　法释〔2020〕22号)第32条:“婚前或者婚姻关系存续期间,当事人约定将一方所有的房产赠与另一方或者共有,赠与方在赠与房产变更登记之前撤销赠与,另一方请求判令继续履行的,人民法院可以按照民法典第六百五十八条的规定处理。”最高人民法院《**关于适用〈中华人民共和国婚姻法〉若干问题的解释(三)**》(2011年8月13日　法释〔2011〕18号,2021年1月1日起废止)第6条:“婚前或者婚姻关系存续期间,当事人约定将一方所有的房产赠与另一方,赠与方在赠与房产变更登记之前撤销赠与,另一方请求判令继续履行的,人民法院可以按照合同法第一百八十六条的规定处理。”最高人民法院吴晓芳法官《**关于婚姻家庭纠纷审理热点难点问答**》〔载《民事法律文件解读》2012年第5辑(总第89辑)〕第27条:“夫妻之间赠与房产,一方反悔要求撤销赠与可以吗?答:夫妻在婚前或婚姻关系存续期间约定将一方个人所有的房产赠与另一方,但没有办理房产过户手续,离婚时赠与房产的一方主张撤销赠与,另一方主张继续履行赠与合同,请求法院判令赠与房产一方办理过户手续。在此问题的处理上,各地法院裁判的结果不同,很有必要进行统一规范。我国婚姻法规定了三种夫妻财产约定的模式,即分别所有、共同共有和部分共同共有,并不包括将一方所有财产约定为另一方所有的情形。将一方所有的财产约定为另一方所有,也就是夫妻之间的赠与行为,虽然双方达成了有效的协议,但因未办理房屋变更登记手续,依照物权法的规定,房屋所有权尚未转移,而依照合同法关于赠与一节的规定,赠与房产的一方可以撤销赠与……婚姻家庭领域的协议常常涉及到财产权属的条款,对于此类协议的订立、生效、撤销、变更等并不排斥合同法的适用。在实际生活中,赠与往往发生在具有亲密关系或者血缘关系的人之间,合同法对赠与问题的规定并没有指明夫妻关系除外。一方赠与另一方不动产,在没有办理过户手续之前,依照合同法的规定,是完全可以撤销的,这与婚姻法的规定并不矛盾。因此,尚未办理房产过户手续的赠与,房产赠与人可以随时撤销赠与,对赠与房产一方离婚时主张撤销赠与合同的请求应予支持。需要指出的是,《婚姻法司法解释(三)》第六条重点在于明确夫妻之间赠与房产可以按照合同法第一百八十六条的规定处理;如果赠与的房产已经登记过户,但受赠的夫妻一方对另一方有扶养义务而不履行、严重侵害赠与人或者赠与人的近亲属、不履行赠与合同约定的义务情形之一的,赠与人可以按照合同法第一百九十二条的规定行使法定撤销权。行使任意撤销权的依据是合同法第一百八十六条,条件是赠与房产的产权未发生转移,不适用社会公益和道德义务性质的赠与合同以及经过公证的赠与合同;法定撤销权是基于法定事由,由赠与人行使的撤销赠与的权利,其依据是合同法第一百九十二条。”最高人民法院吴晓芳法官《**关于婚姻家庭纠纷审理热点**

难点问答》〔载《民事法律文件解读》2011 年第 11 辑(总第 83 辑)〕第 54 条:“夫妻离婚时协议将共同所有的房屋赠给子女,但没有办理产权过户手续,一方反悔要求撤销赠与,另一方起诉要求继续履行协议,将房屋过户到子女名下,应如何处理?答:夫妻离婚时协议将共同所有的房屋赠给子女,一般有两种情况:一是在民政部门登记离婚,签订协议将夫妻共有的房产赠与子女;二是在法院协议离婚、领取民事调解书,自愿将房产赠与子女。1. 当事人在民政部门登记离婚时,离婚协议中的房产赠与条款与整个离婚协议是一个整体,不能单独撤销。有些夫妻是在综合考虑各种因素的前提下才同意登记离婚的,也许附加的条件就是把房产赠与子女。男女双方基于离婚事由将夫妻共同财产处分给子女的行为,可视为一种有目的的赠与行为,在双方婚姻关系因登记离婚而解除的情况下,应认为赠与房产的目的已经实现,基于诚信原则,也不能在离婚目的达到后又随便撤销赠与,故赠与房产条款不能随意撤销。如果一方当事人反悔,在登记离婚后 1 年的除斥期间届满前提起诉讼,法院受理后经审查,未发现订立财产分割协议时存在欺诈、胁迫等情形的,应当依法驳回当事人的诉讼请求。这种情况和单纯的赠与行为并不相同,赠与合同是赠与人将自己的财产无偿给予受赠人,受赠人表示接受赠与的合同。赠与人在赠与财产的权利转移之前可以撤销赠与。而不动产的权利转移,应以依法登记为准。而在民政部门登记离婚时达成的财产分割协议所涉及的赠与条款,与解除婚姻关系密不可分,根据《婚姻法司法解释(二)》第八条的规定:‘离婚协议中关于财产分割的条款或者当事人因离婚就财产分割达成的协议,对男女双方具有法律约束力。’当事人反悔请求变更或者撤销财产分割协议的,如果不能举证签订协议时有欺诈、胁迫的情形,一般很难得到法院的支持。2. 如果当事人达成的赠与协议经过人民法院审查制成了民事调解书,该调解书一旦生效,即赋予了和判决书同等的强制效力,其效力等同于或高于经过公证的赠与合同,双方当事人均必须履行。从《物权法》的规定也可以看出:‘因人民法院、仲裁委员会的法律文书或者人民政府的征收决定等,导致物权设立、变更、转让或者消灭的,自法律文书或者人民政府的征收决定等生效时发生效力。’故经法院确认的房产赠与,其效力等同于或高于经过公证的房产赠与合同,原则上是不能予以撤销的。”最高人民法院民事审判庭**《关于对周德兴诉周阿金、杭根娣解除收养关系一案的电话答复》**(1990 年 6 月 25 日 〔90〕民他字第 20 号):“……周阿金、杭根娣夫妇与子女订立的《产权分配证据》不符合赠与的法律特征,其赠与关系不能成立。周阿金夫妇与子女订立《产权分配证据》系周阿金夫妇为保证晚年有所赡养的情况下订立的。因此,‘赠与’房屋很难说完全反映了周阿金夫妇的真实意愿。本案《产权分配证据》以受赠人按月交付赡养费为条件,将赠与的无偿性变为有偿性,改变了赠与的性质。而且《产权分配证据》只有赠与人签名,没有受赠人签名,即未办理过户手续,产权人又未将产权证明与受赠人,也不符合赠与的形式要件。周阿金、杭根娣夫妇与周德兴是养父母和养子女关系。养父母将周德兴从小养大成人,周德兴对养父母具有法定的赡养义务。以取得财产为前提方对父母进行赡养,不仅违反了社会公德,而且违反了我国婚姻法第十五条‘子女对父母有赡养扶助义务’的规定。”

3. 地方司法性文件。江苏高院**《家事纠纷案件审理指南(婚姻家庭部分)》**(2019年7月18日)第29条:“如何区分夫妻财产制契约与夫妻财产赠与约定,其效力应当如何认定?夫妻财产制契约是夫妻双方在《婚姻法》第十九条规定的三种夫妻财产制形态,即分别财产制、一般共同制和限定共同制中进行选择的约定,对夫妻财产关系产生一般性、普遍性的约束力,其效力一般及于夫妻财产的全部。夫妻财产赠与约定是夫妻双方对于个别财产的单独处分,具有一次性、个别化的特点,其效力不及于其他未经特殊处分的财产。前者的目的在于排除法定财产制的适用,后者的目的在于改变一项特定财产的权利归属,并不涉及财产制的选择。夫妻双方订立的夫妻财产制契约对夫妻双方具有法律约束力,任何一方不得擅自变更或者撤销。夫妻一方在婚前或者婚姻关系存续期间约定将个人所有的不动产赠与夫妻另一方或者约定为按份共有、共同共有的,属于夫妻财产赠与约定,赠与人在赠与不动产物权办理转移登记之前撤销赠与,夫妻另一方主张履行的,应当依照《中华人民共和国合同法》第一百八十六条的规定处理。”第36条:“离婚协议中涉及对第三人赠与的条款,离婚后赠与人以赠与财产权利尚未转移为由能否申请撤销?受赠人有无独立的给付请求权?离婚协议是夫妻双方权衡利益、考量利弊后,围绕婚姻关系解除而形成的一个有机整体,各项内容既相互独立,又相互依存。因此,离婚后赠与人以赠与财产权利尚未转移为由申请撤销离婚协议中涉及对第三人赠与条款的,不予支持,但符合《婚姻法解释二》第九条规定情形的除外。离婚协议约定将特定财产赠与第三人,离婚后夫妻一方不履行给付义务,夫妻另一方可以起诉主张其履行。受赠人非离婚协议一方,仅为赠与条款的受益人,并无独立的给付请求权,其起诉主张夫妻一方或者双方履行给付义务的,裁定不予受理,已经受理的,裁定驳回起诉。”北京三中院民二庭**《婚姻家庭案件法律适用疑难问题研讨会意见》**(2016年11月2日)第2条:“夫妻间关于房产部分或全部所有权转移的合意是否可以撤销?我们认为,首先,应区分房产原本归属:房产原本即是夫妻共同财产,则无论约定部分或全部归一方所有,均应适用《婚姻法》第十九条的‘约定’,单方不得撤销;房产原本属于夫妻一方个人财产或婚前个人财产,则无论约定部分或全部归另一方所有,均应适用《婚姻法司法解释(三)》第六条的‘赠与’,未完成产权登记变更前,一方享有撤销权。但如果该项房产约定系夫妻双方离婚协议中整体分割财产内容的一部分时,应视为《婚姻法》第十九条的‘约定’,单方不得撤销。其次,对于物权效力问题,‘约定’在夫妻间具有婚姻法上的效力,但不具有物权法上的效力,即对世效力,也不得对抗善意第三人。”第3条:“夫妻双方离婚时约定将共同财产赠与子女是否可撤销及子女是否有权要求履行协议?我们认为,对于协议变更或撤销问题,任何一方不得单方撤销对子女的赠与,因为违背了离婚协议的整体性,但夫妻双方一致同意变更的,可共同撤销对子女的赠与。对于协议履行问题,应当区别不同的诉讼主体采取不同的诉讼形式:一方面,前配偶可以基于合同的相对性,以夫妻财产约定纠纷或离婚后财产纠纷诉另一方要求履行协议,子女作为第三人参加诉讼;另一方面,子女可以基于赠与合同纠纷,以其父母双方为共同被告,起诉要求履行协议。”第5条:“夫妻将双方购买的房屋登记在子女名下,离婚时如何处理?我们认为,首先应判断夫妻双方真实意思表示是否为赠与。如果无法查清夫妻双方真实意思表示,则按产权证的记载认定房屋权属。”北京高院民一庭**《关于审理婚姻纠纷案件若干疑难问题的参考意见》**(2016年8月4日)第45条:“【离婚协议约定赠与之撤销权限制】夫妻双方离婚时协议约定将夫妻个人财产或共有财产赠与对方或第三人,离婚后交付或变更登记之前,一方依据《中华人民共和国合同法》第一百八十六条第一款的规定请求撤销赠与的,人民法院不予支持。”浙江高院民一庭**《关于印发〈关于审理婚姻家庭案件若干问题的解答〉的通知》**(2016年6月27日　浙高法民一〔2016〕2号)第10条:“夫妻双方在离婚协议中约定将共同财产赠与子女,离婚后一方反悔,请求撤销赠与,能否予以支持?答:根据《婚姻法司法解释(二)》第八条、第九条规定,离婚协议中关于财产分割的条款或者当事人因离婚就财产分割达成的协议,对当事人具有法律约束力;除存在欺诈、胁迫等情形之外,当事人请求撤销财产分割协议的不能予以支持。离婚协议涉及身份关系,各条款内容相互关联,如双方约定将夫妻共同财产赠与子女,该条款作为离婚协议的组成部分,夫妻双方应实际履行。离婚后夫或妻一方反悔,请求撤销赠与的,一般不予支持。夫妻一方要求另一方履行离婚协议中对子女的财产赠与约定的,可以另一方为被告、子女为第三人提起诉讼。受赠子女也可起诉要求履行。”第12条:“夫妻双方约定一方个人所有的房屋归夫妻共同所有,但未办理房屋产权变更登记。离婚时,一方主张依据《婚姻法司法解释(三)》第六条及《合同法》第一百八十六条规定,其有权撤销赠与;另一方则主张依据《婚姻法》第十九条夫妻财产约定的规定,房屋应作为夫妻共同财产予以分割,对此应如何处理?答:《婚姻法司法解释(三)》第六条规定表明夫妻间赠与关系应受《合同法》关于赠与合同规定的调整。夫妻双方约定一方个人所有的房屋归夫妻共同所有但未办理产权变更登记手续的,赠与方主张依据《婚姻法司法解释(三)》第六条规定处理的,可予支持。”广东深圳中院**《关于婚姻家庭纠纷案件的裁判指引(2014修订)》**(2014年5月21日)第28条:“夫妻双方在婚姻关系存续期间购买房产登记在未成年子女名下,双方当事人在离婚时主张该房产为夫妻共同财产的,人民法院在离婚案件中不予处理,告知有关当事人在离婚后另行主张分割共有财产。说明:第二十八条是对婚后买房登记在未成年子女名下,离婚诉讼时如何处理该房产的裁判指引。该裁判指引的主要理由为夫妻双方购房时将房屋登记在未成年子女名下可能出于多种考虑,而在离婚案件中将未成年子女追加参加诉讼,可能给未成年子女带来过大压力,不利于未成年子女的健康成长,故我们倾向在离婚案件中暂不处理有关未成年子女名下的财产,有关当事人可以在离婚后另循法律途径解决。该意见与最高人民法院吴晓芳法官在《婚姻家庭纠纷审理热点、难点问答(四)》一文中的观点有所不同,载于民事法律文件解读第91辑第113页。”福建三明中院《**民事审判若干实务问题探讨**》(2016年)第18条:“离婚纠纷案件,夫妻约定将一方或者双方所有的房产协议归子女所有,法院进行确认,并向双方出具民事调解书。在法院出具相关文书后,一方反悔,不协助子女办理过户登记手续,子女向法院提起诉讼要求夫妻双方或一方协助办理过户登记是否应支持?答:离婚协议中约定夫妻共有房产归子女所有,是一种以解除双方身份关系为目的的赠与行为,具有一定的道德义务性质,不应随意撤销。在无证据证明离婚协议存在欺诈、胁迫等可撤销情形时,子女起诉要求夫妻双方或一方协助办理过户登记手续的,应予以支持。”浙江杭州中院民一庭《**关于涉及婚姻家庭纠纷案件若干疑难问题的解答**》(2013年1月1日)第5条:“《婚姻法解释三》第六条中规定的撤销权能否适用于动产?答:不能适用。”第10条:“夫妻双方间有关于将本属于一方个人所有的房屋过户登记在另一方名下的协议,另一方依协议主张房屋过户登记,但产权登记一方拒绝配合办理权属过户登记的,应如何处理?答:在双方对上述协议内容无特别约定的情况下,应当认定该项协议内容属于夫妻间的财产赠与。应当适用合同法关于赠与合同的相关规定予以处理。”第15条:“离婚协议中约定某项财产赠与给子女,经协议离婚后,仍未办理交付的,应当如何处理?答:该项约定属于离婚协议中有关夫妻共有财产分割的一项内容,不同于单纯的民事赠与合同,对协议双方均具有法律约束力。单方不得以赠与人享有的任意撤销权为由,主张撤销赠与而拒绝履行交付义务。但经赠与人双方协商一致,变更该协议约定的除外。”上海高院《**关于印发〈立案问题解答(三)〉的通知**》(2011年9月23日　沪高法立〔2011〕7号)第2条:“在婚姻家庭、继承案件中,双方当事人在法院调解中达成涉第三人利益(大都为未成年人)的协议后,若一方当事人不履行,另一方当事人依据法院制作的民事调解书是否有权申请执行?答:《中华人民共和国民事诉讼法》第二百一十二条第二款明确规定:‘调解书和其他应当由人民法院执行的法律文书,当事人必须履行。一方拒绝履行的,对方当事人可以向人民法院申请执行’。因此,另一方当事人若遇题述情形,当然有权依法向法院申请执行。”江苏高院《**婚姻家庭案件审理指南(2010年)**》(2010年5月18日)第6章:“……夫妻共同财产的认定。我国法定夫妻财产制是婚后所得共同制。但在这个原则之外,我国同样承认夫妻可以对财产进行约定。根据《婚姻法》第十九条的规定,夫妻可以约定婚姻关系存续期间所得的财产以及婚前财产归各自所有、共同所有或部分各自所有、部分共同所有。在无约定或者约定不明确、约定无效的情况下,婚姻关系存续期间的夫妻所得除个人特有财产外,均为夫妻共同财产。(一)约定夫妻共同财产。有效的夫妻财产约定需具备民事法律行为的有效要件,同时为保全证据宜采取书面形式。司法实践中,易引起争议的在于夫妻之间财产赠与的问题,尤其是房产的赠与。关于夫妻之间房产赠与效力如何看待,曾在学界争议很大,集中在这种赠与是否需办理过户手续。有学者主张,《婚姻法》规定夫妻可以对财产进行约定,这种约定受法律保护。那么一方赠与对方房产应当被看作是一种财产的约定,是否办理过户手续并不影响赠与的效力。一旦合同成立,受赠方有权要求对方履行合同。但也有观点认为,无论是婚内赠与还是婚外赠与都应根据《中华人民共和国物权法》(以下简称《物权法》)的规定办理过户手续,如未办理,赠与方可以随时撤销赠与行为。《婚姻法解释三》为这种争议划了句号。该解释第六条规定:'婚前或者婚姻关系存续期间,当事人约定将一方所有的房产赠与另一方,赠与方在赠与房产变更登记之前撤销赠与,另一方请求判令继续履行的,人民法院可以按照合同法第一百八十六条的规定处理。'而根据《中华人民共和国合同法》(以下简称《合同法》)第一百八十六条的规定,赠与人在赠与财产的权利转移之前可以撤销赠与。具有救灾、扶贫等社会公益、道德性质的赠与合同或者经过公证的赠与合同不适用前款规定。该条表明夫妻之间的赠与同样应适用《合同法》的规定。与此相关的问题是,在协议离婚或诉讼离婚中,当事人为离婚达成一揽子协议,其中包括人身关系的解除和财产处理、子女抚养等内容,如果明确约定夫妻共有的房产或一方的房产归子女所有,其后拒不办理过户手续,并要求撤销赠与的是否应得到支持呢?我们倾向于认为这种一揽子协议相关条款具有联系,且该协议得到民政部门或人民法院的审查,当事人应不得随意解除其中某个条款……"江苏高院**《婚姻家庭案件审理指南(2010年)》**(2010年5月18日)第6章:"……夫妻离婚财产处理中的疑难问题。(一)房产的认定和处理。1. 房屋登记在夫妻一方名下或第三人名下的产权认定。我国婚姻法既承认婚后所得共同制,同时又认可夫妻一方婚后可拥有个人财产。房屋属于不动产,根据我国物权法相关规定,房屋权利的取得以登记为准。产权登记具有公示、公信的效力。因此,我们提倡所有的夫妻共有房屋宜登记在夫妻共同名下,以避免纠纷。但实际生活中,代表登记的现象一定程度上存在,因此,当夫妻离婚时,房屋问题是争议的焦点,一方主张婚后所购为共同财产,而另一方则强调登记在自己名下为自己单方所有。对这两种不同情况,我们认为:(1)对登记在一方名下的房屋性质认定:由于我国法定夫妻财产制是婚后所得共同制,因此婚姻关系存续期间购买的房屋,原则上首先应认定为夫妻共有。但如登记方主张房屋归其所有,必须承担举证责任,证明该房屋系其个人出资所购,或符合《婚姻法解释三》第七条规定的其父母出资为其购买等情况。(2)对登记在子女名下、父母名下或其他第三人名下的房屋性质认定:对登记在第三人名下的房产,夫妻如主张房屋为共有或一方所有,属于产权争议,主张方自应承担举证责任。对登记在未成年子女名下房屋的权属认定,情形比较复杂。现实生活中,夫妻双方共同出资购买房屋后,可能基于各种因素的考虑将房屋产权登记在未成年子女的名下,但这并不意味着该房屋的真正权利人即为未成年子女,人民法院应审查夫妻双方在购买房屋时的真实意思表示。如果真实意思确实是将购买的房屋赠与未成年子女,离婚时应将房屋认定为未成年子女的财产,由直接抚养未成年子女的一方暂时管理;如果真实意思并不是将房屋赠与未成年子女,离婚时应将该房屋作为夫妻共同财产处理比较适宜。2. 离婚案件中按揭房屋的认定和处理。夫妻一方婚前签订不动产买卖合同,以个人财产支付了首付款并在银行贷款,婚后用夫妻共同财产还贷,不动产登记于首付款支付方名下的,离婚时对该不动产性质如何认定及分割?司法实践中一直存在争议,既有认定为登记方所有的,也有认定为夫妻共同所有的。随着《婚姻法解释三》的出台,该争议尘埃落定。《婚姻法解释三》第十条规定:'夫妻一方婚前签订不动产买卖合同,以个人财产支付首付款并在银行贷款,婚后用夫妻共同财产还贷,不动产登记于首付款支付方名下的,离婚时该不动产由双方协议处理。协议不成的,人民法院判决该不动产归产权登记一方,尚未归还的贷款为产权登记一方的个人债务。双方婚后共同还贷的款项及其相对应财产增值部分,离婚时应根据婚姻法第三十九第一款规定的原则,由产权登记一方对一方进行补偿……"浙江温州中院民四庭**《关于贯彻执行〈婚姻法〉的指导意见》**(2009 年 5 月 1 日)第 18 条:"他人赠与未成年子女的不动产或其他贵重物品,不属于夫妻共同财产,属于未成年子女的个人财产。离婚时,可在裁判文书中将不动产或该贵重物品的归属加以明确。同时,明确该财产由直接抚养子女的父或母一方代为保管。赠与人要求限制代管人的处分财产及相关行为,如其要求没有违反法律规定,应当在判决书中予以明确。离婚时,一方或双方自愿将自己的财产赠与未成年子女,必须审查双方有否存在恶意避债行为。如没有,法院可以在裁判文书中载明财产赠与未成年子女。同时,表明受赠财产由直接抚养子女的父或母一方代为保管。在审理涉及事实婚姻、同居关系、无效婚姻、可撤销婚姻的案件时,上述第一、二、三款仍然适用。"江西赣州中院**《审理离婚案件财产分割适用法律若干问题解答》**(2008 年 10 月)第 21 条:"夫妻共同财产登记在未成年子女名下,离婚诉讼中,一方或双方主张该财产应作为夫妻共同财产进行分割,能否支持?答:该项财产虽然登记在未成年子女名下,仍然是夫妻共同财产,可以依法进行分割。"第 22 条:"离婚诉讼中,夫妻双方自愿达成离婚协议,将财产归属于未成年子女,能否准许?答:经审查,确属夫妻双方真实意思表示的,可以准许。”上海高院**《民事法律适用问答》**(2005年第3期)第6条:“夫妻共同出资购房,但产权人只登记为未成年子女一人,则该房屋所有权人如何确定?答:物权公示原则是指物权的享有和变动需有可取信于社会公众的外观表现形式,通常不动产物权享有和变动的公示方式为登记。但不动产物权的登记应区分外部效力与内部效力。对外效力是指基于物权公示公信原则,一旦不动产物权经登记,善意第三人基于对登记的信赖与登记权利人发生的不动产交易行为受法律保护;对内效力则应探究当事人的真实意思表示来确定真正权利人。实践中,夫妻双方共同出资购买房屋后,出于各种因素的考虑,有时将房屋产权只登记为未成年子女一人。但这并不意味着该房屋的真实产权人即为该未成年子女,而应考量夫妻双方在购买房屋时的真实意思。因此,除非有相反的证据,否则通常仍然将该房屋视为夫妻及未成年子女共有财产。但是,对于因房屋产生的债务,应由夫妻负责偿还。”上海高院**《关于印发〈上海法院民事办案要件指南〉的通知》**(2003年11月25日 沪高法民一〔2003〕10号)第9条:“……2. 目的性扩张。目的性扩张是指由于立法者的疏忽,对于特定类型情况未能涵盖到法律文意之内,为了贯彻规范意旨,就将该情况包括在法律文意之内的补充方法。目的性扩张与扩张解释的根本不同点在于,扩张解释仍然是在法条可能的文意范围内进行的解释,而目的性扩张则超出了法条可能的文意范围之外。如根据《民法通则》的相关规定,未成年人一般不能单独为民事行为。而《民法通则实施意见》第一百二十九条则根据《民法通则》保护未成年人的立法目的,对前述规定作目的性扩张解释,规定:‘赠与人明确表示将赠与物赠与给未成年人个人的,应当认定该赠与物为未成年人的个人财产。’通过该解释,未成年人接受赠与的行为不仅不再是无效行为,而且还明确了未成年人可以通过实施民事行为而取得属于自己的财产。”

【参考类案】

(1)赠与子女。

①2017年**福建某赠与合同纠纷案**,1997年,胡某在与曹某离婚后购买房屋。2009年,胡某与曹某复婚。2010年,民事调解书确认胡某名下房产50%份额赠与婚生女胡某某。2012年,胡某与曹某离婚,经调解,前述房产余下50%份额赠与胡某某。此后,房产全部登记在胡某某名下。2015年,胡某某提起物权保护之诉,要求胡某腾退房屋。胡某以胡某某未履行赡养义务为由要求撤销赠与。法院认为:本案胡某将其所有的诉争房产份额赠与胡某某,已为生效民事调解书所确认并已履行完毕。胡某依民事调解书将应属本人房产份额赠与胡某某,并据此解除其与曹某的婚姻关系,这种发生在特定身份关系当事人之间的、有目的的赠与,并不违

反法律规定,具有一定道德义务性质,亦属一项诺成性约定。在胡某、曹某婚姻关系事实上因该离婚调解协议得以解除,且离婚调解协议其他内容已履行情况下,应视为赠与财产目的已实现,胡某赠与房产行为依法不能随意撤销。本案各方当事人系在法院主持下达成协议并制作民事调解书,其法律效力并不低于经过公证的赠与合同,依法律规定亦属不可撤销情形,故胡某要求撤销赠与主张缺乏事实和法律依据,不予采信。判决驳回胡某诉请。

②2015 年**重庆某共有物分割纠纷案**,2012 年,刘某父母全款出资 28 万元购房并将产权登记在刘某名下,约定父母各占 5% 份额,刘某占 90% 份额。2014 年,因房屋装修问题,刘某与父母发生纠纷,刘某要求父母赔偿其擅自装修造成的损失 5000 元,并要求判决分割父母的 10% 房屋产权部分归其所有、其补偿 2.8 万元给父母。法院认为:诉争房屋系刘某父母、刘某按份共有。《物权法》第 97 条规定:"处分共有的不动产或者动产以及对共有的不动产或者动产作重大修缮的,应当经占份额三分之二以上的按份共有人或者全体共同共有人同意,但共有人之间另有约定的除外。"单从该条规定看,刘某占份额 90%,有权决定本案诉争房屋处分,但本案中双方系父母子女关系,当事人以居住为目的购房,从购房相关证据看,大部分房款由刘某父母出资,刘某父母购房时将大部分财产份额登记在刘某名下,超出刘某出资部分,具有赠与性质,系父母疼爱子女善良风俗具体表现。父母将子女抚养成人,含辛茹苦,殊为不易。为人子女,应常怀感恩之心,不仅应在物质上赡养父母,满足父母日常生活的物质需要,亦应在精神上赡养父母,善待父母,努力让父母安宁、愉快地生活。本案中,刘某虽承诺财产份额转让后,可由父母居住使用该房屋至去世时止,但双方目前缺乏基本信任,父母担心刘某取得完全产权后变卖房屋而导致其无房居住,有一定合理性。父母承诺有生之年不转让处分享有的份额,去世之后其份额归刘某所有,父母所持财产份额价值较小,单独转让可能性不大,刘某担心父母将其财产份额转让他人,无事实根据,且刘某承诺该房由其父母继续居住,目前要求其父母转让财产份额并无实际意义,徒增其父母担忧,不符合精神上赡养父母的伦理道德要求,并将导致父母与子女之间亲情关系继续恶化。《物权法》第 7 条明确规定:"物权的取得和行使,应当遵守法律,尊重社会公德,不得损害公共利益和他人合法权益。"综上,刘某要求其父母转让财产份额诉求与善良风俗、传统美德要求不符,判决驳回刘某诉请。

③2014 年**福建某赠与合同纠纷案**,2006 年,王某父将名下房产过户给长子王某,但一直保留产权证原件并收取租金。2012 年,王某以遗失产权证为由,补办产权证并自行收取租金。其后,王某在菲律宾提起针对其父及其他家人的民事诉讼和刑事控告。2013 年,王某父诉请撤销赠与,并将诉争房屋再过户至自己名下。法院认为:《合同法》第 192 条规定:"受赠人有下列情形之一的,赠与人可以撤销

赠与:(一)严重侵害赠与人或者赠与人的近亲属……”此处的“侵害”应包括对包括身体健康、精神、人格权、财产权等方面的侵害。本案中,诉争房产原始产权证原件一直由王某父保管,王某对此明知,却仍称证件保管不慎,并登报遗失,补办产权证,进而收取租金,王某行为已严重侵害其父权利。子女乃父母亲精神寄托与依靠,王某作为赠与人长子,在其母亲去世后,理应对年迈父亲怀有尊重、爱护之心,但王某虽在法律上接受父亲巨额财产赠与,事实上并未实际交付,且基于经济利益纠纷方面原因对本应安享晚年的父亲进行刑事控告,企图让年迈父亲受到刑事制裁,致使本案所述涉赠与依据的父子亲情基础丧失。无论刑事控告结果如何,必然是对其父精神层面的严重伤害,符合前述法条规定条件,故判决撤销赠与,王某将诉争房屋过户登记于其父名下。

④2014年**福建某赠与合同纠纷案**,2012年,李某与魏某诉讼离婚,经法院调解,确认二人将共同预购房产赠与女儿李某某。2014年,李某某诉请确认李某某与李某、魏某所签赠与合同合法有效,李某、魏某应办理过户手续。李某以前述赠与合同上签字系魏某所为为由抗辩。法院认为:赠与合同是赠与人将自己财产无偿给予受赠人,受赠人表示接受赠与的合同。案涉房屋赠与合同并非李某本人签订,李某对该合同不予追认,故该合同未成立,李某某要求确认该合同合法有效诉请,不予支持。李某与魏某在离婚纠纷中达成调解,同意将诉争房屋赠与李某某,该调解协议系双方真实意思表示,且经法院民事调解书确认,故应认定李某、魏某与李某某之间成立赠与合同关系。同时,根据法律规定,经过公证的赠与合同,赠与人不交付赠与财产的,受赠人可要求交付。经过公证的赠与尚不得随意撤销,法院民事调解书公示效力明显大于公证文书,其所确认的赠与更不得随意撤销。依《合同法》第187条规定,赠与的财产依法需要办理登记等手续的,应当办理有关手续。李某某要求李某、魏某配合办理涉讼房产产权变更登记手续,有充分事实和法律依据。因涉讼房产已设定抵押权,优先于李某某基于赠与合同享有的债权请求权,故相关产权变更登记手续应待涉讼房产上设定的抵押权消灭后方可办理。判决李某、魏某应在诉争房屋抵押权注销后五日内配合办理将该房屋产权变更登记至李某某名下的相关手续。

⑤2014年**广西某赠与合同纠纷案**,2006年,韦某与陈某离婚,约定韦某将共有房屋中一半份额赠与女儿陈某某,女儿由陈某抚养,债权债务归陈某。后因韦某认为陈某对女儿照顾不好,将女儿接回自己身边,并通过诉讼调解变更抚养权。2014年,韦某起诉陈某某、陈某,要求撤销离婚协议中房屋赠与条款。法院认为:最高人民法院《关于适用〈中华人民共和国婚姻法〉若干问题的解释(二)》(已于2021年1月1日起废止)第8条规定:“离婚协议中关于财产分割的条款或者当事人因离婚就财产分割达成的协议,对男女双方具有法律约束力。”本案中,韦某与陈某签订

离婚协议有效。双方自愿将夫妻共有房屋中一半份额赠与女儿约定，系夫妻离婚时在同一时空条件下，就房屋处理达成的共识，视为韦某将属于自己房屋份额赠与未成年子女意思表示和第一顺位监护人陈某代理未成年子女接受该赠与意思表示，且已实际占有，赠与合同成立，双方均应遵守协议约定。双方在离婚财产分割协议中处分了房屋，此系夫妻分割共同财产一种方式，同时，还对夫妻债务进行了处理，如允许韦某撤销对陈某某的赠与，则不仅单纯撤销赠与行为，同时还是对韦某与陈某之间订立的离婚协议变更，必将影响整个夫妻共同财产分割方案，从而影响离婚协议公平性，对对方当事人不公平。赠与合同成立后虽未办理产权转移手续，但并未影响赠与合同效力，故案涉赠与合同成立并生效，韦某不能再行使撤销权，判决驳回韦某诉请。

⑥2014 年**某离婚纠纷案**，2010 年，藤某与张某在民政局办离婚登记。离婚协议约定 10 岁婚生子归张某抚养，藤某名下房产在离婚后 1 个月内办过户至孩子名下。离婚后因藤某未办过户致诉。法院认为：最高人民法院《关于适用〈中华人民共和国婚姻法〉若干问题的解释（二）》（已于 2021 年 1 月 1 日起废止）第 8 条、第 9 条规定，离婚协议中关于财产分割的条款，对男女双方具有法律约束力。男女双方协议离婚后就财产分割问题反悔的，请求变更或者撤销财产分割协议的，如未发现存在欺诈、胁迫等情形，不能支持。男女双方在离婚协议中对房屋所作财产处理，与双方解除婚姻关系、子女抚养等条款构成离婚协议的整体，关于房屋归子女所有的约定是依附于双方婚姻关系解除，带有身份关系性质，不同于一般性单纯财产赠与。而婚姻、收养等有关身份关系协议，不适用《合同法》，故双方在离婚协议中对房屋的处理即使构成赠与，亦不应适用《合同法》关于赠与合同规定而撤销离婚协议中对房屋的处理。即使离婚协议中关于父母将一方名下房屋约定为子女所有的协议构成赠与适用《合同法》规定，亦不应撤销。根据法律规定，父母与子女间关系，不因父母离婚而消除。未成年人父母是未成年人监护人。监护人应履行监护职责，保护被监护人人身、财产及其他合法权益。当一方未配合办理产权过户手续时，另一方应作为子女监护人请求一方继续履行合同义务，办理产权过户手续，维护被监护人利益，而不应以一方违约为由请求撤销协议分割房屋，从而损害被监护人利益。《物权法》中关于"不动产物权的设立、变更、转让和消灭，经依法登记，发生效力；未经登记，不发生效力，但法律另有规定的除外"规定，主要是为了使物权变动通过登记产生公示公信力，保护交易安全，而在男女一方或双方请求撤销离婚协议中关于财产分割约定情形下，并不涉及交易第三人保护，故在一方违约未办理产权过户手续时，在无法定的不能继续履行情况下，另一方应作为监护人要求其继续履行合同义务，保护被监护人利益。判决藤某依约将房产过户。

⑦2013 年**某赠与合同纠纷案**，2010 年，王某与李某在民政局协议离婚，约定双

方共同财产房屋一套归未成年儿子李某某所有,儿子随王某生活,该房暂由王某与儿子居住。李某与王某离婚后又与他人结婚,因经济因素李某拒绝将房屋产权过户至儿子名下。2011 年,李某起诉,请求撤销离婚协议中的房产赠与条款。法院认为:最高人民法院《关于适用〈中华人民共和国婚姻法〉若干问题的解释(二)》(已于 2021 年 1 月 1 日起废止)第 9 条规定:“男女双方协议离婚后一年内就财产问题反悔,请求变更或者撤销财产分割协议的,人民法院应当受理。人民法院审理后,未发现订立财产分割协议时存在欺诈、胁迫等情形的,应当依法驳回当事人的诉讼请求。”本案中,李某与王某协议离婚时,自愿将共同所有房产赠与未成年子女,该协议系双方当事人真实意思表示,没有欺诈、胁迫情形。离婚协议中房产赠与条款与整个离婚协议是一个整体,不能单独行使任意撤销权。有的当事人是在综合考虑各种因素前提下才同意登记离婚的,也许附加条件就是把房产无偿赠与子女。男女双方基于离婚事由将夫妻共同财产处分给子女行为,可视为一种附协议离婚条件的赠与行为,在双方婚姻关系已解除前提下,基于诚信原则,不能允许任意撤销赠与。有的当事人恶意利用赠与撤销达到既离婚又占有财产目的,不仅给子女或原配偶造成了经济损失和新的精神伤害,也给社会带来了不诚信反而受益的负面影响。如一方当事人对离婚协议中赠与条款反悔,在登记离婚后一年的除斥期间届满前提起诉讼,法院受理后经审查,未发现订立财产分割协议时存在欺诈、胁迫等情形的,应依法驳回当事人诉请。判决驳回李某诉请。

⑧2013 年**某赠与合同纠纷案**,双方协议离婚后,一方不愿按离婚协议约定,将自己名下房屋赠与子女或他人时,另一方请求法院判令一方按协议约定办理房屋过户手续,是否支持?处理意见:依《合同法》第 185 条“赠与合同是赠与人将自己的财产无偿给予受赠人,受赠人表示接受赠与的合同”规定,构成赠与合同前提是赠与人将自己财产无偿给予受赠人而不要求受赠人为此付出代价或承担任何义务。离婚协议中关于房屋赠与约定不构成一般意义上的赠与合同,该赠与应认定为赠与人为换取另一方同意协议离婚而承诺履行的义务。该义务特殊之处在于,赠与人给付房屋义务不是向离婚协议相对方履行,而是按约定向合同外第三人履行。这类离婚协议中双方主要义务表现为,受赠人配合赠与人办理协议离婚,受赠人向第三人交付房屋。在相对方已按约定与赠与人协议解除婚姻关系情形下,赠与人亦应按约定履行给付房屋义务。如赠与人不履行该义务,则构成违约,离婚协议相对方有权请求法院判令其履行房屋交付义务。最高人民法院《关于适用〈中华人民共和国婚姻法〉若干问题的解释(二)》(已于 2021 年 1 月 1 日起废止)第 8 条“离婚协议中关于财产分割的条款或者当事人因离婚就财产分割达成的协议,对男女双方具有法律约束力”可理解为上述精神体现。

⑨2013 年**山东某执行异议纠纷案**,2008 年,韩某父母将名下房屋公证赠与儿

子韩某,赠与合同约定"赠与人继续享有在该房屋无偿居住的权利"。2011年,韩某因犯罪被判处死刑,同时被判决赔偿受害人父母何某、王某经济损失42万余元。何某、王某据此申请执行韩某名下房屋时,韩某父母以前述赠与合同约定提执行异议。法院认为:《合同法》第45条第1款规定:"当事人对合同的效力可以约定附条件。附生效条件的合同,自条件成就时生效。附解除条件的合同,自条件成就时失效。"案涉赠与合同中仅约定了赠与人将赠与房屋转移给受赠人后,受赠人有义务保证赠与人房屋居住需要,并未约定附生效条件。从合同约定内容看,应理解为赠与人在赠与合同中为受赠人设定了一定义务,受赠人办理产权转移登记后,应履行约定义务。此合同属《合同法》第190条规定的附义务赠与合同,受赠人是否履行所附义务均不影响赠与合同成立和生效。依《物权法》第15条规定,设立、变更、转让和消灭不动产物权,以合同生效为基础。未办理物权登记,不影响合同效力。韩某取得所有权根据系赠与合同约定,而非过户行为本身。房屋转移登记只是产生物权公示公信力效果,而非产生物权原因,故虽然本案赠与合同已生效,并办理过户手续,但韩某对该房屋所有权因赠与人享有居住权而受限制。法院以尚未达到可执行条件,中止执行并无不当,申请执行人可待具备执行条件时,恢复执行,判决驳回何某、王某诉请。

⑩2013年**北京某赠与合同纠纷案**,2013年,谢某与宋某协议离婚,约定共有房产归女儿所有。随后,谢某以经济困难为由,诉请撤销离婚协议中房产赠与内容。法院认为:夫妻就财产归属、子女抚养等问题达成一致意见后,可向婚姻登记机关申请办理离婚登记。夫妻离婚时,双方对财产问题进行约定,具有法律效力,双方均应遵照执行。谢某与宋某就案涉房屋产权赠与女儿合意,本质上系夫妻双方在离婚时对共有财产分配所作特殊约定。由于双方在离婚时对财产归属约定属离婚协议一部分,而离婚协议具有身份属性,不属《合同法》所调整"合同"范畴。鉴于谢某无法证明其在签订财产分割协议时存在受胁迫或受欺诈等情形,故对其要求撤销赠与诉请,判决驳回。

⑪2013年**福建某赠与合同纠纷案**,2008年,姚某与儿子、儿媳订立分家协议,将姚某夫妻共同财产过户给姚某孙子,儿子以其所有的房屋与该房进行交换,姚某妻子郑某未在该分家协议上签字。2009年,姚某儿子、儿媳经法院诉讼判决离婚,姚某孙子判归儿媳抚养。2011年,姚某孙子诉请赠与房产办理过户。法院认为:案涉房产购买于姚某夫妻关系存续期间,应系夫妻共有财产而非家庭共同财产,分家协议对此亦予确认。协议中手写添加姚某同意将该房产无偿过户给孙子,系对该房产所有权人的变更,应认定为所有权人对其财产以赠与方式进行处分,系赠与行为。同时,该赠与存在权益对换行为,即姚某子以其所有的房屋与该诉争房进行交换,并非姚某单方赠与行为。包含前述赠与条款的分家协议上无郑某签名。因

诉争房产系共同共有财产,依《物权法》第97条,处分共有的不动产或者动产以及对共有的不动产或者动产作重大修缮的,应当经占份额三分之二以上的按份共有人或者全体共同共有人同意,但共有人之间另有约定的除外。另依《合同法》第51条,无处分权的人处分他人财产,经权利人追认或者无处分权的人订立合同后取得处分权的,该合同有效。本案中,郑某作为诉争房产共同共有人之一,未在分家协议上签名,其虽对协议其他内容无异议,但不同意诉争手写赠与条款内容。根据上述法律规定,姚某以赠与方式处分夫妻共同共有房产未经共有人郑某同意,赠与条款无效,故姚某孙子请求将诉争房产过户,不应支持,判决驳回。

⑫2013年**浙江某物权保护纠纷案**,2007年,毛某以27.3万元价格购买任某房屋。首付款14万元由毛某父母支付。毛某向父母出具收据及协议,承诺同意该房屋由父母住至终生。2013年,毛某诉请父母搬离该房。毛某父母反诉要求撤销房屋赠与,毛某退还房屋产权并变更登记到毛某父母名下。法院认为:依《物权法》规定,不动产物权的设立、变更、转让和消灭,应当依照法律规定登记,经依法登记,不动产物权才发生效力。本案中,房屋产权登记在毛某名下,毛某是当然的房屋产权人,且毛某父母包括在本案诉讼过程中从未向物权登记部门提出过登记异议。依《合同法》对赠与规定,赠与人是将自己财产无偿给予受赠人,换言之,赠与人在赠与之前应已享有赠与财产处分权,而在取得房屋所有权过程中,出资房屋首付款后,还需进一步支付房屋剩余价款、依法缴纳税金、办理产权登记手续等,仅出资首付款,并不能直接取得房屋所有权,即在本案赠与合同成立时,毛某父母并未取得涉案房屋所有权,故毛某父母认为其与毛某之间系房屋赠与关系缺乏法律依据,据此主张撤销房屋赠与请求无法得到支持。依《合同法》第185条规定,赠与是指“赠与人将自己的财产无偿给予受赠人,受赠人表示接受赠与”的一种合意。同时,该法第190条规定:“赠与可以附义务。赠与附义务的,受赠人应当按照约定履行义务。”对父母出资为子女购买房屋行为,首先应尊重父母子女间对出资行为性质的约定。本案中,双方当事人之间已成立附义务赠与关系,赠与财产为14万元,所附义务为限制受赠人物权——即赠与人有权在诉争房屋内住至终生。毛某依法应按约定履行义务,即将诉争房屋交由其父母住至终生。现毛某起诉要求其父母搬离诉争房屋,于法无据。判决驳回毛某及毛某父母诉请。

⑬2012年**福建某赠与合同纠纷案**,2009年,王某父母协议离婚,约定将王某父婚前个人财产赠与未成年子女王某。2010年,王某父母复婚。2012年,双方再次离婚,调解协议约定王某母向王某父“不再主张婚姻关系存续期间的财产权利”。随后王某起诉其父,要求履行赠与义务。法院认为:诉争房屋原系王某父婚前财产。王某父母第一次协议离婚时,离婚协议确认双方婚后无共同财产,约定将王某父名下诉争房产赠与王某。王某父将诉争房产赠与王某,实际上是对赠与设定了

前提,即王某父母离婚。但离婚后诉争房屋并未过户到王某名下,赠与行为未完成。后王某父母复婚,故赠与条件消失。依王某父母第二次离婚调解协议,对于诉争房产已在双方离婚诉讼中涉及并处理,诉争房产并未被确认归王某及其母共有。现王某母作为王某法定代理人,以王某名义起诉要求王某父履行赠与义务,有悖生效调解书,对其请求不应支持。判决驳回王某诉请。

⑭2012 年**广西某离婚纠纷案**,2009 年,黄某与陆某离婚,约定儿子由黄某抚养,陆某自愿将个人婚前房产赠与黄某及儿子。离婚 3 年后,因陆某未过户致诉。法院认为:相对于《物权法》《合同法》规定,《婚姻法》对夫妻财产关系规定属特别规定,本案应优先适用,故夫妻之间有关房产赠与约定,无需经过物权变动手续,离婚时法院可判决房产归受赠方所有,对赠与房产一方,主张撤销赠与合同请求不予支持。按《合同法》规定"赠与人,在赠与财产的权利转移之前可以撤销赠与",但是"具有救灾、扶贫等社会公益、道德义务性质的赠与合同,或者经过公证的赠与合同,不适用前款规定"。在案涉离婚协议中,涉及父亲对儿子赠与房产的约定内容。将房产份额处理给儿子本身具有某些道德补偿性质,应认定赠与人即陆某不得行使撤销权。判决陆某将诉争房产过户给黄某及儿子名下。

⑮2012 年**浙江某撤销权纠纷案**,2009 年,张某与金某协议离婚,约定将共有房屋赠与儿子金某子。2011 年 1 月,金某子诉请金某协助办理过户手续。2011 年 7 月 7 日,生效判决支持金某子诉请。2011 年 6 月,生效调解书确认金某归还郑某借款 18 万元。2011 年 7 月 11 日,法院立案执行该调解书。金某子提出执行异议,法院经审查,裁定中止对该房屋的执行程序。郑某遂以金某将上述房屋赠与给第三人金某子行为损害了其作为债权人利益,诉请撤销金某与金某子房产赠与行为。法院认为:依《合同法》相关规定,因债务人无偿转让财产,对债权人造成损害的,债权人可请求法院撤销债务人行为。根据金某子提供的金某社保个人账户查询结果,金某目前具有稳定工作和收入,金某在离婚后将其挂靠在其他公司车辆又转让过户给他人,故金某尚具备偿还债务能力,难以认定金某转让财产行为对郑某造成了损害。郑某就其对金某享有的债权已向法院申请强制执行,而该执行案件尚未结案,故郑某主张金某赠与房产行为对其造成损害,理由不充分,不能支持。另外,赠与人金某与受赠人金某子赠与合同纠纷经审理,法院终审判决确定金某须协助金某子办理赠与财产的土地使用权和房屋所有权转让登记手续,故张某与金某订立的财产分割协议系当事人真实意思表示,其效力已得到法院认可。判决驳回郑某诉请。

⑯2011 年**浙江某离婚纠纷案**,2006 年,王某与徐某办理离婚登记手续,离婚协议约定将双方共有房产赠与女儿,后因徐某不配合办过户被王某和女儿起诉。徐某说等孩子 18 岁了再过户。法院认为:本案王某与徐某在离婚协议中约定将共有

房屋过户到女儿名下,意味着双方对财产进行了共同处分,亦即将房屋赠与女儿所有。女儿通过起诉方式,是对父母亲赠与行为的接受。根据相关法律规定,不动产物权移转经依法登记,发生效力。只有将房屋产权过户至受赠人名下,赠与人受赠行为才算完整履行。现王某要求依协议,将案涉房屋产权过户至孩子名下,属于对双方离婚后财产约定继续履行的请求,合理合法,应予支持。根据《合同法》第184条关于履行期限约定不明规定,本案中孩子可随时要求父母双方将房屋过户到其名下,徐某认为女儿还未成年,不能过户,依最高人民法院《关于贯彻执行〈中华人民共和国民法通则〉若干问题的意见(试行)》第6条规定,无民事行为能力人、限制民事行为能力人接受赠与,他人不得以行为人无民事行为能力、限制民事行为能力为由,主张赠与行为无效,故徐某抗辩意见缺乏事实和法律依据,判决徐某在判决生效后30日内将房屋过户到女儿名下。

⑰2010年**福建某赠与合同纠纷案**,2008年,陈某将名下房产20%产权赠与儿子周某并经公证。周某预留开发公司用于购买房屋使用权的9万余元由陈某领取。2010年,陈某以周某不尽赡养义务为由诉请撤销赠与。周某以其失业、无收入来源抗辩。法院认为:陈某同意将名下房产20%产权赠送给周某所有,周某亦对赠送表示愿意接受。该赠与合同经过公证,系双方当事人真实意思表示。周某虽因与陈某存在赡养纠纷,且经法院判决周某应每月向陈某支付赡养费并负有探望义务,但周某亦在诉讼中提交了其就业失业登记证,用于证明其无收入来源,陈某未举证证明周某存在因某种主观目的,故意不履行赡养义务,且周某亦曾购买了房屋使用权提供给陈某居住,陈某却将该房屋退回开发建设单位,领取了周某缴纳的预留金。依《合同法》第186条第2款规定,经过公证的赠与合同,赠与人不得行使任意撤销权,故陈某以其无房居住为由,要求撤销赠与合同,与其领取预留金行为不符,且无充分证据证明陈某经济状况显著恶化,故陈某并不存在《合同法》第195条所规定的可不再履行赠与义务情形。

⑱2010年**上海某赠与合同纠纷案**,1988年,张某与向某登记结婚,次年生育一女。1998年,张某签约购买房屋一套。2002年,张某、向某及孩子登记为该房共有人。2010年,张某与向某离婚诉讼中,经鉴定张某与孩子无血缘关系。离婚之后,张某起诉孩子要求撤销赠与的房屋1/3份额。法院认为:张某与向某同意孩子为房屋共有人并记载于房地产权利证书上,系基于孩子是张某与向某婚生子女的一致认知,并在此基础上所作赠与。张某在订立赠与合同时存在重大误解,表明其不具有和向某将夫妻共有系争房屋部分份额赠与孩子的真实意思。对于共同共有财产处分,需各共有人一致意见才能作出,故张某要求撤销赠与效力应及于整个赠与行为。张某与向某虽已离婚,但因系争房屋分割问题在离婚案件中未作处理,故在赠与撤销后,系争房屋仍属张某与向某共同共有财产,张某与向某可就系争房屋分

割另行主张。判决撤销张某、向某对孩子房屋赠与。

⑲2010年**重庆某撤销权纠纷案**,2006年,向某与包某协议离婚,约定将共有房产赠与两个儿子。2008年,生效判决载明两个儿子由包某抚养。2009年,向某以包某擅自出卖赠与儿子名下房产、自己经济状况恶化为由,诉请撤销离婚协议中的赠与。法院认为:最高人民法院《关于适用〈中华人民共和国婚姻法〉若干问题的解释(二)》(已于2021年1月1日起废止)第8条规定:"离婚协议中关于财产分割的条款或者当事人因离婚就财产分割达成的协议,对男女双方具有法律约束力。"本案向某与包某离婚协议中约定将共有房产归两个儿子所有,是一种以解除双方身份关系为动机的目的赠与行为。鉴于离婚协议主要是为解除双方婚姻关系目的而设定,这种发生在特定身份关系当事人之间有目的赠与,并不违反法律规定,具有一定道德义务性质,属一项诺成性约定。在双方婚姻关系事实上因离婚协议得以解除情况下,赠与财产目的已实现,其赠与房产行为依法不能随意撤销。包某是否擅自出卖赠与房屋与本案不属同一法律关系,亦不能成为向某撤销赠与法定理由;另向某以其经济状况恶化,若赠与两套房屋将严重危害其生存权为由主张撤销房屋赠与,但其未能提供充分证据证明其经济状况显著恶化并符合《合同法》第195条所规定不履行赠与义务情形,故向某就此主张撤销房屋赠与,理由不充分。判决驳回向某诉请。

⑳2009年**北京某赠与合同纠纷案**,2007年,杨某与刘某协议离婚,约定将共有房屋产权转移至孩子名下。2008年,在办理离婚登记后,杨某起诉要求撤销赠与。法院认为:离婚协议中关于财产分割条款或当事人因离婚就财产分割达成的协议,对男女双方具有法律拘束力,故在婚姻关系已解除情况下,双方在离婚协议中约定将夫妻共同共有房屋赠与子女的赠与条款已生效,双方当事人均应遵守协议约定,任何一方反悔行为均意味着对整个离婚协议的反悔。离婚财产协议中赠与条款虽在形式上表现为赠与,但其与一般赠与行为有本质区别。一般赠与行为仅系一种单纯的财产处分关系,应适用《合同法》规定,在符合法定条件下可行使任意撤销权。离婚财产协议中赠与条款系夫妻分割共同财产一种方式,属共同共有人对共同财产共同处分行为,根据共同共有权利行使规则,对共同财产处分行为,其中一个共有人不应享有单独的撤销权,除非共同共有人共同行使。根据共同共有关系,夫妻双方在离婚财产分割协议中对第三人的赠与属共同处分行为,双方在赠与时就该财产在双方间并未进行任何分割,该赠与财产仍属共同共有状态,任何一方均不得单独撤销,对赠与的撤销行为须由双方共同行使。此外,杨某并无证据证明订立协议时存在欺诈、胁迫等可撤销情形,故杨某既不能单独行使赠与的任意撤销权,亦无证据证明离婚协议存在可撤销情形,判决驳回杨某诉请。

㉑2009年**安徽某撤销权纠纷案**,2004年1月,刘某以13岁儿子刘某某名义购

买房屋,并于2005年11月办理房产证,登记房地产权利人为刘某某。2004年12月,刘某以同样方式购买门面房,并于2006年12月11日办理房地产权证。2005年7月,刘某在信用社贷款300万元。2007年,因刘某未按约偿还,信用社起诉并获法院判决支持。2009年,法院以刘某无财产可供执行,裁定终结该民事判决执行程序。信用社诉至法院,请求撤销登记在刘某某名下涉案房屋产权,确认房屋为刘某与李某夫妻共有财产。法院认为:刘某以刘某某名义签订商品房买卖合同时,刘某某年仅13岁,是未成年人,无购买房屋经济能力,亦不具有作出购房决定的民事行为能力。从刘某某问话笔录中可知,其对购房价格及商品房买卖合同签订一概不知,故刘某以刘某某名义购买房产行为,应视为一种赠与行为,即将房屋所有权赠与刘某某。《物权法》第9条第1款规定,不动产物权的设立、变更、转让和消灭,经依法登记,发生效力;未经登记,不发生效力,但法律另有规定的除外。《合同法》第187条规定,赠与的财产依法需要办理登记等手续的,应当办理有关手续。刘某办理完房地产权登记为赠与行为完成。刘某赠与行为完成是在借贷行为之后,构成恶意逃避债务,依法应予撤销。本案撤销权期限应从2009年4月9日开始计算,故信用社行使撤销权并未超过一年期限。判决撤销刘某、李某将案涉房屋赠与刘某某行为,确认上述房屋为刘某、李某夫妻共有财产。

㉒2008年**浙江某财产纠纷案**,2007年,陈某与夫李某在民政局协议离婚,约定房屋归儿子。后陈某反悔。法院认为:双方离婚并就财产分割作出约定,是双方平等自愿协商一致结果。该协议具有民事合同性质,系双方真实意思的表示,且双方在订立财产分割协议时并不存在欺诈、胁迫等法定可撤销情形,故离婚协议合法有效。依最高人民法院《关于适用〈中华人民共和国婚姻法〉若干问题问题的解释(二)》规定,陈某要求撤销离婚协议中有关约定,重新分割财产的主张,难予支持。

㉓2005年**湖北某赠与合同纠纷案**,2002年,陈某夫妻将房产以附赡养义务方式公证赠与孙女程某,约定陈某夫妻"有永久居住权"。2004年,陈某夫妻以程某骗取房产证办理过户、赶走原租户并与陈某夫妻发生纠纷造成陈某受伤住院为由,诉请撤销赠与。法院认为:公民对自己的合法财产有自由进行处分的权利。案涉房屋系陈某夫妻共同财产,案涉房产赠与合同系双方自愿签订,该房产赠与行为未侵犯他人合法权利,符合法律规定,且经公证机关公证,故该赠与合同合法有效。赠与财产依法需要办理所有权转移手续的,应办理相关手续。我国法律规定房产所有权对外公示以登记为准,程某为实现赠与目的,根据赠与合同约定有权将受赠房产过户到自己名下,故程某在办理赠与合同公证后办理房产过户,并不违反双方约定及法律规定。受赠人严重侵害赠与人或不履行赠与合同所约定义务的,赠与人有行使撤销权的权利。陈某夫妻将房产赠与程某附有义务,其目的是程某能从精神和生活上给予其抚慰和照料,而程某却在取得赠与房产后,无视陈某夫妻年老

体弱、多病，经济并不宽裕的现实情况，强行收回陈某夫妻已出租房屋，并在与陈某夫妻发生冲突中，造成陈某身体多处受伤，其行为对陈某夫妻精神和身体已构成严重伤害，亦直接导致双方不能继续相处，赠与合同所附义务亦不能实现。为维护社会关系的稳定，保护赠与人及老年人合法权利，倡导优良的道德观念，陈某夫妻要求撤销该房产赠与合同符合法律规定，应予支持。依法成立的赠与合同，在出现撤销赠与法定事由后，赠与人应在知道撤销原因之日起一年内行使撤销权。案涉房产赠与行为虽已逾期一年，但程某伤害陈某夫妻身心之日至起诉之日期间，未超过法定期限，陈某夫妻在法定事由出现后即依法行使了撤销权，故其主张并未过除斥期间。判决撤销房屋赠与，案涉房屋产权归陈某所有，程某协助办理过户手续。

㉔2004年**江苏某撤销权纠纷案**，1999年9月，于某欠毛某货款3.9万余元。同年12月，于某与卢某离婚，法院调解书确认夫妻全部共同财产赠与儿子。2004年，毛某诉请撤销前述赠与行为。法院认为：《合同法》第74条第1款规定，因债务人放弃到期债权或者无偿转让财产，对债权人造成损害的，债权人可以请求人民法院撤销债务人的行为。毛某与于某债权债务发生在于某、卢某离婚之前，两被告在有债务情况下，离婚时将全部共同财产在调解协议中无偿赠与给自己儿子行为，使自己丧失了清偿债务能力，危及债权人债权实现，两被告行为有害债权人债权。判决撤销于某和卢某赠与第三人夫妻共同财产中价值3.9万余元行为。

㉕2004年**福建某离婚后财产纠纷案**，2003年，韦某将签名离婚协议复印件交谢某签名，约定双方将共有房产赠与儿子。谢某签字后添加共同债务由其负责等内容并签名。2004年，法院调解离婚，约定婚生子由谢某抚养。1个月后，韦某以房产等财产未予处理为由，诉请分割。法院认为：谢某提供证据可证明双方协议离婚时有将夫妻共有房产赠与儿子的议项，但不能证明双方与儿子形成赠与合同关系，双方亦未办理转移房产登记手续，赠与合同关系尚未成立。韦某、谢某对共有房屋有平等的处理权，韦某请求分割，其请求合法，应予支持。鉴于双方离婚后，婚生儿子由谢某抚养，房屋分给谢某比较适宜。谢某应给予韦某相当于该房屋一半价值的补偿。判决诉争房屋归谢某所有，韦某分得房屋补偿款5万余元。

㉖2002年**江苏某撤销权纠纷案**，2001年6月4日，生效判决判令陶某给付盛某租赁费等62万余元。同年6月7日，陶某与姜某协议离婚，约定将共同财产的房产赠与女儿。经结算，建筑公司应给付陶某工程款200万余元。同年12月，陶某从建筑公司领取工程款25万元，要求以此作为一次性清偿盛某债务的对价，遭拒后挪作他用。此前的1999年，生效调解书确定建筑公司归还袁某100万余元，陶某负连带责任。2002年，盛某诉请确认陶某夫妇与女儿的赠与协议无效。法院认为：陶某未积极主动履行生效判决确定的义务，在盛某申请强制执行后，仅给付

部分款项,此后陶某以一次性结清为条件,对60万余元的债务合计只愿履行25万元,缺乏履行生效法律文书诚意。陶某、姜某协议离婚时,陶某已被生效调解书确定了百万元债务,其主要可供支配财产已被采取了保全措施,该案主债务人建筑公司不能履行债务,亦不能如数给付陶某工程款。此情况下,陶某在离婚时协议赠与其年幼的女儿,以此对抗法院对其财产的执行,事实上已对盛某债权实现设置了障碍,客观上也损害了债权人合法权益,其具有逃避债务的恶意,属以合法形式掩盖非法目的,该行为依法应确认无效。尽管名义上陶某对建筑公司享有200万余元债权,但直至2001年底才实现了25万元,且建筑公司目前处于无人管理、经营状态,陶某事实上也未能通过清理自己债权对外履行债务,故其所述赠与财产之外仍有偿债能力无事实基础。判决确认诉争赠与协议无效。

(2)赠与配偶。

①2016年**某撤销权纠纷案**,夫妻一方将个人房产约定赠与对方的,过户前能否任意撤销?处理意见:无论夫妻双方约定将一方所有房产赠与对方比例多少,均属夫妻之间有效约定,实质上系赠与。婚姻家庭领域协议常常涉及财产权属条款,对此类协议订立、生效、撤销、变更等并不排斥《合同法》适用。实际生活中,赠与往往发生在具有亲密关系或血缘关系的人之间,《合同法》对赠与问题规定亦未指明夫妻关系除外。一方赠与另一方不动产或约定夫妻共有,在未办理变更登记前,依《合同法》第186条规定可撤销,此与《婚姻法》规定并不矛盾。

②2015年**山东某离婚纠纷案**,2006年,张某购买房屋并支付首付款14万元后向银行贷款33万元。2008年,张某与马某登记结婚。2011年,房屋登记在张某名下。2012年,马某与张某协议约定房屋产权由张某和马某共同共有。2014年,马某诉请离婚,并要求分割房产。法院认为:依《婚姻法》第19条规定,夫妻可以约定婚姻关系存续期间所得财产以及婚前财产归各自所有、共同所有或部分各自所有、部分共同所有。夫妻对婚姻关系存续期间所得财产以及婚前财产约定,对双方具有约束力。相对于《物权法》及《合同法》,《婚姻法》对夫妻财产规定属特别规定,应优先适用。本案中双方在婚姻关系存续期间对房产作出了约定,按约定该房产应为双方共同共有财产。本案马某与张某婚姻关系存续期间6年,育有一女,婚后双方共同偿还房屋贷款,说明女方并非企图通过婚姻获取房产,不能适用最高人民法院《关于适用〈中华人民共和国婚姻法〉若干问题的解释(三)》(已于2021年1月1日起废止)第6条规定,因未办理转移登记手续,男方享有撤销赠与权利的规定。依夫妻双方约定,应认定房屋为夫妻共同财产,同时考虑房产是由男方婚前由家人投入和借亲戚款项购买,对该房产来源贡献度大,应适当多分,遂酌情判决男方对房屋享有2/3份额。判决案涉房屋归张某所有,张某支付马某折价款19万元。

③2014 年**北京某离婚纠纷案**,2012 年,石某与陈某签署婚内协议,约定共有房产归石某所有,离婚时石某取得房产并偿还抵押贷款。2014 年,双方离婚诉讼中,关于该约定效力成为争议焦点。陈某主张该赠与未办物权登记,故其可行使撤销权。法院认为:案涉房屋由石某和陈某婚后共同出资购置,登记为共同共有。双方自愿签署婚内协议,明确约定该房归石某所有,陈某执笔填写相关内容,对于协议约定及执行后果应予知悉。双方基于家庭关系及婚姻情感作出处分共同财产的意思表示应予保护,该协议对双方具有法律约束力。依法律规定,婚前或婚姻关系存续期间,当事人约定将一方所有房产赠与另一方,赠与方在赠与房产变更登记前可撤销赠与。本案婚内协议系双方对婚姻期间所得夫妻共同财产进行的约定,而非系一方将个人房产给予另一方的单纯赠与行为,双方签订协议后房产所有权归石某所有,陈某不享有房产赠与撤销权。判决案涉房屋归石某所有,剩余房款由石某负责偿还。

④2014 年**江苏某财产权属纠纷案**,2007 年,张某与父母共同出资购买房产,并约定双方份额分别为 57.4%、42.6%。2008 年,张某与洪某登记结婚,张某偿还余下房款并办理产权过户手续。2011 年,张某与洪某约定该房屋归双方共有,并将房屋登记在二人名下。2012 年,张某父母诉请确认其享有案涉房屋 72% 产权并办理过户登记、洪某不享有该房产权。法院认为:《物权法》第 104 条规定:“按份共有人对共有的不动产或者动产享有的份额,没有约定或约定不明确的,按照出资额确定;不能确定出资额的,视为等额享有。”本案中,由于张某、洪某对所占份额未明确约定,而张某与父母对首付款即出资额有约定,故张某将诉争房屋登记在其个人名下,侵犯了其父母利益。张某自愿将其享有份额部分赠与洪某,由夫妻双方共同享有,不违反法律规定,应予准许。依《物权法》第 97 条、第 101 条规定,按份共有人对其份额在法律规定范围内可自由转让,如共有人之间有约定不得转让其份额,从解释学角度看,如共有人有重大理由需转让份额的,亦可请求转让,其他共有人优先购买权系物权化债权的期待权。结合本案实际情况,并依最高人民法院《关于适用〈中华人民共和国婚姻法〉若干问题的解释(三)》(已于 2021 年 1 月 1 日起废止)第 6 条、第 10 条规定,涉案房屋张某所享有份额属婚前个人财产与婚后共同财产混合体。因该房屋为张某与其父母按份共有,故张某对其所享有份额赠与洪某并与洪某共有,经过产权登记,该赠与行为有效。同时依最高人民法院《关于审理城镇房屋租赁合同纠纷案件具体应用法律若干问题的解释》第 24 条规定,在承租人优先购买权与特殊身份关系(指近亲属)购买人购买权发生冲突时,应优先保护特殊身份关系购买人权利。判决案涉房屋由张某父母共同享有 42.6% 份额,由张某、洪某共同享有 57.4% 份额,办理房屋产权变更登记费用由张某负担。

⑤2013 年**河南某离婚后财产纠纷案**,2010 年 4 月,赵某与王某协议离婚,约定

夫妻共有、王某名下房屋归王某所有。同年7月,王某出具证明,载明前述房屋归赵某所有,并"无条件负责过户手续"。2011年,王某将前述房屋转卖。2013年,赵某诉请王某返还售房款。法院认为:离婚协议中关于财产分割条款或当事人因离婚就财产分割达成协议,对男女双方具有法律约束力。本案双方因离婚达成协议合法有效,王某依协议已取得诉争房屋所有权。合同变更系指合同成立后,尚未履行或尚未完全履行前,在当事人不变的情况下合同内容发生变化现象。案涉离婚协议已履行完毕,不符合合同变更法律规定。诉争证明内容载明王某将房屋无偿给赵某,符合赠与合同法律规定。《合同法》第186条规定:"赠与人在赠与财产的权利转移之前可以撤销赠与。"对于本案,赠与物系不动产,《物权法》第9条规定:"不动产物权的设立、变更、转让和消灭,经依法登记,发生效力;未经登记,不发生效力。"王某未将房屋过户给赵某,故该房屋所有权未转移,此情况下,王某有权撤销赠与,故判决驳回赵某诉请。

⑥2010年**江苏某合同纠纷案**,2004年,李某与魏某共同生活并生育一子。2008年,双方登记结婚。3个月后双方登记离婚。在此期间,2006年,李某与王某经人介绍相识。2010年,李某与王某登记结婚,未办任何结婚仪式。一周后,双方约定将原系王某所有的两套房屋产权变更为与李某按份共有,李某分别占70%与80%份额,并办理变更登记手续。随后,李某与其前夫魏某及儿子共同住在其中一间,另一间由李某与魏某以夫妻名义对外出租。王某起诉李某,要求确认赠与协议无效。法院认为:公民的民事活动应遵守社会公德,不得损害社会公共利益,扰乱社会经济秩序。根据法律规定,以合法形式掩盖非法目的民事行为,为无效民事行为,无效民事行为,从行为开始起就没有法律约束力。本案中,李某与王某虽已缔结婚姻关系,婚后不久即签订房屋赠与协议,并办理产权变更手续,形式上合法,但从法院调查情况分析,王某与李某结婚后不久就分开居住,并未以夫妻名义共同生活,李某存在以合法婚姻为掩盖,骗取王某房产故意和目的。理由如下:双方婚姻关系缔结过程不正常。李某与王某于2006年即经人介绍相识,李某与魏某登记离婚后不久,又与王某登记结婚,双方结婚并未办理任何结婚仪式。双方婚后婚姻生活不正常。虽然李某一直表示双方感情不错,其婚后对王某倍加关心和照顾,但无具体表现,从王某本人陈述和举证及法院调查取得的证据看,在双方婚后不久,李某即与其前夫魏某及儿子共同住在案涉房屋,且李某与魏某还以夫妻名义对外出租该处房屋,王某作为房屋产权人尚无法在该处房屋中正常居住和生活。在王某父亲过世时,李某亦从未出面办理后事,其未尽到一个妻子和儿媳应尽义务。双方签订赠与协议原因尚无明确合理解释。李某与王某在双方登记结婚的两周内即签订赠与协议并办理房屋变更登记手续,且两处房屋大部分份额均约定为李某所有。李某虽表示是其对王某关心照顾的结果,但王某称系被迫才结婚和签订赠与协议。

综合上述理由,李某系以与王某结婚及因婚姻生活赠与房屋部分产权合法形式,掩盖其不当获取房屋大部分产权非法目的,其行为亦违反了社会公德和善良风俗,故判决确认该赠与协议应属无效。

【典型类案实务要点】

1.【**夫妻共有房产登记在子女名下,并不当然视为赠与**】夫妻共同出资购房,产权登记在未成年子女名下,夫妻离婚时,法院应审查夫妻双方在购买房屋时真实意思表示。

2.【**赠与子女房产,经民事调解书确认,不得随意撤销**】经法院生效民事调解书确认的父母子女之间关于房产赠与行为,同时因具有一定道德义务性质,应属诺成性约定。

3.【**父母所赠房产,子女行使物权,不得损害父母生活**】父母出资购房并将产权登记在子女名下,具有赠与性质。子女对该房行使物权将损害父母生活的,法院可依《物权法》总则规定不予支持。

4.【**严重侵害赠与人致精神伤害的,赠与人可撤销赠与**】子女受赠房屋后,对作为赠与人的父母实施侵害财产权、刑事控告等系列解消性身份行为,造成赠与人严重精神伤害的,可认定受赠人严重侵害赠与人,赠与人可依法撤销赠与。

5.【**生效离婚调解书确认的赠与,当事人不得随意撤销**】书面赠与合同虽因签字不真实而未成立,但法院生效调解书已确认赠与意思表示的,受赠人应享有相应债权请求权。

6.【**离婚协议约定房产赠与子女,赠与方不得任意撤销**】夫妻离婚时,一方将共有房屋属于自己的份额赠与子女,虽未办理产权转移手续,仍为有效,赠与方不得任意撤销。

7.【**离婚时约定一方名下房产归子女的,不得任意撤销**】夫妻离婚时将一方名下房屋约定为子女所有的协议带有身份关系性质,不同于一般性单纯财产赠与,赠与一方不得行使任意撤销权。

8.【**房屋赠与合同设定义务的,受赠人应履行约定义务**】赠与人在房屋赠与合同中为受赠人设定了居住权保留义务,受赠人办理产权过户后,法院不能依产权登记,将该房屋作为受赠人财产予以执行。

9.【**夫妻离婚时将房产赠与子女的约定,具有身份属性**】夫妻离婚时约定将房产赠与子女的合意,本质上系夫妻双方在离婚时对共有财产分配所作特殊约定,具有身份属性,不适用合同撤销规定。

10.【**父母出资首付款,视为赠与,但赠与标的并非产权**】子女购房,父母以出资首付款形式赠与,赠与的并非房屋产权。赠与可附义务,受赠人应按约定履行该所附义务。

11.【**赠与子女未办登记,应认定赠与合同成立但未生效**】离婚协议约定将一方所有房产赠与子女,该行为经离婚后又复婚、复婚后又离婚,在赠与房产未办登记手续情况下,应认定赠与合同成立但未生效。

12.【**基于重大误解赠与非婚生女房屋,事后可诉请撤销**】夫妻双方将共有财产赠与他人后,如夫妻一方在赠与合同订立时存在意思表示瑕疵,意思表示瑕疵一方可诉请法院撤销该赠与。如符合可撤销合同撤销权行使的法定条件,法院应判决撤销夫妻对该他人的共同赠与,而不应仅判决撤销意思表示瑕疵一方对该他人的赠与。

13.【**夫妻离婚财产共同赠与后,任何一方无权单独撤销**】夫妻双方在离婚财产分割协议中对第三人的赠与属共同处分行为,双方在赠与时就该财产在双方间并未进行任何分割,该赠与财产仍属共同共有状态,任何一方均不得单独撤销对共同共有财产的赠与。

14.【**房产赠与行为的完成,应以办理完登记为判断标准**】房屋所有权赠与,应以办理完房地产权登记为赠与行为完成;因债务人无偿转让财产行为,对债权人造成损害的,该行为应予撤销。

15.【**房产受赠人不履行约定义务的,赠与人可撤销赠与**】房产赠与合同约定出租人有使用权的,受赠人不履行约定义务,强行收回赠与人出租房屋的,赠与人可撤销赠与。

16.【**夫妻离婚,全部财产赠与子女,债权人可诉请撤销**】夫妻离婚时将全部共同财产在调解协议中无偿赠与子女,使自己丧失清偿债务能力,危及到债权人债权实现的,债权人可诉请撤销该赠与行为。

17.【**债务人恶意逃债而赠与的,债权人可诉请确认无效**】不能清偿到期债务的债务人,通过赠与协议将名下房产无偿转让给子女并交付,以此对抗法院执行的,事实上已对债权人的债权实现设置了障碍,客观上也损害了债权人合法权益,其具有逃避债务的恶意,属以合法形式掩盖非法目的,该行为依法应确认无效。

18.【**夫妻一方赠与对方房产,在过户登记前可任意撤销**】夫妻一方在婚前或婚姻关系存续期间,将个人房产约定为共同共有或按份共有,赠与人在产权变更登记之前可行使任意撤销权。

19.【**夫妻双方关于一方婚前购房约定为共有,非为赠与**】夫妻对婚姻关系存续期间所得财产以及婚前财产约定,对双方具有约束力,不得以未办转移登记手续而随意撤销。

20.【**夫妻约定共有房产归一方所有的,属共同财产约定**】夫妻双方通过签订婚内协议将婚后共同财产约定归一方个人所有的，属夫妻共同财产约定，即使未办物权转移登记，亦不影响一方依协议取得其中房产所有权。

21.【**婚前与父母按份共有房，婚后可将其份额赠与配偶**】夫妻一方婚前与父母共同出资购房，后约定共有房屋在婚后夫妻共有的，应视为将其所享有份额赠与夫妻另一方。

22.【**离婚后约定归一方的房产，赠与后、过户前可撤销**】夫妻协议离婚后，一方将离婚协议中约定归自己所有的房产给对方的，应视为赠与。在未办过户前，赠与人有权撤销赠与。

23.【**以婚姻骗房产所签赠与协议，违反公序良俗而无效**】行为人以结婚及因婚姻生活赠与房屋部分产权合法形式，掩盖其不当获取房屋大部分产权的非法目的，违反公序良俗，赠与协议应属无效。

【类案裁判一般规则】

夫妻一方在婚前或婚姻关系存续期间约定将个人所有的不动产赠与夫妻另一方或者约定为按份共有、共同共有的，属于夫妻财产赠与约定，赠与人在赠与不动产物权办理转移登记之前撤销赠与，夫妻另一方主张履行的，应依《民法典》有关赠与合同任意撤销与限制的相关规定处理。男女双方基于离婚事由将夫妻共同财产处分给子女的行为，可视为一种有目的的赠与行为，在双方婚姻关系因登记离婚而解除的情况下，应认为赠与房产目的已实现，赠与房产条款不能随意撤销。离婚协议约定将特定财产赠与第三人，离婚后夫妻一方不履行给付义务，夫妻另一方可以起诉主张其履行。受赠人非离婚协议一方，仅为赠与条款的受益人，并无独立的给付请求权，其起诉主张夫妻一方或者双方履行给付义务的，裁定不予受理，已经受理的，裁定驳回起诉。

【典型参考案例索引】

主旨案例：见《夫妻共同出资购买的房屋，产权登记在未成年子女名下，离婚时应如何处理》（《民事审判指导与参考》研究组），载《民事审判指导与参考 · 民事审判信箱》(201003/43:237)。

其他案例：

(1)赠与子女。①福建厦门中院(2017)闽02民终388号"胡景煌与胡珺赠与合同纠纷案"，见《胡某某诉胡某赠与合同纠纷案——受赠人对赠与人有扶养义务而不履行的认定》（郭泽喆），载《人民法院案例选》(201804/122:113)。②重庆五中院(2015)渝五中法民再终字第00043号"刘某与周某等共有物分割纠纷案"，见《刘柯好诉刘茂勇、周忠容共有房屋分割案》，载《最高人民法院公报 · 案例》

(201607/237:43);另见《行使物权不得违背善良风俗——重庆五中院判决刘柯妤诉刘茂勇、周忠容共有房屋分割纠纷案》(代贞奎),载《人民法院报·案例精选》(20151210:06)。③福建厦门中院(2014)厦民终字第2905号"王某与王某子赠与合同纠纷案",见《王芳泽诉王俊英赠与合同纠纷案——不动产赠与中受赠人侵害行为的认定》(林巧玲),载《人民法院案例选》(201501/91:89)。④福建厦门中院(2014)厦民终字第2198号"李某某与李某等赠与合同纠纷案",见《李欣遥诉李刚等赠与合同纠纷案(经生效裁判文书确认的赠与意思表示的效力)》(黄佳丽、胡晓华),载《中国审判案例要览》(2015商:44)。⑤广西河池中院(2014)河市民一终字第243号"韦某与陈某等赠与合同纠纷案",见《韦宁诉陈梅益等赠与合同纠纷案(任意撤销权)》(吴亚玲),载《中国审判案例要览》(2015民:48)。⑥案见"藤某诉张某离婚纠纷案",其中"法院认为"部分参见原引文作者观点,见《离婚协议中赠与方不得行使任意撤销权》(吕春娟),载《人民司法·案例》(201420:90)。⑦见《离婚协议中房产赠与条款的撤销问题》(吴晓芳,最高院民一庭),载《民事审判指导与参考·指导性案例》(201303/55:101)。⑧见《双方协议离婚后,一方不愿按离婚协议约定,将自己名下房屋赠与子女或他人时,另一方请求法院判令一方按协议约定办理房屋过户手续,是否支持》(《民事审判指导与参考》研究组),载《民事审判指导与参考·民事审判信箱》(201303/55:236)。⑨山东高院(2013)鲁民一终字第66号"何某与张某等执行异议纠纷案",见《何某、王某诉张某申请执行人执行异议之诉纠纷案——房屋所有权转移登记的法律效果》(张豪),载《人民法院案例选》(201303/85:206)。⑩北京丰台法院(2013)丰民初字第18787号"谢某与宋某等赠与合同纠纷案",见《谢烈镖诉谢瑶、宋玉华赠与合同纠纷案(离婚协议中的赠与条款)》(李楠),载《中国审判案例要览》(2014民:451)。⑪福建厦门中院(2013)厦民再终字第38号"姚某与郑某等赠与合同纠纷案",见《姚某璇、姚某斌诉姚胜贤、郑秀眉赠与合同纠纷案(夫妻一方擅自赠与无效)》(郑萍),载《中国审判案例要览》(2014民:454)。⑫浙江衢州中院(2013)浙衢民终字第335号"毛某与陈某等物权保护纠纷案",见《父母出资首付房款赠与的并非产权——浙江衢州中院判决毛炜诉毛海明、陈素贞物权保护纠纷案》(潘婷),载《人民法院报·案例精选》(20141218:06)。⑬福建厦门中院(2012)厦民终字第3211号"王某与周某赠与合同纠纷案",见《王某溢诉王杭州赠与合同纠纷案(赠与合同的撤销)》(胡敬霖),载《中国审判案例要览》(2014民:398)。⑭广西南宁江南区法院2012年"黄某与陆某离婚纠纷案",见《离婚协议中赠与方不得行使任意撤销权》(吕春娟),载《人民司法·案例》(201420:90)。⑮浙江宁波中院(2012)浙甬商终字第112号"郑某与金某等撤销权案",见《债权人撤销权成立的司法认定——浙江宁波中院判决郑国良诉金惠民等撤销权案》(邹永明),载《人民法院报·案例指导》

(20120621:06)。⑯浙江衢州中院(2011)浙衢民终字第95号“王某与徐某离婚纠纷案”,见《离婚协议财产赠与应依法履行——衢州中院判决王小平等诉徐忆兵离婚协议履行案》(潘婷),载《人民法院报·案例指导》(20110915:06)。⑰福建厦门中院(2010)厦民终字第1798号“周某与陈某等赠与合同纠纷案”,见《周永兴、陈若春诉周勇明赠与合同案(经公证的不动产赠与)》(林巧玲),载《中国审判案例要览》(2011民:239)。⑱上海二中院(2010)沪二中民二(民)终字第2054号“张洁与张炜玮等赠与合同纠纷上诉案”,见《部分共同共有人可基于意思表示瑕疵撤销共同赠与》(卢薇薇、成皿、纪伟),载《人民司法·案例》(201120:18);另见《夫妻一方可基于意思表示瑕疵撤销夫妻共同赠与——上海二中院判决张杰诉张微微赠与合同纠纷案》(卢薇薇、成皿、纪伟),载《人民法院报·案例指导》(20120112:6)。⑲重庆一中院(2010)渝一中法民终字第1700号“向某某与包某某撤销离婚协议赠与纠纷上诉案”,见《离婚协议中的赠与能否撤销》(李静),载《人民司法·案例》(201022:60)。⑳北京朝阳区法院(2009)朝民初字第01548号“杨某诉杨某子等离婚赠与合同纠纷案”,见《杨辉武诉杨×宇及第三人刘志红赠与合同纠纷案(离婚赠与合同)》(俞里江、陈红),载《中国审判案例要览》(2010民:351)。㉑安徽巢湖中院(2009)巢民三终字第0470号“某信用社与刘某等撤销权纠纷案”,见《为逃债赠与财产的行为应予撤销——巢湖中院判决栏杆信用社与刘守庭、李爱萍、刘翔撤销权纠纷》(王娟),载《人民法院报·案例指导》(20100325:06)。㉒浙江宁波中院(2008)甬民一终字第906号“陈某诉李某财产纠纷案”,见《离婚协议中财产协议反悔的处理——浙江宁波中院判决陈秀芬诉李其何财产纠纷案》(王翠、魏霞),载《人民法院报·案例指导》(20090501:05)。㉓湖北宜昌中院(2005)宜民终字第592号“陈某与程某等赠与合同纠纷案”,见《陈毅生、张秀珍诉陈杨赠与合同案(合同的撤销)》(徐晓东),载《中国审判案例要览》(2005商:70)。㉔江苏宝应法院(2004)宝民二初字第281号“毛某与于某等撤销权纠纷案”,见《毛云建诉于金海、卢秀珍、于雪兵撤销权案(赠与合同的撤销)》(薛梅),载《中国审判案例要览》(2005民:186)。㉕福建屏南法院(2004)屏民初字第248号“韦某与谢某离婚后财产纠纷案”,见《韦恩光诉谢建设分割夫妻共同财产纠纷案(离婚后财产分割)》(苏枝贵),载《中国审判案例要览》(2005民:429)。㉖江苏南通中院(2002)通中民一终字第1062号“盛某与陶某撤销权纠纷案”,见《盛季兵诉陶建兵等撤销债务人无偿转让财产行为案(债的保全、撤销权)》(姜凯),载《中国审判案例要览》(2003民:96)。

(2)赠与配偶。①见《夫妻在婚前或婚姻关系存续期间约定将一方个人所有的房产与另一方共有,但没有办理房产加名登记,赠与一方请求法院撤销应如何处理》(《民事审判指导与参考》研究组),载《民事审判指导与参考·民事审判信箱》

(201601/65:251)。②山东青岛中院(2015)青民五终字第1307号“马某与张某离婚纠纷案”,见《夫妻赠与与夫妻财产约定的法律适用——山东青岛中院判决马某诉张某离婚纠纷案》(张春娟、刘琰),载《人民法院报·案例精选》(20151126:06)。③北京三中院(2014)三中民终字第06092号“石某与陈某离婚纠纷案”,见《师小丽诉陈浩离婚纠纷案——夫妻约定共有房产归一方所有,无需物权转移登记即产生法律效力》(李春香),载《人民法院案例选》(201504/94:89)。④江苏南京中院(2014)宁民监字第1号“张晓玉、黄瑞华与张颖博、洪晓文财产权属纠纷案”,见《如何平衡不动产所有权中按份共有与婚内共同共有的利益关系》(王燕、杨晓婷,江苏南京中院审监庭),载《审判监督指导·实务研讨》(201404/50:211)。⑤河南睢县法院(2013)睢民初字第497号“赵某与王某离婚后财产纠纷案”,见《赵建伟诉王珍珍离婚后财产纠纷案——离婚协议中财产分割条款的效力及不动产赠与撤销权的认定》(梁锦学),载《人民法院案例选》(201402/88:105)。⑥江苏无锡高新技术产业开发区法院(2010)新民初字第01032号“王某与李某合同纠纷案”,见《王某诉李某确认赠与合同无效纠纷案》(赵玥珑、任璐),载《人民法院案例选》(201201/79:145)。

16. 生育权纠纷处理原则

——单方做流产,侵害生育权?

【生育权利】

【问题提出】

女方怀孕后,因种种原因瞒着男方私自去做人工流产,男方认为女方行为侵犯了自己生育权,故到法院请求损害赔偿,应否支持?

【裁判要点】

1. 最高人民法院司法解释相关规定。最高人民法院《关于适用〈中华人民共和国婚姻法〉若干问题的解释(三)》(已于2021年1月1日起废止)第9条规定:“夫以妻擅自终止妊娠侵犯其生育权为由请求损害赔偿的,人民法院不予支持;夫妻双方因是否生育发生纠纷,致使感情确已破裂,一方请求离婚的,人民法院经调解无效,应依照婚姻法第32条第3款第5项的规定处理。”

2. 妇女应享有生育最后支配权。该类纠纷关键在于在夫妻之间生育利益发生冲突时，谁享有生育决定权问题。因生育权是法律赋予公民的一项基本权利，夫妻双方各自享有生育权，只有夫妻双方协商一致，共同行使这一权利，生育权才能得以实现。《妇女权益保障法》赋予已婚妇女不生育自由，系为强调妇女在生育问题上享有独立权利，不受丈夫意志左右。由于自然生育过程是由妇女承担和完成，妇女应享有生育最后支配权。如妇女不愿意生育，丈夫不得以其生育权为由强迫妻子生育。妻子未经丈夫同意终止妊娠，虽可能对夫妻感情造成伤害，甚至危及婚姻稳定，但丈夫并不能以本人生育权对抗妻子享有的生育问题决定权，如夫妻在生育问题上意见分歧最终无法协调，致使婚姻关系难以维系，离婚是解决双方争议合理途径。

【裁判依据或参考】

1. 法律规定。《民法典》(2021 年 1 月 1 日)第 112 条："自然人因婚姻家庭关系等产生的人身权利受法律保护。"**《妇女权益保障法(2018 修正)》**(2018 年 10 月 26 日)第 50 条："离婚时，女方因实施绝育手术或者其他原因丧失生育能力的，处理子女抚养问题，应在有利子女权益的条件下，照顾女方的合理要求。"第 51 条："妇女有按照国家有关规定生育子女的权利，也有不生育的自由。育龄夫妻双方按照国家有关规定计划生育，有关部门应当提供安全、有效的避孕药具和技术，保障实施节育手术的妇女的健康和安全。国家实行婚前保健、孕产期保健制度，发展母婴保健事业。各级人民政府应当采取措施，保障妇女享有计划生育技术服务，提高妇女的生殖健康水平。"

2. 最高人民法院司法解释及其他司法性文件/解读文章。最高人民法院**《关于适用〈中华人民共和国民法典〉婚姻家庭编的解释(一)》**(2021 年 1 月 1 日　法释〔2020〕22 号)第 23 条："夫以妻擅自中止妊娠侵犯其生育权为由请求损害赔偿的，人民法院不予支持；夫妻双方因是否生育发生纠纷，致使感情确已破裂，一方请求离婚的，人民法院经调解无效，应依照民法典第一千零七十九条第三款第五项的规定处理。"最高人民法院吴晓芳法官**《关于婚姻家庭纠纷审理热点难点问答》**〔载《民事法律文件解读》2012 年第 5 辑(总第 89 辑)〕第 28 条："夫妻双方签订的生育契约如何认定？答：该问题在理论界与实务界争议均很大。一种观点认为，如果丈夫可以证明双方存在生育契约，则女方无故不履行约定私自堕胎属于违约行为。比较激进的观点甚至认为夫妻婚后一直没有采用任何避孕措施构成双方事实上的生育契约关系，女方无故擅自中止妊娠应当承担违约责任。另一种观点认为，不论双方是否签订生育契约，女方对生育的决定权都应予以保护。我们认为，当事人双方签订的合同不能违反法律与公序良俗。人身权的限制不能够成为合同内容，双方所作的约定无效。既然合同无效，也就不存在女方承担违约责任的问题。"最高人民法院**《关于适用〈中华人民共和国婚姻法〉若干问题的解释(三)》**(2011年8月13日 法释〔2011〕18号,2021年1月1日起废止)第9条:"夫以妻擅自中止妊娠侵犯其生育权为由请求损害赔偿的,人民法院不予支持;夫妻双方因是否生育发生纠纷,致使感情确已破裂,一方请求离婚的,人民法院经调解无效,应依照婚姻法第三十二条第三款第(五)项的规定处理。"最高人民法院吴晓芳法官**《关于婚姻家庭纠纷审理热点难点问答》**〔载《民事法律文件解读》2011年第11辑(总第83辑)〕第17条:"妻子擅自中止妊娠,是否侵犯了丈夫的生育权?答:……生育权是指男女公民依法通过自然或人工方法繁衍抚育后代的权利,生育权系人格权的一种,是自然人与生俱来的权利,为维护自身独立人格所必备的,不必依附于特定的配偶身份,具有对世属性。未婚男女同样享有生育权,国家无权强制其堕胎,只能要求其承担不依法定方式生育的责任。对夫妻双方来说,丈夫和妻子都平等地享有法律赋予的生育权。但在夫妻之间生育利益发生冲突时,谁享有生育决定权的问题上,倾向性观点认为:生育权是法律赋予公民的一项基本权利,夫妻双方各自都享有生育权,只有夫妻双方协商一致,共同行使这一权利,生育权才能得以实现。《妇女权益保障法》赋予已婚妇女不生育的自由,是为了强调妇女在生育问题上享有的独立权利,不受丈夫意志的左右。由于自然生育过程是由妇女承担和完成,妇女应当享有生育的最后支配权。如果妻子不愿意生育,丈夫不得以其享有生育权为由强迫妻子生育。妻子未经丈夫同意终止妊娠,虽可能对夫妻感情造成伤害,甚至危及婚姻的稳定,但丈夫并不能以本人享有的生育权对抗妻子享有的生育决定权,当夫妻生育权冲突时法律必须保障妇女不受他人干涉自由地行使生育权。在这个问题上,法律对妇女行使生育权的任何负担的设置,如赋予丈夫对妻子人工流产的同意权,或者课以妻子通知丈夫的义务,都是对妻子生育权行使的有效否决,都有可能造成丈夫强迫妻子生育的为现代文明所不容的社会悲剧。故妻子单方终止妊娠不构成对丈夫生育权的侵犯。鉴于生育子女目前还是我国多数家庭的重要职能之一,绝大多数夫妻期望能够生育自己的孩子,享受天伦之乐,当夫妻双方的生育权发生冲突时,应当有法律上的救济途径。如果法律上认定妻子擅自中止妊娠不构成对丈夫生育权的侵犯,而又不允许丈夫以此为理由提出离婚,实质上就是强迫丈夫娶一个不愿生育的配偶,其后果即严重侵害了公民的生育权。夫妻因是否生育问题产生纠纷、导致感情确已破裂的,应作为离婚的法定理由之一。在调解无效时,人民法院可以按照《婚姻法》第三十二条'其他导致夫妻感情破裂的情形'的规定判决准予双方离婚。"第18条:"某案,女方以丈夫与婚外异性交往超出一般朋友关系、造成其家庭不睦为由向法院起诉,要求法院判令第三者立即停止插足自己的家庭、赔礼道歉并赔偿精神损失5万元。女方的请求可以得到法院的支持吗?答:关于'配偶权'问题的争论一直非常激烈,而最终修订后的《婚姻法》并未规定所谓'配偶权',更没有规定配偶可以追究第三者的民事赔偿责任。目前,起诉第三者要求其承担侵犯'配偶权'的责任没有明确的法律依据。毕竟婚姻关系不同于其他社会关系,它的建立以感情为基础,它的解除同样依据感情是否破裂,那种以为法律增加'配偶权'规定就可以将貌合神离的夫妻捆绑在一起,是十分幼稚和可笑的,因为法律只能规范人们的行为,不可能规范人们的情感。2010 年 7 月 1 日开始施行的《侵权责任法》第二条规定:'侵害民事权益,应当依照本法承担侵权责任。本法所称民事权益,包括生命权、健康权、姓名权、名誉权、荣誉权、肖像权、隐私权、婚姻自主权、监护权、所有权、用益物权、担保物权、著作权、专利权、商标专用权、发现权、股权、继承权等人身、财产权益。'本条所列的民事权益也没有包括'配偶权'。《婚姻法司法解释(一)》第二十九条规定:'承担婚姻法第四十六条规定的损害赔偿责任的主体,为离婚诉讼当事人中无过错方的配偶。'这条司法解释已经明确了承担离婚损害赔偿责任的主体,排除了婚内一方起诉第三者的可能。夫妻关系不是财产所有权关系,不能因为夫妻领了结婚证就相互是对方的财产。在《婚姻法》中没有明确规定'配偶权'是十分明智的选择,离不离婚是夫妻双方的事,第三者充其量是一个诱因。我们不能把夫妻感情破裂的所有责任都强加在第三者身上,并以此要其承担拯救家庭的责任和损害赔偿责任。综上,法院应裁定驳回女方的起诉。"第 24 条:"男方不愿生育而女方坚持生育,能否免除男方作为父亲的义务?答:司法实践中,经常有男方因种种原因比如经济困难、出现第三者、婚姻即将解体甚至不喜欢孩子而缺乏生育意愿的情况。比如,甲男与乙女协议离婚,离婚时女方已经怀有身孕,男方给女方一大笔补偿,明确表示不要孩子,双方并协议约定女方中止妊娠。女方已拿到补偿款,但事后反悔,又生下孩子,此时男方是否要承担抚养义务。在男女双方相互协作而使女方怀孕后,男方不得基于其不愿生育而强迫女方堕胎,因为既然男方在和女性发生性关系时没有采取任何避孕措施,这一行为本身表明其已以默示的方式行使了自身的生育权,这时其虽然不愿女方生育,但不得强迫,否则仍然是侵犯女方的人身权。根据《婚姻法》的规定,父母对未成年子女具有抚养教育的义务,这一义务不受父母是否离异影响,不能因为父母的过错而免除对其子女的应尽义务,这主要是基于未成年子女利益的保护而设的规定。何况男方在自己不想要子女的情况下,在性关系中不采取任何避孕措施,对子女的出生来说其行为本身也有过错,所以应承担一定的法律责任。因此,女方执意生育仍不能免除男方作为父亲的任何义务。"

3. 地方司法性文件。江苏高院**《婚姻家庭案件审理指南(2010 年)》**(2010 年 5 月 18 日)第 9 章:"关于生育权的问题。所谓夫妻之间侵害生育权的行为,实际上多数时候并非是侵权,而是夫妻生育权行使的冲突。由于生育权具有人格权的属性,且需夫妻协力完成,所以在生育理念上存在分歧时冲突在所难免。是否生育，公权力难以介入，因此在双方产生争议时，人民法院只能变通保护。根据《婚姻法解释三》第九条的规定，丈夫以妻子擅自中止妊娠侵犯其生育权为由请求损害赔偿的，人民法院不应支持。当然，夫妻双方不能在生育问题上达成合意，并不意味着丈夫的生育权永远无法实现，如果夫妻双方因生育问题发生纠纷导致夫妻感情破裂，任何一方均可以提起离婚诉讼以维护自身的权利，人民法院应依照《婚姻法》第三十二条第三款第（五）项规定的‘其他导致夫妻感情破裂的情形’处理。”

【参考类案】

①2012年**某抚养纠纷案**，怀孕期间，女方起诉离婚并明确表示不要孩子，双方协议约定女方中止妊娠，男方给女方一笔补偿，女方已拿到补偿款，但事后反悔，又生下孩子。此时，男方是否要承担抚养义务？法院认为：生育权属人身权，故限制生育权协议，应归于无效。依《婚姻法》规定，父母对未成年子女具有抚养教育义务，此一义务不受父母关系是否离异而影响，不能因父母过错而免除对其子女应尽义务，此主要系基于对未成年子女利益保护所设规定。女方虽在离婚协议中承诺中止妊娠，但事后执意生育，不能免除男方作为父亲的任何义务。男方在此种情况下，仍要承担抚养义务。

②2013年**北京某抚养费纠纷案**，2000年，赵某与许某相识。2001年，赵某生育一子，经鉴定孩子为许某之子。2013年，赵某诉请许某，要求其承担孩子择校费用10500元的一半。许某辩称，双方不存在任何婚姻关系、同居关系或恋爱关系。法院认为：依《妇女权益保障法》第51条规定，生育子女不需要男女双方合意，女方单方决定即可。女方既有不生育子女权利，亦有生育权利。女方单方面选择生育子女，不构成对男方生育权的侵犯。依《婚姻法》规定，不直接抚养非婚生子女的生父或生母，应负担子女生活费用和教育费。根据儿童利益最大化原则，非婚生子女抚养费用应由男女双方平均负担。许某作为一个有劳动能力的公民，支付抚养费应为未成年人父母应尽义务。孩子一直随母亲赵某在北京居住、生活，在北京就读并无不当，但学习费用数额以赵某提交的已发生的票据体现为准。许某以子女户籍不在北京拒绝支付其在京学习费用不能成为合理抗辩理由，判决许某给付赵某初一第一学期学费5185元。

③2006年**江苏某人身权纠纷案**，2006年，怀孕7个月的妻与夫吵架后到医院做了引产，夫认为医院侵害其生育权。法院认为：公民享有生育权。夫要求医院承担赔偿责任依据是其生育权，而生育权作为人格权一种，具有对世属性，亦即夫可要求任何人不得侵犯此项权利，故其提起本案诉讼，符合法律规定，是本案适格当事人。妻在婚姻出现危机情形下未与夫充分协商，决定终止妊娠行为不妥，但不违

背法律规定,亦符合常理。正是因妻所为该举具有正当、合理的权利基础,医院为妻施行终止妊娠术,既是对其意愿尊重,更是医院为保障女性公民不生育权利而须履行的义务。医院手术系为王某正当行使权利而提供的业务上的协助,未侵害夫合法权益,不构成对夫生育权的侵害,不应受到法律上责难,无需承担民事责任,判决驳回夫诉请。

④2006 年**浙江某生育权纠纷案**,2006 年,因长期婆媳不和,怀孕 8 个多月的朱某在一次与婆婆口角后,到医院做了流产。丈夫叶某认为侵犯其生育权,要求赔偿精神损害抚慰金 2 万元。法院认为:夫妻均有平等生育权,妻子朱某享有的生育权系基于人身权中的一种生命健康权,丈夫叶某享有的生育权是身份权中的一种配偶权,当两种权利相冲突时,法律应更关注健康权,而非配偶权。《妇女权益保障法》明确规定了妇女有生育权利,故朱某对腹中胎儿进行流产手术,不构成对叶某生育权伤害。判决驳回叶某诉请。

⑤2003 年**河南某生育权纠纷案**,2000 年,崔某怀孕,堕胎后向丈夫石某立下"夫同意堕胎,妻两年内怀胎生子或支付夫生育权抚慰金 8 万元"字据。2003 年,石某以崔某未怀孕、不愿生子为由起诉。法院认为:依《婚姻法》《人口与计划生育法》相关规定,夫妻双方的生育权是指婚姻关系确立后双方依法享有的共同生育子女的权利,夫妻双方互为权利和义务主体,其生育权应由双方共同协商解决。男方生育权是基于女方已怀孕,男方享有生和育即做父亲的权利。女方生育权是指男方有义务使女方怀孕的权利。如女方未怀孕,男方生育权即无从谈起。根据有关司法解释,侵害男方生育权的主要情形为:女方在怀孕后未经男方同意,擅自实施堕胎行为等,而本案中,崔某虽曾怀孕,但就堕胎一事,经双方协商一致同意,且一同去医院做人流手术,故崔某未侵犯石某生育权。双方因堕胎所签协议,因与本案侵权非同一法律关系,故不予一并审理。判决驳回石某诉请。

⑥2001 年**河南某离婚后赔偿纠纷案**,2000 年,怀孕 6 个月的陈某起诉孟某要求离婚,法院支持,但以孩子尚未生育为由未支持相关费用。离婚判决生效前,陈某在医院做引产手术,诉请孟某支付相关费用。法院认为:陈某在与孟某结婚后依照计划生育规定怀孕后,本应得到孟某关心和照顾,但孟某在陈某怀孕后期以各种借口拒不履行应尽义务,这是一种不负责任行为。陈某在孟某不履行义务情况下,克服怀孕及引产休养后身体状况所带来不便,坚持劳动,用自己劳动收入维持自己正常生活支出,这是陈某自尊、自立、自强的良好行为。因陈某怀孕期间及引产休养后能自食其力,故而陈某要求孟某支付其在这两个时期为支付医疗费、生活费等各种费用所借债务主张证据不足,理由不当,不予支持。陈某引产时,因双方尚系夫妻关系,陈某在无经济能力情况下急需一定费用用于引产,孟某作为丈夫应履行扶养义务。陈某本应告知孟某自己实际情况及急需扶养理由,以得到应有扶养费。

然而,陈某未告知孟某即自行筹借费用,自行接受引产手术,这种做法实属不妥。考虑到引产前双方已同意离婚,孟某曾同意陈某引产但拒绝先行支付生育费用情况,陈某此种行为亦确属情有可原,故陈某要求孟某支付其为引产所支出合理医疗费、营养费、护理费、交通费主张合法合理,应予支持。判决孟某支付陈某医疗费、营养费、护理费、交通费共计2300余元。

⑦2000年**江西某侵权赔偿纠纷案**,1998年,张某在袁某承包的门诊部做引产手术。张某丈夫殷某以袁某侵害其生育权为由诉请赔偿胎儿费、精神损失费、生活补助费等。法院认为:《母婴保健法》第十九条规定:"依照本法规定施行终止妊娠或者结扎手术,应当经本人同意,并签署意见。本人无行为能力的,应当经其监护人同意,并签署意见。"本案中,袁某承包的门诊部,擅自为殷某妻子做引产手术,违反了《母婴保健法》相关规定,应承担相应责任。张某系完全民事行为能力人,有权利决定自己是否终止妊娠。殷某提出妻子引产须经丈夫同意之说法没有法律依据。殷某与袁某自愿达成的赔偿协议,不损害他人利益,且已履行完毕,予以准许。判决驳回殷某诉请。

【典型类案实务要点】

1.**【妻子单方终止妊娠,并不构成对丈夫生育权的侵害】**妇女应享有生育的最后支配权,妻子单方终止妊娠,丈夫以此侵犯其生育权为由请求损害赔偿的,法院不予支持。

2.**【男方不愿生育,女方坚持生育,男方仍有抚养义务】**女方虽在离婚协议中承诺中止妊娠,但事后坚持生育的,不能免除男方作为父亲对未成年子女应尽法定抚养义务。

3.**【女性单方面决定生育,不构成对男性生育权的侵犯】**生育决定权是女性独有权利,生育子女无需男女双方合意,女性单独决定即可。根据儿童利益最大化原则,非婚生子女抚养费用应由男女双方平均负担。

4.**【配偶一方的生育权,不能对抗相对方不生育的权利】**配偶一方享有的生育权不能对抗相对方不生育的权利,即配偶一方不负有协助对方生育的法定义务,其不生育之人格权利行使,不会生成对方的任何义务,亦就无需对方行使同意权。

5.**【妻子擅自流产系行使不生育权,未侵犯丈夫生育权】**夫妻享有平等生育权,妻子自主人流是对自己身体的一种处分,是对不生育的一种自由选择,夫妻双方因生育权发生冲突时,男方不得违背女方意愿主张其权利。

6.**【协议堕胎后,妻子未怀孕,不构成侵犯丈夫生育权】**夫妻双方依法享有共同生育子女的权利,其生育权应由双方共同协商解决,如女方未怀孕,男方生育权即无从谈起。

7.【**离婚后,女方做人流,男方仍应负担引产及保养费**】妇女怀孕后期及生育保养期间因无法劳动而引起生活困难的,即使怀孕妇女决定不生育,男方仍应履行扶养义务。

8.【**医生为孕妇终止妊娠,并不侵害该妇女配偶生育权**】作为第三人的医生,应妊娠妇女要求为其终止妊娠,医生或医疗单位并不因此对该妇女配偶承担侵犯生育权责任。

【类案裁判一般规则】

配偶一方享有的生育权不能对抗相对方不生育的权利。妻子单方终止妊娠,丈夫以此侵犯其生育权为由请求损害赔偿的,法院不予支持。

【典型参考案例索引】

主旨案例资料索引:见《妻子单方终止妊娠是否构成对丈夫生育权的侵害》(《民事审判指导与参考》研究组),载《民事审判指导与参考·民事审判信箱》(200802/34:178)。**其他案例:**①见《男方不愿意生育女方坚持生育男方是否应当承担抚养义务》(《民事审判指导与参考》研究组),载《民事审判指导与参考·民事审判信箱》(201202/50:236)。②北京海淀区法院(2013)海民初字第23318号"赵某与许某抚养费纠纷案",见《女性单方面决定生育不构成对男性生育权的侵犯——北京海淀区法院判决赵某诉许某抚养费纠纷案》(孙欣),载《人民法院报·案例精选》(20140529:06)。③江苏启东法院(2006)启民一初字第0558号"李某与某医院人身权纠纷案",见《李健诉启东市陈黄秀珍医院及第三人王海霞生育权纠纷案》(陈南松、钱晖),载《人民法院案例选》(200902/68:82);另见《李健诉启东市陈黄秀珍医院、王海霞其他人身权案(生育权)》(陈南松、钱晖),载《中国审判案例要览》(2007民:168)。④浙江余姚法院(2006)余民一初字第1633号"叶某诉朱某侵犯生育权案",见《叶光明诉妻子朱桂君擅自流产侵犯其生育权案》(祝文权),载《人民法院案例选》(200704/62:112);另见《妻子擅自流产不侵犯丈夫生育权——浙江余姚法院判决叶光明诉朱桂君侵犯生育权案》(祝文权),载《人民法院报·案例指导》(20080215:05)。⑤河南南阳中院(2003)南民终字第548号"石某与崔某生育权纠纷案",见《石华诉崔新峰生育权纠纷案(生育权)》(刘峰),载《中国审判案例要览》(2006民:478)。⑥河南郑州邙山区法院2001年3月2日"陈某与孟某离婚后赔偿纠纷案",见《陈永红诉孟凡军负担离婚后引产及保养费用案》(陈亚红),载《人民法院案例选》(200103/37:77)。⑦江西信丰法院2000年7月21日"殷某与袁某侵权赔偿纠纷案",见《殷文辉诉袁叙轮应其妻的请求为其妻行终止妊娠手术侵犯生育权赔偿案》(程新生),载《人民法院案例选》(200201/39:182)。

17. 代孕生子抚养权归属

——代孕所生子,抚养权归谁?

【代孕纠纷】

【案情简介及争议焦点】

2007年,罗某与陈某结婚。2011年,双方通过购买他人购买卵子,由罗某提供精子,委托其他女性代孕生育一对双胞胎。2014年,罗某病逝。2015年,陈某与罗某父母因孩子抚养权纠纷致诉。

争议焦点:1. 陈某是否具有原告主体资格?2. 监护权如何判定?

【裁判要点】

1. 陈某符合法律规定的起诉主体资格。本案非属《民法通则》第16条第2款规定的未成年人父母死亡或丧失监护能力之后的指定监护纠纷,而是包括亲子关系确认(否认)之诉在内的监护权纠纷。作为祖父母,其取得监护权的前提条件必须是首先否定陈某与两名孩子之间存在法律上父母子女关系,包括自然血亲关系和拟制血亲关系,故法律上父母子女关系确认与否与其具有直接利害关系,陈某符合《民事诉讼法》第119条规定的起诉主体资格。《婚姻法》对于亲子关系认定未作具体规定。司法实践中,对于生母认定,根据出生事实遵循"分娩者为母"原则;对于生父认定,则根据血缘关系而作确定。由于罗某与代孕者之间不具有合法婚姻关系,故所生子女为非婚生子女。陈某主张类推适用最高人民法院1991年关于"夫妻双方一致同意进行人工授精的,所生子女视为夫妻双方的婚生子女"函复,因该函所针对的是以合法的人工生殖方式所生育子女法律地位认定,而代孕行为本身不具有合法性,故不符合类推适用情形。

2. 由陈某监护符合儿童最大利益原则。《收养法》对收养应履行的法定手续作了明确规定,即收养须向民政部门登记方始成立,经补办公证而确认的事实收养关系仅限于《收养法》实施之前已收养情形,故本案欠缺收养成立法定条件。如按事实收养关系认定,实际上是认可了代孕所生子女亲权由代孕母亲转移至抚养母亲,这将产生对代孕行为予以默认的不良效果,此种消极认可态度与我国目前对代孕行为积极禁止立场不相符合。《婚姻法》第27条第2款关于“有抚养关系的继父母子女关系”规定，系以是否存在抚养教育事实作为拟制血亲形成与否衡量标准。根据上述规定，有抚养关系的继父母子女关系成立应具备两个条件：一是双方以父母子女身份相待的主观意愿；二是抚养教育事实行为。本案中陈某存在抚养其丈夫罗某之非婚生子女事实行为，且已完全将两名孩子视为自己子女，故应认定双方之间已形成有抚养关系的继父母子女关系，至于该非婚生子女是否代孕所生对拟制血亲关系形成并无影响。联合国《儿童权利公约》第3条确立了儿童最大利益原则，我国作为该公约起草参与国和缔约国，亦应在立法和司法中体现这一原则。就本案而言，无论是从双方监护能力，还是从孩子对生活环境及情感需求，以及家庭结构完整性对孩子影响等各方面考虑，将监护权判归陈某更符合儿童最大利益原则。判决驳回罗某父母要求作为监护人诉请。

【裁判依据或参考】

1. 法律规定。《**民法典**》（2021年1月1日）第8条：“民事主体从事民事活动，不得违反法律，不得违背公序良俗。”第10条：“处理民事纠纷，应当依照法律；法律没有规定的，可以适用习惯，但是不得违背公序良俗。”第153条：“违反法律、行政法规的强制性规定的民事法律行为无效。但是，该强制性规定不导致该民事法律行为无效的除外。违背公序良俗的民事法律行为无效。”第1007条：“禁止以任何形式买卖人体细胞、人体组织、人体器官、遗体。违反前款规定的买卖行为无效。”第1009条：“从事与人体基因、人体胚胎等有关的医学和科研活动，应当遵守法律、行政法规和国家有关规定，不得危害人体健康，不得违背伦理道德，不得损害公共利益。”第1071条：“非婚生子女享有与婚生子女同等的权利，任何组织或者个人不得加以危害和歧视。不直接抚养非婚生子女的生父或者生母，应当负担未成年子女或者不能独立生活的成年子女的抚养费。”第1072条：“……继父或者继母和受其抚养教育的继子女间的权利义务关系，适用本法关于父母子女关系的规定。”

2. 最高人民法院司法解释及其他司法性文件。最高人民法院《**关于夫妻关系存续期间以人工授精所生子女的法律地位的函**》（1991年7月6日 〔1991〕民他字第12号）：“……经研究，我们认为，在夫妻关系存续期间，双方一致同意进行人工授精，所生子女应视为夫妻双方的婚生子女，父母子女之间权利义务关系适用《婚姻法》的有关规定。”

3. 部门规章。卫生部《**人类辅助生殖技术管理办法**》（2001年8月1日）第3条：“人类辅助生殖技术的应用应当在医疗机构中进行，以医疗为目的，并符合国家计划生育政策、伦理原则和有关法律规定。禁止以任何形式买卖配子、合子、胚胎。

医疗机构和医务人员不得实施任何形式的代孕技术。”第 12 条:“人类辅助生殖技术必须在经过批准并进行登记的医疗机构中实施。未经卫生行政部门批准,任何单位和个人不得实施人类辅助生殖技术。”第 15 条:“实施供精人工授精和体外受精－胚胎移植技术及其各种衍生技术的医疗机构应当与卫生部批准的人类精子库签订供精协议。严禁私自采精。医疗机构在实施人类辅助生殖技术时应当索取精子检验合格证明。”第 18 条:“实施人类辅助生殖技术的医疗机构应当建立健全技术档案管理制度。供精人工授精医疗行为方面的医疗技术档案和法律文书应当永久保存。”第 21 条:“违反本办法规定,未经批准擅自开展人类辅助生殖技术的非医疗机构,按照《医疗机构管理条例》第四十四条规定处罚;对有上述违法行为的医疗机构,按照《医疗机构管理条例》第四十七条和《医疗机构管理条例实施细则》第八十条的规定处罚。”第 24 条:“本办法所称人类辅助生殖技术是指运用医学技术和方法对配子、合子、胚胎进行人工操作,以达到受孕目的的技术,分为人工授精和体外受精—胚胎移植技术及其各种衍生技术。人工授精是指用人工方式将精液注入女性体内以取代性交途径使其妊娠的一种方法。根据精液来源不同,分为丈夫精液人工授精和供精人工授精。体外受精—胚胎移植技术及其各种衍生技术是指从女性体内取出卵子,在器皿内培养后,加入经技术处理的精子,待卵子受精后,继续培养,到形成早期胚胎时,再转移到子宫内着床,发育成胎儿直至分娩的技术。”卫生部**《人类精子库管理办法》**(2001 年 8 月 1 日)第 2 条:“本办法所称人类精子库是指以治疗不育症以及预防遗传病等为目的,利用超低温冷冻技术,采集、检测、保存和提供精子的机构。人类精子库必须设置在医疗机构内。”第 3 条:“精子的采集和提供应当遵守当事人自愿和符合社会伦理原则。任何单位和个人不得以营利为目的进行精子的采集与提供活动。”第 13 条:“精子的采集与提供应当在经过批准的人类精子库中进行。未经批准,任何单位和个人不得从事精子的采集与提供活动。”第 14 条:“精子的采集与提供应当严格遵守卫生部制定的《人类精子库技术规范》和各项技术操作规程。”第 17 条:“人类精子库工作人员应当向供精者说明精子的用途、保存方式以及可能带来的社会伦理等问题。人类精子库应当和供精者签署知情同意书。”第 18 条:“供精者只能在一个人类精子库中供精。”第 20 条:“一个供精者的精子最多只能提供给 5 名妇女受孕。”第 21 条:“人类精子库应当建立供精者档案,对供精者的详细资料和精子使用情况进行计算机管理并永久保存。人类精子库应当为供精者和受精者保密,未经供精者和受精者同意不得泄露有关信息。”第 23 条:“违反本办法规定,未经批准擅自设置人类精子库,采集、提供精子的非医疗机构,按照《医疗机构管理条例》第四十四条的规定处罚;对有上述违法行为的医疗机构,按照《医疗机构管理条例》第四十七条和《医疗机构管理条例实施细则》第八十条的规定处罚。”

【参考类案】

①2014年**江苏某监管、处置权纠纷案**，2013年，沈某与妻子刘某因车祸死亡。就夫妻生前在医院冷冻的胚胎归属，沈某父母以刘某父母为被告、医院为第三人，诉请由原告保管。法院认为：沈某夫妇生前与医院签订相关知情同意书，现沈某夫妇意外死亡，合同因发生了当事人不可预见且非其所愿情况而不能继续履行，医院不能依知情同意书中相关条款单方面处置涉案胚胎。在我国现行法律对胚胎法律属性无明确规定情况下，结合本案实际，应考虑伦理、情感、特殊利益保护等因素以确定胚胎相关权利归属。双方父母与涉案胚胎具有生命伦理上的密切关联性；涉案胚胎成为双方家族血脉唯一载体，承载着哀思寄托、精神慰藉、情感抚慰等人格利益，故涉案胚胎由双方父母监管和处置，既合乎人伦，亦可适度减轻其丧子失女痛楚；胚胎系介于人与物之间的过渡存在，具有孕育生命潜质，比非生命体具有更高道德地位，应受特殊尊重与保护，在沈某夫妇意外死亡后，其父母不但是世界上唯一关注胚胎命运主体，且应系胚胎之最近、最大和最密切倾向性利益享有者，故于情于理，双方父母应享有涉案胚胎监管权和处置权。当然，权利主体在行使监管权和处置权时，应遵守法律且不得违背公序良俗和损害他人利益。卫生部关于胚胎不得买卖、赠送和禁止实施代孕规定，并未否定权利人对胚胎享有相关权利，且这些规定系卫生行政管理部门对相关医疗机构和人员在从事人工生殖辅助技术时的管理规定，医院不得基于部门规章行政管理规定对抗当事人基于私法所享有的正当权利。判决沈某夫妇存放于医院的冷冻胚胎由双方父母沟通监管和处置。

②2011年**广西某探视权纠纷案**，2010年，姚某通过代孕网与覃某签订《爱心代孕合作协议》，并依此通过自然受孕诞下一子，收取18万元。2011年，姚某起诉覃某主张探望权，要求每月一次、每次两天。法院认为：《合同法》第2条规定："本法所称合同是平等主体的自然人、法人、其他组织之间设立、变更、终止民事权利义务关系的协议。婚姻、收养、监护等有关身份关系的协议，适用其他法律的规定。"案涉代孕协议因涉身份关系，故不适用《合同法》规定，而应适用《民法通则》等其他法律规定。本案覃某和作为代孕母亲的姚某通过发生直接性关系而受孕，并非人类辅助生殖技术运用，且覃某系有妇之夫，在婚姻关系存续期间与配偶之外第三者发生直接性关系以求子嗣传宗接代，乃变相纳妾行为，违反《婚姻法》第2条规定的一夫一妻制及第4条规定的夫妻应当互相忠实的义务，其行为违法性显而易见；姚某系未婚女青年，其与覃某之间无法律规定的婚姻关系，其出于牟利目的代孕，违反我国计划生育基本国策，其行为违法性亦不言而喻，故案涉代孕协议系以合法形式掩盖非法目的，内容不但违反法律规定，危害婚姻家庭关系，且违反公序良俗，依法应认定无效。依《婚姻法》第38条规定，享有探视权的主体必须具备两个条件：

一是与子女保持父母子女权利义务关系;二是离婚后与子女分开生活的非直接抚养子女的父母一方。本案姚某与覃某之间无婚姻关系,所生子系非婚生子女,依《婚姻法》第25条"非婚生子女享有与婚生子女同等的权利,任何人不得加以危害和歧视"规定,姚某与所生子具有父母子女权利义务关系,虽姚某不具备"离婚后"这一要件,但离婚仅系非直接抚养子女的父母一方与子女分开生活的原因之一,并不能涵盖所有情形,本案在法律适用上应作扩大解释,准予姚某行使探视权。经调解,双方自愿达成协议,姚某所生子由覃某抚养,抚养费覃某承担,姚某每年探视其所生子三次,探视时间和地点双方自行协商。

【典型类案实务要点】

1.**【养育母亲与代孕子女之间,可形成继父母子女关系】**婚内代孕所生子女属非婚生子女,与代孕子女形成抚养关系的养育母亲可基于抚养事实行为及以父母子女相待主观意愿形成继父母子女关系。在确定代孕子女监护权归属问题上,应秉持儿童最大利益原则,最大可能保护未成年子女利益。

2.**【冷冻胚胎监管、处置权,应归属已故夫妻双方父母】**基于伦理、情感、特殊利益保护等因素考虑,对夫妻生前遗留冷冻胚胎的监管、处置权,应确定归属于已故夫妻双方父母。

3.**【代孕协议无效,亦不影响代孕母亲一方探视权行使】**代孕协议系以合法形式掩盖非法目的,内容不但违反法律规定,危害婚姻家庭关系,且违反公序良俗,依法应认定无效,代孕母亲虽不具备"离婚后"这一要件,但通过法律扩大解释,应认定其具有探视权。

【类案裁判一般规则】

代孕协议因违反公序良俗原则一般应认定为无效。婚内代孕所生子女属非婚生子女,与代孕子女形成抚养关系的养育母亲可基于抚养事实行为及以父母子女相待主观意愿形成继父母子女关系。在确定代孕子女监护权归属问题上,应秉持儿童最大利益原则,最大可能保护未成年子女利益。

【典型参考案例索引】

主旨案例:上海一中院(2015)沪一中少民终字第56号"罗某等与陈某监护权纠纷案",见《养育母亲获得代孕子女监护权之法律基础——罗某某、谢某如与陈某监护权纠纷案》(侯卫清,上海一中院),载《民事审判指导与参考·地方法院典型案件解析》(201603/67:252);另见《罗某某、谢某某诉陈某监护权纠纷案——养育母亲获得代孕子女监护权的法律基础》(侯卫清),载《人民法院案例选》(201703/

109:144);另见《养育母亲获得代孕子女监护权之法律基础》(侯卫清),载《人民司法·案例》(201702:4)。**其他案例:**①江苏无锡中院(2014)锡民终字第01235号"沈某等诉刘某等监管、处置权纠纷案",见《沈新南、邵玉妹诉刘金法、胡杏仙监管、处置权纠纷案——人体冷冻胚胎、处置权归属的司法认定》(张圣斌、范莉、庄绪龙),载《人民法院案例选》(201404/90:108);另见《父母对子女遗留冷冻胚胎享有监管、处置权》(时永才、张圣斌、庄绪龙),载《人民司法·案例》(201422:32)。②广西柳州城中区法院(2011)城中民一初字第838号"姚某与覃某探视权纠纷案",见《姚某与覃某探视权纠纷案》(周冕),载《人民法院案例选》(201202/80:89)。

18. 亲子鉴定与亲子推定

——拒绝做鉴定,推定为亲子?

【推定亲子】

【案情简介及争议焦点】

2005年,王某与有妇之夫于某同居后怀孕,在于某安排下,与于某下属李某结婚生子。经鉴定,王某所生该子与李某无亲子关系,王某遂诉于某要求支付抚养费。

争议焦点:1. 本案举证责任如何认定?2. 本案能否推定亲子关系成立?

【裁判要点】

1. 举证责任。根据双方曾存在同居关系事实,及双方协议和互发短信内容、于某与王某儿子合影及儿子生病后陪同前往事实,可认定于某与王某及其儿子间关系特殊、亲密。王某提交给法院的亲子鉴定检验报告已排除王某儿子与其法律上的父亲李某之间的亲子关系,该份报告系权威机构作出,结论不容置疑。综合考虑上述因素,可推断于某系王某儿子亲生父亲可能,王某举证责任已完成。

2. 推定亲子。于某对其抗辩未举证,其完全可通过科学鉴定来证明其与王某儿子之间没有亲子关系,但其一再拒绝鉴定。虽王某无直接证据证明于某即为其儿子生父,但根据已形成锁链的间接证据,可推定王某主张成立。判决非婚生子由王某负责抚养,于某每月支付抚养费800元至孩子独立生活时止合计16.8万元,于判决生效之日起10日内一次性付清。

【裁判依据或参考】

1. 法律规定。《**民法典**》(2021 年 1 月 1 日)第 1067 条:“父母不履行抚养义务的,未成年子女或者不能独立生活的成年子女,有要求父母给付抚养费的权利。成年子女不履行赡养义务的,缺乏劳动能力或者生活困难的父母,有要求成年子女给付赡养费的权利。”第 1073 条:“对亲子关系有异议且有正当理由的,父或者母可以向人民法院提起诉讼,请求确认或者否认亲子关系。对亲子关系有异议且有正当理由的,成年子女可以向人民法院提起诉讼,请求确认亲子关系。”

2. 行政法规。国务院办公厅《**关于解决无户口人员登记户口问题的意见**》(2015 年 12 月 31 日　国办发〔2015〕96 号)第 2 条:“……(一)不符合计划生育政策的无户口人员。政策外生育、非婚生育的无户口人员,本人或者其监护人可以凭《出生医学证明》和父母一方的居民户口簿、结婚证或者非婚生育说明,按照随父随母落户自愿的政策,申请办理常住户口登记。申请随父落户的非婚生育无户口人员,需一并提供具有资质的鉴定机构出具的亲子鉴定证明。(二)未办理《出生医学证明》的无户口人员。在助产机构内出生的无户口人员,本人或者其监护人可以向该助产机构申领《出生医学证明》;在助产机构外出生的无户口人员,本人或者其监护人需提供具有资质的鉴定机构出具的亲子鉴定证明,向拟落户地县级卫生计生行政部门委托机构申领《出生医学证明》。无户口人员或者其监护人凭《出生医学证明》和父母一方的居民户口簿、结婚证或者非婚生育说明,申请办理常住户口登记……(七)我国公民与外国人、无国籍人非婚生育的无户口人员。我国公民与外国人、无国籍人在国内非婚生育、未取得其他国家国籍的无户口人员,本人或者其具有我国国籍的监护人可以凭《出生医学证明》、父母的非婚生育说明、我国公民一方的居民户口簿,申请办理常住户口登记。未办理《出生医学证明》的,需提供具有资质的鉴定机构出具的亲子鉴定证明。”

3. 最高人民法院司法解释及其他司法性文件/解读文章。最高人民法院《**关于适用〈中华人民共和国民法典〉婚姻家庭编的解释(一)**》(2021 年 1 月 1 日　法释〔2020〕22 号)第 39 条:“父或者母向人民法院起诉请求否认亲子关系,并已提供必要证据予以证明,另一方没有相反证据又拒绝做亲子鉴定的,人民法院可以认定否认亲子关系一方的主张成立。父或者母以及成年子女起诉请求确认亲子关系,并提供必要证据予以证明,另一方没有相反证据又拒绝做亲子鉴定的,人民法院可以认定确认亲子关系一方的主张成立。”最高人民法院《**关于适用〈中华人民共和国婚姻法〉若干问题的解释(三)**》(2011 年 8 月 13 日　法释〔2011〕18 号,2021 年 1 月 1 日起废止)第 2 条:“夫妻一方向人民法院起诉请求确认亲子关系不存在,并已提供必要证据予以证明,另一方没有相反证据又拒绝做亲子鉴定的,人民法院可以推定请求确认亲子关系不存在一方的主张成立。当事人一方起诉请求确认亲子关系，并提供必要证据予以证明，另一方没有相反证据又拒绝做亲子鉴定的，人民法院可以推定请求确认亲子关系一方的主张成立。”最高人民法院吴晓芳法官**《关于婚姻家庭纠纷审理热点难点问答》**〔载《民事法律文件解读》2012年第5辑（总第89辑）〕第30条：“在亲子关系诉讼中，法院做出亲子关系的推定须满足什么样的条件？答：首先，无论婚生子女否认之诉还是确认亲子关系之诉中，提起诉讼的人均负有举证证明其主张的责任，这是主张利己事实者负举证责任的证据原则在具体案件中的体现。对提起亲子关系诉讼的一方当事人来说，其提供的证据可能不够充分，但必须能够形成合理证据链条证明当事人之间可能存在或者不存在亲子关系。其申请亲子鉴定只是对所举证据的一种补充（补强）而不是作为其主张的唯一证据。对其所举证据与待证事实之间的关系可以从两个方面来把握：第一，所举证据是否形成合理的链条，达到使裁判者相信可能确实存在这样的事实；第二，按照民事诉讼证据规则，其举出的证据虽不充分，但足以达到转移举证责任的条件。如果原告的证据尚不足以使裁判者相信可能确有其事的程度，则根本不具备举证责任向被告转移的条件，原告的诉讼请求可能直接被驳回。这时其提出进行亲子鉴定的申请亦不会得到支持。其次，被告没有相反证据又拒绝做亲子鉴定。这是指被告虽然反驳原告的诉讼请求，但没有证据或者证据不足以支持其观点，并且拒绝做亲子鉴定。其中拒绝做亲子鉴定，既可以是其本人拒绝配合收集亲子鉴定所必需的检材，也包括利用其直接抚养或控制未成年子女的条件，拒绝让未成年子女提供检材进行亲子鉴定。只有在同时满足上述两个条件的情况下，人民法院才可以推定主张亲子关系不存在一方或请求确认亲子关系一方的主张成立。此种情形下所作出的判决，依据是《最高人民法院关于民事诉讼证据的若干规定》第七十五条的规定，即‘有证据证明一方当事人持有证据无正当理由拒不提供，如果对方当事人主张该证据的内容，不利于证据持有人，可以推定该主张成立’。”最高人民法院吴晓芳法官**《关于婚姻家庭纠纷审理热点难点问答》**〔载《民事法律文件解读》2011年第11辑（总第83辑）〕第42条：“当事人拒绝做亲子鉴定时应如何处理？答：亲子关系纠纷主要在于厘清当事人之间是否具有法律上的亲子关系，以及因此而衍生的权利义务，而亲子鉴定的独特功能可以鉴别当事人之间是否具有真实的血缘关系，可以帮助完成对身份的辨认，其应用具有法律上的重要价值和意义。亲子鉴定是近代法医学术语，是指用医学、人类学等学科的理论和技术来判断有争议的父母与子女间（特别是父子间）是否存在着亲生血缘关系，后来发展至可以用来判断其他个体之间如同胞间以及隔代间是否存在血缘关系，因而也称为亲权鉴定。亲子关系诉讼属于身份关系诉讼，主要包括否认婚生子女和认领非婚生子女的诉讼，即否认法律上的亲子关系或承认事实上的亲子关系。亲子关系诉讼中直接证据的缺乏和亲子关系证明责任的高标准,使得亲子鉴定成为认定或否定亲子关系的关键性证据。但有些当事人在无法律直接约束力的情况下,出于各种原因拒绝作亲子鉴定,无疑给人民法院查明事实真相设置了障碍。对拒绝做亲子鉴定的当事人能否强制进行鉴定,我们可以借鉴国外的亲子鉴定法律规定,通常有两种形式的强制方法:一种是直接强制鉴定,如德国规定,拒绝受检者不仅要负担因拒绝所生费用,并科处罚金。应受检查者无正当理由,一再拒绝受检时,法院得加以强制,可对其强制抽血;另一种是间接强制鉴定,是在获取亲子关系事实真相和保护当事人隐私权、人格权之间作出的平衡。如英国、美国、法国等规定相对人无正当理由拒绝配合法院命令进行亲子鉴定时,法院得依其拒绝之情事,推认不利于相对人的事实。比较这两种强制规定,我们认为间接强制的规定更为人性化,更能被大众所接受。借鉴国外相关规定以及总结审判实践的经验,《婚姻法司法解释(三)》规定了当事人拒绝做亲子鉴定的处理方法,即在处理有关亲子关系纠纷时,如果一方提供的证据能够形成合理的证据链条证明当事人之间可能存在或不存在亲子关系,另一方没有相反的证据又坚决不同意做亲子鉴定的,人民法院可以按照《最高人民法院关于民事诉讼证据的若干规定》第七十五条的规定做出处理。从以往的审判实践来看,实际上也是这样操作的,最高人民法院的一些指导性案例也体现了这种裁判规则,但一直缺乏明文规定,《婚姻法司法解释(三)》的规定实际是把司法实践中的做法确定成文。需要注意的是:第一,提起婚生子女否认之诉的权利人只能是夫或妻。本着法律上的亲子关系原则应以真实血缘关系为基础,同时兼顾亲子关系的安定性,应将否认权人限制在较小的范围内。之所以没有赋予子女的否认权,是因为子女未成年时需要由其父母代理,而当子女成年后,即便父母与其没有血缘关系,但对付出心血将其抚养成人的父母而言,允许子女行使否认权则有失公允。因此,否认婚生子女之诉的权利人必须适格,该权利人在世界各国与地区的规定是不相同的。日本规定为夫一人,瑞士规定为夫或子女,我国台湾地区规定夫妻之一方。父母对子女的血缘真实情况享有知情权,如果局外人提出否认婚生子女之诉,法院不应受理。因为局外人探究别人的隐私本身就是违法行为,由违法行为来启动的诉讼程序,当然不应支持。第二,由于兄弟姐妹之间鉴定的准确率在60%至80%,还不能达到准确认定的程度,故不能适用本条司法解释的推定原则。比如一方请求确认与父亲的亲子关系,但其父亲死亡,无法进行亲子鉴定采样。一方要求与其同父异母的兄弟或姐妹之间进行血缘关系鉴定,对方如果不配合做鉴定,在缺乏必要证据的情况下,法院不能推定一方的主张成立。”第43条:“请问亲子鉴定程序上的一个问题,《婚姻法司法解释(三)》第二条第一款中,应该列谁为被告?是列夫妻另一方还是子女?还是两者作为共同被告?答:这个问题需要看当事人的具体诉讼请求指向谁,比如夫妻一方请求确认亲子关系不存在,并要求对方返还已支付的抚养费并赔偿精神损失，这时应列夫妻另一方为被告，因为涉及夫妻另一方是否违反忠实义务，是否应承担返还抚养费及赔偿精神损失的责任，而子女对此是毫无责任的；如果原告起诉的目的仅是否认亲子关系，抑或将来不让该子女享有继承权，这时可以将该子女列为被告，如果其尚未成年，应由夫妻另一方作为法定代理人参加诉讼。”

4. 部门规章。司法部公证司***《关于办理认领亲子公证的复函》***（1989 年 6 月 22 日 〔89〕司公字第 64 号）第 1 条：“张甬敏、贺雪聪夫妇申办贺虓的出生公证，首先需确认贺雪聪是否是贺虓的生父。张、贺结婚时间为 1989 年 1 月 20 日，而贺虓（1986 年 11 月 22 日出生）是在张甬敏与前夫婚姻关系存续期间所生，因此张、贺必须提供贺雪聪确系贺虓生父的有关证明材料。主要应包括：1. ‘亲子鉴定’结论；2. 张甬敏前夫不承认贺是自己所生的证明材料；3. 贺雪聪承认贺虓是自己与张甬敏所生的证明材料；4. 张甬敏承认贺虓的生父是贺雪聪的证明等。如证据确凿，公证处可办理贺雪聪、张甬敏是贺虓生父母的出生证明书。”第 2 条：“香港居民金美琪申请办理她与李卓勋母子关系证明，因金美琪与李卓勋的生父李铁铸并未存在过婚姻关系，所以金必须提供李卓勋确系本人与李铁铸所生的有关证明材料，主要应包括：1. ‘亲子鉴定’结论；2. 李卓勋出生时间、地点证明；3. 李铁铸与妻子隋葵庚结婚时间证明；4. 隋葵庚不承认李卓勋是自己所生的证明，以及同意由金美琪认领的证明；5. 李铁铸承认李卓勋是自己与金美琪所生的证明；6. 金美琪承认李卓勋是自己与李铁铸所生的证明等。以上如证据确凿，公证处可办理金美琪与李卓勋的母子关系证明。”

5. 地方司法性文件。江苏高院***《家事纠纷案件审理指南（婚姻家庭部分）》***（2019 年 7 月 18 日）第 10 条：“亲子鉴定应当如何启动？兄弟姐妹之间能否适用《婚姻法解释三》第二条规定的亲子关系推定原则？提起亲子关系否认之诉的权利人范围应当如何界定？亲子鉴定的启动应当慎重，无论是请求确认亲子关系或者否认亲子关系都要承担相应的举证责任。对当事人提供的证据，人民法院经审查并结合相关事实，认为进行亲子鉴定确有必要的，可以根据当事人申请启动亲子鉴定。当事人仅凭怀疑或者猜测申请亲子鉴定的，不予准许。但另一方当事人同意鉴定的，可以准许。《婚姻法解释三》第二条规定的亲子关系推定原则仅适用于父母子女之间。当事人要求与同父（母）异母（父）的兄弟姐妹进行血缘关系鉴定确认亲子关系，并主张适用《婚姻法解释三》第二条的亲子关系推定原则的，不予支持。认定亲子关系应当以真实血缘关系为基础并兼顾亲子关系的安定性。因此，应当限缩提起亲子关系否认之诉的权利人范围。依照《婚姻法解释三》第二条第一款的规定，提起亲子关系否认之诉的权利人是夫妻一方。其他亲属和成年子女提起亲子关系否认之诉的，一般不予支持。”北京高院民一庭***《关于审理婚姻纠纷案件***

若干疑难问题的参考意见》（2016年8月4日）第4条："【亲子关系确认之诉问题】婚姻关系存续期间受孕或出生的子女，应当推定与夫妻关系存续期间丈夫一方存在亲子关系，但符合《最高人民法院关于适用〈中华人民共和国婚姻法〉若干问题的解释（三）》（以下简称《婚姻法司法解释三》）第二条第一款规定情形的除外。无合法婚姻关系为基础的亲子关系认定请求，应由主张存在亲子关系的一方承担举证责任，提供必要证据。《婚姻法司法解释三》第二条中的'必要证据'指足以使法官产生内心确信，使举证责任产生转移的证据，如血型、DNA鉴定相符或不相符、载有父母子女关系的出生医学证明、对方与他人在特定时段同居、男女双方在特定时段有或没有同居生活等证据。对于是否构成必要证据人民法院应结合个案案情慎重把握。亲子关系确认之诉中，应注意未成年子女权益的保护，不得以侵害未成年人人身权益的方式取得证据。"江苏常州天宁区法院**《关于审理家事案件的若干规定》**（2015年1月）第6条："［亲子鉴定］亲子关系鉴定应当以双方当事人自愿为原则。对于婚姻关系存续期间生育的子女，一般认定父母与子女之间存在亲子关系；如父母一方提出否认亲子关系诉讼或以不存在亲子关系为抗辩理由的，并申请亲子鉴定，应当提供合理的证据，如另一方当事人不能提供反证证明存在亲子关系又拒绝接受亲子鉴定的，法院可以推定亲子关系不成立。对于非婚生子女起诉要求确认亲子关系或支付抚养费的，如能提供相应的证据证明存在亲子关系的可能性，并提出亲子鉴定的，如另一方当事人不能提供反证证明不存在亲子关系又拒绝接受亲子鉴定的，法院可以推定亲子关系成立。"第18条："在诉讼过程中，双方当事人对身份关系即使没有争议，也应当提供证据证明。必要时，人民法院还应依职权调查收集相关证据，以查明客观事实。"安徽淮南中院**《关于审理离婚纠纷案件若干问题的指导意见》**（2014年3月13日）第8条："离婚时，涉及子女抚养关系的确立时，一方当事人主张存在亲子关系，并已提供必要证据予以证明，另一方没有相反证据又拒绝做亲子鉴定的，可以推定主张亲子关系存在一方的主张成立。离婚时，一方当事人主张存在亲子关系，并提供必要证据予以证明，另一方没有相反证据又拒绝做亲子鉴定的，可以推定主张亲子关系存在一方的主张成立。"浙江宁波中院**《关于印发〈民事审判若干问题解答（第三辑）〉的通知（婚姻家庭纠纷类）》**（2011年5月11日）第9条："在离婚案件中，一方当事人要求作亲子鉴定，另一方不同意，人民法院应如何处理？答：亲子关系涉及夫妻、子女及相关社会利益，当事人申请作亲子关系鉴定，应从保护妇女、儿童的合法权益，有利于增进团结和防止矛盾激化出发，区别情况，慎重对待。根据1987年6月15日最高人民法院《关于人民法院在审判工作中能否采用人类白细胞的抗原体作亲子鉴定的批复》，对于双方当事人同意作亲子鉴定的，一般应予准许。一方当事人要求作亲子鉴定的，或者子女超过3周岁的，应视具体情况，从严掌握。在具体司法实践中，由于亲子关系的特殊性，如过分强调一方的举证责任，势必使当事人的实体权利难以得到保护，如忽略请求一方的证明责任，则可能导致权利滥用。因此，亲子鉴定作为一种证据方法，需要具备一定的必要性和正当性。正当性指，当事人一方申请进行亲子鉴定时，已具有推定亲子关系存在与否的重要证据，使进行亲子鉴定成为正当收集证据的手段。审理涉及确认亲子关系的案件，人民法院可对当事人行使释明权，如一方当事人仍拒绝作亲子鉴定，在排除或肯定亲子关系初步证据的基础上，可依照最高人民法院《关于民事诉讼证据的若干规定》第七十五条关于‘有证据证明一方当事人持有证据无正当理由拒不提供，如果对方当事人主张该证据的内容不利于证据持有人，可以推定该主张成立’的规定，综合全案证据作出是否存在亲子关系的认定。”江苏高院**《婚姻家庭案件审理指南(2010年)》**(2010年5月18日)第10章："……亲子关系诉讼问题。亲子关系诉讼是身份关系诉讼的一种，主要包括婚生子女否认之诉和非婚生子女确认之诉，即否认法律上的亲子关系或承认事实上的亲子关系。亲子鉴定作为一种证据方法，其实施必须具有必要性与正当性。有利于子女的最佳利益构成必要性。所谓正当性，是指当事人在请求进行亲子鉴定时，已具有推论亲子关系存在与否的重要证据，使进行亲子鉴定成为正当的收集证据的手段。因此请求确认亲子关系的一方要承担与其诉讼请求相适应的举证责任，即其生父和生母有同居或受胎之可能的基本事实，只有申请人完成了行为意义上的举证责任，足以使法官产生内心确信的基础上，才能够请求进行亲子鉴定。在处理有关亲子关系纠纷时，如果一方提供的证据能够形成合理的证据链条证明当事人之间存在或不存在亲子关系，另一方没有相反的证据又坚决不同意做亲子鉴定的，由于亲子鉴定使用的是人体生物学样本，本人是否同意鉴定、同意采样，关系到人权问题，人民法院不能强制当事人做亲子鉴定，在这种情形下，人民法院可以根据《最高人民法院关于民事诉讼证据的若干规定》第七十五条关于‘有证据证明一方当事人持有证据无正当理由拒不提供，如果对方当事人主张该证据的内容不利于证据持有人，可以推定该主张成立’的规定作出处理。根据《婚姻法解释三》第二条的规定，具体情形如下：①对婚姻关系存续期间所生育的子女，夫妻一方向人民法院起诉请求确认亲子关系不存在，并已提供必要证据予以证明的，另一方没有相反证据又拒绝做亲子鉴定的，人民法院可以推定确认亲子关系不存在一方的主张成立。②非婚生子女一方起诉请求确认亲子关系，并提供必要证据予以证明，另一方没有相反的证据又拒绝做亲子鉴定的，人民法院可以推定请求确认亲子关系一方的主张成立。这里需强调的是，如何正确掌握申请亲子鉴定一方的证明责任，合理及时把握行为意义上举证责任转换的时机，是判定亲子鉴定中举证妨碍的重要条件。如果过分强调申请方的证明责任，势必使申请方的实体权利难以得到保护；但如果忽略申请方的证明责任，则可能导致权利滥用，不利于家庭关系的稳定和当事人隐私的保护。因此,此类案件的处理应注意举证责任的分配,不能机械理解‘谁主张,谁举证’的原则,应根据当事人举证能力、诉讼中主张与抗辩地位的转换,科学地转移和重新分配举证责任……”重庆高院**《关于当前民事审判若干法律问题的指导意见》**(2007年11月22日)第26条:“亲子关系案件的认定与处理。涉及亲子关系的案件可以通过鉴定查明事实,因亲子鉴定涉及身份关系,必须稳妥慎重,原则上应以双方自愿为原则。但是如果子女以及与其共同生活的父母一方有相当充分的证据证明某人为该子女的生父或者生母,且该子女尚未成年,需要抚养和教育的,如果对方不能提供足以推翻亲子关系的证据,又拒绝做亲子鉴定的,应当推定其亲子关系成立。”广东高院**《关于审理婚姻纠纷案件若干问题的指导意见》**(2006年11月14日　粤高法发〔2006〕39号,2021年1月1日起废止)第12条:“在诉讼过程中,为确认亲子关系存在与否,双方当事人均同意进行亲子鉴定的,应予准许。一方当事人或成年子女不同意进行亲子鉴定的,人民法院不得强制进行亲子鉴定。对于婚生子女,夫妻一方无正当理由不同意进行亲子鉴定,但申请亲子鉴定的一方有其他证据证实其与婚生子女的亲子关系确有可能不存在的,人民法院可以推定申请亲子鉴定一方否认亲子关系的主张成立。对于非婚生子女,一方无正当理由不同意进行亲子鉴定,但申请亲子鉴定的一方有其他证据证明拒绝鉴定一方与非婚生子女确有可能存在亲子关系的,人民法院可以推定申请亲子鉴定一方确认亲子关系的主张成立。”上海高院**《民事法律适用问答》**(2006年第1期)第1条:“关于亲子关系确认中举证妨碍推定的适用问题。近年来,法院所受理的婚姻家庭纠纷案件中,涉及亲子关系认定或婚生子女否定的情况时有发生。由于亲子鉴定是确定或否定亲子关系最有力的证据,因此,在此类诉讼中,一方当事人都会申请亲子鉴定。但是在审判实践中,也经常碰到另一方当事人不愿配合做亲子鉴定的情况。我们认为,涉及亲子关系认定或否认的,应当贯彻以下原则:一是亲子关系认定或否定,要充分考虑保护妇女、儿童合法权益,维护家庭关系稳定,有利于社会发展;二是亲子鉴定仅是认定或否定亲子关系的重要证据,但不是唯一证据;三是亲子鉴定应当以当事人自愿鉴定为原则,法院不能强制当事人做亲子鉴定。在亲子关系确认纠纷中,如果未成年子女以及与其共同生活的父或母一方,有相当证据证明被告可能为未成年子女的生父或生母,且未成年子女亟须抚养和教育,而被告不能提供足以推翻亲子关系的证据,又拒绝做亲子鉴定的,可以推定其亲子关系成立;如果父或母一方要求否定亲子关系,从而使婚生子女变为非婚生子女的,而该未成年子女不愿做亲子鉴定,或其监护人不同意该未成年子女做亲子鉴定的,则不适用举证妨碍推定,而应该结合双方所提供的证据综合判断。”山东高院**《关于印发〈全省民事审判工作座谈会纪要〉的通知》**(2005年11月23日　鲁高法〔2005〕201号)第4条:“……(八)关于亲子关系案件的认定与处理问题。近几年，随着我国市场经济的发展和人民生活水平的提高，婚姻家庭中父母子女之间的关系发生了一系列动态变化，造成确认子女与父母之间血缘关系的案件有所上升。由于父母与子女之间的血亲关系仅靠法官的知识和经验是很难判断的，因此，涉及亲子关系的案件多数需要通过鉴定加以解决，但亲子鉴定因涉及身份关系，必须稳妥慎重，原则上应以双方自愿为原则。但是如果非婚生子女以及与其共同生活的父母一方有相当充分的证据证明未与非婚生子女共同生活的父或母为非婚生子女的生父或者生母，且非婚生子女尚未成年，需要抚养和教育的，如果未与非婚生子女共同生活的父或母不能提供足以推翻亲子关系的证据，又拒绝做亲子鉴定的，应当推定其亲子关系成立。”江苏高院民一庭**《婚姻家庭案件疑难问题法律适用研讨会综述》**（2005 年 5 月）第 8 条：“关于亲子鉴定。与会代表在亲子鉴定问题上取得了基本一致的意见。代表们认为，亲子鉴定应当以双方自愿为原则。申请亲子鉴定的一方应当完成相当的证明义务。在一方拒绝做亲子鉴定的案件中，提出亲子鉴定主张的一方应当承担与其主张相适应的证明责任。只有在申请人完成了行为意义上的举证责任，足以使法官产生内心确信的基础上，才能够请求进行亲子鉴定。在司法实践中，正确掌握申请亲子鉴定一方的证明责任，合理及时把握行为意义上举证责任转换的时机，是判定亲子鉴定中举证妨碍的重要条件。既不能过分强调申请一方的证明责任，也不能轻视或忽略申请一方的证明责任。总之，要避免亲子鉴定的随意化。在亲子鉴定中对于举证妨碍的认定条件应当从严掌握。如果被申请人拒绝做亲子鉴定，导致亲子关系无法确认的，在同时具备以下条件时，应当推定对其不利的事实成立：1. 提出申请的一方应当是亟待抚养和教育的非婚生子女或与非婚生子女共同生活的父母一方；2. 提出申请的一方已经完成了与其请求相当的证明责任；3. 被申请人提不出足以推翻亲子关系存在的证据；4. 被申请人拒绝做亲子鉴定。”

【参考类案】

①2012 年**重庆某婚姻家庭纠纷案**，1999 年，王某与鲍某婚姻存续期间，王某某出生。2001 年，王某离婚后与陈某及陈某女儿陈某某共同居住生活。2011 年，陈某因病去世。王某某以其系陈某与王某所生为由，诉请确认与陈某某具有血亲上的姐弟关系。法院认为：最高人民法院《关于适用〈中华人民共和国婚姻法〉若干问题的解释（三）》（已于 2021 年 1 月 1 日起废止）第 2 条第 2 款关于“当事人一方起诉请求确认亲子关系，并提供必要证据予以证明，另一方没有相反证据又拒绝做亲子鉴定的，人民法院可以推定请求确认亲子关系一方的主张成立”规定，仅适用于推定确认亲子关系情形，不适用于本案中姐弟血亲关系认定。本案中，王某某起诉要求确认陈某某系其血亲上的姐姐，但其提供的证据仅能证明其与陈某某存在

某种较为亲密关系,而无法证明二人存在自然血亲或拟制血亲关系。王某某否认自己与王某前夫鲍某存在亲子关系,但即使该主张客观成立,亦不能当然得出王某某与陈某存在亲子关系的结论。判决驳回王某诉请。

②2011 年**江苏某抚养纠纷案**,1995 年起,苏某、李某相识成为朋友。2001 年,苏某产子。嗣后《出生医学证明》载明父亲李某,李某在得知苏某生子后,曾托人带 1000 元给苏某。2011 年,苏某以李某不履行生父责任诉请确认亲子关系并支付抚养费。诉讼中李某拒绝做亲子鉴定。法院认为:最高人民法院《关于适用〈中华人民共和国婚姻法〉若干问题的解释(三)》(已于 2021 年 1 月 1 日起废止)第 2 条第 2 款规定:“当事人一方起诉请求确认亲子关系,并提供必要证据予以证明,另一方没有相反证据又拒绝做亲子鉴定的,人民法院可以推定请求确认亲子关系一方的主张成立。”同居行为一般具有隐秘性,而录音、录像、照片、书信等,一般亦不会直接反映双方存在婚外性行为内容,故从举证角度,苏某难以提供直接证据证明其与李某存在婚外性关系符合常情。本案中,苏某举证了其与李某关系亲密、其子的《出生医学证明》等证据。李某否认与苏某具有同居或性关系,但对出具身份证原件办理出生证明等事实不能做出合理说明,不能提供任何证据反驳苏某主张,亦不能合理解释不予配合进行亲子鉴定原因及理由,依法应推定苏某主张成立。判决确认李某与苏某之子具有亲子关系,苏某抚养其子,李某每月支付抚养费 500 元直至其独立生活时止。

③2008 年**上海某抚育费纠纷案**,1993 年 5 月,史某与吴某某结婚后与徐某有过联系,并到徐某家中,当时徐某家中无其他人。1994 年 3 月,史某生下吴某。2004 年,史某离婚,孩子由自己抚养,吴某某按每月 400 元给付抚养费。2007 年,吴某某通过亲子鉴定,确定吴某与其无血缘关系,史某在吴某某要求下返还其抚养费 4 万余元,徐某在史某要求下每月给付抚养费 200 元。吴某起诉徐某索要抚养费,徐某否认亲子关系并拒绝做亲子鉴定。法院认为:确定徐某与吴某的抚养关系,首先应确定两人是否存在血亲关系。对于血亲关系认定,根据当事人陈述可确定以下基本事实,即徐某与吴某生母在吴某出生前相关时间段发生过性关系。现吴某生母指认徐某是吴某亲生父亲,并在其现有条件之下作出了徐某与吴某之间存在血亲关系可能性的举证。相关证据亦证明,当徐某被告知其是吴某生父后给予一定数额钱款,同时在审理过程中徐某虽拒绝做亲子鉴定,但又表示愿意承担吴某部分抚养费,且无证据证明徐某这一表态非其真实意思。徐某虽否认与吴某存在血亲关系,但不能提供足以推翻亲子关系的指认及证明其主张能够成立的相应证据,对于拒绝做亲子鉴定亦未作出合理解释,故其应承担相应举证不能的法律后果,在目前条件之下符合相关法律规定的推定条件。非婚生子女与婚生子女享有同等权利。抚养、教育子女是父母法定义务。徐某每月收入为 1300 余元,结合吴

某生活、学习所需和当地生活水平,判决徐某按月支付吴某抚养费400元。

④2008年**重庆某抚养费纠纷案**,2007年,杨某与妻子张某协议离婚,张某抚养孩子。杨某持张某承认孩子为非婚生的录音起诉,要求返还抚养费和赔偿精神损害。一审以杨某未举示充分证据证明孩子非亲生为由,判其败诉。二审通知张某配合做亲子鉴定遭张某拒绝。法院认为:录音证据对本案事实认定有重要作用,但张某经法庭合法传唤拒绝出庭,放弃自己质证权利。张某未提供其他证据推翻录音资料中关于孩子系其与他人所生陈述,故张某应承担本案举证不能的不利后果。本案核心问题是杨某与孩子身份关系,做亲子鉴定能对此确认,便于彻底解决纠纷,但张某在法院已告知败诉风险情况下,仍不予配合,故张某应承担败诉后果。本案可推定杨某与张某抚养孩子非系婚生,杨某对孩子无抚养责任和义务,张某应返还抚养费。因张某不忠,还应赔偿精神抚慰金。

⑤2008年**上海某亲子关系案**,2007年,张某作为夏某某法定代理人,起诉与自己有长期恋爱关系的夏某要求承担抚养费。为证明夏某某系双方所生孩子,张某提供了照片、邮件、派出所询问笔录、居委会证明、租房协议、证人证言等证据。夏某两审均拒绝出庭。法院认为:现有证据表明张某与夏某曾谈过恋爱,并同居,双方关系密切。张某怀孕后夏某及家人曾要求其堕胎,遭张某拒绝,双方为此发生矛盾,对此,张某提供了相应证据证明上述事实。夏某不到庭应诉,应视为放弃自己抗辩权,并承担对其不利法律后果。鉴于夏某某对自己与夏某之间存在亲子关系举证已初步完成,夏某某在本案诉讼中申请亲子鉴定,因夏某不到庭应诉,在亲子鉴定无法进行,夏某某尚年幼,亟须抚养情况下,推定亲子关系成立。非婚生子女依法享有与婚生子女同等权利,不直接抚养非婚生子女的生父或生母,应负担子女生活费和教育费,直至子女独立生活为止。判决夏某承担之前的抚养费7200元,以后按月支付夏某某300元至18周岁。

⑥2007年**黑龙江某亲子纠纷案**,2001年,周某与同学刘某合伙开办火锅城。2002年,周某与丈夫阮某离婚。两个月后,周某与刘某解除合伙关系。6个月后,周某生下女儿刘某某,经鉴定与阮某无血缘关系。2005年,刘某某诉请确认与刘某系父女关系。法院认为:从现有证据看,能排除与周某有男女关系其他人为刘某某生父可能。依鉴定书可确认,阮某与刘某某无血缘关系。同时,刘某主张的周某与他人有性关系证据不足,可以排除。根据医院对周某、刘某某血型检验和刘某在公安机关存档户籍材料可确认,刘某某与刘某血型相同,不排除刘某系刘某某生父可能。根据刘某在其单位开具的结婚登记证明,可确认刘某与周某当时关系已达到非常亲密程度,不排除双方存在性关系,从而造成周某怀孕并生下刘某某可能。另从刘某某与刘某外貌特征看,二人存在一定相似之处。根据"谁主张谁举证"一般原则,刘某某已提供足够证据证明刘某为其生父具有高度盖然性,而刘某虽一再

否认,但却无充分证据证明,同时又拒绝做亲子鉴定,无法在证据上推翻刘某某主张。从民法公平、平等原则看,刘某某作为非婚生子女,其与婚生子女具有平等的受教育和受抚养权利,在其已经提供足够证据证明刘某系其生父情况下,如仅根据刘某拒绝做亲子鉴定即无法认定其系刘某某生父,将会造成对刘某某最大不公平和不平等。从保护未成年人权利角度看,刘某某马上就上小学,亟待抚养和教育,仅靠其母亲微薄收入并不能使其受到良好教育。孩子是无辜的,不应因其不负责任的父亲而承担本不应由其承担的压力,与被抚养权相比,其知情权更为重要,其有权知道自己生父是谁。作为年仅6岁儿童,心智尚未成熟,正处于对社会初始认知阶段,但社会却未给其一个健康成长环境,甚至连自己生父是谁都不知道,长时间诉讼对其心理健康影响无法估量。从和谐社会以人为本和法治国家基本要求来看,推定刘某系刘某某生父,可让刘某某脆弱心灵不再继续受到伤害,可让刘某某瘦小身影不再出现在宽大审判台前,可让刘某某今后能健康快乐成长,可让司法公正阳光消除刘某某眼中阴霾,更可让司法公正信仰影响和谐社会中每一个公民。判决确认刘某与刘某某为父女关系。

⑦2006年**江苏某抚育费案**,1994年,钱某与王某打工时认识并同居。1995年正月,钱某与张某结婚,次年1月19日生子钱某某。2003年,双方经法院调解离婚,约定孩子由钱某抚养。2005年,钱某某起诉王某要求承担抚育费,并申请对王某、钱某某做亲子鉴定,王某拒绝。法院认为:证据不能反映王某与钱某有存在生育可能的密切关系,且同时期钱某与他人形成婚姻关系,原告举证不足以使法官作出亲子关系认证。最高人民法院相关司法解释对亲子鉴定要求从严掌握,现王某拒不同意配合鉴定,法院无法启动鉴定程序,因不能证明亲子关系存在,且无适用推定亲子关系成立法律依据,故原告要求给付抚育费主张难以成立。

⑧2002年**江西某亲子纠纷案**,2001年,同村未婚青年男、女发生性关系并连续数月保持两性关系,9个月后女产一婴。女诉请确认男为该婴生父,但男拒绝做亲子鉴定,且拒绝出庭。法院认为:本案男、女虽有性关系,但尚不足以证明女所生婴与男有亲子关系。要确认亲子,最充分、最真实的关键证据是亲子鉴定,但女要完成举证,必需男协助,提供血样鉴定,才能查明待证事实。男无法定事实与理由不应拒绝,故男应协助女提供本案关键证据且能协助,却拒绝协助,妨害了女举证,根据公平正义和诚实信用原则,从保护妇女、儿童合法权益出发,女举证不能后果不应由其承担,而应依法将举证责任转移给男。男拒绝亲子鉴定事实,视为放弃举证,应承担不利后果。依经验法则和民事证据证明标准,应认定女主张事实属实,故判决确认男为女所生婴生父。

⑨2002年**四川某债务纠纷案**,1997年,张某与陈某婚姻关系存续期间与黄某婚外同居并生育黄某某,后被计生部门罚款6000元。2001年,黄某立遗嘱,将其财

产一半赠与张某。随后，黄某去世。2002年，黄某某起诉黄某妻子蒋某，要求其返还黄某应支付非婚生子女的计生罚款6000元、返还黄某某应得抚养费及法定继承财产份额。法院认为：黄某某以其母张某与黄某在非婚同居期间生育黄某某事实和最高人民法院关于婚姻关系存续期间出生的子女应认定为婚生子女的司法解释，推定黄某某为黄某亲生子女的主张，证据不足，法律依据不充分。根据法律对推定的规定，黄某某应对基础事实与推定事实之间存在可推定的逻辑关系承担举证责任。只有基础事实与推定事实之间存在可推定的逻辑关系，且蒋某不能通过反证予以推翻时，黄某某主张的推定事实才能成立。本案基础事实除张某与黄某在非婚同居期间生育黄某某事实外，根据黄某某出生日期以及张某与前夫离婚事实，张某受孕黄某某时间即为张某与黄某非婚同居关系和与其前夫婚姻关系存续的重叠期间。黄某某所持最高人民法院关于婚姻关系存续期间出生的子女应认定为婚生子女的司法解释，是最高人民法院于1956年9月25日所作《关于徐秀梅所生的小孩应如何断定生父问题的复函》。该复函基础事实是婚姻关系继续期间出生的子女，男方不能证明子女是女方与通奸男子所生，结论应认定为婚生子女。本案基础事实是在婚姻关系和非婚同居关系重叠期间受孕子女，其生父应如何断定的问题。因最高人民法院前述复函基础事实与本案基础事实不同，黄某某以该复函作为本案推定逻辑关系理由不能成立，法院不予支持。关于在婚姻关系和非婚同居关系重叠期间受孕子女，其生父应如何断定问题，目前法律无明确规定。根据本案情况，黄某某至少应在排除黄某某为其母与前夫所生子女基础上，才有推定黄某某为黄某子女可能。黄某某在诉讼过程中未提供这方面证据，故黄某某主张其为黄某子女证据不足，理由不充分，其推定主张不能成立。判决驳回黄某某诉请。

⑩1998年**广东某抚养费纠纷案**，1993年10月，梁某婚外与肖某同居并发生性关系，肖某怀孕后，梁某给付肖某7000元要求终止妊娠，肖某拒绝。1994年6月，计生委、派出所处理时，肖某称胎儿系与甘某所怀。同年8月，肖某生下梁某某。1997年，肖某代理梁某某诉请梁某支付抚养费。法院认为：本案应侧重保护妇女、儿童权益。肖某已举证证实梁某某出生与梁某同居行为存在因果关系，而梁某亦承认曾与肖某同居事实，无论是依举证责任倒置，还是法院主动收集证据，梁某均应配合做亲子鉴定。因梁某一直回避，经合法传唤既不到庭应诉，又不肯去做亲子鉴定，不提供反证证明与其无关，其应承担败诉责任。在合议庭准备依法缺席判决时，梁某到庭要求做亲子鉴定。经鉴定，梁某某与梁某、肖某之间存在亲子关系。经调解，梁某一次性支付梁某某抚养费（至18周岁）7万元。

【典型类案实务要点】

1.**【一方举证亲子关系已达高度盖然性程度，推定成立】**在一方举证证明亲子关系达到高度盖然性程度,而另一方仍拒绝进行亲子鉴定情况下,可慎重推定亲子关系成立,以保护非婚生子合法权益。

2.【**推定亲子关系规定,并不适用于同代血亲关系认定**】“同代血亲”一方请求确认与另一方存在血亲关系,若另一方拒绝做血亲鉴定,不能参照最高人民法院《关于适用〈中华人民共和国婚姻法〉若干问题的解释(三)》(已于2021年1月1日起废止)第2条第2款推定亲子关系规定认定血亲关系。

3.【**无相反证据,又拒绝亲子鉴定的,可推定亲子关系**】当事人请求确认亲子关系应提供必要证据证明,另一方无相反证据又拒绝做亲子鉴定的,法院应在综合审查原告举证、充分听取当事人陈述并考虑未成年人利益基础上,推定亲子关系存在。

4.【**拒做亲子鉴定,亲子关系推定成立,应承担抚养费**】在原告完成亲子关系存在的初步举证后,根据公平原则,将举证责任转移给被告,并在被告拒绝进行亲子鉴定情况下,综合其他证据作出举证妨碍推定,推定亲子关系存在,被告必须自行承担不配合鉴定所产生的不利后果。

5.【**对方拒作亲子鉴定,录音证明推定非婚生子女成立**】夫妻一方向法院起诉请求确认亲子关系不存在,并已提供必要证据予以证明,另一方无相反证据又拒绝做亲子鉴定的,法院可推定请求确认亲子关系不存在一方的主张成立。

6.【**法院依据其他间接证据,推定亲子关系成立的情形**】一方拒绝做亲子鉴定或缺失亲子鉴定结论情况下,法院可根据具体案情,依据其他间接证据,推定亲子关系成立。

7.【**高度疑似生父,拒做亲子鉴定,推定亲子关系成立**】作为未成年人一方提供足够证据证明另一方当事人为其生父具有高度盖然性,另一方拒做亲子鉴定的,可推定亲子关系成立。

8.【**一方申请鉴定,但证据不足的,不应推定亲子成立**】对一方要求做亲子鉴定案件,其证据不足以使法官作出亲子关系认证,而对方拒不同意配合鉴定的,不应推定亲子成立。

9.【**女方已完成举证,男方拒做亲子鉴定,推定为生父**】亲子鉴定并非认定亲子关系唯一证据。一方当事人持有证据无正当理由拒不提供,如对方当事人主张该证据内容不利于证据持有人,可推定该主张成立。

10.【**婚外同居期间,受孕子女不当然推定为非婚生子女**】在婚姻关系和非婚同居关系重叠期间受孕子女,主张推定非婚亲子关系成立,应首先排除婚生子女基础上,才有推定可能。

11.【**被指认生父否认亲子又拒做鉴定,推定亲子之情形**】某男与生子之生母在指认相关期间有同居性关系事实,而某男否认亲子又拒做亲子鉴定的,应推定亲子关系成立。

【类案裁判一般规则】

当事人请求确认亲子关系应提供必要证据证明，另一方无相反证据又拒绝做亲子鉴定的，法院应在综合审查原告举证、充分听取当事人陈述并考虑未成年人利益基础上，推定亲子关系存在。

【典型参考案例索引】

主旨案例：浙江宁波中院（2008）甬民一终字第477号“王某诉于某抚养纠纷案”，见《王某与于某非婚生子抚养纠纷案》（樊瑞娟），载《人民法院案例选》（200804/66：67）。**其他案例**：①重庆五中院（2012）渝五中法民终字第04474号“王某与陈某婚姻家庭纠纷案”，见《同代血亲认定不能参照适用“推定亲子关系”规则——重庆五中院判决王某诉陈某婚姻家庭纠纷案》（潘建兴），载《人民法院报·案例指导》（20140213：06）。②江苏南通中院（2011）通中少民终字第0005号“苏某与李某抚养纠纷案”，见《非婚生子女强制认领中原告提供必要证据的认定——江苏南通中院判决苏明琪与李晓明子女抚养纠纷案》（任智峰、金玮），载《人民法院报·案例指导》（20120927：06）。③上海一中院（2008）沪一中少民终字第53号“吴某诉徐某抚育费纠纷案”，见《吴天成诉徐坤年抚育费案（抚养费　亲子关系　举证责任）》（骆恩卿），载《中国审判案例要览》（2009民：454）。④重庆一中院（2008）渝一中法民终字第2999号“杨某与张某返还抚养费纠纷上诉案”，见《婚生子女推定与否认探析》（申和平、侯国跃），载《人民司法·案例》（201020：66）。⑤上海一中院（2008）沪一中民终字第51号“夏某某诉夏某亲子关系案”，见《亲子关系诉讼中推定规则的适用》（陆文奕），载《人民司法·案例》（200924：36）。⑥黑龙江哈尔滨中院（2007）哈民一终字第68号“刘某与刘某某亲子纠纷案”，见《刘某诉刘宏民确认亲子关系纠纷案》（王晓征、胡乃峰），载《人民法院案例选》（200901/67：99）。⑦江苏南通中院（2006）通中民一终字第0272号“钱某诉王某抚育费案”，见《钱伸阳诉王小兵抚育费纠纷案》（姜凯、陈珑珑），载《人民法院案例选》（200504/54：88）。⑧江西分宜法院（2002）分城民初字第65号“李某诉李海某亲子纠纷案”，见《李艳诉李海生拒绝承认自己是男婴生父案》（张冬根），载《人民法院案例选》（200501/51：151）。⑨四川泸州中院（2002）泸民终字第461号“黄某与蒋某债务纠纷案”，见《黄欣诉蒋伦芳追索财物案（亲子关系的认定）》（白联洲、杜磊），载《中国审判案例要览》（2003民：379）。⑩广东番禺法院1998年12月24日“梁某某与梁某抚养费纠纷案”，见《梁浩诉梁国雄为其生父应承担抚养费案》（王菲），载《人民法院案例选》（200003/33：54）。

19. 否认亲子的证据规则

——否认亲生子,理由是否足?

【亲子否认】

【案情简介及争议焦点】

2006年,张某以其服刑期间妻子田某所生儿子血型为A,而张某、田某血型分别为B、O型为由,诉请离婚并不负担抚养费。一审后,田某提供了一份医院出具的验血报告单,显示系A型,但二审时,田某拒绝在法院工作人员陪同下再次验血。

争议焦点:1. 举证责任分担? 2. 亲子关系如何认定?

【裁判要点】

1. 证据规则规定。最高人民法院《关于民事诉讼证据的若干规定》第72条第1款规定:“一方当事人提出的证据,另一方当事人认可或者提出的相反证据不足以反驳的,人民法院可以认定其证明力。”在一方当事人已尽到举证义务,而另一方当事人提出的相反证据不足以反驳情况下,法院可据此认定案件事实。

2. 亲子否认成立。本案中,张某和田某婚姻关系存续期间所生之子血型事实,系双方在庭审中一致陈述。张某提交的用以证明田某血型证据系田某生产时的住院记录,虽有关田某出生日期及住址与其本人情况不符,但该记录首页上,田某丈夫姓名、工作单位,田某住院时间、生产时间均与本案当事人情况相符。经庭审质证,田某不承认为其本人住院记录,但该份记录上有母婴血型不合记载。田某为证明其本人血型而提交的验血报告单,系在无法院工作人员陪同情况下自行去医院检验取得的证据,二审期间,田某明确表示不同意在法院工作人员陪同下进行血型检验,故张某已尽到举证责任,田某属持有证据无正当理由拒不提供,应承担败诉法律后果。判决准予双方离婚,田某所生子由田某自行抚养。

【裁判依据或参考】

1. 法律规定。《民法典》(2021年1月1日)第1073条:“对亲子关系有异议且有正当理由的,父或者母可以向人民法院提起诉讼,请求确认或者否认亲子关系。对亲子关系有异议且有正当理由的,成年子女可以向人民法院提起诉讼,请求确认亲子关系。”

2. 最高人民法院司法解释及其他司法性文件/解读文章。最高人民法院《**关于适用〈中华人民共和国民法典〉婚姻家庭编的解释(一)**》(2021年1月1日　法释〔2020〕22号)第39条:“父或者母向人民法院起诉请求否认亲子关系,并已提供必要证据予以证明,另一方没有相反证据又拒绝做亲子鉴定的,人民法院可以认定否认亲子关系一方的主张成立。父或者母以及成年子女起诉请求确认亲子关系,并提供必要证据予以证明,另一方没有相反证据又拒绝做亲子鉴定的,人民法院可以认定确认亲子关系一方的主张成立。”最高人民法院《**关于适用〈中华人民共和国婚姻法〉若干问题的解释(三)**》(2011年8月13日　法释〔2011〕18号,2021年1月1日起废止)第2条:“夫妻一方向人民法院起诉请求确认亲子关系不存在,并已提供必要证据予以证明,另一方没有相反证据又拒绝做亲子鉴定的,人民法院可以推定请求确认亲子关系不存在一方的主张成立。当事人一方起诉请求确认亲子关系,并提供必要证据予以证明,另一方没有相反证据又拒绝做亲子鉴定的,人民法院可以推定请求确认亲子关系一方的主张成立。”最高人民法院吴晓芳法官《**关于婚姻家庭纠纷审理热点难点问答**》〔载《民事法律文件解读》2012年第8辑(总第92辑)〕第17条:“商人甲某家产丰厚,因交通事故死亡后,乙某抱着3岁的女儿提出要求参与继承甲某的遗产,为此与甲某家人产生纠纷。法庭上,乙某仅提供了一些证人证言等书面材料,但由于无其他必要的证据加以印证,所以无法认定乙某所抱之女系甲某与乙某所生这一事实。为此,乙某当庭向法院提出申请,要求通过甲某之子与女儿做亲子鉴定来证明女儿的身份,但遭到拒绝,此案应如何处理?答:本案主要在于厘清当事人之间是否具有法律上的亲子关系,以及因此而衍生的权利义务,而亲子鉴定的独特功能可以鉴别当事人之间是否具有真实血缘关系,可以帮助完成对身份的辨认,其应用具有法律上的重要价值和意义。亲子鉴定是近代法医学术语,是指用医学、人类学等学科的理论和技术来判断有争议的父母与子女间(特别是父子间)是否存在着亲生血缘关系。后来发展至可以用来判断其他个体之间如同胞间以及隔代间是否存在血缘关系,因而也称为亲权鉴定。但由于目前兄弟姐妹之间鉴定的准确率在60%至80%还不能达到准确认定的程度。因原告方提出的同父异母兄妹之间的亲子鉴定不具备检验前提,依现有技术无法实现鉴定目的,进而不能确定非婚生子女的身份关系。本案原告未向法庭提供足够的证据,由此造成的举证不能的法律后果,应由原告自己承担,故应判决驳回原告要求继承遗产的诉讼请求。”最高人民法院吴晓芳法官《**关于婚姻家庭纠纷审理热点难点问答**》〔载《民事法律文件解读》2012年第5辑(总第89辑)〕第29条:“双方离婚后,男方因怀疑儿子并非自己亲生,遂私自带着儿子到某司法鉴定中心做亲子鉴定,鉴定结论为:男方不是孩子的亲生父亲。男方起诉到法院要求女方返还已支付的抚养费,并出示了鉴定结论。女方没有相反的证据,又不申请重新进行亲子鉴定。男方提供的亲子鉴定结论可以采信吗?答:《最高人民法院关于民事诉讼证据的若干规定》第二十八条规定:‘一方当事人自行委托有关部门作出的鉴定结论,另一方当事人有证据足以反驳并申请重新鉴定的,人民法院应予准许。’自行委托鉴定是公民、法人和其他组织对在日常生活、工作中产生争议的专门性问题委托专业性的检测机构或关专家进行检验、评价与判断,从而为争议问题的解决提供科学依据而从事一项活动。从民事诉讼法的规定来看,并未限定当事人不能自行委托鉴定,鉴定结论属于法定证据种类之一。当然,对当事人自行委托有关部门作出的鉴定结论,必须在法庭上出示,并由当事人相互质证。在有关否认亲子关系诉讼中,如果一方当事人带着子女到鉴定部门做了亲子鉴定,对方只是不予认可鉴定结论,却又没有提供相反的证据进行反驳,同时又没有申请重新鉴定,人民法院可以对一方提供的亲子鉴定结论予以采信。”最高人民法院民一庭**《民事审判实务问答(子女抚养问题)》**(2005 年 4 月)第 1 条:“离婚或抚养纠纷案中,一方否定子女是其所亲生,又拒绝作亲子鉴定的,或对方拒绝亲子鉴定的,人民法院可否强制当事人做亲子鉴定?答:因为亲子鉴定关系到夫妻双方、子女及他人利益,是一项严肃的工作。因此,对当事人申请作亲子关系鉴定的案件,应从保护妇女、儿童的合法权益,有利于增进团结和防止矛盾激化出发,区别情况,慎重对待。最高人民法院于 1987 年 6 月 15 日作出的《关于人民法院在审判工作中能否采用人类白细胞抗原体作亲子鉴定问题的批复》中规定:‘对于双方当事人同意作亲子鉴定的,一般应予准许;一方当事人要求作亲子鉴定的,或者子女已超过三周岁的,应视具体情况,从严掌握,对其中必须作亲子鉴定的,也要做好当事人及有关人员的思想工作’。可见,亲子鉴定必须以当事人同意为要件,法院不得强制取证,不得对不同意鉴定的当事人采取拘传等措施进行强制鉴定。如双方当事人均同意做亲子鉴定的,应予准许。如一方拒绝做亲子鉴定,无论男方或女方,或者子女年纪较大的,均不能为做亲子鉴定采取强制措施。而且,人民法院对审理涉及确认亲子关系的案件,对亲子鉴定结论应作为鉴别亲子关系的证据之一,应与案件其他证据材料相印证,综合分析,作出正确判断。如一方否定子女是其所亲生的,又拒绝做亲子鉴定的,可对当事人行使释明权,解释法律的规定,如当事人仍坚持拒绝做鉴定的,可依照《最高人民法院关于民事诉讼证据的若干规定》第七十五条关于‘有证据证明一方当事人持有证据无正当理由拒不提供,如果对方当事人主张该证据的内容不利于证据持有人,可以推定该主张成立’的规定,综合全案的其他证据及案情作出是否亲子关系的认定。”最高人民法院**《关于臧海仙与黄士明离婚申诉案的函》**(1991 年 8 月 19 日〔91〕民他字第 24 号):“……经研究认为,大连市中级人民法院以红细胞系统的亲子鉴定结论作为唯一根据,否认黄士明是黄凤坡的亲生父亲,不符合我院法研复

〔1987〕20号批复精神。因此,我们同意你院审判委员会的讨论意见。”最高人民法院**《关于徐秀梅所生的小孩应如何断定生父问题的复函》**(1956年9月25日　研字第9555号):“……徐秀梅于1954年4月与高化云通奸,同时与其夫同居,因此小孩究竟为徐秀梅与谁发生性关系时受孕,是难以断定的。化验血型的方法并不能断定小孩究系由谁所生。根据请示所提的情况,徐秀梅的丈夫向徐提出离婚,且不承认小孩是他生的。按这小孩是在双方婚姻关系继续存在中所生的,男方现主张非其所生,应提出证据证明。男方既提不出任何证据而法院亦无法另找证明方法,在这种情况下,法院只能认为男方的主张不能证明,在这认定下对小孩问题予以判决。”

3. 部门规章。司法部办公厅**《关于规范司法鉴定机构开展亲子鉴定业务有关工作的通知》**(2016年7月6日　司办通〔2016〕40号)第2条:“严格规范亲子鉴定的委托和受理。(一)加强资质管理。开展亲子鉴定业务的司法鉴定机构和司法鉴定人应当取得法医物证司法鉴定业务许可,并编入《国家司法鉴定人和司法鉴定机构名册》。(二)统一受理委托。司法鉴定机构应当统一受理亲子鉴定委托,司法鉴定人不得私自受理。司法鉴定机构不得委托其他司法鉴定机构或单位、个人代为受理亲子鉴定委托,不得利用中介组织或个人招揽业务。司法鉴定机构可以根据有关法律法规的规定跨地区接受委托开展亲子鉴定业务,但不得违规设立服务点、采血点、接案点等。(三)规范受理范围。司法鉴定机构可以依法接受人民法院、人民检察院、公安机关、民政、为生计生等有关部门的亲子鉴定委托。亲子鉴定的委托人为当事人的,司法鉴定机构应当对委托鉴定事项、鉴定材料等进行严格审查,发现鉴定用途不合法或者违背社会公德的,依据《司法鉴定程序通则》第十五条的规定,不得受理。司法鉴定机构不得接受当事人委托对孕妇开展产前亲子鉴定或者进行胎儿性别鉴定。(四)规范宣传活动。司法鉴定机构依法开展鉴定业务,不得利用网络、报纸、广播、电视等媒体进行虚假宣传。”第3条:“严格鉴定材料的提取、保管、使用。(一)核对当事人信息。司法鉴定机构开展亲子鉴定业务,应当认真核对当事人身份信息,复印有效身份证件,并对当事人进行拍照。(二)严格提取鉴定材料。司法鉴定机构应当要求当事人本人到司法鉴定机构,在司法鉴定机构提取检材。当事人确有困难无法到司法鉴定机构的,司法鉴定机构可以指派至少二名工作人员到现场提取检材,其中至少一名应为该鉴定事项的鉴定人。严禁司法鉴定机构通过邮寄、快递、当事人自行送检等方式获取亲子鉴定的鉴定材料,严禁委托其他鉴定机构或其他单位、个人代为提取鉴定材料。(三)严格保管和使用鉴定材料。司法鉴定机构和司法鉴定人应当严格依照有关技术规范保管和使用亲子鉴定材料,确保鉴定材料符合鉴定要求。”第4条:“严格亲子鉴定的实施程序。(一)坚持鉴定人亲历性原则。司法鉴定机构开展亲子鉴定业务,必须由本机构的司法鉴定人利用本机构自有的仪器设备实施鉴定活动,不得委托其他机构或者单位、个人承担本机构的鉴定业务活动。(二)规范诉讼外的鉴定活动。司法鉴定机构在诉讼活动以外开展亲子鉴定业务,要严格保护个人隐私,严格参照《司法鉴定程序通则》的规定实施鉴定活动,确保鉴定质量。(三)规范文书出具。司法鉴定机构要按照统一规定的格式出具鉴定文书,不得以鉴定咨询的名义出具鉴定意见或咨询意见。"

4. 地方司法性文件。江苏常州天宁区法院《**家事案件诉讼指南**》(2015 年 1 月)第 6 条:"[亲子鉴定]亲子关系鉴定应当以双方当事人自愿为原则。对于婚姻关系存续期间生育的子女,一般认定父母与子女之间存在亲子关系;如父母一方提出否认亲子关系诉讼或以不存在亲子关系为抗辩理由的,并申请亲子鉴定,应当提供合理的证据,如另一方当事人不能提供反证证明存在亲子关系又拒绝接受亲子鉴定的,法院可以推定亲子关系不成立。对于非婚生子女起诉要求确认亲子关系或支付抚养费的,如能提供相应的证据证明存在亲子关系的可能性,并提出亲子鉴定的,如另一方当事人不能提供反证证明不存在亲子关系又拒绝接受亲子鉴定的,法院可以推定亲子关系成立。"安徽淮南中院《**关于审理离婚纠纷案件若干问题的指导意见**》(2014 年 3 月 13 日)第 8 条:"离婚时,涉及子女抚养关系的确立时,一方当事人主张存在亲子关系,并已提供必要证据予以证明,另一方没有相反证据又拒绝做亲子鉴定的,可以推定主张亲子关系存在一方的主张成立。离婚时,一方当事人主张存在亲子关系,并提供必要证据予以证明,另一方没有相反证据又拒绝做亲子鉴定的,可以推定主张亲子关系存在一方的主张成立。"山东高院《**关于印发〈全省民事审判工作座谈会纪要〉的通知**》(2005 年 11 月 23 日　鲁高法〔2005〕201 号)第 4 条:"……(八)关于亲子关系案件的认定与处理问题。近几年,随着我国市场经济的发展和人民生活水平的提高,婚姻家庭中父母子女之间的关系发生了一系列动态变化,造成确认子女与父母之间血缘关系的案件有所上升。由于父母与子女之间的血亲关系仅靠法官的知识和经验是很难判断的,因此,涉及亲子关系的案件多数需要通过鉴定加以解决,但亲子鉴定因涉及身份关系,必须稳妥慎重,原则上应以双方自愿为原则。但是如果非婚生子女以及与其共同生活的父母一方有相当充分的证据证明未与非婚生子女共同生活的父或母为非婚生子女的生父或者生母,且非婚生子女尚未成年,需要抚养和教育的,如果未与非婚生子女共同生活的父或母不能提供足以推翻亲子关系的证据,又拒绝做亲子鉴定的,应当推定其亲子关系成立。"

【参考类案】

①2017 年**江苏某婚姻家庭纠纷案**,2012 年,曹某与李某诉讼离婚,孩子曹某某

归李某抚养，曹某负担抚养费。2016 年，曹某某起诉曹某，要求确认不存在亲子关系，经鉴定排除曹某系曹某某生物学父亲，但法院以法律未赋予未成年子女享有否认亲子关系诉权为由驳回曹某某起诉。2017 年，曹某起诉曹某某，亦请求确认两者之间不存在亲子关系。法院认为：最高人民法院《关于人民法院审理离婚案件处理子女抚养问题的若干具体意见》（已于 2021 年 1 月 1 日起废止）第 15 条规定："离婚后，一方要求变更子女抚养关系的，或者子女要求增加抚育费的，应另行起诉。"第 16 条则对可变更情形予以列举式规定。司法解释准许夫妻一方离婚后提起变更抚养关系之诉，旨在贯彻子女利益最大化原则，保护未成年人身心健康和合法权益不受侵害，而非要对原离婚裁判中涉子女抚养部分重新进行法律评价或予以纠正，且司法解释所列举四种可变更情势，均为离婚后新发生却与原离婚生效裁判无关事实。提起变更抚养关系之诉前提是血缘事实存在，亲子关系认定正确，因而离婚后，拟通过变更抚养关系否认亲子关系不符合法律逻辑。子女虽非父母离婚诉讼中的当事人，但在离婚判决主文就子女抚养问题作出既决情况下，该判决对子女亦具既判力，否则将无法避免就同一争议事项出现多份不同判决现象。离婚纠纷属典型的复合之诉，包括婚姻关系解除、财产分割和子女抚养三部分，其中血亲是确定抚养义务的基础，因此在前诉就隐含的亲子关系作出既决情况下，再准许提起亲子关系否认之诉，无非是要以后诉推翻前诉的裁判结果，此明显违反一事不再理原则。本案中，因在曹某与李某离婚诉讼中，法院判决曹某负有给付婚生男孩曹某某抚养费义务，这就表明无论曹某与曹某某之间是否存在血缘关系，根据婚生子女推定，曹某与曹某某之间的血亲事实和亲子关系均已得到先前生效法律文书确认，故根据一事不再理原则，曹某提起的亲子关系否认之诉构成重复起诉，应不予受理；已受理的，则应驳回起诉。故裁定驳回曹某起诉。

②2016 年**重庆某继承纠纷案**，1995 年，刘某与藏某离婚，约定女儿藏某某归藏某抚养，刘某每月支付 1000 元抚养费，藏某某为双方今后继承人之一。1997 年，刘某与姚某结婚。2010 年，刘某死亡。藏某某主张继承权。姚某以私自采集的头发委托鉴定，结论排除藏某某与刘某亲子关系为由，否认藏某某继承权，诉讼中申请对藏某某与刘某亲子关系进行鉴定。法院认为：亲子鉴定具有很强的伦理性，涉及父母、子女隐私权，故主张亲子鉴定应严格限定于父母与成年子女本人。被继承人刘某生前并未提起否认亲子关系诉讼，而是依离婚协议履行对藏某某的抚养义务。另外，子女与父母有自然血亲关系，不是享有继承权的必备条件，形成抚养关系的继子女、养子女，没有自然血亲关系亦可享有继承权。不支持姚某等人亲子鉴定的主张，是依法对藏某某及其母亲名誉权、隐私权的保护，也是对逝者刘某名誉的尊重。遗产分配优先尊重死者生前意思表示，刘某在与藏某离婚协议中明确表示：藏某某为双方当事人今后各自拥有财产的合法继承人之一。刘某一直未予以改变，

藏某某依此约定享有继承权。判决确认藏某某享有继承权,姚某向藏某某支付遗产276万元。

③2016年**重庆某损害赔偿纠纷案**,1991年,杨某与万某登记结婚。两年后,万某生育一子杨某某。2008年,杨某与万某协议离婚。2015年,杨某认为杨某某不是其亲生子女,故诉至法院,请求万某返还离婚时分得的财产,并由万某赔偿子女抚养费和精神损害抚慰金。杨某申请对杨某某与其不存在亲子进行鉴定,万某无异议,但已成年的杨某某不同意进行亲子鉴定。法院认为:依最高人民法院《关于适用〈中华人民共和国婚姻法〉若干问题的解释(三)》(已于2021年1月1日起废止)第2条规定可看出,在亲子关系认定上,法律赋予裁判者推定权利。亲子鉴定是确认父母与子女之间亲缘关系的技术性手段,而亲缘关系认定直接关系着家庭道德、伦理关系和个人隐私问题。在缺乏相反证据证实和一方当事人明确拒绝情况下,法院可进行推定。同时,因亲子关系认定涉及个人道德品质问题,以推定方式认定亲子关系存在或者不存在,其结果必然影响个人社会评价,甚至对被鉴定者产生影响,故在司法实践中,适用推定应慎之又慎。在一方当事人提出明确证据证明亲子关系可能存在或可能不存在,对方当事人明确表示不同意鉴定情况下,方可适用。如一方证据尚不足以达到前述要求的,则不能适用推定。当被鉴定人已成年,有了一定社会交往情况下,亲子关系认定直接与其人际交往、个人情感归宿相关联,是否做亲子鉴定必须征得被鉴定人同意。在无证据证明亲子关系可能存在或不存在时,不得对亲子关系进行推定。本案中,杨某提出亲子鉴定申请,但经法庭审查,其与万某在婚姻关系存续两年后才生育子女,从时间上推算,该子女应是二人婚生子。杨某提出万某在婚姻关系存续期间和他人有不正当关系,所生子女并非其亲生子,并无其他证据予以证实,虽万某同意进行鉴定,但被鉴定人杨某某明确拒绝亲子鉴定,故对杨某所提应推定该子女非其亲生理由不成立。判决驳回杨某诉请。

④2015年**河南某亲子关系案**,2014年,张某与刘某离婚后,张某因事故死亡。2015年,张某兄弟姐妹作为继承人,以刘某在离婚诉讼中自认张玉某非张某亲生子为由,以刘某及5岁的张玉某为被告,诉请确认张某与张玉某非亲子关系。诉讼中,在张某尸体尚未火化具备鉴定条件情形下,刘某拒绝做亲子鉴定。法院认为:最高人民法院《关于适用〈中华人民共和国婚姻法〉若干问题的解释(三)》(已于2021年1月1日起废止)第2条第1款规定,夫妻一方向人民法院起诉请求确认亲子关系不存在,并已提供必要证据予以证明,另一方没有相反证据又拒绝做亲子鉴定的,人民法院可以推定请求确认亲子关系不存在一方的主张成立。该司法解释虽规定提起非亲子关系确认之诉主体为夫妻一方,但张某及其父母均已去世,本案原告作为张某兄弟姐妹,有权提起本案诉讼。原告向法院请求确认亲子关系不存

在，并提供刘某自认张玉某非张某亲生子的民事判决书加以证明，且原告在举证期限内提出了亲子鉴定申请，而被告法定代理人刘某既未提出相反证据予以反驳，又自认张玉某非张某亲生子，同时拒绝做亲子鉴定，导致法院不能通过鉴定意见对案件事实作出裁判，故法院依法推定原告主张成立，判决张玉某与张某亲子关系不存在。

⑤2014 年**四川某婚姻家庭纠纷案**，2000 年 5 月，廖某离家前往部队服役。同年 7 月，其妻董某在医院检查得知已受孕 50 多天。2001 年，董某生下一对双胞胎。2009 年，廖某、董某协议离婚，并约定“非婚生的双胞胎由女方抚养，女方自行承担孩子所需一切费用，男方有探望权”。廖某再婚后在办理子女生育手续时，被告知因其名下已有两个子女，不符合生育条件，相关机构未予办理生育手续。廖某遂诉至法院，请求否认与二子女存在亲子关系。法院认为：从最高人民法院《关于适用〈中华人民共和国婚姻法〉若干问题的解释（三）》（已于 2021 年 1 月 1 日起废止）条文来看，提起否认亲子关系之诉主体为夫妻中任何一方，但该条文更为强调的是亲子关系否认诉讼的子女须为父或母在婚姻关系存续期间所生。本案中，廖某同董某虽已离婚，但子女同父母关系并不因父母离婚而消除，廖某仍可直接以二子女为被告、董某为第三人提起诉讼，要求否认亲子关系。亲子关系否认制度必须优先保护未成年人利益，考虑到隐私权、家庭和睦等问题，法律规定了双方自愿，即在一方不同意情况下，亲子鉴定程序难以启动。而在亲子关系纠纷中最为重要、最具有证明力的亲子关系鉴定，因一方拒绝配合而难以提供。不仅如此，还要课以对方提供必要证据的义务，这无疑加重了对提出否认亲子关系一方的举证责任。本案中，在董某拒不同意做亲子关系鉴定情况下，廖某提供的证据形成了证据锁链，能达到高度盖然性证明标准，故应认定廖某举证已达到必要证据要求，依最高人民法院《关于适用〈中华人民共和国婚姻法〉若干问题的解释（三）》（已于 2021 年 1 月 1 日起废止）规定，判决确认廖某与二子女之间不具有亲子关系。

⑥2013 年**上海某不当得利纠纷案**，2003 年，朱某与章某开始交往并关系亲密。2008 年 9 月，章某生育章某某。2010 年 1 月至 2012 年 3 月间，朱某陆续向章某某账户内汇入 32 万元。其间，朱某向章某写下保证书，并要求章某某改姓“朱”。2013 年，朱某以其怀疑章某某非亲生子、章某从一开始就不同意亲子鉴定为由，诉请返还不当得利 32 万元。法院认为：本案中，尽管朱某与章某某未一同居住，但其以支付抚养费方式抚养章某某，且在保证书中要求章某某改姓“朱”。从法理上而言，上述行为和意思表示已构成认领。在支付抚养费数年后，朱某以章某某非亲生子，要求返还抚养费，隐含确认认领行为无效的要求。确认认领无效之诉，不属举证责任倒置之列，朱某应提供相应证据证明认领存在无效情况，如意思表示瑕疵或双方实际上不存在亲子关系。根据本案查明事实，朱某与章某自 2003 年起就已开

始交往,两人关系亲密。2008年9月章某某出生。作为具有完全行为能力的成年人,朱某对于章某某是否系其亲生儿子应有足够判断能力。本案审理中,朱某曾称其在2008年章某某出生时即已向章某提出亲子鉴定要求,但章某始终不予配合,然就是在这种情况下,朱某仍于2010年1月至2012年3月间,陆续向章某某账户内汇入系争款项。朱某应对自己所实施给付行为后果有充分认知。从朱某给付系争款项至今,并未有足以令其对给付钱款原因产生质疑的事实发生。现朱某仅凭章某不愿意做亲子鉴定为由要求章某、章某某返还其之前给付款项,依据不足,判决驳回朱某诉请。

⑦2009年**上海某侵权纠纷案**,2005年,王某与钟某经法院调解离婚。2007年,钟某委托鉴定中心对其与女儿作亲子鉴定,并依该无父女关系鉴定结论起诉王某离婚损害赔偿,王某否认鉴定结论,但拒绝对共同生活的女儿重作亲子鉴定。法院认为:钟某为否认其与女儿之间亲子关系,提供了亲子关系检验报告。王某虽对该检验报告真实性和合法性予以否认,但却无法提供证据予以证明,故该检验报告可作为证据被法院采信,该检验报告证明效力应予认定。钟某提供的检验报告仅作为一种咨询报告而非法定鉴定报告,故在无其他证据相佐证情形,该咨询报告不能作为司法鉴定结论从而直接认定亲子关系不成立。即便如此,该检验报告亦足以使法院对钟某与女儿之间是否存在亲子关系产生疑义。现有证据表明,王某对钟某提供的检验报告并不认可,故本案要确定钟某与女儿之间是否存在亲子关系,在无其他证据可证明情形下,重新进行鉴定是查明钟某与女儿之间是否存在亲子关系唯一证明方式。因女儿与王某共同生活,钟某已不具备进行重新鉴定条件。虽然王某对钟某与女儿之间不存在亲子关系并不负有举证责任,但因王某在可进行重新鉴定情形下拒绝鉴定,使得负有举证责任的钟某不可能再提供证据,钟某与女儿之间是否存在亲子关系将无证据可资证明。最高人民法院《关于民事诉讼证据的若干规定》第75条规定:“有证据证明一方当事人持有证据无正当理由拒不提供,如果对方当事人主张该证据的内容不利于证据持有人,可以推定该主张成立。”本案重新鉴定所要证明内容明显不利于王某一方,而王某却在具备重新鉴定条件情形下拒绝重新鉴定,故可推定钟某与女儿之间不存在亲子关系主张成立。判决王某返还钟某抚养费3.6万元,王某支付钟某鉴定费2000元并赔偿钟某精神抚慰金2万元。

⑧2001年**江苏某亲子关系案**,1977年,喻某与何某恋爱并同居。1981年,双方登记结婚。1998年,喻某起诉何某要求离婚,诉讼中,何某承认1981年被贺某强奸而怀孕生下喻某某,并写下“事实经过”。经调解,双方自愿离婚,喻某某随何某生活。1999年,喻某起诉何某、贺某,要求赔偿欺诈抚养喻某某10多年的经济损失,何某否认,称原陈述系受喻某欺骗所致,喻某要求做亲子鉴定,被喻某某、何某拒绝。法院以证据不足为由裁定驳回喻某诉请。2000年,喻某起诉喻某某,请求确

认双方非父子关系，并提供了第三人何某陈述的“事实经过”、离婚诉讼中何某所做自认以及三张血型化验单。法院认为：喻某要求对喻某某做亲子鉴定以确认双方非父子关系，提供的证据主要有第三人何某陈述的“事实经过”、离婚诉讼中何某所做自认以及三张血型化验单。因“事实经过”及离婚诉讼中的陈述系第三人何某行为，现第三人下落不明，无法进一步核实陈述内容真实性。即使该“事实经过”系第三人何某所为，仍不能证明喻某某系第三人与他人所生，该证据与本案双方当事人是否非父子关系无必然联系。喻某提供的三张血型化验单上三名被化验人虽有喻某某姓名，但喻某某对此不予认可，否认自己曾做过血型化验，喻某又未能提供其他有效证据。因亲子鉴定关系到当事人之间人身关系，是一项严肃工作。喻某某年满18周岁，已经成年，在审理过程中，明确表示不同意做亲子鉴定。依最高人民法院有关司法解释规定及精神，结合喻某所提供证据效力情况，喻某要求确认双方非父子关系证据不足，判决驳回喻某诉请。

⑨2001年**福建某亲子鉴定纠纷案**，1996年，吴某与妻子黄某因矛盾而分居。1998年，吴某起诉离婚，法院未判决离婚。1999年，黄某生下双胞胎女孩。2001年，吴某再次起诉离婚并主张对婚生女的抚养权，同时申请对双胞胎女孩做亲子鉴定。黄某拒绝做亲子鉴定。法院认为：依最高人民法院《在审判工作中能否采用人类的白细胞抗原作亲子鉴定问题的批复》，对于男女双方都申请的，一般应准予通过白细胞抗原手段作亲子鉴定；只有一方申请的，应从严掌握，对其中必须作亲子鉴定的，也要做好双方思想工作。本案中，吴某要求做亲子鉴定，并提供了与受胎无因果关系的系列证据证明，黄某提不出足以推翻申请方申请鉴定理由及证据，行动上又拒绝或不配合的，即应按举证规则和证据盖然性规则，推定由拒不配合鉴定方即黄某承担举证不能后果。经法院调解，双方自愿离婚，婚生女由吴某抚养并自行负担抚育费，双胞胎女孩由黄某自行抚养并负担抚育费，吴某给付黄某经济帮助款1万元，黄某放弃对夫妻共同财产请求。

⑩1998年**广东某抚养费纠纷案**，1993年10月，梁某婚外与肖某同居并发生性关系，肖某怀孕后，梁某给付肖某7000元要求终止妊娠，肖某拒绝。1994年6月，计生委、派出所处理时，肖某称胎儿系与甘某所怀。同年8月，肖某生下梁某某。1997年，肖某代理梁某某诉请梁某支付抚养费。法院认为：本案应侧重保护妇女、儿童权益。肖某已举证证实梁某某出生与梁某同居行为存在因果关系，而梁某亦承认曾与肖某同居事实，无论是依举证责任倒置，还是法院主动收集证据，梁某均应配合做亲子鉴定。因梁某一直回避，经合法传唤既不到庭应诉，又不肯去做亲子鉴定，不提供反证证明与其无关，其应承担败诉责任。在合议庭准备依法缺席判决时，梁某到庭要求做亲子鉴定。经鉴定，梁某某与梁某、肖某之间存在亲子关系。经调解，梁某一次性支付梁某某抚养费(至18周岁)7万元。

【典型类案实务要点】

1.**【主张非亲子关系一方已尽举证责任,应获法院支持】**主张非亲子关系的夫妻一方已尽到举证责任,另一方属持有证据而无正当理由拒不提供的,应承担败诉法律后果。

2.**【离婚后,一方诉请否认亲子关系的,构成重复诉讼】**诉讼离婚后,原夫妻一方发现与子女不存在自然血亲而要求否认亲子关系的,应对原离婚判决书中涉子女抚养部分申请再审,而不能径直提起亲子关系否认之诉,否则构成重复起诉。

3.**【否认亲子关系,属身份权范畴,应专属父母与子女】**否认亲子关系属于身份权范畴,专属于父母子女。自然血亲关系与是否享有继承权无必然联系,裁判继承权纠纷不以亲子关系鉴定为依据,而应尊重被继承人真实意愿。

4.**【成年子女拒绝亲子鉴定,不得对亲子关系进行推定】**一方仅是怀疑自己与子女不存在亲子关系而未提供必要证据,而子女已成年又明确拒绝做亲子鉴定的,不宜推定亲子关系不存在。

5.**【原夫妻一方死亡后,其继承人有权确认非亲子关系】**离婚后原具有夫妻关系的一方死亡,其继承人有权提起确认非亲子关系之诉。当事人一方起诉请求确认亲子关系不存在,另一方认可亲子关系不存在但拒绝做亲子鉴定的,法院可推定原告主张成立。

6.**【否认亲子关系之诉,证据达到高度盖然性标准即可】**亲子关系否认诉讼中,不应对提出诉讼一方课以较为严格举证责任,证据只需达到民事诉讼高度盖然性标准即可。

7.**【非婚生子女生父诉请确认认领无效之诉的举证责任】**确认非婚生子女认领无效之诉,不属举证责任倒置之列,认领人应提供相应证据证明认领存在无效情况,如意思表示瑕疵或双方实际上不存在亲子关系。

8.**【私自鉴定,对方否认却拒绝重作,推定亲子不成立】**一方当事人提供了亲子关系检验报告,对方虽否认其效力,却又在具备重新鉴定条件情形下拒绝重新鉴定,法院可推定提供检验报告一方与子女之间不存在亲子关系主张成立。

9.**【子已成年,父诉亲子鉴定,子不同意的,不能强制】**子女已经长大成年,父或母一方要求做亲子鉴定以否认双方存在亲子关系,子女不同意的,不能强制做亲子鉴定。

10.**【拒绝鉴定一方无反证的,推定亲子关系不存在情形】**申请亲子鉴定的夫妻一方提供了与受胎无因果关系的证据,对方无反证且不配合鉴定的,应按举证规则和盖然性规则,推定由拒不配合鉴定方承担举证不能后果责任。

11.**【被指认生父否认亲子又拒做鉴定,推定亲子之情形】**某男与生子之生母在指认相关期间有同居性关系事实,而某男否认亲子又拒做亲子鉴定的,应推定亲子关系成立。

【类案裁判一般规则】

夫妻一方向法院起诉请求确认亲子关系不存在,并已提供必要证据予以证明,另一方无相反证据又拒绝做亲子鉴定的,法院可推定请求确认亲子关系不存在一方的主张成立。

【典型参考案例索引】

主旨案例:见《提出的相反证据不足以反驳对方证据的当事人应当承担对其不利的诉讼后果》(韩玫,最高院民一庭),载《民事审判指导与参考·指导性案例》(200904/40:115)。**其他案例:**①江苏阜宁法院(2017)苏 0923 民初 2169 号"曹某诉曹小某婚姻家庭纠纷案",见《离婚后欲否认亲子关系的诉的选择》(刘干),载《人民司法·案例》(201726:76)。②重庆五中院(2016)渝 05 民再 17 号"藏某某与姚某某继承纠纷再审案",见《裁判继承权纠纷不以亲子关系鉴定为依据》(代贞奎、向蕻),载《人民司法·案例》(201714:54)。③重庆四中院(2016)渝 04 民终 513 号"杨某与万某损害赔偿纠纷案",见《成年子女不同意亲子鉴定的不得对亲子关系进行推定——重庆四中院判决杨某甲诉万某离婚后损害责任纠纷案》(段成一、杨伟),载《人民法院报·案例精选》(20170914:06)。④河南洛阳西工区法院(2015)西民一初字第 14 号"张某等诉刘某等确认非亲子关系纠纷案",见《继承人是否有权利确认非亲子关系——河南洛阳西工区法院判决张建水等诉张玉龙确认非亲子关系纠纷案》(吴可征、殷春昱),载《人民法院报·案例精选》(20160317:06)。⑤四川南充中院(2014)南中法民终字第 780 号"廖某诉廖某某婚姻家庭纠纷案",见《否认亲子关系诉讼的必要证据认定——四川阆中法院判决廖某诉廖姓二子女婚姻家庭纠纷案》(赵英颖),载《人民法院报·案例精选》(20140918:06)。⑥上海一中院(2013)沪一中民一(民)终字第 1883 号"朱某与章某等不当得利纠纷案",见《朱大成诉章月琴等不当得利纠纷案(无法律规定情况下非婚生子认领问题的处理)》(常忻),载《中国审判案例要览》(2014 民:432)。⑦上海一中院(2009)沪一中民一(民)终字第 1944 号"钟某与王某侵权纠纷案",见《亲子关系是否成立可依据证据规则予以推定——上海一中院判决钟某诉王颖其他人身损害赔偿纠纷案》(敖颖婕、陈敏),载《人民法院报·案例指导》(20100603:06)。⑧江苏淮安中院 2001 年 12 月 13 日"喻某与喻某某亲子关系纠纷案",见《喻某诉喻某某与自己无血缘关系请求否认父子关系案》(刘洋),载《人民法院案例选》(200202/40:67)。⑨福建安溪法院(2001)安民初字第 496 号"吴某与黄某亲子鉴定纠纷案”,见《吴英雄诉黄阳月案(亲子鉴定)》(李溪洪、庄志强),载《中国审判案例要览》(2002 民:521)。⑩广东番禺法院 1998 年 12 月 24 日“梁某某与梁某抚养费纠纷案”,见《梁浩诉梁国雄为其生父应承担抚养费案》(王菲),载《人民法院案例选》(200003/33:54)。

20. 抚养他人子女的赔偿

——子女非亲生,受骗如何赔?

【欺诈抚养】

【案情简介及争议焦点】

王某与董某结婚并生育一子,双方离婚后,王某进行亲子鉴定,发现自己并非孩子亲生父亲,遂起诉要求女方返还抚养费,并赔偿精神损失费25万元。

争议焦点:1. 受欺诈方的权利? 2. 精神损害赔偿性质?

【裁判要点】

1. 受欺诈方享有索赔权。抚养未成年子女是父母法定义务,而男方受欺骗抚养了非亲生子女,代替孩子亲生父亲履行了法定抚养义务,男方得知事实真相后,当然有权利追索以前所支付抚养费。从男方角度来看,女方在婚姻关系存续期间与他人通奸生育子女,对其精神上造成了巨大伤害,故其同时有权要求侵权者赔偿精神损失。

2. 精神损害赔偿请求权。需指出的是,这里的赔偿精神损失与《婚姻法》第 46 条规定的离婚损害赔偿有别,婚姻关系存续期间与他人通奸生育子女并不一定构成“与他人婚外同居”的赔偿要件,即通奸生育子女与“持续、稳定地共同居住”不能等同。判决女方赔偿精神损失依据应是《民法通则》及最高人民法院《关于确定民事侵权精神损害赔偿责任若干问题的解释》中有关规定。

【裁判依据或参考】

1. 法律规定。《民法典》(2021 年 1 月 1 日)第 995 条:“人格权受到侵害的,受害人有权依照本法和其他法律的规定请求行为人承担民事责任。受害人的停止侵害、排除妨碍、消除危险、消除影响、恢复名誉、赔礼道歉请求权,不适用诉讼时效的规定。”第996条:“因当事人一方的违约行为,损害对方人格权并造成严重精神损害,受损害方选择请求其承担违约责任的,不影响受损害方请求精神损害赔偿。”

2. 最高人民法院司法解释及其他司法性文件/解读文章。最高人民法院吴晓芳法官《**关于婚姻家庭纠纷审理热点难点问答**》〔载《民事法律文件解读》2012年第5辑(总第89辑)〕第22条:“婚姻关系存续期间男方受欺骗抚养非亲生子女,离婚后可否向女方追索抚养费?答:在婚姻关系存续期间,一方与他人通奸生育子女,隐瞒真实情况,另一方受欺骗而抚养了非亲生子女,有人称之为‘欺诈性的抚养关系’。受欺骗方离婚后给付的抚养费,可以要求对方予以返还。对于婚姻关系存续期间支出的扶养费,有人认为,因我国婚姻法规定的法定夫妻财产制是婚后所得共同制,夫妻对共同财产不分份额地共同所有,无法计算婚姻关系存续期间到底支出了多少抚养费。虽然受欺骗的一方没有支付抚养费的义务,但另一方对子女有法定抚养义务,其有资格从夫妻共同财产中支出费用来抚养亲生子女。就如同一方在婚姻关系存续期间有父母需要赡养,而另一方的父母已经死亡,不需要再尽赡养义务,恐怕不能得出一方无权用夫妻共同财产赡养其父母吧?鉴于夫妻共同财产的性质,对受欺骗一方婚后支出的扶养费不宜返还。笔者认为,上述观点有一定道理,但应当是在知情自愿的情况下。如果一方完全被蒙在鼓里,替真正有血缘关系的亲生父或母尽了抚养义务,离婚时又不能请求返还婚姻关系存续期间所支出的抚养费,岂不有失公平?双方在离婚时已经可以依法分割夫妻共同财产,对于所支出的抚养费也能大致计算出来,酌情予以返还是比较公道的。”最高人民法院吴晓芳法官《**关于婚姻家庭纠纷审理热点难点问答**》〔载《民事法律文件解读》2011年第11辑(总第83辑)〕第21条:“双方离婚后,男方进行亲子鉴定,发现自己并非孩子的亲生父亲,遂起诉要求女方返还抚养费,并赔偿精神损失N万元。对此类精神损害赔偿之诉是否应当支持,审判实践中存在不同意见。一种意见认为女方确有过错,且对男方构成精神伤害,故应当支持;另一种意见则认为,女方的行为并不符合法定的离婚损害赔偿构成要件,抚养非亲生子女能否视为一种精神伤害有待商榷,故不宜支持。请问哪种意见比较妥当?答:抚养未成年子女是父母的法定义务,而男方受欺骗抚养了非亲生子女,代替孩子的亲生父亲履行了法定的抚养义务,男方得知事实真相后,当然有权利追索以前所支付的抚养费。从男方的角度来看,女方在婚姻关系存续期间与他人通奸生育子女,对其精神上造成了巨大伤害,故其同时有权要求侵权者赔偿精神损失。杨立新教授认为,这种案件行为人的行为所侵害的,不是人格权,而是身份权,是侵害亲权的侵权行为。配偶一方将本没有亲子关系的子女谎称为有亲子关系,使对方不明真相地当作自己的亲生子女进行抚养,最终的结果却是抚养了非亲生子女。进行欺骗的一方在主观上具有故意,使配偶的身份权受到侵害,构成侵害亲权的侵权责任……我们认为,杨立新教授分析的颇为到位,只有认定这种行为的性质属于欺诈性抚养关系,是一种侵权行为,才能够正确界定这种行为的性质。需要指出的是,这里的赔偿精神损失与《婚姻法》第四十六条规定的离婚损害赔偿是两码事情,婚姻关系存续期间与他人通奸生育子女并不一定构成'与他人婚外同居'的赔偿要件,即通奸生育子女与'持续、稳定地共同居住'不能等同。而判决女方赔偿精神损失的依据应是《民法通则》及《最高人民法院关于确定民事侵权精神损害赔偿责任若干问题的解释》中的有关规定。”最高人民法院**《关于夫妻关系存续期间男方受欺骗抚养非亲生子女离婚后可否向女方追索抚养费的复函》**(1992 年 4 月 2 日 〔1991〕民他字第 63 号):“……在夫妻关系存续期间,一方与他人通奸生育了子女,隐瞒真情,另一方受欺骗而抚养了非亲生子女,其中离婚后给付的抚育费,受欺骗方要求返还的,可酌情返还;至于在夫妻关系存续期间受欺骗方支出的抚育费用应否返还,因涉及的问题比较复杂,尚需进一步研究,就你院请示所述具体案件而言,因双方在离婚时,其共同财产已由男方一人分得,故可不予返还,以上意见供参考。”

3. 地方司法性文件。江苏高院**《家事纠纷案件审理指南(婚姻家庭部分)》**(2019 年 7 月 18 日)第 14 条:“在构成欺诈性抚养的情形下,男方能否主张返还给付的抚养费并赔偿精神损害抚慰金?抚养费和精神损害抚慰金的数额应当如何确定?赔偿义务主体应当如何确定?女方隐瞒子女与男方无亲子关系的事实,使男方实际履行了抚养义务,构成欺诈性抚养侵权行为,离婚时或者离婚后男方主张返还给付的抚养费并赔偿精神损害抚慰金的,可以支持。在确定抚养费返还数额时,男方应当对抚养费给付情况承担举证责任。确实无法举证证明的,可以参照《最高人民法院关于人民法院审理离婚案件处理子女抚养问题的若干具体意见》第 7 条的规定,根据子女的实际需要、男女双方的负担能力、婚姻关系存续期间双方的经济收入、离婚时共同财产分割情况、当地的实际生活水平等酌情判定。精神损害抚慰金的赔偿数额可以依照《最高人民法院关于确定民事侵权精神损害赔偿责任若干问题的解释》第十条的规定确定。欺诈性抚养的赔偿义务主体应当是欺诈行为的实施主体。男方起诉子女承担欺诈性抚养赔偿责任的,不予支持。子女的生父与女方通谋欺骗男方的,应当承担连带赔偿责任。男方仅起诉女方承担赔偿责任的,可以不追加子女的生父为共同被告。”北京高院民一庭**《关于审理婚姻纠纷案件若干疑难问题的参考意见》**(2016 年 8 月 4 日)第 5 条:“【受欺诈抚养的赔偿】夫妻一方因另一方隐瞒真相而受欺诈抚养了另一方与他人所生育子女,受欺诈抚养方请求另一方返还实际支出的抚养费用的,人民法院应予以支持;受欺诈抚养方请求的精神损害赔偿等费用,可酌情予以支持。”浙江高院民一庭**《关于印发〈关于审理婚姻家庭案件若干问题的解答〉的通知》**(2016 年 6 月 27 日 浙高法民一〔2016〕2 号)第 17 条:“婚姻关系存续期间生育的子女,经确认与男方不存在亲子关系,男方请求女方返还婚姻关系存续期间支出的抚养费,能否予以支持?抚养费返还数额如何确定?答:原则上男方对非亲生子女无法定抚养义务,其请求返还婚姻关系存续期间支出的抚养费,一般可予支持。在确定抚养费返还数额时,男方应对抚养费支出情况进行举证。确实无法举证证明的,可以参照《最高人民法院关于人民法院审理离婚案件处理子女抚养问题的若干具体意见》第7条规定,根据婚姻关系存续期间双方的经济收入、当地的实际生活水平和离婚时共同财产分割等情况酌情确定。”广东深圳中院**《关于婚姻家庭纠纷案件的裁判指引(2014修订)》**(2014年5月21日)第38条:“婚姻关系存续期间,一方与他人发生性关系而生育子女并隐瞒真情,另一方受欺骗而抚养了非亲生子女,受骗方要求另一方赔偿精神损失的,人民法院应当按照《中华人民共和国侵权责任法》及有关司法解释处理。说明:第三十八条是对一方受欺骗抚养了非亲生子女能否主张精神损害赔偿问题的裁判指引。配偶将本没有亲子关系的子女谎称为有亲子关系,具有欺骗对方的主观故意,使配偶的身份权受到侵害,应属侵权行为,受到侵害一方有权依据侵权责任法及有关司法解释提出精神损害赔偿请求。最高人民法院吴晓芳法官在《婚姻家庭纠纷审理热点、难点问答》一文中亦持该观点,载于民事法律文件解读2011年第11辑第61-62页。”第42条:“婚姻关系存续期间,一方与他人发生性关系而生育子女并隐瞒真情,另一方受欺骗而抚养了非亲生子女,受欺骗一方要求返还其在双方离婚后给付的抚养费,可酌情判决返还;受欺骗一方在夫妻关系存续期间支出的抚养费用应否返还,可根据具体情况确定。说明:第四十二条是对男方受欺骗抚养非亲生子女离婚后可否向女方追索抚养费的裁判指引。最高人民法院1992年4月2日《关于夫妻关系存续期间男方受欺骗抚养非亲生子女离婚后可否向女方追索抚养费的复函》(〔1991〕民他字第63号)认为‘在夫妻关系存续期间,一方与他人通奸生育了子女,隐瞒真情,另一方受欺骗而抚养了非亲生子女,其中离婚后给付的抚育费,受欺骗方要求返还的,可酌情返还;至于在夫妻关系存续期间受欺骗方支出的抚育费用应否返还,因涉及的问题比较复杂,尚需进一步研究’。”湖北高院**《民事审判若干问题研讨会纪要(婚姻家庭部分)》**(2004年11月8日)第2条:“婚姻关系存续期间,女方与他人通奸生育子女后长期蒙蔽男方,离婚后所生子女与男方不形成任何权利义务关系,男方不负担抚养义务。男方要求女方赔偿婚姻关系存续期间所付出的子女抚养费的,应予支持。抚养费可按受诉法院所在地上一年度城镇居民人均消费性支出和农村居民人均年生活消费支出标准计算。”

【参考类案】

①2014年**某抚养费纠纷案**,田某在与马某婚姻关系存续期间,与曹某婚外生育田某某。田某多次通过银行转账方式共计给曹某账户转入247万余元,所购房

屋登记在曹某名下。马某据此起诉田某,法院判决田某擅自处分夫妻共同财产行为无效,曹某返还马某247万余元。该判决生效后,田某某作为原告,以田某支付曹某的款项系其抚养费为由,主张该判决损害其民事权益,诉请撤销。法院认为:夫妻共同财产系基于《婚姻法》规定,因夫妻关系存在而产生。在夫妻双方未约定实行分别财产制情形下,夫妻双方对共同财产系共同共有,而非按份共有。根据共同共有一般原理,在婚姻关系存续期间,夫妻共同财产应作为一个不可分割的整体,夫妻对全部共同财产不分份额地共同享有所有权,夫妻双方无法对共同财产划分个人份额,在无重大理由时亦无权于共有期间请求分割共同财产。夫妻对共同财产享有平等处理权,并不意味着夫妻各自对共同财产享有一半处分权。只有在共同共有关系终止时,才可对共同财产进行分割,确定各自份额,故夫妻一方擅自将共同财产赠与他人的行为应全部而非一半无效。田某作为田某某生父,依法负有抚养义务,但支付抚养费与赠与关系属于两个完全不同法律关系。马某诉请是确认田某赠与行为无效及返还赠与款项,在案证据亦佐证了田某将夫妻共同财产擅自通过银行转账转入曹某账户,所购房产亦登记在曹某名下,田某某主张田某赠与曹某的款项系支付给其的抚养费,缺乏相应证据支持。如田某某认为自己需生父支付抚养费,其随时可起诉田某主张抚养费。而抚养费具体数额,法院可根据田某某实际需要、父母双方负担能力和当地实际生活水平予以确定。

②2014年**云南某离婚后财产纠纷案**,2005年,李某、麻某同居。2007年,麻某生育李某某。2010年,李某、麻某登记结婚。2012年12月20日,双方协议离婚,约定李某某归麻某抚养,房屋及车辆归麻某所有,李某按月支付抚养费700元。2014年4月23日,李某与李某某做了亲子关系鉴定,经鉴定二人非亲生父女关系。李某遂诉请确认离婚财产分割协议无效并重新分割财产,由麻某返还离婚前李某支付的抚养费6万元,并赔偿精神损失费2万元。法院认为:本案麻某对李某隐瞒非亲子关系事实,使李某误以为李某某系自己亲生,并在违背真实意思情况下达成了关于子女抚养、财产分割的离婚协议,给李某造成了精神损害和经济损失。李某请求确认离婚协议所涉子女抚养及财产分割条款无效,同时由麻某赔偿精神损害抚慰金的诉讼主张,依法应予支持。无过错方要求重新分配财产权利行使须在法定期限内。但实践中无过错方对非亲子关系事实知情时间不确定,往往知情时已超诉讼时效,如此对无过错方显失公平。本案李某、麻某协议离婚,李某得知李某某非亲生后起诉时,虽已超诉讼时效,但考虑到当前处于法律空白地带的非亲子关系事实引发的利益平衡,判决确认双方离婚协议所涉子女抚养和财产分割协议条款无效,由麻某赔偿李某精神损害抚慰金1万元。

③2013年**江西某离婚纠纷案**,2011年,曾某诉请与丈夫付某离婚,付某以委托亲子鉴定结论证明儿子付某某非亲子为由要求损害赔偿。庭审中,付某申请重新

鉴定，曾某拒绝。法院认为：付某向法院请求确认亲子关系不存在，并已提交鉴定咨询意见书予以证明，曾某无相反证据又拒绝做亲子鉴定，法院依法推定付某请求确认亲子关系不存在的主张成立，认定付某与付某某不具有亲子关系。鉴于付某某非付某之子，付某继续抚养付某某无法律依据，付某应将付某某交由曾某抚养更为妥当。抚养未成年子女是父母法定义务，曾某违反夫妻之间忠实义务，致使付某抚养与自己无血缘关系的付某某累计约达21个月之久，履行了本不应履行的抚养义务，其可要求曾某返还婚内开支的抚养费及社会抚养费损失。因付某未能举证证实其实际损失数额，对于应返还抚养费，由于曾某、付某均无固定收入来源，依本省省统计局发布的年度农村居民生活消费支出标准确定。对于被征收的社会抚养费，因付某未提供计生部门出具的正式票据，而曾某予以认同的数额为3000元，法院对被征收的社会抚养费损失数额认定为3000元。综上，曾某应返还的抚养费及被征收的社会抚养费损失共计1.2万元。离婚损害赔偿并非纯粹的侵权损害赔偿，而是《婚姻法》特别设立的对有重大过错导致离婚一方的惩罚，对无过错方的一种救济。为此，离婚损害赔偿不能代替或排斥夫妻间的一切侵权赔偿责任。本案虽不成立离婚损害赔偿责任，但仍可成立侵权损害赔偿责任。从男方角度来看，女方在婚姻关系存续期间与他人生育子女，对其精神上造成了巨大伤害，曾某行为违反了夫妻应互相忠实、互相尊重规定，属违法行为，主观上存有过错，客观上亦给付某造成了损害后果，此侵权行为与损害后果之间具有因果关系，曾某应向付某承担精神损害赔偿责任。对于精神损害赔偿数额，法院综合考虑侵权人过错程度、侵权行为所造成后果、侵权人承担责任经济能力、受诉法院所在地平均生活水平等因素，酌定由曾某赔偿付某精神损害赔偿金3万元。判决准予曾某与付某离婚，付某某由曾某抚养，曾某一次性支付付某精神损害赔偿金3万元及婚内抚养付某某费用损失1.2万元。

④2010年**重庆某侵权损害赔偿纠纷案**，2006年，罗某与妻子周某在民政局协议离婚，约定全部财产归罗某，5岁儿子归周某抚养，罗某不支付抚养费。2010年，罗某委托亲子鉴定，结论为其非儿子生物学父亲，遂诉请周某赔偿抚养费15万元及精神损失费10万元。法院认为：由于周某在婚姻关系存续期间与婚外异性生育一子，且对配偶罗某隐瞒该事实，周某过错行为一方面导致罗某误对非亲生子尽到了抚养义务，为此遭受了经济利益损失；另一方面又必然致使罗某遭受极大精神痛苦，致使其人格利益受到侵害，故应认定周某行为已对罗某构成了侵权，依法应承担相应侵权赔偿责任。由于罗某在离婚时已分得全部夫妻共同财产，其在婚姻关系存续期间抚育费损失实质上已得到适当弥补，故对罗某主张抚育费损失不予支持。判决周某赔偿罗某精神抚慰金1万元。

⑤2009年**浙江某一般人格权纠纷案**，2007年6月，张某与孙某登记结婚。

2008年1月,孙某生育张某某。同年8月,经亲子鉴定,张某某与张某无生物学亲子关系,而与李某存在亲子血缘关系。2009年,张某诉请李某赔偿其精神损害抚慰金、抚养费等损失30万元。法院认为:一般人格权是指法律未将所要保护的人格特定化、权利的内容尚未定型化的人格权。相对法律明确规定的特别人格权而言,一般人格权指的是公民享有的,以人格独立、人格自由和人格尊严为主要内容的一般人格利益。一般人格权侵权构成要件除要求权利人一般人格权受侵害外,还要求侵权人主观上存在过错、侵权行为违法性以及侵权行为与损害后果之间具有因果关系。本案中,孙某与张某登记结婚后,其作为妻子对张某负有忠实义务,但孙某与张某登记结婚前,孙某在法律上对张某并无此项义务。李某与孙某发生两性关系致孙某怀孕,孙某生育张某某,张某某出生孕周为38周,以此推算,孙某受孕时间应在其与张某登记结婚前。张某误认张某某为其亲生女儿而抚养,并在知悉张某某非己亲生时受到一定精神痛苦。李某与孙某行为在客观上对张某一般人格权造成了一定损害,但由于两人行为发生在张某与孙某登记结婚前,对此,李某在主观上无侵害张某一般人格权过错,其行为亦未违反法定义务,故不应承担侵权责任。张某主张的抚养费、生育费等费用,因张某与孙某尚未离婚,其在张某某出生、成长过程中支出的费用本属张某与孙某夫妻共同财产,应由二人共同主张,且此项费用与本案并非同一法律关系,张某可另行主张。判决驳回张某诉请。

⑥2009年**江西某离婚纠纷案**,1993年,王某与丁某依乡俗办婚礼。2002年1月,补办结婚证。1996年、2002年11月,丁某先后生一女、一子。后经鉴定,儿子非王某亲生。王某遂诉请离婚并索赔精神损害抚慰金1.5万元和受骗抚养费1.68万元,父母代养孩子费若干。法院认为:丁某与他人通奸生子,其行为违背了夫妻关系存续期间双方应负忠实义务,亦有悖社会善良风俗,给王某精神造成很大打击,丁某行为虽不符合《婚姻法》第46条规定的四种情形,但其行为远比上述诸情形恶劣,对王某伤害亦更为严重,王某要求支付1.5万元精神损害赔偿金,应予支持。儿子并非王某亲生,王某无抚养义务,王某在不知情情况下抚养6年有余,其要求丁某返还抚养费1.68万元符合法律规定,亦应支持。双方外出打工期间,其子由王某父母代养,王某父母为代养该子付出一定心血和代价,理应得到补偿,但王某无权要求丁某给付代养费,其诉讼主体不适格。

⑦2008年**北京某离婚后损害赔偿案**,2005年,陈某与结婚4年的丈夫那某诉讼离婚,孩子由陈某抚养。随后,陈某又提系列诉讼,取得拆迁房。经鉴定,该房在商品房状况下价值68万余元;在不能进入商品房市场流通状况下,房屋重置价为21万余元。因那某非孩子生物学上父亲鉴定结论,那某提起损害赔偿诉讼,要求返还抚养费3万元、精神损害抚慰金10万元,房屋经济损失65万元。陈某称系被他人强暴所生。法院认为:根据双方结婚前后及孩子出生后情况,陈某称孩子系因

被强暴所生，显与事实不符。陈某违背夫妻间应相互忠实、尊重义务，严重侵害那某配偶权。那某就此承受巨大精神痛苦，陈某应承担精神损害赔偿责任。因孩子非那某亲生，那某为此已支付的抚养费陈某应返还。正是由于陈某离婚时养育双方所生孩子，法院才判决陈某取得房屋权利，而如在双方离婚前，孩子真实身份被公开，基于我国现行离婚损害赔偿制度，那某根本不可能丧失对房屋享有的权利，故拆迁安置房价值正是那某实际遭受的经济损失，根据房屋价值评估折算，确定为45万元，应由陈某返还。判决陈某返还那某抚育费2万元，赔偿那某精神损害抚慰金10万元，赔偿那某经济损失45万元。

⑧2005年**浙江某人格权纠纷案**，2001年，陈某与金某离婚，5岁儿子由金某抚养。2005年，经亲子鉴定，儿子非陈某亲生。陈某据此诉请撤销离婚财产分割协议，金某返还抚养费、赔偿精神损害抚慰金。法院认为：金某行为违反了《婚姻法》第4条夫妻应当互相忠实的义务，同时违背了《民法通则》第7条公序良俗原则，侵犯了陈某一般人格权，依最高人民法院《关于确定民事侵权精神损害赔偿责任若干问题的解释》第1条第2款、第10条规定，陈某提出要求金某赔偿精神抚慰金15万元，理由成立，应予支持。陈某在双方离婚4年后起诉，根据最高人民法院《关于适用〈中华人民共和国婚姻法〉若干问题的解释（二）》（已于2021年1月1日起废止）第9条第1款规定，显然超过除斥期间一年的法定期限，陈某要求撤销离婚财产分割协议诉请不予支持。根据司法鉴定，孩子并非陈某所生，故陈某要求返还抚养费10万元理由正当。判决金某返还陈某抚养费10万元、赔偿陈某精神损害抚慰金15万元。

⑨2000年**江苏某侵权纠纷案**，1997年，王某在与周某婚姻关系存续期间，多次与李某发生婚外性关系。1999年，王某生育一子。2000年，经鉴定，孩子与李某存在亲子血缘关系。周某据此诉请离婚后，另起诉王某、李某，要求损害赔偿。法院认为：王某在与周某夫妻关系存续期间，应对夫妻感情忠贞不贰，洁身自爱，不应与李某保持长达半年多的婚外情。王某认为这一切都是李某威逼、恐吓造成的，倘若成立，其应有足够时间、机会向警方报案，或向有关部门反映，而王某未能采取这些有效措施，阻止李某对其伤害，相反在怀孕后与李某商讨结婚一事。王某在主观上欺骗了自己丈夫，放纵了自己情感。李某明知王某是有夫之妇，却与其保持暧昧关系，破坏别人家庭，是极不道德的。两被告不光彩做法，严重地侵害了周某对配偶的权利，给周某造成了极大精神打击，这种打击非一般人所能感受且确实存在，故两被告应赔偿周某精神损失。对双方当事人一致认可的各项费用，法院予以确认，同时确认李某某生活费、营养费、护理费为4500元。由于周某从事的工作具有一定危险性，在受到如此大的精神打击下，势必影响工作，故其提供的3200元误工损失，应予确认。与孩子有关各项费用，周某与王某在夫妻关系存续期间已共同承

担,王某已支付相应费用。同样,周某误工损失及交通费等,王某应享有相应权利,故除精神损害赔偿外,王某不再承担周某损失。由于周某与王某离婚时共同财产各半分割,离婚前双方用共同财产抚育李某某,客观上造成周某应得财产减少,其减少部分应由李某承担。判决确认李某与李某某之间存在亲生血缘关系,李某为李某某生父;李某某出生前费用2500元,出生费2500元,医疗费2000元,生活费、营养费及护理费4500元,周某误工损失3200元及用于鉴定的交通费679元,合计15379元,李某给付该费用中的7690元,其余费用已由王某负担,王某不再负担,但王某应对李某给付义务承担连带责任;李某、王某给付周某精神损害赔偿费1万元,双方互负连带责任。

⑩2000年**四川某名誉权纠纷案**,1994年,杨某与李某结婚后生育杨某某,1998年协议离婚,杨某某随母亲李某生活。2000年,经亲子鉴定,认定杨某某非杨某亲生子。杨某后与李某达成协议,由李某赔偿杨某精神损失费1.5万元。2001年,杨某起诉李某及李某指认的黎某,要求赔偿抚养费和精神损害抚慰金,李某、杨某某反诉侵犯隐私权。黎某拒绝做亲子鉴定。法院认为:证据证明黎某极有可能是杨某某亲生父亲。为进一步核实,法院多次要求黎某进行亲子鉴定,但黎某拒绝配合,致黎某与杨某某之间亲子鉴定无法进行。依相关司法解释规定,推定黎某即第三人杨某某亲生父亲。根据法医学技术鉴定报告,杨某不是杨某某亲生父亲,其与杨某某之间因受欺骗而形成的父子关系自始无效,杨某无抚养杨某某义务。对杨某抚育杨某某所支出费用,杨某有权获得赔偿。杨某与李某夫妻关系存续期间,李某与黎某非婚生育杨某某,致使杨某误将杨某某当自己亲生儿子抚养,权利受到侵害。鉴于李某已与杨某达成赔偿协议,对杨某要求黎某赔偿抚育杨某某费用、延误生育期导致增加费用和精神损失费,属合理要求,予以支持。判决黎某赔偿杨某经济损失2.5万元及精神损害抚慰金1.5万元。

⑪2000年**江苏某确认生身父母案**,1999年4月,王女在与周某婚姻关系期间产下周子,后经鉴定周某与周子之间不存在血缘关系,王男与周子存在血缘关系。2000年,周某与王女协议离婚后,诉请确认王男为周子亲生父亲并与王女共同赔偿其物质和精神损失。法院认为:王女在与周某夫妻关系存续期间,与他人长期保持婚外情。王男明知王女是有夫之妇,却与其保持暧昧关系。两被告不道德行为,侵害了周某对配偶的权利,给周某造成了巨大精神打击,两被告应赔偿周某精神损失。对双方一致认同的生活费、营养费、护理费,予以确认。由于周某从事重工业,且工作具有一定危险性,在受如此大的精神打击下,势必影响工作,故其提供相关误工损失,予以确认。与孩子有关的各项费用,周某与王女夫妻关系存续期间,已共同承担,王女已支付相应费用。同样,周某误工损失及交通费等,王女应享有相应权利,故除精神损害赔偿外,王女不再承担周某损失。由于周某与王女离婚时共

同财产各半分割,婚前双方用共同财产抚育周子,客观上造成周某应得财产减少,其减少部分应由王女承担。判决确认王男与周子之间存在亲生血缘关系,王男为周子生父;周子出生前费用、出生费、周某误工费等费用共计1.5万余元由王男承担,但王女应承担连带责任;精神损害赔偿费1万元由王男和王女负担。

【典型类案实务要点】

1.**【因婚内私生他人子女,应赔偿受欺骗男方精神损失】**因婚内私生他人子女应赔偿受欺骗男方精神损害抚慰金,但该赔偿非《婚姻法》第46条规定的离婚损害赔偿情形。

2.**【处分夫妻共同财产,与追索抚养费属不同法律关系】**夫妻一方擅自将共同财产赠与他人的行为应为全部无效,而非一半无效。夫妻一方擅自赠与婚外第三人财产纠纷,与非婚生子女要求父母支付抚养费系两个不同法律关系,法律不应一并处理。

3.**【离婚后发现孩子非亲生的,可诉请确认并损害赔偿】**离婚后发现孩子非亲生,无过错方可行使确认非亲子关系、返还所承担抚养费、重新分配财产及赔偿精神损害抚慰金请求权。

4.**【受欺诈抚养他人子女,离婚时可主张侵权损害赔偿】**婚内女方与他人发生不正当两性关系后怀孕生育,男方受欺诈抚养他人子女的,离婚时男方可主张侵权损害赔偿。

5.**【与婚外异性生育子女,应向配偶承担相应侵权责任】**与婚外异性生育子女行为,虽不属于《婚姻法》第46条规定的离婚损害赔偿事由,但仍应承担侵权损害赔偿责任。

6.**【配偶婚前性行为,第三人并不构成对配偶对方侵权】**婚内配偶与第三人在婚前性行为虽有违人情与道德,但并不涉及配偶对婚姻忠实义务违反,亦不构成第三人对配偶另一方人格权侵权。

7.**【因婚外情生子,离婚时赔偿精神损害及欺诈抚养费】**夫妻关系存续期间,男方受欺骗抚养女方与他人通奸所生子女,男方有权主张精神损害赔偿,并有权主张抚养费。

8.**【受欺诈抚养一方,离婚后,仍可诉请相应损失赔偿】**因妻子婚外情导致生育孩子与丈夫无亲子关系,离婚后不知情仍履行抚养义务的丈夫可就相应损失和精神损害要求赔偿。

9.**【受欺诈抚养非亲生子的,可追索抚养费及精神损失】**夫妻关系存续期间及离婚后,男方受欺骗抚养非亲生子女的,可基于欺诈性抚养关系向女方追索抚养费及精神损害赔偿。

10.【**因欺诈抚养子女,侵权人应赔偿抚养费、精神损失**】因欺诈抚养不存在亲子关系的子女,构成无因管理,抚养费等作为不当得利应由受益人返还,同时侵权人赔偿精神损失。

【类案裁判一般规则】

夫妻一方因另一方隐瞒真相而受欺诈抚养了另一方与他人所生育子女,受欺诈抚养方请求另一方返还实际支出的抚养费用的,法院应予支持;受欺诈抚养方请求的精神损害赔偿等费用,可酌情予以支持。

【典型参考案例索引】

主旨案例:见《因婚内私生他人子女引发的精神损害赔偿纠纷应如何处理》(《民事审判指导与参考》研究组),载《民事审判指导与参考 · 民事审判信箱》(201004/44:299)。**其他案例**:①见《支付抚养费与夫妻一方擅自处分夫妻共同财产纠纷属于两个不同的法律关系》(吴晓芳,最高院民一庭),载《民事审判指导与参考 · 指导性案例》(201403/59:121)。②云南丽江中院(2014)丽中民一终字第264号“李某与麻某离婚后财产纠纷案”,见《离婚后发现孩子非亲生的权利救济——云南丽江中院判决李某诉麻某离婚后财产纠纷、健康权纠纷、抚养费纠纷案》(彭丽),载《人民法院报 · 案例精选》(20150702:06)。③江西贵溪法院(2013)贵民一初字第934号“曾某与付某离婚纠纷案”,见《曾爱红诉付荣清离婚纠纷案(婚内私生他人子女)》(周淑琴),载《中国审判案例要览》(2015民:328)。④重庆五中院(2010)渝五中法民终字第4234号“罗甲与周某侵权损害赔偿纠纷上诉案”,见《婚内私生他人子女应承担侵权损害赔偿责任》(代贞奎、樊仕琼),载《人民司法 · 案例》(201214:67)。⑤浙江宁波中院(2009)浙甬民一终字第760号“张某与李某一般人格权纠纷案”,见《张某诉李某一般人格权纠纷案》(谢飞娜),载《人民法院案例选》(201004/74:101)。⑥江西德安法院(2009)德民一初字第184号“王某诉丁某离婚案”,见《离婚精神损害赔偿及抚育费的返还问题——王林瑞诉丁红英离婚纠纷案》(简正波),载《人民法院案例选 · 月版》(200910/10:61)。⑦北京二中院(2008)二中民终字第03723号“那某诉陈某离婚后损害赔偿案”,见《违反夫妻忠实义务的损害赔偿》(程屹),载《人民司法 · 案例》(200922:80)。⑧浙江高院(2005)浙民一终字第309号“陈某与金某人格权纠纷案”,见《陈伟诉金映儿一般人格权纠纷案(一般人格权)》(章建荣),载《中国审判案例要览》(2006民:441)。⑨江苏南京六合法院2000年9月25日“周某与王某等侵权纠纷案”,见《周德勇诉王俊等返还受欺骗抚养非亲生子费用和侵犯配偶权索赔案》(洒欣燕),载《人民法院案例选》(200102/36:56)。⑩四川大邑法院(2000)大邑民初字第 27 号“杨某某诉黎某等名誉权案”，见《杨先洪诉李国琼等名誉权案（名誉权）》（杨福军），载《中国审判案例要览》（2003 民：320）。⑪江苏六合法院（2000）六民初字第 731 号“周某诉王某等确认生身父母案”，见《周××诉王×等案（确认生身父母）》（洒欣燕、董德春），载《中国审判案例要览》（2001 民：1）。

三、共同财产

21. 夫妻财产约定的效力

——财产做约定,有无对抗力?

【财产约定】

【案情简介及争议焦点】

1996年,钟某与丈夫林某签订离婚协议,约定林某名下房产"归女方及女方所生子女所有,但只准居住,不能转卖",随后双方办理离婚登记。2013年,王某依生效判决,申请执行林某,法院据此查封林某名下前述房产,钟某作为案外人提出执行异议。

争议焦点:1. 财产约定效力? 2. 钟某案外人异议能否成立?

【裁判要点】

1. 离婚协议有关财产约定应为有效。现有证据不能证明钟某与林某之间存在恶意串通逃避债务主观故意,钟某与林某解除婚姻关系及有关财产约定意思表示真实。

2. 本案钟某所享有权利能阻却执行。最高人民法院《关于人民法院办理执行异议和复议案件若干问题的规定》是针对执行程序中当事人提出执行异议时如何处理规定。由于执行程序需贯彻已生效判决执行力,故在对执行异议是否成立判断标准上,应坚持较高、外观化判断标准。此一判断标准,要高于执行异议之诉中原告能否排除执行的判断标准。由此,该规定第25条至第28条应作如下理解,即符合这些规定所列条件的,执行异议能成立;不满足这些规定所列条件的,异议人在执行异议之诉中请求亦未必不成立。是否成立,应根据案件具体情况和异议人所主张权利、申请执行人债权实现效力以及被执行人对执行标的权利作出比较后综合判断,从而确定异议人权利是否能排除执行。本案中,案涉离婚协议约定诉争房产归钟某及其所生子女所有,该约定系就婚姻关系解除时财产分配约定,在诉争房产办理过户登记前,钟某及其所生子女享有的是将诉争房产的所有权变更登记至其名下请求权。该请求权与王某的请求权在债权产生时间、内容、性质以及根源等方面来看,钟某对诉争房产所享有权利应能阻却对本案诉争房产执行,判决停止对案涉房产执行。

【裁判依据或参考】

1. 法律规定。《民法典》(2021年1月1日)第1062条:"夫妻在婚姻关系存续期间所得的下列财产,为夫妻的共同财产,归夫妻共同所有:(一)工资、奖金、劳务报酬;(二)生产、经营、投资的收益;(三)知识产权的收益;(四)继承或者受赠的财产,但是本法第一千零六十三条第三项规定的除外;(五)其他应当归共同所有的财产。夫妻对共同财产,有平等的处理权。"第1063条:"下列财产为夫妻一方的个人财产:(一)一方的婚前财产;(二)一方因受到人身损害获得的赔偿或者补偿;(三)遗嘱或者赠与合同中确定只归一方的财产;(四)一方专用的生活用品;(五)其他应当归一方的财产。"第1065条:"男女双方可以约定婚姻关系存续期间所得的财产以及婚前财产归各自所有、共同所有或者部分各自所有、部分共同所有。约定应当采用书面形式。没有约定或者约定不明确的,适用本法第一千零六十二条、第一千零六十三条的规定。夫妻对婚姻关系存续期间所得的财产以及婚前财产的约定,对双方具有法律约束力。夫妻对婚姻关系存续期间所得的财产约定归各自所有,夫或者妻一方对外所负的债务,相对人知道该约定的,以夫或者妻一方的个人财产清偿。"第1087条:"离婚时,夫妻的共同财产由双方协议处理;协议不成的,由人民法院根据财产的具体情况,按照照顾子女、女方和无过错方权益的原则判决。对夫或者妻在家庭土地承包经营中享有的权益等,应当依法予以保护。"**《妇女权益保障法(2018修正)》**(2018年10月26日)第47条:"妇女对依照法律规定的夫妻共同财产享有与其配偶平等的占有、使用、收益和处分的权利,不受双方收入状况的影响。夫妻书面约定婚姻关系存续期间所得的财产归各自所有,女方因抚育子女、照料老人、协助男方工作等承担较多义务的,有权在离婚时要求男方予以补偿。"

2. 最高人民法院司法解释及其他司法性文件/解读文章。最高人民法院**《关于适用〈中华人民共和国民法典〉婚姻家庭编的解释(一)》**(2021年1月1日 法释〔2020〕22号)第31条:"民法典第一千零六十三条规定为夫妻一方的个人财产,不因婚姻关系的延续而转化为夫妻共同财产。但当事人另有约定的除外。"最高人民法院吴晓芳法官**《关于婚姻家庭纠纷审理热点难点问答》**〔载《民事法律文件解读》2011年第11辑(总第83辑)〕第23条:"男女双方在婚前约定并公证:'婚后实行分别财产制,女方离职在家操持家务,男方每月支付女方劳动报酬5000元,不论男方经济状况如何。'双方按约履行若干年后,男方不再每月支付妻子劳动报酬5000元,妻子遂提起诉讼,要求男方按照协议继续履行,妻子的主张能成立吗?答:对于这种丈夫支付妻子劳动报酬的协议,并不违反法律的禁止性规定,且符合《婚姻法》第四十条规定的精神:'夫妻书面约定婚姻关系存续期间所得的财产归各自所有，一方因抚育子女、照料老人、协助另一方工作等付出较多义务的，离婚时有权向另一方请求补偿，另一方应当予以补偿。’审判实践中，依据《婚姻法》第四十条主张权利的并不多见，原因在于鲜见我国实际生活中夫妻约定实行分别财产制的情况，而该条适用的前提条件是夫妻婚后实行分别财产制。双方既然自愿约定实行分别财产制，妻子在家操持家务并由男方每月支付劳动报酬5000元，体现了家务劳动的社会价值，这种协议应当是有效的，法院应支持妻子的诉讼请求。”最高人民法院**《关于人民法院审理离婚案件处理财产分割问题的若干具体意见》**(1993年11月3日　法发〔1993〕32号，已于2021年1月1日起废止)第1条：“夫妻双方对财产归谁所有以书面形式约定的，或以口头形式约定，双方无争议的，离婚时应按约定处理。但规避法律的约定无效。”

3. 地方司法性文件。江苏高院**《家事纠纷案件审理指南(婚姻家庭部分)》**(2019年7月18日)第25条：“夫妻双方订立如果夫妻一方发生婚外情、实施家庭暴力、赌博等行为，离婚时放弃财产的协议，离婚时能否作为裁判的依据？夫妻双方订立如果夫妻一方发生婚外情、实施家庭暴力、赌博等行为，离婚时放弃财产的协议，不属于夫妻财产约定。离婚时无过错的夫妻一方以夫妻财产约定为由主张据此分割财产的，不予支持。但在分割财产时，应当综合考虑当事人过错情况等对无过错的夫妻一方酌情予以照顾，以平衡双方利益。”第27条：“夫妻双方依照《婚姻法》第十九条第一款订立的夫妻财产制契约的效力应当如何认定？能否对抗债权人申请执行？夫妻双方依照《婚姻法》第十九条第一款订立的夫妻财产制契约对夫妻双方均具有法律约束力。当夫妻双方对不动产物权产生争议时，应当尊重夫妻之间的真实意思表示，按照双方订立的夫妻财产制契约履行，优先保护不动产物权的真实权利人，不宜以所有权登记作为确认不动产物权的唯一依据。但未办理转移登记不能对抗善意第三人。在不动产物权未办理转移登记的情形下，被执行人配偶依据夫妻财产制契约提出执行异议，请求排除执行的，不予支持。”北京高院民一庭**《关于审理婚姻纠纷案件若干疑难问题的参考意见》**(2016年8月4日)第16条：“【财产约定的特殊形式】夫妻间无书面财产约定，但双方均认可或有证据足以表明存在财产约定合意的，应认定财产约定成立。”第17条：“【婚姻关系存续期间能否提起财产约定之诉】婚姻关系存续期间，当事人不起诉离婚而单独提起夫妻财产约定的履行、变更、撤销、确认无效等诉讼，人民法院应予受理。”第18条：“【夫妻财产约定对外效力】《婚姻法》第十九条第三款中‘第三人知道该约定’应理解为第三人在债权债务关系成立时对已存在的夫妻财产约定知晓。债权债务关系成立之后夫妻间财产制度及债务承担安排的约定、变更，损害债权人利益的，对债权人不生效力。”上海高院民一庭**《全市法院民事审判工作季度庭长例会研讨意见纪要》**(2016年7月　〔2016〕27号)第1条：“婚内购房，房屋产权登记份额与嗣后约定份额不符,离婚诉讼中如何分割产权? 倾向性意见认为,根据《婚姻法》第 19 条规定,夫妻可以约定婚姻关系存续期间所得的财产归各自所有、共同所有或部分各自所有、部分共同所有。房屋产权登记后,夫妻双方就调整各自的份额进行约定,系婚内约定财产权利的调整,对双方具有约束力,当事人基于约定主张产权分割的,可予支持。但以协议离婚为条件的财产分割协议除外。”山东高院《**2011 年民事审判工作会议纪要**》(2011 年 11 月 30 日 鲁高法〔2011〕297 号)第 7 条:“……(三)关于婚姻关系存续期间夫妻之间达成的财产分割协议的效力问题。一般而言,婚姻当事人之间达成的财产分割协议是以离婚作为附条件的,但法律未禁止夫妻双方在婚姻关系存续期间就财产问题自愿达成某种协议。对这种财产分割协议的性质和效力,目前审判实务上存在着一定的争议,主要焦点在于在我国实行夫妻法定共同财产制的模式下,如果婚姻关系存续期间签订这种协议,客观上无法实际履行,因为,就夫妻财产的归属而言,夫妻是一体的,在双方未解除婚姻关系的前提下,支持一方支付给另一方相应的财产,并不改变夫妻共同财产的性质和归属。会议认为,夫妻在婚姻关系存续期间签订的涉及财产问题的协议,经审查,只要不存在着欺诈、胁迫的情形,系双方当事人的真实意思表示,不违反法律、行政法规的禁止性规定,应当认可其合法性。夫妻双方解除婚姻关系时一方主张按照财产协议分割共同财产的,应当予以支持;在既没有解除婚姻关系也未实行分别财产制的情形下,一方当事人请求按照协议约定支付相关费用的,对该主张不应予以支持。关于财产分割协议是否适用‘显失公平’的问题。夫妻共同财产在离婚时应当平均分割,这是处理夫妻共同财产的基本原则,但是婚姻当事人之间的财产分割毕竟不是单纯的市场交易,财产分割协议亦不同于一般的民事合同,财产分割中充满着复杂的情感因素,婚姻当事人之间的财产分割协议很难完全用公平来衡量,亦无从判断是否显失公平。因此,人民法院在审理婚姻家庭案件中,对于一方当事人以财产分割协议显失公平为由请求变更或者撤销协议的,只要签订协议时不存在欺诈、胁迫的情形,对当事人的诉讼请求原则不予支持。”江苏高院《**婚姻家庭案件审理指南(2010 年)**》(2010 年 5 月 18 日)第 6 章:“……夫妻共同财产的认定。我国法定夫妻财产制是婚后所得共同制。但在这个原则之外,我国同样承认夫妻可以对财产进行约定。根据《婚姻法》第十九条的规定,夫妻可以约定婚姻关系存续期间所得的财产以及婚前财产归各自所有、共同所有或部分各自所有、部分共同所有。在无约定或者约定不明确、约定无效的情况下,婚姻关系存续期间的夫妻所得除个人特有财产外,均为夫妻共同财产。(一)约定夫妻共同财产。有效的夫妻财产约定需具备民事法律行为的有效要件,同时为保全证据宜采取书面形式。司法实践中,易引起争议的在于夫妻之间财产赠与的问题,尤其是房产的赠与。关于夫妻之间房产赠与效力如何看待,曾在学界争议很大,集中在这种赠与是否需办理过户手续。有学者主张,《婚姻法》规定夫妻可以对财产进行约定,这种约定受法律保护。那么一方赠与对方房产应当被看作是一种财产的约定,是否办理过户手续并不影响赠与的效力。一旦合同成立,受赠方有权要求对方履行合同。但也有观点认为,无论是婚内赠与还是婚外赠与都应根据《中华人民共和国物权法》(以下简称《物权法》)的规定办理过户手续,如未办理,赠与方可以随时撤销赠与行为。《婚姻法解释三》为这种争议划了句号。该解释第六条规定:'婚前或者婚姻关系存续期间,当事人约定将一方所有的房产赠与另一方,赠与方在赠与房产变更登记之前撤销赠与,另一方请求判令继续履行的,人民法院可以按照合同法第一百八十六条的规定处理。'而根据《中华人民共和国合同法》(以下简称《合同法》)第一百八十六条的规定,赠与人在赠与财产的权利转移之前可以撤销赠与。具有救灾、扶贫等社会公益、道德性质的赠与合同或者经过公证的赠与合同不适用前款规定。该条表明夫妻之间的赠与同样应适用《合同法》的规定。与此相关的问题是,在协议离婚或诉讼离婚中,当事人为离婚达成一揽子协议,其中包括人身关系的解除和财产处理、子女抚养等内容,如果明确约定夫妻共有的房产或一方的房产归子女所有,其后拒不办理过户手续,并要求撤销赠与的是否应得到支持呢?我们倾向于认为这种一揽子协议相关条款具有联系,且该协议得到民政部门或人民法院的审查,当事人应不得随意解除其中某个条款……"上海高院**《关于审理婚姻家庭纠纷若干问题的意见》**(2007 年 3 月 15 日　沪高法民一〔2007〕5 号)第 7 条:"如何认定夫妻在婚姻关系存续期间,包括分居期间达成的财产分割协议的效力。夫妻共同生活期间或者分居期间达成的财产分割协议,当事人无证据证明其具有无效或可撤销、可变更的法定情形,或协议已经履行完毕的,应认定协议对双方有拘束力。如果财产分割协议以离婚为前提条件,而双方未离婚的,应该允许当事人反悔。"山东高院**《关于印发〈全省民事审判工作座谈会纪要〉的通知》**(2005 年 11 月 23 日　鲁高法〔2005〕201 号)第 4 条:"……(一)关于认定夫妻共同财产的原则问题。会议认为,随着我国经济的发展,社会的进步,人民生活水平的提高,家庭所拥有的各类财产越来越丰富,夫妻之间共同财产的分割变得日益重要。在适用法律上,处理夫妻财产的分割问题不仅需要适用《婚姻法》的规定,同时还要依据《公司法》、《教育法》以及投资方面的法律法规。认定夫妻共同财产要把握以下原则:1. 要准确理解夫妻财产制的法律规定和立法精神。新婚姻法丰富了夫妻财产制的具体内容,在规定婚后所得共同制的同时,规定了夫妻约定财产制和特定财产的夫妻个人所有制,取消了夫妻个人财产经过一定期限就转化为夫妻共同财产的做法,对于一方在婚姻关系存续期间通过继承、受赠的财产能否视为夫妻共同财产,规定了条件限制。依据上述规定,在认定财产是否属于夫妻共同财产时,首先看双方有无约定,有约定且约定不侵犯第三人利益的,以约定为准。其次看财产的来源,主要是看婚前所得,还是婚后所得;是婚前的劳动经营、投资收益所得还是继承受赠所得,是继承受赠所得的,看遗嘱或者赠与合同中是否确定了财产的归属。三是财产的获得是否与特定人的人格和身份利益相联系。四是看财产是否为一方生活所专用。以此来确定是夫妻个人财产还是夫妻共同财产。2. 要分清财产制之间的逻辑联系。修改后的婚姻法规定的夫妻财产制分为法定财产制和约定财产制。法定财产制包括婚后所得共同制和特定财产的个人所有制。在法定财产制和约定财产制的逻辑关系上,前者是基础,后者是补充。只有在夫妻之间存在明确约定且约定有效的情况下,才适用约定财产制认定财产的归属。在婚后所得共同制和个人所有制的逻辑关系上,前者是基础,后者是补充。凡是夫妻财产没有明确约定的,都适用法定财产制;在婚姻关系存续期间获得的任何财产,只要不能证明是夫妻个人所有的,都是夫妻共同财产……"河南高院民一庭**《关于当前民事审判若干问题的指导意见》**(2003 年 11 月)第 56 条:"夫妻可以在婚姻关系存续期间随时约定婚姻关系存续期间所得的财产以及婚前财产归各自所有、共同所有或部分各自所有、部分共同所有,约定一般应当采取书面形式。约定不明确或不能证明有约定的,视为没有约定。"广东高院**《关于审理婚姻案件若干问题的指导意见》**(2001 年 11 月 9 日　粤高法发〔2001〕44 号,2021 年 1 月 1 日起废止)第 28 条:"夫妻双方对婚姻关系存续期间所得的财产,虽然没有书面约定其归属,但在诉讼中双方认可有口头约定且无争议的,该约定对双方具有约束力。"上海高院**《关于下发〈关于在民事审判中实施"中华人民共和国婚姻法"的暂行意见〉的通知》**(2001 年 6 月 7 日　沪高法〔2001〕263 号)第 28 条:"夫妻双方对婚姻关系存续期间所得财产的归属,虽未作书面约定,但在诉讼中对方认可且没有异议的,可确认该约定对对方具有约束力。"江苏高院**《关于印发〈关于审理离婚案件处理住房问题的意见〉的通知》**(1995 年 1 月 3 日　苏高法发〔1995〕1 号)第 1 条:"夫妻双方对房屋所有权的归属,以书面形式约定的或者以口头形式约定且双方无争议的,离婚时应按约定好理,但规避法律的约定无效。"

【参考类案】

①2016 年**北京某执行纠纷案**,2016 年,法院在执行班某等犯诈骗罪一案过程中,查封了一套房屋。郑某以其2004 年从钟某处购买该房、2005 年与班某结婚、2011 年离婚且约定所有财产归郑某为由提出案外人执行异议。法院认为:最高人民法院《关于刑事裁判涉财产部分执行的若干规定》第 14 条第 1 款规定:"执行过程中,当事人、利害关系人认为执行行为违反法律规定,或者案外人对执行标的主张足以阻止执行的实体权利,向执行法院提出书面异议的,执行法院应当依照民事诉讼法第二百二十五条的规定处理。"最高人民法院《关于人民法院民事执行中查

封、扣押、冻结财产的规定》第 14 条第 1 款规定:“对被执行人与其他人共有的财产,人民法院可以查封、扣押、冻结,并及时通知共有人。”最高人民法院、国土资源部、建设部《关于依法规范人民法院执行和国土资源房地产管理部门协助执行若干问题的通知》第 10 条规定:“人民法院对可以分割处分的房屋应当在执行标的额的范围内分割查封,不可分割的房屋可以整体查封。”案涉房屋为村委会在集体所有土地上建设的建筑物,没有不动产登记,其权属原记载在钟某名下。郑某与班某登记结婚前,郑某与钟某签订购房合同,并支付大部分房款。婚后,支付小部分购房尾款和过户费用。购房合同约定:协议签字之日郑某向钟某付清购房款项,钟某向郑某交付房屋钥匙并出具购房收款证明,本协议自签字之日起生效,钟某拥有的涉案房屋所有权归郑某所有。现郑某未提交证据证明其于婚前与钟某办理了涉案房屋交接手续并占有使用该房屋,故郑某提交证据不足以证明涉案房屋为其个人所有财产。依相关法律规定,法院有权查封、扣押、冻结、拍卖、变卖被执行人应当履行义务部分的财产。班某系生效刑事裁判的被执行人,郑某与班某协议离婚中对财产分割的约定,不能对抗执行法院对班某在涉案房屋中应享有份额的执行,故执行法院对作为共有财产的涉案房屋予以查封并无不当。裁定对涉案房产继续执行。

②2016 年**北京某执行异议纠纷案**,2010 年,王某与赵某协议离婚,约定赵某将按份共有房屋的 1% 产权无偿赠予王某,王某拥有该房屋全部所有权。2013 年,生效判决确认该房屋所有权归王某所有。随后,祁某依公证债权文书申请法院查封赵某名下前述房屋。王某以查封错误为由向该院提出执行异议之诉。法院认为:根据法律规定,夫妻可以约定婚姻关系存续期间所得财产以及婚前财产归各自所有、共同所有或部分各自所有、部分共同所有;约定应采用书面形式;夫妻对婚姻关系存续期间所得财产以及婚前财产约定,对双方具有约束力。依《物权法》规定,不动产物权的设立、变更、转让和消灭,经依法登记,发生效力;未经登记,不发生效力,但法律另有规定的除外。本案中,王某与赵某之间关于涉案房屋归属约定,虽无须另行经过不动产物权变动登记手续,即在二人之间发生了物权变动效力,但在未办理登记手续情形下,其显然无法对抗善意第三人主张的物权。然祁某申请执行涉案房屋依据系其对赵某享有债权,且王某对涉案房屋实际占有,不存在善意第三人情形,因物权优于债权,故对王某要求解除对涉案房屋查封措施诉请,予以支持。判决解除对案涉房屋查封措施。

③2015 年**某执行异议纠纷案**,2012 年,王某依生效判决申请执行林某名下房产。2013 年,林某前妻钟某以其 1996 年与林某所签离婚协议证明诉争房屋归女方及所生子女所有提出执行异议。法院认为:最高人民法院《关于人民法院办理执行异议和复议案件若干问题的规定》系关于执行程序中当事人提出执行异议时如何

处理的规定。由于执行程序需贯彻已生效判决执行力,故在对执行异议是否成立判断标准上,应坚持较高的、外观化标准。此一标准,要高于执行异议之诉中原告能否排除执行的判断标准,故前述司法解释第25条至28条规定应作如下理解,即符合这些规定所列条件的,执行异议成立;不满足这些规定所列条件的,异议人在执行异议之诉中请求亦未必不成立。是否成立,应根据案件具体情况,对异议人所主张权利、申请执行人债权实现效力及被执行人针对执行标的权利作出比较并综合判断,从而确定异议人权利是否能排除执行。本案中,钟某与林某于1996年签订离婚协议,约定诉争房产归钟某及其所生子女所有,该约定系就婚姻关系解除时财产分配约定,在诉争房产过户登记前,钟某及其所生子女享有将诉争房产所有权变更登记至其名下请求权。该请求权与王某金钱债权请求权在产生时间、内容、性质及根源等方面,能阻却对本案诉争房产执行,故判决支持钟某异议。

④2015年**浙江某第三人撤销之诉案**,2010年,俞某从父亲处获得调产并扩房后取得拆迁安置房一套。2011年,陈某与俞某经法院诉讼调解离婚,协议前述房屋归陈某所有,俞某支付随陈某生活子女抚养费。2012年,法院判决建筑公司偿还张某借款75万余元,保证人俞某承担连带责任。2015年,张某诉请撤销俞某与陈某离婚诉讼中民事调解书有关房屋权益归陈某享有的内容。法院认为:本案中,张某对俞某享有债权未获清偿前,俞某与陈某通过法院出具调解书确认将二人共有房产无偿处分给陈某所有并由俞某承担还款义务,降低了俞某偿还张某债务能力,对张某债权实现之利益产生影响显而易见,该民事调解书确认内容与张某有法律上利害关系。依《民事诉讼法》第56条规定,对当事人双方诉讼标的,第三人虽无独立请求权,但案件处理结果同他有法律上利害关系的,可申请参加诉讼,故本案张某具有第三人撤销之诉主体资格。法律规定,离婚时,夫妻共同财产由双方协议处理,协议不成时,由法院根据财产具体情况照顾子女和女方权益原则判决。本案中,俞某与陈某在法院主持下协议离婚,双方协商同意俞某支付婚生女生活费至其大学毕业时止,从长辈处所得拆迁安置房归陈某所有。该协议不违反法律规定。因俞某与陈某离婚诉讼在先,周某据此确定债权的借款诉讼在后,且俞某被判令承担连带责任,而本案诉争拆迁安置房系由长辈处划得调产并扩房后归陈某所有,考虑到该房产面积、价值及现状,张某认为俞某存在通过诉讼调解方式,恶意转移财产理由不充分,判决驳回张某诉请。

⑤2015年**山东某离婚纠纷案**,2012年,张某将婚前个人购买、婚后登记在个人名下的房产与妻子马某协议约定为共同共有。2014年,马某诉请离婚并主张前述房屋50%份额。张某称系婚内赠与,未办过户前有权撤销。法院认为:最高人民法院《关于适用〈中华人民共和国婚姻法〉若干问题的解释(三)》(已于2021年1月1日起废止)第6条规定:婚前或者婚姻关系存续期间,当事人约定将一方所有

的房产赠与另一方，赠与方在赠与房产变更登记之前撤销赠与，另一方请求判令继续履行的，人民法院可以按照《合同法》第186条的规定处理。《合同法》第186条规定："赠与人在赠与财产的权利转移之前可以撤销赠与。"前述司法解释第6条主旨是夫妻之间赠与房产可以适用《合同法》相关规定。相对于《物权法》及《合同法》相关规定，《婚姻法》对夫妻财产的规定属于特别规定，应优先适用。婚姻关系存续期间，夫妻双方签订协议，将一方婚前房产约定为双方共同共有，虽未办理不动产权属变更登记，但该财产处分行为系夫妻财产约定，属附随身份的财产法律行为，应优先适用《婚姻法》第19条规定，直接产生物权变动效果。本案中，双方在婚姻关系存续期间对房产作出了约定。按照约定，该房产应为双方共同共有财产。判决诉争房屋归张某所有并对马某折价补偿。

⑥2014年**北京某继承纠纷案**，2010年，唐某与妻子李某签订分居协议，约定"对财产作如下分割"，其中关于本案诉争房屋处理，约定归李某拥有，李某可以任何方式处置，唐某不得阻挠和反对。2011年，唐某猝死，未留下遗嘱。唐某之女起诉李某，要求分割包括前述房产在内的唐某遗产。法院认为：案涉分居协议中，唐某与李某一致表示"对财产作如下分割"，该约定系双方不以离婚为目的对婚姻关系存续期间所得财产作出的分割，应认定为婚内财产分割协议，系双方通过订立契约对采取何种夫妻财产制所作约定。婚姻家庭团体性特点决定了《婚姻法》不可能完全以个人为本位，须考虑夫妻共同体、家庭共同体利益，与《物权法》突出个人本位主义有所不同。在调整夫妻财产关系领域，《物权法》应保持谦抑性，对《婚姻法》适用空间和规制功能予以尊重，尤其是夫妻之间关于具体财产制度约定不宜由《物权法》过度调整，应由《婚姻法》规范评价。本案中，唐某与李某所签协议关于诉争房屋分割，属夫妻内部财产约定，不涉及家庭外部关系，应优先和主要适用《婚姻法》相关规定，《物权法》等调整一般主体之间财产关系相关法律规定应作为补充。《物权法》以登记作为不动产物权变动法定公示要件，同时第28条至第30条对非基于法律行为所引起物权变动亦进行了例示性规定，列举了无需公示即可直接发生物权变动情形。当然，此种例示性规定并未穷尽非因法律行为而发生物权变动所有情形，《婚姻法》及其司法解释规定的相关情形亦应包括在内。在夫妻财产领域，存在大量夫妻婚后由一方签订买房合同，并将房屋产权登记在该方名下情形，但实际上只要夫妻之间未另行约定，双方对婚后所得财产即享有共同所有权，此系基于《婚姻法》规定的法定财产制而非当事人之间的法律行为。因结婚作为客观事实，已具备公示特征，无须再另为公示。而夫妻间约定财产制从法理上而言，亦应纳入非依法律行为即可发生物权变动效力范畴，故当夫妻婚后共同取得的不动产物权归属发生争议时，应根据不动产物权变动原因行为是否有效、有无涉及第三人利益等因素进行综合判断，不宜以产权登记作为确认不动产权属唯一依据，只

要有充分证据足以确定该不动产权属状况,且不涉及第三人利益,即应尊重夫妻之间真实意思表示,按婚内财产分割协议履行,优先保护事实物权人。需指出的是,此处“第三人”,主要是相对于婚姻家庭关系外部而言,对夫妻家庭关系内财产问题,应优先适用《婚姻法》相关规定。本案中,分居协议关于诉争房屋约定系唐某和李某基于夫妻关系所作内部约定,不涉及婚姻家庭以外第三人利益,具有民事合同性质,对双方均具有约束力。该房屋并未进入市场交易流转,其所有权归属确定亦不涉及交易秩序与流转安全,故唐某之女虽在本案中对该约定效力提出异议,但其并非《物权法》意义上第三人。诉争房屋虽登记在唐某名下,双方因房贷之故未办理产权过户登记手续,但《物权法》不动产登记原则不应影响婚内财产分割协议关于房屋权属约定效力,且结合唐某、李某已依分居协议各自占有、使用、管理相应房产情形,应将该房屋认定为李某个人财产,而非唐某遗产予以法定继承。判决确认诉争房屋归李某所有,并由李某偿还剩余贷款。

⑦2014 年**北京某离婚纠纷案**,2012 年,石某与陈某签署婚内协议,约定共有房产归石某所有,离婚时石某取得房产并偿还抵押贷款。2014 年,双方离婚诉讼中,关于该约定效力成为争议焦点。陈某主张该赠与未办物权登记,故其可行使撤销权。法院认为:案涉房屋由石某和陈某婚后共同出资购置,登记为共同共有。双方自愿签署婚内协议,明确约定该房归石某所有,陈某执笔填写相关内容,对于协议约定及执行后果应予知悉。双方基于家庭关系及婚姻情感作出处分共同财产的意思表示应予保护,该协议对双方具有法律约束力。依法律规定,婚前或婚姻关系存续期间,当事人约定将一方所有房产赠与另一方,赠与方在赠与房产变更登记前可撤销赠与。本案婚内协议系双方对婚姻期间所得夫妻共同财产进行的约定,而非系一方将个人房产给予另一方的单纯赠与行为,双方签订协议后房产所有权归石某所有,陈某不享有房产赠与撤销权。判决案涉房屋归石某所有,剩余房款由石某负责偿还。

⑧2014 年**上海某执行异议纠纷案**,2012 年,吕某申请执行刘某,法院查封了刘某名下及刘某与前妻付某名下两套房产。付某以 2007 年双方协议离婚时约定两套房产归其所有为由提出执行异议。法院认为:诉争房屋系付某与第三人夫妻关系存续期间所购买,依《婚姻法》相关规定,该房屋应属付某与第三人夫妻共同财产。《物权法》第 9 条明确规定,“不动产物权的设立、变更、转让和消灭,经依法登记,发生法律效力;未经登记,不发生法律效力。”双方在离婚协议中约定上述房屋产权均归付某所有,此系第三人对自己在系争房屋产权中所拥有份额的处分,该处分行为未经产权变更登记并不直接发生物权变动的法律效果,亦不具有对抗第三人的法律效力。因系争房屋产权未发生变更登记,第三人刘某仍为系争房屋登记产权人,其在系争房屋中的产权份额尚未变动至付某名下,故在刘某对外尚存未履

行债务情况下，吕某作为第三人刘某债权人，要求对刘某名下财产予以查封并申请强制执行，符合法律规定。判决驳回付某诉请。

⑨2011年**浙江某所有权确认纠纷案**，2000年，汤某与王某离婚，约定：婚生子归汤某抚养；共有三间房，其中一间归王某所有，如遇拆迁，补偿款三分之一归王某。2004年，汤某与胡某结婚。2006年，房屋拆迁，王某领走三分之一补偿款后，对村委会安排建造新房宅基地面积，因汤某不同意与王某共建房屋，经村委会调解，汤某与王某签订协议，第3款约定新建房屋一至二层归汤某，二层以上归汤某孩子，汤某百年后一至二层归孩子。胡某以新建四层房屋系夫妻共同财产，汤某与王某协议第3款约定侵害其合法权益、应认定无效为由起诉。法院认为：房屋拆迁安置权益属房屋所有权综合性权能，一般包括被拆房屋补偿款、搬迁费用、新建房屋补贴、新建房屋土地使用权等在内。分析有关安置权益分配协议签订过程，王某最初虽主张独立享有安置权益特别是新建房屋土地使用权，但在共同将安置新建房屋作出维护共同婚生子利益处分后，其同意由汤某单独享有新建房屋土地使用权，安置权益中其他部分则以三分之一为基本原则予以享有，故汤某与王某达成的有关安置权益分配协议总体利益平衡，不存在显失公平之处。因由汤某独自享有新建房屋土地使用权，即王某退出新房建设，胡某作为汤某现任妻子，必然参与其中，但因胡某与汤某对拆迁安置各项补偿款16万余元被投入安置房建造事实无异议，结合证人对安置房每平方米造价陈述，安置房建造无需显著追加投入，且决定安置房权属关键因素在于土地使用权而非建造成本，追加投入之一半亦属汤某有权处分，故胡某对本案诉争房屋虽有一定贡献，但据此不足以作为其享有房屋所有权份额依据，且该贡献与其享有的居住使用权益基本相当，故汤某与王某达成的有关安置权益分配协议并未损害胡某合法权益，对汤某与王某于2006年达成的有关拆迁安置权益分配协议中第3款，胡某主张无效理由不能成立。

⑩2008年**江苏某不当得利纠纷案**，1997年，潘某与实业公司法定代表人关某结婚，潘某在实业公司任职期间，实业公司直接汇款8万余元给汽车销售公司购车一辆并登记在潘某名下。2006年，关某在离婚诉讼中表示该车归潘某，生效判决确认该车归潘某所有。2008年，实业公司起诉潘某返还购车借款，因超过诉讼时效撤诉后，以不当得利再次起诉。法院认为：潘某作为案涉车辆名义所有人，至法院生效判决确定该车归潘某所有时，潘某属于依法获得，故不能认定潘某取得该车构成不当得利。关某作为实业公司法定代表人，在离婚诉讼中将公司财产作为个人财产处分，但已经生效判决认可，实业公司只能向关某主张无权处分赔偿责任。判决驳回实业公司诉请。

⑪2007年**湖北某离婚纠纷案**，2002年，夫妻婚前财产约定“双方在婚后将继续实行经济独立，个人财产由本人负责管理，双方均不能干涉过问”。离婚时，夫据此

认为其婚姻关系存续期间的工资余额3万余元应属个人财产,不能作为夫妻共同财产。法院认为:对夫妻财产约定不明发生分歧后,不适用其他合同解释规则如目的解释、体系解释等,应直接按《婚姻法》第19条规定处理,即对夫妻财产约定不明确的,应按夫妻共同财产处理。本案中,夫妻关系存续期间,约定各自财产相对独立管理使用,但实际生活中并未截然分开,存在混同现象。双方约定中"个人财产""负责管理"也容易产生歧义,应视为约定不明,故妻主张夫在婚姻存续期间工资余额应作为夫妻共同财产分割的要求,应予支持。一审以婚前约定符合当时双方收入情况应视为夫妻双方对婚后财产处分为由,判决驳回妻要求分割夫工资收入诉请,二审改判平均分割。

【典型类案实务要点】

1.**【离婚时约定房产归一方,可对抗另一方债权人执行】**执行个人债务而查封其名下房产,案外人确有证据证明系离婚时已约定归其所有的,能阻却法院对该房产执行。

2.**【刑事裁判涉财产执行的被执行人,共有财产可执行】**对于刑事裁判涉财产部分的执行中,被执行人与他人共有财产中属于被执行人的份额,法院应当予以查封并执行。

3.**【约定归夫妻一方财产,虽未办登记,亦可对抗债权】**夫妻之间关于不动产物权约定,无须另行经过法定登记手续,一旦约定生效,即在二人之间发生物权变动效力。基于夫妻财产约定享有不动产物权的权利人,即使未经法定登记手续,在权利受到侵害时,亦具有寻求司法保护权利。

4.**【离婚协议约定房产归属,成立案外人执行异议情形】**案外人执行异议是否成立,应根据案件具体情况,对异议人所主张权利、申请执行人债权实现效力及被执行人针对执行标的权利作出比较并综合判断,从而确定异议人的权利是否能排除执行。

5.**【债务人是否虚假离婚诉讼,法院应对此实质性审查】**债权人认为债务人与配偶离婚诉讼处理结果影响到其利益的,可作为无独立请求权第三人提起第三人撤销之诉,但法院对债务人夫妻双方通过离婚分配财产是否构成虚假诉讼,应做实质性审查,判断是否存在恶意转移财产、规避债务故意。

6.**【夫妻约定共有房产归一方所有的,属共同财产约定】**夫妻双方通过签订婚内协议将婚后共同财产约定归一方个人所有的,属夫妻共同财产约定,即使未办物权转移登记,亦不影响一方依协议取得其中房产所有权。

7.**【离婚协议关于房产归属约定,不能对抗第三人债权】**夫妻双方所签离婚协议中对不动产归属约定并不直接发生物权变动效果,在不动产产权人未依法变更情况下，离婚协议中关于不动产归属的约定不具有对抗外部第三人债权的法律效力。

8.【**依离婚诉讼确权判决所取得财产，不构成不当得利**】公司法定代表人在离婚诉讼中越权处分公司财产，并经生效法律文书确认，公司认为自己权益受损的，应向无处分权人请求赔偿损失。

9.【**夫妻财产约定不明有分歧时，按夫妻共同财产处理**】对夫妻财产约定不明发生分歧后，应直接按《婚姻法》第19条规定处理，即对夫妻财产约定不明确的，应按夫妻共同财产处理。

10.【**夫妻一方约定婚前房产共有的，离婚时无权再撤销**】婚姻关系存续期间，一方将婚前房产约定为双方共同共有的约定属附随身份的财产法律行为，应优先适用相关法律规定，直接产生物权变动效果。

11.【**夫妻婚内财产分割协议，具有内部确权的法律效力**】夫妻之间达成的婚内财产分割协议在不涉及婚姻家庭以外第三人利益情况下，应尊重夫妻之间真实意思表示，按该协议履行，优先保护事实物权人，不宜以产权登记作为确认不动产权属唯一依据。

【类案裁判一般规则】

男女双方关于婚姻关系存续期间所得财产及婚前财产归各自所有、共同所有或部分各自所有、部分共同所有的约定有效。夫妻对婚姻关系存续期间所得财产约定归各自所有，夫或妻一方对外所负债务，相对人知道该约定的，以夫或妻一方个人财产清偿。

【典型参考案例索引】

主旨案例：最高人民法院（2015）民一终字第150号"王某与钟某等案外人执行异议之诉纠纷案"，见《上诉人王光为与被上诉人钟永玉、原审被告林荣达案外人执行异议之诉纠纷案》（审判长姚爱华，审判员王毓莹，代理审判员姜强），载《民事审判指导与参考·执行异议之诉案例选登》（201703/71：115）。**其他案例：**①北京高院（2016）京执复110号"翁丽珠等与班钱等查封房屋执行案"，见《对刑事裁判涉财产部分的案外人异议应实质审查》（刘旭峰、高可），载《人民司法·案例》（201717：105）。②北京大兴区法院（2016）京0115民初11974号"王某与赵某等执行异议案"，见《基于夫妻财产约定的不动产物权在未经登记下的司法保护——北京大兴法院判决王某英诉王某琪、赵某阳执行异议之诉案》（张纪云），载《人民法院报·案例精选》（20161110：06）。③最高人民法院（2015）民一终字第150号"钟某与王某等案外人执行异议纠纷案"，见《钟永玉与王光、林荣达案外人执行异议纠纷案》(审判长姚爱华,审判员王毓莹,代理审判员姜强),载《最高人民法院公报·裁判文书选登》(201606/236:19)。④浙江宁波江东区法院(2015)甬东撤初字第1号"张国光与俞国良、陈国萍第三人撤销之诉案",见《第三人撤销之诉中第三人主体适格和虚假诉讼的界定》(王家星、钱轶钢,浙江宁波中院;陈春玲,浙江宁波江东区法院),载《审判监督指导·实务研讨》(201504/54:158)。⑤山东青岛中院(2015)青岛民五终字第1307号"马某与张某离婚纠纷案",见《附身份财产法律行为应优先适用身份法》(马杰、肖长伟),载《人民司法·案例》(201617:59)。⑥北京三中院2014年8月25日判决"唐某与李某等法定继承纠纷案",见《唐某诉李某某、唐某乙法定继承纠纷案》,载《最高人民法院公报·案例》(201412/218:31)。⑦北京三中院(2014)三中民终字第06092号"石某与陈某离婚纠纷案",见《师小丽诉陈浩离婚纠纷案——夫妻约定共有房产归一方所有,无需物权转移登记即产生法律效力》(李春香),载《人民法院案例选》(201504/94:89)。⑧上海一中院(2014)沪一中民二(民)初字第3号"付某与吕某等案外人执行异议纠纷案",见《付金华诉吕秋白、刘剑锋案外人执行异议之诉案》,载《最高人民法院公报·案例》(201703/245:47)。⑨浙江金华中院2011年1月13日判决"胡某与唐某所有权确认纠纷案",见《胡田云诉汤锦勤、王剑峰所有权确认纠纷案》,载《最高人民法院公报·案例》(2011:528)。⑩江苏无锡中院(2008)锡民终字第1114号"某实业公司诉潘某不当得利案",见《裁判要旨·民事》(黄剑、钱宇穗),载《人民法院案例选·月版》(200909/9:198)。⑪湖北宜昌中院(2007)宜中民一终字第00718号"李某诉付某离婚案",见《夫妻财产"约定不明"按共同财产处理——宜昌市中级人民法院二审改判李汉兰与付翔离婚案》(王礼仁),载《人民法院案例选·月版》(200902/2:58)。

22. 家庭共有财产的分割

——家庭共有产,全家都可分?

【家庭共有】

【案情简介及争议焦点】

1988年,李某与妻子马某、父母翻建父亲名下房屋。2009年,李某儿子结婚后又对该房重新修缮。2012年,李某父亲与管委会签订拆迁安置协议。李某与妻子、儿子、儿媳作为原告,诉请确认拆迁安置协议无效,要求按所有家庭成员对诉争房屋及宅基地进行分割。

争议焦点:1. 拆迁安置协议是否有效? 2. 有权分割财产主体有哪些?

【裁判要点】

1. 权利主体。《物权法》第33条规定:"因物权的归属、内容发生争议的,利害关系人可以请求确认权利。"案涉房屋应认定为用家庭共同劳动收入翻建,系因合法建造事实行为设立物权,该房屋应属家庭共有财产,李某夫妇主张确认争议房屋共有权成立。由于李某子在房屋翻建时年龄尚小,尚需其他家庭成员照顾,亦无证据证明其对房屋翻建作出贡献,马某亦未对房屋翻建进行投入,故李某子及马某无权主张对争议房屋享有共有权利。共有系两个或两个以上单位或个人对同一不动产或动产享有所有权。《物权法》第152条规定:"宅基地使用权人依法对集体所有的土地享有占有和使用的权利,有权依法利用该土地建造住宅及其附属设施。"故宅基地所有权主体为集体组织,公民个人不能成为宅基地所有权主体,宅基地同样不能成为个人共有对象。《土地管理法》第62条规定:"农村村民一户只能拥有一处宅基地,其宅基地的面积不得超过省、自治区、直辖市规定的标准。"故宅基地系集体组织分给村民的土地使用权,且以户为单位取得。本案诉争房屋所占用宅基地系集体组织分给以李某父为代表的一户家庭宅基地使用权,其他家庭成员无权要求确认该宅基地为共有。

2. 无权处分。《物权法》第15条规定:"当事人之间订立有关设立、变更、转让和消灭不动产物权的合同,除法律另有规定或者合同另有约定外,自合同成立时生效;未办理物权登记的,不影响合同效力。"最高人民法院《关于审理买卖合同纠纷案件适用法律问题的解释》第3条规定:"当事人一方以出卖人在缔约时对标的物没有所有权或者处分权为由主张合同无效的,人民法院不予支持。"本案中,李某父未经作为争议房屋共同共有人李某夫妇同意,擅自与管委会签订拆迁安置协议,处分房屋,属无权处分,该无权处分合同行为虽非买卖合同,但其处分争议房屋行为与买卖合同行为性质相同,该无权处分合同效力应参照上述司法解释关于无权处分合同效力规定处理,故在无证据证明李某父与管委会签订拆迁安置协议违反法律、法规强制性规定情况下,该合同应按有效合同处理。最高人民法院《关于贯彻执行〈中华人民共和国民法通则〉若干问题的意见(试行)》第90条规定:"在共同共有关系终止时,对共有财产的分割,有协议的,按协议处理;没有协议的,应当根据等分原则处理,并且考虑共有人对共有财产的贡献大小,适当照顾共有人生产、生活的实际需要等情况。"家庭成员共有财产形成,以家庭成员间家庭共同生活关系存在为前提,一旦家庭共同生活条件消灭,家庭共同财产亦因此失去其存在基础而随之消灭。本案中,家庭成员间仍存在共同生活关系,共同共有关系并未终止,故诉争房屋不宜作为家庭共有财产进行分割,判决确认李某夫妇对案涉房屋享有共有权。

【裁判依据或参考】

1. 法律规定。《民法典》(2021年1月1日)第297条:“不动产或者动产可以由两个以上组织、个人共有。共有包括按份共有和共同共有。”第298条:“按份共有人对共有的不动产或者动产按照其份额享有所有权。”第299条:“共同共有人对共有的不动产或者动产共同享有所有权。”第300条:“共有人按照约定管理共有的不动产或者动产;没有约定或者约定不明确的,各共有人都有管理的权利和义务。”第301条:“处分共有的不动产或者动产以及对共有的不动产或者动产作重大修缮、变更性质或者用途的,应当经占份额三分之二以上的按份共有人或者全体共同共有人同意,但是共有人之间另有约定的除外。”第308条:“共有人对共有的不动产或者动产没有约定为按份共有或者共同共有,或者约定不明确的,除共有人具有家庭关系等外,视为按份共有。”

2. 最高人民法院司法解释及其他司法性文件/解读文章。最高人民法院民一庭**《民事审判实务问答(婚姻家庭继承纠纷一般问题)》**(2005年4月)第4条:“离婚诉讼涉及家庭共有房屋的分割,能否将其他家庭成员追加为共同诉讼人?答:离婚诉讼是婚姻缔结双方当事人解除婚姻关系、处理子女抚养权及分割财产和处理债权债务的诉讼,离婚诉讼案件从程序上要求当事人只能是缔结婚姻的双方当事人,任何第三者都不能以诉讼当事人的身份参加诉讼。离婚诉讼中涉及家庭共有房屋的分割,家庭共有房屋的分割符合诉的要素,可独立构成另一诉讼,不宜与离婚诉讼合并审理,依照《最高人民法院〈关于人民法院审理离婚案件处理财产分割问题的若干具体意见〉》第二十条规定的精神,对家庭共有房屋的分割问题可告知当事人另案起诉,或者中止离婚诉讼,而不应将其他家庭成员追加为离婚诉讼的共同诉讼人。”第5条:“离婚诉讼涉及家庭共有房屋的分割,在法院中止离婚诉讼后,离婚诉讼的夫妻及其家庭成员均不起诉对房屋进行确权和分割,该离婚诉讼案如何处理?答:诉讼中止是指在诉讼过程中,因出现法定事由而使本案诉讼活动难以继续进行,受诉法院裁定临时停止本案诉讼程序的制度。诉讼中止的效果是案件诉讼程序停止,导致整个诉讼程序处于冻结状态,引起诉讼中止的原因消除后,诉讼程序方继续进行。离婚诉讼中因涉及家庭共有房屋的分割而中止离婚诉讼,因离婚诉讼的夫妻及其家庭成员均不起诉对房屋进行确权和分割,致使夫妻共有房屋未能从家庭共有房屋中析出,导致离婚中止诉讼的原因未能消除使案件未能审结。在这种情形下为避免当事人的拖延造成案件无法审结,人民法院可向离婚诉讼当事人释明不起诉对房屋进行确权和分割的法律后果,征询其对家庭共有房屋中涉及夫妻共有部分的分割意见，如果当事人同意在该案中不主张人民法院对该房屋继续进行分割的，则中止诉讼的原因消失，离婚诉讼可恢复审理；如果当事人坚持在离婚诉讼案中分割该房屋的，则人民法院可限定其向人民法院起诉对房屋进行确权和分割的期限，逾期则告知当事人另案处理该房屋，离婚诉讼案件恢复诉讼。”最高人民法院民一庭**《民事审判实务问答（夫妻共同财产问题）》**（2005 年 4 月）第 5 条：“婚后一直与家庭其他成员共同生活，离婚时如何确定夫妻共同财产？答：对此情形，离婚时，应将夫妻共同财产先从家庭共同财产中析出。对该问题的程序处理，应依照《最高人民法院〈关于人民法院审理离婚案件处理财产分割问题的若干具体意见〉》第二十条的规定，可先就离婚和已查清的财产问题进行处理，对一时确实难以查清的财产的分割问题可告知当事人另案处理；或者中止离婚诉讼，待析产案件审结后再恢复离婚诉讼。对夫妻共同财产与家庭共同财产的区分确定，可根据夫妻结婚的时间、财产取得的时间范围、出资、使用情况等因素综合判定。”最高人民法院**《关于人民法院审理离婚案件处理财产分割问题的若干具体意见》**（1993 年 11 月 3 日　法发〔1993〕32 号，已于 2021 年 1 月 1 日起废止）第 20 条：“离婚时夫妻共同财产未从家庭共同财产中析出，一方要求析产的，可先就离婚和已查清的财产问题进行处理，对一时确实难以查清的财产的分割问题可告知当事人另案处理；或者中止离婚诉讼，待析产案件审结后再恢复离婚诉讼。”最高人民法院**《关于共同经商、共同生活期间购置的房产应认定为共有的复函》**（1989 年 6 月 9 日　〔1989〕民他字第 10 号）：“……从你院报来的案卷材料看：讼争的两栋房屋，是解放前高三妹夫家兄弟四人共同经商、共同生活期间购置的，第一、二审判决认定为共有是正确的，故同意不再变更。但应继续做好高三妹等人思想工作，劝导他们珍惜兄弟情谊，以团结为重，服判息诉。”最高人民法院**《关于金瑞仙与黄宗廉等房产纠纷一案的批复》**（1988 年 2 月 4 日　〔1987〕民他字第 59 号）：“……我们经研究认为：讼争房屋四处原系黄耀庭、姚玉莲的遗产，土改时虽然登记在黄润生、黄惠珍名下，但根据土改时的有关政策法律规定及当地土改的实际情况，四处房屋并非确权归黄润生一家所有，黄润生及其子黄宗廉也一直承认徐家巷 7 号房屋产权系与黄文卿共有。据此，讼争房屋产权以认定为黄文卿、黄润生、黄翠珍、黄毓珍四人所共有为宜。但在具体分割时，应考虑对共有房屋长期使用、管理等实际情况，并照顾共有人的实际需要。至于黄翠珍、黄毓珍的法定继承人主张继承遗产的权利是否超过诉讼时效期间的问题，请按照我院《关于贯彻执行〈中华人民共和国继承法〉若干问题的意见》第六十四条第二款的规定处理。”最高人民法院民事审判庭**《关于王安贵诉王景斋继承案的电话答复》**（1987 年 12 月 16 日　〔1987〕民他字第 68 号）：“……我们基本上同意你院审判委员会倾向性的意见，即观海一路 10 号的四间自住房，属李淑安、王景斋所共有。李淑安病故后，对自留的四间房屋，可按先析产后继承原则进行处理。在具体分割时,要考虑子女们对被继承人所尽义务的多少以及房屋的结构,长期使用状况等因素,妥善处理。”最高人民法院**《关于私房改造后留给房主自住房产权归谁所有问题的批复》**(1982 年 4 月 5 日 〔82〕民他字第 7 号):“……私有出租房屋改造后,留给房主的自住房产权仍属原房主。具体处理同意你院的意见。”附福建高院意见:“……一、延平路 2 号房屋在私房改造中,房管部门将该屋二进留给黄连初之妻王玉兰居住,三进留给黄菊初、黄桂初居住。我们认为房改留房给他们居住,不等于是给他们分产,因为留房并无改变所留房屋的私人所有性质,其留房产权仍应属于原共同所有人,但第一、二审法院以房改留房居住作为确定产权的判决依据是不当的。二、延平路 2 号二、三进房屋产权既属于黄连初、黄菊初和黄桂初共同所有,他们三兄弟的共同财产尚未分割清楚,而第一、二审法院却先把该屋二进产权确定为黄一鸣等一家人的共同财产进行分割,而且对王玉兰赡养费也没有妥善安排是不妥的。三、延平路二、三进房屋只有在黄菊初等三兄弟合理分割之后,属于黄连初的遗产,才可由王玉兰及其子女同时继承,但第一、二审法院在认定延平路 2 号二进房屋是黄连初的遗产时,却把夫妻共同财产中有一份应属于王玉兰所有的都作为遗产平均分割,这就剥夺了未亡配偶一方对共同财产的所有权,是不符合政策规定的。”

3. 地方司法性文件。江苏高院**《家事纠纷案件审理指南(婚姻家庭部分)》**(2019 年 7 月 18 日)第 35 条:“婚姻关系存续期间夫妻购置所有权登记在夫妻双方以及子女名下或者仅登记在子女名下的不动产的性质应当如何认定?对于婚姻关系存续期间夫妻购置所有权登记在夫妻双方以及子女名下或者仅登记在子女名下的不动产,应当审查夫妻双方进行所有权登记时的真实意思表示,尽可能甄别夫妻双方是否存在逃避债务、规避执行等行为。在排除前述情形的情况下,可以按以下情形分别处理:(1)对于婚姻关系存续期间夫妻购置所有权登记在夫妻双方以及子女名下的不动产,应当认定为夫妻双方与子女共有。所有权登记中未约定为按份共有的,应当认定为共同共有。(2)对于婚姻关系存续期间夫妻购置所有权仅登记在子女名下的不动产,一般应当认定为子女的财产。如果有证据证明夫妻双方将所有权登记在子女名下的真实意思仅是代名登记,夫妻双方并无赠与意思的,该不动产应当认定为夫妻共同财产。但夫妻之间的财产约定不能对抗善意第三人。”浙江高院民一庭**《关于印发〈关于审理婚姻家庭案件若干问题的解答〉的通知》**(2016 年 6 月 27 日 浙高法民一〔2016〕2 号)第 19 条:“农村宅基地审批时,建房用地审批表上包括有未成年人,其父母出资建造宅基地上房屋,未成年人对该房屋是否享有产权份额?答:根据《土地管理法》第六十二条规定,农村宅基地使用权以户为单位申报。在确定一户的宅基地使用权面积和房屋的建筑面积时,一般以该户村民人数为主要参考依据。建房用地审批表上包括有未成年人的,未成年人对该房屋享有产权份额。房屋分割时，一般应按照审批情况确定，必要时可适当考虑出资、出力等因素。”浙江杭州中院民一庭**《关于涉及婚姻家庭纠纷案件若干疑难问题的解答》**（2013年1月1日）第9条：“在离婚、继承及分家析产案件中，涉及未取得产权证的拆迁安置房如何进行分割？答：应当明确该安置房的相关拆迁安置手续是否都已办理完结。如果已经办理完结的，则对于已经确定列为安置范围的房屋，可以房屋权利归属的方式，作为家庭共有财产或者夫妻共有财产进行分割。若安置房屋尚未确定的，则可以被拆迁房屋的权利份额进行确认，留待拆迁安置部门据此分配相应的安置房屋。如果拆迁安置其他环节尚未办理完结，不具备办证条件的，则不能也无法直接进行安置房的分割，仅能就原被拆迁房屋所享有权利份额在各当事人之间进行确认。”上海高院**《婚姻家庭纠纷办案要件指南（三）》**（2010年6月22日　沪高法民一〔2010〕8号）第2条：“……在确定夫妻共同财产时，对夫妻共同财产和家庭财产、个人财产应当区别对待：1. 夫妻共同财产与家庭财产的区别。家庭财产，是指家庭成员的共同财产和各自所有的财产的总和。包括：（1）夫妻一方的个人财产；（2）夫妻共同财产；（3）子女财产；（4）其他家庭成员的财产；（5）全体家庭成员共有的财产。家庭财产涵盖了夫妻共同财产。分割时应当首先从家庭财产中分出属于夫妻共同所有的部分后再行分割。对其他家庭成员的财产，不能作为夫妻共同财产予以分割。未成年子女的财产属于本人所有，由离婚后与子女共同生活的父母一方代为管理……”江西高院**《关于审理婚姻家庭纠纷案件适用法律若干问题的解答》**（2008年10月10日）第13条：“父母离婚分割财产时，子女是否有财产份额？在离婚案件分割夫妻共同财产时，只能就夫妻共同财产进行分割。成年子女因参与家庭经营共同积累的财产，属子女的财产份额依法应受到法律保护；未成年子女通过演出、转让智力成果等形式获得的劳动收入或报酬，以及受赠、继承所得的属于子女个人的财产亦应受到法律保护。父母离婚分割财产时，不得将属于子女的财产作为夫妻共同财产进行分割，可以为未成年子女指定财产代管人。”江西赣州中院**《审理离婚案件财产分割适用法律若干问题解答》**（2008年10月）第2条：“离婚诉讼中，一方主张房屋为夫妻共同财产，另一方或其他家庭成员主张家庭共有的，如何处理？答：一方主张房屋为夫妻共有，另一方主张其他家庭成员对房屋享有共有权提供了相关证据，或者其他家庭成员向受诉法院主张房屋所有权的，对该争议房屋在离婚诉讼中不予处理，告知当事人可另行提起析产诉讼。”上海高院**《民事法律适用问答》**（2005年第3期）第7条：“婚姻关系存续期间，夫妻双方共同出资购房，产权人登记为夫妻及未成年子女三人。后又将该房出售，则所得售房款属于夫妻共同财产还是家庭共同财产？答：夫妻双方共同出资购房，产权人登记为夫妻及未成年子女三人，除非有相反的证据，否则该房屋视为三人共有财产。即使该共有房屋被出售，亦不能改变其共有的性质。因此，所得售房款应保留未成年子女应享有的份额。”辽宁沈阳中院**《关于审理房地产案件若干问题的处理意见(之二)》**(2004年12月2日　沈中法〔2004〕31号)第5条:“关于公有住房动迁期间,原承租代表人死亡,与其共同居住的子女以其自己名义取得回迁房产权或货币安置款,而引起的继承和析产问题。根据公房使用权的性质,其他继承人有权主张财产权利。在处理上,首先应确定与父母共同居住的子女是否拥有承租使用权,是否构成对使用权的共有,如构成共有则应先析产,将该子女应得的份额扣除后,其余财产按继承处理。如果其中一个子女已经取得了回迁房屋的产权,则不应再将该房屋作为‘遗产’进行分割,而应在确定原使用权房屋的价值后,由其对其他继承人给予补偿。”河南高院民一庭**《关于当前民事审判若干问题的指导意见》**(2003年11月)第66条:“男女结婚后与一方家庭成员一起居住生活,或原属一方父母的房屋,结婚后没有明确给夫妻双方的,属于一方及其他家庭成员的共有房产,不能作为夫妻共有财产。婚姻关系存续期间建造、购买并供全体家庭成员共同居住使用的房屋,视为家庭建造、购买的房屋,但有相反证据的除外。该房屋应当认定其中有夫妻财产的相应份额。对属于夫妻财产的部分可以进行分割。可以先确认各家庭成员应获得的财产份额,一方可以获得与其财产份额相适应的金钱补偿。对各方应得的房屋份额不好确认的,也可以就其他财产先行分割,对于房屋的分割另外进行分家析产之诉。”江苏高院**《关于印发〈关于审理离婚案件处理住房问题的意见〉的通知》**(1995年1月3日　苏高法发〔1995〕1号)第20条:“离婚时,夫妻共有房屋未从家庭共有房屋中析出,一方要求析产的,可以先行处理离婚问题,房屋析产案件另案处理;或者中止离婚诉讼,待房屋析产案件审结后再恢复离婚诉讼。房屋析产案件的当事人,以离婚案件中要求析产的一方为原告,房屋的其他共有人为被告。”上海高院**《关于印发〈关于审理房产纠纷案件若干疑难问题的讨论纪要〉的通知》**(1993年10月27日　沪高法〔1993〕148号)第13条:“父母、子女、兄弟姐妹等家庭成员在共同生活期间,均付出相当资金、材料等建造的房屋或者共同出资购置的房屋,其产权原则上应认定为家庭成员共同共有,但有约定的除外;长期不在一起居住的父母,子女或兄弟姐妹,在建筑或购置房屋时提供了部分资金,但出资人既未在产权证上登记又长期未实际支配和管理该房屋的,出资款一般应认定为出资人资助建房人或购房人,但有证据证明是借贷的或双方另有约定的除外。”

【参考类案】

①2009年**海南某征地补偿款分配纠纷案**,1980年,陈某、陈某兄、陈某父所在农户获得家庭承包土地。1981年,陈某出嫁,但未分配承包地。2008年,由陈某兄长期使用的原承包地被征用。2009年,陈某诉请分割该土地被征用所获补偿款。

法院认为:因土地承包期限较长,在承包期限内,因生老病死、婚娶嫁出、分家析产等各种变动原因,家庭成员人数、承包经营权利、义务经常发生变化。处理此类纠纷,一是对于家庭土地承包经营权,家庭成员之间是按份共有的关系还是共同共有关系要作出正确判断;二是要正确区分家庭和农户法律性质之间的差别,以原承包关系确立时同一农户的家庭成员作为基础,依据变动原因,把家庭成员之间法律关系变动限制在以户为单位的范围内,以户作为基本单位,按各自应得份额予以分配。陈某与陈某兄为同一家庭成员,虽作为原户主的父亲已去世,但未重新分配承包地,故土地承包经营权还是由原家庭成员共同共有,故在承包期限内,无论哪一个家庭成员使用的任何部分家庭承包地被征收、征用,除青苗等补偿费用归使用者个人外,其他因土地被征用而由集体分配的各种补偿款项,均属原家庭成员共同共有,平均分配。判决陈某兄给付陈某相应份额土地补偿款。

②2008 年**陕西某婚后财产纠纷案**,1992 年 7 月,陈某与杨某登记结婚。1993 年 1 月,双方举行婚礼后与杨某父母一起共同生活。同年 2 月,杨家翻建房屋共 8 间。2007 年,陈某与杨某离婚后起诉要求分割婚姻关系存续期间翻建的房屋。法院认为:析产前提须形成共有财产关系,共有须基于一定法律事实,如家庭成员共同生产经营。如不存在形成共有财产关系法律事实,家庭成员之间即不存在共有财产关系,故只有对家庭共有财产形成尽了义务的家庭成员,才是家庭共有财产共有人。本案陈某与杨某结婚后虽与杨某父母共同生产生活,但由于在建房时这种共同生活关系存续仅一个月有余,并无共同生产经营积累,同时陈某又不能提供充分证据证明其为建房进行了投资,依最高人民法院《关于民事诉讼证据的若干规定》第 2 条规定,当事人对自己提出的诉讼请求所依据的事实或者反驳对方诉讼请求所依据的事实有责任提供证据加以证明;没有证据或者证据不足以证明当事人的事实主张的,由负有举证责任的当事人承担不利后果,故陈某主张诉争房屋系共有财产主张,因证据不足,不予认定,该房屋应认定为杨某父母夫妻共有财产,判决驳回陈某要求分割诉请,杨某及其父母给付陈某经济补偿 1500 元。

③2008 年**安徽某财产权属纠纷案**,2007 年,儿、媳闹离婚,父、母起诉儿、媳要求确认由儿子任法定代表人的科技公司付款的诉争房产系 4 年前其借用儿媳名义购买,属家庭共同财产。法院认为:购房发票虽载明客户名称为儿媳,但预收房款发票载明付款人为科技公司,父、母所举证据均不足以否定开发商出具发票的证明效力。诉争房屋虽系以儿媳名义购买,但购房事实发生在各方当事人共同生活期间,故诉争房屋应认定为家庭成员父、母、儿、媳共同共有。判决确认房屋属父、母、儿、媳共同共有。

④2008 年**浙江某财产权属纠纷案**,1997 年,蔡某与励某登记结婚。1998 年,励某与父母共同出资购房并共同居住,励某兄亦有部分出资,购房前励某姐已出嫁,

该房登记在励某名下。2007 年,蔡某起诉离婚。法院认为:由于本案中各方当事人对房产证合法性均未提出异议,只是对房产证所证明权属效力存在异议,故法院可根据司法权优于行政权原则和权利救济原则,对未经行政审判进行实体审查而生效的具体行政登记行为在民事诉讼中是否具有最终确定性及其证明效力进行全面审查。励某在婚姻存续期间仅有部分出资,依《婚姻法》规定,该部分出资应认定为励某和蔡某夫妻共同财产。同时,作为家庭成员的励某父母以及励某兄亦有出资,对于诉争房屋理应享有产权。故诉争房屋出资性质是兼有家庭共同财产和夫妻共同财产性质。因励某姐已在购房前出嫁,且未提供有关其已出资的证据,故不能对诉争房屋享有共有权。判决确认案涉房屋系励某、蔡某、励某父母、励某兄共同财产。

⑤2007 年**云南某安置房指标纠纷案**,1985 年,大女出嫁后,夫、妻及二小女、一子将旧房扩建。2000 年,夫病逝。2004 年,拆迁,补偿款由妻及与妻共同生活的子、媳领取。三女主张共同分割。法院认为:本案诉讼时效为 2 年,从继承人知道或应知道其权利被侵犯之日起计算。被继承人死亡后,三女未作出放弃继承表示,视为接受继承。房屋拆迁时,遗产虽由妻、子实际管理,但遗产客观存在,双方亦未对遗产如何分割进行协商,亦就不存在三女继承权被侵犯。房屋拆迁后,妻、子领取补偿款后,诉讼时效始算,故本案三女起诉,未超法定诉讼时效期限。夫作为被继承人,其遗产包含在夫妻共同财产和家庭共有财产中,在遗产分割时,应先分出他人财产。夫死亡时,其家庭房屋占地面积减去当年旧房新建面积,未改建房屋面积即夫妻共同财产,分出妻的一半,另一半方为遗产。改旧建新房屋是家庭共有财产,夫占份额亦为遗产。该房屋拆迁后,上述夫遗产面积折合拆迁补偿款为遗产。妻及三女一子是第一顺序继承人,夫死时未留遗嘱,继承人又无丧失继承权法定情形,故五人均享有继承权。妻与被继承人共同生活,现已 70 有余,已缺乏劳动能力,在分配遗产时,应多分。大女虽在出嫁前与其娘家人共同劳动、共同生活,但拆旧建新房时,其已出嫁成为另一家庭成员,诉讼中又未提交其出资、出力证据,故大女不能作为拆旧新建房屋共有人。鉴于遗产实物不存,由妻、子根据遗产总价值,结合各自继承份额共同给予三女相应货币补偿较为合理。判决夫遗产总价值 6.8 万余元,子女各继承 1.1 万余元、妻继承 2.1 万余元。

⑥2000 年**新疆某财产分割纠纷案**,1999 年,单某与李某离婚,对以成年儿子名义开户购买的市值 5 万余元股票认定为家庭成员共同财产,但未予处理。2000 年,单某另案诉请分割前述股票。法院认为:在单某与李某婚姻关系存续期间,以儿子名义开户购买的股票应认定系家庭成员共有财产。因双方对资金投入情况均未能举证,原则上应由各当事人均等享有。因股票价值处于不确定状态,单某要求分得 1.5 万元现金不妥,故不予支持。判决诉争股票由家庭成员均等分配。

⑦1999年**湖南某财产纠纷案**,1990年,邝某与妻子康某购买房改房,其中邝某父母即汤某夫妇共同出资1.8万余元。该房登记共有产权人为邝某、康某及邝某当时尚无经济能力的子、女。1996年,邝某与康某离婚。1997年,康某及邝某子、女起诉邝某,要求分割共有房屋。因邝某父已故,汤某作为第三人参与诉讼,主张对诉争房屋享有共有权。法院认为:邝某与康某原为夫妻关系,二人在婚姻存续期间购置并改建诉争房屋系其家庭共有财产。邝某子、女在该房购买改建过程中虽未出资,但已尽个人应尽义务,且邝某在办理房屋产权登记时,将邝某子、女登记为共有权人,另一共有人康某并未提出异议,财产所有人对共有人约定是当事人自己真实意思表示,亦无违反法律之处,应依法保护共有权人享有一定份额。汤某夫妇既非邝某、康某家庭成员,亦非该诉争房屋共有权人,仅以其在购房建房过程中出资即要求参与对该房产权分割,其理由不能成立。判决案涉房屋由康某、邝某各占2/6份额,由邝某子、女各占1/6份额;因购置并改建房屋所负汤某共同债务1.8万余元,由康某、邝某各自负责归还6000余元,由邝某子、女各自负责归还3000余元。

【典型类案实务要点】

1.**【户主名下的家庭共有房产,家庭成员应享有共有权】**登记在户主名下的家庭共有财产,在不涉及第三人情况下,家庭成员请求确认对争议房屋具有共有权的,法院不应依物权登记推定效力否定真正物权人权利。

2.**【家庭成员共有承包土地被征用,补偿款应平均分配】**土地承包经营权由原家庭成员共同共有期间,因土地被征用而获得补偿款,应属原家庭成员共同共有,平均分配。

3.**【对家庭共有财产形成尽了义务,才能认定为共有人】**析产前提须形成共有财产关系,只有对家庭共有财产形成尽了义务的家庭成员,才能认定为家庭共有财产共有人。

4.**【家庭成员共同出资,以其中一人名义购房,系共有】**家庭成员在家庭共同生活关系存续期间共同创造、共同所得财产由家庭成员共同共有,不宜简单地根据产权登记状况确定房屋归属,而应根据出资情况及对房屋的管理和维护等情况综合判断。

5.**【家庭共有和夫妻共有财产出资,所购房屋全体共有】**房产出资既具有家庭共同财产性质,亦同时具有夫妻共同财产性质的,应认定该诉争房产系相关权利人共有财产。

6.**【翻扩建房屋,产权人死亡,共有财产与遗产应区分】**家庭财产系家庭成员共同劳动、共同积累而形成,只有对家庭财产尽了义务的家庭成员,方成为家庭财产共有人。

7.【**家庭成员对共同共有股票,应不分份额地享有权利**】共同生活的家庭成员基于共同劳动形成共有财产关系,对登记在其中一人名下股票应不分份额地享有平等所有权。

8.【**无经济能力子女系登记共有产权人,应享房产份额**】未出资出力的家庭成员作为共有产权人登记,应认定因此合法取得房屋产权,已出资家庭成员不当然成为产权人。

【类案裁判一般规则】

家庭成员在家庭共同生活关系存续期间共同创造、共同积累所得财产由家庭成员共同共有,不宜简单地根据产权登记状况确定房屋归属,而应根据出资情况及对房屋的管理和维护等情况综合判断。

【典型参考案例索引】

主旨案例:辽宁沈阳中院(2014)沈中审民终再字第92号"李锡贤、周连英、李德镇、李明花、李鑫、马荐等物权保护纠纷案",见《不动产登记的推定力不能对抗真正物权人》(甘国明,辽宁沈阳中院审监一庭),载《审判监督指导·实务研讨》(201504/54:163)。**其他案例:**①海南三亚中院(2009)三亚民一终字第77号"陈某与陈某兄等征地补偿款分配纠纷案",见《陈小英诉陈志明征地补偿款分配纠纷案》(陈兴科),载《人民法院案例选》(201001/71:179)。②陕西西安中院(2008)西民终字第331号"陈某诉杨某等婚后财产纠纷案",见《陈彦霞诉杨志华等婚后财产案(夫妻共有财产分割)》(田雷),载《中国审判案例要览》(2009民:437)。③安徽芜湖中院(2008)芜中民一终字第264号"邓某等诉宫某等财产权属纠纷案",见《家庭成员共同出资以其中一人名义购买的房屋为共同共有——邓本金、刘志华诉宫明艳、刘焜财产权属纠纷案》(国廷斌),载《人民法院案例选·月版》(200905/5:41)。④浙江宁波中院(2008)甬民二(一)终字第25号"励某等家庭财产权属纠纷案",见《房屋出资的来源与性质是权属认定的关键》(马金平),载《人民司法·案例》(200908:23);另见《出资的来源与性质是房屋权属认定的关键——浙江宁波中院判决励瑞盛等家庭财产权属纠纷》(马金平),载《人民法院报·案例指导》(20090109:5)。⑤云南水富法院(2007)水民再字第1号"杨某等诉景某等安置房指标案",见《杨本英等人诉景正莲、杨本清安置建房指标继承纠纷案》(周华光),载《人民法院案例选》(200804/66:73)。⑥新疆乌鲁木齐天山区法院(2000)天民初字第2640号"单某与李某财产分割纠纷案",见《单德泰以离婚判决中对争议财产的认定为据诉李希琳等分割以家庭成员之一名义购买的股票案》(杨善明),载《人民法院案例选》(200203/41:94)。⑦湖南衡阳中院1999年3月

29 日“康某与邝某财产纠纷案”,见《康国宁等诉旷原子分割登记为共有的房产案》(伍云松),载《人民法院案例选》(200003/33:65)。

23. 分家协议约定的效力

——分产签协议,是否能履行?

【分家协议】

【案情简介及争议焦点】

2000 年,苏某以外的 7 个兄弟姐妹协商轮流照料母亲严某。2002 年,苏某与 8 个兄弟姐妹签订照料老人及财产分割方案,约定苏某负责照料、护理母亲,母亲名下房产归苏某作为补偿。其后,严某去世,苏某要求依 2002 年协议分割严某遗产。

争议焦点:1. 分家协议是否有效? 2. 遗产如何分割?

【裁判要点】

1. 遗产平均继承。继承从被继承人死亡时开始。继承开始后,由第一顺序继承人继承。本案中,两方当事人均为被继承人严某子女,均享有继承权。严某生前签订购房合同并依合同约定支付了购房款,购买案涉房屋,于死后取得房屋所有权证,故该房屋属于被继承人严某死亡时遗留的合法财产,应作为其遗产由继承人依法律规定继承。从 2000 年至 2002 年的照料协议及方案可看出,两方均对严某尽到了抚养义务,按法律规定,各继承人应平均继承被继承人遗产。

2. 分家协议效力。苏某未提供该房屋由其实际出资购买的任何证据,且其提供的方案仅有 6 人签字,但是不论上述方案是否由 9 人全部签名,在形成该方案时,严某仍健在,案涉房屋系其个人合法财产,未经许可,任何人均无权处分该房屋,故该分割协议应为无效。根据协议,各子女均按协议轮流照顾严某,没有亲自照顾者,亦按协议约定支付了生活费和护理费,各子女对严某均尽到了抚养义务,在分配遗产时,应当均分。判决驳回苏某诉请。

【裁判依据或参考】

1. 最高人民法院司法解释及其他司法性文件/解读文章。最高人民法院《**关于父母的房屋遗产由兄弟姐妹中一人领取了房屋产权证并视为己有发生纠纷应如**

何处理问题的批复》(1987年6月15日 〔1987〕民他字第16号):“……据你院报告称:钟和记(1941年故)与妻子苏衬(1926年故)、继妻王细(1984年故)先后生有四个儿女,即:钟妙(1976年故)、钟秋香、钟玉妹、钟秋胜(1981年故)。1940年钟和记与王细夫妇收养了钟寿祥(当时12岁)。1939年、1940年钟和记和王细购置房屋六间,钟和记死后,由王细、钟玉妹、钟秋香、钟寿祥等长期居住。1973年钟秋香将自己居住的那部分房屋进行了改建。钟寿祥曾以自己的名字,于1947年、1953年、1960年先后领取了六间房屋所有权证。王细于1984年死后,钟寿祥便在1985年将部分房屋拆除改建,并将其中部分房屋宅基地给其子使用,为此,双方发生纠纷。经研究,同意你院审判委员会的意见。即根据该房产的来源及使用等情况,以认定该屋为钟和记、王细的遗产,属钟秋香、钟玉妹、钟寿祥、钟妙、钟秋胜5个共有为宜。钟寿祥以个人名义领取的产权证,可视为代表共有人登记取得的产权证明。钟妙、钟秋胜已故,其应得部分由其合法继承人继承。以上意见供你院批复时参考。”最高人民法院《**关于对分家析产的房屋再立遗嘱变更产权,其遗嘱是否有效的批复**》(1985年11月28日 〔1985〕民他字第12号):“……关于建国前已经析产确权,能否再予重新分割或立遗嘱继承等问题,经研究答复如下:张家定之祖父张文卿(张士国之父)于一九四八年将其家中自有房宅,除自己居住的一处外,其余四处均分给四个儿子。建国后由人民政府颁发了产权证。一九五三年张文卿召开有镇政府干部参加的家庭会议,经协商,重新调整各自分得的房产,以清偿分家前的债务,立了经镇政府认可的‘房屋分管字据’,均无异议。一九五五年张文卿夫妇将调整给二儿媳的房产,又立遗嘱由四子张士国‘继承’。一九六六年巫溪县人民法院按‘遗嘱’作了调解。二儿媳的女儿张家定等人不服,提起申诉。据上,我们认为,对张家在一九四八年析产后,经财产所有人共同协商,于一九五三年分家时达成的各自管业且已执行多年的房产协议,应予以维护。张文卿夫妇于一九五五年所立‘遗嘱’无效。”最高人民法院《**关于张寿朋、张惜时与王素卿继承案的批复**》(1985年11月20日 〔85〕法民字第39号):“……我们研究认为,讼争人双方于1959年分居时,实际上已对共有房屋作了分割,而后各自独立行使权利已20余年,互无争议。此案应依法确认1959年析产有效,不宜再以房屋继承纠纷处理。”最高人民法院《**解答群众日报读者胡汉文所询继承问题的意见**》(1950年10月24日 法编字第12974号)第1条:“解放后尚未土改前农村中分家的纠纷,原则上是父母死亡后的遗产由其子女按人数均分,无继承关系的人不得加入分配,也就是说:同胞兄弟姊妹有几人即按几人分配;但得因实际情况(例如分家前对共同生活有关之劳动生产有贡献或其生活特别困难等)亦可对无继承权的家属酌加照顾。至于土改以后已按全家人口每人分得一份土地,经过若干时期才举行分家者,则一般的应依全家人口多寡按人口分配。”最高人民法院《**关于继承问题的复函**》(1950

年3月9日　法编字第126号）第1条："答申忠理函各问：……（二）目前农村中还是以家庭为生产单位，因而土改时按家庭人口分得财产，未分家是应视作家庭共有财产，分家时得按家庭成员，人各一份是合理的，既非应继遗产即不能由家长依赠予而任意损益……"

2. 部门规章。自然资源部办公厅**《关于印发〈宅基地和集体建设用地使用权确权登记工作问答〉的函》**（2020年7月22日　自然资办函〔2020〕1344号）第46条："同一宗宅基地上多个房屋属于不同权利人，申请办理房地一体不动产登记的，如何处理？同一宗宅基地上多个房屋属于不同权利人，申请办理房地一体不动产登记的，应当区分不同情形进行处理：（1）属于新型农村社区或多（高）层多户农民公寓的，按照《不动产登记暂行条例实施细则》第四十三条，参照国有建设用地使用权及建筑物区分所有权的规定，办理宅基地等集体土地上的建筑物区分所有权登记。（2）属于因继承、分家析产等原因，造成房地权利主体不一致，若遗嘱或者分家析产协议对宅基地作了明确分割，分割的宅基地经县（市）自然资源主管部门认定符合不动产单元划定标准，可以分别办理登记；若遗嘱或者分家析产协议对宅基地未作明确分割的，按照宅基地使用权共同共有办理登记。（3）属于存在民事纠纷的，待纠纷解决后予以确权登记。"

3. 地方司法性文件。上海高院**《房屋征收补偿利益分割民事纠纷研讨会纪要》**（2019年11月）第12条："【家庭内部协议的性质和效力】家庭成员在征收之前就征收补偿利益的分割以家庭内部协议的方式预先作出约定，对于此类协议的性质和效力应如何认定？家事纠纷有人身依附性和家庭伦理性特征，家庭成员之间关于征收补偿利益分割事宜所达成协议的性质为家庭共有财产分割，内含家庭成员对家事问题、财产问题等的妥协和让步。家庭成员对于财产的处分与赠与不同，不宜按任意撤销权之规定处理，法院应尊重家庭成员之间的合意。如果协议仅有部分被安置人签字的，要结合协议签订的背景、协议内容、签字方是否有代理权等因素综合判断协议是否为全体被安置人的共同意思表示。"上海高院**《全市法院民事审判工作庭长例会研讨意见纪要（婚姻家庭部分）》**（2015年）第2条："被继承人生前，法定继承人签订的分家协议效力问题。被继承人生前，子女互相签订分家协议，约定被继承人死亡后，部分子女因承担了赡养父母的主要义务可多继承遗产，部分子女则自愿放弃遗产继承。实践中，对此类协议的效力认定存在争议。倾向性意见认为，此类协议是法定继承人对个人期待利益的合法处分，虽然签订协议时遗产继承尚未发生，但法定继承人对遗产继承存在期待利益，该种期待利益也属于财产性权利，可以通过协议的方式自主处分。且上述协议约定遗产继承与赡养义务相关联，也符合法律规定和公序良俗。若被继承人死亡时，其遗产范围无变化，且其生前亦未对遗产作出处分，承担赡养义务人也按照协议约定履行义务的，则其要求按照协议分割遗产的主张可以予以支持。”浙江杭州中院民一庭《**关于涉及婚姻家庭纠纷案件若干疑难问题的解答**》(2013 年 1 月 1 日)第 9 条:“在离婚、继承及分家析产案件中,涉及未取得产权证的拆迁安置房如何进行分割?答:应当明确该安置房的相关拆迁安置手续是否都已办理完结。如果已经办理完结的,则对于已经确定列为安置范围的房屋,可以房屋权利归属的方式,作为家庭共有财产或者夫妻共有财产进行分割。若安置房屋尚未确定的,则可以被拆迁房屋的权利份额进行确认,留待拆迁安置部门据此分配相应的安置房屋。如果拆迁安置其他环节尚未办理完结,不具备办证条件的,则不能也无法直接进行安置房的分割,仅能就原被拆迁房屋所享有权利份额在各当事人之间进行确认。”

【参考类案】

①2013 年**福建某赠与合同纠纷案**,2008 年,姚某与儿子、儿媳订立分家协议,将姚某夫妻共同财产过户给姚某孙子,儿子以其所有的房屋与该房进行交换,姚某妻子郑某未在该分家协议上签字。2009 年,姚某儿子、儿媳经法院诉讼判决离婚,姚某孙子判归儿媳抚养。2011 年,姚某孙子诉请赠与房产办理过户。法院认为:案涉房产购买于姚某夫妻关系存续期间,应系夫妻共有财产而非家庭共同财产,分家协议对此亦予确认。协议中手写添加姚某同意将该房产无偿过户给孙子,系对该房产所有权人的变更,应认定为所有权人对其财产以赠与方式进行处分,系赠与行为。同时,该赠与存在权益对换行为,即姚某子以其所有的房屋与该诉争房进行交换,并非姚某单方赠与行为。包含前述赠与条款的分家协议上无郑某签名。因诉争房产系共同共有财产,依《物权法》第 97 条,处分共有的不动产或者动产以及对共有的不动产或者动产作重大修缮的,应当经占份额三分之二以上的按份共有人或者全体共同共有人同意,但共有人之间另有约定的除外。另依《合同法》第 51 条,无处分权的人处分他人财产,经权利人追认或者无处分权的人订立合同后取得处分权的,该合同有效。本案中,郑某作为诉争房产共同共有人之一,未在分家协议上签名,其虽对协议其他内容无异议,但不同意诉争手写赠与条款内容。根据上述法律规定,姚某以赠与方式处分夫妻共同共有房产未经共有人郑某同意,赠与条款无效,故姚某孙子请求将诉争房产过户,不应支持,判决驳回。

②2013 年**北京某合同纠纷案**,1999 年,母亲去世后,于某兄弟订立家庭协议书,主要约定子女对父亲扶养义务的分配及在父亲死后对父母遗产的分割。2000 年,父亲去世。于某兄依家庭协议书占有房屋并办理过户至自己名下。2010 年,于某诉请确认家庭协议书无效。法院认为:家庭协议书签约人无于某父亲。协议内容主要是约定子女对父亲扶养义务的分配及在父亲死后对父母遗产的分割,故该家庭协议书非于某父母遗嘱,而是于某兄弟对自己将来可取得财产预先进行分

割的合同。附条件合同是指双方当事人在合同中约定某种事实状态,并以其将来发生或不发生作为合同生效或不生效的限制条件。本案各签约人在家庭协议书中并未约定以"有遗嘱"作为生效条件,故是否存在遗嘱不影响家庭协议书效力。《合同法》第51条规定,无处分权的人处分他人财产,无处分权人订立合同后取得处分权的,该合同有效。案涉家庭协议书处分的房屋为于某父母的夫妻共同财产。虽在签订协议时,签约人的签约行为构成了对于某父亲所有财产份额的无权处分,但于某父现已死亡,签约人已取得了原无权处分财产处分权。判决确认家庭协议书有效。

③2013年**上海某承包经营合同纠纷案**,2004年,龚某将经营的批发市场眼镜商铺转给儿子陈某经营。2008年,双方签订合作协议,约定陈某每年支付龚某补偿费15.5万元。2012年,龚某以陈某仅支付19.5万元,尚欠77.5万元为由起诉。法院认为:系争合作协议形式及结构与一般市场主体所签协议并无二致,但就协议各方关系而言则有所区别,即协议双方为近亲属,故对系争合作协议定分止争,法律层面判断是一方面,而家庭伦理方面考量亦不应忽视,否则将有悖公序良俗。龚某为商铺的眼镜经营业务打下基础,陈某作为近亲属同样为商铺经营倾注心血,作出贡献。后双方就商铺经营权产生纷争,合作协议则是双方就经营权争议经案外人协调后相互妥协的产物。陈某作为取得商铺经营权一方,可从商铺经营中获得收益,龚某放弃经营权而获得每年15.5万元补偿,双方对价无法以简单的市场标准来衡量,势必有感情因素掺杂其中。鉴于双方关系特殊性,合作协议中双方亦未就商铺变迁等突发情况下权利义务作出约定。虽然眼镜市场不复存在,但如据此简单地认为陈某无须继续支付任何补偿费显然对龚某并不公平,而要求陈某完全按合作协议约定无限期地全额支付补偿费亦不合理。本案系近亲属间经济纠纷,近亲属间主张权利一般无法回避感情、脸面等非法律因素,具有不同于其他民事主体间的模糊性和口头化特征,而龚某在其他案件中亦提及系争合作协议,故龚某一直都在向陈某主张系争补偿权利是符合常理的,应予采信,陈某关于诉讼时效抗辩不成立。判决陈某补偿龚某15万元。

④2012年**北京某继承纠纷案**,2007年,张某与张某兄就父母遗留房产,双方通过邮件沟通,决定采用竞价方式确定所有权。张某兄据此取得房产所有权,同时应支付张某相应折价款。2011年,张某以其在邮件中提出"比如两个月"的付款时间,而张某兄给付折价款超过此期限、协议失效为由,诉请按法定继承分割父母房产。法院认为:所谓"默示",分为作为和不作为的默示。前者即当事人实施某种积极行为,以此推定该当事人某种意思表示;后者即有法律规定或双方当事人明确约定情况下以"沉默"形式表达某种意思表示。本案中,从双方电子邮件全部内容看,双方当事人对于每次竞价加价5万元的竞价规则达成了一致意见,双方当事人均

按该规则进行了竞价。在竞价过程中,涉及具体付款时间问题,是双方对于竞价规则的进一步完善,但是"付款期限"究竟多长,依现有证据,双方当事人并未达成一致意见。张某在邮件中提出"比如两个月"的付款时间,是一项建议,本意在于让竞标当事人有较充裕时间筹集购房款,在产生竞价结果后尽快履行竞价协议。张某兄对此并未作出明确意思表示。之前,双方当事人亦未有以"默示"形式作出意思表示的约定,或双方当事人之间在之前有类似惯例。综合本案具体情形,张某称双方均以"默示"形式达成"两个月付款期限"的协议,即"两个月付款期限"系竞价协议内容和失效条件的主张,依据不足。在协议履行陷入僵局后,依据双方在重新协商中表现出的态度以及现有证据,张某提出的方案是对原协议进行修改的提议,因未得到张某兄一致认可,并不构成对原协议的否定。判决诉争房屋由张某兄继承所有权,张某兄向张某支付相应折价款。

⑤2011 年**北京某合同纠纷案**,2009 年,张某与镇政府签订拆迁安置补偿协议。2011 年,张某认购回迁房。随后,与张子签订分家单,载明"对父母原有的涉及整村搬迁改造的房产"进行分割,约定张某留 6 万元后,全部房产及补偿款归张子,张某由长子赡养。2012 年,张某以受胁迫、重大误解签订分家单为由诉请撤销。法院认为:最高人民法院《关于贯彻执行〈中华人民共和国民法通则〉若干问题的意见(试行)》第 72 条规定,一方当事人利用优势或者利用对方没有经验,致使双方的权利义务明显违反公平、等价有偿原则的,可以认定为显失公平。案涉分家单中写明系"对父母原有的涉及整村搬迁改造的房产"进行分割,据此,张某、张子在签写分家单时均认可案涉宅院原系张某夫妇房产。张某之妻去世后,其房屋份额应由张某及其子继承,故案涉宅院在张某妻去世后、未作遗产处理前应为张某与张子共有财产。因张某在签写分家单时并不知晓是否有继承权及自己依法应得份额,且分家单中无对张某之妻遗产处分的表述,属于存在重大误解情形。从分家单对财产分配内容来看,张子既分得拆迁安置补偿款,又取得购买回迁楼房权利,其所取得利益明显多于张某,分家单对财产分配显失公平。判决撤销诉争分家单。

⑥2005 年**青海某分家析产纠纷案**,2004 年,叶某与母亲共同耕种的土地被征用,就补偿款分配,在村干部和亲属参加下,叶某与母亲达成分家协议,约定叶某母给付叶某 3 万元。2005 年,因叶某母拒绝给付致诉。法院认为:被征用土地属于叶某与叶某母共同承包耕种土地,得到的各类补偿款全部由叶某母占有,显失公平,亦侵犯了叶某合法权益。双方所签协议,是在充分协商、公平、自愿基础上达成的,是具有相应民事行为能力的双方当事人真实意思表示,不违反法律规定,对双方均具有相应约束力。判决确认分家协议有效,叶某母支付叶某 3 万元。

【典型类案实务要点】

1.**【父母健在时,子女处分其财产的协议,应认定无效】**继承人在被继承人死亡前达成处分被继承人财产协议的，应认定为无权处分。在被继承人未以遗嘱或遗赠方式确认继承人之间达成协议前提下，不能按协议约定方式处分被继承人遗产。

2.【**夫妻一方擅自以赠与形式处分共有房产，赠与无效**】夫妻一方通过分家协议形式，以赠与方式擅自处分夫妻共同共有的房产，未经共有人同意的，单方赠与条款无效。

3.【**子女就赡养义务和遗产预先分割协议，一般应有效**】子女之间就父母赡养义务分配及父母死后遗产预先分割达成一致的意思表示，并不以是否存在父母遗嘱作为生效条件。

4.【**处理家庭成员之间经济纠纷，需考虑亲情伦理因素**】通过法律途径解决家庭成员之间经济纠纷，需要特别考虑亲情伦理与家庭道德因素，从分析家庭成员间法律事务特点出发，合理阐释协议当事人隐含在书面内容之外的真实意思，以平衡作为协议双方当事人的家庭成员在经济上的利益诉求。

5.【**电子邮件往来沟通，是否构成默示意思表示的判断**】各方当事人通过电子邮件作出意思表示，是否形成一份有效的协议或协议具体内容，可从是否构成作为或不作为默示来判断。

6.【**当事人基于重大误解签署分家单，可依法予以撤销**】当事人在签写分家单时不知晓是否有继承权及自己依法应得份额，且缺乏对遗产处分的表述，应属存在重大误解情形。

7.【**家庭成员就土地补偿款分配所签分家协议，应有效**】家庭成员共同生活劳动，在充分协商、公平、自愿基础上，就被征用家庭承包土地获得的补偿费分配所签分家协议应为有效。

【类案裁判一般规则】

家庭成员在家庭共同生活关系存续期间共同创造、共同积累所得财产由家庭成员共同共有。家庭成员在充分协商、公平、自愿基础上，就家庭共同财产处分所签分家协议应为有效。

【典型参考案例索引】

主旨案例：重庆高院（2016）渝民再149号“苏仁华与苏仁杰等法定继承纠纷再审案”，见《父母健在时子女处分其财产协议无效》（赵进、黄庆华），载《人民司法·案例》（201726：68）。**其他案例：**①福建厦门中院（2013）厦民再终字第38号“姚某与郑某等赠与合同纠纷案”，见《姚某璇、姚某斌诉姚胜贤、郑秀眉赠与合同纠纷案（夫妻一方擅自赠与无效）》（郑萍），载《中国审判案例要览》（2014民：454）。②北京一中院（2013）一中民终字第4131号“于某与魏某等合同纠纷案”，见《于静、于景云、于萍、于景凡诉于景奇、魏秀珍以及第三人陈绍莲确认合同效力纠纷案(家庭协议书的性质及效力认定)》(张英周),载《中国审判案例要览》(2014 民:462)。③上海二中院(2013)沪二中民四(商)终字第556号"龚某与陈某等承包经营合同纠纷案",见《龚巧玲、陈金源诉陈余、朱文娟承包经营合同纠纷案(家庭成员间经济纠纷中的亲情伦理因素)》(罗有敏),载《中国审判案例要览》(2014 商:98)。④北京一中院(2012)一中民终字第05298号"张某等法定继承纠纷案",见《张某津、张某诉张某曼、张某武、张某润法定继承纠纷案(互联网背景下当事人意思表示的表达与认定)》(冀东),载《中国审判案例要览》(2013 民:401)。⑤北京平谷区法院(2011)民初字第5822号"张某与张全某等合同纠纷案",见《张文元诉张全明等合同纠纷案(分家单能否撤销)》(吕香妮),载《中国审判案例要览》(2013 民:397)。⑥青海尖扎法院(2005)尖坎民初字第3号"叶某与叶某母分家析产纠纷案",见《冶开力索诉冶索飞亚分家析产案(分家析产)》(乔国胜),载《中国审判案例要览》(2005 民:432)。

24. 夫妻财产与无权处分

——擅卖共有房,合同有无效?

【无权处分】

【案情简介及争议焦点】

2009年,张某购买雷某房,约定雷某办理房产证1个月后配合办理过户手续。张某支付全款后装修并一直居住。2012年,张某诉请确认合同有效并办理过户手续。雷某以该房现登记在其与配偶李某名下、李某不同意卖房为由抗辩。

争议焦点:1. 合同效力? 2. 能否履行?

【裁判要点】

1. 合同有效。处分共有的不动产,应当经占份额三分之二以上的按份共有人或全体共同共有人同意,但共有人之间另有约定的除外。依审理查明事实,涉案房屋系雷某与李某夫妻共同财产,所有权登记在雷某名下,雷某未经李某同意擅自处分共有房屋,侵犯了李某共有权利,构成无权处分。当事人一方以出卖人在缔约时对标的物没有所有权或者处分权为由主张合同无效的,法院不予支持,故张某与雷某所签房屋买卖合同有效。

2. 履行不能。依《物权法》规定，合同有效不一定能引起物权发生变动。本案中，张某要求雷某依合同约定协助办理涉案房屋过户手续，因雷某欠缺处分权，其需征得共有人李某同意，方有权处分共有财产。李某现明确表示不同意将涉案房屋所有权转让给张某，故张某诉请缺乏法律依据，判决确认合同有效，驳回张某诉请。

【裁判依据或参考】

1. 家事代理权。*《民法典》*（2021 年 1 月 1 日）第 1055 条："夫妻在婚姻家庭中地位平等。"第 1057 条："夫妻双方都有参加生产、工作、学习和社会活动的自由，一方不得对另一方加以限制或者干涉。"第 1060 条："夫妻一方因家庭日常生活需要而实施的民事法律行为，对夫妻双方发生效力，但是夫妻一方与相对人另有约定的除外。夫妻之间对一方可以实施的民事法律行为范围的限制，不得对抗善意相对人。"***《妇女权益保障法（2018 修正）》***（2018 年 10 月 26 日）第 43 条："国家保障妇女享有与男子平等的婚姻家庭权利。"最高人民法院吴晓芳法官***《关于婚姻家庭纠纷审理热点难点问答》***〔载《民事法律文件解读》2012 年第 8 辑（总第 92 辑）〕第 1 条："在处理夫妻债务时，是否应考虑日常家事代理权问题？答：许多国家的亲属法在婚姻的效力中对日常家事代理权都有明确规定，如《瑞士民法典》第 166 条规定：'配偶双方中任何一方，于共同生活期间，代表婚姻共同生活处理家庭日常事务。'夫妻因日常家庭事务与第三人所为之法律行为，视为夫妻共同的意思表示，并由夫妻双方共同承担法律责任。夫妻在日常家庭事务范围内互为代理人，互有代理权。超出日常家事代理范围的行为，由行为人自己承担责任。但第三人有理由相信行为人有代理权的，可以适用表见代理。关于日常家庭事务的范围，史尚宽老先生在《亲属法论》中指出：'为夫妻共同生活通常必要的一切事项，一家之食物、光热、衣着等之购买，保健（正当）娱乐、医疗、子女之教养，家具及日常用品之购置，女仆、家庭教师之雇佣，亲友之馈赠，报纸杂志之订购等。'在日常家事代理权范围之内即使是夫妻一方所欠之债，也应认定为夫妻共同之债，双方应当共同承担清偿责任。但超越日常家事代理权范围之外，以一方名义所欠债务应当认定为个人债务，如一方未经对方同意贷款购买汽车、房屋等所负之巨额债务应当认定为个人之债。除非第三人有理由相信行为人有代理权的，可以适用表见代理。确定家事代理权及其范围、权限是确定夫妻一方以个人名义在婚姻关系存续期间所欠债务性质的重要前提，是平衡配偶的财产权利保护与债权人权利保护冲突的重要手段。婚姻法应当对家事代理权的概念、范围、权限等根据夫妻身份关系的特点和保护市场经济交易安全的需要作出明确具体的规定。在日常家事代理权之外所负之债均应经过双方同意,这是由我国法定的夫妻婚后所得共同制的性质所决定的。夫妻双方对共同共有的财产有平等的处理权,夫妻共同债务作为夫妻共同的消极财产在日常家事代理权之外必须经过双方同意,或以双方名义共同举债,或经过对方同意后以一方名义举债。未经对方同意,又非日常家事代理权权限范围之内所欠债务应当作为举债人的个人之债,由其个人承担清偿责任。《婚姻法司法解释(二)》第二十四条规定的'按夫妻共同债务处理'的债务并不一定是真正的夫妻共同债务,一些不符合夫妻共同债务实质要件的一方举债,虽然要求夫妻双方对外承担连带责任,但该债务实质上属于一方个人债务,承担了清偿责任的另一方,可以向对方全额追偿。"最高人民法院**《关于适用〈中华人民共和国婚姻法〉若干问题的解释(一)》**(2001 年 12 月 27 日　法释〔2001〕30 号,已于 2021 年 1 月 1 日起废止)第 17 条:"婚姻法第十七条关于'夫或妻对夫妻共同所有的财产,有平等的处理权'的规定,应当理解为:(一)夫或妻在处理夫妻共同财产上的权利是平等的。因日常生活需要而处理夫妻共同财产的,任何一方均有权决定。(二)夫或妻非因日常生活需要对夫妻共同财产做重要处理决定,夫妻双方应当平等协商,取得一致意见。他人有理由相信其为夫妻双方共同意思表示的,另一方不得以不同意或不知道为由对抗善意第三人。"第 18 条:"婚姻法第十九条所称'第三人知道该约定的',夫妻一方对此负有举证责任。"上海高院**《婚姻家庭纠纷办案要件指南(三)》**(2010 年 6 月 22 日　沪高法民一〔2010〕8 号)第 2 条:"……夫妻对共同财产的权利义务是平等的,享有平等的所有权,即不分份额、平等地享有占有、使用、收益、处分的权利。因日常生活需要而处理夫妻共同财产的,任何一方均有权决定。非因日常生活需要对夫妻共同财产做重要处理决定,夫妻双方应当平等协商,取得一致意见。如一方擅自处分重要的共有财产,另一方有权否认该处分的法律效力,但如第三人有理由相信其为夫妻双方共同意思表示的,不得对抗善意第三人。由此给另一方配偶造成损失的,应由擅自处分的一方予以赔偿。此外,夫妻双方应平等地承担家庭财产上的义务。家庭共同生活费用,应以夫妻共同财产负担,不足部分则由夫妻双方以个人财产分担。对于夫妻共同债务,应以共同财产清偿,夫妻双方承担连带责任。至于夫妻一方的个人财产,夫或妻可依自己的意愿独立行使所有权,无须征得对方同意;对婚姻关系存续期间一方所负的个人债务及个人财产所生债务,均应由夫妻个人财产承担清偿责任。"江苏高院**《婚姻家庭案件审理指南(2010 年)》**(2010 年 5 月 18 日)第 6 章:"……夫妻家事代理权。《婚姻法》第十七条第二款规定:'夫妻对共同所有的财产,有平等的处理权。'该规定充分体现了男女平等的原则。但平等并不意味着所有的事务均需双方对外亲自处理,这既不现实也不可能。为此,《婚姻法解释一》第十七条第(一)项进一步明确'夫或妻在处理夫妻共同财产上的权利是平等的,因日常生活需要而处理夫妻共同财产的,任何一方均有权决定’。该规定明确了夫妻对日常生活事务的家事代理权，也即夫妻一方因日常事务在与第三人进行民事交往时所为法律行为，视为夫妻共同的意思表示，配偶他方需承担连带责任。但该条第(二)项同时又规定‘夫或妻非因日常生活需要对夫妻共同财产做重要处理决定，夫妻双方应当平等协商，取得一致意见。他人有理由相信其为夫妻双方共同意思表示的，另一方不得以不同意或不知道为由对抗善意第三人’。因此，当涉及夫妻一方对外所为民事法律行为效力与责任承担时，首先需判断该行为是属于日常生活还是非日常生活范畴，然后根据法律规定确定其效力与责任承担。一般来说，涉及家庭柴米油盐事务自然系日常生活，但如涉及住、行、子女教育等事务自然应夫妻互商互量。与家事代理有关的纠纷常见的一类是对夫妻共有房屋的处理。夫妻一方将属于夫妻共有的房屋售与他人，买受人要求夫妻履行合同，而夫妻一方或双方往往以出售行为未与配偶协商，不符合婚姻法和司法解释的规定为由进行抗辩。我们认为，夫妻一方对房屋的处理应不属于日常生活范畴，故如果确实出售方未与配偶协商，私自出售自当认定为无权处分，协议无效。但如果买受人有证据证明其有理由相信该出售行为系夫妻双方的意思表示，且其是善意购买人，则夫妻一方的出售行为构成表见代理，该售房行为合法有效。”江苏高院民一庭**《婚姻家庭案件疑难问题法律适用研讨会综述》**(2005年5月)第6条：“关于夫妻双方对共同财产的平等处理权。《婚姻法》第十七条第二款规定：夫妻对共同财产有平等处理权。《解释一》第十七条对此作了进一步明确。因日常生活需要而处理夫妻共同财产的，任何一方均有决定权，这是一种当然代理权，第三人可以将此认定为夫妻双方共同意思表示；对于非因日常生活需要对夫妻共同财产所作出的重要处理决定，双方须在平等协商的基础上，取得一致意见。除非他人有理由相信是夫妻共同意思表示，否则该行为是无效的。但是实践中遇到这样的问题：夫妻双方共有的房屋，只登记于一方名下，登记一方未经另一方同意将房屋出售与第三人，夫妻另一方起诉要求确认房屋买卖合同无效。该房屋买卖合同效力如何认定，与会代表形成两种观点：一种观点认为，房屋虽然只登记于一方名下，但属于夫妻共同财产。夫妻双方对共同财产享有平等处理权，一方当事人未经另一方同意，擅自处分房屋，属于无权处分，另一方不予追认的，房屋买卖合同无效。另一种观点认为，从物权理论角度出发，买受人没有义务审查出让人是否结婚、房屋是否为夫妻共同财产的义务，依照所有权登记的公示公信力，第三人有理由相信权属证书登记人有权处分房屋，且从保护交易安全出发，亦应当认定房屋买卖合同有效。如果第三人已取得物权，应予保护；如果第三人未取得物权，可向出售人主张违约赔偿。还有一种观点认为，如果夫妻双方仅此一套房屋且用于居住，应认定合同无效。如非此种情形，同意第二种意见。”河南省**《实施〈中华人民共和国妇女权益保障法〉办法》**(2008年11月1日)第19条：“妇女在婚姻家庭中依法享有的财产权利不受其收入状况的影响。婚姻关系存续期间,男女双方对夫妻共同财产享有知情权。”

2. 无权处分。

(1)法律规定。《民法典》(2021年1月1日)第154条:“行为人与相对人恶意串通,损害他人合法权益的民事法律行为无效。”第155条:“无效的或者被撤销的民事法律行为自始没有法律约束力。”第156条:“民事法律行为部分无效,不影响其他部分效力的,其他部分仍然有效。”第157条:“民事法律行为无效、被撤销或者确定不发生效力后,行为人因该行为取得的财产,应当予以返还;不能返还或者没有必要返还的,应当折价补偿。有过错的一方应当赔偿对方由此所受到的损失;各方都有过错的,应当各自承担相应的责任。法律另有规定的,依照其规定。”第172条:“行为人没有代理权、超越代理权或者代理权终止后,仍然实施代理行为,相对人有理由相信行为人有代理权的,代理行为有效。”第301条:“处分共有的不动产或者动产以及对共有的不动产或者动产作重大修缮、变更性质或者用途的,应当经占份额三分之二以上的按份共有人或者全体共同共有人同意,但是共有人之间另有约定的除外。”第311条:“无处分权人将不动产或者动产转让给受让人的,所有权人有权追回;除法律另有规定外,符合下列情形的,受让人取得该不动产或者动产的所有权:(一)受让人受让该不动产或者动产时是善意;(二)以合理的价格转让;(三)转让的不动产或者动产依照法律规定应当登记的已经登记,不需要登记的已经交付给受让人。受让人依据前款规定取得不动产或者动产的所有权的,原所有权人有权向无处分权人请求损害赔偿。当事人善意取得其他物权的,参照适用前两款规定。”

(2)最高人民法院司法解释及其他司法性文件/解读文章。最高人民法院**《关于适用〈中华人民共和国民法典〉婚姻家庭编的解释(一)》**(2021年1月1日 法释〔2020〕22号)第28条:“一方未经另一方同意出售夫妻共同所有的房屋,第三人善意购买、支付合理对价并已办理不动产登记,另一方主张追回该房屋的,人民法院不予支持。夫妻一方擅自处分共同所有的房屋造成另一方损失,离婚时另一方请求赔偿损失的,人民法院应予支持。”最高人民法院吴晓芳法官**《关于婚姻家庭纠纷审理热点难点问答》**〔载《民事法律文件解读》2012年第5辑(总第89辑)〕第26条:“婚姻关系存续期间,一方擅自将夫妻共同财产赠与他人,这种赠与属于一半无效还是全部无效?答:在婚姻关系存续期间,夫妻双方对共同财产具有平等的权利,因日常生活需要而处理共同财产的,任何一方均有权决定,非因日常生活需要对夫妻共同财产作重要处理决定,夫妻双方应当平等协商,取得一致意见。夫妻一方非因日常生活需要而将共同财产无偿赠与他人,严重损害了另一方的的财产权益,有违民法上的公平原则,这种赠与行为应属无效。有观点认为,夫妻一方将共同财产擅自赠与他人的赠与行为应认定部分无效，而非全部无效。理由是夫妻共同财产中既包含丈夫的份额也包含妻子的份额，他人所获赠财产中有一半为夫妻一方的份额，一方处分自身份额的意思表示应为真实，他人可取得一半的财产权利。我们认为，上述观点值得商榷。在夫妻双方未选择其他财产制的情形下，夫妻对共同财产形成共同共有，而非按份共有。根据共同共有的一般法理，在夫妻关系存续期间，上述财产应作为一个不可分割的整体，夫妻双方无法对共有财产划分个人份额，也无权在共有期间请求分割共有财产。只有在共同共有关系终止时，才可对共有财产进行分割，确定各自份额。因此夫妻一方擅自将共同财产赠与他人的赠与行为应为全部无效……"最高人民法院《**关于适用〈中华人民共和国婚姻法〉若干问题的解释(三)**》(2011 年 8 月 13 日　法释〔2011〕18 号，2021 年 1 月 1 日起废止)第 11 条："一方未经另一方同意出售夫妻共同共有的房屋，第三人善意购买、支付合理对价并办理产权登记手续，另一方主张追回该房屋的，人民法院不予支持。夫妻一方擅自处分共同共有的房屋造成另一方损失，离婚时另一方请求赔偿损失的，人民法院应予支持。"最高人民法院《**关于人民调解协议司法确认程序的若干规定**》(2011 年 3 月 30 日　法释〔2011〕5 号)第 35 条："夫妻一方擅自出卖共同共有的房屋应如何处理？审判实践中经常出现这样的纠纷，夫妻一方未经另一方同意，擅自将夫妻共同共有的房产出卖，另一方向法院提起诉讼，要求确认房屋买卖合同无效、第三人返还房屋。随着《物权法》的出台、善意取得制度在法律上的真正确立，对于此类纠纷的处理，应该说已基本达成共识，没有太大的争议。问题的焦点在于，当夫妻一方擅自处分的房屋属于家庭唯一居住用房时，应当优先保护谁的利益？有的专家建议规定除外情形，即房屋属于家庭共同生活唯一居住用房的除外。因生存是第一要素，夫妻一方擅自将家庭仅有的一套房屋出售，如果支持善意第三人的主张，会出现另一方无家可归的情况。从公开征求意见反馈的情况来看，多数意见认为，征求意见稿中的除外条款实际上否定了《物权法》第一百零六条的规定，原则上这种例外条款不应允许。如果善意第三人付出家庭全部积蓄购入的房屋也是其家庭唯一生活住房，如何平衡二者之间的利益？另'居住需要"也未区分普通型居住需要和豪华型居住需要。《最高人民法院关于人民法院民事执行中查封、扣押、冻结财产的规定》第六条规定：'对被执行人及其所扶养家属生活所必需的居住用房，人民法院可以查封，但不得拍卖、变卖或者抵债。'同时第七条还规定：'对于超过被执行人及其所扶养家属生活所必需的房屋和生活用品，人民法院根据申请执行人的申请，在保障被执行人及其所扶养家属最低生活标准所必需的居住房屋和普通生活必需品后，可予以执行。'既然民事执行程序中已经有明确的规定，对于唯一住房不予执行，显然考虑到了生存权、居住问题，没必要在婚姻法解释中再专门规定；在房价高涨的现实情况下，担心这个条款可能会被卖房反悔的人利用,不利于保护交易安全和善意第三人的合法权益。《婚姻法司法解释(三)》第十一条采纳了多数人意见,根据《物权法》第一百零六条精神作出了相应规定,既符合民法善意取得制度的要求,同时又规定人民法院对另一方赔偿损失的请求予以支持,体现了兼顾配偶权利保护和保障交易安全、保护善意第三人利益的现代法制精神。"第 36 条:"夫妻一方擅自出卖共有房屋情况下,如何判断第三人是善意的? 由谁举证? 答:1. 如何认定第三人是善意非常重要,对作为不动产的房屋而言,应当以第三人对登记的信赖作为判断是否构成不动产善意取得的标准。在通常情况下,只要第三人信赖了登记,就应推定其为善意,除非有证据证明其事先明知登记错误或者登记簿中有异议登记的记载。这里的善意不以第三人进一步核实登记事项为前提。将善意仅限于登记信赖,则在司法认定时,只需考量登记记载的所有权人是否与夫妻一方一致且无异议登记即可。有一点需注意,如果房产登记在夫妻两人名下,夫或妻一方出售能否认定第三人为善意呢。笔者以为,如果房产登记在夫妻两人名下,应当排除第三人为善意,其应该知道与其交易的夫或妻没有完全产权,仍与其交易,应当承担交易不能的风险。2.'善意'的证明责任分配。在不动产善意取得中,登记簿是以国家信誉作为保障,具有高度公信力,应首先推定取得人是善意的,取得人不负证明自己是善意的举证责任,如果产权证上未载明的夫妻一方不能证明取得人为恶意,就应推定第三人为善意。3. 第三人'善意'状态的时间节点。由于房地产变更登记流程需要一段时间,不可能瞬间完成。应当把判断第三人是否为善意的时间点确定为应在记载于登记簿时。这不仅更符合《物权法》的立法本意,也有利于夫妻另一方权益保护。虽然善意取得制度是为交易安全所设,但这并不意味着其对真正权利人所有权的漠视。基于诚信原则的要求,在变更登记尚未完成,第三人对房产还未以登记取得公信力的情形下,应当在知道登记簿不实后撤回登记申请。事实上,相关规章也对撤回申请作了规定。例如,《房屋登记办法》第二十一条明确规定:'房屋登记机构将申请登记事项记载于房屋登记簿之前,申请人可以撤回登记申请。'"第 39 条:"《婚姻法司法解释(三)》第十一条中的支付'合理对价'的认定标准是什么? 答:可参照《合同法解释(二)》第十九条的规定,对于《合同法》第七十四条规定的'明显不合理的低价',人民法院应当以交易当地一般经营者的判断,并参考交易当时交易地的物价部门指导价或者市场交易价,结合其他相关因素综合考虑予以确认。转让价格达不到交易时交易地的指导价或者市场交易价百分之七十的,一般可以视为明显不合理的低价;对转让价格高于当地指导价或者市场交易价 30% 的,一般视为明显不合理的高价。债务人以明显不合理的高价收购他人财产,人民法院可以根据债权人的申请,参照《合同法》第七十四条的规定予以撤销。"最高人民法院**《关于审理房屋登记案件若干问题的规定》**(2010 年 11 月 18 日　法释〔2010〕14 号)第 8 条:"当事人以作为房屋登记行为基础的买卖、共有、赠与、抵押、婚姻、继承等民事法律关系无效或者应当撤销为由，对房屋登记行为提起行政诉讼的，人民法院应当告知当事人先行解决民事争议，民事争议处理期间不计算在行政诉讼起诉期限内；已经受理的，裁定中止诉讼。”最高人民法院**《关于王棣华等人与王庆贞等人房屋继承案的批复》**（1987年8月5日 〔1987〕民他字第14号）：“……该案争执之房屋原系王镛、王守瑜、王庆贞之母的财产。出典后，由王镛于1937年出资赎回，解放后，该房屋确权为王镛所有。在王镛与孙跃文婚姻关系存续期间，夫妻任何一方所得之财产，包括上述房屋，应属夫妻共同财产，夫妻一方在处理共同财产时，应取得另一方的同意。王镛在征求孙跃文意见时，孙明确表示不同意将房屋赠与王守瑜，以后在赠与书上又未签字，因此赠与应属无效。但鉴于王守瑜已长期掌管使用，王镛生前曾有过赠与的明确表示，其子女当时也表示同意的历史状况，从实际情况出发，以认定一部分为王镛和孙跃文的遗产，一部分属于王守瑜的遗产为宜。按照继承法的规定，双方的遗产分别由他们各自的法定继承人继承。”

（3）地方司法性文件。上海一中院**《类案裁判方法|共有房屋买卖合同纠纷案件的审理思路和裁判要点》**（2020年9月25日）第3条：“共有房屋买卖合同纠纷案件的审理思路和裁判要点。在共有房屋买卖合同纠纷案件中，法院需结合证据并运用逻辑推理和经验法则，探究当事人在合同订立时及合同履行中的真实意思，从而在保护共有人对共有房屋享有物权权利的同时，维护交易秩序，保障交易安全。审理此类案件时，法院首先需明确案件当事人的诉讼地位，其次需对合同效力作出认定。合同无效的，一般应对双方返还因合同履行而取得的财产、损失赔偿等无效后果一并予以处理；合同有效的，基于物债区分原则，还应审查是否存在无权处分等履行障碍；合同解除的，应正确认定守约方的实际损失，合理调整违约金，并注意对其他解除后果一并予以处理。（一）程序性事项的审查。共有房屋买卖合同纠纷案件可能涉及共有人的内部代理和共有物处分，法院需根据个案中的不同情形准确认定当事人的诉讼地位。1. 共有人均系合同当事人。共有人均系合同当事人的情形包括：一是全体共有人作为出卖人在房屋买卖合同中签字；二是部分共有人作为出卖人暨其他共有人的代理人在房屋买卖合同中签字。上述两种情形中，全体共有人均系合同当事人，应当作为共同原告或共同被告参加诉讼。审判实践中，部分共有人构成代理的情形主要包括：一是合同明确载明部分共有人代理全体共有人签订合同；二是部分共有人签订合同的同时出具承诺函，承诺其他共有人授权其代为签字；三是合同首部载明出卖人为全体共有人，但落款处仅部分共有人签字。2. 部分共有人系合同当事人。部分共有人以自己名义签订房屋买卖合同，买受人诉请解除合同的，案件处理结果一般与其他共有人无关，故其他共有人原则上无需参加诉讼。买受人诉请继续履行合同的，涉及房屋的物权变动，案件处理结

果与其他共有人直接相关,故其他共有人应当作为第三人参加诉讼。需要注意的是,房屋登记在夫妻一方名下但可能为夫妻共同财产的,法院应当听取配偶方的意见。如配偶方确认房屋为登记产权人的个人财产,或明确表示放弃对该房屋所享有权利的,则其无需作为第三人参加诉讼。(二)当事人主张合同无效的审理思路和裁判要点。1. 合同效力的审查。共有房屋买卖合同纠纷案件中,当事人常以出卖人无权代理、无权处分、合同双方通谋虚伪意思表示或存在恶意串通损害其他共有人权利等为由,要求确认房屋买卖合同无效。(1)对当事人主张无权代理的审查。部分共有人以全体共有人名义签订房屋买卖合同的,法院应当审查部分共有人是否构成有权代理或表见代理。需要注意的是,《民法典》第 1060 条第 1 款规定,夫妻一方因家庭日常生活需要而实施的民事法律行为,对夫妻双方发生效力,但是夫妻一方与相对人另有约定的除外。一般情况下,房屋作为家庭重大财产,处分房屋不属于因家庭日常生活需要而实施的民事法律行为,因此不适用家事代理。部分共有人无权代理且不构成表见代理的,如其他共有人对代理行为予以追认则合同有效,全体共有人承担合同项下权利义务。如其他共有人对代理行为不予追认,因欠缺效果归属要件,代理效果不归属于其他共有人;又因部分共有人作出代理行为时未产生效果归属于自己的意思,代理效果亦不归属于该部分共有人。需要注意的是,根据《民法典》第 171 条规定,部分共有人无权代理签订房屋买卖合同的,合同对其他共有人不发生效力;实施无权代理行为的部分共有人承担履行债务或赔偿损失的责任。鉴于房屋为特定物,且其他共有人不同意追认部分共有人的代理行为,通常也不会同意处分共有房屋。如买受人要求部分共有人履行债务,因存在履行不能的情况,法院需向其释明是否变更诉请为要求部分共有人赔偿损失。如买受人明知或应当知道部分共有人为无权代理,则双方按照各自过错承担责任。对于部分共有人是否构成有权代理,在买受人无法提供授权委托书等直接证据的情况下,法院可综合以下几个方面进行审查:一是共有人之间是否存在特殊身份关系;二是其他共有人是否参与房屋出售过程,包括挂牌、与中介及买受人接洽谈判等;三是房屋是否由共有人共同居住,其他共有人与买受人在看房时有无接触;四是其他共有人是否收取过定金或房款;五是部分共有人签订合同时,是否持有其他共有人的个人证件;六是其他共有人是否作出过追认合同的意思表示,或者在明知合同已经签订、买受人支付部分房款并实际占有使用房屋的情况下,是否在合理期限内提出异议等。结合上述事实,如可认定其他共有人事先授权或事后追认部分共有人代签房屋买卖合同,则部分共有人构成有权代理。对于部分共有人是否构成表见代理,法院需严格把握。如部分共有人持其他共有人出具的授权委托公证书,与买受人签订房屋买卖合同。后公证机构查明该授权委托并非其他共有人的真实意思表示,或授权委托公证书存在其他应予撤销的情形,而对授权委托公证书予以撤销的，因买受人基于对授权委托公证书的合理信赖而签订合同，故可认定部分共有人构成表见代理。其他共有人以订立合同的部分共有人构成无权代理为由请求确认房屋买卖合同无效的，法院一般不予支持。(2)对当事人主张无权处分的审查。当事人订立房屋买卖合同的行为属于典型的债权行为。依据《民法典》第597条第1款规定，因出卖人未取得处分权致使标的物所有权不能转移的，买受人可以解除合同并请求出卖人承担违约责任。由此可见，债权行为有效不以负担义务者享有处分权为必要。根据《最高人民法院关于审理买卖合同纠纷案件适用法律问题的解释》第3条第1款规定，部分共有人以自己名义与买受人就共有房屋签订房屋买卖合同，其他共有人以该共有人无权处分为由，主张房屋买卖合同无效的，法院不予支持。《民法典》实施后，法院可直接适用第597条第1款规定进行裁判。(3)对当事人主张合同双方通谋虚伪意思表示的审查。当事人主张合同双方通谋虚伪意思表示往往存在于部分共有人与买受人为担保买受人债权而签订房屋买卖合同的情形。《民法典》第146条第1款规定，行为人与相对人以虚假意思表示实施的民事法律行为无效。买卖双方为担保债权而签订房屋买卖合同，其真实意思均为以债务人名下房屋为债权实现提供担保，而非债权人购买债务人名下房屋。因此，为担保债权而签订的房屋买卖合同因构成通谋虚伪意思表示而无效。对于合同双方是否构成通谋虚伪意思表示，法院一般可从以下几个方面进行审查：一是当事人之间是否存在民间借贷等债权债务关系；二是合同签订的背景及磋商过程；三是合同约定及履行是否符合交易惯例。对与交易惯例不符的情况，当事人能否作出合理解释；四是房款是否实际支付、以何种方式支付；五是房屋实际居住使用情况；六是当事人是否及时主张房屋买卖合同项下权利。(4)对当事人主张合同双方恶意串通的审查。《民法典》第154条规定，行为人与相对人恶意串通，损害他人合法权益的民事行为无效。部分共有人以房屋买卖合同双方恶意串通、损害其合法权益为由主张合同无效的，法院可从以下几个方面进行审查：一是共有人之间关系是否和睦，如是否存在夫妻感情不睦、已长期分居、一方已提起离婚诉讼等情形；二是买受人是否通过中介居间而获知房源；三是合同双方是否存在特殊关系；四是合同约定是否符合交易惯例，如房价是否明显低于市场价值等；五是合同履行是否存在瑕疵，如房款是否实际支付等。2. 合同无效后果的处理。房屋买卖合同无效的，法院应避免机械适用‘不告不理’原则，仅就当事人的诉请进行审理，而是应当向双方释明合同无效的相关后果，尽可能一次性解决纠纷。此外，需要注意以下三种特殊情形：(1)买受人取得产权后在房屋上设立抵押权。此种情形下，法院可通知抵押权人作为本案第三人参加诉讼。抵押权人善意取得抵押权的，原则上可判令债务人向债权人清偿债务后涤除抵押，将房屋恢复登记至出卖人名下。如债务人无清偿能力，根据《民法典》第524条规定，债务人不履行债务，第三人对履行该债务具有合法利益的,第三人有权向债权人代为履行。因此,法院可向共有人释明,共有人愿意代为清偿债务以涤除抵押的,法院可判令共有人代债务人向债权人清偿债务;涤除抵押后将房屋恢复登记至出卖人名下,同时判令债务人向共有人支付代其清偿的债务金额。(2)买受人取得产权后房屋被司法查封。房屋在司法查封状态下不能恢复登记至出卖人名下。如作出该司法查封裁定的案件类型仅为金钱类债权债务纠纷,法院可向共有人释明是否愿意向买受人的债权人清偿债务或提供担保,以解除查封便于恢复产权登记。法院仅需根据司法查封是否解除的具体情况,作出确认合同无效或是一并处理房屋恢复登记等合同无效后果的判决。(3)买受人未向出卖人实际支付房款。如买受人并未实际支付房款,或已支付房款但出卖人随即通过取现、转账等方式将房款全部返还或支付给买受人指定的案外人处,则案件一般不存在房款返还的问题。如买受人向出卖人的代理人或指定的案外人支付房款,则视为出卖人实际收取房款,待合同认定无效后,出卖人负有返还义务。如出卖人与买受人之间存在其他债权债务关系,法院应另行处理。(三)对当事人主张继续履行合同的审查。对于合同有效买受人主张继续履行的,法院应当审查合同是否存在履行障碍。共有房屋买卖合同纠纷案件中,关于合同能否继续履行的争议焦点,主要集中在出卖人是有权处分还是无权处分。当然,共有房屋买卖合同还可能存在其他履行障碍,如在出卖人'一房数卖'情形下本案买受人合同履行顺位在后;买受人属于限购对象;系争房屋上存在另案司法查封等。鉴于本文着重分析与房屋共有性质的相关问题,故对其他履行障碍的情况不予详述。1. 出卖人是否构成无权处分。部分共有人以自己名义签订房屋买卖合同的,合同不因此而无效,但合同能否继续履行即共有房屋的所有权能否转移,需考察其他共有人的意思表示。如其他共有人未事先授权亦未事后追认部分共有人出售房屋,则部分共有人构成无权处分,合同无法继续履行。如其他共有人事先授权或事后追认部分共有人出售房屋,则部分共有人构成有权处分,合同可以继续履行。需要注意的是,实践中部分出卖人因房价上涨而反悔,遂以自己构成无权处分为由拒绝履行合同。对此,法院应查明其他共有人是否知晓并同意出售房屋。因该节事实与部分共有人是否构成有权代理,实际均需审查其他共有人就房屋出售事宜的真实意思,故该节事实的审查可参照是否构成有权代理的审查要点。出卖人或其他共有人主张出卖人构成无权处分的,应当具体陈述或解释出卖人擅自处分共有房屋的理由。如共有人之间关系恶化、出卖人恶意转移财产等,并提供相应证据予以佐证。法院应当运用逻辑推理和经验法则,对当事人陈述及其他证据有无证明力及证明力大小进行判断,从而最终形成心证。2. 责任承担主体的认定。当部分共有人构成有权处分、合同应继续履行时,基于物债区分原则,买受人的诉请实则涉及不同性质的法律行为——买卖双方基于合同的负担行为,以及部分共有人的处分行为与其他共有人的授权处分行为。首先,基于合同相对性,买受人有权要求出卖人承担合同责任,除要求出卖人继续履行合同外,还可要求出卖人承担支付违约金或赔偿损失等其他违约责任。其次,买受人有权要求其他共有人协助转移买卖房屋所有权。需要注意的是,其他共有人并非房屋买卖合同的当事人,除非其他共有人的意思表示构成债务加入,否则不承担房屋买卖合同项下的责任。(四)合同解除责任的认定与解除后果的处理。1. 合同解除责任的审理思路。出卖人无权处分致使房屋买卖合同无法继续履行的,买受人可以行使合同解除权,并基于合同相对性要求出卖人承担违约责任。需要注意的是,买受人是否清楚房屋的权属状况与出卖人因构成无权处分而应承担的违约责任无关。买受人疏于审查的,仅负担合同不能继续履行、无法转移房屋产权的风险。2. 合同解除后的恢复原状。房屋买卖合同属于即时性合同,合同解除具有溯及力。合同解除后出卖人自始不享有收取房款的权利,买受人自始不享有占有使用房屋的权利。因此,出卖人应当向买受人返还房款及占有房款获得的利益,买受人应当向出卖人返还房屋及占有房屋获得的利益。依据《九民会纪要》第 34 条规定,可将该两笔占有费用相互抵销,即出卖人仅需返还房款本金,买受人仅需返还房屋。当然,如房屋尚未实际交付,则出卖人应当向买受人返还房款及相关占有利益。3. 房屋差价损失的认定。房屋差价损失属于买受人的可得利益损失。原则上应以合同解除时间或买受人知道或应当知道房屋买卖合同无法继续履行的时间作为房屋差价的计算节点。对于房屋差价的确定方式,双方当事人可以协商确定;无法达成一致的,可以通过司法鉴定的方式予以确定;双方争议不大或明确同意的,亦可通过询价方式确定。对于房屋差价损失,法院应综合运用可预见规则、损益相抵规则、减损规则、过失相抵规则予以确定。具体应注意以下几点:(1)损失的可预见性应理解为订立合同时对损失类型的预见,而非损失大小的预见。(2)适用损益相抵规则的同时应考虑不能使出卖人因违约行为而得益。(3)合同履行程度通常仅与买受人的积极损失认定有关,而与买受人可得利益损失认定无关。4. 违约金调整的审理思路和裁判要点。出卖人主张违约金过高的,应当承担证明责任,且应当在一审法庭辩论终结前提出;二审期间提出的,法院原则上不予支持。出卖人提供初步证据后,买受人坚持认为违约金合理的,应当对其实际损失作出说明并提供相应证据。具体而言,出卖人主张违约金过分高于实际损失的,应根据具体违约行为证明相应损失的大致金额;主张损益相抵的,应证明买受人因出卖人的违约行为而获益;主张过错相抵的,应证明买受人存在过错。如出卖人没有陈述具体理由并提供相应证据材料的,法院可不予调整。出卖人陈述具体理由并提供证据材料后,买受人同意调低违约金的,应陈述调整幅度的理由和依据,如其主张大致合理不构成明显利益失衡,则法院不再继续调整。买受人不同意调低的,需针对出卖人的调整幅度、理由及证据材料进行答辩;买受人能够举证证明出卖人的理由全部或部分不成立的,对违约金不予调整或对出卖人主张的幅度予以扣减。因出卖人恶意违约而买受人不同意调整违约金的,法院在认定违约金时应注意违约金的失信惩戒功能。”江苏高院**《家事纠纷案件审理指南(婚姻家庭部分)》**(2019年7月18日)第40条:“夫妻一方擅自处分共有不动产应当如何处理?《婚姻法解释三》第十一条规定仅适用于‘登记在夫妻一方名下,该方处分’的情形,受让人在符合《中华人民共和国物权法》第一百零六条规定情形下,其主张取得物权的,应予支持。在不符合《中华人民共和国物权法》第一百零六条规定情形下,依照《婚姻法解释一》第十七条第二项的规定,如果受让人能够举证证明‘有理由相信其为夫妻双方共同意思表示’的,受让人主张继续履行合同的,亦应予以支持。对‘登记在夫妻双方名下、夫妻一方处分’以及‘登记在夫妻一方名下,夫妻另一方处分’的情形,可以依照《婚姻法解释一》第十七条第二项的规定,如果受让人能够举证证明‘有理由相信其为夫妻双方共同意思表示’的,受让人主张继续履行合同的,应予支持。对于‘有理由相信其为夫妻双方共同意思表示’,可以通过审查当事人先前行为是否足以造成确信(在场未表示反对)、是否从公开场所取得(通过中介)、手续是否齐备(本人在场、证件原件、授权委托书)等予以综合判断。”广东高院**《印发〈关于审理房屋买卖合同纠纷案件的指引〉的通知》**(2017年9月12日 粤高法〔2017〕191号,已于2021年1月1日起废止)第19条:“夫妻一方擅自出卖共有房屋,买受人要求继续履行合同办理房屋所有权转移登记的,人民法院应当依照《最高人民法院关于适用〈中华人民共和国民事诉讼法〉的解释》第七十三条的规定通知夫妻另一方作为共同被告参加诉讼。买受人也可以申请追加夫妻另一方作为共同被告参加诉讼。买卖合同因出卖人没有处分权不能履行的,人民法院可以向买受人释明变更诉讼请求为解除合同、赔偿损失。但有以下情形之一的,可以判决合同继续履行:(一)夫妻另一方追认买卖合同的;(二)买受人举证证明夫妻另一方知道而未表示反对的;(三)买受人已经按照合同约定支付价款,并占有使用房屋,夫妻另一方未在合理期间提出异议的;(四)有其他情形,可以认定买受人属于《最高人民法院关于适用〈中华人民共和国婚姻法〉若干问题的解释(一)》第十七条规定的‘有理由相信其为夫妻双方共同意思表示的’。夫妻一方擅自出卖登记在自己一方名下的共有房屋,已经办理所有权转移登记,另一方请求追回房屋的,依照善意取得的规定审查。”四川成都中院**《二〇一七年全市法院民商事审判工作会会议纪要》**(2017年8月11日)第34条:“夫妻一方在婚姻关系存续期间,在未征得另一方同意的情况下处分夫妻共同财产,该行为的效力如何认定?在婚姻关系存续期间,在没有特别约定的情况下,夫妻双方的共同财产为共同共有,而非按份共有。夫或妻非因日常生活需要处分夫妻共同财产时,应当协商一致,任何一方无权单独处分夫妻共同财产。若夫妻一方超出日常生活需要擅自将共同财产赠与他人，该赠与行为不能认定为部分有效、部分无效，而应认定为全部无效；夫妻中的另一方以侵犯共有财产权为由请求返还的，人民法院应予支持。”山东高院**《民事审判会议纪要》**（2017年8月）第2条：“……关于未经共同共有人同意出售房屋的合同效力问题。房屋的共同共有人处分房屋的，应当符合《民法通则》及最高人民法院司法解释的规定。如果房屋产权共有人登记没有瑕疵的，应当认定部分共有人的擅自处分行为无效。如果登记的房屋共有人与实际共有人不符的，应当区别情况加以处理：产权登记因只登记了部分共有人未登记其他共有人而出现登记瑕疵的，部分共有人处分房产时，如果买受人符合善意取得的条件，应当认定处分行为有效；其法律依据是《合同法》第51条无权处分理论、《房地产管理法》第37条第2项关于共有房地产未经其他共有人书面同意不得转让的规定、《物权法》第97条关于共有不动产的处分应当经占份额三分之二以上的按份共有人或者全体共同共有人同意的规定和106条关于不动产物权善意取得制度的规定。但对于夫妻共有房屋应慎用善意取得制度，因为房屋属于夫妻财产中的重大财产，夫或妻一方对夫妻共有房屋的处分不属于夫或妻因日常生活需要对夫妻共同财产的处分，不适用家事代理的规定；第三人在应当知道作为买卖合同标的物的房屋是夫妻共同财产时，仍只与其中一方签订房屋买卖合同而未取得另一方同意的，不能构成善意取得。买受人不属于善意取得的，应当认定处分行为无效。部分共有人擅自处分共有房产，买受人有理由相信该处分行为得到了其他共有人认可的，根据《合同法》第四十九条的规定，应当认定有效。”北京三中院民二庭**《婚姻家庭案件法律适用疑难问题研讨会意见》**（2016年11月2日）第4条：“夫妻一方将双方共有房屋卖给第三人，买卖合同是否有效？我们认为，基于最高法院‘买卖合同解释’第三条的规定，合同效力问题已经与物权基础问题分离，故该类无权处分协议一般应当有效，除非转让协议有其他无效事由；对于买受人能否实际取得房屋所有权的问题，应当按照善意取得制度处理；买受人未能依据合同取得房屋的，可以起诉卖房一方主张违约责任，该责任应当由其个人自行承担。”北京高院**《关于审理房屋买卖合同纠纷案件若干疑难问题的会议纪要》**（2014年12月16日　京高法发〔2014〕489号）第6条：“无权处分合同的效力和履行。夫妻一方未经另一方同意，以自己名义转让登记在自己名下的法定共有房屋，当事人以出卖人在缔约时对房屋没有所有权或者处分权为由主张房屋买卖合同无效的，不予支持。前款房屋已经交付但尚未办理过户登记，不符合《物权法》第106条第1款规定的善意取得构成要件，买卖合同构成法律上的履行不能，买受人要求继续履行买卖合同办理房屋过户登记的，法院应当释明买受人可以主张解除合同，经释明买受人坚持不变更诉讼请求的，应当判决驳回其诉讼请求。房屋买卖合同解除的，善意买受人有权要求出卖人承担包括赔偿房屋差价损失在内的违约责任。前款房屋已经过户登记到买受人名下,但不符合《物权法》第 106 条第 1 款规定的善意取得其他构成要件,夫妻另一方依据该规定要求追回房屋的,应予支持。‘善意’的判断时点以买受人申请过户登记时为准。”第 7 条:“房屋共有权利人的诉讼地位与责任承担。夫妻一方转让登记在自己名下的法定共有房屋,买受人要求继续履行合同办理房屋过户登记,法院应当对出卖人(登记方)的行为是否构成无权处分或无权代理进行审查,并释明买受人可以申请追加夫妻另一方作为共同被告或第三人参加诉讼,买受人不申请的,法院可以通知夫妻另一方作为无独立请求权第三人参加诉讼。夫妻另一方以出卖人构成无权处分为由要求追回房屋的,可以作为有独立请求权第三人参加诉讼。夫妻另一方向法院表示同意出卖人转让房屋的,可以不追加其参加诉讼。经审查夫妻另一方追认出卖人的处分行为或有证据证明其以自己的行为同意履行的,构成对房屋过户登记债务的加入,应当判决夫妻双方共同为买受人办理房屋过户登记手续;出卖人的行为构成《最高人民法院关于适用〈中华人民共和国婚姻法〉若干问题的解释(一)》第 17 条第(2)项或《民法通则》第 66 条第 1 款规定的,该买卖合同对夫妻另一方具有约束力,应当判决夫妻双方共同为买受人办理房屋过户登记手续。”第 8 条:“冒名签订房屋买卖合同的效力。出卖人冒用房屋所有权人名义(如伪造所有权人身份证明、找相貌近似者冒充所有权人交易等)擅自转让房屋,可以参照《合同法》第 48 条无权代理的规定认定房屋买卖合同无效,该合同对房屋所有权人没有约束力,但买受人有证据证明构成《合同法》第 49 条规定表见代理的除外。买受人信赖出卖人享有代理权法律外观的形成系不可归因于房屋所有权人的,不构成前款规定的表见代理。”广东深圳中院**《关于房屋买卖合同纠纷案件的裁判指引(2014 修订)》**(2014 年 8 月 28 日)第 24 条:“旨在明确夫妻一方处分双方名下房屋的合同效力问题。根据《婚姻法》的规定,除夫妻间对财产归属有特别约定的外,夫妻关系存续期间取得的财产为法定共同共有。我们在司法实践中发现,在商品房买卖合同纠纷中,相当数量的案件涉及夫妻财产的认定和处分规则的适用问题,目前司法实践中存在两类具有典型代表性的情形:一是作为出卖人的夫妻有意仅由一方签订买卖合同,如履行过程中房地产市场价格继续上涨,出卖人则以买卖行为未经夫妻双方同意为由拒绝履行合同。二是有部分法院不区分是否存在夫妻共同意思表示,直接以夫妻关系为依据而适用表见代理或‘家事代理’规则,判令未签约的夫妻一方承担继续履行或其他违约责任,此种处理方法虽有利于交易安全,但对削弱了其他共有人共有权的效力范围。有鉴于此,我们认为应有必要进一步明确裁判规则。《婚姻法司法解释一》第十七条第(二)项规定:‘夫或妻非因日常生活需要对夫妻共同财产做重要处理决定,夫妻双方应当平等协商,取得一致意见。他人有理由相信其为夫妻双方共同意思表示的,另一方不得以不同意或不知道为由对抗善意第三人。’据此,就夫妻一方签约转让登记在夫妻双方名下的共同共有房屋的情形，如买受人有理由相信该转让为夫妻共同意思表示的，夫妻一方不得以不同意或不知道对抗该善意受让人。我们认为，应从以下几个方面理解该规则在商品房买卖合同纠纷中的适用：（一）房屋买卖行为系标的物价值较大的民事行为，依常理不在夫妻日常生活需要的范围之内，属于《婚姻法司法解释一》第十七条所规定的'对夫妻共同财产做重要处理决定'的行为，对于房屋买卖合同纠纷不能适用'家事代理'的规则，亦不能仅以夫妻关系事实推定存在构成表见代理的事由。（二）所谓'他人有理由相信其为夫妻双方共同意思表示'，是指虽然买卖合同仅由夫妻一方签署，但未签约的夫妻另一方所作出的某些行为足以使他人有理由相信此转让体现了夫妻双方的一致意见。司法实践中的常见的有，未签约的夫妻一方曾陪同签约一方签署合同且在签约过程中未提出过异议，或未签约的夫妻一方曾直接收取过房款并出具收据等情形。（三）所谓'不得对抗'，不仅意指当事人不得以该转让未经夫妻双方同意为由而主张买卖合同无效，还在于买受人有权请求夫妻双方协助办理过户登记，以最终取得该房屋的所有权。首先，《婚姻法司法解释一》前述规定并未明确仅针对合同效力，故可视为所谓'不得对抗'亦指不得对抗善意买受人关于履行合同的主张。并且，在推定为'夫妻共同意思表示'的情况下，未签约的夫妻一方在实质上已经成为买卖合同的当事人，买卖合同理应对夫妻双方均产生法律约束力。其次，并非所有未经其他共有人同意的房屋转让行为均有害于该部分共有人的利益，只要取得合理对价，不过是其经济利益由不动产实物形态转化为货币或其他财产形式，即使认定夫妻双方均应承担协助办理过户登记的义务，也不会不当地损害未签约一方的合法利益。基于以上考虑，我们认为，如善意买受人有证据证明其有合理充分理由相信房屋买卖行为为夫妻双方共同意思表示，其请求夫妻双方协助办理过户登记的，人民法院可予支持。根据'谁主张谁举证'的举证责任分配原则，买受人对于其'相信转让行为为夫妻共同意思表示'的合理事由负有举证责任。并且，如果买受人不能举证证明该合理理由的存在或证明程度不足以证实共同意思表示的存在，因房屋登记在夫妻双方名下，依物权公示、公信原则则不能认定买受人为《婚姻法司法解释一》第十七条第（二）项规定的'善意第三人'，无需对非善意的买受人作出交易安全上的特殊法律保护，在未签约的夫妻一方明确表示不同意转让的情况下，出卖人与受让人之间的转让行为不能发生物权变动的后果。"第25条："旨在解决夫妻一方处分自己名下夫妻共有房屋的合同效力问题。此条规定旨在规范夫妻一方擅自转让登记在签约一方名下的共有房屋的问题。我们倾向认为，认定合同有效即已实现了对善意受让人的保护，而《物权法》第一百零六条规定的善意取得前提是已经办理权属转移登记，不能反向推定只要买受人为善意即可主张办理权属转移登记，因未经所有共同共有人同意的处分行为不发生物权变动的效力，在其他共有人不同意转让的情况下,不能判令当事人办理过户登记手续,此时买受人仅可向出卖人主张承担其他形式的违约责任。当然,如果买受人明知或应知该房屋为出卖人与他人共同共有,在未经其他共同共有人授权或同意的情况下,买受人仍然选择签约,则可根据案件事实认定买卖双方属恶意串通或买受人非善意,此时自无另行对买受人进行保护的必要。”重庆高院民一庭《**关于当前民事审判疑难问题的解答**》(2014年4月3日)第20条:“夫妻一方未经另一方同意出卖登记在出卖人名下的夫妻共有房屋,第三人善意并支付合理对价,但房屋未登记过户,第三人向法院起诉要求过户时,如何处理?答:最高人民法院《关于适用〈中华人民共和国婚姻法〉若干问题的解释(三)》(法释〔2011〕18号)第十一条规定:‘一方未经另一方同意出售夫妻共同共有的房屋,第三人善意购买、支付合理对价并办理产权登记手续,另一方主张追回该房屋的,人民法院不予支持。’根据该条规定,第三人善意取得必须具备三个要件:善意购买、支付合理对价并办理产权登记手续。如果第三人已经善意取得,则所有人主张追回该房屋时,人民法院不予支持。缺乏三个要件的任何一个,均不构成善意取得,应按无权处分处理。根据《物权法》第一百零六条第一款的规定,无处分权人将不动产或者动产转让给受让人的,所有权人有权追回。因此,第三人在不符合善意取得条件下,主张办理房屋过户的请求,不符合法律规定,不应得到支持。为了保护自身权利,第三人可依据房屋买卖合同中违约责任条款追究出卖人的违约责任。”上海高院《**民事法律适用问答**》(2013年第1期)第2条:“买卖纠纷所涉房屋已被另案查封,是否可以判决过户登记的问题?在房屋买卖纠纷中,涉及房屋过户诉请的,人民法院应尽量查清房屋是否存在已查封等事实。因为买受人请求协助过户的请求,属于合同履行,是债的给付之诉。给付之诉能否得到支持,不仅审查请求人有无合法的权利基础,还要审查标的是否存在履行障碍,即法律上、事实上不能履行,或不适于强制履行或者履行费用过高等。若所涉房屋因另案被执行部门查封的,则由于司法查封是当事人借助公权力对债权的一种保全手段,具有法定的公示和对抗效力,并构成涉讼房屋过户的履行障碍。当事人请求过户,实际上处于暂时不可以履行的情况,因此,法院在处理中应结合房屋查封的处理情况进行区分:1. 系争房屋已被执行部门通过拍卖、变卖等方式处置,房屋产权将由第三方买受人所取得,合同履行已无可能的,人民法院应进行释明,引导当事人变更诉请为赔偿,若当事人坚持不变更的,则应驳回其诉请。2. 系争房屋尚未被拍卖、变卖的,民事审判部门应与执行部门协调处理,若当事人愿意以涤除债务、提出执行异议等途径解除查封的,可在执行部门解除查封后,判决支持其过户诉请。3. 系争房屋在解封之前,因房屋尚处于被强制拍卖、产权转移他人的不确定状态,人民法院一般不应判令出卖人协助办理过户登记。”第3条:“房屋买卖纠纷中引导当事人申请查封所涉房屋的问题。在一些房屋买卖纠纷中,买受人要求出卖人交房或协助过户登记，但由于未申请对诉争的房屋进行查封，致使恶意出卖人有机可乘，在诉讼中将房屋转卖并过户予第三人，继而导致买受人要求交房与或过户登记的诉请落空。我们认为，在处理这类纠纷时，应首先审查买受人是否申请了司法查封；若没有申请，应及时释明相应的诉讼风险，并引导其尽快申请查封，确保日后判决结果的顺利履行；若买受人坚持不申请的，应当将释明过程和内容记明笔录。"第 4 条："因直属公房出售合同产生纠纷的，应如何列明当事人？关于此问题，上海高院已在 1998 年《关于房地产纠纷案件若干问题的研讨情况摘要》第 57 条中明确：'由于上海市房屋土地管理局已将原由其直接管理的公有住房授权给各区、县房地产集团公司，因此直属公房出售合同的各项权利义务应由有关的集团公司承受，引发诉讼的，人民法院应列有关的集团公司为案件当事人。'该规定继续适用。"山东高院《**2011 年民事审判工作会议纪要**》(2011 年 11 月 30 日　鲁高法〔2011〕297 号)第 6 条："……(三)关于部分共有人擅自处分共同共有房屋的处理问题。根据《物权法》第 97 条的规定，处分共有房屋应当经三分之二以上份额的共有人或者全体共同共有人同意。该规定据此确定了按份共有和共同共有两种共有财产的处分规则，即按份共有采取'多数决'的处分原则，而共同共有则采取'一致决'的处分原则。质言之，部分共有人未经全体共有人的同意不得擅自处分共同共有的房屋，否则处分行为应属无效。但部分共有人处分共同共有房屋涉及第三人利益保护问题，应根据物权法、合同法的相关规定，结合处分行为的不同情形加以处理：部分共有人与第三人就共同共有房屋的处分仅意思表示一致并达成协议，尚未发生物权变动的，此协议应为效力待定的合同；部分共有人与第三人处分共同共有房屋符合《物权法》第 106 条规定，其他共有人主张追回房屋的，不予支持。"山东临沂中院《**关于审理民事案件的若干指导意见(试行)/婚姻家庭部分**》(2011 年 3 月 29 日　临中法〔2011〕55 号)第 8 条："在离婚诉讼中，一方主张另一方单方处分不动产或重要的动产并要求确认无效的，因涉及第三人利益及其诉权保护问题，人民法院一般不予处理，可告知其另行主张。"北京高院《**关于审理房屋买卖合同纠纷案件适用法律若干问题的指导意见(试行)**》(2010 年 12 月 21 日　京高法发〔2010〕458 号)第 5 条："出卖人将登记在其个人名下的法定共有房屋，未经占份额三分之二以上的按份共有人或全体共同共有人同意，擅自以自己名义转让给他人，买受人为善意的，可以认定房屋买卖合同有效。买受人符合《物权法》第一百零六条第一款规定的善意取得构成要件办理了房屋所有权转移登记，其他共有人要求追回该房屋的，不予支持。前款中出卖人为夫妻一方，转让房屋行为符合《最高人民法院关于适用中华人民共和国婚姻法若干问题的解释(一)》第十七条第(二)项规定的，应当优先适用该规定。"山东潍坊中院《**民事审判工作会议纪要(婚姻家庭部分)**》(2008 年)第 3 条："关于夫妻一方处分共有房屋的问题。离婚案件中，一方主张另一方擅自处分了共有房屋,主张另一方的处分行为无效,因共有房屋已由第三人占有,离婚诉讼中如分割该共有房屋则涉及第三人权益,应先审理离婚案件,一方主张的共有房屋问题应另案解决。”上海高院**《关于下发〈关于审理“二手房”买卖案件若干问题的解答〉的通知》**(2005 年 12 月 16 日)第 3 条:“未经在房屋内共同居住的其他成员同意,房屋所有权人对外签订的‘二手房’买卖合同,效力如何认定? 答:房屋权利人个人购买所得的房屋,配偶或其他亲属因婚姻或亲属关系形成了同住事实,房屋所有权人有义务保障其居住权益,但该权益的存在并不构成对房屋所有权人处分房屋的限制。因此,未经在房屋内共同居住的其他成员同意并不影响房屋所有权人对外签订的房屋买卖合同的效力。”江苏高院民一庭**《婚姻家庭案件疑难问题法律适用研讨会综述》**(2005 年 5 月)第 6 条:“……对于非因日常生活需要对夫妻共同财产所作出的重要处理决定,双方须在平等协商的基础上,取得一致意见。除非他人有理由相信是夫妻共同意思表示,否则该行为是无效的。但是实践中遇到这样的问题:夫妻双方共有的房屋,只登记于一方名下,登记一方未经另一方同意将房屋出售与第三人,夫妻另一方起诉要求确认房屋买卖合同无效。该房屋买卖合同效力如何认定,与会代表形成两种观点:一种观点认为,房屋虽然只登记于一方名下,但属于夫妻共同财产。夫妻双方对共同财产享有平等处理权,一方当事人未经另一方同意,擅自处分房屋,属于无权处分,另一方不予追认的,房屋买卖合同无效。另一种观点认为,从物权理论角度出发,买受人没有义务审查出让人是否结婚、房屋是否为夫妻共同财产的义务,依照所有权登记的公示公信力,第三人有理由相信权属证书登记人有权处分房屋,且从保护交易安全出发,亦应当认定房屋买卖合同有效。如果第三人已取得物权,应予保护;如果第三人未取得物权,可向出售人主张违约赔偿。还有一种观点认为,如果夫妻双方仅此一套房屋且用于居住,应认定合同无效。如非此种情形,同意第二种意见。”辽宁沈阳中院**《关于审理房地产案件若干问题的处理意见(之一)》**(2004 年 3 月 27 日)第 11 条:“夫妻一方擅自出卖共有房屋合同效力的认定问题。如果买受人与夫妻一方恶意串通,损害另一方的利益,应当根据《合同法》第 52 条第 2 项的规定确定合同无效。夫妻一方虽未经另一方同意而擅自出卖共同所有的房屋,如果买受人有理由相信出卖人的出卖行为系夫妻双方共同意思表示的,即买受人为善意有偿取得时,应当认定该买卖合同有效,另一方不得以不同意或不知道为由对抗买受人。”上海高院**《民事法律适用问答》**(2003 年第 2 期)第 10 条:“长宁法院民三庭反映,售后公房登记的所有权人未经其他共同居住人同意,将售后公房出售的行为是否有效? 答:不动产上的权利以登记为公示要件,买受人没有义务去查明买卖的房屋是否还有其他未经登记的用益权利人。因此,买受人与登记的房屋所有权人达成买卖房屋协议,又无违反国家禁止性法律法规情况的,应确认该协议有效。至于售后公房其他未经登记的同住人的权益,应由出售人负责解决。”河南省《**实施〈中华人民共和国妇女权益保障法〉办法**》(2008年11月1日)第20条:“出卖、抵押或者以其他方式处分夫妻共有财产或者家庭共有财产,其他共有人应当征得女性共有人同意。夫妻对共有的不动产以及机动车等需要登记的动产可以联名登记;女方要求联名登记的,有关部门应当予以支持。”

【参考类案】

(1)家事代理权。①2010年**上海某股权转让合同纠纷案**,2009年,季某起诉俞兄要求离婚并分割夫妻共同财产。两天后,俞兄将其所持装潢公司50%股权按原始出资作价25万元转让给俞弟。季某诉请确认该转让无效。法院认为:夫妻双方如无特别约定,则其婚姻关系存续期间所得财产为其夫妻共同财产。鉴于俞某兄弟尚无有效证据推翻工商部门对装潢公司出资人所作登记内容,而该登记内容显示俞兄系以25万元出资,该出资行为发生在俞兄与季某婚姻关系存续期间,其又未能举证证明曾与季某约定该项财产属其个人所有,故由此形成的该公司50%股权应被认定为俞某和季某夫妻共同财产。最高人民法院《关于适用〈中华人民共和国婚姻法〉的解释(一)》中第17条第2款规定:“夫或妻非因日常生活需要对夫妻共同财产做重要处理决定,夫妻双方应当平等协商,取得一致意见。他人有理由相信其为夫妻双方共同意思表示的,另一方不得以不同意或不知道为由对抗善意第三人。”故俞兄可依《公司法》及装潢公司规定转让其所持公司股权,但因该种处分行为系非因日常生活需要而对其夫妻共同财产作出重要处理决定,故应和季某协商一致后方可进行。如未能协商一致即作处理,则构成擅自处分,其行为一般应被确认无效,但是第三人善意、有偿取得该股权的情况除外。本案中,受让俞兄所持装潢公司股权的第三人为俞弟,两人系兄弟关系,俞兄将其股权转让给俞弟的行为发生于季某提起离婚诉讼之后,俞弟应当知道俞兄与季某之间的婚姻关系尚处于存续期间但已出现危机状况,但其不仅未能提供证据证明其已对该股权转让行为是否已征得季某同意进行了审查,且未能提供证据证明其已支付了转让合同所约定的对价,故其受让行为不构成善意取得。判决确认俞兄与俞弟之间关于装潢公司50%股权的转让行为无效。

②2008年**江苏某委托合同纠纷案**,2003年,徐某代袁某领取单位发放的工龄补偿款、工伤补偿金共1.9万余元后,交给嗣后上门来取的袁某妻子许某。2008年,袁某诉请徐某返还前述款项。法院认为:最高人民法院《关于适用〈中华人民共和国婚姻法〉若干问题的解释(一)》(已于2021年1月1日起废止)第17条规定:“婚姻法第十七条关于‘夫或妻对夫妻共同所有的财产,有平等的处理权’的规定,应当理解为:(一)夫或妻在处理夫妻共同财产上的权利是平等的。因日常生活需

要而处理夫妻共同财产的,任何一方均有权决定。(二)夫或妻非因日常生活需要对夫妻共同财产做重要处理决定,夫妻双方应当平等协商,取得一致意见。他人有理由相信其为夫妻双方共同意思表示的,另一方不得以不同意或不知道为由对抗善意第三人。"本案中,工龄买断款和工伤补助金关系到袁某今后生活,与袁某有直接人身依附关系,应由袁某本人领取或在袁某同意情况下由许某领取。徐某将袁某前述款项交给许某时,袁某与许某共同生活在一起,夫妻关系仍在存续,在只有许某索要情况下,徐某有充分理由相信许某能代表袁某领取,故可认定徐某主观上善意无过失。许某从徐某处领取款项,依法应认定徐某已将代领款交给袁某,判决驳回袁某诉请。

③2006年**北京某出资纠纷案**,2002年,建筑公司与宋某签订股权转让协议,约定建筑公司以220万元转让材料公司给宋某,其中200万元用于偿还材料公司建厂所欠建筑公司和其他方面债务。该协议由宋某丈夫邵某签字,嗣后签署的会议纪要确认宋某应支付建筑公司106万余元及支付期限,并由宋某协调第三方解决,亦由邵某签字。现建筑公司主张直接债务人为接管材料公司后的法定代表人宋某应承担约定的106万余元及后来发生应由宋某承担的33万余元。法院认为:根据股权转让协议约定,宋某负有以200万元为限偿还其接管材料公司债务义务,并约定了支付给建筑公司资金106万余元期限,该款项及期限在嗣后为双方签署的会议纪要所确认。依最高人民法院《关于适用〈中华人民共和国婚姻法〉若干问题问题的解释(一)》第17条规定,因日常生活需要而处理夫妻共同财产的,任何一方均有权决定,未经授权代理配偶所为重大债务承担或转移巨额财产行为因超过一般夫妻家事代理权范围而无效,但经配偶追认或交易第三人有理由相信行为人有代理权的,应为有效。本案中,股权转让协议及会议纪要虽均无宋某签字,但建筑公司完全有理由相信代替签字的邵某有权代表妻子宋某参加会议,故股权转让协议和会议纪要有效,宋某应依约支付上述106万余元及其他约定应由其偿还的债务33万余元本息。

④2005年**陕西某腾房纠纷案**,1985年,薛某到机器厂工作。1993年,通过机器厂房改政策取得居住房屋40%产权。2004年,因离职签交房协议,但到新单位分了新房后一直未交,机器厂诉请薛某及其妻郑某腾房。法院认为:诉争房产系房改房,薛某占产权比例40%,因薛某与郑某系夫妻关系,故个人享有有限产权部分应为薛某与郑某共同财产,亦是重大财产,任何一方均无权独自处置。薛某在与机器厂签订交还房屋协议时应征得郑某同意或有明确授权,否则应属于对共有权利人郑某合法权益侵害。在机器厂未提供郑某同意交还房屋证据情况下,仅以薛某与郑某系夫妻关系、购房合同与交还房屋协议均由薛某一人完成,认定交房协议为表见代理,证据不足且显失公平,故应驳回机器厂要求腾房诉请。

⑤2002年**福建某房屋买卖合同纠纷案**,1995年,杨某将名下店房售予包某,包某支付购房款7000元,杨某妻子李某在现场。2002年,李某诉请确认该房屋买卖合同无效。法院认为:杨某中标购得案涉房产是夫妻存续期间所得财产,属夫妻共同财产。杨某将店房转让给第三人是基于夫妻之间的家事代理行为,夫或妻一方行为乃是基于夫妻之间家事代理权利而作出的,由此产生的权利义务仍归于夫妻双方。李某虽未在店房买卖协议书上签字,且当时未提出异议,足以使第三人相信杨某有权处分该财产,依民法家事代理制度,夫妻双方互有代理权,夫或妻的一方行为,其法律效力及于双方,故杨某与第三人所签店房买卖协议合法有效。李某无充分证据证明第三人与杨某有恶意串通事实,第三人有理由相信杨某出卖行为是夫妻双方行为,故第三人有偿取得该店房,且使用达七年之久,应认定为善意取得财产。店房转让亦不因未办理过户手续而无效,为维护交易安全和稳定,善意第三人利益应受到法律保护。判决驳回李某诉请。

⑥1998年**上海某房屋买卖合同纠纷案**,1997年,凌某以妻子丁某名义与开发公司签预订书并交纳3000元定金。1998年,丁某以该房距离单位太远,不同意购买且其并未签字为由,诉请确认预订书无效并返还定金。法院认为:凌某和丁某系夫妻,凌某为共同生活而购房行为属家庭事务。依据法理,夫或妻因家务而与第三人为一定法律行为时,夫妻互为代理人,由此产生的权利义务仍归于夫妻双方,故凌某以丁某名义与开发公司签订购房合约,其行为并不违反法律规定。凌某与开发公司所签商品房预订书,形式和内容均符合法律规定,预订书所涉定金业已缴付,且符合有关定金缴付法律规定,故对于丁某、凌某诉请,不予支持。

(2)无权处分:有效。①2014年**江苏某房屋买卖合同纠纷案**,2000年,狄某与已故妻子孙某房屋被共同居住的丁某售予万某,并交付钥匙和房产证、装修入住。2012年,因狄某及女儿管某、女婿丁某换领新证后拒绝办理过户手续致诉。狄某、管某称对丁某售房一事不知情。法院认为:诉争房屋系狄某与案外人孙某婚姻期间内取得的合法财产,应为夫妻共有,孙某去世,诉争房屋归属于孙某份额应作为遗产由其配偶狄某和其女儿管某依法继承,在管某既未明确放弃继承,亦未进行析产分割前,本案诉争房屋应为狄某、管某共有。丁某对其与万某就诉争房屋达成转让协议以及协议主要条款内容无异议,据此,可认定丁某作为出卖人就诉争房屋与万某签订过转让协议。管某对购房款收条无异议,应认定管某作为房屋共有人对其配偶丁某转让房屋一事知晓且同意。狄某自诉争房屋出卖前至本案诉讼发生时一直与丁某、管某共同居住,应认定三人系共同居住的家庭成员。狄某将诉争房屋钥匙、产权证书均交由丁某持有,并事实上交付给万某,且在房屋转让后至诉讼发生时约12年时间内从未对诉争房屋买卖、房款交付提出过异议,足见其对诉争房屋买卖是事前知悉且同意的。证人与诉争房屋相邻而居,出庭证实狄某在房屋出卖后,去过万某居住的诉争房屋做过客,进一步佐证了狄某知晓房屋买卖一事。丁某作为共同居住家庭成员,在狄某、管某知晓且同意情况下,将诉争房屋转让给万某,该房屋转让协议应直接约束狄某、管某。判决狄某、管某协助办理过户手续。

②2012 年**山西某出资纠纷案**,2003 年,袁某将妻子陈某名下个人独资企业采矿厂以 2700 万元转让给王某,王某为筹措资金,与汪某、郭某签订合伙协议并约定了股份比例,其中王某、汪某各持股 35%。2005 年,汪某与王某兄签订股份转让协议,将王某名下股份转让给汪某,后该转让协议被仲裁裁决认定无效。2006 年,汪某将采矿厂投资人变更为自己。王某诉请确认其合伙份额并依合伙协议要求返还投资款、分配利润共计 3700 万余元。法院认为:按《个人独资企业法》第 15 条规定,个人独资企业存续期间登记事项发生变更的,应当在作出变更决定之日起的 15 日内依法向登记机关申请办理变更登记。王某与袁某签订转让协议后,虽未办理投资人变更登记,但变更登记不属转让行为有效前提条件,未办理变更登记,依法应受到相应行政处罚,但并不影响转让效力。《个人独资企业法》第 15 条应视为管理性而非强制性规范。基于王某与袁某签订转让协议后已合法受让采矿厂,为筹措投资款与转让款,王某引入其他合作者共同投资、管理和经营,这一行为与袁某或陈某无关,亦无需经袁某或陈某同意或追认。王某与汪某、郭某所签合伙协议,系对三人合伙经营采矿厂期间权利义务所作一系列安排,包括出资金额、出资时间、股份比例、经营方式、利润分配及资金使用等,这些约定系对采矿厂经营管理与发展作出的自主性安排,为当事人真实意思表达,不违反法律、行政法规强制性规定。该合伙协议签订,意味着将采矿厂企业性质由原来个人独资企业转换为合伙企业,企业经营方式由原来独资经营变为合伙经营,企业风险与责任承担由原来个人承担转化为三人共担。上述企业性质、经营方式及责任承担变更,未为法律法规明文禁止,故应认定合法有效。判决确认王某享有采矿厂 35% 财产份额,汪某应依合伙协议向王某支付投资本金及返还利润总额 35% 共计 3700 万余元。

③2017 年**山东某房屋买卖合同纠纷案**,1988 年,王某与厉某离婚,约定婚内建造、登记在厉某名下房屋归女方王某所有。王某离婚后改嫁,并未在此房屋居住。2002 年,厉某将该房屋转让给非同村村民秦某,秦某交付房款取得房屋印契并搬到该房屋居住至今。其间,秦某及妻子户口均迁至厉某所在村,并向村委交纳房屋转让土地使用费 1 万元。2017 年,王某向法院起诉,请求确认厉某与秦某所签房屋买卖合同无效。法院认为:案涉农村房屋买卖行为发生在 2002 年,当时《物权法》并未施行。按法不溯及既往原则,《物权法》只能适用于其生效后发生的法律行为,故本案审理不应适用《物权法》相关规定。厉某和秦某签订房屋买卖合同后,厉某将登记在其名下房屋转让给秦某,并将房屋印契等相关手续予以交付,秦某支付厉某房款,且根据当时市场价格该价格亦属合理对价,秦某交付房款后一直居住至

今,厉某与秦某之间所签房屋买卖合同系双方真实意思表示,符合《合同法》和《土地管理法》相关规定,应予认可。另外,案涉农村房屋买卖合同签订时,秦某虽非村集体经济组织成员,但在一审起诉前已取得村集体经济组织成员资格。另外,本案还考虑到当时农村房屋登记制度特殊性,即2002年农村房屋并未进行不动产权属登记,该案中房屋权属分配只是在离婚证上手写该房屋离婚后归女方所有,在无有效权属登记情况下,占有成为重要公示形式,秦某自房屋买卖后一直居住在该房屋。房屋买卖行为发生时不动产善意取得制度虽尚未全面法定化,但面临所有权人与善意第三人进行利益衡量时,应遵循保护善意第三人合法权益、维护交易安全和维护社会经济秩序宗旨。判决认定厉某与秦某所签房屋买卖合同有效。

④2016年**北京某房屋买卖合同纠纷案**,2012年11月,赵某通过中介购买闫某房屋。闫某收取5万元定金后反悔。赵某与中介公司自行依之前所签授权网上签约手续办理了网签,随后诉请继续履行,闫某反诉撤销合同,闫某配偶出庭。2013年,法院判决认定合同有效、无法履行、闫某违约,驳回双方诉请。2014年,赵某诉请解约并赔偿。此时房价已上涨100万元左右。法院认为:生效判决已认定闫某未取得配偶同意即出售房屋,且其配偶拒绝履行房屋买卖合同,最终导致合同无法履行,其行为已构成违约,应承担合同解除违约责任;而守约方可主张损害赔偿范围既包括实际损失,亦包括可得利益损失。关于实际损失,其主要指守约方为履行合同所积极支出费用,若合同因对方违约而解除,该费用支出即转化为守约方实际损失。本案中介行为已完成,赵某为此支付中介费5.6万元即属因合同解除导致的实际损失。关于可得利益损失,此系保护守约方履行利益,在合同因出卖人一方原因无法履行而导致解除时,一旦标的物价格上涨,该标的物涨价预期利益不能为买受人所享有,其损失即属可得利益损失。最高人民法院《关于审理买卖合同纠纷案件适用法律问题的解释》第29条规定,买卖合同当事人一方违约造成对方损失,对方主张赔偿可得利益损失的,人民法院应当根据当事人的主张,依据合同法第113条、第119条,本解释第30条、第31条等规定进行认定。本案赵某主张的预期利益损失属于可得利益损失范畴,在计算和认定时,应综合运用可预见规则、减损规则、损益相抵规则及过失相抵规则等,从守约方主张的可得利益赔偿总额中扣除违约方不可预见损失、守约方不当扩大损失、违约方因违约获得利益、守约方亦有过失所造成损失以及必要交易成本。自减损规则而言,买受人赵某在明知或应知房屋买卖合同因共有产权人异议而无法继续履行情况下,应及时采取措施防止损失扩大,否则,不得就扩大损失要求赔偿。在第一次诉讼一审开庭时,闫某配偶到庭明确表示不同意履行合同,在法律明确规定当共有人拒绝转移房屋所有权时合同继续履行不能情形下,赵某作为理性购买人,应对合同无法履行的诉讼结果具有合理预期。在此情况下,赵某可通过解除合同、主张定金罚则、要求违约赔偿并进

行替代房屋购买方式维护自己合法权益,而赵某未在合理期间内购买替代性房屋,其对于此后房价上升风险与损失应自行承担。本案中,赵某与中介公司在出卖人明确拒绝履行情况下,自行依据之前所签授权网上签约手续办理了网签,对自身后续购房造成了实际影响,对房价上涨风险应承担主要责任。房屋价格在诉讼期间已有较大幅度增长,而诉讼周期与此间房屋价格涨幅均非当事人所能合理预见,即使违约方应承担违约责任,但对于其不能控制、不能预见风险与损失应合理限制。而在第一次诉讼一审开庭时,闫某配偶已明确表示合同未经其同意从而拒绝履行,导致合同不能履行,此时点应作为合同无法履行确定时点,法院应以此时点作为评估房屋价值时间,判断房屋价值,对买受人可得利益损失予以赔偿。而本案评估公司作出房地产估价报告时,距离前案一审开庭时间已两年有余,房屋价格大幅上涨已超出一般人合理预期。考虑到诉讼周期及重新鉴定时间成本,在认定预期可得利益损失时,对涉案房屋价值及合理升值部分不再予以重新评估鉴定,而是参考合理的鉴定时点房屋升值具体情况,综合考虑合同履行不能的过错及风险负担、损失的可预见性及减损规则等因素,结合当事人合同违约及履行具体阶段,以及赵某为合同履行仅支付了 5 万元定金客观情况,判决解除合同,闫某协助注销网签手续、闫某双倍返还定金并赔偿赵某预期利益损失 30 万元。

⑤2015 年**北京某房屋买卖合同纠纷案**,2002 年,谢某购买房产,后该房登记在李某名下。2014 年,倪某以其向谢某支付全部购房款,通过谢某向李某购买该房屋为由,诉请李某及李某妻吴某继续履行并办理过户手续。法院认为:倪某主张双方之间房屋买卖合同成立,有责任提供证据证明该主张。本案中不存在书面合同,审查重点在于倪某所称与李某曾订立口头购房合同能否得到证实。口头合同不存在有形载体,只能通过间接事实予以推理证实。倪某主张谢某是李某代理人,但未能提供证据证明。即使存在所谓代理行为,谢某出售李某所有房屋亦属无权代理,无权代理效力还取决于是否构成表见代理。本案中不存在任何情形使得倪某有理由相信谢某有出售房屋代理权。本案中对于房屋价款数额来源于倪某和谢某陈述,无任何证据证明李某本人对此予以认可或授权谢某商定房屋价款,故房屋价款这一最主要合同要素难以确定。倪某主张的已付购房款均指向谢某,并未直接支付给李某,故不论倪某主张的支付购房款事实是否得以证实,其主张事实本身就无法与李某形成关联性,故无法以支付全部购房款主张推理出合同成立事实。综上,倪某难以证明其与李某之间就诉争房屋成立房屋买卖合同关系。即使房屋买卖合同成立并有效,因诉争房屋购买于李某与吴某婚姻关系存续期间,属二人共同财产,故出卖人李某须有权处分诉争房屋,才发生物权转移效果。《物权法》第 97 条规定:处分共有的不动产或者动产以及对共有的不动产或者动产作重大修缮的,应当经占份额三分之二以上的按份共有人或者全体共同共有人同意,但共有人之间

另有约定的除外。从各方当事人陈述来看,倪某和谢某均未在房屋交易过程中见过吴某,且谢某作为所谓代理人,亦称不让吴某知道房屋交易情况。诉争房屋作为李某与吴某夫妻共同财产,在交易过程中必须征得吴某同意,而吴某对此并不知情,故假定合同成立,该合同亦因吴某不知情而不能履行。判决驳回倪某诉请。

⑥2014 年**广西某抵押合同纠纷案**,2012 年,莫某将名下房产为覃某向银行贷款提供抵押担保。莫某去世后,莫某妻子江某以银行未审查房地产抵押物清单及借款抵押承诺书上假冒签名为由,诉请确认抵押合同无效。法院认为:按《担保法》和最高人民法院《关于适用〈中华人民共和国担保法〉若干问题的解释》,以及《物权法》对担保物权问题的规定,在处理《担保法》等法律与《物权法》衔接问题时,应按“法不溯及既往”的法律原则,凡是发生在《物权法》施行以前的担保物权行为,应适用《担保法》及其司法解释规定。《物权法》施行后,在处理《担保法》及其司法解释与《物权法》冲突时,应按照《立法法》第 83 条与《物权法》178 条规定原则和精神,根据“上位法优于下位法”“新法优于旧法”“特别法优于一般法”原则解决法律冲突问题。《民法通则》与《物权法》虽为同位法,但《物权法》是新法,《担保法》与《物权法》虽皆规定有担保物权,但《物权法》是上位法,故本案抵押担保合同确认应适用《物权法》来进行调整。银行在办理房屋抵押时,房产证登记的所有权是莫某一人。按“善意推定”原则,对不动产善意取得,应以取得人对登记的信赖作为判断不动产善意取得标准。在通常情况下,只要取得人信赖了登记,即推定其系善意,除非其事先明知登记错误或登记簿中有异议登记记载。不动产登记簿记载权利推定为真正权利,并赋予其公信力。基于公信力,银行在办理房屋抵押时对莫某身份情况又尽了审查义务,银行行为属善意取得。在签订抵押担保合同过程中,银行要求莫某妻儿亦在房地产抵押物清单及借款抵押承诺书上签名,系为取得其家人同意,以便保证抵押担保合同更加真实可信。但莫某弄虚作假、找人冒充其妻儿在上述材料上签名捺印,过错在于莫某,而银行只要尽到一般注意义务,即不应承担责任,冒充签名瑕疵并不影响抵押担保合同效力,故案涉抵押担保合同合法有效。判决驳回江某诉请。

⑦2013 年**北京某房屋买卖合同纠纷案**,2009 年,王某与孙某签订房屋买卖合同。王某支付购房款后入住。2012 年,孙某取得涉案房屋产权证后,以丈夫姜某不同意售房为由拒绝履行。二审诉讼中,姜某同意售房。法院认为:依法成立的合同受法律保护。孙某与王某就涉案房屋所签买卖合同系双方当事人真实意思表示,未违反法律、行政法规强制性规定,合法有效。孙某在签订买卖合同时虽尚未取得房屋所有权证,但依相关规定,在缔约时对标的物没有所有权或处分权的以及在签订买卖合同时未取得房屋所有权证情形,并不影响双方所签买卖合同效力。《物权法》第 97 条规定:处分共有的不动产或者动产以及对共有的不动产或者动产

作重大修缮的,应当经占份额三分之二以上的按份共有人或者全体共同共有人同意,但共有人之间另有约定的除外。依查明事实,涉案房屋系孙某与姜某夫妻共同财产,所有权登记在孙某名下。孙某未经姜某同意,擅自处分共有房屋,侵犯了姜某共有权利,构成无权处分。姜某在诉讼中表示同意孙某将涉案房屋出售给王某,亦同意继续履行买卖合同,故孙某处分涉案房屋已取得共同共有人同意,判决孙某、姜某配合王某办理案涉房屋权属转移登记手续。

⑧2010 年**重庆某房屋买卖合同纠纷案**,2000 年,池某与妻子毛某向开发公司预购商品房。2002 年,池某与毛某离婚。2003 年,毛某将前述房产以原价转售李某,并由李某直接与开发公司签订房屋买卖合同,合同中甲方签名处池某签字捺印均系伪造。2010 年,池某以毛某处分前述房产构成无权处分为由,诉请确认无效。法院认为:《物权法》第 106 条规定,无处分权人将不动产或动产转让给受让人的,所有权人有权追回;除法律另有规定外,符合下列情形的,受让人取得该不动产所有权:(一)受让人受让该不动产或动产时是善意的;(二)以合理的价格转让;(三)转让的不动产或动产依照法律规定应当登记的已经登记,不需要登记的已经交付给受让人。受让人依照前款规定取得不动产或动产所有权的,原所有权人有权向无处分权人请求赔偿损失。本案中,毛某在与李某签订房屋买卖合同后,李某及其家人使用诉争房屋多年,毛某未向李某索要房款,而在本案诉讼中才提出其未收到房款,据此可推定当初毛某明知并认可李某向开发公司付款事实。池某、毛某无证据证明受让人李某属恶意取得诉争房屋,故可推定为善意取得。李某购房价格与毛某原购房单价持平,基本符合当时市场行情,可认定系以合理价格转让。李某受让该房屋后办理了产权变更登记,其夫陈某去世后,该房屋已被继承,房屋产权已变更登记在继承人名下。受让人李某取得物权系基于《物权法》直接规定,具有确定性和终局性。双方房屋买卖符合《物权法》第 106 条规定的法律要件,应受法律保护。毛某售房既无池某书面授权,亦未通知共有权利人池某,擅自转让该房屋,侵犯了池某合法权益,池某可依《物权法》规定向无处分权人毛某请求赔偿损失。判决驳回池某诉请。

⑨2009 年**重庆某房屋买卖合同纠纷案**,2008 年,华某购买同村同组唐某房屋并翻建。事后,唐某妻子赵某以不知情为由诉请确认卖房协议无效。法院认为:依最高人民法院《关于贯彻执行〈中华人民共和国民法通则〉若干问题的意见(试行)》第 89 条规定,在共同共有关系存续期间,部分共有人擅自处分共有财产的,一般认为无效。但第三人善意、有偿取得该项财产的,应当维护第三人的合法权利;对其他共有人的损失,由擅自处分共有财产的人赔偿。最高人民法院《关于适用〈中华人民共和国婚姻法〉若干问题的解释(一)》(已于 2021 年 1 月 1 日起废止)第 17 条规定,夫或妻非因日常生活需要对夫妻共同财产作出处理决定,夫妻双方

应当平等协商,取得一致意见。他人有理由相信其为夫妻共同意思表示的,另一方不得以不同意或不知道为由对抗善意第三人。本案中,赵某虽未在案涉卖房协议上签字,但签订协议时在场人证实当时唐某称他说了算,并代赵某签名、捺印。赵某与唐某住在一起,并未离开当地,对华某拆房行为亦未提出异议,故应认定华某有充分理由相信赵某知道并同意唐某卖房与华某,故案涉卖房协议合法有效。判决驳回赵某诉请。

⑩2009 年**江苏某借款合同纠纷案**,2005 年,陆某与石某协议离婚,约定陆某名下房产归石某。2006 年,陆某以该房产向银行贷款 35 万元,并伪造离婚协议内容,同时加盖伪造的民政局婚姻登记专用章,向房产部门办理了抵押登记手续。2008 年,因陆某逾期未偿致诉。石某作为第三人主张银行不应依善意取得抵押权。法院认为:抵押权作为物权种类之一,按照《物权法》第 106 条第 3 款规定,可适用善意取得制度。就一笔正常的贷款,银行依借款人陆某提供的单身证明、购房合同、房产证等,可确认陆某符合基本抵押贷款条件。参照建设部、人民银行联合下发的《关于加强与银行贷款业务相关的房地产抵押和评估管理工作的通知》(建房〔1995〕152 号)第 1 条规定,房地产管理部门要依法对抵押物进行严格审查。据此,对设置抵押权的抵押物权利是否完整的审查义务在房屋登记部门而非银行。陆某在办理他项权证过程中,通过伪造民政局印章的方式,制作了与石某的假离婚协议,从而骗取了抵押权登记。作为银行而言,审查义务不应包括陆某办理他项权证过程中的违法或犯罪行为,故银行在发放涉案贷款时已尽到审慎审查义务,即在取得抵押权时,属于善意取得,故判决确认其优先受偿权。

⑪2007 年**福建某房屋买卖合同纠纷案**,2005 年,薛某以留学归国人员名义申购的经济适用房交房后,通过中介公司与张某签订房屋买卖合同。2007 年,张某支付首期款、装修入住后,因房屋办至薛某妻李某名下,李某以不知情为由拒绝协助办理过户手续致诉。法院认为:诉争房产是薛某以留学归国人员名义申购的经济适用房,李某与薛某离婚协议约定诉争房产归李某所有,此约定对协议双方内部具有约束力,但在诉争房产未办妥初始登记产权证前,该约定不具有当然对抗善意买受人效力。销售合同、缴税票据体现薛某为买受人,诉争房产离婚分割约定李某亦未告知房产开发单位,此后交房通知、商品房使用说明书和质量保证书等,仍记载权属人为薛某。诉争房产交房后,薛某便联系中介公司帮李某卖房,李某应薛某联系的中介要求,将房屋钥匙交给中介公司以方便看房,还陪同中介公司经办人查看了房屋,表明李某存在出售诉争房屋的意思表示,并对薛某帮其联系的中介公司介绍卖房持积极认可态度。张某经中介公司居间介绍,凭房产现有资料(经济适用房的申购人、购房合同签订人均为薛某)直接与薛某本人签订买卖协议。交易时购房合同及购房发票原件交付张某保管,房产亦交付张某入住,张某主观上系善意。

诉争房产未取得产权证且记载权利人为薛某情况下,购房首期款付款当日李某便及时接收薛某转交的购房进度款,结合首期款部分款项结清按揭后李某未缴交银行按揭款事实,以及证人证词,交房后李某长期未实施房产管理及缴交物业费用等事实,可认定李某对以薛某名义进行诉争房产交易明知并积极认可,其完全清楚并认可房产买卖协议约定内容,故应认定李某与薛某间存在口头授权委托卖房的事实。李某委托薛某卖房并实际占有出售房产利益后却又主张对房产交易不知情,违背诚实信用和公平、等价有偿原则。判决李某、薛某协助张某办理诉争房产过户手续。

⑫2006 年**吉林某买卖合同纠纷案**,2006 年,崔某认为丈夫仇某 2005 年将登记在仇某名下但属婚后取得产权的房改房卖给孟某,属于未经其同意的处分行为,诉请确认无效。法院认为:最高人民法院《关于适用〈中华人民共和国婚姻法〉若干问题问题的解释(二)》第 19 条规定:"由一方婚前承租、婚后用共同财产购买的房屋,房屋权属证书登记在一方名下的,应当认定为夫妻共同财产。"最高人民法院《关于适用〈中华人民共和国婚姻法〉若干问题问题的解释(一)》第 17 条第 2 款规定:"夫或妻非因日常生活需要对夫妻共同财产做重要处理决定,夫妻应当平等协商,取得一致意见。他人有理由相信其为夫妻双方共同意思表示的,另一方不得以不同意或不知道为由对抗善意第三人。"诉争房屋为崔某与仇某在婚姻关系存续期间经过房改而继受取得,仇某未举证该房双方已约定为一方个人财产,亦未举证其交付的购房款为其个人财产,故该房屋应认定为崔某与仇某夫妻共同财产。仇某与孟某所签房屋买卖合同系双方真实意思表示,且缔约时该房登记在仇某名下。孟某等作为合同相对人,根据不动产公示公信原则及交易习惯,有理由相信仇某有权处分房屋,仇某处分行为构成表见代理。孟某等支付了合理对价,仇某交付了买卖标的物,并完成了标的物所有权转移手续,为维护交易安全,孟某等作为善意购买人,其与仇某签订的买卖协议不违背法律、行政法规强制性规定,应认定有效,故判决驳回崔某诉请。

⑬2005 年**江苏某买卖合同纠纷案**,1998 年,夫将名下房改房卖给第三人,收取全部房款,并将产权证、土地证及房屋交付。2002 年,产权证上注明允许进入市场时间到来,夫拒办过户。法院认为:根据不动产登记法律规定及物权公示公信原则的基本原理,不动产物权依法登记后即具有法律上的公信力,交易相对人基于对不动产登记信赖而从事交易,其交易安全应受公信力保护。职工购买公有住房申请表非法定的不动产公示载体,第三人无义务进行查阅,妻无充分证据证明第三人购房时非善意。《婚姻法》仅调整夫妻内部财产关系,不能成为民事交易关系基本准则。第三人基于对房屋所有权登记信赖而与夫签订购房合同,其交易安全应得到公信力保护。是否进行变更登记仅为判断合同是否已全面履行标准,非判断合同效力依据,不能导致买卖合同无效。判决夫、妻为第三人办理过户。

⑭2004年**河南某房屋转让协议案**,1995年,夫、妻以妻名义所购房产4年后逢拆迁,因被拆迁户与开发商纠纷诉讼不断,一拖就是5年多,共间妻以唯一产权人名义将房产转让给郭某。2001年,夫妻反悔,主张协议无效。法院认为:夫或妻非因日常生活对夫妻共同财产做重要处理决定,夫妻双方应平等协商,取得一致意见。他人有理由相信其为夫妻双方共同意思表示的,另一方不得以不同意或不知道为由对抗善意第三人。本案中,夫、妻婚姻关系存续期间所购房产系夫妻共同财产,双方有平等处理权。妻与第三人郭某经平等协商所签房屋转让协议真实、合法、有效,郭某取得该房产后,夫不得以不同意或不知道妻转让房产为由对抗善意第三人而主张转让协议无效,故判决驳回其诉请。

⑮2004年**浙江某买卖合同纠纷案**,2002年,潘某名下夫妻共同房产拆迁,潘某妻子章某就所获拆迁安置房与金某签订转让协议。2004年,因潘某、章某拒绝过户致诉。法院认为:金某提供的证据证明潘某于1999年取得了案涉房屋所有权,因该房系潘某与章某夫妻关系存续期间所得,故应属潘某夫妻共同财产。案涉房屋拆迁时,所有拆迁事宜均由潘某书面委托章某,由章某向金某出示了该房屋产权调换协议;金某提供的起诉前电话录音,间接印证潘某知道拆迁安置房被转让及相关事宜;在选择安置房时,已由金某进行操作,并在择房表上盖有潘某印章;潘某夫妻关系至今尚好,不存在任何一方恶意低价转让情形。基于上述四点,虽然本案中,金某不能提供直接证据证明潘某授权章某处分夫妻共有财产,但法院认为能推定潘某同意并授权章某处分夫妻共有财产。判决案涉转让协议有效,潘某、章某应交房、办理过户。

(3)无权处分:无效。①2016年**内蒙古某借款合同纠纷案**,2013年,段某以名下夫妻共有房产为任某向银行贷款提供最高额抵押担保。因任某逾期未偿致诉。段某妻子燕某以银行通过贷款申请表中段某自然信息,明知抵押房产系夫妻共有财产为由,辩称抵押合同无效。法院认为:《物权法》第97条规定:"处分共有的不动产以及对共有的不动产或者动产作重大修缮的,应当经占份额三分之二以上的按份共有人或者全体共同共有人同意,但共有人之间另有约定的除外。"最高人民法院《关于适用〈中华人民共和国担保法〉若干问题的解释》第54条第2款规定:"处分共同共有的不动产,应当经全体共同共有人同意,共同共有人以其共有财产设定抵押,未经其他共有人的同意,抵押无效。"因本案所涉房产系段某、燕某共同共有,对该房产处分即设定抵押时应经共有人燕某同意,否则抵押合同无效。从本案设定抵押担保情况看,虽然房产证上登记的房屋所有权人为段某,但银行存档的个人贷款申请表中载明抵押人是段某、财产共有人是燕某,在房地产抵押清单中载明抵押人是段某、燕某,且段某在订立抵押担保合同时亦提交了其与燕某结婚证和身份证,通过上述证据证明银行对于抵押担保房产系段某、燕某夫妻共同财产的事实是明知的,在此情况下,在签订涉案最高额抵押合同及房地产抵押合同并未让房产共有人燕某签名,且燕某明确表示其不同意就共有房产设定抵押担保,故该抵押担保合同应依法认定无效。因第三人善意取得及表见代理适用条件是银行主观须为善意、无过失,而本案中银行作为金融机构在签订抵押合同、办理登记过程中,在明知燕某与段某是夫妻关系,燕某是抵押物共有人及段某、燕某均是抵押人情况下,未让燕某在抵押合同上签字,具有明显过错,故不适用善意取得和表见代理相关规定,且本案争议焦点是抵押担保合同是否有效,应根据特别法优于普通法原则,优先适用《担保法》关于以共同共有财产设定抵押的相关规定,从而认定抵押担保合同无效,故银行就涉案房屋不享有优先受偿权。判决任某偿还借款本息,段某对任某不能清偿部分承担二分之一赔偿责任。

②2012 年**上海某担保纠纷案**,2009 年,王某与前夫离婚后与限制民事行为能力人黄某登记结婚,并将黄某名下房产变更登记为王某一人所有。随后,王某向银行出具了单身承诺书及其他手续,以该房产作抵押贷款 65 万元。同年 9 月,法院判决责令王某将系争房屋产权恢复登记至黄某名下。2011 年,黄某诉请注销抵押权登记。法院认为:一般而言,银行皆会要求贷款申请人提供相关部门出具的婚姻证明,以审查申请人的配偶是否为抵押房屋的共有人,防止因申请人未经其配偶同意而私自设定抵押引起法律诉讼。本案银行审核了王某提供的房产证、离婚证、户口簿等资料,但并未要求王某提供婚姻证明,而是接受了其提交的单身承诺书作为替代,但该承诺书因系申请人自行书写,可能存在与客观事实不符情形,故其效力显然低于婚姻证明。银行作为金融机构,对此应具有谨慎义务,如其能要求提供民政部门的材料以证明确系单身,王某就不可能顺利获取贷款,则可有效防止本案诉讼发生。显然,银行未履行必要且合理的审核义务,存在过错,对系争房屋的抵押不构成善意取得,其与王某之间的抵押行为无效,负有注销抵押登记的义务。至于银行与王某之间的法律纠纷,由双方另行处理。判决抵押合同无效,双方应注销诉争房屋的抵押登记。

③2012 年**福建某物权保护纠纷案**,2009 年,陈某在丈夫林某去世后,将自己名下价值近 300 万元的夫妻共有房产以 110 万余元价格售予邻居吴某。一直居住在该房屋内的林某非婚生子杨某诉请确认合同无效。法院认为:案涉房产是在夫妻关系存续期间购买,依《婚姻法》第 17 条规定,应认定为夫妻共同财产。在林某去世后,该房产应由林某法定继承人包括杨某在内的子女以及陈某等人予以继承,亦即多人共有。同时,由于林某去世后,陈某等人未对林某遗产进行分割,故案涉房屋目前处于陈某及林某子女共同共有状态中。依《物权法》第 97 条规定:“处分共有的不动产或者动产以及对共有的不动产或者动产作重大修缮的,应当经占有份额的三分之二以上的按份共有人或者全体共同共有人同意,但是共有人之间另有

约定的除外。”共同共有人陈某在未经其他继承人同意情况下，无权处分该房屋，与吴某所签房地产买卖合同效力待定。杨某作为房屋共有人之一，明确拒绝对此合同进行追认，故合同无效。依法院查明事实，吴某与林某一家关系熟稔，无论经济上还是生活中都有往来，并有证据证明吴某知道杨某存在，故可认定吴某明知陈某无权处分该房屋，其行为存在过错。诉争标的系较高价值房产，即使是一般第三人购买亦应慎重，更应尽到谨慎注意义务。比如，了解房屋产权是否明晰以及该房屋市场价格多少，但吴某未尽到合理审查义务。诉争房屋从建筑面积、地段、均价看，吴某购房款远低于市场价格。最高人民法院《关于适用〈中华人民共和国合同法〉若干问题的解释（二）》第19条规定：“对于合同法第七十四条规定的明显不合理低价，人民法院应当以交易当地一般经营者的判断，并参考交易地物价部门的指导价格或市场交易价，结合其他相关因素综合考虑予以确认；转让价格达不到交易时交易地的指导价或者市场交易价百分之七十的，一般可以视为明显不合理低价。”吴某出价达不到市场价格百分之七十，故应认定吴某购买行为不属于善意范畴。判决确认吴某与陈某所签购房合同无效。

④2009年**北京某房屋买卖合同纠纷案**，2009年，高某通过经纪公司出售丈夫卢某名下房产予尚某，并在房屋买卖居间合同上代卢某签字。2010年，因卢某将该房产另售他人致诉。法院认为：案涉房屋产权登记在卢某名下，该房屋产权人应认定为卢某。不论卢某与高某之间存在什么人身关系，作为重大财产处分，均应得到产权人卢某授权。高某以卢某名义与尚某签订了房屋买卖居间合同，但无确凿证据证明高某得到卢某授权，且卢某现已将房屋过户给他人，表明卢某对高某代理行为不予追认，故高某无权代理导致该合同无效。对合同无效，高某应承担主要责任，但尚某、经纪公司亦未尽到合理的注意审查义务，亦应承担次要责任。合同被确认无效后，因该合同取得的财产，应予返还。由于合同无效导致的损失应根据当事人过错比例承担。判决确认合同无效，高某返还尚某定金5万元并赔偿尚某居间服务费1800元，经纪公司返还尚某服务费600元。

⑤2008年**湖南某离婚纠纷案**，2008年2月，夫将自己担任股东的公司股份作价197万余元转让给侄子，并做了变更登记。股份转让款100万元支付前4天，夫转账给侄子100万元。2008年4月，与夫结婚12年的妻起诉离婚并要求确认前述股份转让行为无效。法院认为：作为夫、妻的侄子，对叔叔、婶婶的夫妻感情变化应有一定了解，侄子未将购买股权事宜告知婶婶以征询意见，不宜认定为善意取得。侄子虽出资受让叔叔股份，不能认定是明显过低和不公，但其向叔叔账户转账存入100万元，资金实际来源自叔叔，故侄子无充分证据证明其在受让股权时，支付了对价。侄子仅支付部分转让金，叔叔就将股权变更登记，不符合交易惯例，叔侄行为存在恶意，故侄子在取得叔叔股权时不能适用善意取得制度，本案应确认股权转

让行为无效,该股权认定为夫妻共同财产。判决确认股权转让行为无效。

⑥2003 年**江西某财产权属纠纷案**,1995 年,罗某与父母共同翻扩建房屋。2001 年,罗某母去世。2003 年,罗某父在罗某反对情况下,仍与第三人刘某签订售房合同。罗某诉请确认该售房合同无效。法院认为:罗某父所出卖房屋系罗某与罗某父共有财产。该房屋虽由罗某父母主持所建,但在 1995 年建房时,罗某已成年,且在建房中出了一定人力与财力,故该房屋应认定为家庭共有财产。此外罗某母病故后,其在共有房屋中所享有的所有权,罗某作为第一顺序继承人,有权继承得相应份额,故对于所争执房屋,罗某享有一定所有权。本案第三人清楚罗某家庭基本情况,应当知道所购买房屋系罗某与罗某父共有财产,却在罗某极力反对情况下,仍同罗某父完成房屋交易手续,其行为不符合相关法律规定。判决确认罗某父与刘某之间的房屋买卖行为无效。

【典型类案实务要点】

1.**【无权处分夫妻共有房,合同有效,物权不必然变动】**夫妻一方擅自处分共有房屋,侵犯了配偶共有权利,构成无权处分,依《物权法》规定,合同有效,但不必然导致物权变动。

2.**【非善意有偿取得夫妻一方擅自处分的股权,应无效】**夫妻一方擅自将其股份转让不属于因日常生活需要而对其夫妻共同财产作出的重要决定,其行为一般应被确认为无效,除非股权受让人能证明其系善意、有偿取得。

3.**【夫妻一方代领工龄买断款,属日常家事代理权范畴】**第三人有充分理由相信夫妻一方能代表另一方领取专属个人所有的工龄买断款和工伤补助金的,应认定为善意无过失第三人。

4.**【配偶代签转股协议及会议纪要,构成表见代理情形】**未经授权代理配偶所为重大债务承担或转移巨额财产行为,交易第三人有理由相信行为人有代理权的,应为有效。

5.**【夫妻一方处理有限产权共有房产,不构成表见代理】**夫妻之间在重大事项如对房屋有限产权的共同共有财产进行处分行为时,未取得另一方同意,不应构成表见代理。

6.**【夫妻一方基于家事代理行为处分共有房产,应有效】**夫妻一方基于夫妻之间家事代理行为,将一方名下共有房产售予第三人,第三人有理由相信有代理权的,构成善意取得。

7.**【夫妻一方购房,所签预订合同法律效果归夫妻双方】**夫妻一方为共同生活而购房行为属于家庭事务,由此签订预订合同并交付定金产生的权利义务,应归于夫妻双方。

8.【**售卖其他家庭成员名下房屋，推定已取得授权情形**】共同居住的家庭成员，以自己名义将其他家庭成员名下房屋出卖给他人，该行为对房屋所有人是否有效，须判断房屋所有人是否事前知晓且同意。

9.【**夫妻一方擅自转让个人独资企业，可成立表见代理**】夫妻一方转让个人独资企业，即使未经另一方同意，相对人有理由相信行为人有代理权的，构成表见代理，该代理行为有效。个人独资企业投资人发生变更，未办理变更登记，不影响转让协议效力。

10.【**《物权法》生效前善意取得农村房屋，买卖应有效**】农村房屋买卖发生在《物权法》生效前，不违反其他法律禁止性规定，满足善意取得制度构成要件的，应为有效。

11.【**夫妻一方擅卖房产被认定违约，买受人可诉请赔偿**】夫妻一方无权处分房产被认定违约，善意买受人有权要求出卖人承担包括赔偿房屋差价损失在内的违约责任。计算房屋差价损失时，应综合考虑出卖人可预见程度和买受人对诉讼结果合理预期，以不同意一方配偶到庭作出拒绝转让房屋之表示的时间为节点计算房屋差价损失。

12.【**以夫妻共有房产抵押，银行未审核，抵押合同无效**】债权人明知抵押担保人以夫妻共同财产提供担保，但未严格履行贷款发放及担保物权属审核程序的，抵押担保合同应无效。

13.【**口头购买夫妻共有房，应证明合同成立及善意取得**】通过第三人口头购买夫妻一方名下房产，买受人不仅应证明口头合同成立并生效，还需证明无权处分情形，其构成善意取得。

14.【**夫妻一方擅自抵押名下共有房屋，抵押合同亦有效**】夫妻一方在婚姻关系存续期间将名下房屋设定抵押，银行尽到审查义务的，即便部分申请材料上签字瑕疵，亦不影响抵押合同效力。

15.【**夫妻一方处分夫妻共有房产，第三人可依善意取得**】第三人有充分理由相信夫妻一方处分夫妻共同共有房产，另一方知道并同意的，应属于善意第三人，卖房协议应为有效。

16.【**银行信赖抵押登记而贷款的，构成善意取得抵押权**】银行因信赖房地产管理部门的抵押登记而为借款人办理抵押贷款手续，银行在发放贷款时对借款人提供的单身证明、购房合同、房产证等所有必要材料尽到形式审查义务的，不因材料办理过程中的违法或犯罪行为而否定银行善意取得抵押权。

17.【**夫妻一方口头授权委托另一方卖房，应认定为有效**】夫妻一方口头授权另一方委托卖房并实际占有出售房产利益后却又以无权处分为由主张合同无效的，应不予支持。

18.【**买受人与房产权人交易，交易安全应受公信力保护**】共有人对共有份额及共有物支配受其他共有人限制,但共有人无权处分行为并不当然无效;夫妻共有财产规定与不动产登记法律规定不一致时,优先适用后者。

19.【**夫妻一方转让安置房,配偶推定知悉的,协议有效**】夫妻一方将对方名下房屋拆迁所获安置房屋转让给第三人,能推定已获配偶同意并授权的,应认定转让协议有效。

20.【**以夫妻共有房产抵押,银行未审核,抵押合同无效**】债权人明知抵押担保人以夫妻共同财产提供担保,但未严格履行贷款发放及担保物权属审核程序的,抵押担保合同应无效。

21.【**银行未审核申请人婚姻状况,不能善意取得抵押权**】银行应对不动产登记所有人申请抵押贷款提交的抵押物的权利归属及登记名义人的婚姻状况等进行合理审核,银行未对申请人婚姻状况进行必要地合理审核不应认定善意,不能取得该不动产的抵押权。

22.【**擅自处分共有房产,买受人非善意的,合同应无效**】夫妻一方在配偶去世后,处分名下夫妻共有房产,未经其他继承人同意,买受人不属于善意时,售房合同应认定无效。

23.【**夫妻一方无权代理处分另一方名下房产,合同无效**】夫妻一方未取得另一方授权而代理处分另一方名下房产,事后未追认的,应认定无权代理,房屋买卖合同应为无效。

24.【**夫妻一方转让共有股权,受让方应就其系善意举证**】夫妻一方转让共同共有的股权,接受一方无充分证据证明其已支付对价,应认定其系非善意取得,合同应为无效。

25.【**明知家庭共同房产,而单独签约,不应认定为善意**】第三人明知所购房屋系出卖人家庭共同财产,而与作为家庭成员之一的出卖人签订购房合同的,不应认定善意取得。

【类案裁判一般规则】

夫妻一方因家庭日常生活需要而实施的民事法律行为,对夫妻双方发生效力,但夫妻一方与相对人另有约定的除外。夫妻之间对一方可以实施的民事法律行为范围的限制,不得对抗善意相对人。非因日常生活需要对夫妻共同财产做重要处理决定,夫妻双方应平等协商,取得一致意见。如一方擅自处分重要的共有财产,另一方有权否认该处分的法律效力,但如第三人有理由相信其为夫妻双方共同意思表示的,不得对抗善意第三人。由此给另一方配偶造成损失的,应由擅自处分的一方予以赔偿。

【典型参考案例索引】

主旨案例:北京二中院(2013)二中民终字第00379号"张某与雷某等房屋买卖

合同纠纷案”,见《张林诉雷秉欧等房屋买卖合同纠纷案(无权处分共有物合同及处分行为的效力判定)》(陈文文),载《中国审判案例要览》(2014 民:269);另见《无权处分共有物之合同及处分行为的效力判定》(陈文文),载《人民司法·案例》(201522:37)。

其他案例:

(1)家事代理权。①上海二中院(2010)沪二中民四(商)终字第1283号“季某与俞某等股权转让案”,见《季洁诉俞明景等股权转让案(家事代理权在股权转让中的适用及例外)》(陈然、张婷婷),载《中国审判案例要览》(2011 商:182)。②江苏洪泽法院(2008)泽民一初字第754号“袁某与徐某等委托合同纠纷案”,见《袁安卫诉徐秀朋等委托合同案(夫妻日常家事代理权的认定)》(邹山中),载《中国审判案例要览》(2009 商:141)。③北京一中院(2006)一中民终字第16386号“某建筑公司诉宋某出资纠纷案”,见《北京清华建筑工程咨询公司诉宋某出资纠纷案》(肖皞明、曹明明),载《人民法院案例选》(200801/63:285)。④陕西西安中院(2005)西民一终字第726号“某机器厂诉薛某等腾房纠纷案”,见《西安压缩机厂诉薛福昌、郑保萍腾房纠纷案》(高伟、娄李),载《人民法院案例选》(200604/58:178)。⑤福建龙岩中院(2002)岩民终字第290号“李某与杨某房屋买卖合同纠纷案”,见《李招妹诉杨林先房屋买卖合同纠纷案(房屋买卖)》(罗全钗),载《中国审判案例要览》(2003 民:12)。⑥上海宝山区法院(1998)宝民生字第1号“丁某与某开发公司房屋买卖合同纠纷案”,见《丁锦梅诉顾村地产公司与其夫以其名义签订的购房预定书未经其同意应无效并返还已交定金案》(上海宝山区法院),载《人民法院案例选》(200101/35:61)。

(2)无权处分:有效。①江苏高院(2014)苏审二民申字第01072号“万某等与狄某等房屋买卖合同纠纷案”,见《万学全、万兵诉狄平等人房屋买卖合同纠纷案》,载《最高人民法院公报·案例》(201802/256:41);另见《万学全、万兵诉狄平等人房屋过户登记纠纷案》,载《江苏省高级人民法院公报》(201801/55:49)。②最高人民法院(2012)民一终字第65号“王某与某采矿厂等出资纠纷案”,见《王见刚与王永安、第三人岚县大源采矿厂侵犯出资人权益纠纷案》,载《最高人民法院公报·裁判文书选登》(2013:410);另见《夫妻一方转让个人独资企业未经另一方同意,相对人有理由相信行为人有代理权的,构成表见代理,该代理行为有效——王见刚与王永安、岚县大源采矿厂侵犯出资人权益一案》,载《民事审判指导与参考·最高人民法院案件解析》(201303/55:169);另参阅最高人民法院裁定“王某管辖权异议案”,见《级别管辖异议的上诉审——王永安管辖权异议上诉案》(潘杰,最高院立案庭),载《立案工作指导·诉讼管辖》(200902/21:91)。③山东日照中院(2017)鲁11民终1230号“王某与秦某等房屋买卖合同纠纷案”,见《物权法生效前的农村房屋善意取得的效力认定——山东日照中院判决王某某与秦某某、厉某某房屋买卖合同纠纷案》(张闰婷),载《人民法院报·案例精选》(20171123:06)。④北京三中院(2016)京03民终716号"闫某与赵某房屋买卖合同纠纷上诉案",见《无权处分共有房产致买卖合同解除时的损害赔偿》(李丹、张荣华),载《人民司法·案例》(201720:52)。⑤北京二中院(2015)二中民终字第11634号"倪某与李某等房屋买卖合同纠纷案",见《倪朝、王燕诉李国兴、吴圣玲房屋买卖合同纠纷案——物权变动二阶模式与房屋买卖合同效力》(李俊晔),载《人民法院案例选》(201712/118:86)。⑥广西来宾中院(2014)来民再终字第3号"江某与某银行抵押合同纠纷案",见《江秀青诉广西象州农村合作银行抵押合同纠纷案(抵押合同、抵押权、善意取得)》(潘志斌),载《中国审判案例要览》(2015民:269)。⑦北京二中院(2013)二中民终字第10214号"王某与孙某等房屋买卖合同纠纷案",见《王红诉孙宝珍、姜增光房屋买卖合同纠纷案(房屋买卖中有效合同无法过户问题)》(李俊晔),载《中国审判案例要览》(2014民:246)。⑧重庆一中院(2010)渝一中法民终字第1155号"池某某等与李某某等房屋买卖合同纠纷上诉案",见《不动产善意取得的善意要件认定标准》(董迎雪),载《人民司法·案例》(201416:87)。⑨重庆二中院(2009)渝二中法民终字第419号"赵某与华某等房屋买卖合同纠纷案",见《赵候英诉华官军等房屋买卖案(家事代理)》(陈庆),载《中国审判案例要览》(2009民:28)。⑩江苏南通中院(2009)通民二终字第0452号"中国银行股份有限公司南通港闸支行与陆建国、石李萍借款抵押合同纠纷案",见《刍议不动产抵押善意取得之适用》(陆永斌、郁临清),载《人民司法·案例》(201104:63);另见《不动产抵押权善意取得的运用》(马荣),载《人民司法·案例》(201210:100)。⑪福建厦门中院(2007)厦民终字第2115号"张某与李某等房屋买卖合同纠纷案",见《张开欣诉李柱瑞、薛兴国房屋买卖合同案(善意取得)》(孙玉玲),载《中国审判案例要览》(2008民:1)。⑫吉林昌邑区法院(2006)昌民二初字第43号"崔某诉仇某买卖合同案",见《崔弘诉仇辉买卖合同纠纷案(夫妻共有财产的界定)》(许金龙),载《中国审判案例要览》(2007民:469)。⑬江苏无锡中院(2005)锡民终字第0952号"殷某与张某等买卖合同纠纷案",见《殷国荣诉张群等买卖合同案(公示公信原则)》(余刚),载《中国审判案例要览》(2007民:1)。⑭河南郑州中院判决"魏某等诉郭某等房屋转让协议案",见《魏新民、魏巍请求确认阴玉琴与郭建锋签订的房屋转让协议无效案》(崔海霞、赵军胜),载《人民法院案例选》(2004年民事/48:311)。⑮浙江绍兴中院(2004)绍中民一终字第293号"金某与潘某等买卖合同纠纷案",见《金利明诉潘乔龙、章惠均等案(拆迁房买卖合同)》(谢国军),载《中国审判案例要览》(2005民:155)。

(3)无权处分:无效。①内蒙古赤峰中院(2016)内04民终715号"某银行与任某等借款合同纠纷案",见《内蒙古宁城农村商业银行股份有限公司山头支行与任志刚、宋艳芹、段国祥、燕淑香金融借款合同纠纷案——债权人未履行抵押物审核程序的抵押效力认定》(刘杰),载《人民法院案例选》(201612/106:157)。②上海一中院(2012)沪一中民二(民)终字第1127号"黄顺兴与王俊、星展银行(中国)有限公司上海分行担保纠纷案",见《婚姻证明在不动产抵押权善意取得中的价值探究》(毛海波、陆静),载《人民司法·案例》(201216:12)。③福建厦门中院(2012)厦民终字第1530号"林佑龙与吴东晖、陈明雪、林伟文、林伟鸿物权保护纠纷案",见《不动产善意取得的善意要件认定标准》(董迎雪),载《人民司法·案例》(201416:87)。④北京丰台区法院(2009)丰民初字第22999号"尚某与卢某等房屋买卖合同纠纷案",见《尚斌诉卢成爱、高雁伟、北京润邦房地产经纪有限责任公司房屋买卖案》(李岩),载《中国审判案例要览》(2011民:198)。⑤湖南怀化中院(2008)怀中民三终字第36号"金某诉蔡某离婚纠纷案",见《夫妻一方转让其名下股权时如何适用善意取得制度——湖南怀化市中院判决金君利诉蔡夫业离婚纠纷案》(王文胜、李艳红),载《人民法院报·案例指导》(20091106:05)。⑥江西玉山法院(2003)玉民一初字第673号"罗某与罗某父等财产权属纠纷案",见《罗春华等诉罗贤旺等财产权属案(房屋买卖)》(王卫敏),载《中国审判案例要览》(2004民:6)。

25. 共有物婚外赠与效力

——单方赠他人,无效应返还?

【婚外赠与】

【案情简介及争议焦点】

2004年,李某之夫程某与冯某开始婚外同居。其间,程某给冯某20万元现金购买轿车并登记在冯某名下;程某向开发商支付53万余元购房并以合同更名方式将该套房屋赠与冯某;冯某以办公司需要注册资金为由向程某索要资金,程某共给付冯某304万余元,其中290万元以借款形式由冯某给付张某。2006年,李某诉请确认程某赠与冯某财产行为无效,要求冯某返还财物,张某对其中290万元承担连带责任。

争议焦点:1. 赠与合同效力?2. 冯某能否善意取得?

【裁判要点】

1. 婚外赠与,全部无效。程某在已有配偶情况下与冯某婚外同居,其行为违反了法律禁止性规定,其与冯某同居关系属违法关系。夫妻共同财产是基于法律规定,因夫妻关系存在而产生的。在夫妻双方未选择其他财产制情形下,夫妻对共同财产形成共同共有,而非按份共有。根据共同共有一般原理,在婚姻关系存续期间,夫妻共同财产应作为一个不可分割整体,夫妻对全部共同财产不分份额地共同享有所有权,夫妻双方无法对共同财产划分个人份额,在无重大理由时亦无权于共有期间请求分割共同财产。夫妻对共同财产享有平等处理权,并不意味着夫妻各自对共同财产享有一半处分权。只有在共同共有关系终止时,才可对共同财产进行分割,确定各自份额。因此夫妻一方擅自将共同财产赠与他人行为应为全部无效,而非部分无效。

2. 本案不构成善意取得。最高人民法院《关于适用〈中华人民共和国婚姻法〉若干问题的解释(一)》(已于2021年1月1日起废止)第17条规定:"婚姻法第十七条关于'夫或妻对夫妻共同所有的财产,有平等的处理权'的规定,应当理解为:(一)夫或妻在处理夫妻共同财产上的权利是平等的,因日常生活需要而处理夫妻共同财产的,任何一方均有权决定。(二)夫或妻非因日常生活需要对夫妻共同财产做重要处理决定,夫妻双方应当平等协商,取得一致意见。他人有理由相信其为夫妻双方共同意思表示的,另一方不得以不同意或不知道为由对抗善意第三人。"本案中,程某赠与冯某大额财产,显非因日常生活需要而处理夫妻共同财产行为,其未经妻子李某同意赠与冯某车辆、房屋及钱款,侵犯了李某财产权益,该赠与行为应认定为无效;冯某明知程某有配偶而与其婚外同居并接受大额财产赠与,显亦不能视为善意第三人。超出日常生活需要对夫妻共同财产进行处分,双方应协商一致,程某单独将大额夫妻共同财产赠与他人,也是一种无权处分行为。《物权法》第106条规定:如无善意取得的情形,"无处分权人将不动产或者动产转让给受让人的,所有权人有权追回"。当财产被他人无合法依据占有时,所有权人有权根据物权追及效力要求非法占有人返还财产,夫妻中的受害方可行使物上请求权,以配偶和婚外同居者为共同被告,请求法院判令其返还财产。从本案实际情况来看,单纯从法律角度考虑,程某2004年签订购房合同并支付购房款,可以说已享有房屋准物权,以后房产登记时顺理成章地应以购房合同上购买人为准,但程某给付冯某20万元购车,赠与冯某房屋以当时价格购买,现房价已呈大幅度增长,从不应让有主要过错的程某在与他人婚外同居过程中不合理受益角度考虑,即使判令冯某返还,亦只应返还当时已支付的对价,而不应判令将房屋和车辆实物返还。判决确认程某擅自处分夫妻共同财产赠与行为无效,冯某应返还当时购买车辆和房屋对价73万余元及其索取资金304万余元,张某应对其收到的290万元承担连带返还责任。

【裁判依据或参考】

1. 法律规定。《民法典》(2021年1月1日)第8条:"民事主体从事民事活动，不得违反法律，不得违背公序良俗。”第10条：“处理民事纠纷，应当依照法律；法律没有规定的，可以适用习惯，但是不得违背公序良俗。”第153条：“违反法律、行政法规的强制性规定的民事法律行为无效。但是，该强制性规定不导致该民事法律行为无效的除外。违背公序良俗的民事法律行为无效。”第155条：“无效的或者被撤销的民事法律行为自始没有法律约束力。”第156条：“民事法律行为部分无效，不影响其他部分效力的，其他部分仍然有效。”第157条：“民事法律行为无效、被撤销或者确定不发生效力后，行为人因该行为取得的财产，应当予以返还；不能返还或者没有必要返还的，应当折价补偿。有过错的一方应当赔偿对方由此所受到的损失；各方都有过错的，应当各自承担相应的责任。法律另有规定的，依照其规定。”第301条：“处分共有的不动产或者动产以及对共有的不动产或者动产作重大修缮、变更性质或者用途的，应当经占份额三分之二以上的按份共有人或者全体共同共有人同意，但是共有人之间另有约定的除外。”第311条：“无处分权人将不动产或者动产转让给受让人的，所有权人有权追回；除法律另有规定外，符合下列情形的，受让人取得该不动产或者动产的所有权：（一）受让人受让该不动产或者动产时是善意；（二）以合理的价格转让；（三）转让的不动产或者动产依照法律规定应当登记的已经登记，不需要登记的已经交付给受让人。受让人依据前款规定取得不动产或者动产的所有权的，原所有权人有权向无处分权人请求损害赔偿。当事人善意取得其他物权的，参照适用前两款规定。”

2. 最高人民法院司法解释及其他司法性文件/解读文章。最高人民法院吴晓芳法官*《关于婚姻家庭纠纷审理热点难点问答》*〔载《民事法律文件解读》2011年第11辑（总第83辑）〕第1条：“有配偶者与他人同居约定的财产性补偿应如何处理？答：有配偶者与他人同居，可以分为一方有配偶而另一方无配偶以及双方均有配偶两种情况。现实生活中，这种同居关系在不断形成的同时也在不断解除。有些同居关系在解除时，一方会向另一方主张一定数额的补偿金。补偿金通常以借款、欠款、协议等形式表现出来。这种补偿金是否应受法律保护？如不应保护，一方已经支付的部分是否可主张返还？倾向性观点认为，其属于不可强制执行的自然债务，履行与否全凭债务人的意愿，法律不加干涉。但是一旦履行，将不得请求债权人返还，债权人接受的履行将不是不当得利，法律承认其保持受领给付之权利。我国民事法律中只是对超过诉讼时效的债务作了规定，而对于‘自然债务’的概念、分类、效力并未规定。根据传统的民法理论，自然债务通常分为履行道德义务之给付、不法原因之给付、超过法定利率之给付、婚姻居间之报酬等类型。解除上述同居关系的补偿金应当属于不法原因之给付的自然债务，因为其违反了《婚姻法》的禁止性规定，同时也侵犯了配偶的财产权益。有配偶者与他人同居，为解除同居关系，双方以借款或其他形式确定补偿金，一方起诉要求支付该补偿金的，人民法院不予支持;一方履行后反悔,主张返还已支付补偿金的,人民法院亦不予支持。但合法配偶起诉主张返还的除外。有人认为,如果一方故意隐瞒已婚身份,另一方得知后要求结束双方关系,一方自愿给另一方打欠条表示补偿之意,事后又反悔的,对受欺骗一方主张补偿款的请求应予支持。笔者认为,感情问题不是做生意,并非有投入就一定能有回报,一方故意隐瞒已婚身份,另一方自己也未尽审慎的注意义务。故对于是否补偿全凭当事人的自觉自愿,属于不可强制执行的自然债务。"第20条:"夫妻一方将大额的夫妻共同财产擅自赠与他人,显然侵害了另一方的财产权益。但有种观点认为,该赠与行为应认定部分无效,而非全部无效。理由是夫妻共同财产中既包含丈夫的份额也包含妻子的份额,他人所获赠财产中有一半为夫妻一方的份额,一方处分自身份额的意思表示应为真实,他人可取得一半的财产权利。对此在审判实践中应如何掌握?答:在婚姻关系存续期间,夫妻双方对共同财产具有平等的权利,因日常生活需要而处理共同财产的,任何一方均有权决定;非因日常生活需要对夫妻共同财产做重要处理决定,夫妻双方应当平等协商,取得一致意见。夫妻一方非因日常生活需要而将共同财产无偿赠与他人,严重损害了另一方的财产权益,有违民法上的公平原则,这种赠与行为应属无效。同财产是基于法律的规定,因夫妻关系的存在而产生的。在夫妻双方未选择其他财产制的情形下,夫妻对共同财产形成共同共有,而非按份共有。根据共同共有的一般原理,在婚姻关系存续期间,夫妻共同财产应作为一个不可分割的整体,夫妻对全部共同财产不分份额地共同享有所有权,夫妻双方无法对共同财产划分个人份额,也无权在共有期间请求分割共同财产。夫妻对共同财产享有平等的处理权,并不意味着夫妻各自对共同财产享有半数的份额。只有在共同共有关系终止时,才可对共同财产进行分割,确定各自份额。离婚时分割夫妻共同财产原则上是平分的,但未经司法程序或者行政程序合法有效地分割之前,无法确定一方的份额一定是一半。离婚时财产分割的原则是照顾子女和女方权益,根据实际情况,男方也许只能分到40%的夫妻共同财产,故一方究竟得到多少份额是未定的。因此,夫妻一方擅自将共同财产赠与他人的赠与行为应为全部无效,而非部分无效。"最高人民法院《**关于审理房屋登记案件若干问题的规定**》(2010年11月18日 法释〔2010〕14号)第8条:"当事人以作为房屋登记行为基础的买卖、共有、赠与、抵押、婚姻、继承等民事法律关系无效或者应当撤销为由,对房屋登记行为提起行政诉讼的,人民法院应当告知当事人先行解决民事争议,民事争议处理期间不计算在行政诉讼起诉期限内;已经受理的,裁定中止诉讼。"

3. 地方司法性文件。江苏高院《**家事纠纷案件审理指南(婚姻家庭部分)**》(2019年7月18日)第9条:"因恋爱、同居产生的情感债务应当如何处理?婚外情所涉赠与应当如何处理?赠与行为的效力应当如何认定?赠与财物应当如何返还？一方以恋爱、同居为由主张另一方支付‘青春损失费’‘分手费’的，不予支持。但女方在恋爱、同居期间因怀孕中止妊娠主张男方分担医疗费、营养费等合理费用的，可以支持。有配偶者赠与或者约定赠与第三者财物，赠与后反悔主张返还或者第三者主张履行赠与的，不予支持。但配偶一方以赠与夫妻共同财产的行为侵犯其夫妻共同财产权为由主张返还的，可以支持。配偶一方主张赠与行为无效并主张返还赠与财物的，应当认定赠与行为全部无效而非部分无效，赠与财物应当全部返还。赠与行为被认定无效后返还的赠与财物应为赠与当时的标的物，如果赠与的是房屋、车辆等实物，应当返还实物。如果实物因灭失、转让等原因导致无法返还的，可以参照实物灭失、转让时的市场价格或者转让对价折价补偿。”四川成都中院**《二〇一七年全市法院民商事审判工作会会议纪要》**(2017 年 8 月 11 日)第 34 条:“夫妻一方在婚姻关系存续期间，在未征得另一方同意的情况下处分夫妻共同财产，该行为的效力如何认定？在婚姻关系存续期间，在没有特别约定的情况下，夫妻双方的共同财产为共同共有，而非按份共有。夫或妻非因日常生活需要处分夫妻共同财产时，应当协商一致，任何一方无权单独处分夫妻共同财产。若夫妻一方超出日常生活需要擅自将共同财产赠与他人，该赠与行为不能认定为部分有效、部分无效，而应认定为全部无效；夫妻中的另一方以侵犯共有财产权为由请求返还的，人民法院应予支持。”北京高院民一庭**《关于审理婚姻纠纷案件若干疑难问题的参考意见》**(2016 年 8 月 4 日)第 48 条:“【擅自将夫妻共同财产赠与第三人的处理】婚姻关系存续期间，夫妻一方未经另一方许可将大额共同财物赠与第三人的，另一方可主张请求确认该赠与行为无效，返还财物；或在离婚诉讼中就该赠与行为主张损害赔偿。”湖北高院**《民事审判工作座谈会会议纪要》**(2013 年 9 月 1 日)第 18 条:“婚姻关系存续期间，夫妻一方未经另一方同意将夫妻共同财产赠与给第三人的，赠与合同无效。赠与财产为不动产的，第三人应返还不动产；赠与财产为动产的，第三人应返还动产。”江苏高院**《婚姻家庭案件审理指南(2010 年)》**(2010 年 5 月 18 日)第 3 章:“……四、婚外同居当事人赠与的认定。婚外同居的男女之间相互赠送财物，一旦同居关系终止，很容易为赠与物归属产生纠纷。这种纠纷如何处理，既涉及法律也涉及社会公序良俗，处理失当，极易为社会所关注。目前，对这种特殊关系之间的赠与合同效力，学界争议较大:第一种观点认为，当事人双方自愿达成的财产赠与合同，当事人只要处分的是其个人财产，应当认为有效。这种观点强调婚外同居行为违法，但不必然导致同居当事人处分财产的行为无效；婚外同居与财产赠与是两个不同的民事行为，各具独立性。第二种观点认为，婚外同居者的赠与，其目的在于建立、维持或者加强双方之间的不法性关系，因此有损公共秩序或者善良风俗。任何人都不应当通过非法行为获益。根据民事法律行为的价值和法律保护的价值取向，这类赠与应当归于无效。第三种观点认为，有必要对婚外同居者的赠与区别对待。婚外同居行为违法,并不必然导致婚外同居者的赠与当然无效,而应当根据当事人动机不同区别认定赠与行为的效力。具有性交易性质的赠与,赠与的动机是为了继续保持婚外同居关系,甚至将此作为赠与的条件,这种赠与应为无效赠与,但基于彼此之间感情或共同生活的需要而为的赠与,不能因为具有婚外同居的烙印而被全盘否定。对此,我们倾向于认为,根据物权法的规定,处分共有的不动产或动产应当经全体共有人同意。夫妻一方将共有财产赠与他人属于对共有财产的处分,因未经配偶同意,故处分行为无效,赠与人的配偶向人民法院主张返还的,应予支持。此也符合《婚姻法》有关规定精神。当然,如赠与人处分的是其个人财产,当无要求返还之理。”

【参考类案】

①2017 年**山东某不当得利纠纷案**,2016 年,郭某与徐某婚外情交往期间,郭某在徐某处存放 43 万元银行卡一张。2017 年,郭某妻孙某以郭某为被告、徐某为第三人,诉请返还不当得利。法院认为:夫妻在婚姻关系存续期间所取得财产除法定应归夫妻一方情形外,原则上均属夫妻共同财产。夫妻对其共同财产有平等处理权。夫妻一方在婚姻关系存续期间与婚外异性进行感情交往并将共同存款等夫妻共同财产给予该第三者行为系擅自处分夫妻共同财产,该行为侵害了夫妻另一方对该共同财产的合法权利。而婚外第三者取得该财产并无合法依据,构成不当得利,此时夫妻另一方可基于其对该共同财产合法权利向婚外第三者主张不当得利请求权,要求其返还该财产。本案中,郭某给予徐某财产行为本身不属于因日常生活需要而处理共同财产行为,其未经其妻孙某同意而赠与婚外第三者徐某财产行为侵犯了孙某对夫妻共同财产的平等处理权;徐某明知郭某有配偶却与其婚外交往并接受郭某金钱赠与,显非善意第三人,孙某作为夫妻另一方基于对夫妻共同财产的共同所有权可对抗徐某,即孙某有权要求徐某返还郭某擅自处分给徐某的财产利益。在此情况下,徐某从郭某处取得的案涉资金显系不当得利,依法应予返还。判决徐某返还孙某不当得利 43 万元。

②2017 年**江苏某不当得利纠纷案**,2011 年,王某与李某结婚。2014 年,王某与黎某相识,后发展为不正当男女关系。其间,王某多次通过其个人银行账户向黎某汇款合计 1100 万余元。2016 年,王某、李某诉请黎某返还。法院认为:夫妻在婚姻关系存续期间所得财产,一般归夫妻共同所有;夫妻可约定婚姻关系存续期间所得财产及婚前财产归各自所有、共同所有或部分各自所有、部分共同所有。在黎某并未提供相反证据证明情况下,因王某向黎某汇款行为发生在夫妻关系存续期间,即便王某部分汇款系婚前个人财产,王某将该部分财产婚后赠与李某亦属合法有效;李某与王某均明确表示举债所得汇款为夫妻共同债务、由夫妻共同偿还,并一致确

认所汇款项为两人夫妻共同财产,故诉争款项应认定为王某与李某夫妻共同财产。夫妻共同财产制属共同共有,夫妻对共同财产享有平等处理权,因日常生活需要而处理夫妻共同财产的,任何一方均有权决定,非因日常生活需要对夫妻共同财产做重要处理决定,夫妻双方应平等协商,取得一致意见。但夫妻对共同财产享有平等处理权,并不意味着夫妻各自对共同财产享有一半处分权。夫妻共同财产是基于法律规定,因夫妻关系存在而产生。在夫妻双方未选择其他财产制情形下,夫妻对共同财产形成共同共有,而非按份共有。在婚姻关系存续期间,夫妻共同财产应作为一个不可分割的整体,夫妻对全部共同财产不分份额地共同享有所有权,夫妻双方无法对共同财产划分个人份额,在无重大理由时亦无权于共有期间请求分割共同财产。本案中,王某在 9 个月左右时间内向黎某转账汇款 1100 万余元,属于非因日常生活需要对夫妻共同财产所做重要处理,事前既未征得李某同意,事后亦未经过其追认,故王某单方将夫妻共同财产赠与他人行为应属全部无效。黎某取得诉争款项无合法根据,判决黎某返还王某、李某 1100 万余元。

③2015 年**福建某赠与合同纠纷案**,2014 年,李某与妻子林某达成离婚协议,约定李某用夫妻共同财产出资 685 万余元为韦某所购房产及车位归林某所有。林某据此诉请韦某归还财产。经查,诉争房产在韦某名下,产权证由李某持有。法院认为:李某出资给韦某购买诉争房产及车位,又持有诉争房产及车位产权证,开发商又出具证明写明诉争房产及车位交易、洽谈均系由李某与开发商进行,韦某仅系李某指定的购房人。据此,李某行为符合赠与合同特征,应认定诉争房产及车位系李某出资并赠与给韦某。李某在夫妻关系存续期间,擅自将价值数百万的诉争房产及车位无偿赠与韦某,该赠与显非因夫妻双方日常生活需要所需,该行为严重损害了林某财产权益,有违民法公平原则。韦某对李某在夫妻关系存续期间赠与其大额财产亦属明知,仍接受该赠与,加之李某一直持有诉争房产及车位产权证,可知韦某与李某之间存在特殊关系,此种赠与亦与常理相悖,违反社会基本道德准则,故判决确认该赠与行为无效,韦某向林某返还诉争房产及车位并协助办理相关过户手续。

④2015 年**上海某所有权确认纠纷案**,2011 年,于某以丈夫田某将夫妻共有房产赠与刘某为由,诉请返还钱款。其间,田某另案起诉刘某要求确权,生效判决确认田某对诉争房屋享有 60% 所有权。2014 年,于某得知另案生效判决后,提起第三人撤销之诉,要求撤销原判、驳回原判中田某诉请。法院认为:系争房屋系田某与于某夫妻关系存续期间购买,田某对该房屋处置未征得于某同意,影响于某对系争房屋民事权益。在田某所提另案诉讼中,田某、刘某未告知于某已就系争房屋提起诉讼,导致于某因不能归责于本人事由未能参加该案诉讼。于某提供证据能证明已生效判决内容错误,损害其民事权益。鉴于于某本案诉请目的在于撤销原判

决中对其不利部分,故对原判中当事人诉请并不进行处理。判决撤销另案判决。

⑤2015 年**广东某民间借贷纠纷案**,2013 年,朱某以民间借贷案由诉请曾某返还 100 万元,曾某承认收到该款,但认为系解除婚外同居关系的补偿。二审以公序良俗为由判决曾某返还。2015 年,曾某申请再审。法院认为:双方对曾某收到朱某转款事实无异议,朱某主张出借款项给曾某,但未完成其举证责任,故对朱某主张的民间借贷关系应不予认定。案由的意义在于界定案件指向的法律关系,亦决定了案件审查范围,本案应在朱某主张的民间借贷关系范围内审查,故判决驳回朱某诉请。

⑥2014 年**某抚养费纠纷案**,田某在与马某婚姻关系存续期间,与曹某婚外生育田某某。田某多次通过银行转账方式共计给曹某账户转入 247 万余元,所购房屋登记在曹某名下。马某据此起诉田某,法院判决田某擅自处分夫妻共同财产行为无效,曹某返还马某 247 万余元。该判决生效后,田某某作为原告,以田某支付曹某的款项系其抚养费为由,主张该判决损害其民事权益,诉请撤销。法院认为:夫妻共同财产系基于《婚姻法》规定,因夫妻关系存在而产生。在夫妻双方未约定实行分别财产制情形下,夫妻双方对共同财产系共同共有,而非按份共有。根据共同共有一般原理,在婚姻关系存续期间,夫妻共同财产应作为一个不可分割的整体,夫妻对全部共同财产不分份额地共同享有所有权,夫妻双方无法对共同财产划分个人份额,在无重大理由时亦无权于共有期间请求分割共同财产。夫妻对共同财产享有平等处理权,并不意味着夫妻各自对共同财产享有一半处分权。只有在共同共有关系终止时,才可对共同财产进行分割,确定各自份额,故夫妻一方擅自将共同财产赠与他人的行为应全部而非一半无效。田某作为田某某生父,依法负有抚养义务,但支付抚养费与赠与关系属于两个完全不同法律关系。马某诉请是确认田某赠与行为无效及返还赠与款项,在案证据亦佐证了田某将夫妻共同财产擅自通过银行转账转入曹某账户,所购房产亦登记在曹某名下,田某某主张田某赠与曹某的款项系支付给其的抚养费,缺乏相应证据支持。如田某某认为自己需生父支付抚养费,其随时可起诉田某主张抚养费。而抚养费具体数额,法院可根据田某某实际需要、父母双方负担能力和当地实际生活水平予以确定。

⑦2013 年**某赠与合同纠纷案**,2004 年至 2006 年,程某与冯某婚外同居期间,先后支付 73 万余元用于冯某购买车辆、房屋,另支付冯某 304 万余元用于经营,其中 290 万元由冯某借款给张某。程某妻李某诉请冯某、张某返还。法院认为:《婚姻法》第 3 条规定:"禁止有配偶者与他人同居。"程某在已有配偶情况下与冯某婚外同居,违反了《婚姻法》禁止性规定,其与冯某同居关系属违法关系。夫妻共同财产系基于法律规定,因夫妻关系存在而产生。在夫妻双方未选择其他财产制情形下,夫妻对共同财产形成共同共有,而非按份共有。根据共同共有一般原理,在婚

姻关系存续期间,夫妻共同财产应作为一个不可分割整体,夫妻对全部财产不分份额地共同享有所有权,夫妻双方无法对共同财产划分个人份额,在无重大理由时亦无权于共有期间请求分割共同财产。夫妻对共同财产享有平等处理权,并不意味着夫妻各自对共同财产享有一半处分权。只有在共同共有关系终止时,才可对共同财产进行分割,确定各自份额,故夫妻一方擅自将共同财产赠与他人的赠与行为应为全部无效,而非部分无效。最高人民法院《关于适用〈中华人民共和国婚姻法〉若干问题的解释(一)》(已于2021年1月1日起废止)第17条规定:"婚姻法第十七条关于'夫或妻对夫妻共同所有的财产,有平等的处理权'的规定,应当理解为:(一)夫或妻在处理夫妻共同财产上的权利是平等的。因日常生活需要而处理夫妻共同财产的,任何一方均有权决定。(二)夫或妻非因日常生活需要对夫妻共同财产做重要处理决定,夫妻双方应当平等协商,取得一致意见。他人有理由相信其为夫妻双方共同意思表示的,另一方不得以不同意或不知道为由对抗善意第三人。"本案中程某赠与冯某大额财产,显非因日常生活需要而处理夫妻共同财产行为,其未经妻子李某同意赠与冯某车辆、房屋及钱款,侵犯了李某财产权益,该赠与行为应认定无效;冯某明知程某有配偶而与其婚外同居并接受大额财产赠与,显亦不能视为善意第三人。超出日常生活需要对夫妻共同财产进行处分,双方应协商一致,程某单独将大额夫妻共同财产赠与他人,亦系一种无权处分行为。《物权法》第106条规定:如无善意取得情形,"无处分权人将不动产或者动产转让给受让人的,所有权人有权追回"。当财产被他人无合法依据占有时,所有权人有权根据物权追及效力请求非法占有人返还财产,夫妻中的受害方可行使物上请求权,以配偶和婚外同居者为共同被告,请求法院判令其返还财产,故判决确认程某擅自处分夫妻共同财产的赠与行为无效,冯某应返还当时购买车辆和房屋对价73万余元及其索取的资金304万余元,张某应对其收到的290万元承担连带返还责任。

⑧2012年**重庆某赠与合同纠纷案**,2008年,黄某与邱某登记结婚。婚后邱某与赖某关系暧昧。2011年10月,邱某私自转账给赖某现金40万元,用于购车。后黄某得知二人于2012年4登记离婚。黄某诉请确认邱某与赖某之间的赠与行为无效,由赖某将受赠所得返还黄某。法院认为:邱某赠与赖某40万元实际对夫妻共同财产进行了处分。根据我国《婚姻法》和《物权法》相关规定,夫妻对财产共有属共同共有,夫妻对共有财产共同享有所有权和平等处分权。邱某赠与赖某40万元中的20万元,侵犯黄某所有权和平等处分权,应属无效。邱某与黄某已离婚,共有基础丧失,邱某按一般财产分割原则可分得40万元中20万元,其赠与意思表示真实且赠与已完成,处分行为并不影响共有财产分割后价值,遂确认邱某对赖某40万元中另外20万元赠与行为有效,判决赖某返还黄某20万元。

⑨2009年**某赠与合同纠纷案**,夫妻一方将大额共同财产擅自赠与他人,该赠

与行为部分无效,还是全部无效?处理意见:在婚姻关系存续期间,夫妻双方对共同财产具有平等权利,因日常生活需要而处理共同财产的,任何一方均有权决定;非因日常生活需要对夫妻共同财产做重要处理决定的,夫妻双方应平等协商,取得一致意见。夫妻一方非因日常生活需要而将共同财产无偿赠与他人,严重损害了另一方财产权益,有违民法公平原则,此种赠与行为应属无效。夫妻共同财产系基于法律规定,因夫妻关系存在而产生。在夫妻双方未选择其他财产制情形下,夫妻对共同财产形成共同共有而非按份共有。根据共同共有一般原理,在婚姻关系存续期间,夫妻共同财产应作为一个不可分割的整体,夫妻对全部共同财产不分份额地共同享有所有权,夫妻双方无法对共同财产划分个人份额,亦无权在共有期间请求分割共同财产。夫妻对共同财产享有平等处理权,并不意味着夫妻各自对共同财产享有半数份额。只有在共同共有关系终止时,才可对共同财产进行分割,确定各自份额,故夫妻一方擅自将共同财产赠与他人行为应为全部无效,而非部分无效。

⑩2004 年**北京某债务纠纷案**,2000 年,李某欲与孙某中断婚外性关系,孙某为此向李某书写同意补偿 40 万元欠据。2001 年,李某诉请孙某支付余下未给付的 30 万元。法院认为:婚外性行为对继存合法婚姻是一种破坏,是一种违反性道德行为。性道德是善良风俗基本内容,依公序良俗原则,应确认违反性道德行为无效。本案中,孙某婚外与李某发生的两性关系有悖社会公德,双方行为不受法律保护,由此产生的债权债务关系亦不受法律保护。当事人双方基于违反公序良俗的不道德行为达成赠与合同,孙某基于该合同支付了 10 万元,系基于不法原因给付,当不法原因存在于双方情形,给付一方不得请求返还。对于赠与合同约定给付部分,因尚未给付,该合同即被确认为无效,合同被宣布无效后,未履行的,不得履行。判决驳回李某诉请。

⑪2009 年**浙江某民间借贷纠纷案**,2008 年,郑某与张某协议约定:郑某借给张某 100 万元购房,张某用该房抵押并承诺终身不嫁,一生做郑某情人。2009 年,郑某因双方关系不洽起诉,要求确认双方协议无效,张某返还郑某已支付的 70 万元。法院认为:《民法通则》第 7 条规定,民事活动应当尊重社会公德,不得损害社会公共利益。本案郑某与张某所签协议表面上是附条件赠与协议,系对私人财产权处分,但其约定以保持情人关系作为赠与条件,且情人关系存续与否直接影响款项是否返还,故该协议无视我国婚姻家庭制度,违背了社会公德,损害了社会公序良俗。双方所订立协议内容,不受法律保护。本案不属于法院受理民事诉讼范围,判决驳回郑某起诉。

⑫2007 年**湖南某返还财产纠纷案**,2007 年,黄某以何某与其夫高某间存在不正当男女关系,夫未经其同意,擅自赠与何某 5 万元存折、6 万元现金及价值 24 万元的轿车,侵害其共有权为由,诉请返还。法院认为:婚姻关系存续期间,任何一方

所得财产，原则上均属夫妻共同共有，夫妻作为财产共有人，对共有财产享有平等处理权。夫妻在行使处理权时，应平等协商，取得一致意见，任何一方不得违背他方意见，擅自处理，特别是对夫妻共有财产，作较大变动的，更应征得他方同意。夫妻中一方未经另一方同意或认可，擅自赠与第三者，第三者取得财物不构成善意取得。该赠与行为，属无权处分，应认定无效，已接受财产的当事人负有返还财产义务。本案中，高某给付何某财产，侵犯了黄某财产权益，何某应予返还。

⑬2007 年**江苏某赠与合同纠纷案**，2001 年，袁某在与彭某离婚后与龚某再婚。2002 年，袁某购房，后与彭某同居。2005 年，袁某将该房赠与彭某。2007 年，龚某诉请确认该房系夫妻共有房产。法院认为：袁某在婚姻关系存续期间，与明知其有合法配偶的彭某同居生活，两人行为均违反《婚姻法》规定，理应予以纠正。因双方现已自行解除非法同居关系，故法院对此不再作出裁断。诉争房屋系袁某自开发商处购买所得，房屋所有权人亦仅登记为袁某，故该房不能认定为袁某与彭某同居期间共同财产。彭某称该房系其与袁某共同出资购买，无证据证实。即便彭某偿还过住房贷款，亦只说明其与袁某间有债权债务关系，但与房屋所有权归属无关。袁某在婚姻关系存续期间取得案涉房屋所有权，且夫妻双方对婚后财产归属未作特别约定，故应依法认为该套住房为龚某与袁某共同财产。住房是一项重要财产，在婚姻关系存续期间，以住房为标的的处分行为应由夫妻双方共同实施。袁某未经龚某同意，擅自订立协议拟将夫妻共有的住房无偿处分给彭某，损害了龚某的合法权利，既不符合公序良俗，亦有违法律关于处分婚后共同财产的规定，故法院确认袁某与彭某之间订立案涉房屋赠与合同无效。

⑭2004 年**辽宁某遗赠纠纷案**，2001 年，潘某因交通事故去世，留下存款及房产若干。2004 年，潘某母诉请财产占有人董某返还。董某以其与潘某婚外同居期间，潘某 2000 年向其书写“郑重声明”表明死后全部财产归董某所有为由抗辩。法院认为：潘某书写“郑重声明”中涉及了其死后个人财产处分内容，且有其本人签名并注明了年、月、日，现无任何证据证明非其真实意思表示，亦无其他相反证据推翻其形式和内容，根据最高人民法院《关于贯彻执行〈中华人民共和国继承法〉若干问题的意见》第 40 条规定，该“郑重声明”应按自书遗嘱对待。按《继承法》有关规定，潘某去世后，对其遗产应按该自书遗嘱内容处理。但在该遗嘱生效时，潘某母已 81 岁高龄，自己本身没有诸如养老金、退休金等收入，需依靠子女赡养而生活，属于缺乏劳动能力又没有生活来源的继承人，依《继承法》第 37 条规定，在处理遗产时，应给潘某母留有必要份额，剩余部分方可按照潘某遗嘱确定分配原则处理。《继承法》赋予公民遗嘱自由的权利。该法第 16 条第 3 款规定，公民可以立遗嘱将个人财产赠给国家、集体或者法定继承人以外的人，据此，任何一个公民生前均有权依法处分其个人所有的合法财产，除违反该法第 19 条必留份的规定应受限制

外,只要遗嘱是有行为能力的人所写、是遗嘱人的真实意思表示、形式符合法律规定、未处分他人财产,即应认定为有效。本案潘某所立遗嘱,无论从其本人行为能力、意思表示、遗嘱形式,还是其处分的财产,均符合《继承法》明文规定,除未给潘某母保留必要的份额应受到部分限制外,未侵害国家、集体或其他任何人利益,其余部分应认定有效。同时,《继承法》对受赠人身份和主体资格无限制性规定,董某婚外同居行为虽为《婚姻法》所否定,但该法对婚外同居者受赠他人财产权利未加以限制,且本案虽然在潘某书写该份遗嘱时,董某是有夫之妇,与潘某是婚外同居关系,但在该份遗嘱生效时,董某已与其前夫登记离婚,其作为单身女子与单身男子的潘某非婚同居关系,虽不为社会提倡,但现行法律、法规中并无禁止性规定,故其有权受赠潘某所留遗产。公序良俗是我国《民法通则》总则中的规定,而《继承法》是民法特别法,按法律适用方法,只有在对争议问题特别法中未规定情况下才可适用普通法规定,而本案是继承纠纷案件,《继承法》已赋予公民立遗嘱将其个人财产赠给国家、集体或法定继承人以外任何人的权利,潘某立遗嘱将其财产赠与董某行为,是有法可依的,不属于特别法无明文规定、应适用普通法情形。退一步讲,即使本案存在适用《民法通则》条件,亦应首先适用分则中有关民事行为效力的规定,该法第 58 条第 1 款第 5 项规定的"违反法律或者社会公共利益的",属于无效民事行为,而在本案中,潘某立遗嘱将其财产赠与董某行为,并不涉及国家基本制度、根本利益和社会稳定等方面要求的社会公共利益,故不能适用该条规定认定遗嘱无效。此外《民法通则》第 7 条规定的"民事活动应当尊重社会公德"是倡导性规范,在当今社会还不能以行为人的行为不符合道德规范,即认定该行为违法、无效。由于一审法院宣判后,潘某母提出上诉后去世,其生前已以代书遗嘱形式确定了其遗产继承人、受赠人,故法院按照其遗嘱内容,判决确认诉争房产及存款归董某所有,潘某母所享有的必留份财产 1 万元由董某支付给潘某兄,董某支付潘某所欠第三人债务。

⑮2001 年**某遗赠纠纷案**,2001 年,黄某在与蒋某婚姻关系存续期间,将其所得住房公积金、住房补贴金、抚恤金及出售夫妻共有房产一半价款赠与婚外同居的张某,并在公证处做了公证。两天后,黄某去世。张某持遗赠公证起诉蒋某,要求分得遗赠财产。法院认为:黄某所立将财产赠与张某遗嘱,虽是其真实意思表示且形式合法,但其对财产处分违反了《继承法》和《婚姻法》有关规定。依《民法通则》第 7 条规定,民事行为不得违反公共秩序和社会公德,违反者其行为无效。依《婚姻法》第 3 条禁止有配偶者与他人同居,第 4 条夫妻应当互相忠实、互相尊重的法律规定,遗赠人黄某基于与张某非法同居关系而立下有悖于公共秩序、社会公德和违反法律遗嘱,损害了蒋某依法享有的财产继承权。该遗嘱属无效民事行为,张某要求蒋某给付受遗赠财产主张不予支持。判决驳回张某诉请。

【典型类案实务要点】

1.**【夫妻一方擅自将共同财产赠与他人,应认定为无效】**婚姻关系存续期间,夫妻一方超出日常生活需要,擅自将共同财产赠与非善意第三人,这种赠与行为应认定无效。

2.**【夫妻一方擅自处分共有财产,另一方可诉不当得利】**夫妻一方在婚姻关系存续期间与婚外异性进行感情交往并擅自处分夫妻共同财产,夫妻另一方可主张不当得利返还。

3.**【夫妻单方将巨额款项赠与第三者,该行为全部无效】**夫妻共同财产制属于共同所有,在夫妻关系存续期间,财产没有份额区分,夫妻对全部共同财产不分份额地享有所有权。夫妻一方未经另一方同意,将巨额款项赠与第三者,属于无权处分,该赠与行为应属全部无效,第三者应予返还。

4.**【夫妻一方基于不正当关系所为大额赠与,应为无效】**夫妻关系存续期间,一方基于与他人的不正当关系而向该他人赠与房产及车位,该赠与行为因违反公序良俗而应被认定为无效。

5.**【民间借贷不成立,亦不得按查实婚外赠与关系判决】**原告主张的民间借贷法律关系不成立,再审程序查证系婚外赠与的,亦不得超出原告原主张的法律关系进行判决。

6.**【处分夫妻共同财产,与追索抚养费属不同法律关系】**夫妻一方擅自赠与婚外第三人财产纠纷,与非婚生子女要求父母支付抚养费系两个不同法律关系,法律不应一并处理。

7.**【基于婚外两性关系所为给付,因违反公序良俗无效】**当事人双方基于违反公序良俗的不道德的婚外两性关系不受法律保护,由此产生的债权债务关系亦不受法律保护。

8.**【民间借贷有违公序良俗,不属于法院民事受案范围】**以保持情人关系作为赠与条件的借款购房合同,违背了社会公德,系损害社会公序良俗的借贷行为,理应不受法律保护,不属于法院受理民事诉讼范围。

9.**【因婚外情给付财产,配偶有权要求受让人返还财产】**因婚外情给付财产,侵犯了夫妻共有财产权益,夫妻中不知情一方作为财产共有权人,有权要求受让人返还财产。

10.**【非法同居期间取得财产,认定归属应考虑公序良俗】**认定是否属同居生活期间双方共同购置的财产,不能仅以该项财产取得时间确定,同时对同居期间取得财产权属性质认定应有公共政策的考量。

11.**【遗赠给婚外同居者,非属违反公序良俗而无效情形】**遗赠人将其财产赠与婚外同居关系的有夫之妇,虽为《婚姻法》所否定,但并不属于因违反公序良俗而导致遗赠无效情形。

12.【**婚外情遗赠,违反法律规定和公序良俗,应为无效**】婚外情遗赠行为虽系真实意思表示,但内容和目的违反法律规定和公序良俗,损害社会公德,破坏公共秩序,应属无效。

【类案裁判一般规则】

婚姻关系存续期间,夫妻一方超出日常生活需要,擅自将共同财产赠与非善意第三人,构成无权处分,该赠与行为应属全部无效,第三人应予返还。

【典型参考案例索引】

主旨案例:见《夫妻一方擅自将共同财产赠与他人的纠纷应如何处理》(吴晓芳,最高院民一庭),载《民事审判指导与参考・指导性案例》(201302/54:119)。**其他案例:**①山东淄博中院(2017)鲁03民终3662号"孙某与徐某等不当得利纠纷案",见《对夫妻一方擅自处分共同共有财产中不当得利请求权的把握》(杨富元、荣明潇),载《人民司法・案例》(201908:14)。②江苏南京中院(2017)苏01民终2667号"李某与王某等不当得利纠纷案",见《夫妻单方将巨额款项赠与第三者的行为全部无效——江苏南京玄武法院判决李某、王某诉李某某不当得利纠纷案》(安洪强),载《人民法院报・案例精选》(20170713:06)。③福建高院(2015)闽民终字第587号"林某与韦某等赠与合同纠纷案",见《林春英诉韦菊芬、李生德赠与合同纠纷——基于不正当关系的赠与无效》(许莹),载《人民法院案例选》(201610/104:111)。④上海二中院2015年3月31日"于某与田某等所有权确认纠纷案",见《于忠民与田胤先、刘颖房屋所有权确认纠纷案》,载《最高人民法院公报・案例》(201807/261:45)。⑤广东广州中院(2015)穗中法审监民再字第19号"朱某与曾某等民间借贷纠纷案",见《原告主张的法律关系不成立,再审是否能以另外的法律关系进行判决——朱志清诉曾丽丹、陈富英民间借贷纠纷再审案》(王维,广东广州中院审监庭),载《审判监督指导/争鸣・民事再审程序疑难问题》(201603/57:20)。⑥见《支付抚养费与夫妻一方擅自处分夫妻共同财产纠纷属于两个不同的法律关系》(吴晓芳,最高院民一庭),载《民事审判指导与参考・指导性案例》(201403/59:121)。⑦最高人民法院(2013)民一他字第5号"李某与程某、冯某确认赠与合同无效案",见《夫妻一方擅自将共同财产赠与他人的纠纷应如何处理》(吴晓芳,最高院民一庭),载《人民法院案例选・案香浮动》(201701/99:247)。⑧重庆五中院(2012)渝五中法民终字第3098号"黄某与邱某等赠与合同纠纷案",见《夫妻一方擅自赠与共同财产的性质认定——重庆五中院判决黄筱诉邱堂永等赠与合同纠纷案》(曾继川、张琴),载《人民法院报·案例指导》(20130516:06)。⑨见《一方将夫妻共同财产擅自赠与他人的行为无效》(《民事审判指导与参考》研究组),载《民事审判指导与参考·民事审判信箱》(200902/38:315)。⑩见《社会公共利益与合同效力——李某与孙某债务纠纷案》(马强,北京二中院),载《民事审判指导与参考·判解研究》(200401/17:196)。⑪浙江杭州中院(2009)浙杭商终字第1138号"郑某与张某民间借贷纠纷案",见《张正青诉张秀方民间借贷纠纷案》(王宓、王志华),载《人民法院案例选》(201202/80:102)。⑫湖南长沙雨花区法院(2007)雨民初字第1347号"黄某诉何某返还财产案",见《裁判要旨·民事》,载《人民法院案例选·月版》(200904/4:264)。⑬江苏启东法院(2007)启民初字第0594号"龚某诉彭某赠与合同案",见《龚正霞诉彭卫兰等确认赠与合同无效案(夫妻共同财产、同居期间共同财产)》(陈南松、钱晖),载《中国审判案例要览》(2008民:261)。⑭辽宁沈阳中院(2004)沈民(1)合终字第237号"潘某与董某等遗赠纠纷案",见《潘邓氏诉董丽男及第三人段艳萱、沈阳市东陵区汪家镇李巴彦村民委员会遗赠、被继承人债务清偿案(遗赠)》(宋宁),载《中国审判案例要览》(2005民:445)。⑮四川泸州中院2001年12月28日"张某与蒋某遗赠纠纷案",见《张学英依与其同居人所立遗嘱诉遗嘱人之妻蒋伦芳给付受遗赠的财产案》(杨丽),载《人民法院案例选》(200202/40:77)。

26. 投资经营收益的归属

——公司类权益,是否算共有?

【投资经营】

【问题提出】

一方婚前购买的股票婚后增值,另一方可否请求分割增值部分?

【处理意见】

1. 财产增值。《婚姻法》第17条规定:"夫妻在婚姻关系存续期间所得的下列财产,归夫妻共同所有:(一)工资、奖金;(二)生产、经营的收益;(三)知识产权的收益;(四)继承或赠与所得的财产,但本法第十八条第三项规定的除外;(五)其他应当归共同所有的财产。"最高人民法院《关于适用〈中华人民共和国婚姻法〉若干问题的解释(三)》第5条规定,夫妻一方个人财产在婚后产生的收益除孳息和自然增值外,应认定为夫妻共同财产。增值,就是物或权利在价格上的提升。增值根据发生原因,可分为自然增值和主动增值两种。自然增值是指该增值发生是因通货膨胀或市场行情变化而致,与夫妻一方或双方是否为该财产投入物质、劳动、努力、管理等无关。比如,夫妻一方婚前所有房屋、古董、字画、珠宝、黄金等,在婚姻关系存续期间因市场价格上涨而产生增值。主动增值是指该增值发生原因与通货膨胀或市场行情变化无关,而是与夫妻一方或双方对该财产所付出劳务、投资、管理等相关。如夫妻一方婚前房屋因在婚姻关系存续期间装修而产生增值部分。

2. 股票增值。具体到股票增值问题,应当分析股票增值产生原因。如在婚前即持有股票,一直就没有操作过,则股票增值完全是市场行情变化导致的,应将该种增值理解为自然增值,适用前述司法解释第5条规定,将其认定为婚前个人财产较为妥当。如股票在婚后进行过多次买入与卖出,则将股票增值理解为投资行为较为妥当。因此种情况下,股票增值往往需夫妻一方投入大量时间与精力,其收益往往取决于炒股人管理,这需要夫妻中另一方在其他方面更多付出,比如子女养育、家庭日常开支赚取,如将其片面理解为自然增值恐有失公允。且在现实生活中存在职业炒股人,专门以炒股为业,或单纯靠炒股收入存活,如将股票增值收益不区分情况,全部视为夫妻一方财产,不利于保护另一方权益,故将婚后进行过操作与管理的股票收益理解为投资经营收益较为妥当。投资分为直接投资与间接投资。直接投资是指将货币或实物直接投资于企业生产经营活动,其投资收益通常与投资者经营行为相伴相随,这种投资方式通常为人们所了解并接受其为夫妻共同财产;间接投资表现得比较隐蔽,其并不直接投资于企业,其收益通常与企业经营活动并不直接关联,主要表现为购买股票、债券、投资基金等有价证券获得的红利、股息、基金投资收益及转让上述证券所得与本金差额。此种情况下股票增值为间接投资行为收益,应属夫妻共同财产,另一方当然可请求分割。

【裁判依据或参考】

1. 法律规定。《民法典》(2021年1月1日)第125条:"民事主体依法享有股权和其他投资性权利。"第1062条:"夫妻在婚姻关系存续期间所得的下列财产,为夫妻的共同财产,归夫妻共同所有:(一)工资、奖金、劳务报酬;(二)生产、经营、投资的收益;(三)知识产权的收益;(四)继承或者受赠的财产,但是本法第一千零六十三条第三项规定的除外;(五)其他应当归共同所有的财产。夫妻对共同财产,有平等的处理权。"第1063条:"下列财产为夫妻一方的个人财产:(一)一方的婚前财产;(二)一方因受到人身损害获得的赔偿或者补偿;(三)遗嘱或者赠与合同中确定只归一方的财产;(四)一方专用的生活用品;(五)其他应当归一方的财产。"

2. 最高人民法院司法解释及其他司法性文件/解读文章。最高人民法院《关

于适用〈中华人民共和国民法典〉婚姻家庭编的解释（一）》（2021 年 1 月 1 日 法释〔2020〕22 号）第 72 条："夫妻双方分割共同财产中的股票、债券、投资基金份额等有价证券以及未上市股份有限公司股份时，协商不成或者按市价分配有困难的，人民法院可以根据数量按比例分配。"第 73 条："人民法院审理离婚案件，涉及分割夫妻共同财产中以一方名义在有限责任公司的出资额，另一方不是该公司股东的，按以下情形分别处理：（一）夫妻双方协商一致将出资额部分或者全部转让给该股东的配偶，其他股东过半数同意，并且其他股东均明确表示放弃优先购买权的，该股东的配偶可以成为该公司股东；（二）夫妻双方就出资额转让份额和转让价格等事项协商一致后，其他股东半数以上不同意转让，但愿意以同等条件购买该出资额的，人民法院可以对转让出资所得财产进行分割。其他股东半数以上不同意转让，也不愿意以同等条件购买该出资额的，视为其同意转让，该股东的配偶可以成为该公司股东。用于证明前款规定的股东同意的证据，可以是股东会议材料，也可以是当事人通过其他合法途径取得的股东的书面声明材料。"第 74 条："人民法院审理离婚案件，涉及分割夫妻共同财产中以一方名义在合伙企业中的出资，另一方不是该企业合伙人的，当夫妻双方协商一致，将其合伙企业中的财产份额全部或者部分转让给对方时，按以下情形分别处理：（一）其他合伙人一致同意的，该配偶依法取得合伙人地位；（二）其他合伙人不同意转让，在同等条件下行使优先购买权的，可以对转让所得的财产进行分割；（三）其他合伙人不同意转让，也不行使优先购买权，但同意该合伙人退伙或者削减部分财产份额的，可以对结算后的财产进行分割；（四）其他合伙人既不同意转让，也不行使优先购买权，又不同意该合伙人退伙或者削减部分财产份额的，视为全体合伙人同意转让，该配偶依法取得合伙人地位。"第 75 条："夫妻以一方名义投资设立个人独资企业的，人民法院分割夫妻在该个人独资企业中的共同财产时，应当按照以下情形分别处理：（一）一方主张经营该企业的，对企业资产进行评估后，由取得企业资产所有权一方给予另一方相应的补偿；（二）双方均主张经营该企业的，在双方竞价基础上，由取得企业资产所有权的一方给予另一方相应的补偿；（三）双方均不愿意经营该企业的，按照《中华人民共和国个人独资企业法》等有关规定办理。"最高人民法院吴晓芳法官**《关于婚姻家庭纠纷审理热点难点问答》**〔载《民事法律文件解读》2012 年第 8 辑（总第 92 辑）〕第 2 条："夫妻一方个人财产在婚后生产经营所得的收益归夫妻共同所有，所产生的债务是否应认定为夫妻共同债务？答：夫妻共同债务依法由夫妻双方负无限连带责任，而夫妻一方经营自己个人财产所负的债务属于个人债务范畴，但由于其收益归夫妻共同所有，或者用于家庭共同生活，非经营一方享受了收益，也应承担相应的义务，但其承担的清偿义务，应以收益中归夫妻共同所有的财产为限，承担的是有限清偿责任，而非无限连带责任。因此，婚后一方个人财产从事生产经营过程中发生的债务,原则上为一方的个人债务,但应由夫妻以收益的共同财产进行清偿。”最高人民法院吴晓芳法官**《关于婚姻家庭纠纷审理热点难点问答》**〔载《民事法律文件解读》2012 年第 6 辑(总第 90 辑)〕第 9 条:“对于法律规定限制转让的股票或者股份,人民法院可以进行分割吗? 答:公司法第一百四十七条规定:‘发起人持有的本公司股份,自公司成立之日起三年内不得转让。公司董事、监事、经理应当向公司申报所持有的本公司的股份,并在任职期间内不得转让。’因此,如果夫妻财产中的股份,属于法律规定的上述情形及其他依法不能自由转让的股份,必须按照有关法律处理。当然,在离婚分割财产时不予处理,并不意味着不保护其合法权益,待符合转让条件后,当事人仍然可以依照婚姻法的有关规定,对离婚时没有涉及的共同财产请求人民法院予以分割。”最高人民法院民事审判第一庭庭长纪敏**《在全国民事审判工作座谈会上的总结讲话－公正司法、一心为民、廉洁自律、一生平安》**(2007 年 4 月 10 日)第 9 条:“……第二个是有关举证责任的问题。夫妻离婚时,由于丈夫一方一般掌握着共同财产,比如企业的股权以及经营收入等,妻子在提出分割共同财产时往往由于无法完成举证而很难得到充分的保护。在这种情况下,我认为应当综合理解民事诉讼法和《证据规定》有关举证责任的相关规定,从公平原则和诚实信用原则出发,综合分析当事人的举证能力,合理分配举证责任。”最高人民法院民一庭**《民事审判实务问答(夫妻共同财产问题)》**(2005 年 4 月)第 13 条:“人民法院在审理离婚案件,涉及分割夫妻共同财产中以一方名义在有限责任公司的出资额、另一方不是该公司股东时,应当如何处理? 答:《中华人民共和国婚姻法》并未就上述财产的分割作出具体规定,《最高人民法院关于适用〈中华人民共和国婚姻法〉若干问题的解释(二)》第十六条对该类纠纷处理的思路和具体办法作出了原则性的规定,可按以下情形分别处理:(一)夫妻双方协商一致将出资额部分或全部转让给该股东的配偶,过半数股东同意、其他股东明确表示放弃优先购买权的,该股东的配偶可以成为该公司的股东;(二)夫妻双方就出资额转让份额和转让价格等事项协商一致后,过半数股东不同意转让,但愿意以同等价格购买该出资额的,人民法院可以对转让出资所得财产进行分割。过半数股东不同意转让,也不愿意以同等价格购买该出资额的,视为其同意转让,该股东的配偶可以成为该公司股东。但应当注意的是,适用该条规定的前提,是用于认缴该有限责任公司出资的财产,是夫妻共同财产,但在公司登记里,被记载在夫或妻中的一方名下,且对夫妻共同财产中在有限责任公司的出资事实可作出认定,这种情况下可按照上述规定对这类财产的分割达成共识。而且,应考虑到有限责任公司是人合兼资合的公司,人民法院在分割夫妻在有限责任公司的出资时,应当避免股东间和谐稳定、相互信赖关系的破坏,选择更好的解决方案,且处理应符合《中华人民共和国公司法》的有关规定。”第 14 条:“人民法院在审理离婚案件时,应当如何分割合伙企业中夫妻共同财产的份额？答：《中华人民共和国婚姻法》并未就上述财产的分割作出具体规定在合伙企业中，无论是夫妻双方同时作为合伙人加入合伙企业，还是以一方名义出资与他人组成合伙企业，只要用夫妻共同财产出资与他人组成合伙企业，在夫妻提起离婚诉讼时，夫妻间无通过约定财产制方式分割财产的，对合伙企业中涉及夫妻共同财产出资而形成的财产，人民法院应作为夫妻共同财产进行分割。依照《最高人民法院关于适用〈中华人民共和国婚姻法〉若干问题的解释（二）》第十七条的规定，对离婚案件中，涉及分割夫妻共同财产中以一方名义在合伙企业的出资，另一方不是企业合伙人的，对合伙企业中夫妻共同财产出资而形成财产的分割可按以下情形分别处理：（一）合伙企业中其他合伙人一致同意夫妻之间互相转让合伙企业财产中财产份额时，法院可作为夫妻双方分割在合伙企业中财产份额的依据，该配偶可取得合伙人的地位，对转让财产份额所得价款进行分割；（二）合伙企业中其他合伙人不同意夫妻之间互相转让合伙企业中财产份额的，可分以下三种处理方式：(1)其他合伙人在同等条件下行使优先受让权的，如夫妻协商将合伙企业中一方名义下的全部或部分财产份额转让给另一方的，人民法院可以对其他合伙人行使优先受让权后夫妻所得的全部或部分价款判决给夫妻中的另一方；(2)其他合伙人既不同意夫妻间相互转让，又不愿行使优先受让权，但同意夫妻一方退伙或退还部分财产份额的，人民法院应当在退伙或退还部分财产份额的范围内对夫妻共同财产进行分割和处理；(3)其他合伙人既不同意夫妻间相互转让财产份额，不愿行使优先受让权，又不同意夫妻一方退伙或退还部分财产份额的，应当视为全体合伙人同意转让。”第 15 条：“离婚案件如何分割当事人夫妻共同财产中的股票、债券、投资基金份额等有价证券？答：股票、债券、投资基金份额等有价证券的价值难以确定，且这些有价证券财产性权利的具体价值处于经常变动的不确定状态，造成了分割的难度。《最高人民法院关于适用〈中华人民共和国婚姻法〉若干问题的解释（二）》第十六条对这类投资性财产的分割作出了指导性的规定，人民法院在审理该类案件时，应尽量争取当事人双方协商解决，如协商不成或按市价分配有困难的，人民法院可以根据数量按比例分配待判决生效后，具体的操作问题由当事人自行决定。而且，对于法律法规限制转让的股票或股份，人民法院不宜分割处理，可告知当事人在符合转让条件后，再向人民法院起诉进行分割。”最高人民法院**《关于适用〈中华人民共和国婚姻法〉若干问题的解释（二）》**（2004 年 4 月 1 日　法释〔2003〕19 号，已于 2021 年 1 月 1 日起废止）第 11 条：“婚姻关系存续期间，下列财产属于婚姻法第十七条规定的‘其他应当归共同所有的财产’：（一）一方以个人财产投资取得的收益……”第 15 条：“夫妻双方分割共同财产中的股票、债券、投资基金份额等有价证券以及未上市股份有限公司股份时，协商不成或者按市价分配有困难的，人民法院可以根据数量按比例分配。”第 16 条：“人民法院审理离婚案件,涉及分割夫妻共同财产中以一方名义在有限责任公司的出资额,另一方不是该公司股东的,按以下情形分别处理:(一)夫妻双方协商一致将出资额部分或者全部转让给该股东的配偶,过半数股东同意、其他股东明确表示放弃优先购买权的,该股东的配偶可以成为该公司股东;(二)夫妻双方就出资额转让份额和转让价格等事项协商一致后,过半数股东不同意转让,但愿意以同等价格购买该出资额的,人民法院可以对转让出资所得财产进行分割。过半数股东不同意转让,也不愿意以同等价格购买该出资额的,视为其同意转让,该股东的配偶可以成为该公司股东。用于证明前款规定的过半数股东同意的证据,可以是股东会决议,也可以是当事人通过其他合法途径取得的股东的书面声明材料。”第 17 条:“人民法院审理离婚案件,涉及分割夫妻共同财产中以一方名义在合伙企业中的出资,另一方不是该企业合伙人的,当夫妻双方协商一致,将其合伙企业中的财产份额全部或者部分转让给对方时,按以下情形分别处理:(一)其他合伙人一致同意的,该配偶依法取得合伙人地位;(二)其他合伙人不同意转让,在同等条件下行使优先受让权的,可以对转让所得的财产进行分割;(三)其他合伙人不同意转让,也不行使优先受让权,但同意该合伙人退伙或者退还部分财产份额的,可以对退还的财产进行分割;(四)其他合伙人既不同意转让,也不行使优先受让权,又不同意该合伙人退伙或者退还部分财产份额的,视为全体合伙人同意转让,该配偶依法取得合伙人地位。”第 18 条:“夫妻以一方名义投资设立独资企业的,人民法院分割夫妻在该独资企业中的共同财产时,应当按照以下情形分别处理:(一)一方主张经营该企业的,对企业资产进行评估后,由取得企业一方给予另一方相应的补偿;(二)双方均主张经营该企业的,在双方竞价基础上,由取得企业的一方给予另一方相应的补偿;(三)双方均不愿意经营该企业的,按照《中华人民共和国个人独资企业法》等有关规定办理。”最高人民法院**《关于刘立民与赵淑华因离婚诉讼涉及民办私立学校校产分割一案的复函》**(2003 年 8 月 7 日 〔2002〕民监他字第 13 号):“……刘立民、赵淑华夫妻共同投资办学,应共同享有办学积累中属于夫妻的财产权益。原一、二审判决将办学积累全部认定为刘立民、赵淑华二人的共同财产进行分割没有法律依据。刘立民、赵淑华夫妻离婚,已丧失了共同办学的条件,对其共同享有的财产权益应予分割。根据本案具体情况,为维护学校完整,学校由赵淑华单独管理后,赵淑华应对刘立民丧失的财产权益以及由此丧失的期待利益予以补偿。补偿数额可参照原二审判决的数额。”最高人民法院副院长李国光**《在全国民事审判工作会议上的讲话》**(2000 年 10 月 28 日)第 6 条:“……在处理家庭财产分割中,涉及私营企业所有权、经营权、生产资料,以及股权、股票、知识产权等无形资产的,既要坚持有利于生产经营、方便生活的原则,又要充分考虑财产积累过程中贡献大小,按照实际情况,合理妥善处理。一方婚前参加房改的房屋,属一方财产;婚姻关系存续期间参加房改的房屋，属双方共有财产，离婚分割时，可以将房屋判给一方，也可以判归双方，需要评估房屋价值的，一般按市场价格确定。”最高人民法院**《关于印发〈全国民事案件审判质量工作座谈会纪要〉的通知》**（1999年11月29日　法〔1999〕231号）第2条：“……涉及家庭共同经营的私营企业，一方或双方享有的股票、股权、知识产权、生产资料等，既要坚持有利于生产经营、方便生活的原则，又要充分考虑不同财产性质状况，按照市场经济的规则进行处理。对于离婚案件中涉及企业、公司的财产分割问题，不宜简单地直接判决双方平均分得争议标的物，还应结合公司法、合伙企业法、专利法、著作权法等有关规定精神进行处理。”最高人民法院**《关于人民法院审理离婚案件处理财产分割问题的若干具体意见》**（1993年11月3日　法发〔1993〕32号，已于2021年1月1日起废止）第2条：“夫妻双方在婚姻关系存续期间所得的财产，为夫妻共同财产，包括：……（4）一方或双方从事承包、租赁等生产、经营活动的收益……”第9条：“一方以夫妻共同财产与他人合伙经营的，入伙的财产可分给一方所有，分得入伙财产的一方对另一方应给予相当于入伙财产一半价值的补偿。”第10条：“属于夫妻共同财产的生产资料，可分给有经营条件和能力的一方。分得该生产资料的一方对另一方应给予相当于该财产一半价值的补偿。”第11条：“对夫妻共同经营的当年无收益的养殖、种植业等，离婚时应从有利于发展生产、有利于经营管理考虑，予以合理分割或折价处理。”

3. 地方司法性文件。江苏高院**《家事纠纷案件审理指南（婚姻家庭部分）》**（2019年7月18日）第32条：“夫妻一方婚前购买的股票在婚后的增值收益的性质应当如何认定？夫妻一方婚后对婚前购买的股票没有进行买卖，股票因市场行情变化产生的增值收益为自然增值，除当事人另有约定外，应当认定为夫妻一方的个人财产。夫妻一方婚后对婚前购买的股票进行买卖产生的增值收益为主动增值，除当事人另有约定外，应当认定为夫妻共同财产。”第41条：“离婚时对于婚姻关系存续期间以夫妻共同财产出资获得的登记在夫妻一方名下的有限责任公司（不包括夫妻公司、一人有限责任公司）的股权应当如何处理？股权价值应当如何确定？基于有限责任公司的资合性和人合性特点，离婚时对于婚姻关系存续期间以夫妻共同财产出资获得的登记在夫妻一方名下的有限责任公司（不包括夫妻公司、一人有限责任公司）的股权的处理，既要从有利于解决夫妻纠纷的原则出发，又要最大限度地做好与其他利害关系人的利益协调，不能侵害其他股东的同意权和优先购买权等权利。如果夫妻双方就股权分割协商一致，可以依照《婚姻法解释二》第十六条的规定处理。因《婚姻法解释二》第十六条中‘过半数股东同意’与新《中华人民共和国公司法》第七十一条第二款中‘其他股东过半数同意’相冲突，因此，应适用《中华人民共和国公司法》第七十一条第二款中‘其他股东过半数同意’的规定。如果夫妻双方就股权分割无法协商一致，可以按以下情形分别处理：

(1)夫妻双方均主张股权且愿意和对方共同经营的,其他股东过半数同意且明确表示放弃优先购买权的,可以按比例分割股权。夫妻双方均主张股权但不愿与对方共同经营的,可以通过竞价方式确定由谁最终取得股权。如果股东的配偶取得股权,应当经其他股东过半数同意且明确表示放弃优先购买权。取得股权的一方,应当给予另一方相应的经济补偿。(2)股东一方或者股东的配偶放弃股权主张补偿款的,应当在确定股权价值的基础上,由取得股权的一方给予另一方相应的经济补偿。如果股东的配偶取得股权,应当经其他股东过半数同意且明确表示放弃优先购买权。(3)夫妻双方均不愿意取得股权的,可以依照《中华人民共和国公司法》的相关规定将股权转让给其他股东或者股东之外的第三人,并对转让价款依法分割。向股东以外的第三人转让股权的,应当经其他股东过半数同意且明确表示放弃优先购买权。如果无人受让股权的,夫妻双方可以按比例分割股权。前述(1)—(3)情形中,如果其他股东过半数不同意转让,也不愿意以同等价格购买股权的,视为同意转让。股权价值评估时,可以责令当事人以及股权所在的公司提供评估所需的财务会计报表等资料。因公司管理混乱、会计账册不全以及公司经营者拒不提供财务信息等原因导致股权价值无法评估的,可以向税务、工商部门调取备案的资产负债表、损益表、净资产表以及该公司公布的年度报表等财务资料交予评估机构评估股权价值。如果无法调取上述财务资料,可以参照当地同行业中经营规模和水平近似的公司的营业收入或者利润核定股权价值。当事人对依职权确定的股权价值提出异议的,应当提供能证实其主张的财务资料。”第42条:“夫妻双方设立夫妻公司时在工商部门登记的持股比例是否属于夫妻财产约定,离婚时能否据此分割股权?基于夫妻关系的特殊性可能导致双方设立夫妻公司时在工商部门登记的持股比例具有很大的随意性,如果无其他证据佐证,该登记比例不属于夫妻财产约定,离婚时夫妻一方要求据此分割股权的,不予支持。”江苏高院副院长李玉生**《当前民事审判中的30个热点难点问题》**(2017年11月3日)第25条:“关于夫妻一方对外经营性债务问题。实践中,夫妻一方持股的公司对外负债,导致该方需为公司承担责任,债务人同时起诉配偶的,配偶以所借债务没有用于夫妻共同生活进行抗辩。实践中的难点在于如何区分公司债务与个人债务,如何认定‘是否用于夫妻共同生活’,需要理论与实践予以研究。”北京高院民一庭**《关于审理婚姻纠纷案件若干疑难问题的参考意见》**(2016年8月4日)第19条:“【离婚案件中的股权分割处理】离婚案件涉分割公司股权的,一般应当在离婚案件中予以处理;确因股权与案外人存在争议难以确定的,可另案予以处理。离婚诉讼中一方主张另一方为隐名股东并要求分割相应财产权益的,参照上款处理。”第20条:“【股权价值的确定】离婚诉讼中待分割股权之价值存在争议时,应采取协商一致、评估、竞价、参考市场价等方式予以确定。因企业财务管理混乱、会计账册不全以及企业经营者拒不提供财务信息等原因导致无法通过评估方式确定股权价值的,人民法院可以依据该企业在行政主管机关备案的财务资料对财产价值进行认定;或可以参照当地同行业中经营规模和收入水平相近的企业的营业收入或者利润及其他方式来核定其价值。"第 21 条:"【具特殊人身性股权的分割】职工内部流通股等具有内部流通性的股权,离婚诉讼分割时应具体审查,并征询职工所在企业等相关组织意见,以确定具体分割方法。具有特殊个人人身性的村民股权应属个人财产,但村民股权在夫妻关系存续期间的收益可作为夫妻共同财产分割。"第 22 条:"【股东为夫妻二人的有限责任公司、股东为夫妻二人及其他股东的有限责任公司的分割】离婚诉讼中有限责任公司股东为夫妻二人,双方就股权分割无法协商一致时。双方均主张股权的,可按比例分割股权;双方均要求补偿款的,释明当事人可另行对公司进行拍卖、变卖或解散清算并分割价款;夫妻一方主张股权,另一方主张补偿款的,可在确定股权价值基础上由获得股权一方给付另一方补偿款。上述有限责任公司工商登记中注明的夫妻双方股权份额不构成夫妻间财产约定;但如设立公司时根据相关规定提交财产分割书面证明或协议的,构成财产约定。离婚诉讼中有限责任公司股东为夫妻二人及其他股东时,参照上两款规定进行处理。"第 23 条:"【一人独资公司的分割】离婚诉讼中夫妻中一人为独资公司股东,双方就股权分割无法协商一致时。双方均主张股权且愿意和对方共同经营的,可按比例分割股权;双方均主张股权但不愿意和对方共同经营的,可在考虑有利公司经营基础上由一方取得公司股权、给予另一方相应经济补偿,或通过竞价方式处理;一方主张公司股权,另一方不主张公司股权的,在确定公司价值基础上,由取得公司股权一方给予另一方相应经济补偿;双方均不愿意取得公司股权的,释明当事人可另行对公司进行拍卖、变卖或解散清算并分割价款。上述股权分割中,需要办理变更登记手续的应根据相关规定进行办理。"第 24 条:"【股东为夫妻中一人及其他人的有限责任公司的分割】离婚诉讼中有限责任公司为夫妻中一人及其他股东,夫妻双方就股权分割无法协商一致时。双方均主张股权的,原则上可判决归股东一方所有,并给予非股东一方相应的经济补偿;非股东配偶放弃股权主张补偿款的,应在对公司股权价值确定基础上由股东配偶给予另一方相应的经济补偿;股东配偶放弃股权,应在对公司股权价值确定基础上由取得股权方给予另一方相应的经济补偿,但应经其他股东过半数同意且明确表示放弃优先购买权;双方均不愿意取得公司股权的,可以释明当事人另行按照《中华人民共和国公司法》(以下简称《公司法》)将股权变现,并对价款依法分割。"第 25 条:"【《婚姻法司法解释二》与《公司法》条文冲突问题】《婚姻法司法解释二》第十六条中'过半数股东同意'与 2013 年新修改发布《公司法》第七十一条第二款中'其他股东过半数同意'冲突问题,应适用 2013 年新修改发布《公司法》第七十一条第二款中'其他股东过半数同意'内容。"第 26 条:"【上市公司股票价值确定】离婚诉讼中分割上市公司股票,需要确定股票价值的,当事人对确定股票价值的时间点无法达成一致的,可以法庭辩论终结日的股票价值为准。”浙江高院民一庭**《关于印发〈关于审理婚姻家庭案件若干问题的解答〉的通知》**(2016 年 6 月 27 日 浙高法民一〔2016〕2 号)第 13 条:“婚后夫妻双方设立公司,在工商行政部门登记有双方持股比例,该比例是否属于夫妻财产约定,离婚时可否据此分割公司股权?答:如无其他证据证明夫妻双方对公司股权进行过夫妻财产约定的,该登记比例不能视为夫妻财产约定。一方当事人仅凭工商行政部门登记的股东持股比例要求据此分割的,不予支持。法院应根据实际情况依法对股权进行分割。”上海高院**《关于恋爱期间购房处理等婚姻家庭案件若干争议问题指导意见》**(2016 年民一庭调研与参考〔2016〕3 号)第 2 条:“夫妻共同财产分割。夫妻共同财产涉及有限责任公司股权,一方要求分割股权或相应的股权折价款,另一方既不同意分割股权,也不同意就股权价值进行协商。若由于该公司经营不规范,法院委托的相关机构无法对公司价值进行评估,如何处理?倾向意见认为,根据《公司法》及《关于适用〈中华人民共和国婚姻法〉若干问题的解释(二)》的相关规定,有限责任公司股东向股东以外的人转让股权,应当经其他股东过半数同意。股东应就其股权转让事项书面通知其他股东征求同意,其他股东自接到书面通知之日起满三十日未答复的,视为同意转让。其他股东半数以上不同意转让的,不同意的股东应当购买该转让的股权;不购买的,视为同意转让。因此,对离婚纠纷中涉及分割以一方名义拥有的有限责任公司股权,另一方不是该公司股东的,若双方同意以股权折价款进行分割,并可以通过协商或评估确认股权价值的,法院可据此判决非股东一方取得相应股权折价款;若双方不能就股权价值达成一致,也不能通过评估审计确定的,人民法院应首先就非股东一方经股权分割后能取得的份额情况征求公司其他股东意见,对股东的不同意见按照《关于适用〈中华人民共和国婚姻法〉若干问题的解释(二)》第十六条规定处理;若经书面通知,其他股东自接到书面通知之日起满三十日未答复的,亦视为同意转让,法院可就股权份额进行分割处理。”江苏高院**《关于当前商事审判若干问题的解答(二)》**(2014 年 9 月 2 日)第 8 条:“问:夫妻设立的有限责任公司,能否直接认定为一人有限责任公司?答:《中华人民共和国公司法》第五十八条第二款规定:‘一人有限责任公司,是指只有一个自然人股东或者一个法人股东的有限责任公司。’夫妻共同设立的有限责任公司在形式上属于两人设立的有限责任公司,不宜直接认定为一人有限责任公司,从而适用《中华人民共和国公司法》第六十三条关于一人有限责任公司股东与公司财产混同举证责任倒置的规定。债权人能够提出足以引起法官对夫妻财产与公司财产存在混同怀疑的初步证据的,夫妻股东应当就公司财产独立性承担举证责任,不能举证证明的,依据《中华人民共和国公司法》第二十条第三款的规定,夫妻股东应对公司债务承担连带责任。”广东深圳中院《**关于婚姻家庭纠纷案件的裁判指引(2014 修订)**》(2014 年 5 月 21 日)第 24 条:“工商登记中载明的夫妻投资比例不应认定为夫妻对财产归属的约定。婚姻关系存续期间,无论使用一方的个人财产还是使用夫妻共同财产投资设立的股东仅有夫妻两人的有限责任公司,公司经营所产生的股东收益均属于夫妻共同财产。说明:第二十四条是对夫妻公司股权工商登记及收益如何理解和处理的裁判指引。最高人民法院民一庭的倾向性意见是:《公司法》对于股东身份无限制性规定,故夫妻双方作为股东设立的有限责任公司并不违反法律规定,在离婚案件中否定夫妻公司的法人人格没有法律依据。工商登记中载明的夫妻投资比例并不能绝对等同于夫妻之间的财产约定,如果有证据证明工商登记所载明的事项只是设立公司时形式上的需要,则应按夫妻双方真实的意思表示去处理。在离婚案件中处理有关夫妻公司问题时,既要以《婚姻法》为依据,又要兼顾《公司法》中的规定。在婚姻关系存续期间,无论是用一方婚前的个人财产还是用夫妻共同财产投资设立夫妻公司,公司经营所产生的收益均应属于夫妻共同财产。原文是‘公司经营所产生的收益’,但考虑到公司法规定有限责任公司的财产权归公司所有,夫妻双方作为股东只能享有夫妻公司股东所应享有的收益,故本条款在收益前增加了‘股东’。”安徽淮南中院《**关于审理离婚纠纷案件若干问题的指导意见**》(2014 年 3 月 13 日)第 18 条:“在审理离婚案件时,分割一方以自己名义用夫妻共同财产在有限责任公司的出资,夫妻双方协商一致将出资额部分或者全部转让给该股东的配偶,过半数股东同意、其他股东明确表示放弃优先购买权的,该股东的配偶可以成为该公司股东。过半数股东不同意转让的,告知双方当事人另行处理。用于证明前款规定的过半数股东同意的证据,可以是股东会决议,也可以是当事人通过其他合法途径取得的股东的书面声明材料。”第 19 条:“在审理离婚案件时,一方以夫妻共同财产与他人合伙经营,另一方不是合伙人的,夫妻双方协商一致,将其合伙中的财产份额全部或者部分转让给对方时,其他合伙人一致同意的,该配偶依法取得合伙人地位。其他合伙人不同意转让的,告知双方当事人另行处理。”第 20 条:“夫妻以一方名义投资设立独资企业的,离婚时,一方主张经营该企业的,对企业资产进行评估后,由取得企业一方给予另一方相应的补偿。双方均主张经营该企业的,在双方竞价基础上,由取得企业的一方,按均等分割的原则给予另一方相应的补偿。双方均不愿意经营该企业的,告知双方按照我国《个人独资企业法》等有关规定清算完毕后,另行处理。”福建三明中院《**民事审判若干实务问题探讨**》(2016 年)第 13 条:“离婚案件中,夫妻双方对以一方名义持有的公司股权无法达成一致分割意见,应当如何处理? 答:1. 如系股份有限公司股权可直接分割,或者按持有数量市值按比例分配、补偿。2. 如系有限责任公司股权,一般情况下建议以折价补偿形式来维护未登记为股东一方的合法权益。夫妻双方协商不成的,可通过评估、竞价等方法确定有限责任公司股权价值,由持有股权一方将股权价值补偿给另一方。”安徽滁州中院**《关于审理婚姻家庭纠纷案件座谈会纪要》**(2013年8月2日)第21条:“当事人婚前以个人财产购买债券所得的收益,以及婚前以个人财产购买的股票、基金、黄金或古董等财产,在婚姻关系存续期间因市场行情变化,抛售后产生的增值部分,应认定为个人财产。当事人有约定的除外。”浙江杭州中院民一庭**《关于涉及婚姻家庭纠纷案件若干疑难问题的解答》**(2013年1月1日)第13条:“离婚案件中,涉及分割夫妻共有财产中以一方名义在有限责任公司的出资,另一方不是该公司股东,双方就该出资协商不一致的,如何处理?答:若双方均主张股权,或者均不主张股权的,考虑到公司法相关规定,股权归股东所有,由享有股东资格的一方按照该股权的价值支付另一方股权折价款。股权价值可以通过对有限责任公司资产进行审计评估予以确定。”广东高院**《全省民事审判工作会议纪要》**(2012年6月26日　粤高法〔2012〕240号,2021年1月1日起废止)第64条:“人民法院审理离婚案件,对夫妻一方与案外人合伙投资财产的分割,应先由夫妻双方协商解决;协商不能达成一致的,可在征求合伙人意见的情况下,按最高人民法院《关于适用〈中华人民共和国婚姻法〉若干问题的解释(二)》第十七条规定的不同情形对财产或者合伙份额一并作出处理。如确实难以一并审理的,可告知当事人另行提起财产分割诉讼。”山东高院**《2011年民事审判工作会议纪要》**(2011年11月30日　鲁高法〔2011〕297号)第7条:“……二要根据家庭财产类型的发展变化处理好财产关系。家庭财产已经从较为单一财产类型,逐步发展到股权及其他投资等多种财产类型并存。审理婚姻家庭财产案件时,要重视婚姻法与公司法、合伙企业法以及其他法律相协调,既要保护夫妻双方对共同财产的平等处分权,也要重视发挥财产的整体效用,通过不同的财产分割方式,实现两者和谐并存。要认识‘买断工龄款’、养老保险金等财产形态的特征,合理确定其财产性质。在涉及第三人交易的情形下,要重视市场经济秩序的建立和交易安全的维护等因素,注意保护善意第三人的合法权益。”浙江宁波中院**《关于印发〈民事审判若干问题解答(第三辑)〉的通知(婚姻家庭纠纷类)》**(2011年5月11日)第4条:“在离婚案件中,婚姻关系存续期间一方以个人财产投资取得的收益性质如何认定?如一方婚前购买的股票婚后增值部分,一方在婚前购买的房屋婚后出租所取得的租金收益,离婚时是否按夫妻共同财产处理?答:根据最高人民法院《婚姻法司法解释(二)》第十一条的规定,婚姻关系存续期间,一方以个人财产投资取得的收益,属于《婚姻法》第十七条规定的‘其他应当归共同所有的财产’,故在婚姻关系存续期间一方以个人财产投资取得的收益应认定为夫妻共同财产。但在法律上因为投资概念本身的模糊性,具体司法实践中对以一方个人财产投资取得的收益性质如何认定经常发生分歧,结合已有的司法经验,一般应按以下原则处理:(1)如所取得的收益是基于个人财产的自然或被动增值的,原则上应认定为个人财产,如基于夫妻双方或一方经营投入所产生的收益,原则上应认定为夫妻共同财产。(2)在举证责任分配上,主张婚姻关系存续期间取得的财产收益为个人财产的一方应承担举证责任,当事人无法举证,人民法院又无法查清的,推定为共同投资经营,所取得的收益认定为夫妻共同财产。根据上述处理原则,一方婚前购买的股票,在婚姻关系存续期间因市场行情发生变化而增值部分,属个人财产交换价值在不同时期的体现,应归夫妻一方个人所有。如一方利用婚前购买的股票,在婚姻关系存续期间为获取市场差价进行交易,应视为利用个人财产投资经营的行为,所得收益可认定为夫妻共同财产。当事人将婚前个人所有的房屋婚后出租,所取得的租金收益并非属房屋自然或必然产生的孳息,其间由双方从事维护、修缮等经营管理行为,所取得的租金事实上是一种夫妻共同经营后的收入,原则上应认定为夫妻共同所有。”第5条:“离婚案件中涉及分割一方名下的有限责任公司股权的,如何对该股权作出分割?在该公司其他股东不同意配偶为公司股东时,能否对该股权作出分割?答:根据最高人民法院《婚姻法司法解释(二)》第十六条的规定,分两种方式处理:第一种情况,一方取得股份,对另一方进行折价补偿。第二种情况,双方均主张拥有股份,结合《公司法》的有关规定处理。如双方协商一致将出资额部分或者全部转让给该股东的配偶,其他股东放弃优先购买权,该股东的配偶成为公司股东。如夫妻双方就出资额转让份额和转让价格等事项达成一致,过半数股东不同意转让,但愿意以同等的价格购买该出资额的,法院可以对转让出资额所得财产进行分割;过半数股东不同意转让,也不愿意以同等的价格购买该出资额的,视为同意转让,该股东配偶成为公司股东。”江苏高院**《婚姻家庭案件审理指南(2010年)》**(2010年5月18日)第6章:“…………(三)投资经营性财产的分割。随着改革开放的不断深入,经济发展和社会生活都发生了重大变化,婚姻家庭关系中的财产种类越来越多、越来越复杂,处理难度也越来越大。《婚姻法解释二》第十五、十六、十七、十八条就专门对这些新型财产纠纷的处理做了明确规定。总体来说,要妥善解决这些复杂问题,除正确适用《婚姻法》外,还必须与《中华人民共和国公司法》(以下简称《公司法》)、《中华人民共和国合伙企业法》、《中华人民共和国个人独资企业法》(以下简称《个人独资企业法》)等商事法律的规定和精神保持一致,注意坚持以下原则:一是坚持男女平等、保护子女和女方权益原则;二是自愿协商原则;三是维护其他股东、合伙人合法权益原则;四是有利于生产和方便生活原则。综合考虑案件具体情况,既保护婚姻当事人的合法权益,又不损害其他关系人的利益。1. 对股票、债券、投资基金份额等有价证券以及未上市股份有限公司股份的分割。根据《婚姻法解释二》第十五条的规定,对此应先行协商,如协商不成的,可以按市价分配;按市价分配有困难的,可以根据数量按比例分配。应注意的是,对于法律法规限制转让的股票或者股份,人民法院不宜进行分割处理。如根据《公司法》第一百四十二条的规定,发起人持有的本公司股份,自公司成立之日起一年内不得转让;公司董事、监事、高级管理人员在任职期间每年转让的股份不得超过其所持有本公司股份总数的25%,所持本公司股份自公司股票上市交易之日起一年内不得转让,离职后半年内,上述人员不得转让其所持有的本公司股份。如果夫妻共同财产中的股份属于法律规定的上述情形,必须按照有关法律办理,待转让条件成就后,参照《婚姻法》第四十七条的规定,请求再次分割夫妻共同财产。2. 对在有限责任公司的出资额的分割。根据《婚姻法解释二》第十六条的规定,人民法院审理离婚案件,涉及分割夫妻共同财产中以一方名义在有限责任公司的出资额,另一方不是该公司股东的,按以下情形分别处理:(1)夫妻双方协商一致将出资额部分或者全部转让给该股东的配偶,过半数股东同意、其他股东明确表示放弃优先购买权的,该股东的配偶可以成为该公司股东;(2)夫妻双方就出资额转让份额和转让价格等事项协商一致后,过半数股东不同意转让,但愿意以同等价格购买该出资额的,人民法院可以对转让出资所得财产进行分割。过半数股东不同意转让,也不愿意以同等价格购买该出资额的,视为其同意转让,该股东的配偶可以成为该公司股东。用于证明过半数股东同意的证据,可以是股东会决议,也可以是当事人通过其他合法途径取得的股东的书面声明材料。司法实践中,应注意以下问题:(1)适用《婚姻法解释二》第十六条规定的前提,是用于认缴该有限责任公司出资的财产是夫妻共同财产,但在公司登记里被记载在夫或妻一方之下,即虽从外表形式上看登记在一方名下,但却是夫妻关系存续期间的共同财产。(2)夫妻婚姻关系建立之前,一方已经作为公司股东出资于有限责任公司,其股本金虽不属于夫妻共同财产,但在夫妻关系存续期间的收益应作为婚后投资性收益,作为夫妻共同财产分割。婚后对公司新增资本的认缴依法也应认定为夫妻共同财产。(3)该条规定仅适用于夫妻中只有一方是该公司股东,另一方在纠纷发生时并非公司股东的情形,如夫妻均为同一有限责任公司股东的,则根据《公司法》的规定,股东之间可以相互转让其全部出资或部分出资。(4)《婚姻法解释二》第十六条规定适用于夫妻双方就有限责任公司的出资问题协商一致的情况。如果夫妻本身对其共同财产中在有限责任公司的出资分割问题无法达成共识,则不适用直接分割股权。考虑到公司的人合性,人民法院可以判决股权归出资一方所有,另一方可以取得相应的折价补偿。通常应在公平原则的基础上,由专业机构对公司的财产状况和财务状况进行综合评估,按照股权的实际价值决定对股东的配偶进行补偿的数额。(5)本条中关于许多问题的表述都是'可以'这种授权性做法,而不是必然、必须等强制性规定。因为司法实践中情况错综复杂,司法解释的规定无法穷尽一切可能出现的情况,并对其一一作出规定,只能是把一些相对比较可行的做法加以类型化,为解决实际问题提供一些方法和依据。具体应根据案件的特定情况作出分割处理。另外,如果是分割股权的,则当事人还必须按《公司法》的相关规定到有关部门办理变更手续。3. 对合伙企业中的出资的分割。根据《婚姻法解释二》第十七条的规定,涉及分割夫妻共同财产中以一方名义在合伙企业中的出资,另一方不是该企业合伙人的,当夫妻双方协商一致,将其合伙企业中的财产份额全部或者部分转让给对方时,按以下情形分别处理:(1)其他合伙人一致同意的,该配偶依法取得合伙人地位;(2)其他合伙人不同意转让,在同等条件下行使优先受让权的,可以对转让所得的财产进行分割;(3)其他合伙人不同意转让,也不行使优先受让权,但同意该合伙人退伙或者退还部分财产份额的,可以对退还的财产进行分割;(4)其他合伙人既不同意转让,也不行使优先受让权,又不同意该合伙人退伙或者退还部分财产份额的,视为全体合伙人同意转让,该配偶依法取得合伙人地位。4. 对在独资企业中夫妻共同财产的分割。根据《婚姻法解释二》第十八条的规定,夫妻以一方名义投资设立独资企业的,人民法院分割夫妻在该独资企业中的共同财产时,应当按照以下情形分别处理:(1)一方主张经营该企业的,对企业资产进行评估后,由取得企业一方给予另一方相应的补偿;(2)双方均主张经营该企业的,在双方竞价基础上,由取得企业的一方给予另一方相应的补偿;(3)双方均不愿意经营该企业的,按照《个人独资企业法》等有关规定办理。根据《个人独资企业法》第二十六条、第二十七条等有关规定,双方均不愿意经营该企业的,应当解散该企业并进行清算。司法实践中,应注意投资人在婚前以个人财产或婚后以个人婚前财产或婚后个人财产出资设立个人独资企业的,该企业的投资部分属于投资人的个人财产。但婚姻关系存续期间因生产经营所得收益应属于夫妻共同财产,夫妻离婚时只应对经营企业所得收益进行分割,而不能对企业财产进行分割。5. 对夫妻公司财产的分割。在离婚案件中处理有关夫妻公司问题时,可以参考公司登记中载明的投资比例状况作为划分财产所有权份额的依据,但也不必然。因为夫妻关系的特殊性可能会导致工商登记载明的投资比例并不真实,如一方提出异议,应根据其举证情况作出综合认定。对于夫妻公司的处理,应与《公司法》相衔接,离婚后夫妻双方都有经营能力,并且也都愿意继续共同经营的,可根据《婚姻法》有关处理夫妻财产的规定,直接分割双方的股权比例;夫妻双方都不愿意继续经营的,可解散公司进行清算,对公司剩余财产按《婚姻法》规定分割;夫妻一方要求经营公司,另一方要求退出公司的,可考虑通过股权转让的方式解决,使退出一方的补偿获得实现。”广东广州中院**《民事审判若干问题的解答(婚姻家庭部分)》**(2010年4月)第7条:“夫妻共同的财产(存款、股票、基金等),分割财产计算的期限是以离婚前一年还是半年财产的状况为标准计算?存款、股票、基金等进出频繁,或已销户,如何确定?答:离婚诉讼分割的应是离婚时存在的夫妻共同财产,但在当事人出现隐藏、转移、买卖、毁损夫妻共同财产,或伪造债务企图侵占另一方财产等情形时,宜应以夫妻关系明显恶化或因感情不和分居或起诉离婚前一年作为分割财产的计算期限。对于在上述期间提取大额存款以及通过转让股票、赎回基金等获得大额款项的一方,应要求其就款项的去向作出合理解释。”广东高院**《关于婚前取得的股票期权,离婚后行权所得能否确认为夫妻共同财产问题的批复》**(2009 年 7 月 20 日　粤高法民一复字〔2009〕5 号):“基本同意你院审判委员会的多数意见。LF 婚前取得的股票期权,是 ×T 科技公司作为一种激励机制而赋予员工有条件地购买本企业股票的资格,并非具有确定价值的财产性权益。该期权要转化为可实际取得财产权益的股票,必须以员工在公司工作时间的积累为前提条件。在 LF 与 SHS 二人婚姻关系存续期间,LF 的部分股票期权可行权并获得财产权益。虽然 LF 是在离婚后才行使股票期权,但无法改变其在婚姻关系存续期间可以行使部分期权并获得实际财产权益的事实。根据《中华人民共和国婚姻法》第十七条,参照最高人民法院《关于适用〈中华人民共和国婚姻法〉若干问题的解释(二)》第十一条、第十二条的规定,LF 在婚姻关系存续期间可通过行使股票期权获得的该部分股票财产权益,属于在婚姻关系存续期间明确可以取得的财产性收益,宜认定为夫妻共同财产。”浙江温州中院民四庭**《关于贯彻执行〈婚姻法〉的指导意见》**(2009 年 5 月 1 日)第 34 条:“在婚姻关系存续期间一方购买并持有的内部职工股,虽具有一定的人身性,但因其是在婚姻关系存续期间取得的财产,应认定为夫妻共同财产。该股份在婚姻关系存续期间的分红及增股、配股,也认定为夫妻共同财产。”江西高院**《关于审理婚姻家庭纠纷案件适用法律若干问题的解答》**(2008 年 10 月 10 日)第 6 条:“夫妻一方个人财产在婚姻关系存续期间取得的收益中,哪些属于一方个人财产,哪些属于《婚姻法解释二》第十一条第(一)项规定的‘应当归夫妻双方共同所有的投资收益’?夫妻一方的个人财产所产生的收益,如果夫妻双方约定则按约定决定其归属,没有约定则根据收益产生的原因来确定其归属。夫妻一方个人财产的法定孳息,属于在婚姻关系存续期间的自然增值部分,如存款利息、有价证券收益、未经共同经营管理取得的房屋租金等,应认定为夫妻一方个人财产。用个人财产在婚姻关系存续期间从事投资或进行生产经营活动所产生的收益应当属于夫妻共同财产。如个人财产投资公司或企业所取得的利润;个人所有的房屋经夫妻共同维护修缮、经营管理所取得的租金;个人财产的自然孳息,如经过共同养护的果实、牲畜幼仔等,应当认定为夫妻共同财产。若收益基于个人财产与共同财产混同后进行投资所产生,无证据证明具体比例的,推定为共同财产投资收益,为夫妻共同财产。‘夫妻一方个人财产’是指夫妻一方的婚前财产和婚姻关系存续期间约定归个人所有的财产。”第 11 条:“以夫妻一方个人名义用共同财产投资于有限责任公司,如何处理此部分夫妻共同财产?夫妻一方以个人名义用共同财产投资于有限责任公司,此部分共同财产已转化为公司财产,离婚时不宜直接分割。夫妻协商同意由非公司股东一方取得相应出资额成为股东的,可依照《婚姻法解释二》第十六条的规定进行处理。若非公司股东一方不愿意承受出资成为股东的,则可对公司现有净资产进行评估,公司净资产为正值的,按夫妻一方出资比例计算出相应的净资产价值,再按共同财产的分割原则,由取得出资额的一方给付另一方相应的价款或财产。”江西赣州中院《**审理离婚案件财产分割适用法律若干问题解答**》(2008 年 10 月)第 14 条:“离婚诉讼中,一方申请对夫妻共有的股票、债券、投资基金等有价证券采取保全措施的如何处理?答:在离婚诉讼中,双方均可申请对夫妻共有的股票,债券、投资基金份额等有价证券采取保全措施。对股票、债券、投资基金份额等有价证券采取保全措施时应当慎重。确实需要采取保全措施的,应当不妨碍有价证券的正常交易,避免因保全不当增加有价证券的交易风险。实践中,可采取只冻结资金账户、有价证券账户可以交易、资金可以转入但不能取出等灵活的方式进行保全。”第 15 条:“对夫妻共有的股票、债券、投资基金份额等有价证券如何进行分割?答:首先由当事人双方协商解决,协商不成的可以按比例分割。一方或双方坚持要进行价值分割的,可以进行价值分割。价值由双方协商确定。协商不成的,可以一审庭审辩论终结当日有价证券交易的收盘确定价值。法庭辩论终结当日休市的,按照前一交易日的收盘价确定。”重庆高院《**关于当前民事审判若干法律问题的指导意见**》(2007 年 11 月 22 日)第 23 条:“‘夫妻公司’财产的分割。夫妻以一方名义在公司的出资,应当按照最高人民法院《关于适用〈中华人民共和国婚姻法〉若干问题的解释(二)》的有关规定处理。仅有夫妻二人为股东的‘夫妻公司’财产的分割,既要以《婚姻法》为依据,又要严格按照《公司法》的有关规定执行。无论是用一方婚前的个人财产还是用婚后共同财产投资设立公司,在婚姻关系存续期间,除另有约定处,公司经营产生的收益均应当属于夫妻共同财产。处理‘夫妻公司’的财产分割时,应注意把握以下原则:第一,夫妻双方都有经营能力,并且也愿意继续共同经营的,可以根据《婚姻法》有关处理夫妻财产的规定,直接分割公司的股权。第二,夫妻双方都要求解散公司进行清算,可在清算后对公司剩余财产根据《婚姻法》的规定进行分割。第三,夫妻一方要求保留公司,另一方要求退出公司并请求获得相应补偿的,可以考虑通过将股权部分转让给第三人的方法来解决,既能使退出一方的补偿获得实现,又能使公司继续存续下去。如果没有第三人愿意受让部分股权的,也可以根据《公司法》一人有限责任公司的特别规定,由一方给付另一方退出公司的相应补偿,将有限责任公司依法变更为一人有限责任公司。第四,夫妻双方都要求独自经营公司的,可以采取竞价的方式决定经营主体并对另一方进行相应补偿。”广东高院《**关于审理婚姻纠纷案件若干问题的指导意见**》(2006 年 11 月 14 日 粤高法发〔2006〕39 号,2021 年 1 月 1 日起废止)第 8 条:“双方对婚前财产的归属没有约定的,该财产不因婚姻关系的存续或因财产存在形态的变化而转化为夫妻共同财产。但在婚姻关系存续期间,一方以个人财产投资取得的收益属于夫妻共同财产。该投资收益包括:(1)一方用婚前财产投资而成为有限责任公司股东或持有股票、债券、证券投资基金份额等有价证券,在婚姻关系存续期间取得的红利或利息;(2)一方将婚前财产存入金融机构或出租给他人,在婚姻关系存续期间产生的利息或租金;(3)一方在婚姻关系存续期间因转让其个人的所有的股份、有价证券等投资性资产而取得的增值部分;(4)一方用婚前财产在婚姻关系存续期间进行其他生产、经营活动而取得的增值部分。"第10条:"一方以自己名义将夫妻共同财产投资于个体经济组织、个人独资企业、合伙企业、有限责任公司,双方在离婚时对上述权益的价值协商不成,另一方又不愿意参与经营的,人民法院可依附当事人的申请委托评估机构对投资权益的价值进行评估,取得投资权益的一方应给予另一方相当于投资权益一半价值的补偿。因企业财务管理混乱、会计账册不全以及企业经营者拒不提供财务信息等原因导致投资权益无法估价的,人民法院可以根据税务、工商机关存档的财务资料来核定其价值,也可以参照当地同行业中经营规模和收入水平相近的企业的营业收入或者利润来核定其价值。"第11条:"婚姻关系存续期间,夫妻双方各自享有农村集体经济组织股份或者一方享有农村集体经济组织股份的,除双方另有约定外,该股份已产生的收益为夫妻共同财产,离婚时应予以分割。"江苏无锡中院**《全市民事审判疑难问题研讨会纪要(婚姻家庭部分)》**(2006年3月14日)第6条:"夫妻关系存续期间,以一方名义或双方名义在有限责任公司的出资,在离婚时如果条件许可,经当事人申请,人民法院可以启动鉴定程序,以确定股权的价值,对另一方当事人进行折价归并。如果当事人不申请鉴定,或者当事人虽申请鉴定,但因涉及对公司其他股东等案外人的利益,鉴定无法进行的,人民法院可告知当事人就公司股权问题另行诉讼,离婚案件中不予处理。"山东高院**《关于印发〈全省民事审判工作座谈会纪要〉的通知》**(2005年11月23日　鲁高法〔2005〕201号)第4条:"……(五)关于'夫妻公司'财产的分割问题。在离婚案件中对'夫妻公司'的财产如何分割,在司法实践中并没有统一做法。会议认为,在离婚案件中处理有关'夫妻公司"财产分割问题时,既要以《婚姻法》为依据,又要兼顾《公司法》的规定。在婚姻关系存续期间,无论是用一方婚前的个人财产还是用夫妻共同财产投资设立"夫妻公司',公司经营所产生的收益均应当属于夫妻共同财产。具体处理'夫妻公司'的财产分割时,可以考虑以下方案:第一,夫妻双方都有经营能力,并且也愿意继续共同经营的,可以根据《婚姻法》的有关处理夫妻财产的规定,直接分割双方的股权比例;第二,夫妻双方都要求解散公司进行清算,则可在清算后对公司剩余财产根据《婚姻法》的规定进行分割;第三,夫妻一方要求保留公司,另一方要求退出公司并请求获得相应补偿的,可以考虑通过将股权部分转让给第三人的方法来解决,既能使退出的一方的补偿获得实现,又能使公司继续存续下去。但如果没有第三人愿意受让部分股权的,则不能支持另一方退出公司并获得补偿的请求,这是因为,另一方当事人的退出将直接影响公司存续的合法性,还涉及在法律上具有人格的公司的利益,而且根据《公司法》的规定,在公司存续期间,股东只能转让出资,而不得抽回出资。另一方要求退出公司无异于抽回投资。对此人民法院只能确认夫妻双方在公司中的股权比例,至于股权的实现或者转让,应另行处理。”江苏高院民一庭**《婚姻家庭案件疑难问题法律适用研讨会综述》**(2005 年 5 月)第 5 条:“……(五)关于婚姻关系存续期间,以一方名义在有限责任公司出资的处理。这个问题是司法实践中的难点。以一方名义在有限责任公司的出资如何处理,解决的途径有两条:一是另一方承受公司股份,成为公司的股东;二是对公司股权折价补偿。一方如何成为公司的股东,《公司法》第三十五条以及《解释二》第十六条均有明确的规定,但该规定的前提是夫妻双方就转让的份额和价款达成了一致意见。如果夫妻双方离婚时无法就转让份额与价款达成一致意见,人民法院如何处理?与会代表形成两种意见:一种意见认为,如果夫妻双方无法达成一致意见,如条件许可,经当事人申请,人民法院可以启动鉴定程序,确定股权价值,对另一方当事人进行折价补偿。如果当事人不申请鉴定,或者当事人虽申请鉴定,但因涉及公司其他股东等案外人的利益,鉴定无法进行的,人民法院可告知当事人就公司股权问题另行诉讼,离婚案件中不予处理。另一种意见认为,当事人无法达成一致意见时,如果当事人申请且具备了鉴定条件,人民法院可以启动鉴定程序,以确定股权价值,对另一方进行折价补偿。如果鉴定无法进行的,可以由婚姻当事人征求公司其他股东的意见,如果超过半数的股东同意转让,其他股东明确表示放弃优先购买权的,股东的配偶可以依照公司法的规定,成为公司股东;如果过半数股东既不同意转让,又不购买该出资额的,视为同意股东配偶成为公司股东。因此,无论夫妻双方是否达成一致意见,均参照《解释二》第十六条的规定处理。多数代表倾向于第二种意见。”上海高院**《〈关于适用最高人民法院婚姻法司法解释(二)若干问题〉的解答二》**(2004 年 9 月 7 日　沪高法民一〔2004〕26 号)第 6 条:“能否直接按数量比例分割夫妻共同所有的股票、债券、投资基金等有价证券及未上市股份有限公司股份?答:根据司法解释(二)第十五条的规定,对于上述财产的分割,在当事人协商不成或按市价分配有困难的,人民法院可以根据数量按比例分配。由于该条规定本身并非一个强行性规范,所以,按‘市价分配有困难’并非‘按数量比例分割’的强制性前置条件。故实践中人民法院可以根据个案情况,除当事人自行协商达成分配方案外,可以直接按数量比例分配。”第 7 条:“在夫妻一方不要求持有有限责任公司出资额,成为股东的情况下,如何处理此部分的夫妻共同财产?答:夫妻一方以个人名义以共同财产投资于有限责任公司,此部分共同财产已转为了公司财产由公司所有,离婚时不能直接分割。当夫妻协商同意由非公司股东的一方取得相应出资额成为股东的情况下,人民法院可依据司法解释(二)第十六条的规定进行处理;若该方不愿承受出资额成为股东,则可评估公司现有净资产。公司净资产为正值的,按夫妻一方出资比例计算出相应的净资产价值,再按共同财产的分割原则由取得出资的一方给付另一方应得的钱款或财产。评估费用由主张评估一方预付,或双方各半预付。当事人均不愿意进行评估的,则人民法院可对此部分共同财产在离婚案件中不予处理。”上海高院**《〈关于适用最高人民法院婚姻法司法解释(二)若干问题〉的解答一》**(2004 年 9 月 7 日　沪高法民一〔2004〕25 号)第 1 条:“夫妻一方个人财产在婚姻关系存续期间所取得的收益中,哪些属于司法解释(二)第十一条(一)项规定的‘应当归夫妻双方共同所有的投资收益’? 答:由于司法解释(二)对‘投资收益’的概念并无明确界定,在诉讼中,对于当事人主张的所谓‘投资收益’,应根据不同财产形态的性质区别认定:1. 当事人以个人财产投资于公司或企业,若基于该投资所享有的收益是在婚姻关系存续期间取得的,则对该公司或企业生产经营产生的利润分配部分如股权分红等,依照《婚姻法》第十七条第(二)项的规定,应为夫妻双方共同所有;2. 当事人将属于个人所有的房屋出租,因对房屋这类重大生活资料,基本上是由夫妻双方共同进行经营管理,包括维护、修缮,所取得的租金事实上是一种夫妻共同经营后的收入,因此,婚姻关系存续期间所得的租金一般认定为共同所有。但若房屋所有人有证据证明事实上房屋出租的经营管理仅由一方进行,则婚姻存续期间的租金收益应归房产所有人个人所有;3. 当事人以个人财产购买债券所得的利息,或用于储蓄产生的利息,由于利息收益是债券或储蓄本金所必然产生的孳息,与投资收益具有风险性的特质不同,应依本金或原物之所有权归属为个人所有;4. 当事人以个人财产购买了房产、股票、债券、基金、黄金或古董等财产,在婚姻关系存续期间,因市场行情变化抛售后产生的增值部分,由于这些财产本身仅是个人财产的形态变化,性质上仍为个人所有之财产,抛售后的增值是基于原物交换价值的上升所致,仍应依原物所有权归属为个人所有。具体实践中,判断个人财产在婚姻关系存续期间所取得的收益是否属于夫妻共同所有时,人民法院可根据案件实际情况,对各种形式的个人财产的婚后收益,从是基于原个人财产的自然增值还是基于夫妻共同经营行为所产生来判断,前者原则为个人所有,后者原则为共同所有。此外,若收益是基于个人财产与共同财产混同后进行投资行为所产生,无证据证明具体比例的,推定为共同财产投资收益,归夫妻共同所有。”上海高院**《关于审理涉及公司诉讼案件若干问题的处理意见(三)》**(2004 年 3 月 18 日　沪高法民二〔2004〕2 号)第 2 条:“处理股权因被继承、析产或者赠与而与其他股东优先购买权产生纠纷的问题。继承人、财产析得人或受赠人因继承、析产或者赠与可以获得有限责任公司的股份财产权益，但不当然获得股东身份权，除非其他股东同意其获得股东身份。未获得股东身份的继承人、财产析得人或受赠人将股份对外转让的，其他股东在同等条件下享有优先购买权。”河南高院民一庭《**关于当前民事审判若干问题的指导意见**》(2003 年 11 月)第 63 条：“一方或双方因与其他人共同投资开办企业，或因认股、认购其他企业股份从而在相关企业拥有产权的，该产权在夫妻双方没有另外约定的情况下，应视为夫妻共有财产，离婚时双方对分割达不成一致的，可对该产权价值进行评估，也可由双方竞价，在此基础上将企业产权和经营管理权判归一方，由实际享有企业产权的一方按竞价值或评估值的一半给对方进行补偿。”第 64 条：“婚姻关系存续期间，夫妻双方或一方投资经营开办的企业，不涉及其他家庭成员，也不涉及其他的第三人，在夫妻双方没有另外约定的情况下，应视为夫妻共有财产。离婚时双方对分割达不成一致的，可以根据不同的案件情况，采取如下不同的财产分割方式：(一)由双方竞价，或对企业的全部财产价值进行评估，在此基础上将企业产权和经营管理权判归一方，由实际享有企业产权的一方按竞价值或评估值的一半给对方进行补偿。(二)如果双方都要求经营企业，而且双方也同意共同经营的情况下，对企业财产价值进行评估，评估后划分出各自应得的财产份额归各自所有，但双方应得的份额都不从企业中抽出，而是作为各自的出资留存于企业，双方作为合伙人对企业进行共同经营。”第 69 条：“人民法院审理离婚案件时涉及股权等权益的分割时，应当按照有关法律法规的规定、遵循有利于生产经营的原则进行处理。夫妻双方或千方，用夫妻共有财产购买的上市公司股权，如双方均表示愿意继续经营或持有，或均表示不愿意继续经营或持有，可从便于经营和方便生活出发；根据双方的专业知识，确定由一方经营或持有，或双方经营或持有；如一方明确表示放弃经营或持有，另一方表示愿意继续经营或持有，经营或持有一方对相对方的补偿无法达成一致意见的，以人民法院生效裁判确定之日该股权的收盘价的一半进行补偿。夫妻双方或一方用夫妻共有财产在未上市公司认购的股权，作为夫妻共有财产进行分割时，鉴于该股权的转让受相关法律、法规和公司有关章程等的制约；原则上该股权应判归署名一方所有，获得股权一方给予另一方股权价值一半的补偿，该价值包括原认购股权的本金及盈亏部分和离婚当年的该股权的红利。”辽宁沈阳中院《**关于审理婚姻家庭案件若干问题意见**》(2003 年)第 7 条：“……(三)对于婚前财产婚后增值部分的处理，应区别对待。1. 对于婚后由双方共同管理、共同经营、付出了劳动和投入而增值的部分，应属共同财产。2. 对于婚后未经炒作的股票增值、存款利息等，不应认定为共同财产，仍为一方婚前个人财产。(四)对于婚前财产婚后因生活或经营消耗掉的，离婚时一方要求补偿的不予支持。但有证据证明一方恶意损害对方婚前个人财产的，应予适当补偿……(八)夫妻以一方的名义购买上市公司股票的，离婚时应就股票的股数判决。

(九)在审理离婚案件中,凡涉及双方原承包、租赁的企业、责任田、山林、池塘、水面等问题,应与离婚案件一并审理,但应征求发包人的意见,从有利生产、经营出发予以处理。有承包、经营能力和条件的一方,应按现实价值的一半给对方予以补偿。对夫妻双方投资成立的合伙企业、有限责任公司权益的分割应由双方协商,协商不成的,占有企业财产的一方应补偿对方相当于所占财产一半的价款,也可在其他合伙人一致同意或全体股东过半数以上同意、且加入方具备股东条件的前提下,直接转让给另一方一半的财产份额或股份。"广东高院**《关于审理婚姻案件若干问题的指导意见》**(2001年11月9日　粤高法发〔2001〕44号,2021年1月1日起废止)第31条:"夫妻离婚时,属于夫妻共同财产的生产资料或者私营企业,可分给有经营条件和能力的一方。分得该生产资料或私营企业的一方对另一方应给予相当于该财产或企业一半价值的补偿。"第32条:"一方以夫妻共同财产与他人合伙经营或者投资成立有限责任公司等企业的,在合伙企业或有限责任公司未经依法清算前,另一方不得请求直接分割企业的财产。前款所述企业权益的分割应当由双方协商,协商不成的,依照占有企业财产的一方补偿另一方相当于所占财产份额一半价值的原则进行处理:(1)投资成立合伙企业的,可将夫妻财产份额全部处理给经营一方所有,并由经营一方对另一方折价补偿。也可在其他合伙人一致同意的前提下,由经营一方向另一方直接转让一半的财产份额。(2)投资成立有限责任公司的,可将夫妻全都股份处理给经营一方所有,并由经营一方对另一方折价补偿。也可以在全体股东过半数同意及受让一方具备公司章程规定的股东条件的前提下,由经营一方向另一方直接转让一半股份。(3)以夫妻一方的名义投资购买上市公司股票的,人民法院可调解或判决双方各占一半份额。(4)投资购买未上市的股份有限公司发行的内部股权的,应将全部股权处理给原持股人所有,由原持股人折价补偿给另一方。"广东高院、省检察院、省公安厅、省司法厅**《关于印发〈关于处理婚姻关系中违法犯罪行为及财产等问题的意见〉的通知》**(2000年5月30日　粤高法〔2000〕18号)第11条:"在诉讼中无过错方请求法庭调查因客观原因不能自行收集的夫妻共同财产的,人民法院应当依照《民事诉讼法》第六十四条和第六十五条的规定积极调查取证。除法律规定属于夫妻个人财产的外,对有证据证实固定资产或其他价值较大的财产,属有过错方购买给第三者的财产,应视为夫妻共同财产;对名为'挂靠'实为有过错方独资经营或者合资经营的经济实体中其所占的财产份额,也应视为夫妻共同财产。"上海高院**《关于印发〈几类民事案件的处理意见〉的通知》**(1999年9月27日　沪高法〔1999〕528号)第6条:"……3. 离婚案件如何处理股权。一方或双方在婚姻关系存续期间按比例出资设立公司或分别投资于不同的公司,取得的税后利润为夫妻共同财产,离婚分割股权时,人民法院应当依公司性质,首先征求公司董事会的意见,如果董事会同意转让股权,其他董事或第三人愿意受让股权的，转让所得财产作为夫妻共同财产予以分割，如果董事会不同意改变原有的股权或出资状态的，人民法院应当对股权与出资的现值财产权利进行评估，尽可能维持原有的股份或出资状态，而以其他夫妻共同财产抵偿另一方，不足以抵偿的，可通过形成债权的方式加以解决。”

【参考类案】

(1)公司股权。①2013年**北京某股权转让纠纷案**，2012年，法院判决张某与武某离婚。2013年，张某以离婚诉讼期间，武某将所持租赁公司20%股权转让给父亲构成恶意串通为由，诉请确认转让协议无效。法院认为：武某与张某原系夫妻关系，租赁公司20%股权系武某与张某婚姻关系存续期间取得的财产，属夫妻共同共有，夫妻作为共同共有人，对共有财产享有平等占有、使用、收益和处分权利，任何一方不得擅自处分。最高人民法院《关于适用〈中华人民共和国婚姻法〉若干问题的解释(一)》(已于2021年1月1日起废止)第17条第2项规定：“夫或妻非因日常生活需要对夫妻共同财产做重要处理决定，夫妻双方应当平等协商，取得一致意见。他人有理由相信其为夫妻双方共同意思表示的，另一方不得以不同意或不知道为由对抗善意第三人。”武某将租赁公司20%股权转让给武某父时，其与张某婚姻关系仍存续，故武某转让股权行为属于对夫妻共同财产做重要处理，应取得共同共有人同意。武某父常年与武某、张某共同生活，又系租赁公司股东和法定代表人，故武某父对于武某所持租赁公司20%股权系夫妻共同财产应当明知。现武某父、武某均未提供证据证明其已提前将股权转让一事征得共同共有人张某同意，且事后亦未获得张某追认，故武某擅自转让股权属《合同法》第51条规定的无权处分行为，侵害了共同共有人张某的合法权益，武某父受让武某名下租赁公司20%股权行为亦不构成善意取得。判决确认诉争股权转让协议无效。

②2013年**浙江某股权转让合同纠纷案**，2012年，叶某在与妻子沈某离婚诉讼期间，将所持家具公司股权以690万元转让给叶某弟及弟媳刘某。沈某诉请确认股权转让合同无效。法院认为：依《婚姻法》第17条规定，叶某在家具公司拥有的股份在转让之前属于夫妻共同所有的财产。夫妻共有属共同共有，如无特别约定，对共同共有财产处分须征得全体共同共有人同意。在共同共有关系存续期间，部分共有人擅自处分共有财产的，一般认定无效，叶某在本案诉讼中未举出其与沈某之间就共同共有财产如何处分有特别约定的证据，故叶某如要处分本案诉争股权，如无沈某同意，则叶某擅自转让行为构成无权处分。《合同法》第51条规定：“无处分权的人处分他人财产，经权利人追认或者无处分权的人订立合同后取得处分权的，该合同有效。”但叶某未取得涉案股权单独处分权，则其同叶某弟、刘某所签股权转让协议效力，取决于沈某是否追认以及叶某弟、刘某受让行为是否构成善意

取得。沈某在诉讼中不仅未追认涉案转让协议,反而诉至法院,要求确认协议无效,以此来保护其作为妻子对夫妻共同财产享有的平等处理权,依法应予支持。且叶某弟、刘某对家具公司股份取得亦不构成善意取得,因涉案股权受让人叶某弟、刘某系叶某弟弟及弟媳,其无理由不知道涉案股权转让期间叶某与沈某夫妻感情恶化事实,在此情形下,其对沈某是否同意转让不但有注意义务,且有实质审查义务,应询问沈某本人对股权转让意见,而其二人不尽此注意审查义务,不应认为其二人具有主观善意。判决确认案涉股权转让协议无效。

③2010 年**江苏某离婚后财产分割纠纷案**,2010 年,胡某以离婚后财产纠纷诉请分割周某所持实业公司对应 200 万余元的 75% 股权。第三人洪某及实业公司其他股东举证证明该股权系洪某借周某名持有。法院认为:依法律规定:离婚时一方隐藏、转移、变卖、毁损夫妻共同财产或伪造债务企图侵占另一方财产的,分割夫妻共同财产时,对隐藏、转移、变卖、毁损夫妻共同财产或伪造债务的一方,可以少分或不分;离婚后,另一方发现有上述行为的,可以向人民法院提起诉讼,请求再次分割夫妻共同财产。本案中,胡某与周某 2004 年经婚姻登记机关协议离婚,双方在离婚协议中对夫妻关系存续期间共同财产作出处理,胡某放弃了夫妻关系存续期间的所有财产,作为对价,周某抚养婚生女,周某另外支付胡某 8 万元。现胡某提出其放弃财产中不包括实业公司股权,当时其并不知晓实业公司股权情况。依《婚姻法》第 47 条规定,胡某应举证证明周某在离婚时有隐藏、转移夫妻共同财产行为。胡某不能举证证明离婚时周某存在隐藏、转移夫妻共同财产的情况,故其请求不能成立。此外,无证据表明周某为买受实业公司股权支付了对价,此与各方当事人陈述、自认及周某并不实际控制实业公司事实相互印证,故确认洪某为实业公司实际股东,周某为挂名股东,登记在周某名下股份归洪某所有,驳回胡某诉请。

④2007 年**河北某股权转让纠纷案**,2005 年,梁某及其妻彭某作为甲方,与作为乙方的王某签订开发公司股权转让合同,并由夫妻共同开办的工程公司提供保证。随后王某向夫妻共同开办的开发公司支付了股权转让款,并持彭某身份证复印件,办理了股权变更工商登记。2007 年,彭某以股权转让合同上其签字系梁某擅自签署为由,主张对其无拘束力。法院认为:夫妻二人共同出资设立公司,应以各自所有财产作为注册资本,并各自承担相应责任,故夫妻二人登记注册公司时应提交财产分割证明,但本案当事人夫妻二人在设立公司时并未进行财产分割,应认定系以夫妻共同共有财产出资设立公司。彭某和梁某用夫妻共同共有财产出资成立公司,在夫妻关系存续期间,丈夫或妻子的公司股份是双方共同共有财产,夫妻作为共同共有人,对共有财产享有平等占有、使用、收益和处分权利。依最高人民法院《关于适用〈中华人民共和国婚姻法〉若干问题的解释(一)》(已于 2021 年 1 月 1 日起废止)第 17 条第 2 款规定:“夫或妻非因日常生活需要对夫妻共同财产做重要

处理决定，夫妻双方应当平等协商，取得一致意见。他人有理由相信其为夫妻双方共同意思意思表示的，另一方不得以不同意或不知道为由对抗善意第三人。”彭某与梁某转让公司股权行为属于对夫妻共同财产做重要处理，二人均应在股权转让合同、股东会决议、公司章程修正案上签名，但对梁某代签效力问题，应综合本案事实，根据彭某对股权转让是否明知、王某是否善意等因素予以分析认定。本案事实证明彭某参与股权转让的签订和履行，转让股权系夫妻二人的真实意思表示。王某有理由相信梁某能代表妻子彭某签字。梁某陈述彭某曾中途停止谈判，股权不再转让，但彭某不能举证证明其是否通知王某终止股权转让，应视为同意转让，梁某代彭某订约、签名转让股权，对彭某有约束力，判决驳回彭某诉请。

⑤2006 年**广西某股东权纠纷案**，2005 年，陈某与莫某离婚，莫某同意将其在房地产公司的 33% 股份转让 7% 给陈某。在法院调解过程中，卢某、杨某以陈某为另一房地产公司股东和监事为由，既不同意陈某成为其股东，亦不同意购买其受让股权，法院于是依法确认卢某、杨某放弃优先购买权，确认陈某可成为房地产公司股东并占有 7% 股份。2006 年，因房地产公司拒办工商变更登记手续，陈某起诉。法院认为：依最高人民法院《关于适用〈中华人民共和国公司法〉若干问题的规定（一）》第 1 条“公司法实施后，人民法院尚未审结和新受理的民事案件，其民事行为或事件发生在公司法实施以前的，适用当时的法律法规和司法解释”的规定，本案中，莫某将其在房地产公司的股份分割、转让 7% 给陈某协议签订于 2006 年《公司法》实施之前，该行为效力认定，应适用当时施行的《公司法》有关规定和司法解释；但其请求房地产公司办理股东出资额变更及登记等手续发生在《公司法》实施之后，应适用 2006 年《公司法》规定。卢某、杨某在莫某转让股权给陈某时以自己行为表示放弃优先购买权，陈某可成为房地产公司股东。陈某是否损害公司利益，公司可以其他途径追究，非阻碍陈某成为公司股东依据。《公司法》亦不禁止一公司股东成为其他公司股东，故卢某、杨某以陈某属另一有竞争关系同业公司股东不能成为房地产公司股东理由不成立。陈某在其他股东放弃优先购买权后，因夫妻分割共同财产合法受让莫某股权，有权成为房地产公司股东，公司应根据实际变化到工商部门办理相应的变更登记手续，使股权变化发生对抗第三人效力。判决房地产公司注销莫某原出资证明并相应变更、向陈某签发 7% 股份对应出资额的出资证明、相应修改公司章程及股东名册中有关股东及出资额记载、办理相应工商变更登记手续。

⑥2006 年**广东某离婚后股权分割纠纷案**，1984 年，蔡某与肖某结婚。2001 年，蔡某以肖某犯重婚罪提起刑事自诉。2003 年，蔡某又提起离婚诉讼，后申请撤回。其间，肖某将其在两公司的股权分别作价 135 万元、7000 元、105 万元、310 万元转让给其弟妹及未成年儿子。2004 年，肖某起诉离婚，法院判决离婚。2005 年，蔡某

以发现夫妻共同财产为由起诉要求予以分割。法院认为:肖某向公司投资所形成的股权系夫妻关系存续期间生产、经营所得收益,虽登记在肖某名下,依法应归蔡某、肖某共同所有。蔡某与肖某夫妻关系恶化期间,肖某将上述投资股份转让给自己亲属,而作为受让人的肖某弟妹应知该恶化事实,且无充分证据证明已支付了合理对价,不属于善意第三人。因肖某违反法律关于共有财产处分规定,股份转让虽得到其他股东同意并办理工商登记,依法亦应确认转让行为无效。子受让股权时尚为限制民事行为能力人,且股权转让价款高达310万元,系限制民事行为能力人依法不能独立实施的民事行为,依法应认定无效,况且上述转让行为亦无充分证据证明受让人支付了相应对价。因分割股权涉及其他股东利益,不仅要考虑《婚姻法》财产分配原则,同时要兼顾《公司法》股权转让相关规定,故在判决支持蔡某要求确认股权转让协议无效同时,驳回要求确认其直接享有股权份额诉请,蔡某可就股份价值权益另行主张。

⑦2003年**福建某夫妻财产纠纷案**,2001年,夫妻关系存续期间,夫以个人名义投资20万元到鞋业公司,占该公司股份20%。2002年,双方诉讼离婚时,法院认为“公司资产未作审计,妻可分得财产数额未查明,可另行解决”。2003年,该判决生效后,妻另诉要求享有公司1/10增值财产部分。法院认为:夫确系在双方夫妻关系存续期间投资鞋业公司,因夫在举证期限内未举证其投入公司资产系个人财产,应负举证不能责任,故该股权应认定为是夫妻关系存续期间生产、经营所取得收益,依法应归双方共同所有。因双方未就补偿达成协议,且妻未申请对股权进行评估,故妻诉请分割股权不予处理,判决确认夫在鞋业公司拥有股权属夫妻共同共有。

⑧2000年**福建某离婚纠纷案**,2001年,陈某起诉程某离婚。关于陈某、程某与案外人秦某分别所持实业公司30%、50%、20%股权分割,双方存在争议。法院认为:双方已办理结婚登记手续,双方确立合法夫妻关系。现双方夫妻感情确已破裂,经调解无和好可能,准予离婚。双方在庭审过程中就子女抚育问题,除实业公司财产、债务外的夫妻共同财产与债务达成协议,法院予以确认。从工商部门材料看,实业公司是陈某、程某与第三人秦某在陈某、程某夫妻关系存续期间开办的,在法院审理期间,秦某明确表示其占有实业公司20%股份,故扣除秦某股份,实业公司80%股份应属于陈某、程某夫妻共同财产。鉴于实业公司财产涉及第三人权益,涉及公司债权债务负担,故判决确认陈某、程某离婚后,分别享有实业公司40%股份,并承担相应权利义务。

(2)股票期权。①2014年**某离婚纠纷案**,2013年,郭某诉冯某离婚案。关于财产分割,双方对以下财产应否作为共同财产分割产生争议:冯某婚前购买的18万元基金,婚后未进行任何操作,离婚时市值20.1万元;冯某用婚前继承爷爷的遗产500万元,婚后出借给他人,获得利息240万元;郭某婚前购买的黄金2000克和

100万元购买的名画，离婚时黄金价格涨了2倍多，名画价格飙升至600万余元；郭某婚前炒股账户，结婚登记时账户市值21万元，婚后不断买进卖出，离婚时账面市值36.5万元；郭某婚前持有某国外公司股权，婚后郭某置换成股票100万股，并因增发变为300万股；郭某用婚前财产购买彩票，税后奖金80万元。法院认为：最高人民法院《关于适用〈中华人民共和国婚姻法〉若干问题的解释（二）》（已于2021年1月1日起废止）第11条规定："婚姻关系存续期间，下列财产属于婚姻法第十七条规定的'其他应当归共同所有的财产'：（一）一方以个人财产投资取得的收益……"最高人民法院《关于适用〈中华人民共和国婚姻法〉若干问题的解释（三）》（已于2021年1月1日起废止）第5条规定："夫妻一方个人财产在婚后产生的收益，除孳息和自然增值外，应认定为夫妻共同财产。"本案冯某婚前购买的基金，婚后未进行任何操作，其账面收益部分属于被动增值，离婚时认定为自然增值较为适宜。案涉借款利息属于法定孳息，应认定为一方个人财产。同理，郭某婚前购买的黄金和名画，在婚姻关系存续期间因市场价格上涨而产生的增值，是基于原物交换价值上升所致，是不以人的意志为转移的市场行为作用的结果，仍应依原物所有权归属为个人所有。案涉股票账户，应以双方结婚之日作为基准，以当天一方名下股票市值作为一方的个人财产，离婚时股票市值减去该部分再作为夫妻共同财产进行分割。郭某婚后取得国外公司股票，不是简单的个人财产替代物，其经历了资本运作和股权外资收购上的审批和工商登记程序，股票增值收益并非单纯外在因素所致，其中包含了人为因素和资本运作成分，即由于人的主观能动性而导致的物或权利价格的提升不属于自然增值，离婚时的股票增值收益应认定为夫妻共同财产。彩票法律关系属于射幸合同法律关系，彩票是射幸合同法律关系的证明，彩票购买人支付购买彩票的价款是履行射幸合同约定的给付义务，彩票和奖金不构成原物和孳息的关系。

②2013年**湖南某离婚后财产分割纠纷案**，2001年，吴某与鲁某离婚。鲁某在婚姻关系存续期间所购水泥厂1.5万股内部职工股未分割。2006年7月，折算成创投公司43万余元债权。2009年，鲁某将该债权兑换成水泥公司3万余股股票。2010年，水泥公司配股，鲁某又将所有股票交信托公司托管经营并出售，得款120万余元，又申购水泥公司6万余股股票。2012年，吴某诉请分割股票及收益。法院认为：最高人民法院《关于适用〈中华人民共和国婚姻法〉若干问题的解释（三）》（已于2021年1月1日起废止）第18条规定，离婚后，一方以尚有夫妻共同财产未处理为由向人民法院起诉请求分割的，经审查该财产确属离婚时未涉及的夫妻共同财产，人民法院应当依法予以分割。案涉内部职工股系本案双方当事人在婚姻关系存续期间购买，无任何相反证据证明其属鲁某个人财产，应认定为夫妻共同财产，依法可予分割。分割对象应系1.5万股内部职工股原始价值及其自然增值部

分,即2006年7月股转债时的现金价值43万余元,但吴某要求分割该债权转为流通股后的增值收益,以及鲁某从证券交易账户累计转出的资金总额主张,不应获得支持。鲁某再次将债权兑换为上市公司股票、用变现款重新投资所获收益,与鲁某经营方式转换、委托专业机构管理密切相关,已超出夫妻共同财产自然增值范围,不属于夫妻共同财产。对43万余元共同财产自2006年7月计算至吴某发现未予分割之日,此期间按中国人民银行同期贷款利率计算的利息共计10万余元,应与1.5万股内部职工股原始价值及其增值收益43万余元一起作为夫妻共同财产予以分割。判决鲁某支付吴某财产分割款为27万余元。

③2010年**北京某离婚纠纷案**,2010年,高某诉请与骆某离婚。关于骆某所持公司股票期权分割成为争议焦点之一。法院认为:公民有结婚、离婚自由。现高某提出离婚,骆某当庭予以同意,法院对此不持异议。双方共同财产有涉案房屋、骆某所持股票期权中可行权部分、骆某在证券公司开立账号对应的总资产以及其他账户中存款,对于以上财产,法院依法予以分割。对于骆某在高某提起离婚诉讼后转出的资金共计28万元,其并未就所称借款关系提供证据,故此笔款项应按双方共同财产予以分割。从股票期权性质上看,系公司为激励员工而对员工进行的激励、奖励制度,当员工行权后,可获得一定收益,故股票期权具有一种工资、奖金性质。另依财政部、国家税务总局《关于个人股票期权所得征收个人所得税问题的通知》内容看,个人股票期权所得一般视为工资薪金所得。《婚姻法》第17条规定,夫妻在婚姻关系存续期间所得工资、奖金,归夫妻共同所有,故夫妻关系存续期间,一方取得股票期权属共有财产。离婚分割时,可按以下公式进行:〔(股票市价-行权价)×股数-证券交易税-个人所得税〕/2。依此,判决双方离婚,对房屋、存款分割时,就骆某所持股票期权,确定归骆某所有,骆某给付高某港币2.4万余元。

④2000年**新疆某离婚后财产分割纠纷案**,1999年,李某诉请与丈夫单某离婚。法院准许离婚并认定以孩子名义所购股票系家庭共同财产,另案处理。离婚后,单某另行提起诉讼要求折现现金。法院认为:单某与李某在婚姻关系存续期间以孩子名义开户购买的股票系家庭共有财产,因家庭成员资金投入情况,各方未举证,按均等原则分割。因股票价值不固定,单某要求折现不妥,应分割股票实物。判决孩子所持各种股票由当事人平均分割。

【典型类案实务要点】

1.**【夫妻一方挂名持有公司股权,不属于夫妻共同财产】**夫妻一方离婚时要求分割配偶所持有限责任公司股权的,认定股权持有是否挂名性质时,应按公司内部关系处理。

2.**【一方婚前所购股票,婚后操作而增值,为共同财产】**如股票账户一直未动,则为一方婚前财产，另一方无权请求分割增值部分；如股票账户一方在婚后进行过操作与管理，则其增值应作为夫妻共同财产，另一方可请求分割增值部分。

3.【**第三人受让夫妻公司的股权，应适用表见代理原则**】夫妻二人设立公司时未进行财产分割，应认定系以夫妻共同共有财产出资设立公司。夫妻关系存续期间，公司股份是双方共同共有财产，夫妻作为共同共有人，对共有财产享有平等的占有、使用、收益和处分的权利。第三人有理由相信夫妻一方代另一方转让公司股权的，该转让行为对另一方具有约束力。

4.【**夫妻离婚，一方受让对方股权，有权成为公司股东**】夫妻离婚分割共同财产，一方合法受让另一方所持公司股权，在其他股东放弃优先购买权后，有权成为公司股东。

5.【**一方将名下夫妻共有股权转让，转让协议应为无效**】夫妻关系恶化期间，一方与他人恶意串通，擅自将名下属夫妻共同财产股权转让给他人的，转让行为应认定无效。

6.【**夫妻一方投资公司形成股份，推定为夫妻共同财产**】夫妻关系存续期间一方投资形成的股份，如投入方不能举证证明是个人财产，应认定为夫妻关系存续期间生产、经营所取得收益，依法应归双方共同所有。

7.【**夫妻所持有限责任公司股份，离婚时应各分得一半**】夫妻双方持有同一有限责任公司不等量股份，在扣除第三人股份后，应作为夫妻共同财产，在离婚时各分得一半。

8.【**股票、黄金、名画、彩票、借款利息，离婚怎么分**】一方婚前用个人财产购买股票、基金等，如果婚姻关系存续期间进行了交易，其收益应认定为夫妻共同财产，如未进行买进卖出操作，离婚时账面收益宜认定为自然增值。一方婚后用个人财产购买彩票所得收益，一般应认定为共同财产；一方财产用于借贷而于婚后取得的利息属于法定孳息，离婚时应认定为一方个人财产。

9.【**离婚后未分割股票，原始价值及增值收益分割范围**】离婚时双方未就夫妻关系存续期间购买的公司股票进行分割，离婚后一方持有股票并经过数次转化和投资，最终股票大幅增值，另一方发现并起诉分割股票收益的，基本原则是将股票的原始价值及自然增值、孳息认定为共同财产。

10.【**夫妻关系存续期间，一方取得股票期权属共有财产**】夫妻一方在婚姻关系存续期间所得工资、奖金，归夫妻共同所有，股票期权具有工资、奖金性质，应属夫妻共同财产。

11.【**家庭所购股票属家庭共同财产，一般应做实物分割**】家庭成员共同所购股票属家庭共同财产，根据纠纷具体情况，可选择实物分割方式对各方争议标的物股票进行分割。

【类案裁判一般规则】

婚姻关系存续期间,一方以个人财产投资或进行其他生产、经营活动取得的收益,应属夫妻共同财产。法院审理离婚案件时涉及股权等权益的分割时,应按有关法律法规规定,遵循有利于生产经营的原则进行处理。

【典型参考案例索引】

主旨案例:见《一方婚前购买的股票婚后增值,另一方可否请求分割增值部分》(《民事审判指导与参考》研究组),载《民事审判指导与参考·民事审判信箱》(201403/59:232)。

其他案例:

(1)公司股权。①北京朝阳区法院(2013)朝民初字第03916号"张某与武某等股权转让纠纷案",见《张书华诉武海天、武锡文股权转让纠纷案(股权转让协议的效力)》(曹琳),载《中国审判案例要览》(2014 商:186)。②浙江台州中院(2013)浙台商终字第642号"沈丽红与叶锋雷、叶灵波、刘婉阳股权转让合同纠纷案",见《夫妻单方恶意转让股权不经追认则无效》(夏群佩、洪海波),载《人民司法·案例》(201502:55)。③江苏常州中院(2010)常民终字第816号"胡某与周某离婚后财产纠纷案",见《胡红英诉周剑雅离婚后财产案(股东内部关系 转移、隐匿财产)》(陆丽娜),载《中国审判案例要览》(2011 民:417)。④最高人民法院(2007)民二终字第219号"彭某与某开发公司等股权转让纠纷案",见《彭丽静与梁喜平、王保山、河北金海岸房地产开发有限公司股权转让侵权纠纷案》(审判长金剑锋,审判员王东敏,代理审判员殷媛),载《最高人民法院公报·裁判文书选登》(2009:363);另见《未影响实际履行的股权转让的瑕疵不影响转让合同的效力》,载《最高人民法院商事审判指导案例·公司卷》(V3-2011:378)。⑤广西玉林中院(2006)玉中民二终字第23号"陈某与某开发公司股东权纠纷案",见《陈家明诉玉林市银厦房地产开发有限公司股东权案(配偶股东)》(何洪),载《中国审判案例要览》(2007 商:256)。⑥广东高院(2006)粤高法立民终字第436号"蔡某诉肖某等离婚后股权分割案",见《蔡小丽诉肖飞鹏等离婚后股权分割案(夫妻一方投资有限责任公司所形成股权的分割)》(孟庆锋、张丹),载《中国审判案例要览》(2007 民:474)。⑦福建晋江法院(2003)晋民初字第533号"丁某诉丁永某夫妻财产纠纷案",见《丁耀蓝诉丁永忠夫妻财产纠纷案》(刘荣智),载《人民法院案例选》(200501/51:155)。⑧福建厦门集美区法院(2000)集民初字第532号"陈某与程某离婚纠纷案",见《陈灵英诉陈甲勤案(夫妻财产约定)》(吴晖暖),载《中国审判案例要览》(2002 民:527)。

(2)股票期权。①见《一方个人财产婚后收益问题的认定与处理》(吴晓芳,最高院民一庭),载《民事审判指导与参考·指导性案例》(201401/57:144)。②湖南常德中院(2013)常民一终字第102号"吴桂林与鲁良山离婚后财产分割纠纷案",见《离婚后股票收益分割的范围及诉讼时效》(丁英),载《人民司法·案例》(201418:22)。③北京朝阳区法院(2010)朝民初字第17508号"高某与骆某离婚案",见《高秀芬诉骆文斌离婚案》(赵一平、侯蓓丽),载《中国审判案例要览》(2012民:403)。④新疆乌鲁木齐天山区法院(2000)天民初字第2640号"单某诉李某等离婚后财产纠纷案",见《单德泰诉李希琳等案(夫妻财产分割)》(郑荣),载《中国审判案例要览》(2001民:27)。

27. 离婚时保险价值分割

——已投保险金,是否共同分?

【保险价值】

【案情简介及争议焦点】

2010年,陈某与秦某调解离婚,孩子归秦某抚养。婚姻关系存续期间,陈某为儿子投保储蓄型人寿保险一份,已交纳11年保费9800余元。离婚后,秦某以该保险系共同财产为由要求分割,并要求变更投保人为秦某。

争议焦点:1. 案涉保险的性质?2. 未到期保险单性质?

【裁判要点】

1. 保险性质。陈某在婚姻关系存续期间为其子购买了人寿保险,并以自己名义与保险人签订保险合同,系处分夫妻共同财产行为。该保险合同具有人身属性,系储蓄型生存保险。陈某向保险公司交纳的保费已转化为财产利益,不再是夫妻共同财产。

2. 个人财产。合同明确约定,财产利益由被保险人享有,在合同尚未到期情况下,保险单现金价值应认定为其子个人财产,不应作为夫妻共同财产进行分割。离婚后,其子由秦某抚养,秦某要求变更投保人,应另行向保险人主张权利,故判决驳回秦某要求将已交保费作为共同财产予以分割以及变更投保人诉请。

【裁判依据或参考】

1. 最高人民法院司法解释及其他司法性文件/解读文章。最高人民法院《关

于适用〈中华人民共和国民法典〉婚姻家庭编的解释(一)》(2021 年 1 月 1 日　法释〔2020〕22 号)第 80 条:“离婚时夫妻一方尚未退休、不符合领取基本养老金条件,另一方请求按照夫妻共同财产分割基本养老金的,人民法院不予支持;婚后以夫妻共同财产缴纳基本养老保险费,离婚时一方主张将养老金账户中婚姻关系存续期间个人实际缴纳部分及利息作为夫妻共同财产分割的,人民法院应予支持。”最高人民法院《**第八次全国法院民事商事审判工作会议(民事部分)纪要**》(2016 年 11 月 30 日)第 4 条:“婚姻关系存续期间以夫妻共同财产投保,投保人和被保险人同为夫妻一方,离婚时处于保险期内,投保人不愿意继续投保的,保险人退还的保险单现金价值部分应按照夫妻共同财产处理;离婚时投保人选择继续投保的,投保人应当支付保险单现金价值的一半给另一方。”第 5 条:“婚姻关系存续期间,夫妻一方作为被保险人依据意外伤害保险合同、健康保险合同获得的具有人身性质的保险金,或者夫妻一方作为受益人依据以死亡为给付条件的人寿保险合同获得的保险金,宜认定为个人财产,但双方另有约定的除外。婚姻关系存续期间,夫妻一方依据以生存到一定年龄为给付条件的具有现金价值的保险合同获得的保险金,宜认定为夫妻共同财产,但双方另有约定的除外。”最高人民法院《**关于适用〈中华人民共和国婚姻法〉若干问题的解释(三)**》(2011 年 8 月 13 日　法释〔2011〕18 号,2021 年 1 月 1 日起废止)第 13 条:“离婚时夫妻一方尚未退休、不符合领取养老保险金条件,另一方请求按照夫妻共同财产分割养老保险金的,人民法院不予支持;婚后以夫妻共同财产缴付养老保险费,离婚时一方主张将养老金账户中婚姻关系存续期间个人实际缴付部分作为夫妻共同财产分割的,人民法院应予支持。”最高人民法院吴晓芳法官《**关于婚姻家庭纠纷审理热点难点问答**》〔载《民事法律文件解读》2011 年第 11 辑(总第 83 辑)〕第 56 条:“离婚时一方或双方尚未退休,养老保险金应如何处理?答:《婚姻法司法解释(二)》规定,男女双方实际取得或者应当取得的养老保险金应当认定为夫妻共同财产,这里的‘应当取得’是指当事人已经退休具有享受养老保险金的基本条件,但由于某种原因尚未将养老保险金领取到手的情形。如果离婚时一方或双方尚未退休,按照目前养老保险金管理制度的规定,在未退休之前,将来取得养老保险金的具体数额无法进行预先测算,劳动者不可能实际取得个人账户下的养老保险金。有鉴于此,我们认为离婚时一方或双方当事人尚未退休,显然不符合《婚姻法司法解释(二)》规定的‘实际取得或者应当取得’的条件,离婚时当事人请求按照夫妻共同财产分割养老保险金的,不应予以支持。但是,一些专家学者指出:根据《婚姻法》婚后所得共同制的精神,夫妻一方在婚后积累的养老金利益包括期待利益应当属于夫妻共同财产;从婚后积累养老金利益的财产来源看,在婚姻关系存续期间夫妻各方对积累养老金的缴费一般都源于其个人的部分工资,而工资收入属于夫妻共同财产。因此,夫妻一方以缴纳其部分工资而积累的养老金利益包括期待利益当然应属夫妻的共同财产;根据承认家务劳动与社会生产劳动具有同等价值的立法理念,夫妻一方在婚姻期间积累的养老金期待利益应当由夫妻共享;根据联合国相关文献倡导的精神,夫妻双方应当平等地共享在婚姻期间所得的一切财产权利。我们认为,上述专家学者的意见不无道理。从国外的规定来看,多数国家认为养老金不仅仅是一种可期待利益,它是对雇员所提供的劳务补偿,因此是婚姻共同体中重要的财产,离婚时应作为共同财产予以分割。对养老金作为婚姻财产予以分割主要有三种方法:(1)也是法院通常愿意采用的,即确定养老金的现时价值,并考虑是否到期等因素,判决受雇的配偶一方一次性全部买进养老金利益,支付给他方或用其他财产作为补偿。在离婚时一次性支付可以避免当事人在离婚后再为养老金利益发生纠纷,因而被大多数法院所采纳;(2)由法院判决未受雇的一方自他方拿到养老金时始与受雇方按一定比例分享养老金;(3)迟延判决,直至受雇方根据养老计划实际拿到养老金时再判决,法院在离婚时不必对养老金进行评估、分割。借鉴国外的相关规定及总结审判实践经验,《婚姻法司法解释(三)》规定:离婚时夫妻一方尚未退休、不符合领取养老保险金条件,另一方请求按照夫妻共同财产分割养老保险金的,人民法院不予支持;婚后以夫妻共同财产缴付养老保险费,离婚时一方主张将养老金账户中婚姻关系存续期间个人实际缴付部分作为夫妻共同财产分割的,人民法院应予支持。需要注意的是,养老保险金与养老保险费是两个不同的概念,第二款中作为夫妻共同财产分割的不是养老保险金,而是个人实际缴付的养老保险费。”最高人民法院民一庭**《民事审判实务问答(夫妻共同财产问题)》**(2005 年 4 月)第 8 条:“指定受益人为夫妻一方的保险利益是否属于夫妻共同财产?答:依照《中华人民共和国保险法》第二十一条第三款、第六十条第一款、第六十三条的规定:‘受益人是指人身保险合同中由被保险人或者投保人指定的享有保险金请求权的人,投保人、被保险人可以为受益人’、‘人身保险的受益人由被保险人或者投保人指定’、‘被保险人死亡后,保险金作为被保险人的遗产,由保险人向被保险人的继承人履行给付保险金的义务’。依照上述规定和我国民法通则、婚姻法、继承法的相关规定,保险利益主要表现为保险金,保险利益具有特定的人身关系,属于夫妻一方的个人财产,不属于夫妻共同财产。”最高人民法院**《关于适用〈中华人民共和国婚姻法〉若干问题的解释(二)》**(2004 年 4 月 1 日　法释〔2003〕19 号,已于 2021 年 1 月 1 日起废止)第 11 条:“婚姻关系存续期间,下列财产属于婚姻法第十七条规定的‘其他应当归共同所有的财产’:……(二)男女双方实际取得或者应当取得的住房补贴、住房公积金;(三)男女双方实际取得或者应当取得的养老保险金、破产安置补偿费。”

2. 地方司法性文件。江苏高院**《家事纠纷案件审理指南(婚姻家庭部分)》**

(2019年7月18日)第43条:“离婚案件中对于人身保险合同应当如何处理?人身保险分为人寿保险、意外伤害保险和健康保险。离婚案件中对于人身保险合同,除当事人另有约定外,可以按以下情形分别处理:(1)已获得保险金的情形。婚姻关系存续期间,夫妻一方作为被保险人依据意外伤害保险合同、健康保险合同获得的保险金,主要用于受害人的治疗、生活等特定用途,具有人身性质,应当认定为个人财产。夫妻一方作为受益人依据以死亡为给付条件的人寿保险合同获得的保险金,该保险合同中受益人的指定本身就表明了投保人与受益人之间的特定关系,体现了保险金的专属性,应当认定为个人财产。婚姻关系存续期间,夫妻一方依据以生存到一定年龄为给付条件的具有现金价值的保险合同获得的保险金,该保险具有一定的投资属性,由此获得的投资收益,应当认定为夫妻共同财产。(2)尚未获得保险金的情形。婚姻关系存续期间以夫妻共同财产投保,离婚时仍处于保险有效期内的人身保险合同,夫妻双方主张分割保险单现金价值的,应予支持。如果投保人和被保险人均为夫妻一方,离婚时夫妻双方可以协议退保或者继续履行保险合同。投保人不愿意继续履行的,保险人退还的保险单现金价值应当作为夫妻共同财产分割;投保人愿意继续履行的,投保人应当支付保险单现金价值的一半给另一方。如果夫妻一方为投保人,夫妻另一方为被保险人,离婚时夫妻双方可以协议退保或者继续履行保险合同。协商一致退保的,保险人退还的保险单现金价值应当作为夫妻共同财产分割;协商一致愿意继续履行的,获得保险合同利益一方应当支付保险单现金价值的一半给另一方。如果投保人要求退保,而被保险人要求继续履行的,保险合同应当继续履行,获得保险合同利益一方应当支付保险单现金价值的一半给另一方。(3)为未成年子女购买人身保险的处理。婚姻关系存续期间,夫妻一方或者双方为未成年子女购买的人身保险获得的保险金,如果未成年子女未死亡,应当专属于未成年子女所有。离婚时,如果为未成年子女购买的人身保险合同尚处于保险有效期的,因保险的最终利益归属于未成年子女,该保险应当视为对未成年子女的赠与,不再作为夫妻共同财产分割。”浙江高院民一庭**《关于印发〈关于审理婚姻家庭案件若干问题的解答〉的通知》**(2016年6月27日　浙高法民一〔2016〕2号)第15条:“婚姻关系存续期间,夫妻一方为子女购买的保险,在离婚时可否作为夫妻共同财产予以分割?答:婚姻关系存续期间,夫妻一方为子女购买的保险视为双方对子女的赠与,不作为夫妻共同财产分割。”广东深圳中院**《关于婚姻家庭纠纷案件的裁判指引(2014修订)》**(2014年5月21日)第35条:“离婚案件涉及分割以夫妻共同财产投保的人身保险时,一方为投保人并以自己或其亲属(子女除外)为受益人,另一方可以请求对方给予相当于保险单现金价值一半的补偿。说明:第三十五条是对离婚案件中的人身保险如何处理的裁判指引。人身保险合同是以人的寿命或身体为保险标的的保险合同。人身保险合同按保障范围可划分为人寿保险合同、人身意外伤害保险合同和健康保险合同。人身保险合同的保险期限具有长期性，这个特点决定了在离婚案件处理人身保险利益分割时的难度，人身保险合同的订立和履行又具有一定的储蓄性，这个特点决定了在离婚案件处理人身保险利益分割时保险单能体现出现金价值。司法实践中对离婚时人身保险利益的分割主要有两种做法：一是分割所交的保险费。另一种处理方法是离婚时分割保险单的现金价值。现金价值又称'解约退还金'或'退保价值'，当投保人要求解约或退保时，人寿保险公司应该退还投保人的部分责任准备金。长期人寿保险合同通常分为分期缴费或一次性趸缴。当投保人采用分期支付方式时，由于在订立保单的第一年，附加费用（主要包括新合同费、合同维持费和收费费用）支出大，因此，在合同订立的第一年所收的保险费，扣除新合同费和当年用于承担保险责任的自然保费后，一般没有剩余，甚至出现负数。合同订立的第二年所收的保险费，扣除附加保费和当年的自然保费后一般能略有剩余，可弥补第一年的亏损。所以，一般说来，分期支付保险费的人寿保险合同，已交足二年以上保险费后，才有可能产生现金价值。至于在投保时一次性付清全部保险费的人寿保险合同，则自支付保险费之日起，就产生现金价值。由于保险事故尚未发生，因此人身保险最终的经济利益尚未确定，而上述两种分割方法均不可能准确分割保险利益，且受益人不同涉及诸多问题，因此有些基层法院提出不处理的意见不宜采用。因为，对大量存在人身保险利益一概不处理显然不利于纠纷的解决，待保险利益确定后再行分割虽然公平但有违效率原则，社会效果并不理想，因此可以向当事人提供分割现金价值的途径，人民法院根据当事人的诉请酌情处理为妥。"安徽淮南中院**《关于审理离婚纠纷案件若干问题的指导意见》**（2014 年 3 月 13 日）第 22 条："婚后购买的商业性质的保险所得的保险金，具有明显人身专属性保险，如人身意外伤害保险、重大疾病保险等所得的保险金，应作为被保险人的个人财产。一方主张将已交纳的保险费作为夫妻共同财产分割的，应予支持。具有储蓄性质的保险，应根据保险合同约定由受益人获得保险金，其中用夫妻共同财产以一方为受益人投保的，受益方应给予对方适当补偿；用共同财产以子女为受益人的，保险金属于子女所有，子女未成年或不具有民事行为能力的，可由与子女共同生活的一方代为管理。对财产保险所得的保险金，应根据其所保险的标的物的性质确认其权属。"安徽滁州中院**《关于审理婚姻家庭纠纷案件座谈会纪要》**（2013 年 8 月 2 日）第 22 条："婚姻关系存续期间，以夫妻共同财产缴纳人身保险保费，夫妻一方为受益人的，离婚时另一方可以请求对方给予一半的补偿。"浙江杭州中院民一庭**《关于涉及婚姻家庭纠纷案件若干疑难问题的解答》**（2013 年 1 月 1 日）第 14 条："离婚案件中，对尚不具备领取保险金条件的商业保险，另一方请求分割保险金的，如何处理？答：因不符合领取保险金条件，故其请求不予支持。但可以就婚后以夫妻共有财产缴付的保险费作为夫妻共有财产进行分割。此外,对于已具备支取条件的相应保险收益(如红利、返利等)可以作为夫妻共同财产予以分割。"山东高院**《2011 年民事审判工作会议纪要》**(2011 年 11 月 30 日　鲁高法〔2011〕297 号)第 7 条:"……二要根据家庭财产类型的发展变化处理好财产关系。家庭财产已经从较为单一财产类型,逐步发展到股权及其他投资等多种财产类型并存。审理婚姻家庭财产案件时,要重视婚姻法与公司法、合伙企业法以及其他法律相协调,既要保护夫妻双方对共同财产的平等处分权,也要重视发挥财产的整体效用,通过不同的财产分割方式,实现两者和谐并存。要认识'买断工龄款'、养老保险金等财产形态的特征,合理确定其财产性质。在涉及第三人交易的情形下,要重视市场经济秩序的建立和交易安全的维护等因素,注意保护善意第三人的合法权益。"浙江温州中院民四庭**《关于贯彻执行〈婚姻法〉的指导意见》**(2009 年 5 月 1 日)第 24 条:"夫妻一方因人身损害或因患病所获得的保险赔偿金,是对个人伤害的恢复和弥补,主要用于受害人的治疗和生活,属于个人财产。"第 25 条:"婚姻关系存续期间一方应当取得和实际取得的人寿保险金,属于共同财产。但在婚前以个人财产投保的除外。"第 26 条:"离婚时尚未退休、不符合领取养老保险金条件的当事人,养老保险金不应认定为婚姻关系存续期间的'应当取得',一方主张对养老保险金进行分割的,人民法院不予支持。"辽宁大连中院**《当前民事审判(一庭)中一些具体问题的理解与认识(婚姻家庭部分)》**(2008 年 12 月 5 日　大中法〔2008〕17 号)第 4 条:"离婚案件中怎样分割保险利益? A. 一方为投保人并以自己或其亲属为受益人,应当给予对方相当于保险单现金价值一半的补偿。B. 一方为投保人,对方或亲属为受益人,应当支持对方继续交纳保险费维持合同效力的请求,但该方当事人应当给予投保人相当于保险单现金价值一半的补偿。"山东高院**《2008 年民事审判工作会议纪要》**(2008 年 10 月 13 日　鲁高法〔2008〕243 号)第 1 条:"……(四)关于婚姻关系存续期间购买的保险离婚时如何处理的问题。婚姻关系存续期间购买的保险种类比较复杂,有些具有分红性质,有些具有储蓄性质,有些具有消费性质,有的指定受益人,有的未指定受益人。处理该问题应当依据《婚姻法》、《保险法》等法律的规定,对于婚姻关系存续期间购买保险的行为,应视为一种处分夫妻共同财产的行为,离婚时只能对现有的夫妻共同财产予以分割。对具有人身性质的保险合同中的财产利益明确约定由受益人享有的,应当认定为受益人的个人财产,不宜作为夫妻共同财产分割;对具有分红、储蓄等财产性质的保险合同中的财产利益,应当作为夫妻共同财产加以分割;保险合同尚未到期的,可以另行处理。"江西赣州中院**《审理离婚案件财产分割适用法律若干问题解答》**(2008 年 10 月)第 16 条:"他人为夫或妻投保,并指定受益人为夫妻一方的保险利益是否属于夫妻共同财产? 答:指定受益人为夫或妻一方的保险利益具有特定的人身关系,保险合同中的财产利益应当由保险合同的收益人享有，不属于夫妻共同财产。”上海高院**《关于审理婚姻家庭纠纷若干问题的意见》**（2007 年 3 月 15 日　沪高法民一〔2007〕5 号）第 3 条：“夫妻离婚时，尚不符合领取养老金条件的当事人账户内养老金的处理。养老金是职工在退休后领取的工资，未到退休年龄不能领取；且养老会是职工退休后生活的基本保障，而不是对其退休前工作的补偿。因此，对于离婚诉讼时尚未退休、不符合领取养老金条件的当事人，其养老金不能作为夫妻共同财产予以分割。在审理农村婚姻案件中。离婚一方当事人在婚姻存续期间因土地征用享受城镇养老保险的，即土地征用单位向城镇养老保险机构交纳一定数额的养老保险基金使得家庭成员由的一人享受城镇养老保险的权利，由于权利人在未达到法定年龄时并不能获益，而只可在达到法定年龄后按较低标准享受养老金和医疗保险，且在实践中该基金也不进入个人养老基金账户。因此，对不符合享受城镇养老保险条件的当事人，其养老金也不能作为夫妻共同财产予以分割。”江苏无锡中院**《全市民事审判疑难问题研讨会纪要（婚姻家庭部分）》**（2006 年 3 月 14 日）第 2 条：“离婚案件中，涉及当事人一方为保险合同的被保险人，因保险利益由保险合同特别约定，也涉及特定的人身利益，故保险利益不能作为夫妻共同财产进行分割，但已交纳的保险费可作为夫妻共同财产，各半分割，由享受保险利益的一方支付给另一方。”河南高院民一庭**《关于当前民事审判若干问题的指导意见》**（2003 年 11 月）第 59 条：“……基于一方的人格或身份而获得的财产，如基本养老保险金、医疗保险金、残疾人生活补偿金、复转军人安置费、医药补助费等，应当作为该方的个人财产……”

【参考类案】

2007 年**江苏某离婚纠纷案**，2007 年，沈某与陶某诉讼离婚。各自名下养老金和陶某股金分割存在争议。法院认为：依最高人民法院《关于适用〈中华人民共和国婚姻法〉若干问题的解释（二）》（已于 2021 年 1 月 1 日起废止）规定，婚姻关系存续期间男女双方实际取得或应当取得的养老保险金应认定为夫妻共同财产。按现行养老保险金管理制度规定，劳动者个人账户下养老保险金交给国库，待其达到退休年龄时，由国家按月发放退休金给劳动者，劳动者不能实际取得个人账户下养老保险金，故双方名下已缴纳养老保险金不宜分割。考虑到双方每月由单位扣缴养老保险金是从夫妻共同财产即工资中支付，现陶某扣缴数额明显高于沈某，故在分割夫妻共同财产时应将陶某缴纳的高于沈某部分的养老保险费按各半分割后从陶某应得财产中予以扣除。沈某要求分割陶某名下股金，因股金已被陶某转让给他人，且股权转让行为发生在诉讼前双方共同生活期间，现沈某无证据证明此股权转让款由陶某用于不正当开支，故对沈某该项股金分割诉请不予支持。

【典型类案实务要点】

1.**【为未成年子女购买的人身保险,不是夫妻共同财产】**夫妻一方为未成年子女购买的人身保险,在合同尚未到期且明确约定财产利益由被保险人享有情况下,应认定保险单现金价值为被保险人个人财产,不应作为夫妻共同财产进行分割。

2.**【养老保险金应依实际情况,本着利益衡平原则分割】**夫妻关系存续期间双方实际取得和应取得养老保险金是夫妻共同财产,应根据实际情况,本着利益衡平原则予以分割。

【类案裁判一般规则】

婚姻关系存续期间,夫妻一方作为被保险人依据意外伤害保险合同、健康保险合同获得的具有人身性质的保险金,或者夫妻一方作为受益人依据以死亡为给付条件的人寿保险合同获得的保险金,一般认定为个人财产,但双方另有约定的除外;婚姻关系存续期间,夫妻一方依据以生存到一定年龄为给付条件的具有现金价值的保险合同获得的养老保险等保险金,一般认定为夫妻共同财产,但双方另有约定的除外。

【典型参考案例索引】

主旨案例:山东日照中院(2010)日民一终字第904号“秦某与陈某财产纠纷案”,见《为未成年子女购买的人身保险不是夫妻共同财产——山东日照中院判决秦玉刚诉陈平财产纠纷案》(张宝华、杨荣国),载《人民法院报·案例指导》(20110623:06)。**其他案例:**江苏淮安青浦区法院(2007)浦民一初字第384号“沈某诉陶某离婚案”,见《沈红诉陶寿林离婚养老保险金分割纠纷案》(任玉虹、王炳连、张广兄),载《人民法院案例选》(200901/67:106);另见《离婚纠纷中养老保险金的认定与分割》(张广兄、任玉虹、王炳连),载《人民司法·案例》(200814:15)。

28. 补贴补助款项的性质

——补贴补助款，是否归个人？

【补贴补助】

【案情简介及争议焦点】

1999 年，孙某与夏某协议离婚，约定“全部共同财产归男方夏某所有”。2000 年，夏某以孙某离婚时隐匿存款、贷款等为由起诉，孙某以夏某隐匿包括“农转非”安置补助费 3.4 万余元在内的共同财产 5.1 万元为由反诉返还。

争议焦点：1. 离婚协议约定效力？2. 夏某是否构成隐匿财产？

【裁判要点】

1. 协议有效。夏某与孙某离婚时，双方已对夫妻共同财产协议处理，该协议系双方当事人真实意思表示，当事人双方均应自觉全面履行。孙某在离婚时未将全部财产交与夏某是错误的，孙某称离婚时不知道夏某处有 5.1 万元存款理由不能成立。

2. 补助性质。鉴于夏某 5.1 万元存款中，有 3.4 万余元系夏某与孙某“农转非”安置补助费，该费用系在征地后，对生活在该块土地上的夏某、孙某今后生活的安置补偿，应归被征地后的夏某、孙某个人所有，不能将该笔安置补助费视为夫妻共同财产。判决孙某隐匿财产归夏某所有，夏某领取的属孙某所有的“农转非”安置补助费 1.7 万余元归孙某所有。

【裁判依据或参考】

1. 军人复员费。最高人民法院**《关于适用〈中华人民共和国民法典〉婚姻家庭编的解释(一)》**(2021 年 1 月 1 日　法释〔2020〕22 号)第 30 条：“军人的伤亡保险金、伤残补助金、医药生活补助费属于个人财产。”第 31 条：“民法典第一千零六十三条规定为夫妻一方的个人财产，不因婚姻关系的延续而转化为夫妻共同财产。但当事人另有约定的除外。”第 71 条：“人民法院审理离婚案件，涉及分割发放到军人名下的复员费、自主择业费等一次性费用的，以夫妻婚姻关系存续年限乘以年平均值，所得数额为夫妻共同财产。前款所称年平均值，是指将发放到军人名下的上述费用总额按具体年限均分得出的数额。其具体年限为人均寿命七十岁与军人入伍时实际年龄的差额。”最高人民法院吴晓芳法官**《关于婚姻家庭纠纷审理热点难点问答》**〔载《民事法律文件解读》2012年第6辑(总第90辑)〕第13条:“军人离婚与其复员转业不同步时,应如何处理复员费等?答:……如果夫妻离婚时军人一方没有复员或转业,军人的配偶只享有对复员费、转业费的期待权。将来一旦军人复员或转业,其原配偶可以请求分割复员费。”第14条:“现役军人的范围有哪些?答:现役军人,是指具有军籍的正在中国人民解放军部队或人民武装警察部队服役的人,不包括转业军人、复员退伍军人、人民警察以及在军事部门人民武装警察部队中工作但没有军籍的工作人员。文职干部不同于现役军官、士兵,他们不适用这两类军人权利义务的有关规定,但由于他们的工作和生活方式、状态、环境与现役军人没有多少区别故其婚姻问题也应按照现役军人的婚姻问题处理。正在被劳动教养或者服刑的军人,不享受现役军人的待遇。因为如果这两类人员没有被开除军籍,在劳动教养或者服刑期间,将不计算军龄,并停发原津贴、工资。故在此期间,他们将不能以现役军人的身份适用婚姻法的规定。”最高人民法院**《关于适用〈中华人民共和国婚姻法〉若干问题的解释(二)》**(2004年4月1日　法释〔2003〕19号,已于2021年1月1日起废止)第13条:“军人的伤亡保险金、伤残补助金、医药生活补助费属于个人财产。”第14条:“人民法院审理离婚案件,涉及分割发放到军人名下的复员费、自主择业费等一次性费用的,以夫妻婚姻关系存续年限乘以年平均值,所得数额为夫妻共同财产。前款所称年平均值,是指将发放到军人名下的上述费用总额按具体年限均分得出的数额。其具体年限为人均寿命七十岁与军人入伍时实际年龄的差额。”最高人民法院**《关于人民法院审理离婚案件处理财产分割问题的若干具体意见》**(1993年11月3日　法发〔1993〕32号,已于2021年1月1日起废止)第3条:“在婚姻关系存续期间,复员、转业军人所得的复员费、转业费,结婚时间10年以上的,应按夫妻共同财产进行分割。复员军人从部队带回的医药补助费和回乡生产补助费,应归本人所有。”安徽淮南中院**《关于审理离婚纠纷案件若干问题的指导意见》**(2014年3月13日)第15条:“夫妻在婚姻关系存续期间所得的下列财产,归夫妻共同所有……(六)男女双方实际取得或者应当取得的住房补贴、住房公积金、养老保险金、企业年金、破产安置补偿费。(七)一方所得的军人复员费、转业费、自主择业费等一次性费用的,以夫妻关系存续年限乘以年平均值,所得数额为夫妻共同财产。前项所称年平均值,是指将发放到军人名下的上述费用总额按具体年限均分得出的数额。具体年限为人均寿命七十岁与军人入伍时实际年龄的差额。(八)一方婚前承租、婚后用共同财产购买,房产证登记在一方名下的房屋。(十)其他应当归共同所有的财产。”江西赣州中院**《审理离婚案件财产分割适用法律若干问题解答》**(2008年10月)第17条:“军人因转业所得的费用是否为夫妻共同财产？答：军人的抚恤金和因残疾补助费以及因患病获得的补偿费不能作为夫妻共同财产分割。转业费可以参照最高法院《婚姻法》司法解释（二）第14条的规定处理。”北京高院**《关于印发〈关于处理婚姻案件中子女抚育、财产分割及住房安置问题的几点意见〉的通知》**（1990年8月30日　京高法字〔1990〕第161号）第2条：“……3. 婚姻关系存续期间，复员、转业军人所得的复员费、转业费，如夫妻共同生活已满5年，离婚时应视为夫妻共同财产。”

2. 买断工龄款。最高人民法院办公厅**《关于印发〈全国民事审判工作会议纪要〉的通知》**（2011年10月9日　法办〔2011〕442号）第7条：“……离婚纠纷案件中夫妻一方请求分割另一方因企业改制等原因获得的‘工龄买断款’，可以参照《关于适用〈中华人民共和国婚姻法〉若干问题的解释（二）》第十四条确立的原则处理。”最高人民法院**《关于印发〈全国民事案件审判质量工作座谈会纪要〉的通知》**（1999年11月29日　法〔1999〕231号）第2条：“……对在婚姻关系存续期间夫妻一方卖断工龄款是何种性质的财产，应当如何界定其归属，在离婚诉讼中能否将其作为夫妻共同财产予以分割等问题，可采取类推解释的方法，根据其与养老保险金或医疗保险金等所共同具有的专属于特定人身的性质，确定其在财产分割中的法律适用原则，即不作为夫妻共同财产。在审理有关婚姻、家庭、继承案件时，涉及共同财产处理问题的，要根据当事人及这些财产在新形势下的特点，妥善处理。”最高人民法院**《关于下放职工高乃春与汪家敏离婚案件中退职金如何处理问题的批复》**（1964年4月25日　〔64〕法研字第32号）：“……我院认为，高乃春于1963年3月下放农村参加农业生产，其妻汪家敏于同年10月便提出离婚，并要求分劈高乃春的退职金是没有理由的。退职金是国家给高乃春到农村安家立业之用。汪家敏因高乃春下放而要求离婚，在离婚时就不应准许汪家敏分劈高乃春的退职金。汪家敏在离婚后如果生活上暂时确有困难，或有子女归她抚养时，可根据双方经济情况判给适当数量的生活补助费或子女抚养费。”北京高院民一庭**《关于审理婚姻纠纷案件若干疑难问题的参考意见》**（2016年8月4日）第15条：“【买断工龄款的性质与分割】离婚案件涉及分割买断工龄款可参照《婚姻法司法解释二》第十四条关于军人所得复员费、自主择业费的规定予以处理。”广东深圳中院**《关于婚姻家庭纠纷案件的裁判指引（2014修订）》**（2014年5月21日）第34条：“在离婚案件中处理有关买断工龄款问题时，可以参照最高人民法院《关于适用〈中华人民共和国婚姻法〉若干问题的解释（二）》中有关军人复员费、自主择业费的规定处理。说明：第三十四条是对离婚案件中的买断工龄款如何处理的裁判指引。本条是最高人民法院民一庭经集体讨论形成的倾向性意见。所谓‘买断工龄’，在法律、法规、政策中均未规定，只是社会上的通俗说法，实际上就是企业与下岗职工解除劳动合同，应按《劳动法》及相关规定支付给下岗职工经济补偿金的行为。1999年10月

10日《1999年年报劳动统计新增指标解释及问题解答》对买断工龄款的性质明确为:‘一次性买断工龄所支付给职工的费用从性质上说属于保障性质而非劳动报酬性质,因此,不应统计为工资’。可见,买断工龄款与解除劳动合同经济补偿金亦有不同之处。广东省高级人民法院民一庭认为,婚姻关系存续期间所得的解除劳动合同经济补偿金应作为夫妻共同财产分割。”安徽滁州中院《**关于审理婚姻家庭纠纷案件座谈会纪要**》(2013年8月2日)第23条:“对买断工龄补偿款分割,可以参照《婚姻法解释(二)》第十四条规定的军人名下的复员费、自主择业费规定处理。”辽宁高院民一庭《**传统民事案件审判问题解答**》(2013年8月)第19条:“在离婚案件中,夫妻一方因企业改制等原因获得的‘工龄买断款’能否按夫妻共同财产处理?参考意见:‘工龄买断款’可以比照《婚姻法司法解释(二)》第十四条关于军人复员费、自主择业费的处理原则来处理。”山东高院《**2011年民事审判工作会议纪要**》(2011年11月30日　鲁高法〔2011〕297号)第7条:“……二要根据家庭财产类型的发展变化处理好财产关系。家庭财产已经从较为单一财产类型,逐步发展到股权及其他投资等多种财产类型并存。审理婚姻家庭财产案件时,要重视婚姻法与公司法、合伙企业法以及其他法律相协调,既要保护夫妻双方对共同财产的平等处分权,也要重视发挥财产的整体效用,通过不同的财产分割方式,实现两者和谐并存。要认识‘买断工龄款’、养老保险金等财产形态的特征,合理确定其财产性质。在涉及第三人交易的情形下,要重视市场经济秩序的建立和交易安全的维护等因素,注意保护善意第三人的合法权益。”江苏高院《**婚姻家庭案件审理指南(2010年)**》(2010年5月18日)第6章:“……(二)买断工龄款的分割。何谓买断工龄,法律上并未明确解释其内涵,但现实中存在这项政策,因此,离婚当事人往往会对买断工龄款的性质和分割产生争议。根据有关政策精神,我们理解所谓买断工龄,实际上是企业与下岗职工解除劳动合同,按劳动法及相关规定支付给下岗职工一种经济补偿金的行为。考虑到司法实践中夫妻婚姻关系存续时间以及买断工龄款的具体构成包含补偿或者再就业保障因素,将买断工龄款一概认定作为夫妻共同财产处理,有失公平;完全不顾及另一方对家庭所作的贡献将买断工龄款作为夫妻一方的个人财产处理,也不尽合理。我们认为买断工龄款是发放给职工的一次性补偿费用,与发放到军人名下的复员费、自主择业费相似,因此可以参照《婚姻法解释二》第十四条的规定处理,即将夫妻关系存续期间对应的买断工龄款认定为夫妻共同财产……”江西高院《**关于审理婚姻家庭纠纷案件适用法律若干问题的解答**》(2008年10月10日)第12条:“买断工龄补偿款是否属于夫妻共同财产?买断工龄补偿款属于职工与单位解除劳动合同的经济补偿金,是单位发给职工的一次性费用,与发放到军人名下的复员费、自主择业费等费用有相似之处,可参照对军人复员费、自主择业费的规定区别处理。婚前的工龄所得的买断工龄款为夫妻一方个人财产,夫妻关系存续期间的工龄所得的买断工龄款为夫妻共同财产,计算方法可参照《婚姻法解释二》第十四条关于军人复员费、自主择业费的规定。如买断工龄一方当事人因离婚将导致生活困难的,在分割买断工龄款时可适当照顾买断工龄一方的权益,多分或全部分配给买断工龄一方。”江西赣州中院**《审理离婚案件财产分割适用法律若干问题解答》**(2008年10月)第18条:“婚姻关系存续期间所得的企业破产安置费、买断工龄所得、解除劳动合同所得经济补偿费是否为夫妻共同财产?答:参照《最高人民法院关于适用〈中华人民共和国婚姻法〉若干问题的解释(二)》第14条关于军人安置费的规定处理。”重庆高院**《关于当前民事审判若干法律问题的指导意见》**(2007年11月22日)第21条:“一方婚后所得的下岗补助金和买断工龄是否属于夫妻共同财产。下岗补助金是人民政府支付给下岗职工的生活费用,具有未来生活保障金的性质,不宜将下岗补助金作为夫妻共同财产予以分割。买断工龄款,即用人单位对职工进行一次性经济补偿,职工获得补偿离开工作单位,单位从此不再对职工负担经济责任所支付的款项。离婚诉讼中处理买断工龄款的问题,可以参照最高人民法院《关于适用〈中华人民共和国婚姻法〉若干问题的解释(二)》中有关军人复员费、自主择业费的规定处理,将一方领取的买断工龄款总额按具体年限均分出年平均值(其具体年限为人均寿命70岁与一方参加工作时实际年龄之差),以夫妻婚姻关系存续年限乘以年平均值,所得数额为夫妻共同财产。”山东高院**《关于印发〈全省民事审判工作座谈会纪要〉的通知》**(2005年11月23日　鲁高法〔2005〕201号)第4条:“……(二)关于一方婚后所得的下岗补助金和买断工龄款是否属于夫妻共同财产的问题。下岗补助金是人民政府支付给下岗职工的生活费用,具有未来生活保障金的性质,这部分费用是专门用来安排下岗职工生活的,具有较强的人身依附性质,如果将下岗补助金或者失业救济金作为夫妻共同财产分割,将会影响下岗职工一方的生活,因此,无论从下岗补助金的性质,还是从财产效能上看,都不宜将下岗补助金作为夫妻共同财产予以分割。所谓买断工龄款,即用人单位一次性对职工进行经济补偿,职工获得补偿离开工作单位,从此单位不再对职工负担经济责任所支付的款项。买断工龄款的结构构成比较复杂,主要是对职工放弃工作岗位后对职工今后生活所提供的一种基本保障,性质上类似养老保险金,这种款项是与特定人身密不可分的,应当视为一种个人财产,一般不宜作为共同财产分割。”上海高院**《〈关于适用最高人民法院婚姻法司法解释(二)若干问题〉的解答一》**(2004年9月7日　沪高法民一〔2004〕25号)第2条:“离婚诉讼中,夫妻双方对破产安置补偿费中属于婚姻关系存续期间共同所有的具体数额有争议时,人民法院如何处理?答:虽然根据司法解释(二)第十一条之规定,婚姻关系存续期间实际取得的或应当取得的破产安置补偿费应为夫妻共同所有。但考虑到实践中存在着夫妻婚姻存续期间较短,以及破产安置补偿费的具体构成包含非工资补偿或安置补偿内容等特殊情形,若简单将安置补偿费用一概作为共同财产处理,反而有失公平并容易激化矛盾。因此,若诉讼中当事人对破产安置补偿费是否均属共同财产争议较大,难以确定其中属于共同财产的具体数额时,人民法院可通过被安置方的婚龄与其工龄的比例来计算安置补偿费中属于共同财产的数额。具体而言,该比例大于1则所取得的破产安置补偿费均作为共同财产;比例小于1则破产安置补偿费中相同比例部分为共同财产。如夫妻一方以婚姻存续期间内取得破产安置补偿费10万元,该方婚龄为5年,工龄为10年,其婚龄与工龄的比例为1:2,那么10万元安置补偿费的二分之一即5万元为共同财产;若婚龄为10年,工龄为5年,其婚龄与工龄的比例为2:1,则10万元破产安置补偿费均为共同财产。”河南高院民一庭《**关于当前民事审判若干问题的指导意见**》(2003年11月)第59条:“……基于一方的人格或身份而获得的财产,如基本养老保险金、医疗保险金、残疾人生活补偿金、复转军人安置费、医药补助费等,应当作为该方的个人财产。一方婚后所得的破产安置补偿费,下岗补助金失业救济金等财产,应作为个人财产,人身损害赔偿金是为了救济特定身份人的人身和人格利益所受损失而给予的赔偿,受害者获得赔偿后,扣除因受害者因先行治疗所用家庭共有财产后,剩余的费用为受害者的个人财产。”辽宁沈阳中院《**关于审理婚姻家庭案件若干问题意见**》(2003年)第7条:“……(六)婚姻关系存续期间,一方所得的精神损害赔偿金、下岗一次性买断工龄款、抚恤金不应作为共同财产……”上海高院《**关于下发〈关于在民事审判中实施“中华人民共和国婚姻法”的暂行意见〉的通知**》(2001年6月7日　沪高法〔2001〕263号)第27条:“婚姻法第18条‘其他应当归一方的财产’,人民法院可以根据财产的性质是否具有特定的人身属性进行认定。夫妻一方所得的解除劳动关系补偿金、用人单位发放的再就业补贴、提前退休补贴费、吸收劳动力安置费等,可作为‘其他应当归一方的财产。’”

3. 住房补贴/住房公积金。最高人民法院民一庭《**民事审判实务问答(夫妻共同财产问题)**》(2005年4月)第9条:“夫妻一方的住房公积金或住房补贴是否属于夫妻共同财产?答:依照国务院发布于2002年3月24日起实施的《住房公积金管理条例》的规定,住房公积金属于职工个人所有,住房公积金的所有权是限制性所有权,职工对公积金的占有、使用、益和处分四项职能的行使受到一定程度的限制。从其性质来看,住房公积金作为一种个人积蓄、单位资助、统一管理、专项使用的住房长期储金,实际上就是平时收入的储备,一部分从个人每月工资中扣缴,另一部分是单位为个人缴存,属于工资的一部分,住房补贴也属于工资的一部分。《最高人民法院关于适用中华人民共和国婚姻法的解释(二)》第十一条规定,属于夫妻婚姻关系存续期间夫妻一方实际取得或者应当取得的住房公积金和住房补贴属于其他应当归夫妻共同所有的财产。在离婚案件中具体处理住房补贴和住房公积金问题时，首先应严格区分款项取得于婚前或婚后，离婚时分割的只是婚姻关系存续期间的住房补贴和住房公积金。在具体操作上，可以先计算出双方婚姻关系期间的住房公积金、住房补贴总额再分割。因当事人离婚并不是提取住房公积金的事由，故应经过折抵后，由一方根据其拥有的公积金、住房补贴的差额给对方予以补偿。”最高人民法院**《关于适用〈中华人民共和国婚姻法〉若干问题的解释（二）》**（2004 年 4 月 1 日　法释〔2003〕19 号，已于 2021 年 1 月 1 日起废止）第 11 条：“婚姻关系存续期间，下列财产属于婚姻法第十七条规定的‘其他应当归共同所有的财产’：……（二）男女双方实际取得或者应当取得的住房补贴、住房公积金……”最高人民法院**《关于高原生活补助费能否作为夫妻共同财产继承的批复》**（1983 年 9 月 3 日　〔83〕民他字第 22 号）：“……经研究，原则上同意你院意见。即肖桂兰的住房补助费应为夫妻双方共有，属于其夫赵泰部分，可由其合法继承人继承，高原生活补助费不属共同财产，应归肖个人所有。”江苏高院、省住建厅**《印发〈关于建立住房公积金执行联动机制的指导意见〉的通知》**（2018 年 8 月 17 日）第 2 条：“执行住房公积金的条件。（一）职工个人缴存的住房公积金和职工所在单位为职工缴存的住房公积金，属于职工个人所有。婚姻关系存续期间缴存的住房公积金，属于夫妻共同财产。人民法院根据财产保全和执行的需要有权查询、冻结和扣划，各住房公积金管理部门应当予以协助。（二）人民法院应主动查询被执行人住房公积金状况。（三）《条例》第五条规定‘住房公积金应当用于职工购买、建造、翻建、大修自住住房，任何单位和个人不得挪作他用’……（四）对有下列情形之一的，不得对被执行人的住房公积金进行执行：1. 已办理住房公积金贷款并仍在还款期间的借款人和共同借款人，或为他人购买住房提供质押担保以及作为共同担保人的；2. 在执行法院查封之前，被执行人的住房公积金账户已被住房公积金管理中心或其他人民法院冻结的，但执行法院已经取得处置权的除外；3. 非自然人申请冻结或扣划被执行人住房公积金的。”广东广州中院**《民事审判若干问题的解答（婚姻家庭部分）》**（2010 年 4 月）第 11 条：“住房公积金在离婚案件中如何判决分割？一是判归一方，由一方即时补偿给另一方；而是判归一方，由一方在具备提取条件时补偿给另一方。答：同意第一种意见。对于一方当事人名下的公积金，法院应判决公积金归其所有，并由其向对方当事人作出相应补偿。”浙江温州中院民四庭**《关于贯彻执行〈婚姻法〉的指导意见》**（2009 年 5 月 1 日）第 27 条：“在婚姻关系存续期间，男女双方应当取得和实际取得的住房公积金，属于共同财产。住房公积金如不提取，则一直处于递增之中，故住房公积金数额可以起算到一审最后一次开庭的法庭辩论终结日。”江西赣州中院**《审理离婚案件财产分割适用法律若干问题解答》**（2008 年 10 月）第 12 条：“一方的住房公积金或住房补贴是否属于夫妻共同财产？答：夫妻婚姻关系存续期间，夫妻一方的住房公积金和住房补贴属于其他应当归夫妻共同所有的财产。处理时,应区分取得的时候,离婚诉讼中分割的只是婚姻关系存续期间的住房公积金或住房补贴。方法是先计算出双方婚姻关系存续期间的住房公积金或住房补贴总额再进行分割。但是,离婚并不是提取住房公积金的事由,处理时,可由一方享有该住房公积金或住房补贴,给对方予以相应的经济补偿。"江西赣州中院**《民事审判若干问题解答》**(2006 年 2 月 27 日)第 49 条:"夫妻一方的住房公积金或住房补贴是否属于夫妻共同财产?答:属于夫妻共同财产。根据《住房公积金管理条例》,住房公积金属于职工个人财产。住房公积金的所有权是限制性所有权,职工对公积金的占有、使用、收益和处分四项权利的行使受到一定程度的抵制。根据最高人民法院《关于适用〈中华人民共和国婚姻法〉的解释(二)》第十一条规定,婚姻关系存续期间,夫妻一方实际取得或者应当取得的住房公积金和房补贴属于'其他应当归夫妻共同所有的财产'。在离婚案件中具体处理住房补贴公积金的问题时,首先要严格区分款项取得是在婚后还是婚前,离婚分割的只是婚姻存继期间的住房公积金和住房补贴公积金。"上海高院**《民事法律适用问答》**(2004 年第 2 期)第 1 条:"被继承人生前的住房公积金应作为夫妻共同财产还是个人财产进行继承?(据宝山法院反映)答:最高人民法院《关于适用〈中华人民共和国婚姻法〉若干问题的解释(二)》第十一条第一款第(二)项的规定明确,婚姻关系存续期间'男女双方实际取得或者应当取得的住房补贴、住房公积金',属于应当归共同所有的财产。因此,如果职工在死亡前未立遗嘱的,其生前的住房公积金应当作为夫妻共同财产分割后,再由其继承人依法定继承顺序继承。"

【参考类案】

①2015 年**某离婚纠纷案**,1983 年,肖某退休。1984 年,肖某妻子病故。1993 年,肖某与钟某结婚。2003 年,肖某去世,生前工作学校按其 33 年工龄汇入其账户 5 万余元住房补贴。肖某与前妻所生 6 个子女就该款项分配与钟某产生纠纷。法院认为:《婚姻法》规定,婚姻期间取得的财产属夫妻共有。最高人民法院《关于适用〈中华人民共和国婚姻法〉若干问题的解释(二)》(已于 2021 年 1 月 1 日起废止)第 11 条第 2 项规定,婚姻存续期间实际取得或应当获得的住房补贴属于夫妻共同财产。所谓应当取得,指的是根据规定已经确定最终会得到只因未达到领取条件而暂时没有拿到手的款项,具有债权性质。本案中,虽然 1999 年肖某才获得领取住房补贴的资格,但该住房补贴计算是以肖某个人工龄为基础进行计算的。肖某住房补贴计算公式为:补贴额度 = 每月每平方米 3.5 元 ×(本人住房补贴面积标准—本人分摊的家庭住房实物分配面积)× 补贴月数。其中:本人住房补贴面积标准按照职工退休时的职级确定。工龄满 25 年的,补贴月数为 300 个月,工龄不足 25 年的,补贴月数按实际工作月数确定。肖某工作时间 33 年,应当补贴 300 个

月。其工作期间与前妻处于夫妻关系存续期间，故其前妻对该财产获得做了主要贡献。钟某与肖某再婚时已退休，其对该补贴获得未做主要贡献，故钟某银行账户汇入的肖某的住房补贴属于肖某与前妻的夫妻共同财产。在具体分配该补贴时，可适当考虑钟某贡献，对其适当分配。

②2014 年**云南某离婚后财产纠纷案**，1990 年 12 月 1 日，鄢某参军入伍。1997 年 11 月 11 日，高某与鄢某登记结婚。2012 年 8 月 6 日，双方离婚。2013 年 12 月 1 日，鄢某从部队转业，领取自主择业费等一次性费用合计 283613.56 元。高某诉请分割。法院认为：最高人民法院《关于适用〈中华人民共和国婚姻法〉若干问题的解释（二）》（已于 2021 年 1 月 1 日起废止）第 14 条规定："人民法院审理离婚案件，涉及分割发放到军人名下的复员费、自主择业费等一次性费用的，以夫妻婚姻关系存续年限乘以年平均值，所得数额为夫妻共同财产。前款所称年平均值，是指将发放到军人名下的上述费用总额按具体年限均分得出的数额。其具体年限为人均寿命 70 岁与军人入伍时实际年龄的差额。"军人复员费、自主择业费等一次性费用属可期待利益，不管现役军人是否转业或复员，这些财产在事实上都是存在的，配偶即使离婚后仍有权利进行分割。本案鄢某 1972 年 3 月出生，1990 年 12 月参军，鄢某入伍时实际年龄为 18.67 岁，高某、鄢某 1997 年 11 月 11 日登记结婚，2012 年 8 月 6 日登记离婚，夫妻关系存续年限为 14.75 年，鄢某领取的 283613.56 元自主择业费中应为夫妻共同财产的有 283613.56 元 ÷（70 岁至 18.67 岁）×14.75 年 = 81498 元。判决鄢某给付高某 40749 元。

③2011 年**浙江某离婚纠纷案**，2004 年，叶某与颜某结婚。2011 年，叶某起诉离婚。颜某自 1982 年刚满 19 岁即在物资公司工作，2010 年因公司改制领取在职职工生活费补助、工龄补贴、一次性安置费用共 28.37 万元，该款如何分割成为争议焦点。法院认为：工龄买断款兼有夫妻共同财产和个人财产属性，在计算夫妻各方应得份额方面，不应采取简单的平分做法。用人单位支付工龄买断款是出于对劳动者在过去工作中所作贡献和为其将来生活提供保障目的，具有追溯性和延续性。在具体分割上，可参照军人名下复员费、自主择业费分割标准进行处理。本案中，对颜某在婚姻关系存续期间因企业改制获得的在职职工生活费补助、工龄补贴、一次性安置费用，经向物资公司调查，结合企业改制分配方案制定的原则，上述费用可概括为因企业改制获得的工龄买断款，系物资公司对颜某工作期间所作贡献进行补偿并对颜某今后生活提供一定保障的款项，故简单地将上述费用认定为夫妻共同财产或夫妻个人财产均不妥。最高人民法院《关于适用〈中华人民共和国婚姻法〉若干问题的解释（二）》（已于 2021 年 1 月 1 日起废止）第 14 条规定："人民法院审理离婚案件，涉及分割发放到军人名下的复员费、自主择业费等一次性费用的，以夫妻婚姻关系存续年限乘以年平均值，所得数额为夫妻共同财产。前款所称

年平均值,是指将发放到军人名下的上述费用总额按具体年限均分得出的数额。其具体年限为人均寿命七十岁与军人入伍时实际年龄的差额。”本案中,双方系再婚,且双方结婚前颜某已在物资公司工作21年之久,以双方婚姻存续年限为依托,参照前述司法解释确立的原则处理为宜。因物资公司在改制时预留了在职职工养老保险,颜某在达到退休年龄后享受退休待遇,在计算年平均值时宜以60周岁为上限,而颜某19岁参加工作,故颜某工龄买断款在婚姻关系存续期间所得数额为283700元÷(60-19)×8=55356元。判决准予离婚,婚生女儿由叶某抚养至独立生活时止,颜某支付抚养费9万元,颜某支付叶某工龄买断款27678元。

④2009年**天津某继承纠纷案**,1994年,裴某妻子马某死亡。1999年,裴某所在学院实施一次性发放住房补贴政策,裴某应得补贴款9万余元。2000年,裴某与张某再婚。2009年,裴某与前妻马某所生4子女,就学院待发住房补贴款归属于张某产生争议。法院认为:案涉一次性住房补贴发放政策在1999年施行,既不在被继承人裴某与前妻婚姻存续期间,亦不在裴某与张某婚姻关系存续期间,故张某主张先析产给自己及裴某4子女主张先析产给马某,均无法律依据,不予支持。本案诉争一次性住房补贴款应属裴某生前应得合法财产,在裴某死亡后应作为遗产由其法定第一顺序继承人,即配偶张某和其4子女共同继承,具体分配份额应均等,即各得总额20%。

⑤2009年**上海某损害赔偿纠纷案**,2007年,赵某与王某离婚。离婚协议约定共有房屋归王某所有,住房公积金贷款6万元由王某偿还。随后,双方与银行及担保公司签署借款合同变更协议,将借款人、抵押物所有人由赵某变更为王某。此后,赵某仍然偿还贷款至2008年7月止。2009年,因银行仍从赵某公积金账户扣款1万余元用以冲抵上述房屋公积金贷款本金,赵某诉请银行和王某退还该款。法院认为:赵某与王某离婚时,共同与银行签订借款合同变更协议,该协议变更了借款人和抵押物所有人,但公积金借款人变更并不必然导致原先还贷人变更,主贷人变更后,并不妨害原还贷人可继续还贷。事实上,双方离婚后,赵某贷款偿还至2008年7月。银行基于赵某及王某之前扣取公积金用以冲还贷的委托,在赵某未办理委托终止手续之前实施该扣款,不构成侵权,故银行不负有返还诉争款项义务。本案中,相应借款合同变更协议已签订,抵押物产权人已过户为王某,银行与王某转账还贷委托协议已签订,在赵某提出要求终止提取公积金冲贷委托情况下,判决王某与银行应协助赵某办理提取住房公积金归还住房贷款终止委托手续,王某返还赵某1万余元。

⑥2002年**江苏某离婚后财产纠纷案**,2001年6月,陈某与丈夫金某离婚。同年12月,陈某以金某隐瞒离婚期间应得的单位一次性住房补贴款5万元及集资债券9000元为由,诉请离婚后财产分割。金某称住房补贴仅领到3.5万元且投入开

发公司作为购房款。法院认为:一次性住房补贴不具有人身依附性,尽管表面上该补贴列在职工个人名下,但实质上充分考虑了职工结婚并组建家庭这一因素,且该补贴实行专款专用,一般不发到职工个人手上,而是在职工购房时一并打入售房单位账户。可见,该款与职工家庭之间关系极为紧密,而与职工个人这一特定身份关联较少,故从人身依附这一基本特性而言,该款不应属于个人财产,而应属于《婚姻法》第17条第5项"其他应当归共同所有的财产"。金某在夫妻关系存续期间已享有的住房补贴及以金某名义购得的集资款应认定为夫妻共同财产。考虑到金某离婚时已将双方共有房屋中属其所有的份额赠与其子所有等实际情况,分配住房补贴时可适当照顾金某所占份额。对于金某现尚未享有的1.5万元住房补贴,待今后该部分款项兑现后,陈某可再行起诉。判决金某支付陈某住房补贴款1万元,以金某名义投入开发公司购房款3.5万元归金某享有;金某支付陈某集资款4500元。

【典型类案实务要点】

1.**【征用土地"农转非"安置补助费,非夫妻共同财产】**征用土地的"农转非"安置补助费具有对特定被安置人员社会保障属性,具有一定人身专属性,不同于夫妻关系存续期间共同所得的夫妻共同财产,不宜按夫妻共同财产分割。

2.**【被继承人死亡后所获住房补贴,分配时可溯及既往】**被继承人死亡后获得的住房补贴,可按溯及既往原则,认定为长期在工作中作出贡献的配偶一方的夫妻共同财产。

3.**【军人离婚后取得的自主择业费,原配偶可要求分割】**原夫妻一方为军人,在离婚后才复员、转业,其领取的复员费、自主择业等一次性费用属夫妻关系存续期间共同财产部分,原配偶仍有权要求进行分割。

4.**【涉及买断工龄款的分割,应考虑夫妻关系存续年限】**工龄买断款兼有夫妻共同财产和个人财产属性,在具体分割上,可参照军人名下复员费、自主择业费分割标准进行处理。

5.**【非夫妻关系存续期间所得住房补贴,非属共同财产】**夫妻关系存续期间一方或双方实际取得或应当取得的住房补贴、住房公积金属于夫妻共同财产。判断住房补贴是否属于夫妻共同财产的标准是该住房补贴的取得时间。

6.**【主贷人变更后,应及时撤销提取公积金冲还贷委托】**婚姻关系存续期间夫妻双方以公积金贷款购买的房屋,离婚后约定归一方所有并由该方归还贷款,主贷人变更后,贷款银行仍从另一方公积金账户内提取公积金用以集中冲还贷款,因原提取公积金归还贷款委托未办理终止手续,故银行行为并不构成侵权。

7.**【一次性住房补贴不属个人财产,而属夫妻共同财产】**从人身依附这一基本特性而言,一次性住房补贴不应属于个人财产,而应属于夫妻共同财产,离婚时应由双方分割。

【类案裁判一般规则】

买断工龄补偿款属于职工与单位解除劳动合同的经济补偿金,是单位发给职工的一次性费用,可参照对军人复员费、自主择业费的规定区别处理,即将上述费用总额按具体年限均分得出的数额乘以夫妻婚姻关系存续年限。

【典型参考案例索引】

主旨案例:重庆一中院"孙某与夏某离婚财产分割案",见《孙蓉与夏文龙离婚财产分割再审案——征用土地的"农转非"安置补助费是否属于夫妻共同财产》(陈硕,最高院审监庭),载《审判监督指导·案例评析》(200501/17:126)。**其他案例:**①见《分配住房补贴可以溯及既往》(张华荣、郝绍武),载《人民司法·案例》(201506:107)。②云南德宏中院(2014)德民一终字第96号"高某与鄢某离婚后财产纠纷案",见《离婚后取得的自主择业费原配偶可要求分割——云南德宏中院判决高某诉鄢某离婚后财产纠纷案》(汤婧),载《人民法院报·案例精选》(20150108:06)。③浙江温岭法院(2011)台温民初字第1614号"叶某某诉颜某某离婚纠纷案",见《工龄买断款的性质及分割规则》(陈泳滨),载《人民司法·案例》(201310:21)。④天津河北区法院(2009)北民初字第1756号"张桂芝诉裴丽珠等继承纠纷案",见《继承纠纷中住房补贴债权的分割》(高治、常春丽),载《人民司法·案例》(201022:69)。⑤上海一中院(2009)沪一中民二(民)终字第3549号"赵某与某银行等损害赔偿纠纷案",见《主贷人变更应及时撤销提取公积金冲还贷委托——上海一中院判决赵正茂诉建行石化支行、王伟财产损害赔偿纠纷案》(董永强),载《人民法院报·案例指导》(20100408:06)。⑥江苏镇江京口区法院(2002)京民一初字第53号"陈某与金某离婚后财产纠纷案",见《陈权娣诉陈金文离婚后财产案(婚后财产分割)》(吴成、邓铭琛),载《中国审判案例要览》(2003民:372)。

29. 大额存款的财产属性

——银行有存款，应否共同分？

【大额存款】

【案情简介及争议焦点】

2001年，叶某与丈夫魏某长期不和而诉请离婚。诉讼中，叶某将其此前在魏某口袋中发现并记下号码的几张银行储蓄卡提交法院，经法院查询，其中一张以魏某聘用驾驶员姜某名义存入银行56万余元。经法院向姜某询问，姜某表示未在该行有存款，二审中，姜某表示系魏某偿还给其的欠款。

争议焦点：诉争存款是否属于夫妻共同财产？

【裁判要点】

1. 准予离婚。魏某与叶某双方之间互相猜疑、互不信任、争吵抓打，以致夫妻关系逐步恶化，最终造成双方感情破裂，无法共同生活。此外，叶某在诉讼中坚决要求与魏某离婚，不愿和好，且魏某在一审中对离婚与否均表示认同，经调解双方亦无和好可能，根据本案事实和双方当事人现状，应准予双方离婚。

2. 存款性质。魏某以聘用驾驶员姜某名义存入银行的56万余元存款，由于开设储蓄账户及储蓄存款凭条上姜某签名均系魏某所为，魏某在诉讼过程中对该笔存款所述前后不一致，姜某在一审法院首次向其核查时即承认其在上述银行未存过款，且魏某与姜某主张该笔款项系魏某归还姜某借款陈述前后有矛盾，故本案有关此款的证据足以证明该款系魏某一人所存，该款并未实际转移给姜某，仍属魏某与叶某夫妻共同财产。

【裁判依据或参考】

1. 最高人民法院司法解释及其他司法性文件/解读文章。最高人民法院吴晓芳法官《关于婚姻家庭纠纷审理热点难点问答》〔载《民事法律文件解读》2011年第11辑（总第83辑）〕第25条："男方向法院提起离婚诉讼，并要求分割婚姻关系存续期间的2.6万元存款。女方辩称2.6万元是以女儿名字存在银行的，属于女儿的压岁钱，男方无权要求分割。男方则认为，如果夫妻离婚时不对压岁钱进行分割,在孩子没有行为能力的情况下,势必造成孩子跟谁过谁就有权支配的状况,对另一方是不公平的。这种情况如何处理? 答:家长给子女压岁钱的行为是一种赠与行为。传统风俗习惯中,压岁钱是春节拜年时长辈给晚辈的一种礼金,有压祟(岁)、辟邪、祝福平安的含义,实际上属于一种赠与行为,而赠与是赠与人将自己的财产或者财产权利无偿给予受赠人,受赠人表示接受赠与的行为。压岁钱不属于夫妻共同财产,其已经赠与子女,子女享有对压岁钱的所有权。即使子女的压岁钱来自父母,但从赠出之始就从父母的夫妻共同财产中分离出来,从而完全归属于子女所有,况且银行存款实行实名制,女儿名下的银行存款,当然也应认定归女儿所有。在子女未成年时,夫妻一旦离婚,则由直接抚养子女的父母一方保管该压岁钱。”最高人民法院民一庭**《民事审判实务问答(夫妻共同财产问题)》**(2005 年 4 月)第 2 条:“‘私房钱’属夫妻个人财产还是夫妻共同财产? 答:《中华人民共和国婚姻法》规定夫妻财产制度以法定财产制为主、约定财产制为辅。夫妻财产制的约定必须以书面形式进行,在婚姻当事人间未订立关于财产的约定或约定不明确、无效时,适用法定夫妻财产制。我国实行的法定夫妻财产制为婚后所得共同制,即在婚姻关系存续期间,夫妻各方的一切收入和取得的财产,除夫妻个人特有财产及另有约定以外,均归夫妻共同所有。夫妻个人特有的财产是指夫或妻一方单独所有的财产,即与个人身份不可分割的财产以及为个人职业或生活所需,不宜双方共同所有的财产。‘私房钱’是夫妻一方个人积蓄而不为对方知道的钱财,其性质与婚姻法所规定的夫妻个人特有财产有所区别,如婚姻当事人间未订立关于‘私房钱’的约定或约定不明确、无效时,应适用法定夫妻财产制,即应认定为夫妻共同所有。”最高人民法院**《关于人民法院审理离婚案件处理财产分割问题的若干具体意见》**(1993 年 11 月 3 日　法发〔1993〕32 号,已于 2021 年 1 月 1 日起废止)第 5 条:“已登记结婚,尚未共同生活,一方或双方受赠的礼金、礼物应认定为夫妻共同财产,具体处理时应考虑财产来源、数量等情况合理分割。各自出资购置、各自使用的财物,原则上归各自所有。”

2. 地方司法性文件。广东广州中院**《民事审判若干问题的解答(婚姻家庭部分)》**(2010 年 4 月)第 7 条:“夫妻共同的财产(存款、股票、基金等),分割财产计算的期限是以离婚前一年还是半年财产的状况为标准计算? 存款、股票、基金等进出频繁,或已销户,如何确定? 答:离婚诉讼分割的应是离婚时存在的夫妻共同财产,但在当事人出现隐藏、转移、买卖、毁损夫妻共同财产,或伪造债务企图侵占另一方财产等情形时,宜应以夫妻关系明显恶化或因感情不和分居或起诉离婚前一年作为分割财产的计算期限。对于在上述期间提取大额存款以及通过转让股票、赎回基金等获得大额款项的一方,应要求其就款项的去向作出合理解释。”第 8 条:“婚前存款在婚后多次转存,或婚前房屋,在婚后出售后又用作其他投资,是否能认定为夫妻共同财产？答:处理该问题应根据当事人的举证情况确定。如果当事人能够提供充分证据证明财产来源于其婚前财产,可认定为个人婚前财产,但该财产的婚后收益应依法认定为夫妻共同财产。”辽宁大连中院《**当前民事审判(一庭)中一些具体问题的理解与认识(婚姻家庭部分)**》(2008 年 12 月 5 日　大中法〔2008〕17 号)第 1 条:“离婚案件中夫妻共同财产如何确认?《婚姻法》第三十九条第一款‘离婚时,夫妻的共同财产由双方协议处理,协议不成的,由人民法院根据财产的具体情况,照顾子女和女方权益的原则判决。’根据这一规定,离婚中对财产的分割,仅指夫妻共同财产,夫妻个人财产及其他财产均不在分割之列。夫妻共同财产确定的时间点为提起诉讼之日,除有证据证明一方有隐匿、转移财产外,共同财产不论存在的实物或者钱款,均以现实存在为标准,需要注意的是钱款当以留存的为处理原则。”北京高院《**关于印发〈关于处理婚姻案件中子女抚育、财产分割及住房安置问题的几点意见〉的通知**》(1990 年 8 月 30 日　京高法字〔1990〕第 161 号)第 2 条:“……夫妻一方或双方以他人名义购置的物品或存款的,如能证明该财产确属夫妻双方或一方出资购置或储蓄,而又无赠与他人的意思表示的,应认定为夫妻共同财产。”

【参考类案】

①2014 年**上海某离婚纠纷案**,2008 年,王某与徐某登记结婚。2014 年,双方因迟迟未能生育导致分居,王某诉请离婚。关于各自名下存款如何分割成为争议焦点。法院认为:王某与徐某具有一定婚姻基础、婚初关系尚可,但因迟迟未能生育子女,夫妻关系不断紧张最终导致分居生活。现王某要求离婚,徐某亦同意离婚,本院应予准许。根据财产具体情况,从照顾女方权益原则予以处理。对于双方在审理过程中达成一致的财产处理意见,法院予以确认。关于现在各自存款,虽然徐某 2014 年期间从徐某处转走了 55 万余元,但上述款项包括经营网店进货、物流等成本在内,根据双方在庭审中达成的协议,上述款项扣除成本和损耗等后,净利润按 15 万元计算,在王某处的存款亦以此基础进行核算。虽然王某称上述费用已全部用于旅游、车辆养护与修理、购物、日常开销等方面,但上述花费绝大部分发生于 2014 年 1 月至 10 月期间,而在 2014 年 11 月庭审中,王某称在其处有存款约 10 万元,故王某称在其处存款已全部用完,缺乏依据,不予采信。法院从王某每月必要合理支出所需,考虑王某无其他工作为其亲属帮忙经营网店等实际情况,酌情确定在王某处应予分割的存款为 7.5 万元。徐某称在其处存款已全部用于租房、日常开销等,而在 2014 年 11 月庭审中徐某称在其支付宝账户内余额不包括应收款为 3.2 万元,在其处存款为 4 万元,故徐某称在其处存款已全部用完,缺乏依据,亦不采信。法院从徐某每月房租、日常开销等必要合理支出所需,考虑徐某有工资收入

实际情况,酌情确定应予分割存款为5万元。判决准予双方离婚,案涉淘宝店铺归徐某所有,徐某支付王某财产折价款1万元。

②2002年**海南某婚约财产纠纷案**,1998年8月,朱某向法院诉请离婚,并申请法院保全了以李某名义存入银行的定期存款229万元。1998年10月17日,法院调解离婚,约定部分财产归朱某所有,但对存款及其他财产未做分割。2001年12月,朱某向法院提起诉讼,要求分割其他共同财产。法院认为:李某与朱某原系夫妻关系,1998年8月,朱某向法院诉请离婚,根据朱某申请,法院依法保全以李某名义存入银行的定期存款229万元,证明朱某已经知道此存款属于夫妻共同财产。1998年10月17日调解离婚时除调解书确认并已进行分割的财产外,朱某应该知道存款及其他夫妻共同财产的存在,亦应知道离婚时如不分割,其对共同财产所享有的所有权受到侵犯,即朱某提起再次分割夫妻共同财产之诉的权利行使的诉讼时效应从双方调解离婚生效之日起计算。至2000年10月17日止,朱某应向法院提起诉讼要求分割夫妻共同财产,以保护其权利,但朱某却于2001年12月才向法院提起诉讼,显已超过法律规定的诉讼时效期间,且未有法律规定的诉讼时效中止、中断及延长法定事由。朱某已丧失请求法院保护其权利的胜诉权,法院应依法不予保护,判决驳回朱某诉请。

③1999年**云南某侵权纠纷案**,1997年,杨某与何某离婚,约定杨某名下存款1.5万余元归何某。随后,何某将该存单质押向银行贷款。其间,杨某以存折丢失为由,办理挂失手续后取走该款。1999年,银行诉请杨某返还该款及利息。法院认为:杨某与何某离婚时,已将案涉存款处分给何某所有,至此,何某取得存款所有权。何某用存单作质押,到银行贷款,质押期间,何某丧失了对存款的支配权,同时,银行负有妥善保管质押存款义务,在保管期间,质押存款被人取走,银行应承担民事责任,并有权追回存款,故银行具有起诉的主体资格。杨某在与何某离婚当天,明知存单被何某收留,仍欺骗银行存单丢失,并办理了挂失手续。离婚后,杨某明知存款已属他人财产,仍采取欺骗手段,用挂失方法取走属于他人的存款,已构成财产侵权,应承担全部偿还责任。银行对质押存款保管不善,对质押期间存款被取走负有一定责任,故在杨某取走存款之日起至还款日期届满之日止该段时期利息不予支持。判决杨某非法取走何某质押在银行的存款及部分利息,全部赔还给银行。

【典型类案实务要点】

1.**【夫妻一方以他人名义存款,应认定为夫妻共同财产】**夫妻一方主张对方以他人名义存款,法官能运用逻辑推理和日常生活经验认定该事实的,该款应系夫妻共同财产。

2.**【夫妻离婚时,各自名下存款作为共同财产分割原则】**离婚案件中,夫妻各自名下存款作为夫妻共同财产分割时，应综合考虑各自工资收入情况、每月必要合理支出等因素。

3.【**再次分割夫妻共同财产之诉，应在诉讼时效内进行**】夫妻一方提起再次分割夫妻共同财产之诉，超过其应当知道权利被侵害之日起计算的诉讼时效的，其诉请应驳回。

4.【**一方挂失取走离婚约定归对方所有存款，构成侵权**】夫妻一方将离婚时已约定归对方所有的存款，采用挂失的方法取走，构成财产侵权，应向银行承担全部偿还责任。

【类案裁判一般规则】

离婚案件中，夫妻各自名下存款作为夫妻共同财产分割时，应综合考虑各自工资收入情况、每月必要合理支出等因素；夫妻一方主张对方以他人名义存款，法官能运用逻辑推理和日常生活经验认定该事实的，该款应系夫妻共同财产。

【典型参考案例索引】

主旨案例：见《魏××与叶××离婚纠纷案——运用日常生活经验对证据进行分析认定》（张天智、李燕玲，四川高院），载《民事审判指导与参考·地方法院二审案件解析》（200303/15:384）。**其他案例**：①上海闵行区法院（2014）闵民一（民）初字第18439号“王某与徐某离婚纠纷案”，见《王某诉徐某某离婚纠纷案——淘宝店铺的价值确定与分割》（林挚、刘雪琳），载《人民法院案例选》（201801/119:48）。②海南省海南中院（2002）海南民终字第275号“朱某与李某婚约财产纠纷案”，见《朱品桃诉李章高婚约财产案（诉讼时效）》（黄一哲），载《中国审判案例要览》（2003民:455）。③云南思茅中院（1999）思民一终字第67号“某银行与杨某侵权纠纷案”，见《中国银行思茅分行诉杨丽华侵权案》（李发军），载《中国审判案例要览》（2000民:527）。

30. 其他诉争财产的分割

——其他价值物，是否都要分？

【其他财产】

【案情简介及争议焦点】

2013年，郭某诉冯某离婚案。关于财产分割，双方对以下财产应否作为共同财产分割产生争议:(1)冯某婚前购买的18万元基金,婚后未进行任何操作,离婚时市值20.1万元;(2)冯某用婚前继承爷爷的遗产500万元,婚后出借给他人,获得利息240万元;(3)郭某婚前购买的黄金2000克和100万元购买的名画,离婚时黄金价格涨了2倍多,名画价格飙升至600万余元;(4)郭某婚前炒股账户,结婚登记时账户市值21万元,婚后不断买进卖出,离婚时账面市值36.5万元;(5)郭某婚前持有某国外公司股权,婚后郭某置换成股票100万股,并因增发变为300万股;(6)郭某用婚前财产购买彩票,税后奖金80万元。

争议焦点:1. 如何认定上述各类财产归属? 2. 上述财产如何分割?

【裁判要点】

最高人民法院《关于适用〈中华人民共和国婚姻法〉若干问题的解释(二)》(已于2021年1月1日起废止)第11条规定:"婚姻关系存续期间,下列财产属于婚姻法第十七条规定的'其他应当归共同所有的财产':(一)一方以个人财产投资取得的收益……"最高人民法院《关于适用〈中华人民共和国婚姻法〉若干问题的解释(三)》(已于2021年1月1日起废止)第5条规定:"夫妻一方个人财产在婚后产生的收益,除孳息和自然增值外,应认定为夫妻共同财产。"**(1)基金**。本案冯某婚前购买的基金,婚后未进行任何操作,其账面收益部分属于被动增值,离婚时认定为自然增值较为适宜。**(2)借款利息**。案涉借款利息属于法定孳息,应认定为一方个人财产。**(3)黄金和字画**。同理,郭某婚前购买的黄金和名画,在婚姻关系存续期间因市场价格上涨而产生的增值,是基于原物交换价值上升所致,是不以人的意志为转移的市场行为作用的结果,仍应依原物所有权归属为个人所有。**(4)股票账户**。案涉股票账户,应以双方结婚之日作为基准,以当天一方名下股票市值作为一方的个人财产,离婚时股票市值减去该部分再作为夫妻共同财产进行分割。**(5)国外股票**。郭某婚后取得国外公司股票,不是简单的个人财产替代物,其经历了资本运作和股权外资收购上的审批和工商登记程序,股票增值收益并非单纯外在因素所致,其中包含了人为因素和资本运作成分,即由于人的主观能动性而导致的物或权利价格的提升不属于自然增值,离婚时的股票增值收益应认定为夫妻共同财产。**(6)彩票**。彩票法律关系属于射幸合同法律关系,彩票是射幸合同法律关系的证明,彩票购买人支付购买彩票的价款是履行射幸合同约定的给付义务,彩票和奖金不构成原物和孳息的关系。

【裁判依据或参考】

1. 一般规定。《民法典》(2021年1月1日)第126条:"民事主体享有法律规定的其他民事权利和利益。”第 127 条：“法律对数据、网络虚拟财产的保护有规定的，依照其规定。”第 266 条：“私人对其合法的收入、房屋、生活用品、生产工具、原材料等不动产和动产享有所有权。”第 320 条：“主物转让的，从物随主物转让，但是当事人另有约定的除外。”第 1062 条：“夫妻在婚姻关系存续期间所得的下列财产，为夫妻的共同财产，归夫妻共同所有：（一）工资、奖金、劳务报酬；（二）生产、经营、投资的收益；（三）知识产权的收益；（四）继承或者受赠的财产，但是本法第一千零六十三条第三项规定的除外；（五）其他应当归共同所有的财产。夫妻对共同财产，有平等的处理权。”第 1063 条：“下列财产为夫妻一方的个人财产：（一）一方的婚前财产；（二）一方因受到人身损害获得的赔偿或者补偿；（三）遗嘱或者赠与合同中确定只归一方的财产；（四）一方专用的生活用品；（五）其他应当归一方的财产。”第 1087 条：“离婚时，夫妻的共同财产由双方协议处理；协议不成的，由人民法院根据财产的具体情况，按照照顾子女、女方和无过错方权益的原则判决……”最高人民法院**《关于适用〈中华人民共和国民法典〉婚姻家庭编的解释（一）》**（2021 年 1 月 1 日　法释〔2020〕22 号）第 25 条：“婚姻关系存续期间，下列财产属于民法典第一千零六十二条规定的‘其他应当归共同所有的财产’：（一）一方以个人财产投资取得的收益；（二）男女双方实际取得或者应当取得的住房补贴、住房公积金；（三）男女双方实际取得或者应当取得的基本养老金、破产安置补偿费。”第 26 条：“夫妻一方个人财产在婚后产生的收益，除孳息和自然增值外，应认定为夫妻共同财产。”第 31 条：“民法典第一千零六十三条规定为夫妻一方的个人财产，不因婚姻关系的延续而转化为夫妻共同财产。但当事人另有约定的除外。”最高人民法院**《对离婚财产分割案件中有关法官行为规范的建议问题的答复》**（2014 年 4 月 11 日）第 2 条：“关于离婚财产分割案件给予法官‘酌情’的范围过大的问题。现实生活中，离婚财产分割涉及对离婚财产的定性、夫妻双方对导致离婚是否存在过错、各自过错比例以及妇女儿童合法权益维护的问题，较为复杂。首先，关于哪些财产可作为夫妻共同财产在离婚时进行分割的问题。综合我国《婚姻法》第十七条、第十八条和第十九条的规定可知，夫妻共同财产包括法定夫妻共同财产和约定夫妻共同财产两类。法定夫妻共同财产一般为夫妻在婚姻关系存续期间所得的财产，但以下财产除外：（一）一方因身体受到伤害获得的医疗费、残疾人生活补助费等费用；（二）遗嘱或赠与合同中确定只归夫或妻一方的财产；（三）一方专用的生活用品。约定夫妻共同财产则为夫妻书面约定归夫妻共同所有或部分各自所有、部分共同所有的财产。对夫妻共同财产的分割，法院原则上适用物权法共同共有的规定，实行均等分割或按当事人约定比例分割。但考虑到夫妻关系本身的特殊性，在原则上均等分割的基础上，法院还要考虑夫妻双方在离婚问题上是否存在过错以及过错比例大小这一因素，合理确定分割比例，以体现在财产分割上的实质公平。这一点也在我院1993年颁布的关于离婚财产分割的司法解释中有所体现。在具体审理离婚财产分割案件中,除了过错因素将影响法院在确定离婚财产分割比例上的判断之外,还有一个因素不能忽视,即妇女、儿童这类弱势群体的合法权益保护问题。根据《婚姻法》第三十九条:'离婚时,夫妻的共同财产由双方协议处理;协议不成时,由人民法院根据财产的具体情况,照顾子女和女方权益的原则判决'之规定可知,我国婚姻法对子女和女方权益优先保护。换言之,在离婚财产分割时,法院在确定各自分割比例时,还需加入子女、女方这一因素。在双方其他因素大致相仿的情形下,可对有子女抚养权的一方或女方适当多分。由上,法官在处理离婚财产分割问题时,有必要综合上述因素,确定一个合理的分割比例。该比例从绝对值上看,可能会给当事人一个错觉,以为法院分割夫妻共同财产时有些随意。这可能部分是因为个别法院在裁判书中未对分割酌定因素进行详细论述所致。今后我院在对下指导时会重点强调对裁判文书说理部分的要求。另外,为了规范个别法官在考量上述因素时可能存在的'酌情'的范围过大问题,我院将根据《婚姻法》的精神出台相关司法解释,对法官在离婚财产分割中酌情的边界及其滥用自由裁量权的处理进行更详细的界定。如果仍有个别法官进行酌定时尺度过大,违反了婚姻法和我院已颁布的司法解释,当事人可以通过法律规定的救济渠道进行救济。"最高人民法院**《关于适用〈中华人民共和国婚姻法〉若干问题的解释(一)》**(2001年12月27日　法释〔2001〕30号,已于2021年1月1日起废止)第19条:"婚姻法第十八条规定为夫妻一方所有的财产,不因婚姻关系的延续而转化为夫妻共同财产。但当事人另有约定的除外。"最高人民法院**《关于人民法院审理离婚案件处理财产分割问题的若干具体意见》**(1993年11月3日　法发〔1993〕32号,已于2021年1月1日起废止)第2条:"夫妻双方在婚姻关系存续期间所得的财产,为夫妻共同财产,包括:(1)一方或双方劳动所得的收入和购置的财产;(2)一方或双方继承、受赠的财产;(3)一方或双方由知识产权取得的经济利益;(4)一方或双方从事承包、租赁等生产、经营活动的收益;(5)一方或双方取得的债权;(6)一方或双方的其他合法所得。"第7条:"对个人财产还是夫妻共同财产难以确定的,主张权利的一方有责任举证。当事人举不出有力证据,人民法院又无法查实的,按夫妻共同财产处理。"最高人民法院**《关于购房人之一在购房时不完全具备条件,但购房后长期共同居住管理使用,纠纷时已具备完全购房条件的应认定产权共有的复函》**(1991年8月7日　〔1991〕民他字第14号):"……经研究认为,该案当事人双方1971年6月合买府城镇达士巷7号第2进梁先觉、黄秀珍夫妇的正屋1间和横屋2眼的事实清楚、证据确凿。双方的买后又长期各半居住、管理、使用,颜香芬也曾承认是与符振清合买。在买房时,符振清虽在昌江县工作,户口不在琼山县府城镇,但符是离休干部,并非农村户籍,且符的妻子及其本人的户口已先后于1974年、1977年均迁入琼山县府城镇,房产部门亦同意给符办理房产契证。据此,同意你院审判委员会多数人的倾向性意见,即认定府城镇达士巷7号第2进正屋1间、横屋2眼系属符振清、颜香芬两人合资购买,产权应当共有。”最高人民法院民事审判庭**《关于盲人刘春和生前从事“算命”所积累的财产死后可否视为非法所得加以没收的电话答复》**(1987年10月14日 〔1987〕民他字第22号):“……《中华人民共和国治安管理处罚条例》第二十四条四款‘利用封建迷信手段,扰乱社会秩序或骗取财物’和第三十二条第一款‘赌博或者为赌博提供条件的’,对这两种行为人予以拘留或罚款。据公安部法规局、政策研究室的同志解释,是指正在进行非法活动之当时,对其所得予以没收,对其其他财产则不予追缴。本案中刘春和死后遗留的财产,没有没收的法律依据。第二,事实上也无充分的事实根据和确凿的证据证明刘春和死后遗留这笔财产都是‘算命’所得。据此,我们同意你院审委会的意见,即:刘春和遗留的存款和其他财产,应视为遗产,由其法定继承人继承。”最高人民法院**《关于婚姻案件中手工业者的家庭财产应如何处理问题的批复》**(1955年11月8日 法行字第1659号):“……在离婚案件中,对手工业者家庭财产中的生产资料应如何处理,经我院函询中央手工业管理局,现将该局意见转给你们。处理周鼎如与谢汉秀、张为政与张辉秀等离婚案件,可以参照该项规定。”最高人民法院**《关于离婚后如何分产及民事原告专凭书面诉讼可否酌情不受理两问题的复函》**(1952年5月16日)第1条:“关于离婚时如何处理财产问题。应根据婚姻法第七章的精神处理。对来文所举的两个例子,我们的意见是:(一)如果房院与工厂均属某甲所有,其儿媳在离婚处理财产时即不应分劈之。但可以根据男女双方家庭经济具体情况及照顾女方的原则,酌给女方一部分财产或生活费。(二)乙与其妻已结婚数年,在处理其财产问题时,可以根据男女双方经济具体情况及女方在结婚后的劳动情况(包括照料家务的劳动),适当照顾女方的生活费。但为了照顾有利发展生产的原则,夫妻均分商号的财产是不妥当的。”北京高院民一庭**《关于审理婚姻纠纷案件若干疑难问题的参考意见》**(2016年8月4日)第14条:“【因伤获得的保险金、残疾赔偿金性质】夫妻关系存续期间一方因身体受到伤害而获得的保险金(本人为受益人)应为一方个人财产;夫妻关系存续期间获得的残疾赔偿金应为一方个人财产。”第42条:“【债权确定时间与性质认定】婚前一方享有的确定可以实现的债权,婚后实际取得的,应认定为婚前财产;婚姻关系存续期间发生并确定可以实现的债权,离婚后实际取得的,应认定为婚内财产。”安徽淮南中院**《关于审理离婚纠纷案件若干问题的指导意见》**(2014年3月13日)第15条:“夫妻在婚姻关系存续期间所得的下列财产,归夫妻共同所有:(一)一方或双方劳动所得收入和购置的财产(工资、奖金);(二)生产、经营的收益;(三)知识产权的收益,指婚姻关系存续期间,实际取得或者已经明确可以取得的财产性收益;

(四)继承或赠与所得的财产,但遗嘱或赠与合同中确定只归夫或妻一方的财产除外;(五)夫妻一方个人财产在婚后产生的除孳息和自然增值外的收益;(六)男女双方实际取得或者应当取得的住房补贴、住房公积金、养老保险金、企业年金、破产安置补偿费;(七)一方所得的军人复员费、转业费、自主择业费等一次性费用的,以夫妻关系存续年限乘以年平均值,所得数额为夫妻共同财产。前项所称年平均值,是指将发放到军人名下的上述费用总额按具体年限均分得出的数额。具体年限为人均寿命七十岁与军人入伍时实际年龄的差额;(八)一方婚前承租、婚后用共同财产购买,房产证登记在一方名下的房屋;(九)其他应当归共同所有的财产。"第16条:"下列财产,为夫妻一方的个人财产:(一)一方因身体受到伤害获得的医疗费、残疾人生活补助费等费用;(二)遗嘱或赠与合同中确定只归夫或妻一方的财产;(三)一方专用的生活用品;(四)婚后由一方父母出资为子女购买的不动产,产权登记在出资人子女名下的,视为只对自己子女一方的赠与,该不动产应认定为夫妻一方的个人财产;(五)房屋系一方以个人财产支付首付款,且房屋权属证书登记在一方名下,为个人婚前财产。婚姻关系存续期间,双方共同支付按揭贷款的,离婚时,由取得房屋所有权的一方返还对方相当于已付按揭贷款及其相对应财产增值部分一半的款项。"上海高院**《婚姻家庭纠纷办案要件指南(三)》**(2010年6月22日 沪高法民一〔2010〕8号)第2条:"分割夫妻共同财产,应首先明确财产权属,注意区分家庭共同财产、夫妻共同财产和夫妻个人财产。对于有争议的财产的性质,应当以法律构成要件为基础,结合经验法则,通过对当事人举证和法院依法调查取证的结果综合分析、作出认定。对财产属于夫妻共同所有还是夫或妻一方个人所有存在争议,经查证仍然真伪不明的,可推定为夫妻共同财产。【说明】夫妻共同财产,是指夫妻在婚姻关系存续期间一方或双方所得的收入和财产,均归夫妻双方共同共有,但个人特有的财产或双方约定分别所有的财产除外。根据婚姻法及其司法解释的规定,夫妻共同财产一般包括下列范围:(1)劳动所得的报酬:劳动报酬的形式多种多样,包括工资、奖金、津贴等,以劳动报酬购置的财产,亦属此例;(2)从事生产、经营活动所得的收益:指夫妻双方或一方在婚后从事生产、经营所得的劳动收入和资本性收入,如承包经营、购买股票和债券、投资公司和企业所得红利、兴办公司和企业所得收益等;(3)知识产权的收益:指婚姻关系存续期间,实际取得或者已经明确可以取得的知识产权的财产性收益;(4)继承或赠与所得的财产,但遗嘱或赠与合同中明确指定仅归夫或妻一方所有的财产除外;(5)其他应当归夫妻共同所有的财产:包括①一方以个人财产投资取得的收益;②男女双方实际取得或者应当取得的住房补贴、住房公积金;③男女双方实际取得或者应当取得的养老保险金、破产安置补偿费;(6)有争议财产的认定:对个人财产还是夫妻共同财产难以确定的,主张权利的一方有责任举证。当事人举不出有力证据,人民法院又无法查实的,按夫妻共同财产处理。在确定夫妻共同财产时,对夫妻共同财产和家庭财产、个人财产应当区别对待:1. 夫妻共同财产与家庭财产的区别。家庭财产,是指家庭成员的共同财产和各自所有的财产的总和。包括:(1)夫妻一方的个人财产;(2)夫妻共同财产;(3)子女财产;(4)其他家庭成员的财产;(5)全体家庭成员共有的财产。家庭财产涵盖了夫妻共同财产。分割时应当首先从家庭财产中分出属于夫妻共同所有的部分后再行分割。对其他家庭成员的财产,不能作为夫妻共同财产予以分割。未成年子女的财产属于本人所有,由离婚后与子女共同生活的父母一方代为管理。2. 夫妻共同财产与个人财产的区别。第一,概念和范围不同。夫妻个人财产,是指夫妻婚后在实行共同财产制时,依法律规定或双方约定,夫妻各自保留的一定范围的个人所有的财产。其范围包括:(1)一方的婚前财产,该财产不因婚姻关系的延续而转化为夫妻共同财产;(2)一方因身体受到伤害获得的医疗费、残疾人生活补助费等;(3)遗嘱或赠与合同中确定只归夫或妻一方的财产;(4)夫妻一方专用的生活用品,但婚后购置的贵重饰品,摩托车、小汽车等生活资料,仍应视为夫妻共同财产;(5)其他应当归一方所有的财产,如一方获得的奖章、奖品,军人的伤亡保险金、伤残补助金、医药生活补助等。当然,夫妻双方也可以书面形式约定婚姻关系存续期间所得的财产以及婚前财产归各自所有、共同所有或部分各自所有、部分共同所有,此为约定先于法定原则。如果没有约定或约定不明的,仍适用法定财产制的规定。第二,权利义务不同。夫妻对共同财产的权利义务是平等的,享有平等的所有权,即不分份额、平等地享有占有、使用、收益、处分的权利。因日常生活需要而处理夫妻共同财产的,任何一方均有权决定。非因日常生活需要对夫妻共同财产做重要处理决定,夫妻双方应当平等协商,取得一致意见。如一方擅自处分重要的共有财产,另一方有权否认该处分的法律效力,但如第三人有理由相信其为夫妻双方共同意思表示的,不得对抗善意第三人。由此给另一方配偶造成损失的,应由擅自处分的一方予以赔偿。此外,夫妻双方应平等地承担家庭财产上的义务。家庭共同生活费用,应以夫妻共同财产负担,不足部分则由夫妻双方以个人财产分担。对于夫妻共同债务,应以共同财产清偿,夫妻双方承担连带责任。至于夫妻一方的个人财产,夫或妻可依自己的意愿独立行使所有权,无须征得对方同意;对婚姻关系存续期间一方所负的个人债务及个人财产所生债务,均应由夫妻个人财产承担清偿责任。”江苏高院**《婚姻家庭案件审理指南(2010年)》**(2010年5月18日)第6章:“……(二)法定夫妻共同财产。《婚姻法》规定,夫妻在婚姻关系存续期间所得的财产为夫妻共同所有。最高人民法院司法解释则明确了具体财产的归属。根据法律规定精神,在夫妻关系存续期间取得的下列财产归夫妻共同所有:1. 工资、奖金。参照1993年9月23日劳动部印发的《〈中华人民共和国企业劳动争议处理条例〉若干问题解释》的规定,属于劳动报酬性质的津贴、补贴也应属于夫妻共同财产范围。2. 生产、经营的收益。主要包括劳动收入和资本收益。具体形式除设立公司、企业、办厂以外,还有承包、租赁、投资、个体经济等多种方式,从事上述活动的收益应属于夫妻共同财产。3. 知识产权收益。'知识产权收益'是指婚姻关系存续期间,实际取得或者已经明确可以取得的财产性收益。如果作者的作品在婚姻关系存续期间尚未能出版或被采用,其即仅属于一方的精神财富,尚不具备物质财富的内容,故不能请求分割。但如作品在婚姻关系存续期间已然出版或被采用,由此取得的收益,则属于夫妻共同财产,不论该收益实际取得是在婚姻关系存续期间还是在离婚之后。4. 继承或赠与所得的财产,但遗嘱或赠与合同中确定只归夫或妻一方的财产除外。《婚姻法解释三》第十五条规定:'婚姻关系存续期间,夫妻一方作为继承人依法可以继承的遗产,在继承人之间尚未实际分割,起诉离婚时另一方请求分割的,人民法院应当告知当事人在继承人之间实际分割遗产后另行起诉。'……6. 男女双方实际取得或者应当取得的住房补贴、住房公积金。7. 男女双方实际取得或者应当取得的养老保险金、破产安置补偿费。对于养老保险金,《婚姻法解释三》第十三条规定:'离婚时夫妻一方尚未退休、不符合领取养老保险金条件,另一方请求按照夫妻共同财产分割养老保险金的,人民法院不予支持;婚后以夫妻共同财产缴付养老保险费,离婚时一方主张将养老金账户中婚姻关系存续期间个人实际缴付部分作为夫妻共同财产分割的,人民法院应予支持。'(三)夫妻个人财产。虽然夫妻婚后所得工资性收益为共同财产,但夫妻在婚内同样可以有个人财产。根据相关规定,下列财产为夫妻一方的财产:1. 一方的婚前财产;2. 一方因身体受到伤害获得的医疗费、残疾人生活补助费等费用;3. 遗嘱或赠与合同中确定只归夫或妻一方的财产;4. 一方专用的生活用品;5. 军人的伤亡保险金、伤残补助金、医药生活补助费;6. 夫妻一方个人财产在婚后产生的孳息和自然增值;7. 其他应当归一方所有的财产。(四)需注意的问题。1. 主张方举证原则。夫妻一方主张财产属于其个人财产,必须承担举证责任,如举证不足,则争议财产应认定为夫妻共同财产。2. 财产性质不因结婚时间长短而转化。《婚姻法》明确规定'夫妻一方的婚前财产应为个人财产'。《婚姻法解释一》第二十九条进一步规定:'夫妻一方的个人财产,不因婚姻关系的延续而转化为夫妻共同财产。当事人有约定的除外。'这意味着过去最高人民法院曾规定夫妻个人财产因结婚时间而转化为共同财产的规定将不再适用……4. 夫妻双方在婚姻关系存续期间所得的财产,包括财产的实际取得和权利的取得。因为财产权利的取得与实际财产的取得有时是同步的,而有时却是前后分开的。例如继承虽然开始,但遗产尚未分割,此间与他人结婚,婚后分得的遗产,貌似'婚姻关系存续期间所得的财产',但实际上财产权利已在婚前取得,因此,应认定为个人财产,不能列入夫妻共同财产的范围。"辽宁大连中院《**当前民事审判(一庭)中一些具体问**

题的理解与认识(婚姻家庭部分)》(2008年12月5日　大中法〔2008〕17号)第9条:“离婚案件中,涉及家庭公司、家庭饭店,离婚时是否处理?鉴于该类型案件的主要法律关系系婚姻问题,为了让案件及时审结,可以另案处理其他问题。”上海高院《**关于审理婚姻家庭纠纷若干问题的意见**》(2007年3月15日　沪高法民一〔2007〕5号)第4条:“夫妻共同财产涉及他人情况的处理。夫妻婚后出资购买车辆,并挂靠于他人名下的,在离婚诉讼中,对该车辆不予处理……”上海高院《**民事法律适用问答**》(2006年第2期)第7条:“涉及转让个体出租车运营权纠纷,以及离婚或分家析产纠纷中要求分割个体出租车运营权价值的纠纷,能否调解或者判决?根据上海市出租汽车管理的相关规定,出租车运营权属政府特许经营的范围,不是当事人可以自主决定处分的财产权益。个体出租车经营权(目前主要是‘沪AX’、‘沪BX’牌照)的转让必须经过交通行政管理部门的批准和许可,才发生相应的法律效力。民事案件当事人就个体出租车的运营权转让达成调解协议,要去法院予以确认,或者起诉要求判决出让方履行转让义务的,法院可以向其释明,告知此类协议属于应当经交通行政管理部门办理批准手续才能生效的协议。在没有办理批准手续以前,该协议对双方当事人都没有法律约束力。当事人已经取得交通行政管理部门认可或者同意转让的书面意见的,法院可以出具民事调解书,或者直接作出判决;当事人没有取得交通行政管理部门认可或者同意转让的书面意见,仍然坚持以协议为依据起诉的,应当判决对其诉请不予支持;当事人要求法院出具民事调解书的,法院不予准许。离婚或者分家析产纠纷当事人,要求分割个体出租车运营权价值的,可以就该运营权包含的经济利益进行分割。法院可以委托相关部门进行评估后(目前,上海市交通局已将个体出租车价值评估有关事宜统一委托上海国际商品拍卖有限公司负责……),由运营权享有者向其他有权分割财产者进行补偿。调解不成的,可以判决。在财产分割过程中,当事人之间就转让出租车运营权达成协议,且已经取得交通行政管理部门认可或者同意转让的书面意见的,也可以比照前款办法处理。”内蒙古包头中院《**关于〈关于解决民事审判中若干问题的具体意见〉**》(2004年11月15日)第21条:“一方当事人的父母在双方结婚后付给对方当事人的婚前同意给付的彩礼款,该笔款项应认定为双方的夫妻共同财产。”河南高院民一庭《**关于当前民事审判若干问题的指导意见**》(2003年11月)第57条:“一方专用的生活用品属一方的个人财产,不应作为夫妻共有财产纳入分配。但用夫妻共有财产购置的价值较大的生活用品,或在家庭财产中所占比重较大的用品,在分给专用一方的同时,在其他共有财产的分割时应该对另一方的份额或比例予以适当平衡。”第61条:“对于夫妻共有财产的确认,一般按照谁主张谁举证的原则,由主张对方有隐瞒财产行为的一方提供证据予以证实,不能举证证明的,对其主张不予支持。当事人有确切的证据线索,申请法院依职权调查取证的,法院应予准许。当事人没有确切的证据线索，仅以自己没有取证能力为由申请法院依职权调查取证的，法院不应准许。”广东高院**《关于审理婚姻案件若干问题的指导意见》**(2001 年 11 月 9 日　粤高法发〔2001〕44 号，2021 年 1 月 1 日起废止)第 27 条：“《婚姻法》第十七条规定的‘其他应当归共同所有的财产’，可根据最高人民法院《关于人民法院审理离婚案件处理财产分割问题的若干具体意见》的规定进行认定，但与《婚姻法》第十七、十八条规定有抵触的除外。”上海高院**《关于下发〈关于在民事审判中实施“中华人民共和国婚姻法”的暂行意见〉的通知》**(2001 年 6 月 7 日　沪高法〔2001〕263 号)第 26 条：“婚姻法第 17 条‘其他应当归共同所有的财产’，可仍根据最高人民法院过去有关司法解释的精神进行认定。”第 29 条：“夫妻对婚姻关系存续期间所得财产没有约定或约定不明确的，该财产是否作为夫妻共同财产，应按财产的性质、取得方式，根据婚姻法第 17 条、第 18 条的规定作出认定。”北京高院**《关于印发〈关于处理婚姻案件中子女抚育、财产分割及住房安置问题的几点意见〉的通知》**(1990 年 8 月 30 日　京高法字〔1990〕第 161 号)第 2 条：“……2. 婚后购置的虽为个人专用，但价值较大的首饰、图书资料、汽车、摩托车或一方为进行个体经营而购置的其他生产资料均属夫妻共同财产……4. 双方虽登记结婚，但尚未共同生活，双方的财产仍各自掌握，各自用婚前积蓄购置的物品，属于婚前个人财产；各自以婚后收入购置的物品或合资购置的物品属夫妻共同财产。在不能证明争执的物品是否以个人婚前积蓄购置时，应推定物品为夫妻共同财产……6. 在夫妻关系存续期间，一方或双方已取得财产权利，但尚未实际取得财产的，离婚时也应按夫妻共同财产作出处理。”北京高院**《对审理离婚案件适用法律政策的几点意见》**(1986 年 8 月 12 日)第 3 条：“夫妻共同财产的分割问题。1. 法院受理离婚案件后，应当及时查明诉讼涉及的财产状况，及时进行清查、对可能发生变卖、转移或隐匿的，要及时依法采取诉讼保全措施。2. 夫妻共同财产和个人财产的范围：共同财产包括：①婚后夫妻一方或双方劳动所得的财产；②婚后夫妻一方或双方继承的财产；③婚后夫妻一方或双方受赠的财产(包括结婚时一方或双方接受亲友的礼品)；④婚前双方共同购置的财产；⑤无法确定是个人财产还是夫妻共同财产的，推定为夫妻共同财产；无法确定是夫妻共同财产还是家庭共同财产的，推定为家庭共同财产。夫妻个人财产包括：①婚前个人所有的财产；②婚前个人接受的结婚礼品；③婚前各自为结婚所准备的物品；④婚前、婚后各自的衣物；⑤复员、转业军人的复员费、转业费、医疗费；⑥虽是夫妻共同财产，但双方另有约定的，按约定处理。3. 有下列情形之一的，也应认为是夫妻共同财产。(1)虽属婚前个人所有的财产(如家具、家用电器等)，但结婚十年以上，该财产由双方长期共同使用，且双方都对家庭尽了义务的。(2)婚前个人所有的房屋、结婚十五年以上，双方共同使用、管理和经营的。(3)婚后共同购置的归个人使用的财产，分割时一般归个人所有。如果一方个人使用的财产价额过高,应当在分割其他共同财产时照顾另一方当事人。(4)复员、转业军人取得复员费、转业费后,夫妻关系又存续十年以上的,其尚存复员费、转业费可按夫妻共同财产分割。(5)离婚前,属于夫妻共同所有的房屋和其他财物,被错误决定没收或代管的,离婚后发还一方,另一方提出诉讼主张权利的,应按夫妻共同财产分割。4. 在离婚诉讼中,如果夫妻的财产与其他人的财产处于共有状态;应当由夫妻与其他共有人协商确定各自应有的财产数额。法院按协商确定的夫妻共同财产进行离婚财产分割。如果协商不成,法院应当中止离婚诉讼,由夫或妻或其他共有人向法院起诉请求析分共有财产,待分割共有财产的诉讼确定了夫妻共同财产的数额之后,法院再对离婚案件继续审理。5. 为便于执行,在法律文书中,对财产分割要作出准确的表述,如财产的名称、规格、牌号、新旧程度、数量、财物存放地点等,财物较多可另列清单,作为判决的附件。"

2. 知识产权。《民法典》(2021 年 1 月 1 日)第 123 条:"民事主体依法享有知识产权。知识产权是权利人依法就下列客体享有的专有的权利:(一)作品;(二)发明、实用新型、外观设计;(三)商标;(四)地理标志;(五)商业秘密;(六)集成电路布图设计;(七)植物新品种;(八)法律规定的其他客体。"第 126 条:"民事主体享有法律规定的其他民事权利和利益。"第 127 条:"法律对数据、网络虚拟财产的保护有规定的,依照其规定。"最高人民法院**《关于适用〈中华人民共和国民法典〉婚姻家庭编的解释(一)》**(2021 年 1 月 1 日　法释〔2020〕22 号)第 24 条:"民法典第一千零六十二条第一款第三项规定的'知识产权的收益',是指婚姻关系存续期间,实际取得或者已经明确可以取得的财产性收益。"最高人民法院吴晓芳法官**《关于婚姻家庭纠纷审理热点难点问答》**〔载《民事法律文件解读》2011 年第 11 辑(总第 83 辑)〕第 52 条:"离婚时如何处理一方取得的知识产权的收益?答:知识产权的收益是指作品在出版、上演、播映后而取得的报酬,或允许他人使用而获得的报酬,专利权人转让专利权或许可他人使用其专利所取得的报酬,商标所有人转让商标权或许可他人使用其注册商标所取得的报酬等。审判实践中,可将知识产权的收益已经明确取得的时间是否在婚姻关系存续期间内,作为判断该部分收益归属的标准。如果知识产权财产性收益明确的时间系在婚前,即便收益实际取得是在婚姻关系存续期间,该收益仍为个人财产;如果知识产权财产性收益明确的时间系在婚姻关系存续期间,则无论收益的实际取得是在婚姻关系存续期间还是在离婚后,该收益均为夫妻共同财产;如果知识产权财产性收益明确的时间系离婚以后,则该收益为个人财产。对于离婚时一方尚未取得经济利益的知识产权,比如写好的书稿还没有联系到出版单位,已完成的绘画作品还没有卖出,享有知识产权的一方可能以后将自己的作品售出,也可能自己收藏品味,还可能赠送给朋友。知识产权是一种智力成果权,具有很强的人身依附性,与人身密不可分,作者的配偶无权在作者自己的著作中署名,也无权决定作品是否发表。如果作者的手稿、字画、设计稿等在离婚时还没有出版或未被采用,那它就仅仅属于夫妻一方的精神财富,离婚时应归一方所有。考虑到夫妻一方从事创作,另一方会承担更多的家务劳动,其知识产权的获得离不开配偶一方的支持和帮助,根据《最高人民法院关于人民法院审理离婚案件处理财产分割问题的若干具体意见》第十五条的规定精神,在分割夫妻共同财产时,可根据具体情况,对另一方予以适当照顾。”最高人民法院民一庭**《民事审判实务问答(夫妻共同财产问题)》**(2005年4月)第6条:“婚姻关系存续期间夫妻一方取得的知识产权是否属于夫妻共同财产?答:夫妻共同财产是夫妻双方或一方在婚姻关系存续期间所取得的财产。依照《中华人民共和国婚姻法》第十七条至第十九条规定,夫妻财产制采用了法定财产制为主和约定财产制为辅,另有夫妻特有财产制为补充的夫妻财产制度。依照《中华人民共和国婚姻法》第十七条及《最高人民法院关于适用〈中华人民共和国婚姻法〉的解释(二)》第十二条规定,一方或双方在婚姻关系存续期间由知识产权取得的收益离婚时已经实际取得或已经明确可以取得的财产性收益,属于夫妻共同财产。知识产权是基于智力的创造性所产生的权利,既具有财产权的属性也体现人身权的利益。婚姻法立法规定知识产权的收益侧重于财产性收益。知识产权能否实现其财产性权利、何时实现其财产性权利等问题,都具有不确定的因素,知识产权本身的取得和其财产性权益的取得有时并不同步。故认定该知识产权是否属于夫妻共同财产,应以该知识产权的财产性收益取得是否在婚姻关系存续期间为判断标准,而不应以该知识产权权利本身的取得的时间为判断依据。夫妻离婚时只能对现有财产进行分割,对没有实现其价值的财产性收益不能估价予以分割,智力成果只有转化为具体的有形财产后才属于夫妻共同财产,而对其配偶在共同生活中付出的劳动,可从其他财产中给予适当补偿、照顾。”最高人民法院**《关于适用〈中华人民共和国婚姻法〉若干问题的解释(二)》**(2004年4月1日　法释〔2003〕19号,已于2021年1月1日起废止)第12条:“婚姻法第十七条第三项规定的‘知识产权的收益’,是指婚姻关系存续期间,实际取得或者已经明确可以取得的财产性收益。”最高人民法院**《关于人民法院审理离婚案件处理财产分割问题的若干具体意见》**(1993年11月3日　法发〔1993〕32号,已于2021年1月1日起废止)第2条:“夫妻双方在婚姻关系存续期间所得的财产,为夫妻共同财产,包括:(1)一方或双方劳动所得的收入和购置的财产;(2)一方或双方继承、受赠的财产;(3)一方或双方由知识产权取得的经济利益……”第15条:“离婚时一方尚未取得经济利益的知识产权,归一方所有。在分割夫妻共同财产时,可根据具体情况,对另一方予以适当的照顾。”安徽滁州中院**《关于审理婚姻家庭纠纷案件座谈会纪要》**(2013年8月2日)第24条:

"知识产权财产性收益在婚姻关系存续期间虽未实际取得,但已经明确可以取得,离婚后取得该收益的,为夫妻共同财产。知识产权财产性收益明确可以取得的时间在婚前的,该收益应认定为婚前个人财产。"江西高院**《关于审理婚姻家庭纠纷案件适用法律若干问题的解答》**(2008 年 10 月 10 日)第 7 条:"如何判断《婚姻法解释二》第十二条所称的婚姻关系存续期间,实际取得或已经明确可以取得的知识产权的财产性收益的归属?以知识产权财产性收益明确时间是否在婚姻存续期间作为判断该部分收益归属的标准。知识产权财产性收益明确时间在婚前,即使收益实际取得在婚后,该收益为个人婚前财产。知识产权惆产性收益明确时间在婚姻关系存续期间,无论收益的实际取得是在婚姻关系存续期间还是在离婚之后,该收益为夫妻共同所有。知识产权财产性收益明确的时间在离婚后的,该收益为个人财产。"上海高院**《〈关于适用最高人民法院婚姻法司法解释(二)若干问题〉的解答一》**(2004 年 9 月 7 日　沪高法民一〔2004〕25 号)第 3 条:"如何判断婚姻关系存续期间所实际取得的知识产权的财产性收益的归属?答:司法解释(二)第十二条规定,婚姻关系存续期间,实际取得或已经明确可以取得的知识产权的财产性收益为夫妻共同所有。据此,对于在婚姻关系存续期间内已经明确、但实际取得却在离婚之后的这部分知识产权性收益,也应为夫妻共同所有。以此标准相统一,我们认为,实践中可以知识产权财产性收益已经明确的时间是否在婚姻关系存续期间内,作为判断该部分收益归属的标准,具体如下:1. 知识产权财产性收益明确的时间在婚前的,即使收益实际取得在婚后,该收益仍为个人婚前财产;2. 知识产权财产性收益明确的时间在婚姻关系存续期间的,则无论收益的实际取得是在婚姻关系存续期间,还是在离婚之后,该收益均为夫妻共同所有;3. 知识产权财产性收益明确的时间在离婚后的,该收益为个人财产。"河南高院民一庭**《关于当前民事审判若干问题的指导意见》**(2003 年 11 月)第 70 条:"一方婚姻关系存续期间取得知识产权,财产性收益在离婚后实现的,如无特殊约定,属于一方的个人财产。"辽宁沈阳中院**《关于审理婚姻家庭案件若干问题意见》**(2003 年)第 7 条:"……(七)一方婚前取得的著作权、商标权等其他知识产权,婚后取得收益的,不应作为共同财产……"

3. 继承财产。《民法典》(2021 年 1 月 1 日)第 1063 条:"下列财产为夫妻一方的个人财产:……(三)遗嘱或者赠与合同中确定只归一方的财产;(四)一方专用的生活用品;(五)其他应当归一方的财产。"国务院**《不动产登记暂行条例(2019 修订)》**(2019 年 3 月 24 日)第 14 条:"因买卖、设定抵押权等申请不动产登记的,应当由当事人双方共同申请。属于下列情形之一的,可以由当事人单方申请:(一)尚未登记的不动产首次申请登记的;(二)继承、接受遗赠取得不动产权利的;(三)人民法院、仲裁委员会生效的法律文书或者人民政府生效的决定等设立、变更、转让、消灭不动产权利的;(四)权利人姓名、名称或者自然状况发生变化,申请变更登记的;(五)不动产灭失或者权利人放弃不动产权利,申请注销登记的;(六)申请更正登记或者异议登记的;(七)法律、行政法规规定可以由当事人单方申请的其他情形。"最高人民法院**《关于适用〈中华人民共和国民法典〉婚姻家庭编的解释(一)》**(2021年1月1日　法释〔2020〕22号)第81条:"婚姻关系存续期间,夫妻一方作为继承人依法可以继承的遗产,在继承人之间尚未实际分割,起诉离婚时另一方请求分割的,人民法院应当告知当事人在继承人之间实际分割遗产后另行起诉。"最高人民法院**《对离婚财产分割案件中有关法官行为规范的建议问题的答复》**(2014年4月11日)第2条:"关于离婚财产分割案件给予法官'酌情'的范围过大的问题。现实生活中,离婚财产分割涉及对离婚财产的定性、夫妻双方对导致离婚是否存在过错、各自过错比例以及妇女儿童合法权益维护的问题,较为复杂。首先,关于哪些财产可作为夫妻共同财产在离婚时进行分割的问题。综合我国《婚姻法》第十七条、第十八条和第十九条的规定可知,夫妻共同财产包括法定夫妻共同财产和约定夫妻共同财产两类。法定夫妻共同财产一般为夫妻在婚姻关系存续期间所得的财产,但以下财产除外:(一)一方因身体受到伤害获得的医疗费、残疾人生活补助费等费用;(二)遗嘱或赠与合同中确定只归夫或妻一方的财产……"最高人民法院吴晓芳法官**《关于婚姻家庭纠纷审理热点难点问答》**〔载《民事法律文件解读》2012年第6辑(总第90辑)〕第11条:"婚姻关系存续期间,一方作为继承人依法可以继承遗产,但继承之间尚未进行遗产分割,离婚时另一方要求分割该遗产的,应当如何处理?答:在婚姻关系存续期间,夫妻一方作为继承人根据继承法的有关规定可以继承遗产,但继承人之间尚未对该遗产进行分割。比如一方的父亲或母亲死亡,按照中国人的习惯,父母一方尚健在的,为尊重老人的感情,兄弟姐妹之间一般不进行遗产分割。夫妻离婚时另一方主张按照夫妻共同财产分割一部分遗产,由于继承人在继承开始后、遗产分割前都可以作出放弃继承的意思表示,而继承人因放弃继承权致其不能履行法定义务的,放弃继承权的行为才归于无效,故夫妻另一方对部分遗产作为夫妻共同财产的分割权只是一种期待权,离婚诉讼中不予处理,但可以保留其诉权,由当事人在其权利条件具备时再主张分割。"最高人民法院**《关于适用〈中华人民共和国婚姻法〉若干问题的解释(三)》**(2011年8月13日　法释〔2011〕18号,2021年1月1日起废止)第15条:"婚姻关系存续期间,夫妻一方作为继承人依法可以继承的遗产,在继承人之间尚未实际分割,起诉离婚时另一方请求分割的,人民法院应当告知当事人在继承人之间实际分割遗产后另行起诉。"最高人民法院吴晓芳法官**《关于婚姻家庭纠纷审理热点难点问答》**〔载《民事法律文件解读》2011年第11辑(总第83辑)〕第73条:"继承人放弃遗产继承属于放弃继承权还是放弃所有权?继承人放弃继承是否侵害了其配偶的权利？答：……继承是继承人取得被继承人遗产所有权的基础，失去了这个基础，继承人的所有权就无法存在。抛开继承权谈所有权，所有权就是无源之水、无本之木。继承权的接受和放弃取决于继承人的意志。继承权作为一项民事权利，从继承开始到遗产分割前，继承人可以根据自己的意志决定接受还是放弃继承权，其他人不得干涉，故继承人的配偶无权左右继承人作出是否放弃继承的决定。根据《最高人民法院关于贯彻执行〈中华人民共和国继承法〉若干问题的意见》第四十六条的规定：'继承人因放弃继承权，致其不能履行法定义务的，放弃继承权的行为无效'，即禁止继承人以放弃继承权为条件而不履行法定义务，如不清偿个人债务，不承担抚养、扶养、赡养义务等。如果继承人放弃继承权不会影响其履行法定义务的，这种放弃就是有效的。只有当继承人继承遗产后，作为配偶的一方才能依据《婚姻法》第十七条的规定，成为继承人因继承而取得财产的共有人。配偶对遗产的共有权利是建立在继承人继承遗产之基础上，故继承人放弃继承并没有损害配偶的合法权益。"最高人民法院民一庭**《民事审判实务问答（婚姻家庭继承纠纷一般问题）》**（2005 年 4 月）第 21 条："债权人追索被继承人生前债务的案件，如法定继承人明确表示放弃继承的，法院应如何判决？答：中华人民共和国继承法》第三十二条、第三十三条规定：'无人继承又无人受遗赠的遗产，归国家所有；死者生前是集体所有制组织成员的归集体所有制组织所有。继承遗产应当清偿被继承人依法应当缴纳的税款和债务，缴纳税款和清偿债务以他的遗产实际价值为限。超过遗产实际价值部分，继承人自愿偿还的不在此限'。《最高人民法院关于贯彻执行〈中华人民共和国继承法〉若干问题的意见》第四十六条规定：'继承人因放弃继承权，致其不能履行法定义务的，放弃继承权的行为无效。'对债务人死亡留有一定遗产，但继承人明确表示放弃继承的，如人民法院准许继承人放弃继承，则会导致没有适格的被告，债权人又不能擅自处分遗产，导致债权人无法主张权利，且继承人往往实际占有遗产坐收渔利而无需清偿被继承人生前债务。为保护债权人的合法权益，人民法院应当认定放弃继承无效，通知继承人参加诉讼，并依法判决继承人以被继承人的实际财产价值为限清偿债务。"最高人民法院**《关于人民法院审理离婚案件处理财产分割问题的若干具体意见》**（1993 年 11 月 3 日　法发〔1993〕32 号，已于 2021 年 1 月 1 日起废止）第 2 条："夫妻双方在婚姻关系存续期间所得的财产，为夫妻共同财产，包括：（1）一方或双方劳动所得的收入和购置的财产；（2）一方或双方继承、受赠的财产……"江苏高院**《家事纠纷案件审理指南（婚姻家庭部分）》**（2019 年 7 月 18 日）第 45 条："作为继承人的夫妻一方放弃继承权，夫妻另一方能否主张放弃继承权无效或者赔偿损失？继承人在继承开始后遗产处理前可以根据自己的意志决定接受继承还是放弃继承权，作为继承人的夫妻一方对继承权的处分无需征得夫妻另一方的同意。夫妻另一方主张放弃继承权无效或者赔偿损失的,不予支持。但如果夫妻另一方举证证明作为继承人的夫妻一方放弃继承权致使不能履行法定义务导致其获得经济帮助、扶养等权益受到损害的,其关于放弃继承权无效或者赔偿损失的主张,应予支持。”北京高院**《关于审理继承纠纷案件若干疑难问题的解答》**(2018年6月11日)第13条:“离婚时尚未处理的一方遗产,另一方能否主张权利?离婚时一方在婚姻关系存续期间取得但尚未实际处理的遗产,配偶方请求确认并分割该遗产中的权利,人民法院不予支持,配偶方可待遗产实际处理后另行主张。配偶方以侵害夫妻共同财产权利为由请求确认另一方放弃遗产继承的行为无效、或请求损害赔偿的,人民法院不予支持。”浙江高院民一庭**《关于印发〈关于审理婚姻家庭案件若干问题的解答〉的通知》**(2016年6月27日 浙高法民一〔2016〕2号)第18条:“婚姻关系存续期间发生继承事实,作为继承人的夫或妻一方放弃继承的,另一方可否主张放弃无效或请求赔偿?答:根据《继承法》第二十五条规定,继承开始后,继承人可以在遗产处理前放弃继承。作为继承人的夫或妻一方对继承权利的处分,无需征得另一方的同意。另一方主张对方放弃继承无效或者以对方放弃继承为由请求赔偿的,不予支持。有证据证明作为继承人的夫或妻一方放弃继承系虚假意思表示,其实际取得继承财产的,另一方可以根据《婚姻法》第四十七条的规定,请求分割夫妻共同财产。”浙江杭州中院民一庭**《关于涉及婚姻家庭纠纷案件若干疑难问题的解答》**(2013年1月1日)第11条:“夫妻一方在婚姻关系存续期间,因发生遗产继承取得继承人资格,但遗产分割发生在离婚后,如该继承人一方放弃继承遗产的,另一方可否请求赔偿?如该继承人一方继承取得了遗产,另一方可否请求分割?答:继承人对于继承的处分权利是基于特定身份而享有的人格权利,是否继承以及继承多少是继承人的权利,无需征得夫妻另一方的同意,其放弃继承亦不属于转移、隐匿、毁损夫妻共有财产的行为,故另一方无权请求赔偿。如继承人一方在其离婚后取得遗产的,则因该财产系在夫妻关系存续期间是以各继承人共有方式存在,只是具体范围、数额明确在离婚后,不改变夫妻共有财产的性质,故另一方可以针对该项财产是否被处分、转移等具体情形,按照相应的时效期间规定,提出财产分割或者损害赔偿请求。”上海高院**《关于审理婚姻家庭纠纷若干问题的意见》**(2007年3月15日 沪高法民一〔2007〕5号)第14条:“夫妻关系存续期间,一方继承遗产的分割。夫妻关系存续期间,一方作为继承人根据继承法的规定可以继承遗产,但继承人之间尚未对该遗产进行分配的,由于继承人在遗产分割前仍有权放弃继承,因此,离婚诉讼中,法院对继承人的配偶要求分割该遗产的请求不予处理,但可以保留其诉权,由当事人在其权利条件具备时再主张分割。”辽宁沈阳中院**《关于审理婚姻家庭案件若干问题意见》**(2003年)第7条:“……(五)一方收到的价值较大的非个人生活专用物的,一般不应认定为个人特有财产……”

4. 分居期间债务。最高人民法院吴晓芳法官**《关于婚姻家庭纠纷审理热点难点问答》**〔载《民事法律文件解读》2011年第11辑(总第83辑)〕第53条:“夫妻分居期间各方所得的财产离婚时如何处理?答:不少学者认为,夫妻分居期间各方所得的财产应归各自所有。因为:第一,双方分居期间尽管在形式上还保留夫妻关系,但实质上这种关系可能已经中断,他们以自己的收入购置财产,单独对这些财产行使占有、使用和处分的权利。客观上已形成了两个各自独立的生活经济单位,如将夫妻分居期间所得的财产一律认定为共同财产,则有悖于民法物权取得原理。第二,不符合公平合理的原则。夫妻关系的内容,包含人身关系和财产关系两个方面,权利的享有和义务的承担都是相辅相成、互为前提的。在夫妻分居期间,双方互不履行夫妻义务,此时将一方所得的财产简单地视为夫妻共同财产,与权利义务对等原则相悖。当今世界上不少国家为了处理夫妻分居期间的财产归属问题,在民法典中规定了夫妻‘分居制度’。例如法国民法典规定:‘分居效力及于夫妻财产,因分居当然成为分别财产,夫丧失妻的财产管理权。’实行分居制度意味着夫妻一旦分居,夫妻财产即采用分别财产制,即在分居期间,夫妻各自所得的财产归各自所有。故建议将夫妻因感情不和分居期间直接从婚姻关系存续期间中独立出来,是‘婚姻关系存续期间财产为共同财产’原则的例外。笔者同意上述观点,但在《婚姻法》或最高人民法院司法解释未作出规定前,夫妻分居期间各方所得的财产原则上仍为夫妻双方共同所有。最高人民法院《关于人民法院审理离婚案件处理财产分割问题的若干具体意见》第四条规定:‘夫妻分居两地分别管理、使用所得财产,应认定为夫妻共同财产。在分割财产时,各自分别管理、使用的财产归各自所有。双方所分财产相差悬殊的,差额部分,由多得财产的一方以与差额相当的财产抵偿另一方。’该条规定还是当事人离婚时处理分居期间各自所得财产的依据。”最高人民法院**《关于人民法院审理离婚案件处理财产分割问题的若干具体意见》**(1993年11月3日　法发〔1993〕32号,已于2021年1月1日起废止)第4条:“夫妻分居两地分别管理、使用的婚后所得财产,应认定为夫妻共同财产。在分割财产时,各自分别管理、使用的财产归各自所有。双方所分财产相差悬殊的,差额部分,由多得财产的一方以与差额相当的财产抵偿另一方。”上海高院**《全市法院民事审判工作庭长例会研讨意见纪要(婚姻家庭部分)》**(2015年)第1条:“夫妻分居期间双方收入该如何处理?离婚案件中,男女双方长期处于分居状态,其间双方又收入悬殊,所得财产如何分割?倾向性意见认为,虽然双方常年处于分居状态,但婚姻关系仍然存在。根据《婚姻法》第十七条、第十九条之规定,夫妻在婚姻关系存续期间所得的财产,归夫妻共同所有。若夫妻双方采取分别财产制,约定婚姻关系存续期间所得的财产归各自所有或部分各自所有的,应当采用书面形式。若没有约定,婚姻关系存续期间男女双方所得的财产应认定为夫妻共同财产,按照夫妻共同财产的规定分割。”江苏高院《**婚姻家庭案件审理指南(2010年)**》(2010年5月18日)第6章:“……3. 夫妻分居期间各自所得的财产,因婚姻关系仍然存续,故仍应认定为夫妻共同财产……”

【参考类案】

①2015年**重庆某离婚后财产纠纷案**,2015年,熊某购买双色球复式彩票中得巨额奖金,遂与妻子协议离婚。次日领取奖金460万元。几天后,袁某得知,诉请分割230万元。熊某71岁的母亲曾某以第三人身份加入诉讼,称该彩票系其购买。法院认为:本案中,当事人双方对谁购买了中奖彩票争议较大,但根据涉案证据和生活常识即可作出具有高度盖然性的认定:一是无记名中奖彩票是谁持有谁兑奖,谁兑奖谁所有。本案中,熊某既是中奖人亦是兑奖人;二是货币作为一般种类物,合法占有即所有。本案中,彩票奖金悉数存入熊某银行账户,并由其完成五次分配;三是袁某、熊某之女出庭证实,其在使用熊某手机时接到告知彩票中奖的电话;四是兑奖前一天,熊某急于与袁某办理离婚,并在离婚协议中主动承担贷款和个人债务,综合判断,熊某具有急于离婚并独占彩票奖金的意图;五是中奖彩票为双色球复式,该类彩票投注较为复杂,需射幸博彩意识和一定技能支持,第三人曾某已年满71岁,且其孙女熊某亦证实曾某无购买彩票习惯,如此,曾某购买中奖彩票可能性较小;六是证人未能出庭作证,其证实彩票系曾某购买是基于听说,其证言作为传来证据,证明力较弱,且该证人与熊某、曾某系亲属关系,其证明力被再次削弱。综上,熊某购买中奖彩票具备显著可能性,曾某购买可能性甚微,应认定中奖彩票为熊某购买。本案中,虽然袁某、熊某与熊某父母共同居住、共同生活、共同经营茶馆,但家庭共有财产关系并非仅满足家庭共同生活关系基础要件即必然发生,其亦须具备共同创造和积累并共同管理支配的核心要件。袁某未对家庭成员共同生活事实提出异议,但熊某和熊某母并未提供证据证明熊某父养老金、共同经营茶馆收入等收支实行家庭统一管理,并用统一管理的资金定投彩票的事实或约定。同时,袁某与熊某离婚协议中亦未将以其女儿名义购买的房屋、共同居住其父母的房屋作为家庭成员共同财产和债务进行分配或分担,此亦印证并未因熊某与其父母共同居住生活、经营茶馆,其茶馆经营收入等家庭财产实行统一管理的客观事实或约定,故熊某购买双色球彩票中得巨额奖金460万元,不应属家庭共有财产。依《婚姻法》及其司法解释规定,除夫妻双方另有约定或法律限制规定外,夫妻关系存续期间创造、获得、积累、添置等的财产均属夫妻共同财产。本案中,熊某在与袁某夫妻关系存续期间即已完成彩票购买程序,且离婚前熊某已明确知悉其中得巨额奖金事实,其购买彩票中奖的射幸利益在婚姻存续期间即能预见。如此,虽然熊某兑奖行为与获得财产均发生在办理离婚登记后次日,但并不影响该彩票奖

金属夫妻共同财产的性质认定。熊某隐瞒购买双色球彩票并中得巨额奖金事实与袁某协议离婚,袁某在不知情情况下与熊某签订了包括财产分割等内容的离婚协议。依《婚姻法》规定,离婚后一方发现另一方有隐藏夫妻共同财产的,除可向法院提起诉讼请求再次分割夫妻共同财产外,发现一方亦可要求法院对隐藏一方作出少分或不分财产判决。本案中,熊某隐瞒了购买双色球彩票并中得巨额奖金事实,并于兑奖前一天与袁某办理了离婚登记,依法律规定,熊某行为应认定为对夫妻共同财产的隐藏,在分割夫妻共同财产时可对其予以少分或不分。因袁某并未提出对熊某予以少分或不分诉求,仅主张分得彩票奖金一半即230万元,应认定为系袁某对其合法权利的自愿处分,应予尊重。判决熊某支付袁某230万元。

②2000年**上海某离婚纠纷案**,2000年,一审判决黄某与丈夫陈某离婚。二审期间,陈某彩票中奖,税后奖金12万元。黄某主张平均分割,孩子主张陈某购彩票钱是用其压岁钱购买。法院认为:陈某以自己名义进行彩票登记,并参加摇奖,根据福彩发行有关规定,该彩票应认定为陈某所有,彩票中奖奖金应归陈某,属于夫妻关系存续期间所得夫妻共同财产。但分割时,从取得彩票经济来源看,陈某应多分。孩子主张系争彩票是自己购买,所获奖金应归自己所有,根据法律规定的证据原则,其作为第三人对其主张,因未举证,故不予支持。判决陈某给付黄某奖金2万元。

③2014年**上海某离婚纠纷案**,2008年,王某与徐某登记结婚。2014年,双方因迟迟未能生育导致分居,王某诉请离婚。关于2009年登记在徐某名下、双方共同经营的淘宝网店及各自名下存款成为争议焦点。法院认为:王某与徐某具有一定婚姻基础、婚初关系尚可,但因迟迟未能生育子女,夫妻关系不断紧张最终导致分居生活。现王某要求离婚,徐某亦同意离婚,法院应予准许。根据财产具体情况,从照顾女方权益原则予以处理。对于双方在审理过程中达成一致的财产处理意见,法院予以确认。对于诉争淘宝网店,双方均要求由自己继续经营,因网店登记在徐某名下,考虑到经营连贯性、稳定性,发挥网店最大效能并结合王某参与经营他人网店等情况,法院确定双方离婚后由徐某继续经营。关于现在各自存款,虽然徐某2014年期间从徐某处转走了55万余元,但上述款项包括经营网店进货、物流等成本在内,根据双方在庭审中达成的协议,上述款项扣除成本和损耗等后,净利润按15万元计算,在王某处的存款亦以此基础进行核算。虽然王某称上述费用已全部用于旅游、车辆养护与修理、购物、日常开销等方面,但上述花费绝大部分发生于2014年1月至10月期间,而在2014年11月庭审中,王某称在其处有存款约10万元,故王某称在其处存款已全部用完,缺乏依据,不予采信。法院从王某每月必要合理支出所需,考虑王某无其他工作为其亲属帮忙经营网店等实际情况,酌情确定在王某处应予分割存款为7.5万元。徐某称在其处存款已全部用于租房、日常

开销等,而在2014年11月庭审中徐某称在其支付宝账户内余额不包括应收款为3.2万元,在其处存款为4万元,故徐某称在其处存款已全部用完,缺乏依据,亦不采信。法院从徐某每月房租、日常开销等必要合理支出所需,考虑徐某有工资收入实际情况,酌情确定应予分割存款为5万元。判决准予双方离婚,案涉淘宝店铺归徐某所有,徐某支付王某财产折价款1万元。

④2012年**北京某离婚后财产纠纷案**,2011年,王某与吴某协议离婚,约定吴某注册的淘宝网店转给王某经营。2012年,王某以吴某拒绝转让并转走网店绑定的支付宝账户内款项为由起诉。法院认为:离婚协议中财产分割条款内容对双方不存在权利、义务不对应、不均衡情形,体现不出吴某在胁迫状态下不得已放弃自己权利、加重自己义务,且吴某不能提供证据证明受到欺诈和胁迫,故协议依法有效。诉争网店是自然人根据法律规定和淘宝公司制订的规则取得的网络空间,根据具体实施流程,不具有人身依附性,特定条件出现时,更名无损注册人和网络交易平台经营者之间的关系和网络交易秩序。自然人网店本质上和其他经营形式并无本质区别,可作为经营实体进行分割,作为夫妻财产分割亦不属于淘宝网规则中买卖、出租、赠与等受限情况,且王某继续经营不会造成网店信誉必然降低,故王某和吴某协议不违反淘宝网网店实名和店铺不得转让有关规则,可在淘宝网内进行操作。王某现在淘宝网另建立本人实名网店,考虑其系全职卖家、无其他经济来源,诉讼期间尚可继续经营,但判决生效后其必须首先关闭另一网店,此后方能取得诉争网店相关权益,网店因此前交易产生的债务亦由王某承担。判决确认王某与吴某所签离婚协议有效,诉争网店归王某使用、经营,吴某返还支付宝账户相关转款。

⑤2002年**某离婚纠纷案**,1989年,高某与赵某登记结婚。1993年,双方共同设立民办学校。1999年,双方因矛盾诉讼离婚。有关民办学校财产如何分割成为争议焦点。法院认为:双方均系再婚,婚姻基础较差,双方虽共同生活多年,但婚后夫妻关系一般,常因家庭琐事产生摩擦,影响了夫妻感情,夫妻关系逐渐恶化,现赵某坚决要求离婚,双方已无和好可能,应认定夫妻感情确已破裂,故准许双方离婚。案涉学校系双方在夫妻关系存续期间共同创办,双方在共同创办的学校管理和经营上的权利平等。国务院颁布的《社会力量办学条例》虽规定社会力量办学不得以盈利为目的,但并非严格禁止盈利,且学校客观上有盈利,依《婚姻法》第17条规定,学校盈利应为夫妻共同财产。前述条例规定学校财产不可分割,但经营权利是可以分割的,可用经营管理权置换财产,由经营管理方支付另一方相应的对价。关于学校债务,双方应共同分担,从学校总资产中扣除债务后,余额才可在双方之间进行分割。现赵某系学校法定代表人,且其长期经营管理学校,积累了一定管理经验,学校由赵某管理比较合适,债务从赵某经营管理学校财产中进行偿还,赵某分期支付高某学校评估净资产一半的对价。判决准予双方离婚,学校由赵某管理,赵

某分期支付高某97万余元。

⑥2002年**某离婚纠纷案**,1995年,赵某起诉丈夫刘某,要求离婚。对于双方1993年共同创办的武术学校如何分割,双方产生争议。法院认为:私立学校享受国家免税等优惠政策,国家优惠政策是一种间接投资,故办学积累形式上属学校法人财产,但实质应属出资者和国家共有。离婚案件涉及私立学校校产应包括两部分:夫妻二人共同出资款及办学积累财产。其中共同出资款应归夫妻二人共同共有,对办学积累财产分配系夫妻作为一方与国家作为一方对该部分财产进行分配。夫妻双方因感情破裂,已不可能在同一学校继续共事,管理权归属又决定学校发展,而校董会尚未成立,不能履行推举法定代表人人选职责,故由法院在查实学校工作人员意见后,根据双方当事人工作能力,为保证学校可持续发展,确立不将财产作实际分割,而是将财产权作为财产权益予以转让,获得转让一方折价补偿另一方的分割原则。因管理权可给管理者带来一定经济收益,对此项权利可作为夫妻一种财产权益分配,获得管理权一方应给对方合理补偿。具体补偿数额应根据案件具体情况确定。

⑦2016年**黑龙江某离婚纠纷案**,2015年,王某与姚某登记结婚。出嫁前,王某母亲张某支付15万元,用于购买轿车,并交纳保险费7000余元。2016年,王某诉请离婚,并要求返还陪嫁车辆及保险费。姚某以赠与并过户为由抗辩。法院认为:购车款中15万元系王某母亲给其女儿的,系为结婚而购车,在性质上应属陪嫁物。婚前陪嫁物在法律性质上属婚前个人财产。车辆作为动产,并不以登记作为取得所有权要件,而是因购买、交付取得车辆所有权。庭审中王某陈述其不会开车,且姚某又在外地工作,为方便而将车辆登记在对方名下,但并无赠与意思表示;另姚某亦自认系因其与王某结婚才将车辆登记至其名下,且并无证据证明对方有赠与意思,故对姚某赠与主张不予采纳。车辆保险费用系为车辆保险,且车辆系姚某应当返还的,故对王某关于返还保险费用诉请不予支持。判决姚某返还车辆,并协助办理过户。

⑧2004年**青海某离婚纠纷案**,1987年,李某与卢某登记结婚。1999年9月3日,双方办理离婚手续。同年9月21日,卢某所在会计师事务所经批准进行改制。10月18日,卢某向单位交纳出资款7万元,其中4.5万元是以其名义于1999年3月购买的凭证式国债,另2.5万元是同年10月15日支取的定活两便存款。后经卢某单位对资产量化,核定应退卢某分红额12万余元。上述财产在离婚时均未处理。法院认为:量化资产额系卢某原所在工作单位改制时,根据职工工龄和职务等因素对事务所资产进行量化,确定职工在事务所资产中所占份额,这种资产量化建立在职工工龄、职务、学历等基础上,与特定行为主体具有较强人身依附关系,其性质类似于夫妻一方因身体受到伤害获得的医疗费、残疾人生活补助等费用,与特定

人身不能分离。卢某退出原工作单位后,事务所按卢某在单位资产份额(包括7万元投资款产生的收益)确定了卢某所得,但卢某退出原工作单位后所得量化资产额中含有卢某在双方婚姻关系存续期间用共同财产向事务所出资4.5万元所得收益及本金,对此本金和收益应依《婚姻法》第18条规定认定为双方在婚姻关系存续期间投资和收益,系夫妻共同财产。对事务所根据卢某工龄等具有人身依附性质计算的量化收益,因具有一定人身依附性,不能作为夫妻共同财产,应认定为卢某个人财产。

⑨2001年**山西某离婚纠纷案**,1996年,梁某与原某登记结婚后,常因琐事争吵。1999年,双方发生矛盾,原某一气之下,用剪刀和刀片将家中电器、家具、衣物及陪嫁物品等损坏。梁某诉请离婚,并主张原某赔偿毁坏财物损失7500余元。法院认为:依最高人民法院《关于人民法院审理离婚案件处理财产分割问题的若干具体意见》(已于2021年1月1日起废止)第21条规定,一方将夫妻共同财产非法隐藏、转移拒不交出的,或非法变卖、毁损的,分割财产时,对隐藏、转移、变卖、毁损财产的一方,应予以少分或不分。具体处理时,应把隐藏、转移、变卖、毁损的财产作为隐藏、转移、变卖、毁损财产的一方分得的财产份额,对另一方的应得的份额应以其他夫妻共同财产折抵,不足折抵的,差额部分由隐藏、转移、变卖、毁损财产的一方折价补偿对方。本案中,双方婚后因家庭琐事发生矛盾,不能得到妥善解决,发展到原某毁坏家中财物并离家出走,双方积怨较深,夫妻感情确已破裂,已无和好可能。双方同意离婚,应予准许。原某因家庭矛盾故意毁坏家庭财物,有明显过错,严重侵犯了属梁某部分所有的家庭财产权,属侵权行为,应承担赔偿责任。因原某有明显过错,故在分割夫妻共同财产时应少分。判决准予双方离婚,家庭共同财产除原某陪嫁物外,其余家庭财产损失6000余元,由原某偿付梁某。

⑩2000年**天津某债务纠纷案**,2000年1月,王某与汪某离婚,调解协议确认此前双方共同经营的五金店享有对管业公司5万余元债权归王某,管业公司对此亦予承认。其后,王某诉请管业公司偿还5万余元货款时,管业公司以2000年2月汪某作为五金店负责人又从管业公司购买2万余元钢材为由主张抵销。法院认为:管业公司欠五金店债务,系王某与汪某夫妻共同债权,王某离婚时,依法分割到了该笔债权,故王某有权要求管业公司偿还该笔债权。现管业公司拒绝偿还,应承担逾期付款赔偿责任。管业公司明知该笔债权已分割给王某,其与汪某再次发生购销关系与本案无关。判决管业公司偿还王某欠款5万余元及逾期利息。

⑪1994年**黑龙江某离婚纠纷案**,1993年,刘某起诉郑某要求离婚时,郑某要求分得妻子刘某多次参加残运会、残奥会所得奖牌、奖金。法院认为:双方夫妻感情确已破裂,经调解无效,判决离婚。刘某参加比赛所获奖牌、奖金,虽系夫妻关系存续期间所得,但奖牌系刘某作为残疾人运动员荣誉象征,有特定人身性,不应作为

夫妻共同财产予以分割;所得奖金,因已用于支付刘某制作假肢、治病等费用,系家庭共同支出,已无财产可分,郑某要求平分,无法律依据,应驳回。

【典型类案实务要点】

1. **【彩票中奖,协议离婚,对方发现后,仍可诉请分割】**一方购买彩票中奖隐瞒该射幸利益而与对方协议离婚后,对于该被隐藏的夫妻共同财产,对方可向法院提起诉讼要求分割。

2. **【股票、黄金、名画、彩票、借款利息,离婚怎么分】**一方婚前用个人财产购买股票、基金等,如果婚姻关系存续期间进行了交易,其收益应认定为夫妻共同财产,如未进行买进卖出操作,离婚时账面收益宜认定为自然增值。一方婚后用个人财产购买彩票所得收益,一般应认定为共同财产;一方财产用于借贷而于婚后取得的利息属于法定孳息,离婚时应认定为一方个人财产。

3. **【离婚诉讼期间购买彩票所中奖金,属夫妻共同财产】**夫妻一方在离婚诉讼期间购买彩票所中奖金应为夫妻共同财产,但对夫妻共同财产分割,依法应根据生产、生活实际需要和财产来源等情况,具体处理时亦可有所差别。

4. **【作为夫妻共同财产的淘宝店铺,离婚时的分割原则】**淘宝店铺作为夫妻共同财产分割时,应综合考虑店铺登记主体、经营连贯性、稳定性,发挥网店最大效能、参与经营网店等因素。

5. **【离婚协议关于自然人淘宝网网店权属约定,应有效】**自然人网店作为夫妻财产分割不属于淘宝网规则中买卖受限情况,故夫妻离婚协议关于淘宝网网店权属约定有效。

6. **【夫妻共同出资设立学校,离婚时作为共同财产分割】**夫妻离婚时,双方共同出资设立的民办学校应属夫妻共同财产,可按评估总资产扣除共同债务后,在双方之间分割。

7. **【夫妻私立学校,离婚时通过转让财产权益方式分割】**对夫妻创办的私立学校,离婚时应确立将财产权作为财产权益予以转让、获得转让一方折价补偿另一方的分割原则。

8. **【婚前陪嫁车辆,登记对方名下,亦属婚前个人财产】**对婚前购买、婚后登记在配偶名下车辆,需根据购车出资来源、意思表示、所有权取得等因素综合认定车辆归属。

9. **【单位改制时带人身依附性的量化收益,属个人财产】**夫妻关系存续期间一方所在单位改制时,根据职工工龄和职务等具有人身依附性质计算的量化收益,不能作为夫妻共同财产,应认定为个人财产。

10. **【夫妻一方婚内毁损共同财产,分割时应少分或不分】**婚姻关系存续期间,一方故意毁损夫妻共同财产的,在分割夫妻共同财产时,毁损共同财产一方应予少分或不分。

11.**【离婚调解书分到的债权,债务人应单独向该方偿还】**夫妻关系存续期间发生的对外债权,在夫妻离婚后分割给一方,非债权转让,而系连带债权向单独债权转化问题。

12.**【一方所得奖牌、奖金,不应作为夫妻共同财产分割】**夫妻关系存续期间一方参加比赛所得奖牌、奖金,属于具有特定人身性的荣誉象征,不应作为夫妻共同财产分割。

【类案裁判一般规则】

婚姻关系存续期间,夫妻一方或双方所得收入和财产,均归夫妻双方共同共有,但个人特有的财产或双方约定分别所有的财产除外。对于有争议的财产性质,应以法律构成要件为基础,结合经验法则,通过对当事人举证和法院依法调查取证的结果综合分析、作出认定。对财产属于夫妻共同所有还是夫或妻一方个人所有存在争议,经查证仍真伪不明的,可推定为夫妻共同财产。

【典型参考案例索引】

主旨案例:见《一方个人财产婚后收益问题的认定与处理》(吴晓芳,最高院民一庭),载《民事审判指导与参考·指导性案例》(201401/57:144)。**其他案例:**①重庆二中院(2015)渝二中法民终字第01824号"袁丽与熊海涛离婚后财产纠纷上诉案",见《协议离婚后发现对方隐藏共同财产的权利救济》(王剑波、詹亮、吴美来、石同全),载《人民司法·案例》(201711:64)。②上海长宁区法院(2000)长民初字第2507号"黄某诉陈某等离婚案",见《黄瑾诉陈桂荣案(彩票奖金、夫妻共同财产)》(葛珍明),载《中国审判案例要览》(2001民:23)。③上海闵行区法院(2014)闵民一(民)初字第18439号"王某与徐某离婚纠纷案",见《王某诉徐某某离婚纠纷案——淘宝店铺的价值确定与分割》(林挚、刘雪琳),载《人民法院案例选》(201801/119:48)。④北京二中院(2012)二中民终字第11050号"王某与吴某离婚后财产纠纷案",见《王永青诉吴薇离婚后财产纠纷案(淘宝店铺权属争议及分割的法律问题)》(程屹),载《中国审判案例要览》(2013民:366)。⑤见《高华娟与赵庆东离婚纠纷案——夫妻共同出资设立的学校在离婚时如何处理》(刘学圣),载《民事审判指导与参考·地方法院二审案件解析》(200202/10:293)。⑥最高人民法院(2002)民监他字第13号函,见《关于刘立民与赵淑华因离婚诉讼涉及民办私立学校校产分割一案的请示与答复——如何把握对办学积累财产的权属界定以及对属于夫妻共同财产权益部分的分割原则》(李波、张新民,最高院审监庭)，载《审判监督指导 · 请示与答复》(200303/11:98)。⑦黑龙江大庆中院(2016)黑06民终1200号"王某与姚某离婚纠纷案"，见《婚前购买婚后登记在配偶名下的车辆归属》(付建国)，载《人民司法 · 案例》(201832:43)。⑧青海高院"李某与卢某财产纠纷案"，见《李海玲与卢宝生财产纠纷再审案——夫妻共同财产范围的认定》(祁国庆，青海高院)，载《审判监督指导 · 案例评析》(200404/16:67)。⑨山西孝义法院2001年4月28日"梁某与原某离婚纠纷案"，见《梁三俊诉原慧莲离婚并赔偿在婚姻关系存续期间毁损的家庭财物案》(李瑞青)，载《人民法院案例选》(200103/37:72)。⑩天津大港区法院2000年3月10日"王某与某管道公司债务纠纷案"，见《王桂珍以法院离婚调解书分到的债权为据诉债务人金鼎公司偿还该债务案》(刘勋)，载《人民法院案例选》(200201/39:115)。⑪黑龙江高院1994年11月21日判决"刘某诉郑某离婚案"，见《刘玉坤诉郑宪秋离婚及财产分割案》，载《最高人民法院公报 · 案例》(1995－1999:533)。

四、财产分割

31. 婚内共同财产的分割

——夫妻未离婚,能否分财产?

【婚内分割】

【案情简介及争议焦点】

2016年,王某患癌,化疗需大量医疗费。掌管家庭财产收入的妻子李某不同意支付。王某诉请分割夫妻共同财产。

争议焦点:1. 婚内分割一般原则? 2. 本案王某诉请应否支持?

【裁判要点】

1. 相关司法解释的规定。最高人民法院《关于适用〈中华人民共和国婚姻法〉若干问题的解释(三)》(已于2021年1月1日起废止)第4条规定:"婚姻关系存续期间,夫妻一方请求分割共同财产的,人民法院不予支持,但有下列重大理由且不损害债权人利益的除外:(一)一方有隐藏、转移、变卖、毁损、挥霍夫妻共同财产或者伪造夫妻共同债务等严重损害夫妻共同财产利益行为的;(二)一方负有法定扶养义务的人患重大疾病需要医治,另一方不同意支付相关医疗费用的。"其中"一方负有法定扶养义务的人"是指夫妻一方在法律上负有抚养、扶养、赡养义务的人。

2. 本案分割理由不成立。夫妻之间具有法定扶养义务,即便夫妻双方实行分别财产制,当一方患病需要医治时,另一方亦有扶养救助义务。即配偶一方患重病需要医治而另一方不同意支付相关医疗费用时,涉及的不是分割夫妻共同财产问题,一方患病所需支付医疗费属"日常生活需要",而"日常生活需要"当然要用夫妻共同财产进行支出。当夫妻共同财产不足以支付医疗费用,另一方还应支付自己个人财产来履行夫妻扶养义务。如另一方拒不履行法定的夫妻扶养义务,情节严重时可能构成遗弃罪。据此,配偶本人患重大疾病需医治而另一方不同意支付相关医疗费情形,不适用最高人民法院《关于适用〈中华人民共和国婚姻法〉若干问题的解释(三)》(已于2021年1月1日起废止)第4条规定。

【裁判依据或参考】

1. 法律规定。《民法典》(2021年1月1日)第303条:"共有人约定不得分割共有的不动产或者动产,以维持共有关系的,应当按照约定,但是共有人有重大理由需要分割的,可以请求分割;没有约定或者约定不明确的,按份共有人可以随时请求分割,共同共有人在共有的基础丧失或者有重大理由需要分割时可以请求分割。因分割造成其他共有人损害的,应当给予赔偿。”第 304 条:“共有人可以协商确定分割方式。达不成协议,共有的不动产或者动产可以分割且不会因分割减损价值的,应当对实物予以分割;难以分割或者因分割会减损价值的,应当对折价或者拍卖、变卖取得的价款予以分割。共有人分割所得的不动产或者动产有瑕疵的,其他共有人应当分担损失。”第 308 条:“共有人对共有的不动产或者动产没有约定为按份共有或者共同共有,或者约定不明确的,除共有人具有家庭关系等外,视为按份共有。”第 1066 条:“婚姻关系存续期间,有下列情形之一的,夫妻一方可以向人民法院请求分割共同财产:(一)一方有隐藏、转移、变卖、毁损、挥霍夫妻共同财产或者伪造夫妻共同债务等严重损害夫妻共同财产利益的行为;(二)一方负有法定扶养义务的人患重大疾病需要医治,另一方不同意支付相关医疗费用。”

2. 最高人民法院司法解释及其他司法性文件/解读文章。最高人民法院《**关于适用〈中华人民共和国民法典〉婚姻家庭编的解释(一)**》(2021 年 1 月 1 日　法释〔2020〕22 号)第 38 条:“婚姻关系存续期间,除民法典第一千零六十六条规定情形以外,夫妻一方请求分割共同财产的,人民法院不予支持。”最高人民法院《**关于适用〈中华人民共和国婚姻法〉若干问题的解释(三)**》(2011 年 8 月 13 日　法释〔2011〕18 号,2021 年 1 月 1 日起废止)第 4 条:“婚姻关系存续期间,夫妻一方请求分割共同财产的,人民法院不予支持,但有下列重大理由且不损害债权人利益的除外:(一)一方有隐藏、转移、变卖、毁损、挥霍夫妻共同财产或者伪造夫妻共同债务等严重损害夫妻共同财产利益行为的;(二)一方负有法定扶养义务的人患重大疾病需要医治,另一方不同意支付相关医疗费用的。”最高人民法院吴晓芳法官《**关于婚姻家庭纠纷审理热点难点问答**》〔载《民事法律文件解读》2011 年第 11 辑(总第 83 辑)〕第 33 条:“婚姻关系存续期间,夫妻一方可以请求分割共同财产需符合哪些条件? 答:婚姻关系存续期间,夫妻一方请求分割夫妻共同财产需符合以下条件:1. 存在重大理由。《婚姻法》所确定的夫妻共同共有财产制度是《物权法》规定的共同共有的一种形式,必然要遵循《物权法》有关共同共有制度的一般原则。关于共同共有财产的分割请求权,《物权法》规定的原则是,共有人约定不得分割共有财产的,应当按照约定,但共有人有‘重大理由’需要分割的,可以请求分割。没有约定或者约定不明确的,共同共有人原则上不得请求分割共有财产,只有在共有的基础丧失或者有重大理由需要分割时才可以请求分割。《婚姻法司法解释(三)》仅规定了两种重大理由的情形:一方有隐藏、转移、变卖、毁损、挥霍夫妻共同财产或者伪造夫妻共同债务等严重损害夫妻共同财产利益行为的;一方负有法定扶养义务的人患重大疾病需要医治,另一方不同意支付相关医疗费用的。应当注意的是，应将‘重大理由’仅限定为上述两种情形，除本条规定情形外，既不能类推适用，亦不能扩大解释，以避免夫妻双方或者一方在婚姻关系存续期间随意主张分割共同财产，损害家庭稳定及影响夫妻共同财产保障功能的实现。如在判断是否属于第一种情形时，应区别当事人的不同主观意图。从主观上，隐藏、转移、变卖、毁损、挥霍或者伪造债务等行为应为夫妻一方的故意行为，通过上述行为，实现侵占夫妻共同财产的目的。因过失行为导致的共同财产毁损，不适用该条规定。2. 分割共同财产的前提是不能牺牲债权人的利益。如果夫妻一方有隐藏、转移、变卖、毁损、挥霍夫妻共同财产或伪造夫妻共同债务等严重损害夫妻共同财产利益行为的，不必然支持另一方分割夫妻共同财产的主张，只有同时满足不损害债权人利益的条件，方能获得支持。夫妻一方用夫妻共同财产承担法定扶养人或法定赡养人医疗费用，与保护债权人利益冲突时，也不能侵害债权人利益。因此，只有同时满足存在重大理由和不损害债权人利益条件时，法院才会支持当事人分割夫妻共同财产的请求。婚内财产分割的权利规定，无疑对于充分保障婚内财产权利有着重大意义。给无法离婚、不便离婚、不想离婚的当事人快速寻求夫妻共同财产权利保护提供了重要的法律途径。适用《婚姻法司法解释（三）》的规定时应注意：第一，此为不解除婚姻关系、不变更原夫妻财产制前提下的分割，当事人诉请分割的只是已经形成的现有夫妻共同财产。析产后，一方或双方重新获得的财产，仍是夫妻共同财产。国外多数国家和地区法律规定，婚内财产分割需以‘非常财产制’为前提。也有少数国家规定，婚内财产分割无需以分别财产判决（非常财产制）为前提，二者不同之处在于前者在共同财产分割后，夫妻双方实行分别财产制，而后者则继续实行共同财产制。由于《婚姻法》没有规定夫妻非常财产制，因而应当理解为分割共同财产后，夫妻对将来的财产仍然实行共同财产制。且继续实行共同财产制，对于保护收入较低弱势一方比较有利；第二，请求分割共同财产的权利人为夫或妻，第三人无此项请求权。”第 37 条：“双方登记结婚后，用夫妻共同财产以男方名义购买了一套经济适用房，产权登记男方名下。女方起诉离婚被法院判决驳回后，又以房屋所有权确认纠纷为由提起诉讼，请求确认该房产为夫妻共同所有，并将该房屋产权登记在双方名下。男方同意将房屋产权登记在双方名下，但是主张应明确各自的份额。这种情况如何处理？答：本案其实涉及两个问题，即女方要求确认房屋共同所有能否得到支持？男方请求在婚姻关系存续期间分出夫妻各自所占房产份额能否得到支持？涉讼房产虽以男方名义购买并登记在男方名下，但其实为夫妻共同财产，应为双方共同共有。对女方要求确认其为夫妻共有并登记在夫妻双方名下的诉请，应予以支持；男方提出应明确双方各自房产份额的主张，因双方仍系夫妻关系，对涉讼房产共同享有所有权，男方只能在共有基础丧失或者有重大理由需要分割时其主张才能得到法院支持……男方主张分割房产因不具备上述重大理由，不应予以支持。”

3. 地方司法性文件。上海高院**《关于房产案件若干争议问题的处理意见》**(2016年3月8日)第3条:“……(四)共同共有房屋分割原则的把握。倾向性意见认为:共同共有房屋的分割应当坚持审慎的态度,不仅要考虑分割的条件是否成就,还需要考察当事人要求分割的现实可行性。按照《物权法》第九十九条的规定,共有人约定不得分割共有的不动产或者动产,以维持共有关系的,应当按照约定,但共有人有重大理由需要分割的,可以请求分割;没有约定或者约定不明确的,共同共有人在共有的基础丧失或者有重大理由需要分割时可以请求分割。对于共有基础的丧失,一般从共同共有关系消灭的角度来判断,如离婚、分家析产等情况可构成共有基础的丧失。共同共有关系存续期间,当事人请求分割的,应具有重大事由。重大事由的界定应当根据共有基础的不同等有所区别。如婚姻关系存续期间,夫妻一方请求分割共同财产的,应符合婚姻法司法解释三第4条规定的情形:一方有隐藏、转移、变卖、毁损、挥霍夫妻共同财产或者伪造夫妻共同债务等严重损害夫妻共同财产利益行为的;或一方负有法定扶养义务的人患重大疾病需要医治,另一方不同意支付相关医疗费用的。”山东高院**《2011年民事审判工作会议纪要》**(2011年11月30日 鲁高法〔2011〕297号)第7条:“……(三)关于婚姻关系存续期间夫妻之间达成的财产分割协议的效力问题。一般而言,婚姻当事人之间达成的财产分割协议是以离婚作为附条件的,但法律未禁止夫妻双方在婚姻关系存续期间就财产问题自愿达成某种协议。对这种财产分割协议的性质和效力,目前审判实务上存在着一定的争议,主要焦点在于在我国实行夫妻法定共同财产制的模式下,如果婚姻关系存续期间签订这种协议,客观上无法实际履行,因为,就夫妻财产的归属而言,夫妻是一体的,在双方未解除婚姻关系的前提下,支持一方支付给另一方相应的财产,并不改变夫妻共同财产的性质和归属。会议认为,夫妻在婚姻关系存续期间签订的涉及财产问题的协议,经审查,只要不存在着欺诈、胁迫的情形,系双方当事人的真实意思表示,不违反法律、行政法规的禁止性规定,应当认可其合法性。夫妻双方解除婚姻关系时一方主张按照财产协议分割共同财产的,应当予以支持;在既没有解除婚姻关系也未实行分别财产制的情形下,一方当事人请求按照协议约定支付相关费用的,对该主张不应予以支持。关于财产分割协议是否适用‘显失公平’的问题。夫妻共同财产在离婚时应当平均分割,这是处理夫妻共同财产的基本原则,但是婚姻当事人之间的财产分割毕竟不是单纯的市场交易,财产分割协议亦不同于一般的民事合同,财产分割中充满着复杂的情感因素,婚姻当事人之间的财产分割协议很难完全用公平来衡量,亦无从判断是否显失公平。因此,人民法院在审理婚姻家庭案件中,对于一方当事人以财产分割协议显失公平为由请求变更或者撤销协议的,只要签订协议时不存在欺诈、胁迫的情形,对当事人的诉讼请求原则不予支持。”浙江宁波中院**《关于印发〈民事审判若干问题解答(第三辑)〉的通知》**(2011年5月11日)(婚姻家庭纠纷类)第6条:“在婚姻关系存续期间,一方不要求离婚而请求对夫妻共同财产进行分割,是否予以支持?答:我国《婚姻法》对婚姻关系存续期间,一方是否可以要求分割夫妻共同财产没有作出明确规定,只是规定了夫妻双方可以对婚前财产或婚姻关系存续期间所取得的财产通过协议进行约定,对于夫妻共同财产,在离婚时一并处理。《物权法》第九十九条规定,共有人约定不得分割共有的不动产或者动产,以维持共有关系,应当按照约定,但共有人有重大理由需要分割的,可以请求分割,没有约定或者约定不明确的,按份共有人可以随时请求分割,共同共有人在共有的基础丧失或者有重大理由需要分割时可以请求分割。夫妻共同财产作为典型的共同共有关系,在特殊情况下应允许共有人请求分割共有物。因此,从法理上说,这类案件不宜裁定不予受理,而应根据案件具体情况予以判决。但根据最高人民法院《关于婚姻法司法解释(三)(征求意见稿)》的规定,婚姻关系存续期间,夫妻一方请求分割夫妻共同财产的,人民法院不予受理;但一方在夫妻因感情不和分居期间及人民法院判决不准离婚后,有隐藏、转移、变卖、毁损、挥霍夫妻共同财产或伪造夫妻共同债务等严重损害夫妻共同财产利益行为的,在不损害债权人利益的情况下,人民法院可以受理。因此,在司法实践中,对这类案件应结合具体情况区别对待,在有利于夫妻关系和谐、家庭稳定和不损害夫妻一方及他人权益之间达到最佳平衡。”上海高院**《婚姻家庭纠纷办案要件指南(三)》**(2010年6月22日　沪高法民一〔2010〕8号)第1条:“请求分割夫妻共同财产的,应当符合下列要件:(一)请求权的主体必须是具有(或曾经具有)婚姻关系的当事人;(二)请求权指向的客体必须是现实、客观存在的夫妻共同财产;(三)请求分割夫妻共同财产,应在离婚时提出;离婚后请求分割或再次分割夫妻共同财产的,应当符合法律、司法解释对起诉期限作出的规定。”江苏高院**《婚姻家庭案件审理指南(2010年)》**(2010年5月18日)第6章:“……夫妻共同财产的分割。(一)婚姻关系存续期间夫妻共同财产的分割。《物权法》第九十九条规定:‘共有人约定不得分割共有的不动产或者动产,以维持共有关系的,应当按照约定,但共有人有重大理由需要分割的,可以请求分割;没有约定或者约定不明确的,按份共有人可以随时请求分割,共同共有人在共有的基础丧失或者有重大理由需要分割时可以请求分割。因分割对其他共有人造成损害的,应当给予赔偿。’《物权法》的这一规定突破了传统民法的共有理论,即允许共同共有人在特殊情况下请求分割共有物,同时还要保持共有关系。《婚姻法解释三》第四条也作出规定,在夫妻关系存续期间,夫妻一方请求分割夫妻共同财产的,人民法院不予支持。但一方有隐藏、转移、变卖、毁损、挥霍夫妻共同财产或者伪造夫妻共同债务等严重损害夫妻共同财产利益行为的,或者一方负有法定扶养义务的人患重大疾病需要医治,另一方不同意给付相关医疗费用时,夫妻一方请求分割夫妻共同财产,在不损害债权人利益的情况下,人民法院可以支持。因此,在司法实践中要准确把握'重大理由'的含义,在法律规定的范围内严格掌握婚姻关系存续期间对夫妻共同财产进行分割的标准,在有利于夫妻关系的和谐、家庭的稳定和不损害夫妻任何一方财产权益之间达到最佳的平衡……"广东广州中院**《民事审判若干问题的解答(婚姻家庭部分)》**(2010年4月)第9条:"双方没有离婚,能否诉讼分割夫妻共同财产?答:分割夫妻共同财产的前提是离婚,未离婚就要求分割财产没有法律依据。"浙江温州中院民四庭**《关于贯彻执行〈婚姻法〉的指导意见》**(2009年5月1日)第23条:"婚姻关系存续期间,夫妻一方一般不得请求分割夫妻共同财产。但一方无收入来源,出现生活困难,对方又拒绝扶养的情况下,要求分割共有物的,可予支持。对于其他需要分割共有物的,严格按物权法第九十九条规定执行。在分割时,双方之间的分居一般不宜认为属'共有基础的丧失'。对于分割理由必须属于'重大',对于出于日常生活需要的理由一般不宜作为重大理由。"山东高院**《2008年民事审判工作会议纪要》**(2008年10月13日　鲁高法〔2008〕243号)第1条:"……(二)关于婚姻关系存续期间,夫妻一方可否请求分割共有财产的问题。该问题的处理涉及《物权法》的适用问题,《物权法》第九十九条对共有财产的分割问题作出了明确规定。该规定在维持共同共有财产关系的基础上,突破了传统民法的共有理论,有条件地允许共同共有人在特殊情况下,即共有基础丧失或者有重大理由需要分割时可以分割共有财产。夫妻共同财产作为共同共有的典型形式,是否允许夫妻双方在婚姻关系存续期间予以分割,《婚姻法》未明确规定。共有基础丧失,即解除婚姻关系的情形下,应当允许当事人分割夫妻共同财产;对于《物权法》规定的共有人'有重大理由'请求分割共有财产的情形,法律未具体规定,尚需要立法或者司法解释加以明确,在此之前,对于婚姻关系存续期间一方或者双方以'重大理由'为事由请求分割夫妻共同财产的,不予支持。对于夫妻双方约定财产分别所有的,婚姻关系存续期间,夫妻一方请求分割财产的,人民法院原则上不予支持。"上海高院**《关于审理分家析产案件若干问题的意见》**(2007年9月20日　沪高法民一〔2007〕20号)第4条:"债权人对夫妻共有财产代位提起析产诉讼的处理。共同共有关系存续期间,因共有的基础丧失或者有重大理由需要分割时,共同共有人可以请求分割。债权人对夫或妻一方享有债权的,可代位提起析产诉讼,对夫妻关系存续期间的共有财产进行分割。"上海高院**《关于审理婚姻家庭纠纷若干问题的意见》**(2007年3月15日　沪高法民一〔2007〕5号)第7条:"如何认定夫妻在婚姻关系存续期间,包括分居期间达成的财产分割协议的效力。夫妻共同生活期间或者分居期间达成的财产分割协议,当事人无证据证明其具有无效或可撤销、可变更的法定情形,或协议已经履行完毕的,应认定协议对双方有拘束力。如果财产分割协议以离婚为前提条件,而双方未离婚的,应该允许当事人反悔。”江苏无锡中院**《全市民事审判疑难问题研讨会纪要》**(2006 年 3 月 14 日)(婚姻家庭部分)第 3 条:“离婚案件中对于原告未提出财产分割而被告又不同意离婚的财产的处理,根据当事人不告不理原则,法院不能主动进行财产分割。但法官应对当事人进行释明。当事人在举证期限内提出分割财产的,应由其缴纳诉讼费;如当事人在举证期限届满后或开庭时才提出分割财产的,虽属于增加诉讼请求的情形,考虑到离婚案件的特殊性,可以对该请求合并审理,并由提出财产分割的当事人预交诉讼费。”

【参考类案】

①2017 年**浙江某房屋买卖合同纠纷案**,2017 年,连某依生效调解书,申请执行管某。管某财产只有名下一套房屋,系与前妻陈某共同共有,离婚时未予分割。法院认为:依《物权法》第 99 条规定,对于共同共有财产,在共有的基础丧失或者有重大理由需要分割时,可以请求分割,表明只要满足上述条件之一即可请求分割共同共有财产。本案执行中,查明管某与陈某在本案债务发生之前就办理了离婚登记,双方婚姻关系解除,表明共同共有关系已消灭,即满足了共有房产分割的“共有的基础丧失”条件。另管某与陈某虽已离婚,但未对上述共有房产予以分割或作权属约定,房产物权登记仍在管某与陈某名下,依执行穷尽原则,应对该共同共有房产份额进行执行处分,此时亦满足了前文所述共有财产分割“重大理由”条件。法院在执行处分共同共有财产时,不必一律将共有财产份额分割问题转嫁至代位析产诉讼中解决,可合理运用执行审查权,对查封的共同共有财产以执行裁定径直分割,确定被执行人财产份额后再实施拍卖处置。执行活动中应做到程序规范、公正,充分保障当事人及其他共有人法律救济权利。执行中,承办法官向管某及陈某送达查封裁定和执行告知书,告知收到执行告知书之日起 10 日内,可提交对上述查封共有房产的财产分割协议或提起析产诉讼,但管某及陈某均逾期未提交或提起。于是,执行法院组成合议庭进行审查、评议,径直作出共有财产分割裁定,确定管某与陈某等额享有上述共同共有房产的财产份额,其中管某占二分之一财产份额。因上述共有房产难以分割处置,裁定整体拍卖上述共有房产,成交后保留一半份额变价款归陈某所有,且陈某在房产拍卖时享有优先购买权。上述分割及拍卖裁定作出后,送达给双方当事人及陈某,释明有权在上述裁定送达之日起 10 日内提起执行异议或案外人异议,但各方均未提出异议。最终,上述共有房产通过网络司法拍卖以最高价 121.6 万元成交,拍卖成交款一半份额在优先返还管某 8 年基本生活居住保障租金后,清偿了本案及另案债权本息;拍卖成交款另一半份额返还给陈某。

②2011 年**江苏某分割夫妻共同财产纠纷案**,2009 年,再婚 46 年的薛某与陈某

分居期间,共有房屋拆迁款71万元由陈某转出44.6万元至儿子名下,余下26.4万元一次性取出,但未说明合理用途。2010年,薛某起诉陈某,要求离婚,未被准许。2011年,薛某诉请分割前述71万元。其中44.6万元被法院采取保全措施。法院认为:婚姻关系存续期间,夫妻一方请求分割共同财产的,法院不予支持,但有重大理由且不损害债权人利益的除外。案涉房屋系薛某在夫妻关系存续期间通过继承、归并取得,该房屋及该房屋因拆迁取得的71万元补偿款均属夫妻共同财产。对陈某保管的26.4万元,陈某称其一次性取出该款后短时间内已全部用完,因该款数额巨大,陈某对该款去向多次陈述不一,又未提供证据证明该款合理用途,故对陈某辩称不予采信。陈某行为已构成转移夫妻共同财产,侵害了薛某对该26.4万元所享有平等支配权,考虑到双方目前处于分居状态,故对薛某要求分割71万元拆迁补偿款诉请,应予支持。因71万元拆迁补偿款中44.6万元暂存在法院账户,薛某在本案判决后能实现其对该71万元享有的权利,加之陈某目前健康状况不佳,本院认为对该71万元处理应以均分为宜。判决属薛某、陈某共同共有71万元拆迁补偿款,其中35.5万元归薛某个人所有,35.5万元归陈某个人所有。

③2010年**江苏某财产权属纠纷案**,1996年,吴某与高某结婚。1998年,高某与父亲所在单位房改,高某用夫妻共同财产出资购买公房,因借用工龄,该房登记在1985年就已去世的父亲名下。2010年,因夫妻矛盾,高某放弃继承,将该房过户至母亲名下,吴某诉请确认该房系夫妻共同财产。法院认为:夫妻关系存续期间,夫妻一方不得单独提出分割夫妻共同财产的诉请。分割夫妻共同财产之诉系变更之诉,在夫妻关系存续期间,除一方有严重损害婚姻共同财产利益之行为等重大理由外不能提起。本案中,吴某诉请系确认之诉,诉争房屋已通过高某等人放弃继承方式变更登记在姜某名下,吴某与高某、姜某双方对房屋权属产生争议,故吴某提起诉讼要求明确权属符合《民事诉讼法》规定的起诉实质要件,判决确认案涉房屋为吴某、高某共有。

④2012年**某分割夫妻共同财产纠纷案**,夫妻一方故意犯罪,且需在刑事附带民事诉讼中支付巨额赔偿金,其配偶能否依《物权法》第99条规定,提起民事诉讼请求分割夫妻共同财产,以防止所有夫妻共同财产被强制执行?处理意见:依《婚姻法》第17条规定,夫妻之间如未实行约定财产制,则实行婚后所得共同制。即夫妻在婚姻关系存续期间所得下列财产,归夫妻共同所有:工资、奖金;生产经营收益;知识产权收益;继承或接受赠与的财产,但遗嘱或者赠与合同中约定只归夫或妻一方的财产除外;其他应归夫妻共同所有的财产。《物权法》第99条规定:"共有人约定不得分割共有的不动产或者动产,以维持共有关系的,应当按照约定,但共有人有重大理由需要分割的,可以请求分割;没有约定或者约定不明确的,按份共有人可以随时请求分割,共同共有人在共有的基础丧失或者有重大理由需要分

割时可以请求分割。因分割给其他共有人造成损害的,应当给予赔偿。”对夫妻来说,共同共有基础丧失应是发生了离婚的法律事实,而在不离婚条件下需分割夫妻共同财产重大理由则已由最高人民法院《关于适用〈中华人民共和国婚姻法〉若干问题的解释(三)》(已于 2021 年 1 月 1 日起废止)第 4 条明确规定为“一方有隐藏、转移、变卖、毁损、挥霍夫妻共同财产或者伪造夫妻共同债务等严重损害夫妻共同财产利益行为的”和“一方负有法定扶养义务的人患重大疾病需要医治,另一方不同意支付相关医疗费用的”两种情况。从立法技术层面看,该司法解释在列举了上述两项“重大理由”后,无兜底性条款或采用“等”字,以给适用者根据案件具体情况灵活掌握余地。之所以这样规定,主要是考虑夫妻共同财产是维系婚姻当事人家庭生活主要经济基础,轻易动摇该基础,会对婚姻当事人家庭生活以及夫妻感情产生负面影响,故在不离婚情况下,通过诉讼分割夫妻共同财产是一种极为特殊情况,法院在司法实践中应严格掌握适用条件,不得擅自扩大适用范围。在夫妻一方故意犯罪,且需在刑事附带民事诉讼中支付巨额赔偿金情况下,其配偶出于为自己包括未成年子女保留更多财产目的,诉请分割夫妻共同财产,法院不应予以支持。另外,法院在执行附带民事诉讼判决时,不会将被执行人其他家庭成员个人财产作为执行标的,如执行夫妻共同财产,亦会给被执行人家庭成员留下满足其基本生活必需财产。

⑤2008 年**上海某财产纠纷案**,2004 年,谢某在父母协议离婚后由父亲抚养,后因父亲管教方式粗暴,14 岁的谢某便随母亲生活。依当时谢某父母所签离婚协议,谢某与父亲居住的房屋 1/3 产权属于谢某。2005 年,谢某父将价值 150 万元的房屋抵押,贷款 30 万元。谢某母作为谢某法定代理人起诉要求分割 1/3 价值共计 50 万元。法院认为:谢某虽由母亲直接抚养且共同生活,但并不影响谢某父亲与谢某之间监护关系,故谢某财产处于双重监护之下。谢某请求随时分割与父亲共有财产权利以及谢某母亲作为谢某法定代理人权利应有所限制。谢某父亲仅向银行抵押贷款 30 万元,完全是在其权利范围之内,目前财产关系状况并不影响谢某财产安全,即谢某财产权益不存在通过分割加以特别监护必要。本案事实未导致共有基础丧失或成为需要分割的重大理由,相反会造成分割后财产管理困难和流失危险。同时谢某对其不动产所有权是一般意义上财产权,同时也是对其居住权保障,又区别于一般财产权,故在直接抚养未成年人一方住房及经济条件并不困难,以及另一方经济不富裕,分割会造成其生活困难情况下,不应支持分割未成年人不动产共有权。判决驳回谢某诉请。

⑥2002 年**四川某夫妻共同财产纠纷案**,2002 年,夫、妻结婚廿载,积蓄均由夫管,夫长期外出,抛妻不管。妻生活无着,诉请分割共同存款 10 万元。法院查询以夫名义存款只有 1.5 万元。法院认为:夫未对以其名义存入银行的 1.5 万元属于夫妻共同存款提出异议,妻亦未有足够证据证明其主张的有 10 万元夫妻共同存款

事实,故只能认定夫妻共同存款 1.5 万元,双方对此款均有平等占有、使用、收益、处分权利。现妻无生活来源,夫独占存款不让妻使用,剥夺了妻对夫妻共同财产行使支配、处分权利,判决夫所持与妻共同所有的存款 1.5 万元分给妻 8000 元,由妻自主支配。

【典型类案实务要点】

1.**【配偶本人患重大疾病,非为分割夫妻共同财产理由】**配偶本人患重大疾病需要医治而另一方不同意支付相关医疗情形,不适用最高人民法院相关司法解释规定。

2.**【执行共有财产时,可径直分割后,再实施拍卖处置】**民事执行中,对被执行人与他人共同共有的财产,应综合考量共同共有财产分割处分性、分割规则、效益执行与案外人权利保障等因素,合理运用执行审查权,对查封的共同共有财产以执行裁定径直分割,确定被执行人所占财产份额后再实施拍卖处置。

3.**【分居期间一方转移财产,配偶可诉请分割共有财产】**夫妻关系存续期间,一方对属于夫妻共同财产的巨额款项进行控制,并一次性大量取现使用,又不能说明合理用途,该行为属于严重侵犯配偶享有的共同财产权益,构成隐藏、转移、挥霍夫妻共同财产,符合最高人民法院《关于适用〈中华人民共和国婚姻法〉若干问题的解释(三)》(已于 2021 年 1 月 1 日起废止)规定;如夫妻双方感情不和处于分居状态,不可能继续共同生活,一方要求对夫妻共同财产进行分割的,法院应予支持。具体分割时既要考虑一方过错,亦要考虑双方各自生活需求。

4.**【有重大理由的,夫妻一方可诉请确权主张共有关系】**夫妻关系存续期间,双方对房屋权属产生争议,一方如有严重损害夫妻共同财产利益行为的,另一方提起确权之诉符合《民事诉讼法》规定的起诉实质要件,法院应予支持。

5.**【配偶因刑事附带民事赔偿,并非共有基础丧失理由】**夫妻一方因犯罪且需要附带民事赔偿,其配偶以保留更多财产为目的而诉请分割夫妻共同财产的,不应得到支持。

6.**【父母离婚后,未成年人分割共有房,应有重大理由】**未成年人在父母离婚后要求分割其与监护人之一的共有财产时,应从对未成年人财产权特别保护角度出发,认定请求分割重大理由是否成立。

7.**【夫妻一方有特定事实和理由,可诉请分割共同财产】**夫妻共同财产分割前提是有利于各共有人行使财产权利和履行义务,且当事人请求分割亦应具备特定的诸如一方生活困难或重大疾病等事实和理由。

【类案裁判一般规则】

婚姻关系存续期间,夫妻一方负有法定扶养义务的人患重大疾病需医治,另一方不同意支付相关医疗费用,或另一方有隐藏、转移、变卖、毁损、挥霍夫妻共同财产或伪造夫妻共同债务等严重损害夫妻共同财产利益的行为时,夫妻一方可向法院请求分割共同财产。

【典型参考案例索引】

主旨案例:见《配偶本人患重大疾病是否属于婚姻法司法解释(三)第四条规定的情形》(《民事审判指导与参考》研究组),载《民事审判指导与参考·民事审判信箱》(201604/68:245)。**其他案例:**①浙江台州黄岩区法院(2017)浙1003执2379号"连某与管某房屋买卖合同纠纷案",见《对被执行人与他人共同共有的房产可裁定份额后拍卖》(柯澄川、王亚红),载《人民司法·案例》(201832:102)。②江苏无锡崇安区法院(2011)崇民初字第926号"薛某诉陈某分割夫妻共同财产纠纷案",见《婚姻关系存续期间分割夫妻共同财产的考量》(陶玉),载《人民司法·案例》(201204:15)。③江苏镇江润州区法院(2010)润南民初字第0641号"吴某与高某等财产权属纠纷案",见《吴晓月诉高强宝、姜国英因房产权属登记不真实要求确认财产权属纠纷案》,载《江苏省高级人民法院公报》(201303/27:65)。④见《在夫妻一方因犯罪需要于附带民事诉讼中支付赔偿的情况下,其配偶以保留更多财产为目的诉请分割夫妻共同财产能否得到支持》(《民事审判指导与参考》研究组),载《民事审判指导与参考·民事审判信箱》(201203/51:233)。⑤上海一中院(2008)沪一中民一(民)终字第861号"谢某诉谢某父财产纠纷案",见《未成年人在父母离婚后请求分割共有财产的认定与处理》(鲁晓彦),载《人民司法·案例》(200818:69)。⑥四川泸县法院2002年10月20日判决"苟某诉李某分割夫妻共同财产案",见《苟洪英因生活无着诉李恒富应将掌管的夫妻共同存款的一半给其支配案》(许玮),载《人民法院案例选》(200302/44:82)。

32. 房产登记的法律效力

——房产登记人,是否权利人?

【房屋权属】

【案情简介及争议焦点】

1998年,张某与刘某恋爱。2001年6月,双方登记结婚。2005年,刘某起诉离婚。2001年9月登记在刘某名下房产的归属,成为双方主要争议焦点。张某主张该房系其于2001年3月以52万元参与竞买,嗣后悔拍并私下与房主协商以45万元成交的房产,当时为规避拍卖规则,以刘某名义付款。张某提供了当时的取款凭证。

争议焦点:1. 产权登记的法律意义?2. 房屋权属能否确认归张某所有?

【裁判要点】

1. 权属证明。不动产权属证书具有初步证明物权归属作用,不动产登记簿系确认不动产物权归属依据,但亦仅具权利推定证据效力。在一方当事人提供较为充分的相反证据情况下,法院应综合审查相关证据证明力,判断各证据证明力大小,运用优势证据规则判断不动产物权归属,以确认不动产物权人。

2. 实际权属。本案查明事实证明诉争房屋乃张某、刘某婚前经拍卖取得,产权人之所以登记在刘某名下,系因张某悔拍并私下与房屋出卖方另行商议以低于竞拍价格购房所致,即为规避拍卖程序相关竞拍规则,在诉争房屋未经再次拍卖程序情况下,以刘某名义按协商价格延用原拍卖程序成交,系特殊形式的顶名买房。张某取款时间、数额与交购房款时间、数额基本吻合,形成高度盖然性,同时与其竞拍房屋意思表示相印证。刘某虽主张系其自己出资购房,但未能提供充分证据证实购房资金来源及出资购房情况,用于推翻或排斥张某主张的前述取款用途,故对其主张不予采信,判决确认诉争房屋归张某所有。

【裁判依据或参考】

1. 法律规定。《民法典》(2021年1月1日)第209条:"不动产物权的设立、变更、转让和消灭,经依法登记,发生效力;未经登记,不发生效力,但是法律另有规定的除外……"第210条:"不动产登记,由不动产所在地的登记机构办理。国家对不动产实行统一登记制度。统一登记的范围、登记机构和登记办法,由法律、行政法规规定。"第214条:"不动产物权的设立、变更、转让和消灭,依照法律规定应当登记的,自记载于不动产登记簿时发生效力。"第215条:"当事人之间订立有关设立、变更、转让和消灭不动产物权的合同,除法律另有规定或者当事人另有约定外,自合同成立时生效;未办理物权登记的,不影响合同效力。"第216条:"不动产登记簿是物权归属和内容的根据。不动产登记簿由登记机构管理。"第217条:"不动产权属证书是权利人享有该不动产物权的证明。不动产权属证书记载的事项,应当与不动产登记簿一致;记载不一致的,除有证据证明不动产登记簿确有错误外,以不动产登记簿为准。"第229条:"因人民法院、仲裁机构的法律文书或者人民政府的征收决定等,导致物权设立、变更、转让或者消灭的,自法律文书或者征收决定等生效时发生效力。”第231条:“因合法建造、拆除房屋等事实行为设立或者消灭物权的,自事实行为成就时发生效力。”第232条:“处分依照本节规定享有的不动产物权,依照法律规定需要办理登记的,未经登记,不发生物权效力。”第240条:“所有权人对自己的不动产或者动产,依法享有占有、使用、收益和处分的权利。”第242条:“法律规定专属于国家所有的不动产和动产,任何组织或者个人不能取得所有权。”第243条:“为了公共利益的需要,依照法律规定的权限和程序可以征收集体所有的土地和组织、个人的房屋以及其他不动产。征收集体所有的土地,应当依法及时足额支付土地补偿费、安置补助费以及农村村民住宅、其他地上附着物和青苗等的补偿费用,并安排被征地农民的社会保障费用,保障被征地农民的生活,维护被征地农民的合法权益。征收组织、个人的房屋以及其他不动产,应当依法给予征收补偿,维护被征收人的合法权益;征收个人住宅的,还应当保障被征收人的居住条件……”第266条:“私人对其合法的收入、房屋、生活用品、生产工具、原材料等不动产和动产享有所有权。”

2. 最高人民法院司法解释及其他司法性文件/解读文章。最高人民法院**《关于适用〈中华人民共和国民法典〉婚姻家庭编的解释(一)》**(2021年1月1日 法释〔2020〕22号)第76条:“双方对夫妻共同财产中的房屋价值及归属无法达成协议时,人民法院按以下情形分别处理:(一)双方均主张房屋所有权并且同意竞价取得的,应当准许;(二)一方主张房屋所有权的,由评估机构按市场价格对房屋作出评估,取得房屋所有权的一方应当给予另一方相应的补偿;(三)双方均不主张房屋所有权的,根据当事人的申请拍卖、变卖房屋,就所得价款进行分割。”最高人民法院**《关于当前形势下加强民事审判切实保障民生若干问题的通知》**(2012年2月12日 法〔2012〕40号)第7条:“妥善审理婚姻家庭案件,依法保护婚姻当事人的合法权益,维护家庭关系的和睦与稳定。要充分认识到审理好婚姻家庭案件对于维护社会稳定的重要意义,切实执行好婚姻法及其相关司法解释。在审理婚姻家庭案件中,应当在整体上全面准确地理解和把握婚姻法及其相关司法解释的精神,不能机械理解,孤立适用。在涉及财产权属的认定、共同财产的分割等问题上,要按照婚姻法及有关司法解释规定,依法保护当事人特别是妇女、儿童和老人的合法权益。”最高人民法院民一庭**《民事审判实务问答(婚姻家庭继承纠纷一般问题)》**(2005年4月)第3条:“离婚案件,双方对财产价值有争议,是否必须委托中介机构评估?答:《中华人民共和国婚姻法》第三十九条规定:‘离婚时,夫妻的共同财产由双方协议处理;协议不成时,由人民法院根据财产的具体情况,照顾子女和女方权益的原则判决’。对夫妻共同财产,原则上应均等分割,分给一方所有的财产,一方应给另一方相当于财产一半的价值补偿。可见,财产价值的确定是财产处理的前提。《最高人民法院关于适用〈中华人民共和国婚姻法〉的解释(二)》第二十条规定:‘双方对夫妻共同财产中的房屋价值及归属无法达成协议时,人民法院按以下情形分别处理:(一)双方均主张房屋所有权并且同意竞价取得的,应当准许;(二)一方主张房屋所有权的,由评估机构按市场价格对房屋作出评估,取得房屋所有权的一方应当给予另一方相应的补偿;(三)双方均不主张房屋所有权的,根据当事人的申请拍卖房屋,就所得价款进行分割’。离婚案件中,分割的财产包括动产、不动产和无形财产(如知识产权收益),双方对财产价值有争议的,应区分财产的种类区分情形处理。具体可参照上述司法解释的规定,灵活采取协商、竞价、作价、评估、拍卖等形式确定和处理财产,处理财产时应贯彻照顾子女和女方权益的原则以及照顾无过错方原则,判决因案而异,不是必须委托中介机构评估财产价值。”最高人民法院**《关于适用〈中华人民共和国婚姻法〉若干问题的解释(二)》**(2004 年 4 月 1 日　法释〔2003〕19 号,已于 2021 年 1 月 1 日起废止)第 19 条:“由一方婚前承租、婚后用共同财产购买的房屋,房屋权属证书登记在一方名下的,应当认定为夫妻共同财产。”第 20 条:“双方对夫妻共同财产中的房屋价值及归属无法达成协议时,人民法院按以下情形分别处理:(一)双方均主张房屋所有权并且同意竞价取得的,应当准许;(二)一方主张房屋所有权的,由评估机构按市场价格对房屋作出评估,取得房屋所有权的一方应当给予另一方相应的补偿;(三)双方均不主张房屋所有权的,根据当事人的申请拍卖房屋,就所得价款进行分割。”第 21 条:“离婚时双方对尚未取得所有权或者尚未取得完全所有权的房屋有争议且协商不成的,人民法院不宜判决房屋所有权的归属,应当根据实际情况判决由当事人使用。当事人就前款规定的房屋取得完全所有权后,有争议的,可以另行向人民法院提起诉讼。”最高人民法院**《关于人民法院审理离婚案件处理财产分割问题的若干具体意见》**(1993 年 11 月 3 日　法发〔1993〕32 号,已于 2021 年 1 月 1 日起废止)第 8 条:“夫妻共同财产,原则上均等分割。根据生产、生活的实际需要和财产的来源等情况,具体处理时也可以有所差别。属于个人专用的物品,一般归个人所有。”第 13 条:“对不宜分割使用的夫妻共有的房屋,应根据双方住房情况和照顾抚养子女方或无过错方等原则分给一方所有。分得房屋的一方对另一方应给予相当于该房屋一半价值的补偿。在双方条件等同的情况下,应照顾女方。”

3. 部门规章。财政部、国家税务总局**《关于夫妻之间房屋土地权属变更有关契税政策的通知》**(2013 年 12 月 31 日　财税〔2014〕4 号):“……在婚姻关系存续期间,房屋、土地权属原归夫妻一方所有,变更为夫妻双方共有或另一方所有的,或者房屋、土地权属原归夫妻双方共有,变更为其中一方所有的,或者房屋、土地权属原归夫妻双方共有,双方约定、变更共有份额的,免征契税。”国家税务总局**《关于明确个人所得税若干政策执行问题的通知》**(2009 年 8 月 17 日　国税发〔2009〕121 号)第 4 条:“关于个人转让离婚析产房屋的征税问题。(一)通过离婚析产的方式分割房屋产权是夫妻双方对共同共有财产的处置，个人因离婚办理房屋产权过户手续，不征收个人所得税。（二）个人转让离婚析产房屋所取得的收入，允许扣除其相应的财产原值和合理费用后，余额按照规定的税率缴纳个人所得税；其相应的财产原值，为房屋初次购置全部原值和相关税费之和乘以转让者占房屋所有权的比例。（三）个人转让离婚析产房屋所取得的收入，符合家庭生活自用五年以上唯一住房的，可以申请免征个人所得税，其购置时间按照《国家税务总局关于房地产税收政策执行中几个具体问题的通知》（国税发〔2005〕172 号）执行。”国家税务总局**《关于离婚后房屋权属变化是否征收契税的批复》**（1999 年 6 月 3 日　国税函〔1999〕391 号）：“……根据我国婚姻法的规定，夫妻共有房屋属共同共有财产。因夫妻财产分割而将原共有房屋产权归属一方，是房产共有权的变动而不是现行契税政策规定征税的房屋产权转移行为。因此，对离婚后原共有房屋产权的归属人不征收契税。”建设部房地产业司**《关于印发〈部分城市房地产仲裁工作经验交流会会议纪要〉的通知》**（1990 年 6 月 13 日　建房管字〔1990〕第 39 号）第 2 条：“……第三，涉及离婚、继承的房地产纠纷，应当由人民法院处理。离婚是夫妻双方婚姻关系的终结，离婚必然产生夫妻共有财产的分割，包括房屋的分割，根据《婚姻法》的规定，当事人应向法院申请解决。第四，房地产仲裁机构不应受理企事业单位内部发生的房产纠纷。这类纠纷一般不涉及房产所有权归属，主要是房产使用权纠纷，一般由单位解决或其直属上级以行政调处方式解决。”

4. 地方司法性文件。四川成都中院**《二〇一七年全市法院民商事审判工作会会议纪要》**（2017 年 8 月 11 日）第 31 条：“不动产权属登记证书上所记载的份额登记能否作为双方在离婚时分割共同财产权属的依据？不动产权属登记上所记载的权属份额登记，是根据当事人的意思表示而登记记载的，若夫妻双方以按份共有的形式对不动产享有所有权，权属登记上所载明的双方对该不动产份额的划分，在离婚时可以作为人民法院确定分割该不动产的依据，但有相反证据可以证实该不动产份额划分不代表双方财产分割意思的除外。此外，在婚姻关系存续期间所取得的、仅登记在夫妻一方名下的不动产，应当综合当事人的意思表示，购买不动产的出资来源等因素综合考察，不能仅依照不动产权属登记来确定不动产的权属划分。”北京高院民一庭**《关于审理婚姻纠纷案件若干疑难问题的参考意见》**（2016 年 8 月 4 日）第 30 条：“【一套住房处理】离婚诉讼的当事人只有一套共有住房，双方均主张房屋所有权但均无能力补偿对方时，如双方就房屋分割问题无法达成一致，判决双方对房屋按份共有，并在此基础上结合当事人生活需要、房屋结构等因素就房屋使用问题作出处理。”北京高院民一庭**《关于审理婚姻纠纷案件若干疑难问题的参考意见》**（2016 年 8 月 4 日）第 55 条：“【审判与执行衔接问题】离婚诉讼涉及夫妻共同财产分割时，如可能存在判决后需要执行部门通过过户或交付等方式实现判决确定的权利的，为便于减少重复诉累、提高权利保护效率，人民法院应释明当事人在诉讼请求中一并提出过户或交付等实际履行内容。在前款所述判决主文中，存在互负给付义务情况下，可根据案件情况判令同时履行或确定履行顺序，避免出现一方履行义务但对待权利无法实际实现情形的发生。”湖北武汉中院**《关于加强立案、审判与执行工作协调配合的若干意见（试行）》**（2016年7月10日）第28条：“对原告提出确认诉求且请求登记过户的，审判部门在确权的同时，应限令义务人在一定时间内协助办理过户登记；原告已将被告（原）夫妻双方列为被告的，审判部门应当就夫妻双方是否承担责任作出判决；原告已将担保人列为被告的，审判部门应当判决担保人是否承担相应责任，并明确担保人是否享有追偿权。”上海高院**《关于房产案件若干争议问题的处理意见》**（2016年3月8日）第3条：“……（一）房屋产权登记在夫或妻一方名下，另一方要求确认为房屋共有权利人，人民法院是否受理的问题。倾向性意见认为：不动产物权的设立、变更、转让和消灭，经依法登记，发生效力。房屋产权登记在夫或妻一方名下，并不必然认定为夫妻共有财产，且登记权利人可基于不动产登记的公示效力进行相应交易，而未登记权利人的合法权利难以有效保障。故未登记为权利人的夫或妻一方是有请求确认为共有权利人并办理权利登记的现实需求，该诉请具有可诉性，人民法院应予受理。”山东临沂中院**《关于当前民事审判工作中的一些疑难问题会谈纪要（婚姻家庭部分）》**（2015年）第2条：“在应当判决离婚的案件中，对于夫妻婚后共同财产（尤其是房屋等不能分割的财产），双方即不申请价值评估，也不进行竞价，对该财产如何进行分配？对共同财产价值的确定，依法存在三种模式：双方协商，竞价，评估。首先由双方报价，对价值做出判断，对财产归属、分配进行协商，协商不能达成一致，可对价值确定告知进行竞价，双方或一方不同意竞价，可再告知评估模式，在双方不申请价值评估，又不同意竞价的情况下，在充分释明法律后果的情况，如果双方报价，可参照双方对共同财产的报价平均价值认定，如果双方不报价，对该共同财产不予处理。”安徽淮南中院**《关于审理离婚纠纷案件若干问题的指导意见》**（2014年3月13日）第23条：“当事人对夫妻共同财产中的房屋价值及归属无法达成协议时，按以下情形分别处理：（一）双方均主张房屋所有权并且双方经济条件相当并同意竞价取得的，应当准许；（二）一方主张房屋所有权的，可由双方协商确定房屋价格。协商不成的，由评估机构按市场价格对房屋作出价值鉴定，取得房屋所有权的一方给予另一方房屋价值一半的补偿。评估费用，由当事人按照分割房屋价值的比例分担；（三）双方均不主张房屋所有权而要求分得相应房价款的，当事人或法院可以委托拍卖机构对该房屋依法进行拍卖，以房屋拍卖所得价款扣除拍卖所需费用后，作为共同财产分割。”第24条：“离婚时双方对尚未取得所有权或尚未完全取得所有权的房屋，根据实际情况，确定一方使用，按同等房屋一半租金，给付对方使用费补偿。当事人就前款规定的房屋取得全部所有权后,有争议的,可以向人民法院提起诉讼。”安徽滁州中院**《关于审理婚姻家庭纠纷案件座谈会纪要》**(2013 年 8 月 2 日)第 25 条:“离婚案件中,当事人可以请求为未成年子女指定一方为财产代管人,但不得将属于子女的财产作为夫妻共同财产进行分割。”浙江宁波中院**《关于印发〈民事审判若干问题解答(第三辑)〉的通知(婚姻家庭纠纷类)》**(2011 年 5 月 11 日)第 2 条:“离婚案件中,对尚未取得完全产权的经济适用房、福利房,一方要求分割,人民法院应如何处理?答:离婚时尚未取得所有权或者尚未取得完全所有权的房屋,双方对产权归属有争议又协商不成的,根据最高人民法院《婚姻法司法解释(二)》第二十一条的规定,人民法院不宜判决房屋所有权的归属,应当根据实际情况判决由当事人使用。当事人取得完全所有权后,有争议的,可以另行向人民法院起诉。”上海高院**《婚姻家庭纠纷办案要件指南(三)》**(2010 年 6 月 22 日 沪高法民一〔2010〕8 号)第 3 条:“离婚时,夫妻的共同财产由双方协议做出处理。协议不成的,分割夫妻共同财产,应当遵循男女平等、照顾子女和女方权益、照顾无过错方、有利生产和方便生活的原则。分割夫妻共同财产的方法主要包括实物分割、价金分割与价值补偿三种。在无例外情形下,可予以均等分割。【说明】离婚时,夫妻的共同财产可由双方协议处理。协商不成时,由人民法院依法判决,判决时应遵循下列原则:(1)男女平等原则。即夫妻双方对于其共同财产享有平等的共有权,不受双方收入状况、对家庭贡献的影响,双方均有平等分割共同财产的权利;(2)照顾子女和女方权益的原则。首先,应优先考虑未成年子女的利益,根据未成年子女的需要给予必要的照顾。其次,应照顾女方的权益。考虑到相当一部分女性的经济能力相对较弱,在日常家务中的付出很难物化为财产收益,故在分割财产时,有必要照顾她们的权益,使其离婚后的基本生活更有保障;(3)照顾无过错方原则。对于因一方过错导致离婚的,可在分割财产时适当照顾无过错方,以体现法律的公平与正义。但这种照顾不是民事责任,其性质不同于离婚损害赔偿责任,因此,这里的过错并不限于重婚、姘居、实施家庭暴力、虐待、遗弃等重大过错行为,还包括其他违反婚姻义务或故意以悖于善良风俗的方法损害婚姻关系的过错行为;(4)有利于生产、生活需要的原则。分割夫妻共同财产时,应从充分发挥共同财产的效用和不损害财产的经济价值出发。对生活必需品,应考虑双方和子女的生活需要,分给需要的一方;对生产资料,应分给有生产、经营的条件和能力或正在生产、经营的一方;对一方从事职业或正当爱好所必需的物品,应分给需要的一方。对于夫妻共同财产的分割,具体方法主要有三种:(1)实物分割,即在不影响财产的作用、价值和特定用途的情况下,进行实际分配,双方根据其分割的份额取得应得的财产;(2)价金分割,即将共有物变卖,双方分割取得的价金,主要在共有物不能实物分割或分割后有损其价值与用途时采用;(3)价值补偿,即共有物归一方所有,对另一方应得的部分补偿相当的价金。针对不同的财产,具体分割方法为:①夫妻分居两地分别管理、使用的婚后所得财产,为夫妻共同财产,分割时应归各自所有。如双方所分得的财产相差悬殊的,差额部分由多得一方以相当的财产抵偿另一方或以相应的价金作为补偿;②已登记结婚,尚未共同生活,一方或双方受赠的礼金、礼物为夫妻共同财产,应考虑财产、数量等情况合理分割。各自出资购置、各自使用的财物,原则上归各自所有;③对双方都愿意取得共有物、支付对方补偿款的,必要时可采取竞价的方式解决;④与生产经营有关的共同财产。对投资性财产、有限责任公司出资额、合伙企业中夫妻共同财产份额及独资企业财产的分割可按《解释(二)》第十五条至第十八条的规定处理。无其他例外情形的,可将共同财产予以均等分割。”第 4 条:“对不宜分割使用的夫妻共有的房屋,应当根据婚姻法、司法解释的规定,综合考虑房屋的性质、来源、婚姻关系存续时间长短、双方住房情况以及照顾子女和女方原则等因素,分给一方所有。分得房屋的一方应给予另一方相应价值的补偿。【说明】我国的房屋所有权制度情况较为复杂,一些城市住房紧张,故离婚时住房问题的处理常常引发矛盾,是司法实践中的难点。为便于实务操作,我们以房屋的所有权性质为划分标准,结合法律、司法解释的规定及司法实践经验,分别提出以下参考意见:1. 住房为共同财产的,按照一般共同财产分割,如不宜分割使用,可根据双方住房情况,本着照顾子女、女方利益和照顾无过错方的原则分给一方所有,分得住房的一方可参考房屋评估价给予另一方相应的经济补偿。必要时也可采取竞价的方式解决。2. 住房为一方所有,离婚时住房一般仍归该所有人。如另一方离婚后确实无房,法院可根据具体情况判决允许其暂住;也可判决无房一方另外租房居住,若经济确有困难,享有房屋产权的一方可给予一次性经济帮助。需要注意的是,婚后双方对婚前一方所有的房屋进行过修缮、装修、原拆原建,离婚时未变更产权的,房屋仍归产权人所有,增值部分中属于另一方应得的份额,由房屋所有人折价补偿另一方;进行过扩建的,扩建部分的房屋应按夫妻共同财产处理……”江苏高院**《婚姻家庭案件审理指南(2010 年)》**(2010 年 5 月 18 日)第 6 章:“……判决离婚时夫妻共同财产的分割。离婚诉讼中,如当事人协商不成,人民法院对夫妻共同财产的分割需秉承下列原则:(1)男女平等原则。男女平等是《婚姻法》第二条第一款规定的一项基本原则。在处理离婚财产分割时,双方当事人对夫妻共同财产平等的享有分割权。只要是夫妻共同财产,不论其来源和双方的贡献大小,双方均享有依法分割的请求权。(2)照顾子女和女方权益原则。我国《婚姻法》无论是在基本原则还是在具体条文中充分体现了保护弱者、保护妇女的基本原则。根据《婚姻法》第三十九条的规定,离婚时双方对夫妻共同财产的分割不能协商一致时,由人民法院根据财产的具体状况,以照顾子女和女方权益的原则判决。《最高人民法院关于人民法院审理离婚案件处理财产分割问题的若干具体意见》（以下简称《离婚财产分割意见》）第十三条规定：'在双方条件等同的情况下，应照顾女方。'就目前社会现状而言，我国妇女从总体上经济收入和独立谋生的能力与男性还有一定的差距，为使妇女在离婚后生活有一定的保障，在分割夫妻共同财产时，应适度给予妇女较多财产份额，或在财产种类上将某些对正常生活影响较大的财产，如住房等分割给女方。（3）区分夫妻共同财产具体情况原则。财产具体情况包括财产的性质、种类、价值、各种财产的相互关系等，如财产分属于主物和从物，必须配合使用才能发挥其效能，则不宜分割使用。（4）有利生产、方便生活原则。人民法院在判决分割共同财产时，应根据财产的具体情况确定其归属。《离婚财产分割意见》第十一条规定：'对夫妻共同经营的当年无收益的养殖、种植业等，离婚时应从有利于发展生产、有利于经营管理考虑，予以合理分割或折价处理。'目前夫妻共同财产中生产资料所占比重越来越大，对此在分割时应在不损害其效用和价值的前提下，注意保证生产活动、经营的正常进行，无论当事人是否存在过错，原则上应判决给有经营能力的一方所有。对于夫妻共同财产中的生活资料，分割时应根据双方各自的实际需要，体现物尽其用、方便生活的原则。（5）不得损害国家、集体或第三人合法权益原则。分割夫妻共同财产时，不得将国家、集体或第三人的合法财产作为夫妻共同财产加以分割；不得借分割夫妻共同财产为名逃避共同债务；不得借分割夫妻共同财产为名逃避应当承担的扶养、抚养、赡养义务。在遵循上述原则时，应注意几个问题：（1）兼顾婚姻主体的特定情形。《婚姻法》第四十条规定：'夫妻书面约定婚姻关系存续期间所得的财产归各自所有，一方因抚育子女、照料老人、协助另一方工作等付出较多义务的，离婚时有权向另一方请求补偿，另一方应当予以补偿。'第四十二条规定：'离婚时，如一方生活困难，另一方应从其住房等个人财产中给予适当帮助。'付出较多义务一方要求的补偿以及困难一方要求的帮助均是因无法从分割夫妻共同财产中获得补偿和救助，从而要求另一方以其个人财产支付。如果有足够的夫妻共同财产，则应适用上述'照顾子女和女方权益原则'。（2）《婚姻法》第四十七条规定：'离婚时，一方隐藏、转移、变卖、毁损夫妻共同财产，或伪造债务企图侵占另一方财产的，分割夫妻共同财产时，对隐藏、转移、买卖、毁损夫妻共同财产或伪造债务的一方，可以少分或不分。离婚后，另一方发现有上述行为的，可以向人民法院提起诉讼，请求再次分割夫妻共同财产。'《婚姻法解释一》第三十一条规定：'当事人依据婚姻法第四十七条的规定向人民法院提起诉讼，请求再次分割夫妻共同财产的诉讼时效为两年，从当事人发现之日起计算。'对于起诉离婚前，一方隐藏、转移、变卖、毁损夫妻共同财产，或伪造债务企图侵占另一方财产的，人民法院在分割夫妻共同财产时，对该行为人可以少分或不分。3. 分割方法。夫妻共同财产的分割方法包括：（1）实物分割。即在不影响财产的作用和价值的情况下，对财产进行分割，双方各自取得应得份额。

(2)变价分割。即在双方均不主张取得共有财产的情况下,将共有财产拍卖、变卖,对所得价款进行分割,双方各自取得应得份额。(3)作价补偿。即一方主张共有财产,一方不主张共有财产,取得共有财产的一方应给予另一方相当于一半价值的补偿。如双方均主张共有财产且双方情况相当时,可在征求双方意见后采取竞价的方式,由出价高者取得共有财产,给予另一方相当于一半价值的补偿。"湖南高院**《关于加强对家庭暴力受害妇女司法保护的指导意见(试行)》**(2009年4月14日)第13条:"离婚案件中的财产分割。在涉及家庭暴力的离婚案件中,人民法院分割夫妻共同财产时,应当对家庭暴力受害妇女给予照顾。在确定房屋的所有权或居住权时,应当优先考虑受害妇女一方,避免受害妇女因离婚而无法正常生活。"辽宁大连中院**《当前民事审判(一庭)中一些具体问题的理解与认识(婚姻家庭部分)》**(2008年12月5日　大中法〔2008〕17号)第3条:"离婚时尚未取得完全产权的房屋如何处理?(1)离婚时夫妻取得的房屋所有权只是部分产权,不是完全产权,主要是指夫妻双方根据福利政策以标准价购买的公有房屋。部分产权房屋是国家历次房改政策的产物,其突出特点为部分产权处分受到限制。可按《婚姻法》解释(二)21条规定处理。(2)离婚时尚未取得产权的房屋是指夫妻双方对其居住使用的房屋尚未取得所有权。婚姻存续期间已经签订买卖合同,但未取得产权证的房屋。如果未交清全部购房款,可按《婚姻法》解释(二)21条规定处理;若已经支付了全部房价款,房屋所有权的法律关系比较清晰,只需完善权属登记手续的,可按照夫妻共同财产处理。离婚时对于动迁所得房屋未取得产权证的,应按照夫妻财产处理。"江西赣州中院**《审理离婚案件财产分割适用法律若干问题解答》**(2008年10月)第10条:"夫妻共有的房屋或单元房时如何进行分割?答:原则上将房屋产权判归一方,由取得房屋一方给另一方以经济补偿。独栋房屋能够进行实物分割且分割不会对原建筑物的使用功能造成重大不利影响,不妨碍双方生活居住的可以进行实物分割。单元房的实物分割应当从严慎重掌握。双方确无其他房屋居住,分割后对各自生活居住没有干扰或重大不利影响的,可以进行实物分割。"上海高院**《关于审理婚姻家庭纠纷若干问题的意见》**(2007年3月15日　沪高法民一〔2007〕5号)第7条:"当事人各方对共有房屋价值意见不一,但又不申请评估的处理。当事人对分割的共有房屋价值意见不一,但又不申请评估的,法院不能简单驳回原告诉请,应进行必要的释明,促使当事人提出委托评估的申请。经释明,当事人仍不提出申请的,法官可通过咨询房产中介公司或评估公司(至少两家)的意见,综合分析后予以酌定,并须在裁判文书中阐明理由。"第11条:"离婚诉讼中,当事人提出采用竞价方法确定房产权利归属的处理。按照婚姻法及其司法解释的规定,财产的处理应以照顾女方和抚养子女一方的权益为原则。在处理共有房产时,当事人提出采用竞价方法确定房产权利归属,若符合下列条件的,可予准许:(1)双方同意竞价;(2)双方经济、住房等条件基本相同。”江苏高院民一庭**《婚姻家庭案件疑难问题法律适用研讨会综述》**(2005年5月)第5条:“……(二)关于房屋权属性质的认定。代表们普遍认为,《婚姻法》确立的法定财产制是夫妻婚后所得共同制,除夫妻个人特有财产和夫妻另有约定外,夫妻双方或者一方在婚姻关系存续期间所得财产,均为夫妻共同所有。因此,房屋所有权的取得时间,应当是界定该房屋为夫妻共同财产还是一方个人财产的根本依据。只要婚姻关系存续期间取得所有权的房屋,无论是登记于一人名下还是双方名下,原则上均为夫妻共同财产。但是,如果一方当事人能够举出足够的证据,证明房屋系其以婚前个人财产购买,且所有权登记于个人名下,只是婚后方领取权属证书的,该房屋应视为一方个人财产在形态上的转化,仍应认定为一方个人财产……”河南高院民一庭**《关于当前民事审判若干问题的指导意见》**(2003年11月)第62条:“夫妻共有财产的分割,应坚持男女平等原则,在此前提下,兼顾子女、妇女及无过错方的利益。夫妻共有财产的分割,应坚持物尽其用的原则;充分考虑夫妻双方的经营能力和对物使用能力,对物的需求和依赖程度,最大限度地发挥物的使用价值。夫妻共有财产的分割,应坚持方便生活和有利生产经营的原则。”第65条:“对属于夫妻共有财产的私房,离婚后双方都要求继续居住,且私房也适宜分割居住的,可对私房进行实物分割,由双方各自获得相应的部分。一方有条件另外居住的,可把私房判归另一方,该方给对方相应价值的补偿。双方均无条件另外居住,但原私房确又无法分割,或分割居住将对双方的生活造成重大不便的,应根据照顾无过错方和保护妇女的合法权益等原则,把房屋判归一方所有和居住使用,由得到房屋的一方按房屋价值的一半给对方进行补偿。”第68条:“对属于夫妻双方共有的有限产权房屋应本着方便生活,解决和避免产生新的矛盾及适当兼顾房屋原产权人利益的原则进行分割。一般应让原房产所属单位的职工一方分得房屋,该方对另一方作价补偿,补偿时,不宜按实际购房款的一半进行补偿,应参照考虑房地产的市场行情,当地政府规定的住房标准价和当事人的经济状况等因素,酌情决定。双方均主张房屋的,也可以在评估的基础上由双方竞价,让出价高的一方得房,另一方获得相应份额的补偿。对有限产权房屋,人民法院应本着彻底解决矛盾、稳定法律关系、减轻当事人诉累的原则,根据实际情况判决由当事人使用、居住;或由当事人所有。”辽宁沈阳中院**《关于审理婚姻家庭案件若干问题意见》**(2003年)第8条:“……以下‘一定数额’或‘相应数额’,应根据结婚时间长短、双方经济、身体状况及是否直接抚养子女、导致离婚的过错程度等因素综合确定。对房屋价值的确定,应由双方协商确定,不能协商的,以评估为准。对房屋的处理,应提倡用竞价的方式解决,但在裁判书送达时应立即支付价款,保护双方利益,减少执行环节。(一)关于所有权房屋的处理。1. 夫妻对婚姻关系存续期间取得的所有权的房屋(公房出售的除外)以及婚前一方的房屋有约定的,在处理离婚案件时,应按双方约定处理。2. 一方婚前所有及婚后按遗嘱、遗赠、赠与合同确定归夫或妻一方所有,或者有证据证明确系用一方婚前资金购买的房屋,离婚时应归该方所有。3. 婚前一方所有,婚后双方将房卖掉,以此款购买或因动迁所得的新房(未交付增加面积款),离婚时应归原所有人所有,以此卖房款或动迁房为基础又交付部分资金获得的新房,离婚时,一般应归该方所有,但该方应给付对方不低于新增价值一半的房款。4. 婚前由一方承租的公房,有证据证明婚后双方购买所有权的,该方有获得房屋的优先权,但取得房屋的一方应给付对方一定数额的折价款。5. 婚前一方所有,婚后因修缮、动迁或调房等原因而使房屋增值,离婚时原则上仍归该对方所有,但应给付对方一定数额的折价款,如扩大或扩建并能分出的部分,应按共同财产处理。6. 双方以各自婚前所有的所有权或使用权的房屋,婚后合并调换的所有权的房屋,离婚时原则上按共同财产处理,但应根据原房屋的具体情况,由取得房屋所有权的一方给付对方相应数额的折价款。7. 婚前一方借款建造、购买的房屋,婚后夫妻共同偿还借款的,离婚时房屋应归建造或购买方所有,但应返还对方共同偿还款项的一半。8. 夫妻婚后共同建造、购买、继承、受赠或其他方式取得的房屋(约定所有除外),离婚时按共同财产处理,但取得房屋的一方应给付对方一定数额的折价款……”江苏高院**《关于印发〈关于审理离婚案件处理住房问题的意见〉的通知》**(1995 年 1 月 3 日　苏高法发〔1995〕1 号)第 6 条:“夫妻共有房屋,离婚时,能够分割使用的,应当予以分割;无法分割使用的,或者双方达成协议的,或者分割后使用可能造成矛盾激化且一方有迁居条件的,也可折价归并。”第 7 条:“对于不宜分割使用的夫妻共有房屋,应当根据双方住房情况和照顾抚养子女方或无过错方等原则归并给一方所有,分得房屋的一方对另一方应给予相当于该房屋一半价值的补偿。在双方条件等同的情况下,应当照顾女方。”北京高院**《关于印发〈关于处理婚姻案件中子女抚育、财产分割及住房安置问题的几点意见〉的通知》**(1990 年 8 月 30 日　京高法字〔1990〕第 161 号)第 2 条:“……7. 在具体判决财产的归属时,应考虑物品的使用价值,对当事人学习、工作必需的学习资料、业务书籍、工具等,应按照当事人的实际需要,合理分割。8. 在离婚诉讼中,如果夫妻财产与其他人的财产处于共有状态,应当由夫妻与其他共有人协商确定各自应得的财产数额,然后根据协商确定的夫妻共同财产数额进行分割。如果协商不成,可由人民法院对能够确定的夫妻共同财产进行分割。”

【参考类案】

①2014 年**广东某执行异议纠纷案**,2012 年,执行法院依生效刑事判决追缴被告人杨某违法所得 35 万元过程中,裁定查封杨某名下房产。臧某以其2007 年与杨

某协议离婚时约定该房归其所有为由提出异议，并提交了由民政局盖章的离婚登记审查处理表及离婚协议复印件。法院认为：依法律规定，夫妻可以约定婚姻关系存续期间所得的财产以及婚前财产归各自所有、共同所有或部分各自所有、部分共同所有。约定应当采用书面形式……夫妻对婚姻关系存续期间所得的财产以及婚前财产的约定，对双方具有约束力。故夫妻间约定无须另行经过物权变动手续，在婚姻关系内部应已发生法律效力。物权作为对世权，不动产物权变更登记制度原意系在于保护善意第三人，维护交易安全。虽依《物权法》第9条规定，不动产物权的设立、变更、转让和消灭应当经过登记和公示，方能产生物权效力，否则不具有对抗第三人的效力。但第15条同时规定，当事人之间设立、变更、转让和消灭不动产物权的合同，除法律另有规定或者合同另有约定外，自合同成立时生效；未办理物权登记的，不影响合同效力。离婚协议关于不动产归属约定虽未办理变更登记，但不影响其效力。根据物权大于债权的法律原则，物权发生变动而未履行登记和公示程序的，所不能对抗的是善意第三人主张的物权，而非债权。本案中，双方所签离婚协议已备案登记，合法有效，且臧某对房屋实际占有，不存在善意第三人，应认定双方合意真实有效，发生物权变更效力，臧某应为实际产权人，故裁定解除对案涉房屋查封。

②2012年**某离婚纠纷案**，离婚诉讼当事人只有一套共有房屋居住，又均无能力补偿对方，法院能否判令双方离婚后对该房屋各占二分之一产权？处理意见：一物一权是《物权法》基本原则。在不具备分别登记产权条件下，在一个物上判决两个所有权存在，明显违反法律规定。既然该套房屋性质为夫妻共同财产，那么，如在离婚诉讼中不作分割，实际上双方仍处于共同共有状态。夫妻共有是共同共有一种典型状态，一般情况下，分割夫妻共同财产是一人一半，故如判决一人一半，实际上只是判决确定从夫妻共同共有到按份共有，并不能解决双方离婚后实际面临的居住问题，因对按份共有人来说，仍存在由谁实际控制、使用该房屋问题，如当事人自己能协商解决这一问题，即无必要由法院作出判决；如不能协商解决问题，在当事人明显失去共有基础条件下，法院强行判决按份共有，有可能造成新的矛盾，故在上述情形，判决当事人离婚后对夫妻共同所有房屋产权按份共有不是离婚案件中分割夫妻共同财产好办法，一般不宜采用。

③2012年**某离婚纠纷案**，《婚姻法》司法解释中规定，分割离婚财产时，对房产可采用竞价方式处理。李某、张某离婚案件中，对房屋价值李某认为值100万元，张某认为值120万元，调解不成时，可否按张某认为的价值处理，即判决该房屋归张某所有，由张某支付60万元给李某？遗产继承纠纷案件可否适用竞价方式处理？处理意见：最高人民法院《关于适用〈中华人民共和国婚姻法〉若干问题的解释（二）》（已于2021年1月1日起废止）第20条规定："双方对夫妻共同财产中的

房屋价值及归属无法达成协议时,人民法院按以下情形分别处理:(一)双方均主张房屋所有权并且同意竞价取得的,应当准许;(二)一方主张房屋所有权的,由评估机构按照市场价格对房屋作出评估,取得房屋所有权的一方应当给予另一方相应的补偿。"竞价方式是基于当事人双方同意基础之上所采用的一种公平、公开处理相关财产方式,实际上是通过程序转换,进而引入经济实力这一新的实体标准,即资源分配依据最大经济实力标准进行。从上述规定可看出,双方对夫妻共同财产中房屋价值及归属无法达成协议时,引入竞价程序加以解决既公平又有效率。竞价方式处理夫妻共同财产中房屋时,应具备三个条件:一是双方对夫妻共同财产中房屋价值及归属无法达成协议,如双方能达成协议,应协商解决;二是双方均主张房屋所有权,且当事人双方经济条件相当,只有在双方经济收入和经济水平相差不大情况下,当事人才能真正处在同一水平线上对财产进行竞价,竞价制度才能真正体现其公平性、合理性;三是当事人双方同意适用竞价方式,只有当事人同意按竞价方式解决才准许采取竞价方式。基于个案不同情况,充分考虑当事人意愿,在双方协商不成时,可采取竞价、评估等形式,妥善解决纠纷。上述问题中提出的对房屋处理方案,不能简单地按张某认为的价值处理,应依上述司法解释第 2 款规定,可由评估机构按市场价格对房屋作出评估,根据评估价格,由取得房屋所有权一方给予另一方相应补偿;双方均要求取得房屋所有权的,可在评估基础上由双方竞价取得;如双方协商意见是按张某所提价格处理,可按双方协商方案处理。对遗产继承纠纷案件,目前法律、司法解释未明确规定适用竞价方式处理,同时,在处理遗产时亦应对无生活来源相关主体予以适当照顾,如适用竞价方式则不能充分体现我国法律有关照顾原则,故在目前无明确法律规定情况下,竞价方式原则上不适用于遗产继承纠纷案件。

④2011 年**某继承纠纷案**,2009 年,田某父死后,田某母立遗嘱将名下房产指定给田某子继承。2010 年,田某母死后,该房登记在田某、田某妹、田某子名下。该房仅一个出口、一个卫生间、一个厨房。田某妹以其定居国外为由,诉请对该房产进行分割。法院认为:《物权法》第 100 条第 1 款规定:"共有人可以协商确定分割方式。达不成协议,共有的不动产或者动产可以分割并且不会因分割减损价值的,应当对实物予以分割;难以分割或者因分割会减损价值的,应当对折价或者拍卖、变卖取得的价款予以分割。"按份共有人请求分割按份共有不动产,法院应依《物权法》该条确定的原则予以处理。分割时,要考虑房屋是否具有构造上、使用上和登记上的独立性。根据"一物一权"原则,对于不符合产权分割标准的不动产,应对折价或拍卖、变卖取得的价款予以分割。不能在保持按份共有前提下,对不动产各部位使用权进行分割。本案中,田某与田某妹、田某子对于案涉房屋属按份共有,个人所占比例分别为 1/6、1/6、2/3。对于共有关系解体时应如何分割共有财产,依

《物权法》第100条规定,在案涉房屋不具备拆分使用和内部分割后单独进行产权登记条件下,不宜强行判决分割房屋使用权,而是应判决田某妹将其名下分得的房屋平方米数,归田某与田某子所有,并根据评估结果对田某妹应分得的平方米数折价,由田某、田某子补偿给田某妹。考虑到田某子系残疾人,田某一家确有经济困难,故在调解不成情况下,判决田某妹名下1/6房屋产权归田某所有,田某向田某妹支付房价款23.35万元,其余60万元,分三期于次年起每年6月向田某妹支付房价款20万元,直至付清为止。

⑤2009年**山东某物权纠纷案**,2000年,韩某与丈夫曲某共同出资,同时使用曲某父拆迁补偿款、银行贷款购买房屋,因贷款方便而登记在曲某姐名下。2002年,曲某父去世。2005年,韩某与曲某离婚。2006年,曲某姐通过中介将前述房屋以18.6万元卖给高某。2010年,韩某诉请确认前述房屋系夫妻共有财产,要求曲某姐给付其10万元。法院认为:诉争楼房虽登记房主为曲某姐,但根据已查明事实,购买该房资金来源为拆迁补偿款、银行贷款和个人借款几部分构成。拆迁补偿款应为曲某父个人财产,其人已去世,现无证据证明曲某父已将该款赠与曲某姐或韩某,故该房款应作为遗产处理。银行贷款根据韩某提交的录音已证明当时因买房时曲某父、曲某均不符合贷款条件,系曲某姐顶名贷款,曲某所写借条亦证明其曾从其岳父处为买房借过款,其借条上已注明所买楼房即是诉争楼房,加上购房发票、商品房使用说明书、质量保证书等由韩某掌握等证据,应认定争议楼房实为曲某父与曲某、韩某共同购买,即争议楼房产权所有人为曲某父、曲某、韩某。房屋权属登记是行政机关依据当事人提交的资料,经过形式审查所进行的公示形式,在房屋权属发生争议时,确认房屋产权所有人,应以查明的购房事实为依据,而不应以房屋权属登记为准。曲某姐依据房屋权属登记主张争议楼房为其所有,证据不足,其主张不予支持。财产共有形式有按份共有和共同共有,诉争房产具体投资份额根据现有证据难以确定,应认定为共同共有,共同共有人为曲某父、曲某、韩某。现共有人曲某父已死亡,韩某与曲某已离婚,且共有楼房已被曲某姐出卖,共有关系基础关系已丧失,共有人有权就共有房产价值进行分割,韩某要求分割其原夫妻共同财产,应首先将其原夫妻共同财产从家庭共有财产中分离出来,即两人夫妻共同财产为房产权益2/3。该房产已被曲某姐出卖,卖房款18.6万元,去除曲某父遗产6.2万元,韩某与曲某夫妻共同财产应为12.4万元。韩某个人应分得诉争楼房财产收益6.2万元,曲某姐系房屋出卖人,其出卖行为损害了韩某权益,其应偿付韩某楼房款6.2万元。高某通过房屋中介,付出合理价款,购得争议楼房,并已办理房屋过户手续,应为善意取得,其应为现房合法所有者。判决曲某姐偿付韩某房款6.2万元。

⑥2008年**安徽某财产权属纠纷案**,2007年,儿、媳闹离婚,父、母起诉儿、媳要

求确认由儿子任法定代表人的科技公司付款的诉争房产系4年前其借用儿媳名义购买,属家庭共同财产。法院认为:购房发票虽载明客户名称为儿媳,但预收房款发票载明付款人为科技公司,父、母所举证据均不足以否定开发商出具发票的证明效力。诉争房屋虽系以儿媳名义购买,但购房事实发生在各方当事人共同生活期间,故诉争房屋应认定为家庭成员父、母、儿、媳共同共有。判决确认房屋属父、母、儿、媳共同共有。

⑦2007年**北京某离婚纠纷案**,1995年,李某因拆迁以2万余元标准价购得承租公房。1997年,李某与张某结婚。2002年,李某支付2万余元,获得标准价出售住宅产权证。2005年,李某与张某离婚,协议约定该房屋两间,各人享有其中一间房屋所有权。2007年,李某办理房改手续,支付1万余元,获得完全产权后,诉请确认离婚协议中关于住房约定部分无效,要求确认其所有权。法院认为:离婚协议中约定成套建造单元楼房由双方分别所有不同房间的,因违反《物权法》一物一权原则,应认定为无效。李某与张某在离婚协议中约定两房间归各自分别所有,违反了一物一权(所有权)原则,该约定无效。在李某与张某均主张房屋所有权、李某不同意以竞价方式确定所有权归属情况下,法院根据下列因素确定房屋所有权归属:本案诉争房屋是李某与张某结婚前,李某以分期付款方式从其单位购买的标准价住房;李某在婚前用个人财产支付超过三分之一房款,婚姻关系存续期间李某与张某用夫妻共同财产支付部分,取得以李某为房屋所有权人的所有权证书;李某与张某离婚后,李某又用个人财产补交了差额款,办理了房改手续,取得完全产权。基于上述考虑,法院确定本案诉争房屋归李某所有,由李某给付张某房屋折价款。判决确认离婚协议中关于住房安排内容无效,该住房归李某所有,李某给付张某折价款12万元。

⑧2003年**福建某行政诉讼案**,2001年,施某与张某离婚,法院判张某名下房屋系夫妻共同财产,归张某所有,由张某给付共同财产差价款。2002年,因张某未履行,法院依申请查封该房产并送达协助执行通知书予市政府土管部门,张某之母陈某以该房为其祖产房为由提出执行异议被驳回。2003年,陈某向土管局提出申请,张某亦以检讨书形式承认是以欺骗手段取得土地使用证,市政府后决定撤销诉争房屋土地使用证。法院认为:虽施某已与张某离婚,但张某尚未依生效判决履行义务,市政府在法院执行过程中,作出撤销土地使用证行为,对施某实际权利义务产生影响,施某为此提起行政诉讼,符合法律规定。市政府土管部门在接到法院协助执行生效判决后,不是积极协助,而是仅根据张某自己所写检讨书及陈某申请,并未调查,即作出撤销土地使用证决定,该撤销决定事实不清,应予撤销。

⑨2000年**天津某离婚纠纷案**,1999年,与丈夫王某结婚10年的姜某再次起诉离婚。要求分割婚后一直居住、登记在王某父亲名下房屋,王某主张婚姻关系期间

王某交通肇事由父亲代其筹借的2万余元应算夫妻共同债务，并且孩子归自己，姜某支付抚养费。法院认为：房屋买卖或赠与属要式法律行为，以办理产权过户手续为成立要件。根据王某所提供房屋产权证明及双方陈述，可证实双方婚后所使用房屋产权人为王某之父，并未变更为姜某、王某。姜某主张该房已赠与双方，缺乏充分证据证实。对于姜某要求分得一间住房请求，其未能提供产权人同意由其使用的证据，且姜某与王某分居已一年有余，在此期间，姜某一直在外居住，说明其能解决住房，故法院对姜某该项请求不予支持。王某开车所得收入均用于家庭生活，故对王某驾车肇事产生的赔偿款项认定为夫妻共同债务。该笔债务应根据债务产生的原因及姜某、王某负担能力合理分担。虽姜某暂无收入，但其并未丧失劳动能力，有给付抚育费义务，抚育费数额应参照当地基本生活标准一半予以确定。判决准予双方离婚，孩子由王某抚养，姜某支付抚育费；共同债务2.5万元，由姜某负担8000元，王某负担1.7万元。

⑩1999年**湖南某财产纠纷案**，1990年，邝某与妻子康某购买房改房，其中邝某父母即汤某夫妇共同出资1.8万余元。该房登记共有产权人为邝某、康某及邝某当时尚无经济能力的子、女。1996年，邝某与康某离婚。1997年，康某及邝某子、女起诉邝某，要求分割共有房屋。因邝某父已故，汤某作为第三人参与诉讼，主张对诉争房屋享有共有权。法院认为：邝某与康某原为夫妻关系，二人在婚姻存续期间购置并改建诉争房屋系其家庭共有财产。邝某子、女在该房购买改建过程中虽未出资，但已尽个人应尽义务，且邝某在办理房屋产权登记时，将邝某子、女登记为共有权人，另一共有人康某并未提出异议，财产所有人对共有人约定是当事人自己真实意思表示，亦无违反法律之处，应依法保护共有权人享有一定份额。汤某夫妇既非邝某、康某家庭成员，亦非该诉争房屋共有权人，仅以其在购房建房过程中出资即要求参与对该房产权分割，其理由不能成立。判决案涉房屋由康某、邝某各占2/6份额，由邝某子、女各占1/6份额；因购置并改建房屋所负汤某共同债务1.8万余元，由康某、邝某各自负责归还6000余元，由邝某子、女各自负责归还3000余元。

⑪1998年**河北某物权纠纷案**，1966年，已满30岁的马某与父母修建房屋5间。1974年，经村委会主持分家析产，马某与马某弟各分得2间半。1982年，马某弟去世，马某弟妻放弃继承。1994年，马某妹与母亲孟某签订赡养协议，约定孟某全部房产归马某妹。1996年，孟某去世。1997年，马某以马某妹居住房屋产权在1986年时已登记在自己名下为由，诉请腾房。法院认为：家庭共同财产是指在一起生活的父母、子女以及其他家庭成员共同所有财产。诉争五间房屋，是1966年马某弟、妹与父母等一家人共同生活期间建造的，故应属家庭共同财产。当时马某已30岁，是家庭主要劳动力，为建房付出了劳动，理应获得自己合法份额。1974年，在该房屋共有人共同协商和村干部成员参加下，对家庭成员共有五间房屋进行

析产,马某、弟各分得两间半房屋,致使共同“家庭财产”合法转化为个人财产,这与当时法律和社会公德不相违背。分家后房屋所有人已居住多年。对这种分家析产行为,法院应予认定,对马某获得两间半房屋所有权应予保护。马某将诉争五间房屋以自己名义取得建宅证,是在其母不在家情况下进行的。依最高人民法院《关于已分家析产的房屋,登在一人名下的产权仍归双方各自所有的批复》(1985 年 12 月 27 日)精神,马某将属于马某弟、后被母亲孟某继承的房屋登在自己名下,是无效行为,其房屋所有权仍归孟某享有。《继承法》第 16 条第 2 款规定:“公民可以立遗嘱将个人财产指定由法定继承人的一人或者数人继承。”由此可见,公民只能立遗嘱处分自己财产,无权处分他人财产,处分他人财产应为无效行为。本案中,在马某弟妻放弃继承权情况下,孟某作为唯一有继承权的法定继承人,依法继承了马某弟所有的两间半房屋,并通过与马某妹所签具有遗嘱性质的公证赡养协议约定处分给马某妹,除对应属马某房屋处分部分外,其他处分行为合法有效,故诉争五间房屋马某与其母各享有一半所有权,在其母去世后根据公证遗嘱内容,判决马某妹继承两间半房屋。

【典型类案实务要点】

1.【**登记在夫妻一方名下的房产,离婚时据实确定权属**】登记在夫妻一方名下房产,在另一方主张系其婚前个人财产,并提供较为充分的相反证据情况下,法院应综合审查相关证据证明力,判断各证据证明力大小,运用优势证据规则判断不动产物权归属,确认不动产物权人。

2.【**离婚判决中,夫妻共有房屋,不宜确认为按份共有**】离婚诉讼当事人只有一套共有房屋居住,又均无能力补偿对方,法院不宜判令双方离婚后对该房屋各占 1/2 产权。

3.【**分割离婚财产时,可在评估基础上确定归属及补偿**】分割离婚财产时,双方对财产价值争议较大时,可在先行评估基础上适用竞价方式,确定财产归属及一方补偿价格。

4.【**共有人请求分割共有财产的,不宜判决分割使用权**】按份共有人请求分割难以分割的共有房屋,应依《物权法》第 100 条规定,对折价或拍卖、变卖所得价款予以分割。

5.【**房屋权属有争议时,应以购房事实确定产权所有人**】房屋权属登记是行政机关依据当事人提交的资料,经过形式审查所进行的公示形式,在房屋权属发生争议时,确认房屋产权所有人,应以查明的购房事实为依据,而不应以房屋权属登记为准。

6.【**家庭成员共同出资,以其中一人名义购房,系共有**】家庭成员在家庭共同生活关系存续期间共同创造、共同所得财产由家庭成员共同共有,不宜简单地根据产权登记状况确定房屋归属,而应根据出资情况及对房屋的管理和维护等情况综合判断。

7.【**包括个人及共有房产分割,应考虑双方对房屋贡献**】对于既用夫妻一方个人财产又用夫妻共同财产支付购房款的共有房屋,应根据双方对该房屋的贡献大小进行分割。

8.【**判决已确认房屋权属,房管局不能再撤销颁证行为**】司法裁判已对行政机关颁证行为先行确定,行政机关只能按此种司法确认行使权力,否则,应认定构成超越职权。

9.【**婚后居住一方父母名下房产,不属于夫妻共同财产**】夫妻关系存续期间共同居住房屋属于一方父母名下房屋,在无证据证明系赠与关系情况下,享有居住权不等于享有所有权。

10.【**无经济能力子女系登记共有产权人,应享房产份额**】未出资出力的家庭成员作为共有产权人登记,应认定因此合法取得房屋产权,已出资家庭成员不当然成为产权人。

11.【**已分家析产房屋,登记在一人名下,仍归各自所有**】已分家析产房屋,由家庭财产合法转化为个人财产后,权利人通过继承取得、遗嘱处分其所有份额的,应为有效。

12.【**离婚协议约定房产归属虽未登记,仍发生物权变更**】离婚协议中对于不动产归属约定,对双方具有约束力;虽未经登记,但在无善意第三人情况下,应认定发生物权变更效力。

【类案裁判一般规则】

登记在夫妻一方名下房产,在另一方主张系其婚前个人财产,并提供较为充分的相反证据情况下,法院应综合审查相关证据证明力,判断各证据证明力大小,运用优势证据规则判断不动产物权归属,确认不动产物权人。分割离婚财产时,双方对房产价值争议较大时,可在先行评估基础上适用竞价方式,确定房屋产权归属及一方补偿价格。

【典型参考案例索引】

主旨案例:天津高院(2012)津高民申终字第1246号,见《刘某诉张某离婚纠纷案——不动产权属的认定与优势证据规则的运用》(董志勇),载《人民法院案例选》(201403/89:124)。**其他案例**:①广东广州中院(2014)穗中法执复议字第101号"臧某执行异议案",见《臧旭霞执行异议审查案——离婚协议是否具有物权变更效力》(殷雨晴),载《人民法院案例选》(201602/96:145)。②见《离婚诉讼的当事人只有一套性质为夫妻共同财产的房屋居住,又均无能力补偿对方,法院能否判令双方离婚后对该房屋各占二分之一产权》(《民事审判指导与参考》研究组),载《民事审判指导与参考·民事审判信箱》(201204/52:248)。③见《竞价方式在婚姻、继承纠纷案件中的适用问题》(《审判监督指导》研究组),载《审判监督指导·再审信箱》(201203/41:257)。④见“田青穗诉田瑛、田青禾分割共有房屋案”,见《共有人请求分割共有财产时,人民法院不宜判决分割使用权》(韩玫,最高院民一庭),载《民事审判指导与参考·指导性案例》(201103/47:117)。⑤山东陵县法院(2009)民初字第781号“韩某与曲某等物权纠纷案”,见《韩某诉被告曲爱霞等房屋所有权确权及分家析产案(房屋登记效力与实际出资人的保护)》(齐昭森),载《中国审判案例要览》(2011民:431)。⑥安徽芜湖中院(2008)芜中民一终字第264号“邓某等诉宫某等财产权属纠纷案”,见《家庭成员共同出资以其中一人名义购买的房屋为共同共有——邓本金、刘志华诉宫明艳、刘焜财产权属纠纷案》(国廷斌),载《人民法院案例选·月版》(200905/5:41)。⑦北京一中院(2007)一中民终字第14995号“李某与张某离婚纠纷上诉案”,见《同一套住房分割时一物一权原则的适用》(王茂刚),载《人民司法·案例》(200804:70)。⑧福建龙岩中院(2003)岩行终字第65号“施某诉某市政府撤销土地使用证决定案”,见《施丽丽诉龙岩市人民政府撤销土地使用证决定案》(丁建岩),载《人民法院案例选》(200501/51:480)。⑨天津塘沽区法院(2000)塘民初字第1316号“姜某诉王某离婚案”,见《姜增霞诉王春东案(离婚、共有财产、共同债务、抚养费)》(李刚、陈树亮),载《中国审判案例要览》(2001民:13)。⑩湖南衡阳中院1999年3月29日“康某与邝某财产纠纷案”,见《康国宁等诉旷原子分割登记为共有的房产案》(伍云松),载《人民法院案例选》(200003/33:65)。⑪河北廊坊中院1998年5月7日“马某与马某妹物权纠纷案”,见《马万良以其为建宅证上的户主为据诉马万玲侵犯其房屋所有权案》(邓云华、李一为),载《人民法院案例选》(200001/31:90)。

33. 按揭房增值部分处理

——婚后按揭房,增值如何分?

【按揭房产】

【案情简介及争议焦点】

2004年,李某购房,首付8万元、贷款10万元、契税1万元。2008年,李某与张某结婚,房屋升值为41万元,产权登记在李某名下。婚后共同还贷10万元。2012年,双方诉讼离婚时,房屋升值为90万元。

争议焦点:1. 婚后还贷款项性质? 2. 房屋增值部分如何处理?

【裁判要点】

1. 共同财产还贷。李某与张某结婚后还贷10万元,虽系李某每月用自己工资卡归还银行贷款,但双方并未约定实行分别财产制,李某工资收入应属夫妻共同财产。

2. 增值部分补偿。最高人民法院《关于适用〈中华人民共和国婚姻法〉若干问题的解释(三)》(已于2021年1月1日起废止)第10条规定:"夫妻一方婚前签订不动产买卖合同,以个人财产支付首付款并在银行贷款,婚后用夫妻共同财产还贷,不动产登记于首付款支付方名下的,离婚时该不动产由双方协议处理。依前款规定不能达成协议的,人民法院可以判决该不动产归产权登记一方,尚未归还的贷款为产权登记一方的个人债务,双方婚后共同还贷支付的款项及其相对应财产增值部分,离婚时应根据婚姻法第三十九条第一款规定的原则,由产权登记一方对另一方进行补偿。"依上述规定,本案应首先计算诉争房产升值率,即诉争房产现价格除以(结婚时诉争房产价格+共同已还利息+其他费用)=90÷(41+3+1)=200%;再次,计算非产权登记一方所得补偿款,即共同还贷部分乘以不动产升值率,该数额一半即为应补偿额,即10×200%÷2=10万元,故判决诉争房产归李某所有,李某支付张某10万元补偿款。

【裁判依据或参考】

1. 最高人民法院司法解释及其他司法性文件/解读文章。最高人民法院**《关于适用〈中华人民共和国民法典〉婚姻家庭编的解释(一)》**(2021年1月1日 法释〔2020〕22号)第77条:"离婚时双方对尚未取得所有权或者尚未取得完全所有权的房屋有争议且协商不成的,人民法院不宜判决房屋所有权的归属,应当根据实际情况判决由当事人使用。当事人就前款规定的房屋取得完全所有权后,有争议的,可以另行向人民法院提起诉讼。"最高人民法院**《关于适用〈中华人民共和国婚姻法〉若干问题的解释(三)》**(2011年8月13日 法释〔2011〕18号,2021年1月1日起废止)第10条:"夫妻一方婚前签订不动产买卖合同,以个人财产支付首付款并在银行贷款,婚后用夫妻共同财产还贷,不动产登记于首付款支付方名下的,离婚时该不动产由双方协议处理。依前款规定不能达成协议的,人民法院可以判决该不动产归产权登记一方,尚未归还的贷款为产权登记一方的个人债务。双方婚后共同还贷支付的款项及其相对应财产增值部分,离婚时应根据婚姻法第三十九条第一款规定的原则,由产权登记一方对另一方进行补偿。"最高人民法院吴晓芳法官**《关于婚姻家庭纠纷审理热点难点问答》**〔载《民事法律文件解读》2011年第

11辑(总第83辑)〕第55条:“一方婚前贷款买房、夫妻婚后共同还贷离婚时应如何处理?离婚诉讼中,一方婚前按揭购买房屋,婚后夫妻共同还贷,产权登记在一方名下,离婚时按揭房屋的归属问题成为焦点。通常情况下,买受人与房地产开发商签订房屋买卖合同后,商品房的买卖关系已经成立。贷款购买房屋的,买受人先付清首付款,剩余款项在银行办理按揭贷款手续,银行审查买受人的收入状况及资信后,将所贷款项直接划入开发商的账户。至此,买受人的付款义务已经全部完成,与银行之间形成债权债务关系。婚后取得房屋所有权证,并不意味着该房屋就属于夫妻共同财产。房屋所有权证虽然系婚后取得,但财产权益在婚前签订房产买卖合同后就已经取得。也就是说,婚后房屋物权的取得并非凭空取得,而是依据婚前的债权转化而来,因此离婚时判归产权登记一方比较公平。至于婚姻关系存续期间用夫妻共同财产还贷部分以及增值部分,离婚时要根据《婚姻法》第三十九条的规定,在照顾子女和女方权益的原则下进行判决。具体到如何分割的问题,有人提出一个计算公式,即双方应共同分割部分=夫妻婚后共同还贷部分÷实际总房款(总房款本金+已还利息)×离婚时房屋的市场价值,这种计算方法相对比较公平。实际分割时考虑到需要照顾子女和女方的权益,不能完全对半进行分割。如离婚时房屋出现贬值的情形,从照顾子女和女方权益的原则出发,起码应补偿女方婚后共同还贷部分的一半。因为婚后共同还贷的义务是因一方婚前购买房屋的行为派生出来的,只要夫妻双方不是实行分别财产制,无论婚后用谁赚的钱归还银行贷款,都属于夫妻共同还贷,因婚前一方决策行为而导致的房屋贬值由其承担是合情合理的。从总体情况看,离婚时房屋暂时的贬值并不意味着以后不会升值,持有房产的一方只要不在房价低谷时抛售房屋,其实际利益不会蒙受损失。而对于配偶一方,可能意味着失去了最佳购房时机,离婚时拿回婚后还贷数额的一半是完全应该的,法律没有绝对的公平,只能是尽量达到相对公平而已。在将按揭房屋认定为一方所有的基础上,未还债务也应由其继续承担,这样处理不仅易于操作,也符合合同相对性原理。婚前一方与银行签订抵押贷款合同,银行是在审查其资信及还款能力的基础上才同意贷款的,其属于法律意义上的合同相对人,故离婚后应由其继续承担还款义务。这样处理不涉及办理所有权的变更登记问题,作为享有抵押权的银行方面也不会因夫妻离婚而权利受损。对于一方婚前签订买卖合同支付首付款并在银行贷款、房产登记在首付款支付方名下、婚后夫妻共同还贷这类房产,完全认定为夫妻共同财产或者一方的个人财产都不太公平,该房产实际是婚前个人财产(婚前个人支付首付及还贷部分)与婚后共同财产(婚后双方共同还贷部分)的混合体,《婚姻法司法解释(三)》第十条规定离婚时处理此类纠纷的主导原则是,既要保护个人婚前财产的权益,也要公平分割婚后共同共有部分的财产权益,同时还不能损害债权人银行的利益。需要注意的是,如果婚前首付款是一方父母出资（无论出资性质是赠与还是借贷），婚后夫妻共同还贷且产权登记在一方名下，这种情形也可以比照该条规定精神进行处理。有观点认为，《婚姻法司法解释（三）》第十条仅涉‘银行贷款’，其适用范围或条件过于苛刻。虽然利用银行贷款是多数居民购房时解决自有资金不足的主要途径，但非所有居民借款的对象均为银行。事实上，有些居民可能由于年龄、户籍、信用等因素，没有从银行获批贷款的可能性；还有些居民为了节省‘利息钱’，买房的部分资金是向亲友筹集的。非银行的借款，只要真实用于购置不动产，司法裁判争议时的规则也应该将其与银行贷款一视同仁。我们认为这种观点是有道理的，购房人从亲友处借款也可以按照《婚姻法司法解释（三）》的规则处理。”最高人民法院民一庭《**民事审判实务问答（夫妻共同财产问题）**》（2005 年 4 月）第 4 条：“婚前男、女任一方按揭贷款所购买的房屋，婚后共同付款，离婚时尚未付款完毕的，是否属夫妻共同财产？应如何分割？答：《最高人民法院关于适用〈中华人民共和国婚姻法〉的解释（二）》第二十一条规定：‘离婚时双方对尚未取得所有权或者尚未取得完全所有权的房屋有争议且协商不成的，人民法院不宜判决房屋所有权的归属，应当根据实际情况判决由当事人使用；当事人就前款规定的房屋取得完全所有权后，有争议的，可以另行向人民法院提起诉讼。’对采取住房抵押贷款方式购买商品房未付清全部房价款的房屋属于尚未取得所有权的房屋，在离婚诉讼时不应作为夫妻共同财产进行分割，应按上述规定进行处理。”

2. 地方司法性文件。江苏高院《**家事纠纷案件审理指南（婚姻家庭部分）**》（2019 年 7 月 18 日）第 30 条：“《婚姻法解释三》第十条规定的不动产婚内共同还贷及增值的补偿数额应当如何计算？补偿数额可以按以下公式计算：【夫妻共同还贷部分 × 不动产升值率 ÷ 2】。不动产升值率 = 离婚时不动产价格 ÷ 不动产成本（购置时不动产价格 + 共同已还贷款利息 + 其他费用）× 100%。其他费用包括印花税、契税、营业税、评估费等，不包括公共维修基金、物业费。如果夫妻一方购置不动产后经过一段时间才结婚的，计算不动产成本时，应当以结婚时不动产价格作为计算依据。若在个案中计算所得补偿数额明显低于婚后还贷本息总额的一半时，应当依照《婚姻法》第三十九条第一款规定的原则，判令取得所有权的夫妻一方给予夫妻另一方合理的补偿。”北京高院民一庭《**关于审理婚姻纠纷案件若干疑难问题的参考意见**》（2016 年 8 月 4 日）第 28 条：“【婚前借款买房婚后共同偿还的处理】夫妻一方婚前对外借款支付全款购买房屋，房屋登记于付款方名下，婚后夫妻双方共同偿还借款，离婚分割财产时，可参考《婚姻法司法解释三》第十条的规定予以处理。”浙江高院民一庭《**关于印发〈关于审理婚姻家庭案件若干问题的解答〉的通知**》（2016 年 6 月 27 日　浙高法民一〔2016〕2 号）第 9 条：“《婚姻法司法解释（三）》第十条规定的婚后共同还贷支付款项及其相对应财产增值部分，由产权登记一方对另一方进行补偿,该补偿数额如何计算?答:补偿数额可以按以下公式计算:[婚后还贷本息总额÷(购买时房价+应还贷款利息总额)]×离婚时房价÷2。如在个案中,计算所得补偿数额明显低于婚后还贷本息总额半数的,应在上述计算方式的基础上,根据照顾子女和女方利益的原则,结合案件实际合理确定补偿数额。”上海高院**《关于房产案件若干争议问题的处理意见》**(2016年3月8日)第3条:“……(三)夫或妻一方婚前贷款所购房屋权属的认定。审判实务中,对于夫或妻一方婚前按揭贷款、婚后共同还贷所购的房屋是属于夫妻共同财产还是夫妻一方财产,存有不同观点。倾向性意见认为:夫或妻一方婚前通过按揭贷款方式向开发商支付房款,履行了房屋买卖合同义务,产权登记在夫或妻一方名下的,一般应认定为夫或妻一方个人财产。婚后共同还贷款项实为共同清偿对银行的债务,根据《婚姻法司法解释三》第10条的规定,离婚时该不动产先由双方协商处理,协商不成,法院可判决归产权登记一方,婚后共同还贷部分及相对应财产增值部分,离婚时由产权登记一方对另一方进行补偿。”北京高院民一庭**《关于明确离婚时房屋补偿计算标准的通知》**(2014年11月17日):“……审判实践中适用《最高人民法院适用〈中华人民共和国婚姻法〉若干问题的解释(三)》第十条计算房屋补偿时,存在计算标准不统一的问题,为统一裁判尺度,现将计算标准予以明确,供大家在审判中参考。人民法院在审理离婚案件中,根据《最高人民法院适用〈中华人民共和国婚姻法〉若干问题的解释(三)》第十条规定,判决由产权登记一方对另一方进行补偿时,应当查明婚前签订合同支付首付款、银行贷款及还贷、产权登记、夫妻共同支付款项、财产增值、尚未归还贷款情况。产权登记一方对另一方进行房屋补偿的计算公式为:房屋补偿款=夫妻共同支付款项(包括本息)÷(房屋购买价+全部应付利息)×房屋评估现值(或夫妻认可房屋现值)×50%。房屋评估现值以法院委托时确定的时间为准,对房贷的计算标准可通过当事人提供、向各银行查询及通过互联网查询等方式了解。上述计算标准是离婚时夫妻分割财产的基准,人民法院可根据实际案件情况,综合考虑购房与结婚时间、为购房支付的税费等各项支出、妇女及子女权益等多种因素,充分保护双方当事人利益,酌情判定补偿数额。”广东深圳中院**《关于婚姻家庭纠纷案件的裁判指引(2014修订)》**(2014年5月21日)第29条:“最高人民法院关于适用《中华人民共和国婚姻法》若干问题的解释(三)第10条第2款规定中的‘双方婚后共同还贷支付的款项及其相对应财产增值部分’一般可以按照如下公式计算:夫妻婚后共同还贷部分(含婚后偿还的本金和利息)÷实际购房款(房屋购买价+离婚时已还全部利息)×离婚时房屋市场价。说明:第二十九条是对如何让计算夫妻婚后共同还贷及其增值部分的裁判指引。对于该问题司法实践中存在多种计算公式,较为混乱。该裁判指引是在综合司法实践中对于有关问题的计算方法后,选取的一种我们认为相对较为公平的计算方法，以统一我市两级法院的裁判标准。”浙江宁波中院**《关于印发〈民事审判若干问题解答(第三辑)〉的通知(婚姻家庭纠纷类)》**(2011年5月11日)第1条：“一方婚前以个人财产支付首付款购买房屋并向银行按揭贷款，产权证登记在该方名下，婚后夫妻双方共同归还按揭贷款，离婚时该房屋性质如何认定？答：一方婚前以个人财产支付首付款购买房屋并按揭贷款，产权证登记在该方名下的，该房屋应认定为一方婚前个人财产。婚后另一方参与清偿贷款，不改变该房屋为个人财产的性质。离婚时，对以夫妻共同财产清偿贷款部分，一方应当返还另一方共同还款数额的一半。如房屋存在增值的，对于增值部分一方应给予另一方合理补偿，具体数额由双方协商确定，协商不成，在离婚时房屋市场价值的基础上，结合出资比例、婚姻关系存续时间长短等因素综合确定。”山东临沂中院**《关于审理民事案件的若干指导意见(试行)/婚姻家庭部分》**(2011年3月29日　临中法〔2011〕55号)第7条：“婚前一方按揭贷款并交首付的房屋，婚后双方共同还贷的，如房产登记在一方名下，该房产应按个人财产处理，另一方分担的贷款及其在房产中相应增值份额应予返还；如房产登记在双方名下，该房产应认定为共同财产，首付款及其在房产中增值份额应认定为个人财产；房产虽登记在个人名下，但一方能证明在购房时共同出资支付首付款，双方均认可该出资系以共同享有房屋产权为前提，该房产可认定为夫妻共同财产。”广东广州中院**《民事审判若干问题的解答(婚姻家庭部分)》**(2010年4月)第12条：“夫妻关系存续期间，按揭房屋的处理是分割使用还是判决所有权归属？答：应审查该房产有无确权，如已确权，则分割的是所有权；否则，应作分割使用权处理。”浙江温州中院民四庭**《关于贯彻执行〈婚姻法〉的指导意见》**(2009年5月1日)第31条：“处理按揭房屋的归属应贯彻公平原则，主要考虑财产的来源、出资的份额、偿还的数额、对财产形成的贡献等情形，而不能简单地依据权利证书上登记的名字或权利证书的取得时间作出处理。”四川泸州红院**《关于印发〈关于民商审判实践中若干具体问题的座谈纪要(二)〉的通知》**(2009年4月17日　泸中法〔2009〕68号)第26条：“离婚案件中，一方婚前个人名义通过银行按揭方式购买房屋的，如何确定其权属？基本意见：婚前以一方名义通过银行按揭的方式购买房屋，如果首付款和按揭款是双方共同支付，不管什么时候办理产权证书，都应当认定为共同财产。如果一方在婚前支付了首付款和部分按揭款的，其余按揭款结婚后支付的，从公平的角度考虑，也不宜认定为个人财产，可以根据房款中个人支付的比例和共同支付的比例确定该房屋中个人财产和共同财产的份额，然后根据双方的份额进行变价分割或者作价分割。”辽宁大连中院**《当前民事审判(一庭)中一些具体问题的理解与认识(婚姻家庭部分)》**(2008年12月5日　大中法〔2008〕17号)第2条：“贷款房屋离婚时如何处理？(1)夫妻一方婚前以个人财产购买房屋，并按揭贷款，产权登记在自己名下的，该房屋仍为其个人财产，按揭贷款为其个人债务。婚后配偶一方参与清偿贷款的,并不改变该房屋为个人财产的性质。在离婚分割财产时,该房屋为个人财产,剩余未归还的债务,为个人债务。对已归还的贷款中属于配偶一方清偿的部分,应当将所投入的钱款予以返还,可以考虑贷款利息。(2)婚后贷款房屋,分劈时按照市值处理,对价款协议不了的,可选择竞价,也可在鉴定后处理。”江西高院**《关于审理婚姻家庭纠纷案件适用法律若干问题的解答》**(2008年10月10日)第8条:“夫妻贷款购置的房屋、车辆等财产,在离婚诉讼中如何处理?(1)夫妻一方婚前贷款购置的房屋、车辆等财产,如婚前已全部还清贷款的,该财产为婚前财产。夫妻一方婚前贷款购置的房屋、车辆等财产,婚后用夫妻共同财产归还了部分贷款的,应按比例划分个人财产和共同财产。婚前归还部分贷款的相应财产及其增值部分或损耗部分为婚前个人财产,婚后共同归还部分贷款的相应财产及其增值或损耗部分为夫妻共同财产。由于婚前购买方系买卖合同和借款合同的相对人,在分割时可以根据实际情况适当照顾购买人的利益,将该财产分配给购买方,由购买方向对方支付相应的对价;如购买一方能证明婚后其仍以个人财产单独偿还贷款的,可认定为个人财产。(2)对于一方名义贷款购置房屋等财产,离婚时尚未还清贷款的,法院不宜强制变更借款合同当事人,原则上可将该财产判归一方,由贷款方支付对价,如认为应判归非贷款方的,应当征得合同相对方贷款银行同意,并由非贷款方支付相应的对价。(3)离婚时已还清贷款的,可根据双方的生活需求、经济能力、财产的有效合理使用等情况,将财产判归一方所有,分得该财产的一方支会相应的对价给另一方。”江西赣州中院**《审理离婚案件财产分割适用法律若干问题解答》**(2008年10月)第6条:“一方婚前按揭购买的房屋,婚后以夫妻共同财产偿还按揭,该房屋应当如何分割?答:一方婚前支付的款项为个人财产,婚后偿还的按揭贷款为夫妻共同财产,分割时应根据房屋的登记、交付、还贷等情况,区分处理:(一)已办理产权登记的。1. 登记在购买方名下的,分割给登记方所有,给对方予以经济补偿;2. 婚后登记在双方名下的,根据实际情况,依法进行分割。(二)未办理产权登记的。1. 房屋已交付的,明确占有、使用以及办理物权登记的权利人;2. 房屋未交付的,明确取得产权的期待权人。处理时应注意的问题:(一)一般情况下,出资比例较大的一方或已进行产权预告登记的一方,取得房屋所有权或取得产权的期待权。(二)房屋尚未偿还贷款的,取得房屋权利的一方一般应负担清偿贷款的义务。(三)房屋价值由当事人协商确定,协商不成的,可委托鉴定。(四)增值(贬值)部分的处理。增值(贬值)部分按购房总价的比例确定,属个人财产支付部分的增值(贬值)归个人享有(负担);属共同财产支付部分的增值(贬值)归双方享有(负担)。”山东潍坊中院**《民事审判工作会议纪要(婚姻家庭部分)》**(2008年)第2条:“关于夫妻一方婚前按揭购买房屋属个人财产还是共同财产的问题。婚前一方以个人名义办理房贷并支付首付款，婚后双方共同还贷的，如房屋产权登记在一方名下，离婚时应认定为一方的个人财产，偿贷中属于另一方的部分应予返还；如房屋产权登记在双方名下，离婚时应认定为共同财产，首付款可作为一方个人财产；如房屋产权虽登记在一方名下，但另一方能够证明购房时共同出资（支付首付款），且是基于双方认可所购房屋为共同所有前提下出资的，可以认定为共同财产。”重庆高院**《关于当前民事审判若干法律问题的指导意见》**（2007年11月22日）第30条：“离婚案件中对按揭房的分割。婚姻存续期间夫妻一方或双方按揭贷款购买的商品房，一般应当认定为夫妻共同财产，双方另有约定或者以一方婚前个人财产购买的除外。诉讼中不需将贷款银行列为第三人，可采取协商或者竞价的方式确定房屋归属，但应明确分得房屋的一方承担偿还按揭贷款义务。”广东高院**《关于审理婚姻纠纷案件若干问题的指导意见》**（2006年11月14日　粤高法发〔2006〕39号，2021年1月1日起废止）第9条：“一方婚前以个人财产购买房屋并按揭贷款，房屋预售合同的买受人为该方且产权证登记在该方名下的，该房屋属于其个人财产。另一方婚后参与清偿贷款，不改变该房屋为个人财产的性质，但对以夫妻共同财产或另一方个人财产清偿的贷款部分，离婚时取得房屋所有权的一方应对另一方给予合理的补偿。双方就补偿问题达不成协议的，可以参照该房屋的市场价值，按另一方的出资比例（以夫妻共同财产偿还的贷款部分，各占一半出资额）计算一方应支付给另一方的补偿数额。一方婚前购买的房屋，产权证登记在一方名下，但另一方有证据证明该房屋是在双方认可所购房屋为共同所有的前提下共同出资购买，仅是名义上登记在一方名下的，该房屋应认定为夫妻共同财产。该房屋在离婚时应按夫妻共同财产进行分割，其按揭贷款债务为夫妻共同债务。”江苏高院民一庭**《婚姻家庭案件疑难问题法律适用研讨会综述》**（2005年5月）第5条：“……（三）关于一方婚前以个人名义支付首期付款、办理房贷，婚后以夫妻共同财产支付房贷的房屋性质的认定及处理。与会代表认为，应当区分不同的情况分别进行认定。一方婚前以个人名义支付首期房款并办理房贷，如果婚后取得房屋所有权，无论登记于一方还是双方名下，均应当认定为夫妻共同财产，离婚时作为夫妻共同财产进行分割；对于一方婚前支付的首期付款，可由另一方返还一半；尚欠的贷款，作为夫妻共同债务，由双方返还。如果所有权系婚前取得，则应当结合产权登记情况进行认定。如果登记于双方名下，则认定为夫妻共同财产，处理原则同上；如果登记于一方名下，则认定为一方个人财产，对于婚后以夫妻共同财产偿还的贷款部分，由享有所有权的一方予以返还；不享有所有权一方要求分割房屋增值部分相应收益的，人民法院应予支持……”上海高院**《〈关于适用最高人民法院婚姻法司法解释（二）若干问题〉的解答一》**（2004年9月7日　沪高法民一〔2004〕25号）第6条：“夫妻一方婚前以个人财产按揭购买房屋，婚后夫妻共同清偿贷款，在离婚诉讼中如何处理？答：夫妻一方婚前以个人财产购买房屋并按揭贷款,产证登记在自己名下的,该房屋仍为其个人财产。同样,按揭贷款为其个人债务。婚后配偶一方参与清偿贷款,并不改变该房屋为个人财产的性质。因此,在离婚分割财产时,该房屋为个人财产,剩余未归还的债务,为个人债务。对已归还的贷款中属于配偶一方清偿的部分,应当予以返还。对于产证登记在一方名下,但配偶方有证据证明婚前购房时其也共同出资的,在离婚分割财产时,该房屋仍为产证登记人的个人财产,剩余未归还的债务,为其个人债务,但于首付款和已归还的贷款中属于配偶一方出资和清偿的部分,应当予以返还。若配偶方同时有证据证明,其婚前是基于双方均认可所购房屋为共同所有的前提下进行出资的,则虽然该房产登记在一方名下,仍宜认定为夫妻共同财产,分割时应按共同财产的分割原则进行处理,同样,其按揭贷款债务为共同债务。但在分割共同所有的房产时,对于存在当事人出资数额比例悬殊,且婚后确未共同生活或婚姻关系存续期间较短等情形的,也应一并考虑,可参考当时的出资比例对房产进行分割,而不宜拘泥于各半分割。"河南高院民一庭《**关于当前民事审判若干问题的指导意见**》(2003 年 11 月)第 58 条:"婚姻关系存续期间双方所取得的工资、奖金、生产经营收益、知识产权收益,视为夫妻共有财产。婚姻关系存续期间所取得的其他财产,若没有约定或相反证明的,视为夫妻共有财产一方婚前借款或通过银行按揭、贷款购买的房屋,购房所欠债务主要是用婚后共同所得偿还的,视为夫妻共有财产。一方由国家、单位发放的住房补贴、住房公积金,视为夫妻共有财产。"辽宁沈阳中院《**关于审理婚姻家庭案件若干问题意见**》(2003 年)第 8 条:"……9. 共同借、贷款购得所有权,离婚时尚未还清购房款的房屋,应根据购房或贷款合同的约定,征求银行等债权人的意见,以不损害债权人利益的原则处理,享有所有权的一方应继续承贷,并返还对方已付房款的一半。10. 双方共同出资取得部分产权的房屋,按共有关系处理,取得房屋部分产权和使用权的一方,应给付对方一定数额的折价款或补偿。11. 一方婚前承租并交付部分购房资金,婚后双方共同交付剩余款项,购得产权的房屋,离婚时一般应归原承租方所有,但应给付对方不低于婚后所交款项一半的补偿。12. 一方的其他亲属享有使用权,夫妻享有所有权的房屋,离婚时原则上归这一方所有,但应给付对方一定数额的折价款……"

【参考类案】

①2014 年**某离婚纠纷案**,一方婚前贷款购房,另一方如何证明婚后共同还贷?处理意见:最高人民法院《关于适用〈中华人民共和国婚姻法〉若干问题的解释(三)》(已于 2021 年 1 月 1 日起废止)第 8 条规定:"夫妻一方婚前签订不动产买卖合同,以个人财产支付首付款并在银行贷款,婚后用夫妻共同财产还贷,不动产登记于首付款支付方名下的,离婚时该不动产由双方协议处理。依前款规定不能

达成协议的,人民法院可以判决该不动产归产权登记一方,尚未归还的贷款为产权登记一方的个人债务。双方婚后共同还贷支付的款项及其相对应财产增值部分,离婚时应根据婚姻法第三十九条第一款规定的原则,由产权登记一方对另一方进行补偿。”故对婚后共同还贷证明问题,一般需提供银行还贷记录单以证明还贷时间,另需提供结婚证,以证明婚姻关系存续期间。依《婚姻法》规定,夫妻关系存续期间财产为夫妻共同财产,故无相反证据推翻,一方无须提供特别证据证明是用夫妻共同财产偿还的贷款。即还贷时间只要处于婚姻关系存续期间,一般即可认定系双方用夫妻共同财产还贷,而不必刻意区分还贷资金来源于夫妻中哪一方收入。

②2012 年**山东某离婚纠纷案**,王某婚前购买楼房一套,总价款 24 万余元,首付款 13 万元,婚前产权证登记在王某名下。2007 年 7 月,王某与庄某登记结婚。婚后共同还贷 6 万余元。2011 年 7 月,双方诉讼离婚。双方认可结婚、离婚时该房价值分别为 49 万余元、99 万余元。法院认为:最高人民法院《关于适用〈中华人民共和国婚姻法〉若干问题的解释(三)》第 10 条规定:“夫妻一方婚前签订不动产买卖合同,以个人财产支付首付款并在银行贷款,婚后用夫妻共同财产还贷,不动产登记于首付款支付方名下的,离婚时该不动产由双方协议处理。依前款规定不能达成协议的,人民法院可以判决该不动产归产权登记一方,尚未归还的贷款为产权登记一方的个人债务。双方婚后共同还贷支付的款项及其相对应财产增值部分,离婚时应根据婚姻法第三十九条第一款规定的原则,由产权登记一方对另一方进行补偿。”案涉楼房系王某婚前购买并交纳首付款,且办理了房产证,该楼房应为王某婚前个人财产,同时王某应补偿庄某婚后共同还贷部分及其对应房屋增值款,判决王某补偿庄某婚后共同还贷一半 3 万余元及其对应的房屋增值款 24 万余元。

③2010 年**北京某离婚纠纷案**,2003 年 4 月,甄某交首付款 30 万余元,余款 15 万元办按揭,该按揭款在 2005 年 5 月还清。2003 年 7 月,甄某与闫某登记结婚。2004 年 9 月,双方另购房,借款 47 万元。2007 年 2 月,甄某诉离婚。两房现值均超过 100 万余元。法院认为:婚后共购房属夫妻共同财产,所欠债务 47 万元共同负担。从照顾女方权益角度考虑,该房归甄某,由甄某参照评估价值给付闫某折价款。甄某婚前按揭购买房产属甄某婚前个人财产,但该房贷款系婚后偿还,故甄某应结合房价上涨实际情况,给付闫某偿还贷款折价款。

④2010 年**上海某离婚纠纷案**,2000 年 3 月,钱某向开发公司按揭购房,总房款 25 万余元,首付 7.5 万余元。产权登记受理日期为 2000 年 9 月 27 日。2000 年 9 月 28 日,钱某与沈某登记结婚。2000 年 12 月,系争房屋产权登记在钱某名下。截至 2009 年 12 月,系争房屋现值 117 万余元,商业贷款本金余额为 8 万余元。2010 年 1 月,沈某起诉离婚,对前述房屋要求作为夫妻共同财产各半分割。法院认为:

就夫妻共同财产分割,应依有利于生产、方便生活原则,适当照顾女方权益,合情合理地予以解决。系争房屋是钱某婚前以自己名义签订购房合同及抵押借款合同,并以个人财产支付了购房首付款,房屋登记受理日期亦在婚前,且婚后房产登记于钱某名下,离婚时宜将该房屋视为钱某个人财产,尚未归还部分贷款应认定为钱某个人债务。在婚姻关系存续期间偿还的房贷,应视为沈某帮助钱某偿还债务。但由于该部分财产已包含在房屋实际价值中,且产生了增值,故应考虑离婚时房屋市场价值及共同还贷款项所占全部购房款比例等因素,由钱某对沈某予以补偿。判决准予沈某与钱某离婚房屋归钱某所有,该房屋剩余贷款由钱某负责偿还,钱某给付沈某房屋补偿款24万元。

⑤2007年**福建某离婚后财产纠纷案**,2006年8月8日,王某与龙某离婚,约定在龙某抚养婚生子前提下,婚后夫妻共同购买的按揭房归龙某。2007年6月20日,双方签订补充协议,约定由王某抚养孩子,龙某所有的按揭房与王某母亲名下一套房互换。后因王某母亲不同意,王某诉请分割按揭房产。按揭房购买价为949,579元,其中按揭66万元,2006年8月8日至2007年6月20日,龙某支付按揭款26,238.1元,诉争房按揭余款为398,761.88元,该房现值1,787,060元。法院认为:诉争房在属于夫妻离婚后一方个人财产期间,因支付按揭款而使房产得以升值,该部分升值利益应由权属状态变化后分得房屋的另一方予以补偿。关于升值金额的确定,可以该期间一方所付按揭款在原合同总房款中所占比例,乘以诉争房现值。诉争房产恢复至共有阶段,该共有期间房产利益,可确定为房产现值扣除属于一方个人财产期间升值部分以及应由对方负担的剩余按揭款部分。双方在离婚协议中,以龙某抚养婚生子为条件,约定双方共有诉争房归龙某所有,该约定应属有效。但双方所签离婚协议中对诉争房归属约定系以龙某抚养孩子为条件,而该条件在2007年6月20日以后因变更孩子抚养归属约定而不再成就,故变更之前诉争房权属应为龙某个人财产。离婚协议补充条款处分了第三人名下财产且未经追认,依法应属无效,故诉争房此后应恢复为夫妻共同财产性质。考虑到婚生子由王某抚养,诉争房可归王某所有,2007年10月以后按揭余款亦由王某负担,其中属龙某个人财产期间因龙某给付按揭而使诉争房升值金额为26,238.1÷949,579×1,787,060=49,378.79元,该价值应属龙某个人财产,则王某应补偿给龙某房屋价值差额为:(1,787,06-398,761.88-49,378.79)÷2+49,378.79=718,838.46元,2007年6月20日至2007年9月龙某支付的按揭款则由王某对龙某作一半的补偿。判决诉争房产归王某所有并负担余下按揭款,王某补偿龙某718,838.46元房屋价值差额及2007年6月20日至2007年9月的按揭款3200余元。

⑥2007年**北京某离婚纠纷案**,2000年,方某签约购房并交22万余元首付款。2001年,方某与韩某结婚。2006年,方某起诉离婚。按揭款41万元由双方共同偿

还16万余元,该房现值96万余元。法院认为:诉争房虽系方某婚前按揭购买并支付首付款,但自双方形成婚姻关系之日起,该房相关权益随之转化为共有,比如共同居住、共同出租收益等,且韩某婚后积极地与方某偿还贷款,故韩某可平等地与方某共同享有对该房所有权。由于方某将婚前按揭购买房屋产权证书抵押给银行,此时其取得的是限制所有权,而非完整所有权,其不能自由处分该房产,需夫妻另一方对维持和实现完整所有权而付出帮助和努力,该房产既不属于一方婚前个人财产,亦不属于夫妻特有财产,应认定为夫妻共同财产。依据本案双方实际工作、生活情况及照顾女方权益原则,应将该房屋分配韩某,同时以双方支付银行贷款比例来计算房屋现有价值评估价格,从而由韩某对未取得房屋所有权的方某给予相应经济补偿。

⑦2005年**浙江某离婚纠纷案**,2003年1月,朱某与开发商和银行签约按揭购房,总房款40万余元,已付10万余元。同年5月,朱某与罗某登记结婚,婚后共同偿还房贷30万余元。2005年4月,罗某诉离婚,该房尚未办理产权证,但市场价已达100万余元。法院认为:由于该房权属登记至案结之时尚未办理,案涉购房合同系朱某婚前个人与开发商签订,购房合同中权利义务应由朱某继续履行,朱某则对罗某以财产折价方式进行补偿。朱某婚前已支付按揭贷款合计10万余元为个人财产,婚后夫妻共同提前偿还按揭贷款余额30万余元为夫妻共同财产。对房屋增值部分按朱某婚前出资10万余元和夫妻关系存续期间夫妻共同出资30万余元之比例进行分割,对朱某婚前个人出资而形成相应增值部分16万余元归其个人,对夫妻关系存续期间共同还贷而形成增值部分46万余元,由两人平分。判决朱某与开发商所签购房合同由朱某继续履行,朱某支付罗某补偿款24万元。

⑧2004年**海南某离婚纠纷案**,2002年9月,赵某与开发公司签订商品房买卖合同,并支付首付款。同年11月,赵某与王某结婚。2004年,赵某以夫妻感情破裂为由诉请离婚。法院认为:赵某、王某婚前由于双方互相了解不深,婚后又未能建立起真正的夫妻感情,常常因一些小事就争吵、打架。特别是2003年5月赵某趁王某睡觉之机使用暴力剪伤王某下身,致使双方夫妻感情裂痕加大,矛盾加深,已无法弥补。至此赵某、王某夫妻感情确已彻底破裂,已无和好可能,故双方要求离婚请求,法院照准。赵某婚前以自己名义与开发公司签订买卖合同、支付首付款并签订按揭贷款合同贷款所购买房屋,王某无证据证明系夫妻共同财产,应认定为赵某婚前个人财产。因购房所负按揭贷款债务应认定为赵某婚前个人债务,而赵某、王某在婚姻存续期间双方共同支付按揭贷款1万余元,实际上是以夫妻共同财产偿还了赵某个人债务,该金额应认定为夫妻共同财产,应平均分割。在婚姻关系存续期间,赵某、王某对该房屋进行了装修,共花装修款4万余元,该房屋因此而增值。该房屋在婚姻关系存续期间的增值是双方共同努力的结果,应由赵某对房屋

增值部分对王某进行半价补偿。判决准予双方离婚,赵某补偿王某共同财产(还贷款)5000余元及增值款2万余元。

【典型类案实务要点】

1.**【婚前个人房产,婚后共同还贷的,离婚时补偿原则】**一方婚前个人房产,婚后共同还贷的,离婚时,适用最高人民法院《关于适用〈中华人民共和国婚姻法〉若干问题的解释(三)》(已于2021年1月1日起废止)第10条规定处理时,应以共同还贷部分乘以不动产升值率计算增值部分。不动产升值率的计算,是用不动产现价格除以不动产成本。不动产成本包括购买价格加上共同还贷部分及其他费用。

2.**【夫妻关系存续期间偿还的贷款,一般视为共同还贷】**只要夫妻关系存续期间偿还的贷款即视为夫妻共同还款,无须提供特别证据加以证明,否认夫妻共同还贷一方须承担举证责任。

3.**【婚前个人贷款,婚后共同还贷,增值部分应予分割】**婚前个人贷款婚后共同还贷房屋,离婚时,共同还贷及其对应财产增值部分,由产权登记一方对另一方进行补偿。

4.**【婚前个人按揭房产,离婚时,应比例补偿还贷部分】**一方婚前按揭购买房产属个人财产,婚后共同还贷部分属共同财产,离婚补偿时,应考虑现值及共同还贷所占全部购房款比例等因素。

5.**【一方婚前按揭房,为个人财产,但应适当补偿对方】**一方婚前以自己名义签订按揭购房合同,并以个人财产支付了购房首付款,且婚后房产登记于购房人名下,离婚时宜将该房屋视为购房人个人财产。在婚姻关系存续期间偿还房贷,应视为另一方帮助购房人偿还债务,但应考虑离婚时房屋市场价值及共同还贷款项所占全部购房款比例等因素,由购房人对另一方予以补偿。

6.**【因支付按揭款使房产升值,分得房产一方应予补偿】**夫妻一方个人所有的房产在恢复至共有期间,因一方支付按揭款使房产升值部分,应由分得房屋的另一方按比例补偿。

7.**【婚前一方按揭购买、婚后共同还贷,可认定为共有】**一方婚前按揭购买并支付首付款,但婚后另一方积极共同还贷的,为维护夫妻关系稳定,可将房产价值平等地分配给另一方。

8.**【一方婚前购房,离婚时应按还贷比例分割增值部分】**一方婚前按揭购房,离婚时应按婚前婚后还贷比例计算增值部分,并将婚后增值部分作为夫妻共同财产平均分割。

9.**【婚前按揭购房属个人财产,婚后还贷及增值应平分】**夫妻一方婚前以自己名义签约购房并支付首付款，应认定为婚前个人财产，因购房所负按揭贷款债务应认定为婚前个人债务，婚后双方共同支付按揭贷款及增值部分应认定为夫妻共同财产，应平均分割。

【类案裁判一般规则】

夫妻一方婚前购买按揭房屋，婚后双方共同偿还贷款，离婚分割财产时，可根据婚后共同还贷支付款项及其相对应财产增值部分，由产权登记一方对另一方进行补偿。

【典型参考案例索引】

主旨案例：见《不动产婚内共同还贷及增值的计算》（吴晓芳，最高院民一庭），载《民事审判指导与参考·指导性案例》（201601/65：162）。**其他案例**：①见《一方婚前贷款购房，离婚诉讼中需要提供什么样的证据，才能证明婚后共同还贷》（《民事审判指导与参考》研究组），载《民事审判指导与参考·民事审判信箱》（201404/60：257）。②山东日照中院（2012）日民一终字第104号“王某与庄某离婚纠纷案”，见《婚前个人贷款婚后共同还贷房屋的分割——山东日照中院判决王明坤诉庄佃芝离婚纠纷案》（张宝华、王林林），载《人民法院报·案例指导》（20120412：06）。③北京二中院（2010）二中民终字第5243号“甄某诉闫某离婚案”，见《婚前按揭房产的归属及分割》（王竹青），载《人民司法·案例》（201018：61）。④上海二中院（2010）沪二中民一（民）终字第1283号“沈某与钱某离婚纠纷案”，见《一方婚前贷款所购房屋可认定为个人财产——上海二中院裁定沈霞诉钱明磊离婚析产案》（岑华春、王飞），载《人民法院报·案例指导》（20100930：06）。⑤福建厦门思明区法院（2007）思民初字第4955号“王某诉龙某离婚后财产纠纷案”，见《王韶惠诉王龙离婚后财产案（夫妻共有财产分割）》（陈永华），载《中国审判案例要览》（2009民：524）。⑥北京二中院（2007）二中民终字第00999号“方某诉韩某离婚案”，见《婚前一方按揭购买、婚后夫妻共同还贷的商品房所有权归属》（张莉、叶永尧），载《人民司法·案例》（200924：75）。⑦浙江高院（2005）浙民一终字第393号“罗某诉朱某离婚案”，见《对履行期限跨越婚前婚后的按揭房屋及其增值部分应如何分割》（黄培良、董国庆，浙江高院），载《民事审判指导与参考·评案传真》（200602/26：162）；另见《离婚了，按揭房屋怎么分？——谈履行期限跨越婚前婚后的按揭房屋及其增值部分的分割》（黄培良、董国庆），载《人民司法·案例》（200701：27）。⑧海南海口龙华区法院（2004）龙民一初字第1097号“赵某与王某离婚纠纷案”，见《赵静与王允离婚案（离婚、精神损害赔偿）》（李静云），载《中国审判案例要览》（2005民：414）。

34. 婚前所购房产的争议

——婚前所购房,离婚是否分?

【婚前购房】

【问题提出】

李某与妻子张某均系再婚,再婚前双方均有自己住房。李某于婚前按揭购买房屋供双方婚后共同居住。离婚诉讼中,张某主张分割婚后共同还贷及对应升值部分。

【处理意见】

1. 共同财产属性部分的认定。李某婚前以个人名义签订购房合同,支付首付款,按揭贷款购房并将房屋登记在个人名下,但婚后夫妻双方共同偿还贷款,故该房屋首付以及尚未还清贷款部分属李某个人财产,但夫妻婚姻关系存续期间共同还贷部分具有夫妻共同财产属性。

2. 房屋产权一方的补偿责任。尽管李某现不出售房屋,但房屋增值客观存在,既然双方确定离婚后房屋所有权归李某所有,则此增值由李某享有。而这一增值是与配偶一方参与共同还贷的贡献分不开的,张某还因此丧失了购买属于自己房屋机会,故由一方独享因房屋升值所带来利益,对另一方来说是不公平的。李某应就婚姻关系存续期间双方共同还贷支付款项及其相对应财产增值部分向对方支付补偿。

【裁判依据或参考】

1. 最高人民法院司法解释及其他司法性文件/解读文章。最高人民法院**《关于适用〈中华人民共和国民法典〉婚姻家庭编的解释(一)》**(2021 年 1 月 1 日　法释〔2020〕22 号)第 78 条:“夫妻一方婚前签订不动产买卖合同,以个人财产支付首付款并在银行贷款,婚后用夫妻共同财产还贷,不动产登记于首付款支付方名下的,离婚时该不动产由双方协议处理。依前款规定不能达成协议的,人民法院可以判决该不动产归登记一方,尚未归还的贷款为不动产登记一方的个人债务。双方婚后共同还贷支付的款项及其相对应财产增值部分,离婚时应根据民法典第一千零八十七条第一款规定的原则,由不动产登记一方对另一方进行补偿。”最高人民法院**《对离婚财产分割案件中有关法官行为规范的建议问题的答复》**(2014年4月11日)第3条:“关于婚姻法及其司法解释中并未对共同拥有的房产确定比例的问题。实践中,共同拥有的房产最常见的是夫妻共有房产。关于夫妻共有房产一般情况下为共同共有。在另有约定情形下,不排除可以确定按份共有。对于共同共有财产,根据物权法的规定,共有人之间不存在各自比例的问题。对于按份共有财产,根据物权法的规定,既可在房产登记时按各自比例进行登记,也可以在财产分割时,按比例进行分割。由于这些都是已被物权法确定下来的规则,故婚姻法及其司法解释中没有明确规定。”最高人民法院吴晓芳法官**《关于婚姻家庭纠纷审理热点难点问答》**〔载《民事法律文件解读》2012年第6辑(总第90辑)〕第15条:“《婚姻法司法解释(三)》第七条规定是否与《婚姻法司法解释(二)》第二十二条规定的内容相冲突?答:我们认为,《婚姻法司法解释(二)》第二十二条规定:‘当事人结婚前,父母为双方购置房屋出资的,该出资应当认定为对自己子女的个人赠与,但父母明确表示赠与双方的除外;当事人结婚后,父母为双方购置房屋出资的,该出资应当认定为对夫妻双方的赠与,但父母明确表示赠与一方的除外。’该条主要规定父母出资性质不明的情况下应如何处理,即认定父母对子女的出资性质是赠与而不是借贷,明确了父母出资为子女买房的性质;该条还以结婚时间为基准进行划分,婚前父母出资原则上认定为对自己子女的赠与,婚后父母出资原则上认定为对双方的赠与。而《婚姻法司法解释(三)》第七条主要是把‘产权登记’与‘确定赠与一方’进行链接,直接对父母出资为子女所购置房屋的产权归属作出认定,便于法院实际操作,更多考虑的是中国国情。不动产权属证书是权利人享有该不动产物权的证明,用房屋产权登记在自己子女名下的行为表明态度是最有说服力的。尤其从保护老年人权益的角度出发,该条规定对防止年轻人‘啃老’有一定预防作用。因此,该条与《婚姻法司法解释(二)》第二十二条并不冲突,是从不同层面分别规定的。在条文的理解方面。《婚姻法司法解释(三)》第七条首先将一方父母出资购买的不动产作了目的限定,即‘为子女’购买。这一限定,使得‘为子女’购买与‘为父母自己’或‘父母为他人’购买作了区别,即有可能存在父母出资购买的不动产虽登记在子女名下,但仅仅是挂了‘自己子女’的名义。对此则不能一概视为对自己子女的赠与,否则有可能引发父母与子女之间的不动产产权争议。其次,婚后由一方父母出资购买的不动产,如果因客观因素登记在对方名下,在没有特别约定的情况下,应认定为对双方的赠与。再次,除了父母之外,其他亲属也有可能出资,应理解为包括父母或其他亲属,不仅限于父母。”最高人民法院吴晓芳法官**《关于婚姻家庭纠纷审理热点难点问答》**〔载《民事法律文件解读》2011年第11辑(总第83辑)〕第41条:“一方婚前价值100万元的房子,婚后出售产生自然增值100万元,其用该200万元又买了一套房子,离婚时应如何处理?答:一方婚前的房子婚后出售产生的自然增值,根据《婚姻法司法解释(三)》的规定,应当认定为一方的个人财产。一方用卖房的钱又购入一套房子,此行为是否属于投资行为,应当根据具体情况作出认定。如果一方买的房子是用来自住,不宜认定为投资行为,离婚时产生的增值部分不能按照投资收益认定为夫妻共同财产;如果一方买房的目的是投资经营,甚至属于专职的'炒房客',婚后又购置房产的行为就应认定为投资行为,所得收益自然应认定为夫妻共同财产。”第 51 条:“婚前买房登记在一方名下,另一方有证据证明自己也一起出资买房,离婚时应如何认定?答:在离婚诉讼中,房产证上登记的一方往往主张另一方的出资是借款或者赠与。如果简单地把这种情况定性为借款或者赠与,对实际出资一方很不公平。考虑到双方当事人婚前买房的目的是结婚共同生活,并没有明确的借款或者赠与的意思表示,从公平角度考虑,可以认定双方按照各自的出资比例共有该房产。”最高人民法院**《关于人民法院审理离婚案件处理财产分割问题的若干具体意见》**(1993 年 11 月 3 日 法发〔1993〕32 号,已于 2021 年 1 月 1 日起废止)第 18 条:“婚前一方借款购置的房屋等财物已转化为夫妻共同财产的,为购置财物借款所负债务,视为夫妻共同债务。”

2. 地方司法性文件。北京高院民一庭**《关于审理婚姻纠纷案件若干疑难问题的参考意见》**(2016 年 8 月 4 日)第 29 条:“【有婚意的婚前购房】婚前由双方或一方出资,登记在另一方名下的房产,有证据表明双方是以结婚、长期共同生活使用为目的购房,在离婚时应考虑实际出资情况、婚姻关系存续时间、有无子女等情况由产权登记一方对另一方予以合理补偿。”浙江高院民一庭**《关于印发〈关于审理婚姻家庭案件若干问题的解答〉的通知》**(2016 年 6 月 27 日 浙高法民一〔2016〕2 号)第 7 条:“夫妻一方于婚前订立房屋买卖合同并支付全部价款,房屋产权于婚后登记在该方名下,房屋性质如何认定?答:夫妻一方于婚前订立房屋买卖合同并支付全部价款,产权于婚后登记在该方名下的,该房屋属于夫妻一方的个人财产。”第 8 条:“夫妻一方以其婚前财产出资在婚后购置房屋,房屋性质如何认定?答:夫妻一方以其婚前财产全额出资在婚后购置房屋且产权登记在己方名下的,此为婚前个人财产在婚后发生形态上的转化,不影响财产性质,该房屋属于夫妻一方的个人财产。夫妻一方以其婚前财产全额出资在婚后购置房屋且产权登记在双方名下或对方名下的,或者夫妻以一方婚前财产及夫妻共同财产混合出资在婚后购置房屋的,该房屋属于夫妻共同财产。”广东深圳中院**《关于婚姻家庭纠纷案件的裁判指引(2014 修订)》**(2014 年 5 月 21 日)第 25 条:“夫妻一方在婚前购买房产并登记在该方名下,另一方主张其在买房时亦有出资且婚前买房目的即为结婚共同居住,如果并无充分证据显示有关款项属于借款或者赠与等其他性质,人民法院应当认定双方按照各自的出资比例共有房产。说明:第二十五条是对婚前双方实际共同出资买房但产权登记在一方名下的情况下,离婚时如何分割该套房产的裁判指引。

该条裁判指引主要考虑是双方当事人婚前买房的目的是结婚共同生活,并没有明确的借款或者赠与的意思表示,从公平角度考虑,可以认定双方按照各自的出资比例共有该房产。最高人民法院吴晓芳法官在《婚姻家庭纠纷审理热点、难点问答》一文中亦持该观点,载于民事法律文件解读 2011 年第 11 辑第 83 页。”第 26 条:“夫妻一方婚前出资购买房产,登记在夫妻双方名下,如双方未对该房产作出特别约定,应认定该房产为夫妻共同所有,但在离婚分割该房产时,出资一方可适当多分。说明:第二十六条是对婚前一方实际出资买房但产权登记在双方名下的情况下,离婚时如何分割该套房产的裁判指引。该条裁判指引的主要理由为夫妻一方婚前买房时将房产登记在双方名下即表明其愿意将该房产作为夫妻共同财产,但婚姻法第三十九条规定,在对该房产分割时,人民法院可以根据该房产由一方婚前出资的具体情况,对其适当多分。上海高级人民法院关于审理婚姻家庭纠纷若干问题的意见第十三条规定亦持该观点。”安徽淮南中院**《关于审理离婚纠纷案件若干问题的指导意见》**(2014 年 3 月 13 日)第 16 条:第 16 条:“下列财产,为夫妻一方的个人财产……(五)房屋系一方以个人财产支付首付款,且房屋权属证书登记在一方名下,为个人婚前财产。婚姻关系存续期间,双方共同支付按揭贷款的,离婚时,由取得房屋所有权的一方返还对方相当于已付按揭贷款及其相对应财产增值部分一半的款项。”第 25 条:“一方婚前取得部分产权的房屋,婚后用夫妻共同财产购买的拆迁安置房,并取得全部产权的,离婚时,按以下规定处理:(一)产权登记在双方名下的,按夫妻共同财产处理;(二)产权登记在一方名下的,安置房中还原面积部分,根据拆迁还原比例及一方原享有的产权比例,确定属于一方婚前个人产权的面积,剩余面积按夫妻共同财产处理;共同支付的款项中,用于支付一方婚前产权部分的,按债权处理;(三)产权登记在一方名下的,拆迁安置时,未按拆迁还原比例安置,依据安置房屋面积确定购房价格的,离婚时,酌定安置房基础价格的部分产权属一方的婚前财产,剩余产权按夫妻共同财产处理。共同支付的款项中,用于支付一方婚前产权的部分,按债权处理。”湖北高院**《民事审判工作座谈会会议纪要》**(2013 年 9 月 1 日)第 20 条:“夫妻一方婚前签订不动产买卖合同,以个人财产支付首付款并在银行贷款,婚后用夫妻共同财产还贷,人民法院可以判决该不动产归产权登记一方,尚未归还的贷款为产权登记一方的个人债务。双方婚后共同还贷支付的款项及其相对应财产增值部分,由产权登记一方对另一方进行补偿。双方婚后共同还贷支付的款项及其相对应财产增值部分计算方式为,夫妻共同还贷部分占房屋本金和已还贷款利息的比例,乘以离婚时房屋的市场价值。(夫妻共同还贷部分)÷(房屋本金 + 已还贷款利息)×(离婚时房屋的市场价值)”安徽滁州中院**《关于审理婚姻家庭纠纷案件座谈会纪要》**(2013 年 8 月 2 日)第 18 条:“当事人在婚前采用按揭方式购房,且取得房屋权属证书的,如产权登记于双方名下,不论房款系婚前个人财产支付还是共同支付,视为双方对房屋所有权已经进行约定,该房屋作为夫妻共同财产。如房屋产权登记于一方名下,并作为该方的个人财产,离婚时,该房屋应归登记的产权人一方。如另一方支付了部分购房款,登记的产权人一方应返还另一方实际支付的房款及对应的房屋增值价款;婚后共同偿还的房款作为夫妻共同财产,由登记的产权人一方补偿另一方应享有的份额及对应的房屋增值价款。"辽宁高院民一庭**《传统民事案件审判问题解答》**(2013 年 8 月)第 17 条:"《婚姻法司法解释(三)》对夫妻一方婚前签订不动产买卖合同,以其个人财产支付首付款并在银行贷款,婚后共同还贷,但不动产登记在首付款支付方名下的,离婚时如何处理做出来规定。但对婚后夫妻共同还贷的款项是否包含利息应如何理解?参考意见:按照最高法院民一庭的相关意见,适用《婚姻法司法解释(三)》中的上述规则计算婚姻关系存续期间夫妻双方共同还贷的款项及其相对应的财产增值部分,均应考虑贷款利息。即,婚姻关系存续期间双方共同还贷的款项,包括共同偿还的贷款本金及利息;购买该房屋的总价款,包括首付款以及偿还贷款过程中已经支付和应当继续支付的全部贷款本金和利息。"浙江杭州中院民一庭**《关于涉及婚姻家庭纠纷案件若干疑难问题的解答》**(2013 年 1 月 1 日)第 2 条:"对于婚前一方买房,登记在该方名下,婚后由夫妻双方共同偿还贷款的情形,若离婚时将该房屋判归产权登记方,则另一方应获得的补偿数额应当如何计算?答:关于该补偿款的数额,一般可以参照以下方式进行计算:[婚后偿还本息总额 ÷(房屋价款总额 + 应偿还的全部利息)] × 离婚诉讼评估时的房屋价值 ÷2。但在个案处理中,应在上述计算方式寄出上,视具体情况,坚持照顾子女和女方权益的原则判决。"第 4 条:"夫妻一方婚前签订购房协议,并支付首付款,产权登记手续系在婚后办理,婚后用夫妻共同财产还贷的,若该房屋产权登记在双方名下或者登记在对方名下的,离婚时应如何进行分割?答:如果该房屋产权登记于双方名下,该财产应界定为夫妻共有财产。在财产具体分割时,同问题三的处理方式一致。其次,如果登记在另一方名下,可由双方协商处理;若协商无果的,则可以判令该房屋归产权登记一方,具体分割及剩余贷款偿还方式,可参照《婚姻法解释三》第十条第二款的规定以及上述问题二方式进行处理。"广东高院**《全省民事审判工作会议纪要》**(2012 年 6 月 26 日　粤高法〔2012〕240 号,2021 年 1 月 1 日起废止)第 65 条:"以结婚为目的,夫妻一方婚前个人出资购买的房屋登记在另一方名下,如果没有证据证明出资方明确表示归登记一方个人所有,离婚时对该房屋一般应按夫妻共同财产处理。"江苏高院**《婚姻家庭案件审理指南(2010 年)》**(2010 年 5 月 18 日)第 6 章:"……(四)需注意的问题。1. 主张方举证原则。夫妻一方主张财产属于其个人财产,必须承担举证责任,如举证不足,则争议财产应认定为夫妻共同财产。2. 财产性质不因结婚时间长短而转化。《婚姻法》明确规定'夫妻一方的婚前财产应为个人财产’。《婚姻法解释一》第二十九条进一步规定：‘夫妻一方的个人财产，不因婚姻关系的延续而转化为夫妻共同财产。当事人有约定的除外。’这意味着过去最高人民法院曾规定夫妻个人财产因结婚时间而转化为共同财产的规定将不再适用。3. 夫妻分居期间各自所得的财产，因婚姻关系仍然存续，故仍应认定为夫妻共同财产。4. 夫妻双方在婚姻关系存续期间所得的财产，包括财产的实际取得和权利的取得。因为财产权利的取得与实际财产的取得有时是同步的，而有时却是前后分开的。例如继承虽然开始，但遗产尚未分割，此间与他人结婚，婚后分得的遗产，貌似‘婚姻关系存续期间所得的财产’，但实际上财产权利已在婚前取得，因此，应认定为个人财产，不能列入夫妻共同财产的范围。”广东广州中院**《民事审判若干问题的解答(婚姻家庭部分)》**(2010年4月)第10条：“一方婚前的个人财产，婚后购买房产并登记为夫妻共有，离婚时处分房产是否应将一方婚前财产的出资认定为一方婚前财产？答：用婚前个人财产在婚后购买房产，且房产登记为夫妻共有的，应视为夫妻双方对该婚前个人财产达成新的约定，故对于购房出资，不宜再作为婚前个人财产处理。”江西赣州中院**《审理离婚案件财产分割适用法律若干问题解答》**(2008年10月)第5条：“婚前一方购买，婚后登记在双方名下的房屋，能否认定为夫妻共同财产？答：婚前一方购买、婚后登记在双方名下的房屋，视为夫妻共同财产，但购买方有证据证明登记错误的除外。”第13条：“夫妻离婚后又复婚，原离婚时已分割的财产是否为夫妻共同财产？答：夫妻离婚后又复婚，系重新缔结婚姻关系，并不是原有婚姻关系的延续。除双方另有约定外，原离婚时已分割的财产为各方的婚前财产。”上海高院**《关于审理婚姻家庭纠纷若干问题的意见》**(2007年3月15日　沪高法民一〔2007〕5号)第13条：“夫妻一方婚前出资购买的房屋，权利登记在双方名下，离婚时该房产的处理。夫妻一方婚前出资购置房屋，权利登记在双方名下的，为夫妻双方共有财产。如未约定按份共有，可认定共同共有，但在离婚分割该房产时，出资一方可适当多分。”河南高院民一庭**《关于当前民事审判若干问题的指导意见》**(2003年11月)第59条：“一方婚前所取得的财产，如果没有相反的证明，视为个人财产。一方在婚前已经实际取得，但在婚后才完成占有、控制或完善产权手续，如婚后取得房产证的，继承事件在婚前发生，婚后取得遗产的，婚前完成的智力创作成果在婚后取得收益的等，视为个人财产……”上海高院**《民事法律适用问答》**(2003年第3期)第7条：“夫妻一方以婚前存款等财产在婚后购置的房屋或者其他财产，是否属于夫妻共同财产？答：婚前财产在婚后的形式转化，不影响该财产的性质。因此，夫妻一方以婚前存款在婚后购置的房屋，仍然属于购置方的婚前财产，如果对方没有出资，则不能主张享有房屋的份额。同样，婚前其他财产的形式转化，也不影响其作为婚前财产的性质。另外，婚前财产产生的孳息，如婚前存款的利息等财产，也属于婚前财产。”广东高院**《关于审理**

婚姻案件若干问题的指导意见》(2001 年 11 月 9 日　粤高法发〔2001〕44 号,2021 年 1 月 1 日起废止)第 26 条:“夫妻一方的婚前财产,双方对其归属问题没有约定,在《婚姻法》实施后起诉到人民法院的,该财产不因婚姻关系的持续而转化为夫妻共同财产。”上海高院**《关于下发〈关于在民事审判中实施“中华人民共和国婚姻法”的暂行意见〉的通知》**(2001 年 6 月 7 日　沪高法〔2001〕263 号)第 25 条:“一方的婚前财产,除双方另有约定以外,不因婚姻关系的持续而转化为夫妻共同财产。”

【参考类案】

①2015 年**河南某继承纠纷案**,2010 年,王某汇款 20 万元用于李某购买张某单位集资房。2012 年,王某与李某登记结婚。2014 年,李某病逝。李某母亲及李某与前妻所生女儿起诉王某,要求分割房产。法院认为:本案中,虽然是王某向李某银行卡内汇入 20 万元用于购置房屋,但买卖合同系李某生前与张某签订,该合同系双方真实意思表示,虽涉案房屋属单位集资房屋,但李某与张某均系同一单位内部职工,故该合同并未违反法律强制性规定,系合法有效合同,该房屋应认定为李某婚前个人财产。根据物权法规定,不动产所有权取得依据是登记,未经登记不发生不动产物权变动效果,但不因此影响合同效力。本案中,涉案房屋因未办登记,死者李某未取得房屋所有权,但享有处分权以外的其他所有权权能,即涉案房屋占有、使用、收益的财产权利,可作为遗产继承。本案系家庭财产继承纠纷,并不涉及对涉案房屋出卖、互易、出资等处分行为,被继承人父母、配偶、子女可依法继承涉案房屋处分权之外的其他权能,且该房屋系单位集资房屋,在房屋具备办理登记条件时单位负有为员工办理房屋登记义务。最高人民法院《关于适用〈中华人民共和国婚姻法〉若干问题的解释(三)》(已于 2021 年 1 月 1 日起废止)第 10 条规定,夫妻一方婚前签订不动产买卖合同,以个人财产支付首付款并在银行贷款,婚后用夫妻共同财产还贷,不动产登记于首付款支付方名下的,离婚时该不动产由双方协议处理。依前款规定不能达成协议的,人民法院可以判决该不动产归产权登记一方,尚未归还的贷款为产权登记一方的个人债务。双方婚后共同还贷支付的款项及其相对应财产增值部分,离婚时应根据婚姻法第三十九条第一款规定的原则,由产权登记一方对另一方进行补偿。据此,处理涉案房屋继承时,王某向李某汇款 20 万元可视为王某对李某的借款,即王某对李某享有该 20 万元债权。本案中双方均系第一顺序继承人,考虑双方具体情况,遗产以均分为宜。该涉案房屋总价值为 38 万,则三人可分得遗产数额人均为 6 万元。鉴于该房屋一直由王某居住,且王某可共得房款总额为 26 万元,判决王某给付原告共 12 万元。

②2015 年**黑龙江某离婚后财产纠纷案**,2007 年,赵某与原某同居生活。2008 年,双方以刘某名义购买房产。2009 年,赵某与原某结婚。2011 年,法院判决双方

离婚,评估价为 63.24 万元的房屋,其中 44 万余元为夫妻共同财产,18 万余元为赵某个人财产,同时判决该房归赵某,赵某给付原某 93,850.60 元。2013 年,赵某办理该房过户手续,产生费用 88,028.00 元,其中房屋维修资金 3062 元。赵某诉请原某共同负担。法院认为:赵某、原某离婚后,经法院判决将双方以刘某名义购买的房屋归赵某所有,但并未更名到赵某名下,故当时未发生更名过户费用,原某亦不存在分担该笔费用情形。现赵某已将房屋过户至自己名下并支付了相应费用,该费用应属赵某、原某共同负担,故赵某要求原某给付更名过户费用的主张,应予支持。赵某与原某离婚时,房屋判归赵某所有,赵某仅给付原某房屋部分折价款,同时赵某所支付房屋更名费用中有部分系房屋维修资金费用,赵某支付该笔费用,系其作为房屋所有人应依法承担的义务,此项费用与原某无关。故法院认定原某应承担的房屋过户费用为 12,609.28 元[(赵某给付原某房屋折价款)93,850.60 元÷(房屋评估价格)632,400.00 元×(赵某支付的房屋更名费 88,028.00 元—房屋维修资金 3,062.00 元)],判决原某支付赵某 12,609.28 元。

③2014 年**江苏某财产权属纠纷案**,2007 年,张某与父母共同出资购买房产,并约定双方份额分别为 57.4%、42.6%。2008 年,张某与洪某登记结婚,张某偿还余下房款并办理产权过户手续。2011 年,张某与洪某约定该房屋归双方共有,并将房屋登记在二人名下。2012 年,张某父母诉请确认其享有案涉房屋 72% 产权并办理过户登记、洪某不享有该房产权。法院认为:《物权法》第 104 条规定:“按份共有人对共有的不动产或者动产享有的份额,没有约定或约定不明确的,按照出资额确定;不能确定出资额的,视为等额享有。”本案中,由于张某、洪某对所占份额未明确约定,而张某与父母对首付款即出资额有约定,故张某将诉争房屋登记在其个人名下,侵犯了其父母利益。张某自愿将其享有份额部分赠与洪某,由夫妻双方共同享有,不违反法律规定,应予准许。依《物权法》第 97 条、第 101 条规定,按份共有人对其份额在法律规定范围内可自由转让,如共有人之间有约定不得转让其份额,从解释学角度看,如共有人有重大理由需转让份额的,亦可请求转让,其他共有人优先购买权系物权化债权的期待权。结合本案实际情况,并依最高人民法院《关于适用〈中华人民共和国婚姻法〉若干问题的解释(三)》(已于 2021 年 1 月 1 日起废止)第 6 条、第 10 条规定,涉案房屋张某所享有份额属婚前个人财产与婚后共同财产混合体。因该房屋为张某与其父母按份共有,故张某对其所享有份额赠与洪某并与洪某共有,经过产权登记,该赠与行为有效。同时依最高人民法院《关于审理城镇房屋租赁合同纠纷案件具体应用法律若干问题的解释》第 24 条规定,在承租人优先购买权与特殊身份关系(指近亲属)购买人购买权发生冲突时,应优先保护特殊身份关系购买人权利。判决案涉房屋由张某父母共同享有 42.6% 份额,由张某、洪某共同享有 57.4% 份额,办理房屋产权变更登记费用由张某负担。

④2009 年**青海某离婚纠纷案**,1999 年,祁某出资购房,交款人为张某。2000 年,祁某与张某登记结婚,后共同出资 1 万元对该房进行装修。2003 年,该房产权登记在祁某名下。2009 年,张某起诉离婚并主张分割该房产。法院认为:案涉住房系祁某婚前个人出资购买,该房屋产权证虽于双方婚姻关系存续期间办理,但并不改变房屋所有人性质,系祁某婚前个人财产,房屋产权仍属于祁某所有。张某提出案涉房屋系双方共同出资购买,要求按夫妻共同财产分割的请求,根据我国《民事诉讼法》及最高人民法院《关于民事诉讼证据若干规定》,张某对其主张,未提供证据证明,故该项诉讼请求,法院不予支持,但对张某出资装修部分,祁某应适当补偿。

⑤2009 年**江苏某房屋买卖合同纠纷案**,2004 年,胡某与母亲张某共同出资购房。2005 年,胡某与杨某登记结婚。2007 年,该房登记在胡某与张某名下。2008 年,胡某将所占 1% 房产份额转让给张某,杨某诉请确认转让协议无效。法院认为:房屋产权证书是登记机关颁发给权利人作为享有权利的证明,具有公信力。但房屋产权证书只是权利载体,与实际情况并不一定完全吻合,在房屋确权纠纷案件中,应审查房屋取得方式和当事人之间身份关系,以确定房屋产权真正归属,不能简单以房屋产权证书记载确定所有权人,故房产证非确定房屋权属最终证据,如有充分证据能确定登记错误,可通过民事诉讼方式确认。登记在张某、胡某名下房屋产权证书虽取得于杨某、胡某夫妻关系存续期间,但胡某、张某与开发公司签订商品房认购书,并支付房屋部分价款的物权继受取得法律行为发生在杨某、胡某登记结婚前,此后所签商品房买卖契约只是按行政管理机关要求并对双方当事人未详细约定内容的确定,并非处理新的买卖关系,故不能以此认定胡某在婚姻存续期间取得的财产。杨某未能举证证明其婚前对房屋有出资行为,不能认定其对房屋享有所有权,杨某亦未举证证明其婚后对房屋有出资行为,故不能认定其基于婚姻关系取得所有权。案涉房屋归胡某、张某所有,双方签订房屋买卖协议,并不损害杨某权利,判决驳回杨某诉请。

⑥2008 年**某离婚纠纷案**,1998 年,魏某购买单位房改房并缴纳 3.6 万余元。2002 年,魏某与徐某登记结婚。2003 年,魏某补交 2.6 万元,取得前述房产产权证。2007 年,魏某与徐某诉讼离婚。法院认为:本案房屋是魏某婚前参加单位房改并支付大部分购房款情况下取得,房产证取得虽在婚后,但不动产物权登记立法目的在于维护交易安全、保护善意第三人利益。离婚诉讼中,房屋处理问题只是在夫妻之间进行,并不存在与善意第三人利益冲突,对于诉争房屋事实及权利状态,夫妻双方都是清楚知晓的,故机械地以房屋产权证取得时间作为区分一方个人财产或夫妻共同财产标准,难免有失公允,尤其对婚前一方支付了绝大部分购房款,只是因种种原因迟迟无法拿到房产证情形,就更加显得不公平。这种做法往往忽视了一方对房改房支付价款、占有、使用事实。签订了购房合同,支付了部分房款,

购房人已实际取得债权或物权期待权，如认定房产证只要在婚姻关系存续期间取得即一概归夫妻共同所有，等于漠视了一方物权期待权。通常情况下，配偶方在婚姻关系存续期间支付购房款，在无特别约定时，其目的是建立并形成共同共有关系，且在确定房改房价格时，均参考了夫妻双方工龄、职务等福利因素，购买房改房实际支出价款，一般要远远低于同类房屋市场价格，故对于房改房增值部分，离婚时配偶方有权要求分割。据此，本案魏某所居住房屋，本着照顾妇女儿童原则，应归魏某所有。双方婚后补交房款2.6万元属于夫妻共同财产，应按该房屋现在价值的升值率计算，由魏某给予合理补偿。

【典型类案实务要点】

1.**【婚前个人按揭房，婚后共同还贷及升值为共同财产】**一方于婚前以个人名义按揭购房并支付首付款，离婚时房屋确定归婚前购房者所有时，对夫妻共同还贷所形成财产权益包括对应财产增值部分，应向对方相应补偿。

2.**【婚前一方付款，另一方签购房合同，应为个人财产】**夫妻婚前一方给付房款，另一方签订房屋买卖合同，该房屋可认定为订立合同一方的当事人的财产。签订合同一方当事人死亡，其母亲、子女请求分割房产的，未办理登记的不动产，其财产性权利可予继承，另一方给付的房款可按被继承人对其负担债务处理。

3.**【婚前与父母按份共有房，婚后可将其份额赠与配偶】**夫妻一方婚前与父母共同出资购房，后约定共有房屋在婚后夫妻共有的，应视为将其所享有份额赠与夫妻另一方。

4.**【一方婚前购房，婚后办产权证，仍属婚前个人财产】**夫妻一方婚前个人出资购房，虽然该房屋产权证于婚姻关系存续期间办理，但并不改变房屋系一方婚前个人财产性质。

5.**【婚前一方购房，婚后补交部分款，离婚时合理补偿】**对婚前以一方名义购买并支付大部分购房款的房改房，离婚时判决归一方所有为宜，但对婚姻关系存续期间用夫妻共同财产补交剩余购房款的，应考虑房屋价格市场因素，对另一方给予合理补偿。

6.**【离婚后非房屋所有权一方，对过户费仍负分担义务】**按揭房屋被认定为夫妻共有，离婚时按共有比例进行了分割，对未涉及的过户费用债务，离婚后非房屋所有权者仍负有按比例分担义务。

【类案裁判一般规则】

夫妻一方婚前个人出资购房，产权证虽于婚姻关系存续期间办理，但并不改变房屋系一方婚前个人财产性质；夫妻一方婚前出资购房，登记在夫妻双方名下，如双方未对该房产作出特别约定,应认定该房产为夫妻共同所有,但在离婚分割该房产时,出资一方可适当多分。

【典型参考案例索引】

主旨案例:见《人民法院判决分割一方于婚前以个人名义签订合同支付首付款并按揭贷款所购房屋时,如果将房屋判归婚前购房者所有,对于夫妻共同还贷所形成的财产权益,应当如何分割》(《民事审判指导与参考》研究组),载《民事审判指导与参考·民事审判信箱》(201103/47:243)。**其他案例:**①河南安阳中院(2015)安中民一终字第1620号"李大某等与王某法定继承纠纷上诉案",见《一方出资另一方签订合同的婚前购置房产如何继承》(杨森彪、杜鸿、吴俊鸣),载《人民司法·案例》(201723:80)。②黑龙江齐齐哈尔中院(2015)齐民一终字第227号"赵某与原某离婚后财产纠纷案",见《离婚后仍需承担原共有房屋产权变更费用》(李国军、孙宪军),载《人民司法·案例》(201602:60)。③江苏南京中院(2014)宁民监字第1号"张晓玉、黄瑞华与张颖博、洪晓文财产权属纠纷案",见《如何平衡不动产所有权中按份共有与婚内共同共有的利益关系》(王燕、杨晓婷,江苏南京中院审监庭),载《审判监督指导·实务研讨》(201404/50:211)。④青海果洛州中院(2009)果民一终字01号"张某与祁某离婚纠纷案",见《张玉香与祁万钧离婚案(离婚财产分割)》(史来万),载《中国审判案例要览》(2010民:341)。⑤江苏南京中院(2009)宁民四终字第24号"杨某与胡某等房屋买卖合同纠纷案",见《杨昀诉胡昆、张庆国房屋买卖合同纠纷案》,载《江苏省高级人民法院公报》(200904/4:62)。⑥见《婚前以一方名义购买的房屋,婚后用夫妻共同财产补交部分购房款,离婚分割时应考虑房屋价格的市场因素予以合理补偿》(吴晓芳,最高院民一庭),载《民事审判指导与参考·指导性案例》(200804/36:100)。

35. 婚后购买房产的归属

——婚后购买房,一定是共有?

【婚后购房】

【案情简介及争议焦点】

2012年,陈某诉请与赵某离婚。关于赵某婚前经公证的个人财产房改房,婚后变卖后添加自己婚前存款购买、以安置年老多病父母的商品房,陈某要求平均分割。

争议焦点:1. 婚前财产形式变化是否导致所有权变化? 2. 案涉房产权属如何认定?

【裁判要点】

1. 财产形式转化。当事人婚前个人财产不能仅因形式变化而致所有权发生变化。在婚姻关系存续期间,如认为婚姻当事人只要在婚姻关系存续期间使用个人婚前财产并使之存在形式发生了变化,即属投资经营行为,并因此改变所有权性质或将其自然增值认定为夫妻共有的观点,明显不利于发挥物的使用价值,不利于财富流转,亦使得人们为了保有自己婚前个人财产而不敢正常使用上述财产,这样的裁判理念不符合现代民事立法鼓励充分发挥物的效用,鼓励正常财产流转基本精神。

2. 仍系个人财产。本案中,赵某变卖其婚前所有房屋一套,添加其婚前个人存款购置房屋一事,购房所支付款项来源清楚有据,确系其个人婚前财产。其购置房屋系为安置因病需照顾的父母,且该房屋购入后确为其父母居住使用,赵某上述行为不属于生产经营行为。依最高人民法院《关于适用〈中华人民共和国婚姻法〉若干问题的解释(三)》(已于2021年1月1日起废止)第5条规定精神,夫妻一方个人财产在婚后产生的收益属于夫妻共同财产,但自然增值和孳息除外。自赵某购置房屋后,该房屋因房地产市场升温而自然增值,不属于生产经营性收益,该房屋本身亦不属夫妻共同财产,故赵某名下房屋应认定为其个人财产。

【裁判依据或参考】

1. 法律规定。《民法典》(2021年1月1日)第209条:"不动产物权的设立、变更、转让和消灭,经依法登记,发生效力;未经登记,不发生效力,但是法律另有规定的除外……"第215条:"当事人之间订立有关设立、变更、转让和消灭不动产物权的合同,除法律另有规定或者当事人另有约定外,自合同成立时生效;未办理物权登记的,不影响合同效力。"第216条:"不动产登记簿是物权归属和内容的根据。不动产登记簿由登记机构管理。"第217条:"不动产权属证书是权利人享有该不动产物权的证明。不动产权属证书记载的事项,应当与不动产登记簿一致;记载不一致的,除有证据证明不动产登记簿确有错误外,以不动产登记簿为准。"第232条:"处分依照本节规定享有的不动产物权,依照法律规定需要办理登记的,未经登记,不发生物权效力。"

2. 地方司法性文件。江苏高院《家事纠纷案件审理指南(婚姻家庭部分)》(2019年7月18日)第31条:"婚姻关系存续期间夫妻一方以婚前财产出资购置的不动产以及增值收益的性质应当如何认定?婚姻关系存续期间夫妻一方以婚前财产出全资购置的不动产,所有权登记在出资方名下,该不动产为夫妻一方婚前财产在婚后发生的形态上的转化,不影响财产的性质,除当事人另有约定外,应当认定为夫妻一方的个人财产。基于该不动产所产生的增值收益,应当根据具体情况作出认定。如果购置该不动产的目的是投资,则产生的增值收益应当认定为夫妻共同财产。婚姻关系存续期间夫妻一方以婚前财产出全资或者夫妻一方以婚前财产以及夫妻共同财产混合出资购置的不动产,所有权登记在夫妻双方名下或者夫妻另一方名下,除当事人另有约定外,应当认定为夫妻共同财产。离婚时在具体分割不动产时,可以结合出资比例等因素对婚前财产出资方予以多分。”安徽淮南中院**《关于审理离婚纠纷案件若干问题的指导意见》**(2014 年 3 月 13 日)第 17 条:“夫妻分居两地分别管理、使用的婚后财产,应认定为夫妻共同财产。在分割财产时,各自分别管理、使用的财产归各自所有。双方所分财产相差悬殊的,差额部分,由多得财产的一方以与差额相当的财产抵偿另一方。”浙江杭州中院民一庭**《关于涉及婚姻家庭纠纷案件若干疑难问题的解答》**(2013 年 1 月 1 日)第 3 条:“婚后一方将其个人财产处置后购买其他财产的,新购得的财产性质如何认定?答:因新购得的财产是在婚姻关系存续期间所取得,应当认定为夫妻共同财产。但在折价分割中,因考虑双方的贡献大小,对出资多的一方酌情予以多分。”浙江宁波中院**《关于印发〈民事审判若干问题解答(第三辑)〉的通知(婚姻家庭纠纷类)》**(2011 年 5 月 11 日)第 3 条:“夫妻一方以其个人婚前财产在婚后购置的房屋或者其他财产,离婚时,另一方要求按夫妻共同财产进行分割,是否予以支持?答:婚前财产在婚后仅发生实物形态上的转化,不影响该财产的性质。因此,一方以婚前个人财产在婚后购置的房屋,产权登记在该方名下,原则上应认定属于一方的个人财产,如果另一方没有出资,不能主张享有房屋的产权份额。同样,婚前其他财产的形式转化,也不影响其作为个人财产的性质,另一方要求按夫妻共同财产予以分割,不予支持。”江西高院**《关于审理婚姻家庭纠纷案件适用法律若干问题的解答》**(2008 年 10 月 10 日)第 9 条:“离婚诉讼中,婚前由夫妻一方承租或由父母承租,婚后以夫妻共同财产购买为产权的公房,其公房使用权本身蕴涵的价值如何处理?《婚姻法解释二》第十九条规定,夫妻一方婚前承租的公房,婚后以共同财产购买为产权房的,该房屋为夫妻共同所有。现实生活中有的公房使用权是婚前通过出资购买取得的,在审理这类案件时,应当将婚前个人出资确定为出资方的个人财产,剩余部分价值按共同财产分割。一方婚前承租的公房是基于福利政策分配取得,婚后以共同财产购买为产权的,可不考虑公房使用权的价值,按共同财产分割。”上海高院**《关于审理婚姻家庭纠纷若干问题的意见》**(2007 年 3 月 15 日 沪高法民一〔2007〕5 号)第 12 条:“夫妻双方婚后出资购房,产权人可能登记为夫妻双方或其中一方,也可能登记为夫妻双方或某一方与子女,或者只登记为子女一人,如何确定该房产权利。夫妻双方婚后共同出资购买的产权房,无论登记为夫妻双方或一方,均为夫妻共同财产。若产权登记中有子女,则为夫妻双方与子女共同所有。在户权登记中未约定按份共有的,应认定共同共有。至于产权人只登记为子女一人的房屋所有权问题,上海高院《民事法律适用问答》2005 年第 3 期(总第 16 期)问题六已有答复。但鉴于未成年子女未出资,也不承担还贷义务,在处理房产权利时可适当调整子女所得的比例。”广东高院、省检察院、省公安厅、省司法厅**《关于印发〈关于处理婚姻关系中违法犯罪行为及财产等问题的意见〉的通知》**(2000 年 5 月 30 日　粤高法〔2000〕18 号)第 13 条:“离婚案的财产分割,要依照最高人民法院《关于人民法院审理离婚案件处理财产分割问题的若干具体意见》的规定,作出对无过错方有利的判决。处理住房问题时,要确保无过错方特别是无过错女方的住房权益。有关住房问题视以下情况分别处理……3. 夫妻关系存续期间购买的商品房或自建房屋,离婚时,房屋能分割的,依据照顾无过错方和子女利益原则分割;不能分割的,双方竞价,价高者得;不能竞价的,由房管部门评估,由取得产权一方以评估价一半给对方补偿。无过错方、携带子女坚持取得房屋产权的,应给予优先考虑……”江苏高院**《关于印发〈关于审理离婚案件处理住房问题的意见〉的通知》**(1995 年 1 月 3 日　苏高法发〔1995〕1 号)第 2 条:“夫妻双方或一方在婚姻关系存续期间以建造、购置、继承、受赠等方式取得的房屋,为夫妻共同财产。”

【参考类案】

①2017 年**四川某民间借贷纠纷案**,2013 年,余某与黄某婚后购房,余某父母先后出资 70 万元。购房后,房屋登记在黄某名下。2016 年,余某、黄某夫妻离婚,余某父母向黄某、余某主张 70 万元借款。黄某以赠与为由抗辩。法院认为:最高人民法院《关于适用〈中华人民共和国婚姻法〉若干问题的解释(二)》(已于 2021 年 1 月 1 日起废止)第 22 条第 2 款“当事人结婚后,父母为双方购置房屋出资的,该出资应当认定为对夫妻双方的赠与,但父母明确表示赠与一方的除外”规定,系基于父母有赠与意思表示前提下、赠与对象不明确时的认定依据,并不适用于本案情况。最高人民法院《关于适用〈中华人民共和国婚姻法〉若干问题的解释(三)》(已于 2021 年 1 月 1 日起废止)第 7 条“婚后由一方父母出资为子女购买的不动产,产权登记在出资人子女名下的,可按照婚姻法第十八条第(三)项的规定,视为只对自己子女一方的赠与,该不动产应认定为夫妻一方的个人财产。由双方父母出资购买的不动产,产权登记在一方子女名下的,该不动产可认定为双方按照各自父母的出资份额按份共有,但当事人另有约定的除外”,本案购房款全部为余某父母出资,房屋登记在黄某名下,亦并不适用于本案情况。对于婚后子女购房,父母出资未明

确出资性质时,应如何评定,法律无明确规定。依最高人民法院《关于适用〈中华人民共和国民事诉讼法〉的解释》第109条规定,“当事人对欺诈、胁迫、恶意串通事实的证明,以及对口头遗嘱或者赠与事实的证明,人民法院确信该待证事实存在的可能性能够排除合理怀疑的,应当认定该事实存在”,表明对赠与事实的认定高于一般事实“具有高度可能性的”的证明标准。本案余某父母所提出证据,能证明款项交付真实存在,在出借人一方无明确赠与意思表示情况下,依最高人民法院《关于审理民间借贷案件适用法律若干问题的规定》第17条规定,借款人应承担款项系赠与的举证责任。从公序良俗角度,不宜将父母出资一般认定为理所应当的赠与。敬老慈幼为人伦之本,亦应为法律所倡导。慈幼对于父母来讲,依法而言为养育义务负担。子女一旦成年,应自立生活,父母续以关心关爱,子女受之应感念之,但此时并非父母所应负担法律义务,子女应图感恩,故在父母出资时未明确表示出资系赠与情况下,应认定购房出资款为对子女的临时性资金出借,目的在于帮助子女渡过经济困窘期,子女理应负有偿还义务,如此可保障父母自身权益,亦可避免子女成家反而使父母陷于经济困窘之境地,此亦为敬老应有道义。至于事后父母是否要求子女偿还,系父母行使自己债权或放弃债权范畴,与债权本身客观存在无关。判决黄某、余某偿还余某父母借款本金70万元。

②2016年**湖南某离婚纠纷案**,1985年,陶某与粟某共同生活。2002年初,双方因矛盾,陶某离家,双方分居,儿子一直随粟某生活。2002年8月,粟某居住的父母单位公房由粟某出资购买并登记在粟某名下。2013年,该房拆迁,粟某用补偿款购买房屋并登记在儿子名下。2016年,陶某诉请解除双方婚姻关系、分割夫妻共同财产。法院认为:粟某购买现房屋时间在陶某离家、双方分居之后,双方自此再无经济往来,粟某独立抚养双方婚生子至成年等事实,无证据表明陶某在离家后为购买现房屋出资,或当年购房款全部或部分来源于双方分居之前的夫妻共同财产,亦无证据表明双方在分居后还有任何经济混同行为,故应认定诉争现房屋系双方分居后由粟某单独出资购买。陶某所举证据只能证明其在单位入职及退休时间、工龄,以及陶某在其单位未享受过福利分房,不能证明粟某在购买房改房时计算了陶某工龄,故粟某单独出资购买父母遗留下来的公房,不应作为夫妻共同财产。登记在儿子名下房屋的购房资金来源于房改房征地拆迁款,房改房因拆迁所获得利益应由粟某个人享有,现粟某自愿用该房屋拆迁补偿款为儿子购买房屋,系粟某对儿子赠与,不违反法律规定,故诉争现房屋亦不能认定为陶某与粟某夫妻共同财产。判决解除陶某与粟某事实婚姻关系,驳回陶某其他诉请。

③2016年**北京某分家析产纠纷案**,2010年,马某以自己名义申请限价商品住房一套,申请家庭人口为马某与父母。资格审核通过后,马某与黄某登记结婚。此后,马某签订商品房预售合同,房屋总价款51万余元,首付款31万余元,贷款20

万元。房屋首付款由黄某支付，房产证登记所有权人为马某。2015年，马某与黄某离婚后，马某及其父母以黄某为被告起诉，要求确认涉案房屋为三人所有。诉争房屋现值200万元。法院认为：两限房属保障性住房范围，购房主体特定，购买价格亦非房屋价值直接体现，具有福利性质。两限房由一方婚前申请的，房产供应对象为一方及其父母等成员构成的家庭，与另一方无关。申请两限房家庭经过资格审查符合条件后，通过摇号确定具体的房屋，房屋确定后不可更改，此后履行的购房手续即签订房屋买卖合同、支付房款等行为均系申请行为延续，在此期间申请人婚姻状态变动或实际付款主体、数额不同等情况对已确定的两限房无任何影响，故两限房性质上的特殊性使得房产取得主要取决于申请人所具备资格。如在认定房产权属时不考虑两限房特殊性，将导致两限房政策所要实现目的落空，无疑有违“民事活动必须遵守法律，法律没有规定的，应当遵守国家政策”原则，故案涉两限房虽以一方婚前所属家庭为单位由一方在婚前申请，购房行为发生于婚后，亦应认定为申请人一方个人财产。由于婚后夫妻任何一方所得均属夫妻共同财产，且夫妻在一起生活，使得另一方已无必要或无可能购置个人房产，由于限购政策影响，同时房价持续上涨，亦加大了无房一方机会成本，使得其实际上已因缔结婚姻而错过了最佳个人购房时机，故将另一方出资作为债权对待时，不考虑房屋升值因素，对另一方有失公平。综合考虑本案诉争房屋来源、首付款支付、贷款偿还等情况，判决涉案房屋归马某所有，房屋剩余贷款由马某负责偿还，由马某向黄某支付折价款70万元，马某父母应获补偿计入马某所享份额中。

④2015年**北京某离婚纠纷案**，2003年，李某与倪某结婚。2005年，双方按揭购房并登记在丈夫李某名下，总房款60万余元，其中30万元首付款系李某父母提供。2012年，双方诉讼离婚。李某主张首付款系父母对其个人的赠与，倪某主张系借款，但均无充分证据证明。法院认为：关于案涉房屋首付款性质，倪某主张该款是借款，但未提交借据，其在诉讼中虽提交了录音证据，但李某予以否认，称该款为对其个人赠与。该证据尚不足以证实倪某主张，故认定首付款为赠与性质。依最高人民法院《关于适用〈中华人民共和国婚姻法〉若干问题的解释（二）》（已于2021年1月1日起废止）第22条第2款规定“当事人结婚后，父母为双方购置房屋出资的，该出资应当认定为对夫妻双方的赠与，但父母明确表示赠与一方的除外”，本案中李某父母为李某、倪某二人购房支付的首付款30万元，在无充分证据证实是对李某个人赠与情况下，应认定为对李某、倪某夫妻二人的赠与。诉争房屋为夫妻共同财产，鉴于双方在庭审中明确表示对该房屋不进行评估，且一致认可房屋价值为每平方米2.8万元，故在一方取得房屋同时，应向对方依此价格计付相应房屋折价款。考虑房屋购置时出资方式、双方收入情况，结合房屋现实居住状况，判决房屋归李某所有，李某给付倪某房屋折价款135万余元。

⑤2013年**某离婚纠纷案**,2008年,王某与李某结婚。婚后李某用出售自己婚前房屋款项18万余元购房并登记在自己名下。2011年,李某将该房出售,得款44万余元。随后,王某诉请离婚,并主张对前述房屋增值收益进行分割。法院认为:最高人民法院《关于适用〈中华人民共和国婚姻法〉若干问题的解释(二)》(已于2021年1月1日起废止)第11条规定:婚姻关系存续期间,一方以个人财产投资取得的收益属于夫妻共同财产。最高人民法院《关于适用〈中华人民共和国婚姻法〉若干问题的解释(三)》(已于2021年1月1日起废止)又进一步规定:一方个人财产婚后取得的孳息和自然增值归一方所有。根据民法基本原理,货币形式和其他财产形态之间的转化并不改变所有权性质。诉争房屋系李某用出售自己婚前房产所得资金购买,虽该购房行为发生在双方婚姻关系存续期间,但购房款来源于李某婚前财产。从性质上而言,这只是李某一方婚前财产由原来房产转化为货币再转化为诉争房产,该房屋应属李某个人所有。李某将诉争房屋再次转让,由于房价上涨的市场因素而获利丰厚,但该收益属自然增值,依相关司法解释规定,增值部分亦应属于李某一方所有。

⑥2013年**某离婚纠纷案**,一方起诉离婚时,要求法院将其父母在自己婚后部分出资所购买房屋判令归自己所有时,应否支持?处理意见:最高人民法院《关于适用〈中华人民共和国婚姻法〉若干问题的解释(三)》(已于2021年1月1日起废止)第7条规定:“婚后由一方父母出资为子女购买的不动产,产权登记在出资人子女名下的,可按照婚姻法第十八条第(三)项的规定,视为只对自己子女一方的赠与,该不动产应认定为夫妻一方的个人财产。由双方父母出资购买的不动产,产权登记在一方子女名下的,该不动产可认定为双方按照各自父母的出资份额按份共有,但当事人另有约定的除外。”最高人民法院《关于适用〈中华人民共和国婚姻法〉若干问题的解释(二)》(已于2021年1月1日起废止)第22条第2款规定:“当事人结婚后,父母为双方购置房屋出资的,该出资应当认定为对夫妻双方的赠与,但父母明确表示赠与一方的除外。”父母为子女婚后购买房屋支付了部分价款(往往是首付款),以子女名义签订房屋买卖合同并将房屋所有权登记在子女一方或双方名下。此时,一方父母出资已不属于最高人民法院《关于适用〈中华人民共和国婚姻法〉若干问题的解释(三)》(已于2021年1月1日起废止)第7条规定的父母为子女全资购房登记在自己子女名下情形,不能将该房所有权判给一方,而应依最高人民法院《关于适用〈中华人民共和国婚姻法〉若干问题的解释(二)》(已于2021年1月1日起废止)第22条第2款规定,将该出资首付款认定为对夫妻双方赠与。相应地,婚后以子女一方或双方名义所签不动产买卖合同并以该出资作为首付款所购买不动产,不管登记在子女一方还是双方名下,均应视为夫妻共同财产。

⑦2001 年**福建某房屋确权纠纷案**,1988 年,葛某与妻子晏某诉讼离婚期间,葛某交款签约并购商铺。离婚后办下产权证并与王某结婚。2000 年,葛某将名下商铺公证遗赠给王某后,葛某死亡。2001 年,晏某知晓该商铺情况后起诉要求与王某各半享有产权。法院认为:诉争商铺系葛某与晏某离婚诉讼判决前即双方婚姻关系存续期间购置,因购房合同有效,已交购房款物化为商铺,故依法应认定为双方共同财产。至于当时尚未交付使用和领取产权证书,并不能改变购置财产共有性质。交房、领证是葛某与售房者之间履行合法有效合同的必然结果。葛某与晏某离婚诉讼期间,隐瞒属共有的已购置诉争商铺。与王某结婚后、去世前,又以公证遗嘱形式将诉争商铺处分给王某继承,该遗嘱部分有效,部分无效,故应确认诉争商铺产权归晏某和王某各半享有。

【典型类案实务要点】

1.**【婚前个人财产在婚后形态变化,不导致所有权变化】**当事人以生产、经营之外其他方式使用自己婚前个人财产,即使该财产形式因此发生了变化,不导致上述财产所有权及其自然增值归属变化。

2.**【婚后子女购房,父母出资,子女仍应负有偿还义务】**子女婚后买房时父母出资,除书面明确表示赠与外,应视为以帮助为目的的临时性资金出借,子女负有偿还义务。

3.**【夫妻分居期间,一方个人出资购房,非为共同财产】**夫妻分居期间,一方单独出资购买房屋,另一方无证据证明双方分居期间存在经济混同,亦无证据证明购房款来源于双方分居前夫妻共同财产的,该房屋不宜认定为夫妻关系存续期间所取得的共同财产。

4.**【一方婚前申请、婚后购买两限房,离婚时分割原则】**离婚时两限房分割要充分考量政策因素,权属认定主要依据是购房对象资格而非与婚姻状态变动相关购房时间或出资主体、数额等其他情况。两限房由一方在婚前申请,婚后签订房屋买卖合同且首付款由另一方用个人财产支付的,应认定为一方个人财产而非夫妻共同财产。

5.**【婚后购房,一方父母付首付款,推定为对夫妻赠与】**夫妻关系存续期间,对于父母为子女出资购买房屋所给付首付款性质不明时,应依法认定为父母对夫妻双方赠与。

6.**【个人财产婚后所购房屋及增值部分,仍属个人财产】**一方婚后用个人财产购买房屋,离婚时该房屋属于个人财产替代物,应认定为个人财产,其增值亦属于个人财产。

7.**【婚后一方父母部分出资所购房产,为夫妻共同财产】**婚后以子女名义签订购房合同并以该出资作为首付款所购房屋,不管登记在子女一方还是双方名下,均应视为夫妻共同财产。

8.【**离婚前一方购房,离婚后办产权,应属夫妻共有房**】夫妻关系存续期间,一方交纳预购房款,离婚后取得该房并领取房屋产权证书的,该房产应认定为夫妻共同财产。

【类案裁判一般规则】

夫妻双方婚后共同出资购买的产权房,无论登记为夫妻双方或一方,均为夫妻共同财产。若产权登记中有子女,则为夫妻双方与子女共同所有。在户权登记中未约定按份共有的,应认定共同共有。

【典型参考案例索引】

主旨案例:见“陈某与赵连理离婚纠纷案”,见《婚前个人财产在婚后发生形态变化不导致所有权发生变化》(韩玫,最高院民一庭),载《民事审判指导与参考·指导性案例》(201301/53:142)。**其他案例:**①四川高院(2017)川民申4120号“余某与黄某等民间借贷纠纷案”,见《婚后子女购房父母出资性质的认定——四川高院裁定余某、毛某诉黄某、余某莎民间借贷纠纷案》(豆晓红),载《人民法院报·案例精选》(20180614:06)。②湖南长沙中院(2016)湘01民终7380号“陶某与粟某离婚纠纷案”,见《陶某某诉粟某某离婚纠纷案——夫妻双方分居期间的财产属性认定》(刘群、汪样),载《人民法院案例选》(201704/110:177)。③北京三中院(2016)京03民终4912号“马某与黄某分家析产纠纷案”,见《由一方在婚前申请,而另一方在婚后支付房屋首付款所购两限房的分割原则——北京三中院判决马某诺、马某德、李某某诉黄某某分家析产纠纷上诉案》(杨路),载《人民法院报·案例精选》(20161027:06)。④北京一中院(2015)一中民再终字第07430号“李某与倪某离婚纠纷案”,见《李×2(男)诉李×1(女)离婚纠纷案——父母为子女出资购买房屋所给付的首付款性质及恶意转移财产的认定》(黄晓丰、王斌),载《人民法院案例选》(201707/113:81)。⑤见《个人所有房屋的婚后收益认定及其处理》(程律,安徽宁国法院;吴晓芳,最高院民一庭),载《民事审判指导与参考·指导性案例》(201304/56:118)。⑥见《一方起诉离婚时,要求法院将其父母在自己婚后部分出资所购买房屋判令归自己所有时,法院是否支持?》(《民事审判指导与参考》研究组),载《民事审判指导与参考·民事审判信箱》(201304/56:227)。⑦福建三明中院(2001)三民终字第382号“晏某诉王某房屋确权案”,见《晏丁香因原夫葛春辉在离婚诉讼中隐瞒预购房在离婚后取得产权并立遗嘱处分给后妻诉遗嘱继承人王良红归还该房一半产权案》(刘希星、周卫华),载《人民法院案例选》(200202/

40:88);另见《晏丁香诉王良红案(房屋产权、共同财产的认定)》(刘希星、周卫华),载《中国审判案例要览》(2002 民:1)。

36. 父母购房及房款性质

——父母购买房,房款何性质?

【父母购房】

【案情简介及争议焦点】

2016 年,刘某诉请与叶某离婚,法院支持,并认定双方名下、婚姻关系存续期间由叶某父母全额出资所购房系夫妻共同财产。二审诉讼中,叶某提供了其与父母另案诉讼民事调解书,显示该购房款性质系叶某向父母借款,叶某据此主张该借款系夫妻共同债务。

争议焦点:1. 如何采信证据? 2. 案涉购房款性质?

【裁判要点】

1. 案涉房款不应认定为借款。在叶某与其父母之间的民间借贷案件中,缺乏利害关系人刘某的实际参与,一定程度上剥夺了刘某抗辩权。叶某和刘某在一审离婚案件中均陈述对外无债权债务,叶某二审又主张购房款系借款,与其在一审中陈述显然存在矛盾。

2. 案涉购房款应认定为赠与。从日常经验法则看,叶某父母随时均可能让叶某补写"借据",而案涉房屋产权登记在夫妻双方名下,刘某用房产证来证明叶某父母出资属赠与性质,叶某用"借据"证明父母出资性质属借款,从优势证据角度分析,房产证证明效力要大于借据,故将购房款认定为赠与更符合客观事实。对叶某所持民事调解书证据效力,不宜机械地予以认定,故认定案涉房屋系叶某和刘某夫妻共同财产。

【裁判依据或参考】

1. 法律规定。《民法典》(2021 年 1 月 1 日)第 232 条:"处分依照本节规定享有的不动产物权,依照法律规定需要办理登记的,未经登记,不发生物权效力。"第 657 条:"赠与合同是赠与人将自己的财产无偿给予受赠人,受赠人表示接受赠与的合同。"第 665 条:"撤销权人撤销赠与的,可以向受赠人请求返还赠与的财产。"

第 666 条:“赠与人的经济状况显著恶化,严重影响其生产经营或者家庭生活的,可以不再履行赠与义务。”

2. 最高人民法院司法解释及其他司法性文件/解读文章。最高人民法院**《关于适用〈中华人民共和国民法典〉婚姻家庭编的解释(一)》**(2021 年 1 月 1 日 法释〔2020〕22 号)第 29 条:“当事人结婚前,父母为双方购置房屋出资的,该出资应当认定为对自己子女个人的赠与,但父母明确表示赠与双方的除外。当事人结婚后,父母为双方购置房屋出资的,依照约定处理;没有约定或者约定不明确的,按照民法典第一千零六十二条第一款第四项规定的原则处理。”最高人民法院法官郑学林、刘敏、王丹**《〈关于适用民法典婚姻家庭编的解释(一)〉的若干重点问题的理解与适用》**(载《人民司法》2021 年第 13 期):“……关于父母为子女出资购房问题。近年来,由于房价高企,子女购房财力有限,往往需要父母的资助,为了子女能够安居乐业,很多父母也是倾其大半生积蓄。父母为子女购房出资的性质以及归属关涉各方切身利益,往往成为社会热点。婚姻法解释二和婚姻法解释三对此问题均有规定。此次清理中对上述规定进行了体系化整合,删除了婚姻法解释三第 7 条。在理解时需要注意以下问题:1. 严格遵守法律的规定。根据民法典第一千零六十二条第一款第(四)项和第一千零六十三条第(三)项规定,夫妻在婚姻关系存续期间继承或受赠的财产原则上为夫妻共同所有,除非遗嘱或者赠与合同中确定财产只归一方。也即,在我国法定夫妻财产制为婚后所得共同制的前提下,夫妻一方婚后所得的财产原则上均为夫妻共同所有,除非赠与合同中确定只归夫或妻一方的财产。因此,总体上,婚姻法解释二第 22 条第 2 款是符合立法精神的。但考虑到实践中的情形非常复杂,有借款的情形,也有赠与的情形;有只赠与一方的,也有愿意赠与双方的,如果当事人愿意通过事先协议的方式明确出资性质以及房屋产权归属,则能够最大限度减少纠纷的发生。为此,我们对婚姻法解释二第 22 条第 2 款进行了重新表述。首先规定当事人结婚后,父母为双方购置房屋出资的,依照约定处理;对于没有约定或者约定不明的,严格按照法律规定的精神,直接转引至民法典第一千零六十二条第一款第(四)项的规定,即如果没有明确表示是赠与一方的,则按照夫妻共同财产处理。2. 要明确法律关系的性质。实践中,对父母为子女购房出资的性质是借贷还是赠与,各方可能存在争议,在此情况下,应当将法律关系的性质作为争议焦点进行审理,根据查明的案件事实,准确认定双方的法律关系是借款还是赠与,不能仅依据《解释(一)》第 29 条当然地认为是赠与法律关系。要特别强调的是,在相关证据的认定和采信上,注意适用《关于适用民事诉讼法的解释》第 105 条的规定,运用逻辑推理和日常生活经验法则,对证据有无证明力和证明力大小进行判断,从而准确认定法律关系的性质。从中国现实国情看,子女刚参加工作缺乏经济能力,无力独自负担买房费用,而父母基于对子女的亲情,往往自愿出资为子女购置房屋。大多数父母出资的目的是要解决或改善子女的居住条件,希望让子女生活更加幸福,而不是日后要回这笔出资,因此,在父母一方主张为借款的情况下,应当由父母来承担证明责任,这也与一般人的日常生活经验感知一致。3. 准确认定是赠与一方还是赠与双方。认定父母为子女出资购房为赠与的情况下,根据民法典第一千零六十二条的规定,婚姻关系存续期间受赠的财产原则上为夫妻共同财产,除非赠与合同中确定只归一方的财产。因此,本解释没有再作出具体规定,而是转引至民法典第一千零六十二条第一款第(四)项。要特别注意的是其中的但书条款,即民法典第一千零六十三条第(三)项的规定,对于如何认定'赠与合同中确定只归一方',司法实践中最具争议。如前所述,我们在《解释(一)》中首先引导当事人事先约定,以期尽量减少纠纷的发生。但是,基于父母子女间密切的人身关系和特有的中国传统家庭文化的影响,实践中父母与子女之间一般并没有正式赠与合同的存在,或者说没有一个书面赠与合同的存在,对于是否存在口头的赠与合同以及赠与合同的内容,在夫妻离婚时往往是双方争议的焦点。在一方父母出全资并且在购买不动产后将不动产登记在自己一方子女名下的,考虑到物权法已经实施多年,普通民众对不动产登记的意义已经有较为充分的认识,在出资后将不动产登记在自己一方子女名下,认定为是父母将出资确定赠与给自己子女一方的意思表示,符合当事人本意,也符合法律规定的精神。4. 删除双方父母出资情况下房产按份共有的规定。实践中,由于房价高企,一方父母可能无力单独承担购房负担,由双方父母共同出资为子女购房的情形并不鲜见,父母为子女出资购房不仅是家族财产的传递形式之一,也寄托了父母对子女婚姻幸福美满的期望,在双方没有明确约定的情况下,认定为是按份共有与家庭的伦理性特征不相符,也与法律规定有一定冲突。根据民法典第一千零六十二条规定,在没有明确表示赠与一方的情况下,应当归夫妻共同所有。同时,民法典第三百零八条也规定,共有人对共有的不动产或者动产没有约定为按份共有或者共同共有,或者约定不明确的,除共有人具有家庭关系等外,视为按份共有。可见,在双方没有明确约定的情况下,基于家庭关系的特殊身份属性,亦不宜认定为按份共有。"最高人民法院**《关于适用〈中华人民共和国婚姻法〉若干问题的解释(三)》**(2011 年 8 月 13 日法释〔2011〕18 号,2021 年 1 月 1 日起废止)第 7 条:"婚后由一方父母出资为子女购买的不动产,产权登记在出资人子女名下的,可按照婚姻法第十八条第(三)项的规定,视为只对自己子女一方的赠与,该不动产应认定为夫妻一方的个人财产。由双方父母出资购买的不动产,产权登记在一方子女名下的,该不动产可认定为双方按照各自父母的出资份额按份共有,但当事人另有约定的除外。"最高人民法院吴晓芳法官**《关于婚姻家庭纠纷审理热点难点问答》**〔载《民事法律文件解读》2012 年第 6 辑(总第 90 辑)〕第 15 条:"《婚姻法司法解释(三)》第七条规定是否与《婚姻法司法解释(二)》第二十二条规定的内容相冲突?答:我们认为,《婚姻法司法解释(二)》第二十二条规定:‘当事人结婚前,父母为双方购置房屋出资的,该出资应当认定为对自己子女的个人赠与,但父母明确表示赠与双方的除外;当事人结婚后,父母为双方购置房屋出资的,该出资应当认定为对夫妻双方的赠与,但父母明确表示赠与一方的除外。’该条主要规定父母出资性质不明的情况下应如何处理,即认定父母对子女的出资性质是赠与而不是借贷,明确了父母出资为子女买房的性质;该条还以结婚时间为基准进行划分,婚前父母出资原则上认定为对自己子女的赠与,婚后父母出资原则上认定为对双方的赠与。而《婚姻法司法解释(三)》第七条主要是把‘产权登记’与‘确定赠与一方’进行链接,直接对父母出资为子女所购置房屋的产权归属作出认定,便于法院实际操作,更多考虑的是中国国情。不动产权属证书是权利人享有该不动产物权的证明,用房屋产权登记在自己子女名下的行为表明态度是最有说服力的。尤其从保护老年人权益的角度出发,该条规定对防止年轻人‘啃老’有一定预防作用。因此,该条与《婚姻法司法解释(二)》第二十二条并不冲突,是从不同层面分别规定的。在条文的理解方面。《婚姻法司法解释(三)》第七条首先将一方父母出资购买的不动产作了目的限定,即‘为子女’购买。这一限定,使得‘为子女’购买与‘为父母自己’或‘父母为他人’购买作了区别,即有可能存在父母出资购买的不动产虽登记在子女名下,但仅仅是挂了‘自己子女’的名义。对此则不能一概视为对自己子女的赠与,否则有可能引发父母与子女之间的不动产产权争议。其次,婚后由一方父母出资购买的不动产,如果因客观因素登记在对方名下,在没有特别约定的情况下,应认定为对双方的赠与。再次,除了父母之外,其他亲属也有可能出资,应理解为包括父母或其他亲属,不仅限于父母。”最高人民法院吴晓芳法官**《关于婚姻家庭纠纷审理热点难点问答》**〔载《民事法律文件解读》2011 年第 11 辑(总第 83 辑)〕第 28 条:“父母请求子女返还买房的出资时,应如何处理?答:由于父母与子女不和、子女离婚时父母为保全自己的出资等原因经常会出现父母请求返还出资的情形。从司法实践反馈情况来看,父母请求返还出资所主张的基础法律关系往往为借贷而非赠与。对父母出资为子女购买房屋行为的法律性质,应着重把握以下几个方面:第一,应尊重双方意思自治。对父母出资行为的认定原则上应以父母的明确表示为标准。如果父母与子女之间约定为赠与或者父母明确表示为赠与,就是赠与关系。这里要注意,父母出资赠与的真实意思表示,一般应发生在出资的当时或在出资后。一旦父母在出资时或出资后作出赠与意思表示,则意味着赠与关系已经成立生效。父母日后再主张借贷关系则一般不能得到支持。第二,对借贷关系是否成立应严格遵循‘谁主张谁举证’原则。在现实生活中,基于彼此间密切的人身财产关系,父母的借贷往往没有借条,父母的赠与也往往没有明确的表示。此时应严格执行‘谁主张、谁举证’原则。如果父母有关借贷的举证不充分，则一般应认定该出资为赠与行为。”第49条：“婚后父母为子女购买的不动产离婚时应如何处理？父母为子女结婚购房有两种情况，一是一方父母出资为子女购买不动产，二是双方父母各自出资为子女购买不动产……房屋产权登记在出资父母子女名下的，视为父母明确只对自己子女一方的赠与比较合情合理。本条规定从我国的实际出发，将‘产权登记主体’与‘明确表示赠与一方’进行链接，可以使父母出资购房真实意图的判断依据客观化，便于司法认定及统一裁量尺度，也有利于均衡保护结婚的双方及其父母的权益。值得注意的是，父母婚后给子女买房的规定，是指父母支付全款给子女购买房屋且产权登记在出资方子女名下的情形。如果父母只是在子女婚后支付首付款，夫妻共同还贷，产权登记在出资方子女名下，首付款可以认定为只赠与出资父母的子女，离婚时该房屋应认定为夫妻共同财产，对首付款部分应认定为出资人子女的个人财产。由于个人财产婚后的自然增值仍然归个人所有，故离婚时首付款的增值部分也应判归一方所有。”第50条：“以子女名义签订不动产合同，而由父母缴纳相关款项时，如何认定出资的性质？从司法实践来看，所谓‘出资为子女购买的不动产’主要有两种情况：(1)父母以自己名义购买不动产，然后将不动产产权登记在其子女一方名下；(2)子女以自己名义签订不动产买卖合同，由父母缴纳相关出资款项。前一种情形是典型的父母向子女赠与不动产的行为，如果将产权登记在其子女名下后，即便其无明确意思表示，也可视为是对其子女一方的赠与。因为如果其想将取得的不动产赠与给子女夫妻双方，则完全可以将不动产登记在子女及其配偶两人名下。至于后一种情况则比较复杂。在子女以自己名义签订不动产买卖合同的情形下，父母显然只能以其子女名义出资缴付购房款。此时，单就出资行为本身而言，不排除父母将出资借贷给子女买房的可能。而一旦有关父母是将出资借贷子女一方的主张成立，则在该子女与其父母之间存在的就是借贷关系而非赠与关系。相应地，该房屋即应为夫妻婚后共同所有。因此，这种情况下，应注意考量主张借贷一方提供的证据是否充分，而不宜简单适用《婚姻法司法解释(三)》第七条的规定一概认定该出资为对自己子女一方的赠与，进而认定该不动产为夫妻一方的个人财产。”最高人民法院**《关于适用〈中华人民共和国婚姻法〉若干问题的解释(二)》**(2004年4月1日　法释〔2003〕19号，已于2021年1月1日起废止)第22条：“当事人结婚前，父母为双方购置房屋出资的，该出资应当认定为对自己子女的个人赠与，但父母明确表示赠与双方的除外。当事人结婚后，父母为双方购置房屋出资的，该出资应当认定为对夫妻双方的赠与，但父母明确表示赠与一方的除外。”

3. 地方司法性文件。江苏高院**《家事纠纷案件审理指南(婚姻家庭部分)》**(2019年7月18日)第37条：“父母为子女出全资购置不动产的性质应当如何认定？父母为子女出全资购置不动产，除当事人另有约定外，可以按以下情形分别处理:(1)一方父母出全资购置的不动产,无论该出资行为发生在婚前还是婚后,所有权登记在自己子女名下的,该出资可以认定为对自己子女的赠与,该不动产可以认定为出资方子女的个人财产。(2)一方父母出全资购置的不动产,无论该出资行为发生在婚前还是婚后,所有权登记在子女双方名下或者另一方子女名下,该出资可以认定为对子女双方的赠与,该不动产可以认定为共同共有。(3)婚前双方父母共同出全资购置的不动产,所有权无论登记在一方子女或者子女双方名下,该出资可以认定为父母对各自子女的赠与,该不动产可以认定为双方按照各自父母出资份额按份共有。(4)婚后双方父母共同出全资购置的不动产,所有权登记在一方子女名下,该出资可以认定为父母对各自子女的赠与,该不动产可以认定为双方按照各自父母出资份额按份共有。(5)婚后双方父母共同出全资购置的不动产,所有权登记在子女双方名下,该出资可以认定为对子女双方的赠与,该不动产可以认定为共同共有。"第 38 条:"婚后一方父母部分出资为子女购置不动产,所有权登记在出资方子女名下,其性质应当如何认定?《婚姻法解释三》第七条规定的'婚后由一方父母出资为子女购买的不动产',其适用前提是一方父母出全资为子女购置不动产情形。婚后一方父母部分出资为子女购置不动产,夫妻双方支付剩余款项,所有权登记在出资方子女名下,除当事人另有约定外,该不动产应当认定为夫妻共同财产。离婚时在具体分割不动产时,可以结合父母出资比例等因素对出资方子女予以多分。"第 39 条:"父母为子女购置不动产出资性质的举证责任应当如何分配?父母为子女购置不动产出资,事后以借贷为由主张返还,子女主张出资为赠与的,应当遵循谁主张谁举证的原则,由父母承担出资为借贷的举证责任。父母不能就出资为借贷提供充分证据证明导致出资性质处于真伪不明状态时,应当由父母承担举证不能的责任。"四川成都中院**《二〇一七年全市法院民商事审判工作会会议纪要》**(2017 年 8 月 11 日)第 32 条:"婚后夫妻一方的父母出资为子女购房,该出资是否应当被认定为夫妻共同财产?(1)关于现行相关婚姻法解释的适用规则。《婚姻法解释三》第七条第一款'婚后由一方父母出资为子女购买的不动产'仅限于一方父母出全资为子女购买不动产,若父母的出资仅为所购买不动产的部分出资,则应当适用《婚姻法解释二》第二十二条第二款的规定,仅将'该出资认定为对夫妻双方的赠与'。(2)关于父母部分出资情形下,不同形式的认定。婚后由一方父母部分出资为子女购买房产,夫妻双方支付剩余款项,若该房产登记在出资方子女名下,父母出资部分应视为对其子女个人的赠与,赠与部分对应的增值属于自然增值,应当认定为夫妻受赠与一方的个人财产;若该房产登记在夫妻双方名下或者出资方子女配偶名下,父母出资部分应视为对夫妻双方的赠与,赠与部分对应的增值应当认定为夫妻共同财产。但有其他证据可以证实父母出资真实意思的除外。"北京三中院民二庭**《婚姻家庭案件法律适用疑难问题研讨会意见》**(2016 年 11 月 2

日)第6条:"为促成双方婚姻,一方父母应另一方要求将房屋登记在其名下,后双方没有结婚,登记权人主张房屋为其所有,应当如何处理?我们认为,此类问题应尊重物权登记效力,将房屋认定为登记方所有,同时考虑出资来源,比照适用彩礼的处理返还事宜。"北京高院民一庭**《关于审理婚姻纠纷案件若干疑难问题的参考意见》**(2016年8月4日)第27条:"【婚后父母部分出资购房的认定】婚后由一方父母支付首付款为子女购买的不动产,产权登记在出资人子女名下,由夫妻共同偿还余款的,不属于《婚姻法司法解释三》第七条第一款的规定的情形,该不动产应作为夫妻共有财产,在离婚时综合考虑出资来源、装修情况等因素予以公平分割。一方父母承租的公房,婚姻关系存续期间以夫妻共同财产依成本价购买,登记在夫妻一方或双方名下,应认定为夫妻共有财产,公房承租权所对应的利益系作为对夫妻双方的赠与,在离婚处理房产时综合考虑公房承租权利益来源等因素予以公平分割。"浙江高院民一庭**《关于印发〈关于审理婚姻家庭案件若干问题的解答〉的通知》**(2016年6月27日　浙高法民一〔2016〕2号)第11条:"婚后由一方父母部分出资为子女购买不动产,产权登记在出资人子女名下的,能否适用《婚姻法司法解释(三)》第七条的规定,认定为夫妻一方的个人财产?答:《婚姻法司法解释(三)》第七条规定'婚后由一方父母出资为子女购买的不动产,产权登记在出资人子女名下的,可按照婚姻法第十八条第(三)项的规定,视为只对自己子女一方的赠与,该不动产应认定为夫妻一方的个人财产',其适用的前提条件是一方父母支付全部款项为子女购买不动产。婚后由一方父母部分出资、其余款项由夫妻共同支付,不动产登记在出资人子女名下的,该不动产仍属于夫妻共同财产。但一方父母的出资额及相应的财产增值部分,视为对自己子女的赠与。"上海高院**《关于恋爱期间购房处理等婚姻家庭案件若干争议问题指导意见》**(2016年民一庭调研与参考〔2016〕3号)第4条:"……婚后购房涉父母出资钱款的性质认定及处理原则。父母出资协助子女婚后购房,有较明确的资金来往记录,在子女离婚后,父母起诉主张子女及其离异配偶共同归还款项。父母持有的借条上只有自己子女一人签名。父母主张为子女购房提供的出资是借款,子女的离异配偶则主张该款项是父母的赠与,借条系事后单方补写。对此,应认定为借贷关系,还是赠与关系?由于借条上只有子女一方的签名,应认定为夫妻共同债务,还是个人债务?倾向意见认为,是借贷关系还是赠与关系,应根据双方提供的证据及查明的案件事实来确定。在处理结果上,若确系父母赠与出资购房,离婚纠纷中分割房屋时可考虑一方父母出资事实,在份额上可适当多分;若认定为借贷关系,且是夫妻共同债务的,则在房屋份额分割时应考虑夫妻均等享有产权份额。"广东深圳中院**《关于婚姻家庭纠纷案件的裁判指引(2014修订)》**(2014年5月21日)第27条:"婚后由一方父母部分出资为子女购买房产,夫妻双方支付其余款项,如果该房产登记在出资方子女名下,父母出资部分应视为对其子女个人的赠与;如果该房登记夫妻双方名下或者出资方子女配偶名下,父母出资部分应视为对夫妻双方的赠与。说明:第二十七条是对婚后一方父母部分出资为子女购买房产,夫妻支付余款情况下,离婚时如何分割该套房产的裁判指引。《最高人民法院婚姻法解释(三)理解与适用》认为,婚后父母出资既包括父母支付全部购房款也包括支付部分购房款,在此前提下,只要房子登记在子女名下,就认为出资部分是对子女一方个人的赠与,只不过夫妻以共同财产还贷的情形下,在离婚时应给予另一方补偿。杜万华专委和程新文、吴晓芳共同撰写的婚姻法解释三理解与适用的文章认为,婚后父母仅支付部分房款的情形下,仍认定此房为夫妻共同财产,将父母的出资认定为对自己子女的赠与,相应地,对应的增值也认定为子女的个人财产。"安徽淮南中院**《关于审理离婚纠纷案件若干问题的指导意见》**(2014 年 3 月 13 日)第 16 条:"下列财产,为夫妻一方的个人财产……(四)婚后由一方父母出资为子女购买的不动产,产权登记在出资人子女名下的,视为只对自己子女一方的赠与,该不动产应认定为夫妻一方的个人财产;(五)房屋系一方以个人财产支付首付款,且房屋权属证书登记在一方名下,为个人婚前财产。婚姻关系存续期间,双方共同支付按揭贷款的,离婚时,由取得房屋所有权的一方返还对方相当于已付按揭贷款及其相对应财产增值部分一半的款项。"辽宁高院民一庭**《传统民事案件审判问题解答》**(2013 年 8 月)第 16 条:"在离婚案件中,婚姻关系当事人之外的民事主体,例如男方父母,就财产分割问题要求以第三人身份参加诉讼,是否应当准许?参考意见:就离婚案件中的财产争议,婚姻关系当事人之外的民事主体,可以申请以第三人的身份参加诉讼,也可以以有独立请求权第三人的身份提出独立请求。"浙江杭州中院民一庭**《关于涉及婚姻家庭纠纷案件若干疑难问题的解答》**(2013 年 1 月 1 日)第 6 条:"婚姻法解释三第七条中规定'父母出资购房'应作何理解,对所涉及房屋产权认定规则应如何区分?答:首先,本条中所指的父母出资购房应当指婚后由父母全资购房情形。部分出资的情形不适用该条规定,但可作为认定购房款来源的依据。其次,对父母出资购房情形的产权认定规则做如下整理:1. 确定仅由乙方父母出资的,以登记作为判断父母赠与意思表示的标准,登记谁名下属于谁所有。但双方另有其他约定的除外。2. 确定是由双方父母出资的,若仅登记为一方所有,则按出资比例为按份共有,若登记为双方名下,则为共同共有。但双方另有其他约定的除外。"江苏高院**《婚姻家庭案件审理指南(2010 年)》**(2010 年 5 月 18 日)第 6 章:"……父母赠与房屋的归属。《婚姻法解释二》第二十二条规定:'当事人结婚后,父母为双方购置房屋出资的,该出资应当认定为对夫妻双方的赠与,但父母明确表示赠与一方的除外。'由于传统习惯的缘故,父母在出资时往往并不会明确出资给哪一方,因此,很多情况下由于无证据证明是对自己子女的出资,故只能认定为夫妻共同所有,但这又明显有违赠与方父母的本意。由于现实的原因,目前房价畸高,为子女能有好的住处,父母往往倾其所有为子女买房,但一旦小两口离婚,出资父母方不仅在感情上受到伤害,在经济上也有损失,此类问题常常使双方矛盾激化,为到底赠与哪一方争执不休。为此,《婚姻法解释三》第七条进一步规定:‘婚后由一方父母出资为子女购买的不动产,产权登记在出资人子女名下的,可按照婚姻法第十八条第(三)项的规定,视为只对自己子女一方的赠与,该不动产应认定为夫妻一方的个人财产。由双方父母出资购买的不动产,产权登记在一方子女名下的,该不动产可认定为双方按照各自父母的出资份额按份共有,但当事人另有约定的除外。’该规定不仅易于操作,同时也更理性,使婚姻回归本质,也更符合出资方的本意。尽管该规定在现实社会中引发很大争议,被认为对女方不利,但这只是司法解释对房产的处理所作的规定,保护妇女的利益是婚姻法的基本原则之一,因此,人民法院应根据案件具体情况,结合《婚姻法》保护妇女利益的相关规定来妥善处理离婚诉讼中的财产问题……”江西高院**《关于审理婚姻家庭纠纷案件适用法律若干问题的解答》**(2008 年 10 月 10 日)第 10 条:“如何理解《婚姻法解释二》第二十二条规定的父母为子女购置房屋出资构成一方或双方的赠与?《婚姻法解释二》第二十二条中的‘应当认定为……赠与’是指父母实际出资的具体意思表示不明的情形下,似制为赠与。若当事人有证据证明其与出资人之间形成的是借贷关系的则不适用该规定。实践中,夫妻一方的父母在婚姻关系存续期间为子女出资购买的房屋,产权登记在自己子女名下的,可推定为是明确向自己子女一方的赠与,该部分出资应认定为出资人子女的个人财产,若产权登记在出资人子女的配偶名下,除非出资人明确表示赠与子女配偶,否则应认定为向双方的赠与,该部分应认定为夫妻共同财产。”山东济南中院**《关于当前民商事审判若干法律适用问题的解答(五)》**(2007 年 11 月 9 日　济中法发〔2007〕14 号)第 7 条:“关于父母在子女婚后以子女名义购房,但供自己居住的情况下,该房是否属于子女夫妻共同财产的问题。我们认为,父母‘以子女名义’购房是否属于子女的夫妻共同财产,要看房产证是否也办理在子女名下。如果二者兼具,应认定父母为子女购房的出资行为,构成对子女一方的赠与,与子女的配偶无关,故不能认定为子女的夫妻共同财产。理由如下:《最高人民法院关于适用〈中华人民共和国婚姻法〉若干问题的解释(二)》第二十二条第二款规定:‘当事人结婚后,父母为双方购置房屋出资的,该出资应当认定为夫妻双方的赠与,但父母明确表示赠与一方的除外。’《中华人民共和国合同法》第一百八十七条规定:‘赠与的财产依法需要办理登记等手续的,应当办理有关手续。’因房屋系不动产,不动产物权经依法登记发生效力;且赠与合同系不要式合同,采用口头或书面的形式均可;需要办理登记等手续的赠与合同在完成该法定行为后生效。故已办理在子女名下的房产可视为其父母明确表示‘赠与一方’。至于购房后的居住人并不影响房屋权属的认定。”上海高院**《〈关于适用最高人民法院婚姻法司法解释(二)若干问题〉的解答一》**(2004 年 9 月 7 日　沪高法民一〔2004〕25 号)第 5 条:“父母为子女结婚所给付的购房出资,是否均构成对子女的赠与?当事人婚后,父母为双方购房出资,产证登记在夫妻一方名下的,是否可认定父母的购房出资是明确表示为向夫妻一方的赠与?答:根据司法解释(二)第二十二条的规定,父母为子女结婚购房的出资,‘应当认定为……赠与’。我们认为,条文中的‘应当认定’是在父母实际出资时,其具体意思表示不明的情形下,从社会常理出发,推定为赠与。若当事人有证据证明其与出资人之间形成的是借贷关系的,则不能适用该条规定。当然,该证据应当是在当事人离婚诉讼前形成的,离婚诉讼中父母作出不是赠与意思表示的陈述或证明,尚不足以排除赠与的推定。实践中,对于夫妻婚后,父母出资购买房屋,产证登记在出资者自己子女名下的,从社会常理出发,可认定为是明确向自己子女一方的赠与,该部分出资应认定为个人所有;若产证登记在出资人子女的配偶名下的,除非当事人能证明父母出资当时的书面约定或声明,证明出资者明确表示向一方赠与的,一般宜认定为向双方赠与为妥。该部分出资宜认定为夫妻共同所有。此外,尽管司法解释(二)中的该条规定仅限于购房出资,但对于实践中可能发生的购买其他物品的出资,同样可根据该条规定作出相应的归属认定。”河南高院民一庭**《关于当前民事审判若干问题的指导意见》**(2003 年 11 月)第 60 条:“一方婚前建造的房屋,结婚后夫妻双方共同居住使用的,如果双方没有相反的约定,视为个人财产。男女双方的家庭本着双方结婚后共同居住使用的目的,于婚前共同出资为夫妻双方所建造或购买的房屋,视为夫妻共有财产。当事人双方结婚之前,一方父母出资为其双方建造或购置的房屋;除非父母明确表示或有其他证据证明将房屋已赠与夫妻双方外,不能视为夫妻共有财产。一方家庭为子女结婚而建造或购买的房屋,主要靠贷款或借款,该贷款或借款系子女双方用婚后的收入偿还的,视为夫妻共有财产。”上海高院**《关于印发〈关于审理房产纠纷案件若干疑难问题的讨论纪要〉的通知》**(1993 年 10 月 27 日　沪高法〔1993〕148 号)第 8 条:“父母所有的房屋拆除以后,购置的联建公助房或优惠价商品房,产权为父母所有;如果子女在购房时为自己居住而出了部分资金或全部资金的,产权为父母和子女共有,共有份额视出资情况酌定。非同住子女出资或同住子女出资时言明资助父母购房的,产权为父母所有。”

【参考类案】

①2013 年**某离婚纠纷案,婚后一方父母部分出资,夫妻共同还贷,产权登记在出资人子女名下的,离婚时应如何处理?**处理意见:最高人民法院《关于适用〈中华人民共和国婚姻法〉若干问题的解释(三)》(已于 2021 年 1 月 1 日起废止)第 7 条

规定:"婚后由一方父母出资为子女购买的不动产,产权登记在出资人子女名下的,可按照婚姻法第十八条第(三)项的规定,视为只对自己子女一方的赠与,该不动产应认定为夫妻一方的个人财产。"适用该条前提条件是:一方父母全额出资且产权登记在出资人子女名下;购买不动产目的是"为子女",而非为父母本身。婚后由一方父母出资为子女购买不动产,产权登记在出资人子女名下,等于已向社会公开了不动产所有者只是自己子女,此种情况下视为只对自己子女一方赠与,有利于均衡保护婚姻双方及其父母权益,亦便于司法认定及统一裁判尺度。如离婚时尚未取得不动产权属证书又缺乏明确赠与一方证据,婚后父母为子女购房出资视为对夫妻双方赠与。如一方父母出资,而房屋产权却登记在另一方名下,按日常经验法则,除非当事人能够提供父母出资当时的书面约定或声明,证明出资父母明确表示向子女配偶赠与,一般应认定为向夫妻双方赠与;当然,如婚后一方父母为子女出资购房,产权登记在夫妻双方名下的,该房屋应认定为夫妻共同财产。如父母只是支付了房屋价款一部分,其余款项由夫妻双方共同支付,则出资父母并不能取得房屋所有权,亦就无法决定将房屋赠与自己子女并将房屋登记在自己子女名下。父母部分出资时一般只能决定其出资份额赠与何方,在欠缺出资时而非离婚诉讼时"确定"赠与一方证据情况下,按《婚姻法》婚后所得赠与归夫妻双方共有原则,将父母出资部分认定为向夫妻双方的赠与更加合理合法。婚后一方父母部分出资为子女购买不动产,夫妻双方支付其余款项,产权登记在出资人子女名下的,其不符合前述司法解释第7条规定情形。对父母出资部分应按最高人民法院《关于适用〈中华人民共和国婚姻法〉若干问题的解释(二)》(已于2021年1月1日起废止)第22条规定处理,当事人另有约定的除外;在具体分割诉争不动产时,可对出资父母的子女一方予以适当多分。

②2011年**黑龙江某离婚纠纷案**,2006年,吴某与未达到法定结婚年龄的王某办理结婚仪式并开始同居。2007年9月7日,双方正式办理结婚登记。此前的2007年8月20日,吴某父母以吴某名义购房并交定金5000元。同年9月2日,吴某父母交首付款5.5万元。2008年,该房过户至吴某名下。2011年,王某与吴某诉讼离婚,关于诉争房产分割,双方产生争议。法院认为:王某2006年办理结婚仪式时,尚未达到法定结婚年龄,其与吴某系无效婚姻,不受法律保护。双方合法有效的婚姻关系成立时间为结婚登记日期即2007年9月7日。婚姻期间双方共同居住的房屋购买于2007年8月20日,吴某父母以吴某名义交付定金、首付均发生在双方结婚登记前,且吴某父母一直为该房屋偿还房贷。虽房屋登记办理发生在结婚登记后,但登记在吴某个人名下,且王某未提供相关证据证实房贷系其与吴某共同偿还的主张,依最高人民法院《关于适用〈中华人民共和国婚姻法〉若干问题的解释(二)》(已于2021年1月1日起废止)第22条第1款规

定,“当事人结婚前,父母为双方购置房屋出资的,该出资应当认定为对自己子女的个人赠与,但父母明确表示赠与双方的除外”,故案涉房屋为吴某婚前个人财产,王某要求按共同财产分割诉请,法院不予支持。

③2010 年**某离婚纠纷案**,2002 年,罗某与黄某登记结婚。2006 年,黄某之母赵某以黄某名义与实业公司签订房产转让合同并支付34 万元购房预付款。2007 年,购房合同上黄某姓名变更为赵某。2008 年,罗某与黄某诉讼离婚后,以前述房产系夫妻共有房产为由,诉请分割一半购房款。法院认为:赵某行为应认定为赠与黄某与罗某房屋,案由宜定为赠与合同纠纷。理由是赵某以其子黄某名义与实业公司办事处签订购房合同,并交纳了房屋预付款,其目的是为购置房产,且购房过程均由赵某经手,赵某既未将办好的预付手续交付给儿子黄某,亦未让其儿子、儿媳自行交纳剩余购房款,只是将这一情况告知了儿子黄某和儿媳罗某,并给他们看了购房合同和 34 万元的房屋预付款收据,故赵某行为属于赠与房屋,而非赠与购房款。这与最高人民法院《关于适用〈中华人民共和国婚姻法〉若干问题问题的解释(二)》第 22 条第 2 款规定的“当事人结婚后,父母为双方购置房屋出资的,该出资应认定为对夫妻双方的赠与,但父母明确表示赠与一方的除外”的规定并不矛盾。赠与合同是赠与人将其财产给予受赠人所有的合同,故赠与结果是发生财产所有权转移,这是赠与合同与买卖合同、互易合同相同之处,也是赠与合同与借用合同重要区别。《合同法》第 187 条规定,赠与的财产依法需要办理登记手续的,应当办理有关手续,即赠与物属于需要进行登记所有权才发生转移的,应当办理登记手续,故在本案诉争房屋办理产权登记手续之前,赠与人可撤销赠与,赠与一经撤销即发生法律效力。赵某将购房合同中买受人及预交房款客户名称均变更为自己行为,表明其已撤销了房屋赠与,所购房屋并未转化为黄某与罗某夫妻共同财产。罗某与黄某离婚后就上述 34 万元购房款主张财产权利,缺乏依据,故判决驳回罗某诉请。

④2009 年**浙江某离婚后财产纠纷案**,2007 年,李某与张某签订离婚协议,约定李某“放弃所有财产和债务”,并特别约定另签一份离婚协议用于办理离婚手续,如与该协议内容冲突,以该协议为准。翌日,双方为办离婚,另签离婚协议。2008 年,就未办过户住宅,张某诉请办理过户手续。李某主张住宅系母亲为其所购房产,并提供了母亲小部分出资证据。法院认为:一般而言,夫妻双方前后分别签订两份内容不同离婚协议,应视作后协议对前协议约定变更,前协议在后协议签订后即失去法律效力。但在本案中,双方在前协议中特别约定,即明示另签一份离婚协议用于办理离婚手续,如与该协议内容冲突,以该协议为准。根据契约自由及当事人意思自治原则,本案前协议中存在特别的约定符合双方真实意思表示,在该协议不存在无效情形下,应按前协议确立当事人之间权利义务关系。案涉住宅购买时,李某母亲确有支付小部分购房款,但不能就此认定父母对房屋享有共有权,亦不能

作为认定一方个人财产依据。依最高人民法院《关于适用〈中华人民共和国婚姻法〉若干问题的解释(二)》(已于2021年1月1日起废止)第22条规定，该出资应视为父母对夫妻双方的赠与，即使能认定父母明确表示赠与子女一方的，亦只能是子女一方向另一方主张债的返还请求权问题，与房屋共有权无涉。最高人民法院《关于适用〈中华人民共和国婚姻法〉若干问题的解释(三)》(已于2021年1月1日起废止)第7条规定“婚后由一方父母出资为子女购买的不动产”是认定“夫妻一方个人财产”的前提，且必须符合以下条件：一方父母为子女购房系父母意思，不以夫妻另一方接受或不接受为条件；购房出资全部或大部分由父母支付，即不能以夫妻共同财产作为购房出资。因本案李某母亲仅出资小部分，不符合父母出资为子女购房条件。判决李某将案涉住宅过户至张某名下。

【典型类案实务要点】

1.**【夫妻一方父母出资购房，产权证写夫妻名时的分割】**离婚诉讼中，夫妻一方持婚姻关系存续期间所欠债务生效法律文书主张该债务系夫妻共同债务的，不宜直接采信。对于夫妻共同债务认定应加强举债一方举证责任，其应能证明所借债务用于夫妻共同生活、经营或基于夫妻双方合意。

2.**【婚后一方父母部分出资给子女购房，应为共同财产】**婚后一方父母部分出资，夫妻共同还贷，产权登记在出资人子女名下的，离婚时应作为夫妻共同财产，出资父母子女一方可适当多分。

3.**【婚前父母购房、首付，婚后登记子女名下房产性质】**婚前一方父母以该方名义签订房屋买卖合同、交付定金及首付款，结婚后办理房屋产权登记，且登记在该方个人名下的，应认定为婚前个人财产。

4.**【夫妻一方父母以子女名义购房，应认定为房屋赠与】**父母全资以其已婚子女名义购买并已向子女作出赠与意思表示的房屋，应视为父母对子女的赠与，在房屋未交付使用且产权登记尚未完成前，作为赠与人的父母有权撤销该项赠与。

5.**【一方父母仅小部分出资，不能视为父母为子女购房】**夫妻共同按揭购房时，一方父母有小部分出资的，不能视为婚后一方父母为子女购房，该出资应视为父母对一方或双方的赠与。

【类案裁判一般规则】

婚后由一方父母出资为子女购买的不动产，产权登记在出资人子女名下的，可视为只对自己子女一方的赠与，该不动产应认定为夫妻一方的个人财产；由双方父母出资购买的不动产，产权登记在一方子女名下的，该不动产可认定为双方按照各自父母出资份额按份共有，但当事人另有约定的除外。

【典型参考案例索引】

主旨案例:见《认定夫妻共同财产涉及父母为子女买房出资性质如何确定》(吴晓芳,最高院民一庭),载《民事审判指导与参考·指导性案例》(201602/66:151)。**其他案例**:①见《婚后一方父母部分出资给子女购房的认定问题》(《民事审判指导与参考》研究组),载《民事审判指导与参考·民事审判信箱》(201302/54:240)。②黑龙江大庆龙凤区法院(2011)龙民初字第472号"王某与吴某离婚纠纷案",见《王靖晶诉吴松离婚纠纷案》(林淑芳),载《人民法院案例选》(201202/80:85)。③见《夫妻一方父母以子女名义购置房屋,应认定赠与的是房屋还是购房款》(韩玫,最高院民一庭;余国英,浙江余姚法院;沈妙,浙江高院),载《民事审判指导与参考·指导性案例》(201004/44:185)。④浙江衢州柯城区法院(2009)衢柯民初字第221号"张某与李某等离婚后财产纠纷案",见《张某诉李某等离婚后财产纠纷案》(吕秋红),载《人民法院案例选》(201104/78:108)。

37. 承租公房的权属认定

——一方房改房,应否算共有?

【承租公房】

【案情简介及争议焦点】

2004年,赵某利用已故配偶许某工龄购买1987年双方承租单位房改房。2008年,赵某取得产权证后,立下长子继承该房遗嘱。2017年,赵某去世,长子与次子因该房继承问题产生纠纷。

争议焦点:1."房改房"产权归属认定? 2. 案涉"房改房"应否认定为夫妻共同财产?

【裁判要点】

1."房改房"购买资格决定产权归属。国务院《关于深化城镇住房制度改革的决定》第18条规定,以成本价或标准价购房的,每个家庭只能享受一次,享受住房福利待遇对象应系夫妻双方,而非售房单位职工一方。"房改房"是国家根据职工工龄、职务、家庭人口等多种因素综合考虑后在房屋价值计算上给予职工的政策性优惠福利,这种政策性福利实质上是对职工一种工资差额补偿,属财产性权益,职工生前未实际取得并不能就此否定其对该种财产性权益拥有资格。根据现行房改政策，房改售房不因一方死亡而受影响，在职工去世后，该种财产性权益通过配偶购买行为转化为房屋形态，将工龄优惠折扣通过房价表现出来。即，“房改房”购买价格远低于房屋市场价值，实际上是卖给夫妻双方而非仅向夫妻中一方出售。最高人民法院《关于适用〈中华人民共和国婚姻法〉若干问题的解释（三）》（已于2021年1月1日起废止）第12条规定：“婚姻关系存续期间，双方用夫妻共同财产出资购买以一方父母名义参加房改的房屋，产权登记在一方父母名下，离婚时另一方主张按照夫妻共同财产对该房屋进行分割的，人民法院不予支持。购买该房屋时的出资，可以作为债权处理。”即，“房改房”购买资格决定产权归属，出资仅具有特定情况下的债权意义。

2. 本案“房改房”应系夫妻共同财产。“房改房”所有权取得来源于婚姻关系存续期间承租权，依最高人民法院《印发〈关于审理离婚案件中公房使用、承租若干问题的解答〉的通知》（已于2021年1月1日起废止）规定精神，对于婚后一方或双方申请取得公房承租权的房屋，离婚双方均可承租。既然公房承租权属夫妻双方，购买公房时使用了已故配偶工龄优惠取得公房所有权，考虑到从承租权转化为所有权之间承继性，将该类“房改房”认定为夫妻共同财产更为适宜。本案中，赵某与许某自1987年开始承租诉争房屋，虽以赵某名义承租，但该项福利应属赵某与许某共同取得、共同享有。诉争房屋虽系赵某在许某去世后购买，但该房权属取得毕竟不同于商品房购买，系对原有福利形态转化，不能简单地理解为由赵某单独所有，而应认定含有许某部分权益，故对赵某所立遗嘱处分许某权益部分，应认定无效，该部分应按法定继承予以处理。

【裁判依据或参考】

1. 法律规定。《妇女权益保障法（2018修正）》（2018年10月26日）第48条：“夫妻共有的房屋，离婚时，分割住房由双方协议解决；协议不成的，由人民法院根据双方的具体情况，按照照顾子女和女方权益的原则判决。夫妻双方另有约定的除外。夫妻共同租用的房屋，离婚时，女方的住房应当按照照顾子女和女方权益的原则解决。”

2. 最高人民法院司法解释及其他司法性文件/解读文章。最高人民法院**《关于适用〈中华人民共和国民法典〉婚姻家庭编的解释（一）》**（2021年1月1日　法释〔2020〕22号）第27条：“由一方婚前承租、婚后用共同财产购买的房屋，登记在一方名下的，应当认定为夫妻共同财产。”第79条：“婚姻关系存续期间，双方用夫妻共同财产出资购买以一方父母名义参加房改的房屋，登记在一方父母名下，离婚时另一方主张按照夫妻共同财产对该房屋进行分割的，人民法院不予支持。购买该房屋时的出资,可以作为债权处理。”最高人民法院**《关于适用〈中华人民共和国物权法〉若干问题的解释(一)》**(2016 年 3 月 1 日　法释〔2016〕5 号,已于 2021 年 1 月 1 日起废止)第 8 条:“依照物权法第二十八条至第三十条规定享有物权,但尚未完成动产交付或者不动产登记的物权人,根据物权法第三十四条至第三十七条的规定,请求保护其物权的,应予支持。”最高人民法院吴晓芳法官**《关于婚姻家庭纠纷审理热点难点问答》**〔载《民事法律文件解读》2012 年第 6 辑(总第 90 辑)〕第 10 条:“婚后用个人财产购买婚前承租的公房,离婚时应如何处理?答:对婚前由一方承租的公有房屋婚后以个人财产购买的,因职工按成本价购买公有房屋,每个家庭只能享受一次,公有住房的出售价格中包含了夫妻双方的工龄折扣等福利待遇,如果认定为个人财产显属不公,但如果认定为夫妻共同财产,也有些不妥。如何分割计算夫妻双方在该房屋上所享有的权利,确属不易。在审判实践中比较多见的处理方法是,离婚时判决房屋归承租公房的一方所有,同时应将隐含在房改房价格中的福利政策具体物化,考虑到另一方工龄折算出的费用,给予另一方公平合理的补偿。”最高人民法院**《关于适用〈中华人民共和国婚姻法〉若干问题的解释(三)》**(2011 年 8 月 13 日　法释〔2011〕18 号,2021 年 1 月 1 日起废止)第 12 条:“婚姻关系存续期间,双方用夫妻共同财产出资购买以一方父母名义参加房改的房屋,产权登记在一方父母名下,离婚时另一方主张按照夫妻共同财产对该房屋进行分割的,人民法院不予支持。购买该房屋时的出资,可以作为债权处理。”最高人民法院吴晓芳法官**《关于婚姻家庭纠纷审理热点难点问答》**〔载《民事法律文件解读》2011 年第 11 辑(总第 83 辑)〕第 48 条:“在婚姻关系存续期间,用夫妻共同财产出资购买以一方父母名义参加房改的房屋,产权登记在一方父母名下的,离婚时应当如何处理?答:在婚姻关系存续期间,双方用夫妻共同财产出资购买以一方父母名义参加房改的房屋,产权登记在一方父母名下的,因房屋原来属于一方父母承租的公房,购买房改房的价格一般会参考工龄、职务、级别等因素,具有比较强烈的福利色彩,其购买价格往往与市场价格相差甚远,如果认定为夫妻共同财产,显然会损害一方父母的财产权益,与国家有关房改政策精神也不相符。对于购买房屋时的出资,作为夫妻双方离婚时的债权处理较为适宜。”最高人民法院民一庭**《民事审判实务问答(婚姻家庭继承纠纷一般问题)》**(2005 年 4 月)第 19 条:“离婚后,一方能否继续承租对方单位的公房?答:根据最高人民法院 1996 年 2 月 5 日下发的《关于审理离婚案件中公房使用、承租若干问题的解答》第二‘问’的规定夫妻共同居住的公房,如婚前由一方承租,婚姻关系存续 5 年以上,离婚后,双方均可承租。该解答第三‘问’同时指出,对于夫妻双方均可承租的公房,离婚时具体确定由谁承租,应按照下列原则处理:(一)照顾抚养子女的一方;(二)男女双方在同等条件下,照顾女方;(三)照顾残疾或生活困难的一方;(四)照顾无过错一方。因此,未违背上述原则规定的，一方可依法取得对方公房的承租权，在租赁合同有效期内，一方可继续承租对方单位的公房。”第 3 条：“在离婚案件中，以男方名义购买的房改房，能否判归女方所有？答：《中华人民共和国婚姻法》所确立的法定财产制是夫妻婚后所得共同制，除夫妻个人特有财产和夫妻另有约定外，夫妻双方或一方在婚姻关系存续期间所得的财产，均归夫妻共同所有。我国城镇居民按照国务院房改政策从本单位购买的公有住房即房改房。房改房在出售前基本上是由本单位职工以低租金承租的房屋。根据房改政策职工购买公有房屋实行市场价、成本价或标准价。根据公有住房出售的有关规定，公民以市场价和成本价购买的公有房屋，产权归其个人所有，以标准价购买的公有房屋，公民只拥有部分产权。确定房改房的权属即属于夫妻共同财产或个人财产是房屋分割的前提。（一）公民以市场价和成本价购买的房改房的权属：夫妻一方婚前以个人财产购买的房改房，属于夫妻一方的婚前财产夫妻以共同财产购买婚后共同承租的房改房属于夫妻共同财产；对夫妻婚后以共同财产或个人财产购买婚前由一方承租的房改房，并将房屋权属证书登记在一方名下的房屋权属的确定：1. 对婚前由一方承租婚后以个人财产购买的房改房的权属，由于情况复杂、政策性强，《中华人民共和国婚姻法》及现行的司法解释未对此问题作出规定，有待进一步研究探讨，人民法院在认定和处理上应谨慎，因案而异；2. 对婚前由一方承租婚后以共同财产购买的房改房的权属，《最高人民法院关于适用〈中华人民共和国婚姻法〉的解释（二）》第十九条作出了规定：‘由一方婚前承租、婚后用共同财产购买的房屋，房屋权属证书登记在一方名下的，应当认定为夫妻共同财产’。据此，房改房是婚后用共同财产购买的，应属夫妻共同财产，房屋权属证书记载的权利主体为夫妻一方的，该房屋仍应认定为夫妻共同财产。夫妻一方以房屋权属证书记载的权利主体为其个人为由，主张该房屋为个人财产的，需举证证明该房屋是婚前个人财产或以其个人财产购买或双方有明确约定属于其个人所有，否则，应认定为夫妻共同财产。（二）公民以标准价购买的房改房属于拥有部分产权的房屋，尚未取得所有权或者尚未取得完全所有权，《最高人民法院关于适用〈中华人民共和国婚姻法〉的解释（二）》第二十一条作出了规定：‘离婚时双方对尚未取得所有权或者尚未取得完全所有权的房屋有争议且协商不成的，人民法院不宜判决房屋所有权的归属，应当根据实际情况判决由当事人使用；当事人就前款规定的房屋取得完全所有权后，有争议的，可以另行向人民法院提起诉讼’。综上，以男方名义购买的房改房，根据以上所述确定权属后，如房屋属于夫妻共同财产，依照婚姻法第三十九条规定的财产分割根据‘照顾子女和女方权益的原则’，可判归女方所有。”最高人民法院**《关于印发〈全国民事案件审判质量工作座谈会纪要〉的通知》**（1999 年 11 月 29 日　法〔1999〕231 号）第 2 条：“……对于家庭财产中涉及的‘房改房’问题，要坚持与房改政策相一致的原则，在征求

‘房改房’产权单位的意见,充分考虑产权单位合法权益的基础上,合情合理解决当事人之间的纠纷。”最高人民法院**《印发〈关于审理离婚案件中公房使用、承租若干问题的解答〉的通知》**(1996年2月5日 法发〔1996〕4号,已于2021年1月1日起废止)第1条:“问:在离婚案件中,当事人对公房的使用、承租问题发生争议,人民法院可否予以处理?答:在离婚案件中,当事人对公房的使用、承租问题发生争议,自行协商不成,或者经当事人双方单位或有关部门调解不成的,人民法院应根据案件的具体情况,依法予以妥善处理。”第2条:“问:夫妻共同居住的公房,在什么情况下,离婚双方均可承租?答:夫妻共同居住的公房,具有下列情形之一的,离婚后,双方均可承租:(一)婚前由一方承租的公房,婚姻关系存续5年以上的;(二)婚前一方承租的本单位的房屋,离婚时,双方均为本单位职工的;(三)一方婚前借款投资建房取得的公房承租权,婚后夫妻共同偿还借款的;(四)婚后一方或双方申请取得公房承租权的;(五)婚前一方承租的公房,婚后因该承租房屋拆迁而取得房屋承租权的;(六)夫妻双方单位投资联建或联合购置的共有房屋的;(七)一方将其承租的本单位的房屋,交回本单位或交给另一方单位后,另一方单位另给调换房屋的;(八)婚前双方均租有公房,婚后合并调换房屋的;(九)其他应当认定为夫妻双方均可承租的情形。”第3条:“问:对夫妻双方均可承租的公房,应依照什么原则处理?答:对夫妻双方均可承租的公房,应依照下列原则予以处理:(一)照顾抚养子女的一方;(二)男女双方在同等条件下,照顾女方;(三)照顾残疾或生活困难的一方;(四)照顾无过错一方。”第4条:“问:对夫妻双方均可承租的公房而由一方承租的,承租方对另一方是否给予经济补偿?答:对夫妻双方均可承租的公房而由一方承租的,承租方对另一方可给予适当的经济补偿。”第5条:“问:夫妻双方均可承租的公房能够隔开分室居住使用的,可否由双方分别租住?答:夫妻双方均可承租的公房,如其面积较大能够隔开分室居住使用的,可由双方分别租住;对可以另调房屋分别租住或承租方给另一方解决住房的,可予准许。”第8条:“问:在调整和变更单位自管房屋租赁关系时,是否需征得自管房单位的同意?答:人民法院在调整和变更单位自管房屋(包括单位委托房地产管理部门代管的房屋)的租赁关系时,一般应征求自管房单位的意见。经调解或判决变更房屋租赁关系的,承租人应依照有关规定办理房屋变更登记手续。”第9条:“问:对夫妻双方共同出资而取得‘部分产权’的房屋,应如何处理?答:对夫妻共同出资而取得‘部分产权’的房屋,人民法院可参照上述有关解答,予以妥善处理。但分得房屋‘部分产权’的一方,一般应按所得房屋产权的比例,依照离婚时当地政府有关部门公布的同类住房标准价,给予对方一半价值的补偿。”第10条:“问:对夫妻双方均争房屋‘部分产权’的,可否采取竞价方式解决?答:对夫妻双方均争房屋‘部分产权’的,如双方同意或者双方经济、住房条件基本相同,可采取竞价方式解决。”最高人民法院**《关**

于印发〈全国民事审判工作座谈会纪要〉的通知》(1993 年 11 月 24 日　法发〔1993〕37 号)第 2 条:"……离婚后公房使用权纠纷。因离婚发生的公房使用权纠纷,本地区法规有规定或公房出租人同意法院确认公房使用权的,人民法院在审理离婚案件时,可以一并处理。"

3. 部门规章。建设部**《关于唐民悦房改房产权认定问题的复函》**(1999 年4 月7 日　建住房市函〔1999〕005 号):"……按照目前我国城镇住房制度改革的有关政策,按成本价或标准价购买公有住房以城镇职工家庭(夫妇双方)为购房主体,且每个家庭只能享受一次。本案中,唐民悦按房改政策购买住房时享受了其配偶的工龄优惠,该住房应当视为其夫妇双方共同购买。因此,我司认为,该住房应视为唐民悦与其配偶共有财产。"

4. 地方司法性文件。上海高院**《房屋征收补偿利益分割民事纠纷研讨会纪要》**(2019 年 11 月)第 1 条:"【同住人他处有房的认定】2004 年《上海高院关于房屋动拆迁补偿款分割民事案件若干问题的解答》指出,作为征收补偿对象的公房同住人,是指在被征收居住房屋处有上海市常住户口,已经实际居住一年以上,且本市无其他住房或者虽有其他住房但居住困难的人。如何认定'他处有房'?关于征收补偿对象的同住人范围仍应按照上述执法意见确定。为鼓励居住困难的人通过自己努力改善居住条件,这里的'其他住房'应限定为福利性质的房屋,公房同住人在他处购买的商品房不属于'他处有房'。职工向工作单位承租单位职工宿舍,虽然职工与单位之间形成租赁关系,但双方并非基于福利分房形成的公有住房租赁关系。职工一般不办理公房调配手续,也没有取得公房租赁凭证,故一般不应视为'他处有房'。公房同住人在他处因私有房屋征收而分得的安置房,原则上不属于'他处有房',但在私房征收中享受过托底保障等福利性政策的除外。"第 2 条:"【未成年时受配公房的性质】在对公有住房的成年同住人进行认定时,如果该当事人在未成年时曾与其父母共同受配过公房,是否属于'他处有房'?实践中,有的当事人在未成年时曾与父母共同受配过公有住房(甲房),在成年后又分得另外一套公房(乙房),在确定乙房同住人范围时,该当事人是否会因为曾经受配甲房而被认定为'他处有房'存在一定争议。会议倾向性意见认为,未成年人与父母共同受配公房时,未成年人并非作为独立的民事主体获得住房福利,而是附随于父母的居住利益,故原则上不属于他处有房,不影响其成年后所获得公房在征收时同住人的认定。"第 6 条:"【房屋使用人的利益保护】当事人是否可以依据《上海市国有土地上房屋征收与补偿实施细则》第四十四条'被征收人取得货币补偿款、产权调换房屋后,应当负责安置房屋使用人'的规定主张其为被安置人并要求分割征收补偿利益?在私有房屋征收中,一般只有房屋产权人才是被安置人。对于房屋实际使用人,除非征收部门将其认定为被安置人,否则不属于征收补偿法律关系主体。而房屋实际使用人基于何种法律关系居住使用被征收房屋,不因征收关系而发生改变,即原房屋居住使用关系平移至安置房屋。因此,征收补偿关系中的被安置人以外的房屋使用人不能主张分割征收补偿利益,其居住问题可基于原来法律关系如扶养、赡养等进行主张。”江苏高院**《家事纠纷案件审理指南(婚姻家庭部分)》**(2019年7月18日)第33条:“婚姻关系存续期间夫妻一方以个人财产出全资购置以个人名义参加房改的不动产,所有权登记在出资方名下,其性质应当如何认定?婚姻关系存续期间夫妻一方以个人财产出全资购置以个人名义参加房改的不动产,所有权登记在出资方名下,离婚时出资方主张为个人财产的,不予支持,除非当事人另有约定或者出资方能够举证证明该不动产的取得与夫妻另一方没有关系且夫妻另一方不会因此而利益受损。离婚时在具体分割不动产时,可以对出资方予以多分。”第34条:“享受本人工龄和已死亡配偶生前工龄优惠后所购房改房的性质应当如何认定?房改房是国家根据职工工龄、职务、工资、家庭人口等各种因素综合考虑后在价值计算上给予职工政策性优惠福利的房屋。此种政策性优惠福利具有人身和财产双重属性,属于财产权益。生存配偶享受本人工龄和已死亡配偶生前工龄优惠后所购房改房,是对原有承租权的承袭和转化,一般应当认定为夫妻共同财产。”北京高院民一庭**《关于审理婚姻纠纷案件若干疑难问题的参考意见》**(2016年8月4日)第31条:“【成本价购买公房的分割】婚姻关系存续期间用夫妻共同财产以成本价购买的登记在一方名下的公有住房应认定为夫妻共有财产,在离婚时应综合考虑房产来源、夫妻双方工龄折扣、是否影响另一方福利分房资格等因素予以公平分割。”第33条:“【标准价购买公房的分割】婚姻关系存续期间以夫妻共同财产出资以标准价购买公有住房而获得的‘部分产权’,该‘部分产权’应认定为夫妻共同财产,可以在综合考虑房产来源、工龄折算等因素,并征求原产权单位意见确定产权单位权利比例后,予以公平分割。”第34条:“【约定服务条件房产的分割】夫妻一方在婚后通过与用人单位约定服务条件取得的房产为夫妻共同财产,但离婚时服务条件尚未实现的一般应判归约定服务条件一方。”第36条:“【公房承租权的处理】离婚案件中涉及公房承租权处理,属于直管公房的,可在判决中明确承租权以及承租关系的变更。属于自管公房的,夫妻只有一方在产权单位工作,一般应把承租权确定在产权单位工作的人名下,另一方获得补偿;但经产权单位同意的,可以确定由另一方承租或共同承租。”广东深圳中院**《关于婚姻家庭纠纷案件的裁判指引(2014修订)》**(2014年5月21日)第32条:“双方对夫妻共同财产中已取得产权证的商品房和已取得‘红本’的安居房的价值及归属无法达成协议,双方均主张房屋所有权且一方不同意竞价的,应当在评估确定市场价的基础上进行分割、补偿。双方对夫妻共同财产中已取得‘绿本’的安居房的价值及归属无法达成协议,双方均主张房屋所有权且一方不同意竞价的,应当在评估确定市场价的基础上，按照照顾子女和妇女权益的原则判决房产归属，以市场价减去取得房产一方‘绿本’转‘红本’所需补交的差价及税费为补偿另一方的基数确定补偿另一方的数额。说明：第三十二条是商品房、安居房权属和价值如何确定的裁判指引。安居房是指按照《深圳市国家机关事业单位住房制度改革若干规定》（1999 年 10 月 20 日）出售或出租给国家机关事业单位职工的准成本房、全成本房、全成本微利房或社会微利房。根据国务院《关于深化城镇住房制度改革的决定》等有关政策规定，福利性政策房屋的出售实行三种价格政策：向高收入职工家庭出售公有住房实行市场价，向中低收入职工家庭出售公有住房实行成本价，以成本价售房确有困难的，可以实行标准价作为过渡。出售价格不同，职工对房屋享有的权利也不同，职工以市场价和成本价购买的住房，房屋所有权都归个人所有；以标准价购买的住房，职工只有部分房屋所有权，单位享有另外部分的房屋所有权。《婚姻法解释（二）》第 20 条调整的范围是夫妻双方按照市场价和成本价购买并取得所有权的商品房、经济适用房、私有房屋、公有房屋，不包括以标准价购买的公有房屋。依据《深圳市住房制度改革的若干规定》的相关规定，深圳安居房的出售有全成本价、准成本价、全成本微利价或社会微利价四种价格，没有标准价这一过渡性的价格，因此深圳安居房在司法解释调整范围之内，但安居房价值是否应扣除‘绿本’转‘红本’所需补交的差价及税费存在较大争议，《婚姻法解释（二）》第 20 条没有考虑差价问题，我们认为在确定补偿数额时应当考虑取得房产一方所需补交的差价及税费。由于《婚姻法解释（二）》第 20 条已经对福利性的房改房问题作出规定，建议不再适用我院民一庭《全市法院民事审判工作研讨会综述》（2002 年 5 月 27 日）第 5 条及深圳市中级人民法院与深圳市住宅局 2003 年 6 月 30 日协调会议纪要第 2 条关于安居房委托深圳市住宅局确定重置价数额并按照重置价补偿的处理意见。”

上海高院**《婚姻家庭纠纷办案要件指南（三）》**（2010 年 6 月 22 日　沪高法民一〔2010〕8 号）第 4 条：“……根据最高人民法院司法解释及上海市有关公房租赁规定，住房为双方均可承租的公房的，应依照下列原则处理：照顾抚养子女的一方；男女在同等条件下照顾女方；照顾残废或生活困难的一方；照顾无过错一方。4. 离婚时，一方对另一方婚前承租的公房无权承租而解决住房确有困难的，如果原公房面积较大可分室居住的，可调解或判决暂时居住，暂住方应交纳一定的房屋使用费或其他必要费用。如无法分室居住，无房一方又经济困难的，则应由承租方给予一次性经济帮助。5. 单位自管的房屋。夫妻共同居住的公房系单位自管公房，婚前或婚后由一方向本单位取得承租权，离婚时不符合双方均可承租的情形，则仍由原承租方继续租赁，另一方解决住房确有困难的，可参照说明第 4 点意见处理。如离婚时双方均可承租该公房，法院在处理时认为需要变更租赁关系的，应征求自管房单位的意见，经同意后方可调解或判决变更房屋租赁关系。取得承租权一方应给予另一方相应的经济补偿。6. 一方婚前承租,婚后共同出资购买的房屋,房屋权属证书登记在一方名下的,应当认定为夫妻共同财产,可参照本条说明第1点的意见处理。”江苏高院**《婚姻家庭案件审理指南(2010年)》**(2010年5月18日)第6章:“……离婚案件中公房的使用、承租问题。现今商品房市场比较繁荣,离婚诉讼中经常涉及的是所购商品房的性质认定和分割问题,关于公房的使用和承租已经随着历史的发展较为少见,但并不代表没有。因此,如果涉及这一问题,人民法院仍可根据《最高人民法院关于审理离婚案件中公房使用、承租若干问题的解答》有关规定进行处理。5. 离婚案件中房改房的分割。房改房是指城镇居民自行出资购买的根据国家房屋改革政策出售的房屋。实际生活中,城镇居民购买的房改房主要有两种情况:一是按房改政策购买并已经取得所有权的房屋;二是按房改政策购买尚未取得所有权或者只享有部分所有权的房屋。(1)按房改政策购买并已经取得所有权的房屋的处理。根据房改政策,职工购买公有房屋实行市场价、成本价或者标准价。职工以市场价购买的住房,产权归个人所有,可以依法进入市场,按规定交纳税费后,收入归个人所有。职工以成本价购买的住房,产权归个人所有,一般住用五年后可以依法进入市场,在补交土地使用权出让金或所含土地收益和按规定交纳有关税费后,收入归个人所有。按房改政策购买并已经取得所有权的房屋就是指以市场价和成本价购买的房改房。其中区分个人婚前购买的房改房和婚姻关系存续期间购买的房改房。①对于个人婚前购买的房改房,根据《婚姻法》第十八条的规定,除当事人另有约定外,属于一方婚前财产,离婚时不得作为夫妻共同财产分割。②对于婚姻关系存续期间购买的房改房,情况则比较复杂。《婚姻法解释二》第十九条规定:‘由一方婚前承租、婚后用共同财产购买的房屋,房屋权属证书登记在一方名下的,应当认定为夫妻共同财产。’如果登记方主张该房改房系其个人出资,应为其个人财产,是否应予支持?我们倾向认为,按照《国务院关于深化城镇住房制度改革的决定》,职工按成本价购买公有住房,每个家庭只能享受一次,职工购买现已使用的公有房屋的,售房单位应根据购房职工建立起住房公积金制度前的工龄给予工龄折扣,此外还要综合考虑职工的职务等因素。可见,按房改政策出售的房屋价格不是单纯的房屋市场价格,该出售价格中包含了夫妻双方的工龄折扣等福利待遇,如果该房屋由夫妻一方按当时购买价以个人财产购买并作为个人财产处理对另一方显属不公。因此,考虑我国实行婚后所得共同制,类似房屋首先应认定为夫妻共有。如果登记方主张其个人所有,必须举证证明该房改房的取得与对方并无任何关系,对方也未因此利益受损,否则认定为共有较为合适。当然,在认定共有的前提下,人民法院可根据实际情况对出资方适当多分。(2)尚未取得所有权或者只享有部分所有权的房屋的处理。这主要是指夫妻双方根据福利政策以标准价购买的公有房屋。对于尚未取得所有权或者只享有部分所有权的房屋，人民法院在审理离婚诉讼时，不能对房屋所有权的归属和分割作出判决，只有在夫妻双方取得该房屋的完全所有权后，才可向人民法院就房屋所有权的归属和分割提起诉讼。当然，双方当事人可以就房屋的居住、使用以及以后房屋所有权的取得、归属协商解决，如果就上述问题无法达成一致，人民法院只能就房屋的居住、使用作出判决。《婚姻法解释二》第二十一条规定：‘离婚时双方对尚未取得所有权或者尚未取得完全所有权的房屋有争议且协商不成的，人民法院不宜判决房屋所有权的归属，应当根据实际情况判决由当事人使用。当事人就前款规定的房屋取得完全所有权后，有争议的，可以另行向人民法院提起诉讼。’司法实践中，婚姻关系存续期间，双方用夫妻共同财产出资购买以一方父母名义参加房改的房屋，产权登记在一方父母名下，离婚时另一方主张按照夫妻共同财产对该房屋进行分割，对于这个问题，《婚姻法解释三》第十二条规定：‘婚姻关系存续期间，双方用夫妻共同财产出资购买以一方父母名义参加房改的房屋，产权登记在一方父母名下，离婚时另一方主张按照夫妻共同财产对该房屋进行分割的，人民法院不予支持。购买该房屋时的出资，可以作为债权处理。’6. 关于享受本人工龄和已死亡配偶生前工龄优惠后所购公房是否属夫妻共同财产。对此，最高人民法院〔2000〕法民字第4号针对司法部律师公证工作指导司的复函有明确规定，即夫妻一方死亡后，如果遗产已经继承完毕，健在一方用自己的积蓄购买的公有住房应视为个人财产，购买该房时所享受的已死亡配偶的工龄优惠只是属于一种政策性补贴，而非财产或财产权益。夫妻一方死亡后，如果遗产没有分割的，应予查明购房款是夫妻双方的共同储蓄，还是配偶一方的个人所得，以此确认所购房屋是夫妻共同财产还是个人财产，如果购房款是夫妻双方的共同储蓄，所购房屋应视为夫妻共同财产……”

辽宁高院**《关于印发〈全省法院民事审判工作座谈会会议纪要〉的通知》**（2009年6月1日　辽高法〔2009〕120号）第4条：“关于公有房屋承租使用权纠纷的审判原则。平等民事主体之间因公有房屋承租使用权的转让、交换、出租、侵权及居住使用等问题发生的纠纷，属民事争议，应按民事案件审理。公有房屋所有权单位与公有房屋承租使用权人、本单位职工或职工家属之间因公有房屋承租使用权的分配、回收、发证、房改等问题发生的纠纷，不属于平等主体之间的民事争议，不应按民事案件审理。审理公有房屋承租使用权纠纷案件，应当站在维护人民群众基本生活条件的角度，依法保护公有房屋承租使用权人、共同居住人的居住使用权。应当按照诚实信用、等价有偿的民法原则，维护交易、流转秩序。”山西太原中院**《关于审理单位内部房产纠纷案件的处理意见》**（2009年3月25日）第3条：“处理意见。在审理此类案件中，应按不同情况处理：1. 职工或第三人抢占单位住房的，抢占人应予腾退该房，并应赔偿单位因此造成的损失；抢占权利人个人住房的，抢占人应予腾退该房并应赔偿权利人因此造成的损失，单位有过错的，单位应承担赔偿责任。

2. 当事人有房屋使用权证(如住房证). 的,无权占房人应腾出该房,但占房人有房屋租赁协议或有其他证据证明其为有权占有的,应视为权属不明,依法驳回原告的起诉。3. 当事人的诉讼请求不符合我国现行房改政策的,如果当事人有权利证书的,应向相关单位和个人释明通过行政诉讼解决,有生效结论后再作审理。4. 单位要求追索房租或售房款的,人民法院应依法支持。职工要求依约办理过户手续或产权证书的,人民法院应依法支持。5. 职工与单位发生的使用权或所有权纠纷,双方有明确协议或单位有内部制度规定,且该协议和制度并不违反相关法律规定的,人民法院可根据诚信原则和该协议或制度依法作出判决。6. 在离婚、继承案件中,涉及公房使用权的,应依有关法律、司法解释规定处理。单位为权利人的列为原告,单位为侵权人的列为被告。案件的审理与单位有法律上的利害关系时,单位应列为第三人,单位可申请参加诉讼或由人民法院通知参加诉讼。单位与案件无任何利害关系的,不列为当事人。单位主体消灭的,则不再列为当事人。"江西赣州中院**《审理离婚案件财产分割适用法律若干问题解答》**(2008 年 10 月)第 4 条:"婚姻关系存续期间以一方名义购买并登记在购买人名下的单位房改房,能否认定为夫妻共同财产?答:婚姻关系存续期间以一方名义购买并登记在购买人名下的单位房改房,视为夫妻共同财产,但购买人有证据证明属于其个人财产的除外。"重庆高院**《关于当前民事审判若干法律问题的指导意见》**(2007 年 11 月 22 日)第 22 条:"房改房屋的分割。在婚姻关系存续期间,用夫妻共同财产出资购买以一方父母名义参加房改的房屋,按照房改政策,仍应认定为父母所有的财产。购买房屋时的出资,可作为夫妻离婚时的债权妥善处理。以夫妻双方或一方承租的公房参加房改,没有取得房产证明的,不影响认定为夫妻共同财产。"山东济南中院**《关于当前民商事审判若干法律适用问题的解答(五)》**(2007 年 11 月 9 日　济中法发〔2007〕14 号)第 6 条:"关于享受本人工龄和已死亡配偶生前工龄优惠后所购买的房改房是否属于夫妻共同财产的问题。对该问题有两种意见:第一种意见认为,本人在购房时虽享受了已故配偶的住房资金补偿,但此系房改政策的一种优惠和补贴,并非财产或财产权益,故所购房屋应认定为个人财产。第二种意见认为,所购房屋应为本人与已故配偶的夫妻共同财产。我们认为,所购房屋是否属于夫妻共同财产,不应以使用已死亡配偶生前工龄优惠为准,而应以购房款的来源作为认定所购房屋权属的标准。如查明购房款使用夫妻共同财产交纳,则应认定所购房屋为夫妻共同财产;如购房款系生存一方的个人财产交纳,则应认定所购房屋为购房者的个人财产。理由如下:最高人民法院(2000)法民字第 4 号《关于在享受本人工龄和已死亡配偶生前工龄优惠后所购公房是否属于夫妻共同财产的函的复函》中指出:'夫妻一方死亡后,如果遗产已经继承完毕,健在一方用自己的积蓄购买的公有住房应当视为个人财产,购买住房时所享受的已死亡配偶的工龄优惠只是属于一种政策性补贴,而非财产或财产权益。夫妻一方死亡后,如果遗产没有分割,应予查明购房款是夫妻双方的共同积蓄,还是配偶一方的个人所得,以此确认所购房屋是夫妻共同财产还是个人财产;如果购房款是夫妻双方的共同积蓄,所购房屋应当视为夫妻共同财产。'该复函是审理此类纠纷的依据。对以生存一方的个人财产交纳购房款的,应从严审查,如不能证明系以个人财产交纳购房款或个人财产与夫妻共同财产无法查清的,应认定使用夫妻共同财产交纳购房款。"上海高院**《关于审理婚姻家庭纠纷若干问题的意见》**(2007 年 3 月 15 日　沪高法民一〔2007〕5 号)第 9 条:"夫妻一方通过福利、补贴等方式取得产权房,但为取得该房产而与用人单位签有服务期协议的,离婚时该房产的处理。夫妻一方在婚后通过福利、单位补贴取得产权房,但同时与用人单位签有服务协议的,由于该方对此房的获得具有较大贡献,且其将来择业的自由会在服务期内受到限制,因此,夫妻离婚时,因服务期问题而导致房产权利受影响的事实尚未发生的,对该房产的分割应考虑尚存服务期的长短、夫妻共同生活的时间,适当多分给签有服务期的一方。"山东高院**《关于印发〈全省民事审判工作座谈会纪要〉的通知》**(2005 年 11 月 23 日　鲁高法〔2005〕201 号)第 4 条:"……(四)关于房改房屋的分割问题。在婚姻关系存续期间,用夫妻共同财产出资购买了以一方父母名义参加房改的房屋。这类房屋在离婚分割时往往产生争议,一方主张是夫妻共同财产,另一方主张属于父母的财产。处理这个问题需要考虑房改政策,因为房改房屋属于国家相关法规规定的政策性房屋交易,应依据国家有关政策精神来进行界定。由于房屋原来属于父母一方承租的公房,房改时也是以父母的名义进行的,购买房屋的价格实行了优惠。按照房改政策,这类房屋仍属于父母的财产,对于购买房屋出资的夫妻共同财产视为一种债权,在离婚时可作为债权妥善处理。对于以夫妻双方或一方承租的公房参加房改后,没有取得房产证明的,不影响认定为夫妻共同财产。"江苏高院民一庭**《婚姻家庭案件疑难问题法律适用研讨会综述》**(2005 年 5 月)第 5 条:"……(四)关于一方婚前承租公房、婚后以个人财产购买,且登记于一方名下的房屋性质的认定。《解释二》明确了一方婚前承租、婚后以夫妻共同财产购买并登记于一方名下的房改房为夫妻共同财产。但如果一方婚前承租、婚后以个人财产购买并登记于一方名下的房改房,性质上如何认定,解释未作规定。实践中应当如何处理?代表们一致认为,房改房的出售和价格都受国家房改政策的调整,夫妻双方的工龄、职务、人口等因素均影响到房屋的价格,且一方购买房改房影响到另一方福利政策的再次享有,使得对方失去享受福利购房的可能性。因此,无论是从所有权取得时间上,还是从房屋的福利性质上,都应当认定为夫妻共同财产。只是在实际分割时,应当适当考虑出资方的利益。如果一方当事人能够举出足够的证据,证明该房改房的取得完全是利用个人的福利因素取得,与对方没有任何关系,且没有影响对方享受房改房福利政策的,可以认定为一方个人财产。如果购买的房屋系不含福利性质的商品房,则依照第(二)项所确定的原则进行认定……”辽宁沈阳中院**《关于审理房地产案件若干问题的处理意见(之二)》**(2004年12月2日 沈中法〔2004〕31号)第3条:“关于使用权房屋的同住人口是否能够构成对房屋的共有问题。共有的产生通常是基于当事人的意思表示和法律的直接规定,居住本身不会产生共有。因此,同住人口是否对共同居住的房屋具有共有权,要看该房屋是否已经转化为家庭共同财产或系共同投入所得。在取得公房使用权时,除承租代表人外,其他同住人口作为分房时确定面积等因素的一个重要条件的,或其他同住人口交纳了增加面积款的,或所交旧房为其他同住人口的共有财产的,即使房屋使用权证上未明确记载该同住人口为共同承租人,也可构成共有。否则,仅凭居住不能构成对公有住房使用权的共有。”上海高院**《关于审理公房承租权确定及使用权转让纠纷案件若干问题的意见》**(2004年9月28日 沪高法民一〔2004〕44号)第3条:“当事人签订公房使用权转让合同后,以未经出租人同意为由诉请确认转让合同无效的,应如何处理?答:公房使用权转让实质为公房租赁权的转让,其法律性质为公房租赁合同中承租人权利义务的有偿性概括移转。依《合同法》规定,承租人概括移转租赁合同的权利义务,应征得合同另一方当事人即出租人的同意,包括事先同意或事后认可。实践中,基于下列情形之一即可表明出租人已事后认可公房使用权之转让,公房使用权转让合同可确认为有效,当事人诉请确认无效的,不予支持:1. 原承租人转让前未征得出租人之书面同意,但出租人事后办理了公房承租户名变更手续的;2. 原承租人转让前未征得出租人之书面同意,但受让人已实际入住,并以承租人的意思缴付租金,出租人也予以收取的,应依据诚实信用原则,推定出租人已经知道或应当知道承租权已转让,并事实上认可了该转让行为。”第4条:“当事人以转让公房使用权时未经在该处有本市常住户口的共同居住人同意为由,诉请确认公房使用权转让合同无效的,应如何处理?答:根据《上海市房屋租赁条例》第三十八条第二款之规定,公房承租人转让承租权应事先征得在本处有本市常住户口的共同居住人的同意。因此,公房承租人处分其承租权的自由受共同居住人意思表示的限制,在未经共同居住人同意的情况下,从维护居住生存利益角度出发,原则上应确认该转让合同无效。但对于受让人已实际入住公房的,也应本着尊重现状的精神,合理保护受让人的交易安全利益。故实践中,可区分下列情况分别处理:1. 原共同居住人已搬离公房,受让人已实际入住该公房的,表明原共同居住人已以事实行为同意承租人转让其公房承租权,当事人再以未经同居住人同意为由诉请确认公房使用权转让合同无效的,不予支持;共同居住人有证据证明其搬离系基于转让人欺诈等行为所致,其原有的居住利益损失可另行向转让人主张赔偿;2. 受让人尚未实际入住公房,未搬离公房的共同居住人有证据证明转让人未经其同意而转让该公房使用权，或已搬离公房的共同居住人有证据证明其搬离系基于转让人欺诈等行为所致的，则该转让合同无效，受让人因此产生的损失可另行向转让人主张赔偿。”上海高院**《〈关于适用最高人民法院婚姻法司法解释（二）若干问题〉的解答一》**（2004 年 9 月 7 日　沪高法民一〔2004〕25 号）第 4 条：“离婚诉讼中，婚前有夫妻一方承租、或父母承租，婚后以夫妻共同财产购买为产权的公房，其公房使用权本身蕴含的价值，如何归属和处理？答：根据司法解释（二）第十九条规定，夫妻一方婚前承租的公房，婚后以共同财产购买为产权的，该房屋为共同所有。但，从上海的实际出发，由于公房使用权可通过承租权转让的方式上市交易，具有一定的交换价值。因此，在婚姻关系存续期间，以共同财产出资，将原有的公房使用权转为产权后，在离婚分割该房屋时，一概不考虑原一方承租时的使用价值，也有失公允，对此我们认为实践中可区分下列情形处理：1. 一方婚前承租的公房，是基于福利政策分配取得的，婚后以共同财产购买为产权的，由于在婚姻关系存续期间内无法体现出原公房使用权的交换价值，则在离婚分割该产权房时可不考虑原公房使用权的交换价值的单独归属问题；2. 一方婚前承租的公房使用权是其以个人财产支付对价取得的，婚后又以共同财产购买为产权，在离婚分割该产权房时，应当将取得原公房使用权时所支付对价部分确定为当时承租的夫或妻一方个人所有，产权房的剩余价值部分按共同财产分割；3. 对于婚前由夫或妻一方父母承租、婚后又以共同财产购买为产权的公房，原公房使用权的交换价值可参考司法解释（二）第二十二条的规定，推定为父母对夫妻双方的赠与，离婚时可直接将产权房按共同财产分割处理。”上海高院**《关于房屋动拆迁补偿款分割民事案件若干问题的解答》**（2004 年 1 月 12 日　沪高法民一〔2004〕3 号）第 5 条：“除前述条款列举的以外，还有哪些人员可被视为同住人？答：（一）有权对公有居住房屋拆迁货币补偿款主张权利的，一般是指被诉公有居住房屋的承租人和本解答第三条所指的同住人。有下列情形之一的人，也视为同住人：1. 具有本市常住户口，至拆迁许可证核发之日，因结婚而在被拆迁公有住房内居住的，即使居住未满一年，也视为同住人。但其在该处取得拆迁已补偿款后，一般无权再主张本市其他公房拆迁补偿款的份额；2. 一般情况下，在本市无常住户口，至拆迁许可证核发之日，因结婚而在被拆迁公有住房的居住满五年的，也视为同住人，可以分得拆迁补偿款；3. 在按拆迁公有居住房屋处有本市常住户口，因家庭矛盾、居住困难等原因在外借房屋住，他处也未取得福利性房屋的；4. 房屋拆迁的，因在服兵役、读大学、服刑等原因，户籍被迁出被拆公有居住房屋，且在本市他处也没有福利性房屋的。（二）有下列情形之一的人，不能被视为同住人，无权分得公有居住房屋拆迁货币补偿款：1. 将本来享有的他处公有住房权利（本解答第二条所列的住房困难的情况除外）予以处分，居住在被拆公有居住房屋的；2. 获得单位购房补贴款后已有能力购房而不购房,仍居住在被拆公有居住房屋的共同居住人;3. 已在本市他处公有房屋拆迁中取得货币补偿款。”第6条:“相关利害关系人与承租人就居住问题和拆迁安置达成协议,现一方反悔,如何处理?答:相关利害人在户籍入籍被拆迁公有居住房屋时或入住被拆房屋时就房屋居住或拆迁补偿等作出承诺的,或者同住人与承租人在拆迁时就补偿达成协议的,如果相关承诺或协议系一方或双方真实意思表示,既不违法,也不损害社会公共利益的,应认可该承诺或协议的效力。”第7条:“承租人与同住人等因对获得的公有房屋拆迁货币补偿款,是用于购房还是予以分割意见不一时,法院应如何判决?答:房屋拆迁货币补偿款一般应当用于购房,但是有下列情况之一的,也可以支持当事人分割货币补偿款的要求:1. 承租人与同住人之间,同住人与同住人之间矛盾特别尖锐,无法继续共同生活的;2. 分割不至于造成当事人居住困难,或当事人曾达成协议同意分割货币补偿款等其他可以分割的情形。”第8条:“拆迁取得的补偿款不足以在市场购得房屋的,当事人是否还可以要求分割货币补偿款?答:当事人协商一致要求分割公有居住房屋拆迁货币补偿款的,法院在审理时,可不考虑分割后各当事人所得的补偿款能否在市场购得房屋;当事人对公有居住房屋所拆迁货币补偿款应予以购房还是予以分割,意见不一的,法院在审理时,应考虑承租人和共同居住人的购房能力。如依据分得的补偿款,确实无法在市场购得房屋,保证正常生活的,可不予分割。”第9条:“公有居住房屋拆迁补偿款,在承租人、同住人之间如何分配?答:承租人、同住人之间,一般遵循一人一份,均等分割的原则取得拆迁补偿款。但有下列情况除外:(一)有下列情况之一的,可以酌情多分;1. 承租人或同住人属于年老体弱,缺乏经济来源,且按均分所得的补偿款,无法购得房屋保证其正常生活的;2. 承租人或同住人在取得公房承租权时额外支付过较多款项的;3. 对公房内居住的未成年人实际承担监护义务的。(二)属于本市两处以上公房承租人的,其对各处被拆迁公房的补偿款均有权主张分割。”河南高院民一庭**《关于当前民事审判若干问题的指导意见》**(2003年11月)第67条:“婚姻关系存续期间取得的有限产权房屋,视为夫妻双方共有财产。一方婚前承租单位住房,婚后以夫妻双方的名义参加房改,购房时折扣了双方的工龄、职级而取得的有限产权房屋,视为夫妻双方共有财产,但在对该项财产进行分割时,应考虑获得该项财产时各自的出资份额,出资较大的一方可以相应的多分。一方婚前参加建房集资,房屋建起后又按房改政策出售给职工,出售给职工时折扣了双方的工龄、职级的有限产权房屋,视为夫妻共有财产,但在确认各自应得的份额时,同样应考虑让出资较大的一方多得相应的份额。一方婚前借款集资或购买而取得有限产权房屋,婚后用双方共同财产偿还债务的,视为双方共有财产。”第68条:“对属于夫妻双方共有的有限产权房屋应本着方便生活,解决和避免产生新的矛盾及适当兼顾房屋原产权人利益的原则进行分割。一般应让原房产所属单位的职工千方分得房屋,该方对另一方作价补偿,补偿时,不宜按实际购房款的一半进行补偿,应参照考虑房地产的市场行情,当地政府规定的住房标准价和当事人的经济状况等因素,酌情决定。双方均主张房屋的,也可以在评估的基础上由双方竞价,让出价高的一方得房,另一方获得相应份额的补偿。对有限产权房屋,人民法院应本着彻底解决矛盾、稳定法律关系、减轻当事人诉累的原则,根据实际情况判决由当事人使用、居住;或由当事人所有。"江苏高院**《全省民事审判工作座谈会纪要(2003 年修改)》**(2003 年 7 月 17 日)第 3 条:"……(二)有关已购公有住房纠纷的几个问题。1. 离婚案件中对婚姻关系存续期间购得的公有住房的处理。审理离婚案件,对夫妻在婚姻关系存续期间购得的公有住房,应认定为双方共有。当事人对该房屋的处理有约定或者协商一致,且不损害他人利益的,应当按照约定或者协商达成的意见处理。双方没有约定或者协商不成,对夫妻双方均争房屋产权的,如双方同意或者双方经济、住房条件基本相同,可采取竞价方式解决。如果不能采取竞价方式,对该房屋能够分割的,应予分割。不能分割或者不宜分割的,应按评估后的市场价格折价归并。2. 对已购公有住房产权人要求其他共同居住人迁让问题的处理。家庭成员中的一方按房改政策购得公有住房后,以产权人名义要求其他共同居住人迁让的,一般不予支持。如其他成年共同居住人在外另行享有房屋产权或者承租公有住房的,产权人要求其迁让的,可以支持。3. 对购房者离职后与原单位发生的房屋纠纷的处理。按房改政策购买单位所有或者管理的公有住房的当事人被单位开除、除名、辞退或者未经单位同意擅自至其他单位工作,原单位要求解除双方的房屋买卖关系的,不予支持。对个人拥有部分产权的房屋,原单位在同等条件下享有优先购买权。按房改政策购买单位所有或者管理的公有住房的当事人与所在单位对住房处理有明确约定,且不违背法律、法规和房改政策的,当约定的条件成就时,一方当事人要求执行约定的,应予支持。"上海高院**《民事法律适用问答》**(2003 年第 1 期)第 6 条:"按 1994 年上海市政府《关于出售公有住房的暂行规定》(以下简称 94 方案)购买的套有住房,购房时的未成年同住人,可否确认为售后房的产权共有人?管:在 1994 年上海市政府《关于出售公有住房的暂行规定》及以后的有关出售规定中都明确,购买公有住房的对象是获得新分配住房的具有本市常住户口的职工和在住所地具有常住户口的公有住房承租人或年满十八周岁的同住成年人,未成年人的同住人不是国家这种优惠政策的当然享受者,不被赋予购房资格,当然也就不能确权为售后公房的产权人。其次,我们认为 94 方案这一规定也是合理的,因为让公有住房的承租人(包括同住人),以优惠价格购买公有住房,使之成为产权房,成为权利人的一项远远大于买价的私有财产,是基于我国在计划经济体制下,长期以来所执行的高积累低消费政策,即工资中不包含住房消费,而是以国家福利的形式将住房无偿分配给职工使用。因此从某种意义而言,公有住房出售,是将工资中不曾包含的住房消费返还给职工,作为未成年的同住人,虽然其在公有住房中有居住使用的权利,但是,这种居住使用权利是基于多种原因造成的,如父母对未成年子女的抚养义务中,包括为其提供可供正常生活的居住生活空间等。未成年人对父母承租的住房有居住使用权利,正是基于父母的义务,而不是基于其对公有住房的权利,其对公有住房这一财富取得并未付出劳动,所以不能成为当然的权利人。"第7条:"接94方案购买公有住房、具备可以主张产权共有条件的人,生前未曾主张权利的,其继承人能否主张继承共有份额中其应得的份额?答:对此问题,审判实践中一直有两种观点,一种观点认为,具备可以主张产权共有条件的人,对售后公房产权的共有属当然共有,即无论其生前是否主张权利,都是系争房屋的共有人,死后其应得份额应由其继承人享有。另一种观点认为,具备可以主张产权共有条件的人,要求确认售后公房产权共有,应以提出主张并经确认为认定依据,生前未主张的,应推定其对房屋产权归属在登记人名下并无异议,因此继承人不能再主张权利。我们原则同意第二种观点,理由是,不动产的取得和转移都要进行登记,所以产权登记是证明权利的有效凭证. 一般应以登记为准。但是限于94方案的缺陷,许多欲成为共有产权的人,无法登记为共有产权人,为了弥补这一缺陷,我院已在1996年发布的沪高法〔1996〕250号《上海市高级人民法院审理公有住房出售后纠纷的若干意见》第9条中规定'按九四方案购买的房屋,产权证登记为一人的,在诉讼时效内,购房时的购房人、工龄人、职级人、原公房的同住人及具有购房资格的出资人主张房屋产权的,可确认房屋产权共有'。这一条规定,不是一概否认94方案产权证登记的效力,因为有些家庭中具备可以主张产权共有条件的人在购房时确实放弃了权利,而是作为一项补救措施,允许主观上不想放弃产权,又无奈于规定,无法登记为共有产权人的,可以通过主张房屋产权,成为共有产权人。如果其生前未主张房屋产权共有,则视为同意房屋产权归于产权登记人。"辽宁沈阳中院**《关于审理婚姻家庭案件若干问题意见》**(2003年)第8条:"……(二)关于使用权房屋的处理。1. 一方婚前承租或父母承租的公房,婚后动迁或经调换双方交付扩大面积款获得承租代表人为夫或妻的新房,离婚时,婚姻关系存续五年以下的,一般应归原承租方使用,五年以上的,双方均可承租,但取得房屋使用权一方均应给付对方一定数额的住房补助。2. 一方父母或其他亲属承租、夫妻单独或与之同住时动迁,但一方父母或亲属仍是承租代表人的房屋,离婚时该方应当给付对方一定数额的住房补助。3. 婚后一方或双方单位投资购建的公房,离婚时双方均可承租,但取得房屋使用权的一方,应给付对方一定数额的住房补助。4. 婚后一方单位分配的自管房屋,离婚时一般应征求自管单位的意见,继续承租方应给付对方一定数额的住房补助……(四)关于以工龄优惠政策购买的住房,离婚时按以下情况处理。(1)双方婚姻关系存续期间获得的使用权房屋，且以双方工龄购买的房屋，除双方另有约定外，应按共同财产处理。(2)一方婚前承租，婚后用自己及已死亡配偶的工龄，且用自己婚前积蓄购买的房屋，应视为该个人婚前财产，如由再婚夫妻共同交付购房款的，夫妻关系存续五年以下的，房屋归原承租方所有，但应返还对方不低于购房款的一半，存续五年以上的，双方均可享有，但应返还对方一定数额的折价款。(3)一方婚前承租或父母承租的房屋，婚后以双方工龄购买的房屋，按所有权部分的第4种情形处理。(4)一方父母承租，夫妻双方共同出资，以父母名义及工龄交付购房款，产权人仍为一方父母的房屋，离婚时不得侵害该物权所有者的利益。应判决原有房屋方返还对方购房款的一半，但夫妻关系存续五年以上的，应给付对方一定数额的住房补助，五年以下的，可不给住房补助。(五)其他情形房屋的处理。1. 夫妻双方已就承租的公房交付了购房款，但未办理产权证的房屋的，应当与发证机关或有关单位进行沟通，进一步确认后，比照所有权部分有关规定，判决由一方居住，待产权证下发后归其所有。2. 婚生子女已成年的但与父母共同生活得，不能因为处理父母离婚案件剥夺其居住权。成年子女对房屋有投入的，应视为共有人，在离婚案件中，不能直接处理该房屋。3. 离婚时尚与案外人存在动迁、赠与、继承、买卖等争议的房屋，不能在离婚案件中直接处理，告知当事人另案处理。4. 夫妻有多处住房，离婚时，应根据房屋来源及方便居住和管理的原则处，但所分财产相差悬殊的，由多得财产的一方给付对方与差额相当的补偿。5. 夫妻对涉及案外人的房屋进行了装修等添附的，离婚时对添附物，告知当事人另案处理。”广东高院、省检察院、省公安厅、省司法厅**《关于印发〈关于处理婚姻关系中违法犯罪行为及财产等问题的意见〉的通知》**(2000年5月30日　粤高法〔2000〕18号)第13条：“离婚案的财产分割，要依照最高人民法院《关于人民法院审理离婚案件处理财产分割问题的若干具体意见》的规定，作出对无过错方有利的判决。处理住房问题时，要确保无过错方特别是无过错女方的住房权益。有关住房问题视以下情况分别处理：1. 夫妻关系存续期间根据房改政策购买的房屋，离婚时，由取得房屋所有权的有过错方给予没有取得房屋所有权的无过错方，按该房屋进入市场的价格(由房屋管理部门评估)一半金额以上的补偿；或者以照顾女方和子女利益原则对房屋的产权作明确分割；2. 夫妻居住有过错方单位尚未进行房改的房屋，或者夫妻双方共同居住承租权属于有过错方的房屋部门直管公房，离婚时，无过错方无房迁出的，法院可判决其暂住二年，有过错方要积极帮助其解决……4. 夫妻双方共同居住的公房，离婚时，双方又均可承租的，依照照顾无过错方、抚养子女一方、生活困难一方原则处理。”上海高院**《关于印发〈处理公有住房出售后纠纷的若干意见〉的通知》**(1996年10月31日　沪高法〔1996〕250号)第1条：“关于离婚案件中房改房的处理问题。本综述所指的房改房是指干部、职工按房改政策的规定，以标准价或者成本价向单位购买公房所取得的房屋。房改房所有权取得以领取房屋所有权证为准。房管部门发给购房人的房屋所有权证由原产权单位保管的,应认定购房人已取得所有权。在诉讼中当事人才领取房屋所有权证的,可按取得所有权处理。虽已签订房屋买卖合同、交付购房款,但房管部门尚未发出房屋所有权证,仍应认定未取得所有权,可只处理房屋使用权。(一)房改房所有权性质的认定。有下列情形之一的房改房,应认定为夫妻共同财产,但夫妻双方另有约定的除外:1. 婚姻关系存续期间以一方或双方名义购买的;2. 一方婚前购买,婚后双方共同使用、经营、管理经过 8 年的;3. 以婚前各自购买的房改房婚后调换成一套的;4. 一方婚前以标准价购买,婚后以夫妻共同财产补交标准价与成本价差额的(原交付的标准价款为一方婚前财产)。有下列情形之一的房改房,认定为原购房人婚前个人财产,但有上述第 2 项规定的情形或双方另有约定的除外:1. 一方婚前购买的;2. 一方婚前以分期付款形式购买,婚后以夫妻共同财产继续付款的(婚后所付款项为夫妻共同财产);3. 一方婚前购买,婚后以夫妻共同财产装修的(装修部分为夫妻共同财产,可酌情按 8 年使用年限折旧)。(二)房改房所有权的处理原则。1. 夫妻共同所有的房改房,按夫妻共同财产处理原则分割。双方对房改房的处理达成协议的,可按协议处理。2. 若乙方另有自有房屋的,可判房改房归另一方所有;若夫妻有两套以上共有房屋(包括商品房、继承或受赠的房屋)的,可判房改房归一方所有。夫妻共同所有的房改房归一方所有,占有产权一方应给予另一方经济补偿,补偿办法:按省法院《关于人民法院审理离婚案件处理房改购买房、公房使用、承租若干问题的意见》(试行)规定处理。若当事人不愿交纳评估费用或不同意按评估结果补偿的,可判产权共有。3. 双方经济条件基本相同且同意竞价的,可采取竞价形式解决。4. 婚后以夫妻财产装修的,占有产权一方亦应就装修部分酌情给予另一方经济补偿(按 8 年使用年限折旧)。(三)房改房使用权的处理原则。1. 双方均占有产权的房改房,可按分割的产权、房屋结构等来划分使用权。如一方另有房屋居住的,房改房可归另一方使用;如双方均无其他房屋居住而又不宜划分使用权的,可依照顾残疾或生活困难的一方、照顾扶养子女的一方、男女双方在同等条件下照顾女方的原则将房屋判归一方使用;使用一方应按房屋面积的 1/2 以当地成本租金标准向对方支付房屋使用金。2. 属一方婚前所有的房改房,另一方应迁出,但另一方确无房屋迁出的,可判暂住该房的部分或全部,暂住期一般不超过 2 年,暂住期间应按暂住面积以当地成本租金标准支付房屋使用金。3. 夫妻共有的房改房产权归一方所有,另一方确需在原房改房暂住的,可判暂住,暂住期一般不超过 2 年。暂住面积未超过 1/2 产权面积的,可判产权人在暂住人迁出时给付经济补偿款,暂住人在暂住期间免交房屋使用金(经济补偿款利息与房屋使用金相抵);如暂住面积超过 1/2 产权面积的,超出部分应按当地成本租金标准支付房屋使用金。”第 9 条:“按

‘九四’方案购买的房屋，产权证登记为一人的，在诉讼时效内，购房时的购房人、工龄人、职级人、原公房的同住人及具有购房资格的出资人主张房屋产权的，可确认房屋产权共有。”第 10 条：“婚姻存续期间购得的房屋，房屋产权虽以配偶中一人名义登记的，除有书面约定外，该房屋产权为夫妻共同财产，房产取得时间以房屋买卖合同签订的时间确定。”第 11 条：“对该处公房无购房资格而与有购房资格人协议出资购房的人，主张房屋产权的，不予支持。”第 12 条：“在审理房产确权案件中发现系争房屋产权登记错误的，可建议房屋发证部门撤销错误登记，也可根据查证的事实重新确权。”第 13 条：“购得的房屋在法定限制上市的期限内，由于离婚、继承等原因要求分割该房的，房屋能分割的尽可能予以分割。对房屋能予分室分割的，可确定各方的房屋产权；对无法分割实房的，除双方协议一方得实房，一方得房屋折价款外，一般暂不分割，确定房屋产权共有。在产权共有期间，对无亲属关系的当事人，可参照租赁私房的规定由住房方给付让房方一定的房屋使用费，待该房依法能上市交易时，按当时的市场价，由一方得房屋折价款。法院只能就房屋的产权、使用权作出判决，不应对当事人户口迁移作出判决。”广东高院**《关于人民法院审理离婚案件处理房改购买房、公房使用、承租若干问题的意见（试行）》**（1996 年 1 月 12 日　粤高法〔1996〕6 号，已于 2021 年 1 月 1 日起废止）第 1 条：“关于离婚案件中涉及夫妻关系存续期间根据‘房改’政策购买的房屋分割问题。1. 在夫妻关系存续期间以标准价购买的房屋属夫妻共有财产。离婚时，可分别作如下处理：（1）所购买的公房属单位的自有自管房的，除当地政府有规定外，房屋所有权一般归房屋产权单位的干部、职工有；如双方属同一单位的，可征求原产权单位的意见或者根据当事人的实际情况判归一方所有或各占一部分产权。（2）购买的房屋属房管部门的直管房或者其他单位的自有自管房，夫妻双方又都是干部、职工的，房屋产权可归携带子女或最需要住房的一方所有；夫或妻一方不是本地干部、职工的，房屋产权应归具备房屋所在地常住户口的干部或职工身份的一方所有。（3）离婚双方当事人协商对房屋产权分割达成的协议，如与购房人和原产权单位签订的《房屋买卖合同》禁止条款或要求有抵触的，该协议的相关条款的效力一般不予确认。（4）房屋所有权归一方所有，依规定该房屋不能进入市场交易的，取得房屋所有权的一方应从产权及使用权两方面折价给予另一方经济补偿，其标准按购房当时的成本价除以 2 即购房当时成本价 ÷2 的公式计算；房屋可以进入市场交易的，取得房屋所有权一方对不能取得房屋所有权一方当事人的经济补偿，按房屋市场价减去土地使用金、交易税费、原产权单位应提取的增值部分再除以 2 即（房屋市场价 − 土地使用金 − 交易税费 − 原产权单位应提取的增值部分）÷2 的公式计算。双方当事人就补偿问题达成协议的，可按协议执行。购房后出资装修房屋的费用，由取得房屋所有权的一方当事人向对方适当补偿。（5）房屋由一方婚前购买并已全部支付购房款,夫妻共同生活未超过八年的,房屋产权归婚前购买一方所有,对另一方不作补偿;夫妻共同生活超过八年的,应予补偿,按上述(4)的原则计算。如属分期付款,婚前一方只付小部分,夫妻关系存续期间付清全部房款的,房屋一般判归原购买的一方所有,对另一方的补偿标准可按上述(4)的原则计算;婚前一方已付大部分购房款的,房屋一般判归原购买的一方所有,对另一方的补偿可按上述(4)的公式计算后,酌情减付。(6)离婚时房屋产权归一方当事人所有,另一方另有房屋居住的,可判决另一方迁出;另一方确没有房屋居住的,如房屋能分开使用,可划出部分房屋由另一方暂住两年,暂住期间的租金可参照公房租金标准计付。实际暂住超过两年的,超过的时间由暂住人按实际占住面积参照私房市场租金标准计付租金。(7)离婚后房改房归一方所有,另一方可根据房改政策规定另行申请参加房改。2. 在夫妻关系存续期间,以成本价购买的房屋,离婚时,该房屋的产权归属参照上述1之(1)、(2)、(3)的原则处理。不分产权的一方的居住问题可按上述1之(6)的原则处理;取得产权一方对不分产权一方的经济补偿按房屋市场价减去土地使用金、交易税费再除以2即(房屋市场价-土地使用金-交易税费)÷2的公式计算。3. 在夫妻关系存续期间,以市场价购买的房屋,离婚时该房屋的分割按婚姻法规定的夫妻共同财产的一般处理原则进行处理。4. 在夫妻关系存续期间以'三、三、四'或'二、二、六'等形式由国家、单位和私人共同集资购建的私人享有部分产权的房屋,离婚时可将该房屋的使用权及原房屋所有权中个人占有的份额判归有出资补偿的单位的一方职工,由该方适当补偿另一方,补偿标准按房屋市场价乘以职工个人出资比例再除以2即房屋市场价×职工个人出资比例÷2的公式计算,另一方的居住问题可按上述1之(6)的原则处理……关于离婚后公房承租权、居住权的处理问题。(一)离婚时对夫妻双方均有权承租的公房的处理:1. 夫妻共同居住的公房,具有下列情形之一的,离婚时,双方均可承租:(1)婚前由一方承租的房管部门直管公房,婚后夫妻户口在同一城市的;(2)婚前一方承租的本单位房屋,离婚时,双方均为本单位职工的;(3)婚前一方借款投资取得的公房承租权,婚后夫妻共同偿还借款的;(4)夫妻关系存续期间,双方共同承租的房屋,或者一方将其原承租的本单位的房屋,交回本单位或交给另一方单位后,另一方单位另给调换房屋的;(5)双方均租有房管部门直管公房,后合并调换房屋的;(6)其他应当认定为夫妻双方均可承租的情况。2. 对夫妻双方均可承租的公房,处理时涉及必须变更原租赁关系的承租人的,应向房管部门或产权单位说明情况,并且依照以下原则予以处理:(1)照顾抚养子女的一方;(2)男女双方在同等条件下,照顾女方;(3)照顾残疾和生活困难的一方;(4)照顾无过错的一方。3. 对房屋面积较大能够分开居住使用的,可由双方分别租赁;对可以另调房屋分别租赁或承租方给另一方解决住房的,可予准许。4. 对双方均可承租的公房,离婚时将全部由方承租的，承租方应给予迁出方适当的承租权经济补偿。补偿标准可按房屋一半面积的二年私房市场租金计算。公房全部由一方承租，另一方解决住房确有困难的，除按前款进行经济补偿外，人民法院还可判决其暂时居住，暂时居住一般不超过两年。如难以确定具体搬迁期限的，也可判至再婚或另有房屋迁出时止。暂住期间的租金，由双方协商确定。协商不成，暂住期在二年以内的，按其占住面积比照当地公房租金标准交纳；暂住期超过二年的，参照当地私有房屋市场租金交纳。(二)夫妻双方共同居住的公房，其承租权属一方独有，另一方没有承租权的，离婚时，该房屋应判归有承租权的一方承租，另一方迁出。另一方确无其他房屋可搬迁的，人民法院可判决其暂时居住，暂住期限一般不超过两年。如难以确定具体搬迁期限的，也可判至再婚或另有房屋迁出时止。暂住期间的租金参照当地私有房屋市场租金交纳，暂住方确有经济困难的，可参照当地房管部门确定的公房租金交纳。无承租权的一方离婚时即迁出的，承租方对迁出方应作适当经济帮助，数额可由双方协商确定：也可根据原承租公房面积的一半，参照私有房屋二年的市场租金计算。”江苏高院**《关于印发〈关于审理离婚案件处理住房问题的意见〉的通知》**(1995 年 1 月 3 日　苏高法发〔1995〕1 号)第 5 条：“夫妻双方或一方在婚姻关系存续期间，按国家规定的标准价购买的公有房屋，为夫妻共同财产。离婚时，该房屋不宜分割使用的，可以归并给原产权单位方的当事人或抚养子女的一方当事人；对于另一方，应当根据原购房价格、房屋的产权比例以及离婚时该房屋的市场价格等因素酌情予以折价补偿。”第 11 条：“夫妻双方对婚姻关系存续期间承租且共同居住的房屋享有共同使用权。”第 12 条：“一方婚前承租的房屋，婚后由双方共同居住 3 年以上的，夫妻双方享有共同使用权。”第 13 条：“一方父母承租的，由夫妻婚后实际单独居住 3 年以上的房屋，离婚时夫妻双方享有共同使用权。”第 14 条：“一方父母承租的，由夫妻与承租房屋的父母共同居住 3 年以上的房屋，离婚时该夫妻共同享有部分使用权。”第 15 条：“夫妻一方承租的房屋，离婚时承租人迁出，另一方在租赁期内要求继续履行原租赁合同的，应予支持。”第 16 条：“对于夫妻享有共同使用权的房屋，离婚时有条件分租的，应当予以分租；不宜分租的，应当根据双方住房情况和照顾抚养子女方和无过错方等原则判归一方使用，使用方给迁出方适当的经济补偿。”第 17 条：“对于一方婚前承租或一方父母承租，夫妻婚后实际单独、居住不满 3 年的房屋；或者一方父母承租，该夫妻享有部分使用权的房屋，离婚时，一般应当将该房屋判归承租人或承租方当事人使用，给迁出方适当的经济补偿。”第 18 条：“夫妻双方享有共同使用权的房屋是房管部门直管公房的，离婚时，房屋能够分割使用的，可以判决分割使用，当事人持生效的法律文书到房管部门办理分租手续；不宜分割使用的，应当在征求房管部门意见后酌情处理。”第 19 条：“夫妻双方享有共同使用权的房屋是一方单位或一方父母单位的自管公房的，离婚时，一般应当判决该房屋归单位方的当事人使用,使用方给迁出方适当的经济补偿;也可以在征求产权单位意见后酌情处理。”上海高院**《关于印发〈关于审理房产纠纷案件若干疑难问题的讨论纪要〉的通知》**(1993年10月27日　沪高法〔1993〕148号)第11条:“夫妻双方共同购置一方单位提供的优惠价商品房,离婚时,一般应分给提供优惠价房单位一方所有,得房方须按房屋重置价给付对方应有的份额。如果非购房单位一方直接抚养子女,又无其他房可居住,也可判归其所有,得房方亦需按房屋重置价给付对方应有的份额。”北京高院**《关于印发〈关于处理婚姻案件中子女抚育、财产分割及住房安置问题的几点意见〉的通知》**(1990年8月30日　京高法字〔1990〕第161号)第3条:“……2. 当事人承租房管部门出租的公房,如果租赁关系是一方婚前与房管部门建立的,双方结婚时间不满5年,离婚时承租一方有优先使用权;双方结婚时间已满5年,双方有平等的使用权。3. 婚姻关系存续期间承租房管部门出租的公房的,不论租赁合同中的承租方是夫还是妻,均应视为夫妻双方共同承租,双方有平等的使用权。4. 当事人承租单位所有的公房,离婚时房管产权人单位职工一方,有优先使用权;双方为同一单位职工的,有平等使用权。5. 当事人借用一方父母单位分配给其父母使用的公房的,离婚时有使用权人的子女一方有优先使用权。6. 当事人使用的是一方父母所有的私房,离婚时产权人子女一方有优先使用权。”

5. 地方法规。北京市国土资源和房屋管理局**《关于为房改房产权人办理夫妻更名请示的批复》**(2002年10月21日　京国土房管方〔2002〕906号):“……已按房改政策购买公有住房并领取产权证的居民,由于交纳供暖费等原因,要求在夫妻之间变更产权人姓名,符合政策要求,同意你局按照提出的建议办理。各区县国土资源和房屋管理局均可按此办理。”附北京朝阳区国土房管局请示:“……近来,由于供暖费的交纳等原因,持有房改房产权证的房屋所有权人申请在夫妻之间变更姓名的日益增多。房改房作为福利分房,是结合夫妻二人的工龄优惠购买,应视为夫妻共同共有财产,为此,拟同意办理,并提出以下意见:1. 变更姓名后的产权性质仍为房改房;2. 夫妻二人应共同申请并同时到场才能办理;3. 因涉及房屋供暖、物业管理及公共维修基金等问题,原产权单位应出具同意变更姓名的书面证明。”

【参考类案】

①2012年**湖南某物权保护纠纷案**,1993年,赵某妻子杨某病逝。1995年,赵某购买单位公房,计算了杨某工龄。同年,赵某立遗嘱将前述房屋遗赠给孙子及外孙女。1997年,赵某去世,遗赠房屋一直由赵某子之再婚配偶刘某占有。2010年,法院判决刘某与赵某子离婚,并明确遗赠房屋非刘某与赵某子夫妻共同财产。2011年,赵某孙子及外孙女起诉,要求刘某移交房屋。刘某抗辩称赵某遗赠房屋属赵某

与杨某夫妻共同财产，故杨某应得房屋部分应按法定继承处理。法院认为：最高人民法院《关于在享受本人工龄和已死亡配偶生前工龄优惠后购买公房是否属夫妻共同财产的函的复函》明确规定，夫妻一方死亡后，如果遗产已经继承完毕，健在一方用自己的积蓄购买的公有住房应视为个人财产，购买该房时所享受的已死亡配偶的工龄优惠只是属于一种政策性补贴，而非财产或财产权益。夫妻一方死亡后，如果遗产没有分割，应予查明购房款是夫妻双方的共同积蓄，还是配偶一方的个人所得，以此确认所购房屋是夫妻共同财产还是个人财产；如果购房款是夫妻双方的共同积蓄，所购房屋应视为夫妻共同财产。本案中，赵某配偶杨某死亡时，已就相关遗产进行了分配。赵某申购案涉房屋时所享受的已死亡配偶工龄优惠只是属于一种政策性补贴，而非财产或财产权益。赵某用自己积蓄所购公有住房应视为个人财产，故赵某所立处分个人合法财产遗嘱合法有效。已生效法律文书明确了案涉遗赠房屋并非刘某与赵某子共同财产，刘某对该遗赠房屋不享有任何权利，但刘某仍私自将该房屋门锁更换自己居住，侵犯了原告权利，故原告要求刘某停止侵权行为，将所占住房屋移交原告诉请应予支持，判决刘某从案涉房屋搬出。

②2010 年**江苏某财产权属纠纷案**，1996 年，吴某与高某结婚。1998 年，高某与父亲所在单位房改，高某用夫妻共同财产出资购买公房，因借用工龄，该房登记在 1985 年就已去世的父亲名下。2010 年，因夫妻矛盾，高某放弃继承，将该房过户至母亲名下，吴某诉请确认该房系夫妻共同财产。法院认为：公民民事权利能力始于出生，终于死亡。虽然出售公有住房审批表申请人，出售公有住房买卖契约买受人、房产证登记的所有权人系高某父，但高某父已于 1985 年去世，在提出购买公有住房申请、签订公有住房买卖协议、登记为房屋所有权人时均不具备民事权利能力，无法律资格享有民事权利，承担民事义务。上述购房申请以及签订买房协议的意思表示均系高某所为，高某父不能依民事法律行为买卖合同关系继受诉争房屋所有权，则姜某不能依继承从高某父处取得诉争房屋所有权。根据房屋原所有人储运公司出具的情况说明，房屋系实际分配给高某居住，并在公有住房出售过程中由高某购买，以高某父名义购买系为享受父亲的工龄优惠。可见，高某是房屋承租人和买受人，其享有购买诉争房屋资格，且实际操作亦系高某所为。判断诉争房屋权属，还应从购房款实际出资进行考量。根据收款收据以及高某公积金缴存记录卡，房款是由高某交付现金和公积金组成，高某亦系购房款实际支付人。吴某与高某于 1996 年办理结婚登记手续，双方无婚前财产，婚姻存续期间对所得财产未有特别约定，应认定购房款系夫妻共有财产，诉争房屋系以夫妻共有财产出资购买，应认定为吴某与高某夫妻共同财产。高某购买房屋时享受了父亲工龄优惠，只是一种政策性补贴而非财产或财产权益，不能作为遗产在继承人之间进行继承。经合法登记的不动产物权权利人在法律上推定为权利人，但当事人提供的证据足以

证明真正的权利状况与不动产登记簿、不动产权属证书记载的不一致,法院应据此确认房屋真正权利归属。判决确认案涉房屋为吴某、高某共有。

③2008年**山东某离婚后财产分割纠纷案**,1994年12月,杨某与宋某登记结婚但一直未共同生活。1996年2月,双方所在单位为夫妻俩提供承租公房一套。1996年,宋某交纳购房定金5000元。1998年单位房改,住房资金补偿额计算至1997年12月,双方用住房补偿额及住房公积金购买该房但一直未办产权证。同年,双方离婚。2008年,杨某以离婚时未处理房产,诉请分割。该房现市值14万元。法院认为:单位房改及交纳购房定金时间、住房资金补偿额计算止期均是在双方婚姻关系存续期间,购房所使用住房公积金是夫妻关系存续期间所得,属夫妻共同财产,在双方离婚时未分割房改房,在离婚之后结算完毕,虽至今并未办房产证,但该房产应属夫妻共同财产。宋某主张杨某现起诉已过诉讼时效理由不能成立。判决该房归宋某,宋某一次性补偿杨某7万元。

④2007年**河南某离婚后财产分割纠纷案**,1989年,宾馆职工田某承租单位公房。1994年8月,田某调离宾馆。同年11月,法院判决田某与马某离婚。马某离婚后一直与女儿居住在上述公房。1996年,宾馆依市政府房改政策将诉争公房出售给其他职工后,起诉马某腾退房屋。法院认为:单位将其所有房屋分配给本单位职工承租,此种房屋租赁关系不同于一般房屋租赁关系,它是以承租人和单位之间劳动法律关系为基础的,故单位职工承租单位住房,首先系劳动者享有单位提供的福利待遇权利,然后才是根据租赁关系履行承租人义务问题。同时,单位给职工分配住房承租,是为了尽可能满足职工及其家庭成员住房需要,故在一般情况下,这种租赁关系具有相对稳定性。在职工调离本单位又无其他住房情况下,房屋产权单位不能以其已调离为由,要求收回住房,解除租赁关系。以上特定情况决定了单位分配给职工承租住房,无论是在职职工、不在职职工,还是已不属本单位职工,只有在超标准住房和不需要此住房情况下,单位才能收回该住房,解除租赁关系。承租人将承租公房空闲、自行转让、转借或改变房屋居住用途的,均属于已不需要此房情况,产权单位有权收回。承租人如不交回,产权单位有权向法院起诉,要求解除租赁关系和要求承租人腾退房屋。本案中,马某前夫田某之所以与宾馆建立租赁关系,享受带有福利性质的公房承租权,正是基于田某与宾馆之间劳动法律关系。从本案实际情况看,根据房屋租赁合同,承租人为田某,故其系该租赁关系一方主体。从问题实质看,在婚姻关系存续期间,为共同生活居住需要,以夫或妻一方名义所签租赁合同,承租后房屋居住使用权属夫妻双方,夫妻双方均享有居住使用权。夫妻离婚时,因婚姻关系解除而使他们不能再共同生活一处,在分开另过而找不到其他住房情况下,即须对原租赁房屋进行居住使用权分割或判定,以保障双方居住权。夫妻离婚时未就此问题进行诉讼,原因多样,但不等于一方已放弃了对

原共同居住使用租赁房屋的居住权，故离婚后再提起原共同居住使用的租赁房屋应归谁居住使用之诉，须结合原有关系处理，不能脱离原有婚姻关系而按一般房屋租赁关系处理。在田某调离本单位又无其他住房情况下，房屋产权单位即宾馆不能以其已调离、依房改政策不能出售给田某配偶为由，要求收回住房、解除原租赁关系。因市政府房改政策未保护原承租人权益，依国务院住房制度改革领导小组《关于在全国城镇分期分批推行住房制度改革的实施方案》(1988 年 2 月 15 日)中"出售旧住房时，原住户有优先购买权"规定，宾馆借住房改革，剥夺了马某优先购买权、居住权，不符合国务院文件及民法有关规定，应予纠正。

⑤2002 年**某离婚纠纷案**，1992 年 5 月，王某与张某公开同居生活，双方均符合结婚法定条件。1993 年 1 月，双方办理结婚登记手续。1997 年 6 月，王某起诉张某要求离婚。关于王某名下承租公房处理，涉及双方婚姻关系存续期间是否超过 5 年的认定。法院认为：依最高人民法院《关于人民法院审理未办理结婚登记而以夫妻名义同居生活案件的若干意见》及当时其他规定，在民政部《婚姻登记管理条例》施行之前，对于符合结婚条件的男女在登记结婚之前公开同居，以夫妻名义共同生活，群众也认为是夫妻关系的，可认定为事实婚姻关系。对在民政部《婚姻登记管理条例》施行之后男女双方符合结婚实质要件的，法院应告知其在案件受理前补办结婚登记；未补办结婚登记的，按解除同居关系处理。本案双方当事人同居生活期间发生在 1994 年 2 月 1 日前述条例实施之前，按前述司法解释规定，王某与张某同居生活期间应认定为事实婚姻关系。依最高人民法院《印发〈关于审理离婚案件中公房使用、承租若干问题的解答〉的通知》(已于 2021 年 1 月 1 日起废止)第 2 条第 1 项关于婚前由一方承租的公房，婚姻关系存续 5 年以上的，离婚后，双方均可承租的规定，王某婚前承租的房屋，因事实婚姻关系期间与登记婚姻关系合并计算婚姻关系存续期间超过 5 年，故离婚后，张某亦可承租。

⑥1999 年**安徽某离婚纠纷案**，1998 年，结婚 6 年的张某因丈夫马某不顾家庭、挪用公款被开除公职而诉请离婚。张某要求自己抚养女儿，分割婚后按房改标准价购得马某单位小产权房。法院认为：张某、马某虽结婚数年并生一女，但双方婚后感情不和，马某不照顾家庭，尤其在工作期间利用职务之便挪用公款，违纪被单位开除公职，导致张某不愿与其共同生活。双方曾数次协议离婚，表明双方夫妻感情确已破裂，马某对此负有主要责任，故应判决准予双方离婚。鉴于马某被开除公职后外出不归，未能尽父亲义务，由张某抚养较为有利。马某作为父亲，应承担适当抚养费用，其虽被开除公职，但有自己财产，张某要求其承担抚养费请求予以支持，抚养费给付自马某外出，一审法院公告之日起计算。张某与马某参加房改所购房屋属夫妻共同生活期间共有财产。张某现带女儿马某生活，无房屋居住，从保护妇女儿童合法权益出发，张某要求分得居住该房屋，应予支持，但张某应给付马某

购房款一半。家庭其他财产应根据财产价值及用途合理进行分割。判决准许双方离婚,孩子归张某扶养,马某每月给付抚养费100元至马某独立生活时止,房改房归张某,张某给付马某房款、煤气安装费5500余元(此款优先给付孩子生活费)。

⑦1997年**青海某物权纠纷案**,1988年,赵某与丈夫陈某婚后共同居住使用单位公房。1993年,单位一分为二,案涉房屋归属赵某所在单位。1994年,赵某、陈某离婚,经单位协调,房屋两间,二人各住一间。1996年,赵某参加单位房改,购买前述房屋,并诉请陈某腾出所居住房间。法院认为:诉争房屋系赵某单位合法财产。赵某根据国家房改政策参加房改购得诉争房屋,已取得该套房屋相关权益。赵某要求陈某腾房,理由正当,符合法律规定,其诉求应予支持。判决陈某腾退诉争房屋给赵某。

【典型类案实务要点】

1.**【使用已故配偶工龄购买房改房,应属夫妻共同财产】**夫妻一方使用已故配偶工龄优惠购买"房改房",考虑到从承租权转化为所有权之间承继性,应认定为夫妻共同财产。

2.**【用死亡配偶工龄优惠所购买公房,应视为个人财产】**夫妻一方在配偶死亡后,利用自己及配偶生前工龄优惠所购公房应视为个人财产,已死亡配偶工龄优惠只是属于一种政策性补贴,而非财产或财产权益。

3.**【登记在亡父名下房改房,应据实认定房屋真正权属】**一方以夫妻共同财产实际出资并购买房屋,但以他人作为名义购买人并办登记的,应据此确认房屋真正权利归属。

4.**【夫妻关系存续期间购买房改房,应系夫妻共同财产】**房改及订房时间在夫妻关系存续期间,购房所使用公积金是夫妻关系存续期间所得,所购房改房应属夫妻共同财产。

5.**【承租公房职工离婚、离职后,原配偶不应当然腾房】**在承租公房的职工调离本单位后,房屋产权单位不能以此为由,要求享有承租权、居住权的原职工配偶腾退房屋。

6.**【按房改标准价购得部分产权房,应属夫妻共同财产】**夫妻关系存续期间按房改标准价购得部分产权房,应属于夫妻共同财产,离婚分割时应保护妇女和儿童合法权益。

7.**【一方在离婚后,购买单位房改房,应视为个人财产】**夫妻一方离婚后,依房改政策取得单位向其出售的单位公房,应视为个人财产,可要求原共同居住一方腾退房屋。

【类案裁判一般规则】

婚姻关系存续期间夫妻一方以个人财产出全资购置以个人名义参加房改的不动产,所有权登记在出资方名下,一般应认定为夫妻共同财产,离婚时在具体分割不动产时,可对出资方予以多分。生存配偶享受本人工龄和已死亡配偶生前工龄优惠后所购房改房,是对原有承租权的承袭和转化,一般应认定为夫妻共同财产。

【典型参考案例索引】

主旨案例:见《使用已故配偶工龄购买"房改房"纠纷的处理规则》(吴晓芳,最高院民一庭),载《民事审判指导与参考·指导性案例》(201802/74:165)。**其他案例:**①湖南长沙芙蓉区法院(2011)芙民初字第751号"赵某等与刘某物权保护纠纷案",见《赵翔等诉刘仕明物权保护纠纷案》(王双石),载《人民法院案例选》(201203/81:175)。②江苏镇江润州区法院(2010)润南民初字第0641号"吴某与高某等财产权属纠纷案",见《吴晓月诉高强宝、姜国英因房产权属登记不真实要求确认财产权属纠纷案》,载《江苏省高级人民法院公报》(201303/27:65)。③山东济南历城区法院(2008)历城民初字第1634号"杨某诉宋某离婚后财产纠纷案",见《杨照新诉宋发海离婚后财产案(住房公积金)》(田为民),载《中国审判案例要览》(2009民:440)。④最高人民法院"马某与某宾馆侵权纠纷案",见《租赁公房在离婚后应归谁居住使用——马婕与洛阳市九州宾馆侵占房屋使用权纠纷申请再审案》(张文斌,最高院立案庭),载《立案工作指导·申诉与申请再审疑案评析》(200701/14:110)。⑤最高人民法院《关于符合结婚条件的男女在登记结婚之前曾公开同居生活能否连续计算婚姻关系存续期间并依此分割财产问题的复函》(〔2002〕民立他字第4号 2002年9月19日),载《立案工作指导·请示与答复》(200301/2:147);另见《关于符合结婚条件的男女在登记结婚之前曾公开同居生活能否连续计算婚姻关系存续期间并依此分割财产问题的请示与答复》(于金陵,最高院立案庭),载《立案工作指导·请示与答复》(200301/2:148)。⑥安徽滁州中院(1999)滁中民终字第633号"张某诉马某离婚案",见《张世秀诉马丹东案(离婚、房改房分割)》(李汪全),载《中国审判案例要览》(2001民:19)。⑦青海西宁中院1997年9月15日"赵某与陈某物权纠纷案",见《赵峰瑛购得单位出售的公房后诉陈志明腾退离婚时由单位协调居住使用的房屋案》(祁得春),载《人民法院案例选》(200001/31:81)。

38. 土地相关财产的分割

——相关土地产,离婚怎么分?

【土地相关】

【案情简介及争议焦点】

2008年,王某与李某结婚。王某婚前房屋在婚后一直用于出租。2011年,李某诉请离婚,并主张对前述房屋租金收入进行分割。

争议焦点:王某个人婚前房屋在婚后的收益是否属于夫妻共同财产?

【裁判要点】

1. 相关司法解释规定。最高人民法院《关于适用〈中华人民共和国婚姻法〉若干问题的解释(二)》(已于2021年1月1日起废止)第11条规定:婚姻关系存续期间,一方以个人财产投资取得的收益属于夫妻共同财产。最高人民法院《关于适用〈中华人民共和国婚姻法〉若干问题的解释(三)》(已于2021年1月1日起废止)又进一步规定:一方个人财产婚后取得的孳息和自然增值归一方所有。

2. 房租应属共同财产。虽然房屋租金在民法理论上被认为属法定孳息,仅从法律定义角度分析,房屋租金系依租赁合同收取的法定孳息,应归租赁物所有人所有,但租赁行为本身亦系一种经营活动,亦需付出时间、精力和劳动。考虑到租金与单纯的银行存款利息不同,出租方对房屋还有维修等义务,租金获取与房屋本身管理状况密切相连,需投入一定管理或劳务,故将租金认定为经营性收益比较适宜。尤其对那种夫妻一方依靠房租收益维持生计情形,如将一方所有房屋婚后出租租金收益认定为个人财产,而另一方工资、奖金收入则属夫妻共同财产,结果显然极不公平。

【裁判依据或参考】

1. 租金/孳息。《民法典》(2021年1月1日)第320条:“主物转让的,从物随主物转让,但是当事人另有约定的除外。”第321条:“天然孳息,由所有权人取得;既有所有权人又有用益物权人的,由用益物权人取得。当事人另有约定的,按照其约定。法定孳息,当事人有约定的,按照约定取得;没有约定或者约定不明确的,按照交易习惯取得。”最高人民法院《关于适用〈中华人民共和国婚姻法〉若干问题的

解释(三)》(2011 年 8 月 13 日　法释〔2011〕18 号,2021 年 1 月 1 日起废止)第 5 条:“夫妻一方个人财产在婚后产生的收益,除孳息和自然增值外,应认定为夫妻共同财产。”最高人民法院吴晓芳法官**《关于婚姻家庭纠纷审理热点难点问答》**〔载《民事法律文件解读》2011 年第 11 辑(总第 83 辑)〕第 38 条:“一方个人财产婚后产生的收益如何认定?答:……根据婚后收益性质以及取得方式的不同,对夫妻一方婚前财产在婚姻存续期间获得的收益大致可以分为以下几类:(1)孳息,包括天然孳息和法定孳息;(2)自然增值;(3)主动增值;(4)投资收益,包括直接投资收益和间接投资收益;(5)知识产权收益;(6)生产经营收益。按照民法的添附理论和制度,非财产所有人对他人的原财产投入了新的财产和一定的劳务,从而使他人的原财产增值,投入新财产和劳务的人有权要求与原财产的所有权人分享增值后的财产中的合理利益。就夫妻一方婚前个人财产而言,如果婚后夫妻双方对该项财产共同管理、共同修缮、共同投入了新财产,从而使该项财产主动增值的,夫妻另一方有权主张对该项财产增值的部分享有权利和利益。投资,是指企业或个人以获得未来收益为目的,投放一定量的货币或实物,以经营某项事业的行为。投资可以划分为直接投资和间接投资两种方式。将货币或实物直接投于企业生产经营活动的,称为直接投资;将货币用于购买股票、债券等金融资产的,称为间接投资。投资收益应当具备以下特点:一是通过让渡一种财产而换取另一种财产,进而重新获得的资产中取得的收益;二是收益的取得具有风险;三是需要投入时间、精力、智力、体力才能取得。根据《婚姻法司法解释(二)》的规定,一方婚前财产婚后投资取得的收益应认定为夫妻共同财产。《婚姻法司法解释(三)》用‘除外’的表述方式规定了一方个人财产婚后产生收益的归属,即:一方个人财产婚后产生的收益,除孳息和自然增值外,应认定为夫妻共同财产。换句话说,一方个人财产婚后产生的生产经营收益、知识产权收益、投资收益、主动增值收益都应认定为夫妻共同财产。”第 40 条:“认定夫妻一方财产在婚后的收益性质应注意什么?答:《婚姻法》本身规定了婚姻关系存续期间所得的生产、经营收益及知识产权收益,归夫妻共同所有,《婚姻法解释(二)》已经明确规定一方以个人财产投资所得的收益为夫妻共同财产,但孳息和自然增值这两种情形在法律上和司法解释层面仍然是空白。孳息包括天然孳息和法定孳息,对于孳息所有权的归属,现代物权法一般采原物主义,《物权法》第一百一十六条规定:‘天然孳息,由所有权人取得;既有所有权人又有用益物权人的,由用益物权人取得。当事人另有约定的,按照约定。法定孳息,当事人有约定的,按照约定取得;没有约定或者约定不明确的,按照交易习惯取得。’在法律适用层面考虑,《物权法》与《婚姻法》同属于全国人大制定的法律,但《物权法》是新法,《婚姻法》是旧法,新法应优于旧法。因此,按照《物权法》的规定精神,夫妻一方的财产在婚后产生的孳息仍然属于一方的个人财产。有观点认为,一方婚前就拥有的果园,夫妻婚后共同生产经营,共同出资出力,所得孳息如果认定为一方个人财产的话,对另一方相当不公平。我们认为,天然孳息一般应包含三个因素:一是原物须为有体物;二是孳息的产生主要是自然因素;三是孳息可以与原物分离。需要共同生产经营才能获得的收益,不属天然孳息的范畴,应作为《婚姻法》第十七条'生产、经营的收益'来处理更为合适……夫妻一方个人财产在婚姻存续期间的自然增值,是指该增值的发生是因通货膨胀或市场行情的变化而致,与夫妻双方的协作劳动、努力或管理等并无关联,比如夫妻一方个人婚前所有的房屋、古董、字画、珠宝、黄金等,在婚姻关系存续期间因市场价格上涨而产生的增值,由于抛售后的增值是基于原物交换价值的上升所致,是不以人的意志为转移的市场行为作用的结果,仍应依原物所有权归属为个人所有,将该部分增值认定为一方的个人财产基本得到理论界及实务界的共识。应当注意的是,审判实践中对一方所有的房屋婚后出租获取的租金如何认定,观点分歧比较大。倾向性观点认为,房屋租金与存款利息相比,是由市场的供求规律决定的,并且与房屋本身的管理状况紧密相连,出租方应当履行租赁物的维修义务,应当保障租赁物的居住安全,其获得往往需要投入更多的管理或劳务,产生的租金收益应当属于夫妻共同所有。有人将租金看作法定孳息的一种,我们更倾向于将租金作为经营性收益看待。本条规定一方个人财产婚后产生的自然增值归个人所有,如果属于主动增值,则应当认定为夫妻共同财产。在对增值的个人财产进行定性时,应区别是主动增值还是被动增值(即自然增值),因通货膨胀或其他不是因当事人的主观努力而是因市场价值的变化产生的增值属于被动增值,没有所有权的配偶对增值部分无权要求分割。当一方的个人财产由于他方或双方所支付的时间、金钱、智力、劳务而增值的,应属于主动增值,离婚时将增值部分作为共同财产予以分割比较公平。婚前购买的股票、基金,婚后要保值和增值,股票、基金投资的卖出和买进也需要投入大量的时间和精力去经营,因此婚后股票、基金增值部分认定为夫妻共同财产比较适宜……在认定属于投资收益的前提下,按照《婚姻法司法解释(二)》的规定,当然属于夫妻共同财产。"最高人民法院**《关于人民法院审理离婚案件处理财产分割问题的若干具体意见》**(1993 年 11 月 3 日　法发〔1993〕32 号,已于 2021 年 1 月 1 日起废止)第 16 条:"婚前个人财产在婚后共同生活中自然毁损、消耗、灭失,离婚时一方要求以夫妻共同财产抵偿的,不予支持。"四川成都中院**《二〇一七年全市法院民商事审判工作会会议纪要》**(2017 年 8 月 11 日)第 30 条:"对夫妻一方主张个人财产在婚姻关系存续期间所取得的收益为个人财产的,是否应当予以支持?《婚姻法解释二》第十一条规定,一方以个人财产投资取得的收益,属于《婚姻法》第十七条规定的'其他应当归共同所有的财产'。《婚姻法解释三》第五条规定,夫妻一方个人财产在婚后产生的收益,除孳息和自然增值外,应认定为夫妻共同财产。因此,当事人若主张个人财产在婚姻关系存续期间所获得收益为个人财产，应当举证证实该收益属于孳息和自然增值，否则均应当认定为夫妻共同财产。”北京高院民一庭**《关于审理婚姻纠纷案件若干疑难问题的参考意见》**（2016年8月4日）第12条：“【婚前财产形态变化】双方对婚前个人财产归属没有约定的，该财产不因婚姻关系的持续或财产存在形态的变化而转化为夫妻共同财产。”第13条：“【‘孳息’、‘自然增值’范围的界定】《婚姻法司法解释三》第五条中的‘孳息’、‘自然增值’一般应理解为未经经营或投资行为所得之‘孳息’、‘自然增值’。个人所有的古董、黄金、股票、债券、房屋等财产婚后自然增值部分应为个人财产，但上述财产婚后因经营或投资行为而产生的升值增值利益部分，应认为属于《婚姻法》第十七条和《最高人民法院关于适用〈中华人民共和国婚姻法〉若干问题的解释（二）》（以下简称《婚姻法司法解释二》）第十一条规定，一方经营或以个人财产投资取得的收益，应为共同财产。”浙江高院民一庭**《关于印发〈关于审理婚姻家庭案件若干问题的解答〉的通知》**（2016年6月27日　浙高法民一〔2016〕2号）第14条：“夫妻一方个人所有的房屋在婚后出租，相关经营管理由该房产所有人一方进行，所得租金性质如何认定？如相关经营管理由该房产所有人委托他人进行，所得租金性质如何认定？答：房屋租金的获取与房屋的管理维护状况密切相关，需要投入相应的劳动，属于经营性收益。根据《婚姻法》第十七条的规定，夫妻在婚姻关系存续期间所得的生产经营收益归夫妻双方共同所有，故夫妻一方个人所有房屋婚后所得租金归夫妻共同所有。在房屋出租过程中，由夫或妻一方经营管理或委托他人经营管理的，所得租金仍为夫妻共同所有。”广东深圳中院**《关于婚姻家庭纠纷案件的裁判指引（2014修订）》**（2014年5月21日）第30条：“夫妻一方请求分割另一方将其婚前个人房产在婚内出租所得租金收益的，人民法院应予准许。人民法院在酌定具体分割比例时可以适当考虑夫妻双方对该租金收益的贡献大小。说明：第三十条是婚前个人房产婚后租金收益是否属于夫妻共同财产以及应当如何分割问题的裁判指引。该裁判指引的主要理由为房屋出租时出租方应履行租赁物的维修义务，保障租赁物的居住安全，往往需要投入更多管理和劳务，因此房屋租金不属于自然增值，应当作为经营性收益看待，可以作为夫妻共同财产加以分割。但在具体分割时也可以适当考虑夫妻双方对于该租金收益的贡献大小。”第31条：“人民法院审理离婚后财产纠纷案件时，对于有关夫妻共同财产在离婚后产生的孳息和自然增值，应认定为夫妻共同财产。说明：第三十一条是对离婚后财产分割纠纷中如何处理离婚后财产孳息和自然增值问题的裁判指引。婚姻法解释三第五条规定，夫妻一方个人财产在婚后产生的收益，除孳息和自然增值外，应认定为夫妻共同财产。该条规定亦为比照上述法律规则。对于离婚时未分割的夫妻共同财产，其孳息和自然增值亦应认定为夫妻共同财产。”安徽淮南中院**《关于审理离婚纠纷案件若干问题的**

指导意见》(2014 年 3 月 13 日)第 15 条:“夫妻在婚姻关系存续期间所得的下列财产,归夫妻共同所有:……(五)夫妻一方个人财产在婚后产生的除孳息和自然增值外的收益……”安徽滁州中院《**关于审理婚姻家庭纠纷案件座谈会纪要**》(2013 年 8 月 2 日)第 20 条:“一方将属于婚前个人所有的房屋出租,婚姻关系存续期间,夫妻双方共同进行经营管理,包括维护、修缮等,所取得的租金为夫妻共同经营后的收益,一般可以认定为夫妻共同财产。”浙江杭州中院民一庭《**关于涉及婚姻家庭纠纷案件若干疑难问题的解答**》(2013 年 1 月 1 日)第 1 条:“一方婚前购买的房屋,婚后用于对外出租,对该租金收益能否作为夫妻共有财产请求分割? 答:房屋租金应当视为通过人为作用主动获取的投资收益,不属于《婚姻法解释三》第五条中所指的‘孳息’和‘自然增值’,故可以作为夫妻共有财产在离婚时进行分割。”山东高院《**2011 年民事审判工作会议纪要**》(2011 年 11 月 30 日　鲁高法〔2011〕297 号)第 7 条:“……(四)关于夫妻婚前个人财产婚后产生的孳息的归属问题。夫妻婚前个人财产婚后所产生的孳息,一般有两种情况,一是在金融机构存款或者购买债券产生的利息收入;二是投资实业从事生产经营活动所取得的收益。《婚姻法》第 17 条规定,夫妻在婚姻关系存续期间所得的工资和奖金、从事生产和经营的收益、知识产权的收益、因继承或者赠与所得的财产(但遗嘱或赠与合同中明确,只归夫与妻一方所有的除外)归夫妻共同所有。该条规定还有一个兜底条款,即其他应当归夫妻共同所有的财产。婚姻法以及最高人民法院的相关司法解释对‘投资取得的收益’并无明确界定,造成在审判实务中产生一些分歧。对于夫妻一方婚前的财产存入银行或者购买债券等所产生的自然孳息,属于债券或者储蓄本金产生的法定孳息,依照物权法相关规定,应认定为夫妻个人财产比较适宜。对于夫妻一方以婚前个人财产投资进行经营活动在婚后产生的收益,应认定为夫妻共同财产比较适宜。”江苏高院《**婚姻家庭案件审理指南(2010 年)**》(2010 年 5 月 18 日)第 6 章:“……一方以个人财产投资取得的收益。‘一方以个人财产投资取得的收益’包括一方婚前或婚后的个人财产投资后取得的收益。投资性收益凝聚的是双方或一方的体力或脑力劳动的付出,虽然由于社会分工不同,双方的付出表现方式不同,但即使从事家务劳动的一方,对家庭收入的贡献不可抹杀,故虽为一方的个人财产,但婚后收益应共有。这里需要提请注意的是对‘投资’的判断。我们认为,只要这种‘收益’由一方或双方的劳动付出所获取,就应认为是‘投资’所得。我们注意到《婚姻法解释三》第五条规定了:‘夫妻一方个人财产在婚后产生的收益,除孳息和自然增值外,应认定为夫妻共同财产。’‘自然增值’理解不难,但这里的‘孳息’我们认为应作限缩解释,比如虽然房屋租金在民法理论上属于‘孳息’,但租金的获取也是需要对房屋进行经营后所获,故认定为‘投资性收益’较为合适……”

2. 土地承包经营权。《**民法典**》(2021 年 1 月 1 日)第 333 条:“土地承包经营权自土地承包经营权合同生效时设立。登记机构应当向土地承包经营权人发放土地承包经营权证、林权证等证书,并登记造册,确认土地承包经营权。”第 334 条:“土地承包经营权人依照法律规定,有权将土地承包经营权互换、转让。未经依法批准,不得将承包地用于非农建设。”第 335 条:“土地承包经营权互换、转让的,当事人可以向登记机构申请登记;未经登记,不得对抗善意第三人。”第 338 条:“承包地被征收的,土地承包经营权人有权依据本法第二百四十三条的规定获得相应补偿。”第 340 条:“土地经营权人有权在合同约定的期限内占有农村土地,自主开展农业生产经营并取得收益。”第 1087 条:“离婚时,夫妻的共同财产由双方协议处理;协议不成的,由人民法院根据财产的具体情况,按照照顾子女、女方和无过错方权益的原则判决。对夫或者妻在家庭土地承包经营中享有的权益等,应当依法予以保护。”最高人民法院吴晓芳法官《**关于婚姻家庭纠纷审理热点难点问答**》〔载《民事法律文件解读》2012 年第 8 辑(总第 92 辑)〕第 15 条:“家庭承包方式的农村土地承包经营权是否可以继承? 以家庭承包方式实行农村土地承包经营,主要目的在于为农村集体经济组织的每一位成员提供基本的生活保障。根据农村土地承包法的规定,农村土地承包采取农村集体经济组织内部的家庭承包方式,不宜采取家庭承包方式的荒山、荒沟、荒丘、荒滩等农村土地,可以采取招标、拍卖、公开协商等方式承包。因此,我国的农村土地承包经营权分为家庭承包和以其他方式承包两种类型。家庭承包方式的农村土地经营权,其承包方是本集体经济组织的农户,其本质特征是以本集体经济组织内部的农户家庭为单位实行农村土地承包经营。因此,这种形式的农村土地承包经营权只能属于农户家庭,而不属于某一家庭成员。根据继承法的规定,遗产是公民死亡时遗留的个人合法财产,农村土地承包经营权不属于个人财产,故不发生继承问题。家庭承包中的林地承包和针对‘四荒’地的以其他方式的承包,由于土地性质特殊,投资周期长、见效慢、收益期间长,为维护承包合同的长期稳定性,保护承包方的利益,根据农村土地承包法的规定,林地承包的承包人死亡,其继承人可以在承包期内继续承包。以其他方式承包的承包人死亡,在承包期内,其继承人也可以继续承包。但是,继承人继续承包并不等同于继承法所规定的继承。而对于除林地外的家庭承包,法律未授予继承人可以继续承包的权利。当承包农地的农户家庭中的一人或几人死亡,承包经营仍然是以户为单位,承包地仍由该农户的其他家庭成员继续承包经营;当承包经营农户家庭的成员全部死亡,该土地承包经营权归于消灭,农地应收归农村集体经济组织另行分配,不能由该农户家庭成员的继承人继续承包经营。否则,对集体经济组织其他成员的权益会造成损害,对农地的社会保障功能也会产生消极影响。”广东高院《**全省民事审判工作会议纪要**》(2012 年 6 月 26 日　粤高法〔2012〕240 号,2021 年 1 月 1 日起废止)第 74 条:“农村土地承包合同履行期间当事人解除婚姻关系,且双方均具有承包经营主体资格的,人民法院在处理离婚案件时,可按照家庭人口、老人赡养、未成年子女抚养等情况,对其承包经营权进行分割。”浙江温州中院民四庭**《关于贯彻执行〈婚姻法〉的指导意见》**(2009 年5 月1 日)第32 条:“在审理离婚案件时涉及农村土地承包经营权的分割,要符合有利生产、方便经营、易于管理、公平合理的原则。可以根据双方当事人的情况和经营承包土地特点,采用保留分割权、折价补偿、轮流耕种、分割经营等多种形式。”第 33 条:“对于婚前一方享有的农村土地承包经营权,婚后双方共同经营所获得的收益,可认定为夫妻共同财产。”山东高院**《关于印发〈全省民事审判工作座谈会纪要〉的通知》**(2005 年 11 月 23 日 鲁高法〔2005〕201 号)第 4 条:“……(三)关于家庭土地承包经营权的认定与分割问题。土地承包经营权是农村居民的一项重要的民事权利,夫妻双方所享有的土地承包经营权及其相应的收益属于夫妻共同财产制的范畴。处理农村土地承包经营权的原则是:夫妻一方在婚前已经取得的土地经营权或一方与其家庭成员共同承包而享有的经营权,应确认为夫妻一方婚前个人财产,因为土地承包经营合同的承包方是以家庭为单位,按家庭成员人数确定土地面积,没有成为家庭成员的夫或妻一方,对另一方在婚前取得的土地承包经营权不享有财产权,不能确定为夫妻共同财产;对夫妻关系存续期间取得的土地承包经营权,应视为夫妻共同财产,分割时应当根据土地承包的情况,可以分开由双方分别承包,也可以将土地由一方承包,另一方给予适当补偿。”北京高院**《关于涉农纠纷受理问题的指导意见》**(2005 年 10 月 18 日　京高法发〔2005〕264 号)第 1 条:“……(八)因婚姻关系发生变化,在新居住地未取得承包地或者仍在原居住地生活的情况下,承包土地被收回发生的纠纷,是否受理? 结婚者在新居住地未取得承包地,离婚者、丧偶者仍在原居住地生活或者不在原居住地生活但在新居住地未取得承包地的情况下,发包方收回其原承包地,结婚者、离婚者、丧偶者起诉要求退还原承包土地,恢复土地承包经营权的,依法受理。”北京高院**《关于印发〈关于审理农村土地承包纠纷案件若干问题的指导意见(试行)〉的通知》**(2005 年1 月 27 日)第5 条:“关于承包经营户家庭内部就农村土地承包经营权产生的纠纷应否受理的问题。在研究中存在二种意见:一种意见认为,家庭内部就土地承包经营权产生的纠纷,不应由法院处理;另一种意见认为,法院可以受理这类纠纷。我们同意后一种意见。理由是:家庭内部就农村土地承包经营权所提起的纠纷,系平等主体间所产生的法律关系的纠纷,法院应予受理。只不过这类纠纷应属于家庭内部析产分割的内容。这类纠纷的产生是由于农村土地承包采取家庭承包方式,家庭并非明确的法律概念,在分户、析产、继承、离婚中必然会产生此类纠纷。一般会出现二种情况:(1)如果在析产分割、离婚等案件中已进行处理则不必单独处理;(2)如在析产分割、离婚等案件中未处理或没有产生诉讼,则应由法院立案受理。在处理时,此类纠纷应以承包经营户的代表人与村集体经济组织签订的农村土地承包合同或已领取的土地确权证书所确认的土地面积为限，按人口平均分割，不得再向村集体经济组织要求增加承包土地面积。同时，在处理上法院应只确定份额（土地面积），不确定具体地块（该工作应由村集体经济组织负责）。在析产分割后，按分割土地面积应重新分别与村集体经济组织签订土地承包合同或分发土地确权证书。”

3. 违章建筑。上海高院《**房屋征收补偿利益分割民事纠纷研讨会纪要**》（2019年11月）第13条：“【违法改扩建部分的征收补偿利益归属】对有证房屋进行改扩建（改扩建部分未办理合法建造手续），后房屋整体纳入征收范围，对于改扩建部分的征收补偿利益应如何分割？违法建筑原则上不受法律保护，但在一些特殊情况下考虑到历史因素，征收补偿时可能给予违法建筑一定补偿。对于该部分补偿款的归属，原则上产权人对产证上的建筑面积享有产权，对违法建筑的权利，应综合考虑建筑物的出资建造、占有使用等情况予以处理。但当事人就该部分补偿利益另有约定的，应优先适用当事人之间的特别约定。实践中需要注意的是，改扩建方提出征收补偿利益分割的前提是已经被列为征收补偿的被安置人。如果改扩建方并非被安置人，则只能依据与被安置人形成的其他法律关系（如租赁等）提出主张，不能基于征收补偿利益分割法律关系提出主张。”江苏高院《**家事纠纷案件审理指南（婚姻家庭部分）**》（2019年7月18日）第44条：“离婚案件中对于违法建筑应当如何处理？离婚案件中涉及违法建筑的，要防止通过民事裁判将违法建筑合法化，故不宜在民事裁判中认定建筑物是否违法。在违法建筑合法化、当事人取得所有权之前，无论是分割违法建筑还是确认所有权或者使用权等，均没有法律依据，此类纠纷不予处理。当事人主张对违法建筑的建筑材料进行分割的，不予支持。若违法建筑被依法拆除的，当事人可以对建筑材料的分割另行主张权利。违法建筑的既得利益，如租赁收入，属于婚姻关系存续期间的财产性收益，应当作为夫妻共同财产分割。尚未取得的收益因不具有确定性，不予处理。离婚案件中，当事人主张分割小产权房或者确认小产权房所有权或者使用权等的，不予处理。”北京高院民一庭《**关于审理婚姻纠纷案件若干疑难问题的参考意见**》（2016年8月4日）第35条：“【小产权房分割】对于已被有权机关认定为违法建筑的小产权房，不予处理；但违法建筑已经行政程序合法化的，可以对其所有权归属做出处理。对于虽未经行政准建，但长期存在且未受到行政处罚的房屋，可以对其使用做出处理。在处理使用时，人民法院应向当事人释明变更相关诉讼请求。在处理相关房屋的使用归属时，能分割的进行分割，不能分割的可采用协商、竞价、询价等方式进行给予适当补偿。在涉小产权房分割案件中，应在判决论理部分中明确使用处理的判决内容不代表对小产权房合法性的认定，不能以此对抗行政处罚、不能作为产权归属证明或拆迁依据等。”浙江宁波中院《**非诉行政审查和执行若干问题解答（二）**》（2015

年5月19日)第14条:“关于未经登记建筑如何调查、认定和处理。根据《国有土地上房屋征收与补偿条例》第十五条、第二十四条,《浙江省国有土地上房屋征收与补偿条例》第九条等规定,市、县级人民政府作出房屋征收决定前,应当组织有关部门依法对征收范围内未经登记的建筑进行调查、认定和处理。对认定为合法建筑和未超过批准期限的临时建筑的,应当给予补偿,反之则不予补偿。但甬政办发〔2014〕13号《宁波市市区国有土地上房屋征收范围内的未经登记建筑调查补偿办法》确立的是由房屋征收部门主导的工作模式,即由征收部门进行调查,将调查登记资料移交规划、国土、城乡建设等职能部门并由其分别进行核查出具核验意见,征收部门据此决定是否补偿并予以公告。这种模式把对未经登记建筑的认定和补偿衔接起来,由于未对认定的具体时间作出规定,故实践中可能出现认定时间推迟现象,即出现在征收决定作出之后以具体被征收房屋为单位对未登记建筑作出认定。由于认定的最终目的是进行补偿,故最迟应在征收补偿决定之前完成对未经登记建筑的认定工作。”广东高院《**全省民事审判工作会议纪要**》(2012年6月26日　粤高法〔2012〕240号,2021年1月1日起废止)第63条:“人民法院在离婚案件中,对当事人在宅基地或者建设用地上合法建造的没有领取产权证的农村房屋的归属可以作出处理。当事人请求对违法建筑进行分割的,可以根据实际情况对建筑物的使用或收益、残值作出处理。”山东高院《**2011年民事审判工作会议纪要**》(2011年11月30日　鲁高法〔2011〕297号)第6条:“……(七)关于违法建筑的认定和处理问题。依据城乡规划法的规定,违法建筑是指未取得建设工程规划许可证或者未按照建设工程规划许可证规定进行建设的建筑物和构筑物。根据《物权法》第30条的规定,因合法建造房屋等事实行为设立或消灭物权的,自事实行为成就时发生效力。违法建筑因建设行为的违法性,不能发生设立物权的法律效果,建造人对违法建筑也不享有物权权益,因此,因违法建筑的归属和内容发生争议的,人民法院不予受理,告知当事人向有关行政主管部门申请解决。当事人之间以违法建筑为标的物签订的买卖、租赁合同发生的争议,人民法院应当依法受理,并依法确认以违法建筑为标的物的买卖、租赁合同无效。违法建筑是夫妻共同财产的,离婚时,婚姻当事人请求分割违法建筑的,原则上不予支持,但对违法建筑产生的收益,应当作为夫妻共同财产进行分割。”浙江宁波中院《**关于印发〈民事审判若干问题解答(第三辑)〉的通知(婚姻家庭纠纷类)**》(2011年5月11日)第8条:“在离婚诉讼中,双方当事人均要求对违章建筑按夫妻共同财产予以分割,人民法院应如何处理?答:离婚诉讼中,当事人要求人民法院分割的财产系违章建筑的,人民法院不予处理。但当事人因在违章建筑内进行经营或出租等情形已经获得的收益,当事人要求分割的,人民法院应依法处理。”江苏高院《**婚姻家庭案件审理指南(2010年)**》(2010年5月18日)第6章:“……离婚案件中对违法建筑的处理。

离婚案件中，属于夫妻共同财产的违法建筑是否应当处理以及如何处理的问题，一直是司法实践中的难点。我们认为，违法建筑之所以违法，是因为建设者未取得建设工程规划许可证和其他批准文件造成的，可以通过补办相关审批手续而成为合法建筑，但在违法建筑合法化之前，人民法院无论是判决分割违法建筑还是确定违法建筑的所有权或使用权均是没有法律依据的，故此类纠纷，人民法院不予处理。但对于违法建筑已经产生的既得收益，比如一方出租违法建筑已收取的租金，则应当作为夫妻共同财产进行分割，否则一方因违法建筑获益而另一方一无所获，明显不公，但对于违法建筑可能产生的预期利益，人民法院不予处理……”浙江温州中院民四庭**《关于贯彻执行〈婚姻法〉的指导意见》**(2009 年 5 月 1 日)第 28 条：“违章建筑的确认是行政机关的职责，法院在审理离婚案件时不宜主动认定违章建筑。在必要时可以确定使用人，但不对其所有权作出判决。”江西赣州中院**《审理离婚案件财产分割适用法律若干问题解答》**(2008 年 10 月)第 11 条：“未经合法批准建造的房屋，如何进行分割？答：区分下列不同情形，分别处理：1. 已有生效文书决定要拆除的，不予处理；2. 离婚诉讼中补办了合法批准手续的，可以依法进行分割；3. 既未明确是否拆除也未明确能否补办合法批准手续的，对占有、使用面积进行划分，不进行产权或价值分割；4. 离婚后补办合法批准手续的，当事人可以另行提起诉讼。”江苏高院民一庭**《婚姻家庭案件疑难问题法律适用研讨会综述》**(2005 年 5 月)第 5 条：“关于夫妻共同财产。随着社会生活的发展变化，家庭财产结构也向多元化发展。《解释二》对住房补贴、住房公积金、养老保险金、知识产权中的财产权等进行了定性，财产的取得时间对财产性质的影响也作了明确的规定，但是实践中，如何对财产性质进行界定，如何分割夫妻共同财产，还存在许多具体问题。研讨会中，与会代表就夫妻共同财产中的有关具体问题进行了研讨。(一)关于夫妻共同财产中涉及的违章建筑的处理。夫妻共同财产中的违章建筑是否进行分割？如何分割？违章建筑所产生的收益如何处理？这些问题也是审判实践中的难点。与会代表对违章建筑的处理原则达成三点共识：第一，要防止通过人民法院的判决将违章建筑合法化的倾向；第二，除非行政机关已作出明确认定，否则，人民法院不宜在判决书中认定建筑物是否为违章建筑；第三，违章建筑的既得收益应当在离婚案件中作为夫妻共同财产进行分割。对于具体问题，与会代表意见不一。一种意见认为，对于违章建筑本身，如果行政部门明确认定是违章建筑的，则不纳入夫妻共同财产进行分割；如果行政部门尚未明确为违章建筑，从利益平衡上来说，应当进行处理，否则易导致双方矛盾激化。对于预期收益，也应当从平衡双方利益的角度进行分割。另一种意见认为，合法财产方受法律保护，没有依法办理相应手续的违章建筑不受法律保护。因此，无论行政主管部门是否已明确确认为违章建筑，当事人请求对违章建筑进行分割的，人民法院均不予处理。如果离婚后，当事人补办了相应合法手续,违章建筑成为合法建筑,当事人可以依照法律规定,另行提出分割主张。对于违章建筑已经产生的既得收益,应当作为夫妻共同财产进行分割。对于违章建筑可能产生的预期收益,人民法院不予处理,预期利益转为现实利益后,当事人可另行主张。多数代表倾向于第二种意见……”

4. 农村房屋/宅基地。《民法典》(2021 年 1 月 1 日)第 362 条:“宅基地使用权人依法对集体所有的土地享有占有和使用的权利,有权依法利用该土地建造住宅及其附属设施。”第 363 条:“宅基地使用权的取得、行使和转让,适用土地管理的法律和国家有关规定。”第 364 条:“宅基地因自然灾害等原因灭失的,宅基地使用权消灭。对失去宅基地的村民,应当依法重新分配宅基地。”第 365 条:“已经登记的宅基地使用权转让或者消灭的,应当及时办理变更登记或者注销登记。”最高人民法院**《关于王娟婷与王万福、陈玉兰继承纠纷一案的函》**(1994 年 12 月 7 日〔1994〕民他字第 10 号):“……经研究,我们认为:从该案情况看,王学、王娟婷夫妻自 1980 年冬起即与其父母王万福、陈玉兰分灶另炊;1981 年 3 月 5 日王学夫妻与其父母王万福、陈玉兰又分立户籍,各为户主,均以自己的名义独立地进行土地承包、生产经营和经济核算;对外亦各自独立地与他人建立债权、债务等民事关系。据此,王学、王娟婷与王万福、陈玉兰分家的事实应予认定。现当事人双方讼争之四间水泥平板房,系王学、王娟婷投资所建,应认定为他们夫妻共同财产。王学死亡后,应依照我国继承法的有关规定,由王学的法定继承人依法继承。至于遗产的具体处理,可根据情况合理分割。”上海高院**《房屋征收补偿利益分割民事纠纷研讨会纪要》**(2019 年 11 月)第 10 条:“【独生子女补偿利益归属】独生子女在宅基地征收中因独生子女身份而获得增加的补偿利益归谁所有?征收补偿中,因独生子女身份而获得增加的补偿利益,不能当然认为皆归该独生子女享有。独生子女身份的取得系由于其父母响应国家计划生育政策,而国家有关计划生育的政策性生子女。在宅基地征收补偿中,基于独生子女身份而增加的补偿利益,并非奖励的对象一般系独生子女的父母而非独独生子女的贡献或者劳动所得。对于该部分增加的补偿利益归属,被安置人之间有约定的,按照约定处理;没有约定的,原则上归独生子女的父母和独生子女共有。”浙江高院民一庭**《关于印发〈关于审理婚姻家庭案件若干问题的解答〉的通知》**(2016 年 6 月 27 日　浙高法民一〔2016〕2 号)第 19 条:“农村宅基地审批时,建房用地审批表上包括有未成年人,其父母出资建造宅基地上房屋,未成年人对该房屋是否享有产权份额?答:根据《土地管理法》第六十二条规定,农村宅基地使用权以户为单位申报。在确定一户的宅基地使用权面积和房屋的建筑面积时,一般以该户村民人数为主要参考依据。建房用地审批表上包括有未成年人的,未成年人对该房屋享有产权份额。房屋分割时,一般应按照审批情况确定,必要时可适当考虑出资、出力等因素。”广东深圳中院**《关于婚姻家庭纠**

纷案件的裁判指引(2014修订)》(2014年5月21日)第33条:“离婚时当事人请求对没有取得产权证的农村自建房进行分割的,人民法院可以根据实际情况对该房的使用权作出处理,判决享有使用权的一方应当补偿对方使用期间该房相近地段一半面积房屋的租金损失;当事人请求对违法建筑进行分割的,人民法院原则上不予处理,但当事人请求分割违法建筑拆除后的残值部分除外。说明:第三十三条是对农村自建房如何处理的裁判指引。深圳市的农村自建房涉及违法建筑、历史遗留问题建筑等,特别是违法私房建筑相当普遍,经济利益显著,离婚时完全不予处理显然对弱势一方不公平,但若处理则涉及复杂的地方性政策问题,因此我们建议对其区分情形适当处理。”安徽滁州中院《**关于审理婚姻家庭纠纷案件座谈会纪要**》(2013年8月2日)第19条:“对于虽有施工许可证或宅基地使用权证或建设用地许可证而没有产权证的农村或城镇住房,当事人请求分割该房屋所有权的,应当向当事人释明只能分割居住使用权,不能对财产所有权进行分割。如居住使用权明确由一方享有的,可判决其对未取得居住使用权的一方进行补偿。当事人取得房屋产权证书后,可以依法起诉分割房屋的所有权。因移民或者新农村建设而取得的安置房,可参照上述规定处理。”广东广州中院《**民事审判若干问题的解答(婚姻家庭部分)**》(2010年4月)第13条:“对于领有《宅基地使用权证》或《集体房屋所有权证》的房屋,在离婚案件中应判决‘归原告(被告)使用’还是‘归原告(被告)所有’?答:《宅基地使用权证》由人民政府发放。对城中村的集体土地房屋,现在市房管部门开始陆续发放《集体房屋所有权证》,该类房屋与宅基地房屋均属于限制流通物,依法只能在同一农村集体成员中转让。土地使用权的变更应依照《土地管理法》第十一条、第十六条的规定,由政府部门予以调处,不属于人民法院调处的范围。因此,对涉及集体土地使用权的房屋,只判决房屋使用权,而不应判决房屋所有权为宜。”江西赣州中院《**审理离婚案件财产分割适用法律若干问题解答**》(2008年10月)第7条:“夫妻一方为城镇居民,一方为农村居民,共同在农村建造的房屋如何进行分割?答:该房屋为夫妻共同财产。分割时,可将房屋分割给农村居民一方,给另一方以经济补偿。如房屋建筑面积较大,一方或双方要求实物分割,且实物分割不减损房屋价值,对生产生活无不利影响的,也可以进行实物分割。”上海高院《**民事法律适用问答**》(2006年第1期)第2条:“关于集体土地上私有房屋权利人的确认问题。农村宅基地是集体经济组织成员用于建造自住房屋的集体土地之一部分。根据一名集体组织成员只能占有一定面积的宅基地,且宅基地系无偿提供给集体经济组织成员的规定,农村宅基地的占有、使用具有很强的人身属性。建造房屋必然要占有土地,因此,农村宅基地上所建造的房屋,在确定权利人时,不能仅以谁出资建造作为房屋权利归属的唯一标准,排除宅基地使用人的权利。特别是在我国农村,申请人允许他人在自己申请的宅基地上建房,往往含有一定的合理期待,即建好的房屋应有其份额。而建造在宅基地上的房屋,虽然不能进入市场流通,但是其价值远远大于建造房屋本身所付出建筑材料和人工等费用,究其原因,就在于其中包含了土地价值。因此,在确认该类房屋的权属时,可以从以下五个方面予以把握:一、应当以农村宅基地使用权证所记载的权利人,农村宅基地使用权申请表上所列、具备农村宅基地使用权申请条件的申请人,以及该表所列、同样具备前述条件的成年家庭成员为集体土地私有房屋所有权人;二、上述人员的出资情况可以作为确定产权份额的考虑因素;三、不具有农村宅基地使用权的出资人,不应确认为该集体土地私有房屋所有权人,其出资一般可认定为赠与房屋所有权人,但有相反证据证明的除外;四、不能狭义地理解建房出资,为建房而付出劳务、旧宅拆除的建筑材料用于新房建造的,都可视为是一种出资行为;五、建房时家庭成员中未成年人的权利确定,仍然按沪高法民一〔2004〕3 号《关于房屋动拆迁补偿款分割民事案件若干问题的解答》第十三条的规定执行。”

5. 安置补偿权益。江西赣州中院《**审理离婚案件财产分割适用法律若干问题解答**》(2008 年 10 月)第 8 条:“因拆迁安置所得房屋及其他安置利益能否进行分割?答:被拆迁房屋属于夫妻共同财产的,对拆迁所得的补偿款、安置房及安置利益等属于夫妻共同享有的财产或利益,应当依法进行分割。”第 9 条:“夫妻共有房屋被征收后,所安置的土地如何进行分割?答:安置土地为国有土地且面积较大的,可进行土地使用权分割;如果土地面积过小,不宜进行土地使用权分割的,可将土地使用权归属于一方,对另一方予以经济补偿。安置土地为集体土地的,可将该土地使用权归属于该集体经济组织成员一方,对另一方予以经济补偿;双方均是或均不是该集体经济组织成员的,参照前款处理。”重庆高院《**关于当前民事审判若干法律问题的指导意见**》(2007 年 11 月 22 日)第 27 条:“夫妻关系存续期间取得的征地安置费或土地补偿费是否属于共同财产。为了平衡夫妻双方的利益,夫妻一方在婚姻关系存续期间取得的征地安置费和土地补偿费可以参照最高人民法院《关于适用〈中华人民共和国婚姻法〉若干问题的解释(二)》中有关军人复员费、自主择业费的规定处理。”辽宁沈阳中院《**关于审理房地产案件若干问题的处理意见(之二)**》(2004 年 12 月 2 日　沈中法〔2004〕31 号)第 4 条:“关于公房动迁后货币安置款的分配问题。如果共同居住人已构成对使用权的共有,则有权参与补偿款的分配,如未构成共有,根据沈阳现行房屋拆迁政策,补偿费的多少与居住人口无关,只与原房屋面积有关,未构成共有的同住人口,无权参与分配。承租代表人与构成共有的共同居住人口,对补偿费如何分劈问题,应根据公平原则,结合使用权房屋的来源情况,由法院酌情处理。”辽宁沈阳中院《**关于审理婚姻家庭案件若干问题意见**》(2003 年)第 8 条:“……(三)关于离婚时处于动迁状态的房屋的处理。根据我市现行的房屋动迁政策,这类房屋在离婚时可视不同情节,做不同的处理,

1. 原为私人产权房屋,动迁后仍为私人产权房屋的,按以下情况区别对待,(1)离婚时,双方已交付增加面积款的,如被动迁房是一方婚前个人财产,该回迁房一般仍应归该方所有,但应返还对方不低于所交增加面积款一半的房款,如为夫妻共同财产,回迁房已确定的,可由获得房屋的一方给付对方相当于新房市场价一半的折价款,回迁房未确定的,告知当事人另案处理。(2)离婚时,尚未交纳增加面积款的,如被动迁房是一方婚前个人财产,动迁后的房屋一般仍应归该方所有,并由其自行承担增加面积款,但应给付对方一定数额的住房补助。如为夫妻共同财产,告知当事人另案处理。2. 原为使用权房屋,动迁后是私人产权的房屋,按以下情况区别对待,(1)离婚时,双方已交付增加面积款和购房款的,如被动迁房屋是一方婚前承租的,离婚时婚姻关系存续五年以下的,回迁新房一般应归原承租方所有,但应返还对方不低于所交增加面积款和购房款的一半,五年以上的,双方均可享有,但应由获得新房的一方给付对方不低于新房市场价一半的折价款,如是夫妻婚后取得承租权的,按共同财产处理,但取得新房的一方应给付对方一定数额的折价款。(2)离婚时,尚未交付增加面积款和购房款的,如为一方婚前承租的,离婚时婚姻关系存续五年以下的,回迁新房一般应归原承租方所有,但应由其自行承担增加面积款,如夫妻关系存续五年以上的,双方均可享有,但应由取得新房的一方给付对方一定数额的补偿,并由其自行承担增加面积款,如为夫妻共同财产,告知当事人另案处理。3. 双方离婚过程中,一方将动迁手续出卖,就出卖动迁手续问题,与第三人尚存在争议的,不宜在本离婚案件中一并处理,可告知当事人另案处理……"上海高院**《关于印发〈关于民事案件审理的几点具体意见〉的通知》**(2000年8月15日　沪高法民〔2000〕44号)第2条:"对划入动拆迁地块上的离婚、继承、析产纠纷是否处理。有的法院反映动拆迁地块上的一些离婚、继承、析产纠纷中,当事人有通过诉讼多获取动迁房的迹象,动拆迁主管部门希望法院不要受理此类案件或迟延处理。我们认为,房屋被列入动拆迁地块不能成为影响当事人行使诉权的理由。动拆迁地块上发生的离婚、继承、析产纠纷,如果经审查符合民诉法规定的起诉条件的,人民法院应予受理。"

6. 其他土地相关。最高人民法院民一庭**《民事审判实务问答(夫妻共同财产问题)》**(2005年4月)第7条:"婚姻关系存续期间,夫妻一方取得的铺位承租权、转租权是否属于夫妻共同财产?答:夫妻一方的铺位承租权、转租权具有财产权的性质,可带来财产性的收益,根据租赁关系的法律特征,应认定为夫妻一方或双方的其他共同所有财产的其他形式,也属于夫妻共同财产。在审判时,可从有利生产、方便生活、方便管理的原则进行处理。"最高人民法院**《关于人民法院审理离婚案件处理财产分割问题的若干具体意见》**(1993年11月3日　法发〔1993〕32号,已于2021年1月1日起废止)第12条:"婚后8年内双方对婚前一方所有的房屋进行过修缮、装修、原拆原建,离婚时未变更产权的,房屋仍归产权人所有,增值部分中属于另一方应得的份额,由房屋所有权人折价补偿另一方;进行过扩建的,扩建部分的房屋应按夫妻共同财产处理。”最高人民法院**《解答法律问题十则》**(1952年7月28日　法办字第3344号)第2条:“夫死后,妻在改嫁时留些财产给子女或夫的父母,是赠与,不是继承。所留的财产如为土地时,应否税契,可向当地税务机关询问。”北京高院民一庭**《关于审理婚姻纠纷案件若干疑难问题的参考意见》**(2016年8月4日)第32条:“【经济适用房、两限房的分割】限售期内的经济适用房、两限房在离婚诉讼中可以酌情进行分割。经济适用房、两限房由一方在婚前申请,以个人财产支付房屋价款,婚后取得房产证的,应认定为一方个人财产;婚后以夫妻双方名义申请,以夫妻共同财产支付房屋价款,离婚后取得房产证的,应认定为夫妻共同财产。”第37条:“【优惠购房权性质与折算】农村拆迁补偿中按所涉人口数取得的优惠购房权系基于特定身份获得的优惠安置利益,但并非优惠取得的物权本身。离婚时优惠购房权价值折算可考虑优惠取得的房产性质、能否上市交易、能否取得产权证等因素,在不高于市场价格与优惠价格的差价范围之内予以确定。”江西赣州中院**《审理离婚案件财产分割适用法律若干问题解答》**(2008年10月)第1条:“夫妻婚姻关系存续期间,对一方婚前的房屋予以重建或改建、扩建的,该房屋是否属于夫妻共同财产? 答:对房屋拆除后重建的,重建部分为夫妻共同财产。在原有房屋的基础上改建、扩建的,改建、扩建部分属夫妻共同财产。对房屋进行添附的,房屋仍属于一方婚前财产,但添附部分的价值为夫妻共同财产。”第3条:“以夫妻共同财产购买的经济适用房能否进行分割? 答:可以进行分割。分得房屋的一方应当给对方予以经济补偿。”上海高院**《关于审理婚姻家庭纠纷若干问题的意见》**(2007年3月15日　沪高法民一〔2007〕5号)第4条:“……夫妻双方与他人(未成年子女除外)共同所有的房屋,应该另案处理,但若案外人仅享有居住使用权而无所有权的,不影响该房屋在离婚诉讼中的分割。”

【参考类案】

①2013年**江苏某婚后财产纠纷案**,2006年,连某与张某经法院调解离婚,女儿归张某抚养,连某回娘家生活。2011年,原双方共同的承包地被征收,张某领取补偿款10万余元。连某诉请分割。法院认为:农民基于集体经济组织成员身份取得相应的农村土地承包经营权,在婚姻关系存续期间,夫妻双方及其子女等的农村土地承包经营权是以农户名义取得,承包经营权权利本身并非夫妻共同财产或家庭共同财产,只是基于承包经营权取得的收益方为夫妻共同财产或家庭共同财产。《婚姻法》第17规定,生产、经营的收益归夫妻共同所有。离婚后,连某、张某双方仍为集体经济组织成员,各自的农村土地承包经营权应分别独立,连某在离婚协议

中仅对夫妻共同财产享有份额进行处分，未对其享有的承包经营权进行处分，故连某仍享有承包经营权及相应收益。依《物权法》第42条第2款规定，征收集体所有的土地，应当依法足额支付土地补偿费、安置补助费、地上附着物和青苗补偿费等费用，安排被征地农民的社会保障费用，保障被征地农民的生活，维护被征地农民的合法权益。从立法目的分析，地上附着物和青苗补偿费是对土地承包经营者实际耕种损失的补偿，应属实际耕种人所有；土地补偿费和安置补助费实质是对失地农民享有的承包经营权丧失的补偿，亦是对其今后的一种生活保障。连某离婚后户口虽迁出，但仍为该村集体经济组织成员，且未再次承包经营其他集体经济组织所有的承包地，连某享有的承包经营权对应的承包土地仍在张某（农户）名下，而连某、张某之前承包土地时，是按一家三口人份额分得，土地被征用后，连某亦未接受安置，故土地补偿费、安置补助费连某亦应占三分之一份额。判决张某给付连某征地补偿费1/3即3.6万余元。

②2010年**北京某婚后财产纠纷案**，2004年，常某与赵某协议办理离婚登记手续，协议特别说明双方婚姻存续期间无属于自己住房和共同投资财产。2009年，常某发现赵某早在2000年双方婚姻关系存续期间以12.7万元分期购买（已支付4.5万余元）了某套房产配套的停车位使用权。法院认为：停车位是建立在停车位所有权基础上产生的权利，独立于所有权之外，其固有用途是车辆停放，而非通常的居住或营业，用途单一且具有排他性，且可用于出租和转让，具有使用上的独立性，存在利用物的使用价值，故停车位使用权符合用益物权属性。因该停车位使用权取得发生在赵某与常某夫妻关系存续期间，故应属夫妻共同财产范围，常某有权主张分割。赵某在离婚时未主动披露涉案停车位存在，有隐藏夫妻共同财产故意，且赵某一直对该停车位占有、使用，故分割时，赵某应酌情少分，判决赵某支付常某涉案停车位补偿款4.3万余元，尚欠停车位款7.6万余元由赵某负责偿还。

③2009年**浙江某婚后财产纠纷案**，2007年，李某与张某签订离婚协议，约定李某"放弃所有财产和债务"，并特别约定另签一份离婚协议用于办理离婚手续，如与该协议内容冲突，以该协议为准。翌日，双方为办离婚，另签离婚协议。2008年，就未办过户阁楼，张某诉请办理过户手续。李某主张阁楼系协议约定之外所遗漏处分财产。法院认为：一般而言，夫妻双方前后分别签订两份内容不同离婚协议，应视作后协议对前协议约定变更，前协议在后协议签订后即失去法律效力。但在本案中，双方在前协议中特别约定，即明示另签一份离婚协议用于办理离婚手续，如与该协议内容冲突，以该协议为准。根据契约自由及当事人意思自治原则，本案前协议中存在特别的约定符合双方真实意思表示，在该协议不存在无效情形下，应按前协议确立当事人之间权利义务关系。阁楼与住宅是否为独立房产应根据不同

情况予以考虑。案涉阁楼具有独立房屋权属证明,但其一直与案涉住宅作为同一家庭住房使用,当事人在资产清单上列明“住宅一套”并未提及“阁楼”,从阁楼功能及协议文义可认定当事双方在生活上均已默认阁楼系住宅一个组成部分,并在协议上已将住宅与阁楼作为同一房产作出处分。此外,根据前一离婚协议“放弃所有财产和债务”约定,纵使阁楼未列入现有资产内,其仍属被放弃财产,李某主张阁楼系协议约定之外所遗漏处分财产不能成立。判决李某将案涉阁楼过户至张某名下。

④2008 年**浙江某离婚纠纷案**,1985 年,王某与方某结婚。1995 年,双方对王某婚前两间平房进行拆除,未经审批,翻建成两间楼房及半间二楼平顶房。2007 年,王某起诉离婚。关于违章建筑能否确权、翻建房屋离婚时如何分割成为本案争议焦点。法院认为:因翻建楼房系双方当事人婚后在拆除王某婚前平房基础上未经审批而建造,业已共同使用多年,有关部门至今未对上述房产相关性质作出认定,故法院无法对楼房所有权权属作出确认并作相应处理,但亦不宜采取判决房屋建材归双方当事人所有的简单做法。依最高人民法院《关于适用〈中华人民共和国婚姻法〉若干问题的解释(二)》(已于 2021 年 1 月 1 日起废止)第 21 条第 1 款关于离婚时双方对尚未取得所有权的房屋如何处理的规定,法院不宜判决房屋所有权归属,应根据实际情况判决由当事人使用。结合本案实际情况,可对楼房实际使用作如下分割:南首一间半楼房由王某管理、使用,北首一间楼房由方某管理、使用;因墙门是该楼房向外界出入唯一通道,故墙门应由双方共同使用,方某则可在南首一间楼房通道上进出。

⑤2004 年**河南某离婚后财产纠纷案**,1986 年,张某与李某结婚。1992 年,张某父母将产权房赠与张某。1994 年,李某与张某在赠与房产上加盖二层。2002 年,李某起诉离婚,法院以张某将该房卖给其姐为由未予处理。2003 年,李某起诉张某及张某姐,法院判决确认房屋买卖合同无效。2004 年,李某起诉房管局,法院判决撤销案涉房屋所有权证。随后,李某以离婚后财产分割为由起诉张某,要求确认该房为其所有。法院认为:双方诉争且婚前居住房屋原系原产权人张某父母明确表示赠与张某的,故该房为张某个人财产,归张某个人所有。其后扩建房屋是李某与张某二人婚后共同所建,系二人共同财产,应依法分割。张某在离婚诉讼中将该房产以明显低价出售给其姐,该买卖行为已被确认无效,另考虑到婚生女随李某生活,从照顾子女和女方利益出发,李某与张某共同所有的房屋以分给李某为宜,但李某应给予张某适当的经济补偿。补偿的标准,参考双方协商同意的评估价,以李某补偿张某单层价款的 1/3 为宜。判决诉争房屋一层归张某所有,二层归李某所有,李某补偿张某 5000 余元。

⑥1999 年**福建某财产权属纠纷案**,1996 年,蔡某与丈夫吴某离婚。离婚协议

约定吴某在婚姻关系存续期间所购村委会店屋土地使用权归吴某所有。1998年,因蔡某将村委会出具给吴某的购地收款收据向基金会“抵押借款”20万元导致无法办理土地过户手续,吴某遂以蔡某为被告、基金会为第三人起诉,要求确认案涉店屋土地使用权归属,并责令被告及第三人返还收款收据。法院认为:双方离婚前已对财产分割达成协议,蔡某在进行离婚诉讼时,未提出财产分割请求,现该协议亦未变更或撤销,其主张财产尚未分割,缺乏依据,且该协议不会引起原设定在基金会“抵押”效力产生、变更或消灭,故蔡某主张财产分割行为无效理由不能成立。吴某购买店屋建筑用地,尚未办理转让手续,故其土地使用权并未确立,但与出让方存在财产关系,具有财产权利,依吴某、蔡某之间所订协议规定,该财产权利可确认归吴某所有。鉴于收款收据已由蔡某以借款“抵押物”交第三人,吴某请求蔡某归还收款收据主张能否成立,取决于第三人是否合法占有;而第三人占有效力,取决于借款、“抵押”效力。因借款、“抵押”属另一法律关系,故吴某请求归还收款收据的给付之诉应另行处理。判决吴某在夫妻关系存续期间购买案涉店屋土地使用权而取得的财产权利归吴某所有。

【典型类案实务要点】

1.**【一方婚前房屋婚后出租,租金收入属夫妻共同财产】**一方个人所有房屋婚后用于出租,其租金收入与房屋本身管理状况密切相连,属经营性收入,应认定为夫妻共同财产。

2.**【离婚后,原承包地被征收所获补偿,仍有相应份额】**夫妻离婚后,一方虽不在原居住地生活,但其土地承包经营权应受保护,基于承包地被征用所获补偿款,应享有相应份额。

3.**【停车位使用权,属夫妻共同财产,离婚时应予分割】**停车位使用权作为物权一种,具备财产属性和价值,可作为财产予以分割。对于离婚案件中,夫妻双方在婚姻存续期间所取得的停车位使用权,应属于夫妻共同财产,在夫妻离婚时应予以分割。

4.**【阁楼虽有产权证,但分割时不一定作为独立不动产】**具有独立产权证书的阁楼与其所依附住宅在离婚财产分割中是否作为两个独立不动产处理,应依协议约定和财产法律属性合理判定。

5.**【婚后违建房,判决虽不宜确权,但可判决分割使用】**婚后夫妻双方在拆除一方婚前房屋基础上未经审批而建造房屋,法院依最高人民法院《关于适用〈中华人民共和国婚姻法〉若干问题的解释(二)》(已于2021年1月1日起废止)第21条第1款规定,不宜判决房屋所有权归属,应根据实际情况判决由当事人分割使用。

6.**【一方获赠房产属个人所有,婚后扩建部分应为共有】**夫妻一方获赠父母房产,婚后扩建部分应属于共同财产,离婚诉讼中一方转移该财产的,分割时应予少分或不分。

7.【**离婚协议关于土地使用权财产权利约定,应为有效**】一方在夫妻关系存续期间购买的土地使用权,离婚协议关于该财产性权利分割处理约定,不受物权行为效力影响。

【类案裁判一般规则】

婚姻关系存续期间,夫妻一方基于对婚前个人享有所有权或使用权的不动产的经营管理产生的收益,应认定为夫妻共有财产。违法建筑作为夫妻共同财产的,离婚时,婚姻当事人请求分割违法建筑的,原则上不予支持,但对违法建筑产生的收益,应作为共同财产进行分割。

【典型参考案例索引】

主旨案例:见《个人所有房屋的婚后收益认定及其处理》(程律,安徽宁国法院;吴晓芳,最高院民一庭),载《民事审判指导与参考·指导性案例》(201304/56:118)。**其他案例**:①江苏洪泽法院(2013)泽民初字第65号"连某与张某离婚后财产纠纷案",见《连素玲因征用土地补偿费诉张金仁离婚后财产纠纷案》,载《江苏省高级人民法院公报》(201306/30:71)。②北京二中院(2010)二中民终字第16389号"常某与赵某离婚后财产纠纷案",见《常虹诉赵铁良离婚后财产案(停车位使用权是否属于夫妻共同财产的问题)》(胡建勇),载《中国审判案例要览》(2011民:407);另见《停车位使用权是否属于夫妻共同财产的问题——常某诉赵某离婚后财产纠纷案》(胡建勇),载《经典案例分类精解·婚姻家庭卷》(2013:73);另见《常虹诉赵铁良离婚后财产案》,载《中国法院年度案例:婚姻家庭与继承纠纷》(2012:11)。③浙江衢州柯城区法院(2009)衢柯民初字第221号"张某与李某等离婚后财产纠纷案",见《张某诉李某等离婚后财产纠纷案》(吕秋红),载《人民法院案例选》(201104/78:108)。④浙江省慈溪市人民法院(2008)慈民一再抗字第8号"王某诉方某离婚纠纷案",见《王柏明诉方美兰离婚案(离婚财产分割)》(岑丽芬),载《中国审判案例要览》(2010民:346)。⑤河南郑州管城回族区法院(2004)管民初字第764号"李某与张某离婚后财产纠纷案",见《李秋芬诉张天顺夫妻登记离婚后财产纠纷案(离婚后财产分割)》(周勇增、姚黎),载《中国审判案例要览》(2005民:418)。⑥福建石狮法院1999年"吴某与蔡某财产权属纠纷案",见《吴少淋诉蔡金莲离婚时双方协议店屋土地使用权归其享有要求确认案》(李鸿鹤),载《人民法院案例选》(200102/36:70)。

39. 离婚时隐匿共同财产

——财产已处理，婚离还可分？

【隐匿财产】

【案情简介及争议焦点】

1995 年，李某与黄某经法院调解离婚。2003 年，黄某发现李某隐匿婚姻关系存续期间委托他人建造购买的一套别墅及 20 万元存款，而诉请分割。

争议焦点：1. 李某是否构成隐匿财产？2. 隐匿财产如何分割？

【裁判要点】

1. 李某构成隐匿财产。离婚案中，对不动产财产情况，黄某、李某均未提及诉争别墅，黄某在离婚时对该别墅应当是不知道的。别墅在黄某、李某夫妻关系存续期间系李某经手由他人建造后购买，一直为李某控制，且该房屋距离黄某居住地较远。因此，根据公平原则，李某应对其未隐匿该财产主张负有举证责任。由于李某未能提供充分证据证明其主张，结合本案其他审理情况，可认定李某离婚时隐匿了诉争别墅。

2. 隐匿财产分割原则。虽然离婚时黄某所分得财产已大大多于李某，且调解书生效后，李某又补偿了黄某 18 万元，但从本案审理经过来看，李某这么做的目的是及时调解离婚，是离婚时对双方已知财产进行分割的真实意思表示。《婚姻法》第四十七条规定："离婚时，一方隐藏、转移、变卖、毁损夫妻共同财产，或伪造债务企图侵占另一方财产的，分割夫妻共同财产时，对隐藏、转移、变卖、毁损夫妻共同财产或伪造债务的一方，可以少分或不分。离婚后，另一方发现有上述行为的，可以向人民法院提起诉讼，请求再次分割夫妻共同财产。"本案中虽然别墅面积有 230 平方米，但由于其中不包括宅基地取得费用，评估价格仅为 15 万余元，远远低于实际价值。同时，别墅长期以来一直为李某占有、使用、取得租金收益，再考虑到黄某离婚后长期无收入来源，与李某经济条件相差悬殊。判决诉争别墅归黄某所有，黄某支付李某 10 万元，李某名下 20 万元存款由李某支付黄某 10 万元，两相抵销后，双方就现金部分互不给付。

【裁判依据或参考】

1. 法律规定。《**民法典**》(2021年1月1日)第1092条:“夫妻一方隐藏、转移、变卖、毁损、挥霍夫妻共同财产,或者伪造夫妻共同债务企图侵占另一方财产的,在离婚分割夫妻共同财产时,对该方可以少分或者不分。离婚后,另一方发现有上述行为的,可以向人民法院提起诉讼,请求再次分割夫妻共同财产。”

2. 最高人民法院司法解释及其他司法性文件/解读文章。最高人民法院《**关于适用〈中华人民共和国民法典〉婚姻家庭编的解释(一)**》(2021年1月1日 法释〔2020〕22号)第83条:“离婚后,一方以尚有夫妻共同财产未处理为由向人民法院起诉请求分割的,经审查该财产确属离婚时未涉及的夫妻共同财产,人民法院应当依法予以分割。”第84条:“当事人依据民法典第一千零九十二条的规定向人民法院提起诉讼,请求再次分割夫妻共同财产的诉讼时效期间为三年,从当事人发现之日起计算。”最高人民法院《**关于进一步深化家事审判方式和工作机制改革的意见(试行)**》(2018年7月18日 法发〔2018〕12号)第44条:“对于涉及财产分割问题的离婚纠纷案件,人民法院在向当事人送达受理案件通知书和应诉通知书时,应当同时送达《家事案件当事人财产申报表》。当事人应当在举证期限届满前填写《家事案件当事人财产申报表》,全面、准确地申报夫妻共同财产和个人财产的有关状况。人民法院应当明确告知当事人不如实申报财产应承担的法律后果。对于拒不申报或故意不如实申报财产的当事人,除在分割夫妻共同财产时可依法对其少分或者不分外,还可对当事人予以训诫;情形严重者,可记入社会征信系统或从业诚信记录;构成妨碍民事诉讼的,可以采取罚款、拘留等强制措施。”最高人民法院吴晓芳法官《**关于婚姻家庭纠纷审理热点难点问答**》〔载《民事法律文件解读》2012年第8辑(总第92辑)〕第8条:“双方离婚后,一方以尚有夫妻共同财产未处理为由向人民法院起诉请求分割的,经审查确属离婚时未涉及的夫妻共同财产,人民法院可以依法予以分割吗?答:离婚后财产纠纷中的财产范围,既包括离婚时未涉及的共同财产,比如有的当事人为了某个目的‘假离婚’,登记或诉讼离婚时未涉及夫妻共同财产的分割问题;也包括婚姻法第四十七条所规定的一方在离婚时隐藏、转移、变卖、毁损的夫妻共同财产及伪造债务侵占的另一方的财产。对于离婚时尚未涉及的夫妻共同财产,实际上一直处于双方共同共有的状态,一方起诉主张分割的,人民法院应当受理并依法予以分割。根据婚姻法的规定,婚姻关系存续期间取得的财产,除法律有特别规定或夫妻双方有特别约定外,即为夫妻共同财产,夫妻对婚姻关系存续期间取得的同一财产享有所有权,即‘一物一权,数个所有权人’,夫妻双方都是物权的所有权人。物权具有追及效力,即物权成立后,不论其标的物辗转至何人之手,权利人都可以追击标的物之所在,并直接行使权利。如果夫妻离婚时尚有部分共同财产没有处理,该部分未分割的财产仍然属于双方共有的物权,也就是说,双方是在没有配偶身份的情况下共有物权,一方可根据物权的追及效力,要求分割共同财产。"最高人民法院**《关于适用〈中华人民共和国婚姻法〉若干问题的解释(三)》**(2011 年 8 月 13 日　法释〔2011〕18 号,2021 年 1 月 1 日起废止)第 18 条:"离婚后,一方以尚有夫妻共同财产未处理为由向人民法院起诉请求分割的,经审查该财产确属离婚时未涉及的夫妻共同财产,人民法院应当依法予以分割。"最高人民法院**《关于适用〈中华人民共和国婚姻法〉若干问题的解释(一)》**(2001 年 12 月 27 日　法释〔2001〕30 号,已于 2021 年 1 月 1 日起废止)第 31 条:"当事人依据婚姻法第四十七条的规定向人民法院提起诉讼,请求再次分割夫妻共同财产的诉讼时效为两年,从当事人发现之次日起计算。"最高人民法院**《关于人民法院审理离婚案件处理财产分割问题的若干具体意见》**(1993 年 11 月 3 日　法发〔1993〕32 号,已于 2021 年 1 月 1 日起废止)第 21 条:"一方将夫妻共同财产非法隐藏、转移拒不交出的,或非法变卖、毁损的,分割财产时,对隐藏、转移、变卖、毁损财产的一方,应予以少分或不分。具体处理时,应把隐藏、转移、变卖、毁损的财产作为隐藏、转移、变卖、毁损财产的一方分得的财产份额,对另一方的应得的份额应以其他夫妻共同财产折抵,不足折抵的,差额部分由隐藏、转移、变卖、毁损财产的一方折价补偿对方。对非法隐藏、转移、变卖、毁损夫妻共同财产的一方,人民法院可依照《中华人民共和国民事诉讼法》第一百零二条的规定进行处理。"

3. 地方司法性文件。广东深圳中院**《关于实行离婚案件财产申报制度的工作指引》**(2019 年 3 月 14 日)第 1 条:"对于涉及财产分割问题的离婚纠纷案件,人民法院在向当事人送达受理案件通知书和应诉通知书时,应当同时送达《离婚案件当事人夫妻共同财产申报告知书》、《离婚案件当事人夫妻共同财产申报表》,并告知当事人填报《离婚案件当事人夫妻共同财产申报表》的相关要求、权利义务和相应法律后果。"第 2 条:"离婚诉讼当事人应当在举证期限届满前如实填写《离婚案件当事人夫妻共同财产申报表》,并提供己方持有的该财产的相关证据或该财产存在的初步证据、证据线索。"第 3 条:"《离婚案件当事人夫妻共同财产申报表》涉及的申报内容是指婚后取得的所有财产、权益等夫妻共同财产,具体包括:(1)工资、住房公积金、养老保险金、奖金、津贴、补贴等收入;(2)土地、房产等不动产;(3)车辆、贵重私人物品等价值较大动产;(4)银行存款;(5)租金、政府津贴、农村集体组织红利等生产、经营性收益;(6)股权及其收益;(7)股票、基金等有价证券;(8)投资型保险;(9)知识产权的收益;(10)继承或赠与所得的财产,但遗嘱或赠与合同中确定只归夫或妻一方的财产除外;(11)其他依法属于夫妻共同财产的财产或权益。填写《离婚案件当事人夫妻共同财产申报表》同时须申报下列情况:(1)债权债务;(2)婚前购买,婚后还贷的动产或不动产;(3)其他登记于一方名下或由一方持有、保管的,双方对于是否属于夫妻共同财产有争议的财产或权益。”第4条:“离婚财产申报表及相关证据应交由双方当事人互相质证,一方当事人对对方的财产申报有异议,人民法院可以要求对方就该异议事项进行补充申报,也可以按照当事人申请调查时所提供的证据或证据线索,依托现有的技术和手段依法进行调查取证,核实所申报夫妻共同财产以及双方当事人提出的异议事项的真实性。”第5条:“一方未申报自己名下或控制的夫妻共同财产,另一方提出异议后未申报方当事人亦拒绝补充申报的,经人民法院审查核实之后确认该夫妻共同财产确实存在的,应认定为未申报方当事人未如实填写《离婚案件当事人夫妻共同财产申报表》,并视为其存在故意不如实申报夫妻共同财产的行为。”第6条:“当事人未如实填写《离婚案件当事人夫妻共同财产申报表》的,经核实存在故意或者重大过失的,应认定该当事人存在《中华人民共和国婚姻法》第四十七条第一款规定的隐藏夫妻共同财产的行为。在分割夫妻共同财产时,对该当事人可以少分或不分其隐藏部分的夫妻共同财产。”第7条:“涉夫妻共同财产分割诉讼终结后,如一方发现对方在本案中未申报的财产,可依法另行起诉要求分割。在处理该财产时,如人民法院查实存在未如实申报夫妻共同财产的情形的,经核实存在故意或者重大过失的,可判决未申报方少分或者不分该项财产。”第8条:“当事人未如实填写《离婚案件当事人夫妻共同财产申报表》,构成《中华人民共和国婚姻法》第四十七条第二款规定的妨害民事诉讼的,人民法院可以依据《中华人民共和国民事诉讼法》第一百一十一条第一款第一项及《最高人民法院关于适用〈中华人民共和国民事诉讼法〉的解释》有关规定,对该当事人予以罚款、拘留,构成犯罪的,依法追究刑事责任。”山东高院**《家事案件审理规程》**(2018年8月30日)第15条:“人民法院审理婚姻、同居等关系纠纷案件,涉及财产分割的,应当指令当事人在举证期限届满前申报财产,同时告知其不如实申报应承担的诉讼风险。”第16条:“当事人应当申报下列财产:(一)收入、银行存款;(二)房地产等不动产;(三)车辆等价值较大的动产;(四)债权、股权、基金、保险、知识产权等财产性权益;(五)其他应当申报的财产。”第17条:“对于申报不实、隐匿财产的当事人,人民法院应当裁判少分或不分财产;构成妨害民事诉讼的,给予训诫、罚款、拘留等强制措施。”广东高院**《广东法院审理离婚案件程序指引》**(2018年7月16日)第39条:“【申请调查收集证据】当事人申请人民法院调查收集财产证据的,人民法院应当要求其提供必要的线索,线索可以是载有相关信息的原件、复印件或者照片:(一)申请调查不动产情况的,提供不动产登记证书、不动产信息查询单、购买或抵押合同、购买发票、完税证明、支付凭证等一项或者多项;(二)申请调查机动车情况的,提供行驶证、机动车登记证书、购车合同、购车发票、完税证明等一项或者多项;(三)申请调查银行账户的,提供银行卡号、存折号、存单号、转账(汇款)凭证、交易流水等一项或者多项;(四)申请调查股票账户的，提供证券公司开户信息、交易明细、证券账户与银行账户之间的转账凭证等一项或者多项；（五）申请调查商业保险情况的，提供保险合同、购买发票、缴款凭证、理赔手续等一项或者多项；（六）申请调查互联网金融资产的，提供平台名称和所属公司工商信息、注册账号、交易明细、与银行账户间转账记录等一项或者多项；（七）申请调查工商登记内档的，提供营业执照、组织机构代码证、税务登记证、工商信息查询单等一项或者多项；人民法院对依法应予准许的申请，可以先行组织离婚财产申报，也可以径行调查收集证据。”第 40 条：“【离婚财产申报一般规定】当事人请求处理的共同财产范围不一致，或者存在本指引第八条第五项情形的，人民法院可以要求当事人在指定期限内进行离婚财产申报。离婚财产申报包括全面申报、专项申报和补充申报，人民法院根据查明事实需要，可以要求当事人进行一种或者多种申报。人民法院要求申报的，应当依据《最高人民法院关于适用〈中华人民共和国民事诉讼法〉的解释》第一百一十条的规定，要求当事人签署如实申报财产保证书。离婚财产申报表及相关证据应当在法庭上出示，并由当事人互相质证。经查实当事人存在故意不如实申报情形的，应当依法承担不利后果。”第 41 条：“【全面财产申报】人民法院要求进行全面财产申报的，双方当事人应当申报婚姻关系存续期间以各自或者共同名义取得，现在仍然以各自或者共同名义所有的全部财产。申报的财产范围包括：1. 工资、住房公积金、奖金、津贴、补贴等收入；2. 土地、房产等不动产；3. 车辆、贵重私人物品等价值较大动产；4. 银行存款；5. 租金、政府津贴、农村集体组织红利等生产、经营性收益；6. 股权及其收益；7. 股票、基金等有价证券；8. 投资型保险；9. 知识产权的收益；10. 继承或赠与所得的财产；11. 其他依法属于夫妻共同所有的财产或者权益。当事人以各自或者共同名义享有和负担的债权债务应当一并申报。人民法院指定全面申报财产的期限不超过 20 日。根据当事人的申请，可以适当延长。”第 42 条：“【专项财产申报】当事人申请调查收集对方当事人请求范围之外的共同财产证据，但对共同财产范围争议不大的，人民法院可以要求对方当事人就该项财产现在的情况进行专项申报。当事人申请调查收集对方当事人隐藏、转移、变卖、损毁共同财产的证据，有较为明确和充分线索的，人民法院可以要求对方当事人就该项财产在指定时期内的变动情况进行专项申报。前款规定的时期不限于当事人第一次起诉离婚后的时期，但一般不超过两年。人民法院指定专项申报财产的期限不超过 10 日。根据当事人的申请，可以适当延长。”第 43 条：“【补充财产申报】当事人对对方当事人的财产申报有异议，申请对异议事项调查收集证据的，人民法院可以要求对方当事人就该异议事项进行补充申报。人民法院指定补充申报财产的期限不超过 5 日。根据当事人的申请，可以适当延长。当事人未对财产申报异议事项申请调查收集证据，或者拒绝进行补充申报的，离婚财产申报终结。”第 44 条：“【财产申报核实】离婚财产申报终结后,人民法院应当根据当事人的申请,或者依照本指引第八条第五项的规定,对该申报的异议事项调查收集证据。人民法院调查收集的证据,应当在法庭上出示,并由当事人互相质证。当事人拒绝补充申报,经核实为瞒报、漏报、少报的,应当认定为故意不如实申报。”第45条:“【财产分割特别规则】当事人拒绝进行财产申报的,人民法院应当依据《中华人民共和国婚姻法》第四十七条的规定,对超出其请求范围的共同财产予以不分或者少分。当事人故意不如实申报财产的,人民法院应当依据《中华人民共和国婚姻法》第四十七条的规定,对其未如实申报的共同财产予以不分或者少分。当事人在第一次起诉离婚后,隐藏、转移、变卖、损毁部分共同财产致使无法分割的,人民法院在分割共同财产时,应当依据《中华人民共和国婚姻法》第四十七条的规定对其不分或者少分。”上海高院《**关于恋爱期间购房处理等婚姻家庭案件若干争议问题指导意见**》(2016年民一庭调研与参考〔2016〕3号)第3条:“离婚后,一方变卖尚未分割的夫妻共同财产,并用所得款项购房,另一方能否要求分割该房屋?其权利如何保护?倾向意见认为,应当就原有夫妻共同财产价值进行主张,但不能要求分割该房屋。对于原有财产的价值,可根据不知情一方的主张,以财产出卖时、提起诉讼时等时间点予以确定。”江苏常州天宁区法院《**家事案件诉讼指南**》(2015年1月)第8条:“[财产处理]在离婚诉讼中,当事人应当在举证期限届满前填写《家事案件财产申报表》,全面准确地申报夫妻关系存续期间形成的财产状况。逾期不申报或不如实申报,经本院查实,即视为隐藏财产,按照《中华人民共和国婚姻法》第四十七条处理。申报不一定必须处理,当事人明确要求不分割财产,或财产问题确实难以一并处理的,可另行协商解决或另行提起诉讼。一审法庭辩论终结前新取得或者新发现夫妻共同财产的,当事人可以在一审法庭辩论终结前提出增加分割该部分财产的诉讼请求,人民法院应当一并审理。”第22条:“在离婚诉讼中,当事人应当在举证期限届满前填写《家事案件财产申报表》,全面准确地申报夫妻关系存续期形成的财产状况。逾期不申报或不如实申报,经本院查实,即视为隐藏财产,按照《中华人民共和国婚姻法》第四十七条处理。”第23条:“对于当事人的财产状况、当事人之间的身份关系以及一方当事人转移、变卖、隐藏财产或者与他人同居、重婚等重要案件事实,当事人难以举证又影响案件审理结果的,人民法院可以根据当事人提供的线索,依职权向有关金融、医疗、社区等机构调取证据,或者通过走访群众来查清案件事实。”第46条:“一审法庭辩论终结前新取得或者新发现夫妻共同财产的,当事人可以在一审法庭辩论终结前提出增加分割该部分财产的诉讼请求,人民法院应当一并审理。”安徽淮南中院《**关于审理离婚纠纷案件若干问题的指导意见**》(2014年3月13日)第21条:“婚前个人财产在婚后共同生活中自然毁损、消耗、灭失,离婚时一方要求以夫妻共同财产折抵的,不予支持。”福建三明中院《**民事审判若干实务问题探讨**》

(2016 年)第 16 条:“……离婚后财产纠纷以下三种情形可以追加第三人。①当事人双方离婚时,未对婚姻关系存续期间的夫妻财产进行分割而在离婚后对财产分配问题发生争议而引发的纠纷;②双方当事人离婚后一年内就财产分割问题反悔而引起的争议;③一方当事人于婚姻关系结束后发现对方在婚姻关系存续期间存在离婚时未分割的其他财产而引发的纠纷。”安徽滁州中院**《关于审理婚姻家庭纠纷案件座谈会纪要》**(2013 年 8 月 2 日)第 7 条:“离婚案件的被告对子女抚养、夫妻共同财产分割有明确请求的,或者作为无过错方请求损害赔偿的,不构成反诉,应一并审理。离婚案件当事人在一审举证期间届满后,发现新的夫妻共同财产,可以在一审法庭辩论终结前增加分割该财产的诉讼请求。”浙江杭州中院民一庭**《关于涉及婚姻家庭纠纷案件若干疑难问题的解答》**(2013 年 1 月 1 日)第 8 条:“对离婚后财产分割纠纷中的诉讼时效应如何区分?答:1. 对于离婚后始终未做分割处理的财产,当事人一方可行使物权请求权主张分割,不受诉讼时效的限制。2. 对于因《婚姻法》第四十七条所涉情形,导致对方财产权利受侵害的,可适用侵权纠纷两年时效的规定,从发现之日起起算。3. 如果是因离婚财产分割协议有可撤销情形的,则适用一年除斥期间的规定。”第 12 条:“离婚协议的财产分割条款中有约定‘其他各自名下财产归各自所有’,离婚后,一方以另一方隐瞒夫妻共有财产为由请求分割未在离婚协议中明确分割的夫妻共有财产,如何处理?答:根据‘谁主张,谁举证’的原则,应由一方举证证明另一方在离婚协议签订时存在隐瞒夫妻共有财产的情形,否则,由该方承担不利法律后果,法院对其再次请求分割夫妻共有财产不予支持。”江苏高院**《涉家庭暴力婚姻家庭案件审理指南》**(2012 年 1 月 1 日)第 6 章第 1 节:“……6. 对恶意转移财产的处理。人民法院发现一方有伪造或指使他人伪造债务,转移或隐匿财产行为的,应当依据《婚姻法》第四十七条和《民事诉讼法》第一百零二条【新修订的《民事诉讼法》第一百一十一条】的规定予以处理。”上海高院**《婚姻家庭纠纷办案要件指南(三)》**(2010 年 6 月 22 日　沪高法民一〔2010〕8 号)第 5 条:“一方请求少分或者不分给另一方共同财产的,一般应举证证明下列要件事实:(一)共同财产权利客观、现实的存在;(二)离婚时,一方有隐藏、转移、变卖、毁损夫妻共同财产,或伪造债务侵占另一方财产的行为。婚姻关系当事人一方私自处分夫妻共同财产,妨害民事诉讼行为的,依照民事诉讼法的规定予以制裁。”上海高院**《关于审理分家析产案件若干问题的意见》**(2007 年 9 月 20 日　沪高法民一〔2007〕20 号)第 6 条:“离婚协议书上明确,其他财产归各自所有,离婚后一方起诉要求分割另一方名下财产的处理。双方在离婚协议中已经明确约定其他财产归各自所有的,表明双方已对财产作了相应的处理,离婚后一方起诉要求分割另一方名下财产的,法院不予支持,但原告提供证据证明被告离婚时隐瞒财产,并要求分割隐瞒财产的除外。”上海高院**《关于审理婚姻家庭纠纷若干问题的意**

见》(2007年3月15日　沪高法民一〔2007〕5号)第6条:“夫妻协议离婚后财产纠纷的处理范围。夫妻协议离婚后财产纠纷中的财产范围,既包括离婚协议中未涉及的财产,也包括《婚姻法》第四十七条所规定的一方在离婚时隐藏、转移、变卖、毁损的夫妻共同财产及伪造债务侵占的另一方的财产。”第8条:“离婚后的财产纠纷中财产价值的确定。审理离婚后的财产纠纷,财产的价值应区别不同情况予以确定:若属于双方约定或法院判决不予处理的财产,财产价值以处理时的市场价值确定;若属于一方隐藏、转移、变卖、毁损的财产,财产价值的确定可适用‘就高’原则,即离婚时财产的市场价值高,以离婚时的市场价值确定;处理财产时的市场价值高,以处理财产时的市场价值确定。”山东高院**《关于印发〈全省民事审判工作座谈会纪要〉的通知》**(2005年11月23日　鲁高法〔2005〕201号)第4条:“……要严格按照证据规则的要求认定夫妻共同财产。当前,夫妻共同财产的分割存在着举证难、认证难的问题。主要有两个方面:夫妻双方或者一方与亲属之间的债权债务难以取证;夫妻双方或者一方隐瞒实际收入或隐匿财产难以举证。这些情况下,只能通过强化当事人的举证责任加以解决,符合证据规则的,法院也可以依职权调取证据,必要时可以通过法律推定的办法确定夫妻财产的性质。在没有证据或者证据不具有优势性的情况下,按照法律真实的原则妥善解决。但是对于通过离婚逃避债务的,一旦查清,应当责令离婚的双方对婚姻关系存续期间所欠债务承担连带清偿责任。”湖北高院**《民事审判若干问题研讨会纪要(婚姻家庭部分)》**(2004年11月8日)第4条:“男女协议离婚后,一方以尚有共同财产未处理为由向人民法院起诉请求分割的,应予受理。经审查发现确为财产分割协议之外的财产的,应当进行分割。”辽宁沈阳中院**《关于审理婚姻家庭案件若干问题意见》**(2003年)第4条:“关于对隐匿财产、伪造债务的制裁问题。离婚分割财产时,对隐匿、转移、变卖、损毁共同财产或伪造债务的,应根据过错程度进行判决,少分是原则,不分是特殊。”广东高院**《关于审理婚姻案件若干问题的指导意见》**(2001年11月9日　粤高法发〔2001〕44号,2021年1月1日起废止)第34条:“起诉离婚前,一方隐藏、转移、变卖、毁损夫妻共同财产,或伪造债务企图侵占另一方财产的,人民法院在分割夫妻共同财产时,可参照《婚姻法》第四十七条规定,对该行为人少分或不分。”第35条:“夫妻离婚后,其中一方当事人根据《婚姻法》第四十七条规定向人民法院提起民事诉讼,请求再次分割夫妻共同财产的,应当在知道或者应当知道权利被侵害之日起二年内主张权利,否则,人民法院对其主张不予支持。”广东高院、省检察院、省公安厅、省司法厅**《关于印发〈关于处理婚姻关系中违法犯罪行为及财产等问题的意见〉的通知》**(2000年5月30日　粤高法〔2000〕18号)第12条:“有过错方非法隐藏、转移、变卖或毁损夫妻共同财产的,应当依照1993年最高人民法院《关于人民法院审理离婚案件处理财产分割问题的若干具体意见》第二十一条的规定处理;帮助有过错方实施上述行为或毁灭、伪造证据的,应当依照《民事诉讼法》第一百零二条的规定处罚,构成犯罪的,依法追究刑事责任。”

【参考类案】

①2013 年**江苏某离婚后财产分割纠纷案**,2006 年,连某与张某经法院调解离婚,女儿归张某抚养,连某回娘家生活。2011 年,原双方共同的承包地被征收,张某领取补偿款 10 万余元。连某诉请分割。法院认为:农民基于集体经济组织成员身份取得相应的农村土地承包经营权,在婚姻关系存续期间,夫妻双方及其子女等的农村土地承包经营权是以农户名义取得,承包经营权权利本身并非夫妻共同财产或家庭共同财产,只是基于承包经营权取得的收益方为夫妻共同财产或家庭共同财产。《婚姻法》第 17 规定,生产、经营的收益归夫妻共同所有。离婚后,连某、张某双方仍为集体经济组织成员,各自的农村土地承包经营权应分别独立,连某在离婚协议中仅对夫妻共同财产享有份额进行处分,未对其享有的承包经营权进行处分,故连某仍享有承包经营权及相应收益。依《物权法》第 42 条第 2 款规定,征收集体所有的土地,应当依法足额支付土地补偿费、安置补助费、地上附着物和青苗补偿费等费用,安排被征地农民的社会保障费用,保障被征地农民的生活,维护被征地农民的合法权益。从立法目的分析,地上附着物和青苗补偿费是对土地承包经营者实际耕种损失的补偿,应属实际耕种人所有;土地补偿费和安置补助费实质是对失地农民享有的承包经营权丧失的补偿,亦是对其今后的一种生活保障。连某离婚后户口虽迁出,但仍为该村集体经济组织成员,且未再次承包经营其他集体经济组织所有的承包地,连某享有的承包经营权对应的承包土地仍在张某(农户)名下,而连某、张某之前承包土地时,是按一家三口人份额分得,土地被征用后,连某亦未接受安置,故土地补偿费、安置补助费连某亦应占三分之一份额。判决张某给付连某征地补偿费 1/3 即 3.6 万余元。

②2007 年**某离婚后财产纠纷案**,离婚两年以后发现有离婚时尚未分割的夫妻共同财产,是否仍可诉请分割?处理意见:如夫妻未实行约定财产制,按《婚姻法》第 17 条规定,夫妻于婚姻关系存续期间所取得工资、奖金、生产、经营收益、知识产权收益、继承或赠与所得未被确定只归夫妻一方的财产等均为夫妻共同所有。离婚时,夫妻应协商分割共同财产。协商不成时,可通过民事诉讼由法院判决分割。对于离婚时未分割的夫妻共同财产,任何一方均有权诉请进行分割,而不受两年诉讼时效限制。《物权法》第 99 条规定,共有人约定不得分割不动产或者动产,以维持共有关系的,应当按照约定,但共有人有重大理由需要分割的,可以请求分割;没有约定或者约定不明确的,按份共有人可以随时请求分割,共同共有人在共有的基础丧失或者有重大理由需要分割时可以请求分割。因分割对其他共有人造成损害

的,应当给予赔偿。可见共有人分割请求权虽名为请求权,但并非请求他人同意分割的权利,而实质是使他人负有与其协议分割的具体方法之义务。分割共有物,系法律赋予共有人权利,其得以一人之意志行使该项权利,故分割共有物请求权实质是形成权,不应受诉讼时效限制。《物权法》中未规定时效取得制度,故依物权法定原则,所有权不会单纯因时间经过而发生改变,即夫妻共同财产如在离婚时未进行分割,不会因时间经过而改变性质,双方身份关系解除亦不能使原本属于两人共有财产变更为一人所有。如司法解释规定,离婚时未经分割的夫妻共同财产经过两年诉讼时效即不能再进行分割,无疑会鼓励转移、隐藏夫妻共同财产的不诚信行为,实际占有或控制夫妻共同财产一方,只要能藏过两年诉讼时效期间,即可取得该财产。这种结果与我国主流价值观念相悖。因此,夫妻一方在离婚两年后发现有离婚时尚未分割的夫妻共同财产,仍可诉请分割。

③2007 年**北京某离婚纠纷案**,1995 年,李某因拆迁以 2 万余元标准价购得承租公房。1997 年,李某与张某结婚。2002 年,李某支付 2 万余元,获得标准价出售住宅产权证。2005 年,李某与张某离婚,协议约定该房屋两间,各人享有其中一间房屋所有权。2007 年,李某办理房改手续,支付 1 万余元,获得完全产权后,诉请确认离婚协议中关于住房约定部分无效,要求确认其所有权。张某称李某反悔,已超过 1 年除斥期间。法院认为:物权是权利人依法对特定的物享有直接支配和排他的权利。权利人要实现其对物的直接支配和排他权利,须以国家公权力保护为后盾,而国家公权力要实现对物权保护,须以确定物的范围和界域为前提。一套房屋范围和界域内只能确定一个所有权,国家对不动产实行的统一登记制度中,不允许对同一套房屋登记两个以上所有权,故不动产虽可由两个以上个人共有,但成套建造的单元楼房不得由两个以上个人分别所有该套房屋内不同房间。李某与张某在离婚协议中约定两房间归各自分别所有,违反了一物一权(所有权)原则,该约定无效。李某起诉是要求确认离婚协议中有关住房约定无效,并非对财产分割问题反悔,故最高人民法院《关于适用〈中华人民共和国婚姻法〉若干问题的解释(二)》(已于 2021 年 1 月 1 日起废止)第 9 条规定的"一年期限"不适用本案。李某于 2007 年为本案诉争房屋办理了标准价改成本价手续,本案诉争房屋现已取得完全产权。李某起诉要求依法分割本案诉争房屋,理由正当,应予支持。对于本案诉争房屋分割,本着有利于最大限度地发挥物的效用和方便当事人生活原则,应确定房屋归一方所有,分得房屋一方给付另一方房屋折价款。判决确认离婚协议中关于住房安排内容无效,该住房归李某所有,李某给付张某折价款 12 万元。

④2006 年**福建某离婚纠纷案**,2002 年,结婚 14 年的金某与丈夫陈某调解离婚。双方1999 年以夫妻名义购买的土地使用权在离婚后,金某继续出资建房,并于 2005 年完工。2006 年,金某要进住时遭前夫陈某拒绝。诉讼期间该房登记在陈

某名下。法院认为:金某于2006年要求搬入诉争房屋居住遭拒,金某权利受到侵害,诉讼时效期间应从此时开始计算,故金某随后起诉未超过时效。金某与陈某在婚姻关系存续期间购买的地块应属夫妻共有财产。离婚时双方未对此分割。离婚后,陈某以个人名义领取了土地使用证,陈某未告知金某,亦未征求金某意见,将夫妻共有财产擅自以个人名义登记应为侵权,诉争土地仍属双方共有。建房期间金某汇款给陈某支付部分建房工钱、材料款、购买家用物品等,应为共同投资建房行为,金某出资建房的事实存在。金某主张诉争房屋为共有财产,请求分割一半产权的诉请理由成立,应予支持。

⑤2005年**广西某离婚纠纷案**,1990年,法院判决何某与于某离婚。2002年,何某称其偶然打开离婚时分得的木箱,发现箱内80份定期存单,但全部款项54万余元已被于某在1993年挂失并支取。于某抗辩称离婚时房产归何某,故各自存款均默认归自己。法院认为:从本案材料看,何某于1990年提出与于某离婚时,曾申请法院对于某是否有以其本人、何某及其三个子女名义在银行的存款情况查询并予以保全,由于条件限制,未能查询到。在离婚案庭审中,何某亦主张于某有存款,但于某以"有存款但无可奉告"为由予以回答。从诉争80笔存款看,双方离婚时确未对此分割,故于某有隐匿夫妻共同财产行为。何某是否于2002年发现诉争存款单,应由其负举证责任。从查明事实看,诉争存款单装于一个大信封,放置于木箱内。1990年何某在离婚分得该木箱时就对其清理。之后该木箱也一直由何某占有、控制、保管、使用。可见,何某无证据证实其于2002年发现存款单。作为最初执存款单的于某,不可能将存进去不久的存款单选择6份自己盖上"作废"章与未到期的存款单放在一起,故对存款单上"作废"章何时形成,也能推断出发现存款单时间。因存款单上"作废"章系何时、何因所盖的客观事实已无法查实,但何某对自己提供证据负有证明自己主张的义务。在何某占有、控制,保管存款单期间,存款单上的"作废"章不能自然形成,该章系何时、何因形成,何某应作出说明。其不能作出说明,同样亦不能证实其于2002年发现诉争存单事实。从庭审查明事实看,何某主张其于2002年发现该批存款单亦不能自圆其说。何某在双方离婚时已知道于某有存款,且申请法院查询予以保全,表明何某对于某隐匿存款的证据有强烈的求知欲。而离婚后,80份存款单就装到一个大信封放在何某分得的木箱内,箱子体积不大,装有80份存款单的大信封有一定厚度,占有的位置亦不小,何某在清理物品时竟不能发现。此后10余年中,何某时而用一下箱子亦未发现存款单,不仅不符合日常生活情理,亦令人难以置信。判决驳回何某诉请。

⑥2004年**福建某离婚后财产纠纷案**,2003年,韦某将签名离婚协议复印件交谢某签名,约定双方将共有房产赠与儿子。谢某签字后添加共同债务由其负责等内容并签名。2004年,法院调解离婚,约定婚生子由谢某抚养。1个月后,韦某以

房产等财产未予处理为由,诉请分割。法院认为:谢某提供证据可证明双方协议离婚时有将夫妻共有房产赠与儿子的议项,但不能证明双方与儿子形成赠与合同关系,双方亦未办理转移房产登记手续,赠与合同关系尚未成立。韦某、谢某对共有房屋有平等的处理权,韦某请求分割,其请求合法,应予支持。鉴于双方离婚后,婚生儿子由谢某抚养,房屋分给谢某比较适宜。谢某应给予韦某相当于该房屋一半价值的补偿。判决诉争房屋归谢某所有,韦某分得房屋补偿款5万余元。

⑦2003年**河南某离婚纠纷案**,2000年,夫、妻协议离婚,约定"债权债务全归夫"。2001年,妻发现以夫名义在公路局尚有10万余元运费,并由夫名变更为夫父名,由夫或夫父名以"借支"名义领取该款,遂持购车发票以该款属夫妻共同财产为由诉请分割。法院认为:借户协议仅证明公路局认可夫父为车主,不能证明夫父系实际车主,相反,妻提供的购车发票证明了购买行为,表明夫对该车具有完全物权即所有权,夫使用该车取得的运费收益应属夫妻共同财产范围。夫否认车辆及运费债权所有权,说明其主观上有隐藏故意,客观上实施了离婚后入账、以其名及父之名借支款、更换户名为父的行为,其行为应认定为对夫妻共同财产的隐藏。因夫隐藏债权,妻当时不知道债权存在,离婚协议中"债权债务全归夫"意思表示也就不含有对争议债权的处分,故该争议债权,不属离婚协议约定处分的债权范围,判决夫在公路局隐藏运费款债权10万余元应属夫、妻共同财产,其中6万元归妻所有。

⑧2003年**山东某离婚后财产分割纠纷案**,1996年,唐某与乔某结婚。1998年,双方使用工龄款购房并登记在唐某名下。1999年,因乔某不具备房改购房资格,其交纳的第2期1万余元定金转为第4期房改定金。2001年,双方离婚,经调解,唐某名下房产归唐某所有,唐某给付乔某6万元。2003年,唐某以乔某离婚时隐瞒无房产,但乔某2002年已取得集资房产权为由,诉请分割该房产。法院认为:依本市《出售公有住房实施细则》规定:具有本市市区城镇常住户口的居民,均可向房屋产权单位申请购买现承租的住房。居民购买公有住房坚持自愿原则,以户为单位(夫妇双方分立户口,分别租住公有住房的合并计算),每户限购一次。而乔某与唐某在婚姻关系存续期间已使用双方工龄折扣购买了唐某现住房,故乔某虽交纳了第二期房改定金1万余元,但其当时并不具备参加该期房改资格,故该定金后转为第四期房改定金。乔某填写集资建房申请表中虽未注明填写时间,但"配偶姓名"栏内填写了"离异",且"工龄折扣额"和"工龄调整额"处均为"0"。由此可知乔某只能在离婚后才能参加房改购买案涉房屋,且已不能享受工龄折扣等优惠政策。离婚调解协议中分割给唐某所有的住房系其与唐某婚姻关系存续期间以双方工龄折扣购买,既然双方协议将此房分割给唐某,唐某理应给予乔某相应财产补偿费6万元,此与本案并非同一法律关系。诉争房屋系乔某个人财产,不存在隐藏夫妻共

同财产行为，但购房定金 1 万余元是使用夫妻共同财产交纳，应予分割。判决诉争房屋归乔某所有，乔某支付唐某 5000 余元。

【典型类案实务要点】

1.【**离婚时隐藏共同财产的一方，分割时可少分或不分**】离婚时隐藏、转移、变卖、毁损共同财产或伪造债务一方可以少分或不分，以对其实施导向和规制，实现社会公平。

2.【**离婚十年“发现”对方名下存单，主张分割未支持**】夫妻一方离婚后以发现对方名下存单主张隐匿夫妻共同财产的，但其应当发现时间超过诉讼时效的，对其主张不予支持。

3.【**离婚时隐瞒对外债权，离婚后可再起诉，请求分割**】不论离婚时一方对夫妻共同财产处理持何态度，一旦在离婚后发现对方在离婚时有法律规定的隐藏、转移、变卖、毁损等行为之一的，其即可再次起诉要求分割该部分夫妻共同财产。

4.【**离婚后一方购房，属个人财产，不属隐匿财产行为**】离婚后一方购买房产，属个人财产，不属于隐藏夫妻共同财产行为，但购房定金使用夫妻共同财产的，定金应予分割。

5.【**离婚时未分割的共同财产，离婚后随时可诉请分割**】当事人依法律规定向法院提起诉讼，请求再次分割夫妻共同财产的诉讼时效为两年，从当事人发现之次日起计算。对于离婚时未分割的夫妻共同财产，任何一方均有权诉请进行分割，而不受两年诉讼时效限制。

6.【**财产分割协议无效，超过一年，仍可诉请重新分割**】夫妻离婚协议中关于住房分割内容违反法律规定，一方离婚后请求确认无效并重新分割，不受一年除斥期间限制。

7.【**离婚后，原承包地被征收所获补偿，仍有相应份额**】夫妻离婚后，一方虽不在原居住地生活，但其土地承包经营权应受保护，基于承包地被征用所获补偿款，应享有相应份额。

8.【**夫妻共有财产，离婚后登记在一方名下，仍应分割**】婚姻关系存续期间夫妻一方取得的财产，离婚后擅自以个人名义登记的，应属侵权，另一方仍有权主张共有分割。

9.【**夫妻调解离婚后，就未予处理财产，仍可主张分割**】夫妻双方经法院调解离婚后，就双方未予分割、法院亦未予处理的夫妻共同财产，一方在离婚后，仍可主张分割。

【类案裁判一般规则】

夫妻一方隐匿夫妻共同财产，或伪造夫妻共同债务企图侵占另一方财产的，在离婚分割夫妻共同财产时,对该方可少分或不分。离婚后,另一方发现有上述行为的,可向法院提起诉讼,请求再次分割夫妻共同财产。

【典型参考案例索引】

主旨案例:江苏高院(2011)苏民再提字第0003号"黄某与李某离婚后财产纠纷案",见《黄荣妹离婚后诉李志良要求分割隐匿财产纠纷案》,载《江苏省高级人民法院公报》(201205/23:44)。**其他案例:**①江苏洪泽法院(2013)泽民初字第65号"连某与张某离婚后财产纠纷案",见《连素玲因征用土地补偿费诉张金仁离婚后财产纠纷案》,载《江苏省高级人民法院公报》(201306/30:71)。②见《民法通则规定的诉讼时效是两年,离婚两年以后发现有离婚时尚未分割的夫妻共同财产,为什么仍然可以诉请分割》(《民事审判指导与参考》研究组),载《民事审判指导与参考·民事审判信箱》(201202/50:235)。③北京一中院(2007)一中民终字第14995号"李某与张某离婚纠纷上诉案",见《同一套住房分割时一物一权原则的适用》(王茂刚),载《人民司法·案例》(200804:70)。④福建霞浦法院(2006)民初字第614号"金某诉陈某离婚纠纷案",见《金丽霞诉陈华荣财产分割案(离婚、时效)》(吴碧清),载《中国审判案例要览》(2008民:416)。⑤广西贺州中院(2005)贺民一终字第79号"何某与于某离婚纠纷案",见《何翠英诉于明全离婚后财产分割案(财产分割)》(黄常春),载《中国审判案例要览》(2006民:497)。⑥福建屏南法院(2004)屏民初字第248号"韦某与谢某离婚后财产纠纷案",见《韦恩光诉谢建设分割夫妻共同财产纠纷案(离婚后财产分割)》(苏枝贵),载《中国审判案例要览》(2005民:429)。⑦河南桐柏法院2003年6月16日判决"王某诉邱某离婚财产案",见《王海雪诉邱新伟在离婚时隐瞒对外债权再次起诉请求分割夫妻共同财产案》(苏家成),载《人民法院案例选》(200303/45:90)。⑧山东济南中院(2003)济民五终字第327号"唐某与乔某离婚后财产分割纠纷案",见《唐世辛诉乔秀云离婚后财产分割案(离婚后财产分割)》(赵军蒙),载《中国审判案例要览》(2004民:403)。

40. 转移共同财产的后果

——夫妻共同产,私转有无效?

【转移财产】

【案情简介及争议焦点】

2003年,宋某与雷某登记结婚。2013年上半年,双方产生矛盾。

2014年2月，双方分居。2014年3月，雷某起诉要求与宋某离婚，法院驳回。2015年1月，雷某再次起诉离婚。雷某称宋某名下银行账户内有共同存款37万元，宋某称该款来源于婚前房屋拆迁补偿款及养老金，现尚剩余20万元左右（含养老金1.4万余元）。宋某称雷某名下有共同存款25万元，要求依法分割。经查询交易明细，显示至2014年12月21日该账户余额为262.37元，雷某于2013年4月30日通过ATM转账及卡取方式将该账户内19.5万元转至案外人名下。雷某提出该笔存款系其经营饭店所得收益，开始称该笔款已用于夫妻共同开销，后又称用于偿还其外甥女借款，但均未提供相应证据证明。

争议焦点：1. 能否认定雷某转移财产？2. 离婚财产分割时如何处理？

【裁判要点】

1. 法律规定。依法律规定：夫妻对共同所有的财产，有平等的处理权；离婚时，一方隐藏、转移、变卖、毁损夫妻共同财产，或伪造债务企图侵占另一方财产的，分割夫妻共同财产时，对隐藏、转移、变卖、毁损夫妻共同财产或伪造债务的一方，可以少分或不分。离婚后，另一方发现有上述行为的，可以向人民法院提起诉讼，请求再次分割夫妻共同财产。据此，一方在离婚诉讼期间或离婚诉讼前，隐藏、转移、变卖、毁损夫妻共同财产，或伪造债务企图侵占另一方财产的，侵害了夫妻对共同财产的平等处理权，离婚分割夫妻共同财产时，应依法律规定少分或不分财产。

2. 转移财产。本案中，关于双方名下存款分割，结合相关证据，宋某婚前房屋拆迁款转化的存款，应归宋某个人所有，宋某婚后所得养老保险金，应属夫妻共同财产。雷某名下银行账户内存款为夫妻关系存续期间收入，应作为夫妻共同财产予以分割。雷某于2013年4月通过转账及卡取方式，将19.5万元转至案外人名下。雷某始称该款用于家庭开销，后又称用于偿还外债，前后陈述明显矛盾，对其主张亦未提供证据证明，对钱款去向不能作出合理解释和说明。结合案件事实及相关证据，应认定雷某存在转移、隐藏夫妻共同财产情节。对雷某名下银行账户内存款，雷某依法可以少分。判决宋某婚后养老保险金1.4万余元归宋某所有，对雷某转移的19.5万元存款，由雷某补偿宋某12万元。

【裁判依据或参考】

1. 法律规定。《民法典》（2021年1月1日）第1092条："夫妻一方隐藏、转移、变卖、毁损、挥霍夫妻共同财产，或者伪造夫妻共同债务企图侵占另一方财产的，在离婚分割夫妻共同财产时，对该方可以少分或者不分。离婚后，另一方发现有上述行为的,可以向人民法院提起诉讼,请求再次分割夫妻共同财产。"

2. 最高人民法院司法解释及其他司法性文件/解读文章。最高人民法院**《关于适用〈中华人民共和国民法典〉婚姻家庭编的解释(一)》**(2021年1月1日　法释〔2020〕22号)第83条:"离婚后,一方以尚有夫妻共同财产未处理为由向人民法院起诉请求分割的,经审查该财产确属离婚时未涉及的夫妻共同财产,人民法院应当依法予以分割。"第84条:"当事人依据民法典第一千零九十二条的规定向人民法院提起诉讼,请求再次分割夫妻共同财产的诉讼时效期间为三年,从当事人发现之日起计算。"最高人民法院**《关于人民法院审理离婚案件处理财产分割问题的若干具体意见》**(1993年11月3日　法发〔1993〕32号,已于2021年1月1日起废止)第21条:"一方将夫妻共同财产非法隐藏、转移拒不交出的,或非法变卖、毁损的,分割财产时,对隐藏、转移、变卖、毁损财产的一方,应予以少分或不分。具体处理时,应把隐藏、转移、变卖、毁损的财产作为隐藏、转移、变卖、毁损财产的一方分得的财产份额,对另一方的应得的份额应以其他夫妻共同财产折抵,不足折抵的,差额部分由隐藏、转移、变卖、毁损财产的一方折价补偿对方。对非法隐藏、转移、变卖、毁损夫妻共同财产的一方,人民法院可依照《中华人民共和国民事诉讼法》第一百零二条的规定进行处理。"

3. 地方司法性文件。北京高院民一庭**《关于审理婚姻纠纷案件若干疑难问题的参考意见》**(2016年8月4日)第47条:"【离婚转移夫妻共同财产的损害赔偿】离婚时,一方隐藏、转移、变卖、毁损夫妻共同财产的,可依《婚姻法》第四十七条少分或不分夫妻共同财产;造成损失的,另一方在离婚诉讼中可主张赔偿损失。"江苏常州天宁区法院**《关于审理家事案件的若干规定》**(2015年1月)第23条:"对于当事人的财产状况、当事人之间的身份关系以及一方当事人转移、变卖、隐藏财产或者与他人同居、重婚等重要案件事实,当事人难以举证又影响案件审理结果的,人民法院可以根据当事人提供的线索,依职权向有关金融、医疗、社区等机构调取证据,或者通过走访群众来查清案件事实。"江苏高院**《涉家庭暴力婚姻家庭案件审理指南》**(2012年1月1日)第6章第1节:"……6. 对恶意转移财产的处理。人民法院发现一方有伪造或指使他人伪造债务,转移或隐匿财产行为的,应当依据《婚姻法》第四十七条和《民事诉讼法》第一百零二条【新修订的《民事诉讼法》第一百一十一条】的规定予以处理。"上海高院**《婚姻家庭纠纷办案要件指南(三)》**(2010年6月22日　沪高法民一〔2010〕8号)第5条:"一方请求少分或者不分给另一方共同财产的,一般应举证证明下列要件事实:(一)共同财产权利客观、现实的存在;(二)离婚时,一方有隐藏、转移、变卖、毁损夫妻共同财产,或伪造债务侵占另一方财产的行为。婚姻关系当事人一方私自处分夫妻共同财产,妨害民事诉讼行为的,依照民事诉讼法的规定予以制裁。【说明】在离婚过程中,一方隐瞒真实情况、擅自处分夫妻共同财产，或伪造债务、企图侵占夫妻共同财产的情况屡见不鲜。为了保护财产所有权人的合法权益，保障民事诉讼的顺利进行，婚姻法第四十七条第一款规定：‘离婚时，一方隐藏、转移、变卖、毁损夫妻共同财产，或伪造债务企图侵占另一方财产的，分割夫妻共同财产时，对隐藏、转移、变卖、毁损夫妻共同财产或伪造债务的一方，可以少分或不分。离婚后，另一方发现有上述行为的，可以向人民法院提起诉讼，请求再次分割夫妻共同财产。’因此，请求人在证明被请求人有符合婚姻法第四十七条第一款所列举行为的情况下，有权要求对方少分或者不分得共同财产；事后发现对方有上述行为的，可以再次起诉要求重新分割共同财产，并且可以要求对方少分或不分得共同财产。审理此类案件时，从法律条文出发，应当确定以下要件事实，并相应确定双方的举证责任：(1)如果被请求人否认请求人主张的共同财产事实，应由请求人证明其主张的财产曾经客观存在，属于夫妻共同财产，并由被请求人实际控制，但请求人无需证明该项财产在诉讼时的具体下落和形态。被请求人认可请求方主张的财产、属性及由自己实际控制等事实，或者法院对这些事实已作查明的，如果被请求人主张诉讼时该项财产由于法定事由或其他正当理由已经灭失（例如因日常生活需要而处分、由夫妻双方平等协商取得一致意见而处分、自然毁损、由于正常的投资风险而贬值，等等），作为否定对方请求权的相对事实要件，应由被请求人承担相应的举证责任。被请求人无法证明其主张的要件事实的，根据最高人民法院《关于人民法院审理离婚案件处理财产分割问题的若干具体意见》等规定办理。(2)一方具有私自处分夫妻共同财产的行为。根据婚姻法第四十七条第一款的规定，夫妻一方在离婚诉讼时有私自处分夫妻共同财产行为的，在分割夫妻共同财产时可以少分或者不分，体现了法律对此种行为的谴责和惩罚。具体来说，私自处分共同财产行为包括隐藏、转移、变卖、毁损夫妻共同财产或伪造债务企图侵占另一方财产。隐藏是指将财产特别是存折、现金等秘密放在对方或他人不知晓的地方；转移是指将财产从一处移动到他处，使其脱离对方的控制或支配；变卖是指将夫妻共同财产中的财物变成货币，离婚分割财产中禁止一方私自变卖财产，无论其变卖所得是否归于夫妻共同财产，都是不允许的，但如果双方同意变卖，则是可以的，变卖所得归于共同财产；毁损是指将有价值或有使用价值的东西，经人为外力作用使其成为无价值或无使用价值之物；伪造债务是指利用假证明、假证人、假文书等手段，伪造、制造债务，以图达到侵占另一方财产的目的。被请求人侵占夫妻共同财产的行为，可能导致请求人的实际损失，但也可能由于种种原因未造成请求人的实际损失（例如隐瞒的财产被发现，或法院对伪造的债务不予认定，等等）。只要被请求人有婚姻法第四十七条第一款所列举行为之一的，请求人均可要求其承担相应的责任。婚姻法第四十七条第二款规定：‘人民法院对前款规定的妨害民事诉讼的行为，依照民事诉讼法的规定予以制裁。’在离婚诉讼中，夫妻一方侵犯另一方共同财产权利的行为符合民事诉讼法第一百零二条规定的,人民法院可以根据情节轻重予以罚款、拘留;构成犯罪的,依法追究刑事责任。”上海高院**《关于审理婚姻家庭纠纷若干问题的意见》**(2007 年 3 月 15 日　沪高法民一〔2007〕5 号)第 6 条:“夫妻协议离婚后财产纠纷的处理范围。夫妻协议离婚后财产纠纷中的财产范围,既包括离婚协议中未涉及的财产,也包括《婚姻法》第四十七条所规定的一方在离婚时隐藏、转移、变卖、毁损的夫妻共同财产及伪造债务侵占的另一方的财产。”第 8 条:“离婚后的财产纠纷中财产价值的确定。审理离婚后的财产纠纷,财产的价值应区别不同情况予以确定:若属于双方约定或法院判决不予处理的财产,财产价值以处理时的市场价值确定;若属于一方隐藏、转移、变卖、毁损的财产,财产价值的确定可适用‘就高’原则,即离婚时财产的市场价值高,以离婚时的市场价值确定;处理财产时的市场价值高,以处理财产时的市场价值确定。”广东高院**《关于审理婚姻案件若干问题的指导意见》**(2001 年 11 月 9 日　粤高法发〔2001〕44 号,2021 年 1 月 1 日起废止)第 34 条:“起诉离婚前,一方隐藏、转移、变卖、毁损夫妻共同财产,或伪造债务企图侵占另一方财产的,人民法院在分割夫妻共同财产时,可参照《婚姻法》第四十七条规定,对该行为人少分或不分。”第 35 条:“夫妻离婚后,其中一方当事人根据《婚姻法》第四十七条规定向人民法院提起民事诉讼,请求再次分割夫妻共同财产的,应当在知道或者应当知道权利被侵害之日起二年内主张权利,否则,人民法院对其主张不予支持。”

【参考类案】

①2007 年**浙江某离婚纠纷案**,2007 年,妻以夫实施家暴诉请离婚,并要求一笔以夫名义存入款项 16 万元各半分割。法院认为:妻提供的病历、照片、法医鉴定、派出所证明足以证明其两次被他人殴打致轻微伤,因夫对此无法作出合理解释,亦无法提出反证,根据优势证据原则,在原告穷尽举证能力情况下,应认定夫对妻实施家庭暴力,导致夫妻感情破裂,依最高人民法院司法解释规定,妻有权请求精神损害赔偿。夫名下存款 16 万元为夫妻共有,夫主张已均用于家庭生活但未举证,鉴于双方无工作,家庭费用系从该款中支出,参照城镇居民人均消费性支出标准确定为已支出 6 万元,故认定被告还持有 10 万元,应各半享有。

②2005 年**安徽某离婚纠纷案**,2004 年,许某起诉丈夫杨某要求离婚。其间,许某与他人同居。双方争议共同债权:万某 5 万元债权,杨某称万某已偿还,许某申请对该收条进行鉴定;许某起诉离婚前几天从家里分两次取走 5 万元,许某称已还向母亲借款 1 万元和江某 4 万元。双方争议共同债务:许某称其为女儿购买 1.44 万元保险,应由杨某承担一半;生效调解书确认的杨某向商贸公司借款 1.4 万元;许某称一审期间向王某所借、用于家庭日常开支的 5000 元。法院认为:许某在夫

妻关系存续期间与他人进行非法同居，该行为在一定程度上加速了夫妻感情破裂，明显违反了夫妻间应当相互忠实的义务和善良风俗，应认定有过错。依《婚姻法》相关规定，杨某离婚后对婚生女仍有抚养及教育的权利和义务，但没有为子女购买保险的法定义务。许某自愿支出相应费用为女儿购买保险，系其自由处分自己财产行为。许某要求杨某承担一半保险费用没有法律依据。许某申请对诉争收条真伪进行鉴定，进而认定债权是否存在。因本案系一起离婚案件，债务人万某非本案当事人，而对该笔债权存在与否的认定将直接涉及案外人万某权益，故对许某鉴定申请不予准许。鉴于双方当事人对债权存在与否存在重大分歧，且涉及案外人利益，在本案中不宜进行审理，如许某认为万某未清偿该笔债务，共同债权依然存在，其可依法另行向债务人提出主张。许某主张向王某的5000元借款形成于本案一审诉讼期间，证人陈述该借款用于交纳派出所赔偿款，而许某却主张借款用于家庭日常开支和交纳相关费用，因许某陈述与其所举证据之间相互矛盾，不能证明该款项系夫妻共同债务，其要求杨某共同承担的理由不能成立。生效调解书已确认杨某向商贸公司借款1.4万元用于交付房屋租金，即用于生产经营，故该笔债务应属夫妻共同债务。许某两次取走家庭存款5万元，并主张已用于清偿向其母亲的借款和向江某的借款4万元，故不应予以分割。但从许某所提供证据分析，均系证人证言，其中部分证人与许某之间有亲属关系，且各证人证言之间陈述存在诸多相互矛盾之处，许某在一、二审期间关于借款和还款过程陈述亦存在明显不一致。许某系离家第二天和第三天即分两次取走大额家庭共同存款，且不能证明该财产去向，应依法予以分割。判决准予双方离婚，婚生女由许某抚养，杨某按月给付抚养费250元，许某取走的共同存款5万元、以许某名义交纳的保险费1.44万元归许某所有，欠商贸公司共同债务1.4万元由杨某归还，杨某另给付许某财产补差款2.3万元。

③2004年**福建某离婚后财产分割纠纷案**，2000年，傅某与吴某婚姻关系存续期间，以陈某名义购买一辆9000余元摩托车。2002年，双方诉讼离婚时，傅某不认可该车系共同财产。民事调解书确认傅某放弃对夫妻共同财产分割。离婚后，陈某办理摩托车过户至傅某。吴某起诉傅某，要求傅某将隐瞒转移的摩托车归还吴某所有。法院认为：依《婚姻法》规定，离婚后，一方当事人发现另一方当事人有隐瞒转移夫妻共同财产行为的，可请求再次分割夫妻共同财产。双方对夫妻关系存续期间共有的摩托车有平等处分权。离婚时，因傅某并未放弃对诉争摩托车分割，吴某以傅某自愿放弃夫妻共同财产分割为由，请求傅某将摩托车归还吴某所有，违背了平等处分原则。离婚时，傅某对诉争摩托车进行隐瞒后转移，违背诚实信用及平等处分原则，依《婚姻法》规定，该财产应予合理分割。因傅某在离婚时对诉争财产隐瞒转移，应予少分，判决财产归傅某所有，傅某支付该车鉴定价款的65%给

吴某。

④2004 年**河南某离婚后财产分割纠纷案**,1986 年,张某与李某结婚。1992 年,张某父母将产权房赠与张某。1994 年,李某与张某在赠与房产上加盖二层。2002 年,李某起诉离婚,法院以张某将该房卖给其姐为由未予处理。2003 年,李某起诉张某及张某姐,法院判决确认房屋买卖合同无效。2004 年,李某起诉房管局,法院判决撤销案涉房屋所有权证。随后,李某以离婚后财产分割为由起诉张某,要求确认该房为其所有。法院认为:双方诉争且婚前居住房屋原系原产权人张某父母明确表示赠与张某的,故该房为张某个人财产,归张某个人所有。其后扩建房屋是李某与张某二人婚后共同所建,系二人共同财产,应依法分割。张某在离婚诉讼中将该房产以明显低价出售给其姐,该买卖行为已被确认无效,另考虑到婚生女随李某生活,从照顾子女和女方利益出发,李某与张某共同所有的房屋以分给李某为宜,但李某应给予张某适当的经济补偿。补偿的标准,参考双方协商同意的评估价,以李某补偿张某单层价款的 1/3 为宜。判决诉争房屋一层归张某所有,二层归李某所有,李某补偿张某 5000 余元。

⑤2004 年**四川某离婚纠纷案**,1997 年,华某与何某结婚后,与父母分家单过,同时华某母亲将名下商店交给何某、华某经营。2003 年,何某与华某夫妻感情不和,华某取款并转存父亲名下,以父亲名义购房并登记在父亲名下。2004 年,何某诉请离婚,要求依法确认华某转移财产行为并少分财产。法院认为:何某举证证实商店最初由华某母亲开办,并进行工商登记,后因华某、何某结婚,华某父母将商店交与华某、何某经营,并分家生活的事实。同时证实华某、何某在婚姻关系存续期间,一直以经营商店为主,华某父母未参与经营,且期间外出生活 3 年。华某对以其名义的存款有支配权,与华某自书的转移财产线索相互印证,可认定 21 万余元存款是华某、何某在夫妻关系存续期间共同经营所得收益,依《婚姻法》规定,应为夫妻共同财产。何某举证法院调取华某银行存取款凭证及以父母或他人名义开户的银行存取款凭证、证人证言、购房交款收据等证据,证实在夫妻关系不和睦时,华某取款后存于他人名下,再取出,与父母合谋变更售房合同主体,倒签合同行为。这一系列行为表明华某与父母具有主观故意串通转移前述认定的夫妻共同财产。判决确认何某与华某共同财产及共同债务同时,判决何某分得共同财产被华某转移部分的 60%,华某分得 40%,第三人华某父母连带返还何某、华某相应财产。

【典型类案实务要点】

1.**【离婚诉讼前,转移银行存款,离婚时应少分或不分】**一方在离婚诉讼期间或离婚诉讼前,隐藏、转移夫妻共同财产的,离婚分割夫妻共同财产时,依法可少分或不分。

2.【**一方转移财产,不能证明合理用途的,应平均分割**】离婚财产分割时,一方有转移共同财产嫌疑且不能提供证据证明合理用途的,应推定其仍持有该款并予以平均分割。

3.【**一方大额取款不能证明去向的,应按共同财产分割**】夫妻离婚诉讼期间,一方取走大额家庭共同存款,且不能证明该财产去向的,应依法作为夫妻共同财产予以分割。

4.【**离婚时,隐瞒共同财产并转移,离婚后,应予再分**】离婚后,一方当事人发现另一方当事人有隐瞒转移夫妻共同财产行为的,依法可请求再次分割夫妻共同财产。

5.【**一方获赠房产属个人所有,婚后扩建部分应为共有**】夫妻一方获赠父母房产,婚后扩建部分应属于共同财产,离婚诉讼中一方转移该财产的,分割时应予少分或不分。

6.【**一方与他人故意串通转移夫妻共同财产的,应少分**】夫妻一方通过取款、转存、购房行为,与他人主观故意串通转移夫妻共同财产的,在离婚分割共同财产时,应予少分。

【类案裁判一般规则】

夫妻一方转移、变卖、毁损、挥霍夫妻共同财产,或伪造夫妻共同债务企图侵占另一方财产的,在离婚分割夫妻共同财产时,对该方可少分或不分。离婚后,另一方发现有上述行为的,可向法院提起诉讼,请求再次分割夫妻共同财产。

【典型参考案例索引】

主旨案例:北京三中院(2015)三中民终字第 08205 号“雷某与宋某离婚纠纷案”,见《雷某某诉宋某某离婚纠纷案》,载《最高人民法院关于发布第 14 批指导性案例的通知》(2016919/14:66)。**其他案例:**①浙江温州龙湾区法院(2007)温龙民初字第 548 号“庄某诉范某离婚案”,见《庄丽琴诉范春勇离婚案》(张敏),载《人民法院案例选》(200703/61:102)。②安徽马鞍山中院(2005)马民一终字第 77 号“许某与杨某离婚纠纷案”,见《许小红诉杨万银离婚案(共同债权债务的认定与处理)》(陈友妹),载《中国审判案例要览》(2006 民:488)。③福建南安法院判决“吴某诉傅某离婚后分割财产案”,见《吴剑文诉傅惠珍离婚后隐瞒转移夫妻共同财产案》(杨昌和),载《人民法院案例选》(2004 年民事/48:18)。④河南郑州管城回族区法院(2004)管民初字第 764 号“李某与张某离婚后财产纠纷案”,见《李秋芬诉张天顺夫妻登记离婚后财产纠纷案(离婚后财产分割)》(周勇增、姚黎),载《中国审判案例要览》(2005 民:418)。⑤四川江油法院(2004)江油民初字第 295 号“何某与华某离婚纠纷案”,见《何晓俊诉华军离婚案(夫妻共同财产的认定、离婚后财产分割)》(王宇龙、余光),载《中国审判案例要览》(2005 民:424)。

五、夫妻债务

41. 单方对外担保债性质

——一方担保债，是否共同还？

【担保债务】

【案情简介及争议焦点】

2012 年，王某出借 150 万元予李某，宋某提供连带责任保证。2013 年，因李某到期未偿，王某起诉，并主张宋某及妻子叶某承担连带保证责任。

争议焦点：1. 认定债务性质的证据规则？2. 本案担保债务性质？

【裁判要点】

1. 法律及司法解释规定。依法律规定：夫妻对婚姻关系存续期间所得的财产约定归各自所有的，夫或妻一方对外所负的债务，第三人知道该约定的，以夫或妻一方所有的财产清偿。最高人民法院《关于适用〈中华人民共和国婚姻法〉若干问题的解释（二）》（已于 2021 年 1 月 1 日起废止）第 24 条规定："债权人就婚姻关系存续期间夫妻一方以个人名义所负债务主张权利的，应当按夫妻共同债务处理。但夫妻一方能够证明债权人与债务人明确约定为个人债务，或者能够证明属于婚姻法第十九条第三款规定情形的除外。"最高人民法院民一庭《关于婚姻关系存续期间一方以个人名义所负债务性质如何认定的答复》（〔2014〕民一他字第 10 号）载明：在不涉及他人的离婚案件中，由以个人名义举债的配偶一方负责举证证明所借债务用于夫妻共同生活，如证据不足，则其配偶一方不承担偿还责任。在债权人以夫妻一方为被告起诉的债务纠纷中，对于案涉债务是否属于夫妻共同债务，应当按照最高人民法院《关于适用〈中华人民共和国婚姻法〉若干问题的解释（二）》（已于 2021 年 1 月 1 日起废止）第二十四条规定认定。如果举债人的配偶举证证明所借债务并非用于夫妻共同生活，则其不承担偿还责任。

2. 案涉担保债务的性质。对夫妻一方无偿保证所生债务，因保证人既未从债权人亦未从债务人处获得对待给付，无法给保证人带来任何利益，对夫妻共同生活目的的实现无任何帮助，故该保证债务并非基于夫妻共同生活可能，属前述司法解释第 24 条规定的明确约定为个人债务情形，不属夫妻共同债务范畴，故叶某不应对宋某担保债务承担连带责任。

【裁判依据或参考】

1. 法律规定。《**民法典**》(2021 年 1 月 1 日)第 1064 条:“夫妻双方共同签名或者夫妻一方事后追认等共同意思表示所负的债务,以及夫妻一方在婚姻关系存续期间以个人名义为家庭日常生活需要所负的债务,属于夫妻共同债务。夫妻一方在婚姻关系存续期间以个人名义超出家庭日常生活需要所负的债务,不属于夫妻共同债务;但是,债权人能够证明该债务用于夫妻共同生活、共同生产经营或者基于夫妻双方共同意思表示的除外。”

2. 最高人民法院司法解释及其他司法性文件/解读文章。最高人民法院民一庭《**关于夫妻一方对外担保之债能否认定为夫妻共同债务的复函**》(2015 年 1 月 1 日 〔2015〕民一他字第 9 号):“……同意你院审判委员会多数意见,即夫妻一方对外担保之债不应当适用《最高人民法院关于适用〈中华人民共和国婚姻法〉若干问题的解释(二)》第二十四条的规定认定为夫妻共同债务。”

3. 地方司法性文件。上海一中院《**类案裁判方法|夫妻共同债务类案件的审理思路和裁判要点**》(2020 年 9 月 9 日)第 3 条:“……夫妻共同债务案件的前置审查步骤。法院应首先审查债务关系是否成立,再对债务人及其配偶是否应当承担共同清偿责任进行审查。债务关系不能狭义理解为借贷关系,还应包括其他合同之债、担保之债、侵权之债……第三,担保之债作为债务的一种,同样适用于法律关于夫妻共同债务的审查认定标准。当夫妻一方对外担保之债与夫妻共同生活或共同生产经营密切相关,对外担保产生的利益用于夫妻共同生活或共同生产经营时,该担保之债宜认定为夫妻共同债务……”江苏高院《**家事纠纷案件审理指南(婚姻家庭部分)**》(2019 年 7 月 18 日)第 49 条:“作为有限责任公司或者股份有限公司的法定代表人、控股股东的夫妻一方在婚姻关系存续期间以个人名义借款用于公司或者为公司借款提供担保,该债务性质应当如何认定?作为有限责任公司或者股份有限公司的法定代表人、控股股东的夫妻一方在婚姻关系存续期间以个人名义借款用于公司或者为公司借款提供担保的,应当区分属于公司债务还是个人债务。在认定属于个人债务的情形下,如果债务人在借款或者担保时收取了经济利益用于夫妻共同生活或者借款、担保行为与夫妻共同生活、共同生产经营密切相关,该借款或者担保债务应当认定为夫妻共同债务。作为夫妻公司的法定代表人、控股股东的夫妻一方在婚姻关系存续期间以个人名义借款用于公司或者为公司借款提供担保的,该借款或者担保债务应当认定为夫妻共同债务。夫妻一方作为一人有限责任公司的股东在婚姻关系存续期间以个人名义借款用于公司或者为公司借款提供担保,如果债务人配偶参与生产经营或者从生产经营中受益的,该借款或者担保债务应当认定为夫妻共同债务。”四川高院《**关于审理民间借贷纠纷案件若**

干问题的指导意见》(2016 年 7 月 27 日)第 42 条:“夫妻一方对外提供担保的认定。夫妻一方非因家庭利益而以个人名义为他人债务提供担保的,担保债务原则上应认定为个人债务。如果夫妻一方基于家庭利益而为他人提供担保的,或者担保利益归属于家庭的,则担保债务应认定为夫妻共同债务。”福建三明中院**《民事审判若干实务问题探讨》**(2016 年)第 15 条:“婚姻关系存续期间,夫妻一方为他人提供担保,另一方是否承担担保责任?答:省法院民二庭认为应当区分保证担保与抵押担保两种情况处理。”浙江温州中院**《关于审理民间借贷纠纷案件若干问题的意见》**(2012 年 8 月 7 日　温中法〔2012〕143 号)第 10 条:“夫妻一方以个人名义为他人借款提供保证或无对价受让债务,债权人主张夫妻应共同承担保证责任或偿还责任的,一般不予支持。”山东临沂中院**《关于审理民事案件的若干指导意见(试行)/婚姻家庭部分》**(2011 年 3 月 29 日　临中法〔2011〕55 号)第 5 条:“因担保形成的债务,债权人不得以最高人民法院《关于适用〈中华人民共和国婚姻法〉若干问题的解释(二)》第二十四条的规定向夫妻另一方主张权益。”浙江高院民二庭**《关于印发〈商事审判若干疑难问题理解〉的通知》**(2010 年 6 月 25 日　浙法民二〔2010〕15 号)第 25 条:“担保法解释第五十四条第二款规定,‘共同共有人以其共有财产设定抵押,未经其他共有人的同意,抵押无效。但是,其他共有人知道或者应当知道而未提出异议的视为同意,抵押有效’。当夫或妻一方以共有财产设置抵押,另一方未在合同中签字而又以其不知情为由要求确认抵押无效的,债权人是否可援引表见代理规则主张夫妻共同债务?(永康法院)抵押行为不是夫妻日常生活行为的常态,具有偶然性和独立性,不宜当然认为属于家事代理的范围。配偶一方对外担保等民事行为所产生的民事责任认定,也可能涉及表见代理规则的适用。人民法院应结合涉案夫妻婚姻关系的相关情节,根据合同法第四十九条和最高人民法院《关于当前形势下审理民商事合同纠纷案件若干问题的指导意见》的相关规定,妥当处理相关争议。”

【参考类案】

①2016 年**江苏某借款合同纠纷案**,2015 年,刘某为投资公司出借 1000 万元给实业公司提供担保,同时刘某代替丈夫任某在保证人栏签字。后因实业公司到期未偿致诉,任某现下落不明,经法院公告送达,公告期满后其未到庭参加诉讼。法院认为:作为担保主体的自然人,应系具有民事权利能力和民事行为能力的个体,此亦系自然人担保资格要求。在此意义上,自然人担保人要作为独立主体承担责任,并以自己所有全部财产承担保证责任,其中包括与别人共有财产。在夫妻关系中的夫妻一方,只是夫妻关系共同体,而在对外担保关系中,夫妻均应为独立主体。担保双方意思表示,应系夫妻任何一方均以自己名义提供担保,任何一方除以夫妻

共同财产承担保证责任外,还要以任何一方个人财产承担保证责任,故任何自然人担保,均需自然人个人作出意思表示。本案中,任某在投资公司与刘某签订保证合同时未能到场,在投资公司不能提供刘某与任某间授权和委托手续证据情形下,不能认定任某愿意参与担保意思表示。表见代理是行为人无代理权、超越代理权或代理权终止后以被代理人名义订立合同,相对人有理由相信行为人有代理权的,该代理行为有效。不管何种情形,只有“有理由相信”表见代理才能成立。而基于夫妻关系信赖,依《婚姻法》相关规定,只能信赖夫妻关系共同体,即信赖夫妻一方基于共同财产而代理另一方行为,而不应信赖对另一方个人财产的处分。即可信赖夫妻一方个人担保行为系基于经营为获得共同利益行为,但不能由此信赖亦系另一方个人行为,故夫妻一方代替另一方签字担保,被担保人对此缺乏可信赖基础,即使被担保人信赖亦应被视为“没有理由”。本案中,投资公司主张基于对刘某与任某夫妻关系信赖而代签行为构成表见代理不能成立。夫妻一方代替另一方签字担保行为,可理解为系一方无权处分另一方财产权益行为。本案中,夫妻中被代替签字一方下落不明,无法证明其追认意思表示,故应认定刘某代签任某署名担保行为不能生效,依《合同法》第51条关于无权处分规定,不产生担保效力,任某不应承担担保责任。判决实业公司偿付投资公司借款本金1000万元及利息,刘某承担连带偿还责任。

②2008年**福建某借款合同纠纷案**,2005年,陈某为程某向银行贷款8万元提供连带责任保证。保证期间内,陈某死亡。2008年,银行诉请陈某妻子王某及其他继承人承担连带责任。法院认为:依《婚姻法》第17条、最高人民法院《关于适用〈中华人民共和国婚姻法〉若干问题的解释(一)》(已于2021年1月1日起废止)第17条及最高人民法院《关于人民法院审理离婚案件处理财产分割问题的若干具体意见》(已于2021年1月1日起废止)第2条、第17条规定,可以看出,夫妻共同债务范围应是夫妻一方或双方为共同生活需要所负债务。夫妻一方以个人财产为他人提供担保或擅自为他人提供担保所负债务应为个人债务,不属夫妻共同债务之列,故陈某生前为程某贷款提供的担保非属共同债务,王某及其他继承人已明确表示放弃继承情况下,不应承担连带清偿责任。

③2000年**吉林某债务纠纷案**,1997年,田某之夫吕某以夫妻共有房产抵押向信用社贷款2万元用于生产经营,高某提供担保。1998年,吕某病逝。1999年,田某与高某登记结婚。2000年,信用社诉请田某、高某共同偿还贷款本息。法院认为:吕某在贷款合同上签字署名,其贷款主体是吕某本人。合同签订后一直由债务人吕某筹集资金、购买生产原料、安装设备、缴纳费用、组织工人进行生产,是实际经营管理者。吕某所贷款项用途,是吕某个人占有并支配行为。吕某去世后,其在夫妻关系存续期间所欠债务,按法律规定应视为夫妻共同之债,田某负有偿还债务

义务。《担保法》第 26 条规定:"连带责任保证人与债权人未约定保证期间的,债权人有权自主债务履行期满之日起六个月内要求保证人承担保证责任。在合同约定的保证期间和前款规定的保证期间,债权人未要求保证人承担保证责任的,保证人免除保证责任。"本案中,信用社未与担保人约定保证期间,又未在法律规定的期限内向担保人主张权利,高某担保责任依法免除。债务人吕某病故后,田某继承了前夫吕某的遗产,其中的房产抵押并未改变财产所有权,理应偿还吕某生前债务。判决田某偿还信用社贷款 2 万元及利息。

【典型类案实务要点】

1.**【夫妻一方对外担保之债,不应认定为夫妻共同债务】**夫妻一方对外担保之债不同于《婚姻法》规定的夫妻共同债务,不能适用最高人民法院《关于适用〈中华人民共和国婚姻法〉若干问题的解释(二)》(已于 2021 年 1 月 1 日起废止)第 24 条规定认定为夫妻共同债务。

2.**【夫妻一方代替另一方签字担保,不应构成表见代理】**夫妻一方代替另一方签字担保行为不构成表见代理,该行为不产生担保效力,被代替签字一方不应承担担保责任。

3.**【夫妻一方擅自作担保人所担保债务,非属共同债务】**婚姻关系存续期间,夫妻一方未经另一方同意擅自为他人提供担保的债务,且非为夫妻共同生活所必需,应属于夫妻一方个人债务。

4.**【债务人病故后,配偶再婚,原共同债务应个人偿还】**债务人病故后,其生前在夫妻关系存续期间用于生产经营所贷款项应视为夫妻共同债务,其配偶再婚后,应视为再婚配偶个人债务。

【类案裁判一般规则】

夫妻一方非因家庭利益而以个人名义为他人债务提供担保的,担保债务原则上应认定为个人债务。如果夫妻一方基于家庭利益而为他人提供担保的,或担保利益归属于家庭的,则担保债务应认定为夫妻共同债务。

【典型参考案例索引】

主旨案例:见《夫妻一方对外担保之债不属于夫妻共同债务》(韩延斌、柳凝,最高院民一庭),载《民事审判指导与参考·指导性案例》(201601/65:157)。**其他案例:**①江苏徐州铜山区法院(2016)苏 0312 民初 1021 号"某实业公司与某贸易公司等借款合同纠纷案",见《夫妻一方代替另一方签字的担保行为不构成表见代理——江苏徐州铜山区法院判决文禄公司诉正德公司等借款合同纠纷案》(姬广勇),载《人民法院报·案例精选》(20170216:06)。②福建南安法院(2008)南民初字第749号“某银行与陈某等借款合同纠纷案”,见《福建南安农村合作银行仓苍支行诉陈存祥等人金融借款合同纠纷案》(陈纯金),载《人民法院案例选》(200901/67:238)。③吉林红石林区基层法院(2000)红民初字第120号“某信用社与田某等债务纠纷案”,见《吉林省桦甸市红石镇信用社与田凤荣、高举债务纠纷案》,载《民事审判指导与参考·民事裁判文书改革》(200103/7:342)。

42. 侵权之债与配偶责任

——一方侵权债,配偶连带赔?

【侵权债务】

【案情简介及争议焦点】

2015年,李某驾驶妻子王某名下机动车送妻子上班途中撞伤潘某致残。对于超出交强险及商业三责险外的33万余元是否由王某与李某连带清偿成为争议焦点。

争议焦点:1. 李某驾车行为定性? 2. 王某应否对李某侵权之债承担责任?

【裁判要点】

1. 共同债务。根据本案现有证据可认定,李某与王某系夫妻关系,涉案车辆登记在王某名下,事发时由李某驾车,搭载王某共同前往地铁站上班途中,亦即事发时李某驾车行为属于为夫妻二人共同利益行为,因此产生的侵权之债,应认定为夫妻共同债务,故对潘某超出交强险限额的合法损失,应由李某与王某共同承担赔偿责任。

2. 赔偿责任。对李某、王某应承担的赔偿责任,保险公司应根据其承保商业三责险保险合同予以赔偿,赔偿后仍有不足的,由李某及王某实际承担。判决保险公司在交强险范围内赔偿潘某1.2万元;在商业三责险范围内赔偿潘某20万元,李某、王某赔偿潘某33万余元。

【裁判依据或参考】

1. 法律规定。《民法典》(2021年1月1日)第1064条:“夫妻双方共同签名或者夫妻一方事后追认等共同意思表示所负的债务,以及夫妻一方在婚姻关系存续期间以个人名义为家庭日常生活需要所负的债务,属于夫妻共同债务。夫妻一方在婚姻关系存续期间以个人名义超出家庭日常生活需要所负的债务,不属于夫妻共同债务;但是,债权人能够证明该债务用于夫妻共同生活、共同生产经营或者基于夫妻双方共同意思表示的除外。”

2. 地方司法性文件。上海一中院《**类案裁判方法|夫妻共同债务类案件的审理思路和裁判要点**》(2020年9月9日)第3条:“……(一)夫妻共同债务案件的前置审查步骤。法院应首先审查债务关系是否成立,再对债务人及其配偶是否应当承担共同清偿责任进行审查。债务关系不能狭义理解为借贷关系,还应包括其他合同之债、担保之债、侵权之债……第二,由于侵权行为有其特定的人身属性,侵权行为之债一般不符合夫妻共同债务的特征,但在从事家庭经营等活动时侵权、夫妻双方共同侵权或依照法律规定夫妻双方需要承担连带赔偿责任的除外……”北京高院《**关于立案审判适用法律若干问题的解答(二)**》(2019年11月20日)第44条:“夫妻一方因交通事故承担责任,是否应认定另一方对该交通事故承担连带责任?机动车交通事故责任纠纷案件中,肇事方因侵权行为承担赔偿责任,肇事方的配偶并非共同侵权人,不存在承担连带责任的基础,无需承担连带责任。”江苏高院《**家事纠纷案件审理指南(婚姻家庭部分)**》(2019年7月18日)第50条:“因夫妻一方侵权行为所产生的债务性质应当如何认定?判断夫妻一方因侵权行为所产生的债务是否为夫妻共同债务,关键在于审查债务人配偶是否分享了利益。如果债务人配偶通过债务人的活动从中受益,例如在从事家庭经营等活动中发生侵权行为,按照利益共享、责任共担的原则,应当认定为夫妻共同债务;如果债务人的活动并非为了家庭利益且债务人配偶也未从中受益的,应当认定为债务人的个人债务。”北京高院民一庭《**关于审理婚姻纠纷案件若干疑难问题的参考意见**》(2016年8月4日)第39条:“【因侵权产生债务的性质】夫妻一方因侵权行为致人损害产生的债务,一般认定为一方个人债务。但该侵权行为系因家庭劳动、经营等家事活动产生或其收益归家庭使用的,应认定为夫妻共同债务。”广东深圳中院《**关于婚姻家庭纠纷案件的裁判指引(2014修订)**》(2014年5月21日)第39条:“夫妻一方因侵权行为产生的债务原则上应当认定为侵权一方的个人债务,但该侵权行为与其家庭利益有关的除外。夫妻一方因犯罪行为产生的债务应当认定为实施犯罪行为一方的个人债务。说明:第三十九条是对因侵权或者犯罪行为产生的债务是否应认定为夫妻共同债务的裁判指引。侵权之债为法定之债,有别于合同之债,是否作为夫妻共同债务处理应审查配偶一方是否分享收益,如有分享收益应作为共同债务,反之则应作为个人债务。对于夫妻一方违法犯罪行为产生的债务,因夫妻具有独立人格,在刑事责任上即无须连坐,在民事责任上亦不应连带。最高人民法院吴

晓芳法官在《婚姻家庭纠纷审理热点、难点问答(四)》一文中即持该观点,载于民事法律文件解读第91辑第118页。德国民法典对此亦持相同意见。”江苏高院民一庭**《婚姻家庭案件疑难问题法律适用研讨会综述》**(2005年5月)第7条:“……与夫妻共同债务认定相关的另一问题是,夫妻中的一方因承担侵权赔偿而产生的债务,是作为夫妻共同债务还是个人债务?对此,与会代表形成不同意见:一种意见认为,《解释二》第二十四条是针对财产流转过程中形成的债务作出的规定,对一方因承担侵权责任形成的债务性质的认定,司法解释没有明确。对此,债权人应承担举证责任,根据不同情况作出认定。如果债权人能证明侵权人债务的形成与家庭共同生活有关,则债务人的配偶应共同偿还,比如从事交通运输,因自己有过错而致交通事故引起的赔偿。但如果侵权债务的形成纯属侵权人个人行为,则其配偶无义务承担责任,如因打架斗殴或其他犯罪行为形成的侵权之债。另一种意见认为,将侵权之债的形成是否与家庭生活有关的举证责任赋予债权人,对债权人而言举证困难,不利于对债权人利益的保护。且由于夫妻财产共同(约定财产制除外),如判定由一方承担,客观上债权也无法实现。因此,对婚姻关系期间,因一方侵权行为所生之债,应认定为共同债务,夫妻双方对外应共同偿还。夫妻一方承担共同偿还之责后,可向对方追偿。此时,应由实施侵权行为的一方举证证明债务的形成与家庭共同生活有关。如果侵权一方无法举证证明,则由侵权人承担返还责任。多数代表同意第二种意见。”

【参考类案】

①2010年**广东某侵权纠纷案**,2008年,廖某无证驾驶撞伤周某,交警认定廖某全责。法院判决车主罗某、实际控制人李某对廖某所负责任承担连带责任。2010年,周某起诉罗某及其配偶徐某,要求承担连带责任。法院认为:依法律规定,离婚时,原为夫妻共同生活所负的债务,应当共同偿还。夫妻共同债务是夫妻双方或一方在婚姻关系存续期间为家庭共同生活、共同生产、经营所负债务。而夫妻一方非为共同生活所需负担债务,为夫妻一方个人债务。前案生效判决已确认,交通事故侵权行为人为廖某,罗某小客车实际使用人为李某,罗某、李某对廖某赔偿义务承担连带赔偿责任。虽该债务发生在罗某、徐某婚姻关系存续期间,但对于罗某已交他人实际使用的小客车,罗某及徐某并无实际控制和支配权,徐某亦非交通事故责任主体;此外,廖某使用罗某车辆,与两被告夫妻共同利益或家庭共同生活不存在必然关联,周某亦无证据证明交通事故侵权行为与罗某、徐某夫妻共同利益或家庭共同生活有必然因果关系,故前案生效判决所确定罗某承担的赔偿责任,属罗某个人债务,并非罗某一方或罗某、徐某双方在婚姻关系存续期间为家庭共同生活、生产、经营所需所负债务,不应作为夫妻共同债务处理。判决驳回周某诉请。

②2005年**天津某人身损害赔偿纠纷案**,2005年,闫某将丈夫李某杀死后自杀身亡,李某继承人持法院生效判决申请执行闫某继承人给付赔偿金28万余元。闫某继承人中,尚有闫某与前夫所生、正上中学的孩子冯某。冯某亲生父亲与闫某离婚后下落不明。闫某财产不足偿债。法院认为:依《民事诉讼法》规定,“被执行人未按执行通知履行法律文书确定的义务,人民法院有权扣留、提取被执行人应当履行义务部分的收入,但应当保留被执行人及其所扶养家属的生活必需费用。”“被执行人未按执行通知书履行法律文书确定的义务,人民法院有权查封扣押、冻结、拍卖、变卖被执行人应当履行义务部分的财产,但应当保留被执行人及其所扶养家属的生活必需品。”最高人民法院《关于贯彻执行〈中华人民共和国继承法〉若干问题的意见》第61条,“继承人中有缺乏劳动能力又没有生活来源的人,即使遗产不足清偿债务,也应为其保留适当遗产。”生效法律文书必须执行。但执行过程中,亦要依法尊重和保障人权,不能因强制执行影响被执行人及其所扶养家属生活。冯某作为在校学生,缺乏劳动能力,且其父下落不明,即使本案闫某财产不足以清偿全部债务,亦应为冯某保留适当遗产,作为其生活学习费用,这是养老育幼原则体现,亦是保障人权必然要求。

【典型类案实务要点】

1.【**为夫妻共同利益驾车肇事侵权,属于夫妻共同债务**】交通事故发生时夫妻一方驾车行为属于为夫妻二人共同利益行为的,因此产生侵权之债,应认定为夫妻共同债务。

2.【**车主连带责任,不属于车主配偶应负担的共同债务**】夫妻一方作为车主对肇事司机侵权责任需承担的连带责任,与夫妻共同利益或家庭共同生活不存在必然关联,不属于夫妻另一方应负担的夫妻共同债务。

【类案裁判一般规则】

夫妻一方因侵权行为致人损害产生的债务,一般认定为个人债务。但该侵权行为系因家庭劳动、经营等家事活动产生或其收益归家庭使用的,应认定为夫妻共同债务。

【典型参考案例索引】

主旨案例:北京海淀区法院(2016)京0108民初14325号“潘某与李某等机动车交通事故责任纠纷案”,见《潘亚战诉李春明、王秋芳等机动车交通事故责任纠纷案——侵权行为之债能否为夫妻共同债务的认定》(左慧玲、苏振),载《人民法院案例选》(201801/119:57)。**其他案例:**①广东广州荔湾区法院(2010)荔法民一初字第851号“周某与罗某等侵权纠纷案”,见《周霞东诉罗厚景、徐翠雅债权纠纷案(交通事故侵权之债是否属于夫妻共同债务)》(白晶),载《中国审判案例要览》(2014民:437)。②天津大港区法院(2005)港民初字第1672号“李某等诉闫某等人身损害赔偿案”,见《李季阳、李佐周、王秀云诉冯一乔、闫学连、李秀珍人身损害赔偿案(特留份)》(赵秀丰),载《中国审判案例要览》(2007民:492)。

43. 夫妻之间的伤害处理

——夫妻间侵权,伤害如何赔?

【婚内侵权】

【案情简介及争议焦点】

1997年,结婚3年多的邓某因患精神病将熟睡的丈夫石某砍至重伤,花去医药费9200余元,其中6700元已从夫妻共同财产中支付。石某起诉离婚并在离婚判决生效后,再次起诉要求邓某赔偿其人身损害,包括精神损害抚慰金。

争议焦点:1. 石某有无责任?2. 本案如何处理?

【裁判要点】

1. 石某责任。邓某患偏执型精神分裂症砍伤石某行为发生在双方夫妻关系存续期间,邓某是无刑事责任能力和民事行为能力的精神病人,石某是邓某法定监护人,故邓某砍伤石某民事责任依法应由石某来承担,石某即使尽了监护责任亦只能适当减轻而不是免除其民事责任。

2. 赔偿原则。石某与邓某对财产无约定,邓某除对夫妻共同财产享有平等的占有、处分权外,无个人财产,这就决定了邓某不存在对夫妻之间发生的损害进行赔偿前提条件和物质基础。石某医疗费部分已从夫妻共同财产中支付。离婚时,又按当时各自具体情况包括石某受伤情况对夫妻共同财产进行了分割。现石某在离婚后,要求邓某赔偿婚内夫妻间伤害发生的医疗费及精神损失费,缺乏法律依据,故不予认定和支持,判决驳回石某诉请。

【裁判依据或参考】

1. 最高人民法院司法解释及其他司法性文件/解读文章。最高人民法院《印发〈关于贯彻宽严相济刑事政策的若干意见〉的通知》(2010 年 2 月 8 日　法发〔2010〕9 号)第 22 条:"对于因恋爱、婚姻、家庭、邻里纠纷等民间矛盾激化引发的犯罪,因劳动纠纷、管理失当等原因引发、犯罪动机不属恶劣的犯罪,因被害方过错或者基于义愤引发的或者具有防卫因素的突发性犯罪,应酌情从宽处罚。"第 23 条:"被告人案发后对被害人积极进行赔偿,并认罪、悔罪的,依法可以作为酌定量刑情节予以考虑。因婚姻家庭等民间纠纷激化引发的犯罪,被害人及其家属对被告人表示谅解的,应当作为酌定量刑情节予以考虑。犯罪情节轻微,取得被害人谅解的,可以依法从宽处理,不需判处刑罚的,可以免予刑事处罚。"最高人民法院民一庭《民事审判实务问答(婚姻家庭继承纠纷一般问题)》(2005 年 4 月)第 18 条:"离婚损害赔偿与婚内损害赔偿的异同?答:离婚损害赔偿制度是婚姻法修改后的一项重大成果,它是指有配偶一方因实施《中华人民共和国婚姻法》第四十六条规定的行为之一而导致离婚的,离婚时有过错一方对无过错一方所受到的物质损害和精神损害应承担的赔偿责任。而婚内损害赔偿是指男女双方在夫妻关系存续期间,一方不法侵害另一方的人身权利或者财产权利,造成另一方人身损害或者财产损害,而由不法侵害人给予受害人赔偿的法律制度。由于两者涉及的对象都与婚姻关系存在着密切的联系,因此具有许多共同点:首先,两者作用和意义相同。婚姻是男女双方以永久共同生活为目的而形成的人身和财产方面的权利义务关系,双方都要自觉履行相互忠实、相互尊重、相互扶助等义务。当一方违反婚姻义务,造成另一方财产、人身损害时,这种损害不能因婚姻关系的存在而掩盖其社会危害性,也不可能通过离婚本身得到消除只有通过损害赔偿制度,才能使过错方承担必要的民事责任,使受到损害的一方得到物质上和精神上的抚慰,也才能促使婚姻当事人更加自觉地履行婚姻义务。其次,主体的特殊性相同。提起损害赔偿的是婚姻关系中的一方,承担赔偿责任的则是婚姻关系的另一方。如权利义务主体间没有夫妻身份关系,则为一般侵权民事责任。第三,赔偿金额都不受夫妻共同财产数量的限制。离婚赔偿和婚内赔偿均不同于婚姻法和有关司法解释规定的离婚中共同财产分割时的照顾原则。离婚赔偿和婚内赔偿在法学理论上讲应该属于一个独立的诉讼请求,其赔偿金额应该根据损害行为给对方造成的实际损失来认定,不受夫妻共同财产数量的限制。但应当注意的是,两者虽然具有许多共同点,属于不同性质的赔偿制度,两者之间存在明显的区别:首先,提起赔偿请求的时间不同。离婚损害赔偿提起时间受离婚诉讼的限制,同时又因其诉讼地位的不同而有所区别;婚内损害赔偿则不受离婚诉讼的限制,受损害方可以在婚姻关系存续期间就提出。其次,提起损害赔偿的法定事由范围不同。婚内损害赔偿一般依据民法有关侵权的规定,如家庭暴力、虐待,单方无权处分共同财产,甚至包括侵害人格权和人身自由权等事由;离婚损害赔偿提起的事由则受婚姻法第四十六条规定的限制,即配偶一方存在重婚、与他人同居、实施家庭暴力虐待、遗弃家庭成员四种情形，其中重婚、与他人同居事由在性质上又有别于其他侵权行为的性质，是基于婚姻关系而产生的一种法律责任。第三损害赔偿构成要件中主观要件的不同。提起离婚损害赔偿请求的主体主观必须无过错。婚姻法第四十六条规定，只有无过错方才能请求离婚损害赔偿，但对过错如何界定，法律规定不明确。此处的过错应视有过错方所实施的不同行为而区别掌握，这也符合立法本意；提起婚内损害赔偿主体的主观要件则没有提起离婚损害赔偿主体的主观要件严格，其主观上可能也有一定过错，但这并不影响其要求对方根据主观过错程度承担相应法律责任的权利。第四，适用的法律不同。离婚损害赔偿必须适用婚姻法第四十六条的规定；婚内损害赔偿一般适用民法通则的相关规定。”

2. 地方司法性文件。北京高院民一庭《**关于审理婚姻纠纷案件若干疑难问题的参考意见**》（2016 年 8 月 4 日）第 46 条：“【婚内人身损害赔偿】婚姻存续期间，夫妻一方因家暴等行为造成另一方人身损害的，受害方可以依《中华人民共和国侵权责任法》向侵权方主张人身损害赔偿；受害方取得人身损害赔偿后，有权在离婚诉讼中依据《婚姻法》四十六条主张离婚损害赔偿。”上海高院《**关于处理道路交通事故纠纷若干问题的解答**》（2009 年 6 月 20 日　沪高法民一〔2009〕9 号）第 2 条：“两车或多车相撞引发的交通事故中，机动车双方或多方均有过错，一方或多方车内人员主张损害赔偿的处理。在交通事故中，两车或多车相撞造成一方或多方车内人员损害，车内人员以合同关系主张赔偿的，由合同相对方先行承担责任。车内人员以侵权关系主张赔偿的，造成交通事故的车辆各责任方应对车内人员损害承担连带赔偿责任；如车内人员与本车一方存在配偶关系或车内人员系本车一方未成年子女的，其他各方要求扣除本车一方根据责任大小应承担份额的，可以支持。”北京高院《**关于印发〈北京市高级人民法院关于审理刑事附带民事诉讼案件若干问题的解答（试行）〉的通知**》（2009 年 5 月 27 日　京高法发〔2009〕226 号）第 3 条：“夫妻之间发生的侵害人身权利刑事案件中，被害方能否提起附带民事诉讼？答：对于夫妻之间发生的侵害人身权利犯罪，可允许被害方依法提起附带民事诉讼。法院审理此类附带民事诉讼案件，应限于附带赔偿物质损失的民事诉讼，不宜扩大审理其他民事诉讼。”天津高院《**关于审理刑事附带民事诉讼案件有关问题的意见**》（2006 年 7 月 13 日　津高法〔2006〕103 号）第 1 条：“……（四）在婚姻关系存续期间，一方的人身权利因另一方的犯罪行为遭受物质损害，被害人提起附带民事诉讼的，人民法院不予受理，但应告知被害人有权在刑事判决生效后根据《最高人民法院关于适用〈中华人民共和国婚姻法〉若干问题的解释（二）》的相关规定另行提起离婚与人身损害赔偿诉讼。在婚姻关系存续期间，因一方的犯罪行为造成另一方死亡的，被害人近亲属提起附带民事诉讼，人民法院应予受理。”上海高院《关

于下发〈关于在民事审判中实施“中华人民共和国婚姻法”的暂行意见〉的通知》(2001年6月7日　沪高法〔2001〕263号)第6条:“婚姻关系存续期间,当事人实行分别财产制的,一方以人身、财产受到损害为由要求对方赔偿的,人民法院可予受理。”广东高院、省检察院、省公安厅、省司法厅《**关于印发〈关于处理婚姻关系中违法犯罪行为及财产等问题的意见〉的通知**》(2000年5月30日　粤高法〔2000〕18号)第14条:“离婚时,无过错方无经济收入或有其他生活困难而双方就经济帮助达不成协议的,由人民法院依照《婚姻法》第三十三条的规定判决有过错方给予适当的经济帮助。因有过错方的行为给无过错方造成身体伤害、财产损失和严重精神伤害的,有过错方应给予一定的经济赔偿。”

【参考类案】

①2011年**上海某交通事故损害赔偿纠纷案**,2007年,吴某将其机动车交由维修公司维修期间,维修公司员工曹某酒后驾驶该车与张某驾驶的挂靠物流公司货车相撞,致曹某及其车上4名乘客当场死亡。4名乘客中有曹某妻子康某及女儿。交警认定曹某、张某分负主、次责任。康某父母诉请索赔,法院追加曹某父母为第三人。法院认为:张某和曹某违法行为造成本次事故,但二人不存在共同故意或共同过失,属于分别实施的数个行为间接结合发生同一损害后果,应根据过失大小或原因力比例各自承担相应赔偿责任。张某负次要责任,故张某应承担交强险之外30%赔偿责任。物流公司作为货车登记车主和挂靠单位,应与张某承担连带责任。维修公司擅自将事故车辆交由公司职员曹某使用,未尽妥善管理义务,具有过错,应承担交强险以外15%赔偿责任。吴某在送修期间已失去对车辆实际控制,故不承担责任。康某明知曹某醉驾仍乘坐,主观上具有一定过错,依法可减轻侵权人赔偿责任,故酌定曹某承担交强险之外55%赔偿责任。由于曹某与康某系夫妻关系,曹某侵权行为发生在夫妻关系存续期间,二人在同一起事故中死亡,依法推定二人同时死亡,互相不发生继承和赔偿。康某女儿及康某父母作为近亲属具有向曹某以外其他相关责任人求偿权利,获得的赔偿款,每人均分可得1/3。因曹某女儿死亡,则赔偿款继续分配予其法定继承人即作为本案原告的外祖父母、作为第三人的祖父母,故第三人夫妻可得其中1/6,原告夫妻可得其中5/6。据此,原告从保险公司、张某、维修公司获得的赔偿款,按5∶1比例在原告、第三人间予以分配。

②2009年**北京某附带民事诉讼案**,2008年,刘某因琐事驾驶车辆撞倒并碾压与之发生争吵的妻子于某,后经鉴定为轻伤。检察院以刘某犯故意杀人罪起诉。于某提起附带民事诉讼。法院认为:刘某法律意识淡薄,与妻子因家庭矛盾发生争吵后,驾驶机动车将于某撞倒后又碾压,具有明显的非法剥夺他人生命故意,构成故意杀人罪。身体权是人格权内容之一,配偶权是身份权一部分。人格权是人最

基本权利,而身份权是人格权派生权利,故在本源上人格权保护应高于对身份权保护。同时,婚姻是男女双方为共同生活目的而依法结成的以人身和财产权利义务为内容的民事契约,在婚姻契约与侵权行为出现竞合时,应允许当事人依《婚姻法》或侵权法提起诉讼。另外,既然允许夫妻间凶杀案中被害人近亲属通过附带民事诉讼获得赔偿,那么亦应允许伤害案中被害人本人提起附带民事诉讼,故本案于某有权提起附带民事诉讼,刘某应赔偿于某损失。判决刘某赔偿附带民事诉讼原告于某人身损害损失3万余元。

③2006年**江苏某故意杀人案**,2006年3月,陈某因家庭琐事与妻子奚某争吵,相互揪打中将奚某掐死。法院认为:陈某行为构成故意杀人罪。本案虽系发生在夫妻之间的凶杀案,夫妻财产共有,但妻子作为被害人被杀死后,被害人近亲属,首先是被害人父母,均因被告人犯罪行为侵害而实际遭受了物质损失;其次是被害人的儿子,其系被害人第一顺位的继承人,因对赔偿利益享有份额,亦应享有原告的诉讼地位;而被害人的配偶陈某,杀死被害人,依法丧失了继承权。故除被告人本人以外,被害人的近亲属即被告人的岳父、岳母、儿子都系适格的附带民事诉讼原告人,有权依法要求被告人以其个人财产赔偿损失。奚某死亡后,孩子的抚养费应由陈某独自承担。奚某父母在陈某服刑期间抚养,仅是履行代抚养行为,其要求被告人陈某赔偿被抚养人抚育费诉请,可在实际发生后另行起诉予以追偿。

④2006年**四川某离婚纠纷案**,2005年,结婚不到一年的陆某冒用公安机关名义,张贴公告,"通缉"妻子刘某,称其利用婚姻诈骗。刘某以夫妻感情彻底破裂为由,起诉要求离婚。法院认为:配偶一方用公开侮辱方式伤害对方人格尊严和名誉,应认定感情破裂。刘某与陆某登记结婚后,成为合法夫妻。双方在共同生活中,应互相忠实、尊重,相互帮助,建立起平等、和睦、文明的夫妻家庭关系。这种相互尊重,既表现生活中相互尊重,又包括在人格方面特别是在名誉方面的尊重,夫妻均有尽力维护自己和对方名誉不受侵害义务。陆某违反了此种义务,不能正确对待家庭经济纠纷,在双方发生争吵、无法达成一致情况下,冒用公安机关名义,张贴类似"通缉"公告,实为一种侮辱刘某行为,造成了刘某名誉受损。同时,极大地伤害了刘某人格尊严,严重地伤害了双方夫妻感情。应认定刘某与陆某的夫妻感情已经破裂,刘某诉请离婚,调解无效,应予以支持。

⑤2005年**浙江某人身损害赔偿纠纷案**,2003年,孙某无证驾驶无牌摩托车,搭载妻子冯某,与驾驶无牌拖拉机的吕某碰撞,孙某、冯某受伤。交警认定孙某、吕某分负主、次责任,冯某不负责任。法院认为:孙某、吕某应按各自所负事故责任承担相应赔偿责任。结合各方交通违法行为对本起事故所起作用分析,确定由孙某承担其中70%,吕某承担30%。因二人属共同侵权,应互负连带赔偿责任。夫妻共同财产制固然能成为追究侵权人损害赔偿责任障碍,但夫妻关系存续期间,夫妻财

产制并不局限于夫妻共同财产所有制这一种形式，不能仅因认为婚内夫妻侵权行为可免除损害赔偿责任。这是因为，夫妻损害赔偿责任的实现因夫妻财产状况的不同而呈现出不同表现形态。若夫妻间实行约定财产制，侵权人可从约定的个人财产中支付相应赔偿数额；如夫妻未对财产归属进行约定，侵权人基于《婚姻法》规定亦可拥有法定的个人财产，损害赔偿责任实现同样不存在障碍。即使夫妻之间只存在夫妻共同财产，亦完全有理由加以克服，因依《婚姻法》规定，夫妻一方受到伤害获得的医疗费、残疾人生活补助费等费用属于夫妻一方个人财产，故可从夫妻共同财产中单独划出一部分作为受害人个人财产，一旦以后涉及夫妻共同财产分割，可将履行损害赔偿责任时划出的个人财产数额再结合具体情况予以考虑。倘若现在没有夫妻共同财产和个人财产，一旦将来夫妻拥有共同财产，或侵权人取得了法定或约定的个人财产，基于上述相同理由，同样可满足受害人赔偿请求，故本案中孙某对配偶的赔偿责任不能免除，判决孙某、吕某赔偿冯某经济损失各1.5万余元、6500余元。

⑥2003年**福建某财产权属纠纷案**，1998年，杜某与丈夫赖某离婚。2003年，赖某在杜某租住房内杀死杜某。关于公安机关在杜某房内发现的2万元现金，杜某父母起诉赖某父母，要求确认归杜某所有。法院认为：诉争2万元是公安在杜某租房内发现。赖某并非该房屋住户，且赖某与杜某已离婚。赖某父母主张该款应属赖某所有，但无法提供证据加以证明。赖某父母提供的证人证言，证人与赖某存在利害关系。从证据采信角度，在赖某父母无其他证据情况下，该证人证言不能单独成为认定本案事实依据。在没有其他权利人予以主张情况下，根据物权原理——货币所有权与占有权一致原则，即货币占有仅指实际占有的特征，诉争2万元应推定为其实际占有人即杜某所有。判决确认案涉2万元为杜某所有。

⑦1999年**江西某侵权纠纷案**，1997年，患精神病经治疗康复1年后的蔡某与曾某登记结婚。1999年，蔡某病发，将睡觉的妻子砸死。经鉴定，蔡某无刑事责任能力。法院认为：曾某与蔡某婚后本应依法成为蔡某第一顺序监护人。然二人相识起，蔡某精神正常，曾某不知道亦不可能从与蔡某交往中知晓其为间歇性精神病人。蔡某父作为蔡某婚前监护人，本应在蔡某成婚后将病情告之曾某，使之尽起监护责任，但其却未履行职责，其原所承担的监护责任并不能在蔡某婚后转移给配偶。限制民事行为能力人在婚姻关系存续期间因精神病发作致配偶死亡的，有过错的原监护人应承担民事赔偿责任，故蔡某父应对曾某死亡后果承担相应民事赔偿责任。因蔡某父已尽监护责任，蔡某一年多来精神正常，突发精神病造成损害后果其无法预料，亦无法控制，故依法可适当减轻其民事责任。曾某损失2.5万元由蔡某父承担70%，受害人生前财物中折价返还1140元给蔡某。

【典型类案实务要点】

1.**【夫妻一方被无民事行为能力对方致重伤，无权索赔】**加害人作为配偶一方，在无民事行为能力状态下对另一方造成人身损害，作为法定监护人的配偶另一方无权要求加害方承担赔偿责任。

2.**【同一事故致多名家庭成员死亡，继承人应参加诉讼】**同一起交通事故造成多名家庭成员死亡，因继承关系，侵权人的继承人在诉讼中可能既要承担赔偿责任又享有一定受偿权利，此时应让侵权人的继承人作为第三人参加诉讼。

3.**【夫妻间伤害案件，被害人可提起刑事附带民事诉讼】**夫妻关系存续期间发生的故意杀人、伤害等侵权或犯罪行为，作为被害人的配偶一方有权提起附带民事诉讼或侵权诉讼。

4.**【夫妻间凶杀案中，被害人近亲属有权诉请凶手赔偿】**夫妻间凶杀案中因被告人犯罪行为而遭受物质损失的被害人父母有权要求赔偿丧葬费、死亡赔偿金等经济损失。被害人的子女是被害人第一顺位继承人，因对赔偿利益享有份额，亦可作附带民事诉讼原告。

5.**【用公开侮辱的方式毁损配偶名誉，应认定感情破裂】**配偶一方以公安机关名义张贴毁损配偶名誉的公告，用公开侮辱方式伤害对方人格尊严和名誉，应认定感情破裂。

6.**【夫妻婚内侵权之债，不因夫妻关系这一障碍而消灭】**夫妻之间的婚内侵权损害赔偿之债，不因双方之间尚存在夫妻关系以及实行夫妻共同财产所有制这一障碍而消灭。

7.**【无相反证据的，应推定货币实际占有人即为所有人】**根据货币所有权法律性质为“所有与占有一致”原则，在无相反证据情况下，应推定货币实际占有人即为所有人。

8.**【精神病人婚后杀死配偶，原监护人应相应过错赔偿】**限制民事行为能力人在婚姻关系存续期间，因精神病发作致配偶死亡的，有过错的原监护人应承担民事赔偿责任。

【类案裁判一般规则】

婚姻存续期间，夫妻一方因家暴等行为造成另一方人身损害的，受害方可依法向侵权方主张人身损害赔偿；受害方取得人身损害赔偿后，有权在离婚诉讼中依法主张离婚损害赔偿。

【典型参考案例索引】

主旨案例：海南海口中院 1998 年 8 月 31 日判决“石某诉邓某人身损害赔偿

案”,见《石权诉邓国芬人身损害赔偿案》,载《最高人民法院公报·案例》(2000:210);另载《人民法院案例选》(200002:122)。**其他案例:**①上海奉贤区法院(2011)奉民一(民)重字第2195号“康某等诉吴某等交通事故损害赔偿案”,见《多名家庭成员死亡的交通事故案中当事人的诉讼地位及责任承担》(甘青峰、林庆强),载《人民司法·案例》(201212:21)。②北京一中院(2009)一中刑终字第486号“于某诉刘某附带民事诉讼案”,见《夫妻间伤害案的被害人可以提起刑事附带民事诉讼》(于同志、赵东),载《人民司法·案例》(200918:69)。③江苏常州中院(2006)常刑一初字第33号“陈某故意杀人案”,判决陈某赔偿附带民事诉讼原告12万余元,见《夫妻间凶杀案中被害人近亲属有权获赔——常州中院判决陈小冬故意杀人案》(耿华东、朱帅),载《人民法院报·案例指导》(20061127:05)。④四川邛崃法院(2006)邛崃民初字第1127号“刘某诉卢某离婚案”,见《以公安机关名义张贴毁损配偶名誉的公告,应认定夫妻感情破裂——四川邛崃法院判决一起离婚案》(植良军),载《人民法院报·案例指导》(20070101:05)。⑤浙江诸暨法院(2005)诸民一初字第979号“冯某与孙某等人身损害赔偿纠纷案”,见《冯杏英诉孙曹军、吕国夫道路交通人身损害赔偿案(婚内夫妻侵权)》(郭昕),载《中国审判案例要览》(2006民:484)。⑥福建泉州丰泽区法院(2003)丰民初字第1713号“杜某与赖某等财产权属纠纷案”,见《杜丕伙等诉赖奕义等财产权属纠纷案(货币所有权归属)》(张美蓉),载《中国审判案例要览》(2004民:9)。⑦江西龙南法院1999年7月30日“曾某等与蔡某侵权纠纷案”,见《曾敬朋等诉蔡筱泉隐瞒婚前精神病史与其女结婚后精神病发作将其女杀死应由监护人蔡思义承担赔偿责任案》(钟巍、王细英),载《人民法院案例选》(200002/32:127)。

44. 夫妻之间借贷的效力

——夫妻间借款,应否该偿还?

【婚内借贷】

【案情简介及争议焦点】

2009年,何某与刘某分居期间,双方约定夫妻分别财产制,次日何某向刘某出具6万元欠条。2010年,双方经法院调解离婚。调解书约定“双方放弃向对方提起任何财产请求”。2013年,刘某持欠条诉请何某归还6万元借款。

争议焦点:1. 本案法律关系? 2. 何某应否偿还欠款?

【裁判要点】

1. 认定民间借贷关系证据规则。民间借贷是指自然人之间、自然人与企业或其他组织之间,出借人出借款项,借款人到期返还借款并按约支付利息的民事法律行为。借贷民事法律行为成立须以双方当事人意思表示一致为前提,即借贷双方须形成借贷合意,且须实际交付相应款项。当事人基于借贷关系主张返还借款的,应对借贷合意、款项交付等要件事实承担举证责任。

2. 本案认定借贷关系证据不足。本案中,刘某与何某在恋爱、结婚以后并未约定分别财产制,在婚姻感情出现危机并已分居之时约定夫妻分别财产制,并于次日即形成6万元欠条,欠条形成之后不久经法院调解离婚。若双方确实存在6万元借贷关系,按常理,结合双方当事人年龄、学历程度,应在离婚之时作出处理。因该离婚协议系双方自愿签订,结合双方当事人身份、学历等因素,双方完全能理解欠条真实意义及法律后果。基于双方当事人特殊身份、欠条形成的敏感时期,结合双方离婚协议中特别约定,仅凭欠条尚不能得出双方之间存在真实、合法、有效的借贷关系。判决驳回刘某诉请。

【裁判依据或参考】

1. 最高人民法院司法解释及其他司法性文件/解读文章。最高人民法院**《关于适用〈中华人民共和国民法典〉婚姻家庭编的解释(一)》**(2021年1月1日　法释〔2020〕22号)第82条:"夫妻之间订立借款协议,以夫妻共同财产出借给一方从事个人经营活动或者用于其他个人事务的,应视为双方约定处分夫妻共同财产的行为,离婚时可以按照借款协议的约定处理。"最高人民法院**《关于适用〈中华人民共和国婚姻法〉若干问题的解释(三)》**(2011年8月13日　法释〔2011〕18号,2021年1月1日起废止)第16条:"夫妻之间订立借款协议,以夫妻共同财产出借给一方从事个人经营活动或用于其他个人事务的,应视为双方约定处分夫妻共同财产的行为,离婚时可按照借款协议的约定处理。"最高人民法院吴晓芳法官**《关于婚姻家庭纠纷审理热点难点问答》**〔载《民事法律文件解读》2011年第11辑(总第83辑)〕第58条:"夫妻之间借款应如何处理? 答:……我们认为,第一,在婚姻关系存续期间内,夫妻之间的借款的本质仍是自然人之间的借款合同。在婚姻关系存续期间内,夫妻之间的借款其实质仍然是自然人之间的债权债务关系,是自然人之间的借款合同。合同法的基本原则之一就是合同自由原则(或契约自由原则),包括两方面的内容:一是合同在本质上是当事人通过自由协商,决定其相互权利义务关系,并根据其意志调整他们之间相互间的关系;其本质在于合意。二是当事人应依法享有自由是否缔约、缔约伙伴和合同内容,自由决定合同的变更和解除等权力。由此可见,只要双方当事人是有具有完全民事行为能力的主体,根据《合同法》第二百一十条的规定,自然人之间的借款合同,自贷款人提供借款时生效。因此,即使借款合同的双方当事人为夫妻关系,也并不影响借款合同的有效性。第二,即使在未约定分别财产制的夫妻间产生的借款合同也具备履行的法律基础。我国目前的夫妻财产制的类型主要是共同财产制和分别财产制。其中共同财产制是夫妻财产的部分或全部依法合并为共有财产,按共同共有原则行使权利、承担义务,婚姻关系终止时加以分割的一种夫妻财产制;分别财产制是夫妻双方婚前财产及婚后所得财产均归各自所有,单独行使管理权、用益权和处分权,但不排斥夫妻双方拥有一部分共同财产的夫妻财产制。在实行分别财产制的夫妻间的借款合同当然可以履行。而在实行夫妻共同财产制的夫妻间发生的借款合同也是可以履行的。我国的夫妻共同财产制不但包括夫妻共有财产制,还包括夫妻特有财产制。所谓的夫妻特有财产,是指夫妻在婚前或婚姻关系存续期间所得的财产,依法专属于夫或妻个人所有的财产,夫妻特有财产是对共有财产的限制和补充,其与夫妻共有财产共同构成了我国法定的夫妻财产制。在实行夫妻共同财产制的夫妻间,借款来源可以是夫妻特有的财产,不但包括一方婚前财产,还包括在婚姻关系存续期间所得的依法专属于夫妻一方所有。偿还借款的来源同样可以是夫妻特有的财产。第三,离婚时可以对夫妻婚内借款予以处理。当事人在夫妻关系存续期间,一方向另一方出具借条的行为应视为双方对夫妻共同财产的一种处分行为。由于夫妻人身关系的限制,在婚姻关系存续期间,除非有重大理由一般不能分割夫妻共同财产。但在离婚时,随着夫妻关系的解体,夫妻财产的共同共有状态也随之结束,夫妻婚内借款可以在离婚时提出,人民法院可与财产分割问题一并予以处理。对此,《婚姻法司法解释(三)》第十六条作出了明确规定:'夫妻之间订立借款协议,以夫妻共同财产出借给一方从事个人经营活动或用于其他个人事务的,应视为双方约定处分夫妻共同财产的行为,离婚时可按照借款协议的约定处理。'"

2. 地方司法性文件。山东高院**《民事审判会议纪要二(民间借贷部分)》**(2018年)第7条:"夫妻关系存在期间夫妻一方与另一方形成的民间借贷纠纷的处理问题。一种观点认为,夫妻关系存续期间形成的借款不予支持。因为除夫妻另有约定外,夫或妻一方取得的财产属于共同财产,形成的债务属于共同债务,所以夫妻双方既是借款合同的共同债权人,又是共同债务人。夫妻离婚后,一方主张权利的,由于夫妻关系存续期间形成的借款因财产混同而不存在,所以夫或妻一方作为出借人向对方主张权利的,人民法院不予支持。另一种观点认为,虽然一般情况下实行夫妻财产共同制,但是在夫妻可以约定夫妻财产分别制。夫妻双方在夫妻关系存续期间约定借款的,应当视为夫妻双方就借款合同约定的款项实行分别财产制,即夫妻双方对个人财产的约定,应当支持夫妻一方请求偿还借款本息的诉讼请求。借款请求权的诉讼时效开始起算后,为了维护夫妻关系的稳定,在夫妻关系存续期间,诉讼时效期间停止计算,夫妻离婚后继续计算。”浙江杭州中院民一庭**《关于涉及婚姻家庭纠纷案件若干疑难问题的解答》**(2013年1月1日)第7条:“夫妻双方间签订的借款协议,可否在婚姻关系存续期间内主张履行?答:对于夫妻双方无个人财产特别约定的,因为没有指定可供偿还的特定财产范围,因此,该协议在婚姻关系存续期间并不具有可履行性,该项主张应不予支持。但是对于双方存有关于个人财产特别约定的,则可依照协议约定,在个人财产范围内予以履行适用。”辽宁大连中院**《当前民事审判(一庭)中一些具体问题的理解与认识(婚姻家庭部分)》**(2008年12月5日　大中法〔2008〕17号)第11条:“婚姻关系存续期间,夫妻一方向另一方借款,离婚时或离婚后,另一方可否要求清偿?第一种情况,如果夫妻之间对财产有明确的约定,约定婚姻关系存续期间所得的财产以及婚前财产归各自所有的,可以直接认定一方借了对方的财产。另一方可在离婚时或离婚后,要求一方清偿。第二种情况,若双方对财产没有明确的约定,就适用法定共同财产制,不应支持其诉求。”重庆高院**《关于当前民事审判若干法律问题的指导意见》**(2007年11月22日)第32条:“婚姻存续期间签订的金钱给付条款的效力。婚姻关系存续期间,夫妻双方约定如果离婚,提出离婚一方要补偿对方若干经济损失。后一方提出离婚,另一方根据协议要求对方补偿其经济损失。此种金钱给付条款的效力应当在婚姻法的范畴内考虑。无论是将金钱给付作为离婚的条件,还是作为离婚的后果,约定在离婚的同时给付金钱,均违背了婚姻法关于婚姻自由的规定,妨碍了当事人的离婚自由,一般应当认定无效。”

【参考类案】

①2009年**湖南某借款合同纠纷案**,1999年,赖某与陈某协议离婚;此前陈某向赖某借款2.5万元并出具借条,离婚协议中重新对该债务做了确认。2008年,陈某重新写下2.5万元的借据。法院认为:夫妻对婚姻关系存续期间所得财产及婚前财产约定,对双方具有约束力。陈某出具借条应视为双方对部分财产归属所作书面约定,且双方在离婚协议中对该笔债务又作出了明确约定,故双方借贷关系成立。婚内借款实质上仍是借贷合同关系,《合同法》并不禁止有夫妻身份的自然人作为借款合同主体,故婚内借款合同效力应予认定。

②2008年**浙江某民间借贷纠纷案**,2006年,叶某与丈夫王某离婚后,持婚姻关系存续期间王某向其出具的三张共160万元的借条主张债权。王某称仅是游戏,并无真实债权债务往来。法院认为:婚内借款合同效力应予肯定。但要认定婚内借款关系是否成立,不能仅依夫或妻出具的一纸“借条”,还要看是否实际发生过夫或妻一方将自己个人所有款项出借给另一方的事实。叶某所述借款系向亲戚朋友

借得,但却又以保密为由拒绝进一步陈述,而叶某本人又无如此巨额财产可能,叶某亦未就此进行举证,故认定叶某未向王某提供真实借款,判决驳回叶某诉请。

③2007 年**河南某借款合同纠纷案**,刘某与王某离婚3年后,持王某出具的“借条”主张债权9万元。经鉴定该借条存在如下瑕疵:借条内容字迹与落款日期字迹非一人、非同一时期所写。法院认为:夫妻婚内借贷应视为对部分夫妻财产归属所作书面约定,婚内借款合同效力应予认定。夫妻之间借贷行为属民事法律行为,夫妻不属于法律禁止的借款主体,凡不为法律所禁止的民事行为即为法律所允许,故夫妻之间借贷行为有效。对该纠纷处理需依处理普通债权债务纠纷的法律规定。因借条内容、落款日期字迹、书写时间不一致,违背了证据客观真实性原则。刘某对此不能提供反证,对借条瑕疵又无法作出合理解释,王某对此借条亦不认可,故该借款事实不清,对刘某诉请不予支持。

④2001 年**河南某债务纠纷案**,1992 年,李某与温某结婚。1993 年,李某拿5000 元钱交温某,用于温某单位集资。1994 年,温某取出该款并用于双方共同生活及子女教育费用。1996 年,李某与温某协议离婚,就前述 5000 元,温某向李某出具借条。2001 年,李某诉请温某偿还该款。法院认为:李某称案涉款项系其母交由其代管的钱,证据不足,不予采信。该款在双方夫妻关系存续期间用于单位集资,又在夫妻关系存续期间取出用于生活支出及子女教育费用,是夫妻双方对共同财产的处分,不形成借贷关系。李某称该款并未在夫妻关系存续期间取出,但对温某单位所出证明未提出相反证据,本院对该理由不予采信。

【典型类案实务要点】

1.**【夫妻一方虽持有欠条,但不能证明借贷发生的情形】**特殊身份的夫妻之间发生的民间借贷纠纷,持有欠条一方未就出借资金来源、款项交付等事实举证证明的,不能得出借贷发生结论。

2.**【婚内借款实质上仍系借贷合同关系,应认定为有效】**夫妻婚内借贷应视为对部分夫妻财产归属所作书面约定,婚内借款实质仍系借贷合同关系,其合同效力应予认定。

3.**【夫妻一方持有对方借条,不当然认定婚内借贷成立】**婚内借款仅是夫妻双方管理共同财产的一种方法,而非夫妻双方对个人财产的一种约定,不能仅依借条直接确认借条所载款项为夫妻一方个人财产。

4.**【婚内借贷关系成立,须以借贷关系形式合法为前提】**夫妻之间借贷受法律保护,但借贷关系成立须以借贷关系形式上合法为前提。持有借条一方无法对借条瑕疵作出合理解释,导致借款事实不清的,法院应对借款合同关系不予认定。

5.**【一方将共有财产用于共同生活,不应形成借贷关系】**夫妻关系存续期间一方将共有财产用于生活支出及子女教育费用,是夫妻双方对共同财产的处分,即便出具借条,亦不形成借贷关系。

【类案裁判一般规则】

夫妻之间订立借款协议,以夫妻共同财产出借给一方从事个人经营活动或用于其他个人事务的,应视为双方约定处分夫妻共同财产的行为,离婚时可按照借款协议的约定处理。

【典型参考案例索引】

主旨案例:江苏南通中院(2013)通中民终字第1950号“刘某与何某民间借贷纠纷案”,见《刘贵伟诉何隽民间借贷纠纷案(夫妻借贷关系的认定)》(郭相领),载《中国审判案例要览》(2014民:440)。**其他案例:**①湖南汝城法院(2009)汝民初字第398号“赖某诉陈某借款合同纠纷案”,见《裁判要旨·民事》(唐竞),载《人民法院案例选·月版》(200908/8:210)。②浙江高院(2008)浙民再抗字第34号“叶某诉王某民间借贷案”,见《婚内借款的性质与效力认定——浙江高院再审判决叶海英诉王鸿飞民间借贷纠纷案》(陈佳强、秦沓),载《人民法院报·案例指导》(20090220:05)。③河南西华法院(2007)西民初字第19号“刘某诉王某借款案”,见《瑕疵借条的认定——河南西华法院判决刘在诉王君借款案》(李敏),载《人民法院报·案例指导》(20080725:05)。④河南郑州中院2001年10月12日“李某与温某债务纠纷案”,见《李明科诉温连菊在婚姻关系存续期间所给的一笔钱为借款在离婚后应予偿还案》(曹媛媛),载《人民法院案例选》(200203/41:100)。

45. 夫妻个人债务的认定

——个人背负债,是否夫妻还?

【个人债务】

【案情简介及争议焦点】

2013年,林某以中间人名义向文化公司出具2000万元借据。2015年,因林某及实际用款人逾期未偿,文化公司诉请林某及其林某妻子陈某连带清偿。

争议焦点:1. 举证责任如何分配?2. 陈某应否承担连带清偿责任?

【裁判要点】

1. 司法解释规定。最高人民法院《**关于审理涉及夫妻债务纠纷案件适用法律有关问题的解释**》(注:已于2021年1月1日起废止)第3条规定,夫妻一方在婚姻关系存续期间以个人名义超出家庭日常生活需要所负的债务,债权人以属于夫妻共同债务为由主张权利的,人民法院不予支持,但债权人能够证明该债务用于夫妻共同生活、共同生产经营或者基于夫妻双方共同意思表示的除外。

2. 案涉债务性质。本案中,案涉借据仅由林某作为借款人签名,且文化公司并不否认林某作为借款中间人身份,应认定文化公司明知该借款并非用于林某与陈某夫妻共同生活、共同生产经营,亦并非基于其夫妻双方共同意思表示。文化公司关于案涉借款构成林某、陈某夫妻共同债务的诉讼主张,并无相应事实和法律依据,不予支持。判决林某偿还文化公司2000万元及利息。

【裁判依据或参考】

1. 法律规定。《**民法典**》(2021年1月1日)第56条:"个体工商户的债务,个人经营的,以个人财产承担;家庭经营的,以家庭财产承担;无法区分的,以家庭财产承担。农村承包经营户的债务,以从事农村土地承包经营的农户财产承担;事实上由农户部分成员经营的,以该部分成员的财产承担。"第1064条:"夫妻双方共同签名或者夫妻一方事后追认等共同意思表示所负的债务,以及夫妻一方在婚姻关系存续期间以个人名义为家庭日常生活需要所负的债务,属于夫妻共同债务。夫妻一方在婚姻关系存续期间以个人名义超出家庭日常生活需要所负的债务,不属于夫妻共同债务;但是,债权人能够证明该债务用于夫妻共同生活、共同生产经营或者基于夫妻双方共同意思表示的除外。"

2. 最高人民法院司法解释及其他司法性文件/解读文章。最高人民法院《**关于适用〈中华人民共和国民法典〉婚姻家庭编的解释(一)**》(2021年1月1日　法释〔2020〕22号)第33条:"债权人就一方婚前所负个人债务向债务人的配偶主张权利的,人民法院不予支持。但债权人能够证明所负债务用于婚后家庭共同生活的除外。"第34条:"夫妻一方与第三人串通,虚构债务,第三人主张该债务为夫妻共同债务的,人民法院不予支持。夫妻一方在从事赌博、吸毒等违法犯罪活动中所负债务,第三人主张该债务为夫妻共同债务的,人民法院不予支持。"第36条:"夫或者妻一方死亡的,生存一方应当对婚姻关系存续期间的夫妻共同债务承担清偿责任。"第37条:"民法典第一千零六十五条第三款所称'相对人知道该约定的',夫妻一方对此负有举证责任。"最高人民法院《**关于审理涉及夫妻债务纠纷案件适用法律有关问题的解释**》(2018年1月18日　法释〔2018〕2号,2021年1月1日起废止)第3条:“夫妻一方在婚姻关系存续期间以个人名义超出家庭日常生活需要所负的债务,债权人以属于夫妻共同债务为由主张权利的,人民法院不予支持,但债权人能够证明该债务用于夫妻共同生活、共同生产经营或者基于夫妻双方共同意思表示的除外。”江苏高院副院长李玉生**《当前民事审判中的30个热点难点问题》**(2017年11月3日)第25条:“关于夫妻一方对外经营性债务问题。实践中,夫妻一方持股的公司对外负债,导致该方需为公司承担责任,债务人同时起诉配偶的,配偶以所借债务没有用于夫妻共同生活进行抗辩。实践中的难点在于如何区分公司债务与个人债务,如何认定‘是否用于夫妻共同生活’,需要理论与实践予以研究。”最高人民法院**《关于适用〈中华人民共和国婚姻法〉若干问题的解释(二)的补充规定》**(2017年3月1日　法释〔2017〕6号,2021年1月1日起废止):“……在《最高人民法院关于适用〈中华人民共和国婚姻法〉若干问题的解释(二)》第二十四条的基础上增加两款,分别作为该条第二款和第三款:夫妻一方与第三人串通,虚构债务,第三人主张权利的,人民法院不予支持。夫妻一方在从事赌博、吸毒等违法犯罪活动中所负债务,第三人主张权利的,人民法院不予支持。”最高人民法院**《关于依法妥善审理涉及夫妻债务案件有关问题的通知》**(2017年2月28日　法〔2017〕48号)第4条:“区分合法债务和非法债务,对非法债务不予保护。在案件审理中,对夫妻一方在从事赌博、吸毒等违法犯罪活动中所负的债务,不予法律保护;对债权人知道或者应当知道夫妻一方举债用于赌博、吸毒等违法犯罪活动而向其出借款项,不予法律保护;对夫妻一方以个人名义举债后用于个人违法犯罪活动,举债人就该债务主张按夫妻共同债务处理的,不予支持。”第5条:“把握不同阶段夫妻债务的认定标准。依照婚姻法第十七条、第十八条、第十九条和第四十一条有关夫妻共同财产制、分别财产制和债务偿还原则以及有关婚姻法司法解释的规定,正确处理夫妻一方以个人名义对外所负债务问题。”第6条:“保护被执行夫妻双方基本生存权益不受影响。要树立生存权益高于债权的理念。对夫妻共同债务的执行涉及夫妻双方的工资、住房等财产权益,甚至可能损害其基本生存权益的,应当保留夫妻双方及其所扶养家属的生活必需费用。执行夫妻名下住房时,应保障生活所必需的居住房屋,一般不得拍卖、变卖或抵债被执行人及其所扶养家属生活所必需的居住房屋。”最高人民法院**《2015年全国民事审判工作会议纪要》**(2015年4月20日)第8条:“在债权人以夫妻一方为被告起诉的债务纠纷案件中,对于案涉债务是否属于夫妻共同债务,应当按照《最高人民法院关于适用若干问题解释(二)》第二十四条规定认定。如果举债人的配偶举证证明所借债务并非用于夫妻共同生活,则其不承担偿还责任。”最高人民法院**《关于婚姻关系存续期间夫妻一方以个人名义所负债务性质如何认定的答复》**(2014年7月12日　〔2014〕民一他字第10号):“……在不涉及他人的离婚案件中,由以个人名义举债的配偶一方负责举证证明所借债务用于夫妻共同生活，如证据不足，则其配偶一方不承担偿还责任。在债权人以夫妻一方为被告起诉的债务纠纷中，对于案涉债务是否属于夫妻共同债务，应当按照《最高人民法院关于适用〈中华人民共和国婚姻法〉若干问题的解释（二）》第二十四条规定认定。如果举债人的配偶举证证明所借债务并非用于夫妻共同生活，则其不承担偿还责任。”最高人民法院吴晓芳法官**《关于婚姻家庭纠纷审理热点难点问答》**〔载《民事法律文件解读》2012 年第 8 辑（总第 92 辑）〕第 1 条：“在处理夫妻债务时，是否应考虑日常家事代理权问题？答：许多国家的亲属法在婚姻的效力中对日常家事代理权都有明确规定，如《瑞士民法典》第 166 条规定：‘配偶双方中任何一方，于共同生活期间，代表婚姻共同生活处理家庭日常事务。’夫妻因日常家庭事务与第三人所为之法律行为，视为夫妻共同的意思表示，并由夫妻双方共同承担法律责任。夫妻在日常家庭事务范围内互为代理人，互有代理权。超出日常家事代理范围的行为，由行为人自己承担责任。但第三人有理由相信行为人有代理权的，可以适用表见代理……”最高人民法院吴晓芳法官**《关于婚姻家庭纠纷审理热点难点问答》**〔载《民事法律文件解读》2011 年第 11 辑（总第 83 辑）〕第 34 条：“夫妻一方的个人财产不足以清偿其个人债务的情形，可否主张分割夫妻共同财产？答：在国外，当夫妻一方的个人财产不足以清偿其个人债务时，通常允许债权人请求法院宣告双方实行分别财产制，对共同财产进行分割。但是《物权法》仅仅规定‘共有人’有权提出分割共有财产的请求，相应地，在婚姻关系中，只有夫妻一方才有权提出分割夫妻共同财产的请求，债权人不具有该请求权。从《婚姻法司法解释（三）》的规定来看，只规定了两种情形，属于封闭性的条款。故夫妻一方的个人财产不足以清偿其个人债务时，不属于能够请求分割夫妻共同财产的范围。”最高人民法院**《关于适用〈中华人民共和国婚姻法〉若干问题的解释（二）》**（2004 年 4 月 1 日　法释〔2003〕19 号，已于 2021 年 1 月 1 日起废止）第 23 条：“债权人就一方婚前所负个人债务向债务人的配偶主张权利的，人民法院不予支持。但债权人能够证明所负债务用于婚后家庭共同生活的除外。”最高人民法院**《关于在婚姻关系存续中能否以妻之婚前财产供其夫偿债之用等三个问题的答复》**（1951 年 8 月 25 日　法编字第 8468 号）第 1 条：“婚姻法第七条所称之家庭财产依中央人民政府法制委员会 1950 年 6 月 26 日有关婚姻法施行的若干问题与解答之七，是包括男女婚前财产。其中属于女方的婚前财产之所有权仍属于女方，如果夫妻间别无出于自愿之约定，在婚姻关系存续中能否以妻之婚前财产供其夫偿债之用，因无明文规定，似乎是一疑问；但因有婚姻法第二十三条第一项规定：‘离婚时女方婚前财产归女方所有’的精神，仍可理解为在婚姻关系存续中非经妻同意，夫不得处分妻之婚前财产。因此，夫如欠债而被执行查封，亦不应将妻之婚前财产包括在内。再参照婚姻法第二十四条‘离婚时，原为夫妻共同生活所负担的债务,以共同生活时所得财产偿还,如无共同生活时所得财产或共同生活时所得财产不足清偿时,由男方清偿。男女一方单独所负的债务,由本人偿还'之规定,也可理解为:夫所负债务,不论是为了夫妻共同生活所负的或是他单独一方所欠下的,都不应以妻之婚前财产供清偿。不过在法院具体的执行债务人全家财产时,妻如主张有她的婚前财产在内,必须确实证明,请由法院查按具体情况处理,不得凭空要求除外,以防借口勾串,或隐匿财产。来问所称之'妆奁',如果确属妻之婚前财产,在因其夫欠债被执行查封后,亦可请由法院查明处理。"

3. 地方司法性文件。上海一中院《**类案裁判方法|夫妻共同债务类案件的审理思路和裁判要点**》(2020年9月9日)第3条:"……(三)认定为个人债务的情形及审查要点。1. 一方以个人名义所负超出家庭日常生活需要的债务。夫妻一方在婚姻关系存续期间以个人名义所负超出家庭日常生活需要的债务,不属于夫妻共同债务。债权人能够证明该债务用于夫妻共同生活、共同生产经营或者基于夫妻双方共同意思表示的除外。2. 与夫妻共同生活明显无关的不合理开支。债务系用于夫妻一方且与夫妻共同生活明显无关的不合理开支,均不具有家庭使用属性,应界定为个人债务。例如无偿担保,夫妻一方为前婚所生子女购买房产、车辆,挥霍消费(如购买与自身消费能力极不匹配的奢侈品、负债打赏网络主播等),违反婚姻忠诚义务(如包养情人、抚养私生子等),危害家庭利益等行为所产生的债务,均不应认定为夫妻共同债务。3. 虚假债务及非法债务不属于夫妻共同债务。为家庭利益所负债务应当具有正当性和合法性。夫妻一方为在离婚时侵吞共同财产而虚构的共同债务不属于夫妻共同债务。夫妻一方因盗窃、抢劫、赌博、非法集资等违法犯罪行为所生债务,即使为家庭利益也不构成夫妻共同债务。如有虚构债务行为的,法院可以根据情节轻重予以罚款、拘留;构成犯罪的依法追究刑事责任。同时,一方有伪造夫妻共同债务等严重损害夫妻共同财产利益行为的,另一方可以要求婚内分割共同财产。4. 另有约定的认定为个人债务。如果债务人与债权人之间明确约定为个人债务,或夫妻之间约定为分别财产制且债权人知情的,也应当直接认定为个人债务……"四川高院《**关于审理民间借贷纠纷案件若干问题的指导意见**》(2016年7月27日)第41条:"夫妻共同债务的认定。婚姻关系存续期间,夫妻一方以个人名义向他人借款所形成的债务,原则上应当认定为夫妻共同债务,由夫妻双方共同对外承担偿还责任,但如果夫妻另一方能够证明存在下列情形之一的,则可以认定该债务为夫妻一方的个人债务:(一)出借人与借款人明确约定为个人债务的;(二)夫妻对婚姻关系存续期间所得的财产约定归各自所有且出借人知道该约定的;(三)出借人知道或者应当知道所借款项并非用于家庭生产经营或共同生活的;(四)属个人债务的其他情形。"广东深圳中院《**关于审理民间借贷纠纷案件的裁判指引**》(2015年10月15日)第12条:"婚姻关系存续期间,夫妻一方

以个人名义对外借款，另一方能够证明存在下列情形之一的，由借款人个人对出借人承担偿还责任：（一）夫妻双方对于婚姻关系存续期间所得财产约定各自所有，出借人知道或应当知道该约定的；（二）出借人与借款人明确约定为个人债务的；（三）借款人所借款项未用于夫妻共同生活，且出借人出借款项时知道或应当知道的；（四）借款人的借款行为违法，且违法所得未用于夫妻共同生活的；（五）借款的用途有悖公序良俗，违反夫妻共同生活的基本目的；（六）出借人与借款人恶意串通，损害配偶利益的。”安徽淮南中院**《关于审理离婚纠纷案件若干问题的指导意见》**（2014年3月13日）第28条：“下列债务属于个人债务，由个人偿还：（一）夫妻双方约定由个人负担的债务，但以逃避债务为目的的除外；（二）夫妻一方的婚前债务；（三）夫妻一方未经对方同意，擅自资助没有扶养义务人所负的债务；（四）夫妻一方未经对方同意，独自筹资从事生产或者经营活动所负债务，且其收入确未用于共同生活的；（五）遗嘱或赠与合同中确定只归夫或妻一方的财产为一方个人财产，附随而来的债务也应由接受遗嘱或赠与的一方单独承担；（六）夫妻一方因个人不合理的开支，包括夫妻一方实施违法犯罪行为、侵权行为所负的债务及赌博、吸毒、酗酒所负债务。”浙江高院**《关于执行生效法律文书确定夫妻一方为债务人案件的相关问题解答》**（2014年2月26日　浙高法〔2014〕38号）第2条：“执行程序中如何把握债务性质的判断标准？答：执行依据对债务性质未予明确的，执行程序中可以根据《中华人民共和国婚姻法》及其司法解释的规定进行判断和审查，即以债务是否发生在夫妻关系存续期间作为判断标准。发生在夫妻关系存续期间的下列债务，执行机构在案外人异议审查时可以认定为个人债务：1. 夫妻一方能够证明债权人与债务人明确约定为个人债务，或者能够证明属于《中华人民共和国婚姻法》第十九条第三款规定情形的；2. 夫妻一方擅自举债资助与其没有赡养、抚养、抚养义务人所产生的债务；3. 夫妻一方因继承或者受赠归其个人所有的财产过程中产生的债务；4. 夫妻一方管理个人财产所产生的债务；5. 夫妻一方擅自对外担保且另一方未因担保行为获益产生的债务；6. 夫妻一方因刑事犯罪被判处的财产刑部分；7. 夫妻一方因赌博、吸毒等违法犯罪行为产生的债务；8. 为支付夫妻间诉讼而产生的诉讼费用所产生的债务；9. 法律、行政法规和司法解释规定的其他个人债务。”北京高院**《关于审理民间借贷案件若干问题的会议纪要》**（2013年12月27日）第6条：“夫妻一方以个人名义向他人借贷，诉讼时婚姻关系仍然存续，贷款人未将借款人配偶列为共同被告的，人民法院不主动通知借款人的配偶参加诉讼。”第15条：“夫妻一方主张婚姻关系存续期间，其以个人名义对外借款属于夫妻共同债务的，应当对于借款存在夫妻合意或借款用于家庭共同生活承担证明责任。”第16条：“由一方或双方父母出资为子女结婚购买房产或机动车辆，出资的父母仅以付款凭证为据以民间借贷为由，起诉夫妻还款的，人民法院应当裁定驳回其起诉。”

江苏高院《**关于执行疑难若干问题的解答**》(2013 年 12 月 18 日)第 6 条:“在执行过程中如何认定夫妻共同债务从而裁定追加配偶为被执行人?答:执行依据载明的债务人为夫妻中的一方,对于在夫妻关系存续期间形成的债务,除非符合法律规定的个人债务的条件,一般推定为夫妻共同债务,被追加人主张不是夫妻共同债务的,由其负担举证责任。有证据证明被执行人因赌博、吸毒、犯罪等不法行为所负债务,应当认定为个人债务。与家庭生活有关的担保之债、侵权之债等应当认定为夫妻共同债务。与家庭生活无关的担保之债、侵权之债等一般不应认定为夫妻共同债务。被追加为被执行人的配偶认为债务不属于夫妻共同债务而提出执行异议的,应按照民诉法第二百二十七条进行审查,最终通过异议之诉解决债务性质问题。”江苏高院《**关于民间借贷纠纷案件审理中若干问题的会议纪要**》(2013 年 6 月 13 日　审委会会议纪要〔2013〕1 号)第 3 条:“关于民间借贷的责任主体和性质认定。会议认为,人民法院在审理民间借贷纠纷案件时,要正确理解和适用民法通则、合同法、婚姻法等法律和相关司法解释的规定,严格审查当事人的真实意思和相关案件事实,准确认定合同性质以及责任主体。(一)婚姻关系存续期间,夫妻一方以个人名义向他人借款所形成的债务,原则上应当认定为夫妻共同债务,由夫妻双方共同对外承担偿还责任。但如果夫妻一方能够证明存在下列情形之一的,则可以认定该债务为夫妻一方的个人债务。1. 出借人与借款人明确约定为个人债务的;2. 夫妻对婚姻关系存续期间所得的财产约定归各自所有且出借人知道该约定的;3. 出借人知道或者应当知道所借款项并非用于家庭生产经营或共同生活的。经借款人的配偶申请,人民法院可以追加配偶为第三人参加诉讼……”山东临沂中院《**关于审理民事案件的若干指导意见(试行)/婚姻家庭部分**》(2011 年 3 月 29 日　临中法〔2011〕55 号)第 6 条:“债权人明知债务人处于分居或离婚诉讼中仍然提供债款的,不得向夫妻中未举债的一方主张权益。”上海高院《**婚姻家庭纠纷办案要件指南(三)**》(2010 年 6 月 22 日　沪高法民一〔2010〕8 号)第 6 条:“夫妻一方婚前所负债务为个人债务。债权人向夫妻双方主张债权的,应当举证证明:一方婚前所负债务用于婚后家庭共同生活。【说明】夫妻一方婚前以个人名义所负的债务为个人债务,不因婚姻关系而发生转移,因此,债权人通常不得就一方婚前个人债务而向债务人的配偶主张权利,要求夫妻共同承担。如果债权人请求夫妻共同承担债务的,则应当举证证明:一方婚前的个人债务与债务人婚后家庭共同生活具有必然联系,即夫妻一方婚前所欠的资金、财物已转化为夫妻双方婚后物质生活的条件。通常,婚前个人债务向婚后共同债务的转化有多种情形:(1)一方婚前以按揭贷款方式购房,婚后夫妻双方共同所有或共同居住使用的;(2)一方婚前举债购置大量结婚用品,婚后为夫妻共同生活所需的;(3)一方婚前借款装修房屋,该房屋供夫妻双方婚后共同居住使用的,等等。判断一方婚前债务与婚后共同生活的联系，应当结合债务人举证的目的、用途以及婚后共同生活的需要等多种因素综合判断。同时也应注意，不能将一方的全部债务转移给债务人的配偶，加重夫妻双方中另一方的责任。只要一方婚前债务与夫妻婚后共同生活无关，就不能要求债务人的配偶对该债务承担清偿责任。”江苏高院**《婚姻家庭案件审理指南(2010年)》**(2010年5月18日)第7章：“……下列债务应认定为个人债务：1. 夫妻一方的婚前债务。如夫妻一方为购置房屋负担的债务，该房屋没有用于婚后共同生活的，应当认定为个人债务。但根据《婚姻法解释二》第二十三条的规定，债权人就一方婚前所负个人债务向债务人配偶主张权利的，人民法院不予支持。但债权人能够证明所负债务用于婚后家庭共同生活的除外。也就是说，如果夫妻一方婚前所负债务用于了婚后家庭共同生活，则应转化为夫妻共同债务，由夫妻共同偿还。2. 夫妻一方未经对方同意，擅自资助没有扶养、抚养、赡养义务人所负的债务。3. 夫妻一方未经对方同意，独自筹资从事生产或者经营活动所负债务，且其收入确未用于共同生活的。4. 遗嘱或赠与合同中确定只归夫或妻一方的财产，附随该遗嘱或赠与合同的债务也应为夫或妻一方的债务。5. 夫妻双方约定由个人负担的债务。夫妻双方将本属于夫妻共同的债务约定由一方负担，该约定只对夫妻双方有约束力，对第三人不产生法律效力，除非第三人事先知道该约定或事后追认该约定。6. 夫妻一方个人不合理的开支。如赌博、吸毒所负债务。7. 其他依法应由个人负担的债务。如夫妻一方实施违法犯罪行为所负的债务……”浙江温州中院民四庭**《关于贯彻执行〈婚姻法〉的指导意见》**(2009年5月1日)第22条：“关于夫妻债务问题，依如下规定处理：(一)明确为个人债务的，判决书中予以认定，由个人偿还。(二)双方分居后一方所借债务，未经对方同意，事后又未经对方追认，不是用于偿还以前所借的共同债务，或不是为家庭生活必须支出的，应当认定为个人债务……”广东高院**《关于审理婚姻纠纷案件若干问题的指导意见》**(2006年11月14日 粤高法发〔2006〕39号，2021年1月1日起废止)第7条：“对于夫妻一方在婚姻关系存续期间以个人名义所负的债务，债权人请求按夫妻共同债务处理的，如夫妻一方不能证明该债务已明确约定为个人债务或属于《婚姻法》第十九条第三款规定情形，人民法院应当按夫妻共同债务处理。但审判人员根据案件已知事实和日常生活经验法则，判定同时存在以下情形的，可按个人债务处理：(1)夫妻双方不存在举债的合意且未共同分享该债务所带来的利益；(2)该债务不是用于夫妻双方应履行的法定义务或道德义务；(3)债务形成时，债权人有理由相信该债务不是为债务人的家庭共同利益而设立。”广东高院**《关于审理婚姻案件若干问题的指导意见》**(2001年11月9日 粤高法发〔2001〕44号，2021年1月1日起废止)第29条：“夫妻双方约定婚姻关系存续期间所得的财产归各自所有，第三人在事前知道该约定而与夫或妻一方发生债权债务关系的，该约定对第三人有效；第三人在事前不知道的,夫妻之间的约定不得对抗第三人。夫或妻以第三人知道夫妻双方约定婚姻关系存续期间所得的财产归各自所有为由,要求以妻或夫一方所有的财产清偿债务的,应当对第三人知道该约定的事实承担举证责任。”第30条:“在婚姻关系存续期间,一方未经对方同意,擅自资助与其没有抚养义务的亲友所负的债务;一方未经对方同意,独自筹资从事经营活动,其收入确未用于共同生活所负的债务等,应视为个人债务。个人债务由个人承担清偿责任。”

【参考类案】

①2018年**江苏某借款合同纠纷案**,2016年,李某向时某借款4万元,李某妻子徐某在借条左下角注明:“证明人徐某”。2017年,因借款到期未还,时某诉请李某、徐某共同归还4万元及利息。法院认为:最高人民法院《关于审理涉及夫妻债务纠纷案件适用法律有关问题的解释》(注:已于2021年1月1日起废止)第1条规定:“夫妻双方共同签字或者夫妻一方事后追认等共同意思表示所负的债务,应当认定为夫妻共同债务”。可见,“共同”只是夫妻共债共签行为特征,核心要义在于债务共同承担,故并非但凡有夫妻共同签字的负债就一定属于夫妻共同债务。本案中,不仅表意人徐某明确排斥曾有共同负债意思表示,且作为意思外化载体的借条显著表明徐某身份有别于李某,系证明人而非借款人,故尚无确切证据证明徐某有加入借贷关系并自愿接受该关系约束的意思表示。进而从举证证明责任分配来看,当债务主体真伪不明时,时某作为债权人须对其主张徐某为共同借款人的基础法律事实承担证明责任,否则应承担举证不能的不利法律后果。《民法总则》第142条规定:“有相对人的意思表示的解释,应当按照所使用的词句,结合相关条款、行为性质和目的、习惯以及诚信原则,确定意思表示的含义。无相对人的意思表示的解释,不能完全拘泥于所使用的词句,而应当结合相关条款、行为的性质和目的、习惯以及诚信原则,确定行为人的真实意思。”本案中,借条承载信息非常明确,借款人是李某,而其配偶徐某仅系证明人,足以表明债权人与夫妻一方已明确约定系争借款为夫妻一方个人债务,或不得不说在证据学上已具备足够理由认定属夫妻一方个人债务,夫妻双方并无共同举债合意,故事实上亦不存在夫妻共同债务推定规则及意思表示解释规则适用空间。判决李某归还时某4万元及逾期利息。

②2017年**安徽某合伙纠纷案**,董某与王某复婚后,关系未有好转,仍争吵不断。2016年,法院判决双方离婚。2017年,陈某以王某在复婚期间与其合伙经营,应支付合伙收益64万余元及违约金5万余元为由,诉请王某与董某连带给付。法院认为:最高人民法院《关于适用〈中华人民共和国婚姻法〉若干问题的解释(二)》(已于2021年1月1日起废止)第24条系以婚姻关系存续期间对夫妻共同债务作

出推定。依《婚姻法》第41条规定，夫妻共同债务应为夫妻共同生活所负。对司法解释理解应符合、遵循法律规定的本身意旨。夫妻共同生活是夫妻共同债务本质属性，婚姻关系存续期只是一个简单的外在判断形式，不能被唯一化。本案中，董某与王某分分合合多次，有异于正常夫妻状态。在孩子中考后第二天即办理离婚手续，可见矛盾由来已久，长期存在较严重问题，亦可说明双方婚姻对当事人而言确实难以继续。二人在经济及生活上各自负担，就二者各自经济能力及双方关系矛盾状况而言，具有一定成因与基础。双方缺乏正常夫妻之间应有的相互扶持与依靠，对家庭生活缺乏共同经营意向与努力，故涉案债务不具有为夫妻共同生活这一特性，不能认定为系夫妻共同债务。判决王某支付陈某64万余元及违约金5万余元。

③2017年**贵州某民间借贷纠纷案**，2014年5月，翁某与高某登记结婚。同年11月4日，双方协议离婚。其间，高某以个人名义向邓某借款50万余元。因高某未偿，邓某起诉高某并获法院生效判决支持，法院在执行过程中追加翁某为被执行人。翁某提出复议，法院撤销了追加翁某为被执行人的执行裁定。2016年，邓某以其与高某借贷关系发生在高某与翁某婚姻关系存续期间、该笔债务为夫妻共同债务、翁某应承担连带清偿责任为由起诉，要求确认翁某对诉争债务连带清偿。翁某提出重复诉讼的抗辩理由。法院认为：依最高人民法院《关于适用〈中华人民共和国民事诉讼法〉的解释》规定，是否构成重复起诉判断标准，须同时具备三项要件，即后诉与前诉当事人、诉讼标的及诉讼请求相同。其中，当事人是外观判断标准，诉讼标的与诉讼请求是判断关键。本案中，高某向邓某借款，且该笔借款发生在高某、翁某夫妻关系存续期间，故可初步判断，高某与邓某之间发生的民间借贷关系构成前后两诉共同的基础事实，二人之间民间借贷关系及据此产生返还借款请求权构成本案前后两诉诉讼标的，但两诉诉请或诉讼争点不具有同一性。前诉中，邓某据此事实向高某提出了返还借款的直接责任的给付之诉；后诉中，邓某又据此事实向翁某提出了承担清偿借款的连带责任的给付之诉。前后两诉标的虽相同，但诉请及当事人不同，前后两诉之间不能相互替代或涵盖，不能认定为重复诉讼，法院应予受理。

④2017年**重庆某民间借贷纠纷案**，1997年，杨某、王某登记结婚。2014年，杨某帮刘某向贺某借款30万元，并出具借条。贺某要求不知情的王某在借条中签名，杨某明确告知王某不同意签名。2016年，杨某、王某离婚。贺某诉请杨某、王某共同偿还借款及利息。法院认为：《婚姻法》第41条规定，夫妻共同债务系夫妻共同生活所负债务。由此可见，夫妻共同债务本质系因夫妻共同生活或夫妻共同意思表示而产生的债务，故产生于夫妻关系存续期间但与夫妻共同生活或夫妻共同意思表示无关债务，应认定为个人债务，不属夫妻共同债务。此亦符合2018年1

月 18 日起施行的最高人民法院《关于审理涉及夫妻债务纠纷案件适用法律有关问题的解释》(注:已于 2021 年 1 月 1 日起废止)精神。本案借款系杨某帮刘某借,王某借款时不知晓和拒绝在借条中签名。现无证据证明杨某在本案中取得收益并用于杨某与王某共同生活,故本案借款应属杨某个人债务,王某对本案债务不承担民事责任。判决杨某向贺某偿还借款及利息。

⑤2016 年**福建某民间借贷纠纷案**,1986 年,梁某与郑某结婚。2011 年,梁某帮助茶叶公司向钟某借款 31 万元并出具收条,嗣后茶叶公司法定代表人吴某向钟某出具借条并加盖公章。2012 年,法院判决茶叶公司、吴某连带偿还钟某 31 万元及利息,其后,梁某偿还钟某 8 万元。2013 年,钟某起诉梁某,经调解,梁某确认欠钟某 23 万元。2014 年,梁某与郑某登记离婚。2015 年,钟某以夫妻共同债务为由,诉请郑某偿还。法院认为:最高人民法院民一庭《关于婚姻关系存续期间夫妻一方以个人名义所负债务性质如何认定的答复》(〔2014〕民一他字第 10 号),已明确"在不涉及他人的离婚案件中,由以个人名义举债的配偶一方负责举证证明所借债务用于夫妻共同生活,如证据不足,则其配偶一方不承担偿还责任。在债权人以夫妻一方为被告起诉的债务纠纷中,对于案涉债务是否属于夫妻共同债务,应当按照最高人民法院《关于适用〈中华人民共和国婚姻法〉若干问题的解释(二)》(已于 2021 年 1 月 1 日起废止)第 24 条规定认定。如果举债人的配偶举证证明所借债务并非用于夫妻共同生活,则其不承担偿还责任"。《婚姻法》第 41 条规定:"离婚时,原为夫妻共同生活所负的债务,应当共同偿还。"最高人民法院《关于适用〈中华人民共和国婚姻法〉若干问题的解释(二)》(已于 2021 年 1 月 1 日起废止)第 24 条将"夫妻关系存续期间所负债务作为夫妻共同债务处理",这是一种从债务形成时间对共同债务进行的推定,并非否定《婚姻法》第 41 条"为共同生活所负债务"的夫妻共同债务本质特征,故如有证据证明借款并非用于"家庭共同生活或者家庭生产经营"的,应认定为夫妻借款一方个人债务。即夫妻共同债务应是在婚姻关系存续期间,夫妻双方或一方为维持共同生活需要,或出于为共同生活目的从事经营活动引起的债务。如夫妻有共同举债合意,则不论该债务所带来利益是否为夫妻共享,该债务应认定为共同债务;如夫妻没有共同举债合意,当债务发生后,夫妻双方共同分享了该债务所带来利益,则同样应视为共同债务。但夫妻一方有证据证明或根据法院已查明事实,可认定借款并非用于日常生活开支、履行抚养和赡养义务等家庭共同生活或家庭生产经营的,应认定为夫妻借款一方个人债务。本案中,梁某向钟某借款,当日梁某即全部出借给茶业公司,而茶业公司并非其家庭生产经营企业,且梁某借款借进与借出之间不存在利息差,显然其借款目的不是经营和牟利,郑某对梁某上述借款并无共同举债合意,该债务亦未对其家庭带来利益并予以分享,故可认定诉争借款并非用于梁某与郑某夫妻关系存续期间日常生活开支、履

行抚养和赡养义务等家庭共同生活或者家庭生产经营，判决驳回钟某诉请。

⑥2016 年**江苏某民间借贷纠纷案**，2013 年，冯某和徐某离婚。于某以徐某 2012 年向其借款 35 万元为由诉请冯某、徐某共同偿还。冯某举证证明公安局 2012 年曾对徐某赌博行为作出行政拘留并罚款的处罚决定、徐某 2012 年至 2013 年期间曾多次前往澳门特别行政区和柬埔寨。法院认为：最高人民法院《关于适用〈中华人民共和国婚姻法〉若干问题的解释（二）》（已于 2021 年 1 月 1 日起废止）第 24 条规定，债权人就婚姻关系存续期间夫妻一方以个人名义所负债务主张权利的，应当按夫妻共同债务处理。该条法理基础在于家事代理权，即源于《婚姻法》第 17 条“夫或妻对夫妻共同所有的财产，有平等的处理权”规定。最高人民法院《关于适用〈中华人民共和国婚姻法〉若干问题的解释（一）》（已于 2021 年 1 月 1 日起废止）第 17 条规定，对于因日常生活需要而产生的家事代理权，任何一方均有权决定，对于非因日常生活需要对共同财产做重要处理决定的，夫妻应当协商一致，他人有理由相信系夫妻共同意思表示时，另一方不得以不同意或者不知道对抗善意第三人。根据以上规定，基于共同生活需要的家事代理权产生一方负债，认定为共同债务，但大额举债并非当然属家事代理权范畴。依《婚姻法》第 41 条规定，离婚时，原为夫妻共同生活所负债务，应共同偿还，即离婚后认定夫妻关系存续期间大额举债为共同债务前提是该债务“为夫妻共同生活所负”。依前述司法解释第 24 条规定，婚姻存续期间一方负债推定为共同债务，非举债方应提供反驳证据推翻该推定。对夫妻关系存续期间短期内大额借款，根据日常经验法则，非举债方初步举证证明出借人明知或应当知道债务人借款并非用于夫妻共同生活或共同生产经营活动的，法官根据出借人与借款人关系、借款数额、借款时间等因素予以综合判断并形成心证，如合理相信属于超出家事代理权的单方负债行为，应由债权人举证其有理由相信“为夫妻共同生活所负”。此时，债权人应提供证据证明该实质要件成立，无法举证则承担相应不利后果。从利益衡量角度，债权人在出借大额借款时，处于优势地位，相对于非举债方，风险控制能力更强。其可要求借款人夫妻双方签字或提供另一方同意手续，如其在出借大额款项时，未尽合理注意义务，由其承担相应风险，更为公平合理。本案中，出借人于某与徐某系朋友关系，徐某在婚姻存续期间有赌博恶习，对外欠债较多。于某在短期内出借 35 万元给徐某，超出家事代理权范畴，并未征得冯某同意。冯某初步举证徐某所借款项未用于夫妻共同生活，于某应举证证明该款项用于或应用于徐某和冯某共同生活。于某无法提出补强证据证明其主张时，应由其承担败诉后果。此外，如本案中于某明知徐某借款用于赌博，则为非法债务，法院不予保护，即不支持于某返还请求。但现有证据并不能证明 35 万元是否用于赌博，更无证据证明于某出借款项时明知徐某用于赌博，故对于于某主张徐某返还借款并支付利息请求，应予支持。判决徐某返还于某 35

万元借款及逾期利息。

⑦2014年**江西某借款合同纠纷案**,2008年,朱某以其与妻子欧某名义共同与银行签订授信协议、抵押合同、贷款合同。2013年2月,朱某与欧某协议离婚,约定房产归欧某所有。随后欧某提起行政诉讼,要求撤销房产抵押登记。2014年2月,生效行政判决判令撤销房管部门为银行颁发的他项权证,同时确认前述授信协议、抵押合同、贷款合同上欧某签名非本人书写和捺印。因逾期未偿还借款本息,银行诉请朱某、欧某连带清偿,并主张优先受偿权。法院认为:案涉金融借款发生于朱某与欧某婚姻关系存续期间,但依生效行政判决查明,授信协议、抵押合同中欧某签名及指印均非欧某本人书写和捺按,基于授信协议基础之上的贷款协议亦系银行与朱某个人签订,与欧某辩称对该贷款不知情能相印证。银行对发放贷款用途负有监管义务,现银行对该贷款用于何处未提供证据证明,依现有证据应认定本案金融借款系朱某冒用夫妻共同名义向银行所借,欧某对该笔金融借款并不知晓,故本案金融借款并未用于夫妻共同生活,不属于夫妻共同债务,判决解除银行与朱某所签授信协议、贷款协议,朱某偿还银行借款本金及利息、罚息、复息。

⑧2014年**重庆某债务纠纷案**,2004年,郭某与贾某在民政局办理离婚登记。2005年,郝某出借20万元给贾某,在公证询问笔录上,郭某陈述“用于家庭经营”“系夫妻共同债务”,郭某在该笔录上签名批注“同意借款”。后因逾期未偿,郝某诉请郭某、贾某归还。法院认为:夫妻共同债务是指婚姻关系存续期间,夫妻一方或双方为维持共同生活需要,或出于为共同生活目的从事经营活动所负债务。夫妻共同债务一个重要构成要件即为夫妻关系存续期间。而本案郝某与贾某借款合同签订时及郭某在公证处公证询问笔录上签名批注时,郭某均已与贾某解除婚姻关系。法律关系认定必须尊重客观事实,虽贾某陈述是和妻子共同债务,郭某对双方婚姻状况未作解释说明并批注“同意借款”,但在双方已解除婚姻关系客观事实下,郭某签名批注行为不构成夫妻共同债务。并存的债务承担,指由第三人加入既存债之关系而成为新债务人,与原债务人共负同一债务,仍与债权人继续维持原有债之关系。依大陆法系,因第三人加入债之关系对债权人利益无任何减损,并存的债务承担无须经债权人同意。但对于加人债务之第三人而言,债务承担为负担行为,需第三人作出加入债之关系并承担债务的意思表示。实践中,并存的债务承担一般由债权人、债务人和第三人达成债务承担三方协议,或是由第三人与债权人或债务人达成债务承担双方协议,或是由第三人向债权人作出加入债之关系并承担债务单方承诺。具体到本案,郭某并未明确作出加入债务关系并承担债务的意思表示,郭某只是在公证询问笔录上签名批注了“同意借款”,不是向债权人郝某作出加入债务关系的单方承诺,债权人郝某对此不知情亦未作任何意思表示。郭某与贾某、债权人郝某之间未达成关于债务承担合意,故郭某行为不构成并存的债务承

担。所谓保证,是指第三人和债权人约定,当债务人不履行其债务时,该第三人按照约定履行债务或者承担责任的担保方式。保证须由第三人明确作出保证的意思表示,非经明示不得认定构成保证是各国法律的普遍原则。《担保法》对保证合同成立有书面形式要求,只有保证人明确作出保证意思表示时,保证合同方才成立。故在认定是否成立保证时,应以当事人对保证有明确的意思表示为准。本案中,郭某在询问笔录上只是签名批注了"同意借款"四个字,依非经明示不得认定构成保证的基本法理,郭某签注行为不可推定为向债权人郝某作出为该债务进行保证担保的意思表示,且债权人郝某并不知晓询问笔录中相关陈述,对郭某签名批注行为亦未作任何意思表示,双方未达成保证担保合意,故郭某行为不构成连带保证。法律允许个人自由创设法律关系,只要不违反法律之根本精神,个人之法律关系均可依其自己的意思自由创设。法律行为以意思表示为本质要素,以发生私法上效果为目的。本案郭某在贾某公证询问笔录上签名批注"同意借款"行为不是以产生私法效果为目的的表意行为,并不意在为自己创设法律上的权利义务关系,故郭某签名批注行为不成立新的法律关系。故本案郭某对贾某借款不应承担共同清偿责任。

⑨2014 年**江苏某民间借贷纠纷案**,2003 年,邵某和倪某登记结婚。2009 年,双方签订婚内财产协议。2010 年 10 月起,双方开始分居。2011 年 1 月,倪某以邵某债台高筑等理由,诉请离婚。2011 年 4 月 15 日,法院判决未予准许。2011 年 4 月 22 日至 2012 年 4 月 22 日期间,邵某陆续向解某借款 110 万余元,用于经营土石方工程。2012 年 7 月,法院判决邵某与倪某离婚。后因借款未能如期清偿,解某提起诉讼,要求邵某与倪某共同偿还。法院认为:《婚姻法》明确规定了婚内财产约定制度,赋予夫妻间对于婚内乃至婚前取得财产自由约定权利。夫妻间婚内财产约定不具有公示性,原则上只能对内,不能对外。法律和司法解释规定了两种例外,即第三人知道该约定和夫妻一方能证明债权人与债务人明确约定为个人债务除外。《婚姻法》第 19 条第 3 款规定,第三人知道该约定的,一方所举债务以其个人财产清偿。最高人民法院《关于适用〈中华人民共和国婚姻法〉若干问题的解释(二)》(已于 2021 年 1 月 1 日起废止)第 24 条规定:"债权人就婚姻关系存续期间夫妻一方以个人名义所负债务主张权利的,应当按夫妻共同债务处理。但夫妻一方能够证明债权人与债务人明确约定为个人债务,或者能够证明属于婚姻法第十九条第三款规定情形的除外。"《婚姻法》第 41 条规定:"离婚时,原为夫妻共同生活所负的债务,应当共同偿还。"明确将夫妻共同债务发生目的限定为"夫妻共同生活"。最高人民法院《关于适用〈中华人民共和国婚姻法〉若干问题的解释(二)》(已于 2021 年 1 月 1 日起废止)第 23 条进一步明确,即使是夫妻一方婚前产生的债务,只要是用于婚后家庭共同生活,均应视作夫妻共同债务。可见判定是否属于夫妻共同债务核心标准并非时间因素——夫妻关系存续期间,而是有无因夫妻共同生活

目的因素。最高人民法院《关于适用〈中华人民共和国婚姻法〉若干问题的解释(二)》(已于2021年1月1日起废止)第24条是对《婚姻法》第41条关于共同债务规定的细化和解释,当然应坚持夫妻共同债务判定的目的要素。如一方所负债务非因夫妻共同生活原因,则不论有无婚内财产约定,均不应视为夫妻共同债务。此处是否因夫妻共同生活标准,不能以是否实际用于夫妻共同生活来衡量。只要是正常夫妻关系存续期间,一方为生产、经营所举债务即使未能实际产生收益,亦应理解为夫妻共同生活原因所负。结合本案案情,邵某与倪某所签夫妻财产约定,因不具有两种除外情形,故不能直接认定邵某所举之债系其个人债务,但结合其后倪某以邵某债台高筑等理由起诉离婚事实可看出,倪某对邵某举债行为一直持否定和反对态度。另外,本案争议债务又发生于离婚诉讼判决之后,加之双方之前已分居一年多时间,足以证明双方无共同生活事实,邵某所举债务已不具备为家庭共同生活原因所负基础和条件,故本案中倪某已提供充分证据证明,邵某所举债务非夫妻共同生活原因所负,该笔借款应认定为邵某个人债务。判决驳回解某要求倪某偿还借款诉请。

⑩2013年**福建某民间借贷纠纷案**,2011年,吴某与妻子陆某诉讼离婚。2012年,王某以吴某出具的35万元借条起诉吴某、陆某连带偿还。陆某提出前述离婚判决中认定吴某与案外人有婚外情的"案外人"即王某,本案诉讼中王某联系方式,即前述案中"案外人"联系方式。法院认为:最高人民法院《关于适用〈中华人民共和国婚姻法〉若干问题的解释(二)》(已于2021年1月1日起废止)第24条将夫妻关系存续期间一方以个人名义所负债务认定为夫妻共同债务前提,是基于对善意第三人债权的保护,而本案王某确认的手机号与法院另案判决中提及的案外人手机号一致,且根据证人陈述以及派出所出具的信息单,可认定王某即前案判决中的案外人,故其并非上述司法解释中所指善意债权人。此外,本案款项发生时,王某亦自认陆某并不在场,借条系倒签,故陆某对此款项发生并不知情,亦无证据证明该款项用于吴某和陆某家庭共同生活。判决驳回王某诉请。

⑪2008年**浙江某离婚财产纠纷案**,2007年5月,陈某起诉叶某离婚。此前分居期间,叶某向文某购货,2007年9月,文某起诉,法院判决货款10万余元系叶某与陈某夫妻共同债务,陈某应连带偿还。同年12月,法院判决陈某和叶某离婚并生效。陈某被法院执行5万余元予文某后起诉叶某,以该债务属分居期间叶某的个人债务为由,向叶某追偿该款。法院认为:生效判决虽认定案涉债务系夫妻共同债务,但离婚判决对该债务在夫妻之间内部关系上未作出认定和处理。生效判决履行完毕导致夫妻对外债务消灭,但夫妻内部仍存在定性和如何分担问题。本案诉讼与生效离婚判决并非重复诉讼,诉讼标的不一,未违背"一事不再理"原则。夫妻离婚时,应对婚姻关系存续期间所形成债务是夫妻共同债务还是一方个人债务

作出认定。案涉债务系叶某分居期间经营所欠,其未举证夫妻有共同举债合意,亦未注明夫妻分享该债务所带来利益,故对外虽为保护债权人利益和交易安全,认定该债务为夫妻共同债务,但在夫妻内部,仍应认定为叶某个人债务,由其自行承担。陈某已付部分,本质上是对叶某个人债务的对外代偿,依法可向叶某追偿,故叶某应支付陈某该代偿款。

⑫2008 年**浙江某民间借贷纠纷案**,2007 年,傅某在与妻子单某分居期间,同商贸公司签订承包协议,据此欠借款 30 万余元。2008 年,商贸公司诉请傅某、单某连带偿还。法院认为:最高人民法院《关于适用〈中华人民共和国婚姻法〉若干问题的解释(二)》(已于 2021 年 1 月 1 日起废止)第 24 条规定:“债权人就婚姻关系存续期间夫妻一方以个人名义所负债务主张权利的,应当按夫妻共同债务处理。但夫妻一方能够证明债权人与债务人明确约定为个人债务,或者能够证明属于婚姻法第十九条第三款规定情形的除外。”单某虽提供了相关证据证明其与傅某已于 2007 年 4 月分居及其因烫伤无法参与经营活动的证据。但这些证据尚不完全符合“但夫妻一方能够证明债权人与债务人明确约定为个人债务,或者能够证明属于婚姻法第十九条第三款规定情形的除外”情形。本案诉争借贷关系有别于一般借贷关系,与商贸公司签订承包协议的合同相对方是傅某,诉争款项亦系商贸公司为履行承包协议提供给傅某的流动资金,用于支付傅某业务款项而转化成的借款。该借贷关系的原始基础是承包协议,根据合同相对性原则,应由傅某承担因双方协议产生的不利后果。承包协议签订时,傅某虽与单某尚未分居,单某亦无法提供证据证明该债务系傅某个人债务。但考虑到傅某出具欠条之日双方已处于分居状态,单某参与傅某经营的可能性较小。同时,傅某经营活动存在连续性,事实上亦无法分清其所欠款项产生于两人分居之前还是分居之后。夫妻共同承担对外债务最基本原因是夫妻两人分享了对方对外活动所得,如一方未享受另一方对外活动所得,自然无须承担另一方对外活动所产生债务。虽然分居不等于两人没有经济往来,但当两人已到达诉讼离婚境地,特别是由傅某提出离婚,单某未享受到两人分居之后傅某经营所得的可能性更大。本案中,商贸公司亦无法提供证据证明诉争债务系两人分居之前产生的债务,故应将单某排除在债务人之列为宜。另从判决社会性考虑,单某被严重烫伤,伤势尚未痊愈,如判令其承担 30 万元余的债务,对其日后生活颇为不利。而傅某还款能力较强,将单某排除在还款人之列,对商贸公司债权最终得以实现的影响较小。判决傅某偿还商贸公司借款 30 万余元。

⑬2004 年**河北某买卖合同纠纷案**,2001 年,张某夫妇及女儿邢某、女婿刘某共同租赁摊位经销布鞋。其间,张某向许某购买布鞋,欠货款 4 万余元,另刘某以自己名义按揭贷款购得一辆送货汽车。2002 年,许某起诉要求张某和刘某共同偿还欠款。法院认为:家庭共有财产共有人或共同经营的家庭成员才是家庭共同债务

连带债务人。承担家庭共同债务的家庭成员须是家庭共有财产主体,是能创造或取得财产并愿意且将其所得纳入家庭共有的家庭成员,即对家庭共有财产产生和积累作出贡献的家庭成员。本案中,刘某提交的银行借款合同、购车合同和机动车行驶证等证据足以证明案涉载货汽车是其以按揭方式借款购得,分期偿还借款本息义务人是刘某,故刘某应为涉案车辆出资人和实际所有人。许某未举证证明张某或其他家庭成员将家庭共同经营产生的共有财产用于刘某购买涉案汽车出资,不能仅以刘某与邢某结婚之事实即认定涉案车辆是张某家庭共有财产和刘某是共同债务人,故判决张某给付货款本息,驳回许某对刘某诉请。

【典型类案实务要点】

1.**【夫妻一方以中间人的名义借款,应认定为个人债务】**夫妻一方作为借款中间人向债权人出具借条,债权人明知该款非用于夫妻共同生活的,不应认定为夫妻共同债务。

2.**【配偶以证明人身份签字借款,不应认定为共同债务】**婚姻关系存续期间,夫妻一方对外举债,配偶以证明人身份在负债凭证上签字确认,但否认属于夫妻共同债务,而债权人又无证据证明其为共同债务人的,不宜确定为共债共签,而应根据合同相对性认定为夫妻一方个人债务。

3.**【不正常夫妻关系存续期间,一方外债,非共同债务】**夫妻共同债务认定中,婚姻存续期与夫妻共同生活是两项重要标准,其中夫妻共同生活是实质性要素和本质属性。

4.**【诉请丈夫还款,判决生效后,可再诉妻子连带清偿】**债权人以夫妻一方为被告提起诉讼,判决生效后又以夫妻另一方为被告,要求承担连带偿还责任,法院应予受理并进行实质审理。

5.**【与夫妻共同生活或共同意思表示无关,属个人债务】**产生于夫妻关系存续期间但与夫妻共同生活或夫妻共同意思表示无关债务,应认定为个人债务,不属于共同债务。

6.**【非经营活动,无共同举债合意,应为夫妻个人债务】**对夫妻关系存续期间夫或妻一方以个人名义所负债务,另一方对该债务是否因家庭共同利益所应负享有抗辩权。

7.**【经常性赌博一方短期内大额借款,非夫妻共同债务】**对超出家事代理权范畴的短期内大额举债,女方初步举证男方有赌博恶习,且债权人明知或应当知道的,应认定该借款未用于夫妻共同生活。债权人未提供充分证据证明借款人用于或其有理由相信用于夫妻共同生活的,不应认定为夫妻共同债务。

8.**【夫妻一方冒用对方名义的个人借款,不属共同债务】**夫妻关系存续期间,一方冒用另一方名义共同向银行借款,另一方并不知情,借款未用于夫妻共同生活的,不属于夫妻共同债务。

9.【**公证询问笔录签注“同意借款”,不必然共同清偿**】离婚后一方在另一方对外借款公证询问笔录上签名批注“同意借款”,不构成夫妻共同债务,亦不构成保证或并存的债务承担或其他新的法律关系。

10.【**夫妻一方分居期间对外大额借款,应属于个人债务**】夫妻共同债务应为双方共同生活原因所负,如一方非夫妻共同生活原因举债,则另一方不负偿还责任,但其应承担该债务与夫妻生活无关的证明责任。

11.【**夫妻一方借款为共同债务,债权人应符合善意前提**】最高人民法院《关于适用〈中华人民共和国婚姻法〉若干问题的解释(二)》(已于2021年1月1日起废止)第24条将夫妻关系存续期间一方以个人名义所负债务认定为夫妻共同债务前提,是基于对善意第三人债权的保护。

12.【**夫妻一方连带清偿配偶个人债务后,可向配偶追偿**】夫妻关系存续期间一方所负个人债务,对外依法共同承担连带清偿责任后,已承担清偿责任的一方在离婚期间或离婚后,有权向举债一方追偿。

13.【**夫妻分居期间,一方承包经营,一般应属个人债务**】夫妻分居期间,一方从事对外承包经营活动,配偶未享受该对外活动所得的,就该对外活动所产生债务,配偶无须承担。

14.【**女婿购买车辆,不当然成为家庭共同债务承担主体**】承担家庭共同债务的家庭成员须是家庭共有财产主体,是能创造或取得财产并愿意且将其所得纳入家庭共有的家庭成员。

【类案裁判一般规则】

夫妻一方在婚姻关系存续期间以个人名义超出家庭日常生活需要所负债务,不属于夫妻共同债务,但债权人能证明该债务用于夫妻共同生活、共同生产经营或基于夫妻双方共同意思表示的除外。

【典型参考案例索引】

主旨案例:最高人民法院(2018)最高法民再20号“林某、陈某晔与福建春秋文化发展有限公司民间借贷纠纷案”,见《债权人明知夫妻一方的借款并非用于夫妻共同生活的不应认定为夫妻共同债务》(审判长周伦军,审判员马东旭、张爱珍),载《最高人民法院第三巡回法庭新型民商事案件理解与适用》(X3－2019:142)。**其他案例:**①江苏阜宁法院(2018)苏0923民初587号“时成韬与李步明、徐荣芬借款合同纠纷案”,见《配偶以证明人身份签字借款的性质》(刘干),载《人民司法·案例》(201826:29)。②安徽六安中院(2017)皖15民再3号"陈某与董某等合伙纠纷案",见《夫妻共同债务认定应把握夫妻共同生活这一实质标准——安徽六安中院判决陈光武与董晶晶、王维东合伙协议纠纷案》(张菊),载《人民法院报·案例精选》(20171130:06)。③贵州遵义中院(2017)黔03民终132号"邓某与翁某民间借贷纠纷案",见《当事人诉权保障与重复诉讼的合理判断——贵州遵义中院裁定邓力诉翁婷玉民间借贷纠纷案》(万亿),载《人民法院报·案例精选》(20170216:06)。④重庆三中院(2017)渝03民终1051号"贺某与王某等民间借贷纠纷案",见《与夫妻共同生活或共同意思表示无关的债务不属夫妻共同债务——重庆三中院判决贺某诉王某等民间借贷纠纷案》(陈江平),载《人民法院报·案例精选》(20180510:06)。⑤福建南平中院(2016)闽07民终字第811号"衷红与郑晓华民间借贷纠纷上诉案",见《非经营活动且无共同举债合意的债务应为夫妻个人债务》(徐欢),载《人民司法·案例》(201726:71)。⑥江苏南通中院(2016)苏06民终4388号"于某与冯某等民间借贷纠纷案",见《经常性赌博一方短期内大额借款不宜认定为夫妻共同债务——江苏南通中院判决于某诉冯某、徐某民间借贷纠纷案》(谷昔伟、王立朋),载《人民法院报·案例精选》(20170810:06)。⑦江西南昌中院(2014)洪民四终字第404号"某银行与朱某等金融借款合同纠纷案",见《招商银行股份有限公司南昌分行诉朱国兵、欧阳琳金融借款合同纠纷案——夫妻关系存续期间单方举债的性质认定及证明责任》(沈莉),载《人民法院案例选》(201502/92:157)。⑧"郝某与郭某、重庆市某建设开发有限公司债务纠纷案",见《在公证询问笔录上签名批注"同意借款"不当然承担共同清偿责任》(王其生),载《人民司法·案例》(201420:101)。⑨江苏扬州中院(2014)扬民再终字第00006号"解某与邵某等民间借贷纠纷案",见《夫妻一方举债的法律适用——江苏扬州中院判决解某诉邵某等民间借贷纠纷案》(李益松、朱建斌),载《人民法院报·案例精选》(20150820:06)。⑩福建厦门中院(2013)厦民终字1179号"王某与陆某等民间借贷纠纷案",见《王愉娜诉陆和英、吴智勇民间借贷纠纷案(公序良俗、夫妻共同债务)》(胡欣),载《中国审判案例要览》(2014商:232)。⑪浙江温州中院(2008)温民一终字第175号"陈某诉叶某离婚财产纠纷案",见《婚姻关系存续期间夫妻一方所负债务性质的认定原则——陈海芳诉叶明锋离婚后财产纠纷案》(陈宇),载《民事审判指导与参考·地方法院案件解析》(201004/44:252);另见《婚姻关系存续期间夫妻一方所负债务性质的认定原则——陈海芳诉叶明锋离婚后财产纠纷案》(陈宇、亓述伟),载《人民法院案例选·月版》(200909/9:48)。⑫浙江绍兴法院(2008)绍民二初字第601号"某商贸公司与傅某等民间借贷纠纷案",见《浙江华恒进出口有限公司诉傅新伟等民间借贷案(配偶是否作为共同被告应视情况而定)》(陈维),载《中国审判案例要览》(2009商:

87)。⑬河北廊坊中院判决“许某诉张某等买卖合同案”,一审认为涉案汽车虽为刘某出资购得,但根据张某夫妇与女儿邢某尚未分家析产,刘某与邢某结婚登记后即为张某家共同经营生意,认定该车为张某家庭共有财产,刘某与张某为共同债务人;二审认为刘某婚后即与张某家一起做生意,该行为属家庭共同经营行为,且张某承认子女与其共同生活,故刘某系张某家庭共同成员,刘某系共同债务人,判决维持原判;再审改判刘某非共同债务人。见《许建华诉张振英及其婿刘振宗应作为共同债务人清偿买卖合同货款案》(陈振春),载《人民法院案例选》(2004 年民事/48:47)。

46. 夫妻共同债务的认定

——一方借外债,为何共同还?

【共同债务】

【案情简介及争议焦点】

2010 年,许某与华某签订协议,约定许某女儿担任法定代表人的投资公司所欠华某债务作为许某向华某借款。2014 年,华某诉请许某及许某妻子徐某共同偿还。徐某主张许某系债务加入人,并未直接向华某借款,故对华某的举债其并未受益,故不应认定为夫妻共同债务。

争议焦点:1. 是否构成债务加入? 2. 是否构成夫妻共同债务?

【裁判要点】

1. 法律及司法解释相关规定。依法律规定:夫妻对婚姻关系存续期间所得的财产约定归各自所有的,夫或妻一方对外所负的债务,第三人知道该约定的,以夫或妻一方所有的财产清偿。最高人民法院《关于适用〈中华人民共和国婚姻法〉若干问题的解释(二)》(已于 2021 年 1 月 1 日起废止)第 24 条规定:“债权人就婚姻关系存续期间夫妻一方以个人名义所负债务主张权利的,应当按夫妻共同债务处理。但夫妻一方能够证明债权人与债务人明确约定为个人债务,或者能够证明属于婚姻法第十九条第三款规定情形的除外。夫妻一方与第三人串通,虚构债务,第三人主张权利的,人民法院不予支持。夫妻一方在从事赌博、吸毒等违法犯罪活动中所负债务,第三人主张权利的,人民法院不予支持。”

2. 案涉借款应定性共同债务。本案中,许某承诺投资公司债务由其负责清偿,系其加入投资公司对华某的债务中来,许某成为华某债务人。此时许某与徐某仍在婚姻关系存续期间,故许某对投资公司债务属于婚姻关系存续期间夫妻一方债务。从现有证据来看,华某与许某并未明确约定该债务系许某个人债务,双方亦不存在恶意串通、违法犯罪或明知约定财产等情形,故根据上述法律规定,许某对华某债务为其与徐某夫妻共同债务。本案中许某并非债务担保行为,且主债务人投资公司原法定代表人为许某女儿,该公司与许某、徐某均有密切关系。华某与投资公司最初合作协议即由许某代表签字,许某实际参与投资公司经营活动,且徐某自称家庭经济事宜均由许某包办,故华某债务并非与许某、徐某无关,许某在投资公司经营过程中的行为是婚姻关系存续期间的生产经营活动,由此可见对于华某举债已用于许某、徐某夫妻共同生活,该债务应作为许某与徐某夫妻共同债务,判决许某与徐某共同偿还华某借款本息。

【裁判依据或参考】

1. 法律规定。《**民法典**》(2021 年 1 月 1 日)第 56 条:“个体工商户的债务,个人经营的,以个人财产承担;家庭经营的,以家庭财产承担;无法区分的,以家庭财产承担。农村承包经营户的债务,以从事农村土地承包经营的农户财产承担;事实上由农户部分成员经营的,以该部分成员的财产承担。”第 519 条:“连带债务人之间的份额难以确定的,视为份额相同。实际承担债务超过自己份额的连带债务人,有权就超出部分在其他连带债务人未履行的份额范围内向其追偿,并相应地享有债权人的权利,但是不得损害债权人的利益。其他连带债务人对债权人的抗辩,可以向该债务人主张。被追偿的连带债务人不能履行其应分担份额的,其他连带债务人应当在相应范围内按比例分担。”第 1064 条:“夫妻双方共同签名或者夫妻一方事后追认等共同意思表示所负的债务,以及夫妻一方在婚姻关系存续期间以个人名义为家庭日常生活需要所负的债务,属于夫妻共同债务。夫妻一方在婚姻关系存续期间以个人名义超出家庭日常生活需要所负的债务,不属于夫妻共同债务;但是,债权人能够证明该债务用于夫妻共同生活、共同生产经营或者基于夫妻双方共同意思表示的除外。”第 1089 条:“离婚时,夫妻共同债务应当共同偿还。共同财产不足清偿或者财产归各自所有的,由双方协议清偿;协议不成的,由人民法院判决。”《**个人独资企业法**》(2000 年 1 月 1 日)第 18 条:“个人独资企业投资人在申请企业设立登记时明确以其家庭共有财产作为个人出资的,应当依法以家庭共有财产对企业债务承担无限责任。”

2. 最高人民法院司法解释及其他司法性文件/解读文章。最高人民法院《**关于适用〈中华人民共和国民法典〉婚姻家庭编的解释(一)**》(2021 年 1 月 1 日　法释〔2020〕22 号)第 33 条:“债权人就一方婚前所负个人债务向债务人的配偶主张权利的,人民法院不予支持。但债权人能够证明所负债务用于婚后家庭共同生活的除外。”第 34 条:“夫妻一方与第三人串通,虚构债务,第三人主张该债务为夫妻共同债务的,人民法院不予支持。夫妻一方在从事赌博、吸毒等违法犯罪活动中所负债务,第三人主张该债务为夫妻共同债务的,人民法院不予支持。”第 36 条:“夫或者妻一方死亡的,生存一方应当对婚姻关系存续期间的夫妻共同债务承担清偿责任。”第 37 条:“民法典第一千零六十五条第三款所称‘相对人知道该约定的’,夫妻一方对此负有举证责任。”最高人民法院《**关于审理涉及夫妻债务纠纷案件适用法律有关问题的解释**》(2018 年 1 月 18 日　法释〔2018〕2 号,2021 年 1 月 1 日起废止)第 1 条:“夫妻双方共同签字或者夫妻一方事后追认等共同意思表示所负的债务,应当认定为夫妻共同债务。”第 2 条:“夫妻一方在婚姻关系存续期间以个人名义为家庭日常生活需要所负的债务,债权人以属于夫妻共同债务为由主张权利的,人民法院应予支持。”最高人民法院《**关于依法妥善审理涉及夫妻债务案件有关问题的通知**》(2017 年 2 月 28 日　法〔2017〕48 号)第 1 条:“坚持法治和德治相结合原则。在处理夫妻债务案件时,除应当依照婚姻法等法律和司法解释的规定,保护夫妻双方和债权人的合法权益,还应当结合社会主义道德价值理念,增强法律和司法解释适用的社会效果,以达到真正化解矛盾纠纷、维护婚姻家庭稳定、促进交易安全、推动经济社会和谐健康发展的目的。”最高人民法院《**关于适用〈中华人民共和国婚姻法〉若干问题的解释(二)**》(2004 年 4 月 1 日　法释〔2003〕19 号,已于 2021 年 1 月 1 日起废止)第 24 条:“债权人就婚姻关系存续期间夫妻一方以个人名义所负债务主张权利的,应当按夫妻共同债务处理。但夫妻一方能够证明债权人与债务人明确约定为个人债务,或者能够证明属于婚姻法第十九条第三款规定情形的除外。”第 26 条:“夫或妻一方死亡的,生存一方应当对婚姻关系存续期间的共同债务承担连带清偿责任。”最高人民法院《**关于人民法院审理离婚案件处理财产分割问题的若干具体意见**》(1993 年 11 月 3 日　法发〔1993〕32 号,已于 2021 年 1 月 1 日起废止)第 17 条:“夫妻为共同生活或为履行抚养、赡养义务等所负债务,应认定为夫妻共同债务,离婚时应当以夫妻共同财产清偿。下列债务不能认定为夫妻共同债务,应由一方以个人财产清偿:(1)夫妻双方约定由个人负担的债务,但以逃避债务为目的的除外。(2)一方未经对方同意,擅自资助与其没有抚养义务的亲朋所负的债务。(3)一方未经对方同意,独自筹资从事经营活动,其收入确未用于共同生活所负的债务。(4)其他应由个人承担的债务。”最高人民法院《**关于曹彩凤等诉许莉债务案如何适用法律问题的复函**》(1993 年 3 月 12 日　〔1993〕民他字第 3 号):“……根据《中华人民共和国民法通则》第二十九条、第七十八条和最高人民法院《关于贯彻执行〈中华人民共和国民法通则〉若干问题的意见(试行)》第四十三条的规定,赵海平在从事承包经营期间所欠债务为夫妻共同债务,赵海平死亡后,其妻许莉作为连带债务人有义务继续清偿全部债务。”

3. 地方司法性文件。广东深圳中院**《关于为优化营商环境提供司法保障的意见》**(2019年8月8日)第5条:“坚持‘三个严格’。严格区分违法所得和合法财产,没有充分证据证明为违法所得的,不得判决追缴或者责令退赔,不得将企业财产作为企业员工职务犯罪所得予以没收;严格区分企业家个人财产和企业法人财产、家庭成员财产,处理企业犯罪时不得牵连企业家个人财产和家庭成员财产;严格区分个人债务和夫妻共同债务,依法不能认定为夫妻共同债务的,不得判令夫妻双方承担连带责任,依法维护涉案企业和人员的合法权益。”浙江高院**《关于妥善审理涉夫妻债务纠纷案件的通知》**(2018年5月23日 浙高法〔2018〕89号)第1条:“引导‘共债共签’,对基于共同意思表示所负债务依法认定为夫妻共同债务。全省各级法院在审判实践中应当加强对夫妻共同债务形成时‘共债共签’原则的宣传,尽量引导债权人要求夫妻共同签署借款合同、借据等文书。通过发挥裁判导向作用,引导民商事主体主动规范交易行为,加强风险防范。交易过程中,债权人处于相对优势地位,完全可以也有条件在交易时即要求相对人配偶做出共同负债的意思表示,以避免日后产生纠纷时的举证风险。审判实践中应当注意,《解释》第一条列举了‘夫妻双方共同签字’和‘夫妻一方事后追认’作为夫妻共同意思表示的两种情形,除此之外,共同做出口头承诺、共同做出某种行为等也是夫妻共同意思表示的表现形式。若有证据证明配偶一方对负债知晓且未提出异议的,如存在出具借条时在场、所借款项汇入配偶掌握的银行账户、归还借款本息等情形的,可以推定夫妻有共同举债的合意。此外,《解释》第一条规定的‘所负的债务’,不应狭义理解为借贷之债,还应当包括其他合同之债。只要是基于夫妻共同意思表示所负的合同之债,均应由做出意思表示的各主体按约负担。”四川高院**《关于审理民间借贷纠纷案件若干问题的指导意见》**(2016年7月27日)第40条:“借款人配偶在民间借贷案件中诉讼地位的认定。在借款涉及认定是否夫妻共同债务的情形下,出借人申请追加借款人配偶为共同被告的,人民法院可依法予以准许。出借人仅起诉借款人的,人民法院可以向其释明,告知其可同时起诉其配偶,出借人坚持只起诉借款人的,人民法院不应依职权追加借款人配偶为共同被告。出借人与借款人均未明确表示放弃借款人配偶可能承担的债务份额的,为查明案件事实,人民法院可依职权追加借款人配偶为第三人参加诉讼。”湖北武汉中院**《关于加强立案、审判与执行工作协调配合的若干意见(试行)》**(2016年7月10日)第18条:“立案部门对原告仅针对被告夫妻一方或原夫妻关系存续期间一方所欠债务申请立案的,可提示原告可以将另一方作为共同被告起诉。”辽宁沈阳中院**《全市法院民商事审判实务相关疑难问题解答》**(2016年4月)第1条:“婚姻关系存续期间,夫妻一方以个人名义向他人借款所形成的债务,借款人的配偶是否应承担还款责任?解答:原则上应当认定为夫妻共同债务,由夫妻双方共同对外承担偿还责任。但如果借款人的配偶能够证明存在下列情形之一的，则可以认定为夫妻一方的个人债务：1. 出借人与借款人嗯明确约定为个人债务；2. 夫妻对婚姻关系存续期间所得的财产约定归各自所有且出借人知道该约定的；3. 所借债务并非用于夫妻共同生活。”安徽淮南中院**《关于审理离婚纠纷案件若干问题的指导意见》**（2014 年 3 月 13 日）第 27 条：“下列债务为夫妻共同债务，应当以夫妻共同财产清偿：（一）夫妻为家庭共同生活所负债务，双方无异议的。如双方对该债务是否存在或数额有异议，且债权人又未到庭证实的债务，另案处理；（二）夫妻一方或双方为履行法定抚养义务、赡养义务所负债务；（三）婚姻关系存续期间，一方因家庭析产所分得的债务；（四）为支付夫妻一方或双方的教育、培训费用所负债务；（五）从事生产、经营活动所负债务，既包括夫妻双方一起共同从事生产、经营活动，也包括夫妻一方从事生产、经营活动但利益归家庭共享的情形；（六）夫妻约定为共同债务的债务；（七）夫妻一方受另一方虐待，无法共同生活而离家出走，其间出走方为日常生活所需开支及治疗疾病、抚养子女所欠债务。”安徽高院**《关于审理民间借贷纠纷案件若干问题的指导意见》**（2014 年 1 月 1 日　皖高法〔2013〕370 号）第 4 条：“夫妻一方向他人借款，出借人仅起诉借款人的，诉讼时婚姻关系仍然存续，一般不依职权追加借款人的配偶为共同被告；诉讼时借款人已经离婚，出借人申请追加借款人的原配偶为共同被告，人民法院应予准许。”北京高院**《关于审理民间借贷案件若干问题的会议纪要》**（2013 年 12 月 27 日）第 12 条：“夫妻一方以个人名义因家庭共同生活需要借款的，应认定为夫妻共同债务。”第 13 条：“夫妻一方婚前所借款项，贷款人能够证明用于婚后家庭共同生活的，应认定为夫妻共同债务。”第 14 条：“夫妻一方超出家庭共同生活需要的范围借款，但所借款项用于家庭共同生活或者夫妻另一方事后追认的，应认定为夫妻共同债务。”浙江高院**《关于印发〈关于服务金融改革大局依法妥善审理民间借贷纠纷案件的若干意见〉的通知》**（2013 年 2 月 20 日　浙高法〔2013〕37 号）第 6 条：“稳妥认定夫妻共同债务。要依照《中华人民共和国婚姻法》及其司法解释认定夫妻共同债务，防止夫妻通过离婚等形式恶意逃废应共同承担的债务。同时也要防止不适当地认定夫妻共同债务。”浙江温州中院**《关于审理民间借贷纠纷案件若干问题的意见》**（2012 年 8 月 7 日　温中法〔2012〕143 号）第 11 条：“出借人就借款人婚前所借款项向借款人及其配偶主张权利，并能够证明该借款用于借款人婚后家庭共同生活、经营所需的，应当予以支持。出借人与借款人的配偶存在近亲属等特殊关系且借款人夫妻已经离婚，出借人仅起诉借款人，借款人能够证明其婚前所借款项用于婚后家庭共同生活、经营所需而提出追加原配偶共同参加诉讼的申请，对借款人的申请应当予以支持。”重庆高院**《关于审理民间借贷纠纷案件若干问题的指导意见》**（2011 年 8 月 23 日）第 6 条：“夫妻一方签订的借款合同，出借人以夫妻双方为被告提起诉讼的，人民法院应予准许。”山东临沂中院**《关于审理民事案件的若干指导意见(试行)/婚姻家庭部分》**(2011年3月29日 临中法〔2011〕55号)第4条:“在民间借贷纠纷案件中,债权人主张夫妻一方以个人名义所负的债务为夫妻共同债务的,应负相应举证责任。如债权凭证由夫妻双方共同签署的,可认定为共同债务,如系单方签署的,则应认定为举债方的个人债务。”上海高院**《婚姻家庭纠纷办案要件指南(三)》**(2010年6月22日 沪高法民一〔2010〕8号)第7条:“对婚姻关系存续期间产生的债务一般认定为夫妻共同债务。离婚诉讼中,一方提出以夫妻共同财产清偿债务的,应当举证证明下列要件事实:(一)债务产生于婚姻关系存续期间;(二)债务为真实存在;(三)以夫妻一方或双方名义所负。【说明】夫妻共同债务,是指夫妻一方或双方在婚姻关系存续期间,为维持婚姻家庭共同生活,或者为共同生产、经营活动所负的债务。离婚诉讼中,如一方要求双方共同分担夫妻共同债务的,应当举证证明:(1)债务产生于婚姻关系存续期间,即双方结婚之日起至离婚时止的期间,但婚前为结婚后的共同生活购置物品所负的债务,应当认定为夫妻共同债务;(2)债务为真实存在,即债务应该是客观存在的,而非夫妻一方为损害对方财产权益而与他人合谋假造的债务。为防止当事人通过虚假债务恶意侵害对方合法权益,针对不同情况,还应当就其真实性进行必要的审查;(3)债务系以夫妻一方或双方名义所负,而不是以第三人的名义所负。因日常家事或共同财产重大处理决定而发生的债务,不论以夫妻一方或双方名义所负,均为夫妻共同债务。需注意的是,根据《解释(二)》第二十三条的规定,一方婚前所负债务,原则上应认定为个人债务,但债权人能够证明所欠债务用于结婚或婚后共同生活的,应认定为夫妻共同债务。对此,举证责任由债权人负担。”第9条:“夫妻共同债务对外应由夫妻双方共同偿还。共同承担债务后,夫妻之间对债务的分担按照下列原则:(一)有共同财产的,以共同财产清偿;(二)无共同财产,如夫妻双方实行分别财产制的,或共同财产不足清偿债务的,由夫妻双方协议确定各自承担份额,以归各自所有的个人财产承担;(三)协议不成时,由法院根据双方经济状况及照顾女方和直接抚养子女一方的原则进行判决;(四)一方清偿超过所应分担的债务额,有权向另一方追偿。【说明】婚姻法的规定表明夫妻共同债务为法定连带债务,就对外效力而言,债权人对于夫妻一方或双方可同时或先后请求全部或部分给付,非因清偿或者债务免除或者连带之免除,夫妻双方的连带债务不因夫妻离婚而消灭,即使夫或妻一方死亡,生存一方仍应对共同债务承担连带清偿责任。对此,《解释(二)》第二十五条、第二十六条已作出明确规定:(1)对于已届清偿期的共同债务应由共同财产偿还,清偿债务后剩下的共同财产,由双方分割;(2)如共同财产不足清偿共同债务,或财产归各自所有,则由双方协议确定各自承担的共同债务的份额。但债务清偿协议除非经债权人同意并免除其连带责任,仅具有对内效力,而无对外效力。夫妻离婚后,对债权人而言该项债务仍为连带债务;(3)协议不成时,法院应根据双方的经济能力、经济状况及照顾女方和直接抚养子女一方的原则作出判决。但判决确定的仅是双方各自分担的债务额,仅具有对内效力,债权人仍有权向男女双方主张权利;(4)离婚后,一方因清偿超过所应分担的债务额,致另一方免除对债权人的清偿责任,有权向另一方请求偿还其清偿的部分。”江苏高院**《婚姻家庭案件审理指南(2010 年)》**(2010 年 5 月 18 日)第 7 章:“……关于夫妻共同债务的范围。根据《婚姻法解释二》及《离婚财产分割意见》的有关规定,婚姻关系存续期间,夫妻共同债务一般包括以下几类:1. 夫妻为共同生活需要所负的债务。这里的夫妻共同生活,是指夫妻双方以衣、食、住、行等方面为内容的生活。2. 夫妻一方或者双方为履行法定扶养、抚养、赡养义务所负的债务。3. 夫妻为继承遗产或接受赠与所负的债务。根据《婚姻法》第十七条的规定,婚姻关系存续期间继承或赠与所得的财产属于夫妻共同财产。根据权利义务相一致的原则,因继承或赠与而附随发生的债务,也应当认定为夫妻共同债务。4. 为支付夫妻一方或双方的教育、培训费用所负的债务。5. 夫妻一方或者双方行使共同财产管理权过程中所负的债务。如修缮共有房屋、维修共有车辆所发生的债务。6. 为支付正当必要的社会交往费用所负的债务。7. 夫妻协议约定为共同债务的债务。8. 未成年子女对他人侵权所负的债务。严格说,这类债务不是夫妻一方或者双方所为,也不是夫妻所负的债务,但作为法定监护人的父母有义务承担未成年子女所负的债务……”浙江高院**《关于审理民间借贷纠纷案件若干问题的指导意见》**(2009 年 9 月 8 日　浙高法〔2009〕297 号)第 8 条:“以夫妻一方名义向他人借贷,诉讼时夫妻关系仍然存续,债权人未将配偶列为共同被告的,法院不宜主动通知借款人的配偶参加诉讼,但配偶申请参加诉讼或者案件涉嫌虚假诉讼的除外。借贷行为发生于夫妻关系存续期间,诉讼时出借人或者借款人一方已经离婚的,原告或者被告可以申请追加其原配偶为共同被告。”第 19 条:“婚姻关系存续期间,夫妻一方以个人名义因日常生活需要所负的债务,应认定为夫妻共同债务。日常生活需要是指夫妻双方及其共同生活的未成年子女在日常生活中的必要事项,包括日用品购买、医疗服务、子女教育、日常文化消费等。夫妻一方超出日常生活需要范围负债的,应认定为个人债务,但下列情形除外:(一)出借人能够证明负债所得的财产用于家庭共同生活、经营所需的;(二)夫妻另一方事后对债务予以追认的。不属于家庭日常生活需要负债的,出借人可以援引合同法第四十九条关于表见代理的规定,要求夫妻共同承担债务清偿责任。援引表见代理规则要求夫妻共同承担债务清偿责任的出借人,应对表见代理的构成要件承担证明责任。表见代理的证明责任,适用最高人民法院《关于当前形势下审理民商事合同纠纷案件若干问题的指导意见》(法发〔2009〕40 号)第 13 条的规定。”辽宁大连中院**《当前民事审判(一庭)中一些具体问题的理解与认识(婚姻家庭部分)》**(2008 年 12 月 5 日大中法〔2008〕17 号)第 5 条:“离婚时如何确定共同债务?关于夫妻共同债务的确定。起诉离婚的时间即是确定共同债务的时间点。判断是否属于共同债务应从债务形成的时间和原因以及夫妻双方是否分享了债务所带来的利益等方面综合加以考虑。在实践中考虑以下两个标准判断:夫妻有无共同举债的合意;夫妻是否分享了债务所带来的利益等。”山东济南中院**《印发〈关于当前民商事审判若干法律适用问题的解答〉的通知》**(2007 年 11 月 9 日　济中法发〔2007〕14 号)第 6 条:“民间借贷纠纷中,债务人(借款人)为自然人的,债务人死亡后,债权人起诉债务人的所有家庭成员的,其还款责任如何确定?我们认为,首先应当查明该债务的性质,根据不同债务性质分别处理。(1)根据《最高人民法院关于适用〈中华人民共和国婚姻法〉若干问题的解释(二)》第二十四条关于‘债权人就婚姻关系存续期间夫妻一方以个人名义所负债务主张权利的,应当按夫妻共同债务处理。但夫妻一方能够证明债权人与债务人明确约定为个人债务,或者能够证明属于婚姻法第十九条第三款规定情形的除外’的规定,查明是否是夫妻共同债务。如果确认系夫妻共同债务的,则应当根据《最高人民法院关于适用〈中华人民共和国婚姻法〉若干问题的解释(二)》第二十六条关于‘夫或妻一方死亡的,生存一方应当对婚姻关系存续期间的共同债务承担连带清偿责任’的规定,判决由生存配偶对该债务承担连带清偿责任、驳回债权人对其他家庭成员的诉讼请求。(2)如果确认该债务系个人债务,应当查明债务人死亡后其遗产是否继承完毕。如果债务人的遗产尚未分割,则应查明各继承人有无放弃继承的明确表示,判令以债务人的遗产偿还债务,各继承人扣除法定的赡养、抚养份额后,在应继承的遗产范围内对被继承人的债务承担清偿责任。如果遗产已经分割,则应判令各继承人在其已接受继承的遗产范围内对被继承人的债务承担清偿责任。各继承人承担清偿责任的范围均系在各自应继承或接受的遗产范围内,其相互之间非连带责任关系。(3)如果该债务系家庭共同债务,则应注意审查家庭共有财产权利人的范围,并判令由家庭财产共有人以家庭共有财产承担民事责任;对无民事行为能力和限制行为能力的家庭成员,其相关的权利义务应由其法定代理人依法代理行使。”上海高院**《关于印发〈关于民事案件审理的几点具体意见〉的通知》**(2000 年 8 月 15 日　沪高法民〔2000〕44 号)第 1 条:“离婚案件中,处理夫妻共同生活所欠债务时,主文如何表述。不少法院在离婚案件中对夫妻共同债务的处理,往往只表述为‘一方负担××元,另一方负担××元’或‘共同债务完全由一方负责清偿’,这在调解中尤为普遍,从而可能导致分得财产的一方在法律文书生效后不承担债务,而承担债务的一方已没有或很少有财产,导致案外人债权已严重受损,往往引起再审。我们认为,夫妻双方在婚姻关系存续期间取得的财产属夫妻共同共有,因共同生活所欠的债务共同债务,故夫妻双方对该共同债务应共同承担清偿责任。即使调解时双方对共同债务约定按份承担,但这种内部按份承担的约定不能改变夫妻双方离婚后对债权人仍应承担连带清偿责任这一性质。因此，在判决、调解的主文中，即使双方对共同债务有约定，也应进一步明确对共同债务承担连带清偿责任，以保护交易安全和债权人利益。”

【参考类案】

①2018年**北京某培训合同纠纷案**，2014年，李某和吕某夫妻二人注册成立教育公司。随后教育公司与程某签订服务协议，约定为程某之子提供幼教服务，据此收取程某2万余元。2016年，吕某、李某将教育公司股权全部转让给刘某、王某后，教育公司因与房屋所有权人纠纷而停止经营。对于部分未上课程，程某诉请教育公司与吕某、李某、刘某、王某连带赔偿。法院认为：《公司法》（2013年修正）第20条第3款规定：“公司股东滥用公司法人独立地位和股东有限责任，逃避债务，严重损害公司债权人利益的，应当对公司债务承担连带责任。”法律对于公司法人人格否认制度虽有原则性规定，但并未明确适用的具体情形，故实践中还需根据以下内容判断：股东存在滥用法人人格行为，财产混同、业务混同、组织结构混同、住所混同等是常见表现；股东滥用法人人格的行为给债权人造成了损失，公司资本显著不足是适用前提；滥用行为与债权人损失之间存在因果关系。若前股东行为符合上述情形，其亦应对公司债务承担连带责任。本案中，吕某、李某经营期间，公司不存在与股东财产清晰可辨、可归其独立支配的公司财产，亦不存在独立于股东个人身份的财务运行制度；公司仅有账面数百元及一些教具、家具等资产，难以认定其具备独立的偿还能力；李某、吕某滥用股东权利行为损害了众多债权人利益，总体需退还服务费数额较大，与公司偿还能力形成较大差距，故根据吕某、李某经营期间公司财务状况、公司对外承担债务能力、涉案债务及同期案件情况，应认定李某、吕某行为符合《公司法》第20条第3款规定，二人应对其经营期间产生的债务与公司承担连带责任。在涉案公司成立至转让前的经营期间以及涉案债务产生时，吕某、李某二人既是仅有的两名股东，亦系夫妻关系。因夫妻二人共同不当经营致使公司适用人格否认制度的，由此产生的债务属夫妻共同债务。虽吕某主张二人已离婚，但二人离婚时对于债务约定不能对抗程某，故李某、吕某应共同对涉案债务与公司承担连带责任。公司法人人格否认制度不是对法人人格的整体否认、彻底否认，个别股东滥用股东权利行为引起的法律纠纷导致公司人格否认的法律后果仅及于该股东，并不影响其他股东有限责任。涉案债务产生时，王某、刘某并非公司股东，其经营管理行为与该笔债务形成以及公司不能清偿该笔债务并无因果关系，故其无须就该笔债务承担连带责任。判决解除协议，教育公司退还程某服务费9681元，吕某、李某对此承担连带责任。

②2017年**福建某合同纠纷案**，2010年，肖某以矿业公司名义与温某签订投资

生产线协议。2015年,温某与肖某签订终止协议,约定肖某补偿温某230万元。2016年,温某诉请肖某及其妻子兼矿业公司股东、法定代表人和监事张某连带偿还债务。法院认为:对夫妻单方举债而依最高人民法院《关于适用〈中华人民共和国婚姻法〉若干问题的解释(二)》(已于2021年1月1日起废止)第24条认定为夫妻共同债务的,举债人配偶系通过举债人之举债而间接获益,且所获利益通常仅限于夫妻共同生活期间所得。基于利益与责任相一致原则,举债人配偶通常亦应在夫妻共同财产范围内对该债务承担共同清偿责任;若举债人配偶因举债人之举债而直接共同获益,其所承担责任范围亦应与举债人相同,即举债人配偶亦应以其全部财产对该债务承担偿还责任。本案中,肖某对温某投资进行补偿所负债务,系因温某向肖某支付了用于矿业公司生产经营活动的投资款所产生,案涉债务发生之时,肖某配偶张某系矿业公司股东,且担任该公司法定代表人和监事,故案涉债务虽系肖某对外所负,但系为其家庭生产经营活动所需,且不存在前述司法解释第24条规定的认定夫妻共同债务的除外情形,故应认定为夫妻共同债务。判决肖某、张某连带偿还温某230万元及利息。

③2016年**内蒙古某买卖合同纠纷案**,2016年,杨某因供应闫某家具,委托妻子书写1.8万余元货款欠条,闫某签字。杨某将欠条中书写的货物全部交付给了闫某前妻张某,张某至今还在管理、使用上述货物。因闫某未偿货款,杨某起诉闫某、张某连带清偿。法院认为:案涉欠条虽系杨某委托其妻子书写,但闫某在欠条欠款人处签署姓名及落款日期,并在欠条欠款人处、落款日期及付款时间处分别捺印。该欠条虽缺少合同书应包括的部分条款,但系在杨某发出要约、闫某作出承诺基础上,双方形成的书面买卖合同。闫某未按约定数额及时间向杨某支付货款,应依约承担违约责任。张某虽未在欠条欠款人处签名、捺印,但杨某已向张某交付了欠条中书写的货物并履行了相关义务,且张某全部接受并至今还在管理、使用欠条中书写的货物,故杨某与张某形成了事实买卖合同关系,张某应依法承担违约责任。闫某、张某虽在赊购货物前办理了离婚手续,闫某签名确认的拖欠货款不能依法认定为夫妻共同债务,但该债务应依法认定为二人非夫妻共同债务。由于闫某、张某分别系本案书面买卖合同及事实买卖合同买受人,且杨某与闫某、张某之间均未约定具体责任承担方式及债务履行先后顺序,该债务难以确定份额,故闫某、张某应连带支付杨某货款及利息。

④2014年**湖北某民间借贷纠纷案**,2012年,聂某与彭某签订协议,约定共同购买并经营挖掘机生意。2013年,二人口头商定彭某退伙,聂某向彭某出具借条。2014年,彭某持借条诉请聂某偿还35万元借款本息,并追加聂某妻子熊某为共同被告。法院认为:彭某与聂某签约,共同投资经营,双方形成合伙关系。其后聂某向彭某出具借条,该借条实质系双方对合伙期间合伙财产、债权债务最终结算,具

有合同性质。虽然聂某对口头商定退伙事宜予以否认,但其出具借条行为系对彭某退伙及合伙结算的认可。该借条系聂某真实意思表示,系双方将先期合伙投入资金转为借贷款项,形成债权债务关系合法有效,应受法律保护。本案欠款系聂某与他人合伙产生债务,发生在聂某与熊某婚姻关系存续期间,依最高人民法院《关于适用〈中华人民共和国婚姻法〉若干问题的解释(二)》(已于2021年1月1日起废止)第24条规定,应按夫妻共同债务处理,判决聂某、熊某共同偿还彭某欠款35万元。

⑤2012年**某债务纠纷案**,夫妻一方在婚姻关系存续期间所负债务,偿还责任主体如何认定?处理意见:依《婚姻法》规定,除法律规定为夫妻一方财产或夫妻对财产另有约定的以外,夫妻在婚姻关系存续期间所得工资、奖金、生产经营收益等财产,归夫妻共同所有。与此相应,夫妻在婚姻关系存续期间所负债务,亦应由夫妻共同偿还。对此,最高人民法院《关于适用〈中华人民共和国婚姻法〉若干问题的解释(二)》(已于2021年1月1日起废止)第24条规定:"债权人就婚姻关系存续期间夫妻一方以个人名义所负债务主张权利的,应当按夫妻共同债务处理。但夫妻一方能够证明债权人与债务人明确约定为个人债务,或者能够证明属于婚姻法第十九条第三款规定情形的除外。""按夫妻共同债务处理",意即债权人可请求夫妻双方共同偿还,债务人配偶对该债务要负连带清偿责任。因此,只要夫妻一方是在婚姻关系存续期间对外举债,即使是以个人名义,原则上债权人均可请求夫妻双方连带清偿,除非存在以下情形:(1)债权人与债务人已明确约定为个人债务,包括债权人明知债务人借款要作个人消费而仍然出借款项的情形。(2)夫妻对婚姻关系存续期间所得的财产约定归各自所有,且第三人知道该约定的。债务人的配偶主张存在除外情形的,要承担举证责任。至于债务人将所借款项是否用于夫妻共同生活,债权人在出借款项之后无法亦无义务监管,债务人及其配偶不能以此对抗善意债权人而作为不承担连带清偿责任理由。若债务人和其配偶离婚的,在离婚诉讼或就此单独提起的诉讼中,债务人的配偶可依《婚姻法》第41条规定主张该债务未用于夫妻共同生活,应由债务人一人承担,从而就已向债权人清偿部分向债务人追偿。

⑥2012年**江苏某民间借贷纠纷案**,2009年,孟某向刘某借款600万元。2010年,孟某死亡,刘某诉请孟某妻子李某及其他继承人连带清偿。李某以孟某死亡后,其才获悉孟某系重婚为由,辩称婚姻应无效,应由孟某合法妻子徐某及继承人承担责任。法院认为:最高人民法院《关于适用〈中华人民共和国婚姻法〉若干问题的解释(一)》(已于2021年1月1日起废止)第15条规定:"被宣告无效或被撤销的婚姻,当事人同居期间所得的财产,按共同共有处理。但有证据证明为当事人一方所有的除外。"本案中,孟某与李某婚姻关系虽被法院判决宣告无效,但双方在

同居期间形成的财产关系并不因婚姻无效而终止,双方在基于同居而形成的财产关系中,既享有共同财产权益,亦负有承担共同债务的义务。从孟某与李某先后取得房产时间来看,该房产应认定为双方同居期间所得财产。孟某向刘某借款发生在其与李某同居期间,该债务依法应由双方共同承担还款责任。因孟某已死亡,故由李某承担还款责任,孟某第一顺序合法继承人在继承孟某个人遗产范围内承担清偿责任。虽然孟某与徐某系夫妻关系,最高人民法院《关于适用〈中华人民共和国婚姻法〉若干问题的解释(一)》(已于 2021 年 1 月 1 日起废止)第 26 条规定:"夫或妻一方死亡的,生存一方应当对婚姻关系存续期间的共同债务承担连带清偿责任。"但本案债务发生在孟某与李某同居期间,故对徐某而言,该债务应认定系孟某个人债务。判决李某偿还刘某借款本息,徐某等在继承孟某个人遗产范围内对上述债务承担连带清偿责任。

⑦2010 年**北京某民间借贷纠纷案**,2006 年,王某购买张某、夏某夫妻共有房产。2008 年,张某、夏某在民政局协议离婚。2009 年,王某与张某补充协议约定由王某垫款偿还楼房原有贷款,该垫付 26 万元作为张某向王某借款。2010 年,王某以垫款系夫妻共同债务为由,诉请张某、夏某连带偿还借款。法院认为:张某从王某处借款发生在张某与夏某办理完离婚手续之后,但该笔借款系用于偿还案涉房屋银行贷款,该贷款是张某与夏某婚姻关系存续期间的共同债务。案涉房屋在婚姻关系存续期间虽被张某所卖,但张某已在婚姻关系存续期间收齐全部房款,并将收取房款用于张某与夏某夫妻共同开支。现房屋已过户登记在夏某名下,故夏某应与张某就涉案借款共同承担偿还责任。判决张某与夏某连带偿还王某借款 26 万元。

⑧2009 年**湖北某民间借贷纠纷案**,2004 年,黄某与廖某离婚后仍同居。此期间,黄某向王某借款 20 万元办厂。后黄某因故意杀人被执行死刑,羁押期间曾写信给廖某说明以卖房款还王某。法院认为:黄某与廖某虽在民政部门办理了正式离婚登记手续,但此后对外仍以夫妻名义共同生活,故本案黄某与廖某之间构成非法同居关系。黄某向王某借款 20 万元用于办厂,其在羁押期间写给廖某书信原件在廖某手中,而廖某拒不提供。因而王某提供的黄某在看守所中写给廖某的书信复印件,来源清楚、合法,应予采信。而从该信内容上可看出,廖某此前知晓黄某向王某借款 20 万元事实,且此款用于正常家事,故应认定本案所涉借款,系黄某、廖某同居期间因共同生产、生活而产生的共同债务。依最高人民法院《关于人民法院审理未办结婚登记而以夫妻名义同居生活案件的若干意见》第 11 条规定,廖某对本案所涉 20 万元共同债务本息应与黄某承担连带清偿责任,鉴于黄某已被执行死刑,故该笔借款应由廖某偿还。

⑨2006 年**北京某劳务合同纠纷案**,2005 年,孙某以清包工形式从建筑公司承包了某小学平房改建工程后雇请郭某担任工地负责人,每月工资 2000 元。完工

后，孙某在郭某列明的欠付工人工资证明上签字确认，其中包括欠郭某1万元。2006年2月，孙某病故后，郭某以建筑公司、孙某妻女为被告主张债权。法院认为：《婚姻法》第19条第3款规定："夫妻对婚姻关系存续期间所得的财产约定归各自所有的，夫或妻一方对外所负的债务，第三人知道该约定的，以夫或妻一方所有的财产清偿。"最高人民法院《关于适用〈中华人民共和国婚姻法〉若干问题问题的解释(二)》第24条规定："债权人就婚姻关系存续期间夫妻一方以个人名义所负债务主张权利的，应按夫妻共同债务处理。但夫妻一方能够证明债权人与债务人明确约定为个人债务的，或者能够证明属于婚姻法第十九条第三款规定的情形除外。"从孙某生前与建筑公司所签清包工协议约定内容及实际履行情况看，实际是由承包人孙某提供劳务，承包人获得劳动报酬的劳务合同，该合同不违反法律、法规强制性规定，应为有效。孙某雇佣郭某负责施工，双方形成了独立的劳务合同，故孙某为清偿郭某劳务费的法律主体。孙某在欠郭某工资证明上签名，故应认定孙某欠郭某工资1万元。在夫妻关系存续期间，就孙某承包工程所欠工资依法应认定为夫妻共同债务。孙某去世后，作为孙某之妻应承担偿还郭某劳务费的法律责任。孙某女作为孙某法定继承人，亦应在其继承遗产范围内承担偿还责任。

⑩2004年**陕西某工程款纠纷案**，2002年，建筑公司第七项目经理部负责人尹某将部分工程分包给王某，并出具加盖经理部公章的结算单。随后尹某病故，王某持结算单向尹某妻子肖某及建筑公司追索工程款。法院认为：建筑公司与其第七项目经理部形式上表现为法人与其下设非法人机构关系，实质上应为有资质的建筑施工企业与尹某个人之间出借资质关系，故项目部对外所负债务应由尹某作为主债务人首先承担，建筑公司负连带责任。至于尹某与建筑公司之间是内部承包关系还是挂靠关系，均属建筑公司内部法律关系，对外应由建筑公司承担法律责任。王某与尹某达成部分工程施工协议后，完成了施工义务，出具的是加盖项目部公章的结算单，表明尹某在借用建筑公司资质期间对王某负有债务，因该债务发生在尹某与肖某婚姻关系存续期间，依法应属夫妻共同债务，故在尹某死亡后，肖某作为妻子及遗产继承人已接手管理了尹某所遗留资产，肖某应依法支付所欠王某工程款，挂名的建筑公司承担连带责任。判决肖某支付王某11万余元及利息，建筑公司承担连带责任。

⑪2003年**安徽某借款纠纷案**，王某承包工程欠牟某7万元。2002年，王某亡，王某子接手工程，牟某向王某子、王某妻索债。法院认为：王某所借款项系在夫妻关系存续期间为承包经营而发生，该债务应以夫妻共同财产偿还，故王某妻作为王某配偶负有偿还义务。王某去世后，其生前债务，应以其遗产清偿。王某子作为法定继承人概括承受王某生前承包的建筑工程项目，可视为接受了遗产，判决王某妻偿还牟某借款本息，未履行部分由王某子在接受王某工程承包受益的遗产范围内偿还。

【典型类案实务要点】

1. **【夫妻一方所加入债务,家庭曾受益,应为共同债务】**夫妻一方所借或加入债务,虽未约定夫妻共同偿还,但用于家庭经营或使得家庭受益的,应认定为夫妻共同债务。

2. **【夫妻公司不当经营被否认人格的,属夫妻共同债务】**前股东滥用公司法人独立地位和股东有限责任,逃避债务,严重损害债权人利益的,应对公司债务承担连带责任。因夫妻二人的共同不当经营致使公司适用人格否认制度的,由此产生的债务属夫妻共同债务。

3. **【夫妻一方为家庭生产经营活动举债,配偶连带清偿】**夫妻一方以个人名义对外举债,但系为家庭生产经营活动所需,配偶因此间接获益的,其应对该债务连带清偿。

4. **【离婚后,一方为对方赊购货物,亦应认定共同债务】**离婚后,原夫妻一方为对方在欠条上签名赊购货物,虽非夫妻共同债务,亦因事实买卖合同关系而应负连带责任。

5. **【退伙时出具借条:合伙关系已转化为民间借贷关系】**合伙关系终止后,合伙人之间出具的借条实质系双方对合伙期间合伙财产、债权债务的最终清算,具有合同性质,双方合伙关系由此转化为民间借贷关系。

6. **【一方婚姻关系存续期间所负债务,推定为共同债务】**夫妻一方在婚姻关系存续期间以个人名义对外举债,除非存在法定情形,原则上债权人可请求夫妻双方连带清偿。

7. **【无效婚姻被宣告无效前,同居期间债务仍共同偿还】**因重婚而导致婚姻无效在被宣告无效前,基于同居期间发生的借款债务应由双方共担,非共同生活的合法配偶在借款人死亡后,作为继承人在继承遗产范围内对债务承担责任。

8. **【离婚后一方所负曾用于家庭生活债务,应共同偿还】**夫妻一方向第三人借款用于婚姻关系存续期间家庭共同生活的债务,应视为夫妻共同债务,离婚后仍应由二人偿还。

9. **【离婚后同居,因共同生活而产生债务,属共同债务】**同居期间因共同生产、生活而产生的共同债务,依最高人民法院《关于人民法院审理未办结婚登记而以夫妻名义同居生活案件的若干意见》第11条规定,同居双方应承担连带清偿责任。

10. **【雇主死亡,应付雇员工资,应认定为夫妻共同债务】**夫妻一方作为雇主在婚姻关系存续期间就承包工程所欠雇员劳务费,在雇主死亡后,应作为夫妻共同债务,由配偶及继承遗产的其他继承人在继承遗产范围内共同偿还。

11. **【夫妻一方挂靠施工所负债务,应属于夫妻共同债务】**夫妻一方在婚姻关系存续期间从事挂靠施工所负债务，应属夫妻共同债务，在夫妻一方死亡后，配偶应承担清偿责任。

12.【**一方承包经营收入为夫妻共同财产，债务亦系共同**】夫妻关系存续期间，一方从事个体经营或者承包经营的，其收入为夫妻共同财产，债务亦应以夫妻共有财产清偿。

【类案裁判一般规则】

夫妻双方共同签名或夫妻一方事后追认等共同意思表示所负债务，以及夫妻一方在婚姻关系存续期间以个人名义为家庭日常生活需要所负债务，应认定为夫妻共同债务。

【典型参考案例索引】

主旨案例：最高人民法院（2017）最高法民申 1516 号“徐某娟诉华某明、许某标、许某文、德金投资有限公司、北京清大德人科技有限公司、邓某云民间借贷纠纷案”，见《夫妻一方作为债务加入人而承担的个人债务是否能作为夫妻共同债务》（审判长虞政平，审判员汪军、王展飞），载《最高人民法院第三巡回法庭新型民商事案件理解与适用》（X3－2019：155）。**其他案例：**①北京三中院（2018）京 03 民终 8566 号“程某与某教育公司培训合同纠纷案”，见《股东有限责任情形下公司法人人格否认制度的适用——北京三中院判决程某诉某教育咨询公司等教育培训合同纠纷案》（邓青菁、郭琳），载《人民法院报·案例精选》（20181011：06）。②福建福州中院（2017）闽 01 民终 3401 号“肖秀长与温志文等合同纠纷上诉案”，见《夫妻单方举债情况下配偶的责任财产范围》（陈光卓），载《人民司法·案例》（201820：4）。③内蒙古察哈尔右翼后旗法院（2016）内 0928 民初 712 号“杨少林与闫海平、张青叶买卖合同纠纷案”，见《离婚后一方为对方赊购货物签订合同的责任承担》（史秀永），载《人民司法·案例》（201832：40）。④湖北当阳法院（2014）鄂当阳民初字第 01080 号“彭某与聂某等民间借贷纠纷案”，见《彭刚强等诉聂锦荣等民间借贷案——退伙时出具借条的性质认定》（文晓威），载《人民法院案例选》（201503/93：97）。⑤见《夫妻一方在婚姻关系存续期间所负债务的偿还责任主体如何认定》（《民事审判指导与参考》研究组），载《民事审判指导与参考·民事审判信箱》（201202/50：238）。⑥江苏高院（2012）苏民终字第 0041 号“刘某与李某等民间借贷纠纷案”，见《刘正来诉李小云基于无效婚姻之共同债务及徐秀华等基于遗产继承借款纠纷案》，载《江苏省高级人民法院公报》（201305/29：49）。⑦北京二中院（2010）二中民终字第 22343 号“王某与夏某等民间借贷纠纷案”，见《王建平诉王彩霞等民间借贷案（离婚后一方所负用于婚后家庭共同生活的债务亦应为夫妻共同债务)》(刘建刚),载《中国审判案例要览》(2011 民:422)。⑧湖北汉江中院(2009)汉民一终字第 92 号“王某诉廖某民间借贷案”,见《夫妻离婚后同居期间产生的债务应认定为共同债务——湖北省汉江中院判决王晒平诉廖丽红民间借贷纠纷案》(陈忠军、王进力),载《人民法院报·案例指导》(20090619:05)。⑨北京延庆法院(2006)延民初字第 00699 号“郭某诉胡某等劳务合同案”,见《郭长东诉北京海泽崟建筑装修工程有限责任公司、胡桂红、胡文慧、孙雪松劳务合同纠纷案(法定继承、遗产分割)》(尤文军),载《中国审判案例要览》(2007 民:494)。⑩陕西西安中院(2004)西民再终字第 65 号“王某诉肖某等拖欠工程款纠纷案”,见《王旭光诉肖红、西安市城乡建筑建材总公司拖欠工程款纠纷案》(张晓艳、赵海峰),载《人民法院案例选》(200703/61:204)。⑪安徽蚌埠东市区法院 2003 年 12 月 23 日判决“牟某诉王某等借款纠纷案”,见《牟庆玉因债务人死亡诉债务人之妻庞素英以夫妻共同财产、之子王明靓以承继的承包工程收益偿还借款案》(汤军),载《人民法院案例选》(2004 年民事/48:413)。

47. 夫妻债务的举证责任

——谁偿夫妻债,该谁来举证?

【证据规则】

【案情简介及争议焦点】

2013 年,农林公司股东余某“因公司项目资金困难”,以个人名义向公司董事长任某借款 200 万元。2014 年,余某意外身亡。2015 年,任某持借条诉请余某妻子林某偿还。

争议焦点:1. 夫妻债务认定规则?2. 案涉债务性质?

【裁判要点】

1. 认定夫妻债务证据规则。依法律规定:离婚时,原为夫妻共同生活所负的债务,应当共同偿还。最高人民法院《关于适用〈中华人民共和国婚姻法〉若干问题解释(二)》第 24 条规定:“债权人就婚姻关系存续期间夫妻一方以个人名义所负债务主张权利的,应当按夫妻共同债务处理。但夫妻一方能够证明债权人与债务人明确约定为个人债务,或者能够证明属于婚姻法第十九条第三款规定情形的除外。”据此,判断夫妻共同债务实质要件应为“是否为夫妻共同生活所负债务”,

夫妻一方以个人名义在婚姻关系存续期间所负债务原则上均应推定为夫妻共同债务，举债人配偶如能举证证明所负债务与夫妻共同生活无任何关联、且债权人对此属于明知或应知的，可推翻上述推定，不承担清偿责任。

2. 本案债务应系个人债务。本案中，任某主张与余某存在200万元的借贷关系，提供了余某出具的借条以及交付借款200万元的汇款凭证。该证据能证明任某与余某之间已就借款达成合意以及任某履行了交付借款200万元的义务，故双方之间存在200万元的借贷关系。任某同意将款项出借给余某是基于对余某的信赖，余某如何支配借款并不影响其承担偿还责任，故对林某提出借款实际使用人为农林公司，借款应由该公司承担偿还责任的主张不予支持。从任某陈述可知，原本农林公司因经营困难向任某借款，但由于任某对农林公司的偿债能力不信任，同时基于对余某的信赖，提出以余某名义来借款，故由余某向任某出具了借条。该借条上并无林某签字，事后亦未得到林某认可，故林某不存在与余某共同向任某借款的合意，且该借款也超出了日常家事代理的范畴。债权人任某亦明知本案借款并非用于余某的家庭共同生活。余某虽系农林公司股东，借款亦用于农林公司，但根据法人财产独立原则，即使农林公司有收益，亦属于公司收益，在农林公司未依法分配盈余情况下，公司收益不能当然转化为余某个人收益，更不能成为余某家庭财产，且本案现有证据亦不能证明该借款是余某对农林公司的投资款或追加投资款，该借款与余某股东身份并无必然联系，余某在借款用于农林公司过程中亦未获益，因而其家庭亦未基于该借款获得收益。故应认定该借款系余某为农林公司所借，与夫妻共同生活并无关联，该债务为余某个人债务，判决林某应在所继承的余某遗产范围内对涉案债务承担还款责任。

【裁判依据或参考】

1. 法律规定。《民法典》(2021年1月1日)第1064条："夫妻双方共同签名或者夫妻一方事后追认等共同意思表示所负的债务，以及夫妻一方在婚姻关系存续期间以个人名义为家庭日常生活需要所负的债务，属于夫妻共同债务。夫妻一方在婚姻关系存续期间以个人名义超出家庭日常生活需要所负的债务，不属于夫妻共同债务；但是，债权人能够证明该债务用于夫妻共同生活、共同生产经营或者基于夫妻双方共同意思表示的除外。"**《民事诉讼法(2017修正)》**(2017年7月1日)第64条："当事人对自己提出的主张，有责任提供证据。当事人及其诉讼代理人因客观原因不能自行收集的证据，或者人民法院认为审理案件需要的证据，人民法院应当调查收集。人民法院应当按照法定程序，全面地、客观地审查核实证据。"第67条："人民法院有权向有关单位和个人调查取证，有关单位和个人不得拒绝。人民法院对有关单位和个人提出的证明文书，应当辨别真伪，审查确定其效力。"第

71 条:“人民法院对视听资料,应当辨别真伪,并结合本案的其他证据,审查确定能否作为认定事实的根据。”

2. 最高人民法院司法解释及其他司法性文件/解读文章。最高人民法院《**关于民事诉讼证据的若干规定(2019 修正)**》(2020 年 5 月 1 日)第 10 条:“下列事实,当事人无须举证证明:(一)自然规律以及定理、定律;(二)众所周知的事实;(三)根据法律规定推定的事实;(四)根据已知的事实和日常生活经验法则推定出的另一事实;(五)已为仲裁机构的生效裁决所确认的事实;(六)已为人民法院发生法律效力的裁判所确认的基本事实;(七)已为有效公证文书所证明的事实。前款第二项至第五项事实,当事人有相反证据足以反驳的除外;第六项、第七项事实,当事人有相反证据足以推翻的除外。”第 14 条:“电子数据包括下列信息、电子文件:(一)网页、博客、微博客等网络平台发布的信息;(二)手机短信、电子邮件、即时通信、通讯群组等网络应用服务的通信信息;(三)用户注册信息、身份认证信息、电子交易记录、通信记录、登录日志等信息;(四)文档、图片、音频、视频、数字证书、计算机程序等电子文件;(五)其他以数字化形式存储、处理、传输的能够证明案件事实的信息。”第 15 条:“当事人以视听资料作为证据的,应当提供存储该视听资料的原始载体。当事人以电子数据作为证据的,应当提供原件。电子数据的制作者制作的与原件一致的副本,或者直接来源于电子数据的打印件或其他可以显示、识别的输出介质,视为电子数据的原件。”第 20 条:“当事人及其诉讼代理人申请人民法院调查收集证据,应当在举证期限届满前提交书面申请。申请书应当载明被调查人的姓名或者单位名称、住所地等基本情况、所要调查收集的证据名称或者内容、需要由人民法院调查收集证据的原因及其要证明的事实以及明确的线索。”第 21 条:“人民法院调查收集的书证,可以是原件,也可以是经核对无误的副本或者复制件。是副本或者复制件的,应当在调查笔录中说明来源和取证情况。”第 22 条:“人民法院调查收集的物证应当是原物。被调查人提供原物确有困难的,可以提供复制品或者影像资料。提供复制品或者影像资料的,应当在调查笔录中说明取证情况。”第 23 条:“人民法院调查收集视听资料、电子数据,应当要求被调查人提供原始载体。提供原始载体确有困难的,可以提供复制件。提供复制件的,人民法院应当在调查笔录中说明其来源和制作经过。人民法院对视听资料、电子数据采取证据保全措施的,适用前款规定。”第 85 条:“人民法院应当以证据能够证明的案件事实为根据依法作出裁判。审判人员应当依照法定程序,全面、客观地审核证据,依据法律的规定,遵循法官职业道德,运用逻辑推理和日常生活经验,对证据有无证明力和证明力大小独立进行判断,并公开判断的理由和结果。”第 87 条:“审判人员对单一证据可以从下列方面进行审核认定:(一)证据是否为原件、原物,复制件、复制品与原件、原物是否相符;(二)证据与本案事实是否相关;(三)证据的形式、来源是否符合法律规定;(四)证据的内容是否真实;(五)证人或者提供证据的人与当事人有无利害关系。”第88条:“审判人员对案件的全部证据,应当从各证据与案件事实的关联程度、各证据之间的联系等方面进行综合审查判断。”第89条:“当事人在诉讼过程中认可的证据,人民法院应当予以确认。但法律、司法解释另有规定的除外。当事人对认可的证据反悔的,参照《最高人民法院关于适用〈中华人民共和国民事诉讼法〉的解释》第二百二十九条的规定处理。”第92条:“私文书证的真实性,由主张以私文书证证明案件事实的当事人承担举证责任。私文书证由制作者或者其代理人签名、盖章或捺印的,推定为真实。私文书证上有删除、涂改、增添或者其他形式瑕疵的,人民法院应当综合案件的具体情况判断其证明力。”第93条:“人民法院对于电子数据的真实性,应当结合下列因素综合判断:(一)电子数据的生成、存储、传输所依赖的计算机系统的硬件、软件环境是否完整、可靠;(二)电子数据的生成、存储、传输所依赖的计算机系统的硬件、软件环境是否处于正常运行状态,或者不处于正常运行状态时对电子数据的生成、存储、传输是否有影响;(三)电子数据的生成、存储、传输所依赖的计算机系统的硬件、软件环境是否具备有效地防止出错的监测、核查手段;(四)电子数据是否被完整地保存、传输、提取,保存、传输、提取的方法是否可靠;(五)电子数据是否在正常的往来活动中形成和存储;(六)保存、传输、提取电子数据的主体是否适当;(七)影响电子数据完整性和可靠性的其他因素。人民法院认为有必要的,可以通过鉴定或者勘验等方法,审查判断电子数据的真实性。”第94条:“电子数据存在下列情形的,人民法院可以确认其真实性,但有足以反驳的相反证据的除外:(一)由当事人提交或者保管的于己不利的电子数据;(二)由记录和保存电子数据的中立第三方平台提供或者确认的;(三)在正常业务活动中形成的;(四)以档案管理方式保管的;(五)以当事人约定的方式保存、传输、提取的。电子数据的内容经公证机关公证的,人民法院应当确认其真实性,但有相反证据足以推翻的除外。”最高人民法院《**关于审理民间借贷案件适用法律若干问题的规定(2020修正)**》(2020年8月20日)第19条:“人民法院审理民间借贷纠纷案件时发现有下列情形之一的,应当严格审查借贷发生的原因、时间、地点、款项来源、交付方式、款项流向以及借贷双方的关系、经济状况等事实,综合判断是否属于虚假民事诉讼:(一)出借人明显不具备出借能力;(二)出借人起诉所依据的事实和理由明显不符合常理;(三)出借人不能提交债权凭证或者提交的债权凭证存在伪造的可能;(四)当事人双方在一定期限内多次参加民间借贷诉讼;(五)当事人无正当理由拒不到庭参加诉讼,委托代理人对借贷事实陈述不清或者陈述前后矛盾;(六)当事人双方对借贷事实的发生没有任何争议或者诉辩明显不符合常理;(七)借款人的配偶或者合伙人、案外人的其他债权人提出有事实依据的异议;(八)当事人在其他纠纷中存在低价转让财产的情形;(九)当事人不正当放弃权利;(十)其他可能存在虚假民间借贷诉讼的情形。”第20条:“经查明属于虚假民间借贷诉讼,原告申请撤诉的,人民法院不予准许,并应当依据《中华人民共和国民事诉讼法》第一百一十二条之规定,判决驳回其请求。”最高人民法院、最高人民检察院**《关于办理虚假诉讼刑事案件适用法律若干问题的解释》**(2018年10月1日　法释〔2018〕17号)第1条:“采取伪造证据、虚假陈述等手段,实施下列行为之一,捏造民事法律关系,虚构民事纠纷,向人民法院提起民事诉讼的,应当认定为刑法第三百零七条之一第一款规定的‘以捏造的事实提起民事诉讼’:(一)与夫妻一方恶意串通,捏造夫妻共同债务的……向人民法院申请执行基于捏造的事实作出的仲裁裁决、公证债权文书,或者在民事执行过程中以捏造的事实对执行标的提出异议、申请参与执行财产分配的,属于刑法第三百零七条之一第一款规定的‘以捏造的事实提起民事诉讼’。”最高人民法院**《关于进一步深化家事审判方式和工作机制改革的意见(试行)》**(2018年7月18日　法发〔2018〕12号)第43条:“离婚案件中,对于当事人的财产状况等事实,当事人难以举证又影响案件审理结果的,人民法院应当根据当事人的申请及提供的明确的线索,向有关金融机构、当事人所在单位等相关机构调查取证。当事人自认的涉及身份关系确认或社会公共利益的事实,在没有其他证据证明的情形下,一般不能单独作为定案依据。”最高人民法院**《关于依法妥善审理涉及夫妻债务案件有关问题的通知》**(2017年2月28日　法〔2017〕48号)第2条:“保障未具名举债夫妻一方的诉讼权利。在审理以夫妻一方名义举债的案件中,原则上应当传唤夫妻双方本人和案件其他当事人本人到庭;需要证人出庭作证的,除法定事由外,应当通知证人出庭作证。在庭审中,应当按照《最高人民法院关于适用〈中华人民共和国民事诉讼法〉的解释》的规定,要求有关当事人和证人签署保证书,以保证当事人陈述和证人证言的真实性。未具名举债一方不能提供证据,但能够提供证据线索的,人民法院应当根据当事人的申请进行调查取证;对伪造、隐藏、毁灭证据的要依法予以惩处。未经审判程序,不得要求未举债的夫妻一方承担民事责任。”第3条:“审查夫妻债务是否真实发生。债权人主张夫妻一方所负债务为夫妻共同债务的,应当结合案件的具体情况,按照《最高人民法院关于审理民间借贷案件适用法律若干问题的规定》第十六条第二款、第十九条规定,结合当事人之间关系及其到庭情况、借贷金额、债权凭证、款项交付、当事人的经济能力、当地或者当事人之间的交易方式、交易习惯、当事人财产变动情况以及当事人陈述、证人证言等事实和因素,综合判断债务是否发生。防止违反法律和司法解释规定,仅凭借条、借据等债权凭证就认定存在债务的简单做法。在当事人举证基础上,要注意依职权查明举债一方作出有悖常理的自认的真实性。对夫妻一方主动申请人民法院出具民事调解书的,应当结合案件基础事实重点审查调解协议是否损害夫妻另一方的合法权益。对人民调解协议司法确认案件，应当按照《最高人民法院关于适用〈中华人民共和国民事诉讼法〉的解释》要求，注重审查基础法律关系的真实性。”最高人民法院**《关于“撤销婚姻法司法解释(二)第24条的建议”的答复》**(2016年3月17日)：“……目前，现行司法解释有关夫妻共同债务的认定和判决遵循的原则没有问题。我国婚姻法规定的夫妻财产制是以婚后所得共同制为普遍原则。现实中多数中国家庭实行的也是婚后所得共同制。实行约定财产制的夫妻较少。既然结婚后夫妻的收入是共同的，那么为共同生活所负债务也就应当共同偿还。偿还的办法是首先用夫妻共同财产偿还，共同财产不足清偿的，或财产归各自所有，离婚时，由双方协议清偿；协议不成时，由人民法院判决。这是我国婚姻法第四十一条的基本内容。如果在婚姻关系存续期间，有债权人持夫妻中一方以个人名义所借债务的凭证，要求这对夫妻还债，除非债务人认可是个人债务并有能力用其个人财产偿还，否则，就要用夫妻共同财产偿还。债务人的配偶抗辩该债务不属于夫妻共同债务成功的意义在于，如果其有婚前个人财产，则不以个人财产还债，如果其离婚，则不必继续还债。如果该债务被认定为夫妻共同债务，则夫妻对债务的清偿要负连带责任，且不仅仅以夫妻共同财产为限，离婚、债务人死亡，均不能成为免除其原配偶连带清偿责任的法定事由。关于举证责任分配，一方面对于夫妻来说，如果一方在外举债不告知其配偶，而所借款项又未用于家庭共同生活，此种情况下要求债务人的配偶举证证明其不知道该债务的存在是不合理的，因为这等于是要求其证明一种主观状态。如果将债务人向其配偶告知举债情况视为一种行为，则没有告知就是没有行为，要求对于不存在的行为证‘无’，在逻辑上是讲不通的。因此，债务人的配偶只能设法证明债务人所借款项没有用于其家庭共同生活。提供这种证据对于债务人的配偶来说也是有一定难度的，但并非不可能，实践中不乏成功的例子。相对于举证责任分配给债务人的配偶来说，分配给债权人则更不合理。我们认为，婚姻法第四十一条和婚姻法司法解释二第二十四条都是处理夫妻债务的法律依据，但两者规制的法律关系不同。在涉及夫妻债务的内部法律关系时，应按照婚姻法第四十一条的规定进行认定，即在夫妻离婚时，由债务人举证证明所借债务是否基于夫妻双方合意或者是否用于夫妻共同生活，如举证不足，配偶一方不承担偿还责任。在涉及夫妻债务的外部法律关系时，应按婚姻法司法解释二第二十四条之规定进行认定。同时，在司法解释二第二十四条‘但书’的两种情形外，如配偶一方举证证明所借债务非用于夫妻共同生活的，配偶一方不承担偿还责任……”最高人民法院民一庭负责人**《关于当前民事审判工作中的若干具体问题》**(2015年12月24日)第3条：“……关于夫妻共同债务的认定问题。这个问题已经引起社会的广泛关注，每年全国两会后，也总有一定数量全国人大代表、全国政协委员的建议、提案是针对此问题提出的，今年尤其多。夫妻一方举债的情形在现实生活中非常复杂，不仅存在夫妻一方以个人名义在婚姻关系存续期间举债给其配偶造成损害的情况,也存在夫妻合谋以离婚为手段,将共同财产分配给一方,而将债务分配给另一方,借以达到逃避债务、损害债权人利益目的的情形。从我们了解的情况看,各地法院对这个问题争议也非常大,包括共同债务除借款外是否还包括侵权等其他债务;在夫妻共同债务的认定上,除'用于夫妻共同生活'的标准外,是否要考虑增加'为了家庭共同利益'的标准;在举债人配偶一方举证证明举债人所借债务明显超出日常生活及生产经营所需,或者举债人具有赌博、吸毒等不良嗜好的,举证证明责任能否转移等问题。这些问题目前争议都非常大,我们也正在研究中。总体意见是,处理这类纠纷一定要兼顾债权人信赖利益的保护和妇女儿童权益的维护两个方面。就婚姻关系存续期间夫妻一方以个人名义所负债务性质的考量,应区分规制不同的法律关系,分别适用婚姻法第四十一条和《婚姻法司法解释(二)》〔即《最高人民法院关于适用〈中华人民共和国婚姻法〉若干问题的解释(二)》〕。"最高人民法院**《2015 年全国民事审判工作会议纪要》**(2015 年 4 月 20 日)第 7 条:"在不涉及他人的离婚案件中,由以个人名义举债的配偶一方负责举证证明所借债务用于夫妻共同生活,如证据不足,则其配偶一方不承担偿还责任。"第 8 条:"在债权人以夫妻一方为被告起诉的债务纠纷案件中,对于案涉债务是否属于夫妻共同债务,应当按照《最高人民法院关于适用若干问题解释(二)》第二十四条规定认定。如果举债人的配偶举证证明所借债务并非用于夫妻共同生活,则其不承担偿还责任。"最高人民法院吴晓芳法官**《关于婚姻家庭纠纷审理热点难点问答》**〔载《民事法律文件解读》2011 年第 11 辑(总第 83 辑)〕第 47 条:"离婚案件中如何利用视听资料举证? 答:从证据学上讲,视听资料是指利用录音、录像、光盘等反映的图像和声音,以及电脑储存的资料来证明案件真实情况的证据。根据《最高人民法院关于民事诉讼证据的若干规定》第六十八条,以侵害他人合法权益或者违反法律禁止性规定的方法取得的证据,不能作为评定案件事实的依据。因此,证据收集是否合法,关键在于是否侵犯了他人合法权益或者违反了法律禁止性规定。1. 为了调取证据而侵入第三人住宅,是侵权行为,当然取得的证据不具备合法性;但如果是在自己家取证,就不存在这个问题。2. 如果取证目的已经达到,却又对第三人的人身进行侮辱,则又构成了侵权。3. 在自己家安放录音设备不构成侵权,但如果安放在第三人办公室或第三人家中,则不具备合法性。4. 通过法律禁止出售的窃听设备获得的证据不具备合法性,而在公共场合获取的照片就具有合法性。"第 59 条:"债权人依据借条起诉债务人还款的纠纷,在审理时应注意什么? 答:在离婚案件中,夫妻双方对于婚姻关系存续期间发生的债权债务(尤其是债务)的举证存在很大困难。由于中国人传统的习俗及生活习惯,民间的借贷关系往往发生在亲朋好友之间,很多也不存在借据等实物证据。一旦夫妻一方不认可该项债务,另一方所举出的亲朋好友出具的证言在法庭上被认可的可能性就大大降低,必须再佐以其他证据,这就给当事人带来了极大的困扰。而法院对此问题作出的认定是否正确,则直接涉及案件的处理是否能取得良好的社会效果。债权人依据借条起诉债务人还款的纠纷,对借条是形式审查还是实质审查,应视具体区别处理。民间借贷合同具有实践特征,合同的成立,不仅要有当事人的合意,还要有交付钱款的事实。因此,在民间借贷纠纷案件的审理中,首先要看当事人的合意,即借据是否真实有效,在该前提下,还应审查履行情况。对于小额借款,出借人具有支付能力,如果当事人主张是现金交付,除了借条又没有其他证据的,按照交易习惯,出借人提供借条的,一般可视为其已完成了举证责任,可以认定交付借款事实存在的。而对大额借款,涉及几十万甚至几百万的金额,当事人也主张是现金交付,除了借条没有其他相关证据的,则还需要通过审查债权人自己的经济实力、债权债务人之间的关系,交易习惯及相关证人证言等来判断当事人的这种主张是否能够成立,仅凭借条还不足以证明交付钱款的事实。”第60条:“在离婚诉讼中,经常出现一方当事人持已生效的债务纠纷案件的民事判决书或调解书,主张该债务为夫妻共同债务,而另一方当事人则主张该债务系伪造或者为举债一方的个人债务,究竟应如何处理?答:如果简单将婚姻关系存续期间一方以个人名义所负债务推定为夫妻共同债务,会导致一些当事人恶意伪造债务,使婚姻充满风险。因此,在审理离婚案件时应注意举证责任的分配问题,即举债一方应证明所负债务基于夫妻合意或用于夫妻共同生活、经营。《婚姻法司法解释(二)》第二十四条规定,在债权债务纠纷中,债权人就婚姻关系存续期间夫妻一方以个人名义所负债务主张权利的,应当按夫妻共同债务处理。除外的情形只有两种,即夫妻实行分别财产制或与债权人明确约定为个人债务。实际生活中这两种除外情形极少,从而导致在债权人起诉的案件中,绝大多数债务被认定为夫妻共同债务,实际上有的却是夫妻一方借的赌债或与债权人串通伪造的债务。不知情的配偶一方,可能会为一段婚姻背上一辈子的债务。实际生活中因夫妻一方赌博、信用卡套现、高利贷等债务,导致无辜的配偶一方含辛茹苦为其还债。从理论上讲,夫妻之间享有家事代理权,在家事代理范围内一方对外举债应视为夫妻双方共同负债,而判断超出家庭日常需要范围一方所举债务是否属于夫妻共同债务,则应从婚姻法的立法本意来分析,一是夫妻有无共同举债的合意,如果夫妻举债系双方共同意思表示,不论该债务所带来的利益是否为夫妻共享,该债务均应视为夫妻共同债务;二是该债务是否用于夫妻共同生活、经营。实际生活中,大多数民间借贷是建立在信用基础之上,即债权人信任债务人自身有偿还能力,而不是信任债务人的配偶有偿还能力。将夫妻一方在婚姻关系存续期间所负债务简单推定为共同债务,不仅违反了民法上债的相对性原理,更为严重的是,这种推定过于保护债权人的利益,几乎免除了债权人在缔结债务时的一切谨慎注意义务。根据合同相对性原则,合同的效力只及于合同双方,对合同以外的其他人不产生约束力,即便其是合同义务人的配偶。债权人除了对自己的签约行为承担责任外,同时还应承担由交易产生的风险。考察一下我国港、澳、台三地区的相关规定,对夫妻共同债务没有明确规定,只要是以个人名义所负的债务,就应以其个人财产清偿,而不考虑举债之用途目的。在审判实践中要注意审查借款是否实际发生,是否用于家庭共同生活或配偶是否享受利益,以此判断是否认定为夫妻共同债务。既要防止假离婚坑害债权人,又要防止一方与所谓的债权人勾结伪造债务。”最高人民法院民事审判第一庭庭长纪敏**《在全国民事审判工作座谈会上的总结讲话——公正司法、一心为民、廉洁自律、一生平安》**(2007 年 4 月 10 日)第 9 条:“……第二个是有关举证责任的问题。夫妻离婚时,由于丈夫一方一般掌握着共同财产,比如企业的股权以及经营收入等,妻子在提出分割共同财产时往往由于无法完成举证而很难得到充分的保护。在这种情况下,我认为应当综合理解民事诉讼法和《证据规定》有关举证责任的相关规定,从公平原则和诚实信用原则出发,综合分析当事人的举证能力,合理分配举证责任。”最高人民法院民一庭**《民事审判实务问答(夫妻共同财产问题)》**(2005 年 4 月)第 11 条:“在离婚案件中,当事人举出以一方名义借债的欠条认为形成夫妻共同债务,对方以自己不清楚或不是用于共同生活为由相抗辩,此类情况如何处理?答:上述情形是夫妻在婚姻关系存续期间一方以个人名义所负债务应如何认定处理的问题,认定上述债务属于夫妻个人债务或夫妻共同债务是这类案件处理的关键。对夫妻共同债务应由夫妻共同偿还,对夫妻个人债务应由个人偿还。夫妻共同债务是指夫妻双方因夫妻共同生活及在婚姻关系存续期间履行法定扶养义务所负的债务。夫妻个人债务是指夫妻一方与共同生活无关或者约定为个人所负担的债务。依照《中华人民共和国婚姻法》第四十一条的规定,判定婚姻关系存续期间的债务属于夫妻个人债务还是夫妻共同债务,主要考虑以下两个判断标准:(1)夫妻有无共同举债的合意;(2)夫妻是否分享了债务所带来的利益,主要表现为是否为夫妻共同生活所形成。《最高人民法院关于适用〈中华人民共和国婚姻法〉的解释(二)》第二十四条规定对婚姻关系存续期间夫妻一方以个人名义所负债务应当按夫妻共同债务处理,并对其例外作了规定。不属于夫妻共同债务的例外情形主要包括:(1)一方与第三人恶意串通;(2)债权人与夫妻一方明确约定为个人债务的;(3)夫妻对婚后财产约定归各自所有,第三人知道该约定的。依照《最高人民法院关于民事诉讼证据的若干规定》所规定的证据规则,从维护夫妻共同财产的安全性出发,防止一方恶意举债,提出不属于夫妻共同债务的应承担举证责任,法院应对债务形成的有关事实、性质、举债的用途等综合审查判断。”

3. 地方司法性文件。上海一中院**《类案裁判方法|夫妻共同债务类案件的审**

理思路和裁判要点》(2020 年 9 月 9 日)第 3 条:"夫妻共同债务类案件的审理思路和裁判要点。审理夫妻共同债务类案件应遵循以下原则:第一,平等保护原则。既不能让夫妻一方承担不应该承担的债务,也要防范夫妻双方串通损害债权人利益,要通过举证责任的合理分配平衡保护各方当事人利益。第二,一般性和特殊性相结合原则。各地经济发展不平衡,不同家庭成员构成也存在较大差异。法院要根据当地一般社会生活习惯和夫妻共同生活状态(如借款名义,夫妻社会地位、职业、资产、收入等)作出正确认定和恰当裁判。第三,配套适用原则。《民法典》并未就夫妻共同债务做出全面系统的规定,审理中应当将《民法典》相关规定与其他法律和司法解释的有关规定配套适用。(一)夫妻共同债务案件的前置审查步骤。法院应首先审查债务关系是否成立,再对债务人及其配偶是否应当承担共同清偿责任进行审查。债务关系不能狭义理解为借贷关系,还应包括其他合同之债、担保之债、侵权之债等。第一,就民间借贷关系引发的此类纠纷,法院应着重审查是否有借贷意思、资金往来、借条等确定债务的真实性和款项用途,亲属间借款应尤其注意。如案例一中,如无确实证据证明借款的事实或子女家庭存在共同举债的合意,父母于子女婚后为核心家庭购置房屋出资的,应当依据相关法律规定认定为父母对夫妻双方的赠与……(二)认定为夫妻共同债务的情形及审查要点。1. 夫妻就债务达成合意。夫妻双方共同签名、夫妻一方事后追认或者有其他共同意思表示共负债务的,应认定为夫妻共同债务。配偶双方的合意,既可以明示也可以默示。明示包括夫妻双方共签借据或一方以短信、微信等方式表示合意;非举债配偶以其名下财产为借款设立抵押,借款后曾归还借款等追认行为。默示包括做出能推断出共同负债的行为,如借款汇入配偶名下实际控制账户等。非举债配偶事后知情但未做出追认的不能认为就债务达成夫妻共负债务的合意。夫妻双方共同举债时均应具有民事行为能力。2. 夫妻一方负债用于家庭日常生活。夫妻一方在婚姻关系存续期间以个人名义为家庭日常生活需要所负债务,属于夫妻共同债务。'家庭日常生活需要'是指夫妻双方及其共同生活的未成年子女在日常生活中的必要开支,包括正常的衣食住行消费、日用品购买、医疗保健、子女教育、老人赡养,以及正当的娱乐、文化消费等,其金额和目的应符合'日常性'和'合理性'。不同家庭的合理日常家事代理额度存在较大差异,在认定债务是否'为家庭日常生活需要所负"时要注意以下几点:一是法院要根据负债金额大小,当地经济水平,借款名义,夫妻社会地位、职业、资产、收入等因素,综合认定债务是否超出合理日常家事代理额度,并在判决书中载明判断、推理的过程;二是大额债务虽于婚后长时间内形成,但每次金额较小且债务确用于家庭日常生活开销的,应认定为夫妻共同债务。3. 债权人能够证明属于夫妻共同债务。相对于家庭日常生活需要所负的债务,对于夫妻一方以个人名义对外所负债务且明显超出家庭日常生活范畴时,债权人需证明该债务用于夫妻共同生活、共同生产经营或者基于夫妻双方共同的意思表示。(1)‘夫妻共同生活’的审查要点。‘夫妻共同生活’范围大于‘家庭日常生活’。夫妻共同生活支出是指夫妻双方共同消费支配、形成夫妻共同财产或者基于夫妻共同利益管理共同财产产生的支出。下列情形可认定为债务用于‘夫妻共同生活’:一是购买住房和车辆、装修、休闲旅行、投资等金额较大的支出;二是夫妻一方因参加教育培训、接受重大医疗服务所支付的费用;三是夫妻一方为抚养未成年子女所支付的出国、私立教育、医疗、资助子女结婚等,以及为履行赡养义务所支付的费用。非举债配偶可以说明以上大宗支出资金来源的除外。审理案件时,法院应注意以下几点:一是婚前举债但用于婚后夫妻共同生活的,仍可依其用途属性认定为夫妻共同债务;二是对于大额借贷中存在部分用于夫妻共同生活、部分用于个人消费的情形,法院应在查明事实后按照实际用途分别作出处理,未有证据证明用途部分的债务为个人债务。(2)‘夫妻共同生产经营’的审查要点。夫妻共同生产经营审查包括三个要素:债务款项专用性(债务专用于生产经营)、夫妻经营共同性、经营利润共享性。其中,夫妻经营共同性是指生产经营活动系夫妻双方基于共同意志协力经营,实践中表现为夫妻共同决策、共同投资、分工合作、共同经营管理。夫妻经营共同性以合意参与为核心要素,在共同经营要素的认定上应适当放宽标准。经营利润共享性是指无论生产经营活动是否产生盈利结果,经营收益一贯为家庭主要收入或用于夫妻共同生活。有明确证据可以确定债务款项专用性和夫妻经营共同性时,则对经营利润共享性可无需再作审查;当夫妻经营共同性难以认定时,可以依据债务款项专用性、经营利润共享性判定该债务属于夫妻共同债务。如案例二中,财务、人事、后勤等属于公司治理的重要职能部门。周某在A公司担任会计及财务负责人,足以证明周某在A公司参与共同经营,所涉债务应认定为夫妻共同债务。(三)认定为个人债务的情形及审查要点。1. 一方以个人名义所负超出家庭日常生活需要的债务。夫妻一方在婚姻关系存续期间以个人名义所负超出家庭日常生活需要的债务,不属于夫妻共同债务。债权人能够证明该债务用于夫妻共同生活、共同生产经营或者基于夫妻双方共同意思表示的除外。2. 与夫妻共同生活明显无关的不合理开支。债务系用于夫妻一方且与夫妻共同生活明显无关的不合理开支,均不具有家庭使用属性,应界定为个人债务。例如无偿担保,夫妻一方为前婚所生子女购买房产、车辆,挥霍消费(如购买与自身消费能力极不匹配的奢侈品、负债打赏网络主播等),违反婚姻忠诚义务(如包养情人、抚养私生子等),危害家庭利益等行为所产生的债务,均不应认定为夫妻共同债务。3. 虚假债务及非法债务不属于夫妻共同债务。为家庭利益所负债务应当具有正当性和合法性。夫妻一方为在离婚时侵吞共同财产而虚构的共同债务不属于夫妻共同债务。夫妻一方因盗窃、抢劫、赌博、非法集资等违法犯罪行为所生债务,即使为家庭利益也不构成夫妻共同债务。如有虚构债务行为的，法院可以根据情节轻重予以罚款、拘留；构成犯罪的依法追究刑事责任。同时，一方有伪造夫妻共同债务等严重损害夫妻共同财产利益行为的，另一方可以要求婚内分割共同财产。4. 另有约定的认定为个人债务。如果债务人与债权人之间明确约定为个人债务，或夫妻之间约定为分别财产制且债权人知情的，也应当直接认定为个人债务。（四）举证规则：根据不同情况合理分配举证责任。1. 证明夫妻合意的举证责任在债权人。当事人对于自己提出的主张有责任提供证据，债权人应提供证据证明夫妻具有共同举债的意思表示。夫妻双方共同签字的借款合同、借据，以及夫妻一方事后追认或者电话、微信等体现共同举债意思表示的有关证据，都是债权人用以证明债务系夫妻共同债务的有力证据。2. 日常家庭生活范围内的债务由债权人举证债权存在，债务人举证反驳。夫妻一方为家庭日常生活所负债务，原则上应当推定为夫妻共同债务，债权人只需举证证明债务关系存在、债务符合当地一般认为的家庭日常生活范围即可，不需要债权人举证证明该债务实际用于家庭日常生活。非举债配偶可以提供家庭收入情况、收入水平，证明借款数额明显超过家庭日常生活必要消费或该债务未用于家庭日常生活进行反驳。3. 超出日常家庭生活所需的债务由债权人证明债务用于夫妻共同生活或者共同生产经营。当夫妻一方以个人名义负担的债务超出家庭日常生活所需，债权人应证明债务用于夫妻共同生活或者共同生产经营，进而证明债务系夫妻共同债务。考虑到债权人对于夫妻家庭生活用款举证难度较大，可以对其举证责任予以适当缓和。法院可对债权人和债务人是否具有亲友关系，双方交往是否亲密，对债务人家庭是否熟稔等加以审查。债权人举证达到证明标准后，债务人对债权人主张不予认可仍坚持其抗辩意见的，债务人应当承担进一步举证责任，以证明借款并非用于夫妻共同生活或共同生产经营。（五）涉夫妻债务案件中几种特殊情形的审查。1. 债务产生于婚姻不安宁阶段的考量。夫妻债务类纠纷应充分考虑夫妻分居、提起离婚诉讼后产生债务的情形。非举债配偶主张债务发生期间其与举债方配偶感情严重不合，应提供居委会证明、租房协议、家庭支出单据等相关证据。如确有证据证明夫妻状态处于婚姻不安宁阶段，且非举债配偶有固定工作和稳定收入，无需负债且未分享举债利益、经营投资所得的，则应认定为举债一方个人债务。相反，如果查明夫妻因避债而分居或分居后借款仍用于共同生活的，则该债务应当认定为夫妻共同债务。2. 父母家庭对核心家庭出资性质的认定。法院判断出资转账性质应注意审查债权人和债务人之间是否存在借贷的真实意思。考虑到借贷双方的血缘关系，双方对借条的形成具备便利条件，不能仅凭借条简单认定借贷关系存在，而应对债权人提出更高的证明要求。如无确实证据证明借款的事实或核心家庭存在共同举债的合意，父母于子女婚后为核心家庭购置房屋出资的，应根据产权登记情况认定为对夫妻双方的赠与或是对一方的赠与。需要指出的是,在认定对夫妻双方赠与的情形下,在离婚分割夫妻共同财产时应当考虑父母出资的情况,在房屋分割比例上做出适当倾斜。3. 采取更严格的判断标准认定债务性质的情形。下列情形一般应认定为个人债务,如认定为夫妻共同债务则应采取更严格的证明标准:一是出借人明知借款人负债累累、信用不佳,或在前债未还情况下仍继续出借款项的。二是对连续发生的多笔不合常理的债务,债权人、债务人对此陈述不清或者陈述前后矛盾的。四、其他需要说明的问题。本文仅确定夫妻债务性质的认定规则,不涉及案件中产生的夫妻共同债务承担比例、一方偿还后的追偿问题以及执行个人债务程序中如何析出个人财产等问题。”天津高院《**关于印发〈天津法院民间借贷案件审理指南(试行)〉的通知**》(2020 年 1 月 28 日　津高法〔2020〕22 号)第 15 条:“【共同举债意思表示的审查重点】认定是否存在夫妻共同举债的意思表示,重点审查以下几个方面:(1)夫妻双方是否在借贷合同中作为债务人共同签字;(2)非借款方事后是否补签还款方案、保证书或在庭审过程中表明对该债务进行追认;(3)是否存在其他共同举债意思表示的情形,包括但不限于:非借款方作出口头承诺,或者通过电话、短信、微信、电子邮件等形式予以认可。”第 16 条:“【家庭日常生活需要所负债务的审查重点】认定借贷款项是否属于家庭日常生活需要所负债务,重点审查以下几个方面:(1)家庭日常生活需要应当考虑夫妻双方的职业、身份、资产、收入、兴趣、习惯、家庭人口等情况进行判断;(2)借贷款项是否用于食品、衣着、家庭设备用品、维修服务、医疗保健、交通通信、文娱教育及服务、居住、其他商品和服务等八类家庭消费支出;(3)家庭日常生活需要是否超过上一年度天津居民人均消费支出三倍;(4)其他因家庭日常生活需要所负的债务。”第 17 条:“【共同生产经营的审查重点】认定夫妻一方借款是否用于夫妻共同生产经营,重点审查以下几个方面:(1)夫妻一方负债系用于个体工商户或农村承包经营户经营的;(2)夫妻一方从事经营、投资,另一方虽未直接参与经营、投资但分享了经营、投资收益的;(3)其他可被认定为夫妻共同生产经营的情形。”江苏高院《**家事纠纷案件审理指南(婚姻家庭部分)**》(2019 年 7 月 18 日)第 46 条:“夫妻共同债务的举证责任应当如何分配?《最高人民法院关于审理涉及夫妻债务纠纷案件适用法律有关问题的解释》(编者注:已于 2021 年 1 月 1 日起废止)进一步明确了夫妻共同债务举证责任分配规则。司法实践中,在正确适用司法解释的同时,要强化法院职权探知,合理运用日常经验法则和逻辑推理,对于债务人配偶和债权人的利益要予以兼顾,避免因错误分配举证责任造成司法裁判不公。对于夫妻双方共同签字或者签字时债务人配偶在场但未作出明确反对意思表示或者债务人配偶事后追认以及通过其他共同意思表示形式(如电话、短信、微信、邮件等)认可的债务,应当认定为夫妻共同债务,此种情形应当由债权人承担举证责任。夫妻一方在婚姻关系存续期间以个人名义为家庭日常生活需要所负的债务，应当认定为夫妻共同债务。债权人应当提供该债务为家庭日常生活需要所负的初步证据，债务人配偶主张不属于夫妻共同债务的，应当承担举证责任。债务人配偶提供初步证据证明夫妻一方在婚姻关系存续期间以个人名义所负的债务超出家庭日常生活需要，债权人主张属于夫妻共同债务的，应当举证证明该债务用于夫妻共同生活、共同生产经营或者基于夫妻双方共同意思表示。”第47条：“如何界定夫妻一方在婚姻关系存续期间以个人名义为‘家庭日常生活需要’所负的债务？‘家庭日常生活需要’是指家庭日常生活中的必要支出，包括衣食住行、医疗保健、交通通信、文娱教育及服务等。认定是否为‘家庭日常生活需要’所负的债务，应当结合债务金额、举债次数、债务用途、家庭收入状况、消费水平、当地经济水平和一般社会生活习惯等予以综合判断。以下情形可以作为认定超出‘家庭日常生活需要’所负债务的考量因素：(1)债务金额明显超出债务人或者当地普通居民家庭日常消费水平的；(2)债权人明知或者应知债务人从事赌博、吸毒等违法犯罪活动仍出借款项的；(3)债权人明知或者应知债务人已大额负债无法偿还，仍继续出借款项的。”第48条：“如何界定夫妻一方在婚姻关系存续期间以个人名义为‘夫妻共同生活、共同生产经营’所负的债务？‘夫妻共同生活’是指夫妻为履行经济扶养、生活照顾、精神抚慰义务而进行共同消费或者积累夫妻共同财产的情形。‘夫妻共同生产经营’是指夫妻共同决定生产经营事项或者一方授权另一方决定生产经营事项或者夫妻另一方在生产经营中受益的情形。以下情形可以作为认定债务用于‘夫妻共同生活、共同生产经营’的考量因素：(1)举债期间家庭购置大宗财产或者存在大额开支情形，夫妻双方无法说明资金来源的；(2)举债用于夫妻双方共同从事的生产经营事项的；(3)举债用于债务人单方从事的生产经营事项，但债务人配偶从生产经营中受益的。以下情形可以作为认定债务未用于‘夫妻共同生活、共同生产经营’的考量因素：(1)举债期间家庭未购置大宗财产或者存在大额开支情形的；(2)债务用于债务人从事赌博、吸毒等违法犯罪活动的；(3)债务用于债务人单方负担与夫妻共同生活、共同生产经营无关的活动的，如无偿担保等；(4)债务人配偶对债务人的生产经营行为不知情且未从生产经营中受益的。”广东深圳中院**《关于印发〈深圳市中级人民法院民间借贷纠纷案件审理要点和裁判标准〉的通知》**(2019年4月11日　深中法发〔2019〕4号)第6条：“夫妻共同债务的认定问题……裁判标准：一、所涉借款合同虽然仅有借款人个人签名，但该借款合同签订时借款人与其配偶处于夫妻关系存续期间，且有证据证明借款人配偶事后已对借款合同作出追认。该追认及对所负债务共同承担的意思表示，可通过明示或暗示的行为方式予以表达，不应当局限于借款人配偶出具书面的借款确认文件。比如，借款人配偶自愿代为偿还部分借款的，亦作为认定借款人配偶追认涉案债务并愿意共同承担的依据。二、所涉借款合同虽然仅有借款人个人签名，但该借款合同签订时借款人与其配偶处于夫妻关系存续期间,且系为家庭日常生活需要,借款人请求由借款人及其配偶共同偿还,符合法律规定,应予支持。对于认定'家庭日常生活需要'的标准,应当结合借款金额与债务人经济能力的对比关系、借款人收到借款后的钱款去向、有无家庭日常生活需要的大额支出等情况,由审判人员作出判定。三、所涉借款合同仅有借款人个人签名,涉案借款合同签订时借款人与其配偶虽处于夫妻关系存续期间,但涉案借款金额及用途明显超出家庭日常生活需要,且出借人并未提交充分有效的证据证明借款人将该借款用于夫妻共同生活、共同生产经营的,出借人主张涉案借款系借款人及其配偶的共同债务的,不予支持。"浙江高院**《关于妥善审理涉夫妻债务纠纷案件的通知》**(2018 年 5 月 23 日　浙高法〔2018〕89 号)第 2 条:"正确界定'家庭日常生活需要'标准。根据《解释》第二条、第三条的规定,负债是否超出'家庭日常生活需要',是判断是否构成夫妻共同债务的重要标准。按照通常理解,'家庭日常生活需要'是指夫妻双方及其共同生活的未成年子女在日常生活中的必要开支事项,如正常的衣食住行消费、日用品购买、医疗保健、子女教育、老人赡养、文化消费等。审理中,判断负债是否超出'家庭日常生活需要',可以结合负债金额大小、家庭富裕程度、夫妻关系是否安宁、当地经济水平及交易习惯、借贷双方的熟识程度、借款名义、资金流向等因素综合予以认定。以下情形,可作为各级法院认定'为家庭日常生活需要所负债务'的考量因素:(1)单笔举债或对同一债权人举债金额在 20 万元(含本数)以下的;(2)举债金额与举债时家庭收入状况、消费形态基本合理匹配的;(3)交易时债权人已尽谨慎注意义务,经审查举债人及其家庭支出需求、借款用途等,有充分理由相信债务确系为家庭日常生活需要所负的。以下情形,可作为各级法院认定'超出家庭日常生活需要所负债务'的考量因素:(1)单笔举债或对同一债权人举债金额在 20 万元以上的;(2)债务发生于夫妻分居、离婚诉讼等夫妻关系不安宁期间,债权人知道或应当知道的;(3)出借人明知借款人负债累累、信用不佳,或在前债未还情况下仍继续出借款项的;(4)借贷双方约定高额利息,与正常生活所需明显不符的。具体案件审理时,应注意引导各方当事人积极举证。举债发生于父母子女、兄弟姐妹等密切关系主体之间的,债权人理应对举债人的生活状况、夫妻关系较常人更为了解,这种情形下对债务是否为家庭日常生活需要所负的审查应严于一般主体,在举证责任分配上也可依职权适当加重债权人的举证责任。"第 3 条:"注意举证证明责任分配,妥善把握利益平衡。案件审理过程中,要充分注意《解释》在不同负债情形下举证证明责任的分配。这里的举证证明责任是指结果意义上的证明责任,即:若事实真伪不明,则由承担证明责任的一方承担不利后果,对其构成或不构成夫妻共同债务的诉讼主张不予支持。1. 对夫妻存在举债合意的证明责任分配。对《解释》第一条规定的夫妻共同意思表示,证明责任在债权人。夫妻双方共同签字的借款合同、借条以及短信、微信、QQ 聊天记录、邮件等其他能够体现夫妻共同举债意思表示或事后追认的有关证据，都是债权人用以证明债务系夫妻共同债务的有力证据。2. 为家庭日常生活需要负债情形下的证明责任分配。对《解释》第二条规定的夫妻一方为家庭日常生活所负的债务，原则上应当推定为夫妻共同债务，债权人无需举证证明该债务是否实际用于家庭日常生活。若配偶抗辩债务不属于夫妻共同债务的，应由其举证证明所负债务并非用于夫妻共同生活。3. 超出家庭日常生活需要负债情形下的证明责任分配。对超出家庭日常生活范围的债务是否属于夫妻共同债务，《解释》第三条将证明责任分配给了债权人，即：此时应由债权人举证证明该债务用于夫妻共同生活、共同生产经营或基于共同意思表示。全省各级法院要重视《解释》对之前裁判规则特别是证明责任分配规则带来的改变，正确理解，准确适用。具体案件审理中，既要适用《解释》对于举证证明责任的分配，也要强化法院职权探知，确有必要的，可依当事人申请或依职权主动调查案件事实。同时，在适用《解释》第三条时，也要认识到债权人对夫妻内部关系举证的客观难度，案件审理过程中要注意运用法官心证，如果凭借日常生活经验或逻辑推理，能够对'债务用于夫妻共同生活、共同生产经营或基于共同意思表示'形成高度可能性判断的，则不存在对债权人适用结果责任的余地，以避免对举债人夫妻过度救济，致显失公平。"第 4 条："正确理解《解释》第三条规定的'夫妻共同生活、共同生产经营'范围。根据《解释》第三条的规定，对超出家庭日常生活需要所负的债务，债权人能够证明债务用于夫妻共同生活、共同生产经营或基于夫妻共同意思表示的，应当认定为夫妻共同债务。这里的'夫妻共同生活'，在概念外延上大于'家庭日常生活'，只要是夫妻双方共同消费支配或者用于形成夫妻共同财产的支出，都属于'夫妻共同生活'的范围。'夫妻共同生产经营'的情况则更为复杂，较常见的有夫妻双方共同决定生产经营事项、一方授权另一方决定生产经营事项等情形。审判实践中，判断经营活动是否属于夫妻共同生产经营，要根据经营活动的性质以及夫妻双方在其中的地位作用等综合认定。有证据证明存在以下情形的，可以考虑认定为夫妻共同债务：(1)负债期间购置大宗资产等形成夫妻共同财产的；(2)举债用于夫妻双方共同从事的工商业或共同投资；(3)举债用于举债人单方从事的生产经营活动，但配偶一方分享经营收益的。有证据证明存在以下情形的，可以考虑认定为个人债务：(1)婚姻持续短暂且夫妻关系存续期间无大宗开支，负债用于家庭共用共益的可能性较低的；(2)债务发生于夫妻分居、离婚诉讼等婚姻关系不安宁期间，配偶有固定工作或稳定收入来源的；(3)债务用途存在指向举债人从事赌博、吸毒等违法犯罪活动的高度可能性；(4)债务用途与举债人无直接关联，而是举债人单方自愿负担且用途与家庭共同生活、共同生产经营无关的，如与家庭共同生活、共同生产经营无关的担保、债务加入等；(5)债务用途无益于家庭甚至有损于家庭安宁生活的,如用于婚外同居生活等。司法实践中还需注意,浙江作为民营企业大省,民间资金活跃,经商文化和投资氛围较为浓厚。对一些案件中,负债用于夫妻一方以单方名义经商办企业,或进行股票、期货、基金、私募等高风险投资的,不宜一律以'不能排除收益用于共同生活'为由,'一刀切'地认定为夫妻共同债务。尤其在夫妻长期分居、矛盾激烈等情况下,如果有独立收入来源的配偶一方抗辩对举债人的经营或投资行为完全不知情,且未分享经营或投资所得的,应谨慎认定债务性质为夫妻共同债务。"第5条:"注意《解释》第二条、第三条与《婚姻法解释二》第二十四条在法律适用上的衔接。目前,《婚姻法解释二》第二十四条并未废止,全省各级法院在审理涉夫妻债务纠纷案件时,要注意把握好两个司法解释在法律适用上的衔接。《解释》第二条、第三条所规定的'家庭日常生活所需'标准和'实际用途'标准,不是判断债务性质的唯一标准。具体案件审理过程中,还应当审查是否存在《婚姻法解释二》第二十四条规定的'除外情形':(1)如果存在债权人与债务人之间明确约定为个人债务、夫妻之间约定了分别财产制且债权人知情情形的,即便是为家庭日常生活所需所负的债务,或虽超出家庭日常生活所需但实际用于夫妻共同生活、共同经营的,也不能根据《解释》第二条、第三条的规定认定为夫妻共同债务,而应当直接认定为个人债务;(2)如果存在夫妻一方与第三人恶意串通虚构债务、夫妻一方因赌博吸毒等违法犯罪行为所负债务情形的,亦应排除在夫妻共同债务之外。"山东高院**《民事审判会议纪要二(民间借贷部分)》**(2018年)第6条:"关于夫妻关系存续期间,一方对外形成的债务,债权人于夫妻离婚后主张权利的处理问题。债权人请求夫妻共同承担还款责任的,一种观点是,婚姻法采用共同财产制为一般原则,分别财产制为例外的财产制,所以根据婚姻法的规定,推定夫妻关系存续期间由一方对外形成的债务属于共同债务,只有夫妻约定分别财产制,且第三人明知该约定的情况下,才能免除夫妻另一方的还款责任,所以由夫或妻就夫妻约定婚姻存续期间约定分别财产制,且第三人明知该约定的事实承担举证责任,举证不能的,由夫妻共同承担还款责任。另一种观点认为,虽然是夫妻关系存续期间产生的债务,但由于是夫或妻一方对外形成的债务,所以债权人要求夫妻共同承担还款责任,应当由债权人就该债务属于夫妻共同债务的事实承担举证责任。如果不能证明借款用于夫妻共同生活的,由债权人承担不利的法律后果。实践中,可以由主张夫妻共同债务的夫或妻一方当事人提供证据证明借款纳入夫妻共同财产,用于夫妻共同生活,但后果意义上的举证责任仍由债权人承担。即现有证据不能证明债务属于共同债务的,由债权人承担不利的法律后果。"四川成都中院**《二〇一七年全市法院民商事审判工作会会议纪要》**(2017年8月11日)第35条:"婚姻关系存续期间夫妻一方以个人名义所负债务,其配偶是否应当对此承担偿还责任?婚姻关系存续期间夫妻一方以个人名义对外举债,该举债人应当负责举证证明所借债务用于夫妻共同生活，如证据不足，则该债务不应当被认定为夫妻共同债务，其配偶对该债务不承担偿还责任。如果举债人的配偶举证证明所借债务并非用于夫妻共同生活，则应当认定该债务不属于夫妻共同债务，该举债人的配偶不承担偿还责任。”北京三中院民二庭**《婚姻家庭案件法律适用疑难问题研讨会意见》**(2016年11月2日)第7条：“夫妻共同债务对内对外如何认定？《婚姻法司法解释(二)》第二十四条规定，债权人就婚姻关系存续期间夫妻一方以个人名义所负债务主张权利的，应当按夫妻共同债务处理。但夫妻一方能够证明债权人与债务人明确约定为个人债务，或者能够证明属于婚姻法第十九条第三款规定情形的除外。《婚姻法》第十九条第三款规定，夫妻对婚姻关系存续期间所得的财产约定归各自所有的，夫或妻一方对外所负的债务，第三人知道该约定的，以夫或妻一方所有的财产清偿。《婚姻法》第四十一条规定，离婚时，原为夫妻共同生活所负的债务，应当共同偿还。共同财产不足清偿的，或财产归各自所有的，由双方协议清偿；协议不成时，由人民法院判决……我们认为，基于第二十四条的推定效力，在民间借贷案件中，可以根据需要追加配偶为共同被告，由其在此诉讼中对债务不属于夫妻共同债务进行抗辩与举证，法院对债务性质与配偶是否应当承担还债责任问题，统一作出判断；在民间借贷案件中未追加配偶的，债权人有权另行起诉要求确认其连带清偿责任，法院应按照上述原则处理举证与判断问题。”北京高院民一庭**《关于审理婚姻纠纷案件若干疑难问题的参考意见》**(2016年8月4日)第38条：“【共同债务与个人债务区分标准】符合《婚姻法司法解释二》第二十四条规定情形的，应推定为按夫妻共同债务处理。但同时存在以下情形的，可根据具体案情认定构成个人债务。(1)夫妻双方主观上不具有举债的合意且客观上不分享该债务所带来的利益；(2)债务形成时，债权人无理由相信该债务是债务人夫妻共同意思表示或为债务人的家庭共同利益而成立。”第40条：“【大额债务凭据的认定】离婚诉讼中对于夫妻一方出具无证据表明另一方事先知晓的大额债务凭据，并据以要求认定夫妻共同债务的，人民法院应根据案情结合债权人债务人双方关系、转款记录、借款时家庭财务情况等对债务真实性及性质进行判断。”第54条：“【非法音像证据的排除】离婚诉讼中一方提交照片、音像资料等证据证明诉讼主张的，一般应予采纳；但有证据表明上述证据系以严重侵害他人合法权利、违反法律禁止性规定或严重违背公序良俗方法取得的除外。”江苏高院民一庭庭长俞灌南**《在全省民事审判工作例会上的讲话》**(2016年8月)：“……夫妻债务问题是困扰民事审判的大难题，对于婚姻关系存续期间夫妻一方以个人名义所负债务如何处理，实践中应把握以下三点：(1)在不涉及他人的离婚案件中，由以个人名义举债的配偶一方负责举证证明所借债务用于夫妻共同生活，如证据不足，则其配偶一方不承担偿还责任。(2)在债权人以夫妻一方为被告起诉的债务纠纷中，对于案涉债务是否属于夫妻共同债务,应当按照《最高人民法院关于适用〈中华人民共和国婚姻法〉若干问题的解释(二)》第二十四条规定认定。即原则上属于夫妻共同债务,除了三种情形:债权人与债务人明确约定为个人债务的;夫妻双方约定婚后财产归各自所有,且告知债权人的;举债人的配偶举证证明所借债务并非用于夫妻共同生活的。(3)关于责任财产的范围问题。婚姻关系存续期间夫妻一方以个人名义所负债务,未举债的配偶一方对该债务承担有限连带责任,其责任范围限于夫妻共同财产,其个人的婚前财产以及离婚后取得的财产等与夫妻共同生活无关的财产应排除在外。而对于举债一方的责任范围,应以个人全部财产及夫妻共同财产中其享有的部分对债务承担清偿责任。”四川高院**《关于审理民间借贷纠纷案件若干问题的指导意见》**(2016年7月27日)第16条:“违背社会公序良俗的借贷合同的认定。违背社会公序良俗是指法律行为的内容及目的违反了社会的公共秩序或善良风俗,存在以下情形之一的,应认定为违背社会公序良俗,当事人因此签订的民间借贷合同应认定为无效:(一)因非婚同居、不正当两性关系等产生的‘青春损失费’、‘分手费’、‘精神损失费’等有损公序良俗行为所形成的债务;(二)因赌博、吸毒等其他非法行为形成的债务;(三)因托人情、找关系等请托行为形成的债务;(四)具有抚养、赡养义务关系的父母子女等直系亲属之间发生的有违家庭伦理道德和社会公序良俗所形成的债务;(五)其他违背社会公序良俗的债务。”第43条:“夫妻双方的举证责任分配。在不涉及他人的离婚案件中,由以个人名义举债的配偶一方负责举证证明所借债务基于夫妻合意或者用于夫妻共同生活,如证据不足,则其配偶一方可不承担偿还责任;在债权人以夫妻一方为被告起诉的债务纠纷案件中,对于案涉债务是否属于夫妻共同债务,应当按照《最高人民法院关于适用〈中华人民共和国婚姻法〉若干问题的解释(二)》第二十四条规定认定。如果举债人的配偶举证证明所借债务并非用于夫妻共同生活,则其可不承担偿还责任。”福建高院**《关于婚姻关系存续期间夫妻一方以个人名义对外借款责任承担问题的会议纪要》**(2015年12月4日　闽高法〔2015〕426号)第1条:“夫妻一方以个人名义对外借款,债权人仅起诉夫妻借款一方的,无论诉讼时婚姻关系是否存续,人民法院均不主动追加夫妻非借款一方为共同被告。但夫妻非借款一方主动申请参加诉讼的,人民法院可将其列为第三人。”第2条:“在夫妻一方以个人名义对外借款,债权人请求夫妻共同偿还的案件中,对于债务性质的认定,应当依照最高人民法院《关于适用〈中华人民共和国婚姻法〉若干问题的解释(二)》第二十四条的规定处理。但夫妻一方有证据证明或者根据人民法院已查明的事实可以认定借款非用于日常生活开支、履行抚养和赡养义务等家庭共同生活或者家庭生产经营的,应认定为夫妻借款一方的个人债务。”第3条:“人民法院就夫妻一方以个人名义对外借款,债权人请求夫妻共同偿还案件所作出的债务性质的认定效力,并不当然及于离婚诉讼夫妻债务性质的认定;人民法院有关离婚诉讼夫妻债务性质的认定效力,亦不必然及于夫妻一方以个人名义对外借款,债权人请求夫妻共同偿还的案件。”第4条:“人民法院在审理夫妻一方以个人名义对外借款,债权人请求夫妻共同偿还的案件时,如夫妻非举债一方对借款的事实有异议的,应当严格审查借贷发生的原因、时间、地点、款项来源、交付方式、款项去向以及借贷双方的关系、经济状况等事实,认真甄别是否存在虚假诉讼。属于虚假诉讼的,应当判决驳回原告的诉讼请求,并依法予以处理。”山东临沂中院《**关于当前民事审判工作中的一些疑难问题会谈纪要(婚姻家庭部分)**》(2015年)第5条:“……第三个问题,婚姻法解释(二)颁布后,其第二十四条的规定,对在审判中债务属性的认定提供了具有操作性的规则,但在实践中出现了不利于保护非举债一方利益的弊端,如举债一方举债后用于个人非正当消费,有鉴于此,结合前几年出现夫妻一方为离婚目的虚构债务,侵害另一方的合法权益的现象,为防止该种现象和为热络的民间借贷提供举债方式的价值导向,中院2011民事审判会议纪要作出了夫妻举债需共同签字及由原告对举债为夫妻共同债务的主张承担举证责任的规定,实践中起到了它的积极作用,但同时为夫妻逃避债务留下了漏洞,省高院2011年民事审判会议纪要则相对克服了上述弊端,以夫妻双方是否有举债合意和所负的债务是否用于家庭共同生活作为区分个人债务和夫妻共同债务的标准,无疑是合理的,以后各法院在处理这类案件时要依据省院的会议纪要为依据。”广东深圳中院《**关于婚姻家庭纠纷案件的裁判指引(2014修订)**》(2014年5月21日)第23条:“主张婚姻关系存续期间取得的财产为个人财产的一方应承担举证责任,当事人无法举证,人民法院又无法查清的,应认定为夫妻共同财产。说明:第二十三条是对离婚案件财产分割举证责任分配的裁判指引。由于我国婚姻法采用婚后所得共同制,因此婚后所得财产原则上应认定为共同财产,个人财产为例外,故个人财产的举证责任应分配给提出主张的一方。与广东省高级人民法院《关于审理婚姻案件若干问题的指导意见》(2006年征求意见稿)第9条意见一致。”福建三明中院《**民事审判若干实务问题探讨**》(2016年)第14条:“婚姻关系存续期间,夫妻一方以个人名义向他人借款,另一方是否承担共同还款责任?(如何认定夫妻一方以个人名义所负债务是否为夫妻共同债务?)答:1. 人民法院报2013年8月28日第7版文章《夫妻共同债务推定规则的应用》(作者:毛坚儿　浙江省宁波市中级人民法院)概括如下观点:第一,用途推定规则。要求债权人根据用途推定规则或合意推定规则证明借债用于夫妻共同生活,或者借债从事生产经营活动,并且其收益实际用于夫妻,否则承担举证不能的不利后果。第二,身份推定规则。将举证责任分配给了否认共同债务的夫妻一方,只有当他(她)举证证明债权人与债务人明确约定为个人债务,或者债权人知道夫妻之间采取了约定财产制的情形下,才无需共同承担债务。第三,一些地方法院指导意见规定:夫妻一方以个人名义因日常生活所负的债务,应认定为夫妻共同债务。超出日常生活需要负债的,应认定为个人债务。不属于家庭日常生活需要负债的,债权人可以援引合同法第四十九条表见代理的规定,要求夫妻共同承担债务。第四,还有一种观点认为,凡是发生在婚姻关系存续期间的债务,原则上推定为夫妻共同债务,在债权人起诉,夫妻双方均抗辩为举债一方个人债务情形下,由夫妻双方共同举证;在举债一方抗辩为夫妻共同债务的情形下,由其承担举证责任;2. 省院民二庭主要观点是:第一,从法律关系上分析,除双方另有约定外,或债务系个人债务外,夫妻之间对共同债务承担的是连带清偿责任。因此,债权人可以自由选择以夫妻中一方或双方作为被告就债务返还提起诉讼。第二,如果原告没有起诉被告配偶,而被告申请追加,法院可以追加其配偶为共同被告。但是,在当事人未提出申请的情况下,法院不宜主动追加。如果夫妻双方已经被列为共同被告,则法院在审理中应根据具体情况作出认定和处理。如果原告仅以夫妻一方为被告的,则法院直接判决被告承担返还责任即可,无需判决其配偶承担连带清偿责任。3. 建议当前按省法院民二庭观点处理。"北京高院**《关于审理民间借贷案件若干问题的会议纪要》**(2013 年 12 月 27 日)第 11 条:"人民法院审理的民间借贷案件涉及对夫妻共同债务认定的,既要注意审查借款是否用于家庭共同生活,也要注意审查贷款人是否善意且无过失地相信借款人的行为属于夫妻共同的意思表示,同时要注意结合日常生活经验,对案件作出判断。"第 15 条:"夫妻一方主张婚姻关系存续期间,其以个人名义对外借款属于夫妻共同债务的,应当对于借款存在夫妻合意或借款用于家庭共同生活承担证明责任。"第 16 条:"由一方或双方父母出资为子女结婚购买房产或机动车辆,出资的父母仅以付款凭证为据以民间借贷为由,起诉夫妻还款的,人民法院应当裁定驳回其起诉。"湖北高院**《民事审判工作座谈会会议纪要》**(2013 年 9 月 1 日)第 17 条:"离婚诉讼财产分割时,夫妻一方在婚姻关系存续期间以个人名义举债所负的债务是否构成夫妻共同债务,应当根据最高人民法院《关于适用〈中华人民共和国婚姻法〉若干问题的解释(二)》第 24 条的规定进行认定。在举证责任的分配上,夫妻一方在婚姻关系存续期间以个人名义举债并主张属于夫妻共同债务的,举债的夫或妻一方应当承担举证责任,即证明举债用于夫妻共同生活或夫妻有共同举债的合意,否则应承担举证不能的法律后果。如夫妻一方以与债权人发生纠纷的生效民事法律文书为证据,主张夫妻共同债务要求另一方共同偿还的,如一方未能举证证明债务为夫妻共同生活所负或夫妻有共同举债的合意,则生效法律文书确定的债务应认定为个人债务。"辽宁高院民一庭**《传统民事案件审判问题解答》**(2013 年 8 月)第 18 条:"婚姻关系存续期间,夫妻一方以个人名义对外所负债务,是否认定为夫妻共同债务? 参考意见:按照《婚姻法司法解释(二)》第二十四条的规定,婚姻关系存续期间夫妻一方以个人名义所负债务，债权人主张权利的，按夫妻共同债务处理。但夫妻一方能够证明债权人与债务人明确约定为个人债务，或者能够证明债权人事先知道夫妻之间存在个人财产约定的除外。审判实践中，应当特别注意夫妻一方与第三人恶意串通，虚拟大额债务损害另一方利益的情形。如果出现债权人与债务人均主张系夫妻共同债务，非债务人的夫妻一方主张恶意串通，且债务数额较大、债权凭证简单、债权人与债务人之间存在亲属等特点关系的情形，建议着重审查债权债务关系的形成过程、非债务人夫妻一方是否知情、非债务人夫妻一方或者家庭生活、家庭经营是否受益等方面的证据。如果能够认定债权债务关系真实存在，按夫妻共同债务处理；如果不能认定债权债务关系真实存在，则应驳回债权人的诉讼请求；如果证明债权债务关系存在的证据不充分，但债务人夫妻一方坚持自认，可考虑判令债务人夫妻一方以个人财产清偿。"江苏高院**《关于民间借贷纠纷案件审理中若干问题的会议纪要》**(2013年6月13日　审委会会议纪要〔2013〕1号)第6条："会议还对民间借贷纠纷案件审理中如何防范和制裁虚假诉讼、如何处理违背公序良俗的借贷行为、如何审查诉讼时效、如何处理借贷双方约定的律师费用等问题进行了讨论，一致认为……(二)对于下列违背社会公序良俗的借贷行为，原告起诉要求偿还借款的，人民法院应当判决驳回其诉讼请求：1. 因非婚同居、不正当两性关系等行为产生'青春损失费'、'分手费'等有损公序良俗的债务转化的借贷；2. 因赌博、吸毒形成的债务；3. 因托人情、找关系等请托形成的债务；4. 其他违背社会公序良俗的借贷。上述款项已经给付的部分，资金提供者主张返还的'不予支持。"浙江温州中院**《关于审理民间借贷纠纷案件若干问题的会议纪要》**(2013年1月24日)第7条："婚姻关系存续期间，夫妻一方对外举债是属于夫妻共同债务还是举债一方的个人债务，不仅涉及夫妻个人的利益，而且直接关系到债权人的利益，实践中对该问题应如何认定争议较大。《最高人民法院关于适用〈中华人民共和国婚姻法〉若干问题的解释(二)》(法释〔2003〕19号)第二十四条的规定是识别夫妻共同债务的普遍标准。"第8条："会议认为在严格执行上述普遍识别标准的基础上，可以夫妻婚姻关系存续期间债务案件的不同表象为切入点，区别不同情形在债权人和债务人夫妻之间进一步合理分配举证责任。(1)举债期间借款人夫妻存在分居或离婚诉讼的情形。夫妻双方分居或离婚诉讼期间，双方是否仍有共同举债的合意或者借款是否用于共同生活、经营所需确实存在令人产生合理怀疑的理由。此种情形下，异议配偶对夫妻双方存在分居或者离婚诉讼的事实、出借人明知或应知分居、离婚诉讼的事实、没有共同举债合意或者借款不是用于共同生活、经营等事实应提供证据加以证明。虽然借款发生在借款人夫妻分居或者离婚诉讼期间，但出借人或借款人能够反证借款人夫妻存在共同举债的合意或者借款确实用于共同生活、经营所需的，则仍应按夫妻共同债务处理。(2)举债期间借款人存在赌博、吸毒等违法行为的情形。异议配偶提出借款系因借款人赌博、吸毒等违法行为所产生或借款被借款人用于赌博、吸毒等违法行为的抗辩,首先应就其抗辩主张的借款人存在赌博、吸毒等非法行为提供证据加以证明。在异议配偶提供的证据能够确凿证明借款人在借款期间存在赌博、吸毒等违法行为的情形下,仍应经过双方当事人举证或法院调查取证的方式来审查赌博、吸毒等违法行为与争议借款之间的关联性问题。若出借人或借款人提供的证据可以排除争议借款系因赌博、吸毒等违法行为所产生的可能或被用于赌博、吸毒等违法行为的可能的,则不能仅凭借款人存在赌博、吸毒等违法行为就认定争议借款为借款人个人债务。在借款人、出借人和异议配偶均不能提供证据证明借款实际用途的情形下,应结合借款人存在赌博、吸毒等违法行为、借款的数额、频率、款项去向、借款人夫妻间的关系以及出借人对借款人赌博、吸毒等违法行为是否明知等因素在出借人、借款人和异议配偶之间合理分配举证责任并据此对争议借款是否属于借款人夫妻共同债务问题进行综合判断。(3)为他人借款提供保证或无对价受让债务而负债的情形。行为人以个人名义为他人借款提供保证或无对价受让他人债务,行为人往往没有实际取得借款,提供保证或受让债务一般也不是出于家庭共同生活、经营所需,除非债权人举证证明行为人的配偶对此明知且未提出异议,一般应以缺乏夫妻共同举债的意思表示且负债未用于夫妻共同生活、经营所需为由认定行为人的负债为其个人债务。(4)婚前负债用于婚后共同生活、经营所需的情形。婚前个人借款一般应属于借款人个人债务,但出借人或借款人若能够提供证据证明该借款确实用于借款人婚后家庭共同生活、经营所需的,则可以按夫妻共同债务处理。”浙江温州中院**《关于审理民间借贷纠纷案件若干问题的意见》**(2012 年 8 月 7 日　温中法〔2012〕143 号)第 7 条:“出借人就婚姻关系存续期间夫妻一方以个人名义借款所负债务主张按夫妻共同债务处理,除夫妻一方能够证明出借人与借款人明确约定为个人债务,或者能够证明夫妻对婚姻关系存续期间所得的财产约定归各自所有且出借人知道该约定的情形外,对出借人的主张一般予以支持。”第 8 条:“出借人就婚姻关系存续期间夫妻一方以个人名义借款所负债务主张按夫妻共同债务处理,借款人的配偶以该借款发生在夫妻分居或离婚诉讼期间为由进行抗辩且有证据证明,同时借款人又未能举证证明借款的实际用途,对出借人的主张一般不予支持,但出借人或借款人能够证明该借款用于家庭共同生活、经营所需的除外。”第 9 条:“出借人就夫妻一方在婚姻关系存续期间以个人名义借款所负债务主张按夫妻共同债务处理,借款人的配偶以借款人有赌博、吸毒等违法行为进行抗辩且有证据证明,同时借款人又未能举证证明借款的实际用途,应结合借款数额、频率、款项去向以及出借人与借款人夫妻之间的关系等因素对出借人的主张进行综合判断。”浙江温州中院**《民间借贷疑难问题解答纪要》**(2012 年 3 月 10 日)第 1 条:“夫妻一方借款能否视为夫妻双方共同债务问题。关于在夫妻双方婚姻关系存续期间,夫妻一方借款是否视为夫妻双方共同债务问题,中院法官指出温州中院在审判实务中与《浙江省高级人民法院关于审理民间借贷纠纷案件若干问题的指导意见》的区别,高院 2009 年的指导意见第十九条指出,'夫妻一方因日常生活需要所负的债务,应认定为夫妻共同债务。夫妻一方超出日常生活需要范围负债的,应认定为个人债务,但下列情形除外:1. 出借人能够证明负债所得的财产用于家庭共同生活、经营所需的;2. 夫妻另一方事后对债务予以追认的'。由于指导意见第十九条将举证责任分配给了出借人,而出借人一般难以证明借款人所借的财产是否用于家庭共同生活、经营,故温州中院在审判实务把握一原则,即夫妻一方所负的债务一般都认定为夫妻共同债务,但同时指出,夫妻在分居期间以及离婚诉讼期间所负的债务有可能会被认定为个人债务。"山东高院**《2011 年民事审判工作会议纪要》**(2011 年 11 月 30 日 鲁高法〔2011〕297 号)第 7 条:"……(二)关于夫妻共同债务的认定问题。依据《婚姻法》第 41 条的规定,离婚时,原为夫妻共同生活所负的债务,应当共同偿还。由上述规定的立法本意理解,'为夫妻共同生活'所负债务,是构成夫妻共同债务的本质特征。夫妻一方以个人名义举债所负的债务是否构成夫妻共同债务,除根据最高人民法院《关于适用〈中华人民共和国婚姻法〉若干问题的解释(二)》第 24 条的规定认定外,还要从夫妻双方是否具有共同举债的合意和所负的债务是否用于夫妻共同生活等加以判断认定,不能简单地将婚姻关系存续期间,夫妻个人一方的举债推定为夫妻共同债务。在举证责任的分配上,夫妻一方在婚姻关系存续期间以个人名义举债并主张属于夫妻共同债务的,举债人应当承担举证责任,即证明举债用于夫妻共同生活或夫妻有共同举债的合意,否则其主张不予支持。如夫妻一方以与债权人发生纠纷的生效民事法律文书为证据,主张夫妻共同债务要求另一方共同偿还的,在一方未能举证证明债务为夫妻共同生活所负或夫妻有共同举债的合意,则认定生效法律文书确认的债务为个人债务。"河北石家庄中院**《民事审判指导意见之五(婚姻家庭纠纷案件)》**(2011 年 7 月)第 1 条:"关于夫妻共同债务认定中的举证责任分配。近年来,由于受到社会上诚信缺失和利益驱动等多种因素影响,在离婚案件中,有的当事人为了达到多分财产的目的,虚构夫妻共同债务的情形日益增多。这类案件的共同点是:借据上署名的债务人为夫或妻一方;债权人为债务人的朋友或亲属;债务数额一般较大,有的甚至已经事先通过恶意诉讼取得了生效的法院判决书或调解书;而另一方通常不知情……目前审判实践中的难点是,现实生活中夫妻约定实行分别财产制的情形极为少见;而在离婚诉讼中,争议的债务凭证均系债务人主动提供,要让另一方去证明债务人已与债权人明确约定由债务人个人清偿,几乎又不可能。所以,如果简单地适用以上司法解释,就可能导致夫妻一方与第三人恶意串通虚构债务,从而损害另一方的财产权益。要解决这一问题,就要认真研究立法本意。《婚姻法》第四十一条规定‘离婚时,原为夫妻共同生活所负的债务,应当共同偿还。’1993 年 11 月 3 日起施行的《最高人民法院关于人民法院审理离婚案件处理财产分割问题的若干具体意见》(法发〔1993〕32 号)第 17 条规定‘夫妻为共同生活或为履行抚养、赡养义务等所负债务,应认定为夫妻共同债务,离婚时应当以夫妻共同财产清偿’。从以上条文规定的精神以及‘谁主张,谁举证’的举证责任分配原则看,债务是否用于夫妻共同生活或为履行法定赡养义务,应当由主张债务存在的一方负举证责任。《婚姻法解释二》第二十四条规定的情形,指的是在债权人主张权利时,债权人为一方当事人,夫妻共同为一方当事人时,对双方之间举证责任的分配,不是在夫妻内部之间的举证责任分配。本条文的立法本意是为了保护交易安全,促进财产流转,因而从程序意义上尽可能广泛地赋予债权人诉讼权利,以保障债权的实现。如果债务确系在夫妻关系存续期间产生,那么从债权人的角度上讲,可以合理推定为夫妻共同债务,并以夫妻为共同被告,要求偿还。如被告方有异议的,适用举证责任倒置的原则,由夫和妻共同证明是属于夫妻共同债务。但对于夫和妻之间的举证责任分配,还是要按照‘谁主张、谁举证’的原则,不适用举证责任倒置。所以,能否判定为夫妻共同债务,还要参考夫和妻的举证情况而定。当然,在离婚诉讼中,对于是否属于共同债务,夫妻双方之间争议议较大,一时难以查清事实真相的,也可以不予处理,等待债权人起诉后,再予审理。如果确系伪造的债务,那么债权人可能基于诉讼风险和道德压力的考量,而不再主张权利,那就等于化解了矛盾,减轻了法院审理的难度。”江苏南京中院《**关于审理民间借贷纠纷案件若干问题的指导意见**》(2010 年 7 月 7 日　宁中法审委〔2010〕4 号)第 29 条:“借款人对于出借人主张的借款事实全部承认的,原则上可以认定借款事实,但应当严格审查双方的关系、借款人的婚姻状况以及对外其他债务情况,以确定双方是否存在恶意串通,损害国家、集体和第三人权益的情形。”上海高院《**婚姻家庭纠纷办案要件指南(三)**》(2010 年 6 月 22 日　沪高法民一〔2010〕8 号)第 6 条:“夫妻一方婚前所负债务为个人债务。债权人向夫妻双方主张债权的,应当举证证明:一方婚前所负债务用于婚后家庭共同生活。【说明】夫妻一方婚前以个人名义所负的债务为个人债务,不因婚姻关系而发生转移,因此,债权人通常不得就一方婚前个人债务而向债务人的配偶主张权利,要求夫妻共同承担。如果债权人请求夫妻共同承担债务的,则应当举证证明:一方婚前的个人债务与债务人婚后家庭共同生活具有必然联系,即夫妻一方婚前所欠的资金、财物已转化为夫妻双方婚后物质生活的条件。通常,婚前个人债务向婚后共同债务的转化有多种情形:(1)一方婚前以按揭贷款方式购房,婚后夫妻双方共同所有或共同居住使用的;(2)一方婚前举债购置大量结婚用品,婚后为夫妻共同生活所需的;(3)一方婚前借款装修房屋,该房屋供夫妻双方婚后共同居住使用的,等等。判断一方婚前债务与婚后共同生活的联系,应当结合债务人举证的目的、用途以及婚后共同生活的需要等多种因素综合判断。同时也应注意,不能将一方的全部债务转移给债务人的配偶,加重夫妻双方中另一方的责任。只要一方婚前债务与夫妻婚后共同生活无关,就不能要求债务人的配偶对该债务承担清偿责任。”第7条:“对婚姻关系存续期间产生的债务一般认定为夫妻共同债务。离婚诉讼中,一方提出以夫妻共同财产清偿债务的,应当举证证明下列要件事实:(一)债务产生于婚姻关系存续期间;(二)债务为真实存在;(三)以夫妻一方或双方名义所负。【说明】夫妻共同债务,是指夫妻一方或双方在婚姻关系存续期间,为维持婚姻家庭共同生活,或者为共同生产、经营活动所负的债务。离婚诉讼中,如一方要求双方共同分担夫妻共同债务的,应当举证证明:(1)债务产生于婚姻关系存续期间,即双方结婚之日起至离婚时止的期间,但婚前为结婚后的共同生活购置物品所负的债务,应当认定为夫妻共同债务;(2)债务为真实存在,即债务应该是客观存在的,而非夫妻一方为损害对方财产权益而与他人合谋假造的债务。为防止当事人通过虚假债务恶意侵害对方合法权益,针对不同情况,还应当就其真实性进行必要的审查;(3)债务系以夫妻一方或双方名义所负,而不是以第三人的名义所负。因日常家事或共同财产重大处理决定而发生的债务,不论以夫妻一方或双方名义所负,均为夫妻共同债务。需注意的是,根据《解释(二)》第二十三条的规定,一方婚前所负债务,原则上应认定为个人债务,但债权人能够证明所欠债务用于结婚或婚后共同生活的,应认定为夫妻共同债务。对此,举证责任由债权人负担。”第8条:“一方主张由对方个人偿还所负债务的,则应当举证证明具有下列要件事实之一:(一)对方婚前所负债务;(二)夫妻双方无共同举债的合意,或者与夫妻共同生活、共同从事的生产及经营活动无关;(三)债权人与债务人明确约定为个人债务;(四)夫妻对婚姻关系存续期间一方对外所负的债务约定以夫或妻一方所有的财产清偿的,第三人知道该约定的。【说明】夫妻个人债务,是指夫妻一方婚前或婚后以个人名义所负的与夫妻共同生活无关的债务。在婚姻关系存续期间,夫妻一方以个人名义所负债务,原则上应认定为夫妻共同债务。但在离婚时,一方能够举证证明存在下列情形之一的,可以认定为一方个人债务:(1)对方婚前所负债务。但应当注意,符合《(解释(二)》第二十三条规定的例外情况的,应当由夫妻共同偿还。对此例外情况,应由主张由夫妻共同偿还债务的一方承担举证责任;(2)夫妻双方无共同举债的合意,或者与夫妻共同生活、共同从事的生产及经营活动无关。如一方因违法犯罪行为所负的债务或满足个人私欲而奢侈挥霍所负的债务,一方擅自资助没有抚养义务的亲朋所负的债务等;(3)债权人与债务人明确约定为个人债务;(4)夫妻间实行约定财产制,且第三人知道该约定的。此时,举证责任应由夫妻中主张由对方个人偿还债务的一方承担。对于以夫妻一方为当事人的民间借贷案件,并未明确是个人债务或夫妻共同债务的,法院在审理婚姻家庭案件时对此债务有涉及的,仍应进行审查。”江苏高院**《婚姻家庭案件审理指南(2010年)》**(2010年5月18日)第7章:“……离婚债务的处理。当前,离婚案件中债务的认定和处理是司法实践中难点和热点问题,处理不当,极易导致矛盾激化和涉法上访。同时,法官在处理类似问题时,普遍感到离婚案件中虚假债务现象较为普遍,因此,如何有效防止离婚时的虚假债务,是每个审理离婚案件的法官最感棘手的问题。一些当事人离婚时,财产或债权并不多,但债务远远超过财产,法官无论是认定这些债务,还是否定这些债务往往觉得心里没底,因为很多债务都是亲戚朋友之间打的白条。之所以出现这一现象,与现行法律规定有关联。从《婚姻法解释二》第二十四条规定来看,它把债务是否形成于夫妻关系存续期间作为判断标准,虽然有利实务操作,却被不诚信者所利用。因此,涉及夫妻共同债务问题,法官首先需判断此债务是否客观真实,如主张方提供的证据不足认定,则应否定债务的真实性。如债务真实性无法否定,法官应重点考虑该债务是否为夫妻共同债务。一、关于夫妻共同债务的判定标准。确认婚姻关系存续期间的债务属于夫妻个人债务还是夫妻共同债务,一般可以从以下两个方面进行判断:1. 夫妻有无共同举债的合意。这是从夫妻双方的意思表示来认定夫妻共同债务。夫妻关系存续期间,只要夫妻双方有共同举债的意思表示,不论该债务的用途如何,也不论该债务所带来的利益是否为夫妻共享,均应认定为夫妻共同债务。2. 夫妻是否分享了债务所带来的利益。尽管夫妻事先或事后均没有举债的合意,但该债务发生后,夫妻双方共同分享了该债务所带来的利益,如用于家庭共同生活经营,则同样应视其为夫妻共同债务……”广东广州中院**《民事审判若干问题的解答(婚姻家庭部分)》**(2010年4月)第3条:“离婚纠纷当事人申请调查银行存款的,法官能否限定期限,超过该期限提交银行账号的,不予调查?答:根据最高人民法院《关于民事诉讼证据的若干规定》第十九条的规定,当事人申请法院调查银行存款的,应当在法定的举证期限内提出。”山东临沂中院**《民事审判工作座谈会纪要(婚姻家庭部分)》**(2009年11月10日 临中法〔2009〕109号)第3条:“关于夫妻一方以个人名义举债,另一方承担共同返还责任的问题。最高法院《婚姻法解释(二)》第二十四条对此有明确规定,该规定系以夫妻内部关系不能对抗善意第三人原理制定的,并不意味着判决夫妻共同赔偿即认定相应债务为夫妻共同债务,夫妻中未以自己名义举债的一方仍可根据共同债务、个人债务的法律规定,在实际承担责任后向另一方追偿。实践中,个别法院未在说理时引用全文,直接认定相关债务为夫妻共同债务,导致相关当事人(尤其是已经离婚的)不理解上诉,增加不必要的诉累。为避免类似判例的发生,各县区法院在判决此类案件时,应强调相关当事人不能举证证明上述规定第二十四条的详细事项,然后作出由夫妻双方共同偿还的判决,不要在此类案件中就债权人主张的债务作夫妻共同债务或个人债务性质的认定。”浙江高院**《关于审理民间借贷纠纷案件若干问题的指导意见》**(2009 年 9 月 8 日　浙高法〔2009〕297 号)第 35 条:“当事人主张的下列借贷,不予保护,依法判决驳回诉讼请求:(一)因非法同居、不正当两性关系等行为产生‘青春损失费’、‘分手费’等有损社会公序良俗的情感债务转化的借贷。(二)具有抚养、赡养义务关系的父母子女等直系亲属之间发生的有违家庭伦理道德和社会公序良俗的借贷。”山东潍坊中院**《民事审判工作会议纪要(婚姻家庭部分)》**(2008 年)第 6 条:“关于夫妻共同债务的问题。离婚案件中,一方提供亲戚朋友出具的债务‘白条’,要求作为夫妻共同债务由另一方共同偿还,另一方提出异议的,应由一方对个人负债的事实进行举证,如未有合理解释或未提供其他充分证据证明的,一般不予认定为共同债务。对于离婚过程中当事人未予主张离婚后再行主张的债务,或者离婚诉讼中法院未予认定离婚后又另行主张的债务,原则上不予认定为共同债务。对于离婚前通过诉讼程序确认的一方债务,另一方虽提出异议,但无充分证据证明的,应作为夫妻共同债务。”重庆高院**《关于当前民事审判若干法律问题的指导意见》**(2007 年 11 月 22 日)第 28 条:“夫妻关系存续期间一方对外债务是否属于共同债务的认定和处理。一般作为夫妻共同债务,由夫妻共同偿还,债权人无需对该债务是否用于夫妻共同生活承担举证责任。《婚姻法》及其司法解释规定了作为个人债务的两种情形,夫妻一方只要不能证明该债务属于该两种情形,即使举证该债务未用于夫妻共同生活或法定抚养义务,也不能免除另一方的偿还责任,但能证明该债务属于赌博等非法债务的除外。”上海高院**《关于审理民间借贷合同纠纷案件若干意见》**(2007 年 1 月 11 日　沪高法民一〔2007〕第 18 号)第 3 条:“借贷纠纷案件中的债务属于夫妻共同债务还是个人债务的认定。此类案件处理中,首先应当将最高人民法院关于婚姻法司法解释(二)第 24 条的规定作为一个基本处理原则,即债权人就婚姻关系存续期间夫妻一方以个人名义所负债务主张权利的,按照夫妻共同债务处理。同时还有两个因素需要考虑:一是夫妻有无共同举债的合意;二是该债务有无用于夫妻共同生活。这两个因素,属于基本原则的例外情形。如果一方有证据,证据足以证明夫妻双方没有共同举债的合意和该债务没有用于夫妻共同生活,则该债务可以认定为夫妻一方的个人债务。”第 5 条:“最高人民法院《关于人民法院审理借贷案件的若干意见》第 11 条规定:出借人明知道借款人是为了进行非法活动而借款的,借贷关系不予保护。其中的‘明知’、‘非法活动’的理解和认定对于能够认定是由于赌博、吸毒贩毒等非法行为产生的‘债务’,即使其采用‘借条’等形式出现,对此类‘借贷关系’也不予保护。对于债权人提供借款给债务人后,债务人从事赌博、吸毒贩毒等非法行为的,法院对该债贷关系是否保护,关系是看债权人对债务人从事非法行为是否明知。如果债务人不能证明债权人明知自己从事非法活动,则该借贷关系仍受法律保护。”江苏高院**《关于**

当前民事审判中需要明确的若干具体问题(婚姻家庭部分)》(2006年4月26日)第3条:“对夫妻共同债权、债务的认定与分割。对夫妻共同债务的认定,应由提出诉讼主张的当事人进行举证,审判人员对当事人提供的证据材料应当依照法定程序全面、客观地予以审核。夫妻双方对共同债务达成的清偿协议或者法院对夫妻双方共同债务所作的承担份额的判决,其效力不及于债权人。夫妻离婚后,对婚姻关系存续期间所欠共同债务仍应承担连带责任。”江西赣州中院《**民事审判若干问题解答**》(2006年2月27日)第65条:“手机短信能否作为认定事实的一种证据?答:手机短信是一种数据电文,可以作为一种证据使用,其属于证据中的书证范畴。由于手机短信有其固有的易灭失性,其要作为认定事实的证据使用,必须对手机短信进行证据保全,转化为书面形式才可以作为证据使用。该证据保全的形式可以为勘验、制作笔录、公证等。由于手机短信具有易修改性、易编辑性以及不留痕边胜的特点,其对反映案件的真性有一定的局限性。在使用手机短信作为证据证明案件事实时,应注意综合分析,从而得出正确可靠的结论。”上海高院《**关于下发〈关于在民事审判中实施“中华人民共和国婚姻法”的暂行意见〉的通知**》(2001年6月7日　沪高法〔2001〕263号)第30条:“夫或妻以第三人知道夫妻双方约定婚姻关系存续期间所得的财产归各自所有,要求以夫或妻一方所有的财产清偿债务的,应当由夫妻双方就第三人知道该约定这节事实,承担举证责任。”

【参考类案】

①2018年**河南某民间借贷纠纷案**,2014年,李某向陈某出具87万元欠条。2017年,陈某诉请李某偿还,并要求李某妻程某承担连带责任。法院认为:最高人民法院《关于审理涉及夫妻债务纠纷案件适用法律有关问题的解释》(注:已于2021年1月1日起废止)第3条规定:“夫妻一方在婚姻关系存续期间以个人名义超出家庭日常生活需要所负的债务,债权人以属于夫妻共同债务为由主张权利的,人民法院不予支持,但债权人能够证明该债务用于夫妻共同生活、共同生产经营或者基于夫妻双方共同意思表示的除外。”按此规定,夫妻一方在婚姻关系存续期间以个人名义超出家庭日常生活需要所负债务推定不属于夫妻共同债务,夫妻一方不必对此举证,债权人认为是夫妻共同债务的,需举证证明。本案中,夫妻一方以个人名义所负债务数额达到87万元。结合本地收入水平、消费水平,该数额远远超出家庭日常生活所需。而债权人一方无证据证明该笔借款被债务人夫妻用于家庭共同生活(如买房、买车等),亦不能证明被用于夫妻共同生产经营,更无法证明未借债的夫妻一方对该笔借款知情且有共同意思表示,故应承担举证不力后果。判决李某偿还陈某借款,驳回陈某要求程某承担连带责任诉请。

②2015年**广东某民间借贷纠纷案**,2009年,李某出借1500万元给蔡某,蔡某

出具借条。2011 年 11 月，蔡某以个人及其妻张某名义向蔡某出具还款计划保证书，并承诺以夫妻共有房产做担保。2012 年 5 月，张某申请与蔡某离婚。李某诉请蔡某、张某偿还前述欠款，但所举证据不能充分证明借贷关系真实发生。法院认为：李某以出借人身份提起本案诉讼后，蔡某认可借贷事实，但蔡某之妻张某主张借贷事实并不存在。出借人主张借款人及其配偶就夫妻共同债务承担共同清偿责任情形下，出借人与借款人双方对借贷事实发生没有任何争议、借款人配偶对借贷真实性提出异议时，应结合当事人之间关系、借款交付方式、借款用途、关键证据保管方式、偿还借款情况、诉讼中相关情况等，综合判断查证借贷事实是否发生。本案诉讼前，张某已申请与蔡某离婚，而李某与蔡某系朋友，并有经济合作关系；关于借款交付方式，李某、蔡某及证人郭某在一、二审诉讼中陈述不一，存有矛盾之处；蔡某主张将借款用于支付投资款及生活开支，但未能对向他人借款必要性、紧迫性作出合理说明，亦无法就借款投资所能取得权益作出合理说明或提交投资协议等相关证据；还款计划保证书并未提及此前已代付部分款项用以还款，不符合民间借贷通常习惯；出借人将佐证借贷事实的借据及款项支付凭证等关键证据的原件交还借款人，亦不合常理。《民事诉讼法》第 64 条第 1 款规定："当事人对自己提出的主张，有责任提供证据。"最高人民法院《关于适用〈中华人民共和国民事诉讼法〉的解释》第 108 条第 2 款规定："对一方当事人为反驳负有举证证明责任的当事人所主张事实而提供证据，人民法院经审查并结合相关事实，认为待证事实真伪不明的，应当认定该事实不存在。"李某作为原告提起本案诉讼，其对借贷事实发生，负有相应举证责任。李某主张其已出借款项 1500 万元，蔡某对此予以认可，而张某否认借贷事实发生，并指出李某、蔡某陈述及证据存在上述诸多疑点。在此情形下，李某负有进一步举证责任，其应提交补强证据以佐证借贷事实发生。本案证据显示李某确实通过郭某向蔡某账户转账款项约 1500 万元，但现有证据尚不足以证明该转账款项系属李某向蔡某实际出借的借款。李某未能提供充分证据支持其主张，导致待认定款项实际出借事实真伪不明。依上述司法解释规定，则应认定该借款事实不存在。李某作为原告提起诉讼，其就借贷事实所提交证据未能形成足够证据优势，应承担相应法律后果，法院不予支持其在本案中依借款合同关系而提出的诉请。至于蔡某个人对案涉借款认可，因其与李某之间对此并无争议，其可自行向李某清偿，本案对此不予处理。判决驳回李某诉请。

③2014 年**江苏某债务纠纷案**，2012 年，朱某先后共出借 12.8 万元给李某，李某出具借条、欠条。2014 年，朱某诉请李某偿还，并以该债务系李某与郭某未离婚前发生，要求郭某连带清偿。郭某举证证明涉案债务形成时，其和李某处于分居状态，且工作稳定，无重大家庭开支。法院认为：《婚姻法》第 41 条明确规定，离婚时，原为夫妻共同生活所负的债务，应当共同偿还。由此可见，为共同生活是夫妻共同

债务实质。实践中,确认婚姻关系存续期间债务为夫妻个人债务抑或共同债务,一般从夫妻有无共同举债合意、夫妻有无分享债务带来的利益等方面进行判断。依最高人民法院《关于适用〈中华人民共和国婚姻法〉若干问题的解释(二)》(已于2021年1月1日起废止)第24条规定,夫妻关系存续期间所举债务,原则上应当按夫妻共同债务处理,债务性质的证明责任由夫妻一方承担。该规定更多的是从夫妻日常家事代理权角度出发,为维护交易安全所作利益衡量。但任何权利的保护均有法律限度。如简单、机械地将夫妻关系存续期间形成的债务一概认定为共同债务,不仅对非举债夫妻一方利益严重失衡,亦不符合《婚姻法》规定的关于夫妻共同债务的主旨。为平等保护债权人和非举债夫妻一方合法权益,实现利益衡平,当非举债夫妻一方举证证明该债务为非法债务、非用于家庭共同生活等情形时,法院应以事实为依据、以法律为准绳,实事求是地排除非举债夫妻一方连带清偿责任。具体到本案而言,非举债夫妻一方郭某举证证明,涉案债务形成时,其和李某处于分居状态,后又因感情破裂而协议离婚。其间,家庭生活无重大收入和支出,郭某和李某作为国家工作人员,均有稳定收入来源,其正常工资收入足以满足日常生活所需,李某为夫妻共同生活举债缺乏必要性,涉案债务显然不符合夫妻共同债务的实质要件。涉案借条、欠条均为李某个人签名,无郭某本人签名,出借人朱某亦未提供证据证实李某和郭某两人有共同举债的意思表示。从风险控制、防范角度而言,在民间借贷关系中,处于优势地位的出借人完全有能力在出借款项时要求举债方通知配偶或征得非举债夫妻一方同意。出借人朱某和借款人李某非近亲属或亲友关系,在经济交往中,出借人为保障出借资金安全,更应尽到谨慎审查义务,但朱某未采取上述力所能及的防范措施。另从李某同案外人经济纠纷来看,其涉及债务达百万之巨,而朱某同李某债务即为其中一笔。在日常家庭生活无重大经营、支出情况下,根据日常生活经验法则,李某所举债务显然超出了家事代理权合理范畴。从民事法律活动应遵循公平、诚实信用原则考量,本案债务亦不宜认定为夫妻共同债务,由非举债夫妻一方承担连带偿还责任。判决李某偿还朱某欠款本息。

④2014年**山东某民间借贷纠纷案**,2014年,经贸公司称朱某于2012年在两个月内向其借款230万元(打入朱某指定的刘某账户,其中利息7万元,事先扣除)为由,起诉朱某及配偶徐某,要求连带清偿。法院认为:最高人民法院《关于适用〈中华人民共和国民事诉讼法〉的解释》第323条规定,二审法院如果发现在上诉请求以外原判确有违反法律禁止性规定的,也应予以纠正。本案徐某上诉中虽未提出,但依《合同法》相关规定,利息预先在本金中扣除的,应按实际借款数额返还借款并计算利息,故本案应认定借款金额为223万元而非230万元。最高人民法院《关于适用〈中华人民共和国婚姻法〉若干问题的解释(二)》(已于2021年1月1日起废止)第24条规定,婚姻关系存续期间夫或妻以一方名义所负之债务应按夫妻共同

债务处理,但《婚姻法》规定,为夫妻共同生活所负之债务为夫妻共同债务,应当共同偿还。司法解释法律位阶低于法律,故是否夫妻共同债务不应仅以婚姻关系存续为依据,还应考察款项是否为共同生活所负。依最高人民法院《关于适用〈中华人民共和国婚姻法〉若干问题的解释(一)》(已于2021年1月1日起废止)相关规定,夫或妻因日常生活需要而处理夫妻共同财产的,任何一方均有权决定,故对婚姻关系存续期间,因日常生活或共同生产所负之合理债务,即使是一方举债亦应为夫妻共同债务。但,对超出夫妻日常事务代理权的事项,夫妻双方应平等协商,取得一致意见。他人有理由相信其为夫妻双方共同意思表示的,另一方不得以不同意或不知道为由对抗善意第三人,对自己的"有理由相信"第三人应负举证责任。本案中,所涉两笔借款223万元发生在两个月之内,此借贷数额已超出一个家庭正常生活需要水平,徐某与朱某已初步完成涉案款项未用于家庭生活的举证责任,经贸公司对涉案借款徐某与朱某具有借款合意或涉案借款已用于二人家庭共同生活应负举证责任。本案现有证据显示涉案款项已悉数汇入案外人刘某账户,并未有其他证据证明款项已用于徐某与朱某家庭共同生活,故涉案借款不宜认定为夫妻共同债务。判决朱某偿还经贸公司借款223万元。

⑤2013年**上海某民间借贷纠纷案**,2010年,何某向法院起诉项某要求离婚。其间,赵某起诉项某,称2007年,项某向其借款20万元,约定年利率5%,并提供了由项某签字的借条。项某对该债务认可,并称系夫妻共同债务。法院追加何某为共同被告。法院依职权调查结果显示:项某借款时,其银行存款充足;项某银行交易纪录显示提前归还房贷当天,有10万元存款从其名下银行账户支出。法院认为:根据民事诉讼证据规则,在合同纠纷案件中,主张合同关系成立并生效的一方当事人对合同订立和生效事实承担举证责任。出借人仅提供借据佐证借贷关系的,应深入调查辅助性事实以判断借贷合意真实性,如举债必要性、款项用途合理性等。出借人无法提供证据证明借款交付事实的,应综合考虑出借人经济状况、资金来源、交付方式、在场见证人等因素判断当事人陈述的可信度。对大额借款仅有借据而无任何交付凭证、当事人陈述有重大疑点或矛盾之处的,应依据证据规则认定"出借人"未完成举证义务。本案中,基于两被告目前婚姻状况及利益冲突,项某对系争借款认可,显然不能当然地产生两被告自认债务法律效果,且项某称其用借款10万元提前归还房贷,但经法院依职权调查,项某银行交易纪录却显示当天有10万元存款从其名下银行账户支出,与其归还的银行贷款在时间、金额上具有对应性。此外,项某银行账户同期存款充足,其购房银行贷款亦享有利率7折优惠,再以5%年利率向他人借款用以冲抵该银行贷款,缺乏必要性和合理性。同时,赵某自述其名下有多套房产,且从事经营活动,故其具有相应现金出借能力,但其亦表示向项某出借20万元时,其本人因购房而负担巨额银行贷款。在法院给予的合

理举证期限内,赵某并未提供相应证据证明其资产状况和现金出借能力,并明确表示放弃继续举证权利,而其提供的现有证据并未能证明涉案借款交付事实及其本人资金出借能力,其陈述的借款过程亦不符合常理,故应承担举证不能法律后果,判决驳回赵某诉请。

⑥2012 年**湖南某民间借贷纠纷案**,2008 年,梁某以借款炒股、投资为由,向同事蔡某借款共 34 万元,并以个人名义向蔡某出具借条。其后,梁某与唐某离婚,协议明确梁某因赌博和股票交易所负 49 万元债务由梁某负责偿还(不含本案诉争借款)。在唐某要求下,梁某还书面出具了无其他债务保证,但未提出有欠蔡某借款。2011 年,蔡某诉请梁某、唐某连带偿还前述 34 万元借款。法院认为:"为夫妻共同利益"应系夫妻共同债务成立法理基础和前提属性,故适用最高人民法院《关于适用〈中华人民共和国婚姻法〉若干问题的解释(二)》(已于 2021 年 1 月 1 日起废止)第 24 条亦应以不违反该前提属性为前提,即只有债权人就婚姻关系存续期间夫妻一方以个人名义为夫妻共同利益所负债务主张权利的,且无两种例外情形时,才能按夫妻共同债务处理。从风险防范的角度考量,此类争议中具体实施借贷民事法律行为当事人是出借人和夫妻一方中的举债人,夫妻另一方在借款行为发生时根本不知情,亦无从介入、无从控制、无法防范此类风险。认定"为夫妻共同利益",包括借款实际上用于夫妻共同利益,亦包括债权人有理由相信夫妻一方举债系"为夫妻共同利益"两种情形。前一种情形,如有证据证明则该借款事实上被用于为夫妻共同利益,则应属共同债务;后一种情形,"有理由相信"来自最高人民法院《关于适用〈中华人民共和国婚姻法〉若干问题的解释(一)》(已于 2021 年 1 月 1 日起废止)第 17 条规定,其认定标准亦可依该规定:如系小额借款,依该条第 1 项规定的夫妻日常家事代理权,出借人无须举证即可径行认定"有理由相信";如系超出日常家事需要的大额借款,债权人即负有举证责任,证明其为"有理由相信"。本案中,梁某向蔡某借款事前未与唐某商量,事后亦未告知,梁某与唐某无共同举债合意。梁某未提供证据证明借款用于夫妻共同家庭生活,且梁某在诉讼中自认借款是炒股和打牌所用。综上,根据夫妻一方未经对方同意擅自筹资进行经营活动,而所得利益又未用于家庭共同生活的,该债务应视为个人债务之原则,本案诉争借款应认定为梁某个人债务。判决梁某偿还蔡某借款 34 万元及利息。

⑦2009 年**山东某民间借贷纠纷案**,2005 年,滕某与庞某离婚。2008 年,庞某以 2001 年做生意向姜某借款而重新出具 65 万元欠条。姜某据此诉请滕某、庞某连带偿还。法院认为:庞某与姜某虽均承认案涉 65 万元系双方 2001 年做生意时产生,但姜某所提供欠条系 2008 年庞某个人所写,该债务应为庞某个人债务,姜某要求庞某变更欠条行为应视为双方 2008 年重新设立的债权债务关系。而滕某与庞某已于 2005 年离婚,故该笔债务应系庞某个人债务,应由庞某个人偿还。庞某提出

2008 年其未借过姜某钱，请求驳回姜某诉请，但因其未申请再审，故依最高人民法院《关于适用〈中华人民共和国民事诉讼法〉审判监督程序若干问题的解释》第 33 条“人民法院应当在具体的再审请求范围内或在抗诉支持当事人请求的范围内审理再审案件”规定，庞某辩解意见不属于检察院抗诉支持范围。判决庞某偿还姜某 65 万元及利息。

⑧2007 年**福建某财产权属纠纷案**，1988 年，黄某与李某夫妻关系存续期间，向张某购房。1992 年，黄某将该房屋翻建。1995 年，黄某取得该房产权证。2004 年，黄某、李某夫妻关系不和期间，黄某兄起诉黄某、李某，以案涉房屋系委托代购代建为由要求确权。诉讼中，黄某对黄某兄所陈述及举证信函、照片、录音资料予以认可。法院认为：诉争房屋原始购房合同、翻建房屋申请报告、工程协议书、房屋租赁合同书、房产契证均登记为黄某名字，上述书证体现了诉争房从购买、翻建到使用均系黄某所为，黄某并以自己名义办理了房屋产权登记手续，依法取得诉争房屋产权，因该房屋系黄某与李某在夫妻关系存续期间购置和翻建，故诉争房应认定为黄某与李某夫妻共同财产。黄某兄提供的照片、信函均系诉争房购买多年后黄某与黄某兄兄弟内部书信往来，不能以此证明诉争房屋购买时原始客观情况。黄某兄所提供录音资料，因谈话背景和目的不明，李某认为存在剪接和翻录迹象，录音资料涉及本案诉争房屋产权归属问题的重要内容李某表示异议，且录音资料本身亦无法证明李某明确承认诉争房系黄某兄委托黄某代为购买和翻建事实。虽然黄某对黄某兄所提供一系列证据表示认可，但因其与黄某兄、李某之间存在利害关系，其所作陈述将直接影响黄某兄、李某利益。由于诉争房产属于黄某和李某夫妻共同财产，本案中客观存在李某与黄某婚姻不和要求离婚情节，故黄某个人不能以现在的口头陈述推翻诉争房屋原始书证和其原来已实施行为。现仅凭黄某陈述不足以认定黄某兄所提供上述证据真实性、客观性和有效性。综上，黄某兄在本案中所提供一系列证据均不能证明诉争房屋系其委托黄某代购代建事实，上述证据证明力不足以对抗诉争房屋原始产权记载，故判决驳回黄某兄诉请。

【典型类案实务要点】

1.**【夫妻一方以个人名义举债，不应认定夫妻共同债务】**非举债夫妻一方举证证明配偶所负债务与夫妻共同生活无任何关联、且债权人对此属于明知或应知的，非为夫妻共同债务。

2.**【一方借款，显超家庭日常所需，推定为非共同债务】**夫妻一方在婚姻关系存续期间以个人名义所借显超家庭日常生活所需债务，债权人应就其系夫妻共同债务性质举证。

3.**【无法证明借贷真实发生的，不能认定夫妻共同债务】**民间借贷双方对借贷事实发生无争议、借款人配偶有异议时,经查证无法证明借贷真实发生的,应驳回出借人诉请。

4.**【一方举债显超家事代理权合理范畴的,非共同债务】**根据日常生活经验法则,夫妻一方所举债务显然超出家事代理权合理范畴的,该债务不宜认定为夫妻共同债务,非举债夫妻一方不承担连带偿还责任。

5.**【夫妻一方大额借款,出借人应就其系共同债务举证】**夫妻关系存续期间一方对外举债,明显超出夫妻日常生活或共同生产所需款项,第三人不能证明其“有理由相信”为夫妻共同意思表示的,不应认定为夫妻共同债务。

6.**【夫妻一方单方自认借款,应对债务真实性严格审查】**夫妻一方具有和第三人恶意串通、通过虚假诉讼虚构婚内债务嫌疑的,该夫妻一方单方自认债务,并不必然免除“出借人”对借贷关系成立并生效的事实应承担的举证责任。

7.**【夫妻一方离婚后对外出具欠条,应认定为个人债务】**夫妻一方在离婚后向第三人出具欠条,但不能证明该债务系在夫妻关系存续期间发生的,应认定为个人债务性质。

8.**【共同被告之一自认事实,不当然成为法院确认事实】**共同被告之一诉讼中自认的案件事实,对其他被告不利益且其他被告不予认可的,法院不宜直接确认该自认事实。

【类案裁判一般规则】

判断夫妻一方在婚姻关系存续期间负债是否超出“家庭日常生活需要”,可结合负债金额大小、家庭富裕程度、夫妻关系是否安宁、当地经济水平及交易习惯、借贷双方的熟识程度、借款名义、资金流向等因素综合予以认定;判断经营活动是否属于夫妻共同生产经营,应根据经营活动的性质以及夫妻双方在其中的地位作用等综合认定。

【典型参考案例索引】

主旨案例:江苏扬州中院(2016)苏10民终1505号“任某与林某等债务纠纷案”,见《任华林诉林某等夫妻共同债务认定纠纷案》,载《江苏省高级人民法院公报》(201605/47:45)。**其他案例:**①河南淅川法院(2018)豫1326民初1104号“陈金科、陈秀涛与徐银栓、程金凤、李瑞强、程士凤民间借贷纠纷案”,见《夫妻一方所借债务是否共同债务的举证责任》(王建军、万尊和、吴笑珑),载《人民司法·案例》(201832:29)。②广东高院(2015)粤高法民四终字第163号“李某与蔡某等民间借贷纠纷案”,见《李少华与蔡毅、张琛民间借贷纠纷案——处于离婚状态下的夫妻一方对外借贷行为如何认定》(贺伟),载《人民法院案例选》(201610/104:102);

另见《债务人涉离婚背景的民间借贷案件的处理》(贺伟),载《人民司法·案例》(201708:32)。③江苏盐城中院(2014)盐民终字第02439号"朱某与郭某等债务纠纷案",见《朱文祥诉郭兆秋、李萍偿还夫妻共同债务纠纷案》,载《江苏省高级人民法院公报》(201501/37:46)。④山东淄博中院(2014)淄民一终字第729号"某经贸公司与朱某等民间借贷纠纷案",见《山东昊玺经贸有限公司诉朱俊强、徐萍民间借贷纠纷案——借贷类案件中是否构成夫妻共同债务的认定》(荣明潇、刘海红),载《人民法院案例选》(201704/110:167)。⑤上海长宁区法院2013年4月19日判决"赵某与项某等民间借贷纠纷案",见《赵俊诉项会敏、何雪琴民间借贷纠纷案》,载《最高人民法院公报·案例》(201412/218:28)。⑥湖南长沙中院(2012)长中民再重终字第0321号"蔡某与梁某等民间借贷纠纷案",见《夫妻共同债务应以"为夫妻共同利益"为前提——湖南长沙中院判决蔡竹清诉梁立红等民间借贷纠纷案》(刘海涛),载《人民法院报·案例指导》(20130704:06)。⑦山东临沂兰山区法院(2009)民再初字第13号"姜某与庞某等民间借贷纠纷案",见《姜兆立诉庞磊等民间借贷案》(刘子瑜),载《中国审判案例要览》(2012民:406)。⑧福建厦门中院"黄得恩、颜珊珊与李惠妮、黄得智财产权属纠纷案",见《当事人在诉讼上自认效力的审查》(林巧玲,福建厦门中院),载《民事审判指导与参考·地方法院案件评析》(200703/31:255)。

48. 夫妻债务与内部约定

——外债如何偿,约定有无效?

【内部约定】

【案情简介及争议焦点】

2008年,杜某与肖某协议离婚,约定所欠陈某债务由杜某承担。肖某发短信通知陈某,陈某未明确表示反对。2013年,陈某以2006年杜某欠250万元、肖某欠350万元为由诉请连带偿还。陈某仅能提供其给肖某汇款350万元的凭证。

争议焦点:1. 本案债务是否转移?2. 肖某应否承担偿还责任?

【裁判要点】

1. 债务转移。根据本案证据,可确认陈某与杜某之间债权债务关系系基于杜某与肖某离婚时对夫妻共同债务协议而产生,即离婚前由肖某向陈某所借款项,在离婚后转由杜某承担。

2. 个人债务。虽然陈某提供的证据足以证明其与杜某之间存在合法有效的债权债务关系,但陈某仍应就借款细节及具体债权数额承担举证责任。陈某已就其中转账给肖某350万元提供了银行转账凭证为证,故对这部分债权,法院予以支持,但对其余的250万元债权,陈某称该笔大额资金以现金方式一次性支付,但又未索要借据或其他权利凭证,不符合常理及交易习惯,故该笔债权证据不足。判决杜某归还陈某欠款本金350万元及相应利息。

【裁判依据或参考】

1. 法律及司法解释规定。《**民法典**》(2021年1月1日)第146条:"行为人与相对人以虚假的意思表示实施的民事法律行为无效。以虚假的意思表示隐藏的民事法律行为的效力,依照有关法律规定处理。"第154条:"行为人与相对人恶意串通,损害他人合法权益的民事法律行为无效。"最高人民法院《**关于适用〈中华人民共和国民法典〉婚姻家庭编的解释(一)**》(2021年1月1日　法释〔2020〕22号)第35条:"当事人的离婚协议或者人民法院生效判决、裁定、调解书已经对夫妻财产分割问题作出处理的,债权人仍有权就夫妻共同债务向男女双方主张权利。一方就夫妻共同债务承担清偿责任后,主张由另一方按照离婚协议或者人民法院的法律文书承担相应债务的,人民法院应予支持。"第36条:"夫或者妻一方死亡的,生存一方应当对婚姻关系存续期间的夫妻共同债务承担清偿责任。"第37条:"民法典第一千零六十五条第三款所称'相对人知道该约定的',夫妻一方对此负有举证责任。"

2. 地方司法性文件。江苏高院《**执行异议及执行异议之诉案件审理指南(二)**》(2019年2月26日)第27条:"执行依据确定的债务人为夫妻一方,被执行人在案涉房产查封前已经协议离婚,约定被查封房产归另一方所有,被执行人原配偶提起执行异议及异议之诉的,区分下列情形处理:(1)案涉房产已经过户登记到被执行人原配偶名下,被执行人原配偶因此提起案外人执行异议之诉,请求排除执行的,如果离婚财产协议分割行为发生在执行依据诉讼或仲裁之前,或者发生在执行依据所确定的债务形成之前的,应予支持。申请执行人有证据证明被执行人系与案外人虚假离婚放弃财产或无偿转让财产的,可根据《合同法》第五十二条、第七十四条规定另行起诉,请求确认夫妻财产分割协议无效或撤销该协议。(2)案涉房产仍在被执行人名下,尚未过户登记到被执行人原配偶名下,被执行人原配偶以其为权利人为由,提出案外人执行异议及执行异议之诉,请求排除执行的,不予支持。但其提供的证据能够证明其对未办理房屋所有权转移登记没有过错,且离婚财产分割行为早于执行依据所确定的债务形成时间的,应予支持。(3)被执行人未履行离婚协议,原配偶在该房产被查封前已通过诉讼、仲裁且已裁决被执行人为其办理房屋变更登记,查封时尚未办理过户登记手续,原配偶提出案外人执行异议之诉,主张该房归其所有,请求排除执行,如果离婚协议签订于执行依据所确定的债务形成之前的,可以参照《异议复议规定》第二十六条第一款第(一)项规定,判决不得对该房屋执行。"北京高院民一庭**《关于审理婚姻纠纷案件若干疑难问题的参考意见》**(2016 年 8 月 4 日)第 18 条:"【夫妻财产约定对外效力】《婚姻法》第十九条第三款中'第三人知道该约定'应理解为第三人在债权债务关系成立时对已存在的夫妻财产约定知晓。债权债务关系成立之后夫妻间财产制度及债务承担安排的约定、变更,损害债权人利益的,对债权人不生效力。"广东深圳中院**《关于婚姻家庭纠纷案件的裁判指引(2014 修订)》**(2014 年 5 月 21 日)第 40 条:"夫妻离婚协议中约定夫妻共同财产全部或者绝大部分归一方所有,若不分或者明显少分夫妻共同财产的一方在婚姻存续期间存在个人债务,债权人有权向人民法院起诉请求撤销该离婚协议中的财产分割部分;若夫妻双方在婚姻存续期间存在共同债务,债权人有权向人民法院起诉请求夫妻双方连带偿还有关债务。说明:第四十条是通过协议离婚逃避夫妻共同债务问题的裁判指引。婚姻法解释二第二十五条规定,当事人的离婚协议或者人民法院的判决书、裁定书、调解书已经对夫妻财产分割问题作出处理的,债权人仍有权就夫妻共同债务向男女双方主张权利。因此,对于共同债务,即使夫妻双方恶意串通将财产约定归属一方,债权人亦可以向夫妻双方主张权利,无需行使撤销权。但若一方所负债务为个人债务,债权人只能通过行使撤销权进行救济。上海高级人民法院关于审理婚姻家庭纠纷若干问题的意见第十条规定亦持该观点。"上海高院**《婚姻家庭纠纷办案要件指南(三)》**(2010 年 6 月 22 日沪高法民一〔2010〕8 号)第 9 条:"夫妻共同债务对外应由夫妻双方共同偿还。共同承担债务后,夫妻之间对债务的分担按照下列原则:(一)有共同财产的,以共同财产清偿;(二)无共同财产,如夫妻双方实行分别财产制的,或共同财产不足清偿债务的,由夫妻双方协议确定各自承担份额,以归各自所有的个人财产承担;(三)协议不成时,由法院根据双方经济状况及照顾女方和直接抚养子女一方的原则进行判决;(四)一方清偿超过所应分担的债务额,有权向另一方追偿。【说明】婚姻法的规定表明夫妻共同债务为法定连带债务,就对外效力而言,债权人对于夫妻一方或双方可同时或先后请求全部或部分给付,非因清偿或者债务免除或者连带之免除,夫妻双方的连带债务不因夫妻离婚而消灭,即使夫或妻一方死亡,生存一方仍应对共同债务承担连带清偿责任。对此,《解释(二)》第二十五条、第二十六条已作出明确规定:(1)对于已届清偿期的共同债务应由共同财产偿还,清偿债务后剩下的共同财产,由双方分割;(2)如共同财产不足清偿共同债务,或财产归各自所有,则由双方协议确定各自承担的共同债务的份额。但债务清偿协议除非经债权人同意并免除其连带责任,仅具有对内效力,而无对外效力。夫妻离婚后,对债权人而言该项债务仍为连带债务;(3)协议不成时,法院应根据双方的经济能力、经济状况及照顾女方和直接抚养子女一方的原则作出判决。但判决确定的仅是双方各自分担的债务额,仅具有对内效力,债权人仍有权向男女双方主张权利;(4)离婚后,一方因清偿超过所应分担的债务额,致另一方免除对债权人的清偿责任,有权向另一方请求偿还其清偿的部分。”江苏高院《**婚姻家庭案件审理指南(2010年)**》(2010年5月18日)第7章:“……夫妻共同债务的举证责任。关于夫妻债务问题,涉及两重法律关系:一是离婚时夫妻债务在夫妻之间如何承担的内部关系,二是债权人向夫妻双方求偿时形成的外部法律关系。(一)内部关系。此种情形经常出现在离婚诉讼中,一方当事人持欠条甚至持已生效的债务纠纷判决书、裁定书或调解书,主张该债务为夫妻共同债务,而另一方当事人则主张该债务系伪造或者为举债一方的个人债务。对此问题的处理应按照诉讼的一般原理,即谁主张谁举证。如果举债方要求对方共同承担债务,必须举证证明该债务是用于家庭共同生活或基于双方合意所借。即便一方持已生效的债务纠纷法律文书作为证据,也只能认定该债务的真实性已得到确认,但对债务的性质仍应举证,以防止举债方与债权人合谋伪造虚假债务。在举债方提供充分证据证明后,对方否认的,同样应提供反驳证据。(二)外部关系。确认夫妻内部债务问题相对容易,当前突出问题在于夫妻债务的外部关系当中。前已所述,《婚姻法解释二》第二十四条规定:‘债权人就婚姻关系存续期间夫妻以个人名义所负债务主张权利的,应当按夫妻共同债务处理。但夫妻一方能够证明债权人与债务人明确约定为个人债务或者能够证明属于《婚姻法》第十九条第三款规定情形的除外。’该条确立了夫妻债务外部法律关系中应以债务形成时间为共同债务的判断依据。即债权人只要证明该债务形成于夫妻关系存续期间,夫妻双方应当共同对外承担偿还责任。夫妻一方否定责任承担的,需从两个方面进行抗辩:债权人与债务人明确约定为个人债务;债权人知道夫妻为约定财产制情形。由此可见,司法解释将债务性质的证明责任归由夫妻一方承担。该解释更多是从维护交易秩序安全的角度所作的利益衡量,对于夫妻债务的认定标准简便易操作。但实务中该条为一些不诚信的人所利用,夫妻一方与债权人串通损害另一方配偶的利益的情形时有发生。配偶一方非举债关系当事者,欲证明债权人与债务人是否明确约定为个人债务几乎不可能,而且我国夫妻约定财产制缺乏公示制度,第三人知道夫妻进行了共同财产的约定或配偶一方证明第三人知道其夫妻财产约定根本无从着手,无从考证。因此,《婚姻法解释二》对债权人利益保护较为有利,但对非举债的夫妻一方的利益保护不利。《婚姻法解释三》(征求意见稿)注意到了实践中的问题,在征求意见的过程中,提出了另一种观点:‘离婚时或离婚后,夫妻一方在婚姻关系存续期间以个人名义所负的债务,举债的夫妻一方或债权人能够证明所负债务基于夫妻合意或者用于家庭共同生活、经营的,应当认定为夫妻共同债务。’由此可见,最高人民法院对夫妻共同债务的认定欲重回《婚姻法解释二》之前的认定标准,以更好保护非举债的夫妻一方的利益。但这一改变事属重大,虽对受害一方有利,但却有违现代民法优先保护交易安全的理念。孰轻孰重,难以取舍。最终出台的《婚姻法解释三》中这一条未见其踪影,足以证明最高人民法院慎重从事。我们认为,在当前形势下,人民法院对夫妻债务外部关系的认定上应以坚持《婚姻法解释二》确立的标准为原则,但同时应结合《婚姻法》的有关规定予以恰当的认定,即当配偶一方举证证明该债务非用于家庭共同生活的,应当排除配偶对债务承担连带之责。当然在这里,配偶应当承担举证责任,法官应根据配偶所举证据进行综合分析认定。目前在司法实践中,应注意以下几个问题:1. 婚姻当事人内部关于对夫妻存续期间所得的财产归各自所有、对所发生的债务由各自承担的约定,对婚姻当事人之间具有约束力,但如果债权人不知道这种约定,则该约定对债权人不产生约束力,债权人可以向夫妻双方主张权利,仍应以夫妻存续期间所得财产承担责任。2. 根据《婚姻法解释二》第二十五条的规定,当事人的离婚协议或者人民法院的判决书、裁定书、调解书已经对夫妻财产分割问题作出处理的,债权人仍有权就夫妻共同债务向男女双方主张权利。双方对共同债务承担连带责任,一方对共同债务承担连带清偿责任后,可以基于离婚协议或者人民法院的法律文书向另一方追偿。3. 根据《婚姻法解释二》第二十六条的规定,夫或妻一方死亡的,生存一方应当对婚姻关系存续期间的共同债务承担连带清偿责任。”上海高院**《关于审理婚姻家庭纠纷若干问题的意见》**(2007 年 3 月 15 日　沪高法民一〔2007〕5 号)第 10 条:“夫妻离婚协议中约定财产归一方所有的,债权人能否以夫妻一方故意逃避债务为由撤销该协议。依据最高人民法院婚姻法司法解释(二)第二十五条规定,即使当事人的离婚协议或者人民法院的判决书、裁定书、调解书已经对夫妻财产分割问题作出处理的,债权人仍有权就夫妻共同债务向男女双方主张,无需行使撤销权。若一方所负债务为个人债务的,债权人有权行使撤销权。”上海高院**《关于下发〈关于在民事审判中实施“中华人民共和国婚姻法”的暂行意见〉的通知》**(2001 年 6 月 7 日　沪高法〔2001〕263 号)第 31 条:“夫妻对婚前财产及婚姻关系存续期间财产的约定,逃避债务的,利害关系人可请求撤销该约定。请求撤销权利自利害关系人知道之日起为一年。”

【参考类案】

①2018 年**四川某执行纠纷案**,2014 年 8 月,刘某与高某登记离婚,离婚协议约定二人名下共有房产归刘某所有。2016 年,杨某因建设工程施工合同纠纷起诉高

某等人,生效判决判令高某等人连带返还杨某工程保证金100万元。2017年,杨某申请执行高某,法院查封了高某与刘某名下前述房产。刘某提出异议。法院认为:依《民事诉讼法》相关规定,审查案外人在执行异议之诉中是否享有足以排除强制执行的民事权利,实质是审查案外人对执行标的所享有权益与申请执行人依据生效法律文书所享有权益何者更优先。由于《物权法》与《婚姻法》对物权保护各有侧重,法院不宜仅因未办理过户手续即排除案外人基于离婚协议约定对执行标的提出的权利主张,而应从立法目的角度,全面考量离婚协议是否存在恶意串通及债权形成时间、债权性质、债权内容、社会伦理等因素,进而确定对未过户房产享有更为优先民事权益的权利主张。本案中,离婚协议约定系双方真实意思表示,其中对财产部分约定合法有效。关于诉争房屋归属,刘某与高某所签离婚协议中已明确约定归刘某所有,刘某作为该房屋约定所有权人,在办理过户登记前享有将房屋所有权变更登记至其自身名下请求权。该请求权满足下列四项条件,即应认定具有排除执行效力:一是时间方面,刘某请求权成立时间早于杨某债权成立时间;二是内容方面,刘某权利指向房屋,主张的是物权变更登记,杨某债权指向金钱,而并未指向特定财产,诉争房屋只作为高某责任财产,成为杨某债权一般担保,在刘某实际占有诉争房屋前提下,其要求变更登记请求权优于杨某金钱债权;三是性质方面,杨某主张的金钱债权系刘某与高某婚姻关系解除后发生,属高某个人债务,在该债权债务发生时,诉争房屋已因刘某与高某离婚协议约定而不再成为高某责任财产;四是伦理方面,诉争房屋系刘某与高某婚姻关系存续期间内合法取得的夫妻共同财产,诉争房屋归刘某所有,既有为刘某提供生活保障功能,亦有对高某损害合法婚姻关系予以惩戒功能,故刘某享有请求权在伦理上具有一定优先性。判决停止对诉争房屋强制执行,诉争房屋归刘某所有。

②2016年**重庆某执行异议纠纷案**,2015年,法院二审判决潘某赔偿胡某38万余元,在向胡某送达判决前5天,胡某与李某协议离婚,约定全部财产归李某,并于当日办理房产过户手续。执行法院依胡某申请,裁定追加李某为被执行人并裁定查封李某名下原属夫妻共同财产的房屋。李某提出异议,执行法院裁定驳回。李某不服,向上级法院申请复议。法院认为:潘某在生效判决未向其送达但已送达其他当事人之前,以协议离婚方式将全部财产转移至李某名下,系恶意规避执行行为,故执行法院裁定追加李某为被执行人,并查封案涉房屋并无不当。考虑到李某提出异议的理由既有追加和查封等执行行为,又包括对潘某所欠债务是否为夫妻共同债务等实体权利的认定,且执行行为与实体权利关系密切,应系对执行标的提出的异议,属于最高人民法院《关于适用〈中华人民共和国民事诉讼法〉的解释》第305条规定的案外人执行异议之诉。异议法院以《民事诉讼法》第225条裁定驳回异议人李某执行异议申请,系适用法律错误。复议法院只能恢复到异议程序中,由

异议法院重新作出裁定,然后由案外人或申请执行人依裁定结果决定是否提起执行异议之诉。故撤销执行裁定,发回异议法院重新审查。

③2016年**天津某借款合同纠纷案**,2010年11月,梁某与刘某办理离婚登记,离婚协议约定两套房屋归女方刘某所有。2011年1月和9月,梁某先后各向李某借款60万元。但离婚后,双方仍共同生活,刘某账户经常有大额现金入账。2014年,李某诉请梁某、刘某共同偿还借款及利息。法院认为:诉争借贷事实发生之前,梁某与刘某已然从法律上结束了婚姻关系,且协议约定包括涉诉房产在内的两套房产归女方所有。但涉诉房产直到2012年12月份才完成过户手续。通过查明事实看,两人离婚后仍共同装修涉诉房产,装修费亦由梁某支付。刘某作为幼儿园老师,一直有与其身份不相匹配的财产收入。通过调取医院证明、证人证言等证据表明,两人离婚后一直以夫妻名义对外共同生活。可见,两人离婚后在经济和生活上均未实际分离,属于典型的"假离婚"。由于两人在离婚后,财产一直未进行实际析分,基于共有人之间有无共同目的以及共同目的的内容、共有财产对共有人达成其共同目的的意义等因素看,刘某与梁某两人在离婚后,实际上仍以夫妻模式共同生活,行使配偶身份带来的一系列权利和义务,故而,两人共同目的应系以家庭为单位共同生活,相互扶持,养育子女,互帮互助,双方具有继续维持家庭关系的目的性,且客观上亦具有了共同生活的稳定性。而两人财产共有现状,亦满足了维持家庭关系共同目的之所需。两人财产事实上存在共同共有关系,即"依一定原因成立共同关系的数人,基于共同关系,而共享一物的所有权制度",理应对债务承担共同还款责任。故刘某亦应对本借款承担共同还款责任,判决梁某、刘某对李某借款本息承担共同偿还责任。

④2013年**广东某民间借贷纠纷案**,2009年,曾某以经营名下茶庄为由,向罗某借款15万余元。2011年,罗某诉请曾某偿债,并以曾某与妻子钟某共同经营茶庄为由要求钟某共同偿还。2012年,曾某与钟某离婚。法院认为:工商登记显示茶庄经营者为曾某,但该茶庄从开业至注销,曾某与钟某系夫妻关系,曾某认为茶庄与其无关,由钟某独自经营,不符合日常生活经验法则,且曾某长期下岗,其自认茶庄系家庭主要收入来源,曾某与钟某借款当时尚未离婚,故罗某有理由相信债务系为家庭共同利益而设立,曾某未能证明债务非为家庭共同利益而设立,应承担举证不利责任。最高人民法院《关于适用〈中华人民共和国婚姻法〉若干问题的解释(二)》(已于2021年1月1日起废止)第24条"债权人就婚姻关系存续期间夫妻一方以个人名义所负债务主张权利的,应当按夫妻共同债务处理。但夫妻一方能够证明债权人与债务人明确约定为个人债务,或者能够证明属于婚姻法第十九条第三款规定情形的除外"规定,案涉债务发生在曾某与钟某婚姻关系存续期间,钟某未能举证证明曾某与罗某约定涉案债务为曾某个人债务,亦未能证明曾某与钟

某存在财产归各自所有约定,且罗某知道其约定,故涉案债务为曾某与钟某夫妻共同债务。涉案债务发生在前,离婚在后,依前述司法解释第25条"当事人的离婚协议或者人民法院的判决书、裁定书、调解书已经对夫妻财产分割问题作出处理的,债权人仍有权就夫妻共同债务向男女双方主张权利"规定,曾某、钟某离婚协议中对夫妻财产分割问题的约定只对双方有效,对外不能对抗债权人,罗某仍有权就涉案夫妻共同债务向曾某、钟某主张权利,判决曾某、钟某偿还罗某借款15万余元及利息。

⑤2011年**某离婚纠纷案**,2008年,陈某起诉王某要求返还"用于扩大店铺规模"的借款,经法院调解,由王某返还陈某20万元。10天后,王某起诉妻子李某要求离婚,并主张前述借款系夫妻共同债务。李某认为,该债务系王某与陈某恶意串通所为。法院认为:调解书同判决书、裁定书一样,一经生效,对法院和当事人均具有约束力,当事人不得就同一事项再行起诉。法院对调解书内容亦应予以尊重,非经再审程序,不得改变对调解书内容的认定。在本案当事人对调解书内容提出异议,法院初步审查后,若认为异议成立可能性很大,应中止诉讼,并告知提出异议的当事人通过审判监督程序解决调解书中恶意串通问题。

【典型类案实务要点】

1.**【离婚时约定一方承担的共同债务,为债务转移性质】**离婚协议约定由一方承担的夫妻共同债务,债权人收到通知后知情而不表示反对的,应视为同意夫妻间债务转移。

2.**【夫妻离婚后,仍共同生活,期间债务,应共同承担】**夫妻离婚后生活交往及经济往来仍较为密切的,一方举债不宜认定仅由该方承担,亦不宜认定由双方连带承担,而应认定为共同之债,由双方共同承担。

3.**【夫妻一方所负债务,离婚后仍系夫妻共同债务情形】**夫妻一方以个人名义所负债务,债权人有理由相信系为家庭共同利益而设立的,债务人离婚协议中对夫妻财产分割问题约定不能对抗债权人。

4.**【就恶意串通侵害其权利调解书,案外人可申请再审】**一方当事人在案件审理过程中,以恶意串通为由,对其作为案外人的已生效调解书提出异议的,法院不能就调解书内容在本案中再行审查,可依据最高人民法院《关于适用〈民事诉讼法〉审判监督程序若干问题的解释》第5条规定,告知提出异议的当事人另行就调解书申请再审。

5.**【离婚协议对未过户房产的约定,或可阻却强制执行】**离婚协议对未过户房产的约定,是否可阻却强制执行,应从债权形成时间、债权性质、债权内容、社会伦理等因素方面综合考量。

6.【**被执行人假离婚转移财产的，应先裁定追加案外人**】被执行人通过假离婚转移财产属恶意串通规避执行行为，执行程序中应先将案外人配偶追加为被执行人，再采取相应执行措施。当案外人异议包括行为异议和标的异议，且行为异议与实体权利紧密相关时，应作标的异议，通过案外人执行异议之诉处理。

【类案裁判一般规则】

夫妻共同债务对外应由夫妻双方共同偿还。夫妻双方的连带债务不因夫妻离婚而消灭。夫妻之间有关债务清偿协议除非经债权人同意并免除其连带责任，仅具有对内效力，而无对外效力。

【典型参考案例索引】

主旨案例：广西南宁青秀区法院(2012)民一初字第1476号"陈某与杜某债务转移合同纠纷案"，见《陈华诉杜文钰、肖国忠债务转移合同纠纷案(夫妻间债务转移的认定)》(骆兴国)，载《中国审判案例要览》(2014民:446)。**其他案例**：①四川高院(2018)川民申3857号"刘春花与杨太华、高理明、蒋志军、李兴贵执行纠纷案"，见《离婚协议对未过户房产的约定可阻却强制执行》(程媛媛)，载《人民司法·案例》(201908:107)。②重庆三中院(2016)渝03执复5号"潘兴会、胡好、胡建与况平素执行异议案"，见《协助规避执行的案外人提出实体权利请求应按标的异议对待》(龚海南)，载《人民司法·案例》(201623:107)。③天津高院(2016)津民申526号"李佳诉李某全等借款合同纠纷再审案"，见《夫妻离婚后仍共同生活期间的债务承担》(徐红红)，载《人民司法·案例》(201717:51)。④广东高院(2013)粤高法审监民提字第90号"罗伟谦与曾焕显、钟告存民间借贷纠纷案"，见《从个案看夫妻共同债务的认定标准》(黎晓燕，广东高院审监一庭)，载《审判监督指导·实务研讨》(201503/53:191)；另见《从罗伟谦诉钟告存、曾焕显民间借贷纠纷案看夫妻共同债务的认定》(黎晓燕，广东高院审监庭)，载《审判监督指导·实务研讨》(201402/48:193)。⑤最高人民法院判决"王某与李某离婚案"，见《已生效调解书的案外人在另案审理过程中以恶意串通为由对调解书内容提出异议的司法应对》(于蒙，最高院民一庭)，载《民事审判指导与参考·指导性案例》(201103/47:136)。

49. 另案生效判决的效力
——判决夫妻债,是否共同还?

【生效判决】

【案情简介及争议焦点】

2002年,单某死亡,父母主张分其遗产时,掌管财产的单某妻称,有一笔债务20万元,系其向徐某借款,并在单某未到庭情况下经法院缺席判决认定为胡某夫妻共同债务且已生效,借条由胡某提交给法庭作为证据。

争议焦点:1. 另案生效判决在本案中的证据效力? 2. 案涉债务如何处理?

【裁判要点】

1. 举证责任。胡某虽主张单某生前遗留有债务,但未能举证证明这些债务真实存在,且属夫妻共同债务。另案生效判决虽确认胡某偿还徐某20万元,亦不足以在本案中证明胡某向徐某借款系夫妻共同债务,该判决为处理夫妻对外债务关系,将胡某对徐某借款认定为单某与胡某夫妻共同债务并无不当,亦符合最高人民法院《关于适用〈中华人民共和国婚姻法〉若干问题问题的解释(二)》第24条规定。前述规定本意是通过扩大对债权担保范围,保障债权人合法利益,维护交易安全和社会诚信,故该规定一般只适用于对夫妻外部债务关系处理,在处理涉及夫妻内部财产关系时,不能简单依该规定,将夫或妻一方对外债务认定为夫妻共同债务,其他法院依据该规定所作夫妻对外债务生效裁判,亦不能当然地作为处理夫妻内部财产纠纷的判决依据,主张夫或妻一方对外债务属夫妻共同债务当事人仍负有证明该项债务确为夫妻共同债务的举证责任。

2. 证据效力。本案中,因单某已死亡,该笔债务是否认定为夫妻共同债务直接影响到其他继承人权益,因胡某提供的借条内容不能证明该笔借款系夫妻共同债务,且该借条不在债权人手中,反被作为债务人的胡某持有,有违常情,故判决认定该笔债务不存在。

【裁判依据或参考】

1. 最高人民法院司法解释及其他司法性文件/解读文章。最高人民法院《关

于办理涉夫妻债务纠纷案件有关工作的通知》(2018 年 2 月 7 日　法明传〔2018〕71 号)第 2 条:“已经终审的案件,甄别时应当严格把握认定事实不清、适用法律错误、结果明显不公的标准。比如,对夫妻一方与债权人恶意串通坑害另一方,另一方在毫不知情的情况下无端背负巨额债务的案件等,应当依法予以纠正。再审案件改判引用法律条文时,尽可能引用婚姻法第十七条、第四十一条等法律。”第 3 条:“对于符合改判条件的终审案件,要加大调解力度,尽可能消化在再审审查阶段或者再审调解阶段。案件必须改判的,也要尽量做好当事人服判息诉工作。”第 4 条:“对于符合上述改判条件的终审案件,也可由执行部门尽量通过执行和解等方式,解决对利益严重受损的配偶一方权益保护问题。”最高人民法院**《关于适用〈中华人民共和国婚姻法〉若干问题的解释(二)的补充规定》**(2017 年 3 月 1 日　法释〔2017〕6 号,2021 年 1 月 1 日起废止):“……在《最高人民法院关于适用〈中华人民共和国婚姻法〉若干问题的解释(二)》第二十四条的基础上增加两款,分别作为该条第二款和第三款:夫妻一方与第三人串通,虚构债务,第三人主张权利的,人民法院不予支持。夫妻一方在从事赌博、吸毒等违法犯罪活动中所负债务,第三人主张权利的,人民法院不予支持。”最高人民法院**《关于依法妥善审理涉及夫妻债务案件有关问题的通知》**(2017 年 2 月 28 日　法〔2017〕48 号)第 7 条:“制裁夫妻一方与第三人串通伪造债务的虚假诉讼。对实施虚假诉讼的当事人、委托诉讼代理人和证人等,要加强罚款、拘留等对妨碍民事诉讼的强制措施的适用。对实施虚假诉讼的委托诉讼代理人,除依法制裁外,还应向司法行政部门、律师协会或者行业协会发出司法建议。对涉嫌虚假诉讼等犯罪的,应依法将犯罪的线索、材料移送侦查机关。”最高人民法院**《关于防范和制裁虚假诉讼的指导意见》**(2016 年 6 月 20 日　法发〔2016〕13 号)第 1 条:“虚假诉讼一般包含以下要素:(1)以规避法律、法规或国家政策谋取非法利益为目的;(2)双方当事人存在恶意串通;(3)虚构事实;(4)借用合法的民事程序;(5)侵害国家利益、社会公共利益或者案外人的合法权益。”第 2 条:“实践中,要特别注意以下情形:(1)当事人为夫妻、朋友等亲近关系或者关联企业等共同利益关系;(2)原告诉请司法保护的标的额与其自身经济状况严重不符;(3)原告起诉所依据的事实和理由明显不符合常理;(4)当事人双方无实质性民事权益争议;(5)案件证据不足,但双方仍然主动迅速达成调解协议,并请求人民法院出具调解书。”第 12 条:“对虚假诉讼参与人,要适度加大罚款、拘留等妨碍民事诉讼强制措施的法律适用力度;虚假诉讼侵害他人民事权益的,虚假诉讼参与人应当承担赔偿责任;虚假诉讼违法行为涉嫌虚假诉讼罪、诈骗罪、合同诈骗罪等刑事犯罪的,民事审判部门应当依法将相关线索和有关案件材料移送侦查机关。”最高人民法院**《关于“撤销婚姻法司法解释(二)第 24 条的建议”的答复》**(2016 年 3 月 17 日):“……有关夫妻共同债务的问题,法学理论界的观点不尽一致,司法实践中也仍然存在不少问题。2014 年,最高人民法院民一庭针对江苏省高级人民法院的请示,作出过函复,基本内容是:在不涉及他人的离婚案件中,由以个人名义举债的配偶一方负责举证证明所借债务用于夫妻共同生活,如证据不足,则其配偶一方不承担偿还责任。在债权人以夫妻一方为被告起诉的债务纠纷案件中,对于案涉债务是否属于夫妻共同债务,应当按照《最高人民法院关于适用〈中华人民共和国婚姻法〉若干问题的解释(二)》第二十四条规定认定。如果举债人的配偶举证证明所借债务并非用于夫妻共同生活,则其不承担偿还责任。需要特别强调的是,夫妻共同债务应当通过审判程序来认定,不能由执行程序认定。如果夫妻共同债务可以通过执行程序来认定,没有参加诉讼的配偶一方就失去了利用一审、二审和审判监督程序维护自己合法权益的机会,这显然是不公平的。夫妻一方举债的情形在现实生活中非常复杂,实践中不仅存在夫妻一方以个人名义在婚姻关系存续期间举债给其配偶造成损害的情况,也存在夫妻合谋以离婚为手段,将共同财产分配给一方,将债务分给另一方,借以达到逃避债务、损害债权人利益目的的情形。最高人民法院将积极配合全国人大和有关部门做好相关问题的立法调研工作。待条件成熟时,我们将就夫妻共同债务问题制定新的司法解释,为更好地保护婚姻案件中各方当事人的合法权益提供依据。同时,在下一阶段工作中,最高人民法院将认真对待并积极吸收采纳社会各界提出的合理建议和意见,深入探索审判实践中加强妇女儿童权益保护的有效途径和方法;通过家事审判改革试点工作的推进,加大对下审判指导力度;通过指导性案例的集中发布,明晰夫妻共同债务认定标准,统一司法裁判尺度;通过加大对虚假诉讼的制裁打击力度,依法保护当事人的合法权益,切实维护好未成年人、妇女和老年人的合法权益。”最高人民法院《**关于适用〈中华人民共和国物权法〉若干问题的解释(一)**》(2016 年 3 月 1 日 法释〔2016〕5 号,已于 2021 年 1 月 1 日起废止)第 7 条:“人民法院、仲裁委员会在分割共有不动产或者动产等案件中作出并依法生效的改变原有物权关系的判决书、裁决书、调解书,以及人民法院在执行程序中作出的拍卖成交裁定书、以物抵债裁定书,应当认定为物权法第二十八条所称导致物权设立、变更、转让或者消灭的人民法院、仲裁委员会的法律文书。”最高人民法院《**关于能否在执行程序中确认夫妻共同债务的答复**》(2012 年 6 月 12 日 〔2012〕执他字第 8 号):“发生法律效力的判决、裁定、调解书和其他应当由人民法院执行的法律文书是人民法院执行的依据,对于是否为夫妻共同债务,我们认为,该问题属于实体问题,在涉案生效判决并未明确的情况下,不应通过执行程序直接确定为夫妻共同债务。”最高人民法院民一庭《**民事审判实务问答(婚姻家庭继承纠纷一般问题)**》(2005 年 4 月)第 1 条:“在民事诉讼中,当事人自愿离婚并对财产分配、债权债务的处理达成调解协议,第三人能否以该协议的生效民事调解书侵犯其合法权益而申请再审? 答:《中华人民共和国民事诉讼法》第一百八十条规定:‘当事人对已经发生法律效力的调解书,提出证据证明调解违反自愿原则或者调解协议的内容违反法律规定的,可以申请再审’。因此,对当事人达成调解协议离婚的案件启动再审程序的法定理由是‘调解违反自愿原则’或‘调解协议的内容违反法律规定’。在离婚纠纷案件中,双方当事人协议离婚,对财产分割和债权债务处理达成了一致意见,在符合离婚自由及《中华人民共和国婚姻法》的有关规定、协议内容也未违反法律、法规和社会公共利益的情况下,据该调解协议制作的民事调解书经双方当事人签收后具有法律效力。而且,离婚纠纷案件的当事人只能是婚姻缔结的双方,不列案外第三人为诉讼当事人。如因案外第三人的异议启动再审程序,违反了民事诉讼的程序规则,且将生效法律文书置于不稳定的状态,违反了既判力原则。第三人认为调解协议侵犯其合法权益申请再审缺乏法律依据,人民法院应予驳回。但是,根据法律规定审判监督程序的目的,依照《最高人民法院关于民事调解书确有错误当事人没有申请再审的案件人民法院可否再审的批复》的规定,对已经发生法律效力的调解书,人民法院如果发现确有错误,而又必须再审的,当事人没有申请再审,人民法院根据民事诉讼法的有关规定精神,可以按照审判监督程序再审。”最高人民法院民一庭**《民事审判实务问答(夫妻共同财产问题)》**(2005 年 4 月)第 10 条:“离婚案件中,对夫妻共同债务分担的判决是否免除了双方的连带清偿责任? 答:夫妻在婚姻关系存续期间所欠的共同债务,应当由双方共同偿还,且通常情况下双方对此负有连带责任。人民法院在审理离婚案件时,为了方便诉讼等原因,在判决离婚时可以就双方的财产分割及债权债务的分担问题一并作出判决。不过应该指出的是,人民法院就双方对共同债务问题所作出的判决,仅是为了解决夫妻双方内部之间的债务分担问题,而不涉及夫妻与债权人之间的关系。对夫妻共同债务分担所作出的判决,不是改变原有的夫妻承担责任的性质,故此类判决并不意味着免除了双方的连带清偿责任。《最高人民法院关于适用〈中华人民共和国婚姻法〉的解释(二)》第二十五条规定:‘当事人的离婚协议或者人民法院的判决书、裁定书、调解书已经对夫妻财产分割问题作出处理的,债权人仍有权就夫妻共同债务向男女双方主张权利。一方就共同债务承担连带清偿责任后,基于离婚协议或者人民法院的法律文书向另一方主张追偿的人民法院应当支持’。所以,一方不得以法院的判决为由来对抗债权人的请求,夫妻双方之间仍然对该笔共同债务负有连带清偿责任,一方在偿还全部债务后,有权依据人民法院判决向原配偶主张自己的合法权利。”最高人民法院**《关于适用〈中华人民共和国婚姻法〉若干问题的解释(二)》**(2004 年 4 月 1 日　法释〔2003〕19 号,已于 2021 年 1 月 1 日起废止)第 25 条:“当事人的离婚协议或者人民法院的判决书、裁定书、调解书已经对夫妻财产分割问题作出处理的,债权人仍有权就夫妻共同债务向男女双方主张权利。一方就共同债务承担连带清偿责任后,基于离婚协议或者人民法院的法律文书向另一方主张追偿的,人民法院应当支持。”江苏高院《**执行异议及执行异议之诉案件审理指南(二)**》(2019 年 2 月 26 日)第 25 条:“执行依据或其他相关生效法律文书确认案涉债务系夫妻共同债务,未参加诉讼的配偶一方以该债务非夫妻共同债务为由提出执行异议的,裁定不予受理;已经受理的,驳回其异议,告知其依法通过审判监督程序救济。”第 26 条:“执行依据确定的债务人为夫妻一方,被执行人已离婚,执行法院不得追加其前配偶为被执行人,但该债务形成于夫妻关系存续期间的,可对原夫妻另一方离婚时分得的财产采取执行措施,原夫妻另一方提出异议的,属于案外人异议,应当依照《民事诉讼法》第二百二十七条规定审查处理。”

2. 地方司法性文件。湖南高院《**关于涉夫妻债务纠纷案件再审审查工作的若干意见(试行)**》(2018 年 6 月 28 日)第 1 条:“全省各级人民法院对涉夫妻债务纠纷的申诉和申请再审案件,应当认真接待,依法处理,耐心做好矛盾化解工作。”第 2 条:“对属于民事申请再审法定期限内的案件,可依据《民事诉讼法》第一百九十九条之规定,依法申请再审。”第 3 条:“对再审申请已被人民法院驳回的案件,当事人仍然不服的,可依据《民事诉讼法》第二百零九条之规定,告知当事人依法到检察机关进行申诉。”第 4 条:“对再审申请被人民法院驳回,当事人不向检察机关申请抗诉,坚持向人民法院提出申诉的案件;或者已经检察机关审查不予抗诉,当事人坚持向人民法院提出申诉的案件;以及已超过再审申请期限且未经过再审复查的案件,依照湖南省高级人民法院、湖南省司法厅、湖南省律师协会联合下发的《关于实行律师代理申诉制度的实施意见(试行)》(湘高法发〔2018〕6 号)的有关规定,引导当事人通过律师代理申诉予以处理。”第 5 条:“全省各级人民法院立案部门应当组成相对固定的审判团队负责审查涉及夫妻债务纠纷的申诉和申请再审案件。对已经终审的案件,应当依法把握认定事实不清、适用法律错误、结果明显不公的标准;对符合再审立案条件的终审案件,要加大调解力度,促进纠纷有效化解。”浙江高院《**关于妥善审理涉夫妻债务纠纷案件的通知**》(2018 年 5 月 23 日　浙高法〔2018〕89 号)第 6 条:“关于《解释》的适用时间与适用范围。《解释》已于 2018 年 1 月 18 日起施行。对《解释》是否有溯及力的问题,最高人民法院于 2018 年 2 月 7 日下发《关于办理涉夫妻债务纠纷案件有关工作的通知》(法明传〔2018〕71 号),明确了正在审理的一、二审案件适用《解释》,对已经终审的案件,符合一定条件的可予以提审改判。结合通知精神及当前审判实际,对已经终审的案件,可按不同情形作以下区分:1. 法院正在处理的申请再审案件。按照通知第二条的规定,严格甄别是否符合‘认定事实不清、适用法律错误、结果明显不公’的改判条件,对符合条件的案件,依法予以纠正,法律适用上,尽可能引用《中华人民共和国婚姻法》第十七条、第四十一条。对债务金额较小、已执行完毕,且对承担责任的夫或妻现有生活影响不大的案件，要注意维护生效裁判的既判力。同时，对符合再审改判条件的案件，尽可能通过调解、执行和解的方式，化解矛盾，引导当事人服判息诉。2. 法院已驳回再审申请的案件。当事人对驳回再审申请的结果不服的，可告知当事人按照民事诉讼法第二百零九条的规定，向检察机关申请抗诉或检察建议。3. 超过再审申请期限的案件。当事人未按民事诉讼法的相关规定，在判决、裁定发生法律效力后法定期限内申请再审，现又通过信访等渠道要求纠错，经审查发现确有错误的，应根据民事诉讼法第一百九十八条的规定，依职权提起再审。为确保审理思路一致，各地法院可以指定同一个庭室自提自审。"天津高院**《关于印发〈关于民事审判工作中加强民生保障的实施意见〉的通知》**(2017 年 12 月 25 日　津高法〔2017〕268 号)第 4 条："……在涉及夫妻共同债务案件中，依法保障未具名举债夫妻一方的诉讼权利与实体权利，坚决制裁夫妻一方与第三人串通伪造债务的虚假诉讼行为……"北京高院民一庭**《关于审理婚姻纠纷案件若干疑难问题的参考意见》**(2016 年 8 月 4 日)第 41 条："【生效判决书所确定债务的认定】离婚诉讼中，夫妻一方出具的确定婚姻关系存续期间一方所欠债务的生效法律文书，并据以主张该债务为夫妻共同债务的。如法律文书主文中对债务属于夫妻共同债务还是个人债务性质有明确认定，依该认定确定；如法律文书主文未对债务性质进行认定，则可根据本文件第三十八条对债务性质进行认定。"四川高院**《关于审理民间借贷纠纷案件若干问题的指导意见》**(2016 年 7 月 27 日)第 25 条："虚假民间借贷诉讼是指当事人为了获取非法利益，采取恶意串通、捏造事实、伪造变造证据、虚构法律关系等方式提起民间借贷诉讼，意图使人民法院作出错误裁判和执行，侵害国家、集体或者第三人利益的行为。人民法院一经查实为虚假民间借贷诉讼，无论当事人是否申请撤诉，均应判决驳回当事人的诉讼请求，对其妨害民事诉讼的行为依法予以制裁。当事人通过调解的方式取得人民法院的民事调解书，在再审中经审理查明民间借贷纠纷为虚假诉讼的，应当撤销民事调解书，判决驳回原审原告的诉求，并对其妨害民事诉讼的行为依法予以制裁。对已经生效的虚假民间借贷诉讼案件的判决、裁定、调解书，如侵害了第三人的利益，则第三人可以依据《最高人民法院关于适用〈中华人民共和国民事诉讼法〉的解释》第二百九十二条第三人撤销之诉的规定提出救济请求。"北京高院民一庭**《关于审理第三人撤销之诉案件适用法律若干问题的研讨纪要》**(2016 年 4 月 19 日)第 7 条："就婚姻案件财产部分提起撤销之诉的处理。第三人认为婚姻案件生效判决、裁定、调解书关于财产部分的处理有错误，侵害其合法权益的，可以就对其不利的财产处理内容提起撤销之诉。"广东深圳中院**《关于婚姻家庭纠纷案件的裁判指引(2014 修订)》**(2014 年 5 月 21 日)第 11 条："人民法院在审理离婚案件过程中，债权人或其他案外人以夫妻共同财产、共同债务等涉及其利益为由申请参加诉讼或一方当事人申请追加第三人参加诉讼的,人民法院不予准许。离婚后财产纠纷案件第三人申请参加诉讼的,根据《民事诉讼法》第五十六条的规定处理。说明:第十一条是对离婚案件是否应当准许第三人参加诉讼的裁判指引。离婚之诉是复合之诉,解除婚姻关系的诉请是前提和基础,财产分割和子女抚养等诉讼请求是从属之诉,《婚姻法解释(二)》第25条关于共同债务不因婚姻关系解除、离婚协议或裁判文书对共同财产分割而免除连带清偿责任的规定表明,离婚之诉对夫妻共同财产和共同债务的处理仅对夫妻双方产生拘束力,属连带责任人之间的内部分担债务的问题;离婚判决对案外人不产生拘束力,对债权人之诉没有既判力,因此我国一直坚持婚姻关系案件的审理不允许第三人参加诉讼的原则,以避免离婚之诉不必要的延误。从既判力角度考虑,我们认为在离婚后财产纠纷案件中第三人同样没有必要参加诉讼,但一些基层法院法官认为离婚后的财产纠纷允许第三人参加诉讼不存在影响离婚之诉的问题且有利于查清事实,可以有独立请求权的第三人参加诉讼,因此本条考虑将离婚后的财产纠纷案件是否准许第三人参加诉讼的决定权交给承办法官,不做硬性规定。”江苏高院**《关于民间借贷纠纷案件审理中若干问题的会议纪要》**(2013年6月13日　审委会会议纪要〔2013〕1号)第6条:“会议还对民间借贷纠纷案件审理中如何防范和制裁虚假诉讼、如何处理违背公序良俗的借贷行为、如何审查诉讼时效、如何处理借贷双方约定的律师费用等问题进行了讨论,一致认为:(一)人民法院在审理民间借贷纠纷案件时,要注意防范虚假诉讼。经审查发现当事人之间存在恶意串通,企图通过诉讼、调解等方式侵害他人合法权益情形的,人民法院应当驳回其诉讼请求,并根据情节轻重予以罚款、拘留;构成犯罪的,依法追究刑事责任……”浙江高院**《关于印发〈关于服务金融改革大局依法妥善审理民间借贷纠纷案件的若干意见〉的通知》**(2013年2月20日　浙高法〔2013〕37号)第7条:“强化对借贷主体的审查,依法打击防范虚假诉讼。要强化对融资性担保公司、咨询公司、投资公司等以个人名义从事民间借贷活动合法性的审查。严格规制公务员参与高利借贷行为,坚决惩处以民间借贷名义,利用公权力聚敛钱财的不法不廉行为。对有职业放贷人参与的民间借贷案件,要严格审查其提供证据的效力,综合款项交付凭证、支付能力、当地交易习惯、当事人陈述的交易经过等判断借贷事实。要切实注意防范、制裁虚假诉讼,对原被告之间不存在实质性诉辩对抗,但涉及第三人利益的案件,不能仅凭原被告自认确定案件事实,仍应严格、谨慎审查借款事实是否实际发生。对夫妻离婚期间出现的以一方名义对外出具的借条、欠条,要严格审查债务的真实性,防止当事人虚构债务,不当分得财产。发现有虚假诉讼嫌疑的,要及时依职权或提请有关部门调查取证,查清案件事实。”江苏高院**《关于在民事审判中防范和查处虚假诉讼若干问题的讨论纪要》**(2012年12月25日　苏高法审委〔2012〕14号)第7条:“审判人员对于多发易发的虚假诉讼类型案件,应当着重审查以下内容:(1)对民间借贷案件,应当着重审查债务产生的时间、地点、原因、用途、支付方式、基础合同以及债权人和债务人的经济状况;(2)对离婚案件中被告下落不明无法送达或者涉及共同财产分割的案件,应当着重审查或者调查被告的实际居住地、联系方式等自然情况、诉讼标的是否存在共有人、当事人的婚姻状况以及是否存在通过诉讼转移夫妻共同财产、逃避夫妻共同债务或增加夫妻一方义务的情形……”广东广州中院**《民事审判若干问题的解答(婚姻家庭部分)》**(2010年4月)第6条:“夫妻共同债务的认定,如果先有第三人与夫妻一方进行的债务诉讼,后有夫妻离婚诉讼,那么离婚诉讼中对于已经确认的债务如何认定?答:第三人与夫妻一方进行的债务诉讼仅是确认债务成立,对于该债务是否属于夫妻共同债务,应该在离婚诉讼中审查。法院只有在主张债务为共同债务的一方作出合理解释并提交相应证据证实的情况下,才确认该债务为夫妻共同债务,否则,该债务仅为其个人债务。”浙江温州中院民四庭**《关于贯彻执行〈婚姻法〉的指导意见》**(2009年5月1日)第22条:“关于夫妻债务问题,依如下规定处理:(一)明确为个人债务的,判决书中予以认定,由个人偿还。(二)双方分居后一方所借债务,未经对方同意,事后又未经对方追认,不是用于偿还以前所借的共同债务,或不是为家庭生活必须支出的,应当认定为个人债务。(三)双方约定债务处理的,按约定。对损害权利人或第三人权益的约定不予认定,建议由权利人另行主张。(四)共同债务由一方负责偿还,在理论上夫妻他方应负连带责任,但离婚案件判决书中对连带责任可不必予以表述。(五)离婚判决书对债务已经在判决书上表述,债权人另行起诉主张的,人民法院应予受理并作出判决。(六)裁判文书或生效裁判已对夫妻债务作出处理的,离婚时不必再重复处理,只需在事实部分载明即可。(七)对于可能存在的虚假债务、疑似债务等情况,一时又难以明确否定的,可表述为:若存在该笔债务,可由权利人另行主张解决。(八)个人债务与共同债务不明的,可不作处理,由债权人另行主张。”辽宁大连中院**《当前民事审判(一庭)中一些具体问题的理解与认识(婚姻家庭部分)》**(2008年12月5日　大中法〔2008〕17号)第7条:“离婚案件中共同债务、共同债权在案件裁判文书中如何表述?裁判主文需要注明债权债务数额,无需注明债权人或债务人。”江西赣州中院**《审理离婚案件财产分割适用法律若干问题解答》**(2008年10月)第19条:“离婚诉讼中,认定夫妻共同债务应注意哪些问题?答:离婚诉讼中,人民法院对夫妻共同债权债务的处理仅对离婚双方当事人具有约束力,不具有对抗第三人的效力。对夫妻共同债务的认定,应区分不同情况处理。双方当事人均认可为共同债务的可以认定。对一方主张为共同债务,另一方否认的,经审查有充分证据证明为共同债务的,可以认定。既无充分证据予以认定,也无充分证据否认的,在离婚诉讼中不作处理。”上海高院**《关于审理婚姻家庭纠纷若干问题的意见》**(2007年3月15日　沪高法民一〔2007〕5

号)第10条:“夫妻离婚协议中约定财产归一方所有的,债权人能否以夫妻一方故意逃避债务为由撤销该协议。依据最高人民法院婚姻法司法解释(二)第二十五条规定,即使当事人的离婚协议或者人民法院的判决书、裁定书、调解书已经对夫妻财产分割问题作出处理的,债权人仍有权就夫妻共同债务向男女双方主张,无需行使撤销权。若一方所负债务为个人债务的,债权人有权行使撤销权。”江苏高院民一庭**《婚姻家庭案件疑难问题法律适用研讨会综述》**(2005年5月)第7条:“关于夫妻共同债务。《解释二》第二十四条规定‘婚姻关系存续期间,夫妻一方以个人名义所负债务,应作为共同债务处理’。根据该条规定,判断夫妻共同债务的标准是看债务是否于婚姻关系存续期间形成。实践中,一些当事人在离婚诉讼时,往往提供亲戚朋友出具的债务‘白条’,要求作为夫妻共同债务由对方共同偿还。甚至有些当事人为准备离婚,事先与虚假的债权人进行债务诉讼,以生效裁判文书已确定的债务为依据,在离婚案件中主张权利。这样的债务如何认定,实践中难以把握。因此,与会代表认为,如何有效防止虚假债务,是目前亟须解决的问题。讨论中,有观点提出,《解释二》第二十四条是从夫妻债务的外部关系而言,从保护债权人合法权益、维护交易安全的角度所作的规定。也就是说,只要是婚姻关系存续期间,一方所欠债务应作为夫妻共同债务处理,债权人有权要求夫妻双方共同偿还。但在夫妻关系内部,如果举债方要求配偶共同偿还债务,必须要举证证明这笔债务是基于双方共同的意思表示对外所借,或者该债务是用于共同生活。如果举债方无法证明,则配偶不应承担还款义务。因此,即使夫妻双方共同对外偿还了债务,夫妻一方在向另一方追偿时,也应当由举债方承担债务的发生系基于双方共同的意思表示,或者债务系用于共同生活的举证责任。多数与会代表倾向于这种观点……”上海高院**《关于执行夫妻个人债务及共同债务案件法律适用若干问题的解答》**(2005年4月20日　沪高法执〔2005〕9号)第10条:“被执行人在执行期间或之前已离婚的,离婚时的离婚协议或生效法律文书在执行中如何适用?答:对于被执行人个人债务案件,其离婚时的协议或生效法律文书可对抗申请执行人。申请执行人认为其中财产分割内容不公平的,执行机构应当告知申请执行人另行提起撤销权诉讼,重新分割共同财产后再行处理。对于被执行人夫妻共同债务案件,离婚时的离婚协议、生效法律文书中涉及财产分割或共同债务承担的内容不能对抗申请执行人。”河南高院民一庭**《关于当前民事审判若干问题的指导意见》**(2003年11月)第72条:“当事人协议离婚的约定或人民法院对离婚案件的判决,关于财产分割的处理仅对夫、妻双方有拘束力;夫妻不得据此对抗其他债权人;对婚姻关系存续期间形成的夫妻共同债务,夫妻双方应对债权人承担连带清偿责任,夫妻离婚时对财产分割、债务分配如何约定和裁判,均不能改变夫妻共同债务双方应连带清偿的责任承担的法定方式。以上各条中的财产分割原则也适用债务的分割。”

【参考类案】

①2015年**河南某虚假诉讼案**,2004年,任某、颜某登记结婚。2009年,任某起诉离婚。颜某称曾向张某举债11万元用于治病,并提交民间借贷生效判决书,一审认定该债务任某、颜某应各承担5.5万元。任某不服法院一审判决,提起上诉。在二审期间,任某向检察院举报,认为颜某所主张借款不真实,请求检察院依法进行监督。经检察院查明,颜某为和任某离婚时增加共同债务、减少本人经济损失而与张某串通虚构债务,骗取法院生效判决。法院认为:检察院对民间借贷纠纷案提请上级检察院抗诉。上级检察院提出抗诉后,法院作出再审判决,撤销原审民事判决,驳回张某诉请,同时作出民事制裁决定书,对颜某、张某各罚款2万元。在民间借贷纠纷案审查过程中,检察机关及时将监督情况及相关证据抄送主审离婚诉讼的二审法院,法院对任某与颜某离婚诉讼依法作出改判,认定颜某在离婚诉讼中有虚构债务行为,依《婚姻法》相关规定,决定对颜某在分割夫妻共同财产时予以少分。

②2015年**上海某民间借贷纠纷案**,2013年5月,唐某与李某因交通事故相识。2014年1月,李某与孙某第3次起诉离婚,唐某为孙某介绍委托代理律师。同年5月,案件撤诉。其间,唐某分三笔向孙某账户转入总共600万元,且均在每笔到账当日由孙某取出。2014年6月,唐某以3笔一月期借款到期且系夫妻共同债务为由,诉请李某、孙某偿还。经鉴定,合同首页填写字迹,末页唐某、李某落款字迹,三者墨迹色泽、笔痕特征存在明显差异,纸张存在明显裁剪痕迹。法院认为:从借贷双方关系来看,唐某与李某因交通事故于2013年5月相识,后续为处理损害赔偿事宜,双方时有接触,但未见深入交往,2014年2月即发生金额600万元的一月期借贷,对于贷款人唐某而言,其为赚取每日万分之六金额30天共计约10万元利息而出借巨额资金,理应持有相当审慎态度,其虽称对借款人李某经济实力进行过考察,但对借款事由陈述却前后不一,显违常理。从涉案借款合同来看,该合同纸张经过裁剪,形式上的疑点及内容上的矛盾之处显而易见,唐某未就此作出合理可信解释。另外,合同首页三处手写内容使用三支不同水笔填写、签名,均与一般缔约习惯相悖。从交付方式来看,系争款项指示交付至第三方孙某账户,并非借款人李某本人账户收款,而当时李某与孙某处于离婚诉讼期间,唐某主张其对此毫不知情,与孙某亦不相熟,故并未察觉孙某银行账户为系争借款指定收款账户有不妥之处。但离婚诉讼中,孙某代理律师却系唐某介绍,亦为唐某本案原审代理人,唐某该节陈述不足为信,其对交付方式未有异议不符合交易安全之一般注意。关于系争资金来源及流转,唐某主张前后矛盾,且据其自述,该资金显受其支配,并无必要分数天筹集,亦无必要前后两天分三次转账至对方账户。而孙某账户三次收款后

分别在十几分钟至两小时内,亦即下一次款项入账前将钱款全部取现,对此,唐某主张每次转账后均电话通知李某,但对于其主张,未能提供证据加以证明。唐某原审中从未提及持有对方收款凭证,二审期间当庭向本院递交收款收条,收条形式上存在明显疑点,李某主张该收条系唐某利用其签署的由唐某提供的保险理赔文本经裁剪变造形成,故本院委托鉴定机构对收条进行鉴定。经鉴定,该收条系利用落款处"签名:"字迹及李某签名,经裁切纸张、添加内容变造形成。唐某主张收条系李某提供,但唐某作为资金提供方在双方关系中显然占据主动,其作为具有丰富社会经验的商人,却先后接受了借款方提供的形式上存有明显疑点的合同及收条,显悖常理,法院不予采信。系争借款为 30 天短期借贷,自借款到期至本案诉讼前历时两个多月时间,唐某未能举证证明其间其存在任何催讨行为,且在此期间,双方仍在不间断地交涉交通事故赔偿事宜,唐某亦未主张还款或主张以还款抵充赔偿款,均与常理相悖。法院保护合法借贷关系,同时,对于恶意串通进行虚假诉讼意图损害他人合法权益行为,依法应予制裁。唐某利用变造的书证虚构债权提起诉讼,具有明显恶意。孙某提供其银行账户用于收款及其于原审中所作陈述亦为唐某提起诉讼所必需之条件,二人显然存在恶意串通。判决驳回唐某全部诉请同时,决定对唐某罚款 10 万元、对孙某罚款 5 万元。

③2010 年**江苏某民间借贷纠纷案**,2010 年,周某持堂弟出具的三张借条共 47 万元诉请堂弟与堂弟媳王某连带还款,堂弟予以认可。王某以债务发生在夫妻分居后、系虚假债务抗辩。经鉴定,三张借条出具不同时间实际上系由同一笔在同一时间书写形成。法院认为:在夫妻关系存续期间,夫或妻对外所负合法真实之债务原则上应以夫妻共同财产清偿。但夫妻一方试图与他人合谋通过虚构债务手段达到增加夫妻共同债务目的,如另一方有相反证据或理由说明该债务不存在,即使债权人与债务人均认可借款事实,法院亦不能因此而认定该债务存在。本案中,周某和堂弟所陈述的出具三张欠条时间与鉴定结论所认定的三张欠条上手写字迹书写形成时间不一致,且鉴定结论亦认定不同时间的欠条系由同一笔在同一时间书写形成,欠条本身缺乏真实性。周某与堂弟系亲属关系,虽然二人陈述借款过程基本相同,但周某对资金来源不能作出合理陈述,其堂弟对资金用途亦无有效证据来佐证,且王某对周某主张的借款予以否认,其理由是:结婚不久便因家庭矛盾分居,周某所主张的三次借款数额已超出夫妻日常生活需要。此外,周某与堂弟行为,使本案失去了诉讼通常应有的对抗特点,表明周某与堂弟本意并不在于解决双方借贷争议,只是意欲通过诉讼,使他们之间所谓的"债务"由王某承担,该行为违反了《民法通则》第 4 条关于民事活动应当遵循诚实信用原则的规定,周某与堂弟应对其不诚信行为承担不利后果。判决驳回周某诉请。

④2005 年**浙江某执行异议纠纷案**,银行申请执行实业公司,并主张对抵押担

保人顾某、李某提供的两套抵押房产享有优先受偿权。顾某以与李某生效离婚判决确认李某承担该担保债务为由，主张其名下担保房产不应被作为执行对象。法院认为：抵押权行使属外部关系，涉及的是夫妻之外第三人利益，不应受离婚判决中有关财产分割及债务处理影响。抵押权属他物权，抵押物物理变动或流转不影响抵押权人行使抵押权，故夫妻内部分割关系不影响生效的抵押权实现。最高人民法院《关于适用〈中华人民共和国担保法〉若干问题的解释》第 71 条第 2 款规定："抵押物分割或部分转让的，抵押权人可以就分割或者转让后的抵押物行使抵押权。"最高人民法院《关于适用〈中华人民共和国婚姻法〉若干问题的解释（二）》（已于 2021 年 1 月 1 日起废止）第 25 条规定："当事人的离婚协议或者人民法院的判决书、裁定书、调解书已经对夫妻财产分割问题作出处理的，债权人仍然有权就夫妻共同债务向男女双方主张权利。一方就共同债务承担连带清偿责任后，基于离婚协议或者人民法院的法律文书向另一方主张追偿的，人民法院应当支持。"据此，银行可就抵押房产优先受偿。

【典型类案实务要点】

1.**【对外债务纠纷判决，不作为夫妻内部债务纠纷依据】**法院对夫妻一方对外债务纠纷的生效裁判，不能当然地作为夫妻内部财产纠纷的判决依据，主张夫或妻一方对外债务属夫妻共同债务的当事人仍负有证明该项债务确为夫妻共同债务的举证责任。

2.**【夫妻一方离婚时虚构共同债务的，应承担相应责任】**夫妻一方为离婚时增加共同债务减少其经济损失而与案外人串通虚构债务，骗取法院生效判决的，构成虚假诉讼。

3.**【虚构夫妻共同债务的民间借贷，法院可予民事制裁】**恶意串通，虚构夫妻共同债务，意图损害他人合法权益的民间借贷，应认定为虚假民事诉讼，法院可予民事制裁。

4.**【夫妻一方虚构债务，另一方有理由说明不存在情形】**夫妻一方试图与他人合谋通过虚构债务手段达到增加夫妻共同债务的目的，如另一方有相反证据或理由说明该债务不存在，即使债权人与债务人均认可借款事实，法院亦不能因此而认定该债务存在。

5.**【抵押权实现，不受夫妻离婚判决财产分割处理影响】**抵押物物理变动或流转，不影响抵押权人行使抵押权，故夫妻离婚时内部分割关系，不影响生效的抵押权的实现。

【类案裁判一般规则】

法院就双方对共同债务问题所作判决，仅系为解决夫妻双方内部之间的债务分担问题,而不涉及夫妻与债权人之间的关系。对夫妻共同债务分担所作判决,并未改变原有夫妻承担责任的性质。一方就共同债务承担连带清偿责任后,可基于离婚协议或法院法律文书向另一方追偿。

【典型参考案例索引】

主旨案例:江苏高院2005年5月15日判决“单某等与胡某等法定继承纠纷案”,见《单洪远、刘春林诉胡秀花、单良、单译贤法定继承纠纷案》,载《最高人民法院公报·案例》(2006:433)。**其他案例:**①河南封丘法院“任某与颜某离婚纠纷案”,见《张某等诉颜某彬民间借贷纠纷虚假诉讼监督系列案》,载《审判监督指导·最高人民检察院公布13起检察机关民事诉讼监督典型案例》(201501/51:171)。②上海一中院(2015)沪一中民一(民)终字第923号“唐某与李某等民间借贷纠纷案”,见《唐海峰诉李伟伦等民间借贷纠纷案——民间借贷虚假诉讼的识别、认定与制裁》(孙春蓉),载《人民法院案例选》(201703/109:158)。③江苏建湖法院(2010)建民初字第1191号“周某与王某等借贷纠纷案”,见《周庆领诉其弟周庆江及分居之弟媳王丽借贷纠纷案》,载《江苏省高级人民法院公报》(201206/24:48)。④见《离婚判决所确定的财产交付请求权与另案抵押权实现中的冲突及其解决》(傅松苗、唐学兵,浙江高院执行局),载《执行工作指导·案例分析》(200504/16:67)。

50. 夫妻债务与执行程序

——是否夫妻债,如何来执行?

【执行程序】

【案情简介及争议焦点】

2014年,仲裁裁决戴某偿付王某125万元及利息。2015年,王某申请执行戴某程序中,申请追加戴某配偶叶某为被执行人。执行法院裁定驳回。王某提起执行异议之诉。

争议焦点:本案王某提起执行异议之诉是否合乎规定?

【裁判要点】

1. 法律规定。《民事诉讼法》第227条规定:“执行过程中,案外人对执行标的提出书面异议的，人民法院应当自收到书面异议之日起十五日内审查，理由成立的，裁定中止对该标的的执行；理由不成立的，裁定驳回。案外人、当事人对裁定不服，认为原判决、裁定错误的，依照审判监督程序办理；与原判决、裁定无关的，可以自裁定送达之日起十五日内向人民法院提起诉讼。”依该规定：第一，该条规定的是执行程序中案外人对执行标的提出异议情形，而非申请执行人申请追加被执行人情形；第二，法院经审查案外人所提异议，认定理由不成立作出裁定驳回案外人执行异议申请后，对驳回裁定不服，可提起诉讼主体是案外人；第三，申请执行人可提起诉讼裁定应系法院所作中止执行裁定。因只有在案外人对执行标的提出异议，法院作出中止执行裁定，阻却了执行程序时，申请执行人才有提起执行异议之诉，请求继续执行必要。最高人民法院《关于适用〈中华人民共和国民事诉讼法〉的解释》第306条第1款进一步明确了申请执行人提起执行异议之诉条件，即：“申请执行人提起执行异议之诉，除符合民事诉讼法第一百一十九条规定外，还应当具备下列条件：（一）依案外人执行异议申请，人民法院裁定中止执行；（二）有明确的对执行标的继续执行的诉讼请求，且诉讼请求与原判决、裁定无关；（三）自执行异议裁定送达之日起十五日内提起。”该规定是对《民事诉讼法》第227条的进一步解释。依该规定，申请执行人提起执行异议之诉前提条件是，案外人提起了阻却对执行标的的执行异议申请，且法院已作出中止执行裁定。即言，案外人提出执行异议，执行法院经审查认定案外人执行异议成立，且已作出中止执行裁定，是申请执行人提起执行异议之诉的前置程序。

2. 驳回起诉。本案中，王某并非基于案外人提出执行异议申请，执行法院作出中止执行裁定，其不服该裁定所提执行异议之诉，而是对执行法院作出的驳回追加申请裁定不服提起的诉讼。因此，王某提起本案诉讼不符合上述法律规定的申请执行人提起执行异议之诉条件。裁定驳回王某起诉。

【裁判依据或参考】

1. 法律规定。*《民事诉讼法(2017修正)》*（2017年7月1日）第225条：“当事人、利害关系人认为执行行为违反法律规定的，可以向负责执行的人民法院提出书面异议。当事人、利害关系人提出书面异议的，人民法院应当自收到书面异议之日起十五日内审查，理由成立的，裁定撤销或者改正；理由不成立的，裁定驳回。当事人、利害关系人对裁定不服的，可以自裁定送达之日起十日内向上一级人民法院申请复议。”第227条：“执行过程中，案外人对执行标的提出书面异议的，人民法院应当自收到书面异议之日起十五日内审查，理由成立的，裁定中止对该标的的执行；理由不成立的，裁定驳回。案外人、当事人对裁定不服，认为原判决、裁定错误的，依照审判监督程序办理；与原判决、裁定无关的，可以自裁定送达之日起十五日内向人民法院提起诉讼。”

2. 最高人民法院司法解释及其他司法性文件/解读文章。最高人民法院民一庭《**民事审判实务问答(婚姻家庭继承纠纷一般问题)**》(2005年4月)第2条:“在执行阶段,如债务人即被执行人已通过离婚协议或法院的离婚判决对夫妻共同财产进行了分割,人民法院可否直接追加被执行人的原配偶为被执行人并执行其财产?答:上述情形是在执行阶段,应如何认定以一方名义所欠的债务的性质,是属于夫妻共同债务还是个人债务?对于夫妻中以一方名义对外负债应当如何认定其性质的问题,《最高人民法院关于适用〈中华人民共和国婚姻法〉的解释(二)》第二十三条、第二十四条以债务的形成时所处的时间阶段为切入点,分成结婚前所欠债务和婚姻关系存续期间所欠债务两种情形进行规定:第一,关于个人婚前债务。对一方婚前已经形成的债务,原则上认定为夫妻一方的个人债务;债权人能够证明所欠债务用于婚后共同生活的,应当认定为共同债务,由夫妻双方共同偿还;上述两种情况的证明责任由主张权利的债权人承担。第二,关于婚姻关系存续期间以一方名义所欠的债务,原则上应当认定为夫妻共同债务,应该由夫妻共同偿还。但是,如果夫妻一方能够证明该债务确为另一方个人债务,那么欠债的婚姻关系当事人可以对抗债权人的请求。属于个人债务的情形主要有两种:一种是债权人与债务人明确约定该项债务属于个人债务,另一种是属于婚姻法第十九条三项规定的情况,即‘夫妻对婚姻关系存续期间所得的财产约定归各自所有的,夫或妻一方对外所负的债务,第三人知道该约定的,以夫或妻一方所有的财产清偿’。根据上述规定的精神,当事人的离婚协议或者法院的离婚判决对财产分割的处理只对夫妻双方有约束力,但不能对抗其他债权人。如该债权形成于结婚前或离婚后,则不能追加被执行人的原配偶为被执行人并执行其财产。有的学者认为,在执行阶段直接追加被执行人原配偶,实际上等于在执行阶段对债务的性质作出了认定,这超出了民事诉讼执行程序的权限,且剥夺了该被执行人原配偶的诉讼权利。但这只是理论探讨,在法律没有对该问题作出明确规定之前,为有效便捷实现当事人的合法权益,仍应视情况作出是否追加的决定。”

3. 地方司法性文件。山东高院《**执行疑难法律问题解答(二)**》(2020年7月29日)第12条:“生效法律文书载明的债务人为被执行人个人,能否执行被执行人与其配偶共有的财产?答:生效法律文书载明的债务人为被执行人个人,对于被执行人与其配偶共有的财产,原则上,应当先行实物分割后执行。对于不能实物分割或分割会导致财产价值明显减损的财产,也可以整体处置。整体处置前,被执行人的配偶愿意支付被执行人应有份额部分对应的价款,申请排除执行,申请执行人和被执行人对此予以书面认可的,法院可以准许。整体处置时,鼓励配偶积极参与竞买,竞买成交后,仅需支付被执行人应有份额部分对应的价款即可。”江苏高院《**执**

行异议及执行异议之诉案件审理指南(二)》(2019年2月26日)第3条:"审查案外人执行异议之诉中主张的民事权益是否具有实体法上的依据,并根据下列情形予以认定:(1)案外人主张所有权的,应当依照《物权法》及其司法解释的相关规定予以审理认定;(2)涉及夫妻关系存续期间财产权属的,应当依照《婚姻法》及其司法解释相关规定予以认定;(3)涉及股权以及股东权益认定的,应当依照《公司法》及其司法解释的相关规定予以认定;(4)涉及债权、合同效力、租赁权以及建设工程价款优先受偿权等问题的,应当依照《民法总则》《合同法》及其相关司法解释等规定予以审理认定;(5)涉及抵押权、质权以及留置权的,应当依照《物权法》《担保法》及其司法解释等相关规定予以审理认定。"第21条:"案外人基于执行标的共有权人身份提出执行异议,请求排除执行的,根据下列情形予以处理:(1)执行标的为共同共有且不可分割的,当事人对共有权及其份额无异议的,应裁定驳回其异议,并依照《民事诉讼法》第二百二十五条规定交代救济权利;(2)执行标的为按份共有且可分割,且当事人对共有权及其份额无异议的,应支持案外人的异议请求,并依照《民事诉讼法》第二百二十五条规定交代救济权利;(3)执行标的是否为共有财产或者共有份额存在争议的,应依照《民事诉讼法》第二百二十七条规定审查处理,并在执行异议之诉中对案外人享有的份额进行认定,判决不得执行案外人享有的变现份额。"第22条:"执行依据确定的债务人为夫妻一方,执行法院查封、扣押、冻结或处置被执行人在夫妻共有财产中的份额,被执行人的配偶对财产份额提出异议的,适用《民事诉讼法》第二百二十七条进行审查。被执行人的配偶请求排除执行的,不予支持。"第23条:"执行依据确定的债务人为夫妻一方,夫妻另一方对被执行人个人名下的财产主张权利,或者对登记在其名下的财产是否系共同财产或其份额提出案外人异议的,依照《民事诉讼法》第二百二十七条的规定审查处理,并在执行异议之诉中对案外人享有的份额进行认定,判决不得执行被执行人配偶享有的变现份额。"第24条:"执行依据确定的债务人为夫妻一方,执行法院对婚前登记在被执行人名下房屋予以查封,被执行人配偶作为案外人以双方约定该婚前财产归夫妻共有为由提出执行异议,请求排除执行的,依据《婚姻法》第十九条第二款的规定,不予支持。"第26条:"执行依据确定的债务人为夫妻一方,被执行人已离婚,执行法院不得追加其前配偶为被执行人,但该债务形成于夫妻关系存续期间的,可对原夫妻另一方离婚时分得的财产采取执行措施,原夫妻另一方提出异议的,属于案外人异议,应当依照《民事诉讼法》第二百二十七条规定审查处理。"北京高院《**北京市法院执行局局长座谈会(第九次会议)纪要**》(2018年12月25日)第5条:"对被执行人配偶单独占有的一般动产、登记在被执行人配偶名下的不动产、特定动产及其他财产权,以及非以占有或登记作为权利外观但依据法律、司法解释的规定属于被执行人配偶的财产权利,系被执行人与其配偶在夫妻关系存续期间取得,申请执行人以该财产系夫妻共同财产为由,书面申请查封、扣押、冻结该财产的,人民法院可以查封、扣押、冻结。”吉林高院**《关于审理执行异议之诉案件若干疑难问题的解答(二)》**(2018 年 12 月 24 日)第 5 条:“金钱债权执行中,被执行人的配偶一方就案涉特殊动产提起执行异议之诉请求排除执行的,人民法院该如何处理?答:金钱债权执行中,人民法院对登记在被执行人名下的特殊动产实施执行,如果被执行人的配偶一方仅以案涉特殊动产为夫妻共同财产为由请求排除执行的,人民法院不予支持;如果配偶一方以案涉特殊动产为其个人财产为由请求排除执行的,有证据证明案涉特殊动产确系配偶一方的个人财产而作为执行依据的原生效裁判未认定案涉债务为夫妻共同债务的,人民法院可以支持。”江苏高院**《关于执行疑难问题的解答》**(2018 年 8 月 22 日)第 4 条:“对于被执行人与案外人(含配偶)共有的财产以及未成年子女名下财产,如何执行?生效法律文书仅载明被执行人个人为债务人,对于下列财产,执行法院可以执行。(一)被执行人配偶名下的存款、股权(股份)、金融理财产品等,婚后登记在被执行人配偶单方名下的房产、车辆以及婚后登记在被执行人和其配偶双方名下的房产、车辆等财产;(二)登记在被执行人及其他人名下的共有财产以及登记在案外人名下但案外人承认属于被执行人财产或同意作为被执行人财产接受强制执行的财产;(三)对于被执行人未成年子女名下与其收入明显不相称的较大数额存款,登记在被执行人未成年子女单方名下的房产、车辆或者登记在被执行人和其未成年子女名下的房产等,执行法院可以执行。对于共有财产,应当先行实物分割后执行,但不能实物分割或分割会导致财产价值明显减损的,执行法院可以整体处置。对于处置后变价款的执行,以被执行人在共有财产中所占份额为限。被执行人在共有财产中所占份额,以登记公示为准;没有登记公示的,按照出资额确定;不能确定出资额的,视为等额享有。但对于被执行人配偶单方名下以及被执行人与其配偶双方名下的夫妻共同财产,原则上以 1/2 份额为限执行。在人民法院整体处置前,共有人愿意支付被执行人应有份额部分对应的价款申请排除执行,债权人和债务人对此予以认可的,人民法院可以准许。处置时鼓励共有人积极参与竞买,共有人竞买成交后仅需支付被执行人应有份额部分对应的价款即可。共有人及未成年人子女基于实体权利提出异议的,适用民事诉讼法第 227 条审查处理。”江苏高院、省住建厅**《印发〈关于建立住房公积金执行联动机制的指导意见〉的通知》**(2018 年 8 月 17 日)第 2 条:“执行住房公积金的条件。(一)职工个人缴存的住房公积金和职工所在单位为职工缴存的住房公积金,属于职工个人所有。婚姻关系存续期间缴存的住房公积金,属于夫妻共同财产。人民法院根据财产保全和执行的需要有权查询、冻结和扣划,各住房公积金管理部门应当予以协助。(二)人民法院应主动查询被执行人住房公积金状况。(三)《条例》第五条规定‘住房公积金应当用于职工购买、建造、翻建、大修自住住房,任何单位和个人不得挪作他用’……(四)对有下列情形之一的,不得对被执行人的住房公积金进行执行:1. 已办理住房公积金贷款并仍在还款期间的借款人和共同借款人,或为他人购买住房提供质押担保以及作为共同担保人的;2. 在执行法院查封之前,被执行人的住房公积金账户已被住房公积金管理中心或其他人民法院冻结的,但执行法院已经取得处置权的除外;3. 非自然人申请冻结或扣划被执行人住房公积金的。”江苏高院**《关于印发〈关于执行疑难问题的解答〉的通知》**(2018 年 6 月 12 日　苏高法〔2018〕86 号)第 4 条:“对于被执行人与案外人(含配偶)共有的财产以及未成年子女名下财产,如何执行?生效法律文书仅载明被执行人个人为债务人,对于下列财产,执行法院可以执行。(一)被执行人配偶名下的存款、股权(股份)、金融理财产品等,婚后登记在被执行人配偶单方名下的房产、车辆以及婚后登记在被执行人和其配偶双方名下的房产、车辆等财产;(二)登记在被执行人及其他人名下的共有财产以及登记在案外人名下但案外人承认属于被执行人财产或同意作为被执行人财产接受强制执行的财产;(三)对于被执行未成年子女名下与其收入明显不相称的较大数额存款,登记在被执行人未成年子女单方名下的房产、车辆或者登记在被执行人和其未成年子女名下的房产登记,执行法院可以执行。对于共有财产,应当先行实物分割后执行,但不能实物分割会导致财产价值明显减损的,执行法院可以整体处置。对于处置后变价款的执行,以被执行人在共有财产中所占份额为限。被执行人在共有财产中所占份额,以登记公示为准;没有登记公示的,按照出资额确定;不能确定出资额的,视为等额享有。但对于被执行人配偶单方名下以及被执行人与其配偶双方名下的夫妻共同财产,原则上以 1/2 份额为限执行。在人民法院整体处置前,共有人愿意支付被执行人应有份额部分对应的价款申请排除执行,债权人和债务人对此予以认可的,人民法院可以准许。处置时鼓励共有人积极参与竞买,共有人竞买成交后仅需支付被执行人应有份额部分对应的价款即可。共有人及未成年人子女基于实体权利提出异议的,适用民事诉讼法第 227 条审查处理。”江苏高院**《执行异议及执行异议之诉案件审理指南(一)》**(2017 年 12 月 28 日)第 5 条:“《变更追加规定》施行前发生的变更、追加当事人的遗留案件,根据下列情形处理:(1)执行法院已经裁定变更或追加被申请人为被执行人,并在执行裁定中告知当事人提起执行异议之诉,在其提起诉讼后又以执行异议裁定告知救济途径错误为由裁定不予受理或驳回起诉,相关当事人不服原裁定,执行程序尚未终结的,应通过执行监督程序撤销原裁定,重新作出裁定,告知当事人申请执行复议;执行程序已经终结的,应通过执行监督程序予以审查处理。(2)执行法院已经裁定变更或追加未参加诉讼的被执行人配偶一方为被执行人,并在执行裁定中告知其提起执行异议之诉,但在该配偶一方提起诉讼后又以执行异议裁定错误告知救济途径为由裁定不予受理或驳回起诉,该配偶不服原裁定的,如该配偶名下财产已经执行完毕,应通过执行监督程序进行审查处理;如该配偶名下争议的财产尚未执行完毕的,通过执行监督程序撤销原裁定,告知该配偶按照民事诉讼法第二百二十七条规定,就执行其名下财产的行为提起案外人异议。”吉林高院**《关于审理执行异议之诉案件若干疑难问题的解答》**(2017年11月13日)第27条:“金钱债权执行中,人民法院能否对共同共有的不动产进行分割?共有不动产被分割后,不负有给付义务的共有人提起执行异议之诉,人民法院该如何处理?金钱债权执行中,如果共有人一方对作为执行标的物的不动产提出分割,执行法院可以对该不动产进行分割,其他共有人不得拒绝分割。该不动产被分割后,执行法院为执行生效裁判而对作为执行标的物的不动产强制执行的,不负有给付义务的共有人对作为执行标的物的权利份额可以主张优先购买,但其直接对作为执行标的物的不动产请求排除执行的,人民法院不予支持。”第28条:“作为执行依据的原生效裁判未确定债务为夫妻共同债务,其确定的债务人仅为夫妻一方,执行法院以该债务为夫妻共同债务而查封共有不动产的,被执行人配偶能否提起执行异议之诉?作为执行依据的生效裁判未判决该债务为夫妻共同债务,其确定的债务人仅为夫妻一方,执行法院以案涉债务系夫妻共同债务而查封夫妻共有不动产的,被执行人的配偶以该债务非夫妻共同债务为由提出异议,异议被驳回后,其可以提起执行异议之诉。”第29条:“作为执行依据的原生效裁判确认债务为夫妻共同债务,配偶一方认为该债务不属于夫妻共同债务的,其能否提起执行异议之诉?作为执行依据的生效裁判确认债务系夫妻共同债务的,配偶一方以该债务非夫妻共同债务为由主张对作为执行标的物的共有不动产排除执行的,其本质上属于对原生效裁判的异议,应当通过审判监督程序主张权利,配偶一方提起执行异议之诉的,人民法院应当不予受理;已经受理的,裁定驳回起诉。”江西高院执行局**《民事执行实务疑难问题解答(一)》**(2017年)第4条:“问:债务发生在夫妻关系存续期间,执行依据确定夫妻一方为债务人,但未明确债务性质,配偶以查封房产系夫妻共同财产为由要求解封,是否应按照执行异议、复议程序处理?该被执行人名下的财产份额依法应当如何执行?答:对2017年3月1日前(即最高法院追加变更规定出台之前)已作出生效判决、只确定夫妻一方为债务人且未明确债务性质的案件,可以在执行程序中审查确定究竟按个人债务还是夫妻共同债务执行,但必须保障债务人配偶的程序权利。最高法院追加变更规定出台之后判决的案件,由于该司法解释明确了将直接追加配偶排除在外,不能直接追加或变更配偶为被执行人,因此一般都应当按代位权诉讼程序处理。对于发生在夫妻关系存续期间的债务,如果债务人的配偶对属夫妻共同债务没有异议,执行机构经审查也不存在应当认定为个人债务的情形,就可以执行夫妻共同财产(包括配偶名下的夫妻共同财产),夫妻共同财产经执行仍不足清偿的,可以执行债务人配偶的个人财产。如果债务人的配偶以该债务并非夫妻共同债务或者对登记在其名下的财产是否系共同财产或财产份额提出异议的，应按照《民事诉讼法》第 227 条的规定办理。异议人或者申请执行人对执行机构审查异议所做出的裁定不服的，案外人或者申请执行人可以依法提起执行异议之诉。该被执行人名下的财产份额可以通过共有人协议分割共有财产，并经债权人认可；共有人提起析产诉讼或者申请执行人代位提起析产诉讼的方式处理。【分析依据】1. 关于程序上的救济途径。2012 年 6 月，最高人民法院执行局给山东高院《关于能否在执行程序中确定夫妻共同债务的答复》（〔2012〕执他字第 8 号）认为，是否为夫妻共同债务的问题属于实体问题，在涉案生效判决并未明确的情况下，不应通过执行程序直接确定为夫妻共同债务。最高人民法院院长信箱《关于撤销'婚姻法司法解释（二）第 24 条的建议'的答复》以及最高人民法院审判委员会专职委员杜万华也持同样的观点，认为应当给予债务人配偶利用一审、二审和审判监督程序维护自己合法权益的机会。但是，最高人民法院〔2014〕执监字第 106 号执行裁定书中认为，对于属于共同债务的事实比较清楚，配偶另一方争议不大的，可以在执行程序中直接推定为夫妻共同债务，并执行夫妻共同财产、配偶（包括已离婚配偶）个人财产。但对于事实比较复杂、配偶另一方争议较大、难以对债务性质作出简单推定的，应通过审判程序审查确定。这类案件中鉴于仅通过执行异议、复议程序进行审查，对异议人的程序权利保障不够充分，故以不通过复议程序对是否属于夫妻共同债务作出最终判断为宜，而应当根据案外人异议的程序，由配偶另一方提起诉讼进行救济。此外，最高人民法院审判委员会专职委员刘贵祥（当时还兼任最高人民法院执行局局长）在 2016 年 1 月 9 日全国法院执行工作经验交流座谈会总结讲话中认为：'执行依据未明确债务为夫妻一方个人债务的，如果债务发生在夫妻关系存续期间，配偶不能证明非夫妻共同债务的，可以推定为夫妻共同债务，并可以直接执行夫妻共同财产、配偶（包括已离婚的原配偶）的个人财产。配偶有异议的，可以根据民事诉讼法第二百二十七条的规定进行救济'。2. 关于夫妻共同财产处置方式及程序。最高法院《民事执行中查封、扣押、冻结财产的规定》第 14 条规定：对被执行人与其他人共有的财产，人民法院可以查封、扣押、冻结，并及时通知共有人。共有人协议分割共有财产，并经债权人认可的，人民法院可以认定有效。查封、扣押、冻结的效力及于协议分割后被执行人享有份额内的财产；对其他共有人享有份额内的财产的查封、扣押、冻结，人民法院应当裁定予以解除。共有人提起析产诉讼或者申请执行人代位提起析产诉讼的，人民法院应当准许。诉讼期间中止对该财产的执行。”江苏高院执行局**《关于统一夫妻共同债务、出资人未依法出资、股权转让、一人公司等四类案件追加当事人及适用程序问题的通知》**（2015 年 12 月 15 日）第 1 条：“对于夫妻共同债务、出资人未依法出资、股权转让、一人公司等四类案件，原则上应严格按照执行依据确定的义务承受人确定被执行人,除法律和司法解释明确规定的情形外,不得在执行程序中追加执行依据确定的义务承受人以外的人为被执行人。申请执行人认为执行依据确定的义务承受人以外的人应当承担责任的,可以另行向人民法院提起诉讼。"第2条:"对于在执行程序中认定为夫妻共同债务的案件,如果符合法律、司法解释等规定的追加条件的,可以作出追加被执行人的配偶为被执行人的裁定,予以追加。被执行人的配偶不服人民法院作出的追加裁定,提出书面异议的,人民法院适用《中华人民共和国民事诉讼法》第二百二十五条的规定,对其异议进行审查。根据案件具体情况,如果直接执行被执行人配偶的财产更为适宜的,可以不追加被执行人的配偶为被执行人,直接执行其财产。被执行人的配偶提出书面异议的,人民法院适用《中华人民共和国民事诉讼法》第二百二十七条的规定审查处理。"江苏苏州中院民四庭《**法官会议讨论纪要**》(2015年9月29日 苏中法民四〔2015〕1号)第8条:"在执行异议之诉中,被执行人债权属其个人债务情况下,配偶一方对执行夫妻共有房屋提出执行异议(执行异议之诉)的相关问题。(一)关于夫妻共同债务认定。会议认为:生效民事判决确定被告清偿债务,执行中一并执行被告与其配偶的夫妻共有房屋,配偶一方提出执行异议,认为债务不属于夫妻共同债务并提出排除执行的,应实体审查债务是否属于夫妻共同债务。根据《中华人民共和国婚姻法》第四十一条、《最高人民法院民一庭关于婚姻关系存续期间夫妻一方以个人名义所负债务性质如何认定的答复》【〔2014〕民一他字第10号】、江苏省高级人民法院审判委员会及民一庭意见,配偶一方能够举证证明债务未用于夫妻共同生活的,无论债权人是否知晓或应当知晓该情况,均应认定该债务为被执行人个人债务。(二)债务经认定为被执行人个人债务、且执行标的物为夫妻共有不宜实物分割房屋,配偶一方对排除标的物执行和法院执行行为同时提出异议情况下,执行异议(执行异议之诉)案件审理范围。会议认为:(1)根据《最高人民法院关于人民法院办理执行异议和复议案件若干问题的规定》第八条第一款规定,由于配偶一方对执行行为提出的异议与实体权利有关,被排除执行异议吸收,故在执行异议(执行异议之诉)案件中应对执行行为正当性一并审理并评判,认定法院在执行过程中,对该房屋整体查封、整体进行拍卖、变卖、折价方式处理的执行行为并无不当。(2)对夫妻之间房屋权利份额,一并予以实质性审理,并根据配偶一方诉讼请求内容在裁判主文或裁判理由部分予以明确。无论配偶一方诉讼请求中是否有明确要求确认被执行房屋份额的诉请内容,在案件裁判主文中均应明确对变现后归属于配偶一方的价款不得执行。"江苏高院《**执行异议之诉案件审理指南**》(2015年7月2日)第27条:"作出执行依据的生效裁判并未判决夫妻一方债务为夫妻共同债务,执行法院以所涉债务系夫妻共同债务为由对夫妻共同财产采取强制执行措施,被执行人的配偶以该债务非夫妻共同债务为由提起执行异议之诉的,如何处理?

作为执行依据的生效裁判确定的债务人为夫妻一方,执行法院以所涉债务系夫妻共同债务而查封、扣押、冻结夫妻共同财产,被执行人的配偶以执行依据确定的债务不属于夫妻共同债务为由提出异议的,是对人民法院采取执行措施的财产主张排除执行的实体权利,在执行异议被驳回后,可以提起执行异议之诉。但如果配偶一方未参加诉讼,生效裁判确认该债务系夫妻共同债务的,配偶一方以该债务非夫妻共同债务提出执行异议被驳回的,因该异议与生效裁判具有直接关联,配偶一方只能对作为执行依据的生效裁判向人民法院申请再审;配偶一方提起执行异议之诉的,人民法院应当不予受理,已经受理的,应当裁定驳回起诉。”广东深圳中院**《关于执行程序中追加、变更被执行人的裁判指引》**(2014 年 8 月 14 日)第 1 条:“执行程序终结前,申请人以下列事由提出追加、变更被执行人申请的,执行法院应当受理:(1)因债务人死亡,申请变更其继承人、受遗赠人、遗嘱执行人、遗产管理人为被执行人的;(2)因债务人被宣告失踪,申请追加或变更其财产代管人为被执行人的……(5)因未成年人侵权引起的民事责任,而执行依据将该未成年人的监护人确定为被执行人,在该未成年人成年后,申请追加其为被执行人的;(6)因执行依据确定的债务依法转移给第三人或由第三人承担的,申请变更该第三人为被执行人的……(11)因债务人个人财产不足清偿债务,申请追加其家庭成员、原配偶为被执行人的。执行依据依审判监督程序裁定中止执行的,申请人提出追加、变更被执行人申请,执行法院不予受理。”广东深圳中院**《关于规范被执行人配偶或原配偶债务承担及政策性住房异议审查的裁判指引(2014 修订)》**(2014 年 8 月 14 日)第 1 条:“人民法院强制执行过程中,应当首先执行登记在被执行人名下的财产。登记在被执行人名下的财产不足清偿债务或无法执行,申请执行人请求执行被执行人夫妻共同财产、追究被执行人配偶或原配偶清偿责任的,人民法院应进行审查,区分情况进行处理。”第 2 条:“执行依据已认定债务性质为被执行人个人债务的,强制执行中不得追加被执行人配偶或原配偶为被执行人。人民法院应按下列方式执行:(1)被执行人与其配偶婚姻关系存续期间,人民法院可以控制被执行人夫妻共同财产中被执行人享有的部分。被执行人配偶不服提出异议的,依据《中华人民共和国民事诉讼法》第二百二十五条的规定处理。(2)被执行人与其原配偶已通过诉讼或协议方式分割原夫妻共同财产,申请执行人认为利益受到侵害的,告知申请执行人另循法律途径解决。(3)被执行人或其配偶以正在诉讼离婚及分割财产为由请求中止执行的,被执行人或其配偶提供担保的,执行机构可以中止对争议财产的执行。申请执行人可申请作为第三人参与诉讼。执行机构应将被执行人涉执行案件情况书面告知审理离婚诉讼的审判庭,审判庭在审理离婚诉讼过程中应充分考虑申请执行人利益的保护。被执行人与其配偶提起离婚及分割财产诉讼的时间在申请执行人就本案债务首次起诉日之后的,执行机构可以不中止对争议财产的执行。”第3条:“人民法院审理案件时,被告为自然人的,可以向原告释明追加该自然人配偶或原配偶为共同被告并相应变更诉讼请求。”第4条:“被执行人配偶或原配偶自愿清偿债务的,不受上述规定的约束。”浙江高院**《关于执行生效法律文书确定夫妻一方为债务人案件的相关问题解答》**(2014年2月26日 浙高法〔2014〕38号)第1条:“执行依据确定夫妻一方为债务人的案件,应当如何采取执行措施?答:执行依据确定夫妻一方为债务人(指夫妻一方参加诉讼、仲裁或者公证),且未明确债务性质的,可以执行该债务人个人名下的财产或者夫妻共同财产中属于债务人的份额。执行机构根据相关证据经审查判断属于夫妻共同债务的,可以执行夫妻共同财产。夫妻共同财产经执行仍不足清偿的,可以执行夫妻另一方的个人财产。个人财产时指《中华人民共和国婚姻法》及其司法解释明确规定属于夫妻一方个人所有的财产。”第2条:“执行程序中如何把握债务性质的判断标准?答:执行依据对债务性质未予明确的,执行程序中可以根据《中华人民共和国婚姻法》及其司法解释的规定进行判断和审查,即以债务是否发生在夫妻关系存续期间作为判断标准。发生在夫妻关系存续期间的下列债务,执行机构在案外人异议审查时可以认定为个人债务:1. 夫妻一方能够证明债权人与债务人明确约定为个人债务,或者能够证明属于《中华人民共和国婚姻法》第十九条第三款规定情形的;2. 夫妻一方擅自举债资助与其没有赡养、抚养、抚养义务人所产生的债务;3. 夫妻一方因继承或者受赠归其个人所有的财产过程中产生的债务;4. 夫妻一方管理个人财产所产生的债务;5. 夫妻一方擅自对外担保且另一方未因担保行为获益产生的债务;6. 夫妻一方因刑事犯罪被判处的财产刑部分;7. 夫妻一方因赌博、吸毒等违法犯罪行为产生的债务;8. 为支付夫妻间诉讼而产生的诉讼费用所产生的债务;9. 法律、行政法规和司法解释规定的其他个人债务。”第3条:“债务性质经判断为夫妻共同债务的,执行程序应当如何进行?答:执行机构可直接作出裁定查封、扣押、冻结、变价夫妻共同财产或者非被执行人的夫妻另一方名下的财产,而无需裁定追加夫妻另一方为被执行人。执行裁定书主文部分应当写明执行的具体财产。”第4条:“债务性质经判断为个人债务,申请执行人对此有异议,应当如何处理?答:债务性质经判断为夫妻一方个人债务的,执行机构不得对夫妻另一方个人所有的财产采取执行措施,申请执行人对判断为个人债务有异议,执行机构应当告知其另行诉讼解决。申请执行人提起诉讼的,立案部门应当受理,案由为夫妻共同债务确认纠纷。”第5条:“夫妻一方以正在执行的债务不属于共同债务,法院执行夫妻共同财产不当为由而提出异议,应当如何处理?答:夫妻一方以正在执行的债务非共同债务,法院执行夫妻共同财产不当为由而提出异议,系对执行机构采取执行措施的财产概括主张实体权利,该异议可视作案外人异议,按照《中华人民共和国民事诉讼法》第二百二十七条的规定办理。执行机构可按本解答第二条明确的标准进行审查作出裁定。异议人或者执行申请人不服裁定的,可以依法提起案外人或者执行申请人执行异议之诉。"第6条:"案外人执行异议之诉审理期间,执行机构可否对夫妻另一方的财产采取处分性执行措施?答:该夫妻另一方提出案外人执行异议之诉是为了阻却执行程序进行,且执行程序中对债务性质的判断主要是依据表面的证据,可能与审判部门经过实体审理后的作出的判断不一致,故此类案件在案外人执行异议之诉审理期间,一般情况下不宜对相应财产采取处分性措施,执行机构应当根据判决结果再行执行。但申请执行人提供足额有效担保并要求继续执行的,执行机构可采取处分性措施。"第7条:"经判断为夫妻个人债务的案件,需要执行被执行人夫妻共同财产中的份额,或者登记在夫妻另一方名下的共同财产,应当如何执行?夫妻另一方提出异议,如何救济?答:经判断为夫妻个人债务的案件,应当执行属于被执行人所有或者其个人名下的财产。被执行人所有或者其名下的财产不足清偿的,可执行夫妻共同财产中的一半份额。如登记在夫妻另一方名下的财产系夫妻共同财产的,也可执行。执行机构可直接对上述共同财产采取相应的执行措施。夫妻另一方对被执行人个人名下的财产主张权利,或者对登记在其名下的财产是否系共同财产或者财产份额提出异议的,按照《中华人民共和国民事诉讼法》第二百二十七条的规定处理。夫妻另一方就财产份额提出异议,或者对被执行人个人名下的财产主张权利,案外人执行异议之诉审理期间不停止执行。"第8条:"债务性质判断为夫妻共同债务,但被执行人已经离婚,申请执行人要求执行原夫妻另一方离婚时分得的财产或者其个人财产,该如何处理?答:可以裁定执行原夫妻另一方离婚时分得的财产或者其个人财产,而无需追加其为被执行人。原夫妻另一方对执行其财产不服而提出异议,属于案外人异议,应当按照《中华人民共和国民事诉讼法》第二百二十七条规定处理。"广东高院**《关于执行法律适用疑难问题的解答意见》**(2014年2月)第8条:"执行中可否直接追加被执行人的配偶为被执行人?处理意见:执行中经审查可依法裁定追加被执行人的配偶为被执行人,但配偶举证证明涉案债务系被执行人个人债务或属于《婚姻法》第十九条第三款的债务除外。简要理由:《最高人民法院关于适用〈中华人民共和国婚姻法〉若干问题的解释(二)》第二十四条规定:'债权人就婚姻关系存续期间夫妻一方以个人名义所负债务主张权利的,应当按夫妻共同债务处理。但夫妻一方能够证明债权人与债务人明确约定为个人债务,或者能够证明属于《婚姻法》第十九条第三款规定情形的除外。'《婚姻法》第十九条第三款规定:'夫妻对婚姻关系存续期间所得的财产约定归各自所有的,夫或妻一方对外所负的债务,第三人知道该约定的,以夫或妻一方所有的财产清偿。'"北京高院**《关于印发修订后的〈北京市法院执行工作规范〉的通知》**(2014年1月1日)第539条:"【被执行人配偶的追加禁止及其财产的执行】执行依据确定的债务人为夫妻一方的,根据现行法律和司法解释的规定,不得裁定追加被执行人的配偶为被执行人。申请执行人主张执行依据确定的债务为夫妻共同债务,申请追加被执行人的配偶为被执行人的,告知其通过其他程序另行主张。人民法院查封、扣押、冻结被执行人实际占有或登记在其名下的财产,被执行人的配偶以该财产系自己的个人财产或夫妻共同财产为由提出异议的,按照《中华人民共和国民事诉讼法》第二百二十七条规定处理。人民法院查封、扣押、冻结登记在被执行人与其配偶共同名下的财产,被执行人的配偶以该财产不是夫妻共同财产而是自己的个人财产为由提出异议的,按照《中华人民共和国民事诉讼法》第二百二十七条规定处理。被执行人的配偶对夫妻共同名下的财产系夫妻共同财产的性质无争议,仅以人民法院不得查封、扣押、冻结共同财产为由提出异议的,按照《中华人民共和国民事诉讼法》第二百二十五条规定处理。申请执行人以被执行人的配偶实际占有或登记在其名下的财产系夫妻共同财产为由,书面申请查封、扣押、冻结该财产的,人民法院可以查封、扣押、冻结。被执行人的配偶以该财产是自己的个人财产为由提出异议的,按照《中华人民共和国民事诉讼法》第二百二十七条规定处理。对查封、扣押、冻结的夫妻共同财产,按照《最高人民法院关于人民法院民事执行中查封、扣押、冻结财产的规定》第十四条的规定处理。对夫妻共同财产的执行,针对的是夫妻共同财产的整体,可以不对夫妻共同财产中的单个财产逐一进行分割。执行被执行人在夫妻共同财产中的共有部分,不得超过夫妻共同财产价值总额的一半,但被执行人的配偶同意的除外。"第540条:"【被执行人前配偶的追加禁止及其财产执行】申请执行人主张执行依据确定的债务为夫妻存续期间的共同债务,申请追加被执行人的前配偶为被执行人的,不得裁定追加,告知其通过其他程序另行主张。夫妻离婚后,民事判决对财产已经进行分割的,对判决确认给前配偶的财产不得执行;民事调解书确认或双方协议对财产进行分割的,不得对抗法院对被执行人在夫妻共同财产中应享有份额的执行。夫妻离婚后,对财产没有进行分割的,对夫妻关系存续期间夫妻共同名下的财产及被执行人配偶名下的财产,根据申请执行人的书面申请可予以查封、扣押、冻结。查封、扣押、冻结后,执行法院应当及时通知被执行人的前配偶,并告知其可依法提出异议。"江苏高院《**关于执行疑难若干问题的解答**》(2013年12月18日)第5条:"申请执行人申请追加被执行人的配偶为被执行人,什么情形下执行机构应当审查?答:执行依据中对债务性质已明确认定为个人债务的,不应在执行过程中追加被执行人的配偶(以下均包括原配偶)为被执行人。执行依据中没有对债务性质作出明确认定、申请执行人曾经在诉讼过程中撤回对配偶方的起诉、调解书虽列明配偶为当事人,但是未要求其承担实体责任的,执行过程中,申请执行人申请追加被执行人配偶为被执行人的,执行实施机构均应当予以审查,并作出是否追加的裁定。"第6条:"在执行过程中如何认定夫妻共同债务从而裁定追加配偶为被执行人？答：执行依据载明的债务人为夫妻中的一方，对于在夫妻关系存续期间形成的债务，除非符合法律规定的个人债务的条件，一般推定为夫妻共同债务，被追加人主张不是夫妻共同债务的，由其负担举证责任。有证据证明被执行人因赌博、吸毒、犯罪等不法行为所负债务，应当认定为个人债务。与家庭生活有关的担保之债、侵权之债等应当认定为夫妻共同债务。与家庭生活无关的担保之债、侵权之债等一般不应认定为夫妻共同债务。被追加为被执行人的配偶认为债务不属于夫妻共同债务而提出执行异议的，应按照民诉法第二百二十七条进行审查，最终通过异议之诉解决债务性质问题。”第7条：“是否必须先追加配偶为被执行人，然后才能采取执行措施？答：原则上应先追加被执行人的配偶（或原配偶）为被执行人，再执行其名下的财产。但紧急情况下，为了防止其转移财产，可以在追加的同时采取控制性执行措施。”江苏高院**《关于认定和处理规避执行行为若干问题的规定》**（2011年2月25日）第1条：“规避执行行为是指在诉讼程序开始之前一年至执行程序终结之前，有履行能力的被执行人为逃避债务履行，采取故意转移财产或者为法院处分财产设置障碍并对申请执行人造成损害的行为。人民法院应当将下列行为认定为规避执行行为：（一）被执行人将财产无偿、低价或者通过虚假交易方式转移至他人名下的行为；（二）被执行人与案外人串通，虚设债务的行为；（三）被执行人以明显低于市场价格或明显不符交易习惯将房产长期出租的行为；（四）被执行人与关联企业进行不正当关联交易转移财产的行为；（五）被执行人恶意签订夫妻财产协议，将财产转移至配偶一方的行为；（六）被执行人与案外人为规避执行进行的诉讼、仲裁行为；（七）其他规避执行行为。”第2条：“执行程序终结之前，申请执行人有证据证明被执行人和案外人存在规避执行行为时，可以向负责执行的人民法院提出认定该行为无效或撤销该行为的书面申请。申请执行人申请认定被执行人和案外人规避执行行为无效或撤销该行为的案件，由人民法院执行机构负责受理和审查。”第3条：“人民法院在执行过程中发现被执行人和案外人存在规避执行行为时，应及时通知申请执行人，告知其有权提出认定该行为无效或撤销该行为的书面申请。”第5条：“申请执行人提出认定被执行人和案外人规避执行行为无效或撤销该行为的申请时，应当提供材料初步证明下列情形：（一）被执行人存在转移财产的行为；（二）被执行人降低偿债能力，对申请执行人的合法债权构成损害；（三）转移财产行为与损害结果之间存在因果关系。”第6条：“申请执行人提出认定被执行人和案外人规避执行行为无效或撤销该行为的申请时，可以申请对相关财产采取保全措施并提供足额有效的担保。申请执行人提供担保的，人民法院必须及时采取保全措施；不提供担保的，驳回保全申请。被执行人或者案外人提供足额有效担保的，人民法院应当解除财产保全。”第7条：“申请执行人提交认定被执行人和案外人规避执行行为无效或撤销该行为的申请书及证据材料的，人民法院应当进行初步审查,并于收到申请书及有关证据之日起三日内作出受理或不予受理的通知。人民法院决定受理的,应于作出决定之日起三日内将申请执行人请求认定被执行人和案外人规避执行行为无效或撤销该行为的申请书副本送达被执行人、案外人,向被执行人、案外人告知有关权利和义务,并通知双方当事人进行听证。"北京市高、中级法院**《执行局(庭)长座谈会(第二次会议)纪要——关于变更或追加执行当事人若干问题的意见》**(2010年9月17日)第6条:"变更或追加执行当事人相关的几个问题。(一)申请追加被执行人的配偶或前配偶为被执行人的问题。执行依据确定的债务人为夫妻一方的,根据现行法律和司法解释的规定,执行法院不能裁定追加其配偶为被执行人。执行此类案件按下列方式处理:1. 申请执行人主张判决确定的债务为夫妻共同债务,申请追加被执行人的配偶为被执行人的,告知其通过其他程序另行主张。2. 对被执行人名下的财产或者夫妻共同名下的财产,可以查封、扣押、冻结。被执行人的配偶以被执行人名下的财产为夫妻共同财产为由提出异议的,按照民事诉讼法第二百零四条关于案外人异议的规定处理。被执行人的配偶对夫妻共同财产的性质无争议,仅以法院不得查封、扣押、冻结共同财产为由提出异议的,按照《民事诉讼法》第二百零二条关于执行异议的规定处理。3. 申请执行人以被执行人的配偶实际占有或登记在其名下的财产为夫妻共同财产为由,书面申请查封、扣押、冻结该共同财产的,执行法院可以查封、扣押、冻结。被执行人的配偶以该财产为其个人财产为由提出异议的,按照民事诉讼法第二百零四条关于案外人异议的规定处理。夫妻离婚后,民事判决或调解书对财产已经进行分割的,或者双方已经协议对财产进行分割的,不能追加被执行人的前配偶为被执行人,也不能执行前配偶实际占有或登记在其名下的财产。夫妻离婚后,对财产没有进行分割的,对夫妻关系存续期间夫妻共同名下的财产及被执行人配偶名下的财产,根据申请执行人的书面申请可予以查封、扣押、冻结。查封、扣押、冻结后,执行法院应当及时通知被执行人的前配偶,并告知其可依法提出异议。对查封、扣押、冻结的夫妻共同财产,按照《最高人民法院关于人民法院民事执行中查封、扣押、冻结财产的规定》第十四条的规定处理。需要注意的是,对夫妻共同财产的执行,针对的是夫妻共同财产的整体,无需对夫妻共同财产中的单个财产逐一进行分割。可执行的被执行人在夫妻共同财产中的共有部分,不得超过夫妻共同财产价值总额的一半。"上海高院**《关于审理民间借贷合同纠纷案件若干意见》**(2007年1月11日 沪高法民一〔2007〕第18号)第4条:"债权人起诉借款的夫妻一方还款,法院判决支持其诉请,在执行程序中,法院未追加另一方为被执行人,现债权人另行起诉,要求另一方承担连带责任的处理方式上海高原《关于贯彻审执兼顾原则的若干意见》(沪高发〔2007〕135号)第六条对此作了原则规定,具体可以按照以下方式处理:(一)债权人以债务人及其配偶或原配偶为被告提起诉讼的,即使债务人配偶或原配偶一方不是合同当事人，立案部门一般也应准许。（二）审理案件时，对当事人追加债务人配偶为案件当事人的申请，一般应予准许，并对债务是否属于共同债务作出认定、处理。债权人仅以债务人为被告起诉并胜诉后，又诉请债务人配偶或原配偶承担连带责任的，审判部门应对债务是否属于共同债务作出认定、处理。（三）执行中，申请人申请追加债务人配偶或原配偶为被执行人，且该债务形成与债务人婚姻关系存续期间的，执行部门一般应推定为共同债务并裁定追加；对符合《关于执行夫妻个人债务及共同债务案件法律适用若干问题的解答》的规定，难以推定为共同债务的，可引导申请人起诉被执行人配偶或原配偶承担连带责任，立案部门一般应予准许。”北京高院、市建委**《关于规范房产执行和协助执行有关问题的通知》**（2006 年 10 月 1 日　京高法发〔2006〕319 号　京建法〔2006〕880 号）第 11 条：“对被执行人因继承、判决或者强制执行取得，但尚未办理权属登记的房屋的查封，执行法院应当向市或区县建委提交被执行人取得财产所依据的继承证明、生效判决书或者执行裁定书及协助执行通知书，由市或区县建委办理房屋权属登记的核准手续后，办理查封登记。查封自市或区县建委在送达回证上签收之日起生效。”第 12 条：“对市或区县建委已经受理被执行人转让房屋的过户登记申请，尚未核准登记的，人民法院可以进行查封，已核准登记的，不得进行查封。核准登记，以市或区县建委的权属登记部门办理权属登记手续时核准人员最后签署意见的日期为准。”第 13 条：“人民法院对可以分割处分的房屋应当在执行标的额的范围内分割查封，不可分割的房屋可以整体查封。分割查封的，应当在协助执行通知书中明确查封房屋的具体部位；有具体的楼层和房号的，应当注明楼层和房号。”第 14 条：“人民法院对被执行人与其他人共有的房产，可以查封，但应当通知共有人。共有人协议分割共有房产，并经债权人认可的，查封的效力及于协议分割后被执行人享有份额内的房产，对其他共有人的房产应当裁定解除查封。需要析产诉讼的，诉讼期间中止对房产的执行。”上海高院**《关于执行夫妻个人债务及共同债务案件法律适用若干问题的解答》**（2005 年 4 月 20 日　沪高法执〔2005〕9 号）第 1 条：“在涉及夫妻个人债务及共同债务案件的执行中，如何界定财产的执行范围？答：在涉及夫妻个人债务及共同债务案件的执行中，执行机构首先应就债务性质作出判断，再根据债务性质区分确定可予执行的财产范围。对于个人债务的案件，应当执行被执行人的个人财产；对于夫妻共同债务案件，则男女双方均是被执行人，可以执行其夫妻共同财产和各自的个人财产。”第 2 条：“执行机构如何判断债务性质？答：执行中，对所涉债务是个人债务还是夫妻共同债务，执行机构首先应依执行依据中的认定作出判断。执行依据中没有对债务性质作出明确认定，申请执行人未申请追加被执行人配偶（包括原配偶，下同）为被执行人的，按被执行人个人债务处理。执行依据中没有对债务性质作出明确认定，申请执行人主张按被执行人夫妻共同债务处理,并申请追加被执行人配偶为被执行人的,执行机构应当进行听证审查,并根据下列情形分别作出处理:(一)应当认定为被执行人个人债务的,作出不予追加决定;(二)须另行诉讼确定债务性质的,作出不予处理决定;(三)除应当认定为个人债务和执行中不直接判断债务性质的情形外,可以认定为夫妻共同债务,裁定追加被执行人配偶为被执行人。"第3条:"在执行依据中没有对债务性质作出明确的认定时,哪些情形,执行机构应通过听证审查认定为个人债务?答:对于执行依据中未明确认定债务性质,申请执行人又提出追加被执行人配偶为被执行人申请的案件,执行机构在听证审查中应当严格依据法律、司法解释的规定对个人债务性质及范围进行认定。根据《婚姻法》第19条、《婚姻法解释(二)》第24条的规定,我们认为,具备下列情形之一的,执行中应当认定为被执行人个人债务:(一)申请执行人认可该债务为被执行人个人债务的;(二)被执行人或其配偶举证证明该债务形成于被执行人婚姻关系依法解除之后的;(三)被执行人或其配偶举证证明申请执行人知晓被执行人夫妻间约定财产分别所有的;(四)被执行人或其配偶举证证明申请执行人与被执行人明确约定该债务为个人债务的。"第4条:"在执行依据中没有对债务性质作出明确的认定时,哪些情形,执行机构应当告知申请执行人另行诉讼明确债务性质?答:实践中,有些被执行人在婚姻存续期间以个人名义形成的负债,虽然形式上不存在《婚姻法解释(二)》第24条但书内容规定的属于个人债务的情形,但存在一些从法理上或情理上宜作为个人债务处理,或者是执行机构在听证审查中,当事人均未充分举证导致债务性质难以判断的情形。对于这些情况,从平衡保护申请执行人债权实现和被执行人配偶合法权益的角度出发,通过申请执行人另行诉讼解决为妥,而不宜在执行程序中直接作出债务性质的判断。此外,对于被执行人个人名义所负的婚前债务,根据《婚姻法解释(二)》第23条规定,原则上为个人债务,但债权人证明该债务利益用于婚后家庭生活的,按共同债务处理。对此,听证审查中可能存在申请执行人就债务利益是否用于被执行人婚后家庭生活,举证不能或举证不足,这种情形同样不宜在执行程序中作债务性质判断,以另行诉讼的方式解决较妥。综上,我们认为对于具备下列情形之一的案件,申请执行人坚持要求按共同债务处理的,应当告知其另行诉讼明确债务性质:(一)被执行人或其配偶举证证明申请执行人知晓该债务系被执行人基于赌博、吸毒等不合理支出所负担的;(二)被执行人配偶举证证明该债务为申请执行人与被执行人恶意串通形成,可能损害其合法权益的;(三)被执行人或其配偶举证证明该债务形成于被执行人婚姻关系缔结之前,且申请执行人无证据或所举证据不足以证明该债务利益用于被执行人家庭共同生活的;(四)根据该债务的性质应属于被执行人个人债务的;(五)其他执行中难以作出债务性质判断的。"第5条:"执行依据中没有对债务性质作出明确认定的案件,执行机构告知申请执行人另行诉讼后,如何执行？答：对执行依据中没有对债务性质作出明确认定，又属于需申请执行人另行诉讼明确债务性质的案件，执行机构在告知申请执行人另行诉讼后，先按被执行人个人债务案件进行处理。已查封、扣押、冻结的被执行人夫妻共同财产，在申请执行人诉讼明确债务性质期间，暂缓分割和处分。申请执行人另行诉讼，取得被执行人配偶应承担连带清偿责任生效判决后申请执行的，应当与原执行案件并案执行；申请执行人另行诉讼，但生效判决确定被执行人配偶不承担连带清偿责任的，原执行案件按被执行人个人债务案件执行。”第 6 条：“在个人债务案件执行中，执行机构对被执行人的财产应如何采取查封、扣押、冻结等控制性措施？答：个人债务案件，执行机构仅能执行被执行人的个人财产。夫妻一方为被执行人的，实践中可执行的财产可能呈现出三种形态：一是直接由被执行人占有或登记在其名下的财产；二是由被执行人与其配偶共同占有或登记在双方名下的共同财产；三是属于被执行人夫妻共同财产，但被被执行人配偶单独占有或登记在其名下。对此，我们认为应区分处理：对于第一种情形，根据动产依占有、不动产依登记的判断所有权归属的基本原则，可直接视为被执行人的个人财产，采取查封、扣押、冻结等控制性措施。对于第二种情形，其财产权利状况为共同共有，其中包含被执行人应有的份额。根据最高院《关于人民法院民事执行中查封、扣押、冻结财产的规定》第 14 条的规定，可以采取查封、扣押、冻结等控制性措施并通知被执行人配偶。被执行人在共同财产中所享有的份额由申请执行人与被执行人配偶间协商确定，协商不成的，由被执行人配偶提起析产诉讼或申请执行人代位提起析产诉讼确定。财产份额确定后，应对属于被执行人配偶份额部分裁定解除控制性措施。对于第三种情形，虽然被执行人配偶单独占有或登记在其名下的财产应视为其个人财产，但是根据《婚姻法》关于婚姻存续期间所取得的财产为夫妻共同所有的法律原则，在申请执行人提供证据证明该财产是在被执行人婚姻关系存续期间所取得的情况下，执行中可以采取查封、扣押或冻结等控制性措施。但，执行机构已查明该财产为其他生效法律文书确定归被执行人配偶所有的除外。执行机构对被执行人配偶单独占有或登记在其名下的财产采取查封、扣押或冻结等控制性措施的，应当同时通知被执行人配偶并告知其自被告知之日起十五日内可以提出执行异议。被执行人配偶逾期未提异议的，执行机构可依法处分被执行人在该财产中所享有的份额。”第 7 条：“在个人债务案件的执行中，对于直接由被执行人占有或登记在其名下的财产、或由被执行人与其配偶共同占有或登记在双方名下的共同财产所采取的控制性措施，被执行人配偶以该财产实际为其所有为由提出异议的，执行机构如何处理？答：对此，执行机构应当进行异议听证审查，并作出适当的财产权属判断。从合理保护被执行人配偶合法权益出发，我们认为被执行人配偶举证证明下列情形之一的，可认为该财产为其所有，并裁定解除已采取的控制性措施：（一）执行期间被执行人未离婚,申请执行人知晓该财产为被执行人夫妻间约定归被执行人配偶所有;(二)被执行人在执行期间或之前已离婚,该财产依离婚时的离婚协议或生效法律文书确定归被执行人原配偶所有。除上述情形外的,执行机构应驳回其异议。听证审查期间,被执行人配偶另行提起确权诉讼的,应中止听证审查。确权诉讼终结前,暂缓对该财产的处分。”第8条:“在个人债务案件的执行中,被执行人配偶对已被采取控制性措施的直接由被执行人占有或登记在其名下的财产,以实际为共同所有为由提出异议的,执行机构如何处理?答:由于被执行人配偶的异议中隐含了该财产中有部分利益应当归属于被执行人的主张。因此,即便该财产应为共同财产的理由成立,根据共同财产可予查封、扣押、冻结的规定,被执行人配偶的异议尚不足以排除控制性措施的效力。对此,执行机构可以直接告知其于一定期限内另行提起确权诉讼解决。确权诉讼终结前,暂缓对该财产的处分。”第9条:“在个人债务案件的执行中,被执行人配偶对已被采取控制性措施的由其占有或登记在其名下的财产,以实际为其所有为由提出异议的,执行机构如何处理?答:由于对此种形态下的财产采取控制性措施,是基于《婚姻法》的相关原则对动产依占有、不动产依登记的所有权归属推定的一种例外,目的在于防止被执行人减少责任财产、逃避债务。虽然对保护申请执行人合法权益具有一定的作用,但从合理保护被执行人配偶合法权益角度,需要在执行中给予救济。因此,结合《婚姻法》及其司法解释的相关规定,我们认为听证审查中,被执行人配偶提供证据证明下列情形之一的,执行机构应裁定支持其异议:(一)该财产为被执行人配偶于婚姻关系缔结前购买的;(二)该财产虽为婚姻关系存续期间取得,但系以被执行人配偶个人财产购买的;(三)该财产根据申请执行人知晓的被执行人夫妻间财产分别所有的约定,归属为被执行人配偶所有的;(四)该财产为遗嘱或赠与合同中明确排除被执行人所有,并只归被执行人配偶所有的;(五)该财产依被执行人离婚时的协议或生效法律文书确定为其配偶所有的;(六)其他依据法律、司法解释规定可认定该财产为被执行人配偶个人财产的。听证审查过程中,被执行人配偶另行提起确权诉讼的,听证审查程序应当中止。确权诉讼终结前,暂缓对该财产的处分。”河南高院民一庭**《关于当前民事审判若干问题的指导意见》**(2003年11月)第72条:“当事人协议离婚的约定或人民法院对离婚案件的判决,关于财产分割的处理仅对夫、妻双方有拘束力;夫妻不得据此对抗其他债权人;对婚姻关系存续期间形成的夫妻共同债务,夫妻双方应对债权人承担连带清偿责任,夫妻离婚时对财产分割、债务分配如何约定和裁判,均不能改变夫妻共同债务双方应连带清偿的责任承担的法定方式。以上各条中的财产分割原则也适用债务的分割。”

【参考类案】

①2017年**某执行异议之诉案**,2012年,法院判决贾某偿还高某借款。高某据

此申请执行贾某与妻子张某的共有房产。张某提出案外人执行异议,并要求“先析产再执行”。法院认为:最高人民法院《关于人民法院民事执行中查封、扣押、冻结财产的规定》第14条规定,对被执行人与其他人共有的财产,人民法院可以查封、扣押、冻结,并及时通知共有人。共有人协议分割共有财产,并经债权人认可的,人民法院可以认定有效。查封、扣押、冻结的效力及于协议分割后被执行人享有份额内的财产;对其他共有人享有份额内的财产的查封、扣押、冻结,人民法院应当裁定予以解除。共有人提起析产诉讼或者申请执行人代位提起析产诉讼的,人民法院应当准许。诉讼期间中止对该财产的执行。本案中,贾某作为生效判决被执行人,法院查封贾某与张某夫妻共同财产,符合前述规定第1款规定,并无不当。该条第2款规定,共有人可以和债权人协议分割共有财产。本案中,贾某、张某并未与债权人高某协商一致对共有财产进行分割,故法院继续查封贾某、张某夫妻共同财产,并无不当。该条第3款赋予共有人提起析产诉讼或申请执行人代位提起析产诉讼权利,而非提起析产诉讼法定义务,张某认为高某应该积极提起析产诉讼主张,缺乏法律依据。本案亦不符合最高人民法院《关于适用〈中华人民共和国婚姻法〉若干问题的解释(三)》(已于2021年1月1日起废止)第4条“婚姻关系存续期间,夫妻一方请求分割共同财产的,人民法院不予支持”例外情形,故原审法院不支持张某“先析产再执行”诉请,并无不当。最高人民法院《关于人民法院民事执行中查封、扣押、冻结财产的规定》第14条第1款规定执行法院可对被执行人与其他人共有财产进行查封、扣押、冻结,第2款和第3款分别规定了在各方当事人协商一致分割共有财产以及提起析产诉讼情况下的执行方式,在不存在第2款和第3款规定情形时,应适用第1款规定。判决驳回张某诉请,但在对贾某、张某夫妻共有财产进行拍卖时,应在夫妻共有财产范围内对贾某所享有财产份额进行处分,不得损害张某财产份额。

②2016年**辽宁某执行纠纷案**,2010年,生效判决于某赔偿马某交通事故人身损害赔偿款11万余元。2014年4月,于某与宋某调解离婚,此时宋某账户余额22元。2015年,执行法院冻结宋某账户,此时存款余额1万余元。宋某提出案外人异议,被驳回后,宋某起诉,一审判决以交通事故发生在宋某、于某夫妻关系存续期间,应系夫妻共同债务,确认22元为共有、扣除该款后1万余元归宋某所有。法院认为:本案宋某提起案外人执行异议之诉符合相关法律规定。宋某要求确认其名下存款1万余元为其所有并不得执行的诉请,属于案外人执行异议之诉的审理范围,宋某要求赔偿其经济损失超出案外人执行异议之诉审理范围,向宋某释明后作出相应处理。案外人异议之诉审理和裁判范围限于执行标的确权及能否排除法院强制执行,原判决对是否夫妻共同债务进行审理并认定事故造成损失应为夫妻共同债务,该结论事实上认定了宋某应为执行案件被执行人。宋某以案外人身份提

起执行异议之诉,判决结果却事实上认定其为被执行人,显然适用法律错误。二审经调解结案。

③2016年**北京某执行纠纷案**,2016年,法院在执行班某等犯诈骗罪一案过程中,查封了一套房屋。郑某以其2004年从钟某处购买该房、2005年与班某结婚、2011年离婚且约定所有财产归郑某为由提出案外人执行异议。法院认为:最高人民法院《关于刑事裁判涉财产部分执行的若干规定》第14条第1款规定:“执行过程中,当事人、利害关系人认为执行行为违反法律规定,或者案外人对执行标的主张足以阻止执行的实体权利,向执行法院提出书面异议的,执行法院应当依照民事诉讼法第二百二十五条的规定处理。”最高人民法院《关于人民法院民事执行中查封、扣押、冻结财产的规定》第14条第1款规定:“对被执行人与其他人共有的财产,人民法院可以查封、扣押、冻结,并及时通知共有人。”最高人民法院、国土资源部、建设部《关于依法规范人民法院执行和国土资源房地产管理部门协助执行若干问题的通知》第10条规定:“人民法院对可以分割处分的房屋应当在执行标的额的范围内分割查封,不可分割的房屋可以整体查封。”案涉房屋为村委会在集体所有土地上建设的建筑物,没有不动产登记,其权属原记载在钟某名下。郑某与班某登记结婚前,郑某与钟某签订购房合同,并支付大部分房款。婚后,支付小部分购房尾款和过户费用。购房合同约定:协议签字之日郑某向钟某付清购房款项,钟某向郑某交付房屋钥匙并出具购房收款证明,本协议自签字之日起生效,钟某拥有的涉案房屋所有权归郑某所有。现郑某未提交证据证明其于婚前与钟某办理了涉案房屋交接手续并占有使用该房屋,故郑某提交证据不足以证明涉案房屋为其个人所有财产。依相关法律规定,法院有权查封、扣押、冻结、拍卖、变卖被执行人应当履行义务部分的财产。班某系生效刑事裁判的被执行人,郑某与班某协议离婚中对财产分割的约定,不能对抗执行法院对班某在涉案房屋中应享有份额的执行,故执行法院对作为共有财产的涉案房屋予以查封并无不当。裁定对涉案房产继续执行。

④2016年**不及格某执行异议纠纷案**,2010年,王某与赵某协议离婚,约定赵某将按份共有房屋的1%产权无偿赠与王某,王某拥有该房屋全部所有权。2013年,生效判决确认该房屋所有权归王某所有。随后,祁某依公证债权文书申请法院查封赵某名下前述房屋。王某以查封错误为由向该院提出执行异议之诉。法院认为:根据法律规定,夫妻可以约定婚姻关系存续期间所得财产以及婚前财产归各自所有、共同所有或部分各自所有、部分共同所有;约定应采用书面形式;夫妻对婚姻关系存续期间所得财产以及婚前财产约定,对双方具有约束力。依《物权法》规定,不动产物权的设立、变更、转让和消灭,经依法登记,发生效力;未经登记,不发生效力,但法律另有规定的除外。本案中,王某与赵某之间关于涉案房屋归属约定,虽

无须另行经过不动产物权变动登记手续，即在二人之间发生了物权变动效力，但在未办理登记手续情形下，其显然无法对抗善意第三人主张的物权。然祁某申请执行涉案房屋依据系其对赵某享有债权，且王某对涉案房屋实际占有，不存在善意第三人情形，因物权优于债权，故对王某要求解除对涉案房屋查封措施诉请，予以支持。判决解除对案涉房屋查封措施。

⑤2015 年**某执行异议之诉案**，1996 年，钟某与丈夫林某签订离婚协议，约定林某名下房产“归女方及女方所生子女所有，但只准居住，不能转卖”，随后双方办理离婚登记。2013 年，王某依生效判决，申请执行林某，法院据此查封林某名下前述房产，钟某作为案外人提出执行异议。法院认为：现有证据不能证明钟某与林某之间存在恶意串通逃避债务主观故意，钟某与林某解除婚姻关系及有关财产约定意思表示真实。最高人民法院《关于人民法院办理执行异议和复议案件若干问题的规定》是针对执行程序中当事人提出执行异议时如何处理规定。由于执行程序需贯彻已生效判决执行力，故在对执行异议是否成立判断标准上，应坚持较高、外观化判断标准。此一判断标准，要高于执行异议之诉中原告能否排除执行的判断标准。由此，该规定第 25 条至第 28 条应作如下理解，即符合这些规定所列条件的，执行异议能成立；不满足这些规定所列条件的，异议人在执行异议之诉中请求亦未必不成立。是否成立，应根据案件具体情况和异议人所主张权利、申请执行人债权实现效力以及被执行人对执行标的权利作出比较后综合判断，从而确定异议人权利是否能排除执行。本案中，案涉离婚协议约定诉争房产归钟某及其所生子女所有，该约定系就婚姻关系解除时财产分配约定，在诉争房产办理过户登记前，钟某及其所生子女享有的是将诉争房产的所有权变更登记至其名下请求权。该请求权与王某的请求权在债权产生时间、内容、性质以及根源等方面来看，钟某对诉争房产所享有权利应能阻却对本案诉争房产执行，判决停止对案涉房产执行。

⑥2015 年**某执行异议纠纷案**，2012 年，王某依生效判决申请执行林某名下房产。2013 年，林某前妻钟某以其 1996 年与林某所签离婚协议证明诉争房屋归女方及所生子女所有提出执行异议。法院认为：最高人民法院《关于人民法院办理执行异议和复议案件若干问题的规定》系关于执行程序中当事人提出执行异议时如何处理的规定。由于执行程序需贯彻已生效判决执行力，故在对执行异议是否成立判断标准上，应坚持较高的、外观化标准。此一标准，要高于执行异议之诉中原告能否排除执行的判断标准，故前述司法解释第 25 条至 28 条规定应作如下理解，即符合这些规定所列条件的，执行异议成立；不满足这些规定所列条件的，异议人在执行异议之诉中请求亦未必不成立。是否成立，应根据案件具体情况，对异议人所主张权利、申请执行人债权实现效力及被执行人针对执行标的权利作出比较并综合判断，从而确定异议人权利是否能排除执行。本案中，钟某与林某于 1996 年签

订离婚协议,约定诉争房产归钟某及其所生子女所有,该约定系就婚姻关系解除时财产分配约定,在诉争房产过户登记前,钟某及其所生子女享有将诉争房产所有权变更登记至其名下请求权。该请求权与王某金钱债权请求权在产生时间、内容、性质及根源等方面,能阻却对本案诉争房产执行,故判决支持钟某异议。

⑦2014 年**上海某执行异议纠纷案**,2012 年,吕某申请执行刘某,法院查封了刘某名下及刘某与前妻付某名下两套房产。付某以 2007 年双方协议离婚时约定两套房产归其所有为由提出执行异议。法院认为:诉争房屋系付某与第三人夫妻关系存续期间所购买,依《婚姻法》相关规定,该房屋应属付某与第三人夫妻共同财产。《物权法》第 9 条明确规定,"不动产物权的设立、变更、转让和消灭,经依法登记,发生法律效力;未经登记,不发生法律效力。"双方在离婚协议中约定上述房屋产权均归付某所有,此系第三人对自己在系争房屋产权中所拥有份额的处分,该处分行为未经产权变更登记并不直接发生物权变动的法律效果,亦不具有对抗第三人的法律效力。因系争房屋产权未发生变更登记,第三人刘某仍为系争房屋登记产权人,其在系争房屋中的产权份额尚未变动至付某名下,故在刘某对外尚存未履行债务情况下,吕某作为第三人刘某债权人,要求对刘某名下财产予以查封并申请强制执行,符合法律规定。判决驳回付某诉请。

⑧2012 年**某国家赔偿纠纷案**,2007 年,刑事提审判决认定马某、张某夫妻二人转贷性质不构成高利转贷罪,改判宣告无罪。2008 年,就马某、张某在 1999 年以开发公司名义存入银行,后被公安机关罚没的 3200 万余元,马某提交了声明及开发公司证明,将款项领走。随后,张某与马某离婚。2009 年,张某以错判罚金、没收财产为由,申请国家赔偿。法院认为:涉案款项系马某、张某以开发公司名义存款,刑事判决未对马某、张某对该财产各自享有份额予以区分。马某、张某以开发公司名义存款以及该款被司法机关冻结、扣划、没收并予保管,均发生在二人夫妻关系存续期间,且无论是刑事判决认定,还是在涉案款项被冻结、扣划以及事后在刑罚执行过程中,均未实际区分二人对涉案款项各自享有的份额,故上述款项应认定为夫妻共有财产。法院根据以上情形,未通知张某本人到场即将该款全部发还马某,该环节虽有不妥,但并不影响马某、张某对涉案款项作为夫妻共有财产予以处分的实体权益,亦不发生张某所称对其个人财产予以实体处分或未予发还的法律后果,且对夫妻共有财产如何处分所涉事宜,不属刑事案件、国家赔偿案件审查范围。张某如认为其对该款项享有权利,可另循法律途径解决,故决定对张某不予赔偿。

⑨2012 年**某执行异议纠纷案**,1997 年,罗某与陈某结婚。2010 年,双方离婚。信用社以 2005 年陈某通过借贷还贷方式将其妹名下贷款 10 万元转至自己名下、法院将陈某作为被执行人、该债务系陈某夫妻关系存续期间共同债务为由,申请追加罗某为被执行人。法院认为:依法律规定:离婚时,原为夫妻共同生活所负的债

务，应当共同偿还。据此，若债权人主张共同债务，需证明债务人夫妻是否合意举债或该笔债务是否用于夫妻共同生活或生产。最高人民法院《关于适用〈中华人民共和国婚姻法〉若干问题的解释（二）》（已于2021年1月1日起废止）第24条规定，债权人就婚姻关系存续期间夫妻一方以个人名义所负债务主张权利的，应当按夫妻共同债务处理。此规定通过夫妻共同债务的推定，将举证责任转移至债务人夫妻。根据举证责任规则和立法本意，适用这一规定前提条件应是当事人双方均无法证明该笔债务是否用于债务人夫妻共同生活或生产。如债权人能证明该债务用于债务人夫妻共同生活或生产，或债务人能证明该债务并未用于夫妻共同生活或生产，直接适用《婚姻法》第41条即可作出裁判。如此时还机械地坚持适用最高人民法院《关于适用〈中华人民共和国婚姻法〉若干问题的解释（二）》（已于2021年1月1日起废止）第24条规定，那么债务人不但要证明该笔债务未用于夫妻共同生活或生产，还要证明夫妻双方无举债合意，显失公平，明显违背立法本意。司法实践中，对夫妻共同债务的推定应仅限于推定该债务已用于夫妻共同生活或生产，而不应同时再推定夫妻双方具有举债合意，否则，法律天平将会从债务人一方又偏向债权人一方。本案现有证据已证明该笔贷款并未用于债务人陈某夫妻关系存续期间家庭共同生活消费或生产经营，故不应适用最高人民法院《关于适用〈中华人民共和国婚姻法〉若干问题的解释（二）》（已于2021年1月1日起废止）第24条，而应直接适用《婚姻法》第41条。本案申请执行人未能证明异议人罗某与被执行人陈某具有举债合意，故应认定本案债务为陈某个人债务，而非夫妻共同债务。裁定撤销追加罗某为本案被执行人裁定。

【典型类案实务要点】

1.**【申请追加配偶为被执行人，非经执行之异诉讼解决】**对民事执行中变更、追加当事人配偶问题，申请执行人救济途径不应为提起案外人执行异议之诉，而是应通过普通民事诉讼提起确认之诉解决。

2.**【执行夫妻一方个人债务，可查封夫妻共同所有房产】**执行夫妻一方个人债务时，另一方以被执行财产系夫妻共同财产为由所提案外人执行异议，不足以排除法院执行，但在对夫妻共有财产进行拍卖时，不得损害另一方的财产份额。

3.**【案外人异议之诉，不应审理认定是否夫妻共同债务】**案外人异议之诉审理和裁判范围限于执行标的确权及能否排除法院强制执行，不应对案涉债务是否夫妻共同债务进行审理并作出认定。

4.**【刑事裁判涉财产执行的被执行人，共有财产可执行】**对于刑事裁判涉财产部分的执行中，被执行人与他人共有财产中属于被执行人的份额，法院应当予以查封并执行。

5.【**约定归夫妻一方财产,虽未办登记,亦可对抗债权**】夫妻之间关于不动产物权约定,无须另行经过法定登记手续,一旦约定生效,即在二人之间发生物权变动效力。基于夫妻财产约定享有不动产物权的权利人,即使未经法定登记手续,在权利受到侵害时,亦具有寻求司法保护权利。

6.【**离婚时约定房产归一方,可对抗另一方债权人执行**】执行个人债务而查封其名下房产,案外人确有证据证明系离婚时已约定归其所有的,能阻却法院对该房产执行。

7.【**离婚协议约定房产归属,成立案外人执行异议情形**】案外人执行异议是否成立,应根据案件具体情况,对异议人所主张权利、申请执行人债权实现效力及被执行人针对执行标的权利作出比较并综合判断,从而确定异议人的权利是否能排除执行。

8.【**离婚协议关于房产归属约定,不能对抗第三人债权**】夫妻双方所签离婚协议中对不动产归属约定并不直接发生物权变动效果,在不动产产权人未依法变更情况下,离婚协议中关于不动产归属的约定不具有对抗外部第三人债权的法律效力。

9.【**夫妻一方领取刑案发还款项,虽有不妥,但不侵权**】夫妻关系存续期间,一方领取刑事案件发还款项,司法机关未要求双方到场虽有不妥,但不构成应予国家赔偿的理由。

【类案裁判一般规则】

对被执行人配偶单独占有的一般动产、登记在被执行人配偶名下的不动产、特定动产及其他财产权,以及非以占有或登记作为权利外观但依据法律、司法解释规定属于被执行人配偶的财产权利,系被执行人与其配偶在夫妻关系存续期间取得,申请执行人以该财产系夫妻共同财产为由,书面申请查封、扣押、冻结该财产的,法院可以查封、扣押、冻结。

【典型参考案例索引】

主旨案例:最高人民法院(2017)最高法民再354号“再审申请人叶某与被申请人王某普、戴某忠申请执行人执行异议之诉案”,见《申请执行人提起执行异议之诉应当具备法定要件》(审判长张爱珍,审判员周伦军、王展飞),载《最高人民法院第三巡回法庭新型民商事案件理解与适用》(X3-2019:667)。**其他案例:**①最高人民法院(2017)最高法民申2083号“张某与高某等案外人执行异议之诉纠纷案”,见《再审申请人张静与被申请人高天云、一审第三人张佳勋案外人执行异议之诉纠纷案》(审判长付少军,代理审判员王渊、赵风暴),载《民事审判指导与参考·执行异议之诉案例选登》(201703/71:108)。②辽宁大连中院(2016)辽02民终4443号"宋庆华与马永琴、马永举执行纠纷案",见《案外人执行异议之诉的诉与审》(王家永),载《人民司法·案例》(201726:106)。③北京高院(2016)京执复110号"翁丽珠等与班钱等查封房屋执行案",见《对刑事裁判涉财产部分的案外人异议应实质审查》(刘旭峰、高可),载《人民司法·案例》(201717:105)。④北京大兴区法院(2016)京0115民初11974号"王某与赵某等执行异议案",见《基于夫妻财产约定的不动产物权在未经登记下的司法保护——北京大兴法院判决王某英诉王某琪、赵某阳执行异议之诉案》(张纪云),载《人民法院报·案例精选》(20161110:06)。⑤最高人民法院(2015)民一终字第150号"王某与钟某等案外人执行异议之诉纠纷案",见《上诉人王光为与被上诉人钟永玉、原审被告林荣达案外人执行异议之诉纠纷案》(审判长姚爱华,审判员王毓莹,代理审判员姜强),载《民事审判指导与参考·执行异议之诉案例选登》(201703/71:115)。⑥最高人民法院(2015)民一终字第150号"钟某与王某等案外人执行异议纠纷案",见《钟永玉与王光、林荣达案外人执行异议纠纷案》(审判长姚爱华,审判员王毓莹,代理审判员姜强),载《最高人民法院公报·裁判文书选登》(201606/236:19)。⑦上海一中院(2014)沪一中民二(民)初字第3号"付某与吕某等案外人执行异议纠纷案",见《付金华诉吕秋白、刘剑锋案外人执行异议之诉案》,载《最高人民法院公报·案例》(201703/245:47)。⑧最高人民法院(2012)法委赔字第1号"张某申请国家赔偿案",见《张牧申请国家赔偿案》,载《最高人民法院公报·裁判文书选登》(201406/212:34)。⑨江苏洪泽法院(2012)泽执异字第6号"罗某执行异议案",见《夫妻共同债务的推定——江苏洪泽法院裁定罗晓珊执行异议案》(严银),载《人民法院报·案例指导》(20130725:06)。

Main Points and Basis of Judgment in Difficult Cases of
Marriage and Family Inheritance Disputes

婚姻家庭继承纠纷疑难案件裁判要点与依据

陈枝辉　编著

下册

法律出版社
LAW PRESS · CHINA

目　录

六、离婚诉讼

七、抚养纠纷

八、家庭关系

九、遗产继承

十、遗嘱遗赠

附　录

六、离婚诉讼

51. 离婚协议的法律效力

——未去办离婚，协议有无效？

【离婚协议】

【案情简介及争议焦点】

2012 年，王某发现丈夫李某与他人同居，遂经派出所调解，双方达成离婚协议，约定双方同意到民政局登记离婚，李某据此承诺共有房屋归王某、共有债务由李某偿还、李某赔偿王某青春损失费 20 万元。后因李某反悔，王某持该离婚协议起诉。

争议焦点：1. 本案离婚协议法律性质？2. 案涉离婚协议效力？

【裁判要点】

1. 附条件民事法律行为。本案双方当事人之所以签订离婚协议对自己利益作出处分是为了达到协议离婚目的，故如协议离婚不能实现，当事人签订离婚协议目的即无法实现。进而，如还认定离婚协议条款有效，显与当事人缔约目的相违背。与一般法律关系解除只带来单一法律关系变化不同，离婚意味着身份关系、未成年子女抚养关系、财产关系等多重关系变动。在离婚方式上，是否选择协议离婚是当事人意思自治范畴。从尊重当事人签订离婚协议真意出发，应将协议离婚成就作为离婚协议生效条件，即离婚协议在法律上应被看作附生效条件协议。附生效条件协议本质上是附停止条件的民事法律行为。附停止条件民事法律行为是指以未来不确定事实发生，作为法律行为发生效力的限制性条件的法律行为。如条件不发生，则法律行为将不会发生效力。从私法自治出发，应允许当事人将协议离婚这一不确定因素作为离婚协议生效条件。如协议离婚条件不具备，则离婚协议自然不会发生效力。进而，离婚协议中有关夫妻共同财产分割条款、个人财产处分条款、子女抚养权归属条款、抚养费给付条款、夫妻共同债务甚至夫妻个人债务承担条款、损害赔偿数额条款等均不发生效力。最高人民法院《关于适用〈中华人民共和国婚姻法〉若干问题的解释（三）》（已于 2021 年 1 月 1 日起废止）第 14 条中离婚财产分割协议是指夫妻双方在婚姻关系存续期间达成的以登记离婚或到法院协议离婚法律事实出现为条件的财产分割协议。该条款只是针对离婚协议中最常见的夫妻共同财产分割条款生效条件问题作出了规定，但并不能由该条得出即便登记离婚或到法院协议离婚条件未成就,而非财产分割条款仍然生效的结论。从条文后半段"人民法院应当认定该财产分割协议没有生效,并根据实际情况依法对夫妻共同财产进行分割"语义可知,财产分割对象为夫妻共同财产。亦即,离婚协议中不涉及夫妻共同财产分割的条款均属于本文所言非财产分割条款。这些非财产分割条款虽不在前述司法解释条文规范范围,但仍应参照该条认定,在登记离婚或到法院协议离婚不成就时,均不生效。

2. 案涉承诺不产生效力。本案中,从案涉离婚协议中有关约定可知,李某承诺前提是双方同意协议离婚。可见,李某之所以在离婚协议中作出所有对自己不利承诺,均系以登记离婚为条件。这在法律上应被视为附条件民事法律行为,在所附条件未成就情形下,民事法律行为未生效力,即在王某未与李某登记离婚情况下,李某在协议中的承诺均不产生效力,故王某不能依离婚协议主张有关青春损失补偿费20万元以及家庭所有共同债务由李某承担。判决准予双方离婚。

【裁判依据或参考】

1. 法律规定。《民法典》(2021年1月1日)第158条:"民事法律行为可以附条件,但是根据其性质不得附条件的除外。附生效条件的民事法律行为,自条件成就时生效。附解除条件的民事法律行为,自条件成就时失效。"第159条:"附条件的民事法律行为,当事人为自己的利益不正当地阻止条件成就的,视为条件已经成就;不正当地促成条件成就的,视为条件不成就。"第215条:"当事人之间订立有关设立、变更、转让和消灭不动产物权的合同,除法律另有规定或者当事人另有约定外,自合同成立时生效;未办理物权登记的,不影响合同效力。"第657条:"赠与合同是赠与人将自己的财产无偿给予受赠人,受赠人表示接受赠与的合同。"第658条:"赠与人在赠与财产的权利转移之前可以撤销赠与。经过公证的赠与合同或者依法不得撤销的具有救灾、扶贫、助残等公益、道德义务性质的赠与合同,不适用前款规定。"第232条:"处分依照本节规定享有的不动产物权,依照法律规定需要办理登记的,未经登记,不发生物权效力。"第464条:"合同是民事主体之间设立、变更、终止民事法律关系的协议。婚姻、收养、监护等有关身份关系的协议,适用有关该身份关系的法律规定;没有规定的,可以根据其性质参照适用本编规定。"第1076条:"夫妻双方自愿离婚的,应当签订书面离婚协议,并亲自到婚姻登记机关申请离婚登记。离婚协议应当载明双方自愿离婚的意思表示和对子女抚养、财产以及债务处理等事项协商一致的意见。"第1077条:"自婚姻登记机关收到离婚登记申请之日起三十日内,任何一方不愿意离婚的,可以向婚姻登记机关撤回离婚登记申请。前款规定期限届满后三十日内,双方应当亲自到婚姻登记机关申请发给离婚证;未申请的,视为撤回离婚登记申请。"第1080条:"完成离婚登记,或者离婚判决书、调解书生效，即解除婚姻关系。”第1087条：“离婚时，夫妻的共同财产由双方协议处理；协议不成的，由人民法院根据财产的具体情况，按照照顾子女、女方和无过错方权益的原则判决。对夫或者妻在家庭土地承包经营中享有的权益等，应当依法予以保护。”

2. 最高人民法院司法解释及其他司法性文件/解读文章。最高人民法院《**关于适用〈中华人民共和国民法典〉婚姻家庭编的解释(一)**》(2021年1月1日　法释〔2020〕22号)第69条：“当事人达成的以协议离婚或者到人民法院调解离婚为条件的财产以及债务处理协议，如果双方离婚未成，一方在离婚诉讼中反悔的，人民法院应当认定该财产以及债务处理协议没有生效，并根据实际情况依照民法典第一千零八十七条和第一千零八十九条的规定判决。当事人依照民法典第一千零七十六条签订的离婚协议中关于财产以及债务处理的条款，对男女双方具有法律约束力。登记离婚后当事人因履行上述协议发生纠纷提起诉讼的，人民法院应当受理。”第70条：“夫妻双方协议离婚后就财产分割问题反悔，请求撤销财产分割协议的，人民法院应当受理。人民法院审理后，未发现订立财产分割协议时存在欺诈、胁迫等情形的，应当依法驳回当事人的诉讼请求。”最高人民法院法官郑学林、刘敏、王丹《**〈关于适用民法典婚姻家庭编的解释(一)〉的若干重点问题的理解与适用**》(载《人民司法》2021年第13期)：“……关于撤销离婚财产分割协议问题。婚姻法解释二第9条涉及的撤销权属于形成权，在婚姻家庭编对该种情况没有特别规定的情况下，应当适用总则编关于撤销权行使除斥期间的有关规定。根据民法典第一百五十二条规定，虽然权利行使的期间仍为1年，但起算点不同，在受欺诈的情形下，应为当事人知道或者应当知道撤销事由之日，而不是原来规定的离婚之日；在受胁迫的情形下，为胁迫行为终止之日。而且，由于离婚财产分割协议是以离婚为条件，根据民法典第一百五十二条规定的精神，自离婚之日起5年内没有行使撤销权的，撤销权即消灭。”最高人民法院吴晓芳法官《**关于婚姻家庭纠纷审理热点难点问答**》〔载《民事法律文件解读》2012年第8辑(总第92辑)〕第7条：“离婚后财产纠纷有哪些类型？答：近年来，全国法院受理的离婚后财产纠纷案件呈逐年递增趋势，主要存在以下几种类型：1. 请求对离婚时已分割的房屋权属做再次分割。在物权法实施前，法院在对离婚双方共有的唯一房屋进行分割时，多判决双方共有，仅对使用权进行划分。物权法颁布实施后，越来越多的当事人在离婚后起诉要求对房屋所有权进行分割。2. 离婚未经诉讼，离婚后一方反悔或拒绝按照协议约定履行。审判实践中，多为一方拒绝给付房屋或者车辆折价款，或对另一方提出的房屋、车辆过户要求不予配合。登记离婚后当事人一方反悔请求重新分割夫妻共同财产的，应在离婚后一年内提起诉讼；一方请求另一方按照离婚协议履行的，适用两年诉讼时效的规定。3. 离婚时一方隐瞒财产，另一方发现后起诉要求重新分割夫妻共同财产。4. 离婚后出现重大事由使原财产分割协议丧失基础。如男方在离婚时出于对孩子的关爱,协议约定将大部分财产分给抚养孩子的女方,离婚后发现孩子并非亲生,遂起诉要求重新进行分割。5. 当初离婚系'假离婚'或其他原因,未对夫妻共同财产进行处理,后产生纠纷又起诉到法院请求分割。离婚后请求分割离婚时未处理的夫妻共同财产,属于共有物分割请求权,夫妻双方对共有物实际上一直处在共同共有的状态,只不过双方在离婚后不再具有法律上的夫妻关系。故一方请求分割离婚时未处理的夫妻共同财产,不应受到诉讼时效的限制,法院不能以离婚已经超过两年为由不予受理。"第 9 条:"当事人对登记离婚时达成的财产分割协议可以反悔吗? 答:……夫妻离婚时的财产分割协议与一般的民事合同不同,涉及双方当事人之间的感情因素、心理平衡或者出于弥补自己行为过失的心理等等。有的当事人可能因为外遇而急于摆脱原来的婚姻关系,只能在财产方面作出让步从而让感情受到伤害的一方在经济上得到一些补偿,获得一些心理平衡;也有的当事人在感情上不爱配偶了,但离婚还是觉得心里对配偶有所亏欠,故在财产分割上愿意尽量多分给配偶一些甚至会放弃全部财产。基于这些因素,对夫妻离婚时的财产分割协议,局外人不宜用是否公平来加以衡量。人民法院在审理时,也不宜轻易认定协议显失公平而支持一方当事人撤销或者变更协议的主张。这也是最高人民法院上述司法解释中只规定了欺诈、胁迫的情形,而未将显失公平情形列入其中的原因。审判实践中应当注意的问题是:'男女双方协议离婚后'是指在婚姻登记机关办理离婚登记手续而离婚的。并不包括在法院诉讼以调解结案方式离婚的情形。因为,在法院进行离婚诉讼,以调解的方式结案,虽然与在婚姻登记机关办理离婚手续时一样,都需要就财产分割问题达成协议,但这两种协议具有本质的区别。在离婚诉讼中,调解协议是在法官的主持下达成的,有国家司法机关的审查来保证双方当事人意思表示的真实性和协议内容的合法性;而在婚姻登记机关办理离婚手续时提交的协议,只经过婚姻登记机关的形式审查,至于协议签订过程中是否存在欺诈、胁迫的情形则不在婚姻登记机关审查的职责范围内。有鉴于此,才有必要给予一定的司法救济途径。"第 10 条:"婚姻法有关司法解释对当事人登记离婚后出现纠纷,起诉到法院的诉讼时效、除斥期间是如何规定的? 答:……协议离婚后,当事人反悔想要重新分割财产的,必须在登记离婚后 1 年内向有管辖权的人民法院提起诉讼。因为婚姻涉及人身关系,离婚后还可以无休止地被缠讼,显然对当事人不利,对社会的和谐稳定也是不利的。值得注意的是,这里的'离婚协议'是指双方在办理登记离婚手续时所提交的'协议',是已经生效的协议,而不是在协商离婚事宜过程中签订的'离婚协议'。在没有离婚之前,就离婚相关事宜达成的'离婚协议'是附条件协议,如果没有离婚,协议就没有生效。2. 离婚协议没有法律强制执行力,法院只有执行自己生效判决的义务,而没有执行当事人自行协议的义务。如果一方拒不履行协议,另一方当事人请求履行协议要获得法律的支持,也必须在纠纷发生之日起2年内提起诉讼。3. 协议离婚后,一方新发现被隐匿的夫妻共同财产,应在发现之次日起两年内向法院起诉,请求再次分割夫妻共同财产。4. 登记离婚后当事人请求离婚损害赔偿的,应在办理离婚登记手续后1年内提出,否则法院不予支持。”最高人民法院吴晓芳法官**《关于婚姻家庭纠纷审理热点难点问答》**〔载《民事法律文件解读》2012年第6辑(总第90辑)〕第8条:“登记离婚时提交的财产分割协议与离婚诉讼中达成的调解协议有什么区别?答:《婚姻法司法解释(二)》第九条中‘男女双方协议离婚后’是指在婚姻登记机关办理离婚登记手续而离婚的,并不包括在法院诉讼以调解结案方式离婚的情形。因为,在法院进行离婚诉讼,以调解的方式结案,虽然与在婚姻登记机关办理离婚手续时一样,都需要就财产分割问题达成协议,但这两种协议具有本质的区别。在离婚诉讼中,调解协议是在法官的主持下达成的,有国家司法机关的审查来保证双方当事人意思表示的真实性和协议内容的合法性;而在婚姻登记机关办理离婚手续时提交的协议,只经过婚姻登记机关的形式审查,至于协议签订过程中是否存在欺诈、胁迫的情形则不在婚姻登记机关审查的职责范围内。有鉴于此,才有必要给予一定的司法救济途径。”最高人民法院**《关于适用〈中华人民共和国婚姻法〉若干问题的解释(三)》**(2011年8月13日 法释〔2011〕18号,2021年1月1日起废止)第14条:“当事人达成的以登记离婚或者到人民法院协议离婚为条件的财产分割协议,如果双方协议离婚未成,一方在离婚诉讼中反悔的,人民法院应当认定该财产分割协议没有生效,并根据实际情况依法对夫妻共同财产进行分割。”最高人民法院吴晓芳法官**《关于婚姻家庭纠纷审理热点难点问答》**〔载《民事法律文件解读》2011年第11辑(总第83辑)〕第57条:“附协议离婚条件的财产分割协议效力如何认定?双方当事人在婚姻关系存续期间达成离婚协议,并对子女抚养和财产分割等问题作了约定。但由于种种原因,双方并未到婚姻登记机关办理离婚登记手续,或者是当事人考虑到登记离婚中的财产协议没有强制执行力,故双方约定去法院协议离婚,目的只是依照诉讼程序领取民事调解书,但到法院诉讼时出现一方反悔的情况。在这种情形下,往往是一方主张原来达成的离婚协议合法有效,要求法院完全按照该离婚协议约定的内容判决解除双方的婚姻关系,并处理财产分割和子女抚养问题。另一方则否认离婚协议的效力,要求法院依法进行判决。附协议离婚条件的财产分割协议,通常是当事人平等协商的结果,因此具有民事合同的性质,但其以解除婚姻关系为先决条件,不能完全由当事人的合意来完成,还必须履行一定的法律程序……因此,附协议离婚条件的财产分割协议并不自双方当事人签字时起生效,而是以双方协议离婚为生效条件,即从婚姻登记机关领到离婚证或到法院领取民事调解书,可视为所附条件已经成就,当事人所签署的财产分割协议因此而生效。如果一方当事人反悔,诉诸法院寻求终局判决,除非双方当事人追认,该协议未生效,对当事人双方均不产生法律拘束力。另外,当事人签订离婚协议的内容一般包括自愿解除婚姻关系、分割财产、子女抚养等,自愿解除婚姻关系是前提,有关财产分割、子女抚养等是附随的内容,其生效应当依附于自愿解除婚姻关系内容的生效。尤其重要的理由是,人民法院在协议未生效情形下依照《婚姻法》的相关规定分割夫妻共同财产,并不会损害当事人的合法权益。从《最高人民法院关于民事诉讼证据的若干规定》第六十七条来看,'在诉讼中,当事人为达成调解协议或者和解的目的作出妥协所涉及的对案件事实的认可,不得在其后的诉讼中作为对其不利的证据。'这个规定的精神也与当事人协议离婚必须履行一定的法律程序才生效的规定不谋而合。从反证的逻辑方法来分析,假定上述离婚协议已经生效,一方签订协议后拒绝依约去办理离婚登记手续或者到法院协议离婚,另一方按照生效协议的约定,可以要求违约方履行该离婚协议,并可以起诉要求法院判令违约方与其共同去民政部门办理离婚登记手续。显而易见,法院根据婚姻自由的基本原则,是无法判决双方继续履行离婚协议的。有人将附协议离婚条件的财产分割协议称为诉前离婚协议,是指男女双方在婚姻关系存续期间,以解除婚姻关系为基本目的,并就财产分割及子女抚养达成的协议。诉前离婚协议有如下特征:(1)协议内容的复合性。诉前离婚协议的内容不是单一的,而是复合的,其内容涉及夫妻身份关系的解除、有关财产的分割、子女由谁直接抚养及抚养费的承担、探望权的约定等等,既包括人身关系,也包括财产关系。(2)生效条件的特别性。一般情况下,民事合同只要符合法律规定的民事法律行为应当具备的条件,双方达成一致意见即可生效,对双方当事人产生法律拘束力。离婚协议可归属于民事合同,但其生效条件却有特别之处。在夫妻双方同意离婚的情形下,除了男女双方具有离婚的合意之外,还必须到婚姻登记管理机关进行登记或者由人民法院以民事调解书的形式赋予其效力,否则即使当事人具有离婚的合意,也不发生解除婚姻关系的法律后果。(3)婚姻关系解除效力的前置性。解除婚姻关系是协议的前提条件,财产分割和子女抚养等内容具有附随性。有一种观点认为,我国法律规定的夫妻财产制度有约定财产制和法定财产制,离婚协议中有关财产分割的内容可以视为双方对夫妻财产的约定。基于此,法院可以根据当事人的离婚协议作出分割财产的判决。我们认为,夫妻约定财产制中的约定与离婚协议中分割财产的约定是有区别的,约定财产制中的约定针对的是将来取得的财产的权利归属,而分割财产的约定是针对已经取得的现存财产的处置,两者并不能等同。判断一份对于夫妻财产处理的协议是离婚协议还是夫妻财产约定协议,关键在于协议订立目的,如果是以离婚为目的对财产归属作出约定,属于离婚协议;如果不是出于离婚目的,而是双方对婚姻关系存续期间的财产归属作出约定,则属于夫妻财产约定协议。诉前当事人所达成的离婚协议,其实质为离婚意向,人民法院审理该类案件,除非双方当事人追认,该协议未生效,对双方当事人均不产生法律约束力,无论是离婚本身,还是涉及子女抚养、财产分割的约定,不能作为人民法院处理离婚案件的直接依据。附协议离婚条件的财产分割协议,不论是附于离婚协议中,还是独立达成的,均含有一个前提,即'如果协议离婚,则按以下方式处理财产'。作为身份关系的变动,协议离婚虽以双方合意为前提,但其核心却是婚姻登记机关或人民法院对离婚协议的确认。婚姻登记机关确认的表现就是发给离婚证,人民法院确认的表现就是给双方当事人送达民事调解书,该调解书与判决书具有同等法律效力。由于法律并没有赋予婚姻登记机关对财产分割协议内容合法性的审查职权,婚姻登记机关只在形式上进行审查。因财产分割协议的履行发生争议时,与其他民事合同一样,必须先经过合法性审查。如果其合法性得到确认,待裁判文书送达当事人后,才可以申请强制执行。审判实践中遇到经过公证的附协议离婚条件财产分割协议,如何认定效力的问题,我们认为,经过公证的附协议离婚条件的财产分割协议在性质上也属于附生效条件的合同,双方签字后成立,在完成协议离婚手续后生效。公证的效力在于确认协议的内容是双方当事人的真实意思表示,但不能改变协议的生效条件。如果当事人在协议中明确约定,双方到民政部门登记离婚或到法院协议离婚未成,也应按照协议约定的内容履行。我们认为,当事人已经在协议中明确了协议离婚未成也要按照原约定履行的意思表示,在诉讼离婚时,法院应当充分尊重当事人的意思表示,具体处理时应依照约定的内容进行裁判。”最高人民法院民一庭**《民事审判实务问答(子女抚养问题)》**(2005年4月)第5条:“已在民政部门协议离婚,能否再就子女抚养及财产分割提起诉讼?夫妻一方不履行在民政部门主持下达成的财产分割协议,另一方能否申请法院强制执行?答:夫妻双方离婚时对财产分割及子女抚养所达成的协议属于当事人之间自愿处分自己权利的一种民事行为,这种行为只要不违反国家法律和社会公共利益,应当予以保护。一方当事人对于这种约定反悔向人民法院提起诉讼,人民法院则应当受理,并依照我国民法通则、合同法、婚姻法的基本原则及相关规定,本着公平原则、男女平等原则和保护妇女儿童合法权益的原则,在查清家庭财产、夫妻共同财产和婚前财产的状况后,予以合情合理地解决。《最高人民法院关于适用〈中华人民共和国婚姻法〉的解释(二)》第八条和第九条对当事人协议离婚后财产分割争议的受理和协议离婚后就财产分割问题反悔的受理和审理作了规定,要求当事人在协议离婚后一年内起诉。我国民事诉讼法、刑事诉讼法和行政诉讼法对能够申请强制执行的执行根据[《强制执行法(草案)》称为执行名义]有明确的规定,即包括:发生法律效力的民事判决、裁定、调解书和支付令;发生法律效力并具有给付内容的刑事判决书和裁定书;发生法律效力并具有给付内容的行政判决书和裁定书;依法应由人民法院执行的行政处罚决定行政处理决定;发生法律效力的仲裁裁决书和调解书;公证机关依法赋予强制执行力的债权文书;等等。民政部门主持下达成的财产分割协议,不能作为法院强制执行的依据,当事人想实现在民政部门主持下达成的财产分割协议,可通过民事诉讼程序解决。”最高人民法院**《关于适用〈中华人民共和国婚姻法〉若干问题的解释(二)》**(2004 年 4 月 1 日　法释〔2003〕19 号,已于 2021 年 1 月 1 日起废止)第 8 条:“离婚协议中关于财产分割的条款或者当事人因离婚就财产分割达成的协议,对男女双方具有法律约束力。当事人因履行上述财产分割协议发生纠纷提起诉讼的,人民法院应当受理。”第 9 条:“男女双方协议离婚后一年内就财产分割问题反悔,请求变更或者撤销财产分割协议的,人民法院应当受理。人民法院审理后,未发现订立财产分割协议时存在欺诈、胁迫等情形的,应当依法驳回当事人的诉讼请求。”

3. 部门规章。民政部办公厅**《关于李清民与潘淑伟离婚登记是否合法有效问题的复函》**(1995 年 11 月 30 日　民办函〔1995〕297 号):“……关于李清民与潘淑伟离婚登记是否合法有效问题,我们认为,李清民与潘淑伟于 1993 年 9 月 20 日,双方亲自到桦甸市红石镇人民政府申请离婚登记,其证件、证明齐全,离婚协议写明了自愿离婚,对子女抚养、财产分割及债务处理等方面达成了协议,并交了结婚证,桦甸市红石镇据此办理离婚登记的实质性要件和形式要件是具备的。同时也应明确,该镇在颁发离婚证的程序上没有严格按法定婚姻登记程序办理,确有不当之处,使双方婚姻状况的存续到终止出现了中断。但如果李清民接到离婚证后没有马上提出异议,双方对离婚协议所列事项均已履行完毕,应当视为离婚事实已经成立。李清民在此种情况下,因某种原因要求撤销登记,不应予以支持,并可向法院提出建议。”

4. 地方司法性文件。山东泰安中院民一庭**《法官会议纪要(家事部分)》**(2020 年)第 4 条:“双方已经签署了离婚协议书,但因疫情影响没有办理离婚登记,婚姻关系仍应视为存续,应当履行夫妻间的义务。双方当事人对财产分割以及婚生子女抚养权归属等问题协商一致,并签订了离婚协议书,因为疫情没有及时去民政局办理离婚登记手续,在离婚登记前该协议并未生效,不产生法律上的拘束力。”江苏高院**《家事纠纷案件审理指南(婚姻家庭部分)》**(2019 年 7 月 18 日)第 26 条:“夫妻双方在离婚协议中约定违约金,离婚后夫妻一方以夫妻另一方未履行离婚协议为由主张按照离婚协议约定支付违约金的,应当如何处理?离婚协议属于有关身份关系的协议,不属于普通民商事合同。离婚后夫妻一方以夫妻另一方未履行离婚协议为由主张按照离婚协议约定支付违约金的,不予支持。”第 27 条:“夫妻双方依照《婚姻法》第十九条第一款订立的夫妻财产制契约的效力应当如何认定?能否对抗债权人申请执行?夫妻双方依照《婚姻法》第十九条第一款订立的夫妻财产制契约对夫妻双方均具有法律约束力。当夫妻双方对不动产物权产生争议时，应当尊重夫妻之间的真实意思表示，按照双方订立的夫妻财产制契约履行，优先保护不动产物权的真实权利人，不宜以所有权登记作为确认不动产物权的唯一依据。但未办理转移登记不能对抗善意第三人。在不动产物权未办理转移登记的情形下，被执行人配偶依据夫妻财产制契约提出执行异议，请求排除执行的，不予支持。”第28条：“离婚财产分割协议中对不动产物权的约定能否直接产生物权变动的效力？能否对抗债权人申请执行？离婚财产分割协议中对不动产物权的约定不直接产生物权变动的效力，夫妻一方仅可基于债权请求权向夫妻另一方主张履行不动产物权转移登记的契约义务。在不动产物权未办理转移登记的情形下，离婚财产分割协议中对不动产物权的约定不能对抗善意第三人。离婚财产分割协议中对不动产物权的约定能否对抗债权人申请执行，应当通过审查离婚财产分割协议的真实性、形成时间、不动产物权未办理转移登记的原因、当事人的过错等予以综合判断。具体可参考《江苏省高级人民法院执行异议及执行异议之诉案件审理指南(二)》的相关规定认定和处理。”第36条：“离婚协议中涉及对第三人赠与的条款，离婚后赠与人以赠与财产权利尚未转移为由能否申请撤销？受赠人有无独立的给付请求权？离婚协议是夫妻双方权衡利益、考量利弊后，围绕婚姻关系解除而形成的一个有机整体，各项内容既相互独立，又相互依存。因此，离婚后赠与人以赠与财产权利尚未转移为由申请撤销离婚协议中涉及对第三人赠与条款的，不予支持，但符合《婚姻法解释二》第九条规定情形的除外。离婚协议约定将特定财产赠与第三人，离婚后夫妻一方不履行给付义务，夫妻另一方可以起诉主张其履行。受赠人非离婚协议一方，仅为赠与条款的受益人，并无独立的给付请求权，其起诉主张夫妻一方或者双方履行给付义务的，裁定不予受理，已经受理的，裁定驳回起诉。”四川成都中院**《二〇一七年全市法院民商事审判工作会会议纪要》**(2017年8月11日)第33条：“在夫妻双方协议离婚后，夫妻一方要求对协议中涉及财产分割、子女抚养等内容进行变更，是否应当支持？离婚协议是夫妻双方就婚姻关系、财产分割以及子女抚养等达成的一揽子协议，若双方已经根据该协议办理离婚登记，说明双方已经达成一致意见并以实际行为履行部分协议内容。在一方无证据证实该协议并非其真实意思表示的情况下，起诉要求对协议中财产分割、子女抚养等内容进行变更，原则上不予支持。但在子女抚养问题上出现情势变更的情形，人民法院可以从保护未成年人合法权益的角度酌情予以变更。”北京三中院民二庭**《婚姻家庭案件法律适用疑难问题研讨会意见》**(2016年11月2日)第2条：“夫妻间关于房产部分或全部所有权转移的合意是否可以撤销？我们认为，首先，应区分房产原本归属：房产原本即是夫妻共同财产，则无论约定部分或全部归一方所有，均应适用《婚姻法》第十九条的‘约定’，单方不得撤销；房产原本属于夫妻一方个人财产或婚前个人财产,则无论约定部分或全部归另一方所有,均应适用《婚姻法司法解释(三)》第六条的'赠与',未完成产权登记变更前,一方享有撤销权。但如果该项房产约定系夫妻双方离婚协议中整体分割财产内容的一部分时,应视为《婚姻法》第十九条的'约定',单方不得撤销。其次,对于物权效力问题,'约定'在夫妻间具有婚姻法上的效力,但不具有物权法上的效力,即对世效力,也不得对抗善意第三人。"第3条:"夫妻双方离婚时约定将共同财产赠与子女是否可撤销及子女是否有权要求履行协议?我们认为,对于协议变更或撤销问题,任何一方不得单方撤销对子女的赠与,因为违背了离婚协议的整体性,但夫妻双方一致同意变更的,可共同撤销对子女的赠与。对于协议履行问题,应当区别不同的诉讼主体采取不同的诉讼形式:一方面,前配偶可以基于合同的相对性,以夫妻财产约定纠纷或离婚后财产纠纷诉另一方要求履行协议,子女作为第三人参加诉讼;另一方面,子女可以基于赠与合同纠纷,以其父母双方为共同被告,起诉要求履行协议。"浙江高院民一庭**《关于印发〈关于审理婚姻家庭案件若干问题的解答〉的通知》**(2016年6月27日浙高法民一〔2016〕2号)第10条:"夫妻双方在离婚协议中约定将共同财产赠与子女,离婚后一方反悔,请求撤销赠与,能否予以支持?答:根据《婚姻法司法解释(二)》第八条、第九条规定,离婚协议中关于财产分割的条款或者当事人因离婚就财产分割达成的协议,对当事人具有法律约束力;除存在欺诈、胁迫等情形之外,当事人请求撤销财产分割协议的不能予以支持。离婚协议涉及身份关系,各条款内容相互关联,如双方约定将夫妻共同财产赠与子女,该条款作为离婚协议的组成部分,夫妻双方应实际履行。离婚后夫或妻一方反悔,请求撤销赠与的,一般不予支持。夫妻一方要求另一方履行离婚协议中对子女的财产赠与约定的,可以另一方为被告、子女为第三人提起诉讼。受赠子女也可起诉要求履行。"安徽高院**《关于在审理房地产案件中认真贯彻"新国五条"精神的通知》**(2013年5月9日)第5条:"对'离婚潮'中未分得财产一方当事人诉至法院要求撤销离婚协议或主张财产重新分割的,对其撤销离婚协议的诉求不予支持;对请求变更或者撤销财产分割协议的,应予受理。"浙江宁波中院**《关于印发〈民事审判若干问题解答(第三辑)〉的通知(婚姻家庭类)》**(2011年5月11日)第7条:"当事人在诉讼之前就夫妻共同财产分割和子女抚养问题达成离婚协议,后双方未到婚姻登记机关协议离婚,一方向人民法院起诉要求离婚,在离婚诉讼中一方主张按协议内容履行,另一方不同意,人民法院应如何处理?答:当事人为离婚而就财产分割、子女抚养达成离婚协议的,属于以协议离婚作为附生效条件的协议,如果协议离婚不成,应认定协议不生效。在离婚诉讼中,该协议不能作为人民法院处理财产分割和子女抚养问题的依据,对夫妻共同财产应当根据实际情况依法进行分割。"江苏高院**《婚姻家庭案件审理指南(2010年)》**(2010年5月18日)第6章:"……(二)离婚时夫妻共同财产的分割。因离婚分协议离婚和诉讼离婚,因此,在不同的解决方式中都存在分割夫妻共同财产的问题。1. 协议离婚时财产的分割。根据《婚姻登记管理条例》的相关规定,离婚协议中应当载明当事人自愿离婚的意思表示以及对子女抚养、财产及债务处理等事项协商一致的意见。婚姻登记机关应当进行审查并询问相关事项。《婚姻法解释二》第八条规定:'离婚协议中关于财产分割的条款或者当事人因离婚就财产分割达成的协议,对男女双方具有法律约束力。当事人因履行上述财产分割协议发生纠纷提起诉讼的,人民法院应当受理。'这说明,当事人协议离婚时所达成的财产分割协议,对当事人具有法律效力。虽然法律赋予当事人诉权,但如果主张方没有证据证明上述协议存在欺诈、胁迫等情形的,人民法院应当维护协议的效力。这里对协议的审查不能简单适用合同法等价有偿的原则,而应着重从是否有违当事人真意、是否侵害子女和女方利益等角度进行考量,并且根据规定,该请求须在法定时间内提出,即在协议离婚后一年内提出,超出此限人民法院不予支持。司法实践中,应注意附协议离婚条件的财产分割协议的效力认定问题。如双方当事人为办理登记离婚或到人民法院协议离婚,在婚姻关系存续期间达成离婚协议,并对子女抚养和财产分割等问题作了约定,但由于种种原因,双方协议离婚未成,一方在离婚诉讼中反悔的,该财产分割协议并不当然生效,人民法院应根据实际情况对财产进行分割。对此,《婚姻法解释三》第十四条作出明确规定……"辽宁大连中院《**当前民事审判(一庭)中一些具体问题的理解与认识(婚姻家庭部分)**》(2008年12月5日　大中法〔2008〕17号)第10条:"夫妻二人所签订的离婚协议是否有效?当如何定性?离婚协议中的'协议'是附条件的,即以'登记离婚'为生效条件。若离了婚,协议内容有效,若还没有离婚,条件不成就,协议当然不能生效。按照相关规定审理感情是否破裂,以及财产的分劈,若当事人反悔,当重新审查。对当事人自己签订的离婚协议,法院可以把该协议内容,作为重要的参考依据。"山东高院《**2008年民事审判工作会议纪要**》(2008年10月13日　鲁高法〔2008〕243号)第1条:"……(六)关于婚姻协议的效力认定问题。在婚姻关系存续期间,婚姻当事人达成的协议应当区别以下情形加以处理:一是婚姻当事人仅就财产分割和子女抚养达成协议的,属于以协议离婚作为附生效条件的协议,如果协议离婚不成,则应认定协议不生效。在离婚诉讼中,该协议不能作为人民法院处理财产分割和子女抚养问题的依据;二是婚姻当事人签订的以履行夫妻忠实义务为内容的协议,由此产生的纠纷,人民法院不予受理;三是以限制婚姻当事人一方的婚姻自由原则为内容的协议,应当认定为无效。"江西高院《**关于审理婚姻家庭纠纷案件适用法律若干问题的解答**》(2008年10月10日)第5条:"如何把握离婚财产分割协议可撤销或变更的理由?《婚姻法解释二》第九条规定男女双方协议离婚后一年内就财产分割协议如存在'欺诈、胁迫等情形的',可以请求撤销或变更,可见撤销和变更的理由不仅限于‘欺诈和胁迫’。如果当事人以‘显失公平’、‘重大误解’、‘乘人之危’为理由,依据《合同法》的相关规定,请求法院撤销事变更财产分割协议,不宜简单依〈合同法〉的有关规定认定撤销和变更事由。因为婚姻家庭关系中的财产关系不同于民法中一般意义上的财产关系,离婚财产分割协议也不同于民事合同,还包括一定的人身关系和感情因素。因此,审理这类案件不能简单将协议中的一方放弃主要或大部分财产的约定认定为‘显失公平’或‘重大误解’;亦不宜将急欲离婚的一方在财产上作出的让步视为另一方‘乘人之危’,只有在一方利用他方生病,行为能力受限等特殊情况下,迫使他方签订明显损害其合法权益协议的,方可认定为‘乘人之危’。”江西赣州中院**《审理离婚案件财产分割适用法律若干问题解答》**(2008 年 10 月)第 20 条:“夫妻签订离婚协议后为离婚,后一方起诉离婚,并要求按原协议约定进行财产分割,该协议效力如何认定?答:这是一种以离婚为生效条件的协议,因条件未成就,协议不生效。诉讼中,应当根据实际情况依法进行财产分割。”第 22 条:“离婚诉讼中,夫妻双方自愿达成离婚协议,将财产归属于未成年子女,能否准许?答:经审查,确属夫妻双方真实意思表示的,可以准许。”上海高院**《关于审理分家析产案件若干问题的意见》**(2007 年 9 月 20 日 沪高法民一〔2007〕20 号)第 6 条:“离婚协议书上明确,其他财产归各自所有,离婚后一方起诉要求分割另一方名下财产的处理。双方在离婚协议中已经明确约定其他财产归各自所有的,表明双方已对财产作了相应的处理,离婚后一方起诉要求分割另一方名下财产的,法院不予支持,但原告提供证据证明被告离婚时隐瞒财产,并要求分割隐瞒财产的除外。”上海高院**《关于审理婚姻家庭纠纷若干问题的意见》**(2007 年 3 月 15 日 沪高法民一〔2007〕5 号)第 5 条:“当事人协议离婚后,就履行财产分割协议发生纠纷提起诉讼的诉讼时效。当事人协议离婚后,因履行财产分割协议发生纠纷,如请求变更或撤销协议的,应根据最高法院婚姻法司法解释(二)第九条的规定,在登记离婚后一年内提起诉讼;如请求继续履行协议的,应该自纠纷发生之日起二年内提起诉讼。”广东高院**《关于审理婚姻纠纷案件若干问题的指导意见》**(2006 年 11 月 14 日 粤高法发〔2006〕39 号,2021 年 1 月 1 日起废止)第 6 条:“当事人在婚姻关系存续期间为离婚而达成离婚协议或财产分割协议后,一方反悔而不同意办理离婚登记,另一方起诉请求离婚并要求按照离婚协议中关于财产分割的条款或者财产分割协议处理夫妻共同财产问题的,人民法院原则上应予以支持。但协议内容存在下列情形之一的除外。(1)违反法律、行政法规的强制性规定;(2)该协议所涉及财产已不存在而客观上不能履行;(3)订立协议的情势已发生重大变更,履行协议对一方当事人显失公平。”江苏高院民一庭**《婚姻家庭案件疑难问题法律适用研讨会综述》**(2005 年 5 月)第 3 条:“……(二)关于男女双方起诉离婚前所达成的离婚协议中关于子女抚养、财产分割的约定效力的认定。

与会代表一致认为，离婚前男女双方所达成的离婚协议中关于子女抚养、财产分割的约定，是以双方协议离婚为前提，一方或者双方为了达到离婚的目的，可能在子女抚养、财产分割等方面作出有条件的让步。在双方未能在婚姻登记机关协议离婚的情况下，该协议没有生效，对双方当事人均不产生法律约束力，其中关于子女抚养、财产分割的约定，不能当然作为人民法院处理离婚案件的直接依据。但是，一般说来，这种协议有可能是男女双方对子女抚养、财产分割的底线，如果人民法院的判决远远超出这种底线的话，可能会引起双方矛盾激化，因此，人民法院在处理案件时不妨将之作为子女抚养、财产处理的参考……”上海高院**《〈关于适用最高人民法院婚姻法司法解释(二)若干问题〉的解答二》**(2004年9月7日　沪高法民一〔2004〕26号)第1条：“离婚财产分割协议可撤销或变更的理由应如何把握？答：司法解释(二)第九条对当事人协议离婚时的财产分割协议可撤销和变更的理由规定为‘欺诈、胁迫等’，说明其并不仅限于欺诈和胁迫。但离婚财产分割协议确实有不同于一般民事合同的地方。由于离婚双方毕竟有过夫妻名分，共同生活过一段时间，可能还育有子女，在订立共同财产分割协议时，除了纯粹的利益考虑外，常常会难以避免地包含一些感情因素。所以，人民法院在确认协议可撤销或变更时，不能轻易将协议中一方放弃主要或大部分财产的约定认定为‘显失公平’或‘重大误解’而予以撤销或变更；同时，对于‘乘人之危’的认定也应谨慎，不宜将急欲离婚的一方在财产上作出的让步视为另一方乘人之危的后果，只有在一方利用他方生病、行为能力受限而监护人监护不力等情况下，迫使他方签订明显损害其合法权益的协议，才可认定为乘人之危。”河南高院民一庭**《关于当前民事审判若干问题的指导意见》**(2003年11月)第71条：“当事人双方自愿达成离婚协议并领取离婚证后，一方就财产分割问题反悔，向人民法院提起诉讼要求重新分割财产的，人民法院应予受理。受理后，如未发现离婚分割财产时有欺诈、胁迫等可以变更或撤销原协议的法定情形的，对当事人的诉讼请求依法予以驳回。当事人的此项请求应当在离婚后的一年内提出。”辽宁沈阳中院**《关于审理婚姻家庭案件若干问题意见》**(2003年)第7条：“关于离婚案件动产及其他动产权益的处理问题：(一)夫妻以一方名义设立或与他人设立的企业，一般不具有夫妻约定财产制的本质特征，有书面约定的除外。(二)对经登记机关协议离婚并领取了离婚证后，一方又反悔提起财产诉讼的，除有证据证明是在欺诈、胁迫、规避法律等情况下签订的或有协议离婚时未发现的财产外，法院不予支持……”广东高院**《关于当事人持台湾地区法院公证处认证的离婚协议书向人民法院申请认可人民法院不予受理的批复》**(2002年9月25日　粤高法〔2001〕31号)：“……张建梅与陈木山达成离婚协议并经台湾地区云林地方法院公证处认证。根据最高人民法院《关于当事人持台湾地区有关法院民事调解书或者有关机构出具或确认的调解协议书向人民法院申请认可人民法院应否受理的批复》的规定,人民法院对于张建梅的申请不应予以受理。当事人可向人民法院提起诉讼。"

【参考类案】

①2015年**上海某离婚纠纷案**,2005年,凌某与李某协议离婚,并对15家公司股权进行了分割并部分履行。2012年,凌某诉请离婚,李某称双方应依2005年离婚协议履行。法院认为:最高人民法院《关于适用〈中华人民共和国婚姻法〉若干问题的解释(三)》(已于2021年1月1日起废止)第14条规定:"当事人达成的以登记离婚或者到人民法院协议离婚为条件的财产分割协议,如果双方协议离婚未成,一方在离婚诉讼中反悔的,人民法院应当认定该财产分割协议没有生效,并根据实际情况依法对夫妻共同财产进行分割。"系争离婚协议系凌某与李某在婚姻关系存续期间达成的以离婚法律事实出现为条件的财产分割协议,依前述司法解释,该协议因缺乏离婚这一前提和基础而不应发生效力,即使实际发生按照协议内容进行财产分割的事实,亦不能认为所附协议离婚条件已成就,故离婚协议所涉财产分割内容未生效。判决准许双方离婚,对诉争房产依法分割。

②2014年**重庆某赠与纠纷案**,2008年,李某父与张某协议离婚,约定房屋拆迁款6万元归已成年女儿李某。其后李某父领取该拆迁款6万余元。2013年,李某诉请李某父依约支付拆迁款。法院认为:离婚协议中财产赠与协议,具备一定身份关系性质。该协议以婚姻关系解除为生效条件,对男女双方均具有法律约束力,赠与方不得任意变更、撤销。本案中,李某父与张某在离婚协议中将家庭共有房屋拆迁补偿款6万元约定归李某所有,是一种以解除双方身份关系为目的的赠与行为。该财产分割协议系双方真实意思表示,具有一定的对子女抚养关系补偿的道德义务性质,应认定为合法有效。在双方婚姻关系事实上已解除情况下,赠与协议已发生法律效力,即本案房屋拆迁补偿款财产权益已属李某所有。案涉标的物为货币,其作为一种非特定种类物,在李某父实际领取占有之日,李某即形成向李某父催要的债权请求权,该权利应在法律保护的诉讼时效期间内行使。虽然李某称其并不知晓离婚协议中财产分割内容及房屋拆迁款领取具体时间,但李某在父母离婚之时已成年,并随后长期跟随母亲张某一起共同生活。父母婚姻关系解除及共同财产分割属家庭生活重大事项,其变动与李某自身密切相关,在李某未举证证实出现特殊事由阻碍其认知、行使权利情况下,本案诉讼时效不符合停止计算条件。为此,李某在长达近5年时间内未向父亲催促交付赠与物,已超出法律规定的诉讼时效期间。判决驳回李某诉请。

③2013年**江苏某抚养费纠纷案**,2012年,张某与于某协议离婚,约定于某每月支付张某抚养费2000元,逾期支付应承担相当于该费用2倍的违约金。后因于某

拖欠支付1万元抚养费,张某诉请于某支付,并依约支付违约金2万元。法院认为:婚姻关系虽与《合同法》调整的一般民事法律关系有一定区别,但离婚协议性质在法律上仍系合同一种,经双方合意产生,应受《合同法》调整。另,最高人民法院《关于适用〈中华人民共和国婚姻法〉若干问题的解释(一)》(已于2021年1月1日起废止)对协议离婚中纠纷处理原则、处理方式及对离婚协议性质认定中亦已对上述问题予以明确,故当事人不履行离婚协议义务或履行协议义务不符合约定的,理应承担《合同法》上的违约责任,违约金条款应适用于离婚协议,对双方均有法律约束力。本案中,双方均为完全民事行为能力人,签订离婚协议是双方真实意思表示,不违反法律强制性规定,故双方所签协议合法有效,于某应按离婚协议履行给付抚养费法定义务。离婚协议中对抚养费给付及违约责任作出明确约定,现于某迟延给付抚养费,构成违约,理应承担违约责任。因于某未及时给付,对张某造成的经济损失有限,而双方约定的违约金过分高于张某损失,根据公平合理原则,结合当地经济状况及于某经济条件,对违约金酌情降低至5000元为宜。判决于某一次性给付张某违约金5000元。

④2012年**某离婚纠纷案**,李某起诉张某离婚,经法院主持调解,双方达成离婚调解协议,约定双方签名后生效。法院根据调解协议制作成调解书,此后,李某拒绝履行调解协议内容、拒绝领取调解书并申请撤诉。法院认为:依《民事诉讼法》规定,调解达成协议,法院应制作调解书。调解书应当写明诉讼请求、案件事实和调解结果。调解书由审判人员、书记员署名,加盖法院印章,送达双方当事人。调解书经双方当事人签收后,即具有法律效力。下列案件调解达成协议,法院可以不制作调解书:(一)调解和好的离婚案件;(二)调解维持收养关系的案件;(三)能够即时履行的案件;(四)其他不需要制作调解书的案件。对不需要制作调解书的协议,应当记入笔录,由双方当事人、审判人员、书记员签名或者盖章后,即具有法律效力。通常情况下,经法院主持调解达成协议的案件,法院应当制作调解书,并送达双方当事人后,该调解书即发生法律效力。同时,法律明确规定四类案件,当事人调解达成协议后,可不制作调解书。关于"其他不需要制作调解书的案件",《民事诉讼法》未进一步明确,而最高人民法院《关于人民法院民事调解工作若干问题的规定》第十三条规定,"根据民事诉讼法第九十条第一款第(四)项规定,当事人各方同意在调解协议上签名或者盖章后生效,经人民法院审查确认后,应当记入笔录或者将协议附卷,并由当事人、审判人员、书记员签名或者盖章后即具有法律效力。当事人请求制作调解书的,人民法院应当制作调解书送交当事人。当事人拒收调解书的,不影响调解协议的效力。一方不履行调解协议的,另一方可以持调解书向人民法院申请执行。"据此,可将上述规定理解为对"其他不需要制作调解书的案件"的进一步明确,并从《民事诉讼法》关于"调解和好的离婚案件"可不制作调解

书规定反推出调解解除婚姻关系的离婚案件应制作调解书。就离婚诉讼而言,如当事人协议离婚,将涉及婚姻当事人身份关系的解除以及财产分割、子女抚养等内容,需一定法律文书予以载明,如不制作调解书,既不利于当事人之间身份关系变化确定,亦不利于当事人今后生产生活,故对于调解离婚案件,法院应制作调解书。当事人虽在法院制作的离婚调解协议上签名,但事后拒绝签收离婚调解书,该离婚调解书尚不发生法律效力。在这种情况下,法院应根据当事人请求,以及夫妻感情是否确已破裂事实,及时作出裁判,并依法定程序送达裁判文书。

⑤2012 年**四川某离婚后财产分割纠纷案**,1998 年,王某与俞某协议离婚并约定了财产分割,由王某补偿俞某 180 万元。2001 年,王某支付完毕,但双方未办离婚,且双方又育一子。2003 年,王某起诉离婚,经法院调解自愿离婚,但未约定财产分割内容。2011 年,俞某以王某 2003 年提供电缆公司借款 190 万元系共同财产为由,诉请分割。法院认为:最高人民法院《关于适用〈中华人民共和国婚姻法〉若干问题的解释(三)》(已于 2021 年 1 月 1 日起废止)第 14 条规定:"当事人达成的以登记离婚或者到人民法院协议离婚为条件的财产分割协议,如果双方协议离婚未成,一方在离婚诉讼中反悔的,人民法院应当认定该财产分割协议没有生效,并根据实际情况依法对夫妻共同财产进行分割。"该条适用于夫妻离婚未成,在离婚分割财产案件中对之前达成的财产分割协议反悔时情形。本案中,王某与俞某 1998 年签订协议后,作为负有给付义务一方,王某已按约向俞某支付了 180 万元现金,该协议涉及财产部分实际已履行完毕。本案事实与前述司法解释规定的因离婚一方反悔不愿支付而导致财产分割协议不生效情况不相同,故本案并不适用前述规定。1998 年签订协议书后四年多时间内,若依王某 2001 年支付俞某最后一笔款时间计算,也有两年多时间,王某与俞某仍在一起生活,双方还在 2001 年孕育一子。以上事实说明双方在协议签订后仍有继续共同生活的主观愿望,且实际上在 2003 年 5 月才经法院调解离婚。王某虽已依约支付了俞某 180 万元,但该款项从性质上说亦属双方在之前婚姻关系存续期间积累的财产,属于俞某应得部分,此后在共同生活中新产生债权 190 万元,应作为夫妻共同财产进行分割,判决王某支付俞某 95 万元。

⑥2010 年**上海某竞业限制纠纷案**,2007 年,严某与丈夫陈某协议离婚,约定 8 家销售公司、3 家生产公司分别归陈某、严某所有,并约定竞业禁止义务及 1000 万元的违约金。2008 年,因陈某担任其他同业公司销售顾问,其所有的销售公司销售其他公司同类产品,严某以违反竞业禁止约定为由,诉请支付违约金 1000 万元。法院认为:所谓竞业禁止,是指特定营业主体对与之有特定民事法律关系的特定人员所为营利性竞争行为的禁止。竞业禁止适用范围并不限于用人单位和劳动者。从本案实际情况看,当事人之间确有约定竞业禁止必要,因严某依离婚协议所有的

3家生产公司，如失去多年积累的销售渠道支持，其价值必将大打折扣。严某与陈某竞业禁止约定未违反法律规定，应认定有效，但由于竞业禁止涉及公共利益，法院应进行司法审查。根据在案证据，足以证明陈某违反了约定义务。虽然陈某抗辩称8家销售公司在法律上与其没有关系，8家销售公司不代理行为不应由其承担责任，但根据法律规定，当事人约定由第三人向债权人履行债务的，第三人不履行债务或履行债务不符合约定的，债务人应向债权人承担违约责任，故陈某仍应承担因8家销售公司不代理严某公司产品而产生的违约责任。分割共同经营企业本质是对营业分割，营业本身具有独立价值，故违反竞业禁止义务违约金认定，可参照分割企业营业价值酌定。根据离婚时公司价值及因违约行为造成的损失，1000万元违约金并无不当。由于严某在二审期间自愿表示下调违约金数额，法院判决将违约金调整为300万元。

⑦2010年**广东某离婚纠纷案**，2010年，结婚、生子7年的莫某与李某达成离婚协议，并据此将莫某名下房产办至李某名下。后因李某反悔，拒绝在民政局办理离婚手续致诉。李某以其未在离婚协议上签字为由抗辩。法院认为：莫某与李某经人介绍相识并恋爱，双方经一段时间相互了解并自愿登记结婚，双方具有较好感情基础。婚后，双方在生活和工作上能相互扶持，双方建立有一定夫妻感情；儿子尚年幼，从双方诉讼中反映的情况，现儿子极需父母爱护，双方离婚，对儿子会造成伤害，故莫某诉请离婚，不予支持。离婚协议是解除夫妻双方人身关系协议，该协议系一种要式协议，须经双方当事人签名确认才能生效，即双方在协议上签字系其成立前提条件。否则，即使有证人在场见证，证明双方达成离婚合意，但由于一方未在离婚协议上签名确认，在法律上该离婚协议即未成立。本案中，李某虽口头答应离婚，且双方履行了共同财产分割部分，可认定双方对离婚达成合意，但因李某未在协议上签名导致离婚协议欠缺合同成立要件，且事后李某反悔不愿离婚，故不能根据仅有一方签名离婚协议判决双方离婚。婚内离婚协议系以双方协议离婚为前提，一方或双方为达离婚目的，可能在子女抚养、财产分割等方面作出有条件让步。在双方未能在婚姻登记机关登记离婚情况下，该协议未生效，对双方当事人均不产生法律约束力，其中关于子女抚养、财产分割约定，不能当然作为法院处理离婚案件直接依据。莫某与李某在协议离婚过程中经双方协商对财产分割进行处理，系双方真实意思表示，且已变更登记，但由于李某未在离婚协议上签名，达不到离婚协议成立要件，故该婚内离婚协议无效，即按该协议所进行履行行为亦为无效。虽土地使用证范围内土地使用权变更在李某名下，但该土地使用权还是莫某和李某婚姻存续期间共同财产，与原来登记在莫某名下性质一样。判决驳回莫某离婚诉请。

⑧2009年**某离婚纠纷案**,2006年,戴某与妻子秦某签订离婚协议,对子女抚养、财产分割做了约定。2007年,因秦某拒绝办理登记离婚手续,戴某诉请离婚,并要求依离婚协议分割财产。法院认为:附登记离婚条件的财产分割协议内容涉及夫妻身份关系解除、财产分割等问题,既包括人身关系,亦包括财产关系,具有复合性。一般情况下,民事合同只要符合法定民事法律行为应具备条件,双方达成一致意见即可生效,夫妻在婚姻关系存续期间达成的离婚协议虽可归属于民事合同,但其生效条件却有特别之处。在夫妻双方均同意离婚情况下,除了男女双方具有离婚合意外,还须到婚姻登记机关进行登记,方能发生解除婚姻关系法律效力。夫妻约定财产制中的约定与附登记离婚条件财产分割协议约定有本质区别。前者既包括对夫妻一方或双方已取得财产归属约定,亦包括对夫妻一方或双方将来取得财产权利归属约定,而后者一般系针对已取得的现存财产处置。判断两者性质,关键在于审查订立协议目的,如系以登记离婚为目的而对财产归属作出约定,则属后者;如双方无离婚意思表示,而仅系对婚前或婚后财产归属进行约定,则属前者。附登记离婚条件的财产分割协议,只有当条件成就时,该协议才生效。条件成就时间点是在婚姻登记机关进行离婚登记并取得离婚证时间。在婚姻登记机关确认离婚前,任何一方当事人均有权决定其是否成就,任何一方均可使协议不产生约束力甚至故意使其不成就而不必承担法律责任。只有在双方最终意见一致并办理离婚登记手续、取得离婚证情况下,才能充分反映双方当事人真实意思表示,故本案原告要求按离婚协议分割财产主张不予支持。

⑨2009年**安徽某离婚纠纷案**,2002年,侯某与妻子郭某诉讼调解离婚,约定房屋归侯某。随后,双方复婚。2005年,双方在民政部门协议离婚,约定婚生子、女由郭某抚养,侯某自愿给予抚养费,郭某不得强行索要,房屋归郭某所有,债务由侯某偿还。离婚后,郭某将房屋过户至自己名下。2006年,郭某将婚生女强行送至侯某处,拒绝抚养。侯某诉请撤销离婚协议中关于财产分割的条款,主张房屋归其所有。其间,法院支持侯某变更对婚生女的抚养关系诉讼。法院认为:离婚协议中财产赠与系双方当事人分割财产的一种方式,只有在符合法定条件下,才可行使撤销权。最高人民法院《关于适用〈中华人民共和国婚姻法〉若干问题的解释(二)》(已于2021年1月1日起废止)第9条规定,男女双方协议离婚后一年内就财产分割问题反悔,请求变更或撤销财产分割协议的,人民法院应当受理。人民法院审理后,未发现订立财产分割协议时存在欺诈、胁迫等情形的,应当依法驳回当事人的诉讼请求。据此,该变更权或撤销权系形成诉权,除斥期间为一年,只能通过诉讼提起,法院仅就财产分割协议是否存在不真实意思表示进行审查。本案中,侯某诉请撤销时已超过一年除斥期间。即使未超过一年除斥期间,郭某不按约定履行抚养义务,以及法院将对女儿抚养关系变更为由侯某抚养事实并非侯某行使撤销权

法定理由。侯某与郭某系自愿协议离婚,关于财产分割协议已经民政部门登记予以公示,具有公信力,已发生法律效力,任何一方无特殊原因应接受这一决定所带来法律后果。侯某非受害方,财产分割条款系双方真实意思表示。从协议内容看,郭某抚养两个孩子并分得原属侯某的一套房产,郭某不得强行要求侯某给付抚养费,夫妻关系存续期间债务均由侯某偿还,这些约定出于双方自愿,非显失公平,亦不存在侯某受欺诈、胁迫的合理怀疑,且侯某并无证据证明订立协议时存在欺诈、胁迫等可以撤销情形,应认定系双方真实意思表示,判决驳回侯某诉请。

⑩2008 年**新疆某离婚后财产分割纠纷案**,2007 年,祝某与丈夫常某离婚并办理离婚登记。常某依离婚协议给付 4 万元,其后给付余下 4 万元时,祝某未领取。事后祝某以常某拖欠 4 万元为由,诉请常某依约将名下商铺赔偿给祝某。法院认为:《合同法》调整非身份关系合同,有关身份关系合同不属其调整范围,而应由《婚姻法》《收养法》等法律调整。离婚协议系离婚双方当事人一致意思表示,依其特性属于合同。本案所涉离婚协议,约定常某给付祝某 4 万元虽载于双方解除婚姻关系协议,但该约定相对独立,不具有身份关系协议性质,应受《合同法》调整。案涉离婚协议合法有效。常某在协议签订后至约定还款时间前已积极向祝某作出了还款行为,因祝某个人原因,致使常某履行不能,故造成双方协议至今未能履行完毕原因非常某违约行为。判决常某给付祝某 4 万元。

⑪2008 年**新疆某离婚后财产分割纠纷案**,2006 年,樊某与丈夫韩某离婚,协议约定后者支付前者 15 万元,已支付 6.5 万元,尚欠 8.5 万元,以后每月还 7000 元。协议签订后的第 2 个月,因樊某急需用钱,向韩某借款 2 万元,承诺次日还款,如不能还款,离婚协议中约定的余款不再支付。2007 年,韩某因以次日樊某未还款为由而未再支付离婚协议中的余款被诉。法院认为:夫妻双方离婚时就财产分割已做约定,且双方亦实际履行,之后樊某在急需用钱情况下,向韩某借款并明确约定还款违约责任,樊某未按约定时间偿还,应视为其放弃对离婚协议中对方应支付款项,该行为并不违背民事活动应遵循当事人意思自治原则。樊某提出协议是在情急、非理智情况下书写,因与受欺诈、胁迫订立协议不能等同,故樊某要求对方偿还欠款诉请不予支持。

⑫2007 年**北京某离婚纠纷案**,2005 年,李某与张某离婚,协议约定李某名下共有承租公房两间,各人享有其中一间房屋所有权。2007 年,李某办理房改手续,支付 1 万余元,获得完全产权后,诉请确认离婚协议中关于住房约定部分无效,要求确认其所有权。法院认为:物权是权利人依法对特定的物享有直接支配和排他的权利。权利人要实现其对物的直接支配和排他权利,须以国家公权力保护为后盾,而国家公权力要实现对物权保护,须以确定物的范围和界域为前提。一套房屋范围和界域内只能确定一个所有权,国家对不动产实行的统一登记制度中,不允许对

同一套房屋登记两个以上所有权,故不动产虽可由两个以上个人共有,但成套建造的单元楼房不得由两个以上个人分别所有该套房屋内不同房间。李某与张某在离婚协议中约定两房间归各自分别所有,违反了一物一权(所有权)原则,该约定无效。在李某与张某均主张房屋所有权、李某不同意以竞价方式确定所有权归属情况下,法院根据下列因素确定房屋所有权归属:本案诉争房屋是李某与张某结婚前,李某以分期付款方式从其单位购买的标准价住房;李某在婚前用个人财产支付超过三分之一房款,婚姻关系存续期间李某与张某用夫妻共同财产支付部分,取得以李某为房屋所有权人的所有权证书;李某与张某离婚后,李某又用个人财产补交了差额款,办理了房改手续,取得完全产权。基于上述考虑,法院确定本案诉争房屋归李某所有,由李某给付张某房屋折价款。判决确认离婚协议中关于住房安排内容无效,该住房归李某所有,李某给付张某折价款12万元。

⑬2005年**湖北某离婚纠纷案**,2002年,王某与丈夫石某协议离婚,石某在共同签名的离婚申请中承诺给予王某精神抚慰金8万元,但未履行。2004年,王某起诉离婚,并以石某与他人保持不正当男女关系为由,要求按离婚申请支付8万元。法院认为:离婚申请主要内容是协议离婚,双方未到婚姻登记机关按该协议办理离婚手续,该离婚申请自动失效。生效判决未认定离婚申请属合法有效证据。在离婚判决中,依法分割了夫妻共同财产,并未采纳离婚申请协议条款。王某尚无证据证实石某存在《婚姻法》规定的损害赔偿情形,故判决驳回王某诉请。

⑭2003年**黑龙江某离婚后财产分割纠纷案**,2001年,陈某与妻子程某协议离婚,对孩子抚养及房产处理作出约定。离婚后,双方又签订补充协议,对其他共有财产归属作出约定,同时约定程某给付陈某20万元折价款。嗣后,程某出资9万余元为陈某购房、购车。2003年,陈某诉请程某依补充协议支付20万元折价款。法院认为:双方在婚姻登记机关办理离婚手续后,对双方夫妻关系存续期间财产又达成分割协议,该协议不违反法律规定,又系双方真实意思表示,陈某起诉要求程某按协议给付20万元财产折价款,程某应依约履行。程某称该协议系受胁迫所为,但通过审查双方婚姻关系存续期间共同财产数量,程某称受陈某胁迫不客观,且程某亦提供不出陈某胁迫证据,故程某该辩称不予支持。考虑到程某离婚后又出资为陈某购买楼房及车辆,该部分款项应按协议程某应付给陈某20万元中扣除。判决财产分割依双方补充协议约定履行,程某给付陈某财产差价款10万余元。

【典型类案实务要点】

1.**【离婚协议签订后未办登记,应认定一方承诺未生效】**离婚协议中非财产分割条款涉及当事人自身利益处分且当事人在诉讼中明确表示对该非财产分割条款表示反悔时，一般应认定该非财产分割条款未生效。

2.【**附离婚条件财产分割协议，因未离婚而不发生效力**】夫妻双方在婚姻关系存续期间达成的附离婚条件的财产分割协议，因缺乏离婚这一前提和基础而不应发生效力，即使实际发生按照协议内容进行财产分割的事实，亦不能认为所附协议离婚条件已成就。

3.【**子女请求父母履行离婚赠与约定，受诉讼时效约束**】离婚协议中约定财产归子女所有，共同生活事由消灭后，子女行使权利超过诉讼时效期间的，其主张应不予支持。

4.【**离婚协议受《合同法》调整，违约金条款应为有效**】离婚协议约定父母一方拖欠子女抚养费应向对方承担违约责任的，对方有权依《合同法》主张违约金，具体数额由法院综合判断酌定。

5.【**离婚调解协议上，一方签名后反悔的，协议不生效**】当事人在法院制作并约定签名后生效的离婚调解协议上签名，但事后一方拒绝签收的，该离婚调解书不发生效力。

6.【**离婚未成，财产分割协议已履行的，协议应为有效**】与离婚一方反悔不愿支付而导致财产分割协议不生效情况不同，双方离婚未成却实际按离婚财产分割协议履行了财产分割内容的，协议应为有效。

7.【**离婚时营业分割，约定竞业禁止条款，应认定有效**】夫妻离婚协议中，关于分割共同经营的企业时约定的竞业禁止条款，只要不违背法律强制性规定，应认定为有效。

8.【**附登记离婚条件财产分割协议，未登记离婚不生效**】附登记离婚条件的财产分割协议以双方协议离婚为前提，在条件未成就时，该离婚协议未生效，不能作为法院处理离婚案件的直接依据。

9.【**离婚协议关于给付财产约定，应受《合同法》调整**】离婚协议中关于给付财产约定，独立于双方解除婚姻关系协议内容，不具有身份关系性质，应受《合同法》调整。

10.【**"情急"之下订立协议，不能等同于受欺诈或胁迫**】一方"情急"之下订立协议，与受欺诈、胁迫订立协议不能等同，不能因此认定违背真实意思而无效或应被撤销。

11.【**因未办离婚登记，离婚协议及其中赔偿约定均失效**】夫妻双方协议离婚，但未到婚姻登记机关按协议办理离婚手续的，离婚协议失效，其中约定的损害赔偿条款亦无约束力。

12.【**协议离婚后，又达成新的财产分割协议，应为有效**】当事人双方对财产分割达成协议并办理离婚登记后，又自行达成新的财产分割协议的，该协议不违反法律规定,应为有效。

13.【**离婚协议中财产分割条款撤销权,应符合法定条件**】就离婚协议中的财产分割条款行使撤销权诉讼,应适用有关婚姻法律及其司法解释关于除斥期间及法定条件的规定。

14.【**口头达成婚内离婚协议,但一方未签字,应未生效**】婚内离婚协议是要式协议,双方当事人达成离婚合意,须在协议上签名才能使离婚协议生效。双方当事人对财产处理是以达成离婚为前提,虽已履行财产权利变更手续,但因离婚前提条件不成立而未生效,已变更权利人财产仍属夫妻婚姻存续期间共同财产。

【类案裁判一般规则】

当事人达成的以登记离婚或到法院协议离婚为条件的财产分割协议,如双方协议离婚未成,一方在离婚诉讼中反悔的,法院应认定该财产分割协议未生效,并根据实际情况依法对夫妻共同财产进行分割;离婚协议中非财产分割条款涉及当事人自身利益处分且当事人在诉讼中明确表示对该非财产分割条款表示反悔时,一般应认定该非财产分割条款未生效。

【典型参考案例索引】

主旨案例:见《离婚协议中非财产分割条款效力认定》(肖峰,最高院民一庭),载《民事审判指导与参考·指导性案例》(201202/50:112)。**其他案例:**①上海一中院(2015)沪一中(民)再终字第9号"凌某与李某离婚案",见《已部分履行的附协议离婚条件财产分割协议的效力》(徐文文),载《人民司法·案例》(201608:44)。②重庆五中院(2014)渝五中法民终字第02780号"李父与李女赠与纠纷案",见《子女请求父母履行赠与约定应受诉讼时效约束》(郭峰),载《人民司法·案例》(201512:72)。③江苏南京秦淮区法院(2013)秦民初字第2025号"张某与于某抚养费纠纷案",见《拖欠抚养费的合同违约责任——江苏南京秦淮法院判决张靖沂诉于天文抚养费纠纷案》(王冬青、王小娣),载《人民法院报·案例精选》(20140529:06)。④见《当事人约定在离婚调解协议上签名后生效,该离婚调解协议是否具有法律约束力》(《审判监督指导》研究组),载《审判监督指导·再审信箱》(201202/40:243)。⑤四川成都中院(2012)成民终字第1048号"俞某与王某离婚后财产分割案",见《俞琴琴诉王维春离婚后财产分割纠纷案(离婚未成却已实际履行的离婚财产分割协议财产部分的,该协议就财产分割的内容应属有效)》(杨晓岚),载《中国审判案例要览》(2013民:362)。⑥上海二中院(2010)沪二中民一(民)终字第1851号"陈某燕与陈某忠竞业限制纠纷上诉案",见《离婚协议中竞业禁止条款的性质与效力》(高中伟、杨恩乾),载《人民司法·案例》(201110:

28)。⑦广东怀集法院2010年12月2日判决"莫某与李某离婚纠纷案",见《莫君飞诉李考兴离婚纠纷案》,载《最高人民法院公报·案例》(2011:532);另见《离婚未成时已履行分割财产协议的法律效力》(苏少雄、彭汉文),载《人民司法·案例》(201214:4)。⑧见《附登记离婚条件的财产分割协议的效力认定》(吴晓芳,最高院民一庭),载《民事审判指导与参考·指导性案例》(200903/39:155)。⑨安徽淮安中院"侯某与郭某离婚纠纷案",见《违反离婚协议中财产分割条款的法律适用》(周伟、马作彪,安徽淮安中院),载《审判监督指导·实务研讨》(200904/30:142)。⑩新疆乌鲁木齐中院(2008)乌中民一终字第686号"祝某与常某离婚后财产纠纷案",见《祝婕诉常守明离婚后财产纠纷案》(杨善明),载《人民法院案例选》(200901/67:114)。⑪新疆乌鲁木齐中院(2008)乌中民一终字第1133号"樊某诉韩某离婚后财产纠纷案",见《"情急"之下订立的协议不属于受欺诈、胁迫订立的协议——樊晖诉韩硕离婚后财产纠纷案》(杨善明),载《人民法院案例选·月版》(200903/3:62)。⑫北京一中院(2007)一中民终字第14995号"李某与张某离婚纠纷上诉案",见《同一套住房分割时一物一权原则的适用》(王茂刚),载《人民司法·案例》(200804:70)。⑬湖北远安法院(2005)远民初字第259号"王某与石某离婚纠纷案",见《王俊红诉石忠海离婚过错损害赔偿案(离婚协议,离婚过错损害赔偿)》(刘乾华),载《中国审判案例要览》(2006民:495)。⑭黑龙江齐齐哈尔中院(2003)齐民一终字第192号"陈某与程某离婚后财产分割纠纷案",见《陈大鹏诉陈岷登记离婚后财产分割案(离婚后的财产分割协议)》(巴鑫),载《中国审判案例要览》(2004民:409)。

52. 夫妻感情破裂的认定

——夫妻有矛盾,可否判离婚?

【感情破裂】

【案情简介及争议焦点】

2002年,齐某与吴某相恋。2003年,二人结婚。2004年,育一子。2007年,因丈夫齐某与一异性关系暧昧,引发家庭矛盾。2008年,齐某起诉离婚。

争议焦点:1. 如何认定夫妻感情破裂?2. 本案应否判决离婚?

【裁判要点】

1. 认定标准。判断夫妻感情是否破裂,应从婚姻基础、婚后感情、离婚原因、夫妻关系现状和有无和好可能等方面综合分析。依最高人民法院《关于人民法院审理离婚案件如何认定夫妻感情确已破裂的若干具体意见》(1989 年 12 月 13 日 法〔民〕发〔1987〕38 号,已于 2021 年 1 月 1 日起废止)第 8 条规定,"一方与他人通奸、非法同居,经教育仍无悔改表现,无过错一方起诉离婚,或者过错方起诉离婚,对方不同意离婚,经批评教育、处分,或在人民法院判决不准离婚后,过错方又起诉离婚,确无和好可能的",可判决准予离婚。

2. 并未破裂。本案中,双方经人介绍相识,自由恋爱,恋爱期间书信往来频繁,相互了解近 2 年后自愿登记结婚,婚姻基础较好。婚后共同生活多年,一直互相帮助、关心、安慰,遇到挫折时相互鼓励,极少赌气,夫妻关系一直较好。因齐某与一异性关系暧昧,双方才时有吵闹,影响沟通,但夫妻感情并未破裂。吴某对齐某过错表示谅解,要求和好的态度善意、诚恳,只要双方相互谅解、以诚相待,共同为家庭和孩子着想,夫妻关系能够和好。夫妻关系现状虽有矛盾,但夫妻感情并未进一步恶化,故判决不准双方离婚。

【裁判依据或参考】

1. 调解。《民法典》(2021 年 1 月 1 日)第 1079 条:"夫妻一方要求离婚的,可以由有关组织进行调解或者直接向人民法院提起离婚诉讼。人民法院审理离婚案件,应当进行调解;如果感情确已破裂,调解无效的,应当准予离婚……"最高人民法院**《关于进一步深化家事审判方式和工作机制改革的意见(试行)》**(2018 年 7 月 18 日　法发〔2018〕12 号)第 11 条:"离婚案件的调解,双方当事人应亲自到场。当事人确因特殊情况无法到场参加调解的,除本人不能表达意志的以外,应当出具书面意见。"第 28 条:"具有下列情形之一的,人民法院根据实际情况可以建议案件当事人或者未成年人接受心理疏导:(1)一方当事人同意离婚,对方当事人不同意离婚并且情绪激动的;(2)探望权纠纷、监护权纠纷以及其他有关亲子关系纠纷的案件中,当事人情绪波动较大的;(3)存在家庭暴力行为,对当事人身心健康造成较大影响的;(4)案件所涉及的未成年人情绪波动较大或者有反常行为,需要心理疏导的;(5)其他需要进行心理疏导的情形。"最高人民法院**《关于人民法院进一步深化多元化纠纷解决机制改革的意见》**(2016 年 6 月 28 日　法发〔2016〕14 号)第 12 条:"支持工会、妇联、共青团、法学会等组织参与纠纷解决。支持工会、妇联、共青团参与解决劳动争议、婚姻家庭以及妇女儿童权益等纠纷。支持法学会动员组织广大法学工作者、法律工作者参与矛盾纠纷化解,开展法律咨询服务和调解工作。

支持其他社团组织参与解决与其职能相关的纠纷。”最高人民法院**《关于开展家事审判方式和工作机制改革试点工作的意见》**(2016 年 6 月 1 日　法〔2016〕128 号)第 4 条:“工作机制。1. 探索引入家事调查员、社工陪护及儿童心理专家等多种方式,不断提高家事审判的司法服务和保障水平。家事案件的审理涉及心理学、社会学等多方面专业知识,需要相关专业领域人员的配合与协助。探索相关公益性服务机构及人员配合法院调查审理家事案件,及时为当事人提供心理疏导等相关专业服务。在有条件的地方,建设家事调解室、心理评估室、单面镜调查室等设施,为家事审判改革提供强有力的物质装备保障。2. 探索家事纠纷的专业化、社会化和人性化解决方式。推动建立司法力量、行政力量和社会力量相结合的新型家事纠纷综合协调解决机制,完善多元化纠纷解决机制,形成有效社会合力,切实妥善化解家事纠纷。”最高人民法院**《关于在部分法院开展家事审判方式和工作机制改革试点工作的通知》**(2016 年 6 月 1 日　法〔2016〕129 号):“……家事案件涉及的亲属关系具有高度的人身性、敏感性和复杂性。家事纠纷的解决,不仅关乎个人及家庭幸福,同时也关系到社会和谐稳定与文明进步。婚姻家庭关系是伦理性极强的社会关系,妥善处理好婚姻家庭等家事案件,是社会建设健康和谐发展的需要,是全面建成小康社会的需要。因此,顺应司法改革趋势,针对婚姻家庭亲属关系所具有的社会道德属性及其个性特点,以维护婚姻家庭稳定,依法保护未成年人、妇女和老年人合法权益,弘扬社会主义核心价值观为目标,推动和深化家事审判方式和工作机制改革,不仅是家事审判特殊性及其内在规律的要求,也是人民法院参与社会管理创新和强化司法为民的需要。”最高人民法院**《贯彻实施新民事诉讼法(三):关于调解协议司法确认程序的理解和适用》**(2012 年 12 月 8 日):“……二是申请确认的调解协议范围。新民事诉讼法第一百九十四条规定,‘申请司法确认调解协议,由双方当事人依照人民调解法等法律,自调解协议生效之日起三十日内,共同向调解组织所在地基层人民法院提出。’对于申请确认的调解协议范围的问题有两种理解:一种理解是,只有人民调解法和其他由全国人大常委会通过的法律明确规定可以申请司法确认的调解协议才能申请确认;另一种理解是,除了人民调解法规定可以申请确认的以外,其他法律、行政法规、地方性法规、行政规章以及中央批准的司法改革方案中明确规定可以确认的调解协议,均属于民事诉讼法第一百九十四条规定的申请确认范围。例如,《若干意见》第二十条规定,经行政机关、人民调解组织、商事调解组织、行业调解组织或者其他具有调解职能的组织调解达成的具有民事合同性质的协议,经调解组织和调解员签字盖章后,当事人可以申请有管辖权的人民法院确认其效力。我们认为,在当前我国深入推进社会管理体制改革、为社会管理提供充分司法保障的形势下,特别是多元纠纷解决机制改革迅速推进的大背景下,第二种理解更符合民事诉讼法的立法原意。三是司法确认案件的受理程序。基层人民法院收到当事人司法确认申请后，应当对确认申请进行审查。人民法院不受理司法确认申请的情形包括：第一，不属于人民法院受理民事案件的范围或者不属于接受申请的人民法院管辖的；第二，确认身份关系的；第三，确认收养关系的；第四，确认婚姻关系的；第五，涉及人民法院适用特别程序、公示催告程序和破产还债程序审理的纠纷。对于符合上述情形的申请，人民法院应当在三日内作出不予受理决定，并及时向当事人送达不予受理通知书。对不属于人民法院受理民事案件范围的，应当告知当事人按照相应的程序解决纠纷；对不属于本院管辖的，人民法院应告知当事人向有管辖权的人民法院提出申请。对于经审查认为符合条件决定受理的，人民法院应当编立'调确字'案号，确定案由为'申请确认调解协议效力'，并及时向当事人送达受理通知书。双方当事人同时到法院申请司法确认的，人民法院可以当即受理。一方当事人到法院申请司法确认的，人民法院应当通知该当事人征得另一方当事人同意后再申请确认。"最高人民法院**《关于充分发挥民事审判职能，依法维护妇女、儿童和老年人合法权益的通知》**（2012 年 2 月 28 日　法〔2012〕57 号）第 3 条："积极推动民事审判工作机制创新，有条件的基层人民法院，在民事审判第一庭内可以设立妇女维权合议庭，及时审理涉及妇女儿童权益的婚姻家庭案件。认真研究探索妇女维权合议庭的职责和工作方式，不断总结经验。要以《关于建立健全诉讼与非诉讼相衔接的矛盾纠纷解决机制的若干意见》为指导，采取灵活多样的形式，加强与妇联、人民调解委员会等相关组织的联系、配合，动员多层次、多部门的力量参与婚姻家庭案件的调解工作，形成社会矛盾化解合力，在维护妇女、儿童和老年人合法权益，化解矛盾上下功夫。"最高人民法院**《关于人民调解协议司法确认程序的若干规定》**（2011 年 3 月 30 日　法释〔2011〕5 号）第 4 条："人民法院收到当事人司法确认申请，应当在三日内决定是否受理。人民法院决定受理的，应当编立'调确字'案号，并及时向当事人送达受理通知书。双方当事人同时到法院申请司法确认的，人民法院可以当即受理并作出是否确认的决定。有下列情形之一的，人民法院不予受理：（一）不属于人民法院受理民事案件的范围或者不属于接受申请的人民法院管辖的；（二）确认身份关系的；（三）确认收养关系的；（四）确认婚姻关系的。"最高人民法院**《印发〈关于进一步贯彻"调解优先、调判结合"工作原则的若干意见〉的通知》**（2010 年 6 月 7 日　法发〔2010〕16 号）第 4 条："进一步强化民事案件调解工作。各级法院特别是基层法院要把调解作为处理民事案件的首选结案方式和基本工作方法。对依法和依案件性质可以调解的所有民事案件都要首先尝试通过运用调解方式解决，将调解贯穿于民事审判工作的全过程和所有环节。对《最高人民法院关于适用简易程序审理民事案件的若干规定》第十四条规定的婚姻家庭纠纷、继承纠纷、劳务合同纠纷、交通事故和工伤事故引起的权利义务关系较为明确的损害赔偿纠纷、宅基地和相邻关系纠纷、合伙协议纠纷、诉讼标的额较小的民事纠纷，在开庭审理时应当先行调解。但是根据案件的性质和当事人的实际情况不能调解或者显然没有调解必要的除外……”最高人民法院**《关于人民法院民事调解工作若干问题的规定(2020修正)》**(2021年1月1日　法释〔2020〕20号)第1条：“根据民事诉讼法第九十五条的规定，人民法院可以邀请与当事人有特定关系或者与案件有一定联系的企业事业单位、社会团体或者其他组织，和具有专门知识、特定社会经验、与当事人有特定关系并有利于促成调解的个人协助调解工作。经各方当事人同意，人民法院可以委托前款规定的单位或者个人对案件进行调解，达成调解协议后，人民法院应当依法予以确认。”第2条：“当事人在诉讼过程中自行达成和解协议的，人民法院可以根据当事人的申请依法确认和解协议制作调解书。双方当事人申请庭外和解的期间，不计入审限。当事人在和解过程中申请人民法院对和解活动进行协调的，人民法院可以委派审判辅助人员或者邀请、委托有关单位和个人从事协调活动。”第5条：“当事人申请不公开进行调解的，人民法院应当准许。调解时当事人各方应当同时在场，根据需要也可以对当事人分别作调解工作。”第8条：“人民法院对于调解协议约定一方不履行协议应当承担民事责任的，应予准许。调解协议约定一方不履行协议，另一方可以请求人民法院对案件作出裁判的条款，人民法院不予准许。”第13条：“当事人以民事调解书与调解协议的原意不一致为由提出异议，人民法院审查后认为异议成立的，应当根据调解协议裁定补正民事调解书的相关内容。”第16条：“调解书约定给付特定标的物的，调解协议达成前该物上已经存在的第三人的物权和优先权不受影响。第三人在执行过程中对执行标的物提出异议的，应当按照民事诉讼法第二百二十七条规定处理。”最高人民法院民一庭**《关于做好二〇〇八年全国法院民一庭系统民事审判工作的通知》**(2008年5月1日　法民一字〔2008〕第2号)第3条：“调解既是民事诉讼法规定的一项重要诉讼制度，也是各级人民法院依法行使审判权的重要方式，凡是有调解余地的民事案件，应当尽可能调解，尤其是涉及婚姻家庭继承等纠纷、群体性纠纷、双方当事人均有过错、双方当事人均没有明显证据优势、判决后可能激化矛盾等案件应当着重调解。能够调解结案的，应当调解结案，对于不具备调解条件或者不需要调解的案件以及久调不决的案件，应当及时裁判。既不能为追求调解效果而忽视裁判价值，也不能为快速结案而忽视调解作用。无论是裁判还是调解，都要以双方当事人胜败皆服为最高追求目标，达到‘案结事了’。”山东高院**《家事案件审理规程》**(2018年8月30日)第7条：“诉前调解当事人达成一致意见的，人民调解组织应当制作调解协议书，由当事人签字确认。当事人申请对调解协议书进行司法确认的，人民法院应当及时对调解协议书进行审查，依法确认其效力。经诉前调解双方当事人达不成协议的，人民法院应及时登记立案，转入审判程序。”广东高院**《广东法院审理离婚案件程序指**

引》(2018年7月16日)第3条:"【调解前置和调解优先】离婚纠纷在登记立案前或者案件审理中未经调解的,人民法院不得进行裁判,但当事人坚持不愿调解,或者一方下落不明的除外。人民法院审理离婚案件,应当积极消除当事人之间的对抗,优先使用调解方式解决纠纷。"第10条:"【心理评估疏导】人民法院在审理离婚案件中,可以委托专业人员对当事人和未成年子女等进行心理干预、疏导、评估、矫治。专业人员应当具有心理学专业知识,并取得相关资质。人民法院应当为专业人员开展心理干预、疏导、评估、矫治工作提供必要的工作条件。"第20条:"【调解范围】当事人请求调解与离婚案件有关的其他纠纷的,家事调解员可以一并调解。当事人同意解除婚姻关系的,家事调解员应当对未成年子女的抚养和探望事项一并调解。对于下列事项,家事调解员不得进行调解:(一)存在无效婚姻情形,当事人请求解除婚姻关系的;(二)当事人请求确认亲子关系或者否认亲子关系的。存在下列情形,家事调解员不再进行调解,及时交由人民法院依法处理:(一)当事人之间恶意串通,借调解侵害他人合法权益的;(二)当事人借调解拖延诉讼,并进行隐藏、转移、变卖、损毁共同财产行为的。"第22条:"【诉讼前调解】对于当事人起诉到人民法院的离婚案件,人民法院可以在登记立案前委派家事调解员进行诉前调解。人民法院对离婚案件开展诉前调解工作,应当依照《广东省高级人民法院关于进一步加强诉调对接工作的规定》进行。诉前调解的期限为30日。经当事人同意,可以延长。当事人在诉前调解阶段达成调解协议申请司法确认的,人民法院应当对调解协议进行审查,依法确认调解协议的效力。当事人不同意诉前调解,或者在调解期限内无法达成调解协议的,应当及时登记立案。"第23条:"【诉讼中调解】登记立案后,人民法院对可能通过调解解决的离婚案件,可以委托家事调解员进行调解。对审查后认为法律关系明确、事实清楚的离婚案件,审判员或者合议庭可以径行调解。诉讼中调解的期限为30日。经当事人同意,可以延长。当事人在诉讼中达成调解协议的,人民法院依照当事人的申请,依法准予撤诉或者制作调解书。当事人不同意调解,或者在调解期限内无法达成调解协议的,应当进行判决。"第24条:"【申请撤诉】当事人达成调解协议或者和解协议申请撤诉的,人民法院依照《最高人民法院关于适用〈中华人民共和国民事诉讼法〉的解释》第二百三十八条、第三百三十八条的规定进行审查后,可以裁定准许撤诉。当事人申请撤诉的,人民法院对调解协议或者和解协议不作确认。当事人撤诉后,没有新情况、新理由,六个月内又起诉的,人民法院应当依据《中华人民共和国民事诉讼法》第一百二十四条、《最高人民法院关于适用〈中华人民共和国民事诉讼法〉的解释》第二百一十四条的规定不予受理。"第25条:"【确认调解协议】当事人达成调解协议申请出具调解书的,人民法院应当对调解协议进行审查确认。有下列情形之一的,不予确认:(一)侵害国家利益或者公序良俗的;(二)侵害未成年子女利益或者其他案外人利益的;(三)违背当事人真实意思的;(四)违反法律、行政法规禁止性规定的。当事人在调解书发生法律效力后重复起诉的,人民法院应当依据《最高人民法院关于适用〈中华人民共和国民事诉讼法〉的解释》第二百四十七条的规定不予受理。当事人申请再审的,对解除婚姻关系部分,人民法院应当依据《中华人民共和国民事诉讼法》第二百零二条的规定不予受理。”第 26 条:“【制作调解书】当事人调解和好的,人民法院可以不制作调解书。当事人达成解除婚姻关系调解协议的,人民法院审查确认后,应当制作调解书。当事人就部分事项达成调解协议的,人民法院审查确认后,应当就该部分制作调解书。当事人请求按照调解协议的内容制作判决书的,人民法院不予准许。无民事行为能力的当事人的法定代理人请求按照调解协议的内容制作判决书的,人民法院可予准许。当事人在诉讼过程中达成和解协议申请确认的,人民法院审查确认后,应当制作调解书。”北京高院《**北京法院立案阶段多元调解工作的规定(婚姻家庭继承部分)**》(2016 年 8 月 12 日 京高法发〔2016〕369 号)第 2 条:“询问双方对于婚姻关系的意见。对于双方均同意离婚的,如无子女、财产需要处理的,登记立案后出具调解书;如一方坚持不同意离婚的,应登记立案。”第 4 条:“双方均同意离婚且对子女抚养问题达成一致,但有夫妻财产要求处理的,如果双方对于财产问题能达成调解协议的,由立案法官出具调解书;不能达成调解协议的,应登记立案。(1)对于银行存款、工资收入、公积金等财产的处理,应要求双方当事人提交名下存款证明,并仅就夫妻名下财产进行调解。对存款性质存在争议的,应登记立案。(2)对于房屋的处理,应要求当事人提供房屋的产权凭证,对于房屋产权有争议、房屋产权不明、可能涉及案外人的情况,应登记立案。(3)对于夫妻共同债权、债务的处理,因涉及案外人权益,应登记立案。”第 5 条:“婚姻家庭类案件在调解不成的情况下均应登记立案,移交审判庭进行审理。”河北衡水中院《**关于审理涉及家庭暴力婚姻案件指导意见(试行)**》(2016 年 1 月 20 日)第 16 条:“联合调解机制。人民法院在审理涉及家庭暴力案件时,可以根据双方当事人的具体情况,充分运用调解方式解决矛盾和冲突。必要时,人民法院可以邀请妇联、人民调解组织或其他专业人士参与诉讼调解工作。对于施暴方确有悔改表现,且夫妻感情并未完全破裂的,人民法院在对施暴方进行教育后,调解和好的,允许撤诉。对于调解和好或撤诉案件,人民法院应将已查明的家庭暴力事实记录在案。对于施暴人再次实施暴力,导致受害妇女再次提起离婚诉讼的,人民法院可以根据记录在案的加害人实施家庭暴力的事实,及时调解或判决离婚。”浙江宁波海曙区法院《**关于印发〈家事案件审理规程〉的通知**》(2015 年 10 月 19 日 甬海法发〔2015〕76 号)第 8 条:“根据家事案件的具体情况,可以邀请具有一定法律知识、熟悉家事案件当事人心理特点的人担任人民陪审员,并优先选择妇联干部、具有教育学、心理学背景、婚姻咨询师资格的人民陪审员参与家事案件的审理。”第 9 条:“建立社会观护制度。在家事案件审理中,受人民法院委托,由海曙区关工委下属的‘银发护苗工作室’推荐的合适社会人士作为社会观护员,在部分案件中开展社会调查、判后回访,以及在特定情形下作为涉限制民事行为能力人或无民事行为能力人家事案件当事人的代理人。”第 10 条:“人民法院可以根据案件审理的需要,委托社会观护员承担以下工作:(一)对离婚纠纷、变更抚养关系纠纷、抚养费纠纷、监护权纠纷、探望权纠纷等案件中所涉及当事人婚姻家庭状况及未成年人的抚养等相关情况进行调查;(二)在法定监护人因故回避时,陪同涉案涉限制民事行为能力人或无民事行为能力人接受人民法院询问;特定情形下,作为涉限制民事行为能力人或无民事行为能力人的代理人参加诉讼;(三)参加并协助家事案件的调解工作;(四)对家事案件进行判(调解)后回访,了解生效判决或调解书的履行情况;(五)人民法院认为需要开展的其他社会观护工作。”江苏常州天宁区法院**《家事案件诉讼指南》**(2015 年 1 月)第 1 条:“[不公开审理]因家事案件涉及个人隐私,因此人民法院审理家事案件,一般不公开审理;双方当事人一致要求公开审理的,可以公开审理。一方当事人为未成年人的家事案件,一律不公开审理。”第 31 条:“家事案件的调解可以不局限于当事人的诉讼请求。当事人申请一并调解与有关亲属之间的其他债权债务纠纷的,人民法院可以通知有关亲属到庭参与调解,一并解决有关纠纷。”第 32 条:“人民法院应当充分发挥当事人家庭成员或者家族长辈、亲朋好友等在调解中的作用。调解参与人对调解内容负有保密义务。”第 33 条:“涉未成年人的家事案件,人民法院可以根据未成年人的特点,设立未成年人案件专用调解室。其他涉未成年人民事案件的调解,可在专用调解室进行,也可根据案情到未成年人所在学校或社区开展调解工作。”第 35 条:“除双方当事人申请外,人民法院不得对下列案件进行诉前调解:(一)当事人的情绪或者心理受到严重困扰,无法正常发表意见或者无法集中关注子女最大利益的;(二)当事人可能利用诉前调解来拖延时间的;(三)情况紧急需要尽快启动诉讼程序的;(四)一方当事人患有精神疾病的;(五)涉及虐待未成年人的;(六)其他不适宜诉前调解情形的。”第 36 条:“经人民调解工作室调解成功的,由人民调解工作室出具人民调解协议书;当事人可以依照《中华人民共和国民事诉讼法》第一百九十四条的规定,共同申请人民法院确认人民调解协议书的效力。经审查,人民调解协议书符合自愿、合法原则的,人民法院应当裁定确认有效;人民法院裁定不确认诉前人民调解协议书法律效力,或者仅部分确认人民调解协议书法律效力的,对于当事人仍提起诉讼的部分,应当进行立案。诉前调解达成协议后,当事人不申请人民法院确认调解协议效力的,人民法院不再进行立案。”第 38 条:“家事案件立案后,调解应贯穿审理过程始终。开庭审理前应再次进行调解。审理过程中如有调解契机,可以休庭进行调解。庭审结束后、案件宣判前,应注意把握时机,尽一切可能组织双方再进行调解，如仍无法调解的应及时宣判。”第48条：“当事人一方为六十周岁以上或婚龄三十周年以上、双方当事人一致同意离婚的，根据案件具体情况，可以告知其成年子女并由其成年子女共同参与调解。”第54条：“具有下列情形的，人民法院可以根据实际情况建议当事人接受心理疏导：（一）一方同意离婚，而另一方不同意离婚，或者不明确表态，或者意见较为反复，情绪波动较大的；（二）离婚案件涉及的未成年人情绪波动较大或者有反常行为，需要心理疏导的；（三）探望权纠纷以及涉及亲子关系认定的案件，当事人及相关未成年人情绪波动较大的；（四）家庭暴力持续时间较长，对受害人身心健康造成严重影响的；（五）其他需要进行心理疏导的情形。”第57条：“离婚案件当事人为保护个人隐私，可以在人民法院作出解除婚姻关系的裁判后，向作出生效裁判文书的人民法院申请出具离婚证明书。”江苏高院**《关于人民法院审理确认调解协议案件若干问题的讨论纪要》**（2013年1月1日　苏高法审委〔2012〕12号）第6条：“有下列情形之一的，人民法院不予受理：(1)不属于人民法院受理民事案件的范围或者不属于接受申请的人民法院管辖的；(2)确认身份关系的；(3)确认收养关系的；(4)确认婚姻关系的；(5)涉及人民法院适用特别程序、公示催告程序和破产还债未经人民法院预立案，其他调解组织进行调解达成协议，当事人申请司法确认调解协议的，应当统一编立‘民确字’、‘商确字’、‘商外确字’、‘知确字’案号。”北京高院**《关于审理人民调解协议司法确认案件若干问题的意见》**（2013年1月1日）第3条：“人民法院在审理确认调解协议案件中发现有下列情形的，应当认定不符合受理条件，裁定驳回起诉：（一）不属于人民法院受理民事案件的范围或者不属于接受申请的人民法院管辖的；（二）确认身份关系的；（三）确认收养关系的；（四）确认婚姻关系的；（五）涉及人民法院适用其他特别程序、公示催告程序和破产还债程序审理的纠纷。”上海高院**《关于印发〈立案问题解答（三）〉的通知》**（2011年9月23日　沪高法立〔2011〕7号）第2条：“在婚姻家庭、继承案件中，双方当事人在法院调解中达成涉第三人利益（大都为未成年人）的协议后，若一方当事人不履行，另一方当事人依据法院制作的民事调解书是否有权申请执行？答：《中华人民共和国民事诉讼法》第二百一十二条第二款明确规定：‘调解书和其他应当由人民法院执行的法律文书，当事人必须履行。一方拒绝履行的，对方当事人可以向人民法院申请执行’。因此，另一方当事人若遇题述情形，当然有权依法向法院申请执行。”湖南高院**《关于加强对家庭暴力受害妇女司法保护的指导意见（试行）》**（2009年4月14日）第16条：“联合调解机制。人民法院在审理涉及家庭暴力案件时，可以根据双方当事人的具体情况，充分运用调解方式解决矛盾和冲突。必要时，人民法院可以邀请妇联、人民调解组织或其他专业人士参与诉讼调解工作。对于施暴方确有悔改表现，且夫妻感情并未完全破裂的，人民法院在对施暴方进行教育后，调解和好的，允许撤诉。对于调解和好或撤诉案件，人民法院应将已查明的家庭暴力事实记录在案。对于施暴人再次实施暴力,导致受害妇女再次提起离婚诉讼的,人民法院可以根据记录在案的加害人实施家庭暴力的事实,及时调解或判决离婚。”江苏高院、省妇联**《关于委托、邀请妇联组织和特邀调解员调解婚姻家庭纠纷的意见(试行)》**(2007 年 11 月 14 日　苏高法〔2007〕410号)第 3 条:“人民法院委托妇联组织调解婚姻家庭纠纷,可以在当事人起诉后、人民法院立案前进行,也可以在立案后、开庭审理前进行,还可以在庭审中或庭审后进行。对于在当地有重大影响、疑难复杂、矛盾易激化的婚姻家庭纠纷,应当在开庭前邀请或者委托妇联组织或特邀调解员协助人民法院进行调解。”第 27 条:“经妇联组织或特邀调解员进行调解达成调解协议的,人民法院应当依法予以确认并制作民事调解书。对于调解和好的离婚纠纷可以不制作民事调解书。”第 28 条:“当事人在立案前经妇联组织或特邀调解员调解达成调解协议后,要求人民法院出具民事调解书的,人民法院应当当即立案,并在依法确认调解的效力后出具民事调解书。”

2. 冷静期。最高人民法院**《关于进一步深化家事审判方式和工作机制改革的意见(试行)》**(2018 年 7 月 18 日　法发〔2018〕12 号)第 40 条:“人民法院审理离婚案件,经双方当事人同意,可以设置不超过 3 个月的冷静期。在冷静期内,人民法院可以根据案件情况开展调解、家事调查、心理疏导等工作。冷静期结束,人民法院应通知双方当事人。”民政部**《关于贯彻落实〈中华人民共和国民法典〉中有关婚姻登记规定的通知》**(2021 年 1 月 1 日　民发〔2020〕116 号):“……(三)冷静期。自婚姻登记机关收到离婚登记申请并向当事人发放《离婚登记申请受理回执单》之日起三十日内,任何一方不愿意离婚的,可以持本人有效身份证件和《离婚登记申请受理回执单》(遗失的可不提供,但需书面说明情况),向受理离婚登记申请的婚姻登记机关撤回离婚登记申请,并亲自填写《撤回离婚登记申请书》(附件 4)。经婚姻登记机关核实无误后,发给《撤回离婚登记申请确认单》(附件 5),并将《离婚登记申请书》、《撤回离婚登记申请书》与《撤回离婚登记申请确认单(存根联)》一并存档。自离婚冷静期届满后三十日内,双方未共同到婚姻登记机关申请发给离婚证的,视为撤回离婚登记申请。(四)审查。自离婚冷静期届满后三十日内(期间届满的最后一日是节假日的,以节假日后的第一日为期限届满的日期),双方当事人应当持《婚姻登记工作规范》第五十五条第(四)至(七)项规定的证件和材料,共同到婚姻登记机关申请发给离婚证。婚姻登记机关按照《婚姻登记工作规范》第五十六条和第五十七条规定的程序和条件执行和审查。婚姻登记机关对不符合离婚登记条件的,不予办理。当事人要求出具《不予办理离婚登记告知书》(附件 7)的,应当出具……”山西晋城中院**《印发〈关于在审理离婚案件中实行离婚冷静期的指导意见(试行)〉的通知》**(2019 年 4 月 28 日　晋市法〔2019〕28 号)第

1 条:“人民法院在审理离婚案件中,为促使当事人约束情绪、理性诉讼,或者帮助当事人修复情感、维护婚姻,可以设置一定期限的冷静期。”第 2 条:“当事人在冷静期内达成和解协议的,可以申请撤诉或者申请人民法院确认。”第 3 条:“当事人在冷静期内有家庭暴力、吸毒、转移财产、藏匿未成年子女、故意拖延诉讼等情况的,人民法院应当及时终止冷静期。”第 4 条:“当事人在开庭审理过程中情绪过于激动,不能理性表达意见,人民法院认为继续开庭将显著激化矛盾的,可以决定设置情绪约束冷静期。”第 5 条:“人民法院设置情绪约束冷静期的期限不得超过 20 日,期限结束后,应当继续开庭审理。”第 6 条:“人民法院在情绪约束冷静期内可以对当事人进行劝导,或者邀请专业人员进行心理干预和疏导。”第 7 条:“要求离婚一方当事人暂时不愿意接受调解,另一方当事人明确作出主动修复情感承诺,人民法院认为双方确实还有和好可能的,可以决定设置情感修复冷静期。”第 8 条:“人民法院设置情感修复冷静期的期限不得超过 60 日。期限结束后,经双方当事人同意,人民法院可以继续进行调解。”第 9 条:“人民法院在情感修复冷静期内应当对当事人是否履行情感修复承诺进行回访督促。经当事人申请,人民法院可以邀请有关单位和个人从事协助工作。”山东高院《**家事案件审理规程**》(2018 年 8 月 30 日)第 19 条:“人民法院审理‘危机婚姻’离婚案件,应当设置感情冷静期,给当事人一个疏导情绪、修复感情、消除对立、冷静思考、理性表达的期间。感情冷静期一般不超过 3 个月,不计入审限。”第 20 条:“感情冷静期内,人民法院应当要求不同意离婚的一方当事人制定挽救婚姻的具体措施,或委托心理咨询师、家事调解员进行心理疏导、调解。感情冷静期内当事人挽救婚姻的情况,应当作为认定夫妻感情是否确已破裂的重要依据。”第 21 条:“人民法院审理‘死亡婚姻’离婚案件,不得适用感情冷静期限制当事人的离婚自由。”第 25 条:“有下列情形的,应当进行心理辅导:(一)一方当事人起诉离婚,对方当事人不同意离婚且情绪异常激烈,或者意见反复的;(二)离婚纠纷中涉及的未成年人情绪波动较大或者有反常行为的;(三)未成年人探视权纠纷和亲子关系纠纷中的当事人或近亲属情绪波动较大的;(四)存在家庭暴力,对当事人身心健康造成不良影响的;(五)其他需要进行心理辅导的情形。”广东高院《**广东法院审理离婚案件程序指引**》(2018 年 7 月 16 日)第 27 条:“【冷静期一般规定】人民法院在审理离婚案件中,为促使当事人约束情绪、理性诉讼,或者帮助当事人修复情感、维护婚姻,可以设置一定期限的冷静期。当事人在冷静期内达成和解协议的,可以申请撤诉或者申请人民法院确认。当事人在冷静期内有家庭暴力、吸毒、转移财产、藏匿未成年子女、故意拖延诉讼等情况的,人民法院应当及时终止冷静期。”第 28 条:“【情绪约束冷静期】当事人在开庭审理过程中情绪过于激动,不能理性表达意见,人民法院认为继续开庭将显著激化矛盾的,可以决定设置情绪约束冷静期。人民法院设置情绪约束冷静期的期限不得超过20日,期限结束后,应当继续开庭审理。人民法院在情绪约束冷静期内可以对当事人进行劝导,或者邀请专业人员进行心理干预和疏导。"第29条:"【情感修复冷静期】要求离婚一方当事人暂时不愿意接受调解,另一方当事人明确作出主动修复情感承诺,人民法院认为双方确实还有和好可能的,可以决定设置情感修复冷静期。人民法院设置情感修复冷静期的期限不得超过60日。期限结束后,经双方当事人同意,人民法院可以接续进行调解。人民法院在情感修复冷静期内应当对当事人是否履行情感修复承诺进行回访督促。经当事人申请,人民法院可以邀请有关单位和个人从事协助工作。"第30条:"【情感修复计划】当事人作出主动修复情感承诺的,人民法院可以要求其结合婚姻关系实际情况,提出明确的情感修复计划。人民法院可以邀请有关单位和个人帮助当事人结合婚姻家庭关系、矛盾产生原因、心理测评结论等情况,制定有针对性的情感修复计划。当事人在情感修复冷静期内未积极履行情感修复承诺及计划的,应当作为人民法院认定夫妻感情是否破裂的不利因素。"

3. 感情破裂。

(1)法律规定。《民法典》(2021年1月1日)第1079条:"夫妻一方要求离婚的,可以由有关组织进行调解或者直接向人民法院提起离婚诉讼。人民法院审理离婚案件,应当进行调解;如果感情确已破裂,调解无效的,应当准予离婚。有下列情形之一,调解无效的,应当准予离婚:(一)重婚或者与他人同居;(二)实施家庭暴力或者虐待、遗弃家庭成员;(三)有赌博、吸毒等恶习屡教不改;(四)因感情不和分居满二年;(五)其他导致夫妻感情破裂的情形。一方被宣告失踪,另一方提起离婚诉讼的,应当准予离婚。经人民法院判决不准离婚后,双方又分居满一年,一方再次提起离婚诉讼的,应当准予离婚。"

(2)最高人民法院司法解释及其他司法性文件/解读文章。最高人民法院**《关于人民法院加强民事审判工作依法服务保障经济社会持续健康发展情况的报告》**(2020年10月15日)第1条:"……充分发挥家事审判对婚姻关系的诊断、修复和治疗作用,尽可能让感情尚未破裂的夫妻重归于好,让孩子能够享受完整家庭的温暖;对感情确已破裂的夫妻及时依法解除婚姻,避免酿成家庭悲剧。制定司法解释,明确夫妻共同债务认定标准,避免不知情且未受益的夫妻一方承担'被负债'风险。各级法院家事法庭兼顾法理情,巧断家务事,让中华民族尊老爱幼的美德代代相传,让家庭成为人们美好生活的港湾……"最高人民法院**《关于为实施乡村振兴战略提供司法服务和保障的意见》**(2018年10月23日　法发〔2018〕19号)第25条:"推进家事审判方式和工作机制改革,促进乡村和谐家庭建设。对于陷入危机的婚姻,要加强救治,大力弘扬家庭美德,着力维护家庭稳定。对于感情确已破裂的婚姻,要注意钝化家庭矛盾,预防因家庭纠纷导致恶性伤害事件发生。引导家庭成员树立行为规范,弘扬优良传统道德,培育家庭美德。积极巩固有利于家庭稳定的财产制度和情感基础,着力保护未成年人、妇女和老年人的合法权益。”最高人民法院吴晓芳法官**《关于婚姻家庭纠纷审理热点难点问答》**〔载《民事法律文件解读》2012 年第 6 辑(总第 90 辑)〕第 12 条:“军人的配偶提出离婚,双方的夫妻感情实际已经破裂,但军人一方坚决不同意离婚,应如何处理?答:按照现行婚姻法第三十三条的规定:‘现役军人的配偶要求离婚,须得军人同意。但军人一方有重大过错的除外。’《婚姻法司法解释(一)》又将‘重大过错’解释为:‘可以依据婚姻法第三十二条第三款前三项规定及军人有其他重大过错导致夫妻感情破裂的情形予以判断。’由此可见,除非军人一方具有重婚或有配偶者与他人同居的、实施家庭暴力或虐待遗弃家庭成员的、有赌博吸毒等恶习屡教不改等重大过错的,军人的配偶要求离婚而军人不同意的情况下,法院应判决驳回军人配偶要求离婚的诉讼请求。有观点认为,军人职业虽然具有特殊性。但其本质上也是一种职业选择,赋予他们离婚的特权没有道理。婚姻法对军婚保护的总体思路,就是通过限制军人配偶一方的权利来对军人的额外义务作出补偿。目前对军婚的特殊保护制度否定了婚姻的感情基础,过分追求一种军婚稳定的结果。‘但书’条款是在平衡各种争论各种利益的基础上所采取的一种折中办法,立法的意图是为了既保留对军婚实行特殊保护的制度,又不能忽略对平等、自由、公正等法律价值的破坏。在军人一方有重大过错情形时,否定其所的特殊权利,阻断其主观意志对配偶一方离婚权行使的限制,但其仍然对军人配偶的离婚自由权造成了侵害。在一般婚姻离婚时以‘感情破裂’为标准,但在军人配偶要求离婚时却以‘重大过错’为标准,这两个标准的层次显然不同,感情破裂并不意味着要有重大过错。笔者也同意上述观点,但在婚姻法没有就此问题修改之前,人民法院仍然应按照现行法律及司法解释的规定执行。”最高人民法院吴晓芳法官**《关于婚姻家庭纠纷审理热点难点问答》**〔载《民事法律文件解读》2011 年第 11 辑(总第 83 辑)〕第 45 条:“我国的现实生活中是夫或妻一方搬离居所所形成的事实分居,而在此期间内,如双方又有性行为是否构成分居时间计算的中断?答:如果夫妻双方已经事实上分居,偶尔的性行为并不构成分居时间计算的中断。因为夫妻双方偶尔发生性行为并不意味着感情一定有所好转,一方仍坚决要求离婚,只能表明一方离婚的决心。故夫妻因感情不和分居已满二年,即便双方存在偶发的性行为,也应视为夫妻感情确已破裂而准予离婚。在这个问题的认定上可能存在重大分歧,因为《婚姻法》中本身就对分居的客观标准没有界定。但从分居的一般意义而言,法律的侧重点在于审查夫妻是否持续地分开居住,至于夫妻双方是否发生性行为并非法律所关注的问题。这个问题在《德国民法典》中就规定得很明确:‘婚姻双方为和解所为之短暂的共同生活并不导致分居期限的中止或停止。’”最高人民法院**《关于适用〈中华人民共和国婚姻法〉若干问题的解释**

(一)》(2001 年 12 月 27 日　法释〔2001〕30 号,已于 2021 年 1 月 1 日起废止)第 22 条:“人民法院审理离婚案件,符合第三十二条第二款规定‘应准予离婚’情形的,不应当因当事人有过错而判决不准离婚。”第 23 条:“婚姻法第三十三条所称的‘军人一方有重大过错’,可以依据婚姻法第三十二条第二款前三项规定及军人有其他重大过错导致夫妻感情破裂的情形予以判断。”最高人民法院副院长李国光**《在全国民事审判工作会议上的讲话》**(2000 年 10 月 28 日)第 6 条:“……要按照婚姻法和最高人民法院有关司法解释的规定,从婚姻基础、婚后感情、离婚原因、夫妻关系现状和有无和好的可能等方面,全面分析夫妻感情是否确已破裂,综合判断婚姻关系是否可以继续维持。对于那些夫妻感情和婚姻关系确已破裂,在调解无效的情况下,要依法及时判决准予离婚。”最高人民法院**《印发〈关于人民法院审理离婚案件如何认定夫妻感情确已破裂的若干具体意见〉的通知》**(1989 年 12 月 13 日　法〔民〕发〔1987〕38 号,已于 2021 年 1 月 1 日起废止):“人民法院审理离婚案件,准予或不准离婚应以夫妻感情是否确已破裂作为区分的界限。判断夫妻感情是否确已破裂,应当从婚姻基础、婚后感情、离婚原因、夫妻关系的现状和有无和好的可能等方面综合分析。根据婚姻法的有关规定和审判实践经验,凡属下列情形之一的,视为夫妻感情确已破裂。一方坚决要求离婚,经调解无效,可依法判决准予离婚。1. 一方患有法定禁止结婚疾病的,或一方有生理缺陷,或其他原因不能发生性行为,且难以治愈的。2. 婚前缺乏了解,草率结婚,婚后未建立起夫妻感情,难以共同生活的。3. 婚前隐瞒了精神病,婚后经治不愈,或者婚前知道对方患有精神病而与其结婚,或一方在夫妻共同生活期间患精神病,久治不愈的。4. 一方欺骗对方,或者在结婚登记时弄虚作假,骗取《结婚证》的。5. 双方办理结婚登记后,未同居生活,无和好可能的。6. 包办、买卖婚姻,婚后一方随即提出离婚,或者虽共同生活多年,但确未建立起夫妻感情的。7. 因感情不和分居已满 3 年,确无和好可能的,或者经人民法院判决不准离婚后又分居满 1 年,互不履行夫妻义务的。8. 一方与他人通奸、非法同居,经教育仍无悔改表现,无过错一方起诉离婚,或者过错方起诉离婚,对方不同意离婚,经批评教育、处分,或在人民法院判决不准离婚后,过错方又起诉离婚,确无和好可能的。9. 一方重婚,对方提出离婚的。10. 一方好逸恶劳、有赌博等恶习,不履行家庭义务,屡教不改,夫妻难以共同生活的。11. 一方被依法判处长期徒刑,或其违法、犯罪行为严重伤害夫妻感情的。12. 一方下落不明满 2 年,对方起诉离婚,经公告查找确无下落的。13. 受对方的虐待、遗弃,或者受对方亲属虐待,或虐待对方亲属,经教育不改,另一方不谅解的。14. 因其他原因导致夫妻感情确已破裂的。”最高人民法院**《关于处理破坏援外人员的婚姻家庭案件的批复》**(1978 年 2 月 10 日):“……关于襄阳地区中级人民法院受理一起破坏援外人员婚姻的案件处理问题,可参考我院 1974 年 6 月 1 日〔74〕

法办研字第10号，复山西省高级人民法院《关于处理破坏援外职工婚姻家庭案件的复函》精神办理。但由于破坏援外职工婚姻家庭是个新问题，我们缺乏经验；请你们在审判实践中，注意收集材料，摸出经验加以总结，以利更好的保证党和国家的援外任务的完成。”最高人民法院**《关于处理破坏援外职工婚姻家庭案件的复函》**（1974年6月1日　〔1974〕法办研字第10号）：“……为了使出国援外职工安心在国外工作，完成党和国家交给他们的援外任务，对他们的婚姻家庭应当坚决予以保护。对破坏援外职工婚姻家庭的犯罪分子应根据不同情况予以处理，其中情节恶劣后果严重的，可以适当从重惩处。破坏援外职工婚姻家庭是个新问题，处理这类案件，我们还缺乏经验。请你们在审判实践中，注意搜集材料，分析比较，及时总结，摸出经验，做好工作。”最高人民法院**《关于贯彻执行民事政策几个问题的意见（修正稿）》**（1963年8月28日）第2条：“……（一）离与不离的基本原则界限问题。在处理离婚案件中，最主要最难掌握的问题是如何划清离与不离的基本原则界限问题。在这个问题上，我们认为，首先是从他们的婚姻基础（指自由结合还是包办）、婚后感情和离婚的原因，来查清夫妻关系是否还可以维持；其次要充分考虑子女的利益和社会的影响。对于那些感情还没有完全破裂，离婚理由不当，尤其是结婚多年生有子女，经过教育有重新和好可能的，不要判决离婚。应当向他们进行细致的思想教育工作，使他们慎重考虑，珍惜他们的夫妻关系和子女的利益，照顾社会影响，重归和好。对那些原来婚姻基础、感情都好，由于一方确实因资产阶级思想、喜新厌旧，腐化堕落提出坚决离婚，而对方又坚决不愿离婚的，法院应协同有关部门，支持有理的一方，严格批评教育错误的一方，促使双方和好，不要轻率判离。对于情节恶劣，后果严重的可以建议有关部门给予应有的处分。对那些夫妻感情已完全破裂，确实不可能和好的，法院应积极做好坚持不离一方的思想工作，判决离婚。”最高人民法院**《关于学习婚姻法第十七条所遇到的问题的复函》**（1962年10月17日　〔62〕法民字17号）：“……婚姻法第十七条的各项规定，一方面规定离婚自由，以便使那些受封建婚姻束缚而坚决要求离婚的人和确实不能继续夫妻关系而坚决要求离婚的人，能够解决离婚问题；同时又规定实现这种离婚自由的严肃郑重的法律程序，以便依法处理离婚案件中的有关问题，并防止和反对轻率离婚的现象。该条第二项规定一方坚决要求离婚，经县或市人民法院调解无效时，即行判决，至于怎样判决，正如前中央人民政府法制委员会的解释所说，应根据每一案件的具体情况，作出准予离婚可不准予离婚的判决。对婚姻法第十七条中的各项规定，应联系起来作全面的理解，认为一方坚决要求离婚的，不问什么情况都只能判离，是不符合婚姻法第十七条的精神的。”最高人民法院**《关于婚姻法第十七条的规定在审判工作中如何适用的问题的复函》**（1958年3月26日）：“……关于婚姻法第十七条的规定应当如何理解的问题，查该条所规定的‘如调解无效时，即行判决’,是指人民法院可以判决离婚,也可以判决不离婚。前中央人民政府法制委员会1950年6月26日‘就有关婚姻法施行的若干问题的解答’和1953年3月19日‘有关婚姻问题的若干解答’内也早已有此解释。来信认为干部离婚案件一方坚决离婚的,按照婚姻法第十七条的规定只可判离,是不对的。干部离婚案件也和其他离婚案一样,可以判决离婚,也可以判决不离婚……”

(3)地方司法性文件。山东泰安中院民一庭**《法官会议纪要(家事部分)》**(2020年)第3条:“夫妻双方因感情不和分居未满两年,如在分居期间因疫情被强行隔离,属于分居状态的延续,可计算为分居期间。如分居未满两年回家共同居住后又因疫情被强行隔离,则不属于分居状态的延续,不能认定为因感情不和的分居。”山东高院**《家事案件审理规程》**(2018年8月30日)第18条:“人民法院审理离婚案件,应当根据夫妻的婚姻背景、感情基础、危机原因、能否修复等情况,对当事人的婚姻状况进行评估,区分‘死亡婚姻’与‘危机婚姻’,分情况采用不同的审判方式。”浙江宁波海曙区法院**《关于印发〈家事案件审理规程〉的通知》**(2015年10月19日　甬海法发〔2015〕76号)第19条:“具有下列情形的,人民法院可以根据实际情况建议当事人接受心理测评与疏导:(一)一方同意离婚,而另一方向不同意离婚,或者不明确表态,或者意见较为反复,情绪波动较大的;(二)离婚案件涉及的未成年人情绪波动较大或者有反常行为,需要心理疏导的;(三)探视权纠纷以及涉及亲子关系认定的案件,当事人及相关未成年人情绪波动较大的;(四)家庭暴力持续时间较长,对受害人身心健康造成严重影响的;(五)其他需要进行心理疏导的情形。”广东深圳中院**《关于婚姻家庭纠纷案件的裁判指引(2014修订)》**(2014年5月21日)第22条:“经人民法院判决不准离婚后双方又分居满1年,互不履行夫妻义务而再次起诉的,经调解和好无效,可以判决准予离婚。说明:第二十二条是对夫妻感情确已破裂酌定情形的裁判指引。在《婚姻法》修订之后,最高人民法院《关于人民法院审理离婚案件如何认定夫妻感情确已破裂的若干具体意见》第7条前半部分‘因感情不和分居已满3年’的规定已经与《婚姻法》第32条关于‘因感情不和分居满2年’的规定有抵触,虽然该司法解释未被明文废止,但按新法优于旧法的适用原则,司法解释的该部分规定不应再继续适用。但该条文的后半部分情形修订后的《婚姻法》以及《婚姻法解释(一)》、《婚姻法解释(二)》均未作规定,但审判实践中多次起诉离婚的现象较为普遍,因此判决不准许离婚后的分居情况可以作为认定感情是否破裂的依据之一,有利于合理解决实际情况。”安徽淮南中院**《关于审理离婚纠纷案件若干问题的指导意见》**(2014年3月13日)第4条:“离婚案件争议焦点一般集中以下几个方面:(一)婚姻基础;(二)婚后感情及离婚原因;(三)双方收入、居住状况及抚养子女条件;(四)财产情况;(五)过错责任。”第5条:“符合以下情形的,可以认定夫妻感情确已破裂,判决准予双方离婚:(一)具有法定的生理或精神方面的疾病的，包括以下两种情形：1. 一方患有法定禁止结婚疾病的，或一方有生理缺陷，或其他原因不能发生性行为，且难以治愈的；2. 婚前隐瞒了精神病，婚后经治不愈，或婚前知道对方患有精神病而与其结婚，或一方在夫妻共同生活期间患精神病，久治不愈的。（二）缺乏感情基础，婚后又未建立或保持夫妻感情的，包括以下两种情况：1. 双方办理结婚登记后，未同居生活，无和好可能的；2. 因感情不和分居满二年，确无和好可能的；或经人民法院判决不准离婚后，夫妻关系未改善，互不履行夫妻义务的。（三）其他涉及道德或法律方面原因的，包括以下六种情形：1. 夫妻关系存续期间，一方实施家庭暴力或虐待、遗弃家庭成员的；2. 重婚或有配偶者与他人同居的；3. 一方被依法判处长期（5 年以上）徒刑，或者违法、犯罪行为严重伤害夫妻感情的；4. 一方下落不明满 2 年（需提供居委会、办事处或公安部门的证明），经公告查找确无下落，另一方提出离婚诉讼的；或一方被宣告失踪，另一方提出离婚的；5. 一方有过错，经教育仍无悔改表现，无过错一方起诉离婚，或者过错方起诉离婚，对方不同意离婚，经批评教育、处分，或在法院判决不准离婚后，过错方又起诉离婚，确无和好可能的；6. 因其他原因导致夫妻感情确已破裂的。”福建三明中院**《民事审判若干实务问题探讨》**（2016 年）第 17 条：“……关于是否准许离婚问题。根据最高人民法院《关于人民法院审理离婚案件如何认定感情确已破裂的若干具体问题》第三条规定处理。”广东高院**《家事审判合议庭操作指引》**（2010 年 12 月 1 日）第 19 条：“合议庭评议时应结合家事案件高度的人身属性、强烈的伦理情感色彩等特点，并注意从有利于受害人身心健康的角度出发，对案件的处理进行综合评判。对涉及家庭暴力等受害人身处困境急需解决的案件，合议庭应当优先审结，尽量缩短办案周期。其他家事案件的处理，为充分发挥调解的作用和功能，调解期间可不计审限，如确实无法调解的，应当及时判决。适用简易程序审理的案件，一般应当庭作出判决。”江苏高院**《婚姻家庭案件审理指南（2010 年）》**（2010 年 5 月 18 日）第 5 章：“……离婚的法定条件。我国《婚姻法》将‘夫妻感情确已破裂’作为离婚的法定条件，因此人民法院在审理离婚案件中无论是判决离婚还是调解离婚均应着重审查离婚当事人的感情是否确已破裂。如何审查，可以从以下方面入手：（一）重婚或有配偶者与他人同居的。重婚前已所述。‘有配偶者与他人同居’是指有配偶者与婚外异性不以夫妻名义，持续、稳定地共同居住。（二）实施家庭暴力或虐待、遗弃家庭成员的。‘实施家庭暴力’往往是指行为人以殴打、捆绑、残害、强行限制人身自由或者其他手段，给其家庭成员的身体、精神等方面造成一定伤害后果的行为。持续性、经常性的家庭暴力，构成虐待。遗弃是指对其家庭成员负有扶养、抚养、赡养义务而拒不履行，给受遗弃的家庭成员造成生活上极端困难后果的行为。当然家庭成员间偶尔的吵、打、闹非家庭暴力。（三）有赌博、吸毒等恶习屡教不改的。（四）因感情不和分居满二年的。分居是客观现象,但作为夫妻感情破裂的判断标准必须是因夫妻感情不和而分居。故离婚诉讼一方以此作为离婚原因的,必须举证证明双方是因感情不和而分居,如因工作、学习、住院、出国等原因而分居不能作为感情破裂的判断标准。同时这种分居还应是不间断、连续的分居。(五)其他导致夫妻感情破裂的情形。这是法律规定的兜底条款,由法官根据案件具体情形来判断夫妻感情是否破裂。”浙江温州中院民四庭**《关于贯彻执行〈婚姻法〉的指导意见》**(2009 年 5 月 1 日)第 3 条:“判决驳回原告要求离婚的诉讼请求必须严格掌握。不应以当事人在婚姻关系破裂中有过错而判决不准离婚,以作为对有过错方的惩罚。不准离婚适用的法律和准予离婚为同一条,即对婚姻法第三十二条的反用。”湖南高院**《关于加强对家庭暴力受害妇女司法保护的指导意见(试行)》**(2009 年 4 月 14 日)第 12 条:“离婚案件的及时审理。家庭暴力受害妇女请求离婚的,人民法院应充分考虑其现实状况,在保护妇女人身安全、维护婚姻自由的原则下,及时审理结案。对于确实存在家庭暴力行为,夫妻感情已经破裂,受害妇女坚决要求离婚的,人民法院应当及时调解或判决离婚,避免因久拖不决而出现更严重的暴力伤害行为。”山东潍坊中院**《民事审判工作会议纪要(婚姻家庭部分)》**(2008 年)第 1 条:“关于离婚案件中一方当事人主张另一方当事人重婚的问题。主张对方重婚的当事人可提起自诉,也可依法公诉,离婚的标准是夫妻感情确已破裂并调解无效,重婚并不必然是夫妻感情破裂的前提条件,离婚民事诉讼与重婚刑事诉讼可同时进行。离婚诉讼中一方主张对方重婚,法官应予释明,原则上不中止民事诉讼。如特殊案件需要,对感情破裂的认定、孩子抚养及财产分割必须以重婚为前提的,也可中止诉讼。对重婚引起损害赔偿问题,按婚姻法解释(二)的规定办理。”江苏高院**《关于当前民事审判中需要明确的若干具体问题(婚姻家庭部分)》**(2006 年 4 月 26 日)第 2 条:“关于事实婚姻和补办结婚登记。最高法院司法解释规定了事实婚姻的认定条件,对事实婚姻的处理可根据案件具体情况进行调解或判决准予离婚或不准离婚。对 1994 年 2 月 1 日以后,男女双方符合结婚实质要件,经人民法院告知并在案件受理前补办结婚登记的,不得将补办登记的行为作为判断夫妻感情是否破裂的标准。在审理解除同居关系的案件时,如原告无故不到庭,可按撤诉处理。”上海高院**《婚姻家庭纠纷办案要件指南(一)》**(2005 年 3 月 4 日　沪高发民一〔2005〕2 号)第 5 条:“判决准予离婚的,应具备下列要件:(一)感情确已破裂;(二)经调解无效。〔说明〕准予离婚的法定标准是:第一,夫妻感情确已破裂。审判实务中,应当从婚姻基础、婚后感情、离婚的原因、夫妻关系的现状及有无和好的可能等方面综合分析判断。第二,须经法院调解仍无效。对于调解无效,一方仍坚持已见或双方无法达成一致协议的,则应视为离婚条件已基本成就。”第 14 条:“以婚姻关系当事人恶习不改而主张解除婚姻关系的,应举证证明当事人有赌博、吸毒等不改正的恶习。〔说明〕一方具有赌博、吸毒、不务正业、不履行家庭义务、卖淫嫖娼、酗酒等恶习，虽经亲属、基层调解组织或有关单位劝说、调解、教育仍不改正的，往往使夫妻间产生矛盾，感情难以维系，夫妻共同生活不能，从而导致夫妻感情彻底破裂。在审判实践中，对于情节较轻，一贯表现尚可的，应促其悔改，争取和好。如无过错方对感情和婚姻已失去信心，确无和好可能的，应认为离婚的条件已基本成就。”第15条：“因分居而主张离婚的，当事人应当举证证明：（一）夫妻双方因感情不和而分居已满两年；（二）夫妻关系确无和好可能。〔说明〕分居是指夫妻未共同生活，互不履行夫妻之间的权利与义务，夫妻关系已名存实亡。分居的原因必须是夫妻感情不和，而不是工作、学习等原因客观上造成夫妻分居，而且分居期限必须满两年。如果双方因感情不和分居满两年的，一方坚持要求离婚，并经调解和好无望的，应视为确无和好可能。”广东高院**《关于审理婚姻案件若干问题的指导意见》**（2001年11月9日　粤高法发〔2001〕44号，2021年1月1日起废止）第18条：“《婚姻法》第三十二条第三款第（五）项所称的‘其他导致夫妻感情破裂的情形’，可参照最高人民法院《关于人民法院审理离婚案件如何认定夫妻感情确已破裂的若干具体意见》的规定，从婚姻基础、婚后感情、离婚原因、有无和好的可能等方面作出判断。”上海高院**《关于下发〈关于在民事审判中实施“中华人民共和国婚姻法”的暂行意见〉的通知》**（2001年6月7日　沪高法〔2001〕263号）第18条：“婚姻法第32条第3款第5项所称‘其他导致夫妻感情破裂的情形’，可参照最高人民法院《关于人民法院审理案离婚案件如何认定夫妻感情确已破裂的若干具体意见》，从婚姻基础、婚后感情、离婚原因、有无和好可能等方面作出判断。”北京高院**《对审理离婚案件适用法律政策的几点意见》**（1986年8月12日）第1条：“第三者介入的离婚案件的处理问题。1. 第三者介入的离婚案件有过错一方起诉离婚的，对方坚决不同意离婚，如果原来夫妻感情较好，法院应当努力做调解和好工作和割断其与第三者关系的工作。有过错一方坚持离婚的，可以判决驳回其诉讼请求。2. 已经判决驳回离婚请求，有过错一方再次起诉离婚的，如果夫妻感情确已破裂，但对方坚持不同意离婚的，法院应当努力做调解离婚的工作，不能采取一驳了事的简单作法。对有激化苗头的险情大的案件，要慎重对待，在会同有关方面做好当事人的思想工作和防范工作的前提下，如果调解离婚达不成协议，可以适时判决离婚。3. 处理有第三者介入的离婚案件，要对有过错一方和第三者进行批评教育，必要时应当建议有关单位给予党纪、政纪处分。判决离婚的，在财产分割时应当照顾无过错一方。”

【参考类案】

①2006年**四川某离婚纠纷案**，2005年，结婚不到一年的陆某冒用公安机关名义，张贴公告，“通缉”妻子刘某，称其利用婚姻诈骗。刘某以夫妻感情彻底破裂为

由,起诉要求离婚。法院认为:配偶一方用公开侮辱方式伤害对方人格尊严和名誉,应认定感情破裂。刘某与陆某登记结婚后,成为合法夫妻。双方在共同生活中,应互相忠实、尊重,相互帮助,建立起平等、和睦、文明的夫妻家庭关系。这种相互尊重,既表现生活中相互尊重,又包括在人格方面特别是在名誉方面的尊重,夫妻均有尽力维护自己和对方名誉不受侵害义务。陆某违反了此种义务,不能正确对待家庭经济纠纷,在双方发生争吵、无法达成一致情况下,冒用公安机关名义,张贴类似"通缉"公告,实为一种侮辱刘某行为,造成了刘某名誉受损。同时,极大地伤害了刘某人格尊严,严重地伤害了双方夫妻感情。应认定刘某与陆某的夫妻感情已经破裂,刘某诉请离婚,调解无效,应予以支持。

②2004 年**河南某离婚纠纷案**,1998 年,夫、妻自由恋爱并结婚。婚后,因性格差异大,常争吵,争吵后长时冷战。2001 年,妻提离婚。法院认为:法院审理离婚案件准予或不准离婚应以夫妻感情是否确已破裂作为充分界限。判断夫妻感情是否确已破裂,应从婚姻基础、婚后感情、离婚原因、夫妻关系现状和有无和好可能等方面综合分析。夫妻间冷战现象无疑是夫妻感情生活中一种隐性精神暴力,应视为夫妻感情确已破裂的法律依据。双方结婚时间虽较长,有一定感情基础,但因性格方面存在较大差异,以致婚后常因家庭琐事生气吵架,而吵架后双方均不能采取主动相互交流之方式,而是互相不理对方,不进行沟通和包融,缺乏互相迁就和相互理解态度,动辄以"离婚"威胁对方,数月来一直处于冷战状态。妻对共同生活下去已完全丧失信心,若继续生活下去,对双方是一种精神上伤害。夫妻间若缺乏了最基本的语言交流和沟通、包容和迁就,无疑是一种精神折磨,应视为双方夫妻感情确已破裂,以离婚为宜,故判决准予离婚。

③2004 年**福建某离婚纠纷案**,1989 年,周某与丈夫金某未办结婚证,以夫妻名义同居生活。1997 年,双方因感情不和分居。2004 年,双方私下签离婚协议,对子女抚养和财产分割做了处理。法院认为:双方 1989 年以夫妻名义同居生活,至 1994 年 2 月 1 日已符合《婚姻法》规定的结婚实质要件,应确认构成事实婚姻。婚后夫妻感情不和,分居已 7 年,双方所签离婚协议系双方真实意思表示,可作为双方夫妻感情确已破裂辅助证据。金某经合法传唤,无正当理由拒不到庭,故依法缺席判决准许双方离婚。

④2002 年**河南某离婚纠纷案**,2001 年,长期居住美国并与妻分居 4 年的夫为解决在美国的身份问题,在法院判决不准离婚 1 年后再次委托代理人向法院提起离婚。法院认为:夫在国内期间并未因夫妻感情破裂提出离婚诉讼,其出国后夫妻双方书信往来,相互关心与支持,感情尚可。双方分居系地理因素造成,夫提离婚诉讼系为解决其在国外居住身份问题,并非因夫妻感情不和,故双方感情不宜认定为破裂。双方当事人应珍惜彼此感情,和睦相处。另外,离婚诉讼中,夫作为当事

人未能出庭应诉,不符合《民事诉讼法》规定,其做法不妥,判决不准离婚。

⑤2002 年**四川某离婚纠纷案**,2002 年,结婚 5 年的叶某起诉丈夫魏某要求离婚,并主张 5 岁儿子魏某某的抚养权。法院认为:魏某与叶某经人介绍结婚,婚后双方共同外出打工,共同创业,开办丝印厂,积累了一定共同财产,但魏某此后与其招聘的女职员张某关系密切,两人经常单独在一起,且经常晚回家或不回家而不告知叶某,导致叶某怀疑魏某与张某有不正当关系。此外,魏某也怀疑叶某与其姐夫有不正常往来,将家中资金转移给了其姐夫,魏某此后不再让叶某参与工厂管理及了解资金情况,并将资金以他人名义存入银行,导致双方之间互相猜疑、互不信任、争吵抓打,以致夫妻关系逐步恶化,最终造成双方感情破裂,无法共同生活。此外,叶某在诉讼中坚决要求与魏某离婚,不愿和好,经调解双方也无和好可能,根据本案事实和双方当事人现状,应准予叶某与魏某离婚。婚生子魏某某年仅五岁,由于其母叶某和外公外婆照料时间较长,建立了深厚感情,且魏某经常晚回家,无法照顾小孩,故叶某与魏某离婚后魏某某由其母亲叶某抚养,对其成长更为有利。判决准予双方离婚,婚生子由叶某抚养,魏某有探望权,双方共同财产 59 万余元扣除 8 万余元抚养费后,与其他财产由双方各半所有。

⑥1998 年**河北某离婚纠纷案**,1987 年,孙某与刘某登记结婚,婚后感情一般。1994 年,丈夫刘某精神开始不正常。1996 年,刘某被诊断为精神病,常损坏财物、殴打孙某。1997 年,孙某回娘家住,刘某由其兄和母监护照管。随后,孙某诉请离婚,并自愿抚养两个孩子。法院认为:双方婚后感情一般,育有两名子女。从 1994 年至今,刘某精神不正常,于 1996 年被诊为精神分裂症。刘某经常砸东西损坏财物,甚至殴打孙某,使孙某带着两个孩子,生活困难,安全无保证,导致夫妻感情确已破裂。鉴于刘某已由其兄和母监护照管,孙某要求离婚理由正当,应予支持。孙某自愿放弃个人财产,同意抚养两个子女,自应允许。判决准许双方离婚,婚生子女由孙某抚养,抚养费自理。

【典型类案实务要点】

1.**【夫妻一方与异性关系暧昧,并不必然认定感情破裂】**判断夫妻感情是否破裂,应从婚姻基础、婚后感情、离婚原因、夫妻关系的现状和有无和好可能等方面综合分析。

2.**【用公开侮辱的方式毁损配偶名誉,应认定感情破裂】**配偶一方以公安机关名义张贴毁损配偶名誉的公告,用公开侮辱方式伤害对方人格尊严和名誉,应认定感情破裂。

3.**【夫妻冷战作为隐性精神暴力,可作为感情破裂依据】**夫妻间冷战现象无疑是夫妻感情生活中的一种隐性精神暴力,应视为夫妻感情确已破裂、应准予离婚的法律依据。

4.【**私下离婚协议,虽无离婚效力,但可证明感情破裂**】离婚协议效力,不但要有一般协议有效要件,还需具备法定登记机关登记这一特定形式要件,方产生离婚法律效力,但其内容可作为夫妻感情是否确已破裂的辅助证据。

5.【**起诉离婚,非因夫妻感情不和,不宜认定感情破裂**】因地理因素造成夫妻分居,一方提离婚诉讼系为解决其在国外居住身份问题,并非因夫妻感情不和,不宜认定为感情破裂。

6.【**夫妻感情确已破裂,无法共同生活的,应准予离婚**】判断夫妻感情是否确已破裂,应从婚姻基础、婚后感情、离婚原因、夫妻关系现状和有无和好可能等方面综合分析。

7.【**一方结婚后患精神病,久治不愈的,可判准予离婚**】夫妻一方在夫妻共同生活期间患精神病,久治不愈的,患病方已由其他近亲属监护照管情况下,可判决准予离婚。

【类案裁判一般规则】

夫妻一方要求离婚的,可由有关组织进行调解或直接向法院提起离婚诉讼。法院审理离婚案件,应进行调解;如感情确已破裂,调解无效的,应准予离婚。判断夫妻感情是否破裂,应从婚姻基础、婚后感情、离婚原因、夫妻关系现状和有无和好可能等方面综合分析。

【典型参考案例索引】

主旨案例:辽宁岫岩法院(2008)鞍岫民镇初字第259号"齐某诉吴某离婚案",见《如何判断夫妻感情确已破裂——齐新诉吴思玉离婚感情未破裂不准离婚案》(于颖),载《人民法院案例选·月版》(200909/9:44)。**其他案例:**①四川邛崃法院(2006)邛崃民初字第1127号"刘某诉卢某离婚案",见《以公安机关名义张贴毁损配偶名誉的公告,应认定夫妻感情破裂——四川邛崃法院判决一起离婚案》(植良军),载《人民法院报·案例指导》(20070101:05)。②河南鹤壁山城法院判决"冯某诉张某离婚案",见《冯素君、张向明在夫妻关系存续期间因长期冷战冯素君诉张向明离婚案》(鹤壁山城法院鹿楼法庭),载《人民法院案例选》(2004年民事/48:10)。③福建安溪法院(2004)安民初字第114号"周某诉周金某离婚案",见《周桂芬诉周金速确认离婚协议效力案》(王丁仕),载《人民法院案例选》(200504/54:83)。④河南郑州中院2002年1月15日判决"时某诉赵某离婚案",见《长期留居美国的时天保诉赵爱香离婚被驳回一年后又再次起诉要求离婚案》(杨伟东、赵军胜),载《人民法院案例选》(200302/44:74)。⑤四川高院(2002)达民终字第168号"叶某与魏某离婚纠纷案",见《叶俊玲诉魏政中离婚案(夫妻共同财产的认定)》(张天智、李燕玲),载《中国审判案例要览》(2003民:359)。⑥河北武强法院1998年3月18日"孙某与刘某离婚纠纷案",见《孙聪明诉刘彦城婚后患精神病久治不愈离婚案》(河北衡水中院研究室),载《人民法院案例选》(200003/33:51)。

53. 家庭暴力认定与处理

——是否有家暴,如何来认定?

【家庭暴力】

【案情简介及争议焦点】

2007年,因长期婆媳矛盾,导致李某与丈夫刘某关系不和,李某长期遭受刘某侮辱或不理睬,甚至多次被撵出家门。刘某两次起诉离婚,因李某不同意,法院未判决离婚。刘某第三次起诉要求离婚,李某仍不同意。

争议焦点:1. 刘某行为是否构成家庭暴力? 2. 能否认定感情确已破裂?

【裁判要点】

1. 本案刘某行为已构成家庭暴力。本案中,李某因不能忍受刘某母亲质疑、侮辱、谩骂,两人时常发生口角和轻微推搡,随后刘某加入到李某与其母亲紧张关系中,暴力发生后两人关系急剧恶化。随着暴力周期不断重复,李某选择寻求家人帮助,但结果导致夫妻暴力升级,以及随之而来的长期不予理睬,甚至将其赶出家门。根据家庭暴力发生发展规律分析,随着刘某事业顺利发展,两性之间社会地位和经济能力差距增大,刘某在精神上控制欲望与李某无价值感同时增加,促使刘某逐渐完全控制李某在婚姻中的角色定位。刘某对李某越冷漠,李某越想通过维持婚姻来保护自己及子女免受伤害。李某不同意离婚,刘某控制欲望越挫越勇,致使李某遭受更多侮辱和冷漠。很显然,双方之间矛盾非家庭纠纷,刘某在行为过程中控制目的,以及李某由此产生的依赖、恐惧心理,属于精神暴力范畴。受害人与外界对家庭暴力的错误认识,导致精神暴力在双方生活中延续和加剧。。

2. 本案应认定夫妻感情确已破裂。虽然李某不同意离婚,但夫妻感情确已破裂,应判决离婚。在共同财产分配上本着照顾女方利益原则,女方分得60%共同财产。

【裁判依据或参考】

1. 家庭暴力。

(1)法律规定。《宪法(2018修正)》(2018年3月11日)第49条:“婚姻、家庭、母亲和儿童受国家的保护。夫妻双方有实行计划生育的义务。父母有抚养教育未成年子女的义务,成年子女有赡养扶助父母的义务。禁止破坏婚姻自由,禁止虐待老人、妇女和儿童。”**《民法典》**(2021年1月1日)第1042条:“禁止包办、买卖婚姻和其他干涉婚姻自由的行为。禁止借婚姻索取财物。禁止重婚。禁止有配偶者与他人同居。禁止家庭暴力。禁止家庭成员间的虐待和遗弃。”**《妇女权益保障法(2018修正)》**(2018年10月26日)第46条:“禁止对妇女实施家庭暴力。国家采取措施,预防和制止家庭暴力。公安、民政、司法行政等部门以及城乡基层群众性自治组织、社会团体,应当在各自的职责范围内预防和制止家庭暴力,依法为受害妇女提供救助。”

(2)最高人民法院司法解释及其他司法性文件/解读文章。最高人民法院**《关于适用〈中华人民共和国民法典〉婚姻家庭编的解释(一)》**(2021年1月1日　法释〔2020〕22号)第1条:“持续性、经常性的家庭暴力,可以认定为民法典第一千零四十二条、第一千零七十九条、第一千零九十一条所称的‘虐待’。”第4条:“当事人仅以民法典第一千零四十三条为依据提起诉讼的,人民法院不予受理;已经受理的,裁定驳回起诉。”第86条:“民法典第一千零九十一条规定的‘损害赔偿’,包括物质损害赔偿和精神损害赔偿。涉及精神损害赔偿的,适用《最高人民法院关于确定民事侵权精神损害赔偿责任若干问题的解释》的有关规定。”第87条:“承担民法典第一千零九十一条规定的损害赔偿责任的主体,为离婚诉讼当事人中无过错方的配偶。人民法院判决不准离婚的案件,对于当事人基于民法典第一千零九十一条提出的损害赔偿请求,不予支持。在婚姻关系存续期间,当事人不起诉离婚而单独依据民法典第一千零九十一条提起损害赔偿请求的,人民法院不予受理。”第88条:“人民法院受理离婚案件时,应当将民法典第一千零九十一条等规定中当事人的有关权利义务,书面告知当事人。在适用民法典第一千零九十一条时,应当区分以下不同情况:(一)符合民法典第一千零九十一条规定的无过错方作为原告基于该条规定向人民法院提起损害赔偿请求的,必须在离婚诉讼的同时提出。(二)符合民法典第一千零九十一条规定的无过错方作为被告的离婚诉讼案件,如果被告不同意离婚也不基于该条规定提起损害赔偿请求的,可以就此单独提起诉讼。(三)无过错方作为被告的离婚诉讼案件,一审时被告未基于民法典第一千零九十一条规定提出损害赔偿请求,二审期间提出的,人民法院应当进行调解;调解不成的,告知当事人另行起诉。双方当事人同意由第二审人民法院一并审理的,第二审人民法院可以一并裁判。”第89条:“当事人在婚姻登记机关办理离婚登记手续后,以民法典第一千零九十一条规定为由向人民法院提出损害赔偿请求的,人民法院应当受理。但当事人在协议离婚时已经明确表示放弃该项请求的,人民法院不予支持。”第90条:“夫妻双方均有民法典第一千零九十一条规定的过错情形,一方或者双方向对方提出离婚损害赔偿请求的,人民法院不予支持。”最高人民法院、全国妇联**《关于进一步加强合作建立健全妇女儿童权益保护工作机制的通知》**(2019年8月16日　法发〔2019〕21号)第14条:“各级人民法院对严重侵害妇女、儿童权益的侵权之诉或人身安全保护令等涉及人身权益的诉讼,应当开辟或完善‘绿色通道’,迅捷、快速审理案件,及时维护妇女、儿童合法权益。要进一步统一家庭暴力事实认定标准,加大依职权调取证据力度,适当减轻受害方的举证责任;各级妇联组织在接到家庭暴力投诉反映或者求助后,应当及时给予家庭暴力受害人帮助,并对加害人进行法治教育,必要时可以引入专业力量对加害人、受害人进行心理辅导。当事人如系无民事行为能力人、限制民事行为能力人或者因受到强制、威吓等原因,无法自行申请人身安全保护令的,妇联组织收到求助后,可代为向人民法院申请。”最高人民法院**《关于进一步深化家事审判方式和工作机制改革的意见(试行)》**(2018年7月18日　法发〔2018〕12号)第15条:“家事案件审理过程中,对于需要进一步查明的事项,人民法院可以自行调查取证,可以委托相关机构进行调查,也可以委托家事调查员对特定事实进行调查。”第25条:“家事调查员在调查过程中获知当事人有家庭暴力、危害未成年人合法权益等情形时,应当及时向人民法院报告,同时可向其他相关职能部门、救助机构报告。”第28条:“具有下列情形之一的,人民法院根据实际情况可以建议案件当事人或者未成年人接受心理疏导:(1)一方当事人同意离婚,对方当事人不同意离婚并且情绪激动的;(2)探望权纠纷、监护权纠纷以及其他有关亲子关系纠纷的案件中,当事人情绪波动较大的;(3)存在家庭暴力行为,对当事人身心健康造成较大影响的;(4)案件所涉及的未成年人情绪波动较大或者有反常行为,需要心理疏导的;(5)其他需要进行心理疏导的情形。”最高人民法院**《关于建立家事审判方式和工作机制改革联席会议制度的意见》**(2017年7月19日　法〔2017〕18号)第3条:“最高人民检察院。指导全国检察机关充分履行检察职能,强化对公安、法院以及其他相关部门开展妇女儿童老年人权益保护工作的法律监督。依法惩处各类侵害家庭成员的犯罪,依法追究侵害人的法律责任。对监护人因监护侵害行为被提起公诉的案件,应当书面告知被监护人及其近亲属或者书面建议民政部门依法申请撤销监护人资格。”最高人民法院**《2015年全国民事审判工作会议纪要》**(2015年4月20日)第1条:“审理婚姻家庭案件中注重对未成年人权益的保护,确保未成年人的身心健康成长。在涉及家庭暴力的离婚案件中,人民法院在判决确定子女直接抚养权归属时,应从子女利益最大化的原则出发,切断家庭暴力的代际传递。"最高人民法院、最高人民检察院、公安部、司法部《**印发〈关于依法办理家庭暴力犯罪案件的意见〉的通知**》(2015 年 3 月 2 日　法发〔2015〕4 号)第 5 条:"积极报案、控告和举报。依照刑事诉讼法第一百零八条第一款'任何单位和个人发现有犯罪事实或者犯罪嫌疑人,有权利也有义务向公安机关、人民检察院或者人民法院报案或者举报'的规定,家庭暴力被害人及其亲属、朋友、邻居、同事,以及村(居)委会、人民调解委员会、妇联、共青团、残联、医院、学校、幼儿园等单位、组织,发现家庭暴力,有权利也有义务及时向公安机关、人民检察院、人民法院报案、控告或者举报。公安机关、人民检察院、人民法院对于报案人、控告人和举报人不愿意公开自己的姓名和报案、控告、举报行为的,应当为其保守秘密,保护报案人、控告人和举报人的安全。"第 6 条:"迅速审查、立案和转处。公安机关、人民检察院、人民法院接到家庭暴力的报案、控告或者举报后,应当立即问明案件的初步情况,制作笔录,迅速进行审查,按照刑事诉讼法关于立案的规定,根据自己的管辖范围,决定是否立案。对于符合立案条件的,要及时立案。对于可能构成犯罪但不属于自己管辖的,应当移送主管机关处理,并且通知报案人、控告人或者举报人;对于不属于自己管辖而又必须采取紧急措施的,应当先采取紧急措施,然后移送主管机关。经审查,对于家庭暴力行为尚未构成犯罪,但属于违反治安管理行为的,应当将案件移送公安机关,依照治安管理处罚法的规定进行处理,同时告知被害人可以向人民调解委员会提出申请,或者向人民法院提起民事诉讼,要求施暴人承担停止侵害、赔礼道歉、赔偿损失等民事责任。"第 7 条:"注意发现犯罪案件。公安机关在处理人身伤害、虐待、遗弃等行政案件过程中,人民法院在审理婚姻家庭、继承、侵权责任纠纷等民事案件过程中,应当注意发现可能涉及的家庭暴力犯罪。一旦发现家庭暴力犯罪线索,公安机关应当将案件转为刑事案件办理,人民法院应当将案件移送公安机关;属于自诉案件的,公安机关、人民法院应当告知被害人提起自诉。"第 8 条:"尊重被害人的程序选择权。对于被害人有证据证明的轻微家庭暴力犯罪案件,在立案审查时,应当尊重被害人选择公诉或者自诉的权利。被害人要求公安机关处理的,公安机关应当依法立案、侦查。在侦查过程中,被害人不再要求公安机关处理或者要求转为自诉案件的,应当告知被害人向公安机关提交书面申请。经审查确系被害人自愿提出的,公安机关应当依法撤销案件。被害人就这类案件向人民法院提起自诉的,人民法院应当依法受理。"第 9 条:"通过代为告诉充分保障被害人自诉权。对于家庭暴力犯罪自诉案件,被害人无法告诉或者不能亲自告诉的,其法定代理人、近亲属可以告诉或者代为告诉;被害人是无行为能力人、限制行为能力人,其法定代理人、近亲属没有告诉或者代为告诉的,人民检察院可以告诉;侮辱、暴力干涉婚姻自由等告诉才处理的案件,被害人因受强制、威吓无法告诉的,人民检察院也可以告诉。人民法院对告诉或者代为告诉的，应当依法受理。”第10条：“切实加强立案监督。人民检察院要切实加强对家庭暴力犯罪案件的立案监督，发现公安机关应当立案而不立案的，或者被害人及其法定代理人、近亲属，有关单位、组织就公安机关不予立案向人民检察院提出异议的，人民检察院应当要求公安机关说明不立案的理由。人民检察院认为不立案理由不成立的，应当通知公安机关立案，公安机关接到通知后应当立案；认为不立案理由成立的，应当将理由告知提出异议的被害人及其法定代理人、近亲属或者有关单位、组织。”第15条：“加大对被害人的法律援助力度。人民检察院自收到移送审查起诉的案件材料之日起三日内，人民法院自受理案件之日起三日内，应当告知被害人及其法定代理人或者近亲属有权委托诉讼代理人，如果经济困难，可以向法律援助机构申请法律援助；对于被害人是未成年人、老年人、重病患者或者残疾人等，因经济困难没有委托诉讼代理人的，人民检察院、人民法院应当帮助其申请法律援助。法律援助机构应当依法为符合条件的被害人提供法律援助，指派熟悉反家庭暴力法律法规的律师办理案件。”第18条：“切实贯彻宽严相济刑事政策。对于实施家庭暴力构成犯罪的，应当根据罪刑法定、罪刑相适应原则，兼顾维护家庭稳定、尊重被害人意愿等因素综合考虑，宽严并用，区别对待。根据司法实践，对于实施家庭暴力手段残忍或者造成严重后果；出于恶意侵占财产等卑劣动机实施家庭暴力；因酗酒、吸毒、赌博等恶习而长期或者多次实施家庭暴力；曾因实施家庭暴力受到刑事处罚、行政处罚；或者具有其他恶劣情形的，可以酌情从重处罚。对于实施家庭暴力犯罪情节较轻，或者被告人真诚悔罪，获得被害人谅解，从轻处罚有利于被扶养人的，可以酌情从轻处罚；对于情节轻微不需要判处刑罚的，人民检察院可以不起诉，人民法院可以判处免予刑事处罚。对于实施家庭暴力情节显著轻微危害不大不构成犯罪的，应当撤销案件、不起诉，或者宣告无罪。人民法院、人民检察院、公安机关应当充分运用训诫，责令施暴人保证不再实施家庭暴力，或者向被害人赔礼道歉、赔偿损失等非刑罚处罚措施，加强对施暴人的教育与惩戒。”第19条：“准确认定对家庭暴力的正当防卫。为了使本人或者他人的人身权利免受不法侵害，对正在进行的家庭暴力采取制止行为，只要符合刑法规定的条件，就应当依法认定为正当防卫，不负刑事责任。防卫行为造成施暴人重伤、死亡，且明显超过必要限度，属于防卫过当，应当负刑事责任，但是应当减轻或者免除处罚。认定防卫行为是否‘明显超过必要限度’，应当以足以制止并使防卫人免受家庭暴力不法侵害的需要为标准，根据施暴人正在实施家庭暴力的严重程度、手段的残忍程度，防卫人所处的环境、面临的危险程度、采取的制止暴力的手段、造成施暴人重大损害的程度，以及既往家庭暴力的严重程度等进行综合判断。”第20条：“充分考虑案件中的防卫因素和过错责任。对于长期遭受家庭暴力后，在激愤、恐惧状态下为了防止再次遭受家庭暴力，或者为了摆脱家庭暴力而故意杀害、伤害施暴人,被告人的行为具有防卫因素,施暴人在案件起因上具有明显过错或者直接责任的,可以酌情从宽处罚。对于因遭受严重家庭暴力,身体、精神受到重大损害而故意杀害施暴人;或者因不堪忍受长期家庭暴力而故意杀害施暴人,犯罪情节不是特别恶劣,手段不是特别残忍的,可以认定为刑法第二百三十二条规定的故意杀人'情节较轻'。在服刑期间确有悔改表现的,可以根据其家庭情况,依法放宽减刑的幅度,缩短减刑的起始时间与间隔时间;符合假释条件的,应当假释。被杀害施暴人的近亲属表示谅解的,在量刑、减刑、假释时应当予以充分考虑。"最高人民法院**《关于适用〈中华人民共和国婚姻法〉若干问题的解释(一)》**(2001 年 12 月 27 日　法释〔2001〕30 号,已于 2021 年 1 月 1 日起废止)第 1 条:"婚姻法第三条、第三十二条、第四十三条、第四十五条、第四十六条所称的'家庭暴力',是指行为人以殴打、捆绑、残害、强行限制人身自由或者其他手段,给其家庭成员的身体、精神等方面造成一定伤害后果的行为。持续性、经常性的家庭暴力,构成虐待。"

(3)地方司法性文件。天津高院**《关于印发〈关于民事审判工作中加强民生保障的实施意见〉的通知》**(2017 年 12 月 25 日　津高法〔2017〕268 号)第 4 条:"……对于涉家庭暴力的案件,进一步探索举证责任分配、证据采信等认定家庭暴力行为的裁判尺度,加大人身安全保护令的适用与执行力度,充分保护涉家庭暴力案件受害人的人身权益。"河北衡水中院**《关于审理涉及家庭暴力婚姻案件指导意见(试行)》**(2016 年 1 月 20 日)第 1 条:"家庭暴力的范围。家庭暴力是指家庭成员之间以殴打、捆绑、残害、限制人身自由以及经常性谩骂、恐吓等方式实施的身体、精神等侵害行为。"第 3 条:"家庭暴力受害妇女口头提起诉讼的受理。对因遭受家庭暴力提起民事诉讼或刑事自诉的妇女,书写起诉状确有困难的,可以口头起诉,由人民法院记入笔录,并告知对方当事人。"第 12 条:"离婚案件的及时审理。家庭暴力受害妇女请求离婚的,人民法院应充分考虑其现实状况,在保护妇女人身安全、维护婚姻自由的原则下,及时审理结案。对于确实存在家庭暴力行为,夫妻感情已经破裂,受害妇女坚决要求离婚的,人民法院应当及时调解或判决离婚,避免因久拖不决而出现更严重的暴力伤害行为。"第 13 条:"离婚案件中的财产分割。在涉及家庭暴力的离婚案件中,人民法院分割夫妻共同财产时,应当对家庭暴力受害妇女给予照顾。在确定房屋的所有权或居住权时,应当优先考虑受害妇女一方,避免受害妇女因离婚而无法正常生活。"江苏常州天宁区法院**《家事案件诉讼指南》**(2015 年 1 月)第 9 条:"[心理疏导]人民法院根据案件情况可以建议当事人及遭受家庭创伤的人,特别是妇女、老人、儿童接受心理疏导。当事人及相关人也可以主动申请心理疏导。"江苏高院、省检察院、省公安厅、省妇联**《关于印发〈江苏省家庭暴力告诫制度实施办法(试行)〉的通知》**(2013 年 7 月 24 日　苏公通〔2013〕244 号)第 2 条:"本办法所称的'家庭暴力',是指发生在家庭成员之间,一方以殴打、捆绑、残害、强行限制人身自由或者其他手段,给另一方的身体、精神等方面造成一定伤害后果的行为。"第3条:"本办法所称的'告诫',是指公安机关对违反法律、法规的轻微家庭暴力行为或不宜直接作出行政处罚的家庭暴力行为,督促加害人改正而作出的行政指导。"第5条:"对违反法律、法规的下列家庭暴力行为,应依照本办法作出告诫:(一)情节特别轻微,依法不予行政处罚的;(二)主动消除或减轻违法后果,并取得受害人谅解,依法不予行政处罚的;(三)情节较轻,经公安机关调解处理,当事人达成协议,依法不予行政处罚的;(四)其他不宜直接作出行政处罚的家庭暴力行为。在决定告诫之前,公安机关须依法查明当事人的基本违法事实,查清双方当事人身份关系,并收集保存相应证据。"第7条:"家庭暴力告诫由事件发生地公安派出所作出决定并组织实施。承办民警在事实调查清楚、证据收集充分的情况下,制作《呈请家庭暴力告诫报告书》,报请公安派出所领导审批后予以实施。"第8条:"公安机关在实施告诫过程中可邀请当地妇联组织参加。告诫时,应向加害人当场宣读告诫内容,并由加害人签名捺印。作出告诫后应及时将有关家庭暴力违法行为的证据材料存档备查。"第9条:"告诫结束后,告诫书抄送给受害人以及当事人住所地或经常居住地村(社区)妇联组织。对事件发生地和当事人经常居住地分离的,告诫书同时抄送给当事人住所地或经常居住地公安派出所。"第10条:"不得利用告诫代替行政处罚或刑罚。公安机关发现需要对当事人直接作出行政处罚的,应依据有关法律、法规及时进入行政处罚程序;对涉嫌犯罪的,依法立案侦查。"第11条:"加害人经告诫后拒不改正,再次实施家庭暴力且受害人不同意调解的,公安机关应依法从重处理。"第12条:"人民检察院应依法及时做好对涉嫌家庭暴力刑事案件的立案监督、审查批捕、审查起诉等工作。对于公安机关提请逮捕或移送审查起诉的家庭暴力刑事案件,应当及时审查,依法办理。"第13条:"人民法院应依法及时受理和审理因家庭暴力引发的民事和刑事案件,保护受害人的合法权益。人民法院依法受理的涉及家庭暴力的民事案件,公安机关作出的家庭暴力告诫书可以作为人民法院认定实施家庭暴力的证据。人民法院依法受理的家庭暴力人身伤害刑事案件,在该刑事案件发生之前公安机关曾对加害人进行过告诫的,可以作为人民法院处理该刑事案件的酌定从重情节。"第14条:"妇联组织在收到抄送的告诫书后应及时和受害人进行联络并提供必要的法律帮助,积极开展跟踪回访工作,督促加害人及时纠正违法行为,维护家庭和谐稳定。各级妇联组织要健全维权工作网络,积极开展预防和制止家庭暴力的宣传指导工作,主动配合公安机关认真做好家庭暴力投诉的调解和处理工作。"第16条:"具有同居关系或者曾经有过配偶关系者之间的暴力侵害行为可以参照本办法处理。"江苏高院**《涉家庭暴力婚姻家庭案件审理指南》**(2012年1月1日)第5章第1节:"开庭审理应注意的事项。1. 受害人保护性缺席。有证据证明存在家庭暴力,且受害人处于极度恐惧之中,正常开庭审理可能导致双方矛盾更加激化,使受害人重新受制于加害人,或可能使受害人的人身安全处于危险之中的,人民法院可以酌情裁量采取相应的开庭方案,受害人可以不亲自到庭参加诉讼,其代理人可以代为出庭,人民法院可以应受害人的申请,单独听取受害人口头陈述意见,并提交书面意见。2. 不公开审判原则。公开审判是人民法院对民事案件的审理和宣判应当依法公开进行的制度,反映了诉讼公正的一般要求,体现了诉讼民主的价值。《民事诉讼法》第一百二十条【新修订的《民事诉讼法》第一百三十四条】对公开审判做了规定。但是公开审判不是绝对的,某些民事案件,由于其性质的特殊性,法律规定不公开审理,例如涉及国家秘密、个人隐私或者法律另有规定的案件,应当不公开审理;离婚案件,涉及商业秘密的案件,当事人申请不公开审理的,可以不公开审理。因此,涉家庭暴力婚姻家庭案件原则上应不公开审理,既是保护家庭暴力受害人及其子女、父母和其他利害关系人隐私的需要,更是为了保护上述主体人身安全以及安宁地生活、学习、工作的需要。3. 安全保障义务。在涉家庭暴力婚姻家庭案件审理过程中,受害人一旦走向法院,可能被加害人知悉而产生人身安全之忧,或者在法庭上因加害人在场而产生恐惧,不能正常陈述,证人也往往因害怕打击报复而不敢在法庭上提供证言。为了确保庭审程序的正常进行,人民法院有必要采取相应的安全措施,保证受害人出庭不受加害人的干扰,保证受害人在开庭时能够正常陈述,同时保证出庭证人的人身安全和不受加害人打击报复。这种安全措施包括由受害人可信赖的朋友、援助组织陪同出庭,安排法警护送受害人出庭并维持庭审秩序,对证人实行隔离询问,或者由法庭安排受害人或证人先行离开法庭,等等。4. 按撤诉处理或缺席判决的特殊规定。人民法院审理涉家庭暴力婚姻家庭案件,对于受害人经合法传唤未到庭参加诉讼的,不宜轻易直接按撤诉处理或缺席判决,而应查明受害人未到庭参加诉讼的原因,排除受恐吓、胁迫等情形后,依法做出处理。”第 2 节:“调解应注意的事项。涉家庭暴力婚姻家庭案件是否可以调解,学者有不同观点。我们认为,一律排除调解并非保护受害人的最佳做法,从实践来看,涉家庭暴力婚姻家庭案件通过调解解决的不在少数,通过事后回访,受害人并未反映其利益受损。但涉家庭暴力婚姻家庭案件毕竟与普通的民事案件有所区别,受暴力行为而产生的恐惧影响,受害人与加害人在调解时会有不同的心理特征,所以人民法院在调解时须注意以下问题:1. 受害人无过错原则。人民法院在调解涉家庭暴力婚姻家庭案件过程中,任何情况下都不得责备受害人,更不能要求受害人通过调整自己的行为作为不挨打的交换条件,否则. 就可能无意中强化‘做错事就该挨打’的错误观念。2. 有保留的中立原则。涉家庭暴力婚姻家庭案件具有与普通民事案件不同的规律和特点,其中最大的差异在于双方不平等的互动模式,加害人在平常就控制了双方之间的话语权,案件调解时也往往会表现出控制欲,而受害人则因加害人的暴力威慑难以主张权利。因此,法官在案件审理过程中要采取有保留的中立态度,通过运用调解技巧,加强对调解过程的掌控,减少加害人对受害人的不当影响,调整双方不平等的权利结构,提高受害人主张并维护自身权利的能力。人民法院可以通过以下方式来驾驭调解过程:(1)决定双方当事人发言的次序;(2)控制当事人发言的内容,对于破坏性或恐吓性的言语或行为,如一方对另一方进行警告、威胁、恐吓等,予以制止,必要时给予训诫;(3)根据扶弱抑强的原则,决定双方法庭陈述的时间长短;(4)支持、鼓励受害人主张自身权利;(5)审查民事调解协议的具体内容,对显失公平的调解协议,法官应向处于弱势一方的当事人行使释明权,告知其显失公平的情形,处于弱势的当事人坚持协议内容的,人民法院在排除受胁迫等情形的基础上,可以予以确认。3. 背靠背调解。人民法院主持调解时,如面对面调解可能会使双方矛盾激化,增加受害人继续遭受加害人骚扰、威胁等人身危险性的,可以采取背靠背的调解方式,最大限度地保护受害人的合法权益。4. 多元纠纷解决机制的运用。人民法院审理涉家庭暴力婚姻家庭案件时,应当加大调解力度。必要时,可以运用多元纠纷解决机制,邀请或者委托妇联、居(村)委会、人民调解委员会等组织或有关人员协助调解。5. 调解记录。调解过程中,人民法院应当将加害人的当庭悔过或口头保证记录在案。对于当事人和解撤诉的案件,人民法院也应当将已查明的家庭暴力事实记录在案。对于加害人再次实施家庭暴力,受害人再次提起离婚诉讼的,人民法院可以将记录在案的加害人实施家庭暴力的事实作为重要依据,迅速对案件做出处理,使受害人的合法权益得到及时保护,节约诉讼成本。6. 加害人行为矫正。调解过程中,加害人真诚悔改以换取不离婚的,在征得受害人同意后,人民法院可以根据《民事诉讼法》第一百三十六条【新修订的《民事诉讼法》第一百五十条】的规定,裁定诉讼中止,给加害人 6 个月的考察期。考察期内,加害人再次施暴的,视为不思悔改,应当恢复审理。”江苏高院、省公安厅、省妇联**《关于依法处理涉及家庭暴力婚姻家庭案件若干问题的指导意见(试行)》**(2010 年 6 月 5 日　苏高法〔2010〕280 号)第 2 条:“本意见所称的‘家庭暴力’,是指发生在家庭成员之间,一方以殴打、捆绑、残害、强行限制人身自由或者其他手段,给另一方的身体、精神等方面造成一定伤害后果的行为。”湖南高院**《关于加强对家庭暴力受害妇女司法保护的指导意见(试行)》**(2009 年 4 月 14 日)第 3 条:“家庭暴力受害妇女口头提起诉讼的受理。对因遭受家庭暴力提起民事诉讼或刑事自诉的妇女,书写起诉状确有困难的,可以口头起诉,由人民法院记入笔录,并告知对方当事人。”第 4 条:“减、免、缓交诉讼费。对没有经济来源或经济确有困难的家庭暴力受害妇女,向人民法院提起婚姻家庭、损害赔偿民事诉讼的,对其诉讼费用可以缓交、减交或免交。”第 10 条:“对妨害民事诉讼的强制措施。民事诉讼期间,施暴方仍对受害妇女实施家庭暴力的,或者对受害妇女人身安全构成威胁的,人民法院可以根据情节轻重分别予以警告、罚款、拘留,或者向公安机关提出司法建议,由公安机关依法对施暴者予以治安处罚。”第17条:“虐待罪及刑事自诉。施暴方持续性、经常性实施家庭暴力的,构成虐待。受害妇女以虐待罪提起刑事自诉的,人民法院应当受理。经审理对构成虐待罪的被告人,如果人身危险性较大、不判处监禁刑可能对受害妇女继续实施家庭暴力的,人民法院应考虑判处监禁刑。”第18条:“对刑事案件被告人的强制措施。为防止家庭暴力受害妇女在刑事诉讼期间继续遭受家庭暴力,人民法院根据案件情况,对被告人可以依法拘传、取保候审、监视居住,或者依法决定逮捕。”第19条:“对‘以暴制暴’刑事案件被告人的处罚。家庭暴力受害妇女在长期遭受暴力的情况下,为摆脱施暴方或保护家人,杀害或伤害施暴方,构成犯罪的,审理时应充分考虑引发犯罪的动机和原因,对主观恶性较轻、社会危害性较小,案发后真诚悔罪,或取得被害人及其家属谅解,特别是家中尚有未成年子女需要抚养的女性,依法可以从轻、减轻或免于处罚。”第20条:“对‘以暴制暴’服刑人员的减刑、假释。对遭受家庭暴力而实施‘以暴制暴’行为的女性罪犯,如果其在执行期间认真遵守监规,接受教育改造,确有悔改表现的,且有未成年子女需要抚养的,考虑其人身危险性一般不大,可依法对其减刑幅度予以适当放大,间隔时间予以相应缩短;对于此类女性罪犯,根据其犯罪情况和悔罪表现,确实不致再危害社会的,可以依法从宽适用假释。”江西高院**《关于审理婚姻家庭纠纷案件适用法律若干问题的解答》**(2008年10月10日)第27条:“如何理解‘给家庭成员的身体造成一定伤害后果’的家庭暴力?《婚姻法解释一》第一条对‘家庭暴力’的定义作了明确规定。但对伤害后果的程度没有明确。针对行为人以殴打、捆绑、残害的方式给家庭成员的身体造成伤害的‘家庭暴力’,在司法实践中可以根据法医鉴定结论来确定伤害后果,即对家庭成员的伤害达到轻微伤丙级三次以上、轻微伤乙级两次以上、轻微伤甲级一次以上的,一般可理解为构成‘家庭暴力’。”上海高院**《婚姻家庭纠纷办案要件指南(一)》**(2005年3月4日沪高发民一〔2005〕2号)第11条:“以婚姻关系当事人实施家庭暴力而主张解除婚姻关系的,应举证证明:(一)婚姻关系当事人实施了家庭暴力事实存在;(二)施暴行为人具有过错;(三)申请人是解除婚姻关系的适格申请人。〔说明〕家庭暴力是指家庭成员间的一方以暴力或胁迫、侮辱等手段,侵害其他家庭成员的身体、精神等方面的人身权利,并造成一定损害后果的行为。在婚姻案件中的家庭暴力,施暴人与受害人之间存在特定的亲属身份关系,多为配偶关系,并以家庭住所为特定的行为场所。侵害的客体包括有形的身体暴力和无形的精神暴力。主观上行为人存在明显的故意和目的性,一般过失行为不构成家庭暴力。客观上,既可以是积极行为,如殴打、伤害、捆绑、禁闭等暴力行为,或以暴力进行恐吓、威胁、逼迫;也可以是消极的不作为,如使受害人受冻挨饿、不给治病等。同时,暴力行为已达到一定程度，造成了一定的伤害后果，此为家庭暴力与日常的争吵、打闹或造成一定后果的家庭纠纷行为之间的重要区别。”广东高院《**关于审理婚姻案件若干问题的指导意见**》（2001年11月9日　粤高法发〔2001〕44号，2021年1月1日起废止）第6条：“在婚姻关系存续期间，当事人以配偶实施家庭暴力或虐待家庭成员为由，向人民法院提起民事诉讼，请求停止侵害的，人民法院不予受理，告知当事人依照《婚姻法》第四十三条规定找有关部门处理。”上海高院《**关于下发〈关于在民事审判中实施“中华人民共和国婚姻法”的暂行意见〉的通知**》（2001年6月7日　沪高法〔2001〕263号）第17条：“婚姻法第32条第3款第2项、第46条第3项所称‘家庭暴力’，指一方对配偶或其他家庭成员实施殴打、捆绑、限制人身自由或以其他手段，对家庭成员从身体、精神、性等方面进行伤害。摧残次数较少、程度较轻的，构成家庭暴力，严重的构成虐待。”

2. 证据规则。

(1)最高人民法院司法解释及其他司法性文件/解读文章。最高人民法院《**关于民事诉讼证据的若干规定(2019修正)**》（2020年5月1日）第85条：“人民法院应当以证据能够证明的案件事实为根据依法作出裁判。审判人员应当依照法定程序，全面、客观地审核证据，依据法律的规定，遵循法官职业道德，运用逻辑推理和日常生活经验，对证据有无证明力和证明力大小独立进行判断，并公开判断的理由和结果。”第90条：“下列证据不能单独作为认定案件事实的根据：（一）当事人的陈述；（二）无民事行为能力人或者限制民事行为能力人所作的与其年龄、智力状况或者精神健康状况不相当的证言；（三）与一方当事人或者其代理人有利害关系的证人陈述的证言；（四）存有疑点的视听资料、电子数据；（五）无法与原件、原物核对的复制件、复制品。”最高人民法院、最高人民检察院、公安部、司法部《**印发〈关于依法办理家庭暴力犯罪案件的意见〉的通知**》（2015年3月2日　法发〔2015〕4号）第11条：“及时、全面收集证据。公安机关在办理家庭暴力案件时，要充分、全面地收集、固定证据，除了收集现场的物证、被害人陈述、证人证言等证据外，还应当注意及时向村（居）委会、人民调解委员会、妇联、共青团、残联、医院、学校、幼儿园等单位、组织的工作人员，以及被害人的亲属、邻居等收集涉及家庭暴力的处理记录、病历、照片、视频等证据。”第12条：“妥善救治、安置被害人。人民法院、人民检察院、公安机关等负有保护公民人身安全职责的单位和组织，对因家庭暴力受到严重伤害需要紧急救治的被害人，应当立即协助联系医疗机构救治；对面临家庭暴力严重威胁，或者处于无人照料等危险状态，需要临时安置的被害人或者相关未成年人，应当通知并协助有关部门进行安置。”第14条：“加强自诉案件举证指导。家庭暴力犯罪案件具有案发周期较长、证据难以保存，被害人处于相对弱势、举证能力有限，相关事实难以认定等特点。有些特点在自诉案件中表现得更为突出。因此,人民法院在审理家庭暴力自诉案件时,对于因当事人举证能力不足等原因,难以达到法律规定的证据要求的,应当及时对当事人进行举证指导,告知需要收集的证据及收集证据的方法。对于因客观原因不能取得的证据,当事人申请人民法院调取的,人民法院应当认真审查,认为确有必要的,应当调取。”最高人民法院吴晓芳法官**《关于婚姻家庭纠纷审理热点难点问答》**〔载《民事法律文件解读》2011 年第 11 辑(总第 83 辑)〕第 67 条:“对家庭暴力问题应如何认定? 答:对‘家庭暴力’可从以下三个方面进行理解:第一,家庭暴力行为的主体范围:对家庭暴力的认定并不单指夫妻之间的暴力,还包括对子女等其他家庭成员实施的暴力。‘家庭成员’一般应理解为具有亲属身份关系并且在一起共同居住生活的人员。第二,家庭暴力的表现形式为殴打、捆绑、残害、强行限制人身自由或者其他手段,这里的‘其他手段’主要是针对家庭暴力行为的复杂多样性而言的。第三,家庭暴力的构成要件:行为人实施的家庭暴力给其家庭成员的身体、精神等方面造成一定的伤害后果,达到一定程度的,才可认定为家庭暴力。家庭暴力与虐待是两种不同的行为,从现有的法律规定来看,虐待的性质和危害程度要比一般的家庭暴力更为严重,家庭暴力通常具有偶发性和间断性,而虐待则是一种后果较为严重且具有长期性、持久性的暴力行为,故最高法院相关司法解释规定‘持续性、经常性的家庭暴力,构成虐待’,从行为的持续时间、实施频率方面做出了区别规定……由于家庭暴力具有一定的隐蔽性,其他人很难知晓,举证比较困难,关键是要证明施暴行为与损害结果之间的因果关系。家庭暴力问题能否认定与施暴者是否承认没有必然的联系。发生家庭暴力行为后,并非施暴者矢口否认人民法院就无法认定,只要其他相关证据可以形成证据链条,同样可以根据民事诉讼法及民事诉讼证据的有关规定对违法事实予以认定。对于最高人民法院司法解释中所规定的‘造成一定伤害后果’,不能机械地理解为一次性的伤害后果。伤害后果既有受害人身体上显而易见的伤痕等,也包括长期遭受精神折磨造成的心理健康损害。有学者认为,现实生活中,更普遍更广泛的是那些每次都看似没有严重后果,却对受害人伤害一点也不轻的家庭暴力案件。是否构成家庭暴力,应当以加害一方的暴力行为是否已成为一种行为模式为认定标准。受害人稍有不从,就会挨打或者受到恐吓,使其产生恐惧,害怕再次遭到暴力而被迫服从。这样的行为就已经构成家庭暴力。这也是国际社会关于家庭暴力的普遍理念。”

(2)地方司法性文件。重庆高院**《人身安全保护令工作指引》**(2019 年 11 月 25 日)第 5 条:“申请人缺乏举证能力的,人民法院应当向其履行释明义务,指导申请人举证。人民法院也可以将相关情况通报公安机关、妇女联合会、居民委员会、村民委员会、救助管理机构、法律援助机构等,由该类组织向申请人提供相应的援助。”第 7 条:“有遭受家庭暴力或者面临家庭暴力现实危险的相关证据包括申请人的陈述、公安机关的报警记录、伤情鉴定报告、医院病历及伤情照片、视听资料、证人证言以及人民团体、社会组织、村(居)民委员会等社会机构的相关记录或证明等。”第14条:“人身安全保护令案件不同于诉讼案件,高度盖然性等证明标准不适用于人身安全保护令案件。法官对家庭暴力是否存在或是否有家庭暴力之危险根据内心确信作出判断。”广东高院**《广东法院审理离婚案件程序指引》**(2018年7月16日)第8条:“【职权探知】下列事项,属于《最高人民法院关于适用〈中华人民共和国民事诉讼法〉的解释》第九十六条第一款第二项规定的情形,人民法院可以依职权调查收集证据:(一)当事人的工作、教育、经历、性格、身心状况;(二)当事人家庭生活状况、离婚纠纷产生的原因;(三)未成年子女的生活、学习、身心和抚养状况;(四)老年人的生活和赡养状况;(五)涉及无民事行为能力的当事人或者未成年子女的基本生活保障,需要查明的财产状况;(六)可能导致婚姻无效的状况。”第9条:“【家事调查员】人民法院依当事人申请或者依职权调查收集证据,可以委托家事调查员进行。家事调查员开展调查工作,应当依照《广东法院家事调查员工作规程(试行)》进行。家事调查员受托后,应当在30日内完成调查工作并出具家事调查报告。调查任务较重的,可以适当延期。需要作为认定事实依据的家事调查报告内容,应当在法庭上出示,并由当事人互相质证。不作为证据使用部分,归入卷宗副卷。当事人对家事调查过程、方式有异议的,人民法院可以要求家事调查员以书面形式或者到庭说明情况。”第31条:“【询问未成年子女】人民法院根据案件审理需要,可以就有关事项询问未成年子女。询问的事项,应当与未成年子女的年龄、智力相适应。人民法院不得强迫或者诱导未成年子女作出陈述。人民法院应当集中询问有关事项,禁止多次询问未成年子女。人民法院询问未成年子女,应当选择法庭以外的合适场所单独进行。必要时,可以邀请从事心理疏导的专业人员、学校教师、社工等人员陪同。人民法院根据客观情况,可以采用视听传输技术询问未成年子女。人民法院询问未成年子女应当制作询问笔录。采用视听传输技术询问的,应当制作视听资料。不作为证据使用的询问笔录或者视听资料内容,归入卷宗副卷。”第32条:“【未成年子女作证】未成年子女所作的下列陈述,不得作为证据使用:(一)不满八周岁的未成年子女,或者八周岁以上的未成年子女就与其年龄、智力不相适应的事项所作的陈述;(二)未成年子女请求不在法庭上出示的陈述;(三)人民法院认为不适宜在法庭上出示的陈述。未成年子女应当通过书面陈述、询问笔录或者视听资料等方式作出证言。除有不损害未成年子女利益的必要理由,人民法院不得通知未成年子女出庭作证。未成年子女的证言应当在法庭上出示,并由当事人互相质证。人民法院根据质证情况,可以直接审查确定其效力,也可以通过询问未成年人进行核实。”第33条:“【未成年子女陪护】人民法院审理离婚案件,一般不得允许未成年子女进行旁听。未成年子女陪同当事人到庭的,人民法院应当安排专门人员陪护未成年子女在庭外等候。有条件的人民法院可以设置专门的未成年人托管场所。”第 34 条:“【涉家暴离婚】当事人主张遭受家庭暴力的,应当提供书面或者口头陈述、伤情照片、病历、带有威胁内容的录音或者手机短信、对方出具的悔过书、保证书、公安机关出警记录、告诫书、伤情鉴定意见等证据予以证明。当事人仅能提供书面或者口头陈述、伤情照片、病历等证据,人民法院结合受伤地点、时间、常理等认为存在家庭暴力可能的,可以要求对方当事人举证证明未实施家庭暴力。人民法院认定存在家庭暴力的,在法庭审理时应当安排当事人处于合适的安全距离或者隔离开庭。必要时,应当安排法警到庭。当事人确因遭受严重家庭暴力而处于恐惧之中,申请以书面、视听传输技术或者视听资料陈述意见的,人民法院应当准许。当事人以遭受家庭暴力的事实为由,请求人民法院在诉讼中对现在的住址、联系方式保密的,人民法院应当准许。”河北衡水中院《**关于审理涉及家庭暴力婚姻案件指导意见(试行)**》(2016 年 1 月 20 日)第 5 条:“证据的认定。人民法院在审理涉及家庭暴力的民事案件时,应当充分考虑家庭暴力案件具有隐蔽性及受害妇女取证难等特点,合理分配举证责任。对民事诉讼中受害妇女提供以下遭受家庭暴力的基本事实证据,如果对方没有足够证据予以否认,可以认定证据所证明事实存在:1. 报警、接警、出警记录;2. 法医鉴定;3. 病历;4. 照片、录像等视听资料;5. 证人证言;6. 社区、妇联等社会团体和组织的相关记录。对刑事诉讼中家庭暴力事实的认定,应当严格依照《刑事诉讼法》等相关规定,对证据查证属实,才能作为定案的根据。”第 6 条:“依职权取证。受害妇女因客观原因不能自行收集证据的,经受害妇女申请,或者人民法院认为确有必要时,人民法院可以依职权调取、收集、保全相关证据。”第 7 条:“未成年子女证言的证明力。未成年子女提供的涉及家庭暴力的与其年龄、智力及精神状况相当的证言,可以作为认定家庭暴力的证据。人民法院在收集未成年子女证言时,应采取相应措施,减少作证给未成年子女带来的伤害。”江苏常州天宁区法院《**家事案件诉讼指南**》(2015 年 1 月)第 3 条:“[举证及申请取证]在诉讼过程中,当事人应对其主张提供相应的证据。对于身份关系,如双方存在婚姻关系,生育子女的情况等,即使双方当事人没有争议,也应当提供证据证明。当事人因客观原因不能自行收集的证据,可以由其委托的执业律师申请调查令调查取证。必要时,人民法院还应依职权调查收集相关证据,以查明客观事实。”第 17 条:“人民法院审理家事案件,除适用‘谁主张、谁举证’的一般举证责任分配原则外,还应根据家事案件的实际情况合理分配举证责任。相关法律以及司法解释没有具体规定举证责任承担时,人民法院可以根据公平原则和诚实信用原则确定举证责任的承担。”第 21 条:“一方当事人主张遭受家庭暴力的,应当提供证据材料证明。证据材料包括但不限于受害人提供的伤情照片、医院病历、受害人报警时的电话记录、接警或者出警记录、相关的录音或手机短信，加害人出具的悔过书、保证书等，人民法院应根据案件情况综合审查判断。”第 26 条：“家事案件中当事人的未成年子女作为证人提供证言，可不出庭作证，由审判人员单独对该未成年子女进行询问。需未成年人出庭作证的情形，应当有监护人到场。监护人拒绝到场的，可有未成年人所在的社区、学校的相关人员在场。”第 27 条：“未成年人证言的效力，由人民法院酌情认定。十周岁以上的未成年人提供的与其年龄、智力和认知水平相适应的证言，经质证可以作为证据使用。不满十周岁的未成年人作出的证人证言必须结合其他证据，才能作为认定案件事实的依据。”第 28 条：“人民法院可以向了解相关家事纠纷案件事实的未成年人和当事人的亲朋近邻调查有关事实。相关调查笔录经当事人质证后可以作为证据使用，确不适宜由当事人质证的，仅可作为查清事实的参照依据。”第 29 条：“人民法院不应仅以证人与当事人之间存在亲属关系为由不采信证人证言，而应对其所作证言结合其他证据综合认定。”江苏高院、省检察院、省公安厅、省妇联**《关于印发〈江苏省家庭暴力告诫制度实施办法（试行）〉的通知》**（2013 年 7 月 24 日　苏公通〔2013〕244 号）第 6 条：“公安机关接到家庭暴力报警求助后，事件发生地公安派出所应立即调派警力到达现场，并做好如下处置工作：（一）立即制止正在发生的家庭暴力行为，控制家庭暴力加害人，维护现场秩序；（二）受害人需要立即就医的，应积极协助联系医院组织救治，根据需要进行临时庇护及委托伤情鉴定；（三）及时询问当事人和现场目击证人，并使用录音、录像、摄像等方式固定其他证据；（四）依法查明事实后，对违反治安管理或涉嫌犯罪的行为依法处理，对符合本办法第五条规定之一的，按照本办法启动告诫程序。受害人事后报警的，公安机关应及时展开调查，并依照前款（二）、（三）、（四）项的规定进行处理。”山东青岛中院**《关于婚姻家庭案件中实施家庭暴力“禁止令”的意见》**（2012 年 3 月 8 日）第 5 条：“受害人提交的证据可以是伤情照片、医院病历、报警（出警）记录、证人证言、书面证据、视听资料、社会机构的相关记录或证明等。受害人因客观原因不能自行收集证据的，经受害人申请，或者法院认为确有必要时，可以依职权调取、收集、保全相关证据。”江苏高院**《涉家庭暴力婚姻家庭案件审理指南》**（2012 年 1 月 1 日）第 3 章第 1 节：“……‘谁主张、谁举证’是民事诉讼理论确定的一般举证规则。涉家庭暴力婚姻家庭案件应同样遵循这一举证规则。但在具体认定证据的证明力时，应从家庭暴力的特点与规律出发。从审判实务情况来看，受害人证明家庭暴力，一般会提供下列证据：1. 受害人的陈述；2. 加害人的悔过、保证；3. 未成年子女的证言；4. 专家辅助人的意见和评估报告；5. 国家机关、社会团体和组织相关的记录与证明；6. 公安机关的接警或出警记录。在‘谁主张、谁举证’的一般原则之下，人民法院如何对当事人所举证据的证明力进行认定，对当事人诉请能否得到支持起到决定性作用。刑事案件一般采严格证明标准，而民事诉讼则一般采优势证据原则，即在双方对同一事实分别提出相反证据,但都没有足够的证据否定对方证据的,人民法院应结合案件情况,判断一方提供证据的证明力是否明显大于另一方提供证据的证明力,并对证明力较大的证据予以认定。针对家庭暴力的特殊性,人民法院对上述受害人举证进行认定时,应具体问题具体分析:1. 关于受害人的陈述。一般情况下,受害人的陈述的可信度高于加害人。在案件审理过程中,双方当事人可能对是否存在家庭暴力有截然不同的说法。加害人往往否认或淡化暴力行为的严重性,受害人则可能淡化自己挨打的事实。但一般情况下,受害人陈述的可信度高于加害人。因为很少有人愿意冒着被人耻笑的风险,捏造自己被配偶殴打、凌辱的事实。2. 关于加害人的悔过、保证。加害人在诉讼前做出的口头或书面悔过、保证,可以作为加害人实施家庭暴力的证据。对于加害人在诉讼期间做出的口头或书面悔过、保证,人民法院应结合对家庭暴力行为特点和规律性的认识准确认定加害人是否有通过悔过、保证继续控制受害人的意图,继而判定加害人是否真心悔过。因此首先不应将加害人在诉讼期间做出的口头或书面悔过、保证当然看作双方感情尚未破裂的证据,其次受害人即使因为加害人的悔过而同意和好,人民法院也应多做释明,并做好回访工作,以免受害人受到更大的伤害。3. 关于未成年子女的证言。家庭暴力的隐蔽性使得家庭暴力发生时除双方当事人和其子女以外,一般无外人在场。因此,子女通常是父母家庭暴力唯一的证人。最高人民法院《关于民事诉讼证据的若干规定》对证人的年龄没有做明确的限制性规定,但规定'不能正确表达意志的人,不能作为证人。待证事实与其年龄、智力状况或者精神健康状况相适应的无民事行为能力人和限制民事行为能力人,可以作为证人。'及'未成年人所作的与其年龄和智力状况不相当的证占不能单独作为认定案件事实的依据。'。因此,证人的年龄因素只是相对概念,不能因年幼而一概认为其没有作证能力。借鉴德国、日本的立法例,具备相应的观察能力、记忆能力和表达能力的2周岁以上的未成年子女提供与其年龄、智力和精神状况相当的证言,一般应认定其证据效力。人民法院判断子女证言的证明力大小时,应当考虑到其可能受到一方或双方当事人的不当影响,同时应当采取措施最大限度地减少作证可能给未成年子女带来的伤害。因此,人民法院对未成年子女进行取证时应注意方式方法,避免孩子产生恐惧心理,造成对孩子的二次伤害。比如无锡崇安法院在审理一起妻子王某与丈夫金某离婚案件过程中,王某为证明家庭暴力申请三位证人出庭作证,其中有双方4岁的女儿小羽。小羽见到金某时面露怯色,不敢说话,当法官问其原委时,其称爸爸经常打她和妈妈,她不愿意与爸爸一起生活。崇安法院综合案情,认为小羽所作的证言与其年龄和智力状况相适应,与其他证据形成证据链,足以认定金某对王某多次进行殴打,从而认定了金某对王某实施了家庭暴力。4. 关于专家辅助人的意见和评估报告。《关于民事诉讼证据的若干规定》第六十一条规定:'当事人可以向人民法院申请由一至二名具有专门知识的人员出庭就案件的专门性问题进行说明。人民法院准许其申请的，有关费用由提出申请的当事人负担。审判人员和当事人可以对出庭的具有专门知识的人员进行询问。经人民法院准许，可以由当事人各自申请的具有专门知识的人员就有关案件中的问题进行对质。具有专门知识的人员可以对鉴定人进行询问。’家庭暴力是一门涉及社会学、心理学、医学、性别学的跨学科知识，而司法界以及社会上普遍对家庭暴力领域中的专门性问题了解程度不够，直接影响了科学技术知识在办理此类案件中所起的积极作用。因此，人民法院可以依据当事人申请或者依职权聘请专家辅助人出庭，解释家庭暴力的特点和规律，接受审判人员、双方当事人的质询，专家辅助人的意见可以作为裁判的重要参考。无锡崇安法院在试点过程中联合公安、妇联、法学院校及相关鉴定机构，设立了由家庭暴力问题研究专家、临床心理学家、精神病学家、法学家、法医、警察、庇护所工作人员等18人组成的‘反家庭暴力专家委员会’，作为专家辅助人参与涉家庭暴力婚姻家庭案件的审理，通过庭审观摩、与双方当事人及子女、亲友沟通交流，出具专家意见和评估报告，作为人民法院认定家庭暴力的重要参考，取得了良好效果，司法实践中很值得借鉴与推广。5. 关于国家机关、社会团体和组织相关的记录与证明。家庭暴力受害人在提起诉讼之前很可能曾向公安机关、人民调解组织、妇联、庇护所、居（村）委会等国家机关、社会团体和组织投诉，要求庇护，接受调解，或者受害人曾寻求医学治疗、心理咨询或治疗，上述机构提供的录音或文字记录及出具的书面证词、诊断或相关书证，内容符合证据材料要求，人民法院经审查后认为真实可靠的，可以作为重要证据。加害人否认但又无法举出反证，又无其他证据佐证的，可以推定存在家庭暴力。6. 关于公安机关的接警或出警记录。公安机关的接警或出警记录属于家庭暴力发生后第一时间保留的证据，由于是公权力机关做出的，证据效力比较高。记录明确载明家庭暴力现场情况的，人民法院可以据此认定家庭暴力事实存在。记录仅载明‘家务纠纷，已经处理’等含糊内容的，人民法院应根据案件需要依当事人申请或依职权对接警人员进行调查。”第2节：“法院调查取证。普通民事诉讼处理的是当事人之间的私权纠纷，实行当事人主义，调查取证是当事人的诉讼权利与义务。但婚姻家庭案件涉及社会公益，有别于普通民事诉讼，尤其是涉家庭暴力婚姻家庭案件普遍存在举证难、作证难的问题，人民法院在审理此类案件时不应机械适用当事人主义，而应深入贯彻能动司法理念，以法院职权主义来对待案件审理中法院查证的问题，不断加大依当事人申请或者依职权调查取证的力度。当事人可以申请人民法院调取、收集以下因客观原因不能自行收集的证据：1. 当事人之外的第三人持有的证据，例如公安机关、妇联等组织机构掌握的证据；2. 由于加害人对家庭财产的控制，受害人不能收集到的与家庭财产数量以及加害人隐匿、转移家庭财产行为有关的证据；3. 愿意作证但拒绝出庭的证人的证言;4. 其他因客观原因不能自行收集的证据。人民法院在审理涉家庭暴力婚姻家庭案件过程中,如发现对于认定家庭暴力事实具有关键意义的证据,即使当事人未申请调查,人民法院也应依职权调查取证。取证要及时,掌握第一手材料,要依靠当地公安机关、妇联、居(村)委会、医院取证,街坊邻居也是证据来源而且比较直接。对于严重的家庭暴力侵害,应对受害人尽快进行活体检验,取得法医的伤情鉴定,到医院索取病历和医药费发票,还要收集足以证实加害人实施家庭暴力的动机、原由等方面的证据。在证据可能灭失或者以后难以取得的情况下,人民法院要根据当事人申请或者主动依职权采取证据保全措施。尤其是在诉讼中出现受害人'反言'时,人民法院更应加大查证力度,而不能简单以'禁反言'否定受害人的陈述。在涉家庭暴力婚姻家庭案件的审理中经常发生受害人做出与先前不一致、甚至相矛盾的陈述。应当认识到,由于公开所有发生的暴力事实会令人痛苦,因此有的受害人仅仅承认部分事实而非全部事实;有的受害人遭受家庭暴力后往往起诉积极,待开庭后与加害人见面时,义会由于各种原因,不愿意或者回避对某些问题的陈述与作证;有的受害人在求助过程中,如果接触的警察、承办案件的法官对家庭暴力态度漠然,则会进一步加剧受害人无助感,产生多一事不如少一事的心理,改变先前的陈述。受害人在家庭暴力关系中长期处于被支配、控制的地位,上述情形的产生很可能是受害人根据情势所做的保护自己和孩子的正常反应。因此,人民法院不能简单地按照普通民事诉讼中'禁反言'的规则,认定受害人陈述不可信,尤其是据此认定受害人指控的家庭暴力事实不存在,而是应依职权调查探明是否为受害人真意。法官在遇到此种情形时,对受害人应当多一份理解与支持,尽力通过语言和行为打消受害人的顾虑,充分体现法官关怀弱者、保障人权的特点,也有利于实现真正的司法公正。"第3节:"适时把握举证责任的转换。举证责任分配对当事人的诉讼权利会产生重大影响,同样适时把握举证责任的转移对当事人利益的影响也是举足轻重的。人民法院在审理涉家庭暴力婚姻家庭案件时,应当根据家庭暴力案件的特点和规律,在正确合理分配举证责任的同时,根据当事人所举证据的证明力,把握好举证责任转移的节点。对于家庭暴力行为的事实认定,要根据民事案件的优势证据原则、逻辑推理、经验法则做出判断,避免采用刑事案件的严格证明标准,同时要认识到家庭暴力的特点,对受害人的举证避免要求苛严,当原告提供证据证明受侵害事实及伤害后果并指认系被告所为的,举证责任转移至被告。被告虽否认侵害由其所为但无力反证的,可以推定被告为加害人,认定家庭暴力的存在。有这样一则案例颇能说明问题:妻子甲起诉丈夫乙对其实施家庭暴力,并要求法院判决离婚。所提证据是医院的医疗诊断证明书,该诊断书载明受害人因被殴打而导致皮肤组织损伤、脑轻微震荡。丈夫乙在法庭上辩称:该证据只能证明妻子甲被人殴打过,但不能证明打人者就是丈夫。妻子甲提出曾经对丈夫乙的家庭暴力行为向妇联投诉和求助过。妇联证实:妻子甲曾经带着孩子到妇联投诉,反映遭丈夫乙殴打且锁门不让娘俩儿进门。法官基于上述事实,认为妻子甲已经初步证明家庭暴力存在的事实,丈夫乙要否定家庭暴力事实存在,不能简单地说不是自己打的,而必须证明妻子甲究竟是谁打的。在上述案例中,负有举证责任的一方当事人提供证据初步证明家庭暴力存在后,被告简单地说不是自己施暴的并不能推翻这一判断,还必须确切地指认受害人的损害究竟是由受害人自伤或者第三人造成的。如果被告不能证明原告所受损害属于其自伤,也不能证明是第三人所伤,则应当判决原告胜诉,这一做法恰当地运用了举证责任转移的规则,司法实践中值得借鉴。可能有同志会认为凭什么只相信妻子甲的陈述而不相信丈夫乙的陈述,妻子甲是原告,负有举证责任,虽然妻子甲提供了伤情证明、妇联投诉,但并不是直接证据。甚至有同志还认为,虽然妻子甲能证明其曾受伤,但并不排除可能是妻子甲为了离婚而自伤。这些观点正是没有认识到家庭暴力的本质和特点,将涉家庭暴力案件等刚于普通民事案件对待,对家庭暴力的受害人举证要求过严,如此很有可能导致事实上存在的家庭暴力被排除掉,使受害人得不到法律的保护。如前所述,家庭暴力案件中存在受害人陈述和加害人陈述时,一般情况下受害人的陈述可信度高于加害人,因为很少有人愿意冒着被人耻笑的风险,捏造自己被配偶殴打、凌辱的事实。自伤而诬告配偶的是极为特殊的个例,不能作为一般情况对待。况且如果一方能举证证明配偶确实存在人品不端、自伤诬告的情形,也是应当排除家庭暴力的。同时,在这里还必须申明,虽然在受害人提供证据的证明力判断上较为从宽,但作为受害人的原告仍必须能够提供相应的初步证据,如因家庭暴力受到伤害,如上例,有医院诊断证明、妇联的投诉,如此举证责任方转移至加害人,否则受害人仍然会承担被驳回或者败诉的风险。所以法官应注重对受害人举证的释明和引导,充分保护家庭暴力受害人的合法权益。司法实践中还常常出现夫妻互殴的情况,夫妻双方相互指责对方实施家庭暴力,这种情形增加了人民法院的认定难度,对此绝不能一概否认双方的施暴行为。具体如何考量,应从以下几方面入手:一是双方的体能和身高等身体状况。二是双方互殴原因,如:是一方先动手,另一方自卫还是一方先动手,另一方随手抄起身边物品反击。三是双方对事件经过的陈述。四是伤害情形和严重程度对比,如:一方掐住对方脖子,对方挣扎中抓伤对方的皮肤。五是一方之前是否曾有过施暴行为等等。”

广东高院《**人身安全保护裁定适用指引**》(2010年12月1日)第6条:“证据。申请人身安全保护裁定的,应当提交以下证据:(一)证明婚姻家庭关系的证据;(二)证明存在家庭暴力危险的证据,包括但不限于:照片、病历、法医鉴定、报警证明、证人证言、社会机构的相关记录或者证明、加害人保证书、加害人带有威胁内容的手机短信等。未成年子女作为证人提供证言,可不出庭作证,由审判人员单独对该未成年子女进行询问。受害人因客观原因不能自行收集证据的,经受害人申请,或者人民法院认为确有必要时,人民法院可以依职权调查、收集、保全相关证据。”第11条:“合议庭审理家事案件应当合理分配举证责任。在审理涉家庭暴力案件中,采用以下举证责任分配方式:受害方需要举证证明其受侵害的事实;在受害人完成上述举证的情况下,由对方承担证明其并非侵权行为人的举证责任,如果无法证明的,推定其为侵权行为人。”第12条:“对于当事人难于举证又影响案件审理结果的事实,合议庭可根据当事人提供的线索,依职权进行调查取证,查清案件事实。”重庆高院**《关于涉家庭暴力婚姻案件人身安全保护裁定有关问题的解答》**(2010年6月29日)第6条:“申请人身安全保护裁定,应当向人民法院提交哪些证据?答:证明婚姻关系、家庭关系的证据,以及伤情照片、诊疗材料、报警证明、证人证言、社会机构的相关记录或证明、被申请人保证书、被申请人带有恐吓、威胁、骚扰等内容的电话录音、信件、手机短信、网络聊天记录等证据。”江苏高院、省公安厅、省妇联**《关于依法处理涉及家庭暴力婚姻家庭案件若干问题的指导意见(试行)》**(2010年6月5日　苏高法〔2010〕280号)第6条:“下列证据材料可以作为认定家庭暴力行为的证据:(一)报警、接警、出警记录;(二)鉴定资料、医院病历、伤情照片;(三)录音录像等视听资料;(四)证人证言;(五)加害人保证书、手机短信;(六)社区、妇联等组织团体保存的材料;(七)其他能证明存在家庭暴力行为的证据。”第7条:“经申请人申请,人民法院应当向公安机关、妇联组织调取申请人受到家庭暴力的有关材料,公安机关、妇联组织应将保存的与被申请人实施家庭暴力行为相关的材料复印件提交人民法院。”湖南高院**《关于加强对家庭暴力受害妇女司法保护的指导意见(试行)》**(2009年4月14日)第5条:“证据的认定。人民法院在审理涉及家庭暴力的民事案件时,应当充分考虑家庭暴力案件具有隐蔽性及受害妇女取证难等特点,合理分配举证责任。对民事诉讼中受害妇女提供以下遭受家庭暴力的基本事实证据,如果对方没有足够证据予以否认,可以认定证据所证明事实存在:1. 报警、接警、出警记录;2. 法医鉴定;3. 病历;4. 照片、录像等视听资料;5. 证人证言;6. 社区、妇联等社会团体和组织的相关记录。对刑事诉讼中家庭暴力事实的认定,应当严格依照《刑事诉讼法》等相关规定,对证据查证属实,才能作为定案的根据。”第6条:“依职权取证。受害妇女因客观原因不能自行收集证据的,经受害妇女申请,或者人民法院认为确有必要时,人民法院可以依职权调取、收集、保全相关证据。”第7条:“未成年子女证言的证明力。未成年子女提供的涉及家庭暴力的与其年龄、智力及精神状况相当的证言,可以作为认定家庭暴力的证据。人民法院在收集未成年子女证言时,应采取相应措施,减少作证给未成年子女带来的伤害。”

3. 人身安全保护令。

(1)最高人民法院司法解释及其他司法性文件/解读文章。最高人民法院《关

于进一步深化家事审判方式和工作机制改革的意见(试行)》(2018 年 7 月 18 日 法发〔2018〕12 号)第 45 条:“当事人向人民法院申请人身安全保护令,应当提供其遭受家庭暴力或者存在家庭暴力风险的证据,人民法院经审查认为存在家庭暴力风险的,应当及时发出人身安全保护令。”最高人民法院《**关于建立家事审判方式和工作机制改革联席会议制度的意见**》(2017 年 7 月 19 日 法〔2017〕18 号)第 5 条:“公安部。指导各地公安机关依法打击侵犯妇女儿童老年人权益犯罪,贯彻实施反家庭暴力法,接收人民法院送达的人身安全保护令并协助人民法院做好人身安全保护令的执行工作。指导各地公安机关在接到家庭暴力报案或者违反人身安全保护令再次实施家庭暴力报案后,及时出警,并根据反家庭暴力法、治安管理处罚法等法律法规予以处置。指导各地公安机关依法追究失职父母或者侵害人的法律责任。”最高人民法院、最高人民检察院、公安部、司法部《**印发〈关于依法办理家庭暴力犯罪案件的意见〉的通知**》(2015 年 3 月 2 日 法发〔2015〕4 号)第 13 条:“依法采取强制措施。人民法院、人民检察院、公安机关对实施家庭暴力的犯罪嫌疑人、被告人,符合拘留、逮捕条件的,可以依法拘留、逮捕;没有采取拘留、逮捕措施的,应当通过走访、打电话等方式与被害人或者其法定代理人、近亲属联系,了解被害人的人身安全状况。对于犯罪嫌疑人、被告人再次实施家庭暴力的,应当根据情况,依法采取必要的强制措施。人民法院、人民检察院、公安机关决定对实施家庭暴力的犯罪嫌疑人、被告人取保候审的,为了确保被害人及其子女和特定亲属的安全,可以依照刑事诉讼法第六十九条第二款的规定,责令犯罪嫌疑人、被告人不得再次实施家庭暴力;不得侵扰被害人的生活、工作、学习;不得进行酗酒、赌博等活动;经被害人申请且有必要的,责令不得接近被害人及其未成年子女。”第 21 条:“充分运用禁止令措施。人民法院对实施家庭暴力构成犯罪被判处管制或者宣告缓刑的犯罪分子,为了确保被害人及其子女和特定亲属的人身安全,可以依照刑法第三十八条第二款、第七十二条第二款的规定,同时禁止犯罪分子再次实施家庭暴力,侵扰被害人的生活、工作、学习,进行酗酒、赌博等活动;经被害人申请且有必要的,禁止接近被害人及其未成年子女。”第 23 条:“充分运用人身安全保护措施。人民法院为了保护被害人的人身安全,避免其再次受到家庭暴力的侵害,可以根据申请,依照民事诉讼法等法律的相关规定,作出禁止施暴人再次实施家庭暴力、禁止接近被害人、迁出被害人的住所等内容的裁定。对于施暴人违反裁定的行为,如对被害人进行威胁、恐吓、殴打、伤害、杀害,或者未经被害人同意拒不迁出住所的,人民法院可以根据情节轻重予以罚款、拘留;构成犯罪的,应当依法追究刑事责任。”

(2)地方司法性文件。重庆高院《**人身安全保护令工作指引**》(2019 年 11 月 25 日)第 1 条:“人身安全保护令的申请主体为家庭成员,家庭成员指配偶、父母、子女和其他共同生活的近亲属,包括兄弟姐妹、祖父母、外祖父母、孙子女、外孙子女,公婆、岳父母、儿媳、女婿。”第2条:“家庭成员以外具有监护、抚养、扶养、寄养、同居等关系且共同生活的人,以及婚姻关系终止、解除或者监护关系终止后仍共同生活的人申请人身安全保护令的,可以参照本工作指引执行。”第3条:“申请人申请人身安全保护令,应当符合《反家庭暴力法》第二十七条规定的条件:有明确的被申请人、有具体的请求、有遭受家庭暴力或者面临家庭暴力现实危险的情形。”第4条:“申请人申请请求的内容不足以保护其人身安全的,人民法院应当向其履行释明义务,增加相应的申请请求。”第6条:“申请人身安全保护令应当以书面方式向申请人或者被申请人居住地、家庭暴力发生地的基层人民法院提出,书面申请确有困难或情况紧急的,可以口头申请,口头申请应当记录在案,并交由申请人签名、捺印。申请人提交的申请书应当载明包括当事人基本情况、申请请求、有遭受家庭暴力或者面临家庭暴力现实危险的事实和相关证据。当事人向申请人或被申请人居住地人民法院申请人身安全保护令的,应当提交申请人或被申请人实际居住地的相关证据。当事人向家庭暴力发生地的人民法院申请人身安全保护令的,应当提交报警记录、基层组织或相关社会组织的接访登记等能够证明家庭暴力发生地的证据。当事人是无民事行为能力人、限制民事行为能力人,或者因受到强制、威吓等原因无法申请人身安全保护令的,其近亲属、公安机关、妇女联合会、居民委员会、村民委员会、救助管理机构可以代为申请。代为申请人身安全保护令的,应提交如下相关证明材料:(1)申请人近亲属代为申请的,应当提交亲属关系证明;(2)公安机关、妇女联合会、居民委员会、村民委员会、救助管理机构代为申请的,应当提交加盖公章的申请书和申请人、被申请人身份信息等材料。”第8条:“申请撤销、变更或者延长人身安全保护令的,申请人本人或代为申请人应向法院提交书面申请,书面申请确有困难或情况紧急的,可以口头申请,口头申请应当记录在案,并交由申请人签名、捺印。代为申请人还应当提交如下相关证明材料:(1)当事人近亲属代为申请的,应当提交亲属关系证明;(2)公安机关、妇女联合会、居民委员会、村民委员会、救助管理机构代为申请的,应当提交加盖公章的申请书和申请人、被申请人身份信息等材料。”第9条:“人身安全保护令案件应当作为独立案件单独立案,不以当事人是否提起离婚诉讼等其他诉讼为前提。人民法院受理人身安全保护令申请,应当以‘人身安全保护令审查案件’单独立案,案号类型代字为‘民保令’。当事人向人民法院申请撤销、变更、延长人身安全保护令的,作‘人身安全保护令变更案件’单独立案,案号类型代字为‘民保更’。人身安全保护令需要强制执行的,应以‘人身安全保护令执行案件’单独立案,案号类型代字为‘民保执’。”第10条:“申请人身安全保护令不收取申请费,且不需要提供担保。”第11条:“人身安全保护令案件比照特别程序案件进行审查。《中华人民共和国民事诉讼法》及其司法解释中开庭、证明标准等规定不适用于人身安全保护令案件。”第12条:“人民法院对当事人的申请原则上进行书面审查。”第13条：“申请人对驳回申请不服或者被申请人对人身安全保护裁定不服的，可以自裁定生效之日起5日内向作出裁定的人民法院申请复议一次。当事人申请复议的，人民法院可以以听证的方式进行审查。有条件的人民法院可以委托家事调查员对相关情况进行调查，必要时还可邀请专家辅助人对案件进行分析及判断，供人民法院在作出复议决定时参考。人民法院依法作出人身安全保护令的，复议期间不停止人身安全保护令的执行。”第15条：“人身安全保护令裁定的内容根据《反家庭暴力法》第二十九条确定，即：（一）禁止被申请人实施家庭暴力；（二）禁止被申请人骚扰、跟踪、接触申请人及其相关近亲属；（三）责令被申请人迁出申请人住所；（四）保护申请人人身安全的其他措施。人民法院作出的人身安全保护裁定的内容应当尊重当事人的请求，不得擅自变更。人民法院发现《反家庭暴力法》第十四条规定的机构未履行保护义务的，可以向其上级主管部门或单位发出司法建议。”第16条：“为增强人身安全保护令的可执行性和实效性，人身安全保护令裁定的主文内容可以根据《反家庭暴力法》第二十九条规定进一步细化，增加具体措施。禁止被申请人实施家庭暴力的，可同时裁定责令被申请人迁出申请人住所以及采取其他隔离措施和防止、救济措施。禁止被申请人骚扰、跟踪、接触申请人及其相关近亲属的，可以裁定被申请人具体的隔离距离和活动范围。责令被申请人迁出申请人住所的，应当同时裁定被申请人返回住所的程序以及限制被申请人活动的距离和范围的措施等。”第17条：“人身安全保护令的有效期不超过六个月，自作出之日起生效。人身安全保护令失效前，人民法院可以根据申请人的申请撤销、变更或者延长。经审查，申请人的撤销、变更申请系申请人自愿且合法的，人民法院可予准许撤销、变更。申请人申请延长的，由人民法院根据人身安全保护令裁定执行的具体情况来决定是否准许。”第18条：“人身安全保护令裁定应当向申请人、被申请人或同住成年家属、申请人现居住地的辖区公安机关、妇女联合会、村（居）民委员会送达。代为申请的，人身安全保护令裁定应当送达代为申请的个人或机构。人民法院执行人身安全保护令需要公安机关以及居民委员会、村民委员会等协助执行的，协助执行通知书中协助事项应当明确具体。”第20条：“被申请人违反人身安全保护令，构成犯罪的，依法追究刑事责任；尚不构成犯罪的，由人民法院予以训诫，并根据情节轻重处以一千元以下罚款、十五日以下拘留。”山东高院**《家事案件审理规程》**（2018年8月30日）第28条：“人身安全保护令案件，一律不公开审理。经人民法院许可，当事人可以有一至两名亲友陪同出庭。”第29条：“人民法院审理人身安全保护令案件中，要根据案件具体情况，就是否需要发出人身安全保护令听取被申请人的意见。驳回人身安全保护令申请的，原则上应当先进行听证。”广东高院**《广东法院审理离婚案件程序指引》**（2018年7月16日）第12条：“【行为保全】当事人因下列情形申请行为保全的,人民法院应当依法作出裁定,责令对方当事人作出或者禁止其作出一定行为:(一)因遭受家庭暴力或者面临家庭暴力现实危险的;(二)对方当事人抢夺、转移、藏匿未成年子女的。当事人申请前款规定的行为保全,人民法院不要求提供担保。当事人对自己的申请应当提供基本证据,情况紧急的,人民法院初步核实后可以径行作出行为保全裁定。第十三条【对妨害民事诉讼强制措施的适用】原告在人民法院作出本指引第五条第六款的要求后,故意不如实告知被告下落及联系方式的,人民法院可以适用《中华人民共和国民事诉讼法》第一百一十一条第一款第一项规定予以罚款、拘留。当事人在人民法院作出本指引第十二条第一项的裁定后,拒不停止家庭暴力行为的,人民法院可以适用《中华人民共和国民事诉讼法》第一百一十一条第一款第六项规定予以罚款、拘留。当事人在人民法院作出本指引第十二条第二项的裁定后,拒不停止抢夺、转移、藏匿未成年子女行为的,人民法院可以适用《中华人民共和国民事诉讼法》第一百一十一条第一款第六项规定予以罚款、拘留。当事人在人民法院作出本指引第四十条第二款的要求后,拒绝申报或者故意不如实申报财产的,人民法院可以适用《中华人民共和国婚姻法》第四十七条第二款和《中华人民共和国民事诉讼法》第一百一十一条第一款第一项规定予以罚款、拘留。未成年人作证不实的,不得适用妨害民事诉讼的强制措施。"浙江宁波中院、市公安局、市民政局、市妇联**《关于印发〈关于联合实施人身安全保护令的意见〉的通知》**(2016 年 7 月 13 日)第 2 条:"各基层人民法院应当对申请人身安全保护令的当事人开通相应的绿色通道。"第 3 条:"各级公安机关应当及时受理家庭暴力受害人及其法定代理人、近亲属和有关组织关于家庭暴力的报警、求助,依法查清双方当事人身份情况,收集固定存在家庭暴力或存在家庭暴力现实危险的相关证据,支持存在家庭暴力或者存在家庭暴力的现实危险的受害人申请人身安全保护令。"第 4 条:"市民政局指导居民委员会、村民委员会、救助管理机构配合相关部门做好人身安全保护令的协助执行。"第 5 条:"各级妇联应当支持、鼓励存在家庭暴力或者面临家庭暴力的现实危险的受害人申请人身安全保护令,为受害人的申请提供必要的法律支持。"第 6 条:"各级公安机关、妇联、居民委员会、村民委员会、救助管理机构认为受害人符合《中华人民共和国反家庭暴力法》第二十三条第一款规定情形的,应当告知受害人有申请人身安全保护令的权利,在征得受害人同意后,可以代为书面申请人身安全保护令,但代为申请时,应当保留必要的录音或书面授权依据。当事人系无民事行为能力人、限制民事行为能力人,或者因受到强制、威吓等原因无法申请人身安全保护令的,各级公安机关、妇联、居民委员会、村民委员会、救助管理机构可以直接代为书面申请。"第 7 条:"对于持有各级公安机关、妇联、居民委员会、村民委员会、救助管理机构出具的申请人遭受家庭暴力或者面临家庭暴力的现实危险的书面意见的,有管辖权的人民法院应当在二十四小时内进行审查并作出同意或驳回申请的裁定。”第 8 条:“各级公安机关、妇联应当鼓励持有《家庭暴力告诫书》的受害人申请人身安全保护令。如无相反证据证明,《家庭暴力告诫书》可作为受害人遭受家庭暴力或者面临家庭暴力的现实危险的证据。”第 9 条:“人民法院在向当事人送达人身安全保护令的同时,应将人身安全保护令送达给当事人居住地的公安派出所、妇联、居民委员会、村民委员会或救助管理机构。公安派出所、妇联、居民委员会、村民委员会、救助管理机构应当协助人民法院执行依法作出的人身安全保护令,对人身安全保护令的申请人及被申请人进行查访,监督被申请人不再实施家庭暴力。”第 11 条:“各级公安机关、妇联、居民委员会、村民委员会、救助管理机构发现被申请人存在可能违反人身安全保护令裁定所记载的禁止性规定的,应当及时制止并及时向作出人身安全保护令的人民法院反映。”第 12 条:“人民法院在收到各级公安机关、妇联、居民委员会、村民委员会关于被申请人存在违反人身安全保护令的情形的反映后,应当在查明事实的基础上,依照《中华人民共和国反家庭暴力法》第三十四条的规定及时进行相应的制裁。对既违反家庭暴力告诫书,又违反人身安全保护令的,人民法院应依照《中华人民共和国反家庭暴力法》从重制裁。”河北衡水中院《**关于审理涉及家庭暴力婚姻案件指导意见(试行)**》(2016 年 1 月 20 日)第 10 条:“对妨害民事诉讼的强制措施。民事诉讼期间,施暴方仍对受害妇女实施家庭暴力的,或者对受害妇女人身安全构成威胁的,人民法院可以根据情节轻重分别予以警告、罚款、拘留,或者向公安机关提出司法建议,由公安机关依法对施暴者予以治安处罚。”第 11 条:“人身安全保护裁定。为进一步有效保护家庭暴力受害妇女及其子女的人身安全,确保民事诉讼的正常进行,经受害人申请,人民法院经审查确认存在家庭暴力危险,如果不采取人身安全保护措施将使受害人的合法权益受到难以弥补的损害的,在取得当地公安机关和社区的协助下,可以对申请人的人身安全保护请求依法作出裁定。各基层人民法院在上级法院的指导下,可以依据现有法律规定,开展人身安全保护裁定试点工作。”浙江宁波海曙区法院《**关于印发〈家事案件审理规程〉的通知**》(2015 年 10 月 19 日　甬海法发〔2015〕76 号)第 26 条:“推行‘人身保护令’措施。人民法院为保护家庭暴力受害人及其特定亲属的人身安全,防止家庭暴力继续发生,经当事人申请可依据《中华人民共和国民事诉讼法》第一百条的规定发布人身安全保护裁定。在审查过程中,法院可邀请妇联干部或者从事妇女工作的人民陪审员参加,切实保障女性当事人免受家暴侵害。”江苏常州天宁区法院《**家事案件诉讼指南**》(2015 年 1 月)第 4 条:“[人身安全保护裁定]人民法院为保护家庭暴力受害人及其特定亲属的人身安全,防止家庭暴力继续发生,经当事人申请,可发布人身安全保护裁定。一方当事人主张遭受家庭暴力的,应当提供证据材料证明。证据材料包括但不限于受害人提供的伤情照片、医院病历、受害人报警时的电话记录、接警或者出警记录、相关的录音或手机短信,加害人出具的悔过书、保证书等,人民法院应根据案件情况综合审查判断。”第51条:“人民法院为保护家庭暴力受害人及其特定亲属的人身安全,防止家庭暴力继续发生,经当事人申请,可依据《中华人民共和国民事诉讼法》第一百条、第一百零一条的规定发布人身安全保护裁定。”山东青岛中院**《关于婚姻家庭案件中实施家庭暴力“禁止令”的意见》**(2012年3月8日)第2条:“下列四类案件可以申请禁止令:1. 婚姻、赡养、扶养等家庭纠纷案件;2. 继承案件;3. 婚姻自主权、人身自由权、人身损害赔偿等人格权纠纷案件;4. 涉及家庭暴力的刑事自诉案件。”第3条:“禁止令的申请人是家庭暴力的受害人,且与被申请人存在婚姻、家庭关系。受害人因客观原因无法自行申请的,受害人的近亲属或所在单位、居(村)委会、妇联等可以代为申请。”第4条:“受害人向法院申请禁止令,应提供证据证明受害人或其家庭成员置身于家庭暴力现时危险或可能存在家庭暴力危险。”第6条:“受理禁止令申请后,法院应当立即进行审理,在7日内作出书面裁定,并及时送达当事人及当事人所在辖区内的派出所、居(村)委会协助执行。”第7条:“禁止令可以包括下列一项或多项内容:1. 禁止被申请人殴打、威胁申请人或其家庭成员。2. 禁止被申请人跟踪申请人,或通过电话、信件、短信、网络等方式骚扰申请人。3. 有必要的并且具备条件的,可以责令被申请人暂时搬出双方共同居住的住所。4. 禁止被申请人在距离申请人住处、学校、工作单位或其他申请人经常出入场所的200米范围内活动。5. 禁止被申请人对其未成年受害子女行使监护权或探视权。6. 禁止被申请人对申请人居住的房屋及其他价值较大的财产进行处分。7. 责令被申请人给付申请人及其抚养的家庭成员生活费、医疗费或其他必要费用。8. 为保护申请人及其家庭成员所必须的其他救济措施。”第8条:“禁止令分为紧急禁止令和长期禁止令。紧急禁止令有效期为15天,长期禁止令有效期为3个月至6个月。情况特殊的案件,经批准,最长期限可延至判决生效之日。”第9条:“被申请人违反禁止令的,法院视其情节轻重,予以训诫、责令具结悔过、拘留。构成犯罪的,移送公安机关处理或者告知受害人提起刑事自诉。被申请人经处罚后再次违反禁止令的,法院可加重处罚,包括追究其拒不履行裁定(判决)罪。”江苏高院**《涉家庭暴力婚姻家庭案件审理指南》**(2012年1月1日)第4章第1节:“关于人身安全保护裁定。根据《民事诉讼法》第一百四十条第一款【新修订的《民事诉讼法》第一百五十四条第一款】的规定,人民法院对民事诉讼活动中的程序性事项可以签发裁定,以保证诉讼活动的正常进行。人民法院签发人身安全保护裁定,其目的也正是如此,有效制止正在实施的暴力行为,既保护受害人人身安全,也保障诉讼活动的正常开展。因此,人民法院可以依据《民事诉讼法》第一百四十条第一款第(十一)项【新修订的《民事诉讼法》第一百五十四条第一款第(十一)项】的规定下发裁定。我们注意到新修订的《民事诉讼法》在第九章中将‘财产保全’改为‘保全’，其中包含‘人民法院对于可能因当事人一方行为造成当事人损害的案件，可以根据对方当事人申请裁定责令其作出一定行为或禁止其作出一定行为’。我们理解该规定对人身安全保护裁定提供了更明确的法律依据。人身安全保护裁定的主要内容即是制止加害人的暴力行为……”第2节：“签发人身安全保护裁定的程序性事项。签发人身安全保护裁定，涉及以下程序性法律问题：1. 关于申请人的范围。人身安全保护措施的申请人应为受害人。受害人因客观原因无法自行申请的，根据《处理家暴案件指导意见》的相关规定，可以由受害人的近亲属或者其他相关组织代为申请。其他相关组织包括受害人所在单位、居（村）委会、庇护所、妇联、公安机关或检察机关等。2. 关于管辖。《法研所指南》第三十条规定：‘人身安全保护措施的申请由受害人经常居住地、加害人经常居住地或家庭暴力行为发生地的基层人民法院管辖。两个以上同级人民法院都有管辖权的，由最初受理的人民法院管辖。’我们认为，为了便于诉讼，原则上人身安全保护措施的申请应向婚姻家庭案件诉讼管辖法院提出。3. 关于申请的形式。人身安全保护措施的申请，应当以书面形式提出；紧急情况下，可以口头申请。口头申请应当记录在案，并由申请人签名或捺印。4. 关于申请书的内容。申请书应当载明以下事项：(1)受害人的姓名、住址、联系方式；(2)被申请人姓名、住址、联系方式；(3)有具体的请求和事实、理由；(4)有一定证据证明曾遭受家庭暴力或正面临家庭暴力威胁。5. 关于申请的时间。人身安全保护裁定的目的是在诉讼中防止受害人受到家庭暴力的现实危险，故针对的是正在进行或可能出现的家庭暴力，因此一般来说，申请是在诉讼过程中提出的。当然如果在离婚、赡养、继承、抚养、扶养、收养等婚姻家庭案件诉讼提起之前有现实危害的，也可以比照诉前保全处理，即当事人在诉前可以提出申请，人民法院审查后作出人身安全保护裁定的，根据新修订的《民事诉讼法》第一百零一条的规定，当事人应当在30日内提起诉讼，否则人民法院应解除人身保护。由于现实中存在分手暴力，即法院判决离婚后受害人也受到家庭暴力的威胁，故《法研所指南》第三十一条规定在‘诉讼终结后的6个月内提出’。我们认为为了有效保护受害人，可以参照该规定处理。6. 申请的条件。申请人身安全保护措施，必须是加害人正在实施家庭暴力或存在家庭暴力的危险，如果不采取人身安全保护措施将使受害人的合法权益受到难以弥补的损害的情形。7. 申请的审查。人民法院应当在收到申请人申请后及时对申请的形式要件及是否存在家庭暴力危险的证据进行审查。是否需要听证，根据案件情况而定。申请人无正当理由不参加听证的，视为撤回申请。被申请人不参加听证的，不影响听证的进行。8. 申请的撤回。申请人在提交人身安全保护措施申请后可以主动撤回申请。但人民法院经审查受害人撤回申请是受到加害人胁迫、恐吓的情形的，应不予准许。审查可从以下几方面进行：申请人是否在申请后很快撤回申请;被申请人有犯罪前科;被申请人有严重的家庭暴力行为;申请人的撤回明显无正当理由、不符合逻辑等。9. 审查的时间。人身安全保护裁定一般针对的情形较为紧急,所以人民法院在收到申请人申请后,应当在48小时内做出裁定;经审查认为人身安全保护措施申请不符合申请条件的,应当裁定驳回申请。”第3节:“人身安全保护裁定的内容。人身安全保护裁定的内容,须根据案件情况和当事人请求决定。一般而言,包括下列内容中的一项或多项:1. 禁止加害人殴打、威胁受害人或者受害人的亲友;2. 禁止加害人骚扰、跟踪受害人或未成年子女;3. 人身安全保护裁定生效期间,加害人不得擅自处理价值较大的夫妻共同财产;4. 有必要并且具备条件的,可以责令加害人暂时搬出双方共同的住处;5. 禁止加害人在距离受害人的住处、学校、工作单位等场所200米内活动;6. 必要时,责令加害人自费接受心理治疗;7. 为保护受害人及其特定亲属人身安全的其他措施。同时,人身安全保护裁定还可以附带以下内容:(1)受害人没有稳定的经济来源,或者生活确有困难的,责令加害人支付受害人在人身安全保护裁定生效期间的生活费以及未成年子女抚养费、教育费;(2)责令加害人支付受害人因加害人的暴力行为而接受治疗的费用及其他必要的费用。上述内容对有效防止家庭暴力有积极的作用。从全国各地法院签发的人身安全保护裁定内容来看,大多仅涉及第1项,但也有部分法院发出裁定禁止加害人的活动范围,如珠海香洲法院就曾在2011年做出过类似裁定,取得很好的效果。”第4节:“人身安全保护裁定的效力、执行和处罚措施。1. 人身安全保护裁定的效力。人民法院签发的人身安全保护裁定自送达之日起生效。有效期间长短可根据案件情况而定。如情况紧急的,可以裁定有效期15天,如需长期保护的,有效期也可以为3至6个月。确有必要并经院长批准的,可以延长至12个月。但诉前提出申请的,申请人应当在人民法院签发人身安全保护裁定之日起30日内提起诉讼,逾期没有提起诉讼的,人身安全保护裁定自动失效。2. 人身安全保护裁定的送达。人身安全保护裁定一般应当直接送达申请人、被申请人,同时根据《处理家暴案件指导意见》第八条的规定,该裁定还应抄送申请人、被申请人住所地或经常居住地公安局(分局)、妇联组织。受送达人本人不在的,可以交由与其同住的成年家属签收。直接送达有困难的,可以委托其他人民法院代为送达或者邮寄送达。受送达人或与其同住的成年家属拒绝签收的,可以留置送达。情况紧急的,人民法院可以口头或通过电话等其他方式将裁定内容告知申请人、被申请人、公安局(分局)和妇联组织,并将告知情况记录在案。3. 人身安全保护裁定的复议。申请人对人民法院驳回人身安全保护申请的裁定或被申请人对人身安全保护裁定不服的,可以在收到裁定之日起5日内向签发裁定的人民法院申请复议一次。人民法院应当在收到复议申请之日起5日内做出复议裁定。复议期间不停止人身安全保护裁定的执行。4. 人身安全保护裁定的撤销和变更。人身安全保护裁定生效后，家庭暴力行为全面停止，加害人对于暴力的危害及自身非法行为的认识态度有了很大转变，真心悔改并得到了受害人的谅解的，申请人或被申请人可以提出申请，经人民法院审查后，可以裁定撤销人身安全保护裁定。此种情形下，人民法院也应审查撤销申请是否为申请人的真实意思表示，排除受被申请人恐吓、胁迫的情形。如果家庭暴力状况在裁定生效后出现了新的变化，申请人可以提出变更申请，经人民法院审查后，可以裁定变更人身安全保护裁定的内容。裁定的撤销和变更做出前，人民法院应通过听证的方式了解案件情况，以便做出不同的应变。5. 人身安全保护裁定的执行。人身安全保护裁定虽是人民法院在诉讼过程中做出的法律文件，但其执行仍需要公安机关的配合。根据《处理家暴案件指导意见》第十条的规定：‘申请人、被申请人住所地或经常居住地公安局（分局）收到人身安全保护民事裁定书后，应在 12 小时内将民事裁定书转递至申请人、被申请人住所地或经常居住地公安派出所。申请人、被申请人住所地或经常居住地公安派出所应当在收到民事裁定书后 12 小时内指派社区民警与申请人、被申请人谈话，告知民事裁定书的具体内容和法律责任，同时告知申请人如果发现被申请人有违反民事裁定书情形的，可以及时报警。谈话内容应记录在案，并由申请人、被申请人签名。被申请人拒绝签名的，应记录在案。如遇申请人、被申请人外出等特殊情形导致无法在前款规定的 12 小时内进行谈话的，社区民警应将有关情况记录在案，并在上述情形消失后立即履行前款规定的职责。社区民警与申请人、被申请人谈话时，可以邀请当地妇联组织派员参加，妇联组织应当予以配合。’6. 违反人身安全保护裁定的处罚措施。被申请人违反人身安全保护裁定的，人民法院应当根据《民事诉讼法》第一百零二条【新修订的《民事诉讼法》第一百一十一条】的相关规定，视其情节轻重处以罚款、拘留。构成犯罪的，移送公安机关处理，或者告知受害人可以提起刑事自诉。在此应特别指出的是，人民法院在诉讼中应对受害人的有关信息予以保密，特别是不能将受害人的行踪及联系方式告诉加害人，以防止加害人继续威胁、恐吓或伤害受害人。”广东高院**《人身安全保护裁定适用指引》**（2010 年 12 月 1 日）第 1 条：“一般规定。人身安全保护裁定是人民法院为保护家庭暴力受害人及其特定亲属的人身安全，防止家庭暴力继续发生，根据申请人的申请，经审查后核发的具有强制力的裁定。本规定所称家庭暴力，是指发生在夫妻、父母、子女等家庭成员之间，一方通过暴力或者胁迫、侮辱、经济控制等手段实施侵害另一方的身体、精神、性等方面的人身权利，以达到控制另一方的行为。”第 2 条：“适用的种类和有效期。人身安全保护裁定分为紧急保护裁定和长期保护裁定。紧急人身安全保护裁定有效期为 15 天；长期人身安全保护裁定有效期为 3 至 6 个月，确有必要并经主管院长批准的，可以延长至 12 个月。家庭暴力受害人因正遭受家庭暴力或者面临家庭暴力的可能，情况紧急，不立即采取保护措施将有可能使其人身安全受到严重侵害,可以由其本人或者其近亲属、所在单位、社区(组织)、公安机关、庇护所、妇联组织、人民检察院等向人民法院申请紧急人身安全保护。人民法院接受申请后,应当在48小时内作出裁定。”第3条:“管辖。人身安全保护裁定的申请由受害人经常居住地、加害人经常居住地、家庭暴力行为发生地的基层人民法院受理。两个以上人民法院都有管辖权的,由最初受理的人民法院管辖。”第4条:“申请时间。人身安全保护裁定的申请,可以在提起诉讼之前、诉讼过程中或者诉讼终结后的6个月内以及其他需要制止家庭暴力的紧急情况下提出。诉前提出申请的,当事人应当在人民法院签发人身安全保护裁定之后15日之内提出诉讼。逾期没有提出诉讼的,人身安全保护裁定自动失效。”第5条:“申请条件。申请人身安全保护裁定,应当符合下列条件:(一)申请人是受害人;(二)有明确的被申请人姓名、通讯住址或者单位;(三)有具体的请求和事实、理由;(四)有证据表明曾经遭受、正在遭受家庭暴力或者正面临家庭暴力的可能。受害人因客观原因无法自行申请的,可以由受害人近亲属、其他相关组织、国家机关代为申请。相关组织和国家机关包括受害人所在单位、居(村)委会、庇护所、妇联组织、公安机关或者检察机关等。”第7条:“对申请的审查。人身安全保护裁定案件可以由审判员一人独任审查,也可以组成合议庭进行审查。组成合议庭进行审查的,可以邀请妇联系统或者从事妇女工作的人民陪审员参加。人民法院接到人身安全保护申请后,应当在48小时内完成书面审查。人民法院经书面审查,确认申请人曾遭受家庭暴力或者正面临家庭暴力危险的,可以直接作出人身安全保护裁定。人民法院经书面审查,认为申请人提供的证据不足以确认存在前款情形的,可以作出举行听证的书面决定。人民法院经审查认为人身安全保护申请不符合条件的,应当裁定驳回申请。未经听证,人民法院不得直接作出驳回人身安全保护申请的裁定。”第8条:“裁定的事项。人身安全保护裁定,包括下列内容中的一项或多项:(一)禁止被申请人殴打、威胁申请人或者申请人的子女及特定亲属;(二)禁止被申请人利用骚扰、跟踪等手段,妨碍申请人或者其子女、特定亲属的正常生活;(三)禁止被申请人对其未成年受害子女行使监护权或者探视权;(四)禁止被申请人在距离下列场所200米内活动:申请人的住所、教育机构、工作单位或者其他申请人经常出入的场所;(五)人身安全保护裁定有效期间,任何一方不得擅自处理价值较大的夫妻共同财产;(六)有必要且具备条件时,可责令被申请人暂时搬出双方共同的住处;(七)必要时,可责令被申请人自费接受心理治疗;(八)为保护申请人及其特定亲属人身安全的其他措施。”第9条:“复议。被申请人对人身安全保护裁定不服的,可以在收到人身安全保护裁定之日起5日内向签发裁定的人民法院申请复议一次。复议期间不停止人身安全保护裁定的执行。人民法院在作出人身安全保护裁定前已经举行听证的,复议可不再进行听证;人民法院在作出人身安全保护裁定前没有举行过听证的,复议应当举行听证。”第10条:“听证。听证分为是否作出人身安全保护裁定的裁定前听证和被申请人不服人身安全保护裁定的复议听证。裁定前听证,适用以下规定:(一)人民法院举行听证,应当在听证前将听证通知送达申请人和被申请人。(二)对于是否存在家庭暴力危险,申请人和被申请人均可以提交证明自己主张的证据。经人民法院准许,当事人可以在听证时提交证据。(三)听证一律不公开进行。经人民法院许可,双方当事人均可由一至两名亲友陪伴出庭。(四)听证通知送达后,申请人无正当理由拒不到庭的,一般情况下可视为其放弃申请。经核实,申请人因受到加害人胁迫或者恐吓无法到庭的除外。(五)被申请人无正当理由拒不到庭的,不影响听证进行。复议听证,适用以下规定:(一)被申请人申请复议后拒不到庭参加听证的,可视为其撤回复议申请。(二)有证据证明存在家庭暴力,受害人处于极度恐惧之中,出席听证可能导致申请人重新受制于被申请人的,或者可能使申请人的人身安全处于危险之中的,人民法院可以应受害人的申请,单独听取其口头陈述意见,并提交书面意见,或者由申请人的委托代理人代为出庭。(三)申请人无正当理由不出席复议听证的,不影响听证的进行。”第11条:“对撤回人身安全保护措施申请的审查。人身安全保护裁定申请可以撤回,经审查,确属自愿、合法的,予以准许。”第12条:“受害人居所及联系方式的保密。人民法院应当对受害人的有关信息保密,不得将受害人的行踪或者联系方式告诉加害人,以防止加害人继续威胁、恐吓或伤害受害人。受害人已搬离与加害人共同居所的,人民法院不得在人身安全保护裁定书或者其他需要送达加害人的文书中列明申请人现居住地址。”第13条:“送达。人身安全保护裁定以及听证通知等相关材料的送达,一般以书面形式直接送达、邮寄送达或者委托送达,拒绝签收的可以留置送达。紧急情况下,也可采取电话、传真、电子邮件、手机短信等方式送达,并将送达情况记录在案。人身安全保护裁定应当向申请人、被申请人或者其同住成年家属送达。人身安全保护裁定应当在作出后48小时内送达完毕。对被申请人的送达,必要时可在法警协助下进行。”第14条:“生效与执行。人身安全保护裁定自送达之日起生效。被申请人应当履行人身安全保护裁定。被申请人在人身安全保护裁定生效期间,继续骚扰、殴打或者威胁受害人及其亲属,威逼受害人撤诉或者放弃正当权益,或者有其他拒不履行生效裁定行为的,申请人可以向人民法院申请强制执行。人民法院可根据《中华人民共和国民事诉讼法》第一百零二条的相关规定,视被申请人行为的情节轻重,对其作出罚款、拘留的处罚决定。拒不执行裁定情节严重的,依照《中华人民共和国刑法》第三百一十三条的规定追究刑事责任。被申请人的行为构成其他犯罪的,移送公安机关处理,或者告知受害人可以提起刑事自诉。对被申请人的处罚决定由原作出人身安全保护裁定的审判部门作出后,移送法院执行部门执行。”重庆高院**《关于涉家庭暴力婚姻案件**

人身安全保护裁定有关问题的解答》(2010年6月29日)第1条:“人身安全保护裁定是什么性质的裁定?答:人身安全保护裁定是一种民事强制措施,是人民法院为了保护家庭暴力受害人及其子女和特定亲属的人身安全、确保婚姻案件诉讼程序的正常进行而做出的民事裁定。”第2条:“哪些人可以申请人身安全保护裁定?答:一般应当由家庭暴力受害人本人或监护人申请。家庭暴力受害人及其监护人因客观原因无法自行申请时,受害人近亲属或其他相关组织可以向人民法院代为申请人身安全保护裁定。相关组织包括受害人所在单位、基层群众自治组织、妇联组织、学校、幼儿园、社会庇护救助机构等。”第3条:“申请人身安全保护裁定有无时间限制?答:有。申请人可以在提起离婚诉讼前、诉讼过程中以及婚姻案件诉讼终结后6个月内提出。”第4条:“申请人身安全保护裁定可以采取哪些方式?答:一般情况下,申请应当以书面方式提出。情况紧急时,可以口头申请。口头申请应当记录在案,并由申请人以签名、捺印等方式确认。”第5条:“申请人身安全保护裁定应当具备哪些条件?答:申请人身安全保护裁定应具备以下条件:(一)有明确的被申请人姓名、通讯住址或单位;(二)有具体的请求、事实和理由;(三)有证据证明曾遭受家庭暴力或正面临家庭暴力威胁。”第7条:“申请人身安全保护裁定的管辖法院?答:诉前申请人人身安全保护裁定的,由受害人经常居住地、加害人经常居住地或家庭暴力行为发生地基层人民法院管辖。两个以上人民法院都有管辖权的,由最初受理的人民法院管辖。人民法院在审查过程中发现本院对该婚姻案件没有管辖权的,应当告知申请人向有管辖权的人民法院提出申请。情况紧急的,没有管辖权的人民法院可以作出有效期15日的人身安全紧急保护裁定。人身安全紧急保护裁定失效后,对再次申请不予受理,告知向有管辖权的人民法院提出。诉讼过程中提出人身安全保护裁定申请的,由正在审理该婚姻案件的人民法院管辖。婚姻案件诉讼终结后提出人身安全保护裁定申请的,由审理该婚姻案件的一审人民法院管辖。”第8条:“申请人身安全保护裁定,需要向人民法院交纳费用吗?答:申请人身安全保护裁定,无需交纳任何费用。”第9条:“人民法院作出人身安全保护裁定或驳回申请裁定有无期限?答:人民法院收到人身安全保护裁定申请后,人民法院经审查,认为确有必要对被申请人采取人身安全保护措施的,应当在收到申请48小时内作出人身安全保护裁定。必须听证的,应当在听证后48小时内作出人身安全保护裁定。人民法院认为没有必要采取人身安全保护措施的,应当在收到申请后48小时内作出驳回申请的裁定。人民法院未在上述期限内作出裁定或驳回申请的,申请人有权向上一级人民法院提出申请。上一级人民法院应当自收到申请书之日起48小时内作出裁定或者指令下一级人民法院在指定的期限内作出裁定。上一级人民法院指令下一级人民法院作出裁定的期限,不得超过48小时。”第10条:“人身安全保护裁定包括哪些内容?答:人身安全保护裁定可以包括下列一项或多项内容:(一)禁止被申请人对受害人继续实施暴力行为;(二)禁止被申请人利用电话、信件、网络等方式骚扰受害人,或对受害人实施跟踪、窥视等行为;(三)中止被申请人对其未成年受害子女行使监护权或探视权;(四)有必要且具备条件的,可以责令被申请人暂时迁出双方共同的住所或受害人的其他住所;(五)禁止被申请人进入受害人的住所或其他活动场所;(六)禁止被申请人擅自处分受害人居住的房屋及其他价值较大的夫妻共同财产;(七)申请人没有稳定的经济来源,或者生活确有困难的,经申请人申请并经审查确有必要,可以责令被申请人支付申请人在人身安全保护裁定生效期间的生活费以及未成年子女抚养费、教育费;(八)经申请人申请并经审查确有必要,可以责令被申请人给付受害人因被申请人的暴力行为而支付的医疗费及其他必要费用;(九)为保护受害人人身安全所必须的其他措施。"第 11 条:"人身安全保护裁定如何送达?答:人民法院作出人身安全保护裁定,应当在 48 小时内送达申请人、受害人、被申请人,亦可通过同住成年亲属向其送达。必要时应同时抄送辖区公安机关、当地妇联组织以及被申请人所在单位、村(居)委会组织等。送达方式一般采用直接送达、邮寄送达或委托送达。拒绝签收的,可以留置送达。情况紧急的,人民法院可以口头或通过电话、传真、电子邮件等方式将裁定内容告知申请人、受害人、被申请人,并将告知情况记录在案。"第 12 条:"不服人民法院作出的人身安全保护裁定或驳回裁定,可以提起上诉吗?答:不可以。人身安全保护裁定自送达之日起生效,对人民法院作出的人身安全保护裁定或驳回裁定不服的申请人、受害人、被申请人,可以自收到裁定书之日起五日内向作出人身安全保护裁定的人民法院申请复议一次。人民法院在收到复议申请之日起五日内做出复议决定。复议期间不停止裁定的执行。"第 13 条:"人身安全保护裁定有保护期限吗?答:有。诉前作出的人身安全保护裁定,经人民法院送达后 15 日内未起诉的,人身安全保护裁定自然失效。人身安全保护裁定失效前,申请人、受害人可以向人民法院申请延长人身安全保护裁定的有效期,人民法院也可以依职权予以延长。诉讼中申请人身安全保护裁定的,保护期为离婚诉讼期间。诉讼终结 6 个月内申请人身安全保护裁定的,保护期限为六个月;有特殊情况需延长的,经院长批准,可以延长至 12 个月。"第 14 条:"人身安全保护裁定的申请可以撤回吗?答:申请人、受害人可撤回人身安全保护裁定的申请。经审查,确属自愿、合法的,裁定予以准许。有证据证明该撤回申请是受胁迫作出的除外。"第 15 条:"人身安全保护裁定可以撤销、变更吗?答:人身安全保护裁定失效前,申请人、受害人、被申请人可以向人民法院申请撤销、变更人身安全保护裁定内容,人民法院也可以依职权予以撤销、变更。撤销、变更人身安全保护裁定内容,应当作出裁定,并送达申请人、受害人和被申请人。人身安全保护裁定经人民法院裁定撤销的,自撤销裁定作出之日起失效。"第 16 条:"人身安全保护裁定如何执行?

答:人身安全保护裁定由作出裁定的人民法院执行。人民法院在执行有以下内容的人身安全保护裁定时,可以向当地的公安机关发出协助执行通知书,由其协助执行。(一)禁止被申请人对受害人继续实施暴力行为;(二)禁止被申请人利用电话、信件、网络等方式骚扰受害人,或对受害人实施跟踪、窥视等行为;(三)中止被申请人对其未成年受害子女行使监护权或探视权;(四)有必要且具备条件的,可以责令被申请人暂时迁出双方共同的住所或受害人的其他住所;(五)禁止被申请人进入受害人的住所或其他活动场所。"第 17 条:"违反人身安全保护裁定,有什么惩罚措施?答:被申请人违反人身安全保护裁定,人民法院可以根据《中华人民共和国民事诉讼法》第一百一十一条第一款第(六)项的规定,视其情节轻重予以处罚。"第 18 条:"人民法院对谋取不正当利益,恶意骗取人身安全保护裁定的有什么惩罚措施?答:申请人为在婚姻案件诉讼中谋取不正当利益,恶意骗取人身安全保护裁定的,人民法院可以根据《中华人民共和国民事诉讼法》第一百一十一条第一款第(一)项的规定,视其情节轻重予以处罚。"江苏高院、省公安厅、省妇联**《关于依法处理涉及家庭暴力婚姻家庭案件若干问题的指导意见(试行)》**(2010 年 6 月 5 日　苏高法〔2010〕280 号)第 4 条:"人民法院审理离婚、赡养、继承、抚养、扶养、收养案件时,当事人一方主张对方实施了家庭暴力行为,申请人民法院采取人身安全保护措施的,人民法院应当在收到当事人申请后 48 小时内进行审查。经审查,确认存在家庭暴力行为的,人民法院应当依法作出人身安全保护民事裁定书。"第 5 条:"当事人申请人民法院采取人身安全保护措施,应当符合下列条件:(一)有明确的被申请人姓名、地址;(二)有具体的请求和事实、理由;(三)有证据证明曾遭受家庭暴力或正面临家庭暴力威胁。当事人因客观原因无法自行申请的,可以由当事人的近亲属或相关组织代为申请。相关组织包括当事人所在单位、当事人住所地或经常居住地居(村)委会、妇联组织、公安机关等。"第 8 条:"人民法院作出人身安全保护民事裁定书后,应当送达申请人、被申请人,同时抄送申请人、被申请人住所地或经常居住地公安局(分局)、妇联组织。"第 9 条:"人身安全保护民事裁定书由申请人、被申请人住所地或经常居住地公安局(分局)监督执行,妇联组织予以配合。"第 10 条:"申请人、被申请人住所地或经常居住地公安局(分局)收到人身安全保护民事裁定书后,应在 12 小时内将民事裁定书转递至申请人、被申请人住所地或经常居住地公安派出所。申请人、被申请人住所地或经常居住地公安派出所应当在收到民事裁定书后 12 小时内指派社区民警与申请人、被申请人谈话,告知民事裁定书的具体内容和法律责任,同时告知申请人如果发现被申请人有违反民事裁定书情形的,可以及时报警。谈话内容应记录在案,并由申请人、被申请人签名。被申请人拒绝签名的,应记录在案。如遇申请人、被申请人外出等特殊情形导致无法在前款规定的 12 小时内进行谈话的,社区民警应将有关情况记录在案，并在上述情形消失后立即履行前款规定的职责。社区民警与申请人、被申请人谈话时，可以邀请当地妇联组织派员参加，妇联组织应当予以配合。”第11条：“公安机关接到申请人遭受家庭暴力报警求助的，应当及时出警，到达现场的民警应当做好以下处置工作：（一）制止违反人身安全保护民事裁定书的行为；（二）组织救治伤员，委托伤情鉴定；（三）及时登记在场人员姓名、单位、住址和联系方式，询问当事人、现场目击证人；（四）收集、固定证据；（五）对违反《中华人民共和国治安管理处罚法》或者涉嫌犯罪的行为依法处理。处置结束后，公安机关应当将有关情况及时通报人民法院。”第12条：“公安机关发现被申请人有违反人身安全保护民事裁定书的行为但无权管辖的，应将有关情况及时通报人民法院。”第13条：“当事人违反人身安全保护民事裁定书的，人民法院应当根据《中华人民共和国民事诉讼法》第一百零二条第一款第（六）项的规定予以处理。当事人的行为涉嫌犯罪的，应当移送公安机关处理。”湖南高院**《关于加强对家庭暴力受害妇女司法保护的指导意见（试行）》**（2009年4月14日）第11条：“人身安全保护裁定。为进一步有效保护家庭暴力受害妇女及其子女的人身安全，确保民事诉讼的正常进行，经受害人申请，人民法院经审查确认存在家庭暴力危险，如果不采取人身安全保护措施将使受害人的合法权益受到难以弥补的损害的，在取得当地公安机关和社区的协助下，可以对申请人的人身安全保护请求依法作出裁定。各基层人民法院在上级法院的指导下，可以依据现有法律规定，开展人身安全保护裁定试点工作。”

【参考类案】

（1）性质认定。①2015年**某离婚纠纷案**，2012年，张某以妻子陈某未将其衣服洗净为由，辱骂并殴打陈某。女儿张某某在阻拦过程中亦被打伤。陈某起诉离婚。张某称双方只是一般夫妻纠纷，保证以后不再殴打陈某。庭审中，张某仍态度粗暴，辱骂陈某，又坚决不同意离婚。法院认为：家庭暴力是婚姻关系中一方控制另一方手段。法院查明事实说明，张某给陈某规定了很多不成文家规，如所洗衣服必须让张某满意、挨骂不许还嘴、挨打后不许告诉他人等。张某对陈某控制还可见于其诉讼中表现，如在答辩状中表示道歉并保证不再殴打陈某，但在庭审中却对陈某进行威胁、指责、贬损，显见其无诚意和不思悔改。判决准许双方离婚。一审宣判前，法院依陈某申请发出人身安全保护裁定，禁止张某殴打、威胁、跟踪、骚扰陈某及女儿张某某。裁定有效期六个月，经跟踪回访确认，张某未违反。

②2015年**某离婚纠纷案**，2009年，郑某与倪某登记结婚。2010年，生育儿子倪某某。在郑某、倪某共同生活期间，倪某经常击打一个用白布包裹的篮球，上面写着“我要打死、打死郑某”字句。2011年，郑某、倪某因家庭琐事发生争执，后倪某将郑某殴打致轻微伤。郑某向法院提起离婚诉讼。法院认为：郑某与倪某婚前缺

乏了解,草率结婚。婚后倪某将一个裹着白布的篮球挂在家中阳台上,且在白布上写着对郑某具有攻击性和威胁性字句,还经常击打篮球,从视觉上折磨郑某,使郑某产生恐惧感,该行为构成精神暴力。在夫妻发生矛盾时,倪某对郑某实施身体暴力致其轻微伤,最终导致了郑某、倪某夫妻感情完全破裂。因倪某存在家庭暴力行为,不宜直接抚养子女,且婚生男孩倪某某未满两周岁,随母亲生活更有利于其身心健康。倪某对郑某实施家庭暴力使郑某遭受精神损害,倪某应承担过错责任,故倪某应酌情赔偿郑某精神损害抚慰金。据此,依法判决准予郑某与倪某离婚;婚生男孩倪某某由郑某抚养,抚养费由郑某承担;倪某赔偿郑某精神损害抚慰金5000元。

③2004年**河南某离婚纠纷案**,1998年,夫、妻自由恋爱并结婚。婚后,因性格差异大,常争吵,争吵后长时冷战。2001年,妻提离婚。法院认为:法院审理离婚案件准予或不准离婚应以夫妻感情是否确已破裂作为充分界限。判断夫妻感情是否确已破裂,应从婚姻基础、婚后感情、离婚原因、夫妻关系现状和有无和好可能等方面综合分析。夫妻间冷战现象无疑是夫妻感情生活中一种隐性精神暴力,应视为夫妻感情确已破裂的法律依据。双方结婚时间虽较长,有一定感情基础,但因性格方面存在较大差异,以致婚后常因家庭琐事生气吵架,而吵架后双方均不能采取主动相互交流之方式,而是互相不理对方,不进行沟通和包融,缺乏互相迁就和相互理解态度,动辄以"离婚"威胁对方,数月来一直处于冷战状态。妻对共同生活下去已完全丧失信心,若继续生活下去,对双方是一种精神上伤害。夫妻间若缺乏了最基本的语言交流和沟通、包容和迁就,无疑是一种精神折磨,应视为双方夫妻感情确已破裂,以离婚为宜,故判决准予离婚。

(2)人身保护。①2015年**某抚养权纠纷案**,2007年,余某与罗某离婚,6岁的女孩罗某某由罗某抚养。2011年,余某向法院诉称,罗某长期在外打工,女儿罗某某与祖母和大伯共同生活期间,罗某某经常遭受殴打和辱骂,且罗某某与离异的大伯同住一室,随时可能遭受性侵犯。余某向法院提供了女儿伤情鉴定书及其要求与母亲共同生活的书信等证据,并请求法院判令变更女儿罗某某由余某抚养。诉讼过程中,罗某某向法院申请人身安全保护。法院认为:申请人罗某某在与被申请人即其祖母、大伯共同生活期间多次无故遭受殴打,且有法医学人体损伤程度鉴定书为证。申请人罗某某申请符合法律规定。裁定禁止被申请人殴打、威胁、辱骂、骚扰、跟踪申请人罗某某,裁定有效期为六个月。之后,经法院调解,双方变更了抚养权,此案在一周内结案,未成年人罗某某在最短时间摆脱了家庭暴力。

②2015年**某赡养纠纷案**,郝某丧偶、丧失劳动能力,无其他经济来源,其日常生活需子女照顾。郝某要求其子女之一郝某某支付赡养费并解决其居住问题时,郝某某不满,经常用激烈言辞对郝某进行言语威胁、谩骂,致使郝某产生精神恐惧、

情绪紧张。郝某起诉，经法院多次通知，郝某某拒不到庭应诉，反而对郝某恫吓威胁，郝某遂在诉讼期间向法院申请人身安全保护裁定。法院认为：被申请人郝某某对申请人郝某经常进行言语威胁、谩骂等行为，导致申请人终日生活在恐惧之中，故其申请符合法律规定，应予支持。法院裁定：禁止被申请人郝某某对申请人郝某采取言语威胁、谩骂、侮辱以及可能导致申请人产生心理恐惧、担心、害怕的其他行为。同时，法院对被申请人进行了训诫，告知其在有效期内，若发生上述行为，则视情节轻重对被申请人采取拘留、罚款等强制措施。经跟踪回访，被申请人对申请人再无威胁行为。对郝某请求郝某某履行赡养义务请求，法院判决郝某某每月向郝某支付赡养费600元。

③2015年**某人身安全保护案**，2010年，钟某与丈夫陈某经法院判决离婚后，陈某拒不搬出钟某房屋，还要求与钟某同吃、同睡，限制钟某人身自由和社会交往。钟某稍有不从，就遭其辱骂和殴打，陈某还多次写字条威胁钟某。法院强制陈某搬离后，陈某仍借探视子女为由，多次进入钟某家中对其实施威胁，还经常尾随、监视钟某行踪，不仅使钟某身体受到伤害，还使其处于极度恐惧之中。钟某遂向法院提出了人身安全保护裁定申请，并提交了报警证明、妇联来访记录、陈某威胁字条、被撕烂的衣物、照片等证明材料。法院认为：申请人钟某在离婚后仍被前夫陈某无理纠缠，经常遭其辱骂、殴打和威胁，人身自由和社会交往仍受前夫限制，是典型的控制型暴力行为受害者。为保护申请人人身安全，防止“分手暴力”事件从民事转为刑事案件，法院裁定：禁止被申请人陈某骚扰、跟踪、威胁、殴打申请人钟某，或与申请人钟某以及未成年子女陈某某进行不受欢迎的接触；禁止被申请人陈某在距离申请人钟某住所或工作场所200米内活动；被申请人陈某探视子女时应征得子女同意，并不得到申请人家中进行探视。该保护令有效期为六个月。

④2014年**某离婚纠纷案**，2012年，方某以楚某实施家庭暴力为由诉请离婚。法院第一次审理查实：方某和朱某长期关系暧昧，楚某有次到朱某家中找方某回家时与朱某发生过冲突。楚某在诉讼中情绪激动，曾扬言要对方某实施暴力，法院据此依方某申请作出人身安全保护裁定，禁止楚某对方某实施家庭暴力。但方某此次起诉，法院未判决离婚。6个月后，方某再次起诉，并以人身安全保护裁定作为楚某实施家庭暴力的证据，主张离婚损害赔偿。法院认为：楚某与方某夫妻感情破裂，虽与方某和朱某长期关系暧昧有关，但方某行为至多属婚外情，并未构成有配偶者与他人同居，故方某仍属《婚姻法》第46条中“无过错方”，有权请求离婚损害赔偿。依前述法条规定，无过错方请求离婚损害赔偿条件之一，系对方实施家庭暴力导致离婚，但本案中方某能证明楚某的唯一一次暴力，是楚某到朱某家中找方某回家时与朱某发生的冲突。法院在第一次受理方某提起的离婚诉讼期间依方某申请向楚某发出人身安全保护裁定，主要原因是楚某在诉讼中情绪激动，曾扬言要对

方某实施暴力,而并非法院在查实楚某施暴后采取的措施。人身安全保护裁定根本目的是为制止可能发生家庭暴力而不限于制止再次发生的家庭暴力。其目的决定了法院发出人身安全保护裁定条件并非查实已发生过家庭暴力,而是存在发生或再次发生家庭暴力可能,故人身安全保护裁定本身并不能证明被申请人确实曾对申请人或其他家庭成员实施过家庭暴力。本案对方某要求离婚损害赔偿诉请,不予支持。

⑤2012 年**北京某离婚纠纷案**,2012 年,因名人李某存在家庭暴力行为,其美国妻子金某诉请离婚,并要求抚养三个女子,李某给付 1200 万元并支付精神损害抚慰金 5 万元等。李某称双方冲突属家庭纠纷,不属于家庭暴力。法院认为:最高人民法院《关于适用〈中华人民共和国婚姻法〉若干问题的解释(一)》(已于 2021 年 1 月 1 日起废止)第 1 条规定:"家庭暴力是指行为人以殴打、捆绑、残害、强行限制人身自由或者其他手段,给其家庭成员的身体、精神等方面造成一定伤害后果的行为。持续的、经常的家庭暴力,构成虐待。"故家庭暴力行为,并不要求多次和反复发生。第 2 款中的"虐待行为",需有多次和反复发生的暴力行为作为构成要件。本案中,李某对金某实施了殴打行为,造成了金某头部和腿部多处受伤,完全符合上述关于家庭暴力的规定,应认定为家庭暴力行为。前述司法解释第 28 条规定:"损害赔偿,包括物质损害赔偿和精神损害赔偿。"具体精神损害抚慰金数额,应根据过错方过错程度、暴力发生时情境,及过错方经济能力等具体情节来确定。家庭暴力是我国法律明确禁止行为。本案中,李某在社会上有一定知名度,且从事的是教书育人工作,却在家中因与金某意见不同就对其进行殴打,造成金某头部、腿部多处受伤,且李某无视自己施暴行为给金某造成的身心伤害,在其施暴行为被金某曝光后,多次接受境内外媒体采访,面对镜头描述自己对金某施暴过程和细节,给金某造成了二次伤害,在社会上造成了不良影响,故李某过错程度较高。从暴力发生时情境看,李某殴打金某时,双方未成年女儿在现场,目睹了整个殴打过程,她一直哭着求李某不要打妈妈,并试图阻止李某殴打行为。让幼小的孩子目睹父亲殴打母亲场景,使其感受到对暴力的恐惧和自己无力阻止母亲受暴的无助,必然给孩子造成巨大心理创伤,属于情节比较恶劣情形。从过错方经济能力看,据庭审查明,李某名下拥有 10 套房产、5 家公司股权等,具有较强经济支付能力。故金某提出 5 万元精神损害抚慰金诉请,数额合理,应予支持。最高人民法院《关于人民法院审理离婚案件处理子女抚养问题的若干具体意见》(已于 2021 年 1 月 1 日起废止)规定:"人民法院审理离婚案件,对子女抚养问题,应当依照法律规定,从有利于子女身心健康,保障子女的合法权益出发,结合父母双方的抚养能力和抚养条件等具体情况妥善解决。"确定未成年子女抚养权时,应将家庭暴力列为最重要的考虑因素。家长的家庭暴力倾向对未成年子女成长不利。有暴力倾向的家长直接抚养

双方未成年子女,对后者健康成长不利,这已是大多数人共识。由施暴方直接抚养未成年子女,还可能让其有机会利用直接抚养的权利限制另一方家长探视权从而控制另一方家长。李某有施暴倾向,且至今不承认自己行为构成家庭暴力,故将直接抚养双方的未成年子女的权利交给他,不仅不利于双方未成年子女的健康成长,也不利于金某行使对孩子的探视权。李某在经济条件上比金某优越,但经济能力不是衡量家长中哪一方更具备抚养能力的决定性因素。对于夫妻双方离婚时争夺子女抚养权案件,除考虑家庭暴力因素和经济因素外,还要考虑谁更能给子女以细心的关爱照顾,谁更能给孩子营造安全稳定的生活环境。金某虽系全职母亲,但她长期照顾3个孩子,与3个孩子感情较深,而李某因工作原因长年不在家,客观上很难给孩子提供必要关爱和照顾。另外,李某亦多次表示金某比他更懂得教育孩子。综合以上因素,金某具有直接抚养子女的有利条件。《民事诉讼法》第100条规定:"人民法院对于可能因当事人一方的行为或者其他原因,使判决难以执行或者造成当事人其他损害的案件,根据对方当事人的申请,可以裁定对其财产进行保全、责令其作出一定行为或者禁止其作出一定行为。"本案中,李某不仅在诉讼前对金某进行过殴打,诉讼期间,又多次给金某发送威胁性短信,故金某关于自己可能继续遭受暴力恐惧心理有其合理之处,也存在现实可能性,其人身保护令申请应得到支持,故法院宣判之前发出了人身安全保护裁定,禁止李某殴打、威胁金某。随后判决准许金某与李某离婚,三个女儿由金某抚养;李某自2014年起,于每年1月31日前,按每人每年人民币10万元标准分别向三人支付该年度抚养费,至三人分别年满18周岁时止,李某向金某支付财产折价款1200万元;李某支付金某精神损害抚慰金5万元,此外对其他共有财产做了分割处理。

⑥2012年**广东某离婚纠纷案**,2010年9月,张某与黄某登记结婚。婚礼当日,黄某即施以暴力,此后黄某长期去张某单位及父母家辱骂、威胁、殴打张某,导致张某极端恐惧。2012年1月,张某起诉离婚,并申请人身安全保护裁定。法院认为:张某所提交报警记录、门诊病历等证据材料,显示其曾多次遭受黄某暴力伤害。从婚礼当日黄某当众殴打,婚后多次酒后无故殴打、强行发生性行为等情节来看,黄某施暴情节较为严重。张某搬回父母家居住后,黄某仍多次前往张某单位及父母家辱骂、威胁、殴打,导致张某极端恐惧而辞职,且不敢外出。张某向法院起诉离婚,意图脱离黄某暴力控制,但黄某极可能再到张某父母家施暴,甚至引发恶性家庭暴力事件,故仅裁定禁止黄某殴打、威胁张某,不足以保障张某及其父母的安全和正常生活,有必要裁定禁止黄某在张某现居住地(张某父母家)一定距离内活动。黄某现居住地与张某父母家相隔10余个公交车站,其工作地也与张某父母家相隔甚远,限制其在距张某父母家的特定距离内活动,不会妨害其正常生活。关于远离距离,在综合考虑保障张某及其父母人身安全及避免过分限制黄某行动自由情况

下,酌定远离距离为100米。裁定禁止被申请人黄某殴打、威胁申请人张某及张某亲友,禁止黄某骚扰、跟踪张某及张某亲友,禁止黄某在距离张某现居住地100米范围内活动。该份裁定保护期限为六个月,裁定一经送达即发生法律效力。为保障裁定切实执行,法院向张某现居住地辖区派出所送达协助执行通知书,函告辖区派出所协助执行下列事项:监督黄某履行裁定,如发现黄某有违反裁定所禁止行为,及时出警,并采取相关措施,搜集、固定证据,制作笔录;救助、保护张某人身安全;反馈被申请人黄某履行裁定情况。辖区派出所接协助执行通知书后表示将配合做好远离令的执行工作,如黄某违反裁定,靠近张某现居住地100米范围内,接警后将及时出警,保护张某人身安全,搜集、固定证据,向法院反馈裁定执行情况。

⑦2010年**湖南某离婚纠纷案**,2009年8月,王某起诉李某要求离婚,并向法院申请了人身安全保护裁定后撤诉。2009年12月,因李某殴打、威胁王某,王某再次起诉离婚,并要求抚养还在职校读书的婚生子。法院认为:王某与李某结婚后,李某未珍惜夫妻感情,在最近十余年时间里经常对王某实施家庭暴力,严重损害王某及子女身心健康,特别是在法院作出人身安全保护裁定后的裁定有效期内,违反裁定中所明确的禁令,对王某正常生活进行骚扰,对夫妻共同财产进行毁损,故对王某再次起诉离婚,法院予以准许。双方婚生子虽已成年,但其在初中毕业后直接就读职业院校,现尚未完成学业,依最高人民法院《关于适用〈婚姻法〉若干问题的解释(一)》(已于2021年1月1日起废止)第20条规定精神,应视为“不能独立生活的子女”,根据其个人意愿,将其判归王某直接抚养为宜,李某作为不直接抚养一方应承担相应抚养费用。李某经常性对王某实施家庭暴力,对王某及其子女身心伤害应承担相应赔偿责任,考虑到双方夫妻财产为共同制,故法院从李某在夫妻共同财产中应占有财产份额中酌定其应承担的赔付义务。在法院人身安全保护裁定有效期内,李某违反禁令并毁损夫妻共同财产,依《婚姻法》第47条规定,分割夫妻共同财产时,对李某可少分或不分。判决解除双方婚姻关系;婚生子职校毕业前由王某抚养,李某每月负担生活费200元,此期间李某教育费、医疗费由王某与李某各负担一半;相关财产按李某少分原则分割。

⑧2009年**浙江某离婚纠纷案**,2009年,林某以丈夫王某实施家暴起诉离婚,并申请人身保护。法院认为:林某提供的接警单、照片、病历、威胁短信等证据虽未经庭审质证,尚不能直接认定其有遭受家庭暴力可能性,但结合双方现已分居且居住地点邻近,接触机会多,林某多次报警,现处于恐惧之中,王某曾因口角殴伤他人,有一定暴力倾向等诸多因素,认为林某在离婚诉讼期间存在遭受暴力或暴力威胁的可能性,故可依《民事诉讼法》有关规定,作出人身保护的民事裁定,禁止王某殴打、威胁、骚扰林某,如有违反,法院将依法追究责任。裁定有效期为30天,送达双方当事人同时还向当事人所在地的妇联、住地派出所、街道办发出协助通知书,以

保证离婚诉讼顺利进行。经法院审理，证据证明王某行为已构成家庭暴力，林某诉请离婚，符合《婚姻法》规定离婚情形，判决准予离婚，王某同时支付林某过错损害赔偿5000元。

(3)证据规则。①2016年**福建某离婚纠纷案**，1998年，黄某与赖某结婚。2000年，赖某生育女儿黄某某。自2010年起，黄某经常殴打赖某。2016年，黄某因殴打妻子赖某被公安机关处以行政拘留5天。妻子诉请离婚。法官向黄某某调查，黄某某表示曾看见黄某殴打赖某。法院认为：本案中，黄某某作为赖某与黄某婚生女，在目睹家庭暴力发生时已年满10周岁，虽为限制民事行为能力人，但对父亲黄某是否有殴打母亲赖某这一家庭暴力事实已具备相应感知和正确表达能力，相关证言与其年龄、智力状况相当，且能与其他在案证据如报警回执、疾病诊疗证明书和行政拘留决定书等相互印证，真实可靠，可作为认定本案家庭暴力事实证据使用，故法院予以确认。赖某起诉离婚，黄某同意离婚，双方夫妻感情确已完全破裂，故对赖某提出离婚诉请予以支持。黄某在双方婚姻关系存续期间对赖某实施家庭暴力，有赖某提供的报警回执、疾病诊疗证明书、行政拘留决定书以及黄某某证人证言等予以证明，依《婚姻法》第46条第3项规定，“有下列情形之一，导致离婚的，无过错方有权请求损害赔偿：……(三)实施家庭暴力的”，赖某有权请求黄某赔偿，但赖某明确表示放弃损害赔偿请求权，系其对自己权利处分。目前黄某某与赖某一起生活，且黄某有家庭暴力行为，从有利于子女健康成长原则出发，结合婚生女意愿考量，黄某某应由赖某抚养，黄某依法承担相应抚养费，判决准予赖某与黄某离婚，婚生女由赖某直接抚养，黄某支付相应抚养费。

②2015年**某离婚纠纷案**，2011年起，罗某经常酒后对妻子李某施暴，女儿罗某某在日记中记录了罗某多次酒后打骂李某母女经过。2012年，李某第一次起诉离婚后撤诉。罗某施暴升级，并酒后扬言要杀死全家，李某多次报警并带子女在外租房居住，与罗某分居。李某再次起诉离婚。法院认为：罗某长期酗酒，多次酒后实施家庭暴力。子女数次目睹父亲殴打母亲，亦曾直接遭受殴打，这都给他们身心造成严重伤害，同时亦可能造成家庭暴力代际传递。为避免罗某某继续生活在暴力环境中，应由李某抚养女儿，罗某依法支付抚养费。判决准许李某与罗某离婚，子女罗某某由李某抚养，罗某每月支付抚养费共计900元。罗某可于每月第一个星期日探视子女，探视前12小时内及探视期间不得饮酒，否则视为放弃该次探视权利，李某及子女可拒绝探视。

③2014年**广东某离婚纠纷案**，2013年，段某以遭遇家庭暴力为由诉请与丈夫尹某离婚，并主张不到一岁的孩子抚养权。双方提供的伤情照片及医院病历显示段某受钝物重击伤、尹某被抓伤、咬伤。法院认为：双方因生活琐事发生矛盾，不能相互体谅，导致矛盾升级并导致双方亲戚卷入，尹某甚至携亲戚将段某打晕，下手

之重,足以证明夫妻感情荡然无存。段某称夫妻感情已破裂,予以采信,准许离婚。尹某不顾及母亲对幼儿的重要性,将尚在哺乳期的儿子带回老家交由父亲和保姆照顾,系严重损害幼儿身心健康的错误行为,应予纠正。依《婚姻法》第 36 条规定,段某要求在离婚后抚养儿子,符合法律规定,予以支持。综合考虑尹某月收入 7000 元及当地生活水平,按照抚育费一般可按月总收入 20% 至 30% 比例给付的规定,段某要求每月支付抚养费 1500 元,予以支持。抚育费应定期给付,尹某有稳定工作和收入,段某未举证证明存在需一次性支付情形,要求一次性支付抚养费,不予支持。当事人双方均有受伤情况下,应根据双方施暴动机、受伤部位、受伤程度、体力对比来判断其行为是一方攻击另一方抵抗的家庭暴力,还是双方互殴的普通暴力行为。从双方提供的伤情照片及医院病历记载,可见到段某受钝物重击伤,属攻击伤,而尹某系被抓伤、咬伤,符合抵抗伤特征。再对比双方身体和力量,可认定尹某对段某实施了暴力殴打行为,构成家庭暴力。依《婚姻法》第 46 条,实施家庭暴力导致离婚的,无过错方有权请求损害赔偿的规定,段某请求尹某赔偿 1 万元,金额适中,理由充分,予以支持。

④2008 年**江苏某离婚纠纷案**,2008 年,结婚 20 余年的妻以家庭暴力起诉要求与夫离婚。妻称其左手面弧形伤疤系夫砍伤所致,夫称系妻自行划伤。法院依妻申请和提供的证人线索,经调查证实系夫故意伤害;妻另称夫强行与其发生性关系,夫称为配偶权。法院认为:妻左手面弧形伤疤不符合划伤所特有鱼尾痕迹,且证人一致证实夫砍伤事实,夫以菜刀残害妻身体,并致妻左手残疾,构成故意伤害。尽管双方系合法夫妻,但性生活不得违背相对方意志,当妻拒绝夫提出的性生活要求时,夫强行与其发生性关系,构成性暴力。夫不仅残害妻身体健康,还侵犯妻性权利,给妻身心造成了恶劣伤害后果,应认定夫构成家庭暴力,妻据此要求离婚应予支持。

⑤2007 年**浙江某离婚纠纷案**,2007 年,妻以夫实施家暴诉请离婚,并提供了相关病历、照片、法医鉴定、派出所证明,同时要求对一笔以夫名义存入款项 16 万元各半分割。法院认为:妻提供的病历、照片、法医鉴定、派出所证明足以证明其两次被他人殴打致轻微伤,因夫对此无法作出合理解释,亦无法提出反证,根据优势证据原则,在原告穷尽举证能力情况下,应认定夫对妻实施家庭暴力,导致夫妻感情破裂,依最高人民法院司法解释规定,妻有权请求精神损害赔偿。夫名下存款 16 万元为夫妻共有,夫主张已均用于家庭生活但未举证,鉴于双方无工作,家庭费用系从该款中支出,参照城镇居民人均消费性支出标准确定为已支出 6 万元,故认定被告还持有 10 万元,应各半享有。

⑥2007 年**河南某离婚纠纷案**,2006 年,郭某与丈夫马某婚后两年内,因遭遇家庭暴力,诉请离婚并主张损害赔偿。马某同意离婚,但称未使用家庭暴力,同时要

求返还装修款及彩礼钱。法院认为:郭某提供的门诊病历、马某认错短信、证人证言及双方当庭陈述等相互印证,均能证实马某对郭某曾实施家庭暴力。夫妻间应互相尊重,发生纠纷后应加强交流,用和平方式合法解决矛盾,本案马某却用暴力平息纠纷,导致夫妻感情彻底破裂,郭某诉请离婚,马某同意,故离婚诉请应予准许。马某给付彩礼后,二人已婚并共同生活,马某未举证证明给付彩礼造成其家庭困难,故给付彩礼应视为一种赠与行为,依法不应予返还。判决双方离婚,郭某婚前财产归己所有,双方婚后共同财产均分,郭某支付马某装修补偿款1万余元,马某赔偿郭某精神损失费9000元。

【典型类案实务要点】

1.**【涉精神暴力离婚案,调解不成时,应尽快判决离婚】**对于涉精神暴力而非简单家庭纠纷的离婚案件,调解不成时,应尽快判决离婚,在财产分割上充分保障受害方利益。

2.**【将滥施"家规"作为控制对方手段,构成家庭暴力】**夫妻一方通过制定并施行不成文"家规"作为控制另一方手段,构成家庭暴力,法院可依申请裁定人身安全保护。

3.**【殴打替代物品,使配偶产生恐惧感,构成精神暴力】**夫妻共同生活期间,一方用写有攻击性和威胁性字句的物品替代对方,从视觉上折磨并使对方产生恐惧感的,构成精神暴力。

4.**【夫妻冷战作为隐性精神暴力,可作为感情破裂依据】**夫妻间冷战现象无疑是夫妻感情生活中的一种隐性精神暴力,应视为夫妻感情确已破裂、应准予离婚的法律依据。

5.**【子女遭受暴力,可变更抚养权并申请人身安全保护】**夫妻离婚后随一方生活的未成年子女遭受家庭暴力的,未共同生活另一方父母可诉请变更抚养权并代为申请人身安全保护。

6.**【子女威胁、谩骂父母的,父母可申请人身安全保护】**子女对父母不尽赡养义务,反而经常进行言语威胁、谩骂等行为,导致被赡养人终日生活在恐惧之中的,被赡养人可申请人身安全保护裁定。

7.**【一方离婚后仍暴力控制,对方可申请人身安全保护】**法院判决离婚后,一方仍无理纠缠,采取辱骂、殴打和威胁方式限制对方人身自由和社会交往的,受害者可申请人身安全保护裁定。

8.**【人身安全保护裁定,并不当然成为实施家暴的证据】**当事人仅以法院发出的人身安全保护裁定为据,主张其配偶实施家庭暴力并请求依据《婚姻法》第46条离婚损害赔偿的,法院不予支持。

9.【家庭暴力行为,并不以多次和反复发生为构成要件】家庭暴力行为,不要求多次和反复发生。确定未成年子女抚养权时,应将家庭暴力列为最重要的考虑因素。法院认为确有必要的,可发出人身安全保护裁定。

10.【人身安全保护裁定案件中,法院可同时适用远离令】在人身安全保护裁定案件审查中,根据加害人施暴情节,法院可适用远离令,禁止加害人在受害人经常出现的特定场所范围一定距离内活动。

11.【违反人身安全保护裁定,撤诉后六个月内再诉离婚】夫妻一方起诉离婚,并在撤诉后以违反人身安全保护裁定作为出现新情况、新理由,在撤诉后 6 个月内再次起诉至法院要求离婚的,法院应予受理。

12.【离婚诉讼中,可申请人身保护裁定,制止家庭暴力】离婚诉讼中,一方存在遭受暴力或暴力威胁可能性的,另一方可向法院申请人身保护令,以预防和制止家庭暴力。

13.【未成年孩子证言,可作为家庭暴力事实的认定依据】未成年人虽为限制民事行为能力人,但对家庭暴力事实已具备相应感知和正确表达能力,所作与其年龄和智力状况相当的证言,可作为家庭暴力事实认定依据。

14.【家庭暴力严重伤害子女身心,法院判决应准予离婚】夫妻一方经常酗酒并实施家庭暴力,对未成年子女身心造成严重伤害的,法院判决是否准予离婚及确定抚养权时,应优先考虑儿童最佳利益。

15.【家庭暴力还是互殴,可从攻击伤还是抵抗伤来判断】夫妻双方行为是一方攻击另一方抵抗的家庭暴力,还是双方互殴的普通暴力行为,应根据双方施暴动机、受伤部位、受伤程度、体力对比来判断。受暴方反抗行为造成施暴方轻微伤害的,不属于《婚姻法》第 46 条规定的过错方,施暴方仍应支付损害赔偿金。

16.【受害人就家庭暴力的事实,可向法院申请调查取证】离婚诉讼中,受害人及其诉讼代理人非因主观原因不能证明家庭暴力事实存在,可视为“当事人及其诉讼代理人因客观原因不能自行收集的证据”情形,受害人可向法院申请调查取证。

17.【涉家庭暴力离婚案件,法院可依优势证据原则认定】涉及家庭暴力离婚案件,一方能举证证明受对方侵害事实及侵害后果,证明家庭暴力存在的可能性大于不存在的可能性,或对方否认但无反证的,应认定家庭暴力存在。

【类案裁判一般规则】

家庭暴力受害妇女请求离婚的,法院应充分考虑其现实状况,在保护妇女人身安全、维护婚姻自由原则下,及时审理结案。对于确实存在家庭暴力行为,夫妻感情已经破裂,受害妇女坚决要求离婚的,法院应当及时调解或判决离婚。在涉及家庭暴力的离婚案件中,法院分割夫妻共同财产时,应对家庭暴力受害妇女给予照顾。在确定房屋所有权或居住权时，应优先考虑受害妇女一方，避免受害妇女因离婚而无法正常生活。

【典型参考案例索引】

主旨案例：重庆渝中区法院(2009)中区民初字第03830号“刘某诉李某离婚纠纷案”，见《涉精神暴力离婚案件的处理方式》(李雪、李彩霞)，载《人民司法·案例》(201206:85)。

其他案例：

(1)性质认定。①见《陈某转诉张某强离婚纠纷案——滥施“家规”构成家庭暴力》，载《最高人民法院公报·最高人民法院公布十起涉家庭暴力典型案例》(201502/220:25)。②见《郑某丽诉倪某斌离婚纠纷案——威胁作为一种家庭暴力手段的司法认定》，载《最高人民法院公报·最高人民法院公布十起涉家庭暴力典型案例》(201502/220:25)。③河南鹤壁山城法院判决“冯某诉张某离婚案”，见《冯素君、张向明在夫妻关系存续期间因长期冷战冯素君诉张向明离婚案》(鹤壁山城法院鹿楼法庭)，载《人民法院案例选》(2004年民事/48:10)。

(2)人身保护。①见《女童罗某某诉罗某抚养权纠纷案——人身安全保护裁定制止儿童虐待》，载《最高人民法院公报·最高人民法院公布十起涉家庭暴力典型案例》(201502/220:24)。②见《郝某某诉郝某华赡养纠纷案——人身安全保护裁定制止子女虐待老人》，载《最高人民法院公报·最高人民法院公布十起涉家庭暴力典型案例》(201502/220:26)。③见《钟某芳申请诉后人身安全保护案——诉后人身安全保护裁定制止“分手暴力”》，载《最高人民法院公报·最高人民法院公布十起涉家庭暴力典型案例》(201502/220:27)。④见《当事人仅以人身安全保护裁定为据请求离婚损害赔偿人民法院不予支持》(韩玫，最高院民一庭)，载《民事审判指导与参考·指导性案例》(201403/59:117)。⑤北京朝阳区法院(2012)朝民初字第03041号“李金诉李阳离婚纠纷案”，见《离婚案件中家庭暴力的认定与处理》(刘黎)，载《人民司法·案例》(201322:77)。⑥广东珠海香洲区法院(2012)香民一初字第680号“张某诉黄某离婚纠纷案”，见《反家暴远离令的适用》(代敏)，载《人民司法·案例》(201206:29)。⑦湖南长沙中院(2010)长中民一终字第1367号“王某与李某离婚纠纷案”，见《王娟诉李军离婚纠纷案》(刘群、周赞)，载《人民法院案例选》(201104/78:102)。⑧浙江温州龙湾区法院(2009)温龙民初字第436号“林某诉王某离婚纠纷案”，见《离婚诉讼中人身保护裁定的适用》(李以后、金丛)，载《人民司法·案例》(200922:14)。

(3)证据规则。①福建泉州中院(2016)闽05民终6224号“赖某与黄某损害赔偿纠纷案”，见《未成年人证言可作为家庭暴力事实的认定依据》(林前枢)，载

《人民司法·案例》(201832:32)。②见《李某娥诉罗某超离婚纠纷案——优先考虑儿童最佳利益》,载《最高人民法院公报·最高人民法院公布十起涉家庭暴力典型案例》(201502/220:26)。③广东珠海中院(2014)珠中法民一终字第187号"段某与尹某离婚纠纷案",见《段某洁诉尹某离婚纠纷案——"互殴"中施暴方的认定》(代敏),载《人民法院案例选》(201609/103:94)。④江苏扬州邗江区法院(2008)扬邗民一初字第0066号"王某诉蒋某离婚案",见《涉及家庭暴力离婚案件法官应当依职权主动调查取证》(朱朝阳),载《人民法院案例选·月版》(200901/1:77);另见《家庭暴力的司法认定》(朱朝阳),载《人民司法·案例》(200718:10)。⑤浙江温州龙湾区法院(2007)温龙民初字第548号"庄某诉范某离婚案",见《庄丽琴诉范春勇离婚案》(张敏),载《人民法院案例选》(200703/61:102)。⑥河南洛阳中院(2007)洛民终字第21号"郭某诉马某离婚案",见《离婚案件中家庭暴力的认定应当适用优势证据原则——郭晓燕诉马洪清离婚案》(赵晓丽),载《人民法院案例选·月版》(200904/4:64)。

54. 离婚时精神损害赔偿

——一方有过错,损害怎赔偿?

【损害赔偿】

【案情简介及争议焦点】

2004年,哲某因家庭暴力被判处9个月徒刑,妻子邸某诉请离婚时主张除分割共同财产、由哲某赔偿暴力行为造成的物质损失外,另赔偿其精神损害抚慰金5万元。

争议焦点:1. 家庭暴力构成犯罪,民事损害责任是否免除?2. 精神损害抚慰金如何确定?

【裁判要点】

1. 法律适用。法律规定了导致离婚的4种情形,无过错方均有权请求精神损害赔偿。最高人民法院《关于适用〈中华人民共和国婚姻法〉若干问题的解释(一)》(已于2021年1月1日起废止)第28条明确界定了损害赔偿范围包括精神损害赔偿,故因重婚、同居、实施家庭暴力或虐待、遗弃家庭成员导致离婚的,无论加害人是否已因重婚罪、故意伤害罪、故意杀人罪或虐待罪、遗弃罪被刑事处罚,无过错方均有权要求精神损害赔偿。虽然最高人民法院《关于人民法院是否受理刑事案件被害人提起精神损害赔偿民事诉讼问题的批复》有不同规定，但应优先适用效力等级更高的法律及司法解释。

2. 损害赔偿。本案中，哲某暴力行为不仅给邸某造成了物质损失，同时亦使邸某身心受到伤害，依最高人民法院《关于适用〈中华人民共和国婚姻法〉若干问题的解释（一）》（已于2021年1月1日起废止）第28条规定，邸某有权请求实施家庭暴力一方赔偿其物质损害和精神损害。结合邸某所受伤害后果及哲某经济状况，离婚时由哲某赔偿暴力行为造成的物质损失外，哲某应酌情赔偿邸某精神损害抚慰金2万元。

【裁判依据或参考】

1. 一般规定。

（1）法律规定。《**民法典**》（2021年1月1日）第1041条："婚姻家庭受国家保护。实行婚姻自由、一夫一妻、男女平等的婚姻制度。保护妇女、未成年人、老年人、残疾人的合法权益。"第1042条："禁止包办、买卖婚姻和其他干涉婚姻自由的行为。禁止借婚姻索取财物。禁止重婚。禁止有配偶者与他人同居。禁止家庭暴力。禁止家庭成员间的虐待和遗弃。"第1091条："有下列情形之一，导致离婚的，无过错方有权请求损害赔偿：（一）重婚；（二）与他人同居；（三）实施家庭暴力；（四）虐待、遗弃家庭成员；（五）有其他重大过错。"

（2）最高人民法院司法解释及其他司法性文件/解读文章。最高人民法院《**关于充分发挥民事审判职能，依法维护妇女、儿童和老年人合法权益的通知**》（2012年2月28日　法〔2012〕57号）第2条："要通过对婚姻家庭案件的审理，倡导男女平等、夫妻互相忠诚、尊老爱幼、和睦文明的社会主义婚姻家庭观。通过裁判文书，旗帜鲜明地对婚姻家庭领域中实施家庭暴力、有配偶者与其他人同居、虐待遗弃儿童、不赡养老人等损害妇女、儿童和老年人合法权益的违反法律和社会主义道德的行为，给予否定性评价，促进社会主义社会精神文明建设，弘扬良好的道德风尚。"最高人民法院吴晓芳法官《**关于婚姻家庭纠纷审理热点难点问答**》〔载《民事法律文件解读》2012年第8辑（总第92辑）〕第14条："离婚与离婚损害赔偿之诉可以分离吗？答：在审判实践中，离婚与离婚损害赔偿之诉一般有两种结合方式：一是无过错方提出离婚请求，并同时提出离婚损害赔偿请求；二是过错方提出离婚请求，而无过错方提出离婚损害赔偿请求。对于无过错方作为被告的，一种可能是无过错方在一审、二审程序中均不同意离婚，也就不会考虑到提出离婚损害赔偿请求的问题。从切实保护无过错方的角度出发，应当允许其事后再提，即在离婚后一年内提出。另一种可能是，无过错方一审时不同意也不提起离婚损害赔偿请求，二审时看到法院可能判决离婚,便提出了离婚损害赔偿请求,这时人民法院可以先进行调解,能够调解成功当然事半功倍。调解不成的,根据《婚姻法司法解释(一)》的规定,告知当事人在离婚后1年内另行起诉,而不是发回重审。在一定条件下,允许无过错方离婚后另行提起离婚损害赔偿的诉请,这种离婚与离婚损害赔偿之诉的分离,是为了让无过错方得到充分的法律救济,而且是在当事人已经解除婚姻关系的前提下才能提出。"最高人民法院**《关于适用〈中华人民共和国婚姻法〉若干问题的解释(三)》**(2011年8月13日　法释〔2011〕18号,2021年1月1日起废止)第17条:"夫妻双方均有婚姻法第四十六条规定的过错情形,一方或者双方向对方提出离婚损害赔偿请求的,人民法院不予支持。"最高人民法院**《关于适用〈中华人民共和国婚姻法〉若干问题的解释(一)》**(2001年12月27日　法释〔2001〕30号,已于2021年1月1日起废止)第28条:"婚姻法第四十六条规定的'损害赔偿',包括物质损害赔偿和精神损害赔偿。涉及精神损害赔偿的,适用最高人民法院《关于确定民事侵权精神损害赔偿责任若干问题的解释》的有关规定。"最高人民法院副院长李国光**《在全国民事审判工作会议上的讲话》**(2000年10月28日)第6条:"……对于因一方过错,严重损害夫妻感情和婚姻关系的离婚案件,要依法充分保护和照顾无过错方的合法权益。"

(3)地方司法性文件。浙江温州中院**《关于适当提高精神损害抚慰金数额的意见》**(2014年5月22日)第1条:"根据浙江省高级人民法院民一庭浙高法民一〔2013〕5号《关于人身损害赔偿费用项目有关问题的解答》第十五条的规定,精神损害抚慰金数额应依据最高人民法院《关于确定民事侵权精神损害赔偿责任若干问题的解释》第十条的规定确定,根据我市审判实践,一般以5万元为限。如果侵权行为情节特别恶劣,被侵权人的损害程度特别严重或者社会影响特别大,可适当提高赔偿金额,但原则上不超过10万元。"第2条:"《婚姻法》第44条规定的离婚损害赔偿的数额也按照上述规定执行。"安徽淮南中院**《关于审理离婚纠纷案件若干问题的指导意见》**(2014年3月13日)第29条:"一方有《中华人民共和国婚姻法》第四十六条规定的过错情形,导致离婚的,无过错方有权请求损害赔偿。"第30条:"夫妻双方均有《中华人民共和国婚姻法》第四十六条规定的过错情形,一方或者双方向对方提出离婚损害赔偿请求的,不予支持。"第31条:"损害赔偿包括物质损害赔偿和精神损害赔偿。(一)因身体受到伤害,受害人请求赔偿的,可以适用《中华人民共和国民法通则》第一百一十九条的规定,由致害人赔偿医疗费、误工费、残疾者生活补助费等经济损失;(二)遗弃家庭成员,受害人提出请求的,可判决支付抚养费、扶养费、赡养费;(三)因过错方的行为给对方造成精神损害的,适用《最高人民法院关于确定民事侵权精神损害赔偿责任若干问题的解释》的有关规定。"江苏高院**《婚姻家庭案件审理指南(2010年)》**(2010年5月18日)第9章:

"……离婚损害赔偿。一、离婚损害赔偿的构成要件。离婚损害赔偿是新修订的《婚姻法》确立的一项新制度,该制度较为有效保护了婚姻关系中无过错方的利益。因此实践中应当用好这一制度。什么情况下可以提出离婚损害赔偿,《婚姻法》作了明确规定:(一)一方实施了法定过错行为。《婚姻法》第四十六条规定了四种情形:1. 重婚的;2. 有配偶者与他人同居的;3. 实施家庭暴力的;4. 虐待、遗弃家庭成员的。只有具备上述情形,无过错方才有权请求损害赔偿。(二)因一方实施的法定过错行为导致离婚。离婚损害赔偿是以离婚为条件的,如果婚姻双方没有离婚,即使一方存在上述法定过错行为,另一方也不可提出离婚损害赔偿。《婚姻法解释一》第二十九条第二款规定:'人民法院判决不准离婚的案件,对于当事人基于婚姻法第四十六条提出的损害赔偿请求,不予支持。'因此,如果人民法院判决不准离婚,即使一方当事人存在法定过错行为,另一方的离婚损害赔偿请求也不能得到支持。(三)需另一方无过错。根据《婚姻法解释一》第二十九条第一款的规定,只有无过错方才有权请求损害赔偿,如果夫妻双方都有《婚姻法》第四十六条规定的过错情形的,《婚姻法解释三》第十八条规定人民法院对任何一方当事人主张离婚损害赔偿的请求,均不予支持。(四)无过错方存在损害后果。损害后果包括物质损害和精神损害。(五)法定过错行为与双方离婚后果之间有因果关系。双方离婚是法定过错行为造成的,则无过错方可提出损害赔偿,如果双方是因其他原因导致离婚,则不能主张离婚损害赔偿。二、离婚损害赔偿请求权的行使。(一)无过错方作为原告行使离婚损害赔偿请求权的期限。《婚姻法解释一》第二十九条第三款规定:'在婚姻关系存续期间,当事人不起诉离婚而单独依据该条规定提起损害赔偿请求的,人民法院不予受理。'根据《婚姻法解释一》第三十条的规定,人民法院受理离婚案件时,应当将《婚姻法》第四十六条等规定中当事人的有关权利义务,书面告知当事人。符合《婚姻法》第四十六条规定的无过错方作为原告基于该条规定向人民法院提起损害赔偿请求的,必须在离婚诉讼的同时提出。因此,权利人主张损害赔偿的,应当在起诉离婚时提出或在离婚诉讼中经人民法院书面告知其权利后随即提出。逾此期限,视为放弃该权利。(二)无过错方作为被告行使离婚损害赔偿请求权的期限。根据《婚姻法解释一》第三十条的规定,符合《婚姻法》第四十六条规定的无过错方作为被告的离婚诉讼案件,如果被告不同意离婚也不基于该条规定提起损害赔偿请求的,可以在离婚后一年内就此单独提起诉讼。无过错方作为被告的离婚诉讼案件,一审时被告未基于《婚姻法》第四十六条规定提出损害赔偿请求,二审期间提出的,人民法院应当进行调解,调解不成的,告知当事人在离婚后一年内另行起诉。逾期提出的,人民法院不予支持。(三)登记离婚后无过错方向人民法院请求离婚损害赔偿的期限。根据《婚姻法解释二》第二十七条的规定,当事人在婚姻登记机关办理离婚登记手续后,以《婚姻法》第四十六条规定为由向人民法院提出损害赔偿请求的,人民法院应当受理。但当事人在协议离婚时已经明确表示放弃该项请求,或者在办理离婚登记手续一年后提出的,不予支持。三、离婚损害赔偿的责任主体。《婚姻法解释一》第二十九条第一款规定:‘承担婚姻法第四十六条规定的损害赔偿责任的主体,为离婚诉讼当事人中无过错方的配偶。’因此,离婚损害赔偿的责任主体是无过错方的配偶,第三者不是离婚损害赔偿的责任主体。四、离婚损害赔偿数额的确定。离婚损害赔偿包括物质损害赔偿和精神损害赔偿。物质损害赔偿,应当以赔偿实际损失为原则。涉及精神损害赔偿的,适用《最高人民法院关于确定民事侵权精神损害赔偿责任若干问题的解释》的有关规定。在确定具体赔偿数额时,应考虑下列因素:1. 赔偿数额应该能够足以抚慰受害人遭受的心灵上的创伤和精神上的痛苦。这要考虑对方过错程度、侵权行为程度等因素,并考虑受诉法院所在地平均生活水平为必要。2. 考虑加害人的经济负担能力,体现出对加害人有效的制裁,不能数额过高无法承受,也不能过低体现不了制裁的性质。3. 赔偿数额应当考虑受害人的过错在导致离婚后果的原因力大小,分清主次原因,以此确定赔偿主体的责任。4. 考虑过错方侵害的手段、场合等具体情节,以及造成的社会影响程度,综合分析。最后,离婚损害赔偿是一方实施损害夫妻感情、破坏婚姻家庭的一种行为,故应以过错一方的个人财产承担赔偿责任。”浙江温州中院民四庭**《关于贯彻执行〈婚姻法〉的指导意见》**(2009 年 5 月 1 日)第 19 条:“在离婚案件中,无过错方依照婚姻法第四十六条的规定,获得的损害赔偿的数额,一般不超过五万元。”江苏高院**《关于当前民事审判中需要明确的若干具体问题(婚姻家庭部分)》**(2006 年 4 月 26 日)第 4 条:“关于无过错方要求过错方损害赔偿的问题。无过错方要求有过错方承担损害赔偿责任,必须提供证据,证明对方有婚姻法第四十六条规定的四种情形之一。无过错方通过侵犯他人隐私权或采取强制、胁迫、限制他人人身自由等违反法律禁止性规定所搜集的证据,应认定为无效。对无过错方要求有过错方承担精神损害赔偿的,适用最高人民法院《关于确定民事侵权精神损害赔偿责任若干问题的解释》的相关规定。”江西赣州中院**《民事审判若干问题解答》**(2006 年 2 月 27 日)第 44 条:“具有婚姻法第 46 条规定的情形而导致离婚的,除按法律规定损害赔偿外,能否再判决给予精神抚慰金? 答:不能在该法律条文规定外再判决精神婚姻抚恤金。根据婚姻法第 46 条规定的‘有权请求损害赔偿’,该损害赔偿既包含财产性赔偿也包括精神性赔偿,超出第 46 条范围再行判决给予精神抚慰金,于法无据。”上海高院**《婚姻家庭纠纷办案要件指南(二)》**(2005 年 10 月 14 日　沪高法民一〔2005〕18 号)第 10 条:“夫或妻一方主张离婚损害赔偿请求权的,须具备以下构成要件:(一)相对方具有《婚姻法》第四十六条规定的严重过错行为;(二)请求方无过错;(三)相对方因该严重过错行为而导致夫妻离婚。〔说明〕根据婚姻法的规定,离婚损害赔偿请求权的成立，需具备下列构成要件：(1)相对方具有法定的严重过错行为，而请求方无过错，此为构成离婚损害赔偿的必要条件。根据婚姻法的有关规定，严重过错行为限于以下四项：重婚、有配偶者与他人同居、实施家庭暴力和虐待、遗弃家庭成员。此为限制性的列举规定，实践中不能对法定的过错行为作任意的扩大化解释。(2)请求方须为无过错，如双方均有过错，则根据过错相抵原则，任何一方均不能以对方有过错为由要求赔偿。(3)因严重过错行为而导致夫妻离婚。只有当因夫妻一方的过错行为而导致夫妻离婚。只有当夫妻一方的过错而导致双方离婚的，才需追究过错方的损害赔偿责任。在婚姻关系存续期间，无过错一方不得以对方有过错为由提起损害赔偿之诉。人民法院判决不准离婚的，对当事人提出的损害赔偿请求，也不予支持。此外，根据《婚姻法司法解释(一)》第三十条的规定，人民法院在适用婚姻法第四十六条时，应当区分以下三种不同情况：(1)无过错方作为原告提起损害赔偿请求的，必须在离婚诉讼的同时提出；(2)无过错方作为被告的离婚诉讼案件，一审时未提出损害赔偿请求，二审期间提出的，人民法院应当进行调解，调解不成的，告知当事人在离婚后1年内另行起诉。”第11条：“人民法院应根据无过错方支付财产损害赔偿金；精神损害抚慰金数额的确定，应以保护合法的婚姻家庭关系，保护无过错方为原则，综合考虑各种因素酌定。〔说明〕损害赔偿，包括物质损害赔偿和精神损害赔偿。物质损害，一般应以无过错方遭受财产上的实际损失为限，以支付赔偿金等方式承担，因离婚而受到的财产期待权损失除外。对于精神损害赔偿，根据《民法通则》和最高人民法院《关于确定民事侵权精神损害赔偿责任若干问题的解释》，人民法院除判令侵权人承担停止侵害、恢复名誉、消除影响、赔礼道歉等民事责任外，还可根据无过错方的请求，判令赔偿相应的精神损害抚慰金，抚慰金的具体数额可结合多种因素酌定。这些因素主要包括：(1)精神损害程度，即受害人遭受精神伤害和精神痛苦的程度；(2)过错方的过错程度，包括过错方实施过错的种类、动机情节等；(3)具体的侵权情节，可以根据过错方侵权行为方式、侵权行为的具体情节等综合考虑其情节之轻重；(4)其他情节，如双方结婚的年限，过错方对家庭的贡献大小，过错方的经济状况以及当地的平均生活水平等。”江苏高院民一庭**《婚姻家庭案件疑难问题法律适用研讨会综述》**(2005年5月)第3条：“……(六)关于离婚损害赔偿的处理。有同志提出，因重婚导致离婚，重婚一方已经受到刑事处罚，另一方可否依照《婚姻法》第四十六条的规定要求重婚方给予离婚损害赔偿。对此，与会代表意见基本一致。大家认为，《婚姻法》第四十六条明确规定，重婚导致离婚的，无过错方有权请求损害赔偿，这种损害赔偿不以重婚方是否受到刑罚处罚为条件。一方因重婚给对方造成了巨大的精神伤害，另一方请求精神损害赔偿的，人民法院应当支持。而如果不支持当事人离婚损害赔偿，那么，婚姻法四十六条的规定将变得无任何意义，故该类诉讼不适用最高人民法院

《关于人民法院是否受理刑事附带民事案件被害人提起精神损害赔偿民事诉讼问题的批复》的规定。”辽宁沈阳中院**《关于审理婚姻家庭案件若干问题意见》**(2003年)第3条:“关于离婚损害赔偿问题。(一)除《婚姻法》第16条规定的四种情形外,其他不构成离婚损害赔偿,不能扩大适用。(二)只要一方提出并有证据证明对方有某项妨害婚姻关系的违法行为,导致离婚,即应认定该行为是导致离婚的原因,对方有证据能推翻的除外。(三)离婚损害赔偿的诉讼请求必须由当事人明确提出,否则法院不得主动进行审理判决,在立案时应将《婚姻法》第四十六条规定的有关权利义务书面告知当事人。(四)有过错方承担赔偿责任应以其个人财产为限,包括婚前个人财产、约定属个人财产或离婚分割后属于个人所有的财产……(六)赔偿数额问题。物质损害方面,参照《民法通则》中相关规定执行,精神损害赔偿数额一般掌握在10000元以下。”广东高院**《关于审理婚姻案件若干问题的指导意见》**(2001年11月9日　粤高法发〔2001〕44号,2021年1月1日起废止)第25条:“《婚姻法》第四十六条规定的‘损害赔偿’,包括物质损害赔偿和精神损害赔偿。精神损害赔偿的认定和处理参照最高人民法院《关于确定民事侵权精神损害赔偿责任若干问题的解释》(法释〔2001〕7号)的相关规定。”上海高院**《关于下发〈关于在民事审判中实施“中华人民共和国婚姻法”的暂行意见〉的通知》**(2001年6月7日　沪高法〔2001〕263号)第7条:“离婚诉讼中,当事人以对方存在婚姻法第46条规定的四种情形,要求损害赔偿的,人民法院应予受理,并与子女抚养、财产分割等一并处理。”第9条:“2001年4月28日前已生效婚姻案件的当事人,以对方存在婚姻法第46条规定的四种情形,单独提起损害赔偿的,人民法院不予受理。”第23条:“婚姻法第46条‘损害赔偿’,主要是指精神损害赔偿,也包括实施其他人身伤害造成的实际损失。精神损害赔偿的数额可参照最高人民法院《关于确定民事侵权精神损害赔偿责任若干问题的解释》(法释〔2001〕7号)有关规定确定。当事人以对方有过错为由要求损害赔偿,经审查不符合婚姻法第46条规定的四种情形的,人民法院不予支持。”第24条:“当事人根据婚姻法第46条要求对方损害赔偿的,请求方对对方存在该条规定的情形,承担举证责任。对过错的认定,应从事件发生的原因、因果关系、是否存在混合过错等情形综合判断。”

2. 具体规定。

(1)婚外同居。最高人民法院**《关于适用〈中华人民共和国民法典〉婚姻家庭编的解释(一)》**(2021年1月1日　法释〔2020〕22号)第2条:“民法典第一千零四十二条、第一千零七十九条、第一千零九十一条规定的‘与他人同居’的情形,是指有配偶者与婚外异性,不以夫妻名义,持续、稳定地共同居住。”第4条:“当事人仅以民法典第一千零四十三条为依据提起诉讼的,人民法院不予受理;已经受理的,裁定驳回起诉。”第86条:“民法典第一千零九十一条规定的‘损害赔偿’,包括物质损害赔偿和精神损害赔偿。涉及精神损害赔偿的,适用《最高人民法院关于确定民事侵权精神损害赔偿责任若干问题的解释》的有关规定。”第87条:“承担民法典第一千零九十一条规定的损害赔偿责任的主体,为离婚诉讼当事人中无过错方的配偶。人民法院判决不准离婚的案件,对于当事人基于民法典第一千零九十一条提出的损害赔偿请求,不予支持。在婚姻关系存续期间,当事人不起诉离婚而单独依据民法典第一千零九十一条提起损害赔偿请求的,人民法院不予受理。”第88条:“人民法院受理离婚案件时,应当将民法典第一千零九十一条等规定中当事人的有关权利义务,书面告知当事人。在适用民法典第一千零九十一条时,应当区分以下不同情况:(一)符合民法典第一千零九十一条规定的无过错方作为原告基于该条规定向人民法院提起损害赔偿请求的,必须在离婚诉讼的同时提出。(二)符合民法典第一千零九十一条规定的无过错方作为被告的离婚诉讼案件,如果被告不同意离婚也不基于该条规定提起损害赔偿请求的,可以就此单独提起诉讼。(三)无过错方作为被告的离婚诉讼案件,一审时被告未基于民法典第一千零九十一条规定提出损害赔偿请求,二审期间提出的,人民法院应当进行调解;调解不成的,告知当事人另行起诉。双方当事人同意由第二审人民法院一并审理的,第二审人民法院可以一并裁判。”第89条:“当事人在婚姻登记机关办理离婚登记手续后,以民法典第一千零九十一条规定为由向人民法院提出损害赔偿请求的,人民法院应当受理。但当事人在协议离婚时已经明确表示放弃该项请求的,人民法院不予支持。”第90条:“夫妻双方均有民法典第一千零九十一条规定的过错情形,一方或者双方向对方提出离婚损害赔偿请求的,人民法院不予支持。”最高人民法院法官郑学林、刘敏、王丹《**〈关于适用民法典婚姻家庭编的解释(一)〉的若干重点问题的理解与适用**》(载《人民司法》2021年第13期):“……关于离婚损害赔偿请求权问题。婚姻法解释一第30条和婚姻法解释二第27条均涉及离婚损害赔偿请求权的行使,并以离婚之日作为期间起算点。损害赔偿请求权本质上属于债权请求权范畴,因此,应当受诉讼时效制度的规范。由于婚姻家庭编对离婚损害赔偿请求权没有作出特别规定,根据体系解释原则,应当适用民法典总则编有关诉讼时效的规定。根据民法典第一百八十八条的规定,该请求权的诉讼时效期间为3年,以无过错方知道或者应当知道权利受到损害之日起计算。当然,由于离婚损害赔偿请求权是以离婚为前提,故即便在婚姻关系存续期间,已经知道对方存在民法典第一千零九十一条规定的情形,亦不宜以此计算诉讼时效。为尽量维护婚姻家庭的和谐稳定,尊重当事人对婚姻家庭的选择,同时最大限度保障无过错方的权益,以离婚之日作为起算点较为合适。但实践中也存在比如离婚之后才发现对方与他人同居的事实,则不以离婚之日,而以无过错方知道其权利受损害之日起算,能更好地保护无过错方的合法权益。此外,为维护社会秩序的稳定,该权利的行使原则上也应受20年最长时效的限制。当然,有特殊情况的,根据当事人申请,人民法院也可以决定予以延长。”最高人民法院吴晓芳法官**《关于婚姻家庭纠纷审理热点难点问答》**〔载《民事法律文件解读》2012年第8辑(总第92辑)〕第11条:“‘有配偶者与他人同居’与重婚的区别点是什么?答:《婚姻法司法解释(一)》明确规定了‘有配偶者与他人同居’的情形,是指有配偶者与婚外异性,不以夫妻名义,持续、稳定地共同居住。‘有配偶者与他人同居’,与‘重婚’行为的最大区别在于是否以夫妻名义同居,‘有配偶者与他人同居’是指有配偶者与他人同居时,既不办理结婚登记手续,对外也不以夫妻名义同居的行为。而‘重婚’行为是专指有配偶者与他人同居时,办理了结婚登记手续或者对外以夫妻的名义同居。另外,“‘有配偶者与他人同居’限定在有配偶者与婚外异性的同居,而不包括同性之间的同居关系,同时不包括偶尔的、隐蔽的婚外性行为。从立法本意来看,‘有配偶者与他人同居’主要是指‘包二奶’、‘包二爷’等情况,而‘禁止有配偶者与他人同居’的目的是反对破坏一夫一妻制的行为。因为从这些年的审判实践来看,能够认定重婚犯罪的情况不多。有配偶者很少再公开与他人去领结婚,而以夫妻名义同居又很难认定,有的甚至生了孩子也不以夫妻名义相称。但如果对‘包二奶’、‘包二爷’这种严重冲击一夫一妻制的现象放纵不管,将不利于稳定婚姻家庭关系,也不利于保护无过错方的权益。故对‘有配偶者与他人同居’导致离婚的,让过错方付出一定的经济代价,也算是对无过错方一个‘说法’、心理上一种慰藉。一般的通奸、偶发的性行为等属于道德领域、有关党纪政纪约束、治安管理处罚范畴。”第12条:“如何正确理解‘有配偶者与他人同居’?答:禁止有配偶者与他人同居,其法律的着眼点是反对破坏一夫一妻制的行为,即有配偶者与婚外异性共同居住、一起生活的行为,至于共同居住期间是否发生性行为,并不是法律所关注的。因此,即便配偶一方有通奸行为,另一方也有充分的证据予以证明,还是不能据此提起损害赔偿的请求,但可以作为要求离婚的理由。要证明配偶与他人婚外同居,需要的是配偶与他人共同饮食起居、形同夫妻方面的证据。”第13条:“一方的行为不构成重婚及与他人婚外同居,但与他人通奸并生育子女的证据是充分的,能否据此判决通奸一方承担离婚损害赔偿责任?答:倾向性观点认为,既然一方当事人提供的证据不能证明配偶一方重婚或与他人婚外同居,仅凭通奸并生育子女的事实是不能支持其离婚损害赔偿请求的。因为法律的侧重点在于重婚及与他人婚外同居的行为,即制裁的是挑战一夫一妻制的行为。而界定与他人婚外同居行为的客观标准是‘不以夫妻名义持续、稳定地共同居住’,这里既要求共同居住的证据,还要求时间上的持续、稳定。就通奸行为而言,通奸一次也有可能生育子女,不能因为生育了子女就把通奸行为硬性认定为与他人婚外同居的行为,这里还是有个尺度和界限的问题。”最高人民法院吴晓芳法官**《关于婚姻家庭纠纷审理热点难点问答》**〔载《民事法律文件解读》2011

年第 11 辑(总第 83 辑)〕第 68 条:“如果当事人提出离婚损害赔偿的请求,必须捉奸拿到证据才能得到法院支持吗?答:……捉奸举证和《婚姻法》第四十六条的规定没有必然联系。法律的着眼点是反对破坏一夫一妻制的行为,即有配偶者与婚外异性共同居住、一起生活的行为,至于共同居住期间是否发生性行为,并不是法律所关注的。因此,即便配偶一方有通奸行为,另一方也有充分的证据予以证明,还是不能据此提起离婚损害赔偿的请求,但可以作为要求离婚的理由……”第 69 条:“李某与王某婚后感情一直比较平淡,后来李某发现丈夫王某婚外与同性居住,遂起诉到法院请求离婚。双方均表示无法共同生活,同意离婚。但李某提出,因双方感情破裂系王某单方面过错所致,故要求王某赔偿 10 万元,妻子主张同性恋丈夫离婚时进行赔偿可以吗?答:根据现行《婚姻法》的规定,无过错方有权请求离婚损害赔偿的情形为:重婚、有配偶者与他人同居、实施家庭暴力、虐待、遗弃家庭成员,而《婚姻法司法解释(一)》将‘有配偶者与他人同居’解释为‘有配偶者与婚外异性,不以夫妻名义,持续、稳定地共同居住’。也就是说,与婚外同性持续、稳定地共同居住,并不在法律的调整范围内。世界卫生组织早已不将同性恋者视为病态,而是视为一种不同的性取向,一些国家法律还赋予同性恋合法的婚姻地位。因此,由于王某的行为不在《婚姻法》列举的离婚损害赔偿范围之内,对妻子李某要求离婚损害赔偿的主张不予支持。”最高人民法院**《关于适用〈中华人民共和国婚姻法〉若干问题的解释(一)》**(2001 年 12 月 27 日　法释〔2001〕30 号,已于 2021 年 1 月 1 日起废止)第 2 条:“婚姻法第三条、第三十二条、第四十六条规定的‘有配偶者与他人同居’的情形,是指有配偶者与婚外异性,不以夫妻名义,持续、稳定地共同居住。”广东深圳中院**《关于婚姻家庭纠纷案件的裁判指引(2014 修订)》**(2014 年 5 月 21 日)第 14 条:“婚姻关系存续期间是指合法缔结婚姻到婚姻关系依法解除或自然终止期间,不包括以下期间:1. 双方虽然共同生活,但双方不具备结婚实质要件,尚未领取结婚证之时的期间;2. 双方登记离婚或诉讼离婚生效后又同居生活的期间。说明:第十四条是对如何理解婚姻法规定的‘婚姻关系存续期间’的裁判指引。如何正确理解婚姻法规定的‘婚姻关系存续期间’是认定夫妻共同财产、继承权等问题的关键,审判实践中出现的问题主要在于婚姻关系的起算时间和终止时间。婚姻关系的起算时间应依据《婚姻法》第 8 条和《婚姻法解释(一)》第 4、5 条的规定确定,即存在两个标准:一是领取结婚证时间作为起算时间的标准,领取结婚证后是否共同生活不影响婚姻关系的认定;二是是否符合结婚实质要件的标准,未领取结婚证但符合结婚实质要件的,婚姻效力具有追溯力,不应以补办结婚登记为起算时间而应以符合结婚实质要件时间为起算时间。婚姻关系终止情形:一是合法解除,包括登记离婚和诉讼离婚;二是自然终止:一方或双方死亡。需要注意的是两种情况,一是在离婚诉讼中一审或二审判决虽准予离婚,但离婚判决尚未生效之前婚姻关系尚未终止;二是登记离婚或离婚判决书或调解书生效后,夫妻又和好并继续共同生活的时间,应认定为婚姻关系已经终止,此期间本质上与未婚男女婚前同居并无不同。”第36条:“有配偶者与他人同居,为解除同居关系约定了财产性补偿,接受方要求给付方支付该补偿或者给付方支付补偿后反悔主张返还的,人民法院不予支持。合法婚姻当事人以其配偶擅自将夫妻共有财产给付给第三人导致其财产权受到损害为由起诉的,人民法院应当受理并结合《最高人民法院关于适用〈中华人民共和国婚姻法〉若干问题的解释(一)》第十七条的有关规定,根据有关各方的过错程度以及上述财产性补偿对合法婚姻当事人日常生活需要的影响判定有关当事人的财产处分行为是否有效。说明:第三十六条是对于因婚外第三者引起的财产纠纷如何处理的裁判指引。婚姻法解释三征求意见稿曾规定:有配偶者与他人同居,为解除同居关系约定了财产性补偿,一方要求支付该补偿或支付补偿后反悔主张返还的,人民法院不予支持;但合法婚姻当事人以侵犯夫妻共同财产权为由起诉主张返还的,人民法院应当受理并根据具体情况作出处理。其主要理由在解除同居关系的补偿金应当属于不法原因之给付的自然债务,违反了婚姻法关于夫妻之间相互忠诚的规范意旨。但为了平衡合法配偶的权利,参照《最高人民法院关于适用〈中华人民共和国婚姻法〉若干问题的解释(一)》第十七条的有关规定,对于超越家事代理权的大额财务给付,应当赋予合法配偶返还请求权。”安徽滁州中院**《关于审理婚姻家庭纠纷案件座谈会纪要》**(2013年8月2日)第4条:“‘有配偶者与他人同居’是指由配偶者与婚外异性不以夫妻名义,持续、稳定地共同居住生活。一方与他人共同居住生活持续3个月以上的,离婚时,对方请求损害赔偿的,予以支持。”江苏高院**《婚姻家庭案件审理指南(2010年)》**(2010年5月18日)第3章:“同居关系纠纷。一、同居关系的分类。(一)未婚同居。《最高人民法院关于适用〈中华人民共和国婚姻法〉若干问题的解释(一)》(以下简称《婚姻法解释一》)第五条规定的‘未按婚姻法第八条规定办理结婚登记而以夫妻名义共同生活’,一般指符合结婚的实质要件,但欠缺程序要件的行为。此种同居属自然状态,法律不予介入。(二)婚外同居。《婚姻法解释一》第二条规定的‘有配偶者与他人同居’,指有配偶者与婚外异性,不以夫妻名义,持续、稳定地共同居住。此种同居为法律所禁止。二、同居纠纷的受理……(二)关于‘婚外同居’关系。因婚外同居违反了《婚姻法》一夫一妻的基本制度,有损于社会公序良俗,为法律所禁止,故一方要求解除的,人民法院应予受理……”辽宁沈阳中院**《关于审理婚姻家庭案件若干问题意见》**(2003年)第3条:“关于离婚损害赔偿问题……(五)下列情况应视为《婚姻法》解释(一)第二条规定的‘持续、稳定的共同生活’:1. 有固定或相对稳定的生活处所;2. 有相对稳定的婚外同居对象;3. 同居生活时间达三个月以上……”广东高院**《关于审理婚姻案件若干问题的指导意见》**(2001年11月9日粤高法发〔2001〕44号,2021年1月1日起废止)第9条:“当事人以《婚姻法》第四十六条规定,对与自己配偶重婚、同居的第三者提起民事诉讼或者以自己配偶和第三者为共同被告提起民事诉讼,要求第三者承担损害赔偿责任的,人民法院不予受理。”第17条:“《婚姻法》所称的‘有配偶者与他人同居’,是指有配偶者与婚外异性共同生活,关系相对稳定,且共同生活的时间达到三个月以上。”上海高院**《关于下发〈关于在民事审判中实施“中华人民共和国婚姻法”的暂行意见〉的通知》**(2001年6月7日　沪高法〔2001〕263号)第8条:“当事人以婚姻法第46条规定,起诉与自己配偶重婚、同居的第三者,请求赔偿的,人民法院不予受理。”第16条:“婚姻法第32条第3款第1项、第46条第2项所称‘有配偶者与他人同居的’,指有配偶者不以夫妻名义与他人共同生活,且时间较长、关系相对稳定。通奸、偶发性行为及没有性关系的婚外恋、婚外情,不构成‘有配偶者他人同居’。”

(2)家庭暴力。河北衡水中院**《关于审理涉及家庭暴力婚姻案件指导意见(试行)》**(2016年1月20日)第15条:“离婚案件中的损害赔偿。在离婚案件中,对因家庭暴力行为引起离婚的,家庭暴力受害妇女请求损害赔偿,人民法院应当予以支持。损害赔偿包括物质损害赔偿和精神损害赔偿。受害妇女提出精神损害赔偿请求的,人民法院应当予以支持,并考虑受害妇女所受的伤害,确定适当的赔偿数额。”江苏高院**《涉家庭暴力婚姻家庭案件审理指南》**(2012年1月1日)第6章第1节:“财产分割应注意的问题。1. 财产分割的理念。一般意义上讲,传统的‘男主外、女主内’的性别角色导致的家庭分工,给男性带来相应事业的发展、能力增长和社会地位的提高,而女性在照顾子女、家庭劳务等方面投入了大量的时间和精力,在很大程度上限制了她在社会上的发展。家务劳动创造的价值往往无法通过有形的物质载体显现,一旦离婚,多年的奉献带来的是工作能力和学习能力的丧失,以及家庭暴力造成其平等协商能力的下降,导致其离婚后的贫困化。因此,人民法院在涉家庭暴力婚姻家庭案件中分割夫妻财产时,应当充分考虑家庭暴力因素,坚持性别平等的原则,充分体现离婚妇女在婚姻关系存续期间照顾家庭方面投入的价值,给予受害人公平的补偿和适当的照顾,使女性离婚后在尽可能短的时间内恢复工作和学习能力,找回自信、独立性和自主决策的能力,充分保障妇女离婚后的生存和发展,以体现对家庭暴力受害人的特殊关怀和对加害人的惩戒。2. 财产分割的情形。(1)在加害人自认或法院认定的家庭暴力案件中,受害人需要治疗的,因家庭暴力失去工作或者影响正常工作的,以及在财产利益方面受到不利影响的,在财产分割时应得到适当照顾。(2)受害人向加害人提供接受高等教育的机会和资金支持,或支持加害人开拓事业牺牲自己利益的,无论当初自愿与否,如果这种牺牲可能导致受害人离婚后生活和工作能力下降、收入减少、生活条件降低的,在财产分割时应得到适当照顾。(3)受害人在家务劳动、子女抚养、照料老人等方面付出较多的,在财产分割时应得到适当照顾。3. 财产分割适当照顾的份额。在涉家庭暴力婚姻家庭案件中,受害人分割共有财产的份额一般应高于50%,加害人如有隐藏或转移财产的情况,针对加害人可以不分或少分。4. 离婚损害赔偿。家庭暴力使受害人的生命、健康、身体遭受严重侵害,受害人长期处于恐惧、抑郁、焦虑之中,无形的精神损害是显而易见的。因此,离婚时,受害人主张离婚损害赔偿的,无论加害人是否已受到行政处罚或被追究刑事责任,人民法院均应当根据《婚姻法》第四十六条的相关规定予以支持。5. 夫妻债务问题。基于涉家庭暴力婚姻家庭案件的特殊性,在处理夫妻债务的问题上,应比普通的婚姻家庭案件更加慎重。加害人主张共同债务的,必须由其举出充分证据证明该借债是否基于夫妻合意或用于家庭共同生活。对加害人在夫妻关系存续期间以个人名义对外借款,债权人起诉的,应通知受害人参加诉讼,使其充分地行使抗辩权,如法官内心确信该债务非用于家庭共同生活的,应免除受害人债务的承担,以避免加害人恶意伪造债务进一步损害受害人合法权益情形的发生……”湖南高院**《关于加强对家庭暴力受害妇女司法保护的指导意见(试行)》**(2009年4月14日)第15条:“离婚案件中的损害赔偿。在离婚案件中,对因家庭暴力行为引起离婚的,家庭暴力受害妇女请求损害赔偿,人民法院应当予以支持。损害赔偿包括物质损害赔偿和精神损害赔偿。受害妇女提出精神损害赔偿请求的,人民法院应当予以支持,并考虑受害妇女所受的伤害,确定适当的赔偿数额。”

(3)遗弃虐待。《宪法(2018修正)》(2018年3月11日)第49条:“婚姻、家庭、母亲和儿童受国家的保护。夫妻双方有实行计划生育的义务。父母有抚养教育未成年子女的义务,成年子女有赡养扶助父母的义务。禁止破坏婚姻自由,禁止虐待老人、妇女和儿童。”**《民法典》**(2021年1月1日)第1041条:“婚姻家庭受国家保护。实行婚姻自由、一夫一妻、男女平等的婚姻制度。保护妇女、未成年人、老年人、残疾人的合法权益。”第1042条:“禁止包办、买卖婚姻和其他干涉婚姻自由的行为。禁止借婚姻索取财物。禁止重婚。禁止有配偶者与他人同居。禁止家庭暴力。禁止家庭成员间的虐待和遗弃。”上海高院**《婚姻家庭纠纷办案要件指南(一)》**(2005年3月4日　沪高发民一〔2005〕2号)第12条:“以婚姻关系当事人有虐待家庭成员行为而主张解除婚姻关系的,应举证证明婚姻关系当事人有虐待家庭成员的事实。〔说明〕家庭暴力与虐待虽然在行为主体、客体、过错程度、外在表现形式及后果上基本一致,但两者仍有区别,是两类不同的行为,家庭暴力通常是偶发性和间断性的,虽可造成一定后果但尚不严重;而虐待是一种后果较为严重,并具有持续性、经常性的暴力行为。”第13条:“以遗弃家庭成员为由而主张解除婚姻关系的,应当举证证明夫妻一方有抛弃他方或家庭其他成员的事实。〔说明〕遗弃,一般是指婚姻关系当事人无正当理由,不履行对家庭成员,包括对夫或妻以及家庭的其他成员的扶养、抚育、赡养义务，且持续一定的期限的。”上海高院**《关于下发〈关于在民事审判中实施“中华人民共和国婚姻法”的暂行意见〉的通知》**(2001年6月7日　沪高法〔2001〕263号)第17条：“婚姻法第32条第3款第2项、第46条第3项所称‘家庭暴力’，指一方对配偶或其他家庭成员实施殴打、捆绑、限制人身自由或以其他手段，对家庭成员从身体、精神、性等方面进行伤害。摧残次数较少、程度较轻的，构成家庭暴力，严重的构成虐待。”广东高院、省检察院、省公安厅、省司法厅**《关于印发〈关于处理婚姻关系中违法犯罪行为及财产等问题的意见〉的通知》**(2000年5月30日　粤高法〔2000〕18号)第10条：“有非法婚姻行为的过错，以殴打、拘禁、捆绑等方式虐待配偶或子女的，视下列情节给予处理：1. 虐待情节较轻的，受虐待人要求公安机关处理的，依照《治安管理处罚条例》第二十二条第(四)项的规定处罚；2. 虐待情节恶劣的，受虐待人可以向人民法院提起刑事自诉。如果被害人要求公安机关处理的，公安机关认为有犯罪事实的，应当告知被害人向人民法院起诉，必要时可立案侦查；3. 虐待配偶或子女致使被害人重伤、死亡的，由公安机关立案侦查。”

【参考类案】

(1)家庭暴力。①2006年**云南某离婚纠纷案**，2006年，夏某因遭丈夫李某殴打致脑震荡和面部挫裂伤，形成永久性疤痕，遂提出离婚，主张精神损害赔偿1万元，6岁的女孩由自己抚养，李某交到其父亲生前公司的集资款3万元系转让夫妻共有的土地使用权所得，应均等分割。法院认为：双方均有能力抚养孩子，从孩子今后成长来看，由母亲抚养更为适宜，故孩子判由夏某抚养，李某支付相应的抚养费用。夫妻共同生活期间，在公司集资的建房款，系从双方共同存款中取出交纳，且该款是李某转让土地使用权所得，该使用权又系夫妻关系存续期间取得，故集资款应视为夫妻共同财产，为便于使用，判归李某所有，由李某补偿一半给夏某。李某承认殴打夏某致其脑震荡和面部挫裂伤，形成永久性疤痕，鉴于李某行为已构成家庭暴力，造成夏某身体、心理伤害，在赔偿医药费同时，夏某要求精神损害赔偿1万元诉请，应当予支持。

②2004年**海南某离婚纠纷案**，2002年11月，王某与赵某登记结婚。2003年5月，赵某怀疑王某有外遇，乘王某睡觉之机使用暴力剪伤王某下身，致使王某性功能受到影响。2004年，赵某诉请离婚，王某反诉离婚损害赔偿。法院认为：赵某、王某婚前由于双方互相了解不深，婚后又未能建立起真正的夫妻感情，常常因一些小事就争吵、打架。特别是2003年5月赵某乘王某睡觉之机使用暴力剪伤王某下身，致使双方夫妻感情裂痕加大，矛盾加深，已无法弥补。至此赵某、王某夫妻感情确已彻底破裂，已无和好可能，故双方要求离婚请求，法院照准。赵某在处理夫妻

矛盾过程中,未能采取正确方法,而是对王某采取暴力行为,采用残忍手段伤害王某下身,致使王某性功能受到影响,可能影响到王某以后正常的婚姻生活,此伤害行为使王某精神遭受打击是明显存在的,赵某对此有过错,故王某作为无过错方要求精神损害赔偿符合《婚姻法》及有关法律的规定,应予支持。判决准予双方离婚,赵某赔偿王某精神损害抚慰金4万元。

(2)重婚及其他行为。①2017年**浙江某离婚后损害赔偿纠纷案**,2017年,葛某起诉蔡某离婚,经法院调解后,双方离婚。葛某离婚后与第三人杨某登记结婚,杨某随后生育一女。蔡某据此以葛某在婚姻存续期间内因与第三人杨某存在不正当男女关系,并起诉离婚,给蔡某及子女造成了严重心理伤害为由,起诉葛某与第三人赔礼道歉并支付精神损害抚慰金。法院认为:夫妻双方应当互相忠实,这不仅是传统美德,也是法定义务。《婚姻法》第46条赋予了离婚诉讼中无过错方主张损害赔偿的权利。离婚后一方发现另一方在婚姻存续期间存在过错行为请求损害赔偿的,法院应依法予以支持,以彰显法律的公正和道德的力量。本案中,葛某在夫妻关系存续期间,违背夫妻之间相互忠实义务,与其他异性存在不正当男女关系并导致其怀孕,且一直向蔡某隐瞒该事实,致使蔡某人格利益受到侵害,并遭受了精神损害,如机械套用《婚姻法》第46条规定驳回蔡某诉请,与法律赋予无过错方寻求救济途径的初衷相违背,故应对《婚姻法》第46条第2项作扩充性解释。判决葛某向蔡某书面赔礼道歉,葛某赔偿蔡某精神损害抚慰金1万元。

②2011年**某离婚纠纷案**,赵某以丈夫张某一年前与另一秦姓女子在网上注册结婚,并"生育"子女为由诉请离婚,并主张损害赔偿。处理意见:虽然依《婚姻法》第46条规定,因一方重婚导致离婚的,无过错方有权请求损害赔偿,但此处"重婚"是指法律意义上重婚,其内涵是有配偶者又与其配偶之外的异性登记结婚,或虽未登记结婚但构成事实上重婚,即有配偶者与其配偶之外其他异性以夫妻名义共同生活。在网络上登记结婚,虽亦可能因沉溺其中而影响夫妻感情,最终导致离婚,但毕竟虚拟空间所谓婚姻既不为法律所认可,亦非一种现实存在。其所谓登记结婚对象的性别、年龄等基本特征均不一定真实,所谓生育子女,更是子虚乌有。因此,即使法院判决准许赵某与张某离婚,亦不应依《婚姻法》第46条规定,支持赵某提出的离婚损害赔偿请求。

③2009年**某离婚纠纷案**,重婚与"有配偶者与他人同居"区别何在?处理意见:重婚分为法律上重婚、事实上重婚。前者指有配偶者又与他人登记结婚,后者指有配偶者与他人虽未登记但确以夫妻名义同居生活。依《刑法》和最高人民法院《关于〈婚姻登记管理条例〉施行后发生的以夫妻名义非法同居的重婚案件是否以重婚罪定罪处罚的批复》规定,已登记结婚的一方与他人又登记结婚或与他人以夫妻名义同居生活形成事实婚姻,应认定为重婚行为并予以法律制裁。《婚姻法》规

定“禁止有配偶者与他人同居”与事实上重婚之间最大区别,在于是否以夫妻名义同居生活,如双方以夫妻名义同居生活,则构成事实上重婚;如双方未以夫妻名义同居生活,则不属于《刑法》予以处罚范围,而属于《婚姻法》禁止行为。最高人民法院《关于适用〈中华人民共和国婚姻法〉若干问题的解释(一)》(已于2021年1月1日起废止)第2条规定:“婚姻法第三条、第三十二条、第四十六条规定的‘有配偶者与他人同居’的情形,是指有配偶者与婚外异性,不以夫妻名义,持续、稳定地共同居住。”有配偶者与他人婚外同居,其直接构成离婚法定理由,同时无过错一方配偶有权提起离婚损害赔偿请求。

④2008年**某离婚纠纷案**,2006年,何某怀疑丈夫赵某与他人同居生子,遂花费6000元聘请调查事务所进行调查。2007年,何某持调查事务所提供的赵某婚外情及同居生子证据,起诉赵某要求离婚、分割财产,同时要求赵某支付精神抚慰金5万元及调查费6000元。法院认为:离婚损害赔偿意在弥补过错配偶违法行为对无过错配偶在婚姻关系中所受损害,通过赔偿损失使受到损害的经济权益得到救济和恢复,同时通过抚慰无过错配偶精神创伤,在某种程度上使其获得心理上平衡。对无过错配偶来说,离婚损害可能还有离婚本身所致损失,如基于夫妻身份关系的扶养请求权丧失、基于夫妻财产关系所产生利益损失等。但在《婚姻法》及现行司法解释中,离婚损害范围并非指因离婚而对一方配偶造成的损害,而是指配偶一方导致离婚的侵权行为对无过错配偶方所造成损害。离婚经济损失与离婚损害赔偿存有差别,通常情况下,对财产权侵害导致受害人财产利益损失,可通过赔偿损失、恢复原状等民事责任方式予以救济。本案中,赵某在婚姻关系存续期间与他人非法同居行为影响到婚姻关系存续,可作为何某提出离婚和主张损害赔偿理由。从表面看,该调查费用是何某在婚姻关系解除过程中所遭受间接物质损失,但调查费等必要支出费用显非为弥补其精神损害,亦不属于离婚损害赔偿中应受赔偿的财产损失范围。如是合法合理必要支出,亦只是一种诉讼成本补偿,而不是对离婚关系中侵权行为赔偿或惩罚,故该费用并不属离婚损害赔偿范围。案涉委托调查合同内容有悖法律,调查事务所私自采用跟踪、盯梢、偷拍、偷录等手段收集证据的调查行为侵犯到赵某隐私权,对赵某人身权利造成伤害,运用这种刺探他人隐私的非法调查手段同时亦损害了社会公共秩序和公共利益。公民私生活不得非法干涉,法律保护隐私权目的是保护公民个人生活安宁。最高人民法院《关于民事诉讼证据的若干规定》第68条规定,以侵害他人合法权益或者违反法律禁止性规定的方法取得的证据,不能作为认定案件事实的依据。因此,只允许不构成非法证据的私人录音和录像作为证据,而基于法律原则以及法律精神所应体现的社会价值及观念,对以侵犯他人人身安全、自由、隐私等合法权益方式所取得证据,作为非法证据排除适用。《治安管理处罚法》第42条第6项规定,偷窥、偷拍、窃听、散布他人隐

私的行为均属于应受行政处罚的违法行为。该调查事务所采取的偷窥、偷拍、窃听调查方式和出卖他人隐私谋利行为,会影响到他人私生活。"第三者"主观上也许并不知晓自己是否侵犯了他人婚姻关系,该涉及当事人隐私的违法调查行为均有可能使当事人、"第三者"或其他人成为被侵权人。在现代法治社会,公民基本权利如人身自由、人格尊严、住宅、通信自由和通信秘密等,是公民其他权利基础。如允许当事人通过使用严重侵犯公民基本权利方式取得证据,如在他人住宅内进行秘密录像、窃听他人谈话并作记录等方式取得的资料作为证据使用,将造成相对方合法权益损害并严重违反法律规定和妨害社会正常秩序。隐私权保护的是公民个人隐私,这种隐私是当事人不愿为他人所知私生活信息。隐私权受到限制应由法律规定,权利人不公开的所有隐私,只要无法定限制事由即应保护,无论道德还是其他法律义务违反均不能成为限制隐私权事由。婚外性行为是对夫妻相互忠实义务违反,配偶一方以有婚外性行为的另一方违背忠实义务而诉求离婚正当合理,但该行为主体隐私并不因其行为违背法律和道德准则、有损社会公共利益而不受法律保护。否则会出现"以暴治暴"、以一种违法行为来制止另一种违法行为现象,付出牺牲安定的社会秩序和损害公民基本权利代价。综上,该调查事务所实施行为属于违反治安管理法律规范的违法行为,侵犯了赵某隐私权,由于实施这种违法行为的调查费不具有合法性,故对该项花费不应支持。法院支持了何某要求判决离婚、分割财产请求,判决精神抚慰金 2 万元,驳回了赔偿调查费请求。

⑤2008 年**江西某侵权纠纷案**,2007 年,章某丈夫与员工王某发生婚外性行为,随后,章某以夫妻感情破裂为由与丈夫办理协议离婚手续。2008 年,离婚后的章某以王某插足行为侵犯其配偶权为由起诉王某。法院认为:王某在明知章某夫妻关系存续期间,仍与章某丈夫处异性朋友并保持不正常男女交往以至于发生婚外性关系,属于故意插足他人婚姻、破坏他人婚姻家庭的不道德行为,既造成了章某精神痛苦,亦系导致章某离婚、家庭破裂重要因素之一。王某不轨行为应受到道德和良心谴责。《婚姻法》第 4 条规定夫妻应当互相忠实属于倡导性条款,当事人仅以该条为依据提起诉讼的,法院不予受理。依最高人民法院《关于适用〈中华人民共和国婚姻法〉若干问题的解释(三)》(已于 2021 年 1 月 1 日起废止)规定,离婚损害赔偿责任主体是配偶中的无过错方向有过错配偶另一方提出,即责任主体为无过错方配偶,而不能是婚姻关系之外其他人,故本案章某向婚姻关系之外的王某提起诉讼,要求损害赔偿,尚无法律依据,欠缺请求权基础,驳回章某诉请。

⑥2008 年**浙江某侵权纠纷案**,2008 年,应某与陈某婚姻关系存续期间所生一女在离婚后经亲子鉴定不存在生物学意义上的亲子关系。应某起诉陈某索要精神损害赔偿 10 万元。法院认为:应某与陈某系夫妻关系,在婚姻关系存续期间,应互相忠实、互相尊重。双方在婚姻关系存续期间所生一女与应某不存在生物学意义

上亲子关系，这一事实表明，陈某在婚姻关系存续期间与他人存在婚外性行为，该行为违反了《婚姻法》第 4 条关于夫妻之间应当互相忠实、互相尊重的法律规定。陈某上述行为侵犯了应某的配偶权，给应某带来了精神压力和痛苦，对应某所造成的精神损害是显而易见的，陈某应给予应某精神抚慰和补偿。应某要求陈某赔偿精神抚慰金请求，其合理部分应予支持，但其要求 10 万元数额明显过高。结合本案具体情况，对其精神损害赔偿数额予以综合考虑，判决酌定为 1.8 万元。

⑦2007 年**北京某离婚纠纷案**，2006 年，李某起诉方某要求离婚被驳回后，李某与他人同居，并再次起诉离婚。方某提出因非法同居，应赔偿精神损失费 9 万余元。法院认为：李某与方某系自愿登记结婚，但双方婚后不久便因生活琐事发生矛盾，开始分居生活。在李某第一次起诉离婚后，法院虽判决不准离婚，但双方感情至今并未好转，尤其是李某与他人非法同居，违背了夫妻间应当相互忠实的义务，严重伤害了夫妻间感情，致使夫妻感情破裂，对此李某负有不可推卸的责任，应受到谴责。方某虽原则上不同意离婚，但其当庭表示如李某坚持离婚，他也同意离婚。经调解无效，法院认为双方感情确已破裂，没有必要再勉强维持双方名存实亡的婚姻，故法院判决准许双方离婚。本案李某在婚姻关系存续期间与他人同居，违背了夫妻间应相互忠实的义务，严重伤害了夫妻双方感情，并最终导致双方婚姻关系破裂，依《婚姻法》规定，李某应给付方某一定的精神损害赔偿金，判决李某支付方某 8 万元精神损害抚慰金。

⑧2004 年**河南某离婚纠纷案**，2001 年，因夫在婚姻关系期间多次与他人同居，夫诉离婚时，妻主张损害赔偿。夫妻所住房屋所有权人为夫养父。法院认为：有配偶者与他人同居导致离婚的，无过错方有权请求损害赔偿，该“同居”指有配偶者与婚外异性不以夫妻名义，持续稳定地共同居住。离婚时，如一方生活困难，另一方应从其住房等个人财产中给予适当帮助。本案中，夫在与妻婚姻存续期间，多次与他人同居，造成夫妻感情破裂，依法应承担过错赔偿责任。根据法律规定，结合当地实际情况，夫应赔偿妻 1 万元为宜。另，妻离婚后无住处，属于生活困难，夫应给付一定生活补助金。

⑨2003 年**河南某离婚纠纷案**，2001 年 7 月，王某与张某登记结婚。同年 10 月，张某患病，丧失自理能力，经诊断为脑积水，王某后离开医院。2002 年，王某以张某隐瞒禁止结婚结婚疾病为由，诉请离婚。张某同意离婚。法院认为：王某称是在不知道张某患病情况下被骗与其结婚，无证据证实，不予认定，其要求赔偿精神损害的请求不予支持。王某与张某系合法夫妻关系，相互间有相互扶助义务，在张某因患病丧失自理能力情况下，王某作为张某配偶，依法负有照料义务，而王某在张某最需照料情况下，将张某留在医院而自己返回，其应履行的照料义务不履行，该行为属对张某的遗弃行为，依《婚姻法》第 46 条第 4 款规定，依法应向张某赔偿

精神损失费。判决准予双方离婚,共有房屋归张某所有,张某父母为张某治病所支付6万余元由张某承担,王某支付张某精神赔偿费1000元。

⑩2001年**上海某离婚纠纷案**,2001年,薛某起诉妻子邵某离婚。邵某以诉讼期间由亲属、朋友陪伴半夜"捉奸"薛某与吴某在床并报警为由主张损害赔偿。法院认为:薛某因夫妻感情不和,在尚未办理离婚手续情况下,即离家与吴某租房共同生活,违背了《婚姻法》确立的夫妻应相互忠实的义务。薛某对配偶的抛弃和不忠,侵犯了邵某作为其合法妻子的权利和尊严。这种侵权主要表现在给对方带来精神上的痛苦与折磨,邵某在极度精神痛苦下由亲属、朋友陪伴半夜"捉奸",其行为虽不可取,但能为普通人原宥。鉴于邵某提供的多项证据,综合起来能充分证明薛某与吴某非法同居,且关系相对稳定、持续时间较长,故依《婚姻法》第46条第2项规定,判决无过错方邵某获得损害赔偿。该数额可参照最高人民法院《关于确定民事侵权精神损害赔偿责任若干问题的解释》有关规定确定。判决准予双方离婚,对双方财产平均分割后,由薛某赔偿邵某精神损害抚慰金2万元。

⑪2000年**江苏某离婚纠纷案**,2002年,姚某被判处重婚罪。随后,姚某起诉妻子蒋某,要求离婚。法院认为:国家法律规定实行一夫一妻的婚姻制度,禁止重婚。双方夫妻感情破裂,是姚某犯重婚罪、违法和违反社会道德行为导致,姚某对此负全部责任。现双方均同意离婚,应准许。姚某重婚行为已导致蒋某身心受到极大伤害,故蒋某作为受害人依法要求姚某赔偿损失,应予支持,财产分割亦应依照保护受害方权益原则判决。抚养子女应是父母双方法定义务。姚某自愿抚养女儿,且不要求蒋某承担抚养费,但此承诺不妨碍女儿在今后法定和必要时向父母任何一方提出合理要求。姚某将夫妻共同筹款购买的出租车卖掉,并自行处理得款,所欠蒋某姐姐的款姚某应偿还,蒋某对此债务负连带责任。因双方婚后住房是姚某父母购买的产权房,姚某无权处理,故蒋某要求居住两年或获得5 000元房屋使用费的请求不能支持。判决准予双方离婚,女儿由姚某抚养,财产按保护蒋某权益原则分割,姚某支付蒋某精神损失费2万元。

【典型类案实务要点】

1.**【因家庭暴力离婚,无过错方有权要求精神损害赔偿】**因实施家庭暴力导致离婚的,无论加害人是否已被刑事处罚,无过错方均有权依司法解释规定要求精神损害赔偿。

2.**【家庭暴力致配偶身心伤害的,离婚时精神损害赔偿】**夫妻一方殴打行为造成对方身体、心理伤害构成家庭暴力,受害方离婚时主张赔偿精神损害抚慰金的,应予支持。

3.**【暴力伤害配偶,影响性功能的,离婚时应精神赔偿】**夫妻一方处理夫妻矛盾过程中，采用残忍手段伤害配偶，致使配偶性功能受到影响的，离婚时过错方应支付精神损害抚慰金。

4.【**离婚后发现对方离婚前与人同居，可请求损害赔偿**】离婚后一方发现另一方在婚姻存续期间存在与其他异性有不正当男女关系的过错行为请求损害赔偿的，法院应予支持。

5.【**“重婚”不应包括：有配偶者与他人缔结虚拟婚姻**】依法律规定，因一方重婚导致离婚的，无过错方有权请求损害赔偿。此处“重婚”不包括有配偶者与他人缔结虚拟婚姻。

6.【**重婚区别“有配偶者与他人同居”：是否夫妻名义**】重婚与“有配偶者与他人同居”皆指有配偶者与婚外异性持续、稳定地共同居住，二者区别在于是否以夫妻名义。

7.【**为婚外情调查支出费用，不属于离婚损害赔偿范围**】离婚损害赔偿内容均系基于配偶一方导致离婚的过错行为，强调的是对因受配偶侵权行为损害的无过错配偶提供经济和精神上救济，为婚外情调查支出费用不属于《婚姻法》第46条规定的“损害赔偿”范围。

8.【**向婚姻关系外第三人提起离婚损害赔偿，应予驳回**】离婚损害赔偿责任主体为无过错方配偶，配偶一方向婚姻关系之外的第三人提起诉讼，要求损害赔偿，欠缺请求权基础。

9.【**有配偶者与他人同居导致离婚的，无过错方可索赔**】有配偶者与他人同居导致离婚的，无过错方有权依《婚姻法》第46条规定，请求有过错一方赔偿精神损害抚慰金。

10.【**婚姻关系期间，与他人同居，离婚时，应损害赔偿**】有配偶者与他人同居导致离婚的，无过错方有权请求损害赔偿，该“同居”指有配偶者与婚外异性不以夫妻名义，持续稳定地共同居住。

11.【**夫妻一方患病不能自理，另一方不管，属遗弃行为**】夫妻一方患病丧失自理能力情况下，另一方不履行照料义务，该行为属遗弃行为，遗弃一方依法应赔偿对方精神损失费。

12.【**因重婚导致离婚的，无过错方可请求精神损害赔偿**】因重婚导致离婚的，无过错方作为受害人依法有权请求精神损害赔偿，财产分割亦应依保护受害方权益原则判决。

13.【**婚外性行为，生下无亲子关系的子女，侵犯配偶权**】婚姻关系存续期间，妻子与他人发生婚外性行为，并生育与丈夫不存在亲子关系的子女，其行为明显违反了法律关于夫妻之间应当互相忠实、互相尊重的法律规定，且造成了配偶的精神痛苦，属于有过错责任的一方，应承担精神损害赔偿责任。

【类案裁判一般规则】

婚姻关系存续期间,配偶一方因存在重婚,与他人同居,实施家庭暴力,虐待、遗弃家庭成员情形之一或有其他重大过错,导致离婚的,对方作为无过错方,有权请求损害赔偿。

【典型参考案例索引】

主旨案例:广东广州中院(2005)穗中法民一终字第2851号“邸某诉哲某离婚损害赔偿案”,见《邸欣诉哲辉涉刑离婚精神损害赔偿纠纷案》(崔利平),载《人民法院案例选》(200704/62:101)。

其他案例:

(1)家庭暴力。①云南景谷法院(2006)景民初字第185号“夏某诉李某离婚案”,见《夏丽梅诉李东俊离婚案(婚内暴力)》(吴荣康、刘春),载《中国审判案例要览》(2007民:482)。②海南海口龙华区法院(2004)龙民一初字第1097号“赵某与王某离婚纠纷案”,见《赵静与王允离婚案(离婚、精神损害赔偿)》(李静云),载《中国审判案例要览》(2005民:414)。

(2)重婚及其他行为。①浙江乐清法院(2017)浙0382民初12370号“蔡某与葛某等离婚后损害赔偿纠纷案”,见《离婚后发现对方在原婚姻关系存续期间有过错的可请求损害赔偿——浙江乐清法院判决蔡某诉葛某等离婚后损害责任纠纷案》(王怡如),载《人民法院报·案例精选》(20180823:06)。②见《以配偶与他人缔结虚拟婚姻为由请求离婚损害赔偿不能得到支持》(《民事审判指导与参考》研究组),载《民事审判指导与参考·民事审判信箱》(201104/48:256)。③见《重婚与“有配偶者与他人同居”的区别》(《民事审判指导与参考》研究组),载《民事审判指导与参考·民事审判信箱》(200903/39:289)。④见《为婚外情调查合同支出的费用不属于〈婚姻法〉第46条规定的“损害赔偿”范畴》(陈朝仑,最高院民一庭),载《民事审判指导与参考·指导性案例》(200804/36:96)。⑤江西赣州中院(2008)赣中民三终字第314号“章某诉王某侵权纠纷案”,见《受害配偶对第三人主张侵权赔偿欠缺法律依据》(曹登润、蒋桥生),载《人民司法·案例》(200922:72)。⑥浙江嵊州法院(2008)嵊民一初字第900号“应某诉陈某配偶权纠纷案”,见《应小明诉陈淑红配偶权侵权案(配偶权　忠实义务)》(沈和平),载《中国审判案例要览》(2009民:434)。⑦北京一中院(2007)一中民终字第14123号“李某诉方某离婚案”,见《李安英诉方浩离婚案(无过错方精神损害赔偿请求权)》(李永胜),载《中国审判案例要览》(2008民:429)。⑧河南邓州法院判决“刘某诉谌某离婚案”,见《刘向阳诉谌华荣离婚,无过错方谌华荣要求精神损害赔偿案》(闻群英),载《人民法院案例选》(2004 年民事/48:5)。⑨河南南阳中院(2003)南民终字第 278 号"王某与张某离婚纠纷案",见《王亚振诉张玲玲离婚案(离婚)》(张永军),载《中国审判案例要览》(2004 民:393)。⑩上海二中院(2001)沪二中民终字第 3151 号"薛某与邵某离婚纠纷案",见《薛国璋诉邵秀丽案(夫妻共同财产分割、过错赔偿)》(刘蕊、姚晓菁),载《中国审判案例要览》(2002 民:535)。⑪江苏南京下关区法院(2000)下民初字第 826 号"姚某与蒋某离婚纠纷案",见《姚国亮诉蒋瑞珍离婚案(离婚、过错赔偿)》(何蓉、蒋明磊),载《中国审判案例要览》(2003 民:376)。

55. 离婚时经济帮助责任

——一方有困难,离婚应帮助?

【经济帮助】

【案情简介及争议焦点】

2012 年,因夫妻感情破裂,刘某诉请与薛某离婚。双方婚生子大学在读。薛某居住房屋系刘某婚前平房拆迁后分得的其中一套安置房。薛某无其他住处及生活来源。

争议焦点:1. 如何认定"生活困难"? 2. 本案如何经济帮助?

【裁判要点】

1. 生活困难。依法律及司法解释规定:离婚时,如一方生活困难,另一方应从其住房等个人财产中给予适当帮助。具体办法由双方协议;协议不成时,由人民法院判决。前述"一方生活困难",是指依靠个人财产和离婚时分得的财产无法维持当地基本生活水平。一方离婚后没有住处的,属于生活困难。婚姻关系存续期间,父母双方或者一方拒不履行抚养子女义务,未成年或者不能独立生活的子女请求支付抚养费的,人民法院应予支持。本案中,刘某与薛某因感情不和分居期间,系薛某独立抚养子女,支撑整个家庭。其间刘某仅邮寄过 2000 元生活费用于子女生活。目前,薛某无固定工作,亦无自己住房,仍需继续负担孩子上大学期间相关费用,属于前述司法解释中所称"生活困难"情形。薛某要求刘某给予经济帮助,符合法律规定。

2. 住房帮助。最高人民法院《关于适用〈中华人民共和国婚姻法〉若干问题的解释(一)》(已于 2021 年 1 月 1 日起废止)第 27 条第 3 款规定:"离婚时,一方以个人财产中的住房对生活困难者进行帮助的形式,可以是房屋的居住权或者房屋的所有权。"该司法解释对房屋居住权使用期限并无限制性规定。鉴于刘某婚前房屋拆迁后可获得两处房屋,刘某完全有条件将其中一处住房提供给薛某居住,故居住时间可至薛某再婚时为宜。判决准予双方离婚,刘某每月支付双方婚生子抚养费600元,每年支付婚生子学费一半至其自立时止;双方离婚后,薛某可继续居住原房屋至其再婚时止。

【裁判依据或参考】

1. 经济帮助。

(1)法律、最高人民法院司法解释及其他司法性文件/解读文章。《**民法典**》(2021年1月1日)第1090条:"离婚时,如果一方生活困难,有负担能力的另一方应当给予适当帮助。具体办法由双方协议;协议不成的,由人民法院判决。"最高人民法院民事审判第一庭庭长纪敏《**在全国民事审判工作座谈会上的总结讲话——公正司法、一心为民、廉洁自律、一生平安**》(2007年4月10日)第9条:"……一是'帮助所有权'问题。最高法院《婚姻法司法解释(一)》第27条规定,一方离婚后没有住处的,属于生活困难。离婚时,一方以个人财产中的住房对生活困难者进行帮助的形式,可以是房屋的居住权或者房屋的所有权。对于帮助的形式,以前比较常见的是暂时解决困难一方的居住问题。但如果判决将一方的房屋所有权给予对方以帮助,是不是有悖法理呢?我认为要深刻理解该规定的背景和目的。这一条规定是最高法院反复征求社会各界和专家学者意见后作出的,对依法保护弱势一方特别是妇女儿童权益具有积极意义。同时要明确的是,这条规定的目的是为解决生活困难一方的实际困难,以房屋所有权提供帮助只是手段之一。要根据案件具体情况确定'帮助'的形式,比如是否有帮助所有权的房源,结婚时间的长短,是否抚养子女等情况。不能不区分任何情况,动辄判决'帮助所有权'。"最高人民法院《**关于适用〈中华人民共和国婚姻法〉若干问题的解释(一)**》(2001年12月27日　法释〔2001〕30号,已于2021年1月1日起废止)第27条:"婚姻法第四十二条所称'一方生活困难',是指依靠个人财产和离婚时分得的财产无法维持当地基本生活水平。一方离婚后没有住处的,属于生活困难。离婚时,一方以个人财产中的住房对生活困难者进行帮助的形式,可以是房屋的居住权或者房屋的所有权。"最高人民法院《**印发〈关于审理离婚案件中公房使用、承租若干问题的解答〉的通知**》(1996年2月5日　法发〔1996〕4号,已于2021年1月1日起废止)第7条:"问:离婚时,一方对另一方婚前承租的公房无权承租而另行租房经济上确有困难的,如何处理?答:离婚时,一方对另一方婚前承租的公房无权承租,另行租房经济上确有困难的,如承租公房一方有负担能力,应给予一次性经济帮助。"最高人民法院**《关于人民法院审理离婚案件处理财产分割问题的若干具体意见》**（1993 年 11 月 3 日　法发〔1993〕32 号，已于 2021 年 1 月 1 日起废止）第 14 条："婚姻存续期间居住的房屋属于一方所有，另一方以离婚后无房居住为由，要求暂住的，经查实可据情予以支持，但一般不超过两年。无房一方租房居住经济上确有困难的，享有房屋产权的一方可给予一次性经济帮助。"最高人民法院**《关于革命军人离婚后的财产处理等问题的函》**（1953 年 11 月 19 日　法行字第 9161 号）第 1 条："关于男女双方离婚后的财产处理问题，婚姻法第七章已作了明确规定，对于双方的应得财产都要保护，若一方在离婚后生活确有困难，可给予适当的照顾。如果一方在离婚时愿意将自己应得的财产之一部或全部赠与另一方时，亦为法律所允许。但一方并无此种赠与表示，即应根据婚姻法第七章第二十三条、第二十四条、第二十五条的规定进行处理。革命军人离婚时的财产问题亦应按照婚姻法规定的原则办理。"最高人民法院**《关于已离婚的妇女补请带产问题的处理意见》**（1953 年 7 月 11 日　法行字第 4517 号）第 1 条："从婚姻法颁布以后到这次贯彻婚姻法运动前离婚的，若系双方自行调解离婚，财产自行协议解决的，一律不再重新处理。若已由法院判给女方一部分财产，虽判给财产较少亦不再重新判处。若女方追诉，亦应说服其放弃追诉，维持原判。对离婚应带财产而未带，或判给财产过少，而女方离婚后生活确实困难，男方又比较富裕者，可酌情补给女方一部或全部。"第 2 条："从婚姻法颁布以后，判决离婚时所判给女方的财产男方尚未执行，而女方追诉要求执行者，应耐心教育男方依法执行。如女方已放弃追诉执行者，不必再去强制男方执行。至于婚姻法颁布以前判决离婚者，不论女方应否带产和带走与否，一律不再重新处理。"最高人民法院办公厅**《关于离婚后妇女带产问题的批复》**（1953 年 5 月 25 日　法行字第 3329 号）："……你们所提出的：男女双方均是贫农，在结婚时女方娘家尚未土改，而到男方家中已土改过了。女方两头都没有分得土地。现在离婚女方要求从男方家中带一份土地，男方不同意。男方家中只有三亩土地，还有一个七十多岁的母亲，究应如何解决？根据婚姻法第二十三条精神，我们认为，女方在土改中既未分得土地，而男方家中也没有多余土地，女方可以不分土地，其他财产可给多分一些，最低限度，男方应在女方再行结婚之前，补助其一定期限的生活费（如男方困难，可按月补助）使不致发生困难。"最高人民法院华北分院**《关于妇女离婚带产问题处理意见的批复》**（1953 年 1 月 23 日）："……（一）第一项意见：'此项问题的处理，应限于新婚姻法颁布以后的，新婚姻法颁布以前的不再处理。如为群众所提出者，可加以说服'。这对一般案件的处理是可以的，但在新婚姻法颁布以前的案件中，如有特殊情况，也应根据不同的具体案件，酌情保护妇女应带的财产，不应完全受时效的限制。（二）第二项意见：'妇女应带的财产，应予保障，如在离婚时未判带财产或带的财产过少者，应根据婚姻法的规定予以重新处理。但须根据男（男方离婚前)女双方经济情况恰当的处理'。同意此项意见。(三)第三项意见:'如女方在离婚时已主动放弃带产者,则不再变更'。对此类案件首先应分析女方当初放弃带产的原因。如果因女方不了解政策,或有其他不得已的原因而放弃带产,实质上不是出于本人自愿的,则应依照婚姻法的规定结合双方的经济情况适当的处理,以保障妇女应得的产权。又即使女方在离婚时确实是自愿放弃带产,但现在女方因生活困难要求追带财产,亦应斟酌男方的经济情况,在可能范围内对女方作适当的照顾。如果男方现在生活困难,而女方生活又可以维持,则可以采用说服的办法,使女方放弃追带财产的要求。"最高人民法院华东分院**《关于妇女离婚带产问题之处理意见的批复》**(1952 年 12 月 24 日　东法审字第 5050 号)第 2 条:"根据你院所述情况,我们意见:凡系过去处理的离婚案件,在女方带走土地及婚前个人财产后,关于房屋家具少带或不带的问题,为避免牵涉面太广,对生产影响很大,一般可不必重行处理;但是如果有个别女方因离婚带产处理不够公平妥当,而影响生产,或生活困难,请求照顾时,可视男方的经济情况,参酌婚姻法第二十五条精神,给予适当的处理。"第 3 条:"男女双方对家庭财产虽有平等的所有权与处理权,根据婚姻法第二十三条的精神,离婚时,应先经双方协议,足见不是机械的采取各半平分的方法,主要是根据双方具体经济情况,并照顾女方及子女利益,和有利于双方劳动生产;因此,如统一布置平均分析家庭财产,也是不妥当的。"最高人民法院西南分院**《关于女方因通奸经判决离婚是否可请男方再给予生活费的答复》**(1951 年 11 月 1 日):"……通奸仅系一方得以提出离婚的理由,给付生活费系为保护经济能力的弱者,两个问题性质不同,不能含混。故女方纵因通奸经判决离婚,如未再行结婚而生活困难者(指家庭财产分割后而生活仍困难者而言),依婚姻法第二十五条规定:男方应帮助维持其生活,帮助的办法及期限,由双方协议,协议不成时,由人民法院判决。如认为女方因通奸而经判决离婚,男方即可不给予生活费,显系从男性中心及封建思想出发。"最高人民法院**《对于婚姻法第二十五条规定生活费问题的意见》**(1951 年 6 月 25 日　法编字第 6264 号):"……一、夫妻在离婚时双方均无困难情形,经过若干时期,一方未再结婚而生活困难者,原则上他方仍应帮助维持生活。二、夫妻离婚时,一方生活困难,经双方协议或判决由一方一次给付他方生活费若干,经过若干时期,他方仍未结婚而生活依然困难,第二次请求帮助维持生活费者,一般不应允许再予帮助。三、离婚在婚姻法颁布前,经双方协议给付生活费之后,经过若干年限又以未再行结婚而生活困难为理由,请求他方帮助维持生活费者,不应再予允许。四、关于帮助维持生活的期间问题,我们认为不宜作一般硬性规定,而应从需要与可能的实际情况出发,作适当的处理。对于年老,残废、疾病等实际上无生活能力者,应按具体情况更好注意照顾。"

(2)地方司法性文件。安徽淮南中院**《关于审理离婚纠纷案件若干问题的指**

导意见》(2014 年 3 月 13 日)第 32 条:“离婚时,如一方依靠个人财产和离婚时分得的财产无法维持当地基本生活水平,另一方应从其住房等个人财产中给予适当帮助,或者直接给予货币补助。具体办法由双方协议;协议不成时,由法院判决。一方以个人财产中的住房进行帮助的形式,原则上为房屋的居住权,居住时间一般不超过两年。”安徽滁州中院**《关于审理婚姻家庭纠纷案件座谈会纪要》**(2013 年 8 月 2 日)第 5 条:“下列情形应认定为《婚姻法》第四十二条所规定的‘生活困难’:(1)一方残疾或患有重大疾病、完全或大部分丧失劳动能力,且又没有其他生活来源的;(2)一方因客观原因失业且收入低于当地最低生活保障线的。”上海高院**《婚姻家庭纠纷办案要件指南(三)》**(2010 年 6 月 22 日　沪高法民一〔2010〕8 号)第 11 条:“经济帮助请求权的成立,需具备下列要件:(一)一方存在生活困难的情况;(二)生活困难的情况在离婚时客观存在;(三)不考虑双方的过错因素;(四)提供帮助方有负担能力。【说明】夫妻离婚时的经济帮助制度,系基于婚姻法上男女平等、婚姻自由原则而产生,其目的在于填补婚姻关系存续期间相互扶养请求权之丧失,使因离婚而无自立生活能力的一方可以向他方请求资助,以维持离婚后的生活。根据婚姻法四十二条规定,经济帮助请求权的成立,必须具备下列要件事实:(1)一方存在生活困难的情况。这里所称的生活困难,是指依靠个人财产和离婚时分得的财产无法维持当地基本生活水平的情况。另外,一方离婚后没有住处的,也属于生活困难。对于住房困难的帮助,可以将一方所有的房屋让对方暂时居住以解决生活困难,但这种帮助是否应有时间限制,法律并未规定。我们认为,帮助的性质是一种扶助,是社会责任的分担,如一直帮助到困难方不再困难为止,对实施帮助方实在有失公允,因此,建议判决时设定一定的期限或条件,使之更为公平、合理。(2)生活困难的情况在离婚时客观存在。这种帮助具有严格的时间限制,即应以离婚时的实际状况为准。如果离婚时并不困难,离婚后才出现生活困难的,另一方无给予经济帮助的义务。上述两个要件事实,由请求帮助的一方承担举证责任。(3)对于过错问题,与上一条的相关说明基本相同,此处不再赘述。(4)如果被请求方提出自己同样存在生活困难的情形,并以此为由拒绝对请求人作出经济帮助,法官应当根据现有的证据对被请求人的经济能力作出认定。虽综合所有证据、情况,对被请求人的收入和财产情况仍无法作出认定的,应由被请求人对此承担结果意义上的举证责任,法官可判决其对请求方进行适当的经济帮助。经济帮助事宜可由双方先行协议,协议不成时,可综合双方的财产状况、经济能力、谋生能力、困难程度和负担能力予以判决,判决一次性给付一定数额的金钱,也可以按月或按规定时间支付固定数额的金钱。但由于双方婚姻关系的解除,这种帮助义务不可能是无限期、无条件的。判决中可以规定时间限制或附加一定的条件。如果帮助期间生活困难的一方另行结婚,或者经济状况发生变化、收入足够维持当地基本生活水平时,帮助方即可终止给付。”浙江温州中院民四庭《**关于贯彻执行〈婚姻法〉的指导意见**》(2009年5月1日)第17条:“婚姻法解释(一)第二十七条第二款规定‘一方离婚后没有住处的,属于生活困难。’在实践中,部分离婚当事人双方在婚前均没有住处,或在夫妻关系存续期间共同租赁房屋的,均可能导致‘离婚后没有住处’情形的发生。有的在婚前已属生活困难之列,离婚时或离婚后,则不能按照婚姻法第四十二条规定执行,即不能从一方住房等个人财产中予以适当帮助。”辽宁沈阳中院《**关于审理婚姻家庭案件若干问题意见**》(2003年)第8条:“关于离婚案件房屋的处理问题。对离婚案件房屋问题的处理,应当坚持男女平等,同等情况下保护妇女、儿童的合法权益,照顾无过错方、残疾人和生活困难及其与子女共同生活一方的利益,尊重当事人的约定和意愿,有利于生产、方便生活的原则,合情合理妥善解决。一方离婚后确实生活困难,没有住处的,且婚姻时间在五年以上的或直接抚养子女的,可根据具体情况,由有房屋一方以钱或房屋居住权、所有权进行帮助,以居住权进行帮助的,不应超过两年,双方约定时限的除外……”广东高院《**关于审理婚姻案件若干问题的指导意见**》(2001年11月9日　粤高法发〔2001〕44号,2021年1月1日起废止)第23条:“《婚姻法》第四十二条所称的‘生活困难’,是指在离婚时夫妻一方个人的收入和全部的财产不足以维持最近时期的基本生活。主要包括:(1)一方有残疾或患有重大疾病,完全或大部分丧失劳动能力,又没有其他生活来源;(2)一方因客观原因失业且收入低于本市城镇居民最低生活保障线;(3)其他生活特别困难的情形。‘适当帮助’的具体办法,由双方当事人协议;协议不成时,由人民法院根据生活困难一方的实际需要和另一方的经济能力等具体情况判定,帮助的内容既可以是房屋的所有权或使用权等实物形式,也可以是金钱。”上海高院《**关于下发〈关于在民事审判中实施“中华人民共和国婚姻法”的暂行意见〉的通知**》(2001年6月7日　沪高法〔2001〕263号)第22条:“婚姻法第42条所称‘生活困难’,主要是指一方具有下列情形:①完全或大部分丧失劳动能力;②残疾或患有重大疾病;③因客观原因失业且收入低于本市城镇居民最低生活保障线;④其他生活特别困难的情形。‘适当帮助’的方式,人民法院可根据生活困难一方的实际需要、帮助方的经济能力等具体情况判决提供住房或给予一次性财产帮助。”广东高院、省检察院、省公安厅、省司法厅《**关于印发〈关于处理婚姻关系中违法犯罪行为及财产等问题的意见〉的通知**》(2000年5月30日　粤高法〔2000〕18号)第14条:“离婚时,无过错方无经济收入或有其他生活困难而双方就经济帮助达不成协议的,由人民法院依照《婚姻法》第三十三条的规定判决有过错方给予适当的经济帮助。因有过错方的行为给无过错方造成身体伤害、财产损失和严重精神伤害的,有过错方应给予一定的经济赔偿。”江苏高院《**关于印发〈关于审理离婚案件处理住房问题的意见〉的通知**》(1995年1月3日　苏高法发〔1995〕1号)

第10条:“离婚时,无房屋所有权的一方另行租房居住经济上确有困难的,另一方可给予一次性的经济帮助。”北京高院**《关于印发〈关于处理婚姻案件中子女抚育、财产分割及住房安置问题的几点意见〉的通知》**(1990年8月30日　京高法字〔1990〕第161号)第3条:“处理离婚后的住房问题,应以保障当事人的基本生活条件和有利于社会稳定为原则,并注意适当照顾生活有特殊困难及离婚后抚养子女的一方。判决离婚的案件,原则上应对离婚后当事人的住房问题作出处理。如果当事人对离婚后的住房问题能够达成一致意见,或虽不能达成一致意见,但双方都有住处可安置,且不要求人民法院作出处理的,人民法院可以不对住房问题作出处理。”

2. 经济补偿。《民法典》(2021年1月1日)第1088条:“夫妻一方因抚育子女、照料老年人、协助另一方工作等负担较多义务的,离婚时有权向另一方请求补偿,另一方应当给予补偿。具体办法由双方协议;协议不成的,由人民法院判决。”**《妇女权益保障法(2018修正)》**(2018年10月26日)第47条:“妇女对依照法律规定的夫妻共同财产享有与其配偶平等的占有、使用、收益和处分的权利,不受双方收入状况的影响。夫妻书面约定婚姻关系存续期间所得的财产归各自所有,女方因抚育子女、照料老人、协助男方工作等承担较多义务的,有权在离婚时要求男方予以补偿。”上海高院**《婚姻家庭纠纷办案要件指南(三)》**(2010年6月22日　沪高法民一〔2010〕8号)第10条:“夫妻双方实行分别财产制时,家务补偿请求权的成立,需具备下列要件:(一)夫妻双方书面约定婚姻期间所得的财产归各自所有;(二)请求方在共同生活中对家庭付出了更多的义务;(三)行使权利的时间限于离婚之时;(四)不考虑双方过错因素。【说明】家务补偿请求权是法律赋予特定离婚主体的一项权利,其立法本意在于平衡夫妻双方的利益关系,弥补夫妻分别财产制的缺陷,正确评价从事家务劳动或协助工作对家庭作出的贡献,实现夫妻关系实质上的平等。根据婚姻法第四十条的规定,行使家务补偿权需具备下列要件事实:(1)夫妻双方约定实行夫妻分别财产制。此乃成立该项请求权的前提,即只有在约定实行分别财产制的夫妻间才产生。对于实行法定共同财产制,或者约定婚姻存续期间所得的财产部分共有、部分各自所有,或者约定采用其他类型的夫妻财产制的,即使一方付出较多的义务,仍不能产生家务补偿请求权。(2)请求方必须对家庭付出了较多义务。此为启动该请求权的实质条件,也是离婚义务补偿制度的核心。家务劳动虽不能直接创造经济价值,但可以节约家庭开支,间接增加家庭的财富。如约定实行夫妻分别财产制,离婚时一方又不能分享对方婚后所得,就是漠视家务劳动的价值,导致一方无偿占有另一方的劳动。补偿以权利义务对等为原则,只有一方付出更多的义务,才存在由另一方给予补偿。付出的义务包括抚养教育子女,照料、赡养老人,支持、协助对方工作等各方面。就内容而言,既包括钱财,也包括劳动和精力。上述两个要件事实,由请求补偿的一方承担举证责任。(3)家务补偿请求权须是离婚时由多付出义务的一方向另一方提出补偿请求,在离婚之前或之后均不能向对方提出补偿。补偿请求权可以行使,也可以放弃。如离婚时不提出补偿请求,对方可以不予补偿。离婚后,该请求权随即消灭。(4)无论另一方对于婚姻的破裂是否有过错,付出较多义务一方均可要求补偿,其补偿请求不以对方的过错为要件。付出较多义务的一方有过错的,也不因此而被剥夺补偿请求权。”辽宁沈阳中院**《关于审理婚姻家庭案件若干问题意见》**(2003年)第5条:“关于离婚夫妻义务补偿问题。该规定只适用于书面约定分别财产制的离婚案件,而不适用约定共同财产制和无约定的离婚案件,且应以一方个人财产予以帮助。”广东高院**《关于审理婚姻案件若干问题的指导意见》**(2001年11月9日 粤高法发〔2001〕44号,2021年1月1日起废止)第24条:“夫妻没有书面约定婚姻关系存续期间所得的财产归各自所有(即实行共同财产制),离婚时,一方以抚育子女、照料老人等付出较多义务为由,根据《婚姻法》第四十条的规定要求另一方补偿的,不予支持。”上海高院**《关于下发〈关于在民事审判中实施“中华人民共和国婚姻法”的暂行意见〉的通知》**(2001年6月7日 沪高法〔2001〕263号)第21条:“夫妻未约定婚姻关系存续期间所得的财产归各自所有,一方以抚育子女、照顾老人等付出较多义务为由,在离婚时要求另一方补偿的,不予支持。”

【参考类案】

①2017年**江苏某扶养纠纷案**,2007年,徐某与端某登记结婚。2010年,徐某被确认为精神分裂。2014年,端某起诉离婚,法院缺席判决解除婚姻关系,婚生子由端某直接抚养。2016年,徐某诉请端某给付经济帮助。法院认为:夫妻之间有相互扶养义务,一方不履行扶养义务时,需扶养一方有要求对方给付扶养费权利。离婚时,如一方生活困难,另一方有给予适当帮助的义务,该义务实质上系夫妻之间扶养义务的延续。《婚姻法》第42条规定:“离婚时,如一方生活困难,另一方应从其住房等个人财产中给予适当帮助。”“离婚时”系对一方是否陷入生活困难进行判断在时间上的限定,而非对生活困难一方主张权利在时间上的限定。本案中,徐某、端某2015年经法院公告判决离婚时,徐某未到庭,客观上无法向端某主张经济帮助,但并非意味着徐某该项权利丧失。徐某在本次诉讼中,仍有资格行使要求端某予以经济帮助的权利。依最高人民法院《关于适用〈中华人民共和国婚姻法〉若干问题的解释(一)》(已于2021年1月1日起废止)第27条规定,“一方生活困难”是指依靠个人财产和离婚时分得的财产无法维持当地基本生活水平。本案中,双方离婚时无沟通财产分割,徐某自2010年又被确认为2级精神残疾,现仍未治愈,又无固定收入来源,应属生活困难情形,故徐某要求端某支付经济帮助符合法

律规定，应予支持。考虑端某主要靠在外打工维持生活，尚有年幼儿子需抚养，经济能力较为有限，同时法律明确规定离婚后帮助以“适当”为限，故判决端某一次性支付徐某经济帮助款 2 万元。

②2011 年**江苏某离婚后财产分割纠纷案**，2011 年，钟某与熊某离婚。熊某名下两套房屋，其中上海一套共有房产根据实际情况应由熊某分得，钟某以其无工作、无住房、身体有病为由，要求分得熊某父母赠与熊某个人的另一套房产。法院认为：《婚姻法》第 42 条规定：离婚时，如一方生活困难，另一方应从其住房等个人财产中给予适当帮助。具体办法由双方协议；协议不成时，由人民法院判决。最高人民法院《关于适用〈中华人民共和国婚姻法〉若干问题的解释（一）》（已于 2021 年 1 月 1 日起废止）第 27 条规定：婚姻法第四十二条所称“一方生活困难”，是指依靠个人财产和离婚时分得的财产无法维持当地基本生活水平。一方离婚后没有住处的，属于生活困难。离婚时，一方以个人财产中的住房对生活困难者进行帮助的形式，可以是房屋的居住权或者房屋的所有权。本案中，诉争房屋虽认定为熊某个人财产，但钟某离婚后无住处，无稳定收入来源，且身体健康状况不好，属《婚姻法》规定的生活困难。根据两套房屋价值，在已将位于上海的房屋确定归熊某所有，熊某亦不支付钟某相应折价款情况下，诉争该处房屋可确定归钟某所有。

③2006 年**湖南某离婚纠纷案**，2006 年，张某与萧某感情破裂起诉离婚。因张某长期照顾孩子、料理家务，故主张在分割共同财产、要求对方支付孩子抚养费之外，再单独补偿 2 万元。法院认为：《婚姻法》第 39 条规定：“离婚时，夫妻的共同财产由双方协议处理；协议不成时，由人民法院根据财产的具体情况，照顾子女和女方权益的原则判决。”第 40 条规定：“夫妻书面约定婚姻关系存续期间所得的财产归各自所有，一方因抚育子女、照料老人、协助另一方工作等付出较多义务的，离婚时有权向另一方请求补偿，另一方应当予以补偿。”最高人民法院《关于人民法院审理离婚案件处理财产分割问题的若干具体意见》（1993 年 11 月 3 日　法发〔1993〕32 号，已于 2021 年 1 月 1 日起废止）第 8 条规定：“夫妻共同财产，原则上均等分割。根据生产、生活的实际需要和财产的来源等情况，具体处理时也可以有所差别。”从立法目的出发，对实行共同财产制的离婚案件，也可以将家务劳动补偿制纳入适用范围。本案中，张某与萧某虽系自由恋爱，但性格差异较大，婚后未建立起良好夫妻感情，且分居超过两年，可确认夫妻感情彻底破裂，故应准予离婚。因张某多年来独自抚养孩子，对家庭所尽义务较多，而萧某未尽丈夫责任，亦未尽父亲之责。萧某对家庭的付出，不但金钱上付出较少，且时间、精力几乎没有付出，故张某主张在分割共同财产、要求对方支付孩子抚养费之外，由萧某另行补偿 2 万元诉请，合法合情合理，应予支持。

④2004 年**福建某离婚纠纷案**，1992 年，夫未达婚龄，与妻办理结婚登记手续后

在男方父母家居住。2000 年,因夫第三者问题双方常争吵、打架,夫还因赌博被处罚。夫诉请离婚,妻以经济困难,又无房住为由要求经济帮助。法院认为:虽夫登记时未达法定婚龄,但现已达法定婚龄,符合结婚条件,应认定婚姻关系有效。夫有赌博行为,且与其他女子关系暧昧,双方常争吵、打架,导致夫妻感情破裂,应准予离婚。因妻经济困难,又无房住,符合《婚姻法》规定的经济帮助情形,故其主张要求夫经济帮助 1.5 万元理由充分,应予支持。

⑤2004 年**河南某解除同居纠纷案**,2000 年,未办结婚登记手续情况下,王某与杨某同居。2002 年,双方协议分手,约定"共同财产男方给女方 5000 元,今后再无财产纠纷"。其后,杨某反悔,并以患有支气管哮喘病为由要求经济帮助。法院认为:双方未办结婚登记即开始同居生活,其同居关系依法应予解除,双方为解除同居关系所签协议系真实意思表示,且不违反法律规定,应为有效。鉴于杨某现患有严重疾病尚未治愈,且无固定生活收入,依法应由王某给予一定生活帮助费。判决解除双方同居关系,王某支付杨某一次性生活帮助费 5000 元。

【典型类案实务要点】

1.**【离婚时,一方可以房屋居住权帮助生活困难另一方】**离婚时,一方生活困难的,另一方可以个人住房居住权进行帮助。在不影响另一方生活情况下,生活困难者可居住至再婚时。

2.**【离婚时生活困难,缺席判决后,仍可主张经济帮助】**身患残疾的弱势一方未到庭情形下而判决离婚的,因其离婚时生活困难,故离婚后仍可向对方要求给予经济帮助。

3.**【有能力一方,可以住房对生活困难另一方经济帮助】**离婚时,一方已有住房情况下,法院可依实际情况,由该方以个人财产中的住房对生活困难另一方进行经济帮助。

4.**【长期照顾孩子、料理家务一方,离婚时可另予补偿】**夫妻一方因抚育子女、照料老人、协助另一方工作等付出较多义务的,在离婚时,有权请求另一方予以适当补偿。

5.**【一方离婚后无住处,属生活困难,可要求经济帮助】**离婚时,如一方经济困难,另一方应从其住房等个人财产中给予适当帮助。一方离婚后无住处的,属于生活困难。

6.**【解除同居关系时,一方患疾未愈,对方应经济帮助】**解除同居关系时,一方在共同生活期间患有严重疾病未治愈,且无固定生活收入的,分割财产时,应由另一方给予一次性经济帮助。

【类案裁判一般规则】

夫妻一方因抚育子女、照料老年人、协助另一方工作等负担较多义务的，离婚时有权向另一方请求补偿；离婚时，如一方生活困难，有负担能力的另一方应给予适当帮助。

【典型参考案例索引】

主旨案例：山东青岛中院（2014）青民五终字第106号“刘某与薛某离婚纠纷案”，见《刘某与薛某某离婚纠纷案——离婚后，对生活困难一方进行经济帮助的条件及形式》（彭虎成），载《人民法院案例选》（201606/100：149）。**其他案例：**①江苏南京溧水区法院（2016）苏0117民初2079号“徐某某诉端某某扶养纠纷案”，见《关于公布江苏省维护残疾人合法权益十大典型案（事）例的通知》，载《江苏省高级人民法院公报》（201705/53：25）。②江苏宿迁中院（2011）宿中民终字第1190号“钟某与熊某离婚后财产分割纠纷案”，见《仲林诉熊红波离婚后财产分割纠纷案》，载《江苏省高级人民法院公报》（201106/18：63）。③湖南长沙岳麓区法院（2006）岳民一初字第403号“张某诉萧某离婚案”，见《张某诉萧某离婚案》（张卫东、刘群），载《人民法院案例选》（200704/62：92）。④福建龙岩中院判决“蔡某诉赖某离婚案”，见《赖桂娣妹诉蔡文生因其离婚经济困难应予经济帮助案》（罗金钗），载《人民法院案例选》（2004年民事/48：22）。⑤河南夏邑法院判决“王某诉杨某解除同居关系案”，见《王子亮诉杨秀玲解除同居关系案》（孟敏），载《人民法院案例选》（2004年民事/48：27）。

56. 涉外、涉港澳台离婚

——身份有差异，离婚怎处理？

【涉外离婚】

【问题提出】

国内结婚、定居国外的华侨张某起诉妻子李某，是否需出具定居国法院不予受理其离婚诉讼的证据？

【裁判要点】

1. 法院管辖。双方均系中国公民，依中国法律在中国缔结婚姻关系。张某向法院提起离婚诉讼,李某对此未提异议,说明双方均接受中国法院管辖。

2. 受理前提。从方便本国公民诉讼角度考虑,法院不应拒绝受理案件,亦不应将当事人提供定居国法院不受理其离婚案件证据作为法院受理此类案件前提条件。

【裁判依据或参考】

1. 涉外国离婚。

(1)法律规定。《**民事诉讼法(2017修正)**》(2017年7月1日)第259条:"在中华人民共和国领域内进行涉外民事诉讼,适用本编规定。本编没有规定的,适用本法其他有关规定。"第261条:"对享有外交特权与豁免的外国人、外国组织或者国际组织提起的民事诉讼,应当依照中华人民共和国有关法律和中华人民共和国缔结或者参加的国际条约的规定办理。"第263条:"外国人、无国籍人、外国企业和组织在人民法院起诉、应诉,需要委托律师代理诉讼的,必须委托中华人民共和国的律师。"第264条:"在中华人民共和国领域内没有住所的外国人、无国籍人、外国企业和组织委托中华人民共和国律师或者其他人代理诉讼,从中华人民共和国领域外寄交或者托交的授权委托书,应当经所在国公证机关证明,并经中华人民共和国驻该国使领馆认证,或者履行中华人民共和国与该所在国订立的有关条约中规定的证明手续后,才具有效力。"第281条:"外国法院作出的发生法律效力的判决、裁定,需要中华人民共和国人民法院承认和执行的,可以由当事人直接向中华人民共和国有管辖权的中级人民法院申请承认和执行,也可以由外国法院依照该国与中华人民共和国缔结或者参加的国际条约的规定,或者按照互惠原则,请求人民法院承认和执行。"第282条:"人民法院对申请或者请求承认和执行的外国法院作出的发生法律效力的判决、裁定,依照中华人民共和国缔结或者参加的国际条约,或者按照互惠原则进行审查后,认为不违反中华人民共和国法律的基本原则或者国家主权、安全、社会公共利益的,裁定承认其效力,需要执行的,发出执行令,依照本法的有关规定执行。违反中华人民共和国法律的基本原则或者国家主权、安全、社会公共利益的,不予承认和执行。"《**涉外民事关系法律适用法**》(2011年4月1日)第26条:"协议离婚,当事人可以协议选择适用一方当事人经常居所地法律或者国籍国法律。当事人没有选择的,适用共同经常居所地法律;没有共同经常居所地的,适用共同国籍国法律;没有共同国籍的,适用办理离婚手续机构所在地法律。"第27条:"诉讼离婚,适用法院地法律。"

(2)最高人民法院司法解释及其他司法性文件/解读文章。最高人民法院《**关于民事诉讼证据的若干规定(2019修正)**》(2020年5月1日)第16条:"当事人提供的公文书证系在中华人民共和国领域外形成的,该证据应当经所在国公证机关证明,或者履行中华人民共和国与该所在国订立的有关条约中规定的证明手续。中华人民共和国领域外形成的涉及身份关系的证据,应当经所在国公证机关证明并经中华人民共和国驻该国使领馆认证,或者履行中华人民共和国与该所在国订立的有关条约中规定的证明手续……”最高人民法院**《关于适用〈中华人民共和国民事诉讼法〉的解释》**(2015 年 2 月 4 日　法释〔2015〕5 号,2020 年修正)第 13 条:“在国内结婚并定居国外的华侨,如定居国法院以离婚诉讼须由婚姻缔结地法院管辖为由不予受理,当事人向人民法院提出离婚诉讼的,由婚姻缔结地或者一方在国内的最后居住地人民法院管辖。”第 14 条:“在国外结婚并定居国外的华侨,如定居国法院以离婚诉讼须由国籍所属国法院管辖为由不予受理,当事人向人民法院提出离婚诉讼的,由一方原住所地或者在国内的最后居住地人民法院管辖。”第 15 条:“中国公民一方居住在国外,一方居住在国内,不论哪一方向人民法院提起离婚诉讼,国内一方住所地人民法院都有权管辖。国外一方在居住国法院起诉,国内一方向人民法院起诉的,受诉人民法院有权管辖。”第 16 条:“中国公民双方在国外但未定居,一方向人民法院起诉离婚的,应由原告或者被告原住所地人民法院管辖。”第 17 条:“已经离婚的中国公民,双方均定居国外,仅就国内财产分割提起诉讼的,由主要财产所在地人民法院管辖。”第 551 条:“人民法院审理涉及香港、澳门特别行政区和台湾地区的民事诉讼案件,可以参照适用涉外民事诉讼程序的特别规定。”最高人民法院**《关于未经我国驻外使领馆认证的域外形成的证据效力问题的请示的复函》**(2012 年 6 月 14 日　〔2012〕民四他字第 15 号):“……一、经询外交部领事司,我驻外使领馆办理认证坚持客观、真实、不损害国家利益和社会公共利益的原则,一般不拒绝当事人的领事认证申请。长期以来,用于国内诉讼的文书领事认证运转良好。如遇国外当事人称我驻该国使领馆拒绝为其办理认证且未告知理由、人民法院认为有必要了解情况的,可以通过外交部领事司向驻外使领馆核实。二、即使相关证据或文件因特殊原因确实不能得到使领馆的认证,人民法院亦不能直接采纳。而应根据《中华人民共和国民事诉讼法》第六十五条、第六十六条的规定,由当事人互相质证、辨别真伪后决定是否采纳。”最高人民法院**《关于于某申请承认与执行外国法院民事判决一案的请示的复函》**(2012 年 2 月 23 日〔2012〕民四他字第 3 号):“……我国公民于某向人民法院申请承认的是南非共和国南豪登高等法院所作 2011/2794 号判决(以下简称 2011/2794 号判决),该判决系撤销南非共和国约翰内斯堡中央离婚法院所作 7373/2009 号离婚判决(以下简称 7373/2009 号判决)的判决,应当属于离婚判决的范畴。根据《最高人民法院关于中国公民申请承认外国法院离婚判决程序问题的规定》(以下简称《规定》)第一条第一款的规定,在南非共和国与我国没有订立相关司法协助协议的情况下,人民法院应当依照《规定》的相关规定对本案进行审查。根据你院请示所述事实,于某于2010年9月10日向沈阳市大东区人民法院提出与韩某某的离婚诉讼,该案正在沈阳市大东区人民法院审理之中。该诉讼在立案时间上早于于某在本案中向沈阳市中级人民法院提出承认2011/2794号判决的申请,亦早于韩某某向沈阳市中级人民法院提出承认7373/2009号判决的申请。根据《规定》第十二条(四)项的规定,在于某与韩某某的离婚诉讼正在由我国法院审理的情况下,对于于某在本案中申请承认的2011/2794号判决不应予以承认。同理,此前沈阳市中级人民法院亦不应当作出(2010)沈中民四特字第50号民事裁定对韩某某申请承认的7373/2009号判决予以承认。该裁定存在法律适用错误,可以以人民法院主动发现错误为由通过审判监督程序予以撤销。”最高人民法院**《关于中国公民申请承认外国法院和解权告决定书等法律文书的请示的复函》**(2010年9月29日 〔2010〕民四他字第56号):“……同意你院的处理意见。中国公民郑成花向铁岭市中级人民法院申请承认大韩民国首尔家庭法院离婚和解权告决定书,我国与大韩民国虽然签订有《关于民事和商事司法协助的条约》,但该条约并未涉及相关判决的承认问题,中国籍当事人可以根据《关于中国公民申请承认外国法院离婚判决程序问题的规定》向人民法院申请承认大韩民国法院的离婚判决。大韩民国首尔家庭法院离婚和解权告决定书是解决当事人之间婚姻存续问题的法律文书,在当事人未提出异议的情况下,具有与判决相同的法律效力。根据《最高人民法院关于中国公民黄爱京申请承认外国法院离婚确认书受理问题的复函》的精神,离婚和解权告决定书应当视为大韩民国法院出具的解除当事人之间婚姻关系的法律文书,人民法院可以比照最高人民法院《关于中国公民申请承认外国法院离婚判决程序问题的规定》、《关于人民法院受理申请承认外国法院离婚判决案件有关问题的规定》受理并进行审查,如果不存在《关于中国公民申请承认外国法院离婚判决程序问题的规定》第十二条规定的情形的,应予裁定承认其法律效力。”最高人民法院**《关于人民法院受理申请承认外国法院离婚判决案件有关问题的规定(2020年修正)》**(2021年1月1日 法释〔2020〕20号)第1条:“中国公民向人民法院申请承认外国法院离婚判决,人民法院不应以其未在国内缔结婚姻关系而拒绝受理;中国公民申请承认外国法院在其缺席情况下作出的离婚判决,应同时向人民法院提交作出该判决的外国法院已合法传唤其出庭的有关证明文件。”第2条:“外国公民向人民法院申请承认外国法院离婚判决,如果其离婚的原配偶是中国公民的,人民法院应予受理;如果其离婚的原配偶是外国公民的,人民法院不予受理,但可告知其直接向婚姻登记机关申请结婚登记。”第3条:“当事人向人民法院申请承认外国法院离婚调解书效力的,人民法院应予受理,并根据《关于中国公民申请承认外国法院离婚判决程序问题的规定》进行审查,作出承认或不予承认的裁定。”最高人民法院**《关于转发外交部、司法部、民政部〈关于驻外使、领馆就中国公民申请人民法院承认外国法院离婚**

判决事进行公证、认证的有关规定〉的通知》（1997年7月16日　法〔1997〕152号）第1条：“婚姻当事人一方为中国公民的外国法院的离婚判决书在国内使用，须经国内中级人民法院对该判决裁定承认后，才能为当事人出具以该外国法院离婚判决为准的婚姻状况公证。”第2条：“婚姻当事人一方为中国公民的外国法院离婚判决书在国外使用：（一）若居住国可根据外国法院离婚判决书或其他证明材料，为当事人出具婚姻状况证明，不需要我驻该国使、领馆出具以外国法院离婚判决为准的婚姻状况公证，我使、领馆可不予干预，但不干预不等于承认。（二）若当事人不能在居住国取得婚姻状况证明，需我驻该国使、领馆出具以此判决为准的婚姻状况公证，应先向国内中级人民法院申请对该判决的承认。该判决经裁定承认后，才能为当事人出具有关公证。”第3条：“国内中级人民法院受理当事人的申请时，对外国法院离婚判决书的真伪不能判定，要求当事人对该判决书的真实性进行证明的，当事人可向驻外使、领馆申请公证、认证。外国法院的离婚判决书可经过居住国公证机构公证、外交部或外交部授权机构认证，我使、领馆认证；亦或居住国外交部直接认证，我使、领馆认证。进行上述认证的目的是为判决书的真伪提供证明，不涉及对其内容的承认。”第4条：“当事人不能亲自回国申请承认外国法院的离婚判决，可委托他人代理。驻外使、领馆可为此类委托书办理公证或认证。受理委托书公证应要求当事人亲自申请。”第5条：“当事人或其代理人申请国内中级人民法院对外国法院离婚判决书的裁定承认，必须提供：（一）外国法院离婚判决书正本及经证明无误的中文译本；（二）若申请人是离婚判决的原告，作出判决的外国法院出具的被告已被合法传唤出庭或合法传唤出庭文件已送达被告的有关证明文件及经证明无误的中文译文；（三）若判决书中未指明判决已生效或生效时间的，作出判决的外国法院出具的判决已生效的证明文件及经证明无误的中文译文。驻外使、领馆应按照公证、认证程序为上述文件办理公证或认证。”第6条：“第五条中所述的‘经证明无误的中文译文’，可经如下途径证明：（一）外国公证机构公证、外交部或外交部授权机构认证及我驻外使、领馆认证；（二）驻外使、领馆直接公证；（三）国内公证机关公证。”第7条：“外国法院离婚判决书生效日期与我国法院裁定承认日期不同，离婚后未再婚公证应以外国法院离婚判决书生效日期为准。”第8条：“国内中级人民法院裁定对外国法院离婚判决不予承认的，当事人可到国内原户籍所在地或婚姻缔结地中级人民法院起诉离婚。驻外使领馆可根据国内法院的离婚判决，为当事人出具在国外期间的婚姻状况证明。”第9条：“有关外国法院离婚判决中夫妻财产分割、生活费负担、子女抚养等方面判决承认执行的公证、认证，不适用本规定。”最高人民法院民事审判庭**《关于美籍华人曹信宝与我公民王秀丽结婚登记有关问题的复函》**（1993年1月22日　〔93〕法民字第2号）：“……经研究，答复如下：一、与中国公民结婚的外国人（包括外籍华人），由外国法院判决离婚后，在中国境内又申请与中国公民结婚的,如果前一婚姻关系的外国法院的离婚判决未经我人民法院确认,该外国人则应就前一婚姻关系的外国法院的离婚判决向人民法院申请承认,经人民法院裁定承认后,婚姻登记机关按照有关规定审查无误才能予以婚姻登记。申请承认外国法院离婚判决,没有时间限制。二、在忻清菊不服美国法院对其与曹信宝离婚所作判决的情况下,曹在中国境内又申请与王秀丽登记结婚,是违反我国有关法律的,该'结婚登记'应依法予以撤销。但现在曹信宝与忻清菊已经由人民法院调解离婚,其与王秀丽的'结婚登记'是否撤销,请你们酌情处理。"最高人民法院**《关于中国公民申请承认外国法院离婚判决程序问题的规定》**(1991年8月13日　法〔民〕发〔1991〕21号,2020年修正)第1条:"对与我国没有订立司法协助协议的外国法院作出的离婚判决,中国籍当事人可以根据本规定向人民法院申请承认该外国法院的离婚判决。对与我国有司法协助协议的外国法院作出的离婚判决,按照协议的规定申请承认。"第2条:"外国法院离婚判决中的夫妻财产分割、生活费负担、子女抚养方面判决的承认执行,不适用本规定。"第3条:"向人民法院申请承认外国法院的离婚判决,申请人应提出书面申请书,并须附有外国法院离婚判决书正本及经证明无误的中文译本。否则,不予受理。"第4条:"申请书应记明以下事项:(一)申请人姓名、性别、年龄、工作单位和住址;(二)判决由何国法院作出,判决结果、时间;(三)受传唤及应诉的情况;(四)申请理由及请求;(五)其他需要说明的情况。"第5条:"申请由申请人住所地中级人民法院受理。申请人住所地与经常居住地不一致的,由经常居住地中级人民法院受理。申请人不在国内的,由申请人原国内住所地中级人民法院受理。"第6条:"人民法院接到申请书,经审查,符合本规定的受理条件的,应当在7日内立案;不符合的,应当在7日内通知申请人不予受理,并说明理由。"第7条:"人民法院审查承认外国法院离婚判决的申请,由3名审判员组成合议庭进行,作出的裁定不得上诉。"第8条:"人民法院受理申请后,对于外国法院离婚判决书没有指明已生效或生效时间的,应责令申请人提交作出判决的法院出具的判决已生效的证明文件。"第9条:"外国法院作出离婚判决的原告为申请人的,人民法院应责令其提交作出判决的外国法院已合法传唤被告出庭的有关证明文件。"第10条:"按照第八条、第九条要求提供的证明文件,应经该外国公证部门公证和我国驻该国使、领馆认证。同时应由申请人提供经证明无误的中文译本。"第11条:"居住在我国境内的外国法院离婚判决的被告为申请人,提交第八条、第十条所要求的证明文件和公证、认证有困难的,如能提交外国法院的应诉通知或出庭传票的,可推定外国法院离婚判决书为真实和已经生效。"第12条:"经审查,外国法院的离婚判决具有下列情形之一的,不予承认:(一)判决尚未发生法律效力;(二)作出判决的外国法院对案件没有管辖权;(三)判决是在被告缺席且未得到合法传唤情况下作出的;(四)该当事人之间的离婚案件,我国法院正在审理或已作出判决,或者第三国法院对该当事人之间作出的离婚案件判决已为我国法院所承认;(五)判决违反我国法律的基本原则或者危害我国国家主权、安全和社会公共利益。”第13条:“对外国法院的离婚判决的承认,以裁定方式作出。没有第十二条规定的情形的,裁定承认其法律效力;具有第十二条规定的情形之一的,裁定驳回申请人的申请。”第17条:“申请承认外国法院的离婚判决,委托他人代理的,必须向人民法院提交由委托人签名或盖章的授权委托书。委托人在国外出具的委托书,必须经我国驻该国的使、领馆证明,或者履行中华人民共和国与该所在国订立的有关条约中规定的证明手续。”第18条:“人民法院受理离婚诉讼后,原告一方变更请求申请承认外国法院离婚判决,或者被告一方另提出承认外国法院离婚判决申请的,其申请均不受理。”第19条:“人民法院受理承认外国法院离婚判决的申请后,对方当事人向人民法院起诉离婚的,人民法院不予受理。”第20条:“当事人之间的婚姻虽经外国法院判决,但未向人民法院申请承认的,不妨碍当事人一方另行向人民法院提出离婚诉讼。”第21条:“申请人的申请为人民法院受理后,申请人可以撤回申请,人民法院以裁定准予撤回。申请人撤回申请后,不得再提出申请,但可以另向人民法院起诉离婚。”第22条:“申请人的申请被驳回后,不得再提出申请,但可以另行向人民法院起诉离婚。”最高人民法院**《关于按中国婚姻法离婚的父母对子女的权利义务的规定应如何理解的函》**(1987年8月21日 〔87〕民他字第43号):“……关于英国驻华使馆就按中国婚姻法离婚的父母,在离婚后对子女的权利义务,规定如何理解的来照,经研究,我们认为:按我国婚姻法的规定,父母离婚后,对未成年子女仍负有抚养教育的权利与义务。没有抚养子女的一方,有权探视由他方抚养的子女。英国驻华使馆认为,按照中国婚姻法的规定,父母离婚后,并不取消没有抚养教育子女一方的权利,双方仍具有对子女抚养教育的合法权利,这种理解是符合中国婚姻法规定的精神的。对于英国驻华使馆来照中所针对的案件,我们认为,香港居民鲁慕贞经我法院调解与澳门居民林勤离婚后,向港英当局申请归她抚养的、现居内地的双方婚生子林伟超去港定居,是否得到批准,这是有关管理部门决定的事。至于林勤从澳门申请去港探视孩子,被批准的可能性较小,我们希望英国驻华使馆注意我国法律的规定,在处理此事上,给予当事人方便。”最高人民法院**《关于我国法院有权受理旅居外国的中国公民同时向两国法院起诉的案件的批复》**(1985年9月18日 〔1985〕民他字第27号):“……经研究,答复如下:一、关于旅居美国的中国公民张雪芬,为与居住国内的贺安延离婚,向我国法院起诉,同时也向美国法院起诉,现美国法院已作出判决,我国受诉法院是否还应作出判决的问题,我们同意你院报告的意见,在张雪芬未撤回向我国法院起诉的情况下,按《中华人民共和国民事诉讼法(试行)》第二十条第一款的规定,我国受诉法院得依法做出裁决,不受外国法院受理同一案件和是否作出裁决的影响。另外,在张雪芬一案中,在我国与美国尚无司法协助协定的情况下,美国法院通过美国驻沪总领事馆直接向我国内当事人送达诉讼文书是不允许的。二、关于华侨向居住国法院起诉离婚,其国内配偶不应诉;或外国法院判决离婚后,其国内配偶不上诉,而另向我国法院提起离婚之诉,我国法院是否受理的问题,我们也同意你院报告的意见,即我国领域内的中国公民的婚姻关系,受我国法律的保护和调整。在上述情况下的起诉,按《中华人民共和国民事诉讼法(试行)》第二十一条第(二)项的规定,我国法院应予受理并依法裁决。”最高人民法院**《关于旅居阿根廷的中国公民按阿根廷法律允许的方式达成的长期分居协议我国法院是否承认其离婚效力问题的复函》**(1984 年 12 月 5 日 〔84〕民他字第 14 号):“……关于在国内结婚后旅居阿根廷的中国公民王钰与杨洁敏因婚姻纠纷,由于阿根廷婚姻法不允许离婚,即按阿根廷法律允许的方式达成长期分居协议,请求你部承认并协助执行问题,经与外交部领事司研究认为,我驻外使领馆办理中国公民之间的有关事项,应当执行我国法律。王钰与杨洁敏的分居协议,不符合我国婚姻法的规定。故不能承认和协助执行。他们按照阿根廷法律允许的方式达成的分居协议,只能按阿根廷法律规定的程序向阿有关方面申请承认。如果他们要取得在国内离婚的效力,必须向国内原结婚登记机关或结婚登记地人民法院申办离婚手续。”最高人民法院**《关于郭淡清与苏联籍的妻子离婚问题的函》**(1980 年 5 月 5 日 〔80〕民他字第 8 号):“……关于我国男公民郭淡清申请与苏联籍的妻子离婚问题。我们意见,先由男方本人直接去信征求女方意见后再作处理,如女方不同意或不理睬,男方坚持一定要离婚时,由申请人所在地区法院判决离婚,判决书由男方直接寄给女方。”最高人民法院民事审判庭**《关于委托朝鲜法院征求离婚案件在朝一方当事人意见等问题的函》**(1974 年 6 月 19 日 〔74〕法民字第 4 号):“……关于金英姬与白万福离婚一案,应由金英姬提供白万福在朝鲜的住址,以便委托朝鲜有关法院征询意见。如金英姬确实不能提供白万福所在地址,找不到对方下落,无法征求其对离婚的意见,则可比照我国婚姻法第十九条第二项的规定,在无通讯关系连续已满两年后,予以缺席判决。了解到白万福的住址后,由牡丹江地区中级人民法院给朝鲜男方住地的有关法院写一委托书,附上询问提纲及金英姬申请离婚书副本,请该法院代向白万福征求意见。(注意申请离婚书中只扼要说明申请理由即可,不要写上涉及两国关系的、尤其是影响两国友谊的词句。)这些文书,用中文和正式公函,由你院审查后,直接函请外交部领事司代办即可,不必再经我院。如金英姬能提出白万福同意离婚的信件,经过认真审查,证实并非伪造,则可作为双方同意离婚,由民政部门登记,或由基层法院作为调解处理。协议调解文书由中级人民法院审查后,发给金英姬自行送达。”最高人民法院**《关于美国法院无权判决我国公民离婚案件的批复》**(1967 年 4 月 26 日 〔67〕民他字第 6 号):“……经审阅并与外交部联系,同意烟台市人民法院及你省外事办公室对本案的处理意见。即让栾玉敏本人以个人名义,去信给美国内华达州立第二法院提出抗议,严正声明美国政府无权处理她的婚姻问题,并将其判决书等文件一并退回去。”最高人民法院**《关于林嘉秀与在美国居住的华侨康继光离婚问题的批复》**(1956 年 3 月 15 日 法研字第 2288 号):“……如果来函所说的男方康继光曾来信表示同意离婚,他在美国已另行结婚以及他曾两次给他们的父母来信索要离婚证明等情况都有确实材料可以证明,可以判决离婚。在这种情况下,对争取康继光回国问题,不至于发生不利影响。但如果上述情况不能证实,则在处理上仍应特别慎重。”最高人民法院**《关于中国籍朝鲜族公民离婚问题的批复》**(1955 年 12 月 3 日 法行字第 16648 号):“……关于中国籍朝鲜族公民金正顺提出与其夫朴炳值(来文未提明国籍)的离婚问题,我们意见务必慎重处理。女方现居住中国,应向女方居住地亲友、群众与乡人民委员会和人民团体切实调查了解是否多年断绝通讯关系;如经调查属实,即可依法判决。关于中国籍朝鲜族公民徐启伊提出与朝鲜民主主义人民共和国妇女金寿玉离婚的问题,从来文所附蛟河县人民法院询问笔录来看,男方之提出离婚,是因为女方‘不能来中国’,而实际情况男方是愿意让女方来中国,女方也愿意到中国来。如果这个问题获得解决,他们就可以不离婚。因此,问题的关键,是解决女方申请入境手续。你院可通知蛟河县人民法院转告男方,由其函告女方可向其本国的外务省或其他主管机关申请领取出国护照,经中国驻朝鲜民主主义人民共和国大使馆签证,即可来中国。如果是女方不愿意来中国,或是男方不愿意让女方来中国,或是男方由于其他原因提出离婚等情况,可经由你院与吉林省外事处联系,由他们通过朝鲜民主主义人民共和国驻沈阳总领事馆征求女方意见,然后根据中华人民共和国婚姻法判决,判决以后,对判决书的送达,亦可通过朝鲜民主主义人民共和国驻沈阳总领事馆办理。”最高人民法院**《关于日籍妇女林枫叶和我国公民王秉珍离婚后发生的子女抚养问题的函》**(1955 年 10 月 25 日 民一字第 15331 号):“……你院(55)法民二字第 514 号函请示关于日籍妇女林枫叶与我国公民王秉珍为离婚后子女抚养问题争执的处理办法,作如下答复:一、林枫叶与王秉珍所生之男孩小石,年方 3 岁,尚在哺乳期间,依据我国婚姻法照顾子女利益的原则,可由其母亲抚养,如林枫叶回日本,亦可准其将孩子带走……三、孩子是中国公民,出境时应由当地公安机关发给中国人出国证明书。”最高人民法院**《关于“驻华俄国东正教会”离婚证件是否有效问题的复函》**(1955 年 1 月 18 日 法行字第 741 号):“……根据我国婚姻法第十七条规定,男女双方自愿离婚的,应向区人民政府登记领取离婚证,对男女一方坚决要求离婚的,经调解无效时,应由县市人民法院判决。我们认为宗教团体所发的离婚证件,似不能发生法律效力。”最高人民法院**《关于英籍公民诉请与英侨离婚问题的复函》**(1954 年 12 月 18 日 法行字第

13272 号):“……本院经与外交部联系,认为此案原告不在中国,被告即将出境,可不受理。”最高人民法院**《对丹麦驻华使馆询问婚姻问题提出意见的复函》**(1954 年 4 月 30 日　法行字第 3471 号):“……根据丹麦使馆致你部照会,安德斯于 1940 年在青岛和苏联人伊奥劳夫斯基结婚时是中国籍;现居丹麦,无国籍。查所附离婚据,开头就说明女方是无国籍的立陶宛人。国籍问题对他们结婚及离婚的效力是有关系的。立陶宛在 1940 年以前就已加入苏维埃社会主义共和国联盟,我们究竟认为他是无国籍,或属于苏联国籍或中国国籍,是需要弄清楚的。假定安德斯是中国国籍,在她和伊奥劳夫斯基结婚的时候,国民党反动政府对涉外婚姻问题是依夫之本国法解决的。同时期苏联法令也不禁止其公民与外国人结婚。苏联 1944 年《关于婚姻、家庭及监护法的几项修改》订明:‘规定只有登记的婚姻,始能发生各盟员共和国婚姻、家庭及监护法所规定的夫妻的权利义务’。她们虽曾结婚,但未向苏联驻华使领馆进行登记,按照上述规定,只是事实上已成立婚姻关系,并未发生夫妻的权利与义务。后来她们又于 1945 年在上海签订了离婚据,按照苏联法律,即使是双方同意离婚,也必须经法院审判。但她们原有的婚姻关系既然仅是事实上的婚姻关系,又经过协议离婚,故可认为其事实上的婚姻关系亦因此不复存在。再假定安德斯是无国籍人,她在中国和苏联人所发生的婚姻,也同样要适用夫之本国法即苏联法来解决,其结果亦与前面所述无异。又按那时反动政府关于一般婚姻问题的伪法统,像本件双方所举行的宗教仪式的结婚和协议方式的离婚,也都是有效的。附此说明,以备参考。”最高人民法院**《关于颜佩宽与德留信子离婚问题的批复》**(1954 年 3 月 6 日　法行字第 2079 号):“……双方的感情早已破裂,而德留信子于 1952 年已另与他人同居,至今不知去向,因此在这个具体案件上我们认为可以判离婚;但今后如遇有类似问题,仍须根据具体情况作慎重处理,对本案的处理不能视为此类问题的处理原则而受其限制。”

(3)部门规章。民政部办公厅**《关于华侨余静申请办理结婚登记有关问题的复函》**(2007 年 4 月 17 日　民办函〔2007〕88 号):“……《最高人民法院关于人民法院受理申请承认外国法院离婚判决案件有关问题的规定》(法释〔2000〕6 号)规定,‘中国公民向人民法院申请承认外国法院离婚判决,人民法院不应以其未在国内缔结婚姻关系而拒绝受理’。《最高人民法院关于中国公民申请承认外国法院离婚判决程序问题的规定》(法〔民〕发〔1991〕21 号)第五条规定,‘申请人不在国内的,由申请人原国内住所地中级人民法院受理’;第十七条规定,‘申请承认外国法院的离婚判决,委托他人代理的,必须向人民法院提交由委托人签名或盖章的授权委托书。委托人在国外出具的委托书,必须经我国驻该国的使、领馆证明。’根据以上规定,余静可以委托国内亲属,向其原住所地中级人民法院申请承认奥地利共和国地方法院作出的离婚判决书。人民法院应当受理,并视情裁定承认外国法院的离婚判决书或裁定驳回申请人的申请。你馆应在余静提供我人民法院裁定承认外国法院离婚判决书的情况下为其办理再婚登记手续。”民政部办公厅**《关于李××婚姻登记问题的复函》**(2006年7月27日　民办函〔2006〕128号)：“……从你厅来函和李××提供的材料看，李××持有经中国驻旧金山总领事馆认证的单身声明书、与罗×无直系血亲和三代以内旁系血亲关系声明书、美国绿卡及中国驻旧金山总领事馆为其颁发的已过有效期的旅行证。李××持有合法有效的台湾居民往来大陆通行证、台湾居民身份证，虽然其台湾居民身份证上有‘配偶为李蔡××’的标注，但李××另外提供了中国驻旧金山总领事馆认证的美国加利福尼亚州旧金山市高等法院作出的其与蔡××离婚的判决书，且说明了未在台湾居民身份证中注销配偶栏记录的原因。我部认为，李××持有合法有效的身份证件和单身证明，其提供的证件和材料能够证明其符合婚姻法规定的结婚登记条件。如果李××与罗×亲自到婚姻登记机关申请办理结婚登记，应当为其办理，李××提供的上述证件复印件、证明材料及情况说明应当存档。”外交部、司法部、民政部**《关于驻外使、领馆就中国公民申请人民法院承认外国法院离婚判决事进行公证、认证的有关规定》**(1997年3月27日　外领八函〔1997〕5号)第1条：“婚姻当事人一方为中国公民的外国法院的离婚判决书在国内使用，须经国内中级人民法院对该判决裁定承认后，才能为当事人出具以该外国法院离婚判决为准的婚姻状况公证。”第2条：“婚姻当事人一方为中国公民的外国法院离婚判决书在国外使用：(一)若居住国可根据外国法院离婚判决书或其他证明材料，为当事人出具婚姻状况证明，不需要我驻该国使、领馆出具以外国法院离婚判决为准的婚姻状况公证，我使、领馆可不予干预，但不干预不等于承认。(二)若当事人不能在居住国取得婚姻状况证明，需我驻该国使、领馆出具以此判决为准的婚姻状况公证，应先向国内中级人民法院申请对该判决的承认。该判决经裁定承认后，才能为当事人出具有关公证。”第3条：“国内中级人民法院受理当事人的申请时，对外国法院离婚判决书的真伪不能判定，要求当事人对该判决书的真实性进行证明的，当事人可向驻外使、领馆申请公证、认证。外国法院的离婚判决书可经过居住国公证机构公证、外交部或外交部授权机构认证，我使、领馆认证；抑或居住国外交部直接认证，我使、领馆认证。进行上述认证的目的是为判决书的真伪提供证明，不涉及对其内容的承认。”第4条：“当事人不能亲自回国申请承认外国法院的离婚判决，可委托他人代理。驻外使、领馆可为此类委托书办理公证或认证。受理委托书公证应要求当事人亲自申请。”第5条：“当事人或其代理人申请国内中级人民法院对外国法院离婚判决书的裁定承认，必须提供：(一)外国法院离婚判决书正本及经证明无误的中文译本；(二)若申请人是离婚判决的原告，作出判决的外国法院出具的被告已被合法传唤出庭或合法传唤出庭文件已送达被告的有关证明文件及经证明无误的中文译文；(三)若判决书中未指明判决已生效或生效时间的，作出判决的外国法院出具的判决已生效的证明文件及经证明无误的中文译文。驻外使、领馆应按照公证、认证程序为上述文件办理公证或认证。”第6条：“第五条中所述的‘经证明无误的中文译文’，可经如下途径证明：（一）外国公证机构公证、外交部或外交部授权机构认证及我驻外使、领馆认证；（二）驻外使、领馆直接公证；（三）国内公证机关公证。”第7条：“外国法院离婚判决书生效日期与我国法院裁定承认日期不同，离婚后未再婚公证应以外国法院离婚判决书生效日期为准。”第8条：“国内中级人民法院裁定对外国法院离婚判决不予承认的，当事人可到国内原户籍所在地或婚姻缔结地中级人民法院起诉离婚。驻外使领馆可根据国内法院的离婚判决，为当事人出具在国外期间的婚姻状况证明。”第9条：“有关外国法院离婚判决中夫妻财产分割、生活费负担、子女抚养等方面判决承认执行的公证、认证，不适用本规定。”

（4）地方司法性文件。北京高院《**关于立案审判适用法律若干问题的解答（一）**》（2018年12月4日）第36条：“当事人享有司法管辖豁免的如何处理？案件起诉时享有特权与豁免人员职务已终止的当事人是否享有司法管辖豁免？判断当事人是否享有司法管辖豁免应当确认引发纠纷的行为是否为‘该人以使馆人员资格执行职务之行为’。因该问题不属于司法权判断的范围，应由外交部门认定，故遇到此类问题，应先行报送书面报告并附案件起诉书，由市高级人民法院外事办公室上报外交部门确认其是否享有外交豁免权。若经确认，引发诉讼的行为系使馆人员执行职务的行为，则依据《维也纳外交关系公约》的规定，豁免应始终有效，对享有外交豁免权的人员提起的诉讼，人民法院应不予受理。以在中国享有特权与豁免的主体为被告、第三人向人民法院起诉的民事案件，各院在决定受理之前，应报请市高级人民法院审查；市高级人民法院同意受理的，应当将审查意见报最高人民法院。在最高人民法院答复前，一律暂不受理。”北京高院民一庭《**关于审理婚姻纠纷案件若干疑难问题的参考意见**》（2016年8月4日）第50条：“【涉外婚姻案件准据法问题】人民法院在审理涉外、涉港澳台婚姻案件中，应在判决论理中对准据法查明予以明确论述。《中华人民共和国涉外民事关系法律适用法》第二十四条规定适用范围主要是指夫妻财产制、夫妻债务责任等财产法律关系的法律适用；第二十七条规定适用范围主要是指离婚时夫妻身份关系、子女抚养、财产分割、离婚损害赔偿等问题的法律适用。”浙江高院民四庭《**关于印发〈涉外商事审判疑难问题解答（一）〉的通知**》（2014年1月7日　浙高法民四〔2014〕3号）第14条：“人民法院能否直接采用域外法院判决、仲裁裁决所认定的事实？答：在域外法院判决、仲裁裁决已被人民法院承认或认可的情况下，人民法院可以直接采用该判决、裁决所认定的事实，但当事人有相反证据足以推翻该判决、裁决所认定的事实的除外。在域外判决、仲裁裁决被人民法院承认或认可之前，判决、仲裁裁决认定的事实仅可作为证据材料在诉讼中使用,人民法院不能直接采用该判决、裁决所认定的事实。”第25条:“当事人既提交外国护照又提交中国身份证,裁判文书中如何表述?答:护照是一国公民出入本国国境和到国外旅行、工作或居留等,由本国发给的一种证明该公民国籍和身份的合法证件。依照《中华人民共和国国籍法》的规定,我国不承认中国公民具有双重国籍;定居外国的中国公民,自愿加入或取得外国国籍的,即自动丧失中国国籍。《中华人民共和国居民身份证试行条例》第十三条规定:公民出国或去香港、澳门、台湾地区,按规定需要注销户口时,在办理注销户口手续时,缴销居民身份证。诉讼中,当事人提交其外国护照的,说明其已经加入或取得该国国籍,未办理中国户口注销和身份证缴销的,其原中国身份证和户口本自动失效,不能继续使用。据此,在裁判文书中应列明该当事人为护照颁发国的公民,并列明其护照号码。”上海高院《**民事法律适用问答**》(2014年第1期)第6条:“外国人当事人委托本国人担任民事诉讼代理人的问题。基于涉外案件的特殊性,一些外国当事人可能在中国没有亲友,也不熟悉当地律师,因此,较倾向于委托本国人担任诉讼代理人。在最高人民法院《关于适用〈中华人民共和国民事诉讼法〉若干问题的意见》未被废止或作出修改前,仍按照该意见第308条的规定来处理外国人当事人委托本国人担任民事诉讼代理人的问题。”江苏高院《**涉外商事案件审理指南**》(2012年1月1日)第3条:“外国及港澳台法院判决确认事实的认定。对于外国法院作出的商事判决,除有关判决已为人民法院承认或当事人认可外,人民法院不能直接采用外国法院判决认定的事实。当事人对已为人民法院认可的台湾地区有关法院作出的民事判决所认定的事实无需举证。但如果对方当事人有相反证据足以推翻该判决认定的事实的,则不能免除当事人的举证责任。对于香港、澳门地区法院的诉讼文书确认的事实,亦照此办理。”上海高院《**民事法律适用问答**》(2002年第2期)第1条:“授权委托书中仅授权代理人‘代为签署有关文书’,而无代为起诉的授权,委托代理人代理在境外的原告签署民事起诉状并提起诉讼,人民法院应如何处理?如委托代理人主张起诉状是由原告本人签署,但又不能提供证实原告真实签名的证据时,又应如何处理?答:我们认为,授权他人代为起诉,必须有明确的授权。仅授权‘代为签署有关文书’的,显然不包含代为起诉的授权,应当裁定不予受理;已经受理的,应当驳回起诉。对于境外当事人提交的起诉书,无法证明签名的真实性的,应当提供规定的公证、认证文件,不能提供的,不予受理;已经受理的,应当要求其补办,不能补办的,应当驳回起诉。”上海高院《**民事法律适用问答**》(2002年第1期)第3条:“对于中国公民加入外国国籍并取了外国姓名,后又在我国参加诉讼的当事人,法院在裁判文书中应如何表述其姓名?答:我们认为,为了便于人民法院审理案件,同时也有利于人民法院裁判文书得到外国的承认和执行,对于有中文姓名但定居境外的当事人,无论其是否具有中国国籍,均可以先写明其中文姓名,然后以括号注明的方式按其所惯常使用的文字,写明其在外国使用的姓名。对于无中文姓名的外籍当事人,如果在诉讼中曾以该当事人的中文音译姓名作为其姓名,或以其他方式确定过中文姓名的,比照前述办法处理。另外,对于外国国籍当事人的住址等问题的表述,如有必要。也可参照前述办法处理。”

2. 涉港澳台离婚。最高人民法院**《关于民事诉讼证据的若干规定(2019 修正)》**(2020 年 5 月 1 日)第 16 条:“……当事人向人民法院提供的证据是在香港、澳门、台湾地区形成的,应当履行相关的证明手续。”最高人民法院**《关于内地与香港特别行政区法院就民商事案件相互委托提取证据的安排》**(2017 年 3 月 1 日 法释〔2017〕4 号)第 1 条:“内地人民法院与香港特别行政区法院就民商事案件相互委托提取证据,适用本安排。”第 2 条:“双方相互委托提取证据,须通过各自指定的联络机关进行。其中,内地指定各高级人民法院为联络机关;香港特别行政区指定香港特别行政区政府政务司司长办公室辖下行政署为联络机关。最高人民法院可以直接通过香港特别行政区指定的联络机关委托提取证据。”第 3 条:“受委托方的联络机关收到对方的委托书后,应当及时将委托书及所附相关材料转送相关法院或者其他机关办理,或者自行办理。如果受委托方认为委托材料不符合本辖区相关法律规定,影响其完成受托事项,应当及时通知委托方修改、补充。委托方应当按照受委托方的要求予以修改、补充,或者重新出具委托书。如果受委托方认为受托事项不属于本安排规定的委托事项范围,可以予以退回并说明原因。”第 4 条:“委托书及所附相关材料应当以中文文本提出。没有中文文本的,应当提供中文译本。”第 5 条:“委托方获得的证据材料只能用于委托书所述的相关诉讼。”第 6 条:“内地人民法院根据本安排委托香港特别行政区法院提取证据的,请求协助的范围包括:(一)讯问证人;(二)取得文件;(三)检查、拍摄、保存、保管或扣留财产;(四)取得财产样品或对财产进行试验;(五)对人进行身体检验。香港特别行政区法院根据本安排委托内地人民法院提取证据的,请求协助的范围包括:(一)取得当事人的陈述及证人证言;(二)提供书证、物证、视听资料及电子数据;(三)勘验、鉴定。”第 7 条:“受委托方应当根据本辖区法律规定安排取证。委托方请求按照特殊方式提取证据的,如果受委托方认为不违反本辖区的法律规定,可以按照委托方请求的方式执行。如果委托方请求其司法人员、有关当事人及其诉讼代理人(法律代表)在受委托方取证时到场,以及参与录取证言的程序,受委托方可以按照其辖区内相关法律规定予以考虑批准。批准同意的,受委托方应当将取证时间、地点通知委托方联络机关。”第 8 条:“内地人民法院委托香港特别行政区法院提取证据,应当提供加盖最高人民法院或者高级人民法院印章的委托书。香港特别行政区法院委托内地人民法院提取证据,应当提供加盖香港特别行政区高等法院印章的委托书……”第12条:“本安排在内地由最高人民法院发布司法解释和香港特别行政区完成有关内部程序后,由双方公布生效日期。本安排适用于受委托方在本安排生效后收到的委托事项,但不影响双方根据现行法律考虑及执行在本安排生效前收到的委托事项。”最高人民法院**《关于认可和执行台湾地区法院民事判决的规定》**(2015年7月1日　法释〔2015〕13号)第1条:“台湾地区法院民事判决的当事人可以根据本规定,作为申请人向人民法院申请认可和执行台湾地区有关法院民事判决。”第2条:“本规定所称台湾地区法院民事判决,包括台湾地区法院作出的生效民事判决、裁定、和解笔录、调解笔录、支付命令等。申请认可台湾地区法院在刑事案件中作出的有关民事损害赔偿的生效判决、裁定、和解笔录的,适用本规定。申请认可由台湾地区乡镇市调解委员会等出具并经台湾地区法院核定,与台湾地区法院生效民事判决具有同等效力的调解文书的,参照适用本规定。”第3条:“申请人同时提出认可和执行台湾地区法院民事判决申请的,人民法院先按照认可程序进行审查,裁定认可后,由人民法院执行机构执行。申请人直接申请执行的,人民法院应当告知其一并提交认可申请;坚持不申请认可的,裁定驳回其申请。”第4条:“申请认可台湾地区法院民事判决的案件,由申请人住所地、经常居住地或者被申请人住所地、经常居住地、财产所在地中级人民法院或者专门人民法院受理。申请人向两个以上有管辖权的人民法院申请认可的,由最先立案的人民法院管辖。申请人向被申请人财产所在地人民法院申请认可的,应当提供财产存在的相关证据。”第5条:“对申请认可台湾地区法院民事判决的案件,人民法院应当组成合议庭进行审查。”第6条:“申请人委托他人代理申请认可台湾地区法院民事判决的,应当向人民法院提交由委托人签名或者盖章的授权委托书。台湾地区、香港特别行政区、澳门特别行政区或者外国当事人签名或者盖章的授权委托书应当履行相关的公证、认证或者其他证明手续,但授权委托书在人民法院法官的见证下签署或者经中国大陆公证机关公证证明是在中国大陆签署的除外。”第7条:“申请人申请认可台湾地区法院民事判决,应当提交申请书,并附有台湾地区有关法院民事判决文书和民事判决确定证明书的正本或者经证明无误的副本。台湾地区法院民事判决为缺席判决的,申请人应当同时提交台湾地区法院已经合法传唤当事人的证明文件,但判决已经对此予以明确说明的除外。申请书应当记明以下事项:(一)申请人和被申请人姓名、性别、年龄、职业、身份证件号码、住址(申请人或者被申请人为法人或者其他组织的,应当记明法人或者其他组织的名称、地址、法定代表人或者主要负责人姓名、职务)和通讯方式;(二)请求和理由;(三)申请认可的判决的执行情况;(四)其他需要说明的情况。”第9条:“申请人申请认可台湾地区法院民事判决,应当提供相关证明文件,以证明该判决真实并且已经生效。申请人可以申请人民法院通过海峡两岸调查取证司法互助途径查明台湾地区法院民事判决的真实性和是否生效以及当事人得到合法传唤的证明文件;人民法院认为必要时,也可以就有关事项依职权通过海峡两岸司法互助途径向台湾地区请求调查取证。”第10条:“人民法院受理认可台湾地区法院民事判决的申请之前或者之后,可以按照民事诉讼法及相关司法解释的规定,根据申请人的申请,裁定采取保全措施。”第11条:“人民法院受理认可台湾地区法院民事判决的申请后,当事人就同一争议起诉的,不予受理。一方当事人向人民法院起诉后,另一方当事人向人民法院申请认可的,对于认可的申请不予受理。”第12条:“案件虽经台湾地区有关法院判决,但当事人未申请认可,而是就同一争议向人民法院起诉的,应予受理。”第13条:“人民法院受理认可台湾地区法院民事判决的申请后,作出裁定前,申请人请求撤回申请的,可以裁定准许。”第14条:“人民法院受理认可台湾地区法院民事判决的申请后,应当在立案之日起六个月内审结。有特殊情况需要延长的,报请上一级人民法院批准。通过海峡两岸司法互助途径送达文书和调查取证的期间,不计入审查期限。”第15条:“台湾地区法院民事判决具有下列情形之一的,裁定不予认可:(一)申请认可的民事判决,是在被申请人缺席又未经合法传唤或者在被申请人无诉讼行为能力又未得到适当代理的情况下作出的;(二)案件系人民法院专属管辖的;(三)案件双方当事人订有有效仲裁协议,且无放弃仲裁管辖情形的;(四)案件系人民法院已作出判决或者中国大陆的仲裁庭已作出仲裁裁决的;(五)香港特别行政区、澳门特别行政区或者外国的法院已就同一争议作出判决且已为人民法院所认可或者承认的;(六)台湾地区、香港特别行政区、澳门特别行政区或者外国的仲裁庭已就同一争议作出仲裁裁决且已为人民法院所认可或者承认的。认可该民事判决将违反一个中国原则等国家法律的基本原则或者损害社会公共利益的,人民法院应当裁定不予认可。”第16条:“人民法院经审查能够确认台湾地区法院民事判决真实并且已经生效,而且不具有本规定第十五条所列情形的,裁定认可其效力;不能确认该民事判决的真实性或者已经生效的,裁定驳回申请人的申请。裁定驳回申请的案件,申请人再次申请并符合受理条件的,人民法院应予受理。”第17条:“经人民法院裁定认可的台湾地区法院民事判决,与人民法院作出的生效判决具有同等效力。”第18条:“人民法院依据本规定第十五条和第十六条作出的裁定,一经送达即发生法律效力。当事人对上述裁定不服的,可以自裁定送达之日起十日内向上一级人民法院申请复议。”第19条:“对人民法院裁定不予认可的台湾地区法院民事判决,申请人再次提出申请的,人民法院不予受理,但申请人可以就同一争议向人民法院起诉。”第20条:“申请人申请认可和执行台湾地区法院民事判决的期间,适用民事诉讼法第二百三十九条的规定,但申请认可台湾地区法院有关身份关系的判决除外。申请人仅申请认可而未同时申请执行的,申请执行的期间自人民法院对认可申请作出的裁定生效之日起重新计算。”第21条:“人民法院在办理申请认可和执行台湾地区法院民事判决案件中作出的法律文书，应当依法送达案件当事人。”第22条：“申请认可和执行台湾地区法院民事判决，应当参照《诉讼费用交纳办法》的规定，交纳相关费用。”最高人民法院**《关于适用〈中华人民共和国涉外民事关系法律适用法〉若干问题的解释(一)》**(2013年1月7日　法释〔2012〕24号)第1条：“民事关系具有下列情形之一的，人民法院可以认定为涉外民事关系：(一)当事人一方或双方是外国公民、外国法人或者其他组织、无国籍人；(二)当事人一方或双方的经常居所地在中华人民共和国领域外；(三)标的物在中华人民共和国领域外；(四)产生、变更或者消灭民事关系的法律事实发生在中华人民共和国领域外；(五)可以认定为涉外民事关系的其他情形。”第2条：“涉外民事关系法律适用法实施以前发生的涉外民事关系，人民法院应当根据该涉外民事关系发生时的有关法律规定确定应当适用的法律；当时法律没有规定的，可以参照涉外民事关系法律适用法的规定确定。”第6条：“中华人民共和国法律没有明确规定当事人可以选择涉外民事关系适用的法律，当事人选择适用法律的，人民法院应认定该选择无效。”第7条：“一方当事人以双方协议选择的法律与系争的涉外民事关系没有实际联系为由主张选择无效的，人民法院不予支持。”第8条：“当事人在一审法庭辩论终结前协议选择或者变更选择适用的法律的，人民法院应予准许。各方当事人援引相同国家的法律且未提出法律适用异议的，人民法院可以认定当事人已经就涉外民事关系适用的法律做出了选择。”第9条：“当事人在合同中援引尚未对中华人民共和国生效的国际条约的，人民法院可以根据该国际条约的内容确定当事人之间的权利义务，但违反中华人民共和国社会公共利益或中华人民共和国法律、行政法规强制性规定的除外。”第12条：“涉外民事争议的解决须以另一涉外民事关系的确认为前提时，人民法院应当根据该先决问题自身的性质确定其应当适用的法律。”第13条：“案件涉及两个或者两个以上的涉外民事关系时，人民法院应当分别确定应当适用的法律。”第15条：“自然人在涉外民事关系产生或者变更、终止时已经连续居住一年以上且作为其生活中心的地方，人民法院可以认定为涉外民事关系法律适用法规定的自然人的经常居所地，但就医、劳务派遣、公务等情形除外。”第18条：“人民法院应当听取各方当事人对应当适用的外国法律的内容及其理解与适用的意见，当事人对该外国法律的内容及其理解与适用均无异议的，人民法院可以予以确认；当事人有异议的，由人民法院审查认定。”第19条：“涉及香港特别行政区、澳门特别行政区的民事关系的法律适用问题，参照适用本规定。”最高人民法院**《关于进一步规范人民法院涉港澳台调查取证工作的通知》**(2011年8月7日　法〔2011〕243号)第1条：“人民法院在案件审判中，需要从港澳特区或者台湾地区调取证据的，应当按照相关司法解释和规范性文件规定的权限和程序，委托港澳特区或者台湾地区业务主管部门协助调查取证。除有特殊情况层报最高人民法院并经中央有关部门批准外,人民法院不得派员赴港澳特区或者台湾地区调查取证。"第2条:"人民法院不得派员随同公安机关、检察机关团组赴港澳特区或者台湾地区就特定案件进行调查取证。"第3条:"各高级人民法院应切实担负起职责,指导辖区内各级人民法院做好涉港澳台调查取证工作。对有关法院提出的派员赴港澳特区或者台湾地区调查取证的申请,各高级人民法院要严格把关,凡不符合有关规定和本通知精神的,应当予以退回。"第4条:"对于未经报请最高人民法院并经中央有关部门批准,擅自派员赴港澳特区或者台湾地区调查取证的,除严肃追究有关法院和人员的责任,并予通报批评外,还要视情暂停审批有关法院一定期限内的赴港澳台申请。"最高人民法院**《关于适用〈中华人民共和国民事诉讼法〉的解释》**(2015年2月4日　法释〔2015〕5号)第551条:"人民法院审理涉及香港、澳门特别行政区和台湾地区的民事诉讼案件,可以参照适用涉外民事诉讼程序的特别规定。"最高人民法院**《关于审理涉台民商事案件法律适用问题的规定》**(2011年1月1日　法释〔2010〕19号)第1条:"人民法院审理涉台民商事案件,应当适用法律和司法解释的有关规定。根据法律和司法解释中选择适用法律的规则,确定适用台湾地区民事法律的,人民法院予以适用。"第2条:"台湾地区当事人在人民法院参与民事诉讼,与大陆当事人有同等的诉讼权利和义务,其合法权益受法律平等保护。"第3条:"根据本规定确定适用有关法律违反国家法律的基本原则或者社会公共利益的,不予适用。"最高人民法院**《关于内地与香港特别行政区法院相互认可和执行当事人协议管辖的民商事案件判决的安排》**(2008年8月1日　法释〔2008〕9号)第1条:"内地人民法院和香港特别行政区法院在具有书面管辖协议的民商事案件中作出的须支付款项的具有执行力的终审判决,当事人可以根据本安排向内地人民法院或者香港特别行政区法院申请认可和执行。"第2条:"本安排所称'具有执行力的终审判决':(一)在内地是指:1. 最高人民法院的判决;2. 高级人民法院、中级人民法院以及经授权管辖第一审涉外、涉港澳台民商事案件的基层人民法院(名单附后)依法不准上诉或者已经超过法定期限没有上诉的第一审判决,第二审判决和依照审判监督程序由上一级人民法院提审后作出的生效判决。(二)在香港特别行政区是指终审法院、高等法院上诉法庭及原讼法庭和区域法院作出的生效判决。本安排所称判决,在内地包括判决书、裁定书、调解书、支付令;在香港特别行政区包括判决书、命令和诉讼费评定证明书。当事人向香港特别行政区法院申请认可和执行判决后,内地人民法院对该案件依法再审的,由作出生效判决的上一级人民法院提审。"第3条:"本安排所称'书面管辖协议',是指当事人为解决与特定法律关系有关的已经发生或者可能发生的争议,自本安排生效之日起,以书面形式明确约定内地人民法院或者香港特别行政区法院具有唯一管辖权的协议。本条所称'特定法律关系',是指当事人之间的民商事合同,不包括雇佣合同以及自然人因个人消费、家庭事宜或者其他非商业目的而作为协议一方的合同。本条所称'书面形式'是指合同书、信件和数据电文(包括电报、电传、传真、电子数据交换和电子邮件)等可以有形地表现所载内容、可以调取以备日后查用的形式。书面管辖协议可以由一份或者多份书面形式组成。除非合同另有规定,合同中的管辖协议条款独立存在,合同的变更、解除、终止或者无效,不影响管辖协议条款的效力。"第 4 条:"申请认可和执行符合本安排规定的民商事判决,在内地向被申请人住所地、经常居住地或者财产所在地的中级人民法院提出,在香港特别行政区向香港特别行政区高等法院提出。"第 5 条:"被申请人住所地、经常居住地或者财产所在地在内地不同的中级人民法院辖区的,申请人应当选择向其中一个人民法院提出认可和执行的申请,不得分别向两个或者两个以上人民法院提出申请。被申请人的住所地、经常居住地或者财产所在地,既在内地又在香港特别行政区的,申请人可以同时分别向两地法院提出申请,两地法院分别执行判决的总额,不得超过判决确定的数额。已经部分或者全部执行判决的法院应当根据对方法院的要求提供已执行判决的情况。"第 8 条:"申请人申请认可和执行内地人民法院或者香港特别行政区法院判决的程序,依据执行地法律的规定。本安排另有规定的除外。申请人申请认可和执行的期间为二年。前款规定的期间,内地判决到香港特别行政区申请执行的,从判决规定履行期间的最后一日起计算,判决规定分期履行的,从规定的每次履行期间的最后一日起计算,判决未规定履行期间的,从判决生效之日起计算;香港特别行政区判决到内地申请执行的,从判决可强制执行之日起计算,该日为判决上注明的判决日期,判决对履行期间另有规定的,从规定的履行期间届满后开始计算。"第 9 条:"对申请认可和执行的判决,原审判决中的债务人提供证据证明有下列情形之一的,受理申请的法院经审查核实,应当裁定不予认可和执行:(一)根据当事人协议选择的原审法院地的法律,管辖协议属于无效。但选择法院已经判定该管辖协议为有效的除外;(二)判决已获完全履行;(三)根据执行地的法律,执行地法院对该案享有专属管辖权;(四)根据原审法院地的法律,未曾出庭的败诉一方当事人未经合法传唤或者虽经合法传唤但未获依法律规定的答辩时间。但原审法院根据其法律或者有关规定公告送达的,不属于上述情形;(五)判决是以欺诈方法取得的;(六)执行地法院就相同诉讼请求作出判决,或者外国、境外地区法院就相同诉讼请求作出判决,或者有关仲裁机构作出仲裁裁决,已经为执行地法院所认可或者执行的。内地人民法院认为在内地执行香港特别行政区法院判决违反内地社会公共利益,或者香港特别行政区法院认为在香港特别行政区执行内地人民法院判决违反香港特别行政区公共政策的,不予认可和执行。"第 10 条:"对于香港特别行政区法院作出的判决,判决确定的债务人已经提出上诉,或者上诉程序尚未完结的,内地人民法院审查核实后,可以中止认可和执行程序。经上诉,维持全部或者部分原判决的,恢复认可和执行程序;完全改变原判决的,终止认可和执行程序。内地地方人民法院就已经作出的判决按照审判监督程序作出提审裁定,或者最高人民法院作出提起再审裁定的,香港特别行政区法院审查核实后,可以中止认可和执行程序。再审判决维持全部或者部分原判决的,恢复认可和执行程序;再审判决完全改变原判决的,终止认可和执行程序。”第 11 条:“根据本安排而获认可的判决与执行地法院的判决效力相同。”第 12 条:“当事人对认可和执行与否的裁定不服的,在内地可以向上一级人民法院申请复议,在香港特别行政区可以根据其法律规定提出上诉。”第 13 条:“在法院受理当事人申请认可和执行判决期间,当事人依相同事实再行提起诉讼的,法院不予受理。已获认可和执行的判决,当事人依相同事实再行提起诉讼的,法院不予受理。对于根据本安排第九条不予认可和执行的判决,申请人不得再行提起认可和执行的申请,但是可以按照执行地的法律依相同案件事实向执行地法院提起诉讼。”第 14 条:“法院受理认可和执行判决的申请之前或者之后,可以按照执行地法律关于财产保全或者禁制资产转移的规定,根据申请人的申请,对被申请人的财产采取保全或强制措施。”第 15 条:“当事人向有关法院申请执行判决,应当根据执行地有关诉讼收费的法律和规定交纳执行费或者法院费用。”第 16 条:“内地与香港特别行政区法院相互认可和执行的标的范围,除判决确定的数额外,还包括根据该判决须支付的利息、经法院核定的律师费以及诉讼费,但不包括税收和罚款。在香港特别行政区诉讼费是指经法官或者司法常务官在诉讼费评定证明书中核定或者命令支付的诉讼费用。”最高人民法院《**关于行政诉讼中台湾地区居民能否以个人名义担任诉讼代理人等有关问题的答复**》(2004 年 4 月 9 日 〔2004〕行他字第 4 号):“……参照《中华人民共和国民事诉讼法》及有关司法解释的规定,台湾地区诉讼当事人可以委托台湾地区居民以公民个人名义代理诉讼,但不得以律师身份代理。”最高人民法院办公厅《**关于人民法院对台湾海基金会委托送达台湾地区有关法院诉讼文书暂不予接受的通知**》(2002 年 10 月 24 日 法办〔2002〕302 号):“……最近,不少人民法院收到台湾财团法人海峡交流基金会(以下称台湾海基会)的函件,委托送达台湾地区有关法院的诉讼文书。在最高人民法院尚未就两岸法院间相互送达诉讼文书事宜作出规定之前,各地人民法院对收到的台湾海基会的此类函件,一律不予接受,并予以退回。同时请将有关情况报送最高人民法院(研究室)。”最高人民法院《**关于当事人持台湾地区有关行政或公证部门确认的离婚协议书向人民法院申请认可人民法院是否受理的复函**》(2000 年 12 月 26 日〔2000〕民他字第 29 号,已于 2021 年 1 月 1 日起废止):“……当事人向人民法院申请认可台湾地区有关行政或公证部门确认的离婚协议在大陆的效力,不符合我院《关于人民法院认可台湾地区有关法院民事判决的规定》,该申请不属于人民法院的主管范围，人民法院不予受理。当事人如需在大陆再婚，可告知其直接向婚姻登记机关申请登记。”最高人民法院**《关于内地与香港特别行政区法院相互委托送达民商事司法文书的安排》**（1999年3月30日　法释〔1999〕9号）第1条：“内地法院和香港特别行政区法院可以相互委托送达民商事司法文书。”第2条：“双方委托送达司法文书，均须通过各高级人民法院和香港特别行政区高等法院进行。最高人民法院司法文书可以直接委托香港特别行政区高等法院送达。”第3条：“委托方请求送达司法文书，须出具盖有其印章的委托书，并须在委托书中说明委托机关的名称、受送达人的姓名或者名称、详细地址及案件的性质。委托书应当以中文文本提出。所附司法文书没有中文文本的，应当提供中文译本。以上文件一式两份。受送达人为两人以上的，每人一式两份。受委托方如果认为委托书与本安排的规定不符，应当通知委托方，并说明对委托书的异议。必要时可以要求委托方补充材料。”第4条：“不论司法文书中确定的出庭日期或者期限是否已过，受委托方均应送达。委托方应当尽量在合理期限内提出委托请求。受委托方接到委托书后，应当及时完成送达，最迟不得超过自收到委托书之日起两个月。”第5条：“送达司法文书后，内地人民法院应当出具送达回证；香港特别行政区法院应当出具送达证明书。出具送达回证和证明书，应当加盖法院印章。受委托方无法送达的，应当在送达回证或者证明书上注明妨碍送达的原因、拒收事由和日期，并及时退回委托书及所附全部文书。”第6条：“送达司法文书，应当依照受委托方所在地法律规定的程序进行。”第7条：“受委托方对委托方委托送达的司法文书的内容和后果不负法律责任。”第9条：“本安排中的司法文书在内地包括：起诉状副本、上诉状副本、授权委托书、传票、判决书、调解书、裁定书、决定书、通知书、证明书、送达回证；在香港特别行政区包括：起诉状副本、上诉状副本、传票、状词、誓章、判案书、判决书、裁决书、通知书、法庭命令、送达证明。上述委托送达的司法文书以互换司法文书样本为准。”最高人民法院**《关于认真贯彻执行〈关于人民法院认可台湾地区有关法院民事判决的规定〉的通知》**（1998年6月17日　法〔1998〕54号）第2条：“人民法院在制作受理申请认可通知书和认可或者不予认可的裁定书时，不得在该通知书和裁定书中出现‘中华民国’的称谓、纪年等一类的文字。对于当事人申请认可的台湾地区有关法院的民事判决书（含民事裁定书和台湾地区仲裁机构的裁决书，下同），如有‘中华民国’的称谓、纪年等与‘一个中国’相违背的文字，应当更正或作技术性处理，如将‘中华民国’改写为‘台湾地区’，将‘中华民国八十七年’改写为‘公元1998年’等。”第3条：“人民法院在制作认可或者不予认可台湾地区有关法院民事判决的裁定书时，应参照最高人民法院制定的《认可台湾地区有关法院民事判决的裁定书样式》办理。”第4条：“在目前一段时间内，当事人申请认可台湾地区有关法院的民事判决，人民法院在裁定认可或者不予认可之前，应当报请本辖区所属高级人民法院进行审查。高级人民法院经审查同意或不同意认可,均应当及时予以答复,并报最高人民法院备案。”第5条:“依照《规定》向人民法院申请认可台湾地区有关法院民事判决的,不收取案件受理费。”最高人民法院《**申请确认在台湾离婚协议效力问题的函**》(1996年8月29日):“……经研究,同意你院于1996年4月1日补报的倾向性意见,即由于当事人是自愿在台湾当局的主管部门协议离婚,而没有通过诉讼程序离婚,故人民法院对认可该离婚协议效力的申请,缺乏受理依据,应不予受理。当事人杨彦如申请再婚登记或变更户籍婚姻登记等应由主管部门处理。如其向人民法院起诉离婚,有管辖权的法院应依法受理。”最高人民法院《**关于我国公民周芳洲向我国法院申请承认香港地方法院离婚判决效力我国法院应否受理问题的批复**》(1991年9月20日 〔91〕民他字第43号):“……我国公民周芳洲向人民法院提出申请,要求承认香港地方法院关于解除英国籍人卓见与其婚姻关系的离婚判决的效力,有管辖权的中级人民法院应予受理。受理后经审查,如该判决不违反我国法律的基本原则和社会公共利益,可裁定承认其法律效力。”最高人民法院副院长马原《**关于人民法院处理涉台民事案件的几个法律问题**》(1988年8月9日,已于2021年1月1日起废止)第1条:“关于婚姻问题。一些去台人员,由于夫妻长期隔离在海峡两岸,家庭发生了变异:有的单方在大陆依法办理了离婚手续;有的一方或者双方已经再婚,或者长期与他人以夫妻的名义同居生活,生育了子女,等等。对这种由于特殊的历史原因造成的婚姻纠纷,我们将充分考虑海峡两岸人民长期分离的实际情况,从有利于稳定婚姻家庭关系的现状出发,根据我国婚姻法一夫一妻制的基本原则,妥善处理。这类案件有以下几种情况:第一,对已经人民法院判决离婚的案件,不论是单方诉讼还是双方诉讼,也不论对方是否接到判决书,法院的判决都是有效的。如果双方均未再婚,现在请求恢复夫妻关系的,人民法院可以用裁定注销原来的判决,宣告婚姻关系恢复。但经判决离婚后,一方或者双方又另行结婚的,如果其再婚的配偶已经离婚或者已经死亡,现在双方要求恢复夫妻关系的,应当到有关婚姻登记机关重新办理结婚登记手续;如果再婚配偶还健在,必须在办理离婚手续后,才可以与原配偶重新结婚。我们认为,这样实事求是地处理海峡两岸由于长期隔离而造成的特殊婚姻关系,是符合各方当事人的利益的。第二,对双方分离以后为办理离婚手续,大陆一方又与他人结婚,或者长期与他人以夫妻关系同居生活的,我们原则上承认这种婚姻关系。现去台一方回来,大陆一方为与原配偶恢复关系,提出与再婚配偶离婚的,是否准予离婚,人民法院应当依照《中华人民共和国婚姻法》第二十五条关于‘人民法院审理离婚案件,应当进行调解;如感情确已破裂,调解无效,应准予离婚’的规定处理。如果认定感情尚未破裂的,则判决不准离婚。去台一方回大陆定居后,向人民法院提出要求与在台的配偶离婚的,人民法院应当受理,并根据婚姻法的规定,作出是否准予离婚的判决。第三，对于双方分离后未办理离婚手续，一方或者双方分别在大陆和台湾再婚的，对这种由于特殊原因形成的婚姻关系，我们不以重婚对待。当事人不告诉，人民法院不主动干预；如果其中一方当事人提出与其配偶离婚的，人民法院应当按照离婚案件受理。”第2条：“关于夫妻共同财产问题。对去台一方请求原配偶返还婚前财产，或者要求分割夫妻共有财产的，如果这些财产在几十年中已被原配偶用于抚养子女，或用于赡养父母，或用于家庭其他生活消费的，人民法院应说服其撤诉或者驳回诉讼请求。但是，如果财产数额大并且标的物还存在的，在考虑其原配偶、子女等生活的情况下，可以酌情分割一部分给去台人员。对于过去财产问题的处理，原则上宜粗不宜细。这是因为，几十年的财产变化情况、几十年的权利义务状况不宜一一细算。这样处理对双方当事人可能更好一些。”第6条：“关于债务问题。现在去台人员对去台前发生在个人之间的债权债务关系主张债权，或者作为债务人被索偿，如果这种债权债务根据现行的法律、政策规定应当保护，并且能够提出证据的，人民法院都予以受理，并根据案件事实和双方现在的经济状况，合情合理地处理。”第7条：“关于诉讼时效问题。为了保护去台人员和台胞的合法权益，我们在适用诉讼时效方面，对涉台民事案件作了特别规定。根据《中华人民共和国民法通则》的规定，从权利被侵害之日起超过二十年，权利人才向人民法院提起诉讼的，人民法院不予保护。由于涉及去台人员和台湾同胞的案件，许多已经超过二十年了，因此，对去台人员和台湾同胞的诉讼时效期间问题，根据民法通则第一百三十七条的规定，人民法院可以作为特殊情况予以适当延长。”最高人民法院**《印发〈处理涉台刑事申诉、民事案件座谈会纪要〉的通知》**（1988年8月5日　法〔办〕发〔1988〕18号，已于2021年1月1日起废止）第3条：“……（一）关于婚姻问题。因双方分居大陆、台湾所产生的婚姻纠纷，人民法院应考虑海峡两岸人民长期分离的实际情况，从有利于稳定婚姻家庭关系的现状出发，根据我国婚姻法一夫一妻制的基本原则进行处理。对双方分离后，已经人民法院判决离婚，现双方要求恢复夫妻关系，请求撤销判决的，如双方均未再婚，可用裁定注销原判决，宣告婚姻关系恢复；如一方或双方再婚后其配偶已离异或死亡，应重新办理结婚登记。对双方分离后，未办离婚手续而另行结婚或长期与他人以夫妻关系同居生活，如果大陆一方要求与再婚配偶离婚的，人民法院应依婚姻法第二十五条的规定处理；如果去台一方回大陆定居后要求与在台的配偶离婚，人民法院应当受理，并依法作出判决。（二）关于夫妻共同财产问题。人民法院对去台一方请求原配偶返还婚前财产，或者要求分割夫妻共有财产的，如财产已由原配偶用于抚养子女、赡养老人和家庭生活的，应说服撤诉或驳回诉讼请求；如争议财产数额大并且标的物仍在的，可酌情予以分割……（七）关于证据问题。去台人员和台胞在人民法院进行诉讼，应依大陆法律的规定，提供有关证明。对其提供的台湾公证机关或其他部门、民间组织出具的证明文书,可作为证据。但对以'中华民国'名义出具的证明文书,应通过适当途径变换名义。"最高人民法院**《关于按中国婚姻法离婚的父母对子女的权利义务的规定应如何理解的函》**(1987 年 8 月 21 日 〔87〕民他字第 43 号):"……关于英国驻华使馆就按中国婚姻法离婚的父母,在离婚后对子女的权利义务,规定如何理解的来照,经研究,我们认为:按我国婚姻法的规定,父母离婚后,对未成年子女仍负有抚养教育的权利与义务。没有抚养子女的一方,有权探视由他方抚养的子女。英国驻华使馆认为,按照中国婚姻法的规定,父母离婚后,并不取消没有抚养教育子女一方的权利,双方仍具有对子女抚养教育的合法权利,这种理解是符合中国婚姻法规定的精神的。对于英国驻华使馆来照中所针对的案件,我们认为,香港居民鲁慕贞经我法院调解与澳门居民林勤离婚后,向港英当局申请归她抚养的、现居内地的双方婚生子林伟超去港定居,是否得到批准,这是有关管理部门决定的事。至于林勤从澳门申请去港探视孩子,被批准的可能性较小,我们希望英国驻华使馆注意我国法律的规定,在处理此事上,给予当事人方便。"最高人民法院**《关于叶莉莉与委内瑞拉籍华人梁文锐离婚问题的批复》**(1985 年 6 月 24 日 〔1985〕民他字第 14 号):"……委内瑞拉籍华人梁文锐和我国公民叶莉莉于 1982 年 3 月在广东省广州市登记结婚。叶在梁回委内瑞拉后,获准去委定居,但她在出境后却去了台湾,并且不与梁联系。梁在长期不能得知叶去向的情况下,认为已无夫妻感情可言,决意离婚。因双方是在中国登记结婚的,且叶又不去委内瑞拉,我驻委使馆及该国有关方面均无法办理其离婚问题,故梁于今年 1 月,经我驻委使馆公证办理了委托书,委托其岳父为代理人在我国办理与叶的离婚手续。同时,叶也从台湾给其父来信,坚决要求与梁离婚,并以台湾不承认大陆的婚姻法,本人又不能回大陆为由,委托其父代为办理与梁的离婚手续。据此情况,我院经研究,同意你院关于本案可由当事人结婚登记地的人民法院受理的意见。但首先要由当事人本人向法院起诉,受理后以判决结案为宜。为维护双方当事人的合法权益,双方当事人不宜委托同一诉讼代理人。关于叶从台湾寄来的委托书和离婚书面意见的确认问题,也同意你院意见,由叶开春辨认后再进行文字鉴定。"最高人民法院**《关于杨志武由台湾回大陆定居,起诉与在台湾的配偶离婚,人民法院是否受理问题的批复》**(1984 年 12 月 6 日):"……对杨志武要求与在台湾的配偶离婚的起诉,华阴县人民法院应予受理。杨志武在与林孚离婚以后,方可再婚。"最高人民法院**《关于给在台湾的当事人送达法律文书的批复》**(1984 年 8 月 29 日,已于 2013 年 1 月 18 日起废止):"……经研究,同意你院意见,即鉴于通过王家驹送达诉状副本给王声远被退回的情况,可适用民事诉讼法(试行)第七十五条规定公告送达。并可将公告内容通过王家驹转告被告人。公告期间届满,如被告仍无表示,即视为送达。"最高人民法院**《关于蔡茂松提出与居住在台湾的吴琴离婚应如何处理问题**

的复函》(1981年10月10日 〔1981〕民他字第26号):"……关于蔡茂松提出与居住台湾的吴琴的离婚问题,根据党和国家对台湾同胞的基本政策精神,我们认为,处理这类案件,必须慎重。蔡茂松提供的吴琴下落情况,须严格审查属实后,才可受理。并且在审理中要严守法定程序,切不可为了照顾蔡茂松早日获得去美居留证而草率办理离婚手续。"最高人民法院**《关于处理配偶一方在港澳台或国外,人民法院已经判决离婚,现当事人要求复婚问题的复函》**(1980年8月28日 〔80〕法民字第9号):"……关于你院请示的处理配偶一方在港澳台或国外,已由人民法院判决离婚,现当事人要求复婚的问题,经研究,同意你院提出的处理意见。"附上海高院处理意见:(一)人民法院根据有关政策、法律,为保护本市一方的正当权益所作出的离婚判决,无论在外的一方是否收到判决书,均为已经发生法律效力的判决。(二)在外的一方当事人,要求与原配偶恢复婚姻关系,但本市一方已经另行结婚,或虽未再婚,而坚决不同意复婚的,通知对方不再重新处理。(三)双方要求复婚,人民法院可以受理,但鉴于他们离婚时间较久,为维护一夫一妻的婚姻制度,在外一方必须提出无配偶的证明,并经驻外使馆认证。原审人民法院可按申诉案件办理,经查证双方确未再婚,可用裁定将原判决书注销,准予双方恢复夫妻关系。(四)台湾同胞要求与原配偶复婚,若提供无配偶的公证有困难,应提供律师或工作单位为他们出据确无配偶的证明,寄交原审人民法院,按(三)条二款办理。(五)经人民法院判决离婚后,本市一方出于种种原因未将离婚情况告诉双方,恢复通讯后对方又确以夫妻关系相称和对待的,现在本市一方提出要求复婚,经调查确实的,可用裁定将原判决注销,准予双方恢复夫妻关系。"最高人民法院**《关于香港法院的离婚判决是否承认问题的复函》**(1974年5月17日 〔74〕法民字第3号):"……关于钱行仪与吴章明离婚一案,应由你市有关法院根据我国法律另行判决,香港法院判决不予承认。"最高人民法院**《关于县一级主要负责干部的民事案件和涉及香港台湾的离婚案件管辖问题的批复》**(1965年4月15日)第2条:"关于居住大陆的配偶一方要求与居住香港、台湾的他方离婚的案件管辖问题,我们基本上同意安徽省院的意见,即香港、台湾不是涉外问题,对于涉及港、台的婚姻案件也就不能作为涉外案件处理,一般的应当由要求离婚的一方的所在地县(市)法院作一审受理。对于这类案件的处理,根据各地以往作法,经我们研究认为:今后这类案件中除了那些对解放台湾有影响、有作用的蒋伪军政人员家属提出离婚,和双方现在还保持通讯关系的离婚案件,如需准予离婚时,必须在报请当地党委审查后,报各高级人民法院审核批准外,其余案件,第一审案件在报请当地县(市)委审查后由县(市)法院处理;第二审案件在报请当地地(市)委审查后,由第二审法院处理,一般不需再向省院请示。但是,对于发往港、台的审判文书,必须经上一级法院审查。"民政部、司法部**《关于去台人员与其留在大陆的配偶之间婚姻关系问题处理意**

见的通知》(1988年4月16日　民〔1988〕民字14号,已于2021年4月9日起废止):“……去台人员与其留在大陆的配偶之间的婚姻关系情况比较复杂。发生类婚姻纠纷,当事人要求人民政府解决时,要根据《中华人民共和国婚姻法》规定的原则,结合实际情况,按照下列精神酌情调解解决或依法处理。一、双方分离后,未办离婚、且均未再婚的,承认其婚姻关系存续。二、双方分离后,留在大陆的一方依据法律与去台一方解除了婚姻关系,但双方均未再婚,现双方自愿恢复婚姻关系的,按复婚的有关规定处理。三、双方分离后,去台一方依照台湾有关法律与留在大陆的一方解除了婚姻关系,但双方均未再婚,现双方自愿恢复婚姻关系的,可承认其婚姻关系存续。四、双方分离后,一方或双方再婚后的配偶已离异或死亡,现双方自愿恢复婚姻关系的,应重新办理结婚登记。五、双方分离后,一方或双方再婚后的配偶健在,现双方自愿恢复与原配偶的婚姻关系,应按照一夫一妻制的原则,先与再婚配偶解除婚姻关系,再按结婚的有关规定办理。”广东深圳中院**《关于婚姻家庭纠纷案件的裁判指引(2014修订)》**(2014年5月21日)第6条:“原在内地登记结婚的夫妻双方现均居住在港澳地区,如香港、澳门法院以离婚诉讼须由婚姻缔结地法院管辖为由不予受理,当事人向内地人民法院起诉请求离婚的,内地原登记地或一方在国内的最后居住地人民法院可以受理。说明:第六条是对涉港、澳婚姻案件的管辖权如何处理的裁判指引。参见最高人民法院1984年4月14日《关于原在内地登记结婚后双方均居住在香港,现内地人民法院可否受理他们离婚诉讼的批复》。港澳同胞不属于居住在国外的华侨,但如果他们在居住地起诉有困难的,应当参照最高人民法院《关于适用〈中华人民共和国民事诉讼法〉若干问题的意见》第13条关于华侨起诉离婚管辖的规定处理。”第7条:“双方当事人均为香港永久居民,在香港结婚,又在香港法院诉讼离婚。一方当事人在深圳起诉要求分割位于深圳的财产时,有管辖权的人民法院,不宜以双方离婚判决未经承认程序为由驳回起诉。说明:第七条是对双方当事人在香港结合又在香港离婚,在大陆提起离婚后财产分割诉讼时是否需要申请承认香港法院判决问题的裁判指引。承认香港法院判决程序适用的前提是双方当事人在大陆缔结婚姻关系并在香港判决离婚。如果双方当事人的婚姻关系缔结和解除均发生在香港,亦即双方婚姻关系从未在大陆缔结过的情况下,其婚姻关系解除应理解为事实认定问题,不必再经判决承认程序。此亦有助于减少当事人诉累。”安徽滁州中院**《关于审理婚姻家庭纠纷案件座谈会纪要》**(2013年8月2日)第17条:“审理涉港澳台的离婚案件时,对在港澳台的动产和不动产,属于夫妻共同财产的,应与内地的夫妻共同财产合并处理。在对港澳台的财产和内地的财产合并处理时,可将财产分给财产所在地一方,由另一方作适当的财产或金钱补偿。如判决子女由一方抚养,可将另一方应分得的一方所在地的财产份额抵折抚养费,直接判决给一方所有。”广东高院**《关于暂时不予承认**

香港特别行政区法院离婚判决法律效力的批复》(2007 年 6 月 8 日　粤高法民一复字〔2007〕6 号):"……香港回归后,香港特别行政区与内地尚未就相互承认生效判决达成相关安排。对于香港法院作出的离婚判决,暂时不予承认为宜。你院在裁定不予承认该离婚判决的法律效力时,应告知当事人可向内地人民法院提起离婚诉讼。"上海高院《**民事法律适用问答**》(2006 年第 2 期)第 4 条:"香港特别行政区、澳门特别行政区、台湾地区当事人如何参照适用涉外民事案件中的公告、答辩、上诉期间? 2005 年 12 月 26 日,最高人民法院下发了《第二次全国涉外商事、海事审判工作会议纪要》(法发〔2005〕26 号,以下简称《纪要》),《纪要》第三十八条规定,'通过公告方式向住所地在香港特别行政区、澳门特别行政区、台湾地区的当事人送达司法文书,自公告之日起满六十日,即视为送达。'在民事案件中,向港、澳、台地区当事人公告送达诉讼文书的,公告期间应参照《纪要》规定执行。港、澳、台当事人的答辩、上诉期限,最高人民法院(〔2001〕民四他字第 29 号)复函明确对港、澳、台当事人在内地诉讼时的答辩、上诉期限,参照我国民事诉讼法涉外编的有关规定执行。因此,在民事案件中,港、澳、台当事人的答辩、上诉期限应为 30 天。"广东高院《**关于审理婚姻案件若干问题的指导意见**》(2001 年 11 月 9 日　粤高法发〔2001〕44 号,2021 年 1 月 1 日起废止)第 33 条:"人民法院在审理涉港澳的离婚案件时,对一方在港澳的动产和不动产,只要能证明属于夫妻共同财产的,应与内地的夫妻共同财产合并处理。在对港澳的财产和内地的财产合并处理时,可将港澳的财产分给港澳一方,由其向内地一方作适当的金钱补偿;或者扣减港澳一方在内地财产的应得份额,将内地的财产全部或部分分给内地一方。如判决子女由内地的一方抚养,可将港澳一方应分得的在内地的财产份额折抵抚育费用,直接处理给内地一方所有。"

3. 涉华侨离婚。最高人民法院《**关于归国华侨要求与越南籍配偶离婚问题如何处理的批复**》(1982 年 9 月 25 日　〔82〕民他字第 38 号):"……归国华侨要求与越南籍配偶离婚的问题,经研究,我们同意你院的意见,即这类离婚问题,应由人民法院作涉外案件立案并按照我院〔80〕法民字第 6 号批复办理。"最高人民法院《**关于旅荷华侨离婚问题的复函**》(1981 年 3 月 2 日　〔81〕法研字第 1 号):"……现对我驻荷大使馆所询问题答复如下:一、旅荷华侨夫妇经荷兰法院判决离婚的,如不违反我国婚姻法的基本原则,可承认这种判决对双方当事人在法律上有拘束力(参见我院 1957 年 5 月 4 日法行字第 8490 号关于波兰法院对双方都居住在波兰的中国侨民的离婚判决在中国是否有法律效力问题给你司的复函)。离婚后,当事人要求我驻荷使领馆加以认证的,可予认证。二、夫妻一方侨居荷兰,一方仍在国内,如双方同意离婚,对子女、财产也无争议的,可按我国婚姻法第二十四条的规定,在国内一方户籍所在地或居住地负责婚姻登记的机关办理离婚手续。提起诉讼的,如系国内一方提出离婚,应向本人户籍所在地或居住地人民法院起诉;侨居荷兰一方要求离婚,也应向国内一方的户籍所在地或居住地人民法院起诉。三、侨居荷兰一方提出离婚,荷兰法院予以受理和判决的,如双方并无异议,可不予干涉;如一方对子女抚养或国内财产的处理有不同意见,可按第(一)项的精神决定是否承认这种判决在我国境内具有法律效力。”最高人民法院、华侨事务委员会**《关于修改给国外华侨的婚姻诉讼文件寄递办法的暂行规定的通知》**(1958年9月5日):“……为了进一步简化手续,提高工作效率,现将原指示规定的寄递办法第(一)项2款修改为‘寄交侨居在建交国的华侨的信件,一般的可直接交华侨本人或由有关侨团代转,不必邮寄我驻当地使、领馆转交(此项规定仅限于一般的婚姻诉讼文件,其他事件仍须按照外交部的规定,通过中华人民共和国华侨事务委员会或外交部转办,不能直接与使领馆发生联系。)’原指示规定,各基层人民法院在处理侨眷与华侨婚姻纠纷案件时,寄往国外信件,均应经省(市)的侨务机构或兼管侨务工作的部门和省(市)高级人民法院共同审核。今后是否仍由省(市)统一控制,可以由各省(市)根据实际情况自行决定。”最高人民法院**《关于印度在中国的侨民和非印度籍公民结婚是否被承认及夫妇一方遗弃他方是否即被认为离婚等问题的函》**(1955年10月6日　法行字第14546号):“……关于印度驻华大使馆提出的两个问题:一、印度在中国的侨民与非印度籍公民结婚,哪种是被承认的?二、夫妇一方遗弃他方,是否即被认为离婚,被遗弃的一方与第三人生养子女是否合法?我们意见:……关于夫妇一方遗弃他方,并与之断绝联系,依我国婚姻法不能认为当然已离婚,应依法办理离婚登记,或经法院的判决,才算离婚。被遗弃的一方,在未依法办妥离婚手续之前与第三人生养子女,这种关系,不能认为是合法的婚姻关系,但所生的子女受法律的保护,他们享受和婚生子女同等的权利,任何人不得加以危害和歧视。”最高人民法院办公厅**《关于华侨眷属与华侨离婚问题的处理办法的复函》**(1955年3月25日　法研字第165号):“……关于华侨眷属要求与国外华侨离婚案件的处理办法,我们同意中央人民政府华侨事务委员会的意见,至于提出离婚以国外华侨重婚或久无音讯又无法查明为理由者,该理由所据事实,法院应予调查证实,方得据以判离。”最高人民法院**《关于华侨离婚处理手续问题的复函》**(1954年7月27日　法行字第6647号):“……我们经与华侨事务委员会交换意见一致认为居住在国内的侨眷要求与旅外华侨离婚问题按照政务院‘关于处理华侨婚姻纠纷问题的指示’,在处理需要征求国外华侨的意见时,对侨居于与我建立邦交地区者,须通过省或大区外事处转请我驻外使馆代为查询。对侨居于非建交地区者,无论征询对方意见,或送达诉讼文书应通过省或大区的侨务机关。如当地未设有侨务机关,亦应通过兼管侨务工作的机关为妥。”最高人民法院**《关于抄转中央华侨事务委员会对粤东分院处理华侨婚姻问题报告所提意见的复函》**(1954年6月2日　法行字第

5133 号)："……"对粤东分院处理华侨婚姻问题的报告提出几项意见，特抄转你院后转有关法院参考。但解决华侨婚姻纠纷问题，根据中央人民政府政务院 1954 年 4 月 8 日(54)政政习字第 22 号《关于处理华侨婚姻纠纷问题的指示》处理。最高人民法院**《关于本国人与外侨婚姻问题处理手续的批复》**(1954 年 5 月 21 日　法行字第 4682 号)："……关于本国人与外侨或旅外华侨婚姻问题的处理，因涉及外交与侨务，本院曾与有关部门联系交换意见，致未能及时答复。现经研究，同意来文第三项内所述意见(即：我院认为凡与国外联系或与国外侨民联系，不论建立外交关系与否，法院征求其对方意见，才令当事人本人征求对方意见或送达公文书和判决书，一律通过外事或侨务机关为妥。因为这是有关国际法规问题和防止当事人欺骗政府)。"最高人民法院**《关于中国人与日侨离婚的处理问题的复函》**(1954 年 5 月 20 日　法行字第 4671 号)："……我们经研究并征询外交部等有关机关的意见，现就你院来文所说的几个案件在处理上，提出如下意见；一、仇大海与华玲离婚及李正雄与光濑道子离婚两案，女方回国时有的把结婚证书留下，有的把她个人所有衣物全部带走，可见女方已无意再与男方继续共同生活，失去夫妻感情。更主要的是归国日侨一般的已不可能再来我国，我法院也不可能征求她们的意见，因此如不是别有原因，我们认为可以判决双方离婚。二、陈炳昌与坚井良子离婚案，因陈在台湾还另有配偶，而坚井良子已有书信表示愿意离婚，故也可判离。"最高人民法院**《关于瑞典使馆所询有关婚姻法问题的意见的复函》**(1952 年 11 月 16 日　法编字第 10730 号)："……我国在瑞典经常居住的侨民相互间的离婚案件，可由瑞典法院参照中华人民共和国婚姻法审判。不过我们在确定这一原则时，必须考量到瑞典在我国的侨民离婚案件是否也是这样处理，苏联等国侨民的案件是否也是这样处理，我国在苏联等国侨民的案件是否也要主张这样处理。这与你部本年 7 月 9 日发部苏字第(五一)214 号公函所询处理外侨在华婚姻问题有所关联。我院于本年 8 月 3 日法编字第 7720 号复致你部函内，曾提供意见。应请你部将这两案合并考量解决。"最高人民法院**《关于两个外侨婚姻案件的处理问题的复函》**(1951 年 9 月 22 日　法编字第 9790 号)："……至第一问题，因该两日侨均各另有配偶，依我婚姻法一般原则，在各该本人未与其原配偶正式办妥离婚手续前其结婚虽经矿方批准，亦不合法，但应注意被留用的日籍人员在目前的政治情况下是否可能与其留在本国内的原配偶洽办离婚？同时还要就我人民政府对于留用日侨的某些有关政策，作进一步的了解，处理才能妥善。"广东深圳中院**《关于婚姻家庭纠纷案件的裁判指引(2014 修订)》**(2014 年 5 月 21 日)第 6 条："原在内地登记结婚的夫妻双方现均居住在港澳地区，如香港、澳门法院以离婚诉讼须由婚姻缔结地法院管辖为由不予受理，当事人向内地人民法院起诉请求离婚的，内地原登记地或一方在国内的最后居住地人民法院可以受理。说明：第六条是对涉港、澳婚姻案件的管辖权如何处理的裁判指引。参见最高人民法院1984年4月14日《关于原在内地登记结婚后双方均居住在香港,现内地人民法院可否受理他们离婚诉讼的批复》。港澳同胞不属于居住在国外的华侨,但如果他们在居住地起诉有困难的,应当参照最高人民法院《关于适用〈中华人民共和国民事诉讼法〉若干问题的意见》第13条关于华侨起诉离婚管辖的规定处理。”浙江高院民四庭**《关于印发〈涉外商事审判疑难问题解答(一)〉的通知》**(2014年1月7日 浙高法民四〔2014〕3号)第7条:“涉侨案件中,对境外居留满一年应如何理解?答:华侨指定居在国外的中国公民。涉侨案件,是指当事人一方或双方为华侨的案件。按照浙江省高级人民法院《关于涉外商事案件诉讼管辖的有关规定》第11条的规定,涉侨案件参照《最高人民法院关于涉外民商事案件诉讼管辖若干问题的规定》实行集中管辖,即由获得一审涉外、涉港澳台商事案件管辖授权的基层人民法院和中级人民法院管辖。至于华侨境外居住地的确定,参照《最高人民法院关于适用〈中华人民共和国涉外民事关系法律适用法〉若干问题的解释(一)》的规定,即‘自然人在涉外民事关系产生或者变更、终止时已经连续居住一年以上且作为其生活中心的地方,人民法院可以认定为涉外民事关系法律适用法规定的自然人的经常居所地’,但就医、劳务派遣、公务、培训学习等情形除外。”

【参考类案】

①2015年**某离婚纠纷案**,涉外离婚诉讼,涉及分割夫妻共同财产时,是否允许当事人协议选择外国法律?处理意见:《涉外民事关系法律适用法》第27条规定,诉讼离婚,适用法院地法律。依该条规定立法精神,判决离婚应适用法院地法。即由中国法院审理的涉外离婚诉讼,是否离婚需依我国《婚姻法》第32条规定判断夫妻感情是否确已破裂。夫妻共同财产分割问题,应允许当事人依该法第24条关于“夫妻财产关系,当事人可以协议选择适用一方当事人经常居住地法律、国籍国法律或者主要财产所在地法律。当事人没有选择的,适用共同经常居所地法律;没有共同经常居所地的,适用共同国籍国法律”规定,选择适用法律。对涉及夫妻人身关系及父母子女之间人身、财产关系的,应依《涉外民事关系法律适用法》第23条、第25条规定处理。

②2014年**某离婚纠纷案**,2011年,姚某与王某在香港登记结婚。2012年,姚某以其自2010年1月起一直在福建石狮市居住为由,在石狮中院起诉离婚。王某以其2010年8月取得加拿大护照、姚某2008年10月8日取得新加坡护照为由提出管辖异议。诉讼中,姚某提交了当地派出所证明,证明双方中国户籍并未注销。法院认为:姚某起诉前,双方均已取得外国国籍,国内当地公安机关出具户籍证明虽证明双方户籍均未注销,但依《国籍法》第9条即“定居外国的中国公民,自愿加入

或取得外国国籍的，即自动丧失中国国籍”规定，应认定双方均已自动丧失中国国籍。姚某虽自2010年1月起至今居住国内，但双方均不属于我国公民，不适用《民事诉讼法》第21条第1款即“对公民提起的民事诉讼，由被告住所地人民法院管辖；被告住所地与经常居住地不一致的，由经常居住地人民法院管辖”的规定，及第22条关于“下列民事诉讼，由原告住所地人民法院管辖；原告住所地与经常居住地不一致的，由原告经常居住地人民法院管辖：（一）对不在中华人民共和国领域内居住的人提起的有关身份关系的诉讼”规定，故裁定驳回姚某起诉。

③2012年**某离婚纠纷案**，2001年，均为美籍华人的黄某与张某在美国登记结婚。2002年，张某由公司派驻中国期间，在中国购买一套商品房并登记在自己名下。2007年，黄某来中国，向前述商品房所在地法院起诉，要求确认该房屋系夫妻共同财产。法院认为：依《涉外民事法律关系法律适用法》第24条规定，夫妻财产关系，当事人可以协议选择适用一方当事人经常居所地法律、国籍国法律或者主要财产所在地法律。当事人没有选择的，适用共同经常居所地法律；没有共同经常居所地的，适用共同国籍国法律。虽然本案标的物在中国，但双方当事人国籍均为美国，双方未就选择适用法律问题形成合意。当事人在中国并无固定住所地，不可能长期在中国居住，故一方当事人要求适用中国法，不符合前述法律规定，亦不符合国际私法中的最密切联系地原则。黄某又未将美国法作为需查明事实向受诉法院提供，其要求适用中国法确认案涉房屋为夫妻共同财产做法明显具有规避其本国法适用目的，故判决驳回黄某诉请。

④2012年**北京某申请承认和执行外国法律民事判决、裁定案**，2006年，秦某在美国起诉刘某要求离婚，美国法院判决准予分居，并对双方财产做了倾向于刘某的分割处理。2009年，双方回国，秦某在中国法院起诉刘某要求离婚，并提交了前述美国判决。法院认为：《民事诉讼法》第281条规定：“外国法院作出的发生法律效力的判决、裁定，需要中华人民共和国人民法院承认和执行的，可以由当事人直接向中华人民共和国有管辖权的中级人民法院申请承认和执行，也可以由外国法院依照该国与中华人民共和国缔结或者参加的国际条约的规定，或者按照互惠原则，请求人民法院承认和执行。”最高人民法院《关于中国公民申请承认外国法院离婚判决程序问题的规定》第1条规定：“对与我国没有订立司法协助协议的外国法院作出的离婚判决，中国籍当事人可以根据本规定向人民法院申请承认该外国法院的离婚判决。对与我国有司法协助协议的外国法院作出的离婚判决，按照协议的规定申请承认。”美国与我国未签订过司法协助协议，本案当事人亦从未申请我国法院承认该美国离婚判决的法律效力，故该离婚判决在我国不具有生效判决的效力，且外国判决承认有严格程序和实体要件，法院亦不得在离婚诉讼程序中直接予以承认。最高人民法院《关于民事诉讼证据的若干规定》第11条规定：“当事人向

人民法院提供的证据系在中华人民共和国领域外形成的,该证据应当经所在国公证机关予以证明,并经中华人民共和国驻该国使领馆予以认证,或者履行中华人民共和国与该所在国订立的有关条约中规定的证明手续。"第12条规定:"当事人向人民法院提供外文书证或者外文说明资料,应当附有中文译本。"因我国与美国之间不存在条约规定的特殊证明手续,本案中该美国(外国)法院判决因未获我国(内国)法院承认,故不具有生效判决的法律效力,但可作为证据一种,对当事人之间婚姻和财产状况发挥一定证明作用。该美国法院判决已经过公证、认证和翻译,符合我国法律对外国书证形式要求。经审理,本案双方当事人在婚姻生活中,特别是在出国期间,互相猜忌、指责、争吵,导致秦某在美国法院提起离婚诉讼。双方长期分居,应认定双方感情确已破裂,对刘某以美国法院民事判决为依据提出的财产请求,因该判决未经我国法院承认,故刘某以此为据,要求分割此部分财产,法院不予支持。判决准予秦某与刘某离婚,秦某支付刘某56万元。

⑤2011年**北京某离婚纠纷案**,2009年,美国洛杉矶地区高级法院缺席审理并判决秦某向刘某支付相应金钱,并判决双方离婚,双方合法分居。2010年,秦某诉请判决与刘某离婚。一审法院参考美国判决,判决准予离婚,秦某支付刘某30万元。双方不服上诉。法院认为:最高人民法院《关于中国公民申请承认外国法院离婚判决程序问题的规定》第1条规定:"对与我国没有订立司法协助协议的外国法院作出的离婚判决,中国籍当事人可以根据本规定向人民法院申请承认该外国法院的离婚判决。对与我国有司法协助协议的外国法院作出的离婚判决,按照协议的规定申请承认。"由于中美之间不存在双边或多边民商事司法协助条约或协定,故案涉美国法院判决不能在中国法院审理的离婚诉讼程序中直接得到承认。从证据性质上而言,未经中国法院承认的外国法院判决应相当于在中国境外产生的普通书证,故本案中,对该离婚判决证据效力,应依中国法进行审查。依《涉外民事关系法律适用法》规定,关于如何分割夫妻共同财产,应适用中国法;而关于审理和认定境外财产及其相关法律事实,如本案中美国法院判决所涉当事人一方或双方在美存款账户、退休金、人寿保险等,是否存在、是否归属于当事人一方或双方、是否具有财产属性,则应适用权利实现地法律即美国法。一审法院未查明美国法院判决文书是否生效,亦未明确美国法院判决书中涉及的财产依照中国法律是否可以认定为夫妻共同财产。同时,一审法院查明事实中仅涉及美国法院判决书中列明的位于美国境内的夫妻共同财产,未对位于中国国内夫妻共同财产予以查明。在上述事实未查明情况下,一审法院判决秦某向刘某支付30万元人民币依据不足。裁定撤销一审判决,发回重审。

⑥2008年**江苏某抚养纠纷案**,2005年,外企职工严某与日本公民须某协议离婚,约定须某抚养才1周岁的孩子并自负抚养费。该协议经公证处公证、省民政厅

备案。此后,须某将孩子带回日本交祖父母抚养,自己长期在中国工作。2007年9月,严某因探视权问题曾与须某在机场发生纠纷并报警,接回孩子后检查发现患有佝偻病,遂拒绝归还孩子。须某以侵害其抚养权为由起诉,并提供自己收入每月2.2万元证明有抚养能力。法院认为:根据我国《婚姻法》规定,对离婚后子女监护采取单独监护原则,即子女随父母一方共同生活,另一方虽仍有对子女抚养教育义务,但不与子女共同生活,仅对子女享有探视权。单独监护时如何确定亲权监护人,最主要的是应考虑到子女最大利益原则。本案中,须某与严某离婚后,双方约定孩子随须某共同生活。此后,须某因工作原因将孩子送至日本随须某的母亲共同生活。父母系抚养教育未成年子女权利人和义务人,祖父母并不能替代父母履行抚养教育义务,须某虽在中国工作但不能认为其不具备与孩子共同生活条件,而须某却未能充分尽到抚养教育义务。抚养并不仅指父母从物质上养育子女,更反映在生活上给予精心的照料和力所能及的帮助。教育则是指父母在思想、品德等方面对子女的全面培养,帮助子女树立正确的人生观,培养良好品德。须某与孩子长期不在一起共同生活,须某自然无法在生活上给予孩子很好照顾,亦无法在思想品德方面对孩子进行培养。从严某所提交孩子病历看,孩子患有佝偻症,须某认为此病系婴幼儿期常见病,此病系因缺少钙元素而形成,如能对孩子的饮食起居稍加注意完全可防止此病发生,这从另一方面亦反映孩子在日本生活未得到很好照顾。依《婚姻法》规定,对子女的抚养、保护和教育的权利义务始终在父母,祖孙间产生抚养关系须同时具备以下三个条件:(1)父母双方已死亡;或一方死亡,另一方确无抚养能力;或父母均无抚养能力。(2)孙子女未成年,需要抚养。(3)祖父母、外祖父母有负担能力。而本案中须某与严某均有抚养能力,故将孩子交由其祖母抚养不符合法律规定。孩子尚未满3周岁,十分年幼,其长期远离父母,祖母这种帮忙性质的抚养并不能替代须某给予孩子父爱,更不能替代母爱。孩子被送至日本后,严某就未能对孩子进行过探视,严某与须某家人在机场更为探视孩子而发生争执。这种缺乏父爱与母爱的生活对于孩子健康成长极为不利。严某作为一名外企职员,有稳定的较高收入,且接受过良好教育,其有能力亦愿意与孩子共同生活在一起。孩子随严某共同生活,至少能使其在父母离婚后还可享受到完整母爱,故法院判决变更孩子抚养权,孩子随其母严某共同生活。孩子跟随严某共同生活,须某作为父亲仍应承担儿子必要的抚育费,根据须某收入及孩子实际需要确定抚育费为每月收入20%计2200元,此费用不仅是生活费,还包括了教育费用和医疗费用,须某以本省城镇居民平均消费水平为802元/月为由,而认为该抚育费数额过高理由不能采信。

⑦2003年**某请承认外国法院离婚确认书案**,1999年,中国公民黄某与韩国公民申某在韩国登记结婚。2001年,双方在韩国离婚,韩国法院出具离婚确认书。2002年,黄某在中国法院申请承认该确认书法律效力。法院认为:最高人民法院

《关于中国公民申请承认外国法院离婚判决程序问题的规定》第 1 条规定:“中国公民向人民法院申请承认外国法院离婚判决,人民法院不应以其未在国内缔结婚姻关系而拒绝受理;中国公民申请承认外国法院在其缺席情况下作出的离婚判决,应同时向人民法院提交作出该判决的外国法院已合法传唤其出庭的有关证明文件。”其中“离婚判决”应作广义理解,应指各国法院通过司法程序所作法律裁判文书。最高人民法院《关于人民法院受理申请承认外国法院离婚判决案件有关问题的规定》第 3 条规定:“当事人向人民法院申请承认外国法院离婚调解书效力的,人民法院应予受理,并根据《关于中国公民申请承认外国法院离婚判决程序问题的规定》进行审查,作出承认或不予承认的裁定。”最高人民法院《关于中国当事人向人民法院申请承认外国法院离婚判决效力问题的批复》规定:“中国当事人一方持外国法院作出的离婚判决书,向人民法院申请承认其效力的,应由中级人民法院受理。经审查,如该外国法院判决不违反我国法律的基本准则或我国国家、社会利益,裁定承认其效力;否则,裁定驳回申请。裁定后不得上诉。”本案中,对于中国公民黄某申请我国法院承认的韩国法院离婚确认书,应视为韩国法院出具的法律文书。当事人向我国法院申请承认该离婚确认书法律效力的案件,我国法院可比照最高人民法院《关于中国公民申请承认外国法院离婚判决程序问题的规定》第 1 条和《关于人民法院受理申请承认外国法院离婚判决案件有关问题的规定》第 3 条规定的精神予以受理。

【典型类案实务要点】

1.**【国内结婚国外定居华侨夫妻起诉离婚,法院应受理】**在国内结婚并定居国外的华侨夫妻起诉离婚,法院不应拒绝受理,亦不应将当事人提供定居国法院不受理其离婚案件证据作为法院受理此类案件前提条件。

2.**【涉外离婚财产分割,当事人可协议选择适用外国法】**涉外离婚诉讼中,涉及分割夫妻共同财产时,当事人可协议选择适用一方当事人经常居住地法律、国籍国法律或主要财产所在地法律。

3.**【双方均外籍华人,户口虽未注销,法院亦无管辖权】**双方均已取得外国国籍,虽然国内当地公安机关出具户籍证明载明双方户籍均未注销,亦应认定双方不属中国公民,我国法院对双方之间的离婚纠纷不享有管辖权。

4.**【外籍华人中国诉讼,确认夫妻共同财产被驳回情形】**外国夫妻在本国无固定住所,且未就选择适用法律问题形成合意,虽标的物在本国,本国法院管辖亦不符合冲突规范。

5.**【外国离婚判决,未经我国承认,只能起到书证作用】**外国法院判决在未获我国法院承认情况下,不具有生效判决的法律效力,不得在我国的相关诉讼中直接作为确定双方当事人权利、义务的法律依据。但作为一份正式书面材料,其可作为证据,对当事人之间婚姻和财产状况发挥一定证明作用,法院应对其进行严格审查、认证。

6.【外国法院离婚判决:国内离婚诉讼中不能当然承认】未经中国法院承认的外国法院判决应相当于在中国境外产生的普通书证,不能在中国法院审理的离婚诉讼程序中直接得到承认,应依中国法进行审查。

【类案裁判一般规则】

法院审理涉及香港、澳门特别行政区和台湾地区的民事诉讼案件,可参照适用涉外民事诉讼程序的特别规定。外国法院判决在未获我国法院承认情况下,不具有生效判决的法律效力,不得在我国的相关诉讼中直接作为确定双方当事人权利、义务的法律依据。

【典型参考案例索引】

主旨案例:见《在国内结婚并定居国外的华侨夫妻起诉离婚,是否必须提供其定居国法院以离婚诉讼必须由婚姻缔结地法院管辖为由不予受理的证据,人民法院才予以受理》(《民事审判指导与参考》研究组),载《民事审判指导与参考·民事审判信箱》(201503/63:236)。**其他案例:**①见《涉外民事关系法律适用法第二十七条规定的理解与适用》(《民事审判指导与参考》研究组),载《民事审判指导与参考·民事审判信箱》(201503/63:236)。②见《双方均为外籍华人的离婚纠纷管辖权如何确定》(林燕,福建泉州中院立案庭),载《立案工作指导·诉讼管辖》(201402/41:186)。③见《登记在外籍夫妻一方名下的房屋权属认定的法律适用问题》(韩玫,最高院民一庭),载《民事审判指导与参考·指导性案例》(201204/52:129)。④北京一中院(2012)一中民终字第12357号"秦某与刘某申请承认和执行外国法院民事判决、裁定案",见《未经承认之外国判决的效力分析》(黄海涛、李晓龙、王湘羽),载《人民司法·案例》(201322:28)。⑤北京一中院(2011)一中民终字第5688号"秦某与刘某离婚案",见《秦××诉刘××离婚案》(李晓龙),载《中国审判案例要览》(2012民:410)。⑥江苏南通中院(2008)通中民一终字第0472号"须某诉严某抚养关系纠纷案",见《须加尾诚诉严荣荣抚养关系案(抚养关系认定抚养费负担)》(陈珑珑、顾华),载《中国审判案例要览》(2009民:448)。⑦最高人民法院《关于中国公民黄爱京申请承认外国法院离婚确认书受理问题的复函》(〔2003〕民立他字第15号 2003年5月12日),载《立案工作指导·请示与答复》(200302/3:78);另见《关于中国公民黄爱京申请承认外国法院离婚确认书受理问题的请示答复》(梁曙明,最高院立案庭),载《立案工作指导·请示与答复》(200302/3:79)。

57. 军人离婚的特殊规定

——与军人离婚,程序何特别?

【军婚保护】

【案情简介及争议焦点】

2011 年 10 月,韩某与现役军人胡某登记结婚。2012 年 10 月,韩某结识周某并以夫妻名义同居且于 2014 年举行了结婚仪式。随后,韩某与周某生育一子。后韩某因犯重婚罪被判处有期徒刑。胡某诉请离婚,并主张精神损害赔偿。

争议焦点:1. 可否判决离婚? 2. 应否损害赔偿?

【裁判要点】

1. 准予离婚。夫妻双方应相互履行忠诚义务,以维护平等、和睦、文明的婚姻家庭关系。本案中,韩某在明知自己有配偶情况下公开与他人以夫妻名义同居生活并生育一子,后因犯重婚罪被判决承担刑事责任,该情形符合法定准予离婚条件,故对胡某要求离婚的诉讼请求,予以支持。

2. 财产分割。关于夫妻共同财产分割问题,离婚时要分割的夫妻共同财产须系现实的能确定的财产。本案韩某主张分割的财产一是工资,二是房产。韩某主张胡某应累计有工资收入 15 万元,要求进行分割。胡某作为一名军人,其工资收入还要用于个人生活、家庭、赡养父母等,从本案证据看,其还向韩某汇款用于韩某个人生活。韩某结婚一年后即与他人恋爱、同居、生子,此时,再主张分割胡某工资收入既不符合法律精神,亦违背社会道德。且韩某无法证明其在夫妻关系存续时双方有共同工资性收入具体数额,对其要求分割胡某婚姻存续期间工资 15 万元无事实和法律依据。

3. 损害赔偿。韩某明知其已与胡某结婚,且双方婚姻系军婚情况下,仍与他人同居、生子,侵害了胡某配偶身份利益,造成双方婚姻关系破裂,给胡某造成精神上的痛苦和创伤,应赔偿胡某精神抚慰金作为精神安慰。考虑到对军婚的特殊保护、韩某悔过表现及家庭情况,判决准予双方离婚同时,韩某支付胡某精神损害赔偿金 4 万元。

【裁判依据或参考】

1. 法律规定。《**民法典**》(2021 年 1 月 1 日)第 1081 条:“现役军人的配偶要求离婚,应当征得军人同意,但是军人一方有重大过错的除外。”

2. 行政法规。国务院《**关于安置复员建设军人工作的决议**》(1955 年 5 月 31 日)第 4 条:“复员建设军人在家庭婚姻上存在不少问题,有些甚至因此造成自杀被杀事件,各地人民委员会应当以严肃的态度进行检查处理。对一般性的婚姻问题要尽可能地用说服教育的方法加以解决,对破坏复员建设军人家庭婚姻关系屡教不改和利用职权打击陷害复员建设军人的分子必须依法惩办。对将要回乡的复员建设军人在婚姻上存在的问题,要预先检查处理,切实防止发生问题。”中央法制委员会《**关于“婚姻法”所规定之“革命军人”范围的解答**》(1953 年 7 月 1 日):“……现役革命军人是指脱离生产,参加人民军队(按‘共同纲领’第二十条,应解释为人民解放军与人民公安部队)的所属组成部分,担任工作,取得军籍而作为其中的成员之一者而言。至于铁路警察、城市交通警察、经济警察等,及县区群众武装虽与人民解放军、人民公安部队具有某些共同点(如以武装保护国家财产,维护人民利益等),但根据‘共同纲领’第二十条,并未列入人民军队,对其中成员之婚姻问题,自不应如现役军人之看待。关于荣誉军人一层,当视其不同情况而有所区别;凡仍在军队工作,未脱离军队职务及负伤后转入医院休养,暂时脱离工作职务而未脱离部队组织者,均应视作现役革命军人。其脱离部队转入地方学校学习,介绍地方工作及退伍返籍者,即不应视作现役革命军人。现役革命军人的婚姻解除问题,应根据‘婚姻法’第十九条的原则处理。”

3. 最高人民法院司法解释及其他司法性文件/解读文章。最高人民法院《**关于适用〈中华人民共和国民法典〉婚姻家庭编的解释(一)**》(2021 年 1 月 1 日　法释〔2020〕22 号)第 64 条:“民法典第一千零八十一条所称的‘军人一方有重大过错’,可以依据民法典第一千零七十九条第三款前三项规定及军人有其他重大过错导致夫妻感情破裂的情形予以判断。”最高人民法院《**关于适用〈中华人民共和国民事诉讼法〉的解释**》(2015 年 2 月 4 日　法释〔2015〕5 号,2020 年修正)第 11 条:“双方当事人均为军人或者军队单位的民事案件由军事法院管辖。”最高人民法院《**关于军事法院管辖民事案件若干问题的规定**》(2012 年 9 月 17 日　法释〔2012〕11 号,2020 年修正)第 7 条:“下列民事案件,地方当事人向军事法院提起诉讼或者提出申请的,军事法院应当受理:(一)军人或者军队单位执行职务过程中造成他人损害的侵权责任纠纷案件;(二)当事人一方为军人或者军队单位,侵权行为发生在营区内的侵权责任纠纷案件;(三)当事人一方为军人的婚姻家庭纠纷案件;(四)民事诉讼法第三十四条规定的不动产所在地、港口所在地、被继承人死亡时住所地或者主要遗产所在地在营区内,且当事人一方为军人或者军队单位的案件;(五)申请宣告军人失踪或者死亡的案件;(六)申请认定军人无民事行为能力或者限制民事行为能力的案件。”第 8 条:“本规定所称军人是指中国人民解放军的现役军官、文职干部、士兵及具有军籍的学员,中国人民武装警察部队的现役警官、文职干部、士兵及具有军籍的学员。军队中的文职人员、非现役公勤人员、正式职工,由军队管理的离退休人员,参照军人确定管辖。军队单位是指中国人民解放军现役部队和预备役部队、中国人民武装警察部队及其编制内的企业事业单位。营区是指由军队管理使用的区域,包括军事禁区、军事管理区。”最高人民法院吴晓芳法官**《关于婚姻家庭纠纷审理热点难点问答》**〔载《民事法律文件解读》2012 年第 6 辑(总第 90 辑)〕第 12 条:“军人的配偶提出离婚,双方的夫妻感情实际已经破裂,但军人一方坚决不同意离婚,应如何处理? 答:按照现行婚姻法第三十三条的规定:‘现役军人的配偶要求离婚,须得军人同意。但军人一方有重大过错的除外。’《婚姻法司法解释(一)》又将‘重大过错’解释为:‘可以依据婚姻法第三十二条第三款前三项规定及军人有其他重大过错导致夫妻感情破裂的情形予以判断。’由此可见,除非军人一方具有重婚或有配偶者与他人同居的、实施家庭暴力或虐待遗弃家庭成员的、有赌博吸毒等恶习屡教不改等重大过错的,军人的配偶要求离婚而军人不同意的情况下,法院应判决驳回军人配偶要求离婚的诉讼请求。有观点认为,军人职业虽然具有特殊性。但其本质上也是一种职业选择,赋予他们离婚的特权没有道理。婚姻法对军婚保护的总体思路,就是通过限制军人配偶一方的权利来对军人的额外义务作出补偿。目前对军婚的特殊保护制度否定了婚姻的感情基础,过分追求一种军婚稳定的结果。‘但书’条款是在平衡各种争论各种利益的基础上所采取的一种折中办法,立法的意图是为了既保留对军婚实行特殊保护的制度,又不能忽略对平等、自由、公正等法律价值的破坏。在军人一方有重大过错情形时,否定其所的特殊权利,阻断其主观意志对配偶一方离婚权行使的限制,但其仍然对军人配偶的离婚自由权造成了侵害。在一般婚姻离婚时以‘感情破裂’为标准,但在军人配偶要求离婚时却以‘重大过错’为标准,这两个标准的层次显然不同,感情破裂并不意味着要有重大过错。笔者也同意上述观点,但在婚姻法没有就此问题修改之前,人民法院仍然应按照现行法律及司法解释的规定执行。”最高人民法院**《关于进一步加强人民法院涉军案件审判工作的通知》**(2010 年 7 月 28 日 法〔2010〕254 号)第 6 条:“依法确定涉军案件范围。涉军案件是指人民法院受理的以军队单位和军人军属为一方当事人的刑事、民事、行政等案件。军队单位是指中国人民解放军现役部队和预备役部队、中国人民武装警察部队及其编制内的企业事业单位。军人是指现役军(警)官、文职干部、士兵及具有军籍的学员。军队中的文职人员、非现役工勤人员、在编职工,由军队管理的离退休人员,以及执行军事任务的预备役人员和其他人员，按军人对待。军属是指军人的配偶、子女、父母以及其他与军人有法定扶养关系的亲属。”最高人民法院**《关于适用〈中华人民共和国婚姻法〉若干问题的解释(一)》**(2001 年 12 月 27 日　法释〔2001〕30 号，已于 2021 年 1 月 1 日起废止)第 23 条：“婚姻法第三十三条所称的‘军人一方有重大过错’，可以依据婚姻法第三十二条第二款前三项规定及军人有其他重大过错导致夫妻感情破裂的情形予以判断。”最高人民法院**《关于处理破坏正在服刑的军人的婚姻家庭问题的批复》**(1978 年 1 月 13 日)：“……关于赖北元之妻被人奸污是否按破坏军婚论处的问题，经征求中国人民解放军总政治部的意见，我们同意你院不应按破坏军婚论处的意见。按照 1963 年 11 月 29 日最高人民法院《关于处理破坏军人婚姻案件的意见的报告》中关于‘军人婚姻应当是指现役军人的婚姻’的规定，赖北元因犯奸淫幼女罪被判处有期徒刑二年，虽然保留军籍，但在服刑期间，实质上他已不是现役军人。在此期间，其妻被人奸污，可按一般破坏婚姻家庭处理。”最高人民法院**《关于复员军人的复员费能否作为家庭共同财产处理的批复》**(1977 年 11 月 7 日　〔77〕法民字第 6 号)：“……经研究，同意你院的意见。”附四川高院处理意见：吕其发与孙桂兰早在部队时结婚，生育孩子二人，72 年复员，76 年离婚。因此，除医药费 700 元可不作为夫妻共同财产对待外，其余 2100 元应作为夫妻共同财产加以处理。但在具体处理时，不要平分，而应根据双方经济情况和抚养孩子等问题，通过互相协商，合情合理予以解决。”最高人民法院**《关于破坏军人婚姻案件的代诉人范围和处理代诉案件征求军人意见的复函》**(1965 年 1 月 13 日)：“……关于代诉人范围问题，我们同意你院的意见。即代诉人的范围应限于军人的父母、兄弟、姊妹等近亲属；与军人无亲属关系或亲属关系较远的人，以及社队干部等均不能作破坏军婚案件的代诉人，但他们可以检举揭发。对于代诉的案件，军人知情的，必须通过军人所在部队团以上政治机关征求军人意见后处理；军人不知情的，也必须主动与军人所在部队团以上政治机关联系，征求他们的意见后处理，至于是否要告诉军人，则请他们决定。”最高人民法院**《关于处理破坏军人婚姻案件的意见的报告》**(1963 年 11 月 29 日)：“……中央批示：保护军人婚姻问题，需要各级党委督促有关党政机关、人民团体认真对待，共同负责作好工作。办法主要是，对干部、群众进行提高共产主义道德观念的教育和拥军优属、尊重革命军人、巩固人民军队的教育。人民法院负有从司法方面保护军人婚姻的重要职责，应当正确地执行法律、法令，严肃认真地处理破坏军人婚姻案件。处理的原则是尽各种可能依法保护军人的婚姻。在法律上，应当按照婚姻法第十九条‘现役革命军人与家庭有通讯关系的，其配偶提出离婚，须得革命军人的同意’的规定办理。对于情节恶劣的破坏军人婚姻的分子，应当进行严肃的处理。对于可能和解的，应当劝军人配偶改正错误，夫妻和好，处理的方式，应尽可能采用个别谈话方式，不要乱传播，不要无事生非。最高人民法院党组‘关于处理破坏军人婚姻案件的意见的报告’中,所提各项意见基本上是可行的,现发给你们。”最高人民法院**《关于与现役革命人未婚妻非法结婚问题的批复》**(1963年10月12日 〔63〕法研字第130号):“……军人婚约应当受到国家的保护。在处理破坏军人婚约的具体案件时,应根据有关规定的精神,向当事人讲清理由和根据,不能因为保护军人婚约的文件是内部规定,就认为缺乏有力根据,而在犯罪分子面前束手无策。刘剑梅与军人戴凤意的婚约事先既未解除,又与戴怀滨结婚,这是非法的。在他们结婚前夕,刘的工作单位也曾向戴怀滨说明了刘是军人未婚妻等情,而戴怀滨不顾法律与劝阻,仍与刘结婚,显然是明知故犯。军人告发后,他又坚持错误无理强辩,故可考虑判处有期徒刑两三年,收监执行。至于他们的非法婚姻关系,应在征求军人戴凤意和女方的意见后,再做处理。考虑到他们婚姻关系的既成事实,不要简单地宣布非法婚姻关系无效,以免引起不良后果,如能教育说服军人解除婚约,则可不必宣布非法婚姻关系无效。今后对破坏军人婚约问题,应注意及时发现,事先制止。以免非法结婚后,难于处理。”最高人民法院**《关于贯彻执行民事政策几个问题的意见(修正稿)》**(1963年8月28日)第2条:“……(四)保护军婚问题。保护革命军人婚姻问题,是巩固革命军人的战斗意志,巩固部队、巩固国防的重要问题,是人民法院的一项经常性的政治任务。破坏军人婚姻的现象是阶级斗争的一种反映,各级人民法院必须根据党的政策和国家法律,依据具体情况分别对待,严肃处理,不得拖延。在具体处理时,一般的应当对当事人予以批评教育,责令其具结悔改,建议党、团、行政组织,予以适当的纪律处分,制止其违法行为;凡属利用军属困难进行挑拨、引诱或利用职权威胁进行奸污的,应根据情节轻重和影响大小依法惩处;对那些情节特别恶劣的坏分子,特别是少数为非作歹的坏干部,必须依法从严惩处。对于有关现役革命军人的离婚和取消婚约纠纷,必须根据婚姻法的有关规定和中央军委总政治部、最高人民法院、内务部等历次有关指示,从保护革命军人婚姻关系出发,予以正确处理。如果男女双方都是军人或者军人提出离婚的,应按照一般婚姻案件处理。如果军人配偶向军人提出离婚或者要求取消婚约的,应按照或者比照婚姻法十九条的规定,必须取得军人的同意。具体处理时,应该特别慎重,要会同有关部门向军人配偶进行爱国主义的教育,使他们放弃离婚或取消婚约的要求,与军人重归和好。如果双方关系已完全破裂不可能和好的,可通过军队政治机关向军人进行工作,待军人同意时,才可准予离婚或取消婚约。”最高人民法院**《关于检查和总结军人婚姻案件的通知》**(1962年6月21日):“……为了正确、及时地处理这类案件,贯彻执行党和国家有关保护革命军人婚姻家庭的政策,特提出以下几点意见,希各级人民法院认真研究执行:(一)今后人民法院在收到这类案件时,应尽速处理,不得长期拖延,更不得拒绝受理。如果一时难以结案,应将原因向原告军人或军属交待清楚。审判工作人员应该加强业务学习，明确认识保护军人婚姻家庭的重要意义，熟悉有关的政策法令。在处理原则上，对查明确系破坏军人婚姻家庭、影响坏、造成严重后果的坏分子，应当根据情节，给予应有的法律制裁，以儆效尤。（二）为了提高审理军人婚姻案件的质量，今后此类案件应当由基层人民法院审理，人民法庭不得受理，必要时，可以接受基层人民法院的委托，进行调查。如果当事人直接向人民法庭控告时，人民法庭应当接受，但应迅速移送基层人民法院审理。（三）人民法院应主动地和当地兵役局、民政部门、妇联、共青团等有关单位联系配合，对干部和群众进行拥军优属的爱国主义教育：宣传革命军人保卫国防、保卫生产、保卫社会主义建设的光荣职责；表扬革命军人配偶和睦家庭、积极参加劳动生产的模范事迹；教育干部、群众认识爱护军人、尊重军属是每个公民应尽的义务，在社会上树立爱军尊属的良好道德风尚。这样，就可以从根本上预防或减少破坏军人婚姻案件的发生，更好地保护军人婚姻家庭……”最高人民法院**《关于复员军人在服现役期间因其配偶与人通奸要求人民法院处理应作为破坏革命军人婚姻案件受理的批复》**（1957年8月23日）：“……复员军人在服现役期间因其配偶与人通奸，要求人民法院处理奸夫和离婚，应作为破坏革命军人婚姻案件受理，并附带解决其离婚请求。人民法院接受案件后‘因故未妥善处理’，应进行检查并向该军人作出交代，不能以军人已经复员而改变原来未结案件的性质。不过，本案发生时间已经较早，该军人至今仍要求与其配偶离婚，目前是否仍有处理奸夫的必要，可由受理案件的人民法院考虑决定。”最高人民法院**《关于对义务兵役军人婚姻案件应如何处理问题的批复》**（1955年12月25日　法研字第17625号）：“……在实行义务兵役制后，人民法院处理应征入伍的军士和士兵的婚姻问题时，仍应按照婚姻法第十九条的规定办理。”最高人民法院**《关于住东北之朝鲜人民军军人配偶提出离婚或解除婚约的处理等问题的批复》**（1955年4月4日）第2条：“因军人来信要求离婚和因军人另娶而提出离婚请求者，如果军人的配偶能提出确凿的证件时，法院可判决离婚或解除婚约。”第3条：“军人已死亡，并经查属实者，其婚姻关系即已消灭，无须经法院再行判决。”最高人民法院**《关于中国籍朝鲜族的朝鲜人民军军人婚姻处理问题的复函》**（1954年12月28日　法行字第1368号）：“……中国籍朝鲜族的朝鲜人民军军人配偶向我法院提出离婚时，法院应先查明军人家庭住址、配偶姓名、参军的时间和地点、部队的番号以及参军后是否曾通过信等情况，报送外交部，转由朝鲜驻华大使馆查询并征求军人意见后处理。在查询未获答复之前，法院仍须与有关部门对军人配偶进行说服教育，使其等待。”最高人民法院**《关于由部队转业到地方机关工作的人员的婚姻问题应如何处理的批复》**（1954年12月14日　法行字第13002号）：“……转业军人的婚姻问题，可参照司法部、最高人民法院、军委总政治部、内务部1952年12月15日司行字第820号关于‘革命军人婚姻问题座谈会纪要’的联合通知之附件第一问题的处理意见的精神处理。”最高人民法院**《关于康甲武妨害革命军人栾国栋的婚约案件如何处理的复函》**(1954 年 11 月 11 日　法行字第 11245 号):“……提出几点意见供你院处理时作参考:一、栾国栋与孙雅琴订婚,是由他的母亲包办的,因此,双方毫无感情可言。二、女方提出取消婚约时,虽经男方的母亲同意,但后来男方本人不同意,婚约关系仍然存在;而女方竟与转业军人康甲武结婚,是不对的。不过在订婚及提出取消婚约的当时,婚姻法尚未颁布,一般群众对婚姻问题的法律规定都不够明确,因此,还有可原谅之处。另一方面,男方的母亲对此问题的发生也负有一定的责任。三、女方与转业军人结婚,已两年多,并已生有小孩,如要使他们脱离夫妻关系,事实上有许多困难。而女方与栾国栋的关系,则仅是一个婚约问题。根据以上情况,我们认为,还是函请栾国栋的所在部队和他的母亲对其进行说服教育,动员他放弃维持婚约的要求较妥。”最高人民法院**《关于复员军人婚姻处理问题的批复》**(1954 年 10 月 29 日　法行字第 10584 号):“……关于复员军人婚姻处理问题,根据你们在报告中所引关于‘革命军人婚姻问题座谈会纪要’的联合通知附件中第一个问题的处理意见,转业军人与复员军人是有所不同的。对于转业建设军人的婚姻问题,不能完全按一般群众婚姻问题处理,应持特别慎重的态度。在同一问题的处理意见中,已经详予举例说明。至于复员军人及 1950 年 6 月 30 日前持有证明文件的‘退伍复员军人’的婚姻问题,应该如何处理,虽未于上述处理意见中一并提到,但参照纪要中第二个问题的处理意见,在处理此类问题时仍应注意下列两点:一、复员退役革命残废军人的配偶提出离婚者,应严格审查离婚理由,如以对方残废或因残废影响劳动力而要求离婚者,不能认为是正当理由,于说服无效后,应驳回其离婚之诉。二、除女方确受复员军人虐待的,应支持其离婚要求外,一般的不要轻易判离。如女方坚决要求离婚,应经区人民政府或县市法院进行调解,调解不成或双方感情事实上已发展到非常恶劣的程度,无法恢复时,则可按婚姻法第十七条的精神处理。”最高人民法院**《关于军人石贵章、张新志婚约问题的复函》**(1954 年 10 月 7 日　法行字第 9147 号):“……提出如下处理意见:一、关于革命军人石贵章与王秀荣婚姻纠纷一案,基本上同意你院的意见。即双方经过合法订婚的,应视王秀荣为军人的未婚妻,受到法律上的保护。但在处理时,首先要查清军人是否已呈请组织批准,并可将女方现在情况告知军人。如已经组织批准,军人也坚决愿保持他们的关系时,则应维护他们的订婚关系,并便于军人与王秀荣结婚之前经过充分的动员说服工作。对破坏军人婚姻的郑州专区花纱布公司干部,可查明情况,酌情处理。二、革命军人张新志与靳淑英婚姻纠纷一案,张新志之继母代张交换相片订婚,其中如确有欺骗而违背双方意愿的情节,是不能勉强结合的,而使勉强结婚,感情也不会巩固。此案可先把双方订婚时的实际情况和女方现在的要求通知张新志所属部队,请他们考虑后提出意见,再予酌情处理。”最高人民法院办公厅**《关于对军人婚姻问题处理办法的复函》**(1954 年 9 月 30 日　法行字第 9019 号):“……我院 1953 年 6 月 30 日法行字第 4238 号通报关于革命军人提出离婚,必须附有团以上政治机关证明的规定,已经军委总政组织部在部队系院转发下去。目前部分县院反映在解决军人婚姻问题时,向军队索取证明信的困难,本院根据这种情况已将综合材料函送军委总政组织部并已建议请他们再发一指示,要求团以上政治机关认真执行这项规定,遇有法院去信查询的,应及时答复,确保革命军人婚姻关系并减少法院工作上的困难。同时我们也必须理解一种情况:部队人员调动频繁,一个信件往往要辗转传递,才能到达该革命军人现属部队的政治机关,经历时间有时不免较长。龙川县院报告中的第一第二两案,过去写信给部队查询都没得到答复。我们认为还须继续与有关部队联系,切实了解情况后再行审判。柳荼娣请求与其夫赖古即赖锡根离婚,既经部队团政治处查复赖锡根 1951 年朝鲜五次战役中失踪。如果我们对这种情况没有疑问,就可按照 1954 年 9 月 14 日军委总政与我院及中央司法部关于被俘失踪军人婚姻处理问题的联合通知第一项规定判准其配偶离婚。”最高人民法院**《关于贯彻革命军人提出离婚必须附有团以上政治机关证明规定的函》**(1954 年 9 月 21 日　法行字第 8517 号):“……本院 1953 年 6 月 30 日法行字第 4238 号通报关于革命军人提出离婚,必须附有团以上政治机关证明的规定,你院在执行中存在的问题,最近其他法院也同样有所反映。为此本院已建议军委总政组织部再发一指示(本院前次通报已经该部转发下去),要求各部队政治机关认真执行上项规定;遇有法院查询时,也应及时答复,以确保革命军人婚姻关系。”最高人民法院**《关于三起军人婚姻案件如何处理的解答》**(1954 年 1 月 27 日　法行字第 756 号)第 1 条:“杨德英与陈昆栓、姚师舜先后订婚问题,男方都是革命军人,且均是婚约,解除那一个婚约,可尊从女方本人意见处理。此决定与姚师舜维持婚姻关系。陈昆栓给女方的婚礼,女方如愿退还,可以退还。必要时亦可按照 1951 年 10 月八日我院与司法部法编字第 9577 号关于婚姻案件中聘金或聘礼处理原则的指示第四项下半段的精神处理。”第 2 条:“革命军人林飞(林元炯)自 1949 年 10 月间有过家信后,一直无音讯,其未婚妻易妹子于 1952 年请求取消婚约问题,经军委总政治部及你院 1953 年 6 月 20 日函复‘从缓处理’,希你院再与剩包区联系调查以便指示南康县院处理。并希同时参考中央人民政府最高人民法院、军委总政治部、司法部、内务部 1952 年 12 月 15 日司行字第 820 号关于‘革命军人婚姻问题座谈会纪要’的联合通知问题的第四——现役革命军人的未婚妻……(要取消婚约须经军人同意)以及 1951 年 6 月 30 日政务院政治法律委员会、人民革命军事委员会总政治部联合通知关于处理现役军革命军人取消婚约的暂行规定与中央人民政府司法部、最高人民法院、军委总政治部关于处理在朝鲜战争中被俘或失踪之革命军人婚姻案件的联合通报(1952 年 10 月

17 日法办字第 3714 号）等文件处理。”最高人民法院**《关于革命军人与转业军人离婚问题的函》**（1953 年 6 月 12 日　法行字第 3739 号）：“……关于所提革命军人及转业军人的离婚问题，经我院研究后答复如下：一、多年无音讯的革命军人之配偶提出离婚总政及本院及有关机关已订出处理办法，不久即可发下。二、革命军人与其妻子感情不和，不堪同居，而双方亲自到区自愿登记离婚，无需原部队之证明，即可发给其离婚证书。三、革命军人转业到企业部门，申请与其妻离婚而其妻亦很同意者，只要双方自愿离婚，即可到当地区政府登记离婚，不必原机关证明。”最高人民法院**《关于转业军人婚姻问题的批复》**（1953 年 5 月 19 日　法行字第 3176 号）：“……王大体未经合法与刘奎龙离婚，私自改嫁，是错误的。但转业军人刘奎龙参军后，离家十年没有给家来信，王大体因查询不到刘奎龙下落，乃于 1948 年与赵各庄毕会生结婚，现已六、七年，并已生两个小孩，坚决不愿与刘奎龙恢复关系。在这种情况下，任邱县人民法院动员刘奎龙同意离婚是对的。他现在虽然不同意与王大体离婚，希你院转告任邱县人民法院应本着爱护转业军人的政策，彻底体现司行字第 820 号联合通知关于《革命军人婚姻问题纪要》第三问题处理意见（一）的精神，具体地帮助他解决困难问题，耐心地说服刘奎龙同意离婚。”最高人民法院、司法部**《关于法院错误处理革命军人婚姻问题的通报》**（1953 年 1 月 23 日　〔53〕司行字第 150 号）：“……一、根据婚姻法第十九条及最高人民法院、司法部 1951 年 4 月 25 日联合指示的精神，现役革命军人配偶要求离婚，必需征得革命军人同意后始得判决离婚，否则法院不得轻率判离。二、革命军人配偶与人通奸怀孕，要求离婚，应视为破坏革命军人婚姻的违法行为，不得当作一般的离婚案件处理，也就不能以与人通奸怀孕为离婚的理由。法院如发现与军属通奸情事，（但严禁乡村干部自动捉奸行为）应根据具体案情，分别给以适当的批评或处分，特别是区乡干部有上述情况，更应从严处分，同时对乱搞关系的军属也应给以教育或批评。三、革命军人配偶提出离婚，法院根据具体情况，如认为可以同意离婚时，在手续上必需致函部队政治机关，请其征求革命军人意见；或说服革命军人同意离婚，法院或人民团体，不得直接给革命军人本人去信征询意见。四、法院应与有关机关团体联系，对革命军人的家属运用多种多样的方式进行教育和鼓励，使她们认识到她的丈夫参军尤其是参加了人民志愿军，她们本身也是无上光荣的，她们不应该以任何其他借口（除确实受丈夫虐待或丈夫家庭虐待无法生活外）来向她们的丈夫要求离婚。这样不仅从法律上保障了志愿军的婚姻，同时也积极地从思想教育方面巩固了志愿军的婚姻关系。”最高人民法院院长办公室**《关于解答魏如甫有关现役革命军人婚姻问题的函》**（1952 年 10 月 20 日　法办字第 3754 号）：“……按照中央人民政府人民革命军事委员会总政治部今年 2 月 7 日致本院织字第 341 号函，凡是整编后县公安部队的人员，都应算入现役革命军人范围内，其婚姻问题的处理，应按现役革命军人问题处理。”最高人民法院**《对王飘彩与牛建华婚姻纠纷一案的处理意见》**(1952年4月30日　法督字第1311号):“……关于王飘彩诉请与现役革命军人牛建华离婚一案,我们认为对于王飘彩除应商同妇联继续予以适当安置,以防其自杀外,并应调查研究其坚决要求离婚的真实原因,予以说服教育。如仍坚决要离,可根据具体实际情况,再与新疆军区西安办事处及新疆军区汽车第一团政治处取得联系,并向牛建华进行适当教育。如牛仍坚决不同意离婚,你院应坚决按照婚姻法第十九条规定办理。”最高人民法院**《关于在离婚诉讼进行中一方参军应如何处理问题的意见》**(1951年6月16日):“……关于一方在他方提出离婚期间参军应如何处理的问题,我们的意见是:(一)一方在他方参军前虽已提出离婚诉讼,但如未经初审法院判决者,仍应按照婚姻法第十九条的规定办理。(二)已经法院宣示判决离婚,未在上诉期限内提起上诉而参军者,不得再适用婚姻法第十九条的规定而改变一方参军前已经确定的判决。(三)已经初审法院判决离婚,一方不服,提起上诉,但未等及上诉法院判决而参军者,则其参军系发生在诉讼进行中,上诉法院就有必要面对这一新的事实,适用婚姻法第十九条的规定,须征得革命军人的同意,方得为准予离婚的判决;因为婚姻自由的原则与保护革命军人婚姻的原则不应从革命整体利益作分割的了解。你院报告中有谓‘参军的动机在保持其不合理的婚姻’,我们认为这种情形只能是极偶然的现象,即或有之,但从结果上来看参军这一行为是革命的,因之对于婚姻纠纷在诉讼中而参军者,按照婚姻法第十九条的规定办理,就有它重要的政治意义。”最高人民法院**《关于军人婚约和聘礼问题的复函》**(1951年6月1日　法编字第5556号):“……来信收到,关于现役革命军人的婚约问题,应比照婚姻法第十九条办理,革命军人与家庭无通讯关系,而一方要求取消婚约的,也是应当参照婚姻法第十九条第二项的规定并结合实际情况去办理。来信所说该革命军人自1947年至今与家庭无通讯关系,如能证明属实,可以请求当地法院判决。至关于订婚时的聘礼问题,如聘礼系由订婚人父母或男女双方出于自愿帮助或赠与的性质,不论其交付是在婚姻法前后,都可由当事人于取消婚约时,自行协议解决,协议不成,得请由法院斟酌具体情况定其应否返还。如聘礼系‘公开的买卖婚姻’或‘变相的买卖婚姻’所索取的财物而发生在婚姻法施行后者,除斟酌违法轻重要给当事人以教育外,其聘礼得予没收(骗取钱财性质的聘礼应返还被害人)。如发生在婚姻法施行前,除属公开买卖婚姻者得予没收外,法院是要给当事人以教育,并按双方经济情况酌情返还全部或一部。来问所说的12尺红布,不问其性质如何,女方本人既未直接收受可不负责任,男方也不能以聘礼返还与否作为取消婚约的条件。”最高人民法院**《对于婚姻继承等有关问题的来问之解答》**(1951年5月31日　法编字第5528号):“……关于婚姻的问题:除现役革命军人的婚约问题应比照婚姻法第十九条办理外,一般的婚约问题,按法制委员会的解答:‘订婚不是结婚的必要手续……一方自愿取消订婚者,得通知对方取消之’。因之订婚或取消婚约的问题,均不发生任何法律手续,也谈不到违法与否可。若一方提出诉讼,人民法院则可对不愿履行婚约事先不通知对方取消婚约而已与他人结婚者,予以批评教育;同时法院也应以裁判的形式或批示予以取消婚约。”最高人民法院**《对婚姻法第十九条的解释意见之答复》**(1951 年 5 月 25 日　法编字第 5456 号):“……经研究后,我们基本上同意来文第二条意见,但应注意:一、对于处理男女都在一地的现役革命军人婚姻案件,如双方均系现役革命军人,则应先经其主管部队政治机关调解,于调解无效移送法院后,受理法院应慎重考虑原调解机关的意见及案件具体情况再为调解,如调解无效,得据情判决不准离婚或准予离婚。二、如男女都在一地,而仅有一方为现役革命军人者,则其配偶提出离婚,应按婚姻法第十九条规定办理,首先取得军人的同意,如双方感情破裂确已不能继续夫妻关系,而军人不同意离婚,经调解无效者,应即征询军人主管部队政治机关对该军人进行说服教育,如经说服教育,军人同意离婚,法院得作准予离婚的判决。”最高人民法院**《对内蒙古人民法院 1950 年工作总结中有关执行婚姻法方面存在的问题的意见》**(1951 年 5 月 18 日　法督字第 5137 号)第 3 条:“革命军人的婚姻问题,应参照我院‘关于处理现役革命军人婚姻问题的指示’慎重处理。此外,你院总结各地婚姻案件的处理,批判了‘不从实际出发,强调离婚条件’,但这样提法尚不够明确,因为离婚是应该有理由的,法院在处理离婚案件时,考查离婚理由是否正当,是判决的基础。这正是从实际出发,反之,如不慎重考查离婚理由是否正当,率尔判决,其结果就可能发生该离的不离,或不该离而离的偏差。这里所谓离婚条件(应该是离婚理由或原因更为适当),就是法制委员会‘有关婚姻法施行的若干问题与解答’内第十问题的解答所称:‘有正当原因不能继续夫妻关系的,应作准予离婚的判决;否则也可作不准予离婚的判决’。如果所谓强调离婚的‘条件’,是与婚姻自由的原则相冲突的东西,例如封建残余思想支配下的那种不问双方感情实际情况,是否能继续夫妻生活等,而强以所谓‘离婚条件’来非难,甚至干涉婚姻自由,则不仅是不从实际出发,而且是违反婚姻法的,应分别具体情况,教育纠正。原报告中所举‘不够离婚条件的女方,宁死要离’的案件,主要的仍应了解具体案情,分析研究其‘宁死要离’的原因及其所提离婚理由是否正当,作正确处理,这一点并希引起注意。”最高人民法院**《关于县公安部队之公安队员其婚姻问题应否按现役革命军人婚姻问题处理的复函》**(1951 年 4 月 29 日　法编字第 1313 号):“……关于县公安队员取消婚约是否按照现役革命军人取消婚约之规定办理的问题,经与有关机关联系,根据 1951 年 12 月 10 日经中央和军委批准‘关于整编各级人民公安机关、各地人民警察和人民公安部队的决定’第五条‘……原有的正规公安武装及省、市、专、县各级的地方公安武装,统一整编为中国人民解放军公安部队,受人民革命军事委员会的统一管辖。……’因此，整编后县公安部队的人员，应算入现役革命军人范围内，其婚姻问题应按现役革命军人的婚姻问题处理。”最高人民法院**《关于处理现役革命军人婚姻问题的指示》**（1951年4月21日）：“……（一）处理革命军人婚姻案件，必须遵照婚姻法第十九条的规定，对于不符合规定的离婚请求，应依法驳回；对于符合规定的离婚请求，应严格按照法定手续办理。（二）对于以‘多年不通音讯’为理由提出离婚者，首先应切实查明是否革命军人配偶，情况不弄清楚，决不允许轻下判决。对于革命军人婚姻案件，必须确切调查军人与家庭有无通讯关系，以及有多久时间没有通讯关系，不通音讯的原因，与如何证明等。在婚姻法第十九条规定的期间内，革命军人与家庭有通讯关系，其配偶要求离婚者，应将申请书函经该军人服务的团以上政治机关送达，没有该军人同意离婚的确实证明，不准离婚。无论准予离婚和不准予离婚的判决，均应经由该军人服务的团以上政治机关送达。公示送达的办法对于与家庭有通讯关系及查有下落的现役革命军人不应采用。同时对这类案件判决前后，仍应多方面向军人配偶进行耐心的充分的说服教育，防止一切可能发生的意外。（三）违反婚姻法第十九条规定而判决革命军人离婚者，即使已经判决确定，亦应接受革命军人的申诉，按照再审程序重为审判。在再审判决未确定前，军人配偶不得另行结婚，其已结婚的亦为非法。（四）对于破坏革命军人婚姻关系的不法分子，应依法制裁，对于军人配偶以谎骗或要挟法院作不正确判决者，也应给以批评教育。审判人员对革命军人婚姻案件的违法判决，应进行检讨，将检讨材料经由上级法院审核后转送该军人所在部队政治机关，必要时并在报上公开检讨。（五）各级审判机关在审理革命军人婚姻案件时，应尽可能邀请当地驻军及妇联选派代表参加陪审，以求得更好的了解情况，正确处理，并通过典型案件加强关于爱护革命军人的爱国主义教育。”最高人民法院**《关于革命军人婚约等问题的答复》**（1951年1月9日　法编字第326号）第1条：“对于处理现役革命军人的婚约问题，经与中央军委政治部及法制委员会研究结果，认为仍应根据婚姻法第十九条保护现役革命军人婚姻的原则，予以适当的保护，现役革命军人与家庭有通讯关系的，其订婚的女方提出取消婚约应得革命军人的同意。”最高人民法院**《关于魏诚与张平生婚姻案的处理意见》**（1950年9月22日　法编字第190号）第1条：“婚姻法第十九条的规定，保护现役革命军人的婚姻关系，是从革命整体利益出发而规定的。你院在批答宁夏省院和复魏诚的信中，将婚姻法第十九条的规定解释为‘迁就政治上比较落后的战士的规定，一个干部不应等同于政治上比较落后的战士，应该坚决拥护婚姻自由’。这是很不适当的。因为第一，婚姻法第十九条的立法原则是基于革命整体利益而保护现役革命军人的婚姻关系，并非‘迁就落后’。第二，革命军人包括指挥员和战斗员包括革命军队的全体成员，绝不是只指战士而把干部除外，凡是现役革命军人的婚姻关系，都须依照婚姻法第十九条规定给以合法保护。第三，婚姻自由与保护现役革命军人婚姻关系，都是基于最大多数人民的最大利益这一共同原则，两者是统一的而且同是进步的，如把婚姻法第十九条解释为‘迁就政治上比较落后的战士的规定’，这就使婚姻法的统一性、进步性分割了，使保护现役革命军人婚姻关系与婚姻自由的原则分割为两个对立的东西，这种对婚姻法第十九条规定的错误了解，很可能在工作上发生偏差，而对于魏诚来说，也将因此引起对婚姻法的错觉以至对立态度，我们从魏诚7月20日给你院的信中（魏接到你院去信后的回信）深深地体验到这一点。据此，我们意见，你院就婚姻法第十九条所作错误解释，应予必要的纠正。”最高人民法院**《关于军人婚约问题的指示》**（1950年3月8日　法编字第2号）：“……原审判决如系根据曹偶妮自由意志而为，则判决并未错误；如相反地不是女的自觉自愿而系硬性判归索位位，则该判决是失当的。在此需予注意者：童年包办的婚约，按照我们婚姻政策，应视作无效，惟在解放前的农村中的婚姻，率多买卖包办，绝少自由自主，这是整个农村社会的问题；因之在执行政策中，必须采取慎重的态度，善于区别一般的和个别的问题。至本案关系人索位位系现役革命军人，如经检查发觉原审判决不当，发回重审废弃原判，势必引起索某不安于工作，且很有可能重复返乡，甚或引起其他事故；因之，在照顾到当前革命利益的前提下，如当事人未提起上诉或申请再审，则可不必指示再审翻案，以免求正益紊；但法院应责成原审法院对此案的错误判决进行自我检讨，具报省院。如当事人已提起上诉或申请再审，现亦以采取和解办法为宜。在组织调解时，应邀请当地政府、军队和群众团体的负责代表参加，尽一切努力说服和解。关键在于女方的态度，如女方在原审判决后未有任何主张，一直到现在也没有反对原判的表示，则应努力维持她和索位位的关系而说服郭福贵达到和解的目的。”

4. 地方司法性文件。安徽淮南中院**《关于审理离婚纠纷案件若干问题的指导意见》**（2014年3月13日）第6条：“现役军人离婚案件，按以下规定处理：（一）现役军人的配偶要求离婚，须得军人同意，但军人一方有重大过错的除外；（二）现役军人一方向非军人一方提出离婚，或者双方都是现役军人的离婚纠纷，按离婚案件的一般规定处理。”江苏高院**《婚姻家庭案件审理指南（2010年）》**（2010年5月18日）第5章：“……对一方为现役军人的特殊保护。军队是国家的钢铁长城，因此，涉及军人离婚，《婚姻法》作了特别规定，明确：‘现役军人的配偶要求离婚，须得军人同意，但军人一方有重大过错的除外。’所谓现役军人一般是指正在军队服役、具有军籍的人员。所谓军人一方有重大过错一般是指现役军人有重婚、与他人同居、实施家庭暴力或虐待、遗弃家庭成员、有赌博、吸毒等恶习屡教不改等严重损害夫妻感情的行为。当然需着重指出的是对军婚的特殊保护适用于非军人对军人起诉离婚的情形，而现役军人要求与非军人一方离婚，或者双方都是现役军人则无此要求。”上海高院**《婚姻家庭纠纷办案要件指南（一）》**（2005年3月4日　沪高发民一

〔2005〕2 号）第 17 条："依婚姻法对军婚特殊保护的规定而对解除婚姻关系的主张提出抗辩的，应举证证明：（一）提出抗辩一方为现役军人；（二）主张解除婚姻关系一方不是现役军人；（三）提出抗辩一方不存在法定的重大过错。〔说明〕根据婚姻法的规定，在军人无重大过错的情况下，非经军人同意，法院不得判决解除军人婚姻。因此，现役军人可以据此提出不同意解除婚姻关系的抗辩。在审理此类案件时，法院要考虑下列情形：（1）一方为现役军人，即提出抗辩一方是在中国人民解放军服现役、具有军籍的干部与战士，包括中国人民武装警察部队的干部与战士。在军队工作未取得军籍的人员及退役、复员和转业人员不属于此范围；（2）现役军人的配偶提出离婚，是指非军人配偶向现役军人提出离婚，但双方均为现役军人或现役军人向非军人配偶方提出离婚的，不受此限；（3）现役军人没有法定的重大过错情节。根据婚姻法及司法解释，军人一方有重大过错，是指重婚或与他人婚外同居；实施家庭暴力或虐待、遗弃家庭成员；有赌博、吸毒等恶习屡教不改；其他重大过错导致夫妻感情破裂的行为。"广东高院**《关于审理婚姻案件若干问题的指导意见》**（2001 年 11 月 9 日　粤高法发〔2001〕44 号，2021 年 1 月 1 日起废止）第 19 条："《婚姻法》第三十三条所称的'军人一方有重大过错'主要包括下列情形：（1）重婚或与他人同居的；（2）实施家庭暴力或虐待、遗弃家庭成员的；（3）有赌博、吸毒等恶习屡教不改的；（4）其他严重伤害夫妻感情的情形。"

【参考类案】

①2015 年**江苏某离婚纠纷案**，2012 年，成某与现役军人郝某登记结婚，婚后生育一女。双方婚后感情尚好。在成某怀孕和生产期间，双方因性格不合等原因常为生活琐事发生争吵，导致夫妻关系不睦。2013 年 4 月起，成某在外租房居住，后带女儿回到父母家居住。2013 年 10 月，成某向法院起诉要求与郝某离婚，法院判决不准予双方离婚。嗣后，成某、郝某为探视女儿问题产生纠纷，并报警由派出所调解处理。2015 年，成某再次起诉离婚。法院认为：夫妻双方应互相尊重，家庭成员应敬老爱幼，互相帮助，共同维护平等、和睦、文明的婚姻家庭关系。成某与郝某经人介绍相识，婚后生育一女，有一定感情基础，后因性格差异等原因产生矛盾。成某与郝某通过分居方式冷静处理双方婚姻关系，导致双方在探视婚生女问题上沟通不畅。父母对子女有抚养教育义务，当夫妻有所隔阂时更应妥善处理、引导彼此与子女关系，注意方式方法，配合对方履行抚养义务，避免再因此不当影响夫妻双方感情。此亦系形成良好示范效应，保护未成年人合法权益需要。双方婚生女尚年幼，迫切需要稳定、完整、和谐的家庭，对此，成某与郝某应以此为契机，加强沟通交流，互谅互让。本案双方当事人婚姻属军婚，成某提出郝某作为现役军人，在婚姻关系中有重大过错，但未提供充分证据予以证明，法院不予采纳。综合考虑双

方婚姻基础、婚后感情、离婚原因、夫妻关系现状、有无和好可能、婚姻性质等方面，从稳定婚姻关系角度出发，给予双方重归于好的机会，判决不准双方离婚。

②2014 年**福建某抚养纠纷案**,2013 年，郭某与王某在民政局协议离婚。离婚协议约定女儿由郭某抚养，王某在周末可探望女儿或遇节假日可与郭某甲协商探望女儿时间。2014 年，身为现役军人的郭某将女儿送回河北老家随其父母共同生活，王某以此为由诉请变更子女抚养关系。法院认为：对子女抚养问题，应从有利于子女身心健康，保障子女合法权益出发，结合父母双方抚养能力和抚养条件等具体情况妥善解决，变更子女抚养关系亦应遵照此原则。本案中，王某在与郭某达成的离婚协议中已明确约定婚生女儿由郭某抚养至独立生活，且王某所提交证据无法证实郭某存在无力抚养，或不尽抚养义务、有虐待子女行为，或共同生活对子女身心健康有不利影响等情形，故王某应承担举证不能的法律后果。同时，郭某将女儿送回老家并非其无力抚养或不尽抚养义务的表现，而是其作为现役军人保卫国防工作需要，暂时将女儿送回老家交由父母照料并就读于当地幼儿园，且其 2015 年服役期满后将转业回原籍，故若因短期的特殊情况而随意改变女儿成长和学习、生活环境更不利于其身心健康成长，故王某以郭某将女儿暂时交由爷爷奶奶照料为申请变更子女抚养关系的理由缺乏依据，不予支持。综上所述父母均有抚养和教育子女健康成长的权利和义务，父母与子女间的关系，不因父母离婚而消除。在确定子女跟随哪一方生活时，应从有利于子女身心健康，保障子女合法权益出发，综合考虑父母双方生活、工作情况和抚养条件等具体情形作出判断。本案王某在郭某未侵害子女身心健康及抚养条件未发生变动情况下申请变更缺乏依据，判决驳回王某诉请。

③2014 年**辽宁某离婚纠纷案**,2005 年，刘某与现役军人徐某登记结婚。2013 年，徐某因怀疑刘某与案外人赵某有不正当男女关系，遂向派出所报案。经公安机关查询，刘某与赵某有多次在同一时间、同一旅馆的开房记录。徐某遂以刘某有过错为由，诉至法院，请求解除双方婚姻关系，并按过错方少分或不分的原则分配夫妻共同财产，且主张婚生子的抚养权，同时主张刘某父亲购房、刘某支付首付款、因军人身份只能登记在刘某名下房产的所有权。法院认为：婚姻关系存续应以夫妻感情为基础。双方婚后，因矛盾不能妥善处理，长期分居，导致夫妻感情破裂。现徐某起诉离婚，刘某表示同意，故准许双方解除婚姻关系。对于徐某提出刘某在婚姻存续期间存在过错，故应少分或不分共有财产的主张。虽然，徐某以刘某与案外人赵某关系异常，涉嫌破坏军婚为由，向公安机关报警，但是，公安机关对此案仍在处理过程中，目前尚无定论，故该主张，不予支持。关于婚生子抚养权的问题。确定子女抚养权归属，应从有利于未成年人生活、成长等角度出发。徐某系中国人民解放军现役军人，收入相对较高，亦能为子女提供较好的生活、成长条件。刘某现

处于失业状态，无稳定收入，抚养能力相对较差，且其自述患有疾病，身体状况亦可能对子女抚养、教育造成一定影响。同时，婚生子长期与祖父、母共同居住，特别是在徐某与刘某分居后，婚生子一直由祖父、母抚养，较为适应现在所处生活环境，故在目前情况下，由徐某取得抚养权对婚生子较为有利。关于徐某请求刘某每月支付抚养费 1000 元的问题。刘某无固定工作以及稳定收入，经济条件较差，故该主张过高，酌定抚养费数额为每月 500 元。关于诉争房屋应如何处理的问题。因该房屋在购买时首付款系徐某父亲出资，房屋买卖协议中买房人为徐某父。对于为何将诉争房屋登记在刘某名下问题，徐某提出的抗辩理由是其本人系现役军人，购房当时根本没有身份证，其服役地点亦在外地，故其本人无法办理购房所需贷款手续，徐某父母年纪较大，亦不符合贷款条件，如贷款购房，则须以刘某名义贷款。本院分析当事人民事行为，应综合考虑当时具体情况，徐某身份确实存在特殊性，其对购房过程的表述，符合当时的情况及条件，故判决准予离婚，婚生子归徐某抚养，刘某于本判决生效之日起每月 5 日前给付婚生子徐某某抚养费 500 元，至婚生子年满十八周岁时止，诉争房屋归徐某所有，徐某负责偿还剩余贷款及相关利息，徐某一次性给付刘某房屋折价款 14 万余元，在该房屋贷款及利息未清偿或房屋折价款未给付前，该房屋所有权仍归徐某、刘某共有。

④2014 年**广东某离婚纠纷案**，2012 年，林某与武警消防战士卢某登记结婚。婚初感情一般，后因卢某与林某因生活琐事发生争执，且卢某认为林某不尊重公婆，致夫妻感情日渐疏远。自 2013 年 1 月份起，双方开始协商离婚，在卢某所服役部队领导主持下多次进行调解无果。2013 年 7 月，卢某向所服役部队提出申请，请求与林某解除婚姻关系并获同意。随后，卢某以夫妻感情破裂为由向法院起诉离婚，婚生子由林某抚养。法院认为：卢某和林某系自由恋爱、自愿结婚，有一定婚姻基础。双方婚初感情一般，但后因卢某系现役军人需在部队服役，婚后与林某相处时间短暂，缺乏沟通，且卢某认为林某不尊重公婆，致双方发生争执，夫妻感情日渐淡薄。卢某提起离婚诉讼前，双方就婚姻问题曾数次协商离婚，但因子女抚养及经济补偿问题等协商未果，提起离婚诉讼后，林某既未提出书面答辩和异议，本人亦未到庭参加诉讼，证明林某对双方之间的夫妻感情并不重视，现卢某诉至法院要求离婚，表明双方已无夫妻感情可言，勉强维持婚姻关系对双方均无好处，故卢某起诉要求解除婚姻关系诉请，法院予以支持。林某提出卢某提起离婚诉讼违背法律规定，根据法律关于“女方有怀孕期间、分娩后一年内或中止妊娠后六个月内，男方不得提出离婚。女方提出离婚的，或人民法院认为确有必要受理男方离婚请求的，不在此限”规定，卢某系现役军人，因婚姻问题严重影响了其履行军人的职责，且其所在部队也同意了其离婚申请，故法院受理卢某离婚诉讼合法。因双方感情彻底破裂，故判决准予离婚。

【典型类案实务要点】

1.**【夫妻一方重婚的,另一方作为军人可提离婚并索赔】**夫妻一方因犯重婚罪而被判处刑罚,另一方作为现役军人主动提出离婚并主张精神损害赔偿金的,法院应予支持。

2.**【现役军人一方不愿离婚且无重大过错,一般不判离】**夫妻一方作为现役军人不同意离婚,对方亦无充分证据证明其存在法定的重大过错导致夫妻感情破裂情形的,一般判决不准予离婚。

3.**【军人将所抚养子女交父母照料,抚养权不因此变更】**离婚后现役军人一方因保卫国防的工作需要而将所抚养子女交由老家父母照料,不构成抚养关系变更的法定理由。

4.**【认定非军人配偶名下房屋是否属借名,应综合评判】**对于婚后所购房屋登记在非军人配偶一方,在认定房屋实际权属时,应综合考虑当时具体情况及军人身份特殊性。

5.**【军人提出离婚,理由充分的,法院应判决准予离婚】**军人一方提出离婚,且证明因婚姻问题严重影响其履行军人职责的,即便女方存在分娩后一年内的特殊情形,法院亦可判决离婚。

【类案裁判一般规则】

现役军人的配偶要求离婚,应征得军人同意,但是军人一方有重大过错的除外;现役军人向非军人的配偶提出离婚,或者双方都是现役军人的离婚纠纷,按离婚案件的一般规定处理。

【典型参考案例索引】

主旨案例:河南许昌中院(2015)许民终字第624号"韩某与胡某离婚纠纷案",见《上诉人韩某某诉被上诉人胡某某离婚纠纷案》,载《中国裁判文书网》(20150526)。**其他案例:**①江苏南京中院(2015)宁民终字第2028号"成某与郝某离婚纠纷案",见《上诉人成某与被上诉人郝某甲离婚纠纷一案的案》,载《中国裁判文书网》(20150505)。②福建宁德中院(2014)宁少民终字第10号"王某与郭某抚养纠纷案",见《王某与郭某甲变更抚养关系纠纷二审民事判决书》,载《中国裁判文书网》(20141204)。③辽宁沈阳中院(2014)沈中民一终字第01748号"刘某与徐某离婚纠纷案",见《刘影与徐岐离婚纠纷案》,载《中国裁判文书网》(20140901)。④广东潮州中院(2014)潮中法民一终字第6号号"林某与卢某离婚纠纷案",见《林××与卢××离婚纠纷案》,载《中国裁判文书网》(20140317)。

58. 无行为能力人的离婚

——无行为能力,可否提离婚?

【行为能力】

【问题提出】

无民事行为能力人能否提起离婚之诉?

【处理意见】

1. 法律规定。依相关司法解释规定:无民事行为能力人的配偶有虐待、遗弃等严重损害无民事行为能力一方的人身权利或者财产权益行为,其他有监护资格的人可以依照特别程序要求变更监护关系;变更后的监护人代理无民事行为能力一方提起离婚诉讼的,人民法院应予受理。即特殊情形下,无民事行为能力人可作为原告提起离婚诉讼。

2. 依最高人民法院关于《民事诉讼法》相关司法解释规定:在诉讼中,无民事行为能力人、限制民事行为能力人的监护人是他的法定代理人。事先没有确定监护人的,可以由有监护资格的人协商确定,协商不成的,由人民法院在他们之间指定诉讼中的法定代理人。无民事行为能力人因不具备辨认能力和控制能力,故不能自己诉讼,而需由其监护人代理其提起诉讼。依《民法通则》规定,配偶系无民事行为能力人的监护人,在无民事行为能力人提起的离婚诉讼中,应首先解决程序上问题,即变更监护关系。

【裁判依据或参考】

1. 法律规定。《民法典》(2021 年 1 月 1 日)第 27 条:"父母是未成年子女的监护人。未成年人的父母已经死亡或者没有监护能力的,由下列有监护能力的人按顺序担任监护人:(一)祖父母、外祖父母;(二)兄、姐;(三)其他愿意担任监护人的个人或者组织,但是须经未成年人住所地的居民委员会、村民委员会或者民政部门同意。"第 28 条:"无民事行为能力或者限制民事行为能力的成年人,由下列有监护能力的人按顺序担任监护人:(一)配偶;(二)父母、子女;(三)其他近亲属;(四)其他愿意担任监护人的个人或者组织,但是须经被监护人住所地的居民委员会、村民委员会或者民政部门同意。"29 条:"被监护人的父母担任监护人的,可以通过遗嘱指定监护人。”第 144 条:“无民事行为能力人实施的民事法律行为无效。”第 145 条:“限制民事行为能力人实施的纯获利益的民事法律行为或者与其年龄、智力、精神健康状况相适应的民事法律行为有效;实施的其他民事法律行为经法定代理人同意或者追认后有效。相对人可以催告法定代理人自收到通知之日起三十日内予以追认。法定代理人未作表示的,视为拒绝追认。民事法律行为被追认前,善意相对人有撤销的权利。撤销应当以通知的方式作出。”第 161 条:“民事主体可以通过代理人实施民事法律行为。依照法律规定、当事人约定或者民事法律行为的性质,应当由本人亲自实施的民事法律行为,不得代理。”第 163 条:“代理包括委托代理和法定代理。委托代理人按照被代理人的委托行使代理权。法定代理人依照法律的规定行使代理权。”第 164 条:“代理人不履行或者不完全履行职责,造成被代理人损害的,应当承担民事责任。代理人和相对人恶意串通,损害被代理人合法权益的,代理人和相对人应当承担连带责任。”第 190 条:“无民事行为能力人或者限制民事行为能力人对其法定代理人的请求权的诉讼时效期间,自该法定代理终止之日起计算。”第 1045 条:“亲属包括配偶、血亲和姻亲。配偶、父母、子女、兄弟姐妹、祖父母、外祖父母、孙子女、外孙子女为近亲属。配偶、父母、子女和其他共同生活的近亲属为家庭成员。”**《民事诉讼法(2017 修正)》**(2017 年 7 月 1 日)第 57 条:“无诉讼行为能力人由他的监护人作为法定代理人代为诉讼。法定代理人之间互相推诿代理责任的,由人民法院指定其中一人代为诉讼。”第 189 条:“人民法院审理认定公民无民事行为能力或者限制民事行为能力的案件,应当由该公民的近亲属为代理人,但申请人除外。近亲属互相推诿的,由人民法院指定其中一人为代理人。该公民健康情况许可的,还应当询问本人的意见。人民法院经审理认定申请有事实根据的,判决该公民为无民事行为能力或者限制民事行为能力人;认定申请没有事实根据的,应当判决予以驳回。”第 190 条:“人民法院根据被认定为无民事行为能力人、限制民事行为能力人或者他的监护人的申请,证实该公民无民事行为能力或者限制民事行为能力的原因已经消除的,应当作出新判决,撤销原判决。”

2. 行政法规。《婚姻登记条例》(2003 年 10 月 1 日)第 12 条:“办理离婚登记的当事人有下列情形之一的,婚姻登记机关不予受理:(一)未达成离婚协议的;(二)属于无民事行为能力人或者限制民事行为能力人的;(三)其结婚登记不是在中国内地办理的。”第 13 条:“婚姻登记机关应当对离婚登记当事人出具的证件、证明材料进行审查并询问相关情况。对当事人确属自愿离婚,并已对子女抚养、财产、债务等问题达成一致处理意见的,应当当场予以登记,发给离婚证。”第 15 条:“婚姻登记机关应当建立婚姻登记档案。婚姻登记档案应当长期保管。具体管理办法由国务院民政部门会同国家档案管理部门规定。”

3. 最高人民法院司法解释及其他司法性文件/解读文章。最高人民法院《关

于进一步深化家事审判方式和工作机制改革的意见(试行)》(2018 年 7 月 18 日 法发〔2018〕12 号)第 37 条:“身份关系确认案件以及离婚案件,除本人不能表达意志的以外,当事人应当亲自到庭参加诉讼。当事人为无民事行为能力人的,其法定代理人应当到庭。确因特殊情况无法出庭的,必须向人民法院提交书面意见,并委托诉讼代理人到庭参加诉讼。应当到庭参加诉讼的当事人经传票传唤无正当理由拒不到庭的,属于原告方的,依照民事诉讼法第一百四十三条的规定,可以按撤诉处理;属于被告方的,依照民事诉讼法第一百四十四条的规定,可以缺席判决。无民事行为能力的当事人的法定代理人,经传票传唤无正当理由拒不到庭的,比照上述规定处理。必要时,人民法院可以拘传其到庭。确因特殊情况无法出庭的当事人、证人和鉴定人,经人民法院准许后,可以声音或影像传输的形式,参加开庭审理及其他诉讼活动。”最高人民法院《**关于适用〈中华人民共和国民事诉讼法〉的解释**》(2015 年 2 月 4 日 法释〔2015〕5 号,2020 年修正)第 349 条:“在诉讼中,当事人的利害关系人提出该当事人患有精神病,要求宣告该当事人无民事行为能力或者限制民事行为能力的,应由利害关系人向人民法院提出申请,由受诉人民法院按照特别程序立案审理,原诉讼中止。”第 352 条:“申请认定公民无民事行为能力或者限制民事行为能力的案件,被申请人没有近亲属的,人民法院可以指定其他亲属为代理人。被申请人没有亲属的,人民法院可以指定经被申请人所在单位或者住所地的居民委员会、村民委员会同意,且愿意担任代理人的关系密切的朋友为代理人。没有前款规定的代理人的,由被申请人所在单位或者住所地的居民委员会、村民委员会或者民政部门担任代理人。代理人可以是一人,也可以是同一顺序中的两人。”最高人民法院吴晓芳法官《**关于婚姻家庭纠纷审理热点难点问答**》〔载《民事法律文件解读》2012 年第 6 辑(总第 90 辑)〕第 5 条:“男方遭遇车祸成了植物人,女方作为丈夫的法定监护人,以男方的名义起诉肇事者和保险公司,共获赔偿款 70 余万元。女方拿到赔偿款以后便起诉要求与男方离婚,被法院驳回,从此对男方不管不顾,男方一直由其父母照顾。男方的父亲以男方的名义向法院起诉,要求判决双方离婚,并要求女方立即归还交通事故赔偿款。无民事行为能力人能否作为原告提起离婚诉讼? 答:无民事行为能力人一般不得作为原告提起离婚诉讼,因为具有人身属性法律要求必须本人亲自实施的民事法律行为属于不可代理的民事法律行为,是否解除婚姻关系必须由当事人本人作出明确的意思表示,他人代替当事人作出离婚的意思表示,便是对当事人离婚自由的干涉。但是,在配偶方对无民事行为能力人有虐待、遗弃或者加害行为致使婚姻的存续只会侵害无民事行为能力一方的权益时,在无民事行为能力人的近亲属提供了充分证据的情况下,为了保护无民事行为能力人的利益,法院应当受理其离婚的诉请。一般情况下,无民事行为能力人的配偶是其法定监护人,但根据民法上的‘禁止自己代理’的原则,配偶不能代理无民事行为能力人与自己进行离婚诉讼。‘禁止自己代理’是民法关于代理权行使的一项原则,‘自己代理’是指代理人既代理被代理人,又代理自己实施同一法律行为。法律原则‘禁止自己代理’的理由,缘于‘自己代理’有可能损害被代理人的利益。在民事诉讼中,双方的利益往往是对立的,每一方都希望获得最大利益,这就需要双方通过协商的过程达到利益平衡。而‘自己代理’,法律行为实际操纵于代理人一人之手,代理人极有可能会为自己的利益失去公正立场,厚此薄彼,损害被代理人的利益。在具体操作问题上,一直有两种观点。一种观点认为,司法实践中,法院在处理无民事行为能力人离婚案件时,往往不按照民法特别程序事先变更监护人,而是直接选择或由一方亲友推举一名代理人代表无民事行为能力人参加诉讼,这样处理既方便诉讼,也可以避免诉累。另一种观点认为。先走特别程序变更监护人,有利于保护无民事行为能力人的权益。实践中,有些地方贪图省事的做法并不可取,应严格按照法律规定的民事程序处理相关案件。由于近亲属的范围较大,如不重新确定监护人代为起诉,则法院对起诉主体的认定缺乏标准而难以操作。特别程序一审终审,不会造成时间的拖延。《婚姻法司法解释(三)》采纳了另一种观点,明确规定:无民事行为能力人的配偶有虐待、遗弃等严重损害无民事行为能力人的人身权利或者财产权益行为,其他有监护资格的人可以依照特别程序要求变更监护关系;变更后的监护人代理无民事行为能力一方提起离婚诉讼的,人民法院应予受理。另外,无民事行为能力一方如果婚前就患有法律禁止结婚的疾病,与患病者共同生活的近亲属可以向法院申请宣告该婚姻无效,从这个救济途径保护无民事行为能力一方的人身权益和财产权益。”最高人民法院**《关于适用〈中华人民共和国婚姻法〉若干问题的解释(三)》**(2011 年 8 月 13 日　法释〔2011〕18 号,2021 年 1 月 1 日起废止)第 8 条:“”无民事行为能力人的配偶有虐待、遗弃等严重损害无民事行为能力一方的人身权利或者财产权益行为,其他有监护资格的人可以依照特别程序要求变更监护关系;变更后的监护人代理无民事行为能力一方提起离婚诉讼的,人民法院应予受理。最高人民法院吴晓芳法官**《关于婚姻家庭纠纷审理热点难点问答》**〔载《民事法律文件解读》2011 年第 11 辑(总第 83 辑)〕第 7 条:“双方登记结婚共同生活几年后,女方患上精神分裂症,经住院治疗仍无好转。男方将女方带至民政局婚姻登记处,要求办理离婚登记。婚姻登记处工作人员审查了双方提交的户口簿、身份证、结婚证、离婚协议书等离婚登记的资料,认为符合离婚条件,便为双方办理了离婚登记手续并颁发了离婚证。女方认为,民政工作人员未认真、严格审查,违反了《婚姻登记条例》第十二条‘婚姻登记机关不得受理无民事行为能力人申请离婚登记’的规定,遂向法院提起行政诉讼,要求依法撤销离婚证。此种情况,该如何处理? 答:《婚姻登记条例》第十二条规定:‘办理离婚登记的当事人有下列情形之一的,婚姻登记机关不予受理:(一)未达成离婚协议的;(二)属于无民事行为能力人或者限制民事行为能力人的;(三)其结婚登记不是在中国内地办理的。’对于本来不应当受理的离婚登记,如果民政部门未尽到审慎的注意义务办理了离婚登记,比如一方患有精神病为无民事行为能力人的情形,该如何处理呢?我们认为,依据《民事诉讼法》第一百八十一条规定,‘当事人对已经发生法律效力的解除婚姻关系的判决,不得申请再审’。同样的道理,一旦登记离婚生效,已经离婚的当事人就有权与其他的人结婚,如果离婚登记可以被随意撤销,将无法保护第三人的婚姻权利……《最高人民法院关于适用〈中华人民共和国民事诉讼法〉若干问题的意见》第209条规定:‘当事人就离婚案件中的财产分割问题申请再审的,如涉及判决中已分割的财产,人民法院应依照民事诉讼法第一百七十九条的规定进行审查,符合再审条件的,应立案审理;如涉及判决中未作处理的夫妻共同财产,应告知当事人另行起诉。’按照上述规定的基本原理,凡是符合《婚姻登记条例》第十二条规定情形之一的,婚姻登记机关受理离婚登记就属于违法,离婚当事人向法院提起行政诉讼的,应判决确认离婚登记行为违法同时撤销离婚登记中有关财产分割和子女抚养部分的协议,由原婚姻当事人重新协议或者通过民事诉讼途径处理有关财产分割和子女抚养的问题。”最高人民法院民一庭**《民事审判实务问答(婚姻家庭继承纠纷一般问题)》**(2005年4月)第16条:“离婚案件中,在没有鉴定结论证明被告患有精神病的情况下,能否准许其父亲或母亲作为法定代理人代其出庭应诉?答:离婚案件涉及身份关系,具有不同于一般民事案件的特点。在离婚案件中,离婚与否,取决于当事人双方感情是否确已破裂,且调解是离婚案件的必经程序,只有在当事人双方均出庭的情况下,才便于审判人员对双方感情的破裂程度作出正确判断。因此,《中华人民共和国民事诉讼法》第六十二条及《最高人民法院关于适用〈中华人民共和国民事诉讼法〉若干问题的意见》第九十三条、第九十四条对离婚案件的诉讼代理作出了特别规定:‘离婚案件有诉讼代理人的,本人除不能表达意志的以外,仍应出庭;确因特殊情况无法出庭的,必须向人民法院提交书面意见’、‘无民事行为能力人的离婚案件,由其法定代理人进行诉讼’。《中华人民共和国民法通则》第十三条规定:‘不能辨认自己行为的精神病人是无民事行为能力人,由他的法定代理人代理民事活动。不能完全辨认自己行为的精神病人是限制民事行为能力人’。认为当事人患有精神病,宣告该公民无民事行为能力或限制行为能力应以有资质的鉴定机构的鉴定结论为据。因此,离婚案件中,在没有鉴定机构的鉴定结论证明被告患有精神病的情况下,不能认定该当事人无民事行为能力,故不能准许其父亲或母亲作为法定代理人代其出庭应诉。”最高人民法院华北分院**《关于一方患精神病另一方提请离婚可否批准的问题希参照最高人民法院的指示审慎处理的复函》**(1953年10月16日):“……经本院转请最高人民法院核示,兹奉最高人民法院1953年10月10日法行字第7757号批复:‘经与中央政法委员会、法制委员会等有关部门研究,认为精神病患者大体上有两种情况:一种是不能治好的,若夫妻一方患有不能治好的精神病,另一方坚决要求离婚,而患病者又经医生或当地群众证明确为不治之症时,法院应准其离婚。另一种是可以治好的精神病,若一方坚决要求离婚时,法院应先进行调解,如调解无效,可根据其实际婚姻情况,即行判决。但在处理上,必须注意下列各点:一、分析患病者得病原因,医生诊断结果,目前病状,结合群众意见,慎重处理。二、此种案件,在判决确定前与判决离婚后,均必须对患者的监护与生活作负责的处理,如系退役革命军人,应请示当地党政机关审慎处理。’特函复你院,希即参照最高人民法院的指示,结合每一案件的具体情况,审慎处理为荷。”

4. 部门规章。民政部办公厅《**关于如何确定离婚当事人李玲是否具有民事行为能力的复函**》(1997年8月19日　厅办函〔1997〕215号):“……经研究,答复如下:一、《中华人民共和国民法通则》第十三条规定,不能辨认自己行为的精神病人是无民事行为能力人,由他的法定代理人代理民事活动。不能完全辨认自己行为的精神病人是限制民事行为能力人,可以进行与他的精神健康状况相适应的民事活动,其他民事活动由他的法定代理人代理,或征得法定代理人同意。二、确认离婚当事人是否是无民事行为能力人或限制民事行为能力人,应由其利害关系人依法向司法机关申请确认,由司法机关出具其是否是无民事行为能力人或限制民事行为能力人的司法文件。三、婚姻登记管理机关受理当事人的离婚证登记申请后,到颁发离婚证之前的审查期间,当事人的利害关系人,对当事人的民事行为能力提出异议的,利害关系人能够提供经司法机关出具的,能证明当事人此期间是无民事行为能力人或限制民事行为能力人的司法鉴定的,婚姻登记管理机关应依据司法机关的司法鉴定,终止办理离婚登记。如利害关系人未提供司法鉴定的,应由利害关系人依法向司法机关申请确认,待司法机关出具司法鉴定后,婚姻登记管理机关可依据司法鉴定作出是否办理离婚登记的决定。如果利害关系人在一定期限内不向司法机关申请确认,婚姻登记管理机关未发现离婚当事人有民事行为障碍的,则可办理离婚登记。在李玲离婚案中,李玲的父母在李与贾申请离婚登记10天后,到济南市婚姻登记管理机关反映李玲患心因性精神病,并出示1996年1月16日《交通道路事故损害赔偿责任书》复印件。在离婚当事人的利害关系人提出异议的情况下,济南市婚姻登记管理处应告知当事人提供司法机关出具的司法文件,请你们根据以上原则,妥善处理,做好善后工作。”

5. 地方司法性文件。广东高院《**广东法院审理离婚案件程序指引**》(2018年7月16日)第7条:“【诉讼能力】能够正确表达意思的未成年子女,可以就其抚养、探望事项发表意见。八周岁以上的未成年子女,可以就与其年龄、智力相适应的事项作证。在诉讼中,利害关系人提出当事人患有精神病,要求宣告该当事人无民事行为能力或者限制民事行为能力的，应当告知其向有管辖权的人民法院提出申请，受诉人民法院按照特别程序立案审理后，本诉讼中止。当事人仅提出对方当事人患有精神病的证据，不申请宣告对方当事人无民事行为能力或者限制民事行为能力，该对方当事人的父母、成年子女或者其他近亲属也明确表示尊重本人意愿，不作申请的，诉讼继续进行。必要时，人民法院可以通知该对方当事人近亲属陪同出庭。人民法院经调查认为当事人存在不能辨认自己行为的情形，其利害关系人均不申请宣告该当事人无民事行为能力的，应当协调居民委员会、村民委员会、学校、医疗机构、妇女联合会、残疾人联合会、依法设立的老年人组织、民政部门等组织提出该宣告申请。”北京高院**《北京法院立案阶段多元调解工作的规定（婚姻家庭继承部分）》**（2016年8月12日　京高法发〔2016〕369号）第1条：“审查双方婚姻关系的真实性。要求当事人提交结婚证或民政部门关于婚姻关系的证明，并核实当事人的行为能力。对存在患有精神疾病等不具备行为能力或限制行为能力当事人的案件，应登记立案。”北京高院民一庭**《关于审理婚姻纠纷案件若干疑难问题的参考意见》**（2016年8月4日）第52条：“【无诉讼行为能力人离婚案件代理问题】离婚诉讼案件中被告一方为限制行为能力人、无诉讼行为能力人，原告一方为其监护人的。人民法院可参照《最高人民法院关于适用〈中华人民共和国民事诉讼法〉的解释》第八十三条规定，由其他有监护资格的人协商确定诉讼中的法定代理人；协商不成的，由人民法院在有监护资格的人中指定。被告方除配偶外没有民法通则第十七条第一款规定的监护人的，人民法院可以指定民法通则第十七条第三款规定的有关组织担任诉讼中的法定代理人。”浙江宁波海曙区法院**《关于印发〈家事案件审理规程〉的通知》**（2015年10月19日　甬海法发〔2015〕76号）第9条：“建立社会观护制度。在家事案件审理中，受人民法院委托，由海曙区关工委下属的‘银发护苗工作室’推荐的合适社会人士作为社会观护员，在部分案件中开展社会调查、判后回访，以及在特定情形下作为涉限制民事行为能力人或无民事行为能力人家事案件当事人的代理人。”第10条：“人民法院可以根据案件审理的需要，委托社会观护员承担以下工作：（一）对离婚纠纷、变更抚养关系纠纷、抚养费纠纷、监护权纠纷、探望权纠纷等案件中所涉及当事人婚姻家庭状况及未成年人的抚养等相关情况进行调查；（二）在法定监护人因故回避时，陪同涉案涉限制民事行为能力人或无民事行为能力人接受人民法院询问；特定情形下，作为涉限制民事行为能力人或无民事行为能力人的代理人参加诉讼；（三）参加并协助家事案件的调解工作；（四）对家事案件进行判（调解）后回访，了解生效判决或调解书的履行情况；（五）人民法院认为需要开展的其他社会观护工作。”第11条：“本规程第九条、第十条第（二）款规定的‘特定情形’包括：（一）涉限制民事行为能力人或无民事行为能力人的监护人应当出庭而未出庭，经人民法院书面督促后，仍未出庭的；（二）涉限制民事行为能力人或无民事行为能力人没有《中华人民共和国民法通则》第十四条、第十六条第一款、第二款规定的监护人的;(三)涉限制民事行为能力人或无民事行为能力人虽有监护人,但其监护人不适宜作为其法定代理人参加本案诉讼的。”山东临沂中院**《关于当前民事审判工作中的一些疑难问题会谈纪要(婚姻家庭部分)》**(2015年)第6条:“离婚案件中,一方当事人的近亲属到庭反映当事人为无民事能力或限制行为能力人,而不让当事人到庭且不提供当事人无民事能力或限制行为能力人的证据应如何处理?首先应向当事人近亲属释明不举证的法律后果,当事人近亲属仍不举证,则告知当事人近亲属启动认定无民事能力、限制行为能力认定特别程序,当事人近亲属不启动特别程序,以当事人具备完全民事能力对待。”安徽淮南中院**《关于审理离婚纠纷案件若干问题的指导意见》**(2014年3月13日)第2条:“离婚不能由他人包办代替,限制民事行为能力或无民事行为能力人的离婚案件,由其法定代理人进行诉讼,法定代理人相互推诿的,由法院指定;无民事行为能力人主动起诉离婚的情况下,如果无民事行为能力人结婚之初就存在无民事行为能力原因的,应当提起婚姻无效之诉,提起人为无民事行为能力人结婚前的监护人。无民事行为能力人行为能力丧失的原因在婚姻关系存续期间发生的,由变更后的监护人代理无民事行为能力人提起诉讼。”福建三明中院**《民事审判若干实务问题探讨》**(2016年)第17条:“离婚案件的一方当事人有精神病史,诉讼时是否需要通过鉴定确定其精神状况?如果法院发现存在精神异常时,案件如何处理?答:1. 如果是间歇性精神病,应当在其精神正常的时间进行诉讼;如果是无行为能力或者是限制行为能力的精神病人,应该由其监护人代为诉讼。2. 离婚案件中,当事人一方是否患有精神病,法院一般应根据司法精神病学鉴定或者参照医院的诊断、鉴定进行确认。3. 关于当事人有无诉讼行为能力问题,根据民事诉讼法第一百七十条第一款、最高人民法院关于适用《中华人民共和国民事诉讼法》若干问题的意见第193条规定处理。4. 关于是否准许离婚问题。根据最高人民法院《关于人民法院审理离婚案件如何认定感情确已破裂的若干具体问题》第三条规定处理。”安徽滁州中院**《关于审理婚姻家庭纠纷案件座谈会纪要》**(2013年8月2日)第8条:“无民事行为能力人除配偶以外无其他监护人为其法定代理人,其配偶提起离婚诉讼,对担任监护人有争议的,可以依照特别程序先确定监护人。”江苏高院**《婚姻家庭案件审理指南(2010年)》**(2010年5月18日)第5章:“……离婚诉讼的主体。结婚是男女双方的自愿行为,离婚当然也应由男女双方所为,他人无权代为实施。但如果婚姻一方当事人系无民事行为能力人,则如何解除婚姻关系,在实践中存在争议。《婚姻法解释三》第八条对此作了规定,厘清了模糊认识。该条明确:‘无民事行为能力人的配偶有虐待、遗弃等严重损害无民事行为能力一方的人身权利或者财产权益行为,其他有监护资格的人可以依照特别程序要求变更监护关系；变更后的监护人代理无民事行为能力一方提起离婚诉讼的，人民法院应予受理。’至于如何变更监护关系，《中华人民共和国民法通则》（以下简称《民法通则》）有具体明确的规定。如果离婚案件的被告系无民事行为能力，同样应先通过特别程序指定监护人。”浙江温州中院民四庭**《关于贯彻执行〈婚姻法〉的指导意见》**（2009 年 5 月 1 日）第 29 条：“对无民事行为能力人的法定代理人代其提起离婚诉讼应严格掌握，如配偶一方存在虐待、遗弃或严重损害无民事行为能力一方合法权益行为等情形的，可予以准许代为起诉。”江西高院**《关于审理婚姻家庭纠纷案件适用法律若干问题的解答》**（2008 年 10 月 10 日）第 26 条：“涉及精神病人的婚姻案件是否需要适用特别程序？在审理离婚或宣告婚姻无效案件中，如当事人主张一方当事人为精神病人，利害关系人申请要求根据《民事诉讼法》特别程序的规定对一方当事人作出无民事行为能力、限制民事行为能力的认定的，人民法院可中止离婚诉讼，待无民事行为能力、限制民事行为能力认定案件结束后再恢复离婚诉讼。如依据病史资料、鉴定结论及其他相关证据足以证明诉讼当事人为无民事行为能力或限制民事行为能力的精神病人，其近亲属对此也不持异议的，可不必经过特别程序。”湖南常德中院民一庭**《关于当前民事审判工作中应当注意的几个问题》**（2008 年 8 月 7 日）第 2 条：“……他人能否代理限制民事行为能和人或无民事行为能力人提起离婚诉讼？对于此类问题的处理，应把握以下基本原则：一、限制民事行为能力人并未完全丧失辨认能力和控制能力，无论结婚抑离婚，法院应尊重其对婚姻的自由决策权。二、无民事行为有力人可以作为离婚案件的被告参与诉讼，被告是否有民事行为能力，并不影响离婚诉讼。《中华人民共和国婚姻法》第三十二条规定离婚的法定理由是夫妻感情破裂，被告在诉讼中是否同意离婚，只是判断法定离婚理由成立与否的证据之一。如果被告同意离婚，则判决准予离婚；如果被告不同意离婚，则通过其他证据判断夫妻感情是否破裂。三、在无民事行为能力人主动起诉离婚的情况下，如果无民事行为能图例结婚之初，就存在无民事行为能力的原因的，此时应当提起无效婚姻之诉，提起人为无民事行为能力人结婚前的监护人；无民事行为能力丧失的原因在婚姻存续期间发生的，则先需要解决程序上的问题，变更无民事行为能力人之配偶的监护权，由变更后的监护人代理无民事行为能力人提起离婚诉讼。需要注意的是，离婚诉讼系人身诉讼，涉及社会公益，应当从严把握。在证据上，属于法院依职权调查取证的范围；在实体判断上，对于感情是否破裂，也应从严把握；若无民事行为能力人被确认生活困难，则对方在离婚时应给予一次性的经济帮助款项或者一定财产，以保障其在离婚后的正常生活。对于限制民事行为能力或无民事行为能力提起离婚诉讼是否必须经过特别程序确认？《中华人民共和国民事诉讼法》第十五章第四节专门规定了认定公民无民事行为能力、限制民事行为能力的特别程序。根据这一规定，在离婚案件中是否涉及无民事行为能力、限制民事行为能力均需经该特别程序的问题,可以根据最高人民法院《关于贯彻执行〈中华人民共和国民法通则〉若干问题的意见(试行)》第七、第八条,当事人或利害关系人亦认可的情况下,人民法院可直接认定;在当事人和利害关系人提出异议的情况下,人民法院应行使释明权。如果当事人、利害关系人申请确认民事行为能力,人民法院应当告知其依照《中华人民共和国民事诉讼法》第一百七十条的规定,由其近亲属或者其他利害关系人向该公民所在基层人民法院提出,先行认定当事人的民事行为能力。由于当事人精神状态的鉴定涉及当事人的人身权利,而且实际操作中也需要当事人、近亲属或者其他利害关系人的配合,如果当事人、利害关系人在经释明后,仍未提出申请的,人民法院不宜强制进行司法精神病学鉴定,可以参照精神病医院出具的有关诊断、鉴定或群众公认的事实和证据加以确定,但应以精神病人的利害关系人无异议为限,或者经开庭质证双方无异议,或者与其他证据或事实互相印证为审查意见。"重庆高院**《关于当前民事审判若干法律问题的指导意见》**(2007 年 11 月 22 日)第 25 条:"无行为能力人和限制行为能力人的离婚问题。限制民事行为能力人并未完全丧失辨认能力和控制能力,无论结婚还是离婚应由其自行决定。无民事行为能力人作为离婚案件的被告时,应另行指定其近亲属作为法定代理人参加诉讼。无民事行为能力人要求离婚的,如在结婚前就存在无民事行为能力的原因,应当提起婚姻无效之诉,提起人为无民事行为能力人结婚前的监护人;在婚姻关系存续期间丧失民事行为能力的,应依特别程序变更无民事行为能力人的监护人,由变更后的监护人代理其提起离婚诉讼。"山东济南中院**《关于当前民商事审判若干法律适用问题的解答(五)》**(2007 年 11 月 9 日　济中法发〔2007〕14 号)第 5 条:"关于离婚诉讼中发现一方当事人疑似精神病,而利害关系人均未申请司法精神病学鉴定时如何处理的问题。对该问题有两种意见:第一种意见认为,既然利害关系人未申请鉴定,应视为诉讼当事人有民事行为能力,不影响案件的审理。第二种意见认为,应中止诉讼,由法院依职权对当事人的行为能力进行鉴定,继而决定是由本人参加诉讼还是通知其法定代理人参加诉讼。我们认为,在离婚诉讼中如发现一方当事人疑似精神病,其配偶作为对方当事人一般不愿提出司法精神病学鉴定申请。如疑似精神病一方的父母、子女等近亲属也拒绝申请司法精神病学鉴定的,法院不宜依职权主动委托鉴定。理由如下:首先,司法精神病学鉴定并非认定当事人精神状态的唯一途径;其次,无法解决鉴定费的问题。《最高人民法院关于贯彻执行〈中华人民共和国民法通则〉若干问题的意见(试行)》第 7 条规定:'当事人是否患有精神病,人民法院应当根据司法精神病学鉴定或者参照医院的诊断、鉴定确认。在不具备诊断、鉴定条件的情况下,也可以参照群众公认的当事人的精神状态认定,但应以利害关系人没有异议为限。'据此可知,'群众公认'也是认定当事人精神状态的一种方式。"广东高院《**关于审理婚姻纠纷案件若干问题的指导意见**》(2006年11月14日　粤高法发〔2006〕39号,2021年1月1日起废止)第5条:“人民法院审理离婚案件中,当事人及利害关系人提出一方当事人患有精神病,并提供有关司法精神病学鉴定结论或医院的诊断、鉴定证明的,人民法院应告知可依法申请宣告该当事人为无行为能力人或限制民事行为能力人。利害关系人坚持不申请宣告,但人民法院经审查属实的,可以直接认定该当事人欠缺诉讼行为能力,并参照《中华人民共和国民法通则》第十七条的规定,通知该当事人配偶以外的监护人作为其法定代理人参与诉讼。”江西赣州中院《**民事审判若干问题解答**》(2006年2月27日)第53条:“离婚诉讼一方当事人走失,对方主张其患精神病但又不能提供证据证明,走失方的近亲属要求以法定代理人的身份参加诉讼是否准许?答:如对主张走失者患有精神病,走失方的近亲属也承认该事实,并提供了相应证据,要求以法定代理人身份参加诉讼,应予以准许;如果对方主张走失者患有精神病但不能提供证据证明,走失者的近亲属认为走失者未患精神病而要求以法定代理人的身份参与诉讼,则不予准许。”山东高院《**关于印发〈全省民事审判工作座谈会纪要〉的通知**》(2005年11月23日　鲁高法〔2005〕201号)第4条:“……(七)关于无行为能力人和限制行为能力人的离婚问题。限制民事行为能力人并未完全丧失辨认能力和控制能力,无论结婚还是离婚应由其自行决定。而无民事行为能力人成为离婚案件的被告时,一般允许其近亲属作为代理人,或者由人民法院在其近亲属中指定代理人参加诉讼。在无民事行为能力人起诉离婚的情况下,如果无民事行为能力人结婚之初,就存在无民事行为能力的原因,应当提起婚姻无效之诉,提起人为无民事行为能力人结婚前的监护人;在婚姻关系存续期间丧失民事行为能力的,则需要根据特别程序变更无民事行为能力人的监护人,由变更后的监护人代理无民事行为能力人提起离婚诉讼。”江苏高院民一庭《**婚姻家庭案件疑难问题法律适用研讨会综述**》(2005年5月)第1条:“关于民事行为能力。离婚诉讼中,当事人及利害关系人提出一方当事人患有精神疾病,人民法院认为有必要认定其是否为限制民事行为能力人的,应当依照民事诉讼法规定的特别程序进行认定。但是,在审判实践中,法官明显感觉一方当事人患有精神疾病,但当事人及利害关系人均怠于履行义务,不申请人民法院对当事人的民事行为能力进行鉴定,人民法院应当如何处理?与会代表认为,当事人的民事行为能力决定了当事人的诉讼能力。如果审理中明显感觉一方当事人的民事行为能力存在缺陷,人民法院应当向当事人、利害关系人进行释明,询问是否申请对当事人的民事行为能力进行鉴定。如果当事人、利害关系人申请确认其民事行为能力,人民法院则应当依照民事诉讼法规定的特别程序,先行认定当事人的民事行为能力。对于当事人、利害关系人拒不申请的情形,与会代表形成两种意见:一种意见认为,如果当事人、利害关系人拒不申请,人民法院不宜进行强制鉴定,应当依照最高人民法院《关于贯彻执行〈中华人民共和国民法通则〉若干问题的意见(试行)》第7条的规定,对于曾进行过司法精神病学鉴定或者医院诊断的,可根据鉴定结论或者诊断结果确认;未进行过司法鉴定或医院诊断的,可以参照当事人单位或者住所地一般人公认的当事人精神状态直接进行认定,但以利害关系人没有异议为限。另一种意见认为,人民法院应当以司法精神病学鉴定为依据,依照民事诉讼法规定的特别程序,先行对离婚案件当事人是否具有完全民事行为能力进行认定。由于当事人的民事行为能力涉及当事人的人权,出于对当事人人权的尊重,人民法院不宜以一般人的普通评价、当事人的诉讼意识表达程度、思维状态等模糊标准来确认。多数与会代表倾向于第一种意见。”上海高院**《关于印发〈上海法院民事办案要件指南〉的通知》**(2003年11月25日　沪高法民一〔2003〕10号)第9条:“在法律应当对特定事项作出规定,因立法者有意或者疏忽未作规定,或者因立法时未预见到将来的情况未作规定,而致法律漏洞产生时,法官应当依公平、正义的基本法理念,补充法律漏洞。法官应将补充法律漏洞的过程和理由公开。〔说明〕法律规范作为抽象思维的产物,不可能尽善尽美。法律规范中既有由于立法者的疏忽未能预见而未规定的,也有由于情况的变化而使当初的立法不能适应情势需要的,此类法律规范对特定问题的处理有欠明确,又不能运用解释方法予以完善之处,即构成法律漏洞。而法官不能因法无明文规定而不处理纠纷,这就要求漏洞补充。漏洞补充一般来说有以下几种方法:1. 类推适用。类推适用是指对法律没有规定的事项,可以比附援引与其性质相类似的规定来处理纠纷的方法。如最高人民法院‘关于适用《中华人民共和国民事诉讼法》若干问题的意见’第六十八条规定:‘无民事行为能力人,限制民事行为能力人或者可能损害被代理人利益的人以及人民法院认为不宜作诉讼代理人的人,不能作为诉讼代理人。’本解释针对的是委托其他公民作为诉讼代理人的情形,那么,当当事人为无行为能力人或者限制行为能力人,而其监护人同时就是其诉讼的对方当事人的,如精神病人的配偶提出与其离婚之诉时,是否可以类推适用本解释,将其配偶作为可能损害被代理人利益的情况,而否定其法定代理人的地位?在此,虽然本解释条文只是针对委托诉讼代理人所作的规定,但是,最高法院作出该司法解释的目的就是为了保护被代理人,避免因诉讼代理人存在不能维护被代理人的利益但仍然作为其诉讼代理人,进而对被代理人不利情形的发生。而精神病人的配偶与精神病人成为诉讼中对立的双方时,显然不能期望其仍然会为精神病人的利益而为诉讼。因此,尽管本解释是关于委托代理人存在可能损害被代理人利益时,应否认其代理人地位的规定,但二者存在的相同规范目的等诸多相同点,应当可以类推适用于关于法定诉讼代理人的情形。需要注意的是,运用这种方法补充漏洞之前,要首先判断法律对于特定事项不设规定是有意为之,还是因疏忽而未能为之,如属前者,则说明不存在法律漏洞,也就不能进行补充,若属后者,才能说存在漏洞并有必要加以补充;其次,类推适用所比附援引的规范,必须与系争情况存在许多类似点,才能将其类推适用。因此,在类推适用之际,必须公开二者类似之点究竟在何处,类似之性质如何,立法者对此是否有意不设规定等细节,才能使人了解法官作出价值判断的过程是否客观,也才能使人充分信服。此外,类推适用与法律的'准用性'规范也有不同之处,在准用的场合,由于法律已经规定特定情形可以适用被准用的规范,因此不存在法律漏洞,而类推适用是在法律没有明确的情况下补充漏洞的方法,二者不能混淆。"

【参考类案】

①2005 年**江苏某宣告婚姻无效案**,2005 年,患精神分裂症的朱某与丈夫王某协议离婚,朱某父母作代理人代为起诉要求确认离婚无效。法院认为:患精神病的配偶一方与另一方协议离婚,其近亲属可按民事诉讼程序,作为法定代理人向人民法院提出申请,要求宣告离婚协议无效。朱某患精神分裂症已多年且未治愈,经鉴定为精神分裂症,属无民事行为能力人,与王某办离婚时缺乏辨认能力,故依法应认定离婚无效。

②1999 年**北京某离婚行政诉讼案**,1999 年,精神病人刘某法定代理人以刘某与石某办理的协议离婚中所涉及财产分割擅自处分了其房产提起行政诉讼,要求民政局撤销离婚证。法院认为:离婚当事人无行为能力一方为原告提起诉讼,对解除婚姻关系无异议,只是就财产分割问题有争议的,应通过民事诉讼救济途径。离婚当事人就子女抚养、财产和债务处理达成一致的协议,不同于基于为获取财产权利而取得在法律一般情况下禁止的权利和资格的行政许可行为,亦不同于基于法律授权的行政裁决行为,更非基于物权的确权行为,依《行政诉讼法》及其司法解释规定,与离婚当事人有财产争议的人,与离婚登记行政行为无行政法上利害关系,亦应通过民事侵权提起民事诉讼。裁定驳回原告起诉。

③2000 年**上海某离婚纠纷案**,1991 年,许某与李某结婚后生育一子。1993 年起,妻子李某热衷于搓麻将,常彻夜不归。1995 年,李某离家出走后一直无音讯。1999 年,许某被电击后成植物人状态。2000 年,许某母代许某起诉李某要求离婚。法院认为:植物人不等于无民事行为能力人,离婚诉讼中仍需对其民事行为能力作出鉴定。无民事行为能力人主动提起离婚,如其行为能力丧失原因发生在婚姻存续期间,应先在程序上变更无民事行为能力之配偶监护权,由变更后的监护人代理无民事行为能力人提起离婚诉讼。婚姻关系存续期间李某热衷于搓麻将,常彻夜不归并离家出走无音讯。许某遭电流击中、处于植物人状态时,李某亦未尽妻子义务,故应认定为双方夫妻感情确已破裂。现许某要求离婚,应予准许。许某法定代理人在诉讼中对许某、李某所生之子抚育权问题未提出主张,考虑到许某目前系无

行为能力人,其监护权尚未明确,故法院对该问题不予处理。关于夫妻共同财产及住房问题,许某法定代理人明确表示李某尚未出现时不予分割,日后另行主张,并无不当,可予准许。

【典型类案实务要点】

1.**【无民事行为能力人,变更监护人后,可提离婚诉讼】**无民事行为能力人提起的离婚诉讼中,因其配偶作为第一顺序监护人同时又作为对方当事人,故应首先变更监护人,由变更后的监护人代理无民事行为人提起离婚诉讼。

2.**【精神病人与配偶协议离婚,近亲属可申请宣告无效】**患精神病的配偶一方与另一方协议离婚,尽管已办理离婚登记手续,其近亲属仍可按民事诉讼程序申请法院宣告离婚无效。

3.**【无民事行为能力人离婚协议,财产争议应民诉解决】**离婚登记行政程序中的离婚协议是平等主体之间的民事合同,属民法调整的范畴,无论当事人还是案外人,对财产分割有争议,应通过民事诉讼解决。

4.**【无民事行为能力人起诉离婚,先变更其配偶监护权】**无民事行为能力人主动提起离婚的,应先在程序上变更其配偶的监护权,由变更后的监护人代理其提起离婚诉讼。

【类案裁判一般规则】

无民事行为能力人主动提起离婚的,应先在程序上变更其配偶的监护权,由变更后的监护人代理其提起离婚诉讼。

【典型参考案例索引】

主旨案例:见《无民事行为能力人能否提起离婚之诉》(《民事审判指导与参考》研究组),载《民事审判指导与参考·民事审判信箱》(201404/60:256)。**其他案例:**①江苏句容法院(2005)句民一初字第276号“朱某诉王某宣告婚姻无效案”,见《法院应宣告有瑕疵的协议离婚无效》(张巧林),载《人民法院报·案例指导》(20070110:05)。②北京朝阳区法院(1999)朝行初字第28号、(2000)朝行初字第20号、(2004)朝行初字第152号“刘某诉某民政局离婚登记案”(本篇案例融合三个相类似案例情形设计,裁判要点参照文中观点,未依实际判决——编者注),见《离婚登记行政程序中离婚协议的法律属性》(倪建新),载《人民司法·案例》(200704:40)。③上海长宁区人民法院(2000)长民初字第968号“许某诉李某离婚案”,见《许生桂诉李炎案(离婚、原告植物人、被告下落不明)》(吴元萍),载《中国审判案例要览》(2001民:16)。

59. 离婚当事人出庭规则

——一方不出庭，是否有理由？

【缺席判决】

【案情简介及争议焦点】

1996年，与李某结婚2年多并生育一女的舒某遭遇车祸高位截肢，其后李某外出3年多无音讯。舒某起诉离婚并诉请抚养孩子、对方给予经济帮助等，同时以残疾和路途遥远为由提出不参加庭审。被告经合法传唤亦未到庭参加审理。

争议焦点：1. 本案可否缺席判决？2. 本案如何判决？

【裁判要点】

1. 缺席审理。依《民事诉讼法》规定，离婚案件有诉讼代理人的，本人除不能表达意志的以外，仍应出庭；确因特殊情况无法出庭的，必须向人民法院提交书面意见。本案中，舒某系残疾人，且身在外地，来往极不方便，属于“确有特殊情况”无法出庭情形，故法院在舒某提交书面意见后，允许其不出庭符合法律规定。李某经法院传票合法传唤后，无正当理由拒不到庭，法院依法可缺席审理。

2. 实体审理。双方系自主自愿登记结婚，婚后夫妻感情好，并育有一女。但自舒某因交通事故受伤致残后，李某一去不回，未尽丈夫义务关心、体贴舒某，为舒某排忧解难，更未尽父亲义务，对孩子未予照顾和抚养，这是极不负责任的行为，并严重伤害了双方夫妻感情。分居三年来，李某杳无音讯，夫妻关系已无法维持，感情确已破裂，故舒某诉请离婚，应予支持。因女儿一直随母一起生活，李某一直未尽抚育义务，故女儿由舒某抚养有利于孩子成长，李某应支付抚养费。舒某因交通事故致残，独立生活困难，且无其他经济来源，故依法律规定，李某应给予舒某适当经济帮助。对于夫妻共同财产，舒某要求查清后另案起诉，予以支持。判决准予离婚，男方每月给付女方孩子抚育费500元至孩子独立生活为止并给付经济帮助费10万元。

【裁判依据或参考】

1. 法律规定。《民事诉讼法（2017修正）》（2017年7月1日）第62条：“离婚案件有诉讼代理人的,本人除不能表达意思的以外,仍应出庭;确因特殊情况无法出庭的,必须向人民法院提交书面意见。"第144条:"被告经传票传唤,无正当理由拒不到庭的,或者未经法庭许可中途退庭的,可以缺席判决。"

2. 最高人民法院司法解释及其他司法性文件/解读文章。最高人民法院**《关于立案是否要提供被告人身份证信息的答复》**(2019年9月16日):"……根据《最高人民法院关于适用〈中华人民共和国民事诉讼法〉的解释》第二百零九条规定,原告起诉时提供被告的姓名或者名称、住所等信息具体明确,足以使被告与他人相区别的,可以认定为有明确的被告。《最高人民法院关于人民法院登记立案若干问题的规定》第六条第三项也作出了与前述内容一致的规定。因此,只要原告提供具体明确的足以使被告或者被告人与他人相区别的姓名或者名称、住所等信息,即使没有自然人被告身份证号码,也应该依法登记立案。如原告提交的起诉状列写被告信息不足以认定明确的被告的,人民法院可以告知原告补正;原告补正后仍不能确定明确的被告的,人民法院裁定不予受理。在实际中,能使被告区别于他人的信息很多,如姓名、性别、年龄、住址、社会关系、身份证号码、工作单位、其他户籍登记内容等等。信息越多,越利于确定具体的被告。当然,原告如果在起诉阶段能够提供被告的身份证号码,一方面有利于被告身份的识别,足以使该被告与他人相区别,另一方面有利于后续诉讼活动的顺利进行。"最高人民法院**《关于进一步深化家事审判方式和工作机制改革的意见(试行)》**(2018年7月18日　法发〔2018〕12号)第37条:"身份关系确认案件以及离婚案件,除本人不能表达意志的以外,当事人应当亲自到庭参加诉讼。当事人为无民事行为能力人的,其法定代理人应当到庭。确因特殊情况无法出庭的,必须向人民法院提交书面意见,并委托诉讼代理人到庭参加诉讼。应当到庭参加诉讼的当事人经传票传唤无正当理由拒不到庭的,属于原告方的,依照民事诉讼法第一百四十三条的规定,可以按撤诉处理;属于被告方的,依照民事诉讼法第一百四十四条的规定,可以缺席判决。"第37条:"……无民事行为能力的当事人的法定代理人,经传票传唤无正当理由拒不到庭的,比照上述规定处理。必要时,人民法院可以拘传其到庭。确因特殊情况无法出庭的当事人、证人和鉴定人,经人民法院准许后,可以声音或影像传输的形式,参加开庭审理及其他诉讼活动。"最高人民法院民一庭**《民事审判实务问答(婚姻家庭继承纠纷一般问题)》**(2005年4月)第12条:"离婚案件,被告经合法传唤,无正当理由拒不到庭,可否当庭作出离婚判决?答:《中华人民共和国婚姻法》规定人民法院审理离婚案件,应当进行调解。离婚案件中的被告经传票传唤无正当理由拒不到庭应诉或下落不明经公告未到庭的,则无法适用调解程序。人民法院判决准许离婚的标准是夫妻感情确已破裂的事实。《最高人民法院关于适用〈中华人民共和国民事诉讼法〉若干问题的意见》第一百五十一条规定'夫妻一方下落不明,另一方诉至人民法院,只要求离婚,不申请宣告下落不明人失踪或死亡的案件,人民法院应当受理,对下落不明人用公告送达诉讼文书'。婚姻法关于调解作为判决离婚前置程序的规定并未排除人民法院受理后经审查,如果可以认定夫妻感情确已破裂的,可以缺席判决。人民法院可以根据民事诉讼法的规定,在被告经合法传唤无正当理由拒不到庭或下落不明时缺席判决,缺席判决包括当庭和定期两种情形。但是,离婚诉讼是涉及双方当事人身份关系的纠纷,如果一方当事人不到庭应诉,对于人民法院正确审查双方的感情是否确已破裂会增加一定的难度,所以人民法院以缺席当庭判决的方式准予当事人离婚一定要慎重。"第 13 条:"原告撤诉的离婚案件,被告要求离婚的,是视为反诉合并审理?还是告知另案主张?答:民事诉讼法上规定的反诉,是指在已经进行的诉讼中,被告向本诉的原告提起的一种独立之诉,目的是抵消或吞并本诉原告的诉讼请求。反诉作为独立之诉与本诉有牵连,但又是一种新的诉讼法律关系,本诉的撤回不影响反诉的审理。民事诉讼法设立反诉制度的意义,在于反诉一旦成立,可与本诉合并审理,简化诉讼程序,保障和便利当事人行使诉讼权利,提高审判效率,符合诉讼经济的宗旨。原告提起离婚之诉,其诉讼请求为解除夫妻间的身份关系。诉讼中,若被告同意离婚,则为承认原告之诉讼请求,若不同意离婚,则为否认原告之诉讼请求不存在被告提出一个新的独立的,与本诉离婚不同的诉讼请求。因此,对原告在宣判前提出的撤诉,若符合法律规定,法院应裁定准予,被告要求离婚的,不能视为被告提出反诉,应告知另案主张。"最高人民法院**《关于给在台湾的当事人送达法律文书的批复》**(1984 年 8 月 29 日,已于 2013 年 1 月 18 日起废止):"……经研究,同意你院意见,即鉴于通过王家驹送达诉状副本给王声远被退回的情况,可适用民事诉讼法(试行)第七十五条规定公告送达。并可将公告内容通过王家驹转告被告人。公告期间届满,如被告仍无表示,即视为送达。"最高人民法院民事审判庭**《关于委托朝鲜法院征求离婚案件在朝一方当事人意见等问题的函》**(1974 年 6 月 19 日 〔74〕法民字第 4 号):"……关于金英姬与白万福离婚一案,应由金英姬提供白万福在朝鲜的住址,以便委托朝鲜有关法院征询意见。如金英姬确实不能提供白万福所在地址,找不到对方下落,无法征求其对离婚的意见,则可比照我国婚姻法第十九条第二项的规定,在无通讯关系连续已满两年后,予以缺席判决。了解到白万福的住址后,由牡丹江地区中级人民法院给朝鲜男方住地的有关法院写一委托书,附上询问提纲及金英姬申请离婚书副本,请该法院代向白万福征求意见。(注意申请离婚书中只扼要说明申请理由即可,不要写上涉及两国关系的、尤其是影响两国友谊的词句。)这些文书,用中文和正式公函,由你院审查后,直接函请外交部领事司代办即可,不必再经我院。如金英姬能提出白万福同意离婚的信件,经过认真审查,证实并非伪造,则可作为双方同意离婚,由民政部门登记,或由基层法院作为调解处理。协议调解文书由中级人民法院审查后,发给金英姬自行送达。”最高人民法院**《关于郑灿煌与已回日本14年无联系的妻子要求离婚的批复》**(1967年6月15日):“……经审阅认为:如知女方下落,可由郑灿煌直接去信或通过中国红十字会征询女方对离婚的意见;如女方下落不明或拒不答复,可缺席判决。”最高人民法院**《关于马娜萍离婚问题的批复》**(1965年1月31日 〔65〕民他字第4号):“……经研究认为:合应廷于1949年外出到泰国经商,至1959年即与女方断绝了通讯关系,如再经多方查找又无音讯,马娜萍申请离婚,可以由中级人民法院作第一审缺席判决离婚,判决书交男方的亲属代收或转达。”最高人民法院**《关于男方居住苏联女方提出离婚可以缺席判决等问题的批复》**(1963年4月28日 〔63〕法研字第41号):“……男方原系国家干部因贪污被开除后,偷越国境逃跑国外和男方原在西安已婚,后在新疆又与苏联妇女结婚并经新疆公安厅批准与苏联妇女一同出国居住,这两种情况,其在国内的妻子提出离婚,均可缺席判决离婚。判决书可交男方亲属转达。关于子女抚养问题,考虑到判决后会发生执行上的实际困难,故判决没有实际意义,法院不宜采取判决的形式。”最高人民法院**《关于因不通音讯而请求离婚问题的复函》**(1961年12月2日 法研字第41号):“……从这几个案例看来,当事人或是原来结婚时就十分草率,婚姻基础又不巩固,一方外出后长期断绝了通讯关系;或是婚后感情尚好,以后由于情况发生了变化,一方离家外出长期断绝通讯关系,有的断绝通讯关系已满两年,有的还没有满两年。对于这一类案件的处理,我们原则上同意你们的意见。凡当事人一方外出多年,其配偶要求离婚时,从起诉之日起向前推算,已连续有两年以上与家庭断绝通讯关系,经人民法院向双方家属、亲友与当地群众、有关机关团体调查属实,并在全国性的报纸上公告周知,经过一定时期,对方仍不提出意见的,一般可以判决准予离婚。如果原告人所述不实,绝不能草率判决。在处理过程中查明起诉的一方如因生活确有困难而提出离婚的,应商请主管社会救济部门先适当给予照顾。”最高人民法院**《关于对前中央法制委员会“关于一般人民因不通音讯而请求离婚的年限应如何规定问题”的解答应如何理解问题的批复》**(1958年3月4日):“……关于前中央人民政府法制委员会1951年9月14日‘关于一般人民因不通音讯而请求离婚的年限应如何规定问题’的解答应如何理解问题。解答内所提‘……不尽夫妻间的义务,在婚姻法第八条已经明定,要是配偶有两年与家庭无通讯关系,则其不尽法律所规定的义务,尤其是对他方未尽「互爱」义务……’等语的意义是:离婚案件的被告,在案件起诉以前,与家庭已有两年无通讯关系,可以作为解决离婚问题所应考虑的情况之一,再结合其他情况来考虑。并不是说仅据这一点就一定判准离婚。另外,来文所提在提起离婚请求之前,无通讯关系不足两年,可否在经登报公告对方仍不出庭的情况下,进行缺席判决问题,我们基本上同意你们的意见,如果经过多方查找对方确无下落,并经登报公告,对方亦未出庭，可以缺席判决。”最高人民法院《**对几年来未与配偶或家庭通讯又查无下落的劳改犯人提出离婚应如何处理问题的函复**》(1957年10月16日　法研字第21054号)：“……关于劳改犯人几年来未与配偶或家庭通讯又查无下落，他的配偶提出离婚应当如何处理问题，我们意见，不必适用死亡宣告程序，可参照本院与公安部、司法部1956年9月22日联合通知中所提办法处理，即经查明确实不知该劳改犯的下落，可予以缺席判决。”最高人民法院《**关于〈十四个大城市高、中级人民法院刑、民事案件审理程序初步总结〉的试行总结和今后在全国试行的意见**》(1956年2月19日)第2条：“婚姻案件的离婚问题能否委托代理人问题，在民事案件审理程序总结内规定不能委托代理人。我们所以这样规定，主要是考虑到婚姻案件的离婚问题，如果允许当事人委托代理人，往往形成代理人代替当事人离婚或不离婚，形成包办代替。不仅违反当事人的利益，也使人民法院对案件不好处理。同时，也考虑到这样规定，并不排斥当事人邀请自己的近亲属出庭，帮助进行诉讼。这是为了避免在当事人本人不出庭而只有近亲属出庭的情况下判决离婚案件。在试行两个审理程序总结当中，大部分同志反映这项规定，这是切实可行的。但也有的同志主张，离婚问题可以委托代理人。我们觉得，目前允许委托代理人弊多利少，对这项规定，可暂时不加修改。”最高人民法院《**关于被告系南朝鲜籍的离婚案件应如何处理的函**》(1955年9月27日　法研字第14223号)：“……双方既有通讯关系，可由原告写信征求现在南朝鲜的男方对离婚的意见。如男方同意，可按婚姻法第十七条规定判决离婚；如男方不同意，根据事实上男方不可能来中国，双方夫妻关系实际上已不存在的情况，如无其他情节，法院可判决离婚。”最高人民法院《**关于颜佩宽与德留信子离婚问题的批复**》(1954年3月6日　法行字第2079号)：“……双方的感情早已破裂，而德留信子于1952年已另与他人同居，至今不知去向，因此在这个具体案件上我们认为可以判离婚；但今后如遇有类似问题，仍须根据具体情况作慎重处理，对本案的处理不能视为此类问题的处理原则而受其限制。”最高人民法院西南分院《**关于婚姻案件被告现住国外或台湾无法传讯如何处理问题的批复**》(1951年12月1日　院编字第427号)：“……关于被告为现住台湾待解放地区的一般人民离婚问题，我们认为也应由法院从实际情况作适当的处理，如被告留在台湾，查无政治上的关系，仅因交通障碍不能即归，又不能由原告确认其有正当理由不堪再行同居者，可即说服原告撤回或径以判驳其诉；在说服无效并不能径以驳回时，亦适用公示程序宽定期限命原告将公示原文登报，使被告有应诉或提出书面答复的机会，俟逾期后再依调查研究的结果酌为缺席的判决。”最高人民法院《**对孟力生所提婚姻问题及其处理意见的答复**》(1950年10月31日)：“……第四及第五两点，因男方地址不明，在缺席判决前，法院应斟酌具体情况，使用各种方法(如讯问有关的机关、团体或个人，或嘱托代为调查等)，以发现其所在，如无结果,得将文件或其主要内容登报公告代替送达,使被告有得到消息到案受讯或提出答辩的机会。经过上述方法及一定的限期如仍无结果,则法院可根据一方之请求及调查的证据,认为男方确系重婚时,即可为准予女方离婚的缺席判决,来函中例举徐焕珍、梁欣哉、徐××等人的条件,均可分别参照上述各点处理。"

3. 地方司法性文件。江苏高院**《家事纠纷案件审理指南(婚姻家庭部分)》**(2019 年 7 月 18 日)第 3 条:"离婚案件原告或者上诉人本人未出庭参加诉讼,能否按撤诉或者按撤回上诉处理?依照《民事诉讼法》第六十二条的规定,离婚案件当事人除不能表达意思的以外,应当亲自出庭参加诉讼。离婚案件原告或者上诉人本人如果因生理疾病、年迈体弱、交通不便、自然灾害等特殊情况无法出庭的,必须向人民法院提交书面意见,并委托诉讼代理人参加诉讼。在已向人民法院提交书面意见,并委托诉讼代理人参加诉讼的情形下,人民法院不能仅因为原告或者上诉人本人未出庭参加诉讼即按撤诉或者按撤回上诉处理。但原告或者上诉人本人未出庭参加诉讼导致案件事实无法查清的,应当承担由此产生的不利法律后果。"第 4 条:"对于起诉时被告下落不明的离婚案件应当如何处理?对于起诉时被告下落不明的离婚案件,人民法院应当慎重处理,最大限度地保障被告的合法权益。在按照原告提供的被告地址无法送达时,应当要求其补充提供被告的其他地址或者被告近亲属的地址以及联系方式,向被告近亲属了解被告下落并制作笔录,加强调查走访,必要时可以要求原告提供公安机关或者其他有关单位出具的证明被告下落不明的书面证明材料。对于穷尽送达手段被告确实下落不明的,可以依照《民诉法解释》第二百一十七条的规定,公告送达诉讼文书并缺席判决。对于起诉时被告下落不明的离婚案件,人民法院可以依照《民诉法解释》第一百一十条的规定,要求原告本人到庭签署保证书。保证书应当载明据实提供被告地址,如有虚假愿意接受处罚等内容。事后经查证确属提供虚假地址的,按妨害民事诉讼处理。"广东高院**《广东法院审理离婚案件程序指引》**(2018 年 7 月 16 日)第 5 条:"【本人到庭】人民法院审理离婚案件,应当要求当事人或者无民事行为能力的当事人的法定代理人本人到庭。当事人或者法定代理人有下列情形之一的,可以要求本人通过书面、视听传输技术、视听资料等方式陈述意见,人民法院在查清事实的基础上,依法作出判决:(一)因健康原因不能到庭的;(二)因路途遥远,交通不便不能到庭的;(三)因自然灾害等不可抗力不能到庭的;(四)因遭受严重家庭暴力,不适宜到庭表达意见的;(五)因其他正当理由不能到庭的。原告或者其法定代理人本人经传票传唤无正当理由拒不到庭的,可以依据《中华人民共和国民事诉讼法》第一百四十三条、《最高人民法院关于适用〈中华人民共和国民事诉讼法〉的解释》第二百三十五条的规定,按撤诉处理。被告或者其法定代理人本人经传票传唤无正当理由拒不到庭的,可以依据《中华人民共和国民事诉讼法》第一百四十四条、《最高人民法院关于适用〈中华人民共和国民事诉讼法〉的解释》第二百三十五条、第二百四十一条的规定，进行缺席判决。当事人或者法定代理人本人无正当理由拒不到庭，但出于维护未成年子女利益或者公序良俗等需要，确实不适宜按撤诉处理或者缺席判决的，可以依据《中华人民共和国民事诉讼法》第一百零九条、《最高人民法院关于适用〈中华人民共和国民事诉讼法〉的解释》第一百七十四条、第二百三十五条的规定，对当事人或者法定代理人进行拘传。原告主张被告下落不明，或者根据原告提供的被告住址无法联系被告的，人民法院可以依据《最高人民法院关于适用〈中华人民共和国民事诉讼法〉的解释》第一百一十条的规定，要求原告签署如实告知被告下落及联系方式的保证书。经查实原告存在故意隐瞒情形的，应当依法承担不利后果。”四川高院**《关于解决民事诉讼“送达难”若干问题的意见》**（2017年9月26日）第3条：“【确保送达方式的合理性】人民法院送达民事诉讼文书，原则上以电子送达、直接送达和邮寄送达为首要方式，以留置送达、委托送达、转交送达为补充方式，以公告送达为最后手段。人民法院应当按照有利于受送达人实际收取诉讼文书、知悉诉讼情况，有利于提高送达效率的原则，结合当事人的程序处分权，确定合理的送达方式。”第7条：“【送达地址推定之一】经人民法院告知，当事人拒不提供送达地址、提供的送达地址不明确或不存在，或当事人躲避、规避送达导致人民法院无法告知其确认送达地址的，按照以下方式确定送达地址：（一）诉讼所涉合同、文件中对诉讼送达地址有明确约定的，以约定地址为送达地址；（二）没有约定的，当事人向人民法院提交起诉状、上诉状、答辩状、申请书等材料的，以材料中载明的当事人地址为送达地址；（三）没有前两项规定的地址的，以当事人一年内进行其他诉讼、仲裁案件中提供的地址为送达地址；（四）无以上情形的，以当事人一年内进行民事活动时经常使用的地址为送达地址。”第8条：“【送达地址推定之二】按照本意见第7条仍不能确定送达地址的，按照以下方式确定送达地址：（一）委托诉讼代理人为律师或基层法律工作者的，以委托诉讼代理人所供职的律师事务所或法律服务所为送达地址；（二）自然人以户籍登记中的住所地、居民身份证信息中载明的住址、经常居住地为送达地址；（三）法人、其他组织以工商登记或者其他依法登记、备案的住所地为送达地址；（四）当事人指定诉讼文书收件人的，以该收件人户籍登记中的住所地或者经常居住地以及工作单位为送达地址。存在多个送达地址的，人民法院可以根据案件具体情况，确定一个送达地址。”第9条：“【故意躲避、规避送达】当事人具有以下情形之一的，人民法院可以认定为《送达意见》第八条规定的‘躲避、规避送达’：（一）当事人提供的送达地址不明确，但能通过电话方式联系，在人民法院电话通知后，拒不到指定地点领取诉讼文书，也不提供准确送达地址的；（二）在人民法院公告送达期间，被公告人向人民法院提出答辩状、管辖异议或要求回避等书面申请，但又未明确提供送达地址的；（三）当事人在一案中不出现或者故意躲避,但在人民法院同期审理的其他案件中作为当事人参加诉讼,且不提供送达地址的;(四)其他故意躲避、规避送达的情形人民法院应当将当事人故意躲避、规避送达的情况记录在案并附卷备查。”第 15 条:“【直接送达·留置送达】人民法院可以依照本意见第 5 条、第 6 条、第 7 条、第 8 条、第 11 条、第 12 条规定的送达地址向受送达人直接送达诉讼文书,或者在遇见受送达人的任何场所向其直接送达,但本意见另有规定的除外。受送达人无正当理由拒绝接收诉讼文书的,人民法院应当按照《民事诉讼法》第八十六条之规定适用留置送达,能够采用拍照、录像等方式记录送达过程的,应当拍照、录像,并由送达人在送达回证上注明情况后签名。现场不适合拍照、录像的,由送达人在送达回证上注明送达情况。《民事诉讼法》第八十六条规定的有关基层组织代表,可以是居民委员会、村民委员会、公安派出所、工商行政管理部门、人民调解委员会、便民诉讼网络、乡镇司法所以及社区综治组织等基层组织的工作人员。上述组织或组织代表是同一案件中另一方当事人的,不得作为留置送达的见证人。”北京高院民一庭**《关于审理婚姻纠纷案件若干疑难问题的参考意见》**(2016 年 8 月 4 日)第 53 条:“【缺席审理离婚案件的处理】离婚诉讼中,被告方下落不明但未宣告失踪的,人民法院应要求原告方提供有关机关出具的另一方下落不明的书面证明或其他能确定证明被告方下落不明的证据,必要时人民法院应依职权对被告方下落不明的情形进行走访调查。”江苏常州天宁区法院**《家事案件诉讼指南》**(2015 年 1 月)第 2 条:“[出庭应诉]除本人不能表达意志以外,家事案件当事人应出庭参与诉讼。确因重大疾病等客观原因无法出庭的,应当向人民法院提交书面申请及相关证明。经人民法院审查属实,准予不出庭参与诉讼的,当事人应针对案件提交书面意见。”山东临沂中院**《关于当前民事审判工作中的一些疑难问题会谈纪要(婚姻家庭部分)》**(2015 年)第 3 条:“对于一方不到庭的离婚案件(例如公告案件),对于到庭一方主张的财产归属问题,如何认定?实践中有些法院对该种情况的财产部分一概不处理是不妥当的。应对到庭一方提供的财产证据严格审查判断,查清财产性质,对根据到庭一方提供的证据能够查清财产性质、存在的,予以处理,对无法查清财产的存在及财产的性质的,应告知另行处理。这类案件不到庭一方上诉后改判或发回重审的情况比较多,是因二审中双方到庭形成对财产的重新审查出现新的情况造成的,下一步可考虑按照民诉法的规定加强对故意不到庭一方的制裁力度,尽量避免该情况的发生。”第 5 条:“离婚案件:一是被告下落不明的,无法查清财产情况;二是被告拒不到庭、不提出答辩意见,且电话联系畅通,不能缺席审理,不能公告送达;三是离婚后,债权人起诉原夫妻为共同被告,夫妻关系存续期间以一方名义借贷或欠下的债务认定。第一个问题,原告起诉离婚,被告下落不明,无法查清财产情况的,如果符合离婚的条件,经公告送达后,可仅就离婚作出判决,对财产问题另行处理。第二个涉及送达具体问题，应尽量适用直接送达方式或其同意的送达方式，在穷尽上述送达方式后，对相关人员如其父母、近亲属调查，确系无法适用其他送达方式，再用公告送达，不能简单地适用公告送达，实践中出现过简单适用公告送达导致被媒体关注导致再审的情况，希望基层法院在这一点上注意，不能为简单省事，导致被动……”广东深圳中院**《关于婚姻家庭纠纷案件的裁判指引（2014 修订）》**（2014 年 5 月 21 日）第 8 条：“人民法院受理离婚案件后，依据原告提供的被告住址无法送达，应要求原告补充被告的其他住址或其近亲属的住址和联系方式，仍不能确定被告住址的，人民法院应当依法向被告公告送达诉讼文书。公告期满被告未到庭应诉的，人民法院可以缺席判决。人民法院受理夫妻一方下落不明但未宣告失踪，另一方提出离婚的案件，应责令原告提供被告下落不明的事实、时间等证据和证明材料，并附有公安机关或其他有关机关关于被告下落不明的书面证明。说明：第八条是对离婚案件如何适用公告送达方式及缺席判决的裁判指引。依据《中华人民共和国民事诉讼法》第 84 条、第 130 条及最高人民法院《关于依据原告起诉时提供的被告住址无法送达如何处理问题的批复》（2004 年 10 月 9 日）的规定，经法院合法传唤后被告不到庭应诉，法院可以缺席审理。但解除婚姻关系的生效判决当事人不得申请再审，为防止原告故意不提供被告的准确地址而损害被告的合法权益，有必要慎用公告送达。”湖北高院**《民事审判工作座谈会会议纪要》**（2013 年 9 月 1 日）第 16 条：“如果婚姻一方当事人起诉与对方离婚，而对方下落不明的，可以采取公告送达的方式送达诉讼文书，并采取缺席判决的方式判决双方离婚。但考虑到现实生活中人口流动性比较强，公告送达的覆盖面相对有限，且关系到婚姻当事人的人身权利，因此，公告送达应在穷尽其他送达方式的情形下方可适用，缺席判决离婚应从严掌握。”安徽滁州中院**《关于审理婚姻家庭纠纷案件座谈会纪要》**（2013 年 8 月 2 日）第 12 条：“受理离婚案件后，依据原告提供的被告住址无法送达，应要求原告补充被告的其他地址或其近亲属的住址和联系方式。经与被告的近亲属联系后，确定被告下落不明的，才可以适用公告送达方式向被告送达法律文书。”山东高院**《2011 年民事审判工作会议纪要》**（2011 年 11 月 30 日　鲁高法〔2011〕297 号）第 7 条：“……（一）关于离婚案件因被告下落不明而公告送达，能否缺席判决的问题。最高人民法院《关于适用〈中华人民共和国民事诉讼法〉若干问题的意见》第 151 条规定：‘夫妻一方下落不明，另一方诉至人民法院，只要求离婚，不申请宣告下落不明人失踪或死亡的案件，人民法院应当受理，对下落不明人用公告送达诉讼文书。’依据婚姻法的规定，只要婚姻当事人之间的夫妻感情确已破裂，人民法院应当准予当事人离婚。如果婚姻一方当事人起诉与对方离婚，而对方下落不明的，可以采取公告送达的方式送达诉讼文书，并采取缺席判决的方式判决双方离婚。但考虑到现实生活中人口流动性比较强，公告送达的覆盖面相对有限,且关系到婚姻当事人的人身权利,因此,公告送达应在穷尽其他送达方式的情形下方可适用,缺席判决离婚应从严掌握。”贵州高院**《关于妥善化解婚姻家庭纠纷切实预防极端事件发生的指导意见》**(2010年7月27日)第8条:“建立公告送达并缺席判决当事人返回原籍后的沟通疏导机制。婚姻家庭纠纷案件审判工作要适应大量人员流动的社会发展需要,要与当事人生活或者工作所在区域的社会基层组织建立信息沟通机制,把彻底化解婚姻家庭纠纷作为参与社会管理工作的任务来完成。对涉及外出人员的离婚案件,必须缺席判决的,要在判决之前征求外出人员原籍社会基层组织的意见,力求做到案件处理的法律效果、社会效果和政治效果的统一,防止一方当事人借另一方当事人未实际参加诉讼而达到不正当的目的;对缺席判决的案件,要将缺席判决的情况通报给外出人员原籍的社会基层组织,以便外出人员返回后其所在基层组织根据情况及时与其沟通,做好疏导工作;对外出人员返回后有极端行为苗头的,要及时依靠当地综治机构或者社会矛盾纠纷调处中心做好防控工作,防止外出人员返回后因婚姻家庭的变故难以接受引发极端事件。”江苏高院**《婚姻家庭案件审理指南(2010年)》**(2010年5月18日)第5章:“……(四)离婚诉讼中的特殊规定。前已所述,离婚案件与财产关系诉讼相比有其特殊之处,故现行法律在一些方面作了特殊规定:一是在离婚案件中,调解是必经程序。二是当事人有权选择是否进行公开审理。三是当事人除不能表达意志的以外应当本人出庭,确因特殊情况无法出庭的,必须向人民法院提交书面意见。这里需强调一个问题,一方起诉离婚,而另一方下落不明,司法实践中法院常采取公告的方式送达诉讼文书,并在另一方缺席的情况下判决离婚,‘被离婚’的现象屡屡发生。公告虽然是法定的送达方式之一,但在婚姻案件中应慎重从事。婚姻是当事人的重大人生事项,婚姻一旦解除,对当事人本人及其社会关系带来的影响很大,因此无论是实体权利还是程序权利都应得到充分保障,最突出的一点就是出庭应诉的权利。司法实践中,对于一方起诉离婚,另一方下落不明的,应尽量说服当事人待知晓另一方确切地址后再行起诉,尽量避免采用公告送达的方式缺席判决离婚。四是离婚案件一方当事人死亡,诉讼即终止。五是当事人对已经发生法律效力的解除婚姻关系的判决,不得申请再审。”广东广州中院**《民事审判若干问题的解答(婚姻家庭部分)》**(2010年4月)第1条:“离婚案件被告系服刑人员,如果被告已作书面答辩且案情较为简单,能否不到监狱开庭?答:根据《民事诉讼法》第六十二条规定:‘离婚案件有诉讼代理人的,本人除不能表达意志的以外,仍应出庭;确因特殊情况无法出庭的,必须向人民法院提交书面意见。’因此,对于正在服刑的离婚案件当事人,可允许其通过书面方式发表意见,但为了确保书面意见的真实性,应由监狱机关对其来源加以证明。”辽宁高院**《关于印发〈全省法院民事审判工作座谈会会议纪要〉的通知》**(2009年6月1日　辽高法〔2009〕120号)第30

条:“关于离婚案件的缺席审理。审理离婚案件,对于传票送达到被告人或其同住成年家属,经传票传唤无正当理由拒不到庭的,可依法缺席审理并作出判决。对于原告主张被告下落不明,要求公告送达的,应向被告的其他近亲属核实有关情况,确属被告下落不明的,可公告送达、缺席审理。对于原告或被告的其他近亲属能够提供被告有效联络方式的,应设法送达到本人,不宜采用公告送达的方式。”江西高院**《关于审理婚姻家庭纠纷案件适用法律若干问题的解答》**(2008 年 10 月 10 日)第 28 条:“如何审理一方当事人‘下落不明’的婚姻案件?在审理一方当事人‘下落不明’的婚姻案件时,起诉一方应当举证证明对方‘下落不明’,人民法院亦应对‘下落不明’的事实进行审查,比如向下落不明人的近亲属或组织调查、在下落不明人住所地张贴公告等,经审查确属‘下落不明’的,再行缺席审理。宣判后亦应将审理结果告之‘下落不明’一方的近亲属或组织。”湖南常德中院民一庭**《关于当前民事审判工作中应当注意的几个问题》**(2008 年 8 月 7 日)第 1 条:“文书送达中存在的问题。1. 依法对流动人口公告送达法律文书。我国《民事诉讼法》规定法律文书采取送达到达主义,一般要求法律文书直接送至当事人手中。《民事诉讼法》规定了直接送达、邮寄送达、委托送达、留置送达、公告送达等几种方式,在审判实践中只有在当事人下落不明或上述方式无法送达的情况才采取公告送达。随着社会经济发展,人员流动性加大,增加了法律文书的送达难度。特别是审理离婚、债务纠纷案件中,当事人外出打工,无固定地址,且有些当事人能通过手机联系,但为逃避诉讼不提供联系地址,法院也无法查明其具体地址,加之这部分人员本身具有很大的流动性,无法送达。对于此类人员的送达,可采取三种方式:一是对应诉过的被告,按照其签名的送达地址确认书采用挂号以上的方式邮寄送达;二是对不应诉的但有证据表明有同住成年家属(外出打工的,以不超过一年时间为限认定)的,可由其成年家属代收;三是对不应诉又不知其下落的被告,可在立案环节要求原告尽可能提供被告的详细信息,确实无法提供的,在有被告亲属及基层组织证明被告没有相关信息的情况下,可以认定其“下落不明”。原告无法提供的,人民法院应依职权收集被告亲属或基层组织的相关材料、证明。对于文书的送达,可以采取登报或‘小公告’的方式。为确保送达程序合法,‘小公告’应在法院张贴栏、被告住所地、被告基层组织所在地张贴,并将张贴公告的照片或基层组织的证明材料入卷。2. 谨慎采取邮寄送达、留置送达。一是邮寄送达。很多案件的诉讼文书,法院按当事人提供的地址采取法院专递的形式邮寄给当事人,如果当事人居住在农村,邮政部门往往只送至村部,由村部负责人签收,然后由其转送达,转送达一是时间无法确定,可能在未转送达时,案件已经开庭审理,另外在转送达时当事人拒签,邮件退回时案件可能已判决。为解决上述程序问题,对于住所地在农村的当事人,除有电话联系告知其及时查收法律文书的情况外,不要采取特快专递送达的方式,村部签收不视为送达。二是留置送达。在法院直接将诉讼文书送达给当事人时,当事人拒绝签收时,可邀请有关基层组织、单位代表或人民法院形象监督员参加进行留送达(相关材料入卷),有关基层组织或所在单位代表及其他见证人不愿在送达回证上签字或盖章的,由送达人在送达回证上记明情况,把文书留在受送达人住所,即视为送达。"重庆高院《**关于当前民事审判若干法律问题的指导意见**》(2007年11月22日)第33条:"被告下落不明的离婚案件的处理。被告下落不明的离婚案件,缺席判决离婚应当十分慎重。采取报刊公告送达的同时,还应当在被告的住所地张贴公告,并通知被告的近亲属。"

【参考类案】

①2008年**青海某离婚纠纷案**,2002年,吉某与拉某登记结婚。半年后,拉某以回娘家为由下落不明。2008年,吉某起诉离婚。法院认为:依《民事诉讼法》规定,对下落不明的人提起的有关身份关系的诉讼,由原告住所地法院管辖;原告住所地与经常居住地不一致的,由原告经常居住地法院管辖。最高人民法院《关于适用〈中华人民共和国民事诉讼法〉若干问题的意见》第151条规定,夫妻一方下落不明,另一方诉至人民法院,只要求离婚,不申请宣告下落不明人失踪或死亡的案件,人民法院应当受理,对下落不明人采用直接送达、留置送达、邮寄送达等方式,都无法送达的,可以用公告送达诉讼文书。本案中,吉某与拉某依法登记结婚,其婚姻关系合法有效,应受法律保护。拉某不珍惜夫妻感情,离家出走,长期不归,未尽到一个妻子应尽义务,导致夫妻感情完全破裂,故判决准予吉某与拉某离婚。

②2002年**河南某离婚纠纷案**,2001年,长期居住美国并与妻分居4年的夫为解决在美国的身份问题,在法院判决不准离婚1年后再次委托代理人向法院提起离婚。法院认为:夫提离婚诉讼系为解决其在国外居住身份问题,并非因夫妻感情不和,故双方感情不宜认定为破裂。婚案件有诉讼代理人的,本人除不能表达意志的以外,仍应出庭;确因特殊情况无法出庭的,须向法院提交书面意见。本案中,夫作为当事人未能出庭应诉,不符合《民事诉讼法》规定,其做法不妥,判决不准离婚。

【典型类案实务要点】

1.【**离婚案件的原告本人确有特殊情况的,可以不出庭**】离婚案件原告本人确有特殊情况的,可以不出庭。被告经传票传唤,无正当理由拒不到庭的,法院可作缺席判决。

2.【**一方下落不明,配偶只诉请判决离婚的,应予受理**】夫妻一方下落不明,另一方诉至法院,只要求判决离婚,不申请宣告下落不明人失踪或死亡案件,法院应当受理。

3.【**离婚案件，本人除不能表达意志外，一般仍应出庭**】离婚案件有诉讼代理人的，本人除不能表达意志的以外，仍应出庭；确因特殊情况无法出庭的，须向法院提交书面意见。

【类案裁判一般规则】

离婚案件有诉讼代理人的，本人除不能表达意思的以外，仍应出庭；确因特殊情况无法出庭的，须向法院提交书面意见。被告经传票传唤，无正当理由拒不到庭的，或者未经法庭许可中途退庭的，可以缺席判决。

【典型参考案例索引】

主旨案例：海南海口振东区法院(1999)振民一初字第229号“舒某诉李某离婚案”，见《舒梅诉李本敏离婚案》(林海)，载《中国审判案例要览》(2000民:5)。**其他案例**：①青海湟中法院(2008)湟上民初字第22号“吉某诉拉某离婚纠纷案”，见《吉生彦诉拉毛措离婚案(管辖公告送达)》(钟恩)，载《中国审判案例要览》(2009民:467)。②河南郑州中院2002年1月15日判决“时某诉赵某离婚案”，见《长期留居美国的时天保诉赵爱香离婚被驳回一年后又再次起诉要求离婚案》(杨伟东、赵军胜)，载《人民法院案例选》(200302/44:74)。

60. 离婚诉讼程序的规定

——管辖与再诉，程序何特殊？

【诉讼程序】

【案情简介及争议焦点】

2005年，文某与沙某在二人户籍所在地A市登记结婚，婚后一直居住在A市文某父母家中。2008年，文某和沙某以夫妻名义在B市购得房产。2009年，沙某向B市法院起诉离婚，并涉及位于B市房产分割。文某提出管辖异议。

争议焦点：1. 公民住所地如何认定？2. 本案应否适用不动产专属管辖规定？

【裁判要点】

1. 住所地。依《民事诉讼法》及其司法解释规定，对公民提起的民事诉讼，由被告住所地人民法院管辖;被告住所地与经常居住地不一致的,由经常居住地人民法院管辖。公民的住所地是指公民的户籍所在地,法人的住所地是指法人的主要营业地或者主要办事机构所在地。本案中,被告文某户籍在A市,则A市应是文某住所地。对本案管辖,依民事属地管辖"原告就被告"一般原则,在被告住所地即其经常居住地情况下,则应由被告住所地人民法院管辖,故本案应由A市法院行使管辖权。

2. 不动产。《民事诉讼法》关于"因不动产纠纷提起的诉讼,由不动产所在地法院管辖"规定,应理解为不动产作为诉争标的而发生纠纷,对于夫妻一方起诉离婚涉及不动产分割案件,则应依《民事诉讼法》确定的"原告就被告"原则确定案件管辖。本案中,即使离婚案件涉及不动产财产分割,由于本案是以离婚为前提而包含不动产分割,故应根据"原告就被告"原则确定管辖,即由被告文某住所地法院管辖。当然,如夫妻双方已根据法院判决离婚或协议离婚,而仅以案涉房产分割为诉讼内容,则应适用不动产所在地法院专属管辖原则。裁定本案移送文某住所地A市法院管辖。

【裁判依据或参考】

1. 一般规定。

(1)最高人民法院司法解释及其他司法性文件/解读文章。最高人民法院、全国妇联**《关于进一步加强合作建立健全妇女儿童权益保护工作机制的通知》**(2019年8月16日　法发〔2019〕21号)第5条:"对涉及未成年人的离婚、抚养费、抚养权、探望权等亲权关系诉讼,人民法院和妇联组织应当加强对家长亲职教育的合作。诉讼中,人民法院应对家长给予诉讼指导,引导其从儿童利益最大化角度考虑亲权诉讼,解决家庭矛盾。人民法院也可以委托妇联组织推荐专业力量对家长开展亲职教育,积极引导家长正确处理亲子关系和家庭矛盾。"最高人民法院**《关于进一步深化家事审判方式和工作机制改革的意见(试行)》**(2018年7月18日　法发〔2018〕12号)第39条:"人民法院审理离婚案件,应当对子女抚养、财产分割问题一并处理。对财产分割问题确实不宜一并处理的,可以告知当事人另行起诉。当事人在离婚诉讼中未对子女抚养、财产分割问题提出诉讼请求的,人民法院应当向当事人释明,引导当事人明确诉讼请求。当事人就子女抚养问题未达成一致,又坚持不要求人民法院处理子女抚养问题的,可以判决不准离婚。"第42条:"监护权纠纷、探望权纠纷、抚养纠纷等涉及未成年人的案件,对于与未成年人利益保护相关的事实,人民法院应当根据当事人的申请或者依职权进行调查取证。"最高人民法院**《关于民事执行中变更、追加当事人若干问题的规定(2020年修正)》**(2021年1月1日　法释〔2020〕21号)第3条:"作为申请执行人的自然人离婚时,生效法律文书确定的权利全部或部分分割给其配偶,该配偶申请变更、追加其为申请执行人的,人民法院应予支持。”最高人民法院《**关于适用〈中华人民共和国民事诉讼法〉的解释**》(2015年2月4日　法释〔2015〕5号,2020年修正)第382条:“当事人就离婚案件中的财产分割问题申请再审,如涉及判决中已分割的财产,人民法院应当依照民事诉讼法第二百条的规定进行审查,符合再审条件的,应当裁定再审;如涉及判决中未作处理的夫妻共同财产,应当告知当事人另行起诉。”最高人民法院《**对“关于解决在裁判文书上隐藏个人信息”问题的答复**》(2014年12月12日):“……在互联网公布裁判文书是案件审判结果的公开,其重要目的是满足公众对司法的知情,便于公众对司法进行监督,同时通过上网公布真实的裁判文书,推动全社会的诚信体系建设,切实履行司法的社会责任。上述价值的实现,均要求在互联网公布的裁判文书,除基于信息保护而作必要的技术处理外,必须做到内容真实。为此,司法解释规定,人民法院在互联网公布裁判文书时,应当保留当事人的姓名或者名称等真实信息,实名公开也是许多国家和地区的做法。但是,由于实名公开自然人的姓名,可能会对其生活、学习、就业带来一定的影响。从平衡公众知情权与当事人及其他诉讼参与人隐私权和其他个人信息安全保护之间的利益关系的角度来考虑,在与公共利益关系不是很密切或确有必要对当事人及其他诉讼参与人的信息予以特别保护的部分案件中,司法解释规定应当对部分案件诉讼参与人的姓名进行匿名化处理。这些案件包括以下三大类:1. 婚姻家庭、继承纠纷案件中当事人的姓名;2. 刑事案件中被害人及其法定代理人、证人、鉴定人的姓名;3. 被判处三年有期徒刑以下刑罚以及免除刑事处罚,且不属于累犯或者惯犯的被告人的姓名。你所反映的案件及情形并不属于司法解释的例外情形,南京中院文书上网的做法并无不当。司法解释施行的时间也只有半年多一点,实践中不可避免地会遇到一些不同的认识甚至是利益冲突,针对实践中出现的问题,我院会及时研究,及时处理,力求达到公众知情权、监督权与当事人重要信息的安全之间的最佳平衡。”最高人民法院《**对关于不能简单公布裁判文书建议的答复**》(2014年5月28日):“……人民法院在互联网公布的裁判文书,保留当事人的真实姓名或者名称的意义有三方面:一是满足公众获取真实信息的需要,便于社会对审判进行良好的监督。二是通过对民商事案件的实名公开,向社会提供真实的交易信息,有利于社会诚信体系的建立。三是通过对刑事案件的实名公开,增强公民的安全防范意识。实名公开也是许多国家和地区的做法。因此,《最高人民法院关于人民法院在互联网公布裁判文书的规定》明确规定,‘人民法院在互联网公布裁判文书时,应当保留当事人的姓名或者名称等真实信息。’考虑到实名公开自然人的姓名,可能会对其生活、学习、就业带来一定的影响。从平衡公众知情权与当事人及其他诉讼参与人隐私权和其他个人信息安全保护之间的利益关系的角度考虑,司法解释同时要求,必须采取符号替代方式对特定当事人及诉讼参与人的姓名进行匿名处理。这些当事人主要包括以下三大类:1. 婚姻家庭、继承纠纷案件中的当事人;2. 刑事案件中的被害人及其法定代理人、证人、鉴定人;3. 被判处三年有期徒刑以下刑罚以及免除刑事处罚,且不属于累犯或者惯犯的被告人。关于当事人的其他个人信息特别是个人隐私,司法解释均进行了保护性规定,一方面规定涉及个人隐私的裁判文书不得在互联网公布,另一方面又对隐私之外的其他个人信息通过删除的方式加以保护,这些信息包括:(一)自然人的家庭住址、通讯方式、身份证号码、银行账号、健康状况等个人信息;(二)未成年人的相关信息;(三)法人以及其他组织的银行账号;(四)商业秘密;(五)其他不宜公开的内容。为确保当事人的信息安全,司法解释还要求各级人民法院指定专门机构负责互联网公布裁判文书的管理工作。该机构的一项重要职责就是发现公布的裁判文书技术处理不当的,协调有关部门及时处理。各级人民法院在互联网公布裁判文书的过程中,只要严格依照司法解释的规定进行,可以避免对当事人的个人隐私及其他个人信息安全的损害。欢迎网民对人民法院在互联网公布裁判文书的规范性进行监督。至于网民所反映的个别律师在互联网简单发布裁判文书,侵犯公民隐私权的问题,我们将适时与司法行政管理部门及律师协会进行工作沟通,减少和避免此类问题的发生。”最高人民法院吴晓芳法官**《关于婚姻家庭纠纷审理热点难点问答》**〔载《民事法律文件解读》2011 年第 11 辑(总第 83 辑)〕第 14 条:“因娶了有精神病的妻子而状告婚检部门,应如何处理? 答:因娶了有精神病的妻子而状告婚检部门,请求法院判令婚检部门赔偿其宣告无效婚姻诉讼费和精神损失费等这类纠纷,关键是审查婚检部门有无过错。如果在进行婚检时,女方并没有任何精神病症状,且否认自己有精神病史,并在婚前医学检查表中亲笔签名,而精神病诊断主要依靠病人的病史和临床表现,在既无病史资料又无临床表现的情况下,婚检部门不可能作出精神病的诊断。任何婚检机构也不可能到每个前来婚检者的家庭去调查其有无既往病史,故婚前检查与该无效婚姻并无必然的因果关系,婚检部门没有过错,婚检者自述是否真实的风险应由婚姻当事人自己承担,故法院应驳回男方的诉讼请求。”第 64 条:“登记离婚时双方约定,一方在办理完毕离婚协议手续后的一段时间内将户口迁出,一方拒不迁出,起诉到法院可以受理吗? 答:离婚后,户口迁移的问题也是离婚案件的难点。比如,离婚后女方的户口仍在男方为产权人的房子里,而根据离婚协议的约定,女方应该在办理完毕离婚协议手续的一段时间后将户口迁出,担女方拒不迁出,给男方造成一定的损失或麻烦。根据现在的户籍管理规定以及法院的审判实践,法院一般不会受理以户口强迁为诉讼请求的侵权案件,而是以归口管理机关为公安机关为由让当事人找公安管理部门解决。为了避免此类纠纷,当事人最好能在离婚协议中明确约定有义务迁出户口方不履行迁出义务的惩罚措施。户口拒不迁出造成当事人最大的问题就是心理的困扰和房屋转让的不便。不妨在离婚协议中约定:若女方在离婚手续办理完毕的 3 个月内不能自行将户口迁出,每逾期一日应向男方支付××元的补偿;若男方在转让该房时,因为女方户口不能迁出原因对房价产生影响,女方应赔偿男方差价部分。”最高人民法院民一庭**《民事审判实务问答(婚姻家庭继承纠纷一般问题)》**(2005 年 4 月)第 11 条:“离婚案件的当事人在举证期限过后或开庭时才提出分割财产,是并处理还是另案处理?答:《最高人民法院〈关于民事诉讼证据的若干规定〉》首次明确规定了举证时限制度。举证时限是指负有举证责任的当事人应当在法律规定和法院指定的期限内提出证明其主张的相应证据,逾期不举证则承担证据失效的法律后果的一项民事诉讼制度。限时举证的目的是要通过规定当事人在期限内提供证据,来实现庭审前固定争点、固定证据和固定请求的目的,进而提高庭审效率和诉讼效率。为实现举证时效制度的功能,该司法解释规定当事人增加诉讼请求应当在举证期限届满前提出举证期限的确定包括当事人协商确定和法院指定。离婚案件的当事人在举证期限届满后或开庭时才提出分割财产,属于增加诉讼请求的情形。依照该司法解释的规定,人民法院可不予合并审理,告知当事人另案主张,但对方当事人同意对该请求进行答辩处理的,考虑离婚案件的特殊性,可予准许,对该请求合并审理人民法院应重新指定举证期限或由当事人协商确定举证期限。”最高人民法院**《关于孟宪明、李瑞玲离婚案的批复》**(1985 年 2 月 16 日　法〔民〕复〔1985〕7 号):“……我们研究认为,双方在 1982 年 3 月 4 日达成以离婚为前提的结婚协议后,于 1982 年 3 月 9 日办理了结婚登记,这是违反婚姻法结婚必须男女双方完全自愿的规定的。此后,双方协议离婚取得一致意见,并于 1984 年 3 月 18 日到杞县人民法院高阳人民法庭签署了离婚协议。1984 年 3 月 26 日,高阳人民法庭又已通知李瑞玲领取调解书。李瑞玲从 1984 年 3 月 27 日起至 4 月 15 日止,三次去高阳人民法庭领调解书,只是由于客观原因而未能领到。根据上述事实,我们同意你院第一种意见,应认为调解书是有效的。”最高人民法院**《关于离婚案件当事人对已经发生法律效力的判决提出申诉后可否通知他方当事人暂勿结婚问题的复函》**(1958 年 4 月 5 日　法研字第 56 号)第 2 条:“关于离婚案件的当事人对已经发生法律效力的判决提出申诉后,应否通知他方当事人停止执行(实际上是通知他方当事人暂勿再结婚)的问题。我们的意见,法院在审查案卷后决定案件应予再审时,如果认为有必要,可以通知他方当事人暂勿再结婚。”最高人民法院**《关于离婚案件在上诉期间当事人一方与第三者结婚应如何处理等问题的批复》**(1957 年 2 月 21 日　研字第 3580 号)第 2 条:“由人民法院主持成立的调解,是在双方当事人自愿的基础上对所争执的权利和利益达成的协议,不发生不服调解而提起上诉的问题。如果当事人一方事后翻悔,原来进行调解的人民法院经审查后,如认为原调解确有错误,可以参照人民法院组织法第十二条第一款规定的审判监督程序处理;如认为原调解并无错误而无须重新处理时,当事人还可以向上级人民法院申诉。原来进行调解的人民法院也可以将当事人反悔的情况报送上级人民法院审查处理,并通知当事人。”最高人民法院**《关于兄弟民族离婚纠纷问题的批复》**(1955 年 2 月 18 日　法行字第 2606 号):“……关于兄弟民族离婚纠纷的处理问题,经与有关部门联系我们同意你院提出的处理原则,照顾民族团结,尊重兄弟民族的风俗习惯,一般应采取调解方式解决,不宜作硬性判决。对个别必须判决的案件亦应事先与有关方面联系再作适当的判决。”

(2)地方司法性文件。广东高院**《广东法院审理离婚案件程序指引》**(2018 年 7 月 16 日)第 4 条:“【不公开审理】离婚案件的审理,不公开进行。人民法院认为确有必要的,可以允许对案件审理没有妨碍的人旁听。双方当事人要求公开审理,且不损害公序良俗的,人民法院可以公开审理。对涉及个人隐私、商业秘密等应当保密的证据,不得在公开开庭时出示。人民法院不得在公众媒体中刊载能识别出当事人身份的离婚案件信息。离婚案件的裁判文书不在互联网公布。”第 6 条:“【全面解决纠纷】人民法院审理离婚案件,应当一并审理所涉及的未成年子女抚养、探望和财产事项。原告起诉时仅请求判决离婚的,可以视为一并概括请求处理未成年子女抚养、探望和财产等事项。原告起诉时未提出未成年子女抚养、探望的诉讼请求的,人民法院应当要求其明确未成年子女抚养、探望方案。原告起诉时未提出分割共同财产的诉讼请求,人民法院认为没有合理理由的,应当要求其明确分割共同财产的诉讼请求。原告主张其属于《中华人民共和国婚姻法》第四十六条规定的无过错方,经人民法院询问明确请求离婚损害赔偿的,应当要求其在本案中一并提出该项诉讼请求。被告请求分割共同财产、离婚损害赔偿的,作为从诉合并审理。”北京高院**《北京法院速裁案件要素式审判若干规定(试行)》**(2018 年 3 月 19 日　京高法发〔2018〕135 号)第 19 条:“【离婚案件审理要素】离婚案件审理要素包括:结婚时间及生育子女情况;原告第几次起诉离婚;是否有婚前财产协议;是否有婚内财产协议;是否有可准予解除婚姻关系的情形;子女抚养权归属应查明的事实;财产分割应查明的事实;确定损害赔偿(补偿)应查明的事实;对外债权债务。”浙江高院民一庭**《关于印发〈关于审理婚姻家庭案件若干问题的解答〉的通知》**(2016 年 6 月 27 日　浙高法民一〔2016〕2 号)第 1 条:“原告起诉仅要求离婚,被告提出如果判决离婚应分割夫妻共同财产,对此是否需要提起反诉?答:离婚之诉为复合之诉,解除婚姻关系是前提和基础,共同财产分割等问题从属于前者。在离婚诉讼中可一并对夫妻共同财产进行处理。法院应询问被告是否请求分割财产。被告请求分割财产的,无需提起反诉,法院应予审理。”第 2 条:“原告起诉离婚并要求分割夫妻共同财产,被告不同意离婚且未对财产分割发表意见,如何处理?答:法院应告知被告,其可对财产分割发表具体意见。经询问,被告仍不发表意见的,视为其放弃抗辩权利。需要注意的是，即使案件不符合法律规定的判决离婚条件，法院仍宜对夫妻财产及子女情况进行审查，以方便日后当事人再次提出离婚诉讼案件的处理。”广东深圳中院**《关于婚姻家庭纠纷案件的裁判指引(2014 修订)》**(2014 年 5 月 21 日)第 5 条：“离婚案件的被告在答辩状中或在举证期限内提出子女抚养、财产分割方面请求的，不构成反诉，人民法院应当要求被告明确其诉讼请求，对该诉讼请求应当合并审理并按照国务院《诉讼费用交纳办法》的有关规定通知被告预交诉讼费用。离婚案件的当事人在一审举证期限届满后发现新的夫妻共同财产的，可以在一审法庭辩论终结前增加分割该财产的诉讼请求，对该增加的诉讼请求人民法院应当合并审理并按照国务院《诉讼费用交纳办法》的有关规定通知当事人预交诉讼费用。离婚案件的被告作为无过错方请求离婚损害赔偿的，不构成反诉，但对该诉讼请求可以合并审理并按照国务院《诉讼费用交纳办法》的有关规定通知当事人预交诉讼费用。说明：第五条是对婚姻案件举证时限、被告答辩意见、提出反诉等程序性问题如何处理的裁判指引。离婚之诉是复合之诉，子女抚养问题、财产分割问题均是附属于离婚之诉的从诉，不能吞并原告提出的离婚之诉，因此被告提出子女抚养、财产分割方面的新请求或反请求均不构成反诉。但人民法院应引导当事人明确诉讼请求并就其提出的诉讼请求涉及的财产分割部分按照《人民法院诉讼收费办法》第五条第一项的规定预交诉讼费用，经人民法院告知后当事人仍不明确其诉讼请求或拒不交纳诉讼费的，可以不予审理。离婚案件的财产方面当事人取证困难，经常在举证时限内无法完成全部举证，举证时限届满后发现新的财产也由于受证据规则的限制无法提出请求，如要求当事人另行起诉不符合方便当事人的原则，既增加当事人诉讼成本，也不能解决纠纷，因此建议放宽离婚案件关于增加诉讼请求的限制(实质上也放宽了举证期限的限制)。离婚案件被告提出的离婚损害赔偿存在理论争议，基于财产、子女请求不构成反诉的同样理由，我们赞同最高人民法院民一庭按不构成反诉的处理意见。”第 10 条：“离婚案件重审时，原告可以减少诉讼请求，也可以增加诉讼请求，包括就原一审举证期限届满后发生的事实提起的诉讼请求，新增的诉讼请求应当适用举证时限的规定，对增加的诉讼请求应当与原诉讼请求合并审理。说明：第十条是对离婚案件重审时如何适用程序问题的裁判指引。最高人民法院民一庭经讨论认为，案件重审时适用新的一审程序，原告可以减少诉讼请求，也可以增加诉讼请求，包括就原一审举证期限届满后发生的事实提起的诉讼请求，新增的诉讼请求应当适用举证时限的规定，对增加的诉讼请求应当与原诉讼请求合并审理。”第 12 条：“离婚后财产纠纷案件应按照国务院《诉讼费用交纳办法》第十三条第(二)项的规定收取诉讼费用，不应按普通财产案件收费标准计收诉讼费。说明：第十二条是对离婚后的财产纠纷案件诉讼费标准的裁判指引。最高人民法院《关于离婚后财产纠纷案件收费标准的请示的复函》(〔2003〕民立他字第10号)认为'《人民法院诉讼收费办法》第五条第一项的规定,只适用于当事人在提起离婚诉讼时同时提出财产分割的案件。本案当事人向人民法院起诉离婚时已提出请求分割夫妻关系存续期间共同出资建办的煤厂,人民法院因该请求涉及案外人财产在离婚判决中未予分割,告知当事人另行起诉。在离婚案件判决后,当事人向人民法院起诉请求分割该煤厂,且该煤厂所涉案外人财产已经人民法院的有关民事判决所确定。因此,应视为该案属当事人在提出离婚诉讼的同时提出财产分割的案件,按照《人民法院诉讼收费办法》第五条第一项的规定收取诉讼费用,不应按普通财产案件收费标准计收诉讼费'。"安徽淮南中院《**关于审理离婚纠纷案件若干问题的指导意见**》(2014年3月13日)第3条:"离婚诉讼中,人民法院应审查以下证据:(一)双方存在婚姻关系的证据材料。包括结婚证或婚姻登记机关出具的结婚证明,初婚还是再婚(复婚)等证据材料;(二)婚后夫妻感情状况的证据材料。包括是否经常发生纠纷,发生纠纷引起离婚的主要原因,是否分居,以前曾提起过离婚诉讼的有关的法律文书;(三)在诉讼时已怀孕的,应审查医院出具的诊断证明;(四)子女情况的证据材料。包括子女姓名、性别、年龄,是婚生、收养还是继子女,夫妻双方对子女的抚育条件,夫妻分居子女随何方生活等证据材料;(五)双方经济收入的证据材料,有工资收入的应审查工资单、工资卡或单位出具的证明材料;(六)夫妻共同财产、个人财产、子女财产及家庭其他成员财产的证据材料;对财产有约定的,应审查约定证据;有争议的财产,应审查其来源和取得时间的证据(如购买单据等);有存款的,应审查储蓄所名称、储蓄种类、储户姓名、账号、金额;有股票、证券的,应审查股票、证券的数额、价值等情况的证据;(七)债权债务的证据材料,包括债权、债务人的原始借据及相关的证据;(八)住房及住房来源的证据。包括产权证书、租赁证书、租赁契约;是单位自管公房的,审查房屋产权单位对住房使用的意见。"第4条:"离婚案件争议焦点一般集中以下几个方面:(一)婚姻基础;(二)婚后感情及离婚原因;(三)双方收入、居住状况及抚养子女条件;(四)财产情况;(五)过错责任。"安徽滁州中院《**关于审理婚姻家庭纠纷案件座谈会纪要**》(2013年8月2日)第1条:"在审理离婚纠纷的案件中,判决当事人离婚的,应对子女抚养、夫妻共同财产分割一并处理。双方当事人明确表示对子女抚养、夫妻共同财产分割另行提起诉讼的除外。对夫妻财产和家庭财产界限不清的,不在一案处理。"第2条:"在离婚纠纷案件中,当事人提出返还彩礼或返还陪嫁物品的,告知当事人可另行提起诉讼。如双方当事人一致同意在离婚案件中对返还彩礼或返还陪嫁物品一并处理,并达成调解协议的除外。"第7条:"离婚案件的被告对子女抚养、夫妻共同财产分割有明确请求的,或者作为无过错方请求损害赔偿的,不构成反诉,应一并审理。离婚案件当事人在一审举证期间届满后,发现新的夫妻共同财产,可以在一审法庭辩论终结前增加分割该财产的诉讼请求。”第10条:“受理申请宣告婚姻无效案件后,经审查确属无效婚姻的,不适用按自动撤诉处理的规定。审理无效婚姻案件时,发现法定的婚姻无效情形已经消失,婚姻关系则转为有效,当事人申请撤诉的,可以准许。”浙江杭州中院民一庭**《关于涉及婚姻家庭纠纷案件若干疑难问题的解答》**(2013年1月1日)第16条:“在离婚案件中,若原告未主张财产分割请求,而被告在答辩中提出有财产分割的,如何处理?答:应当明确向被告释明是否提出明确的财产分割请求,如提出的,则要求其缴纳相应诉讼费用,并在实体判决中进行裁处。如不提出的,则在该案中不予审查处理。”广东深圳中院**《关于进一步推进家事纠纷案件审理方式改革的若干意见(试行)》**(2012年11月1日)第31条:“家事纠纷案件审判应当充分考虑有关当事人的现实处境,突出司法的人文关怀。对于出现家庭暴力等重大危机的婚姻家庭纠纷案件,人民法院可以对婚姻关系解除及过错赔偿问题,先行作出判决。对于婚姻家庭纠纷案件中的夫妻共同财产分割问题,人民法院应当按照集约化原则一并解决,尽量避免当事人再次诉讼。对于婚姻家庭纠纷案件中的夫妻共同债务分担问题,如果确实涉及第三人权利,人民法院可以告知当事人另行处理。”广东高院**《全省民事审判工作会议纪要》**(2012年6月26日　粤高法〔2012〕240号,2021年1月1日起废止)第67条:“关于判决不准离婚的案件,判决主文应表述为‘不准×××与×××离婚’。如原告同时要求分割财产、子女抚养的,如不支持原告要求分割夫妻共同财产请求的,判决主文应同时加判‘驳回×××(原告)的其他诉讼请求’。”山东临沂中院**《关于审理民事案件的若干指导意见(试行)/婚姻家庭部分》**(2011年3月29日　临中法〔2011〕55号)第9条:“一审离婚判决宣判后,人民法院根据最高人民法院的相关规定,向当事人行使释明权,告知双方当事人在上诉期间,任何一方不得结婚,并将上述告知事项由当事人签字后记录在卷。”浙江高院**《关于规范民商事案件中法官释明的若干规定(试行)》**(2009年12月1日　浙高法〔2009〕419号)第33条:“对不具有强制执行内容的裁判文书,法官在宣判或送达裁判文书时应作以下释明:(一)对确权判决,应告知当事人,确认的权利自判决生效时即具有法律效力,无需申请法院强制执行;(二)对撤销或解除合同之判决,应告知当事人此类判决无需申请执行即具有法律效力,合同撤销或解除后相关财产权益纠纷未一并处理的,可另行起诉;(三)对准予离婚的判决,应告知当事人在判决正式生效前不得另行结婚。”浙江温州中院民四庭**《关于贯彻执行〈婚姻法〉的指导意见》**(2009年5月1日)第1条:“准予离婚的表述为:‘准予原告甲和被告乙离婚’。不准离婚的表述为:‘驳回原告甲的诉讼请求’。离婚后不直接抚养子女的一方探望子女的权利表述为:‘探望权’。离婚后子女的抚养费用表述为‘抚养费’。”山东高院**《2008年民事审判工作会议纪要》**(2008年10月13日　鲁高法〔2008〕243号)第1条:“……(七)关于判决不准离婚的案件,判决主文如何表述的问题。目前,离婚案件中,不准婚姻当事人离婚的判决主文的表述方式很不统一,审判实践中主要有两种表述方式:一种表述方式为'驳回原告的离婚请求',另一种表述方式为'不准许当事人离婚'。对此,会议经研究认为,对于判决不准当事人离婚的案件,在判决主文中采纳'不准婚姻当事人离婚'的表述方式比较妥当,这是由离婚案件的特殊性决定的,因为离婚案件在第一次判决不准离婚后,在法律规定的期限内,当事人仍然可以向人民法院起诉离婚,如果第一次离婚诉讼采纳驳回诉讼请求的处理方式,则有违民事诉讼理论'一事不再理'的原则。"江西赣州中院**《审理离婚案件财产分割适用法律若干问题解答》**(2008 年 10 月)第 23 条:"一方只起诉离婚,未提出财产分割和解决子女抚养的诉讼请求的,应如何处理?答:离婚诉讼中的财产分割和子女抚养是牵连之诉,应当一并审理。但如果双方书面同意只处理婚姻关系,不要钱处理财产分割和子女抚养问题的,可以仅对是否离婚进行审理。如果另一方答辩不同意离婚或主张应当进行财产分割并确定子女抚养归属的,应当一并审理。"湖南常德中院民一庭**《关于当前民事审判工作中应当注意的几个问题》**(2008 年 8 月 7 日)第 2 条:"……对于不符合离婚条件的判决主文表述。在审理离婚案件时,经审查认为原告的起诉不符合离婚条件的,应以不符合《中华人民共和国离婚法》第三十二条为由判决不准许双方离婚。"北京高院**《关于在立案工作中适用〈诉讼费用交纳办法〉的指导意见》**(2007 年 9 月 28 日)第 6 条:"协议离婚或判决离婚后当事人就婚姻关系存续期间的财产发生纠纷起诉的案件,应按离婚案件还是按财产案件收取案件受理费?答:夫妻离婚后的财产纠纷属于离婚案件,应按《办法》第十三条第(二)项第 1 目的规定收取案件受理费。"上海高院**《婚姻家庭纠纷办案要件指南(一)》**(2005 年 3 月 4 日　沪高发民一〔2005〕2 号)第 2 条:"解除婚姻关系的主张成立,必须具备下列要件:(一)婚姻关系合法;(二)符合婚姻法规定的准予解除婚姻关系的要求;(三)不存在法律规定的抗辩事由;(四)不存在解除婚姻关系的妨碍性事实。"第 3 条:"婚姻关系当事人提出离婚请求的,提出离婚请求的当事人应当举证证明其婚姻关系合法。〔说明〕婚姻关系合法的基本证据,是双方已经履行了结婚登记手续。如结婚证、婚姻登记机关的结婚证明等,在一般情况下就是合法缔结婚姻的证据。"第 4 条:"主张解除事实婚姻的当事人,应举证证明;(一)现存婚姻属于事实婚姻;(二)具有符合法律规定的解除理由和事实。〔说明〕事实婚姻与一般的合法婚姻相比,有几个方面的不同:(1)欠缺结婚的法定形式要件,即未办理或者合法办理结婚登记手续;(2)以夫妻名义公开共同生活,且具有长期共同生活的目的。这是事实婚姻区别于非婚两性关系如通奸、姘居等的重要要件;(3)符合结婚的实质要件,即男女双方均无配偶,已达法定婚龄,无禁止结婚的情形等。根据 1994 年 2 月 1 日民政部《婚姻登记管理条例》(以下简称条例)和最高法院相关司法解释的规定,在条例实施前双方已以夫妻名义共同生活的，按事实婚姻处理。事实婚姻经补办登记手续的，即转化为合法婚姻，当事人可以行使离婚请求权。未办理结婚登记但男女双方已经以夫妻名义共同生活，嗣后又诉至法院要求离婚的，以条例实施之日为分界点，区别情况分别处理：(1)条例实施前男女双方已符合结婚实质要件的，可认定具有事实婚姻的效力，不必补办登记，可以请求解除婚姻关系；(2)条例实施后，男女双方符合结婚实质要件的，应告知其在案件受理前补办结婚登记之后，方可行使离婚请求权；对拒不补办结婚登记而坚持'离婚'的，按解除同居关系处理。事实婚姻关系具有婚姻的效力，当事人双方具有夫妻的身份，彼此间的关系适用婚姻法关于夫妻权利义务的规定；同居期间的财产处理问题，有约定的从约定；没有约定者，适用婚姻法关于夫妻财产制的规定。同居期间所生子女为婚生子女；互有配偶继承权。"湖北高院《**民事审判若干问题研讨会纪要(婚姻家庭部分)**》(2004 年 11 月 8 日)第 1 条："人民法院审理离婚案件时，一般应将婚姻关系、财产分割及子女抚养问题一并处理。原告只请求解除婚姻关系的，人民法院应当告知其就财产分割和子女抚养问题一并提起诉讼，原告坚持不起诉的，人民法院只在其诉请范围内进行审理。但被告请求财产分割和子女抚养问题的，可以一并审理，而不做反诉处理。"

2. 诉讼管辖。《**民法典**》(2021 年 1 月 1 日)第 25 条："自然人以户籍登记或者其他有效身份登记记载的居所为住所；经常居所与住所不一致的，经常居所视为住所。"《**民事诉讼法(2017 修正)**》(2017 年 7 月 1 日)第 21 条："对公民提起的民事诉讼，由被告住所地人民法院管辖；被告住所地与经常居住地不一致的，由经常居住地人民法院管辖。对法人或者其他组织提起的民事诉讼，由被告住所地人民法院管辖。同一诉讼的几个被告住所地、经常居住地在两个以上人民法院辖区的，各该人民法院都有管辖权。"第 22 条："下列民事诉讼，由原告住所地人民法院管辖；原告住所地与经常居住地不一致的，由原告经常居住地人民法院管辖：(一)对不在中华人民共和国领域内居住的人提起的有关身份关系的诉讼；(二)对下落不明或者宣告失踪的人提起的有关身份关系的诉讼；(三)对被采取强制性教育措施的人提起的诉讼；(四)对被监禁的人提起的诉讼。"第 33 条："下列案件，由本条规定的人民法院专属管辖：(一)因不动产纠纷提起的诉讼，由不动产所在地人民法院管辖……(三)因继承遗产纠纷提起的诉讼，由被继承人死亡时住所地或者主要遗产所在地人民法院管辖。"最高人民法院《**关于适用〈中华人民共和国民事诉讼法〉的解释**》(2015 年 2 月 4 日　法释〔2015〕5 号，2020 年修正)第 3 条："公民的住所地是指公民的户籍所在地，法人或者其他组织的住所地是指法人或者其他组织的主要办事机构所在地。法人或者其他组织的主要办事机构所在地不能确定的，法人或者其他组织的注册地或者登记地为住所地。"第 4 条："公民的经常居住地是指公民离开住所地至起诉时已连续居住一年以上的地方，但公民住院就医的地方除外。”第6条:“被告被注销户籍的,依照民事诉讼法第二十二条规定确定管辖;原告、被告均被注销户籍的,由被告居住地人民法院管辖。”第7条:“当事人的户籍迁出后尚未落户,有经常居住地的,由该地人民法院管辖;没有经常居住地的,由其原户籍所在地人民法院管辖。”第8条:“双方当事人都被监禁或者被采取强制性教育措施的,由被告原住所地人民法院管辖。被告被监禁或者被采取强制性教育措施一年以上的,由被告被监禁地或者被采取强制性教育措施地人民法院管辖。”第9条:“追索赡养费、抚育费、扶养费案件的几个被告住所地不在同一辖区的,可以由原告住所地人民法院管辖。”第12条:“夫妻一方离开住所地超过一年,另一方起诉离婚的案件,可以由原告住所地人民法院管辖。夫妻双方离开住所地超过一年,一方起诉离婚的案件,由被告经常居住地人民法院管辖;没有经常居住地的,由原告起诉时被告居住地人民法院管辖。”最高人民法院副院长曹建明**《在第七次全国民事审判工作会议上的讲话－当前民事审判工作中的若干问题》**(2007年1月5日)第3条:“……从目前各地反映的情况看,现行民事案件级别管辖制度存在的主要问题,一是案件标的额虽大但案情简单的民事案件增多的趋势日益明显,如继续单纯地按照标的额划分级别管辖将会增加当事人诉讼成本,也会使高级人民法院陷入繁重的案件审理工作中,难以发挥总结审判经验,指导下级法院工作的职能作用;二是婚姻、家庭、交通事故等民事案件,由纠纷发生地法院调处矛盾具有便利和优势,以标的额划分级别管辖不利于纠纷的化解;三是也有一些民事案件,主体间存在事实上的不平等或不平衡,纠纷发生地法院审理压力较大,不利于公正司法。为此,进一步探索划分民事案件级别管辖的科学方法,改革民事案件管辖制度,成为摆在我们面前的一项重要任务……对婚姻、家庭、继承、物业、人身损害赔偿、交通事故、劳动争议、群体性纠纷类案件,当事人在同一管辖区域的,为便于在当地及时化解矛盾,原则上不以标的额确定级别管辖,由基层人民法院受理……”北京高院**《关于立案审判适用法律若干问题的解答(二)》**(2019年11月20日)第2条:“不动产损害赔偿纠纷案件,是否适用不动产专属管辖?依据民事诉讼法解释第二十八条第一款的规定,民事诉讼法第三十三条第一项规定的不动产纠纷是指因不动产的权利确认、分割、相邻关系等引起的物权纠纷。不动产物权受到侵害后提起的财产损害赔偿纠纷,不涉及不动产的权利确认、分割、相邻关系等,不适用不动产专属管辖,可以按照侵权纠纷的管辖规定,以被告住所地或侵权行为地确定管辖。”第5条:“夫妻一方离开住所地超过一年,哪些法院具有管辖权?依据民事诉讼法解释第十二条第一款的规定,夫妻一方离开住所地超过一年,另一方起诉离婚的案件,可以由原告住所地人民法院管辖。若被告一方离开住所地超过一年,且有经常居住地的,被告经常居住地法院和原告住所地法院均具有管辖权。”江苏高院**《家事纠纷案件审理指南(婚姻家庭部分)》**(2019年7月18日)第1条:“家事纠纷案件

如何确定级别管辖？第一审婚姻、继承等家事纠纷案件（包括涉外、涉港澳台），一般由基层人民法院管辖。对重大疑难、新类型和在适用法律上有普遍意义的案件，可以依照《民事诉讼法》第三十八条的规定，由上级人民法院自行决定由其审理或者根据下级人民法院报请决定由其审理。”第2条：“涉及不动产的婚姻家庭纠纷案件是否适用不动产专属管辖？婚约财产纠纷、离婚后财产纠纷、夫妻财产约定纠纷、同居关系析产纠纷、分家析产纠纷等属于婚姻家庭纠纷，按照一般地域管辖原则确定管辖法院，不适用不动产专属管辖，但法律、行政法规、司法解释另有规定的除外。”北京高院**《关于立案审判适用法律若干问题的解答（一）》**（2018年12月4日）第12条：“双方均为外籍且在国外缔结婚姻，原告以被告经常居住地在国内向法院提起离婚诉讼的，被告经常居住地法院是否有管辖权？双方均为外籍且在国外缔结婚姻，原告以被告经常居住地在国内向法院提起离婚诉讼的，被告经常居住地法院具有管辖权。”第20条：“民事诉讼中适用不动产专属管辖的情形主要有哪些？根据民事诉讼法解释第二十八条第一、二款之规定，涉及不动产权利确认、分割及相邻关系引起的物权纠纷属于不动产专属管辖的适用范围。此外，有四类案件按照不动产纠纷确定管辖，分别是农村土地承包经营合同纠纷、房屋租赁合同纠纷、建设工程施工合同纠纷、政策性房屋买卖合同纠纷。实践中，建设工程施工合同纠纷的适用歧义较多，根据最高人民法院立案庭的意见，建设工程施工合同纠纷是指具有建设工程施工性质的类型化合同纠纷的统称，《民事案件案由规定》第三级案由‘建设工程合同纠纷’项下与建设工程施工相关的七个第四级案由，即建设工程施工合同纠纷、建设工程价款优先受偿权纠纷、建设工程分包合同纠纷，建设工程监理合同纠纷，装饰装修合同纠纷，铁路修建合同纠纷，农村建房施工合同纠纷，均应适用不动产专属管辖。政策性房屋买卖合同，则包括两限房、自住性商品房、经济适用房、廉租房、共有产权房、优惠价房、单位自管房、军产房、小产权房、农村房屋及公租房等享受国家税收、福利、政策优惠等条件的房屋以及农村集体土地上的房屋。”第21条：“很多婚姻家庭类纠纷会涉及不动产的分配及权属问题，是否适用不动产专属管辖？实践中，婚约财产纠纷、离婚后财产纠纷、夫妻财产约定纠纷、分家析产纠纷等案件均有可能涉及房屋等不动产的分配及权属问题，根据《北京市高级人民法院关于民事诉讼管辖若干问题的规定》第八条之规定，前述纠纷均属于婚姻家庭纠纷，不适用不动产专属管辖，需要按照被告住所地确定管辖法院。”上海一中院**《类案裁判方法|民商事管辖权异议案件的审理思路和裁判要点》**（2018年12月3日）第3条：“……（一）一般地域管辖。一般地域管辖的原则是原告就被告，其裁判要点在于住所地的认定。法律对公民和法人的住所地认定有着不同的证明标准，导致公民经常居住地和法人主要办事机构所在地的认定在审判实践中较易出错。1. 公民经常居住地的认定。民诉法解释第4条已对如何认定

公民经常居住地做出明确规定。在实践中,公民经常居住地的认定问题主要体现在对经常居住地证明标准的把握上。当事人一般提交居委会或者物业公司证明、街坊邻居出具的居住证明等。此类证据一般均可作为经常居住地的认定依据,但当证明材料出现冲突时,法院应主动加以查明。在无法查明的情况下,应以公民的户籍所在地和其他有效身份登记记载的地址确定管辖……"重庆高院**《关于民事诉讼管辖若干问题的解答》**(2017 年 10 月 11 日　渝高法〔2017〕256 号)第 2 条:"离婚后单独就财产纠纷提起诉讼,如何确定管辖?答:离婚后单独就财产纠纷提起诉讼,不涉及人身关系,属于一般财产权益纠纷,原则上应按照财产权益纠纷确定管辖。"北京高院民一庭**《关于审理婚姻纠纷案件若干疑难问题的参考意见》**(2016 年 8 月 4 日)第 49 条:"【在中国有经常居住地的外国人间离婚案件管辖】一方或双方在我国有经常居住地的外国人在中国法院起诉离婚的,应予管辖。"北京高院**《关于印发〈关于民事诉讼管辖若干问题的规定(试行)〉的通知》**(2015 年 12 月 31 日)第 8 条:"婚约财产纠纷、离婚后财产纠纷、夫妻财产约定纠纷、分家析产纠纷等纠纷属于婚姻家庭纠纷,不适用不动产专属管辖,按照被告住所地确定管辖法院。《民事诉讼法解释》第十七条规定的情形除外。"浙江宁波中院**《关于民商事纠纷管辖异议疑难问题的解答(二)》**(2015 年 5 月 19 日)第 1 条:"对于当事人为公民的案件,如何认定公民的经常居住地?《中华人民共和国民事诉讼法》第二十一条规定,对公民提起的民事诉讼,由被告住所地人民法院管辖;被告住所地与经常居住地不一致的,由经常居住地人民法院管辖。公民的经常居住地是指公民离开住所地至起诉时已连续居住一年以上的地方。但公民住院就医的地方除外。对于实践中如何认定公民经常居住地,我们认为,首先,公民经常居住地必须是至起诉时已连续居住一年以上的地方,如果曾经居住过一年以上,但在起诉时已离开该地方,则该地方不属于经常居住地。其次,证明公民经常居住地的证据必须能形成一定的证据链,比如有暂住证、居住证、当地管辖公安派出所出具的证明、街道或社区出具的证明、房屋权属证书、房屋租赁合同、房屋出租人出具的证人证言、房租缴费收据、水电费等各种缴费凭证、劳动合同、参加社保的证明、其他证人证言等证据结合,可以充分证明公民在起诉时其主要工作地、生活地在该地,且已有一年以上,即可以确定经常居住地。第三,如果出现相反的证据,所证明的事实相互矛盾,无法认定公民连续居住在唯一的地方,则不宜认定经常居住地,而应以公民的户籍地为住所地。最后,根据《中华人民共和国民法通则》第十五条规定,公民以他的户籍所在地的居住地为住所,经常居住地与住所不一致的,经常居住地视为住所。故一旦认定了公民的经常居住地,则裁定书中应以经常居住地为该公民的住址。"浙江宁波中院**《民事审判若干问题解答(第四辑)》**(2014 年 5 月 22 日)第 2 条:"当事人在租赁房屋和住所地之间经常往返,租赁房屋所在地是否可视为经常居住地?答:经常居住地是当事人离开住所地至起诉时已连续居住一年以上的地方，当事人在租赁房屋与住所地之间经常往返，需要考虑当事人往返的具体情况，并按照通常人的理解，判断是否属于离开住所地连续居住一年以上的情形。”第 11 条：“人民法院在审理离婚案件过程中，债权人或其他案外人以夫妻共同财产、共同债务等涉及其利益为由申请参加诉讼或一方当事人申请追加第三人参加诉讼的，人民法院不予准许。离婚后财产纠纷案件第三人申请参加诉讼的，根据《民事诉讼法》第五十六条的规定处理。说明：第十一条是对离婚案件是否应当准许第三人参加诉讼的裁判指引。离婚之诉是复合之诉，解除婚姻关系的诉请是前提和基础，财产分割和子女抚养等诉讼请求是从属之诉，《婚姻法解释（二）》第 25 条关于共同债务不因婚姻关系解除、离婚协议或裁判文书对共同财产分割而免除连带清偿责任的规定表明，离婚之诉对夫妻共同财产和共同债务的处理仅对夫妻双方产生拘束力，属连带责任人之间的内部分担债务的问题；离婚判决对案外人不产生拘束力，对债权人之诉没有既判力，因此我国一直坚持婚姻关系案件的审理不允许第三人参加诉讼的原则，以避免离婚之诉不必要的延误。从既判力角度考虑，我们认为在离婚后财产纠纷案件中第三人同样没有必要参加诉讼，但一些基层法院法官认为离婚后的财产纠纷允许第三人参加诉讼不存在影响离婚之诉的问题且有利于查清事实，可以有独立请求权的第三人参加诉讼，因此本条考虑将离婚后的财产纠纷案件是否准许第三人参加诉讼的决定权交给承办法官，不做硬性规定。”江苏高院**《婚姻家庭案件审理指南（2010 年）》**（2010 年 5 月 18 日）第 5 章：“……离婚诉讼的管辖。离婚案件属于普通民事诉讼范畴，其管辖与其他民事诉讼无别，同样适用基本的管辖原则，即一般由被告住所地人民法院管辖；被告住所地与经常居住地不一致的，由经常居住地人民法院管辖。此为一般原则，在特殊情形下可由原告住所地人民法院管辖，原告住所地与经常居住地不一致的，由原告经常居住地人民法院管辖。具体适用以下情形：1. 被告不在中华人民共和国领域内居住。2. 被告下落不明或者被宣告失踪。3. 被告被劳动教养。4. 被告被监禁。5. 被告离开住所地超过一年。6. 夫妻双方离开住所地超过一年，没有经常居住地的。7. 非军人对军人提出的离婚诉讼，如果军人一方为非文职军人的。8. 在国内结婚并定居国外的华侨，如定居国法院以离婚诉讼须由婚姻缔结地法院管辖为由不予受理，当事人向人民法院提出离婚诉讼的，由婚姻缔结地或一方在国内的最后居住地人民法院管辖。在国外结婚并定居国外的华侨，如定居国法院以离婚诉讼须由国籍所属国法院管辖为由不予受理，当事人向人民法院提出离婚诉讼的，由一方原住所地或在国内的最后居住地人民法院管辖。9. 中国公民一方居住在国外，一方居住在国内，无论哪一方向人民法院提起离婚诉讼，国内一方住所地的人民法院都有权管辖。如国外一方在居住国法院起诉，国内一方向人民法院起诉的，受诉人民法院有权管辖。中国公民双方在国外但未定居,一方向人民法院起诉离婚的,应由原告或者被告原住所地的人民法院管辖。”上海高院**《关于下发〈关于在民事审判中实施“中华人民共和国婚姻法”的暂行意见〉的通知》**(2001 年 6 月 7 日　沪高法〔2001〕263 号)第 3 条:“确认婚姻无效、撤销婚姻案件的管辖,按《中华人民共和国民事诉讼法》和最高人民法院有关婚姻案件管辖的规定确定。”第 4 条:“婚姻关系存续期间,当事人以配偶违反忠实义务,或实施家庭暴力,或虐待家庭成员为由,向人民法院提起民事诉讼,要求排除妨碍的,人民法院应当告知当事人按婚姻法第 43 条规定要求有关部门处理,人民法院不予受理。当事人坚持起诉的,裁定不予受理。”

3. 离婚诉权。《民法典》(2021 年 1 月 1 日)第 1082 条:“女方在怀孕期间、分娩后一年内或者终止妊娠后六个月内,男方不得提出离婚;但是,女方提出离婚或者人民法院认为确有必要受理男方离婚请求的除外。”**《妇女权益保障法(2018 修正)》**(2018 年 10 月 26 日)第 45 条:“女方在怀孕期间、分娩后一年内或者终止妊娠后六个月内,男方不得提出离婚。女方提出离婚的,或者人民法院认为确有必要受理男方离婚请求的,不在此限。”**《民事诉讼法(2017 修正)》**(2017 年 7 月 1 日)第 202 条:“当事人对已经发生法律效力的解除婚姻关系的判决、调解书,不得申请再审。”最高人民法院吴晓芳法官**《关于婚姻家庭纠纷审理热点难点问答》**〔载《民事法律文件解读》2012 年第 6 辑(总第 90 辑)〕第 4 条:“双方婚后感情一般,女方在手术分娩过程中胎儿死亡,双方父母因此发生矛盾,并影响到夫妻关系,男方到法院起诉离婚,这种情况男方的离婚诉权受限制吗? 答:婚姻法第三十四条是关于女方在怀孕期间、分娩后或中止妊娠后一定期限内,男方不得提出离婚的限制性规定,旨在保护妇女、胎儿及婴儿的利益。它是一种程序上的规定,并不涉及是否准予离婚的实体性问题,在法律规定的期限届满后,男方仍然可以依法行使其离婚请求权。女方分娩时胎儿死亡或分娩后婴儿死亡的,从婚姻法的立法精神来看,法律限制男方在女方分娩后 1 年内的离婚起诉权,不仅是为了婴儿的正常发育成长,也是为了女方的身心健康,故一般也应按‘男方不得提出离婚’的原则办理。同样道理,女方分娩后即将婴儿送养的,为了使此时身心都比较脆弱的女方的健康得到保护,避免因为婚姻关系的变故而受到伤害,对男方的离婚起诉应予驳回。民事诉讼法规定:‘依照法律规定,在一定期限内不得起诉的案件,在不得起诉的期限内起诉的,不予受理。’但是,有些案件只有在受理后经过审查才知道是应当不予受理的案件,故法院应当裁定驳回起诉。在处理此类纠纷时应当注意的问题是:1. 如何把握‘人民法院认为确有必要受理男方离婚请求’的标准的问题,一般来说,女方怀孕系与他人通奸所致或男方的生命受到女方的威胁等情形下,人民法院应当进行变通处理而受理男方的离婚请求。2. 一审法院在判决离婚时未发现女方已经怀孕,以后女方发现怀孕而上诉的,在查明事实后,二审法院应当撤销原判决,驳回男方的起诉,不必发回原审法院重新审理。3. 根据最高人民法院相关批复的精神,女方婚前与他人发生性关系导致怀孕,婚后怀孕期间男方也不得提出离婚。因为婚姻关系尚未建立时,男女双方之间并没有产生夫妻间相互忠实的法律义务,这与婚后与他人通奸怀孕性质不同。4. 男方因女方分娩不到1年而无法通过民事诉讼程序达到急欲离婚的目的,转而以行政机关在办理婚姻登记时程序违法为由,向法院提起行政诉讼,要求撤销行政机关违法颁发的结婚证书。我们认为,婚姻法第三十四条明确规定了对女方在怀孕期间、分娩后1年内及中止妊娠后6个月内男方提出离婚诉权的限制,民事诉讼暂时限制男方行使诉权,行政诉讼同样也应暂时限制男方行使诉权,通过民事诉讼不能达到解除婚姻关系的目的,通过行政诉讼同样也不能达到,以维护法律的统一性和完整性。男方所提诉讼请求实为离婚之目的,虽依最高人民法院有关行政诉讼法司法解释的规定,婚姻登记机关的颁证行为是可诉的具体行政行为,可以作为行政案件来受理,但因其诉权依婚姻法规定受特殊时间限制,故在行政诉讼中同样也暂时限制诉权,对男方提出的行政诉讼应裁定驳回。"最高人民法院民一庭**《民事审判实务问答(婚姻家庭继承纠纷一般问题)》**(2005年4月)第15条:"男方起诉离婚,法院在审理过程中才发现女方处在怀孕期间、分娩后一年内或中止妊娠后六个月内。对此,法院应以男方的起诉不符合受理条件而驳回起诉,还是作实体处理?答:为了体现国家对女性健康权利予以特殊保护的精神,从保护妇女、保护母亲和儿童的合法权益出发,《中华人民共和国婚姻法》第三十四条规定:'女方在怀孕期间、分娩后一年内或中止妊娠后六个月内,男方不得提出离婚。女方提出离婚的,或人民法院认为确有必要受理男方离婚请求的,不在此限'。这是法律对男方在几个特定时期提出离婚诉讼的限制性规定,是法律对离婚自由的一个限制。对存在女方处在怀孕期间、分娩后一年内或中止妊娠后六个月内的情形,人民法院应以男方的起诉不符合受理条件而驳回男方的起诉。但这种限制不是绝对的,法律规定了两种例外情形。对男方起诉离婚的案件,如法院认为确有必要受理男方的离婚诉讼请求的,一般是指女方有重大过错严重伤害夫妻感情的情况,如女方与他人重婚姘居导致怀孕分娩,男方感情上无法谅解,或女方实施家庭暴力男方人身安全受到严重威胁等情况。在此情形下,人民法院可受理男方提出的诉讼请求,作出实体处理。"最高人民检察院**《人民检察院民事行政抗诉案件办案规则》**(2001年10月11日　高检发〔2001〕17号)第6条:"有下列情形之一的申诉,人民检察院不予受理:(一)判决、裁定尚未发生法律效力的;(二)判决解除婚姻关系或者收养关系的;(三)人民法院已经裁定再审的;(四)当事人对人民检察院所作的终止审查或者不抗诉决定不服,再次提出申诉的;(五)不属于人民检察院主管的其他情形。"最高人民法院**《关于李丽云与丁克义离婚一案可否进行再审的复函》**(1992年6月8日　〔91〕民他字第52号):"……李丽云与丁克义离婚一案,经第一、二审人民法院审理,在调解和好无效,夫妻感情确已破裂的情况下,按照婚姻法的有关规定判决离婚。根据民事诉讼法第一百八十一条的规定,对已经发生法律效力的解除婚姻关系的判决,当事人不得申请再审。本案判决离婚并无不当,人民法院不宜按照审判监督程序进行再审。请向当事人李丽云讲明不予再审的道理,以及判决离婚的有关法律规定,做好其思想工作。"最高人民法院**《关于印发〈马原副院长在部分高级人民法院讨论如何办理检察院抗诉的再审案件座谈会上的讲话〉的通知》**(1991 年 11 月 20 日　法〔民〕发〔1991〕41 号)第 2 条:"关于抗诉的案件范围。人民检察院对人民法院作出的已经发生法律效力的判决、裁定认为符合抗诉条件的,都可以提出抗诉。但有三类案件,因其特殊性,不适用民事诉讼法和行政诉讼法关于抗诉的规定……3. 人民法院判决解除婚姻关系的案件。婚姻关系是一种人身关系,在人民法院判决解除婚姻关系并发生法律效力后,双方当事人可以依法分别另行结婚。因此,这类案件依其性质不宜再审。民事诉讼法第一百八十一条规定'当事人对已经发生法律效力的解除婚姻关系的判决,不得申请再审。'这条规定也应适用于人民检察院抗诉的案件。"最高人民法院院长办公室**《关于妇女分娩后婴儿死亡产妇已恢复健康男方仍须满一年后始可提出离婚问题的函》**(1952 年 10 月 16 日　法办字第 3755 号):"……须于分娩满一年后男方始能提出离婚……"最高人民法院**《关于适用婚姻法第十八条规定的答复》**(1952 年 7 月 19 日　法办字第 3051 号)第 1 条:"关于妇女产后,小孩当即死亡,女方在分娩后,身体业已复原,男方提出离婚,经调解无效,应否准其提出离婚的问题,我们认为,在此种情形下,仍应适用婚姻法第十八条前段规定,男方不得提出离婚。婚姻法第十八条前段规定的精神,不仅在于保护胎儿和婴儿,同时也保护妇女。妇女怀孕生产,生理上受有很大的影响。有时妇女在分娩后不久,即能工作,表面上身体似已复原,但实际上并未完全恢复。婴儿之死,对于生母的精神上已有很大的刺激,而同时她对于丈夫又未必没有感情,今如允许男方在女方分娩不满一年内提出离婚,对于产后妇女,将成为难以忍受的巨大刺激,殊非保护妇女之道。所以我们主张,在前述的情形下,仍应适用婚姻法第十八条前段规定,给产后妇女以应有的保护,比较妥当。"第 2 条:"关于女方与人通奸而怀孕,生产未满一年,可否准许男方提出离婚的问题,我们认为:应根据具体情况,分析研究,由实际出发来决定处理办法,方为妥当。如果因女方通奸而怀孕,男方在女方生产未满一年内提出离婚或告诉女方通奸,受理机关可根据婚姻法摧毁封建制度和保护妇婴利益的精神,必要时并会同有关机关团体,如妇联,结合具体情况,进行说服教育或调解工作,借使问题得到解决。假如问题解决不了,受理机关在保护妇婴利益的原则下,根据具体情况,考虑其是否可以缓于处理,也是必要的。"江苏高院**《家事纠纷案件审理指南(婚姻家庭部分)》**(2019 年 7 月 18 日)第 5 条:"对于已经发生法律效力的不准予离婚的判决能否申请再审？对于已经发生法律效力的不准予离婚的判决，当事人申请再审的，应予受理。”山东临沂中院**《关于当前民事审判工作中的一些疑难问题会谈纪要（婚姻家庭部分）》**（2015年）第1条：“离婚案件中，原告起诉经法院判决不予离婚半年后，原告再次起诉，法院一般以夫妻感情破裂判决双方离婚，是否适当？是否判决离婚是以夫妻感情是否破裂为标准，夫妻感情是双方的内心感受，他人无法探究、判断，只能根据外观情况去判断，具体应从是否履行夫妻忠诚、扶助、平等尊重义务，是否履行对子女的抚养义务等去判断，不能简单以起诉的次数去判断，当然起诉离婚次数多了，其行为亦可推理为夫妻感情确已破裂。《婚姻法》第三十二条列举了几种夫妻感情破裂的外观情况：（一）重婚或与有配偶者与他人同居的；（二）实施家庭暴力或虐待、遗弃家庭成员的；（三）有赌博、吸毒等恶习屡教不改的；（四）因感情不和分居满二年的；（五）其他导致夫妻破裂的情形。另外一方被宣告失踪，另一方要求离婚诉讼的，应准予离婚。应根据上述规定，从严把握，注意做好化解矛盾的调解工作，避免因离婚产生恶性案件，同时要贯彻离婚自由的法律原则，防止惩罚心态。”广东深圳中院**《关于婚姻家庭纠纷案件的裁判指引（2014修订）》**（2014年5月21日）第1条：“女方婚前与他人发生性关系，婚后怀孕期间男方提出离婚的，不属于《婚姻法》第34条规定的‘确有必要受理男方离婚请求’的范围。说明：第一条是针对审判实践中对《婚姻法》第34条中‘确有必要受理男方离婚请求’情形有不同理解而作出的裁判指引。《婚姻法》第34条规定，女方在怀孕期间男方不得提出离婚，但人民法院认为确有必要受理男方离婚请求的，不在此限。但女方在婚前与他人发生性关系导致婚后怀孕的情形是否属于确有必要受理的范围存在两种意见：一种意见认为所谓‘确有必要受理男方离婚请求的’情况主要包括：①女方怀孕系婚后与他人通奸所致；②女方小产后，身体健康已恢复的；③男方受虐待，不堪忍受的；④一方对对方有危害生命、人身安全等情形的。最高人民法院《关于女方因通奸怀孕男方能否提出离婚的批复》（最高人民法院2012年9月29日已废止，编者注）中指出女方婚前与他人发生性行为，应与婚后通奸行为加以区别，婚姻关系尚未确立，男女双方之间未产生夫妻间的相互忠实的法律义务，婚前性行为属道德问题，不属法律问题，所以此种情形不属确有必要受理的范围；另一种意见认为，女方婚前与他人发生性行为导致怀孕，应赋予男方起诉离婚的权利，在此情况下无必要再保护女方。我们采纳了第一种意见。”第2条：“原一审法院在未发现女方怀孕时判决离婚，宣判后女方发现怀孕提起上诉，二审法院经审查不存在确有必要受理情形的，应撤销原判，裁定驳回男方的起诉。说明：第二条是对二审发现不符合《婚姻法》第34条中‘确有必要受理男方离婚请求’情形如何处理的裁判指引。参见《婚姻法》第34条及最高人民法院《原审法院在未发现女方怀孕时判决离婚宣判后女方发现怀孕提起上诉应如何处理的复函》(1957年7月19日)。一般情况下,女方怀孕期间男方不得提出离婚请求,除非人民法院认为确有必要受理男方离婚请求。因此不论是一审阶段或者二审阶段,只要女方不提出离婚、人民法院又认为不存在确有必要受理男方离婚请求的情形的,均应裁定驳回男方起诉。"安徽滁州中院**《关于审理婚姻家庭纠纷案件座谈会纪要》**(2013年8月2日)第13条:"经人民法院判决不准离婚后,双方又分居满六个月以上,且互不履行夫妻义务,一方再次起诉离婚,经调解不能和好的,可以认定夫妻感情已破裂。"江苏高院**《婚姻家庭案件审理指南(2010年)》**(2010年5月18日)第5章:"……(三)对原告再次起诉离婚的限制。对诉讼离婚未获支持再行起诉的,《民事诉讼法》在相关条款中特别规定'判决不准离婚和调解和好的离婚案件,没有新情况、新理由,原告在六个月内又起诉的,不予受理。被告起诉的,不在此限。'"上海高院**《婚姻家庭纠纷办案要件指南(一)》**(2005年3月4日沪高发民一〔2005〕2号)第18条:"依婚姻法对女方的特殊保护规定而提出不同意解除婚姻关系抗辩的,应当举证证明:(一)解除婚姻关系主张的提出是在女方怀孕、分娩或中止妊娠等特定时期内;(二)不存在法院确有必要受理男方的离婚请求的情况。〔说明〕婚姻法根据保护妇女儿童合法权益的原则,规定对怀孕期间和分娩后、堕胎后的妇女,在一定时间内男方不得提出离婚请求。适用该规定,应考虑以下几个条件:(1)男方提出离婚请求时,女方是在怀孕期间、分娩后一年内或中止妊娠后的6个月内的期间之内;(2)限制的主体只能是男方,即女方在此期间提出离婚的或双方自愿离婚的,不受限制;(3)限制的权利是男方的诉权,而不是剥夺其诉权,期限一旦届满,其离婚诉权自行恢复;(4)在特殊情况下,如法院认为确有必要的,仍然可以受理男方的离婚诉讼。所谓'确有必要',一般是指男方提出离婚是因为双方确有不能继续共同生活的重大、紧迫的事由,男方坚持要求离婚,如不及时受理,会造成矛盾激化,甚至危及生命安全。此时,法院可受理男方的离婚请求,但是否准予离婚。仍应根据法律规定作出处理。"广东高院**《关于对已经发生法律效力的离婚判决可否申请再审的批复》**(2003年10月29日　粤高法民一复字〔2003〕38号):"……根据《中华人民共和国民事诉讼法》第一百八十一条的规定,当事人对已经发生法律效力的解除婚姻关系的判决,不得申请再审。对此,应当理解为,无论是程序违法还是实体错误,当事人对发生法律效力的离婚判决都不可以申请再审。据此,同意你院审判委员会的多数意见,即:本案原审法院〔2002〕电民初字第679号民事判决已发生法律效力,谢汉伦与张小平的婚姻关系已依法解除。张小平向原审法院申诉,请求撤销〔2002〕电民初字第679号民事判决,没有法律依据,应驳回其再审申请。"上海高院**《民事法律适用问答》**(2002年第3期)第2条:"按规定被判决不准离婚(或申请撤诉、调解和好)的离婚案件,没有新情况、新理由,原告在六个月内又起诉的,不予受理。那么被判决不准离婚后当事人未上诉的案件,该'六个月'的起算日期应为判决宣告日还是判决生效日?如起诉时尚不满六个月,但移送给承办人时或者移送后不久即满六个月的,是否继续审理,如何计算审限?答:我们认为,'六个月'的起算日期应当自判决生效之日起算。因为在相应的判决、裁定没有生效之前,所谓的'判决离婚、申请撤诉和调解和好'的事实尚处于不确定之中,不能以这种不确定的事实作为计算'六个月'时段的起点。对于起诉时尚不满六个月而立案时未注意到,移送时或移送后不久即满六个月的情况,我们认为,从严格执法的角度考虑,以裁定驳回起诉为宜。"

4. 诉讼主体。最高人民法院**《关于适用〈中华人民共和国民法典〉婚姻家庭编的解释(一)》**(2021 年 1 月 1 日　法释〔2020〕22 号)第 4 条:"当事人仅以民法典第一千零四十三条为依据提起诉讼的,人民法院不予受理;已经受理的,裁定驳回起诉。"最高人民法院吴晓芳法官**《关于婚姻家庭纠纷审理热点难点问答》**〔载《民事法律文件解读》2012 年第 8 辑(总第 92 辑)〕第 16 条:"法院一审判决离婚后,上诉期间未届满前,一方当事人突然死亡,是按离婚还是按继承遗产对待?答:因一审判决作出后 15 日内,当事人都有权提起上诉。一方突然死亡,双方的离婚诉讼尚处于上诉期间,一审判决没有生效,仍然存在合法的婚姻关系,双方婚姻关系一直持续到一方死亡时,故另一方仍有继承权。我国民事诉讼实行两审终审制,当事人不服一审人民法院对民事案件所作的判决,可上诉至二审人民法院,二审所作的判决、裁定即为终审判决、裁定。一审人民法院作出的判决,在上诉期间不发生法律效力,当事人可向上一级人民法院上诉。民事诉讼法第一百四十七条规定:'当事人不服地方人民法院第一审判决的,有权在判决书送达之日起 15 日内向上一级人民法院提起上诉。当事人不服地方人民法院第一审裁定的,有权在裁定书送达之日起 10 日内向上一级人民法院提起上诉。'因此,一方当事人在一审判决离婚后上诉期内突然死亡,如果一方或双方已经提起上诉,一审判决自然没有生效,双方的婚姻关系从法律上讲还没有解除,一方死亡导致婚姻关系的自然终止,另一方作为死者的配偶是有权利继承遗产的。即使一方或双方对一审判决没有提起上诉,一审判决也要经过 15 日的上诉期才发生法律效力。也就是说,一方是在一审判决尚未生效的情况下死亡的,另一方仍有权继承遗产。"最高人民法院**《关于适用〈中华人民共和国婚姻法〉若干问题的解释(二)》**(2004 年 4 月 1 日　法释〔2003〕19 号,已于 2021 年 1 月 1 日起废止)第 5 条:"夫妻一方或者双方死亡后一年内,生存一方或者利害关系人依据婚姻法第十条的规定申请宣告婚姻无效的,人民法院应当受理。"第 6 条:"利害关系人依据婚姻法第十条的规定,申请人民法院宣告婚姻无效的,利害关系人为申请人,婚姻关系当事人双方为被申请人。夫妻一方死亡的,生存一方为被申请人。夫妻双方均已死亡的,不列被申请人。"最高人民法院**《关于适用〈中华人民共和国婚姻法〉若干问题的解释(一)》**(2001 年 12 月 27 日法释〔2001〕30号,已于2021年1月1日起废止)第7条:"有权依据婚姻法第十条规定向人民法院就已办理结婚登记的婚姻申请宣告婚姻无效的主体,包括婚姻当事人及利害关系人。利害关系人包括:(一)以重婚为由申请宣告婚姻无效的,为当事人的近亲属及基层组织。(二)以未到法定婚龄为由申请宣告婚姻无效的,为未达法定婚龄者的近亲属。(三)以有禁止结婚的亲属关系为由申请宣告婚姻无效的,为当事人的近亲属。(四)以婚前患有医学上认为不应当结婚的疾病,婚后尚未治愈为由申请宣告婚姻无效的,为与患病者共同生活的近亲属。"最高人民法院**《关于已判处徒刑的一般刑事犯的配偶提出离婚应如何处理问题的复函》**(1955年12月6日　法研字第1667号):"……你们认为:'一般刑事犯和反革命犯在犯罪性质上有所不同,不能比照处理。应按一般离婚案件,根据具体情况进行判决。但对于罪恶严重、刑期较长、短期内不能恢复自由的刑事犯配偶提出离婚,一般可以判离,惟在处理时应征求该犯人的意见;对于罪行轻微,刑期较短或刑期不久届满即将释放的刑事犯配偶提出离婚,应考虑双方具体情况,判决准许离婚或不准许离婚。'基本上我们同意。但尚须注意以下几个问题:一、关于应否判决离婚,固应考虑犯罪的严重与否和刑期的长短(刑期长短只能作为处理案件时的一种参考,不能定为判准离婚或不离婚的标准),但还应考虑犯人犯罪性质的其他方面(如是否重婚,奸淫等)和夫妻原来的感情等具体情况,依照婚姻法的精神处理。同时,并须注意要求离婚的原告人有无曾经参与犯罪,而欲借离婚以逃避罪刑的情况和有无逃避没收财产的情况……"北京高院民一庭**《关于审理婚姻纠纷案件若干疑难问题的参考意见》**(2016年8月4日)第51条:"【离婚案件涉及第三人利益的处理】人民法院在审理离婚案件过程中,案外人以夫妻间的财产争议涉及其利益为由申请参加诉讼或一方当事人申请追加案外人作为第三人参加诉讼的,人民法院一般不予准许。夫妻间财产争议确涉及案外人利益的,可另行解决。离婚后财产纠纷案件当事人申请追加第三人或第三人申请参加诉讼的,根据《中华人民共和国民事诉讼法》第五十六条第二款的规定处理。"福建三明中院**《民事审判若干实务问题探讨》**(2016年)第16条:"离婚案件中,债权人或者其他案外人以夫妻共同财产、共同债务等涉及利益为由,申请参加诉讼或一方当事人申请追加第三人参加诉讼的,是否予以准许?离婚后财产纠纷案件案外人申请参加诉讼的,是否予以准许?答:1. 离婚案件中,第三人申请参加诉讼的,应一律不准许。2. 离婚后财产纠纷以下三种情形可以追加第三人。①当事人双方离婚时,未对婚姻关系存续期间的夫妻财产进行分割而在离婚后对财产分配问题发生争议而引发的纠纷;②双方当事人离婚后一年内就财产分割问题反悔而引起的争议;③一方当事人于婚姻关系结束后发现对方在婚姻关系存续期间存在离婚时未分割的其他财产而引发的纠纷。"北京高院**《关于民事案件立案材料要求的规范意见》**(2014年11月15日)第14条:"下列人员或组织以原告身份提起民事诉讼,还应提交下列材料:(一)依据最高人民法院《关于适用〈婚姻法〉若干问题的解释(一)》第七条的规定,利害关系人起诉要求确认他人间婚姻关系无效的,应提交其与婚姻当事人为近亲属关系的证明材料;(二)诉讼代表人提起诉讼的,除提交全部原告身份证明材料复印件外,还应当提交其他共同原告推选其为诉讼代表人的证明材料;(三)环境保护主管部门、消费者协会等法律规定的机关和有关组织提起污染环境、侵害众多消费者合法权益等侵害社会公共利益诉讼的,应当提交具有上述身份的证明材料。"安徽淮南中院**《关于审理离婚纠纷案件若干问题的指导意见》**(2014年3月13日)第1条:"离婚案件的原、被告一般指起诉时存在合法婚姻关系的夫妻双方。但对重婚导致的无效婚姻案件,涉及财产处理的,应当准许合法婚姻当事人作为有独立请求权的第三人参加诉讼。"北京高院**《关于审理民间借贷案件若干问题的会议纪要》**(2013年12月27日)第6条:"夫妻一方以个人名义向他人借贷,诉讼时婚姻关系仍然存续,贷款人未将借款人配偶列为共同被告的,人民法院不主动通知借款人的配偶参加诉讼。"上海高院**《民事法律适用问答》**(2013年第1期)第1条:"法院一审判决离婚后,上诉期间届满前,一方当事人突然死亡的,当事人双方婚姻关系是否已经解除?我国民事诉讼法实行两审终审制,当事人不服地方人民法院第一审判决的,有权在法定上诉期内向上一级人民法院提起上诉。同时,根据民事诉讼法第一百五十五条规定,最高人民法院的判决、裁定,以及依法不准上诉或者超过上诉期没有上诉的判决、裁定,是发生法律效力的判决、裁定。因此,上诉期间未届满,一审判决尚未发生法律效力。一审法院作出离婚判决后,当事人双方未在上诉期内提起上诉的,从法律上讲,在上诉期内,一审离婚判决尚未生效,当事人双方的婚姻关系尚未解除。若上诉期内,婚姻关系当事人一方或双方死亡,一审离婚判决尚未生效。根据民事诉讼法第一百五十一条第(三)项规定,离婚案件一方当事人死亡的,终结诉讼。因此,若一审离婚判决上诉期内,一方当事人死亡的,可以由利害当事人申请或者由人民法院依职权裁定终结诉讼。如果双方当事人均未上诉的,由一审人民法院作出裁定;若双方或一方当事人已经提起上诉的,则案件二审程序已经启动,应由二审人民法院作出终结诉讼的裁定。"浙江温州中院民四庭**《关于贯彻执行〈婚姻法〉的指导意见》**(2009年5月1日)第12条:"对于宣告婚姻无效的案件,如不涉及财产分割和子女抚养的,应将提出申请的利害关系人确定为申请人,将被申请宣告婚姻无效的当事人列为被申请人。如系婚姻当事人提出,并涉及财产分割和子女抚养的,应将提出申请的人确定为原告,将另一方当事人确定为被告。"北京高院**《关于印发〈北京市高级人民法院关于按照第一审程序审理民事再审案件若干程序问题的解答〉的通知》**(2005年12月31日 京高法发〔2005〕364号)第4条:"被申请人在再审期间死亡或丧失主体资格的,应如何处理?一审再审案件诉讼中,被申请人死亡或丧失主体资格,没有权利义务继受人的,可以裁定终结再审程序,但确有改判必要的,可在阅卷、调查及询问原审其他当事人的基础上依法作出再审裁判。有权利义务继受人的,法院应裁定中止诉讼,并及时通知继受人作为当事人承担诉讼;继受人不参加诉讼的,可缺席审理,依法作出再审裁判。"第 5 条:"就离婚案件中财产分割问题进行再审,原审一方当事人死亡,继承人参加诉讼的,案由是否需要变更?就离婚案件中财产分割问题再审的一审再审案件,原审一方当事人死亡的,参照前两条规定处理。继承人参加诉讼的,案由不变更,但应在再审庭审及裁判文书中叙述清楚再审案件由来及继承人承担诉讼等情况。"上海高院**《民事法律适用问答》**(2004 年第 1 期)第 1 条:"诉讼标的为人身关系的案件,一方当事人在上诉期内死亡,双方均未提交上诉状,上诉期届满后,一审判决是否生效?应如何处理?第一种意见认为,应裁定终结诉讼。在裁定理由部分可写明原判决不生效。在判决作出较长时间后,法院才发现当事人在上诉期内死亡的,仍应作出终结诉讼裁定。第二种意见认为,应裁定终结诉讼,裁定主文内容应包括两方面内容:一是原判决未生效;二是终结诉讼。第三种意见认为,一审判决作出后,一审程序已告终结。一方当事人死亡,人身关系自然解除,应以一审判决未生效处理,不必另出裁定。第四种意见认为,如双方当事人都同意离婚或解除人身关系,依照当事人意志,原审判决应生效。我们倾向于第一种意见,即:一审判决的作出并不表明一审程序已经结束,一审诉讼程序应从立案开始至上诉期满为结束。如果上诉期内双方当事人均未提起上诉,则上诉期届满时一审判决生效,一审程序结束。如果上诉期内当事人提起上诉,则一审程序结束,进入二审程序。上诉期内一方当事人死亡,而在其死亡前双方均未提交上诉状的,则至发生当事人死亡情形时,案件尚处一审程序中,一审判决未生效。为防止当事人或他人对一审判决是否生效产生歧义,应依照《中华人民共和国民事诉讼法》(以下简称《民事诉讼法》)第一百三十七条第(三)项之规定,确认原判决不生效,裁定终结诉讼。即使在判决作出较长时间后,法院才发现当事人在上诉期内死亡的,仍应裁定终结诉讼。"第 7 条:"二审发现当事人在一审判决前已死亡或消亡的,如何处理?一种意见认为,二审发现当事人在一审判决作出前死亡的,应认为一审认定事实错误,撤销一审判决,发回重审。另一种意见认为,由于当事人的死亡,一审判决书未能送达,故一审判决未生效,应由一审法院继续审理。我们认为,一审中将死亡(或消亡)的主体作为诉讼当事人,进行了一系列的诉讼程序,包括判决书的送达,而未依法中止或终结诉讼,应认为一审认定事实错误,程序违法,应当撤销一审判决,发回重申。"

5. 损害赔偿。最高人民法院**《关于适用〈中华人民共和国民法典〉婚姻家庭编的解释(一)》**(2021 年 1 月 1 日　法释〔2020〕22 号)第 87 条:"承担民法典第一千零九十一条规定的损害赔偿责任的主体,为离婚诉讼当事人中无过错方的配偶。

人民法院判决不准离婚的案件,对于当事人基于民法典第一千零九十一条提出的损害赔偿请求,不予支持。在婚姻关系存续期间,当事人不起诉离婚而单独依据民法典第一千零九十一条提起损害赔偿请求的,人民法院不予受理。”第88条:“人民法院受理离婚案件时,应当将民法典第一千零九十一条等规定中当事人的有关权利义务,书面告知当事人。在适用民法典第一千零九十一条时,应当区分以下不同情况:(一)符合民法典第一千零九十一条规定的无过错方作为原告基于该条规定向人民法院提起损害赔偿请求的,必须在离婚诉讼的同时提出。(二)符合民法典第一千零九十一条规定的无过错方作为被告的离婚诉讼案件,如果被告不同意离婚也不基于该条规定提起损害赔偿请求的,可以就此单独提起诉讼。(三)无过错方作为被告的离婚诉讼案件,一审时被告未基于民法典第一千零九十一条规定提出损害赔偿请求,二审期间提出的,人民法院应当进行调解;调解不成的,告知当事人另行起诉。双方当事人同意由第二审人民法院一并审理的,第二审人民法院可以一并裁判。”第89条:“当事人在婚姻登记机关办理离婚登记手续后,以民法典第一千零九十一条规定为由向人民法院提出损害赔偿请求的,人民法院应当受理。但当事人在协议离婚时已经明确表示放弃该项请求的,人民法院不予支持。”第90条:“夫妻双方均有民法典第一千零九十一条规定的过错情形,一方或者双方向对方提出离婚损害赔偿请求的,人民法院不予支持。”最高人民法院吴晓芳法官**《关于婚姻家庭纠纷审理热点难点问答》**〔载《民事法律文件解读》2011年第11辑(总第83辑)〕第65条:“在审判实践中,离婚与离婚损害赔偿之诉一般有两种结合方式:一是无过错方提出离婚请求,并同时提出离婚损害赔偿请求;二是过错方提出离婚请求,而无过错方提出离婚损害赔偿请求。被告作为无过错方提出离婚损害赔偿请求是否构成反诉?答:我们认为,从反诉请求的独立性来看,反诉虽然以本诉的存在为前提,但反诉请求具有自身的独立性,原告的起诉日后无论是自愿撤回或是被驳回,对反诉的审理均不影响,法院仍应对反诉继续审理并作出裁判。显而易见,被告作为无过错方提出离婚损害赔偿的请求,必须是在解除双方婚姻关系的基础之上,即离婚损害赔偿请求与离婚请求紧密相连,如果法院判决不准离婚,被告的离婚损害赔偿请求则成了无源之水、无本之木。故被告的离婚损害赔偿请求没有相对的独立性,不能抵销和吞并原告请求解除婚姻关系的诉讼请求,不构成反诉。从诉的合并的角度来讲,原告在请求离婚的同时,提出要求分割夫妻共同财产、子女抚养问题等,被告同意原告的离婚请求,但向原告提出离婚损害赔偿的请求,法院可以将这些诉讼标的合并审理,一并加以解决。即把几个有内在联系的诉,合并于一个诉讼程序中进行审理,诉讼法上叫作诉的合并。诉的合并包括诉的主体的合并与诉的客体的合并,而离婚案件诉的合并属于诉的客体合并。诉的合并之目的在于简化诉讼程序,方便当事人诉讼。长期以来,我国审判实践中对离婚案件按照惯例一直实行诉的合并,除了考虑诉讼效率方面的因素外,更多的可能与我国婚姻家庭的实体法的立法体例有关。修订后的《婚姻法》仍然是以婚姻、家庭、财产为一体的立法例,在法院处理离婚案件中,一般也是一并审理财产分割、子女抚养的诉讼请求。2001 年《婚姻法》修订后,又增加了一项离婚损害赔偿请求,合并审理在一定程度上简化了诉讼程序,同时也可以消除当事人离婚后的后顾之忧。也就是说,当有过错一方的本诉是离婚时,无过错方作为被告提出的离婚损害赔偿请求,既不是对本诉项目的添加,也不是对本诉的反诉,而是一个新的诉。对于无过错方这个诉讼请求,由于其是在离婚的过程中提出的,故应当将其作为共同诉讼来处理。这既是查明案件事实之必须,也是节省诉讼成本之必要。这种诉的合并属于普通共同诉讼的范畴,人民法院可以合并审理。但前提条件必须是判决准予离婚,如果是判决不准离婚,则不应单独判处离婚损害赔偿,这也是主诉与附带之诉的关系。如同判决不准离婚,就不发生分割夫妻共同财产和子女抚养问题一样。离婚请求权是基于夫妻感情的破裂而主张夫妻关系的解除,而离婚损害赔偿请求权是基于侵权行为而主张受损权益的法律保护。也可以说,离婚请求权是主权利,离婚损害赔偿请求权是从权利。主权利不行使,从权利也就无法主张。《婚姻法司法解释(一)》对此规定得很明确:‘人民法院判决不准离婚的案件,对于当事人基于《婚姻法》第四十六条提出的损害赔偿请求,不予支持。在婚姻关系存续期间,当事人不起诉离婚而单独依据该条规定提起损害赔偿请求的,人民法院不予受理。’因此,在同一个离婚案件中,被告提出的离婚损害赔偿请求,可以和原告的诉讼请求合并审理。被告应当按照有关规定预交诉讼费,被告不预交的,对该请求不予审理。”第 66 条:“有权在离婚时提出离婚损害赔偿请求的主体必须是无过错一方吗?答:根据《婚姻法》及相关司法解释的规定,离婚损害赔偿的适用必须以解除婚姻关系前提,而且规定‘无过错方’才有权请求离婚损害赔偿,这里的‘无过错方’是指没有实施《婚姻法》第四十六条规定的重婚、有配偶者与他人同居、实施家庭暴力、虐待遗弃家庭成员而导致离婚的四种法定过错行为的夫妻一方。实践中对夫妻双方均涉及《婚姻法》第四十六条规定情形的,即夫妻双方在婚姻问题上都存在一定过错时,应如何理解、适用,容易引起歧义。例如,席某诉石某离婚一案,席某因与石某夫妻感情一般,独自外出打工,其间与他人同居并怀孕。石某得知后将席某接回关在家中,不准席某与家人联系,对席某拳打脚踢,席某被逼无奈跳楼摔伤。石某在离婚诉讼中要求席某就与他人同居并怀孕的事实支付损害赔偿金 5 万元。但石某本身的行为构成‘实施家庭暴力’的情形,其也属于有过错方,对石某提起的离婚损害赔偿请求能否支持?有观点认为,可以适用‘过错相抵’原则,根据过错程度进行赔偿。从上述案例可以看出,如果同一法条的两种情形在同一案件中出现,就有可能出现理解上的分歧及法律适用不统一的现象。有鉴于此,《婚姻法司法解释

(三)》明确规定:‘夫妻双方均有婚姻法第四十六条规定的过错情形,一方或者双方向对方提出离婚损害赔偿请求的,人民法院不予支持。’《婚姻法》第四十六条将离婚损害赔偿请求权的主体仅限于无过错配偶,是为了促使公民认真对待婚姻关系,预防侵害配偶合法权益行为的发生,也可避免为证明离婚配偶双方过错大小之举证困难。《婚姻法司法解释(三)》的规定完全是对《婚姻法》规定精神的再次强调,旨在廓清认识上的疑惑。只有无过错方才有权利、有资格提起离婚损害赔偿请求。如果双方都有过错,比如一方与他人婚外同居,而另一方在家里实施家庭暴力;一方在外‘包二奶’,另一方在外‘包二爷’、这种情形下谁也没有资格请求离婚损害赔偿。离婚损害赔偿与一般民事损害赔偿的构成要件不同,不存在区分过错大小、相互折抵的问题。如果配偶双方均故意实施了法定违法行为而导致离婚的,其违法行为性质相同,只是在数量上可能有‘五十步笑百步’之差。”最高人民法院民一庭**《民事审判实务问答(婚姻家庭继承纠纷一般问题)》**(2005 年4 月)第8 条:“离婚损害赔偿请求权是否可以与离婚诉讼一并处理?答:《最高人民法院关于适用〈中华人民共和国婚姻法〉的解释(一)》第三十条对当事人基于《中华人民共和国婚姻法》第四十六条提起损害赔偿请求应于何时提出的问题作出了规定,对无过错方起诉是否必须与离婚诉讼同时进行的具体操作性问题,规定了按无过错方在诉讼中所处的地位不同而区别对待:(一)符合婚姻法第四十六条规定的无过错方作为原告,基于该条规定向人民法院提起损害赔偿请求的,须在离婚诉讼的同时提出。(二)符合婚姻法第四十六条规定的无过错方作为被告的离婚诉讼案件,如果被告不同意离婚也不基于该条规定提起损害赔偿请求的,可以在离婚后一年内就此单独提起诉讼。(三)无过错方作为被告的离婚诉讼案件,一审时被告未基于婚姻法第四十六条规定提出损害赔偿请求,二审期间提出的,人民法院应当进行调解,调解不成的,告知当事人在离婚后一年内另行起诉。由此可见,离婚损害赔偿请求权可以与离婚诉讼一并处理。在审判实践中应当注意的问题是:有权提出损害赔偿请求的主体必须是无过错方,请求离婚损害赔偿的前提是双方具有合法的婚姻关系,如双方的婚姻被宣告为无效婚姻或双方仅仅是同居关系,则无权提出离婚损害赔偿的请求。”第10 条:“婚姻关系存续期间,夫妻一方不起诉离婚单独起诉向对方提出损害赔偿请求,法院应否支持?答:《中华人民共和国婚姻法》第四十六条规定了婚姻过错赔偿制度:‘有下列情形之一,导致离婚的,无过错方有权请求损害赔偿:(一)重婚的;(二)有配偶者与他人同居的;(三)实施家庭暴力的;(四)虐待遗弃家庭成员的’。根据该条款规定,在上述四种情形下导致离婚的,无过错方才有权请求损害赔偿。《最高人民法院关于适用〈中华人民共和国婚姻法〉的解释(一)》第二十九条规定:‘人民法院判决不准离婚的案件,对于当事人基于婚姻法第四十六条提出的损害赔偿请求,不予支持。在婚姻关系存续期间,当事人不起诉离婚而单独依据该条规定提起损害赔偿请求的,人民法院不予受理'。该规定对夫妻婚姻关系存续期间损害赔偿权进行了限制,夫妻一方有过错要求损害赔偿的前提是离婚损害赔偿,离婚损害赔偿有别于其他损害赔偿的特殊要件是离婚,不起诉离婚或虽起诉离婚但法院判决不准离婚的情况下,不能索赔,即使单独起诉提出了该请求,人民法院不应对该请求予以支持。"第17条:"离婚案件中,被告提出要求原告补偿其一定数额的精神损失费,是否属于反诉请求?是否应合并审理?答:《中华人民共和国婚姻法》第四十六条规定了无过错方在离婚诉讼案件中有请求损害赔偿的权利,《最高人民法院关于适用〈中华人民共和国婚姻法〉的解释(一)》第二十八条规定了第四十六条的损害赔偿包括物质损害赔偿和精神损害赔偿,涉及精神损害赔偿的,适用最高人民法院关于确定民事侵权精神损害赔偿责任若干问题的解释》的有关规定。按照《最高人民法院关于适用〈中华人民共和国婚姻法〉的解释(一)》第二十九条的规定,承担婚姻法第四十六条规定承担损害赔偿责任的主体是离婚诉讼当事人中无过错方的配偶,作为无过错方不管其作为原告或被告均有权提起损害赔偿的请求。如无过错方作为被告请求补偿精神损失费,该请求是基于离婚时无过错方受到损害而产生的精神损害的请求权,其目的不是为了抵消或吞并原告离婚的诉讼请求,与反诉请求有本质区别,不属于反诉请求,应作为离婚诉讼中的其中一项诉讼请求予以合并审理即可。"第20条:"当事人在民政部门协议离婚后,又以婚姻法第四十六条为依据请求离婚损害赔偿,人民法院应如何处理?答:离婚损害赔偿制度是有配偶的一方具有婚姻法第四十六条规定的事由而导致离婚的,有过错方在离婚时对无过错方所遭受的损失给予赔偿的制度。《最高人民法院关于适用〈中华人民共和国婚姻法〉若干问题的解释(二)》第二十七条对协议登记离婚后又提起损害赔偿诉请的作出了规定,包括:一、当事人在婚姻登记机关办理离婚登记手续后,仍有权利提出损害赔偿请求;二、当事人在协议离婚时明确表示放弃损害赔偿请求权的,人民法院不予支持;三、当事人应当在婚姻登记机关办理离婚登记手续后十年内提出损害赔偿,逾期则不予支持。一年的规定属于除斥期间,不适用诉讼时效中关于中止、中断的规定。"最高人民法院**《关于适用〈中华人民共和国婚姻法〉若干问题的解释(二)》**(2004年4月1日　法释〔2003〕19号,已于2021年1月1日起废止)第27条:"当事人在婚姻登记机关办理离婚登记手续后,以婚姻法第四十六条规定为由向人民法院提出损害赔偿请求的,人民法院应当受理。但当事人在协议离婚时已经明确表示放弃该项请求,或者在办理离婚登记手续一年后提出的,不予支持。"最高人民法院**《关于适用〈中华人民共和国婚姻法〉若干问题的解释(一)》**(2001年12月27日　法释〔2001〕30号,已于2021年1月1日起废止)第29条:"承担婚姻法第四十六条规定的损害赔偿责任的主体,为离婚诉讼当事人中无过错方的配偶。人民法院判决不准离婚的案件，对于当事人基于婚姻法第四十六条提出的损害赔偿请求，不予支持。在婚姻关系存续期间，当事人不起诉离婚而单独依据该条规定提起损害赔偿请求的，人民法院不予受理。”第 30 条：“人民法院受理离婚案件时，应当将婚姻法第四十六条等规定中当事人的有关权利义务，书面告知当事人。在适用婚姻法第四十六条时，应当区分以下不同情况：(一)符合婚姻法第四十六条规定的无过错方作为原告基于该条规定向人民法院提起损害赔偿请求的，必须在离婚诉讼的同时提出。(二)符合婚姻法第四十六条规定的无过错方作为被告的离婚诉讼案件，如果被告不同意离婚也不基于该条规定提起损害赔偿请求的，可以在离婚后一年内就此单独提起诉讼。(三)无过错方作为被告的离婚诉讼案件，一审时被告未基于婚姻法第四十六条规定提出损害赔偿请求，二审期间提出的，人民法院应当进行调解，调解不成的，告知当事人在离婚后一年内另行起诉。”江苏常州天宁区法院《**关于审理家事案件的若干规定**》(2015 年 1 月)第 45 条：“离婚案件的被告在答辩状中提出或在举证期限内提出离婚损害赔偿请求的，人民法院应当一并审理。”广东高院《**关于审理婚姻案件若干问题的指导意见**》(2001 年 11 月 9 日　粤高法发〔2001〕44 号，2021 年 1 月 1 日起废止)第 9 条：“当事人以《婚姻法》第四十六条规定，对与自己配偶重婚、同居的第三者提起民事诉讼或者以自己配偶和第三者为共同被告提起民事诉讼，要求第三者承担损害赔偿责任的，人民法院不予受理。”上海高院《**关于下发〈关于在民事审判中实施“中华人民共和国婚姻法”的暂行意见〉的通知**》(2001 年 6 月 7 日　沪高法〔2001〕263 号)第 8 条：“当事人以婚姻法第 46 条规定，起诉与自己配偶重婚、同居的第三者，请求赔偿的，人民法院不予受理。”

6. 宣告无效。《**民法典**》(2021 年 1 月 1 日)第 1054 条：“无效的或者被撤销的婚姻自始没有法律约束力，当事人不具有夫妻的权利和义务。同居期间所得的财产，由当事人协议处理；协议不成的，由人民法院根据照顾无过错方的原则判决。对重婚导致的无效婚姻的财产处理，不得侵害合法婚姻当事人的财产权益。当事人所生的子女，适用本法关于父母子女的规定。婚姻无效或者被撤销的，无过错方有权请求损害赔偿。”《**婚姻登记条例**》(2003 年 10 月 1 日)第 16 条：“婚姻登记机关收到人民法院宣告婚姻无效或者撤销婚姻的判决书副本后，应当将该判决书副本收入当事人的婚姻登记档案。”最高人民法院《**关于适用〈中华人民共和国民法典〉婚姻家庭编的解释(一)**》(2021 年 1 月 1 日　法释〔2020〕22 号)第 9 条：“有权依据民法典第一千零五十一条规定向人民法院就已办理结婚登记的婚姻请求确认婚姻无效的主体，包括婚姻当事人及利害关系人。其中，利害关系人包括：(一)以重婚为由的，为当事人的近亲属及基层组织；(二)以未到法定婚龄为由的，为未到法定婚龄者的近亲属；(三)以有禁止结婚的亲属关系为由的，为当事人的近亲属。”第 10 条：“当事人依据民法典第一千零五十一条规定向人民法院请求确认婚姻无效,法定的无效婚姻情形在提起诉讼时已经消失的,人民法院不予支持。”第11条:“人民法院受理请求确认婚姻无效案件后,原告申请撤诉的,不予准许。对婚姻效力的审理不适用调解,应当依法作出判决。涉及财产分割和子女抚养的,可以调解。调解达成协议的,另行制作调解书;未达成调解协议的,应当一并作出判决。”第12条:“人民法院受理离婚案件后,经审理确属无效婚姻的,应当将婚姻无效的情形告知当事人,并依法作出确认婚姻无效的判决。”第13条:“人民法院就同一婚姻关系分别受理了离婚和请求确认婚姻无效案件的,对于离婚案件的审理,应当待请求确认婚姻无效案件作出判决后进行。”第14条:“夫妻一方或者双方死亡后,生存一方或者利害关系人依据民法典第一千零五十一条的规定请求确认婚姻无效的,人民法院应当受理。”第15条:“利害关系人依据民法典第一千零五十一条的规定,请求人民法院确认婚姻无效的,利害关系人为原告,婚姻关系当事人双方为被告。夫妻一方死亡的,生存一方为被告。”第16条:“人民法院审理重婚导致的无效婚姻案件时,涉及财产处理的,应当准许合法婚姻当事人作为有独立请求权的第三人参加诉讼。”最高人民法院法官郑学林、刘敏、王丹**《〈关于适用民法典婚姻家庭编的解释(一)〉的若干重点问题的理解与适用》**(载《人民司法》2021年第13期):“……关于确认婚姻无效问题。婚姻法解释二第5条规定了夫妻一方或双方死亡后,生存一方或利害关系人的婚姻无效确认请求权。婚姻法回归民法体系后,从体系解释角度看,确认婚姻无效应当与确认民事法律行为无效的路径一致。一般认为,民事法律行为的效力是公权力对私法自治的评价,不受诉讼时效制度规制,因此,该条不应适用诉讼时效的规定。……对宣告婚姻无效案件的诉讼程序进行调整。原有婚姻法相关司法解释中涉及婚姻无效案件诉讼程序的条文共有5条……在制定婚姻法解释一和婚姻法解释二过程中,基于对婚姻无效案件为非诉案件,非诉案件比照特别程序审理的思路,对于申请宣告婚姻无效的程序用5个条文进行了设计。这次清理中,基于体系化解释和对审判实践理解的深入,我们认为,现有确认合同无效的案件均适用普通程序审理,确认婚姻无效的案件也应当与其他确认民事法律行为效力的案件在程序选择上作一体化处理。而且,审判实践中,婚姻效力问题如果是当事人双方的争议焦点,应当以充分辩论为前提,适用特别程序一审终审可能损害当事人的程序和实体利益。同时,根据民事诉讼法第一百七十七条的规定,适用特别程序审理的案件只包括选民资格案件、宣告失踪和宣告死亡案件、认定公民无民事行为能力或者限制民事行为能力案件、认定财产无主案件、确认调解协议案件和实现担保物权案件,没有适用其他案件的解释空间,确认婚姻无效案件适用一审终审的特别程序已不符合民事诉讼法的规定。故此次清理将宣告婚姻无效案件从一审终审的特别程序改为普通程序。相应地,由于程序设计的变化,将原有的5个条文整合成3个条文,即《解释(一)》的第11条、第12

条和第 13 条。之所以这样规定,出于以下几方面考虑:1. 将婚姻无效与财产分割、子女抚养一并处理。由于确认婚姻无效案件不再适用特别程序,故删除了婚姻法解释一第 9 条中'有关婚姻效力的判决一经作出,即发生法律效力'和'对财产分割和子女抚养问题的判决不服的,当事人可以上诉'的规定,确认婚姻无效和财产分割、子女抚养的诉讼请求可以一并处理,当事人不服的,均可以上诉,不再对财产分割和子女抚养问题判决可以上诉另行作出特别规定。但是,婚姻效力问题涉及国家对婚姻的评价,不允许当事人撤诉,也不适用调解,故在《解释(一)》第 11 条整合了婚姻法解释二第 2 条的规定,明确请求确认婚姻无效案件的基本原则。考虑到虽然财产分割和子女抚养问题可以与婚姻效力问题一并审理,而不需要适用不同程序,因此删去了婚姻法解释二第 4 条关于婚姻效力和其他纠纷处理分别制作裁判文书的规定。但因为婚姻效力的问题不适用调解,只能依法作出判决,而财产分割和子女抚养完全可以由当事人调解解决,故仍保留了原来的对财产分割和子女抚养达成调解协议后,需要另行制作调解书的内容。考虑到如果对财产分割和子女抚养不能达成调解协议的情况下,两项诉讼请求均适用普通程序审理,则可以一并作出判决,而且该判决均可以上诉,因此,增加规定:'未达成调解协议的,应当一并作出判决。'同时,由于改变了原来特别程序的制度设计,在文字表述上也将'申请宣告'改为'请求确认'。2. 离婚诉讼中涉及婚姻效力问题的,应当予以审理。对此,此次清理中保留了婚姻法解释二第 3 条的内容,即如果当事人提起离婚的诉讼请求,但经审理属于无效婚姻的,应当作出婚姻无效的判决。但在审理相关案件中要注意依法保障当事人的程序利益。如果一方起诉离婚,另一方主张婚姻无效的,应当根据《关于民事诉讼证据的若干规定》第 53 条规定,将婚姻的效力问题作为焦点问题进行审理,经过当事人充分辩论后依法认定。如果当事人因此变更诉讼请求的,人民法院应当准许,并可以根据案件的具体情况重新指定举证期限。3. 对同一婚姻关系分别受理离婚和请求确认婚姻无效的,着重考虑当事人的程序利益。为此,对婚姻法解释二第 7 条进行了修改。考虑到离婚案件的当事人只能是夫妻双方,而申请确认婚姻无效的当事人可能是婚姻关系当事人,也可能是利害关系人,合并审理存在一定的障碍,也不利于保护相关当事人合法权益,为稳妥起见,仍保持了原来的制度设计,即在审理离婚诉讼中,如果就同一婚姻关系,另行受理了请求确认婚姻无效的案件的,应当分别审理。由于离婚须以合法有效的婚姻关系为前提,故在此情况下,离婚案件审理属于民事诉讼法第一百五十条规定的必须以另一案的审理结果为依据,而另一案尚未审结的情形,离婚案件应当中止诉讼,待请求确认婚姻无效的案件判决生效后恢复诉讼。故本次清理中保留了婚姻法解释二第 7 条第 1 款的规定,即人民法院就同一婚姻关系分别受理了离婚和请求确认婚姻无效案件的,对于离婚案件的审理,应当待请求确认婚姻无效案件作出判决后进行。要特别注意的是,由于请求确认婚姻无效的案件不再实行一审终审,故须待该案件二审判决生效后,离婚案件才可以恢复诉讼。婚姻法解释二第7条第2款还规定,婚姻关系被宣告无效后,涉及财产分割和子女抚养的,应当继续审理。此规定是考虑到如果当事人在申请宣告婚姻无效的同时,请求处理无效婚姻引起的子女抚养和财产分割争议的,因宣告婚姻无效是一审终审,而在宣告婚姻无效后,财产分割和子女抚养仍可以按照普通程序继续审理,故而作出规定。但根据《解释(一)》第11条规定,婚姻无效和财产分割、子女抚养问题可以一并适用普通程序审理,因此,对于财产分割和子女抚养,不是继续审理的问题,而是一并审理,故删除了该款规定。如果宣告婚姻无效的案件中没有提出财产分割和子女抚养诉请而在离婚纠纷中提出相关诉请的,在对婚姻效力的案件作出判决后,在离婚纠纷一案中,对解除婚姻关系的诉讼请求应当予以驳回,对财产分割和子女抚养诉请也需要一并审理。4.对相关程序处理的考虑。基于婚姻无效案件适用特别程序的制度设计,婚姻法解释一第11条专门规定,人民法院审理婚姻当事人因受胁迫而请求撤销婚姻的案件,应当适用简易程序或者普通程序。上述规定即是为了区别婚姻无效案件适用特别程序而对撤销婚姻案件适用程序作出的规定。在婚姻无效案件已经统一改为普通程序审理的情况下,该条规定已无存在的意义,故删除此条规定。”最高人民法院民一庭**《民事审判实务问答(婚姻家庭继承纠纷一般问题)》**(2005年4月)第7条:“对宣告婚姻无效案件应适用什么具体程序?答:无效婚姻制度的规定是《中华人民共和国婚姻法》2001年修改时新增加的内容。请求宣告婚姻无效的案件属于非讼案件,鉴于案件的特殊性,人民法院在处理案件时,为及时加大对无效婚姻等违法婚姻的打击力度,可以适用民事诉讼法有关特别诉讼程序的规定予以裁决。为体现国家对违法婚姻案件的干预和对违法婚姻的制裁,《最高人民法院关于适用〈中华人民共和国婚姻法〉的解释(一)》第七条至第九条、《最高人民法院关于适用〈中华人民共和国婚姻法〉的解释(二)》第二条至第八条对宣告婚姻无效案件所适用的程序作出了以下相关规定:法院审理宣告婚姻无效案件,对涉及当事人财产利益和子女抚养等民事权益争议时,因此类民事权益是当事人私权领域的权利义务,人民法院应分别适用不同诉讼程序予以处理。即对宣告婚姻无效的案件适用特别程序,不适用调解,应当依法及时判决,实行一审终审,先行判决,判决一经作出即发生法律效力,当事人不得上诉。对当事人间的财产分割和子女抚养问题,应适用普通程序(或简易程序),实行二审终审。基于无效婚姻的性质、社会危害性等原因,对于无效婚姻案件不适用民事诉讼法关于撤诉的有关规定。人民法院发现就同一婚姻分别受理了请求宣告婚姻无效和请求离婚的不同案件时,应当先对无效婚姻案件进行审理,如果此婚姻关系被宣告无效后,人民法院只需就财产分割和子女抚养问题继续审理。婚姻关系当事人一方死亡后一年内,生存一方或利害关系人可申请宣告婚姻无效。”最高人民法院**《关于适用〈中华人民共和国婚姻法〉若干问题的解释(二)》**(2004年4月1日　法释〔2003〕19号,已于2021年1月1日起废止)第2条:“人民法院受理申请宣告婚姻无效案件后,经审查确属无效婚姻的,应当依法作出宣告婚姻无效的判决。原告申请撤诉的,不予准许。”第3条:“人民法院受理离婚案件后,经审查确属无效婚姻的,应当将婚姻无效的情形告知当事人,并依法作出宣告婚姻无效的判决。”第4条:“人民法院审理无效婚姻案件,涉及财产分割和子女抚养的,应当对婚姻效力的认定和其他纠纷的处理分别制作裁判文书。”第5条:“夫妻一方或者双方死亡后一年内,生存一方或者利害关系人依据婚姻法第十条的规定申请宣告婚姻无效的,人民法院应当受理。”第7条:“人民法院就同一婚姻关系分别受理了离婚和申请宣告婚姻无效案件的,对于离婚案件的审理,应当待申请宣告婚姻无效案件作出判决后进行。前款所指的婚姻关系被宣告无效后,涉及财产分割和子女抚养的,应当继续审理。”最高人民法院**《关于适用〈中华人民共和国婚姻法〉若干问题的解释(一)》**(2001年12月27日　法释〔2001〕30号,已于2021年1月1日起废止)第8条:“当事人依据婚姻法第十条规定向人民法院申请宣告婚姻无效的,申请时,法定的无效婚姻情形已经消失的,人民法院不予支持。”第9条:“人民法院审理宣告婚姻无效案件,对婚姻效力的审理不适用调解,应当依法作出判决;有关婚姻效力的判决一经作出,即发生法律效力。涉及财产分割和子女抚养的,可以调解。调解达成协议的,另行制作调解书。对财产分割和子女抚养问题的判决不服的,当事人可以上诉。”第13条:“婚姻法第十二条所规定的自始无效,是指无效或者可撤销婚姻在依法被宣告无效或被撤销时,才确定该婚姻自始不受法律保护。”第14条:“人民法院根据当事人的申请,依法宣告婚姻无效或者撤销婚姻的,应当收缴双方的结婚证书并将生效的判决书寄送当地婚姻登记管理机关。”民政部办公厅**《关于王某、张某某婚姻登记案的意见》**(2003年7月3日　民办函〔2003〕99号):“……婚姻法规定的四种婚姻无效情形中,没有越权管辖办理登记的情形,也没有明确婚姻登记机关可以宣告婚姻无效。新的婚姻登记条例出台前,婚姻登记机关无权以越权管辖办理登记为由宣告婚姻无效。王某提出要求撤销其与张某某的结婚登记并宣告婚姻无效,是在新的婚姻法颁布实施之后,依据婚姻法和最高人民法院《关于适用〈中华人民共和国婚姻法〉若干问题的解释(一)》的有关规定,建议提请人民法院按诉讼程序解决。”江苏高院**《家事纠纷案件审理指南(婚姻家庭部分)》**(2019年7月18日)第7条:“无效婚姻能否按撤诉处理?婚姻被宣告无效或者被撤销之前又与他人结婚的,是否构成重婚?以重婚为由申请宣告婚姻无效,如果申请时重婚情形已经消失的,应当如何处理?为体现国家强制力对无效婚姻的干预和制裁,无效婚姻经查证属实的,即使原告经传票传唤无正当理由拒不到庭或者中途退庭,也不能按撤诉处理,应当依法作出宣告婚姻无效的判决。依照《婚姻法解释一》第十三条的规定,无效或者可撤销婚姻只有在依法被宣告无效或者被撤销时才自始不受法律保护。因此,婚姻被宣告无效或者被撤销之前又与他人结婚的,构成重婚。以重婚为由申请宣告婚姻无效,申请时即使当事人已经办理了合法婚姻的离婚登记手续或者合法婚姻配偶一方已经死亡等导致重婚情形已经消失的,亦应予以支持。"北京高院民一庭**《关于审理婚姻纠纷案件若干疑难问题的参考意见》**(2016 年 8 月 4 日)第 1 条:"【婚姻无效的审理】人民法院受理离婚诉讼案件后,经审查确属无效婚姻的,应释明当事人变更诉讼请求。经释明当事人不申请宣告婚姻无效的,人民法院可驳回离婚的诉讼请求,依据《最高人民法院关于适用〈中华人民共和国婚姻法〉若干问题的解释(一)》(以下简称《婚姻法司法解释一》)第九条作出宣告婚姻无效的判决。离婚案件中被告方主张婚姻无效的,人民法院应在离婚案件中对婚姻无效主张一并审理。"上海高院**《全市法院继承及婚姻家庭纠纷审判适法统一研讨会综述》**(2016 年民一庭调研与参考〔2016〕3 号)第 2 条:"……婚姻效力认定问题《婚姻法》第十条第(一)项规定:'重婚的',婚姻关系无效。如果重婚的情形在当事人提起宣告婚姻无效时已经消失,是否还要宣告婚姻无效?一种观点认为,重婚是一种严重的违法行为,该行为应当自始不具有法律效力,因此,在结婚时存在重婚情形的,该婚姻即为无效婚姻;另一种观点认为,当事人重婚的情形在当事人提起宣告婚姻无效时已经消失,其宣告无效的基础已经不复存在,故应不予宣告婚姻无效。倾向意见认为,最高法院《关于适用〈中华人民共和国婚姻法〉若干问题的解释(一)》第八条规定,当事人依据婚姻法第十条规定向人民法院申请宣告婚姻无效的,申请时,法定的无效婚姻情形已经消失,人民法院不予支持,该条规定并未排除重婚情形,故如果重婚情形在当事人提起宣告婚姻无效时已经消失,法院对该申请不予支持。"江苏常州天宁区法院**《关于审理家事案件的若干规定》**(2015 年 1 月)第 19 条:"当事人以离婚为由提起诉讼,人民法院经审查认为双方的关系属于无效婚姻、可撤销婚姻的,人民法院应当行使释明职责并主动依职权进行调查取证。"第 20 条:"一方当事人有证据证明对方持有能够证明婚姻无效或者可撤销的证据的,对方当事人在人民法院指定的期间内拒不提供该证据或者故意毁灭证据的,人民法院应当结合其他证据综合认定有关事实。"广东深圳中院**《关于婚姻家庭纠纷案件的裁判指引(2014 修订)》**(2014 年 5 月 21 日)第 3 条:"请求宣告婚姻无效仅限于已办理结婚登记的婚姻,当事人就事实婚姻申请宣告无效的,人民法院不予受理,告知其按离婚程序处理。说明:第三条是对无效婚姻适用范围的裁判指引。无效婚姻是指男女双方虽已登记结婚,但由于违反结婚的法定条件,而不发生婚姻效力,应被宣告为无效的婚姻。无效婚姻案件不适用调解,且采取一审终审制审理。事实婚姻则应进行调解,调解和好或撤诉的,确认婚姻关系有效,调解不能和好的，应调解或判决准予离婚。”第4条：“人民法院受理申请宣告婚姻无效案件后，经审查确属无效婚姻的，不适用按自动撤诉处理的规定。人民法院在审理无效婚姻案件时发现法定的婚姻无效情形已经消失，婚姻关系则转为有效，人民法院告知当事人后，当事人申请撤诉的，可以准许。说明：第四条是对无效婚姻案件中当事人申请撤诉或拒不到庭如何处理的裁判指引。《婚姻法解释（二）》第2条规定了无效婚姻案件不准许撤诉的规定，但原告撤诉不成时可能拒不到庭，在此情况下同样也不应按撤诉处理。第二款根据《婚姻法解释（一）》第8条的规定，申请宣告婚姻无效时，法定的婚姻无效情形已消失的，人民法院对该申请不予支持。因此此时当事人申请撤诉不受无效婚姻相关条文的限制，如登记时未达定婚龄，申请无效时已经达到法定婚龄的情形。”安徽淮南中院**《关于审理离婚纠纷案件若干问题的指导意见》**（2014年3月13日）第7条：“受理离婚案件后，经审查确属无效婚姻的，法官应当行使释明权，将婚姻无效的情形告知当事人，改变案由为婚姻无效纠纷，判决婚姻关系无效。受理离婚案件后，发现有婚姻关系的当事人或者利害关系人就同一婚姻关系向本院或其他法院申请宣告婚姻无效，应中止离婚案件的审理，待申请宣告婚姻无效案件作出判决后进行；受理申请宣告婚姻无效的案件，在审理中，发现有婚姻关系当事人或者利害关系人就同一婚姻关系向本院或其他法院已提起离婚诉讼，应主动告知本院相关审判庭或受诉法院。”安徽滁州中院**《关于审理婚姻家庭纠纷案件座谈会纪要》**（2013年8月2日）第10条：“受理申请宣告婚姻无效案件后，经审查确属无效婚姻的，不适用按自动撤诉处理的规定。审理无效婚姻案件时，发现法定的婚姻无效情形已经消失，婚姻关系则转为有效，当事人申请撤诉的，可以准许。”第11条：“受理离婚案件后，经审查确属无效婚姻的，应当将婚姻无效的情形向当事人释明。当事人变更诉讼请求为申请宣告婚姻关系无效的，应变更案由，对婚姻效力的认定和其他纠纷的处理分别制作裁判文书。”江苏高院**《婚姻家庭案件审理指南（2010年）》**（2010年5月18日）第4章：“无效婚姻与可撤销婚姻纠纷。一、无效婚姻。无效婚姻是指虽经婚姻登记部门登记结婚，但婚姻当事人欠缺结婚实质要件，故不具备法律效力的一种违法婚姻。（一）无效婚姻的法定情形。《婚姻法》第十条规定了婚姻无效的四种情形：1. 重婚的。对重婚问题的认定，应坚持前婚有效、后婚无效原则。所谓重婚，是指有配偶的人又与他人登记结婚的违法行为，或者明知他人有配偶而与他人登记结婚的违法行为。虽未登记结婚，但有配偶的人与他人以夫妻名义同居生活的，或者明知他人有配偶而与之以夫妻名义同居生活的，也构成重婚。2. 有禁止结婚的亲属关系的。根据《婚姻法》第七条第（一）项规定，直系血亲和三代以内的旁系血亲禁止结婚。3. 婚前患有医学上认为不应当结婚的疾病，婚后尚未治愈的。至于哪些是医学上认为不应当结婚的疾病，法律虽未明定，但实务中可向专业医疗机构咨询。4. 未达法定婚龄的。即违反了《婚姻法》第六条‘结婚年龄,男不得早于二十二周岁,女不得早于二十周岁’的规定,当然民族自治地方例外。(二)无效婚姻的阻却事由。虽然符合无效婚姻的事由,但如果当事人申请确认婚姻无效时,无效事由已经消失的,人民法院可不予判决婚姻无效。比如虽婚前患有医学上认为不应当结婚的疾病,但在起诉时已经治愈的;虽登记结婚时不达法定婚龄,但起诉时已达婚龄的。因此,无效婚姻的认定存在阻却事由的问题,人民法院在审查时应予关注。如果人民法院认定当事人申请宣告婚姻无效的请求并不成立,而当事人坚持要求解除人身关系的,人民法院可建议当事人按离婚诉讼处理。(三)申请宣告婚姻无效的主体范围。申请宣告婚姻无效的主体包括婚姻当事人及利害关系人。针对不同的无效婚姻事由,法律上规定了不同的利害关系人范围。具体是:1. 以重婚为由申请宣告婚姻无效的,为当事人的近亲属及基层组织。2. 以未到法定婚龄为由申请宣告婚姻无效的,为未达法定婚龄者的近亲属。3. 以有禁止结婚的亲属关系为由申请宣告婚姻无效的,为当事人的近亲属。4. 以婚前患有医学上认为不应当结婚的疾病,婚后尚未治愈为由申请宣告婚姻无效的,为与患病者共同生活的近亲属。(四)申请宣告婚姻无效案件的审理程序。申请宣告婚姻无效的案件属于非讼案件,人民法院应比照适用《中华人民共和国民事诉讼法》(以下简称《民事诉讼法》)关于特别程序的规定进行审理。1. 申请宣告婚姻无效的案件实行一审终审制,当事人提出上诉或申诉,人民法院均不予受理。2. 申请宣告婚姻无效的案件不适用调解,应当依法作出判决,判决是该类案件的唯一裁判方式。3. 申请宣告婚姻无效的案件不适用撤诉的规定,也不适用按自动撤诉处理的规定。4. 对于因婚姻无效而产生的民事权益争议分别适用不同的诉讼程序予以处理。在审理申请宣告婚姻无效案件中,涉及财产分割和子女抚养的,应当对婚姻效力的认定和其他纠纷的处理分别制作裁判文书。涉及财产分割和子女抚养的,可以调解,其判决也可以上诉。5. 利害关系人申请宣告婚姻无效的,只能就婚姻效力提出请求,而无权要求处理当事人的财产分割和子女抚养问题。6. 当事人以离婚为由提起诉讼,人民法院经审查认为双方的关系属于无效婚姻的,人民法院应行使释明职责,将婚姻无效的情形告知当事人,当事人变更诉讼请求申请宣告婚姻无效的,应依法作出判决,当事人坚持原离婚诉讼请求的,应依职权改变案由,直接判决驳回诉讼请求,宣告婚姻无效。7. 在当事人提起的宣告婚姻无效请求不被支持,人民法院认为该婚姻有效后,并不能基于当事人的请求直接处理财产分割和子女抚养问题,对于符合起诉离婚条件的,应当告知当事人另行起诉。当事人坚持其关于处理财产分割与子女抚养的请求的,应当驳回诉讼请求。8. 就同一婚姻关系分别受理了离婚和申请宣告婚姻无效案件的,对于离婚案件的审理,应当待申请宣告婚姻无效案件作出判决后进行。婚姻关系被宣告无效后,涉及财产分割和子女抚养的,应当继续审理。

司法实践中，应注意以下两种情形：(1)请求人民法院宣告婚姻无效的申请由婚姻当事人一方提出，当事人可能会同时提出请求人民法院处理同居期间财产分割和子女抚养问题，此种情形下，人民法院应当针对当事人的诉讼请求作出裁决。(2)请求人民法院宣告婚姻无效的申请是由利害关系人提出，而婚姻当事人只提起离婚诉讼，此种情形下，受理无效婚姻宣告申请的人民法院在宣告当事人婚姻无效的同时，不能在缺少当事人诉请的情况下，主动处理财产分割和子女抚养问题，应释明婚姻当事人可以请求人民法院就财产分割和子女抚养问题作出裁决或告知婚姻当事人向受理离婚诉讼的人民法院请求继续审理财产分割和子女抚养问题。”浙江温州中院民四庭**《关于贯彻执行〈婚姻法〉的指导意见》**(2009年5月1日)第10条：“宣告婚姻无效案件的判决，一经作出，即发生法律效力，当事人不得申请再审。当事人如有异议，或认为婚姻应属有效的，可重新申请结婚登记。”第11条：“对于判决宣告婚姻无效及对子女、财产分别处理的，应当分别制作法律文书，其编号可采用如‘×民初字第×-1号’和‘×民初字第×-2号’等形式。在宣告婚姻无效案件的判决主文后，应加上‘本判决送达双方当事人后即发生法律效力。’以便于当事人理解‘有关婚姻效力的判决一经作出，即发生法律效力’的司法解释的规定，即当事人不能提起上诉。而对于涉及子女、财产的‘×民初字第×-2号’法律文书，应告知当事人上诉权，上诉期限及上诉法院等事宜。”江西高院**《关于审理婚姻家庭纠纷案件适用法律若干问题的解答》**(2008年10月10日)第1条：“女方怀孕期间，分娩后一年内或终止妊娠后6个月内，可否申请宣告婚姻无效？无效婚姻属于不受法律保护的社会关系，当事人一经申请，法院应当依法作出判决，且不准原告撤诉。故当事人在女方怀孕期间、分娩后一年内或终止妊娠6个月内申请宣告婚姻无效的，法院亦应当受理，但在审理这类案件时应当保护妇女、儿童的合法权益。”第2条：“无效婚姻诉讼中，哪些情况可准许申请人撤诉？民事诉讼法关于启动撤诉处理的规定能否适用？《婚姻法解释二》第二条规定在婚姻无效的情况下，当事人申请撤诉的，法院不予准许。但若在审理中发现原有导致婚姻无效的事由已消除、则婚姻转为有效，法院可向当人释明，当事人在申请撤诉的，可以准予。在审理婚姻无效案件中，出现符合民事诉讼法规定的按自动撤诉处理情形时，法院应当主动审查婚姻是否无效，若婚姻无效则不能按自动撤诉处理，而应宣告婚姻无效，若婚姻有效则可以按自动撤诉处理。”第3条：“当事人诉请离婚，法院审理后发现婚姻无效，如何处理？根据《婚姻法解释二》第三条的规定，法院应当告之婚姻关系无效的事实，无论当事人是否变更离婚诉请为申请宣告婚姻无效，法院均应变更案由并分别制作婚姻无效判决书和财产分割、子女抚养的判决书或调解书。当事人的诉讼地位在婚姻无效判决书中仍可表述为原、被告。”第4条：“法院就同一事实，既受理了婚姻无效案件，又受理了离婚案件，法院已判决婚姻无效后，另一已受理的离婚案件如何处理?对于同一事实已经法院生效判决认定为婚姻无效后,对于另一离婚案件,法院可依职权直接变更其案由为婚姻无效。在婚姻无效的案件中,法院已对财产分割和子女抚养作出处理的,对另一'离婚'案件,法院可直接裁定驳回起诉;若婚姻无效案件未对财产分割和子女抚养作出处理的,法院对'离婚'案件除裁定驳回起诉外,还应就婚姻无效后的财产分割和子女抚养作出处理。"重庆高院**《关于当前民事审判若干法律问题的指导意见》**(2007年11月22日)第24条:"审理无效婚姻案件的程序问题。申请宣告婚姻无效的案件不同于一般的民事权益争议案件,不能适用普通审判程序进行审理,应将其作为非诉案件来处理,比照适用《民事诉讼法》关于特别程序的规定进行审理,不得调解,实行一审终审,当事人不得上诉。因无效婚姻引起的子女抚养和财产分割问题,应适用简易程序或普通程序审理。"山东济南中院**《关于当前民商事审判若干法律适用问题的解答(五)》**(2007年11月9日　济中法发〔2007〕14号)第4条:"关于宣告婚姻无效适用的程序:是否应开庭审理;如当事人对宣告婚姻无效的判决不服有无救济途径等问题。我们认为,宣告婚姻无效的程序应为特别程序。理由如下:《最高人民法院关于适用〈中华人民共和国婚姻法〉若干问题的解释(二)》第六条第一款规定:'利害关系人依据婚姻法第十条规定,申请人民法院宣告婚姻无效的,利害关系人为申请人,婚姻关系当事人双方为被申请人……'从该条对申请宣告无效婚姻的当事人地位的表述上可知,宣告婚姻无效应适用特别程序。虽然无法直接参照《中华人民共和国民事诉讼法》规定的四种特别程序中的任何一种,但它们具有共性:在裁判方式上不得调解、在裁判效力上一审终审。关于宣告婚姻无效中是否开庭审理,应视个案情况而定。如双方当事人对婚姻无效的情形无争议的,可以不开庭审理;否则,为查清事实,应以开庭审理为宜。关于当事人对宣告婚姻无效的生效判决不服,有无救济途径的问题,结论是否定的。理由如下:最高人民法院关于适用《中华人民共和国婚姻法》若干问题的解释(一)第九条第一款规定:'人民法院审理宣告婚姻无效案件,对婚姻效力的审理不适用调解,应当依法作出判决;有关婚姻效力的判决一经作出,即发生法律效力。'《中华人民共和国民事诉讼法》第一百八十一条规定:'当事人对已经发生法律效力的解除婚姻关系的生效判决,不得申请再审。'据此可知,宣告婚姻无效的案件系一审终审,且参照"解除婚姻关系的判决不得申请再审'之规定,宣告婚姻无效的判决也不得申请再审。故对宣告婚姻无效的判决不服,无救济途径。"广东高院**《关于审理婚姻纠纷案件若干问题的指导意见》**(2006年11月14日　粤高法发〔2006〕39号,2021年1月1日起废止)第2条:"人民法院受理离婚诉讼案件后,经审查确属无效婚姻的,应当告知当事人可以变更诉讼请求。当事人不申请宣告婚姻无效的,人民法院可依职权作出宣告婚姻无效的判决。"江苏高院**《关于当前民事审判中需要明确的若干具体问题(婚姻家庭**

部分）》（2006 年 4 月 26 日）第 1 条："无效婚姻的认定。婚姻法第十条确立了无效婚姻制度，对无效婚姻的认定应严格按照法定的情形予以确定。对因违反禁止结婚的疾病导致婚姻无效的情形，应征求医学专家的意见后作出认定。对当事人虽以离婚诉至法院，但经过审理，发现当事人婚姻确属无效的，法院应依职权作出认定，不受当事人起诉案由的限制。"山东高院**《关于印发〈全省民事审判工作座谈会纪要〉的通知》**（2005 年 11 月 23 日　鲁高法〔2005〕201 号）第 4 条："……（六）关于审理无效婚姻案件的程序问题。我国婚姻法没有规定无效婚姻的处理程序，最高人民法院关于婚姻法的司法解释（一）明确了婚姻当事人及其利害关系人可以向人民法院申请宣告婚姻无效，这是人民法院受理此类案件的直接依据。申请宣告婚姻无效的案件不同于一般的民事权益争议案件，不能适用普通审判程序进行审理，应将其作为非讼案件来处理，比照适用《民事诉讼法》关于特别程序的规定进行审理。适用特别程序审理的确认无效婚姻案件，不得调解，实行一审终审，当事人不得上诉，但因无效婚姻引起的子女扶养和财产分割问题应适用普通程序审理。"上海高院**《婚姻家庭纠纷办案要件指南（一）》**（2005 年 3 月 4 日　沪高发民一〔2005〕2 号）第 7 条："申请宣告婚姻无效的当事人，应当举证证明：（一）现存婚姻具有应当被确认为无效的理由和事实存在；（二）申请人是婚姻当事人或利害关系人；（三）申请是在法定时限内提出的。〔说明〕婚姻法明确规定了两类婚姻无效的法定情形：一是违反婚姻的实质要件的，包括重婚、有禁止结婚的亲属关系、婚前患有医学上认为不应当结婚的疾病婚后尚未治愈以及未达到法定婚龄等情形；二是违反结婚程序要件的无效婚姻。根据婚姻法及其司法解释的规定，申请确认婚姻无效的当事人，即在以重婚为由申请宣告婚姻无效的情况下，是当事人及其近亲属和基层组织；在以重婚以外的其他理由申请宣告婚姻无效的情况下，只能是当事人及其近亲属。人民法院根据当事人的申请，依法宣告婚姻无效后，应当收缴当事人的结婚证书，并将已生效的判决书寄送当地婚姻登记机关。宣告婚姻无效的申请，即可以在婚姻双方当事人生存期间，也可以在一方当事人死亡后一年内提出，此处的一年为除斥期间，婚姻登记机关和法院可以确认宣告。但是，向人民法院申请宣告无效的，申请时法定的无效婚姻情形已经消失的，人民法院不予支持。如结婚时未达到法定婚龄，申请宣告无效时已经达到法定婚龄的，不得以此为由申请宣告婚姻无效。"上海高院**《民事法律适用问答》**（2005 年第 3 期）第 3 条："夫妻一方婚前患有精神病，但婚后依靠药物维持，仍然可以保持正常精神状态。现患精神疾病一方的母亲主张宣告婚姻无效，可否支持？答：不可以。因为婚姻法规定婚姻无效情形是指婚前患有医学上认为不应当结婚、婚后尚未治愈的情况。最高人民法院的司法解释还规定，对于申请宣告婚姻无效时，法定的婚姻无效情形已经不存在的，可以认定婚姻有效。依靠药物治疗就可以维持正常状态的，说明导致婚姻无效的原因已经不再存在,所以不能宣告其无效。”上海高院《〈**关于适用最高人民法院婚姻法司法解释(二)若干问题〉的解答一**》(2004 年 9 月 7 日　沪高法民一〔2004〕25 号)第 8 条:“无效婚姻诉讼中,哪些情况可准许申请人撤诉?民诉法关于按自动撤诉处理的规定,人民法院能否适用?答:根据司法解释(二)第二条的规定,在婚姻关系无效的情况下,当事人申请撤诉的,人民法院不予准许,但若在审理中发现根据最高院司法解释(一)第八条规定原有导致婚姻无效事由已消除,则婚姻关系转为有效,此时,人民法院可向当事人示明。当事人申请撤诉的,可以准许。对于婚姻无效案件审理中,出现符合民诉法规定的按自动撤诉处理情形时,人民法院应当主动查明婚姻关系是否无效。若无效则不能按自动撤诉处理而应宣告婚姻关系无效,若有效则可以按自动撤诉处理。”第 9 条:“当事人诉请离婚,人民法院审理后发现婚姻关系无效,如何处理?答:根据司法解释(二)第三条规定,人民法院应向当事人告之婚姻关系无效之事实,当事人变更离婚诉请为申请宣告婚姻关系无效的,人民法院可变更案由,并分别制作婚姻无效判决书和财产分割、子女抚养的判决/调解书,当事人的地位在婚姻无效判决中仍可表述为原、被告。对当事人仍坚持诉请离婚的,人民法院可依职权变更案由,并分别制作婚姻无效判决书和涉及财产分割、子女抚养的判决书或调解书。关于婚姻无效的判决书主文应表述为:‘1. 驳回离婚诉请;2. 婚姻关系无效’,当事人地位可仍为原、被告。”第 10 条:“同一法院或不同法院就同一事实即受理无效婚姻案件又受理了离婚案件,判决婚姻关系无效后,另一已受理的案件,如何处理?答:离婚案件以夫妻双方形成合法婚姻关系为前提,在该婚姻关系已为生效判决认定无效的情况下,对另一离婚诉由的案件,人民法院可依职权直接变更其案由,为无效婚姻。同时,由于该所谓离婚案件实际需要处理的是婚姻关系无效后的财产分割和子女抚养纠纷。若婚姻无效案件当事人的申请中已包括了处理财产分割和子女抚养的,人民法院可直接对离婚案件作出驳回离婚诉请的判决,当事人之间的财产分割和子女抚养纠纷则在婚姻无效案件中处理;若婚姻无效案件当事人的申请中不包括财产分割和子女抚养的,人民法院对离婚案件除判决驳回离婚诉请外,还应就婚姻关系无效后的财产分割和子女抚养进行处理。”上海高院《**民事法律适用问答**》(2002 年第 2 期)第 7 条:“当事人起诉要求离婚,经审理查明该婚姻实际上属于无效婚姻的,法院能否主动宣告该婚姻无效?在宣告婚姻无效时,法院对财产、子女抚养等问题也一并作出判决的,如何在判决书中表述?答:当事人起诉的请求虽然是离婚,但法院查明的事实是该婚姻应为无效婚姻的,法院应宣告该婚姻无效,并对子女抚养、财产分割一并作出处理。在此情形下,人民法院可以仅制作一份判决书,写明该判决中宣告婚姻无效部分不得上诉,其余部分可以上诉。”广东高院《**关于审理婚姻案件若干问题的指导意见**》(2001 年 11 月 9 日　粤高法发〔2001〕44 号,2021 年 1 月 1 日起废止)第1条:“无效婚姻当事人或利害关系人向人民法院申请宣告婚姻无效的,人民法院应当受理。前款所称的‘婚姻’是指登记婚姻;前款所称的‘利害关系人’是指无效婚姻当事人的配偶、父母、子女、兄弟姐妹、祖父母、外祖父母、孙子女、外孙子女,以及未成年的无效婚姻当事人的其他监护人。”第2条:“人民法院在审理请求宣告婚姻无效的案件时,申请人为无效婚姻当事人的,可以根据其诉讼请求对同居期间的财产、子女等问题作出判决;申请人为利害关系人的,对无效婚姻当事人同居期间的财产、子女等问题,不予处理,告知其由无效婚姻当事人另行起诉解决。”第4条:“当事人向人民法院提起离婚诉讼,经审查具有《婚姻法》第十条规定的无效婚姻情形的,人民法院可以直接宣告婚姻无效,并依照《婚姻法》第十二条的规定,对同居期间的财产、子女等问题作出处理。”第14条:“人民法院在审理申请宣告婚姻无效的案件时,对《婚姻法》第十条规定的婚姻无效的情形,如在起诉前已经消除的,应驳回当事人的诉讼请求。”上海高院《**关于下发〈关于在民事审判中实施“中华人民共和国婚姻法”的暂行意见〉的通知**》(2001年6月7日　沪高法〔2001〕263号)第1条:“当事人以及利害关系人向人民法院请求确认婚姻无效,或受胁迫当事人向人民法院请求撤销婚姻的,人民法院应当予以受理。前款所称‘利害关系人’,是指与他人重婚的当事人的合法配偶;有禁止结婚的亲属关系而结婚的当事人的父母;患有医学上认为不应当结婚的疾病而结婚的当事人的父母;未到法定婚龄而结婚的当事人的父母。未成年当事人的父母已经死亡或没有行为能力的,也可由其他监护人作为利害关系人。”第10条:“当事人向人民法院提起离婚诉讼,经审查存在婚姻法第10条规定的婚姻无效情形的,人民法院可直接宣布该婚姻无效,并按婚姻法第12条的规定,对子女抚养、财产等问题作出处理。”

7. 财产保全。《**民事诉讼法(2017修正)**》(2017年7月1日)第100条:“人民法院对于可能因当事人一方的行为或者其他原因,使判决难以执行或者造成当事人其他损害的案件,根据对方当事人的申请,可以裁定对其财产进行保全、责令其作出一定行为或者禁止其作出一定行为;当事人没有提出申请的,人民法院在必要时也可以裁定采取保全措施。人民法院采取保全措施,可以责令申请人提供担保,申请人不提供担保的,裁定驳回申请。人民法院接受申请后,对情况紧急的,必须在四十八小时内作出裁定;裁定采取保全措施的,应当立即开始执行。”第101条:“利害关系人因情况紧急,不立即申请保全将会使其合法权益受到难以弥补的损害的,可以在提起诉讼或者申请仲裁前向被保全财产所在地、被申请人住所地或者对案件有管辖权的人民法院申请采取保全措施。申请人应当提供担保,不提供担保的,裁定驳回申请。人民法院接受申请后,必须在四十八小时内作出裁定;裁定采取保全措施的,应当立即开始执行。申请人在人民法院采取保全措施后三十日内不依法提起诉讼或者申请仲裁的,人民法院应当解除保全。”最高人民法院《**关于民**

事执行中变更、追加当事人若干问题的规定(2020 年修正)》(2021 年 1 月 1 日 法释〔2020〕21 号)第 9 条:"当事人在诉讼中申请财产保全,有下列情形之一的,人民法院可以不要求提供担保:(一)追索赡养费、扶养费、抚育费、抚恤金、医疗费用、劳动报酬、工伤赔偿、交通事故人身损害赔偿的;(二)婚姻家庭纠纷案件中遭遇家庭暴力且经济困难的;(三)人民检察院提起的公益诉讼涉及损害赔偿的;(四)因见义勇为遭受侵害请求损害赔偿的;(五)案件事实清楚、权利义务关系明确,发生保全错误可能性较小的;(六)申请保全人为商业银行、保险公司等由金融监管部门批准设立的具有独立偿付债务能力的金融机构及其分支机构的。法律文书生效后,进入执行程序前,债权人申请财产保全的,人民法院可以不要求提供担保。"最高人民法院民一庭《**民事审判实务问答(夫妻共同财产问题)**》(2005 年 4 月)第 1 条:"离婚诉讼的当事人申请保全夫妻共有财产,是否应提供担保? 答:财产保全制度是民事诉讼的重要制度之一,对于保证人民法院生效裁判的顺利执行具有重要作用。为防止离婚时一方当事人隐藏、转移、变卖、毁损夫妻共同财产,当事人可以向人民法院申请采取财产保全措施。《中华人民共和国民事诉讼法》规定,财产保全分为诉前财产保全和诉讼财产保全,人民法院认为有必要时,可以责令申请人提供担保;诉前财产保全,申请人必须提供担保,提供担保的价值应相当于请求保全的数额。提供担保的目的是为申请不当而给被申请人造成损失时提供保证。财产保全主要适用于给付之诉。离婚诉讼是解除夫妻关系的变更之诉,如果同时兼有分割夫妻共有财产的给付内容,可以适用财产保全措施《最高人民法院关于适用〈中华人民共和国婚姻法〉的解释(二)》第二十八条对离婚案件中涉及财产保全措施作出规定:'夫妻一方申请对配偶的个人财产或者夫妻共同财产采取保全措施的,人民法院可以在采取保全措施可能造成损失的范围内,根据实际情况,确定合理的财产担保数额'。该条主要包含两层含义:一是审理离婚案件时,当事人申请财产保全措施提供担保的数额可适当降低;二是在采取保全措施可能造成损失的范围内确定合理的财产担保数额。可见,应否提供担保及担保的数额应视是否诉讼保全或诉前保全及具体案情而确定。"最高人民法院《**关于适用〈中华人民共和国婚姻法〉若干问题的解释(二)**》(2004 年 4 月 1 日　法释〔2003〕19 号,已于 2021 年 1 月 1 日起废止)第 28 条:"夫妻一方申请对配偶的个人财产或者夫妻共同财产采取保全措施的,人民法院可以在采取保全措施可能造成损失的范围内,根据实际情况,确定合理的财产担保数额。"广东高院《**广东法院审理离婚案件程序指引**》(2018 年 7 月 16 日)第 11 条:"【财产保全】人民法院对厂房、机器设备等生产经营性财产进行保全,如果被保全人继续使用对该财产的价值无重大影响的,应当依照《最高人民法院关于适用〈中华人民共和国民事诉讼法〉的解释》第一百五十四条第一款和《最高人民法院关于人民法院办理财产保全案件若干问题的规定》第十三条第二款的规定,指定由被保全人保管并允许其继续使用。人民法院对当事人及其所扶养家属的生活必需品,不予保全。双方当事人对同一标的均申请财产保全的,人民法院对时间在后的申请不予接受。当事人在诉讼中撤回保全申请的,人民法院在作出解除保全裁定前,应当通知对方当事人。夫妻一方在提起诉讼前申请财产保全,人民法院责令其提供的担保数额一般不超过请求保全数额的百分之三十。当事人在诉讼中申请财产保全,有下列情形之一的,人民法院可以不要求提供担保:(一)遭遇家庭暴力且经济困难的;(二)无民事行为能力且经济困难的;(三)申请保全的财产系争议标的,发生保全错误的可能性较小的。当事人在诉讼中申请财产保全,如果经济较为困难的,人民法院要求提供的担保数额一般不超过请求保全数额的百分之十;申请保全的财产系争议标的的,担保数额一般不超过争议标的价值的百分之十。”河北衡水中院**《关于审理涉及家庭暴力婚姻案件指导意见(试行)》**(2016年1月20日)第8条:“财产保全。对于可能因施暴方的行为或者其他原因,使判决不能执行或者难以执行的案件,可以根据受害妇女的申请,作出财产保全的裁定;受害妇女没有提出申请的,人民法院在必要时也可以裁定采取财产保全措施。受害妇女因情况紧急,不立即申请财产保全将会使其合法权益受到难以弥补的损害的,可以在起诉前向人民法院申请采取财产保全措施。申请人应当提供担保,不提供担保的,驳回申请。”山东高院**《关于保全担保若干问题的规定(试行)》**(2015年2月15日　鲁高法〔2015〕6号)第14条:“符合下列情形之一,根据当事人申请,人民法院经审查予以酌情减少或免除其担保义务:……(三)夫妻一方申请对配偶的个人财产或者夫妻共同财产采取保全措施的,人民法院可以在采取保全措施可能造成损失的范围内,根据实际情况,确定保理的财产担保数额。”广东深圳中院**《关于婚姻家庭纠纷案件的裁判指引(2014修订)》**(2014年5月21日)第9条:“夫妻一方在离婚诉讼中申请对股东仅有夫妻两人的有限责任公司的财产采取财产保全措施的,人民法院不予支持。夫妻一方在离婚诉讼中申请对股东仅有夫妻两人的有限责任公司的财务账册等资料采取证据保全措施,经审查符合《民事诉讼法》第七十四条规定的,人民法院可以准许,但应尽量避免影响该公司的正常经营。说明:第九条是对离婚案件中的夫妻公司的诉讼保全和证据保全如何处理的裁判指引。根据《公司法》第4条的规定,股东投资形成的法人财产权由公司享有,股东享有的是按投入的资本额确定的资产收益权。因此,虽然有限责任公司的股东仅有夫妻两人,公司也实际由夫妻在管理经营,但公司的财产仍不宜直接认定为夫妻共同财产,该公司的财产仍属案外人的财产,故不宜采取财产保全措施。但在审判实践中通常夫妻一方控制公司的财产,如果不进行证据保全,则可能无法准确确定股权价值,影响案件的公正审理,此时法院在不影响公司经营活动的前提下可酌情采取证据保全措施。”湖南高院**《关于加强对家庭暴力受**

害妇女司法保护的指导意见(试行)》(2009年4月14日)第8条:"财产保全。对于可能因施暴方的行为或者其他原因,使判决不能执行或者难以执行的案件,可以根据受害妇女的申请,作出财产保全的裁定;受害妇女没有提出申请的,人民法院在必要时也可以裁定采取财产保全措施。受害妇女因情况紧急,不立即申请财产保全将会使其合法权益受到难以弥补的损害的,可以在起诉前向人民法院申请采取财产保全措施。申请人应当提供担保,不提供担保的,驳回申请。"

8. 先予执行。《**民事诉讼法(2017修正)**》(2017年7月1日)第106条:"人民法院对下列案件,根据当事人的申请,可以裁定先予执行:(一)追索赡养费、扶养费、抚育费、抚恤金、医疗费用的;(二)追索劳动报酬的;(三)因情况紧急需要先予执行的。"第107条:"人民法院裁定先予执行的,应当符合下列条件:(一)当事人之间权利义务关系明确,不先予执行将严重影响申请人的生活或者生产经营的;(二)被申请人有履行能力。人民法院可以责令申请人提供担保,申请人不提供担保的,驳回申请。申请人败诉的,应当赔偿被申请人因先予执行遭受的财产损失。"第108条:"当事人对保全或者先予执行的裁定不服的,可以申请复议一次。复议期间不停止裁定的执行。"北京高院《**关于审理继承纠纷案件若干疑难问题的解答**》(2018年6月11日)第26条:"是否所有继承人都应当参加被继承人债务履行案件诉讼程序?主文如何表述?被继承人债务履行案件中,债权人仅起诉部分继承人的,人民法院应释明债权人追加其他继承人作为被告参加诉讼;经释明债权人不追加其他继承人的,人民法院应在告知其可能丧失相应债权请求权后,依职权通知其他继承人以第三人身份参加诉讼,以便一并查明继承遗产情况。被继承人债务履行案件中,如人民法院判决继承人承担履行债务责任,判决主文应表述为'法定继承人××、×××在遗产继承范围内连带清偿……;不足部分由遗嘱继承人(受遗赠人)某某承担×分之×、遗嘱继承人(受遗赠人)某某某承担×分之×……'。"河北衡水中院《**关于审理涉及家庭暴力婚姻案件指导意见(试行)**》(2016年1月20日)第9条:"先予执行。经受害妇女申请,人民法院对下列案件可以裁定先予执行:1. 无经济来源的受害妇女要求施暴方支付生活费的;2. 受害妇女向施暴方追索未成年子女抚养费的;3. 受害妇女要求施暴方支付因家庭暴力而产生的医疗费的。"湖南高院《**关于加强对家庭暴力受害妇女司法保护的指导意见(试行)**》(2009年4月14日)第9条:"先予执行。经受害妇女申请,人民法院对下列案件可以裁定先予执行:1. 无经济来源的受害妇女要求施暴方支付生活费的;2. 受害妇女向施暴方追索未成年子女抚养费的;3. 受害妇女要求施暴方支付因家庭暴力而产生的医疗费的。"

【参考类案】

(1)管辖。①2014年**某离婚纠纷案**,2011年,姚某与王某在香港特别行政区登记结婚。2012 年,姚某以其自 2010 年 1 月起一直在福建石狮市居住为由,在石狮中院起诉离婚。王某以其 2010 年 8 月取得加拿大护照、姚某 2008 年 10 月 8 日取得新加坡护照为由提出管辖异议。诉讼中,姚某提交了当地派出所证明,证明双方中国户籍并未注销。法院认为:姚某起诉前,双方均已取得外国国籍,国内当地公安机关出具户籍证明虽证明双方户籍均未注销,但依《国籍法》第 9 条即“定居外国的中国公民,自愿加入或取得外国国籍的,即自动丧失中国国籍”规定,应认定双方均已自动丧失中国国籍。姚某虽自 2010 年 1 月起至今居住国内,但双方均不属于我国公民,不适用《民事诉讼法》第 21 条第 1 款即“对公民提起的民事诉讼,由被告住所地人民法院管辖;被告住所地与经常居住地不一致的,由经常居住地人民法院管辖”的规定,及第 22 条关于“下列民事诉讼,由原告住所地人民法院管辖;原告住所地与经常居住地不一致的,由原告经常居住地人民法院管辖:(一)对不在中华人民共和国领域内居住的人提起的有关身份关系的诉讼”规定,故裁定驳回姚某起诉。

②2010 年**某离婚纠纷案**,2000 年,李某与张某在二人户籍所在地 A 市登记结婚。2003 年,李某到 B 市攻读博士研究生并迁户。2006 年,李某毕业后落户 B 市并在 B 市工作。2009 年,张某在 A 市法院起诉离婚。法院认为:依《民事诉讼法》及其司法解释规定,对公民提起的民事诉讼,由被告住所地人民法院管辖;被告住所地与经常居住地不一致的,由经常居住地人民法院管辖。公民的住所地是指公民的户籍所在地,法人的住所地是指法人的主要营业地或者主要办事机构所在地。本案中,在被告李某户籍已由 A 市迁入 B 市情况下,则 B 市系李某住所地,本案应由 B 市法院管辖。依《民事诉讼法》司法解释规定,夫妻一方离开住所地超过一年,另一方起诉离婚的案件,由原告住所地人民法院管辖;当事人的户籍迁出后尚未落户,有经常居住地的,由该地人民法院管辖;没有经常居住地,户籍迁出不足一年的,由其原户籍所在地人民法院管辖;超过一年的,由其居住地人民法院管辖。其中“离开住所地”应理解为以未变更住所地为前提,即在户籍所在地未变更情况下,才可以适用;如被告已将户籍迁出并已落户,则属于变更住所地,在变更后的住所地亦为其经常居住地情况下,则应由变更后的住所地管辖;如户籍迁出并已落户,且该户籍所在地即为经常居住地的,则应由落户户籍所在地法院管辖。裁定本案移送李某户籍所在地 B 市法院管辖。

③2009 年**某离婚纠纷案**,2005 年,曾某在江苏法院起诉戴某,要求离婚。法院裁定移送至戴某住所地福建法院审理。曾某撤诉。2007 年,戴某向福建法院起诉曾某,要求离婚。曾某以其经常居住地在江苏为由提出管辖异议。法院认为:依相关司法解释规定,夫妻一方离开住所地超过一年,另一方起诉离婚的案件,由原告住所地法院管辖。本案中,戴某起诉时住所地在福建,曾某自 2003 年至 2007 年期间在江苏居住,其离开住所地超过一年,故本案应由福建法院管辖。

④2005年**某离婚纠纷案**,2000年,江苏的郑某与安徽的赵某在江苏登记结婚后,赵某办理江苏暂住证并投资置产,郑某亦在江苏从事个体经营,女儿出生在江苏并在江苏入托。2003年12月,郑某为学驾驶在安徽办理暂住证。2004年2月,赵某、郑某以夫妻感情破裂为由,在各自住所地,分别以对方为被告提起离婚诉讼。法院认为:依《民事诉讼法》规定,对公民提起的诉讼,由被告住所地法院管辖,被告住所地与经常居住地不一致的,由经常居住地法院管辖。本案中,江苏系女方郑某住所地,安徽系男方赵某住所地,且双方各自在对方住所地均曾办理暂住证,但根据郑某、赵某婚前即在江苏购置房产、婚后又各自在该市投资开办企业、女儿出生后亦在当地入托事实,应认定郑某、赵某经常居住地在江苏,故指定江苏法院管辖,安徽法院将案件材料移送至江苏法院。

⑤2001年**某离婚纠纷案**,1987年,赵某起诉张某离婚案,法院依法缺席判决准予离婚。1988年,张某申请再审。1990年,法院再审判决维持原审离婚判项,并对财产分割作出处理。1991年,法院再审撤销原离婚判项,并对财产分割重新作出处理。张某以前后判决矛盾为由继续申诉。法院认为:1987年法院民事判决准予张某与赵某离婚,其婚姻关系在该判决生效后已正式解除。在该判决公告送达期满后,赵某又与他人登记结婚合法,应受法律保护。依《民事诉讼法》规定,当事人对已生效的解除婚姻关系的判决,不得再申请再审,故1990年法院再审判决维持张某与赵某离婚判项是错误的,1991年再审判决撤销该判项是正确的,该判决并非认为原再审判决双方离婚错误,故前后判决之间并无矛盾。裁定驳回张某申诉申请。

(2)程序。①2013年**云南某离婚纠纷案**,2011年,熊某起诉马某离婚。因律师未及时通知熊某庭审时间,导致熊某未按时到庭,法院裁定按撤诉处理。翌日,熊某再次提起离婚诉讼。法院认为:在特殊情况下,法律规定某类纠纷在一定期限内、一定条件下,当事人不得起诉。这一规定并非剥夺当事人诉权,而是对其作一定程度限制。在比照适用该规定时,应探究立法本意,具体情形具体对待。《民事诉讼法》第124条第7项规定:“判决不准离婚和调解和好的离婚案件,判决、调解维持收养关系的案件,没有新情况、新理由,原告在6个月内又起诉的,不予受理。”最高人民法院《关于适用〈中华人民共和国民事诉讼法〉若干问题的意见》第144条(此处引2008年12月31日实施的民诉法司法解释,对应2013年1月1日施行的最高人民法院《关于适用〈中华人民共和国民事诉讼法〉的解释》第214条)规定:“当事人撤诉或人民法院按撤诉处理后,当事人以同一诉讼请求再次起诉的,人民法院应予受理。原告撤诉或者按撤诉处理的离婚案件,没有新情况、新理由,六个月内又起诉的,可比照民事诉讼法第一百一十一条第(七)项的规定不予受理。”前述司法解释第2款不属于强制性法律规范,在两者间选择,亦可不比照适用。该案熊某起诉并不违反法律规定，符合受理条件，且案件已经过立案阶段、庭审阶段，为减轻当事人讼累，节约司法资源，应根据庭审查明事实作出是否准予离婚判决。

②2011年**某离婚纠纷案**，1997年，何某与张某同居生活。2010年，张某起诉何某要求离婚。法院缺席判决离婚。2011年，何某以双方未办结婚登记为由申请再审。法院认为：依《民事诉讼法》第186条第1款规定，上级人民法院按照审判监督程序提审的，按照第二审程序审理，所作出的判决、裁定是发生法律效力的判决、裁定。本案中，发生法律效力的判决是由基层人民法院作出的一审判决，当事人向作出终审判决的法院上一级人民法院申请再审，该院审查再审申请后，决定提审，故该中院应依二审程序进行再审。从程序上看，作出终审判决后上一级法院提审虽适用二审程序对案件进行审理，但该案并非一般二审案件，上级法院面对的并非尚未生效的一审判决，加之中院已通过审理查清了相关事实，故中院完全可以直接处理，而不存在将案件发回重审基础。从实体上看，张某诉讼请求是离婚，只要当事人有请求，子女抚养和财产分割就是离婚案件中必须与解除婚姻关系合并审理共同诉讼，在当事人经调解达不成一致意见情况下，法院为当事人判决分割的是夫妻共同财产。而如果前提不是离婚而是解除同居关系后财产分割和子女抚养纠纷，则法院处理这类财产分割时所适用法律原则完全不同于分割夫妻共同财产所应适用原则。本案中，一审法院既未严格审查当事人身份证件，亦未审查当事人结婚证，故该案无论在实体上还是在程序上均存在严重错误。张某诉讼请求是与何某离婚，但其与何某不具有合法婚姻关系，且到一审法院应诉的"何某"与现实中跟张某同居生活的何某非同一人，故应认定一审中被告主体不适格，为充分保护何某合法权益，裁定驳回张某起诉。

③2010年**湖南某离婚纠纷案**，2009年8月，王某起诉李某要求离婚，并向法院申请了人身安全保护裁定后撤诉。2009年12月，因李某殴打、威胁王某，王某再次起诉离婚，并要求抚养还在职校读书的婚生子。法院认为：王某与李某结婚后，李某未珍惜夫妻感情，在最近十余年时间里经常对王某实施家庭暴力，严重损害王某及子女身心健康，特别是在法院作出人身安全保护裁定后的裁定有效期内，违反裁定中所明确的禁令，对王某正常生活进行骚扰，对夫妻共同财产进行毁损，故对王某再次起诉离婚，法院予以准许。双方婚生子虽已成年，但其在初中毕业后直接就读职业院校，现尚未完成学业，依最高人民法院《关于适用〈婚姻法〉若干问题的解释(一)》(已于2021年1月1日起废止)第20条规定精神，应视为"不能独立生活的子女"，根据其个人意愿，将其判归王某直接抚养为宜，李某作为不直接抚养一方应承担相应抚养费用。李某经常性对王某实施家庭暴力，对王某及其子女身心伤害应承担相应赔偿责任，考虑到双方夫妻财产为共同制，故法院从李某在夫妻共同财产中应占有财产份额中酌定其应承担的赔付义务。在法院人身安全保护裁定有

效期内,李某违反禁令并毁损夫妻共同财产,依《婚姻法》第 47 条规定,分割夫妻共同财产时,对李某可少分或不分。判决解除双方婚姻关系;婚生子职校毕业前由王某抚养,李某每月负担生活费 200 元,此期间李某教育费、医疗费由王某与李某各负担一半;相关财产按李某少分原则分割。

【典型类案实务要点】

1.**【离婚案涉及房产分割,不当然适用不动产专属管辖】**即使离婚案件涉及房地产分割,由于系以离婚为前提而包含不动产分割,故应根据“原告就被告”原则确定管辖。

2.**【双方均外籍华人,户口虽未注销,法院亦无管辖权】**双方均已取得外国国籍,虽然国内当地公安机关出具户籍证明载明双方户籍均未注销,亦应认定双方不属中国公民,我国法院对双方之间的离婚纠纷不享有管辖权。

3.**【夫妻一方迁户,另一方起诉离婚的,应原告就被告】**夫妻一方将户籍迁入其他城市,不属于“离开住所地”情形,另一方起诉离婚的,应由被告户籍所在地法院管辖。

4.**【一方离开住所地超一年,配偶可在住所地法院起诉】**依相关司法解释规定,夫妻一方离开住所地超过一年,另一方起诉离婚的案件,应由原告住所地的人民法院管辖。

5.**【认定被告经常居住地,可结合各方面证据综合分析】**夫妻离婚诉讼因管辖权发生争议,在认定被告经常居住地时,可依婚房购置、婚后投资开办企业及子女上学等情况综合分析。

6.**【对已生效解除婚姻关系判决,当事人不得申请再审】**法院对已生效的解除婚姻关系判决再审并维持,因违反《民事诉讼法》相关规定而经审判监督程序撤销后,不意味着恢复原双方当事人婚姻关系。

7.**【按撤诉处理后6个月内再起诉,并非一概不予受理】**离婚案件按撤诉处理后6个月内原告再起诉的,适用《民事诉讼法》司法解释关于“比照民事诉讼法第一百一十一条第(七)项的规定不予受理”时,并非一概不予受理或驳回起诉。

8.**【离婚判决双方无合法婚姻关系的,应再审驳回起诉】**生效离婚判决中,一方当事人主体不适格或当事人之间不具有合法婚姻关系的,应裁定撤销原判、驳回原告起诉。

9.**【违反人身安全保护裁定,撤诉后六个月内再诉离婚】**夫妻一方起诉离婚,并在撤诉后以违反人身安全保护裁定作为出现新情况、新理由,在撤诉后 6 个月内再次起诉至法院要求离婚的,法院应予受理。

【类案裁判一般规则】

女方在怀孕期间、分娩后一年内或终止妊娠后六个月内，男方不得提出离婚，但女方提出离婚或法院认为确有必要受理男方离婚请求的除外。当事人对解除婚姻关系的已生效判决、调解书，不得申请再审。

【典型参考案例索引】

主旨案例：见《夫妻一方起诉离婚的，即使离婚案件涉及不动产财产分割的，也应由被告住所地人民法院管辖》（《民事审判指导与参考》研究组），载《民事审判指导与参考·民事审判信箱》（201002/42：243）。

其他案例：

（1）管辖。①见《双方均为外籍华人的离婚纠纷管辖权如何确定》（林燕，福建泉州中院立案庭），载《立案工作指导·诉讼管辖》（201402/41：186）。②见《夫妻一方将户籍迁入他城市，另一方起诉离婚的，应由被告户籍所在地人民法院管辖》（《民事审判指导与参考》研究组），载《民事审判指导与参考·民事审判信箱》（201001/41：290）。③最高人民法院"戴某与曾某离婚纠纷案"，见《夫妻一方离开住所地超过一年，另一方起诉离婚的案件应由原告住所地人民法院管辖——关于原告戴某与被告曾某离婚纠纷一案的指定管辖》（张绳祖，最高院立案庭），载《立案工作指导·诉讼管辖》（200901/20：77）。④最高人民法院《关于郑露影与赵海克离婚纠纷案指定管辖的通知》（〔2004〕民立他字第44号　2005年3月15日），载《立案工作指导·诉讼管辖》（200501/10：64）；另见《关于郑露影与赵海克离婚纠纷一案的指定管辖》（姚媛华，最高院立案庭），载《立案工作指导·诉讼管辖》（200501/10：65）。⑤最高人民法院（2001）民一监字第169号"张某与赵某离婚纠纷案"，见《张香菊与赵家龙离婚申请再审案》（高豫武，最高院立案庭），载《立案工作指导·申诉与申请再审疑案评析》（200401/6：103）。

（2）程序。①云南大理永平法院（2013）永民初字第133号"熊某与马某离婚纠纷案"，该案法院裁定驳回熊某起诉，作者评析持相反意见。见《离婚案件按撤诉处理后六个月内再起诉应区别受理》（薛建葵），载《人民司法·案例》（201623：48）。②见"张一祜与何烨离婚纠纷案"，见《离婚案件不能忽视对当事人双方身份及是否存在婚姻关系的审查》（韩玫，最高院民一庭），载《民事审判指导与参考·指导性案例》（201104/48：86）。③湖南长沙中院（2010）长中民一终字第1367号"王某与李某离婚纠纷案"，见《王娟诉李军离婚纠纷案》（刘群、周赞），载《人民法院案例选》（201104/78：102）。

七、抚养纠纷

61. 对孩子的抚养权之争

——父母闹离婚，孩子应归谁？

【抚养权利】

【案情简介及争议焦点】

2006年，妻以夫欠赌债离家出走、欠缺家庭责任感等理由起诉离婚，并主张不满2岁孩子由自己抚养。夫以孩子已2岁，且不需对方支付抚养费为由主张抚养权。

争议焦点：1. 收入高是否决定抚养权归属？2. 本案如何认定抚养权归属？

【裁判要点】

1. 收入高非决定性条件。孩子现虽满2周岁，已过哺乳期，但尚属年幼，此时更需母亲养育照顾。妻有固定工作和收入，工资收入虽比夫少，但在当地已属中等水平，虽夫工资高，且提出由其抚养不需对方支付抚养费，但收入高仅为考虑子女抚养问题一个条件，非决定性条件，不需对方支付抚养费亦非法定优先条件。

2. 本案应判决由妻抚养。夫因赌博欠下巨额赌债，在他人追债时离家出走，据此可认定其家庭观念及责任感较为薄弱。此外，夫将孩子抢走并送回老家交父母照顾，可见其抚养孩子的时间和精力有限，且做法错误。相反，妻家庭责任心较强，有固定工作及收入，无司法解释规定的不适合抚养孩子情形，由妻抚养对孩子健康成长更有利，亦有利于保障子女合法权益，故判决孩子由妻抚养。

【裁判依据或参考】

1. 法律规定。《宪法(2018修正)》(2018年3月11日)第49条："婚姻、家庭、母亲和儿童受国家的保护。夫妻双方有实行计划生育的义务。父母有抚养教育未成年子女的义务，成年子女有赡养扶助父母的义务。禁止破坏婚姻自由，禁止虐待老人、妇女和儿童。"**《民法典》**(2021年1月1日)第17条："十八周岁以上的自然人为成年人。不满十八周岁的自然人为未成年人。"第18条："成年人为完全民事行为能力人，可以独立实施民事法律行为。十六周岁以上的未成年人，以自己的劳动收入为主要生活来源的，视为完全民事行为能力人。"第19条："八周岁以上的未成年人为限制民事行为能力人,实施民事法律行为由其法定代理人代理或者经其法定代理人同意、追认;但是,可以独立实施纯获利益的民事法律行为或者与其年龄、智力相适应的民事法律行为。”第20条:“不满八周岁的未成年人为无民事行为能力人,由其法定代理人代理实施民事法律行为。”第21条:“不能辨认自己行为的成年人为无民事行为能力人,由其法定代理人代理实施民事法律行为。八周岁以上的未成年人不能辨认自己行为的,适用前款规定。”第22条:“不能完全辨认自己行为的成年人为限制民事行为能力人,实施民事法律行为由其法定代理人代理或者经其法定代理人同意、追认;但是,可以独立实施纯获利益的民事法律行为或者与其智力、精神健康状况相适应的民事法律行为。”第23条:“无民事行为能力人、限制民事行为能力人的监护人是其法定代理人。”第24条:“不能辨认或者不能完全辨认自己行为的成年人,其利害关系人或者有关组织,可以向人民法院申请认定该成年人为无民事行为能力人或者限制民事行为能力人。被人民法院认定为无民事行为能力人或者限制民事行为能力人的,经本人、利害关系人或者有关组织申请,人民法院可以根据其智力、精神健康恢复的状况,认定该成年人恢复为限制民事行为能力人或者完全民事行为能力人。本条规定的有关组织包括:居民委员会、村民委员会、学校、医疗机构、妇女联合会、残疾人联合会、依法设立的老年人组织、民政部门等。”第26条:“父母对未成年子女负有抚养、教育和保护的义务。成年子女对父母负有赡养、扶助和保护的义务。”第112条:“自然人因婚姻家庭关系等产生的人身权利受法律保护。”第1058条:“夫妻双方平等享有对未成年子女抚养、教育和保护的权利,共同承担对未成年子女抚养、教育和保护的义务。”第1067条:“父母不履行抚养义务的,未成年子女或者不能独立生活的成年子女,有要求父母给付抚养费的权利。成年子女不履行赡养义务的,缺乏劳动能力或者生活困难的父母,有要求成年子女给付赡养费的权利。”第1074条:“有负担能力的祖父母、外祖父母,对于父母已经死亡或者父母无力抚养的未成年孙子女、外孙子女,有抚养的义务。有负担能力的孙子女、外孙子女,对于子女已经死亡或者子女无力赡养的祖父母、外祖父母,有赡养的义务。”第1084条:“父母与子女间的关系,不因父母离婚而消除。离婚后,子女无论由父或者母直接抚养,仍是父母双方的子女。离婚后,父母对于子女仍有抚养、教育、保护的权利和义务。离婚后,不满两周岁的子女,以由母亲直接抚养为原则。已满两周岁的子女,父母双方对抚养问题协议不成的,由人民法院根据双方的具体情况,按照最有利于未成年子女的原则判决。子女已满八周岁的,应当尊重其真实意愿。”**《未成年人保护法(2020年修订)》**(2021年6月1日)第107条:“人民法院审理继承案件,应当依法保护未成年人的继承权和受遗赠权。人民法院审理离婚案件,涉及未成年子女抚养问题的,应当尊重已满八周岁未成年子女的真实意愿,根据双方具体情况,按照最有利于未成年子女的原则依法处理。”

2. 最高人民法院司法解释及其他司法性文件/解读文章。 最高人民法院**《关于适用〈中华人民共和国民法典〉婚姻家庭编的解释(一)》**(2021年1月1日 法释〔2020〕22号)第43条:“婚姻关系存续期间,父母双方或者一方拒不履行抚养子女义务,未成年子女或者不能独立生活的成年子女请求支付抚养费的,人民法院应予支持。”第44条:“离婚案件涉及未成年子女抚养的,对不满两周岁的子女,按照民法典第一千零八十四条第三款规定的原则处理。母亲有下列情形之一,父亲请求直接抚养的,人民法院应予支持:(一)患有久治不愈的传染性疾病或者其他严重疾病,子女不宜与其共同生活;(二)有抚养条件不尽抚养义务,而父亲要求子女随其生活;(三)因其他原因,子女确不宜随母亲生活。”第45条:“父母双方协议不满两周岁子女由父亲直接抚养,并对子女健康成长无不利影响的,人民法院应予支持。”第46条:“对已满两周岁的未成年子女,父母均要求直接抚养,一方有下列情形之一的,可予优先考虑:(一)已做绝育手术或者因其他原因丧失生育能力;(二)子女随其生活时间较长,改变生活环境对子女健康成长明显不利;(三)无其他子女,而另一方有其他子女;(四)子女随其生活,对子女成长有利,而另一方患有久治不愈的传染性疾病或者其他严重疾病,或者有其他不利于子女身心健康的情形,不宜与子女共同生活。”第47条:“父母抚养子女的条件基本相同,双方均要求直接抚养子女,但子女单独随祖父母或者外祖父母共同生活多年,且祖父母或者外祖父母要求并且有能力帮助子女照顾孙子女或者外孙子女的,可以作为父或者母直接抚养子女的优先条件予以考虑。”第48条:“在有利于保护子女利益的前提下,父母双方协议轮流直接抚养子女的,人民法院应予支持。”第54条:“生父与继母离婚或者生母与继父离婚时,对曾受其抚养教育的继子女,继父或者继母不同意继续抚养的,仍应由生父或者生母抚养。”第60条:“在离婚诉讼期间,双方均拒绝抚养子女的,可以先行裁定暂由一方抚养。”第61条:“对拒不履行或者妨害他人履行生效判决、裁定、调解书中有关子女抚养义务的当事人或者其他人,人民法院可依照民事诉讼法第一百一十一条的规定采取强制措施。”最高人民法院**《关于进一步深化家事审判方式和工作机制改革的意见(试行)》**(2018年7月18日 法发〔2018〕12号)第38条:“人民法院审理家事案件,涉及确定子女抚养权的,应当充分听取八周岁以上子女的意见。必要时,人民法院可以单独询问未成年子女的意见,并提供符合未成年人心理特点的询问环境。”最高人民法院**《第八次全国法院民事商事审判工作会议(民事部分)纪要》**(2016年11月30日)第1条:“在审理婚姻家庭案件中,应注重对未成年人权益的保护,特别是涉及家庭暴力的离婚案件,从未成年子女利益最大化的原则出发,对于实施家庭暴力的父母一方,一般不宜判决其直接抚养未成年子女。”最高人民法院**《2015年全国民事审判工作会议纪要》**(2015年4月20日)第1条:“审理婚姻家庭案件中注重对未成年人权益的保护,确保未成年人的身心健康成长。在涉及家庭暴力的离婚案件中,人民法院在判决确定子女直接抚养权归属时,应从子女利益最大化的原则出发,切断家庭暴力的代际传递。”最高人民法院吴晓芳法官**《关于婚姻家庭纠纷审理热点难点问答》**〔载《民事法律文件解读》2011 年第 11 辑(总第 83 辑)〕第 26 条:“生父与继母、生母与继父之间的婚姻关系一旦解除,继子女与继父母的权利义务关系也自然终止吗?答:继子女与继父母之间的关系,虽然是以生父母与继父母之间的婚姻关系为前提,但在继父母与继子女形成抚养关系后,它是一种独立的民事法律关系,它可以在一定的条件下解除,但不能认为生父与继母、生母与继父之间的婚姻关系一旦解除,继子女与继父母的权利义务关系也自然终止。审判实践中应注意把握的是:第一,生父与继母或生母与继父离婚时,继父或继母对曾受其抚养教育的继子女,不同意继续抚养的,仍应由生父母抚养。因为生父母与子女的权利义务关系是基于血缘关系而产生的一种法律关系,这种基础决定了生父母对子女是第一位的亲权关系,而继父母与继子女是基于姻亲关系而发生的一种事实上的抚养关系。离婚时继父母不愿继续抚养继子女的,不能勉强,本着血缘关系第一位的原则,仍应由生父母承担抚养义务。第二,在通常情况下,受继父母抚育成人并独立生活的继子女,应当承担赡养继父母的义务,双方关系原则上不能自然终止。但是,如果双方关系恶化,经当事人的请求,人民法院可以解除他们之间的权利义务关系。但成年继子女须承担丧失劳动能力、生活困难的继父母晚年的生活费用。”最高人民法院民一庭**《民事审判实务问答(子女抚养问题)》**(2005 年 4 月)第 3 条:“离婚案件遗漏子女抚养的处理,法律文书生效后,当事人应另案主张还是对案件申请再审?答:离婚案件的审理涉及是否准予离婚子女的抚养和财产分割问题,原则上应一并予以解决。依照《最高人民法院关于适用〈中华人民共和国民事诉讼法〉若干问题的意见》第二百零九条关于‘当事人就离婚案件中的财产分割问题申请再审,如涉及判决中已分割的财产,人民法院应依照民事诉讼法第一百七十九条的规定进行审查,符合再审条件的,应立案审理;如涉及判决中未作处理的夫妻共同财产,应告知当事人另行起诉’规定的精神,在离婚案件中,当事人请求人民法院处理子女的抚养问题而法院作出的判决或调解遗漏处理的,可比照上述规定,告知当事人另行起诉。”最高人民法院**《关于人民法院审理离婚案件处理子女抚养问题的若干具体意见》**(1993 年 11 月 3 日　法发〔1993〕30 号,已于 2021 年 1 月 1 日起废止)第 1 条:“两周岁以下的子女,一般随母方生活。母方有下列情形之一的,可随父方生活:(1)患有久治不愈的传染性疾病或其他严重疾病,子女不宜与其共同生活的;(2)有抚养条件不尽抚养义务,而父方要求子女随其生活的;(3)因其他原因,子女确无法随母方生活的。”第 2 条:“父母双方协议两周岁以下子女随父方生活,并对子女健康成长无不利影响的,可予准许。”第 3 条:“对两周岁以上未成年的子女,父方和母方均要求随其生活,一方有下列情形之一的,可予优先考虑:(1)已做绝育手术或因其他原因丧失生育能力的;(2)子女随其生活时间较长,改变生活环境对子女健康成长明显不利的;(3)无其他子女,而另一方有其他子女的;(4)子女随其生活,对子女成长有利,而另一方患有久治不愈的传染性疾病或其他严重疾病,或者有其他不利于子女身心健康的情形,不宜与子女共同生活的。”第 4 条:“父方与母方抚养子女的条件基本相同,双方均要求子女与其共同生活,但子女单独随祖父母或外祖父母共同生活多年,且祖父母或外祖父母要求并且有能力帮助子女照顾孙子女或外孙子女的,可作为子女随父或母生活的优先条件予以考虑。”第 5 条:“父母双方对十周岁以上的未成年子女随父或随母生活发生争执的,应考虑该子女的意见。”第 6 条:“在有利于保护子女利益的前提下,父母双方协议轮流抚养子女的,可予准许。”第 13 条:“生父与继母或生母与继父离婚时,对曾受其抚养教育的继子女,继父或继母不同意继续抚养的,仍应由生父母抚养。”第 20 条:“在离婚诉讼期间,双方均拒绝抚养子女的,可先行裁定暂由一方抚养。”第 21 条:“对拒不履行或妨害他人履行生效判决、裁定、调解中有关子女抚养义务的当事人或者其他人,人民法院可依照《中华人民共和国民事诉讼法》第一百零二条的规定采取强制措施。”最高人民法院**《关于辛克伟与张晓杰抚养子女纠纷申请再审案的函》**(1992 年 1 月 24 日):“……张晓杰与辛克伟在离婚时自愿达成的抚养子女协议并不违反法律,双方在履行该协议中发生争执,仍属于抚养子女纠纷。对此,张晓杰以‘侵害监护权’为由起诉,原一、二审人民法院以‘侵权’案件受理、审判,均属不当。故你院对本案可依照审判监督程序予以提审,撤销一、二审判决,驳回原告‘侵权’的诉讼请求,并告知原告如以子女抚养纠纷起诉,应依照民事诉讼法第 22 条规定,向被告住所地人民法院提出。”最高人民法院**《关于涉外离婚诉讼中子女归谁抚养问题如何处理的批复》**(1987 年 8 月 3 日 〔1987〕民他字第 36 号):“……关于杭州市中级人民法院审理的加拿大籍华人姜伟明与中国公民陈科离婚一案有关子女归谁抚养的问题,经研究,我们认为,对该案审理中涉及的外籍华人离婚后子女抚养的问题,应适用我国法律,按照我国婚姻法有关规定的精神,从切实保护子女权益,有利于子女身心健康成长出发,结合双方的具体情况进行处理。处理时,对有识别能力的子女,要事先征求并尊重其本人愿随父或随母生活的意见。鉴于姜伟明、陈科之子陈宇(现年 12 岁)过去主要由其母姜伟明抚养,本人又坚决表示不愿随父陈科生活的实际情况,我们同意你院审判委员会的处理意见,即根据有关政策法律规定,陈宇以仍由其母姜伟明抚养为宜。”最高人民法院**《关于非婚生子抚养问题的复函》**(1980 年 5 月 26 日):“……据报送材料和卷宗所载,王桂芳之子郭才生前与高玉兰恋爱过程中致高怀孕,高于 1979 年 1 月 23 日生一男孩后即及时送给事先找妥的收养人徐金柱抚养,后王桂芳以‘留后代’为由要求抚养,虽经喜桂图旗人民法院及呼伦贝尔盟中级人民法院判决归王桂芳抚养,但因生母高玉兰与收养人徐家均不同意,执行不通,而你院拟改变原判决。经我们研究,认为根据婚姻法规定精神,处理这类案件,应以保障儿童身心健康成长为出发点,从该案实际情况看,收养人徐金柱夫妇未生育子女,对所争之男孩从出生到现在已抚养一年多了,又有较好的抚养条件,有利于儿童的成长,应该承认此抚养关系和予以保护。至于王桂芳虽与此男孩有血缘关系,但孩子生父已死,生母为孩子利益着想,有权决定送人抚养,况且王桂芳家抚养条件不利于孩子身心健康成长。因此,我们同意你院的处理意见,即改判由收养人徐金柱继续抚养为宜。对王桂芳之诉讼请求,不予支持,应说服其息诉。”最高人民法院**《关于已判处徒刑的一般刑事犯的配偶提出离婚应如何处理问题的复函》**(1955年12月6日　法研字第1667号):“……关于子女归谁抚养,由于犯人在执行徒刑期间,事实上无法尽其抚养子女义务,为了保护子女合法利益,应由提出离婚之一方抚养,但如年岁较大的子女本人愿由原来和犯人共同生活之亲属抚养,并经亲属同意,亦可准许。关于离婚后的财产问题,应与一般离婚案件的财产问题同样处理。三、处理此类离婚案件时,一般不能只根据一方请求而作缺席判决,法院应当与劳动改造主管机关联系通知被告人,特别是离婚涉及夫妻财产子女问题的处理时,应征求被告人的意见。案件判决后,应将判决书送劳动改造主管机关转交其本人,并应准许其上诉。”最高人民法院**《关于日籍妇女林枫叶和我国公民王秉珍离婚后发生的子女抚养问题的函》**(1955年10月25日　民一字第15331号):“……你院(55)法民二字第514号函请示关于日籍妇女林枫叶与我国公民王秉珍为离婚后子女抚养问题争执的处理办法,作如下答复:一、林枫叶与王秉珍所生之男孩小石,年方3岁,尚在哺乳期间,依据我国婚姻法照顾子女利益的原则,可由其母亲抚养,如林枫叶回日本,亦可准其将孩子带走……三、孩子是中国公民,出境时应由当地公安机关发给中国人出国证明书。”最高人民法院**《对小孩抚养问题的解答》**(1955年9月22日　法行字第13970号):“……关于你提出的小孩抚养问题,我们意见,应向小孩父母讲清政策和他们在法律上应负的责任,中华人民共和国婚姻法上明文规定:子女合法利益必须受到保护;离婚后父母对于所生子女仍有抚养教育的责任,所以甲和小孩生母对小孩都有责任教育抚养,这种责任不能够因为哪一方不愿意承担或是以闹感情动意气为手段所能推卸。至于究应归谁抚养的问题,应本着使小孩得到妥善照顾正当教育为原则,由有关三方面(甲、乙、小孩生母)协商解决,法院不宜硬性规定。最好通过上述三方服务机关的组织上进行调解。”

3. 部门规章。司法部公证律师司**《对〈关于继母子间权利义务关系是否可以终止的请示报告〉的批复》**(1986年1月13日　〔86〕司公字第3号):“……经与有关单位研究,同意你处的第二种意见。即根据婚姻法、继承法中关于继父或继母和受其抚养教育的继子女间的权利义务同生身父母子女的权利义务关系的规定,在继父或继母与其抚养教育过的继子女的亲属关系没有解除(如继父或继母与生母或生父因离婚而解除婚姻关系,继父或继母与继子女间的亲属关系也随之解除)的情况下,中止双方权利义务关系的协议是不符合法律规定的,故不宜为此类协议书办理公证证明。”

4. 地方司法性文件。江苏高院**《家事纠纷案件审理指南(婚姻家庭部分)》**(2019年7月18日)第12条:“如何认定继父母子女之间形成抚养教育关系?继父母子女关系能否解除?认定继父母子女之间是否形成抚养教育关系,可以通过审查再婚时继子女是否已经成年、双方共同生活的时间长短、是否实际接受生活上的照顾抚育、家庭身份融合程度等予以综合判断。对于已经形成抚养教育关系的继父母子女,因生父(母)与继母(父)离婚导致再婚关系终止的,如果继父母不同意继续抚养未成年继子女的,继父母子女关系可以解除,该子女应当由生父母抚养。对于已经形成抚养教育关系的继父母子女,因生父(母)死亡导致再婚关系终止的,在继子女未成年的情形下一般不允许解除继父母子女关系。如果生父母中的另一方愿意将未成年子女领回,继父母同意的,继父母子女关系可以解除。继子女八周岁以上的,应当征得本人同意。对于已经形成抚养教育关系的继子女成年后,继父母子女关系一般不允许解除。如果双方经协商一致或者双方关系恶化导致继父母或者继子女主张解除继父母子女关系的,可以解除。但继父母子女关系解除后,对于缺乏劳动能力或者生活困难的继父母,成年的继子女应当给付一定的生活费用。对于未形成抚养教育关系的继父母子女,一方起诉主张解除继父母子女关系的,裁定不予受理,已经受理的,裁定驳回起诉。”山东高院**《家事案件审理规程》**(2018年8月30日)第22条:“人民法院审理离婚案件,当事人对未成年子女抚养未达成一致意见的,不得调解离婚。”第23条:“离婚纠纷案件中有下列情形的,人民法院应当指定未成年人诉讼辅助人:(一)父母遗弃、虐待未成年子女的;(二)父母坚持放弃子女抚养权的;(三)未成年子女名下财产权益可能受到侵害的;(四)未成年子女存在身心疾患等其他特殊情况的。”广东高院**《广东法院审理离婚案件程序指引》**(2018年7月16日)第35条:“【未成年子女抚养方案】原告应当提出未成年子女的抚养和探望方案。内容包括:(一)未成年子女的直接抚养方;(二)不直接抚养未成年子女方的抚养费负担与支付方式;(三)不直接抚养未成年子女方行使探望权的方式与时间;(四)方案依据的事实与理由;(五)其他与抚养、探望未成年子女相关的事项。被告不同意原告提出的未成年子女抚养和探望方案的,应当提出自己的方案。双方当事人达成解除婚姻关系和未成年子女抚养、探望事项的调解协议,在财产事项处理前申请制作调解书的,人民法院审查确认后应当先行制作调解书。”第36条:“【抚养规划】双方当事人均主张直接抚养未成年子女,且抚养能力、条件较为接近的,人民法院可以要求双方当事人提出明确的未成年子女抚养规划。内容包括:(一)未成年子女生活地点;(二)未成年子女受教育规划;(三)其他未成年子女成长规划;(四)实现规划的经济保障。抚养规划应当在法庭上出示,并由双方当事人提出意见。人民法院将抚养规划作为判决未成年子女抚养事项依据的,应当封存直接抚养未成年子女方的抚养规划,并归入卷宗正卷。不直接抚养未成年子女方认为封存的抚养规划未予履行、侵害未成年子女利益的,可以据此提起变更抚养权诉讼。"第 37 条:"【亲子关系评估】有下列情形之一的,经当事人及未成年子女同意,人民法院可以委托专业人员进行亲子关系评估:(一)双方当事人均主张直接抚养未成年子女,且抚养能力、条件较为接近的;(二)一方当事人抚养未成年子女的能力、条件占优,但另一方抚养意愿特别强烈的;(三)当事人可能存在不利于直接抚养未成年子女的人格或者心理因素的;(四)有其他需要进行亲子关系评估情形的。专业人员受托后,应当在 30 日内完成评估工作并出具亲子关系评估报告。工作确有需要的,可以适当延期。需要作为认定事实依据的亲子关系评估报告内容,应当在法庭上出示,并由当事人互相质证。不作为证据使用部分,归入卷宗副卷。当事人对亲子关系评估过程、方式有异议的,人民法院可以要求专业人员以书面形式或者到庭说明情况。"第 38 条:"【未成年子女意愿】对于能够正确表达意思的未成年子女,人民法院可以就抚养和探望事项询问其意愿。未成年子女表达的意愿可以作为人民法院判决抚养和探望事项的参考。人民法院应当依照本指引第三十二条的规定进行询问,制作的询问笔录不在法庭上出示,归入卷宗副卷。"天津高院**《关于印发〈关于民事审判工作中加强民生保障的实施意见〉的通知》**(2017 年 12 月 25 日　津高法〔2017〕268 号)第 4 条:"依法保障未成年人、妇女、老年人的合法权益。在离婚抚养案件中,坚持未成年人利益最大化原则,以未成年人的物质和精神需求为核心确定抚养权归属,对于夫妻双方均不愿意抚养未成年子女的,可暂时判决不准许离……"北京高院**《北京法院立案阶段多元调解工作的规定(婚姻家庭继承部分)》**(2016 年 8 月 12 日　京高法发〔2016〕369 号)第 3 条:"双方均同意离婚,但有十八周岁以下未成年子女的,应对于子女抚养问题进行调解。未成年子女在十周岁以上的,应征询子女的意见。当事人对婚姻、子女抚养达成调解协议的,在当事人自愿的情况下,可由立案法官登记立案后出具调解书确认双方离婚。"北京高院民一庭**《关于审理婚姻纠纷案件若干疑难问题的参考意见》**(2016 年 8 月 4 日)第 6 条:"【抚养问题处理】当事人未就未成年子女抚养问题达成一致且在离婚案件中未提出请求的,人民法院应予以释明;经释明当事人不提出相应请求的,人民法院可依职权对未成年子女抚养问题进行处理。对于年满六周岁未满十周岁的未成年子女,人民法院处理抚养问题时,也可根据案情征求未成年子女的意见。人民法院征求未成年子女意见一般应单独进行,避免父母在场情况下的不当影响。"河北衡水中院**《关于审理涉及家庭**

暴力婚姻案件指导意见(试行)》(2016 年 1 月 20 日)第 14 条:“离婚案件中子女的抚养。人民法院审理涉及家庭暴力的离婚案件,需确定未成年子女抚养权时,应当征求未成年子女的意见,并充分考虑受害妇女的抚养意愿。对有明显暴力倾向,特别是曾经对未成年子女实施暴力的施暴方,一般不宜确定其抚养未成年子女。”江苏常州天宁区法院《**家事案件诉讼指南**》(2015 年 1 月)第 5 条:“[子女抚养]在离婚案件中,人民法院对子女抚养问题的处理,应当优先考虑是否有利于未成年子女身心健康,保障未成年子女的合法权益。对十周岁以上的子女,就其抚养问题应当征求其本人意见。一方当事人主张未成年子女抚养权的,应当举证证明其主张符合未成年人的最大利益。双方当事人必须履行对未成年子女的抚养义务,如夫妻双方一致同意离婚,但均不愿抚养未成年子女的,人民法院将驳回离婚的诉讼请求。”江苏常州天宁区法院《**关于审理家事案件的若干规定**》(2015 年 1 月)第 24 条:“主张未成年子女抚养权的,应当举证证明其主张符合未成年人的最大利益。”第 44 条:“人民法院审理离婚案件,应当对子女抚养、财产分割问题一并处理。当事人在离婚诉讼中未对子女抚养、财产分割问题提出诉讼请求的,人民法院应当向当事人释明,引导当事人明确诉讼请求。在人民法院释明后,当事人仍未对子女抚养、财产分割问题提出诉讼请求的,或明确要求不分割财产,或财产问题确实难以一并处理的,应当告知当事人可另行协商解决以及有另行提起诉讼的权利。”第 47 条:“在离婚案件中,双方当事人必须履行对未成年子女的抚养义务,如夫妻双方一致同意离婚,但均不愿抚养未成年子女的,人民法院应当驳回离婚的诉讼请求。人民法院对子女抚养问题的处理,应当优先考虑是否有利于未成年子女身心健康,保障未成年子女的合法权益。对十周岁以上的子女,就其抚养问题应当征求其本人意见。”安徽淮南中院《**关于审理离婚纠纷案件若干问题的指导意见**》(2014 年 3 月 13 日)第 9 条:“两周岁以下的子女,一般随母亲生活。母亲有下列情形之一的,可随父亲生活:(一)患有久治不愈的传染性疾病或其他严重疾病,子女不宜与其共同生活的;(二)有抚养条件不尽抚养义务,而父亲要求子女随其生活的;(三)因其他原因,子女确无法随母亲生活的。”第 10 条:“两周岁以上未成年的子女抚养权,由父母双方协商。协商不成的,应从子女利益和双方的实际情况出发作出判决。父亲和母亲均要求随其生活,一方有下列情形之一的,可予优先考虑:(一)已做绝育手术或因其他原因丧失生育能力的;(二)子女随一方生活时间较长,改变生活环境对子女健康成长明显不利的;(三)一方患有久治不愈的传染性疾病或其他严重疾病,或者道德败坏,有赌博、嫖娼等恶习,或曾有虐待、遗弃子女等行为,不利于子女身心健康的情形,不宜与子女共同生活的;(四)父亲与母亲抚养子女的条件基本相同,双方均要求子女与其共同生活,但子女单独随祖父母或外祖父母共同生活多年,且祖父母或外祖父母要求并且有能力帮助子女照顾孙子女或外孙子女的,可作为子女随父或母生活的优先条件予以考虑。”第11条:“继子女、养子女抚养权的确立,按以下规定处理:(一)生父与继母或生母与继父离婚时,对曾受其抚养教育的继子女,继父或继母不同意继续抚养的,仍应由生父母抚养;(二)夫或妻一方收养的子女,对方未表示反对,并与该子女形成事实收养关系的,离婚后,应由双方负担子女的抚育费;夫或妻一方收养的子女,对方始终反对的,离婚后,应由收养方抚养该子女。”安徽高院**《关于审理道路交通事故损害赔偿纠纷案件若干问题的指导意见》**(2014年1月1日)第27条:“当事人对受害人的某一亲属是否为被抚养人产生争议的,适用婚姻法的有关规定审查认定。受害人的近亲属是否需要抚养,根据诉讼时的情况审查认定。”安徽滁州中院**《关于审理婚姻家庭纠纷案件座谈会纪要》**(2013年8月2日)第1条:“在审理离婚纠纷的案件中,判决当事人离婚的,应对子女抚养、夫妻共同财产分割一并处理。双方当事人明确表示对子女抚养、夫妻共同财产分割另行提起诉讼的除外。对夫妻财产和家庭财产界限不清的,不在一案处理。”江苏高院**《涉家庭暴力婚姻家庭案件审理指南》**(2012年1月1日)第6章第2节:“子女抚养和探望应注意的问题。1. 抚养权问题。人民法院审理涉家庭暴力婚姻家庭案件,在确定子女抚养权时,应综合考虑抚养人的抚养能力、抚养子女的意愿及对子女的感情和态度、子女的年龄和性别、子女的意愿、子女受教育环境的继续性和适用性等多种因素,尤其要充分关注家庭暴力因素,根据法律规定、立法的原则和精神,从子女利益最大化的角度,慎重做出决定。司法实践中,应注意以下问题:(1)如果双方对由谁直接抚养子女不能达成一致意见,未成年子女原则上应由受害人直接抚养,但受害人自身没有基本生活来源或者患有不适合直接抚养子女的疾病的除外。(2)不能直接认定家庭暴力,但根据间接证据,结合双方法庭上的表现、评估报告或专家意见,法官通过内心确信存在家庭暴力的可能性非常大的,可以判决由受害人直接抚养子女。(3)受害人如处于心理创伤后的应激状态,其抚养子女表面上看起来不如加害人理想,但随着家庭暴力的停止,或者经过心理治疗,这种应激状态会逐渐消失。因此,人民法院需要综合考虑受害人在工作上的表现和能力,以及直接抚养子女的潜在能力,或者受害人婚前或者遭受家庭暴力前的工作和生活能力,做出最有利于未成年子女的判决。(4)根据《最高人民法院关于人民法院审理离婚案件处理子女抚养问题的若干具体意见》第5条的规定,如果子女是已满十周岁的未成年人,父母双方对子女随父或随母生活发生争执时,应考虑该子女的意见,因为十周岁以上的子女已经具备初步辨识能力及责任能力。但是,有下列情形之一的,未成年子女的意见只能作为参考因素:①未成年子女属于限制行为能力人,其认知水平的发展还不成熟,不能正确判断什么对自己最有利。②未成年子女害怕、怨恨但同时又依恋加害人。暴力家庭中的未成年子女可能在害怕、怨恨加害人对家庭成员施暴的同时,又需要加害人的关爱,因此存在较强的感情依恋。这种依恋之所以产生，是因为受害人的人身安全取决于加害人的好恶，因此不违背加害人的意愿，符合其最大利益，此种状况也被称为‘斯德哥尔摩综合征’或者‘心理创伤导致的感情纽带’。③强者（权威）崇拜。人类对强者或者权威的崇拜，使尚不能明辨是非的未成年人可能对家庭中的强者（加害人）怀有崇拜心理，误认为自己与受害人一起生活没有安全感，因而选择与加害人一起生活。”江苏高院**《婚姻家庭案件审理指南（2010年）》**（2010年5月18日）第8章：“……一、离婚后子女抚养权问题。（一）确定子女抚养权的因素。为了充分保证子女的健康成长，人民法院在确定子女抚养权时应综合考虑多种因素，根据法律的规定、立法的原则和精神，从子女利益最大化的角度，慎重作出决定。具体而言，应综合考虑下列因素：1. 直接抚养人的抚养能力。抚养能力应包括抚养人的健康状态、个人品格、受教育程度、经济能力、居住条件和职业状况等因素在内。因为这些因素往往会牵涉到抚养人能否充分行使及负担对子女的权利义务，因此应是首先考虑的因素。2. 抚养子女的意愿及对子女的感情和态度。因为这些因素关系到抚养人未来是否愿意付出心血，努力谋求子女最大幸福，因此是决定子女直接抚养人应考量的重要因素。3. 子女的年龄和性别。一般情况下，年幼的子女适宜由母亲照顾，而同性别的子女与父母间的沟通较便利和自然，也符合性别发展的规律。因而，可由母亲抚养年幼的子女，而当子女成熟至性别认同阶段，再根据子女意愿考虑由同性别的父亲或母亲抚养。4. 子女受教育环境的继续性和适应性。应考虑子女成长环境及父母所提供照顾的稳定性及继续性的问题，尽量维持子女在父母离婚前后的成长环境（如近亲属照顾、家庭环境和学校或社区等成长环境）的相似或一致。5. 其他可供参考的因素。如近亲属协助照顾的意愿和能力，子女对双方近亲属的依赖关系和感情等。（二）确定子女抚养权的具体情形。《婚姻法》第三十六条第三款规定：‘离婚后，哺乳期内的子女，以随哺乳的母亲抚养为原则。哺乳期后的子女，如双方因抚养问题发生争执不能达成协议的，由人民法院根据子女的利益和双方的具体情况判决。’《最高人民法院关于人民法院审理离婚案件处理子女抚养问题的若干具体意见》（以下简称《离婚子女抚养意见》）对审理离婚后子女抚养问题作出具体规定。人民法院审理离婚案件，对子女抚养问题，应根据《婚姻法》及《离婚子女抚养意见》，从有利于子女身心健康，保障子女的合法权益出发，结合父母双方的抚养能力和抚养条件等具体情况妥善解决。1. 哺乳期内子女的抚养权归属。根据《离婚子女抚养意见》第一条的规定，两周岁以下的子女，一般随母方生活。母方有下列情形之一的，也可随父方生活：（1）患有久治不愈的传染性疾病或其他严重疾病，子女不宜与其共同生活的；（2）有抚养条件不尽抚养义务，而父方要求子女随其生活的；（3）因其他原因，子女确无法随母方生活的。《离婚子女抚养意见》第二条规定：‘父母双方协议两周岁以下子女随父方生活，并对子女健康成长无不利影响的,可予准许。'2. 哺乳期后子女的抚养权归属。哺乳期后的子女即两周岁以上的未成年子女。对这个年龄段的未成年子女的抚养权归属问题,首先应由父母双方协商确定,协商不成的,由人民法院综合子女的权益、双方的抚养能力、抚养条件等各方面因素作出判决。(1)根据《离婚子女抚养意见》第三、四条的规定,对于两周岁以上未成年子女,父方和母方均要求随其生活,一方有下列情形之一的,可予优先考虑:①已做绝育手术或因其他原因丧失生育能力的;②子女随其生活时间较长,改变生活环境对子女健康成长明显不利的;③无其他子女,而另一方有其他子女的;④子女随其生活,对子女成长有利,而另一方患有久治不愈的传染性疾病或其他严重疾病,或者有其他不利于子女身心健康的情形,不宜与子女共同生活的;⑤父方与母方抚养子女的条件基本相同,双方均要求子女与其共同生活,但子女单独随祖父母或外祖父母共同生活多年,且祖父母或外祖父母要求并且有能力帮助子女照顾孙子女或外孙子女的,可作为子女随父或母生活的优先条件予以考虑。(2)考虑子女意见确定。根据《离婚子女抚养意见》第五条的规定,如果子女是已满十周岁的未成年人,父母双方对子女随父或随母生活发生争执时,应考虑该子女的意见,因为十周岁以上的子女已经具备初步辨识能力及责任能力。(3)协议子女轮流随父母生活。根据《离婚子女抚养意见》第六条的规定,婚姻当事人在离婚后如仍在同一地区居住生活,在不改变子女学习环境和不影响子女生活安定的情况下,父母双方可以协议轮流抚养子女。(4)在离婚诉讼中争抢或拒绝抚养子女。如果在离婚诉讼期间,当事人双方均争抢或拒绝抚养子女的,根据《离婚子女抚养意见》第二十条的规定,人民法院可先行裁定暂由一方直接抚养,待离婚案件审理终结,再确定子女随哪一方生活,以保障离婚诉讼的顺利进行。值得注意的是,在由于一方的过错而导致的离婚案件中,若双方发生争养子女的纠纷时,不能一概剥夺过错方对子女的抚养权。抚养教育子女是父母双方的法定权利义务,子女的利益不能因父母婚姻的破裂而受到损害。那种不顾当事人的实际情况,将未成年子女一律判归无过错方直接抚养,以此作为对过错方的惩罚和对无过错方的补偿的做法是错误的,其实是在漠视子女的利益。当然,如果父母一方曾经存在对子女的不当行为或不法行为时,如虐待或伤害子女、恶意不履行抚养义务等,则不宜令其直接抚养子女。3. 继子女与养子女的抚养权归属。(1)根据《离婚子女抚养意见》第十三条的规定,生父与继母或生母与继父离婚时,对曾受其抚养教育的继子女,继父或继母不同意继续抚养的,仍应由生父母抚养。(2)根据《离婚子女抚养意见》第十四条的规定,在《中华人民共和国收养法》(以下简称《收养法》)施行前,夫或妻一方收养的子女,对方未表示反对,并与该子女形成事实收养关系的,离婚后,应由双方负担子女的抚育费;夫或妻一方收养的子女,对方始终反对的,离婚后,应由收养方抚养该子女。而在《收养法》施行之后,收养应当向县级以上人民政府民政部门登记,收养关系自登记之日起成立,不再存在事实收养关系。养父母离婚后,双方均仍有义务抚养养子女,按照上述子女抚养问题的确定方法确定子女抚养权的归属。”第 10 章:“……(二)抚养关系。1. 父母对子女的抚养。根据《婚姻法》第二十一条的规定,父母对子女有抚养教育的义务,父母不履行义务时,未成年的或不能独立生活的子女,有要求父母付给抚养费的权利。(1)离婚不是给付抚养费的前置条件。抚养未成年子女是父母的法定义务,法律并没有规定离婚是主张子女抚养费的前置条件,尽管夫妻双方没有离婚,子女也可以追索抚养费。如果双方最终离婚,既可以要求法院对离婚后的子女抚养问题作出处理,也可以要求另一方一并支付婚姻关系存续期间应当给付的子女抚养费。夫妻在婚姻关系存续期间采取分别财产制的,由于财产的个人所有性质,夫妻需以各自的财产履行自己抚养子女的义务。而在没有约定实行分别财产制的夫妻之间,双方在婚姻关系存续期间的所得一般为夫妻共同财产,一方以自己的收入抚养子女可以视为另一方的共同抚养,这在夫妻关系正常的情况下的确如此。但是,在夫妻分居期间,夫妻财产实际上是处于分割状态,夫妻各自控制和支配着自己使用的那部分财产,其财产状态与夫妻分别财产制或离婚后各自的财产关系相似。如果机械地理解法律,势必使一些当事人借此逃避自己应尽的法定抚养义务。父母对未成年子女的抚养义务是无条件的、强制性的,解除婚姻关系并不是父母给付子女抚养费的前提。故根据《婚姻法解释三》第三条的规定,婚姻关系存续期间,父母双方或者一方拒不履行抚养子女义务,未成年的或不能独立生活的子女请求其支付抚养费的,人民法院应予支持。(2)‘父母’包括养父母和形成抚养教育关系的继父母,‘子女’包括非婚生子女、养子女和形成抚养教育关系的继子女。(3)再婚关系终止,无论是因为离婚或因生父或生母死亡而终止,继母或继父与继子女之间的抚养教育关系均不当然解除。①生父与继母或生母与继父离婚时,对曾受其抚养教育的继子女,继父或继母不同意继续抚养的,子女应由生父母抚养。②如果生父或生母死亡,在形成抚养教育关系的未成年子女无其他抚养人的情况下,一般不允许解除继父母子女关系。但生父或生母还活着,继父或继母要求解除继父母子女关系的,可以解除。③由继父母抚养教育的继子女成年后,为维护老人的合法权益,继子女应负担赡养继父母的义务,继父母子女关系一般不允许解除。但如果双方经协商一致或者双方关系恶化无法和睦相处的,继父母或继子女提出解除继父母子女关系的,可以解除。④未形成抚养教育关系的继父母子女关系,因双方仅为姻亲关系,在法律上不产生父母子女间的权利义务,因此在再婚关系解除或生父或生母死亡时,姻亲关系随之解除。有关父母对子女的抚养纠纷更多出现在离婚诉讼中,包括抚养权的归属、抚养费的支付和探望权问题,前文第七节中已有详述,在此不再赘述……祖父母、外祖父母对孙子女、外孙子女的抚养。《婚姻法》第二十八条规定:‘有负担能力的祖父母、外祖父母,对于父母已经死亡或父母无力抚养的未成年的孙子女、外孙子女,有抚养的义务。’根据上述规定,祖父母、外祖父母对孙子女、外孙子女的抚养义务是有条件的:(1)祖父母、外祖父母有负担能力。祖父母有负担能力的,应由祖父母承担抚养未成年孙子女的义务,外祖父母有负担能力的,应由外祖父母承担此项义务。祖父母和外祖父母都有负担能力的,应由双方协商解决,从孙子女、外孙子女的切身利益出发,由条件较好的祖父母或外祖父母抚养较为妥当。对于已满十周岁未成年的孙子女、外孙子女,应征求其本人的意见。(2)孙子女、外孙子女的父母已经死亡或无力抚养。(3)孙子女、外孙子女未成年,需要抚养。孙子女、外孙子女尚未成年是指孙子女、外孙子女未满十八周岁,尚不能独立生活。祖父母、外祖父母对已成年的孙子女、外孙子女一般不再承担抚养义务。”广东广州中院**《民事审判若干问题的解答(婚姻家庭部分)》**(2010年4月)第4条:“双方在庭审中均确认有二个子女,但无提交小孩的出生证和户口本,可否认定有二个婚生子女并处理抚养问题?答:有关子女身份的认定,不能仅凭当事人的自认就予以确认,而应要求当事人提供出生证、户口本或医学鉴定(如亲子鉴定)结论等证据加以证实,否则不予认定。”浙江温州中院民四庭**《关于贯彻执行〈婚姻法〉的指导意见》**(2009年5月1日)第30条:“婚姻法第二十七条所称的‘继父或继母和受其抚养教育的继子女’,是指继父或继母负担继子女的全部、部分抚养费或者继父、继母与继子女共同生活尽了照顾养育义务且抚育时间超过五年的情形。”湖南高院**《关于加强对家庭暴力受害妇女司法保护的指导意见(试行)》**(2009年4月14日)第14条:“离婚案件中子女的抚养。人民法院审理涉及家庭暴力的离婚案件,需确定未成年子女抚养权时,应当征求未成年子女的意见,并充分考虑受害妇女的抚养意愿。对有明显暴力倾向,特别是曾经对未成年子女实施暴力的施暴方,一般不宜确定其抚养未成年子女。”江西高院**《关于审理婚姻家庭纠纷案件适用法律若干问题的解答》**(2008年10月10日)第24条:“离婚案件中当事人因子女的抚养权发生争议,或一方为达到离婚目的,以放弃对方支付抚养费作为取得子女抚养权或离婚条件的,法院应否支持?保护儿童的合法权益是《婚姻法》的一项基本原则,子女随谁生活应当以实现子女的最佳利益作为衡量标准,而不是以父母一方为争取抚养权和离婚提出的交换条件作为标准。父母一方无权放弃子女享有的被抚养权利。根据《最高人民法院关于人民法院审理离婚案件处理子女抚养问题的若干解释》第10条规定精神,如一方的抚养能力会导致子女生活水平明显下降的,法院不应支持其放弃对方支付抚养费的请求。”上海高院**《婚姻家庭纠纷办案要件指南(二)》**(2005年10月14日　沪高法民一〔2005〕18号)第1条:“哺乳期内的子女,以母亲直接抚养为原则,但父母双方协商由父亲直接抚养的除外。父方主张直接抚养的,应当举证证明具有下列情形:(一)母亲患有久治不愈的疾病或其他严重疾病，子女不宜与其共同生活的；（二）母亲有抚养条件不尽抚养义务的；（三）因其他原因，子女确实无法随母亲共同生活的。〔说明〕从有利于婴儿健康成长出发，哺乳期内的子女以母亲直接抚养为宜。根据最高法院《关于人民法院审理离婚案件处理子女抚养问题的若干具体意见》的规定，以2周岁为哺乳期界限。2周岁以下的子女，以母亲直接抚养为原则，但父母双方协议子女随父亲生活，并对子女健康成长无不利影响的，可予准许。若父方举证证明或法院查明有下列情形，应由父亲直接抚养，体现以子女方的利益为重的立法思想：(1)母亲患有久治不愈的传染性疾病或其他严重疾病。如母亲仅患有一般性疾病，经治疗可以痊愈，则不在此限。如父母双方均患有久治不愈的传染性疾病或其他严重疾病的，则应选择相对较轻、更有利于子女健康成长的一方直接抚养。(2)母亲有抚养条件不尽抚养义务，虽属于违法行为，但如强迫其直接抚养，将对子女不利。如果父亲要求子女随其生活，可以允许。(3)在现实生活中，母亲可能因工作、学习等原因，或者染有吸毒、赌博、卖淫等恶习，或者离家出走下落不明等原因，而无法或者难以妥善照顾小孩，致使子女无法随其共同生活，从维护子女利益出发，应当由父亲直接抚养。”第2条：“父母一方请求抚养2周岁以上未成年子女的，请求方应当举证证明具有下列情形：(1)具有优先直接抚养的条件；(2)子女愿随其生活；(3)具有抚养能力。〔说明〕(1)优先直接抚养的条件。2周岁以上的未成年子女，父母双方均要求随其生活，一方有下列情形，可予优先考虑：①已做绝育手术或因其他原因丧失生育能力的；②子女随其生活时间较长，改变生活环境对子女健康成长明显不利的；③无其他子女，而另一方有其他子女的；④子女随其生活，对子女成长有利，而另一方患有久治不愈的传染性疾病，或者有其他不利于子女身心健康的情形，不宜与子女共同生活的。父母一方享有优先直接抚养条件，即可据此确定子女由其直接抚养。如果父亲与母亲直接抚养子女的条件基本相同，双方均要求子女与其共同生活，但子女单独随祖父母或外祖父母共同生活多年，且祖父母或外祖父母要求并且有能力帮助子女照顾孙子女或外孙子女的，可作为子女随父或随母生活的优先条件。祖父母与外祖父母的条件，作为相对优先直接抚养条件，只在父母双方直接抚养子女的条件基本相同，且均要求子女与其共同生活时适用。(2)子女的意见。父母双方对10周岁以上未成年子女的直接抚养权发生争执的，应征询子女的意见。因其已具备一定的识别能力，尊重其意愿，更利于其健康成长。但这并非绝对，如子女的选择对其成长明显不利，则不能一味地从其选择。(3)父母的抚养能力。抚养能力主要指父母双方的经济收入、离婚后的居住条件以及是否具有教育子女、督促子女学习的能力和时间等。实务中，对父母双方的抚养能力、抚养条件等方面进行综合判断时，一方面应该看到此为动态的而非一成不变静止的过程，法官的判断应带有一定的前瞻性；另一方面应结合个案中子女的实际情况，以利于子女的身心健康、全面发展为出发点和归结点。应注意的是,在有利于子女利益的前提下,父母双方协议轮流抚养子女的,可以准许。父母的意愿固然要考虑,但应以有利于子女的健康成长为前提。由于轮流直接抚养子女不断改变孩子的生活环境,可能带来不利因素,实践中应严格掌握。”湖北高院**《民事审判若干问题研讨会纪要(婚姻家庭部分)》**(2004年11月8日)第1条:“人民法院审理离婚案件时,一般应将婚姻关系、财产分割及子女抚养问题一并处理。原告只请求解除婚姻关系的,人民法院应当告知其就财产分割和子女抚养问题一并提起诉讼,原告坚持不起诉的,人民法院只在其诉请范围内进行审理。但被告请求财产分割和子女抚养问题的,可以一并审理,而不做反诉处理。”广东高院、省检察院、省公安厅、省司法厅**《关于印发〈关于处理婚姻关系中违法犯罪行为及财产等问题的意见〉的通知》**(2000年5月30日　粤高法〔2000〕18号)第15条:“子女的抚养权应按有利于无过错方、有利于子女健康成长的原则判决。离婚后未成年子女随无过错方生活的,双方就子女抚养费问题达不成协议时,由人民法院依照最高人民法院《关于人民法院审理离婚案件处理子女抚养问题的若干具体意见》第7条的规定,判决有过错方除按当地抚养费标准上限支付外,还根据有过错方的经济情况判决其多给付或一次性给付。在夫妻分居期间,有过错方故意不履行抚养未成年子女义务的,另一方在离婚诉讼时有权追索分居期间对方未支付的子女抚养费。”北京高院**《关于印发〈关于处理婚姻案件中子女抚育、财产分割及住房安置问题的几点意见〉的通知》**(1990年8月30日　京高法字〔1990〕第161号)第1条:“人民法院对于准备调解或判决离婚的案件,在确定未成年子女归谁抚养时,应坚持有利于子女身心健康成长的原则,同时应根据父母双方所具备的抚养条件,父母的思想品德等因素综合考虑。对于子女有识别能力的(指能自主、清楚地表示本人意见),一般应征询子女的意见,并应尊重子女的意见……2. 双方离婚后,在哺乳期内的子女,原则上应归母亲抚养。根据我市情况,哺乳期可掌握为一年。3. 对于哺乳期内的子女,如母亲不愿抚养,或不具备抚养条件,而父亲一方愿意抚养,又具备抚养条件的,可以调解或判决子女归父亲抚养。”北京高院**《对审理离婚案件适用法律政策的几点意见》**(1986年8月12日)第2条:“离婚后的子女抚育问题。1. 确定子女由父还是由母抚育,应当从有利于子女的健康成长考虑。要综合考虑父母的思想品质、经济条件、教育监护能力,婚姻关系存续期间各方对子女尽抚育责任的状况、子女与父母的感情亲疏以及有意思表达能力的子女本人的意愿表示等因素……当事人为争要子女等目的而放弃索要子女抚育费的,如果其抚育能力不足以保证子女正常生活,法院仍应当判令对方给付子女抚育费……”

5. 地方法规。山东省公安厅**《关于夫妻离婚后一方及其子女户口迁移有关问题的通知》**(2014年8月8日　鲁公治〔2014〕103号,已失效)第3条:“法院判决书、调解书或离婚协议书中明确未成年人抚养权的，公安机关可以根据有抚养权一方的申请，按照本《通知》第二条的规定，为其未成年子女办理户口迁移手续。”河南省**《实施〈中华人民共和国妇女权益保障法〉办法》**（2008年11月1日）第31条：“离婚双方对子女抚养发生争议时，子女随母亲生活对成长无不利影响的，应当优先考虑女方的要求。”

【参考类案】

①2018年**陕西某离婚纠纷案**，2007年，姚某与羊某登记结婚。2014年，羊某离家出走，与他人在外以夫妻名义生活。2018年，姚某诉请离婚。庭审中，羊某与前夫所生子女杨某要求在父母离婚后继续与继父生活，姚某表示同意。法院认为：《婚姻法》第27条第2款规定，“继父或继母和受其抚养教育的继子女间的权利和义务，适用本法对父母子女关系的有关规定。”第36条规定，父母与子女间的关系，不因父母离婚而消除。依该规定，已形成的父母子女关系不因离婚而直接终止。最高人民法院《关于继父母与继子女形成的权利义务关系能否解除的批复》规定：“继父母与继子女已形成的权利义务关系不能自然终止，一方起诉要求解除这种权利义务关系的，人民法院应视具体情况作出是否准许解除的调解或判决。”该批复意见明确了继父母子女之间权利义务关系不自然终止，反面解释而言，则继父母子女之间关系在依法定方式解除前，仍可保留父母子女关系，故继父主张对继子女的抚养权，只要是具有抚养教育关系，已成立继父母子女关系的，可酌情予以支持。最高人民法院《关于人民法院审理离婚案件处理子女抚养问题的若干具体意见》（已于2021年1月1日起废止）第13条规定了继父母不同意继续抚养的，由生父母抚养。该规定未对生父母不同意抚养而继父母同意抚养情形予以否定，继父母提出对继子女进行抚养不违反《婚姻法》及其相关司法解释立法目的。本案中，羊某长期与他人以夫妻名义共同生活，故可认定夫妻感情已破裂。杨某虽不属婚生子女，但一直随姚某生活，而羊某离家出走五六年未尽抚养义务，现孩子请求继续与姚某生活，姚某亦同意继续尽抚养义务，故为孩子健康成长，应准许姚某抚养杨某。羊某不因此免除抚养义务，应支付相应抚养费。判决准予姚某与羊某离婚，杨某由姚某直接抚养，羊某每月支付400元抚养费。

②2013年**某离婚纠纷案**，因丈夫苏某经常酗酒并打骂妻子陆某，陆某诉请离婚。关于12岁婚生子苏某某由谁抚养，双方无法达成一致。苏某某态度矛盾。法院认为：《婚姻法》第37条规定：“离婚后，一方抚养的子女，另一方应负担必要的生活费和教育费的一部或全部，负担费用的多少和期限的长短，由双方协议；协议不成时，由人民法院判决。关于子女生活费和教育费的协议或判决，不妨碍子女在必要时向父母任何一方提出超过协议或判决原定数额的合理要求。”最高人民法院

《关于人民法院审理离婚案件处理子女抚养问题的若干具体意见》(已于 2021 年 1 月 1 日起废止)第 5 条规定:“父母双方对十周岁以上的未成年子女随父或随母生活发生争执的,应考虑该子女的意见。”若不涉及家庭暴力问题,法院确实应按前述司法解释规定,将年满 10 周岁未成年子女意见作为确认未成年子女直接抚育权归属首要考量因素,但未成年人对事物认知能力较成年人毕竟存在缺陷,其可能因惧怕暴力、崇拜权威、生活需要等各种原因而不知道如何选择才符合自己最大利益。此时,法院应从子女利益最大化角度作出裁判。苏某实施家庭暴力行为会直接对苏某某成长带来负面影响,苏某某从父亲经济条件优于母亲角度考虑,表示要与有家庭暴力行为的父亲一起生活,并非一种成熟选择。在苏某对其家暴行为未正确认知、无改正表现情况下,将苏某某判归其直接抚养,不符合未成年子女利益最大化原则。本案中,陆某经济条件固然不如苏某,但依《婚姻法》第 37 条规定,苏某某跟随母亲生活后,可向其父亲主张生活费、教育费等,故双方经济条件不成为法院审理本案考量因素。因在苏某某父母离婚后,苏某某仍是陆某与苏某两人子女,苏某某抚养费、教育费应与其父母生活水平相适应。在苏某某有升学受教育的合理需要、苏某又有负担能力情况下,苏某某可要求其支付费用。判决准予陆某与苏某离婚,苏某某由陆某抚养,苏某按月支付苏某某抚育费。

③2008 年**某抚养纠纷案**,继父或继母与继子女形成抚养关系后,有抚养关系的继父母子女关系能否解除?处理意见:继子女与继父母之间关系,虽以生父母与继父母之间婚姻关系为前提,但在继父母与继子女形成抚养关系后,其系一种独立的民事法律关系,可在一定条件下解除,但不能认为生父与继母、生母与继父之间婚姻关系一旦解除,继子女与继父母权利义务关系亦自然终止。生父与继母或生母与继父离婚时,继父或继母对曾受其抚养教育的继子女,不同意继续抚养的,仍应由生父母抚养。因生父母与子女权利义务关系是基于血缘关系而产生的一种法律关系,这种基础决定了生父母对子女是第一位亲权关系,而继父母与继子女是基于姻亲关系而发生的一种事实上抚养关系。离婚时继父母不愿继续抚养继子女的,不能勉强,本着血缘关系第一位原则,仍应由生父母承担抚养义务。在通常情况下,受继父母抚育成人并独立生活的继子女,应承担赡养继父母义务,双方关系原则上不能自然终止,但如双方关系恶化,经当事人请求,法院可解除他们之间权利义务关系。尽管如此,成年继子女仍须承担丧失劳动能力、生活困难的继父母晚年生活费用。

④2001 年**北京离婚纠纷案**,1988 年,妻带非婚生女与夫婚,并生一女。1997 年,因夫妻不和,妻离家出走并分居,孩子随夫生活。2001 年,妻诉请离婚并要求抚养非婚生女,该女愿随父生活。法院认为:非婚生女长期受父抚养教育,双方已形成抚养教育关系。形成抚养教育关系的继父母继子女间的权利义务,应等同于

父母与子女间权利义务。因妻对子女长期不尽抚养义务，孩子又表示愿意由夫抚养，根据子女意见和夫的意见，孩子由夫抚养为宜，判决准予夫、妻离婚，孩子由夫抚养，妻每月给付抚育费若干至孩子成年。

⑤2001 年**上海某离婚纠纷案**，1993 年，结婚 8 年、感情长期不和的周某起诉妻子叶某，要求离婚，后撤诉。1997 年，叶某因故意伤害致周某左眼球摘除被判处缓刑，此后儿子、女儿一直随叶某生活。2000 年，周某第三次起诉离婚。一审判决儿子由周某抚养、女儿由叶某抚养，周某承租公房由叶某居住，但支付补贴款 2 万元，周某支付分居期间子女抚养费 1.4 万元。叶某不服，以周某婚外与她人育有子女为由，提起上诉，要求抚养两个孩子。法院认为：婚姻、抚养、继承、析产等家事纠纷中大多伴随着情理与法理的冲突，故在处理案件时应注重调解工作，以柔性手段化解情感纠葛、家庭矛盾基础上解决纠纷，尽力弥补心理创伤和家庭裂痕，以利于当事人事后继续相处。本案中，周某、叶某二人因感情确已破裂，应准予离婚。结合本案具体情况，为最大限度兼顾双方当事人诉求，同时考虑到被抚养人利益，合议庭构想了将抚养权和具体抚养义务分开处理的思路，即女儿抚养权属于叶某，儿子抚养权属于周某。抚养权与具体抚养义务分开处理的调解方案虽无明确法律依据，但如考虑到现实中常见的监护义务阶段性移转情形（如未成年人在校期间由学校承担监护义务，并不影响父母监护权），本案调解方案并不违背法理。在此前提下，两个孩子日常生活都由母亲叶某照料，叶某承担了对儿子的抚养义务。经过法庭辨法析理、悉心开导，周某、叶某二人最终达成协议：双方自愿离婚；女儿由叶某抚养，儿子由周某抚养，但儿子日常生活亦由叶某照料，周某每月支付抚养费 500 元；周某一次性支付叶某分居期间孩子抚养费 1.4 万元；公房变更由叶某租赁并携子女居住使用。

【典型类案实务要点】

1.**【一方收入高，仅作为子女抚养参考而非决定性条件】**离婚后，已过哺乳期子女由谁抚养，收入高仅为参考而非决定性考虑条件，不需对方支付抚养费亦非法定优先抚养条件。

2.**【父母离婚，家庭暴力一方原则上不得直接抚养子女】**在涉及家庭暴力的离婚案件中，法院判决确定子女直接抚养权归属时，应将有利于未成年子女健康成长即子女利益最大化作为原则。在就与父母中哪一方共同生活问题征询年满 10 周岁以上未成年子女意见同时，应将家庭暴力作为一项重要因素加以考量。

3.**【针对个案，可采取抚养权与抚养义务分别行使做法】**为最大限度兼顾双方当事人诉求，同时考虑到被抚养人利益，针对具体个案，可采取抚养权和具体抚养义务分开处理的做法。

4.【**继父母与生父母离婚后,继父母可继续抚养继子女**】未成年继子女在继父母与生父母离婚后,生父母拒绝抚养而继父母请求或同意继续抚养继子女的,法院可予准许。

5.【**继父母与继子女之间抚养关系,在符合条件时解除**】生父与继母、生母与继父之间婚姻关系解除后,继父母不愿继续抚养未成年继子女的,仍由生父母承担抚养义务。

6.【**女方结婚时带来的亲生女,离婚时,可由继父抚养**】形成抚养教育关系的继父母与继子女之间的权利义务,应等同于父母与子女间的权利义务,一方亲生女可由继父抚养。

【类案裁判一般规则】

离婚案件中当事人因子女抚养权发生争议,法院确定抚养权归属时,应从子女利益最大化的角度,综合考虑直接抚养人的抚养能力、抚养子女的意愿及对子女的感情和态度、子女的年龄和性别、子女受教育环境的继续性和适应性等因素。

【典型参考案例索引】

主旨案例:广东湛江中院(2006)湛中法民一终字第262号"曾某诉徐某离婚案",见《曾婷诉徐小明离婚案》(李伟),载《人民法院案例选》(200703/61:108)。**其他案例**:①陕西西安临潼区法院(2018)陕0115民初1129号"姚某与杨某离婚纠纷案",见《离婚后继父母可以继续抚养继子女——陕西西安临潼法院判决姚某诉杨某离婚纠纷案》(袁辉根、严秋亚),载《人民法院报·案例精选》(20181115:06)。②见《家庭暴力是人民法院在审理离婚案件中确定子女抚养问题时不可忽略的因素》(韩玫,最高院民一庭),载《民事审判指导与参考·指导性案例》(201303/55:93)。③见《继父母与继子女之间形成的抚养关系不能自然终止》(《民事审判指导与参考》研究组),载《民事审判指导与参考·民事审判信箱》(200803/35:277)。④北京通州区法院2001年9月14日判决"刘某诉宋某离婚案",见《刘秀茹诉宋志强离婚但其结婚时带来的亲生女愿由继父抚养案》(宋洪印、綦炫声),载《人民法院案例选》(200303/45:96)。⑤上海二中院(2001)沪二中民终字第1623号"叶某与周某抚养纠纷上诉案",见《调解创新:抚养权与抚养义务可分别行使》(袁月全、玄玉宝),载《人民司法·案例》(201124:15)。

62. 人工授精子女的抚养
——人工授精子，抚养费谁给？

【人工授精】

【案情简介及争议焦点】

2002年，未婚同居的王某与张某通过体外受精方式生育两女。2003年，王某与张某解除同居关系，两女归王某抚养，张某每月支付2000元抚养费。2008年，王某使用原来的受精配子以同样方法，代孕生出一男孩，经司法鉴定不排除与王某存在母子关系。2011年，王某诉请张某抚养该男孩。

争议焦点：1. 如何认定人工授精子女与父母亲子关系？2. 本案如何处理？

【裁判要点】

1. 法律关系。一般情况下，胚胎处置权共同归属于夫妻双方，不能赠与、买卖和继承，对胚胎处置应获得夫妻双方知情同意，否则不得进行任何处理。未经一方知情同意并签署知情同意书情形下，夫妻另一方启动冷冻胚胎，实施胚胎移植手术，违背了不知情方意愿，可视不知情方为一个单纯的精（卵）捐献者，不知情方与出生后代不构成法律上的父母与子女关系，亦不承担任何责任。

2. 亲子关系。王某主张孩子与张某之间存在亲子关系，但双方已于2004年解除同居关系，王某未提供证据证实代孕生子行为经过张某同意，且王某提供医院出具的出生医学证明、法医鉴定中心司法鉴定意见书，仅能证明王某与孩子之间存在亲子关系，不能证明张某与孩子之间存在亲子关系。另外，王某、张某共同生育前两个孩子并不能必然得出第三个孩子也是由王某与张某共同生育这一事实。因此，王某主张张某与孩子之间存在亲子关系，依法应当提供必要证据予以证明，现王某未能提供任何关于张某与孩子之间存在亲子关系的必要证据证明，故王某应承担举证不能责任，判决驳回王某诉请。

【裁判依据或参考】

1. 法律规定。《民法典》（2021年1月1日）第1067条："父母不履行抚养义务的,未成年子女或者不能独立生活的成年子女,有要求父母给付抚养费的权利。成年子女不履行赡养义务的,缺乏劳动能力或者生活困难的父母,有要求成年子女给付赡养费的权利。"第1071条:"非婚生子女享有与婚生子女同等的权利,任何组织或者个人不得加以危害和歧视。不直接抚养非婚生子女的生父或者生母,应当负担未成年子女或者不能独立生活的成年子女的抚养费。"

2. 最高人民法院司法解释及其他司法性文件/解读文章。最高人民法院《**关于适用〈中华人民共和国民法典〉婚姻家庭编的解释(一)**》(2021年1月1日 法释〔2020〕22号)第40条:"婚姻关系存续期间,夫妻双方一致同意进行人工授精,所生子女应视为婚生子女,父母子女间的权利义务关系适用民法典的有关规定。"最高人民法院吴晓芳法官《**关于婚姻家庭纠纷审理热点难点问答**》〔载《民事法律文件解读》2011年第11辑(总第83辑)〕第29条:"对人工授精所生子女应如何认定?答:在现代的医疗技术条件下,受孕既包括传统的自然受精,又包括人工授精(母体内受精)与试管婴儿(母体外受精)。人工授精生育子女,法律上称为辅助生殖技术,是指已婚夫妻借用现代生物技术,通过非自然的行为怀孕所生育的子女。根据受精方法的不同,可分为同质授精所生子女和异质授精所生子女两种。所谓'同质授精',是采用人工授精方式,将丈夫的精子植入妻子的子宫内,这种方法所生子女,其法律地位一般不会产生质疑。而'异质授精'是将非丈夫的精子植入妻子子宫内,其法律地位难免会产生疑问。根据最高人民法院相关复函的精神,可以分为三种情况:第一,精子与卵子来源于夫妻双方,只是采用辅助生殖技术使之结合怀孕所生的,该子女与父母双方均有血缘关系,是夫妻双方的亲生子女,其法律地位无可置疑。第二,在婚姻关系存续期间,事先经过丈夫同意或事后丈夫明确表示无异议,妻子采用人工授精技术怀孕,精子不是生育妇女的丈夫提供的,尽管子女与丈夫没有血缘关系,但生育妇女的丈夫应视为该子女法律意义上的父亲。而且一经丈夫同意,经过人工授精技术生育了子女,这种同意和认可是不能反悔的,因为孩子已经出生,对于既定事实不容反悔,否则极不利于孩子的健康成长。第三,在婚姻关系存续期间,如果妻子未经丈夫同意,擅自采用他人精子人工授精生育子女,所生子女与丈夫没有法律上的父子关系,丈夫不承担抚养义务,精子提供者也不承担抚养义务。"最高人民法院副院长李国光《**在全国民事审判工作会议上的讲话**》(2000年10月28日)第6条:"……对于非婚生子女的认领和抚养,试管婴儿、借腹生子、人工授精等所生子女的法律地位和父母子女关系的确定,要遵循婚姻法的基本原则,充分保护当事人的人格权和隐私权;一方当事人提出亲子鉴定的,一般应征得对方的同意,选择国家卫生行政主管部门批准或者认可的医疗鉴定机构进行鉴定,鉴定结论只能作为证据来源使用,只有经过法庭质证、认证的鉴定结论,才能作为定案的依据。"最高人民法院《**关于夫妻离婚后人工授精所生子女的**

法律地位如何确定的复函》(1991 年 7 月 8 日 〔91〕民他字第 12 号,2021 年 1 月 1 日起废止):"……在夫妻关系存续期间,双方一致同意进行人工授精,所生子女应视为夫妻双方的婚生子女,父母子女之间权利义务关系适用《婚姻法》的有关规定。"

3. 部门规章。卫生部《**人类辅助生殖技术管理办法**》(2001 年 8 月 1 日)第 3 条:"人类辅助生殖技术的应用应当在医疗机构中进行,以医疗为目的,并符合国家计划生育政策、伦理原则和有关法律规定。禁止以任何形式买卖配子、合子、胚胎。医疗机构和医务人员不得实施任何形式的代孕技术。"第 12 条:"人类辅助生殖技术必须在经过批准并进行登记的医疗机构中实施。未经卫生行政部门批准,任何单位和个人不得实施人类辅助生殖技术。"第 15 条:"实施供精人工授精和体外受精—胚胎移植技术及其各种衍生技术的医疗机构应当与卫生部批准的人类精子库签订供精协议。严禁私自采精。医疗机构在实施人类辅助生殖技术时应当索取精子检验合格证明。"第 18 条:"实施人类辅助生殖技术的医疗机构应当建立健全技术档案管理制度。供精人工授精医疗行为方面的医疗技术档案和法律文书应当永久保存。"第 21 条:"违反本办法规定,未经批准擅自开展人类辅助生殖技术的非医疗机构,按照《医疗机构管理条例》第四十四条规定处罚;对有上述违法行为的医疗机构,按照《医疗机构管理条例》第四十七条和《医疗机构管理条例实施细则》第八十条的规定处罚。"第 24 条:"本办法所称人类辅助生殖技术是指运用医学技术和方法对配子、合子、胚胎进行人工操作,以达到受孕目的的技术,分为人工授精和体外受精—胚胎移植技术及其各种衍生技术。人工授精是指用人工方式将精液注入女性体内以取代性交途径使其妊娠的一种方法。根据精液来源不同,分为丈夫精液人工授精和供精人工授精。体外受精 - 胚胎移植技术及其各种衍生技术是指从女性体内取出卵子,在器皿内培养后,加入经技术处理的精子,待卵子受精后,继续培养,到形成早期胚胎时,再转移到子宫内着床,发育成胎儿直至分娩的技术。"卫生部《**人类精子库管理办法**》(2001 年 8 月 1 日)第 2 条:"本办法所称人类精子库是指以治疗不育症以及预防遗传病等为目的,利用超低温冷冻技术,采集、检测、保存和提供精子的机构。人类精子库必须设置在医疗机构内。"第 3 条:"精子的采集和提供应当遵守当事人自愿和符合社会伦理原则。任何单位和个人不得以营利为目的进行精子的采集与提供活动。"第 13 条:"精子的采集与提供应当在经过批准的人类精子库中进行。未经批准,任何单位和个人不得从事精子的采集与提供活动。"第 14 条:"精子的采集与提供应当严格遵守卫生部制定的《人类精子库技术规范》和各项技术操作规程。"第 17 条:"人类精子库工作人员应当向供精者说明精子的用途、保存方式以及可能带来的社会伦理等问题。人类精子库应当和供精者签署知情同意书。"第 18 条:"供精者只能在一个人类精子库中供精。"第 20 条:"一个供精者的精子最多只能提供给 5 名妇女受孕。"第 21 条:"人类精子库应当建立供精者档案,对供精者的详细资料和精子使用情况进行计算机管理并永久保存。人类精子库应当为供精者和受精者保密,未经供精者和受精者同意不得泄露有关信息。”第23条:“违反本办法规定,未经批准擅自设置人类精子库,采集、提供精子的非医疗机构,按照《医疗机构管理条例》第四十四条的规定处罚;对有上述违法行为的医疗机构,按照《医疗机构管理条例》第四十七条和《医疗机构管理条例实施细则》第八十条的规定处罚。”

4. 地方司法性文件。广东深圳中院《**关于婚姻家庭纠纷案件的裁判指引(2014修订)**》(2014年5月21日)第43条:“婚姻关系存续期间,夫妻双方一致同意进行人工授精,所生子女应视为夫妻双方的婚生子女,父母子女之间的权利义务关系适用《婚姻法》的有关规定。说明:第四十三条是对人工授精所生子女的法律地位的裁判指引。最高人民法院《关于夫妻离婚后人工授精所生子女的法律地位如何确定的复函》(1991年7月8日)认为‘在夫妻关系存续期间,双方一致同意进行人工授精,所生子女应视为夫妻双方的婚生子女,父母子女之间权利义务关系适用《婚姻法》的有关规定’。”江苏高院《**婚姻家庭案件审理指南(2010年)**》(2010年5月18日)第10章:“……司法实践中,需注意以下两个问题:(1)人工授精子女的抚养权问题。由于人工授精所采用的精源不同,带来的法律问题也有所不同。如果精源来自生父,则只涉及受孕的方法问题,所生子女与正常受孕所生子女的法律地位相同。而如果精源来自生父以外的男性,人工授精所生子女,因只和母一方有自然血亲,而提供精源者与母并无婚姻关系,故只在母与子女之间存在单边的自然血亲关系,和父之间没有自然血亲关系,此种情形构成一种新类型的父母子女关系。最高人民法院在1991年7月8日《关于夫妻关系存续期间以人工授精所生子女的法律地位的复函》中指出:在夫妻关系存续期间,双方一致同意进行人工授精,所生子女应视为夫妻双方的婚生子女,父母子女之间权利义务关系适用《婚姻法》的有关规定。该复函首先肯定了人工授精所生子女的法律地位与婚生子女的法律地位相同,由此产生的父母子女之间的权利义务关系应适用《婚姻法》有关父母子女权利义务关系的规定。其次也确立了人工授精所生子女作为夫妻双方的婚生子女的条件,即人工授精是夫妻双方一致同意的。这种一致同意的意思表示,可以是书面的,也可以是口头的。因此,应承认夫妻双方在婚姻关系存续期间一致同意经人工授精所生子女具有婚生子女的法律地位,父一方虽然与该子女无血缘关系,仍然应对该子女尽抚养义务……”

【参考类案】

①2015年**江苏某继承纠纷案**,2004年1月,郭某及妻与某医院签订协议,通过人工授精于同年10月产一子。同年5月,郭某病故前立下遗嘱,表示通过人工授

精所生孩子坚决不要，夫妻关系存续期间取得并登记在自己名下的房改房赠予父母。法院认为：最高人民法院《关于夫妻离婚后人工授精所生子女的法律地位如何确定的复函》（编者注：已于2021年1月1日起废止）中规定：“在夫妻关系存续期间，双方一致同意进行人工授精，所生子女应视为夫妻双方的婚生子女，父母子女之间权利义务关系适用《婚姻法》的有关规定。”《民法通则》第57条规定：“民事法律行为从成立时起具有法律约束力。行为人非依法律规定或者取得对方同意，不得擅自变更或者解除。”郭某同意人工授精方式使妻受胎，表明其对此具有积极的意思表示，同时应视为其对亲子否认权的放弃。其在妻受孕后反悔，应征得妻同意并及时中止妊娠措施，在妻不知情或不同意中止妊娠情况下所生子女，不因郭某事后反悔否认而消灭其与子间的父子关系，郭某遗嘱中否认内容无效。《继承法》第19条规定：“遗嘱应当对缺乏劳动能力又没有生活来源的继承人保留必要的遗产份额。”第28条规定：“遗产分割时，应当保留胎儿的继承份额。胎儿出生时是死体的，保留的份额按照法定继承办理。”因未对缺乏劳动能力又无生活来源的继承人保留必要遗产份额，故遗嘱中剥夺子继承权部分无效。《继承法》第26条规定：“夫妻在婚姻关系存续期间所得的共同所有的财产，除有约定的以外，如果分割遗产，应当先将共同所有的财产的一半分出为配偶所有，其余的为被继承人的遗产。”最高人民法院《关于贯彻执行〈中华人民共和国继承法〉若干问题的意见》（编者注：已于2021年1月1日起废止）第38条规定：“遗嘱人以遗嘱处分了属于国家、集体或他人所有的财产，遗嘱的这部分，应认定无效。”登记在郭某名下诉争房产，系其与妻夫妻关系存续期间取得，应属夫妻共同财产，故遗嘱中处分妻份额部分无效。判决共有房产一半作为遗产，遗产1/3为子保留必要份额，其余按遗嘱分配，考虑继承人实际需要及所占份额，房产由妻所有，折价补偿子及郭某父母各房产评估价1/6份额。

②2013年**云南某抚养费纠纷案**，2011年，经医院确诊患有配子运输障碍不能生育的王某，私下与同学周某以夫妻名义在医院利用体外受精胚胎移植方式怀孕并生育一子王某某，王某丈夫张某表示异议并产生矛盾，亦不愿抚养王某某。2013年，王某某患病，诉请周某支付抚养费、医疗费。法院认为：周某为帮助他人生育而提供精液，其目的与出于公益目的为人工授精或试管婴儿提供精子的捐精者不同。周某与王某系同学关系，双方往来密切，二人均有共同生育子女意愿，以夫妻名义进行体外受精胚胎移植后生育王某某，故王某某系其与王某的非婚生子。王某某虽系非婚生子，但依法享有与婚生子女同等的被抚养权利，其母与周某依法应对其承担相应抚养义务，不直接抚养非婚生子女一方应负担子女生活费和教育费，直至子女能独立生活时止。王某某现由其母抚养，周某应支付必要抚养费。关于抚养费数额，依最高人民法院《关于人民法院审理离婚案件处理子女抚养问题的若干具

体意见》(已于2021年1月1日起废止)第7条第1款、第2款、第3款规定,结合王某某实际需要、王某与周某负担能力和当地实际生活水平等情况,考虑周某无固定收入,参照本省2012年农、林、牧、渔业在岗职工平均工资标准,确定抚养费为每月500元。依最高人民法院《关于人民法院审理离婚案件处理子女抚养问题的若干具体意见》(已于2021年1月1日起废止)第8条中"抚育费应定期给付,有条件的可一次性给付"规定,因周某没有条件一次性支付,故判决周某每月给付王某某抚养费500元至王某某年满18周岁止,于每年12月31日前给付当年度抚养费。

③2009年**某抚养费纠纷案**,2005年5月,程某因不育,同意妻子李某做试管婴儿手术。同年6月,双方经法院调解离婚。2个月后,因胎儿发育异常而流产。2006年3月,程某书面承诺李某将无条件保证配合完成试管婴儿相关手续。同年5月,李某在进行第二次胚胎植入手术前给程某打电话到医院签字,程某拒绝,并表示不同意李某继续植入。2007年2月,李某生下程天某。2009年,程天某起诉程某要求给付抚养费。法院认为:李某与程某均认可程某并非程天某生物学意义上的父亲,同时,虽然双方在婚姻关系存续期间均同意使用精子库精子实施人工授精治疗,但该期间李某植入胚胎失败,李某再一次植入胚胎并生下程天某是在与程某离婚之后。虽然程某曾给李某写了无条件保证配合完成试管婴儿相关手续的承诺,但其实际上并未履行任何相关手续,且李某再次植入胚胎前征求程某意见时,程某表示不同意,故李某离婚后单方进行胚胎植入手术与程某无关,所生程天某亦与程某无关。因程某既非程天某生物学意义上父亲,又非其法律意义上父亲,故程天某向程某主张抚养费诉请于法无据,不予支持。

④1996年**某离婚纠纷案**,1996年,妻起诉离婚。夫对10年前人工授精所生一子拒绝承担抚养费。法院认为:夫妻感情破裂,经调解,双方均同意离婚,依《婚姻法》相关规定,准予离婚。经征求孩子本人意见,判决孩子归妻抚养。依《婚姻法》立法精神和最高人民法院复函规定,夫妻婚姻关系存续期间通过人工授精所生孩子,应视为婚生子女。双方虽未办理书面同意手续,采用人工授精方法生子,但实施人工授精时夫在现场,并未提出反对或不同意见,且孩子出生后10年间,夫一直视同亲生子女抚养,即使在夫妻发生矛盾后分居期间,夫仍寄去抚养费,故夫否认当初同意妻做人工授精手术,并以此拒绝负担对孩子抚养义务,理由不成立。

【典型类案实务要点】

1.**【通过辅助生殖技术生育子女的,应经男女双方同意】**未经一方知情同意,夫妻另一方启动冷冻胚胎,实施胚胎移植手术,不知情方与出生后代不构成法律上的父母与子女关系,亦不承担任何责任。

2.**【人工授精,不因男方事后单方反悔而消灭亲子关系】**夫妻关系存续期间,双方一致同意利用他人精子进行人工授精并使女方受孕后，男方反悔的，不论该子女是否在夫妻关系存续期间出生，均视为夫妻双方的婚生子女。

3.【**与对方有共同生育意愿捐精者，对生子有抚养义务**】妻子擅自以丈夫之外的精源提供者所提供精液经辅助生殖而生育子女，若精源提供者与该生育妇女有共同生育子女意愿的，其应对所生子女承担抚养义务。

4.【**女方离婚后单方人工授精生子，原配偶无抚养义务**】夫妻离婚后，女方未经原配偶同意，单方进行胚胎植入手术实施人工授精生下孩子，原配偶有权不承担抚养义务。

5.【**夫妻关系存续期间，经人工授精生子，视为婚生子**】夫妻关系存续期间，双方一致同意进行人工授精所生子女应视为夫妻双方婚生子女，在离婚时，未抚养一方应支付抚养费。

【类案裁判一般规则】

夫妻关系存续期间，双方一致同意进行人工授精所生子女应视为夫妻双方婚生子女，在离婚时，未抚养一方应支付抚养费。

【典型参考案例索引】

主旨案例：广东广州中院(2013)穗中法民申字第247号“王某与张某解除同居关系纠纷案”，见《通过辅助生殖技术生育子女应经男女双方同意》(王芬)，载《人民司法·案例》(201414:4)。**其他案例：**①江苏南京秦淮区法院(2006)秦民一初字第14号“李某等诉郭某等继承纠纷案”，见《李某、郭某阳诉郭某阳、童某某继承纠纷案》，载《最高人民法院关于发布第10批指导性案例的通知》(20150415/10:50)；另见《李雪花、范洋诉范祖业、滕颖继承纠纷案》，载《最高人民法院公报·案例》(2006:457)；另见《李梅、郭重阳诉郭士和、童秀英继承纠纷案》(丁伟利、戴娟)，载《人民法院案例选》(200602:99)；另见《父亲可否单方否认人工授精所生子女的婚生子女权利?》(戴娟、丁伟利)，载《人民司法·案例》(200703:41)；另见《一方同意人工授精后又反悔，不影响受孕子女的法律地位》(赵学升、黄伟峰)，载《人民司法·案例》(200904:7)。②云南彝良法院(2013)彝民初字第479号“王某与周某等抚养费纠纷案”，见《与对方有共同生育意愿的精源提供者对人类辅助生殖所生子女有抚养义务》(胡波、洪明和)，载《人民司法·案例》(201414:8)。③北京丰台区法院(2009)民字第09513号“程天某诉程某抚养费纠纷案”，见《程天×诉程德×抚养费案(抚养费)》(乔学慧)，载《中国审判案例要览》(2010民:367)。④某基层人民法院1996年7月15日判决“某女诉某男离婚案”，见《人工授精子女抚养纠纷》，载《最高人民法院公报·案例》(1995—1999:544)。

63. 子女姓名与改名纠纷

——离婚带孩子,随便可改姓?

【子女姓名】

【案情简介及争议焦点】

1995年法院判决姚某与妻子姚昆某离婚,孩子由姚昆某抚养。1999年,姚某探视孩子时,得知姚昆某已将孩子姓名改姓马。姚某诉请恢复孩子原姓氏。

争议焦点:1. 改姓是否协商? 2. 应否恢复原姓氏?

【裁判要点】

1. 改姓未经协商。依法律规定,子女可以随父姓,也可以随母姓。姚昆某称将双方所生之子姓氏改为他姓,系征得姚某同意,对此姚某否认,姚昆某又无确凿证据予以证实,故姚昆某关于已协商一致的主张不成立。

2. 应当恢复姓氏。依最高人民法院《关于人民法院审理离婚案件处理子女抚养问题的若干具体意见》(已于2021年1月1日起废止)第19条规定,姚某有权要求姚昆某恢复其子原姓氏。

【裁判依据或参考】

1. 法律规定。《民法典》(2021年1月1日)第1012条:“自然人享有姓名权,有权依法决定、使用、变更或者许可他人使用自己的姓名,但是不得违背公序良俗。”第1014条:“任何组织或者个人不得以干涉、盗用、假冒等方式侵害他人的姓名权或者名称权。”第1015条:“自然人应当随父姓或者母姓,但是有下列情形之一的,可以在父姓和母姓之外选取姓氏:(一)选取其他直系长辈血亲的姓氏;(二)因由法定扶养人以外的人扶养而选取扶养人姓氏;(三)有不违背公序良俗的其他正当理由。少数民族自然人的姓氏可以遵从本民族的文化传统和风俗习惯。”第1016条:“自然人决定、变更姓名,或者法人、非法人组织决定、变更、转让名称的,应当依法向有关机关办理登记手续,但是法律另有规定的除外。民事主体变更姓名、名称的,变更前实施的民事法律行为对其具有法律约束力。”第1056条:“夫妻双方都有各自使用自己姓名的权利。”全国人大常委会《关于〈中华人民共和国民法通则〉第九十九条第一款、〈中华人民共和国婚姻法〉第二十二条的解释》(2014年11月1日):"……公民依法享有姓名权。公民行使姓名权属于民事活动,既应当依照民法通则第九十九条第一款和婚姻法第二十二条的规定,还应当遵守民法通则第七条的规定,即应当尊重社会公德,不得损害社会公共利益。在中华传统文化中,'姓名'中的'姓',即姓氏,体现着血缘传承、伦理秩序和文化传统,公民选取姓氏涉及公序良俗。公民原则上随父姓或者母姓符合中华传统文化和伦理观念,符合绝大多数公民的意愿和实际做法。同时,考虑到社会实际情况,公民有正当理由的也可以选取其他姓氏。基于此,对民法通则第九十九条第一款、婚姻法第二十二条解释如下:公民依法享有姓名权。公民行使姓名权,还应当尊重社会公德,不得损害社会公共利益。公民原则上应当随父姓或者母姓。有下列情形之一的,可以在父姓和母姓之外选取姓氏:(一)选取其他直系长辈血亲的姓氏;(二)因由法定扶养人以外的人扶养而选取扶养人姓氏;(三)有不违反公序良俗的其他正当理由。少数民族公民的姓氏可以从本民族的文化传统和风俗习惯。"

2. 最高人民法院司法解释及其他司法性文件/解读文章。最高人民法院《**关于适用〈中华人民共和国民法典〉婚姻家庭编的解释(一)**》(2021年1月1日　法释〔2020〕22号)第59条:"父母不得因子女变更姓氏而拒付子女抚养费。父或者母擅自将子女姓氏改为继母或继父姓氏而引起纠纷的,应当责令恢复原姓氏。"最高人民法院《**关于人民法院审理离婚案件处理子女抚养问题的若干具体意见**》(1993年11月3日　法发〔1993〕30号,已于2021年1月1日起废止)第19条:"父母不得因子女变更姓氏而拒付子女抚育费。父或母一方擅自将子女姓氏改为继母或继父姓氏而引起纠纷的,应责令恢复原姓氏。"最高人民法院《**关于变更子女姓氏问题的复函**》(1981年8月14日　〔81〕法民字第11号):"……傅家顺在离婚后,未征得陈森芳同意,单方面决定将陈昊彬的姓名改为傅伟继,这种做法是不当的。现在陈森芳既不同意给陈昊彬更改姓名,应说服傅家顺恢复儿子原来姓名。但婚姻法第十六条规定:'子女可以随父姓,也可以随母姓'。认为子女只能随父姓,不能随母姓的思想是不对的。因此而拒付子女抚养费是违反婚姻法的。如陈森芳坚持拒付抚养费,按照婚姻法第三十五条的规定,予以强制执行。对上述纠纷,不要作为新案处理,宜通过说服教育息讼,或以下达通知的方式解决。"最高人民法院《**关于子女姓氏问题的批复**》(1951年2月28日):"……报告所询子女的姓氏问题,在夫妻关系存续中依一般的情况是不会发生的;洵如来文所称,尽可以从民间习惯。如竟有此具体问题发生而父母双方不能达成协议时,自应以子女自己表示的意志为主。子女年幼尚无表示其自己意志的能力时,应从民间习惯,其出生时所用的姓氏不宜改变(将来户籍法有规定后从其规定)。如因离婚而引起对原生子女的姓氏争执,则按父母与子女的血亲关系并不因父母离婚而消灭;在离婚后不论子女随父或随母抚养,均不因以改变父母对原生子女依法律所应负担的抚养责任。父母所负的责任虽可因双方经济情况不同,或子女年岁的长幼而有所不同;但并不能因此说明抚养责任主要的属于哪一方面。浙江省院所提'子女年幼不能表示意思者,可暂从主要抚养责任为定',将姓氏依抚养责任而变更,这显然是不妥当的。我们认为父母离婚,除因协议变更子女姓氏或子女年已长成得以自己意志决定其从父姓或母姓外,并无使其子女改变原用姓氏的必要。"

3. 部门规章。公安部**《关于父母离婚后子女姓名变更有关问题的批复》**(2002年5月21日　公治〔2002〕74号):"……根据最高人民法院《关于变更子女姓氏问题的复函》(〔81〕法民字第11号)的有关精神,对于离婚双方未经协商或协商未达成一致意见而其中一方要求变更子女姓名的,公安机关可以拒绝受理;对一方因向公安机关隐瞒离婚事实,而取得子女姓名变更的,若另一方要求恢复子女原姓名且离婚双方协商不成,公安机关应予恢复。"司法部**《关于不同民族男女结婚后所生子女应属何族问题的复函》**(1953年6月15日):"……关于不同民族结婚后所生子女属于何族的问题,经与民族事务委员会联系,我们认为此种问题应根据群众一般习惯决定,在子女长大后,所属民族,应听其自行选择。"

4. 地方司法性文件。浙江温州中院民四庭**《关于贯彻执行〈婚姻法〉的指导意见》**(2009年5月1日)第20条:"男女双方离婚时,因子女姓氏变更而产生纠纷,可依以下情况处理:(一)父母均同意变更子女姓氏,该子女又在十周岁以下的,应予准许;(二)父母均同意变更子女姓氏,该子女在十周岁以上,应当征求本人意见。本人强烈反对的,应尊重子女本人对姓氏的选择权;(三)离婚后,一方因对方擅自将子女原来的姓氏改为对方的姓氏而产生的纠纷,人民法院不予受理。已经受理的,裁定驳回起诉;(四)父或母一方擅自将子女姓氏改为继母或继父姓氏而引起的纠纷,人民法院应当受理并作出判决,可责令恢复原姓氏。如一方不予履行,另一方可以凭人民法院生效判决直接到公安户籍管理机关办理姓氏变更手续。"上海高院**《关于审理抚育费、赡养费等案件若干问题的研讨纪要》**(1998年8月27日)第5条:"夫妻离婚后,一方因对方擅自将子女原来的姓改为对方的姓而提起诉讼的,人民法院不予受理;对于一方擅自将子女的姓氏改为继父(母)或他人的姓而提起诉讼的人民法院应予以受理。"

【参考类案】

2011年**江苏某姓名权纠纷案**,2003年,周某与曹某未婚同居期间生育一子,取名姓周,但未登记户口。2005年,法院判决孩子随曹某生活。2006年,曹某给孩子申报户口时取名姓曹。2007年,曹某结婚,丈夫姓刘,孩子重新改名姓刘。周某诉请改姓周。法院认为:同居关系解除后非婚生子女的姓名变更,应参照适用最高人民法院《关于人民法院审理离婚案件处理子女抚养问题的若干具体意见》(已于2021年1月1日起废止)第19条的规定,即"父母不得因子女变更姓氏而拒付子女抚育费。父或母一方擅自将子女姓氏改为继母或继父姓氏而引起纠纷的,应责令恢复原姓氏。"本案曹某擅自将非婚生子女改随父姓,违反了上述司法解释规定,应责令其改为原姓氏。对原姓氏的确定,应以公安机关初始登记的为准。此外,考虑到该非婚生子随母亲生活,随母姓更有利于其身心健康,也有利于其今后的生活、学习,故应判决应将孩子姓氏恢复为曹姓。

【典型类案实务要点】

1.**【离异一方擅自将抚养子女改姓,另一方可诉请恢复】**离异一方擅自将所抚养子女姓名变更的,另一方可依法诉请恢复原姓氏。

2.**【非婚生子女先后多次改姓,应以户籍初始登记为准】**父或母一方擅自将子女姓氏改为继母或继父姓氏而引起纠纷的,应以按公安机关初始登记为准,责令恢复原姓氏。

【类案裁判一般规则】

父母不得因子女变更姓氏而拒付子女抚育费。父或母一方擅自将子女姓氏改为继母或继父姓氏而引起纠纷的,应责令恢复原姓氏。

【典型参考案例索引】

主旨案例:云南昆明中院(2001)昆民终字第1514号"姚某诉姚昆某侵犯姓名权案",判决姚昆某将孩子姓氏改为父姓或母姓。见《姚鹏程诉姚昆云案》(余锋),载《中国审判案例要览》(2002民事:434)。**其他案例:**江苏泰州中院〔2011〕泰中民再终字第0004号"周某诉曹某探望权纠纷案",见《同居关系解除后非婚生子女的姓名变更》(王军强),载《中国法院年度案例:婚姻家庭与继承纠纷》(2013:116)。

64. 抚养费给付前提条件

——子女抚养费,该不该支付?

【抚养费用】

【问题提出】

夫妻双方因关系恶化而分居,一方抚养未成年子女,另一方对子女不问,子女可否请求另一方给付抚养费?

【处理意见】

1. 离婚非抚养费给付前提。抚养未成年子女是父母法定义务,法律并未规定离婚是主张抚养费前置条件,尽管夫妻双方未离婚,子女亦可追索抚养费。如双方最终离婚,既可要求法院对离婚后子女抚养问题作出处理,亦可要求另一方一并支付婚姻关系存续期间应给付的子女抚养费。

2. 子女可诉请给付抚养费。夫妻在婚姻关系存续期间采取分别财产制的,由于财产个人所有性质,夫妻需以各自财产履行自己抚养子女义务。在未约定实行分别财产制夫妻之间,双方在婚姻关系存续期间所得一般为夫妻共同财产,一方以自己收入抚养子女可视为另一方共同抚养,但在分居期间,夫妻财产实际上是处于分割状态,夫妻各自控制和支配着自己那部分财产,其财产状态与夫妻分别财产制或离婚后各自财产关系相似。如机械地理解法律,势必使一些当事人借此逃避自己应尽的法定抚养义务。父母对未成年子女抚养义务是无条件的、强制性的,解除婚姻关系并非父母给付子女抚养费前提,故法院应从未成年子女利益最大化原则出发,判决支持子女要求另一方支付抚养费诉请。

【裁判依据或参考】

1. 法律规定。《民法典》(2021年1月1日)第1085条:"离婚后,子女由一方直接抚养的,另一方应当负担部分或者全部抚养费。负担费用的多少和期限的长短,由双方协议;协议不成的,由人民法院判决。前款规定的协议或者判决,不妨碍子女在必要时向父母任何一方提出超过协议或者判决原定数额的合理要求。"

2. 最高人民法院司法解释及其他司法性文件/解读文章。最高人民法院《关于适用〈中华人民共和国民法典〉婚姻家庭编的解释(一)》(2021年1月1日 法释〔2020〕22 号)第 42 条:“民法典第一千零六十七条所称‘抚养费’,包括子女生活费、教育费、医疗费等费用。”第 43 条:“婚姻关系存续期间,父母双方或者一方拒不履行抚养子女义务,未成年子女或者不能独立生活的成年子女请求支付抚养费的,人民法院应予支持。”第 49 条:“抚养费的数额,可以根据子女的实际需要、父母双方的负担能力和当地的实际生活水平确定。”有固定收入的,抚养费一般可以按其月总收入的百分之二十至三十的比例给付。负担两个以上子女抚养费的,比例可以适当提高,但一般不得超过月总收入的百分之五十。无固定收入的,抚养费的数额可以依据当年总收入或者同行业平均收入,参照上述比例确定。有特殊情况的,可以适当提高或者降低上述比例。”最高人民法院吴晓芳法官**《关于婚姻家庭纠纷审理热点难点问答》**〔载《民事法律文件解读》2012 年第 5 辑(总第 89 辑)〕第 21 条:“当父母一方拒绝履行抚养义务时,未成年子女应由其法定代理人(父母另一方)代理诉讼。如果父母双方都不履行法定抚养义务时,应由谁代理其起诉主张抚养费?答:《婚姻法司法解释(三)》第三条规定:‘婚姻关系存续期间,父母双方或者一方拒不履行抚养子女义务,未成年的或者不能独立生活的子女请求支付抚养费的,人民法院应予支持。’也就是说,离婚并非子女主张抚养费的前置条件。从代理的角度考虑,代理包括委托代理、法定代理和指定代理,由于子女尚未成年,不是完全民事行为能力人,由其自己委托代理人显然不太现实;作为未成年子女法定代理人的父母又不履行抚养的义务,不能自己代理未成年子女与自己打官司;而指定代理是根据人民法院或者行政主管的指定而产生的代理关系,其主要适用于在社会生活或民事诉讼过程中需要代理人代为法律行为,却没有代理人或无法确认代理人的特殊情况。在这种情况下,人民法院或行政主管机关依据法律的授权指定公民或法人充当代理人。在指定代理中,代理人所享有的代理权,是由人民法院或指定机关指定的,与被代理人的意志无关。指定代理人没有充分理由,不得拒绝代理。因此,如果父母双方都不履行法定抚养义务时,人民法院可以指定实际照顾抚养未成年子女的人代理诉讼,比如孩子的爷爷奶奶、姥姥姥爷及其他近亲属,指定代理人可以代理未成年子女向其父母主张支付抚养费。”最高人民法院**《关于适用〈中华人民共和国婚姻法〉若干问题的解释(三)》**(2011 年 8 月 13 日　法释〔2011〕18 号,2021 年 1 月 1 日起废止)第 3 条:“婚姻关系存续期间,父母双方或者一方拒不履行抚养子女义务,未成年或者不能独立生活的子女请求支付抚养费的,人民法院应予支持。”最高人民法院民一庭**《民事审判实务问答(同居、事实婚姻问题)》**(2005 年 4 月)第 1 条:“男女因同居生活生下子女,女方因抚养费问题提出起诉如何确定案由?应为解除同居关系还是给付抚养费?答:《最高人民法院民事案件案由规定(试行)》规定:‘第一审法院立案时可根据当事人的起诉确定案由;当事人起诉的法律关系与实际诉争的法律关系不符时,结案时以法庭查明的当事人之间实际存在的法律关系作为确定案由的依据;当事人在同一起诉中涉及不同法律关系,如某一案件涉及主从合同关系的,根据主合同所涉及的法律关系确定案由,当事人仅因为从合同发生争议,按照从合同涉及的法律关系及当事人的争议确定案由'。同居期间所生育的子女为非婚生子女,《中华人民共和国婚姻法》第二十五条规定,非婚生子女与婚生子女享有同等的权利,不直接抚养非婚生子女的生父或生母,应负担子女的生活费和教育费等抚育费用。女方因抚养费问题提出起诉,双方争议的是抚育费的给付问题,涉及的是抚养的法律关系,应确定案由为抚育费纠纷;双方对抚养权发生争议的,应确定案由为抚养纠纷;如同居期间一方起诉'离婚'并要求对子女抚养作出处理的,应确定案由为解除同居关系。"最高人民法院民一庭**《民事审判实务问答(子女抚养问题)》**(2005年4月)第6条:"在离婚案件中,人民法院判决两婚生子女一随原告生活、一随被告生活时,因两子女年龄有差距,是否还要判决抚养较大子女一方补偿年龄差距部分的抚养费予另一方?答:父母与子女的关系,不因父母离婚而消除,离婚后,父母对子女仍有抚养和教育的权利和义务,子女无论由父或母直接抚养,仍是父母双方的子女。人民法院在当事人对子女抚育费的分担协议不成的情况下才依法作出判决。对于两子女年龄差距较大,判决原被告各自负担抚育子女的抚养费的情况,从公平角度出发,考虑双方的经济收入和负担能力等情况,结合当事人对抚育费分担的意见,人民法院可判决抚养较大子女一方补偿年龄差距部分的抚养费的一半予另一方。"最高人民法院**《关于适用〈中华人民共和国婚姻法〉若干问题的解释(一)》**(2001年12月27日 法释〔2001〕30号,已于2021年1月1日起废止)第20条:"婚姻法第二十一条规定的'不能独立生活的子女',是指尚在校接受高中及其以下学历教育,或者丧失或未完全丧失劳动能力等非因主观原因而无法维持正常生活的成年子女。"第21条:"婚姻法第二十一条所称'抚养费',包括子女生活费、教育费、医疗费等费用。"最高人民法院**《关于人民法院审理离婚案件处理子女抚养问题的若干具体意见》**(1993年11月3日 法发〔1993〕30号)第7条:"子女抚育费的数额,可根据子女的实际需要、父母双方的负担能力和当地的实际生活水平确定。有固定收入的,抚育费一般可按其月总收入的百分之二十至三十的比例给付。负担两个以上子女抚育费的,比例可适当提高,但一般不得超过月总收入的百分之五十。无固定收入的,抚育费的数额可依据当年总收入或同行业平均收入,参照上述比例确定。有特殊情况的,可适当提高或降低上述比例。"第14条:"《中华人民共和国收养法》施行前,夫或妻一方收养的子女,对方未表示反对,并与该子女形成事实收养关系的,离婚后,应由双方负担子女的抚育费;夫或妻一方收养的子女,对方始终反对的,离婚后,应由收养方抚养该子女。"最高人民法院副院长马原**《关于人民法院处理涉台民事案件的几个法律问题》**(1988年8月9日,已于2021年1月1日起废止)第3

条："关于抚养、赡养和收养问题。去台一方回大陆后，大陆一方向其索要已成年子女过去的抚养费用的，对这种请求人民法院原则上不予支持。因为支付子女的抚养费，是为了保证未成年子女的生活；现在子女已经成年了，就没有实际支付的必要了。抚养子女是夫妻双方的义务。夫妻双方都在，由夫妻双方共同承担这个义务；一方由于特殊原因未与子女共同生活或者无力尽抚养义务，则由另一方独自承担这个义务。因此，一方已经尽了全部抚养义务的，不能向对方主张追索抚养费。至于其他没有抚养、赡养义务的人，代替去台一方抚养了子女或者赡养了父母的，去台人员则应酌情补偿。去台人员返回大陆定居后，要求自己的子女承担赡养义务的，人民法院应当根据法律规定和子女的家庭经济状况尽可能给予解决。但是，去台人员的子女已被他人合法收养的，在收养关系解除之前，不承担对生父或者生母的赡养义务。被收养的子女因生父或者生母回大陆而要求解除收养关系，或者去台人员要求解除收养关系的，要根据养父母、养子女、生父母三方面关系的实际情况，慎重地处理。"最高人民法院**《印发〈处理涉台刑事申诉、民事案件座谈会纪要〉的通知》**（1988 年 8 月 5 日　法〔办〕发〔1988〕18 号，已于 2021 年 1 月 1 日起废止）第 3 条："……（三）关于抚养、赡养和收养问题。人民法院对去台一方来大陆后，大陆一方向其索要已成年子女过去的抚养费的，不予支持……"最高人民法院**《关于离婚时协议一方不负担子女抚养费经过若干时间他方提起要求对方负担抚养费的诉讼法院如何处理问题的复函》**（1981 年 7 月 30 日　〔81〕法民字第 09 号）："……据你院来文所述，男女当事人在民政部门登记离婚，对孩子抚养问题，当时以一方抚养孩子，另一方不负担抚养费达成协议。过若干时间（如一、两年）后，抚养孩子的一方以新婚姻法第三十条为依据，向法院提起要求对方负担抚养费用的诉讼。另一方则据原协议拒绝这种要求。人民法院应如何处理？我们认为：根据婚姻法第二十九条：'父母与子女间的关系，不因父母离婚而消除。离婚后，子女无论由父方或母方抚养，仍是父母双方的子女。''离婚后，父母对子女仍有抚养和教育的权利和义务。'和第三十条：'关于子女生活费和教育费的协议或判决，不妨碍子女在必要时向父母任何一方提出超过协议或判决原定数额的合理要求'的规定，抚养孩子的一方向法院提起要求对方负担抚养费用的诉讼，人民法院应予受理，并根据原告申述的理由，经调查了解双方经济情况有无变化，子女的生活费和教育费是否确有增加的必要，从而作出变更或维持原协议的判决。第二个问题。当事人邓森，因双方和孩子的情况发生了较大变化，要求改变原来对孩子抚养费部分的判决。我们同意你院的下述意见：即'邓森所提不是基于对原判不服的申诉，而是依据新情况提出诉讼请求。'因此，可由你院发交基层法院作新案处理。"

3. 地方司法性文件。江苏高院**《家事纠纷案件审理指南（婚姻家庭部分）》**（2019 年 7 月 18 日）第 15 条："主张给付抚养费的权利主体应当如何确定？婚姻关系存续期间主张给付抚养费的范围应当如何确定?主张给付抚养费是否适用诉讼时效?主张给付抚养费的权利属于未成年子女或者不能独立生活的成年子女。能够独立生活的成年子女主张父母给付其未成年期间应当负担的抚养费的,不予支持。夫妻双方均负有抚养未成年子女或者不能独立生活的成年子女的法定义务,不存在谁代谁抚养的问题,夫妻一方起诉另一方返还代为给付的抚养费的,一般不予支持。未成年子女或者不能独立生活的成年子女的祖父母、外祖父母、兄、姐或者其他人如果代替有抚养能力而未尽抚养义务的夫妻一方或者双方尽了抚养义务,主张夫妻一方或者双方返还代为给付的抚养费的,应予支持。婚姻关系存续期间主张给付抚养费的范围一般为当期费用和已经发生的费用,对于尚未发生的费用,可以待实际发生后另行主张权利。依照《中华人民共和国民法总则》第一百九十六条的规定,主张给付抚养费的请求权不适用诉讼时效。"四川成都中院**《二〇一七年全市法院民商事审判工作会会议纪要》**(2017 年 8 月 11 日)第 36 条:"当事人在离婚协议或离婚诉讼中,直接抚养未成年子女的一方当事人放弃提出抚养费要求的,在离婚协议或裁判文书生效后,又以子女的名义起诉请求另一方负担起诉前的抚养费的,是否应当支持?直接抚养未成年子女的一方当事人在离婚协议或离婚诉讼中明确放弃提出抚养费要求的,是一种自愿的负担行为,应当在当事人之间产生约束力。因此,夫妻一方在离婚后以子女名义向对方主张离婚后至其起诉前的抚养费的,人民法院不予支持。"北京高院民一庭**《关于审理婚姻纠纷案件若干疑难问题的参考意见》**(2016 年 8 月 4 日)第 10 条:"【抚养费的范围与计算】抚养费包括必要生活费、教育费、医疗费等费用,应主要根据当地实际生活水平和子女实际需要确定,也应当考虑父母实际负担能力。一方未经协商擅自支付必要费用之外的生活费、教育费、医疗费等费用,要求另一方分担的,人民法院一般不予支持。补课费、课外兴趣培养费等超出国家规定的全日制教育费用之外的教育性支出,应根据客观教育环境、收入情况、支出数额等因素确定是否属于必要教育费。抚养费计算时依据的月总收入,系指税后年总实际收入按月均计算的实际收入,包括住房公积金、年终奖、季度奖等实际收入在内。"浙江高院民一庭**《关于印发〈关于审理婚姻家庭案件若干问题的解答〉的通知》**(2016 年 6 月 27 日 浙高法民一〔2016〕2 号)第 16 条:"离婚时,双方约定或直接抚养子女一方承诺不要求另一方负担子女抚养费。此后,直接抚养子女一方以子女名义起诉,要求对方给付抚养费,如何处理?答:离婚时双方约定或直接抚养子女一方承诺不要求另一方负担子女抚养费,此后又以子女名义起诉,要求对方给付抚养费的,一般不予支持。但具有直接抚养子女一方经济状况发生不利变化不足以维持子女当地一般生活水平,或者子女生活、教育、医疗等费用确有增加等正当情形的,根据《最高人民法院关于人民法院审理离婚案件处理子女抚养问题的若干具体意见》第 18 条规定精神,可判决另一方给付抚养费。”广东深圳中院《**关于婚姻家庭纠纷案件的裁判指引(2014修订)**》(2014年5月21日)第44条:“离婚诉讼中,夫妻一方以另一方长期拒付抚养费为由请求另一方支付起诉前的抚养费的,人民法院不予支持,但有证据证明夫妻确实已分居的除外。当事人在离婚诉讼中放弃提出抚养费请求,离婚判决书也未明确抚养费负担,离婚判决生效后,直接抚养方以子女名义起诉请求另一方负担离婚判决后至其起诉前的抚养费的,人民法院不予支持。当事人在离婚协议中仅约定子女由一方抚养,放弃抚养费请求权,一方在协议离婚后以子女名义起诉请求另一方负担协议离婚后至其起诉前的抚养费的,人民法院不予支持。当事人在离婚协议中已经约定抚养费数额,不直接抚养子女的一方未履行给付义务,另一方以子女名义起诉请求该方负担抚养费的,人民法院应予支持;但协议已经明确约定抚养费给付期限,对于当事人超过诉讼时效的主张,人民法院不予支持。说明:第四十四条是对离婚案件中的抚养费和抚育费纠纷案件中的诉讼时效如何处理的裁判指引。各国对诉讼时效的适用范围,大致有两种模式:一种是请求权模式,即诉讼时效适用于所有的请求权,如《德国民法典》,该法典第194条规定:‘对于他人之作为或不作为的请求权,罹于时效。’另一种模式是债权模式,即诉讼时效仅适用于债权,其代表是《瑞士债务法》,该法第127条规定:‘在联邦法律无特别规定时,一切债权因10年而罹于时效。’我国对此没有明确规定。但抚养问题与身份关系密不可分,基于身份关系的抚养费请求权是否适用诉讼时效存在较大争议。本条根据审判实践出现的具体情况分别规定处理方法,暂时摈弃争议的理论问题,统一实务处理方法。我们认为,婚姻关系存续期间父母均有抚养教育子女的义务,抚养的方式亦不限于给付抚养费,还有劳务付出、教育等,因此婚姻关系存续期间请求抚养费的,原则上不予支持,但如果双方已经明确分居而不与子女共同生活的一方拒不履行抚养义务的,可以酌情判决抚养费。《婚姻法》第37条规定离婚后不直接抚养子女一方有负担抚养费的义务,但在抚养费数额未确定(包括协商不成、离婚协议未约定、离婚判决未处理)的情况下,直接抚养一方应依据《婚姻法》第37条的规定判决抚养费数额,但不应判决当事人承担起诉前的抚养费。离婚协议已经明确抚养费数额的,不直接抚养一方自数额确定之后有给付义务,但双方已经约定给付期限时,双方已经形成确定的债权债务关系,与身份关系相对分离,则应受诉讼时效限制。”第45条:“生父与继母或生母与继父离婚时,对于曾受双方抚养教育的继子女的抚养权有争议的,原则上仍由其生父母抚养,生父母主张继父母支付抚养费的,双方有协议的按协议处理,双方没有协议的,人民法院不予支持。说明:第四十五条是对继父母离婚后有关抚养费给付问题的裁判指引。《最高人民法院关于人民法院审理离婚案件处理子女抚养问题的若干具体意见》第十三条规定,生父与继母或生母与继父离婚时,对曾受其抚养教育的继子女,继父或继母不同意继续抚养的,仍应由生父母抚养。但对继父或继母是否需要支付抚养费没有明确规定,我们倾向认为,如果夫妻双方没有特别约定,继父或继母在离婚后无需负担非亲生子女的抚养费。”安徽淮南中院**《关于审理离婚纠纷案件若干问题的指导意见》**(2014 年 3 月 13 日)第 12 条:“子女抚育费的给付数额,可根据子女的实际需要,父母双方的负担能力和当地的实际生活水平确定。具体可按照以下原则确定:(一)有固定收入的,抚育费一般可按其月总收入的百分之二十至三十的比例给付。负担两个以上子女抚育费的,比例可适当提高,但一般不得超过月总收入的百分之五十;(二)无固定收入的,抚育费的数额可依据当年总收入或同行业平均收入,参照上述比例确定;(三)有特殊情况的,可适当提高或降低上述比例。但不得过分高于或低于当地实际生活水平。”安徽滁州中院**《关于审理婚姻家庭纠纷案件座谈会纪要》**(2013 年 8 月 2 日)第 6 条:“不实际抚养子女的一方,给付抚养费的标准原则不超过其收入的 20% -30% 。农村居民无法提供其实际收入状况证明的,可参照本省农、林、牧、渔业在岗职工平均工资计算。”第 14 条:“离婚诉讼中,夫妻一方以另一方长期拒付抚养费为由,请求另一方支付起诉前的抚养费的,不予支持。但有证据证明夫妻确实已经分居的除外。如用夫妻共同财产支付子女抚养费,该请求不予支持。当事人在离婚诉讼中未提出抚养费请求,离婚判决书也未明确抚养费负担,离婚判决生效后,直接抚养方以子女名义起诉,请求另一方负担离婚判决后至其起诉前的抚养费的,不予支持。当事人在离婚协议中仅约定子女由一方抚养,未约定另一方负担抚养费,一方在协议离婚后以子女名义起诉,请求另一方负担协议离婚后至其起诉前的抚养费的,不予支持。”广东高院**《全省民事审判工作会议纪要》**(2012 年 6 月 26 日 粤高法〔2012〕240 号,2021 年 1 月 1 日起废止)第 66 条:“对子女的抚养费应根据父母生活所在地(城镇或农村)的标准确定,具体数额应依据最高人民法院《关于人民法院审理离婚案件处理子女抚养问题的若干具体意见》第 7 条和最高人民法院《关于适用〈中华人民共和国婚姻法〉若干问题的解释(一)》第二十一条的规定确定。”江苏高院**《婚姻家庭案件审理指南(2010 年)》**(2010 年 5 月 18 日)第 8 章:“……子女抚养费问题。《婚姻法》第三十七条规定:‘离婚后,一方抚养的子女,另一方应负担必要的生活费和教育费的一部或全部,负担费用的多少和期限的长短,由双方协议;协议不成时,由人民法院判决。关于子女生活费和教育费的协议或判决,不妨碍子女在必要时向父母任何一方提出超过协议或判决原定数额的合理要求。’这是对离婚后子女抚养费的规定,《婚姻法解释三》再次明确了‘婚姻关系存续期间,父母双方或一方拒不履行抚养子女义务的,未成年子女或不能独立生活的子女请求支付抚养费的,人民法院应予支持。’上述两条规定相结合,更为有利的保护了子女的合法权益。至于子女抚养费的确定应以满足子女生活和教育需要为着眼点,结合父母双方的负担能力和当地的实际生活水平确定。(一)子女抚养费数额的确定。根据《婚姻法解释一》第二十一条的规定,抚养费包括子女生活费、教育费、医疗费等费用。根据《离婚子女抚养意见》第七条的规定,确定子女抚养费数额区分以下几种情形:1. 有固定收入的,抚养费一般可按其月总收入的20%至30%的比例给付。负担两个以上子女抚养费的,比例可适当提高,但一般不得超过月总收入的50%;2. 无固定收入的,抚养费的数额可依据当年总收入或同行业平均收入,参照上述比例确定;3. 有特殊情况的,可适当提高或降低上述比例。”广东广州中院**《民事审判若干问题的解答(婚姻家庭部分)》**(2010年4月)第5条:“关于抚养费的给付期限,表述为‘直至十八周岁时止’,还是‘直至独立生活时止’? 答:根据最高人民法院《关于人民法院审理离婚案件处理子女抚养问题的若干具体意见》第十一条的规定:‘抚育费的给付期限,一般至子女十八周岁为止。十六周岁以上不满十八周岁,以其劳动收入为主要生活来源,并能维持当地一般生活水平的,父母可停止给付抚育费。’结合上述规定,从便于执行出发,抚养费的给付期限宜表述为‘直至十八周岁时止’。”湖南常德中院民一庭**《关于当前民事审判工作中应当注意的几个问题》**(2008年8月7日)第2条:“……子女抚养费给付标准及给付方式。在审理离婚案件时,要将子女抚养费的数额和给付方式作为审理的一个重要内容,当事人能形成一致意见的,按意见处理。不能达成协议的,对于子女抚养费的给付标准,根据最高人民法院《关于人民法院审理离婚案件处理子女抚养问题的若干具体意见》(法发〔1993〕30号)和最高人民法院《关于适用〈中华人民共和国婚姻法〉若干问题的结实(一)》的规定,按负有给付义务一方收入的20%-30%给付。负担两个以上子女抚养费用的,比例可适当提高,但一般不超过月总收入的50%,无固定收入的,抚养费的数额可依据当年总收入的或同行业平均收入,参照上述比例确定,有特殊情况的,可适当提高或降低上述比例,但不应低于我市每年公布的最低生活标准……”山东济南中院**《关于当前民商事审判若干法律适用问题的解答(五)》**(2007年11月9日　济中法发〔2007〕14号)第1条:“关于婚姻家庭纠纷中子女抚养费、夫妻之间扶养费及赡养费的月负担额度问题。(1)关于婚姻家庭纠纷中子女的抚养费,有明确的审理根据。《最高人民法院关于人民法院审理离婚案件处理子女抚养问题的若干具体意见》第7条规定:‘子女抚育费的数额,可根据子女的实际需要、父母双方的负担能力和当地的实际生活水平确定。有固定收入的,抚育费一般可按其月总收入的百分之二十至三十的比例给付。负担两个以上子女抚育费的,比例可适当提高,但一般不得超过月总收入的百分之五十。无固定收入的,抚育费的数额可依据当年总收入或同行业平均收入,参照上述比例确定。有特殊情况的,可适当提高或降低上述比例。’对上述规定,应当遵照执行。在法定幅度内,审判人员可以行使一定的自由裁量权。另外需注意的是,修订后的《婚姻法》第二十一条第二款规定:‘父母不履行抚养义务时,未成年的或不能独立生活的子女,有要求父母付给抚养费的权利。'据此,司法解释中'抚育费'的表述方式现应改为'抚养费'……"上海高院**《婚姻家庭纠纷办案要件指南(二)》**(2005年10月14日　沪高法民一〔2005〕18号)第3条:"父母双方可就非直接抚养方负担抚养费的多少、支付期限、支付方式、出现问题的处理方法等协商达成协议;协议不成或协议不予准许时,由人民法院从保护子女合法权益、有利于子女健康成长出发,根据子女的实际需要、父母双方的负担能力和当地的生活水平依法作出判决。〔说明〕离婚后,无论子女随父或母生活,另一方应负担必要的生活费和教育费。父母经平等协商,可就抚养费的相关问题达成明确、具体的协议,不损害子女的合法权益的,应予准许。由于抚养费协议关系到下一代的健康成长,因此,在父母达成一致协议的基础上,法院仍具有审核的义务,如果协议不利于子女的,不应准许。协议不成或不予准许时,法院应根据双方的经济状况、子女的实际需要、当地的生活、教育水平等确定。"上海高院**《民事法律适用问答》**(2002年第2期)第5条:"未成年人请求支付抚育费的,是否应当受诉讼时效限制?答:法律要求义务人向未成年人支付抚育费的目的,是为了维持未成年人的基本生活,维护未成年人的生存权。而且,考虑到未成年人往往都处于弱势地位的社会现实,有必要给予其特殊保护。因此,在其未具备完全行为能力以前,请求义务人支付抚育费的,不受诉讼时效的限制;在其已经具备完全民事行为能力后提出追索请求的,则应当受诉讼时效的限制。"上海高院**《关于印发〈几类民事案件的处理意见〉的通知》**(1999年9月27日　沪高法〔1999〕528号)第3条:"抚育费的给付期限,应计算至子女十八周岁止。抚育费的给付期限,应计算至子女十八周岁止。在校就读的成年子女,其父母确无给付能力,本人又能通过申请助学贷款等方式维持正常生活和学习的,其父母可以不再承担其生活费、教育费。成年子女有独立生活能力和条件,没有特殊情况而要求父母给付生活费的,人民法院可不予支持。离婚诉讼涉及未独立生活具有完全独立生活能力的成年子女生活教育所需要费用的,应由成年子女起诉,不应合并审理。"第6条:"……2. 婚姻家庭纠纷中的有关问题夫妻分居期间子女抚养费的给付问题。夫妻分居,但在法律上婚姻关系仍然存续,双方的收入仍然是夫妻共同财产,子女抚育费应当在共同财产中支出,但是实践中负责照顾子女的一方常常无法从另一方手中得到子女抚育费,这样离婚时照顾子女方就会提出要求对方补付分居期间未付的子女抚育费。我们认为,人民法院可以根据当时子女的生活教育需要确定一个抚育费标准,然后按分居时间,由未付方用分割所得财产抵偿另一方,不足以抵偿的,可以通过形成债权的方式加以解决。离婚后子女的抚育费数额由人民法院依据子女的实际需要另行酌定。如果夫妻分居一段时间后,又和好的,一方起诉要求对方补付分居期间未付的抚育费,人民法院一般不予支持。"北京高院**《关于印发〈关于处理婚姻案件中子**

女抚育、财产分割及住房安置问题的几点意见〉的通知》（1990年8月30日 京高法字〔1990〕第161号）第1条：“……4. 子女抚养费的数额，应根据子女的实际生活、学习需要，父母的收入情况和当地群众的一般生活水平综合考虑，予以确定。根据我市人均生活水平状况，父母离婚后，一名未成年子女的抚养费可掌握为每月一般不低于70元，对于父母收入偏低，按上述标准给付确有困难的，在确定子女抚养费的数额时，可根据实际情况酌情减少。在确定父母双方各自应承担的子女抚养费数额时，不直接抚养子女的一方承担的抚养费数额，也可以高于直接抚养一方所承担的抚养费数额。”北京高院**《对审理离婚案件适用法律政策的几点意见》**（1986年8月12日）第2条：“……子女抚育费，应当根据子女的实际生活需要，父母的经济状况和当地生活水平决定。根据本市实际情况，城市一个未成年子女每月的抚育费一般为四十元左右。离婚后应当根据男女双方经济状况确定各方负担子女抚育费的数额。在农村、子女抚育费的标准一般不应低于当地农民人均生活水平……”

【参考类案】

①2015年**上海某抚养费纠纷案**，2008年4月，刘某与徐某结婚。同年5月，徐某与尹某就非婚生女儿殷某抚养达成协议，约定徐某每月支付殷某2万元抚养费。2014年7月，生效判决确认该协议有效。同年12月，刘某以前述生效判决侵犯其夫妻共同财产权为由，诉请撤销。徐某每月收入超过12万元。法院认为：诉争抚养费费用多少和期限长短，系先由父母双方协议，协议不成时再由法院判决。本案中徐某对于支付殷某抚养费费用和期限均已明确作出承诺，原审法院在审查双方当事人陈述、提供的证据、徐某收入等材料后，确认徐某应按其承诺内容履行，据此判决徐某按每月2万元标准支付抚养费到殷某20周岁时止，该判决内容并无不当。父母对未成年子女有法定抚养义务，非婚生子女享有与婚生子女同等的权利，不直接抚养非婚生子女的生父或生母，应负担子女生活费和教育费，直至子女能独立生活为止。虽然夫妻对共同所有财产有平等处理权，但夫或妻亦有合理处分个人收入权利，不能因未与现任配偶达成一致意见即认定支付的抚养费属侵犯夫妻共同财产权，除非一方支付的抚养费明显超过其负担能力或有转移夫妻共同财产行为。本案中，虽然徐某承诺支付的抚养费数额确实高于一般标准，但在父母经济状况均许可情况下，均应尽责为子女提供较好生活、学习条件。徐某承诺支付的抚养费数额一直在其个人收入可承担范围内，且徐某近几年收入情况稳中有升，支付殷某抚养费在其收入中所占比例反而下降，不存有转移夫妻共同财产行为，故应认定徐某就支付殷某抚养费数额和期限所作承诺，并未侵犯刘某夫妻共同财产权，判决驳回刘某诉请。

②2012年**江苏某抚养费纠纷案**,1996年8月,黄某与周某在舞厅相识并发生两性关系。1997年6月,黄某生下顾某。2008年1月,经鉴定,顾某与周某存在亲生血缘关系。顾某诉请周某承担抚养费。法院认为:父母对子女有抚养义务,未成年子女有要求父母付给抚养费权利。顾某系周某非婚生女,非婚生子女享有与婚生子女同等权利,任何人不得加以危害和歧视。不直接抚养非婚生子女的生父,应承担子女生活费和教育费,直至子女能独立生活为止。周某系顾某生父,理应承担对顾某抚养义务。法律要求义务人向未成年人支付抚养费目的,是维持未成年人基本生活,维护未成年人生存权。请求支付抚养费是权利人基于身份关系产生的请求权,与生存权息息相关,属基本人权范畴。诉讼时效设立,系为规定请求权若干年不行使而消灭,系为交易安全,维护社会秩序。身份权虽亦涉及一定财产权益,但身份权毕竟是人格利益延伸,且其主要还是身份利益,故基于身份请求权,不受诉讼时效限制,周某提出之前不清楚顾某存在,且顾某生母11年来未主张抚养费,已超过诉讼时效观点,法院不予采纳。《婚姻法》所称抚养费,包括子女生活费、教育费、医疗费等费用,故顾某要求的抚养费当然包括了生活费、教育费、医疗费等费用。综上,周某应承担对顾某的抚养义务。关于抚养费数额,有固定收入的一般按其月总收入20% ~30%比例给付,考虑到周某已结婚,并育有一子,故法院酌情认定周某应承担顾某1997年6月至2008年1月抚养费每月人民币280元;2008年2月起承担抚养费每月人民币360元,直至顾某独立生活为止。顾某从出生起即跟随生母黄某生活,改变生活环境可能对其造成不利,故顾某仍应由生母黄某继续抚养。

③2011年**广东某抚养费纠纷案**,1994年,李某母亲与他人婚姻关系存续期间与内地欧某发生关系并生下李某。2010年,随母居住、生活在香港的李某诉请欧某一次性支付其至18岁的抚养费。法院认为:因李某系香港居民,本案为涉港抚养费纠纷。《涉外民事关系法律适用法》第29条规定:“扶养,适用一方当事人经常居所地法律、国籍国法律或者主要财产所在地法律中有利于保护被扶养人权益的法律。”香港特别行政区《未成年人监护条例》规定:“该未成年人的父亲或向该申请人支付一笔款项的命令;该笔款项(不论是整笔或分期支付)乃用以应付该未成年人的当前及非经常需要,或用以应付此命令发出前因赡养该未成年人而合理招致的债务或支出,或用以应付上述两者,款额为法院于顾及该名父亲或母亲的经济状况后认为合理者。”《婚姻法》第21条第2款规定:“父母不履行抚养义务时,未成年的或不能独立生活的子女,有要求父母付给抚养费的权利。”最高人民法院《关于人民法院审理离婚案件处理子女抚养问题的若干具体意见》(已于2021年1月1日起废止)第7条规定:“子女抚养费的数额,可根据子女的实际需要、父母双方的负担能力和当地的实际生活水平确定。”由于香港与内地法律关于被抚养人抚

养费规定基本一致，故本案可适用内地法律。确定李某抚养费标准，应参照李某在香港的实际生活开支及欧某支付能力。李某在起诉前的抚养费实际由李某母亲负担，李某母亲是追索此前抚养费的权利主体，因此本案原告李某无权主张起诉前欧某应负担的抚养费。从欧某过户至他人名下的财产状况来看，欧某有能力一次性支付9万余元，判决欧某一次性支付李某抚养费9万余元。

④2010年**江苏某抚养纠纷案**，2009年，张某作为法定代理人，代理8岁重病儿子巢某起诉巢某父，要求支付医疗、生活等抚养费共50万余元，巢某父以夫妻感情不和、张某不同意做亲子鉴定、已支付5万元为由抗辩。法院认为：亲子鉴定与夫妻双方、子女和他人人身关系和财产关系等密切相关，对此应从保护妇女、儿童合法权益角度出发，区别不同情况予以处理。本案中，在巢某生病治疗期间，张某与巢某父关系虽不融洽，但双方婚姻关系仍然存续，且巢某又系未成年人，在目前巢某疾病尚未治愈情况下，巢某父要求对巢某进行亲子鉴定有悖情理。夫妻一方主张亲子关系不存在，并申请亲子鉴定，须以提供必要证据予以证明为前提。本案中，巢某父并未提供必要证据予以证明，应推定巢某与巢某父之间存在亲子关系。张某与巢某父结婚后，双方各自收入各自保管、使用，虽未约定财产相互独立，但双方对另一方经济收入均不清楚，而张某为治疗巢某疾病已承担了较多责任，故巢某要求巢某父承担抚养费理由恰当。巢某父对巢某服用保健品、就医期间租房等事宜是明知的，也与其治疗行为相关联。同时，张某随行照料巢某治疗期间需要一定的时间休息，另行请护工照料符合情理。夫妻双方对子女均有抚养教育义务，正如巢某父承担抚养费用并不能免除张某对巢某陪护、照顾义务一样，虽然张某对巢某治疗付出较多精力，但并不能当然免除其承担巢某医疗费等抚养义务，判决巢某父给付巢某抚养费21万余元。

⑤2005年**福建某抚育费纠纷案**，2004年4月，父、母分居，女随母住。母系下岗职工，每月领220元失业金。同年12月，女诉请身为教师的父给付抚养费。法院认为：女系父、母婚生女，父、母分居期间，双方仍对女负有抚育义务。因双方分居时女年龄尚小，随母共同生活，母系下岗职工，每月仅220元失业金，显然难以维持母女生活所需。作为一名教师，父有固定工资收入，应支付给女相应抚育费。依《未成年人保护法》(1991年)第8条、《婚姻法》第21条及参照最高人民法院《关于人民法院审理离婚案件处理子女抚养问题的若干具体意见》(已于2021年1月1日起废止)第7条规定，并结合当地实际生活水平，判决父从分居之日起补偿给付女抚养费1250元，并从2005年1月起按月支付260元抚养费。

⑥2001年**福建某抚养纠纷案**，1987年，黄某生母与邹某相识相恋。1993年，双方诉讼时，黄某生母承诺终止妊娠，邹某据此补偿手术费用1500元。但黄某生母事后偷偷生下黄某，2000年，黄某诉请邹某支付自出生至其18岁止的生活、教育

费。法院认为:对黄某出生这一不以人的意志为转移的法律事实发生,邹某与黄某法定代理人不论主观上愿望如何,均因此行为产生抚养义务,黄某所诉要求邹某支付抚养、教育费请求应予支持。依最高人民法院《关于人民法院审理离婚案件处理子女抚养问题的若干具体意见》(已于2021年1月1日起废止)第7条规定,抚养费具体数额应以抚养义务人收入为依据,按一定比例负担,具体为20%至30%,有特殊情况的可适当降低或提高上述比例。本案中,黄某生母无职业,生父邹某系企业职工,收入相对不稳定。邹某已成家并有一子,其妻无职业,在考虑黄某抚养条件时,不应以牺牲邹某婚生子抚养条件为代价,而应两者兼顾,由邹某负责保障黄某当地最低生活保障水平,由黄某生母在维持生存的劳动中适当提高黄某生活水平,同时又基本上维持邹某婚生子正常生活,这是在合法基础上较为合理的处分,并非在黄某与邹某婚生子之间存在歧视和保护,而是一种公平处理方法,黄某生存权不能受歧视,邹某婚生子生存权亦属无辜,故确定邹某每月支付黄某抚养、教育费200元。黄某在出生8年后才由其法定代理人提出诉讼,其间其抚养费完全由生母承担,但就黄某而言,其受抚养、教育权利并未遭受侵犯,故其向邹某主张此期间抚育费,应不予支持。判决邹某自黄某起诉之日起,每月负担黄某生活费、教育费200元,直至黄某能独立生活为止。

【典型类案实务要点】

1.**【解除婚姻关系,非父母给付未成年子女抚养费前提】**父母对未成年子女抚养义务是无条件的、强制性的,解除婚姻关系并非父母一方应否给付子女抚养费的前提条件。

2.**【未成年子女追索抚养费诉讼,不适用诉讼时效规定】**抚养请求权具有身份属性,涉及公序良俗与未成年人生存权保障,不应适用诉讼时效规定;对于请求权人已具有行为能力,请求支付18岁之前的抚养费的,可适用诉讼时效的规定。

3.**【涉港抚养费纠纷,应选择有利于保护儿童利益法律】**涉港抚养费纠纷,应按《民事关系法律适用法》选择有利于保护被抚养人权益法律,同时按儿童利益最大化原则适用准据法。

4.**【夫妻分居,但未离婚,未成年子女仍可主张抚养费】**夫妻分居但未离婚,未成年子女仍可向不直接抚养的一方主张抚养费,该权利主张并不以先行解决抚养权为条件。

5.**【非婚生子女抚养费确定,以抚养义务人收入为依据】**对非婚生子女抚养、教育费确定,应以抚养义务人收入为依据,按一定比例负担,具体为20%至30%,有特殊情况的可适当降低或提高上述比例。

6.**【夫妻一方向非婚生子女支付抚养费,亦属法定义务】**虽然夫妻对共有财产有平等处理权，但夫或妻亦有合理处分个人收入的权利，不能因未与现任配偶达成一致意见即认定一方向非婚生子女支付的抚养费属于侵犯夫妻共同财产权，除非一方支付的抚养费明显超过其负担能力或有转移夫妻共同财产行为。

7.【**婚姻关系存续期间，子女亦可诉请父母支付抚养费**】婚姻关系存续期间，父母双方或一方拒不履行抚养子女义务，未成年或不能独立生活的子女请求支付抚养费的，法院应予支持。

【类案裁判一般规则】

离婚后，子女由一方直接抚养的，另一方应负担部分或全部抚养费。负担费用多少和期限长短，由双方协议；协议不成的，由法院根据双方经济状况、子女实际需要、当地生活、教育水平等因素判决。

【典型参考案例索引】

主旨案例：见《离婚并不是主张子女抚养费的前置条件》（《民事审判指导与参考》研究组），载《民事审判指导与参考·民事审判信箱》（200804/36：276）。**其他案例：**①上海一中院（2015）沪一中民一（民）撤终字第1号"刘某诉徐某等抚养费纠纷案"，见《刘青先诉徐飚、尹欣怡抚养费纠纷案》，载《最高人民法院公报·案例》（201607/237：46）。②江苏苏州中院（2008）苏中少民终字第0057号"顾某诉周某抚养费纠纷案"，见《未成年非婚生子女追索抚养费是否应适用诉讼时效》（林丰、鞠琳），载《民事审判指导与参考·地方法院典型案件解析》（201201/49：200）；另见《顾丽红诉周××抚养费案（子女抚养费负担诉讼时效）》（徐侃、鞠琳、胡浩亮），载《中国审判案例要览》（2009民：458）；另见《未成年非婚生子女追索抚养费的诉讼时效》（鞠琳、胡浩亮、陆剑萍），载《人民司法·案例》（200924：82）。③广东中山中院（2011）中中法民一终字第776号"李某与欧某等抚养费纠纷案"，见《李敏等诉区某抚养费案》（牛庆利），载《中国审判案例要览》（2012民：414）。④江苏镇江中院（2010）镇民终字第0500号"巢某诉巢某父抚养费纠纷案"，见《巢某某在父母婚姻关系存续期间诉巢涯云抚养费纠纷案》，载《江苏省高级人民法院公报》（201105/17：38）。⑤福建宁德中院（2005）宁民终字第128号"黄某与某黄某父抚育费纠纷案"，见《黄若秋诉黄俊程抚育费案（抚育费）》（叶帮岩、龚继坚），载《中国审判案例要览》（2006民：474）。⑥福建三明中院（2001）三民终字第409号"黄某与邹某抚养纠纷案"，见《黄小妹诉邹先金案（离婚、抚养）》（黄伟），载《中国审判案例要览》（2002民：543）。

65. 抚养费用之教育费用

——孩子已成年,学费还供他?

【教育费用】

【问题提出】

在校读书子女是否均可要求父母支付生活费?

【处理意见】

1. 一般原则。依最高人民法院《关于人民法院审理离婚案件处理子女抚养问题的若干具体意见》(已于2021年1月1日起废止)第12条规定,不能独立生活的成年子女请求支付抚养费的三种情形是:丧失劳动能力或虽未完全丧失劳动能力,但其收入不足以维持生活的;尚在校就读的;确无独立生活能力和条件的。由于该法条并未对在校就读的学历教育范围作出区分,故成年子女只要在校就读,即应依该条请求父母支付抚养费。但这显然与学历教育现状不符。我国现有学历教育主要有以下几种形式:普通全日制小学、初中、高中以及大学本科、硕士和博士教育;相当于普通高中等级的职业高中、中等专业学校和技工学校等教育;相当于大学本科教育等级的自学考试、成人教育和网络大学等教育。其中参加自学考试、成年教育和网络大学等教育形式的成年子女本身就不需要全日制在校就读,可通过自己劳动收入养活自己,不属于无独立生活能力范畴。即便在全日制大学就读的成年子女亦完全可通过助学金、奖学金、助学贷款和校内勤工俭学等形式独立完成学业。可见,对上述情形中的子女一般无必要支持其有关抚养费请求。

2. 特殊情况。最高人民法院《关于适用〈中华人民共和国婚姻法〉若干问题的解释(一)》(已于2021年1月1日起废止)第20条对不能独立生活的成年子女进一步限制规定为两种情形:该成年子女还在校接受高中及其以下学历教育;因丧失或未完全丧失劳动能力等客观原因无法维持正常生活。由此可见,在校就读子女有权请求抚养费前提是未满18周岁,或虽满18周岁但还在接受高中及其以下学历教育。此处高中学历教育一般指普通全日制高中学历,亦包括职业高中、中等专业学校和技工学校等级别相当于普通高中学历的学历教育,但不包括普通高校、自学考试、成人教育和网络大学教育等学历教育。因此,已参加普通高校、自学考试、成人教育和网络大学教育等学历教育的子女,原则上不能请求父母支付抚养费。

相应地，在校就读子女有权请求父母支付抚养费情形有三：一是年龄未满 18 周岁的未成年人；二是年满 18 周岁仍在普通全日制高中、职业高中、中等专业学校和技工学校等学校就读的；三是该成年子女虽在校就读，但已丧失或未完全丧失劳动能力，无法维持正常生活的。

【裁判依据或参考】

1. 法律规定。《民法典》（2021 年 1 月 1 日）第 1067 条："父母不履行抚养义务的，未成年子女或者不能独立生活的成年子女，有要求父母给付抚养费的权利。成年子女不履行赡养义务的，缺乏劳动能力或者生活困难的父母，有要求成年子女给付赡养费的权利。"第 1085 条："离婚后，子女由一方直接抚养的，另一方应当负担部分或者全部抚养费。负担费用的多少和期限的长短，由双方协议；协议不成的，由人民法院判决。前款规定的协议或者判决，不妨碍子女在必要时向父母任何一方提出超过协议或者判决原定数额的合理要求。"

2. 最高人民法院司法解释及其他司法性文件/解读文章。最高人民法院**《关于适用〈中华人民共和国民法典〉婚姻家庭编的解释（一）》**（2021 年 1 月 1 日　法释〔2020〕22 号）第 41 条："尚在校接受高中及其以下学历教育，或者丧失、部分丧失劳动能力等非因主观原因而无法维持正常生活的成年子女，可以认定为民法典第一千零六十七条规定的'不能独立生活的成年子女'。"第 42 条："民法典第一千零六十七条所称'抚养费'，包括子女生活费、教育费、医疗费等费用。"第 53 条："抚养费的给付期限，一般至子女十八周岁为止。十六周岁以上不满十八周岁，以其劳动收入为主要生活来源，并能维持当地一般生活水平的，父母可以停止给付抚养费。"最高人民法院**《"关于出台司法解释，加强对子女权益保护建议"的答复》**（2014 年 3 月 28 日）："……网民提出应出台司法解释，规定父母对子女的抚养义务应当延长到子女完成国民教育体系的高等教育后，有负担能力的，应当承担子女婚房的全部或部分购房款。为确保子女的婚姻自由，子女有权起诉父母给付接受高等教育的学杂费用和购房款。我们认为，目前我国尚处于社会主义初级阶段，全国各地经济发展水平不平衡，仍然存在不少贫困人口和贫困家庭。不是所有的父母都有能力为自己的子女提供接受高等教育的经济支持，为子女结婚购房更是许多父母倾其一生积蓄都无法实现的愿望。而且，即使是在发达国家，也没有将高等教育列为国民教育中必须完成的教育阶段的先例。婚姻自由与婚姻当事人的父母是否为其购买婚房没有必然联系。将为子女提供高等教育学费和为子女结婚购房以司法解释的形式规定为父母的义务，既不符合国情，也不利于在青年中提倡独立自强的奋斗精神，反而可能支持了当前社会上'啃老一族'不劳而获的做法。故目前不宜出台包括您建议中所提两项内容的司法解释。"最高人民法院吴晓芳法官

《关于婚姻家庭纠纷审理热点难点问答》〔载《民事法律文件解读》2012 年第 5 辑(总第 89 辑)〕第 23 条:“审判实践中对子女所需的生活费、教育费和医疗费应如何把握?答:《最高人民法院关于人民法院审理离婚案件处理子女抚养问题的若干具体意见》曾对婚姻法中‘不能独立生活的子女’作出司法解释:指子女丧失劳动能力或虽未完全丧失劳动能力,但其收入不足以维持生活的;子女尚在校就读的;子女确无独立生活能力和条件的。《婚姻法司法解释(一)》原则上采纳了原来的意见,同时由于初中以上学历已经不再是义务教育,上大学的各种费用负担很重,考虑到各种实际情况,将尚在校就读的学历限定在高中及其以下学历教育,以此作为父母的法定义务,而上大学的费用不是必须由父母支付的,是否支付完全取决于父母的意愿。即便是子女接受高中及其以下学历教育,父母需要支付的也是一般的教育费用。如果一方擅自让子女上学费昂贵的一些‘贵族学校’、重点学校等,另一方不同意支付昂贵的学费或所谓的‘择校费’等,一方请求另一方支付这些费用的诉讼请求将无法得到支持。《婚姻法司法解释(一)》专门将医疗费列举出来,是非常有必要的。尤其是当父母离婚时,子女患有疾病需要治疗,不直接抚养子女的一方除支付生活费和教育费以外,还要支付相应的医疗费,以保证子女的健康成长。需要指出的是,子女患病所需的医疗费应由父母双方共同分担,但一方未与对方商量而擅自决定采用昂贵的医疗方案的,超出正常的、必要的医疗费用部分擅自决定一方无权要求另一方分担。”最高人民法院吴晓芳法官**《关于婚姻家庭纠纷审理热点难点问答》**〔载《民事法律文件解读》2011 年第 11 辑(总第 83 辑)〕第 31 条:“甲某在父母离婚后随母亲生活。初中毕业后没有考上重点高中,甲某母亲在未经父亲同意的情况下,为甲某选择了重点高中,并交纳了 3 万元的择校费。甲某母亲事后同甲某父亲交涉,要求其承担择校费的一半,遭甲某父亲的拒绝。甲某遂起诉至法院,要求其父亲承担择校费的一半,甲某的主张应否得到支持?答:《婚姻法》第三十七条规定:‘离婚后,一方抚养的子女,另一方应负担必要的生活费和教育费的一部或全部。负担费用的多少和期限的长短,由双方协议;协议不成时,由人民法院判决。关于子女生活费和教育费的协议或判决,不妨碍子女在必要时向父母任何一方提出超过协议或判决原定数额的合理要求。’父母有抚养教育子女的义务,但所支付的教育费应在必要的范围内。未直接抚养子女一方对子女教育费的承担以必要为限,上收费较高的私立学校、重点高中所支付的择校费用,或者是因考分不够而产生的择校费,以及为子女报读昂贵课外辅导班或购买昂贵学习用具等所产生的费用,都不在必要的教育费之列。超出必要限度的教育费只能由支出方自行‘买单’,除非未直接抚养子女一方自愿承担。故甲某的母亲在未取得甲某父亲同意的情况下,选择较好的学校让甲某就读,并支付高额择校费,应由甲某的母亲自行承担。”第 32 条:“双方在法院协议离婚时约定,女儿由女方直接抚养,男方每月支付抚养费 1000 元，直到女儿大学毕业时为止。但在女儿上大学后，男方无故不再支付抚养费，女儿遂起诉要求其父按照约定支付抚养费。因《婚姻法司法解释(一)》已将父母对子女的法定义务限定在‘尚在校接受高中及其以下学历教育’，已经就读大学的女儿还能再主张抚养费吗？答：《婚姻法》规定未成年的或不能独立生活的子女，有要求父母付给抚养费的权利，最高人民法院有关司法解释规定：‘婚姻法第二十一条规定的「不能独立生活的子女」，是指尚在校接受高中及其以下学历教育，或者丧失或未完全丧失劳动能力等非主观原因而无法维持正常生活的成年子女。’制定该条司法解释的初衷是考虑大学教育并非义务教育，进入大学学习的成年子女是为自己以后更好地就业创造条件，负担大学费用不应成为父母的法定义务，这样可以鼓励成年子女勤工俭学，凭自己的劳动收入完成大学教育。但从该司法解释施行后的情况看，有不少学者和法官对此提出了质疑，认为该条规定不符合中国的国情。现在大学学费日益高涨，靠成年子女自己勤工俭学很难完成学业。一般家庭的父母当然会尽自己所能支付孩子上大学的费用，而对于一些离异的家庭，情况就不容乐观了。有的继父或继母不愿支付继子女的大学学费，从而引发纠纷。在父母对子女抚养期限没有约定的情况下，还应按照最高人民法院目前的司法解释执行，但法院应尽量多做调解工作，尽量保证尚在校就读的成年子女完成学业；如果父母离婚时约定支付抚养费至子女大学毕业时，就应按照约定履行。《婚姻法司法解释(一)》规定的‘尚在校接受高中及其以下学历教育’是对父母的最低要求，父母自愿负担女儿上大学的费用，并未违反法律的禁止性规定，子女有权主张父母按约支付抚养费。从现实情况看，上大学的阶段甚至大学毕业后尚不能完全独立生活阶段，父母资助的情况相当普遍。我们认为，在父母对抚养期限没有约定的情况下，父母抚养期限适用法定的高中教育阶段完毕后；在父母对抚养期限有明确约定的情况下，适用父母的约定。”最高人民法院民一庭**《民事审判实务问答(子女抚养问题)》**(2005 年 4 月)第 7 条：“已逾 18 周岁的在校大学生，是否有权起诉父母要求给付抚养费？答：我国《婚姻法》第二十一条第二款规定：父母不履行抚养义务时，未成年的或不能独立生活的子女，有要求父母付给抚养费的权利。那么年逾 18 周岁的在校大学生，是否有权要求其父母给付抚养费？对‘不能独立生活的子女’作何种理解，是正确回答这一问题的关键，也是审判实务中正确适用法律的前提。对此，最高人民法院结合我国国情，在广泛征求社会意见和调查研究的基础上，依据《婚姻法》的立法本意在最高人民法院《关于适用〈中华人民共和国婚姻法〉若干问题的解释(一)》(2001 年 12 月 27 日　法释〔2001〕30 号，已于 2021 年 1 月 1 日起废止)第二十条中作出了详细的规定。根据该条规定，‘不能独立生活的子女’是‘指尚在校接受高中及其以下学历教育，或者丧失或未完全丧失劳动能力等非因主观原因而无法维持正常生活的成年子女’。据此，已逾 18 岁的在校大学生,因其已经成年,且接受的教育并非高中或以下学历的教育,父母便没有为其提供抚养费的法定义务。婚姻家庭法在内容上具有强烈的伦理性特点,其财产法律关系不同于一般意义上的财产法律关系,它不反映民事法律中的等价、有偿原则,而更多的是出自人的天性、伦理和亲情,并依赖于特定的人身关系而存在。亲属法律关系的相对稳定性和亲属间权利和义务的关联性,决定了在婚姻家庭领域的法律行为有着比其他法律行为更为严格的要求民事法律中通行的意思自治原则在婚姻家庭法中受到了必要的限制然而这种要求和限制并非无条件的,法律规定的父母对子女的抚养义务应当限制在一定的时间范围之内,这不仅是社会发展的需要,更是人性伦理的要求。正是在此意义上,我国法律对父母对子女的抚养的时间界限作出了上述规定,以免子女不论长幼向父母无限制的索取,从而保障社会的物质文明和精神文明建设免受不利影响和负面冲击。”最高人民法院**《关于适用〈中华人民共和国婚姻法〉若干问题的解释(一)》**(2001 年 12 月 27 日　法释〔2001〕30 号)第 20 条:“婚姻法第二十一条规定的‘不能独立生活的子女’,是指尚在校接受高中及其以下学历教育,或者丧失或未完全丧失劳动能力等非因主观原因而无法维持正常生活的成年子女。”

3. 地方司法性文件。安徽淮南中院**《关于审理离婚纠纷案件若干问题的指导意见》**(2014 年 3 月 13 日)第 14 条:“非因主观原因,无法维持正常生活的成年子女,父母又有给付能力的,仍应负担必要的抚育费。”河北石家庄中院**《民事审判指导意见之五(婚姻家庭纠纷案件)》**(2011 年 7 月)第 2 条:“就读大学的子女生活费、教育费保障问题。父母对于未成年子女的抚养问题争议不大。2001 年 12 月 27 日起施行的《最高人民法院关于适用〈中华人民共和国婚姻法〉若干问题的解释(一)》(法释〔2001〕30 号,以下简称《婚姻法解释一》)第二十条规定‘婚姻法第二十一条规定的「不能独立生活的子女」,是指尚在校接受高中及其以下学历教育,或者丧失或未完全丧失劳动能力等非因主观原因而无法维持正常生活的成年子女’。有一种观点认为,根据此规定,就读大学的子女的生活费、教育费就不应再由父母负担。如果子女提起此项要求,就应驳回诉讼请求。应当说,制定《婚姻法解释一》第二十条时,确实有这样的考虑:大学教育不是义务教育,进入大学学习的成年子女是为自己以后更好地就业创造条件,负担大学费用不应成为父母的法定义务,这样可以鼓励成年子女勤工俭学,凭自己的劳动收入完成大学义务教育。产生这样考虑的背景,一方面是当时立法的指导思想是与‘国际’(实际上是西方)接轨,另一方面是对于随后出现的大学生就业的严峻形势估计不足。就现实国情而言,让大学生仅靠自己的劳动收入完成大学学业基本上不可能。《婚姻法》第二十一条第二款规定‘父母不履行抚养义务时,未成年的或不能独立生活的子女,有要求父母付给抚养费的权利’。而依据《婚姻法解释一》第二十一条,抚养费包括生活费、教育费、医疗等费用。从《婚姻法》立法本意看,没有把大学生排除在‘不能独立生活的子女’之外。所以,从《婚姻法》的本意和现实层面考虑,显然应该对《婚姻法解释一》第二十条中的‘等’字做扩大的解释,‘等’前面的‘尚在校接受高中及其以下学历教育,或者丧失或未完全丧失劳动能力’不是对于‘不能独立生活的子女’的限制性规定,而只是列举式的规定,或者说‘不能独立生活的子女’不止限于‘等’前面的情形,还应该包括其他情形。1993 年 11 月 3 日实行的《最高人民法院关于人民法院审理离婚案件处理子女抚养问题的若干具体意见》(法发〔1993〕30 号)第 12 条规定‘尚未独立生活的成年子女有下列情形之一,父母又有给付能力的,仍应负担必要酌抚育费:(1)丧失劳动能力或虽未完全丧失劳动能力,但其收入不足以维持生活的;(2)尚在校就读的;(3)确无独立生活能力与条件的’。根据该条文,大学生显然属于‘尚在校就读的’。本司法解释与以后生效的法律、司法解释不相抵触的部分,仍应有效,可以作为裁判的依据。在校就读的大学生属于《婚姻法解释一》第二十条中规定的‘非因主观原因而无法维持正常生活的成年子女’。对于一般家庭而言,当然会尽力帮助子女完成大学学业,但对于离异夫妻中不直接抚养子女的一方,以及继父母与继子女之间,未必会如此。所以,如果就读大学的子女确实无力自己承担生活费、教育费,而其父母又有支付能力的,子女起诉要求父母给予帮助的,应当予以支持。”江苏高院**《婚姻家庭案件审理指南(2010 年)》**(2010 年 5 月 18 日)第 8 章:“……(二)子女抚养费的给付期限。1. 根据《离婚子女抚养意见》第十一条的规定,抚养费的给付期限,一般至子女十八周岁为止。十六周岁以上不满十八周岁,以其劳动收入为主要生活来源,并能维持当地一般生活水平的,父母可停止给付抚养费。2. 根据《婚姻法解释一》第二十条的规定,对于尚在校接受高中及其以下学历教育,或者丧失或未完全丧失劳动能力等非因主观原因而无法维持正常生活的成年子女,父母仍应负担必要的抚养费。3. 关于成年子女索要高校学费的问题。《离婚子女抚养意见》第十二条规定:‘尚未独立生活的成年子女有下列情形之一,父母又有给付能力的,仍应负担必要的抚育费:(1)丧失劳动能力或虽未完全丧失劳动能力,但其收入不足以维持生活的;(2)尚在校就读的;(3)确无独立生活能力和条件的。’也就是说,该条司法解释是把尚在校就读的成年子女纳入父母应给付抚养费范围的。《婚姻法解释一》第二十条规定:‘《婚姻法》第二十一条规定的「不能独立生活的子女」,是指尚在校接受高中及其以下学历教育,或者丧失或未完全丧失劳动能力等非主观原因而无法维持正常生活的成年子女。’很显然该条司法解释将尚在大学就读的成年子女排除在‘不能独立生活的子女’之外了。两个司法解释的规定不一致,按照新法优于旧法的原则,应以《婚姻法解释一》的规定为准。制定该条司法解释的初衷是考虑大学教育并非义务教育,接受高等教育,是一种智力投资,在知识经济时代实际上就是就业投资,接受的教育程度越高深,就业条件就越优越。这项投资的直接受益人是子女自己,依照权利和义务相一致的原则,子女应为自己的预期可得利益作出相应的付出,即自己承担继续深造的费用,因此负担大学费用不应成为父母的法定义务,有经济能力的父母为其子女支付大学费用只属道德上的义务,其目的是鼓励成年子女勤工俭学,凭自己的劳动收入完成大学教育。”浙江温州中院民四庭**《关于贯彻执行〈婚姻法〉的指导意见》**(2009 年 5 月 1 日)第 14 条:“抚养费的构成包括生活费、教育费、医疗费等费用。生活费为维持本地基本生活所必需的支出数额;教育费为国家规定的公立教育机构按规定收取的费用;医疗费一般是指普通疾病的门诊急诊费用。”第 15 条:“在抚养费的负担上,如果需负担抚养费的一方当事人无力维持本人的基本生活,则子女的教育、医疗费等费用可考虑暂不予支持。”第 21 条:“在全日制高校、中专、技校就读的成年子女,其本人能够通过申请助学贷款或勤工俭学等方式维持正常学习和生活,其父母确无给付能力的,驳回追索抚养费的诉讼请求。在全日制高校、中专、技校就读的成年子女,其本人无法通过申请助学贷款或勤工俭学等方式维持正常学习和生活,其父母有给付能力的,支持追索抚养费的诉讼请求。”辽宁大连中院**《当前民事审判(一庭)中一些具体问题的理解与认识(婚姻家庭部分)》**(2008 年 12 月 5 日　大中法〔2008〕17 号)第 6 条:“离婚后子女抚养费怎样确定?子女抚养费给付的期限按照《法发(1993)30 号文》第 11、12 条、《婚姻法》解释(一)第 20 条处理。特别注意的是:其中所指的高中,目前在审判实践中包含初中毕业后接受的中专教育。”山东高院**《2008 年民事审判工作会议纪要》**(2008 年 10 月 13 日　鲁高法〔2008〕243 号)第 1 条:“……(三)关于成年子女请求父母支付抚养费应否支持的问题。随着我国社会生活水平的不断提高,教育费用也不断增加,成年子女特别是接受大学教育的成年子女的教育费、抚养费等费用相应地不断增长,单纯依靠子女自身的劳动收入很难完成学业,尤其是父母离异的,子女的教育费用更难以为继,由此产生了大量纠纷。以往审判实践中一般支持成年子女要求父母支付教育费的诉讼请求,但《婚姻法》修改后,将成年子女排除在‘不能独立生活的子女’之外,因此,对于已经具有完全行为能力的成年子女请求父母支付教育费等费用的,原则上不予支持。”重庆高院**《关于当前民事审判若干法律问题的指导意见》**(2007 年 11 月 22 日)第 29 条:“离婚案件中子女受教育择校费是否应予支持。夫妻双方之间有约定的,按约定处理;双方没有约定或约定不明,但在为子女选择学校、缴纳择校费时征得对方同意的,应当由双方分担;没有约定,为子女择校只是抚养子女一方的单方意愿的,双方应通过协商解决。如果协商不成,且对方确无经济能力的,不宜判决其承担择校费。”江西赣州中院**《民事审判若干问题解答》**(2006 年 2 月 27 日)第 52 条:“年满 18 周岁的在校大学生,是否有权起诉父母要求给付抚养费?答:根据《婚姻法》第二十一条、最高人民法院《关于适用〈中华人民共和国婚姻法〉若干问题的解释(一)》第二十条的规定,‘不能独立生活的子女’是指‘尚在校接受高中及其以下学历教育,或者丧失或未完全丧失劳动能力等非主观原因而无法维持正常生活的成年子女’。因此,年满18周岁的在校大学生,因其已经成年,且接受的教育并非高中及其以下学历的教育,父母便没有为其提供抚养费的法定义务。”上海高院**《关于审理抚育费、赡养费等案件若干问题的研讨纪要》**(1998年8月27日)第3条:“抚育费的给付期限,应计算至子女十八周岁止。抚育费的给付期限,应计算至子女十八周岁止。在校就读的成年子女,其父母确无给付能力,本人又能通过申请助学贷款等方式维持正常生活和学习的,其父母可以不再承担其生活费、教育费。成年子女有独立生活能力和条件,没有特殊情况而要求父母给付生活费的,人民法院可不予支持。离婚诉讼涉及未独立生活具有完全独立生活能力的成年子女生活教育所需要费用的,应由成年子女起诉,不应合并审理。”

【参考类案】

①2011年**上海某抚养费纠纷案**,1995年,法院判决石某与妻子徐某离婚,儿子徐某某由徐某抚养。1999年,法院判决石某承担抚养费。2000年,法院判决石某增加抚养费。2004年,法院再次判决石某增加抚养费。2011年,已满18周岁的徐某某诉请徐某、石某给付抚养费。徐某表示自愿承担徐某某费用,前提是其与石某共同抚养。法院认为:依法律规定,父母对子女有抚养教育义务,父母不履行抚养义务时,未成年的或不能独立生活的子女,有要求父母付给抚养费权利,而不能独立生活子女是指尚在校接受高中及其以下学历教育,或丧失或未完全丧失劳动能力等非因主观原因而无法维持正常生活的成年子女。徐某某已年满18周岁,系完全民事行为能力人,且已完成高中学业,不符合法律规定的未成年或不能独立生活的子女范围,如需再接受大学教育,应通过勤工俭学等手段自行解决大学学费、生活费等费用,其父母石某、徐某已无承担抚养费法定义务。徐某在原审法庭上承诺支付抚养费是基于与石某共同抚养为前提,是当事人对诉讼请求附条件的认诺,而非对案件事实的自认,且徐某与徐某某一直共同生活,判决徐某某诉请不予支持。

②2006年**辽宁某抚教育费纠纷案**,2001年,父母离婚,子随母,约定各自承担子一半大学费用;嗣后子入大学,4年学费8万多,子诉父付。法院认为:抚养教育子女是父母应尽义务,父母不履行抚养教育义务时,子女有要求给付抚养费、教育费权利。本案父母离婚时约定了各自承担一半大学费用,该协议具有民事合同性质,依协议父应无条件承担一半学费,因父本无负担已满18岁之子大学费用法定义务,故父子间实际存在赠与关系。又因当事人关系的特殊性,该赠与又具有道德义务性质,在父未提供其经济状况显著恶化而丧失支付能力证据情况下,该赠与协议不可撤销,对双方具有法律约束力,故父应按约定履行给付子一半教育费义务。

判决父给付子教育费3.8万余元。

③2001年**河南某抚养费纠纷案**,1996年,张某父母离婚,张某随母亲生活,张某父每月支付150元抚养费。1999年,经法院调解,张某父每月支付300元抚养费。2001年,张某考取代培高中,诉请张某父支付增加的教育费用。张某父称张某应选择学费较低廉的普通高中就读。法院认为:《婚姻法》第37条规定:“离婚后一方抚养的子女,另一方应负担必要的生活费和教育费的一部或全部,负担费用的多少和期限的长短,由双方协议;协议不成时,由人民法院判决。关于子女生活费和教育费的协议或判决,不妨碍子女在必要时向父母任何一方提出超过协议或判决原定数额的合理要求。”本案中,张某有权利自主选择自己满意的学校上学,虽然张某父支付的每月300元抚养费里已包含了张某教育费和生活费,但张某今年被中学录取后,确需额外交纳一定教育费,张某父应根据自己经济能力适当负担一部分。判决张某父支付张某教育费1800元。

④2000年**黑龙江某抚养费纠纷案**,1983年,苏某5岁,因父母离婚随母生活。1997年,苏某18岁后,父亲依调解协议不再给付抚养费。因苏某高考失利,交10万元捐资助学费后被大学录取,另交了其他学费等费用,还上了保险、学了驾照。苏某起诉郭某要求承担大学期间一半费用。法院认为:苏某已成年,父母只有在有给付能力情况下并在其给付能力范围内给付必要的抚育费用。因苏某是在其高考不够录取分数线情况下,通过捐助10万元才获取入学资格,此捐助费用有别于教育费且不包含学费,具有捐赠(赠与)性质,应由捐助人负担,同时此捐助行为亦未征求郭某意见,未获得郭某同意,郭某无承担此捐助费用义务。苏某虽年满18周岁,但尚在校就读,郭某仍应承担其教育费和生活费一部分。学费、教材费、管理费,属抚育费部分,不应再予支持。补习费非正常接受教育必需费用,且苏某已满18周岁,不应支持。驾驶费、保险费、押金不属于教育费和生活费组成部分,亦不应支持。判决郭某给付苏某抚育费每月320元至其大学毕业止。

【典型类案实务要点】

1.**【在校读书子女,并非当然均可要求父母支付生活费】**在校就读子女未满18周岁或年满18周岁仍在普通全日制高中、职业高中、中等专业学校和技工学校等学校就读,或成年子女虽在校就读,但已丧失或未完全丧失劳动能力,无法维持正常生活的,有权请求父母支付抚养费。

2.**【已满十八周岁子女,父母一般不承担继续抚养义务】**已满18周岁子女要求父母继续承担抚养义务,如不具有最高人民法院《关于适用〈中华人民共和国婚姻法〉若干问题的解释(一)》(2001年12月27日　法释〔2001〕30号,已于2021年1月1日起废止)第20条规定情形的,该子女诉请不予支持。

3.【**近亲属间具道德义务赠与，非因法定情形不可撤销**】近亲属间超过法定义务作出的无条件负担或给予承诺，因其附加了道德义务，所形成赠与合同关系非因法定情形不可撤销。

4.【**离婚后子女教育费，不直接抚养的一方应适当负担**】离婚后一方抚养的子女，选择自己认为教学条件较好的学校上学，由此增加的教育费，可诉请不直接抚养的父母一方适当负担。

5.【**成年子女的捐资助学费及补习费，父母无给付义务**】对于成年子女，父母只有在有给付能力情况下并在其给付能力范围内给付必要的抚育费用，捐资助学费及非正常接受教育的补习费等不再支持。

【类案裁判一般规则】

离婚后，子女由一方直接抚养的，另一方应负担部分或全部抚养费。负担费用多少和期限长短，由双方协议；协议不成的，由法院判决。前述协议或判决，不妨碍子女在必要时向父母任何一方提出超过协议或判决原定数额的合理要求。未直接抚养子女一方对子女教育费的承担以必要为限。

【典型参考案例索引】

主旨案例：见《在校读书子女是否都可以要求父母支付生活费》(《民事审判指导与参考》研究组)，载《民事审判指导与参考·民事审判信箱》(201203/51:235)。

其他案例：①上海二中院(2011)沪二中民一(民)终字第1915号“徐某某与徐某等抚养费纠纷上诉案”，见《已满18周岁的子女可否要求父母继续承担抚养义务》(张华)，载《人民司法·案例》(201212:65)。②辽宁大连金州区法院(2006)金民权再初字第1号“肖某与肖某父教育费纠纷案”，见《肖广辉诉肖日光教育费案(具有道德义务性质的赠与合同)》(王晓峰)，载《中国审判案例要览》(2007民:258)。③河南洛阳吉利区法院(2001)吉民初字第290号“张某与张某父抚养纠纷案”，见《张莹舟诉张政军案(离婚、抚育费)》(白利军)，载《中国审判案例要览》(2002民:548)。④黑龙江大庆中院(2000)庆民终字第507号“苏某诉郭某抚养费案”，见《苏佳明诉郭新民案(追索抚育费、捐资助学费)》(解恒奎)，载《中国审判案例要览》(2001民:5)。

66. 抚养费用之给付方式

——抚养费给付,应否一次性?

【费用支付】

【案情简介及争议焦点】

2011 年,史某与杨某登记结婚,婚后生育一女史某某。2018 年,杨某起诉离婚,史某同意。杨某以史某妨碍探视为由拒绝一次性支付抚养费。

争议焦点:1. 抚养费给付能否以探视权实现为前提? 2. 本案抚养费如何给付?

【裁判要点】

1. 利益衡量。关于抚养费应否一次性给付问题,应从最大化保护未成年人权益角度出发予以衡量。本案中,杨某长期居住、工作在国外,且表示是否按期给付抚养费要视能否满足子女探视情况而定。子女抚养费目的在于保障未成年人生存权益,探视权是父母权益,若二者之间发生冲突,应优先考虑保障子女权益,父母任何一方不得以对方妨碍探视为由而拒绝给付抚养费。

2. 给付方式。最高人民法院《关于人民法院审理离婚案件处理子女抚养问题的若干具体意见》(已于 2021 年 1 月 1 日起废止)第 8 条规定,抚育费应定期给付,有条件的可一次性给付。史某主张一次性给付有法律依据,亦更有利于维护未成年人合法权益。结合杨某在国外工作生活实际情况,对该诉请应予支持,抚养费数额按每月 1500 元计算。判决杨某一次性给付自 2017 年 8 月 20 日起至子女年满 18 周岁时止抚养费共 21.6 万元。

【裁判依据或参考】

1. 法律规定。《民法典》(2021 年 1 月 1 日)第 1085 条:"离婚后,子女由一方直接抚养的,另一方应当负担部分或者全部抚养费。负担费用的多少和期限的长短,由双方协议;协议不成的,由人民法院判决。前款规定的协议或者判决,不妨碍子女在必要时向父母任何一方提出超过协议或者判决原定数额的合理要求。"

2. 最高人民法院司法解释及其他司法性文件/解读文章。最高人民法院《关

于适用〈中华人民共和国民法典〉婚姻家庭编的解释(一)》(2021年1月1日 法释〔2020〕22号)第50条:“抚养费应当定期给付,有条件的可以一次性给付。”第51条:“父母一方无经济收入或者下落不明的,可以用其财物折抵抚养费。”第52条:“父母双方可以协议由一方直接抚养子女并由直接抚养方负担子女全部抚养费。但是,直接抚养方的抚养能力明显不能保障子女所需费用,影响子女健康成长的,人民法院不予支持。”第53条:“抚养费的给付期限,一般至子女十八周岁为止。十六周岁以上不满十八周岁,以其劳动收入为主要生活来源,并能维持当地一般生活水平的,父母可以停止给付抚养费。”最高人民法院《**关于人民法院审理离婚案件处理子女抚养问题的若干具体意见**》(1993年11月3日 法发〔1993〕30号,已于2021年1月1日起废止)第8条:“抚育费应定期给付,有条件的可一次性给付。”第9条:“对一方无经济收入或者下落不明的,可用其财物折抵子女抚育费。”第10条:“父母双方可以协议子女随一方生活并由抚养方负担子女全部抚育费。但经查实,抚养方的抚养能力明显不能保障子女所需费用,影响子女健康成长的,不予准许。”第11条:“抚育费的给付期限,一般至子女十八周岁为止。十六周岁以上不满十八周岁,以其劳动收入为主要生活来源,并能维持当地一般生活水平的,父母可停止给付抚育费。”第12条:“尚未独立生活的成年子女有下列情形之一,父母又有给付能力的,仍应负担必要的抚育费:(1)丧失劳动能力或虽未完全丧失劳动能力,但其收入不足以维持生活的;(2)尚在校就读的;(3)确无独立生活能力和条件的。”

3. 地方司法性文件。安徽淮南中院《**关于审理离婚纠纷案件若干问题的指导意见**》(2014年3月13日)第13条:“子女抚育费的给付方式,按以下规定处理:(一)有工资等固定收入的,一般应按月或按季度给付,有条件的也可一次性给付;(二)对一方无经济收入或下落不明的,可用其财物折抵子女抚育费。”第14条:“非因主观原因,无法维持正常生活的成年子女,父母又有给付能力的,仍应负担必要的抚育费。”江苏高院《**婚姻家庭案件审理指南(2010年)**》(2010年5月18日)第8章:“……(二)子女抚养费的给付期限。1. 根据《离婚子女抚养意见》第十一条的规定,抚养费的给付期限,一般至子女十八周岁为止。十六周岁以上不满十八周岁,以其劳动收入为主要生活来源,并能维持当地一般生活水平的,父母可停止给付抚养费。2. 根据《婚姻法解释一》第二十条的规定,对于尚在校接受高中及其以下学历教育,或者丧失或未完全丧失劳动能力等非因主观原因而无法维持正常生活的成年子女,父母仍应负担必要的抚养费。3. 关于成年子女索要高校学费的问题。《离婚子女抚养意见》第十二条规定:‘尚未独立生活的成年子女有下列情形之一,父母又有给付能力的,仍应负担必要的抚育费:(1)丧失劳动能力或虽未完全丧失劳动能力,但其收入不足以维持生活的;(2)尚在校就读的;(3)确无独立生活能力和条件的。’也就是说,该条司法解释是把尚在校就读的成年子女纳入父母应给付抚养费范围的。《婚姻法解释一》第二十条规定:‘《婚姻法》第二十一条规定的“不能独立生活的子女”,是指尚在校接受高中及其以下学历教育,或者丧失或未完全丧失劳动能力等非主观原因而无法维持正常生活的成年子女。’很显然该条司法解释将尚在大学就读的成年子女排除在‘不能独立生活的子女’之外了。两个司法解释的规定不一致,按照新法优于旧法的原则,应以《婚姻法解释一》的规定为准。制定该条司法解释的初衷是考虑大学教育并非义务教育,接受高等教育,是一种智力投资,在知识经济时代实际上就是就业投资,接受的教育程度越高深,就业条件就越优越。这项投资的直接受益人是子女自己,依照权利和义务相一致的原则,子女应为自己的预期可得利益作出相应的付出,即自己承担继续深造的费用,因此负担大学费用不应成为父母的法定义务,有经济能力的父母为其子女支付大学费用只属道德上的义务,其目的是鼓励成年子女勤工俭学,凭自己的劳动收入完成大学教育。(三)子女抚养费的给付方式。1. 根据《离婚子女抚养意见》第八条的规定,抚养费原则上应定期给付,有条件的可一次性给付。2. 根据《离婚子女抚养意见》第九条的规定,对一方无经济收入或下落不明的,可用其财物折抵子女抚养费。此外,给付方从事农业生产或其他生产经营活动,没有固定收入的,可以按季度或年度支付现金或实物。”浙江温州中院民四庭**《关于贯彻执行〈婚姻法〉的指导意见》**(2009 年 5 月 1 日)第 13 条:“判决负担的抚养费数额不能过低,必须满足子女在当地的最低生活保障的要求。最高法院《关于人民法院审理离婚案件处理子女抚养问题的若干具体意见》第八条规定‘抚养费…有条件的可一次性给付。’为了避免今后执行中的麻烦,在判决中宜多采用一次性给付。对于‘有条件的’可作如下理解:(一)支付方有银行存款足以支付的;(二)支付方在离婚时分得的财产足以折抵的;(三)支付方一次性支付不会影响个人生活的;(四)抚养方生活困难而支付方条件较好的;(五)不一次性给付可能无法履行的。一次性给付抚养费的,其总额可酌情低于分期分批给付的总数额。”第 14 条:“抚养费的构成包括生活费、教育费、医疗费等费用。生活费为维持本地基本生活所必需的支出数额;教育费为国家规定的公立教育机构按规定收取的费用;医疗费一般是指普通疾病的门诊急诊费用。”第 15 条:“在抚养费的负担上,如果需负担抚养费的一方当事人无力维持本人的基本生活,则子女的教育、医疗费等费用可考虑暂不予支持。”辽宁大连中院**《当前民事审判(一庭)中一些具体问题的理解与认识(婚姻家庭部分)》**(2008 年 12 月 5 日　大中法〔2008〕17 号)第 6 条:“离婚后子女抚养费怎样确定?子女抚养费给付的期限按照《法发(1993)30 号文》第 11、12 条、《婚姻法》解释(一)第 20 条处理。特别注意的是:其中所指的高中,目前在审判实践中包含初中毕业后接受的中专教育。”湖南常德中院民一庭**《关于当前民事审判工作中应当注意的几**

个问题》(2008 年 8 月 7 日)第 2 条:“……子女抚养费给付标准及给付方式……在给付方式上,一次性给付有困难的,应在考虑便于执行的情况下,判决分年度给付。”北京高院**《关于印发〈关于处理婚姻案件中子女抚育、财产分割及住房安置问题的几点意见〉的通知》**(1990 年 8 月 30 日　京高法字〔1990〕第 161 号)第 1 条:“……5. 抚养费应给付至子女独立生活时止。抚养费应按月给付。经双方当事人协商同意一次性给付,对给付数额亦能达成一致意见的,也可以一次性给付。6. 抚养费的给付数额、期限、方式等均应在法律文书中表示清楚。离婚一方以应分得的财产折抵抚养费的,亦应在法律文书中表示清楚。7. 经婚姻登记机关办理离婚登记后,因一方不履行给付抚养费的协议,另一方就给付抚养费问题向人民法院起诉的,人民法院应当受理。”北京高院**《对审理离婚案件适用法律政策的几点意见》**(1986 年 8 月 12 日)第 2 条:“……子女抚育费,一般应当以月为单位计算和给付。确有困难的,经双方协商同意,可以一次性给付……经双方协商同意以财产分割数额折抵抚育费的,必须在判决、调解书中说明……”

【参考类案】

①2013 年**江苏某抚养费纠纷案**,2012 年,张某与于某协议离婚,约定于某每月支付张某抚养费 2000 元,逾期支付应承担相当于该费用 2 倍的违约金。后因于某拖欠支付 1 万元抚养费,张某诉请于某支付,并依约支付违约金 2 万元。法院认为:婚姻关系虽与《合同法》调整的一般民事法律关系有一定区别,但离婚协议性质在法律上仍系合同一种,经双方合意产生,应受《合同法》调整。另,最高人民法院《关于适用〈中华人民共和国婚姻法〉若干问题的解释(一)》对协议离婚中纠纷处理原则、处理方式及对离婚协议性质认定中亦已对上述问题予以明确,故当事人不履行离婚协议义务或履行协议义务不符合约定的,理应承担《合同法》上的违约责任,违约金条款应适用于离婚协议,对双方均有法律约束力。本案中,双方均为完全民事行为能力人,签订离婚协议是双方真实意思表示,不违反法律强制性规定,故双方所签协议合法有效,于某应按离婚协议履行给付抚养费法定义务。离婚协议中对抚养费给付及违约责任作出明确约定,现于某迟延给付抚养费,构成违约,理应承担违约责任。因于某未及时给付,对张某造成的经济损失有限,而双方约定的违约金过分高于张某损失,根据公平合理原则,结合当地经济状况及于某经济条件,对违约金酌情降低至 5000 元为宜。判决于某一次性给付张某违约金 5000 元。

②2011 年**江苏某离婚纠纷案**,2011 年,王某与孙某诉讼离婚,经调解,孩子由孙某抚养,王某每年支付抚养费 4200 元,王某哥自愿为该抚养费支付提供担保。法院认为:夫妻双方及第三人自愿在离婚协议中为抚养费支付设定担保不违反法律强制规定,依法应予保护。遂对该调解书效力予以确认。

③2010 年**北京某抚养费纠纷案**,2005 年,裴某与俄罗斯籍公民卡某在中国非婚生一子米某。2009 年,米某诉请裴某一次性支付抚养费 60 万余元。裴某提交担任法定代表人的实业公司证明及社保缴纳凭证,证明其月收入 1000 余元。法院认为:父母对子女有抚养教育义务。非婚生子女享有与婚生子女同等权利,不直接抚养非婚生子女的生父或生母,应负担子女生活费和教育费,直至子女能独立生活时止。子女抚育费数额,可根据子女实际需要、父母双方负担能力和当地实际生活水平确定。抚养费一般应定期给付,有条件的可一次性给付。根据查明事实,米某系裴某与卡某非婚生之子,裴某对米某有抚养教育的义务。米某及其母卡某均非中国籍,现亦未在京生活,而裴某名下有购置房产和汽车,其具有一次性给付抚养费能力。同时,因裴某系实业公司法定代表人,故由该公司出具的收入证明可信度较低;对于北京市上一年度社会保险缴费基数采集表中显示实业公司向社保机构缴纳的裴某社会保险缴费基数为 1500 元,因该缴费基数不能完全确定裴某收入情况,故对于裴某应给付米某抚养费数额,法院考虑米某实际需要、裴某给付能力及今后物价变动情况,判决裴某一次性给付米某自出生至其 18 周岁时止的抚养费 15 万元。

【典型类案实务要点】

1.**【确定抚养费给付方式,应优先考虑未成年子女权益】**抚养费给付方式应从最大保护未成年人权益角度出发衡量,抚养费与探视权发生冲突,应优先考虑保障子女权益。

2.**【离婚协议受《合同法》调整,违约金条款应为有效】**离婚协议约定父母一方拖欠子女抚养费应向对方承担违约责任的,对方有权依《合同法》主张违约金,具体数额由法院综合判断酌定。

3.**【第三人为离婚协议中抚养费支付设定担保,应有效】**从抚养费性质来看,抚养费以抚养关系双方身份关系为基础,具有身份性,同时,作为金钱给付之债,抚养费亦具有一定财产性,允许对子女抚养费设定担保为抚养费支付添加了一道保障,有利于未成年子女健康成长。抚养关系属私法范畴,理应贯彻意思自治原则,夫妻双方及第三人自愿在离婚协议中为抚养费支付设定担保,应受法律保护。

4.**【非婚生外籍子女抚养费,可据实际判决一次性给付】**非婚生外籍子女抚养费给付方式,可综合考虑被抚养人实际需要、抚养人给付能力及今后物价变动情况,判决一次性给付。

【类案裁判一般规则】

离婚后,子女由一方直接抚养的,另一方应负担部分或全部抚养费。负担费用多少和期限长短，由双方协议；协议不成的，由法院从最大保护未成年人权益角度出发进行判决。前述协议或判决，不妨碍子女在必要时向父母任何一方提出超过协议或判决原定数额的合理要求。

【典型参考案例索引】

主旨案例：辽宁沈阳中院（2018）辽01民终1616号“史策名与杨栩栩离婚纠纷案”，见《确定抚养费给付方式应优先考虑子女权益》（张忠星、李国军），载《人民司法·案例》（201832：34）。**其他案例：**①江苏南京秦淮区法院（2013）秦民初字第2025号“张某与于某抚养费纠纷案”，见《拖欠抚养费的合同违约责任——江苏南京秦淮法院判决张靖沂诉于天文抚养费纠纷案》（王冬青、王小娣），载《人民法院报·案例精选》（20140529：06）。②江苏常州新北区法院（2011）新孟民初字第285号“王某与孙某等离婚纠纷案”，见《王某某请求确认第三人为抚养费设定担保的离婚协议效力纠纷案》，载《江苏省高级人民法院公报》（201104/16：26）。③北京二中院（2010）二中少民终字第02782号“米某与裴某抚养费纠纷案”，见《米沙诉裴晓江抚养费案（外籍子女抚养费是否应一次性给付）》（管元梓），载《中国审判案例要览》（2011民：426）。

67. 费用变更必要性审查

——抚养费不够，能否再增加？

【费用变更】

【案情简介及争议焦点】

2007年，周某父母协议离婚，约定2岁的周某由其母亲抚养，周某父亲一次性支付2万元抚养费后，不再承担周某任何抚养费用。2016年，周某起诉父亲，要求每月支付抚养费1000元至周某独立生活时为止。

争议焦点：1. 抚养费约定是否有效？2. 本案是否符合“在必要时”条件？

【裁判要点】

1. 法定抚养义务。《婚姻法》第37条第1款规定，离婚后，一方抚养的子女，另一方应负担必要的生活费和教育费的一部或全部，负担费用的多少和期限的长短,由双方协议。可见,关于子女抚养费负担及支付方式,属于意思自治范畴,离婚协议约定子女抚养费一次性支付,法律上是予以认可的。案涉离婚协议系双方真实意思表示,未违反法律法规强制性规定,离婚协议关于抚养费约定有效。基于儿童利益最大化原则,应依法保障儿童在成长中得到父母抚养和教育。父母对子女有法定抚养义务,这种义务不因父母离婚而消失。依《婚姻法》第 36 条规定,离婚后,父母对子女仍有抚养和教育权利和义务。夫妻双方在离婚协议中签订一次性支付子女抚养费的约定,是具有人身属性合同的法律关系;子女请求未直接抚养方支付抚养费,是请求抚养费的法律关系。两者主体不同,前者系夫妻双方,后者系子女与未直接抚养一方;两者请求权基础不同,前者系合同权利,后者系法定权利。子女享有要求父母支付抚养费的法定权利,子女在必要时主张增加抚养费并非基于离婚协议,而是基于父母的法定义务。子女有要求父母支付抚养费的法定权利。

2. 应增加抚养费。《婚姻法》第 37 条第 2 款规定,关于子女生活费和教育费的协议或判决,不妨碍子女在必要时向父母任何一方提出超过协议或判决原定数额的合理要求。法院对“在必要时”审查,意味着符合法定条件时,子女主张增加抚养费可获支持。而最高人民法院《关于人民法院审理离婚案件处理子女抚养问题的若干具体意见》(已于 2021 年 1 月 1 日起废止)第 18 条,对子女要求增加抚养费限定条件进行了明确,“子女要求增加抚育费有下列情形之一,父或母有给付能力的,应予支持:原定抚育费数额不足以维持当地实际生活水平的;因子女患病、上学,实际需要已超过原定数额的;有其他正当理由应当增加的”。本案周某现 11 岁,正处于上学年龄,学费和生活费日渐增加,周某父近 10 年前支付的 2 万元抚养费已不够花费,且周某父有收入来源,周某主张增加抚养费符合法定条件,结合周某所在地的生活水平,法院判决周某父每月给付周某抚养费 600 元至周某年满 18 周岁。

【裁判依据或参考】

1. 法律规定。《民法典》(2021 年 1 月 1 日)第 1067 条:“父母不履行抚养义务的,未成年子女或者不能独立生活的成年子女,有要求父母给付抚养费的权利……”第 1085 条:“离婚后,子女由一方直接抚养的,另一方应当负担部分或者全部抚养费。负担费用的多少和期限的长短,由双方协议;协议不成的,由人民法院判决。前款规定的协议或者判决,不妨碍子女在必要时向父母任何一方提出超过协议或者判决原定数额的合理要求。”

2. 最高人民法院司法解释及其他司法性文件/解读文章。最高人民法院《关于适用〈中华人民共和国民法典〉婚姻家庭编的解释(一)》(2021 年 1 月 1 日 法释〔2020〕22 号)第 58 条:“具有下列情形之一,子女要求有负担能力的父或者母增加抚养费的，人民法院应予支持：（一）原定抚养费数额不足以维持当地实际生活水平；（二）因子女患病、上学，实际需要已超过原定数额；（三）有其他正当理由应当增加。"最高人民法院吴晓芳法官**《关于婚姻家庭纠纷审理热点难点问答》**〔载《民事法律文件解读》2012年第5辑（总第89辑）〕第24条："父或母请求减少、中止给付抚养费的，什么情况下应予支持？答：抚养教育子女是父母应尽的法定义务，但抚养费的实际给付，以其具有负担能力为前提。根据审判实践经验，父母具有下列情形之一的，可适当减少：（1）给付方的收入明显减少；（2）给付方长期患病或丧失劳动能力，又无经济来源，确实无力按原定数额给付子女抚养费的；（3）给付方因违法犯罪被监禁或被劳动教养，失去经济能力无力给付的。但恢复人身自由后又有经济来源的，则应按原协议或判决给付。需要注意的是，父或母减少或中止给付抚养费后，一旦恢复甚至超过原来的抚养能力，子女仍有权要求恢复至原定的抚养费数额，根据实际情况也可要求增加抚养费。"最高人民法院**《关于人民法院审理离婚案件处理子女抚养问题的若干具体意见》**（1993年11月3日　法发〔1993〕30号，已于2021年1月1日起废止）第15条："离婚后，一方要求变更子女抚养关系的，或者子女要求增加抚育费的，应另行起诉。"第16条："一方要求变更子女抚养关系有下列情形之一的，应予支持。（1）与子女共同生活的一方因患严重疾病或因伤残无力继续抚养子女的；（2）与子女共同生活的一方不尽抚养义务或有虐待子女行为，或其与子女共同生活对子女身心健康确有不利影响的；（3）十周岁以上未成年子女，愿随另一方生活，该方又有抚养能力的；（4）有其他正当理由需要变更的。"第17条："父母双方协议变更子女抚养关系的，应予准许。"第18条："子女要求增加抚育费有下列情形之一，父或母有给付能力的，应予支持。（1）原定抚育费数额不足以维持当地实际生活水平的；（2）因子女患病、上学，实际需要已超过原定数额的；（3）有其他正当理由应当增加的。"最高人民法院**《关于离婚时协议一方不负担子女抚养费经过若干时间他方提起要求对方负担抚养费的诉讼法院如何处理问题的复函》**（1981年7月30日　〔81〕法民字第09号）："……据你院来文所述，男女当事人在民政部门登记离婚，对孩子抚养问题，当时以一方抚养孩子，另一方不负担抚养费达成协议。过若干时间（如一、两年）后，抚养孩子的一方以新婚姻法第三十条为依据，向法院提起要求对方负担抚养费用的诉讼。另一方则据原协议拒绝这种要求。人民法院应如何处理？我们认为：根据婚姻法第二十九条：'父母与子女间的关系，不因父母离婚而消除。离婚后，子女无论由父方或母方抚养，仍是父母双方的子女。''离婚后，父母对子女仍有抚养和教育的权利和义务。'和第三十条：'关于子女生活费和教育费的协议或判决，不妨碍子女在必要时向父母任何一方提出超过协议或判决原定数额的合理要求'的规定，抚养孩子的一方向法院提起要求对方负担抚养费用的诉讼，人民法院应予受理，并根据原告申述的理由，经调查了解双方经济情况有无变化,子女的生活费和教育费是否确有增加的必要,从而作出变更或维持原协议的判决。第二个问题。当事人邓森,因双方和孩子的情况发生了较大变化,要求改变原来对孩子抚养费部分的判决。我们同意你院的下述意见:即'邓森所提不是基于对原判不服的申诉,而是依据新情况提出诉讼请求。'因此,可由你院发交基层法院作新案处理。"

3. 地方司法性文件。山东泰安中院民一庭《**法官会议纪要(家事部分)**》(2020年)第7条:"一方当事人因疫情形势主张减少或暂时中止支付子女抚养费,法院应综合考虑当事人请求的正当性、必要性,以确定是否支持其诉求。因疫情导致支付抚养费一方工资收入、生活来源发生显著降低或缺失时,可以适当调整其应支付的抚养费数额及方式。上述客观因素解除后,当事人起诉要求重新调整的,应根据实际情况依法予以调整。"江苏高院《**家事纠纷案件审理指南(婚姻家庭部分)**》(2019年7月18日)第16条:"离婚时夫妻双方约定或者直接抚养子女一方承诺不要求另一方负担子女抚养费,事后直接抚养子女一方能否以子女名义起诉主张另一方给付抚养费?离婚时夫妻双方约定或者直接抚养子女一方承诺不要求另一方负担子女抚养费,事后直接抚养子女一方又以子女名义起诉主张另一方给付抚养费的,一般不予支持。但具有直接抚养子女一方经济状况不足以维持子女当地实际生活水平或者子女生活、教育、医疗等必要合理费用确有显著增加等正当情形的,依照《婚姻法》第三十七条第二款、《最高人民法院关于人民法院审理离婚案件处理子女抚养问题的若干具体意见》第18条的规定,可以判决另一方给付抚养费。"广东深圳中院《**关于婚姻家庭纠纷案件的裁判指引(2014修订)**》(2014年5月21日)第41条:"离婚后子女要求增加抚养费案件,以要求增加抚养费的子女为原告,以直接抚养的父或母为法定代理人,以另一方为被告。说明:第四十一条是对抚养费案件的诉讼主体的裁判指引。抚养费的权利主体是父母还是子女存在两种意见,一种意见认为,根据《婚姻法》第37条第1款的规定,子女抚养费的负担由父母双方协议,协议不成则由法院判决,因此子女虽是抚养费的享受者,但其法定代理人才是权利主体,所以离婚判决主文均表述为'男方支付女方抚养费';另一种意见认为,抚养费的权利主体是子女,义务主体是父母,《婚姻法》第37条第1款的规定应理解为义务主体之间的权利义务分担问题,《婚姻法》第37条第2款也明确规定了离婚后子女不应父母之间的约定或离婚判决而丧失请求抚养费的权利。我们赞同后者。"江苏高院《**婚姻家庭案件审理指南(2010年)**》(2010年5月18日)第8章:"……(四)子女抚养费的变更。1. 抚养费的增加。根据《婚姻法》第三十七条第二款的规定,子女生活费和教育费的协议或判决,不妨碍子女在必要时向父母任何一方提出超过协议或判决原定数额的合理要求。根据《离婚子女抚养意见》第十八条的规定,子女要求增加抚养费有下列情形之一,父或母有给付能力的,应予支持:

(1)原定抚育费数额不足以维持当地实际生活水平的;(2)因子女患病、上学,实际需要已超过原定数额的;(3)有其他正当理由应当增加的。2. 抚养费的减少或免除。抚养费的确定既要考虑子女的实际需要,又要考虑父母的实际负担能力。当一方确实无力按照判决或者协议给付抚养费时,可以请求减少或免除。需要指出的是,负担继子女的生活费或者教育费,不是未形成抚养教育关系的继父或继母的法定义务,如果继父或者继母不愿意负担,生父或者生母还应当继续承担抚养费。负有给付义务的一方,也不得因子女变更姓氏而拒付子女抚养费。"浙江温州中院民四庭**《关于贯彻执行〈婚姻法〉的指导意见》**(2009 年 5 月 1 日)第 16 条:"婚姻法第四十二条所称'一方生活困难','生活困难'除婚姻法解释(一)第二十七条规定的二种情况外,还可包括:(一)一方完全或基本丧失劳动能力无法维持基本生活的;(二)一方残疾或患有重大疾病无法维持基本生活的;(三)一方无收入或其收入明显低于当地居民或农民平均收入水平的。"江苏无锡中院**《全市民事审判疑难问题研讨会纪要(婚姻家庭部分)》**(2006 年 3 月 14 日)第 4 条:"男女双方在离婚中就孩子的抚养达成协议,离婚后,抚养孩子的一方又以孩子的名义起诉追加抚养费的,一般不予支持。如离婚时间较长,且生活水平及消费水平明显提高的,离婚中在财产处理上并无明显倾向于抚养孩子一方的,则可以支持。"上海高院**《婚姻家庭纠纷办案要件指南(二)》**(2005 年 10 月 14 日　沪高法民一〔2005〕18 号)第 4 条:"子女要求父或母增加抚养费的给付,应当举证证明下列要件事实:(1)原定抚养费数额不足以维持当地实际生活水平,或者子女的实际需要超过原定数额,或者有其他正当理由;(2)父或母有给付能力。〔说明〕子女在必要时要求父母增加抚养费,是其一项重要权利。父母双方首先应当协商解决,协议不成时,子女可以向法院起诉。子女有下列情形之一,父或母有给付能力的,应予支持:(1)原定抚养费数额不足以维持当地实际生活水平的;(2)因子女患病、上学,实际需要已超过原定数额的;(3)有其他正当理由应当增加的。"第 5 条:"父或母一方请求减少、中止给付子女抚养费的,应当举证证明本人的生活境遇发生变化,无实际给付能力。〔说明〕抚养教育子女是父母应尽的义务,但抚养费的实际给付,以其具有负担能力为前提。根据司法经验,父母具有下列情形之一的,可适当减少:(1)给付方的收入明显减少,虽经努力仍维持在较低的水平;(2)给付方长期患病或丧失劳动能力,又无经济来源,确实无力按原定数额给付,而直接抚养子女一方又有抚养能力;(3)给付方因违法犯罪被收监改造或被劳动教养,失去经济能力无力给付的,但恢复人身自由后有经济来源的,则应按原协议或判决给付。需要注意的是,父或母减少或中止给付抚养费后,一旦恢复甚至超过原有的抚养能力,子女仍有权要求回复至原定的抚养费数额,甚至要求增加抚养费。"湖北高院**《民事审判若干问题研讨会纪要(婚姻家庭部分)》**(2004 年 11 月 8 日)第 3 条:"夫妻双方离婚时,负有支付子女抚养费义务的一方只享有城市居民最低生活保障待遇而无其他生活来源的,人民法院判令支付子女抚养费应不影响其基本生活。但在其经济条件好转后,被抚养人可以向人民法院另行起诉,要求增加抚养费。”上海高院**《民事法律适用问答》**(2002年第2期)第8条:“在追加抚育费、变更抚养关系案件中,一方主张行使探望权的,可否作为反诉一并处理?答:我们认为,构成反诉的条件是反诉与本诉的诉讼标的或者诉讼理由相互有牵连,并且能相互吞并或抵消。而追加抚育费、变更抚养关系与行使探望权之间不存在吞并、抵消关系,二者的基础法律事实、法律关系也不同,所以不能作为反诉一并处理。但考虑到两个案件都是基于婚姻、家庭关系而产生的,人民法院可以一并处理。”上海高院**《民事法律适用问答》**(2002年第1期)第6条:“在抚育费纠纷中,抚育费的变更应当从何时起算,有几种不同意见:(1)从判决生效当月起;(2)从判决作出之月起或从案件受理次月起;(3)从变更条件具备之月起。希望统一实践中的不同做法。答:我们认为,抚育费的变更应以发生了得请求变更抚育费的事实为依据,而这一事实往往在当事人起诉之前就已经发生了。因此,只要确实具备了得变更抚育费的事实,原则上就应当以该事实发生之月为变更抚育费的起算点。当然,处理具体案件时,还要考虑当事人的诉请并结合其他相关因素作出合理的判断。”上海高院**《关于审理抚育费、赡养费等案件若干问题的研讨纪要》**(1998年8月27日)第1条:“夫妻离婚时确定给付子女抚育费用的一方,因经济发生变化,要求减少给付子女抚育费的,可以子女及另一方为被告提起诉讼;人民法院应根据离婚后双方的经济状况和子女的实际需要,重新确定抚育费的分担。”第2条:“夫妻离婚后,一方或双方下岗、待业等,收入偏低,按其月总收入百分之二十至三十比例付给抚育费不能满足子女实际需要的,人民法院可以依据子女生活和教育的实际需要,酌情确定抚育费的数额。”

【参考类案】

①2014年**辽宁某抚养费纠纷案**,2013年,经法院调解,父、母离婚,约定夫妻共同财产绝大部分归母方,女儿由母方抚养。2014年,母作为女儿法定代理人,起诉父,要求增加抚养费。法院认为:关于子女生活费和教育费的协议或判决,不妨碍子女在必要时向父母任何一方提出超过协议或判决原定数额的合理要求。判断未抚养子女一方是否应支付抚养费,应着重审查何为“必要时”。最高人民法院《关于人民法院审理离婚案件处理子女抚养问题的若干具体意见》(已于2021年1月1日起废止)第18条规定了3种情形:(1)原定抚育费数额不足以维持当地实际生活水平的;(2)子女患病、上学,实际需要已超过原定数额的;(3)有其他正当理由应当增加的。本案父、母经法院调解离婚,双方约定女儿由母自行抚养,并就夫妻共同财产分割作出明显有利于母方约定。双方离婚不满一年,女即诉请支付抚养

费，但在法院审理期间，其未向法庭提供任何证据证实其主张符合前述司法解释规定情形，应承担举证不能的法律后果。母作为完全民事行为能力人，对民事行为后果有足够认知能力，对自行抚养女儿可能带来的经济负担，应有足够预见和判断，其在离婚调解协议中自愿与父约定自行抚养女儿，系其真实意思表示，足以表明其愿意承担独自抚养女儿所带来的经济负担。父基于对法律及法院依法确认的民事调解书的权威性信赖，与母经调解离婚，在无正当事由情形下，各方当事人均应遵从民事调解书约定，故判决驳回母诉请。

②2010 年**浙江某离婚纠纷案**，2008 年 7 月，谷某与妻子王某诉讼离婚，调解协议载明 6 岁儿子随王某生活，王某负责抚养等各项费用；王某放弃分割家庭财产，谷某从赠与的房屋中拿出 22 万元交付王某为儿子买房。谷某据此给付王某 22 万元。2009 年 2 月，二人复婚。同年 9 月，双方再次诉讼离婚，法院调解达成离婚协议，约定儿子随王某生活，谷某同意每月给付 500 元抚养费。2010 年 8 月，谷某申请再审，要求撤销每月 500 元抚养费一项，理由为 22 万元实际上就是抚养费。法院认为：根据《民事诉讼法》及《婚姻法》司法解释规定，当事人对人民法院以调解方式解除婚姻关系的离婚案件可申请再审的只能是原调解书所涉及的对双方财产分割事项，而有关夫妻离婚则依法不能申请再审；至于子女抚养问题当事人可另诉请求变更。本案从原审法院依据双方当事人达成的离婚协议而制作送达的民事调解书看，关于诉争内容，就性质而言属于本案双方当事人以调解协议形式对婚生子抚养问题的约定。申请再审人谷某对该约定的调解书事项要求再审显然于法无据，故驳回其再审申请。

③2009 年**北京某抚养费纠纷案**，2008 年，张某与丈夫协议离婚，约定对方抚养婚生子薛某，张某一次性支付抚养费 30 万元，以房屋折价款 30 万元相抵。2009 年，张某起诉薛某要求减少抚养费至每月 600 元。法院认为：离婚后，一方抚养的子女，另一方应负担必要的生活费和教育费的一部或全部，负担费用多少和期限长短，由双方协议；协议不成时，由法院判决。根据查明事实，张某与前夫在离婚协议中关于抚养费约定系双方离婚时就子女抚养问题达成的一致意见，双方应按协议约定履行各自义务。张某虽称其签订协议时系受胁迫，但未向二审法院提交相关证据，故不予采信。张某离婚后，其收入情况无明显变化，且其亦未就双方所签离婚协议提起撤销权诉讼，故在该协议未被撤销或被确定为无效前，该协议内容对协议双方均有约束力，张某要求减少抚养费数额，于法无据，不予支持。

④2008 年**某离婚纠纷案**，2006 年，李某与包某协议离婚并办理登记。2007 年，李某以离婚协议约定房产归包某、孩子由包某抚养、李某每月支付 500 元内容显失公平为由，诉请撤销。包某同意由李某每月支付孩子抚养费 300 元。法院认为：依民政部《婚姻登记条例》相关规定，婚姻登记机关在为婚姻关系当事人办理离婚手

续时,只是审查双方是否自愿离婚以及是否对财产分割和子女抚养问题达成一致意见,并不对财产分割和子女抚养协议内容进行实质性审查。换言之,该类协议与当事人所签其他民事合同一样,在发生争议起诉至法院之前,并未经过权威部门实质性审查,故赋予当事人以司法救济手段维护其合法权益是必要的。依最高人民法院《关于适用〈中华人民共和国婚姻法〉若干问题的解释(二)》(已于2021年1月1日起废止)第9条关于"男女双方协议离婚后一年内就财产分割问题反悔,请求变更或者撤销财产分割协议的,人民法院应当受理。人民法院审理后,未发现订立财产分割协议时存在欺诈、胁迫等情形的,应当依法驳回当事人的诉讼请求"规定,法院受理该类登记离婚后财产纠纷,应着重审查当事人双方在订立财产分割协议时有无欺诈、胁迫情形。本案中,李某不能举证证明包某在签订协议时采取了胁迫方式,对其诉请应予驳回。夫妻离婚时财产分割协议与一般民事合同不同,涉及双方当事人之间感情因素、心理平衡或出于弥补自己行为过失心理等。比如,有的当事人虽对配偶感情发生了变化,但真正涉及离婚问题时还是从心里觉得对配偶有所亏欠,故在财产分割上愿意尽量多分给配偶一些甚至会放弃全部财产。基于这些因素,对夫妻离婚时财产分割协议,局外人不宜用是否公平来加以衡量。法院在审理时,亦不宜轻易认定协议显失公平而支持一方当事人撤销或变更协议主张,此亦系前述司法解释中只规定了欺诈、胁迫而未将显失公平情形列入其中原因。判决驳回李某关于重新分割夫妻共同财产诉请,李某每月给付子女抚养费300元。

⑤1998年**天津某抚育费纠纷案**,1992年,刘某与妻王某离婚,孩子刘某某随母生活。经诉讼,抚育费1995年时变更为每月120元。1998年,刘某某满18岁并考上技校,遂起诉刘某要求增加抚育费。法院认为:抚养子女是父母应尽义务。父母子女关系不因父母离婚而解除。在子女生活自立前,父母应支付抚育费用,而不受子女是否成年的限制。本案中,刘某某虽已成年,但尚在上学,无经济收入,而共同生活的母亲现生活确有一定困难,为满足子女正常生活学习,有负担能力的父母一方应增加对子女的抚育费,故刘某某诉请刘某增加抚育费主张应得到支持。判决刘某每月支付抚育费增加至180元。

【典型类案实务要点】

1.**【一次性支付抚养费约定,不妨碍子女必要时再起诉】**基于儿童利益最大化和依法保护未成年人合法权益原则,离婚协议虽约定子女随一方生活,另一方一次性支付抚养费后不再承担任何抚养费用,但子女仍可在必要时要求未直接抚养方每月另行支付抚养费。

2.**【自行抚养子女一方申请变更抚养费的,应符合条件】**夫妻双方经法院调解离婚,并就子女抚养问题已在协议中明确的,子女短期内诉请增加抚养费,除非有充分证据证明子女生活发生重大变化，均应尊重先前裁判既判力，不应轻易变更。

3.【**解除婚姻调解协议确定的子女抚养问题，不得再审**】对调解解除婚姻关系案件，当事人对调解书中所确定子女抚养问题包括抚养关系和抚育费申请再审的，应予驳回。

4.【**离婚协议关于抚养费给付约定，一方不得随意变更**】离婚协议中就子女抚养所达成抚养费给付，在未有法定变更情形前提下，应保持合同稳定性和确定性，非经夫妻双方协商一致，不得随意变更。

5.【**离婚财产分割协议，不宜以显失公平为由诉请撤销**】男女双方协议离婚后，就财产分割问题反悔，以显失公平为由请求变更或撤销财产分割协议的，法院应不予支持。

6.【**未独立生活的成年子女尚在校就读，可主张抚养费**】未独立生活的成年子女尚在校就读，或确无独立生活能力和条件的，父母又有给付能力的，仍应负担必要抚育费。

【类案裁判一般规则】

离婚协议或判决就子女抚养所达成抚养费负担数量和期限，不妨碍子女在必要时向父母任何一方提出超过协议或判决原定数额的合理要求。

【典型参考案例索引】

主旨案例：重庆一中院（2016）渝01民终8169号“周治明与周某某抚养费纠纷案”，见《一次性支付抚养费约定不妨碍子女在必要时主张增加抚养费——重庆一中院判决周某抚养费纠纷案》（陈义熙、刘婷婷），载《人民法院报·案例精选》（20170427：06）。**其他案例：**①辽宁沈阳中院（2014）沈中少民终字第00144号“李红军与李某抚养费纠纷案”，见《变更抚养费应符合法定条件》（郭晓娟、张忠星），载《人民司法·案例》（201522：107）。②浙江湖州中院（2010）浙湖民申字第27号“谷某与王某离婚纠纷案”，见《解除婚姻调解协议确定的子女抚养问题不得再审——浙江湖州中院裁定谷德福诉王秀梅离婚纠纷案》（辛坚、闵海峰、章豪杰），载《人民法院报·案例指导》（20110707：06）。③北京二中院（2009）二中少民终字第13516号“张某诉薛某抚养费纠纷案”，见《张冰诉薛×桐抚养费纠纷案（抚养费）》（邢述华），载《中国审判案例要览》（2010民：363）。④见《不宜以显失公平为由支持一方请求撤销登记离婚时的财产分割协议的主张》（吴晓芳，最高院民一庭），载《民事审判指导与参考·指导性案例》（200802/34：62）。⑤天津河东区法院1998年4月10日“刘某某与刘某抚育费纠纷案”，见《刘梦申因成年后上学期间无收入诉父刘江增加抚育费案》（李明），载《人民法院案例选》（200002/32：49）。

68. 离婚后抚养权的变更

——变更抚养权,合不合条件?

【抚养变更】

【案情简介及争议焦点】

2006年,王某与张某协议离婚,约定3岁长女由王某抚养,张某每月负担5000元抚养费。2010年,张某以离婚时次女仅半岁、5000元抚养费系两孩子抚养费、次女系王某与他人所生为由,要求变更抚养权,判决长女归其抚养。

争议焦点:1. 司法解释规定的条件? 2. 本案应否变更抚养权?

【裁判要点】

1. 司法解释规定。最高人民法院《关于人民法院审理离婚案件处理子女抚养问题的若干具体意见》(已于2021年1月1日起废止)第3条列举了审理离婚案件时可予优先考虑的四种情形,其中第2项规定“子女随其生活时间较长,改变生活环境对子女健康成长明显不利的”和第3项规定“无其他子女,而另一方有其他子女的”情形的,可予优先考虑。比较该两项规定,前者系基于子女利益考虑,后者系基于父母利益考虑,根据审理子女抚养问题应从有利于子女身心健康、保障子女合法权益出发原则,审理离婚案件处理子女抚养问题时应首先考虑有无第2项情形。前述司法解释第16条列举了变更抚养关系的四种情形,均系基于子女利益考虑。

2. 抚养变更条件。本案中,长女自小由王某照看,离婚后抚养至今,已适应现有生活环境、生活条件,现正接受小学教育,在其生活环境、生活条件未发生重大恶化情况下,维持其现有生活稳定性和连续性,对其健康成长最为有利。张某无证据证明王某抚养能力下降、抚养条件恶化,不具备法律规定变更抚养关系条件,故判决驳回其诉请。

【裁判依据或参考】

1. 法律规定。*《未成年人保护法(2020年修订)》*(2021年6月1日)第107条:“人民法院审理继承案件,应当依法保护未成年人的继承权和受遗赠权。人民法院审理离婚案件,涉及未成年子女抚养问题的,应当尊重已满八周岁未成年子女的真实意愿，根据双方具体情况，按照最有利于未成年子女的原则依法处理。”

2. 最高人民法院司法解释及其他司法性文件/解读文章。最高人民法院**《关于适用〈中华人民共和国民法典〉婚姻家庭编的解释(一)》**(2021年1月1日 法释〔2020〕22号)第54条：“生父与继母离婚或者生母与继父离婚时，对曾受其抚养教育的继子女，继父或者继母不同意继续抚养的，仍应由生父或者生母抚养。”第55条：“离婚后，父母一方要求变更子女抚养关系的，或者子女要求增加抚养费的，应当另行提起诉讼。”第56条：“具有下列情形之一，父母一方要求变更子女抚养关系的，人民法院应予支持：(一)与子女共同生活的一方因患严重疾病或者因伤残无力继续抚养子女；(二)与子女共同生活的一方不尽抚养义务或有虐待子女行为，或者其与子女共同生活对子女身心健康确有不利影响；(三)已满八周岁的子女，愿随另一方生活，该方又有抚养能力；(四)有其他正当理由需要变更。”第57条：“父母双方协议变更子女抚养关系的，人民法院应予支持。”最高人民法院吴晓芳法官**《关于婚姻家庭纠纷审理热点难点问答》**〔载《民事法律文件解读》2012年第8辑(总第92辑)〕第6条：“有人建议规定探视权受阻可成为变更子女抚养权关系的法定事由，该建议是否可行？答：离婚时确定由谁抚养子女，是人民法院在考虑子女利益最大化原则及综合权衡父母双方的各方面条件的情形下作出的裁判。不能仅仅因为直接抚养子女的一方阻挠对方探望子女，就轻率地置子女利益于不顾而变更子女抚养关系。在处理请求变更子女抚养关系的纠纷时，人民法院应把握的原则是由谁直接抚养最有利于子女的健康成长。当然，如果直接抚养子女的一方故意设置探望障碍，使得探望权人无法见到子女遭受精神痛苦的，探望权人可以诉求精神损害赔偿。判令精神损害赔偿既可补偿探望权人不能实现探望权所遭受的伤害，也可约束直接抚养子女一方履行协助的义务。”

3. 地方司法性文件。山东泰安中院民一庭**《法官会议纪要(家事部分)》**(2020年)第6条：“离婚后，抚养子女一方感染新型冠状病毒不属必然变更子女抚养权的情形，但无力继续抚养子女的除外。”江苏高院**《婚姻家庭案件审理指南(2010年)》**(2010年5月18日)第8章：“……(三)子女抚养权的变更。未成年子女抚养权的变更通常有两种情况：1. 父母双方协议变更子女的抚养权；2. 一方要求变更子女的抚养权。对于第1种情况，如果变更抚养权有利于子女的健康成长和合法权益，则应准许双方协议。对于第2种情况，根据《离婚子女抚养意见》第十六条的规定，如果有下列情形之一的，人民法院也应当准予变更：1. 与子女共同生活的一方因患严重疾病或因伤残无力继续抚养子女的；2. 与子女共同生活的一方不尽抚养义务或有虐待子女行为，或其与子女共同生活对子女身心健康确有不利影响的；3. 十周岁以上未成年子女，愿随另一方生活，该方又有抚养能力的；4. 有其他正当理由需要变更的。”江西高院**《关于审理婚姻家庭纠纷案件适用法律若干问题的解**

答》(2008年10月10日)第25条:"父母离婚后随一方生活的未成年子女,如果希望改随另一方生活,可否要求改变抚养关系?离婚时子女的抚养权是根据当时的情况确定的,如以后父母任何一方或子女的情况发生改变,以前的抚养方式已影响到子女的利益或一方生活的。父、母及子女都可以要求变更抚养关系。对于子女要求改变抚养关系的,子女为原告,父、母为被告。"上海高院《**婚姻家庭纠纷办案要件指南(二)**》(2005年10月14日　沪高法民一〔2005〕18号)第6条:"父母双方协议变更子女的抚养关系,经审查,符合法律规定且意思表示真实,应予准许。协议不成,一方起诉要求变更抚养关系的,应当举证证明存在需要变更的正当理由。〔说明〕父母双方协议变更子女抚养关系的,只要双方具有相应的民事行为能力,意思表示真实,不违反法律或社会公共利益,对子女成长并无不利,应予准许。审理变更子女抚养关系的纠纷,首先应当进行调解,调解不成时,如有下列情形之一的,应当认为变更理由充分,请求权成立:(1)与子女共同生活的一方因患严重疾病或因伤残无力继续直接抚养子女的;(2)与子女共同生活的一方不尽抚养义务或有虐待子女的行为,或其子女共同生活对子女健康确有不利影响的;(3)10周岁以上的未成年子女愿随另一方生活,该方又有直接抚养能力的;(4)有其他正当理由需要变更的。如与子女共同生活的一方因犯罪被劳动教养、被逮捕、被收监服刑或者较长时间出国无法直接抚养的。"上海高院《**民事法律适用问答**》(2002年第2期)第8条:"在追加抚育费、变更抚养关系案件中,一方主张行使探望权的,可否作为反诉一并处理?答:我们认为,构成反诉的条件是反诉与本诉的诉讼标的或者诉讼理由相互有牵连,并且能相互吞并或抵消。而追加抚育费、变更抚养关系与行使探望权之间不存在吞并、抵消关系,二者的基础法律事实、法律关系也不同,所以不能作为反诉一并处理。但考虑到两个案件都是基于婚姻、家庭关系而产生的,人民法院可以一并处理。"广东高院《**关于审理婚姻案件若干问题的指导意见**》(2001年11月9日　粤高法发〔2001〕44号,2021年1月1日起废止)第22条:"《婚姻法》第三十八条第三款规定的'不利于子女身心健康的',主要是指不直接抚养子女的一方有下列情形:(1)患有严重精神病或尚未治愈的烈性传染性疾病的;(2)对子女实施家庭暴力或虐待子女的;(3)其他不利于子女身心健康的情形。"

【参考类案】

①2015年**某抚养权纠纷案**,2007年,余某与罗某离婚,6岁的女孩罗某某由罗某抚养。2011年,余某向法院诉称,罗某长期在外打工,女儿罗某某与祖母和大伯共同生活期间,罗某某经常遭受殴打和辱骂,且罗某某与离异的大伯同住一室,随时可能遭受性侵犯。余某向法院提供了女儿伤情鉴定书及其要求与母亲共同生活的书信等证据,并请求法院判令变更女儿罗某某由余某抚养。诉讼过程中,罗某某

向法院申请人身安全保护。法院认为:申请人罗某某在与被申请人即其祖母、大伯共同生活期间多次无故遭受殴打,且有法医学人体损伤程度鉴定书为证。申请人罗某某申请符合法律规定。裁定禁止被申请人殴打、威胁、辱骂、骚扰、跟踪申请人罗某某,裁定有效期为六个月。之后,经法院调解,双方变更了抚养权,此案在一周内结案,未成年人罗某某在最短时间摆脱了家庭暴力。

②2011 年**重庆某抚养纠纷案**,2010 年,蒲某与杨某结婚 9 年后离婚,协议约定蒲某与前夫所生之女严某由杨某抚养,蒲某不负担抚养费。离婚后,杨某拒绝抚养严某并拒绝支付抚养费。法院认为:继母与生父或继父与生母离婚时,对曾受其抚养教育的继子女,继父或继母不同意继续抚养的,仍应由生父母抚养。继父母这种抚养以其自愿为基础,继父母可继续抚养,亦可解除此抚养关系。本案杨某虽在离婚协议中表示继续抚养曾受其抚养教育的继女严某,但其现在明确表示不同意继续抚养,故严某要求杨某给付抚养费诉请,依最高人民法院《关于人民法院审理离婚案件处理子女抚养问题的若干具体意见》(已于 2021 年 1 月 1 日起废止)第 13 条关于"生父与继母或生母与继父离婚时,对曾受其抚养教育的继子女,继父或继母不同意继续抚养的,仍应由生父母抚养"规定,判决驳回严某诉请。

③2010 年**福建某抚养权纠纷案**,2006 年,吴某与妻子林某协议离婚,约定 3 岁长女由林某抚养,吴某给付抚养费。双方未对林某一直抚养、不满 1 岁的次女由谁抚养进行约定。2010 年,吴某诉请自己抚养长女。法院认为:最高人民法院《关于人民法院审理离婚案件处理子女抚养问题的若干具体意见》(已于 2021 年 1 月 1 日起废止)第 3 条列举的离婚案件中优先考虑抚养权情形,其中第 2 项"子女随其生活时间较长,改变生活环境对子女健康成长明显不利的"情形,应优先于第 3 项"无其他子女,而另一方有其他子女的"情形适用。前述司法解释第 16 条所列举变更抚养关系情形,均系基于子女利益考虑。长女自幼由林某携带,吴某与林某离婚后由林某抚养至今,已适应现有生活环境、生活条件,现正接受小学教育,在其生活环境、生活条件未发生重大恶化情况下,维持其现有生活稳定性和连续性,对其健康成长最为有利。吴某无证据证明林某抚养能力下降、抚养条件恶化,不具备法律规定变更抚养关系情形和条件,故其主张变更抚养关系的诉讼请求应予驳回。

④2009 年**某北京某抚养权纠纷案**,2007 年,屈某、刘某经法院调解离婚,子女由刘某抚养。同日,刘某书面承诺,两年内将孩子户口落在北京,否则,屈某可无条件收回两个孩子的抚养权。两年后,屈某以刘某未践诺而诉请变更抚养权。法院认为:离婚后,子女无论由父或母直接抚养仍是父母双方子女。有关子女抚养问题应从有利于子女身心健康,保障子女合法权益出发,并结合父母双方抚养能力和抚养条件综合确定。屈某与刘某离婚时,双方就子女抚养问题已达成协议,鉴于刘某抚养能力和抚养条件自离婚后至今未发生重大变化,且子女亦表示愿意随刘某一

起生活,屈某并未提供有力证据证明其抚养子女更有利于子女身心健康成长,刘某单方承诺变更子女抚养权系以在限定期限内能否把子女户口落户北京为前提,此二者并不能相提并论,其所承诺变更抚养关系前提与我国现行法律中有关变更子女抚养关系问题的立法本意相违背,且刘某单方承诺并不能替代有表达能力的未成年子女意见,故根据本案具体情况,对屈某要求变更抚养权诉请应予驳回。

⑤2008 年**江苏某抚养关系纠纷案**,2005 年,外企职工严某与日本公民须某协议离婚,约定须某抚养才 1 周岁的孩子并自负抚养费。该协议经公证处公证、省民政厅备案。此后,须某将孩子带回日本交祖父母抚养,自己长期在中国工作。2007 年 9 月,严某因探视权问题曾与须某在机场发生纠纷并报警,接回孩子后检查发现患有佝偻病,遂拒绝归还孩子。须某以侵害其抚养权为由起诉,并提供自己收入每月 2.2 万元证明有抚养能力。法院认为:根据我国《婚姻法》规定,对离婚后子女监护采取单独监护原则,即子女随父母一方共同生活,另一方虽仍有对子女抚养教育义务,但不与子女共同生活,仅对子女享有探视权。单独监护时如何确定亲权监护人,最主要的是应考虑到子女最大利益原则。本案中,须某与严某离婚后,双方约定孩子随须某共同生活。此后,须某因工作原因将孩子送至日本随须某的母亲共同生活。父母系抚养教育未成年子女权利人和义务人,祖父母并不能替代父母履行抚养教育义务,须某虽在中国工作但不能认为其不具备与孩子共同生活条件,而须某却未能充分尽到抚养教育义务。抚养并不仅指父母从物质上养育子女,更反映在生活上给予精心的照料和力所能及的帮助。教育则是指父母在思想、品德等方面对子女的全面培养,帮助子女树立正确的人生观,培养良好品德。须某与孩子长期不在一起共同生活,须某自然无法在生活上给予孩子很好照顾,亦无法在思想品德方面对孩子进行培养。从严某所提交孩子病历看,孩子患有佝偻症,须某认为此病系婴幼儿期常见病,此病系因缺少钙元素而形成,如能对孩子的饮食起居稍加注意完全可防止此病发生,这从另一方面亦反映孩子在日本生活未得到很好照顾。依《婚姻法》规定,对子女的抚养、保护和教育的权利义务始终在父母,祖孙间产生抚养关系须同时具备以下三个条件:父母双方已死亡;或一方死亡,另一方确无抚养能力;或父母均无抚养能力。孙子女未成年,需要抚养。祖父母、外祖父母有负担能力。而本案中须某与严某均有抚养能力,故将孩子交由其祖母抚养不符合法律规定。孩子尚未满 3 周岁,十分年幼,其长期远离父母,祖母这种帮忙性质的抚养并不能替代须某给予孩子父爱,更不能替代母爱。孩子被送至日本后,严某就未能对孩子进行过探视,严某与须某家人在机场更为探视孩子而发生争执。这种缺乏父爱与母爱的生活对于孩子健康成长极为不利。严某作为一名外企职员,有稳定的较高收入,且接受过良好教育,其有能力亦愿意与孩子共同生活在一起。孩子随严某共同生活,至少能使其在父母离婚后还可享受到完整母爱,故法院判决变更

孩子抚养权,孩子随其母严某共同生活。孩子跟随严某共同生活,须某作为父亲仍应承担儿子必要的抚育费,根据须某收入及孩子实际需要确定抚育费为每月收入20%计2200元,此费用不仅是生活费,还包括了教育费用和医疗费用,须某以本省城镇居民平均消费水平为802元/月为由,而认为该抚育费数额过高理由不能采信。

⑥2004年**山东某监护权变更纠纷案**,1997年,张某与范某调解离婚后,张某抚养4岁孩子。2003年,张某以孩子不听话难以教育、自己无抚养能力为由主张变更抚养关系。范某以其经常长时出海为由拒绝。法院认为:法院确定子女直接监护人,应本着有利于子女生活及健康成长原则。监护职责是监护人法定义务,除法定原因外不得以任何理由加以拒绝,无法履行教育职责不能构成变更监护权正当理由。本案中,从双方具体情况看,范某职业决定了其工作时间不确定性,对生活、学习需教育引导的未成年子女是不适宜的,同时考虑到孩子本人意见,其一直跟随母亲生活,与母亲有较深感情,随母亲共同生活更有利于孩子身心健康和成长,故判决驳回张某诉请。

⑦2004年**江苏某离婚后财产纠纷案**,2003年,尚某与阚某协议离婚,女儿由阚某抚养。2004年,尚某通过诉讼,变更了抚养关系。尚某据此诉请调整原离婚协议中财产分割内容。法院认为:双方离婚后,就子女抚养关系发生纠纷,一方要求变更抚养关系的,可依最高人民法院《关于人民法院审理离婚案件处理子女抚养问题的若干具体意见》(已于2021年1月1日起废止)相关规定,通过诉讼或协议方式予以变更。但子女抚养关系变更并不必然影响离婚协议中财产分割等内容。最高人民法院《关于适用〈中华人民共和国婚姻法〉若干问题的解释(二)》(已于2021年1月1日起废止)第9条规定,男女双方协议离婚后1年内就财产分割问题反悔,请求变更或者撤销财产分割协议的,人民法院应当受理。人民法院审理后,未发现订立财产分割协议时存在欺诈、胁迫等情形的,应当依法驳回当事人的诉请。在本案中,双方当事人协议离婚时,将大部分财产分割给阚某,尚某无证据证明阚某多得财产系因阚某抚养孩子而多得,或证明双方有变更抚养关系则应重新分割共同财产的约定,尚某亦无证据证明其少分财产阚某存在欺诈、胁迫,致离婚协议内容部分或全部无效情形。判决驳回尚某诉请。

⑧2001年**河北某变更抚养关系纠纷案**,1995年,张某与陈某协议离婚,约定女儿归陈某。其后,因陈某服兵役,女儿与祖母生活。因祖母年老多病,张某将女儿接回身边抚养,并向法院起诉,要求变更监护,由自己对女儿进行监护。法院认为:未成年人父母是未成年人监护人,父母离婚并不影响父母双方仍为未成年人监护人,均仍应"履行监护职责,保护被监护人的人身、财产及其他合法权益",所改变的只是父或母哪一方为与未成年人一起共同生活的实际抚养人,故无论是父母双方

协议离婚时,还是法院判决、调解父母双方离婚时,双方协议或法院判决未成年子女归一方抚养,均允许在今后由一方提起变更抚养之诉。本案中,由于陈某正在部队服役,双方原协议由陈某抚养女儿客观上难以执行和实现,加之实际上陈某是将女儿交其祖母照管,女儿上学又不方便,张某要求变更的实际上是抚养关系而非监护关系,变更理由充分,应予支持。

⑨1998 年**上海某变更抚养纠纷案**,1991 年,于某与妻子赵某离婚,女儿于某某随于某生活。随后,于某与宋某结婚。1998 年,于某病逝。宋某起诉赵某,要求变更对于某某的抚养关系。法院认为:宋某与于某再婚时,于某某尚年幼。1995 年起,于某某随宋某夫妇共同生活,较长时期来,于某某与宋某家庭共同生活,以此可认定宋某与于某某之间已形成事实上抚养与被抚养的继母女抚养关系,该抚养关系并不因于某某生父于某死亡而自然消失。依《婚姻法》第 27 条规定,继父母和受其抚养教育的继子女之间权利义务,适用对父母子女关系有关规定。鉴于近几年来于某某一直随宋某共同生活,且宋某经济收入、住房等条件均优于赵某事实,为稳定抚养关系,有利于被抚养人健康成长,宋某现要求变更于某某随赵某共同生活之诉,缺乏理由,不予支持。判决宋某要求变更抚养之诉不予准许。

【典型类案实务要点】

1.**【抚养条件是否重大变化,是变更抚养关系判断标准】**夫妻离婚,子女抚养关系确定后,抚养条件是否发生不利于被抚养人的重大变化是判断抚养关系是否需要变更的重要标准。

2.**【子女遭受暴力,可变更抚养权并申请人身安全保护】**夫妻离婚后随一方生活的未成年子女遭受家庭暴力的,未共同生活另一方父母可诉请变更抚养权并代为申请人身安全保护。

3.**【继父母离婚后,抚养义务可解除,生父母继续抚养】**对未成年继子女来说,继父母与生父母既可约定继父母承担抚养义务,亦可约定继父母解除抚养义务由生父母承担抚养义务,但不能约定免除生父母法定抚养义务。

4.**【抚养方抚养条件并未变化,抚养关系不应发生变更】**处理子女抚养问题,应从有利于子女身心健康,保障子女合法权益出发,结合父母双方抚养能力和抚养条件等具体情况妥善解决。离婚后抚养一方的抚养条件未发生不利于孩子成长的变化,抚养关系不应变更。

5.**【约定抚养关系变更事由与法律规定相悖的,不变更】**夫妻离婚后,双方自行约定的可变更子女抚养关系事由已发生,但约定前提与现行法律相违背的,法院不应支持。

6.**【亲权监护人确定,主要应考虑到子女最大利益原则】**对离婚后子女的监护采取的系单独监护的原则,单独监护时如何确定亲权监护人,最主要的是应考虑到子女最大利益原则。

7.【**无法履行教育职责,不构成变更抚养关系正当理由**】监护职责是监护人法定义务,除法定原因外不得以任何理由拒绝,无法履行教育职责不能构成变更监护权正当理由。

8.【**子女抚养关系变更,不必然影响离婚协议财产分割**】协议离婚后,一方无证据证明离婚协议关于财产分割内容存在欺诈、胁迫情形,其以子女抚养关系变更为由要求撤销的,不予支持。

9.【**一方抚养子女客观不能,对方可申请变更抚养关系**】夫妻离婚后,实际抚养子女一方因服兵役导致抚养子女客观不能,对方可申请变更抚养关系,该变更并非监护关系变更。

10.【**继子女生父死亡,不构成抚养关系变更的法定理由**】已形成事实上抚养与被抚养的继母女关系,并不因继子女生父死亡而自然消失,亦不构成抚养关系变更法定理由。

【类案裁判一般规则】

离婚后,父母任何一方或子女情况发生不利于被抚养人的重大变化,以前的抚养方式已影响到子女利益或一方生活的,父、母及子女均可要求变更抚养关系。

【典型参考案例索引】

主旨案例:福建福州中院(2010)榕民终字第1907号"张某与王某变更抚养关系纠纷案",见《张凯诉王丽变更抚养关系纠纷案》(林守霖),载《人民法院案例选》(201102/76:85)。**其他案例:**①见《女童罗某某诉罗某抚养权纠纷案——人身安全保护裁定制止儿童虐待》,载《最高人民法院公报·最高人民法院公布十起涉家庭暴力典型案例》(201502/220:24)。②重庆沙坪坝区法院(2011)沙法少民初字第86号"杨燕诉杨某抚养纠纷案",见《继父母离婚后能否解除约定抚养义务》(袁琴、江河),载《人民司法·案例》(201120:78)。③福建福州中院(2010)榕民终字第1907号"吴某诉林某抚养权纠纷案",一审判决女儿由吴某抚养,二审改判驳回吴某诉请。见《抚养条件未发生重大恶化的抚养关系不能变更》(林守霖),载《人民司法·案例》(201020:70)。④北京二中院(2009)二中少民终字第12678号"屈某诉刘某抚养权纠纷案",见《屈艳诉刘振庆变更抚养关系纠纷案(抚养关系变更)》(艾明),载《中国审判案例要览》(2010民:359)。⑤江苏南通中院(2008)通中民一终字第0472号"须某诉严某抚养关系纠纷案",见《须加尾诚诉严荣荣抚养关系案(抚养关系认定抚养费负担)》(陈珑珑、顾华),载《中国审判案例要览》

(2009民:448)。⑥山东青岛四方区法院判决“张某诉范某子女监护权变更案”,见《张建华、范国强离婚后张建华以无法胜任对孩子的教育职责为由诉范国强变更子女监护权案》(青岛中院研究室),载《人民法院案例选》(2004年民事/48:31)。⑦江苏南京玄武区法院(2004)玄民一初字第957号“尚某与阚某离婚后财产纠纷案”,见《尚翠红诉阚斌夫妻登记离婚后重新分割财产案(离婚后财产分割)》(薛亚萍、黄彦杰),载《中国审判案例要览》(2005民:421)。⑧河北易县法院2001年1月9日“张某与陈某变更抚养关系纠纷案”,见《张静诉陈峰服兵役不能实际抚养子女要求变更监护关系原审按特别程序审理再审按普通程序审理案》(郅四清、于忠泽),载《人民法院案例选》(200203/41:89)。⑨上海一中院1998年12月9日“宋某与赵某变更抚养纠纷案”,见《继母宋少敏因继女的生父死亡诉继女的生母赵颖领回抚养案》(上海一中院),载《人民法院案例选》(200004/34:74)。

69. 法定探望权如何实现

——孩子探望权,如何去实现?

【探视纠纷】

【案情简介及争议焦点】

柳某与乐某离婚后,患有先天性心脏病的儿子乐某某随柳某共同生活。2010年7月,经法院调解,确定乐某于每月单周周六对乐某某行使探望权,交接地点为柳某住所地。此后,双方就探望事宜发生分歧,乐某为此申请法院执行。2013年,柳某以乐某探望不利于孩子身心健康为由起诉,要求中止乐某探望权或减少至半年一次。

争议焦点:1. 探望权中止的规定? 2. 本案应否中止乐某探望权?

【裁判要点】

1. 探望权中止的规定。未直接抚养子女的父或母一方享有探望的权利。当事人以探望“不利于子女身心健康”为由起诉中止探望的,应审查亲子关系现状及成因,并从有无改善余地的长远眼光加以判断,充分发挥司法裁判与心理辅导的叠加效应。

2. 本案不应中止探望。本案中,柳某提出中止或减少探望请求,应举证证明出现了不利于子女身心健康事由。虽然乐某某体质特殊,但并不妨碍其正常生活与交往,相反更需父母双方关爱与照料。柳某与乐某双方在子女探望问题上始终存在较大分歧,使得父子间缺乏单独接触及充分的情感交流、亲子互动机会。而乐某某部分就诊时间与乐某探望时间并不冲突,记录内容亦系在单方主诉基础上形成。鉴于柳某未能举证证明乐某探望行为损害子女身心健康,故对其要求中止或减少探望诉请不予支持。判决驳回柳某诉请。

【裁判依据或参考】

1. 一般规定。

(1)最高人民法院司法解释及其他司法性文件/解读文章。最高人民法院**《关于适用〈中华人民共和国民法典〉婚姻家庭编的解释(一)》**(2021年1月1日　法释〔2020〕22号)第65条:"人民法院作出的生效的离婚判决中未涉及探望权,当事人就探望权问题单独提起诉讼的,人民法院应予受理。"第66条:"当事人在履行生效判决、裁定或者调解书的过程中,一方请求中止探望的,人民法院在征询双方当事人意见后,认为需要中止探望的,依法作出裁定;中止探望的情形消失后,人民法院应当根据当事人的请求书面通知其恢复探望。"最高人民法院**《关于进一步深化家事审判方式和工作机制改革的意见(试行)》**(2018年7月18日　法发〔2018〕12号)第28条:"具有下列情形之一的,人民法院根据实际情况可以建议案件当事人或者未成年人接受心理疏导:(1)一方当事人同意离婚,对方当事人不同意离婚并且情绪激动的;(2)探望权纠纷、监护权纠纷以及其他有关亲子关系纠纷的案件中,当事人情绪波动较大的;(3)存在家庭暴力行为,对当事人身心健康造成较大影响的;(4)案件所涉及的未成年人情绪波动较大或者有反常行为,需要心理疏导的;(5)其他需要进行心理疏导的情形。"最高人民法院**《第八次全国法院民事商事审判工作会议(民事部分)纪要》**(2016年11月30日)第2条:"离婚后,不直接抚养未成年子女的父母一方提出探望未成年子女诉讼请求的,应当向双方当事人释明探望权的适当行使对未成年子女健康成长、人格塑造的重要意义,并根据未成年子女的年龄、智力和认知水平,在有利于未成年子女成长和尊重其意愿的前提下,保障当事人依法行使探望权。"最高人民法院**《2015年全国民事审判工作会议纪要》**(2015年4月20日)第3条:"对于离婚后一方请求人民法院支持其探望权的诉讼,人民法院应加大法律释明力度,向双方当事人释明探望权的适当行使对子女健康成长、人格塑造的重要意义,在遵循有利于未成年人成长的基础上,探索因人因案而异的探望权行使形式。抚养孙子女、外孙子女的祖父母、外祖父母主张探望孙子女、外孙子女的,一般应予保护。"最高人民法院吴晓芳法官**《关于婚姻家庭纠纷审理热点难点问答》**〔载《民事法律文件解读》2012年第8辑(总第92辑)〕第4条:"人民法院在审理离婚案件时,当事人未就探望权提出诉讼请求的,人民法院是否应在离婚判决书中判明探望权？答:从法理上讲,探望权是基于父母子女关系而享有的一种身份权。当事人在离婚诉讼之外可以单独就探望权问题提起诉讼,离婚诉讼当事人未主张探望权的,根据不告不理的原则,人民法院应当针对当事人的诉讼请求进行裁判,不能超出当事人的请求范围,故不宜直接就探望权问题作出判决。”最高人民法院吴晓芳法官**《关于婚姻家庭纠纷审理热点难点问答》**〔载《民事法律文件解读》2011 年第 11 辑(总第 83 辑)〕第 63 条:“处理探望权纠纷应注意什么问题？答:探望权是指基于血亲或拟制血亲关系的父母在婚姻或同居关系解除后,不直接抚养未成年子女的一方所享有的一种可在一定时间、地点探望该未成年子女的权利。一般认为,探望权是基于父母子女关系而形成的一种身份权,在确立亲权的国家则属于亲权的一种,属于亲权中的一项基本权利……要在探望权司法裁决中真正体现‘子女最佳利益原则’,应注意以下问题:1. 支持性原则。行使探望权的一方,必须就其人品、性格、能力、职业、社会关系、(再婚后)家庭状况以及与被探望子女的关系等方面,能对子女的身心健康发展起积极作用。需要指出的是,与确定抚养关系不同,由于探望侧重的是与未成年子女精神上的交流,因此物质条件并非考虑的重要因素。2. 稳定性原则。由于未成年人正处于人生中主要的学习和心理趋向成熟的阶段,因此,探望权的行使应考虑被探望子女的生活、学习及情绪、心理的稳定。3. 子女的身心愉悦规则。探望权的立法目的在于促进子女的身心健康,如果被探望后,其心情高兴、舒畅,性格变得开朗、外向,就可以说探望符合子女的利益。反之,其心情忧郁、压抑,性格变得封闭、内向,就很难说探望符合子女的利益。而被探望后子女的身心是否愉悦甚至健康,一定程度上就直接影响探望的内容(如探望时间的长短和方式)或探望权的中止与否。对此,可以通过老师、同学、朋友、邻居、保姆等人的证词获得相关信息。此外,还应兼顾考虑被探望子女的年龄及意愿。一般说来,子女的年龄和意愿虽不能决定探望权的行使,但从其可能会影响探望的具体内容和效果的角度考虑,仍有参考的必要。”最高人民法院**《关于适用〈中华人民共和国婚姻法〉若干问题的解释(一)》**(2001 年 12 月 27 日　法释〔2001〕30 号,已于 2021 年 1 月 1 日起废止)第 24 条:“人民法院作出的生效的离婚判决中未涉及探望权,当事人就探望权问题单独提起诉讼的,人民法院应予受理。”最高人民法院**《关于按中国婚姻法离婚的父母对子女的权利义务的规定应如何理解的函》**(1987 年 8 月 21 日　〔87〕民他字第 43 号):“……关于英国驻华使馆就按中国婚姻法离婚的父母,在离婚后对子女的权利义务,规定如何理解的来照,经研究,我们认为:按我国婚姻法的规定,父母离婚后,对未成年子女仍负有抚养教育的权利与义务。没有抚养子女的一方,有权探视由他方抚养的子女。英国驻华使馆认为,按照中国婚姻法的规定,父母离婚后,并不取消没有抚养教育子女一方的权利,双方仍具有对子女抚养教育的合法权利,这种理解是符合中国婚姻法规定的精神的。对于英国驻华使馆来照中所针对的案件，我们认为，香港居民鲁慕贞经我法院调解与澳门居民林勤离婚后，向港英当局申请归她抚养的、现居内地的双方婚生子林伟超去港定居，是否得到批准，这是有关管理部门决定的事。至于林勤从澳门申请去港探视孩子，被批准的可能性较小，我们希望英国驻华使馆注意我国法律的规定，在处理此事上，给予当事人方便。”

(2)地方司法性文件。江苏高院**《家事纠纷案件审理指南(婚姻家庭部分)》**(2019年7月18日)第18条:“离婚后子女能否主张不直接抚养的父母一方进行探望？离婚后父母对于子女仍有抚养和教育的权利和义务。离婚后子女主张不直接抚养的父母一方进行探望的，应予支持。”第20条:“人民法院已经就探望权行使时间、期限等依法作出生效裁判后，当事人就探望权问题能否再次起诉？人民法院已经就探望权行使时间、期限等依法作出生效裁判后，如果当事人对探望权行使时间、期限等产生新的需求，属于新的事实和理由，不受既判力的约束，当事人就探望权问题再次起诉的，应予受理。但对当事人诉讼请求的合理性应当依法审查，据以决定是否支持当事人的诉讼请求。”北京高院民一庭**《关于审理婚姻纠纷案件若干疑难问题的参考意见》**(2016年8月4日)第8条:“【探望权的确定与变更】离婚案件中判决一方享有子女抚养权的，可结合案件情况对另一方的探望权予以明确。离婚时对行使探望权方式与内容未予以明确，离婚后发生争议的，可提起探望权纠纷诉讼，对行使探望权内容、方式、周期等予以确定。离婚判决对探望权确定的，离婚后有探望权一方滥用探望权或以其他行为导致严重影响子女及有抚养权一方正常生活的，受害方有权向人民法院请求中止或变更探望权的行使或向人民法院申请人身保护令。”安徽滁州中院**《关于审理婚姻家庭纠纷案件座谈会纪要》**(2013年8月2日)第15条:“审理离婚案件，应当告知当事人可以就探望权利提出诉讼请求，当事人不提出诉讼请求的，可不予处理。”第16条:“当事人离婚时对行使探望权不能达成一致意见的，人民法院应根据有利于子女身心健康和学习生活的原则，对行使探望权的方式、次数等作出判决。当事人请求对十周岁以上的未成年子女行使探望权的，人民法院应征求未成年子女的意见，并结合其他实际情况作出判决。”江苏高院**《涉家庭暴力婚姻家庭案件审理指南》**(2012年1月1日)第6章第2节:“……2. 探望权问题。(1)子女利益优于权利保障的原则。在审理涉家庭暴力婚姻家庭案件过程中，在未成年子女不受家庭暴力影响的权利和加害人探望未成年子女的权利发生冲突时，应当坚持子女利益优于权利保障的原则，探望权人的权利保障应当让位于子女的利益，因为这不仅是探望权的核心精神，也是双方当事人的利益共同点……(4)探望权的判决。为了避免未成年子女成为加害人继续控制受害人的工具，最大限度保护未成年子女的利益，判决或者调解离婚的，人民法院可以根据当事人的请求，在判决书或者调解书中对探望权问题做出处理。人民法院应尽可能促成双方当事人对探望的方式、时间、地点以及交接方法协商一致。即使不能达成调解协议,也应当充分听取双方意见,力争最大限度地协调双方意志,增加判决内容中的当事人合意,以减少将来执行的障碍。探望权的行使可能会随着子女成长和父母双方的实际情况发生一些变化,比如父母一方工作调动、子女学习环境发生变动等,因此涉及探望权的判决,我们建议不宜过细,以免不具可行性。具体情况发生变化,可在执行中协商变更为妥。”江苏高院**《婚姻家庭案件审理指南(2010 年)》**(2010 年 5 月 18 日)第 8 章:“……离婚后子女探望权问题。(一)审理探望权纠纷案件的基本原则。1. 子女利益优于权利保障的原则。在审理中应当首先考虑如何更有利于子女健康成长来确定探望权的内容。如果探望的时间、地点和方式违背子女本人意愿或影响其生活和学习,探望权人的权利保障应当让位于子女的利益,因为这不仅是探望权的核心精神,也是双方当事人的利益共同点。2. 着重调解的原则。把调解工作贯穿于案件审理的全过程,尽可能促成双方当事人协商一致。即使不能达成调解协议,也应当充分听取双方意见,力争最大限度地协调双方意志,增加判决内容中的当事人合意,以减少将来执行的障碍。探望权的行使可能会随着子女成长和父母双方的实际情况发生一些变化,比如父母一方工作调动、子女学习环境发生变动等,因此涉及探望权的判决,我们建议不宜过细,以免不具可行性。具体情况发生变化,可在执行中协商变更为妥……(4)探望权的判决。为了避免未成年子女成为加害人继续控制受害人的工具,最大限度保护未成年子女的利益,判决或者调解离婚的,人民法院可以根据当事人的请求,在判决书或者调解书中对探望权问题做出处理。人民法院应尽可能促成双方当事人对探望的方式、时间、地点以及交接方法协商一致。即使不能达成调解协议,也应当充分听取双方意见,力争最大限度地协调双方意志,增加判决内容中的当事人合意,以减少将来执行的障碍。探望权的行使可能会随着子女成长和父母双方的实际情况发生一些变化,比如父母一方工作调动、子女学习环境发生变动等,因此涉及探望权的判决,我们建议不宜过细,以免不具可行性。具体情况发生变化,可在执行中协商变更为妥……”广东广州中院**《民事审判若干问题的解答(婚姻家庭部分)》**(2010 年 4 月)第 2 条:“儿女探视权问题,如当事人未提出,法官是否要释明?答:为减少当事人的讼累,庭审中应当就探视权是否一并处理征询当事人意见。在当事人要求处理的情况下,应一并予以调处。”浙江温州中院民四庭**《关于贯彻执行〈婚姻法〉的指导意见》**(2009 年 5 月 1 日)第 6 条:“对于十周岁以上的未成年子女,人民法院可在征求其意见后再对探望权的行使作出判决。如子女对要求探望的父或母具有明显排斥情绪的,可灵活处理探望时间与方式。”第 7 条:“要求探望的一方有下列情形之一,可视为构成婚姻法规定的‘不利于子女身心健康’的情形,经一方请求,法院可以判决中止探望权行使:(一)患有严重精神疾病或烈性传染病未治愈的;(二)探望过程中对子女有严重违法或犯罪行为的;(三)有吸毒、赌博等恶习或怂恿子女进行违法犯罪活动的;(四)发生过借探望之机藏匿子女行为的或有明显藏匿倾向的;(五)有其他不利于子女身心健康的情形。如果上述情况发生在案件的执行程序中,应在执行程序中予以解决。”第8条:“当事人未提出探望权的诉讼请求,法院在审理离婚案件中对子女抚养问题作出判决时,可在征求当事人的意见后,作出探望权的判决,以避免诉累。另外,有关探望权问题应有当事人协商过程,一般按协商一致的意见处理。”辽宁大连中院《**当前民事审判(一庭)中一些具体问题的理解与认识(婚姻家庭部分)**》(2008年12月5日　大中法〔2008〕17号)第8条:“探望权如何判决及其如何表述?在离婚案件中,法院不宜就探视权作出处理。只有探视权纠纷后,作为单独的案件处理。在处理中,法院应根据有利于子女身心健康和学习的原则,对行使探望权的方式、次数、地点、交接等作出判决。”山东潍坊中院《**民事审判工作会议纪要(婚姻家庭部分)**》(2008年)第5条:“关于探望权的问题。离婚案件中,探望权问题属于孩子抚养范围,涉及孩子抚养问题必然涉及探望权问题,因此不必单独就此提出请求,如当事人未就探望权问题提出请求的,法官应予以释明。对探望时间与方式不能达成一致的,可从利于子女健康成长的角度判决,为便于判决的履行,关于探望权的判决内容不宜过细。”上海高院《**关于审理婚姻家庭纠纷若干问题的意见**》(2007年3月15日　沪高法民一〔2007〕5号)第2条:“限制行为能力人能否申请行使探望权?可以。限制行为能力人尽管行为能力受限,但其仍有权享有亲权或与此相关的权利,因此,对于限制行为能力人由请行使探望权的,在不会对未成年子女身心造成不良影响的前提下,可以准许,并视限制行为能力人的具体情况,明确其是否应在监护人的监护下行使探望权。”广东高院《**关于审理婚姻纠纷案件若干问题的指导意见**》(2006年11月14日　粤高法发〔2006〕39号,2021年1月1日起废止)第3条:“人民法院受理离婚案件时,应当告知当事人可以探望子女的权利提出诉讼请求,当事人不提出诉讼请求的,人民法院在离婚判决中不予处理。”江苏无锡中院《**全市民事审判疑难问题研讨会纪要(婚姻家庭部分)**》(2006年3月14日)第5条:“探望权是一种权利,权利可以放弃,故离婚案件中,当事人对探望权未主张的,人民法院则不应当就探望权作出判决。离婚后,双方为探望权发生争议的可依照《婚姻法》解释(一)第二十四条的规定另行起诉。”上海高院《**婚姻家庭纠纷办案要件指南(二)**》(2005年10月14日　沪高法民一〔2005〕18号)第7条:“探望权的行使,需具备以下构成要件:(一)父母离婚后,子女由一方直接抚养;(二)权利主体为未直接抚养子女的父母一方;(三)探望权的行使不会损害子女的身心健康。〔说明〕探望权,是指父母离婚后,不直接抚养子女的一方依法享有对未与之共同生活的子女进行探望、看望、交往的权利。探望权的权利主体主要是指未直接抚养子女的一方。直接抚养方作为义务主体不但负有不妨碍对方行使探望权的消极不作为义务,而且还负有协助的义务。同时,探望权的行使不得损害子女的身心健康。”江苏高院民一庭**《婚姻家庭案件疑难问题法律适用研讨会综述》**(2005 年 5 月)第 4 条:“关于探望权。《婚姻法》第三十八条以及《解释一》第二十四、二十五、二十六、三十二条对探望权作了相对具体的规定,但是实践中仍然存在许多问题。(一)人民法院对探望权的判决是否以当事人明确提出请求为前提。与会代表形成两种意见:一种意见认为,现代社会,子女是家庭的核心,子女的抚养权与探望权往往是男女双方离婚时争议的焦点,处理不当易导致矛盾激化。因此,在处理离婚案件时,即使双方当事人均未主张探望权,法官也应当积极履行释明义务,除非当事人明确表示无须判明探望权,否则均应当在离婚判决时判明。另一种意见认为,法院的判决应当针对当事人的诉讼请求进行,不能超出当事人请求的范围。在双方当事人均未主张探望权的情况下,法官应当就探望权问题向当事人进行释明。如果当事人在法院释明后仍不主张探望权的,人民法院则不应当就探望权作出判决。当事人在离婚后就探望权发生争议的,可以依照《解释一》第二十四条的规定,另行起诉。多数代表倾向于第二种意见……(三)关于探望权发生的费用负担。审判实践中往往会有一方当事人要求对方当事人承担因探望子女发生的费用。对此,有两种意见,一种意见认为,抚养子女方对子女的付出,一般情况下远远大于对方当事人,即使是因抚养子女方的原因,导致了探望方探望费用的增大,也不宜让抚养子女方承担对方因探望子女而发生的费用,否则,对抚养子女方不公平。另一种意见认为,探望权费用产生的原因较多,有的是因抚养子女方拒不协助对方行使探望权,导致探望费用的增加,故法院对此问题不宜作出规定,由法官根据个案情况而定。多数代表同意第二种意见。”湖北高院**《民事审判若干问题研讨会纪要(婚姻家庭部分)》**(2004 年 11 月 8 日)第 5 条:“关于探望权问题。1. 男女双方离婚时并未就探望权问题提起诉讼的,人民法院不应依职权进行处理。离婚判决生效后,一方根据最高人民法院《关于适用〈中华人民共和国婚姻法〉若干问题的解释(一)》第二十四条的规定,就探望权问题单独提起诉讼的,应予受理……”辽宁沈阳中院**《关于审理婚姻家庭案件若干问题意见》**(2003 年)第 2 条:“关于探望权问题。(一)离婚案件中,任何一方提出探望权问题,均应与离婚案件一并处理,但当事人未提出此项请求的,不应一并做出判断……”上海高院**《民事法律适用问答》**(2002 年第 2 期)第 6 条:“探望纠纷的案由应为‘探望权’纠纷还是‘探视权’纠纷?探望权的行使到何时为止?未成年人的祖父母或者外祖父母可否起诉提出探望请求?答:修改后的《婚姻法》明确规定了‘探望权’,而没有称‘探视权’,因此,以后关于探望问题的纠纷,案由应统一为‘探望权’纠纷……”第 8 条:“在追加抚育费、变更抚养关系案件中,一方主张行使探望权的,可否作为反诉一并处理?答:我们认为,构成反诉的条件是反诉与本诉的诉讼标的或者诉讼理由相互有牵连，并且能相互吞并或抵消。而追加抚育费、变更抚养关系与行使探望权之间不存在吞并、抵消关系，二者的基础法律事实、法律关系也不同，所以不能作为反诉一并处理。但考虑到两个案件都是基于婚姻、家庭关系而产生的，人民法院可以一并处理。”广东高院**《关于审理婚姻案件若干问题的指导意见》**(2001 年 11 月 9 日　粤高法发〔2001〕44 号，2021 年 1 月 1 日起废止)第 7 条：“当事人离婚时，未直接抚养子女的男方或女方未经人民法院的判决书或调解书确定对子女的探望权利，离婚后，该男方或女方向人民法院起诉，请求行使探望权利的，人民法院应予受理。”第 8 条：“不直接抚养子女的男方或女方已经人民法院的判决书或调解书确定其对子女的探望权利，其中一方因有《婚姻法》第三十八条第三项规定的事由，需要中止其探望子女权利的，另一方可按照《中华人民共和国民事诉讼法》执行程序的有关规定，申请人民法院裁定中止对方探望子女的权利。”上海高院**《关于下发〈关于在民事审判中实施“中华人民共和国婚姻法”的暂行意见〉的通知》**(2001 年 6 月 7 日　沪高法〔2001〕263 号)第 5 条：“离婚时不直接抚养子女的父或母未经诉讼判定对子女探望权利的，现以直接抚养子女的一方不让其探望或不协助探望为由，向人民法院起诉要求行使探望权利的，人民法院应当受理。”

2. 探望方式。《民法典》(2021 年 1 月 1 日)第 1086 条：“离婚后，不直接抚养子女的父或者母，有探望子女的权利，另一方有协助的义务。行使探望权利的方式、时间由当事人协议；协议不成的，由人民法院判决。父或者母探望子女，不利于子女身心健康的，由人民法院依法中止探望；中止的事由消失后，应当恢复探望。”最高人民法院吴晓芳法官**《关于婚姻家庭纠纷审理热点难点问答》**〔载《民事法律文件解读》2012 年第 8 辑(总第 92 辑)〕第 3 条：“在离婚案件中涉及探望权问题时，判决书主文是否要明确探望的时间和地点？答：在确定探望时间时，为避免影响子女的学习，一般应选择在节假日。但实践中出现这样的情形：一审法院判决每月的周六进行探望，二审期间，被探望的子女开始每周六上辅导班，最终二审改判每月的周日进行探望。即便探望时间可能会由于子女的时间安排变化而不能得到保障，但从便于判后执行的角度，判决书亦有明确表述之必要。实践中，如果双方的住址都能确定，能否将一方住址确定为协助探望的地点并表述于判决书中？有观点认为，随着城市建设的加快，不少判时地址明确的地方以后很可能会发生变化，因此主张判决书中最好对探望具体地点不做表述，而是留待执行时灵活掌握，从而避免因地址发生变更导致不能执行。我们认为，一定时空范围内，某一具体地点是相对稳定的，而且子女年满 18 周岁，探望权随之消灭，因此，是否在判决书中表述协助探望的地点应根据案件的具体情况作出决定，如当事人所住房屋即将拆迁的，就不宜确定为探望地点，当然也不应表述在判决中；如当事人刚入住新房并将该房屋地址确定为协助探望地点,则将此地址表述在判决中并无不妥。”最高人民法院吴晓芳法官《**关于婚姻家庭纠纷审理热点难点问答**》〔载《民事法律文件解读》2011 年第 11 辑(总第 83 辑)〕第 61 条:“对于人民法院已经就探望权行使的时间、方式依法作出判决,事后当事人又向人民法院请求变更的,应如何处理?答:探望权行使的时间、方式问题是个容易发生变动的问题,如果当事人就具体细节问题发生争议便不断提起诉讼的话,势必造成讼累以及司法资源的浪费,故对当事人再起诉请求变更探望权行使的时间、方式时,应当不予受理。为了避免出现这种问题,最好在有关探望权纠纷的判决书中写明:‘将来双方当事人的情况发生变化时,双方应对探望权行使的时间、方式协商进行相应的调整。’在协商不成当事人请求强制执行时,就有关探望权行使的时间、方式问题可以在执行程序解决,而不必再立新案进行审理。”江苏高院《**家事纠纷案件审理指南(婚姻家庭部分)**》(2019 年 7 月 18 日)第 19 条:“离婚案件中应否对探望权问题一并处理?对探望权的裁判应当如何表述?离婚案件中当事人未主张探望权的,为减少当事人讼累,可以向当事人释明,告知当事人就探望权问题提出诉讼请求。当事人不提出诉讼请求的,基于不告不理的原则,探望权问题在离婚案件中不予处理。对探望权的裁判应当明确探望权的行使时间、期限、方式、地点。”第 20 条:“人民法院已经就探望权行使时间、期限等依法作出生效裁判后,当事人就探望权问题能否再次起诉?人民法院已经就探望权行使时间、期限等依法作出生效裁判后,如果当事人对探望权行使时间、期限等产生新的需求,属于新的事实和理由,不受既判力的约束,当事人就探望权问题再次起诉的,应予受理。但对当事人诉讼请求的合理性应当依法审查,据以决定是否支持当事人的诉讼请求。”江苏高院《**关于执行内容不明确如何执行有关问题的通知**》(2017 年 11 月 24 日)第 3 条:“凡生效法律文书主文内容有下列情形之一的,经采取第一条中的方式仍无法执行的,根据《最高人民法院关于适用〈中华人民共和国民事诉讼法〉的解释》第四百六十三条和《最高人民法院关于执行案件立案、结案若干问题的意见》第二十条规定,可以裁定驳回执行申请:……4. 判决或调解确认夫妻一方享有探望权,但对探望权的行使时间、期限、方式、地点不明确……”江苏高院《**婚姻家庭案件审理指南(2010 年)**》(2010 年 5 月 18 日)第 8 章:“……(三)探望权的行使方式。《婚姻法》第三十八条规定:“离婚后,不直接抚养子女的父或母,有探望子女的权利,另一方有协助的义务。行使探望权利的方式、时间由当事人协议;协议不成时,由人民法院判决。”当事人在协议离婚或者在判决离婚时,应当对探望权的行使协商一致,明确约定探望的时间、地点、次数等等。目前,在实践中行使探望权的方式一般有两种:一种为探望性探望,即不与子女共同生活的一方到对方家中或者指定的地点进行探望,这种方式时间短,方式灵活且没有脱离直接抚养方能够监护的范围,容易为直接抚养方所接受;另一种为逗留性探望,即可在约定时间内或人民法院判定的探望时间内,由探望权人领走并按时送回未成年子女。为了使探望能够顺利进行,首先应以双方都能接受的方式协商决定探望的方式。协商不成时,则应考虑子女意愿和父母双方的具体情形,决定以何种方式探望子女。最终无论采取何种方式,都要以不影响子女的学习、生活为前提。在行使探望权的方式上,当事人应积极达成协议,这样有利于双方配合实施。如达不成协议,则由人民法院判决。享有探望权的一方在行使探望权时,另一方应当协助,如果另一方妨碍探望权的行使,受害人可以侵权为由要求排除妨碍,确保探望权的实现。司法实践中,需注意两个问题:"1. 对于以往的离婚中没有涉及子女探望权的,根据《婚姻法解释一》第二十四条的规定,人民法院作出的离婚判决中未涉及探望权,当事人就探望权问题单独提起诉讼的,人民法院应予受理。所以,不管是登记离婚还是诉讼离婚,只要没有对探望权作出处理,当事人都可以提起诉讼,通过法律手段解决探望权问题。2. 对于离婚诉讼中当事人并未主张探望权,人民法院应否一并判决的问题。我们认为,当事人在诉讼中不主张探望权,既可能基于对法律的不了解,也有可能根本不愿主张。对此,人民法院应本着彻底解决纠纷的原则,可对当事人予释明。如释明后当事人仍不主张,则基于不告不理原则,可不予处理……"浙江温州中院民四庭**《关于贯彻执行〈婚姻法〉的指导意见》**(2009 年 5 月 1 日)第 4 条:"在办理婚姻案件涉及探望权的,应先要求双方当事人对行使探望权利的方式与时间进行协商,如协商不成的再进行判决。具体表述为:'原(被)告享有每月探望子女×次的权利,被(原)告应当予以协助并提供便利。'"江苏高院民一庭**《婚姻家庭案件疑难问题法律适用研讨会综述》**(2005 年 5 月)第 4 条:"关于探望权。《婚姻法》第三十八条以及《解释一》第二十四、二十五、二十六、三十二条对探望权作了相对具体的规定,但是实践中仍然存在许多问题……(二)人民法院对探望权的判决内容宜粗还是宜细。实践中常常会出现这样的情形:人民法院对探望权的判决过于详细具体,实际执行时难于操作;但判决主文过于原则,执行时当事人又容易产生争议。人民法院如何把握探望权判决内容,与会代表形成不同意见:一种意见认为,依照法律规定,发生探望权纠纷时,首先应当由当事人双方协商解决。人民法院审理期间,也应当让双方尽量化解纠纷,从更有利于子女健康成长的角度出发,组织双方当事人对探望时间、地点、方式等具体情况进行协商。如果双方当事人自愿协商,并能就探望细节达成一致意见的,人民法院可以不对探望细节作出判决。如果当事人不能自愿协商,探望权判决主文的表述应当根据案件的具体情况决定。一般情况下,探望权的判决主文不宜过于详细。但如果子女年纪较小,或者双方当事人对探望权争议较大,或者双方矛盾过于尖锐,判决主文宜详细具体。但无论'细'还是'粗',均应以利于子女健康成长、便于双方当事人、易于执行为基本原则。另一种意见认为,子女是家庭的核心。对子女的探望权,不仅涉及男女双方当事人,还有涉及男女双方的大家庭,如果处理不当,很有可能使男女双方、甚至整个大家庭的矛盾升级。因此,人民法院对探望权的判决应当尽可能详细、具体,这样更利于矛盾的解决。多数代表倾向于第一种意见……”辽宁沈阳中院**《关于审理婚姻家庭案件若干问题意见》**(2003 年)第 2 条:“关于探望权问题……(二)对于探望的方式、时间应由父母双方协商,如果子女有辨别是非的能力,应征求子女的意见……”广东高院**《关于审理婚姻案件若干问题的指导意见》**(2001 年 11 月 9 日　粤高法发〔2001〕44 号)第 20 条:“当事人离婚时对行使探望权不能达成一致意见的,人民法院应根据有利于子女身心健康和学习生活的原则,对行使探望权的方式、次数、地点、交接等作出判决。当事人请求对十周岁以上的未成年子女行使探望权的,人民法院应征求未成年子女的意见,并结合其他实际情况作出判决。”上海高院**《关于下发〈关于在民事审判中实施“中华人民共和国婚姻法”的暂行意见〉的通知》**(2001 年 6 月 7 日　沪高法〔2001〕263 号)第 19 条:“离婚时,当事人要求对行使探望权利作出判决的,人民法院应根据有利于子女身心健康,有利于子女学生习活的原则,对行使探望权利的方式、时间、次数、地点、交接等方面作出判决。对于十周岁以上的未成子女,人民法院可以征求其意见后再对探望权利的行使作出判决。当事人向人民法院提起探望权诉讼的,列与子女共同生活的父或母为被告。”

3. 隔代探望。最高人民法院**《第八次全国法院民事商事审判工作会议(民事部分)纪要》**(2016 年 11 月 30 日)第 3 条:“祖父母、外祖父母对父母已经死亡或父母无力抚养的未成年孙子女、外孙子女尽了抚养义务,其定期探望孙子女、外孙子女的权利应当得到尊重,并有权通过诉讼方式获得司法保护。”最高人民法院民一庭负责人**《关于当前民事审判工作中的若干具体问题》**(2015 年 12 月 24 日)第 3 条:“……关于祖父母、外祖父母是否享有探望权的问题。这个问题涉及当事人的情感、隐私、风俗习惯等很多伦理因素,要尽量避免法律的刚性对婚姻家庭和未成年人生活的伤害。我们倾向认为,原则上应根据婚姻法第三十八条规定,将探望权的主体限定为父或者母,但是可以探索在特定情况下的突破,比如祖父母或外祖父母代替已经死亡或者无抚养能力的子女尽抚养义务时,根据婚姻法第二十八条规定,可以赋予其探望权。”山东泰安中院民一庭**《法官会议纪要(家事部分)》**(2020 年)第 8 条:“疫情期间,未直接抚养子女一方仍有权探望其子女,另一方应予以配合,但行使探视权存在对子女健康不利的可能时(如新冠肺炎病例密切接触者,所居住的环境疫情发展态势较恶劣等),为子女健康考虑,应中止探望权行使或通过网络语音视频等线上方式进行。”江苏高院**《家事纠纷案件审理指南(婚姻家庭部分)》**(2019 年 7 月 18 日)第 17 条:“祖父母、外祖父母主张隔代探望权应当如何处理?探望权的行使主体是不直接抚养子女的父母一方,义务主体是直接抚养子女的父母一方。祖父母、外祖父母主张探望孙子女、外孙子女的,一般不予支持。但祖父母、外祖父母对未成年孙子女、外孙子女尽了抚养义务,其主张探望孙子女、外孙子女的,可以支持。”北京高院民一庭**《关于审理婚姻纠纷案件若干疑难问题的参考意见》**(2016 年 8 月 4 日)第 9 条:“【探望权特殊范围】探望权原则上属于未直接抚养子女一方享有;享有探望权的一方因死亡或丧失行为能力等情况无法行使探望权的,对孙子女、外孙子女有抚养事实的祖父母、外祖父母请求单独行使探望权的,人民法院可予以支持。”江苏高院**《婚姻家庭案件审理指南(2010 年)》**(2010 年 5 月 18 日)第 8 章:“……(二)探望权的行使主体。1. 一般主体。探望权行使的权利主体为不随子女生活的父母一方,义务主体是随子女生活的父母一方。2. 特殊主体。这里主要指未成年人的祖父母或外祖父母。由于没有直接的法律依据,人民法院对此类案件的处理各有不同。根据《婚姻法》第三十八条的规定,享有探望权的主体是不直接抚养子女的父或母。探望权的产生以父母双方婚姻关系的解除为前提条件,以不直接抚养子女为必要条件。祖父母、外祖父母探望孙子女、外孙子女应当是合情合理的,但不是法律调整的范围,《婚姻法》只是规定人们在婚姻家庭领域中所必须遵守的基本准则,还有诸多问题有赖于通过道德规范、风俗习惯来加以调整,婚姻家庭问题中涉及当事人感情、隐私、风俗习惯等方方面面,公权介入太多未必有利于婚姻家庭关系的稳定。鉴于祖父母、外祖父母到人民法院起诉请求保护其探望孙子女、外孙子女的权利缺乏相应的法律依据,人民法院应当裁定驳回起诉……”浙江温州中院民四庭**《关于贯彻执行〈婚姻法〉的指导意见》**(2009 年 5 月 1 日)第 5 条:“当事人单独就探望权问题向人民法院提起诉讼的,列与子女共同生活的父或母为被告,不能列与子女共同生活的祖父母、外祖父母或其他人为被告。”上海高院**《民事法律适用问答》**(2002 年第 2 期)第 6 条:“探望纠纷的案由应为‘探望权’纠纷还是‘探视权’纠纷?探望权的行使到何时为止?未成年人的祖父母或者外祖父母可否起诉提出探望请求?答:修改后的《婚姻法》明确规定了‘探望权’,而没有称‘探视权’,因此,以后关于探望问题的纠纷,案由应统一为‘探望权’纠纷。探望权的行使到被探望的未成年人具备完全行为能力时终止。关于探望权的行使主体问题,最高人民法院民一庭在《关于适用〈中华人民共和国婚姻法〉若干问题的解释(一)》‘离婚部分’的起草说明中指出,婚姻法第 38 条规定行使探望权的主体,只是离婚后不直接抚养子女的父或母,而‘探望权的规定是修改后婚姻法新增加的内容,主张行使权利的主体范围不宜过于扩大化,故《解释》对行使探望权的主体问题没有采取将范围扩大化的建议’。因此,未成年人的祖父母、外祖父母不能直接起诉要求行使探望权。但考虑到我国的传统习惯,可以告知其在该未成年人的父、母行使探望权时,探望该未成年人。”

【参考类案】

①2015 年**江苏某探望权纠纷案**,2013 年,徐某坠楼死亡。2014 年,徐某父母因多次想探望刚出生不久的孙子未遂而与儿媳倪某产生纠纷。法院认为:《婚姻法》虽将探望主体规定为离婚后不直接抚养子女的父或母,但在探望主体死亡或丧失行为能力情况下祖父母、外祖父母可否代替子女对孙子女或外孙子女进行探望未有明确规定。对此,应从法律规定精神和中华民族文化传统进行综合衡量并作出妥当安排。探望作为亲属权重要内容之一,既是成年近亲属对未成年人的法定权利,也是成年近亲属对未成年人的法定义务,其他成年近亲属的精神关怀与物质支持对未成年人人格健全、身心发育成长有着积极意义,符合《未成年人保护法》的保护原则,故代替已死亡或丧失行为能力的子女对孙子女或外孙子女进行探望既是祖父母、外祖父母应当之权利,也是保护未成年人权利的应有之义务。探望孙辈是失独老人获得精神慰藉的重要途径之一,应视为老年人应有之权益,且可与孙辈享有代位继承权利之法律原理相对应。《老年人权益保障法》规定老年人养老以居家为基础,享有家庭成员尊重、关心和照料的权利。既然《继承法》赋予孙子女、外孙子女等在父或母先于祖父母、外祖父母死亡情形下有代位继承祖父母、外祖父母遗产的权利,同理失独老年人代替死亡子女行使探望权于法于理并不相悖,亦是对失独老年人的特殊保护和关心。近亲属担任未成年人的监护人应遵循法定顺序位阶,在未成年人有法定监护人情形下,其他近亲属探望须遵守监护权行使的代际位阶,不得妨碍序位在先的监护人履行监护职责,否则监护人可依法要求中止不当探视。当然,监护人在行使监护权之时亦应为其他近亲属合理探视提供必要之便利。允许失独老人隔代探望、和谐共处履行监护职责与公序良俗、社会公德相符,亦是对中华民族传统美德的继承与发扬。在有利于未成年人健康成长、有利于亲属间感情融合的基础上,在不影响监护人履行法定监护职责的前提下,应当支持祖父母、外祖父母对孙辈的合理探望。本案中,倪某作为孩子母亲,是法定第一顺位监护人,应享有监护权。作为孩子祖父母的原告应充分尊重倪某法定第一顺位的监护权利。之前因探视发生争执和过激的行为不管起因如何,但在客观上的确对倪某及其父母生活造成了相当影响,亦不利于孩子身心健康。如矛盾继续存在,不仅不利于探望,且亦不符合立法精神与家庭和谐理念。鉴于原告已承诺不再纠缠过去矛盾,主动缓和双方关系,故可支持其采用适当方式探望孙子。倪某作为直接抚养人亦应理解和尊重孩子祖父母,并感念他们在精神及物质上给予孙子的帮助,其家人在两位失独老人进行探望时应给予恰当的、必要的便利,共同营造有利于孩子健康成长的良好环境。如今后双方再因探望发生矛盾且对孩子正常生活和成长造成不良影响,作为第一顺位的监护人倪某可通过法定途径依法维护其监护权行使。

判决原告在孙子10周岁前,可每月探望一次,倪某负有协助配合义务。具体探望方式为:每次的探望时间以六小时为限;探望地点除原告与倪某商定的地点外,以倪某经常居住地或由倪某指定的地点(本市市区范围内)为宜。

②2011年**某探望权纠纷案**,2003年,米某某2岁时父母离婚,米某某由其母傅某直接抚养。因傅某工作流动性强,傅某之母贺某承担起实际照顾外孙米某某责任。2008年,傅某遇车祸身亡。2010年,贺某突发脑血栓致半身不遂,米某某随其领取低保的父亲米某共同生活,贺某仍每月为外孙米某某支付生活费600元。贺某起诉要求法院判决支持其定期探望米某某。法院认为:《婚姻法》第28条规定,"有负担能力的祖父母、外祖父母对于父母已经死亡或父母无力抚养的未成年的孙子女、外孙子女,有抚养的义务……"在特定情况下,应允许对探望权主体的突破,赋予相关直系尊亲属以探望权。例如不直接抚养子女父或母一方死亡或丧失行为能力,则通过直系尊亲属的探望,可弥补未成年子女感情方面需要。当祖父母或外祖父母依《婚姻法》第28条规定,代替自己已死亡或丧失行为能力的子女尽抚养义务时,法院支持其探望孙子女或外孙子女诉请,可满足双方感情需要,维系亲属关系和谐、稳定。本案中,米某某自幼为外祖母贺某抚养照顾,其母傅某死亡后,贺某在患病前一段时间内,不仅照顾米某某生活,且承担了米某某全部生活费用,亦即承担了抚养米某某义务。米某从不给付米某某抚养费。贺某患病后,因实在无力照顾米某某生活,才与米某商议,让米某某随其父米某共同生活。米某无正当职业和固定收入来源,只是靠低保生活。为了米某某健康成长,贺某实际上仍承担其全部生活和教育费用,故贺某情况符合《婚姻法》第28条规定。米某某情况属于母亲死亡、父亲无正当职业,其经济来源不足以承担米某某生活和教育费用情形,故贺某实际上是在尽抚养外孙米某某义务。鉴于米某在诉讼中一再请求贺某继续支付米某某生活费和教育费,根据权利与义务相一致原则,贺某应享有定期探望米某某权利。考虑到贺某患半身不遂实际情况,应将探望方式定为米某带米某某去贺某家定期探望。

③2008年**福建某探望权纠纷案**,2008年,林某以林某妹想独吞母亲朱某财产、利用与朱某共同生活便利,控制母亲为由,诉请探望母亲。林某妹所持母亲书面声明载明,朱某拒绝林某探望。法院认为:亲情是人类个体获得情感归属的重要组成部分,而父母和子女感情又是亲情最直接表现。在父母含辛茹苦把子女养育成人后,作为子女应尽自己所能赡养父母,这是中华民族传统美德,更是法律对每个公民基本要求。子女有赡养父母义务和权利,赡养包括经济上供养、生活上照料和精神上慰藉,子女探望父母由行使赡养权和履行赡养义务两部分组成,符合社会人伦常情和公序良俗。林某作为朱某儿子,其依法享有的探望权系基于母子这一身份关系当然派生出的自然权利,但在子女利益与母亲利益之间,母亲身心健康、安度

晚年的福祉应予首先考虑，子女要求探望权利应予次后考量。探望目的是使老人从中获得亲情和温暖，使老人有一个幸福晚年，故林某探望权行使应充分考虑朱某身体和精神健康状况、居住情况等，并尊重朱某个人意愿，才符合被探望者最佳利益。朱某年事已高，但其意识清楚，作为具有完全民事行为能力的自然人，其有权决定是否接受探望、何时接受探望、以何种方式接受探望。从长远角度看，探望符合家庭伦理，有利于家庭关系和谐，但在目前朱某明确表示不同意接受林某探望情况下，林某不能以强迫方式要求母亲接受探望，况且林某在庭审中亦表示尊重朱某个人意愿，故只能在征得朱某本人同意后，协商确定何时、何地及以何种方式进行探望。由于朱某日常生活由林某妹照料并与林某妹共同居住，林某行使探望权须得到林某妹必要配合与协助，故林某要求林某妹不能阻挠林某探望和照顾母亲诉求，予以支持。林某、林某妹应摒弃恩怨、和睦共处，以骨肉情和感恩心通过经济供养、生活照料和精神慰藉来报答把自己含辛茹苦养育成人的母亲。判决林某享有探望母亲朱某权利，但探望应征得朱某本人同意；在征得朱某本人同意情况下，探望具体时间和方式由林某与朱某协商确定，林某妹应给予协助。

④2009 年**某探望权纠纷案**，王某父亲去世，母亲因遗产问题与王某祖父母产生纠纷，在王某母亲拒绝王某祖父母探望孙子情况下，王某祖父母起诉，要求每月两次探望孙子。法院认为：《婚姻法》第 38 条第 1 款规定：“离婚后，不直接抚养子女的父或母，有探望子女的权利，另一方有协助的义务。”由此可见，享有探望权主体是“不直接抚养子女的父或母”，探望权产生以父母双方婚姻关系解除为前提条件，以不直接抚养子女为必要条件。祖父母探望孙子应属合情合理，但非法律调整范围。《婚姻法》只是规定人们在婚姻家庭领域中所必须遵守的基本准则，还有诸多问题有赖于通过道德规范、风俗习惯来加以调整。法律是神圣的，但非万能的，尤其是婚姻家庭问题中涉及当事人感情、隐私、风俗习惯等方方面面，公权介入太多未必有利于婚姻家庭关系稳定。鉴于祖父母、外祖父母到法院起诉请求保护其探望孙子女、外孙子女权利缺乏相应依据，故法院应裁定驳回本案原告起诉。

⑤2000 年**天津某赡养纠纷案**，1990 年，朱某等 4 人的亲生父亲搬到台湾兄弟为其购置的房屋内，并与从小抱养的妻妹之子冯某共同生活。2000 年，朱某等人以父亲被冯某限制，自己无法自由探望为由起诉。法院认为：探视权系因身份权而产生，并基于血缘及亲属关系而存在，是法律赋予公民基本权利之一，无需通过诉讼予以确认。本案双方当事人诉争探视权又是基于赡养而存在，故探视权相对于探视人而言，既是权利又是义务。子女赡养父母是法定义务，该项法定义务本身系为保护老年人合法权益，故该项义务首先要取决于被探视人是否同意接受的意思表示，否则便违背了立法初衷。朱某等 4 人起诉所依据基本事实是冯某阻碍其实

现这一权利，但未提供充分证据，判决朱某等4人在征得其父本人同意后可前往探视，不得违背其父意志。

【典型类案实务要点】

1.【**否中止探望，需综合衡量是否有利子女身心健康**】当事人以探望“不利于子女身心健康”为由起诉中止探望的，应审查亲子关系现状及成因，并从有无改善余地的长远眼光加以判断，充分发挥司法裁判与心理辅导的叠加效应。

2.【**祖父母对已亡子女的未成年孙子女，有隔代探望权**】祖父母、外祖父母对父母一方死亡的未成年孙子女、外孙子女以适当方式进行隔代探望的权利应得到理解和尊重。

3.【**外祖父母对外孙子女，特定情况下享有隔代探望权**】代替自己已死亡或丧失行为能力的子女对孙子女或外孙子女尽抚养义务的祖父母或外祖父母主张探望孙子女或外孙子女的，法院应予支持。

4.【**父母拒绝成年子女探望的，成年子女不能强迫探望**】成年子女不能以强迫方式要求父母接受探望，只能在征得被探望者本人同意情况下，协商确定何时、何地及以何种方式进行探望。

5.【**祖父母到法院起诉请求探望孙子女，缺乏法律依据**】探望权产生以父母双方婚姻关系解除为前提条件，以不直接抚养子女为必要条件。祖父母、外祖父母到法院起诉请求保护其探望孙子女、外孙子女权利缺乏法律依据。

6.【**子女对父母享有探视权，但不得违背被探视人意志**】子女对父母享有探视权，但该权利行使不得危害被探视人利益，在被探视人拒绝探望情况下，不得违背其意志。

【类案裁判一般规则】

离婚后，不直接抚养子女的父或母，有探望子女的权利，另一方有协助的义务。行使探望权利方式、时间由当事人协议；协议不成的，由法院判决。

【典型参考案例索引】

主旨案例：上海浦东新区法院（2013）浦少民初字第433号“柳某与乐某探望权纠纷案”，见《发挥心理干预机制在审判中的辅助功能——上海浦东新区法院判决柳某诉乐某探望权纠纷案》（奚少君），载《人民法院报·案例精选》（20140529：06）。**其他案例：**①江苏无锡中院（2015）锡民终字第01904号“徐某等与倪某探望权纠纷案”，见《徐某、李某诉倪某隔代探望权纠纷案》，载《江苏省高级人民法院公报》（201605/47：29）。②见《抚养孙子女、外孙子女的祖父母、外祖父母主张探望孙子女、外孙子女的，人民法院应当予以支持》（韩玫，最高院民一庭），载《民事审判指导与参考·指导性案例》（201102/46:95）。③福建厦门中院（2008）厦民终字第2795号“林世修与林月英等探望权纠纷上诉案”，见《成年子女不得强迫父母接受探望》（戴建平），载《人民司法·案例》（201024:64）。④见《祖父母主张探望孙子女的诉讼请求能否得到法院支持》（《民事审判指导与参考》研究组），载《民事审判指导与参考·民事审判信箱》（200904/40:218）。⑤天津河东区法院2000年9月12日判决“朱某等诉冯某赡养纠纷案”，见《朱明清等诉冯瑞胜阻止探视父亲要求确认探视权案》（崔陟峰），载《人民法院案例选》（200301/43:78）。

70. 探视权法院执行程序

——子女探视权，如何来执行？

【执行程序】

【案情简介及争议焦点】

2003年，法院判决田某与高某离婚，6岁女儿归高某抚养，田某有探视权。2013年，10年未看女儿的田某想要探视，高某以女儿一直以为继母系生母、目前正处高考阶段为由拒绝。田某遂向法院申请执行，行使探视权。

争议焦点：1. 探视权行使与司法介入原则？2. 本案应否中止行使探视权？

【裁判要点】

1. 法律规定与探视权行使的基本原则。依法律规定：父或母探望子女，不利于子女身心健康的，由人民法院中止探望的权利；中止的事由消失后，应当恢复探望的权利。探视权行使本身系附条件的，前提是不影响被探视人身心健康。若父母行使探视权对子女成长有损，不宜继续行使探视权。司法强制权介入时，应考虑被探视人既有生活状态、心理状态、年龄阶段，不要轻易打破现有心理和生活平衡。

2. 本案应中止执行行使探视权的理由。本案中，田某持续10年未行使探视权，高某再婚后未再生育子女，女儿继母一直以生母身份出现，现有家庭结构已满足女儿正常成长需要。现无法确认田某行使探视权不会对女儿身心健康造成损害，且未成年子女成长具有不可逆性，基于其成长基本需要，在高考前不宜由田某行使探视权，裁定中止执行，待有执行时机后再行恢复案件执行。

【裁判依据或参考】

1. 一般规定。

（1）最高人民法院司法解释及其他司法性文件/解读文章。最高人民法院**《关于适用〈中华人民共和国民法典〉婚姻家庭编的解释（一）》**（2021年1月1日　法释〔2020〕22号）第61条："对拒不履行或者妨害他人履行生效判决、裁定、调解书中有关子女抚养义务的当事人或者其他人，人民法院可依照民事诉讼法第一百一十一条的规定采取强制措施。"第66条："当事人在履行生效判决、裁定或者调解书的过程中，一方请求中止探望的，人民法院在征询双方当事人意见后，认为需要中止探望的，依法作出裁定；中止探望的情形消失后，人民法院应当根据当事人的请求书面通知其恢复探望。"第67条："未成年子女、直接抚养子女的父或者母以及其他对未成年子女负担抚养、教育、保护义务的法定监护人，有权向人民法院提出中止探望的请求。"第68条："对于拒不协助另一方行使探望权的有关个人或者组织，可以由人民法院依法采取拘留、罚款等强制措施，但是不能对子女的人身、探望行为进行强制执行。"最高人民法院民一庭**《民事审判实务问答（子女抚养问题）》**（2005年4月）第4条："探视权（或探望权）纠纷应怎样执行？答：探望权是《中华人民共和国婚姻法》在2001年修改后于第三十八条规定新增加的权利，体现了以人为本的立法精神。对探望权的执行问题是一个新课题，立法尚待完善，有待在司法实践中进行不断研究和探讨。根据《中华人民共和国婚姻法》及《最高人民法院关于适用〈中华人民共和国婚姻法〉的解释（一）》第三十二条的规定，对探望权的判决或裁定需强制执行时，不能对子女的人身采取强制措施，也不能强制采取不利于子女健康的探望行为。探望权的行使可中止、恢复，在执行案件中应区分不同情形处理。在行使探望权方面，对子女不满十周岁属于无民事行为能力人的，应按照人民法院生效的法律文书规定的探望时间和方式执行，如子女已满十周岁但不满十八周岁且智力发育正常的，执行人员应当征求该子女的意见。在执行探望权案件的过程中，应深入了解当事人的思想状况，耐心细致做好当事人的法律宣传工作，释明法律规定，告知其依法应享有的权利及应承担的义务。如果父母双方矛盾激烈，难以互相配合，可以考虑在探望权受阻情况下由未成年子女就读的幼儿园或学校协助执行探望。负有协助义务的有关单位和个人拒不履行协助义务的，可依法采取罚款拘留等强制措施。如果负养子女的一方故意藏匿子女，在法院下达裁定书后仍拒不履行的，可按拒不执行判决、裁定的法律规定处理。中止、恢复探望权方面，依照《最高人民法院关于适用〈中华人民共和国婚姻法〉的解释（一）》第二十五条、第二十六条的规定,法院作出决定的前提条件是权利人向人民法院主张权利,人民法院不能主动处理,并应慎重对待,在审查权利人的主体资格前提下,应在充分听取双方意见及调查研究基础上作出决定,对中止行使探望权的需以裁定形式作出,对恢复探望权的需以通知形式作出。”第5条:“已在民政部门协议离婚,能否再就子女抚养及财产分割提起诉讼?夫妻一方不履行在民政部门主持下达成的财产分割协议,另一方能否申请法院强制执行?答:夫妻双方离婚时对财产分割及子女抚养所达成的协议属于当事人之间自愿处分自己权利的一种民事行为,这种行为只要不违反国家法律和社会公共利益,应当予以保护。一方当事人对于这种约定反悔向人民法院提起诉讼,人民法院则应当受理,并依照我国民法通则、合同法、婚姻法的基本原则及相关规定,本着公平原则、男女平等原则和保护妇女儿童合法权益的原则,在查清家庭财产、夫妻共同财产和婚前财产的状况后,予以合情合理地解决。《最高人民法院关于适用〈中华人民共和国婚姻法〉的解释(二)》第八条和第九条对当事人协议离婚后财产分割争议的受理和协议离婚后就财产分割问题反悔的受理和审理作了规定,要求当事人在协议离婚后一年内起诉。我国民事诉讼法、刑事诉讼法和行政诉讼法对能够申请强制执行的执行根据(《强制执行法(草案)》称为执行名义)有明确的规定,即包括:发生法律效力的民事判决、裁定、调解书和支付令;发生法律效力并具有给付内容的刑事判决书和裁定书;发生法律效力并具有给付内容的行政判决书和裁定书;依法应由人民法院执行的行政处罚决定行政处理决定;发生法律效力的仲裁裁决书和调解书;公证机关依法赋予强制执行力的债权文书;等等。民政部门主持下达成的财产分割协议,不能作为法院强制执行的依据,当事人想实现在民政部门主持下达成的财产分割协议,可通过民事诉讼程序解决。”最高人民法院**《关于适用〈中华人民共和国婚姻法〉若干问题的解释(一)》**(2001年12月27日　法释〔2001〕30号,已于2021年1月1日起废止)第32条:“婚姻法第四十八条关于对拒不执行有关探望子女等判决和裁定的,由人民法院依法强制执行的规定,是指对拒不履行协助另一方行使探望权的有关个人和单位采取拘留、罚款等强制措施,不能对子女的人身、探望行为进行强制执行。”

(2)地方司法性文件。江苏高院**《婚姻家庭案件审理指南(2010年)》**(2010年5月18日)第8章:“……(五)探望权的强制执行。探望权人的探望权受法律保护,任何人不得阻挠或干涉,直接抚养子女的一方就对方探望权的行使负有协助的义务。根据《婚姻法》第四十八条的规定,对拒不执行有关探望子女等判决或裁定的,人民法院得依法强制执行,有关个人或单位负有协助执行的责任。由于探望权涉及子女人身问题,为避免强制执行中的偏差,《婚姻法解释一》第三十二条又进一步规定:‘婚姻法第四十八条关于对拒不执行有关探望子女等判决和裁定的,由人民法院依法强制执行的规定,是指对拒不履行协助另一方行使探望权的有关个人和单位采取拘留、罚款等强制措施，不能对子女的人身、探望行为进行强制执行。’也就是说，直接抚养子女的一方拒不履行有关探望权的生效法律文书的，另一方可申请强制执行，人民法院首先应对不履行义务的一方进行教育，责令其履行义务，仍不履行义务的，可采取罚款、拘留等强制措施，但不能对探望行为强制执行，更不能对子女的人身强制执行。司法实践中，应坚持以下原则：1. 依法执行的原则。在强制执行过程中，执行人员应严格按照法律的规定执行，不得采取暴力、恫吓、威胁、哄骗等不法手段。2. 教育与强制相结合的原则。在强制执行过程中，要把思想教育和法制宣传贯穿始终，切实做好疏导教育工作，促使当事人自觉履行协助义务，以最大限度减少对子女的不良影响。同时，在教育无效的情况下，应坚决依法对被执行人采取强制措施。”广东高院**《关于审理婚姻案件若干问题的指导意见》**(2001 年 11 月 9 日　粤高法发〔2001〕44 号，2021 年 1 月 1 日起废止)第 21 条：“直接抚养子女的男方或女方拒不履行有关探望权的生效判决或调解书，另一方申请强制执行的，人民法院应对不履行义务的一方进行教育，责令其履行义务。经责令后仍不履行义务的，可采取罚款、拘留等强制措施，另一方也可以起诉请求变更抚养关系。对于子女不接受探望的，人民法院应做好申请人的思想工作，待子女消除顾虑后再执行。禁止对子女的人身进行强制执行。”广东高院、省检察院、省公安厅、省司法厅**《关于印发〈关于处理婚姻关系中违法犯罪行为及财产等问题的意见〉的通知》**(2000 年 5 月 30 日　粤高法〔2000〕18 号)第 16 条：“离婚后，无过错方依法分得的夫妻共同财产和经济帮助费用、子女抚养费等存在执行困难时，经其申请，人民法院应当优先执行；无过错方如果发现过错方仍有尚未分割的原夫妻共同财产而向人民法院起诉的，人民法院应当立案受理。”北京高院**《对审理离婚案件适用法律政策的几点意见》**(1986 年 8 月 12 日)第 2 条：“……判决离婚后，无监护权的一方拒不将子女交给对方的，有监护权的一方可以向人民法院申请执行，法院对负有履行判决义务的一方要进行批评教育，动员其自动履行判决，经反复说服无效的，可以强制执行，将子女交有监护权的一方当事人抚育。如果负有履行判决义务的人或其他人为抗拒执行判决而将孩子隐匿、转移或制造其他障碍，使判决无法执行的，法院可按《民诉法》规定对其罚款或拘留；拘留释放后仍拒不执行判决的，法院可以按照刑法第一百五十七条规定，以拒不执行判决定罪判刑，以保证原判决的执行。需要追究刑事责任的应当在事前向上级法院请示报告。”

2. 探望中止与恢复。《民法典》(2021 年 1 月 1 日)第 1086 条：“……父或者母探望子女，不利于子女身心健康的，由人民法院依法中止探望；中止的事由消失后，应当恢复探望。”最高人民法院吴晓芳法官**《关于婚姻家庭纠纷审理热点难点问答》**〔载《民事法律文件解读》2012 年第 8 辑(总第 92 辑)〕第 5 条：“一方当事人请求中止对方行使探望权的，是否还需要提起诉讼？答：婚姻法规定：‘父或母探望子女,不利于子女身心健康的,由人民法院依法中止探望的权利;中止的事由消失后,应当恢复探望的权利。'这里并没有明确人民法院应在何种程序中中止探望权的行使。而最高人民法院相关司法解释规定:'当事人在履行生效判决、裁定或者调解书的过程中,请求中止行使探望权的,人民法院在征询双方当事人意见后,认为需要中止行使探望权的,依法作出裁定。中止探望的情形消失后,人民法院应当根据当事人的申请通知其恢复探望权的行使。'从该规定可以看出,其适用的前提是'履行生效判决过程中',才在执行程序中由执行法官根据当事人的请求作出中止行使探望权的裁定或用通知形式恢复探望权的行使。如果以前当事人没有就探望权问题进行过诉讼,当然谈不到进入执行程序的问题,一方当事人请求中止对方行使探望权的,人民法院应将其作为一个独立的新的诉讼对待,通过诉讼方式裁判确认。"最高人民法院吴晓芳法官**《关于婚姻家庭纠纷审理热点难点问答》**〔载《民事法律文件解读》2011年第11辑(总第83辑)〕第62条:"子女拒绝被探望能否作为中止探望的事由?答:笔者认为,设立探望权的初衷在于保护子女的利益,父或母行使探望权也有赖于子女的配合。当子女不愿见父或母时,如果一味强调父或母的探望权利而对子女的意志不加理会,势必会使子女受到伤害。法院应根据子女的年龄和鉴别能力,正确判断子女拒绝探望的原因,看子女是否独立地作出拒绝父母一方探望的意思表示,究竟是子女自己不愿意接受望还是迫于直接抚养一方父或母的压力而不愿接受探望。如果子女已满10周岁,又有正当理由明确表示拒绝探望,应当尊重其意愿,享有探望权的父母不得强行对其进行探望。如果子女是迫于压力而拒绝接受探望,可根据情节是否严重,对直接抚养子女一方采取批评教育甚至是拘留、罚款等强制措施,令其改正错误行为,说服子女同意探望。"最高人民法院**《关于适用〈中华人民共和国婚姻法〉若干问题的解释(一)》**(2001年12月27日　法释〔2001〕30号,已于2021年1月1日起废止)第25条:"当事人在履行生效判决、裁定或者调解书的过程中,请求中止行使探望权的,人民法院在征询双方当事人意见后,认为需要中止行使探望权的,依法作出裁定。中止探望的情形消失后,人民法院应当根据当事人的申请通知其恢复探望权的行使。"第26条:"未成年子女、直接抚养子女的父或母及其他对未成年子女负担抚养、教育义务的法定监护人,有权向人民法院提出中止探望权的请求。"江苏高院**《涉家庭暴力婚姻家庭案件审理指南》**(2012年1月1日)第6章第2节:"……(2)探望权的中止。离婚并不一定能够阻止家庭暴力。暴力和暴力威胁可能随着离婚诉讼而进一步加剧。为了避免未成年子女成为加害人继续控制受害人的工具,最大限度保护未成年子女的利益,在探望权的问题上,当加害人存在下列情形时,未成年子女、直接抚养子女的父或母及其他对未成年子女负担抚养、教育义务的法定监护人,有权向人民法院提出中止探望权的请求:①利用探望权在未成年子女面前诋毁、恐吓或殴打承担直接抚养义务的受害人的；②利用探望权继续控制受害人的；③利用探望权对受害人进行跟踪、骚扰、威胁的；④利用探望权继续对受害人和/或未成年子女施暴的；⑤有必要中止探望权的其他情形。(3)探望权的恢复。《婚姻法解释一》第二十五条规定：'中止探望的情形消失后，人民法院应当根据当事人的申请通知其恢复探望权的行使。'探望权的中止，仅是暂时性地对探望权人探望子女的权利加以限制，并非完全剥夺，待中止的事由消灭后，还应依法恢复。要恢复探望的权利，其前提条件是'不利于子女身心健康'的情形完全消失，例如加害人完成了心理矫治，并且有心理机构盖章、治疗师签名的其已经能够控制暴力冲动的证明。而且即使中止探望权的事由消失，也不能自行恢复，而应由加害人向人民法院提出请求，由人民法院依法做出恢复探望权的决定……"上海高院《**关于审理婚姻家庭纠纷若干问题的意见**》(2007 年 3 月 15 日　沪高法民一〔2007〕5 号)第 1 条："与子女共同生活的一方以不利于子女身心健康为由，请求法院依法中止申请人行使探望权的处理。有关探望权的生效判决已进入执行程序，与子女共同生活的一方提出中止行使探望权请求的，可由执行庭根据当事人的申请直接作出是否中止执行的裁定，无需通过审判程序解决。与子女共同生活的一方以不利于子女身心健康为由，单独起诉要求中止行使探望权的，人民法院不予受理。"上海高院《**婚姻家庭纠纷办案要件指南(二)**》(2005 年 10 月 14 日　沪高法民一〔2005〕18 号)第 8 条："未成年子女、直接抚养方及其他负担抚养、教育之责的法定监护人提出中止探望权请求的，应当举证证明出现了不利于子女身心健康的法定中止事由。〔说明〕从保护子女的利益出发，婚姻法司法解释明确规定：未成年子女、直接抚养子女的父或母及其他对未成年子女负担抚养、教育义务的法定监护人，有权向人民法院提出中止探望权的请求。权利人范围相对较宽，一旦出现因探望而导致不利于子女身心健康的情况，可以有更多适格的主体向法院寻求救济，从而更好地实现对未成年子女的保护。婚姻法将中止探望劝行使的法定事由概括地规定为不利于子女身心健康，即探望给子女的身心造成损害。根据司法实践，其情形主要有：(1)探望权人是无行为能力人或者限制行为能力人；(2)探望权人患有严重疾病，可能危及子女健康的；(3)探望权人在行使探望权时对子女有侵权行为或者犯罪行为，损害子女利益的；(4)探望权人与子女感情严重恶化，子女坚决拒绝探望的；(5)其他不利于子女身心健康的情形。探望权是法律赋予的一项实体权利，有关探望权的中止和恢复，并非对权利的实质性处分，只是暂时性地加以限制。由于中止探望权的行使事关当事人的权利及子女的健康成长，办案人员需慎重对待。"第 9 条："享有探望权的父或母提出恢复探望权的请求的，应当举证证明不利于子女身心健康的情形完全消失。〔说明〕提出恢复行使探望权的，应为享有探望权的、离婚后不直接抚养子女的父或母。因探望权的恢复直接涉及探望权人能否继续探望子女，权利人是否提出申请应由其自主决定,无需他人干涉,故恢复探望权行使的请求,只须由前述权利人自行提出即可。探望权的中止仅是暂时停止探望子女的权利,并非完全剥夺、消灭。待中止的事由消灭后,还应依法恢复,其恢复的前提是中止探望的事由即不利于子女身心健康的情形完全消失。根据最高人民法院《婚姻法司法解释(一)》第二十五条的规定,中止探望情形消失后,人民法院应当根据当事人的申请通知其恢复探望权的行使。”湖北高院《**民事审判若干问题研讨会纪要(婚姻家庭部分)**》(2004 年 11 月 8 日)第 5 条:“关于探望权问题……2. 父或母探望子女,具有下列情形之一的,应当认定为‘不利于子女身心健康’,另一方请求中止其探望权的,应当裁定中止:(1)享有探望权的父或母患有严重精神病或传染病,可能影响子女身心健康的;(2)探望期间对子女实施殴打、辱骂、虐待等严重暴力行为,或者教唆子女实施违法行为的;(3)探望期间多次故意挑拨子女与直接抚养人之间关系的;(4)故意拒不支付抚养费,严重影响子女生活、学习的;(5)具有其他不利于子女身心健康的探望行为的。”上海高院《**民事法律适用问答**》(2003 年第 2 期)第 5 条:“对探望权问题未经法院裁判,一方要求中止探望权的,是否受理? 答:根据婚姻法及最高人民法院司法解释的规定,对于要求行使探望权的,可以立案受理。中止探望权是否可以单独起诉并未明确,我们认为目前暂时以不单独受理为宜。”辽宁沈阳中院《**关于审理婚姻家庭案件若干问题意见**》(2003 年)第 2 条:“关于探望权问题……(三)中止探望权、恢复探望权问题属执行程序中的问题,以裁定方式解决。(四)未离婚而单独提起探望权诉讼的,一般不予受理。”上海高院《**关于下发〈关于在民事审判中实施“中华人民共和国婚姻法”的暂行意见〉的通知**》(2001 年 6 月 7 日　沪高法〔2001〕263 号)第 20 条:“婚姻法第 38 条第 3 款所称‘不利于子女身心健康的’,主要是指不直接抚养子女的一方有下列情形:①患有严重精神疾病或尚未治愈的烈性传染性疾病的;②拒付抚育费、对子女实施家庭暴力或虐待子女的;③道德品行特别恶劣的;④其他不利于子女身心健康的情形。”

【参考类案】

①2015 年**某探望权纠纷案**,2013 年,父、母离婚,生效调解书确定子归父抚养。2014 年,母以每年 19 天探望时间过短为由,诉请增加探望时间。法院认为:最高人民法院《关于适用〈中华人民共和国民事诉讼法〉的解释》第 248 条规定:“裁判发生法律效力后,发生新的事实,当事人再次提起诉讼的,人民法院应当依法受理。”故当事人以新的事实、新的理由再次起诉要求变更探望权行使方式及时间的,不适用“一事不再理”原则。《婚姻法》第 37 条第 2 款、最高人民法院《关于人民法院审理离婚案件处理子女抚养关系问题的若干具体意见》第 15 条明确了变更抚养关系和增加抚育费案件,可再次起诉,不受“一事不再理”原则限制。《婚姻法》第 38

条、最高人民法院《关于适用〈中华人民共和国婚姻法〉若干问题的解释(一)》(已于2021年1月1日起废止)第25条明确了探望权的中止和恢复不受"一事不再理"原则限制。探望权是一种基于身份关系派生的亲权,对未成年子女健康成长具有重要意义,其性质和重要性与抚养费、抚育费相同,在诉讼中理应具有相同地位。法院作出有关探望权裁判后,随着时间推移、未成年人成长以及其他情况变化等,原来确定的探望时间和方式,可能不能满足父母子女间的交流需要,不能实现未成年人的最大利益,故从实现未成年人和当事人亲情权益考虑,应当赋予当事人再次起诉的权利。

②2014年**上海某执行复议案**,2014年,被判离婚并抚养孩子的徐某拒不履行生效判决,拒绝让胡某行使探望权。法院认为:《民事诉讼法》第253条规定:"被执行人未按判决、裁定和其他法律文书指定的期间给付金钱义务的,应当加倍支付迟延履行期间的债务利息。被执行人未按判决、裁定和其他法律文书指定的期间履行其他义务的,应当支付迟延履行金。"《婚姻法》第38条规定,离婚后,不直接抚养子女的父亲或母亲,有探望子女的权利,另一方有协助的义务。载明探望权的生效民事判决,当事人应当履行。被执行人拒不履行生效法律文书确定行为的,法院可强制其履行。对不可替代的须由被执行人完成的行为,经教育,被执行人仍拒不履行的,法院应按妨害执行行为的有关规定处理。根据本案事实,裁定徐某按每迟延履行一次支付300元的标准支付胡某迟延履行金。

③2013年**重庆某离婚纠纷案**,2011年,邹某与李某经法院调解离婚,婚生子邹某某由李某抚养。因李某数月来拒绝邹某探望,邹某申请执行。法院认为:《婚姻法》第38条第1款规定:"离婚后,不直接抚养子女的父或母,有探望子女的权利,另一方有协助的义务。"在对探望权的执行中,应以消除影响探望权正常行使的各类障碍为目的,根据个案中探望权行使被阻却具体原因,有针对性地实施执行措施。本案中,考虑到邹某某目前尚年幼,需稳定的居住和生活环境,故探望次数不宜过于频繁,遂判决邹某自判决生效之日起,于每月第一个星期六10时前往李某处接走邹某某进行探望,并于当日20时前将邹某某送回李某处,李某予以协助。判决生效后,李某一直未履行协助义务,邹某遂申请执行。执行法官依法向被执行人李某邮寄送达了执行通知书及传票,但被执行人逾期未到庭。承办人经多方寻找,未联系到李某本人。李某委托家人告知执行法官,称其拒绝申请人行使探望权,是担心申请人在探望时将小孩带到外地。承办人要求申请人提供被执行人下落,其未能提供,亦无法查知其子邹某某所在,后经合议庭评议,决定终结本次执行程序。

④2012年**上海某抚养纠纷案**,2011年,获得日本永住许可的任某在日本与陈某同居期间所生女儿,在回中国期间被陈某强行带走。任某提起抚养权诉讼,在胜

诉后申请强制执行。法院认为:父母对子女有抚养权利和义务。现陈某以其系孩子父亲及随其共同生活更有利于孩子成长为由,诉请判令孩子随其共同生活。虽现无证据证实诉讼双方当事人之间存有合法婚姻关系,但陈某所作孩子系其与任某所生的陈述与任某所作相关陈述一致,且陈某为证明其与孩子之间有血缘关系而申请做亲子鉴定,然任某作为孩子监护人未予同意。因亲子鉴定应以当事人自愿鉴定为原则,法院不能强制当事人做亲子鉴定,故不宜进行亲子鉴定。根据诉讼双方当事人所作陈述及孩子在我国国内生活期间先后与任某父母、陈某父母共同生活事实,推定孩子与陈某之间亲子关系成立,孩子系陈某、任某所生之女。对子女抚养问题,应从有利于子女身心健康,保障子女合法权益出发,结合父母双方抚养能力和抚养条件等具体情况妥善解决,故本案中孩子由父或母哪一方抚养应综合考虑父母双方情况作出判断。从抚养条件来看,任某目前在日本有固定工作和收入,陈某目前无工作,且孩子长期以来一直随任某父母共同生活,已形成一个相对稳定的环境。再者孩子系日本国籍,任某则被日本批准永住许可,相较而言,在目前情况下,孩子随任某共同生活更为适宜。对子女抚养问题,父母应尽量通过协商解决,在协商不成时,亦可通过诉讼解决,应避免采取非理性或过激手段。本案中,无论是任某还是陈某,都充分表达了要抚养女儿的强烈愿望,且都在为更好地履行父母对子女的抚养职责而积极努力地创造条件,都是为女儿能健康成长。对此,法院予以积极肯定。任何情况下,孩子都渴望同时拥有一个关爱自己的爸爸和一个关爱自己的妈妈,孩子是父母以往和谐相处的结晶,父母共同关心孩子成长,效果要比单亲抚育好。作为孩子父母,应共同协商努力,为孩子创造一个和谐幸福的成长环境,让其共享父爱和母爱,以利于其今后健康成长和心智发育。希望父母双方遇事冷静处理,多从孩子健康成长角度去考虑和解决问题,将父母分开对孩子伤害及影响降至最低。本案执行程序中,由于执行内容是孩子抚养权,而抚养权标的涉及人身权,并非普通财产或物品,在性质上具有一定特殊性。那么,在执行中就不能只关注父母一方执行申请,亦要重视对孩子人身权的必要保护,故不能采取简单粗暴的执行方式将孩子交给女方,而应注重执行技巧,尽可能地采取谦抑执行措施。只有这样,才能避免对孩子幼小身心造成伤害,同时也避免被执行人因情绪失控出现过激行为,为案件顺利执行创造条件。在实际执行中,执行法官未简单地照搬判决主文执行,在发现判决主文对探视权未作认定情况下,提出了一份执行和解方案,给予被执行人一次权利补救机会。在充分保障双方当事人合法权益基础上,执行法院通过和缓手段巧妙化解了原本难以调和的冲突,最终促使双方当事人达成和解协议,配合执行工作顺利推进。在执行工作中采取谦抑执行,既符合法理又兼顾情理,达到了法律效果与社会效果有机统一,不仅有利于法院判决圆满执行,亦有利于化解法院和被执行人之间矛盾,维护社会和谐稳定。

⑤2006 年**天津某探望权执行纠纷案**,2005 年,何某与李某协议离婚。调解协议约定孩子随李某生活,何某每月可与孩子生活两天。2006 年,双方因就探视时间和地点达不成一致,何某申请强制执行。法院认为:探望子女是基于亲子关系所衍生之自然权利,不仅是父母权利,更是为未成年子女权利,探望权行使应从有利于子女身心健康发展角度考虑,而非以父母利益为出发点,故应通过和解达到解决矛盾的目的。从充分考虑被探望未成年子女健康成长出发,本案探望权执行,经协商和解,由何某早晨将孩子带回家探望,下午送回被执行人家中即视为初次探望完成,待申请人与孩子熟悉后,再按判决内容执行。

⑥2004 年**四川某探望权纠纷案**,2001 年,叶某与陈某协议离婚,约定不直接抚养孩子的叶某有探视权,每月不少于 4 次。2002 年,双方因探视孩子方式、时间上出现分歧引发纠纷,叶某同时诉请赔偿其不能探望的精神损失 5000 元。法院认为:双方离婚后,对孩子均有抚养、教育的权利和义务,未与孩子共同生活一方有探视孩子权利,另一方有协助义务,叶某要求享有探视权,应予支持,但要求赔偿精神损失无法律依据。行使探望权方式、时间由当事人协议,协议不成时,由法院确定。判决叶某从下月起每月第 2、4 周的周六探视孩子,时间为早 9 点至晚 5 点,由陈某于早 9 时将孩子送至叶某居住单元门口,晚 5 时叶某将孩子送回陈某居住宿舍楼梯口。

⑦2003 年**北京某探望权执行纠纷案**,1998 年,法院判决杨某、董某离婚,孩子由董某抚养,杨某每月支付抚养费 200 元,杨某有探视权,每月两次可接走孩子各待一天。2001 年,因孩子不同意跟杨某走,杨某申请法院执行。法院认为:强制执行的标的只能是财物和行为,不能强制执行人身。在孩子不同意跟杨某走的期间,董某负责继续做孩子工作,并积极配合杨某在规定时间内探视孩子。杨某暂不接走孩子,待孩子不再抵触时按判决内容执行。

【典型类案实务要点】

1.**【父母行使探视权有损子女成长的,应不予继续行使】**对未成年人身心健康保护应优于成年人的亲权行使。若父母行使探视权对子女成长有损的,不宜继续行使探视权。

2.**【当事人就探望权纠纷再次提起诉讼的,法院应受理】**生效调解书虽确定了探望权行使具体时间及方式,但当事人就探望权纠纷再次提起诉讼的,法院应受理,不适用“一事不再理”原则。

3.**【探望权执行中,法院可对被执行人处以迟延履行金】**被执行人拒不履行载明探望权的生效法律文书,法院可依《民事诉讼法》第 253 条关于迟延履行非金钱给付义务规定,处以迟延履行金。

4.【**探望权行使方式及执行,应结合个案来确定和实施**】在对探望权的执行中,应以消除影响探望权正常行使的各类障碍为目的,根据个案中探望权行使被阻却的具体原因,有针对性地实施执行措施。

5.【**子女抚养权的执行,为保护孩子,应融入谦抑理念**】在子女抚养纠纷案件执行实践中,为避免孩子身心受到伤害,应注重执行方式方法,将谦抑执行的理念融入其中。

6.【**探望权执行,应从子女健康而非父母利益角度考虑**】探望子女是基于亲子关系所衍生自然权利,探望权行使应从有利于子女身心健康发展角度考虑,而非以父母利益为出发点。

7.【**离婚后,不直接抚养子女的父或母,应享有探望权**】离婚后,不直接抚养子女的父或母,有探望子女权利,另一方有协助义务,行使探望权方式、时间由当事人协议。

8.【**一方虽有探视权,但孩子不配合时,不应强制执行**】法院判决不直接抚养孩子一方享有探视权,因孩子不愿意配合探望的,法院不应强制执行,应待孩子不再抵触时执行。

【类案裁判一般规则】

离婚后,不直接抚养子女的父或母,有探望子女的权利,另一方有协助的义务。行使探望权利方式、时间由当事人协议;协议不成的,由法院判决。父或母探望子女,不利于子女身心健康的,由法院依法中止探望;中止事由消失后,应恢复探望。

【典型参考案例索引】

主旨案例:北京朝阳区法院(2013)朝执字第11130号"田某与高某探视权纠纷案",见《探视权行使的阻却事由》(田强),载《人民司法·案例》(201614:104)。**其他案例:**①见《当事人就探望权纠纷再次起诉的,人民法院应当受理》(张颖新,最高院民一庭),载《民事审判指导与参考·指导性案例》(201502/62:141)。②上海一中院(2014)沪一中执复议字第43号"徐某与胡某执行复议案",见《探望权执行中可对被执行人处以迟延履行金——徐某某与胡某某执行复议案评析》(康邓承,上海一中院执行局),载《执行工作指导·理论与实务问题研究》(201503/55:128)。③重庆江北区法院(2013)江法民执字第01120号"邹某与李任宏离婚纠纷执行案",见《探望权执行若干问题探析》(熊杰),载《人民司法·案例》(201705:103)。④上海闵行区法院(2012)闵执字第6767号"任某与陈某同居关系子女抚养纠纷执行案",见《抚养权纠纷中的谦抑执行》(谢威、徐昺颢),载《人民司法·案例》(201318:58)。⑤天津大港区法院(2006)执字第707号"何某申请执行探望权案”，见《何卫红申请执行李恩玲探望权执行案（探望权）》（孙广），载《中国审判案例要览》（2007 民：480）。⑥四川金堂法院判决“叶某诉陈某探望权案”，见《叶成毅与陈敏离婚后因孩子探望权纠纷诉陈敏案》（罗宝珊），载《人民法院案例选》（2004 年民事/48：39）。⑦北京西城区法院执行“杨某申请执行探望权案”，见《杨祖军申请执行探望权案件因被探望子女拒绝探望与被执行人董娟达成执行和解案》（宋洪印、丁亮华），载《人民法院案例选》（200302/44：204）。

八、家庭关系

71. 监护顺序与监护职责
——监护有争议，谁是监护人？

【监护顺序】

【问题提出】

李某与前夫离婚已3年，按法院离婚判决，当时刚上小学的儿子由父亲直接抚养。现因儿子在学校与他人打架被受害人家长提起人身损害赔偿之诉。法院通知李某与前夫一起作为儿子法定监护人参加诉讼有依据吗？

【处理意见】

1. 亲子关系。依相关法律规定：父母与子女间的关系，不因父母离婚而消除。离婚后，子女无论由父或母直接抚养，仍是父母双方的子女。离婚后父母对于子女仍有抚养和教育的权利和义务。故李某离婚后虽不直接抚养儿子，但与儿子之间母子关系并未改变，法律上权利义务关系亦未改变。

2. 诉讼主体。法院受理以李某儿子为被告的人身损害赔偿纠纷案后，鉴于李某儿子未成年情况，依法律关于“未成年人的父母是未成年人的监护人”规定，将李某列为法定监护人之一，通知参加诉讼有充分法律依据。

【裁判依据或参考】

1. 法律规定。《民法典》(2021年1月1日)第28条：“无民事行为能力或者限制民事行为能力的成年人，由下列有监护能力的人按顺序担任监护人：(一)配偶；(二)父母、子女；(三)其他近亲属；(四)其他愿意担任监护人的个人或者组织，但是须经被监护人住所地的居民委员会、村民委员会或者民政部门同意。”第29条：“被监护人的父母担任监护人的，可以通过遗嘱指定监护人。”第30条：“依法具有监护资格的人之间可以协议确定监护人。协议确定监护人应当尊重被监护人的真实意愿。”第31条：“对监护人的确定有争议的，由被监护人住所地的居民委员会、村民委员会或者民政部门指定监护人，有关当事人对指定不服的，可以向人民法院申请指定监护人；有关当事人也可以直接向人民法院申请指定监护人。居民委员会、村民委员会、民政部门或者人民法院应当尊重被监护人的真实意愿，按照最有利于被监护人的原则在依法具有监护资格的人中指定监护人。依据本条第一款规定指定监护人前,被监护人的人身权利、财产权利以及其他合法权益处于无人保护状态的,由被监护人住所地的居民委员会、村民委员会、法律规定的有关组织或者民政部门担任临时监护人。监护人被指定后,不得擅自变更;擅自变更的,不免除被指定的监护人的责任。”第32条:“没有依法具有监护资格的人的,监护人由民政部门担任,也可以由具备履行监护职责条件的被监护人住所地的居民委员会、村民委员会担任。”第33条:“具有完全民事行为能力的成年人,可以与其近亲属、其他愿意担任监护人的个人或者组织事先协商,以书面形式确定自己的监护人,在自己丧失或者部分丧失民事行为能力时,由该监护人履行监护职责。”第39条:“有下列情形之一的,监护关系终止:(一)被监护人取得或者恢复完全民事行为能力;(二)监护人丧失监护能力;(三)被监护人或者监护人死亡;(四)人民法院认定监护关系终止的其他情形。监护关系终止后,被监护人仍然需要监护的,应当依法另行确定监护人。”**《老年人权益保障法(2018修正)》**(2018年12月29日)第26条:“具备完全民事行为能力的老年人,可以在近亲属或者其他与自己关系密切、愿意承担监护责任的个人、组织中协商确定自己的监护人。监护人在老年人丧失或者部分丧失民事行为能力时,依法承担监护责任。老年人未事先确定监护人的,其丧失或者部分丧失民事行为能力时,依照有关法律的规定确定监护人。”**《妇女权益保障法(2018修正)》**(2018年10月26日)第49条:“父母双方对未成年子女享有平等的监护权。父亲死亡、丧失行为能力或者有其他情形不能担任未成年子女的监护人的,母亲的监护权任何人不得干涉。”**《涉外民事关系法律适用法》**(2011年4月1日)第30条:“监护,适用一方当事人经常居所地法律或者国籍国法律中有利于保护被监护人权益的法律。”

2. 最高人民法院司法解释及其他司法性文件/解读文章。最高人民法院**《关于适用〈中华人民共和国民事诉讼法〉的解释》**(2015年2月4日　法释〔2015〕5号,2020年修正)第10条:“不服指定监护或者变更监护关系的案件,可以由被监护人住所地人民法院管辖。”最高人民法院民事审判庭**《关于单位担任监护人是否承担赔偿责任的电话答复》**(1989年8月30日　〔89〕法民字第23号):“……你院关于民法通则第一百三十三条第二款‘但单位担任监护人的除外’如何理解的请示,经研究并与人大法工委民法室联系了解,其立法原意是单位不承担赔偿责任,对于具体案件,可依照上述立法原意根据具体情况妥善处理。”

3. 部门规章。司法部公证律师司**《关于为徐雅云出具监护人证明书事的复函》**(1984年5月5日　〔84〕司公字第92号):“……同意所提意见。可以出具徐雅云是其未成年女儿刘海敏、刘海勤的监护人的公证书。所拟公证书格式(稿)的前半部分可省略,证词为‘兹证明徐雅云是刘金章的妻子,是刘海敏和刘海勤的生身母亲。根据《中华人民共和国婚姻法》第十七条规定的精神，徐雅云是其未成年女儿刘海敏和刘海勤的监护人'。"

4. 地方司法性文件。浙江宁波海曙区法院《**关于印发〈家事案件审理规程〉的通知**》(2015年10月19日　甬海法发〔2015〕76号)第9条:"建立社会观护制度。在家事案件审理中，受人民法院委托，由海曙区关工委下属的'银发护苗工作室'推荐的合适社会人士作为社会观护员，在部分案件中开展社会调查、判后回访，以及在特定情形下作为涉限制民事行为能力人或无民事行为能力人家事案件当事人的代理人。"第10条:"人民法院可以根据案件审理的需要，委托社会观护员承担以下工作:(一)对离婚纠纷、变更抚养关系纠纷、抚养费纠纷、监护权纠纷、探望权纠纷等案件中所涉及当事人婚姻家庭状况及未成年人的抚养等相关情况进行调查;(二)在法定监护人因故回避时，陪同涉案涉限制民事行为能力人或无民事行为能力人接受人民法院询问;特定情形下，作为涉限制民事行为能力人或无民事行为能力人的代理人参加诉讼;(三)参加并协助家事案件的调解工作;(四)对家事案件进行判(调解)后回访，了解生效判决或调解书的履行情况;(五)人民法院认为需要开展的其他社会观护工作。"第11条:"本规程第九条、第十条第(二)款规定的'特定情形'包括:(一)涉限制民事行为能力人或无民事行为能力人的监护人应当出庭而未出庭，经人民法院书面督促后，仍未出庭的;(二)涉限制民事行为能力人或无民事行为能力人没有《中华人民共和国民法通则》第十四条、第十六条第一款、第二款规定的监护人的;(三)涉限制民事行为能力人或无民事行为能力人虽有监护人，但其监护人不适宜作为其法定代理人参加本案诉讼的。"第12条:"依照上述规定被指定为代理人的社会观护员，在该案诉讼中享有与法定代理人同等的诉讼权利，承担同等的诉讼义务。其在诉讼中处分被代理人实体权益的，人民法院应当以实现涉限制民事行为能力人或无民事行为能力人利益最大化为原则，审查其合法性和合理性。社会观护员在担任涉限制民事行为能力人或无民事行为能力人的指定代理人期间，如有严重损害被代理人合法权益的行为的，人民法院可以撤销对其指定代理的决定，并另行指定。"浙江宁波中院《**非诉行政审查和执行若干问题解答(二)**》(2015年5月19日)第1条:"计生案件未成年人作为被执行人无履行能力时，应否追加法定代理人为被执行人?《中华人民共和国人口和计划生育法》第四十一条规定，不符合本法规定生育子女的公民，应当依法缴纳社会抚养费。因此，缴纳社会抚养费是违反计划生育规定的公民承担的行政法律责任，无论其是否成年。《婚姻法》第二十一条规定，父母对子女有抚养教育的义务;子女对父母有赡养扶助的义务。父母不履行抚养义务时，未成年的或不能独立生活的子女，有要求父母给付抚养费的权利。根据上述规定，父母对未成年子女仅有给付抚养费的义务，而支付社会抚养费应不在此范围之内。故不应追加被执行人的法定代理人参与执行。至于其父母作为法定代理人代理未成年人参与诉讼执行事务,则不受影响。"上海高院《**民事法律适用问答**》(2001 年第 1 期)第 2 条:"一些夫妻离婚后,双方均不愿履行抚养未成年子女的义务。由此产生一些问题:如,按照婚姻法有关规定,有负担能力的祖父母、外祖父母,对于父母无力抚养的未成年孙子女、外孙子女有抚养的义务。但祖父母、外祖父母能否以'父母有能力抚养'为由,作为原告起诉要求该未成年人的父母承担监护之责;如未成年子女作为原告起诉父母要求履行抚养义务,应由其监护人作为法定代理人代为诉讼。但因父母是未成年人的法定监护人,只有父母已经死亡或没有监护能力的,才可变更由父母以外的其他人担任监护人,故诉讼中子女的法定代理人难以确定等。答:对于第一个问题,我们认为,由于祖父母、外祖父母对未成年孙子女、外孙子女负有抚养义务,是建立在未成年人的父母'无力抚养'的基础上的。因此,对于父母有能力抚养,而未尽到抚养义务的,祖父母、外祖父母当然可以要求该未成年人的父母履行抚养义务。而且,父母不履行抚养义务,属于不履行监护职责,根据《最高人民法院关于贯彻执行〈中华人民共和国民法通则〉若干问题的意见(试行)》第 20 条的规定:'监护人不履行监护职责,或者侵害了被监护人的合法权益,民法通则第十六条、第十七条规定的其他有监护资格的人或者单位向人民法院起诉,要求监护人承担民事责任的,按照普通程序审理;要求变更监护关系的,按照特别程序审理;既要求承担民事责任,又要求变更监护关系的,分别审理。'本规定不仅明确了其他有监护资格的人或者单位,对于监护人不履行监护职责的行为可以起诉,要求其承担民事责任,而且更进一步明确了各种情况下应当分别适用何种审理程序的问题。因此,本问题涉及的情况,可以适用上述规定来解决。对于第二个问题涉及的情况,我们认为,虽然父母是子女的监护人和法定代理人,但是,这也不是一成不变的,我们在理解相关规定的时候,不仅要对这些规定作文意解释,从字面上理解,更应当对其作目的解释,结合法律规定的目的来认识和理解,而不应僵化看待法律规定。法律这样规定的目的是保护未成年人的利益,而不是妨碍未成年人实现其权利。父母与子女在利害关系上发生冲突时,父母如果继续作为法定代理人,显然不能实现法律要保护未成年人的目的。既然在诉讼中父母不适合再作为未成年人的法定代理人,那么,可按照监护人的顺序规定,由人民法院依照《中华人民共和国民事诉讼法》相关规定及《最高人民法院关于适用〈中华人民共和国民事诉讼法〉若干问题的意见》第 67 条、第 68 条的规定,为该未成年人指定代理人,代理其参加诉讼。不过,这种情况并不等于直接变更了未成年人的监护人,而只是在涉及抚养问题的具体诉讼中,因为父母与未成年人存在直接的利害冲突,暂时否认父母的监护人和法定代理人资格。当然,如果其他有监护资格的人提出变更监护关系要求的,则应当根据民法通则和最高法院相关司法解释的规定,按变更监护关系的程序作出处理。"

【参考类案】

①2014年**河南某监护纠纷案**,2010年,父、母离婚,约定无民事行为能力儿子归父抚养,夫妻共有房产归儿子所有。2013年,父与王某签订房屋买卖协议,父将前述房产转让给王某。母以儿子法定代理人身份起诉王某要求返还房产。法院认为:自然人民事行为能力系其参与民事活动的资格,该资格受自然人理智、认识能力等主观条件制约,与本人意识能力有关,不因他人是否认可而改变。本案中,母与王某虽均认可儿子系无民事行为能力人,但该认可与医疗机构对儿子诊断不相符,且母与王某均无相关证据加以证明。即便儿子系无民事行为能力或限制民事行为能力人,母亦非其监护人。案涉离婚协议有效。该协议约定儿子由父直接抚养,且父、母离婚后,确由父对儿子生活进行照顾,父应为监护人。故依《民法通则》第14条"无民事行为能力人、限制民事行为能力人监护人是其法定代理人"规定,父为儿子法定代理人,母无权代理本案诉讼。母只能按最高人民法院《关于贯彻执行〈中华人民共和国民法通则〉若干问题的意见(试行)》第20条规定,要求父变更抚养关系或承担侵权责任,故判决驳回母起诉。

②2012年**北京某监护纠纷案**,2011年,精神病人郭某在丈夫去世后,与同为限制民事行为能力人的儿子王某共同生活。居委会先后指定郭某弟、郭某姑姐担任郭某监护人。2012年,郭某弟申请法院确定其为唯一监护人。法院认为:监护制度设立,目的在于保护行为能力欠缺者合法权益,使无民事行为能力人和限制民事行为能力人合法权益能最大限度实现。监护人的监护职责包括保护被监护人身体健康,照顾被监护人生活,管理和保护被监护人财产,代理被监护人进行民事活动,对被监护人进行管理和教育,代理被监护人进行诉讼等,故监护本质应是一种职责而非权利。本案中,被监护人郭某生活不能自理,精神状态与正常人有异,已存在行为能力欠缺,同时,其父母及丈夫已去世,其子王某亦存在精神残疾,故郭某监护人只能从其他近亲属及关系密切的其他亲属、朋友中确定。本案中郭某弟及姑姐均可在履行相关手续后成为郭某监护人,如发生争议,则应按法律规定顺序予以确定。按法律规定,其他近亲属序位列于关系密切的其他亲属之前,故郭某弟在监护资格取得上优先于郭某姑姐,在郭某弟愿意担任监护人且具有监护能力情况下,应由郭某弟担任监护人;鉴于郭某姑姐担任着王某监护人,王某与郭某系母子,考虑监护本质是一种职责,多人担当起监护人职责会对郭某权益保护更加有利。判决确定由郭某弟、郭某姑姐作为郭某共同监护人。

③2010年**某监护纠纷案**,2001年,徐某病故。2002年,吉某带9岁女儿徐某某与严某再婚。其间,徐某某一直与祖父母共同生活。2007年,吉某因车祸死亡。严某认为其与徐某某形成继父女关系,是徐某某监护人,财产应由其代管。徐某某

祖父母起诉要求确认自己系徐某某监护人。法院认为:《民法通则》第16条及最高人民法院《关于贯彻执行〈中华人民共和国民法通则〉若干问题的意见(试行)》第11条至19条规定,是法院处理监护权依据。在涉及未成年人监护权案件中,维护未成年人权益是法院确认监护人时必须首先考虑的问题。我国现行法律未规定在继父母与继子女之间的身份关系消灭后,仍有抚养继子女法定义务,故对于曾受继父母抚养教育的继子女来说,其生父(母)死亡后,继父母并非继子女当然法定监护人。本案中,吉某死亡后,作为徐某某继父的严某,与徐某某之间继父女身份关系已不复存在,故亦非徐某某当然的法定监护人。无论徐某某过去是否受其抚养教育,严某并无继续抚养徐某某法定义务,徐某某亦无义务作为女儿与之共同生活。依《民法通则》第16条规定,在吉某死亡后,有担任徐某某监护人资格的人首先是其祖父母、外祖父母。严某与徐某某无血缘关系,在与吉某成婚后亦未办理收养徐某某手续,其继父身份随吉某死亡已消失,故其提出自己系徐某某法定监护人缺少法律依据。经征求徐某某意见,充分考虑未成年人徐某某利益,判决由徐某某祖父母担任监护人。

④2010年**江苏某返还赔偿款纠纷案**,2008年,蔡某母因交通事故身亡,获赔44万余元,其中蔡某父与14岁的蔡某领取36万余元。蔡某由外公担任代理人,诉请父亲返还其应得的15万元。法院认为:父母与子女因财产关系发生冲突时,父母如继续作为子女法定代理人,不能实现法律保护未成年人目的,那么法院可按监护顺序规定,为该未成年人指定代理人,代理其参加诉讼。法院审理此类案件,应优先保护未成年人财产权利,通过司法手段加强父母对未成年子女财产管理监督,创造有利于未成年人健康成长氛围。蔡某作为限制民事行为能力未成年人,在其与父亲因财产关系冲突时,父亲继续作为蔡某法定代理人,不能实现法律保护未成年人目的,依《民法通则》关于监护顺序规定,可确认其外公为代理人代其参与诉讼。在蔡某财产权利遭受侵害或面临可能遭受侵害风险时,从保护未成年人合法权益出发,根据本案实际情况,确定蔡某应得赔款,由父亲存银行,凭证由父亲保管至蔡某18周岁,蔡某保管期间若需支取该款,须用于蔡某生活、教育、医疗等费用支出,经法院出具手续后,由父子共同取款,外公陪同,蔡某满18岁后,父亲应将存款凭证交还蔡某。

⑤2009年**浙江某财产分割纠纷案**,2006年,宋某父与胡某协议离婚,但未办离婚手续。其后,胡某离家外出,8岁的宋某随父亲及祖父母生活。2008年,宋某父因意外事故死亡,担任宋某监护人的宋某祖父母领取了赔偿款33万余元。2009年,胡某作为法定代理人以宋某名义诉请宋某祖父母分割补偿款。法院认为:根据法律规定,未成年人父母是未成年人的监护人,但当未成年人父母已死亡或无监护能力时,按顺序由祖父母、外祖父母等担任监护人。无民事行为能力人、限制民事行为能力人的监护人系其法定代理人。本案中,宋某母亲胡某自两年前离家外出,

对宋某未尽监护之责，在宋某父亲死亡后，因宋某当时无监护人，宋某亲属商定由宋某祖父母作为监护人，符合法律规定。至今，宋某母亲胡某未回家与宋某共同生活，宋某祖父母仍在对宋某行使监护职责，故胡某现不能作为宋某法定代理人以宋某名义向法院起诉。裁定驳回宋某起诉。

⑥2008年**江西某人身损害赔偿纠纷案**，2007年，张某父被谢某车辆碰撞身亡，交警认定谢某全责。肖某因已与张某父离婚，张某随父生活，张某父死后，肖某与谢某达成5万余元赔偿协议。因肖某不愿作法定代理人出庭，丧父后的张某随叔叔生活，张某叔被村委会指定为张某监护人后，作为法定代理人以张某名义起诉谢某索赔。法院认为：肖某系未成年人张某当然监护人，其监护人、法定代理人资格未被依法撤销。肖某虽与张某父离婚多年，但离婚并未使其法定代理人身份丧失。张某未征得其法定代理人同意，亦无肖某参与，无权独自提起民事诉讼。张某叔以代理人身份代理张某提起本案交通事故损害赔偿诉讼，违反法律规定，属无效代理，且某一主体是否有权独立提起诉讼，属诉讼程序问题，故应裁定驳回无权代理人张某叔以张某名义提起的诉讼。一审判决谢某赔偿张某8万余元，再审经调解由谢某赔偿张某5万余元。

⑦2006年**江苏某监护纠纷案**，2006年，夏某两次起诉在部队服役的包某要求离婚，均被判决不准离婚。诉讼期间，孩子由包某父母照顾，夏某几次想要回孩子，均被拒绝。夏某遂主张监护权。法院认为：夏某与包某作为父母，均为孩子监护人，因包某现正服役，难以实际履行监护之责，而夏某有监护能力，故孩子理应由夏某直接监护。监护权是基于特定的身份关系而产生的权利，为未成年子女的父母所固有。他人受夫妻一方委托对未成年人行使监护权而与夫妻另一方固有的监护权产生冲突时，监护权应由夫妻另一方行使。夫妻一方没有条件履行日常的监护职责时，监护权可由夫妻另一方直接行使。未成年人的父母是未成年人的监护人，只有在父母死亡或没有监护能力的情况下才可由其他人担任监护人，其他任何人不能以任何理由限制甚至剥夺父母对未成年人的监护权。本案中，虽包某父母受包某委托照顾孙女，但不能因此排除夏某作为母亲对女儿监护权利。当祖父母受托对孙子女行使监护权与母亲固有的监护权产生冲突时，母亲对子女的监护权优先，故本案监护权应由夏某行使。

⑧2004年**山东某监护纠纷案**，1997年，张某与范某调解离婚后，张某抚养4岁孩子。2003年，张某以孩子不听话难以教育、自己无抚养能力为由主张变更抚养关系。范某以其经常长时出海为由拒绝。法院认为：法院确定子女直接监护人，应本着有利于子女生活及健康成长原则。监护职责是监护人法定义务，除法定原因外不得以任何理由加以拒绝，无法履行教育职责不能构成变更监护权正当理由。本案中，从双方具体情况看，范某职业决定了其工作时间不确定性，对生活、学习需

教育引导的未成年子女是不适宜的,同时考虑到孩子本人意见,其一直跟随母亲生活,与母亲有较深感情,随母亲共同生活更有利于孩子身心健康和成长,故判决驳回张某诉请。

⑨2002 年**四川某人身损害赔偿纠纷案**,1998 年,在伐木场工作的张父用砂枪射伤 30 岁的儿子张子致毁容及双目失明,二级伤残,张父经鉴定为精神分裂症,不承担刑事责任。2002 年,张子起诉张父,并起诉张父单位伐木场、主管部门林业局要求承担监护责任。法院认为:张父用枪击伤张子时,虽无刑事责任能力,不负刑事责任,但对给张子造成的损害应承担民事赔偿责任。张父虽是精神病人,但其利害关系人至今未申请宣告其为无民事行为能力或限制民事行为能力人,故不存在林业局及伐木场是其监护人问题。即使需要设立监护人,按法律规定也只能由其配偶、成年子女、父母、其他近亲属担任,张父单位只能在无上述人员情况下才能作为其监护人,故张子要求伐木场、林业局承担监护责任诉请应予驳回。判决张父赔偿张子 4.4 万余元。

⑩2001 年**江苏某损害赔偿纠纷案**,2000 年,医院护士接生婴儿王某并为其洗澡时不慎将王某烫伤,5 个多月后治愈,医院通知王某父母接孩子遭到拒绝。法院认为:王某父母以医院侵权造成王某烫伤为由,不同意接回王某履行监护义务,无法律依据。现王某已痊愈,因其年幼需父母亲爱抚,长期由他人抚育对孩子成长不利,故医院要求王某父母接回孩子履行监护职责,合情合理合法。判决王某父母给付医院垫付的抚育费 3800 元,并接回孩子履行监护职责,逾期不接回按月给付医院抚育费 600 元。

⑪1999 年**河南某损害赔偿纠纷案**,1999 年,精神病人周某点火引燃徐某财产,造成损失 1 万余元。徐某诉请周某及与周某长期同住并照顾周某的侄子崔某共同赔偿损失。法院认为:周某因烤火引起火灾,给徐某造成损失属实,周某有赔偿义务。因周某系无民事行为能力的残疾人,且无自有财产,故该赔偿责任应转由其监护人承担。周某虽跟随崔某生活多年,但崔某既非其法定监护人,以现有证据又不能认定崔某与其之间存在其他类型的监护关系,故对徐某要求崔某承担赔偿转承责任诉请,无事实依据,判决驳回徐某诉请。

【典型类案实务要点】

1.**【离婚后,不与子女共同生活的父或母,仍系监护人】**离婚后,未与子女共同生活的父或母,与子女之间法律关系未改变,法律上权义关系亦未改变,仍是子女监护人。

2.**【离婚后不直接抚养无行为能力子女一方,非监护人】**夫妻离婚后,不直接抚养无民事行为能力子女的一方不应认定为监护人,亦不应认定为法定代理人,故其无权代表该子女提起诉讼。

3.【**非同一顺序具有监护资格的人,可共同担任监护人**】非同一顺序的多个具有监护资格的人担当监护人职责对被监护人整体权益保护更加有利的,法院可确定为共同监护人。

4.【**生父母死亡后,继父母非继子女当然的法定监护人**】对曾受继父母抚养教育的继子女来说,生父母死亡后,继父母未办收养手续的,其并非继子女当然的法定监护人。

5.【**未成年人与法定监护人因财产关系发生冲突时处理**】父母一方死亡后,生存的父或母是未成年人法定监护人。该监护人与未成年人子女因财产关系发生冲突时,应优先保护未成年人利益,可由下一顺序监护人作为监护人,代理参加诉讼,以维护未成年人合法财产利益。

6.【**未成年人父母丧失监护资格后,不能作法定代理人**】未成年人父母监护责任具有法定性和确定性,但其监护资格可因死亡和监护能力缺失而消灭,其相应诉讼主体资格亦丧失合法性。

7.【**离婚后,非直接抚养方,不因离婚丧失监护人资格**】未成年人父母是未成年人监护人、法定代理人。离婚并不导致未与未成年子女生活一方监护人及法定代理人资格丧失。

8.【**夫妻一方固有监护权,应优先于另一方委托监护权**】他人受夫妻一方委托对未成年人行使监护权,与夫妻另一方固有的监护权产生冲突时,监护权应由夫妻另一方行使。

9.【**无法履行教育职责,不构成变更抚养关系正当理由**】监护职责是监护人法定义务,除法定原因外不得以任何理由拒绝,无法履行教育职责不能构成变更监护权正当理由。

10.【**精神病人致人伤害,所在单位不当然承担监护责任**】无民事行为能力和限制民事行为能力的精神病人,其配偶、父母、成年子女、其他近亲属或关系密切的其他亲属、朋友愿意承担监护责任的,经精神病人的所在单位或住所地的居民委员会、村民委员会同意的,可担任监护人。没有以上监护人的,由精神病人所在单位或住所地居民委员会、村民委员会或民政部门担任监护人。

11.【**医院烫伤孩子,治愈后,孩子监护人应将孩子接回**】未成年人父母是未成年人的监护人,只有在父母死亡或没有监护能力时,才由法律规定的亲属或单位担任监护人。

12.【**精神病人致人损害,同住人非监护人,不承担责任**】无民事行为能力人关系密切的其他亲属,未履行成为监护人必经程序,不能依事实上照顾关系而承担相应监护人责任。

【类案裁判一般规则】

未成年人父母是未成年人的监护人,离婚后,未与子女共同生活的父或母与子女之间法律关系未改变,法律上权利义务关系亦未改变,仍是子女监护人。只有在父母死亡或没有监护能力时,才由法律规定的亲属或单位担任监护人。

【典型参考案例索引】

主旨案例:见《离婚后不与子女共同生活的父或母是否仍是子女的监护人》(《民事审判指导与参考》研究组),载《民事审判指导与参考·民事审判信箱》(201102/46:244)。**其他案例**:①河南修武法院(2014)修民初字第201号“李飞与王新红监护纠纷案”,见《离婚后不直接抚养无行为能力人一方不能认定为监护人》(高国杰、千盼盼),载《人民司法·案例》(201520:47)。②北京房山区法院(2012)房民特字第04389号“郭某申请确认监护人纠纷案”,见《郭凤武申请确定监护人纠纷案(非同一顺序的多人监护)》(李国玺),载《中国审判案例要览》(2013民:381)。③见《维护未成年人合法权益是处理监护权纠纷的一项重要原则》(韩玫,最高院民一庭),载《民事审判指导与参考·指导性案例》(201001/41:227)。④江苏扬州中院(2010)扬少民终字第0005号“蔡玉洁与蔡长斌返还赔偿款纠纷上诉案”,见《未成年人财产权的优先保护》(王小川),载《人民司法·案例》(201020:12)。⑤浙江慈溪法院(2009)甬慈民初字第98号“宋某与陈某等财产分割纠纷案”,见《宋宇杰诉宋长富、陈珍女财产分割纠纷案》(徐冬云、杨群芳),载《人民法院案例选》(201002/72:134)。⑥江西兴国法院(2008)兴民再初字第2号“张某等诉谢某等人身损害赔偿案”,见《血亲≠姻亲:离不掉的义务》(谢兼明),载《人民司法·案例》(200808:67)。⑦江苏无锡中院(2006)锡民一终字第0859号“夏某与包某等监护权纠纷上诉案”,见《夏英与包伯民、陈正华监护权纠纷案》(姚旭斌),载《人民法院案例选》(200703/61:118);另见《监护权冲突的选择》(姚旭斌),载《人民司法·案例》(200806:63)。⑧山东青岛四方区法院判决“张某诉范某子女监护权变更案”,见《张建华、范国强离婚后张建华以无法胜任对孩子的教育职责为由诉范国强变更子女监护权案》(青岛中院研究室),载《人民法院案例选》(2004年民事/48:31)。⑨四川雅安中院(2002)雅民终字第195号“张子诉张父等人身损害赔偿案”,见《张召军诉张光华等人身损害赔偿案(监护责任)》(罗国林),载《中国审判案例要览》(2003民:209)。⑩江苏南京中院2001年8月3日判决“某医院诉王某等无因管理案”,见《小市医院因在接生中过失伤害婴儿予以治疗后通知父母接回被拒诉王震等接回治愈的婴儿和给付必要费用案》(朱同福),载《人民法院案例选》(200303/45:143)。⑪河南西峡法院1999年9月10日“崔某与周某损害赔偿纠纷案”，见《崔伍瑞等诉残疾人崔天周失火损害赔偿责任应由同住的侄子崔小伟承担案》（苏晓伟），载《人民法院案例选》（200103/37：135）。

72. 监护侵权时责任认定

——孩子有责任，监护人承担？

【监护侵权】

【案情简介及争议焦点】

2004年，刘某与间歇性精神病人女友白某同居，并伪造结婚证，向白某父母称已与白某结婚。2007年，刘某与前妻所生女儿因与白某发生矛盾，被白某刺死，白某因作案时为发病期，无刑事责任能力。2009年，刘某诉请白某父母赔偿。

争议焦点：1. 白某是否存在监护责任？2. 刘某是否存在过错？

【裁判要点】

1. 白某父母未尽到监护责任。依相关法律及司法解释规定：不能完全辨认自己行为的精神病人是限制民事行为能力人，可以进行与他的精神健康状况相适应的民事活动；其他民事活动由他的法定代理人代理，或者征得他的法定代理人的同意；监护人的职责包括：保护被监护人的身体健康，照顾被监护人的生活，管理和保护被监护人的财产，代理被监护人进行民事活动，对被监护人进行管理和教育，在被监护人合法权益受到侵害或者与人发生争议时，代理其进行诉讼。本案中，白某父母作为白某监护人应承担监护责任。在被监护人因侵权行为给他人造成损失情况下，关于监护人责任，我国法律有明确规定。由于本案发生在《侵权责任法》实施之前，限制民事行为能力人造成他人损害，责任依据应是《民法通则》第133条规定：“无民事行为能力人、限制民事行为能力人造成他人损害的，由监护人承担民事责任。监护人尽了监护责任的，可以适当减轻他的民事责任。”廖某和白某在明知女儿属限制民事行为能力人情况下，放任其与他人同居生活，且对其进行结婚这样明显与其行为能力不符的行为不加以干预，属于未尽到监护责任。

2. 刘某侵害监护权存在过错。刘某明知白某是限制民事行为能力的精神病人而与之同居，在白某父母一再要求二人结婚情况下，伪造结婚证欺骗白某父母，使之误以为白某已与刘某结婚，刘某作为白某配偶是其第一顺序监护人，从而放弃了对白某监护。刘某行为实际上侵害了白某父母对女儿监护权。刘某作为完全行为能力人,自其诱使限制民事行为能力人白某脱离法定监护人监护时起,即应负起保护白某不受来自他人不法侵害和不为侵害他人合法权益行为的责任。考虑到受害人未成年,刘某作为监护人放任其与白某共同生活,未尽到对女儿监护责任,故应减轻白某法定监护人责任。判决部分支持刘某诉请。

【裁判依据或参考】

1. 法律规定。《民法典》(2021 年 1 月 1 日)第 34 条:"监护人的职责是代理被监护人实施民事法律行为,保护被监护人的人身权利、财产权利以及其他合法权益等。监护人依法履行监护职责产生的权利,受法律保护。监护人不履行监护职责或者侵害被监护人合法权益的,应当承担法律责任。因发生突发事件等紧急情况,监护人暂时无法履行监护职责,被监护人的生活处于无人照料状态的,被监护人住所地的居民委员会、村民委员会或者民政部门应当为被监护人安排必要的临时生活照料措施。"第 163 条:"代理包括委托代理和法定代理。委托代理人按照被代理人的委托行使代理权。法定代理人依照法律的规定行使代理权。"第 164 条:"代理人不履行或者不完全履行职责,造成被代理人损害的,应当承担民事责任。代理人和相对人恶意串通,损害被代理人合法权益的,代理人和相对人应当承担连带责任。"第 190 条:"无民事行为能力人或者限制民事行为能力人对其法定代理人的请求权的诉讼时效期间,自该法定代理终止之日起计算。"第 1068 条:"父母有教育、保护未成年子女的权利和义务。未成年子女造成他人损害的,父母应当依法承担民事责任。"第 1188 条:"无民事行为能力人、限制民事行为能力人造成他人损害的,由监护人承担侵权责任。监护人尽到监护职责的,可以减轻其侵权责任。有财产的无民事行为能力人、限制民事行为能力人造成他人损害的,从本人财产中支付赔偿费用;不足部分,由监护人赔偿。"第 1189 条:"无民事行为能力人、限制民事行为能力人造成他人损害,监护人将监护职责委托给他人的,监护人应当承担侵权责任;受托人有过错的,承担相应的责任。"第 1199 条:"无民事行为能力人在幼儿园、学校或者其他教育机构学习、生活期间受到人身损害的,幼儿园、学校或者其他教育机构应当承担侵权责任;但是,能够证明尽到教育、管理职责的,不承担侵权责任。"第 1200 条:"限制民事行为能力人在学校或者其他教育机构学习、生活期间受到人身损害,学校或者其他教育机构未尽到教育、管理职责的,应当承担侵权责任。"第 1201 条:"无民事行为能力人或者限制民事行为能力人在幼儿园、学校或者其他教育机构学习、生活期间,受到幼儿园、学校或者其他教育机构以外的第三人人身损害的,由第三人承担侵权责任;幼儿园、学校或者其他教育机构未尽到管理职责的,承担相应的补充责任。幼儿园、学校或者其他教育机构承担补充责任后,可以向第三人追偿。”

2. 最高人民法院司法解释及其他司法性文件/解读文章。最高人民法院吴晓芳法官**《关于婚姻家庭纠纷审理热点难点问答》**〔载《民事法律文件解读》2011年第11辑(总第83辑)〕第30条:“甲某几年前与妻子乙某离婚,离婚时协议儿子丙某由妻子直接抚养,生活费、教育费则由甲某负担。丙某在与同学玩耍时将同学胳膊扭伤,经住院治疗花去医疗费、药费等近万元。但乙某无力赔偿,同学的父母向丙某的父亲甲某要求赔偿,但甲某以丙某未与自己共同生活为由拒绝赔偿,甲某的理由成立吗?答:《最高人民法院关于贯彻执行〈中华人民共和国民法通则〉若干问题的意见(试行)》第158条规定:‘夫妻离婚后,未成年子女侵害他人权益的,同该子女共同生活的一方应当承担民事责任;如果独立承担民事责任确有困难的,可以责令未与该子女共同生活的一方共同承担民事责任。’由此可见,丙某虽是同母亲乙某共同生活,但其与甲某的父子关系并未因甲某与乙某夫妻关系的解除而消除。丙某将同学扭伤应予赔偿,在乙某无力赔偿时,甲某应承担相应的赔偿责任,甲某以丙某未与自己共同生活为由拒绝赔偿的理由不能成立。”最高人民法院**《关于未成年的侵权人死亡其父母作为监护人能否成为诉讼主体的复函》**(1990年1月20日 〔1989〕民他字第41号):“……经研究认为,未成年人阿拉腾乌拉携带其父额尔登巴图藏在家中的炸药到那木斯来家玩耍,将炸药引爆,炸毁那木斯来家房屋顶棚及部分家具。那木斯来以额尔登巴图为被告要求赔偿损失,人民法院应依法受理,并依据《民法通则》及《婚姻法》的有关规定妥善处理。”

3. 地方司法性文件。江西高院**《关于审理人身侵权赔偿案件指导意见(试行)》**(2017年9月1日)第3条:“无民事行为能力、限制民事行为能力的侵权人造成他人损害,侵权人及其监护人为共同被告。(1)无民事行为能力人、限制民事行为能力人的父母离异或者未办理结婚登记,不影响双方对外承担赔偿责任。未承担直接抚养的父、母的监护责任不因离异或者未办理结婚登记而免除,如承担直接监护义务的一方独立承担赔偿责任确有困难的,另一方应当承担共同赔偿责任,但另一方被依法撤销监护权的除外。无民事行为能力人、限制民事行为能力人的父母因无婚姻登记,导致原告不能查明侵权人生母或者生父一方的,由已知的生母或者生父一方承担举证责任;(2)未成年人造成他人损害,被起诉时已经成年,但没有独立可支付赔偿财产的,原监护人应当承担赔偿责任。”江苏常州天宁区法院**《家事案件诉讼指南》**(2015年1月)第7条:“[不得损害未成年子女的合法权益]人民法院审理家事案件贯彻有限处分原则。涉及家事案件中的当事人不得损害未成年子女的合法权益。”浙江宁波中院**《关于审理涉未成年人民事案件中适用社会观护制度的若干规定(试行)》**(2013年12月1日)第15条:“监护人不适宜作为法定代理人代理被监护的未成年人参加诉讼的情形主要有:(一)监护人与未成年人作为案件双方当事人的赠与合同等合同纠纷案件;(二)监护人侵权致未成年人受害的侵权纠纷案件;(三)监护人与未成年人为案件双方当事人的继承或遗赠纠纷案件,以及监护人与未成年人虽为同一方当事人,但监护人代理未成年人作放弃或部分放弃继承的表示的继承或遗赠纠纷案件;(四)监护人与未成年人为案件双方当事人的共有权纠纷案件,以及监护人与未成年人虽为同一方当事人,但监护人代理未成年人作放弃或部分放弃共有权的表示的共有权纠纷案件。”山东高院《**关于审理人身损害赔偿案件若干问题的意见**》(2001 年 2 月 22 日)第 44 条:“无民事行为能力和限制民事行为能力的人致人损害,应以侵害人及其监护人为被告,并由其监护人作为法定代理人代为诉讼。在确定民事责任时,如果监护人尽了监护义务的,可以适当减轻他的民事责任;在执行时,侵害人有财产的,应先以个人的财产支付赔偿费用,个人无财产的或财产不足以支付赔偿费用的,由其监护人承担民事赔偿责任。”第 45 条:“夫妻离婚后,未成年子女侵害他人权益的,应以抚养该子女或同该子女共同生活的一方为被告承担赔偿责任;如果独立承担民事责任确有困难的,可以根据当事人的申请或依职权通知未与未成年子女共同生活的一方参加诉讼,共同承担赔偿责任。”第 46 条:“在幼儿园、学校生活、学习的无民事行为能力人、限制民事行为能力人或在精神病院治疗的精神病人,在学习、生活期间受到损害或给他人造成损害,单位有过错的,应以侵害人和单位为共同被告,并由这些单位承担相应的赔偿责任。”第 47 条:“监护人将无民事行为能力和限制民事行为能力的人委托他人看护期间致人损害的,应由监护人承担民事赔偿责任;受托人确有过错的,应依其过错程度,承担相应的民事责任。”第 48 条:“侵害人致人损害时年满十八周岁的,应当由本人承担民事责任;本人没有经济收入或财产,可以以抚养人为第三人,由抚养人承担垫付责任;垫付有困难的,可以判决或调解侵害人延期给付。已独立生活的成年人致人损害,无论个人是否具有经济收入或财产,均应由本人独立承担民事责任,不应以抚养人为第三人。”第 49 条:“侵害人在造成他人损害时不满十八周岁,在诉讼时已满十八周岁,如其无经济赔偿能力,应以侵害人为被告,原监护人为第三人,并承担民事责任。”

【参考类案】

(1)侵权赔偿。①2014 年**浙江某生命权纠纷案**,2012 年,年逾 80 的宗某及其患有精神病的妻子武某共同伤害吴某致死。2013 年,宗某病亡。吴某配偶梅某诉请宗某子女赔偿。法院认为:武某系精神病人,案发时系无民事行为能力人,依《侵权责任法》第 32 条规定,其造成的损害应由监护人承担侵权责任。依最高人民法院《关于贯彻执行〈中华人民共和国民法通则〉若干问题的意见(试行)》第 159 条规定:“被监护人造成他人损害的,有明确的监护人时,由监护人承担民事责任;监护人不明确的,由顺序在前的有监护能力的人承担民事责任。”本案武某侵害吴某前,关于武某监护人问题并无明确约定、指定或经过裁决,应视为当时武某监护人并不明确。认定监护能力,应根据有监护资格的人的身体健康状况、经济条件,以及与被监护人在生活上的联系状况等因素确定。武某出现精神异常时,当时宗某已年逾80,自身年迈体弱,对小其12岁的患有精神疾病的武某监护,实为力所不及。此从宗某不能劝服武某服药、村民反映武某滋扰行为而宗某难以有效约束、宗某在公安机关供述,以及武某与吴某发生纠纷后宗某不仅难以制止反而共同侵害吴某、公安局因宗某患有严重疾病而变更强制措施为监视居住等事实中可得到印证,且精神疾病需住院或长期服药治疗,而宗某本身并无足以负担该支出的经济能力,故宗某虽与武某共同生活,但因年龄、健康状况及经济能力所限,难以承担监护职责。而宗某子女正值壮年,与武某同村居住,平日亦有来往和照料,经济能力与宗某相比亦有优势,故应认定宗某子女为顺序在前的有监护能力的人,应对武某造成的损失承担赔偿责任。本案中查明武某有财产,赔偿费用应首先从武某财产中支付,不足部分,再由宗某子女赔偿。判决宗某子女赔偿梅某25万余元,该款先从武某个人财产中支付,不足部分,由宗某子女共同赔偿,宗某子女各自在对其父亲宗某遗产继承范围内,对上述债务承担连带赔偿责任。

②2013年**某损害赔偿纠纷案**,张某再婚不到半年,10岁儿子玩弹弓将同学眼睛打伤,张某妻子李某应否承担责任?处理意见:依法律规定,父母有保护和教育未成年子女的权利和义务。在未成年子女对国家、集体或他人造成损害时,父母有承担民事责任的义务;继父或继母和受其抚养教育的继子女间的权利和义务,适用对父母子女关系的有关规定。本案中,李某与张某之子并未形成抚养教育关系,故李某不应承担民事赔偿责任。

③2010年**某损害赔偿纠纷案**,1988年,王某诞一女婴,张某父以家属身份与医院签署协议,约定医院因医疗过错补偿王某2000元,确认放弃对女婴治疗。后医院将该女婴送他人抚养。2005年,王某与丈夫张某得知真相后,诉请医院精神损害赔偿。法院认为:父母是未成年子女法定监护人,对未成年子女有抚养教育权利和义务。任何人非法使未成年人脱离监护人,导致亲子关系遭受严重损害的,应承担民事责任。对受害人以擅自送养人为被告提起损失的,应将案由定为侵犯监护权纠纷案,受害人请求赔偿精神损害的,法院应予支持。本案中,王某之女出生后,医院未将王某之女病情如实告知王某、张某,而是与案外人签订协议,约定隐瞒王某之女未死亡事实,且未经王某、张某同意,将王某之女交给他人抚养。医院上述行为侵犯了王某、张某对其女保护抚养权利,依法应承担侵权责任。张某父作为王某、张某近亲属应承担主要责任,医院应承担次要责任。医院将王某之女送给他人,致王某之女脱离父母监护,侵权状态一直持续,故王某、张某16年后起诉,未超

过诉讼时效。法院酌定精神损害赔偿数额为15万元,鉴于王某、张某放弃对张某父诉请,判决由医院支付王某、张某精神损害抚慰金6万元。

④2009年**上海某人身损害赔偿纠纷案**,2007年,12岁的中学生曹某校内打篮球过程中,因与13岁的同学袁某、马某发生碰撞而受伤。袁某父母已离婚,父母离婚后袁某随祖父生活,其父亲无法联系。法院认为:未成年人造成他人损害的,由其监护人承担民事责任。父母离异的,同该子女共同生活的一方承担。独立承担确有困难的,未与该子女共同生活的父母一方共同承担。该子女有财产的,应由其自行支付,不足部分由监护人赔偿。本案中,袁某、马某均系限制民事行为能力人,且无个人财产,侵权责任应由监护人承担。因与袁某共同生活的父亲无法联系,由其父承担民事责任客观上存在困难,故袁某应承担的侵权赔偿责任应由其母亲与父亲共同承担。判决袁某父母共同支付曹某7700余元,马某父母共同支付曹某4600余元。

⑤2006年**河南某人身损害赔偿纠纷案**,2004年,封闭式管理的托儿中心负责接送的小学一年级学生睢某在小学放学排队时不慎跌倒在校门口,导致排在后面的同学王某被睢某绊倒,摔致9级伤残。法院认为:王某和睢某均系不满14周岁的无民事行为能力人,作为教育教学机构的小学对他们不仅负有教书育人责任,同时有义务保证他们的人身不受伤害。王某在离开学校之前身体受到伤害,可认定为小学在管理中存有疏漏,未尽到自己安全注意义务,因此应承担与其过错相适应的赔偿责任。王某等人的父母和托儿中心约定由托儿中心对受托学生进行封闭式管理,王某的监护人就和托儿中心之间形成了委托监护关系。通过这种委托关系,王某父母将本应由其承担的部分监护责任在一定时段转移给了托儿中心。托儿中心作为王某临时监护人,负有保护王某人身、财产和其他合法权益的责任和义务,确保王某人身不受侵害。因托儿中心未尽充分保护义务,造成王某身体受到伤害,属于监护管理不力,亦应承担相应过错赔偿责任。

⑥2000年**新疆某人身损害赔偿纠纷案**,1999年,精神病人于某脱离监护,致伤邢某。邢某诉请于某监护人赔偿。法院认为:《民法通则》第133条规定:"无民事行为能力人、限制民事行为能力人造成他人损害的,由监护人承担民事责任。监护人尽了监护责任的,可以适当减轻他的民事责任。"认定监护人是否尽到监护责任,应从客观和主观两个方面判断,既要看被监护人侵害行为在何种情况下实施,又要看监护人是否存在疏忽问题和其监护能力能否有效防止该种侵害发生。本案中,于某在发病期间,因其监护人未尽到应有的监护职责,致使于某对邢某造成人身伤害,理应由于某监护人承担民事赔偿责任。判决于某监护人赔偿邢某5万余元。

⑦1999年**江西某侵权纠纷案**,1997年,患精神病经治疗康复1年后的蔡某与曾某登记结婚。1999年,蔡某病发,将睡觉的妻子砸死。经鉴定,蔡某无刑事责任

能力。法院认为：曾某与蔡某婚后本应依法成为蔡某第一顺序监护人。然二人相识起，蔡某精神正常，曾某不知道亦不可能从与蔡某交往中知晓其为间歇性精神病人。蔡某父作为蔡某婚前监护人，本应在蔡某成婚后将病情告之曾某，使之尽起监护责任，但其却未履行职责，其原所承担的监护责任并不能在蔡某婚后转移给配偶。限制民事行为能力人在婚姻关系存续期间因精神病发作致配偶死亡的，有过错的原监护人应承担民事赔偿责任，故蔡某父应对曾某死亡后果承担相应民事赔偿责任。因蔡某父已尽监护责任，蔡某一年多来精神正常，突发精神病造成损害后果其无法预料，亦无法控制，故依法可适当减轻其民事责任。曾某损失2.5万元由蔡某父承担70%，受害人生前财物中折价返还1140元给蔡某。

(2)委托照看。①2013年**江苏某人身损害赔偿纠纷案**，2011年，邵某8岁孩子由邵某兄带去家玩，因玩瑜伽球，孩子摔致重伤，遂诉请邵某兄赔偿96万余元。法院认为：父母作为孩子法定监护人，依法对孩子负有监护职责，只要监护人身份不变，监护资格未丧失，监护职责即始终存在。本案中，邵某将孩子交给邵某兄带回家，邵某对孩子的监护职责并未发生转移或改变，邵某仍是孩子法定监护人。邵某兄将孩子带回家后，对孩子亦具有一定的临时看护管理职责。孩子在玩耍过程中受伤，邵某兄存在一定的看护过失，应承担相应责任。孩子作为八岁孩童，对危险已有一定辨识能力，其到伯父家中玩耍是经过父母同意的，且损害发生主要是由于孩子在玩耍瑜伽球过程中发生意外造成，故对基于亲情和好意而临时看护孩子的邵某兄而言，其对危害后果发生不存在主观上故意或重大明显过失，故不宜对其苛加过重责任。综合全案事实，判决邵某兄承担孩子伤害损失的40%即17万余元。

②2012年**江苏某人身损害赔偿纠纷案**，2011年，杨某带5岁的邵某坐姜某车辆至湖边，与葛某等3人一起换乘罗某快艇至湖中看挖沙船，葛某等4人留邵某一人在快艇期间，邵某溺亡。后杨某赔偿邵某父母20万元取得谅解，被判过失致人死亡罪，免于刑事处罚。2012年，邵某父母诉请葛某等3人及姜某赔偿。法院认为：未成年人因受其年龄、知识、阅历限制，认知能力和行为能力欠缺，往往对事物缺乏正确认识和判断，对影响其安全的环境或因素缺乏应有考量和危机意识。相对来说，同环境中的成年人无论是对危险判断和掌控能力均较高，即使对未成年人无约定的看护义务，亦应对未成年人尽到合理且必要的提醒、防护、制止等安全保护义务。若成年人未尽到相应的未成年人保护义务，则应承担与其过错程度相当的赔偿责任。本案中，杨某经邵某家长同意，将邵某带走，双方形成委托关系，杨某负有照看邵某义务。杨某将邵某带至湖中，乘坐罗某驾驶的快艇到采砂船边，杨某将邵某独自留在快艇中，导致邵某死亡，杨某违反了照看义务，被追究刑事责任，其应承担相应责任。罗某作为快艇所有权人，未依法取得驾驶资质，在将杨某、邵某等运至湖中时，未采取安全防护措施，未让乘艇人穿救生衣，在无安全防护措施情

况下离开快艇,对邵某死亡具有过错,应承担相应责任。姜某对邵某死亡无法预见、无法控制,且未受托照看死者邵某,其对邵某死亡没有过错,不应承担责任。《未成年人保护法》第6条规定:"保护未成年人,是国家机关、武装力量、政党、社会团体、企业事业组织、城乡基层群众性自治组织、未成年人的监护人和其他成年公民的共同责任。"葛某等与杨某一同登上快艇,对邵某未尽到照看、防护义务,具有一定过错,应承担一定责任。判决罗某赔偿5万元、葛某等3人各赔偿2万元。

③2011年**北京某侵权纠纷案**,2009年,李某三岁儿子在姥爷家玩耍时,从12楼因意外坠亡。随后,李某与妻子离婚,并诉请原岳父张某赔偿孩子死亡赔偿金、丧葬费、精神损害抚慰金等费用。法院认为:本案张某为保护孩子已将家中窗户安装护栏,作为家庭保护措施,此为大多数家庭所未采取的特殊保护措施,故应认为,从日常生活角度而言,张某采取的措施已相当严密。孩子父母将孩子长期放在张某家中看护,显然亦是对此种措施的认可,对张某的信任。孩子在张某午休期间发生事故,是一个谁都无法想到的意外,张某没有主观过错,故李某主张对方应承担侵权责任,依据不足。孩子坠亡不幸事件给双方均带来巨大心灵痛苦,但李某作为孩子父亲,此不幸事件给其造成的精神痛苦及相关损失,更非常言所能表达,故考虑本案案情,综合考虑各方情况,判决张某补偿李某1万元。

④2010年**某监护纠纷案**,张某服役期间,委托父母照顾孩子。孩子母亲李某曾向法院起诉离婚,被驳回后,张某父母不准李某看望孩子,李某诉请判令孩子由其监护。法院认为:从《民法通则》相关规定看,未成年人父母是未成年人法定监护人,只有在父母死亡或无监护能力情况下,才可由其他人担任监护人。父母对未成年子女监护权是第一位的,除非父母死亡、没有监护能力或侵害未成年人合法权益被法院取消监护权,其他任何人无权限制或剥夺父母对未成年人监护权。虽然监护人可将监护职责部分或全部委托他人,但当这种基于委托而行使的监护权与未成年子女父母所享有法定监护权发生冲突时,法律首先应保护未成年父母监护权。本案中,因张某在部队服役,不具备履行日常监护职责的客观条件,其有权委托第三人来履行监护职责,但李某作为孩子母亲,系法定监护人,其具有监护能力,又有亲自监护孩子要求,监护权应由李某来行使。判决孩子由李某监护。

⑤2008年**江苏某监护纠纷案**,2007年,吴某夫妇就其子工伤死亡赔偿款32万元与媳妇许某约定,其中13万元属孙子章某,作为抚养费,该份额暂由吴某保管,视章某生活环境而定,若许某两年内未改嫁,按每年1万支付该款。许某主张章某已随自己生活,且吴某将原存章某名下的赔偿款改存为自己名字,故起诉要求该赔偿款由自己管理。法院认为:许某作为章某母亲,作为法定监护人,当然享有对未成年子女章某财产进行管理的权利。许某与吴某虽以协议形式约定了章某财产暂由吴某保管,但此种约定法律性质上属许某暂时将对章某财产管理权委托给吴某。

许某作为委托人，有权随时终止委托关系而无须征得吴某同意。协议约定章某财产暂由吴某保管，视章某生活环境而定，现章某随许某生活，而吴某并不配合许某对章某财产进行管理，擅自将章某存折改为自己名字。根据章某日常生活、学习需要，章某财产由吴某保管对章某健康成长并无益处，故本案吴某应将章某所有财产交由许某管理。

⑥2008 年**云南某人身损害赔偿纠纷案**，2007 年，范某雇请 11 岁的王某照顾其子。王某外出玩耍不慎摔倒致子亡。法院认为：范某作为其子法定监护人，依法应履行好保护被监护人身体健康、照顾被监护人生活等职责，但其疏于履职，违反《未成年人保护法》，雇请未成年人，足以说明其对将子交予未成年人照顾所存在危险缺乏基本注意，应认定其对子女监护存在重大过失，应承担 80% 责任。王某法定监护人本应依法保证王某按时入学接受并完成义务教育，却不履行法定义务，让王某辍学外出打工，从事与其年龄不相适应的工作，亦是导致本案悲剧发生原因之一，依法应承担相应法律责任。判决王某监护人赔偿原告损失 20% 即 1.1 万余元。

⑦2003 年**福建某人身损害赔偿纠纷案**，2000 年 6 月，黄某父母与汪某约定，将黄某委托汪某寄宿看护，每月 300 元。同时被汪某照料的还有其他 4 个小孩。2002 年 3 月，回家过完年的黄某被父母送托儿所后不久，未参加计划免疫的黄某患上乙脑，经鉴定为 3 级伤残。法院认为：黄某在汪某看护期间虽感染乙脑病毒，引发乙脑疾病，但黄某发病系感染乙脑病毒所致，人感染上该病毒是否发病主要取决于自身免疫力，该免疫力来自先天和后天，后天免疫力与接种乙脑疫苗有直接关系。若黄某父母能严格按规定让黄某参加计划免疫，可能会增强黄某免疫力。汪某在黄某发病时，及时将黄某送医院，已尽到看护人管理、照料义务，黄某未举证证明汪某看护过程中存在过错，故黄某要求汪某支付相关赔偿款，不予支持。考虑到黄某系在汪某看护期间感染乙脑病毒，且汪某看护行为是有偿行为，基于公平原则，判决汪某给付黄某 8000 元。

⑧2001 年**浙江某人身损害赔偿纠纷案**，2001 年，钱某带 4 岁张某在董某家串门，张某在与小朋友玩捉迷藏时落入董某家后院未封闭水井溺亡。法院认为：《民法通则》第 125 条关于“在公共场所、道旁或者通道上挖坑、修缮安装地下设施等，没有设置明显标志和采取安全措施造成他人损害的，施工人应当承担民事赔偿责任”的规定，是一种特殊侵权损害赔偿责任，条文明确规定了特定侵权场所。本案中，受害人张某受害场所是在董某院落内，并非在公共场所、道旁或通道上，故不应适用上述规定。董某虽在自家院落内开挖水井，但因董某院落为半封闭式，董某应注意到他人有可能进入，应在水井旁设置一定标志或防护设施。由于董某疏忽大意，未尽注意义务，对张某之死亡结果有一定因果关系，应承担相应民事赔偿责任。钱某携带未满 4 周岁的张某去董某家，理应承担看管、保护张某人身安全义务，而

钱某未尽看管、保护义务,任张某与他人玩耍,致张某在玩捉迷藏游戏中跌入董某家水井致死,故钱某对张某之死主观上有过错,其行为与损害结果发生有因果关系,应承担主要民事赔偿责任。张某父母未尽监护职责,同意将年幼儿子交由他人,未明确告知监护职责转移,致其子长时间脱离其监护,对其子死亡亦有一定责任。判决原告损失由董某赔偿30%,钱某赔偿50%。

(3)财产管理。①2015年**浙江某抵押合同纠纷案**,2001年,郭某父以其与7岁儿子郭某共同所有的房产为船舶公司向银行贷款提供最高额抵押担保并办理抵押登记。2014年,郭某诉请确认抵押合同无效。法院认为:依《民法通则》第18条规定,监护人以未成年人名下房产设定担保所签订的抵押合同必须具备为未成年人利益这一前提条件。案涉财产属郭某父子共同所有,因签订合同时郭某未成年,郭某父作为法定监护人有权代郭某履行民事法律行为,但不得损害郭某利益。现郭某父将涉案房产为他人借款设定抵押行为增加了郭某财产被处置风险,损害了未成年人郭某利益,违反法律强制性规定,其行为应为无权处分行为。涉案最高额抵押合同应为效力待定合同,但因郭某已成年,其对父亲无权处分行为未予追认,故应认定郭某父与银行所签抵押合同无效。涉案房屋产权证上明确载明郭某系共同共有人,银行对郭某父无权处分行为事实理应知晓。银行作为专业的金融放贷机构,在办理涉未成年人房产抵押时应履行严格的注意义务,但其并未履行相应义务,存在过失,非善意第三人,其关于基于善意取得涉案房屋抵押权的主张,不予支持。判决确认郭某父与银行所签抵押合同无效。

②2010年**上海某遗赠扶养协议纠纷案**,2009年,张某妹被宣告为无民事行为能力人,张某被指定为监护人。因监护纠纷,张某与张某兄均不愿担任监护人,法庭上一致表示放弃对张某妹遗产继承权,由自愿担任监护人的张某子即黄某继承。2010年,张某妹死亡。张某兄起诉张某,要求继承张某妹名下房产。黄某作为有独立请求权第三人参与诉讼。法院认为:继承开始后,按法定继承办理;有遗嘱的,按遗嘱继承或遗赠办理;有遗赠扶养协议的,按协议办理。本案中,被继承人系无民事行为能力人,其父母和丈夫早已死亡,又无子女,张某兄、张某作为其成年兄弟姐妹,系法定监护人,且必然成为张某妹遗产的第二顺序法定继承人,但法律并未规定成年兄弟姐妹之间有相互扶养义务,故张某兄、张某将张某妹交由黄某监护及扶养,并同意由黄某继承遗产行为并不违反法律规定。张某兄、张某在庭审中作出了上述意思表示,黄某予以同意,各方当事人在庭审笔录上均签字确认,可认定张某兄、张某作为监护人,为被监护人利益而代表被监护人与黄某签订了遗赠扶养协议,该协议符合法律规定,依法成立并生效。遗赠扶养协议与遗赠属不同法律关系,不适用两个月内作出接受或放弃受遗赠意思表示的法律规定。黄某履行了遗赠扶养协议中约定的对被继承人张某妹的扶养义务,应取得对张某妹所有遗产继

承权。判决诉争房屋产权归第三人黄某所有。

③2008年**北京某租赁合同纠纷案**,2006年,杨父与王某签约,将被监护人杨子名下房屋出租给王某经营。2007年,杨子与拆迁人签约获得补偿后,王某起诉杨父、杨子主张停产停业等损失。法院认为:杨父作为监护人对被监护人杨子财产具有管理的权利和义务,故其以自己名义出租被监护人财产并无不妥,在诉讼中亦可作为当事人。杨父作为未成年人杨子监护人和法定代理人,应将以杨子名义取得的拆迁补偿款中停产停业损失等费用依承租合同约定给付给王某。

④2008年**上海某财产纠纷案**,2004年,谢某在父母协议离婚后由父亲抚养,后因父亲管教方式粗暴,14岁的谢某便随母亲生活。依当时谢某父母所签离婚协议,谢某与父亲居住的房屋1/3产权属于谢某。2005年,谢某父将价值150万元的房屋抵押,贷款30万元。谢某母作为谢某法定代理人起诉要求分割1/3价值共计50万元。法院认为:谢某虽由母亲直接抚养且共同生活,但并不影响谢某父亲与谢某之间监护关系,故谢某财产处于双重监护之下。谢某请求随时分割与父亲共有财产权利以及谢某母亲作为谢某法定代理人权利应有所限制。谢某父亲仅向银行抵押贷款30万元,完全是在其权利范围之内,目前财产关系状况并不影响谢某财产安全,即谢某财产权益不存在通过分割加以特别监护必要。本案事实未导致共有基础丧失或成为需要分割的重大理由,相反会造成分割后财产管理困难和流失危险。同时谢某对其不动产所有权是一般意义上财产权,同时也是对其居住权保障,又区别于一般财产权,故在直接抚养未成年人一方住房及经济条件并不困难,以及另一方经济不富裕,分割会造成其生活困难情况下,不应支持分割未成年人不动产共有权。判决驳回谢某诉请。

⑤2007年**浙江某买卖合同纠纷案**,2004年,施某口头与赵某妻达成协议,以60万元买下承租多年的赵家营业房,实际付款30万元后,依约定由赵某妻将该房抵押给银行贷款30万元支付给赵家,按揭贷款由施某分期付给银行。2007年,施某诉请赵某要求办过户,赵某以赵某妻无权处分、并侵犯未成年人即赵某子利益为由主张房屋买卖合同无效。法院认为:从赵某妻在银行抵押贷款到施某代赵某妻偿还该贷款,且施某已实际占有、使用诉争营业房多年,赵某妻未向施某提任何反对意见来看,赵某应当明知诉争营业房转让事实,以及从基本合理的转让费看,赵某妻与施某之间并无恶意串通损害他人利益行为。虽无证据证明直接为子女利益,但赵某妻因企业困难出让营业房,其企业经营状况好坏关乎抚养能力状态,也可说是间接为子女利益,且作为善意的施某无法知道赵某妻处分房产的真正目的。赵某妻作为赵某子法定代理人代理民事活动,符合表见代理有关规定。即使本案监护人损害了未成年子女利益,亦应由监护人承担责任。赵某妻与施某签约时身份特定,既为赵某之妻,又为赵某子法定代理人,故施某有理由相信赵某妻有代

理权,且施某对此是善意、无过失。诉争营业房已交付,房款已付清,且施某收到了房屋产权证、土地使用权证,判决确认案涉协议合法有效,应继续履行,办理过户手续。

【典型类案实务要点】

1.**【被诱使脱离监护的精神病人侵权,减轻监护人责任】**明知对方限制民事行为能力情况下,仍诱使其脱离监护而与之同居,由此产生侵权的,应减轻加害人监护人责任。

2.**【监护人不明确时,由顺序在前、有监护能力人担责】**被监护人造成他人损害,应由其监护人承担责任;监护人不明确的,由顺序在前的有监护能力的人承担民事责任。

3.**【非监护人非法将未成年子女擅自送养,侵害监护权】**非法使未成年人脱离监护人,导致亲子关系遭受严重损害的,应认定侵犯监护权,侵权人应赔偿精神损害抚慰金。

4.**【未成年人侵权,其监护人应作为共同被告承担责任】**未成年人侵权造成他人损害,其父母离异的,同该子女共同生活的一方承担确有困难的,未与该子女共同生活的父母一方应共同承担。

5.**【小学生校园放学排队时受伤,学校应相应过错赔偿】**监护人依法将监护职责委托他人行使,被监护人人身受到伤害的,临时监护人应就其过错承担相应损害赔偿责任。

6.**【精神病人脱离监护,造成人身损害,监护人应赔偿】**因监护人疏忽而使被监护无民事行为能力人造成他人损害,应认定监护人未认真履行监护职责,不能减轻监护人责任。

7.**【精神病人婚后杀死配偶,原监护人应相应过错赔偿】**限制民事行为能力人在婚姻关系存续期间,因精神病发作致配偶死亡的,有过错的原监护人应承担民事赔偿责任。

8.**【儿子伤人,未形成抚养关系的继母不承担赔偿责任】**未成年子女侵权致人损害,未与该未成年子女形成抚养关系的继父母,依法不应承担赔偿责任。

9.**【成年人对未成年人未尽保护义务,应相应损害赔偿】**在特定情形下,成年人即使对未成年人没有法定的监护义务和约定的看护义务,亦应对未成年人尽到合理且必要的提醒、防护、制止等安全保护义务,否则应承担与其过错程度相当的赔偿责任。

10.**【被监护人意外死亡的,临时受托监护人应适当补偿】**法定监护人以外的其他临时受托监护人在看护过程中,因意外事件导致被监护人死亡的,可由临时受托监护人适当补偿法定监护人损失。

11.【**父母一方的法定监护权,应优先于他人受托监护权**】他人受夫妻一方委托对未成年人行使监护权而与夫妻另一方监护权发生冲突时,父母的监护权优先于委托监护权。

12.【**未成年人法定监护人,有权随时终止委托监护关系**】委托监护本质上属委托合同范畴,法定监护人作为委托人当然享有对未成年子女财产进行管理的权利,其有权随时终止委托关系而无须征得被委托人同意。

13.【**未成年雇员致人损害,监护人与雇主相应过错赔偿**】看护人已尽到对未成年人的管理、照料义务,对未成年人感染病毒无过错的,不承担责任,但基于公平原则,应分担部分损失。

14.【**监护人以未成年人名下财产设置抵押,一般应无效**】监护人以未成年人名下房产设定担保所签订的抵押合同,因不具备为未成年人利益这一前提条件,应认定为无效。

15.【**无民事行为能力人的监护人,可代订遗赠扶养协议**】遗赠扶养协议本质是合同,应有条件地认可无民事行为能力人的监护人为被监护人利益而代为订立的遗赠扶养协议效力。

16.【**监护人以自己名义出租被监护人房产,应认定有效**】监护人对被监护人财产具有管理权利和义务,故其以自己名义出租被监护人房产并无不妥,在诉讼中亦可作为当事人。

17.【**父母离婚后,未成年人分割共有房,应有重大理由**】未成年人在父母离婚后要求分割其与监护人之一的共有财产时,应从对未成年人财产权特别保护角度出发,认定请求分割重大理由是否成立。

18.【**监护人为被监护人利益,可合理利用或处分其财产**】夫妻一方擅自处分夫妻共有房产,第三人可善意取得。监护人为被监护人利益,可合理利用或处分被监护人财产。

19.【**临时看护的成年亲属,对孩子受伤,亦应相应担责**】对未成年人负有临时看护职责的成年亲属因疏于看护,导致未成年人人身损害的,应承担相应的损失赔偿责任。

【类案裁判一般规则】

未成年子女造成他人损害的,父母应依法承担民事责任。无民事行为能力人、限制民事行为能力人造成他人损害的,由监护人承担侵权责任。监护人尽到监护职责的,可减轻其侵权责任。有财产的无民事行为能力人、限制民事行为能力人造成他人损害的,从本人财产中支付赔偿费用;不足部分,由监护人赔偿。

【典型参考案例索引】

主旨案例:见《被诱使脱离监护的限制民事行为能力人侵权,如何确定民事责任》(韩玫,最高院民一庭),载《民事审判指导与参考·指导性案例》(201101/45:118)。

其他案例:

(1)侵权赔偿。①浙江金华中院(2014)浙金民终字第365号"梅某与宗某等生命权纠纷案",见《宗美菊诉吴仙凤、宗云红、宗云田、宗云苏、宗云铨生命权纠纷案——监护能力的认定和被监护人发生侵权行为时监护人不明确情形下的法律责任承担问题》(楼俊),载《案例指导(浙江高院)》(2016~2017/8:178)。②见《未与未成年子女形成扶养关系的继父母不承担因未成年子女致人损害时的赔偿责任》(《民事审判指导与参考》研究组),载《民事审判指导与参考·民事审判信箱》(201301/53:242)。③见《因未成年子女被他人擅自送养引起的纠纷性质以及精神损害赔偿的适用》(李玉国,山东高院民一庭;王友祥,最高院民一庭),载《民事审判指导与参考·指导性案例》(201001/41:205)。④上海闸北区法院(2009)闸民(一)民重字第5号"曹某诉袁某等人身损害赔偿案",见《监护人法律地位的认定》(刘菲),载《人民司法·案例》(201012:24)。⑤河南安阳中院(2006)安民一终字第456号"王某诉睢某人身损害赔偿案",判决见《监护权转移后造成被监护人损害——临时监护人应当担责》(程永杰、孙红霞),载《人民法院报·案例指导》(20071116:05)。⑥新疆生产建设兵团农二师中院2000年8月16日"谭某与于某人身损害赔偿纠纷案",见《谭吟雪等诉于涛犯精神病脱离监护跑出造成人身损害赔偿案》(杨善明),载《人民法院案例选》(200101/35:87)。⑦江西龙南法院1999年7月30日"曾某等与蔡某侵权纠纷案",见《曾敬朋等诉蔡筱泉隐瞒婚前精神病史与其女结婚后精神病发作将其女杀死应由监护人蔡思义承担赔偿责任案》(钟巍、王细英),载《人民法院案例选》(200002/32:127)。

(2)委托照看。①江苏宿迁中院(2013)宿中民终字第0251号"邵某与蔡某等人身损害赔偿纠纷案",见《邵科然因看护管理责任诉邵军、蔡静人身损害赔偿纠纷案》,载《江苏省高级人民法院公报》(201401/31:51)。②江苏宿迁中院(2012)宿中民终字第1194号"许某与罗某等人身损害赔偿纠纷案",见《许春梅、邵以根诉罗士换等对未成年人未尽安全保护义务致人死亡人身损害赔偿案》,载《江苏省高级人民法院公报》(201301/25:48)。③北京一中院(2011)一中民终字第893号"李某与张某侵权纠纷案",见《李志坚诉张玉瑞生命权、健康权、身体权案》(张英周、吴海涛),载《中国审判案例要览》(2012民:273);另载《中国审判案例要览》(2011民:108)。④见《父母一方对未成年子女的监护权优先于因委托而行使的监护权》(《民事审判指导与参考》研究组),载《民事审判指导与参考·民事审判信箱》(201001/41:287)。⑤江苏宿迁中院(2008)宿中民一终字第0220号“许某诉吴某等监护权纠纷案”,见《许某诉吴某、章某监护权纠纷案》(陈加宽),载《人民法院案例选》(200803:79);另见《徐业香诉吴月珍等监护权案(未成年人财产管理监护权监督)》(陈加宽),载《中国审判案例要览》(2009民:463)。⑥云南罗平法院(2008)罗民初字第30号“范某诉王某等人身损害赔偿案”,见《未成年雇员致雇主损害的责任分担——范丽菊诉王改英、郑小飞人身损害赔偿案》(陈永福),载《人民法院案例选·月版》(200906/6:93)。⑦福建漳州中院(2003)漳民终字第426号“黄某诉汪某人身损害赔偿案”,见《黄志莹诉汪桂英人身损害赔偿案(公平责任)》(陈小熊),载《中国审判案例要览》(2004民:300)。⑧浙江嘉兴中院2001年8月3日“张某与董某等人身损害赔偿纠纷案”,见《张建松等诉董群英带其子去邻居家串门时其子在玩耍中跌入邻居在自家院落内新开挖的水井中死亡赔偿案》(浙江海盐法院沈荡法庭),载《人民法院案例选》(200203/41:147)。

(3)财产管理。①浙江舟山中院(2015)浙舟商终字第58号“郭超与中国建设银行股份有限公司舟山城关支行抵押合同纠纷案”,见《监护人以未成年人所有的财产设置抵押时的合同效力》(刘燕波、戎喆),载《人民司法·案例》(201608:65)。②上海二中院(2010)沪二中民一(民)终字第2498号“张道根与张琴娣等遗赠扶养协议纠纷上诉案”,见《监护人代为订立的遗赠扶养协议之效力》(姚卫民、尹灿),载《人民司法·案例》(201114:14)。③北京通州区法院(2008)通民初字第02430号“王某等诉杨某等租赁合同纠纷案”,见《监护人以自己名义出租被监护人财产的诉讼主体资格认定》(马辉),载《人民司法·案例》(200902:79)。④上海一中院(2008)沪一中民一(民)终字第861号“谢某诉谢某父财产纠纷案”,见《未成年人在父母离婚后请求分割共有财产的认定与处理》(鲁晓彦),载《人民司法·案例》(200818:69)。⑤浙江新昌法院(2007)新民一初字第797号“施某诉赵某等房屋买卖合同纠纷案”,见《施振星诉赵二誉等房屋买卖合同案(家事代理、被监护人利益)》(邹永明),载《中国审判案例要览》(2008民:294)。

73. 监护资格与撤销程序

——监护应撤销,程序怎进行?

【撤销监护】

【案情简介及争议焦点】

2014年,与王某离婚后,随女儿邵某生活的邵某父因强奸、猥亵邵某被判处有期徒刑11年,而王某离异后另组家庭,对邵某不闻不顾。邵某后由好心人张某收留并被法院指定为临时照料人。2015年,民政局申请撤销邵某父母监护权,要求指定民政局为邵某监护人。

争议焦点:1. 邵某父及王某监护权应否撤销? 2. 监护人能否由民政局担任?

【裁判要点】

1. 邵某父及王某监护权应撤销。父母系未成年人子女法定监护人,有保护被监护人身体健康、照顾被监护人生活、管理和保护被监护人财产等义务。当父母不履行监护职责或侵害被监护人合法权益时,法院可依有关单位和人员申请,撤销监护人资格,另行指定监护人。本案中,邵某父对女儿实施性侵害,并长期虐待、暴力伤害邵某,严重侵害被监护人权益,依最高人民法院、最高人民检察院、公安部、民政部《关于依法处理监护人侵害未成年人权益行为若干问题的意见》第35条第1项规定,为避免被监护人继续受到侵害,邵某父监护权应予撤销。王某长期未探望、照顾女儿,亦未承担抚养费用,对被监护人极度不负责任,亦间接导致其女儿长期受父亲虐待和伤害而不为人知,依前述规定,王某监护权亦应撤销。

2. 宜指定民政局为邵某监护人。邵某外祖父母年事已高,经济能力有限,且在邵某两周岁时即与其分离,多年未共同生活,缺乏感情沟通,且明确表示不同意抚养邵某。综合考量上述近亲属身体状况、经济条件、与邵某生活情感联系及本人意愿等因素,邵某外祖父母及其他近亲属均不宜作为邵某监护人。临时照料人张某虽与邵某长期生活,建立了一定感情基础,并要求承担监护责任,但考虑到其家庭经济条件一般,知识水平有限,家庭负担较重,独立履行监护责任存在困难,故张某亦不宜再作为邵某监护人。民政局作为履行社会保障职责的国家机构,不仅能为邵某今后生活提供经济保障,还能协调相关部门解决邵某教育、医疗、心理疏导等一系列问题。同时民政局当庭表示为了邵某生活稳定和情感抚慰,将在取得监护权后,通过家庭寄养、自愿助养等方式继续委托张某照料邵某生活。分析以上优势,从对未成年人特殊、优先保护原则和未成年人最大利益原则出发,由民政局取得邵某监护权,更有利于保护被监护人生存、受教育、医疗保障等权利,更有利于邵某身心健康,故判决撤销邵某父、王某对邵某监护权,指定民政局作为邵某监护人。

【裁判依据或参考】

1. 法律规定。《民法典》(2021年1月1日)第35条:“监护人应当按照最有利于被监护人的原则履行监护职责。监护人除为维护被监护人利益外,不得处分被监护人的财产。未成年人的监护人履行监护职责,在作出与被监护人利益有关的决定时，应当根据被监护人的年龄和智力状况，尊重被监护人的真实意愿。成年人的监护人履行监护职责，应当最大限度地尊重被监护人的真实意愿，保障并协助被监护人实施与其智力、精神健康状况相适应的民事法律行为。对被监护人有能力独立处理的事务，监护人不得干涉。”第 36 条：“监护人有下列情形之一的，人民法院根据有关个人或者组织的申请，撤销其监护人资格，安排必要的临时监护措施，并按照最有利于被监护人的原则依法指定监护人：（一）实施严重损害被监护人身心健康的行为；（二）怠于履行监护职责，或者无法履行监护职责且拒绝将监护职责部分或者全部委托给他人，导致被监护人处于危困状态；（三）实施严重侵害被监护人合法权益的其他行为。本条规定的有关个人、组织包括：其他依法具有监护资格的人，居民委员会、村民委员会、学校、医疗机构、妇女联合会、残疾人联合会、未成年人保护组织、依法设立的老年人组织、民政部门等。前款规定的个人和民政部门以外的组织未及时向人民法院申请撤销监护人资格的，民政部门应当向人民法院申请。”第 37 条：“依法负担被监护人抚养费、赡养费、扶养费的父母、子女、配偶等，被人民法院撤销监护人资格后，应当继续履行负担的义务。”第 38 条：“被监护人的父母或者子女被人民法院撤销监护人资格后，除对被监护人实施故意犯罪的外，确有悔改表现的，经其申请，人民法院可以在尊重被监护人真实意愿的前提下，视情况恢复其监护人资格，人民法院指定的监护人与被监护人的监护关系同时终止。”第 1096 条：“监护人送养孤儿的，应当征得有抚养义务的人同意。有抚养义务的人不同意送养、监护人不愿意继续履行监护职责的，应当依照本法第一编的规定另行确定监护人。”**《未成年人保护法（2020 年修订）》**（2021 年 6 月 1 日）第 92 条：“具有下列情形之一的，民政部门应当依法对未成年人进行临时监护：（一）未成年人流浪乞讨或者身份不明，暂时查找不到父母或者其他监护人；（二）监护人下落不明且无其他人可以担任监护人；（三）监护人因自身客观原因或者因发生自然灾害、事故灾难、公共卫生事件等突发事件不能履行监护职责，导致未成年人监护缺失；（四）监护人拒绝或者怠于履行监护职责，导致未成年人处于无人照料的状态；（五）监护人教唆、利用未成年人实施违法犯罪行为，未成年人需要被带离安置；（六）未成年人遭受监护人严重伤害或者面临人身安全威胁，需要被紧急安置；（七）法律规定的其他情形。”第 93 条：“对临时监护的未成年人，民政部门可以采取委托亲属抚养、家庭寄养等方式进行安置，也可以交由未成年人救助保护机构或者儿童福利机构进行收留、抚养。临时监护期间，经民政部门评估，监护人重新具备履行监护职责条件的，民政部门可以将未成年人送回监护人抚养。”第 94 条：“具有下列情形之一的，民政部门应当依法对未成年人进行长期监护：（一）查找不到未成年人的父母或者其他监护人；（二）监护人死亡或者被宣告死亡且无其他人可以担任监护人；（三）监护人丧失监护能力且无其他人可以担任监护人；（四）人民法院判决撤销监护人资格并指定由民政部门担任监护人；（五）法律规定的其他情形。”第95条：“民政部门进行收养评估后，可以依法将其长期监护的未成年人交由符合条件的申请人收养。收养关系成立后，民政部门与未成年人的监护关系终止。”第96条：“民政部门承担临时监护或者长期监护职责的，财政、教育、卫生健康、公安等部门应当根据各自职责予以配合。县级以上人民政府及其民政部门应当根据需要设立未成年人救助保护机构、儿童福利机构，负责收留、抚养由民政部门监护的未成年人。”第105条：“人民检察院通过行使检察权，对涉及未成年人的诉讼活动等依法进行监督。”第106条：“未成年人合法权益受到侵犯，相关组织和个人未代为提起诉讼的，人民检察院可以督促、支持其提起诉讼；涉及公共利益的，人民检察院有权提起公益诉讼。”第108条：“未成年人的父母或者其他监护人不依法履行监护职责或者严重侵犯被监护的未成年人合法权益的，人民法院可以根据有关人员或者单位的申请，依法作出人身安全保护令或者撤销监护人资格。被撤销监护人资格的父母或者其他监护人应当依法继续负担抚养费用。”第109条：“人民法院审理离婚、抚养、收养、监护、探望等案件涉及未成年人的，可以自行或者委托社会组织对未成年人的相关情况进行社会调查。”

2. 最高人民法院司法解释及其他司法性文件/解读文章。最高人民法院**《关于适用〈中华人民共和国民法典〉婚姻家庭编的解释（一）》**（2021年1月1日　法释〔2020〕22号）第62条：“无民事行为能力人的配偶有民法典第三十六条第一款规定行为，其他有监护资格的人可以要求撤销其监护资格，并依法指定新的监护人；变更后的监护人代理无民事行为能力一方提起离婚诉讼的，人民法院应予受理。”最高人民法院**《2015年全国民事审判工作会议纪要》**（2015年4月20日）第2条：“要加强对被监护人的保护力度，维护被监护人合法权益。监护人事实性侵害、出卖、遗弃、虐待、暴力伤害未成年人，或者有吸毒、赌博、长期酗酒等恶习，严重侵害或者影响被监护人合法权益的，人民法院可以根据有关人员或者单位的申请，撤销监护人的资格，另行指定监护人。依法负有赡养、抚养义务但被撤销监护资格的监护人，应当继续负担赡养、抚养费用。自监护资格被撤销之日起三个月至一年内，引发监护资格被撤销的事由消失的，当事人可以向人民法院书面申请恢复监护人资格。”最高人民法院、最高人民检察院、公安部、司法部**《印发〈关于依法办理家庭暴力犯罪案件的意见〉的通知》**（2015年3月2日　法发〔2015〕4号）第22条：“告知申请撤销施暴人的监护资格。人民法院、人民检察院、公安机关对于监护人实施家庭暴力，严重侵害被监护人合法权益的，在必要时可以告知被监护人及其他有监护资格的人员、单位，向人民法院提出申请，要求撤销监护人资格，依法另行指定监护人。”

3. 地方司法性文件。浙江宁波中院**《关于审理涉未成年人民事案件中适用社**

会观护制度的若干规定(试行)》(2013年12月1日)第15条:“监护人不适宜作为法定代理人代理被监护的未成年人参加诉讼的情形主要有:(一)监护人与未成年人作为案件双方当事人的赠与合同等合同纠纷案件;(二)监护人侵权致未成年人受害的侵权纠纷案件;(三)监护人与未成年人为案件双方当事人的继承或遗赠纠纷案件,以及监护人与未成年人虽为同一方当事人,但监护人代理未成年人作放弃或部分放弃继承的表示的继承或遗赠纠纷案件;(四)监护人与未成年人为案件双方当事人的共有权纠纷案件,以及监护人与未成年人虽为同一方当事人,但监护人代理未成年人作放弃或部分放弃共有权的表示的共有权纠纷案件。”

【参考类案】

①2017年**江苏某监护纠纷案**,2011年,寺庙出家人徐某收养患有脑裂畸形的1岁弃婴许某。2014年,徐某将该弃婴送至儿童福利院后不再探望及支付费用。儿童福利院申请撤销徐某监护人资格,指定儿童福利院为许某监护人。法院认为:监护人不履行监护职责或侵害被监护人合法权益的,应承担责任,法院可根据有关人员或有关单位申请,撤销监护人资格。许某生父母不详,且患有脑裂畸形疾病。许某由寺庙送至儿童福利院抚养至今,其间徐某长期不履行监护职责,庭审中亦明确表示其不具备抚养、监护许某能力。儿童福利院愿意担任许某监护人,并已实际履行了监护职责,故申请人儿童福利院申请撤销徐某监护资格,由申请人担任监护人,符合法律规定,应予支持。判决撤销被申请人徐某对许某的监护人资格,指定儿童福利院为许某监护人。

②2017年**黑龙江某监护纠纷案**,耿某长期遭受父亲殴打,公安机关调查期间,耿某父离家出走。耿某母亲患有智力残疾亦下落不明。其他近亲属均无力作为监护人。居委会将耿某送至流浪乞讨人员救助站,救助站起诉要求撤销耿某父母监护权。法院认为:耿某父经常殴打儿子,给其造成了严重的身体及精神伤害,其已不能继续承担监护责任。马某虽系耿某母亲,但其作为限制民事行为能力人,无独立生活能力,亦无力继续承担监护责任。耿某其他近亲属均无力作为监护人。法院依照法律规定,对此案进行了缺席审理,判决撤销被申请人耿某父母的监护人资格,指定民政局作为耿某监护人,由民政局所属儿童福利院承担对耿某的监护职责。

③2017年**浙江某监护纠纷案**,2015年,何某父亲持刀捅死何某母亲及外祖父,并捅伤何某。村委会出具证据,认为由何某舅舅作为监护人更有利于何某成长。法院认为:监护人应履行对被监护人的监护职责。暴力伤害被监护人、严重损害被监护人身心健康的,法院可判决撤销其监护人资格。本案中,被申请人何某父捅死何某外祖父和母亲,并捅伤何某,严重损害了何某身心健康,申请人作为何某舅舅申请撤销何某父监护资格,应予支持,由申请人担任何某监护人更有利于何某走出

心理阴影、健康成长。判决撤销被申请人何某父监护人资格,指定申请人作为何某监护人。

④2017 年**浙江某监护纠纷案**,2013 年,与丈夫协议离婚后的何某带女儿杨某共同生活。其间,多次帮助情人张某性侵未满 14 周岁的杨某。2015 年,张某、何某分别被以强奸罪判处有期徒刑。法院认为:监护人应履行监护职责,保护被监护人人身、财产及其他合法权益。本案中,被申请人何某罔顾伦理道德、漠视法律,帮助他人性侵被监护人,严重损害了被监护人身心健康。为维护被监护人合法权益,依照法律有关规定,判决撤销被申请人何某作为杨某监护人资格。

⑤2017 年**浙江某监护纠纷案**,2002 年,余某父亲因车祸身亡,母亲王某领取包含余某生活费在内的赔偿款后未再与余某共同生活。2015 年,余某祖父母申请撤销王某监护人资格。法院认为:父母作为未成年人监护人,应履行监护职责,保护被监护人人身、财产及其他合法权益,监护人不履行监护职责或侵害被监护人合法权益的,应承担责任。本案被申请人王某自认,从 2003 年开始余某与两申请人共同生活,余某教育、医疗等费用均由两申请人支付,且其领取了属于余某的生活费等款项并挪作他用,可认定被申请人王某作为余某监护人未尽监护职责,侵害了被监护人余某合法权益。申请人长期抚育照料余某,具有监护能力,从有利于余某学习、生活角度出发,依照法律有关规定,判决撤销被申请人王某对余某的监护资格,指定申请人为余某监护人。

⑥2017 年**四川某监护纠纷案**,2015 年,卢某父亲因明知卢某未满 14 周岁且精神发育迟滞,仍与其发生性关系而被法院以强奸罪判处徒刑。法院审理期间,民政局根据法院司法建议,向法院申请撤销卢某父亲监护权。卢某母亲患重度精神发育迟滞,无独立生活能力,卢某祖父母、外祖父母均已去世,其姐姐亦系未成年人。法院认为:被申请人卢某父亲作为卢某监护人,对被监护人实施性侵,严重损害了卢某身心健康,已不适合再担任卢某监护人,故对申请人民政局申请,依法予以支持。由于卢某母亲患重度精神发育迟滞,无独立生活能力,不能尽到监护责任,其祖父母、外祖父母均已去世,其姐姐系未成年人,无监护能力。另外,综合卢某其他亲属经济条件及身体状况等因素,亦不适合担任卢某监护人,依《民法通则》及最高人民法院、最高人民检察院、公安部、民政部《关于依法处理监护人侵害未成年人权益行为若干问题的意见》相关规定,依法判决撤销被申请人卢某父亲监护人资格,指定民政局担任卢某监护人。

⑦2017 年**湖北某监护纠纷案**,2012 年,丧偶、再婚又离婚的秦某父亲与未成年女儿秦某租房居住期间,多次强奸秦某。2014 年,法院判处秦某父亲有期徒刑 13 年半。依检察院检察建议,民政局向法院申请撤销秦某父亲监护人资格。法院认为:被申请人秦某父对女儿实施性侵,严重侵害被监护人权益,依最高人民法院、最

高人民检察院、公安部、民政部《关于依法处理监护人侵害未成年人权益行为若干问题的意见》第35条第1项规定，对被申请人监护权应依法予以撤销。申请人民政局作为履行社会保障职责的国家机关，在收到检察建议后，及时将秦某视为孤儿进行救助，并向法院提出申请，要求撤销被申请人监护权，自愿承担监护职责。这不仅能为秦某今后生活提供经济保障，还能协调相关部门解决秦某教育、医疗、心理疏导等一系列问题。从对未成年人"特殊""优先"保护原则和未成年人最大利益原则出发，由申请人民政局取得秦某监护权，更有利于保护秦某生存、受教育、医疗保障等权利，更有利于秦某身心健康。判决撤销被申请人监护权，指定民政局作为秦某监护人。

⑧2017年**海南某监护纠纷案**，2015年，流浪人员吴某生育一女婴后私自出院，吴某及其父母均拒绝抚养和监护孩子。救助站起诉至法院。法院认为：吴某系流浪人员，没有生活来源，经济困难，虽为孩子母亲，但未尽照顾孩子责任，甚至将孩子丢弃医院，私自离开。孩子出院后，均由救助站抚养。吴某父母亲亦表示因经济困难，无法抚养孩子而放弃抚养权。孩子父亲亦身份不明。为有利于孩子健康成长，依《民法通则》第16条规定，撤销被申请人吴某监护人资格，指定流浪乞讨人员救助管理站为监护人。

⑨2015年**陕西某监护纠纷案**，2007年，屈某意外死亡，其妻岳某独自离家未归。留下一子一女长期与屈某父母生活。现岳某已再婚。屈某父母申请撤销岳某监护权，同时指定申请人为监护人，岳某表示同意。法院认为：监护人应履行监护职责，保护被监护人人身、财产及其他合法权益。被申请人岳某在其丈夫去世后，未履行对其子女的抚养、照顾、教育、管理的监护职责，现被申请人岳某对申请人屈某父母申请撤销其对子女监护权、同时指定申请人屈某父母夫妇为监护人的主张同意无争议，孩子一直与祖父母共同生活，由祖父母抚养至今，故对两申请人主张应予支持。依《民法通则》第18条、最高人民法院《关于贯彻执行〈中华人民共和国民法通则〉若干问题的意见（试行）》第10条、第11条、第12条、第14条、第20条之规定，判决撤销被申请人岳某对子女的监护人资格，变更监护人为申请人屈某父母。

⑩2014年**福建某监护纠纷案**，2014年，林某经常使用菜刀或火钳割伤、打伤9岁儿子小龙，经镇政府、村委会及派出所多次批评教育，林某拒不悔改。村委会请求撤销林某监护人资格，并指定其作为小龙监护人。小龙亦表示不愿意随林某共同生活。法院认为：监护人应履行监护职责，保护被监护人身体健康、照顾被监护人生活，对被监护人进行管理和教育，履行相应监护职责。被申请人林某作为小龙监护人，对自己认为的被监护人不听话行为，未能采取说服教育正确引导方法，而是采用打骂等方式长期对被监护人进行虐待，经镇政府、派出所等有关部门多次劝阻和教育，拒不悔改。被申请人行为已严重损害被监护人身心健康，侵害了被监护

人合法权益,故其不宜再担任小龙监护人。申请人村委会申请撤销被申请人对小龙的监护人资格,由申请人担任监护人理由成立,法院予以支持。法院希望申请人村委会应更加妥善地履行监护职责,保护好被监护人人身、财产及其他合法权益。判决撤销林某对小龙的监护人资格。

⑪2014年**江苏某监护纠纷案**,2014年,刚满9个月的张某在重度残疾的父母离婚后随父生活。村委会指定张某姑姑张琴担任张某监护人。张琴以其亦系视力一级残疾人、无固定生活收入、村委会指定不妥为由,请求法院撤销指定。法院认为:未成年人父母系其法定监护人,但张某父亲为视力一级残疾人,无固定工作和生活收入来源,不具有担任张某监护人能力;张某母亲为智力二级残疾人,不能完全辨认自身行为,亦不具备担任张某监护人能力。张某祖母、外祖父母虽属近亲属,但亦均因身体和经济原因,不具有担任张某监护人能力。张琴作为张某姑姑,系张某关系较密切亲属,其担任张某监护人,应以自愿为前提。现张琴在被村委会指定为监护人后诉请撤销,表明其不愿担任监护人,且张琴自身为视力一级残疾,其丈夫虽无残疾,但两人现有三岁孩子需抚养,同时还需赡养老人及残疾亲属,再由其担任张某监护人并不妥当,亦不利于张某健康成长。依最高人民法院《关于贯彻执行〈中华人民共和国民法通则〉若干问题的意见(试行)》第19条规定,判决撤销原指定监护人的,可同时另行指定监护人。鉴于张某父母和近亲属无监护能力,且无关系密切的其他亲属、朋友愿意承担监护责任,依法应由张某父、母所在单位或未成年人住所地居委会、村委会或民政部门担任监护人。因张某父母均无业,无工作单位,且张某作为一个刚满9个月婴儿,既需专门场所安置,亦需专门人员照顾,更需一大笔经费来保障其成年之前教育、医疗及日常生活,故村委会担任监护人亦不能使其得到妥善安置。张某住所地民政局承担着接收孤儿、弃婴和城市生活无着的流浪乞讨人员等社会救助职能,其下属儿童福利院承担社会孤残弃婴的养、治、教、康等职能,确定民政局担任张某监护人,由儿童福利院代为抚养,可为张某生活和健康提供良好环境,更有利于张某成长,故判决撤销村委会对张琴监护人指定,指定市民政局为张某监护人。

⑫2014年**上海某监护纠纷案**,2000年,周某甲与其养父母秦某夫妇经法院调解,双方解除养父母与养女关系。2005年,周某甲非婚生育女儿周某,并由秦某夫妇代为照顾。2013年起,周某甲未再看望周某,亦未尽抚养义务。2014年,秦某夫妇向法院申请变更其为监护人。法院认为:父母系未成年子女法定监护人,有保护被监护人身体健康、照顾被监护人生活、管理和保护被监护人财产等义务。当父母不履行监护职责或侵害被监护人合法权益时,法院可依有关单位和人员申请,撤销监护人资格,变更监护人。本案中,两申请人虽为年迈老人,且与未成年人周某无法律关系、无抚养义务,但出于对未成年人关爱之情,长期抚养周某,与未成年人周

某形成密切关系，并经所在居民委员会同意，有权向法院提出撤销周某甲监护人资格。而在周某生父尚不明确情况下，生母周某甲作为唯一法定监护人不亲身切实履行抚养周某义务，不承担抚养费用，甚至近一年多时间里，长期不看望周某，音讯全无，符合不履行监护职责情况，未能有效履行抚养未成年人义务，不宜再担任周某的监护人。鉴于两申请人长期抚养周某，具有抚养能力，双方形成亲密抚养关系，且相关证据亦表明未成年人周某在两申请人照顾下成长状况良好，学习成绩优良，可认为两申请人具备监护周某资格和条件。从对未成年人“特殊、优先”保护原则和“儿童利益最大化”原则考虑，由两申请人取得监护权后，有利于更好地保护未成年人生存权、受教育权等权利。判决撤销被申请人周某甲监护人资格，变更申请人为被监护人周某的监护人。

⑬2009年**广东某监护纠纷案**，2003年，赖某出生20多天后遭父母遗弃，后被陈某收养并遭虐待。2008年，赖某由祖父、姑父、姑母接回抚养。2009年，陈某赔偿赖某40万元后，赖某父母主张对赖某的抚养权并要求赖某祖父、姑父、姑母移交赔偿款40万元。法院认为：原告作为孩子亲生父母，要求直接抚养赖某，似乎无可厚非，但从赖某出生时被遗弃，后被他人非法收养遭遇虐待，在医院治疗期间以及出院后的生活来看，赖某确未得到原告简简单单的父爱、母爱，社会舆论上因此对原告进行了谴责，对赖某不幸遭遇给予了同情。现今赖某在其祖父协助下，在其姑母家生活状况良好，应在此环境下继续生活下去，更有利于其身心健康成长。赖某姑父、姑母勇于承担起抚养赖某重任，其善良品质应得到肯定与弘扬，故在其反诉提出抚养赖某的请求，经当地居委会同意，应予支持。赖某已构成九级伤残，其得到的赔偿金40万元，包括了医疗费及后续治疗费、整容费、住院伙食补助费、误工费、护理费、营养费、残疾赔偿金等。判决指定赖某姑父、姑母作为赖某监护人、抚养人，应对该款妥为保管、适当使用，且经当地街道居委会同意，对该款专款专用有监管权力、义务。

⑭2009年**广西某监护纠纷案**，2002年，吕某因突患脑出血，留下智障后遗症。其间，一直由吕某母亲、兄、姐照顾。2007年，法院指定吕某配偶崔某为监护人。2009年，吕某母、兄、姐以崔某未尽监护职责为由诉请撤销监护，指定原告共同监护。法院认为：吕某为限制行为能力人，作为其监护人，崔某理应保护吕某身体健康，照顾其生活，维护其合法权益，履行相应监护职责。现吕某因病情严重入住医院，崔某作为监护人却以各种理由向医院表示放弃对吕某的治疗，其行为将会导致吕某得不到积极救治，由此表明崔某未能尽职尽责履行监护义务，已不再适宜担任吕某监护人。申请人申请撤销崔某监护人资格，合理、合法，法院应予支持。对于吕某监护人的确定，应根据对被监护人吕某有利的原则，从后一顺序有监护资格的近亲属中择优确定。综合申请人监护条件，结合本案实际情况，由吕某姐担任吕某

监护人较为适宜。判决撤销崔某监护人资格，指定吕某姐为吕某监护人。

⑮2001 年**江苏某监护纠纷案**，1996 年，父、母离婚，子随父过，父以子常说谎、晚归、偷钱为由，常采用打、饿、冻、赶出家门等方式对子进行体罚。1999 年，在子九年制义务教育及技校学习期间，父撕毁子入学通知书、损坏学习用品，并多次将子从学校拉回家，强行拿走子的书包。2001 年，居委会诉请撤销父之监护权。法院认为：对父认为子的不良行为，父未能采取说服教育、正确引导方法，而是采用打、饿、冻、赶出家门等方式对子进行体罚，损害了子身心健康，在子九年制义务教育及技校学习期间，父不顾学校和有关部门劝阻，撕毁子入学通知书、损坏学习用品，并多次将子从学校拉回家，强行拿走子书包，侵犯了子受教育权。法院可根据有关人员或有关单位申请，撤销监护人资格。《民法通则》第 18 条第 3 款规定的“有关人员或者有关单位”可理解为与第 16 条所规定指定监护人范围一致，“有关单位”包括未成年人住所地居民委员会、村民委员会或民政部门及未成年人父母所在单位。父上述行为明显对被监护人不利，故其已不再适宜担任子的监护人，居委会可作为申请撤销监护权资格原告，判决撤销父监护资格。

⑯2001 年**广东某监护纠纷案**，1992 年，杨某未婚先孕，在医院产一女婴。住院 69 天后，欠下 3000 余元医疗费而逃匿。医院在获得民政局同意后，将该女婴送当地福利院。1999 年，杨某诉请医院返还孩子并赔偿损失。法院认为：杨某在医院处剖腹产下女婴，住院时报假姓名、假籍贯，未交齐住院费、手术费、医疗费等费用即离院而去，遗弃婴儿，属违法行为。医院在杨某遗弃婴儿后，喂养婴儿 69 日，经民政局口头授权“自行处理”后，才将婴儿作弃婴处理，送给他人收养，其送养行为有效。杨某弃婴后反要求医院返还婴儿并赔偿调查取证费、误工费、精神赔偿费及承担诉讼费，显属无理，法院不予支持。判决驳回杨某诉请。

⑰1998 年**天津某监护纠纷案**，1971 年，刘某患精神分裂症。1998 年，刘某单位指定其兄弟姐妹为监护人，其中由刘某兄为监护负责人。其他同胞兄弟姐妹均不服，起诉要求撤销单位所指定监护。法院认为：被监护人刘某患精神分裂症，需特别照料，起诉人均系被监护人同胞兄弟姐妹，为同一顺序法定监护人，对刘某均有照料之责。为监管好被监护人财产，妥善照料其生活，监护人均承担一定义务。同时，依据有利于被监护人原则，应确定对被监护人的专人监管照料。刘某兄虽尽了较多照料义务，但举家搬迁后距被监护人住所较远，继续照料有些不便；刘某姐居住地距被监护人住所较近，且本人已退休，身体健康，又有照料愿望，应确定由其照料被监护人生活，刘某兄承担监管刘某财产责任。判决撤销被监护人单位的指定监护，法院指定各起诉人均为刘某监护人，刘某姐负责照顾刘某生活，每月代为领取刘某退休金，刘某兄负责监管刘某在单位享受的退休一次性补贴和刘某存款，其他监护人可代被监护人进行其他民事活动。

【典型类案实务要点】

1.**【民政局可申请撤销未成年人父母监护权并成监护人】**在未成年人父母不履行监护责任或侵害被监护人合法权益，其他近亲属无力监护、不愿监护和不宜监护，临时照料人监护能力有限情形下，民政局可作为未成年人监护人，承担相应国家救助责任。

2.**【对收养子女不履行监护职责的，可撤销监护人资格】**对收养子女不履行监护职责，导致未成年人身心健康受到侵害的，儿童福利院作为民政部门设立的未成年人救助保护机构，可作为监护人。

3.**【监护人缺位时，民政局所属福利院可承担监护职责】**未成年人父母及其他近亲属均不能作为监护人情况下，可由民政局作为监护人，由民政局所属儿童福利院承担监护职责。

4.**【父母故意伤害子女，法院可指定其他亲属为监护人】**父母故意伤害子女而被撤销监护权的，法院可从有利于未成年人走出心理阴影、健康成长角度考虑，指定未成年人其他亲属担任监护人。

5.**【父母帮助他人性侵被监护人的，监护资格应予撤销】**未成年人父母罔顾伦理道德，帮助他人性侵被监护人，严重损害被监护人身心健康的，其监护人资格应予以撤销。

6.**【监护人侵害被监护人财产权的，监护资格可予撤销】**监护人长期未与被监护人共同生活，未尽到抚养、教育职责，且将属于被监护人的生活费等款项挪作他用的，其监护资格可依法撤销。

7.**【父母性侵子女情形，民政部门可被指定担任监护人】**未成年父母有性侵害未成年人情形的，民政部门可向法院申请撤销监护人资格并由法院指定其担任未成年人的监护人。

8.**【未成年人受监护人性侵的，可指定民政局为监护人】**从对未成年人“特殊”“优先”保护原则和未成年人最大利益原则出发，法院可由民政局担任受性侵未成年人监护人。

9.**【流浪乞讨人员无监护能力，救助管理站可为监护人】**流浪乞讨人员无法承担起监护孩子职责，又无其他适格监护人的，可由法院指定流浪乞讨人员救助管理站为监护人。

10.**【父母不履行法定监护职责，可变更监护人为祖父母】**作为法定监护人的父母不履行或不能履行监护职责情况下，可将监护人变更为实际履行抚养、照顾未成年人的祖父母。

11.**【父母虐待子女的，法院可依法指定村委会为监护人】**父母作为未成年子女法定监护人,对子女实施虐待、伤害或其他侵害行为,严重危害子女身心健康的,在无其他近亲属和朋友担任监护人情况下,按有利于被监护人成长原则,法院可依法指定村委会担任监护人。

12.【**法院指定民政部门担任未成年人监护人的特殊情形**】认定监护人监护能力,应根据监护人身体健康状况、经济条件,以及与被监护人在生活上联系状况等综合因素确定。未成年人近亲属无监护能力,亦无关系密切的其他亲属、朋友愿意承担监护责任的,法院可根据对被监护人有利原则,直接指定具有承担社会救助和福利职能的民政部门担任监护人。

13.【**父母的养父母,亦可由法院指定为未成年人监护人**】解除养父母与养子女关系的养父母,虽与养子女的子女不存在法律关系、无抚养义务,亦可由法院指定为监护人。

14.【**父母对未成年人有遗弃行为的,其监护资格应撤销**】未成年人父母遗弃未成年人,不履行监护职责的,法院可依其他有关人员申请,由其他有监护能力人担任监护人。

15.【**配偶不尽职尽责,法院指定其他近亲属担任监护人**】限制民事行为能力人配偶未能尽职尽责履行监护义务,不再适宜担任监护人的,法院应根据对被监护人有利的原则,从后一顺序有监护资格的近亲属中择优确定。

16.【**居委会可为原告,申请撤销未成年人监护人监护权**】法院可根据有关人员或有关单位申请,撤销监护人资格。“有关单位”包括未成年人住所地居民委员会、村民委员会或民政部门及未成年人父母所在单位。

17.【**为逃医疗费而遗弃婴儿,应视为对监护权自动放弃**】未成年子女的父母未履行照顾、抚养义务,遗弃子女的,可视为对子女监护权的自动放弃,相关机构将子女依法送养的,不构成侵权。

18.【**对单位指定的监护人不服的,其他监护人有权起诉**】对指定监护人不服,应在接到通知的次日起 30 日内向法院起诉。确属指定不当的,判决撤销指定监护,同时另行指定监护人。撤销指定监护应适用特别程序审理。

【类案裁判一般规则】

监护人有下列情形之一的,法院根据有关个人或组织申请,撤销其监护人资格,安排必要的临时监护措施,并按最有利于被监护人的原则依法指定监护人:(一)实施严重损害被监护人身心健康的行为;(二)怠于履行监护职责,或者无法履行监护职责且拒绝将监护职责部分或者全部委托给他人,导致被监护人处于危困状态;(三)实施严重侵害被监护人合法权益的其他行为。

【典型参考案例索引】

主旨案例：江苏徐州铜山区法院（2015）铜民特字第0001号“邵某与王某监护人资格案”，见《邵某某、王某某被撤销监护人资格案》，载《人民法院案例选·典型案例发布》（201703/109：73）；另见《民政局可申请撤销未成年人父母的监护权并成为监护人》（王牧、姬广勇、高晶），载《人民司法·案例》（201514：29）；另见《徐州铜山区民政局申请撤销未成年人父母监护资格案》，载《江苏省高级人民法院公报》（201501/37：43）。**其他案例**：①江苏常州天宁区法院“徐某被撤销监护人资格案”，见《徐某被撤销监护人资格案》，载《人民法院案例选·典型案例发布》（201703/109：77）。②黑龙江鹤岗兴山区法院“耿某、马某被撤销监护人资格案”，见《耿某某、马某被撤销监护人资格案》，载《人民法院案例选·典型案例发布》（201703/109：79）。③浙江乐清法院“何某被撤销监护人资格案”，见《何某某被撤销监护人资格案》，载《人民法院案例选·典型案例发布》（201703/109：81）。④浙江遂昌法院“何某被撤销监护人资格案”，见《何某某被撤销监护人资格案》，载《人民法院案例选·典型案例发布》（201703/109：85）。⑤浙江义乌法院“王某被撤销监护人资格案”，见《王某被撤销监护人资格案》，载《人民法院案例选·典型案例发布》（201703/109：87）。⑥四川泸州纳溪区法院“卢某被撤销监护人资格案”，见《卢某某被撤销监护人资格案》，载《人民法院案例选·典型案例发布》（201703/109：89）。⑦湖北利川法院“秦某被撤销监护人资格案”，见《卿某某被撤销监护人资格案》，载《人民法院案例选·典型案例发布》（201703/109：91）。⑧海南琼海法院“吴某被撤销监护人资格案”，见《吴某某被撤销监护人资格案》，载《人民法院案例选·典型案例发布》（201703/109：93）。⑨陕西兴平法院（2015）兴民特字第00002号“岳某被撤销监护人资格案”，见《岳某某被撤销监护人资格案》，载《人民法院案例选·典型案例发布》（201703/109：75）。⑩福建仙游法院（2014）仙民特字第01号“某村委会与林某监护人资格案”，见《林丽某被撤销监护权案》，载《最高人民法院公报·最高人民法院发布八起典型案例》（201511/229：19）；另见《林某某被撤销监护人资格案》，载《人民法院案例选·典型案例发布》（201703/109：71）。⑪江苏镇江经济开发区法院（2014）镇经民特字第0002号“张琴与某村委会撤销监护人资格纠纷案”，见《张琴诉镇江市姚桥镇迎北村村民委员会撤销监护人资格纠纷案》，载《最高人民法院公报·案例》（201508/226：47）；另见《张琴诉镇江市姚桥镇迎北村村民委员会撤销监护人资格纠纷案》，载《江苏省高级人民法院公报》（201504/40：26）。⑫上海长宁区法院（2014）长少民特字第1号“周某被撤销监护人资格案”，见《周某被撤销监护人资格案》，载《人民法院案例选·典型案例发布》（201703/109：83）。⑬广东汕头金平区法院（2009）金鮀民初字第47号“赖某与郑某等抚养费纠纷案”,见《赖瑞楷、郑少香诉赖玉峰、赖吉荣、赖秀珍抚养案(抚养权)》(黄泽葵),载《中国审判案例要览》(2010民:355)。⑭广西梧州蝶山区法院(2009)蝶民特字第2号“陈某与吕某等监护权纠纷案”,见《陈志英、吕炳华、吕瑞琼、吕瑞芬申请撤销监护人资格案(申请撤销监护人资格)》(苏恒),载《中国审判案例要览》(2010民:460)。⑮江苏无锡崇安区法院2001年11月27日判决“某居委会诉丁某撤销监护资格案”,见《无锡市大同路社区居民委员会申请撤销丁建华的监护人资格案》(邹岩),载《人民法院案例选》(200302/44:91)。⑯广东番禺法院1999年12月“杨某与某医院合同纠纷案”,见《杨晓芳未交费留下出生的婴儿出院后诉何贤医院将其婴儿送他人收养要求返还孩子案》(潘建国),载《人民法院案例选》(200102/36:65)。⑰天津塘沽区法院(1998)塘民特字第2505号“刘某等监护权纠纷案”,见《刘金霞等诉撤销指定监护案》(宋炳怡),载《中国审判案例要览》(2000民:13)。

74. 扶养范围与责任认定

——是否扶养人,有无扶养费?

【扶养关系】

【案情简介及争议焦点】

2001年,李某怀孕后,因与丈夫秦某就是否终止妊娠问题产生矛盾,李某回娘家居住。随后,李某以生活困难为由,诉请秦某支付扶养费。

争议焦点:1. 夫妻之间扶养义务如何认定?2. 扶养费用如何认定?

【裁判要点】

1. 扶养义务。依法律规定,夫妻之间有相互扶养的义务,如一方不尽扶养的义务,对方可要求其支付一定的扶养费。夫妻之间权利义务法定,有条件或有能力一方须负担扶养对方义务,故扶养义务产生并不以一方存在过错为条件,而是以一方存在扶养需要为条件。

2. 抚养费用。本案中,李某与秦某双方系合法夫妻关系,夫妻双方有互相扶养义务。李某生活困难要求秦某给付扶养费应予支持,但过高部分不予保护。扶养费应根据农村实际情况适当给付,判决秦某每月30日前给付李某当月扶养费128元。

【裁判依据或参考】

1. 法律规定。《**民法典**》(2021年1月1日)第1059条:“夫妻有相互扶养的义务。需要扶养的一方,在另一方不履行扶养义务时,有要求其给付扶养费的权利。”第1066条:“婚姻关系存续期间,有下列情形之一的,夫妻一方可以向人民法院请求分割共同财产:(一)一方有隐藏、转移、变卖、毁损、挥霍夫妻共同财产或者伪造夫妻共同债务等严重损害夫妻共同财产利益的行为;(二)一方负有法定扶养义务的人患重大疾病需要医治,另一方不同意支付相关医疗费用。”第1075条:“有负担能力的兄、姐,对于父母已经死亡或者父母无力抚养的未成年弟、妹,有扶养的义务。由兄、姐扶养长大的有负担能力的弟、妹,对于缺乏劳动能力又缺乏生活来源的兄、姐,有扶养的义务。”《**老年人权益保障法(2018修正)**》(2018年12月29日)第23条:“老年人与配偶有相互扶养的义务。由兄、姐扶养的弟、妹成年后,有负担能力的,对年老无赡养人的兄、姐有扶养的义务。”第24条:“赡养人、扶养人不履行赡养、扶养义务的,基层群众性自治组织、老年人组织或者赡养人、扶养人所在单位应当督促其履行。”《**涉外民事关系法律适用法**》(2011年4月1日)第29条:“扶养,适用一方当事人经常居所地法律、国籍国法律或者主要财产所在地法律中有利于保护被扶养人权益的法律。”

2. 最高人民法院司法解释及其他司法性文件/解读文章。最高人民法院吴晓芳法官《**关于婚姻家庭纠纷审理热点难点问答**》〔载《民事法律文件解读》2012年第5辑(总第89辑)〕第25条:“夫妻一方法定扶养义务人的范围是什么?答:婚姻法规定了长辈对晚辈、夫妻之间、同辈之间的扶养义务、晚辈对长辈的赡养义务,统称为‘扶养’义务。该法第二十八条规定:‘有负担能力的祖父母、外祖父母,对于父母已经死亡或父母无力抚养的未成年的孙子女、外孙子女,有抚养的义务。’第二十一条规定:‘父母对子女有抚养教育的义务;子女对父母有赡养扶助的义务。父母不履行抚养义务时,未成年的或不能独立生活的子女,有要求父母付给抚养费的权利。子女不履行赡养义务时,无劳动能力的或生活困难的父母,有要求子女付给赡养费的权利。’第二十五条第二款规定:‘不直接抚养非婚生子女的生父或生母,应当负担子女的生活费和教育费,直至子女能独立生活为止。’第二十七条第二款规定:‘继父或继母和受其抚养教育的继子女间的权利和义务,适用本法对父母子女关系的有关规定。’第二十条规定:‘夫妻有互相扶养的义务。一方不履行扶养义务时需要扶养的一方,有要求对方付给扶养费的权利。’第二十九条规定:‘有负担能力的兄、姐,对于父母已经死亡或父母无力抚养的未成年的弟、妹,有扶养的义务。由兄、姐扶养长大的有负担能力的弟、妹,对于缺乏劳动能力又缺乏生活来源的兄、姐,有扶养的义务。’人民法院应当依照上述法律规定确定夫妻一方法定扶养义务人的范围。”最高人民法院民一庭《**民事审判实务问答(子女抚养问题)**》(2005年4月)第2条:“不起诉离婚,仅起诉被告给付扶养费,法院应否支持?答:《中华人民共和国婚姻法》第二十条规定:‘夫妻有互相扶养的义务,一方不履行扶养义务时,需要扶养的一方,有要求对方付给扶养费的权利’。扶养是夫妻财产关系中的一项重要内容,这种权利义务基于婚姻效力而产生,具有法律强制性。一方在对方需要扶养而不尽扶养义务,致使对方生活十分困难如患病、缺乏生活来源等情况下,对方可向法院单独提起扶养费的诉讼,该诉讼符合诉的独立构成要件,不以提起离婚诉讼为条件。人民法院可在查明事实后,对符合给付扶养费情形的请求予以支持。”最高人民法院《**关于对年老无子女的人能否按照婚姻法第二十三条类推判决有负担能力的兄弟姐妹承担扶养义务的复函**》(1981年9月1日 〔81〕民他字第21号):“……李××过去对其弟妹尽过扶助义务,现年老、丧失劳动能力,又无子女赡养,参照婚姻法有关规定的精神,根据权利义务一致的原则,其弟、妹对李××应承担扶养义务,但不宜用‘类推’的提法。在处理中,要依靠李的弟、妹等所在单位组织,对其进行思想教育。并主要根据他们的经济条件,争取调解解决。”

3. 地方司法性文件。山东泰安中院民一庭《**法官会议纪要(家事部分)**》(2020年)第5条:“新冠肺炎疫情期间,夫妻一方对患病一方不履行扶养义务,患病一方可依据《中华人民共和国婚姻法》第二十条规定主张其支付扶养费。”江苏高院《**婚姻家庭案件审理指南(2010年)**》(2010年5月18日)第10章:“……(一)扶养关系。1. 夫妻之间的扶养关系。《婚姻法》第二十条规定:‘夫妻有互相扶养的义务。一方不履行扶养义务时,有要求对方付给扶养费的权利。’(1)夫妻之间扶养关系产生的确定标准。只有合法夫妻身份关系的存在,才产生夫妻之间的扶养关系。合法的夫妻是指符合结婚实质要件和形式要件的男女双方,因此夫妻之间扶养权利和义务始于婚姻缔结之日。(2)夫妻之间扶养关系成立条件的确定标准。夫妻通常情况下各自都有独立的经济收入,相互间不发生扶养问题,但在一方无固定收入并缺乏生活来源、丧失劳动能力生活不能自理、双方收入悬殊等情形下,夫妻一方就有权要求他方履行扶养义务。(3)夫妻之间扶养关系消灭的确定标准。夫妻之间扶养关系是夫妻关系存续期间夫妻间享有的权利和承担的义务,夫妻之间扶养关系消灭的确定标准是夫妻间身份关系的解除,主要包括夫妻一方死亡和夫妻离婚。2. 兄弟姐妹之间的扶养。(1)兄、姐对弟、妹的扶养关系产生的确定标准。《婚姻法》第二十九条规定:‘有负担能力的兄、姐,对于父母已经死亡或父母无力抚养的未成年的弟、妹,有扶养的义务。’根据上述规定,兄、姐对弟、妹的扶养义务是有条件的:①兄、姐有负担能力。负担能力主要指能够扶养未成年弟、妹的经济条件和监护能力。如果负有扶养义务的兄、姐死亡或者失去负担能力,对未成年弟妹的扶养义务即终止。②父母已经死亡或无力抚养。父母已经死亡包括生理死亡和宣告死亡。根据《民法通则》第二十三条规定，公民下落不明满四年，或因意外事故下落不明从事故发生之日起满两年的，人民法院可以根据利害当事人的申请宣告该公民死亡。抚养子女是父母的共同责任，父或母一方死亡，生存方仍应当承担抚养其未成年子女的义务，同样父或母一方失去抚养能力的，如患有严重疾病失去生活自理能力的，另一方仍然有抚养子女的义务。但这种情况下，成年的子女应当协助父或母抚养自己未成年的弟、妹。当父母都已死亡或都失去抚养能力的，根据《民法通则》第十六条第二款的规定，有负担能力的兄、姐可以成为未成年弟、妹的监护人，承担扶养他们的义务。③弟、妹需要抚养。需要扶养的弟、妹未满十八周岁，没有独立生活能力。如果他们年满十六周岁但未满十八周岁，以自己的劳动收入为主要生活来源的，视为能够独立生活，就不应该由兄、姐继续承担扶养责任，但兄、姐自愿提供经济帮助的，法律不作限制。(2)弟、妹对兄、姐的扶养关系产生的确定标准。《婚姻法》第二十九条规定：‘由兄、姐扶养长大的有负担能力的弟、妹，对于缺乏劳动能力又缺乏生活来源的兄、姐，有扶养的义务。’根据上述规定，弟、妹对兄、姐的扶养义务是有条件的：①弟、妹有负担能力。如果弟、妹自己也缺乏劳动能力或没有经济来源，法律也不要求他们对兄、姐承担扶养责任。②兄、姐曾扶养过弟、妹。一般是指弟、妹在未成年时，因父母死亡或者父母无力抚养而由兄、姐扶养成年的。司法实践中确定弟、妹是否系兄、姐扶养成年，是一项比较复杂的工作，应根据各类不同情况，综合分析合情合理予以确认。③兄、姐丧失劳动能力又缺乏生活来源确实需要扶养。”山东济南中院**《关于当前民商事审判若干法律适用问题的解答(五)》**(2007年11月9日　济中法发〔2007〕14号)第1条：“关于婚姻家庭纠纷中子女抚养费、夫妻之间扶养费及赡养费的月负担额度问题……(2)关于夫妻间的扶养费，现行法律、司法解释中并未像子女抚养费那样规定相应的幅度。我们认为，应综合考虑被扶养人的实际需要、扶养人的经济收入状况、负担能力及当地的实际生活水平等因素，酌情加以确定……”

【参考类案】

①2015年**江苏某继承纠纷案**，2010年，黄某作为邻居孤老陈某的“送养人”，与福利院签订住养协议和委托书，“负责安排缴费、后事等”。2012年，陈某病逝。2014年，黄某起诉陈某生前所在单位车辆公司，主张继承陈某住房补贴、公房拆迁款等遗产。法院认为：黄某虽作为陈某“送养人”与福利院签订了住养协议，且与陈某签订了委托书，但黄某并非陈某法定继承人，住养协议或委托书内容亦不能表明陈某有将其财产遗赠给黄某的意思表示，故黄某不具有合法继承人资格，黄某不能以继承人或受遗赠人身份继承陈某遗产。陈某生前无直系亲属在旁照顾，黄某作为其朋友对其照顾较多，不仅在生活起居上进行了照料，在精神上亦对陈某进行了

慰藉,在其身故后亦承担了丧葬义务。陈某虽有退休工资及医疗保险,其生前在养老院费用亦大部分由自己负担,但对老年人扶养并不仅限于财物供养、劳务扶助,更重要的是精神上陪伴与抚慰,黄某作为独居老人陈某的多年朋友,对其生活起居帮扶及精神慰藉应视为其尽了主要扶养义务,值得赞扬。依《继承法》第 14 条规定,对继承人以外的依靠被继承人扶养的缺乏劳动能力又没有生活来源的人,或者继承人以外的对被继承人扶养较多的人,可以分给他们适当的遗产。本案中,黄某虽不属陈某法定继承人,但对陈某扶养较多,依法可分得适当遗产。根据已查明事实,陈某无其他继承人,其应享受的老职工住房补贴经车辆公司测算约 52070 元(具体数额以房改办审核为准),该补贴为陈某遗产,故判决陈某应享受的老职工住房补贴约 52070 元由黄某继承。

②2014 年**北京某诉前禁令案**,1997 年,钱某病故。2013 年,李某将其与钱某等人私人书信委托拍卖公司公开拍卖。魏某提起侵权之诉。魏某子女作为钱某继子女声明放弃涉案权利。法院认为:依《继承法》第 10 条规定,继子女获得继承权条件是与继父母形成扶养关系。扶养关系是建立在一定亲属关系之上的,而继子女和继父母之间是因姻亲关系(继父母和生父母结婚)而产生的一种拟制关系,这种拟制关系并不像血亲关系那样直接产生法定扶养义务,特别是在继子女与被继承人形成继父母子女关系时继子女已成年情况下,双方之间是否形成扶养关系需证据证明。本案中,在钱某与魏某结婚时,魏某子女均已成年,且在案证据不能证明钱某与其继子女之间形成扶养关系,故该继子女无权继承钱某遗产,故其继子女是否声明放弃行使涉案权利与本案无关。依《著作权法》第 19 条、《著作权法实施条例》第 15 条第 1 款、第 17 条规定,著作权属于公民的,公民死亡后,其著作权中的财产权在著作权法规定的保护期内,依照继承法的规定转移。其著作权中的署名权、修改权和保护作品完整权由作者的继承人或者受遗赠人保护。作者生前未发表的作品,如果作者未明确表示不发表,作者死亡后 50 年内,其发表权可由继承人或者受遗赠人行使。魏某和杨某作为钱某继承人,杨某作为钱钟某继承人,有权依法继承被继承人著作权中的财产权,依法保护被继承人著作权中的署名权、修改权、保护作品完整权,依法行使著作权中发表权。判决拍卖公司、李某赔偿杨某、魏某著作权侵权赔偿金 10 万元、精神损害抚慰金 10 万元。

③2010 年**江苏某继承纠纷案**,20 世纪初,戴某父先后娶黄某、顾某为妻子。戴某系顾某所生,并与黄某共同生活,黄某亦资助过戴某上学。1988 年,戴某以黄某女儿之名办理农转非。2003 年,戴某因车祸身亡。戴某丈夫秦某及两子领取了补偿款。2010 年,黄某起诉秦某及秦某两子,要求分割戴某遗产。法院认为:最高人民法院《关于贯彻执行〈中华人民共和国继承法〉若干问题的意见》(编者注:已于 2021 年 1 月 1 日起废止)第 20 条规定:“在旧社会形成的一夫多妻家庭中,子女与

生母以外的父亲的其他配偶之间形成扶养关系的,互有继承权。”本案涉及旧社会形成的一夫多妻制遗留历史问题,在处理相关问题时应结合当时历史背景及特定家庭关系考虑。戴某父与顾某、黄某结婚后,分别生育子女,各自主要依靠自身及配偶将子女抚养成人。戴某虽非黄某亲生,双方未形成长期抚养关系,但由于被继承人戴某与黄某曾共同生活过,黄某在戴某上学期间曾给予一定经济资助,戴某亦将黄某视为母亲看待,并因此关系办理了母女三人户口农转非,由此可见,双方关系非同一般,黄某作为继承人以外的人对戴某成长、学习、工作提供了较大帮助,故黄某适当分得一定遗产符合权利义务相一致的民法公平原则。秦某在处理戴某交通事故赔偿案中,将黄某作为戴某的被抚养人进行主张并已获得相应赔偿,亦与黄某特殊身份有较大关系。判决秦某支付黄某3万元、秦某两子分别给付黄某1.5万元。

④2009年**江苏某继承纠纷案**,2008年,吴某驾车撞上骑自行车的周某致周某亡,交警认定双方同等责任。周某有一成年同胞兄弟,自幼痴呆,未婚娶,父母去世后,一直由周某扶养。法院认为:保险公司作为保险人,应依法在交强险范围内承担赔偿责任。超出保险范围的,考量事故当事人之违章情形、本案系机动车与非机动车相撞发生的交通事故等情节,吴某应承担60%赔偿责任。周某同胞兄弟未结婚,父母均已去世,虽成年,但自幼患精神病,丧失劳动能力,需有负担能力的其他成年近亲属对其进行扶助和监护,故依《婚姻法》第29条规定,受害人周某对其负有扶养义务。且受害人实际一直与该同胞兄弟共同生活,履行扶养义务,故该原告属于法律规定的受害人依法应承担扶养义务的、丧失劳动能力又无其他生活来源的成年近亲属,其可作为受害人的被扶养人向被告主张被扶养人生活费。判决保险公司赔偿原告11万元(包括精神损害抚慰金2.6万元),吴某赔偿原告16万余元。

⑤2004年**江西某离婚纠纷案**,2000年,夫摔致残,因家庭经济紧张,日久吵骂并长时分居。2002年,妻诉离婚。法院认为:夫妻关系存续期间夫妻之间扶养义务是双向的,只有在有能力扶养的扶养人拒绝扶养且情节严重情形,方构成遗弃。因感情破裂判决离婚时,应对身体残疾一方适当倾斜。本案中,夫摔伤后,妻并未对夫不尽扶养义务,只是因生活琐事,双方产生矛盾,进而导致妻提出离婚。夫残疾后,妻又无一技之长,家庭经济较为困难,对于日常生活中产生的矛盾处理不妥,致使夫妻感情彻底破裂,故判决准予离婚,另由妻一次性支付夫生活帮助费3000元。

⑥2001年**河南某离婚后赔偿纠纷案**,2000年,怀孕6个月的陈某起诉孟某要求离婚,法院支持,但以孩子尚未生育为由未支持相关费用。离婚判决生效前,陈某在医院做引产手术,诉请孟某支付相关费用。法院认为:陈某在与孟某结婚后依照计划生育规定怀孕后,本应得到孟某关心和照顾,但孟某在陈某怀孕后期以各种

借口拒不履行应尽义务,这是一种不负责任行为。陈某在孟某不履行义务情况下,克服怀孕及引产休养后身体状况所带来不便,坚持劳动,用自己劳动收入维持自己正常生活支出,这是陈某自尊、自立、自强的良好行为。因陈某怀孕期间及引产休养后能自食其力,故而陈某要求孟某支付其在这两个时期为支付医疗费、生活费等各种费用所借债务主张证据不足,理由不当,不予支持。陈某引产时,因双方尚系夫妻关系,陈某在无经济能力情况下急需一定费用用于引产,孟某作为丈夫应履行扶养义务。陈某本应告知孟某自己实际情况及急需扶养理由,以得到应有扶养费。然而,陈某未告知孟某即自行筹借费用,自行接受引产手术,这种做法实属不妥。考虑到引产前双方已同意离婚,孟某曾同意陈某引产但拒绝先行支付生育费用情况,陈某此种行为亦确属情有可原,故陈某要求孟某支付其为引产所支出合理医疗费、营养费、护理费、交通费主张合法合理,应予支持。判决孟某支付陈某医疗费、营养费、护理费、交通费共计2300余元。

⑦1998年**湖南某继承纠纷案**,自1982年始,吴某对继父张某一直赡养、照料。1995年,张某所在村小组为张某办理"五保"手续。1998年,张某去世,村小组变卖张某房产后,剩余6000元,吴某诉请继承。法院认为:吴某在其生母与其继父张某共同生活后,一直给予了张某生活上的照料、扶助,尽到了赡养义务,形成了继父子间的扶养关系,吴某对张某遗留房屋依法享有继承权。村小组给张某办了"五保"手续,并给张某以生活上的照顾,且办理了张某丧事,虽应分得张某部分遗产,但不能以此剥夺吴某继承权。村小组对张某进行"五保"虽不很规范,但在张某晚年生活中从经济上、生活上给予主要的保障和照顾,并组织全组村民办妥了张某丧事,故应多分。判决张某遗留房屋出售所得6000元,由其继子吴某分得2000元,村小组分得4000元。

【典型类案实务要点】

1.**【夫妻一方不尽扶养义务,另一方可起诉主张扶养费】**夫妻之间有相互扶养义务,如一方生活困难,另一方不尽扶养义务,可起诉主张另一方支付扶养费,但过高部分不予保护。

2.**【对被继承人扶养较多的非继承人,可分给适当遗产】**继承人以外的对被继承人生活起居帮扶及精神慰藉尽了主要扶养义务的人,依《继承法》第14条规定,可分得适当遗产。

3.**【继子女获得继承权条件,是与继父母形成扶养关系】**继子女获得继承权条件是与继父母形成扶养关系。与被继承人未形成扶养关系的继子女,无权继承被继承人遗产。

4.**【旧社会形成的一夫多妻家庭,庶母女亦或有继承权】**在旧社会形成的一夫多妻家庭中，子女与生母以外的父亲的其他配偶之间形成抚养关系的，应认定互有继承权。

5.【**无生活来源的成年弟、妹，可作为兄、姐被扶养人**】丧失劳动能力、无生活来源且无其他扶养义务人的成年弟、妹，仍可作为兄、姐的被扶养人主张被扶养人生活费。

6.【**夫妻一方残疾，另一方提离婚，并不因此构成遗弃**】夫妻双方感情彻底破裂，即使一方身体残疾，另一方提出离婚并不因此构成遗弃，但应对身体残疾一方适当倾斜。

7.【**离婚后，女方做人流，男方仍应负担引产及保养费**】妇女怀孕后期及生育保养期间因无法劳动而引起生活困难的，即使怀孕妇女决定不生育，男方仍应履行扶养义务。

8.【**五保对象死亡后，有扶养关系的继子可分部分遗产**】五保对象死亡后，其遗产归所在村集体所有，但存在扶养关系的继子尽到赡养义务的，对继父部分遗产有继承权。

【类案裁判一般规则】

夫妻之间有相互扶养义务，如一方生活困难，另一方不尽扶养义务，可起诉主张另一方支付扶养费，但过高部分不予保护；丧失劳动能力、无生活来源且无其他扶养义务人的成年弟、妹，仍可作为兄、姐的被扶养人主张被扶养人生活费。

【典型参考案例索引】

主旨案例：河南郑州管城区法院 2001 年 12 月 5 日“李某与秦某扶养费纠纷案”，见《李瑞霞因怀孕回娘家诉丈夫李庆宾给付扶养费案》（李晖），载《人民法院案例选》（200204/42：87）。**其他案例：**①江苏南京中院（2015）宁民终字第 2447 号“黄某与某车辆公司继承纠纷案”，见《继承人以外的人尽较多扶养义务时可适当继承财产——江苏南京中院判决黄某诉南车集团浦镇车辆厂继承纠纷案》（武琼、钟慧钊），载《人民法院报·案例精选》（20150924：06）；另见《黄小青诉南京浦镇车辆公司非继承人要求适当分得遗产案》，载《江苏省高级人民法院公报》（201503/39：34）。②北京高院（2014）高民终字第 1152 号“杨某与某拍卖公司等诉前禁令案”，见《杨季康（笔名杨绛）与中贸圣佳国际拍卖有限公司、李某诉前禁令案》，载《最高人民法院公报·最高人民法院公布七起保障民生典型案例》（201410/216：12）。③江苏南通中院（2010）通中民终字第 0672—2 号“黄某与秦某等法定继承纠纷案”，见《黄月娥诉被告秦飞、黄伟、秦玮泽法定继承案（法定继承、遗嘱继承）》（朱焕东），载《中国审判案例要览》（2011 民：444）。④江苏南京中院（2009）宁民一终字第123号“周某等诉吴某等交通事故损害赔偿案”,见《丧失劳动能力、没有生活来源且无其他扶养义务人的成年弟、妹可以作为兄、姐的被扶养人主张权利——周荣池等诉中国人民财产保险股份有限公司南京市分公司、吴昌保交通事故损害赔偿纠纷案》(王静),载《人民法院案例选·月版》(200912/12:64)。⑤江西上饶中院判决“王某诉谢某离婚案”,见《王芳英诉残疾人谢华明离婚案》(徐小飞),载《人民法院案例选》(2004年民事/48:1)。⑥河南郑州邙山区法院2001年3月2日“陈某与孟某离婚后赔偿纠纷案”,见《陈永红诉孟凡军负担离婚后引产及保养费用案》(陈亚红),载《人民法院案例选》(200103/37:77)。⑦湖南张家界中院1998年12月7日“吴某与某村小组遗产纠纷案”,见《吴仁刚诉富垭村七组处分其作为五保对象的继父的遗产要求返还案》(聂启明),载《人民法院案例选》(200003/33:59)。

75. 子女收养的成立条件

——寄养很多年,是否算收养?

【收养纠纷】

【案情简介及争议焦点】

2001年,杨某、胡某与福利院签署试养协议。2003年,民政局正式批准杨某、胡某收养弃婴陈某。2013年,杨某、胡某以当初自己已有一子、系杨某父母想收养并实际抚养、现父亲过世、母亲年事已高、自己经济条件不好为由,起诉福利院要求确认收养关系无效。

争议焦点:1. 诉争收养行为是否有效?2. 本案如何处理?

【裁判要点】

1. 诉争收养行为有效。违反相关法律规定的收养行为无效。本案中,从收养人资格来看,杨某、胡某具备完全民事行为能力;福利院系弃儿收、领养的社会福利机构,杨某、胡某虽育有一子,但杨某、胡某收养的是福利院作为社会福利机构抚养的查找不到生父母的弃婴陈某,可不受收养人无子女限制,故杨某、胡某符合收养人资格。从收养经过看,杨某、胡某在收养陈某过程中,亲自经历了递交收养登记申请表、签订试养协议及试养、递交收养申请书、提供结婚证、工作及收入证明、健康检查证明、无犯罪记录证明等一系列手续,时间跨度达2年,杨某、胡某有充足时间考虑是否收养弃婴陈某。现杨某、胡某称收养行为系受父母胁迫、被迫收养、非真实意思表示，但未提供充分有效证据加以佐证。从收养关系成立看，民政局向杨某、胡某颁发收养登记证，杨某、胡某与陈某收养关系自该日起成立，故杨某、胡某与福利院间就陈某收养行为依法成立，应属有效。

2. 判决驳回原告诉请。需指出的是，杨某、胡某收养弃婴行为，应受到社会公众尊重和褒扬。杨某、胡某依法收养弃女陈某，双方形成了法律上的养父母子女关系，杨某、胡某理应依法对未成年的养女陈某履行抚养义务。依法收养弃婴行为，是严肃的法律行为，收养人、送养人、被收养人均需符合法律规定，一旦依法形成收养关系，还需各自承担相应法律后果。现杨某、胡某诉称其为名义收养人，而杨某父母为实际收养人，杨某、胡某以父亲过世，母亲年事已高为由欲确认收养关系无效。收养法律法规并无名义收养人与实际收养人的规定，根据杨某、胡某所述，杨某、胡某以自身条件来帮助不符合收养人条件的父母达到收养目的，如其所述则是亵渎法律、规避法规行为，现杨某父母行为只能视为帮助杨某、胡某照顾养女陈某，在杨某父母无力承担照顾陈某情况下，理应由杨某、胡某继续抚养养女陈某，直至其成年。杨某、胡某收养陈某时，陈某尚不满两周岁，还是一名不谙世事的襁褓婴儿，现陈某已满 13 周岁，已具备相当的心智，杨某、胡某欲通过本次诉讼确认收养关系无效，将会导致陈某两次被弃养经历，这对于一名处在青春发育期的少女是极其沉重的打击，对于其世界观、人生观、价值观树立，以及人际交往均会产生不利影响。此外，杨某、胡某为陈某养父母，均应对陈某承担抚养义务，现杨某在庭审中提出自身经济条件及身体状况不佳，而胡某作为陈某养母，经济条件优越，理应承担起抚养陈某义务。综上，望杨某、胡某能觉然醒悟，真正做到杨某、胡某在收养登记申请中所说的“领养孩子后做到不遗弃、不虐待、使孩子健康成长，培养长大后做一个对社会家庭有用的人。要使她牢记，我们这个社会到处都有爱。”判决驳回杨某、胡某诉请。

【裁判依据或参考】

1. 一般规定。

(1)法律规定。《民法典》(2021 年 1 月 1 日)第 1044 条：“收养应当遵循最有利于被收养人的原则，保障被收养人和收养人的合法权益。禁止借收养名义买卖未成年人。”第 1093 条：“下列未成年人，可以被收养：(一)丧失父母的孤儿；(二)查找不到生父母的未成年人；(三)生父母有特殊困难无力抚养的子女。”第 1094 条：“下列个人、组织可以作送养人：(一)孤儿的监护人；(二)儿童福利机构；(三)有特殊困难无力抚养子女的生父母。”第 1095 条：“未成年人的父母均不具备完全民事行为能力且可能严重危害该未成年人的，该未成年人的监护人可以将其送养。"第1096条:"监护人送养孤儿的,应当征得有抚养义务的人同意。有抚养义务的人不同意送养、监护人不愿意继续履行监护职责的,应当依照本法第一编的规定另行确定监护人。"第1097条:"生父母送养子女,应当双方共同送养。生父母一方不明或者查找不到的,可以单方送养。"第1098条:"收养人应当同时具备下列条件:(一)无子女或者只有一名子女;(二)有抚养、教育和保护被收养人的能力;(三)未患有在医学上认为不应当收养子女的疾病;(四)无不利于被收养人健康成长的违法犯罪记录;(五)年满三十周岁。"第1099条:"收养三代以内旁系同辈血亲的子女,可以不受本法第一千零九十三条第三项、第一千零九十四条第三项和第一千一百零二条规定的限制。华侨收养三代以内旁系同辈血亲的子女,还可以不受本法第一千零九十八条第一项规定的限制。"第1100条:"无子女的收养人可以收养两名子女;有子女的收养人只能收养一名子女。收养孤儿、残疾未成年人或者儿童福利机构抚养的查找不到生父母的未成年人,可以不受前款和本法第一千零九十八条第一项规定的限制。"第1101条:"有配偶者收养子女,应当夫妻共同收养。"第1102条:"无配偶者收养异性子女的,收养人与被收养人的年龄应当相差四十周岁以上。"第1103条:"继父或者继母经继子女的生父母同意,可以收养继子女,并可以不受本法第一千零九十三条第三项、第一千零九十四条第三项、第一千零九十八条和第一千一百条第一款规定的限制。"第1104条:"收养人收养与送养人送养,应当双方自愿。收养八周岁以上未成年人的,应当征得被收养人的同意。"第1106条:"收养关系成立后,公安机关应当按照国家有关规定为被收养人办理户口登记。"第1107条:"孤儿或者生父母无力抚养的子女,可以由生父母的亲属、朋友抚养;抚养人与被抚养人的关系不适用本章规定。"第1108条:"配偶一方死亡,另一方送养未成年子女的,死亡一方的父母有优先抚养的权利。"第1110条:"收养人、送养人要求保守收养秘密的,其他人应当尊重其意愿,不得泄露。"第1111条:"自收养关系成立之日起,养父母与养子女间的权利义务关系,适用本法关于父母子女关系的规定;养子女与养父母的近亲属间的权利义务关系,适用本法关于子女与父母的近亲属关系的规定。养子女与生父母以及其他近亲属间的权利义务关系,因收养关系的成立而消除。"第1112条:"养子女可以随养父或者养母的姓氏,经当事人协商一致,也可以保留原姓氏。"第1113条:"有本法第一编关于民事法律行为无效规定情形或者违反本编规定的收养行为无效。无效的收养行为自始没有法律约束力。"

(2)行政法规。国务院**《中国公民收养子女登记办法》**(2019年3月2日修订)第3条:"收养社会福利机构抚养的查找不到生父母的弃婴、儿童和孤儿的,在社会福利机构所在地的收养登记机关办理登记。收养非社会福利机构抚养的查找不到生父母的弃婴和儿童的,在弃婴和儿童发现地的收养登记机关办理登记。收养生父母有特殊困难无力抚养的子女或者由监护人监护的孤儿的，在被收养人生父母或者监护人常住户口所在地（组织作监护人的，在该组织所在地）的收养登记机关办理登记。收养三代以内同辈旁系血亲的子女，以及继父或者继母收养继子女的，在被收养人生父或者生母常住户口所在地的收养登记机关办理登记。”第5条：“收养人应当向收养登记机关提交收养申请书和下列证件、证明材料：（一）收养人的居民户口簿和居民身份证；（二）由收养人所在单位或者村民委员会、居民委员会出具的本人婚姻状况和抚养教育被收养人的能力等情况的证明，以及收养人出具的子女情况声明；（三）县级以上医疗机构出具的未患有在医学上认为不应当收养子女的疾病的身体健康检查证明。收养查找不到生父母的弃婴、儿童的，并应当提交收养人经常居住地计划生育部门出具的收养人生育情况证明；其中收养非社会福利机构抚养的查找不到生父母的弃婴、儿童的，收养人还应当提交下列证明材料：（一）收养人经常居住地计划生育部门出具的收养人无子女的证明；（二）公安机关出具的捡拾弃婴、儿童报案的证明。收养继子女的，可以只提交居民户口簿、居民身份证和收养人与被收养人生父或者生母结婚的证明。对收养人出具的子女情况声明，登记机关可以进行调查核实。”第6条：“送养人应当向收养登记机关提交下列证件和证明材料：（一）送养人的居民户口簿和居民身份证（组织作监护人的，提交其负责人的身份证件）；（二）收养法规定送养时应当征得其他有抚养义务的人同意的，并提交其他有抚养义务的人同意送养的书面意见。社会福利机构为送养人的，并应当提交弃婴、儿童进入社会福利机构的原始记录，公安机关出具的捡拾弃婴、儿童报案的证明，或者孤儿的生父母死亡或者宣告死亡的证明。监护人为送养人的，并应当提交实际承担监护责任的证明，孤儿的父母死亡或者宣告死亡的证明，或者被收养人生父母无完全民事行为能力并对被收养人有严重危害的证明。生父母为送养人的，并应当提交与当地计划生育部门签订的不违反计划生育规定的协议；有特殊困难无力抚养子女的，还应当提交送养人有特殊困难的声明。其中，因丧偶或者一方下落不明由单方送养的，还应当提交配偶死亡或者下落不明的证明。对送养人有特殊困难的声明，登记机关可以进行调查核实；子女由三代以内同辈旁系血亲收养的，还应当提交公安机关出具的或者经过公证的与收养人有亲属关系的证明。被收养人是残疾儿童的，并应当提交县级以上医疗机构出具的该儿童的残疾证明。”第7条：“收养登记机关收到收养登记申请书及有关材料后，应当自次日起30日内进行审查。对符合收养法规定条件的，为当事人办理收养登记，发给收养登记证，收养关系自登记之日起成立；对不符合收养法规定条件的，不予登记，并对当事人说明理由。收养查找不到生父母的弃婴、儿童的，收养登记机关应当在登记前公告查找其生父母；自公告之日起满60日，弃婴、儿童的生父母或者其他监护人未认领的，视为查找不到生父母的弃婴、儿童。公告期间不计算在登记办理期限内。”第8条:“收养关系成立后,需要为被收养人办理户口登记或者迁移手续的,由收养人持收养登记证到户口登记机关按照国家有关规定办理。”

(3)最高人民法院司法解释及其他司法性文件/解读文章。民政部**《关于印发〈收养评估办法(试行)〉的通知》**(2021年1月1日　民发〔2020〕144号)第3条:“本办法所称收养评估,是指民政部门对收养申请人是否具备抚养、教育和保护被收养人的能力进行调查、评估,并出具评估报告的专业服务行为。”第4条:“收养评估应当遵循最有利于被收养人的原则,独立、客观、公正地对收养申请人进行评估,依法保护个人信息和隐私。”第5条:“民政部门进行收养评估,可以自行组织,也可以委托第三方机构开展。委托第三方机构开展收养评估的,民政部门应当与受委托的第三方机构签订委托协议。”第14条:“开展收养评估不得收取任何费用。地方收养评估工作所需经费应当纳入同级民政部门预算。”最高人民法院**《关于毛玉堂与毛新国的收养关系能否成立的复函》**(1993年1月30日　〔92〕民他字第44号):“……经研究认为:毛新国是毛玉堂的外孙,双方是直系血亲,不能建立收养关系。据此,我们同意你院审判委员会倾向性意见,即毛玉堂与毛新国之间的收养关系不能成立,毛新国不应列为毛玉堂死亡后的第一顺序继承人。鉴于毛新国在其母死亡后,对毛玉堂尽了主要赡养义务的情况,根据最高人民法院**《关于贯彻执行〈中华人民共和国继承法〉若干问题的意见》**(编者注:已于2021年1月1日起废止)第27条规定精神,在分割毛玉堂的遗产时,毛新国可以多分。”最高人民法院民事审判庭**《关于雷俊文诉张秋花、马国归还亲生子一案的电话答复》**(1989年10月10日　〔1989〕民他字第15号):“……经研究认为:此案情况较为特殊,雷俊文夫妇违反计划生育政策和有关法律的规定,拒不采取措施节育,超生第二胎,为了逃避处罚,弄虚作假,对孩子不负责任;马国夫妇原有两个女孩,又擅自收下了雷俊文夫妇的孩子,也不符合计划生育的有关规定。双方当事人均有不同程度的过错。法院审理此案,如简单地就收养关系是否成立予以确认,将孩子判归那一方抚养都违反计划生育政策。因此,可从该案实际出发,根据雷俊文夫妇确有‘不要孩子’的表示,况且孩子已由马国夫妇抚养两年多等情况,从有利于孩子身心健康不受影响考虑,对雷俊文夫妇归还亲子的诉讼请求,予以驳回为宜。但要注意过细地做当事人的思想工作,妥善处理,以防矛盾激化。以上意见,供参考。”最高人民法院民事审判庭**《关于田海和诉田莆民、田长友扶养费一案的电话答复》**(1988年11月14日　〔88〕民他字第43号):“……经我们研究认为,此案不宜比照婚姻法第二十三条规定处理。现就该案有关问答复如下:一、同意你院关于田海和与田长友之间收养关系不成立的意见。因为双方从未在一起生活过,田海和对田长友也没尽过抚养义务,事实上没有形成收养关系,‘继书’不宜采纳。二、田莆民与田海和之间订立的‘承养字’没有法律约束力。三、田海和是有残疾的成年人,不宜比照婚姻法第二十三条的规定处理，扩大该法律原文解释。四、田海和生活困难问题请有关法院会同当地政府有关部门协商，作为社会救济，给予妥善安置。”最高人民法院民事审判庭**《关于吴乱能否与养孙之间解除收养关系的请示的电话答复》**（1988年8月30日 〔88〕民他字第32号）：“……经研究，我们认为，根据本案的实际情况，吴乱与孙翠楼双方自愿，虽有过继单，协商达成收养协议，公开以母子相称并按过继单规定给付吴乱生活费，已形成事实上的收养关系。但孙翠楼之子是在吴乱与孙翠楼收养关系成立后，随父一起去吴乱家的，吴乱与孙翠楼之子不存在收养关系。王果以及其子到吴乱家后单方面对吴乱尽义务多年，他们之间实际上是抚养关系。在财产分割问题上，应考虑王果及其子尽义务多年，又要体现对丧失劳动能力的老人的照顾，对双方的个人财产，共同财产，合情合理合法进行分割。”最高人民法院**《关于生母已将女儿给人收养而祖母要求收回抚养孙女应否支持问题的批复》**（1987年11月17日 〔1987〕民他字第45号）：“……据你院报告称：丁杏瑞（丈夫已故）有一子二女，其子周吉芳和张兰于1986年3月登记结婚，同年11月22日周吉芳病故。1987年2月张兰生一女，委托护士将女婴送给王明星、陈德芳夫妇（无子女）抚养。丁得知后，要张兰将孙女领回由她抚养，被拒绝。为此，丁杏瑞诉讼到人民法院。经研究，我们基本上同意你院审判委员会意见，即根据该案具体情况，从更有利于儿童的利益和健康成长考虑，张兰将其女儿送给王明星夫妇抚养是法律所允许的，可予维持。在审理中，要尽力做好说服工作，争取调解解决。”最高人民法院**《关于收养诸问题的复函》**（1951年5月17日 法秘字第5113号）第1条：“收养契约虽为养父母与养子女间的关系，但幼年子女的生父母亦可与收养的父母成立契约，将子女交其收养。只须不妨碍子女利益，在习惯上（如近亲辈分）又无妨碍，即应认为是合法成立的契约。来件所称系陶王氏因生活无法维持，将其幼子以字据交给郑家为养子，自属合法契约，一经订立，如果没有正当的理由（例如养父母对养子女有虐待遗弃等事实）自应有效，而不能取消（解除）。即使提出虐待、遗弃等事实，亦须经过法院的判决，才能证为合法。”第2条：“处理此种案件，应依据婚姻法照顾子女利益的原则，所以应否准许取消收养契约，应从子女利益上来考虑。至于陶王氏要与其子来往的问题，亦应在两家和睦的基础上进行协商解决，如能征得养父母的同意，陶王氏可与其子来往，但她所提两家各住半年的请求，是不妥当的。”第3条：“收养契约无论写成书面或口头订之皆可，只要确能证明，均为有效。”最高人民法院华东分院**《关于亲属继承等问题的批复》**（1951年4月17日 东法编字第1727号）：“……兹经研究，提出下列意见，以供参考：（一）关于立嗣问题：在中央尚未颁布关于亲属继承等法规以前，可参照婚姻法的精神，视为一般收养关系，这种收养关系，以双方同意为原则，这是我们于本年1月18日答复的意见。现在你们所说：（解放前每有被继承人生前无子，死后由其亲属代为立嗣，在被继承人的一方,无同意之可言,……能否视为收养关系合法成立,不准他人再有争论)。照这个问题的分析,我们认为被继承人生前如无遗嘱,则死后的遗产,应归有继承权的人依法继承;如系有继承权的亲属,自愿放弃继承权利,而为死者另立嗣子,这是有权处理遗产的问题,不叫做收养关系;如果是死者的配偶代为立嗣,又是另一收养关系,他人均无告争的余地。”最高人民法院**《关于收养关系诸问题的几点意见》**(1951 年 1 月 1 日):“……(一)收养契约虽为养父母与养子女间的契约,但幼年子女的生父母亦可与收养的父母成立契约,将子女交其收养。只不妨碍子女利益,在习惯上(如近亲辈分)又无妨碍,即应认为是合法的契约。来件所称系陶王氏因生活无法维持,将其幼子以字据交给郑家为养子,自属合法契约,一经订立,如果没有正当理由(例如养父母对养子女有虐待遗弃等事实),自应有效,而不能任意取消(解除)。即使提出虐待遗弃等事实亦须经过法院的判决,才能认为合法。(二)处理此种案件,应依据婚姻法照顾子女的利益原则,所以应否准许取消收养契约,须从子女利益上来考虑,至于陶王氏可否与其子来往问题,亦应在两家和睦的基础上进行协商而取得协议解决之,如能征得养父母的同意,陶王氏可与其子来往,但她所提两家各住半年的请求是不妥当的。(三)收养契约,无论写成书面或口头订立皆可,只要确能证明,均为有效。”

(4)部门规章。民政部**《关于解决国内公民私自收养子女有关问题的通知》**(2008 年 9 月 5 日　民发〔2008〕132 号)第 1 条:“区分不同情况,妥善解决现存私自收养子女问题。(一)1999 年 4 月 1 日,《收养法》修改决定施行前国内公民私自收养子女的,依据司法部《关于办理收养法实施前建立的事实收养关系公证的通知》(司发通〔1993〕125 号)、《关于贯彻执行〈中华人民共和国收养法〉若干问题的意见》(司发通〔2000〕33 号)和公安部《关于国内公民收养弃婴等落户问题的通知》(公通字〔1997〕54 号)的有关规定办理。依据司法部《关于贯彻执行〈中华人民共和国收养法〉若干问题的意见》(司发通〔2000〕33 号)的规定,对当事人之间抚养的事实已办理公证的,抚养人可持公证书、本人的合法有效身份证件及相关证明材料,向其常住户口所在地的户口登记机关提出落户申请,经县、市公安机关审批同意后,办理落户手续。(二)1999 年 4 月 1 日,《收养法》修改决定施行后国内公民私自收养子女的,按照下列情况办理:1. 收养人符合《收养法》规定的条件,私自收养非社会福利机构抚养的查找不到生父母的弃婴和儿童,捡拾证明不齐全的,由收养人提出申请,到弃婴和儿童发现地的县(市)人民政府民政部门领取并填写《捡拾弃婴(儿童)情况证明》,经收养人常住户口所在地的村(居)民委员会确认,乡(镇)人民政府、街道办事处审核并出具《子女情况证明》,发现地公安部门对捡拾人进行询问并出具《捡拾弃婴(儿童)报案证明》,收养人持上述证明及《中国公民收养子女登记办法》(以下简称《登记办法》)规定的其他证明材料到弃婴和儿童发现地的县(市)人民政府民政部门办理收养登记。2. 收养人具备抚养教育能力,身体健康,年满30周岁,先有子女,后又私自收养非社会福利机构抚养的查找不到生父母的弃婴和儿童,或者先私自收养非社会福利机构抚养的查找不到生父母的弃婴和儿童,后又生育子女的,由收养人提出申请,到弃婴和儿童发现地的县(市)人民政府民政部门领取并填写《捡拾弃婴(儿童)情况证明》,发现地公安部门出具《捡拾弃婴(儿童)报案证明》。弃婴和儿童发现地的县(市)人民政府民政部门应公告查找其生父母,并由发现地的社会福利机构办理入院登记手续,登记集体户口。对于查找不到生父母的弃婴、儿童,按照收养社会福利机构抚养的弃婴和儿童予以办理收养手续。由收养人常住户口所在地的村(居)民委员会确认,乡(镇)人民政府、街道办事处负责审核并出具收养前当事人《子女情况证明》。在公告期内或收养后有检举收养人政策外生育的,由人口计生部门予以调查处理。确属政策外生育的,由人口计生部门按有关规定处理。捡拾地没有社会福利机构的,可到由上一级人民政府民政部门指定的机构办理。3. 收养人不满30周岁,但符合收养人的其他条件,私自收养非社会福利机构抚养的查找不到生父母的弃婴和儿童且愿意继续抚养的,可向弃婴和儿童发现地的县(市)人民政府民政部门或社会福利机构提出助养申请,登记集体户口后签订义务助养协议,监护责任由民政部门或社会福利机构承担。待收养人年满30周岁后,仍符合收养人条件的,可以办理收养登记……5. 私自收养生父母有特殊困难无力抚养的子女、由监护人送养的孤儿,或者私自收养三代以内同辈旁系血亲的子女,符合《收养法》规定条件的,应当依法办理登记手续;不符合条件的,应当将私自收养的子女交由生父母或者监护人抚养。(三)私自收养发生后,收养人因经济状况,身体健康等原因不具备抚养能力,或者收养人一方死亡、离异,另一方不愿意继续抚养,或者养父母双亡的,可由收养人或其亲属将被收养人送交社会福利机构抚养(被收养人具备完全民事行为能力的除外)。其亲属符合收养人条件且愿意收养的,应当依法办理收养登记。(四)对于不符合上述规定的国内公民私自收养,依据《收养法》及相关法律法规的规定,由当事人常住户口所在地的乡(镇)人民政府、街道办事处,动员其将弃婴或儿童送交社会福利机构抚养。"第2条:"……各地应广泛深入宣传通知精神,集中处理本行政区域内2009年4月1日之前发生的国内公民私自收养。自本通知下发之日起,公民捡拾弃婴的,一律到当地公安部门报案,查找不到生父母和其他监护人的一律由公安部门送交当地社会福利机构或者民政部门指定的抚养机构抚养。公民申请收养子女的,应到民政部门申请办理收养登记。对本通知下发之前已经处理且执行完结的私自收养子女的问题,不再重新处理;正在处理过程中,但按照通知规定不予处理的,终止有关程序;已经发生,尚未处理的,按本通知执行。"民政部婚姻司***《对〈收养法〉的解答》***(1992年4月1日)第1条:"什么是收养?答:收养,是领养他人子女为自己子女的民事法律行为,使原来没有父母子女关系的人们之间产生法律拟制的父母子女关系,收养人为养父和养母,被收养人为养子或养女。收养必须符合一定的条件和程序才能成立。收养关系一经成立,养子女与养父母间的关系与亲生父母子女间的关系基本相同,但收养关系在一定条件下可以解除,而亲生父母子女间的血亲关系则一般不能人为解除。”第 2 条:“什么是收养法的基本原则? 答:我国收养法第二条规定:收养应当有利于被收养的未成年的抚养、成长,遵循平等自愿的原则。这里规定了我国收养法的两个基本原则。(一)有利于未成年人健康成长的原则。实行收养制度主要是为了养子女的利益,它可以使无依无靠的孤儿,或因某些原因无法随父母生活的儿童,在养父母的抚养教育下,享受家庭的温暖,得以健康成长。(二)平等自愿的原则。收养是确立养父母子女关系的一种法律行为,为了保证这种拟制血亲关系的稳定,就要求它必须建立在双方平等自愿的基础上。”第 4 条:“哪些人可以被他人收养? 答:收养法第四条规定,下列不满 14 周岁的未成年人可以被收养:一是丧失父母的孤儿;二是查找不到生父母的弃婴和儿童;三是生父母有特殊困难无力抚养的子女。法律之所以如此规定,主要是因为:第一,有利于收养关系的稳定。因为收养人与被收养人之间本无自然血缘关系,如果被收养人年龄过大,很难消除他们与其生父母已经形成的父母子女之情,也不易与养父母之间建立起浓厚感情,以致影响收养关系的稳定;第二,符合收养的目的。收养的本意就是为了使那些无人抚养或父母无力抚养的孩子,在养父母的抚养教育下,享受家庭的温暖,得以健康成长。另外,考虑到我国民间习惯,收养法还规定收养三代以内同辈旁系血亲的子女可以不受被收养人不满 14 周岁的限制。”第 4 条:“哪些人可以作送养人? 答:收养法第五条规定:下列公民、组织可以作送养人:(一)孤儿的监护人;(二)社会福利机构;(三)有特殊困难无力抚养子女的生父母。上述公民或组织作为送养人,有一个共同特征,即他们是被送养人的监护人或监护教养机关。因为有关当事人的合意是收养成立的重要条件,而作为当事人一方的送养人,必须是被送养人的父母、其他监护人或监护教养机关。因此,收养法规定的可以作送养人的公民、组织正好符合这一要求。根据我国民法通则第十六条的规定,未成年人的监护人包括‘(一)父母;(二)祖父母、外祖父母;(三)兄、姐;(四)关系密切的其他亲属、朋友愿意承担监护责任,经未成年人的父母的所在单位或者未成年人住所在地的居民委员会、村民委员会同意的’。”第 5 条:“有特殊困难无力抚养的子女的含义是什么? 答:有特殊困难无力抚养的子女,是指有生父母或生父母一方死亡,但其生父母或生父、生母有特殊困难不能抚养教育的未满 14 周岁的子女。如生父母重病、重残,无力抚养教育的子女或由于自然灾害等原因造成其生父母无力抚养的子女,以及非婚生子女等。”第 6 条:“收养人应当具备哪些条件? 答:收养人应当同时具备三个条件:第一,无子女,主要是指夫妇一方或双方已无生育能力和无配偶者无子女；第二，有抚养教育被收养人的能力，主要包括经济条件、健康条件和教育子女的能力等；第三，年满35周岁。收养法第九条还规定‘无配偶的男性收养女性的，收养人与被收养人的年龄应当相差40周岁以上’。”第7条：“有抚养教育被收养人的能力主要指什么？答：有抚养教育被收养人的能力主要指收养人有抚养和教育被收养人的经济条件、健康条件和教育能力等。经济条件是指有足够而稳定的经济来源；健康条件是指必须没有影响被收养人成长的精神病或其他严重疾病；教育能力是指收养人有引导教育被收养人健康成长的能力。当然，收养人首先要有正确的收养目的和良好的道德品质。”第8条：“为什么收养孤儿和残疾儿童，收养人的条件可以放宽？答：这是因为考虑到孤儿和残疾儿童的特殊情况，如孤儿可能有兄弟姐妹，并且愿意在一起生活；残疾儿童难于找到收养人等。所以，适当放宽收养人的条件，既可为国家减轻负责，也有利于孤儿和残疾儿童的生活和成长。”第9条：“收养人可以收养几人？答：收养法第八条第一款规定：‘收养人只能收养一名子女’。这是因为实行收养，不能违背‘一对夫妇只能生育一个孩子’的计划生育原则。另外，收养人只收养一名子女，也有利于被收养人的健康成长。但是孤儿或者残疾儿童可以不受收养人无子女和年满35周岁以及收养一名的限制。”第11条：“到哪里办理收养登记？答：根据《民政部关于中国公民在中华人民共和国办理收养登记的若干规定》办理收养登记机关是县级以上人民政府的民政部门；收养查找不到生父母的弃婴和儿童，在弃婴和儿童被发现地民政部门的收养登记机关办理收养登记；收养福利机构抚养的孤儿，在社会福利机构所在地民政部门的收养登记机关办理收养登记。根据《民政部关于外国人在中华人民共和国办理收养登记的若干规定》，申请收养人是外国人（包括外籍华人），须亲自到被收养人户籍所在地省级人民政府的民政部门及其指定的收养登记机关办理收养登记。”第12条：“办理收养登记时，哪些人必须亲自到场？答：《收养法》规定：有配偶者收养子女，须夫妻共同收养；收养人收养与送养人送养须双方自愿；收养年满10周岁以上未成年人的，应当征得被收养人的同意。因此，在办理收养登记时，收养人应当亲自到收养登记机关。有配偶者双方都应亲自到场，一方不能亲自到场的，须出具经公证的委托收养书。年满10周岁以上的被收养人，也须亲自到场。外国人收养中国子女，送养人是公民的，也必须亲自到收养登记机关办理收养登记。”第13条：“办理收养登记时应带齐哪些证件和证明材料？答：申请收养人到收养登记机关申请办理收养登记时，应向收养登记机关提交本人的居民身份证和户口簿，写有本人年龄、婚姻、家庭成员、健康、有无抚养教育被收养人的能力等状况的有效证明。申请收养社会福利机构抚养的孤儿，须提供该社会福利机构出具的同意送养的证明；申请收养弃婴须提供有关主管机关出具的查找不到其生父母的证明；申请收养有残疾的儿童，还须提供县级医疗单位出具的残疾状况的证明;此外,申请人还应向登记机关提交写明其收养目的、不虐待、不遗弃被收养人和抚育被收养人健康成长的书面保证。”第14条:“办理收养登记所需的证明材料应由哪里出具?答:申请收养人是职工的,须由其所在单位的人事部门为其出具写明本人年龄、婚姻、家庭成员等情况的证明:申请收养人如无工作单位,所需证明材料应由其所在居民委员会为其出具,并加盖街道办事处公章;申请收养人是农民的,由其所在地的村民委员会出具证明材料并须加盖乡、镇人民政府公章。”第22条:“借收养名义拐卖儿童或者遗弃婴儿的,应承担什么法律责任?答:《收养法》规定:‘严禁买卖儿童或者借收养名义买卖儿童’。借收养名义拐卖儿童的,依照《全国人民代表大会常务委员会关于严惩拐卖、绑架妇女、儿童的犯罪分子的决定》追究刑事责任。这一‘决定’规定:拐卖妇女、儿童的,处五年以上十年以下有期徒刑,并处一万元以下罚金;对拐卖妇女、儿童集团的首要分子,拐卖妇女、儿童三人以上的,造成被拐卖妇女、儿童或者其亲属重伤、死亡或者其他严重后果的,将妇女、儿童卖往境外的,处十年以上有期徒刑或者无期徒刑,并处以1万元以下罚款或者没收财产,情节特别严重的,处死刑,并处没收财产。遗弃婴儿的,由公安部门处1000元以下罚款;情节恶劣构成犯罪的,依照《中华人民共和国刑法》第一百八十三条追究刑事责任。出卖亲生子女的,依照上述规定处罚。”第23条:“《收养法》什么时候开始施行?对施行前形成的收养关系怎么办?答:《收养法》从1992年4月1日起施行,当事人应当切实依照《收养法》成立收养关系,各有关部门应认真贯彻执行《收养法》和各项规定。对《收养法》施行前形成的收养关系,适用当时的有关规定,符合当时有关规定的收养关系有效,收养当事人的合法权益受法律保护。”

(5)地方司法性文件。江苏高院**《家事纠纷案件审理指南(婚姻家庭部分)》**(2019年7月18日)第11条:“《中华人民共和国收养法》施行后,离婚时对于未办理收养登记的未成年人应当如何处理抚养问题?《中华人民共和国收养法》施行后,收养应当向县级以上人民政府民政部门登记,否则收养关系不成立。对于未办理登记导致收养关系不成立的,离婚时夫妻双方与未成年人之间不适用《婚姻法》关于父母子女关系的规定。离婚时对于符合收养条件的,夫妻双方应当补办收养登记,人民法院再依照《婚姻法》关于父母子女关系的规定处理未成年人抚养问题。无法补办收养登记的,如果夫妻一方或者双方均愿意抚养未成年人,对于个人符合收养条件的,由该方补办收养登记,人民法院可以判决收养方抚养未成年人,对于未成年人的抚养费由收养方自行承担,但可以根据收养方的主张结合未成年人的实际需要、夫妻双方的负担能力、离婚时共同财产分割情况、当地的实际生活水平等酌情判令夫妻另一方给予经济帮助。如果夫妻双方均不符合收养条件或者愿意抚养的夫妻一方不符合收养条件或者夫妻双方均不愿意继续抚养未成年人的,人民法院可以依照《中华人民共和国民法总则》的相关规定待未成年人确定监护人后，再处理离婚案件。”北京高院民一庭**《关于审理婚姻纠纷案件若干疑难问题的参考意见》**（2016 年 8 月 4 日）第 7 条：“【离婚诉讼中的收养关系问题】离婚案件中人民法院可以对被收养的未成年子女抚养问题在判决中予以处理。离婚案件涉及收养行为效力的，收养行为有效性可以确认的，对收养的未成年子女抚养问题应一并处理；确有证据表明收养行为效力难以直接确认的，应另行向人民法院请求确认收养的效力。”安徽滁州中院**《关于审理婚姻家庭纠纷案件座谈会纪要》**（2013 年 8 月 2 日）第 26 条：“收养行为不符合《收养法》的规定，属于无效收养，不适用法律关于父母子女关系的规定。离婚案件中，可以明确无效收养的子女随一方生活，另一方每月给付一定数额的生活费。在继承案件中，若无效收养的子女缺乏劳动能力又无生活来源，依靠被继承人抚养或对被继承人尽了赡养义务的，依据《继承法》第十四条的规定，可以分给其适当的遗产。”广东高院**《关于审理婚姻纠纷案件若干问题的指导意见》**（2006 年 11 月 14 日　粤高法发〔2006〕39 号，2021 年 1 月 1 日起废止）第 4 条：“离婚案件涉及《中华人民共和国收养法》施行后发生的收养行为的效力的，人民法院可以对被收养的未成年子女的生活照顾问题在判决书中予以处理，但不应对收养行为的效力作出认定，并告知当事人可另行向人民法院请求确认收养的效力或者到民政部门补办手续。”

2. 涉外收养。**《民法典》**（2021 年 1 月 1 日）第 1109 条：“外国人依法可以在中华人民共和国收养子女。外国人在中华人民共和国收养子女，应当经其所在国主管机关依照该国法律审查同意。收养人应当提供由其所在国有权机构出具的有关其年龄、婚姻、职业、财产、健康、有无受过刑事处罚等状况的证明材料，并与送养人签订书面协议，亲自向省、自治区、直辖市人民政府民政部门登记。前款规定的证明材料应当经收养人所在国外交机关或者外交机关授权的机构认证，并经中华人民共和国驻该国使领馆认证，但是国家另有规定的除外。”**《涉外民事关系法律适用法》**（2011 年 4 月 1 日）第 28 条：“收养的条件和手续，适用收养人和被收养人经常居所地法律。收养的效力，适用收养时收养人经常居所地法律。收养关系的解除，适用收养时被收养人经常居所地法律或者法院地法律。”国务院**《中国公民收养子女登记办法》**（2019 年 3 月 2 日修订）第 14 条：“华侨以及居住在香港、澳门、台湾地区的中国公民在内地收养子女的，申请办理收养登记的管辖以及所需要出具的证件和证明材料，按照国务院民政部门的有关规定执行。”民政部**《外国人在中华人民共和国收养子女登记办法》**（1999 年 5 月 25 日）第 2 条：“外国人在中华人民共和国境内收养子女（以下简称外国人在华收养子女），应当依照本办法办理登记。收养人夫妻一方为外国人，在华收养子女，也应当依照本办法办理登记。”第 3 条：“外国人在华收养子女，应当符合中国有关收养法律的规定，并应当符合收养人所在国有关收养法律的规定;因收养人所在国法律的规定与中国法律的规定不一致而产生的问题,由两国政府有关部门协商处理。”第4条:“外国人在华收养子女,应当通过所在国政府或者政府委托的收养组织(以下简称外国收养组织)向中国政府委托的收养组织(以下简称中国收养组织)转交收养申请并提交收养人的家庭情况报告和证明。前款规定的收养人的收养申请、家庭情况报告和证明,是指由其所在国有权机构出具,经其所在国外交机关或者外交机关授权的机构认证,并经中华人民共和国驻该国使馆或者领馆认证的下列文件:(一)跨国收养申请书;(二)出生证明;(三)婚姻状况证明;(四)职业、经济收入和财产状况证明;(五)身体健康检查证明;(六)有无受过刑事处罚的证明;(七)收养人所在国主管机关同意其跨国收养子女的证明;(八)家庭情况报告,包括收养人的身份、收养的合格性和适当性、家庭状况和病史、收养动机以及适合于照顾儿童的特点等。在华工作或者学习连续居住一年以上的外国人在华收养子女,应当提交前款规定的除身体健康检查证明以外的文件,并应当提交在华所在单位或者有关部门出具的婚姻状况证明,职业、经济收入或者财产状况证明,有无受过刑事处罚证明以及县级以上医疗机构出具的身体健康检查证明。”第5条:“送养人应当向省、自治区、直辖市人民政府民政部门提交本人的居民户口簿和居民身份证(社会福利机构作送养人的,应当提交其负责人的身份证件)、被收养人的户籍证明等情况证明,并根据不同情况提交下列有关证明材料:(一)被收养人的生父母(包括已经离婚的)为送养人的,应当提交生父母有特殊困难无力抚养的证明和生父母双方同意送养的书面意见;其中,被收养人的生父或者生母因丧偶或者一方下落不明,由单方送养的,并应当提交配偶死亡或者下落不明的证明以及死亡的或者下落不明的配偶的父母不行使优先抚养权的书面声明;(二)被收养人的父母均不具备完全民事行为能力,由被收养人的其他监护人作送养人的,应当提交被收养人的父母不具备完全民事行为能力且对被收养人有严重危害的证明以及监护人有监护权的证明;(三)被收养人的父母均已死亡,由被收养人的监护人作送养人的,应当提交其生父母的死亡证明、监护人实际承担监护责任的证明,以及其他有抚养义务的人同意送养的书面意见;(四)由社会福利机构作送养人的,应当提交弃婴、儿童被遗弃和发现的情况证明以及查找其父母或者其他监护人的情况证明;被收养人是孤儿的,应当提交孤儿父母的死亡或者宣告死亡证明,以及有抚养孤儿义务的其他人同意送养的书面意见。送养残疾儿童的,还应当提交县级以上医疗机构出具的该儿童的残疾证明。”第6条:“省、自治区、直辖市人民政府民政部门应当对送养人提交的证件和证明材料进行审查,对查找不到生父母的弃婴和儿童公告查找其生父母;认为被收养人、送养人符合收养法规定条件的,将符合收养法规定的被收养人、送养人名单通知中国收养组织,同时转交下列证件和证明材料:(一)送养人的居民户口簿和居民身份证(社会福利机构作送养人的,为其负责人的身份证件)复制件;(二)被收养人是弃婴或者孤儿的证明、户籍证明、成长情况报告和身体健康检查证明的复制件及照片。省、自治区、直辖市人民政府民政部门查找弃婴或者儿童生父母的公告应当在省级地方报纸上刊登。自公告刊登之日起满 60 日,弃婴和儿童的生父母或者其他监护人未认领的,视为查找不到生父母的弃婴和儿童。”第 7 条:“中国收养组织对外国收养人的收养申请和有关证明进行审查后,应当在省、自治区、直辖市人民政府民政部门报送的符合收养法规定条件的被收养人中,参照外国收养人的意愿,选择适当的被收养人,并将该被收养人及其送养人的有关情况通过外国政府或者外国收养组织递交外国收养人。外国收养人同意收养的,中国收养组织向其发出来华收养子女通知书,同时通知有关的省、自治区、直辖市人民政府民政部门向送养人发出被收养人已被同意收养的通知。”第 8 条:“外国人来华收养子女,应当亲自来华办理登记手续。夫妻共同收养的,应当共同来华办理收养手续;一方因故不能来华的,应当书面委托另一方。委托书应当经所在国公证和认证。”第 9 条:“外国人来华收养子女,应当与送养人订立书面收养协议。协议一式三份,收养人、送养人各执一份,办理收养登记手续时收养登记机关收存一份。书面协议订立后,收养关系当事人应当共同到被收养人常住户口所在地的省、自治区、直辖市人民政府民政部门办理收养登记。”第 10 条:“收养关系当事人办理收养登记时,应当填写外国人来华收养子女登记申请书并提交收养协议,同时分别提供有关材料。收养人应当提供下列材料:(一)中国收养组织发出的来华收养子女通知书;(二)收养人的身份证件和照片。送养人应当提供下列材料:(一)省、自治区、直辖市人民政府民政部门发出的被收养人已被同意收养的通知;(二)送养人的居民户口簿和居民身份证(社会福利机构作送养人的,为其负责人的身份证件)、被收养人的照片。”第 11 条:“收养登记机关收到外国人来华收养子女登记申请书和收养人、被收养人及其送养人的有关材料后,应当自次日起 7 日内进行审查,对符合本办法第十条规定的,为当事人办理收养登记,发给收养登记证书。收养关系自登记之日起成立。收养登记机关应当将登记结果通知中国收养组织。”第 12 条:“收养关系当事人办理收养登记后,各方或者一方要求办理收养公证的,应当到收养登记地的具有办理涉外公证资格的公证机构办理收养公证。”第 13 条:“被收养人出境前,收养人应当凭收养登记证书到收养登记地的公安机关为被收养人办理出境手续。”第 14 条:“外国人在华收养子女,应当向登记机关交纳登记费。登记费的收费标准按照国家有关规定执行。中国收养组织是非营利性公益事业单位,为外国收养人提供收养服务,可以收取服务费。服务费的收费标准按照国家有关规定执行。为抚养在社会福利机构生活的弃婴和儿童,国家鼓励外国收养人、外国收养组织向社会福利机构捐赠。受赠的社会福利机构必须将捐赠财物全部用于改善所抚养的弃婴和儿童的养育条件,不得挪作他用,并应当将捐赠财物的使用情况告知捐赠人。受赠的社会福利机构还应当接受有关部门的监督,并应当将捐赠的使用情况向社会公布。”民政部婚姻司**《对〈收养法〉的解答》**(1992 年 4 月 1 日)第 10 条:“收养关系如何确立?答:根据《收养法》的有关规定,收养关系的确立有以下三种方式:(一)中国公民(包括港澳同胞、台湾居民和华侨)收养查找不到生父母的弃婴和儿童以及社会福利机构抚养的孤儿,应当亲自向民政部门办理收养登记。收养关系自登记之日起成立。(二)中国公民(包括港澳同胞、台湾居民和华侨)收养生父母有特殊困难无力抚养的子女、收养未经社会福利机构抚养的孤儿以及继父(母)收养继子女的,应当由收养人、送养人依照《收养法》规定的收养、送养条件订立书面协议,并可以办理收养公证。收养人或者送养人要求办理收养公证的,应当办理收养公证。收养关系自协议生效之日起成立。(三)外国人(包括外籍华人)在中华人民共和国收养子女,应当亲自向民政部门登记,并到指定的公证处办理收养公证。收养关系自公证证明之日起成立。”第 16 条:“外国人在中国收养子女应如何办理收养手续?答:外国人在中华人民共和国收养子女,应当向被收养人所在的省一级人民政府民政部门收养登记机关提出申请,提供本人的年龄、婚姻、职业、财产、健康、有无受过刑事处罚等状况的证明材料。(该证明材料须经其所在国公证机构或者公证人公证,并经中华人民共和国驻该国使领馆认证)。该外国人还应当与送养人订立书面协议,亲自办理收养登记的有关手续。经收养登记机关审查,对符合我国《收养法》规定的收养条件的外国人准予登记,发给《收养证》。然后到指定的公证处办理收养公证,经登记、公证后收养关系即建立。”司法部**《关于建立外国人在我国收养子女登记备案制度的通知》**(1988 年 11 月 21 日 〔88〕司发公字 303 号):“……为加强外国人在我国收养子女的管理,并为正在制定的收养法的颁布实施做好准备工作,现决定建立外国人在我国收养子女登记备案制度。凡是一九七九年公证制度恢复以来,各地公证机关已办理完结的外国人(包括外籍华人)在我国收养子女的公证事项,均应按所附《外国人收养登记表》逐件填写,于一九八九年一月底以前由司法厅(局)公证管理处统一报部公证律师司备案,自一九八九一月一日起,各公证处办理的此类公证事项,在办证后,由经办公证处于一星期内填写好《外国人收养登记表》直接报各司法厅(局)公证管理处和部公证律师司登记备案。”

3. 涉港澳台、华侨收养。民政部**《关于印发〈收养评估办法(试行)〉的通知》**(2021 年 1 月 1 日 民发〔2020〕144 号)第 15 条:“华侨以及居住在香港、澳门、台湾地区的中国公民申请收养的,当地有权机构已经作出收养评估报告的,民政部门可以不再重复开展收养评估。没有收养评估报告的,民政部门可以依据当地有权机构出具的相关证明材料,对收养申请人进行收养评估。外国人申请收养的,收养评估按照有关法律法规规定执行。”民政部**《华侨以及居住在港澳台地区的中国公**

民办理收养登记的管辖以及所需出具证明材料的规定》(1999 年 5 月 25 日)第 2 条:“华侨以及居住在香港、澳门、台湾地区的中国公民在内地收养子女的,应当到被收养人常住户口所在地的直辖市、设区的市、自治州人民政府民政部门或者地区(盟)行政公署民政部门申请办理收养登记。”第 3 条:“居住在已与中国建立外交关系国家的华侨申请办理成立收养关系的登记时,应当提交收养申请书和下列证件、证明材料:(一)护照;(二)收养人居住国有权机构出具的收养人的年龄、婚姻、有无子女、职业、财产、健康、有无受过刑事处罚等状况的证明材料,该证明材料应当经其居住国外交机关或者外交机关授权的机构认证,并经中国驻该国使领馆认证。”第 4 条:“居住在未与中国建立外交关系国家的华侨申请办理成立收养关系的登记时,应当提交收养申请书和下列证件、证明材料:(一)护照;(二)收养人居住国有权机构出具的收养人的年龄、婚姻、有无子女、职业、财产、健康、有无受过刑事处罚等状况的证明材料,该证明材料应当经其居住国外交机关或者外交机关授权的机构认证,并经已与中国建立外交关系的国家驻该国使领馆认证。”第 5 条:“香港居民中的中国公民申请办理成立收养关系的登记时,应当提交收养申请书和下列证件、证明材料:(一)香港居民身份证、香港居民来往内地通行证或者香港同胞回乡证;(二)经国家主管机关委托的香港委托公证人证明的收养人的年龄、婚姻、有无子女、职业、财产、健康、有无受过刑事处罚等状况的证明材料。”第 6 条:“澳门居民中的中国公民申请办理成立收养关系的登记时,应当提交收养申请书和下列证件、证明材料:(一)澳门居民身份证、澳门居民来往内地通行证或者澳门同胞回乡证;(二)澳门地区有权机构出具的收养人的年龄、婚姻、有无子女、职业、财产、健康、有无受过刑事处罚等状况的证明材料。”第 7 条:“台湾居民申请办理成立收养关系的登记时,应当提交收养申请书和下列证件、证明材料:(一)在台湾地区居住的有效证明;(二)中华人民共和国主管机关签发或签注的在有效期内的旅行证件;(三)经台湾地区公证机构公证的收养人的年龄、婚姻、有无子女、职业、财产、健康、有无受过刑事处罚等状况的证明材料。”民政部婚姻司**《港澳同胞、台湾居民及华侨收养子女的条件和登记程序》**(1992 年 5 月 1 日)第 1 条:“收养人条件。港澳同胞、台湾居民、海外华侨同属中国公民,根据《收养法》的规定,收养人应同时具备以下条件:(一)无子女;(二)有抚养教育被收养人的能力;(三)年满 35 周岁。华侨收养三代以内同辈旁系血亲的子女,还可以不受收养人无子女的限制。有抚养教育被收养人的能力,主要包括经济条件、健康条件和教育子女的能力。经济条件主要看是否有固定职业,有可靠的经济来源,在居住国是否有永久居住权。有些人虽已出国多年,但并无取得所居住国的永久居住权,一般则不能收养。”第 2 条:“办理收养登记的机关和程序。1. 登记机关。港澳同胞、台湾居民、华侨收养查找不到生父母的弃婴和社会福利机构抚养的孤儿要到民政部门办理收养登记,收养关系才能成立。2. 登记程序。办理申请收养登记时,收养人应当向收养登记机关提交书面申请,并提供有关证明材料,经审查合格,予以登记,发给收养证书。登记机关审查时,应首先审查收养人的收养目的和是否具备收养人条件。并审查收养人提供的证件的真实性和有效性。以上几类人由于来自不同的地点,其证明材料也有所不同。港澳同胞:(1)香港居民身份证分为永久居民身份证和临时居民身份证两种。持有香港永久居民身份证并是香港本土人士或在香港连续居住七年以上的华裔人士,才能按香港同胞收养登记办法办理收养。(2)经国家主管机关委托的港澳地区公证律师出具的本人年龄、婚姻、家庭成员、职业、财产、健康等状况的证明(自出具之日起6个月内有效)。台湾居民:(1)在台湾居住的有效身份证明,即指户籍底册的影印件。(2)国家主管机关签发或者签注的在有效期内的旅行证件。根据《中国公民往来台湾地区管理办法》的规定(自1992年5月1日起施行)。a. 由台湾地区直接来大陆的,由公安部出入境管理局派出或委托的机关签发旅行证件,有特殊事由的,可以由指定的开放口岸的公安机关签发旅行证件。b. 由港澳地区来大陆的,可由公安部出入境管理局派出的机构签发旅行证件,也可由外交部驻香港签证处和香港中国旅行社签发旅行证件。c. 经其他国家来大陆的,可由我国驻该国使、领馆签发旅行证件。(3)经公证的本人年龄、婚姻、家庭成员、职业、财产、健康等状况的证明(自出具之日起6个月内有效)。华侨:(1)中华人民共和国护照或代替护照的证件。代替护照的证件可以是我主管机关签发的旅行证件。(2)经居住国公证机关或公证人公证并经该国外交部或外交部授权的机构认证和我驻该国使领馆认证的年龄、婚姻、家庭成员、职业、财产、健康等状况的证明(自出证之日起6个月内有效)。(3)符合其居住国收养法律规定的证明。”民政部婚姻司**《对〈收养法〉》的解答**(1992年4月1日)第10条:“收养关系如何确立?答:根据《收养法》的有关规定,收养关系的确立有以下三种方式:(一)中国公民(包括港澳同胞、台湾居民和华侨)收养查找不到生父母的弃婴和儿童以及社会福利机构抚养的孤儿,应当亲自向民政部门办理收养登记。收养关系自登记之日起成立。(二)中国公民(包括港澳同胞、台湾居民和华侨)收养生父母有特殊困难无力抚养的子女、收养未经社会福利机构抚养的孤儿以及继父(母)收养继子女的,应当由收养人、送养人依照《收养法》规定的收养、送养条件订立书面协议,并可以办理收养公证。收养人或者送养人要求办理收养公证的,应当办理收养公证。收养关系自协议生效之日起成立。(三)外国人(包括外籍华人)在中华人民共和国收养子女,应当亲自向民政部门登记,并到指定的公证处办理收养公证。收养关系自公证证明之日起成立。”第15条:“港、澳、台同胞是否可以收养子女?应如何办理收养登记?答:凡是符合《中华人民共和国收养法》规定的收养人条件的港、澳、台同胞可以在内地收养子女。收养查找不到生父母的儿童和社会福利机构抚养的孤儿,应当亲自到县以上(包括县)人民政府的民政部门申请办理收养登记。申请办理收养登记时,应当向收养登记机关提交收养申请书和本人的身份证明,及经公证机关或公证人公证的本人年龄、婚姻、家庭成员、职业、财产、健康等状况的证明(该证明自出具之日起6个月有效)。”司法部**《关于台湾同胞回大陆收养子女公证事的批复》**(1988年12月14日 〔88〕司发公函字第334号):“……关于来大陆探亲的台胞申办收养子女公证的问题,经与有关部门研究认为,考虑到海峡两岸长期隔绝的历史,为解决海峡两岸公民的切身利益问题,促进祖国统一,原则上应予办理,但对收养成年子女和收养未成年子女应有所区别。一、台湾同胞回大陆收养成年子女,不论收养人是否已有子女,被收养人是否能到台湾与收养人共同生活,只要符合收养子女的其他条件,均可允许收养一名子女。二、台湾同胞回大陆收养未成年子女的,可不受有无子女的限制。根据幼有所育的原则,收养后一般应带回台湾抚养,但如果留在大陆抚养,应仅限于收养一名五代以内旁系血亲的人为子女。三、台湾同胞作为收养人,应亲自到被收养人户籍所在地公证机关办理收养公证,并提交以下证明文书:1. 收养人亲笔签署的要求收养子女的申请书(包括收养目的和不遗弃、不虐待子女的保证等)。如夫妻中有一方不能来大陆亲自办理收养公证,应提供经台湾公证机关公证的本人同意收养的申请书(包括委托其配偶一人办理收养的内容)。2. 婚姻状况证明。需办理台湾公证机关公证,或提供经台湾地方警察局证明的户籍登记资料。3. 经台湾公证机关公证的有正当职业或可靠经济收入情况的证明。如收养近亲属的成年子女也可不要公证机关证明。4. 身体健康检查证明。如收养有独立生活能力的成年子女,可不要此项证明。”

4. 收养公证。《民法典》(2021年1月1日)第1105条:“收养应当向县级以上人民政府民政部门登记。收养关系自登记之日起成立。收养查找不到生父母的未成年人的,办理登记的民政部门应当在登记前予以公告。收养关系当事人愿意签订收养协议的,可以签订收养协议。收养关系当事人各方或者一方要求办理收养公证的,应当办理收养公证。县级以上人民政府民政部门应当依法进行收养评估。”国务院**《中国公民收养子女登记办法》**(2019年3月2日修订)第4条:“收养关系当事人应当亲自到收养登记机关办理成立收养关系的登记手续。夫妻共同收养子女的,应当共同到收养登记机关办理登记手续;一方因故不能亲自前往的,应当书面委托另一方办理登记手续,委托书应当经过村民委员会或者居民委员会证明或者经过公证。”国务院办公厅**《关于解决无户口人员登记户口问题的意见》**(2015年12月31日 国办发〔2015〕96号)第2条:“……(三)未办理收养手续的事实收养无户口人员。未办理收养登记的事实收养无户口人员,当事人可以向民政部门申请按照规定办理收养登记,凭申领的《收养登记证》、收养人的居民户口簿,申请办理常住户口登记。1999年4月1日《全国人民代表大会常务委员会关于修改〈中华人民共和国收养法〉的决定》施行前,国内公民私自收养子女未办理收养登记的,当事人可以按照规定向公证机构申请办理事实收养公证,经公安机关调查核实尚未办理户口登记的,可以凭事实收养公证书、收养人的居民户口簿,申请办理常住户口登记。”民政部**《关于解决国内公民私自收养子女有关问题的通知》**(2008年9月5日　民发〔2008〕132号)第1条:“……4. 单身男性私自收养非社会福利机构抚养的查找不到生父母的女性弃婴和儿童,年龄相差不到40周岁的,由当事人常住户口所在地的乡(镇)人民政府、街道办事处,动员其将弃婴和儿童送交当地县(市)人民政府民政部门指定的社会福利机构抚养。夫妻双方在婚姻关系存续期间私自收养女性弃婴和儿童,后因离婚或者丧偶,女婴由男方抚养,年龄相差不到40周岁,抚养事实满一年的,可凭公证机构出具的抚养事实公证书,以及人民法院离婚判决书、离婚调解书、离婚证或者其妻死亡证明等相关证明材料,到县(市)人民政府民政部门申请办理收养登记……”司法部律师公证工作指导司**《关于公证处能否为离婚后的一方当事人办理事实收养公证的复函》**(2001年8月31日　〔2001〕司律公函048号):“……经研究认为,张保东与王保才虽于1989年12月离婚,但弃婴系于张、王二人婚姻关系存续期间内的1987年7月被王及他人捡拾、由张、王二人抚养并取名张立欣。他们的离婚协议中也有已收养的弃婴由张抚养的内容,因此,该事实收养宜按共同收养办理公证,公证申请人应为张保东和王保才。鉴于王保才目前下落不明的事实,公证处对张保东的单方申请不宜受理。如王保才明确否认收养事实或已死亡,则公证处可在事实清楚,证据充分、可靠的条件下,根据张保东的申请,办理张保东与张立欣形成事实收养关系的公证证明。因张立欣目前已年满15岁,如其知晓自己的身世,则无论办理张、王共同的事实收养公证,还是张的单方事实收养公证,公证处均应取得张立欣的当面确认。”司法部**《关于中华人民共和国各公证机构出具的公证书效力的证明》**(1994年3月2日):“根据《中华人民共和国公证暂行条例》、《中华人民共和国民事诉讼法》和《中华人民共和国收养法》的规定,我国公证制度是国家司法制度的组成部分,我国各地设立的公证处是行使国家证明权的机关,代表国家依法证明法律行为、有法律意义的事实和文书的真实性、合法性。公证员是国家授权办理公证事务的法律专业人员。公证处出具的公证书依法具有证据效力、强制执行效力和法律行为成立要件效力,是法律认定事实的根据。公证处有权对外为公民出具出生、生存、婚姻、死亡、亲属关系、是否受过刑事处分、身份、学历、委托、遗嘱、继承财产、赠与、析产、收养等各种公证书,也有权为法人和其他组织之间、公民之间或法人和其他组织与公民之间签订的各种合同(契约、协议)办理公证证明。非经法定的公证程序,不得撤销、变更公证证明。公证处出具的公证书具有法律所确认的效力。”民政部**《关于海峡两岸婚姻、收养证书使用的通知》**(1993年6月17日　民婚函〔1993〕43号):“……

根据 1993 年 4 月 29 日海协与海基会签署的《两岸公证书使用查证协议》，今后，海峡两岸的婚姻、收养等证书，一方需在另一方使用时，须先在本方公证机关进行公证后，分别由中国公证员协会或有关省、自治区、直辖市公证员协会，与财团法人海峡交流基金会相互联系，将公证书副本转寄至对方的使用部门。”司法部公证司**《关于为何天祥办理认领亲子公证的复函》**(1992 年 4 月 21 日 〔92〕司公函 064 号)：“……经研究，同意为何天祥办理认领亲子公证。公证书可出具何金凤的出生证明公证和何天祥、周梅新各自承认孩子是他们两人所生的声明书公证。另外，依据我国婚姻法、继承法等规定，非婚生子女享有与婚生子女同等的权利。公证处在为当事人办证时，应向认领亲子的生父母讲清有关法律规定，并应从保护未成年人出发，要求当事人就抚养非婚生子女做出相应的安排与保证。”民政部婚姻司**《对〈收养法〉的解答》**(1992 年 4 月 1 日)第 10 条：“收养关系如何确立？答：根据《收养法》的有关规定，收养关系的确立有以下三种方式：(一)中国公民(包括港澳同胞、台湾居民和华侨)收养查找不到生父母的弃婴和儿童以及社会福利机构抚养的孤儿，应当亲自向民政部门办理收养登记。收养关系自登记之日起成立。(二)中国公民(包括港澳同胞、台湾居民和华侨)收养生父母有特殊困难无力抚养的子女、收养未经社会福利机构抚养的孤儿以及继父(母)收养继子女的，应当由收养人、送养人依照《收养法》规定的收养、送养条件订立书面协议，并可以办理收养公证。收养人或者送养人要求办理收养公证的，应当办理收养公证。收养关系自协议生效之日起成立。(三)外国人(包括外籍华人)在中华人民共和国收养子女，应当亲自向民政部门登记，并到指定的公证处办理收养公证。收养关系自公证证明之日起成立。”司法部公证司**《关于为赴日自费留学人员的父母办理同意送养声明公证的复函》**(1990 年 7 月 27 日 〔90〕司公字第 96 号)：“……关于当事人申办同意将自己在日本自费留学的子女送给日本人作养子女的声明书、公证书如何掌握的问题，据了解，根据日本《法例》第 20 条规定，日本公民在日本收养外国成年公民，收养人和被收养人各依当事人本国法。日本民法第 793 条规定，被收养人的辈分、年龄不得大于收养人，这与我国收养人与被收养人双方辈分应相当、年龄应相差 20 岁以上的规定不同。1988 年修改后的日本民法第 796 条规定，被收养人如有配偶，须征得其配偶同意。改变了以前‘夫妇必须一起去当养子女’的规定。关于养子女地位问题，日本法务省规定，外国成年公民做日本人的养子女有继承权，但其在留资格不变更。因此，我自费留学人员不能以收养达到在日本就职或定居的目的，经商我驻日本使馆领事部认为：一、鉴于中日两国收养法律的不同规定，日本公民在日本收养中国成年自费留学人员，须符合我国有关收养成年子女的规定。即 1. 收养人年龄须达到男 55 岁以上，女 50 岁以上，收养人与被收养人年龄相差 20 岁以上；2. 被收养人同意被收养，有配偶者须经配偶同意；3. 送养人须有两个以上子女。二、被收养人的中国籍生父母在办理同意送养声明书公证时,须向公证机关提供以下证明文件:1. 经日本公证人公证、日本外务省和我驻日使领馆认证的收养人同意收养的声明书,以及经公证、认证的收养人的出生证明、婚姻状况证明;2. 经我驻日使领馆公证的被收养人亲自书写的同意被收养的声明书;3. 送养人亲自书写的送养声明和由其单位人事部门或户口所在地派出所出具的子女情况证明。三、对已婚的被收养人,其配偶在国内办理同意在日配偶被收养的声明书公证,也应向公证机关提供上述有关证明。"山西省公证协会**《关于办理事实收养和抚养事实公证的指导意见》**(2016 年 6 月 30 日)第 2 条:"办理事实收养和抚养事实公证的适用范围:1. 1992 年 4 月 1 日前已建立事实收养关系的,可以为当事人办理事实收养公证。凡当事人能够证实双方确认共同生活多年,以父母子女相称,建立了事实上的父母子女关系,且被收养人与其生父母的权利义务关系确已消除的,当事人可以申请办理收养公证。2. 1992 年 4 月 1 日至 1999 年 3 月 31 日期间建立的收养关系,符合原收养法规定的,公证机构可以为当事人办理收养公证;不符合原收养法规定的,公证机构不得办理收养公证,但可对当事人之间的抚养事实进行公证。3. 1999 年 4 月 1 日后建立的收养关系但未办理收养登记的,公证机构不再办理事实收养公证,但可对当事人之间的抚养事实进行公证。"第 3 条:"办理事实收养公证和抚养事实公证由收养人与抚养人住所地公证机构受理。针对当事人提出的办理事实收养、抚养事实的公证申请,公证机构应审查是否符合司法部《关于办理收养法实施前建立的事实收养关系公证的通知》(司发通〔1993〕125 号)和《关于贯彻执行〈中华人民共和国收养法〉若干问题的意见》(司发通〔2000〕33 号)、公安部《关于国内公民收养弃婴等落户问题的通知》(公通字〔1997〕54 号)、民政部等五部委《关于解决国内公民私自收养子女有关问题的通知》(民发〔2008〕132 号)、国务院办公厅《关于解决无户口人员登记户口问题的意见》(国办发〔2015〕96 号)和山西省人民政府办公厅《关于解决无户口人员登记户口问题的意见》(晋政办发〔2016〕32 号)等法律、法规和相关政策的规定。"第 4 条:"申请办理事实收养和抚养事实公证的当事人应亲自向公证机构提出公证申请。收养人或抚养人已婚的,应由其夫妻双方共同申请,如一方不能亲自申请,应提供经公证的授权委托书委托另一方代为申请办理公证。"第 5 条:"办理事实收养公证的当事人可以提交以下证明材料:1. 收养人与送养人的居民身份证、户口簿、结婚证或夫妻关系证明;收养人离异的,可提供离婚证、离婚协议或法院判决书等;收养人未婚的,可提供未婚声明。2. 对收养事实了解的亲友、邻居、同事等所作的证人证言。该证人证言上应粘贴被收养人的照片(近期 2 寸免冠白底彩色照片);当事人无法提供本条第 3 款所列证明的,其提供的证人证言至少应在 3 份以上。3. 收养人档案所在单位出具的《收养事实证明》。收养人没有工作单位的,由常住户口所在地的村(居)民委员会出具。该证明上应粘贴被收养人的照片(近期2寸免冠白底彩色照片),并加盖骑缝章。当事人无法提供前述证明的,其依照本条第二款提供的证人证言,至少应在3份以上。4. 收养人承诺收养事实真实,对被收养人履行抚养义务的保证书及被收养人与生父母解除父母子女关系的承诺。5. 公证员认为需要提供的其他证明材料。"第6条:"办理抚养事实公证的当事人可以提交以下证明材料:1. 抚养人的居民身份证、户口簿、结婚证或夫妻关系证明;抚养人离异的,可提供离婚证、离婚协议或法院判决书等;抚养人未婚的,可提供未婚声明。2. 对抚养事实了解的亲友、邻居、同事等所作的证人证言。该证人证言上应粘贴被抚养人的照片(近期2寸免冠白底彩色照片);当事人无法提供本条第3款所列证明的,其提供的证人证言至少应在3份以上。3. 抚养人档案所在单位出具的《抚养事实证明》。抚养人没有工作单位的,由常住户口所在地的村(居)民委员会出具。该证明上应粘贴被收养人的照片(近期2寸免冠白底彩色照片),并加盖骑缝章。4. 抚养人承诺抚养事实真实,对被抚养人履行抚养义务的保证书。5. 公证员认为需要提供的其他证明材料。"第8条:"公证机构办理事实收养或抚养事实公证,应当询问当事人(被收养人或被抚养人超过10周岁以上的,应询问其意思表示;能查找到被收养人或被抚养人的生父母的,还应询问其意思表示)及相关证人,并制作询问笔录。询问笔录除需要按照《公证程序规则》的规定应当载明的内容外,还应当载明下列内容:1. 事实发生的时间、原因、有无送养人;2. 被收养人或被抚养人的成长经历,如学习、工作等;3. 当事人及相关证人对收养与抚养事实的确认;4. 当事人之间如何称呼,是否共同生活;5. 被收养人或被抚养人与其生父母是否仍有来往,以何种名义来往,是否存在抚养关系。"第9条:"公证机构办理事实收养或抚养事实公证,除需要按照《公证程序规则》的规定向当事人进行告知外,还应当重点告知下列内容:1. 收养的效力;2. 抚养事实公证与收养公证的法律意义与后果;3. 收养关系的解除及其效力;4. 当事人提供虚假材料骗取公证书所应承担的法律责任;5. 继承法关于养子女享有的权利,及养子女与生父母及其他近亲属间的权利义务关系,因收养关系的成立而消除的法律后果。"

5. 收养解除。《民法典》(2021年1月1日)第1114条:"收养人在被收养人成年以前,不得解除收养关系,但是收养人、送养人双方协议解除的除外。养子女八周岁以上的,应当征得本人同意。收养人不履行抚养义务,有虐待、遗弃等侵害未成年养子女合法权益行为的,送养人有权要求解除养父母与养子女间的收养关系。送养人、收养人不能达成解除收养关系协议的,可以向人民法院提起诉讼。"第1115条:"养父母与成年养子女关系恶化、无法共同生活的,可以协议解除收养关系。不能达成协议的,可以向人民法院提起诉讼。"第1116条:"当事人协议解除收养关系的,应当到民政部门办理解除收养关系登记。"第1117条:"收养关系解除后,养子女与养父母以及其他近亲属间的权利义务关系即行消除,与生父母以及其他近亲属间的权利义务关系自行恢复。但是,成年养子女与生父母以及其他近亲属间的权利义务关系是否恢复,可以协商确定。”第 1118 条:“收养关系解除后,经养父母抚养的成年养子女,对缺乏劳动能力又缺乏生活来源的养父母,应当给付生活费。因养子女成年后虐待、遗弃养父母而解除收养关系的,养父母可以要求养子女补偿收养期间支出的抚养费。生父母要求解除收养关系的,养父母可以要求生父母适当补偿收养期间支出的抚养费;但是,因养父母虐待、遗弃养子女而解除收养关系的除外。”国务院**《中国公民收养子女登记办法》**(2019 年 3 月 2 日修订)第 9 条:“收养关系当事人协议解除收养关系的,应当持居民户口簿、居民身份证、收养登记证和解除收养关系的书面协议,共同到被收养人常住户口所在地的收养登记机关办理解除收养关系登记。”第 10 条:“收养登记机关收到解除收养关系登记申请书及有关材料后,应当自次日起 30 日内进行审查;对符合收养法规定的,为当事人办理解除收养关系的登记,收回收养登记证,发给解除收养关系证明。”第 11 条:“为收养关系当事人出具证明材料的组织,应当如实出具有关证明材料。出具虚假证明材料的,由收养登记机关没收虚假证明材料,并建议有关组织对直接责任人员给予批评教育,或者依法给予行政处分、纪律处分。”第 12 条:“收养关系当事人弄虚作假骗取收养登记的,收养关系无效,由收养登记机关撤销登记,收缴收养登记证。”最高人民法院吴晓芳法官**《关于婚姻家庭纠纷审理热点难点问答》**〔载《民事法律文件解读》2011 年第 11 辑(总第 83 辑)〕第 27 条:“收养关系解除后,养父母还可以要求养子女给付生活费吗?答:《收养法》第二十九条是对收养关系解除效力的一般规定,即‘收养关系解除后,养子女与养父母及其他近亲属间的权利义务即行消除’。而《收养法》第三十条第一款则是对收养关系解除效力的特殊规定,即‘收养关系解除后,经养父母抚养的成年养子女,对缺乏劳动能力又缺乏生活来源的养父母,应当给付生活费’。请注意,这里法条的文字表述是‘收养关系解除后”,而非‘收养关系解除时’,立法上的一字之差使那些在收养关系解除后出现了缺乏劳动能力又缺乏生活来源情形的养父母获得法律上的保障,这样规定符合权利义务相一致的民法原理,也能够更好地保护老年人的合法权益。养子女与养父母收养关系解除后,对养父母承担的赡养义务在理论上被称为‘后赡养义务’,其法律特征是:第一,后赡养义务产生于养父母与养子女收养关系解除之后,这是后赡养义务的时间特征;第二,后赡养义务的主体是经养父母抚养的成年养子女;第三,后赡养义务的对象是既缺乏劳动能力又缺乏生活来源的养父母,这里包括缺乏劳动能力和缺乏生活来源两个要件,二者必须同时具备;第四,后赡养义务的内容是给付生活费,这是区别于赡养义务的实质特征。一般情况下,子女对父母的赡养义务既包括物质赡养又包括精神赡养,而后赡养义务发生在收养关系解除之后,养父母与养子女的关系不复存在,因此,以解决生存问题为目的的物质赡养,即给付生活费成为后赡养义务的显著特征。”最高人民法院**《关于许秀英夫妇与王青芸间是否已事实解除收养关系的复函》**(1990 年 8 月 24 日 〔90〕民他字第 14 号):“……经我们研究认为,1937 年王青芸两岁时被其伯父母王在起、许秀英夫妇收养,并共同生活了 20 年,这一收养事实为亲戚、朋友、当地群众、基层组织所承认,应依法予以保护。虽然王青芸于 1957 年将户口从王在起处迁出到其单位落户,后又迁入其生母处,但双方未以书面或口头协议公开解除收养关系。而且,王在起生前与王青芸有书信来往,并以父女相称,王青芸对王在起夫妇也尽有一些义务。据此,我们同意你院第一种意见,即以认定许秀英夫妇与王青芸的收养关系事实上未解除为妥。”最高人民法院民事审判庭**《关于汤真发诉刘天权继承案的复函》**(1989 年 2 月 21 日 〔88〕民他字第 53 号):“……汤真发出生 3 天后即被汤德恩、田桂香夫妇收养。汤德恩病故后,生父刘福成娶养母田桂香为妾,共同抚育汤真发 9 年。1953 年刘福成与田桂香离婚,此后其养母又与勾天益再婚,汤真发随勾天益夫妇共同生活至成年。汤真发始终未与养母田桂香解除收养关系,汤真发与生父刘福成的生父子关系不能视为自然恢复,有抚养教育关系的继父母与继子女间的权利义务关系亦不能因继父母离婚而自然解除。鉴于该案情况较为特殊,汤真发与刘福成之间权利义务关系如何认定,该遗产如何具体处理,请你院根据具体情况和有关法律酌定……”最高人民法院副院长马原**《关于人民法院处理涉台民事案件的几个法律问题》**(1988 年 8 月 9 日,已于 2021 年 1 月 1 日起废止)第 3 条:“关于抚养、赡养和收养问题。去台一方回大陆后,大陆一方向其索要已成年子女过去的抚养费用的,对这种请求人民法院原则上不予支持。因为支付子女的抚养费,是为了保证未成年子女的生活;现在子女已经成年了,就没有实际支付的必要了。抚养子女是夫妻双方的义务。夫妻双方都在,由夫妻双方共同承担这个义务;一方由于特殊原因未与子女共同生活或者无力尽抚养义务,则由另一方独自承担这个义务。因此,一方已经尽了全部抚养义务的,不能向对方主张追索抚养费。至于其他没有抚养、赡养义务的人,代替去台一方抚养了子女或者赡养了父母的,去台人员则应酌情补偿。去台人员返回大陆定居后,要求自己的子女承担赡养义务的,人民法院应当根据法律规定和子女的家庭经济状况尽可能给予解决。但是,去台人员的子女已被他人合法收养的,在收养关系解除之前,不承担对生父或者生母的赡养义务。被收养的子女因生父或者生母回大陆而要求解除收养关系,或者去台人员要求解除收养关系的,要根据养父母、养子女、生父母三方面关系的实际情况,慎重地处理。”最高人民法院**《印发〈处理涉台刑事申诉、民事案件座谈会纪要〉的通知》**(1988 年 8 月 5 日 法〔办〕发〔1988〕18 号,已于 2021 年 1 月 1 日起废止)第 3 条:“……(三)关于抚养、赡养和收养问题。人民法院对去台一方来大陆后,大陆一方向其索要已成年子女过去的抚养费的,不予支持。如果定居大陆的去台人员,要求子女赡养的,应依照法律的规定,责令子女承担赡养义务。但子女已被他人依法收养,在收养关系未解除前,不承担对生父或生母的赡养义务。被收养的子女因生父或生母回大陆而要求解除收养关系,或者去台人员要求解除收养关系的,应根据养父母、养子女和生父母三方面关系的实际情况慎重处理。”最高人民法院**《关于未成年的养子女,其养父在国外死亡后回生母处生活,仍有权继承其养父的遗产的批复》**(1986 年 5 月 19 日 〔1986〕民他字第 22 号):“……经我们研究认为:黄钦辉于一九四二年被戴文化之母林英蕊收养为戴文化的养子,直至一九五五年戴文化去世,在长达十三年的时间里,其生活费和教育费一直由戴文化供给。这一收养关系戴文化生前及其亲属、当地基层组织和群众都承认,应依法予以保护。关于黄钦辉是否自动解除收养关系或放弃继承权的问题,黄钦辉因养父戴文化一九五五年在国外去世,当时本人尚未成年,在无人供给生活费,又无其他经济来源的情况下,不得不于一九五七年回到生母处生活,对此不能认为黄钦辉自动解除了收养关系。黄钦辉在继承开始和遗产处理前,没有明确表示放弃继承,应当依法准许其继承戴文化的遗产。”最高人民法院中南分院**《关于终止收养关系问题的答复》**(1952 年 7 月 7 日 法审字第 43 号):“……为养子女收养关系经过相当年限,有了自主的意识能力,坚决不愿继续在养父母家中生活,仍回至其生父母家中,应如何处理问题。我们意见:一、收养契约是养父母与养子女间的契约,但幼年子女亦有由其生父母与其教养的父母成立契约,将子女交其收养,子女本身,无过问过和了解的。此项契约应以有利于子女利益为原则。因此,养父母对于养子女应以亲生子女对待,尽抚养教育的义务。养父母对养子女如有虐待、遗弃、剥削劳动力等行为,视之如仆役、丫头、奴婢,是犯法的行为,不但应判决终止收养关系,并应收到一定法律制裁。二、‘养子女于收养关系经过相当年限,有了自主的意识能力以后,坚决不愿继续在养父母家中生活’,法院在处理此类案件时,应依据婚姻法照顾子女利益的原则,从子女利益上来考虑是否应准许取消收养契约。来件所称:‘屈丽纯因易尚英打了她一次,逐走曹家,不愿再去易家。’法院在处理时,应详细了解真实原因是否一贯虐待,或偶然因故责打,再决定应否判决终止收养关系。三、养子女与养父母间的收养关系不论终止与否,养子女与其亲生父母间,养子女与其养父母间,除养子女与养父母收养关系的终止系由于养父母对于养子女有虐待、遗弃、或剥削劳动力等行为者外,其往来自由仍应准许,养父母与亲生父母双方应本着和睦的精神对待之,不应加以阻止。四、如法院依据照顾子女的利益的原则,判决终止收养关系,可否判决其生父母偿付抚养费问题,依据婚姻法第十三条规定,对于养子女的抚养教育系养父母的义务。法院自不应判令其生父母偿付其养父母抚养费用。”最高人民法院华东分院**《关于继承等问题的批复》**(1951 年 1 月 18 日 东法编字第 230 号):“……

(二)养父母是否可以终止养子女收养关系:收养关系一经成立,即受婚姻法第十三条二款之拘束,非因双方自愿(如养子女尚无独立谋生能力应征得亲生父母或其有监护权人之同意)或有充分理由,不能终止收养关系,如养子是一个二流子,以觊觎财产为目的,不肯劳动,又难以教育,则养父母可以申请撤销收养关系。终止收养关系时,依被收养者的具体情况,应予生活上以适当的照顾,土改分得一份之财产,应归本人所有。”民政部婚姻司**《对〈收养法〉的解答》**(1992 年 4 月 1 日)第 18 条:“在什么情况下可以解除收养关系?答:根据《收养法》的规定,收养人在被收养人成年以前,不得解除收养关系,但收养人、送养人双方协议解除的除外,养子女年满 10 周岁的,还应征得被养人同意,才能解除收养关系。有下列情况,也可解除收养关系。(一)收养人不履行抚养义务,有虐待、遗弃等侵害未成年养子女合法权益行为的,送养人要求解除收养关系的,可以解除。这里的送养人是指由养子女的生父母或其他有抚养义务的人作为送养人的和社会福利机构作为送养人的两种。(二)养父母与成年养子女关系恶化,无法共同生活的,可以解除收养关系。”第 19 条:“如何解除收养关系?答:《中华人民共和国收养法》第二十七条规定:‘当事人解除收养关系应当达成书面协议。收养关系是经民政部门登记成立的,应当到民政部门办理解除收养关系的登记。收养关系是经公证证明的,应当到公证处办理解除收养关系的公证证明。’据此,当事人协议解除收养关系有三种情况:(一)依照收养法不需要到民政部门登记,也未到公证处公证,而是由当事人双方协议成立的收养关系,解除时只要收养人、送养人双方依法达成协议(养子女年满 10 周岁以上的,应当征得本人同意)即可。(二)收养关系是经民政部门登记成立的,也就是说,被收养人在收养关系成立前是弃婴或社会福利院抚养的孤儿,应当到民政部门的收养登记机关办理解除收养关系的登记。(三)收养关系是依当事人协议成立的,并依当事人自愿到当地公证处办理收养关系公证证明的,当事人达成解除收养关系的协议后,还应当到公证处办理解除收养关系的公证证明。以上三种情况有一个共同前提,即当事人必须就解除收养关系达成协议。如果当事人不能达成协议,可以向人民法院起诉,通过诉讼程度解除收养关系。”第 20 条:“收养关系解除后、养子女与养父母及其他近亲属间的权利义务关系是否保留?答:根据《收养法》的规定,收养关系解除后,养子女与养父母及其他近亲属间的权利义务关系即行消除,不再保留。因为养子女与养父母及其他亲属间的权利义务关系是基于收养关系的成立而产生的,收养关系是一种拟制血亲关系,收养关系解除后,这种拟制血亲关系也就不存在了。”第 21 条:“收养关系解除后,养子女与生父母及其他近亲属的权利、义务关系能否恢复?答:根据《收养法》的规定,收养关系解除后,养子女与生父母及其他亲属间的权利义务关系即行恢复,但成年养子女与生父母及其他近亲属间的权利义务关系是否恢复,可以协商确定。可见,收养关系解除时,如果养子女尚未成年,他与生父母的权利关系因收养关系的解除而自行恢复;如果养子女已经成年,他与生父母的权利义务关系可以恢复,也可以不恢复,这取决于他们自愿协商。”

【参考类案】

①2017年**江苏某收养纠纷案**,1998年9月,崔某夫妇向邵某夫妇抱养一女孩,取名崔某某。2016年,崔某某上大学后,邵某夫妇要求与崔某夫妇建立亲戚往来关系遭拒,遂诉请确认与崔某某的亲子关系,并要求确认崔某夫妇与崔某某收养关系不成立。法院认为:崔某夫妇与崔某某以父母子女相称共同生活多年,家庭关系稳定,邵某夫妇要求确认与崔某某之间存在亲子关系,不属于法定可推定存在亲子关系情形,须有必要证据证明。邵某夫妇无崔某某出生证明,其提供的婴儿照片不能证明系崔某某,亦不能证明该婴儿与邵某夫妇之间有何关联;崔某夫妇从邵某夫妇处抱养时,婴儿已两三个月,不能证明送养人即生父母;邵某夫妇在诉讼中申请与崔某某进行亲子鉴定,崔某某已年满18周岁,明确拒绝做亲子鉴定,故邵某夫妇未能提供其与崔某某之间存在亲子关系的必要证据,对其要求确认亲子关系诉请,不予支持。收养行为作为特殊身份行为,以有利于未成年人成长为基本原则,以符合社会公德为底线。以父母子女相称,共同生活多年,事实收养人对未成年人履行抚养、教育义务,双方形成稳定的家庭关系并愿意维持该关系,送养人仅以收养时不符合法律规定的收养条件为由,要求确认养父母子女关系不成立的,既有损被收养人和事实收养人合法权益,亦有违诚实信用原则,法院不予支持。本案中,崔某夫妇抱养崔某某后已将其抚养至成年,并仍在照料其学习生活,即便崔某夫妇当时不符合收养人条件,亦未办理收养登记,但崔某某明确表示愿意维持目前身份关系。双方业已形成并愿意维持的稳定的家庭关系应予保护,故对邵某夫妇要求确认收养关系不成立诉请,不予支持。

②2009年**福建某离婚纠纷案**,2005年,王某与丈夫简某收养简某某但未办收养手续。2007年,王某起诉简某离婚。法院认为:《收养法》之所以对收养关系成立、生效施加实质、形式要件限制,其基本立足点正是保护被收养人利益。基于此,司法应采取能动方式,立足于法律精神,对现实中存在的各种具备收养外观的社会关系进行甄别,有条件、有限制地承认一部分不具备法定要件的收养关系效力。本案简某某虽非王某、简某亲生,但自2005年由其共同抚养后,即在婚姻关系存续期间共同生活,且对外又公开以父子、母子关系示人,故简某以简某某非其婚生子而拒不履行抚养义务理由不能成立。判决准予双方离婚,孩子由王某抚养,简某按月支付抚养费400元至孩子独立生活之日止。

③2009年**浙江某继承纠纷案**,1961年,10岁的张某被舅舅吴某收为养女。

1968 年，张某以生父生病为由返回生父处。1970 年，张某婚后迁户至吴某所在村，与吴某分户生活，双方互有来往，张某亦对吴某尽到部分照顾义务。1993 年，吴氏宗谱重修时，吴某将张某登入自己名下。2005 年，吴某病故，其财产由吴某弟占有。张某诉请确认其系吴某唯一合法继承人。法院认为：收养是一种变更亲属身份的民事法律行为，收养关系是否成立，应由当事人提供证据证明。凡主张权利存在的人，应就权利发生的法律要件存在事实承担证明责任。本案中，张某主张其已与吴某形成收养关系而享有继承权，则应就权利发生法律要件事实即收养成立事实承担证明责任。吴某弟作为否认张某权利存在一方，对权利未发生事实不承担证明责任。《收养法》施行前，并不否认事实收养法律关系的法律效力。最高人民法院《关于贯彻执行民事政策法律若干问题的意见》第 28 条规定："亲友、群众公认，或有关组织证明确以养父母与养子女关系长期共同生活的，虽未办理合法手续，也应按收养关系对待。"据此，一般应以"长期共同生活"作为确认事实收养依据，"群众和亲友的公认"以及"基层组织的承认"一般应作为确定事实收养的重要证据。本案中，张某提供的证据尚未达到"高度盖然性"证明标准，而吴某弟等人提供的证据进一步削弱了张某证据证明力，本案事实收养关系成立事实无法予以认定。另，即使张某与吴某事实收养关系成立，吴某弟作为兄弟姐妹仍属第二顺序继承人合法地位，张某诉请确认其系吴某唯一合法继承人诉请亦无法得到支持，故判决驳回张某诉请。

④2005 年**河南某继承纠纷案**，1942 年，5 岁的丁某被送段家生活并改姓改称呼。2002 年，丁某父从台湾回来，与丁某兄居住。2004 年，丁某父去世。2005 年，关于丁某兄所持丁某父 2 万美元存款遗产，丁某诉请继承。法院认为：依最高人民法院《关于学习、宣传、贯彻执行〈收养法〉的通知》有关精神，确认当事人之间的收养关系，审理时应适用当时的有关规定，当时没有规定的，可比照收养法处理。丁某提供了证人证言证明其自小被送至段家不是被收养。丁某兄提供的证人证言虽证明丁某自小被送至段家，但无法证明是被段家收养。根据最高人民法院《关于民事诉讼证据的若干规定》第 11 条第 2 款规定，双方各自提交的从台湾寄来的书信未履行相关证明手续，故法院均不予认定。丁某 1942 年被送至段家，当时并无相关法律可适用，应比照《收养法》有关规定。丁某被送至段家时并未明确是否被收养，亦未履行相关程序，丁某在段家生活期间改姓及改称呼，并不能据此认定丁某是被段家收养。亲属关系公证书是公证处所作法律文书，此公证书并未被公证处或其他有权机关依法撤销，故该公证书法律效力应被承认。该司法文书已确认丁某与其生父之间的父女关系，故法院对此应予确认。丁某作为被继承人女儿，是第一顺序法定继承人，应参与继承。由于丁某父生前在丁某兄处居住，丁某兄尽了主要赡养义务，故应分得遗产较多部分。判决诉争存款遗产，由丁某分得其中 6570

美元,其余由丁某兄继承。

⑤2003 年**河南某房产纠纷案**,1950 年,赵某参加土改,分得富农吴某瓦房两间。随后,两家同住一院,在生活上吴某对赵某夫妇有所照料。1957 年,赵某夫妇先后去世。赵某房屋由村委会安排他人居住,并进行翻修。1985 年,吴某以其曾过继给赵某夫妇为由,要求村委会退还房屋。法院认为:收养关系是一种法律拟制的血亲关系。在我国《收养法》颁布之前,对收养关系依据《婚姻法》关于父母子女之间的权利义务关系予以认定。对于事实上已存在收养关系的,虽未书立嗣书,亦应承认其有继承权。最高人民法院《关于贯彻执行民事政策法律若干问题的意见》第 28 条规定:"亲友、群众公认,或有关组织证明确以养父母与养子女关系长期共同生活的,虽未办理合法手续,也应按收养关系对待。"赵某土改时分得吴某家房产,与其同住一院,在生活上吴某对赵某夫妇有所照料,但平时未在一起生活,亦未以父母子女相称,吴某与生父母权利义务关系并未终止,并与胞弟共同继承了父母遗产,故吴某与赵某夫妇之间关系不符合上述法律及司法解释规定,收养关系不成立。依《继承法》第 14 条规定,对继承人以外的依靠被继承人扶养的缺乏劳动能力又没有生活来源的人,或者继承人以外的对被继承人扶养较多的人,可以分得适当的遗产。吴某对赵某夫妇生前尽了一定义务,在赵某夫妇去世后,吴某可分得赵某遗产。但从本案实际情况看,吴某在 20 多年时间里,在赵某房屋翻修前后,均未主张权利,考虑到原房已不存在、吴某对赵某夫妇尽了一定义务情况,判决村委会给付吴某一定补偿。

⑥2000 年**福建某财产纠纷案**,1956 年,孙某兄被孙某舅收养并办理公证。1996 年,孙某母去世,生前立下遗嘱财产由孙某继承。同年,调解协议约定孙某给付孙某兄遗产继承款 10 万元,但只给付 2.5 万元。1 年之后,孙某兄要求履行余款,孙某以重大误解要求撤销调解协议。法院认为:本案孙某兄与孙某舅虽未共同生活,但办理了收养公证书,且该公证书依法定程序办理,其形式符合法定形式要件,且系双方当事人当时真实意思表示,依《收养法》颁布前有关规定,应认定收养关系成立。1996 年所签调解协议是孙某与孙某兄在亲友主持下,自愿达成的分割母亲遗产协议,是双方当事人真实意思表示,且内容及形式均合法有效。孙某在该调解协议书签订后亦已按协议约定支付部分款项,故对孙某兄要求按调解协议继续履行请求,应予支持。孙某在获得调解书后,未在 1 年内提出要求撤销调解协议,故孙某已超过诉讼保护时效,对其主张不予支持。判决孙某给付孙某兄应得遗产 7.5 万元。

⑦2000 年**湖南某继承纠纷案**,1990 年,彭某收养侄子为养子并大办筵席,由村、组负责人见证,立下财产由彭某侄继承的承继书,彭某各兄弟姐妹均签字。彭某与彭某侄自此以父子相称。1997 年,彭某在台湾去世,遗留下存款 16 万余元。

彭某妹起诉彭某侄要求分割遗产。法院认为:最高人民法院《关于贯彻执行民事政策法律若干问题的意见》第27条第1款规定,经生父母、养父母同意,有识别能力的被收养人也同意,又办了合法手续的收养关系,应依法保护。第28条规定,亲友、群众公认,或有关组织证明确以养父母与养子女关系长期共同生活的,虽未办理合法手续,也应按收养关系对待。本案中,彭某于1997年给彭某侄的信,虽有由彭某侄继承其遗产的意愿,但尚不符合遗嘱表现形式,故不应按遗嘱继承处理,只能按法定继承规定予以处理。封建继嗣行为虽为我国现行社会主义法律制度所废止,但并未禁止合法的收养关系。彭某收养彭某侄为养子后,虽未办理公证或登记手续,但彭某侄作为彭某养子已被当地亲友、群众和彭某在台湾的好友所公认,有关组织亦予以证明,在声明书和遗产分割协议中亦予以承认。自1990年以后,彭某与彭某侄之间均以父子相称;彭某死亡后,彭某侄尽了安葬义务,支付了公证、丧葬、劳务等费用,事实上已形成了收养关系,符合收养时有关司法解释规定,应予认定。按《继承法》规定,养子女与婚生子女在法律地位上平等,故彭某侄应为彭某遗产第一顺序继承人,彭某遗产应由彭某侄继承。在有第一顺序继承人继承情况下,第二顺序继承人不继承。彭某侄考虑到彭某妹困难,不愿因此诉讼而影响双方亲情,自愿负担诉讼费,应予准许。判决驳回彭某妹诉请。

⑧2000年**黑龙江某抚养纠纷案**,1981年,李某因妻患病,将刚出生孩子送其嫂子王某家寄养。18年间,孩子与王某一直以父母相称,周围群众亦以收养看待。1999年,王某起诉李某索要抚育费。法院认为:本案事实发生时,《收养法》尚未颁布施行,对有关问题亦无相关规定,当时规定只有1984年最高人民法院《关于贯彻执行民事政策法律若干问题的意见》。依最高人民法院《关于学习、贯彻执行〈收养法〉的通知》精神,《收养法》施行前发生的收养关系,《收养法》施行后,当事人诉请确认收养关系的,审理时适用当时规定,当时没有规定,比照《收养法》处理。从这一规定看,王某与李某之间应按收养关系对待。王某与孩子之间在长期共同生活中始终以母子相称,孩子称亲生父亲为叔,并将孩子户口落到王某家户口本上,与户主关系登记为次子关系;同时群众邻居与亲属亦多认为是“给”,即送给王某,故孩子与王某之间虽未办理收养手续,但已形成了事实上收养关系,应按收养关系对待。判决驳回王某诉请。

⑨1999年**江苏某经纪帮助案**,1961年,王某夫妇收养未满周岁的葛某。1983年,因琐事生隙解除收养关系。1998年,老伴病故、自己又丧失劳动能力和经济来源的王某起诉葛某。法院认为:双方解除收养关系时,王某尚未缺乏劳动能力,仍能自食其力,依法不符合由养子女葛某给予经济帮助情形。双方收养关系解除后,王某年老多病,丧失劳动能力,且孤身一人无其他经济来源,其要求葛某给付生活费,符合《收养法》第30条规定情形,亦符合权利义务一致的民事法律原则,有利于

保护老年人合法权益,使老年人能老有所养,故王某诉请应予支持。判决葛某给付王某每月生活费80元至王某终年。

⑩1997年**新疆某继承纠纷案**,1985年,蔡某收养16岁孤儿于某。1987年,经蔡某所在单位审查同意办理收养手续。1988年,蔡某与于某办理遗赠扶养协议。1996年,蔡某去世后,蔡某儿子冯某诉请继承。法院认为:于某与蔡某虽未到公证部门办理公证,但双方在一起生活中形成收养事实,而该事实发生在我国《收养法》公布实施之前,根据当时政策和法律规定,应认定本案于某与蔡某之间形成事实收养法律关系。于某与蔡某所签遗赠扶养协议有效,因蔡某生前通过该协议将其全部财产遗赠于某,故蔡某已无遗产供冯某继承,冯某诉请不应得到支持。

【典型类案实务要点】

1.【**以"代收养"为目的的瑕疵收养,不影响收养效力**】收养关系合法成立后,不因事实上的抚养行为而成立事实收养关系,亦不因瑕疵目的或收养人经济恶化而否认收养关系效力。

2.【**事实收养双方形成稳定家庭关系,可认定收养成立**】事实收养双方已形成稳定家庭关系,送养人仅以收养时不符合法定收养条件为由,要求确认收养关系不成立的,不予支持。

3.【**离婚时,对未办合法收养手续孩子,仍有抚养义务**】欠缺法定形式要件但具备法定实质要件的收养关系,一定条件下,出于保护未成年被收养人客观需要,应由收养人承担抚养责任。

4.【**主张事实收养关系成立的,由主张一方当事人举证**】主张事实收养关系成立的,应由主张一方当事人就权利发生法律要件存在事实承担证明责任,否认一方无需举证。

5.【**自幼送养,即使改姓改称呼,亦非收养或事实收养**】当事人自幼被送至其他家庭生活时并未明确是否被收养,亦未履行相关程序,即使改姓及改称呼,亦不能据此认定为收养或事实收养关系。

6.【**处理农村土改遗留房产纠纷,一般以土改确权为准**】处理农村土改时房产纠纷,应以事件发生时的法律、法规和政策为依据,一般采用肯定土改运动,以土改确权为准,稳定住房秩序原则处理,并注意具体案件具体分析,实事求是地予以解决。

7.【**遗产分配协议达成后行使撤销权,应在一年内进行**】重大误解属可撤销的民事行为,双方当事人达成调解协议后一年内,一方未向法院请求撤销的,丧失胜诉权。

8.【**虽未办登记或公证手续,亦应按合法收养关系对待**】亲友、群众公认,或有关组织证明确以养父母与养子女关系长期共同生活的，虽未办理合法手续，亦应按收养关系对待。

9.【**已形成事实收养关系的，诉请支付抚养费，不支持**】《收养法》施行前发生的收养关系，该法施行后，当事人诉请确认收养关系的，审理时适用当时有关规定，当时无规定的，比照该法处理。

10.【**收养关系解除后，养父母生活困难，养子女应帮助**】收养关系解除时，养父母尚能自食其力，但其后出现了既缺乏劳动能力又缺乏生活来源情形，则经养父母抚养的成年养子女，仍负有给付养父母生活费义务。

11.【**确认事实收养关系的，可比照适用《收养法》规定**】《收养法》施行前发生收养关系在该法施行后，当事人诉请确认收养关系的，应适用当时有关规定，当时无规定的，可比照《收养法》处理。

【类案裁判一般规则】

对于未办登记导致收养关系不成立的，离婚时夫妻双方与未成年人之间不适用法律关于父母子女关系的规定。收养关系解除后，经养父母抚养的成年养子女，对缺乏劳动能力又缺乏生活来源的养父母，应当给付生活费。因养子女成年后虐待、遗弃养父母而解除收养关系的，养父母可以要求养子女补偿收养期间支出的抚养费。生父母要求解除收养关系的，养父母可以要求生父母适当补偿收养期间支出的抚养费；但是，因养父母虐待、遗弃养子女而解除收养关系的除外。

【典型参考案例索引】

主旨案例：上海闵行区法院（2013）闵少民初字第245号“杨甲等诉某儿童福利院解除收养关系纠纷案”，见《以“代收养”为目的的瑕疵不影响收养效力》（李欣、阎敏），载《人民司法·案例》（201422：83）。**其他案例：**①江苏南通中院（2017）苏06民终1496号“邵某等与崔某等收养关系纠纷案”，见《邵怀杰、陈南林诉崔元凤、徐勇收养关系纠纷案》，载《江苏省高级人民法院公报》（201804/58：47）。②福建厦门中院（2009）厦民终字第3052号“王某诉简某离婚案”，见《事实收养关系的司法认定与处理机制》（张如曦、崔建华、靳羽），载《人民司法·案例》（201006：21）。③浙江高院（2009）浙民再字第13号“张某与吴某等继承权确认纠纷案”，见《张华英因与吴国琼、吴燕珍、吴新梅、吴赛花、吴菊梅继承权确认纠纷案》，载《审判监督指导·裁判文书选登》（200904/30：109）。④河南郑州中院（2005）郑民二终字第1761号“丁某与丁某兄继承纠纷案”，见《丁福荣与丁木林继承纠纷案》（李逊仙、杨峰岭），载《人民法院案例选》（200702/60：115）；另见《丁福荣与丁木林继承纠纷案（事实收养关系是否成立）》，载《中国审判案例要览》（2006民：502）。⑤最高人民法院“吴某与某居委会等房产纠纷案”,见《赵金午与郏县城关镇东中心街居委会、王新义、刘才房产纠纷申诉案》(于金陵,最高院立案庭),载《立案工作指导·申诉与申请再审疑案评析》(200302/3:166)。⑥福建泉州中院(2000)泉民终字第770号“孙某与孙某兄财产纠纷案”,见《孙永健诉孙永康案(财物分割、收养、遗嘱)》(龚丽群),载《中国审判案例要览》(2001民:48)。⑦湖南岳阳中院(2000)岳中民终字第515号“彭某妹与彭某侄继承纠纷案”,见《彭十元诉彭泽球等案(继承权确认)》(蔡涤鉴),载《中国审判案例要览》(2002民:553)。⑧黑龙江大庆中院(2000)庆民终字第182号“王某诉李某抚养费案”,见《王丽华诉李福生案(追索抚育费、收养)》(解恒奎),载《中国审判案例要览》(2001民:9)。⑨江苏南通中院(1999)通民终字第338号“王某诉葛某经济帮助案”,见《王锦怀在解除收养关系十余年后丧失劳动能力又无生活来源诉葛宏霞经济帮助案》(施汉嵘、丛红亚),载《人民法院案例选》(200002/32:53);另见《王锦怀诉葛红霞解除收养关系后经济帮助案》(施汉嵘、丛红亚),载《中国审判案例要览》(2000民:10)。⑩新疆生产建设兵团农八师中院1997年4月17日“冯某与于某等继承纠纷案”,见《冯草等诉于凤莲不是被继承人养女不能继承遗产案》(杨善明),载《人民法院案例选》(200001/31:58)。

76. 赡养义务与责任认定

——老人被赡养,是否尽到责?

【赡养纠纷】

【案情简介及争议焦点】

2012年,胡某与曹某离婚,经调解,胡某名下房产赠与婚生女胡某某。2015年,胡某某诉请胡某腾房。胡某以胡某某未履行赡养义务为由要求撤销赠与。经查,胡某某2006年大学毕业,2010年出国留学至今。胡某为退休大学副教授,离婚时分得的房产已售出,现月均收入7900余元。

争议焦点:1. 如何评价赡养义务?2. 如何判定本案胡某某是否尽到赡养义务?

【裁判要点】

1. 赡养义务。《婚姻法》第21条规定:“子女对父母有赡养扶助的义务。子女不履行赡养义务时，无劳动能力的或生活困难的父母，有要求子女给付赡养费的权利。”可见，在赡养对象向赡养义务人提出财物给付请求前提下，对赡养义务人履行义务的法律评价标准低于道德评价标准，应结合赡养对象的赡养需求、赡养义务人赡养能力等情况对赡养义务是否履行进行具体分析，评价侧重点则应着眼于赡养义务的经济层面意义。

2. 不得撤销。从胡某经济条件来看，胡某系大学副教授退休，有可观的退休收入，不存在子女经济资助的需要。从胡某住房情况来看，胡某与曹某离婚时，分得一套房产。后胡某将该房产处分，理应获得可观对价。胡某名下无房系其处分房产先行行为导致，其住房需求亦可用处分房产获取的对价再行购买或租住房屋解决，不应认定其有住房匮乏之虞。反观胡某某，目前仍在国外求学，尚无固定收入，生活仍需亲友接济，暂无经济上供养、生活上照料胡某能力。胡某两次赠与分别发生在2010年和2012年，彼时胡某某已出国留学，胡某明知胡某某留学期间仍需家庭资助，作出赠与且未提出赡养要求，本意是为女儿今后生活提供物质保障，减轻女儿经济压力。迄今，胡某某和胡某各自经济状况、彼此空间距离与胡某作出赠与时未有实质改变，故胡某主张胡某某未尽赡养义务并提出撤销赠与系对其赠与真意的反言。综上，本案存在赡养义务人胡某某经济能力弱、赡养对象胡某经济能力强的特殊情况，胡某提出撤销赠与一定程度上有悖诚实信用原则，若撤销赠与将进一步加剧胡某某经济恶化，导致利益失衡，亦无助于胡某、胡某某之间关系修复，故法院不认定胡某某存在未履行赡养义务行为，对胡某诉请不予支持。但应指出，尊老敬老是中华民族传统美德，赡养善待老人是法律所规定义务。胡某某在国外求学，更应创造条件对父母予以生活上的关心和精神上的慰藉，更应努力求得经济独立回报父母，在与父母产生矛盾时应通过沟通协商解决，不宜动辄求诸诉讼。唯此方能打开心结，实现亲子和睦，推动社会和谐。判决驳回胡某诉请。

【裁判依据或参考】

1. 法律规定。**《宪法(2018修正)》**(2018年3月11日)第49条:“婚姻、家庭、母亲和儿童受国家的保护。夫妻双方有实行计划生育的义务。父母有抚养教育未成年子女的义务，成年子女有赡养扶助父母的义务。禁止破坏婚姻自由，禁止虐待老人、妇女和儿童。”第1069条:“子女应当尊重父母的婚姻权利，不得干涉父母离婚、再婚以及婚后的生活。子女对父母的赡养义务，不因父母的婚姻关系变化而终止。”第1074条:“有负担能力的祖父母、外祖父母，对于父母已经死亡或者父母无力抚养的未成年孙子女、外孙子女，有抚养的义务。有负担能力的孙子女、外孙子女，对于子女已经死亡或者子女无力赡养的祖父母、外祖父母，有赡养的义务。”**《民法典》**(2021年1月1日)第26条:“父母对未成年子女负有抚养、教育和保护的义务。成年子女对父母负有赡养、扶助和保护的义务。"**《老年人权益保障法(2018修正)》**(2018年12月29日)第19条:"赡养人不得以放弃继承权或者其他理由,拒绝履行赡养义务。赡养人不履行赡养义务,老年人有要求赡养人付给赡养费等权利。赡养人不得要求老年人承担力不能及的劳动。"第20条:"经老年人同意,赡养人之间可以就履行赡养义务签订协议。赡养协议的内容不得违反法律的规定和老年人的意愿。基层群众性自治组织、老年人组织或者赡养人所在单位监督协议的履行。"第24条:"赡养人、扶养人不履行赡养、扶养义务的,基层群众性自治组织、老年人组织或者赡养人、扶养人所在单位应当督促其履行。"

2. 行政法规。国务院**《农村五保供养工作条例(2006)》**(2006年3月1日)第12条:"农村五保供养对象可以在当地的农村五保供养服务机构集中供养,也可以在家分散供养。农村五保供养对象可以自行选择供养形式。"第13条:"集中供养的农村五保供养对象,由农村五保供养服务机构提供供养服务;分散供养的农村五保供养对象,可以由村民委员会提供照料,也可以由农村五保供养服务机构提供有关供养服务。"

3. 最高人民法院司法解释及其他司法性文件/解读文章。最高人民法院吴晓芳法官**《关于婚姻家庭纠纷审理热点难点问答》**〔载《民事法律文件解读》2012年第6辑(总第90辑)〕第1条:"审理赡养纠纷案件时,应注意把握什么原则?答:根据婚姻法的规定,子女不履行赡养义务时,无劳动能力的或生活困难的父母,有要求子女付给赡养费的权利。因此,负有赡养义务的成年子女及其他赡养人,应在力所能及的范围内保障老年人的基本生活需要,并应随着生活水平的不断提高,相应提高对老年人的赡养标准。(1)老年人有基本生活费但不能完全保障生活需要,要求子女及其他赡养人履行赡养义务的,人民法院应予支持。(2)老年人有固定的经济收入能满足基本生活需要,而子女等经济收入不高、生活负担较重的,老年人要求子女等再承担给付赡养费义务的,人民法院不予支持。但老年人因医疗费、护理费等支出费用负担较重,要求子女及其他赡养人共同负担的,人民法院应予支持。(3)赡养义务是一种具有长期性、持续性的义务,不同于一般民事债权债务的一次性义务。如果赡养权利人与义务人协议免除义务人的赡养义务,并不妨碍赡养权利人在需要时重新要求义务人尽赡养义务。"第2条:"犯有杀害、遗弃、虐待子女罪的父母,能否要求子女赡养?答:从继承法的规定来看,故意杀害被继承人的、遗弃被继承人的、或者虐待被继承人情节严重的,丧失继承权。同样道理,犯有杀害、遗弃、虐待子女罪的父母原则上不再享有子女赡养的权利。因为让身心受到严重摧残的受害者再去赡养加害人,无论于法、于情、于理均说不过去。如果子女不计前嫌自愿赡养伤害过自己的父母,法律则不予干涉。赡养义务是由特殊的身份关系所决定的,因此除了合法的变更身份,即通过收养成立新的父母子女关系从而解除原有的父母子女关系外,父母子女间不能通过协议来解除法定的权利义务关系。当父母丧失劳动能力或者生活困难的时候,有权向成年子女请求给付赡养费,并不以父母已经对子女实际承担义务为前提。子女对父母的赡养义务是无期限的,只要父母需要赡养,子女就不能因为父母再婚或其他理由而拒绝承担赡养义务。关于子女不支付赡养费的例外情形,法律并没有明文规定。从最高人民法院一些司法解释的规定精神来看,如果赡养权利人过去对子女有严重的虐待、遗弃、故意伤害等行为,由于这些行为严重损害了父母子女关系,伤害了子女的感情,故赡养权利人请求子女支付赡养费时,一般不予支持。在审判实践中,对此应予从严掌握。因为子女赡养父母的义务是法定的和无附加条件的,在目前社会保障机制尚不完善、家庭主要承担养老育幼职责的现状下,不能轻易免除子女对父母的赡养义务。鉴于子女与父母之间特殊的身份关系,也不能简单地用等价有偿、公平合理的一般民法理念加以衡量。”最高人民法院吴晓芳法官**《关于婚姻家庭纠纷审理热点难点问答》**〔载《民事法律文件解读》2012 年第 5 辑(总第 89 辑)〕第 31 条:“审理赡养纠纷案件时,应注意把握什么原则? 答:根据婚姻法的规定,子女不履行赡养义务时,无劳动能力的或生活困难的父母,有要求子女付给赡养费的权利。因此,负有赡养义务的成年子女及其他赡养人,应在力所能及的范围内保障老年人的基本生活需要,并应随着生活水平的不断提高,相应提高对老年人的赡养标准。1. 老年人有基本生活费但不能完全保障生活需要,要求子女及其他赡养人履行赡养义务的,人民法院应予支持。2. 老年人有固定的经济收入能满足基本生活需要,而子女等经济收入不高、生活负担较重的,老年人要求子女等再承担给付赡养费义务的,人民法院不予支持。但老年人因医疗费、护理费等支出费用负担较重,要求子女及其他赡养人共同负担的,人民法院应予支持。3. 赡养义务是一种具有长期性、持续性的义务,不同于一般民事债权债务的一次性义务。如果赡养权利人与义务人协议免除义务人的赡养义务,并不妨碍赡养权利人在需要时重新要求义务人尽赡养义务。”第 32 条:“父母与儿子签订协议约定:女儿负责赡养父母,儿子自愿放弃家庭共有的房产,也不再负责父母的生前赡养和死后安葬等一切费用。过了若干年,父母到法院起诉儿子,称自己年老无生活来源,请求判令儿子按月给付 500 元生活费。儿子辩称自己已放弃房产,做了很大的牺牲。如果要恢复承担赡养义务,必须重新分割家产。此案应如何处理才公平? 答:婚姻法第二十一条明确规定:‘子女不履行赡养义务的,无劳动能力的或生活困难的父母,有要求子女付给赡养费的权利。’子女赡养父母是法定的义务,不能因为子女自愿放弃家庭共有房产就可以免除其赡养义务。虽然这份赡养协议是双方当事人真实意思的表示,但其中的一些条款与现行法律规定相抵触,应属无效;双方当事人涉及分割财产问题属于另一法律关系,应另案解决。因此,法院应支持父母请求儿子给付赡养费的诉讼请求。”第33条:“父母未抚养子女,子女应否赡养、扶助父母?答:有些子女在幼年时,其父母由于经济能力的限制或其他客观原因(比如因犯罪被监禁),无法对子女尽抚养教育的义务。子女不能将父母是否抚养教育的义务作为自己履行赡养父母义务的基础和前提。只要父母主观上有恶意遗弃子女的故意,则未被父母抚养过的子女对无劳动能力或生活困难的父母具有不可推卸的赡养义务。赡养父母是中华民族的传统美德,又是我国法律的强制性规定。婚姻家庭关系不是一种商品交换关系,父母对子女抚养教育所尽的责任大小,不能成为父母年老丧失劳动能力、没有生活来源的时候,子女不尽赡养义务的理由。”第35条:“成年子女未按赡养费给付协议支付赡养费,应否按协议约定承担违约金的问题?答:笔者认为,父母与子女签订赡养费给付协议,目的只是督促子女履行赡养义务。双方不是合同意义上的平等主体,其在赡养方面的权利义务关系早已由法律进行了明确规定,故所签订的赡养费给付协议属于有关身份关系的协议,合同法规定:‘婚姻、收养、监护等有关身份关系的协议,适用其他法律的规定。’因此父母与子女之间达成的赡养费给付协议,不应适用合同法,而应按婚姻法的有关规定处理。子女未按协议给付赡养费,实际上是没有履行法定的赡养义务,子女有能力赡养而拒绝赡养,情节恶劣的,还会被追究刑事责任。但并不存在违约问题,当然也不应承担违约责任。”第36条:“甲某11岁时父亲因病去世,母亲又组建了家庭。继父因不能生育,视甲某如亲生儿子,日常生活中的吃穿用大都由母亲和继父来负担。甲某长大成人结婚生子后,继父和母亲的关系开始恶化,最终解除了婚姻关系。继父年老患病后,想起当初自己对甲某的付出,希望他能负担一些自己的生活费和医疗费,但甲某坚决不同意,请问甲某对继父有赡养义务吗?答:甲某由母亲和继父抚养长大,可以认定已经形成抚养、教育关系。继父母与继子女抚养关系形成后,不以继父与生母或继母与生父的婚姻关系为存在基础,离婚并不意味着抚养关系当然解除。在甲某长大成人而继父需要赡养的情况下,依照法律规定,甲某应当对继父履行赡养义务。”第37条:“刘老头有两个儿子,其将自己的房里给了小儿子,并同小儿子一同居住。大儿子认为父亲偏心,所以拒绝对刘老头履行赡养义务。刘老头将大儿子告上了法庭,要求给付生活费,负担医药费和去世后的丧葬费。大儿子则以分家不公,且自己没有赡养能力为由不同意父亲的诉讼请求。这种情况该如何处理?答:赡养父母是子女应尽的义务,并且不得附加任何条件。大儿子不能以分家不公为由拒绝履行赡养义务。其作为成年人,有劳动能力,完全可以履行赡养父亲的义务,应当给付刘老头生活费并负担医药费。虽然负担丧葬费是子女的义务,但要求子女负担丧葬费却不是刘老头的民事权利,刘老头无权在生前为子女确定其去世后丧葬费的负担问题,故应驳回刘老头要求大儿子负担丧葬费的诉讼请求。”第38条:“老人有四个子女,病重住院时由大女儿负责照料,并垫付了全部医疗费用。老人去世后，大女儿起诉至法院，认为四个子女对老人均有赡养义务，请求另三人分担其垫付的医疗费。这种主张能成立吗？答：子女对父母有赡养扶助的义务，如有多个子女的，每个子女都应履行赡养义务。多个子女之间应依据各自经济能力及父母的实际需要负担相应份额，且该份额在多个子女赡养能力相当的情况下一般应是均等的。在履行赡养义务时，履行了全部经济供养义务的子女，有权在满足父母基本生活、医疗、护理需要的限度内，要求其他子女偿付其应当承担的相应份额。现有法律只是笼统地规定了子女对父母的赡养义务，在有多个赡养人的情形下，各赡养人所承担的赡养义务，究竟是按份责任还是连带责任，缺乏明确的规定。赡养费给付请求权是亲属法上的权利，具有很强的身份性特征与专属性特征，在赡养义务履行期间内，仅为行使者和享有者的专属权利，不得继承、抛弃、让与、设定担保或抵消，也不因时效而消灭。笔者倾向于多个赡养人所承担的赡养义务为按份责任。因为，各赡养人赡养义务的产生，均是因为被赡养人无劳动能力或生活困难而有赡养的必要；连带责任需要法律的明确或当事人的明确约定，现行法律并未规定多个赡养人对被赡养人需承担连带务……”最高人民法院吴晓芳法官**《关于婚姻家庭纠纷审理热点难点问答》**〔载《民事法律文件解读》2011 年第 11 辑（总第 83 辑）〕第 27 条：“收养关系解除后，养父母还可以要求养子女给付生活费吗？答：《收养法》第二十九条是对收养关系解除效力的一般规定，即‘收养关系解除后，养子女与养父母及其他近亲属间的权利义务即行消除’。而《收养法》第三十条第一款则是对收养关系解除效力的特殊规定，即‘收养关系解除后，经养父母抚养的成年养子女，对缺乏劳动能力又缺乏生活来源的养父母，应当给付生活费’。请注意，这里法条的文字表述是‘收养关系解除后”，而非‘收养关系解除时’，立法上的一字之差使那些在收养关系解除后出现了缺乏劳动能力又缺乏生活来源情形的养父母获得法律上的保障，这样规定符合权利义务相一致的民法原理，也能够更好地保护老年人的合法权益。养子女与养父母收养关系解除后，对养父母承担的赡养义务在理论上被称为‘后赡养义务’，其法律特征是：第一，后赡养义务产生于养父母与养子女收养关系解除之后，这是后赡养义务的时间特征；第二，后赡养义务的主体是经养父母抚养的成年养子女；第三，后赡养义务的对象是既缺乏劳动能力又缺乏生活来源的养父母，这里包括缺乏劳动能力和缺乏生活来源两个要件，二者必须同时具备；第四，后赡养义务的内容是给付生活费，这是区别于赡养义务的实质特征。一般情况下，子女对父母的赡养义务既包括物质赡养又包括精神赡养，而后赡养义务发生在收养关系解除之后，养父母与养子女的关系不复存在，因此，以解决生存问题为目的的物质赡养，即给付生活费成为后赡养义务的显著特征。”最高人民法院**《印发〈处理涉台刑事申诉、民事案件座谈会纪要〉的通知》**（1988 年 8 月 5 日　法〔办〕发〔1988〕18 号，已于 2021 年 1 月 1 日起废止）第 3 条：“……如果定居大陆的去台人员,要求子女赡养的,应依照法律的规定,责令子女承担赡养义务。但子女已被他人依法收养,在收养关系未解除前,不承担对生父或生母的赡养义务……"最高人民法院《**关于自幼送人抚养的女儿对其生父赡养义务问题的复函**》(1963年7月4日 〔63〕法研字第84号):"……关于汤家林生父要求她赡养问题,我院同意你们的意见,即如果汤的生父将其自幼送人抚养时,是有意不尽抚养义务,现在汤家林有理由拒绝其生父的要求。但在其生父年老体弱、无以为生的情况下,也可说服汤家林对其生父在经济上给予适当照顾,本人坚决不愿意也不能勉强。如当时汤家林生父确因生活所迫,无力抚养将女儿送人抚养,则应按婚姻法十三条的规定,不能认为汤家林对其生父已无赡养义务,而仍应对其生父适当担负一部分生活费用。"最高人民法院华东分院《**关于赡养问题的批复**》(1953年8月6日法行字第4380号):"……关于東三囡与吴翠弟赡养一案的处理办法,经我们研究:如在被告家庭经济状况较好有赡养扶助的能力,而原告确系生活困难情况下可同意你院处理意见,但在方法上,应尽可能不采用硬性判决的办法,而抓住双方思想情况,找出矛盾的症结,予以说服教育解决以免影响被告与家庭间的团结和夫妻关系。如被告家庭经济情况亦属困难无力照顾而原告生活又确属困难,则应从扶助其生产或从社会救济中予以解决。"

4. 地方司法性文件。山东泰安中院民一庭《**法官会议纪要(家事部分)**》(2020年)第10条:"子女受疫情影响收入减少,并不影响对父母的赡养义务,但如支付赡养费确有困难的,可与父母协商暂时适当减少或暂缓支付。赡养老人一方感染新型冠状病毒,无力赡养老人,可以协商由其他子女赡养老人;如无其他赡养人,可由有负担能力的孙子女、外孙子女来赡养老人。"第11条:"父母罹患新冠肺炎经治疗出院后,其子女以怕被感染为由,拒绝履行亲自照顾或以其他方式履行赡养父母的法定义务,父母主张子女承担赡养义务的,应予支持。"江苏高院《**家事纠纷案件审理指南(婚姻家庭部分)**》(2019年7月18日)第21条:"父母能否主张子女履行精神赡养义务?赡养包括经济上供养、生活上照料和精神上慰藉。父母主张子女履行探望等精神赡养义务的,应予支持。"第22条:"父母与子女约定免除或者以子女放弃家庭共有财产、继承等为条件免除子女赡养义务的,事后能否主张子女履行赡养义务?子女对父母有赡养扶助的法定义务。父母与子女约定免除子女赡养义务的,该约定无效,事后父母主张子女履行赡养义务的,应予支持。约定以子女放弃家庭共有财产、继承等为条件免除子女赡养义务的,如果协议已履行,可以酌情减轻子女给付赡养费的义务。"第23条:"父母未履行抚养义务,子女能否主张免除赡养义务?父母因经济能力限制或者其他客观原因未履行抚养义务,子女主张免除赡养义务的,不予支持。但父母存在有抚养能力而拒不履行抚养义务或者对子女实施虐待、遗弃、故意杀害等行为,情节严重的,可以酌情减轻子女的赡养义务,构成犯罪的,可以免除子女的赡养义务。”北京高院民一庭《**关于审理婚姻纠纷案件若干疑难问题的参考意见**》(2016 年 8 月 4 日)第 11 条:“【赡养案件当事人范围】赡养案件原则上可以只列对赡养权利义务存在争议方为赡养案件当事人。但确有必要追加其他赡养义务人以便全面分配赡养义务的,人民法院可根据案情予以追加。”安徽滁州中院《**关于审理婚姻家庭纠纷案件座谈会纪要**》(2013 年 8 月 2 日)第 27 条:“经释明的,被赡养人仍明确表示只起诉部分子女履行赡养义务的,应根据当事人意思自治原则,只列其起诉的子女为被告,但应其起诉的子女为被告,但应根据所有子女各自应承担的数额确定被告应支付的赡养费金额。”浙江宁波中院《**关于印发〈民事审判若干问题解答(第三辑)〉的通知(婚姻家庭类)**》(2011 年 5 月 11 日)第 10 条:“在追索赡养费纠纷中,父母要求子女履行赡养义务,子女以协议约定其不承担赡养义务为由不同意履行赡养义务,是否予以支持?答:父母要求子女赡养是法定权利,子女赡养父母是法定义务,立法目的旨在保护父母的利益。父母子女之间可以通过赡养协议对赡养义务进行具体约定,协议约定免除个别子女的赡养义务,不影响父母要求该子女履行赡养义务,子女以协议约定其不承担赡养义务为由不同意承担赡养义务的,不予支持。”江苏高院《**婚姻家庭案件审理指南(2010 年)**》(2010 年 5 月 18 日)第 10 章:“……(三)赡养关系。1. 子女对父母的赡养。根据《婚姻法》第二十一条第一款的规定,子女对父母有赡养扶助的义务。子女不履行赡养义务的,无劳动能力的或生活困难的父母,有要求子女付给赡养费的义务。(1)‘父母’包括养父母和继父母,‘子女’包括非婚生子女、养子女和形成抚养教育关系的继子女。(2)收养行为被人民法院确认无效的,养子女不负有法定赡养义务;收养关系解除后,经养父母抚养的成年养子女,对缺乏劳动能力又缺乏生活来源的养父母,应当给付生活费。(3)继父母与已经形成抚养教育关系的继子女之间的赡养关系,不因继父母与生父母之间的婚姻关系的消灭而消灭,曾受抚养教育的继子女成年后对生活困难的继父母应尽赡养义务。2. 孙子女、外孙子女对祖父母、外祖父母的赡养。《婚姻法》第二十八条规定:‘有负担能力的孙子女、外孙子女,对于子女已经死亡或子女无力赡养的祖父母、外祖父母,有赡养的义务。’根据上述规定,孙子女、外孙子女对祖父母、外祖父母的赡养义务是有条件的:(1)孙子女、外孙子女有赡养能力。(2)祖父母、外祖父母的子女已经死亡或无力赡养。(3)祖父母、外祖父母需要赡养。对有固定收入或其他经济来源,生活上完全可以自理的祖父母、外祖父母,其孙子女、外孙子女可以免除承担赡养义务。”江西高院《**关于审理婚姻家庭纠纷案件适用法律若干问题的解答**》(2008 年 10 月 10 日)第 21 条:“赡养费用的给付标准如何确定?赡养费的给付应当根据被赡养人的经济状况、生活自理程度、赡养人履行义务的能力和被赡养人所在地生活水平综合考虑。”第 22 条:“如何确定赡养方式?子女对父母的赡养应当包括物质和精神两方面。子女履行赡养义务不仅仅局限于给付金钱的义务,只要有利于被赡养人的身心健康,且具有可操作性的方式均可,如对被赡养人生活上的照顾、为其提供居住条件等方式。”第23条:“赡养案件是否应将所有子女列为当事人参加诉讼?为保护老人的合法权益,通常情况下应将赡养案件的义务主体,即所有子女列为案件当事人,全面分配赡养义务。因部分子女已尽赡养义务,部分子女不尽赡养义务,或其他原因致使老人不愿将个别子女列为被告,而执意只列部分子女为被告的,法官应当对老人行使释明权,告之其涉及放弃部分主体的权利亦相应放弃,释明后如老人仍明确表示坚持的,则应根据当事人意思自治原则,尊重老人的权益主张。但赡养义务应当按全体子女的份额进行分配,涉及放弃部分主体的义务,被赡养人不得要求其他赡养义务人分担。”山东济南中院**《关于当前民商事审判若干法律适用问题的解答(五)》**(2007年11月9日　济中法发〔2007〕14号)第1条:“关于婚姻家庭纠纷中子女抚养费、夫妻之间扶养费及赡养费的月负担额度问题……(3)关于赡养费,现行法律、司法解释中同样没有像子女抚养费那样规定相应的幅度。需要综合考虑被赡养人的实际需要、负有赡养义务人的数量、所诉赡养义务人的经济收入状况、负担能力及当地的实际生活水平等因素,酌情加以确定。”上海高院**《关于印发〈几类民事案件的处理意见〉的通知》**(1999年9月27日　沪高法〔1999〕528号)第6条:“婚姻家庭纠纷中的有关问题。1. 如何处理老年人要求子女尽赡养义务的案件。一些老年人虽有固定的经济收入,但尚不能满足其基本的生活需要,例如老年人因病需要支出医疗、护理等费用,而子女本身由于下岗等因素生活也有困难,这时如果老年人起诉要求子女及其他赡养义务人履行赡养义务,人民法院应着重考虑老年人的基本生活需要,因为老年人年老体弱,已经没有能力通过劳动获得收入了,相对而言,他的子女处于较为有利的位置,他们有义务帮助父母渡过难关,方式可以是物质帮助,也可以用劳务代替。”上海高院**《关于审理抚育费、赡养费等案件若干问题的研讨纪要》**(1998年8月27日)第4条:“老年人有受赡养扶助的权利。负有赡养义务的成年子女及其他赡养人应在力所能及的范围内保证老年人的基本生活需要,并应随着赡养义务生活水平的提高,相应提高对老年人的赡养标准。老年人赡养标准一般不低于城镇居民生活保障线。老年人有基本生活费需要得不到保障,要求子女及其他赡养人履行赡养义务的,人民法院应予以支持。老年人有固定的经济收入能满足基本生活需要,且子女等经济收入尚不富裕,而要求子女等再承担给付赡养费的,人民法院不予支持。但老年人因医疗费,护理费等费用不能报销,要求子女及其他赡养人共同负担的,人民法院应予支持。”

【参考类案】

(1)赡养义务。①2016年**江苏某赡养纠纷案**,1983年,牛某生育戚某。1984

年，牛某与戚某父发生家庭矛盾后离家出走。1986年，牛某与他人结婚后，抚养继子刘某生活。2016年，牛某诉请戚某、刘某支付赡养费。戚某以牛某未对其尽抚养义务为由抗辩。法院认为：赡养父母是子女应尽义务，不因任何事由而发生改变，子女不履行赡养义务时，无劳动能力或生活困难的父母有要求子女给付赡养费权利。成年子女对因离婚而未能尽抚养义务的父亲或母亲的赡养责任，不能因其与他人缔结新的婚姻关系并由已形成抚养关系的继子女承担了部分赡养责任而免除，而应与该继子女共同履行赡养义务。牛某系戚某母亲，现因年老丧失劳动能力，戚某理应承担赡养义务，其以牛某未对自己尽抚养义务为由提出不应承担赡养费，无法律依据，法院不予支持。判决戚某、刘某每人每月承担牛某生活费400元。

②2015年**某赡养纠纷案**，2011年，老人张某到医院接受肠梗阻切除术，后病情加重被转入重症监护室治疗。儿子李某支付部分医疗费后以医疗过错为由拒绝支付剩余医疗费。后张某死亡，医院诉请李某支付2.8万余元医疗费。法院认为：成年子女应当赡养父母，这既是法定义务，也是中华民族传统美德。当父母缺乏自行支付医疗费经济能力时，直接支付父母医疗费或通过支付赡养费方式恢复父母自行支付医疗费经济能力，应是成年子女履行赡养义务具体方式。张某入院接受治疗时，医院预期并信赖张某会自行支付医疗费，如张某缺乏自行支付能力，李某会直接支付医疗费或向张某支付相应的赡养费以供张某有能力支付医疗费。医院前述预期和信赖符合日常生活经验法则，是合理且应受保护的。依《执业医师法》第24条、《医疗机构管理条例》第31条等规定，张某属需在重症监护室接受治疗的危重病人，医院不得以患方拖欠医疗费为由拒绝治疗。医院虽明知关于李某会负担该医疗费的预期不会实现，但基于法律规定并不能停止治疗，故本案医疗费持续产生具有合理性，应受保护。李某虽怀疑张某病情加重是医院存在医疗过错所致，但未通过申请鉴定、提供其他证据等方式加以证明，依法应推定其理由不成立。李某明知张某缺乏自行支付医疗费经济能力，自己不直接支付医疗费或通过支付赡养费方式恢复或增强张某经济能力，张某将不能向医院履行支付医疗费的债务，医院权益将会受损。简言之，李某明知自己不作为与医院权益受损之间具有引起与被引起的客观联系，此种情形，李某故意不履行赡养义务，实质上是故意利用自己不作为行为与医院权益受损之间具有的客观联系，阻止张某恢复或增强清偿债务的经济能力，进而阻止张某向医院履行支付医疗费合同债务的行为，侵害了医院民事利益，应认定为侵权行为。判决李某赔偿医院医疗费损失2.8万余元。

③2014年**广东某赡养纠纷案**，2013年，黄某因贩卖毒品被判无期徒刑，并处没收个人全部财产后，其母吴某诉请黄某支付赡养费。除黄某外，吴某还有女儿及两名有抚养关系的继子。法院认为：子女有赡养父母的义务，子女不履行赡养义务时，无劳动能力或生活困难的父母，有要求子女给付赡养费的权利。吴某虽有退休

金,但其已年过六旬,患有多种高危疾病,需继续治疗,其退休金数额不足以保证在得到较好医疗救治同时,仍能维持本地区平均生活水准,故其向子女追讨赡养费系出于实际需要,合法有据。吴某离婚时,女儿已十岁,离婚后,虽未共同生活,但实际上吴某抚育女儿多年;吴某再婚后,与继子形成抚养关系,故女儿、继子与黄某负有共同赡养吴某的法定义务。现吴某仅向黄某主张赡养费,但吴某未提供证据证明另外三个子女不具备支付赡养费的经济负担能力,吴某要求黄某个人承担全部赡养义务无事实根据,亦不具备法律基础。考虑到吴某需治疗情况与收入状况,其主张的2000元/月赡养费并无畸高,鉴于黄某同意支付赡养费,且吴某尚有其他赡养义务人,法院酌定黄某按500元/月标准向吴某支付赡养费。赡养费原则上应定期给付,但黄某被判处无期徒刑并被没收全部个人财产,其不具备按月给付的履行条件,故吴某主张一次性支付赡养费,可支持法院酌定。同时,根据私权保障和私权优先原理,本案赡养费应优先于黄某被没收全部个人财产的刑事责任。判决黄某按500元/月标准一次性支付赡养费给吴某(自2011年9月起支付至2032年9月止)抚养费共计12.65万元。

④2011年**江苏某赡养纠纷案**,2004年,夏某与父亲共同购买单位福利房,产权载明夏某及妻子程某占90%、夏某父及母亲仲某占10%。2008年,夏某父母离婚,夫妻共有门面房归仲某。2011年,夏某、程某诉请分家析产,要求仲某搬离一直居住的夏某父、子原单位福利房。法院认为:老年人依法享有政治、经济、文化和婚姻家庭生活等方面权益,任何单位、组织和个人不得侵犯。老年人与子女或其他亲属共同出资购买、建造的住房,老年人依法享有相应所有权或使用权。在按份共有关系存续期间,按份共有人有权请求从共有财产关系中分割属于其自己的份额,但分割共有财产时应当遵守法律规定和合同约定,贯彻平等协商、和睦团结的精神。当按份共有人是家庭共同成员时,分割共有财产应充分考虑老年人权益保护以及家庭和睦关系的维护。若负有赡养义务的子女要求分割家庭共同财产会损害父母的权益时,对于该分割请求可以不予支持。案涉房屋是夏某与父亲所在单位福利房,购买该房屋时使用了夏某与父亲两人的职工福利,该房屋按份共有人之间是直系亲属关系,不同于一般按份共有中共有人之间的关系。仲某虽在离婚时取得了店面房,但为非居住,不适合仲某迁居此房居住,此外仲某虽有一定收入来源,但这不影响夏某及程某对仲某应负的赡养义务。本案当事人取得涉诉房屋后,进行了精装修,房屋装修完毕后仲某就一直在该房屋内居住生活至今,且因涉诉房屋是单位福利房,周围有很多邻居是以前的同事、朋友,仲某已习惯在涉诉房屋中生活,虽在审理期间夏某、程某提出愿意提供其他房屋供仲某居住,但相较于本案涉诉房屋,其所提供房屋并非条件相当的房屋,且仲某对本案涉诉房屋更具有依赖性。至于夏某父亲现无房居住问题,夏某有赡养义务,更何况夏某、程某表示愿意提供给仲

某房屋居住，则夏某、程某可将该房屋交由夏某父亲居住使用。若将本案所涉房屋进行分割，或将使仲某丧失对房屋的共有权，或将使仲某在取得房屋所有权同时斥巨资折价补偿其他共有人，这都会影响仲某老年人权益，故就本案而言，当事人之间房屋共有关系应予维持。判决驳回夏某、程某诉请。

⑤2010 年**福建某赡养纠纷案**，2008 年，陈某将名下房产 20% 产权赠与儿子周某并经公证。周某预留开发公司用于购买房屋使用权的 9 万余元由陈某领取。2010 年，陈某以周某不尽赡养义务为由诉请撤销赠与。周某以其失业、无收入来源抗辩。法院认为：陈某同意将名下房产 20% 产权赠送给周某所有，周某亦对赠送表示愿意接受。该赠与合同经过公证，系双方当事人真实意思表示。周某虽因与陈某存在赡养纠纷，且经法院判决周某应每月向陈某支付赡养费并负有探望义务，但周某亦在诉讼中提交了其就业失业登记证，用于证明其无收入来源，陈某未举证证明周某存在因某种主观目的，故意不履行赡养义务，且周某亦曾购买了房屋使用权提供给陈某居住，陈某却将该房屋退回开发建设单位，领取了周某缴纳的预留金。依《合同法》第 186 条第 2 款规定，经过公证的赠与合同，赠与人不得行使任意撤销权，故陈某以其无房居住为由，要求撤销赠与合同，与其领取预留金行为不符，且无充分证据证明陈某经济状况显著恶化，故陈某并不存在《合同法》第 195 条所规定的可不再履行赠与义务情形。

⑥2009 年**江苏某赡养纠纷案**，2009 年，孤寡老人田某被史某所骑摩托车碰撞身亡。实际承担赡养义务的蔡某作为原告诉请史某及保险公司赔偿。法院认为：事实上承担了对无配偶、子女老人赡养义务的人，根据权利义务对等原则，在其遭受侵害致死，且无其他继承人情况下，其可作为赔偿权利人要求侵权人承担责任。本案中，死者田某无配偶、无子女，其生前由蔡某扶养，蔡某对其履行扶养义务，依法有权对田某遗产享有继承权，有权要求被告赔偿因交通事故致田某死亡所造成的经济损失。判决保险公司赔偿蔡某各项损失 7 万余元。

⑦2008 年**浙江某赡养纠纷案**，2003 年，朱某夫妇因旧村改造购地，向朱某子借款 130 万余元。2007 年，岳某以其受让该债权为由，起诉 80 高龄的朱某夫妇，要求还本付息共计 300 万余元。法院认为：朱某夫妇对 2003 年借条真实性并无异议，但对款项性质及债权转让是否通知存在重大争议。经审查，该借条反映的并非单纯借款关系，还与朱某夫妇 54 平方米安置用地所建房屋所有权及居住权相关联。朱某子用以证明已向朱某夫妇履行了催款及债权转让通知义务的快递详情单上均未载明寄送材料名称，朱某夫妇亦否认收到债权转让通知事实。据此，本案争议债权转让已通知朱某夫妇事实不能直接确认。法律虽不禁止直系亲属间形成包括借贷合同在内的交易关系，但对直系亲属之间交易关系和债权转让关系的审查和确认，应考虑特定当事人的经济状况以及有关当事人应依法承担的赡养、抚养义务等

具体情况。处理涉及直系亲属间交易关系纠纷时,在意思自治和公序良俗利益考量中应更强调公序良俗价值取向,案件处理结果应符合社会主义家庭道德观念与善良习俗,优先考虑保护老年人等弱势群体合法权益,符合实体正义要求。朱某夫妇年过八旬,需子女关心和照顾,54 平方米安置用地上所建房屋系朱某夫妇养老栖身之所,朱某子作为负有赡养义务子女,明知父母无偿付能力,在律师参与下,经几易其稿,最终形成由其与父母签署约定四倍借款利息且包含严格违约责任借条,后又将该债权转让给岳某。如按借条约定利息条款计算,现该款项本息累积已达数百万元,原本可安享晚年的高龄父母将陷于债务困扰之中。朱某子在本案中相关行为不符合一般家庭道德观念。法庭不是单纯诉讼竞技场,保护老年人合法权益,体现司法人文关怀,始终是法院在审理本案中优先考虑因素,本案应认定朱某子和岳某之间债权转让不成立。至于朱某子和岳某,朱某子和朱某夫妇之间债务纠纷,宜通过其他合理合法途径解决。判决驳回岳某诉请。

⑧2005 年**四川某赠与合同纠纷案**,2003 年,陈某与曾某父将夫妻共有房产赠与曾某。2005 年,陈某去世,其间曾某因家庭矛盾而离家。曾某父诉请撤销赠与、返还房屋。曾某抗辩称"对赠与人有扶养义务而不履行"中的"扶养"非"赡养"。法院认为:《合同法》第 192 条规定:"受赠人有下列情形之一的,赠与人可以撤销赠与:(一)严重侵害赠与人或者赠与人的近亲属;(二)对赠与人有扶养义务而不履行;(三)不履行赠与合同约定义务。"该条款中未明确规定"扶养"是否包含"赡养"。按民法学解释,赡养是指"子女或晚辈对父母或长辈在物质和生活上的帮助";扶养是指"夫妻之间在物质上和精神生活上的帮助"。在《婚姻法》《老年人权益保障法》等法律中,通常亦将"赡养"用于子女对父母的物质和生活帮助的相关规定中,将"扶养"用于夫妻之间相互帮助的有关规定中。但现行法律法规对"赡养"和"扶养"概念的使用并未作严格限定,且在其他法律法规中亦有将"扶养"规定为"赡养"上位概念情形。如国务院颁布《农村五保供养工作条例》(1994 年)第 6 条规定:"法定扶养义务人,是指依照婚姻法规定负有扶养、抚养和赡养义务的人。"事实上,上述"赡养"和"扶养"概念在法律法规中分别使用主要是针对不同权利和义务主体,并非二者所涵盖义务内容有本质区别。"赡养"和"扶养"所包含义务内容均系为他人提供物质和精神帮助。另外,《合同法》中关于赠与合同的法律规定,调整的是赠与人与受赠人之间民事关系,而赠与合同当事人包括父母、子女、夫妻、兄弟姐妹、其他亲友等。赠与人将自己财产赠与他人是一种"善举",法律赋予赠与人撤销权,其目的在于对赠与人"善举"行为保护和对受赠人不履行与赠与人有关的法定和约定义务的惩罚。受赠人采取不作为方式拒绝履行赡养义务或扶养义务,对赠与人造成的损害结果是一样的,故在承担法律责任上没有区分"赡养"和"扶养"的实际意义。如《合同法》第 192 条第 2 款规定的撤销权只限于曾某所

述具有扶养义务的夫妻之间或平辈之间，而将年迈体弱需特别关爱的弱势群体父母排斥于拥有撤销权之外，显然不符合《合同法》有关“保护合同当事人的合法权益，维护社会经济秩序”的立法本意。全国人大法工委研究室编写的《合同法释义》中，对《合同法》该条中“扶养”亦认为：“应当做广义的理解为妥，不仅包括夫妻之间的扶养，也包括对老人的赡养。如果老人将自己的财产赠与成年子女，而子女却不赡养老人，老人有权撤销赠与。”综合上述理由，应认定《合同法》第 192 条中的“扶养”包括了“赡养”。《婚姻法》第 21 条规定：“父母对子女有抚养教育的义务；子女对父母有赡养扶助的义务。”《老年人权益保障法》第 11 条规定：“赡养人应当履行对老年人经济上供养、生活上照料和精神上慰藉的义务，照顾老年人的特殊需要。赡养人是指老年人的子女以及其他依法负有赡养义务的人。”根据前述规定，赡养老人是子女法定义务，且子女应积极主动全面履行该项义务。最高人民法院《关于民事诉讼证据的若干规定》第 2 条规定：“当事人对自己提出的诉讼请求所依据的事实或者反驳对方诉讼请求所依据的事实有责任提供证据加以证明。没有证据或者证据不足以证明当事人的事实主张的，由负有举证责任的当事人承担不利后果。”本案中，陈某以曾某未履行赡养义务为由，请求撤销赠与，故曾某是否全面履行了对母亲陈某的赡养义务，是认定陈某是否有权撤销赠与的关键。由于陈某主张曾某未履行赡养义务，属于对消极事实提出的主张。根据民法学原理中有关举证责任分配的理论，“主张积极事实之当事人，就其所主张之事实负举证责任；主张消极事实之当事人，则无须负举证责任”。同时，最高人民法院《关于民事诉讼证据的若干规定》第 5 条第 2 款规定：“对合同是否履行发生争议的，由负有履行义务的当事人承担举证责任。”即义务人应对其是否履行义务承担举证责任，故对曾某是否全面履行了赡养义务事实，应由义务人曾某承担举证责任。尽管家庭纠纷中，各方当事人也许均有过错，但曾某作为陈某女儿，也是最适合照顾母亲生活人选，不应在其母亲最需特殊照料时候，以发生家庭纠纷为由离开陈某。事后亦无证据证明曾某积极采取其他方式主动照料陈某起居生活，并给予母亲精神上慰藉。《继承法》第 2 条规定：“继承从被继承人死亡时开始。”由于陈某在诉讼中死亡，其相应权利义务由陈某继承人承接，故在撤销赠与后，本案诉争房屋应属曾某父和陈某其他继承人（包括曾某）共有。至于继承人各自所拥有份额，应在对房屋进行析产和分割后才能确定。由于本案系赠与合同纠纷，对房屋进行析产和分割，超出了本案审理范围。判决撤销案涉房屋赠与。

⑨2004 年**河南某赡养纠纷案**，1992 年，周某子去世后，周某与儿媳袁某订立分家字据，确定袁某及孙女梁某对周某有生活扶助义务，每月给付周某生活费 10 元，并承担周某一半医疗费。2000 年，周某主张生活费太低，应变更为 100 元，同时主张医疗费一半由儿媳、孙女承担。法院认为：丧偶儿媳在丈夫生前对老人赡养只是

一种协助义务,虽然丧偶儿媳与公婆在法律上未规定具体权利义务关系,但分家析产所订立协议只要是双方当事人真实意思表示,当事人不能随意改变。孙女在其父去世后对奶奶的赡养义务前提条件需被赡养人无子女或子女无力赡养,同时孙女有赡养能力。本案中,周某与袁某系婆媳关系,袁某法律上无赡养周某义务,双方订立分家字据,系双方真实意思表示,是合法民事行为,应予继续履行。因周某有其他子女,故梁某不承担赡养义务。

⑩2001 年**山东某赡养纠纷案**,1960 年,伊某与前妻高某离婚后,与由高某抚养的婚生女罗某一直无来往。1985 年,伊某与耿某再婚时,耿某与前夫所生荆某等 3 人已能独立生活,荆云某等 4 人由耿某及继父伊某抚养。2000 年,耿某去世,其生前及伊某患病产生医药费并留有债务。法院认为:伊某未抚养荆某等 3 人,该 3 人亦无赡养伊某义务,但对其母有赡养义务,应承担其母生前所花费医药费用及所欠债务。荆云某等 4 人由伊某夫妻抚养成人,伊某与该 4 人系继父、继子女关系,该 4 人应对伊某履行赡养义务,承担伊某及其母医药费用和债务。鉴于荆云某在其母生前对伊某夫妻履行了赡养义务,应减轻其承担伊某夫妻医药费和债务责任。罗某在伊某与其母离婚后,由其母抚养成长,但并不因父母离婚而消除双方之间的父女关系,故罗某仍有赡养伊某义务,判决荆某等 4 人及罗某每年 7 月 6 日前给付伊某赡养费 240 元,其他赡养物品由赡养义务人分别提供,住房按分家协议执行,伊某、伊某妻生前花费医药费及所欠债务由赡养义务人分别负担。

(2)赡养协议。①2016 年**江苏某赡养纠纷案**,1978 年,张某与章某再婚,双方共同抚养章某与前夫所生女儿朱某。2007 年,张某与章某分居。2008 年,张某与朱某签订协议,张某明确表示不需要朱某赡养,朱某亦不继承张某财产。2016 年,张某以其年老丧失劳动能力为由诉请朱某履行赡养义务。法院认为:子女对父母有赡养扶助义务,该义务包括经济上帮助、生活上照顾、精神上慰藉。朱某虽非张某亲生,但双方间已形成继子女关系,依《婚姻法》有关规定,继父或继母和受其抚养教育的继子女间权利和义务,适用该法对父母子女关系有关规定,故朱某依法对张某有赡养义务。结合法律和本市生活费用现状,张某要求朱某每年支付生活费 3000 元,符合法律规定,应予支持。继父母与未成年继子女之间因长期共同生活形成抚养关系的,继父母在继子女成年后有权要求其承担相应赡养义务。继子女成年后,双方虽同意解除继父母子女关系,但双方之前已形成的抚养关系并不因此消失,故根据权利义务一致原则,对无劳动能力或生活困难的继父母,成年继子女人仍应承担一定赡养扶助义务。现朱某以双方签订协议为由拒绝对张某的赡养义务,缺乏依据,判决朱某自张某主张权利之日起,每月 10 日前支付张某生活费 250 元。

②2013 年**江苏某赡养纠纷案**,2011 年,在姜某弟入赘成为女方家庭成员、姜某兄已依原协议对父亲生前尽到主要赡养义务情况下,姜某与姜某兄达成协议,约定

母亲陈某由姜某赡养。2013年，陈某因生活无着，起诉三子要求赡养。法院认为：子女赡养父母既是道德上应遵守的孝敬行为，也是法律上规定的法定义务。子女因赡养父母订立各自分别承担赡养一方父母协议，因该协议免除了单个子女对父或母一方的赡养义务，应认定无效，姜某不承担陈某日常吃、住照料义务理由不能成立。姜某弟系招婿入赘，庭审中，陈某表示不去姜某弟家里吃、住，姜某兄、姜某亦均明确表示放弃要求姜某弟承担对陈某照料义务。鉴于当事人一致同意姜某弟不负担照料陈某义务，法院予以准许。姜某兄虽未能举证证明其承担过父亲生前全部医疗费用，但从其单独承担父亲全部丧葬费用及其与姜某订立的赡养协议内容看，可认定姜某兄相比姜某、姜某弟，对父亲尽过较多赡养义务。对父亲尽过相较于其他兄弟较多赡养义务，虽不能就此免除其对母亲陈某赡养义务，但可在以金钱为内容的赡养义务方面减轻姜某兄应负担数额。姜某庭审中明确表示愿意单独承担陈某的丧葬费用，符合法律规定，予以确认。判决姜某、姜某兄每年各自轮流承担陈某日常吃、住照料义务，姜某兄、姜某、姜某弟各自按20%、40%、40%比例负担陈某日后医疗费、护理费，并每年各自负担陈某日常生活零用费800元、1600元、1600元，于每年1月1日前给付；陈某日后因病难以生活自理时，姜某兄、姜某、姜某弟应轮流承担护理义务，陈某日后丧葬费用由姜某承担。

③2010年**浙江某继承纠纷案**，1975年，高某与史某父分家，约定史某父与再婚后所生子史某居住，高某与史某弟、妹及高某跟前夫所生史某兄、史某姐共同居住。1979年，史某父去世。1996年，史某与兄弟姐妹协商，由史某其他兄弟姐妹赡养母亲高某。2004年，高某去世。2010年，因高某村集体身份，史某兄弟姐妹获得村集体分配两套商品房及相应补偿款。史某诉请继承1/5份额即12万余元。法院认为：同一顺序继承人继承遗产份额，一般应均等。对被继承人尽了主要扶养义务或与被继承人共同生活的继承人，分配遗产时，可多分。有扶养能力和有扶养条件的继承人，不尽扶养义务的，分配遗产时，应当不分或少分。本案被继承人高某去世后，其名下有可分配两套商品房和土地征用款8500元可继承。高某从1975年分家后与史某父分开居住，未与史某共同生活，从1975年到高某2004年去世前后长达30年，史某未对高某承担任何赡养义务。虽然1975年史某与其他兄弟姐妹分家后，史某与父亲共同生活，但父亲早在1979年已去世，在1996年史某与兄弟姐妹协商赡养母亲事宜时，史某作为高某儿子理应与其他兄弟姐妹一起承担赡养高某义务，但1996年达成的关于赡养老人及居住协议书可反映出，史某未对高某承担任何赡养义务，史某亦未提供证据证明对高某承担过赡养义务。综上，根据被继承人高某遗产及史某所尽赡养义务等实际情况，酌情考虑史某继承高某遗产价值为1万元。因高某遗产已被继承，故应由史某兄弟姐妹支付史某可继承高某的遗产价款。史某兄、史某弟表示，由他们分别支付史某5000元，法院予以准许。判决

史某兄、史某弟分别支付史某可继承高某的遗产价款5000元。

④2002年**四川某合同纠纷案**,1997年,骆某与骆某妹签订协议,约定以骆某妹赡养母亲为条件,骆某将名下房屋赠与骆某妹。2002年,骆某与妻子邹某以该转让违反法定赡养义务且无权处分为由诉请确认合同无效。法院认为:骆某妹取得房屋所有权,系以骆某妹履行供养其母义务为对价,根本区别于赠与合同无偿性特征,故该协议系有偿转让而非赠与,且该转让即《合同法》规定的合同权利义务概括转让。虽然骆某妹本人亦有赡养其母义务,但并不能就此得出否定骆某妹代骆某履行赡养义务结论,只要这种转让征得了被赡养人同意,未损害其受赡养权利即可。骆某在协议中转让的正是供养责任即物质上的赡养义务(依法亦应仅限于此),至于精神上的赡养义务,仍由骆某亲自履行。此转让征得了权利人骆某母同意,骆某妹依约履行,并未损害权利人合法权益,故该转让协议在法律上、道德上均应认定合法有效。骆某交付房屋后,作为对价,骆某夫妇未再实际履行对其母经济供养,邹某作为与骆某共同生活的人,亦应知道或推定其知道转让协议存在。从案件事实看,骆某妹对房屋修缮时,在场邹某并未提出异议,证明其对房屋转让是明知且认可的。即使邹某当时不知情,骆某妹亦有充分理由相信此处分行为系夫妻共同行为。共同生活的夫妻一方处分共同财产,对骆某妹而言,已构成表见代理,而构成表见代理则可忽视共有权人擅自处分共有财产的权利瑕疵。骆某妹出于善意且支付合理对价,从保护交易安全、保护善意相对人合法权益角度出发,亦应确认转让事实存在,转让协议有效。综上,骆某与骆某妹所签转让协议意思表示真实,内容合法,未损害他人利益和社会公共利益,应认定有效。骆某夫妇起诉请求没有事实和法律依据,实质上是转嫁行为风险、违背诚实信用原则行为,不应得到支持。判决驳回骆某夫妇诉请。

⑤2001年**新疆某赡养纠纷案**,2000年,年过七旬的李某与长子及三子达成赡养协议,每年春节前分别支付赡养费600元、300元,逾期一日承担违约金500元。2001年,李某依协议诉请二被告支付赡养费,并承担违约金。法院认为:《合同法》第2条第2款规定:"婚姻、收养、监护等有关身份关系的协议,适用其他法律的规定。"本案双方当事人所达成具有身份关系的赡养协议,尽管是双方当事人合意结果,符合《民法通则》和《合同法》所规定合同某些特征,但不适用《合同法》,而应适用《婚姻法》。子女赡养老人是应尽的法定义务,不得以任何借口不尽赡养义务。李某年近七旬,年老体衰,已丧失劳动力,无生活经济来源,需要五个子女赡养。其中三个子女履行了赡养义务,而二被告作为李某儿子,却以承包土地亏损为由拒绝给付赡养费,不仅违背了法律规定,亦违背了社会主义道德规范要求,应受到批评。李某要求二被告给付赡养费,未超过本地区被扶养人生活标准,应予支持,但李某要求按其与二被告达成的协议支付违约金,因该违约金条款不具有法律效力,故对

李某这一请求不予支持。判决二被告按协议支付赡养费。

⑥1999年**福建某债务纠纷案**，1999年，陈某以其姐夫曾承诺共同负担父母年老时所需丧葬费用为由，诉请支付代垫丧葬费2750元。陈某姐夫称生活困难，且与岳父母只共同生活8个月即搬出分开住。法院认为：依《婚姻法》规定，子女对父母负有生养死葬义务，但关于媳妇、女婿对公婆、岳父母是否负有扶养义务，法律未作规定。本案中，陈某姐夫虽在结婚时与其岳父母共同生活，但婚后8个月即与岳父母分开生活至今，故其作为女婿，在未与岳父母共同生活情况下，不负有法定扶养义务。陈某姐夫在自愿情况下，写下案涉保证书，为岳父母承担送终义务，系其真实意思表示，亦不违背社会公共利益和公序良俗，应认定该民事行为合法有效，具有法律约束力。鉴于陈某未能举证说明其已支付丧葬费具体数额，其主张陈某姐夫应付2750元诉请虽不能支持，但从双方真实意思表示出发，从双方经济情况考虑，双方经调解，由陈某姐夫给付陈某800元。

(3)赡养内容。①2014年**江苏某赡养纠纷案**，2014年，77岁的单某因伤出院后，以长子何某未履行赡养义务为由，诉请何某承担生活、护理等费用。法院认为：2012年《老年人权益保障法》虽有关于"赡养人应当使患病的老年人及时得到治疗和护理"规定，但并不等于未住院患病老年人就不能得到护理，该条只是对住院患病老年人作出特别规定，并不排除对日常生活中的老年人支付护理费用情况，此项内容在该法第14条第1款关于"赡养人应当履行对老年人经济上供养、生活上照料和精神上慰藉的义务，照顾老年人的特殊需要"中有所体现。本案单某生于1937年，从其体质及身体状况而言，其子女除对其提供住房并在经济上供养外，对其进行护理是有必要的，不违反法律禁止性规定。护理费用给付应基于子女未尽赡养照料之职或未完全尽职，同时，护理费用给付金额应以老年人实际需要为限。本案中，单某作为企业退休工人，其有退休工资1140元，综合所在地区人均生活费用支出、护理费用标准以及赡养义务人数和能力情况下，判决由何某每月承担护理费360元、生活和租房等费用272元。

②2014年**江苏某赡养纠纷案**，2012年，79岁老人付某因家庭矛盾，自行到托老院生活。2013年，付某诉请王某等6名子女偿还其所欠托老院托老费和借款9700元，并支付赡养费。法院认为：《老年人权益保障法》第14条规定："赡养人应当履行对老年人经济上供养、生活上照料和精神上慰藉的义务，照顾老年人的特殊需要。"经济上供养是指物质和金钱上供给，用以保障老年人物质生活条件，基本满足老年人日常生活需求。生活上照料是指对老年人起居、饮食、睡眠、活动、安全、居住条件及卫生条件、心理状况等诸多方面的策划、安排与照顾，使老年人生活无现实上障碍亦无后顾之忧。精神上慰藉是指与老年人进行思想沟通和交流，听取老年人的心声，减轻老年人思想负担和精神压力，让老年人感受到天伦之乐和生活踏

实,保持老年人愉悦心情,提高老年人生活质量。精神赡养作为法律强制性规定,系法定赡养义务重要内容,不履行精神赡养义务即是违法,不仅受到社会否定评价,还要承担相应法律责任。对因不履行或怠于履行精神赡养义务造成赡养人经济支出增加或赡养人生活照料负担加重的,法院应依法支持被赡养人请求。支持幅度可从三个方面进行考量:赡养人违反精神赡养程度、赡养人实际经济负担能力、被赡养人要求是否超出了社会普遍认知。本案中,王某等不希望付某到托老院生活,应主动与付某进行心灵上的沟通,分析问题根源,尝试解决问题办法。在付某思想认识尚不能与老伴、子女达成一致情况下,其选择到本区居住生活条件一般、收费标准偏低的托老院生活,根据其6名子女经济条件可分担的实际情况,社会能够给予理解,法律应予支持,同时亦应得到6名子女的尊重。因付某所欠托老费及借款计9700元,系付某日常生活所必需,应作为6名子女支付赡养费范围予以偿还。判决王某等6名子女偿还欠款9700元,每月各支付赡养费200元。

③2011年**江苏某赡养纠纷案**,2009年,谷某生病,需保姆全天候照顾。2011年,谷某起诉儿子和三女儿要求承担生活费、保姆费、(大功率呼吸机)电费、保健营养品费。女儿以母亲将房子给儿子为由要求弟弟承担70%赡养费。法院认为:谷某本与独生子共同居住多年,在年老体弱时,其内心所产生由儿子照料与关爱的依赖期望,会强于子女。谷某将其分配的安置房交于儿子用作归并,除了再次体现对儿子的母爱情结外,也设定了儿子为其今后养老送终的主要义务人。谷某年老多病且病情严重,情绪难免不稳,而在晚辈难以体谅或处理不妥时,久病与孝子的矛盾也难免出现。虽事隔多年,本案中三个女儿多次谈及母亲将安置房权利转移至儿子之事,可见该房屋权利价值体现,仍影响着今天她们与弟弟之间在对母亲所尽义务的考量尺度。而这种考量方式,在未有充分沟通、设身处地、相互体谅情形下,定会在姐弟间产生冲突,以致矛盾扩大。子女们均充分表示了各自今天对母亲所做一切,但对母亲昨天为子女们所付出苦难与辛勤,无私与博爱,大如天、深如海的养育之恩却提及甚少。而这种记忆模式,既不利于家庭纠纷的解决,也会造成母亲内心更大伤痛。母亲不光要求子女履行赡养义务,还真切希望兄弟姐妹们能亲密无间、情同手足,但子女们却未能好好体察母亲苦衷。根据谷某诉请生病期间退休金收入情况,扣除每月生活费,谷某应有能力支付前述医疗费、护工费、保姆费,故谷某该部分主张,不予采纳。关于谷某今后每月所需费用,法院确定以下项目与数额:谷某本人生活费1000元、保姆费支出1800元、制氧机电费120元、保健营养品费用200元,另加医疗费自理部分。虽仇某在多年前取得了母亲名下一套房屋权利,但该行为产生前提需有母亲同意方能实施。而今三姐妹均表达了对母亲的孝敬心愿,如再继续纠缠该事宜,将会让人产生系对母亲该处置行为存有不满之嫌。如此,则更不利于本案当事人间已有隔阂弥合。基于本案情形,法院提出:谷某能

度过一个安宁、幸福晚年生活，既是其心愿，理应也是子女心愿。如何能更好地实现共同心愿，子女除了需履行好对母亲赡养的物质保障义务外，更要履行好对母亲的精神赡养义务。由于精神赡养义务标准难以界定，子女除须遵守法律规范，还需以伦理、情理、道义等传统美德来衡量要求自己。暖寒问候、侍候尽心、同胞同心、家人和谐，对母亲而言，胜似良药，价超万金。判决谷某今后生活费、保姆费、电费、保健营养品费，扣除其退休金差额部分，由子女各负担1/4。

(4)诉讼程序。①2015年**某人身安全保护裁定案**，郝某丧偶、丧失劳动能力，无其他经济来源，其日常生活需子女照顾。郝某要求其子女之一郝某某支付赡养费并解决其居住问题时，郝某某不满，经常用激烈言辞对郝某进行言语威胁、谩骂，致使郝某产生精神恐惧、情绪紧张。郝某起诉，经法院多次通知，郝某某拒不到庭应诉，反而对郝某恫吓威胁，郝某遂在诉讼期间向法院申请人身安全保护裁定。法院认为：被申请人郝某某对申请人郝某经常进行言语威胁、谩骂等行为，导致申请人终日生活在恐惧之中，故其申请符合法律规定，应予支持。法院裁定：禁止被申请人郝某某对申请人郝某采取言语威胁、谩骂、侮辱以及可能导致申请人产生心理恐惧、担心、害怕的其他行为。同时，法院对被申请人进行了训诫，告知其在有效期内，若发生上述行为，则视情节轻重对被申请人采取拘留、罚款等强制措施。经跟踪回访，被申请人对申请人再无威胁行为。对郝某请求郝某某履行赡养义务请求，法院判决郝某某每月向郝某支付赡养费600元。

②2002年**河南某赡养纠纷案**，1982年，长子18岁时“过继”给伯父，同村群众均认为他们已成为养父子关系。1999年，父因病住院花费医疗费若干，因需继续治疗，父母起诉二子追索赡养费，一审判二子负担相应赡养义务。宣判后因赡养问题厮打，长子殴斗中身亡，父气病交加身亡，次子夫妇被以故意伤害罪分别判处有期徒刑10年和4年。长子之妻在赡养纠纷上诉期内递交上诉状。法院认为：追索赡养费、扶养费、抚育费以及解除收养关系案件的一方当事人死亡的，针对已死亡当事人诉讼终结，而其他当事人诉讼仍应继续进行。本案中，长子“过继”给伯父时虽未办理收养手续，但同村群众均认为他们已成为养父子关系，故法律上长子与伯父已构成事实收养关系。追索赡养费诉讼过程中父、长子死亡，针对已死亡当事人诉讼依法应终结，而母与次子间诉讼仍要继续进行。

【典型类案实务要点】

1.**【对赠与人有赡养义务，受赠人是否履行的评断标准】**以未尽赡养义务主张撤销赠与，应结合赡养对象的赡养需求、赡养义务人赡养能力等情况对赡养义务是否履行进行具体分析，评价侧重点则应着眼于赡养义务的经济层面意义。

2.**【对未尽抚养义务的父母，生子女仍应履行赡养义务】**成年子女对因离婚而未能尽抚养义务的父亲或母亲的赡养责任,不能因其与他人缔结新的婚姻关系并由已形成抚养关系的继子女承担了部分赡养责任而免除,而应与该继子女共同履行赡养义务。

3.【**老人拖欠医疗费,医院可诉请有赡养义务子女赔偿**】应尽赡养义务的子女故意不履行赡养义务,导致被扶养人缺乏支付医疗费能力的,医疗机构可以侵权为由诉请该子女赔偿医疗费损失。

4.【**赡养人因犯罪被判处没收财产,不免除其赡养义务**】赡养义务人因犯罪行为被判处无期徒刑并处没收财产不能免除其应负的赡养义务,赡养费给付应优先于刑事财产刑承担。

5.【**子女要求析产,因此损害到父母权益时,不予支持**】负有赡养义务的子女主张分割家庭按份共有财产,因此损害到老年父母权益时,对该分割请求,法院可不予支持。

6.【**受赠人非故意不赡养,公证赠与合同不能撤销情形**】受赠人非故意不履行赡养义务,且无充分证据证明赠与人经济状况显著恶化的,赠与人主张撤销公证赠与合同的,不予支持。

7.【**事实上承担赡养义务的人,可作为赔偿权利人索赔**】事实上承担了对无配偶、子女老人赡养义务的人,在被扶养人遭受侵害致死,且无其他继承人情况下,其可作为赔偿权利人要求侵权人承担责任。

8.【**直系亲属间民间借贷纠纷,应考虑赡养、抚养义务**】法律虽不禁止直系亲属间形成包括借贷合同在内的交易关系,但对直系亲属之间交易关系和债权转让关系的审查和确认,应考虑特定当事人的经济状况以及有关当事人应依法承担的赡养、抚养义务等具体情况。

9.【**受赠人未尽赡养亦即扶养义务,赠与人可撤销赠与**】赠与人可以受赠人未尽赡养义务为由撤销赠与,对是否全面履行赡养义务事实,应由义务人即受赠人承担举证责任。

10.【**丧偶儿媳在丈夫生前赡养老人,只是一种协助义务**】丧偶儿媳在丈夫生前对老人赡养只是一种协助义务,孙子女在其父去世后对祖父母赡养义务应具备一定前提条件。

11.【**继子女对形成抚养关系的继父母,应予赡养和扶助**】自然血亲的父母子女关系,除因依法送养子女而解除外,不存在其他理由可解除问题。养父母和养子女关系、继父母和受其抚养教育的继子女的拟制血亲关系,可人为地予以解除。继父母对继子女进行了实质上的抚养和教育,才能享受到继子女的赡养和扶助。

12.【**关系解除,继父母仍有权要求继子女履行赡养义务**】继子女与继父母虽协商解除继父母子女关系,但双方之前已形成的抚养关系并不因此消失,继父母在继子女成年后有权要求其承担相应赡养义务。

13.【**子女间签订协议，约定各自赡养一方父母，应无效**】子女因赡养父母订立的各自承担赡养一方父母协议，因免除了子女对父或母一方的赡养义务，应认定无效。在重新确定子女赡养义务份额时，法院可在以经济为内容的赡养义务上，酌情减轻已对一方父母尽过较多赡养义务的子女份额。

14.【**未尽赡养义务，可构成继承权瑕疵，应不分或少分**】子女之间达成协议分别赡养父母的，对父亲或母亲一方去世后所遗留个人财产，有赡养能力但未实际承担赡养义务的子女在继承遗产时应不分或少分。

15.【**房产转让附加代为履行赡养义务的，协议应为有效**】赡养人转让房屋给其他赡养人，虽未收取房价款，但附加赡养义务转移，并经被赡养人同意的，应认定该转让协议有效。

16.【**赡养协议不应适用合同法，其中的违约金条款无效**】具有身份关系的赡养协议，尽管是双方当事人合意结果，符合《民法通则》和《合同法》所规定合同某些特征，但不适用《合同法》，而应适用《婚姻法》，故其中违约金条款无效。

17.【**女婿承诺对岳父母承担送终义务，应认定合法有效**】女婿对岳父母不负有法定扶养义务，但其对岳父母承担送终义务的承诺不违背社会公共利益和公序良俗，应认定合法有效。

18.【**对年老体弱老年人，有赡养义务子女应给付护理费**】法院在审理赡养纠纷案件中，应判决未尽护理照料职责的子女对年老体弱、生活自理受限的老年人给付护理费用。

19.【**老人住养老院，未尽精神赡养义务人应支付养老费**】赡养人应履行对老年人经济上供养、生活上照料和精神上慰藉的法定义务，照顾老年人特殊需要。赡养人不尽精神赡养义务，以被赡养人到养老院居住加大了赡养人支出为由拒绝支付增加部分赡养费的，不予支持。

20.【**子女对父母的赡养，不仅物质供给，还应精神关怀**】子女对父母的赡养义务，不仅包括物质层面供给，亦包括精神层面关怀，须遵守法律规范，还需以伦理、情理、道义等传统美德来衡量要求自己。

21.【**子女威胁、谩骂父母的，父母可申请人身安全保护**】子女对父母不尽赡养义务，反而经常进行言语威胁、谩骂等行为，导致被赡养人终日生活在恐惧之中的，被赡养人可申请人身安全保护裁定。

22.【**追索赡养费案，一方死亡，其他当事人诉讼仍继续**】追索赡养费、扶养费等案件的一方当事人死亡的，针对已死亡当事人诉讼终结，而其他当事人诉讼仍应继续进行。

【类案裁判一般规则】

赡养人不得以放弃继承权或其他理由,拒绝履行赡养义务。子女不履行赡养义务时,无劳动能力或生活困难的父母,有要求子女付给赡养费的权利。

【典型参考案例索引】

主旨案例:福建厦门中院(2017)闽02民终388号"胡景煌与胡珺赠与合同纠纷案",见《胡某某诉胡某赠与合同纠纷案——受赠人对赠与人有扶养义务而不履行的认定》(郭泽喆),载《人民法院案例选》(201804/122:113)。

其他案例:

(1)赡养义务。①江苏淮安市淮安区法院(2016)苏0803民初字3822号"牛某与戚某等赡养纠纷案",见《对未尽抚养义务的父母仍应履行赡养义务——江苏淮安市淮安区法院判决牛庆英诉戚立杨等四人赡养纠纷案》(夏奕、贺同新),载《人民法院报·案例精选》(20160901:06)。②见《第三人侵害债权行为构成侵权》(向亮),载《人民司法·案例》(201510:101)。③广东中山中院(2014)中中法民一终字第509号"吴春好与黄海涛赡养费纠纷案",见《赡养费给付优先于财产刑执行》(张煌辉),载《人民司法·案例》(201506:26)。④江苏苏州中院(2011)苏中民终字第2116号"夏某与仲某等分家析产纠纷案",见《夏涛、程婷诉夏本鑫、仲依群要求分割家庭共有房产因有损老年人权益被驳回案》,载《江苏省高级人民法院公报》(201304/28:60)。⑤福建厦门中院(2010)厦民终字第1798号"周某与陈某等赠与合同纠纷案",见《周永兴、陈若春诉周勇明赠与合同案(经公证的不动产赠与)》(林巧玲),载《中国审判案例要览》(2011民:239)。⑥江苏宿迁宿城区法院(2009)宿民一初字第3294号"蔡某与某保险公司等交通事故人身损害赔偿纠纷案",见《蔡则顶、蔡则连诉永安财产保险股份有限公司徐州中心支公司等道路交通事故人身损害赔偿纠纷案》,载《江苏省高级人民法院公报》(200906/6:43)。⑦浙江高院(2008)民二终字第139号"朱某与赵某等民间借贷纠纷案",见《朱跃祥诉朱学金、赵香园民间借贷纠纷案》(章恒筑、楼颖),载《人民法院案例选》(200904/70:87)。⑧四川成都中院(2005)成民终字第1272号"曾某与陈某等赠与合同纠纷案",见《曾志诚、陈玉书诉曾莉撤销赠与合同案(赠与合同的撤销)》(何开元),载《中国审判案例要览》(2006民:191)。⑨河南漯河中院判决"周某诉袁某等赡养案",见《周兰在其子去世后诉儿媳袁玉珍、孙女梁焕彩赡养案》(王三超),载《人民法院案例选》(2004年民事/48:34)。⑩山东恒台法院2001年7月21日判决"伊某诉罗某等赡养案",见《伊善训诉继子女荆云英等及亲生女罗凤华赡养案》(徐庆来、魏希明),载《人民法院案例选》(200301/43:86)。

(2)赡养协议。①江苏常州金坛区法院(2016)苏0482民初1815号"张某与朱某等赡养纠纷案",见《继父张祥孝诉继子女朱月梅等要求履行赡养义务纠纷案》,载《江苏省高级人民法院公报》(201804/58:51)。②江苏扬州中院(2013)扬民终字第1090号"姜往三、姜往红与陈三保、姜往年赡养纠纷案",见《子女签订的分别赡养父母协议无效》(李益松、李志平),载《人民司法·案例》(201412:40)。③浙江宁波镇海区法院(2010)甬镇民初字第968号"史永远诉史永其等继承纠纷案",见《未尽赡养义务可构成继承权瑕疵》(戴盈盈),载《人民司法·案例》(201318:17)。④四川都江堰法院(2002)都江民初字第877号"骆某与骆某妹等合同纠纷案",见《骆顺长等诉骆会群确认合同效力案(合同效力)》(杜雪明、曹文艳),载《中国审判案例要览》(2003民:69)。⑤新疆霍城垦区法院(2001)霍垦民初字第52号"李某与李某子等赡养纠纷案",见《李文东等诉李先凯等案(赡养给付协议)》(杨善明),载《中国审判案例要览》(2002民:550)。⑥福建厦门集美区法院1999年11月25日"陈某与文某债务纠纷案",见《陈联进诉姐夫陈文权应依保证书承担岳父母的丧葬费案》(苏敏昌),载《人民法院案例选》(200102/36:132)。

(3)赡养内容。①江苏淮安市淮安区法院(2014)淮法民初字第0954号"单某与何某赡养纠纷案",见《对年老体弱的老年人应给付护理费——江苏淮安市淮安区法院判决单云珍诉何金来赡养纠纷案》(贺同新),载《人民法院报·案例精选》(20141009:06)。②江苏徐州中院(2014)徐民终字第1422号"付某与王某等赡养纠纷案",见《精神赡养与物质赡养的关系——江苏徐州中院判决付龙梅诉王广柱等六子女赡养纠纷案》(王道强),载《人民法院报·案例精选》(20140925:06)。③江苏无锡北塘区法院(2011)北民初字第0882号"谷某与仇某等赡养纠纷案",见《谷小妹诉仇爱娣等赡养纠纷案》,载《江苏省高级人民法院公报·裁判文书》(201303/27:88)。

(4)诉讼程序。①见《郝某某诉郝某华赡养纠纷案——人身安全保护裁定制止子女虐待老人》,载《最高人民法院公报·最高人民法院公布十起涉家庭暴力典型案例》(201502/220:26)。②河南平顶山中院2002年12月审查"陈某等诉陈群某等赡养纠纷案",见《王付因其夫作为赡养纠纷的被告之一在上诉期间死亡要求代行上诉权案》(袁银平),载《人民法院案例选》(200302/44:187)。

77. 房屋居住人权益保障

——非为产权人,有无居住权?

【居住权利】

【案情简介及争议焦点】

2006年,张某与高某祖父结婚。2008年,高某祖父将名下个人婚前房产遗赠给高某。2013年,高某祖父去世,高某取得房产证,随后起诉张某,要求立即迁出房屋。

争议焦点:1. 张某是否享有案涉房屋居住权? 2. 本案如何处理?

【裁判要点】

1. 居住权。张某与高某祖父登记结婚后共同生活居住在案涉房屋内,张某悉心照顾高某祖父,履行了夫妻之间相互扶助义务。在高某祖父去世后,张某作为其配偶,居住于案涉房屋内的现状应得到尊重。在夫妻一方死亡,另一方又无其他居住条件情况下,因婚姻关系产生的居住权益并不因夫妻一方去世而消灭。

2. 所有权。根据法院向张某及高某祖父生前邻居和好友调查,高某祖父生前曾在不同场合多次表示其将案涉房屋所有权赠予高某,但张某对案涉房屋享有居住权。高某质疑证人身份但未举证证明。高某取得案涉房屋所有权系继受取得,非原始取得,故对张某享有居住权的现状应予尊重,其对物权的行使不得损害张某合法权益。在张某无其他住房,又无固定生活来源且对案涉房屋享有合法居住权情况下,高某要求张某立即迁出该房屋诉请,有违公序良俗,不予支持。高某作为案涉房屋合法所有权人,对该房屋享有占有、使用、收益、处分权,若张某此后另有居所或生活条件有较大改善,双方对案涉房屋居住权可另行协商,若协商不成,高某可另行主张,故判决驳回高某诉请。

【裁判依据或参考】

1. 法律规定。《民法典》(2021年1月1日)第366条:"居住权人有权按照合同约定,对他人的住宅享有占有、使用的用益物权,以满足生活居住的需要。"第367条:"设立居住权,当事人应当采用书面形式订立居住权合同。居住权合同一般包括下列条款:(一)当事人的姓名或者名称和住所;(二)住宅的位置;(三)居住的条件和要求；（四）居住权期限；（五）解决争议的方法。”第 368 条：“居住权无偿设立，但是当事人另有约定的除外。设立居住权的，应当向登记机构申请居住权登记。居住权自登记时设立。”第 369 条：“居住权不得转让、继承。设立居住权的住宅不得出租，但是当事人另有约定的除外。”第 370 条：“居住权期限届满或者居住权人死亡的，居住权消灭。居住权消灭的，应当及时办理注销登记。”第 371 条：“以遗嘱方式设立居住权的，参照适用本章的有关规定。”

2. 最高人民法院司法解释及其他司法性文件/解读文章。最高人民法院**《印发〈关于审理离婚案件中公房使用、承租若干问题的解答〉的通知》**（1996 年 2 月 5 日　法发〔1996〕4 号，已于 2021 年 1 月 1 日起废止）第 6 条：“问：离婚时，一方对另一方婚前承租的公房无权承租的，可否暂时居住？答：离婚时，一方对另一方婚前承租的公房无权承租而解决住房确有困难的，人民法院可调解或判决其暂时居住，暂住期限一般不超过两年。暂住期间，暂住方应交纳与房屋租金等额的使用费及其他必要的费用。”

3. 地方司法性文件。上海高院**《民事法律适用问答》**（2014 年第 1 期）第 2 条：“公房居住权判断标准如何把握的问题。公房居住权判断标准的核心就是同住人的认定。关于同住人的界定，可以依照原市房地资源局 2001 年发布的文件《关于贯彻实施〈上海市房屋租赁条例〉的意见（二）》，以及 2011 年市政府发布的《上海市国有土地上房屋征收与补偿实施细则》等相关规定做出认定。对因特殊情况与上述规定标准不符，又实际应予认定的，则应结合其他因素如公有住房调配单、动迁安置、婚姻、出生、服兵役等情况综合判断。高院民一庭在 2004 印发的《关于房屋动拆迁补偿款分割民事案件若干问题的解答》中对此所作解答可参考。”第 3 条：“公房居住权益实现方式如何把握的问题。对于居住权益实现方式，不宜采取一刀切的方式处理，应根据案件不同情形，作出相对合理的裁决。当事人一方确享有公房居住权，其诉请要求入住，且讼争公房适宜当事人分开居住使用，可以支持当事人排除妨碍、实际入住。当事人虽享有公房居住权，但目前实际未入住，且双方情况不适合共同居住的，如矛盾较为激化、公房居住面积畸小等，应引导当事人变更请求，原则上以货币补偿等形式解决一方在外居住保障的问题。若相对方确无力支付货币补偿款的，可以通过补偿在外一方部分租房费用的形式，实现分开居住。租房费用应综合考虑公房面积、所在地段、户内人员数量以及权利共享情况等因素确定。”第 4 条：“他处有房对判断公房居住权的影响。根据《关于贯彻实施〈上海市房屋租赁条例〉的意见（二）》第十二条的规定，如果当事人‘他处有房’且居住不困难，则其不能认定为‘共同居住人’，一般也不能在系争公房内享有居住权益。其中“他处有房’应限定在福利分房。曾经在他处享受过公房动迁补偿，未将补偿款用于购房的，或者获得其他住房福利补偿的，达到标准的，也应视为‘他处有房’。理由主要有两点:第一,《关于房屋动拆迁补偿款分割民事案件若干问题的解答》,在涉及公房拆迁中的共同居住人认定时,对‘他处有房’的解释,限定为福利性分房(增配除外),虽然公房居住权与公房拆迁补偿纠纷不同,但二者在本质上都涉及福利政策享受的限制标准问题,根据同类问题同样对待的原则,在公房居住权认定时,‘他处有房’应仅指福利分房。第二,从现实角度考虑,公房在具有居住保障功能的同时,还具有较强的财产属性。如果以在他处拥有私房为由,剥夺其在公房中原本享有的权益,实际上是以当事人的现实居住条件为标准来判断权益享有或丧失,这样不仅会遏制公房同住人在外勤勉购房的动力,还会在现实中造成明显的不公,例如当事人虽经济条件较好但未另购私房的,或者在诉讼前、诉讼中又将私房处分掉的,则其仍在公房享有居住权益,与前面所述情形形成明显不合理的反差。”上海高院《**公房居住权纠纷研讨会综述**》(民一庭调研与参考〔2014〕11 号)第 1 条:“公房居住权的法律性质。倾向性意见认为:公房居住权不是一种物权。从理论上讲,居住权来源于罗马法的人役权,是指居住权人对他人住房及其附着物享有占有、使用的权利。居住权虽曾在《物权法(草案)》中出现,但在最后审议时被删除。基于《物权法》第五条:‘物权的种类和内容,由法律规定’所确立的物权法定原则,在法律未规定居住权的情况下,不应创设物权性质的居住权。故审判实践中以‘共有权纠纷’、‘用益物权纠纷’作为纠纷的案由不妥。当事人以享有或不享有公房居住权为由,提出迁出、入住等诉请的,可根据纠纷性质确定为‘排除妨害纠纷’等案由。公房居住权是我国特有的公房制度的产物,实践中公房居住权通常用来指称承租人及其共同居住人(以下简称‘同住人’)对公房所享有的相关权益。公房居住权属于公房使用权的范畴,与源自罗马法中人役权的居住权并非同一概念。公房承租人与同住人是共同承租公房,二者对公房共同享有占有、使用、收益、有限处分等权益,同住人的合法居住权益依法应予保护。”第 2 条:“公房居住权纠纷的审判思路。1. 公房居住权判断标准的把握。倾向性意见认为:居住权主体就是承租人和同住人,同住人享有相应的公房居住权。公房居住权纠纷案件的实质,就是如何确定同住人。关于同住人的界定,原市房地资源局 2001 年发布的文件《关于贯彻实施〈上海市房屋租赁条例〉的意见(二)》第十二条规定:‘《上海市房屋租赁条例》中所称公有居住房屋的‘共同居住人’是指公有居住房屋的承租人死亡或者变更租赁关系时,在该承租房屋处实际居住生活一年以上(特殊情况除外)而且本市无其他住房或者虽有其他住房但居住困难的人,结婚、出生可以不受上述条件的限制。’2011 年市政府发布的《上海市国有土地上房屋征收与补偿实施细则》第五十一条第(三)项规定:‘共同居住人,是指作出房屋征收决定时,在被征收房屋处具有常住户口,并实际居住生活一年以上(特殊情况除外),且本市无其他住房或者虽有其他住房但居住困难的人。’审判实践中对同住人的认定,应结合上述意见、实施细则的规定作出认定。凡是符合上述规定的人员即应认定为同住人。对因特殊情况与上述规定标准不符,又实际应予认定的,则应结合其他因素如公有住房调配单、动迁安置、婚姻、出生、服兵役等情况综合判断。高院民一庭在2004印发的《关于房屋动拆迁补偿款分割民事案件若干问题的解答》,对此所作解答可参考适用。2. 公房居住权纠纷的处理原则。倾向性意见认为:在处理公房居住权纠纷时,首先要关注公房制度发展的历史背景和现实。公房是特定历史时期,国家为解决职工生活居住的一项福利性住房政策,其出发点是解决人有所居的社会居住问题。随着住房市场化的启动,公房使用权的财产属性日益突出,不仅可以通过房改政策将公房购为私房,也可以依规定转租、差价换房,符合条件的还可以转让,来确定实现其价值。尽管公房使用权兼有保障居住、财产价值的双重性,但房屋居住问题,仍是我国当前民生问题较为重要的内容之一,从我国不断加大对廉租房等保障性住房投入的事实,即可管中窥豹,因此,公房居住保障功能的保护应优于其财产价值属性的保护。其次,处理公房居住权纠纷时,应审慎、充分考量案件相关的因素。由于公房居住权的判断较为复杂,其中既有判断标准不甚明晰的原因,又有管理制度不完善的原因,还有当事人居住、户口、身份等情况变化导致事实繁杂的原因,而此类案件的处理往往涉及当事人的居住保障问题,因此,法官应尽量能动审查案件的相关事实,平衡好财产权益与居住保障的冲突,确保案件处理的法律效果与社会效果的统一。再次,要从审执兼顾的角度出发充分考虑判决的可执行问题,要重视公房面积通常较小,当事人经济和居住条件相对较差等现实困难,尤其要关注支持当事人入住可能引发矛盾激化的问题,稳妥处理纠纷。3. 居住权益实现方式的把握。倾向性意见认为:经审理当事人一方确享有公房居住权,但目前实际未入住的,其诉请要求入住,且讼争公房适宜当事人分开居住使用,不存在居住困难、矛盾激化等情况的,可以支持当事人排除妨碍、实际入住。对于当事人享有公房居住权,但目前实际未入住,且双方不适合共同居住的,如存在当事人之间矛盾较为激化、公房居住面积畸小、不宜共同居住等实际入住困难的,应引导当事人变更请求,原则上以货币补偿等形式解决一方在外居住保障的问题。若相对方确无力支付货币补偿款的,可以通过补偿在外一方部分租房费用的形式,实现分开居住。租房费用应综合考虑公房面积、所在地段、户内人员数量以及权利共享情况等因素确定。”第3条:“几种具体情形的把握。1. 公房原始受配人的身份对公房居住权的判断影响。公房承租时,房屋调配单一般载明公房的受配人。若原始受配人长期不居住在系争公房,是否丧失公房居住权?倾向性意见认为:对于原始受配人,一般不轻易认定其公房居住权利的丧失。但对于原始受配人长期不实际居住系争公房的情况,应结合具体情况分析,如因家庭矛盾、居住困难、服兵役、服刑等原因,长期不实际居住的,不能就此认定其丧失系争公房的居住权益;如登记为承租人的原始受配人,在其承租人身份未丧失前,一般而言,其居住权也不丧失;但是,如原始受配人在他处获得福利公房且该处房屋居住也不困难的,或明确表示放弃权利等情况的,可认定其丧失公房居住权。2. 迁入户口对居住权的判断影响。当事人仅迁入户口并未实际居住,是否可以确认其享有居住权?倾向性意见认为:仅迁入户口并未实际居住(因居住困难等原因在外居住的除外),一般不应认定其享有居住权益。在系争房屋内有无户籍不是衡量当事人有无公房居住权益的唯一标准,而应根据实际居住生活年限、他处有无住房等因素综合考虑,予以确认。如果承租人或同住人允许他人将户口迁入系争公房,并允许其在公房内居住,可以视为承租人为代表的公房使用权人同意让渡部分公房使用权,但入住人为未成年人,或双方另有约定的除外。除回沪知青子女等按政策回沪人员外,承租人或同住人允许无法定监护关系未成年人迁入户口的,一般可认定为属于帮助性质,如允许他人子女为上学之便,将户口迁于公房,一般不应确认他人子女为同住人。承租人和共同居住人明确承诺给予有血缘关系的户外人员公房居住权的,原则上可按照该承诺,确认该人为同住人。3. 他处有房对公房居住权的判断影响。根据《关于贯彻实施〈上海市房屋租赁条例〉的意见(二)》第十二条的规定,如果当事人'他处有房”且居住不困难,则其不能认定为'共同居住人',一般也不能在系争公房内享有居住权益。关键问题是,这里的'他处有房'是仅指福利分房(增配除外),还是包括了自行购买的私有产权房?多数意见认为:应限定在福利分房,但曾经在他处享受过公房动迁补偿,未将补偿款用于购房的,或者获得其他住房福利补偿的,达到标准的,也应视为'他处有房'。理由主要有两点:第一,《关于房屋动拆迁补偿款分割民事案件若干问题的解答》,在涉及公房拆迁中的共同居住人认定时,对'他处有房'的解释,限定为福利性分房(增配除外),虽然公房居住权与公房拆迁补偿纠纷不同,但二者在本质上都涉及福利政策享受的限制标准问题,根据同类问题同样对待的原则,在公房居住权认定时,'他处有房'应仅指福利分房。第二,从现实角度考虑,公房在具有居住保障功能的同时,还具有较强的财产属性。如果以在他处拥有私房为由,剥夺其在公房中原本享有的权益,实际上是以当事人的现实居住条件为标准来判断权益享有或丧失,这样不仅会遏制公房同住人在外勤勉购房的动力,还会在现实中造成明显的不公,例如当事人虽经济条件较好但未另购私房的,或者在诉讼前、诉讼中又将私房处分掉的,则其仍在公房享有居住权益,与前面所述情形形成明显不合理的反差。少数意见认为:'他处有房'无须区分性质,无论是有福利房,还是商品房,均构成'他处有房'。理由是公房主要功能为居住保障,如果部分当事人在外拥有私房,则说明其不再需要居住保障,否则会损害其他同住人的居住权益,导致本已居住条件紧张的现状更为困难。我们倾向于多数意见。4. 婚姻、亲属关系变化对公房居住权的影响基于婚姻、亲属关系的变化,是否可以径行确认其享有居住权？倾向性意见认为：《关于贯彻实施〈上海市房屋租赁条例〉的意见(二)》第十二条在确定‘共同居住人’概念时，对居住年限、他处有房等作了限制，同时明确‘结婚、出生可以不受上述条件的限制’。该规定并不是说，所有在系争公房内结婚、出生的人，都不受上述限制，而是要根据现实情况具体而定。理论上讲，即使存在夫妻关系，以及父子、母女等直系亲属关系，也只能说明当事人之间存在家庭成员或亲属关系，一方并不当然享有另一方承租或居住公房的居住权益。公房承租人或同住人的家庭成员或亲属是否享有公房居住权，应根据租赁房的来源、居住的历史演变状况、他处房屋的取得情况、家庭成员的权利义务、婚姻关系存续时间长短、亲属关系的变更等综合因素来认定。”湖北高院**《民事审判工作座谈会会议纪要》**(2013 年 9 月 1 日)第 21 条：“人民法院根据最高人民法院《关于适用〈中华人民共和国婚姻法〉若干问题的解释(一)》第二十七条认定居住权期限时，不仅要考虑到房屋的实际状况、生活困难方的困难程度、婚姻关系存续期长短等因素，也要考虑到讼争房屋是所有权一方婚前个人财产还是双方婚后共同财产，如果是一方婚前个人财产，法院判决给予对方居住权期限可适当缩短，如果是双方婚后共同财产，给予对方居住权期限可适当放长，法院可根据个案情况酌情判决。”上海高院**《物权民事纠纷办案要件指南(总则部分)》**(2012 年 7 月 9 日)第 7 条：“需要特别注意的是，当事人创设物权的民事行为，虽不发生物权效果，但是该创设行为如果符合其他法律行为的要件，则当事人之间仍然产生该法律行为的法律效果。例如，当事人通过合同设定了居住权，由于居住权在物权法中没有予以规定，那么这种创设就不具有物权的效力，但是依双方约定，当事人一方享有在约定的期限内，在相应房屋内居住的权利，在对方不同意居住时，其可以提出债权之诉，保护其居住权利。另要注意，当事人即使不享有物权，但基于与物权主体之间的特殊法律关系等重要事实，以及保障当事人生存权利等需要，也应当通过类似保护物权的方法，保护当事人的基本权利，如婚姻关系中，房屋即使为一方所有，其也不得以行使所有权为由，擅自要求另一方搬离，因为其负有夫妻之间相互扶助的法律及伦理义务；还如售后公房，承租人购买公房虽然获得产权，性质上属于私有产权，但是不能完全按照私房的标准处理，因为获得公房购买本身，包含着一定的社会福利性质，售后公房的产权人对非产权人的共同居住人，应当承担相应的居住保障义务。”江苏高院**《关于印发〈关于审理离婚案件处理住房问题的意见〉的通知》**(1995 年 1 月 3 日　苏高法发〔1995〕1 号)第 8 条：“婚姻关系存续期间居住的房屋属于一方所有，另一方以离婚后无房居住为由要求暂住，经查属实的，可以酌情予以支持，但暂住期间一般不得超过二年。”第 9 条：“婚姻关系存续期间居住的房屋属于一方所有，另一方离婚后确实无房居住且抚养子女的，可以判决部分房屋归子女使用，至该子女独立生活时止，房屋由抚养子女方代管；也可以将都分房屋的所有权判归抚养子女的一方,折抵子女抚养费和教育费。"北京高院**《关于印发〈关于处理婚姻案件中子女抚育、财产分割及住房安置问题的几点意见〉的通知》**(1990年8月30日京高法字〔1990〕第161号)第3条:"……7. 一方当事人为达到离婚目的,长期在外不归已满一年的,离婚时应视其有居住条件。"

【参考类案】

①2013年**北京某物权确认纠纷案**,1994年,项某、朱某承租公房拆迁,安置房屋两套,吴某夫妇姓名载于拆迁安置补偿协议中。2011年,项某、朱某分别购买下安置房。2012年,吴某以其系被安置人为由,诉请确认其对两套房屋享有居住使用权。法院认为:拆迁补偿基本原则系对房屋所有人(承租人)进行补偿,兼顾对房屋使用人安置。作为被安置人的其他家庭成员在房屋拆迁前随被拆迁人共同居住生活,当房屋面临拆迁时,其基本生活条件应被保障,故被安置人对房屋享有居住使用权。案涉拆迁安置补偿协议载明被安置人应享有在诉争房屋内居住的权利,即对诉争房屋享有使用权。具体至本案中,吴某夫妇作为被安置人口,在各方当事人均无协议情况下,对诉争两套房屋均有使用权,承租权或所有权并不影响使用权确定。判决确认吴某夫妇对诉争两套安置房屋享有使用权。

②2012年**福建某居住权纠纷案**,1994年,郭某作为户主获批建房用地。1996年,郭某子与刘某结婚并生育一子。2003年,郭某子因车祸身亡。刘某带孩子仍与郭某一家人共同居住。2012年,双方矛盾,刘某诉请确认其在郭某、陈某夫妇房屋享有居住权。法院认为:刘某与郭某子于1996年结婚后即居住于诉争楼房一层,在郭某子去世后并未改嫁他人,至今仍是郭某、陈某家庭成员之一,同时是孩子监护人,有在此继续居住以便抚养照顾孩子的客观需要。诉争楼房所在土地系由郭某以个人名义申请的农村家庭宅基地,之后建房一层,时郭某子已成年,因该房产至今尚未析分确权,不排除郭某子生前对此享有一定权利可能。在此情况下,基于当事人双方姻亲关系及共同居住事实,依法应保障刘某及孩子对诉争房屋享有居住、使用权利,但居住范围应以其与郭某子结婚后居住房间为宜。本案系基于家庭成员之间权利义务关系而产生的居住权纠纷,与物权保护无关。另,郭某虽长期居住在诉争房屋内,但仍应通过判决确定其亦有在此居住的权利,判决刘某及孩子对案涉房屋有居住在该房进大门右侧里间房屋一间(原刘某与郭某子夫妇居住的房间)的权利,郭某、陈某不得妨碍刘某及其孩子在此居住。

③2012年**上海某拆迁安置纠纷案**,2003年,吴某与妻子魏某私房拆迁,选择了产权调换、增加面积补差方式获得新房。2008年,吴某夫妇登记为产权人。2012年,吴某外孙李某以其户口1999年迁入,一直挂在老房和新房,且拆迁公司《住房调配单》载明其系动迁安置对象为由,诉请确认其对安置房享有1/3产权。法院认

为:案涉房屋所有权人吴某与拆迁公司签订安置补偿协议,获得了系争房屋,系对自己不动产依法享有的占有、使用、收益与处分权利,应受法律保护。2008年吴某将系争房屋产权人变更登记为吴某与魏某,亦为吴某对其权利合法处分,该不动产物权登记具有公示效力,应受到法律保护。现李某主张其系老房动迁安置对象之一,为房屋动拆迁作出了贡献,故应享有系争房屋三分之一产权,但未举证,且法院经向拆迁公司调查,拆迁公司表示按面积补偿,未明确李某对老房享有动迁利益,无法证明李某对系争房屋享有三分之一产权。拆迁公司提供的《住房调配单》虽载明李某为系争房屋安置对象之一,但案涉动拆迁老房系私房,安置新房性质未发生变化,仍是产权人吴某所有私房,不涉及住房调配问题,《住房调配单》亦只有拆迁公司盖章,并无调配的对外效力。再从《住房调配单》内容看,其仅载明原住房与新配房产权人吴某、家庭主要成员魏某、李某,以及该户属动迁户,按协议安置等信息,并未明确李某系动迁安置对象,在无其他证据加以佐证情况下,《住房调配单》不具备单独证明李某对系争房屋享有三分之一产权的证明力,亦不能推翻现系争房屋为吴某、魏某所有事实。私有住房动拆迁时,房屋产权人应当保障同户人员居住使用等合法权益。本案中,李某户籍于1999年迁入,至房屋动拆迁时已逾4年,拆迁时亦随全户户籍移往系争房屋。虽李某未实际居住或使用老房及系争房屋,但李某户籍与吴某同户至今已长达13年,吴某作为私有房屋产权人,对李某户籍始终持同意接纳的肯定态度,实际认可了李某对老房以及系争房屋的居住使用权利。庭审中,吴某夫妇从维护家庭和睦,保障外孙李某正当权益与正常学习、生活角度出发,愿意一次性对李某居住、使用等权利给予12万元补偿,并希望法庭考虑其经济条件与生活实际状况,给予一定给付期限。吴某夫妇该决定与行为系对其权利的处分,不违反法律、行政法规相关规定,予以准许。判决吴某、魏某向李某支付补偿款12万元。

④2011年**江苏某分家析产纠纷案**,2004年,夏某与父亲共同购买单位福利房,产权载明夏某及妻子程某占90%、夏某父及母亲仲某占10%。2008年,夏某父母离婚,夫妻共有门面房归仲某。2011年,夏某、程某诉请分家析产,要求仲某搬离一直居住的夏某父、子原单位福利房。法院认为:老年人依法享有政治、经济、文化和婚姻家庭生活等方面权益,任何单位、组织和个人不得侵犯。老年人与子女或其他亲属共同出资购买、建造的住房,老年人依法享有相应所有权或使用权。在按份共有关系存续期间,按份共有人有权请求从共有财产关系中分割属于其自己的份额,但分割共有财产时应当遵守法律规定和合同约定,贯彻平等协商、和睦团结的精神。当按份共有人是家庭共同成员时,分割共有财产应充分考虑老年人权益保护以及家庭和睦关系的维护。若负有赡养义务的子女要求分割家庭共同财产会损害父母的权益时,对于该分割请求可以不予支持。案涉房屋是夏某与父亲所在单

位福利房,购买该房屋时使用了夏某与父亲两人的职工福利,该房屋按份共有人之间是直系亲属关系,不同于一般按份共有中共有人之间的关系。仲某虽在离婚时取得了店面房,但为非居住,不适合仲某迁居此房居住,此外仲某虽有一定收入来源,但这不影响夏某及程某对仲某应负的赡养义务。本案当事人取得涉诉房屋后,进行了精装修,房屋装修完毕后仲某就一直在该房屋内居住生活至今,且因涉诉房屋是单位福利房,周围有很多邻居是以前的同事、朋友,仲某已习惯在涉诉房屋中生活,虽在审理期间夏某、程某提出愿意提供其他房屋供仲某居住,但相较于本案涉诉房屋,其所提供房屋并非条件相当的房屋,且仲某对本案涉诉房屋更具有依赖性。至于夏某父亲现无房居住问题,夏某有赡养义务,更何况夏某、程某表示愿意提供给仲某房屋居住,则夏某、程某可将该房屋交由夏某父亲居住使用。若将本案所涉房屋进行分割,或将使仲某丧失对房屋的共有权,或将使仲某在取得房屋所有权同时斥巨资折价补偿其他共有人,这都会影响仲某老年人权益,故就本案而言,当事人之间房屋共有关系应予维持。判决驳回夏某、程某诉请。

⑤2010 年**江苏某排除妨害纠纷案**,1984 年,杨某及父母、杨某弟因拆迁安置于直管公房。1992 年,徐某因与杨某弟结婚而将户口迁入该房。2008 年,杨某弟病逝。杨某母出资购买该公房后,将该房以交易方式过户至杨某名下。2010 年,杨某诉请徐某迁出房屋。法院认为:物权具有排他性特征,所有权人可基于所有权而排除一切不法侵害,但因公有住房出售而取得房屋所有权在本质上有别于其他方式取得的所有权,其房改房福利性决定了所有权人部分使用权应受到限制。从诉争房屋权属历史演变情况看,诉争房屋原为拆迁安置房,且在安置过程中杨某弟单位亦有部分出资,故杨某弟对诉争房屋至少具有部分合法使用权,本案徐某因与杨某弟结婚而对诉争房屋居住使用属于合法使用。尽管目前杨某弟已经过世,但并不必然导致徐某对诉争房屋的正当的居住使用变为非法占用。在公有住房出售过程中,尽管杨某母出资购买了诉争房屋所有权,但该出资购买行为亦不能导致徐某居住使用权利必然丧失,故杨某要求徐某迁出房屋的诉请,无法予以支持。判决驳回杨某诉请。

⑥2010 年**重庆某物权保护纠纷案**,1983 年,余某夫妇收养蒋某。1997 年,根据家庭会议,约定由蒋某交纳养父名下一套安置房补差款后,两老居住,房产权归蒋某所有。2004 年,养父丧偶后与廖某结婚。2006 年,养父立公证遗嘱,将其名下房屋指定廖某一人继承。2009 年,养父死亡后,蒋某起诉要求确权,并要求廖某搬出该房。法院认为:从 1997 年家庭协议内容看,所有权转移是附期限法律行为,该期限为余某夫妇最后一人死亡时,关于所有权转移的约定始生效力,诉讼时效期限才开始计算,故不存在超过诉讼时效期限问题。民事协议一经签订,即在当事人之间形成“法锁”,非经当事人协商一致或依法律途径,单方不得撤销或变更。公证遗嘱

是单方法律行为，不能撤销在民事协议中的处分行为。从“家庭协议”本意看，蒋某享有该房屋所有权，余某夫妇享有居住权。廖某作为蒋某养父的合法配偶，虽非家事协议当事人，但依我国善良风俗，可继受取得遗嘱人前一配偶的意定居住权，直至其死亡时止，故判决确认诉争房屋为蒋某所有，驳回蒋某要求廖某搬出诉请。

⑦2009 年**江苏某居住权纠纷案**，1998 年，周某承租房屋被拆迁，共同居住的雷某同属被拆迁人。2000 年，周某取得安置房产权。2007 年，生效判决以雷某另有房屋为由，确认雷某不再享有居住权。2009 年，雷某诉请周某支付居住权补偿款、装修款。法院认为：案涉房屋拆迁时，周某是房屋承租人，周某与雷某作为被拆迁人共同安置在安置房屋，周某与雷某对安置房屋均享有共同居住权。周某通过房改政策取得安置房优惠产权，生效判决判令雷某对安置房屋不再享有共同居住权。因雷某确系安置房屋被安置对象，故由周某以自愿向雷某支付 8 万元形式对雷某居住权给予补偿，予以认可。考虑雷某已对安置房屋不再享有共同居住权，综合当时房屋原承租、拆迁安置情况，周某还应再给予雷某适当补偿。安置房屋内装修确由雷某出资，因雷某不再享有上述房屋居住权，周某应向雷某补偿相应装修费。判决周某支付雷某房屋居住权补偿款、装修费共 3 万元。

⑧2008 年**天津某用益物权纠纷案**，2007 年，平房改造后家庭出资所得房屋登记在宋某名下。因家庭不和，宋某与丈夫胡某起诉儿子、儿媳，要求搬离房屋。法院认为：诉争房屋系通过平房改造后家庭出资所得，该房屋现登记在宋某名下。二被告在该诉争房屋小间内结婚并长期居住至今，现二被告他处又无住房，且在平房改造前后胡某、宋某与儿子长期共同居住生活，并在涉诉房屋落有户籍。该房屋虽登记在宋某名下，但其他家庭成员均享有居住权利，其居住权益应受到保护。判决驳回胡某、宋某诉请。

⑨2004 年**江苏某排除妨碍纠纷案**，1998 年，戴某与父母及兄弟订立分家协议，约定父母在戴某分得的宅基内居住。1999 年，戴某死亡。2000 年，戴某妻子仲某委托戴某弟经手购置建材，翻建房屋，竣工后，戴某父母与仲某入住。2002 年，生效裁判撤销诉争房屋及宅基地所有行政审批手续。2004 年，仲某诉请确认翻建房屋权属，并要求戴某父母搬出该房。法院认为：双方当事人对诉争房屋是戴某弟经手购置建材、联系施工人员并无异议，但仲某主张是其委托戴某弟经办建房事宜的，建房款是其交付给戴某弟的。戴某父母主张房屋是其出资建造，戴某弟认可房屋是其父亲出资。对于戴某弟陈述，因其系戴某父母之子，且在本案中又是戴某父母委托代理人，与本案当事人有利害关系，故戴某弟陈述不能作为本案定案依据。本案争议房屋是在原有旧房部分拆除后在原宅基上建造的，原有旧房系戴某经戴家 1998 年析产后所得，该旧房屋应属戴某与仲某夫妻共有财产。在戴某去世后，戴某父母、仲某及其他继承人未对原有旧房析产和遗产分配，即将原有旧房拆除部

分,重新建房,致使原有房屋主屋和部分边房灭失。对于新房权属,双方当事人各自主张自己是新房出资人和所有权人,但就本案现有证据而言,仲某所提交证据能证明建房前原有房屋和宅基是分家析产给戴某家庭的。在此基础上建成新房后,并未对原分家协议内容作出修订调整。双方当事人尚未发生矛盾时,就房屋建成请客,亦是以仲某名义进行。说明房屋建成后,双方当事人家庭成员认可争议房屋是以仲某名义建设,故对本案争议房屋处理不能脱离分家协议,应理解为戴某父母对后来形成的争议房屋有使用权是该分家协议内容之一。同时,本案房屋是家庭成员之间对房屋所有权的争议,而该房屋是在戴某去世后,在未进行析产和遗产分割情况下,拆除部分旧房后新建,戴某父母在戴某生前即与戴某、仲某家庭共同居住在现有宅基上,故在认定新房归仲某所有同时,应确认戴某父母对该房屋享有部分使用权。判决诉争楼房归仲某所有,戴某父母对其中一间有使用权。

【典型类案实务要点】

1.**【配偶的居住权,可对抗房屋产权人排除妨害请求权】**在夫妻一方死亡,另一方无固定经济来源又无其他居住条件情况下,因婚姻关系产生的居住权益并不因夫妻一方去世而消灭。

2.**【家庭成员作为被安置人,对安置房享有居住使用权】**作为被安置人的其他家庭成员在房屋拆迁前随被拆迁人共同居住生活,当房屋面临拆迁时,其基本生活条件应被保障,故被安置人对房屋享有居住使用权。

3.**【丧偶儿媳基于姻亲关系和共同居住事实,有居住权】**基于当事人双方姻亲关系及共同居住事实,依法应保障丧偶儿媳作为家庭成员对原居住房屋享有居住、使用的权利。

4.**【老房拆迁,十三年空挂户,对安置房享有居住权益】**老私房动拆迁利益纠纷,应从财产性质、分配范围、居住权益保护等方面逐一分析,综合考虑,兼顾与保护各方权益。

5.**【子女要求析产,因此损害到父母权益时,不予支持】**负有赡养义务的子女主张分割家庭按份共有财产,因此损害到老年父母权益时,对该分割请求,法院可不予支持。

6.**【公房出售,并不导致合法居住使用权人居住权丧失】**公用住房出售过程中,出资人出资购买行为不必然导致其他基于结婚而合法居住使用权人的正当居住使用权利丧失。

7.**【遗嘱人前一配偶意定居住权,仍可由后一配偶享有】**公证遗嘱不能撤销民事协议中的处分行为,遗嘱人后一配偶虽非家事协议当事人,但依我国善良风俗,可继受取得遗嘱人前一配偶意定居住权。

8.【安置房居住权人迁出后,可向所有权人主张补偿权】一方依据拆迁政策与他人共同取得安置房屋居住权,在其迁出安置房后,居住权归于消灭,但其享有向房屋所有权人主张经济补偿的权利。

9.【非房屋所有权人的家庭成员居住权益,应受到保护】房屋所有权与家庭成员居住权人非同一人,导致所有权与居住权冲突时,其他家庭成员享有的居住权益应受到保护。

10.【按出资情况确认翻建房所有权时,保障老人居住权】原有旧房部分拆除后的宅基上建造房屋,在土地使用权不明情况下,按"谁建设、谁拥有"原则确认房屋所有权时,年老体弱无收入来源老人基于分家协议享有的居住权应予保障。

【类案裁判一般规则】

房屋所有权与家庭成员居住权人非同一人,导致所有权与居住权冲突时,其他家庭成员享有的居住权益应受保护。在夫妻一方死亡,另一方无固定经济来源又无其他居住条件情况下,因婚姻关系产生的居住权益并不因夫妻一方去世而消灭。

【典型参考案例索引】

主旨案例:江苏南通中院(2014)通中民终字第0169号"高见与张圣菊排除妨害纠纷案",见《高见诉张圣菊排除妨害纠纷案(居住权可对抗房屋所有权人排除妨害请求权)》(谷昔伟、曹璐),载《中国审判案例要览》(2015民:260);另见《居住权可对抗房屋所有权人排除妨害请求权》(谷昔伟、曹璐),载《人民司法·案例》(201518:65)。**其他案例:**①北京一中院(2013)一中民终字第02917号"吴某与李某等物权确认纠纷案",见《吴连生、李宝华诉项淑珍、朱建华、吴雪山、吴超、吴连强物权确认纠纷案(拆迁安置补偿协议中被安置人享有物权权能)》(王旸),载《中国审判案例要览》(2014民:28)。②福建泉州中院(2012)泉民终字第2914号"郭国荣、陈梅珍、郭灿彬、黄绵与刘爱珍、郭伟宏居住权纠纷案",见《因身份关系产生居住权纠纷应由婚姻家庭法调整》(欧阳波),载《人民司法·案例》(201424:28)。③上海闵行区法院(2012)闵民(五)民初字第157号"李某与吴某等拆迁安置补偿纠纷案",见《老私房动拆迁利益分配问题的论证》(章国栋),载《人民司法·案例》(201314:31)。④江苏苏州中院(2011)苏中民终字第2116号"夏某与仲某等分家析产纠纷案",见《夏涛、程婷诉夏本鑫、仲依群要求分割家庭共有房产因有损老年人权益被驳回案》,载《江苏省高级人民法院公报》(201304/28:60)。⑤江苏苏州工业园区法院(2010)园民初字第0174号"杨新强诉徐晓君排除妨害纠纷案",见《已售公有住房房屋所有权的排他性限制》(赵淑雯、丁晓峰),载《人民司法·案例》(201016:75)。⑥重庆五中院(2010)渝五中法民终字第1978号"蒋某与廖某物权保护纠纷案”,见《意定居住权可由同一身份者享有——重庆五中院判决蒋琳诉廖联会物权保护纠纷案》(代贞奎),载《人民法院报·案例指导》(20111020:06);另见《家事诉讼中居住权的保护——重庆五中院判决蒋琳诉廖联会物权保护纠纷案》(代贞奎),载《人民法院报·案例指导》(20110428:06)。⑦江苏无锡南长区法院(2009)南民一初字第417号“周雷诉周英等房屋居住权纠纷案”,见《居住权利益的补偿标准》(陈瑜),载《人民司法·案例》(201110:67)。⑧天津一中院(2008)二中民四终字第310号“胡某与李某等用益物权纠纷案”,见《胡世凯、宋兰萍诉胡健、李德菊用益物权纠纷案——家庭成员居住权益的保护》(熊峰),载《人民法院案例选》(201609/103:112)。⑨江苏宿迁中院(2004)宿中民一终字第496号“仲某与戴某等排除妨碍纠纷案”,见《仲守宜诉戴成信、朱永梅财产权属、排除妨碍等纠纷案(居住权)》(曹庆玉),载《中国审判案例要览》(2005民:28)。

78. 出嫁女集体成员资格

——土地承包权,出嫁女有份?

【集体成员】

【案情简介及争议焦点】

1982年,贺某妹作为家庭成员承包村集体土地。1992年,贺某妹出嫁,其户口迁出,落户于其丈夫家所在设区的市并转为城市户口。1997年,二轮土地承包时,贺某作为户主,申报土地承包经营权共有人中无贺某妹。2007年,经贺某妹申请,当地土地承包合同仲裁委员会裁决贺某妹享有贺某代表家庭承包的4.82亩土地中的1/5土地承包经营权。贺某诉请撤销该裁决并确认贺某妹不享有土地承包经营权。

争议焦点:1. 贺某妹家庭成员资格如何认定?2. 本案贺某妹诉请土地承包经营权应否支持?

【裁判要点】

1. 本案贺某妹不应享有承包经营权。《农村土地承包法》第26条第3款规定:“承包期内,全家迁入设区的市,转为非农业户口的,应当将承包的耕地和草地交回发包方。承包方不交回的,发包方可以收回承包的耕地和草地。”可见迁入设区的市、转为非农业户口,是丧失农村土地承包经营权条件。由于目前我国法律未对农村居民个人丧失土地承包经营权条件作出明确具体规定,故应比照法律中最相类似条款进行认定,上述法律规定应成为认定村委会 1997 年开始的第二轮土地承包中,贺某妹是否对贺某代表其家庭承包的 4.82 亩土地享有承包经营权法律依据。很显然,此时贺某妹户口已迁入设区的市,成为城市居民,故不应再享有由农村居民享有的农村土地承包经营权。村委会第二轮土地承包仍是依《农村土地承包法》第 15 条规定,以本集体经济组织的农户为单位,期限是 30 年。延包含义为只丈量土地,不进行调整,符合增人不增地、减人不减地政策。贺某妹作为城市居民,此时已不属贺某家庭成员,在二轮土地延包中不享有土地承包经营权。

2. 案涉土地承包经营权证证据效力。地方政府颁发的《农村土地承包经营权证》是法院在民事案件中认定当事人是否具有农村土地承包经营权重要依据。2005 年,当地政府向贺某颁发了《农村土地承包经营权证》,该证记载,贺某家承包 4.82 亩土地,承包经营权共有人并无贺某妹名字。贺某妹强调,贺某所持《农村土地承包经营权证》上记载的土地承包经营权共有人姓名是根据贺某个人填写情况登记,村委会和发证机关均不对此进行审查。土地承包经营权共有人姓名中无贺某妹名字完全是其兄贺某隐瞒真实情况结果。贺某妹上述观点缺乏依据且与实际情况不符。如贺某妹户口仍在贺某家且为农村户口,则其兄贺某所持《农村土地承包经营权证》中有关共有人的记载错误。在贺某妹将户口迁至设区的市并转为城市户口以后,上述权证中有关土地承包经营权共有人记载并无错误。判决撤销仲裁裁决,确认贺某妹对诉争土地不享有承包经营权。

【裁判依据或参考】

1. 法律规定。《民法典》(2021 年 1 月 1 日)第 55 条:"农村集体经济组织的成员,依法取得农村土地承包经营权,从事家庭承包经营的,为农村承包经营户。"第 265 条:"……农村集体经济组织、村民委员会或者其负责人作出的决定侵害集体成员合法权益的,受侵害的集体成员可以请求人民法院予以撤销。"**《农村土地承包法(2018 修正)》**(2019 年 1 月 1 日)第 31 条:"承包期内,妇女结婚,在新居住地未取得承包地的,发包方不得收回其原承包地;妇女离婚或者丧偶,仍在原居住地生活或者不在原居住地生活但在新居住地未取得承包地的,发包方不得收回其原承包地。"

2. 行政法规。国务院**《关于农村集体产权制度改革情况的报告》**(2020 年 4 月 26 日)第 2 条:"农村集体产权制度改革面临的困难和问题……(二)部分地方改革工作不规范。少数地方在确认集体经济组织成员身份时,没有充分尊重历史、合理兼顾现实,将户籍仍在本村的外嫁女排除在外,造成'两头空'现象……"国务院办公厅**《关于解决无户口人员登记户口问题的意见》**(2015 年 12 月 31 日　国办发

〔2015〕96号)第2条:"……(五)农村地区因婚嫁被注销原籍户口的人员。农村地区因婚嫁被注销原籍户口的人员,经公安机关调查核实未在其他地方落户的,可以在原户口注销地申请恢复常住户口登记。恢复常住户口登记后,符合现居住地落户条件的,可以办理户口迁移登记。"

3. 最高人民法院司法解释及其他司法性文件/解读文章。最高人民法院**《关于为实施乡村振兴战略提供司法服务和保障的意见》**(2018年10月23日 法发〔2018〕19号)第37条:"依法妥善处理农村集体经济组织成员资格问题,保护农民基本财产权利。充分认识集体经济组织成员资格对农民享有土地承包经营权、宅基地使用权和集体收益分配权等基本财产权利的重要意义,审慎处理尊重村民自治和保护农民基本财产权利的关系,防止简单以村民自治为由剥夺村民的基本财产权利。不断加强与农村农业管理部门、土地管理部门等单位的沟通协作,依法依规保护农村外嫁女、入赘婿的合法权益。"最高人民法院**《关于审理涉及农村土地承包纠纷案件适用法律问题的解释》**(2005年9月1日 法释〔2005〕6号)第1条:"下列涉及农村土地承包民事纠纷,人民法院应当依法受理:(一)承包合同纠纷;(二)承包经营权侵权纠纷;(三)承包经营权流转纠纷;(四)承包地征收补偿费用分配纠纷;(五)承包经营权继承纠纷。集体经济组织成员因未实际取得土地承包经营权提起民事诉讼的,人民法院应当告知其向有关行政主管部门申请解决。集体经济组织成员就用于分配的土地补偿费数额提起民事诉讼的,人民法院不予受理。"第25条:"林地家庭承包中,承包方的继承人请求在承包期内继续承包的,应予支持。其他方式承包中,承包方的继承人或者权利义务承受者请求在承包期内继续承包的,应予支持。"

4. 部门规章。农业农村部**《十三届全国人大二次会议第8760号建议答复摘要》**(2019年8月14日)第4条:"最高人民法院历来高度重视农村妇女权益保障工作,在审理涉及土地征收补偿款分配、集体经营性资产收益分配等相关案件中,始终坚持对妇女的集体经济组织成员资格问题慎重对待,避免'两头空'和简单的'多数决'方式侵害妇女尤其是'出嫁女'、离婚或丧偶妇女的合法权益。一是关于承包地问题。根据《中华人民共和国物权法》《中华人民共和国农村土地承包法》等法律的规定,农村土地承包经营权的主体为农户,《中华人民共和国民法总则》更是将'农村承包经营户'作为一类民事主体规定在'自然人'一章。对于农户内部的个体而言,并不与土地承包经营权直接挂钩。农户作为法律拟制的主体,内部人员因生老病死、婚丧嫁娶必然处于不断流动状态,而现行的农村土地承包政策为'增人不增地、减人不减地',导致很多情况下妇女权益保护实际上是农户内部个人之间的权利冲突问题。农村承包经营户内的成员并非自然意义上的家庭成员,而应是具体农村集体经济组织成员资格的家庭成员,因此,解决该问题的根源仍在于农村集体经济组织成员资格确认问题。二是关于集体经济组织收益分配问题。该问题的关键是如何确认农村妇女的集体经济组织成员资格。2005 年,最高人民法院在制定《关于审理涉及农村土地承包纠纷案件适用法律问题的解释》过程中,曾就集体经济组织成员资格问题进行过深入调研,但考虑到该事项属公民基本权利范畴,应当通过立法方式或立法解释予以明确,故在该解释中没有规定。三是关于案件受理问题。《最高人民法院关于审理涉及农村土地承包纠纷案件适用法律问题的解释》第一条已明确规定,人民法院应当受理'承包地征收补偿费用分配纠纷'。下一步,最高人民法院将加大监督指导力度,并通过建立健全矛盾纠纷多元化解机制等方式,加大对农村妇女合法权益的保护力度。'第 6 条:'《中华人民共和国物权法》第一百三十二条规定,承包地被征收的,土地承包经营权人有权依照本法第四十二条第二款的规定获得相应补偿。可见,土地征收补偿款对应的也是农村承包经营户。从司法实践看,相关的征地补偿款分配纠纷亦主要是农户内部各成员之间利益冲突。当然,也存在对集体所有权的补偿款部分'出嫁女'是否享有的问题。相关问题追根溯源仍是如何确定'出嫁女'的集体成员资格问题。下一步,我部将加强与立法部门的沟通配合,积极推动农村集体经济组织立法进程,做好农村集体经济组织成员身份确认工作,更好保障'出嫁女'的合法权益。"

5. 地方司法性文件。山东高院**《家事案件审理规程》**(2018 年 8 月 30 日)第 13 条:"人民法院审理家事案件,对于缺乏生活保障的农村妇女,应注重查明其在住房、家庭土地承包经营中享有的权益,依法保护其基本的生活权益。"海南高院**《关于参照执行〈全省民事审判工作会议(2016 年)纪要〉的通知》**(2017 年 3 月 24 日 琼高法〔2017〕53 号)第 42 条:"对农村集体经济组织成员资格的认定,以人民政府的征地补偿安置方案确定时是否以本集体经济组织的土地为基本生活保障为基本依据,兼顾是否具有本集体经济组织户籍以及是否在本集体经济组织较为固定的生产、生活作为判断标准。"第 43 条:"'外嫁女'及随其生活的未成年子女农村集体经济组织成员资格的认定。(1)'外嫁女'婚后户籍虽仍在原集体经济组织,但其在嫁入地已分配到承包地或虽未分配到承包地,但在嫁入地已分配到征地补偿费的,应当认定其不再具有原集体经济组织成员资格;随其生活的未成年子女亦不具有原集体经济组织成员资格。(2)'外嫁女'嫁入城镇,但户口未迁出,也未被纳入城镇居民社会保障体系的,应当认定其具有原集体经济组织成员资格;随其生活的未成年子女未取得非农业户口的,亦应当认定具有原集体经济组织成员资格。(3)'外嫁女'嫁入城镇,已取得非农业户口并被纳入城镇居民社会保障体系的,应当认定其不再具有原集体经济组织成员资格;随其生活的未成年子女已转为非农业户口的,亦应当认定不具有原集体经济组织成员资格。"第 44 条:"离婚、丧偶妇女及随其生活的未成年子女农村集体经济组织成员资格的认定。(1)农村妇女婚后户籍仍在原集体经济组织,其离婚、丧偶后回到原集体经济组织居住的,应当认定其具有原集体经济组织成员资格;随其生活的未成年子女亦具有原集体经济组织成员资格。(2)农村妇女离婚、丧偶后与其他农村集体经济组织成员再婚,但其在嫁入的集体经济组织未分配到承包地也未分配到土地补偿费的,应当认定其具有原夫所在集体经济组织成员资格;随其生活的未成年子女亦应认定具有其父所在的集体经济组织成员资格。(3)农村妇女离婚、丧偶后与非农户口男性再婚,如其户口仍未迁出的,应当认定其具有户口所在地集体经济组织成员资格;随其生活的未成年子女未取得非农业户口的,亦应认定具有其母户口所在地集体经济组织成员资格。(4)农村妇女离婚、丧偶后与非农户口男性再婚且户口已转为非农业户口,应当认定其不再具有原夫所在集体经济组织成员资格;其未成年子女已转为非农业户口的,亦应认定不再具有其父集体经济组织成员资格。"第45条:"嫁到港澳台地区及国外的'外嫁女'农村集体经济组织成员资格的认定。'外嫁女'嫁到港澳台地区及国外的,应当认定其不再具有嫁出地集体经济组织成员资格。"第46条:"'入赘女婿'及随其生活的未成年子女农村集体经济组织成员资格的认定。'入赘女婿'及随其生活的未成年子女农村集体经济组织成员资格的认定依据'外嫁女'的相关规定处理。"山东高院**《民事审判会议纪要》**(2017年8月)第4条:"……《最高人民法院关于审理涉及农村土地承包纠纷案件适用法律问题的解释》第一条第(四)项明确规定,对承包地征收补偿费用分配纠纷人民法院应当受理。既然法院受理土地补偿费分配纠纷,就应当受理包括涉及成员资格认定的土地补偿费分配纠纷案件。在界定征地补偿费用分配等纠纷中涉及集体成员资格时,要在现行法律规定框架内,综合考虑当事人生产、生活水平、户口登记、农村土地对农民的基本生活保障功能等因素予以认定,并以其是否获得其他替代性基本生活保障为实质性要件,慎重、从严认定集体成员资格的丧失,最大限度地保护农民特别是妇女、儿童以及农民工等群体的合法权益。在审理该类案件中应坚持以下原则:第一,如果原告提起诉讼只是要求确认成员资格而无其他财产权利要求的,应当裁定不予受理或驳回起诉。第二,如果原告提起的诉讼是要求村集体经济组织支付其土地补偿费,但村集体经济组织认为原告不具有集体成员资格的,法院应予受理。经审理符合《山东省实施〈中华人民共和国农村土地承包法〉办法》第六条、第七条规定的集体成员资格条件的,应做出实体判决;经审理不符合《山东省实施〈中华人民共和国农村土地承包法〉办法》规定的集体成员资格条件的,裁定驳回起诉。第三,积极与当地党委、政府汇报、沟通此类案件的相关情况,力争由党委、政府统一协调解决此类案件,争取有关部门对我们审理此类案件的支持。"河北邢台中院**《关于审理农村集体经济组织收益分配纠纷案件若干问题的意见》**(2010年1月1日)第7条:"具有下列情形之一的,应当视为其具有农村集体经济组织成员资格:(一)出生时父母双方或一方是本集体经济组织成员且本人户籍登记在本经济组织所在地的;(二)因婚姻(包括妇女和入赘人员)或依法收养已进入本集体经济组织的农户实际生产生活,并与该组织形成权利义务关系的,包括已迁入户口或常住户口非自身原因未迁入的,但原集体经济成员资格仍保留的除外;(三)婚姻关系发生在农业户口和非农业户口人员之间,持有农业户口且未取得其他经济组织成员资格或获得其他社会保障的;根据《土地承包法》第 30 条规定,妇女(或入赘婿)在原居住地保留承包地的,不影响在新嫁入(入赘)地成员资格的取得(原居住地集体经济成员资格仍保留的除外);(四)因国防建设或其他政策性迁入的;(五)因外出经商、务工等原因,脱离集体经济组织所在地生产生活且未迁出户口,也未取得其他经济组织成员资格的;(六)因在大中专院校学习、服义务兵或初级以下士官兵役等原因被注销、迁出户口或仍保留户口的;(七)因服刑、劳教等原因被注销、迁出户口的;(八)其他法律法规规定应当取得的。"第 10 条:"以下情形人员仍应保留集体经济组织成员资格,其要求给予收益分配权的,应予支持:(一)离婚或丧偶后仍在原集体经济组织生产生活并在此之前因婚姻关系已取得该集体经济组织成员资格的(包括妇女和入赘人员);(二)已婚(或再婚)的妇女,婚后未迁转户口,并在户口所在地生产生活,且未享受男方所在村组收益分配权,其要求户籍所在地的集体经济组织给予本组织成员同等收益分配权的;(三)离婚或丧偶的妇女及其子女虽未在户籍所在地生产生活,但其未享受新居住地集体经济组织收益分配权,其要求原户籍所在地集体经济组织给予收益分配权的;(四)已婚(或再婚)的入赘人员,婚后非自身原因未迁转户口,且未享受女方所在地集体经济组织收益分配权,其要求原户籍所在地集体经济组织给予本组织成员同等收益分配权的。仍应保留农村集体成员资格的人员,请求所属家庭给付已经收到的收益分配的相应份额的,应予支持。"重庆高院**《关于农村集体经济组织成员资格认定问题的会议纪要》**(2009 年 5 月 31 日)第 1 条:"农村集体经济组织成员资格的认定,应当以是否形成较为固定的生产、生活,是否依赖于农村集体土地作为生活保障为基本条件,并结合是否具有依法登记的集体经济组织所在地常住户口,作为判断农村集体经济组织成员资格的一般原则。"第 2 条:"父母双方均具有本集体经济组织成员资格,或者父母一方具有本集体经济组织成员资格且依法登记为本集体经济组织所在地常住户口,则该父母之子女自出生时起认定取得本集体经济组织成员资格。"第 3 条:"因合法的婚姻、收养关系,在本集体经济组织所在地生产、生活,并将户口迁入本集体经济组织所在地的人员,认定取得本集体组织成员资格。"第 10 条:"农嫁女或入赘男的集体经济组织成员资格应当以是否在配偶对方形成较为固定的生产、生活,是否依赖于对方农村土地作为生活保障为基本判断标准。(1)农女嫁出后,在男方较为固定生产、生活,并依赖于男方土地作为基本生活保障的,无论其户口是否从原集体经济组织迁出,均应认定具有嫁入地的集体经济组织成员资格;(2)农女嫁出后,户口仍在原集体经济组织,承包地亦未收回,但本人或者与其配偶均外出务工,并未在男方较为固定的生产、生活,应认定具有原集体经济组织成员资格;(3)农女嫁到第八条所称的城镇,户口迁入男方,无论其在娘家生产、生活,还是在城镇生活,只要未纳入国家公务员序列或者事业单位编制(自收自支的事业单位除外)的,应认定具有原集体经济组织成员资格;(4)农女嫁出后,因为离婚,又回原籍居住生活,但户口未迁回,应认定具有嫁入地的集体经济组织成员资格,但在原籍重新分得了承包地的,可以认定为具有原集体经济组织成员资格;入赘男的农村集体经济组织成员资格参照上述精神确定。”四川泸州红院**《关于印发〈关于民商审判实践中若干具体问题的座谈纪要(二)〉的通知》**(2009 年 4 月 17 日　泸中法〔2009〕68 号)第 25 条:“农村家庭的部分家庭成员已经取得城市户口,其是否还享有耕地、自留地、自留山以及林木的继承权? 基本意见:耕地承包经营权、自留地、自留山的使用权,是以具备农村集体经济组织成员身份为前提的,已经取得城市户口并且丧失了农村集体经济组织成员身份的家庭成员,不再有取得耕地承包经营权、自留地、自留山使用权的资格,不享有耕地、自留地、自留山的继承权。对于自留地、自留山上的林木所有权,其不以具有农村集体经济组织成员身份为前提,对于林木的所有权,城市居民可以继承。”广东高院**《关于进一步提高人民法庭司法能力为建设社会主义新农村提供公正、高效司法保障的意见》**(2006 年 9 月 1 日　粤高法发〔2006〕34 号)第 13 条:“妥善处理‘外嫁女’权益纠纷。对于涉及集体经济组织成员资格的确认问题,应按照最高人民法院《关于审理涉及农村土地承包纠纷案件适用法律问题的解释》的相关规定,告知当事人先向当地乡镇人民政府申请解决。对乡镇人民政府处理不服的,可以行政纠纷案件向人民法院起诉,以保障‘外嫁女’能够通过多种渠道维护自己的合法权益。”北京高院**《关于涉农纠纷受理问题的指导意见》**(2005 年 10 月 18 日　京高法发〔2005〕264 号)第 1 条:“……(八)因婚姻关系发生变化,在新居住地未取得承包地或者仍在原居住地生活的情况下,承包土地被收回发生的纠纷,是否受理? 结婚者在新居住地未取得承包地,离婚者、丧偶者仍在原居住地生活或者不在原居住地生活但在新居住地未取得承包地的情况下,发包方收回其原承包地,结婚者、离婚者、丧偶者起诉要求退还原承包土地,恢复土地承包经营权的,依法受理。”安徽高院**《关于处理农村土地纠纷案件的指导意见》**(2005 年 1 月 1 日)第 2 条:“……家庭承包中家庭成员资格的确认。农村家庭土地承包经营权是以户为单位取得的。只有具有家庭成员资格,才有承包经营权,而在一定时期内每户承包土地的数量基本不变,家庭人口却在变化。故对于家庭承包的,在确定家第庭成员时,应包括取得承包经营权后因出生、婚姻、收养等原因增加的,并具有本集体经济组织成员资格的人员。家庭承包方分户的，所分各户未独立取得土地承包经营权的，各分户的家庭成员仍然属于承包方的家庭成员。”江西高院**《民事审判工作座谈会纪要》**(2004 年 12 月 16 日　赣高法〔2005〕52 号)第 8 条：“妇女因结婚迁入配偶所在地的村集体未依法保护妇女承包权，妇女起诉嫁入地村集体要求保护其土地承包权的，人民法院应当确认其土地承包权，对权利的实现参照第 4 款的规定处理。”第 10 条：“妇女离婚、丧偶后，迁入新居住地生活，新居住地村集体未依法向妇女发包土地的，妇女起诉要求保护其土地承包权的，人民法院按照第 4 款的规定处理。离婚、丧偶后仍在原居住地生活，或者虽然迁出到新居住地生活，但新居住地村集体未解决其土地承包之前，村集体收回妇女承包土地，妇女起诉村集体要求发还的，人民法院应当支持。”

6. 地方法规。海南三亚市**《关于印发〈三亚市农村宅基地管理办法〉的通知》**(2018 年 12 月 26 日　三府〔2018〕272 号)第 11 条：“界定‘农村集体经济组织成员’应当遵循的原则。(一)符合以下条件人员应界定为农村集体经济组织成员。1. 户籍在当地村(居)委会或小组的原集体经济组织成员，且长期生产生活在本村、组所在地的农村居民；2. 因与本集体经济组织成员有婚姻、血缘、收养等法定关系，与本集体经济组织形成权利义务关系的成员。(二)特殊人员农村集体经济组织成员资格的界定。1. 原籍为农村集体经济组织的党政机关、事业单位、国有企业的工作人员及离退休人员，不应认定其具有农村集体经济组织成员资格；2. 由外地转入的空挂户、挂靠户，不应认定具有农村集体经济组织成员资格；3. 离婚的妇女、离婚再嫁的妇女，应以户籍为条件进行农村集体经济组织成员资格认定；4. 曾因外出求学、服兵役、服刑，户籍未迁出，且本人已回户籍所在村，其农村集体经济组织成员资格需村民委员会重新认定。(三)上述情形以外的特殊人员，其农村集体经济组织成员资格由区人民政府认定。”海南省文昌市**《关于印发〈文昌市农村集体经济组织成员资格认定指导意见〉的通知》**(2018 年 12 月 17 日　文府〔2018〕201 号)第 3 条：“每个人只能享有一个集体经济组织成员资格。开展成员资格认定要结合户籍关系、农村土地承包关系、义务履行以及对集体积累的贡献等情况，兼顾各类成员群体的利益，特别注重保护妇女、儿童的合法权益。(一)符合下列条件之一，户口未迁出的，确认为集体经济组织成员：1. 开始实行以家庭承包经营为基础、统分结合的双层经营体制时原生产大队成员及所生子女；2. 本村村民依法办理子女领养手续，户口已迁入本村的人员及所生子女；3. 因婚姻关系，户口迁入本村的人员；4. 政策性移民落户的；5. 大中专在校学生(包含研究生、博士生；包含户口已迁出的)；6. 毕业后未落实工作单位的大中专毕业生，在本集体经济组织公告发布的成员认定登记基准日之前回村办理落户手续的；7. 义务兵、士官的现役人员(已纳入军官系列的除外)；8. 其他具有特殊情形的人员，应根据村规民约，经村民会议三分之二成员以上或者三分之二以上村民代表同意的；

9. 符合法律、法规规定的其他人员。(二)下列人员不认定为集体经济组织成员:1. 户口虽未迁出,但已在人力资源和社保部门办理正式招录手续且享受财政供养及国有企业在职在编,具有稳定生活保障的;2. 回村退养,享受离、退休待遇的;3. 改革基准日前取得其他农村集体经济组织成员身份的或以书面形式自愿放弃本集体经济组织成员身份的;4. 因上学、投靠亲友等需要,迁入户口的'空挂户'人员及其子女;5. 与本村集体经济组织成员离婚,户籍已迁出本村且在本村集体经济组织没有农村土地承包权利的及依法协商或判决随其生活的子女;6. 其他不能明确认定成员身份,经村民会议三分之二成员以上或者三分之二以上村民代表同意不认定为本集体经济组织成员的。"

【参考类案】

(1)外嫁女。①2018 年**贵州某合同纠纷案**,1996 年,易某因结婚将户口迁入夫家陈某所在村。1998 年,第二轮土地承包时,易某原所在吴某承包户户口簿上再无易某姓名。2016 年,吴某将土地出租获得货币补偿。易某以其为土地承包经营权人为由,诉请确认土地租用补偿协议无效。法院认为:依《农村土地承包法》第 15 条规定,家庭承包方式的农村土地承包经营权,其承包方是本集体经济组织的农户,本质特征是以本集体经济组织内部农户家庭为单位实行农村土地承包经营,故该种类型农村土地承包经营权只能属于农户家庭,而不可能属于特定家庭成员,当承包农地农户家庭中一人或几人死亡,承包经营仍是以户为单位,承包地仍由该农户其他家庭成员继续承包经营;当承包经营农户家庭成员全部死亡,由于承包经营权取得是以集体成员权为基础,该土地承包经营权归于消灭,农地应收归农村集体经济组织另行分配。结合《农村土地承包法》第 30 条理解,"外嫁女"在原集体经济组织是否具有承包经营权,主要需考察其在嫁入地有无取得承包地,从而确定其可否主张权利。"外嫁女"在嫁入地取得承包地,并不一定是要新分配土地,抑或因成为新集体经济组织成员,实际参与夫家承包户生产、经营活动,以夫家土地作为其最基本生存保障,从而成为嫁入地承包户成员,对夫家承包地享有权益。本案中,易某因婚迁入陈某户,包括易某在内的四人为同一户。同时,同期另一份《农村承包土地基本情况登记》与《常住人口登记表》显示,吴某户承包人口为二人,易某因外嫁已被注销户口,故结合当时"增人不增地""减人不减地"的土地承包政策,在第二轮土地承包前,易某因结婚迁出户口,不再是原集体经济组织成员,也不再是吴某承包户成员。第二轮土地承包时,其户口因迁入新集体经济组织,已成为新集体经济组织成员,并成为陈某承包户新成员,故应认定易某在新居住地取得了承包地。裁定驳回易某起诉。

②2014 年**湖南某侵权纠纷案**,唐某出嫁后户口一直未迁出,且其在该村分得

的田、土、山等生产资料仍有保留。2012 年,村小组部分农田被征用。2013 年,村小组村民制度规定:“有子女的家庭,女孩成家后,家庭成员不能享受组上任何待遇。”村委会拒绝将 1859 元征地补偿款支付给唐某。法院认为:农村集体经济组织成员资格确认,一般以是否具有依法登记的集体经济组织所在地常住户口为基本原则,同时结合当事人是否在当地拥有承包地,是否在当地形成较为固定的生产、生活,是否依赖于农村集体土地作为生活保障等为认定条件。《妇女权益保障法》第 33 条第 1 款规定:“任何组织和个人不得以妇女未婚、结婚、离婚、丧偶等为由,侵害妇女在农村集体经济组织中的各项权益。”在农村集体经济组织成员未改变户籍性质和退出承包地之前,一般不宜认定农村集体经济组织成员资格丧失,更不能以已经出嫁为由排除其平等获取集体收益的权利。本案唐某虽已出嫁,但其户口未迁出,且其结婚后仍保留有土地且在当地生活,应具备当地集体经济组织成员资格。《妇女权益保障法》第 32 条规定:“妇女在农村土地承包经营、集体经济组织收益分配、土地征收或者征用补偿费使用以及宅基地使用等方面,享有与男子平等的权利。”依《村民委员会组织法》规定,农村集体经济组织可根据本地实际需要,通过村民大会形式,制定村民自治章程或村规民约,但不得与宪法、法律、法规和国家的政策相抵触,不得有侵害村民人身权利、民主权利和合法财产权利内容。本案中,村委会和村民小组将出嫁女不能分得土地补偿款以村民制度形式进行了确认,并根据该制度作出出嫁女不享受任何待遇决定,表面上看,村委会和村小组作出该决定似乎程序合法、理据充分,但其决定作出的依据即村民制度内容本身与法律规定和国家政策背道而驰,故应认定无效。判决村委会支付唐某征地费 1859 元。

③2013 年**广西某土地承包经营权纠纷案**,1994 年,梁某妹出嫁。2010 年,梁某承包地出租给家具厂获得收益 14 万元。梁某妹以在夫家未获责任田地为由,诉请梁某支付收益并将其原责任田地分给其经营管理。法院认为:案涉田地在梁家承包期间并未明确具体分配到各家庭成员名下,梁某父母去世前亦未立下任何遗嘱进行分配。依《农村土地承包法》第 6 条关于“农村土地承包,妇女与男子享有平等的权利。承包中应当保护妇女的合法权益,任何组织和个人不得剥夺、侵害妇女应当享有的土地承包经营权”规定,梁某妹应对本案田地享有承包经营权。又依《农村土地承包法》第 16 条关于“承包方享有下列权利:(一)依法享有承包地使用、收益和土地承包经营权流转的权利,有权自主组织生产经营和处置产品”规定、第 36 条关于“土地承包经营权流转的转包费、租金、转让费等,应当由当事人双方协商确定。流转的收益归承包方所有,任何组织和个人不得擅自截留、扣缴”规定,以梁某名义出租给家具厂所获收益依法应归梁某、梁某妹共同享有。案涉土地承包经营份额虽一直由梁某经营管理,但梁某从未干涉、阻碍、剥夺过梁某妹对土地承包经营权行使,梁某妹亦未提供相关证据证实梁某侵害其土地承包经营权,依最

高人民法院《关于审理涉及农村土地承包纠纷案件适用法律问题的解释》第1条关于“下列涉及农村土地承包民事纠纷,人民法院应当依法受理:(一)承包合同纠纷;(二)承包经营权侵权纠纷;(三)承包经营权流转纠纷;(四)承包地征收补偿费用分配纠纷;(五)承包经营权继续纠纷。集体经济组织成员因未实际取得土地承包经营权提起民事诉讼的,人民法院应当告知其向有关行政主管部门申请解决”规定,梁某妹以未实际取得土地承包经营权请求将土地承包经营权份额由其经营管理的主张,不属于法院处理范围。判决梁某支付责任田地承包金一半份额给梁某妹。

④2013年**江苏某离婚后财产纠纷案**,2006年,连某与张某经法院调解离婚,女儿归张某抚养,连某回娘家生活。2011年,原双方共同的承包地被征收,张某领取补偿款10万余元。连某诉请分割。法院认为:农民基于集体经济组织成员身份取得相应的农村土地承包经营权,在婚姻关系存续期间,夫妻双方及其子女等的农村土地承包经营权是以农户名义取得,承包经营权权利本身并非夫妻共同财产或家庭共同财产,只是基于承包经营权取得的收益方为夫妻共同财产或家庭共同财产。《婚姻法》第17规定,生产、经营的收益归夫妻共同所有。离婚后,连某、张某双方仍为集体经济组织成员,各自的农村土地承包经营权应分别独立,连某在离婚协议中仅对夫妻共同财产享有份额进行处分,未对其享有的承包经营权进行处分,故连某仍享有承包经营权及相应收益。依《物权法》第42条第2款规定,征收集体所有的土地,应当依法足额支付土地补偿费、安置补助费、地上附着物和青苗补偿费等费用,安排被征地农民的社会保障费用,保障被征地农民的生活,维护被征地农民的合法权益。从立法目的分析,地上附着物和青苗补偿费是对土地承包经营者实际耕种损失的补偿,应属实际耕种人所有;土地补偿费和安置补助费实质是对失地农民享有的承包经营权丧失的补偿,亦是对其今后的一种生活保障。连某离婚后户口虽迁出,但仍为该村集体经济组织成员,且未再次承包经营其他集体经济组织所有的承包地,连某享有的承包经营权对应的承包土地仍在张某(农户)名下,而连某、张某之前承包土地时,是按一家三口人份额分得,土地被征用后,连某亦未接受安置,故土地补偿费、安置补助费连某亦应占三分之一份额。判决张某给付连某征地补偿费1/3即3.6万余元。

⑤2010年**山西某侵权纠纷案**,2010年,村委会经村民大会讨论决定,将村集体土地被征用获得的补偿款按每位村民5000元标准进行分配发放。赵某等人因系母亲外嫁女所生孩子(母亲及孩子户口未迁出),张某等人因上大学户口暂时迁出不符合分配标准致诉。法院认为:最高人民法院《关于审理涉及农村土地承包纠纷案件适用法律问题的解释》第24条规定:“农村集体经济组织或者村民委员会、村民小组,可以依照法律规定的民主议定程序,决定在本集体经济组织内部分配已经

收到的土地补偿费。征地补偿安置方案确定时已经具有本集体经济组织成员资格的人,请求支付相应份额的,应予支持。但已报全国人大常委会、国务院备案的地方性法规、自治条例和单行条例、地方政府规章对土地补偿费在农村集体经济组织内部的分配办法另有规定的除外。”农村集体经济组织成员是农村土地的所有者、使用者和受益者,而户口又是确定该成员是否具备成员资格的前提和必要条件。本案中,赵某等均落户于本村,尽管是随母上户,但毕竟从小生活在本村,张某等现户口虽不在本村,但因高校就读迁出,现还在校就读,故赵某、张某等应视为本村经济组织成员之一,应享受其他成员享有的权利,判决村委会给付赵某、张某等每人5000元土地补偿款。

⑥2010年**广西某补偿费纠纷案**,1980年,王某按家庭人口分得承包地。1998年,第二轮土地延包,王某户土地未调整。其间,王某长女、次女外嫁,王某将土地交给王某子耕种,后由王某子取得《土地承包经营权证》。2009年,王某户土地被征收,王某长女、次女诉请平均分配补偿款。法院认为:我国农村土地采取农村集体经济组织内部的家庭承包方式,王某户从1980年我国第一次实行土地承包经营责任制时起就以家庭人口共同取得土地承包经营权。王某次女结婚后,户口一直在该集体经济组织,王某长女虽将户口迁至新的居住地,但其在新的居住地未分到土地。在1998年第二轮土地延包时,王某所在村对王某户的土地未重新调整,仍按1980年所分得土地重新登记,由于子女已成家,王某户在1991年将家庭内部的承包地分别分配给王某子自行耕种,王某子一户虽取得《土地承包经营权证》,但仅系家庭内部自行分配,并非本集体经济组织重新调配的土地,故王某子自行耕种的承包地在2009年被政府征收时,土地管理部门对该户所征用土地亩数公布时均以王某为户主进行公布、补偿费发放系以王某为户主进行发放。1998年王某户人口包括全部子女,王某长女、次女原取得的土地承包经营权并未被收回,承包人应得的承包收益不应被剥夺,对双方共同承包的土地被政府征收所获补偿费应有权进行分配。

⑦2009年**广东某侵权纠纷案**,2009年,村集体土地因征用获得补偿款。本人及子女户口仍在该村的江某等39名出嫁女诉请分配补偿款。法院认为:《农村土地承包法》第30条规定,承包期内,妇女结婚,在新居住地未取得承包地的,发包方不得收回其原承包地;妇女离婚或丧偶,仍在原居住地生活或者不在原居住地生活但在新居住地未取得承包地的,发包方不得收回其原承包地。最高人民法院《关于审理涉及农村土地承包纠纷案件适用法律问题的解释》第24条规定:“农村集体经济组织或者村民委员会、村民小组,可以依照法律规定的民主议定程序,决定在本集体经济组织内部分配已经收到的土地补偿费。征地补偿安置方案确定时已经具有本集体经济组织成员资格的人,请求支付相应份额的,应予支持。但已报全国人

大常委会、国务院备案的地方性法规、自治条例和单行条例、地方政府规章对土地补偿费在农村集体经济组织内部的分配办法另有规定的除外。”《妇女权益保障法》第32条规定,妇女在农村土地承包经营、集体经济收益分配、土地征收或者征用补偿费使用以及宅基地使用等方面,享有与男子平等的权利。第33条规定:任何组织和个人不得以妇女未婚、结婚、离婚、丧偶等为由,侵害妇女在农村集体经济组织中的各项权益。因结婚男方到女方住所落户的,男方和子女享有与所在地农村集体经济组织成员平等的权益。本案中,江某等人户口在被告村,履行了村集体经济组织章程的义务,故江某等人具有该村集体经济组织成员资格。妇女在农村土地承包经营、集体经济组织收益分配、土地征收或征用补偿费使用以及宅基地使用等方面,享有与男子平等的权利,故不论妇女是否结婚,依法享有与本村集体经济组织其他成员平等的权益。判决被告村分别支付江某等人补偿款8900余元。

⑧2004年**浙江某土地补偿纠纷案**,2004年,村社根据区政府文件,制定征地补偿款安置方案,并据此将外嫁女张某补偿标准定为50%即8000余元。张某领取3000余元后,诉请村社按男女平等原则再支付1.3万余元。法院认为:《村民委员会组织法》第20条明确规定村民自治章程和村规民约制定主体系由村民组成的村民会议,除此之外,其他任何组织包括村民委员会、乡镇政府等均无此权力。村民自治章程、村规民约以及村民会议或村民代表讨论决定的事项不得与宪法、法律、法规和国家政策相抵触,不得有侵犯村民人身权利、民主权利和合法财产权利内容。本案中,村社制订的安置细则不违反法律规定,对张某等全村享受土地征用安置补偿费的农业人员均有约束力,其确定张某按50%比例享受土地征用安置补偿费并无不当,且符合当地政府的政策。判决村社再支付张某土地征用安置补偿费用5000余元。

⑨2007年**广东某征地补偿纠纷案**,2006年,村社土地被征用,沙某父领取补偿款,其中田份款每人2万余元。沙某因出嫁并迁户,该款由沙某兄持有。2007年,沙某以其在迁入户口所在地并未承包土地为由,诉请沙某兄、村社支付田份款2万余元。法院认为:沙某婚后未在新居住地分得承包地,依《农村土地承包法》第30条“承包期内,妇女结婚,在新居住地未取得承包土地的,发包方不得收回原承包地;妇女离婚或者丧偶,仍在原居住地生活或者不在原居住地生活但在新居住地未取得承包地的,发包方不得收回其原承包地”规定,沙某仍享有在原村土地承包经营权。依《农村土地承包法》第16条规定,承包土地被依法征用、占用的,有权依法获得相应的补偿,故沙某享有被征土地补偿款权利。沙某原所在村经民主议定程序后,将包括田份款在内的征地补偿款分到各户,其中已将以沙某父为承包户主的田份款分给沙某父等人,与日常生活经验、习惯习俗等并不相悖,亦未违反法律法规规定,故沙某请求原村社共同支付征地补偿款,缺乏依据。判决实际收取沙某田

份款的沙某兄支付沙某征地补偿款2万余元。

⑩2008年**河南某侵权纠纷案**,1996年,芦某出嫁但未迁户,亦未在夫家分配承包地。1999年,村委会以不给芦某刚出生孩子上户口迫使芦某在其事先写好的保证书上签字承诺为空挂户,不参与村里分配。2002年,村委会因集体土地被征用获得补偿款,村委会以村民会议表决决定,未分给芦某补偿款。法院认为:土地补偿费是因国家征用土地而对土地所有人和使用人损失给予的补偿,在土地补偿安置方案确定时具有该集体经济组织成员资格的人,应享有分配该笔土地补偿费权利。芦某婚后在其丈夫所在村未分配有土地,户籍亦未迁出,芦某在第一次制定土地补偿安置方案时便具有村集体经济组织成员资格,依法应享受土地补偿款待遇。村民具有集体经济组织成员资格和享有获得征地补偿费用权利,不是村民会议民主议定范围和问题,村委会不得以村民会议民主表决为由剥夺其成员正当、合法权益。本案中,村委会以不给芦某刚出生孩子上户口迫使芦某在其事先写好的保证书上签字,村委会行为显系违法,故该保证应认定无效。判决村委会给付芦某土地补偿费4万余元。

⑪2008年**陕西某村民待遇纠纷案**,2002年,村小组以杜某母属"城嫁女"为由,只按60%分配集体土地征地补偿款。杜某以其母按政策无法在男方落户、其按随母原则申报登记户口为由,诉请村委会及村小组支付余下40%补偿款3880元。法院认为:"嫁城女"如因政策规定不能到男方落户的,原居住地应保证其享受村民同等待遇;其所生子女如按随母原则申报登记户口的,与其母同样享受本村村民一切待遇。村集体经济组织通过相关决议不能违反相关法律、政策规定对因上述原因户籍仍在本村的"城嫁女"及其子女采取歧视待遇措施。本案中,杜某系村小组合法村民,故其合法享有的村民待遇应受到法律保护,同时因村委会对外签订土地补偿协议,收取补偿款,且分配方案亦系村委会制定,故扣发杜某分配款行为应系该村及村小组共同所为,村委会与村小组构成共同侵权。判决村委会及村小组支付杜某分配款3880元。

⑫2006年**四川某收益分配纠纷案**,1995年,王某婚后仍在原村社居住、生产和生活,村社依"社规民约"将王某及其女儿户口注销,并收回承包土地,虽后经镇政府干涉,恢复户口,但村社拒绝为二人分配征地补偿款。2006年,王某母女二人起诉。法院认为:农村集体土地征用补偿费用分配纠纷,是指被征地的农村集体经济组织分配征用土地补偿费用时,与本集体经济组织的成员之间发生的纠纷。农村集体土地所有权属村民集体成员共同所有,土地补偿费性质就是对全体村民集体成员农村集体土地所有权丧失的补偿。《土地管理法实施条例》第26条规定,土地补偿费归农村集体经济组织所有。其具有对集体经济组织全体成员基本生活提供保障的功能。即土地补偿费分配权是基于集体经济组织成员身份而产生,土地补

偿费受益主体亦即该集体经济组织内部全体成员。土地补偿费分配具有平等性,应由享有村民待遇的全体村民共同平等参与分配,只要具有集体经济组织成员资格,就应享有均等分配土地补偿费的权利,故集体经济组织内所有成员个人不因其性别、年龄差异而有所不同,对集体土地都享有完全平等的使用、收益权利,其分配主体应是征地补偿方案确定时所有具有本集体经济组织成员资格的人。凡是在该集体经济组织所在地长期居住生产、生活,并依法登记的常住户口,履行了作为村民的相关权利和义务的人,即应认定具有该集体经济组织成员资格。父母一方具有本集体经济组织成员资格并依法登记本集体经济组织所在地常住户口的出生人员,自其出生时起具有本集体经济组织成员资格。本案中,王某一直是本村村民,其从出生至今一直在该村生产、生活。虽在结婚后,王某及其女儿户籍被本村依据"社规民约"注销,并收回承包土地,但在王某婚前,从1995年第一轮农村承包土地下户开始,王某就与其父母姊妹一起与该村签订了农村土地承包经营合同,并承包耕种土地,同时履行了村民应履行的相关权利与义务;其婚后户口未迁出,与其夫仍在王某娘家安家居住生活至今,王某在男方所在地村没有落户,亦未分得承包土地。且在其后将户口恢复,其有效户口表明其仍是本村成员,应享有农村集体经济组织成员的相关权利。根据最高人民法院《关于审理涉及农村土地承包纠纷案件适用法律问题的解释》第24条的规定,农村集体经济组织经民主议定程序决定在本集体经济组织内部分配已经收到的土地补偿费,征地方案确定时已经具有本集体经济组织成员资格的人,请求支付相应份额的,应予支持。判决王某及其女儿享有分配权益,被告村补发土地补偿费1万余元。

⑬2006年**四川某土地补偿费纠纷案**,1993年,曾某婚后,户口未迁出村小组,并在征地公告发布时为孩子刘某办了本村户口。村民表决通过曾某"为事实婚姻,应迁出本组",故土地补偿费人均2.1万元不予分配给曾某、刘某。法院认为:依《农村土地承包法》第13条,承包期内,妇女结婚,在新居住地未取得承包地的,发包方不得收回其原承包地。征地补偿方案确定时已具有本集体经济组织成员资格的人,有权请求支付相应份额。曾某、刘某系村小组合法村民,在征地补偿方案确定时具有村小组成员资格,应享受与同村村民相同的权利。判决村小组给付曾某、刘某土地补偿费、安置补偿费共4万余元。

⑭2006年**云南某收益分配纠纷案**,1998年,因国家征地,农转非后的居民小组决议:外嫁女及1982年以后出生在首轮土地承包中未分得土地的农民不享有本小组成员资格;迁入户口时交了落户费和户口管理费的居民小组,其成员子女不享有小组的分红和相关福利待遇。母属外嫁女,但户口和土地一直在居民小组。2000年母生子,母、子均未分得其他村民每人分配到的7500元土地收益款。法院认为:依《村民委员会组织法》第19条规定:村集体经济所得收益的使用,及村民会议认

为应当由村民会议讨论决定的涉及村民利益的事项，应由村民会议讨论决定。第20条规定：村民会议或者村民代表讨论决定的事项不得与宪法、法律、法规和国家的政策相抵触，不得有侵犯村民的人身权利、民主权利和合法财产权利的内容。本案中收益分配从程序上看，符合村民自治原则，但从内容上看，与宪法和法律、法规相抵触。应当说明的是，农村集体经济组织成员，生存主要依附于土地，是否取得土地又与身份密切相关，故村民是基于其作为该村村民特定身份，承包土地从而成为该经济组织的成员，享有相应权利，此乃宪法、法律赋予公民最根本的生存权。此外，村民是否为该村经济组织成员主要依据是户籍，对户籍的管理、确认依法只能是公安机关享有的权力。本案中，母系居民小组成员，1982年承包了责任田地，并取得了经营权，1999年顺延承包时又与被告签订了土地承包合同，其依法应享有与其他村民同等的收益分配权。子因其户口已落在居民小组，属该居民小组成员，亦应享有与其他成员同等的收益分配权。判决居民小组支付母、子收益分配款1.5万元。

⑮2003年**福建某土地补偿款纠纷案**，2000年，周某出嫁后，未迁户。2003年，周家土地被征用后，村小组制定的安置费分配方案规定“女儿出嫁户口尚在，一次性付1000元”，周某认为应按村民待遇发放3000余元。法院认为：村民资格界定，原则上应以“具有本村户口的集体经济组织的成员”为判断标准，在以户籍登记为前提条件基础上考虑该村民与村集体经济组织是否建立土地承包关系，或该村民生活基础是否在该村、是否承担了该村相应的村民义务等。周某婚后，因其丈夫为非农户，其户籍仍在村小组，故周某系村小组村民身份未改变，其应享有与其他村民同等分配劳力安置费权利。村小组制定的征地安置费分配方案侵犯了周某合法权益，故该方案不能作为本案适用依据，判决村委会和村小组按村民待遇补发周某应得劳力安置费。

⑯2003年**河南某土地承包纠纷案**，2002年，张某出嫁，户籍未迁，亦未在新居住地取得承包地。8个月后，原村小组调整土地收回张某承包地。2个月后，分配征地款时只分给张某1700元，张某诉请按村民待遇4400元标准执行。法院认为：村委会、村民小组与其内部成员在土地承包及土地收益分配过程中，双方地位平等，并不存在“管理与被管理”关系。依最高人民法院研究室2001年12月31日对山西高院《关于村民因土地补偿费、安置补助费问题与村民委员会发生纠纷应否受理问题的答复》，农村集体经济组织与其成员之间因收益分配产生的纠纷，属于平等主体之间的纠纷。当事人就该纠纷起诉到人民法院，符合《民事诉讼法》关于立案受理规定的，法院应予受理。依《农村土地承包法》第6条、第14条、第30条、第54条规定，承包期内，妇女结婚在新居住地未取得承包地的，发包方不得收回其原承包地，故村小组应及时重新分配给张某承包地，并对征用的张某原承包土地给予

相应补偿。

⑰2002年**四川某承包合同纠纷案**,1982年,崔某与父母作为承包户分得承包地。后崔某出嫁,相应土地由张某代种。1994年,崔某父母先后去世,张某离婚后亦在外租房居住。1998年,二轮承包时,张某代种土地由村社发包给张某。崔某一直持有异议。2001年,崔某向法院起诉村社,并以张某为第三人,要求确认土地承包权。法院认为:《农村土地承包法》第6条规定,农村土地承包,妇女与男子享有平等的权利。承包中应当保护妇女的合法权益,任何组织和个人不得剥夺、侵害妇女应当享有的土地承包经营权。第30条规定,承包期内,妇女结婚,在新居住地未取得承包地的,发包方不得收回其原承包地;妇女离婚或者丧偶,仍在原居住地生活或者不在原居住地生活但在新居住地未取得承包地的,发包方不得收回其原承包地。第53条规定,任何组织和个人侵害承包方的土地承包经营权的,应当承担民事责任。第55条规定,承包合同中违背承包方意愿或者违反法律、行政法规有关不得收回、调整承包地等强制性规定的约定无效。本案中,崔某及其父母一家于1982年分得承包土地,享有该承包土地的经营使用权。二轮承包中,崔某父母虽死亡,崔某出嫁在外,承包土地长期由他人代种,但按农村承包土地"生不添,死不减"原则和二轮承包基本政策,崔某仍享有继续承包该土地权利,崔某与诉争承包土地有直接利害关系。崔某起诉村社、第三人张某农村承包合同纠纷一案,符合法院受理民事诉讼案件的起诉条件,法院应予受理。

⑱2001年**福建某征地补偿款纠纷案**,1996年,邱某出嫁,但户口仍在村小组。1997年,女儿刘某出生,户口亦登记在村小组。1999年,村小组集体土地被征用,因邱某、刘某未与其他村民一样获得1000元补偿款致诉。村小组以二人无承包责任田为由抗辩。法院认为:村小组属村民生产性互助组织,全体村民依法有权对集体收益进行分配。村小组决定将其集体所有土地被征用所得补偿费大部分发放给未被统一安置的全体村民,未违反有关法律规定。农村妇女结婚后,根据户籍管理有关规定,可保留当地户口,亦可将户口迁往配偶所在地,本人及其子女与户口所在地村民享有同等待遇。根据中共中央办公厅、国务院办公厅《关于切实维护农村妇女土地承包权益的通知》,"农村妇女无论是否婚嫁,都应与相同条件的男性村民享有同等权利,任何组织和个人不得以任何形式剥夺其合法的土地承包权、宅基地使用权、集体经济组织收益分配权和其他有关经济权益"。本案中,邱某出嫁后,未将户口迁出村小组,刘某出生后户口登记在村小组,故二人作为村小组集体经济组织成员,应享受村小组村民同等待遇,应享有平等的集体经济组织收益分配权。本案诉争款系村小组集体经济组织收益,二人有权参与分配。责任田承包权与集体经济组织收益分配权系两种不同权利,村小组以邱某、刘某无承包责任田为由剥夺其对集体经济组织收益分配权,无法律依据。村民会议决定违反男女平等原则、侵

害了妇女合法权益,故村小组以该决定为由不分给土地补偿费,理由不充分,应予纠正。判决村小组给付邱某、刘某土地补偿费各1000元。

⑲2000年**湖南某行政纠纷案**,1999年1月,镇政府下发文件,规定1998年年底前有结婚证和迁移证的婚入人口可承包责任田。1999年3月,何某嫁入村6组并迁户,时值该组责任田调整。镇政府以何某婚入时间晚、迁出地责任田退出晚为由,确认其不符合文件关于在落户地承包土地规定。2000年,何某诉请撤销镇政府处理决定。法院认为:何某在办理结婚登记、户口迁移手续时,其落户地虽已召开过责任田调整工作会议,其户口迁出地未按时收回责任田。但何某在办理结婚登记、迁移手续时,其落户地村6组责任田正在调整之中,该组依法应将婚入人口与其他成员同等对待。至于何某户口迁出地未按时收回责任田,此系迁出地与迁入地工作衔接问题,并不影响何某在落户地承包责任田。判决撤销镇政府处理决定。

⑳2000年**福建某收益分配纠纷案**,1981年,蔡某与城镇居民结婚后,户口仍在村里,并长期履行村民义务。1998年,蔡某以村委会未分配其1993年度至1997年度财产股金利润2200元起诉,并要求按人口平均分配宅基地及土地补偿款。法院认为:蔡某系村委会村民,其依法享有与本村其他村民同等的民事权利和承担同等民事义务。蔡某要求与其他村民一样分得1993年度至1997年度财产股金利润计2200元,理由正当,应予支持。鉴于村委会分发该财产股金利润行为具有持续性,且蔡某也经常向有关部门要求解决,其起诉并未超过诉讼时效。蔡某要求法院判令村委会按人口平均分配宅基地及土地补偿款与法不符,且该请求不属于法院受案范围,依法应向有关机关申请解决。判决蔡某依法享有与其户口所在地村委会村民同等民事权利并负有同等民事义务,村委会支付给蔡某财产股金利润2200元。

(2)招婿女。①2007年**内蒙古某集体经济利益分配纠纷案**,2002年,徐某等12人属招婿上门的女村民,迫于村委会压力,签了含有"不参与集资建设物业的分配"条款的协议,否则无法从村委会取得土地承包权。法院认为:徐某等与村委会所签协议虽符合合同形式要件,但违反法律强制性规定,应认定无效。原告诉请村委会给予与本村出生的男性村民同等待遇,属合理分配农村集体经济组织成员共同共有财产问题,因除性别外,徐某等其他条件与男性相等,依《民法通则》公平原则和"类推判断"民法理论,按男女平等基本国策、不得歧视妇女法律原则,理当享有同等权利。判决确认诉争条款无效,村委会给付徐某等人与本村出生的男性村民同等面积、同类地段的集资房,或相应的折价款。

②2000年**上海某行政诉讼案**,1994年,谢某婚后从村9组居住于妻子屈某所在村11组,并在村11组享有土地承包经营权。2000年,谢某夫妇以全家户口在村

9组为由,诉请撤销镇政府在土地延包时确认谢某夫妇在村11组享有承包经营权的处理决定。法院认为:依《行政诉讼法》中关于被告负举证责任的规定,本案镇政府应对其具体行政行为合法性举证。镇政府依《土地管理法》第16条第1款、第2款规定,具有调整土地承包经营权并做行政处理决定的主体资格。谢某夫妇户口虽均在村9组,但镇政府根据谢某夫妇婚后一直居住在村11组,且一直在该组承包耕种土地及村9组三分之二村民不同意谢某夫妇在该组享有土地承包经营权事实,依据市农业委员会和县政府有关郊区土地延包工作中应坚持"大稳定、小调整,尽可能减少调整范围,做到不调整或小调整的原则",享有土地承包经营权的条件中"尚未办理户口迁入、迁出手续的合法结婚人员,原则上在婚入地享有土地承包经营权,并应尽快办妥户口迁移手续"规定,作出谢某全家应在村11组享有土地承包经营权的行政处理决定于法无悖,故判决维持镇政府处理决定。

(3)超生人口。①2010年**广西某补偿款分配纠纷案**,1980年,王某按家庭人口分得承包地。1984年,王某次子出生。1998年,第二轮土地延包,王某户土地未调整。其间,王某长子取得《土地承包经营权证》。2009年,王某户土地被征收,王某长子以次子系超生人口为由主张无权获得补偿款。法院认为:耕地承包经营权在农村集体经济组织内部是人人有份的以户为单位的家庭承包,是农村集体经济组织成员的一项权利,是农民的基本生活保障。而本案王某户所在的小队实行"生不补、死不收"政策,对已死亡人员的承包地不予收回,亦不调整承包地给新增人口,原来取得土地承包权的家庭成员因有人死亡而享受的承包地份额越来越多,而新增人口却始终未取得土地承包权,缺乏基本生活保障,这样下去会出现土地承包权失衡而显失公平。王某次子作为王某户唯一新增人口,已取得村民资格,具有村民身份,应依法享有村民个人权利,亦应依法享有与家庭成员同等的权利。

②2010年**重庆某土地承包经营纠纷案**,1990年,村社因人多地少,制定承包土地候轮补缺表,张某作为超生人口,要延后7年才能承接土地,故确认其轮候时间为1992年。1990年,王某出生,作为非超生人口先于张某承包土地。2005年,村社集体讨论后,废除原二胎间隔7年才能承接土地规定,重新按上户口时间决定承包顺序。2010年,县农村土地承包经营纠纷仲裁委员会裁决由张某耕种诉争土地,王某不服,向法院起诉。法院认为:张某和王某同为村社村民,依法应平等享有承包土地权利。1990年村社在制定承包土地轮候补缺表时,张某作为无计划生育的第二胎,根据当时村规民约,要延后7年才能承接土地,故确认其轮候时间为1992年。王某于1990年出生,按其方案应排在张某前面承包。但根据2005年村社集体讨论意见,原二胎间隔7年才能承接土地的规定不再适用,重新按上户口时间决定承包顺序。张某上户口时间在王某之前,故张某应优先承包。村社负责人表示愿意将争议土地发包给王某,但负责人个人意见不等同于该集体经济组织意

见，发包人在处理土地承包问题时应遵循法律法规和村规民约规定，平等保护本集体经济组织成员合法权利。判决诉争土地承包经营权属张某所有。

③2009 年**福建某补偿款分配纠纷案**，2007 年 1 月，村里按每人 3 万元发放土地补偿款。2008 年 7 月，吕某等 4 人作为超生人口办理在村里的落户。2009 年 4 月，吕某等 4 人诉请村里发放补偿款。法院认为：村委会于 2007 年 1 月发放征地补偿款，虽然吕某等 4 人因户口尚未申报而无法领取，但该情形系其父母违反计划生育政策所致，不可归责于他人，故吕某等 4 人主张权利的诉讼时效仍应自村委会实际发放征地补偿款之日起算。吕某等 4 人在申报户口后至 2009 年 4 月才提起诉讼，且无证据证明其或其代理人有向村委会主张过权利，故应认定吕某等 4 人请求已超过诉讼时效保护期间。征地补偿是对失地农民的永久性补偿，其目的在于维系失地农民原有生活水平。吕某等能否参与村委会征地补偿款分配，关键在于吕某等人是否为该集体经济组织成员。判断是否具有村集体经济组织成员资格，应以是否形成较为固定的生产、生活为基本条件并结合户籍关系作出认定。本案吕某等人落户时间为 2008 年 7 月。吕某等人父亲为村委会集体经济组织成员，且户籍登记于被告村，应认定吕某等人自出生之日起取得被告村集体经济组织成员资格。吕某等人系因其父母违反了计划生育政策，直到 2008 年才落户于被告村。由于违反计划生育政策产生的户籍登记延迟问题，应由相关行政机关予以处理，不宜通过民事诉讼途径解决。判决驳回吕某等 4 人诉请。

④2008 年**湖南某征地补偿费用分配纠纷案**，2005 年，村小组土地被征用，获得补偿款。村小组以村规民约及村民会议决议为据，按人均分配额 30% 给超生人口吴某计发补偿款。吴某起诉。法院认为：依《民法通则》有关规定，公民依法享有的民事权利是同等的。《村民委员会组织法》第 20 条第 2 款规定：村民自治章程、村规民约以及村民会议或者村民代表讨论决定的事项不得与宪法、法律、法规和国家的政策相抵触，不得有侵犯村民的人身权利、民主权利和合法财产权利的内容。最高人民法院《关于审理涉及农村土地承包纠纷案件适用法律问题的解释》第 24 条规定："农村集体经济组织或者村民委员会、村民小组，可以依照法律规定的民主议定程序，决定在本集体经济组织内部分配已经收到的土地补偿费。征地补偿安置方案确定时已经具有本集体经济组织成员资格的人，请求支付相应份额的，应予支持。但已报全国人大常委会、国务院备案的地方性法规、自治条例和单行条例、地方政府规章对土地补偿费在农村集体经济组织内部的分配办法另有规定的除外。"公民从出生时起至死亡时止，具有民事权利能力，依法享有民事权利，承担民事义务。集体所有土地依照法律属于村农民集体所有，由村农业生产合作社等农业集体经济组织或者村民委员会经营、管理。已属于乡（镇）农民集体经济组织所有的，可属于乡（镇）农民集体所有。村民自治章程、村规民约以及村民会议或村民代表

讨论决定事项不得与宪法、法律、法规和国家政策相抵触,不得侵犯村民人身权利、民主权利和合法财产权利。本案中,吴某虽系超生子女,但其父母已缴纳社会抚养费,其户口已落户至村小组,其已成为该集体经济组织成员,享受承包耕地权利和履行交纳农业税义务,应和其他村民一样享受同等民事权利,分得同等土地补偿款。村规民约关于违法生育子女不享受村小组所有收益分配规定,以及村小组对吴某分配土地补偿款的村民会议决议,均与国家法律相抵触,不具有约束力。村小组不能因吴某父母违法生育曾受到行政处罚而剥夺或限制吴某依法应享有的民事权利,吴某理应得到全额土地收益分配款。判决村小组支付吴某土地收益分配款3万余元。

⑤2003年**陕西某征地补偿款分配纠纷案**,2002年,二女之母所在村按每人4.5万元标准分配征地补偿款时,二女认为村委会未执行本省计划生育政策文件"对双女户可多划给半个人的承包地,增加半个人份的集体财物分配份额"规定,要求增加半个人份额,即多分配2.25万元补偿费。法院认为:请求落实计划生育奖多分配征用土地补偿,不属于平等主体之间的财产关系,不属民事权益纠纷,法院应不予受理或驳回起诉。本案中,二女请求落实计划生育奖励政策给其分配征地款,不属民事权益纠纷,不属法院管辖范围,故裁定驳回起诉。

【典型类案实务要点】

1.**【户口已迁入设区的市,应丧失农村土地承包经营权】**户口已迁入设区的市、不再作为农村土地承包经营权证上共有人的承包经营户家庭成员,不应再享有承包经营权。

2.**【外嫁女在嫁入地取得承包地,不一定是新分配土地】**妇女因结婚将户口迁出原集体经济组织,并将户口迁入嫁入地集体经济组织,另有证据证明其成为夫家土地承包户成员的,应认为该妇女婚后在新居住地取得了承包地。

3.**【农村"出嫁女"户口并未迁出,仍可获土地补偿款】**农村妇女出嫁后,户口未迁出,在当地分配有生产资料,应视为具备该集体经济组织成员资格,依法享有获取土地补偿款权利。

4.**【出嫁女承包经营权及相关权益,不因出嫁自动丧失】**农村出嫁女在夫家未获承包地,娘家亦未收回其责任田地的,则出嫁女对原土地承包经营权及相关收益并未丧失。

5.**【离婚后,原承包地被征收所获补偿,仍有相应份额】**夫妻离婚后,一方虽不在原居住地生活,但其土地承包经营权应受保护,基于承包地被征用所获补偿款,应享有相应份额。

6.**【出嫁女及其孩子户口未迁出的,仍应视为本村成员】**因随母亲将户籍落在本村，且其母亲被认定为集体经济组织成员的，该未成年子女亦应被视为集体经济组织成员。

7.【**外嫁女户籍在本村并有承包经营权，仍应获补偿款**】户籍在本村并享有土地承包经营权的农民，无论是否直接承包土地，是否系被征收土地实际使用人，均应平等享有土地补偿费分配份额。

8.【**出嫁女户口未迁出，且未新分地的，享有原村收益**】外嫁女在新的居住地未取得承包地，同时符合“户口所在地 + 履行义务”标准的，应认定为取得农村集体经济组织成员资格，享有集体经济组织收益分配权。

9.【**外嫁女征地款减半，不当然构成非法“村规民约”**】股份经济合作社通过土地征用补偿款分配决议，其中关于外嫁女享有 50% 分配权内容，并不当然构成非法“村规民约”。

10.【**外嫁女虽迁户，但未新获承包地的，原承包地仍在**】外嫁女户口已迁出，但在新的居住地未取得土地承包权，承包期内，发包方不得收回其原承包地，外嫁女仍可参加分配原村土地征用补偿款。

11.【**出嫁女获得征地补偿费权利，不因放弃承诺而取消**】村民具有集体经济组织成员的资格和享有获得征地补偿费用的权利，村委会不得以村民会议民主表决为由剥夺其成员的正当、合法权益，亦不因村民出具放弃保证而取消。

12.【**城嫁女及所生子女未迁户，均应享受本村村民待遇**】“嫁城女”如因政策规定不能到男方落户的，原居住地应保证其享受村民同等待遇；其所生子女如按随母原则申报登记户口的，与其母同样享受本村村民一切待遇。

13.【**婚后仍居住本村从事生产、生活的，仍系本村成员**】凡在集体经济组织所在地长期居住生产、生活，并依法登记了常住户口，履行了作为村民的相关权利和义务的人，均应认定具有该集体经济组织成员资格；父母一方具有本集体经济组织成员资格并依法登记本集体经济组织所在地常住户口的出生人员，自其出生时起具有本集体经济组织成员资格。

14.【**妇女外嫁，未新分得承包地的，原承包地不得收回**】承包期内，妇女结婚，在新居住地未取得承包地的，发包方不得以“事实婚姻，应迁出户口”为由收回其原承包地并拒绝支付土地补偿款。

15.【**户口、土地未变，离婚后回住外嫁女，有分配资格**】在集体经济组织所在地生产生活，并依法登记为常住户口的人，应认定为具有成员资格并享有土地收益款分配权。

16.【**村民出嫁，并未迁户的，有权平等分配土地补偿费**】村民出嫁后，户口并未迁出，村集体经济组织成员身份未改变的，其应享有与其他村民同等分配劳力安置费权利。

17.【**出嫁女未迁户且未分地,原承包地征用,应获补偿**】承包期内,妇女结婚在新居住地未取得承包地的,发包方不得收回原承包地,并对征用原承包土地给予相应补偿。

18.【**发包方收回婚嫁妇女承包地引起纠纷,法院应受理**】承包期内,妇女结婚或离婚,在新居住地未取得承包地,发包方收回其原承包地的,该妇女可向法院起诉发包方。

19.【**农村妇女外嫁并迁户后,有权在落户地承包责任田**】农村妇女外嫁后,户口迁出地因与迁入地工作衔接问题导致未按时收回责任田,不影响外嫁女在落户地承包责任田。

20.【**农村妇女嫁进城未迁户,应享有村民同等民事权利**】农村妇女与城镇男子结婚,其户口关系未能迁出,仍在原村集体组织且履行村民义务的,依法应享有与本村其他村民同等的民事权利。

21.【**招婿上门的女性村民,应享有平等分配集体收益权**】招婿上门的女性村民,应与同村其他男性村民一样,平等享有合理分配农村集体经济组织成员共同共有财产权利。

22.【**村民婚后在迁入地分得承包土地,原户口地应不分**】农村村民结婚后经常居住地与户口分离情形,镇政府可参照上级政府规范性文件规定精神,按婚入地确定土地承包经营权。

23.【**超生子取得村民资格,应对土地补偿款享有分配权**】家庭承包户新增人口已取得村民资格,具有村民身份,应依法享有村民个人权利,对土地征收补偿款亦应依法享有与家庭成员同等的分配权利。

24.【**农村土地承包经营权取得纠纷案件,法院应予受理**】2010年《农村土地承包经营纠纷调解仲裁法》施行后,对农村土地承包经营权的取得纠纷案件,法院应予以受理。

25.【**超生人口主张土地补偿款,仍应适用诉讼时效制度**】违反计划生育政策并不当然剥夺超生人口集体经济组织成员资格,但超生人口主张土地补偿款仍应适用诉讼时效制度。

26.【**违法生育人口,亦应获得全额集体土地收益分配款**】村规民约和村民会议决议中涉及违反计划生育不得分配或限制分配集体收益的内容,因与国家法律相违背,不具有法律效力。

【类案裁判一般规则】

对农村集体经济组织成员资格的认定,应以人民政府的征地补偿安置方案确定时是否以本集体经济组织的土地为基本生活保障为基本依据,兼顾是否具有本集体经济组织户籍以及是否在本集体经济组织较为固定的生产、生活作为判断标准。

【典型参考案例索引】

主旨案例：见《当事人就他人承包的土地主张权利，人民法院应当受理并作出裁判》（韩玫，最高院民一庭），载《民事审判指导与参考·指导性案例》（201304/56：110）。

其他案例：

（1）外嫁女。①贵州遵义中院（2018）黔03民终2010号“易某与易某子等合同纠纷案”，见《妇女婚后在新居住地有无取得承包地的认定——贵州遵义中院裁定易德勤诉易先银等确认合同无效纠纷案》（张启飞、万亿、贺灿灿），载《人民法院报·案例精选》（20180412：06）。②湖南长沙开福区法院（2014）开民一初字第01730号“唐某与某村委会等侵权纠纷案”，见《“出嫁女”未迁户口可获土地补偿款——湖南长沙开福法院判决唐燕诉伍家岭村委会等侵害集体经济组织成员权益纠纷案》（周元），载《人民法院报·案例精选》（20150402：06）。③广西玉林容县法院（2013）容民初字第1501号“梁某与甘某等土地承包经营权纠纷案”，见《梁伯珍、梁伯超诉梁甘海土地承包经营权纠纷案（出嫁女的承包经营权及相关权益）》（林威任），载《中国审判案例要览》（2014民：82）。④江苏洪泽法院（2013）泽民初字第65号“连某与张某离婚后财产纠纷案”，见《连素玲因征用土地补偿费诉张金仁离婚后财产纠纷案》，载《江苏省高级人民法院公报》（201306/30：71）。⑤山西宁武法院（2010）宁民初字第44号“赵某等与某村委会侵权纠纷案”，见《赵鹏飞等27人诉宁武县凤凰镇马家湾村民委员会侵害集体经济组织成员权益纠纷案》（宣茂），载《人民法院案例选》（201201/79：135）。⑥广西巴马法院（2010）民字第84号“王某与石某等补偿费分配纠纷案”，见《王美菊等诉王世刚承包地征用补偿费用分配案（承包地征用补偿费用分配应以平等为原则）》（黄浩廷），载《中国审判案例要览》（2011商：111）。⑦广东阳江中院（2009）阳中法民一终字第183号“江某与某村委会等侵权纠纷案”，见《江选友等39人诉阳西县织贡镇苏村村委会丹霄村经济合作社侵犯集体经济组织成员权益案（集体经济组织成员权益）》（程美然），载《中国审判案例要览》（2010民：58）。⑧浙江宁波鄞州区法院（2004）甬鄞民一初字第469号“张某与某村社土地补偿纠纷案”，见《张惠君诉宁波市鄞州区人民政府钟公庙街道长丰村股份经济合作社土地征用劳力安置补偿费纠纷案》（郭敬波），载《人民法院案例选》（200901/67：181）。⑨广东阳江中院（2007）阳中法民一终字第234号“沙某与沙某兄等返还征地补偿款纠纷案”，见《沙六妹、沙三元诉沙安、沙波等返还征地补偿款案》（冯秀珠），载《人民法院案例选》（200901/67：187）。

⑩河南新乡中院(2008)新中民一终字第545号“芦某与某村委会侵害集体经济组织成员权益纠纷上诉案”,见《芦利霞诉新乡市开发区东杨村村民委员会土地补偿款纠纷案》(张西、孙峰、王文信),载《人民法院案例选》(200803/65:188);另见《集体经济组织成员资格不因放弃而取消》(张西、王文信),载《人民司法·案例》(200918:71)。⑪陕西西安中院(2008)西民再终字第10号“杜某与某村委会等村民待遇纠纷案”,见《杜亚南诉西安市雁塔区电子城街道办事处蒋家寨村民委员会等村民待遇纠纷案》,载《人民法院案例选·月版》(200905/5:140)。⑫四川达州宣汉法院(2006)宣法民初字第372号“王某与某合作社收益分配纠纷案”,见《王义华诉宣汉县东乡镇永安村第三农业合作社土地承包经营权、土地补偿费分配案(农村集体土地收益分配)》(余静),载《中国审判案例要览》(2007民:33)。⑬四川宜宾中院(2006)宜民终字第128号“曾某与某村小组土地补偿费纠纷案”,见《曾廷富等诉宜宾市翠屏区象鼻镇大麦村第六村民组土地补偿费案(土地补偿费)》(伍崇辉、叶薇),载《中国审判案例要览》(2007民:43)。⑭云南昆明石林法院(2006)民初字第703号“管某与某居民小组收益分配纠纷案”,见《管水芝等诉石林县鹿阜镇东门社区居委会民康居民小组收益分配案(土地补偿费分配)》(段竹琼),载《中国审判案例要览》(2007民:78)。⑮福建厦门中院(2003)厦民终字第568号“周某诉某村委会等土地补偿款纠纷案”,见《周秋婷诉内林村委会和内林村官仓村民小组拒绝发放劳力安置费案》(李加胜),载《人民法院案例选》(200501/51:91)。⑯河南镇平法院(2003)镇城民初字第599号“张某诉某村小组土地承包纠纷案”,见《张书彬诉河南省镇平县城郊乡北张庄10组土地承包纠纷案》(姜云),载《人民法院案例选》(200501/51:110)。⑰四川雅安中院(2002)雅立他终字第3号“崔某与某村社承包合同纠纷案”,见《崔华英诉四川省雅安市雨城区姚桥镇土桥村光辉社农村土地承包合同案(土地承包合同)》(李亚峰),载《中国审判案例要览》(2003民:36)。⑱福建龙岩新罗区法院(2001)龙新民初字第517号“邱某与某居民小组征地补偿纠纷案”,见《邱笑静等诉龙岩市新罗区西城街道西安居委会第六居民小组案(征地补偿)》(邹平、陈淑玲),载《中国审判案例要览》(2002民:52)。⑲湖南娄底中院(2000)娄行终字第28号“何某与某镇政府行政诉讼案”,见《何红柳不服新化县西河镇人民政府土地承包行政决定案》(姜毅),载《中国审判案例要览》(2001行政:755)。⑳福建泉州中院(2000)泉民再字第023号“蔡某与某村委会财产权益分配纠纷案”,见《蔡秀英诉石狮市凤里街道办事处新华村委会案(财产权益分配)》(张国琴),载《中国审判案例要览》(2001民:537)。

(2)招婿女。①内蒙古高院(2007)内民一终字第20号“徐某等诉某村委会集体经济收益分配纠纷案”,见《徐志燕等12名招婿上门的女性村民诉呼和浩特市赛罕区西把栅乡沙梁村委会集体经济收益分配纠纷案》(张淑平),载《人民法院案例选》(200703/61:124)。②上海二中院(2000)沪二中行终字第68号"谢某与某镇政府行政诉讼案",见《谢建根等不服上海市青浦区练塘镇人民政府土地承包经营权行政处理决定案》(孙文萍),载《中国审判案例要览》(2001行政:752)。

(3)超生人口。①广西巴马法院(2010)民字第84号"王某与石某等补偿费分配纠纷案",见《王美菊等诉王世刚承包地征用补偿费用分配案(承包地征用补偿费用分配应以平等为原则)》(黄浩廷),载《中国审判案例要览》(2011商:111)。②重庆五中院(2010)渝五中法民终字第4500号"张某与王某等农村土地承包经营纠纷上诉案",见《新法施行后对土地承包经营权取得纠纷应予受理》(胡智勇、张雪方),载《人民司法·案例》(201110:64)。③福建厦门中院(2009)厦民终字第2764号"吕某等与某村委会补偿款分配纠纷案",见《吕露妹等诉厦门市同安区西柯镇吕厝社区居民委员会集体成员征地补偿款分配案(征地补款)》(陈为山、洪佩兰),载《中国审判案例要览》(2010民:65)。④湖南郴州中院(2008)郴民一终字第24号"吴晶森与湖南省郴州市苏仙区白露塘镇板桥村4组征地补偿费用分配纠纷上诉案",见《集体经济组织成员不因违法生育丧失土地收益分配款》(陈英辉),载《人民司法·案例》(200824:14)。⑤陕西西安长安法院(2003)长民初字第1933号"陈某等诉某村委会征地分配纠纷案",见《陈蕾、陈楠诉邓北村村民委员会征地分配纠纷案》(庞佰忍),载《人民法院案例选》(200501/51:121)。

79. 侵犯祭奠权精神损害

——亲人离世后,谁有祭奠权?

【悼念权利】

【案情简介及争议焦点】

2016年,王某病逝。王某丈夫陈某将骨灰存于殡仪馆,后未通知王某父而将王某骨灰及王某父出资制作的王某遗像拿走。王某父提起侵权之诉。

争议焦点:1. 谁有权行使骨灰处置权?2. 陈某是否侵犯祭奠权?

【裁判要点】

1. 骨灰处置权。骨灰为自然人死亡后经火化而得的特定人格物,为亲属祭奠、悼念死者和寄托哀思对象,凝聚着死者亲属的情感因素,具有丰富的人格象征意义和伦理色彩。关于骨灰安置时间、地点、形式等事宜,首先应在照顾各方亲属情感基础上,通过沟通、协商、调解予以解决。在死者亲属就骨灰安置事宜不能达成一致时,应遵循以下顺序处置:本着尊重死者生前意愿原则,按死者遗嘱或嘱托对其骨灰进行妥善处置;按与死者亲密程度及血缘关系亲疏远近确定骨灰管理人,由骨灰管理人决定骨灰处置方式;如在先顺位的骨灰管理人未尽管理义务或管理不当,其他近亲属有权要求予以纠正。鉴于因婚姻而形成的夫妻关系是社会最基本关系,是家庭存在基石。夫妻二人登记结婚建立家庭,形成相对独立的生活单元,双方之间关系最为密切,死者骨灰对配偶精神利益影响最大。基于公序良俗原则并考虑血缘因素及联系紧密程度,配偶应为骨灰管理第一顺位亲属。本案中,王某去世后,陈某将其骨灰安于殡仪馆骨灰堂,安葬方式符合公序良俗原则及相关规定。陈某已告知王某父骨灰存放地点,亦不影响王某父进行祭奠,故对于王某父要求返还王某骨灰诉请,不予支持。

2. 祭奠权侵权。祭奠权是近亲属对于死者进行祭祀的权利。自然人去世后,其亲属参加死者殡葬仪式属于我国传统习俗,也是亲属表达哀思、怀念的方式。亲属之间应本着互谅互让、互相尊重精神,合法、合情、合理行使祭奠权。本案中,双方作为死者近亲属平等享有对王某的祭奠权。陈某将骨灰安葬于骨灰堂行为虽符合相关规定及传统要求,但安葬时应提前通知享有同等权利的王某父,便于其祭奠。陈某在未告知王某父情况下擅自移走骨灰行为确实在一定程度上侵犯了王某父祭奠权,并对其情感造成一定伤害,故应赔偿王某父精神损害抚慰金。王某遗像由王某父出资制作,所有人应属王某父,且考虑到王某父年事已高,对亡女有深深的思念,遗像由其保管有助缓解老人思女之情,符合中国传统尊老观念,故判决陈某将王某遗像返还给王某父,支付王某父精神损害抚慰金2万元。

【裁判依据或参考】

1. 法律规定。《民法典》(2021年1月1日)第7条:"民事主体从事民事活动,不得违反法律,不得违背公序良俗。"第8条:"民事主体从事民事活动,不得违反法律,不得违背公序良俗。"第10条:"处理民事纠纷,应当依照法律;法律没有规定的,可以适用习惯,但是不得违背公序良俗。"第153条:"违反法律、行政法规的强制性规定的民事法律行为无效。但是,该强制性规定不导致该民事法律行为无效的除外。违背公序良俗的民事法律行为无效。"第994条:"死者的姓名、肖像、名誉、荣誉、隐私、遗体等受到侵害的,其配偶、子女、父母有权依法请求行为人承担民事责任;死者没有配偶、子女且父母已经死亡的,其他近亲属有权依法请求行为人承担民事责任。"第995条:"人格权受到侵害的,受害人有权依照本法和其他法律的规定请求行为人承担民事责任。受害人的停止侵害、排除妨碍、消除危险、消除影响、恢复名誉、赔礼道歉请求权,不适用诉讼时效的规定。"第996条:"因当事人一方的违约行为,损害对方人格权并造成严重精神损害,受损害方选择请求其承担违约责任的,不影响受损害方请求精神损害赔偿。"第1007条:"禁止以任何形式买卖人体细胞、人体组织、人体器官、遗体。违反前款规定的买卖行为无效。"第1009条:"从事与人体基因、人体胚胎等有关的医学和科研活动,应当遵守法律、行政法规和国家有关规定,不得危害人体健康,不得违背伦理道德,不得损害公共利益。"第1071条:"非婚生子女享有与婚生子女同等的权利,任何组织或者个人不得加以危害和歧视。不直接抚养非婚生子女的生父或者生母,应当负担未成年子女或者不能独立生活的成年子女的抚养费。"第1072条:"……继父或者继母和受其抚养教育的继子女间的权利义务关系,适用本法关于父母子女关系的规定。"

2. 最高人民法院司法解释及其他司法性文件/解读文章。最高人民法院《**关于适用〈中华人民共和国民事诉讼法〉的解释**》(2015年2月4日　法释〔2015〕5号,2020年修正)第69条:"对侵害死者遗体、遗骨以及姓名、肖像、名誉、荣誉、隐私等行为提起诉讼的,死者的近亲属为当事人。"最高人民法院《**关于确定民事侵权精神损害赔偿责任若干问题的解释(2020年修正)**》(2021年1月1日　法释〔2020〕17号)第1条:"因人身权益或者具有人身意义的特定物受到侵害,自然人或者其近亲属向人民法院提起诉讼请求精神损害赔偿的,人民法院应当依法予以受理。"第3条:"死者的姓名、肖像、名誉、荣誉、隐私、遗体、遗骨等受到侵害,其近亲属向人民法院提起诉讼请求精神损害赔偿的,人民法院应当依法予以支持。"

3. 地方司法性文件。北京高院、市检察院、市公安局、市司法局《**关于刑事案件被害人遗体处理问题的通知**》(2000年7月7日　京公法字〔2000〕547号)第1条:"公安机关、检察机关和审判机关必须严格按照刑事诉讼法的规定进行侦查、起诉和审判活动。任何机关都不得以被害人遗体火化问题为由,拒绝受理刑事案件,或者违反刑事案件侦查、起诉和审判的法定时限。"第2条:"对刑事案件被害人的遗体,应当一律进行法医鉴定。公安机关的办案部门应当在收到鉴定结论之日起10日内,将鉴定结论告知犯罪嫌疑人、被害人的近亲属,告知情况应当记录在案,并随案移送。"第3条:"公安机关的办案部门或者犯罪嫌疑人、被害人的近亲属对鉴定结论没有异议的,经公安机关负责人批准,由办案部门签发《被害人遗体火化通知书》,通知被害人近亲属在10日内,将被害人遗体送往殡葬部门火化。逾期无正当理由拒不火化的,经公安机关负责人批准,由办案部门在期限届满后10日内强制执行火化,执行的情况应当记录在案。强制火化后,办案部门应当通知被害人近亲属在10日内领取骨灰。逾期无正当理由拒不领取的,应当记录在案,骨灰不予保存。"第4条:"公安机关的办案部门或者犯罪嫌疑人、被害人的近亲属对鉴定结论有异议的,可以在接到鉴定结论之日起10日内提出申请,经公安机关负责人批准,由原鉴定部门进行补充鉴定,或者由北京市公安局法医鉴定中心进行重新鉴定。对北京市公安局法医鉴定中心鉴定结论有异议的,可在收到鉴定结论之日起10日内提出申请,经公安机关负责人批准,由北京市法医学鉴定委员会进行重新鉴定。北京市法医学鉴定委员会的鉴定结论,为北京市法医鉴定的最终结论。”第5条:“对补充鉴定和重新鉴定的结论,应当按照第二条的规定处理。对补充鉴定和重新鉴定结论没有异议的,或者经北京市法医鉴定委员会鉴定后,被害人的遗体应当按照第三条的规定处理。犯罪嫌疑人或者被害人近亲属申请进行补充鉴定或者重新鉴定的费用,原则上应当由鉴定申请人支付。但补充鉴定、重新鉴定的结论与原鉴定结论不相同的,鉴定费用应当由办案机关支付。”第6条:“被害人身份不明的,经公安机关负责人批准,应当向社会发布查寻公告。公告应当载明被害人的性别、年龄、身高、衣着和主要特征,公安机关的联系地址和电话,有条件的应附被害人的头面部照片。自查寻公告发布之日起30日内,找到被害人近亲属的,应当按照第二条、第三条的规定处理。期限届满仍找不到被害人近亲属的,经公安机关负责人批准,由办案部门负责将被害人遗体送往殡葬部门火化。执行火化的情况应当记录在案,骨灰保存三个月。”第7条:“公安机关对被害人的遗物应当登记、拍照和妥善保存。找到被害人近亲属的,应当将遗物发还被害人近亲属。在规定期限内找不到被害人近亲属的,应当将有价值的遗物交由拍卖部门拍卖。拍卖所得用于支付遗体存放和火化费用。无价值的遗物,可以和遗体一并处理。”第8条:“被害人近亲属因正当理由或者其他特殊情况,要求暂时保存被害人遗体的,应当经公安机关负责人批准。暂时保存遗体的情况消失后,被害人近亲属应当在公安机关规定的期限内,将被害人遗体送往殡葬部门火化。”第10条:“被害人遗体的存放费用和火化费用,应当由负刑事责任的被告人支付。被害人近亲属接到公安机关遗体的通知后,逾期拒不执行的,遗体的存放费用和火化费用,应当由被害人近亲属支付。”第13条:“公安交通管理机关对交通肇事案件死亡人员的遗体,应当按照国务院发布的《道路交通事故处理办法》的有关规定处理。事故发生地的公安机关应当予以配合。”第15条:“对阻碍公安机关强制火化被害人遗体,构成违反治安管理的,依照《中华人民共和国治安管理处罚条例》的规定予以处罚;构成犯罪的,依法追究刑事责任。”

【参考类案】

(1)骨灰。①2017年**江苏某一般人格权纠纷案**,2016年,张某去世,其与前夫所生儿子练某依张某生前遗愿将其骨灰安葬在公墓,因张某与后夫所生之子周某擅自移走骨灰致诉。法院认为:死者骨灰不仅承载着死者的人格利益,即骨灰得到体面、尊重对待的精神利益,且承载着死者近亲属的祭奠利益,即死者近亲属通过骨灰这一载体所享有的与祭奠仪式相关的精神利益。死者近亲属就死者骨灰安葬地点、安葬方式等发生争议如何处理,我国现行法律未有明确规定。《民法总则》第10条规定:处理民事纠纷,应当依照法律;法律没有规定的,可以适用习惯,但是不得违背公序良俗。依上述规定,在无法律规定情况下,符合条件的习惯可作为法律渊源。能适用于司法审判的风俗习惯,应与社会主义法制精神相契合且应符合整个社会公认的伦理道德观念。“一女二嫁”且后嫁之夫系“招夫养子”情形下,女子死后骨灰合葬“紧前不紧后”习俗,根源于男女不平等的封建思想,该习俗体现的是男尊女卑、女子人身依附于男子等陈旧观念,认为女子一旦嫁给男方即失去独立权利,一生一世都要从属于男方,同时也体现了对“招婿入赘”婚姻关系中男方人格的蔑视。我国《宪法》《婚姻法》《妇女权益保护法》等法律均规定了“男女平等”“婚姻自主”“保护妇女合法权益”等内容。夫妻合葬丧礼习俗在我国由来已久。《婚姻法》规定,夫妻双方具有相互忠诚与相互扶养义务。现代夫妻合葬习俗多源于对良好婚姻关系的尊重和祝愿。在死者存在多次婚姻情况下,因在先婚姻关系在双方离婚或一方死亡时已终结,死者逝世前合法的婚姻关系仅存在其与再婚配偶之间。在此情况下,如死者未有特别声明,与再婚配偶合葬,更符合社会大众一般期待。当事人所在地区“紧前不紧后”的合葬习俗,违背了社会主义法律精神和原则,也与社会主义道德风尚相悖离,不能视为善良风俗,故张某骨灰合葬方案不应拘泥于当事人所在地的该殡葬习俗。公民可以遗嘱方式处分个人财产及其他事务。死者骨灰系死者物质性人身遗存,出于对死者人格利益保护需要,除非出现法律禁止或违反社会善良风俗情形,死者近亲属应充分尊重死者关于处置骨灰遗愿,就骨灰安葬地点、安葬方式等不应违背死者遗愿。本案中,张某在遗嘱中指定由练某负责丧事料理,可推定张某立遗嘱本意是要求百年之后骨灰与练某父合葬。将张某骨灰与练某父骨灰合葬,既符合死者遗愿及情理,亦不违背善良风俗。从死者骨灰体现近亲属祭奠利益角度考量,在现实生活中,血缘上远近往往反映了各近亲属对死者祭奠利益大小。在近亲属就骨灰安葬协商不成发生争议情况下,原则上应确定血缘更近的近亲属作为骨灰安葬管理人,并以该近亲属提出的合乎善良风俗的安葬方式、安葬地点安葬骨灰,以便能保护更大的祭奠利益。《继承法》中规定的法定继承人范围和继承顺序,体现了继承人与死者之间亲疏关系,亦能体现死者近亲属在死者骨灰上的精神利益轻重,可参照法定继承处理近亲属之间骨灰安置争议。就本案而言,练某属于法定继承中第一序位的近亲属,其祭奠利益较周某更大,加之张某生前由练某赡养较多,与练某一家关系更为亲密,在练某与周某就骨灰如何安葬发生争议且练某提出的安葬方案不违背善良风俗情况下,理应按练某主张对张某骨灰进行安葬。判决张某骨灰由练某在不违反法律法规及社会公德前提下负责处置,周某不得妨碍。

②2012年**上海某所有权确认纠纷案**,2012年,王某去世,后事由外甥汪某按遗嘱处理。王某女儿范某亦系王某唯一直系亲属诉请汪某返还王某骨灰领灰证。法院认为:民法上的物是指存在于人身之外、能够满足人们的社会需求而又能为人所实际控制或支配的物质客体。人的权利能力始于出生、终于死亡。随着人的生命终止,其权利能力也随之终止,其遗体回归为无生命的自然物。骨灰作为人去世后经火化转化而成的物质形态,能被实际支配或控制,并可通过埋葬、祭奠等方式为之,具备法律意义上物的属性,故可按《继承法》有关规定确定其归属。另一方面,骨灰具有物的特殊性,有别于被继承人其他遗产。骨灰不仅系一种单纯的物质,对死者而言,它是其人格利益延伸,具有人格象征意义;对死者近亲属来说,它是一种寄托哀思的具有特殊意义的物,故对骨灰归属,应以被继承人生前以遗嘱或其他形式明确表示死后骨灰归属或明确安排丧葬事宜处理为限,而不得以推定方式得出骨灰由谁取得结论,否则,仍应按法定继承办理。本案中,范某认为其作为王某唯一亲生女儿,依据公序良俗,理应领取其父亲骨灰。王某遗嘱主要是涉及其名下财产处理,涉及丧葬费用安排及对墓穴要求。在范某未丧失继承权情况下,王某骨灰应由范某领取。如前所述,骨灰具有特殊性,包括范某在内的任何人均不得非法利用、损害骨灰,或以违反社会公共利益、社会公德等其他方式侵害骨灰,而只能以埋葬、祭奠等合乎法律及公序良俗方式为之。作为王某亲属的汪某或其他人,亦可行使参加丧葬礼仪、祭奠活动,表明身份,保护祭奠性纪念物品不受损害等有关祭奠的权利。判决汪某将王某骨灰的领灰证返还范某。

③2011年**江苏某骨灰安置纠纷案**,2007年,孙某在公证处声明,后事由于某等5名子女料理。2010年,孙某病故,孙某与前夫所生、亦系于某等5人同母异父的于某兄坚持“女奔前夫”,要求将孙某骨灰与自己生父安葬而与5个弟妹产生纠纷成讼。法院认为:骨灰是具有人格象征意义的特定纪念物,承载着死者近亲属精神利益,死者亲属对骨灰当然享有相应合法权益,即寄托哀思、表达孝心、报答恩情等特殊精神利益及对亲人骨灰的处置。因此,骨灰作为一种特殊的物亦应受民法所保护。而骨灰安置又属于祭奠权内容之一,公民祭奠权是基于亲属关系而产生的一种对已故亲人表示追思和敬仰的权利,故祭奠权属身份权范畴,由此引发的争议可通过民法中关于人身关系的法律规定予以调整。本案中,双方对已故母亲骨灰如何安置产生争议,于某等5人要求按其母亲生前“声明”进行骨灰安葬遭到于某兄拒绝,认为其对逝者精神利益及对亲人骨灰安置权利遭受侵害,要求法院予以处理,系平等民事主体之间关于人身关系的争议,应属法院民事案件受理范围。骨灰是一种具有强烈社会伦理意义的特殊物,有关权利行使应受习惯或公序良俗限制。虽然骨灰作为逝者近亲属特定精神利益载体,近亲属享有决定安葬方案权利,但骨灰作为逝者延伸身体利益载体,首先是公民死后身体遗物,具有很强人身性,在确

定安葬方案时应尊重其生前明示或可得而知的意思，故死者近亲属对骨灰安置应首先尊重死者的遗愿。既然死者生前对自己所有财产处分都得到《继承法》等法律尊重，那么死者对具有很强人身性的骨灰所作安排更应予以尊重。同时，尊重死者遗愿亦符合公序良俗原则。本案中，孙某生前所立声明并非遗嘱。该“声明”从内容上看，是对自己后事如何安排所作意思表示，未涉及处分其财产意思。依《公证法》规定，公证机构办理的公证事项第3款包括“委托、声明、赠与、遗嘱”，可见此四项同属于并列关系的公证事项，故孙某声明公证形式上符合法律规定，具有法律效力，予以确认。于某兄主张遵从所谓“女奔前夫”的善良风俗，没有依据，其主张的风俗实为封建迷信和陈习陋俗，明显违背社会普遍遵从的善良风俗和道德风尚，不予采信。但于某兄作为孙某直系血亲当然享有祭奠母亲权利，于某等5人应彰显手足之情，和于某兄和睦相处，完成母亲遗愿，以告慰母亲亡灵和引导良好的社会风尚。判决孙某后事由于某等5人料理，于某兄不得妨碍。

④2008年**江苏某侵权纠纷案**，1981年，陆某去世，骨灰安葬在公墓。2007年，陆某与第一任妻子江某所生长子之女掘取陆某骨灰，称已海葬。陆某与第二任妻子所生子女起诉陆某恢复原状并赔偿精神损害抚慰金。法院认为：死者骨灰在民法上表现为身体权客体在权利主体死亡后的延续法益，维系着死者与其近亲属之间亲情，是亲属进行悼念活动的物质载体，在死者生前未立有遗嘱情况下，其骨灰所承载的延续法益应归死者近亲属共同享有，其骨灰亦应由死者近亲属共同处分。陆某去世后，其骨灰被安葬在公墓内，是陆某近亲属共同意思表示，符合我国民间“入土为安”的善良风俗习惯。一般而言，死者骨灰一经共同处分，除非出于社会公共利益需要等原因，或近亲属之间协商一致，原则上应保持原状，任何人无权私自转移，这是社会普遍认知的标准。如陆某长孙女认为陆某骨灰应与江某合葬，应通过正当途径向陆某其他近亲属提出，在得到其他近亲属共同理解和同意后，方能实施该行为，否则，对陆某其他近亲属构成侵权。在整个转移陆某骨灰事件中，陆某长孙女私自转移陆某骨灰，违背“入土为安”的善良风俗习惯，漠视陆某人身延续法益，既是对死者不敬，亦对其他近亲属构成侵权。判决陆某长孙女2个月内将陆某骨灰返还公墓，逾期不返还的，赔偿原告精神损害抚慰金2.5万元。

⑤2008年**北京某返还原物纠纷案**，2005年，曹某去世，其配偶范某在殡仪馆办理骨灰存放手续时，由曹某生前好友段某在存放凭证上署名，而段某以其垫付曹某生前医疗费、死后骨灰存放费为由拒绝交还凭证。范某起诉殡仪馆交还骨灰，同时将段某追加为第三人。法院认为：骨灰不仅在表现形式上具有特殊性，且包含特定的人格利益精神价值，属《物权法》保护的特殊物。范某与死者系配偶关系，在不违反上述限制性内容前提下，可决定对死者骨灰实施安置等处分行为。殡仪馆在审查相关证件后，已确认第三人段某为寄存人，基于骨灰寄存制度本身合理性，殡仪

馆与段某建立了有效的保管关系。殡仪馆应根据上述行业制度履行骨灰寄存和返还义务。范某主张物权返还请求权不能对抗殡仪馆提出的抗辩权。因段某作为寄存人具有领取保管物的合同约定基础,故范某提出否定段某领取骨灰权利请求亦不予支持。但应指出,骨灰占有人仍负有不得妨碍死者近亲属行使瞻仰或悼念等合理祭奠权利的法定义务。判决驳回范某诉请。

⑥2006 年**某安葬权纠纷案**,1933 年,翟某与高某结婚,高某生下原告;后翟某与马某结婚,马某生下被告。1950 年,翟某、马某回原籍与高某及子女共同生活。1994 年,高某死亡,安葬于翟某祖坟。2000 年,马某死亡,骨灰安葬于公墓。2004 年,翟某死亡,被告拟依翟某遗嘱将其骨灰与马某骨灰合葬,原告诉请将翟某骨灰与高某合葬于祖坟。法院认为:翟某与高某、马某婚姻系特定历史条件下产物。现三人均已死亡,其留存骨灰不属于《继承法》规定的遗产,但对其亲属具有纪念意义,故原、被告双方对生父及各自生母骨灰享有管理、支配及祭奠权利。因现行法律对死者近亲属安葬权利、义务并无规定,依《民法通则》关于民事活动应尊重社会公德规定,骨灰安葬可参照民间丧葬习俗办理。翟某遗嘱中要求与马某合葬,系生前确定的遗体安葬方案,该遗嘱内容不属于《继承法》调整范围,可按民间习俗予以尊重。另按当地安葬习俗,配偶死后应合葬,高某作为翟某配偶,其子女要求其骨灰与翟某合葬并不违反公序良俗,且翟某遗嘱中亦未明确拒绝与高某合葬,故高某骨灰可与翟某、马某骨灰合葬。骨灰安葬意义在于亲属寄托哀思,将骨灰安葬于公墓方便原、被告祭奠。判决原、被告应将其父翟某骨灰与马某骨灰合葬于公墓,具体方式及费用由双方协商解决;原告可将高某骨灰与翟某、马某骨灰合葬于公墓,具体方式及时间由双方协商解决。

⑦2006 年**安徽某祭祀权纠纷案**,2001 年,李某病逝,李某父母以李某丈夫不告知女儿李某骨灰安葬地为由提起侵权之诉。法院认为:李某父母享有对病逝女儿的祭祀权。李某丈夫在安葬李某骨灰后,未告知安葬地予李某父母,有悖社会善良风俗,致使后者无法祭祀,侵犯了原告合法权利,且造成了一定精神上伤害,故李某丈夫应予适当赔偿。侵权行为随每年持续进行的祭祀活动不断发生,不存在超过诉讼时效。判决李某丈夫赔偿李某父母精神损害抚慰金 4000 元。

⑧2003 年**云南某侵权纠纷案**,2000 年,王某在昆明病逝,丧事由其子女王子、王女办理,王妻未提异议。子女将亡父骨灰安放在昆明公墓后,公墓证上加注“该墓除户主两人凭公墓证以外,任何人不得对公墓设施进行改动”。大连居住的王妻诉请返还丈夫骨灰。法院认为:骨灰是人们基于特定人身关系因精神寄托需要而产生的人身权的延续,是人们对死者寄托哀思与情感载体,以物质形态存在,并只对亲属有意义。因此,作为一种特殊物,法律上所确认的近亲属均平等、不分顺序地享有对死者骨灰进行悼念、祭扫权利。死者王某下葬前,王妻同意其亡夫后事由

王子、王女处理,故被告将死者王某骨灰安葬于公墓既符合死者遗愿,亦符合殡葬管理规定。当事人工作、生活均在昆明,骨灰安葬于本市有利于该三人对墓地进行悼念、祭扫。关于王子在公墓管理处留下的备注,并未侵害王妻行使悼念、祭扫权利。死者王某骨灰现已安葬两年多,且该安葬于昆明现状对于当事人来说处于一种比较公平状态,现王妻要求改变,必将影响到其他亲属行使悼念、祭扫的权利,故安葬方式未违反法律规定和违背公共秩序,亦未形成对王妻的侵权,判决王妻诉请不予支持。

⑨2003 年**云南某侵权纠纷案**,1989 年,煤矿职工黎某被付某伤害致死,在黎某家属未到场情况下,煤矿将黎某尸体火化,搬移骨灰盒时,不慎使黎某骨灰盒与其他骨灰盒混同无法辨认。法院认为:黎某生前系煤矿职工,煤矿在将黎某尸体火化后将骨灰移交给黎某家属前,负有妥善保管黎某骨灰的法律义务,该义务产生于煤矿与黎某之间的劳动关系,亦源于社会善良风俗要求,故煤矿提出其对黎某骨灰保管系法律意义上无因管理无法律依据。煤矿因未尽妥善保管之法律义务,致使黎某骨灰与他人骨灰混同而不能辨认,煤矿应承担侵权民事赔偿责任。法律在依法维护民事主体人身权同时,对民事主体消灭后依法享有的人身法益予以延伸保护。骨灰作为具有特定人格象征意义的物质载体,蕴含着亲人精神寄托、感情抚慰的特殊意义。煤矿因过失致黎某骨灰混同使原告等亲人丧失祭拜特定物,给原告造成精神痛苦,应予赔偿。根据煤矿实施侵权行为性质、程度以及损害后果等因素,判决煤矿酌情赔偿 7 名原告每人精神损失费 5000 元。

⑩2001 年**江苏某侵权纠纷案**,2001 年,陆某亡故,安葬时,墓园工作人员帮忙安放骨灰盒时跌落,露出安放骨灰的布袋。陆某近亲属以骨灰泼洒致精神损害为由向墓园及殡葬管理处索赔 3 万元。法院认为:依最高人民法院《关于确定民事侵权精神损害赔偿责任若干问题的解释》规定,法律所保护者仅限于不得“非法利用、损害遗体、遗骨,或者以违反社会公共利益、社会公德的其他方式伤害遗体、遗骨”。本案中,李某帮助原告安放骨灰盒行为,其用意善良,骨灰盒跌落的后果并非其主观愿望,同时亦无证据证明骨灰泼出这一事实,故驳回原告诉请。

⑪2000 年**辽宁某侵权纠纷案**,1998 年,李某寄存在殡仪馆的其母骨灰盒丢失,经协商,由殡仪馆补偿李某 1300 元。1999 年,李某以赔偿数额太少为由,再次起诉。法院认为:殡仪馆系寄存骨灰盒专业单位,本应严格管理,其将李某之母骨灰盒丢失,显系无理。李某要求赔偿,应予支持。骨灰盒丢失事情发生后,双方按平等自愿原则达成协议,其意思表示真实。李某已领取协议中所约定赔偿数额,实际已履行完结。李某现以同一请求事项诉至法院,不予支持。判决驳回李某诉请。二审经调解,殡仪馆给付李某及其父因骨灰盒丢失而造成的精神损害赔偿金 7000 元整(不含已支付李某 1300 元)。

(2)遗体。①2011年**四川某人格权纠纷案**,2010年,因病住院的谢某父亲在公园活动期间身亡,被周某错认为自己父亲而火化。法院认为:医院对病员住院期间走失逾一夜情况未及时发现、掌握并告知病员家属,未能积极有效寻找,在病员家属寻找过程中亦未积极有效协助,未准确掌握病员住院情况,一定程度上误导了谢某寻找亲人的思路和方向,使谢某丧失了亲人遗体被他人火化前进行认领、瞻仰的最后时机,侵害了谢某等人的人身权益,应承担侵权责任。周某认领遗体时未尽谨慎注意义务,在未寻求其他方法进一步加以确认情况下草率作出决定,对个人判断过于自信,错领他人遗体,对造成谢某丧失最后瞻仰亲人权利的损害后果负有主要责任。谢某作为近亲属,在父亲年迈且身体不佳住院治疗情况下,应尽可能在医院进行看护、扶助,在父亲失踪期间失于照看,丧失了及时、主动发现、知晓父亲外出、死亡和认领遗体时机,对其未能最后瞻仰亲人遗体事实应承担一定责任。医院和周某分别实施的侵权行为竞合系发生本案损害后果主要原因,二者责任应依其过错程度分别确定。根据侵权人过错程度、所造成后果、承担责任经济能力及本地平均生活水平等因素,酌定由医院、周某分别赔偿谢某精神损害抚慰金5000元、6000元,分别赔偿谢某经济损失1500元、2000元。

②2009年**北京某人格权纠纷案**,2008年,王某父在敬老院去世,王某兄根据父亲生前意愿办理了遗体捐赠手续。2009年,王某以王某兄未到场情况下处理父亲后事侵犯其祭奠权、告别权等人格权利,诉请赔偿。法院认为:王某父生前领取了“志愿捐献遗体申请登记表”,亲自填写了申请人详细情况,并将捐献遗体意愿告知子女。根据王某父上述行为,并结合王某父生前所写字条内容,可认定捐献遗体系王某父真实意思表示。王某父去世后,王某兄将父亲遗体捐献给有关部门,该行为符合父亲生前意愿,其在办理遗体捐献手续时在申请表上代填父亲姓名,并不影响父亲捐献遗体意愿真实性。王某兄在王某未到场情况下捐献父亲遗体,虽有不妥之处,但属于处理家庭成员内部关系不当,尚不构成对王某人格权侵害。无偿捐献遗体系有益于社会公共利益的善举,亦无损社会公德和善良风俗,捐献者及其亲属均应得到全社会理解和支持。祭奠并非单纯对遗体的告别,更应是对死者精神追悼,王某认为王某兄侵犯了其祭奠等权利缺乏事实依据,判决驳回王某诉请。

③2007年**重庆某侵权纠纷案**,2003年,高某之子从学院退休后坠楼,鉴定系自杀,学院次日将遗体火化。2006年,高某诉请学院赔偿。法院认为:高某之子跳楼死亡后,学院未通知其近亲属,于次日将遗体火化,使高某作为近亲属未能在儿子死亡后第一时间得知此消息,丧失了进行遗体告别的权利,这是一种对死者近亲属不负责任的行为。学院未尽到一个善良人的注意义务,其过失做法侵害了高某的其他人格利益,构成侵权。尽管学院侵权非因故意,但其未通知的过失行为给高某精神上造成的痛苦显而易见,故应赔偿精神损害抚慰金。因高某之子死亡非学院

人身侵权行为造成，故高某要求学院赔偿丧葬费、交通费等费用不予支持。判决学院赔偿高某1万元。

④2005年**河南某侵权纠纷案**，2004年，吕某之弟作为机械公司职工，在因病去世后暂存于殡仪馆。殡仪馆通知机械公司处理遗体事宜，机械公司亦尽力联系吕某协商处理。经机械公司通知、公告，殡仪馆请示上级，报派出所备案后，将暂存2个多月的遗体强制火化。法院认为：吕某之弟因病去世后的遗体处理过程中，殡仪馆和机械公司作为法定火化机构和死者生前所在单位，均尽到各自合理义务。殡仪馆履行了请示主管部门、通知死者家属和所在单位等必经手续，机械公司亦多次派人与吕某协调处理善后事宜，并支付了相关费用。一般侵权案件行为人没有过错的，不构成侵权。本案两被告在吕某之弟遗体处理方面无侵权故意，且在遗体长时存放过程中不间断地做各方面工作，体现了应有的人文关怀和对死者及其家属尊重，故不构成侵权，判决驳回吕某诉请。

（3）墓碑。①2011年**湖南某祭奠权纠纷案**，2009年，贺某去世后，其子女贺兄、贺妹因不和，贺兄所立墓碑上漏刻贺妹名字致诉。法院认为：当事人在民事活动中地位平等。民事活动应尊重社会公德。墓碑不仅系逝者安葬地标志，亦系承载亲属哀思纪念物，墓碑署名体现着署名者与逝者特定的身份关系。祭奠权基于近亲属身份关系产生，系逝者近亲属精神利益。目前我国法律对公民祭奠权未作出明确规定，司法实践中，可理解为最高人民法院《关于确定民事侵权精神损害赔偿责任若干问题的解释》第1条第2款规定的“其他人格利益”。本案中，贺妹与逝者贺某系父女关系，与贺兄系亲兄妹关系，双方应平等享有对逝去长辈尽孝和悼念的权利。现贺兄在负责篆刻父亲墓碑时，未将贺妹名字篆刻上去，侵害了贺妹对逝去父亲的尽孝和悼念权利。鉴于贺某墓碑上贺兄其他兄弟未刻姓、只刻名，并考虑墓碑整体美观，将贺妹名字按长幼顺序篆刻在贺某墓碑上即可。因贺某墓碑留存空隙宽度能将贺妹名字刻上去，重新立碑已无必要，故判决限贺兄60日内将贺妹名字篆刻在逝者贺某墓碑上，所需费用由贺兄负担。

②2011年**上海某合同纠纷案**，2005年，朱弟在墓园认购公墓并签约。随后，朱兄到墓园填写墓穴碑文修改、墓穴维修项目申请表，委托墓园在其父母墓碑上加刻“重孙××”字样，并交了刻字费用，后因朱弟等其他继承人反对，墓园未刻字。朱兄起诉墓园。法院认为：尽管朱兄到墓园填写墓穴碑文修改、墓穴维修项目申请表，委托墓园在其父母墓碑上加刻“重孙××”字样，并交付了相应费用，但因实际与墓园签订公墓认购合同的系朱弟，而朱兄要求在墓碑上加刻字样亦未事先征得朱弟同意，且朱兄其他兄弟姐妹亦均不同意在其父母墓碑上加刻上述字样。现朱弟对朱兄与墓园所签关于加刻字样合同内容不予追认。殡葬设施应作为遗产由全体继承人共同管理，朱兄要求在其父母墓碑上加刻名字，在未与其他继承人协商一

致情况下,墓园不应履行,相关服务费用亦应由墓园退还朱兄。

③2009 年**上海某侵权纠纷案**,2004 年,父亡,兄葬,兄、母刻碑,妹认为碑上未署其及其家人名字侵权。法院认为:墓碑不单是标记故人安葬地标志,亦为承载亲属哀思物。本案妹因家庭矛盾与家庭交恶,致母及兄在父去世后未告知父下葬地,更未在墓碑上刻其名字,致使妹无法按中国传统方式表达对父的哀思,构成侵犯祭奠权。兄和母在墓碑上故意遗漏妹及其家人姓名,无论系出于何种原因,均表明死者及其亲属对此人否定性评价,且该评价是长久、持续的,起到某种程度公示作用,必然给妹造成一定精神痛苦,故兄、母应对此承担侵权责任。经调解,由兄长办理墓碑补刻事宜,费用由母亲代为承担。

④2004 年**河南某祭奠权纠纷案**,2003 年,于云某认为于海某等 4 个同父异母继兄妹在父母骨灰合葬墓碑上未刻上其生母姓名侵犯其祭奠权,诉请共用墓地使用证、更换墓碑及相关碑文。法院认为:祭奠权系公民基于亲属关系及其他非亲属关系而产生的对死者表示追思和敬仰的权利。祭奠权从性质上看属公民身份权范畴。目前我国法律未对公民祭奠权作出规定。实践中,可依法律关于民事活动应符合公序良俗原则,对公民祭奠权提供法律保护。原、被告间为同父异母兄妹,本应和睦相处,共同妥善安排父母后事,以求亲情绵续。祭奠方式有多种,本案于云某要求墓碑上刻其生母姓名,符合我国道德伦理、传统风俗,亦在情理之中,应予支持。

⑤2001 年**山东某侵权纠纷案**,2001 年,孟某母亲去世,兄弟姐妹共同出资立碑,因孟某未出资,孟某兄在墓碑上未刻孟某名字。孟某遂将墓碑上孟某兄一家三口名字凿除。法院认为:最高人民法院《关于确定民事侵权精神损害赔偿责任若干问题的解释》第 4 条规定:"具有人格象征意义的特定纪念物品,因侵权行为而永久性灭失或者毁损,物品所有人以侵权为由向人民法院起诉请求赔偿精神损害的,人民法院应当依法予以受理。"墓碑系逝者亲朋用以寄托哀思的物品,应属"以精神利益为内容的纪念物品"。本案中,孟某将孟某兄及他人所立墓碑损坏,侵犯了他人财产权,依法应予赔偿。因墓碑被损坏,造成孟某兄精神痛苦,亦应抚慰。经调解,双方当事人自愿达成协议,孟某赔偿孟某兄墓碑损失及精神损失共计 1800 元。

⑥2001 年**湖北某侵权纠纷案**,1999 年,何某与何某母为 20 年前病故的何某父立碑。后因何某母起诉何某兄要求支付赡养费,何某兄用斧头将父亲墓前石碑砸毁,后出资 300 元重立新碑。法院认为:何某兄出资重新立碑,石碑价值可据此认定为 300 元,但何某兄同是死者后代,有为其父立碑的权利和义务,故何某兄所立石碑只能代表其心意,不能代表二原告心意。二原告为死者所立石碑是具有人格象征意义的特定纪念物品,何某兄将其砸毁,严重损害了二原告对死去亲人的感情,故何某兄既不能免除财产损害赔偿民事责任,还要给二原告赔偿精神抚慰金。

何某兄过激行为与当事人之间长期以来积怨有关,对此,二原告亦有一定责任,故确定何某兄赔偿责任时,依法可减轻其赔偿份额。判决何某兄给付二原告财产损失费及精神抚慰金共计 600 元。

(4)墓葬。①2015 年**广东某侵权纠纷案**,2013 年,陈某扫墓时发现所购墓地(格位)面积被旁边新墓地侵占,遂诉请陵园恢复原状并赔偿精神损失费。法院认为:案涉墓地与相邻墓地用地范围线有重叠,导致两相邻墓地存在重叠面积,该重叠面积的存在影响墓地独立使用,使案涉墓地占地面积和实用面积均受到影响。案涉墓地所在陵园由被告公司统一规划和管理,陵园公司对墓地进行统一施工,其行为造成案涉墓地实际面积受损,致使墓地购买人陈某权益受影响。按案涉合同约定的规格恢复原状将损害案外人墓地现状,故恢复原状不具备现实可行性。墓地有别于其他使用性质土地,其具有特殊使用性,墓地作为埋葬死者遗体或骨灰特殊用地,是后代追忆、祭奠已逝亲人特定场所,承载着特殊情感。本案中,案涉墓地遭受一定程度侵占和损害,有违社会公序良俗,且恢复原状不具有现实可行性,致使墓地实际购买人陈某遭受一定程度精神痛苦,故判决陵园支付陈某精神损害赔偿金 2 万元。

②2012 年**河南某损害赔偿纠纷案**,2011 年,黄某平整土地,雇人用挖掘机将承包地北侧的汪某等兄妹四人祖母坟墓毁坏。法院认为:祖坟是后代追忆、祭祀已逝祖先特定场所,对后人存在着重大精神寄托。遗体遗骨作为死者遗存之物,负载了近亲属对死者的哀思,因而是一种特殊物。对该物损害,侵犯了死者近亲属特定身份权益,依最高人民法院《关于确定民事侵权精神损害赔偿责任若干问题的解释》第 3 条第 3 款规定,非法损害遗体、遗骨的,可向法院起诉请求赔偿精神损害。同时,坟墓构筑需投入一定人力物力,具有一定财产性质,故黄某应对汪某等承担侵权责任。判决黄某赔偿四原告经济损失 1.3 万余元及精神损害抚慰金各 5000 元。

③2008 年**北京某侵权纠纷案**,2007 年,铁路公司建设西六环施工过程中,将韩某家几处墓穴铲平。韩某以无法找到原墓穴位置为由诉请赔偿。法院认为:民事活动应尊重社会公德,对已故亲人进行祭奠是中华民族传统习俗。根据查明事实,因铁路公司施工行为致使韩某家位于施工范围内的墓穴及墓穴周围地貌发生了改变,其行为侵犯了韩某合法权益,给其造成精神痛苦,应承担相应责任。铁路公司并未提供证据证实韩某仅要求标出墓穴位置和其已留给韩某足够的迁坟时间。对于精神损害抚慰金具体数额,法院判决酌定为 1000 元。

④2007 年**北京某侵权纠纷案**,2006 年,崔某以姑姑未将自己爷爷奶奶先后去世消息告诉自己为由,诉请承担侵权责任。法院认为:从现行法律规定看,父母去世后,与之生活的子女并无法定义务通知崔某,故崔某以姑姑未尽通知义务主张侵犯其祭奠权,并无依据。从公序良俗角度看,直系亲属间生活上相互关心,精神上

相互慰藉,应为善良风俗应有之义,但崔某并未在爷爷奶奶生前进行探望和关心。对逝者生前关心、照顾,与遗体告别相比,前者对逝者更有意义。另外,祭奠死者,寄托哀思,除遗体告别外,亦可选择其他方式。判决驳回崔某诉请。

⑤2006 年**上海某侵权纠纷案**,2004 年,母逝,寄存殡仪馆骨灰被子取走。父诉请将亡妻骨灰安葬在墓园。法院认为:公民对已逝亲属进行祭奠,符合社会基本伦理观念,只要是死者亲属,均可对死者进行祭奠。将死者骨灰进行安葬,符合我国传统道德观念和善良习俗。入土为安既是对死者的告慰,亦方便亲属对死者进行祭奠。对于骨灰安葬处,应尊重死者生前意愿及死者配偶、父母、子女等亲属意见。当就死者落葬时间、地点等具体祭奠方式意见不一致时,在不影响子女进行祭奠活动前提下,当优先遵从配偶意见,故父诉请应予支持。

⑥2004 年**河南某侵权纠纷案**,2004 年,荆某将故亲遗骨棺匣迁入堂兄承包耕地里,因未给予 150 元经济补偿,双方发生争执,堂兄气急之下将荆某父亲遗骨棺匣挖出运至荆某承包地。法院认为:荆某故亲遗骨迁入被告耕地,毁损庄稼,虽有不妥,但因所在村庄无公益性墓地,故荆某迁葬情有可原,亦非与我国殡葬有关规定相悖。被告挖坟行为构成侵权,与我国民事活动应尊重公序良俗原则相违背,故荆某诉请重埋遗骨,恢复原状,并赔偿精神损失,应予支持。判决荆某支付堂兄经济损失 150 元,堂兄重新埋好遗骨并恢复原状,并支付荆某精神损失 2000 元。

【典型类案实务要点】

1.**【死者配偶行使祭奠权时,应尊重死者父母祭奠权利】**近亲属之间应互相尊重对祭奠权的行使,因个人不当行为侵犯其他近亲属祭奠权利,并对其情感造成一定伤害的,应予精神损害赔偿。

2.**【死者近亲属确定骨灰安置方案时,应尊重死者遗愿】**除非出现法律禁止或违反社会善良风俗情形,死者近亲属应充分尊重死者关于处置骨灰遗愿,就骨灰安葬地点、安葬方式等不应违背死者遗愿。

3.**【被继承人骨灰归属无遗嘱安排的,按法定继承办理】**骨灰归属应以被继承人生前以遗嘱或其他形式明确表示死后骨灰归属或明确安排丧葬事宜处理为限,而不得以推定方式得出骨灰由谁取得结论,否则,仍应按法定继承办理。

4.**【骨灰安葬后,非经近亲属协商一致,不得私自转移】**死者骨灰一经安葬,除非出于社会公共利益需要等原因,或近亲属之间协商一致,原则上应保持原状,任何人无权私自转移。

5.**【骨灰寄存合同债权,可对抗死者近亲属返还请求权】**体现公共利益保护原则的骨灰寄存行业制度所约束的保管合同债权应优先保护,可对抗死者近亲属提出的返还原物请求权。

6.【**处理骨灰合葬纠纷时，应综合考虑公序良俗等因素**】针对特定历史条件遗留的一夫多妻婚姻状况，处理骨灰合葬纠纷时，应综合考虑遗嘱效力、公序良俗等法律因素。

7.【**女儿死亡，女婿不告知骨灰安葬地的，侵犯祭祀权**】祭祀权是近亲属享有的对亡故亲人祭奠、悼念的权利，属于身份权范围内的亲属权，该权利行使承载着权利主体精神和心理寄托，侵犯祭祀权应赔偿相应精神损害抚慰金。

8.【**对死者骨灰，近亲属应平等享有悼念、祭扫的权利**】骨灰作为一种特殊物，其所有权属于继承人。法律上所确认的近亲属均平等、不分顺序地享有对死者骨灰进行悼念、祭扫的权利。

9.【**因过失使骨灰盒混同致家属精神痛苦，应侵权赔偿**】骨灰作为具有特定人格象征意义的物质载体，蕴含着亲人精神寄托、感情抚慰特殊意义，因过失致死者亲人丧失祭拜的特定物，给死者亲人造成精神痛苦，侵害人应对造成他人的精神痛苦予以赔偿。

10.【**墓园安放骨灰盒时，不慎使骨灰泼洒，不构成侵权**】善意、无偿帮助行为中发生某种过失行为，应以过失轻重程度来认定其是否构成侵权，如属一般过失，不应认定侵权。

11.【**殡仪馆丢失骨灰盒，应对死者近亲属精神损害赔偿**】殡仪馆丢失寄存的骨灰盒，因属“具有人格象征意义的特定纪念物品”，由此造成死者近亲属精神痛苦的，应予精神损害赔偿。

12.【**错领尸体并擅自火化处理的，应承担侵权赔偿责任**】错领尸体并擅自火化处理，导致死者近亲属丧失最后瞻仰、祭奠权利的，侵权行为人应承担相应精神损害赔偿责任。

13.【**捐献父母遗体，其他子女未到场，虽不妥，未侵权**】部分子女在其他子女未到场情况下按父母生前意愿捐献父母遗体，虽有不妥之处，但属于处理家庭成员内部关系不当，尚不构成对未到场子女人格权侵害。

14.【**职工自杀，单位火化其遗体未通知家属，构成侵权**】职工自杀后，单位未通知死者近亲属情况下将遗体火化，侵犯了死者近亲属其他人格利益，应承担相应侵权责任。

15.【**单位处理职工遗体过程中，没有过错，不构成侵权**】单位在处理死亡职工遗体过程中，无侵权故意，且自始至终积极做各方面工作，体现了应有的人文关怀和对死者及其家属尊重的，不构成侵权。

16.【**墓碑上漏刻其他近亲属名字，构成对祭奠权的侵害**】墓碑不仅系逝者安葬地标志，亦系承载亲属哀思纪念物，墓碑署名体现着署名者与逝者特定的身份关系。死者近亲属之一在负责篆刻墓碑时，未将其他近亲属名字篆刻上去，侵害了其他近亲属的祭奠权。

17.【**墓碑等殡葬设施为遗产,应由全体继承人共同管理**】殡葬设施作为遗产应由全体继承人共同管理,其后续管理事宜,不仅应由全体继承人协商一致,且须事先征得公墓认购合同上由特定继承人充任的名义买受人同意或事后追认。

18.【**基于亲属关系产生对死者祭奠权,依法受法律保护**】公民基于亲属关系及其他关系而产生的对死者表示追思和敬仰的祭奠权,属于公序良俗一部分,依法受法律保护。

19.【**要求在父母合葬墓碑刻上生母姓名,符合丧葬习俗**】当事人要求在父母骨灰合葬墓碑上刻上其生母姓名,不违背法律、法规和有关政策,并符合公序良俗,应予保护。

20.【**毁损墓碑,属于侵权行为,依法应予精神损害赔偿**】墓碑系逝者亲朋用以寄托哀思的物品,应属于"具有人格象征意义的特定纪念物品",毁损墓碑属侵权行为,应予精神损害赔偿。

21.【**损坏墓碑重立,仍应承担财产和精神损害赔偿责任**】墓碑是具有人格象征意义的特定纪念物品,侵权人虽重新立碑但仍不能免除财产损害和精神损害抚慰金赔偿责任。

22.【**陵园墓地受损无法恢复原状,可判令精神损害赔偿**】墓地具有特殊使用性且承载着特殊情感和精神利益,在墓地受损无法恢复原状情况下,对当事人精神损害赔偿请求,应予支持。

23.【**毁坏他人祖坟,同时侵犯了财产权及近亲属祭祀权**】将他人祖坟挖毁,侵害了坟墓这种特殊财产权,亦侵害了死者人格利益及死者近亲属祭祀权,应予相应损害赔偿。

24.【**施工活动改变墓穴环境,构成对他人祭奠权的侵害**】施工活动使施工范围内的墓穴及墓穴周围地貌发生了改变,其行为侵犯他人祭奠权而造成精神痛苦的,应承担相应责任。

25.【**爷爷奶奶去世,姑姑未通知,并不构成侵犯祭奠权**】尊亲属逝世时,直接奉养者有义务通知其他近亲属,使其能及时、顺利参加对尊亲属的祭奠、悼念。无法与非直接奉养的其他近亲属取得联系,或赡养义务的不履行及逝者遗嘱关于直接奉养者的不为通知的交代可成为祭奠权侵权免责事由。

26.【**就死者祭奠方式意见不一致时,优先遵从配偶意见**】当配偶与子女就死者骨灰落葬时间、地点等具体祭奠方式意见不一致时,在不影响子女进行祭奠活动前提下,应优先遵从配偶意见。

【类案裁判一般规则】

自然人基于亲属关系及其他关系而产生的对死者表示追思和敬仰的祭奠权,

属于公序良俗一部分，依法受法律保护。他人侵害墓碑、骨灰等具有特定人格象征意义的物质载体，造成死者近亲属精神痛苦的，应承担相应损害赔偿责任。

【典型参考案例索引】

主旨案例：北京三中院(2017)京03民终7025号“王某父与陈某人格权纠纷案”，见《王树礼诉陈光人格权纠纷案——祭奠权权利主体范围及权利顺位认定》(王乐)，载《人民法院案例选》(201804/122:3)。

其他案例：

(1)骨灰。①江苏盐城中院(2017)苏09民终4701号“练某与周某一般人格权纠纷案”，见《练泽龙诉周锋骨灰安置纠纷案》，载《江苏省高级人民法院公报》(201802/56:29)。②上海普陀区法院(2012)普民一(民)初字第7420号“范某与汪某等所有权确认纠纷案”，见《范渊诉汪本俊及第三人上海市龙华殡仪馆所有权确认纠纷案(骨灰的法律性质及归属)》(张庆)，载《中国审判案例要览》(2014民:1)。③江苏宿迁中院(2011)宿中民终字第0161号“于某与于某兄等骨灰安置纠纷案”，见《于康明等诉于康林骨灰安置纠纷案》，载《江苏省高级人民法院公报》(201103/15:32)。④江苏无锡北塘区法院(2008)北民一初字第902号“薛某与陆某等侵权纠纷案”，见《薛英等诉陆颖颖其他特殊侵权案(其他特殊侵权、善良风俗)》(马寄锦)，载《中国审判案例要览》(2010民:328)。⑤北京石景山区法院(2008)石民初字第121号“范某诉某殡仪馆等返还原物纠纷案”，后范某再次起诉段某，要求返还寄存骨灰，并由殡仪馆协助，法院判决(2009)石民初字第399号予以支持。见《范桂英诉北京市八宝山殡仪馆等返还原物案(物之范围及物之所有人的确定)》(张鹏)，载《中国审判案例要览》(2009民:1)。⑥见“翟秀荣与翟德民等安葬权纠纷案”，见《特殊情况下的安葬权问题研究》(山东曲阜法院)，载《民事审判指导与参考·评案传真》(200602/26:168)。⑦安徽淮南中院(2006)淮民一终字第411号“李某等诉王某祭祀权案”，见《李忠轩、谭宗焕诉王奇祭祀权案》(朱莉)，载《人民法院案例选》(200704/62:126)。⑧云南昆明中院(2003)昆民二终字第678号“刘某诉王某等侵权纠纷案”，见《刘志英诉王忆莲、王忆东其他侵权纠纷案(其他侵权)》(李彩云)，载《中国审判案例要览》(2004民:322)。⑨云南高院(2003)云高民一终字第138号“杨某等诉某煤矿侵权赔偿案”，见《杨润昌等诉宣威市羊场煤矿骨灰盒遗失精神损害赔偿纠纷案(精神损害赔偿)》(孙靖然)，载《中国审判案例要览》(2004民:387)。⑩江苏南京雨花台区法院2001年7月27日判决“陆某等诉某墓园等精神损害赔偿案”，见《何美英等诉普觉寺墓园工作人员帮助安放骨灰盒时不慎跌落致使骨灰泼洒精神损害赔偿案》(张静平、张剑峰)，载《人民法院案例选》(200303/45:167)。⑪辽宁锦州中院2000年3月8日“李某与某殡仪馆侵权纠纷案”,见《李斌诉锦州市殡仪馆骨灰盒丢失达成赔偿协议履行后反悔要求再行赔偿案》(崔志军),载《人民法院案例选》(200102/36:136)。

(2)遗体。①四川金堂法院(2011)金堂民初字第706号“谢某等诉某医院人格权纠纷案”,见《谢某等诉金堂仁爱医院、周某一般人格权纠纷案——错领并擅自处置死者遗体行为的法律责任》(张顺强),载《人民法院案例选》(201304/86:98)。②北京二中院(2009)二民终字第13951号“王某与王某兄侵害人格权纠纷案”,见《王家凤诉王家山侵害人格权案(其他人格权益)》(龚娉),载《中国审判案例要览》(2010民:113)。③重庆五中院(2006)渝五中民终字第225号“高某其他人格利益赔偿纠纷案”,见《高某某其他人格利益赔偿案(人格利益)》(胡进),载《中国审判案例要览》(2007民:173);另见《未通知近亲属擅自火化死者构成侵权——重庆五中院判决高秀清诉重庆教育学院精神损害赔偿案》,载《人民法院报·案例指导》(20070115:05)。④河南焦作中院(2005)焦民终字第546号“吕某诉某机械公司等侵权赔偿案”,见《吕绍俊诉焦作起重运输机械有限责任公司和焦作市殡仪馆遗体处分权赔偿纠纷案》(鲁明、高阳),载《人民法院案例选》(200503/53:147)。

(3)墓碑。①湖南新田法院(2011)新法民一初字第356号“贺某祭奠权纠纷案”,见《贺甲祭奠权纠纷案——“祭奠权”的规范依据》(肖明、夏宁春、王彦平),载《人民法院案例选》(201304/86:109)。②上海二中院(2011)沪二中民四(商)终字第1159号“朱某与某墓园等合同纠纷案”,见《墓穴、墓碑等殡葬设施后续管理权的认定——上海二中院判决诸鸿高诉上海徐泾西园等承揽合同纠纷案》(吴秉衡),载《人民法院报·案例指导》(20120419:06)。③上海普陀区法院(2009)普民一(民)初字第1946号“李某等诉葛某等侵权纠纷案”,见《祭奠权的性质及其法律保护》(张蓉、张敏娴),载《人民司法·案例》(201008:76)。④河南新乡牧野区法院(2004)牧民一初字第346号“于云某诉于海某等祭奠权纠纷案”,见《于云鹏诉于海滨等四人祭奠方式纠纷案》(郑长青),载《人民法院案例选》(200502/52:96)。⑤山东青州法院2001年12月17日“孟某兄与孟某等侵权纠纷案”,见《孟宪元等诉孟宪传等因未被刻名将其在墓碑上的名字凿除赔偿案》(赵立波、王学堂),载《人民法院案例选》(200203/41:158)。⑥湖北宜昌中院(2001)宜中民终字第521号“邓某等诉何某案侵权纠纷”,见《邓守年等诉何宏益案(财产损害赔偿)》(李俐雄),载《中国审判案例要览》(2002民:252)。

(4)墓葬。①广东广州中院(2015)穗中法民五终字第3672号“陈某与某陵园侵权纠纷案”,见《陈玉冰诉广州玉德堂陵园有限公司恢复原状纠纷案——墓地受损无法恢复原状,能否判令精神损害赔偿》(穆健、林嘉丽),载《人民法院案例选》(201601/95:107)。②河南南阳中院(2012)南民二终字第168号“汪某与黄某等财产损害赔偿纠纷案”,见《毁坏他人祖坟引发多重民事权益损害的赔偿标准——

河南南阳中院判决汪延国等诉黄发国财产损害赔偿案》（徐朋、张得森），载《人民法院报·案例指导》（20130131:06）。③北京门头沟区法院（2008）门民初字第771号“韩某与某建设公司侵权纠纷案”，见《韩立生诉中铁六局集团北京铁路建设有限公司一般人格权案（制定法与民间规范的冲突与协调）》（毕芳芳），载《中国审判案例要览》（2009民:61）。④北京丰台区法院（2007）丰民初字第08923号“崔某诉崔姑侵犯祭奠权案”，见《崔妍诉崔淑芳侵犯祭奠权案》（齐鹰扬、曹静），载《人民法院案例选》（200901/67:120）。⑤上海黄浦区法院（2006）黄民一（民）初字第534号“俞某诉俞永某祭奠权纠纷案”，见《骨灰的法律属性及其处分》（王连国），载《人民司法·案例》（200706:84）。⑥河南荥阳法院（2004）荥民初字第36号“荆某诉郝某等侵权案”，见《荆龙海诉荆秦超、郝松艳将盛有其父遗骨棺匣从祖坟中挖出要求恢复原状、赔偿精神损失案》（杨峰岭、李逊仙），载《人民法院案例选》（200504/54:148）。

80. 宣告死亡与行为能力

——利害关系人，可否提申请？

【特别程序】

【案情简介及争议焦点】

2000年，潘某失踪，经公安机关侦查仍下落不明。依潘某妻申请，法院宣告潘某失踪，并指定潘某妻为财产代管人。2008年，因潘某妻不愿申请宣告潘某死亡，潘某父单独向法院申请宣告潘某死亡。

争议焦点：潘某父是否有权申请宣告潘某死亡？

【裁判要点】

1. 申请宣告死亡法定主体。依司法解释规定，申请宣告死亡的利害关系人的顺序是：（一）配偶；（二）父母、子女；（三）兄弟姐妹、祖父母、外祖父母、孙子女、外孙子女；（四）其他有民事权利义务关系的人。

2. 申请人潘某父主体适格。在失踪人长期下落不明且已符合宣告死亡法定条件时，配偶基于财产掌控等目的恶意不行使申请权，致使其他利害关系人合法权益遭受损害的，前述司法解释规定的申请宣告死亡的第二顺序利害关系人，可向法院申请宣告死亡。本案潘某已下落不明8年多，故判决宣告潘某死亡。

【裁判依据或参考】

1. 法律规定。《**民法典**》(2021年1月1日)第40条:"自然人下落不明满二年的,利害关系人可以向人民法院申请宣告该自然人为失踪人。"第41条:"自然人下落不明的时间自其失去音讯之日起计算。战争期间下落不明的,下落不明的时间自战争结束之日或者有关机关确定的下落不明之日起计算。"第42条:"失踪人的财产由其配偶、成年子女、父母或者其他愿意担任财产代管人的人代管。代管有争议,没有前款规定的人,或者前款规定的人无代管能力的,由人民法院指定的人代管。"第43条:"财产代管人应当妥善管理失踪人的财产,维护其财产权益。失踪人所欠税款、债务和应付的其他费用,由财产代管人从失踪人的财产中支付。财产代管人因故意或者重大过失造成失踪人财产损失的,应当承担赔偿责任。"第44条:"财产代管人不履行代管职责、侵害失踪人财产权益或者丧失代管能力的,失踪人的利害关系人可以向人民法院申请变更财产代管人。财产代管人有正当理由的,可以向人民法院申请变更财产代管人。人民法院变更财产代管人的,变更后的财产代管人有权请求原财产代管人及时移交有关财产并报告财产代管情况。"第45条:"失踪人重新出现,经本人或者利害关系人申请,人民法院应当撤销失踪宣告。失踪人重新出现,有权请求财产代管人及时移交有关财产并报告财产代管情况。"第46条:"自然人有下列情形之一的,利害关系人可以向人民法院申请宣告该自然人死亡:(一)下落不明满四年;(二)因意外事件,下落不明满二年。因意外事件下落不明,经有关机关证明该自然人不可能生存的,申请宣告死亡不受二年时间的限制。"第47条:"对同一自然人,有的利害关系人申请宣告死亡,有的利害关系人申请宣告失踪,符合本法规定的宣告死亡条件的,人民法院应当宣告死亡。"第48条:"被宣告死亡的人,人民法院宣告死亡的判决作出之日视为其死亡的日期;因意外事件下落不明宣告死亡的,意外事件发生之日视为其死亡的日期。"第49条:"自然人被宣告死亡但是并未死亡的,不影响该自然人在被宣告死亡期间实施的民事法律行为的效力。"第50条:"被宣告死亡的人重新出现,经本人或者利害关系人申请,人民法院应当撤销死亡宣告。"第51条:"被宣告死亡的人的婚姻关系,自死亡宣告之日起消除。死亡宣告被撤销的,婚姻关系自撤销死亡宣告之日起自行恢复。但是,其配偶再婚或者向婚姻登记机关书面声明不愿意恢复的除外。"第52条:"被宣告死亡的人在被宣告死亡期间,其子女被他人依法收养的,在死亡宣告被撤销后,不得以未经本人同意为由主张收养行为无效。"第1045条:"亲属包括配偶、血亲和姻亲。配偶、父母、子女、兄弟姐妹、祖父母、外祖父母、孙子女、外孙子女为近亲属。配偶、父母、子女和其他共同生活的近亲属为家庭成员。"《**民事诉讼法(2017修正)**》(2017年7月1日)第183条:"公民下落不明满二年,利害关系人申请宣告其失踪的,向下落不明人住所地基层人民法院提出。申请书应当写明失踪的事实、时间和请求,并附有公安机关或者其他有关机关关于该公民下落不明的书面证明。”第184条:“公民下落不明满四年,或者因意外事故下落不明满二年,或者因意外事故下落不明,经有关机关证明该公民不可能生存,利害关系人申请宣告其死亡的,向下落不明人住所地基层人民法院提出。申请书应当写明下落不明的事实、时间和请求,并附有公安机关或者其他有关机关关于该公民下落不明的书面证明。”第185条:“人民法院受理宣告失踪、宣告死亡案件后,应当发出寻找下落不明人的公告。宣告失踪的公告期间为三个月,宣告死亡的公告期间为一年。因意外事故下落不明,经有关机关证明该公民不可能生存的,宣告死亡的公告期间为三个月。公告期间届满,人民法院应当根据被宣告失踪、宣告死亡的事实是否得到确认,作出宣告失踪、宣告死亡的判决或者驳回申请的判决。”

2. 行政法规。国务院办公厅**《关于解决无户口人员登记户口问题的意见》**(2015年12月31日　国办发〔2015〕96号)第2条:“……(四)被宣告失踪或者宣告死亡后户口被注销人员。被人民法院依法宣告失踪或者宣告死亡后重新出现的人员,本人或者其监护人可以凭人民法院撤销宣告失踪(死亡)的生效判决书,申请恢复常住户口登记。”

3. 最高人民法院司法解释及其他司法性文件/解读文章。最高人民法院**《关于民事执行中变更、追加当事人若干问题的规定(2020年修正)》**(2021年1月1日　法释〔2020〕21号)第2条:“作为申请执行人的自然人死亡或被宣告死亡,该自然人的遗嘱执行人、受遗赠人、继承人或其他因该自然人死亡或被宣告死亡依法承受生效法律文书确定权利的主体,申请变更、追加其为申请执行人的,人民法院应予支持。作为申请执行人的自然人被宣告失踪,该自然人的财产代管人申请变更、追加其为申请执行人的,人民法院应予支持。”最高人民法院**《关于适用〈中华人民共和国民事诉讼法〉的解释》**(2015年2月4日　法释〔2015〕5号,2020年修正)第343条:“宣告失踪或者宣告死亡案件,人民法院可以根据申请人的请求,清理下落不明人的财产,并指定案件审理期间的财产管理人。公告期满后,人民法院判决宣告失踪的,应当同时依照民法典第四十二条的规定指定失踪人的财产代管人。”第344条:“失踪人的财产代管人经人民法院指定后,代管人申请变更代管的,比照民事诉讼法特别程序的有关规定进行审理。申请理由成立的,裁定撤销申请人的代管人身份,同时另行指定财产代管人;申请理由不成立的,裁定驳回申请。失踪人的其他利害关系人申请变更代管的,人民法院应当告知其以原指定的代管人为被告起诉,并按普通程序进行审理。”第345条:“人民法院判决宣告公民失踪后,利害关系人向人民法院申请宣告失踪人死亡,自失踪之日起满四年的,人民法院应当受理,宣告失踪的判决即是该公民失踪的证明,审理中仍应依照民事诉讼法

第一百八十五条规定进行公告。"第 349 条:"在诉讼中,当事人的利害关系人提出该当事人患有精神病,要求宣告该当事人无民事行为能力或者限制民事行为能力的,应由利害关系人向人民法院提出申请,由受诉人民法院按照特别程序立案审理,原诉讼中止。"第 351 条:"被指定的监护人不服居民委员会、村民委员会或者民政部门指定,应当自接到通知之日起三十日内向人民法院提出异议。经审理,认为指定并无不当的,裁定驳回异议;指定不当的,判决撤销指定,同时另行指定监护人。判决书应当送达异议人、原指定单位及判决指定的监护人。有关当事人依照民法典第三十一条第一款规定直接向人民法院申请指定监护人的,适用特别程序审理,判决指定监护人。判决书应当送达申请人、判决指定的监护人。"第 352 条:"申请认定公民无民事行为能力或者限制民事行为能力的案件,被申请人没有近亲属的,人民法院可以指定经被申请人住所地的居民委员会、村民委员会或者民政部门同意,且愿意担任代理人的个人或者组织为代理人。没有前款规定的代理人的,由被申请人住所地的居民委员会、村民委员会或者民政部门担任代理人。代理人可以是一人,也可以是同一顺序中的两人。"最高人民法院办公厅**《关于印发〈全国民事审判工作会议纪要〉的通知》**(2011 年 10 月 9 日　法办〔2011〕442 号)第 7 条:"……失踪人长期下落不明,财产由配偶掌握,致使其父母、成年子女等合法权益受到损害,失踪人父母、成年子女申请作为失踪人财产代管人的,可按照民法通则第二十一条规定处理。"最高人民法院吴晓芳法官**《关于婚姻家庭纠纷审理热点难点问答》**〔载《民事法律文件解读》2011 年第 11 辑(总第 83 辑)〕第 71 条:"潘某失踪 8 年,经公安机关侦查仍下落不明。潘某的妻子及父亲向法院申请宣告潘某失踪,法院审理后宣告潘某失踪,并指定潘某的妻子为财产代管人。妻子代管着潘某百万元财产,不愿申请宣告潘某死亡,潘某的父亲便单独向法院申请宣告儿子潘某死亡,这种情况可以吗?答:……可以看出,配偶是第一顺序的利害关系人,其不愿意申请宣告死亡,其他顺序的人不能越位申请宣告死亡。不同的利害关系人,就其利益的权衡有所不同。配偶最为特殊,与失踪人有最为亲密的人身关系,因为宣告死亡意味着婚姻关系自死亡宣告之日起消灭,配偶与其他利害关系人相比,在宣告死亡问题上具有优先性和排他性。另一种观点认为:申请宣告死亡是利害关系人按照顺序申请,并没有确定配偶为唯一的申请人。在查明配偶基于财产掌控或恶意转移财产等其他不正当目的,故意不提出申请,致使其他利害关系人合法权益遭受损害的情况下,不能排除第二顺序利害关系人的申请权。我们同意另一种观点,理由如下:第一,民法上设置宣告死亡制度的目的,在于结束长期失踪人所涉及之法律关系的不稳定状态,使利害关系人的利益及社会生活秩序得以保障……利害关系人向法院申请宣告死亡并无先后顺序之分。如果因为第一顺序的配偶基于各种原因长久不申请宣告死亡,而无法启动宣告死亡的程序,失踪人所涉及的一系列法律关系将长期处于悬而未决的状态，显然与立法的本意相悖。第二，宣告公民死亡后随之而来的就是遗产的继承问题，《继承法》明确规定配偶、子女和父母是第一顺序的继承人，如果配偶不申请宣告死亡，其他继承人永远也不可能继承遗产，这等于变相剥夺了其他继承人的法定继承权，显然是非常不公平的。比如男方先后有两个妻子，与前妻生育了子女。男方失踪多年，现任妻子基于财产因素拒不申请宣告男方死亡就会导致无法启动继承程序，男方与前妻所生子女的继承权将实际落空。至于说无劳动能力的或生活困难的父母可以要求财产代管人（子女的配偶）支付赡养费，这和财产继承完全是不同的法律关系，在财产数额的取得上也可能相差甚远。第三，最高人民法院民法通则司法解释是 1988 年出台的，20 年后的今天，经济发展日新月异，公民的财产状况也发生了巨大变化，当时制定司法解释时恐怕没有考虑到配偶一方可能基于控制财产的目的而恶意拒绝宣告死亡的情况。从配偶本身来说，宣告死亡的确意味着夫妻关系的终止，但不宣告死亡，夫妻一方失踪的现实也无法改变。如果说配偶与失踪一方感情深厚，其完全可以选择不再结婚，万一以后被宣告死亡的人重新出现，其夫妻关系就自然恢复了，从这个角度来说，宣告死亡对配偶一方的身份关系并无太大损害。当配偶的身份关系（只有夫妻之名，并无夫妻之实）与其他利害关系人被变相剥夺法定继承权发生冲突时，法律更应该保护谁的利益，应该是比较清楚的，更何况那种假借感情之名实为控制财产的情形了。第四，最高人民法院民法通则司法解释确立申请宣告死亡利害关系人的顺序，明确配偶为申请宣告死亡第一顺序利害关系人具有合理性。如果没有先后顺序之分，其他与失踪人有民事权利义务关系的人，基于自身利益考虑而不顾失踪人亲属的感情抢先申请宣告死亡，显然是令人难以接受的。因此，申请宣告死亡的利害关系人应当有先后顺序之分，但在失踪人长期下落不明已经符合宣告死亡的法定条件，第一顺序利害关系人基于掌控财产等目的拒不行使申请权，致使其他利害关系人的合法权益遭受损害时，应当给予第二顺序的利害关系人必要的救济手段，这样才符合法律的公平理念……”最高人民法院民一庭《**民事审判实务问答（婚姻家庭继承纠纷一般问题）**》（2005 年 4 月）第 9 条：“宣告一方当事人失踪、死亡和缺席判决其离婚所产生的法律后果是否相同？答：宣告一方当事人失踪、死亡和缺席判决其离婚所产生的法律后果不同。依照《中华人民共和国民事诉讼法》和《最高人民法院关于适用〈中华人民共和国民事诉讼法〉若干问题的意见》关于宣告失踪和死亡法律后果的相关规定，婚姻关系的一方当事人被人民法院依特别程序宣告死亡的法律后果是：其与配偶的婚姻关系自死亡宣告之日起消灭，其配偶无需再办理解除婚姻关系的手续，即可与他人结婚；在利害关系人或者本人申请法院撤销死亡宣告前，该婚姻关系不存在；如被宣告死亡的人重新出现，死亡宣告被法院撤销时，其配偶尚未再婚的，夫妻关系从撤销死亡宣告之日起自行恢复，但以下情况除外:一、生存配偶再婚且再婚关系依然存在的;二、生存配偶再婚后又离婚的;三、生存配偶再婚后其再婚配偶又死亡的。婚姻关系的一方当事人被人民法院依特别程序宣告失踪的法律后果是:其合法的婚姻关系仍继续存在,除非其配偶提起离婚诉讼。人民法院经案件审理缺席判决离婚的法律后果是:判决发生法律效力后,其婚姻关系依法解除,除双方复婚外不存在夫妻关系恢复问题。”最高人民法院**《对国务院宗教事务局一司关于僧人遗产处理意见的复函》**(1994 年 10 月 13 日):“……经研究,我们认为:我国现行法律对僧人个人遗产的继承问题并无例外规定,因而,对作为公民的僧人,在其死后,其有继承权的亲属继承其遗产的权利尚不能否定。僧人个人遗产如何继承的问题,是继承法和民法通则公布施行后遇到的新问题,亦是立法尚未解决的问题。因此,我院不宜作出司法解释。建议你们向立法机关反映,通过立法予以解决。”最高人民法院民事审判庭**《关于对晋秀月与李小香、李五常继承一案的处理意见的电话答复》**(1981 年 3 月 13 日):“……我们同意你院的处理意见。”附河北高院意见:“李五常已外出 40 多年,至今无音信,应该宣告死亡,不应再留财产。”最高人民法院、内务部、中国人民解放军总政治部**《关于处理军属寻找革命军人问题的规定的联合通知》**(1955 年 6 月 25 日　法行字第 9017 号):“……一、凡经原籍县(市)人民委员会查明确系参加我军的军人,已有两年未与家庭通信者,可由县(市)人民委员会审查批准为‘失踪军人’。军属寻找时,应向其进行教育,以消除其误解并婉言劝其不必再向部队查询。部队如收到此类军属的寻人信件,可交原籍县(市)人民委员会处理。二、军属查找两年内尚与家庭通信之革命军人,由所在部队政治机关负责查找,如查无下落时,由师级政治机关将此类军人列表汇报各军区政治部,由各军区政治部编成军属寻人名单,送总政治部统一印刷分发至全国部队查找。经刊布一年仍无下落者,即作为‘失踪军人’,由所在部队团以上政治机关通知原籍县(市)人民委员会。三、‘失踪军人’日后得到其他有关方面或个人证明其确已牺牲、病故消息,而经原籍县(市)人民委员会或部队团以上政治机关审查认可者,准予补办各种抚恤手续;如经有关方面或个人证明其已投敌、叛变、逃亡、自杀、判死刑或开除军籍,并经县(市)人民委员会或部队团以上政治机关审查属实者,则即取消其家属的一切优待。四、各级人民委员会对‘失踪军人’家属,应进行教育,并仍按 1950 年 12 月 11 日内务部颁发之‘革命烈士家属革命军人家属优待暂行条例’予以军属优待。‘失踪军人’配偶如要求离婚时,可按照 1955 年 1 月 5 日最高人民法院、内务部、司法部和中国人民解放军总政治部‘关于处理革命军人两年以上与家庭无通信关系的离婚问题’联合通知的规定由人民法院处理。如要求解除婚约时,可按照 1951 年 6 月 30 日政务院政治法律委员会、人民革命军事委员会总政治部“关于处理现役革命军人取消婚约的暂行规定”联合通知的规定处理。均不必再向部队询查。五、军队各级政治机关,应根据此通知精神，向全体军人进行教育，并督促所属军人与家庭经常通信。今后凡属队列减员者（如转业、复员、牺牲、病故、失踪、逃亡、叛变、自杀、开除等），应按军人职务与减员性质分别由司令机关、政治机关、干部部门迅速办理通知原籍县（市）人民委员会的手续。”最高人民法院**《关于住东北之朝鲜人民军军人配偶提出离婚或解除婚约的处理等问题的批复》**（1955 年 4 月 4 日）第 1 条：“军人多年无音讯者的婚姻问题，原则上可照最高人民法院、内务部、司法部、中国人民解放军总政治部 1955 年 1 月 5 日（55）婚联知字第 1 号关于处理革命军人两年以上与家庭无通信关系的离婚问题的联合通知处理。即自婚姻法公布之日起两年内如革命军人与家庭通讯，而后又有两年与家庭断绝通讯关系，其配偶要求离婚时，经县人民法院向该军人家属、亲友与当地群众、乡人民委员会和人民团体调查属实，即可判准离婚，不必再向军人所在部队查询。但如调查证实有困难时，仍应经过外事处转朝鲜联络所限期查找军人下落。”第 3 条：“军人已死亡，并经查属实者，其婚姻关系即已消灭，无须经法院再行判决。”第 4 条：“赴朝担架队失踪人员，虽非现役革命军人，但他们是在直接执行抗美援朝保家卫国的光荣任务中失掉下落的，因此在他们的配偶提出离婚时，法院须慎重处理。对这类案件应由县人民委员会或当地参战民工的带队人员证明配偶的一方确系赴朝民工，而在朝鲜停战后经各方调查证明或在朝、中报刊登载查找，至今无音信者，可以判准离婚，否则，就不应判离。但赴朝民工不是军人，他们的婚姻问题不能按‘失踪军人’的办法处理。”最高人民法院**《关于何子兰与志愿军军人陈金标离婚案应如何处理的批复》**（1955 年 2 月 23 日　法行字第 2885 号）：“……志愿军军人陈金标既与家庭断绝音讯已有 4 年多，现又经中国人民解放军步兵第 58 师政治部数次调查，仍不明其下落。因此，对其婚姻问题可参照最高人民法院、内务部、司法部、中国人民解放军总政治部 1955 年 1 月 5 日〔55〕婚联知字第 1 号关于处理革命军人两年以上与家庭无通讯关系的离婚问题的联合通知处理。”最高人民法院**《关于赴朝担架队人员的婚姻处理问题的函》**（1955 年 2 月 14 日　法行字第 2298 号）：“……赴朝民工（担架队人员），虽非现役革命军人，但他们是在直接执行抗美援朝保家卫国的光荣任务中失掉下落的，因此在他们的配偶提出离婚时，法院须慎重处理。对这类案件应由县人民政府或当地参战民工的带队人员证明配偶的一方确系赴朝民工，而在朝鲜停战后经各方调查证明或在朝、中报刊登载查找、至今无音讯者，可以判准离婚，否则就不应判离。但赴朝民工不是军人，他们的婚姻问题不能按‘失踪军人’的办法处理。”最高人民法院、内务部、司法部、中国人民解放军总政治部**《关于处理革命军人两年以上与家庭无通讯关系的离婚问题的联合通知》**（1955 年 1 月 5 日）：“……全国大陆解放已 5 年，朝鲜停战将近两年，革命军人给家庭通信的条件完全具备。为保障革命军人婚姻，又照顾一部分多年无音讯之革命军人配偶的切身利益，根据中华人民共和国婚姻法

第十九条的精神，自婚姻法公布之日起两年内如革命军人与家庭通过讯，而后又有两年与家庭断绝通讯关系，其配偶要求离婚时，经县人民法院向该军人家属、亲友与当地群众、乡人民委员会和人民团体调查属实，即可判准离婚，不必再向军人所在部队查询。志愿军被俘失踪军人婚姻问题，亦按本通知执行。（1954 年 9 月 14 日中央人民政府军委总政治部、最高人民法院、司法部'关于被俘失踪军人婚姻处理问题的联合通知'作废）关于现役革命军人取消婚约问题，仍应遵照 1951 年 6 月 30 日前中央人民政府政务院政治法律委员会、军委总政治部'关于处理现役革命军人取消婚约问题的联合通知'办理。军队各级政治机关，应十分重视这一关系部队巩固与革命军人切身利益的问题，教育和督促所属人员经常与家庭通信取得联系。"最高人民法院**《关于中国籍朝鲜族的朝鲜人民军军人婚姻处理问题的复函》**（1954 年 12 月 28 日　法行字第 1368 号）："……中国籍朝鲜族的朝鲜人民军军人配偶向我法院提出离婚时，法院应先查明军人家庭住址、配偶姓名、参军的时间和地点、部队的番号以及参军后是否曾通过信等情况，报送外交部，转由朝鲜驻华大使馆查询并征求军人意见后处理。在查询未获答复之前，法院仍须与有关部门对军人配偶进行说服教育，使其等待。"最高人民法院、司法部**《关于将〈关于处理在朝鲜战争中被俘或失踪之革命军人婚姻案件的联合通报〉转达所属有关机构以便遵行的函》**（1953 年 1 月 17 日　〔53〕法办字第 97 号）："……关于处理在朝鲜战争中被俘或失踪之革命军人的婚姻案件，本院与中央人民政府司法部、军委总政治部前于 1952 年 10 月 17 日发出法办字第 3714 号联合通报，在通报中并请你们转知所属切实进行。兹接军委总政治部组织部函转华东军区政治部组织部致军委总政治部组织部惠字第 1656 号函抄本稿。请本院与中央司法部将上开联合通报的内容，转达至县一级之司法机构，以便更有效地贯彻这一规定的执行。为此再函请你们，将上开联合通报，传达给你们所属的有关机构，以便普遍切实进行为盼。"最高人民法院**《关于失踪多年的人的财产是否须经过死亡宣告程序继承人始得开始继承问题的复函》**（1951 年 11 月 23 日　法编字第 10996 号）："……关于失踪多年的人之财产是否须经过死亡宣告程序继承人始得开始继承的问题，经与法制委员会联系后，我们认为在中央尚未订有关失踪人宣告死亡的法令之前，法院在处理个别案件时，如认为有必要，即可根据各个失踪人的具体情况而为推定死亡的宣告。至推定死亡宣告的程序，须先经调查，并以登报通告办法为公示催告，催告期间，由法院酌定，至少不得短于两个月。如催告期满，仍无反应，而依调查情形可推定其为死亡，即应为宣告推定死亡的判决。如依具体情况并能推定失踪人之死亡日期者，得于宣告推定死亡之判决内推定其死亡之日期；否则，即应以该判决宣告之日推定为失踪人死亡之日，自各该日起即可开始继承。但此项推定宣告死亡的范围，并不包括人民解放军与人民志愿军的人员。"最高人民法院**《关于处理现役革命军人婚**

姻问题的指示》(1951 年 4 月 21 日):"……(一)处理革命军人婚姻案件,必须遵照婚姻法第十九条的规定,对于不符合规定的离婚请求,应依法驳回;对于符合规定的离婚请求,应严格按照法定手续办理。(二)对于以'多年不通音讯'为理由提出离婚者,首先应切实查明是否革命军人配偶,情况不弄清楚,决不允许轻下判决。对于革命军人婚姻案件,必须确切调查军人与家庭有无通讯关系,以及有多久时间没有通讯关系,不通音讯的原因,与如何证明等。在婚姻法第十九条规定的期间内,革命军人与家庭有通讯关系,其配偶要求离婚者,应将申请书函经该军人服务的团以上政治机关送达,没有该军人同意离婚的确实证明,不准离婚。无论准予离婚和不准予离婚的判决,均应经由该军人服务的团以上政治机关送达。公示送达的办法对于与家庭有通讯关系及查有下落的现役革命军人不应采用。同时对这类案件判决前后,仍应多方面向军人配偶进行耐心的充分的说服教育,防止一切可能发生的意外……"司法部、最高人民法院、军委总政治部《**关于处理在朝鲜战争中被俘或失踪之革命军人婚姻案件的联合通报**》(1952 年 10 月 17 日　沈办字第 3714 号):"……目前因革命军人配偶以军人多年无音讯为理由提出离婚,要求查询军人下落者,日渐增多,其中很多是参加抗美援朝志愿军之人员。经志愿军查询,有些是已被俘或失踪或下落不明,但被敌俘去之我志愿军人员绝大部分表现英勇顽强,不屈不挠地与敌人斗争,失踪或下落不明的其中也有些可能是被俘。因此,对他们婚姻问题的处理,如稍有不慎,势必产生不良影响。今后凡革命军人之配偶以军人多年无音讯而要求离婚,如经查明军人系志愿军人员,并经志愿军查询确已被俘、失踪或下落不明者,一律不得判准女方离婚或取消婚约。俟朝鲜和平实现,敌我双方交换战俘后,如仍查不着时,再考虑处理。"

4. 地方司法性文件。浙江高院民一庭《**关于印发〈关于审理婚姻家庭案件若干问题的解答〉的通知**》(2016 年 6 月 27 日　浙高法民一〔2016〕2 号)第 3 条:"原告起诉离婚,被告下落不明的,是否需要先行提起宣告失踪程序?答:根据《婚姻法》第三十二条第四款规定,一方被宣告失踪,另一方提出离婚诉讼的,是准予离婚的法定情形。但对下落不明的夫或妻一方提起离婚诉讼,并不以宣告其失踪为条件。对此类案件,法院应加强调查走访,询问当事人近亲属及所在单位、社区等相关人员,最大限度保障被告方的诉讼权利。"湖北高院《**民事审判工作座谈会会议纪要**》(2013 年 9 月 1 日)第 16 条:"如果婚姻一方当事人起诉与对方离婚,而对方下落不明的,可以采取公告送达的方式送达诉讼文书,并采取缺席判决的方式判决双方离婚。但考虑到现实生活中人口流动性比较强,公告送达的覆盖面相对有限,且关系到婚姻当事人的人身权利,因此,公告送达应在穷尽其他送达方式的情形下方可适用,缺席判决离婚应从严掌握。"辽宁高院民一庭《**传统民事案件审判问题解答**》(2013 年 8 月)第 20 条:"失踪人的近亲属之间就失踪人财产的代管问题发生争议的,应当如何处理? 参考意见:根据《民法通则》第二十一条之规定,失踪人的财产由他的配偶、父母、成年子女或者关系密切的其他亲属、朋友代管。代管有争议的,由人民法院指定的人代管。失踪人近亲属之间因财产代管问题发生争议,提起诉讼,人民法院应当立案受理,并应按照有利于保护失踪人财产的原则指定财产代管人。"上海高院**《婚姻家庭纠纷办案要件指南(一)》**(2005 年 3 月 4 日　沪高发民一〔2005〕2 号)第 16 条:"因宣告失踪而主张离婚的,当事人应举证证明对方已被宣告失踪。〔说明〕根据《民法通则》的相关规定,从配偶一方离开家庭住所且与家庭无通讯联系之时起算,下落不明满两年的,法院依其利害关系人的申请,经公告查找确无下落的,即可宣告失踪人失踪。夫妻一方失踪,客观上已不能履行对家庭、子女和配偶的责任,婚姻关系已名存实亡,对其配偶提出的离婚请求,由于只处理离婚问题,而无法涉及财产分割及子女抚养,故一般应判决准予离婚。"上海高院**《对贯彻〈最高人民法院关于执行继承法若干意见〉的通知》**(1985 年 11 月 21 日)第 1 条:"对《意见》第 1 条的理解。人民法院对申请宣告失踪人死亡的案件,必须经过调查并发出寻找失踪人的公告,公告期满,根据调查事实,能够推定失踪人意外事故中死亡的,可以此事故发生之日推定为其死亡日期;无法确定失踪人死亡日期的,以公告期满的次日零时推定为失踪人死亡日期。人民法院判决确定的死亡日期,为继承开始的时间。"第 2 条:"对《意见》第 3 条的理解。粮票等计划票证及其他优惠无价证券,不属被继承人的遗产。继承人之间对此有争议的,可根据生产、生活需要进行调解,必要时也可以判决归谁使用。"第 3 条:"对《意见》第 4 条的理解。被继承人死亡后,在前,遗产保管人为遗产的孳息所投入的资金,应予扣除;所付出的劳动,应予合理补偿;孳息作遗产处理。"

【参考类案】

①2018 年**陕西某宣告死亡异议案**,2014 年,与郑某结婚刚 1 个月的杨某外出失踪。杨某女儿报案,公安机关以郑某涉嫌诈骗立案。2016 年,杨某女儿申请宣告杨某失踪,法院支持并指定杨某女儿为杨某财产代管人。2018 年,郑某申请宣告杨某死亡。法院以杨某在此期间持银行卡办理过业务为由予以驳回。郑某提出异议。法院认为:《民法总则》第 46 条规定:"自然人有下列情形之一的,利害关系人可以向人民法院申请宣告该自然人死亡:(一)下落不明满 4 年;(二)因意外事件,下落不明满 2 年。因意外事件下落不明,经有关机关证明该自然人不可能生存的,申请宣告死亡不受 2 年时间的限制。"本案中,杨某失联期限已满 4 年,符合宣告死亡法定期限条件,但杨某是否符合下落不明条件及郑某涉嫌诈骗案正在侦查中,其是否有权申请宣告杨某死亡,系本案审查重点。杨某失踪期间不排除办理过银行业务,并非绝对无音讯;郑某作为杨某配偶、涉嫌诈骗案嫌疑人,因其是否涉嫌

诈骗尚无定论，故对其提出宣告杨某死亡的申请人资格亦应加以限制。裁定驳回郑某宣告杨某死亡异议申请。

②2012 年**四川某宣告死亡案**，2011 年，部队军人王某执行运输任务中因交通事故坠河，多方搜救仍下落不明，经当地公安局证明，已无生还可能。王某妻子张某经向王某入伍地法院、服役地法院咨询，得知均无法受理后，向部队对应管辖的成都军事法院申请宣告王某死亡。法院认为：军事法院受理后，在《人民法院报》发出寻找王某公告，法定公告期间为 3 个月。公告期间届满后，王某未出现。军事法院作出判决，宣告王某死亡。根据《军人抚恤优待条例》（2011 年 7 月 29 日修订）第 9 条第 2 款“现役军人在执行对敌作战、边海防执勤或者抢险救灾以外的其他任务中失踪，经法定程序宣告死亡的，按照因公牺牲对待”规定，及时指导有关部门依民政部《关于贯彻执行〈军人抚恤优待条例〉若干具体问题的解释》批准王某为因公牺牲，发放《革命军人因公牺牲证明书》，并将《革命军人因公牺牲通知书》寄送失踪军人家属居住地县政府，协助王某父母和配偶根据《军人抚恤优待条例》到当地民政部门领取一次性抚恤金，到部队领取补发给王某下落不明期间工资、津贴及住房补贴，一揽子解决了相关善后工作，切实维护了军属合法权益。

③2009 年**某继承纠纷案**，李某在一次台风中与渔船一并失踪。3 年后，李某妻起诉李某母，要求继承李某遗产。法院认为：《继承法》第 2 条规定：“继承从被继承人死亡时开始。”最高人民法院**《关于贯彻执行〈继承法〉若干问题的意见》**（编者注：已于 2021 年 1 月 1 日起废止）第 1 条规定：“继承从被继承人生理死亡或被宣告死亡时开始。”本案中，李某妻起诉，要求继承李某财产，却无证据证明李某已死亡。李某遇台风后 3 年未回家情况下，李某妻并未依《民法通则》第 23 条第 1 款第 2 项规定，以李某“因意外事故下落不明，从事故发生之日起满两年”为由，向法院申请宣告李某死亡，故李某不属于被法院宣告死亡情形。在李某既未被证明生理死亡，又未被法院依法宣告死亡情况下，李某妻以李某母为被告提起诉讼，要求继承李某遗产诉请，不应得到支持。裁定驳回李某妻起诉。

④2003 年**江苏某宣告无民事行为能力案**，2002 年，子因交通事故颅脑重度损伤，诊断呈持续性植物状态，其妻林某一直尽扶养、照顾义务。2003 年，父申请要求宣告其子为无民事行为能力人。法院认为：不能辨认自己行为的精神病人是无民事行为能力人，由其法定代理人代理民事活动。经鉴定确认呈持续性植物状态的植物人等因患病而丧失意识活动和行为能力的公民，适格的申请人可宣告其为无民事行为能力人。父可申请宣告植物人状态的子为无民事行为能力人。子经鉴定目前认知能力丧失，无意识活动，故法院宣告子为无民事行为能力人，指定林某为子监护人。

⑤2003 年**浙江某宣告死亡案**，2002 年，何某受卢某、林某等 4 人雇佣出海。因

海上事故,何某与林某等4人失踪,何某妻向法院申请宣告何某死亡后,与何某继承人一起作为申请人,就渔业互保协会渔民人身平安互保单项下属该轮失踪人员所有的保险赔款12万元申请诉前财产保全并提供了担保。法院认为:何某因海上事故失踪已被申请宣告死亡,申请人可以继承人身份申请诉前海事请求保全。林某等虽因同一事故失踪,但未被申请宣告死亡,作为雇佣责任主体,应列为被申请人。鉴于互保单赔付无需死亡宣告,故裁定准许申请人提出的诉前海事请求保全申请,冻结被申请人在互保单项下保险赔款。

⑥2002年**江苏某宣告死亡纠纷案**,1998年,吴某之子因涉嫌犯罪被押解期间跳江,四年以来音讯全无。公安机关以仍在追捕为由,拒绝国家赔偿。吴某以利害关系人身份申请宣告其子死亡。法院认为:宣告死亡制度侧重于保护利害关系人利益,任何公民包括逃匿的犯罪嫌疑人或被告人,只要下落不明事实状态已满法定期间,即符合被申请宣告死亡实质要件,其利害关系人提出宣告死亡申请,法院即应依法受理和判决。本案中,吴某之子下落不明已满四年,其家人一直打听寻找,并发布公告,一年法定公告期亦已届满,吴某之子仍无音讯,故依法宣告吴某之子死亡。

⑦2000年**福建某宣告无民事行为能力案**,1997年,陈某手术后一直神志不清,语言表达障碍及二便失禁,属于植物人状态。陈某母亲向法院申请宣告陈某为无民事行为能力人并要求指定陈某丈夫肖某为监护人。法院认为:依《民法通则》及其司法解释规定,不能辨别自己行为的精神病人是无民事行为能力人。精神病人(包括痴呆症人)如果没有判断能力和自我保护能力,不知其行为后果的,可以认定为不能辨认自己行为的人。从无民事行为能力人实质构成要件看,应认定植物人亦属于无民事行为能力人。被申请人陈某目前症状符合无民事行为能力人构成要件。判决宣告陈某为无民事行为能力人,指定肖某为陈某监护人。

【典型类案实务要点】

1.**【申请宣告死亡利害关系人,特定情形不受顺序限制】**在失踪人长期下落不明且已符合宣告死亡法定条件时,配偶基于财产掌控等目的恶意不行使申请权,申请宣告死亡的第二顺序利害关系人可向法院申请宣告死亡。

2.**【配偶涉嫌犯罪,其所提宣告死亡申请资格应予限制】**宣告死亡申请人作为涉嫌诈骗失踪人财产的嫌疑人,虽具有法律规定的申请宣告死亡利害关系人主体资格,但在刑事案件尚无定论时,对其提出宣告死亡的申请人资格应加以限制。

3.**【宣告军人死亡案件,应属于军事法院专门管辖范围】**依最高人民法院《关于军事法院管辖民事案件若干问题的规定》,宣告军人死亡案件纳入军事法院专门管辖范围。

4.【遇台风三年未回家，配偶诉请继承的，应裁定驳回】行为人因意外事故下落不明，在其既未被证明生理死亡，又未被法院依法宣告死亡情况下，其配偶诉请继承财产的，不予支持。

5.【呈持续性植物状态，可被宣告为无民事行为能力人】对持续性植物状态的植物人等因患病而丧失意识活动和行为能力公民，适格申请人可宣告其为无民事行为能力人。

6.【下落不明人被宣告死亡后，继承人可申请财产保全】在申请宣告下落不明人死亡期间，下落不明人的近亲属作为利害关系人，可以继承人身份申请诉前海事请求保全。

7.【逃匿嫌犯下落不明四年，利害关系人可宣告其死亡】任何公民包括逃匿的犯罪嫌疑人或被告人，只要下落不明事实状态已满法定期间，即符合被申请宣告死亡实质要件。

8.【植物人不能辨别自己行为，应宣告无民事行为能力】精神病人和痴呆症人以外的植物人如无判断和自我保护能力，不知其行为后果的，仍应认定为无民事行为能力人。

【类案裁判一般规则】

被宣告失踪人的财产由其配偶、成年子女、父母或其他愿意担任财产代管人的人代管。代管有争议，没有前款规定的人，或前述人员无代管能力的，由法院指定的人代管。财产代管人不履行代管职责、侵害失踪人财产权益或丧失代管能力的，失踪人的利害关系人可向法院申请变更财产代管人，变更后的财产代管人有权请求原财产代管人及时移交有关财产并报告财产代管情况。”

【典型参考案例索引】

主旨案例：见《申请宣告死亡利害关系人的顺序问题》（吴晓芳，最高院民一庭），载《民事审判指导与参考·指导性案例》（200901/37：137）。**其他案例：**①陕西西安新城区法院（2018）陕0102民特监1号“郑连珍与杨瑞虹宣告死亡异议案”，见《宣告死亡案件异议的审查》（姚建军），载《人民司法·案例》（201905：43）。②成都军区直属军事法院（2012）军成直民特字第2号“张某申请宣告王某死亡案”，见《宣告军人死亡案件应由军事法院专门管辖的优势分析》（宁志坚），载《人民司法·案例》（201220：21）。③见《诉请继承意外事故中下落不明满两年的人的“遗产”能否得到支持》（《民事审判指导与参考》研究组），载《民事审判指导与参考·民事审判信箱》（200903/39：288）。④江苏盱眙法院（2003）盱民一特字第424号“罗某申请宣告其子为无民事行为能力人案”，见《罗仕林申请宣告呈持续性植物状态的罗某某为无民事行为能力人案》(刘洋),载《人民法院案例选》(200501/51:144)。⑤宁波海事法院裁定“何某等申请海事保全案”,见《利害关系人葛晓娇等在申请宣告因海上事故下落不明的人死亡期间申请诉前海事请求保全案》(吴勇奇),载《人民法院案例选》(200302/44:384)。⑥江苏兴化法院(2002)兴法民特字第1号“吴某申请宣告其子死亡案”,见《吴广德申请宣告其子吴加洪死亡案》(卞文斌),载《人民法院案例选》(200601/55:217)。⑦福建厦门思明区法院(2000)民特字第337号“肖某申请宣告陈某无民事行为能力案”,见《肖苹申请宣告陈智华无民事行为能力案》(陈永华),载《中国审判案例要览》(2001民:535)。

九、遗产继承

81. 遗产继承与分割原则

——被继承财产，如何来分割？

【分割原则】

【案情简介及争议焦点】

1991年，户主金某被登记为宅基地使用权人，使用权审核表中还载有金某妻、金某子。2005年，金某子去世，金某媳陈某带6岁的女儿即金某孙搬离该房。2007年，金某遗嘱将其财产全部由妻继承。2008年，金某去世。2009年，因该房拆迁，补偿款41万元。陈某及女儿作为原告，起诉婆婆金某妻，要求分割补偿款。

争议焦点：1. 农村房屋作为遗产的分割原则？2. 本案如何处理？

【裁判要点】

1. 分割原则。宅基地使用权证和审核表登记内容是确定农村宅基地房屋所有权的重要依据。鉴于该房翻修时金某子已成年，应认定金某夫妇对系争房屋有主要贡献，可予多分。故房屋补偿款及其他补偿，按金某35%、金某妻35%、金某子30%比例分割。因该宅基地房屋系家庭共有，故对该财产分割，除考虑权利人对财产贡献大小外，财产来源、居住状况等情况也应一并考虑。农村宅基地拆迁补偿原则上分为房屋补偿和宅基地使用权补偿。地上物补偿应归房屋权利人。宅基地使用权审核表是确定农村宅基地房屋所有权重要依据。权利人对财产贡献大小、财产来源、居住状况等情况是确定分割比例因素。

2. 本案处理。本案中，金某子死后，陈某带女儿搬离系争房屋，故搬家补助、安置补助、奖励费理应归金某妻所有。因宅地基使用权具有很强的身份属性，系农村集体经济组织无偿提供给本集体成员享有的，且按户计算。当一户人口减少，宅基地由一户中剩余成员共同使用，宅基地使用权补偿款则由该户剩余成员共有。因陈某并非宅基地使用权人，而宅基地使用权人金某及金某子已死，故宅基地使用权应归属金某妻，相应宅基地使用权补偿款应由金某妻所有。金某所立遗嘱对缺乏劳动能力又无生活来源的金某孙未保留必要份额，故遗嘱无效，依《继承法》规定适用法定继承。金某子先于金某死亡，依法由金某孙代位继承其父即金某子应得份额。金某所得份额作为遗产适用法定继承，由陈某及女儿继承。金某子所得份额作为遗产,由配偶、子女、父母继承。判决补偿款41万余元,陈某11万余元,金某孙4万余元,金某妻35万余元。

【裁判依据或参考】

1. 法律规定。《民法典》(2021年1月1日)第1130条:“同一顺序继承人继承遗产的份额,一般应当均等。对生活有特殊困难又缺乏劳动能力的继承人,分配遗产时,应当予以照顾。对被继承人尽了主要扶养义务或者与被继承人共同生活的继承人,分配遗产时,可以多分。有扶养能力和有扶养条件的继承人,不尽扶养义务的,分配遗产时,应当不分或者少分。继承人协商同意的,也可以不均等。”第1131条:“对继承人以外的依靠被继承人扶养的人,或者继承人以外的对被继承人扶养较多的人,可以分给适当的遗产。”第1132条:“继承人应当本着互谅互让、和睦团结的精神,协商处理继承问题。遗产分割的时间、办法和份额,由继承人协商确定;协商不成的,可以由人民调解委员会调解或者向人民法院提起诉讼。”第1153条:“夫妻共同所有的财产,除有约定的外,遗产分割时,应当先将共同所有的财产的一半分出为配偶所有,其余的为被继承人的遗产。遗产在家庭共有财产之中的,遗产分割时,应当先分出他人的财产。”第1154条:“有下列情形之一的,遗产中的有关部分按照法定继承办理:(一)遗嘱继承人放弃继承或者受遗赠人放弃受遗赠;(二)遗嘱继承人丧失继承权或者受遗赠人丧失受遗赠权;(三)遗嘱继承人、受遗赠人先于遗嘱人死亡或者终止;(四)遗嘱无效部分所涉及的遗产;(五)遗嘱未处分的遗产。”第1156条:“遗产分割应当有利于生产和生活需要,不损害遗产的效用。不宜分割的遗产,可以采取折价、适当补偿或者共有等方法处理。”

2. 最高人民法院司法解释及其他司法性文件/解读文章。最高人民法院《**关于杨杰遗产继承一案的函**》(1994年5月11日):“……经研究,我们原则同意你院关于杨兆虎、杨立勤和朱美安为杨杰合法继承人,杨兆龙为继承人以外可分享杨杰遗产的人的意见。具体分割遗产时,请考虑杨杰遗产的历史和现状,依法合情合理地进行处理。同时,应注意做好当事人的工作,以使纠纷妥善解决。”最高人民法院《**关于土改时部分确权、部分未确权的祖遗房产应如何继承问题的批复**》(1987年4月25日 〔1987〕民他字第48号):“……据你院报告称:双方讼争的四间房屋系刘验福(1927年故)、田二妹(1960年故)夫妇于1912年所建。1952年土改时,将其中三间房屋确权为田二妹及养子刘志国(1982年故)、儿媳向翠莲、孙儿刘×仁4人所有,另一间房屋未确权。田二妹之女刘志珍1927年出嫁。1953年刘志珍迁回与其母田二妹一起生活,对田二妹的生养死葬等尽了主要义务。1983年刘志珍以四间房屋系父母遗产,她应继承二分之一为由,诉讼到法院。经研究,同意你院审判委员会的意见,即处理这类案件一般应以土改时确定的产权为准。1952年确权的三间房屋，应归田二妹与其养子刘志国、儿媳向翠莲、孙儿刘×仁四人所共有。该共有房屋中属于田二妹的那一部分房屋和土改未确权的一间房屋，可以作为田二妹的遗产，由其法定继承人共同继承。因刘志珍与其母共同生活，尽了主要赡养义务，分配遗产时可以多分。”最高人民法院**《关于韩荷敏等人与宁桂兰等人房屋继承案的批复》**（1986年6月10日 〔1986〕民他字第25号）：“……我们研究认为，韩子良家的五十七间房屋，是韩子良与其妻宁桂兰、妾迟秀兰婚姻关系存续和共同生活期间购买的。1952年夫、妻、妾分别登记，领取了房产权执照。1957年私房改造时，韩子良、宁桂兰、迟秀兰各自名下的房产归为一户改造，将韩子良一人名下的房屋留为全家作自住房，故不能认为所留自住房原产权登记在韩子良名下，就归其个人所有。至于1965年韩子良自行处分共有房产，向房产部门送交‘变更房产所有权申请书’，以及1980年韩荷敏等人把共有房产作为韩子良的遗产办理‘继承分割房产执照’等，都是无效的民事行为。据此，我们意见，本案诉争的二十四间房屋，作为韩子良、宁桂兰、迟秀兰的共有财产分割后，可将属于韩子良的份额，由其妻、妾及十三名子女依法继承。在分割韩子良的遗产时，可根据各继承人的实际情况，合理分配。”最高人民法院**《关于贯彻执行〈中华人民共和国继承法〉若干问题的意见》**（1985年9月11日 法〔民〕发〔1985〕22号，2021年1月1日起废止）第6条：“遗嘱继承人依遗嘱取得遗产后，仍有权依继承法第十三条的规定取得遗嘱未处分的遗产。”第31条：“依继承法第十四条规定可以分给适当遗产的人，分给他们遗产时，按具体情况可多于或少于继承人。”第32条：“依继承法第十四条规定可以分给适当遗产的人，在其依法取得被继承人遗产的权利受到侵犯时，本人有权以独立的诉讼主体的资格向人民法院提起诉讼。但在遗产分割时，明知而未提出请求的，一般不予受理；不知而未提出请求，在二年以内起诉的，应予受理。”第33条：“继承人有扶养能力和扶养条件，愿意尽扶养义务，但被继承人因有固定收入和劳动能力，明确表示不要求其扶养的，分配遗产时，一般不应因此而影响其继承份额。”第34条：“有扶养能力和扶养条件的继承人虽然与被继承人共同生活，但对需要扶养的被继承人不尽扶养义务，分配遗产时，可以少分或者不分。”第58条：“人民法院在分割遗产中的房屋、生产资料和特定职业所需要的财产时，应依据有利于发挥其使用效益和继承人的实际需要，兼顾各继承人的利益进行处理。”第59条：“人民法院对故意隐匿、侵吞或争抢遗产的继承人，可以酌情减少其应继承的遗产。”最高人民法院**《关于顾月华诉孙怀英房产继承案的批复》**（1985年2月27日 法民复〔1985〕15号）：“……经研究认为，根据本案实际情况，孙怀英有权继承丈夫顾鸿滨的遗产，同时，鉴于她长期经管房屋，付出了代价，在分配遗产时，还应给予适当照顾。”最高人民法院**《关于兄妹间抚养问题的批复》**（1985年2月16日）：“……程秀珍自1958年患精神病以后，即丧失劳动能力。因她无直系亲属，其生活全部依靠其兄长程心钊、程心慈及侄子女供给扶养,直至1981年程心慈去世。据此,本院同意你院关于程秀珍应继续由程心钊扶养,并从刘凤秀及其子女所继承的程心慈遗产中,分出一部分,作为程秀珍的生活费的意见。处理时请尽量采用调解方式解决,并根据实际情况,安排好程秀珍今后的生活。"最高人民法院**《关于继承权问题意见的复函》**(1951年9月20日　法编字第9199号)第1条:"继承人之分列先后顺序,依照实际情况,应当是:继承人之第一顺序,应以配偶、子女(包括养子女、非婚生子女)及无劳动能力或其他生活条件的父母及祖父母。此外向受被继承人扶养而无劳动能力或其他生活条件的亲属或非亲属亦有酌分遗产的权利。第一顺序中之子女,有先于被继承人死亡者,应由其所生之孙子女或外孙子女代位继承。被继承人之有生活条件的父母或祖父母为第二顺序的继承人。被继承人之有生活条件的兄弟姊妹为第三顺序的继承人。如无继承人时,死亡者的遗产应归国有。至于你会综合意见第一段所述'死亡者意愿'一点,主要是指遗嘱效力而言,我们认为这点可俟决定的有关遗嘱的法令或指示时再为全面考虑,现在似可不提。"第2条:"关于同一顺序继承人间,各人应得继承份额多寡的问题,我们认为可不遽作硬性的规定,目前可以平均为原则;但得斟酌具体情况,如各继承人的生活情况,发展生产等条件,而有所增减。同一顺序的继承人中有属代位继承者,一般的应按房代位继承;其应继的份额,遇有特殊情况亦得予以照顾。"最高人民法院**《对于婚姻继承等有关问题的来问之解答》**(1951年5月31日　法编字第5528号):"……关于继承的问题。根据共同纲领第六条男女权利平等的原则,及婚姻法第十四条的规定,子、女对于父母的遗产享有平等的继承权。遗产的分割,一般的是平均的分割遗产,若因平均分割而显然要影响到生产发展或显失公平,亦得按具体情况为适当的处理,不能机械地去执行。"

3. 地方司法性文件。北京高院**《关于审理继承纠纷案件若干疑难问题的解答》**(2018年6月11日)第10条:"在被继承人生前对宅基地房屋翻扩建存在贡献的人,主张宅基地房屋权利的,如何处理?对被继承人生前宅基地上房屋翻扩建确存在贡献的人,据此主张享有宅基地上房屋共有权或增加相应继承份额的,人民法院不予支持。对于其据此主张的相应补偿请求,人民法院应根据相应证据,尊重风俗习惯,从公平角度出发,在判断法律关系性质属于赠予、亲属间无偿帮扶抑或债务的基础上,确定是否支持。"第14条:"继承纠纷中请求对城市成套住宅、住宅平房进行所有权分割的,如何处理?继承纠纷中数个继承人请求将登记为成套住宅的遗产分割为数个不动产物权进行继承的,人民法院不予支持。继承纠纷请求将登记为住宅平房的遗产分割为数个不动产物权进行继承的,应先征询相关行政主管机关意见,对是否具备物理分割、单独办理不动产权证的条件进行明确。避免出现与相关政策冲突难以执行情况。上述不能分割为数个不动产物权进行继承的,人民法院应释明当事人变更诉讼请求为对不动产物权继承份额进行确定，并可请求进行实际使用分割。”

【参考类案】

①2009年**某继承纠纷案**，被保险人与受益人在同一事件中死亡且不能确定死亡先后时间的，如两者相互之间本身就有继承关系，是否按《继承法》及其司法解释规定确定死亡先后顺序？法院认为：依最高人民法院《关于贯彻执行〈中华人民共和国继承法〉若干问题的意见》（编者注：已于2021年1月1日起废止）第2条规定：相互有继承关系的几个人在同一事件中死亡，如不能确定死亡先后时间的，推定没有继承人的人先死亡。死亡人各自都有继承人的，如几个死亡人辈分不同，推定长辈先死亡；几个死亡人辈分相同，推定同时死亡，彼此不发生继承，由他人各自的继承人分别继承。《保险法》第42条第2款规定“受益人与被保险人在同一事件中死亡，且不能确定死亡先后顺序的，推定受益人死亡在先。”比较上述不同规定可知，当被保险人与受益人存在继承关系时，就两者死亡时间推定问题，《继承法》司法解释第2条与《保险法》第42条第2款规定之间可能存在法条适用上的竞合现象。在目前立法和司法解释未对此作出明确厘定情形下，有关保险金继承中可能涉及的死亡时间推定，应以《保险法》第42条第2款规定为宜。原因在于：根据特别法优先于一般法原则，保险金作为与被保险人相关的一种特殊性质财产，其继承问题应优先适用《保险法》规定；《保险法》第42条第1款已明确保险金作为遗产继承的几种情形，而其第2款则单独就被保险人和受益人死亡时间推定问题作出不同于《继承法》司法解释第2条的特别规定，由此可知，《保险法》第42条第2款有关死亡时间规定仅针对保险金作为遗产继承情况；《继承法》司法解释针对对象系《继承法》而非《保险法》，故该司法解释第2条有关死亡时间推定，不能适用于《保险法》。限于《保险法》本身规范对象特定性，不能将《保险法》第42条第2款有关死亡时间推定扩张至保险金以外其他财产继承的死亡时间推定中。否则，在继承问题上，将有以特别法取代一般法之嫌。

②2003年**江苏某继承纠纷案**，2000年，张某与张某兄、张某弟、张某妹所签“字据”确认张某与张某兄出资，对父母房屋翻扩建，新增面积37平方米。2003年，张某父母先后去世。2004年，张某诉请分割房产。法院认为：在确定张某与张某兄、张某弟及张某妹签名字据真实性基础上对其内容进行判断，可证明张某对房屋翻建、扩建的出资行为，同时具有家庭协议性质，该协议中内容不违反法律部分具有其相应效力。诉争房屋所有权中的43平方米属于张某父母生前共有财产，应按法定继承办理，由第一顺序继承人原告、被告共4人按均等份额继承。房屋所有权确定，应考虑房屋形成时的来源和实际使用情况。本案所涉房屋在翻建时进行了

扩建,对于新增面积应予确权,由于张某及张某兄参与了出资,对财产形成起了主要作用,且在翻建、扩建时对房屋将来归属原告、被告作出了书面约定,张某关于新增面积属于其与张某兄按均等份额共有主张应予支持。判决诉争房屋所有权属原告、被告按份共有,其中张某、张某兄各享有 36.6%,张某弟、张某妹各享有 13.4%。

【典型类案实务要点】

1.【**农村宅基地房屋拆迁补偿,权利人及份额确定原则**】宅基地使用权审核表是确定农村宅基地房屋所有权重要依据,权利人对财产贡献大小、财产来源、居住状况等情况是确定分割比例因素。

2.【**被保险人和受益人死亡时间难分,推定受益人先死**】在保险金作为遗产继承时,相互有继承关系的被保险人和受益人死亡时间推定,应适用《保险法》特别规定。

3.【**遗产房分割时,应考虑翻扩建出资及实际使用情况**】房屋所有权确定与房屋作为遗产而发生的继承份额认定结合在一起时,应考虑房屋形成时的来源和实际使用情况。

【类案裁判一般规则】

夫妻共同所有的财产,除有约定的外,遗产分割时,应当先将共同所有的财产的一半分出为配偶所有,其余的为被继承人的遗产。遗产在家庭共有财产之中的,遗产分割时,应当先分出他人的财产。同一顺序继承人继承遗产的份额,一般应当均等。对生活有特殊困难又缺乏劳动能力的继承人,分配遗产时,应当予以照顾。对被继承人尽了主要扶养义务或者与被继承人共同生活的继承人,分配遗产时,可以多分。有扶养能力和有扶养条件的继承人,不尽扶养义务的,分配遗产时,应当不分或者少分。对继承人以外的依靠被继承人扶养的人,或者继承人以外的对被继承人扶养较多的人,可以分给适当的遗产。依法可以分给适当遗产的人,在其依法取得被继承人遗产的权利受到侵犯时,本人有权以独立的诉讼主体资格向法院提起诉讼。

【典型参考案例索引】

主旨案例:上海奉贤区法院(2009)奉民一(民)初字第 1668 号"金某等诉陈某继承纠纷案",见《农村宅基地房屋拆迁补偿析产继承纠纷的处理原则》(邵忠华、褚玉兰),载《人民司法·案例》(201018:22)。**其他案例:**①见《保险金作为遗产继承时的死亡时间推定应适用〈保险法〉的特别规定》(《民事审判指导与参考》研究组),载《民事审判指导与参考·民事审判信箱》(200902/38:308)。②江苏南京下关区法院(2003)下民一初字第1322号“张某与张某妹等继承纠纷案”,见《张克文诉张长智、张玉韦、张桂英确权、继承案(继承)》(朱晓斌),载《中国审判案例要览》(2005民:442)。

82. 一般遗产范围的认定

——所遗留财物,是不是遗产?

【遗产范围】

【案情简介及争议焦点】

2004年,於某父母祖屋拆迁,於某与於某兄代表其他子女各自领取了优惠面积约为244平方米的购房联系单,其中於某将其房票转让他人,获31万元。於某兄凭房票以自己名义优惠购买了195平方米安置房,余下约49平方米转让他人,获5万元。2009年,於某与其他子女起诉於某兄,要求对於某兄所得房票价值及用房票购房后产生的利益属于父亲的那部分进行继承分割。

争议焦点:1. 案涉房票应否认定为遗产?2. 案涉房票如何分割?

【裁判要点】

1. 案涉房票具有价值,应属遗产。遗产未分割前,属继承人共同共有,各继承人均系该遗产共有人。於某兄作为代理人出面签订拆迁协议而取得房票,其中属於某父亲部分系遗产,当事人均系该遗产共有人。房票是拆迁人给予被拆迁人调产安置时购买安置用房凭证,因凭房票购买安置用房价格低于市场商品房价格,使得房票在事实上存在一定经济价值,具有财产权性质,涉案房票是当事人双方共有财产。於某兄凭房票购买涉案房屋,同时投入自有资金,房票因其购买行为而转换成房屋,当事人双方对涉案房屋所代表的经济利益均享有共有权。於某兄主张按房票当时价值款项进行分割,因房票与於某兄投入资金已转换成房屋,且涉案房屋存在升值事实,故法院对其该项主张不予支持,应以涉案房屋价值为标的进行分割为宜。

2. 案涉房票价值认定及分割原则。关于房票价格,於某出售价格为1270元/平方米,於某兄出售价格为1032元/平方米,法院建议对於某兄用于购买涉案房屋房票按折中均价 1151 元/平方米计算。综上所述,确定於某兄购房时房票价值为 22 万余元。根据房票价值在其购房价款中所占比例,确定原告共同对涉案房屋价值享有约 38% 份额,於某兄享有约 62% 份额。涉案房屋价值评估价扣减购房手续费和物业管理费等费用后,应由於某兄按上述比例分割,判决於某等原告应继承金额约 50 万元。

【裁判依据或参考】

1. 法律规定。《**民法典**》(2021 年 1 月 1 日)第 1122 条:"遗产是自然人死亡时遗留的个人合法财产。依照法律规定或者根据其性质不得继承的遗产,不得继承。"

2. 行政法规。国务院《**台湾同胞投资保护法实施细则**》(1999 年 12 月 5 日)第 20 条:"台湾同胞投资者投资的财产、工业产权、投资收益和其他合法权益,可以依法转让和继承。"

3. 最高人民法院司法解释及其他司法性文件/解读文章。最高人民法院《**关于适用〈中华人民共和国物权法〉若干问题的解释(一)**》(2016 年 3 月 1 日　法释〔2016〕5 号,已于 2021 年 1 月 1 日起废止)第 9 条:"共有份额的权利主体因继承、遗赠等原因发生变化时,其他按份共有人主张优先购买的,不予支持,但按份共有人之间另有约定的除外。"最高人民法院《**关于对土改时祖遗房产填写土地房产证后的产权确认问题的复函**》(1990 年 2 月 5 日　〔89〕民他字第 46 号):"……经研究,我们同意你院的第一种意见,即双方诉争之六间房产系祖遗房产,其父辈孙履忠、孙履坦兄弟 2 人未曾分家析产。在土改填发土地房产所有证时,孙履坦将该房填写在自己名下,但未载明家庭人数,据土改干部证明:'该房是哥俩的,土地证填写谁的名都行。'因此,该房产应视为孙履忠、孙履坦之父遗产,按先析产后继承的原则处理为宜。具体如何分割,请根据实际情况酌定。"最高人民法院《**关于赵汝湜被没收发还的财产应如何认定和继承问题的批复**》(1988 年 8 月 17 日　〔1988〕民他字第 47 号):"……我们研究认为:赵汝湜于 1951 年被错杀时,其家庭共有财产除留一小部分作为家属生活费用外,全部被没收。因此,赵汝湜平反后发还的被没收的财产以认定为赵汝湜及其妻、妾的共有财产为宜。处理时,应先由共有人析产,属于赵汝湜的遗产部分由其法定继承人继承。属于其妻、妾的部分,由其各自的法定继承人继承。另外,考虑到赵汝芳(田舜华之母)与其弟赵汝湜相互扶助等情况,可将赵汝湜的遗产分给赵汝芳一部分,以示照顾。"最高人民法院《**关于孙大鲲等人与孙大成等人房产确权继承案的批复**》(1988 年 7 月 12 日):"……经我们研究认为:该案双方争执之 14 间房产确系孙大鹏、孙大玲、孙大钧、孙大秀、孙大明之父孙兆骧 1942 年所购置。1951 年重新登记房屋产权时,因孙兆骧表示过放弃产权，该房产权人改为孙兆麟、孙张氏，但不久，孙兆麟又将房产证及房屋归还孙兆骧，交其管理、使用。‘文革’期间孙兆骧本人将该房交公。1983 年国家落实私房政策时，房管部门退给的房租结算款也交给了孙兆骧。孙兆骧长期对房屋行使所有权，孙兆麟、孙张氏生前从未提出异议。据此，我们同意你院审判委员会的倾向性意见，即以确认该房产权归孙兆骧所有，由其 5 个子女孙大鹏、孙大玲、孙大钧、孙大秀、孙大明依法继承为宜。”最高人民法院**《关于产权人生前已处分的房屋死后不应认定为遗产的批复》**（1987 年 6 月 24 日　〔1987〕民他字第 31 号）：“……我们研究认为，此案讼争房屋虽系祖遗产，但陶齐氏已将产权状交与陶国祥，并在两次产权登记和私房改造中，均确定由陶国祥长期管理使用，陶冶在陶齐氏生前从未提出异议。据此应当认为该房产权早已转归陶国祥、邓秀芳夫妻共有。陶国祥死后的遗产，依法应由邓秀芳及其子女继承。陶冶无权要求继承。”最高人民法院**《关于冯钢百遗留的油画等应如何处理的批复》**（1987 年 6 月 17 日　〔1987〕民他字第 17 号）：“……据报告称，画家冯钢百于 1984 年 10 月病逝后，其子女为其父所绘油画 32 幅和绘画工具等的处理发生争执：冯贵真要求继承部分油画；冯学平等四人则认为，其父是我国著名的油画家，所遗油画有一定的艺术价值，不同意分割，主张按其父的遗愿将油画全部献给国家。为此，冯贵真向人民法院提起诉讼。经与有关部门研究后认为，冯钢百生前所绘油画虽有一定艺术价值，但仍属可分割的遗产，他生前表示将其油画献给国家的意愿不是遗嘱。因此，冯钢百遗留的油画等遗产应根据我国继承法的有关规定，由其子女冯贵真、冯约素、冯振玉、冯磊、冯学平等人继承。”最高人民法院**《关于贯彻执行〈中华人民共和国继承法〉若干问题的意见》**（1985 年 9 月 11 日　法〔民〕发〔1985〕22 号，2021 年 1 月 1 日起废止）第 3 条：“公民可继承的其他合法财产包括有价证券和履行标的为财物的债权等。”

4. 地方司法性文件。上海高院**《全市法院民事审判工作庭长例会研讨意见纪要（婚姻家庭部分）》**（2015 年）第 2 条：“被继承人生前，法定继承人签订的分家协议效力问题。被继承人生前，子女互相签订分家协议，约定被继承人死亡后，部分子女因承担了赡养父母的主要义务可多继承遗产，部分子女则自愿放弃遗产继承。实践中，对此类协议的效力认定存在争议。倾向性意见认为，此类协议是法定继承人对个人期待利益的合法处分，虽然签订协议时遗产继承尚未发生，但法定继承人对遗产继承存在期待利益，该种期待利益也属于财产性权利，可以通过协议的方式自主处分。且上述协议约定遗产继承与赡养义务相关联，也符合法律规定和公序良俗。若被继承人死亡时，其遗产范围无变化，且其生前亦未对遗产作出处分，承担赡养义务人也按照协议约定履行义务的，则其要求按照协议分割遗产的主张可以予以支持。”上海高院**《关于印发〈关于审理房产纠纷案件若干疑难问题的讨论纪要〉的通知》**（1993 年 10 月 27 日　沪高法〔1993〕148 号）第 12 条：“优惠价商品房产权人死亡后，继承人要求继承时，应根据继承人的居住情况，分割实房或房屋折价款。对与被继承人同住的继承人应优先考虑继承实房，其他继承人可按份额继承相应的折价款，折价款以房屋重置价计算。”

【参考类案】

（1）房屋。①2015年**某财产权属纠纷案**，1951年土地改革，莫某父领取《土地房产所有证》。1970年间，莫某父另住他处，该土地及房屋由莫某婶子戴某使用。1990年，戴某通过土地重新申报登记途径成为该集体土地建设用地使用权证所载权利人。2011年，上述房屋列入拆迁范围。莫某在国土局办理异议登记后，持原《土地房产所有证》，向法院起诉戴某，要求确权。法院认为：依《土地登记办法》第59条、第60条规定，土地权利人、利害关系人认为土地登记簿记载的事项错误的，可以申请更正登记。土地登记簿记载的权利人不同意更正的，利害关系人可以申请异议登记。对符合异议登记条件的，主管部门应当将相关事项记载于土地登记簿，并向申请人颁发异议登记证明。但异议登记后，申请人应当在15日内向法院起诉，否则异议登记失效，土地登记簿记载的土地权利人可以持相关材料申请注销异议登记。《物权法》第19条分别对申请异议登记和异议登记失效等情形作了相关规定。本案中，在莫某向国土局提出登记错误，且国土局进行了异议登记后，依法可选择民事诉讼程序解决土地房屋权属纠纷。1951年土地改革，是对农村房屋进行的首次分配登记，如发生土地房屋产权纠纷，土改时发的《土地房产所有证》可作为一种原始取得的确权依据。但由于土改至今年代较长，如期间出现过分家析产、遗赠、房屋买卖或经过有关部门重新审批等情形，新权利人可以此作为对土改时颁发的《土地房产所有证》所载权利人的抗辩理由。本案中，虽诉争房屋已被拆迁，但安置补偿工作尚未进行，故仍应以原诉争房屋权属作为本案争议标的。由于1990年土地重新登记发证系对农村宅基地的重新登记，戴某亦系通过土地重新申报登记途径，而成为集体土地建设用地使用权证所载权利人。在原权利人（或其继承人）与新权利人之间产生权属争议时，新权利人申报土地登记时有无提供合法的权属来源证明应为本案审查重点之一。依当事人举证，新权利人即戴某申报土地登记时，提供的权属来源证据不足认定为对农村宅基地使用权的重新审批或重新分配，因而不能成为该土地使用权的原始取得依据。戴某亦不能提供分家析产、遗赠、买卖等对诉争房屋继受取得的依据，故其主张诉争权属难以获得支持。此外，最高人民法院《关于贯彻执行民事政策法律若干意见》第53条亦规定了有关土改遗留房屋确权纠纷，一般应以土改时所确定的产权为准。本案中，戴某与莫某均系诉争房屋原共有人继承人，故戴某亦系诉争房屋共有人之一。莫某父于1970年间另住他处，并不因此丧失所有权，戴某在1990年间进行了重新申报登记，把诉争房屋登记在自己一人名下系代原房屋土地共有人登记。最高人民法院《关于贯彻执行〈中华人民共和国民法通则〉若干问题的意见(试行)》第177条规定:“遗产未分割的,即为共同共有。”本案中,当事人对共有遗产一直未进行分割,因而莫某请求确认并分割土地房屋权属,属不动产物权确认和共有财产分割之诉,故未超过诉讼时效。判决诉争房屋、土地权属2/3由莫某继承所有。

②2012年**江苏某所有权纠纷案**,1912年,王某妹出嫁,随丈夫至外地生活。1944年,王某父去世。1946年,王某父母夫妻共有房产登记在长子王某名下。1948年,王某母去世。1962年至1979年期间,王某妹、王某、王某弟先后去世。1988年,王某继承人在房产管理部门有关登记材料中填写房屋系祖产。2006年,王某两子登记为房屋产权人。2012年,王某妹、王某弟继承人起诉王某继承人,要求分割房屋。法院认为:诉争房屋系王某父母夫妻共同财产,该房土地所有权1946年登记在王某名下,但当时王某母尚健在,且王某弟一家居住在涉案房屋中,无证据证明系王某父母将涉案房屋及土地处分给王某。1988年,王某继承人在房产管理部门有关登记材料中所填写内容,可反映出王某继承人认可涉案房屋为王某兄弟所共有,说明了1946年王某系作为两兄弟代表进行登记。王某妹从1912年出嫁后搬离涉案房屋,随丈夫至外地生活,距离1946年土地所有权登记已30余年。王某妹在父母去世前回娘家看望父母,王某妹对涉案房屋及土地登记在王某名下应当知情,但王某妹生前对此从未提出异议,应认定王某妹对涉案房屋放弃所有权和丧失权利。至于1988年涉案房屋登记在王某名下,并不能改变该房屋为王某兄弟法定继承人共同财产之事实。至于2006年王某子分别所作房产登记,因无其他权利人放弃权利证据,应认定本次登记为错误登记,并不影响其他权利人按民事法律关系主张权利。在被继承人死亡后,作为继承财产的房屋错误登记在部分继承人名下,并不能改变房屋共有权状态,亦并不能以诉讼时效已过而否定其他权利人要求确认并分割房屋的实体权利,故法院按法定继承原则,对涉案房屋进行分割。

③2011年**浙江某物权确认纠纷案**,1983年,陈某与其两子陈兄、陈弟签订父子协议,其中约定两间平房待陈某夫妇过世后归陈兄所有。1999年,陈兄亡故。至2008年,陈某夫妇均亡故,此前两间平房已被拆迁,拆迁部门已确定陈某享有两间平房的安置权。2011年,陈兄之妻及子女作为原告起诉陈弟,要求判决确认陈某名下已被拆迁的房屋安置权归原告所有。法院认为:《民法通则》第54条规定:“民事法律行为是公民或者法人设立、变更、终止民事权利和民事义务的合法行为。”案涉父子协议分割家庭财产,约定赡养父母事宜系当事人真实意思表示,对各方均具有法律约束力。其中关于诉争平房权属约定,即在陈某夫妇去世这一期限届至时,该平房即属陈兄所有,陈兄享有取得该平房所有权的期待权。陈兄去世后,其享有的该期待权理应由其法定继承人享有。陈兄虽先于陈某夫妇去世,诉争

平房亦不应作为遗产由其法定继承人继承,而应根据分产协议约定确定权利归属。诉争平房在陈某去世前已被拆迁,在陈某去世后,该平房安置权利应属第一顺序继承人陈兄享有。

④2011 年**浙江某赠与合同纠纷案**,2005 年,洪某向洪某女出具字据,载明将房改房动迁利益赠与洪某女。2010 年,洪某去世,其拆迁安置协议约定的安置房尚未最终确定。洪某兄以洪某无其他继承人为由,公证继承洪某遗留上述房产利益。2011 年,洪某女诉请对安置房利益确权。法院认为:赠与合同是赠与人将自己财产无偿给予受赠人,受赠人表示接受赠与的合同。当事人之间订立有关设立、变更、转让和消灭不动产物权合同,除法律另有规定或合同另有约定外,自合同成立时生效;未办理物权登记的,不影响合同效力。《合同法》第 185 条规定:"赠与合同是赠与人将自己的财产无偿给予受赠人,受赠人表示接受赠与的合同。"所谓自己的财产,不仅包括赠与人个人所有的动产、不动产等有体物,还应包括财产性利益。本案中,赠与人洪某亲笔书写了赠与字据,将其诉争动迁安置利益归洪某女所有。该字据交洪某女收执,是赠与人洪某真实意思表示,且不违反相关法律、法规,该赠与合同依法成立。公证书是洪某兄对洪某遗产享有法定继承权的公证,法定继承权是根据法律规定而享有,是否公证对法定继承权存在与否没有影响。本案争议房产权益已由洪某生前作了相应处分,故不能作为洪某兄可继承的遗产。判决诉争房屋动迁安置利益归洪某女所有。

⑤2011 年**福建某房屋确权纠纷案**,1950 年,吴某与王某结婚并生育林某。1952 年,吴某以自己名义登记确权诉争房屋。1953 年,王某亡故,吴某再婚并生育詹某等 4 个子女。1976 年,林某回到诉争房屋并修缮、扩建。1989 年,吴某亡故。2009 年,林某居住房屋因被征用得补偿款 36 万余元。詹某等 4 个兄弟姐妹起诉林某,要求分割。法院认为:中央内务部《关于填发土地房产所有证的指示》(1950 年 11 月 25 日)第 6 条规定:"土地证以户为单位填发,是合于现在农村经济情况的。但应将该户全体成员的姓名开列在土地证上,不能只记户主一人姓名,以表明此项土地房产为该户成员(男女老幼)所共有。"中南区《土地、房产所有证办法》(1951 年)第 8 条规定:"土地证以户为单位填发,每户填写 1 份,为保障男女同等权利,证上须将本户全体成员(包括男女老幼)姓名开列,以表明土地房产为该全体成员所共有,个人单独请领者,得另行填发。"据此,农村土改所分得土地及房产应属该户全体家庭成员所共有。中南军政委《中南区城市房地产登记证暂行规定》(1951 年)第 8 条规定:"房地产如系共有时,应由共有人会同申请登记,推定一人收执所有权证,其他共有人各执共有执照。"故土改时,在土地房产所有证上登有姓名的全体家庭成员,包括只登记户主姓名但注明了家庭人口数,在人数之内的家庭成员,都是该房屋共有人。本案被继承人吴某在 1952 年 10 月 10 日以自己的名义申请

登记取得诉争房屋，当时家庭成员还有丈夫王某及刚出生的儿子林某，虽该房屋共有人栏目中未载明王某、林某系该房屋共有人，但参照相关土改政策，并基于王某、林某系该户家庭成员及林某土改后长期居住并修缮该房屋事实，同时依最高人民法院《关于土改后不久被收养的子女能否参加分割土改前的祖遗房产的批复》(〔1986〕民他字第6号)精神，从公平原则出发，可确认王某及林某为该房屋共有人，该房屋属于吴某、王某、林某3人共有财产。王某亡故后，该财产发生继承，即吴某、林某各得50%。后吴某再婚，诉争房屋50%权益由吴某所生子女共同继承。判决林某拥有诉争房屋60%权益，詹某等各拥有该房屋10%权益。

⑥2008年**江苏某继承纠纷案**，1991年，曹某出嫁。1994年，曹家建房并登记在曹某母户名下。2007年，曹某母去世。2008年，因征地拆迁，曹某父与拆迁公司签订补偿安置协议。曹某起诉曹某父、曹某弟，要求分割拆迁安置补偿权益。法院认为：从一般情况理解，曹某结婚后其收入应用于其组建的家庭，何况曹某不能证明其已将工资交给曹某母。而对曹某结婚时彩礼如何处理，曹某亦未提供证据进行佐证，故从房屋建造及曹某结婚时间看，曹某主张对房屋享有财产所有权的主张不能成立。尽管曹某对房屋不享有财产所有权份额，但不等于说曹某不享有宅基地使用权。农村建房是以户为单位申请的，本案中是以曹某母为户主申请建房，曹某是建房申请人之一，且是农业户口，此后，曹某亦未曾在出嫁地申请建房，重新取得宅基地，故曹某享有宅基地使用权。尽管在拆迁安置面积确认表中未登记有曹某，但曹某实际上是宅基地使用权人，法院应按实际情况予以确认。房屋主要是由曹某父母出资兴建，建房时曹某弟亦已参加工作，作为家庭成员对建房亦有贡献，但由于工作时间较短，所作贡献肯定小于其父母。因此，将曹某母享有房屋所有权份额确定为2/5比较适宜。尽管曹某母在申请建房时是建房用地申请人之一，享有宅基地使用权，但由于宅基地使用权具有人身权利性质，在曹某母死亡后即不再享有宅基地使用权，故在房屋拆迁时，宅基地使用权人应为曹某父、曹某弟和曹某。在房屋拆迁补偿利益中，被拆迁房屋建筑造价补偿和附属设施、设备等补偿是对被拆迁房屋及其附属物的补偿，而被拆迁房屋区位补偿和安置面积是对宅基地使用权的补偿。被拆迁房屋区位补偿中，房屋占地面积区位补偿纯粹是对宅基地使用权的一种补偿，而楼房二层面积区位补偿取得与房屋建有二层有密切关系，故在分割时应更多地考虑房屋所有权人贡献。由于曹某对被拆迁房屋及其附属物不具有财产性权利，故不能据此请求分割被拆迁房屋建筑造价补偿和附属设施、设备等补偿；由于房屋被拆迁时宅基地使用权人为曹某父、曹某弟和曹某，故曹某对被拆迁房屋占地面积区位补偿和安置面积享有分割权利，据其享有的宅基地使用权可分割1/3利益。由于曹某母对被拆迁房屋及其附属物享有2/5权益，故被拆迁房屋建筑造价补偿、附属设施、设备等补偿和楼房二层面积区位补偿的2/5是曹某母遗

产;由于曹某母在其死亡时即失去宅基地使用权,故被拆迁房屋占地面积区位补偿和安置面积中无曹某母遗产份额,应按法定继承方式进行继承和分割。

⑦2008 年**福建某所有权纠纷案**,1992 年,伍某与吴某就继承商铺签订协议,约定各人一半,再由吴某翻建至五层楼,建成后二楼、五楼归吴某所有,三楼、四楼,伍某应按实际建筑造价与吴某结算,款项付清后归伍某所有,否则由吴某代管使用,从签字之日起 20 年期满,一楼店铺半间及四楼应无偿归伍某所有。后吴某经审批,一次性翻建为七层楼。2002 年,伍某病故。2006 年,伍某妻子叶某作为继承人,起诉吴某,主张分割楼房。法院认为:叶某之夫伍某生前与吴某等人所签分割继承遗产协议合法有效。依该协议约定,经审批后建成楼房,一楼店铺属伍某及吴某共有,各得半间;二楼、五楼归吴某所有,三楼、四楼归伍某所有。因双方至今对该建筑款未进行结算,继承协议又未约定如未付清建筑款,四楼产权即归吴某所有。吴某未能代管期满 20 年,系旧城改造所致,其并无过错。伍某与吴某共同继承一楼店铺同时,即依法共同拥有该楼建设用地使用权和楼顶空间利用权,任何一方未经对方同意及办理相关审批手续,不得擅自加盖楼层,占用该楼土地使用权和楼顶空间利用权。吴某在翻建该楼时,未按约定翻建为五层楼,而是一次性翻建为七层楼,加建了两层。虽办理了审批手续,但因未能提供证据证实已事前征得伍某同意,且继承协议亦未对多建的六、七层房屋应如何分割作出事先约定。根据我国现行立法所贯彻的土地使用权与房屋等不动产所有权权利主体一致原则,依《物权法》第 142 条"建设用地使用权人建造的建筑物、构筑物及附属设施的所有权属于建设用地使用权人,但有相反证据证明的除外"规定,因吴某未能提供证据证明加建两层房屋已事前征得伍某同意,故应认定吴某出资建成的六、七层楼权属归吴某与伍某共有。结合本案实际情况,确定第六层楼归吴某所有,第七层楼归伍某所有,但伍某应向吴某支付一层店铺的一半、第四层、第七层楼相应建筑款。因诉争楼房已被拆除,标的物已不存在,已无法通过司法鉴定来确定当时造价。结合拆迁评估价格及双方主张,运用逻辑推理和日常生活经验,确定当时建筑造价为:店铺每平方米 600 元,房屋每平方米 500 元。诉争楼房公用通道,作为通往该楼第二层至第七层必经之路,为双方共同使用,双方共同拥有使用权。因伍某死亡,叶某作为继承人,判决案涉楼房一层店铺一半及第三、第四、第七层房屋归叶某所有,其余归吴某所有,楼房通道双方共同拥有使用权,叶某支付吴某建筑款 5 万余元。

⑧2007 年**云南某财产权属纠纷案**,1985 年,大女出嫁后,夫、妻及二小女、一子将旧房扩建。2000 年,夫病逝。2004 年,拆迁,补偿款由妻及与妻共同生活的子、媳领取。三女主张共同分割补偿款及4 个建房指标。法院认为:夫作为被继承人,其遗产包含在夫妻共同财产和家庭共有财产中,在遗产分割时,应先分出他人财产。夫死亡时,其家庭房屋占地面积减去当年旧房新建面积,未改建房屋面积即夫

妻共同财产，分出妻一半，另一半方为遗产。改旧建新房屋是家庭共有财产，夫占份额亦为遗产。该房屋拆迁后，上述夫遗产面积折合拆迁补偿款为遗产，根据房屋遗产面积，其家庭所获4个建房指标中，有一个是遗产房屋被拆迁所得，该指标是国家给予被拆迁户的建房许可，有一定财产价值，应视为被继承人遗产。妻及三女一子是第一顺序继承人，夫死时未留遗嘱，继承人又无丧失继承权法定情形，故五人均享有继承权。妻与被继承人共同生活，现已70有余，已缺乏劳动能力，在分配遗产时，应多分。大女虽在出嫁前与其娘家人共同劳动、共同生活，但拆旧新建房时，其已出嫁成为另一家庭成员，诉讼中又未提交其出资、出力证据，故大女不能作为拆旧新建房屋共有人。鉴于遗产实物不存，由妻、子根据遗产总价值，结合各自继承份额共同给予三女相应货币补偿较为合理。判决夫遗产总价值6.8万余元，子女各继承1.1万余元，妻继承2.1万余元，妻、子享有建房指标，共同补偿三女每人1.1万余元。

⑨2007年**云南某财产权属纠纷案**，1985年，大女出嫁后，夫、妻及二小女、一子将旧房扩建。2000年，夫病逝。2004年，拆迁，补偿款由妻及与妻共同生活的子、媳领取。三女主张共同分割。法院认为：本案诉讼时效为2年，从继承人知道或应知道其权利被侵犯之日起计算。被继承人死亡后，三女未作出放弃继承表示，视为接受继承。房屋拆迁时，遗产虽由妻、子实际管理，但遗产客观存在，双方亦未对遗产如何分割进行协商，亦就不存在三女继承权被侵犯。房屋拆迁后，妻、子领取补偿款后，诉讼时效始算，故本案三女起诉，未超法定诉讼时效期限。夫作为被继承人，其遗产包含在夫妻共同财产和家庭共有财产中，在遗产分割时，应先分出他人财产。夫死亡时，其家庭房屋占地面积减去当年旧房新建面积，未改建房屋面积即夫妻共同财产，分出妻的一半，另一半方为遗产。改旧建新房屋是家庭共有财产，夫占份额亦为遗产。该房屋拆迁后，上述夫遗产面积折合拆迁补偿款为遗产。妻及三女一子是第一顺序继承人，夫死时未留遗嘱，继承人又无丧失继承权法定情形，故五人均享有继承权。妻与被继承人共同生活，现已70有余，已缺乏劳动能力，在分配遗产时，应多分。大女虽在出嫁前与其娘家人共同劳动、共同生活，但拆旧建新房时，其已出嫁成为另一家庭成员，诉讼中又未提交其出资、出力证据，故大女不能作为拆旧新建房屋共有人。鉴于遗产实物不存，由妻、子根据遗产总价值，结合各自继承份额共同给予三女相应货币补偿较为合理。判决夫遗产总价值6.8万余元，子女各继承1.1万余元、妻继承2.1万余元。

⑩2003年**江西某继承纠纷案**，1980年，赖某父母先后去世，其后，赖某兄去世。2000年，赖某父母生前所有房屋因拆迁，由赖某弟以赖某父名义取得安置店面，并低价购买超过面积部分。2002年，赖某弟以14万余元出售该店面。2004年，赖某、赖某兄继承人诉请赖某弟分割遗产。法院认为：被继承人赖某父母去世后，所

遗留财产即发生继承,由于未予分割,应由其第一顺序继承人共同共有。后赖某兄死亡,本案发生转继承,赖某兄应享有份额由其继承人转继承。被继承人赖某母晚年主要随赖某共同生活,应视为赖某履行了主要赡养义务,在分配遗产时可多分。本案中,作为遗产的房屋拆迁,其中店面部分除原有面积外,又有偿取得了若干面积,原有面积当然属于遗产。由于新增面积系由于原房屋拆迁才能取得购买的权利,且这一购买权利只有产权人才能享有,这也正是赖某弟以赖某父名义签订合同的原因,故新增面积亦属于遗产范畴。至于赖某弟为此出资,应视为其对其他继承人享有债权。被继承人所遗留店面经拆迁安置、店面出售等几度转化后,其表现形式应为赖某弟出售店面总收入减去赖某弟为购置店面所出资,具体计算为8.2万元。赖某弟具体经办了店面安置、出售等事宜且为此事项垫付了较大数额资金,对遗产增值做了较大贡献,可多分。遗产中原住房部分,因其尚处于不确定状态,本案不宜对此一并处理。判决赖某父母所遗留财产8.2万元,由赖某与赖某弟、赖某兄继承人各自享有相应份额。

⑪2001年**内蒙古某继承纠纷案**,1984年,戴某去世。1996年,戴某母将名下房产赠与戴某妹并进行公证。随后,戴某妹诉请占用该房的戴某子腾房。1997年,戴某母去世。1998年,戴某子诉请代位继承。法院认为:经法院调取并经双方当事人质证无异议的公证档案、房屋产权过户档案及腾房纠纷一案案卷材料证实,戴某母生前将其所有房屋以书面形式赠与戴某妹并经公证处公证行为,系其对自己财产行使的处分权,并以公证方式进行了公示。梁某在此后让戴某子腾房进行的催促及诉讼,表明其对赠与一事态度坚决,意思表示真实。此后,戴某妹持有关手续到房管部门对受赠房产申请过户行为,系接受赠与意思表示。赠与合同合法有效,应受法律保护。在房产过户手续齐备即将完成登记之际出现的停办并非戴某妹申请手续不全及办证机关不予批准原因,而是因外部不当干涉所致,故对该房产过户手续办理应视为全部完成,诉争房屋产权属戴某妹所有,戴某子要求代位继承请求,法院不予保护。判决驳回戴某子诉请。

⑫1998年**河北某物权纠纷案**,1966年,已满30岁的马某与父母修建房屋5间。1974年,经村委会主持分家析产,马某与马某弟各分得2间半。1982年,马某弟去世,马某弟妻放弃继承。1994年,马某妹与母亲孟某签订赡养协议,约定孟某全部房产归马某妹。1996年,孟某去世。1997年,马某以马某妹居住房屋产权在1986年时已登记在自己名下为由,诉请腾房。法院认为:家庭共同财产是指在一起生活的父母、子女以及其他家庭成员共同所有财产。诉争五间房屋,是1966年马某弟、妹与父母等一家人共同生活期间建造的,故应属家庭共同财产。当时马某已30岁,是家庭主要劳动力,为建房付出了劳动,理应获得自己合法份额。1974年,在该房屋共有人共同协商和村干部成员参加下,对家庭成员共有五间房屋进行

析产，马某、弟各分得两间半房屋，致使共同“家庭财产”合法转化为个人财产，这与当时法律和社会公德不相违背。分家后房屋所有人已居住多年。对这种分家析产行为，法院应予认定，对马某获得两间半房屋所有权应予保护。马某将诉争五间房屋以自己名义取得建宅证，是在其母不在家情况下进行的。依最高人民法院《关于已分家析产的房屋，登在一人名下的产权仍归双方各自所有的批复》(1985 年 12 月 27 日)精神，马某将属于马某弟、后被母亲孟某继承的房屋登在自己名下，是无效行为，其房屋所有权仍归孟某享有。《继承法》第 16 条第 2 款规定：“公民可以立遗嘱将个人财产指定由法定继承人的一人或者数人继承。”由此可见，公民只能立遗嘱处分自己财产，无权处分他人财产，处分他人财产应为无效行为。本案中，在马某弟妻放弃继承权情况下，孟某作为唯一有继承权的法定继承人，依法继承了马某弟所有的两间半房屋，并通过与马某妹所签具有遗嘱性质的公证赡养协议约定处分给马某妹，除对应属马某房屋处分部分外，其他处分行为合法有效，故诉争五间房屋马某与其母各享有一半所有权，在其母去世后根据公证遗嘱内容，判决马某妹继承两间半房屋。

(2)钱款。①2007 年**陕西某继承纠纷案**，2006 年，与郑某结婚刚满 2 月的卢某父因交通事故死亡。卢某委托伯父处理善后赔偿事宜。郑某后与卢某伯父就卢某父生前遗留个人现金与单位工资、事故赔偿款分割达成协议。2007 年，卢某起诉卢某伯父、郑某，要求返还遗产。法院认为：卢某委托伯父全权处理其父善后赔偿事宜属委托代理。该委托代理亦属一次性委托代理，即被代理人委托代理人办理一次性民事法律行为，该民事法律行为完成，代理即告终止。至于对卢某父赔偿款及遗产分配并无卢某授权委托，卢某伯父无权代理，故其与郑某达成的分配协议属无权代理，更何况达成该协议时卢某本人在场，因不同意签字，故代理人超越代理权限，且未得到被代理人认可，该分配协议应无效。卢某父因交通事故身亡后所得各种费用及本人生前现金，除去处理事故、安葬等花费及归还卢某父生前债务余款应作为遗产。郑某与卢某父结婚不满两月，卢某父即因交通事故身亡，故对卢某父生前个人现金，死亡后单位所给生前工资，应作为卢某父个人遗产，由卢某与郑某共同继承。

②2006 年**安徽某返还财产纠纷案**，2000 年，弟、兄另一亲兄长从台湾汇 13 万美元至兄账户，信称给一起生活的弟、兄及各自子女生活，并留 1 万给自己。2005 年，台湾兄长死后，因兄将账户里的钱转移致诉。法院认为：从汇款人寄信内容看汇款用途应包括赠与他人及替自己保管，在汇款人未授权情况下，弟、兄处分所有财产，部分处分行为无效。汇款人死后，汇款演变为赠与物和遗产，在汇至兄账户时赠与合同生效。依赠与人书信意思，扣除 1 万美元后余款系赠与财产，因弟、兄一起共同生活且与赠与人为亲兄弟，结合信内容及中国传统，应认定弟、兄为平等

受赠人,故应均分。判决兄返还弟12万余美元的一半。

(3)埋藏物。①2011年**江苏某返还原物纠纷案**,2009年,汪某家被拆迁,宅基下挖掘出古钱币若干。居委会及拆迁办证明汪某曾多次反映宅基下有祖父埋下的古钱币。法院认为:文物虽属限制流通物,但我国法律并不禁止公民个人合法拥有。最高人民法院《关于贯彻执行〈中华人民共和国民法通则〉若干问题的意见(试行)》第93条规定,公民、法人对于挖掘、发现的埋藏物、隐藏物如果能够证明属其所有,而且根据现行的法律、政策又可以归其所有的,应当予以保护。《文物保护法》第6条规定,属于集体所有和私人所有的纪念建筑物、古建筑和祖传文物,其所有权受法律保护。可见法律允许私人合法拥有文物。案涉古钱币系从汪某宅基附近挖出,而汪某祖辈即居住该处,可排除其他人居住在此予以埋藏可能;房屋拆迁前,汪某曾多次向居委会及有关部门反映其宅基下有古钱币。如之前汪某祖辈未向其告知地下埋有古钱币,汪某不可能知道宅基内埋有古钱币;涉案古钱币只有汪某出面主张权利,附近居民或其他人未出面主张,故汪某所举证据处于优势且可形成证据锁链,应认定该古钱币系汪某祖上所埋,属有主文物,汪某依法可以继承并合法占用,判决博物馆返还。

②2008年**广东某不当得利纠纷案**,2008年,李某雇请任某用钩机挖塘泥,挖出两个价值不菲的古树根。所在村集体组织起诉任某,要求返还。法院认为:《物权法》第109条:"拾得遗失物,应当返还权利人。拾得人应当及时通知权利人领取,或者送交公安等有关部门。"第113条:"遗失物自发布招领公告之日起六个月内无人认领的,归国家所有。"第114条:"拾得漂流物、发现埋藏物或者隐藏物的,参照拾得物的有关规定。文物保护法等法律另有规定的,依照其规定。"《民法通则》第79条第1款:"所有人不明的埋藏物、隐藏物,归国家所有。接收单位应当对上缴的单位或者个人,给予表扬或者物质奖励。"最高人民法院《关于贯彻执行〈中华人民共和国民法通则〉若干问题的意见(试行)》第97条规定:"公民、法人对于挖掘、发现的埋藏物、隐藏物,如果能够证明属其所有,而且根据现行的法律、政策又可以归其所有的,应当予以保护。"对本案诉争古树根,当事人均未能提供足够证据证明属其所有,故古树根是所有人不明的埋藏物,依法应归国家所有。古树根虽在村集体所有的土地挖得,但仅凭此就认为两个古树根属集体所有,无法律依据,判决驳回原告诉请。

③2011年**江苏某物权纠纷案**,2007年,汪某祖宅遭拆迁,汪某向居委会及拆迁办反映祖宅地下有古钱币若干。2009年,该祖宅被强拆,地下发掘出13口袋古钱币,博物馆收藏。汪某诉请博物馆返还。法院认为:发掘古钱币地址应在汪某祖传房屋宅基地范围。虽当时房屋已拆迁,但根据现场照片,附近还有楼房存在,可作为确定地址参照物。根据邻居证明及汪某提供的其祖父户籍登记,能证明汪某祖

父早在 1922 年即迁居该地址，直至房屋被拆迁，汪家均有人居住该老宅。拆迁前，汪某多次向拆迁办、居委会有关人员反映其祖父在宅基地下埋藏铜币。在发掘古钱币之前即反映地下有埋藏物，明确是铜币，并最后得到验证，这种预知充分证明了发掘出的古钱币是由汪某祖父埋藏。拆迁办、居委会系拆迁工作直接参与者，作为政府领导下一级组织和部门，在发掘出古钱币并因此产生纠纷后所作证明，符合客观事实，可信度高。汪某祖父在民国期间开槽坊，具备拥有本案所涉大量古钱币背景条件。综上，应认定涉案古钱币为汪某祖父埋藏。因私人可成为文物所有权人，汪某能证明涉案古钱币属其祖父所有，且汪某对其祖父财产依法亦享有继承权，故涉案文物为祖传文物，属有主物。

④2000 年**福建某物权纠纷案**，1999 年，朱某申请对王某房屋底下所埋黄金进行诉前财产保全并主张所有权，称该黄金系其土改时埋藏的陪嫁物，并详细列明了黄金种类和特征。实际挖出个别数量和重量略有出入。法院认为：朱某指认诉争黄金埋藏具体位置，陈述埋藏物用牛皮纸包裹，上面用水泥覆盖情况，埋藏物黄金种类及金币上人像图案、金条上有圆形印章、金首饰中有一对双股绞手镯特征，与挖掘出埋藏物实际状况完全吻合。其陈述埋藏物黄金总重量及每个金币重量与实际重量基本吻合，且朱某与王某存在婚姻关系，具备到王家埋藏黄金条件，可据此推定朱某是诉争黄金埋藏人。因埋藏年代已达 50 年，朱某对埋藏物数量和重量陈述的一些差异，不影响对其为实际埋藏人的推定。参照最高人民法院〔1986〕民他字第 38 号《关于产权从未变更过的祖遗房下掘获祖辈所埋的白银归谁所有问题的批复》、〔1988〕民他字第 5 号《关于掘获过去地主所埋藏的银元归谁所有批复》及〔1988〕民他字第 12 号《关于刘士庚诉定州市东赵庄乡东赵庄村委会白银纠纷案的批复》精神，判决确认诉争埋藏物应归埋藏人朱某所有。

(4)身份资格。①2012 年**浙江某合同纠纷案**，2011 年，葛某死亡。葛某继承人要求继承葛某生前与旅游公司所签出租车承包经营合同中的承包权遭拒致诉。法院认为：因葛某在合同履行期内死亡，依《民法通则》第 9 条“公民从出生时起到死亡时止，具有民事权利能力，依法享有民事权利，承担民事义务”规定，葛某死亡后无法享有民事权利及承担民事义务，其和旅游公司之间承包经营合同因合同一方当事人主体消失而依法终止履行。因合同未对承包人死亡时其继承人能否继续承包出租车经营权进行约定，我国现行法律亦未就出租车承包经营权由继承人继续承包作出相应规定，葛某继承人诉求继承的出租车承包经营权不符合《继承法》规定的“依照法律允许由继承人继续承包的”个人承包类型，故原告要求继承出租车承包经营权没有法律依据。即便旅游公司出于人性关怀，考虑照顾葛某继承人生活困难问题，可由葛某近亲属承接出租车经营权，因出租车营运关乎公共大众安全，出租车承运人理应取得法定驾驶资格、具备发包方招募出租车驾驶员所需必要驾驶能力以及履行承包经营合同能力。葛某继承人尚不能证明目前已拥有必要的营运资格和能力,其现要求继承出租车经营权,必然无法与发包人达成意思一致的合法协议。况且,取得出租车经营权和获取财产收益之间并非必然,故出租车承包经营权不属法律规定的可继承的个人遗产范围内。判决驳回原告诉请。

②2007 年**广东某继承纠纷案**,2001 年,俱乐部会员何某交纳会费 40 万元,后卒,其近亲属诉请继承该会员资格。法院认为:根据中国人民银行和国家工商总局《会员卡管理试行办法》规定,案涉会员卡应是可在俱乐部直接消费凭证,因该消费主体特定且每次消费时可享受一定优惠,故该卡具有集会员资格和财产属性于一体特征。会员资格因属会员所特有,与其自然生命联系在一起,具有身份权特征,故在何某生命结束时,其会员资格应自动丧失,但会员卡财产属性因其具有金钱价值,体现了财产权利特征,不随会员生命结束而消失,故该卡财产属性可转让、继承,因原告诉请继承会员资格,故判决驳回。

(5)善款捐赠。①2005 年**安徽某赠与合同纠纷案**,2005 年,患病女孩石某去世,为实现其"看海拾贝"心愿的 5 万余元社会捐款留在小学。石某父母诉请小学归还以用于偿还医疗费、撒石某骨灰于大海等活动。法院认为:在募捐活动中,众多捐赠者捐赠行为系附义务赠与行为,即附有医治石某这一义务,受赠人接受赠与权利以履行为石某医治义务为前提。现石某已去世,治疗石某这一义务已无法履行,受赠人即无法享有接受赠与权利。众多捐赠者将善款交至小学,即与小学形成事实上的委托代理关系,善款在委托人与代理人之间流转并不发生所有权转移。学校作为代管人,女孩去世后,捐款治病条件已不存在,其余款应用于相近公益事业,若由其父母继承或挪作他用,均违反捐款人意愿和伤害捐款人感情,故捐款余额既不属作为石某父母所有,亦不属于学校所有,该款亦不能用于支付尚欠的医疗费用,因石某父母为女儿治病是其应尽义务。捐款不宜作为事后费用及偿还他人欠款,否则违背捐款人意愿。石某看大海、拾贝壳这一美好心愿经媒体公之于众后的确触动善良人们尽力救治这位可爱的孩子,但在医药费与预测相比尚有较大缺口、石某生命危在旦夕之时,看大海、拾贝壳不会成为众多捐赠人所附义务内容。无论小学倡议书、通知,还是媒体报道均未将此作为募捐事项,且看大海、拾贝壳主体石某已去世。石某父母所主张石某看大海、拾贝壳及将石某骨灰撒向大海等系其为人父母寄托情感与哀思之举,已超出捐赠人合理意愿范围。判决驳回石某父母诉请。

②2005 年**江苏某财产权属纠纷案**,1996 年,黄某罹患白血病。1997 年,黄某所在小学以全校少先队名义发起募捐,募集善款 24 万余元。1998 年,黄某病故。对于尚余捐款 7 万余元,黄某父母主张继承。法院认为:与一般民事赠与不同,为第三人特定利益募捐合同所捐善款须用于第三人特定利益之目的,若款项使用符合

募捐目的,善款当归第三人所有,若款项使用不符捐赠目的,捐赠人撤回捐赠而募集人亦有权拒绝将善款交与第三人。本案中,社会公众捐赠目的是为黄某治病,小学亦按捐赠人意愿对黄某治病费用予以报支,当黄某病故,捐赠人特定捐赠目的因失去载体而消除,募捐合同权利义务亦随之消灭,故小学保管的剩余善款不应认定为黄某个人遗产,黄某父母对此款亦无继承权。判决驳回黄某父母诉请。

【典型类案实务要点】

1.**【被继承人房屋拆迁,安置房票应属于遗产转化形式】**拆迁人给予被拆迁人调产安置时购买安置用房的购房联系单或房票,系遗产房屋价值转化形式一种,仍可以分割时市场价值来确定并进行分割。

2.**【历史遗留祖产,错误登记,不影响房屋共有权状态】**父母一方死亡、一方健在时,房产在未办理赠与情况下登记在某子女名下,在父母死亡后应认定为遗产,由众子女共同继承。

3.**【未办安置房过户,被拆迁人赠与安置房利益亦有效】**在未办安置房过户登记手续前,被拆迁人将其基于拆迁安置补偿协议所获安置房利益进行赠与的,赠与合同有效。

4.**【分割农村房屋拆迁补偿权益,先区分不同补偿类型】**农村房屋拆迁后补偿权益分割,应先对房屋及附属设施补偿、宅基地使用权补偿、其他补偿不同类型补偿款的法律属性进行区分。

5.**【在约定翻建房屋加建房屋,应属土地使用权人共有】**在约定翻建房屋楼顶,一方经审批后又出资一次性加建房屋,该加建部分应属于建设用地共同使用权人共同所有。

6.**【产权人死亡,拆迁所获安置建房指标,可视为遗产】**房屋被拆迁,房屋产权人死亡后,安置建房指标系被拆迁转化而来,可视为遗产,继承人可享有继承权,获得建房资格或得到经济补偿。

7.**【翻扩建房屋,产权人死亡,共有财产与遗产应区分】**家庭财产系家庭成员共同劳动、共同积累而形成,只有对家庭财产尽了义务的家庭成员,方成为家庭财产共有人。

8.**【遗产房屋拆迁,低价所购超面积部分,亦属于遗产】**作为遗产的店面拆迁,对低于市场价购买的超面积部分收益,应属于遗产,出资人出资应视为其对其他继承人享有债权。

9.**【被继承人房屋生前出赠并办理公证,不再作为遗产】**被继承人生前将房产作为赠与物并办理了公证,虽未办理过户手续,但继承人接受赠与意思表示明确的,赠与有效。

10.【**明显不属夫妻共同财产的资金,应认定为个人遗产**】被继承人结婚后短时间内死亡的,生前遗留下来的个人现金与单位工资,明显不属于夫妻共同财产的,应认定为个人遗产。

11.【**生前汇款及委托保管款,死后按赠与物及遗产处理**】赠与人明确汇款系赠与及代保管关系的,在汇款人死后,汇款作为赠与物及遗产,应由指定受赠人及继承人分割。

12.【**私人宅院挖掘祖上埋藏古钱币,应认定归私人所有**】私人宅院挖掘出埋藏物古钱币,如能证明属该私人祖上所有,且依现行法律、政策又可归私人所有的,应予保护。

13.【**村里挖出古树根,所有人不明的,依法归国家所有**】村集体土地挖掘出来的所有人不明的埋藏物,各方当事人未能提供足够证据证明属其所有的,依法应归国家所有。

14.【**公民祖宅埋藏物系祖产的,应判定属公民私人财产**】所有人不明埋藏物,依法归国家所有。但埋藏或隐藏于公民祖宅且能基本证明属祖产埋藏物,在无法律明文规定禁止其拥有情况下,应判定属公民私人财产。

15.【**能够证明所有权的黄金埋藏物,应归其所有人所有**】能够证明所有权的黄金埋藏物,当事人虽对埋藏物数量和重量陈述与实际情况有一些差异,但不影响对其为实际埋藏人的推定。

16.【**出租车承包经营权,不属可由继承人继续承包类型**】出租车承包人死亡,继承人要求继承出租车承包经营权不符合《继承法》规定的"依照法律允许由继承人继续承包的"个人承包类型。

17.【**会员死亡,消费卡金额可继承,会员资格无法继承**】会员死亡后,消费卡会员资格终止,故该资格无法由继承人继承,但该会员卡所体现的财产价值则可继承或转让。

18.【**受赠人死亡,社会捐赠善款,不归属受赠人近亲属**】爱心捐赠者与募捐发起人之间形成的是事实委托代理关系,善款在委托人与代理人之间流转,不发生所有权转移。

19.【**特定目的捐款,在被救助人死亡后,余额非属遗产**】为实现一定救助目的而发起募捐活动所接收捐款,在被救助人死亡而导致救助目的消失后,捐款余额非属于遗产。

【类案裁判一般规则】

遗产是自然人死亡时遗留的个人合法财产,包括公民的收入,房屋、储蓄和生活用品,林木、牲畜和家禽,文物、图书资料,法律允许公民所有的生产资料,著作权、专利权中的财产权利，有价证券和履行标的为财物的债权等。依照法律规定或者根据其性质不得继承的遗产，不得继承。

【典型参考案例索引】

主旨案例：浙江宁波北仑区法院（2009）甬仑民初字第2366号“董某与于某继承纠纷案”，见《董杏蓉、於嘉建、於智建、於培建、於新建诉於震建遗产继承纠纷案》（朱宗游、林春凤），载《人民法院案例选》（201003/73：111）；另见《遗产形式发生转化时的价值确定及划分标准》（朱宗游、林春凤），载《人民司法·案例》（201022：72）。

其他案例：

（1）房屋。①见《重新登记后土地归属确权可以土改权证为据》（沈和平、张曦蕾），载《人民司法·案例》（201508：92）。②江苏苏州中院（2012）苏中民终字第1436号“王某与吕某等所有权纠纷案”，见《王忠泉等诉吕慧珍等所有权确认案（房屋所有权确认）》（袁琴、曹黎丰），载《中国审判案例要览》（2013民：8）。③浙江宁波鄞州区法院（2011）甬鄞民初字第358号“陈某等与陈春某等物权确认纠纷案”，见《陈文杰、陈文霞等诉陈春芳、陈国芳等物权确认纠纷案——附期限分产协议中财产归属的认定》（韩涛），载《人民法院案例选》（201304/86：118）。④浙江宁波中院（2011）浙甬民二终字第704号“洪润舫等与洪瑞英赠与合同纠纷上诉案”，见《安置房利益赠与合同的效力分析》（钟康树、张颖璐），载《人民司法·案例》（201210：23）。⑤福建漳州中院（2011）漳民终字第250号“林（詹）木桃与詹秀香等土改房屋确权纠纷上诉案”，见《土改登记房屋的权属认定》（林振通），载《人民司法·案例》（201124：67）。⑥江苏南通港闸区法院（2008）港民一初字第1052号“曹某与曹某父等继承纠纷案”，见《曹斌诉曹桂新等继承析产案（拆迁补偿款分割）》（陈五建），载《中国审判案例要览》（2009民：496）。⑦福建泉州中院（2008）泉民终字第440号“叶秀凤与吴成功建筑物区分所有权纠纷上诉案”，见《在约定翻建房屋的楼顶加建房屋的所有权归属》（钟辉煌），载《人民司法·案例》（200822：33）。⑧云南水富法院（2007）水民再字第1号“杨某等诉景某等安置房指标案”，见《杨本英等人诉景正莲、杨本清安置建房指标继承纠纷案》（周华光），载《人民法院案例选》（200804/66：73）。⑨云南水富法院（2007）水民再字第1号“杨某等诉景某等安置房指标案”，见《杨本英等人诉景正莲、杨本清安置建房指标继承纠纷案》（周华光），载《人民法院案例选》（200804/66：73）。⑩江西赣州章贡区法院（2003）章民一（1）初字第1230号“赖某与赖某弟等继承纠纷案”，见《赖庆珍等诉赖愈昆房屋继承案（遗产的范围）》（施赛），载《中国审判案例要览》（2005民：434）。⑪内蒙古高院2001年8月2日“戴某等与戴某妹房屋继承纠纷案”，见

《戴立强、戴立斌、戴丽华、戴丽琴与戴玉兰房屋继承纠纷再审案——赠与合同践成性的诺成化》(萨仁、杨明德,内蒙古高院),载《审判监督指导·案例评析》(200402/14:111)。⑫河北廊坊中院1998年5月7日“马某与马某妹物权纠纷案”,见《马万良以其为建宅证上的户主为据诉马万玲侵犯其房屋所有权案》(邓云华、李一为),载《人民法院案例选》(200001/31:90)。

(2)钱款。①陕西乾县法院(2007)乾民初字第829号“卢某与卢某伯父等遗产纠纷案”,见《卢熹诉卢炜等遗产继承案(代理人代理权限遗产范围的认定)》(董卫群),载《中国审判案例要览》(2009民:474)。②安徽凤阳法院(2006)凤民一初字第621号“徐某与徐某兄财产返还纠纷案”,见《徐恩伍诉徐恩庆财产返还案(证明责任)》(张国云),载《中国审判案例要览》(2007民:573)。

(3)埋藏物。①江苏淮安中院(2011)淮中民终字第1287号“汪某诉某博物馆返还原物纠纷案”,见《汪秉诚等诉淮安市博物馆返还原物纠纷案》(马作彪),载《人民法院案例选》(201204/82:85)。②广东鹤山法院(2008)鹤法民一初字第452号“某村诉任某等不当得利纠纷案”,见《鹤山市龙口镇粉洞村新村诉任德健等不当得利案(埋藏物)》(余军科),载《中国审判案例要览》(2009民:57)。③江苏淮安中院(2011)淮中民终字第1287号“汪某等与某博物馆物权纠纷案”,见《汪秉诚等六人诉淮安市博物馆返还祖宅的埋藏文物纠纷案》,载《最高人民法院公报·案例》(2013:504);另见《祖宅埋藏文物的权属认定——江苏淮安中院判决汪秉诚等诉博物馆返还原物纠纷案》(马作彪),载《人民法院报·案例指导》(20120906:06);另见《汪秉诚等六人诉淮安市博物馆返还祖宅的埋藏文物纠纷案》,载《江苏省高级人民法院公报》(201106/18:72)。④福建高院(2000)闽民终字第72号“朱某与某村委会等物权纠纷案”,见《朱芸诉漳浦县官浔镇康庄村委会等案(确认埋藏物所有权)》(陈于伦),载《中国审判案例要览》(2001民:542)。

(4)身份资格。①浙江杭州中院(2012)浙杭商终字第1592号“黄某与某旅游公司合同纠纷案”,见《黄惠芬、葛岚、何阿多诉杭州北山旅游服务有限公司合同纠纷案(出租车承包经营权)》(侯银萍、卜亮),载《中国审判案例要览》(2014商:83)。②广东深圳福田法院(2007)深福法民一初字第1285号“何某等诉某俱乐部继承案”,见《胡燕萍、何子达、何莲诉深圳高尔夫俱乐部有限公司继承纠纷案》(赵明升),载《人民法院案例选》(200804/66:80)。

(5)善款捐赠。①安徽合肥中院(2005)合民一终字第517号“石某父母与某小学等赠与合同纠纷案”,见《石继斌等诉合肥市虹桥小学财产权属案》(陈野),载《人民法院案例选》(200604/58:185);另见《石继斌等诉合肥市虹桥小学财产权属案(社会捐赠)》(阮震波),载《中国审判案例要览》(2006民:200)。②江苏南通中院(2005)通中民一终字第1017号“黄某等诉某小学募捐余款权属案”,见《黄宁、顾云诉江苏省如皋师范学校附属小学募捐余款权属纠纷案》（郝伟、朱业明、薛专、戚庚生），载《人民法院案例选》（200504/54:160）。

83. 遗留特殊财产的性质

——非典型财产，是否可继承？

【特殊遗产】

【案情简介及争议焦点】

2008年，王某父死亡，大学毕业后成为国家公务员的王某起诉王某弟，主张对作为户主及土地承包经营权人的父亲名下10余亩耕地承包经营权要求继承相应份额。

争议焦点：1. 土地承包经营权能否继承？2. 王某是否享有土地承包经营权？

【裁判要点】

1. 土地承包经营权不发生继承。依《农村土地承包法》第15条、第31条和最高人民法院《关于审理涉及农村土地承包纠纷案件适用法律问题的解释》第25条第1款规定，通过家庭承包方式取得的土地承包经营权权利主体是本集体经济组织的农户；农户成员以具有本集体经济组织成员资格为前提；除非承包地为林地，在土地承包经营权系通过家庭承包方式取得情况下，农户成员死亡的，不发生土地承包经营权继承。

2. 王某不享有土地承包经营权。本案中，王某父签订承包合同和领取土地承包经营权证书事实，并不意味着王某父个人即该土地承包经营权权利主体，而是该农户代表人，本质上，其只不过是农户成员之一。在土地承包经营权存续期间，虽然王某父病故，但该农户仍还在。因该农户还在，故该土地承包经营权权利主体依然存在，并不产生承包经营权继承问题。王某因成为国家公务员取得了替代性基本生活保障而丧失了原集体经济组织成员资格，其基本生活无须通过土地承包经营权来提供保障，故其不再属原农户成员，其对土地承包经营权不应再享有权利。判决驳回王某诉请。

【裁判依据或参考】

1. 投资经营类（公司、企业）。《合伙企业法（2006修订）》（2007年6月1日）

第50条:“合伙人死亡或者被依法宣告死亡的,对该合伙人在合伙企业中的财产份额享有合法继承权的继承人,按照合伙协议的约定或者经全体合伙人一致同意,从继承开始之日起,取得该合伙企业的合伙人资格。有下列情形之一的,合伙企业应当向合伙人的继承人退还被继承合伙人的财产份额:(一)继承人不愿意成为合伙人;(二)法律规定或者合伙协议约定合伙人必须具有相关资格,而该继承人未取得该资格;(三)合伙协议约定不能成为合伙人的其他情形。合伙人的继承人为无民事行为能力人或者限制民事行为能力人的,经全体合伙人一致同意,可以依法成为有限合伙人,普通合伙企业依法转为有限合伙企业。全体合伙人未能一致同意的,合伙企业应当将被继承合伙人的财产份额退还该继承人。”第80条:“作为有限合伙人的自然人死亡、被依法宣告死亡或者作为有限合伙人的法人及其他组织终止时,其继承人或者权利承受人可以依法取得该有限合伙人在有限合伙企业中的资格。”国务院**《城镇集体所有制企业条例(2016修订)》**(2016年2月6日)第42条:“职工股金和集体企业吸收的各种投资,投资者可以依法转让或者继承。”第34条:“有限责任公司变更股东的,应当自变更之日起30日内申请变更登记,并应当提交新股东的主体资格证明或者自然人身份证明。有限责任公司的自然人股东死亡后,其合法继承人继承股东资格的,公司应当依照前款规定申请变更登记。有限责任公司的股东或者股份有限公司的发起人改变姓名或者名称的,应当自改变姓名或者名称之日起30日内申请变更登记。”国务院**《企业债券管理条例(2011修订)》**(2011年1月8日)第9条:“企业债券可以转让、抵押和继承。”国务院**《对〈外经贸股份有限公司内部职工持股试点暂行办法〉的批复》**(1994年6月18日　国函〔1994〕54号)第25条:“内部职工股不得在内部职工之间转让,不得在社会上转让交易,不得继承。职工经批准脱离本公司或者死亡,由职工持股会以职工持股名册记载的职工持股金额为标准,参照公司上年度每股净资产价值将其所持股份额。内部职工股不得带离公司,带离公司无效。”最高人民法院**《关于适用〈中华人民共和国公司法〉若干问题的规定(四)》**(2017年9月1日　法释〔2017〕16号)第16条:“有限责任公司的自然人股东因继承发生变化时,其他股东主张依据公司法第七十一条第三款规定行使优先购买权的,人民法院不予支持,但公司章程另有规定或者全体股东另有约定的除外。”北京高院**《关于审理继承纠纷案件若干疑难问题的解答》**(2018年6月11日)第12条:“被继承人死亡时尚未实现的股票期权等期待性权利,能否作为遗产请求继承?被继承人死亡时行使权利条件未成就的股票期权等期待性权利,应待条件成就时主张遗产分割;该期待性权利的实现附有相应义务的,继承人在继承权利时应一并承担相应义务。”广东高院**《关于民商事审判实践中有关疑难法律问题的解答意见》**(2012年3月1日)第3条:“适用公司、企业法律疑难问题……(八)有限责任公司股东身份是否可以继承取得。《中华人民共和国公司法》第七十六条明确规定,股东资格可以继承。除公司章程规定另有规定外,继承人有权当然继承股东资格。但在公司章程另有规定或继承人不愿继承股东资格等情形下,继承人仅享有股权中的财产权,由股权价款中得到补偿。”上海高院**《关于印发〈关于审理与股份合作制企业相关的公司纠纷案件若干问题的解答〉的通知》**(2006年6月20日 沪高法民二〔2006〕10号)第10条:“关于持股职工死亡后,其继承人提出要求继承该持股职工股权的,应如何处理的问题。虽然2006年1月1日起施行的《中华人民共和国公司法》第七十六条规定:自然人股东死亡后,其合法继承人可以继承股东资格。但是,股份合作制企业不同于有限责任公司和股份有限公司,企业的职工既是企业的劳动者,又是企业的股东,职工的企业股东身份与其本人的劳动关系紧密联系、不可分离,这也是股份合作制企业的本质特征之一。已故持股职工的继承人并非企业的劳动者,其不具备作为企业股东的主体资格,故不能依照上述公司法的规定继承持已故持股职工生前所持有的企业股权。已故持股职工的合法继承人请求继承股权的,法院应予以释明,要求其变更诉请为主张对该部分股权的财产权利。法院应判决企业收购该部分股权,并将股权收购价款作为已故持股职工的遗产予以处理。已故持股职工的继承人不变更诉请的,法院依法不予支持。”上海高院**《关于审理涉及公司诉讼案件若干问题的处理意见(三)》**(2004年3月18日 沪高法民二〔2004〕2号)第2条:“处理股权因被继承、析产或者赠与而与其他股东优先购买权产生纠纷的问题。继承人、财产析得人或受赠人因继承、析产或者赠与可以获得有限责任公司的股份财产权益,但不当然获得股东身份权,除非其他股东同意其获得股东身份。未获得股东身份的继承人、财产析得人或受赠人将股份对外转让的,其他股东在同等条件下享有优先购买权。”北京高院**《关于印发〈关于审理公司纠纷案件若干问题的指导意见(试行)〉的通知》**(2004年2月24日 京高法发〔2004〕50号)第12条:“有限责任公司自然人股东死亡,其继承人能否直接主张继承股东资格?有限责任公司作为具有人合性质的法人团体,股东资格的取得必须得到其他股东作为一个整体即公司的承认或认可。有限责任公司的自然人股东死亡后,其继承人依法可以继承的是与该股东所拥有的股权相对应的财产权益。如果公司章程规定或股东会议决议同意该股东的继承人可以直接继受死亡股东的股东资格,在不违反相关法律规定的前提下,法院应当判决确认其股东资格,否则应当裁定驳回其起诉。”上海高院**《关于审理涉及公司诉讼案件若干问题的处理意见(一)》**(2003年6月12日 沪高法〔2003〕216号)第7条:“股东丧失民事行为能力或失踪、死亡后的公司清算问题。股东丧失民事行为能力、失踪或死亡,公司面临清算的,清算责任人按以下原则确定:股东丧失民事行为能力的,由其监护人作为法定代理人负责清算;没有确定监护人或者监护人互相推诿的,由法院指定监护人负责清算。股东失踪的,由其财产代管人负责清算;没有代管人或者代管人之间有争议的,由法院指定财产代管人负责清算。股东死亡的,由其继承人负责清算;没有继承人或继承人互相推诿的,由法院指定清算责任人。"

2. 承租公房。最高人民法院吴晓芳法官《**关于婚姻家庭纠纷审理热点难点问答**》〔载《民事法律文件解读》2011年第11辑(总第83辑)〕第70条:"公房的承租权能否继承?答:公房承租是指公房所有人或管理人将国家所有或集体、企业、事业单位所有房屋交给承租人使用,承租人向出租人支付租金的法律行为。房屋的所有权属于国家或集体、企业、事业单位所有,当事人只享有使用权或者说承租权。公房承租是在特定的历史条件下出现的一种产物,是我国传统福利住房分配制度的体现。分为统管公房和自管公房两种,即分别由房地产管理部门统一管理的国有公房和由机关、企业、事业单位自行营建、自行管理的房屋。随着这些年房改政策的实施,公房租赁从数量上看已经少了许多,但由于种种原因,还存在相当数量的此类房屋,纠纷也就不可避免。审判实践中遇到的突出问题是,公房的承租权能否继承?1. 关于统管公房:建设部《城市公有房屋管理规定》第二十八条规定:承租住宅用房的,承租人在租赁期限内死亡,其共同居住两年以上的家庭成员愿意继续履行原契约的,可以办理更名手续。《北京市公有住宅租赁合同》中规定:租赁期限内,承租方外迁或死亡,承租方同一户籍共同居住两年以上又无其他住房的家庭成员愿意继续履行原合同,可以办理更名手续。如果有两个或两个以上共同居住人符合该前提条件的,共同居住人之间应当协商确定承租人。协商不成的,由公房产权人根据共同居住人的住房状况书面确定承租人。因此,统管公房不能作为遗产继承,仅仅具有继承人的身份而不符合共同居住人的条件,也是不能取得公房承租权的。2. 关于自管公房:承租单位公房是国家机关、企事业单位对本单位职工的一种福利待遇,能租用单位公房的,必须是满足本单位内部的一些规定能享受该福利待遇的人,人身属性很强,并不是所有人都可以承租。单位出租的房屋所有权自始至终都属于国家、集体所有,而不属于承租人,承租人只能享有占有、使用的权利。承租单位的公房,本意是供家庭成员共同生活居住,分配住房时一般也会考虑共同居住人口的多少。当承租人死亡时,其他家庭成员仍可继续使用承租的房屋,但并不属于继承遗产。"上海高院《**房屋征收补偿利益分割民事纠纷研讨会纪要**》(2019年11月)第7条:"【征收补偿协议效力】私有房屋的部分产权人在房屋征收时已经死亡,部分继承人与征收单位签订征收补偿协议,未在补偿协议上签名的继承人主张其未能取得足额补偿,应如何处理?在私有房屋征收中,很多情况系由家庭代表而非全体征收被安置人与征收单位签订征收补偿协议,嗣后有的被安置人认为其未参与征收补偿协议签订且未取得足额补偿,遂引发纠纷。此类纠纷系对征收补偿协议不服,不属于征收补偿利益分割纠纷,宜先行解决征收补偿协议效力问题,应为行政协议案件,在行政诉讼中予以解决。在先行解决征收补偿协议效力的情况下,再处理内部分割问题。若被安置人对部分产权人与征收单位签订的征收补偿协议没有异议的,民事审判应依法予以处理。”北京高院**《关于审理继承纠纷案件若干疑难问题的解答》**(2018 年 6 月 11 日)第 5 条:“公房承租权能否作为遗产继承?当事人请求继承被继承人生前的公房承租权,人民法院应告知当事人向公房所有权所在的行政机关或单位申请办理公房承租人变更手续,当事人坚持继承请求的,人民法院裁定驳回起诉。”第 6 条:“被继承人购买公房时根据工龄政策福利,使用已死亡配偶工龄折抵房款的,所获工龄政策福利能否折算后作为遗产分割?按成本价或标准价购买公房时,依国家有关政策折算已死亡配偶一方工龄而获得政策性福利的,该政策性福利所对应财产价值的个人部分应作为已死亡配偶的遗产予以继承。该政策性福利所对应的财产价值计算参考公式:(已死亡配偶工龄对应财产价值的个人部分 ÷ 购买公房时房屋市值) × 房屋现值。”上海高院**《关于房产案件若干争议问题的处理意见》**(2016 年 3 月 8 日)第 3 条:“……(五)公房承租人死亡后,同住人之一起诉,要求确认户公房登记户籍人或实际居住人为非同住人,并主张迁让纠纷的处理。倾向性意见认为:公房承租人死亡后,应由公房管理部门或其委托的物业管理部门作为出租人确定新的承租人。在新承租人尚未确定前,不宜受理此类诉讼。已经受理的,可裁定驳回。”浙江杭州中院民一庭**《关于涉及婚姻家庭纠纷案件若干疑难问题的解答》**(2013 年 1 月 1 日)第 19 条:“有限产权房屋的继承问题。公民以个人名义申购有限产权房,死亡时尚未取得完全产权的,继承人可否继承,如何继承?(如被拆迁的房屋是公房,安置过程中进行了扩面,扩面部分明确享有所有权,其余部分仍为公房)答:因为该房屋产权仅有部分权利由出资人所有,且在权属登记中也无法明确部分产权归属,故在分割确权中也仅能明确为基于何种关系在该房屋中享有的权利归属何人享有,而不宜进行所有权归属的判决。”辽宁沈阳中院**《关于审理房地产案件若干问题的处理意见(之二)》**(2004 年 12 月 2 日　沈中法〔2004〕31 号)第 2 条:“关于公房使用权的继承问题。根据公有住房使用权的性质,可以作为遗产进行继承。无论是基于单位分配而获得的公房使用权还是通过市场交易而取得的使用权,均应允许对其所体现的财产权益继承。在发生继承争议时可参照《最高法院关于适用中华人民共和国婚姻法若干问题的解释(二)》第二十条的规定精神处理。即:各继承人就作为遗产的使用权房屋的价值及归属达成协议,按协议处理;无法达成协议的,人民法院可按以下情形分别处理:1. 各方均主张作为承租代表人承租房屋的并且同意竞价取得的,应当准许;2. 一方主张房屋使用权的,就价值不能达成一致的,可由评估机构按市场价格对房屋使用权作出评估,取得房屋使用权的一方应按继承份额给予另一方相应的补偿;3. 双方均不主张房屋使用权的,根据当事人的申请拍卖房屋,就所得价款进行分割。”第6条:“关于公有住房在房改过程中产生的权属纠纷受理问题。1. 公有住房进行房改,原承租代表人与产权人签订了出售公有住房协议并取得产权,或者原承租代表人死后,原房屋共同承租人中的一人与产权单位重新建立承租关系,并进行房改取得产权,其他共同承租人或原承租代表人的继承人起诉要求确认房改协议无效的,法院不应作为民事案件受理。此类案件类似单位内部分房纠纷,法院不能用公权干预产权人依法处分自己的民事权利,即不能判令产权单位与哪一个共同承租人建立租赁关系并将房屋产权出售给他。2. 如果原告以原房屋为共有财产,起诉房改后新的产权人要求返还其应有份额,法院应作为民事案件受理。比照前面分割共有财产的做法,给原告相应补偿。3. 如果房改后的产权人起诉原共同承租人腾房,法院应该受理。共同承租人有使用权的,或对争议房屋有继承权,一般不应改变争议房屋的居住现状,应告知双方当事人可以请求对原承租使用权,按前述方法进行分割或继承。在充分释明和调解后,如原告坚持要求被告腾房,根据‘买卖不破租赁’的原则,被告基于共有享有的使用权不因房屋产权变化而丧失,应判决驳回原告诉讼请求。”上海高院**《关于审理公房承租权确定及使用权转让纠纷案件若干问题的意见》**(2004年9月28日　沪高法民一〔2004〕44号)第1条:“公房原承租人死亡,相关人员对承租权确定产生争议,直接诉讼至人民法院时,人民法院是否受理?答:根据上海市的有关规定,公有居住房屋的承租人死亡后,其生前在本处有本市常住户口的共同居住人,或者没有符合上述条件的人员,其生前具有本市常住户口的配偶和直系亲属,有权继续履行租赁合同。我们认为,公房租赁关系首先是一种合同关系,当事人享有自主选择合同相对人的权利。该权利未经授权,他人不得代行。因此在数人同时有权继续履行租赁合同,且无法协商一致的情况下,应当由作为出租人的公房产权单位或国家授权经营管理公房的单位从中予以确定。当事人直接诉讼至人民法院要求确定的,不予受理。但当事人对出租人确定的承租人资格提出异议而诉至法院的,人民法院可予受理。诉讼中,对承租人资格有争议的各方为案件的原、被告,出租人为无独立请求权的第三人。安全审理以维持出租人的确定为原则,除非原先有证据证明出租人所确定的承租人明显不符合《上海市房屋租赁条例》及相关意见要求的,人民法院可判决撤销,依法重新确定。”第2条:“公房原承租人死亡后,除了在该处有本市常住户口的共同居住人可继续履行租赁合同外,还有哪些共同居住人可继续履行租赁合同?答:根据《上海市房屋租赁条例》第四十一条第(二)项,及上海市房屋土地资源管理局《关于贯彻实施〈上海市房屋租赁条例〉的意见(二)》第十二条之规定,公有居住房屋原承租人死亡的,其生前的共同居住人必须在该处有本市常住户口,才可以继续履行租赁合同。这是因为,原有公房配给制度主要是为保障承租人家庭成员的居住利益,有户口的共同居住人一般是原承租人的近亲属,属于原公房配给制度的保障范围。然而,随着情况的不断发展,我们认为,符合下列情形的人员也可具备继续履行租赁合同的资格:1. 在本市无常住户口,但因与原承租人或同住人结婚而在该公房内实际居住生活一年以上的;2. 因服兵役、就学、服刑等原因,户口迁出原承租人生前承租公房,但在原承租人死亡前实际居住生活于该公房内,且在本市无其他住房,或虽有其他住房但居住困难的;3. 因居住困难等原因租赁他处住房或借住他处而搬出原承租人生前现承租公房,但户口未迁出的。"上海高院**《关于房屋动拆迁补偿款分割民事案件若干问题的解答》**(2004 年 1 月 12 日　沪高法民一〔2004〕3 号)第 1 条:"本《解答》所指的国有土地上的公房范围如何界定?答:本《解答》仅适用于国家福利分配、调配或国家认可的其他原因而取得的公有房屋,包括直管公房、系统公房等。但单位分配住房时与职工有特别约定的,按约定处理。"第 2 条:"因公有房屋动拆迁货币补偿款的分割而发生的纠纷,哪些人员应当作为当事人参加诉讼?答:在涉及公有房屋拆迁货币补偿款的纠纷中,一个或数个居住人(以下简称'同住人')、有权分得拆迁补偿款的其他人起诉的,法院应当通知其他同住人作为共同原告或者共同被告参加诉讼。被通知以原告地位参加诉讼的同住人,不愿意参加诉讼又未明确表示放弃实体权利的,法院仍应将其列为共同原告。被通知以被告地位参加诉讼的同住人,其在诉讼中的相关事宜,根据民事诉讼法和有关司法解释的规定处理。"第 3 条:"同住人需要符合哪些条件?答:与《上海市房屋租赁条例》相关条款规定所指的同住人概念不同,本解答所指的同住人,是指在拆迁许可证核发之日,在被拆迁居住房屋处有本市常住户口,已实际居住一年以上,且本市无其他住房或者虽有其他住房但居住困难的人。他处虽有住房但居住困难的情况,是指在他处房屋内人均居住面积不足法定最低标准的情况。这里所指的他处房屋的性质,仅限于福利性质取得的房屋,包括原承租的公有房屋、计划经济下分配的福利房、自己部分出资的福利房,房款的一半以上系用单位的补贴所购买的商品房,公房被拆迁后所得的安置房(包括自己少部分出资的产权安置房),以及按公房出售政策购买的产权房等。"第 4 条:"在公房内居住的未成年人问题如何解决?答:对在公房内居住的未成年人实际承担监护义务的人,可以就该房屋的拆迁补偿款适当多分。承租人或同住人允许他人未成年子女在自己承租的公房内居住的,一般可认定为属于帮助性质,并不当然等于同意该未成年人取得房屋的权利份额。因此,在这种情况下,该未成年人无权主张分割房屋拆迁补偿款,除非其能够证明其居住权并非基于他人的帮助而取得。当事人对该未成年人入住的相关问题另有约定的,依约定处理。"上海高院**《关于印发〈处理公有住房出售后纠纷的若干意见〉的通知》**(1996 年 10 月 31 日　沪高法〔1996〕250 号)第 13 条:"购得的房屋在法定限制上市的期限内,由于离婚、继承等原因要求分割该房的,房屋能分割的尽可能予以分割。对房屋能予分室分割的,可确定各方的房屋产权;对无法分割实房的,除双方协议一方得实房,一方得房屋折价款外,一般暂不分割,确定房屋产权共有。在产权共有期间,对无亲属关系的当事人,可参照租赁私房的规定由住房方给付让房方一定的房屋使用费,待该房依法能上市交易时,按当时的市场价,由一方得房屋折价款。法院只能就房屋的产权、使用权作出判决,不应对当事人户口迁移作出判决。”上海高院**《关于印发〈关于审理房产纠纷案件若干疑难问题的讨论纪要〉的通知》**(1993 年 10 月 27 日　沪高法〔1993〕148 号)第 9 条:“已亡父母所有的房屋拆除后,由居住父母房屋的子女购得联建公助房或优惠价商品房,产权为出资人所有,旧房折价款为父母遗产,继承时其他子女可适当多分得父母遗下的旧房折价款。”第 10 条:“父母死亡前已签订购置联建公助房或优惠价商品房协议并付款的,死亡后其所购置房屋为父母遗产。继承时,应根据继承人的居住情况,分割实房或房屋折价款,折价款以房屋重置价为基准。对与父母生前同住的子女应优先考虑继承实房。”

3. 农村房屋(宅基地)。自然资源部**《对十三届全国人大三次会议第 3226 号建议的答复》**(2020 年 9 月 9 日)第 6 条:“关于农村宅基地使用权登记问题。农民的宅基地使用权可以依法由城镇户籍的子女继承并办理不动产登记。根据《继承法》规定,被继承人的房屋作为其遗产由继承人继承,按照房地一体原则,继承人继承取得房屋所有权和宅基地使用权,农村宅基地不能被单独继承。《不动产登记操作规范(试行)》明确规定,非本农村集体经济组织成员(含城镇居民),因继承房屋占用宅基地的,可按相关规定办理确权登记,在不动产登记簿及证书附记栏注记‘该权利人为本农民集体经济组织原成员住宅的合法继承人’。”农业农村部**《对十三届全国人大三次会议第 6469 号建议的答复》**(2020 年 9 月 7 日　农办议〔2020〕159 号):“……关于继承祖宅的乡贤回乡翻建新建房屋和在农村无房的乡贤回乡‘积分建房’问题,涉及农村宅基地基本制度,我部将会同有关部门,结合宅基地制度改革试点进行深入研究,对基层因地制宜开展的探索创新进行跟踪,及时总结好的做法和经验,稳妥有序推动形成制度性成果,提出完善有关法律法规的意见建议。”自然资源部办公厅**《关于印发〈宅基地和集体建设用地使用权确权登记工作问答〉的函》**(2020 年 7 月 22 日　自然资办函〔2020〕1344 号)第 33 条:“‘一户多宅’能不能登记?《国土资源部关于进一步加快宅基地和集体建设用地确权登记发证有关问题的通知》(国土资发〔2016〕191 号)规定,宅基地使用权应按照‘一户一宅’要求,原则上确权登记到‘户’。符合当地分户建房条件未分户,但未经批准另行建房分开居住的,其新建房屋占用的宅基地符合相关规划,经本农民集体经济组织或村民委员会同意并公告无异议或异议不成立的,可按规定补办有关用地手续后,依法予以确权登记;未分开居住的,其实际使用的宅基地没有超过分户后建房用地合计面积标准的,依法按照实际使用面积予以确权登记。对于因继承房屋占

用宅基地,形成'一户多宅'的,可按规定确权登记,并在不动产登记簿和证书附记栏进行注记。"第45条:"宅基地批准使用后一直未办理登记,若原批准使用人死亡的,能不能申请登记?宅基地是以'户'分配和使用的,只要'户'中还有其他成员,批准使用人的死亡就不影响该'户'的宅基地使用权,可由现在的户主申请登记。如果'户'中已没有其他成员,按照《继承法》规定,宅基地上房屋可由继承人继承,因继承房屋占用宅基地的,可按规定申请登记,并在不动产登记簿及证书附记栏中注记。"农业农村部**《对十三届全国人大二次会议第6227号建议的答复》**(2019年8月23日　农办议〔2019〕407号):"……为解决集体成员超占宅基地和非集体成员占用宅基地的问题,保障宅基地使用的公平性和增加集体收入,试点地区在优化农村居民点布局,规范完善并严格执行宅基地面积标准的基础上,探索一定条件下的宅基地有偿使用制度,对因历史原因形成超标准占用宅基地和一户多宅的,以及非本集体成员通过继承房屋或其他方式占有和使用宅基地的,探索由农村集体经济组织主导下的有偿使用制度……"上海一中院**《类案裁判方法|继承纠纷中涉宅基地房屋拆迁案件的审理思路和裁判要点》**(2019年1月29日)第3条:"继承纠纷中涉宅基地房屋拆迁案件的一般思路和方法。继承纠纷中涉宅基地房屋拆迁案件的审理重点和难点在于析产部分,首先需确定被拆迁房屋的拆迁人口;其次确定被继承人在宅基地上的房屋产权与份额,由拆迁人口享有宅基地的拆迁补偿,房屋产权人享有地上建筑物补偿;最后根据具体拆迁政策分配其他拆迁利益,确定被继承人的遗产范围。(一)拆迁人口的认定。依据《上海市征收集体土地房屋补偿暂行规定》,宅基地土地部分的拆迁利益应归属于拆迁人口。拆迁人口一般为宅基地使用权人,即宅基地使用审核表上所列户中成员。随着宅基地上居住农户家庭成员发生婚丧嫁娶以及生子等变动,宅基地使用权人也随之变动。1991年上海市进行了大规模的农村宅基地使用权登记,但自此之后再无统一的宅基地登记。现今并无宅基地使用权人的更新登记信息,宅基地使用权相关的法律和行政法规亦不完善。具体拆迁单位的认定应作为确定拆迁人口的重要参考,应以拆迁政策和拆迁单位人口清单来认定拆迁人口。法院应当要求当事人提供相关拆迁协议,若当事人无法提供或需验证真实性时,可前往当地拆迁部门调取存档协议。如案例一中,根据当地拆迁政策,吴某虽为外来人员但其被认定为拆迁人口之一,应与其他拆迁人口平均分配宅基地部分的拆迁利益。(二)宅基地房屋产权与份额的认定。宅基地房屋产权的取得一般有三种方式:一是农户经审批后初始建造取得,二是通过继承取得,三是通过翻建取得。房屋产权的认定方法与份额分配方式分别如下:1. 通过初始建造取得房屋产权的认定方法与份额分配方式。由于我国宅基地制度具有福利性质,目的是保障集体经济组织成员住有所居。房屋初始建造审核表上的立基人员均为宅基地房屋产权人。但在分家析产或继承纠纷等必须划分房屋

产权份额时,需考虑房屋建造的相关出资情况,出资贡献多者应多分配房屋产权份额。相关出资情况需要当事人提供购买建材、雇佣施工队收据、发票等证据加以证明。当事人无法提供但需审查相关材料的,应至当地乡镇土地管理所调取审核登记表或房屋产权登记记录等。如果当事人之间对房屋建造出资问题难以达成一致、且均未能提供有效证据证明自身出资主张的,法院可以将建造房屋时农户内成年成员视为房屋建造出资人。2. 通过继承取得房屋产权的认定方法与份额分配方式。对于产证清晰、有建造审核表的房屋,继承取得房屋产权应当按照《民法典》第六编相关规定分配房屋产权份额。对于建造时间过早且没有相关建造手续的祖传房屋,在 1991 年一般均已重新登记。该登记效力覆盖了如土改证等历史登记的效力,故此类祖传房屋的产权份额分配应以 1991 年宅基地登记为准。3. 通过翻建取得房屋产权的认定方法与份额分配方式。翻建房屋是指经审批后,在宅基地上拆除原有房屋重新建造新的房屋。在审理涉房屋翻建的继承案件中,需重点审查三个要素:一是房屋翻建前的居住情况,如果各方当事人意见不一,可向当地村委会查证相关居住情况;二是房屋翻建的出资情况,需由翻建人提供相关翻建费用凭据;三是翻建是否征得其他继承人同意,个别继承人翻建房屋的需提供相关证据证明已征得其他继承人同意。关于个别继承人翻建房屋产生的继承纠纷主要有以下四种情形:一是被继承人生前居住房屋内无同住继承人,去世后一方继承人翻建房屋。新翻建房屋的产权应延续之前的状态归所有继承人按份共有,但其他继承人应对翻建人的出资予以补偿。即使其他继承人知情且未反对翻建,也不能认定其放弃继承房屋产权。二是被继承人生前居住房屋内有同住继承人,去世后同住继承人翻建房屋。该种情形属于同住继承人作为宅基地使用权人合理改善自身居住条件,其他继承人不享有新翻建房屋的份额,但翻建人应当补偿其他继承人在原房屋中的份额。如案例三中,黄乙翻建房屋后多出的面积不属于遗产范围,黄丙不享有新翻建房屋的份额。三是被继承人去世前,一方继承人出资翻建房屋但无房屋转让书面协议。新翻建房屋应当作为被继承人的遗产处理,由各继承人按份共有。对于出资翻建房屋的继承人在分配房屋产权份额时,可以适当多分或者要求其他继承人给予适当补偿。四是被继承人去世前,一方继承人出资翻建房屋且有房屋转让书面协议。若转让协议有效,则翻建人对新翻建房屋享有全部产权;若翻建人与被继承人非同一经济组织成员或已另获批宅基地,则该转让协议无效,新翻建房屋的处理方式与无书面转让协议的情况相同。(三)分配宅基地房屋的拆迁利益。在分配宅基地房屋的拆迁利益时需将宅基地的居住保障功能作为首要考量因素。法院应向当事人或当地村委会调查清楚涉案宅基地房屋拆迁之前和当前的实际居住情况。上海农户所得拆迁利益一般可分为宅基地使用权补偿利益、房屋附属设施拆除补偿利益以及其他拆迁补偿利益,分配规则如下:1. 宅基地使用权补偿利益的分配。(1)优惠购房指标的分配。拆迁单位除给付被拆迁农户拆迁补偿款外，还会分配一定面积的优惠购房指标。优惠购房指标应优先考虑宅基地使用权人，以保障其在居住房屋被征收后仍能获得居住用房。一是被继承人生前居住房屋内有同住继承人，被继承人去世后该房屋拆迁。由于拆迁房屋内尚有宅基地使用权人，非使用权人不得依据自身享有部分房屋产权而要求获得优惠购房指标。二是被继承人生前居住房屋内无同住继承人，被继承人去世后该房屋拆迁。虽然拆迁房屋内已无宅基地使用权人，但在实践中拆迁单位一般会给予一定面积的优惠购房指标作为房屋拆迁补偿，拆迁房屋的继承人可以按照所占房屋产权份额分配指标。三是被继承人生前居住房屋内有同住继承人，被继承人在拆迁协议签署后房屋交付前去世。只要未被拆迁单位收回，尚未使用的优惠购房指标仍可作为被继承人遗产进行分配。四是被继承人生前签订拆迁协议时，将自己的优惠购房指标转让给继承人。被继承人的原优惠购房指标或所购房屋不能作为遗产处理，法院可向拆迁单位核实相关情况。(2)宅基地使用权货币补偿的分配。上海市拆迁政策对宅基地使用权的货币补偿计算方式主要有‘数砖头’和‘数人头’两种，其中‘数砖头’占比较高。‘数砖头’一般为拆迁房屋重置成新价、同区域新建商品住房每平方米建筑面积的土地使用权基价和价格补贴三者之和乘以有证建筑面积。其中拆迁房屋重置成新价系对房屋本身拆除的补偿，应归属于房屋产权人。同区域新建商品住房每平方米建筑面积的土地使用权基价和价格补贴，应由宅基地使用权人平均享有。‘数人头’一般是根据户籍人口来计算补偿金额，应由宅基地使用权人按份共有。(3)优惠拆迁利益的分配。依据上海拆迁惠民政策，宅基地使用权人中的大龄未婚青年等特殊身份人员，通常会额外多算拆迁人口导致该户拆迁利益增加，如考虑到大龄未婚青年以后结婚生子需要更多的住房要求。这些拆迁利益是基于特殊身份才给予的，故这些额外拆迁补偿款和优惠购房指标应归于特殊身份人员，不应在各宅基地使用权人之间平均分配。如案例二中，该户在拆迁时因方乙系大龄未婚青年而额外获得的拆迁利益应归属于方乙本人。考虑到独生子女身份是由于其父母响应国家计划生育政策而取得，并非独生子女本人的贡献或劳动所得，故基于独生子女身份增加的补偿利益原则上应归独生子女的父母和独生子女共有。2. 房屋附属设施拆除补偿利益的分配。房屋附属设施包括棚舍、无证建筑等。房屋附属设施的拆除补偿仅为建造物料的补偿，应归于实际建造人。需要注意的是，实际建造人还应包括虽未出资但仍在房屋中居住并享有宅基地使用权的人员。对房屋装修的拆除补偿是对装修物料的补偿，应归属于实际出资装修人。若无有效装修出资凭证，则应认定装修时农户内居住的已有经济收入人员为实际出资装修人。3. 其他拆迁补偿利益的分配。除上述拆迁利益外，被拆迁农户还会得到诸如搬家补助费、临时过渡费、速签速搬费、特殊对象补贴、自留地补偿费用等其他拆迁补偿利益。拆迁政策和拆迁协议中一般均会根据费用性质明确分配方案:如搬家补助费、临时过渡费、速签速搬费等是为了鼓励实际居住人尽早搬迁,为其搬家和过渡期内的居住提供相应费用,故应归属于房屋实际居住人;特殊对象补贴则属于对生活困难人员的特殊补贴,应归其个人所有;农村集体经济成员对归集体所有的自留地和耕地享有生产使用的权利,因此自留地补偿费用应归属于农户内农业户籍人员。(四)关于继承的相关说明。析出被继承人的拆迁利益后,即可按照法定继承或遗嘱继承的方式分割被继承人财产。在遗嘱继承中应按照有效的遗嘱内容分配被继承人的财产。在法定继承中如果被继承人存在多名子女,还需审查对被继承人的赡养事实,承担主要赡养义务的子女应适当多分。"北京高院**《关于审理继承纠纷案件若干疑难问题的解答》**(2018 年 6 月 11 日)第 7 条:"农村宅基地上房屋能否适用遗赠?遗赠人生前将宅基地上房屋遗赠本集体经济组织以外的人,受遗赠人在遗赠人死后主张因遗赠取得宅基地上房屋所有权的,人民法院不予支持。"第 8 条:"农户家庭中父母与部分子女共为一户,该子女未另行分家并新分宅基地。父母死亡时,已另行分家的子女能否主张对相应宅基地上房屋进行继承?农户家庭中部分子女与父母分家另过;部分子女与父母共为一户且未新分宅基地。父母死亡时,已分家另过的子女主张对相应宅基地上房屋进行继承的,人民法院不予支持。人民法院应释明当事人可对相应宅基地上房屋折算价值主张继承。上述分家另过子女仍为农村集体经济组织成员身份且未取得宅基地的,主张相应宅基地上房屋权利的,应予支持。"第 9 条:"被继承人死亡后所遗宅基地房屋被翻扩建,如何处理?被继承人死亡后,未经继承人同意,擅自对被继承人生前所有的宅基地上房屋进行翻扩建的,不影响已确定的该宅基地上房屋遗产份额划分。继承人有权要求上述擅自改扩建人承担恢复原状、赔偿损失等责任,但实际居住管理房屋的继承人出于居住使用、维护管理目的对房屋进行翻扩建的除外。"第 10 条:"在被继承人生前对宅基地房屋翻扩建存在贡献的人,主张宅基地房屋权利的,如何处理?对被继承人生前宅基地上房屋翻扩建确存在贡献的人,据此主张享有宅基地上房屋共有权或增加相应继承份额的,人民法院不予支持。对于其据此主张的相应补偿请求,人民法院应根据相应证据,尊重风俗习惯,从公平角度出发,在判断法律关系性质属于赠予、亲属间无偿帮扶抑或债务的基础上,确定是否支持。"

4. 保险金。《保险法(2015 修正)》(2015 年 4 月 24 日)第 42 条:"被保险人死亡后,有下列情形之一的,保险金作为被保险人的遗产,由保险人依照《中华人民共和国继承法》的规定履行给付保险金的义务:(一)没有指定受益人,或者受益人指定不明无法确定的;(二)受益人先于被保险人死亡,没有其他受益人的;(三)受益人依法丧失受益权或者放弃受益权,没有其他受益人的。受益人与被保险人在同一事件中死亡，且不能确定死亡先后顺序的，推定受益人死亡在先。”国务院《**关于机关事业单位工作人员养老保险制度改革的决定**》（2014年10月1日）第3条：“……个人账户储存额只用于工作人员养老，不得提前支取，每年按照国家统一公布的记账利率计算利息，免征利息税。参保人员死亡的，个人账户余额可以依法继承。”国务院《**关于建立统一的城乡居民基本养老保险制度的意见**》（2014年2月21日　国发〔2014〕8号）第6条：“养老保险待遇及调整。城乡居民养老保险待遇由基础养老金和个人账户养老金构成，支付终身。（一）基础养老金。中央确定基础养老金最低标准，建立基础养老金最低标准正常调整机制，根据经济发展和物价变动等情况，适时调整全国基础养老金最低标准。地方人民政府可以根据实际情况适当提高基础养老金标准；对长期缴费的，可适当加发基础养老金，提高和加发部分的资金由地方人民政府支出，具体办法由省（区、市）人民政府规定，并报人力资源社会保障部备案。（二）个人账户养老金。个人账户养老金的月计发标准，目前为个人账户全部储存额除以139（与现行职工基本养老保险个人账户养老金计发系数相同）。参保人死亡，个人账户资金余额可以依法继承。”国务院《**关于建立城镇职工基本医疗保险制度的决定**》（1998年12月14日）第4条：“健全基本医疗保险基金的管理和监督机制……存入社会保障财政专户的沉淀资金，比照3年期零存整取储蓄存款利率计息，并不低于该档次利率水平。个人账户的本金和利息归个人所有，可以结转使用和继承……”国务院《**关于建立统一的企业职工基本养老保险制度的决定**》（1997年7月16日）第4条：“按本人缴费工资11%的数额为职工建立基本养老保险个人账户，个人缴费全部记入个人账户，其余部分从企业缴费中划入。随着个人缴费比例的提高，企业划入的部分要逐步降至3%。个人账户储存额，每年参考银行同期存款利率计算利息。个人账户储存额只用于职工养老，不得提前支取。职工调动时，个人账户全部随同转移。职工或退休人员死亡，个人账户中的个人缴费部分可以继承。”最高人民法院《**关于适用〈中华人民共和国保险法〉若干问题的解释（三）**》（2015年12月1日　法释〔2015〕21号）第9条：“投保人指定受益人未经被保险人同意的，人民法院应认定指定行为无效。当事人对保险合同约定的受益人存在争议，除投保人、被保险人在保险合同之外另有约定外，按照以下情形分别处理：（一）受益人约定为‘法定’或者‘法定继承人’的，以继承法规定的法定继承人为受益人；（二）受益人仅约定为身份关系，投保人与被保险人为同一主体的，根据保险事故发生时与被保险人的身份关系确定受益人；投保人与被保险人为不同主体的，根据保险合同成立时与被保险人的身份关系确定受益人；（三）受益人的约定包括姓名和身份关系，保险事故发生时身份关系发生变化的，认定为未指定受益人。”第14条：“保险金根据保险法第四十二条规定作为被保险人的遗产，被保险人的继承人要求保险人给付保险金，保险人以其已向持有保险单的被保险人的其他继承人给付保险金为由抗辩的，人民法院应予支持。”第15条：“受益人与被保险人存在继承关系，在同一事件中死亡且不能确定死亡先后顺序的，人民法院应根据保险法第四十二条第二款的规定推定受益人死亡在先，并按照保险法及本解释的相关规定确定保险金归属。”最高人民法院**《2015年全国民事审判工作会议纪要》**(2015年4月20日)第4条：“夫妻关系存续期间就夫妻共同财产投保所获得的保险金，因保险标的物是夫妻共同财产，夫妻对该标的的利益是相同的，故该保险金应当属于夫妻共同财产，而不论是否以夫妻双方的名义投保。”第5条：“一方对其婚前个人财产在婚姻关系存续期间投保，或一方对于其婚前的个人财产在婚前投保而在婚后获得的保险金，除夫妻另有规定的外，这种保险的性质不属于家庭保险。因该财产的灭失或损坏而获得的保险金，应当归属个人而不认定为夫妻共同财产。”第6条：“婚姻关系存续期间以夫妻共同财产投保，投保人和被保险人同为夫妻一方，离婚时仍处于有效保险期内，且离婚时投保人选择继续投保的，投保人一方应当支付现金价值的一半给另一方。”山东济南中院**《发布〈关于保险合同纠纷案件94个法律适用疑难问题解析〉》**(2018年7月27日)第42条：“投保人、被保险人死亡或终止时保险合同的承继。投保人死亡或者终止的，除另有约定外，投保人的继承人或者权利义务的承继人主张承继保险合同权利义务的，应予支持。被保险人死亡或者终止时，除另有约定外，保险标的继承人或权利义务的承继人主张承继被保险人的权利义务的，应予支持。”

5. 死亡赔偿金。最高人民法院**《关于空难死亡赔偿金能否作为遗产处理的复函》**(2005年3月22日 〔2005〕民一他字第26号)：“……空难死亡赔偿金是基于死者死亡对死者近亲属所支付的赔偿。获得空难死亡赔偿金的权利人是死者近亲属，而非死者。故空难死亡赔偿金不宜认定为遗产。”最高人民法院**《关于审理人身损害赔偿案件适用法律若干问题的解释》**(2004年5月1日 法释〔2003〕20号)第18条：“受害人或者死者近亲属遭受精神损害，赔偿权利人向人民法院请求赔偿精神损害抚慰金的，适用《最高人民法院关于确定民事侵权精神损害赔偿责任若干问题的解释》予以确定。精神损害抚慰金的请求权，不得让与或者继承。但赔偿义务人已经以书面方式承诺给予金钱赔偿，或者赔偿权利人已经向人民法院起诉的除外。”北京高院**《关于审理继承纠纷案件若干疑难问题的解答》**(2018年6月11日)第4条：“死亡赔偿金、丧葬补助费、死亡抚恤金能否在继承案件中一并处理？继承案件中，如有权获得死亡赔偿金、丧葬补助费、死亡抚恤金等财产的近亲属均作为当事人参加案件审理，并提出死亡赔偿金、丧葬补助费、死亡抚恤金等财产的分割请求，人民法院可以在继承案件中一并处理上述财产的分割。”北京高院**《北京法院执行办案规范——债权及收入的执行》**(2018年2月13日)第20条：“【死亡赔偿金等不得作为被执行人的遗产予以执行】被执行人死亡的，不得将死亡赔偿金、丧葬费、精神抚慰金等作为被执行人的遗产予以执行。”北京高院、市劳动人事争议仲裁委员会**《关于审理劳动争议案件法律适用问题的解答》**(2017 年 4 月 24 日)第 26 条:“哪些近亲属可以享受《工伤保险条例》第三十九条规定中劳动者的工亡赔偿待遇?近亲属间如何分配劳动者的工亡赔偿待遇?《工伤保险条例》规定的近亲属的范围不同于《继承法》的继承人范围。《工伤保险条例》规定的近亲属应包括配偶、父母、子女、兄弟姐妹、祖父母、外祖父母、孙子女、外孙子女和其他具有扶养、赡养关系的亲属。依据《工伤保险条例》第三十九条规定‘供养亲属抚恤金按照职工本人工资的一定比例发给由因工死亡职工生前提供主要生活来源、无劳动能力的亲属’。‘供养亲属的具体范围由国务院社会保险行政部门规定’,具体认定可按原劳动和社会保障部《因工死亡职工供养亲属范围规定》执行。除供养亲属抚恤金外,其他享受劳动者的工亡赔偿待遇的近亲属范围的顺位可参照《继承法》中法定继承顺位考虑。”辽宁高院**《关于印发〈全省法院民事审判工作座谈会会议纪要〉的通知》**(2009 年 6 月 1 日　辽高法〔2009〕120 号)第 15 条:“关于受害人死亡的人身损害赔偿案件中死亡赔偿金和精神损害抚慰金在近亲属之间的分配。审理人身损害赔偿纠纷案件,若死亡受害人的同一顺序法定继承人均参加诉讼,且均要求对死亡赔偿金、精神损害抚慰金进行分配的,可在案件处理中一并进行分配。死亡赔偿金、精神损害抚慰金应当在死亡受害人的第一顺序法定继承人之间进行分配。没有第一顺序法定继承人的,可在第二顺序法定继承人之间进行分配。死亡赔偿金原则上应平均分配。对生活特殊困难的继承人可给与适当照顾。精神损害抚慰金应平均分配。”上海高院**《民事法律适用问答》**(2006 年第 2 期)第 5 条:“死亡赔偿金是否属遗产?遗产是被继承人死亡前确定可以取得的财产。死亡赔偿金是在受害人死亡以后,侵权行为人对其近亲属进行的补偿,其权利主体是死者的近亲属。最高人民法院《关于审理人身损害赔偿案件适用法律若干问题的解释》第一条第二款明确规定:‘本条所称“赔偿权利人”,是指因侵权行为或者其他致害原因直接遭受人身损害的受害人、依法由受害人承担扶养义务的被扶养人以及死亡受害人的近亲属。’因此,死亡赔偿金宜作为死者近亲属的财产,不宜作为死者的遗产,债权人无权要求死者家属以取得的死亡补偿金偿还债务人的生前债务,死者家属同意的除外。”

6. 其他财产。

(1)知识产权。《著作权法(2010 修正)》(2010 年 4 月 1 日)第 19 条:“著作权属于公民的,公民死亡后,其本法第十条第一款第(五)项至第(十七)项规定的权利在本法规定的保护期内,依照继承法的规定转移……”国务院**《著作权法实施条例(2013 修订)》**(2013 年 3 月 1 日)第 14 条:“合作作者之一死亡后,其对合作作品享有的著作权法第十条第一款第五项至第十七项规定的权利无人继承又无人受遗赠的,由其他合作作者享有。”第15条:“作者死亡后,其著作权中的署名权、修改权和保护作品完整权由作者的继承人或者受遗赠人保护。著作权无人继承又无人受遗赠的,其署名权、修改权和保护作品完整权由著作权行政管理部门保护。”第17条:“作者生前未发表的作品,如果作者未明确表示不发表,作者死亡后50年内,其发表权可由继承人或者受遗赠人行使;没有继承人又无人受遗赠的,由作品原件的所有人行使。”**《计算机软件保护条例》**第15条:“软件著作权属于自然人的,该自然人死亡后,在软件著作权的保护期内,软件著作权的继承人可以依照《中华人民共和国继承法》的有关规定,继承本条例第八条规定的除署名权以外的其他权利。软件著作权属于法人或者其他组织的,法人或者其他组织变更、终止后,其著作权在本条例规定的保护期内由承受其权利义务的法人或者其他组织享有;没有承受其权利义务的法人或者其他组织的,由国家享有。”国务院**《集成电路布图设计保护条例》**(2001年10月1日)第13条:“布图设计专有权属于自然人的,该自然人死亡后,其专有权在本条例规定的保护期内依照继承法的规定转移。布图设计专有权属于法人或者其他组织的,法人或者其他组织变更、终止后,其专有权在本条例规定的保护期内由承继其权利、义务的法人或者其他组织享有;没有承继其权利、义务的法人或者其他组织的,该布图设计进入公有领域。”

(2)承包经营权。《农村土地承包法(2018修正)》(2019年1月1日)第31条:“承包期内,妇女结婚,在新居住地未取得承包地的,发包方不得收回其原承包地;妇女离婚或者丧偶,仍在原居住地生活或者不在原居住地生活但在新居住地未取得承包地的,发包方不得收回其原承包地。”第32条:“承包人应得的承包收益,依照继承法的规定继承。林地承包的承包人死亡,其继承人可以在承包期内继续承包。”第54条:“依照本章规定通过招标、拍卖、公开协商等方式取得土地经营权的,该承包人死亡,其应得的承包收益,依照继承法的规定继承;在承包期内,其继承人可以继续承包。”最高人民法院**《关于贯彻执行〈中华人民共和国继承法〉若干问题的意见》**(1985年9月11日　法〔民〕发〔1985〕22号,2021年1月1日起废止)第4条:“承包人死亡时尚未取得承包收益的,可把死者生前对承包所投入的资金和所付出的劳动及其增值和孳息,由发包单位或者接续承包合同的人合理折价、补偿。其价额作为遗产。”

(3)埋藏物。《民法典》(2021年1月1日)第253条:“法律规定属于国家所有的文物,属于国家所有。”第319条:“拾得漂流物、发现埋藏物或者隐藏物的,参照适用拾得遗失物的有关规定。法律另有规定的,依照其规定。”最高人民法院**《关于刘士庚诉定州市东赵庄乡东赵庄村委会白银纠纷一案的批复》**/又名:最高人民法院**《关于挖掘埋藏白银归属问题的批复》**/又名:最高人民法院**《关于掘获的白银应归埋藏人所有一案的批复》**(1988年4月20日　〔1988〕民他字第12号):“……据你院报告称:双方争执的白银系刘士庚的祖父刘洛纯所埋。土改时,刘洛纯被定为地主,其被没收的房屋由东赵庄村委会使用至今。1986 年 10 月,刘士庚之夫刘运凯向定州市政府提出,其妻刘士庚的祖父临终前告诉他们,在被没收的 3 间南房东头屋内埋有白银 1 坛,要求挖掘。经市、区、乡政府同意,刘运凯等前往东赵庄村与村委会干部一同挖掘未获。村委会经向知情人调查了解后,即组织人员在南房西头一间内挖出白银 1 坛,计 2401 块。刘士庚为白银的归属与村委会发生纠纷诉至法院,要求返还掘获的银元。经我们研究认为:根据《民法通则》第七十九条第一款及我院《关于贯彻执行〈中华人民共和国民法通则〉若干问题的意见(试行)》第九十三条规定的精神,争执的白银应归埋藏人刘洛纯所有,由其法定继承人依法继承。在处理时,对挖掘过程中提供过条件、帮助的单位和个人,可酌情予以适当的补偿。"最高人民法院**《关于掘获过去地主埋藏的银元归谁所有问题的批复》**/又名:最高人民法院**《关于掘获的银元应归埋藏人所有一案的批复》**(1988 年 4 月 1 日 〔88〕民他字第 5 号):"……根据你院报告,原告倪任福之父倪美林土改时被定为地主成分,在其保留的半栋祖遗房屋下埋藏了 43 枚银元。1982 年倪美林死亡。1979 年 4 月,倪任福将此房屋出卖给被告倪建林。之后,倪任福及其姐根据其父生前的交待,曾两次到此房挖掘银元,均未获得。1986 年 10 月,倪建林将购买的这半栋房屋拆旧建新时,由帮工倪国和等 2 人在屋角下掘出 43 枚银元,原、被告为银元权属发生争执,倪任福于 1987 年 5 月诉至法院,要求倪建林返还所获银元。经我们研究,同意你院审判委员会第一种意见,即:根据我院法(民)复〔1986〕5 号批复的精神,所掘获银元归埋藏人倪美林所有,由其法定继承人依法继承,不宜再作没收处理。"最高人民法院**《关于产权从未变更过的祖遗房下掘获祖辈所埋的白银归谁所有问题的批复》**(1987 年 2 月 21 日 〔1986〕民他字第 38 号):"……被告唐学周于 1985 年 3 月 15 日翻建自有房屋时,在墙脚掘获刻有乾隆字样的白银 29 公斤 4 公两。该房系唐氏家族之祖遗产,历经数代均由唐姓家族人居住,从未变更过产权。族人皆知房下埋有白银,解放前曾两次掘获。因年代久远,白银究系唐姓家族中何人所埋不能证实。原告唐绍清等以此白银系高祖母遗产为由,起诉要求继承。被告唐学周辩称白银为其父临终前告知所埋,不同意原告唐绍清等继承。根据以上事实,我们研究认为,被告唐学周在祖遗房下所掘获的白银,应认定唐姓家族人所埋,视为原、被告等人的共有财产,由共有人合理分割,不宜作遗产处理。"

(4)经济适用房。上海市政府办公厅**《印发〈关于经济适用住房申请家庭成员死亡后相关事宜处理意见〉的通知》**(2011 年 4 月 7 日)第 1 条:"部分申请家庭成员在提出申请之后、发布审核登录公告之前死亡的,住房保障机构应当根据人员减少的情况,重新审核该家庭是否符合准入标准。"第 2 条:"部分申请家庭成员在发布审核登录公告之后、签订选房确认书之前死亡的,该家庭仍保留购房资格,但住房保障机构应当对照减少人员后的供应标准,确定供应房型。”第3条:“在本处理意见第一条、第二条规定的期间内,申请家庭成员死亡的,住房保障机构应当终止审核工作,或者注销该申请家庭已取得的登录证明、轮候序号。”第4条:“申请家庭成员在签订选房确认书后、完成房地产转移登记前死亡的,处理方式如下:(一)部分买受人死亡的,以未死亡的买受人为买受人,同住人不变更为买受人;(二)买受人均死亡的,同住人应当协商确定买受人;(三)部分或者全体同住人死亡的,买受人不发生变化;(四)买受人和同住人均死亡的,经济适用住房预(出)售合同解除,住房保障机构按照经济适用住房原销售价格回购,或者房屋出售单位返还购房款。”第5条:“申请家庭成员在完成房地产转移登记前死亡的,该经济适用住房房地产权利不发生继承。申请家庭成员在完成房地产转移登记后死亡的,处理方式如下:(一)房地产权利人死亡的,其所享有的经济适用住房房地产权利按照《中华人民共和国继承法》有关规定继承。其中,继承人不属于申请家庭成员的,不享有经济适用住房居住使用权,仅享有在经济适用住房按照规定发生回购或者转让后,主张分割所得价款的权利;(二)同住人死亡的,该经济适用住房房地产权利不发生继承。”

(5)安置利益。上海高院***《房屋征收补偿利益分割民事纠纷研讨会纪要》***(2019年11月)第11条:“【安置房的购买权利继承问题】如果居住在被征收房屋内的被安置人在签订征收补偿安置协议之后、安置利益分割之前死亡,其继承人能否享有被继承人本可享有的优先购买安置房的权利?在安置补偿对象人数较多,但可以分割或者购买的安置房数量有限的情况下,存在哪些被安置人有权优先购买安置房的问题。2011年《动迁新政后动迁安置补偿款分割纠纷研讨会综述》中,多数意见认为安置房应优先用于保障在被征收房屋内实际居住的被安置人。实践中,有的法院提出,如果居住在被征收房屋内的被安置人在签订征收补偿安置协议之后、安置利益分割之前死亡,其继承人能否享有被继承人本可享有的优先购买安置房的权利存在争议。鉴于被安置人死亡的,即已不存在实际居住的事实,其继承人可以继承被继承人的征收补偿利益,但是被继承人基于其居住事实而享有的优先购买安置房的权利不能继承。”第18条:“【动迁利益分割与遗产继承】部分被安置人死亡的,在处理安置补偿利益分割案件中是否需要就遗产继承一并处理?实践中,如果部分被安置人死亡,当事人往往要求在征收补偿利益分割案件中就死亡被安置人补偿利益的继承问题一并予以处理。为尽可能减少当事人诉累、一次性解决纠纷,应按照2011年《动迁新政后动迁安置补偿款分割纠纷研讨会综述》第三条的意见执行,遗产继承问题原则上应一并处理。但是,如果死亡的被安置人除安置补偿利益外还有其他遗产,其继承人要求与其他遗产一并处理的,或一并处理涉及案件情况复杂、程序环节众多等情况,可在在安置补偿分割案件中只明确涉及房屋征收补偿利益的遗产范围。继承人之间的继承问题另案诉讼解决。"

(6)违章建筑。北京高院《**关于审理继承纠纷案件若干疑难问题的解答**》(2018年6月11日)第11条:"作为遗产的城市住宅平房未经审批翻建、改建、扩建,没有取得新的产权证或者经明确无法办理新产权证,继承人要求继承该房屋,如何处理?作为遗产的城市住宅平房未经审批翻建、改建、扩建,没有取得新的产权证或者经明确无法办理新产权证的,继承人要求继承该房屋及分割使用的,人民法院应予支持。但人民法院应在判决中明确,该判决不作为拆迁补偿依据;并明确对于该房屋是否属于违章建筑、能否取得房产证、应由相关行政主管部门依相关规定确定。"

(7)住房公积金。国务院《**住房公积金管理条例(2019修订)**》(2019年3月24日)第24条:"职工有下列情形之一的,可以提取职工住房公积金账户内的存储余额:(一)购买、建造、翻建、大修自住住房的;(二)离休、退休的;(三)完全丧失劳动能力,并与单位终止劳动关系的;(四)出境定居的;(五)偿还购房贷款本息的;(六)房租超出家庭工资收入的规定比例的。依照前款第(二)、(三)、(四)项规定,提取职工住房公积金的,应当同时注销职工住房公积金账户。职工死亡或者被宣告死亡的,职工的继承人、受遗赠人可以提取职工住房公积金账户内的存储余额;无继承人也无受遗赠人的,职工住房公积金账户内的存储余额纳入住房公积金的增值收益。"湖南高院、省住建厅《**印发〈关于建立住房公积金执行联动机制的若干意见〉的通知**》(2021年5月17日　湘高法发〔2021〕16号)第1条:"职工个人缴存的住房公积金和职工所在单位为职工缴存的住房公积金,属于职工个人所有。婚姻关系存续期间缴存的住房公积金,属于夫妻共同财产。人民法院根据财产保全和执行案件的需要,有权查询、冻结和扣划职工个人住房公积金,住房公积金管理部门应当予以协助。"第13条:"人民法院在执行案件中,对于被执行人符合住房公积金提取条件的下列情形之一,在保障被执行人基本生活及居住条件的情况下,可以裁定扣划其住房公积金:(一)被执行人退休的;(二)被执行人出境定居的;(三)被执行人与原单位终止或解除劳动关系,住房公积金账户已封存满6个月的;(四)被执行人死亡或被宣告死亡的,或者死亡人(被宣告死亡人)的继承人、受遗赠人系被执行人,且继承、受遗赠份额明确的;但被执行人正在以该项住房公积金履行住房公积金贷款合同还款义务或承担住房公积金贷款担保(联保)责任的,只有该项住房公积金账户余额大于住房公积金贷款合同的还款余额及利息(包含罚息和复利)或担保(联保)债务余额及利息(包含罚息和复利),人民法院才可以对超出余额部分予以扣划。"

(8)无主财产。《**民法典**》(2021年1月1日)第1160条:"无人继承又无人受遗赠的遗产,归国家所有,用于公益事业;死者生前是集体所有制组织成员的,归所在集体所有制组织所有。”《**涉外民事关系法律适用法**》(2011年4月1日)第35条:“无人继承遗产的归属,适用被继承人死亡时遗产所在地法律。”最高人民法院《**对两个遗产继承问题的批复**》(1975年7月4日　法民字第10号):“……经研究,答复如下:一、关于海口市某医院一医生病故有几千元存款在银行,死者没有配偶、子女及其他合法继承人。对绝户财产由谁确认和处理问题。你们认为绝户财产,应收归国有,同意。如有争执,应由有关单位请示当地党委会或革委会解决。”司法部公证律师司《**关于无人继承财产是否由公证处受理的复函**》(1984年3月23日　〔84〕司公字第54号):“……经研究同意你处第一种意见,根据《民事诉讼法(试行)》第一百四十一条的规定,关于无人继承财产应由人民法院受理。”

【参考类案】

(1)宅基地。①2014年**广东某继承纠纷案**,2012年,莫某孙辈等人因与叔叔控制的空置宅基地使用权发生纠纷,遂以代位继承为由,主张对莫某名下上述宅基地进行遗产分割。法院认为:《土地管理法》第8条第2款规定:“农村和城市郊区的土地,除由法律规定属于国家所有之外,属于农民集体所有;宅基地和自留地、自留山,属于农民集体所有。”第10条:“农民集体所有的土地依法属于村农民集体所有的,由村集体经济组织或者村民委员会经营、管理……”第62条:“农村村民一户只能拥有一处宅基地,其宅基地的面积不得超过省、自治区、直辖市规定的标准。农村村民建住宅,应当符合乡(镇)土地利用总体规划,并尽量使用原有的宅基地和村内空闲地。”《物权法》第153条:“宅基地使用权的取得、行使和转让,适用土地管理法等法律和国家有关规定。”我国对宅基地严格实行“一户一宅”制度,宅基地归集体所有,而宅基地使用权人可将地上建筑物以出租、赠与、继承、遗赠方式转移他人,宅基地使用权亦随之转移,但宅基地使用权本身不得单独转移且不能用于抵押,不可亦不能进行继承。本案诉争土地属村集体所有,系在土改时分给莫家使用的宅基地,但一直未建房屋。莫某及其儿子均另有宅基地建房居住。莫某去世前,涉案宅基地由其子在部分土地上建了临时性猪栏、猪舍,堆放杂物,部分土地空置。陈某等人诉请对该空置土地继承,违反了《土地管理法》《物权法》法律精神,判决驳回。

②2014年**河南某行政诉讼纠纷案**,2013年,杨氏三兄弟因祖产老宅基地问题发生纠纷,镇政府以杨氏兄弟已有新宅基地情况下要求继承老宅基地与现行一户一宅法律法规相悖为由,作出收回宅基地由所在生产小组集体所有的处理意见。法院认为:案涉宅基地系1953年发放土地证,依国家土地管理局《确定土地所有权和使用权的若干规定》(〔1995〕国土籍字第26号)第19条“土地改革时分给农民并颁发了土地所有证的土地,属于农民集体所有;实施《六十条》时确定为集体所有

的土地，属农民集体所有。依照第二章规定属于国家所有的除外”可知，争议老宅基地系集体所有，老宅基地上房屋为私人合法财产。依《土地管理法》第62条规定的一户一宅、第63条规定的“农民集体所有的土地的使用权不得出让、转让”可知，农村宅基地土地所有权归集体所有，农民只有使用权，没有处分权。但《继承法》第3条规定：“遗产是公民死亡时遗留的个人合法财产，包括：公民的收入；公民的房屋、储蓄和生活用品；公民的林木、牲畜和家禽；公民的文物、图书资料；法律允许公民所有的生产资料；公民的著作权、专利权中的财产权利；公民的其他合法财产。”公民合法继承权受法律保护。由《物权法》第147条“建筑物、构筑物及其附属设施转让、互换或者赠与的，该建筑物、构筑物及其附属设施占用范围内的建设用地使用权一并处分”可知，我国实行房地一体主义。房屋依附于宅基地之上，房屋所有权与宅基地使用权具有不可分割性。由此可知，老宅房屋应作为合法遗产予以继承，保护继承人合法继承权。判决撤销镇政府处理意见。

③2012年**山西某土地行政登记纠纷案**，1992年，区政府将薛兄、薛弟父母建造的房屋颁证在居住人薛兄名下。2005年，薛父去世。2011年，取得城镇户籍的薛弟以其享有继承权为由，诉请撤销区政府颁证行为。法院认为：《宪法》第13条第2款规定：“国家依照法律规定保护公民的私有财产权和继承权。”《继承法》明确规定，公民的房屋是公民个人的合法财产，可以作为遗产予以继承。即，宅基地上房屋可以继承，根据“地随房走”原则，公民继承了房屋，当然可以使用房屋所占宅基地，故事实上在集体组织内部，宅基地使用权得以继承。国土资源部《关于进一步加快宅基地使用权登记发证工作的通知》（国土资发〔2008〕146号）第3条第1款规定：“严格落实农村村民一户只能拥有一处宅基地的法律规定。除继承外，农村村民一户申请第二宗宅基地使用权登记的，不予受理。”即农村宅基地使用权可继承。国土资源部、中央农村工作领导小组办公室、财政部、农业部《关于农村集体土地确权登记发证的若干意见》规定：“非本农民集体成员的农村或城镇居民，因继承房屋占用农村宅基地的，可按规定登记发证，在《集体土地使用证》记事栏应注记‘该权利人为本农民集体原成员住宅的合法继承人’。”故薛弟对诉争宅基地使用权拥有继承权。区政府仅依村委会出具的证明，而未对诉争宅基地使用权权属进行实质性审查，在未查明土地历史使用情况和现状情况下颁发宅基地使用权证，程序违法，故判决撤销区政府为薛兄颁发的《集体土地建设用地使用证》。

④2000年**河南某行政诉讼纠纷案**，1979年，孙某外嫁并迁户。1984年，为照顾父亲，孙某及丈夫、子女迁回。1988年，孙某父亲去世，孙某继承父亲房屋。1991年，孙某及家人将户口再次迁至丈夫所在村。1992年，市政府以“一户一宅”为由将前述继承房屋宅基地确权给他人致诉。法院认为：孙某1984年同丈夫及全家人户口迁回同其父一起居住生活赡养老人，父亲去世后，取得房屋继承权，应受法律

保护。房屋是土地上附着物,房产所有人应对土地享有使用权,孙某要求撤销市政府处理决定,理由成立,应予支持。市政府以孙某丈夫在所在村已新打宅基地一处,并依《土地管理法》第62条“农村村民一户只能拥有一处宅基地”规定,对孙某申请其所继承房屋土地使用权认定为理由不足,不予支持,这是不当的。房屋依附于土地而存在,市政府作出处理决定,不符合有关法律、法规规定,事实不清,证据不足,判决撤销市政府该处理决定。

(2)承租公房。①2018年**某继承纠纷案**,2004年,赵某利用已故配偶许某工龄购买1987年双方承租单位房改房。2008年,赵某取得产权证后,立下长子继承该房遗嘱。2017年,赵某去世,长子与次子因该房继承问题产生纠纷。法院认为:国务院《关于深化城镇住房制度改革的决定》第18条规定,以成本价或标准价购房的,每个家庭只能享受一次,享受住房福利待遇对象应系夫妻双方,而非售房单位职工一方。“房改房”是国家根据职工工龄、职务、家庭人口等多种因素综合考虑后在房屋价值计算上给予职工的政策性优惠福利,这种政策性福利实质上是对职工一种工资差额补偿,属财产性权益,职工生前未实际取得并不能就此否定其对该种财产性权益拥有资格。根据现行房改政策,房改售房不因一方死亡而受影响,在职工去世后,该种财产性权益通过配偶购买行为转化为房屋形态,将工龄优惠折扣通过房价表现出来。即,“房改房”购买价格远低于房屋市场价值,实际上是卖给夫妻双方而非仅向夫妻中一方出售。最高人民法院《**关于适用〈中华人民共和国婚姻法〉若干问题的解释(三)**》(已于2021年1月1日起废止)第12条规定:“婚姻关系存续期间,双方用夫妻共同财产出资购买以一方父母名义参加房改的房屋,产权登记在一方父母名下,离婚时另一方主张按照夫妻共同财产对该房屋进行分割的,人民法院不予支持。购买该房屋时的出资,可以作为债权处理。”即,“房改房”购买资格决定产权归属,出资仅具有特定情况下的债权意义。“房改房”所有权取得来源于婚姻关系存续期间承租权,依最高人民法院《印发〈关于审理离婚案件中公房使用、承租若干问题的解答〉的通知》(已于2021年1月1日起废止)规定精神,对于婚后一方或双方申请取得公房承租权的房屋,离婚双方均可承租。既然公房承租权属夫妻双方,购买公房时使用了已故配偶工龄优惠取得公房所有权,考虑到从承租权转化为所有权之间承继性,将该类“房改房”认定为夫妻共同财产更为适宜。本案中,赵某与许某自1987年开始承租诉争房屋,虽以赵某名义承租,但该项福利应属赵某与许某共同取得、共同享有。诉争房屋虽系赵某在许某去世后购买,但该房权属取得毕竟不同于商品房购买,系对原有福利形态转化,不能简单地理解为由赵某单独所有,而应认定含有许某部分权益,故对赵某所立遗嘱处分许某权益部分,应认定无效,该部分应按法定继承予以处理。

②2014年**重庆某继承纠纷案**,1986年,李某父与向某结婚,婚后共同居住在单

位分配给李某父的公有住房。2008 年，李某父去世。2013 年，该公房拆迁，拆迁人对向某进行了拆迁补偿安置。2013 年，李某诉请对公有住房拆迁补偿款进行遗产分割。法院认为：公有住房承租权逐步允许转让、转租、上市交易的经济价值，使公有住房承租权具备了独立的私有财产性质，故公有住房承租权可作为承租人遗产继承。本案中，李某父死亡后，该公有住房承租权应以遗产方式进行分割，在李某未明示放弃继承情况下，其继承利益依然凝聚在该公有住房承租权上，该公有住房后虽进行了拆迁和产权调换，但李某并未丧失对该承租权及其转化利益继承权，故李某依然可对拆迁安置房屋进行分割。由于公有住房租赁权公益保障性是第一位的，向某与原承租权人一直共同居住在该公有住房内，故在分割时应对向某予以多分。根据拆迁安置房约定价值、产权调换时价值以及向某补交房屋安置时差价等情况，判决诉争公有住房房屋归向某所有，向某支付李某房屋折价款 8 万元。

③2012 年**天津某租赁合同纠纷案**，1997 年，张某为承租人的天津某宗教产公房被拆迁后，就新分配安置公房，由张某与妻子王某继续居住。2000 年，经张某申请，承租人变更为张某女。2008 年，张某去世。王某起诉张某女，要求确认该房由其本人承租。法院认为：依天津市《公有住房变更承租人管理办法》第 2 条规定，公产房承租人在承租期内死亡，其同居一处、共同生活同户籍两年以上的家庭成员，可申请住房租赁过户。住房租赁过户按其家庭成员中配偶、子女、其他亲属顺序，并征得家庭成员同意后方可办理。对于申请住房租赁过户达不成协议的，法院可根据案件具体情况确定某一家庭成员享有承租权，但需给其他家庭成员适当的经济补偿。诉争平房原承租人为张某，承租权应属张某、王某夫妻二人共同享有。该房被拆迁后，新分配的安置房承租权仍应归二人共有。张某生前将诉争房屋承租权让与张某女体现了张某本人意志，在张某已死亡情况下，应认定王某与张某女共同对诉争房屋享有权益。诉争房屋虽系宗教产公房，但该房屋允许上市置换交易，可直接变现为金钱，具有财产价值，对该公产房屋所体现财产权益应比照私有财产规则处理。考虑本案实际情况，从有利执行角度出发，判决诉争房屋由张某女继续承租，张某女给付王某经济补偿款 18 万元。

④2012 年**重庆某继承纠纷案**，2005 年，王某父去世，王某将其户口迁至王某父承租钢铁厂公房。同时，王某经与其母杨某协商，向钢铁厂提出申请，自愿将该公房户主变更为王某，王某补偿其 5000 元。杨某已收取了该补偿款，但至房屋拆迁时止均未办理承租人变更登记手续。2010 年，王某兄去世。2011 年，前述公房拆迁，拆迁公司以王某父名义与代理人王某签订安置协议，王某取得安置房。王某兄近亲属及王某弟诉请分割该安置房。法院认为：公房承租权是一种兼具债权和物权性质的复合型财产权利。依最高人民法院《关于公房买卖的成立一般应以产权转移登记为准的复函》相关精神，公房变动一般应进行产权变动登记手续。公房承

租权转让与继承是两个独立问题,公房作为国家或集体所有房屋,承租人只享有使用权。我国《继承法》规定的遗产范围是被继承人生前所拥有合法财产,只享有使用权的公房承租人死后,公房是不能作为遗产继承的。既然不可继承,那么本案中杨某在王某父死后并不当然地就成为承租人。杨某与王某虽进行了公房承租权买卖,亦提出了户主变更申请,但实际上该公房承租权并未发生变动。虽然公房承租权不能继承,但作为一种财产性权利,在公房所有权人放弃房屋一切权利之后,因该公房拆迁所得之安置房即为该承租权财产权利延伸,在法律无明文规定时,可比照继承规定处理。案涉公房拆迁时,虽然钢铁厂以死者王某父名义出具放弃产权证明,拆迁公司亦以王某父为被拆迁人签订拆迁实物安置协议,但不能就此认定钢铁厂将该公房拆迁时的一切权利让渡于王某父。比照法定继承原则,判决对诉争安置房,杨某享有40%产权,王某兄近亲属共同享有20%产权,王某及王某弟共同享有20%产权。

⑤2011年**湖南某物权保护纠纷案**,1993年,赵某妻子杨某病逝。1995年,赵某购买单位公房,计算了杨某工龄。同年,赵某立遗嘱将前述房屋遗赠给孙子及外孙女。1997年,赵某去世,遗赠房屋一直由赵某子之再婚配偶刘某占有。2010年,法院判决刘某与赵某子离婚,并明确遗赠房屋非刘某与赵某子夫妻共同财产。2011年,赵某孙子及外孙女起诉,要求刘某移交房屋。刘某抗辩称赵某遗赠房屋属赵某与杨某夫妻共同财产,故杨某应得房屋部分应按法定继承处理。法院认为:最高人民法院《关于在享受本人工龄和已死亡配偶生前工龄优惠后购买公房是否属夫妻共同财产的函的复函》明确规定,夫妻一方死亡后,如果遗产已经继承完毕,健在一方用自己的积蓄购买的公有住房应视为个人财产,购买该房时所享受的已死亡配偶的工龄优惠只是属于一种政策性补贴,而非财产或财产权益。夫妻一方死亡后,如果遗产没有分割,应予查明购房款是夫妻双方的共同积蓄,还是配偶一方的个人所得,以此确认所购房屋是夫妻共同财产还是个人财产;如果购房款是夫妻双方的共同积蓄,所购房屋应视为夫妻共同财产。本案中,赵某配偶杨某死亡时,已就相关遗产进行了分配。赵某申购案涉房屋时所享受的已死亡配偶工龄优惠只是属于一种政策性补贴,而非财产或财产权益。赵某用自己积蓄所购公有住房应视为个人财产,故赵某所立处分个人合法财产遗嘱合法有效。已生效法律文书明确了案涉遗赠房屋并非刘某与赵某子共同财产,刘某对该遗赠房屋不享有任何权利,但刘某仍私自将该房屋门锁更换自己居住,侵犯了原告权利,故原告要求刘某停止侵权行为,将所占住房屋移交原告诉请应予支持,判决刘某从案涉房屋搬出。

⑥2010年**重庆某继承纠纷案**,2002年,陈某父去世,单位分配公房承租人由陈某父变更为陈某母黄某。2009年,该房拆迁,黄某取得安置房产权。2012年,陈某诉请对安置房继承分割。法院认为:公房承租权产生于计划经济时期,目的在于使

在社会主义公有制下每个人都居有其所，具有公益保障性质。但随着市场经济快速发展和房产制度改革，传统意义上的公房性质发生巨大变化。公房差价交换和转租并无明确法律和政策限制，公房承租人能以公房租赁权获得财产利益，使得公房租赁权成为财产性质的权利，故应可被继承。本案中，陈某父死亡后，该公房承租权应以遗产方式进行分割，故在陈某未明示放弃继承情况下，其继承利益依然凝聚在该公房承租权上，该房后虽拆迁和产权调换，但陈某并未丧失对该承租权及其转化利益的继承权，故陈某依然可对拆迁安置房进行分割。因公房租赁权公益保障性质系第一位的，黄某与原承租人一直共同居住在该公房内，故在分割时应对黄某多分。根据拆迁安置房约定价值、产权调换时价值及黄某补交房屋安置时差价等情况，判决诉争安置房归黄某所有，黄某支付陈某房屋折价款8万元。

⑦2008年**北京某继承纠纷案**，1987年，宋某父亲去世。1993年，宋某出资、宋某母亲赵某使用本人工龄及配偶生前工龄，购买单位公房。1998年，赵某去世。2009年，宋某妹起诉宋某，要求分割宋某独占的前述遗产房。法院认为：遗产是公民死亡时遗留的个人合法财产。根据诉争房屋分房档案，房屋买卖合同书以赵某名义签订，购买诉争房屋时折算有赵某工龄，且房屋所有权证登记在赵某名下，故赵某对房屋取得具有贡献；但赵某作为家庭妇女，在丈夫去世后，其生活主要依靠子女赡养，赵某无能力出资购买，从交款人为宋某可认定，诉争房屋系由宋某出资购买，尤其是赵某去世后，所有购房费用均由宋某支出，可认定宋某在与赵某共同生活期间对诉争房屋取得亦有贡献；赵某与宋某基于家庭成员关系对诉争房屋取得产生共同共有法律关系。案涉房屋为赵某与宋某共有财产，赵某去世后，在继承时应先分出宋某财产份额，赵某遗产部分由宋某、宋某妹二人法定继承。根据双方居住条件以及宋某妹要求折价款主张，判决诉争房屋由宋某继承，宋某给付宋某妹相应遗产折价款7万余元。

⑧2006年**湖北某房屋权属纠纷案**，1992年，姚某父去世。1997年，姚某母买下机械厂公房70%产权。1998年，姚某母去世，余下产权30%由姚某出资购买并以己房自居。2004年，姚某姐起诉要求分割房产。法院认为：本案系因房屋遗产未处理而引发的房屋权属纠纷。机械厂分给姚某父母的公房经房改，父母享有70%产权，该房屋70%产权应为父母遗产。另30%产权虽为机械厂所有，但母对该房屋30%产权份额有特定承租权，该承租权含有专属财产权利，应纳入遗产范围。父母去世后，姚某虽补交了标准价与成本价差额，该资金应视为垫资，应由其他法定继承人分摊该垫资。本案继承人在父母去世、继承开始后，均未作出放弃继承表示，应视为接受继承。继承发生时，因姚某与父母共同生活，在30%产权出资和房屋管理修缮中起主要作用，在按法定继承时可适当多分。

⑨2004年**福建某继承纠纷案**，1993年，邢某父母单位公房房改，邢某代交3.5

万余元。2002年,邢某父取得该房改房所有权。2003年,邢某母去世。2004年,邢某父诉请分割该遗产。法院认为:诉争房改房系邢某父母婚姻关系存续期间取得,属邢某父母共有财产。邢某虽交纳购房款,但属代交行为。邢某主张该房屋系其投资购买,其拥有所有权,缺乏事实依据。邢某母去世后,该房屋一半系遗产。邢某母去世时未立遗嘱,其遗产应按法定继承进行析分。因在购买房屋时,系由邢某代交房款,该部分应予扣除。因该房屋系邢某父母共有,邢某父先分得一半产权,邢某父所占份额较大,该房屋应归其所有,由邢某父折价补偿给其余法定继承人。邢某父取得了房屋,其应将邢某代交房款返还给邢某。判决诉争房屋归邢某父所有,邢某父返还邢某代交购房款3.5万余元,邢某父支付邢某、邢某姐、邢某妹应得房屋份额折价款各1.2万余元。

⑩2003年**吉林某继承纠纷案**,1977年,父、母租住单位公房。2002年,父、母死后,经单位同意,由共同生活的子继续承租,承租人仍为父。后子将该公房使用权出售得款5.4万元另购他处,单位无异议,3女诉请分割遗产。法院认为:本案被继承人承租公房在被继承人死亡时显非被继承人个人财产,故争议房屋非遗产。出售该房价款取得时间是在被继承人死亡数月后,而来源又非出售被继承人个人财产取得,且出售时房屋实际承租人为子,故该价款不符合遗产要件,不能作为遗产分割,判决驳回3女诉请。

⑪2000年**湖北某排除妨碍纠纷案**,1997年,何某出资3万余元,以继父赵某名义购买赵某单位公房,约定赵某在世时,房屋由赵某居住、管理和使用,赵某死亡后房屋由何某继承。1998年,何某强行搬入该房屋,赵某诉请何某搬出。法院认为:何某以赵某名义领取钥匙后先搬入诉争房屋,在赵某住进该房后,何某又多次与之发生矛盾,致使赵某无法居住而外出借住。赵某诉请排除妨碍、停止侵害的请求成立。赵某系该房所有权人,购买的是单位公有住房,购房资金中包含有赵某工龄、级别等优惠成分,与其身份密切相关,理应由其享有该房屋占有、使用权。赵某虽给何某承诺过该房由何某继承,但赵某仍健在,继承尚未开始,该房所有权不能转移。何某要求赵某退还购房款主张属另一法律关系,不属本案审理范围。判决何某从赵某房屋中搬出。

⑫1998年**天津某物权纠纷案**,1994年,张某母亲韩某购买承租单位公房居住权。1997年,韩某去世,离婚后一直随韩某生活、居住的张某经单位同意变更为公房使用权人,后因一直随父亲生活的张某兄强行占用该房致诉。法院认为:诉争房屋居住权系韩某生前出资购买取得,韩某死亡后,就该居住权产生的经济价值,应视为遗产由继承人分割。考虑张某尽义务较大,在继承份额上应予照顾。虽然房产所有人对诉争房屋居住权做了处分,但并未丧失管理权利。鉴于产权单位已为张某办理了变更手续,张某居住权应予维护,张某兄应腾出占住诉争房。张某应给

付张某兄一定继承份额款。判决案涉房屋由张某享有居住权,张某兄立即搬出;张某给付张某兄继承份额款 2000 元。

(3)土地承包。①2016 年**北京某继承纠纷案**,1998 年,杨某一家四口、杨某父母一家两口、杨某弟一家四口在本村分得“口粮田”“果树地”。2010 年,杨某去世。2016 年,杨某父去世。杨某母、杨某弟起诉杨某妻及杨某子女,要求依法继承分割杨某口粮田和果园承包经营权。法院认为:集体土地承包方式分为家庭承包和其他方式承包两大类。采用家庭承包的土地承包经营权取得需由集体经济组织作为发包方与农户作为承包方签订农村土地承包经营合同,以固定每户应承包的土地亩数。《农村土地承包法》第 15 条及最高人民法院《关于审理涉及农村土地承包纠纷案件适用法律问题的解释》第 3 条第 2 款均规定家庭承包的承包方是本集体经济组织农户。据此,家庭承包经营权主体为农户而非签订土地承包经营合同的个人,签约人仅系该农户代表,在农户内部,每位家庭成员均共享土地承包经营权。是否属于承包经营户中的家庭成员,不能以是否在共同居住、是否具有近亲属关系或是否属于同一户口簿等作为判断标准,而应以集体经济组织发包土地时核对的农户为单位,该家庭成员是否属于农户中一员作为判断标准。另外,该家庭成员人数会因结婚、新生儿出生、老人去世而有所变化,但“增人不增地,减人不减地”原则不变,人数增减并不影响承包地亩数,只是影响每位家庭成员所享有承包收益分配份额。本案中,杨某父母一家两口、杨某弟一家四口、杨某一家四口在本村分配“口粮田”“果树地”时均作为三个独立农户参与分配,签订承包合同,并非一个大户作为签约主体,三户之间土地承包经营权并不共享。判决驳回杨某母、杨某弟要求继承分割承包经营权诉请。

②2015 年**北京某所有权纠纷案**,2004 年,张某爷爷代表张家与村委会签订土地承包合同,载明人口五人:张某姐姐、张某父母、张某爷爷及曾祖父,其时张某尚未出生。2011 年,张某曾祖父去世。2015 年,张某及其母曹某起诉其他家庭成员,要求确认各自享有土地承包合同约定的 16 亩土地流转收益的 1/5。法院认为:土地承包经营权内容虽由土地承包合同确立,但该合同只是取得土地承包经营权方式和条件,并不能因此否定土地承包经营权的物权属性。由于土地承包经营权系通过本集体经济组织内部的农户家庭为单位的家庭土地承包经营权来实现,强调的是村民人人有份、农村福利性及生活保障性,系集体成员权最重要、最集中体现。在此前提下,由土地承包经营权所衍生出的土地流转收益亦应属本集体经济组织内一户家庭全部成员共同享有。村委会所称“增人不增地、减人不减地”政策,旨在我国人多地少现状下固定土地承包亩数,确保农民承包土地期限、亩数不因行政手段频繁调整而遭受侵害,但并未干涉农户内部家庭之间利益分配,不影响农户内部成员平等享有的土地流转收益权利。本案张某出生虽不能为张家增加土地,但其

作为村民,亦属于张家新增家庭成员,与其他家庭成员地位平等,仍同样有权利享有土地流转收益。张某曾祖父2011年死亡后,生前所获土地流转权益作为一项财产权利可由其继承人继承,但其死亡后新取得的土地流转收益不再作为遗产予以继承,而是分摊在其他家庭成员份额里,由张家包括张某在内的剩余在册人口享有。但同时,张某对流转收益享有及份额确定问题应以其为该集体经济组织成员身份及张家一户家庭人口为依据,如将来出现变化,可另作调整。判决张某爷爷与村委会所签土地承包书中16亩土地流转权益,曹某、张某各享有1/5。

③2012年**河南某继承纠纷案**,2011年,段弟承包土地及其父房屋和所占土地均被征收,段弟领取承包土地补偿款及宅基地补偿款13万余元。已另立户的段兄以10年前父母去世后,承包地及房屋属于遗产为由,诉请分割。法院认为:《农村土地承包法》第15条规定:"家庭承包的承包方是本集体经济组织的农户。"第16条规定:"承包方享有下列权利:……(二)承包地被依法征收、征用、占用的,有权依法获得相应的补偿……"从以上法律规定看,农村承包地征收补偿对象是合法拥有土地承包经营权的农户。本案段弟与其父母属同一农村承包经营户。段弟父母去世,作为同一农户成员的段弟仍在,并享有涉案承包地农户身份。段兄系另一农村土地承包经营户的主体,其诉请分割涉案承包地补偿款缺乏法律依据。对涉案宅基地及房屋属双方当事人父母部分,双方当事人均享有继承权,但段兄提供证据中未显示有房屋补偿款,且宅基地补偿款包含段弟自有宅基地部分,段兄未提供证据证明其父母宅基地在涉案宅基地补偿款中应享有份额,故判决驳回段兄诉请。

④2009年**江苏某继承纠纷案**,1995年,李某子女各自组建家庭并取得土地承包经营权。2005年,李某夫妇相继去世,李某生前耕种土地由李某女耕种,李某子诉请分割继承。法院认为:依《农村土地承包法》第3条第2款规定,农村土地承包采取农村集体经济组织内部的家庭承包方式,不宜采取家庭承包方式的荒山、荒沟、荒丘、荒滩等农村土地,可以采取招标、拍卖、公开协商等方式承包。据此,我国农村土地承包经营权分为家庭承包和以其他方式承包两种类型。以家庭承包方式实行农村土地承包经营,主要目的在于为农村集体经济组织每位成员提供基本生活保障。依《农村土地承包法》第15条规定,家庭承包方式的农村土地承包经营权,其承包方是本集体经济组织农户,其本质特征是以本集体经济组织内部农户家庭为单位实行农村土地承包经营,故该种形式的农村土地承包经营权只能属于农户家庭,而不可能属于某一个家庭成员。《继承法》第3条规定,遗产是公民死亡时遗留的个人合法财产。农村土地承包经营权不属于个人财产,故不发生继承问题。本案中,诉争土地承包经营权属于李某家庭,系家庭承包方式承包,且诉争土地并非林地,故李某夫妇死亡后,诉争土地应收归当地农村集体经济组织另行分配,不能由李某夫妇继承人继续承包,更不能将诉争农地承包权作为李某夫妇遗产处理。

李某子女均已在婚后组成了各自家庭。农村土地实行第二轮家庭承包经营时，李某及各子女家庭均各自取得了土地承包经营权及相应土地承包经营权证书，至此，李某子女已不属于李某土地承包户成员，而是各自独立的三个土地承包户。李某夫妇均已去世，该承包户已无继续承包人，李某夫妇去世后遗留土地承包经营权应由该土地发包人予以收回。李某子女各自家庭均已取得相应土地承包经营权，故均不具备其父母去世后遗留土地承包经营权继续承包的法定条件。判决驳回李某子诉请。

⑤2007 年**黑龙江某损害赔偿纠纷案**，2007 年，受害人因司机过错受伤，要求以司机生前土地承包经营权及收益赔偿。法院认为：司机生前虽承包有土地，但依《土地管理法》规定，家庭承包是以户为单位取得的经营权，承包期内部分家庭成员死亡，只要不导致农户消亡，承包经营权仍存在，不发生继承问题，故受害人主张以司机生前取得的承包经营权作为遗产赔偿其人身损害的主张不能获得支持。承包收益虽可作为遗产继承，但因受害人无法举证已收益，对将来收益亦无法预测和评估，故受害人主张亦暂无法支持。判决驳回原告诉请。

⑥2005 年**河北某土地承包经营权纠纷案**，孙某堂弟去世后，堂弟媳立公证遗嘱将其承包地留给侄女张某。堂弟媳去世后，该地挂在孙某承包户名下。张某索地不得，在姑所留承包地上铲土起垄。法院认为：孙某对诉争土地持有县政府颁发的土地承包经营权证，享有土地承包经营权，应受法律保护，他人不得剥夺和限制。我国实行家庭承包责任制，家庭承包的承包方只能是本集体经济组织内的农户，家庭承包是以户为单位取得的土地承包经营权，承包期内家庭的某个或部分成员死亡的，土地承包经营权不发生继承问题。本案中，因张某与其姑即孙某堂弟媳非同一承包经营户，又非同一集体经济组织成员，其土地承包经营权亦不发生继承，即便公证亦无效，故张某到孙某土地内铲土起垄构成侵权，应恢复原状、赔偿损失。

(4)征地补偿。①2008 年**陕西某土地补偿款纠纷案**，2005 年，郭某去世。2007 年，郭某生前承包村集体土地被征用，其子张某作为唯一继承人又不具有该组村民资格，故村组未支付相应土地补偿款引起纠纷。法院认为：土地补偿款是给予土地所有者或承包人因失地造成损失的补偿，因郭某去世在其所承包地被征用前，更是分配方案确定前，故其丧失参与土地补偿款分配资格。郭某去世，其原承包地无承包人，亦不可继承承包权，故郭某原所承包土地被征用的土地补偿款理应归村小组所有。张某非该集体经济组织成员，无承包土地资格，不能成为土地承包人，从而取得补偿款，故张某诉请支付该款，无法律依据。判决驳回张某诉请。

②2008 年**浙江某继承纠纷案**，1999 年，第二轮土地承包时，王某作为户主与母亲张某共同分得承包地。2003 年，张某去世。2006 年，王某土地被征收，获得补偿款 2 万余元。2008 年，王某兄以补偿款中含有张某遗产为由，诉请分割。法院认

为:遗产是公民死亡时遗留的个人合法财产。家庭承包的承包方是本集体经济组织农户,个人只是作为分配土地时必须考虑的人口数量。承包期内家庭某个成员死亡时,若作为承包方的户还存在,死者在承包时分配的土地份额由家庭内部其他人继续承包,死者土地承包经营权不发生继承问题。本案中,王某兄非王某承包户成员,对王某一户在村经济合作社承包的土地不享有承包经营权。张某死亡后,个人承包经营权自然终止,其承包合同权利、义务转移给该户其他承包人,或依照政策规定由该户其他承包人继续承包。就承包主体而言,仍为以王某为户主的家庭,张某所分配的承包地份额由同一承包经营户内其他成员继续承包经营,并非由张某继承人予以继承。张某死亡后,原承包地被征收的补偿款不属于张某死亡时遗留的个人财产,即不属张某遗产。判决驳回王某兄诉请。

③2004 年**河南某土地分配纠纷案**,2003 年,雷某之母在征地前去世,非农业户的雷某以其仍在耕种土地并交纳农业税为由,要求分得征地补偿款。法院认为:《继承法》不允许土地承包经营权继承,死亡村民无法参与征地补偿款分配,同时非需安置对象,无法享有安置补助费,但其继承人有权继承青苗、附着物补偿款项。本案中,雷某之母于征地前去世,不属需安置对象,征地未征用其责任田,亦不应分得青苗补偿费。农业税是按土地及产量计算征收的税费,但其分得的责任田仍由雷某经营,故雷某交该份责任田农业税系其应尽义务,与分配征地款安置补助费无关联性,不能作为分得征地安置补助费理由,判决驳回雷某诉请。

④2004 年**云南某继承纠纷案**,1990 年,戈某父与包某结婚,戈某奶奶张某系户主。1992 年,戈某出生。1995 年,戈某父母离婚,戈某随母生活。1997 年,戈某父病逝。2003 年,张某家承包土地被征用,戈某诉请张某分割土地补偿款。法院认为:遗产是被继承人死亡时遗留的个人合法财产,在承包期内,承包人死亡的,其依法应获得承包收益可以继承。由此可见,继承权是基于公民对财产享有的所有权而产生的。我国《土地管理法》第 2 条规定,土地属于国家和集体所有。同时,《农村土地承包法》第 12 条规定:"农民集体所有的土地依法属于村农民集体所有的,由村集体经济组织或村民委员会发包;已经分别属于村内两个以上农村集体经济组织的农民集体所有的,由村内各该农村集体经济组织或者村民小组发包。村集体经济组织或者村民委员会发包的,不得改变村内各集体经济组织农民集体所有的土地的所有权。"本案中,戈某之父系张某之子,在第一轮土地承包时,张某所在村集体经济组织将其所有集体土地发包给张某家承包经营,张某及其家庭成员含戈某父据此享有土地承包经营权即使用土地权利、生产经营自主权、收益权、产品处置权,但对该承包地并不享有所有权。村集体发包行为,并不影响集体土地所有权性质。依《农村土地承包法》第 15 条规定:"家庭承包的承包方是本集体经济组织的农户。"由此说明家庭承包的承包单位是户。戈某父死亡时,是在第一轮土地

承包期间,在该承包期内并未发生土地征用事实。第二轮土地承包时,以张某为户的家庭承包地虽未发生变化,但此时戈某父已死亡,依《民法通则》第 9 条规定,“公民从出生时起到死亡时止,具有民事权利能力”。由此可见,戈某父已不再享有土地承包经营权。2003 年政府征用张某家承包地后,给予的土地补偿款补偿对象是土地所有者及承包方。判决驳回戈某诉请。

(5)公司股权。①2013 年**上海某合同纠纷案**,2003 年 7 月,刘某与王某分别出资 40 万元、60 万元设立煤业公司。同年 12 月,刘某死亡。2006 年,煤业公司修订章程,将出资比例变更为王某出资 90 万元、刘某妻苑某出资 10 万元,后该出资协议被生效判决认定无效。2008 年,苑某将 10% 股权转让给王某。2011 年,刘某子刘胜某与投资公司签订股权转让协议,约定刘胜某将其 30 万元(30%)股权转让给投资公司。王某以其对煤业公司投入上亿为由,起诉刘胜某、投资公司,要求确认转股协议无效,并要求刘胜某返还其投资收益。法院认为:依《公司法》规定,自然人股东死亡后,其合法继承人可以继承股东资格;但是,公司章程另有规定的除外。煤业公司章程无限制自然人股东合法继承人继承其股东资格的除外规定。尽管在刘某死后、法院判决和工商变更登记前,刘某生前所持股权变动处于权利主体不明确状态,但可确定刘胜某与投资公司签订转股协议时,刘胜某系煤业公司股东,其将自己所持股权转让给公司其他股东,系自主处分财产权利的合法行为。煤业公司自成立以来未进行过增资扩股活动,刘某在煤业公司成立之初通过出资 40 万元获得煤业公司 40% 股权,其死后其子继承煤业公司 30% 股权,并不属于最高人民法院《关于适用〈中华人民共和国公司法〉若干问题的规定(三)》第 25 条、第 26 条规定的“名义股东”,故王某诉请确认刘胜某与投资公司之间股权转让协议无效,不予支持。

②2012 年**江苏某公司解散纠纷案**,2008 年,印务公司股东戴明某病逝。其妻白某、其子戴某通过诉讼,继承了戴明某名下股份,并通过股东知情权诉讼,获得查阅复制公司财务报告和账簿权利,但作为小股东与其他股东毛某等人长期存在矛盾,白某、戴某诉请解散公司。法院认为:白某、戴某以印务公司董事、股东长期存在冲突,且无法通过股东会解决,公司经营管理已发生严重困难等为由,请求法院判决解散公司。基于印务公司尚在正常纳税等事实,股东之间虽存在矛盾,但尚未出现公司管理陷入僵局、经营发生严重困难、公司继续存在将使股东权利受到严重损害等解散法定情形,故白某、戴某要求解散公司诉请应予驳回。公司被判决解散是一种严厉的法律救济措施,解散公司从某种意义上说犹如剥夺一个人生命,法院对此类案件审理均持谨慎态度,除非存在无法弥补的解散事由,非解散不能衡平利益的,法院一般不宜轻易作出公司解散判决。另一方面,为保护小股东利益,《公司法》设计了股权回购制度,亦规定了小股东知情权诉讼和侵权诉讼等司法救济手

段,但维权成本过高,且效果不理想。本案白某、戴某已提起继承股份之诉、查阅公司财务账册之诉,均已获法院支持,但从印务公司账册中难以发现问题,仍处于弱势地位,对其权益来说,股东会形同虚设,对控股股东关联交易和其他不合理待遇无计可施,只能听任大股东摆布。本案情形显然未达到公司解散条件,股东之间达不成股份转让协议,白某、戴某这样的小股东又不能退出公司,其小股东权益确实难以得到保障。为此,实践中应贯彻调解优先、调判结合方式,最大限度维护各方合法权益。一方面尊重公司自治原则,另一方面穷尽内部救济途径。经调解,白某、戴某与毛某达成股份转让协议,分别获得毛某支付的15万元、5万元股权转让款后退出公司。

③2011年**湖北某继承纠纷案**,2011年,李某去世。2012年,李某母亲黄某起诉李某爱人周某及周某女儿,要求分割李某遗产。其中涉及2003年周某在婚姻关系存续期间出资172万元承债式收购的皮革公司资产分割。皮革公司目前尚未完成改制,未办理企业性质及法定代表人变更等相关手续。法院认为:黄某与周某、周某女儿同为第一顺序继承人,均平等享有继承权。黄某认为,周某在李某生病医疗期间未尽监护责任,应少分遗产,因周某系与李某同住家属,尽管李某出院后,周某对其服药管理存在疏忽大意之处,且死亡后几天才发现,但其病程33年,周某照顾其生活尽义务较多,故黄某要求多分遗产,其理由不成立,法院不予支持。周某在李某死亡几天后才发现,未尽到监护责任,而黄某已八十高龄,无劳动能力,故周某要求多分遗产,其理由亦不成立,法院不予支持。周某购买的皮革公司资产,其无法证明他人出资与购买该企业有关,因其出资系夫妻共同财产。虽该公司至今未办理过户手续,但不影响买卖合同法律效力,故黄某主张该公司财产属遗产范围,按《继承法》相关规定,其应享受继承权利,应予支持。但目前该企业债权债务、职工安置等问题均未处理完毕,亦未完成股权变更,周某投资权益未转化为股权,现对企业性质还不能确认系个人还是集体,故黄某只可享受周某投资皮革公司投资权益中属于李某财产的部分继承权,而不能分割公司股份。黄某可在该企业完成相关股权变更、登记手续后,依《继承法》和《公司法》相关规定另行主张权利。判决诉争住房、存款、股票、股份一半系李某遗产,由黄某、周某、周某女儿平均分割;对皮革公司股权,黄某依法享有对该投资收益的权利,在有新证据情况下可另案起诉。

④2010年**某股东权纠纷案**,股东资格是否可由多人分别继承?处理意见:继承是对遗产的分割,不仅是对财产份额分别取得,且包括了各继承人对股东资格的分别取得,否则,如允许多个继承人共有一个股东资格,在股权行使上将产生许多不必要麻烦。当继承人为多数时,公司应变更股东名册,按继承人继承份额析分各人持股份额,将他们分别登记为股东。这样,每位继承人均可依《公司法》规定,分别独立地行使自益权和共益权。由于有限责任公司实行的是资本多数决,基于继

承而增加股东人数亦不会对其他股东权益造成实质性影响。由于有限责任公司股东人数最多不能超过50人,当多个继承人分别取得股东资格突破有限责任公司人数上限时,应由各继承人协商转让其继承份额,以使公司股东人数符合法定要求。

⑤2009年**某继承纠纷案**,2009年,李某病逝。生前在实业公司与妻子出资现金股权5万元,2006年时由公司给李某个人赠股10万股,章程特别约定增股可参与分红但不享有其他权利。李某妻与李某子因股权分割产生纠纷。法院认为:根据实业公司章程及对案涉增股情况说明,该企业内部增股系企业对内部员工的一种激励机制,不在注册资本之内,只是公司给予为公司作出贡献的特定人的一种福利,且该增股并非李某生前或李某妻、李某子支付对价取得。因诉请分割股权系实业公司内部增股,李某及其家人并未实际出资,故该增股并未构成实业公司注册资本,且从公司章程"该增股可参与分红,但不享有其他权利"来看,该增股只享有分红权,并非完整股权,不属于《公司法》所规定一般意义上股权。案涉增股本质上只是股东之间对分红特别约定,既然实业公司确实作出过增股给李某决议,李某亦确实享受了该增股所带来收益,故因该增股在李某死亡后所生收益属可继承财产,各继承人可按继承比例继承。判决李某在实业公司股权及增股收益由李某妻享有3/4份额,李某子享有1/4份额。

⑥2007年**上海某公司纠纷案**,2006年7月,化工公司股东会修改公司章程,其中规定"合法继承人只继承部分股东权利和所有义务""继承人可以出席股东会,必须同意由股东会作出的各项有效决议"。童某等部分股东诉请确认无效。法院认为:公司章程是调整一个公司所有股东之间、股东与公司之间法律关系的必备性文件,它是股东意思自治体现,但章程自治性是相对的,以不违反法律、行政性法规强制性规范为前提。依《公司法》规定,自然人股东死亡后,其合法继承人可以继承股东资格;但是,公司章程另有规定的除外。基于公司所具有的人合性,法律允许公司章程对已故股东继承人成为公司股东设置一定限制条件。然而一旦章程规定继承人可以继承死亡股东的股东资格,则该继受取得资格的股东就应依法享有法律所赋予的股东权利,而不应对其股东权利加以随意限制。依《公司法》规定,股东会会议由股东按照出资比例行使表决权;但是,公司章程另有规定的除外。股东会会议是股东表达自己意志场所,股东在股东会上有表决权,这是股东基于投资人特定地位对公司有关事项发表意见的基本权利,即公司章程可规定另外的行使表决权方式,但并不能因此剥夺股东行使表决权权利。诉争公司章程显然剥夺了继承股东上述权利,违反法律规定,应确认无效。

⑦2006年**上海某继承纠纷案**,2002年,再婚7个多月的胡某死亡,其2年前在投资公司出资2100万元(占公司股权70%),及1年前投资公司出资170万元与其他单位设立服装公司(投资公司出资占服装公司股权85%),如何分割股权成为继

承各方争议焦点。法院认为:有限责任公司自然人股东死亡后,如公司章程无限制性规定,法定继承人可按《公司法》和《继承法》规定,继承股东股份。考虑到股权价值确定比较困难,同一顺序继承人所继承股权份额宜均等分割。本案中,胡某死亡时,未留有遗嘱和遗赠抚养协议,故对其遗产,应按法定继承处理。作为被继承人胡某的法定继承人,有权依法继承胡某遗产。股权继承范围,仅限于被继承人名下公司股权。公司下属子公司注册资本增加和股权增值,由母公司依法享有法人财产权,法定继承人无权在继承案件中对此直接予以分割。被继承人在夫妻关系存续期间所得到和应得到公司分红,属于夫妻共同财产。因分红涉及其他股东权益,应另案处理。本案中,胡某在投资公司的股东资格出资额应均等分割;胡某在投资公司的经营收益在本案中不予处理;服装公司经营收益不属于遗产范围。一审判决投资公司股东胡某的股东资格由胡某妻、女、胡某母、子继承,各自名下的出资额各为人民币525万元,其出资比例各占注册资本的17.5%;二审上诉后双方撤诉。

(6)死亡赔偿。①2015年**新疆某共有纠纷案**,2013年,刘某父亲病故。就单位所发15万余元抚恤金分割问题,刘某与母亲孙某产生纠纷。法院认为:抚恤金系死者生前单位发放给死者近亲属的生活补助费和精神抚慰金,系基于特定身份而产生的一种财产权,具有物质和精神双重属性,属于近亲属共同财产。由于死亡抚恤金发生于死者死亡后,不是死者生前财产,不属于遗产范围,不能作为遗产继承。本案孙某与刘某作为死者近亲属,均有分割及享有诉争死亡抚恤金权利。死者作为孙某丈夫、刘某父亲,在其去世后,对双方当事人而言都是一种精神打击,也同样承受了精神痛苦,从这个层面上讲,作为死者子女要求分割抚恤金属情理之中。死者与孙某系夫妻关系,双方之间存在相互扶助义务,刘某有稳定工作及固定收入,故孙某认为应多分抚恤金理由成立。根据本案实际情况,酌情判决孙某、刘某各分得抚恤金的60%即9万余元、40%即6万余元。

②2014年**福建某共有纠纷案**,2007年,林某与陈某诉讼离婚,调解书确认女儿归陈某抚养,陈某负担抚养费。其间,林某多次因违法犯罪被处罚并被长期限制人身自由。2013年,女儿因车祸去世,获赔死亡赔偿金、丧葬费等费用共计120万元。法院认为:案涉赔偿款包含了“死亡赔偿金(含被抚养人生活费)、丧葬费、精神损害抚慰金、一次性救助金等”,其中关于所包含具体项目系概括的并非仅死亡赔偿金,且各项目金额亦未具体,但其他各项赔偿费用均可比照死亡赔偿金予以定性。参照福建高院《关于审理人身损害赔偿纠纷案件疑难问题的解答》相关规定,死亡赔偿金性质属财产损失,系对赔偿权利人因受害人死亡而导致的未来收入损失减少的赔偿。其虽系按“继承丧失说”确定损失,但其本身不属于遗产,如近亲属之间请求分割的,在同一顺序中,原则上按照与受害人共同生活的紧密程度决定各自的应得份额。林某与陈某离婚后,女儿由陈某抚养,且一直随陈某生活,学费亦由陈

某负担。依本案证据材料，足以认定陈某尽到了主要抚养义务，陈某与受害人共同生活紧密程度远高于林某，判决诉争赔偿金酌定按 3:7 比例，由林某分割 30% 共 34 万余元，陈某分割取得 70% 共 85 万余元。

③2014 年**山东某死亡赔偿金分割纠纷案**，2013 年，赵某骑车撞土堆身亡，公安部门认定赵某负主要责任，土堆管理人负次要责任。后经协商，土堆管理人一次性支付赵某妻子左某 9 万元。赵某父母起诉左某及赵某未成年子女，要求分割该赔偿款。法院认为：左某所得赔偿，除去丧葬费和交通费，剩余死亡赔偿款应为 7 万余元。由于该款各项赔偿数额未具体细化，故应依法推定。事故发生时，赵某父母均未年满 60 周岁，故不能分得被扶养人生活费。结合赵某子女年龄及赵某在事故中过错，除去被抚养人生活费，剩余赔偿款 4 万余元应由近亲属共同依法分割。死亡赔偿款不属于遗产范围，应按死者生前近亲属与死者远近和共同生活紧密程度合理分配。根据本案双方当事人与死者赵某曾共同生活及赵某子女均未成年，其被抚养人生活费应依法由法定代理人左某予以监管。判决赵某父母共分得死亡赔偿款 1.6 万元，余款归赵某妻子及子女所有。

④2013 年**湖北某财产分割纠纷案**，2013 年，张某因交通事故死亡，法院判赔死亡赔偿金及精神损害赔偿金 10 万余元。两外嫁女儿郭某、余某诉请儿子杨某均分。诉讼中，余某与杨某达成和解协议，领取 5000 元后放弃本案诉请。法院认为：死亡赔偿金系对死者家属整体预期收入损失的一种财产性损害赔偿，亦系对死者家属精神、心理损害的赔偿，应根据与死者关系远近、共同生活的亲密程度，分配权利人生活状况等情况综合考虑、合理分配，如有协议的按协议处理。余某与杨某之间签订和解协议，并放弃在本案中的诉讼请求，系其自愿对自己民事权利和诉讼权利进行的处分行为，应为有效。张某因交通事故去世前，自 1990 年丧失劳动能力以来，一直跟随杨某居住生活，杨某尽主要赡养义务，与张某共同生活的亲密程度较高，且杨某生活困难，经济状况较差，对赔偿款依赖性较高。综合以上情况，应对杨某予以多分。判决张某死亡赔偿金及精神损害赔偿金 10 万余元，由郭某分得 3 万元，杨某分得 7 万余元。

⑤2011 年**广西某财产分割纠纷案**，2007 年，蓝某因工伤死亡，获赔 15 万元，该款由蓝某父亲指示兰某收款。2009 年，蓝某生母欧某诉请兰某给付办理蓝某后事后尚余 13 万元，蓝某祖父母作为与蓝某长年共同生活的第三人亦参与诉讼。法院认为：蓝某因工死亡，家属获赔丧葬补助金、一次性工亡补助金及补偿金共计 15 万元，除去办理后事费用尚余 13 万元。该笔款系通过兰某银行卡带回。银行卡系储户与银行之间建立储蓄合同关系凭证，亦系储户提示银行付款凭证，作为种类物的货币进入储户账户后，即推定该储户占有了该笔钱款，故兰某要免除给付该款责任前提，是其提供证据证明已向工伤死亡赔偿金权利人支付了该笔钱款，而非其与赔

偿权利人之间是否存在保管关系。欧某系死者蓝某生母,起诉兰某要求分割该笔赔偿金,起诉及被诉主体均适格。而第三人依其对蓝某尽过抚养义务,作为有独立请求权第三人亦要求分割该笔赔偿金,当事人之间诉讼权利义务法律关系是工亡赔偿金分割,本案应定性为工伤死亡赔偿金分割纠纷。依《继承法》第3条规定,遗产是公民死亡时遗留的个人合法财产。工伤死亡赔偿金形成及实际取得发生在死者故后,显不属遗产范围。工伤死亡赔偿金源于法律规定,是对间接受害人、死者近亲属的原始权利损失的填补,工伤死亡赔偿金分割应在死者近亲属之间进行,综合考虑分配权利人与受害人关系远近和共同生活紧密程度、对受害人经济依赖程度及其生活状况等因素。本案中蓝某父母系其最亲近的人,亦系其法定赡养对象,作为母亲的欧某虽自蓝某小时即因离婚未跟其生活,但这并不影响其享有儿子工伤死亡赔偿金的权利。第三人作为蓝某祖父母,一直与其共同生活,将其抚养成人,亦应是工伤死亡赔偿金权利人。综合欧某与蓝某生活时间短,年纪尚不足五十,仍具有劳动能力,而第三人已年迈多病,不具有劳动能力,生活状况较差等实际情况,本案工伤死亡赔偿金分配,第三人所占比例应适当高于蓝某父母所占比例,判决兰某给付蓝某父母各20%、祖父母各占30%。

⑥2011年**江苏某财产分割纠纷案**,2010年,朱某因交通事故死亡,获赔72万余元,其中死亡赔偿金41万余元、精神抚慰金3万元。朱某父母起诉朱某妻、子要求分割死亡赔偿金和精神抚慰金。法院认为:依《侵权责任法》规定,双方当事人作为死者朱某近亲属,均有权依法分割精神抚慰金和死亡赔偿金。精神抚慰金是对受害人家属精神损害补偿,朱某死亡给原、被告带来的精神痛苦程度应是同等的,故精神抚慰金应由原、被告双方平均分割。死亡赔偿金是对死者家属整体预期收入损失的一种财产性损害赔偿,其赔偿权利人应为死者近亲属,在死者近亲属之间应根据其与死者关系远近、共同生活亲密程度、分配权利人生活状况等情况合理分配。朱某因交通事故死亡,造成家庭残缺,影响最大的应是与朱某共同生活的妻、子,即本案两被告,故分割死亡赔偿金时考虑到共同生活亲密程度,原告与被告以4:6比例分割死亡赔偿金为宜。另外,两原告虽年老多病,但有固定退休金收入,就医亦有医疗保险予以一定比例报销,且另有两名子女对其负有赡养义务;两被告中朱某子系未成年人,并患有儿童孤独症,需长期治疗,其母需照顾之,无法外出工作,无固定收入。结合当事人上述具体生活状况及对死亡赔偿金依赖性,在按4:6比例分配基础上还应适当照顾被告。

⑦2011年**某财产分割纠纷案**,2009年,"五保户"苏某因交通事故死亡。对于死亡赔偿金归属,乡敬老院与苏某姐姐就此产生争议。2010年,苏某姐姐起诉。法院认为:从五保供养机构及其设备、工作人员资金来源和"五保户"对个人合法财产所有的变革两方面看,农村五保供养与2006年前的五保供养在性质上已发生了

根本性改变，作为社会保障体制组成部分，保障“五保户”生活成为国家责任，国家是基于道义和保障社会秩序需要对“五保户”供养，不应从该责任中获利。即便死者在不死亡情况下，未来有收入亦应归其个人所有。本案中苏某作为特殊群体，虽无生活来源、无收入，但按国家规定对农村“五保户”供养已纳入到社会保障体系，由地方政府拨款，敬老院属公益事业，死亡赔偿金不应归其所有。依《继承法》规定，遗产是公民死亡时遗留的个人合法财产。死亡赔偿金在受害人死亡时尚未由其所有，而是以受害人死亡为给付条件，是对死者未来收入损失的赔偿，故不属于遗产范畴，且依最高人民法院《关于审理人身损害赔偿案件适用法律若干问题的解释》第1条第2款规定，“赔偿权利人”是因侵权行为或者其他致害原因直接遭受人身损害的受害人、依法应由受害人承担扶养义务的被扶养人以及死亡受害人的近亲属，乡敬老院不属于赔偿权利主体范围。因此，案涉死亡赔偿金应归苏某近亲属即本案原告所有。

⑧2009年**安徽某损害赔偿纠纷案**，2009年，李某因事故死亡，调解书确认侵权人赔偿丧葬费、死亡赔偿款、被扶养人生活费、一次性补偿款在内的赔偿款41万元。其中6万元用作丧葬费后，李某妻王某起诉李某父母、李某子，要求分得余下35万元。法院认为：李某因事故去世后，作为妻子，王某主张死亡赔偿款中应得份额应得到法律支持。调解书中明确写明，此赔偿款包括死亡赔偿金、丧葬费、被扶养人生活费以及补偿等一切费用。案涉赔偿款中，已实际支出丧葬等费用6万元，再扣除被扶养人生活费，只能对余下死亡赔偿金和一次性补偿款进行分配。死亡赔偿金分配时，在同一继承顺序中，原则上应按各方与受害人在共同生活中紧密程度决定分割份额，同时还应考虑同一继承顺序中是否已取得被扶养人生活费情况，予以适当平衡。本案中由于李某子已独立，在外打工，有自己经济来源，且李某父母与李某子已就被扶养人生活费另外得到赔偿，故考虑王某与受害人在共同生活中的紧密程度，可对其酌情多分一些（酌定为3/8即5万余元）。一次性补偿款属精神抚慰性质，系对死者家属精神安慰，对此款分配，应从各方精神损伤程度加以考虑。本案中，王某是死者妻子，三被告是死者儿子和父母，四人精神均因李某意外死亡遭受巨大打击，故对一次性补偿款应均等分配，王某应得其中1/4即4万余元。判决三被告支付王某9万余元。

⑨2009年**广西某借款合同纠纷案**，2007年9月，夏某为黄某向信用社贷款3万元提供连带责任保证。此前，黄某向保险公司投保人身意外伤害综合保险，指定第一受益人为信用社。同年10月，黄某因交通事故身亡，肇事方赔偿17.5万元由黄某近亲属持有。信用社诉请保险公司支付保险金被法院驳回后，起诉夏某承担清偿责任。法院认为：死亡赔偿金是死者死亡后责任方对死者近亲属所支付的赔偿，不属于《继承法》规定的遗产范围，故信用社以黄某因交通事故死亡后取得的死

亡赔偿金清偿债务,不予支持。夏某系本案借款合同约定的连带责任保证人,信用社已对保险公司行使请求权,但被法院驳回诉请。同时,主债务人死亡时无任何遗产,故主债务人黄某债务并未得到任何抵减。作为连带保证责任的保证人夏某应对主债务人所欠借款本金及利息承担连带清偿责任,判决债务人黄某所欠信用社本息3万余元,由夏某清偿。

⑩2009年**江苏某财产分配纠纷案**,2008年,孙某、尹某儿子与葛某离异后,因交通事故身亡,孙某领取17万元赔偿款后以孙子孙某某名义存入银行11万元,并将存单及密码交予随孙某某共同生活的儿媳葛某。2009年,孙某、尹某诉请分割17万元赔偿款。法院认为:孙某、尹某作为死者近亲属,在儿子肇事死亡后,应成为索赔权利人和获赔款项所有权人。葛某虽在受害人死亡前与其共同生活,但不符合重新建立婚姻关系法定条件,对赔偿款不享有分配权。交通事故责任人签订赔偿协议后,将17万元赔偿款交付孙某,可推定孙某代理所有权利人接受赔付。此后,孙某将其直接控制赔款以孙某某名义存入银行,并将其中11万元存单交给孙某某监护人且由该监护人独自设定密码。在银行实行实名存款制度情况下,孙某到银行存款应受到银行基本提示,应明知银行登记存款人姓名的法律意义及提取该存款权利归属。根据孙某上述行为,结合日常生活经验和有关法律规定,可推定孙某主观上有将11万元划归孙某某所有意愿,否则其完全可以将自己控制和占有的17万元不作任何变动。同时可推定孙某客观上将11万元交付给孙某某由其监护人代为接受。存款存单系存款所有权重要证明,存单登记内容和合法占有有着极其重要的法律意义,亦系法律意义上所有人界定依据。综上,可看出孙某某在主观和客观方面均达到了获得11万元所有权程度。依双方当事人证据证明力大小,结合本案事实盖然性因素,可认定葛某主张"钱已分配,孙某某分得11万元"的事实。案涉17万元赔偿款无明确所有具体项目,可认定为综合性赔偿。该综合性赔偿款,主要属于对死者余命年岁内收入"逸失"的赔偿,对此分配应根据近亲属对死者经济依赖程度和生活紧密程度,参考《继承法》有关继承原则,在共同生活的家庭成员之间进行。其中,尤其应突出与死者关系远近、共同生活紧密程度、抚养关系及生活来源等因素合理分配。相反,对死亡赔偿金分配不应单纯实行等额分配。强调一定要等额分配,是忽视死亡赔偿款属性,缺少相应理论基础和法律条文支持的极端观点,亦与公平、合理、正义民事法律基本原则相悖。本案中,孙某、尹某系有一定固定收入的退休人员,自己尚有其他子女可履行赡养义务,其生活应得到了基本保障。而孙某某作为死者儿子,目前正处于接受教育和成长重要时期,其在生活和学习中唯一经济来源是父母供养,父亲去世应对孙某某产生极其重要影响。故依上述观点和本案具体情形,如按法定分配原则,可酌情将17万元赔偿款中6万元分配给孙某、尹某,将剩余部分分配给孙某某。此种法定分配结果与未成年孙

某某应得法定足额赔偿额相当,客观上亦顺应孙某、尹某声称“将来要将赔偿款全部交给孙某某”的良好愿望,从而必将在实际效果上达到尽善与和谐。判决案涉赔偿款6万元归孙某、尹某所有,其余11万元归孙某某所有。

⑪2008年**广西某追偿纠纷案**,2007年,俸某雇请的司机彭某驾车肇事死亡,交警认定彭某负全责,彭某近亲属起诉俸某获赔4万余元后,俸某起诉彭某近亲属,以雇员重大过失追偿。法院认为:依最高人民法院《关于审理人身损害赔偿案件适用法律若干问题的解释》第11条规定,彭某从事雇佣活动遭受人身损害,俸某应承担赔偿责任,生效裁判对此已确认。彭某作为雇员存在重大过失,俸某依法可行使追偿权,故彭某近亲属作为被告主体适格。生效裁判确定的赔偿款系丧葬费、被抚养人生活费、死亡补偿费及精神抚慰金的综合,兼有对死者亲属精神抚慰和经济补偿性质,非属公民死亡时遗留财产。彭某近亲属作为继承人表示未继承彭某任何遗产,俸某亦未举证证明彭某留有遗产,故彭某近亲属依法不应承担赔偿义务。

⑫2008年**云南某继承纠纷案**,2006年,卜某与孙某登记结婚。2007年,在军事学院任职的卜某因意外身亡。卜某父领取了学院给的困难补助8万元和抚恤金11万元,民政局所给抚恤金9.3万余元,武警部队所给补偿16万元,学院再给抚恤金2.9万余元。孙某起诉卜某父母要求分割抚恤金和补偿款。法院认为:一方婚前购买房屋,婚后共同归还部分贷款,购房一方在婚前即取得房屋所有权,对其配偶在婚后归还贷款事实不予分析认定,将对非产权一方不公平,在本案中夫妻共同归还贷款金额较小,但房屋增值较大,故按权利义务相一致原则,应确认非产权一方对增值部分享有权利,由产权一方作适当补偿。学院等单位给予的抚恤金,孙某和卜某父母有同等享受权利。武警部队给付的补偿款,参照人身损害赔偿范围,具有赔偿款性质,应参照死亡补偿费、丧葬费及死者生前扶养人的扶养费等费用标准进行分割,其中考虑孙某夫妻结婚时间较短、卜某母亲系农民无固定收入且将满60岁、父母与子女感情较夫妻感情更加稳定及深厚,由卜某父母适当多分。判决争议的抚恤金中扣减已归还的借款4万元,余款19万余元中,由孙某享有6.4万元,由孙某享有补偿款4万元、困难补助费2万元,加上应分得的车价款3万元,扣减房屋折价款2万元及已领取的4万元,孙某还应享有9.4万元,故由孙某享有民政局的抚恤金,其余的财产份额由卜某父母享有。

⑬2008年**天津某继承纠纷案**,2008年,齐某父因交通事故死亡。经法院刑庭调解,由肇事者一次性赔偿各项经济损失12万元。齐某据此诉请领取该款的齐某弟分割,齐某弟以齐某父生前公证遗嘱载明个人财产均归其继承为由抗辩。法院认为:诉争赔偿款是被继承人齐某父死后,由刑事被告人给付死者家属的赔偿款。该赔偿款为一次性赔偿,未划分赔偿明细。最高人民法院《关于空难死亡赔偿金能否作为遗产处理的复函》(〔2004〕民一他字第26号)认为:空难死亡赔偿金是基于

死者死亡对死者近亲属所支付的赔偿。获得空难死亡赔偿金的权利人是死者近亲属,而非死者,故空难死亡赔偿金不宜认定为遗产。本案诉争赔偿金为交通事故赔偿金,与空难赔偿金系同一性质,故可参照适用。本案赔偿金未划分赔偿项目,故应扣除丧葬费后,考虑继承人对被继承人的赡养及生活照顾情况予以分配。由于齐某弟对被继承人尽了主要的赡养义务,付出较多,对被继承人感情较深,应予多分。

⑭2008 年**某继承纠纷案**,张某因交通事故死亡。就其中死亡赔偿金 25 万元,李某作为债权人,申请以第三人身份参加诉讼,以张某生前欠其 30 万元为由,要求从死亡赔偿金中先行支付。法院认为:按《继承法》第 3 条规定:"遗产是公民死亡时遗留的个人合法财产。""死亡时遗留",意味着"遗产"应系死者生前已取得或约定取得财产,包括财产权利。遗产虽不一定是现实权利,但其却系被继承人依法享有的固有利益,故从文义上,不应将"死亡赔偿金"解释为"遗产"。从赔偿请求权角度分析,"死亡赔偿金"既然系对于具有"经济性同一体"性质的受害人家庭未来收入损失的赔偿,其前提当然系受害人因侵权事件而死亡。从时间顺序看,死亡事件应发生在先,对由此产生各项财产损失的损害赔偿请求权发生在后。按《民法通则》规定,自然人权利能力始于出生,终于死亡。受害人一旦死亡,其权利能力即行终止,不再享有民事权利、承担民事义务,当然亦不能以主体资格行使损害赔偿请求权,故死亡赔偿金不是遗产,不能作为遗产继承,死亡受害人的债权人亦不能主张受害人近亲属在获赔死亡赔偿金范围内清偿受害人生前所欠债务。

⑮2007 年**福建某人身损害赔偿纠纷案**,2007 年,王某雇请司机陆某驾驶投保车辆与林某驾驶的无证且制动、灯光系统均不合格的摩托车相撞,造成林某死亡,交警认定陆某、林某分负事故主、次责任。事发后王某垫付林某之母陈某 3 万元。此后正处怀孕期间的林某之妻罗某,在本案起诉前因病死亡,胎儿亦死腹中。罗某父母主张作为罗某继承人,应分得包括林某交通事故死亡赔偿金在内的赔偿款。法院认为:林某因交通事故死亡,陈某系其唯一法定继承人,有权索赔。保险公司应依交强险和商业三责险保险合同约定承担相应的保险理赔责任。林某死后,其妻罗某在尚未提起本案起诉前又死亡,其父母虽系法定继承人,但死亡赔偿金不属罗某遗产,罗某对该死亡赔偿金请求权亦不能让与或继承,故罗某父母无权要求继承其女罗某应得林某死亡赔偿金。一审判决保险公司赔偿陈某各项人身损害赔偿费用 5 万余元,陈某返还王某垫付款 3 万元。二审经调解,陈某分给罗某父母 3.3 万元。

⑯2005 年**广东某继承纠纷案**,1997 年,郑某因乘坐境外航空公司飞机发生空难而死亡。就航空公司赔偿的死亡赔偿金 6.7 万余美元,郑某生前债权人林某诉请郑某继承人以之清偿。法院认为:郑某乘坐航空公司飞机时,并未购买保险。承运人依华沙公约支付的赔偿金非保险赔偿金,而是死亡赔偿金。本案不应适用最

高人民法院《关于保险金能否作为被保险人遗产的批复》(编者注:已于2021年1月1日起废止)规定。从理论上说,死亡赔偿金系对死者继承人、被扶养人丧失继承和扶养的赔偿,亦系对死者亲属的一种情感抚慰,不能作为死者遗产处理。《民法通则》关于加害人对造成受害人死亡应"支付丧葬费、死者生前扶养的人必要的生活费等费用"规定,体现死亡赔偿金基本性质系对扶养丧失的补偿,无对死者本身进行赔偿因素。对旅客行李损失赔偿虽可作为遗产处理,但与对人身损害赔偿相比,对行李损失赔偿数额非常小。依华沙公约第22条规定,承运人对每一旅客责任以每公斤17特别提款权为限。本案中,航空公司拒绝对赔偿金进行分项细析,林某亦无证据证明郑某在乘坐飞机时是否交运了行李和自行携带多少行李,故对航空公司支付的赔偿金可全部视为是对郑某人身死亡赔偿。因空难死亡赔偿金支付系基于承运人法定责任,所依据的是有关国际条约及相关法律,不同于保险公司基于保险合同支付的保险金,能成为空难死亡赔偿金的赔偿权利人包括死者近亲属,而不包括死者,故空难死亡赔偿金不宜作为遗产处理,不属于继承人继承范围。

⑰2004年**某执行纠纷案**,2002年,被执行人芦某因工死亡,所获工亡补助金能否被强制执行成为争议焦点。法院认为:"工亡补助金"发放对象应系死亡职工直系亲属,其目的是对死亡职工直系亲属进行抚恤,故该补助金不属于死亡职工遗产,法院不能强制执行工亡补助金以偿还死亡职工生前所欠债务。

⑱2004年**青海某财产权属纠纷案**,2004年,邹某因车祸身亡,事主蔡某一次性赔偿邹某两个孩子抚养费、母亲王某赡养费、妻子祁某生活费、丧葬费等共11万余元。在村干部主持与调解下,王某与祁某达成善后协议,约定祁某每月给付王某生活费100元。后因双方闹矛盾,王某起诉邹某要求分割抚恤金。法院认为:案涉善后协议违背了王某真实意思,妨碍了其对属本人所有合法财产正常行使权利,违反法律禁止性规定。王某对该协议表示翻悔,故该协议应属无效。邹某不幸因车祸身亡后,蔡某一次性赔偿邹某两个孩子抚养费、母亲赡养费、妻子生活费、丧葬费等共计11万余元,但并未明确上述单项赔偿项目具体数额。对该笔款项具体分割应参照最高人民法院《关于审理人身损害赔偿案件适用法律若干问题的解释》相关规定进行,丧葬费按应从赔偿金中先行扣除。鉴于蔡某赔偿中包含邹某妻子生活费内容,根据当事人意思自治原则,祁某具备劳动能力又有生活来源,应酌情给付王某生活帮助费3000元,剩余部分应视为蔡某赔偿邹某近亲属的精神损害抚慰金,考虑到邹某孩子为未成年人、王某年老体弱且无其他生活来源实际情况,该三人应适当多分精神损害抚慰金。判决蔡某赔偿款扣除丧葬费后,祁某支付王某被扶养人生活费、精神损害抚慰金共2.8万余元。

⑲2002年**广西某继承纠纷案**,2002年,林某死亡,村小组以林某无继承人和受

遗赠人为由诉请认定其财产包括1.5万余元死亡补偿费为无主财产而收归本小组所有。财产保管人李某以死亡补偿费非属遗产为由抗辩。法院认为:死亡补偿费是指对交通事故死亡者家属的抚慰金及对死亡者家庭遭受损失的一种补偿费用。最高人民法院《关于确定民事精神损害赔偿责任若干问题的解释》第9条第2项规定,在侵权行为致人死亡的情况下,精神损害抚慰金称为死亡赔偿金。由此可见,死亡补偿费与死亡赔偿金仅是称谓不同,两者在性质上是相同的,即都具有精神抚慰性质。死亡补偿费,是在交通事故责任者实施违章行为,发生交通事故,造成他人死亡后,由交通事故责任者承担支付责任的,由交通事故死亡者家属受领的抚慰金。依《继承法》第3条规定,遗产是公民在生前已合法取得,在其死亡时尚存的属于其个人的财产,故本案死亡补偿费不属于林某遗产。村小组要求认定该补偿费为无主财产,收归其所有的请求,已涉及另一法律关系,不属本案处理范围。判决林某遗留财产归村小组所有,驳回村小组要求将本案死亡补偿费认定为无人继承又无人受遗赠遗产,收归其所有的诉请。

⑳1999年**河南某继承纠纷案**,1999年,许某因矿难死亡,矿主一次性赔偿2.2万元,除去丧葬费用1000元,余款2.1万元由许某父保管。许某妻方某、许某未满周岁女儿起诉许某父,要求分割赔偿款。法院认为:被继承人许某生前未立遗嘱,其遗产继承应按法定继承办理。方某、许某女、许某父均系被继承人第一顺序继承人,享有继承权。许某死亡后矿主支付的2.1万元赔偿金,由于是一次性支付,未明确赔偿项目,故应作为遗产分配。许某父年逾60岁,被继承人许某系其独子,为保障其晚年生活,分配遗产时应适当照顾。许某女系未成年人,为保障其以后生活教育,分配遗产时亦应适当照顾。方某系女儿第一顺序监护人,对女儿财产,方某要求监管的,应由其监管,许某父要求监管的理由不足。判决方某分得遗产4250元,许某女、许某父各分得9000元。

㉑1999年**安徽某财产权属纠纷案**,1999年,王某分娩时死亡,丈夫胡某从卫生院获赔13万元,王某父母主张分割。法院认为:卫生院因王某死亡而支付的赔偿款,扣除办理丧事开支后的余额,王某父母、胡某均有权分割。因该赔偿金非王某遗产亦非夫妻共同财产,故胡某所称夫妻共同债务不应扣除。死者王某对其父母有法定的赡养义务,由于其不幸早逝,不能对其父母尽赡养义务,故王某的死亡赔偿金中应包含有王某父母的赡养费用。此外,由于王某早逝给双方当事人精神带来巨大创伤,该赔偿金中应包括有对双方精神损害安抚成分。尤其是胡某不仅丧妻,而且胎儿也死于腹中,其所受精神损失更大,分割时可酌情予以适当照顾予以多分。王某父母提出有关遗产继承问题另案诉讼,因分割赔偿金诉讼与继承诉讼非必要的共同诉讼,王某父母要求应另案处理。判决赔偿金扣除丧事办理开支后余款12万余元,由胡某返还给王某父母共计6.8万余元。

(7)丧事礼金。①2013 年**江西某财产纠纷案**,2012 年,宋某兄、弟共同出资经办父亲丧事后,剩余礼金 8642 元。2013 年,因宋某兄拒绝分给宋某弟部分礼金致诉。法院认为:丧事礼金是指死者近亲属为死者操办丧事,死者生前所在单位、亲属、朋友或死者近亲属的亲属、朋友所赠送现金。从礼金来源可看出,丧事礼金不是送给死者的,而是送给死者近亲属的,其非死者死亡时遗留的个人财产,因而不属于遗产,而是对死者近亲属的抚慰,属于对死者近亲属的抚慰金。此种礼金同时包含人情往来因素,依民间习俗是需要收礼者在送礼者操办丧事时返送的。虽然法律对此未作规定,但从上述情形可看出,丧事礼金法律性质是对死者近亲属具有赠与性质的一种特殊抚慰金。关于本案诉争礼金结余,现行法律对此未作明确规定。如依当地风俗习惯,则有在亲属之间平均分配或各自亲属所送礼金归各自所有的做法。而要分清各自亲属所送礼金,则须查阅受礼簿,本案双方争执剩余礼金在宋某处保管,受礼簿亦应在宋某处,但宋某拒绝交出受礼簿,依最高人民法院《关于民事诉讼证据的若干规定》第 75 条"有证据证明一方当事人持有证据无正当理由拒不提供,如果对方当事人主张该证据的内容不利于证据持有人,可以推定该主张成立"规定,推定所收礼金为双方共有财产,予以平均分配。判决宋某兄弟处理父亲丧事的剩余礼金 8642 元,由双方各分得 4321 元。

②2008 年**河南某财产权属纠纷案**,2007 年,张某亡,张某妻叶某与公婆刘某就丧事礼金 3.2 万余元归属产生争议。法院认为:丧事礼金是自然人死亡后,亲友送给其近亲属的特殊抚慰金,故不属《继承法》规定的遗产范围,不应完全适用《继承法》规定处理。因丧事礼金包含有较多人情往来因素,在分配时,应结合相应民族习惯、《继承法》及《民法通则》有关规定,对丧事礼金分清来源、权属问题,再进行相应分割处理。属于死者近亲属个人所有的,分给所有者个人;属于死者某几个近亲属共有的,依共有情况,进行相应份额分割。

(8)其他遗产。①2014 年**北京某诉前禁令案**,2013 年,李某将其与著名学者钱钟某及其配偶杨某、女儿钱某私人书信百余封委托拍卖公司公开拍卖。因钱某、钱钟某已病故,各自配偶杨某与魏某起诉拍卖公司及李某承担侵权责任。法院认为:依《著作权法》第 19 条、《著作权法实施条例》第 15 条第 1 款、第 17 条规定,著作权属于公民的,公民死亡后,其著作权中的财产权在著作权法规定的保护期内,依照继承法的规定转移。其著作权中的署名权、修改权和保护作品完整权由作者的继承人或者受遗赠人保护。作者生前未发表的作品,如果作者未明确表示不发表,作者死亡后 50 年内,其发表权可由继承人或者受遗赠人行使。本案中,魏某和杨某作为钱某继承人,杨某作为钱钟某继承人,有权依法继承被继承人著作权中的财产权,依法保护被继承人著作权中的署名权、修改权、保护作品完整权,依法行使著作权中的发表权。拍卖公司作为拍卖人未能举证证明其履行了《拍卖法》规定的与委托人签订委托拍卖合同,查验委托人提供的身份证明,要求委托人提供与著作权、隐私权相关的其他资料等法定义务,主观上存在过错,对因拍卖涉案标的侵害他人著作权、隐私权行为应承担相应侵权责任。同时,拍卖公司在诉讼中表示不排除包括专家在内的案外人向媒体公开、提供涉案书信,故拍卖公司上述行为与涉案书信未经权利人同意而发表,进而导致杨某等隐私权遭受侵害之后果间存在因果关系。此外,拍卖公司在其网站上大量转载媒体文章行为还构成通过信息网络传播涉案书信,应认定拍卖公司侵犯杨某等人对涉案书信享有的复制权、发行权、信息网络传播权、获得报酬权以及杨某等人隐私权。判决拍卖公司、李某赔偿杨某、魏某著作权侵权赔偿金10万元、精神损害抚慰金10万元。

②2011年**安徽某出资纠纷案**,2007年,民办学校举办者之一洪某死亡。2008年,洪某之妻、子、父母起诉另一学校举办者,要求确认其系举办者身份以及出资份额。法院认为:依《民事诉讼法》第108条、《民办教育促进法》第54条及《民办非企业单位登记管理暂行条例》第15条规定,确认或否定(变更)民办学校举办者纠纷包含有对举办者身份(资格)行政许可内容,该纠纷不属于法院民事诉讼受理范围。依《民办教育促进法》第3条、第51条规定,民办学校举办者对民办学校的出资份额不能继承,但因该出资所形成财产权益,可依《民办教育促进法》和《继承法》规定依法继承,故裁定驳回洪某之妻等要求确认其系学校举办者起诉,同时以判决形式驳回其要求确认学校出资份额诉请。

③2011年**上海某合同纠纷案**,2005年,朱弟在墓园认购公墓并签约。随后,朱兄到墓园填写墓穴碑文修改、墓穴维修项目申请表,委托墓园在其父母墓碑上加刻"重孙××"字样,并交了刻字费用,后因朱弟等其他继承人反对,墓园未刻字。朱兄起诉墓园。法院认为:尽管朱兄到墓园填写墓穴碑文修改、墓穴维修项目申请表,委托墓园在其父母墓碑上加刻"重孙××"字样,并交付了相应费用,但因实际与墓园签订公墓认购合同的系朱弟,而朱兄要求在墓碑上加刻字样亦未事先征得朱弟同意,且朱兄其他兄弟姐妹亦均不同意在其父母墓碑上加刻上述字样。现朱弟对朱兄与墓园所签关于加刻字样合同内容不予追认。殡葬设施应作为遗产由全体继承人共同管理,朱兄要求在其父母墓碑上加刻名字,在未与其他继承人协商一致情况下,墓园不应履行,相关服务费用亦应由墓园退还朱兄。

④2006年**北京某保险合同纠纷案**,2003年,何某作为被保险人投保抵押商品房综合险,其中还贷保证保险受益人为按揭银行。2006年,何某意外身故,何某父要求保险公司给付保险金51万余元。法院认为:案涉还贷保证保险险种虽由保险公司经营,但就其承保标的而言,尚有别于一般财产保险,且以被保险人何某因意外伤害事故所致死亡或伤残而丧失还贷能力为保险公司承担保险责任条件。此外,《保险法》并未对保证保险专门规定,故应依保险合同来确定当事人权利义务具

体内容。指定受益人保险合同的保险金不属遗产范畴。保险金应给付投保人指定受益人，而不应由被保险人遗产继承人取得，故何某以被保险人遗产继承人身份作为原告起诉，属主体不适格，裁定驳回何某父起诉。

【典型类案实务要点】

1.【**农户户主成员死亡，土地承包经营权并不发生继承**】农户成员以具有本集体经济组织成员资格为前提；除非承包地为林地，在土地承包经营权系通过家庭承包方式取得情况下，农户成员死亡的，不发生土地承包经营权继承。

2.【**宅基地使用权本身不得单独被转移，包括单独继承**】宅基地归集体所有，宅基地使用权人可将地上建筑物以出租、赠与、继承、遗赠方式转移他人，宅基地使用权亦随之转移，但宅基地使用权本身不得单独转移且不能用于抵押，包括不能进行继承。

3.【**农村房屋及宅基地使用权，继承人享有一体继承权**】宅基地上已建成房屋，无论继承人户口是否迁出，是否有其他宅基地，是否仍为农村居民，其对房屋及所依附宅基地均享有一体继承权。

4.【**城镇户籍人员对农村宅基地使用权，亦享有继承权**】城镇户籍的继承人因继承房屋占用农村宅基地的，可按规定登记发证。政府颁证行为侵犯该继承人合法权益时，可依法提起行政诉讼。

5.【**农村村民一户拥有一处宅基地，并不能限制继承权**】综合考虑我国土地制度和房屋所有权制度立法原意，应先保障房屋所有权，而不是对宅基地使用数限制来否定相应房屋所有权。

6.【**使用已故配偶工龄购买房改房，应属夫妻共同财产**】夫妻一方使用已故配偶工龄优惠购买“房改房”，考虑到从承租权转化为所有权之间承继性，应认定为夫妻共同财产。

7.【**公有住房承租权具私有财产性质，可作为遗产继承**】公有住房承租权作为一种物化的债权，具备独立的私有财产性质，故公有住房承租权可作为承租人遗产分割继承。

8.【**公有住房原承租人死亡后，承租权的归属确认规则**】允许上市置换交易的公产房因可直接变现而具有财产价值，对该公产房屋所体现的财产权益应比照私有财产规则处理。

9.【**公房拆迁后所得安置房，可参照法定继承予以处理**】公房承租权是一种兼具债权和物权性质的复合型财产权利。在公房承租人生前所在单位以该公房承租人名义出具放弃产权证明后，该公房拆迁所得之安置房和安置费可参照法定继承予以处理。

10.【**用死亡配偶工龄优惠所购买公房,应视为个人财产**】夫妻一方在配偶死亡后,利用自己及配偶生前工龄优惠所购公房应视为个人财产,已死亡配偶工龄优惠只是属于一种政策性补贴,而非财产或财产权益。

11.【**公房拆迁,继承人对承租权转化利益仍享有继承权**】公房承租权因具独立的私有财产性质,故应可被继承。即便该房后经拆迁和产权调换,继承人并不因此丧失对该承租权及其转化利益的继承权。

12.【**基于被继承人享有的承租公房购房权利,亦属遗产**】房改房具有专属性和财产性法律特征。职工住房制度改革中的房改房发生权属变更时,基于被继承人而享有或派生的购房权利,亦应视为遗产。

13.【**子女代父母交纳房改房购房款,并不改变房屋权属**】子女代父母交纳房改房购房款,由此在子女与父母之间形成债权债务关系,子女有权主张债权,而非房屋所有权。

14.【**公房承租人在租赁期间死亡,该房屋并不发生继承**】公房承租人在房屋租赁期间死亡,租赁上的权利义务应由实际承租人享有,并不依继承关系转移为其继承人继承。

15.【**约定的继承条件尚未成立,房改房产权不发生转移**】以他人名义购买单位公有住房,约定名义购买人死亡后享有继承权的,在继承未开始前,房屋所有权不发生转移。

16.【**公房使用权人死亡,更名继承人应补偿其他继承人**】被继承人生前购买单位公房,在其去世后,共同居住子女变更为权利人的,应对其他继承人适当补偿继承份额款。

17.【**某一家庭成员死亡,家庭承包经营权并不发生继承**】某一家庭成员死亡,该家庭"口粮田"及"果树地"承包经营权仍归该户剩余家庭成员共有,并不因此发生继承。

18.【**农户家庭成员死亡,其生前的土地流转权益可继承**】由土地承包经营权所衍生出的土地流转收益属于本集体经济组织内一户家庭全部成员共同享有,农户家庭成员死亡的,该家庭成员在承包期内所获承包收益,按《继承法》规定继承,但仅以其死亡时已获或虽尚未取得但已投入资金、付出劳动即将取得之情形为限,不包括死亡后承包土地新产生的流转权益。

19.【**农村土地承包经营权不属"承包收益",不能继承**】农村土地承包经营权在户主或其他成员死亡后,剩余农户成员持续享有承包经营权。该土地承包经营权因不属于《农村土地承包法》第 31 条、第 50 条规定的"承包收益",不得依《继承法》规定继承。

20.【**死者生前取得的土地承包经营权,不作为遗产赔偿**】承包期内部分家庭成员死亡只要不导致农户消亡，承包经营权仍存在，不发生继承问题，故死者生前取得的土地承包经营权非为遗产，不能用以赔偿。

21.【**承包户消亡，征地款不属遗产，而属村民小组所有**】一人承包户承包人在征地前死亡，且其法定继承人又非本组村民情况下，因依《农村土地承包法》，法定继承人不能依法继承该承包土地，故承包户消亡，征地款亦不属该法定继承人所有，而属村民小组所有。

22.【**征地前死亡公民，不享有安置补偿费，亦不能继承**】《继承法》不允许土地承包经营权继承，死亡村民无法参与征地补偿款分配，无法享有征地安置补助费，但其继承人有权继承青苗、附着物补偿款项。

23.【**被继承人死亡，承包地转移后征地补偿款，非遗产**】被继承人死亡后，承包经营权已转移给其所在户其他家庭成员，其后发生的征地补偿款，因在被继承人承包经营权转移后才被征用，故该补偿款不作为遗产继承。

24.【**股东死亡后，除章程另有规定外，股东资格可继承**】自然人股东死亡后，除公司章程另有规定外，其合法继承人可继承股东资格。将自己所持股权依法转让给公司其他股东，系自主处分财产权利的合法行为。

25.【**购买企业未过户，仍系遗产，条件成就时可予继承**】夫妻一方在婚姻关系存续期间投资购买的公司，虽未办理股权变更登记手续，但公司财产仍属夫妻共同财产，在夫妻一方死亡后，应认定为遗产，继承人待条件成就时可主张继承权。

26.【**有限责任公司股东死亡，其份额可由多人析分继承**】有限责任公司股东死亡后，其合法继承人为多人时，公司应按继承份额析分各人持股份额，将其分别登记为股东。

27.【**只有分红权的赠股，收益分红权可按继承比例分割**】约定只有分红权的公司赠股，受赠人死亡后，对该赠股继承，不按一般股权继承方式处理，而只需依法将该收益分红权在继承人之间分割即可。

28.【**公司章程剥夺承继股东表决权条款，应认定为无效**】法律允许公司章程对已故股东继承人成为公司股东设置一定限制条件。一旦章程规定继承人可继承死亡股东的股东资格，则该继受取得资格股东即应依法享有法律所赋予股东权利，而不应对其股东权利加以随意限制或剥夺。

29.【**被继承人名下公司下属子公司经营收益，不属遗产**】股权继承范围，仅限于被继承人名下公司股权。公司下属子公司注册资本增加和股权增值收益，不属于遗产范围。

30.【**死亡抚恤金不属于遗产，应在近亲属之间合理分配**】死亡抚恤金具有物质和精神双重属性，不是死者生前财产，不属于遗产范围，应由死者近亲属根据与死者生前生活联系紧密程度合理分配。

31.【**死亡赔偿金非遗产,共同生活紧密程度为分配原则**】死亡赔偿金不属于受害人遗产范畴。对死亡赔偿金分配,原则上应按与受害人共同生活的紧密程度等因素确定权利人和相应份额。

32.【**工亡赔偿金应在死者近亲属之间分配,但非属遗产**】工伤死亡赔偿金源于法律规定,是对间接受害人、死者近亲属原始权利损失的填补,工伤死亡赔偿金分割应在死者近亲属之间进行,综合考虑分配权利人与受害人关系远近和共同生活紧密程度、对受害人经济依赖程度及其生活状况等因素。

33.【**农村"五保户"死亡赔偿金,请求权主体是近亲属**】农村"五保户"因交通事故死亡获赔的死亡赔偿金,不应归属具有公益事业性质的乡敬老院所有,死亡赔偿金请求权主体只能是死者近亲属。

34.【**死亡赔偿金和精神损害赔偿金,应按不同规则分割**】死亡赔偿款分割,应先将丧葬费用、被扶养人生活费扣除,然后将死亡赔偿金和精神损害赔偿金按不同规则分割。死亡赔偿金分割参照继承方式,同时考虑与受害人生活密切程度以及是否就其他方式获得赔偿加以均衡考虑;精神损害赔偿金分割原则主要依据权利人精神痛苦程度。

35.【**债务人死亡后其近亲属所获死亡赔偿金,非属遗产**】债务人死亡后其近亲属获得的死亡赔偿金性质是精神损害抚慰金,是对死者近亲属的精神抚慰,不属《继承法》规定的遗产范围。

36.【**死亡补偿费兼具经济补偿和精神抚慰性质,非遗产**】公民因交通事故死亡而由近亲属获得的补偿费兼有对死者亲属精神抚慰和经济补偿双重性质,不应认定为遗产。

37.【**意外死亡补偿款,应参照死亡补偿金相关标准分割**】意外死亡补偿款具有赔偿款性质,故应参照死亡补偿费、丧葬费及死者生前扶养人的扶养费等费用标准进行分割。

38.【**交通事故一次性赔偿金,不宜认定为被继承人遗产**】交通事故赔偿金与空难赔偿金系同一性质,故可参照适用,均系基于死者死亡对死者近亲属所支付的赔偿,非为遗产。

39.【**赔偿权利人未起诉前,死亡赔偿金不能让与或继承**】死亡赔偿金与自然人人身密不可分,该请求权只能是受害者近亲属或死者生前扶养的人方能享有,在赔偿权利人未提起诉讼前,死亡赔偿金不是一般债权,属特殊债权,不能让与或继承。

40.【**空难死亡赔偿金,不宜认定为遗产,不属继承范围**】空难死亡赔偿金是基于死者死亡对死者近亲属所支付的赔偿。获得空难死亡赔偿金的权利人是死者近亲属,而非死者,故空难死亡赔偿金不宜认定为遗产。

41.【**死亡职工工亡补助金,法院不能强制执行以偿其债**】"工亡补助金"系对死亡职工直系亲属抚恤,不属遗产,法院不能强制执行工亡补助金以偿还死亡职工生前所欠债务。

42.【**死亡抚恤金无明细的,可参照司法解释规定来确定**】死者近亲属所获抚恤金未明确单项赔偿项目具体数额的,可参照最高人民法院《关于审理人身损害赔偿案件适用法律若干问题的解释》相关规定进行。

43.【**丧事礼金是对死者近亲属的精神抚慰金,不属遗产**】丧事礼金是对死者近亲属的精神抚慰金,不属于《继承法》规定的遗产范围,不应完全适用《继承法》规定处理。

44.【**丧事礼金可依当地风俗习惯,视为近亲属共有财产**】丧事礼金法律性质是对死者近亲属具有赠与性质的一种特殊抚慰金。如办理丧事费用由近亲属平均分摊,则收受亲友的丧事礼金可依当地风俗习惯,视为近亲属共有财产进行分割。

45.【**被继承人的著作财产权,可作为遗产由继承人继承**】继承人有权依法继承被继承人著作权中的财产权,依法保护著作权中的署名权、修改权、保护作品完整权,依法行使著作权中的发表权。

46.【**民办学校举办者对学校出资份额继承问题处理原则**】民办学校举办者对民办学校出资份额不能继承,但因该出资所形成财产权益,可依《民办教育促进法》和《继承法》规定依法继承。

47.【**墓碑等殡葬设施为遗产,应由全体继承人共同管理**】殡葬设施作为遗产应由全体继承人共同管理,其后续管理事宜,不仅应由全体继承人协商一致,且须事先征得公墓认购合同上由特定继承人充任的名义买受人同意或事后追认。

48.【**还贷保证保险合同的保险金,应给付指定的受益人**】个人抵押商品住房综合保险中的还贷保证保险具有保证保险性质,属于财产保险。指定受益人的财产保险合同保险金不属遗产范畴,保险金应给付投保人指定受益人,而不应由被保险人遗产继承人取得。

【类案裁判一般规则】

遗产是自然人死亡时遗留的个人合法财产。依照法律规定或者根据其性质不得继承的遗产,不得继承。遗产分割应当有利于生产和生活需要,不损害遗产的效用。不宜分割的遗产,可以采取折价、适当补偿或者共有等方法处理。

【典型参考案例索引】

主旨案例:见《通过家庭承包方式取得耕地土地承包经营权,农户成员死亡的,不发生土地承包经营权继承》(辛正郁,最高院民一庭),载《民事审判指导与参考·指导性案例》(200904/40:120)。

其他案例:

(1)宅基地。①广东肇庆中院(2014)肇中法审监民再字第2号"陈某与莫某等继承纠纷案",见《陈少英、莫有成等诉莫枢、莫权继承纠纷案——宅基地使用权能否单独作为遗产继承》(文翠芳),载《人民法院案例选》(201602/96:124)。②河南淅川法院(2014)淅行初字第80号"杨丰春、杨峰栓与淅川县荆紫关镇人民政府等行政诉讼案",见《农村房屋及其宅基地使用权应一体继承》(王建军、谢蕊娜、赵均锋),载《人民司法·案例》(201632:98)。③山西忻州中院(2012)忻中行终字第31号"薛某与某政府土地行政登记案",见《薛万田诉忻州市忻府区人民政府土地行政登记案——城镇户籍人员对农村宅基地使用权是否享有继承权》(曲攀),载《人民法院案例选》(201304/86:320)。④河南汝州法院(2000)汝行初字第027号"孙某与某市政府行政诉讼案",见《孙强不服汝州市人民政府土地行政确权案》(李现民),载《中国审判案例要览》(2001行政:667)。

(2)承租公房。①见《使用已故配偶工龄购买"房改房"纠纷的处理规则》(吴晓芳,最高院民一庭),载《民事审判指导与参考·指导性案例》(201802/74:165)。②重庆南岸区法院(2014)南法民初字第03056号"李某与向某继承纠纷案",见《公房承租权可以作为遗产继承——重庆南岸法院判决李义达诉向文娟继承纠纷案》(严蓓佳、余洪峰),载《人民法院报·案例精选》(20150402:06)。③天津一中院(2012)一中民一终字第555号"王某与张某等租赁合同纠纷案",见《王淑姮诉张洁、第三人天津市宗教房产公司房屋租赁合同纠纷案——公产房原承租人死亡后承租权的归属确认》(周中、林坤),载《人民法院案例选》(201401/87:181)。④重庆五中院(2012)渝五中法民终字第02396号"杨某与王某等法定继承案",见《公房承租权的性质认定——重庆五中院判决杨合碧等诉王友萍等法定继承纠纷案》(谭红、张琴),载《人民法院报·案例指导》(20130124:06)。⑤湖南长沙芙蓉区法院(2011)芙民初字第751号"赵某等与刘某物权保护纠纷案",见《赵翔等诉刘仕明物权保护纠纷案》(王双石),载《人民法院案例选》(201203/81:175)。⑥重庆南岸区法院(2010)南法民初字第03056号"陈某与黄某继承纠纷案",见《陈颖超诉黄安惠继承纠纷案——公有住房承租权可以作为遗产继承》(严蓓佳、余洪峰),载《人民法院案例选》(201502/92:101)。⑦北京大兴区法院(2008)大民初字第8592号"宋某与宋某妹继承纠纷案",见《宋海燕诉宋春华继承案(财产继承)》(单祖果),载《中国审判案例要览》(2010民:377)。⑧湖北武汉中院(2006)武民终字第1号"姚某诉某机械厂等房屋权属纠纷案",见《姚敢蓉诉湖北省轻工业机械厂、姚贵荣、第三人姚忠稳等房屋权属纠纷案》(吴焰、柯昌洁),载《人民法院案例选》(200604:195);另见《房改房继承所涉权属的认定及处理》(吴焰、柯昌洁),载《人民法院报·案例指导》(20060928:6)。⑨福建泉州中院(2004)泉民终字第

1628 号“邢某与邢某父等继承纠纷案”，见《邢孟宸诉邢祝和、邢新军等人继承析产案（遗产的继承）》（李建河），载《中国审判案例要览》（2005 民：437）。⑩吉林长春中院 2003 年 2 月 28 日判决“韩晓某等诉韩延某继承纠纷案”，见《韩晓利等诉韩延军将原由父母承租的房屋使用权在父母死亡后自己承租时予以出售所得的收益应按继承分割案》（王树仁、郭桂玲），载《人民法院案例选》（200303/45：100）。⑪湖北宜昌中院（2000）宜中民终字第 539 号“赵某与何某排除妨碍纠纷案”，见《赵成森诉何先传案（排除妨碍、停止侵害、不动产登记）》（姚继坤），载《中国审判案例要览》（2001 民：53）。⑫天津一中院 1998 年 3 月 12 日“韩某与张某物权纠纷案”，见《韩玉红诉张琪强占双方母亲生前购买使用权故后单位变更其为使用权人的单位产权房要求退出案》（胡继文），载《人民法院案例选》（200001/31：85）。

（3）土地承包。①北京三中院（2016）京 03 民终 8100 号“乔某与张某等法定继承纠纷案”，见《“口粮田”及“果树地”家庭承包经营权不因某一家庭成员死亡发生继承——北京三中院判决乔秀荣、杨树勇诉张春连等法定继承纠纷案》（张清波），载《人民法院报·案例精选》（20161103：06）。②北京三中院（2015）三中民终字第 11238 号“曹某与张某等所有权纠纷案”，见《曹秀杰、张思颖诉张德、张兰田等所有权确认纠纷案——土地承包经营权流转收益在农户家庭成员内部的分配规则》（杨夏），载《人民法院案例选》（201609/103：121）；另见《土地流转收益在农户家庭内部的分配》（杨夏），载《人民司法·案例》（201811：54）。③河南商丘中院（2012）商民二终字第 770 号“段某等法定继承纠纷案”，见《段东诉段春法定继承纠纷案——农村承包土地经营权可否继承》（赵艳、孙康君），载《人民法院案例选》（201304/86：114）。④江苏南京江宁区法院（2009）江宁民二初字第 198 号“李某与李某姐继承纠纷案”，见《李维祥诉李格梅继承权纠纷案》，载《最高人民法院公报·案例》（2009：534）；另见《农村土地承包经营权不能作为遗产》（程序），载《人民司法·案例》（201014：12）；另见《李维祥诉李格梅继承权纠纷案》，载《江苏省高级人民法院公报》（201001/7：46）。⑤黑龙江泰来法院（2007）泰民初字第 1421 号“某交通事故损害赔偿案”，见《裁判要旨·民事》（张铁刚），载《人民法院案例选·月版》（200901/1：223）。⑥河北武强法院（2005）武民一初字第 63 号“孙某诉张某等土地承包经营权案”，见《孙纪平与张凤兰等六人土地承包经营权纠纷案》（张正国），载《人民法院案例选》（200604/58：229）。

（4）征地补偿。①陕西西安中院（2008）西民二终字第 878 号“张某诉某村民小组土地补偿款纠纷案”，见《法定继承人为非村、组成员的征地款如何处理——张志有诉西安市临潼区新丰街道办事处坡张村张上村民小组土地补偿款纠纷案》（严秋亚、李涛），载《人民法院案例选·月版》（200902/2：52）。②浙江宁波镇海区法院（2008）甬镇民一初字第 1258 号“王某与王某兄等继承纠纷案”，见《王阿芬、王云定、王菊芬、王爱芬诉王云德法定继承纠纷案（法定继承）》（吴绍海、卓黎黎），载《中国审判案例要览》（2010 民：381）。③河南卢氏法院（2004）卢民一初字第 182 号“雷某诉某村小组等土地分配款案”，见《雷章生诉河南省卢氏县东明镇张麻村村民委员会和张麻村雷一组征用土地安置补助费分配纠纷案》（吴彦峰），载《人民法院案例选》（200501/51：105）。④云南昭通中院（2004）昭中民二终字第 40 号“戈某与张某继承纠纷案”，见《戈秋秋诉张永芝继承案（土地承包经营权的继承）》（冯国风），载《中国审判案例要览》（2004 民：412）。

（5）公司股权。①最高人民法院（2013）民二终字第 91 号“王某与某投资公司等确认合同无效纠纷案”，见《自然人股东死亡后，除公司章程另有规定外，其合法继承人可以继承股东资格，并自主处分股权——王璞与刘胜远、上海兆信恒投资有限公司、新疆拜城音西铁热克煤业有限责任公司确认合同无效纠纷案》（审判长宫邦友，审判员朱海年，代理审判员高燕竹），载《最高人民法院商事审判指导案例》（V10－2014：122）。②江苏南京中院“白某与某印务公司等公司解散纠纷案”，见《以股权转让方式破解司法解散公司纠纷困局——白湘军与南京欣利彩色印务有限公司、毛永利、骆广慧、戴睿聪公司解散纠纷申请再审案》（王燕、朱宇彤，江苏南京中院审监庭），载《审判监督指导·案例评析》（201203/41：168）。③湖北宜昌西陵区法院（2011）西民初字第 789 号“黄某与周某等法定继承纠纷案”，见《黄望英诉周祖松、周莉法定继承纠纷案（购买企业未过户遗产的处理）》（朱友学、朱曦），载《中国审判案例要览》（2013 民：385）。④见《有限责任公司的股东死亡后，其合法继承人为多人时，如何继承股东资格，如何行使股东表决权》（《民事审判指导与参考》研究组），载《民事审判指导与参考·民事审判信箱》（201003/43：236）。⑤见《继承纠纷中的公司增股（干股）处理》（肖峰，最高院民一庭），载《民事审判指导与参考·指导性案例》（200902/38：180）。⑥上海一中院（2007）沪一中民三（商）终字第 172 号“童丽芳等 13 人与上海康达化工有限公司公司纠纷案”，见《童丽芳等诉上海康达化工有限公司股东权案》（张恋华、胡铁红、沙询），载《人民法院案例选》（200802/64：245）；另见《与公司法强制性规范冲突的公司章程条款无效》（张恋华、胡铁红），载《人民司法·案例》（200808：87）。⑦上海高院（2006）沪高民一终字第 62 号“胡某等诉郑某等继承纠纷案”，见《公司的股权继承和收益分割》（陶海荣），载《人民司法·案例》（200718：13）。

（6）死亡补偿。①新疆博尔塔拉蒙古自治州中院（2015）博中民申字第 11 号“孙某与刘某等共有纠纷案”，见《孙凤兰与刘小萍等共有纠纷一案（死亡抚恤金的分配）》（丁国强），载《中国审判案例要览》（2015 民：279）。②福建厦门中院（2014）厦民终字第 561 号“林某与陈某共有纠纷案”，见《林文进诉陈素英共有纠纷案——死亡赔偿金之分配》（彭朝辉、杨建伟），载《人民法院案例选》（201503/

93:80)。③山东新泰法院(2014)新民初字第167号“赵某与左某等死亡赔偿金分割纠纷案”,见《赵传安等诉左臣花等死亡赔偿款分割纠纷案(死亡赔偿款的确定和分割)》(魏华庆),载《中国审判案例要览》(2015民:331)。④湖北当阳法院(2013)鄂当阳民初字第00964号“郭某与杨某等财产分割案”,见《郭先菊、余春莲诉杨清平财产分割案——财产分割纠纷中死亡赔偿金的性质认定及分配》(文晓威),载《人民法院案例选》(201401/87:168)。⑤广西来宾中院(2011)来民再终字第8号“欧某与蓝某等财产分割纠纷案”,见《欧某诉兰某、蓝会芳、蓝文新、樊月枝工伤死亡赔偿金分割案》(黄剑),载《中国审判案例要览》(2012民:420)。⑥江苏淮安中院(2011)淮中民终字第250号“朱某与张某等分割死亡赔偿金纠纷案”,见《死亡赔偿金分配之司法认定——江苏淮安中院裁定朱礼龙等诉张红等分割死亡赔偿金纠纷案》(马作彪),载《人民法院报·案例指导》(20110526:06)。⑦见《农村“五保户”因交通事故等侵权行为致死获赔的丧葬费应归谁所有》(王丹,最高院民一庭),载《民事审判指导与参考·指导性案例》(201102/46:119);另载《民事审判指导与参考·指导性案例》(201101/45:135)。⑧安徽枞阳法院(2009)枞民一初字第1089号“王某与李某等财产损害赔偿纠纷案”,见《王秀芳诉李应东、李文波等侵占其夫李其实死亡赔偿款共有纠纷案》(俞飞),载《人民法院案例选》(201004/74:189)。⑨广西钦州市浦北法院(2009)浦民初字第500号“某信用社诉黄某等借款合同纠纷案”,见《浦北县农村信用合作联社江城信用社诉黄君霞等借款合同案(死亡赔偿金、遗产)》(吴海),载《中国审判案例要览》(2010商:200)。⑩江苏淮安楚州区法院(2009)楚民一初字第769号“孙某与葛某等死亡赔偿金分配纠纷案”,见《孙怀仁、尹瑞珍诉葛秀英、孙某死亡赔偿金分配纠纷案》,载《江苏省高级人民法院公报》(201004/10:49)。⑪广西恭城法院(2008)恭民初字第75号“俸某诉彭某近亲属等追偿案”,见《裁判要旨·民事》,载《人民法院案例选·月版》(200905/5:191)。⑫云南鹤庆县法院(2008)鹤民一初字第386号“孙某诉卜某等继承纠纷案”,见《孙晓维诉卜寿银等人继承案(夫妻共同财产认定财产分割)》(赵应堂),载《中国审判案例要览》(2009民:492)。⑬天津和平区法院(2008)和民一初字第1242号“齐某与齐某弟等继承纠纷案”,见《齐普耀等诉齐普辉等继承案(遗产范围认定死亡赔偿金分割)》(王荣光),载《中国审判案例要览》(2009民:510)。⑭见《死亡赔偿金能否视为遗产》(《民事审判指导与参考》研究组),载《民事审判指导与参考·民事审判信箱》(200802/34:181)。⑮福建漳州中院(2007)漳民终字第611号“陈某等诉陆某等人身损害赔偿案”,见《陈月英、陈妙英、罗遂荣诉王和平等人道路交通事故人身损害赔偿案》(王少华),载《人民法院案例选》(200804/66:104)。⑯最高人民法院《关于空难死亡赔偿金能否作为遗产处理的复函》(〔2004〕民一他字第26号 2005年3月22日),“林奕亮与詹亦华、汕头经济特区龙湖区金苑企业发展公司等债务纠纷案”,见《〈关于空难死亡赔偿金能否作为遗产处理的复函〉的解读》(程新文),载《民事审判指导与参考·请示与答复》(200502/22:38)。⑰见《“工亡补助金”能否强制执行》(樊坤,安徽高院执行局),载《执行工作指导·案例分析》(200402/10:122)。⑱青海西宁城北区法院(2004)北民大初字第233号“王某与祁某财产权属纠纷案”,见《王生花诉王启花等财产权属纠纷案(诉讼主体、人民调解协议、法官裁量权)》(马振羽),载《中国审判案例要览》(2005民:531)。⑲广西苍梧法院(2002)苍民初字第215号“某村组与林某等遗产纠纷案”,见《苍梧县大坡镇大坡村大坡组诉林凤生等遗产归属案(代位继承、无主财产的归属)》(潘锦波),载《中国审判案例要览》(2003民:386)。⑳河南嵩县法院1999年6月18日“王某与许某等继承纠纷案”,见《王新芳等诉许庄未明确具体项目的死亡赔偿金应按遗产继承案》(谢会鹏),载《人民法院案例选》(200101/35:53)。㉑安徽界首法院(1999)界民初字第806号“王某等诉胡某财产权属纠纷案”,见《王树槐等诉胡伟分割赔偿金案》(王伟、李磊),载《中国审判案例要览》(2000民:512)。

(7)丧事礼金。①江西瑞金法院(2013)瑞民一初字第222号“宋某与宋某弟财产纠纷案”,见《丧事礼金的风俗习惯处理——江西瑞金法院判决宋元浩诉宋元鹏一般财产所有权纠纷案》(危先平),载《人民法院报·案例精选》(20141009:06)。②河南唐河县法院(2008)唐民初字第284号“叶某诉刘某等财产权属纠纷案”,见《裁判要旨·民事》(李银霞),载《人民法院案例选·月版》(200908/8:211)。

(8)其他遗产。①北京高院(2014)高民终字第1152号“杨某与某拍卖公司等诉前禁令案”,见《杨季康(笔名杨绛)与中贸圣佳国际拍卖有限公司、李某诉前禁令案》,载《最高人民法院公报·最高人民法院公布七起保障民生典型案例》(201410/216:12)。②最高人民法院(2011)民二他字第21号、安徽高院(2011)皖民二终字第00093号“某学校与洪某等出资纠纷案”,见《民办学校举办者对民办学校的出资份额的继承问题——最高人民法院关于安徽省黄山市歙州学校、洪献忠与洪文琴、洪绍轩、方建成、洪善华、方爱香确认民办学校举办者、出资纠纷一案请示的答复》,载《最高人民法院商事审判指导案例·合同与借贷担保卷(6)》(V6-2012:275);另见《洪文琴、洪绍轩诉安徽省黄山市歙州学校、洪献忠确认民办学校举办者身份及出资纠纷案》(陶恒河),载《人民法院案例选》(201202/80:146);另见《民办学校举办者身份及出资份额依法不能继承》(陶恒河),载《人民司法·案例》(201210:18);另见《民办学校举办者确认纠纷不属人民法院管辖——安徽高院裁定洪文琴等诉洪献忠民办学校举办者身份确认案》(陶恒河),载《人民法院报·案例指导》(20120510:06)。③上海二中院(2011)沪二中民四(商)终字第1159号“朱某与某墓园等合同纠纷案”,见《墓穴、墓碑等殡葬设施后续管理权的认定——上海二中院判决诸鸿高诉上海徐泾西园等承揽合同纠纷案》(吴秉衡),载《人民法院报·案例指导》(20120419:06)。④北京一中院(2006)一中民终字第13063号“何某诉某保险公司保险合同纠纷案”,见《房贷保证保险金不属于被保险人的遗产》(孙参政),载《人民司法·案例》(200722:43)。

84. 特殊继承主体的认定

——特殊继承人,权利怎维护?

【继承主体】

【案情简介及争议焦点】

2011年,陈某父去世。生前留下遗嘱:长子、次子各继承自己公司股份30%,35%股份留给无民事行为能力的小儿子陈某子;陈某有生之年,陈某子不得转让上述股权份额;长子、次子监督陈某子是否及时支付了陈某在疗养院的生活、护理费用,如未及时支付,授权长子、次子从陈某子所得股权收益中直接划扣。在陈某丧失民事行为能力后,与陈某闹离婚、长期分居的胡某作为陈某法定代理人,以遗嘱未依法为缺乏劳动能力又无生活来源的继承人保留必要遗产份额为由,诉请确认遗嘱无效。

争议焦点:1. 胡某代为起诉是否适格?2. 本案遗嘱的效力?

【裁判要点】

1. 诉讼主体。依法律规定,无民事行为能力人的监护人是其配偶。胡某是陈某之妻,有权代理陈某提起民事诉讼。在二人未离婚、且陈某其他有监护资格的关系密切的亲属未提出变更监护人情况下,胡某有权作为陈某法定代理人代陈某提出诉请。

2. 遗嘱有效。陈某父所立遗嘱,充分考虑了其法定继承人中丧失行为能力的小儿子陈某利益,已在遗产分配上为陈某今后生活提供了经济保障。陈某父了解陈某婚姻状况,特别是在陈某因车祸丧失民事行为能力后不久,其妻胡某曾起诉离婚并与陈某分居,且从不过问陈某生活状况事实,是促使陈某父将本欲留给陈某遗产,指定由陈某之子继承原因。陈某父给陈某子公司股份,其数额超过了给自己其他两个儿子数额,主要目的仍是为了让陈某子更好地履行照顾其父义务。陈某子作为遗嘱继承人继承陈某父遗产是附有义务的,只不过继承所附照顾其父亲生活义务,与陈某子依《婚姻法》第21条第3款规定,对父母所应承担法定赡养义务是一致的。为保证陈某子有赡养其父经济实力,陈某父还在遗嘱中对陈某子转让其通过继承所获得家族企业股份作出了限制性规定,并指定自己另外两个儿子监督执行。综观陈某父遗嘱全部内容,应该看到陈某父作为父亲,为自己丧失行为能力的儿子所作周密安排。从法律意义上说,这种安排未剥夺无劳动能力又无其他生活来源的法定继承人继承权,遗嘱因不违反法律而应被认定有效。同时亦应看到,由于陈某是无民事行为能力人,其诉讼是由胡某作为法定代理人代为提起的,驳回陈某诉请本身并不会损害其合法权益,亦不会对其精神上造成伤害。判决驳回陈某诉请。

【裁判依据或参考】

1. 一般规定。

(1)法律规定。《民法典》(2021年1月1日)第124条:"自然人依法享有继承权。自然人合法的私有财产,可以依法继承。"第1061条:"夫妻有相互继承遗产的权利。"第1070条:"父母和子女有相互继承遗产的权利。"第1072条:"继父母与继子女间,不得虐待或者歧视。继父或者继母和受其抚养教育的继子女间的权利义务关系,适用本法关于父母子女关系的规定。"第1120条:"国家保护自然人的继承权。"第1121条:"继承从被继承人死亡时开始。相互有继承关系的数人在同一事件中死亡,难以确定死亡时间的,推定没有其他继承人的人先死亡。都有其他继承人,辈分不同的,推定长辈先死亡;辈分相同的,推定同时死亡,相互不发生继承。"第1126条:"继承权男女平等。"第1129条:"丧偶儿媳对公婆,丧偶女婿对岳父母,尽了主要赡养义务的,作为第一顺序继承人。"第1157条:"夫妻一方死亡后另一方再婚的,有权处分所继承的财产,任何组织或者个人不得干涉。"***《妇女权益保障法(2018修正)》***(2018年10月26日)第34条:"妇女享有的与男子平等的财产继承权受法律保护。在同一顺序法定继承人中,不得歧视妇女。丧偶妇女有权处分继承的财产,任何人不得干涉。"第35条:"丧偶妇女对公、婆尽了主要赡养义务的,作为公、婆的第一顺序法定继承人,其继承权不受子女代位继承的影响。"***《未成年人保护法(2020年修订)》***(2021年6月1日)第107条:"人民法院审理继承案件,应当依法保护未成年人的继承权和受遗赠权。人民法院审理离婚案件,涉及未成年子女抚养问题的,应当尊重已满八周岁未成年子女的真实意愿,根据双方具体情况,按照最有利于未成年子女的原则依法处理。"

(2)最高人民法院司法解释及其他司法性文件/解读文章。最高人民法院、最高人民检察院***《关于办理刑事赔偿案件适用法律若干问题的解释》***(2016年1月1日 法释〔2015〕24号)第9条:"受害的公民死亡,其继承人和其他有扶养关系的亲属有权申请国家赔偿。依法享有继承权的同一顺序继承人有数人时，其中一人或者部分人作为赔偿请求人申请国家赔偿的，申请效力及于全体。赔偿请求人为数人时，其中一人或者部分赔偿请求人非经全体同意，申请撤回或者放弃赔偿请求，效力不及于未明确表示撤回申请或者放弃赔偿请求的其他赔偿请求人。”最高人民法院**《关于适用〈中华人民共和国保险法〉若干问题的解释(三)》**(2015 年 12 月 1 日　法释〔2015〕21 号)第 15 条:“受益人与被保险人存在继承关系，在同一事件中死亡且不能确定死亡先后顺序的，人民法院应根据保险法第四十二条第二款的规定推定受益人死亡在先，并按照保险法及本解释的相关规定确定保险金归属。”最高人民法院**《关于适用〈中华人民共和国民事诉讼法〉的解释》**(2015 年 2 月 4 日　法释〔2015〕5 号，2020 年修正)第 70 条:“在继承遗产的诉讼中，部分继承人起诉的，人民法院应通知其他继承人作为共同原告参加诉讼;被通知的继承人不愿意参加诉讼又未明确表示放弃实体权利的，人民法院仍应将其列为共同原告。”第 475 条:“作为被执行人的公民死亡，其遗产继承人没有放弃继承的，人民法院可以裁定变更被执行人，由该继承人在遗产的范围内偿还债务。继承人放弃继承的，人民法院可以直接执行被执行人的遗产。”最高人民法院**《关于适用〈中华人民共和国婚姻法〉若干问题的解释(一)》**(2001 年 12 月 27 日　法释〔2001〕30 号，已于 2021 年 1 月 1 日起废止)第 6 条:“未按婚姻法第八条规定办理结婚登记而以夫妻名义共同生活的男女，一方死亡，另一方以配偶身份主张享有继承权的，按照本解释第五条的原则处理。”最高人民法院**《关于违反计划生育政策的超生子女可否列为职工的供养直系亲属等问题的复函》**(1990 年 8 月 13 日　〔90〕法民字第 17 号，2021 年 1 月 1 日起废止)第 1 条:“关于违反计划生育政策的超生子女是否可以列为职工的供养直系亲属，应否计入家庭人口的问题。根据我国婚姻法和民法通则的有关规定，婴儿自出生时起，即为父母的直系亲属，是家庭中的一员，由父母抚养至独立生活时止，这既是子女在法律上享有的权利，也是既存的事实。因此，将超生子女排除于职工的供养直系亲属和家庭人口之外的作法，仅就法律而言，似缺依据。”第 2 条:“关于违反计划生育政策的超生子女是否可计入家庭人口，享受生活困难补助，以及职工因工或非因工死亡后是否可按供养直系亲属享受丧葬费、抚恤费、救济费等待遇的问题。由于(一)所述理由，原则上似以认可超生子女有权享受上述待遇为妥，但应与执行计划生育政策的情况有所区别，尤其对申请困难补助的情况应从严掌握。”最高人民法院**《印发〈关于人民法院审理未办结婚登记而以夫妻名义同居生活案件的若干意见〉的通知》**(1989 年 12 月 13 日　法〔民〕发〔1987〕38 号，已于 2021 年 1 月 1 日起废止)第 13 条:“同居生活期间一方死亡，另一方要求继承死者遗产，如认定为事实婚姻关系的，可以配偶身份按继承法的有关规定处理;如认定为非法同居关系，而又符合继承法第十四条规定的，可根据相互扶助的具体情况处理。”最高人民法院**《关于土改后不久被收养的子女能否参加分割土改前的祖遗房产的批复》**(1986年2月13日 〔1986〕民他字第6号):“……经我们研究认为:对土改已确权的房屋,一般应以确定的产权为准,由参加土改的家庭成员进行析产,其中被继承人应得的份额属于遗产。本案讼争的房屋系祖遗房产,土改时没有变动;马海庆土改后不久被收养,以后对该房屋长期进行了使用和管理。根据此案具体情况,可按马家参加土改的人口加上养子共七人先行析产,然后确定马希良夫妇的遗产数额。马希良夫妇从析产中所得的份额及马希良继承其母马韩氏的份额属于他们的遗产,其三个女儿及养子都有继承权。至于每人继承份额多少,应视具体情况合理确定。”最高人民法院**《关于贯彻执行〈中华人民共和国继承法〉若干问题的意见》**(1985年9月11日 法〔民〕发〔1985〕22号,2021年1月1日起废止)第19条:“被收养人对养父母尽了赡养义务,同时又对生父母扶养较多的,除可依继承法第十条的规定继承养父母的遗产外,还可依继承法第十四条的规定分得生父母的适当的遗产。”第20条:“在旧社会形成的一夫多妻家庭中,子女与生母以外的父亲的其他配偶之间形成抚养关系的,互有继承权。”第21条:“继子女继承了继父母遗产的,不影响其继承生父母的遗产。继父母继承了继子女遗产的,不影响其继承生子女的遗产。”第22条:“养祖父母与养孙子女的关系,视为养父母与养子女关系的,可互为第一顺序继承人。”第23条:“养子女与生子女之间、养子女与养子女之间,系养兄弟姐妹,可互为第二顺序继承人。被收养人与其亲兄弟姐妹之间的权利义务关系,因收养关系的成立而消除,不能互为第二顺序继承人。”第24条:“继兄弟姐妹之间的继承权,因继兄弟姐妹之间的扶养关系而发生。没有扶养关系的,不能互为第二顺序继承人。继兄弟姐妹之间相互继承了遗产的,不影响其继承亲兄弟姐妹的遗产。”第29条:“丧偶儿媳对公婆、丧偶女婿对岳父、岳母,无论其是否再婚,依继承法第十二条规定作为第一顺序继承人时,不影响其子女代位继承。”第30条:“对被继承人生活提供了主要经济来源,或在劳务等方面给予了主要扶助的,应当认定其尽了主要赡养义务或主要扶养义务。”最高人民法院**《关于利显乾与利潮良房屋纠纷案的批复》**(1985年5月2日 〔1985〕法民字第9号):“……经研究认为:讼争房屋原产权人利士乾及其细婆分别在1930年、1940年与利显乾之父利达平建立的房屋典当关系是有效的,应予承认。1950年典期届满时,出典人夫妻已先后死亡,其继承人也未主张回赎权利。当地土改时将讼争房屋确权给承典人的继承人利显乾所有并管业至今,应予维护。利士乾夫妻死后,由堂弟之妻张养主持将利潮良过嗣给利士乾,显属封建制度的产物,双方既不存在收养关系,又非死者生前意愿,应予否定。利潮良、张养均非出典人的继承人,因此,他们在1950年典期届满后,将讼争房屋续典他人是无效的。第一、二审法院承认利潮良的嗣子身份并认定续典有效是不妥的。至于原属利士乾所有的另一间房屋，土改时，已经利潮良登记，现无争议，应以维持现状为宜。”最高人民法院民事审判庭**《关于冯群英与覃国义、覃国伦房屋继承纠纷申诉案的复函》**（1983年8月25日 〔82〕民他字第28号）：“……我们同意你院第一种意见。即：根据冯群英与养祖母、养父母的权利义务关系，她应继承遗产的大部分。小部分由周玉梅继承。周已死，由其子女继承。周的子女如为周的遗产继承发生纠纷，可另案处理。以上意见，供你院处理该案时参考。”最高人民法院**《关于林依娇与陈铿官房屋继承纠纷的答复》**（1980年8月5日 〔80〕民他字第22号）：“……经本院研究后，答复如下：一、关于林振钿所遗房产的继承权问题，林依娇是林振钿的女儿，并对林振钿尽了生养死葬的义务，依法有继承生父遗产的权利。陈铿官在1939年被林振钿收为养子，虽于1939年因生活困难离开，但双方并未终止收养关系。同时，林振钿生前，陈铿官尚未成年，没有赡养养父的实际能力。而且1949年陈铿官结婚时，林依娇把所争房屋的房契给了他，事实上承认了她父亲和陈铿官的收养关系。所以陈铿官可以继承养父遗产。二、关于陈铿官与王顺元的房屋买卖关系问题，陈铿官在1957年12月，以房价人民币360元，把所争房屋卖给王顺元。从那时起，到本案发生，有20年之久，而且三方当事人又都居住在福州市。因此，如事实证明陈铿官与王顺元都明知房屋为共有财产，未取得她的同意而擅自私相买卖，此种买卖关系应认为无效。但如果事实证明林依娇当时明知这一买卖行为而不反对，现在又提出异议，则应认为买卖关系有效。或者，事实证明，林依娇当时对买卖行为不知情，而王顺元当时也不知道所买房屋为陈铿官与林依娇的共有财产，则根据王顺元是老租户，买卖关系成立已二十年之久和王顺元、林依娇住房的实际情况酌处。”最高人民法院**《关于谭明江遗产处理问题的批复》**（1976年2月14日〔76〕法民字第3号）：“……经我们研究认为，如死者谭明江在生前与3个哥哥及侄子谭振鑫在经济上既无来往，在生活上又无相互帮助，并不存在义务权利关系，他们即不应继承此遗产。至于谭小琴的继承问题，谭明江生前所在组织和当地公安机关是否认定了他们养父女关系？特别是谭明江生前对谭小琴是否进行过抚养教育义务，谭小琴对谭明江是否尽过生活扶助义务？这些情况在你院报告中没有写清楚，因此，希你院将上述情况查明，确定是否养父女关系后，按照党的政策结合本案实际情况，予以适当解决。”最高人民法院办公室**《关于办理曹瑞群继承权证明书问题的函》**（1974年7月9日）：“……根据我们对婚姻法施行前的重婚、纳妾‘不告不理’、女方没有要求离婚‘仍应让她们保持原来共同生活的关系’的原则，可以给曹瑞群办理继承权证明书。但是在证明书的写法上要慎重，避免写那些‘妾’、‘应予以承认’等字句。因纳妾是违反我婚姻法的，‘承认’是指事实还是指合法含混不清，易被曲解而造成不良影响。证明书可以写以下几点：一点是曹瑞群与伍秉钧何时开始同居，这一点就可以说明他们的关系，而且是解放前的；一点是他们这种共同生活关系一直保持到伍死亡;最后的落脚点是伍的财产曹有继承权……”最高人民法院**《关于贯彻执行民事政策几个问题的意见(修正稿)》**(1963 年 8 月 28 日)第 2 条:“……(六)继承问题。处理继承纠纷,应根据宪法和婚姻法的规定,本着保护法定继承人的合法继承权,同时又要提倡互相扶助和抚养的共产主义道德风尚。被继承人的遗产,首先应由其配偶、子女和父母来继承。如果没有配偶、子女和父母的,同胞姊妹兄弟有继承其财产的权利。同一顺序的法定继承人中继承的财物和数额,应首先照顾未成年和无劳动能力的人,其次应考虑继承人对被继承人生前所尽扶养义务和生产、生活的实际需要情况。对那些有虐待遗弃被继承人行为的人,也可不准其继承。遗嘱人可以将其私有财产的一部或全部,给予法定继承人中的一人或数人,也可以给予国家或集体,或者任何个人。但遗嘱人不能剥夺未成年或其他无劳动能力的法定继承人的应继承份。遗嘱不能违背国家的法律规定。无法定继承人又无遗嘱的,其遗产应收归国有或集体所有。其生前的合法债务应由遗产中偿还。寡妇结婚时,可以把应该归她继承的遗产带走,任何人不能干涉。但如果她已生有子女,又不带走,应先保证留下子女足够的生活费用。”最高人民法院**《关于被继承人的配偶子女是否为同一顺位继承人能否同时继承财产问题的批复》**(1956 年 9 月 18 日　研字第 9310 号):“关于被继承人的配偶、子女是否为同一顺位继承人,能否同时继承财产的问题,经本院审判委员会第 15 次会议讨论决议,同意你院来函中所提出的意见。”附吉林高院意见:死者的配偶和子女对死者的遗产是可以同时开始继承的,也就是应为同一顺位的合法继承人。最高人民法院**《关于外孙女是否有权继承外祖父遗产问题的复函》**(1955 年 11 月 12 日　法研字第 15830 号):“……兹答复如下:死亡者的外孙子女与孙子女同是他的直系血亲后代亲属,他们的地位是相等的,所以外孙子女应与孙子女有同等代位继承权。据此,胡桂琴与其妹应有权代位继承其外祖父的房屋。但从原报告看,胡桂琴在其外祖父死亡七、八年之后才来要求继承房屋,为了避免增加类似纠纷,如通辽市人民法院已按哲里木盟人民法院的批示予以判决,胡桂琴未上诉也无争执,即可不必重新处理。”最高人民法院华东分院**《对有关继承问题的批复意见》**(1953 年 5 月 14 日):“……为使批复措词明确起见,拟酌予改动如下:一、……其(指未改嫁的媳妇继承公婆的遗产——编者注)应继份如无直系血亲卑亲属,即为已死儿子应继份的全部,如有直系亲属卑亲属,则与直系亲属卑亲属按人数平均继承。二、父或母一方尚在,子女继承行为是可以开始的,但其继承的范围,仅限于死亡的父或母的一份遗产。”最高人民法院**《关于兄弟姊妹互相继承问题的复函》**(1953 年 4 月 8 日　法行字第 1934 号):“……关于兄弟姊妹间继承问题,除夫妻间及父母子女间有互相继承的权利,已在婚姻法上有明文规定外,其他亲属间的继承问题,中央机关尚在研究中。来函提出兄弟姊妹互相继承的问题,系因河北省人民法院有具体事件等待解决。本院认为：在被继承人无配偶，又无直系血亲继承时，兄弟姊妹可以继承；但如兄弟姊妹对于被继承人生前关系恶劣，已无兄弟姊妹之关系可言者，应不承认其有继承权。至于各继承人继承数额的多寡，不一定要平均，可按具体情况酌定。这是本院对于目前处理具体事件的意见。仅可作为法院内部处理问题时的参考。”最高人民法院**《关于四个继承问题的批复》**（1951 年 12 月 2 日　法编字第 11345 号）：“……二、某烈士之妻拟将烈士所遗全部财产带走改嫁的争执，我们认为烈士之胞兄弟及母亲以给烈士娶骨女为借口，不让烈士之妻带走遗产。这是以封建迷信的说法为借口，不能容许的，应予说服教育。但烈士的母亲可与烈士的配偶同有继承权利，可比照前一问题处理。至烈士死后之烈属优抚待遇或其他利益，在烈士之配偶改嫁后，即应全部归由烈士之母继续享受……四、兄弟姊妹（已出嫁与未出嫁者同）间，仅于被继承人无其他应为继承之人〔如配偶、子女（包括养子女、非婚生子女）、父母〕时，有相互继承遗产的权利；被继承人的伯叔及伯叔之子女、孙子女皆无继承遗产的权利。”最高人民法院西南分院**《关于赘婿要求继承岳父母财产问题的批复》**（1951 年 7 月 18 日　院编字第 213 号）：“……（一）赘婿与岳父母是姻亲关系，与收养及血亲关系有所不同，因之李钜忠对其岳母杨李氏的原有财产，原则上是没有继承权的。（二）继承的开始，一般是在被继承人死亡时，现在杨李氏没有死亡，所以也谈不到继承问题。（三）离婚，对婚姻关系来讲，只能是分割家庭财产的问题，而不能是男女双方任何一方向对方提出继承对方直系亲属财产的问题，李钜忠所请继承杨李氏的原有财产一半，显然是不合理的。但入赘婿应享有家庭财产权才合理，因其入赘即参加家庭的劳动生产。如赘婿与妻离婚后，生活有困难，而女方经济情况好时，则女方并应给男方生活费。（四）如李钜忠在共同生活中，一向不参加劳动，离婚后又想分得财产依作生活，也不能允许。（五）如当地有习惯，而不违反政策精神者，则可酌情处理。”最高人民法院**《关于对司法部就中南司法部请示继承权三个问题的答复的意见的复函》**（1951 年 6 月 25 日　法编字第 6266 号）第 2 条：“关于养父母与养子女的遗产继承关系，你部认为应限于‘仍无其他生活条件’方合于继承的条件；按养父母与养子女的关系究与其他仅有扶养关系者不同，可不必以此为条件。又仅有扶养关系之人应与养父母和养子女的关系有所区别，其应得继承份的多寡，应视具体情况酌定，不一定与其他继承人一样。”第 3 条：“关于继承顺序问题，基本上同意你部所拟第一个意见，即配偶、子女（养子女、非婚生子女）、父母及其他已受扶养而缺乏劳动力、无生活条件之亲属和非亲属，都可同为第一顺序的继承人。但应注意下列两点：（1）被继承人的父母在生活上无另受扶养之需要者得不列为第一顺序继承人；（2）第一顺序内的各种继承人所应得的继承份，正如来文那样暂可不必确定，而且对于其中生活特殊困难者还应按具体情况，多予照顾。”最高人民法院**《对辽西省人民法院有关解放前女子继承**

问题的复函》(1951年5月16日　法编字5348号):“……经查来件,如果所述是实,则锦州市院及你院在处理该案上的那些认定,都尚值得重行考虑:(一)锦州市人民法院驳回原告请求理由之一是‘某女生前并未取得继承事实’,但以继承权发生的时间来说,继承权应在被继承人死亡时开始,某女既是后于其父母死亡的,这就说明了她生前已取得继承权。(二)锦州市人民法院驳回原告请求的另一理由是‘某女生前已放弃继承权利’;你院也以同样的看法,认某女继承已过时效。但依据来函所说,某女生前不仅没有放弃继承的意思,而自继承开始,一直在争取实现其继承的权利(这表现在1944年请求调停于伪满法院,1945年正式起诉及1946年虽因反动法院的种种原因不能继续进行诉讼,但仍请求私人调停,直至该女死亡为止,遗嘱其夫继续请求等)。(三)现在某女虽已死亡,而其子女应有代位继承权……”最高人民法院华东分院《**关于亲属继承等问题的批复**》(1951年4月17日　东法编字第1727号):“……(二)养子女如已继承了养父母的遗产,不应再有主张继承生父母遗产的权利,因为家庭在今天还是一个生活单位和生产单位,养子女参加了另一个家庭,虽然在感情上不应当要求他(她)与亲生父母割断,但是在财产关系上则应清楚分开。如果养父母家没有财产,而被收养的子女生活又困难,本着兄弟姐妹互助的精神,可以要求酌量给予生父母的遗产,尚有这种具体案件发生,应结合双方实际经济情况以及参照兄弟姐妹之间的劳动能力,作适当的处理。另一方面,如果亲生父母生活困难,经别人收养的子女经济宽裕的时候,他们对亲生父母也还是应该加以照顾的(土改分得的土地应为各人所有,这与父母的遗产显有区别,应加注意)。”最高人民法院华东分院《**关于继承等问题的批复**》(1951年1月18日　东法编字第230号):“……(一)解放前所立嗣子是否有继承权的问题:我们认为在中央尚未颁布关于亲属继承等法规以前,对于继承事件,可参考婚姻法的精神来处理,你们的意见所说:‘解放前所立嗣子虽为封建制度之产物,惟在当时如已合法取得身份,且为利害关系人所不争,并已成为确定事实者,似不能一律否认其效力’,查反动法律早经共同纲领第十七条明文规定废除,我们既不承认伪法当然谈不到所谓‘当时如已合法取得身份’,这一点应该划清界限。其所谓立嗣者,既系封建宗法社会产物,在精神上我们应予否定,只能当作是一种收养关系。收养关系,以双方自愿为原则,(被收养人如未成年须得生父母或其有监护权人之同意)他人不得干涉,这种收养关系成立与否,须看历史事实,事实上已存在收养关系,虽未书立嗣书,应亦承认其有继承权,他人不得干涉,惟在土地改革时期,对于地主恶霸反革命分子他们的继承关系,应特别注意,勿使钻空取巧,破坏土改。”最高人民法院《**关于契约及继承问题解释的复函**》(1950年12月2日　法秘字第12237号)第3条:“甘肃省人民法院请解释关于养子女与亲生子女的继承问题,依立法精神,养子女应与亲生子女有同等继承权利。即请查照转知为荷。”最高人民法院《**解答群**

众日报读者胡汉文所询继承问题的意见》(1950 年 10 月 24 日　法编字第 12974 号)第 2 条:“独生女虽已出嫁,对其父母的遗产仍有继承权,其父虽立遗嘱将全部遗产赠与他人,仍须照顾其女的继承权,如已嫁女本人无放弃继承的意思,应按具体情况就遗产酌留相当部分归女继承,其余部分仍由受赠者取得所有权。原问第二例,长兄将全部产业遗嘱给三弟,除长兄之女可继承其一部分外,二弟不得向受赠之三弟有所争执。”最高人民法院**《关于继承案件处理意见的指令》**(1950 年 7 月 6 日　法秘字第 302 号):“……如来呈所说第一案,即外甥代位继承外祖父遗产问题,现在立法政策还没有确定,关于王北宇部分,可暂照来呈所拟办法,予以处理。至于祝丽茵为李珊蕤继母并非血亲,其相互间没有继承权利,谈不到代位继承,关于李珊蕤部分,你庭拟予驳回是正确的。来呈所说第二案,即出嫁女继承其父遗产的问题,婚姻法第十四条,既有规定,你院根据‘女子应与男子同’之原则,认杨观德要求继承其故父遗产为合法,也是对的。”最高人民法院**《关于继承问题的复函》**(1950 年 3 月 9 日　法编字第 126 号)第 1 条:“答申忠理函各问:……(三)兼祧是封建宗法社会遗制,不应认许,为了照顾实际情况,仅可许其择一继承;而另一无继承人之一份绝产,则应归公,由政府作适当之处理。(四)死者无子、女、孙子女,又无父母、兄、弟、姐、妹及依遗嘱指定之应继承人,若其遗产系遗产,亦收归政府适当处理,侄子非当然继承人,原则上无继承权,如有特殊原因或理由,得视实际情况,酌予准驳……”第 2 条:“答杨正义:杨朱氏杨怀柱的遗产既皆无直系血亲继承,自可由胞兄弟、姐妹平均继承,故本案死者之遗产,应由杨朱氏杨怀科平均继承;但杨朱氏所垫赎田之款,应就遗产总数内先行提出(要顾到赎来的币值和赎回后的收益情况),方为公平(即就全部遗产先提还垫款再行平分)。”最高人民法院华东分院**《对苏南人民法院关于养子女如已继承了养父母遗产,是否还可以继承其生父母的遗产的批复》**(1950 年 1 月 1 日):“问:养子女如已继承了养父母的遗产,是否还可以继承其生父母的遗产?答:养子女如已继承了养父母遗产,不应再有主张继承生父母遗产的权利。因为家庭在今天还是一个生活和生产单位,养子女参加了另一个家庭,虽然在感情上不要求他(她)与亲生父母割断,但是在财产关系上则应清楚分开,如果养父母家没有财产,而被收养的子女生活又困难,本兄弟姊妹互助的精神可以要求酌量给予生父母的遗产。倘有这种具体案件发生,应结合双方实际经济情况以及参照兄弟姊妹间的劳动能力,作适当的处理。另一方面,如果亲生父母生活困难,经别人收养的子女经济宽裕的时候,他们对亲生父母也还是应该加以照顾的(土改分得的土地,应为各人所有,应与父母的遗产显有区别,应加注意)。”

(3)部门规章。司法部、中国银监会**《关于在办理继承公证过程中查询被继承人名下存款等事宜的通知》**(2013 年 3 月 19 日　司发通〔2013〕78 号)第 1 条:“经公证机构审查确认身份的继承人,可凭公证机构出具的《存款查询函》查询作为被继承人的存款人在各银行业金融机构的存款信息。公证机构出具《存款查询函》,应当审查确认存款人的死亡事实及查询申请人为存款人的合法继承人。”第 2 条:“银行业金融机构接到《存款查询函》后,应当及时为继承人办理查询事宜,并出具《存款查询情况通知书》。继承人为多人的,可以单独或者共同向银行业金融机构提出查询请求。查询申请人可在公证机构签署《委托书》,授权他人代为查询。”第 3 条:“公证机构在办理继承公证过程中需要核实被继承人银行存款情况的,各银行业金融机构应当予以协助。”第 4 条:“在办理继承公证过程中查询或者核实银行业金融机构管理、知悉的具有遗产性质的其他财产权益的情况依照本通知执行。”第 5 条:“公证机构、银行业金融机构要加强协作、配合,积极做好存款查询和核实工作,切实保障存款人及其继承人的合法权益,维护银行存款过户和支付秩序。”民政部婚姻司**《对〈收养法〉的解答》**(1992 年 4 月 1 日)第 17 条:“养父母与养子之间有什么权利义务关系?答:自收养关系成立之日起,养父母与养子女间的权利义务关系,适用法律关于父母子女关系的规定。即父母对子女有抚养教育的义务,子女对父母有赡养、扶助的义务。父母子女间还有相互继承遗产的权利。养子女与生父母及其他近亲属间的权利义务关系,因收养关系的成立而消除。”司法部公证司**《关于能否为李超媛赴台继承办理亲属关系公证的复函》**(1992 年 2 月 15 日〔92〕司公函 024 号):“……经研究认为:生母(或生父)单方送养的子女,能否继承其生父(或生母)的遗产,我继承法没有明确规定,与生父(或生母)的父女关系是否存在,收养法也没有明确规定。李超媛是在生父李宪章已赴台无法征求其意见的情况下,于一九五一年被生母单方送给杨进杰为养女,形成了事实收养关系。现为继承李宪章在台遗产,应按部司发(1991)085 号《关于办理涉台遗产继承公证若干问题的通知》精神办理,只出具亲属关系公证书。在公证书中可以将李超媛列在其中,但要写明何时、何地、被生母单方送给杨进杰夫妇收养。”司法部公证司**《关于办理继承权公证和赠与公证等问题的复函》**(1989 年 1 月 18 日 〔89〕司公字第 10 号):“……现答复如下:一、关于如何办理继承人为转让其应继承的份额而申办的公证证明事项,同意你处意见,即在未取得应继承财产的所有权之前,继承人之间通过协商的办法转移继承权和继承份额是无法律依据的。我国《继承法》中关于法定继承人之间可以协商继承份额的规定,只是指继承人之间可以对继承份额的划分进行协商。继承权作为一种具有人身性质的财产权利,是不能转让的。因此,继承人放弃继承就不能再通过继承协议的方式将他应继承的份额转让给其他继承人。只有在办理了继承手续,对应继承的份额取得了所有权之后,继承人才能将该份额赠与他人所有。对此,公证处应先办理继承权公证,再办理赠与或转让公证。二、关于如何办理旧家庭一夫多妻共有财产分割的公证证明事项,根据婚姻法的有关规定，原则上同意你们的第一种意见，即丈夫与妻子享有同等份额，但需要根据夫妻（妾）结婚时间和共有财产取得的时间，做具体分析和处理。”

（4）地方司法性文件。北京高院**《关于审理继承纠纷案件若干疑难问题的解答》**（2018年6月11日）第15条：“如何认定继父母子女间具备法定继承人身份？继父母子女间是否具有法定继承人资格，以是否存在扶养关系为判断标准。人民法院在判断是否存在扶养关系时，应依扶养时间的长期性、经济与精神扶养的客观存在、家庭身份的融合性等因素综合进行判断，必要时应依职权进行调查。”陕西高院**《关于审理道路交通事故损害赔偿案件若干问题的指导意见（试行）》**（2008年1月1日　陕高法〔2007〕258号）第13条：“赔偿义务人死亡的，其继承人应作为被告参加诉讼，在所继承的遗产范围内承担赔偿责任；没有继承人或继承人放弃继承的，以其财产管理人为被告，在遗产范围内承担赔偿责任。”上海高院**《关于审理分家析产案件若干问题的意见》**（2007年9月20日　沪高法民一〔2007〕20号）第1条：“公房动迁补偿款的继承。只有承租人的公房动迁时，原承租人已死亡，若已依法确定了承租人的，动迁补偿款归新的承租人；若尚未确定承租人的，动迁补偿款归原承租人的继承人。”安徽高院**《审理人身损害赔偿案件若干问题的指导意见》**（2005年12月26日）第27条：“受害人在一审判决前死亡，继承人参与诉讼的，应要求继承人变更诉讼请求，并根据当事人变更后的诉讼请求进行审理。受害人在一审判决后二审判决前死亡的，其继承人参与诉讼后诉讼地位的称谓按受害人的诉讼地位称谓确定。受害人在一审判决后二审判决前死亡的，相关的赔偿项目和赔偿数额可以在组织当事人质证后确定，不必将案件发回重审。”第28条：“侵权人死亡，判决其继承人在继承遗产的范围内承担责任的，应当查明侵权人遗产的范围。”江苏高院**《关于审理附带民事诉讼案件若干问题的意见（试行）》**（2005年9月16日）第13条：“刑事被告人或者其他共同致害人死亡的，其遗产继承人可以作为附带民事诉讼被告人。但遗产继承人放弃遗产继承权的，可以不作为附带民事诉讼被告人。刑事诉讼因被告人死亡依法终止的，附带民事诉讼原告人可以另行提起民事诉讼。”上海高院**《民事法律适用问答》**（2004年第2期）第3条：“解放前形成的一夫多妻关系，婚姻各方当事人的婚前财产如何处理？（据松江法院反映）答：根据《最高人民法院关于贯彻执行〈中华人民共和国继承法〉若干问题的意见》（编者注：已于2021年1月1日起废止）第20条的规定：‘在旧社会形成的一夫多妻家庭中，子女与生母以外的父亲的其他配偶之间形成扶养关系的，互有继承权。’因此，没有形成扶养关系的子女与生母以外的父亲的其他配偶间未形成抚养关系的，相互之间均不发生继承关系。据此，解放前形成的一夫多妻关系，夫、妻、妾之间的财产分配问题，应当考虑下列情况：如果妻、妾是分别生活，并且事实上也形成了各自相对独立的财产份额的，可以确认其掌握的独立财产，除个人生活的必需品归个人所有以外,其余财产分别归夫与妻、夫与妾共同所有,夫在妻或妾死后继承的财产则作为相对独立的个人财产,在夫死亡后由夫与妻或夫与妾所生子女分别对应继承。对于妻、妾未共同生活,财产也没有分开的,各方当事人除个人生活的必需品归个人所有以外,如果并未约定各自婚前财产归个人所有,而是将其用于家庭共同生活的,都应当认定为婚姻关系存续期间的共同财产,夫、妻、妾对该共同财产享有平等的权利。”上海高院**《民事法律适用问答》**(2003 年第 3 期)第 4 条:“继子女在与继母共同生活期间,对继母在生活等方面都给予了关怀。在自己的生父去世后,继续对继母在各方面进行了照料,并在继母死后还出钱为其购买了墓穴。对于这种情况,可否认定继子女与其继母之间已经形成了扶养关系,并且可以继承继母的财产? 答:扶养关系形成与否,要从当事人之间是否形成了扶养与接受扶养的事实来判断,其表现是扶养人对被扶养人尽到了主要扶养义务。根据《最高人民法院关于贯彻执行〈中华人民共和国继承法〉若干问题的意见》(编者注:已于 2021 年 1 月 1 日起废止)第 30 条规定,尽到主要扶养义务的判断标准是扶养人为被扶养人的生活提供了主要经济来源,或在劳务等方面给予了主要扶助。认定继子女与继母之间是否形成扶养关系,也要以此为依据。但是,也要认识到,主要扶养义务的内容也是相对的,可能会因为被扶养人自身经济和健康条件的不同而有所不同。因此,在不同的案件中,即使同样认定形成扶养关系的,继父母子女相互可以继承的财产份额也可根据相互间扶养协议权利义务享受承担的不同而有所调整,具体数额的大小,只能根据具体情况来判断。”广东高院**《关于海事审判若干问题的意见》**(2001 年 12 月 27 日　粤高法发〔2001〕49 号)第 9 条:“水上交通事故致人死亡后索赔主体问题。水上交通事故致人死亡的损害赔偿纠纷案件,应当参照遗产继承的规定确定索赔主体。海上人身伤亡的赔偿,涉外的有具体的法律规定,国内的无法律规定,只有广东省政府的一规章作了规定。因此在审理国内相关案件时,在未与法律法规相抵触的情况下,可以参照适用该规章。”云南高院**《关于执行中实施债权凭证制度的规定(试行)》**(2001 年 10 月 16 日)第 15 条:“持有债权凭证的公民死亡,法人或其他组织终止,依法取得继承权的继承人或权利承受人可凭有关证明文件到执行法院办理债权凭证债权人变更登记手续。”上海高院**《对贯彻〈最高人民法院关于执行继承法若干意见〉的通知》**(1985 年 11 月 21 日)第 7 条:“对《意见》第 29 条的理解。丧偶儿媳对公婆,丧偶女婿对岳父母,尽了主要赡养义务,先于公婆或岳父母死亡的,因非被继承人的子女,故不发生以一个代位继承(即不发生双代位的法律关系)。但丧偶儿媳或丧偶女婿按《继承法》第十二十条规定取得继承权利后死亡的,则可由其继承人继承。”第 19 条:“审理继承案件时,应通知按《继承法》第十四条规定有权分得遗产的人参加诉讼,按其诉讼请求,列为共同原告或有独立请求权的第三人。”

2. 胎儿利益。

（1）法律规定。《民法典》（2021年1月1日）第13条："自然人从出生时起到死亡时止，具有民事权利能力，依法享有民事权利，承担民事义务。"第14条："自然人的民事权利能力一律平等。"第15条："自然人的出生时间和死亡时间，以出生证明、死亡证明记载的时间为准；没有出生证明、死亡证明的，以户籍登记或者其他有效身份登记记载的时间为准。有其他证据足以推翻以上记载时间的，以该证据证明的时间为准。"第16条："涉及遗产继承、接受赠与等胎儿利益保护的，胎儿视为具有民事权利能力。但是，胎儿娩出时为死体的，其民事权利能力自始不存在。"第1155条："遗产分割时，应当保留胎儿的继承份额。胎儿娩出时是死体的，保留的份额按照法定继承办理。"

（2）最高人民法院司法解释及其他司法性文件/解读文章。最高人民法院《**关于被继承人死亡后没有法定继承人分享遗产人能否分得全部遗产的复函**》（1992年9月16日 〔92〕民他字第25号，2021年1月1日起废止）："……经研究认为，沈玉根与叔祖母沈戴氏共同生活10多年，并尽了生养死葬的义务。依照我国继承法第十四条的规定，可分给沈玉根适当的遗产。根据沈戴氏死亡后没有法定继承人等情况，沈玉根可以分享沈戴氏的全部遗产，包括对已出典房屋的回赎权。至于是否允许回赎，应依照有关规定具体情况妥善处理。"最高人民法院《**关于贯彻执行〈中华人民共和国继承法〉若干问题的意见**》（1985年9月11日 法〔民〕发〔1985〕22号，2021年1月1日起废止）第45条："应当为胎儿保留的遗产份额没有保留的应从继承人所继承的遗产中扣回。为胎儿保留的遗产份额，如胎儿出生后死亡的，由其继承人继承；如胎儿出生时就是死体的，由被继承人的继承人继承。"第57条："遗产因无人继承收归国家或集体组织所有时，按继承法第十四条规定可以分给遗产的人提出取得遗产的要求，人民法院应视情况适当分给遗产。"最高人民法院中南分院《**关于"绝户财产"如何解释问题的批复**》（1953年7月14日）："……关于'绝户财产'如何解释问题，本院曾拟具意见转呈中央核示，'我们认为：在中央尚未颁布继承法规以前，对于「绝户财产」问题，不宜作一般性的解释，应根据每一问题的具体情况，适当决定。至于彭老婆无配偶及子女，仅有侄儿及内侄各一人，平日无赡养抚助关系，就这个具体问题来说，该彭老婆的遗产，原则上可以作为「绝户财产」看待，收归国有，其侄儿与内侄均不能继承。但在具体处理此项遗产时，应慎重斟酌多方面的实际情况，例如遗产的多寡，其侄儿与内侄与彭老婆生前的感情关系，和他们现时的生活状况以及大多数群众意见等等，适当处理'。以上意见，经奉司法部7月4日（53）司普民字第14/988号批复：'关于无人继承的遗产即俗称「绝户财产」，目前中央对于继承法规尚未颁布，亦无统一解释。至于彭老婆的遗产，即无配偶、子女，又无生前抚养关系的人，应作为「绝户财产」看待，原则上收归国有,交当地人民政府处理。但在具体处理时,同意你院所提应照顾到群众的意见和具体情况。'希你院参照办理。"

(3)地方司法性文件。四川高院**《关于印发〈四川省高级人民法院机动车交通事故责任纠纷案件审理指南〉的通知》**(2019年9月20日 川高法〔2019〕215号)第28条:"【胎儿被扶养人生活费的预留】为胎儿预留被扶养人生活费仅限于交通事故发生时已经怀孕的情形。胎儿出生时为活体的予以支付,反之则不予支付。"江西高院**《关于审理人身侵权赔偿案件指导意见(试行)》**(2017年9月1日)第5条:"如被抚养人不是直接受害人或者其他被侵权人,且后者怠于行使残疾赔偿金或者死亡赔偿金赔偿请求的,被抚养人可以单独就被抚养人生活费提起赔偿诉讼。受害人抚养的人请求侵权人赔偿抚养费的,在确定损失后根据侵权人过错比例、该受害人承担的扶养份额,计算侵权责任人的赔偿数额,按照如下规定处理:(1)被抚养人是未成年人或者丧失劳动能力又无其他生活来源的成年近亲属;(2)成年近亲属丧失劳动能力,但参加了城乡居民基本养老保险的,在计算被扶养人生活费时,只计算城镇居民人均消费性支出或农村居民人均年生活消费支出与城乡居民基本养老保险金的差额部分;(3)成年近亲属已经达到城镇职工养老保险法定退休年龄,既无离休、退休工资或者城镇职工养老保险,也没有参加城乡居民基本养老保险的;(4)被抚养人残疾的,请求赔偿扶养费除需要有效的残疾证明外,还要审查其是否有其他生活来源,如果有其他收入,只计算其收入与城镇居民人均消费性支出或农村居民人均年生活消费支出的差额部分;(5)被扶养人有数人的,在计算时先以每个被扶养人生活费标准数额乘以侵权人过错比例和受害人应当承担的扶养份额,得出每个被扶养人的年生活费数额后累计相加,但每年赔偿总额累计不超过上一年度城镇居民人均消费性支出额或者农村居民人均年生活消费支出额。各个被扶养人可得赔偿的生活费时间长短不同的,要先将不同的被扶养人划分出各个最小相同年份段,再将每个相同年份段中可得赔偿的被扶养人年生活费累计相加。受害人残疾的,在计算损失是应当先根据残疾等级确定损失额,再依照本款方法计算。"第6条:"受害人因遭受伤害致暂时失去意识,或者明显不能自由表达意思,在此状况持续期间可以按照无民事行为能力人对待,其配偶、父母或者成年子女等可以临时监护人身份代表受害人行使起诉、应诉等民事诉讼权利至受害人恢复意识时止。受害人出现以上情形的,其临时监护人应当提供由医疗单位出具相应的病情、伤情及神智情况的证明。"四川成都中院**《关于机动车交通事故责任纠纷案件审理指南(试行)》**(2017年7月5日 成中法发〔2017〕116号)第27条:"【胎儿被扶养人生活费的预留】为胎儿预留被扶养人生活费仅限于交通事故发生时已经怀孕的情形。胎儿出生时为活体的予以支付,反之则不予支付。"安徽滁州中院**《关于审理农村土地承包纠纷案件会议纪要》**(2016年6月22日 滁中法〔2016〕99号)第

12 条:“……8. 征地补偿安置方案确定时的胎儿,分配土地补偿款时应当保留预留胎儿的相应人口份额,如胎儿出生时是死体的,保留的份额仍归集体所有,可按征地补偿安置方案的比例予以分配;如胎儿出生后死亡的,保留的份额由其继承人继承……”辽宁高院**《关于印发〈全省法院民事审判工作座谈会会议纪要〉的通知》**(2009 年 6 月 1 日　辽高法〔2009〕120 号)第 16 条:“关于人身损害赔偿案件的胎儿份额。父母遭受人身损害致残或死亡的,在计算被抚养人生活费时,应当为已经怀孕、尚未出生的胎儿预留赔偿份额,自出生时起计算至十八周岁,胎儿出生时为死体的,该赔偿义务灭失,但受胎儿因素影响而降低的其他被抚养人的生活费份额应当重新计算。胎儿出生后死亡的,该笔赔偿款按婴儿的遗产处理。”江苏高院**《2001 年全省民事审判工作座谈会纪要》**(2001 年 10 月 30 日　苏高法〔2001〕319 号)第 5 条:“……死者在因交通事故死亡前,其配偶已经受孕但尚未生产,如胎儿出生后系活体的,应当赔偿其必要的生活费。”

【参考类案】

(1)特留份。①2013 年**江苏某侵权纠纷案**,2011 年,陈某摩托车与乔某车辆相撞,致摩托车上乘客曹某父死亡,交警认定乔某、陈某分负主、次责任。经交警部门调解,乔某赔偿死者家属 34 万元。两个月后,曹某出生,诉请乔某支付抚养费。法院认为:乔某车辆已投保交强险,其损失应由保险公司在交强险限额内承担赔偿责任,余款由当事人按责任承担。本案中,保险公司已在伤残死亡赔偿责任限额内赔付 11 万元,故曹某被抚养人生活费应由乔某按责赔偿。案涉和解协议签订时,曹某尚未出生,故载明权利人不包括曹某,且对曹某出生后的被抚养人生活费未作明确约定,故对乔某辩称和解协议约定的赔偿款包括曹某被抚养人生活费,证据不足。曹某主张按城镇居民标准计算被抚养人生活费,证据不足。根据曹某年龄,判决乔某支付曹某被抚养人生活费 6.9 万余元。

②2011 年**四川某人身损害赔偿纠纷案**,2009 年,何某驾车撞伤行人李某致 7 级伤残,交警认定同等责任。2010 年,李某生育儿子。法院认为:依最高人民法院《关于审理人身损害赔偿案件适用法律若干问题的解释》第 28 条规定:“被扶养人是指受害人依法应当承担扶养义务的未成年人或者丧失劳动能力又无其他生活来源的成年近亲属。”对于被扶养人并未作出“事故发生时受害人实际扶养”界定。虽在本案事故发生时,李某妻子并未怀孕,李某儿子不具有权利主体资格,但李某结婚后生育小孩是人类自然繁衍,且在诉讼时效内起诉时,其子已出生,已成为李某实际被扶养人,应获得被扶养人生活费赔偿,判决包括李某之子抚养费在内的赔偿金额合计 29 万余元,保险公司按交强险规定进行赔付,余下部分再按何某承担 60%、李某承担 40% 进行赔付。

③2011 年**河南某抚养费赔偿纠纷案**,2009 年 5 月,曹某随百货公司经理出差途中,因交通事故死亡。随后,曹某家属与百货公司达成赔偿协议,由百货公司赔偿各项损失 45 万余元,同时约定曹某妻子“怀孕子女的抚养费、抚恤金,待子女出生后,受害方有权向百货公司追偿”。同年 10 月,曹某儿子出生,其母作为法定代理人诉请百货公司支付抚养费及精神损害抚慰金。法院认为:曹某之子在其父发生交通事故时虽尚未出生,但出生并存活后即享有民事权利,可成为民事主体,故其作为本案原告主体适格,其诉请合理数额应予支持,判决百货公司赔偿曹某之子 9.7 万余元。

④2010 年**河南某交通事故责任纠纷案**,2009 年,卫某与米某在清真寺依穆斯林习俗结为夫妻,但未办结婚登记。同年 12 月,卫某驾驶轿车搭载王某途中因与谢某驾驶带挂货车相撞,致卫某、王某死亡。2010 年,米某经诊断已怀有身孕。法院认为:依《婚姻法》和《继承法》规定,胎儿(子女)不论是婚生还是非婚生,均受法律保护。对胎儿抚养权利保护,属人身权延伸保护范畴。胎儿在未出生前虽不具有权利能力,但基于胎儿必定出生的既定事实和有损害即有救济的裁判原则,胎儿抚养费可由保险公司先行支付。判决保险公司依商业三责险赔偿米某怀孕胎儿抚养费 3.4 万余元,该赔款暂由法院保管,待胎儿出生为活体,且经亲子鉴定系死者子女时,由胎儿母亲领回赔款,否则该赔款退回保险公司。

⑤2007 年**四川某人身损害赔偿纠纷案**,2006 年,罗某驾驶摩托车与贺某驾驶的运输公司投保的大货车相撞,罗某死亡。交警认定罗某负主要责任。法院判决保险公司赔偿罗某近亲属各项费用。其后,罗某遗腹子出生,诉请运输公司承担抚养费,并追加保险公司为第三人。法院认为:原告系受害人遗腹子,主张被扶养人生活费诉请应予支持。按最高人民法院《关于审理人身损害赔偿案件适用法律若干问题的解释》“被扶养人为未成年人的,计算至 18 周岁”和“被扶养人有数人的,年赔偿总额累计不超过上一年度城镇居民人均消费性支出额或者农村居民人均年生活消费支出额”规定,计算得出抚养费总额后,按确定的事故责任比例,由运输公司承担其中 40%。因此数额与其他已赔付数额在保险公司赔偿限额范围内,依法应由保险公司承担赔付责任。因本案系经法院判决被保险人承担赔偿责任,并非被保险人自行追加赔偿请求,故保险公司适用保险合同约定“赔偿金额经保险人与被保险人协商确定后,对被保险人追加的索赔请求,保险人不承担赔偿责任”进行抗辩的理由不成立,保险公司应直接支付抚养费。判决保险公司直接支付罗某被扶养人生活费 1.6 万余元。

⑥2006 年**河南某损害赔偿纠纷案**,2005 年,王某被全某所雇司机驾车撞残。一审诉讼期间,王某妻产一子。法院认为:《继承法》第 28 条规定“遗产分割时,应该保留胎儿的继承份额”及劳动和社会保障部颁发的《因工死亡职工供养亲属范围

规定》中"遗腹子女可以申请供养亲属抚恤金"规定，体现了我国法律保护胎儿权利的立法精神，亦为"特留份"制度。此外我国民法有"延伸保护"原则，为胎儿将来出生预留合理利益空间，待胎儿出生并成活后，便于依法保护胎儿合法权益。本案中，仝某作为肇事车车主亦雇主，依法应向王某承担赔偿责任。王某孩子出生时间虽在交通事故发生之后，但孩子出生以后，王某抚养系其法定义务，故应支持王某要求仝某支付被抚养人生活费诉请。

⑦2005 年**天津某人身损害赔偿纠纷案**，2005 年，闫某将丈夫李某杀死后自杀身亡，李某继承人持法院生效判决申请执行闫某继承人给付赔偿金 28 万余元。闫某继承人中，尚有闫某与前夫所生、正上中学的孩子冯某。冯某亲生父亲与闫某离婚后下落不明。闫某财产不足偿债。法院认为：依《民事诉讼法》规定，"被执行人未按执行通知履行法律文书确定的义务，人民法院有权扣留、提取被执行人应当履行义务部分的收入，但应当保留被执行人及其所扶养家属的生活必需费用。""被执行人未按执行通知书履行法律文书确定的义务，人民法院有权查封扣押、冻结、拍卖、变卖被执行人应当履行义务部分的财产，但应当保留被执行人及其所扶养家属的生活必需品。"最高人民法院《关于贯彻执行〈中华人民共和国继承法〉若干问题的意见》（编者注：已于 2021 年 1 月 1 日起废止）第 61 条，"继承人中有缺乏劳动能力又没有生活来源的人，即使遗产不足清偿债务，也应为其保留适当遗产。"生效法律文书必须执行。但执行过程中，亦要依法尊重和保障人权，不能因强制执行影响被执行人及其所扶养家属生活。冯某作为在校学生，缺乏劳动能力，且其父下落不明，即使本案闫某财产不足以清偿全部债务，亦应为冯某保留适当遗产，作为其生活学习费用，这是养老育幼原则体现，亦是保障人权必然要求。

⑧2003 年**福建某人身损害赔偿纠纷案**，2002 年，王某父骑摩托车在与施某相撞中死亡，交警认定王某父负主要责任，施某负次要责任。诉讼期间，王某出生，母代理起诉施某索赔抚养费 40%。法院认为：王某请求赔偿胎儿期受到损害造成的损失，符合我国法律对公民出生后继承权益延伸保护至胎儿期立法精神，应予支持。王某是交通事故中死者的婚生女，享有请求父母抚养的权利，但王某出生后其被抚养权因父亲死亡得不到实现而受到侵害，该损害结果与王某父、施某共同违章行为之间有因果关系。施某有违章行为，其违章行为侵害了王某的被抚养权，依法应承担赔偿王某抚养费损失责任。判决施某赔偿王某抚养费 1.92 万元的 40% 即 7680 元。

⑨2000 年**福建某人身损害赔偿纠纷案**，1999 年，吴某与吕某发生交通事故，吴某死亡，交警认定吴某负主要责任。审理过程中，吴某妻产子。法院认为：吴某因交通事故死亡时，其子尚未出生，但已成功受孕。吴某如健在，抚养儿子既是其愿望，也是其应尽义务，双方之间抚养与被抚养的权利义务关系因血缘而存在，并不

因吴某儿子出生早、晚而发生变化,只要孩子正常出生,其即为受害人生前抚养的人,有权利向加害人请求赔偿。本案吴某因抚养关系产生损害赔偿属于胎儿出生后的损害赔偿,实质是侵权纠纷间接受害人基于抚养关系而产生的损害赔偿。吴某作为间接受害人享有向加害人吕某索赔的主体资格和赔偿请求权。

⑩1998 年**福建某交通事故损害赔偿纠纷案**,1996 年,王某所雇司机邹某驾驶货车与李某所驾摩托车发生碰撞,造成李某死亡,交警认定邹某全责。李某次子在事故发生时尚是胎儿,起诉时已出生 7 个月。法院认为:本案李某次子有民事权利能力,能为维护自己权益提起诉讼,可成为诉讼主体。此外,李某作为次子亲生父亲,抚养次子是其本人愿望,也是我国《婚姻法》规定的其必然承担的义务,他们之间的抚养与被抚养关系因血缘关系不可改变,故李某次子应视为李某生前抚养的人,系本案适格原告。驾驶员邹某受王某雇佣,在执行职务中肇事,邹某负全责,故该事故赔偿责任应由车辆所有人承担。判决王某赔偿原告包括李某次子抚养费在内的各项费用共 9 万余元。

(2)无主财产。①2002 年**广西某继承纠纷案**,2002 年,林某死亡,村小组以林某无继承人和受遗赠人为由诉请认定其财产为无主财产而收归本小组所有。财产保管人李某以村小组非法律规定的"集体所有制组织"为由抗辩。法院认为:《宪法》第 8 条第 1 款明确规定,农村集体经济组织实行家庭承包经营为基础、统分结合的双层经营体制。农村中的生产、供销、信用、消费等各种形式的合作经济,是社会主义劳动群众集体所有制经济。由此可见,农村集体经济既有以家庭承包为基础的个人经营成分;也有在个体经营的基础上由农民自愿成立的合作组统一经营的成分。具有依法管理本村或村民小组属于农民集体所有的土地和其他财产,教育村民合理利用自然资源,保护和改善生态环境的经济职能的,作为农村家庭承包经营发包单位——村民委员会或村民小组,当然就属于农村集体所有制经济组织。《村民委员会组织法》第 2 条明确规定,村民委员会属基层群众性自治组织,但就其经济性质来说仍属农村集体所有制经济组织。因而,这一规定与村民委员会、村民小组属农村集体所有制经济组织的规定并不矛盾。依《民事诉讼法》规定,村民小组作为其他组织,属于能独立承担民事责任的民事诉讼主体,具备本案原告诉讼主体资格。林某生前是村小组村民,生前未婚,无妻儿、兄弟姐妹,父母、祖父母、外祖父母已先于其死亡。自其母病故后,就过着自食其力的单身汉生活。林某生前未与他人形成收养或扶养关系,未订立遗嘱、遗赠协议。这些事实充分说明,林某死亡后既无法定继承人,又无遗嘱继承人以及受遗赠人,故应认定其遗产为无人继承又无人受遗赠的遗产。依《继承法》第 32 条"无人继承又无人受遗赠的遗产,归国家所有;死者生前是集体所有制组织成员的,归所在集体所有制组织所有"规定,判决林某遗留财产归村小组所有。

②2002年**广西某继承纠纷案**,2002年,林某死亡,村小组以林某无继承人和受遗赠人为由诉请认定其财产为无主财产而收归本小组所有。财产保管人李某以村小组受领财产不符合权利义务相一致原则为由抗辩。法院认为:林某生前是村小组村民,生前未婚,无妻儿、兄弟姐妹,父母、祖父母、外祖父母已先于其死亡。自其母病故后,就过着自食其力的单身汉生活。林某生前未与他人形成收养或扶养关系,未订立遗嘱、遗赠协议。这些事实充分说明,林某死亡后既无法定继承人,又无遗嘱继承人以及受遗赠人,故应认定其遗产为无人继承又无人受遗赠的遗产。依《继承法》第32条"无人继承又无人受遗赠的遗产,归国家所有;死者生前是集体所有制组织成员的,归所在集体所有制组织所有"规定,林某遗产应归村小组所有。权利义务相一致原则确系《继承法》基本原则之一,但该原则主要体现在以下几方面:(1)在遗产分配上,同一顺序的继承人,其继承份额一般应相等,但对被继承人生前尽义务多的,可多分遗产;尽义务少的,可少分遗产;尽到赡养义务的丧偶儿媳或女婿有权继承公、婆或岳父、岳母遗产。(2)不是法定继承人的自然人,如其对被继承人尽扶养义务较多的,依法亦可分给他适当遗产。(3)在有遗赠扶养协议时,扶养人按扶养协议尽了扶养义务的,有权取得遗赠财产;扶养人不履行协议不尽扶养义务的,不得享有受遗赠权利。(4)继承人继承被继承人遗产时,应偿还被继承人债务。(5)遗嘱或遗赠附有义务的,继承人或受遗赠人应履行义务,无正当理由不履行义务的,法院可取消其接受遗产权利。由此可见,权利义务相一致原则在无人继承又无人受遗赠遗产处理中,是体现在受领无人继承又无人受遗赠遗产同时,应在受领遗产范围内偿还被继承人债务。本案中,无证据证明被继承人林某在死亡时有未偿还债务。林某因交通事故死亡后,村小组未履行参与为其处理后事义务,并不违反权利义务相一致原则。判决林某遗留财产归村小组所有。

③1995年**上海某认定无主财产案**,1989年,陈某姑母去世后,其名下遗留私房无人继承。生前对陈某姑母尽了主要扶养义务的陈某申请确认该房为无主财产并判归其所有。法院认为:案涉房屋确属无主财产,依法应收归国家或集体所有。鉴于申请人陈某对原房屋所有人生前尽了主要扶养义务,依《继承法》第14条关于"继承人以外的对被继承人扶养较多的人,可以分给他们适当的遗产"规定,应从该无主财产中分给陈某适当财产。因该无主财产价值不大,收归国家或集体所有无多大实际意义,故申请人陈某要求将上述无主财产归其所有,符合法律规定,对此应予支持。

(3)事实婚姻。①2006年**辽宁某继承纠纷案**,1968年,王某与卢某共同生活,生育二子女。1975年,双方解除婚姻关系。1977年,王某与张某未办结婚登记,以夫妻名义共同生活,并育一子。1986年,王某因纠纷离家。1992年,王某与苏某父以夫妻名义共同生活。2004年,苏某父死亡,就其遗留下来个人所有的房产,王某起诉苏某主张分割。法院认为:王某与张某于1977年虽未办理结婚登记手续,但二人以夫妻名义共同生活至1986年,且育有一子,群众亦认为双方系夫妻关系,依法律规定王某与张某已构成法律上的事实婚姻。事实婚姻与登记婚姻具有同等法律效力,亦应受法律保护,事实婚姻解除亦应办理相关法律手续。王某与张某产生矛盾于1986年离家,但其至今未与张某履行任何解除二人间婚姻关系的法律手续,其在与张某的事实婚姻关系存续期间的1992年底又与苏某父同居生活,王某这种行为,是在自己有配偶情况下又与他人以夫妻名义同居生活,其行为系非法行为,与苏某父关系是非法同居关系,不应受法律保护,故王某不是苏某父遗产的法定继承人。《继承法》第14条规定:"继承人以外的对被继承人扶养较多的人,可以分配给他们适当的遗产。"综合考虑本案实际情况,判决诉争房产归苏某所有,苏某给付王某1万元。

②2000年**上海某继承纠纷案**,1993年10月,离婚后儿子由前妻抚养的孙某与沈某同居,并抚养了沈某与前夫所生孩子黄某。1994年元旦,孙某与沈某举办了结婚仪式但一直未办结婚登记。1999年,孙某病故,获得保险金10万元。孙某儿子诉请遗产分割。法院认为:诉争保险金因投保时未指定受益人,依《保险法》规定,应作为被保险人遗产,以法定继承人为受益人。沈某与被继承人孙某,于1993年10月未经登记结婚即同居生活,并于1994年元旦按农村习俗举办结婚仪式,显属缺乏结婚应履行登记的必要要件。依最高人民法院《关于人民法院审理未办结婚登记的而以夫妻名义同居生活案件的若干意见》规定,在1994年2月1日实施的新《婚姻登记管理条例》实施之日前共同生活,应属事实婚姻,故应认定孙某与沈某系事实婚姻关系,沈某享有继承权。孙某与黄某共同生活,且抚养了他,形成了继子女关系,继子女与婚生子女享有同等权利,故黄某、沈某及孙某与前妻所生儿子同是法定继承人,同属第一顺序继承人,应按相等份额对保险金享有继承权。

(4)非婚生子女。①2014年**北京某诉前禁令案**,1997年,钱某病故。2013年,李某将其与钱某等人私人书信委托拍卖公司公开拍卖。魏某提起侵权之诉。魏某子女作为钱某继子女声明放弃涉案权利。法院认为:依《继承法》第10条规定,继子女获得继承权条件是与继父母形成扶养关系。扶养关系是建立在一定亲属关系之上的,而继子女和继父母之间是因姻亲关系(继父母和生父母结婚)而产生的一种拟制关系,这种拟制关系并不像血亲关系那样直接产生法定扶养义务,特别是在继子女与被继承人形成继父母子女关系时继子女已成年情况下,双方之间是否形成扶养关系需证据证明。本案中,在钱某与魏某结婚时,魏某子女均已成年,且在案证据不能证明钱某与其继子女之间形成扶养关系,故该继子女无权继承钱某遗产,故其继子女是否声明放弃行使涉案权利与本案无关。依《著作权法》第19条、《著作权法实施条例》第15条第1款、第17条规定,著作权属于公民的,公民死亡后，其著作权中的财产权在著作权法规定的保护期内，依照继承法的规定转移。其著作权中的署名权、修改权和保护作品完整权由作者的继承人或者受遗赠人保护。作者生前未发表的作品，如果作者未明确表示不发表，作者死亡后50年内，其发表权可由继承人或者受遗赠人行使。魏某和杨某作为钱某继承人，杨某作为钱钟某继承人，有权依法继承被继承人著作权中的财产权，依法保护被继承人著作权中的署名权、修改权、保护作品完整权，依法行使著作权中发表权。判决拍卖公司、李某赔偿杨某、魏某著作权侵权赔偿金10万元、精神损害抚慰金10万元。

②2006年**江苏某继承纠纷案**，2004年1月，郭某及妻与某医院签订协议，通过人工授精于同年10月产一子。同年5月，郭某病故前立下遗嘱，表示通过人工授精所生孩子坚决不要，夫妻关系存续期间取得并登记在己名下的房改房赠予父母。法院认为：最高人民法院《关于夫妻离婚后人工授精所生子女的法律地位如何确定的复函》（编者注：已于2021年1月1日起废止）中规定："在夫妻关系存续期间，双方一致同意进行人工授精，所生子女应视为夫妻双方的婚生子女，父母子女之间权利义务关系适用《婚姻法》的有关规定。"《民法通则》第57条规定："民事法律行为从成立时起具有法律约束力。行为人非依法律规定或者取得对方同意，不得擅自变更或者解除。"郭某同意人工授精方式使妻受胎，表明其对此具有积极的意思表示，同时应视为其对亲子否认权的放弃。其在妻受孕后反悔，应征得妻同意并及时中止妊娠措施，在妻不知情或不同意中止妊娠情况下所生子女，不因郭某事后反悔否认而消灭其与子间的父子关系，郭某遗嘱中否认内容无效。《继承法》第19条规定："遗嘱应当对缺乏劳动能力又没有生活来源的继承人保留必要的遗产份额。"第28条规定："遗产分割时，应当保留胎儿的继承份额。胎儿出生时是死体的，保留的份额按照法定继承办理。"因未对缺乏劳动能力又无生活来源的继承人保留必要遗产份额，故遗嘱中剥夺子继承权部分无效。《继承法》第26条规定："夫妻在婚姻关系存续期间所得的共同所有的财产，除有约定的以外，如果分割遗产，应当先将共同所有的财产的一半分出为配偶所有，其余的为被继承人的遗产。"最高人民法院《关于贯彻执行〈中华人民共和国继承法〉若干问题的意见》第38条规定："遗嘱人以遗嘱处分了属于国家、集体或他人所有的财产，遗嘱的这部分，应认定无效。"登记在郭某名下诉争房产，系其与妻夫妻关系存续期间取得，应属夫妻共同财产，故遗嘱中处分妻份额部分无效。判决共有房产一半作为遗产，遗产1/3为子保留必要份额，其余按遗嘱分配，考虑继承人实际需要及所占份额，房产由妻所有，折价补偿子及郭某父母各房产评估价1/6份额。

③2010年**某继承纠纷案**，1997年，李某和张某开始以夫妻名义共同生活在一起。2009年，张某去世。李某以双方所育子女对张某遗产有继承权为由，诉请确认其同样享有继承权。法院认为：最高人民法院《关于适用〈中华人民共和国婚姻

法〉若干问题的解释(一)》(已于2021年1月1日起废止)第5条规定:“未按婚姻法第八条规定办理结婚登记而以夫妻名义共同生活的男女,起诉到人民法院要求离婚的,应当区别对待:(一)1994年2月1日民政部《婚姻登记管理条例》公布实施以前,男女双方已经符合结婚实质要件的,按事实婚姻处理;(二)1994年2月1日民政部《婚姻登记管理条例》公布实施以后,男女双方符合结婚实质要件的,人民法院应当告知其在案件受理前补办结婚登记;未补办结婚登记的,按解除同居关系处理。”根据上述规定精神,1994年2月1日起,即使李某和张某以夫妻名义生活在一起,且具备结婚实质要件,但未补办结婚登记的,仍不能认定为存在婚姻关系,而应认定为同居关系。至于李某和张某所生非婚生子女享有同婚生子女同等权利,法律规定目的在于保护非婚生子女利益,而不能由此反推李某和张某存在婚姻关系。基于李某和张某自1997年后只具有同居关系,而不具有婚姻关系,故李某对张某遗产不享有继承权。

④2003年**河南某房产纠纷案**,1950年,赵某参加土改,分得富农吴某瓦房两间。随后,两家同住一院,在生活上吴某对赵某夫妇有所照料。1957年,赵某夫妇先后去世。赵某房屋由村委会安排他人居住,并进行翻修。1985年,吴某以其曾过继给赵某夫妇为由,要求村委会退还房屋。法院认为:收养关系是一种法律拟制的血亲关系。在我国《收养法》颁布之前,对收养关系依据《婚姻法》关于父母子女之间的权利义务关系予以认定。对于事实上已存在收养关系的,虽未书立嗣书,亦应承认其有继承权。最高人民法院《关于贯彻执行民事政策法律若干问题的意见》第28条规定:“亲友、群众公认,或有关组织证明确以养父母与养子女关系长期共同生活的,虽未办理合法手续,也应按收养关系对待。”赵某土改时分得吴某家房产,与其同住一院,在生活上吴某对赵某夫妇有所照料,但平时未在一起生活,亦未以父母子女相称,吴某与生父母权利义务关系并未终止,并与胞弟共同继承了父母遗产,故吴某与赵某夫妇之间关系不符合上述法律及司法解释规定,收养关系不成立。依《继承法》第14条规定,对继承人以外的依靠被继承人扶养的缺乏劳动能力又没有生活来源的人,或者继承人以外的对被继承人扶养较多的人,可以分得适当的遗产。吴某对赵某夫妇生前尽了一定义务,在赵某夫妇去世后,吴某可分得赵某遗产。但从本案实际情况看,吴某在20多年时间里,在赵某房屋翻修前后,均未主张权利,考虑到原房已不存在、吴某对赵某夫妇尽了一定义务情况,判决村委会给付吴某一定补偿。

⑤2010年**江苏某继承纠纷案**,20世纪初,戴某父先后娶黄某、顾某为妻子。戴某系顾某所生,并与黄某共同生活,黄某亦资助过戴某上学。1988年,戴某以黄某女儿之名办理农转非。2003年,戴某因车祸身亡。戴某丈夫秦某及两子领取了补偿款。2010年,黄某起诉秦某及秦某两子,要求分割戴某遗产。法院认为:最高人

民法院《关于贯彻执行〈中华人民共和国继承法〉若干问题的意见》(编者注:已于2021年1月1日起废止)第20条规定:“在旧社会形成的一夫多妻家庭中,子女与生母以外的父亲的其他配偶之间形成扶养关系的,互有继承权。”本案涉及旧社会形成的一夫多妻制遗留历史问题,在处理相关问题时应结合当时历史背景及特定家庭关系考虑。戴某父与顾某、黄某结婚后,分别生育子女,各自主要依靠自身及配偶将子女抚养成人。戴某虽非黄某亲生,双方未形成长期抚养关系,但由于被继承人戴某与黄某曾共同生活过,黄某在戴某上学期间曾给予一定经济资助,戴某亦将黄某视为母亲看待,并因此关系办理了母女三人户口农转非,由此可见,双方关系非同一般,黄某作为继承人以外的人对戴某成长、学习、工作提供了较大帮助,故黄某适当分得一定遗产符合权利义务相一致的民法公平原则。秦某在处理戴某交通事故赔偿案中,将黄某作为戴某的被抚养人进行主张并已获得相应赔偿,亦与黄某特殊身份有较大关系。判决秦某支付黄某3万元、秦某两子分别给付黄某1.5万元。

⑥2011年**北京某继承纠纷案**,1967年,熊某携熊女与张某再婚,熊女户口随母迁至张某处。熊某与张某婚后生育张女。1969年,熊某死亡,张女被父亲送他人处抚养并迁出户口。1989年,张某与耿某再婚。1985年,耿某前夫王启某病故。王启某与耿某所生三子,其中长子王某因患精神病于2006年被耿某杀害,次子事后放弃继承,三子王福某仍健在。2001年,张某死亡。2010年,关于张某婚前个人房产继承问题成讼。法院认为:诉争房屋系张某婚前个人财产,不属熊某遗产。因张某死亡时未立遗嘱,张某死亡后,案涉房产应作为张某遗产,由张某法定继承人继承。张某配偶耿某作为第一顺序继承人,对张某遗产应依法享有继承权。张某父母均先于张某死亡,故张某父母对张某遗产依法不享有继承权。张女作为张某亲生女儿,虽否认自己被他人收养,但其曾认可与养父母之间形成收养关系,且其养母证实自己收养张女事实。张某将分给张女的口粮送至张女养父母处,是张某在当时历史条件下,基于亲情所为,其行为不能说明张女是在他人处寄养。同时,张女之所以能将户口由张某处迁至其养父母家,亦正是基于收养关系存在,张女与其养父母之间已形成事实上收养关系。张女与生父张某之间的权利义务关系,因收养关系成立而消除,故张女对张某遗产依法不享有继承权。熊女在其母熊某死亡后即被送至外祖父母家生活,但熊女户口并未从张某处迁出,张某经常将生产队分给熊女的口粮等生活用品送至熊女处,并持续多年。张某基于已形成的继父女关系,在熊某去世后,仍以自己劳动所得对熊女进行了多年抚养,且一直以来未有任何一方提出解除继父女关系,双方之间形成有扶养关系的继父女关系,故熊女应作为张某第一顺序继承人,依法享有继承权。张某与耿某再婚时,虽然王某已成年,但因王某患有精神发育迟滞伴发精神障碍而不能独立生活,王某与生母耿某、继父张某共同生活。在此期间,政府虽按月发放给王某一定数额的困难补助费,但

并不能涵盖王某日常生活全部支出,耿某、张某对王某除在经济上供养外,在生活上还要对其进行照顾,张某与王某形成有扶养关系的继父子关系,王某应作为张某第一顺序继承人,依法享有继承权。因王某已死亡,其应继承张某的遗产份额,应由王某合法继承人继承。王某死亡后,耿某作为王某亲生母亲,应作为王某第一顺序继承人享有继承权,但因王某系被耿某故意杀害,耿某对王某享有的继承权应依法予以剥夺。鉴于王某祖父母、外祖父母均已去世,且王某同胞兄弟已明确表示放弃继承,王某应继承张某遗产部分应由王某另一同胞兄弟王福某继承。同一顺序继承人继承遗产份额,一般应均等。但由于耿某与张某共同生活多年,且年老体弱、身患疾病、无劳动能力、无生活来源,故在确定耿某应继承张某遗产份额时应予以照顾。判决熊女、王福某对张某房产各享有 1/4 份额,耿某对张某房产享有 1/2 份额。

⑦2004 年**福建某继承纠纷案**,父母育 2 子:子 1、子 2,1956 年抱养养女。养女成年后与子 2 结婚。子 1 与父母共同生活。2002 年,母逝,父立遗嘱将自己所有遗产予子 2 及养女。2003 年,父逝,子 1 诉请继承。子 2 主张登记父名下房产全部产权应为己有。法院认为:房屋所有权证确权登记在未被撤销前仍具有法律效力,当事人有异议的,可提起行政复议或直接向法院提起行政诉讼,以便得到救济。未通过上述途径而直接提起民事诉讼,要求重新确权,法院对此不予审查,而直接确认房屋权属登记效力,故本案应认定诉争房屋权属父母遗产。养女从小抱养,一直与养父母生活,形成收养事实,且发生在《收养法》公布实施前。根据当时政策和法律,应认定事实收养关系成立。虽养女与子 2 结婚,但并不能改变其作为养女身份,故有权继承养父母的遗产。父立遗嘱,系其真实意思表示,形式及内容合法,应认定有效,故父母遗产,按下列原则及顺序继承:先将房产按夫妻共同财产析出,父母各半,因母先逝,故其遗产部分由父及子女继承;因子 1 生前与母共同生活,可适当多分;因父生前立有遗嘱,其遗产部分由子 2、养女继承。

⑧1998 年**湖南某继承纠纷案**,自 1982 年始,吴某对继父张某一直赡养、照料。1995 年,张某所在村小组为张某办理"五保"手续。1998 年,张某去世,村小组变卖张某房产后,剩余 6000 元,吴某诉请继承。法院认为:吴某在其生母与其继父张某共同生活后,一直给予了张某生活上的照料、扶助,尽到了赡养义务,形成了继父子间的扶养关系,吴某对张某遗留房屋依法享有继承权。村小组给张某办了"五保"手续,并给张某以生活上的照顾,且办理了张某丧事,虽应分得张某部分遗产,但不能以此剥夺吴某继承权。村小组对张某进行"五保"虽不很规范,但在张某晚年生活中从经济上、生活上给予主要的保障和照顾,并组织全组村民办妥了张某丧事,故应多分。判决张某遗留房屋出售所得 6000 元,由其继子吴某分得 2000 元,村小组分得 4000 元。

⑨1998年**上海某继承纠纷案**,1998年,胡某去世,其妻张某及6个孩子主张胡某名下由陆某居住的房屋应属遗产。陆某称其系胡某非婚生子,有户籍卡及其他证据证明,可亲子鉴定。法院认为:根据证据,陆某与胡某父子关系应确认,陆某享有继承权。考虑到系争房屋占有和实际使用状况,该房屋产权以张某、陆某共同所有为宜,胡某6个婚生子女应继份额由陆某给付折价款。胡某生前有经济来源和生活自理能力,各继承人在其能力范围内对被继承人尽了义务,胡某遗产应按均等原则分割。判决案涉房屋产权归张某、胡某各半所有,其中张某系析产所得,陆某系继承所得,陆某应给付张某及胡某6个婚生子女房屋应继份额折价款各9000元。

(5)其他特殊主体。①2015年**江苏某继承纠纷案**,2010年,黄某作为邻居孤老陈某的"送养人",与福利院签订住养协议和委托书,"负责安排缴费、后事等"。2012年,陈某病逝。2014年,黄某起诉陈某生前所在单位车辆公司,主张继承陈某住房补贴、公房拆迁款等遗产。法院认为:黄某虽作为陈某"送养人"与福利院签订了住养协议,且与陈某签订了委托书,但黄某并非陈某法定继承人,住养协议或委托书内容亦不能表明陈某有将其财产遗赠给黄某的意思表示,故黄某不具有合法继承人资格,黄某不能以继承人或受遗赠人身份继承陈某遗产。陈某生前无直系亲属在旁照顾,黄某作为其朋友对其照顾较多,不仅在生活起居上进行了照料,在精神上亦对陈某进行了慰藉,在其身故后亦承担了丧葬义务。陈某虽有退休工资及医疗保险,其生前在养老院费用亦大部分由自己负担,但对老年人扶养并不仅限于财物供养、劳务扶助,更重要的是精神上陪伴与抚慰,黄某作为独居老人陈某的多年朋友,对其生活起居帮扶及精神慰藉应视为其尽了主要扶养义务,值得赞扬。依《继承法》第14条规定,对继承人以外的依靠被继承人扶养的缺乏劳动能力又没有生活来源的人,或者继承人以外的对被继承人扶养较多的人,可以分给他们适当的遗产。本案中,黄某虽不属陈某法定继承人,但对陈某扶养较多,依法可分得适当遗产。根据已查明事实,陈某无其他继承人,其应享受的老职工住房补贴经车辆公司测算约52070元(具体数额以房改办审核为准),该补贴为陈某遗产,故判决陈某应享受的老职工住房补贴约52070元由黄某继承。

②2009年**江苏某人身损害赔偿纠纷案**,2009年,孤寡老人田某被史某所骑摩托车碰撞身亡。实际承担赡养义务的蔡某作为原告诉请史某及保险公司赔偿。法院认为:事实上承担了对无配偶、子女老人赡养义务的人,根据权利义务对等原则,在其遭受侵害致死,且无其他继承人情况下,其可作为赔偿权利人要求侵权人承担责任。本案中,死者田某无配偶、无子女,其生前由蔡某扶养,蔡某对其履行扶养义务,依法有权对田某遗产享有继承权,有权要求被告赔偿因交通事故致田某死亡所造成的经济损失。判决保险公司赔偿蔡某各项损失7万余元。

【典型类案实务要点】

1. **【继承人缺乏劳动能力和生活来源:特别遗嘱的效力】**判断遗嘱是否依法为缺乏劳动能力又无生活来源的继承人保留了必要的遗产分割,应对遗嘱实质内容进行分析。只要遗嘱人在处分遗产时为缺乏劳动能力又无生活来源的继承人今后生活作出了特别安排,即使形式上未指定其继承遗产,亦不应认定遗嘱人未保留缺乏劳动能力又无生活来源的继承人遗产份额。

2. **【非婚生遗腹胎儿虽无权利能力,但其抚养费应预留】**非婚生遗腹胎儿的父亲因车祸死亡,尚未出生胎儿虽不具备民事权利能力,但根据人身权延伸保护原则,对胎儿抚养费预留权应予保护。

3. **【事故发生后,受害人孩子出生的,有权主张抚养费】**交通事故发生之后,受害人孩子出生的,依民法“延伸保护”原则,有权要求侵权责任人支付被抚养人生活费。

4. **【被继承人死亡,执行时,应为未成年继承人特留份】**被继承人死亡,在其遗产不足清偿生效判决确定的债务时,亦应为缺乏劳动能力又无生活来源的继承人保留适当遗产。

5. **【村小组属集体所有制组织,可主张无主财产所有权】**村民委员会或村民小组属于农村集体所有制经济组织,村民小组作为其他组织,属于能独立承担民事责任的民事诉讼主体,具备原告诉讼主体资格。

6. **【村小组受领无主财产,仍符合权利义务相一致原则】**权利义务相一致原则在无人继承又无人受遗赠遗产处理中,是体现在受领无人继承又无人受遗赠遗产同时,应在受领遗产范围内偿还被继承人债务。

7. **【无人继承财产,扶养人可申请确认无主并分得份额】**继承人以外的对被继承人扶养较多的人,对被继承人死亡后无人继承的财产,可申请确认无主财产,法院可根据实际情况确定该申请人应得份额。

8. **【长期非法同居不构成事实婚姻,不成为法定继承人】**一方在事实婚姻关系存续期间又与他人以夫妻名义同居生活的,不受法律保护,亦不因长期非法同居关系而成为该他人的法定继承人。

9. **【事实婚姻关系的配偶,可依继承法规定享有继承权】**同居期间一方死亡,另一方要求继承遗产,如认定为事实婚姻关系的,可以配偶身份按《继承法》有关规定处理。

10. **【继子女获得继承权条件,是与继父母形成扶养关系】**继子女获得继承权条件是与继父母形成扶养关系。与被继承人未形成扶养关系的继子女,无权继承被继承人遗产。

11.【**非事实婚姻同居一方，在对方去世后，没有继承权**】不符合按事实婚姻处理条件的同居一方，并不因同居期间所生子女享有对同居另一方的继承权而同样享有继承权。

12.【**处理农村土改遗留房产纠纷，一般以土改确权为准**】处理农村土改时房产纠纷，应以事件发生时的法律、法规和政策为依据，一般采用肯定土改运动，以土改确权为准，稳定住房秩序原则处理，并注意具体案件具体分析，实事求是地予以解决。

13.【**旧社会形成的一夫多妻家庭，庶母女抑或有继承权**】在旧社会形成的一夫多妻家庭中，子女与生母以外的父亲的其他配偶之间形成抚养关系的，应认定互有继承权。

14.【**养子女对生父母、继子女对继父母遗产继承权认定**】与养父母之间已形成事实上收养关系的子女对生父母遗产不享有继承权，与继父母形成有扶养关系的继子女对继父母遗产享有继承权。

15.【**养女虽成儿媳，仍有权作为养子女继承养父母遗产**】依法成立的事实收养关系，虽然被收养人与收养人子女结婚，但并不改变其养子女身份，仍有权继承养父母遗产。

16.【**五保对象死亡后，有扶养关系的继子可分部分遗产**】五保对象死亡后，其遗产归所在村集体所有，但存在扶养关系的继子尽到赡养义务的，对继父部分遗产有继承权。

17.【**对被继承人扶养较多的非继承人，可分给适当遗产**】继承人以外的对被继承人生活起居帮扶及精神慰藉尽了主要扶养义务的人，依《继承法》第 14 条规定，可分得适当遗产。

18.【**事实上承担赡养义务的人，可作为赔偿权利人索赔**】事实上承担了对无配偶、子女老人赡养义务的人，在被扶养人遭受侵害致死，且无其他继承人情况下，其可作为赔偿权利人要求侵权人承担责任。

【类案裁判一般规则】

被继承人死亡，在其遗产不足清偿生效判决确定的债务时，亦应为缺乏劳动能力又无生活来源的继承人保留适当遗产。遗产分割时，应当保留胎儿的继承份额。胎儿娩出时是死体的，保留的份额按照法定继承办理。

【典型参考案例索引】

主旨案例：见《如何判断遗嘱是否为缺乏劳动能力又没有生活来源的继承人保留了必要的遗产分割》（韩玫，最高院民一庭），载《民事审判指导与参考·指导性案例》（201302/54：111）。

其他案例：

（1）特留份。①江苏沭阳法院（2012）沭民初字第2769号“曹某与乔某等侵权纠纷案”，见《曹某某诉乔学才交通事故追索胎儿被抚养生活费纠纷案》，载《江苏省高级人民法院公报》（201302/26：22）。②四川成都中院（2011）成民终字第1905号“李某等与何某等人身损害赔偿纠纷案”，见《侵权时未出生子女的抚养费应计算在赔偿数额中——成都中院判决李刚等诉何芳等人身损害赔偿纠纷案》（吴红艳），载《人民法院报·案例指导》（20120322：06）。③河南南阳中院（2011）南民二终字第297号“曹某与某实业公司抚养费赔偿纠纷案”，见《遗腹子女抚养费赔偿请求权的认定——河南南阳中院判决曹志淋诉南阳多尔玛公司抚养费赔偿案》（李金伟、李克），载《人民法院报·案例指导》（20111208：06）。④河南南阳中院（2010）南民一终字第362号“中国人民财产保险股份有限公司南阳市分公司与马某等交通事故责任纠纷上诉案”，见《非婚生遗腹胎儿享有抚养费预留权》（卢国伟、李锐），载《人民司法·案例》（201202：57）。⑤四川宜宾法院（2007）宜宾民初字第1064号“罗某诉某运输公司等人身损害赔偿案”，见《罗芯瑞诉四川宜宾长峰运业有限责任公司等道路交通事故人身损害赔偿案》（曾开平），载《人民法院案例选》（200804/66：127）。⑥河南内乡法院（2006）内法民初字第270号“王某诉仝某人身损害赔偿案”，见《王国富诉仝学刚道路交通事故人身损害赔偿纠纷案》（程振华、杨慧文），载《人民法院案例选》（200703/61：144）。⑦天津大港区法院（2005）港民初字第1672号“李某等诉闫某等人身损害赔偿案”，见《李季阳、李佐周、王秀云诉冯一乔、闫学连、李秀珍人身损害赔偿案（特留份）》（赵秀丰），载《中国审判案例要览》（2007民：492）。⑧福建福清法院（2003）融宏民初字第041号“王某诉施某交通事故人身损害赔偿案”，见《王美蓉诉施亚明道路交通事故人身损害赔偿案（胎儿利益的保护）》（陈杰鸣），载《中国审判案例要览》（2004民：239）。⑨福建厦门集美区法院（2000）集民初字第317号“吴某等诉吕某人身损害赔偿案”，见《吴美治等诉吕认识案》（苏敏昌），载《中国审判案例要览》（2001民：379）。⑩福建晋江法院（1998）晋民初字第1336号“庄某等诉陈某等交通事故损害赔偿案”，见《庄某等诉陈某等交通事故损害赔偿案》（叶佩芬），载《中国审判案例要览》（1999民：326）。

（2）无主财产。①广西苍梧法院（2002）苍民初字第215号“某村组与林某等遗产纠纷案”，见《苍梧县大坡镇大坡村大坡组诉林风生等遗产归属案（代位继承、无主财产的归属）》（潘锦波），载《中国审判案例要览》（2003民：386）。②广西苍梧法院（2002）苍民初字第215号“某村组与林某等遗产纠纷案”，见《苍梧县大坡镇大坡村大坡组诉林风生等遗产归属案（代位继承、无主财产的归属）》（潘锦波），载《中国审判案例要览》（2003民：386）。③上海杨浦区法院1995年8月4日判决“陈某申请认定财产无主案”，见《陈益锡申请认定财产无主案》，载《最高人民法院公报·案例》(1995—1999:537)。

(3)事实婚姻。①辽宁鞍山铁西区法院(2006)鞍西民一初字第4号“王某与苏某继承纠纷案”,见《王成芝诉苏利继承案(继承)》(齐瑞铎),载《中国审判案例要览》(2006民:507)。②上海金山区法院(2000)金民初字581号“沈某等诉孙某继承纠纷案”,见《沈辉等诉孙岳明案(继承)》(张建国、张雁虹),载《中国审判案例要览》(2001民:36)。

(4)非婚生子女。①北京高院(2014)高民终字第1152号“杨某与某拍卖公司等诉前禁令案”,见《杨季康(笔名杨绛)与中贸圣佳国际拍卖有限公司、李某诉前禁令案》,载《最高人民法院公报·最高人民法院公布七起保障民生典型案例》(201410/216:12)。②江苏南京秦淮区法院(2006)秦民一初字第14号“李某等诉郭某等继承纠纷案”,见《李某、郭某阳诉郭某阳、童某某继承纠纷案》,载《最高人民法院关于发布第10批指导性案例的通知》(20150415/10:50);另见《李雪花、范洋诉范祖业、滕颖继承纠纷案》,载《最高人民法院公报·案例》(2006:457);另见《李梅、郭重阳诉郭士和、童秀英继承纠纷案》(丁伟利、戴娟),载《人民法院案例选》(200602:99);另见《父亲可否单方否认人工受精所生子女的婚生子女权利?》(戴娟、丁伟利),载《人民司法·案例》(200703:41);另见《一方同意人工授精后又反悔,不影响受孕子女的法律地位》(赵学升、黄伟峰),载《人民司法·案例》(200904:7)。③见《同居关系一方当事人对对方遗产不享有继承权》(《民事审判指导与参考》研究组),载《民事审判指导与参考·民事审判信箱》(201004/44:300)。④最高人民法院“吴某与某居委会等房产纠纷案”,见《赵金午与郏县城关镇东中心街居委会、王新义、刘才房产纠纷申诉案》(于金陵,最高院立案庭),载《立案工作指导·申诉与申请再审疑案评析》(200302/3:166)。⑤江苏南通中院(2010)通中民终字第0672—2号“黄某与秦某等法定继承纠纷案”,见《黄月娥诉被告秦飞、黄伟、秦玮泽法定继承案(法定继承、遗嘱继承)》(朱焕东),载《中国审判案例要览》(2011民:444)。⑥北京平谷区法院(2011)平民再初字第05202号“张某与耿某等继承纠纷案”,见《张小玉等诉耿玉荣继承纠纷案(收养、继承)》(赵军),载《中国审判案例要览》(2013民:389)。⑦福建龙岩中院(2004)岩民终字第232号“陈某等诉陈某全继承案”,见《陈炳金、陈美凤诉陈炳全继承纠纷案》(刘新龙),载《人民法院案例选》(200504/54:96)。⑧湖南张家界中院1998年12月7日“吴某与某村小组遗产纠纷案”,见《吴仁刚诉富垭村七组处分其作为五保对象的继父的遗产要求返还案》(聂启明),载《人民法院案例选》(200003/33:59)。⑨上海长宁区法院(1998)长民初字第1567“张某等与胡某继承纠纷案”,见《张凤仙等诉胡克敏案(析产、继承)》(汪允侠),载《中国审判案例要览》(2001民:43)。

(5)其他特殊主体。①江苏南京中院(2015)宁民终字第2447号“黄某与某车辆公司继承纠纷案”,见《继承人以外的人尽较多扶养义务时可适当继承财产——江苏南京中院判决黄某诉南车集团浦镇车辆厂继承纠纷案》(武琼、钟慧钊),载《人民法院报·案例精选》(20150924:06);另见《黄小青诉南京浦镇车辆公司非继承人要求适当分得遗产案》,载《江苏省高级人民法院公报》(201503/39:34)。②江苏宿迁宿城区法院(2009)宿民一初字第3294号“蔡某与某保险公司等交通事故人身损害赔偿纠纷案”,见《蔡则顶、蔡则连诉永安财产保险股份有限公司徐州中心支公司等道路交通事故人身损害赔偿纠纷案》,载《江苏省高级人民法院公报》(200906/6:43)。

85. 债务人死后债务承担

——被继承人亡,债务谁承担?

【债务清偿】

【案情简介及争议焦点】

2007年,张某驾驶从租赁公司租赁车辆肇事死亡,交警认定张某全责。租赁公司就其支付的修车费、施救费等诉请张某妻子徐某及张某父母清偿。张某死亡后,张某父母从张某银行卡取出10万余元、张某姐取出4000元。

争议焦点:1. 张某应否承担赔偿责任? 2. 张某死后责任如何承担?

【裁判要点】

1. 民事责任。继承遗产应清偿被继承人依法应缴纳的税款和债务,缴纳税款和清偿债务以其遗产实际价值为限。本案所涉被继承人张某债务,系其在履行与租赁公司所签租赁合同过程中,张某违反合同约定导致车辆受损所形成的合同之债。在该租赁合同履行过程中,租赁公司向张某履行了交付合格车辆义务,但张某未能遵守相关法定义务,违章驾车,导致其驾驶租赁车辆与公路护栏相撞事故,并被交警部门认定负事故全责。由于张某过错行为,致使其租赁车辆在事故中受损,对此张某应按合同向租赁公司承担车辆受损后民事赔偿责任。

2. 债务清偿。因张某在同时间发生的交通事故中死亡,故对租赁公司赔偿责任应由其继承人在继承遗产范围内予以清偿。本案中,张某第一顺序继承人是其父母、妻子,以上三人除共同获得张某交通事故死亡一案赔偿款外,张某父母还取得张某存款 10 万余元,故张某父母与徐某应对本案承担连带赔偿责任。张某姐虽非张某遗产继承人,但其支取张某存款 4000 元事实存在,其亦应在其支取的 4000 元范围内承担民事责任。判决张某父母及徐某共同赔偿租赁公司损失 2 万余元,张某姐在其支取张某存款 4000 元范围内向租赁公司承担赔偿责任。

【裁判依据或参考】

1. 法律规定。《**民法典**》(2021 年 1 月 1 日)第 1159 条:“分割遗产,应当清偿被继承人依法应当缴纳的税款和债务;但是,应当为缺乏劳动能力又没有生活来源的继承人保留必要的遗产。”第 1161 条:“继承人以所得遗产实际价值为限清偿被继承人依法应当缴纳的税款和债务。超过遗产实际价值部分,继承人自愿偿还的不在此限。继承人放弃继承的,对被继承人依法应当缴纳的税款和债务可以不负清偿责任。”第 1162 条:“执行遗赠不得妨碍清偿遗赠人依法应当缴纳的税款和债务。”第 1163 条:“既有法定继承又有遗嘱继承、遗赠的,由法定继承人清偿被继承人依法应当缴纳的税款和债务;超过法定继承遗产实际价值部分,由遗嘱继承人和受遗赠人按比例以所得遗产清偿。”《**个人独资企业法**》(2000 年 1 月 1 日)第 26 条:“个人独资企业有下列情形之一时,应当解散:(一)投资人决定解散;(二)投资人死亡或者被宣告死亡,无继承人或者继承人决定放弃继承;(三)被依法吊销营业执照;(四)法律、行政法规规定的其他情形。”

2. 最高人民法院司法解释及其他司法性文件/解读文章。最高人民法院《**关于民事执行中变更、追加当事人若干问题的规定(2020 年修正)**》(2021 年 1 月 1 日 法释〔2020〕21 号)第 10 条:“作为被执行人的自然人死亡或被宣告死亡,申请执行人申请变更、追加该自然人的遗产管理人、继承人、受遗赠人或其他因该自然人死亡或被宣告死亡取得遗产的主体为被执行人,在遗产范围内承担责任的,人民法院应予支持。作为被执行人的自然人被宣告失踪,申请执行人申请变更该自然人的财产代管人为被执行人,在代管的财产范围内承担责任的,人民法院应予支持。”最高人民法院《**关于蒋秀蓉诉彭润明、邱家乐、朱翠莲继承清偿债务纠纷一案的批复**》(1991 年 1 月 26 日 〔90〕民他字第 23 号):“……经研究认为:蒋秀蓉在彭继承、邱国红夫妇家当保姆期间,被犯罪分子王念先杀伤致残,彭、邱夫妇亦在与该罪犯搏斗中被杀身亡。从本案事实看,蒋秀蓉并非因保护雇主一家的生命、财产安全或其他利益而被杀伤,故要求从雇主的遗产中补偿其医疗费、生活费等,于法无据。但鉴于蒋秀蓉是在受雇期间受害的具体情况,可尽量对被告多做说服工作,争取其自愿从遗产中给予蒋秀蓉适当照顾。如调解不成,即判决驳回蒋秀蓉的诉讼请求。”最高人民法院《**关于贯彻执行〈中华人民共和国继承法〉若干问题的意**

见》(1985 年 9 月 11 日 法〔民〕发〔1985〕22 号,2021 年 1 月 1 日起废止)第 61 条:"继承人中有缺乏劳动能力又没有生活来源的人,即使遗产不足清偿债务,也应为其保留适当遗产,然后再按继承法第三十三条和民事诉讼法第一百八十条的规定清偿债务。"第 62 条:"遗产已被分割而未清偿债务时,如有法定继承又有遗嘱继承和遗赠的,首先由法定继承人用其所得遗产清偿债务;不足清偿时,剩余的债务由遗嘱继承人和受遗赠人按比例用所得遗产偿还;如果只有遗嘱继承和遗赠的,由遗嘱继承人和受遗赠人按比例用所得遗产偿还。"

3. 地方司法性文件。广东高院**《关于印发〈关于审理保险合同纠纷案件若干问题的指导意见〉的通知》**(2011 年 9 月 20 日 粤高法发〔2011〕44 号)第 31 条:"因第三者对保险标的的损害而造成保险事故的,保险人作出赔偿后,保险人以自己名义提起诉讼行使代位追偿权向第三者请求赔偿的,人民法院应予支持。保险人在诉讼中对自己享有的代位追偿权负有举证责任。《保险法》第六十二条规定的'被保险人的家庭成员'包括配偶、父母、子女、兄弟姐妹、祖父母、外祖父母、孙子女、外孙子女等具有法定继承关系的近亲属,及其他与被保险人共同生活的具有抚养、赡养或扶养关系的人等。"山东济南中院**《印发〈关于当前民商事审判若干法律适用问题的解答〉的通知》**(2007 年 11 月 9 日 济中法发〔2007〕14 号)第 6 条:"民间借贷纠纷中,债务人(借款人)为自然人的,债务人死亡后,债权人起诉债务人的所有家庭成员的,其还款责任如何确定? 我们认为,首先应当查明该债务的性质,根据不同债务性质分别处理。(1)根据《最高人民法院关于适用〈中华人民共和国婚姻法〉若干问题的解释(二)》第二十四条关于'债权人就婚姻关系存续期间夫妻一方以个人名义所负债务主张权利的,应当按夫妻共同债务处理。但夫妻一方能够证明债权人与债务人明确约定为个人债务,或者能够证明属于婚姻法第十九条第三款规定情形的除外'的规定,查明是否是夫妻共同债务。如果确认系夫妻共同债务的,则应当根据《最高人民法院关于适用〈中华人民共和国婚姻法〉若干问题的解释(二)》第二十六条关于'夫或妻一方死亡的,生存一方应当对婚姻关系存续期间的共同债务承担连带清偿责任'的规定,判决由生存配偶对该债务承担连带清偿责任、驳回债权人对其他家庭成员的诉讼请求。(2)如果确认该债务系个人债务,应当查明债务人死亡后其遗产是否继承完毕。如果债务人的遗产尚未分割,则应查明各继承人有无放弃继承的明确表示,判令以债务人的遗产偿还债务,各继承人扣除法定的赡养、抚养份额后,在应继承的遗产范围内对被继承人的债务承担清偿责任。如果遗产已经分割,则应判令各继承人在其已接受继承的遗产范围内对被继承人的债务承担清偿责任。各继承人承担清偿责任的范围均系在各自应继承或接受的遗产范围内,其相互之间非连带责任关系。(3)如果该债务系家庭共同债务,则应注意审查家庭共有财产权利人的范围,并判令由家庭财产共有人以家庭共有财产承担民事责任；对无民事行为能力和限制行为能力的家庭成员，其相关的权利义务应由其法定代理人依法代理行使。”上海高院**《关于下发〈关于规范民事裁判文书若干问题的意见〉的通知》**（2006年6月22日　沪高法〔2006〕192号）第2条：“……上诉人在上诉后死亡。由于上诉人已经死亡，其不再具有诉讼主体资格，若有继承人参加诉讼的，则在裁判文书的首部列继承人为当事人；若没有继承人或继承人表示放弃诉讼权利的，则裁定终结诉讼。裁定书首部中列明死亡当事人，其基本情况只写姓名、性别和死亡年、月、日。”上海高院**《民事法律适用问答》**（2004年第1期）第6条：“债务纠纷的被告在审理期间死亡，其遗产不足以清偿债务，但其继承人未以此为由提出抗辩的，法院是否应主动干预？继承人能否以放弃继承为由拒绝参加诉讼？一种意见认为法院应主动干预，明确继承人在遗产范围内清偿债务。另一种意见认为，继承人抛弃抗辩权，自愿‘父债子还’的，法院应予准许，不应干预。我们认为，限定继承为继承法的基本原则之一。债务纠纷的被告在审理期间死亡，其遗产不足以清偿债务，但其继承人未以此为由提出抗辩的，法院应主动干预，并在判决中明确：继承人在所继承的遗产范围内，履行清偿义务。判决主文可表述如下：‘×××（继承人）应当在本判决生效之日起三十日内，以继承的遗产范围为限，向原告偿付×××元’。（考虑到遗产的清理需要一定的时间，故将履行准备期适当延长至三十日，而不采取一般案件的十日期限。）如果在执行过程中，继承人自愿在继承范围外承担清偿义务的，法院不应干涉。我国《继承法》第二十五条规定，继承人在遗产处理前作出放弃继承的意思表示的，可以放弃继承。继承人以放弃继承为由拒绝参加诉讼的，如果还有其他继承人，并且其并不放弃继承的，可以准许。如果没有其他继承人的，或者所有继承人都放弃继承的，则法院可确定其中一个继承人作为遗产执行人参加诉讼，并在遗产范围内履行清偿义务。”第7条：“二审发现当事人在一审判决前已死亡或消亡的，如何处理？一种意见认为，二审发现当事人在一审判决作出前死亡的，应认为一审认定事实错误，撤销一审判决，发回重审。另一种意见认为，由于当事人的死亡，一审判决书未能送达，故一审判决未生效，应由一审法院继续审理。我们认为，一审中将死亡（或消亡）的主体作为诉讼当事人，进行了一系列的诉讼程序，包括判决书的送达，而未依法中止或终结诉讼，应认为一审认定事实错误，程序违法，应当撤销一审判决，发回重申。”山东高院**《关于审理人身损害赔偿案件若干问题的意见》**（2001年2月22日）第50条：“侵害人死亡，受害人要求赔偿的，应以侵害人的法定继承人或遗产保管人为被告，从侵害人的遗产中支付赔偿费用，但应以遗产数额为限。如侵害人无遗产，则不予赔偿。侵害人是无民事行为能力和限制民事行为能力人，应以其监护人为被告，并承担民事责任。”

【参考类案】

①2014年**福建某保证合同纠纷案**,2010年,银行向严某发放80万元贷款,林某、陈某提供连带责任保证。2011年,林某因交通事故死亡。2012年,借款到期未偿,银行诉请严某归还,并要求林某继承人及陈某连带清偿。法院认为:本案所涉借款及担保合同合法有效。严某未按约定还款,已构成违约,依法应承担还本付息的违约责任,并支付因此产生的律师费用。作为保证人,陈某应按保证合同约定,对严某上述债务承担连带清偿责任。虽然林某在诉争债务履行期未届满时去世,但依《继承法》第33条第1款规定,林某继承人依法应在林某遗产范围内承担相应连带保证责任,即应承担诉争债务相应连带清偿责任。

②2014年**新疆某借款合同纠纷案**,2013年2月,信用社出借20万元给朱某,陶某、陈某等3人作为联保户提供连带责任保证。同年12月,陶某死亡。2014年,债务到期未偿,信用社诉请朱某及联保户连带清偿,因陶某死亡,信用社主张陶某妻子韩某在继承财产范围内清偿。法院认为:信用社与朱某、陶某、陈某等3人自愿签订农村信用社家户联保借款合同及联保协议有效。朱某在信用社发放贷款后,未按合同约定按期还款,构成违约,应承担相应违约责任。保证义务于保证合同生效时产生;保证债务的产生则以主债务到期未清偿及债权人于保证期间内向保证人或债务人主张权利为前提。本案中,联保人陶某在签订借款合同及联保协议时虽然负有保证义务,但根据借款合同约定,联保人保证期限是借款到期后2年,而联保人陶某在借款到期日前死亡,因陶某死亡时,朱某借款还未到归还期,此时保证义务尚未转化为保证责任,其保证义务已因死亡而消失。保证是基于个人诚信和信用的保证,建立在信用基础上的保证,就要承担保证人死亡风险。韩某作为联保人陶某妻子,并未参与借款合同和联保协议签字确认,其不应承担保证责任。判决朱某偿还信用社借款本息,陈某等2人承担连带清偿责任。

③2005年**北京某人身损害赔偿纠纷案**,2004年,杜某无证、酒后驾驶摩托车与侯某驾驶并搭载妻子刘某的摩托车碰撞,杜某死亡,侯某、刘某受伤。交警认定杜某全责。侯某、刘某起诉杜某近亲属要求赔偿时,除杜某妻子李某外,其他继承人表示放弃继承。法院认为:杜某无证、酒后驾驶摩托车是造成该起事故全部原因,交通管理部门经调查取证,认定杜某负事故全部责任,并无不当。杜某近亲属虽提出交通管理部门对责任认定有误,但未提供证据证明,故法院不予考虑。鉴于该事故责任人已死亡,依《继承法》相关规定,由其继承人在其遗产范围内承担赔偿责任。因除李某外其他继承人均表示放弃对杜某的遗产继承权,故判决李某在杜某遗产范围内赔偿侯某、刘某经济损失各2.7万余元、4.1万余元。

④2004年**陕西某工程款纠纷案**,2002年,建筑公司第七项目经理部负责人尹

某将部分工程分包给王某，并出具加盖经理部公章的结算单。随后尹某病故，王某持结算单向尹某妻子肖某及建筑公司追索工程款。法院认为：建筑公司与其第七项目经理部形式上表现为法人与其下设非法人机构关系，实质上应为有资质的建筑施工企业与尹某个人之间出借资质关系，故项目部对外所负债务应由尹某作为主债务人首先承担，建筑公司负连带责任。至于尹某与建筑公司之间是内部承包关系还是挂靠关系，均属建筑公司内部法律关系，对外应由建筑公司承担法律责任。王某与尹某达成部分工程施工协议后，完成了施工义务，出具的是加盖项目部公章的结算单，表明尹某在借用建筑公司资质期间对王某负有债务，因该债务发生在尹某与肖某婚姻关系存续期间，依法应属夫妻共同债务，故在尹某死亡后，肖某作为妻子及遗产继承人已接手管理了尹某所遗留资产，肖某应依法支付所欠王某工程款，挂名的建筑公司承担连带责任。判决肖某支付王某 11 万余元及利息，建筑公司承担连带责任。

⑤2003 年**安徽某借款纠纷案**，王某承包工程欠牟某 7 万元。2002 年，王某亡，王某子接手工程，牟某向王某子、王某妻索债。法院认为：王某所借款项系在夫妻关系存续期间为承包经营而发生，该债务应以夫妻共同财产偿还，故王某妻作为王某配偶负有偿还义务。王某去世后，其生前债务，应以其遗产清偿。王某子作为法定继承人概括承受王某生前承包的建筑工程项目，可视为接受了遗产，判决王某妻偿还牟某借款本息，未履行部分由王某子在接受王某工程承包受益的遗产范围内偿还。

⑥2001 年**河南某保证合同纠纷案**，1999 年，阎某为王某向信用社借款 4000 元提供连带责任保证。后王某因车祸死亡，其保险金 8000 元由一直共同生活的次子领取。2000 年，法院调解协议确认阎某偿还信用社 4000 元及利息。随后，阎某诉请王某妻、王某长子、王某次子共同清偿担保债务。法院认为：阎某与信用社达成偿还王某借款本息协议后向王某继承人追偿，因继承人未对王某遗产进行分割，亦未提供被继承人债务超过遗产的证据，且王某长子在其父去世前已分家另过，对其父王某生前借款经营药材生意也不清楚，王某妻年老失去劳动能力，故王某长子、王某妻不承担偿还责任。王某次子在其父去世时尚未成家，与父母共同生活，且其父王某人寿保险金系其支取，由其保管，故理应由王某次子从领取的保险金中偿还阎某借款本息。判决王某次子给付阎某现金 4000 元及相应利息。

⑦2001 年**广西某借款合同纠纷案**，1997 年，杨某以名下船舶作抵押向信用社借款 45 万元，并在港航监督所办理了抵押登记。2001 年，杨某病故，杨某妻子麦某及子女均以放弃继承遗产为由拒绝偿还逾期贷款 44.2 万元及利息，致诉。法院认为：本案借款及抵押均由杨某个人所为，抵押物业主亦为杨某。依《民法通则》第

29 条规定,个体工商户、农村承包经营户的债务,个人经营的,以个人财产承担;家庭经营的以家庭财产承担。即使杨某经营收入有可能用于家庭,但依"谁主张谁举证"原则,该可能的举证责任应由信用社承担,因无论从法律规定或从信用社对自己债权监控来说,其完全有能力在借款时完善借款手续,如系家庭性质,应以杨某家庭成员签字确认,否则,因疏于行使职责的过错而导致举证不能的法律后果应由信用社承担,故本案债务应认定为个人债务。由于本案借款已确定为杨某个人债务,在其死亡后,本案被告已放弃继承其财产,故应依《继承法》第 33 条第 2 款规定,继承人放弃继承的,对被继承人依法应当缴纳的税款和债务可以不负偿还责任。判决确认杨某欠信用社借款 44.2 万元及相应利息,麦某以清理杨某尚有财产偿还给信用社,信用社对杨某名下船舶享有优先受偿权。

⑧1999 年**云南某借款合同纠纷案**,1994 年,建筑公司借款 17.5 万元给朱某。1995 年,朱某因交通事故遇难身亡。1997 年,建筑公司与朱某母亲曹某签订一次性赔偿 5 万元协议,随后曹某支付 4.5 万元后,建筑公司以赔偿协议员工无代理权为由,诉请曹某及朱某其他继承人共同偿还 13 万元。朱某其他继承人称放弃继承。法院认为:朱某向建筑公司借款,用于抵押的房产是其父母的夫妻共同财产,其父死后,房产未作分割,应视为所有继承人的共同共有财产,朱某在未征得其他共有人同意情况下,擅自将房产证作为抵押,抵押行为无效。根据权利与义务相一致原则,曹某只需在其继承遗产范围内承担对外清偿朱某债务义务。从建筑公司与曹某达成的协议看,曹某自愿为其子承担的债务与其享受的遗产份额相当,且协议内容真实合法,故应予支持。建筑公司采取欺骗手段让曹某自愿还出一部分,然后再以协议内容未征得法定代表人同意协议无效为由,而重新主张朱某欠其的全部债务,虽是为了维护其权益的无奈之举,但其行为已违反民事活动中所应遵循的诚实信用、公平合理原则,故对其诉讼主张,不予支持。判决曹某偿付建筑公司 5000 元。

⑨1999 年**福建某借款合同纠纷案**,1989 年,陈某为经营个体石材厂向建筑公司借款 3 万元。1995 年,陈某确认欠下建筑公司 5 万元。随后,陈某死亡,其子确认欠条继续有效。1998 年,建筑公司诉请陈某妻方某与陈某子共同偿还债务。法院认为:本案债务系方某与陈某夫妻关系存续期间形成的,方某与陈某虽有感情不和事实,但不足以确认陈某未将向银行所借款项用于家庭生活及经营,故方某依法仍应对本案债务承担清偿责任。陈某死亡后,方某未在遗产处理前作出放弃继承表示,应确认方某已实施了继承行为。陈某法定继承人之一即其子对陈某债务的确认所引起的诉讼时效中断,其法律效果同样适用于方某。判决方某、陈某子共同清偿建筑公司借款。

【典型类案实务要点】

1.【**侵权人交通事故死亡，继承人对侵权之债应予清偿**】被继承人生前驾车肇事致他人财产损害形成的侵权之债，属《继承法》规定的被继承人债务范畴，占有遗产的继承人负有清偿责任。

2.【**借款期间保证人死亡，保证人继承人承担保证责任**】保证人虽在债务履行期未届满时去世，债权人在保证期间内，可要求保证人继承人在继承遗产范围内承担相应保证责任。

3.【**保证人死亡，保证义务尚未转化，故保证责任消灭**】保证人在主债务履行期限届满前死亡的，保证义务尚未转化为保证债务，保证责任亦随保证人的死亡而消灭，债权人无权要求保证人的继承人在继承遗产范围内承担保证责任。

4.【**债务人法定继承人，只在继承遗产范围内偿还债务**】债务人的法定继承人实际继承遗产的，应在继承遗产范围内承担偿还债务责任；自愿放弃继承，则不应承担义务。

【类案裁判一般规则】

债务人的法定继承人实际继承遗产的，应在继承遗产范围内承担偿还债务责任；自愿放弃继承，则不应承担义务。

【典型参考案例索引】

主旨案例：新疆乌鲁木齐中院（2009）民一终字第973号“某租赁公司与张某债务纠纷案”，见《米泉市驰诚汽车租赁有限公司与张忻等被继承人清偿债务案》（杨善明），载《人民法院案例选》（201004/74：181）。**其他案例：**①福建高院（2014）闽民申字第1475号“福建省厦门农村商业银行股份有限公司马垅支行与陈建财等保证合同纠纷再审案”，见《保证责任不因借款期间保证人死亡而消灭》（王晓利），载《人民司法·案例》（201723：4）；另参阅文章《保证人死亡的保证债务如何承担》（林海权，最高院民二庭），载《人民司法·案例》（201723：11），该文观点：保证债务自保证合同成立生效时产生，主债务履行期限是否届满以及债权人是否在保证期间内向保证人主张权利，并不影响保证债务成立认定。②新疆生产建设兵团第二师中院（2014）兵二民终字第00084号“朱志江与新疆维吾尔自治区巴音郭楞蒙古自治州焉耆回族自治县农村信用合作社金融借款合同纠纷上诉案”，见《主债务履行期限届满前保证人死亡的保证责任认定》（任容庆），载《人民司法·案例》（201723：7）；另参阅文章《保证人死亡的保证债务如何承担》（林海权，最高院民二庭），载《人民司法·案例》（201723：11），该文观点：保证债务自保证合同成立生效时产生,主债务履行期限是否届满以及债权人是否在保证期间内向保证人主张权利,并不影响保证债务成立认定。③北京平谷区法院(2005)平民初字第3221号“侯某与李某等人身损害赔偿纠纷案”,见《侯玉梅、刘凤平诉李云、杜金英、杜银英、杜灵芝道路交通事故人身损害赔偿案(被继承人的债务承担)》(李征),载《中国审判案例要览》(2006民:512)。④陕西西安中院(2004)西民再终字第65号“王某诉肖某等拖欠工程款纠纷案”,见《王旭光诉肖红、西安市城乡建筑建材总公司拖欠工程款纠纷案》(张晓艳、赵海峰),载《人民法院案例选》(200703/61:204)。⑤安徽蚌埠东市区法院2003年12月23日判决“牟某诉王某等借款纠纷案”,见《牟庆玉因债务人死亡诉债务人之妻庞素英以夫妻共同财产、之子王明靓以承继的承包工程收益偿还借款案》(汤军),载《人民法院案例选》(2004年民事/48:413)。⑥河南辉县法院2001年2月15日“阎某与赵某等保证合同纠纷案”,见《保证人阎双贵在被诉确定负保证责任未向债权人履行前诉债务人的继承人赵晓梅等向其偿还该债务案》(高富臣、韩鸿峰),载《人民法院案例选》(200201/39:89)。⑦广西梧州中院(2001)梧经初字第92号“某信用社与麦某等借款合同纠纷案”,见《藤县藤州城市信用合作社诉麦庆晚等借贷合同案》(莫少艳),载《中国审判案例要览》(2002商:107)。⑧云南玉溪红塔区法院(1999)玉红经初字第392号“某建筑公司与费某等借款合同纠纷案”,见《玉溪市第八建筑公司第八工程队诉飞琼华等借款案》(张剑),载《中国审判案例要览》(2000商:15)。⑨福建龙岩中院(1999)岩经终字第21号“某建筑公司与方某等借款合同纠纷案”,见《福建省长汀县第二建筑工程总公司诉方琦玉、陈销辉、陈销华借款合同案》(邱莉华),载《中国审判案例要览》(2000商:34)。

86. 继承人死亡后转继承

——继承人死亡,遗产怎么办?

【转继承】

【案情简介及争议焦点】

2005年,刘某无证驾驶摩托车与邹某驾驶高某所有的无牌大货车相撞。刘某死亡,邹某逃逸后自首。交警认定同等责任。诉讼中,刘某父母相继死亡。刘某父母其他继承人作为原告提出主张。

争议焦点:1. 民事赔偿责任如何认定?2. 本案刘某父母的继承人是否具有原告主体资格?

【裁判要点】

1. 事故责任。综合事故当事人在事故中过错程度及对事故发生作用力和原因力，对事故导致刘某死亡给原告造成的相关损失，被告应承担50%赔偿责任。高某作为肇事车辆实际车主应承担雇主责任，同时邹某作为驾驶人行驶过程中不注意安全，事发后逃逸，主观过错较大，应承担连带赔偿责任。

2. 转继承。刘某父母诉讼中死亡，因刘某死亡而依法享有的赔偿请求权份额，依法应由两继承人取得，故刘某父母继承人具有原告主体资格。判决高某赔偿原告6万余元，邹某负连带责任。

【裁判依据或参考】

1. 法律规定。《民法典》(2021年1月1日)第1070条："父母和子女有相互继承遗产的权利。"第1127条："遗产按照下列顺序继承：(一)第一顺序：配偶、子女、父母；(二)第二顺序：兄弟姐妹、祖父母、外祖父母。继承开始后，由第一顺序继承人继承，第二顺序继承人不继承；没有第一顺序继承人继承的，由第二顺序继承人继承。本编所称子女，包括婚生子女、非婚生子女、养子女和有扶养关系的继子女。本编所称父母，包括生父母、养父母和有扶养关系的继父母。本编所称兄弟姐妹，包括同父母的兄弟姐妹、同父异母或者同母异父的兄弟姐妹、养兄弟姐妹、有扶养关系的继兄弟姐妹。"第1152条："继承开始后，继承人于遗产分割前死亡，并没有放弃继承的，该继承人应当继承的遗产转给其继承人，但是遗嘱另有安排的除外。"第1154条："有下列情形之一的，遗产中的有关部分按照法定继承办理：(一)遗嘱继承人放弃继承或者受遗赠人放弃受遗赠；(二)遗嘱继承人丧失继承权或者受遗赠人丧失受遗赠权；(三)遗嘱继承人、受遗赠人先于遗嘱人死亡或者终止；(四)遗嘱无效部分所涉及的遗产；(五)遗嘱未处分的遗产。"

2. 最高人民法院司法解释及其他司法性文件/解读文章。最高人民法院**《关于向勋珍与叶学枝房屋纠纷一案的复函》**(1990年11月15日 〔90〕民他字第45号)："……经研究认为：宁国锋夫妇于1929年、1946年先后死亡，所遗房屋由三子宁让祥一家一直居住至今，其他子女宁福英、宁雪冰、宁让贤于1986年以前先后死亡，他们生前均未表示放弃继承。根据我国《继承法》第二十五条和我院《关于贯彻执行〈中华人民共和国民法通则〉若干问题的意见(试行)》第一百七十七条的规定和该案具体情况，宁氏姐弟对其父母所遗房产可视为接受继承，并对未分割的房产享有共有权。据此，我们基本同意你院的第二种意见，即宁雪冰之妻向勋珍现提出分割共有房屋，可按分割共同财产的诉讼请求处理。但鉴于叶学枝一家居住，使用房屋达40多年等情况，为稳定住房秩序，可由叶学枝给予向勋珍等转继承人适当补偿。”最高人民法院《**关于贯彻执行〈中华人民共和国继承法〉若干问题的意见**》(1985年9月11日　法〔民〕发〔1985〕22号,2021年1月1日起废止)第2条:“相互有继承关系的几个人在同一事件中死亡,如不能确定死亡先后时间的,推定没有继承人的人先死亡。死亡人各自都有继承人的,如几个死亡人辈分不同,推定长辈先死亡;几个死亡人辈分相同,推定同时死亡,彼此不发生继承,由他们各自的继承人分别继承。”

3. 地方司法性文件。上海高院《**对贯彻〈最高人民法院关于执行继承法若干意见〉的通知**》(1985年11月21日)第9条:“对《继承法》第十四条及《意见》第32条的理解。根据《继承法》第十四条规定可以分得适当遗产的人,先于或后于被继承人死亡的,不发生代位继承或转继承。”

【参考类案】

1991年**陕西某继承纠纷案**,1987年,23岁的郑某与26岁的陈某以夫妻名义同居生活。1989年,郑某、陈某在家被害。据公安机关调查结论,陈某先于郑某20分钟死亡。1990年,陈某兄以其对陈某生前有一定扶助,且与家人共同办理了丧事,诉请分配陈某遗产。法院认为:郑某、陈某生前以夫妻名义公开生活,已形成事实婚姻,应视为夫妻关系,其财产应为夫妻共同财产。陈某死亡发生在郑某死亡之前约20分钟,依《继承法》规定,陈某死亡后,其遗产应由第一顺序继承人即配偶郑某继承。郑某死亡后,其遗产应由第一顺序继承人即其父母继承。陈某兄作为陈某第二顺序继承人,无权继承陈某遗产,但因对陈某生前有一定扶助,且与家人共同办理了丧事,依法可适当分得遗产。

【典型类案实务要点】

1.【**死者近亲属在诉讼中亦死亡的,赔偿份额发生继承**】受害人死亡,其近亲属作为赔偿权利人又在诉讼中死亡的,赔偿权利人享有的赔偿份额依法由其合法继承人取得。

2.【**同一事故中,夫妻二人先后死亡,仍发生继承关系**】继承从被继承人死亡时开始。形成事实婚姻、相互有继承关系的夫妻二人在同一事故中先后死亡的,仍发生继承关系。

【类案裁判一般规则】

继承开始后,未放弃继承的继承人于遗产分割前死亡的,该继承人应继承遗产转给其继承人,但遗嘱另有安排的除外。

【典型参考案例索引】

主旨案例:山东淄博博山区法院(2008)博民初字第564号"翟某等诉高某等道路交通事故人身损害赔偿案",见《翟玉珍等诉高长社等道路交通事故人身损害赔偿案》(刘可彬),载《人民法院案例选》(200901/67:165)。**其他案例**:陕西西安中院1991年3月19日判决"谢某等诉陈某某等继承纠纷案",见《谢东辉、郑兆本诉陈世军等继承纠纷案》,载《最高人民法院公报·案例》(1985—1994:694)。

87. 代位继承的主体资格

——代位继承权,具备何条件?

【代位继承】

【案情简介及争议焦点】

2002年,林某死亡,村小组以林某无继承人和受遗赠人为由诉请认定其财产为无主财产而收归本小组所有。李某以其与林某系堂兄弟关系,主张代位继承。

争议焦点:李某是否享有代位继承权?

【裁判要点】

1. 代位继承权的主体资格。《继承法》第11条明确规定:"被继承人的子女先于被继承人死亡的,由被继承人的子女的晚辈直系血亲代位继承……"由此可见,代位继承是指在法定继承情况下,以被继承人子女先于被继承人死亡法律事实为发生根据和前提条件,由被继承人子女晚辈直系血亲代位继承的制度。最高人民法院《关于贯彻执行〈中华人民共和国继承法〉若干问题的意见》第25条规定:"被继承人的孙子女、外孙子女、曾孙子女、外曾孙子女都可以代位继承,代位继承人不受辈数的限制。"由此可见,享有代位继承权的只能是被代位继承人晚辈直系血亲,即被代位继承人的子女、孙子女、曾孙子女、外曾孙子女等,才有资格享有代位继承权,代替先亡的被代位继承人取得被继承人遗产。

2. 李某不享有代位继承权。本案中,李某之父与林某之父是同胞兄弟,李某与林某是同源祖父堂兄弟关系,即三代旁系血亲,并非直系堂兄弟关系,故李某对林某遗产不享有代位继承权。已形成扶养关系是指扶养人对被扶养人在吃、穿、住、医、葬方面给予生活照顾和物质帮助。李某在医院拟做手术同意书上签上“同意手术”字样,并不能产生李某即林某家属以及李某与林某已形成扶养关系的法律后果。由于李某不能提交证据证明其对林某在吃、穿、住、医及葬方面给予了生活照顾和物质帮助,村小组却能提交足够证据证明林某生前身体健康,有劳动能力,自其母病故后,过着自食其力的单身汉生活,故对李某提出的其对林某已尽生养死葬义务、与林某已形成了事实上扶养关系的辩解,不予采纳。在事故处理过程中,已由交通事故责任者支付了各项必要费用,李某在该事故中所受损失已得到适当补偿。李某亦未提交有效证据证明其在为林某处理后事过程中已垫付了必要费用的事实,故李某以其为林某处理后事垫付了必要费用为由,提出要求参与分得林某适当遗产的辩解,理据不足。判决林某遗留财产归村小组所有。

【裁判依据或参考】

1. 法律规定。《民法典》(2021年1月1日)第1070条:“父母和子女有相互继承遗产的权利。”第1127条:“遗产按照下列顺序继承:(一)第一顺序:配偶、子女、父母;(二)第二顺序:兄弟姐妹、祖父母、外祖父母。继承开始后,由第一顺序继承人继承,第二顺序继承人不继承;没有第一顺序继承人继承的,由第二顺序继承人继承。本编所称子女,包括婚生子女、非婚生子女、养子女和有扶养关系的继子女。本编所称父母,包括生父母、养父母和有扶养关系的继父母。本编所称兄弟姐妹,包括同父母的兄弟姐妹、同父异母或者同母异父的兄弟姐妹、养兄弟姐妹、有扶养关系的继兄弟姐妹。”第1128条:“被继承人的子女先于被继承人死亡的,由被继承人的子女的直系晚辈血亲代位继承。被继承人的兄弟姐妹先于被继承人死亡的,由被继承人的兄弟姐妹的子女代位继承。代位继承人一般只能继承被代位继承人有权继承的遗产份额。”

2. 最高人民法院司法解释及其他司法性文件/解读文章。最高人民法院**《关于贯彻执行〈中华人民共和国继承法〉若干问题的意见》**(1985年9月11日　法〔民〕发〔1985〕22号,2021年1月1日起废止)第25条:“被继承人的孙子女、外孙子女、曾孙子女、外曾孙子女都可以代位继承,代位继承人不受辈数的限制。”第26条:“被继承人的养子女、已形成扶养关系的继子女的生子女可代位继承;被继承人亲生子女的养子女可代位继承;被继承人养子女的养子女可代位继承;与被继承人已形成扶养关系的继子女的养子女也可以代位继承。”第27条:“代位继承人缺乏劳动能力又没有生活来源,或者对被继承人尽过主要赡养义务的,分配遗产时,可以多分。”第45条:“应当为胎儿保留的遗产份额没有保留的应从继承人所继承的遗产中扣回。为胎儿保留的遗产份额,如胎儿出生后死亡的,由其继承人继承;如胎儿出生时就是死体的,由被继承人的继承人继承。”第53条:“继承开始后,受遗赠人表示接受遗赠,并于遗产分割前死亡的,其接受遗赠的权利转移给他的继承人。”最高人民法院司法行政厅《**关于侄子女代位继承权问题的复函**》(1964年2月10日 〔64〕法司字第28号):“……广州市公证处办理了杨漪云遗产继承事件以后,杨瑞馨的子女钟志和等8人向本院提起申诉,要求参与继承。我们是不承认侄子女的代位继承权的。现钟志和等提出杨瑞馨在经济上曾给予杨漪云许多帮助;杨漪云也曾给他们某些姊妹以帮助。如情况属实,可以考虑对钟志和姊妹中生活困难的人,由遗产中给以适当照顾。此点由你们酌定,并告诉申诉人。”最高人民法院《**关于四个继承问题的批复**》(1951年12月2日 法编字第11345号):“……三、直系血亲中,子女有先于被继承人死亡者,应由其所生之孙子女或外孙子女分别代位继承。”最高人民法院《**关于代位继承问题的批复**》(1951年6月15日 法编字第5950号):“……兹将我们的意见分述:一、丈夫死后,其妻要求代位继承的问题:我们认为夫妻间有互相继承遗产的权利,但相互间不应有代位继承的问题存在,也就是丈夫死后,妻不应代夫继承翁婆的遗产,同样的,妻死后,夫不应代妻继承岳父母的遗产。据来文所称:‘丈夫死后其妻因与婆母不睦,分居度日,其婆母由其他子女供养,至婆母死后,其分居已久之儿妇,又要求代夫继承遗产’,我们认为这个儿媳如有子女可以代父继承遗产,但其本人不能代夫继承遗产。如果丈夫生前已继承其父(即儿媳的翁)的遗产,而在生前和死后一直没有就大家庭财产中分割出来,则儿媳已经继承了丈夫所已继承的那一部分,当然现在仍可主张分割。但这并不是一个代位继承的问题。二、关于寡妇要求代夫继承丈夫胞兄遗产的问题,我们认为单就代位继承一点来说,弟媳是没有代夫继承其兄遗产之权的。”

3. 地方司法性文件。江苏高院《**家事纠纷案件审理指南(婚姻家庭部分)**》(2019年7月18日)第45条:“作为继承人的夫妻一方放弃继承权,夫妻另一方能否主张放弃继承权无效或者赔偿损失?继承人在继承开始后遗产处理前可以根据自己的意志决定接受继承还是放弃继承权,作为继承人的夫妻一方对继承权的处分无需征得夫妻另一方的同意。夫妻另一方主张放弃继承权无效或者赔偿损失的,不予支持。但如果夫妻另一方举证证明作为继承人的夫妻一方放弃继承权致使不能履行法定义务导致其获得经济帮助、扶养等权益受到损害的,其关于放弃继承权无效或者赔偿损失的主张,应予支持。”北京高院《**关于审理继承纠纷案件若干疑难问题的解答**》(2018年6月11日)第13条:“离婚时尚未处理的一方遗产,另一方能否主张权利?离婚时一方在婚姻关系存续期间取得但尚未实际处理的遗产,配偶方请求确认并分割该遗产中的权利,人民法院不予支持,配偶方可待遗产实际处理后另行主张。配偶方以侵害夫妻共同财产权利为由请求确认另一方放弃遗产继承的行为无效、或请求损害赔偿的,人民法院不予支持。”浙江高院民一庭《**关于印发〈关于审理婚姻家庭案件若干问题的解答〉的通知**》(2016年6月27日浙高法民一〔2016〕2号)第18条:“婚姻关系存续期间发生继承事实,作为继承人的夫或妻一方放弃继承的,另一方可否主张放弃无效或请求赔偿?答:根据《继承法》第二十五条规定,继承开始后,继承人可以在遗产处理前放弃继承。作为继承人的夫或妻一方对继承权利的处分,无需征得另一方的同意。另一方主张对方放弃继承无效或者以对方放弃继承为由请求赔偿的,不予支持。有证据证明作为继承人的夫或妻一方放弃继承系虚假意思表示,其实际取得继承财产的,另一方可以根据《婚姻法》第四十七条的规定,请求分割夫妻共同财产。”上海高院**《对贯彻〈最高人民法院关于执行继承法若干意见〉的通知》**(1985年11月21日)第6条:“对《意见》第27条和理解。代位继承人缺乏劳动能力无生活来源,或者对被继承人尽过主要赡养义务的,分配遗产时,可以在遗产总额中适当多分。”第9条:“对《继承法》第十四条及《意见》第32条的理解。根据《继承法》第十四条规定可以分得适当遗产的人,先于或后于被继承人死亡的,不发生代位继承或转继承。”

【参考类案】

①2014年**广东某继承纠纷案**,2012年,莫某孙辈等人因与叔叔控制的空置宅基地使用权发生纠纷,遂以代位继承为由,主张对莫某名下上述宅基地进行遗产分割。法院认为:《土地管理法》第8条第2款规定:“农村和城市郊区的土地,除由法律规定属于国家所有之外,属于农民集体所有;宅基地和自留地、自留山,属于农民集体所有。”第10条:“农民集体所有的土地依法属于村农民集体所有的,由村集体经济组织或者村民委员会经营、管理……”第62条:“农村村民一户只能拥有一处宅基地,其宅基地的面积不得超过省、自治区、直辖市规定的标准。农村村民建住宅,应当符合乡(镇)土地利用总体规划,并尽量使用原有的宅基地和村内空闲地。”《物权法》第153条:“宅基地使用权的取得、行使和转让,适用土地管理法等法律和国家有关规定。”我国对宅基地严格实行“一户一宅”制度,宅基地归集体所有,而宅基地使用权人可将地上建筑物以出租、赠与、继承、遗赠方式转移他人,宅基地使用权亦随之转移,但宅基地使用权本身不得单独转移且不能用于抵押,不可亦不能进行继承。本案诉争土地属村集体所有,系在土改时分给莫家使用的宅基地,但一直未建房屋。莫某及其儿子均另有宅基地建房居住。莫某去世前,涉案宅基地由其子在部分土地上建了临时性猪栏、猪舍,堆放杂物,部分土地空置。陈某等人诉请对该空置土地继承,违反了《土地管理法》《物权法》法律精神,判决驳回。

②2007年**江苏某继承纠纷案**,1997年,就程某姐与程某祖母李某继承纠纷案,生效判决认定程某姐、祖母李某对被继承人即程某祖父房产分别继承1/4、3/4份额。2015年,程某知晓该判决,以其享有对祖父房产代位继承权为由,提起第三人撤销之诉。一审以程某不能证明其第三人身份为由裁定驳回起诉。法院认为:程

某起诉时提供证据表明，其父与其祖父母形成抚养关系，系祖父母第一顺序法定继承人，其父先于祖父去世，程某依法应代位继承其父有权继承的祖父遗产份额，系祖父合法继承人。程某对其姐与李某继承纠纷一案，认为其有独立请求权，应参加诉讼。前述继承纠纷案按法定继承原则判决程某祖父母房产归李某与程某姐共同共有，遗漏程某参与诉讼，损害了程某民事权益。程某因不能归责于本人事由未参加其姐与李某继承纠纷案诉讼，并提供了证据证明生效判决内容错误，损害其民事权益，可以自知道或应当知道其民事权益受到损害之日起6个月内，向作出该判决的法院提起诉讼。程某起诉符合《民事诉讼法》第119条规定的起诉条件，故应予立案受理。

③2007年**江苏某继承纠纷案**，朱父、朱母有朱某等6子女，其中二女儿即袁某之母2002年死亡，朱某2003年死亡。2004年朱母死亡。2007年，朱某与妻子张某于1994年购置的房屋拆迁，获补偿14万余元，其中房地产评估补偿款12万余元，其他搬迁补助、临时安置费、装饰装潢及附属设施补助1万余元。现朱父等起诉张某主张遗产分割。法院认为：因被继承人朱某死亡而发生继承。由于朱某生前未立遗嘱，亦未与他人订立遗赠扶养协议，故依法应适用法定继承。其配偶张某、女儿、父母依法为第一顺序的法定继承人。由于朱母随后死亡时，朱某遗产尚未分割，朱母生前亦未表示放弃对朱某遗产的继承，故其4子女基于转继承规定，取得对朱某遗产的继承权。袁某主张继承朱某遗产，除基于转继承规定外，还因袁某母亲先于朱母死亡，而发生相对于朱母的代位继承，故本案原告均享有继承朱某遗产权利。但朱父、袁某及朱某4兄弟姐妹所继承遗产总额，只应各自为朱母基于转继承可继承朱某遗产份额的1/6。朱某与张某夫妻共有财产一半属朱某遗产。对该遗产分配，应依《继承法》规定，结合本案实际情况予以处理。考虑到张某是残疾人，缺乏劳动能力，生活困难，且在朱某生前尽了主要扶养义务，故其要求适当照顾多分，应予支持。余下部分方作为遗产分配。

④2001年**内蒙古某继承纠纷案**，1984年，戴某去世。1996年，戴某母将名下房产赠与戴某妹并进行公证。随后，戴某妹诉请占用该房的戴某子腾房。1997年，戴某母去世。1998年，戴某子诉请代位继承。法院认为：经法院调取并经双方当事人质证无异议的公证档案、房屋产权过户档案及腾房纠纷一案案卷材料证实，戴某母生前将其所有房屋以书面形式赠与戴某妹并经公证处公证行为，系其对自己财产行使的处分权，并以公证方式进行了公示。梁某在此后让戴某子腾房进行的催促及诉讼，表明其对赠与一事态度坚决，意思表示真实。此后，戴某妹持有关手续到房管部门对受赠房产申请过户行为，系接受赠与意思表示。赠与合同合法有效，应受法律保护。在房产过户手续齐备即将完成登记之际出现的停办并非戴某妹申请手续不全及办证机关不予批准原因，而是因外部不当干涉所致，故对该房产

过户手续办理应视为全部完成,诉争房屋产权属戴某妹所有,戴某子要求代位继承请求,法院不予保护。判决驳回戴某子诉请。

【典型类案实务要点】

1.【**被继承人的堂兄弟姐妹,对遗产不享有代位继承权**】当事人与被继承人系同源祖父堂兄弟关系,即三代旁系血亲并非直系血亲关系,故对被继承人遗产不享有代位继承权。

2.【**转继承遗产,可因被转继承人死亡,发生代位继承**】继承开始后,继承人在实际接受遗产前死亡的,因转继承而获得的遗产,可因被转继承人已死亡而发生代位继承。

【类案裁判一般规则】

被继承人的子女先于被继承人死亡的,由被继承人的子女的直系晚辈血亲代位继承。被继承人的兄弟姐妹先于被继承人死亡的,由被继承人的兄弟姐妹的子女代位继承。代位继承人一般只能继承被代位继承人有权继承的遗产份额。

【典型参考案例索引】

主旨案例:广西苍梧法院(2002)苍民初字第215号"某村组与林某等遗产纠纷案",见《苍梧县大坡镇大坡村大坡组诉林凤生等遗产归属案(代位继承、无主财产的归属)》(潘锦波),载《中国审判案例要览》(2003民:386)。**其他案例:**①广东肇庆中院(2014)肇中法审监民再字第2号"陈某与莫某等继承纠纷案",见《陈少英、莫有成等诉莫枢、莫权继承纠纷案——宅基地使用权能否单独作为遗产继承》(文翠芳),载《人民法院案例选》(201602/96:124)。②安徽高院(2015)皖民一终字第00221号"程业余与程玉姐、李道圣第三人撤销之诉案",见《立案受理典型案例》,载《立案工作指导·案例评析》(201601/48:123)。③江苏盐城亭湖区法院(2007)亭民一初字第2876号"朱某等诉张某继承纠纷案",见《朱春道、朱国平、朱爱珍、朱德辉、袁界波、朱爱梅、朱德阳、朱萍诉张玉芹继承案(代位继承、转继承)》(王铭),载《中国审判案例要览》(2008民:425)。④内蒙古高院2001年8月2日"戴某等与戴某妹房屋继承纠纷案",见《戴立强、戴立斌、戴丽华、戴丽琴与戴玉兰房屋继承纠纷再审案——赠与合同践成性的诺成化》(萨仁、杨明德,内蒙古高院),载《审判监督指导·案例评析》(200402/14:111)。

88. 放弃继承与代位析产

——一方继承权,单独可放弃?

【代位析产】

【案情简介及争议焦点】

2011 年,李某与邱某离婚,李某名下房产归李某所有,李某补偿邱某11 万元。2010 年,李某母亲彭某以 2006 年其转让该房产给李某时,约定有 10 万元房款及 2 万元过户手续费,李某出具欠条但一直未还为由,诉请李某与邱某偿还。诉讼中,彭某去世,李某妹妹作为继承人被追加作为原告参加诉讼,李某承诺放弃继承权。

争议焦点:1. 李某放弃继承权行为有无效? 2. 邱某应否偿还案涉债务?

【裁判要点】

1. 李某有权放弃继承权。遗产继承是一项权利,继承权放弃是继承人单方法律行为,继承人在继承开始后、遗产处理前,可作出放弃继承表示。李某和邱某离婚前,李某母亲彭某去世,继承事实发生在李某与邱某婚姻关系存续期间,但继承事实发生后一直未析产,故彭某遗产处于其法定继承人共同共有状态,李某作为法定继承人之一,在离婚时并未实际取得遗产财产权利。根据我国《婚姻法》及相关司法解释规定,夫妻婚姻关系存续期间所得财产为夫妻共同财产,它指双方已实际取得的财产,夫妻共同财产中包括的“一方或双方因继承、受赠而取得的财产”,亦应是已实际取得的财产。李某放弃继承表示是在彭某死亡后法院依法追加继承人参加诉讼过程中作出的,为法律所允许,应作为其真实意思表示予以确认;且李某放弃继承并未影响到离婚时邱某可主张的夫妻共同财产权利,因离婚判决生效时李某虽享有继承份额但并未实际取得彭某在本案中主张的债权,亦即本案争议债权并不属于李某、邱某离婚时共同所有的财产权利,就算李某在本案中不放弃权利,也是在本案判决后才能实际取得债权,由此才可产生其个人债权债务相冲抵的法律后果,但该权利义务冲抵无法律溯及力,显然,李某放弃继承本案债权只是对自己继承权利的处分,不涉及对邱某法定义务的履行,即李某是否继承其母亲债权,不属于对邱某应尽的法律义务,故其放弃继承并没有违法性,应有效成立。

2. 夫妻共同债务的认定。本案房屋系以买卖方式依法办理过户的,且彭某已以提起本案诉讼行为明确了其对于购房款的主张,并无任何证据能证明房屋“名为买卖实为赠与”。李某在与邱某婚姻关系存续期间欠母亲彭某房屋转让款及过户费事实清楚,证据充分,根据最高人民法院《关于适用〈中华人民共和国婚姻法〉若干问题的解释(二)》(已于2021年1月1日起废止)第24条规定,本案债务应作为夫妻共同债务予以确认,且该债务在李某于2006年12月书写欠条给彭某收执时已确定,之后并无任何还款事实,不论李某在本案中是否放弃继承,本案债务数额都不会改变,李某、邱某作为本案债务人身份亦不会改变,判决本案债务12万元,应由李某、邱某各偿还6万元,且互负连带清偿责任。

【裁判依据或参考】

1. 法律规定。《民法典》(2021年1月1日)第1070条:“父母和子女有相互继承遗产的权利。”第1127条:“遗产按照下列顺序继承:(一)第一顺序:配偶、子女、父母;(二)第二顺序:兄弟姐妹、祖父母、外祖父母。继承开始后,由第一顺序继承人继承,第二顺序继承人不继承;没有第一顺序继承人继承的,由第二顺序继承人继承。本编所称子女,包括婚生子女、非婚生子女、养子女和有扶养关系的继子女。本编所称父母,包括生父母、养父母和有扶养关系的继父母。本编所称兄弟姐妹,包括同父母的兄弟姐妹、同父异母或者同母异父的兄弟姐妹、养兄弟姐妹、有扶养关系的继兄弟姐妹。”

2. 最高人民法院司法解释及其他司法性文件/解读文章。最高人民法院民一庭《**民事审判实务问答(婚姻家庭继承纠纷一般问题)**》(2005年4月)第21条:“债权人追索被继承人生前债务的案件,如法定继承人明确表示放弃继承的,法院应如何判决?答:《中华人民共和国继承法》第三十二条、第三十三条规定:‘无人继承又无人受遗赠的遗产,归国家所有;死者生前是集体所有制组织成员的归集体所有制组织所有。继承遗产应当清偿被继承人依法应当缴纳的税款和债务,缴纳税款和清偿债务以他的遗产实际价值为限。超过遗产实际价值部分,继承人自愿偿还的不在此限’。《最高人民法院关于贯彻执行〈中华人民共和国继承法〉若干问题的意见》第四十六条规定:‘继承人因放弃继承权,致其不能履行法定义务的,放弃继承权的行为无效。’对债务人死亡留有一定遗产,但继承人明确表示放弃继承的,如人民法院准许继承人放弃继承,则会导致没有适格的被告,债权人又不能擅自处分遗产,导致债权人无法主张权利,且继承人往往实际占有遗产坐收渔利而无需清偿被继承人生前债务。为保护债权人的合法权益,人民法院应当认定放弃继承无效,通知继承人参加诉讼,并依法判决继承人以被继承人的实际财产价值为限清偿债务。”

3. 地方司法性文件。北京高院《**关于审理继承纠纷案件若干疑难问题的解答**》(2018 年 6 月 11 日)第 2 条:"遗产尚未从共有财产中析出如何处理?遗产中有案外人权益时如何处理?继承案件所涉遗产未从共有财产中析出,如共有财产的共有权人均作为继承案件当事人参加诉讼,人民法院应释明当事人提出分家析产诉讼请求,在继承案件中一并审理,列为分家析产、继承并列案由。经释明后当事人不提出分家析产诉讼请求的,仍对全部共有财产提出继承请求的,人民法院应判决驳回诉讼请求。确有证据表明继承案件所涉遗产与案外人存在权属争议的,应释明当事人另案先行处理该权属争议。"上海高院《**关于审理分家析产案件若干问题的意见**》(2007 年 9 月 20 日　沪高法民一〔2007〕20 号)第 4 条:"债权人对夫妻共有财产代位提起析产诉讼的处理。共同共有关系存续期间,因共有的基础丧失或者有重大理由需要分割时,共同共有人可以请求分割。债权人对夫或妻一方享有债权的,可代位提起析产诉讼,对夫妻关系存续期间的共有财产进行分割。"

【参考类案】

①2012 年**浙江某执行纠纷案**,2012 年,陶某依生效判决,申请执行周某所欠其借款 99 万元。因查明周某与其父母共有房屋一套,故以周某为被告、周某父母为第三人,诉请分割周某共有份额。法院认为:依最高人民法院《关于人民法院民事执行中查封、扣押、冻结财产的规定》,共有人提起析产诉讼与申请执行人代位提起诉讼是择一进行的,而在申请执行人提起代位诉讼时,被执行人的诉讼实施权当然受到限制,故被执行人不应与申请执行人作为共同原告。被执行人与其他共有人之间存在实体权利义务关系,还将可能受法院裁判既判力和执行力拘束,亦不符合证人要件。被执行人亦非有独立请求权第三人,被执行人与申请执行人之间债权已为生效法律文书确定,由于法定诉讼担当而加入物权诉讼中,故被执行人与申请执行人在本诉中不存在利益冲突,不具备有独立请求权第三人构成要件。被执行人在本诉中诉讼地位只能是被告或无独立请求权第三人。此外,举重以明轻,存在多面向抗辩的债权人代位权诉讼中,最高人民法院《关于适用〈中华人民共和国合同法〉若干问题的解释(一)》赋予债务人无独立请求权第三人的诉讼地位,而仅存在共有权人之间双向抗辩的申请执行人代位析产诉讼中,被执行人的诉讼地位亦应以无独立请求权第三人为宜。本案原告诉讼目的是依法分割共有财产,以确认被执行人实际财产。共有状态存在对申请执行人债权实现构成妨碍,只是诉的发生原因,亦系法定诉讼担当的制度考量。但共有份额等物权争议发生在诸共有人之间,被执行人与申请执行人在物权诉讼中并无真正的诉辩对抗。对于申请执行人,被执行人与其他共有人并不具有共同权利义务,因而将被执行人与其他共有人作为共同被告,亦缺乏实体法上基础,故本案被告主体不适格。

②2011 年**福建某执行纠纷案**,2011 年,占某持生效判决,申请执行吴某。执行程序中,吴某死亡。遗产仅其与妻子陈某共有房屋一套。其他继承人子、女、母均未放弃继承。法院认为:因生效判决确认的被继承人债务尚未清偿,继承的遗产应先清偿被继承人依法应缴纳的税款和债务,故对该法定继承纠纷案中止审理。执行法官鉴于继承人均未放弃继承,遂发出执行听证通知书,通过听证审查程序变更继承人为本案被执行人,即将被执行人吴某变更为其子、女、母,陈某以共同债务人和继承人身份作为被执行人,对吴某遗留房屋进行处置变现,继承人在遗产范围内承担债务清偿责任。

③2010 年**北京某分家析产纠纷案**,2003 年,刘父去世。刘子作为继承人之一,在家庭会议上同意并签字放弃继承权。2008 年,刘子配偶白某以丈夫未经其同意,放弃继承无效为由主张刘父遗产份额,同时主张与刘子婚后自建房屋所有权。法院认为:《继承法》第 2 条规定,继承从被继承人死亡时开始。本案中,刘父死亡时,刘子即开始享有对其父遗产的继承权。最高人民法院《关于贯彻执行〈中华人民共和国继承法〉若干问题的意见》第 49 条规定,继承人放弃继承的意思表示,应当在继承开始后、遗产分割前作出。遗产分割后表示放弃的不再是继承权,而是所有权。在遗产分割未作出前,继承人享有的仅系对被继承人遗产份额的继承权而非所有权。只有当遗产分割开始后,法律赋予的依附于身份关系而享有的继承权才能转化为对遗产份额的所有权。本案中,刘子作出放弃继承权意思表示发生在其父死亡后、遗产分割前。刘子系基于其与刘父之间的父子关系而享有继承权,该权利系法律赋予其单独享有和支配,其放弃对刘父遗产继承权行为符合《继承法》规定。《婚姻法》第 17 条规定,夫妻在婚姻关系存续期间继承所得的财产为夫妻共同财产。夫妻一方在处分夫妻共同财产时应获得另一方的同意。但本案中,刘子所享有的继承权并未转化为其享有遗产份额的所有权,即刘子对遗产份额并未实际取得,刘父遗产并未转化为刘子与白某夫妻共同财产,故刘子放弃对其父遗产继承权行为,并未侵害白某合法权益。无证据证明白某与刘子婚后所增添财产已取得相关批准手续,故判决该增添财产部分由二人共同使用。

④2011 年**江苏某债务纠纷案**,2008 年,生效调解协议确认余某欠孙某 8.5 万元。2010 年,余某母亲去世,名下房产即将拆迁,孙某提起代位析产诉讼。其他 4 名继承人以余某放弃继承抗辩。法院认为:最高人民法院《关于人民法院民事执行中查封、扣押、冻结财产的规定》第 14 条规定了强制执行中的代位析产之诉。依该条规定,继承开始后遗产分割前的遗产共有,是一种暂时共有,不同于以维持共同生产和生活为目的的普通共同共有,其原本就以遗产分割为最终目的。故遗产分割请求权利人可随时行使,而强制执行中申请人对被执行人所继承遗产份额的代位析产,其实是代位行使被执行人的遗产分割请求权。代位析产是代位行使他人

的权利，无论是对权利人还是其他共有人都造成一定侵害，故代位析产适用须有严格条件：申请人的债权已经法律程序，为生效法律文书确认；申请人须已向法院申请执行并为法院立案受理；被执行人除共有财产外，无其他可供执行财产或其他财产不足以清偿；被执行人、其他共有人既不协议分割共有财产亦不提起析产诉讼，对法院强制执行和申请执行人债权实现构成妨碍。本案所涉房产应属于继承开始后遗产分割前各继承人共有财产，孙某作为债权人提起本案代位析产诉讼符合上述条件。其他继承人提供余某放弃继承的承诺书真实性无法确认，且余某在尚有到期债务未偿还情况下，放弃继承遗产，侵害了债权人孙某权利，该行为应认定无效。因涉案房产价值无法确定，余某是否欠其他案外人债务及多少亦无法查明，同时根据前述执行规定，孙某作为申请执行人的诉讼请求只能是主张将被执行人与其他共有人的共有财产进行析产分割，而不能直接主张以被执行人析得财产向债权人为给付义务。孙某债权实现，只能等析产诉讼结束后，从恢复强制执行中得以满足。判决余某对案涉房屋享有 1/10 份额。

⑤2010 年**江苏某财产权属纠纷案**，1996 年，吴某与高某结婚。1998 年，高某与父亲所在单位房改，高某用夫妻共同财产出资购买公房，因借用工龄，该房登记在 1985 年就已去世的父亲名下。2010 年，因夫妻矛盾，高某放弃继承，将该房过户至母亲名下，吴某诉请确认该房系夫妻共同财产。法院认为：夫妻关系存续期间，夫妻一方不得单独提出分割夫妻共同财产的诉请。分割夫妻共同财产之诉系变更之诉，在夫妻关系存续期间，除一方有严重损害婚姻共同财产利益之行为等重大理由外不能提起。本案中，吴某诉请系确认之诉，诉争房屋已通过高某等人放弃继承方式变更登记在姜某名下，吴某与高某、姜某双方对房屋权属产生争议，故吴某提起诉讼要求明确权属符合《民事诉讼法》规定的起诉实质要件，判决确认案涉房屋为吴某、高某共有。

⑥2008 年**河南某执行纠纷案**，2002 年，李某与妻子金某及岳父田某三人共同投资翻建房屋并将房产登记在李某、田某名下。2005 年，生效调解书确认李某应偿还王某借款 30 万余元。2008 年，因李某下落不明，王某提起代位析产诉讼，要求对李某与金某、田某共有房产进行分割。法院认为：最高人民法院《关于人民法院民事执行中查封、扣押、冻结财产的规定》第 14 条第 3 款规定："共有人提起析产诉讼或者申请执行人代位提起析产诉讼的，人民法院应当准许。诉讼期间中止对该财产的执行。"本案中，李某所欠王某借款已被法院调解书确认为合法债权，且法院已立案受理王某提起的执行申请；李某下落不明导致无其他可供执行财产；李某、金某和田某家庭共有财产非专属于李某自身财产；被执行人李某和金某、田某对其上述共有家庭财产既不协议分割亦不提起析产诉讼，对法院强制执行和申请执行人王某债权实现构成了妨碍，故对王某提起的代位析产诉讼，依法应予支持。

⑦2008 年**北京某继承纠纷案**,1992 年,白某与刘某结婚,并对刘家祖屋进行了扩建。2008 年,刘某要求与白某离婚,并放弃了对刘某父母房产的继承权。白某起诉刘某及其他继承人,要求分割刘家房屋。法院认为:依《继承法》第 5 条、第 10 条规定,刘某父去世后,刘某作为第一顺序继承人有权利放弃继承权,在家庭会议上刘某同意并签字放弃继承权,该放弃继承权行为符合法律规定。刘某与白某婚后对居住房屋进行扩建,但未举证履行了相关批准手续,故判决确认扩建房屋由刘某与白某共同使用。

⑧2008 年**四川某撤销权纠纷案**,2005 年,邓某欠张某借款 7 万元本息案进入执行程序。2006 年,邓某母亡,邓某与其余 5 名继承人办理公证,邓某承诺放弃继承邓某父母名下两套房产。2007 年,张某诉请确认该放弃行为无效,其他继承人返还邓某放弃的财产。法院认为:撤销权设立目的在于防止因债务人财产不当减少造成债权的不能实现,因而撤销权标的应为以财产为标的的民事行为。本案中,邓某能取得法定继承人资格,无疑系基于其特定身份关系,但继承发生时,其放弃继承行为直接指向的是财产权利,倘若因此损害债权,债权人可依法行使撤销权。邓某在明知不能清偿债务情况下放弃继承财产,明显影响其清偿债务能力,亦有悖诚信原则,故张某要求确认邓某放弃继承行为无效的诉请成立。本案中,因其他继承人均未向邓某支付其放弃继承部分的对价,故邓某行为应属无偿处分财产,此时债权人行使撤销权不以债务人和第三人恶意为要件,故其他继承人是否系善意取得邓某放弃继承份额与本案无关。判决确认邓某放弃继承两套房屋行为无效,邓某对两套诉争房屋各享有 1/12 房屋产权。

【典型类案实务要点】

1.**【夫妻一方离婚后,有权放弃未实际取得的房屋遗产】**夫妻一方作为法定继承人,在离婚时并未实际取得房屋遗产财产权利,在离婚后作出放弃继承的意思表示,应为有效。

2.**【申请执行人代位析产诉讼中,被执行人不应为被告】**申请执行人可代位提起析产诉讼,分割被执行人享有的财产份额。在代位权诉讼中,被执行人对于析产诉讼并不具有直接的利害关系,其诉讼地位应为无独立请求权第三人,而不享有被告的权利义务。

3.**【被执行人死亡的,可直接变更其继承人为被执行人】**作为被执行人的公民死亡后,法院可直接变更其继承人为被执行人,对遗产进行处置,用于偿还债务,余款待析产结束后按比例分配。

4.**【遗产分割前,继承人放弃继承,无需经其配偶同意】**被继承人死亡后,遗产分割前,继承人放弃继承的,因放弃继承权对应的遗产尚未形成夫妻共同财产,故继承人配偶无权主张放弃继承行为无效。

5.【**债务人放弃继承时,债权人有权提起代位析产诉讼**】继承人尚有到期债务未偿还情况下,放弃继承遗产,侵害债权人权利的,该放弃行为应认定无效。债权人有权提起代位析产之诉。

6.【**共有人怠于行使债权,申请执行人可代位析产诉讼**】被执行人怠于行使债权的,申请执行人可代位提起析产诉讼,代位分割其共有财产。诉讼期间中止对该财产执行。

7.【**夫妻一方放弃应继承财产,不得作为夫妻共同财产**】夫妻一方放弃应继承的财产,另一方以该财产系共有财产、放弃行为未经共有财产人同意为由主张无效的,不予支持。

8.【**债务人放弃继承危及债权的,债权人可行使撤销权**】债务人在明知不能清偿债务情况下放弃继承的财产,其放弃继承行为直接指向的是财产权利,倘若因此损害债权人债权,债权人可依法行使撤销权。

【类案裁判一般规则】

被执行人怠于行使债权的,申请执行人可代位提起析产诉讼,代位分割其共有财产。夫妻一方放弃应继承的财产,另一方以该财产系共有财产、放弃行为未经共有财产人同意为由主张无效的,不予支持。

【典型参考案例索引】

主旨案例:广西柳州中院(2011)柳市民一终字第818号“李某与邱某等债权纠纷案”,见《李萍诉李林、邱忆债权案》(吴媚媚),载《中国审判案例要览》(2012民:426)。**其他案例:**①浙江台州温岭法院(2012)台温执民字第945号“陶登荷与周良卫、周全福、左秀琴执行纠纷案”,见《被执行人在申请执行人代位析产诉讼中属于无独立请求权第三人》(陈骏),载《人民司法·案例》(201420:81)。②福建武夷山法院(2011)武民初字第340号“占某与吴某执行纠纷案”,见《占建良申请执行吴辉良民间借贷纠纷案(对被执行人的遗产应先析产还是先执行)》(祝金妹),载《中国审判案例要览》(2014民:557)。③北京一中院(2010)一中民再终字第1954号“白某诉刘某等分家析产纠纷案”,见《白海侠诉刘永等分家析产纠纷案》(赵玉东),载《人民法院案例选》(201203/81:135)。④江苏宿迁市宿城区法院(2011)宿城民初字第1088号“孙某与余某等债务纠纷案”,见《孙强诉余佑祥等及第三人余国荣因放弃继承致偿债不能代位权纠纷案》,载《江苏省高级人民法院公报》(201203/21:25)。⑤江苏镇江润州区法院(2010)润南民初字第0641号“吴某与高某等财产权属纠纷案”,见《吴晓月诉高强宝、姜国英因房产权属登记不真实要求确认财产权属纠纷案》,载《江苏省高级人民法院公报》(201303/27:65)。⑥河南内乡法院(2008)内民初字第1448号“王某、朱某与李建业、李天才等执行纠纷案”,见《裁判要旨·民事》(魏建国、杨慧文),载《人民法院案例选·月版》(200909/9:196)。⑦北京一中院(2008)一中民终字第15317号“白某与刘某等继承纠纷案”,见《白海侠诉王淑琴等析产继承案(放弃继承权)》(郝从宇),载《中国审判案例要览》(2009民:519)。⑧四川成都中院(2008)成民终字第1129号“张某与邓某等撤销权纠纷案”,见《债务人放弃继承危及债权的,债权人可行使撤销权》(杨塞兰),载《人民司法·案例》(201002:58)。

89. 涉外继承与法律适用

——涉外继承权,适用何法律?

【涉外继承】

【案情简介及争议焦点】

2000年,住所地均在香港特别行政区的置业公司、发展公司与方某签订买卖股权协议,约定两公司将所持实业公司100%股权及对公司的股东贷款权益作价1.8亿余港元转让给方某,约定适用香港特别行政区法律。2008年,方某死亡。2012年,方某子黄某、妻苏某作为继承人在共同住所地的广东法院,以置业公司、发展公司、实业公司为共同被告,提起合同纠纷。关于原告主体资格成为争议焦点之一。

争议焦点:1. 继承人身份认定准据法?2. 本案法院是否具有管辖权?

【裁判要点】

1. 继承人身份认定。黄某、苏某是否本案适格原告首先是程序法上问题。程序法事项应适用法院地法律即中国内地法律。《民事诉讼法》第119条规定:“原告是与本案有直接利害关系的公民、法人和其他组织。”最高人民法院《关于适用〈中华人民共和国涉外民事关系法律适用法〉若干问题的解释(一)》第12条规定:“涉外民事争议的解决须以另一涉外民事关系的确认为前提时,人民法院应当根据该先决问题自身的性质确定其应当适用的法律。”本案中,黄某系以方某继承人身份主张权益。《涉外民事关系法律适用法》第31条规定:“法定继承,适用被继承人死亡时经常居住地法律，但不动产法定继承，适用不动产所在地法律。”方某死亡时经常居住地是内地，故本案应适用内地法律并依《继承法》第25条第1款规定，确定黄某系方某合法继承人，黄某有权继承本案所涉财产。

2. 管辖法院准据法。《涉外民事关系法律适用法》第24条规定：“夫妻财产关系，当事人可以协议选择适用一方当事人经常居所地法律、国籍国法律或者主要财产所在地法律。当事人没有选择的，适用共同经常居所地法律；没有共同经常居所地的，适用共同国籍国法律。”方某与苏某共同经常居所地是内地，故本案应适用内地法律并依《婚姻法》第17条规定，认定本案所涉财产属夫妻共同财产，苏某系共有人。方某去世后，黄某、苏某分别作为其财产继承人和财产共有人，提起本案诉讼，显然符合《民事诉讼法》第119条关于“原告”的规定，系本案适格原告。

【裁判依据或参考】

1. 涉外继承。

（1）法律规定。《**涉外民事关系法律适用法**》（2011年4月1日）第23条：“夫妻人身关系，适用共同经常居所地法律；没有共同经常居所地的，适用共同国籍国法律。”第24条：“夫妻财产关系，当事人可以协议选择适用一方当事人经常居所地法律、国籍国法律或者主要财产所在地法律。当事人没有选择的，适用共同经常居所地法律；没有共同经常居所地的，适用共同国籍国法律。”第25条：“父母子女人身、财产关系，适用共同经常居所地法律；没有共同经常居所地的，适用一方当事人经常居所地法律或者国籍国法律中有利于保护弱者权益的法律。”第31条：“法定继承，适用被继承人死亡时经常居所地法律，但不动产法定继承，适用不动产所在地法律。”第32条：“遗嘱方式，符合遗嘱人立遗嘱时或者死亡时经常居所地法律、国籍国法律或者遗嘱行为地法律的，遗嘱均为成立。”第33条：“遗嘱效力，适用遗嘱人立遗嘱时或者死亡时经常居所地法律或者国籍国法律。”第34条：“遗产管理等事项，适用遗产所在地法律。”第35条：“无人继承遗产的归属，适用被继承人死亡时遗产所在地法律。”

（2）行政法规。国务院《**中华人民共和国公民出入境管理法实施细则（1994修订）**》（1994年7月15日，2013年7月1日已废止）第4条：“本实施细则第三条第四项所称的证明是指：1. 出境定居，须提交拟定居地亲友同意去定居的证明或者前往国家的定居许可证明；2. 出境探亲访友，须提交亲友邀请证明；3. 出境继承财产，须提交有合法继承权的证明……”国务院《**关于鼓励华侨和香港澳门同胞投资的规定**》（1990年8月19日）第7条：“华侨、港澳投资者在境内的投资、购置的资产、工业产权、投资所得利润和其他合法权益受国家法律保护，并可以依法转让和继承。华侨、港澳投资者在境内的活动应当遵守国家的法律、法规。”

(3)最高人民法院司法解释及其他司法性文件/解读文章。最高人民法院《**关于对从香港调回的被继承人的遗产如何处理的函**》(1990 年 4 月 12 日　民他字〔1990〕第 9 号):“……经研究,答复如下:一、被继承人林泽芸的遗产从香港调回后,被告林丛违反‘通过协商解决’的一致协议,私自将遗嘱继承后剩余的遗产以自己的名义存入银行,原告要求分割遗产提起诉讼,应以继承纠纷立案审理。二、被继承人林泽芸与被告林丛的养母子关系可予认定。但对遗产的处理,应根据被继承人生前真实意愿和权利义务相一致的原则,参照继承法第 14 条规定的精神,分给林泽莘、林传壁、林传绥等人适当的遗产。”最高人民法院、外交部《**关于继承法问题的复函**》(1973 年 10 月 19 日　法司字第 128 号):“……对古巴政府,可口头告诉他们,我国未颁布继承法,处理继承问题,是根据我国婚姻法以及有关的政策规定,父母子女以及夫妻有互相继承遗产的权利,并可优先照顾子女、配偶和缺乏劳动力生活困难的父母。另请你馆相机了解古巴有关继承法和养老金以及办理公证认证方面的规定和做法函告我们。”最高人民法院、外交部《**关于印侨绒巴仁增遗产处理问题的批复**》(1966 年 5 月 25 日　〔64〕民他字第 34 号):“……经我们研究认为:印侨绒巴仁增的遗产处理问题,你院于 1964 年 10 月 15 日公告后,迄今已一年多,一直无人前来声请继承,因此,有关遗产余额问题的处理,可参照我院与外交部 1954 年 9 月颁发外人在华遗产继承问题处理原则第六条的规定精神(公告期满,无人声请继承者,即视为绝产,收归公有)予以处理。”最高人民法院办公厅《**关于发给杨格非遗产继承权证明书问题的批复**》(1963 年 7 月 16 日　〔63〕法司字第 163 号):“……关于杨格非的遗产继承问题,我们同意根据在厦门的继承人向公证机关提出国外继承人已放弃继承权的证明,发给杨瑞田继承权证明书。”最高人民法院办公厅、外交部领事司《**关于西德人赖伦继承其中国籍母亲的房产问题的批复**》(1963 年 5 月 14 日　法司字第 103 号):“……关于西德人赖伦申请继承其中国籍母亲房产问题,我们同意你们所提的处理意见。”附上海高院、上海外事处意见:“我们意见:……3. 至于外人继承中国人房产应办理手续,为了加强控制,并避免可能的涉外纠纷,建议应向法院申请继承,由法院按一般外人申请继承外人在华遗产手续审查核准。4. 批准继承后,已参加改造的部分房屋不办过户手续,仅由房地部门口头表示今后可按月支付定租给继承人;未改造房屋如愿出售,可予收购,如不愿出售,可参照一九五一年本市外人房地产申请登记办法办理,由继承人向房地局书面申请过户,呈缴全部房产证件,填写‘上海市外人房地产申请登记书’,由房地局收回毕瑞芳名下的契证,另发给‘上海市外人房地产申请登记收件收据’,口头表示同意过户。”最高人民法院《**关于外侨继承中国人遗产(不动产)问题的复函**》(1954 年 10 月 28 日　法行字第 10482 号):“……经研究我们同意哈尔滨市外事处对张经堂遗产的处理意见,遗产中不动产部分由其妻及两子(中国人)继承,对井上久代(日本籍),根据其生活需要,由不动产继承人负担。"

(4)部门规章。司法部公证司**《对〈关于对巴西籍华人蒋秉南遗产继承人范围问题的请示〉的复函》**(1996年3月4日 〔96〕司公函019号):"……经研究认为,根据《继承法》第三十六条及《民法通则》第一百四十九条的规定,涉外动产的法定继承适用被继承人死亡时的住所地法律。查,蒋秉南自1992年至1995年7月20日一直在沪居住,办理了有关居住手续,最后在沪因病死亡。《民法通则》第十条:'公民以户籍所在地的居住地为住所,经常居住地与住所不一致的,经常居住地视为住所'。最高人民法院《关于贯彻执行〈中华人民共和国民法通则〉若干问题的意见(试行)》第九条:'公民离开住所地最后连续居住一年以上的地方,为经常居住地'。根据以上事实和规定,蒋秉南的最后住所地应为我国上海市,其所遗动产的法定继承应当适用我国《继承法》有关法定继承的规定。据此,请你们依据《继承法》第二章确定蒋秉南遗产的合法继承人。"民政部、外交部、司法部、公安部、全国妇联**《关于加强涉韩婚姻管理的意见》**(1996年2月27日 外函〔1996〕61号)第4条:"民政部门要把好婚姻登记审查第一关,对有迹象表明可能欲去韩打工搞假结婚而与其丈夫离婚的妇女,应对其晓以利害,正面引导。司法行政部门要严格公证程序,对涉韩婚姻的有关材料的公证需认真核查,严防假证错证的发生。考虑到目前'一窝蜂'的状况,民政、司法行政和公安部门在一定时期内宜放慢涉韩离婚、结婚、公证和出境审批工作。对有疑点的,应予调查,发现问题,一律不予批准,并依法处理。"司法部、建设部、外交部、国务院侨办**《关于办理华侨、港澳同胞、台湾同胞以及外国人房屋产权事宜中如何确认公文书效力的通知》**(1989年2月24日 司发公字〔1989〕24号):"……近年来,华侨、港澳、台湾同胞、外籍华人以及外国人来国内(中国)办理房产确权登记、转移和继承等事项不断增多。为统一制度,现将如何确认上述人员办理在我国境内房屋产权事宜中,所提供的赠与、转让、委托等有关公证文书的效力规定如下:一、居住在与我国有外交关系国家的华侨、外籍华人,在我国驻该国使领馆办理的公证或认证证明,房地产管理机关应予采证;如果当事人提交的是当地公证人出具的公证文书,须经该国外交部或其授权的机构和中国驻该国使(领)馆认证(根据领事条约,两国互名认证的除外),其内容只要不违反我国法律和政策的规定,房地产管理机关应予采证。二、居住在与我国有外交关系国家的外国人提供的当地公证人出具的公证文书,须经该国外交部或其授权的机构和中国驻该国(领)馆认证(根据领事条约,两国互名认证的除外),其内容只要不违反我国法律和政策的规定,房地产管理机关应予采证。三、华侨、外籍华人以及外国人在与我国无外交关系的国家办理的公证文书,原则上需经该国外交部及与该国和我国均有外交关系的第三国驻该国使(领)馆认识。如果华侨、外籍华人办理这些认证手续确有困难,可请求房产所在地的县以上的侨务部门根据本部门所掌握的情况,出具确认是该国公证人出具的公证文书的证明,如果该公证文书的内容不违反我国法律和政策的规定,房地产管理机关可视该项房产的具体情况予以采证。四、香港同胞提供的经司法部委托的二十六位律师之一办理的公证文书应予采证。五、澳门南光公司、澳门中华总商会、澳门街坊会联合总会等机构、社团为本机构、社团工作人员和会员出具的证明文书,房地产管理机关应予采证。六、台湾同胞在台湾公证机关办理的公证文书,房地产管理机关可作参考,视该项房产的具体情况予以采证。另外、华侨、港澳同胞、台湾同胞、外籍华人以及外国人继承在我国内(内地)的房产,适用我国的法律规定。当事人须先向房屋所在地公证机关提供其住所地公证人出具的亲属关系、出生、死亡、婚姻状况等公证证明,再由房屋所在地公让机关出具继承权公证书,房地产管理机关根据继承权公证书办理有关房产手续。”司法部公证律师司**《关于办理黄兆源遗嘱继承公证的复函》**(1988年6月16日 〔88〕司公字第60号):“……经与有关部门研究认为,在涉外遗嘱继承中,如果遗嘱人为外籍人,他在国外立遗嘱处分其在我国内的不动产时,该遗嘱内容应符合我国的法律。在当事人申办遗嘱继承公证时,我公证机关应对该遗嘱进行检验。主要包括:确认该遗嘱是否是遗嘱人本人所立,遗嘱人在立遗嘱时是否符合行为地法律;遗嘱人在遗嘱中所处分的财产是否属于本人所有;遗嘱受益人有无变化,遗嘱有无取消缺乏劳动能力又没有生活来源的继承人的继承权等等。关于黄兆源的遗嘱继承公证,由于遗嘱人生前居住在新加坡,且在新加坡设立的遗嘱,对其遗嘱的认定问题,虽经新加坡高级法庭的检定,但由于我国与新加坡未建交,无法直接采证。故可由遗嘱受益人将新加坡高级法庭的遗嘱检定书及遗嘱原件(如果是复印件,必须证明与原件相符)办理新加坡公证和新加坡外交部认证,以及与我国和新加坡有外交关系的任何第三国驻新使馆认证,再拿到我国使用。公证处根据上述遗嘱检验的要求进行审查和必要的调查核实。对于符合设立遗嘱时的行为地法律的遗嘱,且遗嘱的内容也符合我国的法律,公证处可为当事人出具遗嘱继承权公证书。”司法部公证律师司**《关于涉外遗嘱继承公证中如何确认遗嘱效力问题的复函》**(1987年6月16日 〔87〕司公字第65号):“……经与有关部门反复研究认为,目前《继承法》中对涉外遗嘱效力问题未作出规定,如何确认遗嘱效力需具体问题具体研究。为慎重办理此类公证,总结经验,今后凡是公证处受理的涉外、涉华侨、涉港澳台遗嘱继承公证事项,均需逐案报我司研究,并着重了解以下几个问题:1. 遗嘱人的国籍、出生年月日,死亡年月日、亲属状况;2. 遗嘱人的住所地、立遗嘱的行为地;3. 遗嘱受益人的状况(姓名、性别、出生年月日、国籍、住所地、与遗嘱人的关系等);4. 遗嘱中所处分的在我国内的遗产状况(动产、不动产、价值、存放或坐落地点等);5. 遗嘱人住所地或遗嘱行为地国家对遗嘱效力的有关法律规定;6. 当事人向公证处提交的遗嘱是否办理了公证、认证。”司法部公证律师司**《关于涉外遗产继承的公证书如何出具事的复函》**(1985年8月3日 〔85〕司公字第124号):“……关于我国继承法公布施行后,有关涉外遗产继承的公证书如何出具的问题,经研究认为,根据继承法第三十六条‘中国公民继承在中华人民共和国境外的遗产或者继承在中华人民共和国境内的外国人的遗产,动产适用被继承人住所地法律,不动产适用不动产所在地法律’的规定,公证处在办理此类涉外遗产继承的有关公证书时,应分别情况办理。中国公民继承居住在国内和国外的中国人或者外国人在境外的不动产、继承居住在国外的中国人或者外国人在境外的动产和继承居住在国外的外国人在境内的动产,都不宜直接出具继承权公证书,可出具国内有关当事人与死者的亲属关系证明书、结婚证明书或者有关当事人的出生证明书,依照被继承人住所地法律或不动产所在地法律继承遗产。如果被继承人住所地法律和被继承人不动产所在地法律规定,遗产继承适用我国法律,公证处则可根据继承人的申请,为其出具继承权公证书。如果中国公民继承居住在国内的中国人或者外国人在境外的动产,继承居住在国内的外国人在境内的动产或者不动产和继承居住在国外的外国人在境内的不动产,公证处则可根据继承人的申请,按照我国继承法的规定,为其出具继承权公证书。公证书的格式仍参照《公证书试行格式》第二式(之一)出具。涉外遗产继承的情况比较复杂,一般因被继承人的国籍、遗产性质、住所地和遗产所在地不同而适用不同的法律。各地在办理此类公证书时,务必持慎重态度,认真研究被继承人所在地和遗产所在地的有关继承的法律规定。如无确实把握,要逐级请示。”司法部公证律师司**《关于办理涉外继承公证中注意的几个问题》**(1984年8月8日 〔84〕司公字第161号):“……现就办理涉外继承公证中应注意的几个问题重申如下。一、国内继承人继承国外亲属的遗产,可根据当事人申请,为其办理继承权证明或出生证明、亲属关系证明、婚姻状况证明等,无需要求将国内继承人应得的遗产份额先汇回国内,才为其出具有关公证书。二、国内继承人分散居住在各地的,在申请办理有关公证事项时,应按公证暂行条例第十二条规定,统一由一个公证处办理。三、国内继承人在办理有关继承公证事项时,一般待遗产调回后,公证处按比例收取公证费。如果继承人出境办理继承事宜,为保证收取公证费,可请申请人提交一份保证在遗产调回国内后照章缴纳公证费的保证书,作为公证处日后向其收取公证费的凭证。四、如果国内继承人申请办理放弃继承权的公证,公证处无需要求当事人提供遗产数额、产权证等,更无需要求当事人先把应继份额调回国内后再给办理放弃继承权公证书。五、办理涉外遗产继承公证涉及有关国家法律,情况复杂,请各公证处注意加强与中国银行分行和我驻外使领馆联系,密切配合,并注意加强请示汇报。”司法部公证律师司**《关于为进口遗物出具继承权公证书事的通知》**(1984年6月1日 〔84〕司公字第

103 号):"……现将海关总署一九八四年五月八日〔84〕署行字第 285 号《关于实施海关对进口遗物的管理规定的通知》的附件《海关对进口遗物的管理规定》转发你处,请转发所属办理涉外公证的公证处照此规定为继承人进口遗物办理有关继承权公证书。《海关对进口遗物的管理规定》一、从国外或香港、澳门地区进口的遗物,应由物主在国内的继承人向海关申请并交验物主的死亡证明书原件和国内公证机关出具的继承权公证书,经海关核准后,方可一次进口。这项申请,以物主死亡后一年为期,逾期不予受理。二、遗物系指物主生前使用过的物品。日常生活用品在合理数量范围内,准予免税进口;耐用消费品(不包括汽车、录像机),由国外进口的,准予免税放行四件;由香港、澳门地区进口的,准予免税放行两件。三、不属于物主生前使用过的物品以及超出上述范围的遗物,予以退运。"外交部领事司**《复华侨及外籍人办理在华遗产继承手续事》**(1980 年 9 月 12 日 〔1980〕领二字第 421 号):"……关于华侨、外籍人继承在华遗产须提供何种证件、办理何种手续以及在何处办理事,现答复如下:一、凡申请继承在华遗产的华侨和外籍人,均须向居住国的公证机关申请公证书,证明申请人的职业、住址和他与在华关系人的亲属关系。该公证书须经居住国外交部或外交部指定的办理认证的其他官方机构和我驻该国的使、领馆认证。二、申请人可持上述经过我驻外使、领馆认证的公证书、被继承人的死亡证书(如有遗嘱,连同遗嘱)亲自来华向遗产所在地的公证机关申请办理继承手续。公证部门对有关证件审核后,如认为符合我国关于遗产继承的现行规定,将发给继承权证明书。申请人可凭此到遗产管理部门(如房管局、银行等)办理具体继承事项。三、如需要公证的主要事实发生在我国内,继承人也可以向我国有关地方公证机关申请公证,由公证机关核发继承权证明书。四、申请人如不能亲自来华者,可委托其在华亲友代为办理;在华无亲友的,可委托财产所在地的法律顾问处推荐律师代为办理。在此种情况下,申请人须加办委托书。委托书除包括受托人的姓名、住址等内容外,还应说明受托人的权限。委托书同样须办理(一)项中所说的认证手续。五、在遗产继承发生纠纷时,申请人须向遗产所在地的地方人民法院提出诉讼,由法院进行裁决。"司法部公证律师司**《对办理继承权公证等问题的批复》**(1980 年 7 月 28 日 〔80〕司公字第 84 号):"……现对有关问题批复如下:一、办理继承权证明书是否需将全部继承人列在同一证明书上的问题。办理继承权证明书,必须将全部(包括域外的)合法继承人的姓名、性别、年龄、籍贯、地址等列在同一证明书上。因为在同一继承案中几个公证机关出证不便统一办理领事认证,也不利于统一对外使用。如果合法继承人不在同一地区,可由当事人或有关市、县公证机关协商,明确主办单位,然后分别调查、提供证明,由主办公证机关统一出证并报外交部领事司和外国驻我使馆认证;合法继承人在域外者也应列入证明书,不列入委托书;如本人愿意同国内亲属一起办理,可由其所在地公证机关出

具委托证明书，由我主办公证机关统一办理……"外交部领事司、最高人民法院司法行政厅**《关于外人在华遗产案件国外申请继承人应呈交什么证件问题的函》**（1963年11月5日 〔63〕领二字第4/78号|〔63〕法司专第254号）："……关于外人在华遗产案件国外申请继承人应呈交什么证件问题，过去并没有统一的具体规定。在处理过程中，遗嘱、身份证明书、亲属关系证件、结婚证书、宣誓书、外国法院裁定书、外国驻华使馆补充证明等，都曾被认为可当做申请继承的'继承证明书'或'继承权证件'。我们考虑，按1954年前政务院批准的'外人在华遗产继承问题处理原则'，'处理外人在华遗产继承问题必须依据……我国政府的政策法令"，'动产在互惠原则下'才'可按被继承人国家法律处理'。因此，处理无互惠协议国家侨民在华遗产，在法律根据上完全是以我为主。申请继承人必须提供经过公证认证的身份证明（继承权证明书或亲属关系证明书，但结婚证书不包括在内，因为当事人以后可能发生离婚等情况），说明继承人与被继承人的关系。这种文件交来后，我法院即可审核裁定。申请继承人应提的证件并不需要包括外国法院或外国使馆判定按该外国法律他有权继承的证件。他未交来这种证件，我们不宜指定索要，如交来这种证件却也不必一定退回。"

2. 涉港澳台继承。

（1）最高人民法院司法解释及其他司法性文件/解读文章。最高人民法院**《关于适用〈中华人民共和国涉外民事关系法律适用法〉若干问题的解释（一）》**（2013年1月7日 法释〔2012〕24号）第1条："民事关系具有下列情形之一的，人民法院可以认定为涉外民事关系：（一）当事人一方或双方是外国公民、外国法人或者其他组织、无国籍人；（二）当事人一方或双方的经常居所地在中华人民共和国领域外；（三）标的物在中华人民共和国领域外；（四）产生、变更或者消灭民事关系的法律事实发生在中华人民共和国领域外；（五）可以认定为涉外民事关系的其他情形。"第2条："涉外民事关系法律适用法实施以前发生的涉外民事关系，人民法院应当根据该涉外民事关系发生时的有关法律规定确定应当适用的法律；当时法律没有规定的，可以参照涉外民事关系法律适用法的规定确定。"第6条："中华人民共和国法律没有明确规定当事人可以选择涉外民事关系适用的法律，当事人选择适用法律的，人民法院应认定该选择无效。"第7条："一方当事人以双方协议选择的法律与系争的涉外民事关系没有实际联系为由主张选择无效的，人民法院不予支持。"第8条："当事人在一审法庭辩论终结前协议选择或者变更选择适用的法律的，人民法院应予准许。各方当事人援引相同国家的法律且未提出法律适用异议的，人民法院可以认定当事人已经就涉外民事关系适用的法律做出了选择。"第9条："当事人在合同中援引尚未对中华人民共和国生效的国际条约的，人民法院可以根据该国际条约的内容确定当事人之间的权利义务，但违反中华人民共和国社会公共利益或中华人民共和国法律、行政法规强制性规定的除外。”第12条:“涉外民事争议的解决须以另一涉外民事关系的确认为前提时,人民法院应当根据该先决问题自身的性质确定其应当适用的法律。”第13条:“案件涉及两个或者两个以上的涉外民事关系时,人民法院应当分别确定应当适用的法律。”第15条:“自然人在涉外民事关系产生或者变更、终止时已经连续居住一年以上且作为其生活中心的地方,人民法院可以认定为涉外民事关系法律适用法规定的自然人的经常居所地,但就医、劳务派遣、公务等情形除外。”第18条:“人民法院应当听取各方当事人对应当适用的外国法律的内容及其理解与适用的意见,当事人对该外国法律的内容及其理解与适用均无异议的,人民法院可以予以确认;当事人有异议的,由人民法院审查认定。”第19条:“涉及香港特别行政区、澳门特别行政区的民事关系的法律适用问题,参照适用本规定。”最高人民法院**《关于进一步规范人民法院涉港澳台调查取证工作的通知》**(2011年8月7日　法〔2011〕243号)第1条:“人民法院在案件审判中,需要从港澳特区或者台湾地区调取证据的,应当按照相关司法解释和规范性文件规定的权限和程序,委托港澳特区或者台湾地区业务主管部门协助调查取证。除有特殊情况层报最高人民法院并经中央有关部门批准外,人民法院不得派员赴港澳特区或者台湾地区调查取证。”第2条:“人民法院不得派员随同公安机关、检察机关团组赴港澳特区或者台湾地区就特定案件进行调查取证。”第3条:“各高级人民法院应切实担负起职责,指导辖区内各级人民法院做好涉港澳台调查取证工作。对有关法院提出的派员赴港澳特区或者台湾地区调查取证的申请,各高级人民法院要严格把关,凡不符合有关规定和本通知精神的,应当予以退回。”第4条:“对于未经报请最高人民法院并经中央有关部门批准,擅自派员赴港澳特区或者台湾地区调查取证的,除严肃追究有关法院和人员的责任,并予通报批评外,还要视情暂停审批有关法院一定期限内的赴港澳台申请。”最高人民法院**《关于审理涉台民商事案件法律适用问题的规定》**(2011年1月1日　法释〔2010〕19号)第1条:“人民法院审理涉台民商事案件,应当适用法律和司法解释的有关规定。根据法律和司法解释中选择适用法律的规则,确定适用台湾地区民事法律的,人民法院予以适用。”第2条:“台湾地区当事人在人民法院参与民事诉讼,与大陆当事人有同等的诉讼权利和义务,其合法权益受法律平等保护。”第3条:“根据本规定确定适用有关法律违反国家法律的基本原则或者社会公共利益的,不予适用。”最高人民法院副院长马原**《关于人民法院处理涉台民事案件的几个法律问题》**(1988年8月9日,已于2021年1月1日起废止)第4条:“关于继承问题。按照《中华人民共和国继承法》的规定,去台人员和台胞与大陆同胞一样,享有同等的继承权,不能因为继承人去台湾而影响他们对在大陆遗产的继承。去台人员或者台胞对大陆的遗产主张继承权的,人民法院依法给予保护。人民法院过去处理的继承案件中已经给去台人员或者台胞保留了遗产份额的，他们可以向人民法院申请取得。过去未经人民法院处理过的继承问题，去台人员或者台胞回大陆后均可以向人民法院起诉。今后人民法院处理继承案件时，对在台湾的合法继承人，要设法通知其参加诉讼；无法通知的，应为其保留应继承的份额，并指定财产代管人。”第5条：“关于房产问题。房屋产权是个比较复杂的问题。几十年的风风雨雨，许多房屋自然损坏严重，有的结构发生了变化，还有一些产权也发生了变化。对属于民事权益方面的房屋纠纷，包括房屋典当、买卖、租赁、代管和其他侵权纠份，人民法院应依法受理。去台人员和台胞要求回赎去台前出典的房屋，如果土改中已经处理或者典期届满后承典人已依法取得所有权的，不再变动；法律、政策规定可以回赎的，应予准许。去台人员和台胞所有的房屋已被他人侵占或者处分的，人民法院应本着保护产权人的合法权益的原则，并根据纠纷的具体情况，妥善处理。去台人员和台胞的房屋去台前委托公民个人代管，现在房屋仍旧由代管人或者代管人的继承人代管，如果去台人员和台胞要求解除或者变更这种代管关系的，人民法院一般应予准许。”最高人民法院**《印发〈处理涉台刑事申诉、民事案件座谈会纪要〉的通知》**（1988年8月5日　法〔办〕发〔1988〕18号，已于2021年1月1日起废止）第3条：“……（四）关于遗产继承问题。去台人员和台胞对在大陆的遗产主张继承权的，人民法院应依法保护；要求取得人民法院判决中保留给自己的继承份额的，按执行程序处理；对已审结但未保障其继承权的案件提出申诉的，可依审判监督程序进行再审，依法保护其继承份额，份额多少可根据实际情况酌定。去台人员和台胞向人民法院提起诉讼的继承案件，继承开始已经超过二十年的，人民法院可依法作为特殊情况延长诉讼时效；对于知道或者应当知道其权利被侵犯已经超过两年的，可按最高人民法院《关于贯彻执行〈中华人民共和国继承法〉若干问题的意见》（编者注：已于2021年1月1日起废止）第十五条的规定处理。人民法院今后处理的继承案件，对在台的合法继承人，应设法通知其参加诉讼；无法通知的，可为其保留应继承的份额，并指定财产代管人。（五）关于房产问题。去台人员和台胞的房产，如属于落实政策的房产纠纷，人民法院应告知其到有关部门解决；如属于民事权益纠纷，有关人民法院应依法受理。去台人员和台胞要求回赎去台前出典的房屋，如土改中已经解决或典期届满后承典人已依法取得所有权的，不再变动；政策、法律规定可以回赎的，应予准许。去台人员和台胞所有的房屋被他人侵占或者处分的，应本着保护产权人的合法权益的原则，并根据纠纷的具体情况，妥善处理。去台人员和台胞的房屋去台前委托公民个人代管，现在仍为个人代管，去台人员和台胞要求解除或变更其代管关系的，一般应予准许。”最高人民法院**《关于在台湾的合法继承人其继承权应否受到保护问题的批复》**（1984年7月30日　〔84〕民他字第8号）：“……我们意见：一、袁行濂及袁行广的五个子女均属合法继承人，他们虽然均在台湾,其合法继承权仍应受到保护。根据党和国家的对台政策,从祖国统一大业的需要出发,在审理上应予以方便。二、袁行濂既与原、被告均有信件来往,并明确提出继承房产的意见,法院可以通过原、被告代为传递诉讼文书。对袁行广的5个子女如能通过袁行濂得知他们下落,亦应照此办理。三、袁行广的5个子女,如经努力查询,仍然联系不上,可以保留他们的应继承份额,请房管部门代管。四、本案按请示所述情况,不宜中止审理,亦不宜动员原告撤诉。”

(2)部门规章。司法部**《关于为已故去台老兵的继承人办理遗产继承公证的通知》**(1996年6月20日　司办字〔1996〕39号)第1条:“各地要高度重视涉台老兵遗产继承公证工作,把此项工作当成一件重要的公证事项来抓。要认真执行司法部关于涉台继承的有关规定,特别是要认真执行《司法部关于为已故去台老兵的继承人办理遗产继承公证的紧急通知》[司发通(1994)056号]和《司法部公证司关于涉台老兵遗产继承公证中有关问题的函》[(95)司公函005号],认真寻找老兵遗产的继承人,依法处理遗产。要抓紧办理涉台继承公证书的查证工作,尽可能在《协议》规定的时限范围内答复海基会。”第2条:“办理涉台继承公证,要高度负责,坚持真实、合法、实事求是的原则,申请人一般应亲自到公证处申办,委托他人申办的应有委托书并说明不能亲自申办的理由。公证处对各部门提供的证明材料,都要认真核实,防止出现错证和假证,更不能弄虚作假。”第3条:“要加强涉台公证工作的请示汇报。涉台继承公证政策性强,涉及问题复杂,因此,重大情况要及时上报,按上级决定的意见办,不得擅自做变通规定。有关情况要如实报告上级机关,不能隐情不报。”第4条:“委托台湾律师或有关人员办理继承事宜,要尊重当事人的选择;当事人请公证处推荐时,公证处应慎重选择推荐执业素质良好的律师。”司法部公证司**《关于涉台继承时效的通知》**(1995年7月28日　〔95〕司公函058号)第1条:“大陆的继承人继承台湾地区的被继承人的遗产,应于继承开始起三年内以书面向被继承人住所地法院提出继承表示,逾期视为放弃。”第2条:“继承台湾现役或退役人员(指由台湾主管单位处理且在台湾地区无继承人)的遗产,应于继承开始时起四年内提出。”第3条:“前两项的被继承人在1992年9月18日前死亡的,继承时效自该日起计算。”第4条:“对1992年9月18日前死亡的去台老兵的遗产继承已延至明年9月18日时效届满,请各地在有限的时间内抓紧配合有关部门查找继承人,并实事求是地为继承人办理好有关公证。”司法部公证司**《关于涉台老兵遗产继承公证中有关问题的函》**(1995年1月20日　〔95〕司公函005号):“关于办证时未查找到被继承人有关亲属姓名,因而在亲属关系公证中未予写明,现已查到有关亲属姓名,当事人及台湾有关方面要求补充证明,如何处理的问题。1. 如事实清楚证据确凿者,公证处可将原公证书收回,重新出具公证书;如原公证书无法收回,公证处可以出具实体性补充公证书(格式附后)。2. 如当事人提供新情况,但公证处无法得到可靠的证据,可由当事人发表书面声明,公证处证明声明书上当事人签名盖章属实。二、对于公证书中的人名、出生日期、住址等与台湾户籍誊本记载不符,如何处理的问题。对这种情况,可由当事人发表书面声明,声明书中应写明原公证书(编号)的内容真实以及与户籍誊本不一致的原因,公证处证明声明书上当事人签名盖章属实,公证处不出具实体性公证书。三、关于因被继承人同名同姓同县,致使公证书有关亲属姓名等与台湾户籍誊本中的不符,以及公证书中非因公证处原因发生错误如何处理的问题。按中国公证员协会一九九四年一月二十四日(94)公协字05号《关于向海基会寄送公证书副本有关问题的函》第三条的规定办理。四、关于台湾有关单位提出大陆继承人可先在大陆公证处办理亲属关系公证书和委托书公证书,专门用于委托台湾律师申请被继承人的台湾户籍誊本,公证处可否办理的问题。公证处可以先办理委托书公证书,用于委托台湾律师申请台湾户籍誊本,不得办理亲属关系公证书。台湾的户籍誊本视情可作为公证处办理亲属关系公证书的参考。"司法部公证司《**关于办理涉台继承亲属关系公证书时应记明被继承人父母姓名事的通知**》(1994年10月19日 〔94〕司公函094号):"……据海基会反映,有的公证处在办理用于继承已故去台老兵遗产的亲属关系公证时,经常遗漏被继承人父母的姓名,致使公证书的使用单位在认定继承人时发生困难。为此,请速通知所属办理涉台业务的公证处,在理解和执行司发通(1994)056号通知及有关规定时,只有在确因年代久远,查不清被继承人父母姓名的情况下,才可在公证书中不写其父母姓名,只写其父母死亡。否则,必须在公证书中写明被继承人父母姓名。"司法部公证司《**关于台湾当局延长大陆继承人继承在台湾遗产期限的通知**》(1994年10月7日 〔94〕司发电88号):"……据悉,台湾当局将大陆继承人继承在台遗产的时间限制由原来规定的二年延长为三年。请速通知所属司法局和公证处基层法律服务机构,一九九二年九月十八日前去世的去台老兵的遗产改为至一九九五年九月十八日时届满。"司法部公证司《**关于为彭振荣办理"继承系统表"公证的复函**》(1993年10月6日 〔93〕司公函125号):"……关于彭振荣为继承其父彭绍贵在台遗产,台湾有关部门要求其提供继承系统表公证书。由于我公证处出具的用于继承的亲属关系公证书,已将所有法定继承人包括在内,因此不必再出具继承系统表公证书。请玉林市公证处将公证书重新寄南洋商业银行信托有限公司。另,南商信托公司可直接与海峡交流基金会法律服务处何武良先生联系,何先生会协助予以解决。"司法部《**关于为已故去台老兵的继承人办理遗产继承公证的紧急通知**》(1994年8月1日 司发通〔1994〕056号):"……根据中央有关领导同志和台办领导同志的批示,及中台办(1994)166号文件精神,同意海协的台湾事务法律咨询中心和中国法律服务(香港)有限公司合办去台老兵遗产案件,现将办理去台老兵遗产继承的意见通知如下:一、发动和依靠基层法律服务机构积极寻找去台老兵在大陆的继承人,代理他们申办公证。尽快寻找遗产继承人,及时申办公证,是这项工作的关键,也十分艰巨。要广泛发动和紧紧依靠各地基层法律服务机构,发挥他们分布广、队伍大、熟悉民情、懂得法律的优势,尽可能多地寻找有关继承人。基层法律服务机构可以按以下办法具体开展工作:首先,根据本通知所附名单及所了解的情况,确定基本线索,分析研究有关被继承人是否有可能在本地有亲属以及其他基本情况。根据台湾有关规定,寻找的范围包括去台老兵的配偶、子女、父母、兄弟姐妹、祖父母、外祖父母(包括养亲和半血缘亲)以及有代位继承权和转继承权的人。其次,凡有一定线索和寻找可能的,要制定可行的寻找方案,并立即组织基层法律工作者,必要时发动广大人民调解员,深入基层,调查走访,查找有关档案资料。第三,要将这项工作的重要性和意义及时向基层党政领导汇报,争取他们的重视和支持,争取公安、民政、史志、台办等有关部门的配合协作。第四,凡经过寻找,可以基本确定为继承人的,要向他们宣传领取遗产的意义和有关法律知识、领取遗产的程序和要求,争取他们的配合。第五,继承人确定后,要按本通知所列项目和要求认真准备申办遗产继承公证的文件,及时送本地公证处,代理继承人申办公证,并按公证处要求作必要的补充、修正。此项工作时间紧、难度大。凡有一定线索和寻找可能的,基层法律服务机构要集中人力,突击寻找,作为重要的政治任务来抓。申办公证的时间一般应在8月18日以前。逾期各基层法律服务机构即不宜再办理此项事务……各地公证处要积极、准确、快速地为已死亡的去台老兵的亲属办理继承遗产的有关公证书。1. 与当地乡镇法律服务机构密切配合,认真核实有关证据。对于经调查核实确实是去台老兵的合法继承人的,要迅速、准确地出具有关公证书。2. 原则上去台老兵的遗产继承公证应按照我部司发〔1991〕085号《关于办理涉台遗产继承公证若干问题的通知》办理,由于时间紧迫,对于已经死亡的去台老兵遗产的继承公证,可予以适当变通。凡是能够提供死者姓名、性别、籍贯、出生日期、死亡时间、生前住址,以及继承人姓名、性别、出生日期、婚姻状况、与死者的亲属关系等证明文件的,公证处均可为继承人出具亲属关系公证书、委托书等公证书。由于年代久远,对于查不清被继承人父母姓名的,在公证书中可不写其父母姓名、只写明父母死亡即可。3. 对于有数名继承人,而只查找到其中一个继承人,其他继承人下落不明的,可以由该继承人作为共同遗产管理人发表声明,全权出面办理有关公证事项并委托代理人申请继承。待遗产继承回来后,其他继承人的遗产份额可由公证处以提存方式予以保管。4. 为了保证遗产的顺利继承和调回,办理涉台遗产继承可以委托以下一些机构和个人:(1)台湾律师。台湾至正律师事务所王震南律师该律师与中国法律服务(香港)有限公司有业务联系,特别是在老兵遗产继承方面有些优势。公证处可通过中国法律服务(香港)有限公司与王震南律师联系,直接委托王律师办理。公证处出具公证书后，将公证书正本用快递直接寄台湾至正律师事务所王震南律师，同时将公证书传真给中国法律服务（香港）有限公司。各省公证员协会按《两岸公证书使用查证协议》规定的渠道，用快递方式将此类公证书副本寄送海基会。中国法律服务（香港）有限公司不与海基会联系。”司法部**《关于涉港雇员死亡申请赔偿时可办理继承权公证书的通知》**（1993年4月7日 〔93〕司公函034号）：“……据香港新华银行信托有限公司告，应聘到香港工作的国内公民，如在港工作期间因工伤意外死亡，其亲属向香港雇主或香港有关部门申请意外赔偿及疏忽赔偿时，除仍依我部（87）司发公字第050号《关于印发〈办理涉港雇员死亡赔偿公证办法（试行）〉的通知》（《公证规章集成》第395页）的规定办理有关公证书外，还可视情况办理继承权公证书，以备香港法院判决时参考。请尽快通知所属办理涉外公证的公证处。”司法部**《关于办理涉台遗产继承公证若干问题的通知》**（1991年11月29日 司发〔1991〕085号）第1条：“关于大陆继承人继承在台遗产、被继承人无遗嘱时的亲属关系公证和婚姻状况公证问题。（一）亲属关系证明书。出具用于继承的亲属关系公证书，原则上应按我部《涉台会议纪要》附件二的格式出具，同时应证明被继承人与其配偶和同一顺序的全部继承人的亲属关系。列出已死亡的继承人，写明死亡地点和日期，并另行出具继承人的死亡公证书。对于在台湾或国外的继承人，公证处无法调查清楚的，在公证书中可不列入。证明被继承人与各顺序继承人的亲属关系，均须写明有无配偶；证明被继承人与后一顺序继承人的亲属关系，均须写明无前一顺序继承人。如第一至第四顺序继承人均无生存者，由死者配偶单独继承的，证明亲属关系时要说明这四个顺序继承人死亡的地点和时间，并另行出具死亡公证书。另外，妾的子女与妻的关系，妻的子女与妾的关系，前夫或前妻的子女与后夫或后妻的关系，在办理用于继承的亲属关系公证书时，均不必列出。用于继承的亲属关系公证书格式，参见附录二。（二）婚姻状况公证书。《涉台会议纪要》中规定：‘去台人员在台虽未再婚，但其在大陆配偶已再婚的，公证机关不能为其出具结婚公证书或夫妻关系公证书’。现据了解，台湾有关方面认为，台湾的被继承人在台未再婚，其大陆配偶改嫁被视为重婚，但并未丧失继承权。因此，公证处办理用于继承在台遗产的婚姻状况公证时，如被继承人在台户籍中有原大陆配偶的记载，公证处可以出具被继承人与原配偶何时在何地结婚，其原配偶何时在何地单方与其离婚，以及离婚后又与他人何时在何地再婚的公证书，交当事人使用。”第2条：“关于遗嘱继承问题。（一）遗嘱人生前在台湾立有遗嘱处分其在台遗产，遗嘱受益人在大陆，公证处根据遗嘱受益人的申请，可以为其办理身份公证书和委托书公证书，由受托人代为办理领取在台遗产手续。（二）遗嘱人生前在台湾立有遗嘱处分其在大陆遗产，遗嘱受益人在大陆，该遗嘱内容需符合我国有关法律。在遗嘱受益人申办遗嘱继承公证时，公证处应对该遗嘱进行下列审查：

1. 确认该遗嘱是否为遗嘱人本人所立;2. 遗嘱中处分的财产是否属于本人所有;3. 遗嘱受益人情况有无变化,是否保留缺乏劳动能力又没有生活来源的继承人的遗产份额等。对于第1项内容,如遗嘱人所立遗嘱系经台湾地方法院公证处公证的,公证处可视情予以认定;非公证遗嘱,则需由台湾执业律师出具法律意见书后才能予以认定。(三)已在大陆定居的台胞,生前在大陆立遗嘱处分其在台遗产,遗嘱受益人在大陆,该遗嘱受益人需在其住所地公证处办理以下公证书后,由代理人向在台的遗产管理人承认继承或向台湾地方法院诉请确认或给付:1. 公证遗嘱,遗嘱受益人需办理身份公证书和委托书公证书。2. 代书或自书遗嘱,需办理声明书公证书,由遗嘱见证人或遗嘱人在大陆的亲属发表声明,证明该遗嘱系遗嘱人本人生前设立的最后的遗嘱,然后再办理遗嘱受益人的身份公证书和委托书公证书。”第3条:“关于委托代办遗产继承问题。(一)被继承人在台死亡后,其遗产如无人继承或不清楚有无继承人,一般由台湾地方法院选任遗产管理人。大陆继承人要求继承遗产的,须向遗产管理人声明承认继承,并可以委托代理人代为领取遗产。继承人有数人时,可以共同委托其中一名继承顺序在前的合法继承人作为代表人,全权出面办理,其共同委托书需办理公证。如遗产管理人不予受理,大陆继承人则需向台湾地方法院诉请继承。被继承人的全部合法继承人需共同办理委托书公证,委托代理人代为诉讼。同住一地的多名继承人可以合办一份委托书。(二)委托书格式问题。凡《涉台会议纪要》中推荐的委托代办的几种方式,如委托大陆或香港律师或在台亲友办理的,委托书按一般委托书格式出具。凡按部公证司1990年8月3日(90)司公字第99号《关于转发南洋商业银行信托有限公司〈关于遗产承办与公证业务简报〉的函》规定,委托南洋商业银行信托有限公司(该公司地址为:香港德辅道中151号南洋商业银行大厦9字楼)办理的,其委托书按附录二之五格式出具。大陆继承人继承在台遗产,由于不了解情况,一般尽可能不直接委托台湾律师办理。如果根据案情确需直接委托的,公证处可以根据要求,办理直接委托台湾律师的委托书,并另纸公证委托人的签字盖章属实(格式参见附录二之六、之七)。”第4条:“对公证书的要求。(一)继承在台遗产的各种公证书,应分别单独装订,不能将数种公证书合订成一册。每种公证书应办理正本四份,以备向台湾各级法院上诉时用。(二)直接委托台湾律师的委托书公证书,应办理正本四份。”第5条:“办理继承在台遗产所需的证明文件和有关材料。办理继承在台遗产,公证处应要求继承人提供被继承人的以下文件和资料:1. 台湾身份证或其他有关证明文件(如工作证、工会会员证等);2. 台湾警察局户政事务所发出的户籍登记全部誊本(部分或除户誊本不适用);3. 自然死亡者需要提供死亡诊断书,意外死亡者需要提供‘相验尸体死亡证明书’;4. 与继承人联系的台湾咨询人(知情人)的姓名、地址、电话。以上文件和资料如系复印件,必须经公证证明复印件与原件相符。”司法部公证司**《关于转发〈有关办理继承和外派人员遗港动产需予注意的问题〉的函》**(1991年8月14日 〔91〕司公函字第58号):“……现将香港南洋商业银行信托有限公司《有关办理继承外派人员遗港动产需予注意的问题》及附件转你处,请转有关公证处办理此类公证时参阅。附件:《有关办理继承外派人员遗港动产需予注意的问题》我司发现在一些办理继承内地外派人员遗港动产(银行存款)的个案中,公证处往往因为该等死亡外派人员持有香港身份证的缘故而为其继承人出具《亲属关系证明书》,并在公证书中把死者的住址写为‘生前住香港’。来港工作的外派人员和从海外招聘的员工一样,都是持有本国发出的旅游证件(如中国护照)再凭香港人民入境事务处签发的工作签证来港工作。根据人事登记条例的规定,这类人士在抵港后须向人事登记处申领一种没有香港居留权的身份证。这种身份证的背页写有‘适用于18岁或以上的人士’,正面的英文字母CMXY的C表示持证人在香港的居留权是受到人民入境事务处的限制,M是性别(男),X是表示持证人报称在内地出生,Y表示持证人所报的出生日期已经核对。比对拥有香港居留权人士的香港身份证,该种身份证的背页写有‘本证持有人拥有香港居留权’,该证正面的英文字母AMX前面一定会有三颗‘*’的符号(俗称‘三粒星’),A则表示持证人拥有香港居留权,M与X和上同。持有这种‘三粒星’香港身份证的人士才是我们一般所称的香港居民。因此,持有没有香港居留权身份证的外派人员在法律上是不被香港高等法院接纳为香港居民的,他们死亡时的住所地仍然还是在内地。在办理继承死亡的外派人员遗港的动产时,公证处应按照我国《继承法》第36条和《民法通则》第149条的规定出具《继承权证明书》,而公证书中死者的住址应该写内地住所地的地址。”司法部公证司**《关于为继承在港遗产申办有关公证书及收取公证费的通知》**(1991年5月29日 〔91〕司公字第98号)第1条:“香港同胞为继承遗产要在内地办理公证书的,可建议其委托香港南洋商业银行信托有限公司或新华银行信托有限公司办理遗产继承手续,或委托上述信托有限公司向国内公证处申办公证。”第2条:“为掌握死者遗产数额、价值,保证公证费的收取,公证处可请继承人或其境外受托人与南商银行信托有限公司遗产部公证书组人员联系。公证书办好领事认证后,公证处应将公证书直接寄南商银行信托有限公司,由该公司核实死者遗产,并按规定向境外继承人或其受托人收取公证费和手续费后,将公证书发给当事人。公证处不应将公证书直接寄给境外当事人或交给内地申办人。”司法部**《关于不能由比尼公司等单位代办台属继承遗产事的通知》**(1991年2月26日 司发〔1991〕第033号):“……近期有些单位四处招揽代办涉台继承事宜,造成了混乱,影响了台属遗产继承的顺利进行,应予制止。今后,任何公司(包括‘比尼公司’)未经我部或国务院台办审核授权,不得办理此类业务,如遇这类情况应予劝阻,并及时报部。为了更好的保护继承人的合法权利,应仍按我部司发〔1990〕015 号文件《关于印发〈涉台公证工作座谈会会议纪要〉的通知》推荐的五种方式和(90)司公字第 99 号《关于转发南洋商业银行信托有限公司〈关于遗产承办与公证业务简报〉的函》的精神,指导当事人委托代理人办理。”司法部公证律师司**《关于威海市公证处请示涉港遗产继承问题的复函》**(1987 年 7 月 22 日 〔87〕司公字第 88 号):“……关于戚桂芳等人继承卢叙荃在香港遗产事,来函未讲清死者生前住所地在何处,如被继承人生前住所地在香港,比照我国继承法第三十六条的规定,该遗产继承适用香港法律。公证处需为当事人出具亲属关系证明、死者配偶戚桂芳委托领取遗产管理权证书的委托书等公证书。另外对于一九七一年以前纳的妾,香港法律承认其继承权,因此,还需出具一个戚桂芳知道并同意卢叙荃纳妾的声明书公证书。以上公证书均需办理英国驻华使馆认证。由于涉港遗产继承目前无明确法律规定,办起来较为复杂。因此对把握不准的,可由公证处将案情及出具公证书的意见函告香港新华银行或南洋商业银行,待他们提出意见后,再正式出具公证书。关于在台遗产如何继承事,因问题较复杂,可一事一请示。台湾是我国领土,公证书不需认证。”

3. 涉华侨继承。最高人民法院**《关于中国公民接受外侨遗赠法院程序问题的批复》**(1989 年 6 月 12 日 〔88〕民他字第 26 号):“……经我院审判委员会第 404 次会议讨论认为,可由哈尔滨市中级人民法院知告比期阔的遗产代管部门,比期阔将自己的个人财产遗赠给宁俊华、李成海,符合我国继承法的有关规定,对宁、李 2 人领受遗赠财产的请求应予允许。如经告知,遗产代管部门仍阻碍公民合法权利的实现,宁俊华、李成海则可以遗产代管部门为被告向法院起诉,人民法院应按照普通程序进行审理,并适用继承法的有关规定。”最高人民法院复外交部领事司**《关于外侨的不动产继承问题的函》**(1982 年 6 月 2 日 〔82〕民他字第 22 号):“……在我国民法公布实行前,有关继承问题,应依据我国婚姻法以及有关规定精神处理:一、1959 年中苏领事条约第 20 条规定:‘缔约任何一方公民死亡后遗留在缔约另一方领土上的财产,包括动产和不动产,均按财产所在地国家法律处理’。二、1954年 9 月 28 日外交部、最高人民法院颁布‘外人在华遗产继承问题的处理原则’的指示:‘外人在华遗产继承人范围与我法院处理中国人遗产之继承人范围同’。三、1979 年 2 月最高人民法院关于贯彻执行民事政策法律的意见:‘被继承的遗产,首先应由其配偶、子女和父母继承。子女已去世,由其孙子女、外孙子女代位继承。如果没有配偶、子女和父母的,祖父母、外祖父母和兄弟姐妹可继承其遗产’。四、1955 年 3 月 1 日外交部‘关于在处理外人在华遗产问题中所提出的一些具体问题的答复’:‘合法继承人与死者不同国籍可准继承其在华遗产’。据此,苏侨月特里次·安娜斯塔西亚·尼阔拉耶夫娜的在华遗产继承问题应按我国法律处理,其继承人范围与中国人遗产的继承范围相同。故沙里吉夫夫人依法可继承其姐的在华遗产。此外,案例不具有法律的约束力,不宜作为处理案件的主要法律依据。”最高人民法院**《对六个外侨继承案件的批复》**(1954 年 4 月 14 日　法行字第 6329 号):“……一、苏侨阔洛司结列夫声请受赠遗产案,解放前外人遗产中之房地如产权无问题,并已办妥继承手续(包括伪法院之认证及过户手续),可不再追究。如未办妥继承手续,应按我现行之处理遗产内部规定办理,即土地收回,房屋公告继承,无合法继承人或期满无人申请继承时,即视为绝产,收归公有。克新尼牙遗嘱虽经伪法院裁定确认,但未办理更名手续,故仍须按未办理手续之房地办理。但为照顾声请人长期住用该房产之既成事实,将来房屋收归公有后可由房地产管理局口头告知准其暂时免费使用。”最高人民法院**《关于对外侨遗产继承的代管处理原则等问题的复函》**(1951 年 12 月 13 日　法编字第 2612 号):“……兹就一般情况提出下列意见以备研究:一、外侨死亡,其继承人不在我国者,可由我有关机关设法通知或公告有继承权之人,限期申报继承。一面我有关机关可将死者的遗产代为管理。二、死亡者如系与我国已建邦交国家的侨民,则除由有关机关定期公告外,应再通知其本国派驻我国之使领或其他外交代表,请将公告内容及期限设法通知或在其国内公告,并查报死亡者是否有继承人。三、外侨死亡如确无继承人,或虽有继承人而已表示放弃继承时,我人民政府即可将其遗产收归国有;如死亡人遗有债务,自应就其遗产予以清理。四、以上问题如两国间有条约规定者,应依条约规定处理。”最高人民法院西南分院**《对外侨不动产之继承及遗赠问题应怎样处理的意见》**(1950 年 1 月 1 日):“……外侨死后,其不动产之继承及遗赠问题应分为房屋及土地二部分办理;如所遗留的是土地,应由我政府收回,任何人不得继承或被遗赠。如房屋,只能由其配偶及直系亲属继承或遗赠中国籍亲友。倘上项继承人不在我国内,可由我有关机关设法通知或公告其限期申报继承,一面由我有关机关将死者之遗产代为管理,如逾期不来申报继承,遗产由我政府收归国有,如死者系与我国已建立外交关系国家侨民,则除由有关机关定期公告外,应再通知其驻华使领馆,请其设法通知。如无配偶及直系亲属继承,亦无遗赠给其中国籍亲友之遗嘱,则由我政府收归国有,此项房屋概不得遗赠外国籍之非直系亲属或好友,亦不得遗赠外国政府机构或侨民团体。”司法部公证司**《关于涉台继承时效的通知》**(1995 年 7 月 28 日　〔95〕司公函 058 号)第 1 条:“大陆的继承人继承台湾地区的被继承人的遗产,应于继承开始起三年内以书面向被继承人住所地法院提出继承表示,逾期视为放弃。”第 2 条:“继承台湾现役或退役人员(指由台湾主管单位处理且在台湾地区无继承人)的遗产,应于继承开始时起四年内提出。”第 3 条:“前两项的被继承人在 1992 年 9 月 18 日前死亡的,继承时效自该日起计算。”第 4 条:“对 1992 年 9 月 18 日前死亡的去台老兵的遗产继承已延至明年 9 月 18 日时效届满,请各地在有限的时间内抓紧配合有关部门查找继承人,并实事求是地为继承人办理好有关公证。”司法部公证律师司、外交部领事司**《关于印尼华侨、华人为继承在我国内遗产申办继承权公证事的复函》**(1988年10月28日 〔88〕司公字第104号):“……关于印尼华侨、华人为继承在我国内遗产申办有关公证书的问题,根据我国继承法的规定,并考虑到印尼与我国关系的特殊情况,现答复如下:一、印尼华侨、华人继承遗留在我国内的不动产,以及印尼华侨继承住所在印尼的华侨遗留在我国内的动产,均应适用我国法律,由公证机关出具继承权公证书。继承人向我公证机关申办继承权公证书时,应提供印尼公证机关出具的有关证明,如被继承人的死亡证明、继承人与被继承人的亲属关系证明、婚姻状况证明、出生证明等。这些证明如办理印尼外交部和第三国认证有困难,可直接拿到国内使用,我公证机关在能够辨认确实是印尼公证机关所出具的情况下,予以接受。二、印尼华人继承印尼华侨、华人在我国内的动产,以及印尼华侨继承印尼华人在我国内的动产,被继承人住所地在印尼,均应适用印尼法律,由印尼公证机关出具继承权证明后,直接拿到我国内银行等有关部门使用,我公证机关不宜为继承人出具继承权证明书。三、对于继承人在印尼办理有关公证证明确实有困难的,如果你省有关侨办、侨联能够辨认当事人所提供的印尼侨团及侨团负责人出具的有关证明确无虚假和伪造的情况,我公证机关可以接受。”外交部领事司**《复华侨及外籍人办理在华遗产继承手续事》**(1980年9月12日 〔1980〕领二字第421号):“……关于华侨、外籍人继承在华遗产须提供何种证件、办理何种手续以及在何处办理事,现答复如下:一、凡申请继承在华遗产的华侨和外籍人,均须向居住国的公证机关申请公证书,证明申请人的职业、住址和他与在华关系人的亲属关系。该公证书须经居住国外交部或外交部指定的办理认证的其他官方机构和我驻该国的使、领馆认证。二、申请人可持上述经过我驻外使、领馆认证的公证书、被继承人的死亡证书(如有遗嘱,连同遗嘱)亲自来华向遗产所在地的公证机关申请办理继承手续。公证部门对有关证件审核后,如认为符合我国关于遗产继承的现行规定,将发给继承权证明书。申请人可凭此到遗产管理部门(如房管局、银行等)办理具体继承事项。三、如需要公证的主要事实发生在我国内,继承人也可以向我国有关地方公证机关申请公证,由公证机关核发继承权证明书。四、申请人如不能亲自来华者,可委托其在华亲友代为办理;在华无亲友的,可委托财产所在地的法律顾问处推荐律师代为办理。在此种情况下,申请人须加办委托书。委托书除包括受托人的姓名、住址等内容外,还应说明受托人的权限。委托书同样须办理(一)项中所说的认证手续。五、在遗产继承发生纠纷时,申请人须向遗产所在地的地方人民法院提出诉讼,由法院进行裁决。”广东高院**《关于在审判工作中认真贯彻实施〈归侨侨眷权益保护法〉的通知》**(2006年7月27日 粤高法〔2006〕268号)第2条:“……二是要坚持依法保护公民私有财产继承权的原则。对于华侨在中国境内的遗产,严格按照《继承法》由其继承人予以依法继承。对于归侨、侨眷继承境外遗产的，或者境外亲友向归侨、侨眷遗赠或者赠与的，一律依法予以保护。要通过落实华侨、归侨、侨眷在婚姻、继承法律关系中的合法权利，充分体现出祖国对广大华侨同胞的深厚情谊。”

【参考类案】

①2013年**福建某继承纠纷案**，20世纪40年代，游某父母因战争逃难至台湾，将出生不久的女儿尤某送福建某罗姓人家做童养媳，将儿子游某带至台湾。1998年，游某母去世。2003年12月，游某父来大陆。2004年3月，游某父立下遗嘱：在尤某处8万美元，归尤某所有，8万美元以外的财产，由游某、尤某各半所有。2004年5月，游某父回台湾。2006年，游某父去世。2013年，游某诉请确认其系唯一法定继承人，依法有权继承父亲银行存款30万余美元。法院认为：游某持有美国护照和台湾地区居民身份证，故其同时具有外国人和台湾居民双重身份。从游某系外国人角度，本案具有涉外继承纠纷成分，应适用《涉外民事关系法律适用法》第31条规定：“法定继承，适用被继承人死亡时经常居所地法律，但不动产法定继承，适用不动产所在地法律。”本案非属不动产法定继承纠纷，故应适用游某父死亡时经常居所地法律。最高人民法院《关于适用〈中华人民共和国涉外民事关系法律适用法〉若干问题的解释（一）》第15条规定：“自然人在涉外民事关系产生或者变更、终止时已经连续居住一年以上且作为其生活中心的地方，人民法院可以认定为涉外民事关系法律适用法规定的自然人的经常居所地，但就医、劳务派遣、公务等情形除外。”游某父在台湾地区死亡，其在死亡前主要生活长期在台湾地区，故应适用台湾地区“法律”。另外，本案又属遗嘱继承，依《涉外民事关系法律适用法》第32条，“遗嘱方式，符合遗嘱人立遗嘱时或者死亡时经常居所地法律或者国籍国法律的，遗嘱均为成立”。由于游某父在立遗嘱时系于2003年12月入境，2004年3月立下遗嘱，2004年5月回台湾，其立遗嘱时未在大陆连续居住满一年时间，故在遗嘱方式、遗嘱效力方面应适用游某父死亡时经常居所地法律，即台湾地区“法律”。从游某系台湾居民角度，依最高人民法院《关于审理涉台民商事案件法律适用问题的规定》（法释〔2010〕19号）第1条规定，“人民法院审理涉台民商事案件，应当适用法律和司法解释的有关规定。根据法律和司法解释中选择适用法律的规则，确定适用台湾地区民事法律的，人民法院予以适用”，本案亦应适用被继承人住所地法律，被继承人住所地在台湾，故应适用台湾地区“法律”。尤某系游某父女儿，根据本案事实，可认定尤某并未与罗家形成收养关系而是童养媳关系。根据司法鉴定意见，诉争自书遗嘱系游某父书写，其内容真实性应予确认，故依该遗嘱，判决游某父在尤某处8万美元，归尤某所有，游某父银行存款30万余美元，由游某、尤某各半所有。

②2009年**上海某继承纠纷案**,2002年,金某与薛某成立钢材公司,金某持有公司股权90%。2006年,金某及其妻、女加入德国籍。2007年,金某死亡。金某妻、女诉请继承公司股权。法院认为:在公司章程未对股权继承另作约定情况下,金某妻、女作为钢材公司股东金某合法继承人,无需公司过半数股东同意,即可依法律规定继承该公司股东身份。判断公司是内资公司还是外资公司,应根据出资来源地原则,与股东国籍无关。已入外国籍华人继承内资公司股权,在不改变该公司出资来源地情况下,该内资公司不应变更为外商投资企业。本案中,金某妻、女作为德国籍华人继承钢材公司股权,并不改变该公司注册资金来源地,故公司性质仍为内资公司。在公司性质仍为内资公司情况下,公司股东变更无需外商投资管理部门行政审批手续。在公司股东发生变更情况下,公司有义务协助新股东办理一切股权变更登记手续,包括修改公司章程和股东名册中有关股东记载以及向相应工商行政机关办理变更登记手续等。判决确认金某妻、女为钢材公司股东,分别持有钢材公司45%股权,钢材公司为金某妻、女办理股权变更登记手续。

③2006年**安徽某继承纠纷案**,2000年,弟、兄另一亲兄长从台湾汇13万美元至兄账户,信称给一起生活的弟、兄及各自子女生活,并留1万美元给自己。2005年,台湾兄长死后,因兄将账户里的钱转移致诉。法院认为:从汇款人寄信内容看汇款用途应包括赠与他人及替自己保管,在汇款人未授权情况下,弟、兄处分所有财产,部分处分行为无效。汇款人死后,汇款演变为赠与物和遗产,在汇至兄账户时赠与合同生效。依赠与人书信意思,扣除1万美元后余款系赠与财产,因弟、兄一起共同生活且与赠与人为亲兄弟,结合信内容及中国传统,应认定弟、兄为平等受赠人,故应均分。判决兄返还弟12万余美元的一半。

【典型类案实务要点】

1.**【涉港民商纠纷程序事项及先决问题,适用内地法律】**涉港民商事纠纷案件,程序事项应适用法院地法即内地法律,先决问题涉及法定继承、夫妻财产关系,根据我国冲突规范指引,适用内地法律。

2.**【台湾地区"法律",可作为涉台继承纠纷的准据法】**法院审理涉台民商事案件,根据法律和司法解释中选择适用法律规则,确定适用台湾地区民事法律的,法院应予适用。

3.**【外国人继承内资公司股权,无需外商投资行政审批】**外国人继承内资公司股权,不改变公司注册资本来源地,公司股东变更无需办理外商投资管理部门行政审批手续。

4.**【生前汇款及委托保管款,死后按赠与物及遗产处理】**赠与人明确汇款系赠与及代保管关系的,在汇款人死后,汇款作为赠与物及遗产,应由指定受赠人及继承人分割。

【类案裁判一般规则】

涉港澳台继承纠纷案件，应参照涉外民商事案件处理。对处理争议应适用的法律，当事人明示选择适用大陆法律的，根据《涉外民事关系法律适用法》第 3 条关于"当事人依照法律规定可以明示选择涉外民事关系适用的法律"的规定，应当适用大陆法律。

【典型参考案例索引】

主旨案例：最高人民法院（2015）民四终字第 9 号"黄某等与某实业公司等合同纠纷案"，见《黄艺明、苏月弟与周大福代理人有限公司、亨满发展有限公司以及宝宜发展有限公司合同纠纷案》（审判长高晓力，审判员刘敏、李伟），载《最高人民法院公报 · 裁判文书选登》（201607/237：25）；另见《涉港案件中的法律分割适用》，载《最高人民法院第一巡回法庭精选案例裁判思路解析（一）》（X1 –2016：482）。**其他案例：**①福建高院（2013）闽民终字第 533 号"游某与游冬某继承纠纷案"，见《游振汉诉游冬英继承纠纷案（涉外、涉台、遗产）》（陈翔熙），载《中国审判案例要览》（2014 民：471）。②上海一中院（2009）沪一中民五（商）终字第 7 号"金军等与上海维克德钢材有限公司股权继承纠纷上诉案"，见《外国人继承内资公司股权纠纷案件的处理》（王敬、任明艳），载《人民司法 · 案例》（201004：29）。③安徽凤阳法院（2006）凤民一初字第 621 号"徐某与徐某兄财产返还纠纷案"，见《徐恩伍诉徐恩庆财产返还案（证明责任）》（张国云），载《中国审判案例要览》（2007 民：573）。

90. 继承时效与实现方式

——法定继承权，如何来实现？

【诉讼程序】

【案情简介及争议焦点】

1969 年，殷某与前夫结婚，生下邝某。1976 年，前夫去世，殷某与金某结婚，亦生有子女。1993 年，殷某与金某建房，邝某出地、出资、出力。2009 年，殷某立下公证遗嘱，明确将房产 50% 产权由邝某继承。2011 年，殷某去世。2013 年,金某与金某子女之间通过法院生效调解书,确认诉争房屋归金某子女所有。2014 年,邝某得知上述调解书后,提起第三人撤销之诉。

争议焦点:1. 生效调解书是否侵害邝某权利? 2. 邝某权利如何救济?

【裁判要点】

1. 法律规定。依《民事诉讼法》规定,对当事人双方的诉讼标的,第三人认为有独立请求权的,有权提起诉讼。对当事人双方的诉讼标的,第三人虽然没有独立请求权,但案件处理结果同他有法律上的利害关系的,可以申请参加诉讼,或者由人民法院通知他参加诉讼。人民法院判决承担民事责任的第三人,有当事人的诉讼权利义务。前两款规定的第三人,因不能归责于本人的事由未参加诉讼,但有证据证明发生法律效力的判决、裁定、调解书的部分或者全部内容错误,损害其民事权益的,可以自知道或者应当知道其民事权益受到损害之日起六个月内,向作出该判决、裁定、调解书的人民法院提起诉讼。人民法院经审理,诉讼请求成立的,应当改变或者撤销原判决、裁定、调解书;诉讼请求不成立的,驳回诉讼请求。

2. 撤销之诉。前案中,双方当事人诉讼标的系针对诉争房屋物权确认法律关系。邝某作为殷某法定继承人和遗嘱继承人,对前案诉讼标的具有部分独立请求权,故具有诉讼主体资格,有权提起本案第三人撤销之诉。在前案纠纷中,邝某并非当事人,该案中调解协议并未涉及邝某,故应认定邝某因不能归责于本人事由未参加该案诉讼。无论诉争房屋是金某与殷某及其金某子女共同共有财产,还是殷某与金某夫妻共同财产,均涉及对殷某财产份额处理,而邝某为殷某法定继承人,且邝某又为殷某遗嘱继承人,有权依《继承法》继承殷某遗产,故前案调解书将殷某财产份额部分予以处理,从而损害了邝某民事权益。邝某提起第三人撤销之诉,符合 6 个月起诉期间要求。鉴于前案调解书未对涉案楼房中殷某份额部分予以明确,故判决撤销前案民事调解书。

【裁判依据或参考】

1. 一般规定。最高人民法院**《关于民事执行中变更、追加当事人若干问题的规定(2020 年修正)》**(2021 年 1 月 1 日　法释〔2020〕21 号)第 1 条:"执行过程中,申请执行人或其继承人、权利承受人可以向人民法院申请变更、追加当事人。申请符合法定条件的,人民法院应予支持。"最高人民法院民事审判庭**《关于王敬民诉胡宁声房屋继承案的复函》**(1990 年 8 月 13 日　〔90〕民他字第 6 号):"……经我们研究认为,胡国珍 1951 年 1 月死亡后其所遗景德镇市原中山路 522 号房屋,早已于同年经民政部门调解,达成了由胡济清和倪锦芳各继承一半的协议,当时倪锦芳作为继承人和王敬民的监护人有权行使此项权利。1953年据此协议，由政府发证、确权。这些早已发生效力的法律行为，不应当再予推翻。因此本案再作继承案件处理不当。”北京高院**《关于审理继承纠纷案件若干疑难问题的解答》**（2018年6月11日）第1条：“以法定继承或遗嘱继承等单一继承类案由提起诉讼，审理中当事人提出包括法定继承、遗嘱继承、遗赠、遗赠抚养协议等在内的多个继承类请求，如何处理？继承案件审理中，当事人分别提出法定继承、遗嘱继承、遗赠、遗赠扶养协议等分属不同案由的继承类请求，原则上人民法院应一并予以审理，案由列为继承纠纷。确因涉及当事人众多且不同种类继承请求一并审理不便于诉讼的，可释明当事人分别提起诉讼。”第28条：“特定财产继承权归属判决主文如何表述？继承纠纷中，人民法院在判决中对特定财产继承权归属应表述为：×（财产）由×××继承；不应表述为：×（财产）为×××所有。”北京高院**《北京法院立案阶段多元调解工作的规定（婚姻家庭继承部分）》**（2016年8月12日　京高法发〔2016〕369号）第6条：“继承案件应要求起诉人提供被继承人的配偶、子女的身份情况，对不能通知全部当事人参加调解的，应登记立案。对于遗产价值需要评估的，应组织双方当事人共同选定评估机构进行评估；双方当事人同意进行评估的，视为双方当事人同意延长调解期限；双方当事人有一方不同意进行评估的，应登记立案。对于遗产分配问题能达成调解协议的，由立案法官出具调解书。对于不能达成调解协议的，应及时登记立案。”

2. 诉讼主体。《民事诉讼法（2017修正）》（2017年7月1日）第232条：“作为被执行人的公民死亡的，以其遗产偿还债务。作为被执行人的法人或者其他组织终止的，由其权利义务承受人履行义务。”最高人民法院**《关于适用〈中华人民共和国民事诉讼法〉的解释》**（2015年2月4日　法释〔2015〕5号，2020年修正）第55条：“在诉讼中，一方当事人死亡，需要等待继承人表明是否参加诉讼的，裁定中止诉讼。人民法院应当及时通知继承人作为当事人承担诉讼，被继承人已经进行的诉讼行为对承担诉讼的继承人有效。”第70条：“在继承遗产的诉讼中，部分继承人起诉的，人民法院应通知其他继承人作为共同原告参加诉讼；被通知的继承人不愿意参加诉讼又未明确表示放弃实体权利的，人民法院仍应将其列为共同原告。”最高人民法院吴晓芳法官**《关于婚姻家庭纠纷审理热点难点问答》**〔载《民事法律文件解读》2012年第8辑（总第92辑）〕第16条：“法院一审判决离婚后，上诉期间未届满前，一方当事人突然死亡，是按离婚还是按继承遗产对待？答：因一审判决作出后15日内，当事人都有权提起上诉。一方突然死亡，双方的离婚诉讼尚处于上诉期间，一审判决没有生效，仍然存在合法的婚姻关系，双方婚姻关系一直持续到一方死亡时，故另一方仍有继承权。我国民事诉讼实行两审终审制，当事人不服一审人民法院对民事案件所作的判决，可上诉至二审人民法院，二审所作的判决、裁定即为终审判决、裁定。一审人民法院作出的判决,在上诉期间不发生法律效力,当事人可向上一级人民法院上诉。民事诉讼法第一百四十七条规定:‘当事人不服地方人民法院第一审判决的,有权在判决书送达之日起15日内向上一级人民法院提起上诉。当事人不服地方人民法院第一审裁定的,有权在裁定书送达之日起10日内向上一级人民法院提起上诉。’因此,一方当事人在一审判决离婚后上诉期内突然死亡,如果一方或双方已经提起上诉,一审判决自然没有生效,双方的婚姻关系从法律上讲还没有解除,一方死亡导致婚姻关系的自然终止,另一方作为死者的配偶是有权利继承遗产的。即使一方或双方对一审判决没有提起上诉,一审判决也要经过15日的上诉期才发生法律效力。也就是说,一方是在一审判决尚未生效的情况下死亡的,另一方仍有权继承遗产。”最高人民法院**《关于确认继承权的申请是否适用民事诉讼程序问题的批复》**(1986年4月3日):“……经研究认为:朱秀珍要求继承张裕仁遗产一案,上海异型钢管厂与权利人朱秀珍(包括何卓堂的子女)之间虽不是直接的权益之争,但该厂实际上占有这笔财产并拒绝发还。在这种情况下,朱秀珍等对该厂提起诉讼。法院将上海异型钢管厂列为被告人立案受理,与民事诉讼法(试行)第八十一条的规定精神并无矛盾。目前我国民诉法特别程序中尚无确认继承权的规定,适用特别程序缺乏法律依据。我们建议:在具体审理中,可以征得有关部门的协助,说服厂方将这笔财产发还给权利人。如该厂仍不同意发还,则可仍将上海异型钢管厂列为被告,适用普通程序进行审理。”最高人民法院**《关于贯彻执行〈中华人民共和国继承法〉若干问题的意见》**(1985年9月11日法〔民〕发〔1985〕22号,2021年1月1日起废止)第7条:“不满六周岁的儿童、精神病患者,应当认定其为无行为能力人。已满六周岁,不满十八周岁的未成年人,应当认定其为限制行为能力人。”第8条:“法定代理人代理被代理人行使继承权、受遗赠权,不得损害被代理人的利益。法定代理人一般不能代理被代理人放弃继承权,受遗赠权。明显损害被代理人利益的,应认定其代理行为无效。”最高人民法院**《关于贯彻执行〈中华人民共和国继承法〉若干问题的意见》**(1985年9月11日法〔民〕发〔1985〕22号,2021年1月1日起废止)第60条:“继承诉讼开始后,如继承人、受遗赠人中有既不愿参加诉讼,又不表示放弃实体权利的,应追加为共同原告;已明确表示放弃继承的,不再列为当事人。”最高人民法院**《关于朱秀珍继承张裕仁遗产案的批复》**(1985年3月28日):“……我院研究认为:朱秀珍与张裕仁的合法婚姻关系,在张裕仁死亡以前,未曾依法解除,且事实上仍有联系;朱秀珍与陈玉林属于非法同居关系。因此,朱秀珍作为张裕仁的配偶,对张裕仁的遗产享有继承权。本案在程序上,张裕仁的另一配偶何月卿在张死后依法享有的权利,现在还有权利承当人,人民法院就应当通知其参加诉讼。但原审法院没有通知,因此本案以发回重审为宜。”北京高院**《关于审理继承纠纷案件若干疑难问题的解答》**(2018

年 6 月 11 日)第 3 条:“有证据表明可能存在未参加诉讼的其他继承人存在,如何处理? 是否应由法院依职权查明? 在继承案件中有初步证据表明可能有其他未参加诉讼的继承人存在,人民法院在实体审判中应依职权进行调查核实。依已有证据及依职权调查核实的证据均无法确证该自然人的存在及继承人身份的,人民法院不予追加。”安徽滁州中院**《关于审理农村土地承包纠纷案件会议纪要》**(2016 年 6 月 22 日　滁中法〔2016〕99 号)第 12 条:“……9. 当发生土地征收补偿时,承包人死亡,继承人起诉集体组织要求获得被继承人应得的分配份额的,应以补偿分配方案确定的时间为衡量标准,承包人在方案确定前死亡的,驳回继承人起诉,仅对户内现存人员平均分配;承包人在分配方案确定后死亡的,如果分配方案是针对承包人的,继承人有权请求继承份额,如果是针对户制定的补偿分配方案,则不能支持继承人诉讼请求。”广东佛山中院、市劳动争议仲裁委员会**《关于审理劳动争议案件若干问题的指导意见》**(2011 年 2 月 25 日)第 12 条:“劳动者死亡,其合法继承人申请劳动争议仲裁,要求用人单位支付该劳动者相关死亡待遇的,应将全部合法继承人列为申请人。”江苏高院**《关于印发〈关于审理劳动争议案件若干问题的意见〉的通知》**(2004 年 2 月 3 日　苏高法审委〔2004〕4 号)第 11 条:“劳动者与用人单位发生劳动争议并经劳动争议仲裁委员会裁决后,劳动者死亡的,列劳动者的法定继承人为诉讼当事人。用人单位终止或者变更的,如有承继人,列其承继人为诉讼当事人。”天津高院**《关于印发〈关于审理劳动争议案件有关问题的通知〉的通知》**(2004 年 2 月 3 日　津高法〔2004〕13 号)第 2 条:“死亡职工的继承人,要求用人单位支付劳动者死亡前发生的应付的工资、医药费的纠纷,按照劳动争议案件处理。因劳动者死亡引起的其他纠纷,如:股权的继承,养老保险个人账户储存额中个人缴费部分本息的继承等问题,按照其他法定程序解决。”上海高院**《民事法律适用问答》**(2004 年第 1 期)第 2 条:“诉讼标的为财产关系或虽涉及人身关系但继承人可以继承相应权利义务的案件,上诉期间内一方当事人死亡或消亡,双方均未提交上诉状,上诉期届满后,该判决是否发生法律效力? 一种意见认为,该判决发生效力,在执行中可变更或追加已死亡或消亡当事人的继承人或权利义务承受人为申请执行人或被申请执行人。另一种意见认为,该判决不发生效力,应裁定中止诉讼,将判决书另行送达已死亡或消亡当事人的继承人或权利义务承受人,并给予继承人或权利义务承受人剩余的上诉期。我们倾向于认为,一方当事人在上诉期内死亡或消亡,而在其死亡或消亡前双方均未提出上诉的,则案件尚处一审程序中,应根据《民事诉讼法》第一百三十六条的规定,裁定中止诉讼。中止期间内,上诉期也同时中止,故一审判决并未生效。死亡或消亡当事人的继承人或权利义务承受人确定后,法院应向其另行送达一审判决书,并注明上诉期间为剩余的上诉期。如执行时发现上述情形的,应当中止执行,由审判庭将判决书另行送达继承人或权利义务承受人,并给予其剩余的上诉期。如果在剩余的上诉期内双方均未提出上诉的,则可以重新申请执行;如提出上诉,则注销执行立案,案件转入二审程序。一方提起上诉,另一方在上诉期间死亡、消亡的,应认为一审程序结束,二审程序开始。由二审法院变更法定承继人进行二审诉讼。”第4条:“上诉提出后,一方当事人死亡,二审可否以此为由发回重审?一种意见认为,应发回重审,否则对死亡当事人的继承人来说是一审终审,有失公正。另一种意见认为,死亡当事人的继承人参加诉讼,是对死亡当事人诉讼权利义务的承担和延续,死亡当事人已经进行的诉讼行为对其继承人有效,故不存在继承人一定要经过二审终审的问题。我们认为,第二审程序从当事人提起上诉开始。在当事人死亡前,上诉已被提起的,则一审程序已告结束,案件转入二审程序。二审程序进行中发生当事人死亡情形的,应由二审法院按照《民事诉讼法》第一百三十六条或一百三十七条的规定作出处理,不应发回重审。最高法院《关于适用〈中华人民共和国民事诉讼法〉若干问题的解释》(以下简称民诉法解释)第四十四条规定:‘在诉讼中,一方当事人死亡、有继承人的,裁定中止诉讼。人民法院应及时通知继承人作为当事人承担诉讼,被继承人已经进行的诉讼行为对承担诉讼的继承人有效。’因此并不发生对死亡当事人的继承人为一审终审、有失公正的问题。而且二审法院将一审判决确定的死亡当事人的权利或义务由其继承人共同享有分担,并不影响其继承人的诉权保护。如果继承人要求按份享有或分担死亡当事人权利或义务的,则可告知其另行起诉,不必发回重审。”第5条:“案件审理中,一方当事人死亡,是否应追加死者的所有继承人参加诉讼?如继承人较多且较分散,或住址不明甚至生死不明的,是否必须追加?一种意见认为,按照民诉法解释第四十四条的规定,‘在诉讼中,一方当事人死亡,有继承人的,裁定中止诉讼。人民法院应及时通知继承人作为当事人承担诉讼,被继承人已经进行的诉讼行为对承担诉讼的继承人有效’,应追加所有的继承人参加诉讼,确定其继承人的权利义务。如继承人住址不明的或生死不明的,可采取公告方式。这样有利于一揽子解决纠纷,减少讼累。但查找所有继承人费时费力,如将生死不明的继承人也列为当事人,还可能出现‘死者’享受权利承担义务的情况。另一种意见认为,德国、日本和我国台湾地区的民诉理论将必要共同诉讼分别称为固有必要共同诉讼和类似必要共同诉讼。类似必要共同诉讼中,共同原告之一可以选择是否共同起诉,原告也可选择对共同被告中的一人或几个提起诉讼,法院不应干预。如同一原告对两个以上的连带责任人提起诉讼,权利人可以向连带责任人中的任何一个主张全部权利。因此,负有连带责任的多个主体都具有实体法上的独立人格,即便权利人只诉其中一人,法院也能作出判决。民诉法解释第四十四条并未要求通知所有的继承人参加诉讼,可通知一至二人作为代表参加诉讼,享受权利或承担义务,至于各继承人之间的权利义务分担,可在继承人之间另行分配。我们认为，对于能够通知的同一顺序继承人，应当全部通知参加诉讼。对同一顺序继承人下落不明、无法通知，符合公告送达条件的，人民法院应公告通知开庭。收到通知的部分继承人参加诉讼时，该部分继承人行使承认、和解、调解、撤诉等诉讼权利，与查明事实有矛盾或可能侵害未到庭继承人权利的，则案件应当判决结案，判决主文中应明确判决结果对于全体继承人都发生法律效力。至于继承人内部应如何分担，可由各继承人另行分配。”第 8 条：“当事人对一审判决未提出上诉，法院在执行中发现一方当事人在一审判决前已经死亡的，现死者的继承人要求承继死者的申请执行权，如何处理？一种意见认为，一审判决前一方当事人死亡，其继承人对法律文书无异议的，执行程序中可另行出具变更当事人裁定书。另一种意见认为，一审判决已经作出，法院不得收回。当事人没有上诉的，一审法院自行发现后应当按审判监督程序进行再审。我们倾向于后一种意见。一审判决前一方当事人已经死亡的，应依法裁定中止或终结诉讼。一审法院未予察觉而作出判决，违反了法定程序，未能有效送达，故一审判决不能产生既判力和执行力。但判决一旦作出，即对法院产生拘束力，不依据法定程序，不得撤销。因此，必须启动审判监督程序予以处理。”山东高院**《关于审理劳动争议案件若干问题的意见》**（1998 年 10 月 15 日）第 23 条：“劳动者死亡的，由其法定继承人或关系人参加诉讼活动。涉及继承财产分割的，应另行起诉。”广东高院、省公安厅**《关于处理道路交通事故案件若干具体问题的通知》**（1996 年 7 月 13 日）第 43 条：“死者或残者的法定继承人（表示放弃继承的除外）、被抚养人应全部列为诉讼主体的一方，但可指定其中的一名代表作为诉讼代理人。”第 38 条：“‘被抚养人’包括胎儿和违反计划生育政策出生的子女。被其抚养人在公安交通管理部门或者人民法院结案前已死亡的，其生活费计至死亡之日。”第 39 条：“交通事故造成怀孕妇女死亡或受伤流产的，胎儿不列入损害赔偿范围。”山东高院**《执行疑难法律问题解答（一）》**（2020 年 5 月 8 日）第 2 条：“裁判文书生效后，被告死亡，原告申请强制执行，如何列被执行人？答：依照《最高人民法院关于人民法院执行工作若干问题的规定（试行）》第 18 条规定，被执行人明确是人民法院受理执行案件的条件之一。作为执行依据的法律文书生效后，如权利人申请执行时义务人已死亡，权利人应当在执行申请中直接将义务人的遗嘱执行人、继承人、受遗赠人或其他因义务人死亡而取得遗产的主体列为被执行人。如权利人无法提供上述人员信息，应视为被执行人不明确，可依照上述规定裁定不予受理。”北京高院**《关于印发修订后的〈北京市法院执行工作规范〉的通知》**（2014 年 1 月 1 日）第 541 条：“【权利承继引起的变更申请执行人】申请执行人为自然人，该自然人死亡的，可以裁定变更其继承人为申请执行人。申请执行人为法人或其他组织，该法人或其他组织主体消亡或组织形式发生变更的，可以裁定变更其权利承受人为申请执行人。权利承受人包括下列主体：（一）作为申请执行人的法人分立的,分立协议中约定承受该债权的法人;(二)作为申请执行人的法人与其他人合并的,合并后承受该债权的法人;(三)作为申请执行人的企业法人依法破产或者被注销的,破产管理人、清算组织或者股东;(四)作为申请执行人的机关法人被撤销的,继续行使其职权的机关;(五)作为申请执行人的机关法人被撤销,且其职权无其他部门继续行使的,作出撤销决定的机关;(六)作为申请执行人的其他组织被撤销的,开办该组织的公民或者法人;(七)其他因申请执行人的主体消亡或组织形式发生变更而承受其权利的人。"

3. 管辖。《**涉外民事关系法律适用法**》(2011 年 4 月 1 日)第 31 条:"法定继承,适用被继承人死亡时经常居所地法律,但不动产法定继承,适用不动产所在地法律。"第 32 条:"遗嘱方式,符合遗嘱人立遗嘱时或者死亡时经常居所地法律、国籍国法律或者遗嘱行为地法律的,遗嘱均为成立。"第 33 条:"遗嘱效力,适用遗嘱人立遗嘱时或者死亡时经常居所地法律或者国籍国法律。"第 34 条:"遗产管理等事项,适用遗产所在地法律。"最高人民法院民事审判庭《**关于钱伯春能否继承和尚钱定安遗产的电话答复**》(1987 年 10 月 16 日 〔1986〕民他字第 63 号):"……经研究认为:1. 我国现行法律对和尚个人遗产的继承问题并无例外的规定,因而,对作为公民的和尚,在其死后,其有继承权的亲属继承其遗产的权利尚不能否定;2. 鉴于本案的具体情况,同意对和尚钱定安个人遗款的继承纠纷,由受理本案的法院在原、被告双方之间作调解处理。"最高人民法院《**关于李桂莲诉夏传叶房屋纠纷案管辖问题的批复**》(1986 年 11 月 14 日 〔1986〕民他字第 50 号):"……从所附案卷材料看,李桂莲与夏传叶讼争之房屋,坐落在陕西省泾阳县永乐店,似为李道清和李桂莲所共有。李道清死后,被其现住定远县的外甥夏传叶以'安葬舅父'为名,私自出典给张和平,典价 1500 元。李桂莲得知后,向泾阳县人民法院起诉,该院以财物纠纷案移送你院,你院认为继承案件应由遗产所在地泾阳县人民法院受理,经协商未成,报请我院指定管辖。经我们研究认为:本案诉讼的标的主要是房屋。根据我国民事诉讼法(试行)第三十条的规定,为不动产提起的诉讼,由不动产所在地人民法院管辖,本案依法应由陕西省泾阳县人民法院受理。现将原卷转退陕西省泾阳县人民法院。该院在审理本案过程中如需你院协助,请予积极办理。"最高人民法院《**关于贯彻执行〈中华人民共和国继承法〉若干问题的意见**》(1985 年 9 月 11 日 法〔民〕发〔1985〕22 号,2021 年 1 月 1 日起废止)第 63 条:"涉外继承,遗产为动产的,适用被继承人住所地法律,即适用被继承人生前最后住所地国家的法律。"最高人民法院、国务院宗教事务局《**关于寺庙、道观房屋产权归属问题的复函**》(1981 年 1 月 27 日 〔81〕法民字第 2 号):"……关于寺庙、道观等房屋产权归属问题,经研究,原则上同意请示报告所提的处理意见。鉴于这类房屋产权纠纷的情况比较复杂,在处理时,一定要认真执行宗教政策,妥善地处理好公私关系;必要时,应征求当地政府及有关部门的意见,共同作好工作。”附上海高院、上海宗教事务局处理意见:“一、本市寺庙、道观不论当前是否进行宗教活动,其房屋大都是由群众捐献而建造。因此除个别确系私人出资修建或购置的小庙,仍可归私人所有外,其他房屋的性质均应属公共财产,其产权归宗教团体市佛教协会与市道教协会所有。僧、尼、道士一般有使用权,但均无权出卖、抵押或相互赠送。任何使用、占用单位或其他机关团体都不能任意改变其所有权,并应按照中共中央国务院中发(1980)22 号及国发(1980)188 号文件精神落实政策,产权归还各宗教团体。二、在农村中的寺庙、道观,土改中虽由僧、尼、道士个人或集体进行登记并取得房屋所有权证,但应根据具体情况分别对待:即土改前(或土改时)有些寺庙、道观已停止宗教活动,其僧、尼、道士也已转业还俗,就不再属于寺庙道观的范围。但根据土地改革法第十三条第五项规定,房屋由这些僧、尼、道士登记的,其房屋产权可分别归原登记者个人所有,其法定继承人准予继承。土改时,寺庙、道观仍进行宗教活动,僧、尼、道士也仍从事宗教职业的,土改中虽由僧、尼、道士出面登记并领得所有权证,但应视作僧、尼、道士以管理者身份代为登记,仍属公产,不能作为他们的私有财产。三、解放后已停止宗教活动的市区及城镇寺庙、道观和土改后才停止宗教活动的农村寺庙道观,僧尼已转业的,其原住的寺庙、道观房屋可继续使用,如转业僧、尼、道士已死亡,其共同生活的家属仍可给予照顾,继续居住,但不得主张产权。四、因生产建设确需征用寺庙、道观及其房地产进行拆建改建者,需经宗教事务局批准和同意后,按照本市征用土地和拆迁房屋管理办法的规定并根据他们原有的所有权或使用权分别处理,由征用单位会同宗教工作部门及有关宗教团体直接协商解决。转业僧、尼、道士居住使用的寺庙、道观房屋,因年久失修有倒塌危险需要翻建的,亦应报请市宗教事务局批准并向宗教团体申请办理补偿手续。”北京高院**《关于立案审判适用法律若干问题的解答(二)》**(2019 年 11 月 20 日)第 3 条:“被继承人死亡时住所地如何确定?被继承人死亡时能确定经常居住地的,以该经常居住地为其死亡时住所地,不能确定经常居住地的,以其户籍地为死亡时住所地。”第 4 条:“被继承人有多个遗产,且各遗产价值相差不大或无法直接判断时,如何确定被继承人的主要遗产所在地?原告起诉时应明确诉讼标的物的价值及具体的诉讼请求。继承纠纷案件中,诉讼标的物(遗产)价值不明确的,可要求当事人进行预估,立案法官只需对原告主张的财产价值进行初步审查,并按当事人主张的遗产价值确定主要遗产所在地。对于影响管辖的相关主要遗产价值,原告的主张明显高于或低于实际价值,应依实际价值确定管辖。主要遗产价值无法判断或相差不大的,各主要遗产所在地均有管辖权。”上海高院**《关于印发〈立案问题解答(三)〉的通知》**(2011 年 9 月 23 日　沪高法立〔2011〕7 号)第 3 条:“被继承人生前的经常居住地能否作为继承遗产纠纷确定管辖的依据?答:因继承遗产纠纷提起的诉讼,由被继承人死亡时的住所地或者主要遗产所在地法院管辖。最高人民法院《关于适用〈中华人民共和国民事诉讼法〉若干问题的意见》的规定,公民的住所地是指公民的户籍所在地。故,被继承人的死亡时的住所地应是被继承人死亡时的户籍所在地。因此,遗产继承纠纷应由被继承人死亡时的户籍所在地或主要遗产所在地人民法院管辖,被继承人生前的经常居住地不能作为确定管辖的依据。”

4. 诉讼时效。《**民法典**》(2021 年 1 月 1 日)第 188 条:“向人民法院请求保护民事权利的诉讼时效期间为三年。法律另有规定的,依照其规定。诉讼时效期间自权利人知道或者应当知道权利受到损害以及义务人之日起计算。法律另有规定的,依照其规定。但是,自权利受到损害之日起超过二十年的,人民法院不予保护,有特殊情况的,人民法院可以根据权利人的申请决定延长。”第 192 条:“诉讼时效期间届满的,义务人可以提出不履行义务的抗辩。诉讼时效期间届满后,义务人同意履行的,不得以诉讼时效期间届满为由抗辩;义务人已经自愿履行的,不得请求返还。”第 193 条:“人民法院不得主动适用诉讼时效的规定。”第 194 条:“在诉讼时效期间的最后六个月内,因下列障碍,不能行使请求权的,诉讼时效中止:(一)不可抗力;(二)无民事行为能力人或者限制民事行为能力人没有法定代理人,或者法定代理人死亡、丧失民事行为能力、丧失代理权;(三)继承开始后未确定继承人或者遗产管理人;(四)权利人被义务人或者其他人控制;(五)其他导致权利人不能行使请求权的障碍。自中止时效的原因消除之日起满六个月,诉讼时效期间届满。”第 195 条:“有下列情形之一的,诉讼时效中断,从中断、有关程序终结时起,诉讼时效期间重新计算:(一)权利人向义务人提出履行请求;(二)义务人同意履行义务;(三)权利人提起诉讼或者申请仲裁;(四)与提起诉讼或者申请仲裁具有同等效力的其他情形。”第 196 条:“下列请求权不适用诉讼时效的规定:(一)请求停止侵害、排除妨碍、消除危险;(二)不动产物权和登记的动产物权的权利人请求返还财产;(三)请求支付抚养费、赡养费或者扶养费;(四)依法不适用诉讼时效的其他请求权。”第 230 条:“因继承取得物权的,自继承开始时发生效力。”最高人民法院民一庭负责人《**关于当前民事审判工作中的若干具体问题**》(2015 年 12 月 24 日)第 3 条:“……关于继承纠纷是否适用诉讼时效的问题。这个问题在实践中争议也比较大,涉及对继承法第八条如何理解的问题。我们认为,要考虑继承法出台的背景和社会经济条件因素,不能机械适用。如果对继承人资格不存在异议,只是涉及遗产分割的,可以根据《民通意见》[即《最高人民法院关于贯彻执行〈中华人民共和国民法通则〉若干问题的意见(试行)》]。”最高人民法院《**2015 年全国民事审判工作会议纪要**》(2015 年 4 月 20 日)第 37 条:“被继承人死亡后,继承人请求分割被继承人财产,其他继承人以诉讼时效为由抗辩的,人民法院不予支持。”最高人民法院《**关于审理民事案件适用诉讼时效制度若干问题的规定**》(2008 年 9 月 1

日　法释〔2008〕11 号）第 20 条："有下列情形之一的，应当认定为民法通则第一百三十九条规定的'其他障碍'，诉讼时效中止：（一）权利被侵害的无民事行为能力人、限制民事行为能力人没有法定代理人，或者法定代理人死亡、丧失代理权、丧失行为能力；（二）继承开始后未确定继承人或者遗产管理人；（三）权利人被义务人或者其他人控制无法主张权利；（四）其他导致权利人不能主张权利的客观情形。"最高人民法院**《关于贯彻执行〈中华人民共和国继承法〉若干问题的意见》**（1985 年 9 月 11 日　法〔民〕发〔1985〕22 号，2021 年 1 月 1 日起废止）第 1 条："继承从被继承人生理死亡或被宣告死亡时开始。失踪人被宣告死亡的，以法院判决中确定的失踪人的死亡日期，为继承开始的时间。"第 15 条："在诉讼时效期间内，因不可抗拒的事由致继承人无法主张继承权利的，人民法院可按中止诉讼时效处理。"第 16 条："继承人在知道自己的权利受到侵犯之日起的二年之内，其遗产继承权纠纷确在人民调解委员会进行调解期间，可按中止诉讼时效处理。"第 17 条："继承人因遗产继承纠纷向人民法院提起诉讼，诉讼时效即为中断。"第 18 条："自继承开始之日起的第十八年至第二十年期间内，继承人才知道自己的权利被侵犯的，其提起诉讼的权利，应当在继承开始之日起的二十年之内行使，超过二十年的，不得再行提起诉讼。"最高人民法院华东分院**《关于亲属继承等问题的批复》**（1951 年 4 月 17 日　东法编字第 1727 号）："……（三）继承遗产如无特殊原因，应于继承开始时主张权利。如你们所提的实例，其女久不主张，事隔多年，再提要求，如轻易准许，对于社会上的生产秩序，是不起好作用的。"上海高院**《全市法院继承及婚姻家庭纠纷审判适法统一研讨会综述》**（2016 年民一庭调研与参考〔2016〕3 号）第 1 条："……继承的时效问题。被继承人死亡后，遗产未分割，法定继承人也未表示放弃继承。之后有继承人提出分割遗产请求的，是否应适用时效规定？倾向意见认为，被继承人死亡后，遗产未分割且继承人未表示放弃继承，视为接受继承，继承人的继承权已经实现。其后产生的纠纷应为物权共有纠纷。按照通说，物权请求权不受诉讼时效限制，不论该物是动产或是不动产。"上海高院**《关于审理分家析产案件若干问题的意见》**（2007 年 9 月 20 日　沪高法民一〔2007〕20 号）第 2 条："被继承人死亡已逾 20 年，登记在其名下的房屋动迁后，继承人主张动迁款的处理。被继承人死亡后，继承人未声明放弃继承，且系争房屋权利未发生变动的，系争房屋的权属归继承人共同共有，继承人的确权主张不受诉讼时效限制，可依法确认各方的权利份额。但系争房屋已动迁的，继承人应当在知道或应当知道动迁利益受侵害之日两年内主张动迁利益。"第 3 条："按 94 方案购房登记权利人死亡后，房屋产权继承的处理。按 94 方案购买公有住房，登记权利人死亡的，具备可以主张产权共有条件的人，应在知道或应当知道其死亡之日起 2 年内提出。"上海高院**《对贯彻〈最高人民法院关于执行继承法若干意见〉的通知》**（1985 年 11 月 21 日）第 5 条："对《意见》第 15

条、16条、17条的理解。阻碍继承人主张继承权的事由消失后,属于中止时效的,中止事由消失后,时效应继续计算,继续计算的期间不足六个月的,可以延长到六个月;属于中断时效的,诉讼时效应重新起算。”第8条:“对《意见》第32条的理解。自继承开始之日起的第十八年至二十年期间内分割遗产的,依《继承法》第十四条规定,可以分给适当遗产的人,不知而未提出请求,超过二十年,不得再行提起。”第16条:“超过《继承法》第八条规定的诉讼时效,继承人起诉要求继承,经审查明显超过诉讼时效的,不予受理;坚持起诉的,应予受理。经审理,没有中止、中断时效正当理由的,裁定予以驳回。”第17条:“继承权被侵犯,自继承人知道或应当知道其权利被侵犯之日起,超过二年不得提起诉讼;自继承开始之日起超过二十年,也不得再提起诉讼。遗产未曾分割,继承人之间对继承权也无争议,自继承开始之日起超过二十年,要求分割遗产,婚姻法司法解释二。为继承份额争议提起诉讼的,可以受理,对此,应特别注意调查研究总结经验,以正确执行继承法第八条、第二十五条。”第18条:“不知继承权被侵犯的继承人,自继承开始之日起,在二十年内提起诉讼,如有其他继承人,均应列为共同诉讼人。但其中明知或应当知道继承权被侵犯,已逾二年诉讼时效的,其继承遗产的请求,不予支持。”

【参考类案】

①2013年**北京某所有权确认纠纷案**,1975年,陈某与陈某弟合建房屋,权属登记在陈某弟名下。2012年,陈某弟去世,无其他继承人。2013年,因陈某兄子女一直占用前述房屋,陈某诉请确认该房为陈某弟遗产。法院认为:公民、法人合法民事权益受法律保护,任何组织和个人不得侵犯。本案中,诉争房屋所在院落的集体土地建设用地使用证登记的土地使用者为陈某弟,陈某弟亦在诉争房屋建成后在该房屋内长期居住生活,陈某亦提供了证人证言,结合陈某兄子女分家时并未涉及诉争房屋情况,足以证明诉争房屋应归陈某弟所有。现陈某弟已去世,诉争房屋应为其遗产,判决支持陈某确认之诉诉请。

②2012年**浙江某物权纠纷案**,1984年,周某父病故,留有遗产房屋未予分割。1986年,周某兄搬离该房屋,由于周某姐已外嫁,该房屋自此由周某居住并管理。1989年,该房屋经周某修缮、翻新,用途由住宅用房转为营业用房,由周某对外出租并收益。2000年,周某在未取得兄、姐同意情况下,向房管部门申请并办理了房屋产权登记。2010年,周某姐、周某兄提起行政诉讼,法院判决撤销了房管部门对该房屋的产权登记。2011年,周某姐、周某兄诉至法院,请求依法确认对房屋的共有份额。周某以超出《继承法》规定的20年诉讼时效为由抗辩。法院认为:诉争房屋为遗产且继承开始后尚未分割,双方当事人均享有继承权且未表示放弃继承,应视为继承完毕,故不属继承权受侵害而系物权纠纷。又因双方系姐弟、具有家庭关系,依最高人

民法院《关于继承开始时继承人未表示放弃继承遗产又未分割的可按析产案件处理问题的批复》规定，应确定该房屋为共同共有。考虑到周某居住、管理及贡献情况，酌情可多分10%。判决周某姐、周某兄各享有房屋面积30%，周某享有房屋面积40%。

③2011年**福建某确权纠纷案**，1950年，吴某与王某结婚并生育林某。1952年，吴某以自己名义登记确权诉争房屋。1953年，王某亡故，吴某再婚并生育詹某等4个子女。1976年，林某回到诉争房屋并修缮、扩建。1989年，吴某亡故。2009年，林某居住房屋因被征用得补偿款36万余元。2010年，詹某等4个兄弟姐妹起诉林某，要求分割。法院认为：《继承法》和《民法通则》规定两种诉讼时效期限起算日期。其中，继承的20年时效是自继承之日起计算，《民法通则》规定的20年是自继承人知道或者应当知道其权利被侵害之日起计算。《继承法》是1985年颁布生效的，《民法通则》是1987年施行的。依最高人民法院在《关于贯彻执行〈中华人民共和国民法通则〉若干问题的意见（试行）》第177条，和《关于继承开始时继承人未表示放弃继承遗产又未分割的可按析产案件处理的批复》规定，在继承开始后，继承人接受继承（包括明确表示继承和视为接受继承）但遗产未分割的，即为共同共有，不适用继承法关于继承权的诉讼时效，而应适用《民法通则》关于共同共有所有权保护的诉讼时效。在继承权被侵害时提起继承诉讼的，应适用《继承法》第8条关于2年或20年的诉讼时效规定。据此，本案诉讼时效应适用《民法通则》规定。共有物分割请求权是指共有人对其享有共有权的确认并以此为基础请求分割共有物，其本质为形成权，不应适用《继承法》关于继承权的诉讼时效规定，因本案共有物未分割，故应认定本案继承析产纠纷并未超过诉讼时效。

④2010年**某析产纠纷案**，1971年，虞某死亡。其生前个人所有房产由养子汪某占有。2003年，养女王某主张分割该房产。法院认为：本案中，各方当事人对于王某继承资格和继承权享有均无异议，且王某并未明确表示放弃继承。继承开始后，继承人未明确表示放弃继承的，依法视为接受继承，遗产未分割的，即为共同共有，故本案应视为王某接受继承，其与汪某共同共有遗产。双方在共同共有期间发生的纠纷，依法应按析产纠纷处理。《继承法》第8条关于诉讼时效的规定，系针对继承纠纷所作规定，并不当然适用于析产纠纷。本案中，王某与汪某对遗产成立共同共有关系。共同共有人对标的物享有的是物权，该物权一旦被侵害，共同共有人可行使物权请求权来恢复其物权。王某所提诉请中，包括确认共同共有关系的诉请与分割诉争房屋诉请，其请求权基础为物权请求权。物权作为支配性权利，非经请求即可实现，即使权利人因标的物在事实上为他人占有而无法支配，在法律上其“支配权”亦从未被阻断。权利人向无权占有人主张权利，本质上是在行使支配权，此种支配意义上的请求权不应被诉讼时效所阻断，且从我国现行法律对于诉讼时效期间规定过短情形考虑，出于平衡权利人与相对人之间利益关系目的，在涉及大

宗财产纠纷时,物权请求权不适用诉讼时效亦更有利于保护权利人,故本案王某主张权利未超过诉讼时效。

⑤2009 年**某继承纠纷案**,李某在一次台风中与渔船一并失踪。3 年后,李某妻起诉李某母,要求继承李某遗产。法院认为:《继承法》第 2 条规定:“继承从被继承人死亡时开始。”最高人民法院《关于贯彻执行〈中华人民共和国继承法〉若干问题的意见》第 1 条规定:“继承从被继承人生理死亡或被宣告死亡时开始。”本案中,李某妻起诉,要求继承李某财产,却无证据证明李某已死亡。李某遇台风后 3 年未回家情况下,李某妻并未依《民法通则》第 23 条第 1 款第 2 项规定,以李某“因意外事故下落不明,从事故发生之日起满两年”为由,向法院申请宣告李某死亡,故李某不属于被法院宣告死亡情形。在李某既未被证明生理死亡,又未被法院依法宣告死亡情况下,李某妻以李某母为被告提起诉讼,要求继承李某遗产诉请,不应得到支持。裁定驳回李某妻起诉。

⑥2009 年**上海某继承纠纷案**,1990 年,在兄、弟及父、母均早已过世情况下,弟媳隐瞒实情,将政府落实政策发还公婆所有的文革房登记在己名下,7 年后弟媳死亡。2000 年在另案诉讼中,兄子女知晓实情。2008 年,兄子女提继承权诉讼,要求分割遗产。法院认为:依最高人民法院《关于父母的房屋遗产由兄弟姐妹中一人领取了房屋产权证并视为己有发生纠纷应如何处理的批复》规定,弟媳在 1990 年私房落实政策过程中,以欺骗手段将被继承人遗产过户在其一人名下,不能就此简单认定登记房产即为其个人财产,而应认定为代表共有人登记取得的房屋产权证明,该房屋仍属原、被告双方共同共有的财产。既共有,就不存在诉讼时效,现原告诉请分割,应予支持。

⑦2007 年**云南某继承纠纷案**,2006 年,杨某起诉婶婶方某,要求分割祖产房及宅基地。杨某爷爷、奶奶分别于 1956 年、1987 年去世,父亲及叔、伯亦于 2000 年前后去世。法院认为:本案中被继承人遗产只是案涉房屋,并不包括宅基地使用权,故杨某要求对房屋进行分割的请求合法,法院予以支持,而对宅基地进行分割的请求不符合法律规定,不予支持。继承开始后继承人未放弃继承,遗产成为继承人共有财产,共有人任何时候都有权要求分割。依《物权法》有关规定,物权中的不动产请求权不存在诉讼时效问题,权利人在任何时候均可主张自己权利,故继承纠纷中有关不动产继承不存在诉讼时效问题,且本案中被继承人之一死亡时间亦未超过 20 年,故杨某起诉未超过诉讼时效,应受法律保护。诉争房屋现由方某使用,且取得了集体土地使用权证,而杨某又自有居所,故判决案涉房屋归方某所有,方某给付杨某房屋相应折价款。

⑧2003 年**江苏某房屋确权纠纷案**,1992 年,孙某与孙某妹共同出资在祖上宅基地上翻建房。1994 年,孙某领取建房许可证和宅基地许可证。2004 年,孙某起

诉孙某妹，要求确认房屋为己所有。法院认为：民事诉讼中，法院应对附属具体行政登记行为进行司法审查。依最高人民法院《关于父母的房屋遗产由兄弟姐妹中一人领取了房屋产权证并视为已有产生纠纷应如何处理的批复》，以个人名义领取的产权证，可视为代表共有人登记取得的产权证明，应视为与其他共有人共同共有为宜。本案中，孙某提交的省村镇建设许可证、宅基地使用证、村民住宅新（翻）建申请书及附图、邻居建房时的审批手续和位置等证据及孙某、孙某妹当庭陈述的诉争房屋四至情况，可认定孙某领取的建房许可证和宅基地使用证包括诉争房屋在内。证人证言可认定孙某所领取的建房许可证和宅基地使用证，是以其名义代表其与孙某妹共同取得的建房许可证明和宅基地使用权证明。孙某妹提交的购买楼板收据、购买砖的证明等证据，证实诉争房屋是由孙某妹出资建造的，故孙某主张诉争房屋是其出资委托孙某妹建造的，无证据证实。判决驳回孙某诉请。

【典型类案实务要点】

1.**【民事调解书处理未参加诉讼继承人财产，应可撤销】**民事调解书将属于非本案当事人的继承人财产份额部分予以处理，从而损害该继承人民事权益的，该继承人可提第三人撤销之诉。

2.**【继承人之间的房屋遗产权属纠纷，不适用诉讼时效】**遗产未分割且继承人未放弃继承的视为接受继承，此时继承已完毕、继承权已实现。其后房屋遗产权属纠纷系物权纠纷而非继承权纠纷，不适用诉讼时效规定。

3.**【继承开始后，遗产未分割处理的，应认定共同共有】**继承开始后，遗产未分割的，即为共同共有，不适用《继承法》关于继承权的诉讼时效，而应适用《民法通则》关于共同共有所有权保护的诉讼时效。

4.**【继承人之一超过三十年才主张析产，未过诉讼时效】**被继承人死亡后，继承人之一占有房产，其他继承人超过30年才主张析产、行使物权请求权的，不应认定超过诉讼时效。

5.**【遇台风三年未回家，配偶诉请继承的，应裁定驳回】**行为人因意外事故下落不明，在其既未被证明生理死亡，又未被法院依法宣告死亡情况下，其配偶诉请继承财产的，不予支持。

6.**【将继承人共有遗产登记一人名下，应认定代表登记】**采用欺诈手段将被继承人遗产过户在一人名下，并不能简单地认定系争房屋就是名义产权人个人财产，亦不能简单地以其他继承人知晓该登记时间开始计算诉讼时效。

7.**【继承纠纷中，有关不动产继承不存在诉讼时效问题】**继承开始后若继承人无放弃继承的意思表示，则遗产成为全体继承人共有财产。继承纠纷中有关不动产继承不存在诉讼时效问题。

8.【**已死亡当事人遗产范围,属于适法的确认之诉情形**】继承人就继承财产是否具有遗产分割前的共有关系,虽属对过去事实及法律关系的确认之诉,亦非一概不具有确认利益。

9.【**民事诉讼中,应对附属具体行政登记行为进行审查**】父母的房屋遗产由兄弟姐妹中一个领取了房屋产权证,可视为代表共有人登记取得的产权证明,应视为与其他共有人共同共有为宜。

【类案裁判一般规则】

继承开始后若继承人无放弃继承的意思表示,则遗产成为全体继承人共有财产。继承纠纷中有关不动产继承不存在诉讼时效问题。

【典型参考案例索引】

主旨案例:广东从化法院(2014)穗从法民一撤字第1号"邝某",见《邝永坚诉邝镜湖等及邝利兴第三人撤销之诉(第三人撤销之诉必须同时具备四个构成要件)》(肖少珍),载《中国审判案例要览》(2015民:411)。**其他案例:**①北京通州区法院(2013)通民初字第15007号"陈玉贺与陈青山、陈华山、陈清霞等所有权确认纠纷案",见《确认利益的判断标准及处理方式》(李迎新,北京三中院审监庭),载《审判监督指导·实务研讨》(201501/51:228)。②浙江湖州中院(2012)浙湖民终字第307号"周某与周某弟物权纠纷案",见《继承人间的房屋遗产权属纠纷不适用诉讼时效——浙江湖州中院判决周明娥等诉周学新共有权确权纠纷案》(梁帅),载《人民法院报·案例指导》(20130207:06)。③福建漳州中院(2011)漳民终字第250号"林(詹)木桃与詹秀香等土改房屋确权纠纷上诉案",见《土改登记房屋的权属认定》(林振通),载《人民司法·案例》(201124:67)。④最高人民法院(2010)民监字第607号"王某与汪某析产纠纷案",见《继承案件之定性及诉讼时效的适用——王根云与王瑞卿继承纠纷申诉案》(梁曙明、杨祥,最高院立案庭),载《立案工作指导·申诉与申请再审疑案评析》(201202/33:91)。⑤见《诉请继承意外事故中下落不明满两年的人的"遗产"能否得到支持》(《民事审判指导与参考》研究组),载《民事审判指导与参考·民事审判信箱》(200903/39:288)。⑥上海二中院(2009)沪二中民一(民)终字第1344号"卢某等诉许某等继承纠纷案",见《继承权纠纷诉讼时效的理解和适用》(汤文元),载《人民司法·案例》(201002:55)。⑦云南腾冲法院(2007)腾民一初字第142号"杨某等诉方某等继承纠纷案",见《杨从康等诉方素兰继承案(法定继承)》(张占伦),载《中国审判案例要览》(2008民:420)。⑧江苏常州天宁区法院(2003)天民一初字第937号"孙某与马某等房屋确权纠纷案",见《孙伟荣、马丽卿诉孙雪珍房屋确权纠纷案(房屋确权)》(王君俊),载《中国审判案例要览》(2005民:1)。

十、遗嘱遗赠

91. 遗嘱内容与性质认定

——是不是遗嘱，如何来定性？

【遗嘱性质】

【案情简介及争议焦点】

1994年，吴某父去世。2008年，吴某姐诉请分割包括吴某父名下房产在内的遗产。吴某以2004年吴某父寄给吴某妻、载明其死后房屋是吴某的信件构成遗嘱，以及2006年其因此与吴某姐所签房产协议、吴某姐已领取部分补偿款为由抗辩。

争议焦点：1. 案涉书信是否构成遗嘱？2. 诉争房产如何处理？

【裁判要点】

1. 案涉书信内容不构成遗嘱。案涉信件过于随意，吴某父未签名，亦未注明年、月、日，并不符合自书遗嘱法定要件。吴某父在2006年去世，而从该信件内容推断书写时间可能为1996年，中间间隔十年，如吴某父确有处理该房产意思，完全有时间亦有能力在这十年间立下正式遗嘱。吴某亦未能提供父亲在这十年间有其他符合法律规定的遗嘱。该信件亦不能认定是吴某父处理财产的遗书，遗书构成遗嘱不但要有处理财产的明确表示，同时须有本人签名和注明年、月、日，此信件并不具备上述条件，故应认定该信件只是一份普通书信，吴某父在信件中的上述言论仅为表达自己死后对遗产处分的设想，亦可能是在当时因吴某妻与吴某姐为房子吵架，为团结双方的权宜之策，但并未对自己财产作出慎重、仔细和清晰的交代，亦未签名和注明时间，不能构成遗嘱。

2. 吴某姐行为构成重大误解。因吴某父信件并不能构成自书遗嘱，故吴某姐在错误认为该信件构成遗嘱情况下，同意将自己所有的房产部分以低价转让给吴某，构成重大误解，经法院行使释明权，吴某姐表示要求撤销该协议，法院认为吴某姐要求撤销该协议理由符合《合同法》第54条第1项规定，判决撤销案涉房产协议，诉争遗产由双方当事人平均分割。

【裁判依据或参考】

法律规定。《民法典》(2021年1月1日)第1123条："继承开始后，按照法定继承办理;有遗嘱的,按照遗嘱继承或者遗赠办理;有遗赠扶养协议的,按照协议办理。”第1134条:“自书遗嘱由遗嘱人亲笔书写,签名,注明年、月、日。”第1135条:“代书遗嘱应当有两个以上见证人在场见证,由其中一人代书,并由遗嘱人、代书人和其他见证人签名,注明年、月、日。”第1136条:“打印遗嘱应当有两个以上见证人在场见证。遗嘱人和见证人应当在遗嘱每一页签名,注明年、月、日。”第1137条:“以录音录像形式立的遗嘱,应当有两个以上见证人在场见证。遗嘱人和见证人应当在录音录像中记录其姓名或者肖像,以及年、月、日。”第1138条:“遗嘱人在危急情况下,可以立口头遗嘱。口头遗嘱应当有两个以上见证人在场见证。危急情况消除后,遗嘱人能够以书面或者录音录像形式立遗嘱的,所立的口头遗嘱无效。”第1139条:“公证遗嘱由遗嘱人经公证机构办理。”**《涉外民事关系法律适用法》**(2011年4月1日)第32条:“遗嘱方式,符合遗嘱人立遗嘱时或者死亡时经常居所地法律、国籍国法律或者遗嘱行为地法律的,遗嘱均为成立。”

【参考类案】

①2016年**北京某房屋买卖合同纠纷案**,1998年,李某父母立遗嘱,将夫妻共有房产留给李某继承,并进行公证。2003年,李某父去世。2012年,李某与母亲祁某签订房屋买卖合同,由李某完全购买祁某房产,但李某未付款。2015年,祁某去世。李某兄、姐以李某取得继承权后又签订买卖合同,应视为放弃继承权,因未付款,故诉请继承遗产。法院认为:就案涉房屋权属而言,各方均认可其为李某父母的夫妻共同财产,然二人早在1998年即已订立由李某继承的遗嘱并进行了公证,故在李某父亲去世后,依其所立公证遗嘱效力,李某成为该房屋共有权人之一。就另一共有权人祁某而言,在案涉房屋买卖合同签订前,未有证据显示祁某存在撤销遗嘱表示及祁某与李某关系恶化迹象,故可推定祁某并不存在让李某以支付对价方式获得房屋权属意愿。从房屋买卖合同内容分析,其中虽约定了房屋价格,但对交付时间、违约责任、付款方式和期限等重要条款均未明确,且在合同签订直至祁某去世期间,未有证据显示祁某向李某主张过购房款。在未收到任何房款前提下,祁某即将房屋过户至李某名下,此举与房屋买卖交易习惯不符。从处分权角度分析,在签订房屋买卖合同时,祁某并非房屋完全所有权人,李某无视己方权属份额,再通过买卖以支付祁某全部购房款方式获得过户登记,违背常识。祁某与李某为母子关系,双方长期生活在一起,李某亦承担了赡养母亲义务,在此前提下,祁某再将案涉房屋卖与自己儿子并从中获取房款行为缺乏动机性意义。此外,对于房屋买卖合同签订原则,李某亦提供证据,从便于过户、减少支出等方面作出了合理解释。结合上述分析及祁某遗嘱和生前行为,应认定祁某与李某之间并不存在真正的房屋买卖行为,而是形成了赠与行为。具体而言,即两人内心意思与外部表示行

为并不一致，双方合作完成了通谋虚伪行为，形成了真假两项意思表示，虚假的房屋买卖意思表示浮现于表面，真实的房屋赠与意思表示则被隐藏，应认定双方之间已形成合法有效的赠与合同关系。判决驳回李某兄、姐诉请。

②2014 年**江苏某继承纠纷案**，1987 年，范某以“立嘱人”名义出具书面材料，对财产情况包括名下房屋已以 3000 元售予田某妹作出交代。1998 年，范某去世。范某子女田某起诉田某妹及其他继承人，要求确认范某将案涉房产给田某妹的前述遗嘱无效。法院认为：当事人对自己提出的主张，有责任提供证据。范某以“立嘱人”名义出具的书面材料叙述了将房屋出售给女儿事情，并交代了所得房款去向，未提及自己死后财产分配问题，故该材料不是遗嘱。该材料系房屋买卖协议达成并履行后由范某个人出具，并非买卖双方共同签订，不符合合同形式要件，故该材料亦非买卖合同。综上，范某以“立嘱人”名义出具的书面材料不过是一位老人对家庭事务的记载，将家庭重大财产情况向子女作一书面交代，以免发生家庭矛盾，此为“嘱咐”而非“遗嘱”。因田某未举证证明范某生前立有遗嘱，故判决驳回田某诉请。

③2013 年**北京某合同纠纷案**，1999 年，母亲去世后，于某兄弟订立家庭协议书，主要约定子女对父亲扶养义务的分配及在父亲死后对父母遗产的分割。2000 年，父亲去世。于某兄依家庭协议书占有房屋并办理过户至自己名下。2010 年，于某诉请确认家庭协议书无效。法院认为：家庭协议书签约人无于某父亲。协议内容主要是约定子女对父亲扶养义务的分配及在父亲死后对父母遗产的分割，故该家庭协议书非于某父母遗嘱，而是于某兄弟对自己将来可取得财产预先进行分割的合同。附条件合同是指双方当事人在合同中约定某种事实状态，并以其将来发生或不发生作为合同生效或不生效的限制条件。本案各签约人在家庭协议书中并未约定以“有遗嘱”作为生效条件，故是否存在遗嘱不影响家庭协议书效力。《合同法》第 51 条规定，无处分权的人处分他人财产，无处分权人订立合同后取得处分权的，该合同有效。案涉家庭协议书处分的房屋为于某父母的夫妻共同财产。虽在签订协议时，签约人的签约行为构成了对于某父亲所有财产份额的无权处分，但于某父现已死亡，签约人已取得了原无权处分财产处分权。判决确认家庭协议书有效。

④2011 年**浙江某物权确认纠纷案**，1983 年，陈某与其两子陈兄、陈弟签订父子协议，其中约定两间平房待陈某夫妇过世后归陈兄所有。1999 年，陈兄亡故。至 2008 年，陈某夫妇均亡故，此前两间平房已被拆迁，拆迁部门已确定陈某享有两间平房的安置权。2011 年，陈兄之妻及子女作为原告起诉陈弟，要求判决确认陈某名下已被拆迁的房屋安置权归原告所有。法院认为：《民法通则》第 54 条规定：“民事法律行为是公民或者法人设立、变更、终止民事权利和民事义务的合法行

为。"案涉父子协议分割家庭财产,约定赡养父母事宜系当事人真实意思表示,对各方均具有法律约束力。其中关于诉争平房权属约定,即在陈某夫妇去世这一期限届至时,该平房即属陈兄所有,陈兄享有取得该平房所有权的期待权。陈兄去世后,其享有的该期待权利应由其法定继承人享有。陈兄虽先于陈某夫妇去世,诉争平房亦不应作为遗产由其法定继承人继承,而应根据分产协议约定确定权利归属。诉争平房在陈某去世前已被拆迁,在陈某去世后,该平房安置权利应属第一顺序继承人陈兄享有。

⑤2009 年**江苏某返还原物纠纷案**,2005 年,惑于万某所称继承要征收遗产税,车某将名下房产过户至儿子万某与儿媳李某名下。随后,车某与众子女共同签署"遗产继承书",言明车某去世后,万某代为分割前述房产遗产。2009 年,车某以万某、李某不孝为由,诉请返还房屋并过户。法院认为:遗嘱是自然人生前按照法律规定处分自己财产及安排与财产相关事务,并于死亡后发生继承效力的单方民事行为,被继承人有变更和撤销遗嘱的自由,遗产权属在被继承人死亡及继承开始后发生转移。分产协议是财产权人在生前对自己财产作出分配,财产权属转移不以财产权人死亡为必须条件。本案遗产继承书强调诉争房屋为车某生前所有,车某生前并无将房屋处分权转移的意思表示,而仅是对其死亡后财产继承意愿的反映,符合遗嘱特征。虽然该遗嘱由立遗嘱人与继承人双方签字,但遗嘱是继承人单方财产处分意愿,遵循自由自愿原则,不受他人干涉,故虽然形式上有继承双方签字,亦并不属于合约。本案遗产继承书虽系车某在打印文字下方签字盖章而形成,但因立遗嘱人车某尚未死亡,其在诉讼中对遗嘱内容的确认可表明该遗产继承书系其真实意思表示。该遗产继承书载明系为减少其死亡后遗产继承的麻烦将房屋过户给儿子万某,万某仅是名义上的登记所有权人,故本案遗产继承书是遗嘱而非分产协议。遗嘱人依法可撤销、变更自己所立遗嘱,万某虽已取得诉争房屋所有权登记,但该房屋所有权系基于车某遗嘱意愿而非实质性转移,车某并无放弃该房屋所有权意思表示,万某仅为名义上登记所有权人,并不因此享有完全所有权。李某虽非遗嘱继承人,但其取得房屋共有权登记系基于其与万某的特殊身份关系,在万某接受将来作为受托人执行分割遗产时,同样仅是名义上的房屋登记所有权人,不享有实质性权利。遗产继承书作为遗嘱,因立遗嘱人车某尚未死亡而未生效,车某随时有权变更或撤销遗嘱内容,判决万某、李某返还案涉房屋给车某,变更房屋所有权登记所需费用由车某承担。

【典型类案实务要点】

1.**【被继承人生前书信表达财产处分设想,不构成遗嘱】**被继承人生前在书信中表达自己死后对遗产处分的设想,并未对自己财产作出慎重、仔细和清晰的交代,亦未签名和注明时间,不能构成遗嘱。

2.【**被继承人生前以“立嘱人”名义嘱咐,不应为遗嘱**】被继承人生前以“立嘱人”名义出具书面材料,将家庭重大财产情况向子女作一交代,以免发生家庭矛盾,此为“嘱咐”而非“遗嘱”。

3.【**子女就赡养义务和遗产预先分割协议,一般应有效**】子女之间就父母赡养义务分配及父母死后遗产预先分割达成一致的意思表示,并不以是否存在父母遗嘱作为生效条件。

4.【**父母子女之间附期限分产协议,不应作为遗嘱对待**】父母子女之间约定父母去世后其房产归部分子女所有的协议,属分产协议而非遗嘱,即便受赠子女先于父母去世,在父母嗣后去世这一期限届至时,对该房产的期待权亦应由该子女其他法定继承人继承。

5.【**生前遗嘱不属合约或分家协议,遗嘱人得随时撤销**】自然人生前对其死亡后财产处分安排,符合遗嘱特征,虽采协议方式,亦不属于合约或分家协议,遗嘱人得随时撤销。

【类案裁判一般规则】

自然人生前按照法律规定处分自己财产及安排与财产相关事务,并于死后发生继承效力的民事法律行为,虽采协议方式,亦不属于合约或分家协议,遗嘱人得随时撤销。

【典型参考案例索引】

主旨案例:广西桂林秀峰区法院(2008)秀民初字第531号“吴某与吴某弟等继承纠纷案”,见《吴享平等诉吴享林继承案(自书遗嘱认定)》(黄强),载《中国审判案例要览》(2009民:470)。

其他案例:①北京三中院(2016)京03民终7576号“李某与张某等房屋买卖合同纠纷案”,见《李彩玲、李小平诉张春翎、李天一房屋买卖合同纠纷案——通谋虚假表示的判断及效力认定规则》(史智军),载《人民法院案例选》(201706/112:89)。②江苏扬州邗江区法院(2014)扬邗民初字第1338号“田某与田某弟等继承纠纷案”,见《田桂兰等诉田桂红等遗嘱继承纠纷案(遗嘱认定)》(王睿冰),载《中国审判案例要览》(2015民:325)。③北京一中院(2013)一中民终字第4131号“于某与魏某等合同纠纷案”,见《于静、于景云、于萍、于景凡诉于景奇、魏秀珍以及第三人陈绍莲确认合同效力纠纷案(家庭协议书的性质及效力认定)》(张英周),载《中国审判案例要览》(2014民:462)。④浙江宁波鄞州区法院(2011)甬鄞民初字第358号“陈某等与陈春某等物权确认纠纷案”,见《陈文杰、陈文霞等诉陈春芳、陈国芳等物权确认纠纷案——附期限分产协议中财产归属的认定》(韩涛),载《人民法院案例选》(201304/86:118)。⑤江苏无锡南长区法院(2009)南民一初字第1627号"车某与万某等返还原物纠纷案",见《车秀英诉万龙昌等返还原物案(遗嘱变更)》(汤然),载《中国审判案例要览》(2010民:388)。

92. 遗嘱法定形式及要求

——遗产做安排,形式要求严?

【遗嘱形式】

【案情简介及争议焦点】

2009年,郝某父死亡。郝某与其兄、姐达成协议:郝某父名下房屋归郝某所有,郝某给其兄、姐各20万元。三人签字后,郝某在其父亲电脑中找到一份"身后事项安排",并以此为由拒绝给付20万元。郝某姐以电脑里的文字不能证明是父亲所写、应按法定继承原则分割父亲遗产为由,诉请法院判决其依法继承父亲遗产。

争议焦点:1. 案涉电脑文件能否认定为遗嘱?2. 郝某兄妹所签协议是否有效?

【裁判要点】

1. 案涉文件非自书遗嘱。遗嘱有自书遗嘱、代书遗嘱、口头遗嘱等法定形式。如郝某所述属实,即郝某父电脑中"身后安排"为郝某父自己录入,系其真实意思表示,但仍不符合自书遗嘱形式要件,根本无法确认其为郝某父本人所写,在作为继承人之一的郝某姐否认情况下,证据关联性、来源合法性均无法确认,故不能确认其为被继承人郝某父生前自书遗嘱。

2. 案涉协议的法律效力。被继承人死亡后,如无遗嘱,依法律规定,继承人应当本着互谅互让、和睦团结的精神,协商处理继承问题。遗产分割的时间、办法和份额,由继承人协商确定。协商不成的,可以由人民调解委员会调解或者向人民法院提起诉讼。本案中,郝某兄妹三人在郝某父死亡后,本来是通过协商处理继承问题,已达成协议,但因郝某发现郝某父电脑中存有"身后安排",误认为此系父亲生前所立遗嘱,并以此为据去与哥哥、姐姐协商可否变更三人就继承问题所达成协议,遂引起纠纷。既然"身后安排"不能被视为郝某父遗嘱,亦即不存在遗嘱继承一事。郝某兄妹三人就继承问题达成的协议,是各方当事人真实意思表示,不违反法律和行政法规规定,应认定有效,各方均应自觉履行。现郝某姐要求按法定继承原则重新分割遗产,缺乏事实和法律依据,判决驳回郝某姐诉请。

【裁判依据或参考】

1. 法律规定。《**民法典**》(2021 年 1 月 1 日)第 135 条:“民事法律行为可以采用书面形式、口头形式或者其他形式;法律、行政法规规定或者当事人约定采用特定形式的,应当采用特定形式。”第 136 条:“民事法律行为自成立时生效,但是法律另有规定或者当事人另有约定的除外。行为人非依法律规定或者未经对方同意,不得擅自变更或者解除民事法律行为。”第 1123 条:“继承开始后,按照法定继承办理;有遗嘱的,按照遗嘱继承或者遗赠办理;有遗赠扶养协议的,按照协议办理。”第 1134 条:“自书遗嘱由遗嘱人亲笔书写,签名,注明年、月、日。”第 1135 条:“代书遗嘱应当有两个以上见证人在场见证,由其中一人代书,并由遗嘱人、代书人和其他见证人签名,注明年、月、日。”第 1136 条:“打印遗嘱应当有两个以上见证人在场见证。遗嘱人和见证人应当在遗嘱每一页签名,注明年、月、日。”第 1137 条:“以录音录像形式立的遗嘱,应当有两个以上见证人在场见证。遗嘱人和见证人应当在录音录像中记录其姓名或者肖像,以及年、月、日。”第 1138 条:“遗嘱人在危急情况下,可以立口头遗嘱。口头遗嘱应当有两个以上见证人在场见证。危急情况消除后,遗嘱人能够以书面或者录音录像形式立遗嘱的,所立的口头遗嘱无效。”第 1139 条:“公证遗嘱由遗嘱人经公证机构办理。”第 1142 条:“遗嘱人可以撤回、变更自己所立的遗嘱。立遗嘱后,遗嘱人实施与遗嘱内容相反的民事法律行为的,视为对遗嘱相关内容的撤回。立有数份遗嘱,内容相抵触的,以最后的遗嘱为准。”

2. 最高人民法院司法解释及其他司法性文件/解读文章。最高人民法院《**关于民事诉讼证据的若干规定(2019 修正)**》(2020 年 5 月 1 日)第 86 条:“当事人对于欺诈、胁迫、恶意串通事实的证明,以及对于口头遗嘱或赠与事实的证明,人民法院确信该待证事实存在的可能性能够排除合理怀疑的,应当认定该事实存在。与诉讼保全、回避等程序事项有关的事实,人民法院结合当事人的说明及相关证据,认为有关事实存在的可能性较大的,可以认定该事实存在。”最高人民法院研究室《**关于代书遗嘱虽不符合法定形式要件但确系遗嘱人真实意思表示能否认定有效问题的答复**》(2011 年 12 月 6 日):“……根据《继承法》以及《最高人民法院关于贯彻执行〈中华人民共和国继承法〉若干问题的意见》的有关规定,不符合法定形式要件的代书遗嘱不宜认定为有效。”最高人民法院《**关于贯彻执行〈中华人民共和国继承法〉若干问题的意见**》(1985 年 9 月 11 日　法〔民〕发〔1985〕22 号,2021 年 1 月 1 日起废止)第 35 条:“继承法实施前订立的,形式上稍有欠缺的遗嘱,如内容合法,又有充分证据证明确为遗嘱人真实意思表示的,可以认定遗嘱有效。”第36条:“继承人、受遗赠人的债权人、债务人,共同经营的合伙人,也应当视为与继承人、受遗赠人有利害关系,不能作为遗嘱的见证人。”第40条:“公民在遗书中涉及死后个人财产处分的内容,确为死者真实意思的表示,有本人签名并注明了年、月、日,又无相反证据的,可按自书遗嘱对待。”

3. 地方司法性文件。山东泰安中院民一庭《**法官会议纪要(家事部分)**》(2020年)第12条:“罹患新冠肺炎的患者,如因发病情况危急时,可以设立口头遗嘱,设立口头遗嘱应当按《中华人民共和国继承法》第十七条、十八条规定办理,但确属情况不允许,可使用视频等方式,条件可适当放宽。”北京高院《**关于审理继承纠纷案件若干疑难问题的解答**》(2018年6月11日)第17条:“遗嘱的形式要件认定规则?未严格按照法律规定的形式要件作出的遗嘱,人民法院应认定无效。签署日期不全的自书遗嘱应为无效。以遗书形式处分遗产的,如该遗书具备法律规定的自书遗嘱形式要件的,应认定有效。”第18条:“打印遗嘱的性质与效力?继承案件中当事人以打印遗嘱系被继承人自己制作为由请求确认打印遗嘱为有效自书遗嘱的,人民法院不予支持。但确有达到排除合理怀疑程度的证据表明打印遗嘱由被继承人全程制作完成,并具备自书遗嘱形式要件的,可认定为有效自书遗嘱。打印遗嘱由被继承人以外的人制作的,应符合法律规定的代书遗嘱形式要件。”四川成都中院《**二〇一七年全市法院民商事审判工作会会议纪要**》(2017年8月11日)第37条:“被继承人以打印的方式制作遗嘱的,应当如何认定该遗嘱的性质?以打印机印制的遗嘱,与手书遗嘱相较而言,其表现形式发生了变化。对打印遗嘱的性质认定,应当以遗嘱的制作过程作为认定依据。遗嘱人自行输入印制,签名,注明年、月、日的,应当认定为自书遗嘱;有两个以上见证人在场见证,遗嘱人交由其中一人代为输入印制,注明年、月、日,并由代为输入印制人、其他见证人和遗嘱人签名的,应当认定为代书遗嘱。”上海高院《**全市法院继承及婚姻家庭纠纷审判适法统一研讨会综述**》(2016年民一庭调研与参考〔2016〕3号)第1条:“……打印遗嘱的性质认定。打印遗嘱与传统自书遗嘱的最大区别是其主文内容由机器打印而成,由于难以判断是遗嘱人自己打印或由别人代为打印,实践中应如何认定其性质?倾向意见认为,打印遗嘱不能笼统地认定为自书遗嘱或代书遗嘱,其法律属性应当结合被继承人是否具有计算机操作能力、遗嘱形成过程等方面的证据来综合予以认定。根据最高法院《关于贯彻执行〈中华人民共和国继承法〉若干问题的解释》第四十条规定,公民在遗书中涉及死后个人财产处分的内容,确为死者真实意思表示,有本人签名并注明了年、月、日,又无相反证据的,可按自书遗嘱对待。因此,对打印遗嘱,有遗嘱人签名,注明年、月、日,并能举证证明确为遗嘱人真实意思表示,如遗嘱人有计算机操作能力、有其他证据材料与遗嘱内容相互印证等,则可以认定为是遗嘱人的自书遗嘱。”浙江杭州中院民一庭**《关于涉及婚姻家庭纠纷案件若干疑难问题的解答》**(2013 年 1 月 1 日)第 18 条:“对于遗嘱内容经打印形成,仅有被继承人的签名的遗嘱效力应如何认定?答:从社会经济发展水平和当事人的自身需求而言,上述类型的打印遗嘱存在一定的合理性,不能因其外在形式条件与继承法规定的自书遗嘱和代书遗嘱间有区别,而一概予以否定。应通过考察被继承人签名是否真实,被继承人平时是否有使用电脑的习惯、文化水平高低,有无其他人员知晓遗嘱内容等方面,对该遗嘱是否属被继承人真实意思表示进行严格审查,弱化对于文本是否本人亲笔书写,有无见证人等形式条件的要求。”上海高院**《对贯彻〈最高人民法院关于执行继承法若干意见〉的通知》**(1985 年 11 月 21 日)第 10 条:“对《意见》第 35 条的理解。《继承法》生效后,遗嘱人立代书遗嘱时,签名确有困难的,可盖章或捺指印,但必须有二个以上无利害关系的人在场见证签名,证明确系被继承人的真实意思表示。认定这类遗嘱是否有效,应当慎重。”

【参考类案】

①2011 年**北京某继承纠纷案**,栗某在父亲去世后,持栗某之女代书、两名律师见证并制作的谈话记录、栗某之父亲笔签名的遗书,以其他继承人为被告,诉请按遗书内容将父亲生前所有的房屋由栗某继承。法院认为:《继承法》第 17 条第 3 款规定:“代书遗嘱应当有两个以上见证人在场见证,由其中一人代书,注明年、月、日,并由代书人、其他见证人和遗嘱人签名。”第 18 条规定:“下列人员不能作为遗嘱见证人:……(三)与继承人、受遗赠人有利害关系的人。”据此可知,案涉遗嘱代书人因与继承人有直接利害关系,不能作为遗嘱见证人。案涉见证书虽表明该遗嘱由律师见证,但律师并未代书,故该遗嘱不符合代书遗嘱法定形式要件。案涉谈话记录虽有被继承人对其死后个人财产处分内容,但仍系由栗某之女代书、栗某之父签名,其本身亦不符合代书遗嘱形式要件。虽然最高人民法院《关于贯彻执行〈中华人民共和国继承法〉若干问题的意见》第 40 条规定:“公民在遗书中涉及死后个人财产处分的内容,确为死者真实意思的表示,有本人签名并注明了年、月、日,又无相反证据的,可按自书遗嘱对待。”但该条规定系针对自书遗嘱而言,并不解决代书遗嘱问题,且有关遗书认定,虽无法律明确规定,但从本条基本文义及社会通常观念理解,遗书应由立遗书本人书写,且还应包含除处分个人生前财产之外内容,本案中的遗书系由被继承人孙女代书,且内容仅限于处分其生前财产范畴,不符合上述司法文件第 40 条规定。虽然上述司法文件第 35 条同时规定:“继承法实施前订立的,形式上稍有欠缺的遗嘱,如内容合法,又有充分证据证明确为遗嘱人真实意思表示的,可以认定遗嘱有效。”本条规定本意在于,由于《继承法》施行前,并无非常明确和严格的有关遗嘱形式要求,故按“法不溯及既往”原则,对于形

式上稍有瑕疵遗嘱,只要是遗嘱人真实意思表示,亦可认定其效力。那么,依反对解释,在《继承法》施行后,订立遗嘱即应严格遵循该法关于遗嘱形式要件规定,否则,即应认定无效,故判决确认本案代书遗嘱无效。

②2008 年**江苏某继承纠纷案**,2001 年,朱某父立下遗嘱,内容为夫妻房产归朱某姐所有,"特申请公证",并在"申请人"处签署夫妻俩姓名。2003 年,朱某父及配偶杨某先后去世。一同生活的朱某料理了后事。2008 年,朱某父母留下的房产拆迁,朱某领取了全部拆迁款。朱某 3 个姐发现宅基地证中夹放的上述"遗嘱",遂诉请归还补偿款。法院认为:从案涉遗嘱文字表述,实际应为申请公证的申请书。被继承人书写该遗嘱后始终置于宅基证内,未向任何人提及,未指定遗嘱执行人,更未提请公证,故该遗嘱内容是否为立遗嘱人最终意思表示并不确定。杨某非本人签字,且无见证人见证,形式上不符合代书遗嘱法定要件。遗嘱中所附后事料理的附随义务未实际执行,亦未告知朱某,与常理不符。朱某父先于配偶死亡,且未为缺乏劳动能力又无生活来源配偶保留必要份额,违反法律强制性规定,故该遗嘱效力不足以成为遗嘱继承依据。朱某赡养父母所支付生活费、医疗费均属其对被继承人理应履行的赡养义务,无论数额大小,均无权主张从被继承人遗产中扣除,但应认定朱某对被继承人承担了较多赡养义务,可适当多分遗产。至于丧葬费,因该费用系为处理被继承人丧葬事宜而支出,故应从遗产中予以扣除后归还朱某。拆迁补偿款扣除朱某支付的丧葬费、修缮房屋支付费用后的余额,判决朱某分得2/5,朱某姐各分得 1/5。

③2008 年**上海某继承纠纷案**,1988 年,86 岁的邝某父与 23 岁保姆朱某结婚。1992 年,邝某父去世,朱某以经律师见证的邝某父代书遗嘱占有邝某父全部财产。2008 年,邝某以代书遗嘱程序瑕疵包括无见证人签名为由主张继承遗产。法院认为:虽然在遗嘱鉴定程序上存在一定瑕疵,诸如鉴定结论上无三名鉴定人和两名复核人签名或盖章,但该瑕疵不足以否定鉴定结论真实合法。《继承法》规定,代书遗嘱应当有两个以上见证人在场,由其中一人代书,注明年、月、日,并由代书人、其他见证人和遗嘱人签名。遗嘱见证人应具备完全民事行为能力,且与继承人和遗嘱人没有利害关系。从本案遗嘱看,虽然代书遗嘱仅有代书人和遗嘱人签名,缺少见证人签名,但综合分析已查明的遗嘱设立和律师见证整个过程,本案遗嘱见证人是执业律师,符合遗嘱见证人法定条件。虽然见证人未在代书遗嘱上签名,但专门制作了见证书,载明代书遗嘱制作过程,该行为与代书遗嘱手写稿和打印文本中均已明确载明立遗嘱人邝某父关于委托遗嘱见证的意思表示相吻合,足以证明该遗嘱是立遗嘱人真实意思表示,故该代书遗嘱有效。被继承人死亡时,其名下不动产确已被拆除,但遗嘱人在遗嘱中明确表示在其百年之后,其名下动产和不动产悉数赠与朱某,他人无权主张任何权利。本案系争房屋亦系朱某用邝某父遗留下的财产

重新盖起来的,此属财产形态转变。判决驳回邝某诉请。

④2008 年**北京某继承纠纷案**,2004 年,屠某父母去世。2007 年,屠某以 1998 年屠某父母自书遗嘱起诉屠某兄,要求确认房屋遗产归其所有。屠某兄以2003 年由其他兄弟姐妹作为见证人、执笔人为屠某父母亲戚的代书遗嘱抗辩。法院认为:公民有依遗嘱继承遗产权利。对案涉自书遗嘱,因双方当事人均不能提供可确定为被继承人的笔迹、指纹等材料做参照,故无法从笔迹、指纹等方面鉴定双方遗嘱真实性,但屠某兄提供的遗嘱中提到了屠某父母曾将诉争三间半房屋“在以前立遗嘱给了屠某”,庭审中屠某兄亦表示听父母说过立第一份遗嘱之事,故法院对屠某提供的屠某父母自书遗嘱予以认定。屠某提交的遗嘱在先,屠某兄提交的遗嘱在后,如屠某兄提交的遗嘱合法有效,则应以屠某兄提供的遗嘱为准,但屠某兄提交的系代书遗嘱,依《继承法》第 17 条第 2 款、第 3 款、第 18 条规定,代书遗嘱应当有两个以上见证人在场见证,由其中一人代书,注明年、月、日,并由代书人、其他见证人和遗嘱人签名,与继承人有利害关系的人,不能作为遗嘱的见证人。在屠某兄提交的代书遗嘱中,见证人为继承人,遗嘱人签名系由他人代签,代签人与被继承人系亲属,故该代书遗嘱不符合法定要件,法院不予认定。判决案涉房产由屠某继承。

⑤2008 年**北京某继承纠纷案**,2007 年,刘弟在母亲去世后,拿出母亲生前留下的录音遗嘱,主张母亲名下的集体土地使用权收益款由其继承。在场人有其他弟妹及刘弟朋友。法院认为:该录音遗嘱见证人为法定继承人或与继承人有利害关系的人,故刘弟所出示录音光盘不符合录音遗嘱条件,遗嘱继承不能成立。刘兄作为被继承人子女,对案涉遗产享有法定继承权。

⑥2000 年**新疆某继承纠纷案**,1998 年,汪某病故前先后立下两份口头遗嘱,前一份系在病危情况下当着其所在学校领导和同事面,对其后事作出交待,后一份系与汪某情同父子的学生唐某在汪某病故后转述,称系汪某对财产处理等“其他事情”所作交待:所有财产按相应比例归侄子及唐某、结拜外甥刘某。后三方受遗赠人通过签订补充协议确认。2000 年,因汪某胞兄及侄子未履行补充协议致诉。法院认为:被继承人汪某住院治病期间,一直神志清醒,对于后事处理已向无利害关系的多人表达,其口头遗嘱内容真实,应确认有效。唐某因系受遗赠人,不能作为遗嘱见证人,其转述内容在法律上不能被认定为口头遗嘱内容,故其亦不能作为证人来证明该口头遗嘱内容。汪某胞兄与唐某所签补充协议,系双方真实意思表示,并征得了刘某认可,应作为本案当事人对遗产分割依据,当事人应按该补充协议约定分得遗产。唐某、刘某虽不属法定继承人,但他们在被继承人生前,尤其在被继承人生前最后几个月里,尽了照料、赡养义务,依法应适当分得部分遗产。判决汪某遗产扣除债务后的 3 万余元,由刘某、唐某、汪某侄子各分得 1.3 万余元、1.1 万余元、8000 余元,汪某遗留家具及生活用品由汪某侄子继承。

⑦2000年**云南某继承纠纷案**,1997年10月,马某在妻子去世后,先后与邢某、杨某、任某生活过一段时间。1999年10月,马某去世。杨某拿出有证人及代书人签名、盖有马某私章但无签名的代书遗嘱及证人证明的口头遗嘱,主张独自继承马某房屋及存款。法院认为:马某未经婚姻登记即与杨某共同生活的事实,发生在马某之妻1997年10月死亡之后,发生在民政部1994年2月1日发布施行《婚姻登记管理条例》之后,故依法应认定马某与杨某之间不构成事实婚姻关系。我国法律规定的代书遗嘱应有两个以上见证人在场见证,由其中一人代书,注明年、月、日,并由代书人、其他见证人和遗嘱人签名。本案中,杨某所提交代书遗嘱无遗嘱人马某亲笔签名,缺乏法定形式要件,不具备证据合法性特征,且该代书遗嘱内容不真实,不具备证据客观性特征,故该代书遗嘱无效。证人证言虽称口头遗嘱有4人在场见证且称系马某病危时所立,形式符合法律规定的口头遗嘱要件,但该口头遗嘱内容却是对上述代书遗嘱虚假内容的重申,故亦应认定为无效。杨某所举口头、书面遗嘱证据因不具备真实性、合法性特征,不具有证据效力,故杨某要求以配偶身份继承马某遗产,不予支持。

【典型类案实务要点】

1.**【被继承人电脑中"身后安排",不能视为自书遗嘱】**立遗嘱是要式法律行为。保存在计算机中以"身后安排"等形式出现的所谓"网络遗嘱",因不具备自书遗嘱形式要件,不能被认为是《继承法》中规定的遗嘱人自书遗嘱。

2.**【代书遗嘱虽意思真实,但因不符合形式要件而无效】**代书遗嘱虽确系遗嘱人真实意思表示,但不符合《继承法》及最高人民法院《关于贯彻执行〈继承法〉若干问题的意见》规定的形式要件的,不宜认定有效。

3.**【遗嘱不符合生效要件的,不足以成为遗嘱继承依据】**夫妻一方以共同名义书写的遗嘱,但从形式要件及实质要件均不符合遗嘱生效条件的,不足以成为遗嘱继承依据。

4.**【见证人虽未签名,但有见证书的,代书遗嘱应有效】**执业律师作为见证人虽未在代书遗嘱上签名,但专门制作了见证书,载明代书遗嘱制作过程,足以证明遗嘱是立遗嘱人真实意思表示的,代书遗嘱有效。

5.**【在后订立代书遗嘱不合法,不能否定自书遗嘱效力】**见证人为继承人、遗嘱人签名由他人代签的代书遗嘱虽在后订立,因不符合法定要件,故不能否定在先自书遗嘱效力。

6.**【录音遗嘱见证人,不能是与继承人有利害关系的人】**以录音形式所立遗嘱,应有两个以上见证人在场见证,与继承人、受遗赠人有利害关系的人不能作为遗嘱见证人。

7.【**包含由受遗赠人转述内容的口头遗嘱,应认定无效**】遗嘱人所立口头遗嘱,包含由受遗赠人之一口头转述内容的,不符合法律规定的口头遗嘱形式要件,应认定无效。

8.【**代书遗嘱、口头遗嘱不合法、不真实,无证据效力**】同居一方持另一方不具备真实性、合法性特征的代书遗嘱、口头遗嘱,要求以配偶身份继承遗产的,应不予支持。

【类案裁判一般规则】

遗嘱人可以采用自书、代书、打印、录音录像、口头、公证方式立遗嘱。遗嘱人立有多份遗嘱,内容相抵触的,以最后的遗嘱为准。

【典型参考案例索引】

主旨案例:见"郝涟湘与赫涟清、赫涟漪继承纠纷案",见《被继承人电脑中的"身后安排"可否视为其自书遗嘱》(韩玫,最高院民一庭),载《民事审判指导与参考·指导性案例》(201002/42:176)。**其他案例:**①北京一中院"栗某与栗某北等遗嘱继承纠纷案",见《最高人民法院研究室关于代书遗嘱虽不符合法定形式要件但确系遗嘱人真实意思表示能否认定有效问题的答复》(2011 年 12 月 6 日),及《〈最高人民法院研究室关于代书遗嘱虽不符合法定形式要件但确系遗嘱人真实意思表示能否认定有效问题的答复〉的解读》(陈龙业,最高院研究室),载《司法研究与指导·答复与指导》(2014/4:124)。②江苏启东法院(2008)启民一初字第 2099 号"朱某与朱某姐等继承纠纷案",见《朱月娥三姐妹诉兄弟朱玉斌夫妇遗嘱继承纠纷案(遗嘱继承)》(朱焕东),载《中国审判案例要览》(2010 民:384)。③上海高院(2008)沪高民一(民)终字第 76 号"邝某与朱某等法定继承纠纷案",见《邝宇栋等诉朱菊仙法定继承案(遗嘱效力认定)》(王茜),载《中国审判案例要览》(2009 民:479)。④北京二中院(2008)二中少民终字第 4864 号"屠某与屠某兄等继承纠纷案",见《屠赛楠诉屠守华等继承案(自书遗嘱认定)》(宿杭),载《中国审判案例要览》(2009 民:506)。⑤北京大兴区法院(2008)大民初字第 6264 号"刘兄诉刘弟等继承纠纷案",见《设立遗嘱要具备合法的内容和形式要件——刘孝利诉刘曼文等遗产继承案》(邹涛、杨洁),载《人民法院案例选·月版》(200912/12:72)。⑥新疆农七师中院 2000 年 8 月 31 日"唐某与汪某等继承纠纷案",见《受遗赠人唐铸等诉汪玉兴等应依双方签订的遗产分配协议取得遗产案》(杨善明),载《人民法院案例选》(200201/39:79)。⑦云南昆明中院(2000)昆民终字第 902 号"杨某诉邢某等遗赠纠纷案",见《杨桂英诉邢元寿案(遗赠)》(曾庆娟),载《中国审判案例要览》(2001 民:39)。

93. 遗嘱财产的变更撤销
——事先立遗嘱,事后怎撤销?

【遗嘱撤销】

【问题提出】

遗嘱中的房屋在被拆迁后所得补偿房屋或补偿款,遗嘱中确定的原房屋继承人能否主张继承?

【裁判要点】

1. 遗嘱人有权撤销遗嘱。遗嘱是遗嘱人生前在法律允许范围内,按法律规定方式对其遗产或其他事务所作个人处分,并于遗嘱人死亡时发生效力的法律行为。遗嘱人在遗嘱中对财产处分,本质上是遗嘱人基于其对该财产所有权,在法律允许范围内自由处分其财产的一种表现形式。遗嘱中对财产处分方式体现了遗嘱人立遗嘱时的内心真意,但并不能对遗嘱人随后改变其财产处分方式产生约束,故遗嘱人在立遗嘱后,还可通过各种法律允许方式撤销其在原遗嘱中的财产处分行为。

2. 案涉遗嘱应视为撤销。依《国有土地上房屋征收补偿条例》第25条"房屋征收部门与被征收人依照本条例的规定,就补偿方式、补偿金额和支付期限、用于产权调换房屋的地点和面积、搬迁费、临时安置费或者周转用房、停产停业损失、搬迁期限、过渡方式和过渡期限等事项,订立补偿协议"规定,标的物被拆迁后的对价是由房屋征收部门与被征收人在补偿协议中约定的补偿金或产权调换房屋。亦即,标的物被拆迁一般是因标的物所有权人同意拆迁并与房屋征收部门达成补偿协议引起,故标的物所有权人同意标的物被拆迁行为是导致标的物灭失的重要因素。标的物所有权人在遗嘱中将标的物处分给他人后,又以补偿协议形式同意将标的物拆迁,应视为其在立遗嘱后又以行为作出了与立遗嘱时相反的意思表示并导致了标的物灭失。依最高人民法院《关于贯彻执行〈中华人民共和国继承法〉若干问题的意见》第39条"遗嘱人生前的行为与遗嘱的意思表示相反,而使遗嘱处分的财产在继承开始前灭失、部分灭失或所有权转移、部分转移的,遗嘱视为被撤销或部分被撤销"规定,该遗嘱涉及标的物被拆迁部分应被视为撤销。遗嘱人遗嘱中所涉标的物被拆迁后所获得补偿金或产权调换房屋与原标的物为不同的物。对遗嘱人而言,该补偿金或产权调换房屋属于立遗嘱后新获得财产。由于遗嘱人并未明确表示标的物被拆迁后的对价——补偿金或产权调换房屋处分方式作为遗嘱组成部分,故不能将补偿金或产权调换房屋作为遗嘱中标的物变更。

【裁判依据或参考】

相关规定。《**民法典**》(2021 年 1 月 1 日)第 1142 条:"遗嘱人可以撤回、变更自己所立的遗嘱。立遗嘱后,遗嘱人实施与遗嘱内容相反的民事法律行为的,视为对遗嘱相关内容的撤回。立有数份遗嘱,内容相抵触的,以最后的遗嘱为准。"最高人民法院《**关于贯彻执行〈中华人民共和国继承法〉若干问题的意见**》(1985 年 9 月 11 日　法〔民〕发〔1985〕22 号,2021 年 1 月 1 日起废止)第 39 条:"遗嘱人生前的行为与遗嘱的意思表示相反,而使遗嘱处分的财产在继承开始前灭失、部分灭失或所有权转移、部分转移的,遗嘱视为被撤销或部分被撤销。"北京高院《**关于审理继承纠纷案件若干疑难问题的解答**》(2018 年 6 月 11 日)第 20 条:"遗嘱所涉特定财产在继承开始前非因被继承人原因发生形态变化的,所涉部分之遗嘱能否被认为撤销?遗嘱中所涉特定财产在继承开始前非因被继承人原因发生形态变化的,如损害赔偿等,被继承人未对形态变化后的财产安排再次作出遗嘱意思表示的,视为原遗嘱已撤销;但有证据表明被继承人客观上无法再次作出遗嘱意思表示的除外。"

【参考类案】

①2011 年**山东某继承纠纷案**,2004 年,牟某与其丈夫卢某共同订立公证遗嘱,将夫妻共有两处二层沿街楼作如下处分:(一)夫妇一方死亡后,先死亡者遗留下的房产份额由健在的老伴继承;(二)夫妇俩均死亡后,一号沿街楼由其子继承,二号沿街楼由其两个女儿共同继承;(三)夫妇俩健在期间,可共同变更、撤销遗嘱;夫妇俩一人健在时,可以自行变更、撤销本遗嘱;(四)本遗嘱第一项在夫妇一方死亡后生效,第二项在夫妇俩均死亡后生效。2007 年,卢某因病去世。2009 年,牟某向公证部门公证撤销了前述遗嘱,但其认为遗嘱第一项已生效,其已基于继承取得了房产物权,因与其子女就房产继承发生纠纷,牟某遂以其三名子女为被告,诉请确认涉案房产已由其继承、归其所有。法院认为:依《继承法》及相关司法解释规定,遗嘱人可以撤销、变更自己所立的遗嘱;立有数份遗嘱,内容相抵触的,以最后的遗嘱为准。据此,遗嘱人有权撤销的系其自己原先所立遗嘱。上述"以最后的遗嘱为准"表述,进一步说明撤销遗嘱须为遗嘱人生前行为,且撤销须系针对尚未生效遗嘱。本案中,因卢某死亡事件发生,遗嘱第一项已具备生效条件,并据此发生继承。很显然,卢某系该项遗嘱的遗嘱人,牟某系该项遗嘱继承人,其作为继承人取得了涉案房产物权。在继承发生前,并未发生遗嘱第一项被撤销情形,在卢某死亡后,牟某作为继承人更无权撤销卢某遗嘱。现遗嘱第一项已生效且继承已发生,牟某

公证撤销遗嘱行为对该项遗嘱不发生法律效力。但对于涉案遗嘱第二项“夫妇俩均死亡后,一号沿街楼由其子继承,二号沿街楼由其两个女儿共同继承”,因牟某仍健在,该项遗嘱尚不具备生效条件,且其中“一号楼、二号楼”在卢某死亡后均已归属牟某个人财产,牟某有权自由处分,包括撤销该财产之上所立遗嘱,故遗嘱第三项中“夫妇俩一人健在时,可以自行变更、撤销本遗嘱”,实际上针对的即遗嘱第二项,本案应认定牟某经公证撤销了遗嘱第二项。判决确认牟某继承了卢某遗留的房产份额,并取得整个房产物权。

②2009年**某继承纠纷案**,2004年,张某在老伴去世后即由小保姆邓某照料生活。2005年,张某与邓某登记结婚,随后立遗嘱指定邓某为其唯一的财产继承人继承自己名下房屋和存款。2006年,张某病逝。张某儿子张某某持房主为自己名字的房产证要求邓某腾房。经查明,张某在与邓某结婚并立遗嘱后,与邓某发生矛盾,便将房屋赠与儿子并办理了产权转移手续。法院认为:最高人民法院《关于贯彻执行〈中华人民共和国继承法〉若干问题的意见》第39条规定,“遗嘱人生前的行为与遗嘱的意思表示相反,而使遗嘱处分的财产在继承开始前灭失,部分灭失或所有权转移、部分转移的,遗嘱视为被撤销或部分被撤销。”张某作为有完全民事行为能力的自然人,根据自己意思处分财产,是法律赋予的权利。只要这种处分行为不损害国家、集体或第三人合法权益,即应受法律保护。对于自然人用遗嘱处分其财产行为,《继承法》所进行的限制亦只是要求“对缺乏劳动能力又没有生活来源的继承人保留必要的遗产份额”。只要遗嘱人未违反上述法律规定,遗嘱即应被认定为有效。本案中,邓某作为张某配偶,属于第一顺序继承人,但其具有劳动能力,故不属于遗嘱人必须为其保留必要财产份额的范畴。张某立遗嘱将其所有房屋指定由邓某继承是其对自己遗产处分,但法律并未规定这种处分行为一经作出就不能变更。用新的遗嘱取消原来遗嘱是一种变更形式;在自己生前采取变卖或赠与等形式处分财产也是法律允许的。归根结底,张某对自己名下房屋处分权并不因其已立有遗嘱而受到限制。邓某通过继承取得遗产只能是从被继承人死亡、继承开始之时起。在此之前,邓某对张某名下房产不享有权利,故张某将房屋赠与儿子张某某并未侵犯邓某合法权益。我国婚姻法理论认为婚姻是男女双方基于感情结合,而不是一种等价有偿的交换行为。如支持邓某主张的张某是以允诺邓某继承其房产作为条件,欺骗邓某与之结婚并为之养老送终的观点,那么也就等于承认其本人与张某结婚目的就是待张某百年之后获得其名下房产。显然,这种观点是与我国《婚姻法》基本精神相悖。张某在遗嘱中将邓某指定为其财产唯一继承人,因该遗嘱意思表示真实、不违反法律,应认定为有效。张某生前将其所有房产赠与其子张某某行为,只是使其遗产范围发生了变化,遗嘱部分内容被撤销,并不影响整个遗嘱效力,故依该遗嘱,张某遗产仍归邓某继承。只是张某立遗嘱时名下房屋不

再是遗产了。

③2009 年**江苏某返还原物纠纷案**,2005 年,惑于万某所称继承要征收遗产税,车某将名下房产过户至儿子万某与儿媳李某名下。随后,车某与众子女共同签署"遗产继承书",言明车某去世后,万某代为分割前述房产遗产。2009 年,车某以万某、李某不孝为由,诉请返还房屋并过户。法院认为:遗嘱是自然人生前按照法律规定处分自己财产及安排与财产相关事务,并于死亡后发生继承效力的单方民事行为,被继承人有变更和撤销遗嘱的自由,遗产权属在被继承人死亡及继承开始后发生转移。分产协议是财产权人在生前对自己财产作出分配,财产权属转移不以财产权人死亡为必须条件。本案遗产继承书强调诉争房屋为车某生前所有,车某生前并无将房屋处分权转移的意思表示,而仅是对其死亡后财产继承意愿的反映,符合遗嘱特征。虽然该遗嘱由立遗嘱人与继承人双方签字,但遗嘱是继承人单方财产处分意愿,遵循自由自愿原则,不受他人干涉,故虽然形式上有继承双方签字,亦并不属于合约。本案遗产继承书虽系车某在打印文字下方签字盖章而形成,但因立遗嘱人车某尚未死亡,其在诉讼中对遗嘱内容的确认可表明该遗产继承书系其真实意思表示。该遗产继承书载明系为减少其死亡后遗产继承的麻烦将房屋过户给儿子万某,万某仅是名义上的登记所有权人,故本案遗产继承书是遗嘱而非分产协议。遗嘱人依法可撤销、变更自己所立遗嘱,万某虽已取得诉争房屋所有权登记,但该房屋所有权系基于车某遗嘱意愿而非实质性转移,车某并无放弃该房屋所有权意思表示,万某仅为名义上登记所有权人,并不因此享有完全所有权。李某虽非遗嘱继承人,但其取得房屋共有权登记系基于其与万某的特殊身份关系,在万某接受将来作为受托人执行分割遗产时,同样仅是名义上的房屋登记所有权人,不享有实质性权利。遗产继承书作为遗嘱,因立遗嘱人车某尚未死亡而未生效,车某随时有权变更或撤销遗嘱内容,判决万某、李某返还案涉房屋给车某,变更房屋所有权登记所需费用由车某承担。

④2009 年**江苏某继承纠纷案**,2005 年,车某担心征收遗产税,故将名下房产以虚假房屋买卖形式过户给 5 个子女中的万某,该房登记在万某及万某妻子李某名下。车某与万某所签遗产继承书载明车某死后,登记在万某、李某名下房产由万某代为在 5 个子女间平均分割。2009 年,车某以万某不孝为由,诉请返还房屋。法院认为:遗嘱是自然人生前依法律规定处分自己财产及安排与财产相关事务,并于死亡后发生继承效力的单方民事行为,被继承人有变更和撤销遗嘱自由,遗产权属在被继承人死亡及继承开始后发生转移。分产协议是财产权人在生前对自己财产作出分配,财产权属转移不以财产权人死亡为必须条件。本案的遗产继承书强调诉争房屋为车某生前所有,车某并无生前将房屋处分权转移的意思表示,而是其对自己死亡后财产分配意愿反映,符合遗嘱特征。虽然该遗嘱由立遗嘱人与继承人双

方签字,但遗嘱是继承人单方处分财产意愿,遵循自由自愿原则,不受他人干涉,形式上由双方签字,但并不属于合约。遗产继承书系车某在打印文字下方签字盖章形成,因立遗嘱人车某尚未死亡,其在诉讼中对遗嘱内容确认可表明该遗产继承书系其真实意思表示。该遗产继承书载明系为减少其死亡后遗产继承麻烦将房屋过户给儿子万某,故万某仅是名义上登记所有权人。立遗嘱人可撤销、变更自己所立遗嘱,即本案车某有权撤销、变更遗产继承书内容。车某在诉讼中对遗产继承书真实性予以确认,同时亦明确表示撤销遗产继承书中关于将作为遗产的涉诉房屋过户到万某名下并委托万某为遗产执行人分割遗产的内容,这是其对遗嘱内容变更,符合法律规定,依法应予准许。万某虽已取得诉争房屋所有权登记,但因该房屋所有权系基于车某遗嘱意愿而非实质性转移,车某并无放弃该房屋所有权意思表示,万某仅为名义上登记所有权人,并不因此而享有完全所有权。李某虽非遗嘱继承人,但其取得房屋共有权登记系基于其与万某夫妻身份关系,同样仅是名义上房屋登记所有权人,不享有实质性权利。基于车某对遗产继承书中有关遗嘱内容撤销事实,故车某有权要求万某、李某返还上述作为遗产的房屋。遗产继承书作为遗嘱,因立遗嘱人车某尚未死亡,遗嘱尚未生效,车某有权随时变更或撤销遗嘱内容。且本案系围绕房屋所有权产生争议,故对万某提出诉讼请求已超过诉讼时效的抗辩意见,不予采纳。判决万某、李某将涉诉房屋返还给车某,变更房屋所有权登记所需费用由车某承担。

【典型类案实务要点】

1.**【遗嘱中房屋被立遗嘱人同意拆迁,应视为撤销遗嘱】**遗嘱处分房屋后,立遗嘱人又签订补偿协议同意拆迁的,应视为撤销遗嘱,遗嘱中确定的原继承人不能主张继承房屋补偿款或调换房屋。

2.**【夫妻一方死亡,另一方无权撤销已生效的共同遗嘱】**遗嘱人死亡,遗嘱生效,遗嘱继承人只能接受继承或放弃继承,而不能撤销、变更已生效遗嘱。夫妻双方共立遗嘱,约定互为继承人,此时一方死亡,在世的另一方即为遗嘱继承人,其无权撤销、变更共同遗嘱中已生效部分。

3.**【遗嘱人实际处分遗嘱中部分财产,应视为部分撤销】**具有完全民事行为能力的自然人有权根据自己意愿,通过遗嘱处分自己财产。立遗嘱人亦有权在有生之年通过赠与形式处分自己财产,不受遗嘱行为、内容限制。遗嘱人生前行为与遗嘱意思表示相反,而使遗嘱处分财产在继承开始前灭失,部分灭失或所有权转移、部分转移的,遗嘱视为被撤销或部分被撤销。

4.**【生前遗嘱不属合约或分家协议,遗嘱人得随时撤销】**自然人生前对其死亡后财产处分安排,符合遗嘱特征,虽采协议方式,亦不属于合约或分家协议,遗嘱人得随时撤销。

5.【**遗嘱执行人办理房产登记，遗嘱生效前被撤销情形**】虽以协议形式出现但实质内容是自然人对自己死后财产分配处理的法律文件，因符合遗嘱特征，应认定其为遗嘱而非分产协议。

【类案裁判一般规则】

遗嘱人可以撤回、变更自己所立遗嘱；立遗嘱后，遗嘱人实施与遗嘱内容相反的民事法律行为的，视为对遗嘱相关内容的撤回；立有数份遗嘱，内容相抵触的，以最后的遗嘱为准。

【典型参考案例索引】

主旨案例：见《遗嘱中的房屋在被拆迁后所得补偿房屋或补偿款，遗嘱中确定的原房屋继承人能否主张继承》（《民事审判指导与参考》研究组），载《民事审判指导与参考·民事审判信箱》（201201/49：264）。**其他案例：**①山东日照中院（2011）日民一终字第553号“牟某与卢某等遗嘱继承纠纷案”，见《夫妻一方死亡另一方无权撤销已生效共同遗嘱——山东日照中院判决牟乃分与卢振林等遗嘱继承纠纷案》（张宝华、马德健），载《人民法院报·案例指导》（20120802：06）。②见《遗嘱人生前以赠与方式处分遗嘱中所列部分财产的，应视为遗嘱被部分撤销》（韩玫，最高院民一庭），载《民事审判指导与参考·指导性案例》（200901/37：133）。③江苏无锡南长区法院（2009）南民一初字第1627号“车某与万某等返还原物纠纷案”，见《车秀英诉万龙昌等返还原物案（遗嘱变更）》（汤然），载《中国审判案例要览》（2010民：388）。④江苏无锡南长区法院（2009）南民一初字第1627号“车英诉万某等遗嘱继承纠纷案”，见《取得不动产登记的遗嘱执行人在遗嘱生效前不享有真正的完全所有权》（汤然），载《人民司法·案例》（201102：84）。

94. 遗嘱公证的损害赔偿

——遗嘱做公证，损害是否赔？

【遗嘱公证】

【案情简介及争议焦点】

2001年，张某将名下1987年已售杨某房产遗赠给孙女即李某女儿并办理公证。2005 年,公证处以公证程序违法为由撤销前述公证书。2010 年,生效判决认定李某继承张某房产,并参照现时拆迁补偿款标准赔偿张某对杨某违约损失 9 万余元。2011 年,李某以公证处存在过错为由,诉请赔偿其损失。

争议焦点:1. 本案因果关系如何认定? 2. 本案公证处应否赔偿?

【裁判要点】

1. 公证损害赔偿构成要件。公证处所作遗嘱公证书因违反法定程序被撤销,故可认定公证处在为张某进行遗嘱公证过程中存在不当之处。但要认定公证处应对李某在本案中主张的损失承担赔偿责任,还需证明公证处过错与李某损失之间存在因果关系。

2. 公证处不承担民事责任。公证书被撤销后,李某继承了张某遗产,但因张某先前违约行为导致继承人应在遗产价值范围内先行偿付对杨某债务,此与公证书被撤销并无直接关联。现李某并无确实充分证据证明其偿付行为与公证处过错存在因果关系,故对李某主张公证处赔偿其损失诉请不予支持,判决驳回李某诉请。

【裁判依据或参考】

1. 法律规定。《民法典》(2021 年 1 月 1 日)第 1139 条:"公证遗嘱由遗嘱人经公证机构办理。"第 1140 条:"下列人员不能作为遗嘱见证人:(一)无民事行为能力人、限制民事行为能力人以及其他不具有见证能力的人;(二)继承人、受遗赠人;(三)与继承人、受遗赠人有利害关系的人。"第 1141 条:"遗嘱应当为缺乏劳动能力又没有生活来源的继承人保留必要的遗产份额。"第 1142 条:"遗嘱人可以撤回、变更自己所立的遗嘱。立遗嘱后,遗嘱人实施与遗嘱内容相反的民事法律行为的,视为对遗嘱相关内容的撤回。立有数份遗嘱,内容相抵触的,以最后的遗嘱为准。"第 1143 条:"无民事行为能力人或者限制民事行为能力人所立的遗嘱无效。遗嘱必须表示遗嘱人的真实意思,受欺诈、胁迫所立的遗嘱无效。伪造的遗嘱无效。遗嘱被篡改的,篡改的内容无效。"第 1144 条:"遗嘱继承或者遗赠附有义务的,继承人或者受遗赠人应当履行义务。没有正当理由不履行义务的,经利害关系人或者有关组织请求,人民法院可以取消其接受附义务部分遗产的权利。"第 1154 条:"有下列情形之一的,遗产中的有关部分按照法定继承办理:(一)遗嘱继承人放弃继承或者受遗赠人放弃受遗赠;(二)遗嘱继承人丧失继承权或者受遗赠人丧失受遗赠权;(三)遗嘱继承人、受遗赠人先于遗嘱人死亡或者终止;(四)遗嘱无效部分所涉及的遗产;(五)遗嘱未处分的遗产。"《老年人权益保障法(2018 修正)》(2018 年 12 月 29 日)第 22 条:"老年人对个人的财产,依法享有占有、使用、收益和处分的权利，子女或者其他亲属不得干涉，不得以窃取、骗取、强行索取等方式侵犯老年人的财产权益。老年人有依法继承父母、配偶、子女或者其他亲属遗产的权利，有接受赠与的权利。子女或者其他亲属不得侵占、抢夺、转移、隐匿或者损毁应当由老年人继承或者接受赠与的财产。老年人以遗嘱处分财产，应当依法为老年配偶保留必要的份额。”《**涉外民事关系法律适用法**》（2011 年 4 月 1 日）第 33 条：“遗嘱效力，适用遗嘱人立遗嘱时或者死亡时经常居所地法律或者国籍国法律。”

2. 最高人民法院司法解释及其他司法性文件/解读文章。最高人民法院、外交部《**颁布“外人在华遗产继承问题处理原则”的指示**》（1954 年 9 月 28 日　法行密字第 5 号）第 5 条：“外人在华所立遗嘱，在继承开始前，应经我法院认证。外人在国外所立遗嘱，如系建交国人所立，在继承开始前，应经我驻外使领馆或国内外事机构认证。如系未建交国人所立，在继承开始前，应转经我驻建交国家使领馆或国内外事机构认证。”第 6 条：“外人在华遗产，如所有合法继承人及受赠人均拒绝受领，或继承人之有无不明，而在公告继承期间（公告期限六个月）无人申请继承者，即视为绝产，应收归公有。上述遗产之处理，应报外交部批准。”

3. 部门规章。司法部公证律师司《**关于以遗嘱方式将遗产指定给已婚子女个人所有的遗嘱能否办理公证事的复函**》（1988 年 10 月 26 日　〔88〕司公字第 102 号）：“……申请人以遗嘱的方式将遗产指定归子女个人所有，而不得作为婚后夫妻共同所有财产的遗嘱，属附条件的遗嘱。我国婚姻法第十三条虽然规定‘夫妻在婚姻关系存续期间所得的财产，归夫妻共同所有’，但是还规定‘双方另有约定的除外’。因此该遗嘱在生效时，如遗嘱受益人能够按遗嘱中所附的条件，与其配偶达成协议，即可按遗嘱继承遗产，如达不成协议，就不能按遗嘱继承遗产。故公证处可为此附条件的遗嘱办理公证。”司法部公证律师司《**关于办理黄兆源遗嘱继承公证的复函**》（1988 年 6 月 16 日　〔88〕司公字第 60 号）：“……经与有关部门研究认为，在涉外遗嘱继承中，如果遗嘱人为外籍人，他在国外立遗嘱处分其在我国内的不动产时，该遗嘱内容应符合我国的法律。在当事人申办遗嘱继承公证时，我公证机关应对该遗嘱进行检验。主要包括：确认该遗嘱是否是遗嘱人本人所立，遗嘱人在立遗嘱时是否符合行为地法律；遗嘱人在遗嘱中所处分的财产是否属于本人所有；遗嘱受益人有无变化，遗嘱有无取消缺乏劳动能力又没有生活来源的继承人的继承权等等。关于黄兆源的遗嘱继承公证，由于遗嘱人生前居住在新加坡，且在新加坡设立的遗嘱，对其遗嘱的认定问题，虽经新加坡高级法庭的检定，但由于我国与新加坡未建交，无法直接采证。故可由遗嘱受益人将新加坡高级法庭的遗嘱检定书及遗嘱原件（如果是复印件，必须证明与原件相符）办理新加坡公证和新加坡外交部认证，以及与我国和新加坡有外交关系的任何第三国驻新使馆认证，再拿到我国使用。公证处根据上述遗嘱检验的要求进行审查和必要的调查核实。对于符合设立遗嘱时的行为地法律的遗嘱，且遗嘱的内容也符合我国的法律，公证处可为当事人出具遗嘱继承权公证书。”司法部公证律师司**《关于涉外遗嘱继承公证中如何确认遗嘱效力问题的复函》**(1987年6月16日 〔87〕司公字第65号)：“……经与有关部门反复研究认为，目前《继承法》中对涉外遗嘱效力问题未作出规定，如何确认遗嘱效力需具体问题具体研究。为慎重办理此类公证，总结经验，今后凡是公证处受理的涉外、涉华侨、涉港澳台遗嘱继承公证事项，均需逐案报我司研究，并着重了解以下几个问题：1. 遗嘱人的国籍、出生年月日，死亡年月日、亲属状况；2. 遗嘱人的住所地、立遗嘱的行为地；3. 遗嘱受益人的状况(姓名、性别、出生年月日、国籍、住所地、与遗嘱人的关系等)；4. 遗嘱中所处分的在我国内的遗产状况(动产、不动产、价值、存放或坐落地点等)；5. 遗嘱人住所地或遗嘱行为地国家对遗嘱效力的有关法律规定；6. 当事人向公证处提交的遗嘱是否办理了公证、认证。”

4. 地方司法性文件。北京高院**《关于审理继承纠纷案件若干疑难问题的解答》**(2018年6月11日)第21条：“公证被撤销的公证遗嘱效力如何认定？公证遗嘱因公证程序本身存在瑕疵等原因导致公证被撤销的，公证遗嘱丧失法律效力。但对于公证处在制作公证遗嘱过程中留存保管的当事人自行制作的自书遗嘱、代书遗嘱、录音遗嘱等，应结合《继承法》及司法解释的相关规定对遗嘱效力作出认定。”第22条：“最后一份遗嘱被撤销时在先遗嘱效力？被继承人立有数份内容抵触的有效遗嘱，最后一份遗嘱被撤销的，在先的前一份遗嘱发生效力，但当事人对是否恢复在先遗嘱效力以及恢复哪一份遗嘱效力另有表示的除外。被继承人立有数份内容抵触的有效遗嘱，最后一份遗嘱被认定无效时，在先的前一份遗嘱发生效力。”

【参考类案】

①2016年**山东某房屋行政登记纠纷案**，2002年，房管局依窦某提交的公证遗嘱，为窦某、翟某办理了遗产房所有权及共有权证。2015年，翟某诉请撤销该行政行为及权属证书。法院认为：《房屋登记办法》第13条第1项规定：“共有房屋，应当由共有人共同申请登记。”由于房管局在办理房屋登记时，翟某不在现场，且在未核实“房屋所有权(继承)登记申请书”中申请人保证处翟某签名及指印是否翟某亲自所签所留，即房管局在不能证实是否翟某真实意思表示情况下，办理了房屋所有权(继承)登记并颁发了房屋所有权证及共有权证，该行政行为不符合相关法律法规规定。最高人民法院《关于审理房屋登记案件若干问题的规定》第11条第1款规定：“被诉房屋登记行为涉及多个权利主体或者房屋可分，其中部分主体或者房屋的登记违法应予撤销的，可以判决部分撤销。”由于涉案房屋所有权(继承)登记并颁发房屋所有权证及共有权证行为不具有可分性，判决撤销房管局登记行为

及分别为窦某、翟某颁发的房屋所有权证、房屋共有权证。

②2013 年**江苏某行政诉讼案**,2011 年,陈某持曹某遗嘱、房产证到房管局要求办理过户手续,房管局回复以陈某未提供“遗嘱继承公证书”为由不予办理。法院认为:《行政诉讼法》第 52 条规定:“人民法院审理行政案件,以法律和行政法规、地方性法规为依据。地方性法规适用于本行政区域内发生的行政案件。”第 53 条规定:“人民法院审理行政案件,参照国务院部、委根据法律和国务院的行政法规、决定、命令制定、发布的规章以及省、自治区、直辖市和省、自治区的人民政府所在地的市和经国务院批准的较大的市的人民政府根据法律和国务院的行政法规制定、发布的规章。”《物权法》第 10 条规定:“国家对不动产实行统一登记制度。统一登记的范围、登记机构和登记办法,由法律、行政法规规定。”《继承法》第 16 条第 3 款规定:“公民可以立遗嘱将个人财产赠给国家、集体或者法定继承人以外的人。”第 17 条第 2 款规定:“自书遗嘱由遗嘱人亲笔书写,签名,注明年、月、日。”《房屋登记办法》第 32 条规定:“发生下列情形之一的,当事人应当在有关法律文件生效或者事实发生后申请房屋所有权转移登记……(三)赠与……”《房屋登记办法》并无要求遗嘱受益人须持公证机关出具的遗嘱公证书才能办理房屋转移登记的规定。本案中,司法部、建设部《关于房产登记管理中加强公证的联合通知》不属于法律、行政法规、地方性法规或规章范畴,其规范内容不得与《物权法》《继承法》《房屋登记办法》等法律法规相抵触。行政机关行使行政职能时须符合法律规定,行使法律赋予的行政权力,其不能在有关法律法规规定之外创设新的权力来限制或剥夺行政相对人合法权利。行政机关以此为由干涉行政相对人合法权利,要求其履行非依法赋予的责任义务,法院不予支持,故房管局要求陈某须出示遗嘱公证书才能办理房屋转移登记行为与法律法规相抵触,对该涉案房屋不予办理所有权转移登记的具体行政行为违法,判决撤销回复并责令履行办理所有权转移登记法定职责。

③2010 年**重庆某物权保护纠纷案**,1983 年,余某夫妇收养蒋某。1997 年,根据家庭会议,约定由蒋某交纳养父名下一套安置房补差款后,两老居住,房产权归蒋某所有。2004 年,养父丧偶后与廖某结婚。2006 年,养父立公证遗嘱,将其名下房屋指定廖某一人继承。2009 年,养父死亡后,蒋某起诉要求确权,并要求廖某搬出该房。法院认为:从 1997 年家庭协议内容看,所有权转移是附期限法律行为,该期限为余某夫妇最后一人死亡时,关于所有权转移的约定始生效力,诉讼时效期限才开始计算,故不存在超过诉讼时效期限问题。民事协议一经签订,即在当事人之间形成“法锁”,非经当事人协商一致或依法律途径,单方不得撤销或变更。公证遗嘱是单方法律行为,不能撤销在民事协议中的处分行为。从“家庭协议”本意看,蒋某享有该房屋所有权,余某夫妇享有居住权。廖某作为蒋某养父的合法配偶,虽非家

事协议当事人,但依我国善良风俗,可继受取得遗嘱人前一配偶的意定居住权,直至其死亡时止,故判决确认诉争房屋为蒋某所有,驳回蒋某要求廖某搬出诉请。

【典型类案实务要点】

1.【**遗嘱公证虽不当,但与损害无因果关系的,不赔偿**】公证处办理遗嘱公证过程中虽存在不当之处,但该过错行为与利害关系人损失不存在因果关系的,公证处不承担赔偿责任。

2.【**凭公证遗嘱办理房屋登记,仍需全体共有权人到场**】房管部门在有继承人未亲自到场亦未委托代理人申请房屋权属登记情形下,仅依公证遗嘱为全体继承人办理房屋权属登记,应予撤销。

3.【**房管部门要求出示遗嘱公证书才办过户的行为违法**】国家对不动产实行统一登记制度。统一登记范围、登记机构和登记办法,由法律、行政法规规定。司法部、建设部《关于房产登记管理中加强公证的联合通知》不属法律、行政法规、地方性法规或规章范畴,且与《物权法》《继承法》《房屋登记办法》等法律法规相抵触,不能成为房屋登记主管部门不履行房屋登记法定职责依据。

4.【**遗嘱人前一配偶意定居住权,仍可由后一配偶享有**】公证遗嘱不能撤销民事协议中的处分行为,遗嘱人后一配偶虽非家事协议当事人,但依我国善良风俗,可继受取得遗嘱人前一配偶意定居住权。

【类案裁判一般规则】

公证遗嘱由遗嘱人经公证机构办理。遗嘱人立有数份遗嘱,内容相抵触的,以最后的遗嘱为准。

【典型参考案例索引】

主旨案例:北京二中院(2012)二中民终字第04023号"李某与某公证处损害赔偿纠纷案",见《刘淑珍等诉潞州公证处公证损害责任纠纷案(公证损害)》(刘晓蕾),载《中国审判案例要览》(2013 民:279)。**其他案例:**①山东济南中院(2016)鲁01行终561号"翟某与某房管局房屋行政登记案",见《翟连健诉济南市国土资源局房屋行政登记案——在遗嘱已被公证的情形下办理房屋登记手续是否仍需共有权人均到场》(唐瑾、徐文晶),载《人民法院案例选》(201804/122:184)。②江苏南京中院(2013)宁行终字第56号"陈某与某房管局行政诉讼案",见《陈爱华诉南京市江宁区住房和城乡建设局不履行房屋登记法定职责案》,载《最高人民法院公报·案例》(201408/214:40);另见《陈爱华诉南京市江宁区住房和城乡建设局不履行房屋登记法定职责案》,载《江苏省高级人民法院公报》(201401/31:91)。

③重庆五中院(2010)渝五中法民终字第1978号“蒋某与廖某物权保护纠纷案”,见《意定居住权可由同一身份者享有——重庆五中院判决蒋琳诉廖联会物权保护纠纷案》(代贞奎),载《人民法院报·案例指导》(20111020:06);另见《家事诉讼中居住权的保护——重庆五中院判决蒋琳诉廖联会物权保护纠纷案》(代贞奎),载《人民法院报·案例指导》(20110428:06)。

95. 遗嘱内容的法律效力

——生前定遗嘱,约定有无效?

【遗嘱效力】

【案情简介及争议焦点】

2006年11月,张某自书遗嘱“我妻今后嫁人,10号楼归我侄子所有”。同年12月,张某去世。2007年,张某妻蔡某与他人结婚并于次年生一女且在10号楼为女儿举办“百日酒”。2012年,张某侄起诉蔡某,要求判令张某名下9号楼、10号楼归其所有。

争议焦点:1. 本案纠纷性质?2. 张某自书遗嘱效力?

【裁判要点】

1. 本案应为遗赠纠纷。公民可以依法立遗嘱处分个人财产。本案中张某亲笔书写遗书及签名,注明年、月、日,并经数名证人见证签名,就其居住房产予以处分,故其书写遗书为自书遗嘱。公民立遗嘱将个人财产赠给国家、集体或法定继承人以外的人,为遗赠。张某侄属法定继承人以外的人,其诉讼主张基于遗赠法律关系而提出,故本案应为遗赠纠纷。案涉10号楼并未列入遗赠范围,张某侄亦非张某法定继承人,同时不存在代位继承、转继承等情形,故张某侄诉请判令10号楼归其所有的主张,无法律依据。

2. 遗嘱内容违法无效。婚姻自由系我国宪法规定的一项公民基本权利,亦系《婚姻法》规定的基本婚姻制度,具体而言体现为婚姻自主权这一人格权利,即自然人有权在法律规定范围内,自主自愿决定本人婚姻,不受其他任何人强迫与干涉。张某去世后,蔡某是否再婚应完全由其自行决定,如蔡某选择再婚亦人之常情,故张某立下遗嘱设定约束内容,限制蔡某婚姻自由,违反有关婚姻自由的法律规定,故张某遗嘱中“我妻今后嫁人,10号楼归我侄子所有”内容应属无效,即张某侄受遗赠内容无效。即便前述张某受遗赠内容有效,依法律规定,受遗赠人应在知道受遗赠后两个月内,作出接受或放弃受遗赠表示。到期未表示的,视为放弃受遗赠。本案中张某死亡后,张某侄作为遗书持有人并居住在同村,应知晓张某遗产内容中其受遗赠条件成就,但张某侄未举证证明其在条件成就后两个月内作出接受遗赠的表示,应视为放弃受遗赠,故判决驳回张某侄诉请。

【裁判依据或参考】

1. 法律规定。《民法典》(2021 年 1 月 1 日)第 135 条:“民事法律行为可以采用书面形式、口头形式或者其他形式;法律、行政法规规定或者当事人约定采用特定形式的,应当采用特定形式。”第 136 条:“民事法律行为自成立时生效,但是法律另有规定或者当事人另有约定的除外。行为人非依法律规定或者未经对方同意,不得擅自变更或者解除民事法律行为。”第 1123 条:“继承开始后,按照法定继承办理;有遗嘱的,按照遗嘱继承或者遗赠办理;有遗赠扶养协议的,按照协议办理。”第 1134 条:“自书遗嘱由遗嘱人亲笔书写,签名,注明年、月、日。”第 1135 条:“代书遗嘱应当有两个以上见证人在场见证,由其中一人代书,并由遗嘱人、代书人和其他见证人签名,注明年、月、日。”第 1136 条:“打印遗嘱应当有两个以上见证人在场见证。遗嘱人和见证人应当在遗嘱每一页签名,注明年、月、日。”第 1137 条:“以录音录像形式立的遗嘱,应当有两个以上见证人在场见证。遗嘱人和见证人应当在录音录像中记录其姓名或者肖像,以及年、月、日。”第 1138 条:“遗嘱人在危急情况下,可以立口头遗嘱。口头遗嘱应当有两个以上见证人在场见证。危急情况消除后,遗嘱人能够以书面或者录音录像形式立遗嘱的,所立的口头遗嘱无效。”第 1139 条:“公证遗嘱由遗嘱人经公证机构办理。”第 1142 条:“遗嘱人可以撤回、变更自己所立的遗嘱。立遗嘱后,遗嘱人实施与遗嘱内容相反的民事法律行为的,视为对遗嘱相关内容的撤回。立有数份遗嘱,内容相抵触的,以最后的遗嘱为准。”第 1143 条:“无民事行为能力人或者限制民事行为能力人所立的遗嘱无效。遗嘱必须表示遗嘱人的真实意思,受欺诈、胁迫所立的遗嘱无效。伪造的遗嘱无效。遗嘱被篡改的,篡改的内容无效。”

2. 最高人民法院司法解释及其他司法性文件/解读文章。最高人民法院民一庭《**民事审判实务问答(夫妻共同财产问题)**》(2005 年 4 月)第 12 条:“配偶中一方立遗嘱把属于夫妻共有的财产赠给子女和朋友,这样的遗嘱有效吗?答:依照《中华人民共和国继承法》第十六条的规定,公民可以立遗嘱将个人财产指定由法定继承人继承或赠给法定继承人以外的人。夫妻双方对夫妻共同财产享有共同的权利、承担共同的义务,双方享有平等的财产处分权。《最高人民法院关于贯彻执行〈中华人民共和国继承法〉若干问题的意见》第三十八条规定:‘遗嘱人以遗嘱处分了属于国家、集体或他人所有的财产，遗嘱的这部分，应认定无效’。因此，配偶中一方将夫妻共有财产赠给子女和朋友，如未经另一方同意，该配偶擅自处分共有财产的遗嘱应认定部分无效，依照《中华人民共和国继承法》第二十六条的规定，对该遗嘱所涉及的共有财产，应分出一半归配偶所有，其余一半由遗嘱指定的继承人继承。如果立遗嘱的被继承人的配偶先于立遗嘱的被继承人死亡的，对立遗嘱的被继承人的配偶的财产应按照法定继承办理，遗嘱中擅自处分应属配偶的财产的部分应认定无效。”最高人民法院《**关于方巧娣赠与不能成立应否按法定继承处理问题的函**》(1987 年 11 月 5 日 〔1983〕民监字第 1502 号)：“……经我院审判委员会讨论认为：一、你院认定方巧娣将讼争房屋赠给方兴桂缺乏事实和法律依据。第一，根据政务院 1950 年颁布的《契税暂行条例》规定，房屋赠与要由双方订立契约，并办理过户纳税手续。此案既没有办理过户纳税手续，也没有赠与契约，不符合房屋赠与的规定。第二，方瑞英、罗咏陶、何泽其的证言都是间接证据，并且是彼此孤立的，无旁证可资印证，证据力不足。1962 年方兴桂去香港前，是方巧娣书面委托罗咏陶代管房屋，方兴桂照此委托书将产权证和租簿等转交罗咏陶。所收租金，除缴纳房地产税和房屋修缮费用外，作为徐景泰胞姊徐保娣的生活费。此节为罗咏陶证实，亦为方兴桂所承认。这说明行使该房屋所有权的是方巧娣而不是方兴桂。即便方巧娣在 1957 年时曾有过将房屋产权赠给方兴桂的意愿，其 1962 年的行为也足以证明改变了原有的意愿。因此，方巧娣将房屋赠给方兴桂是不能成立的。二、方巧娣既然生前对争执房屋未作过处分，其死亡时该项房产应作为遗产由其丈夫徐景泰继承。方兴桂属于第二顺序继承人，在有第一顺序继承人的情况下，不享有继承其胞姊遗产的权利。徐景泰在香港所作的遗嘱不违反我国法律，应认定有效。徐应祥依据该遗嘱取得所争执的房屋所有权，应予准许。”最高人民法院《**关于财产共有人立遗嘱处分自己的财产部分有效处分他人的财产部分无效的批复**》(1986 年 6 月 20 日 〔1986〕民他字第 24 号)：“……双方讼争的房屋，原系冯奇生及女儿冯湛清、女婿刘卓三人所共有。冯奇生于 1949 年病故前，经女儿冯湛清同意，用遗嘱处分属于自己和冯湛清的财产是有效的。但是，在未取得产权共有人刘卓的同意下，遗嘱也处分了刘卓的那一份财产，因此，该遗嘱所涉及刘卓财产部分则是无效的。在刘卓的权利受到侵害期间，讼争房屋进行了社会主义改造，致使刘卓无法主张权利。现讼争房屋发还，属于刘卓的那份房产应归其法定继承人刘坚等依法继承。”最高人民法院《**关于对分家析产的房屋再立遗嘱变更产权，其遗嘱是否有效的批复**》(1985 年 11 月 28 日 〔1985〕民他字第 12 号)：“……关于建国前已经析产确权，能否再予重新分割或立遗嘱继承等问题，经研究答复如下：张家定之祖父张文卿(张士国之父)于一九四八年将其家中自有房宅，除自己居住的一处外，其余四处均分给四个儿子。建国后由人民政府颁发了产权证。一九五三年张文卿召开有镇政府干部参加的家庭会议,经协商,重新调整各自分得的房产,以清偿分家前的债务,立了经镇政府认可的‘房屋分管字据’,均无异议。一九五五年张文卿夫妇将调整给二儿媳的房产,又立遗嘱由四子张士国‘继承’。一九六六年巫溪县人民法院按‘遗嘱’作了调解。二儿媳的女儿张家定等人不服,提起申诉。据上,我们认为,对张家在一九四八年析产后,经财产所有人共同协商,于一九五三年分家时达成的各自管业且已执行多年的房产协议,应予以维护。张文卿夫妇于一九五五年所立‘遗嘱’无效。”最高人民法院**《关于贯彻执行〈中华人民共和国继承法〉若干问题的意见》**(1985年9月11日　法〔民〕发〔1985〕22号,2021年1月1日起废止)第5条:“被继承人生前与他人订有遗赠抚养协议,同时又立有遗嘱的,继承开始后,如果遗赠抚养协议与遗嘱没有抵触,遗产分别按协议和遗嘱处理;如果有抵触,按协议处理,与协议抵触的遗嘱全部或部分无效。”第12条:“继承人有继承法第七条第(一)项或第(二)项所列之行为,而被继承人以遗嘱将遗产指定由该继承人继承的,可确认遗嘱无效,并按继承法第七条的规定处理。”第37条:“遗嘱人未保留缺乏劳动能力又没有生活来源的继承人的遗产份额,遗产处理时,应当为该继承人留下必要的遗产,所剩余的部分,才可参照遗嘱确定的分配原则处理。继承人是否缺乏劳动能力又没有生活来源,应按遗嘱生效时该继承人的具体情况确定。”第38条:“遗嘱人以遗嘱处分了属于国家、集体或他人所有的财产,遗嘱的这部分,应认定无效。”第41条:“遗嘱人立遗嘱时必须有行为能力。无行为能力人所立的遗嘱,即使其本人后来有了行为能力,仍属无效遗嘱。遗嘱人立遗嘱时有行为能力,后来丧失了行为能力,不影响遗嘱的效力。”第43条:“附义务的遗嘱继承或遗赠,如义务能够履行,而继承人、受遗赠人无正当理由不履行,经受益人或其他继承人请求,人民法院可以取消他接受附义务那部分遗产的权利,由提出请求的继承人或受益人负责按遗嘱人的意愿履行义务,接受遗产。”最高人民法院**《关于张阿凤遗嘱公证部分有效问题的批复》**(1981年12月24日　〔81〕民他字第17号):“……根据1950年婚姻法第十二条、第十四条关于夫妻、子女和父母为同一顺序继承人的规定,张阿凤之父张福海去世后,张阿凤、张阿金、张阿富均有继承张福海遗产的权利。张阿凤所立遗嘱只能处理她应继承的份额,不能处理别人应得的份额。经查张阿金从未放弃对张福海遗产的继承权。因此,同意你院审判委员会讨论的第二种意见:张阿凤的遗嘱公证,其中有关处分张阿金应继承张福海遗产的部分,是无效的。你院应根据法律和此案的实际情况妥善处理。”最高人民法院**《关于继承问题的复函》**(1950年3月9日　法编字第126号)第1条:“答申忠理函各问:(一)新民主主义社会仍承认私有财产制度,关于处理私有财产的遗嘱,原则上应对其继承人产生效力;如在政策观点上认为个别遗嘱有不合理之偏差,例如遗嘱将其财产悉予男子不给女儿或剥夺未成年子女的应继权或对子女中有劳动能力者分予甚多,而对无劳动能力者反而少给或不给等情形,仍许利害关系人请以裁判酌予变更……”

3. 地方司法性文件。北京高院**《关于审理继承纠纷案件若干疑难问题的解答》**(2018年6月11日)第19条:“共同遗嘱能否认定有效?在世一方能否单方撤销、变更共同遗嘱?以夫妻双方名义共同订立的处理夫妻共同财产的遗嘱,符合遗嘱形式要件的应为有效。当事人仅以遗嘱内容为一方书写,不符合代书遗嘱相关形式要件为由请求认定遗嘱无效的,人民法院不予支持。夫妻一方先死亡的,在世一方有权撤销、变更遗嘱中涉及其财产部分的内容;但该共同遗嘱中存在不可分割的共同意思表示,上述撤销、变更遗嘱行为违背该共同意思表示的除外。”第23条:“遗嘱真实性举证证明责任承担的原则,鉴定不能情况下举证证明责任如何分配?继承纠纷中,原则上应由持有遗嘱并主张遗嘱真实一方承担遗嘱真实性举证证明责任。在因无法提供足够的鉴定对比样本而导致遗嘱笔迹鉴定不能情况下,如有证据证明一方当事人持有鉴定对比样本而拒不提供的,人民法院可根据案情确定由该方承担不利后果。”上海高院**《全市法院继承及婚姻家庭纠纷审判适法统一研讨会综述》**(2016年民一庭调研与参考〔2016〕3号)第1条:“……形式瑕疵遗嘱的效力认定。实践中,由于立遗嘱人对法定的遗嘱形式要件不甚了解,或者由于疏忽,或者由于习惯等因素,导致遗嘱在形式上出现一定瑕疵,此时该如何认定其效力?一种观点认为应当坚持遗嘱的要式性,否定形式瑕疵遗嘱的效力;另一种观点则认为应探究遗嘱人的真实意思,对形式瑕疵遗嘱作有效认定。倾向意见认为,遗嘱属于要式行为,但法律规定遗嘱要式性的初衷即是为了确保遗嘱人的真实意思表示。因此,为保障遗嘱人的最终真实意思表示能够得以实现,对形式要件上稍有欠缺的遗嘱,如果内容合法,又有充分证据能证明其为遗嘱人的真实意思表示,并能够通过其他方式弥补遗嘱形式上的不足的,可认定遗嘱有效。”江西赣州中院**《民事审判若干问题解答》**(2006年2月27日)第51条:“配偶中一方立遗嘱把属于夫妻的财产赠给子女和朋友,该遗嘱是否有效?答:该遗嘱部分无效。根据《继承法》和相关司法解释,配偶中一方立遗嘱将夫妻共有财产赠给子女和朋友的行为是部分无效的,该遗嘱中处分了配偶他方财产的部分无效。”上海高院**《对贯彻〈最高人民法院关于执行继承法若干意见〉的通知》**(1985年11月21日)第11条:“对《意见》第37条的理解,缺乏劳动能力又无生活来源的继承人,虽有亲属扶养,也应视为无生活来源的人。”第12条:“对《意见》第37条的理解。继承人是否缺乏劳动能力又无生活来源,应视遗嘱生效时该继承人的具体情况确定。但在遗产处理时,原有劳动能力或有生活来源的健康人,因情况变化而确实丧失劳动能力又无生活来源,应从实际出发,分给适当遗产。”第13条:“对《意见》第38条的理解。遗嘱人处分的财产系‘文革’中被查抄的财物,国家规定法定婚假。立遗嘱时虽未发还,在遗嘱生效后,已经发还的,遗嘱的这部分有效。”

【参考类案】

①2015 年**广东某继承纠纷案**,2002 年,罗某自书《遗言》,明确“本人过身后原意”将名下房产留给简某,简某姐有居住权,房屋不能出租或出卖,如有变动需经简某妹同意。2015 年,简某诉请继承该房屋。简某姐、妹以“原意”并无产权处分意为由抗辩。法院认为:遗嘱是典型的要式行为、死因行为、无相对人的单方法律行为,与合同等双方法律行为存在本质区别,故遗嘱解释不同于一般的合同解释。被继承人立遗嘱本意是希望其所立遗嘱能生效,并能按遗嘱人真意来处理遗产,故对遗嘱解释应探寻被继承人内心真意,力求符合遗嘱愿望,不能仅因遗嘱存在笔误或部分歧义而轻易否定其效力。案涉遗嘱中关于房屋表述,全文并无转折或但书,具有逻辑上一体性,结合罗某年龄及文化程度,遗嘱中“原意”应系“愿意”笔误。罗某将案涉房屋产权遗留给简某意思表示清晰明确,其关于简某姐有居住权、未经同意不能出租或出售等只是遗嘱附有义务,系对继承人所有权限制,而非对所有权的否定,不足以推断出遗嘱仅系给简某挂靠户籍意思。判决案涉房屋全部所有权份额由简某继承。

②2013 年**某继承纠纷案**,2011 年,陈某父去世。生前留下遗嘱:长子、次子各继承自己公司股份30%,35%股份留给无民事行为能力的小儿子陈某子;陈某有生之年,陈某子不得转让上述股权份额;长子、次子监督陈某子是否及时支付了陈某在疗养院的生活、护理费用,如未及时支付,授权长子、次子从陈某子所得股权收益中直接划扣。在陈某丧失民事行为能力后,与陈某闹离婚、长期分居的胡某作为陈某法定代理人,以遗嘱未依法为缺乏劳动能力又无生活来源的继承人保留必要遗产份额为由,诉请确认遗嘱无效。法院认为:依《民法通则》第 17 条规定,无民事行为能力人的监护人是其配偶。胡某是陈某之妻,有权代理陈某提起民事诉讼。在二人未离婚、且陈某其他有监护资格的关系密切的亲属未提出变更监护人情况下,胡某有权作为陈某法定代理人代陈某提出诉请。陈某父所立遗嘱,充分考虑了其法定继承人中丧失行为能力的小儿子陈某利益,已在遗产分配上为陈某今后生活提供了经济保障。陈某父了解陈某婚姻状况,特别是在陈某因车祸丧失民事行为能力后不久,其妻胡某曾起诉离婚并与陈某分居,且从不过问陈某生活状况事实,是促使陈某父将本欲留给陈某遗产,指定由陈某之子继承原因。陈某父给陈某子公司股份,其数额超过了给自己其他两个儿子数额,主要目的仍是为了让陈某子更好地履行照顾其父义务。陈某子作为遗嘱继承人继承陈某父遗产是附有义务的,只不过继承所附照顾其父亲生活义务,与陈某子依《婚姻法》第 21 条第 3 款规定,对父母所应承担法定赡养义务是一致的。为保证陈某子有赡养其父经济实力,陈某父还在遗嘱中对陈某子转让其通过继承所获得家族企业股份作出了限制性规

定，并指定自己另外两个儿子监督执行。纵观陈某父遗嘱全部内容，应该看到陈某父作为父亲，为自己丧失行为能力的儿子所作周密安排。从法律意义上说，这种安排未剥夺无劳动能力又无其他生活来源的法定继承人继承权，遗嘱因不违反法律而应被认定有效。同时亦应看到，由于陈某是无民事行为能力人，其诉讼是由胡某作为法定代理人代为提起的，驳回陈某诉请本身并不会损害其合法权益，亦不会对其精神上造成伤害。判决驳回陈某诉请。

③2009 年**云南某继承纠纷案**，2006 年，胡某父因医疗事故死亡并获赔偿。其后，胡某、胡某妹在胡某外祖母未在场情况下，与癔症性精神病人胡某母签订协议，约定胡某母财产归胡某妹，前提是胡某妹须继承胡家门户，子女必有姓胡。2007 年，胡某母死亡。胡某诉请分割胡某父母遗产。法院认为：案涉协议约定胡某妹须继承胡家门户，子女必有姓胡，侵犯了胡某妹的婚姻自主权及他人（子女）姓名权，另外，胡某母第一顺序继承人除胡某与胡某妹外，还有胡某外祖母，签订协议时胡某外祖母不在场，而胡某母是精神病人，此情况下将胡某母财产处理给胡某妹，侵犯了胡某外祖母合法权益，协议应认定无效。对于胡某父因医疗事故死亡获得的赔偿款，应由胡某、胡某妹、胡某外祖母平均分配。胡某父母遗产，考虑胡某妹所尽义务较多，分配遗产时适当多分。

④2008 年**江苏某继承纠纷案**，2001 年，朱某父立下遗嘱，内容为夫妻房产归朱某姐所有，“特申请公证”，并在“申请人”处签署夫妻俩姓名。2003 年，朱某父及配偶杨某先后去世。一同生活的朱某料理了后事。2008 年，朱某父母留下的房产拆迁，朱某领取了全部拆迁款。朱某 3 个姐发现宅基地证中夹放的上述“遗嘱”，遂诉请归还补偿款。法院认为：从案涉遗嘱文字表述，实际应为申请公证的申请书。被继承人书写该遗嘱后始终置于宅基证内，未向任何人提及，未指定遗嘱执行人，更未提请公证，故该遗嘱内容是否为立遗嘱人最终意思表示并不确定。杨某非本人签字，且无见证人见证，形式上不符合代书遗嘱法定要件。遗嘱中所附后事料理的附随义务未实际执行，亦未告知朱某，与常理不符。朱某父先于配偶死亡，且未为缺乏劳动能力又无生活来源配偶保留必要份额，违反法律强制性规定，故该遗嘱效力不足以成为遗嘱继承依据。朱某赡养父母所支付生活费、医疗费均属其对被继承人理应履行的赡养义务，无论数额大小，均无权主张从被继承人遗产中扣除，但应认定朱某对被继承人承担了较多赡养义务，可适当多分遗产。至于丧葬费，因该费用系为处理被继承人丧葬事宜而支出，故应从遗产中予以扣除后归还朱某。拆迁补偿款扣除朱某支付的丧葬费、修缮房屋支付费用后的余额，判决朱某分得2/5，朱某姐各分得 1/5。

⑤2008 年**北京某继承纠纷案**，1987 年，经李某父在场同意，并经乡、村干部在场证明，李某与祖母签订遗赠扶养协议。1990 年，李某祖母去世。1996 年，李某父

立遗嘱,将前述遗赠房产赠与李某弟。1999年,李某父去世。2008年,李某诉请确认前述遗嘱无效。法院认为:《继承法》规定,遗赠扶养协议是指遗赠人与扶养人(包括组织)签订的,遗赠人的全部或部分财产在其死亡后按协议规定转移给扶养人所有,扶养人承担对遗赠人生养死葬义务的协议。扶养人享有在遗赠人死亡后取得遗赠财产的权利;承担扶养照顾遗赠人并在遗赠人死亡后将其安葬的义务。李某与祖母所签遗赠扶养协议,经李某父在场同意,并经乡、村干部在场证明,是双方真实意思表示,符合法律规定,该协议合法有效,双方应按协议约定,履行各自义务。李某已按约定,履行了对祖母生养死葬义务,根据法律规定,李某对协议中约定房屋享有所有权。李某父无权处分他人财产,判决案涉遗嘱无效。

⑥2006年**某析产纠纷案**,1998年,高某父去世。非婚生子高某及母亲刘某搬出高某父名下房屋。1999年,公证处出具继承公证书,载明前述房屋由被继承人之母赵某、之子高某兄法定继承。随后,赵某办理公证遗嘱,载明前述与高某兄共同继承房产中,属于赵某部分全部由女儿即高某姑继承。2001年,赵某死亡。高某诉请分割高某父原房屋。法院认为:依《继承法》第10条规定,遗产按下列顺序继承:配偶、子女、父母为第一顺序继承人。本法所称子女,包括婚生子女、非婚生子女、养子女和有扶养关系的继子女。高某系高某父与刘某所生非婚生子,享有继承父亲遗产权利,为第一顺序法定继承人。案涉继承公证确认高某父死后所留房产由赵某与高某兄继承,遗漏了高某,剥夺了高某继承权,违反了前述规定,该继承公证应认定无效。赵某将其继承所得房产在公证处遗嘱公证,其中前一部分关于依无效公证继承房产归其与高某兄所有内容,因剥夺了非婚生子高某继承权,应认定无效;后一部分关于赵某将其继承所得份额全部遗留给其女儿即高某姑继承内容,符合《继承法》第5条规定,即"继承开始后……有遗嘱的,按照遗嘱继承办理……"据此,应认定赵某遗嘱公证后一部分有效。民事行为部分无效,不影响其他部分效力的,其他部分依法仍应有效,故高某父房产,应由高某、高某兄、高某姑共同继承。

⑦2003年**新疆某继承纠纷案**,2000年,刘某父母办理遗嘱公证,将共同财产中三套楼房分别由法定继承人刘某姐妹继承。2001年,刘某父去世,刘某母即王某在公证处办理遗嘱变更申明书,将原定由刘某继承的楼房属于其自己的一半财产不分给刘某,由刘某妹代为保管,供其使用。刘某妹据此出售该房,得款5.4万元。2002年,王某病逝。2003年,刘某起诉刘某妹,要求分割父母遗产房款。法院认为:依《继承法》规定,公民可以立遗嘱将个人财产指定由法定继承人的一人或数人继承;立遗嘱人也可撤销、变更自己所立遗嘱。被继承人刘某父母设立遗嘱将共同财产中三套楼房分别由法定继承人刘某姐妹继承,该遗嘱系被继承人真实意思表

示,且内容不违反法律规定,应为合法有效。现争议房屋已按被继承人王某意愿出售,各继承人只能分割房款。关于该房屋价值,应按实际卖房价款予以确认。刘某父死亡后,应将属刘某父母二人共同财产一半确定为刘某父遗产,由继承人按遗嘱进行分配。被继承人王某作出遗嘱变更申明书,并经过公证,原定由刘某继承的楼房属于其自己一半财产不分给刘某,由刘某妹代为保管,供其使用。该遗嘱变更原先遗嘱,改变了属于其自己应得一半财产归属,是王某真实意思表示,亦应认为合法有效。据此,卖房所得款一半归属王某本人所有。由于王某遗嘱变更申明书对其死亡后该财产由谁继承未指明,应按法定继承处理。王某生前医疗费及死后丧葬费应从其遗产房款中扣除,剩余遗产款由刘某姐妹均等份额继承。

【典型类案实务要点】

1.**【遗嘱设定"嫁人后丧失继承权",该限定内容无效】**遗嘱中设定诸如"我妻今后嫁人,房屋归我侄子所有"等约束内容,因限制继承人婚姻自由,违反有关婚姻自由的法律规定,应属无效。

2.**【遗嘱笔误或部分歧义,不能因此而轻易否定其效力】**对遗嘱解释应探寻被继承人内心真意,力求符合遗嘱愿望,不能仅因遗嘱存在笔误或部分歧义而轻易否定其效力。

3.**【继承人缺乏劳动能力和生活来源:特别遗嘱的效力】**判断遗嘱是否依法为缺乏劳动能力又无生活来源的继承人保留了必要的遗产分割,应对遗嘱实质内容进行分析。只要遗嘱人在处分遗产时为缺乏劳动能力又无生活来源的继承人今后生活作出了特别安排,即使形式上未指定其继承遗产,亦不应认定遗嘱人未保留缺乏劳动能力又无生活来源的继承人遗产份额。

4.**【协议处理被继承人财产,侵犯他人权利的,应无效】**部分继承人协议处理作为限制民事行为能力人的被继承人财产时,侵犯了其他继承人合法权益的,协议应认定无效。

5.**【遗嘱不符合生效要件的,不足以成为遗嘱继承依据】**夫妻一方以共同名义书写的遗嘱,但从形式要件及实质要件均不符合遗嘱生效条件的,不足以成为遗嘱继承依据。

6.**【遗赠扶养协议生效后,他人遗嘱处分的,遗嘱无效】**遗赠扶养协议签订并生效后,扶养人第一顺序继承人将遗赠财产又以遗嘱方式进行处分的,该遗嘱应认定为无效。

7.**【公证遗嘱部分无效,不影响其他遗嘱处分部分效力】**公证遗嘱因遗漏被继承人其他法定继承人,应为无效,该部分无效不影响继承人将继承遗产全部遗嘱处分的效力。

8.【**公证共同遗嘱人之一,修改个人遗嘱部分,应有效**】公证共同遗嘱人在另一遗嘱人死亡后,采用重新订立一个公证遗嘱做法修改共同遗嘱,对涉及个人部分遗产予以变更,应为合法有效。

【类案裁判一般规则】

遗嘱处分的财产应系属于遗嘱人个人所有的财产,遗嘱对于缺乏劳动能力又没有生活来源的继承人应保留必要的遗产份额。

【典型参考案例索引】

主旨案例:江苏无锡中院(2013)锡民终字第0453号"张某与蔡某遗赠纠纷案",见《张超军诉蔡丽珍遗赠纠纷案——遗嘱有效性审查》(赵玲洁),载《人民法院案例选》(201303/85:163);另见《张超军诉蔡丽珍因遗赠所附条件妨碍婚姻自由被认定无效案》,载《江苏省高级人民法院公报》(201305/29:71)。**其他案例:**①广东广州中院(2015)穗中法民一终字第2958号"简某与简某姐妹继承纠纷案",见《简某一诉简某二等遗嘱继承纠纷案——探求遗嘱人的内心真意是遗嘱解释的首要原则》(徐琳、陈丹),载《人民法院案例选》(201608/102:133)。②见《如何判断遗嘱是否为缺乏劳动能力又没有生活来源的继承人保留了必要的遗产分割》(韩玫,最高院民一庭),载《民事审判指导与参考·指导性案例》(201302/54:111)。③云南玉溪中院(2009)玉中民一终字第57号"胡某与胡某妹继承纠纷案",见《胡艳琼等诉胡艳红法定继承案(法定继承财产分割)》(朱亚芹),载《中国审判案例要览》(2009民:514)。④江苏启东法院(2008)启民一初字第2099号"朱某与朱某姐等继承纠纷案",见《朱月娥三姐妹诉兄弟朱玉斌夫妇遗嘱继承纠纷案(遗嘱继承)》(朱焕东),载《中国审判案例要览》(2010民:384)。⑤北京延庆法院(2008)延民初字第01281号"李某与李某弟遗嘱继承纠纷案",见《李树林诉李树春遗嘱继承案(遗赠扶养协议)》(贾月友),载《中国审判案例要览》(2009民:502)。⑥最高人民法院(2006)民一监字第231-1号"高某与高某兄等析产纠纷案",见《高超、高振英与高越等析产继承纠纷申请再审案》(张桂花,最高院立案庭),载《立案工作指导·申诉与申请再审疑案评析》(200801/16:167)。⑦新疆昌吉法院(2003)昌民一初字第01992号"刘某与刘某姐继承纠纷案",见《刘秀芳等诉刘秀娥遗嘱继承纠纷案(遗嘱继承)》(杨善明),载《中国审判案例要览》(2004民:417)。

96. 遗嘱执行与争议处理

——遗嘱做约定,如何来执行?

【遗嘱执行】

【案情简介及争议焦点】

1997 年,熊某逝世,其生前指定遗嘱执行人即律师张某与熊某继承人向某等人签订委托代理协议,约定了执行遗嘱相关事宜,并依约定收取了代理费 20 万元。嗣后,向某等以双重代理为由,诉请确认该代理协议无效。

争议焦点:1. 张某是否构成双重代理? 2. 协议是否有效?

【裁判要点】

1. 法无禁止性规定。法律法规未对遗嘱执行人法律地位和权利义务作出明确规定,只要不违反法律禁止性规定,民事主体有权处分自己权利。

2. 本案非双重代理。张某作为遗嘱执行人,在被继承人未明确其执行遗嘱应得报酬情况下,与继承人就执行遗嘱相关事项签订协议,并按协议约定收取遗嘱执行费,不属《律师法》第 34 条禁止的律师在同一案件中为双方当事人代理情形,应为有效。

【裁判依据或参考】

相关规定。《民法典》(2021 年 1 月 1 日)第 1133 条:"自然人可以依照本法规定立遗嘱处分个人财产,并可以指定遗嘱执行人。自然人可以立遗嘱将个人财产指定由法定继承人中的一人或者数人继承。自然人可以立遗嘱将个人财产赠与国家、集体或者法定继承人以外的组织、个人。自然人可以依法设立遗嘱信托。"第 1145 条:"继承开始后,遗嘱执行人为遗产管理人;没有遗嘱执行人的,继承人应当及时推选遗产管理人;继承人未推选的,由继承人共同担任遗产管理人;没有继承人或者继承人均放弃继承的,由被继承人生前住所地的民政部门或者村民委员会担任遗产管理人。"第 1146 条:"对遗产管理人的确定有争议的,利害关系人可以向人民法院申请指定遗产管理人。"第 1147 条:"遗产管理人应当履行下列职责:(一)清理遗产并制作遗产清单;(二)向继承人报告遗产情况;(三)采取必要措施防止遗产毁损、灭失;(四)处理被继承人的债权债务;(五)按照遗嘱或者依照法律规定分割遗产;(六)实施与管理遗产有关的其他必要行为。"第1148条:"遗产管理人应当依法履行职责,因故意或者重大过失造成继承人、受遗赠人、债权人损害的,应当承担民事责任。"第1149条:"遗产管理人可以依照法律规定或者按照约定获得报酬。"第1150条:"继承开始后,知道被继承人死亡的继承人应当及时通知其他继承人和遗嘱执行人。继承人中无人知道被继承人死亡或者知道被继承人死亡而不能通知的,由被继承人生前所在单位或者住所地的居民委员会、村民委员会负责通知。"第1151条:"存有遗产的人,应当妥善保管遗产,任何组织或者个人不得侵吞或者争抢。"**《涉外民事关系法律适用法》**(2011年4月1日)第34条:"遗产管理等事项,适用遗产所在地法律。"最高人民法院**《关于贯彻执行〈中华人民共和国继承法〉若干问题的意见》**(1985年9月11日　法〔民〕发〔1985〕22号,2021年1月1日起废止)第44条:"人民法院在审理继承案件时,如果知道有继承人而无法通知的,分割遗产时,要保留其应继承的遗产,并确定该遗产的保管人或保管单位。"第46条:"继承人因放弃继承权,致其不能履行法定义务的,放弃继承权的行为无效。"第47条:"继承人放弃继承应当以书面形式向其他继承人表示。用口头方式表示放弃继承,本人承认,或有其他充分证据证明的,也应当认定其有效。"第48条:"在诉讼中,继承人向人民法院以口头方式表示放弃继承的,要制作笔录,由放弃继承的人签名。"第49条:"继承人放弃继承的意思表示,应当在继承开始后、遗产分割前作出。遗产分割后表示放弃的不再是继承权,而是所有权。"第50条:"遗产处理前或在诉讼进行中,继承人对放弃继承反悔的,由人民法院根据其提出的具体理由,决定是否承认。遗产处理后,继承人对放弃继承反悔的,不予承认。"第51条:"放弃继承的效力,追溯到继承开始的时间。"第52条:"继承开始后,继承人没有表示放弃继承,并于遗产分割前死亡的,其继承遗产的权利转移给他的合法继承人。"

【参考类案】

①2013年**某继承纠纷案**,2011年,陈某父去世。生前留下遗嘱:长子、次子各继承自己公司股份30%,35%股份留给无民事行为能力的小儿子陈某子;陈某有生之年,陈某子不得转让上述股权份额;长子、次子监督陈某子是否及时支付了陈某在疗养院的生活、护理费用,如未及时支付,授权长子、次子从陈某子所得股权收益中直接划扣。在陈某丧失民事行为能力后,与陈某闹离婚、长期分居的胡某作为陈某法定代理人,以遗嘱未依法为缺乏劳动能力又无生活来源的继承人保留必要遗产份额为由,诉请确认遗嘱无效。法院认为:依《民法通则》第17条规定,无民事行为能力人的监护人是其配偶。胡某是陈某之妻,有权代理陈某提起民事诉讼。在

二人未离婚、且陈某其他有监护资格的关系密切的亲属未提出变更监护人情况下，胡某有权作为陈某法定代理人代陈某提出诉请。陈某父所立遗嘱，充分考虑了其法定继承人中丧失行为能力的小儿子陈某利益，已在遗产分配上为陈某今后生活提供了经济保障。陈某父了解陈某婚姻状况，特别是在陈某因车祸丧失民事行为能力后不久，其妻胡某曾起诉离婚并与陈某分居，且从不过问陈某生活状况事实，是促使陈某父将本欲留给陈某遗产，指定由陈某之子继承原因。陈某父给陈某子公司股份，其数额超过了给自己其他两个儿子数额，主要目的仍是为了让陈某子更好地履行照顾其父义务。陈某子作为遗嘱继承人继承陈某父遗产是附有义务的，只不过继承所附照顾其父亲生活义务，与陈某子依《婚姻法》第 21 条第 3 款规定，对父母所应承担法定赡养义务是一致的。为保证陈某子有赡养其父经济实力，陈某父还在遗嘱中对陈某子转让其通过继承所获得家族企业股份作出了限制性规定，并指定自己另外两个儿子监督执行。纵观陈某父遗嘱全部内容，应该看到陈某父作为父亲，为自己丧失行为能力的儿子所作周密安排。从法律意义上说，这种安排未剥夺无劳动能力又无其他生活来源的法定继承人继承权，遗嘱因不违反法律而应被认定有效。同时亦应看到，由于陈某是无民事行为能力人，其诉讼是由胡某作为法定代理人代为提起的，驳回陈某诉请本身并不会损害其合法权益，亦不会对其精神上造成伤害。判决驳回陈某诉请。

②2009 年**江苏某继承纠纷案**，2005 年，车某担心征收遗产税，故将名下房产以虚假房屋买卖形式过户给 5 个子女中的万某，该房登记在万某及万某妻子李某名下。车某与万某所签遗产继承书载明车某死后，登记在万某、李某名下房产由万某代为在 5 个子女间平均分割。2009 年，车某以万某不孝为由，诉请返还房屋。法院认为：遗嘱是自然人生前依法律规定处分自己财产及安排与财产相关事务，并于死亡后发生继承效力的单方民事行为，被继承人有变更和撤销遗嘱自由，遗产权属在被继承人死亡及继承开始后发生转移。分产协议是财产权人在生前对自己财产作出分配，财产权属转移不以财产权人死亡为必须条件。本案的遗产继承书强调诉争房屋为车某生前所有，车某并无生前将房屋处分权转移的意思表示，而是其对自己死亡后财产分配意愿反映，符合遗嘱特征。虽然该遗嘱由立遗嘱人与继承人双方签字，但遗嘱是继承人单方处分财产意愿，遵循自由自愿原则，不受他人干涉，形式上由双方签字，但并不属于合约。遗产继承书系车某在打印文字下方签字盖章形成，因立遗嘱人车某尚未死亡，其在诉讼中对遗嘱内容确认可表明该遗产继承书系其真实意思表示。该遗产继承书载明系为减少其死亡后遗产继承麻烦将房屋过户给儿子万某，故万某仅是名义上登记所有权人。立遗嘱人可撤销、变更自己所立遗嘱，即本案车某有权撤销、变更遗产继承书内容。车某在诉讼中对遗产继承书真实性予以确认，同时亦明确表示撤销遗产继承书中关于将作为遗产的涉诉房屋过

户到万某名下并委托万某为遗产执行人分割遗产的内容,这是其对遗嘱内容变更,符合法律规定,依法应予准许。万某虽已取得诉争房屋所有权登记,但因该房屋所有权系基于车某遗嘱意愿而非实质性转移,车某并无放弃该房屋所有权意思表示,万某仅为名义上登记所有权人,并不因此而享有完全所有权。李某虽非遗嘱继承人,但其取得房屋共有权登记系基于其与万某夫妻身份关系,同样仅是名义上房屋登记所有权人,不享有实质性权利。基于车某对遗产继承书中有关遗嘱内容撤销事实,故车某有权要求万某、李某返还上述作为遗产的房屋。遗产继承书作为遗嘱,因立遗嘱人车某尚未死亡,遗嘱尚未生效,车某有权随时变更或撤销遗嘱内容。且本案系围绕房屋所有权产生争议,故对万某提出诉讼请求已超过诉讼时效的抗辩意见,不予采纳。判决万某、李某将涉诉房屋返还给车某,变更房屋所有权登记所需费用由车某承担。

③2000 年**福建某财产纠纷案**,1956 年,孙某兄被孙某舅收养并办理公证。1996 年,孙某母去世,生前立下遗嘱财产由孙某继承。同年,调解协议约定孙某给付孙某兄遗产继承款 10 万元,但只给付 2.5 万元。1 年之后,孙某兄要求履行余款,孙某以重大误解要求撤销调解协议。法院认为:本案孙某兄与孙某舅虽未共同生活,但办理了收养公证书,且该公证书依法定程序办理,其形式符合法定形式要件,且系双方当事人当时真实意思表示,依《收养法》颁布前有关规定,应认定收养关系成立。1996 年所签调解协议是孙某与孙某兄在亲友主持下,自愿达成的分割母亲遗产协议,是双方当事人真实意思表示,且内容及形式均合法有效。孙某在该调解协议书签订后亦已按协议约定支付部分款项,故对孙某兄要求按调解协议继续履行请求,应予支持。孙某在获得调解书后,未在 1 年内提出要求撤销调解协议,故孙某已超过诉讼保护时效,对其主张不予支持。判决孙某给付孙某兄应得遗产 7.5 万元。

【典型类案实务要点】

1.**【遗嘱执行人与继承人签执行遗嘱协议,非双重代理】**在遗嘱未明确遗嘱执行人执行遗嘱所得报酬情况下,执行人与继承人就执行遗嘱相关事项自愿签订代理协议,并依约定收取遗嘱执行费,不属《律师法》禁止的律师在同一案件中为双方当事人代理情形,应认定代理协议有效。

2.**【遗嘱执行人办理房产登记,遗嘱生效前被撤销情形】**虽以协议形式出现但实质内容是自然人对自己死后财产分配处理的法律文件,因符合遗嘱特征,应认定其为遗嘱而非分产协议。

3.**【遗产分配协议达成后行使撤销权,应在一年内进行】**重大误解属可撤销的民事行为,双方当事人达成调解协议后一年内,一方未向法院请求撤销的,丧失胜诉权。

【类案裁判一般规则】

自然人可依法立遗嘱处分个人财产，并可指定遗嘱执行人；继承开始后，遗嘱执行人为遗产管理人；对遗产管理人的确定有争议的，利害关系人可向法院申请指定遗产管理人。

【典型参考案例索引】

主旨案例：陕西高院2003年3月1日判决“向某等诉张某等执行遗嘱代理协议纠纷案”，见《向美琼等人诉张凤霞等人执行遗嘱代理协议纠纷案》，载《最高人民法院公报·案例》（2004：350）；另见最高人民法院《对陕西省高级人民法院关于向美琼、熊伟浩、熊萍与张凤霞、张旭、张林录、冯树义执行遗嘱代理合同纠纷一案的请示的答复》（2003年1月29日 〔2002〕民一他字第14号）（韩玫，最高院民一庭），载《民事审判指导与参考·最高人民法院二审案件解析》（200302/14：51）。

其他案例：①见《如何判断遗嘱是否为缺乏劳动能力又没有生活来源的继承人保留了必要的遗产分割》（韩玫，最高院民一庭），载《民事审判指导与参考·指导性案例》（201302/54：111）。②江苏无锡南长区法院（2009）南民一初字第1627号“车英诉万某等遗嘱继承纠纷案”，见《取得不动产登记的遗嘱执行人在遗嘱生效前不享有真正的完全所有权》（汤然），载《人民司法·案例》（201102：84）。③福建泉州中院（2000）泉民终字第770号“孙某与孙某兄财产纠纷案”，见《孙永健诉孙永康案（财物分割、收养、遗嘱）》（龚丽群），载《中国审判案例要览》（2001民：48）。

97. 遗赠协议的法律效力

——财产给外人，遗嘱有无效？

【遗赠纠纷】

【案情简介及争议焦点】

2001年，潘某因交通事故去世，留下存款及房产若干。2004年，潘某母诉请财产占有人董某返还。董某以其与潘某婚外同居期间，潘某2000年向其书写“郑重声明”表明死后全部财产归董某所有为由抗辩。

争议焦点：1. 案涉“郑重声明”性质？2. 董某能否获得潘某“全部财产”？

【裁判要点】

1. 案涉“郑重声明”性质。潘某书写“郑重声明”中涉及了其死后个人财产处分内容,且有其本人签名并注明了年、月、日,现无任何证据证明非其真实意思表示,亦无其他相反证据推翻其形式和内容,根据有关继承司法解释规定,该“郑重声明”应按自书遗嘱对待。按有关继承规定,潘某去世后,对其遗产应按该自书遗嘱内容处理。但在该遗嘱生效时,潘某母已81岁高龄,自己本身没有诸如养老金、退休金等收入,需依靠子女赡养而生活,属于缺乏劳动能力又没有生活来源的继承人,依法律规定,在处理遗产时,应给潘某母留有必要份额,剩余部分方可按照潘某遗嘱确定分配原则处理。

2. 本案遗赠行为应为有效。相关继承法律规定赋予公民遗嘱自由的权利:公民可以立遗嘱将个人财产赠给国家、集体或者法定继承人以外的人,据此,任何一个公民生前均有权依法处分其个人所有的合法财产,除违反有关必留份的规定应受限制外,只要遗嘱是有行为能力的人所写、是遗嘱人的真实意思表示、形式符合法律规定、未处分他人财产,即应认定为有效。本案潘某所立遗嘱,无论从其本人行为能力、意思表示、遗嘱形式,还是其处分的财产,均符合《继承法》明文规定,除未给潘某母保留必要的份额应受到部分限制外,未侵害国家、集体或其他任何人利益,其余部分应认定有效。同时,相关继承法律法规对受赠人身份和主体资格无限制性规定,董某婚外同居行为虽为《婚姻法》所否定,但该法对婚外同居者受赠他人财产权利未加以限制,且本案虽然在潘某书写该份遗嘱时,董某是有夫之妇,与潘某是婚外同居关系,但在该份遗嘱生效时,董某已与其前夫登记离婚,其作为单身女子与单身男子的潘某非婚同居关系,虽不为社会提倡,但现行法律、法规中并无禁止性规定,故其有权受赠潘某所留遗产。公序良俗是我国《民法通则》总则中的规定,而《继承法》是民法特别法,按法律适用方法,只有在对争议问题特别法中未规定情况下才可适用普通法规定,而本案是继承纠纷案件,《继承法》已赋予公民立遗嘱将其个人财产赠给国家、集体或法定继承人以外任何人的权利,潘某立遗嘱将其财产赠与董某行为,是有法可依的,不属于特别法无明文规定、应适用普通法情形。退一步讲,即使本案存在适用《民法通则》条件,亦应首先适用分则中有关民事行为效力的规定,该法第58条第1款第5项规定的“违反法律或者社会公共利益的”,属于无效民事行为,而在本案中,潘某立遗嘱将其财产赠与董某行为,并不涉及国家基本制度、根本利益和社会稳定等方面要求的社会公共利益,故不能适用该条规定认定遗嘱无效。此外,《民法通则》第7条规定的“民事活动应当尊重社会公德”是倡导性规范,在当今社会还不能以行为人的行为不符合道德规范,即认定该行为违法、无效。由于一审法院宣判后,潘某母提出上诉后去世,其生前已以代书遗嘱形式确定了其遗产继承人、受赠人，故法院按照其遗嘱内容，判决确认诉争房产及存款归董某所有，潘某母所享有的必留份财产1万元由董某支付给潘某兄，董某支付潘某所欠第三人债务。

【裁判依据或参考】

相关规定。《**民法典**》（2021年1月1日）第1123条："继承开始后，按照法定继承办理；有遗嘱的，按照遗嘱继承或者遗赠办理；有遗赠扶养协议的，按照协议办理。"第1144条："遗嘱继承或者遗赠附有义务的，继承人或者受遗赠人应当履行义务。没有正当理由不履行义务的，经利害关系人或者有关组织请求，人民法院可以取消其接受附义务部分遗产的权利。"最高人民法院《**关于贯彻执行〈中华人民共和国继承法〉若干问题的意见**》（1985年9月11日　法〔民〕发〔1985〕22号，2021年1月1日起废止）第5条："被继承人生前与他人订有遗赠抚养协议，同时又立有遗嘱的，继承开始后，如果遗赠抚养协议与遗嘱没有抵触，遗产分别按协议和遗嘱处理；如果有抵触，按协议处理，与协议抵触的遗嘱全部或部分无效。"第43条："附义务的遗嘱继承或遗赠，如义务能够履行，而继承人、受遗赠人无正当理由不履行，经受益人或其他继承人请求，人民法院可以取消他接受附义务那部分遗产的权利，由提出请求的继承人或受益人负责按遗嘱人的意愿履行义务，接受遗产。"第53条："继承开始后，受遗赠人表示接受遗赠，并于遗产分割前死亡的，其接受遗赠的权利转移给他的继承人。"国家税务总局《**关于继承土地、房屋权属有关契税问题的批复**》（2004年9月2日　国税函〔2004〕1036号）第1条："对于《中华人民共和国继承法》规定的法定继承人（包括配偶、子女、父母、兄弟姐妹、祖父母、外祖父母）继承土地、房屋权属，不征契税。"第2条："按照《中华人民共和国继承法》规定，非法定继承人根据遗嘱承受死者生前的土地、房屋权属，属于赠与行为，应征收契税。"北京高院《**关于审理继承纠纷案件若干疑难问题的解答**》（2018年6月11日）第7条："农村宅基地上房屋能否适用遗赠？遗赠人生前将宅基地上房屋遗赠本集体经济组织以外的人，受遗赠人在遗赠人死后主张因遗赠取得宅基地上房屋所有权的，人民法院不予支持。"北京高院《**关于审理继承纠纷案件若干疑难问题的解答**》（2018年6月11日）第27条："受赠人能否要求继承人继续履行被继承人生前签订的赠与合同？继承人是否享有撤销赠与的权利？被继承人生前签订赠与合同约定将财产赠与受赠人，死亡时尚未履行的，受赠人有权请求继承人履行赠与合同；继承人有权按照《中华人民共和国合同法》第一百八十六条撤销该赠与合同。"上海高院《**全市法院继承及婚姻家庭纠纷审判适法统一研讨会综述**》（2016年民一庭调研与参考〔2016〕3号）第1条："……祖父母立'公证遗嘱'将财产给孙子女，其性质为遗嘱继承还是遗嘱赠与？倾向意见认为，法定继承人是指依照法律规定的范围和顺序直接承受被继承人遗产的继承人。根据继承法第十条关于法定继承人范围及继承顺序的明确规定,孙子女、外孙子女并不在法定继承人之列,其继承祖父母或外祖母遗产的方式是代位继承或转继承。因此,祖父母、外祖父母即使通过'公证遗嘱'的形式将遗产留给孙子女、外孙子女,其性质仍属于遗赠,而不是遗嘱。同时,根据继承法规定,受遗赠人应当在知道受遗赠后两个月内,作出接受或者放弃接受遗赠的表示,到期没有表示的,视为放弃受遗赠。"上海高院**《民事法律适用问答》**(2004 年第 2 期)第 2 条:"在一起涉及遗赠房屋案件中,接受遗赠的一方在主张占有房屋的被告迁让时,被告对系争房屋主张产权,认为自己本来也属于该公房的同住人之一,死者作出的遗赠本来就是侵害其享有的财产份额行为,因此拒绝迁让。由于被告主张的财产份额问题,即使在法律上都还可能存在一定的争议,对此权属争议问题是应当在遗赠纠纷案件中予以确认,还是由被告对房屋权属的确定问题另行诉讼,存在争议。另外,若需另案诉讼,而法院在向当事人释明并给予其提起诉讼的一定时间后,当事人仍不就权属问题提起诉讼的,如何处理?(据长宁法院反映)答:对于此类问题,目前还是应当考虑房屋属于私有或是属于公有的区别,并根据不同情况分别处理。就私有房屋来说,涉及交易的第三人时,由于房屋的权属登记具有物权性质,具有公示和公信效力,一般来说,直接依据登记确定的事项来判断权属问题即可。只要当事人任何一方提供了房屋产权证或者登记记录,就可以判断其主张是否成立。除非有证据证明该第三人知道登记的权利主体与实际的权利主体不一致。因此,如果是私有房屋,只要审查其房产证就可以确定其主张是否成立,不必要求其另行起诉。售后公房在性质上等同于私房,可以据此原则处理。但是,按照 94 方案购买的售后公房,只能经过协商确定一个人作为产权证上列明的所有权人,其他公房同住人不能作为共同所有权人登记在产权证上,故不能简单地根据房屋租赁卡售后公房的产权证来确认权属。所以,当案件的处理需要以公房权属的确认为前提时,办案法官可向当事人释明,告知当事人对房屋权属的确认问题应另行提起诉讼。当事人根据告知另行提起诉讼的,可以中止原案件的审理,待房屋产权案件审结后再恢复遗赠纠纷诉讼。对于已经向当事人释明房屋权属的确认问题须另案解决,而当事人在指定期限内不提起诉讼的,则可以按照相关规定,直接根据已有的证据判断其权属并直接处理纠纷。当然,如果不涉及房屋权属,而仅仅涉及居住和使用问题的,可以直接合并处理。"上海高院**《关于印发〈处理公有住房出售后纠纷的若干意见〉的通知》**(1996 年 10 月 31 日沪高法〔1996〕250 号)第 17 条:"房屋所有权人在法定限制转让的期限内立遗嘱将房屋产权遗赠他人的,该遗嘱又符合其他法定条件的为有效。"

【参考类案】

(1)遗赠效力。①2007 年**广东某撤销公证纠纷案**,2006 年,梁某认为母亲将房屋遗赠给肖某的赠与公证侵害其共有权,遂起诉公证处要求撤销。法院认为:2006年3月1日施行的《公证法》明确公证机关的公证行为已不具有行政行为性质,其所作公证文书只具有证明效力,公证行为本身并不设立、变更或终止公证当事人、公证利害关系人之间的民事权利义务关系。公证书内容违法或与其他事实不符的,公证机构应予以更正。如梁某认为案涉公证内容违法,可提出复查,然后由公证处审查,再决定是否撤销。本案梁某依法应以赠与合同当事人肖某为被告提起民事诉讼,举证证明公证处存在错误,由法院对作为证据的公证书不予采信。本案中,梁某请求法院撤销公证书的请求无法律依据,故判决驳回。

②2001年**四川某遗赠纠纷案**,2001年,黄某在与蒋某婚姻关系存续期间,将其所得住房公积金、住房补贴金、抚恤金及出售夫妻共有房产一半价款赠与婚外同居的张某,并在公证处做了公证。两天后,黄某去世。张某持遗赠公证起诉蒋某,要求分得遗赠财产。法院认为:黄某所立将财产赠与张某遗嘱,虽是其真实意思表示且形式合法,但其对财产处分违反了《继承法》和《婚姻法》有关规定。依《民法通则》第7条规定,民事行为不得违反公共秩序和社会公德,违反者其行为无效。依《婚姻法》第3条禁止有配偶者与他人同居,第4条夫妻应当互相忠实、互相尊重的法律规定,遗赠人黄某基于与张某非法同居关系而立下有悖于公共秩序、社会公德和违反法律遗嘱,损害了蒋某依法享有的财产继承权。该遗嘱属无效民事行为,张某要求蒋某给付受遗赠财产主张不予支持。判决驳回张某诉请。

(2)视为放弃。①2011年**某继承纠纷案**,2002年6月作了遗赠公证,2009年4月死亡,受遗赠人应否举证证明2002年8月前明确表示接受遗赠,否则就视为放弃受遗赠?处理意见:遗赠是指自然人以遗嘱方式,将其个人财产赠与国家、集体或法定继承人以外的人,并于其死后发生法律效力的民事行为。《继承法》第25条第2款规定:"受遗赠人应当在知道受遗赠后两个月内,作出接受或者放弃受遗赠的表示。到期没有表示的,视为放弃受遗赠。"这里规定的两个月为接受遗赠的除斥期间,应从受遗赠人知道遗赠之日起两个月内开始计算。遗赠应属遗赠人死后生效的法律行为,将财产赠与他人的意思表示,虽是在生前作出的,但只有于遗赠人死亡后该遗赠才发生法律效力,即遗赠人死亡前,不发生财产所有权转移。继承从被继承人死亡时开始,被继承人活着时,即便做了遗赠公证,受遗赠人亦不适宜在其生存时就表示接受遗赠,只能等被继承人死亡后再表达自己愿意接受遗赠的意愿,故两个月的最早起算点应是从被继承人死亡之日起算。如受遗赠人在被继承人死亡后才得知遗赠之事,应在知道受遗赠后两个月内作出接受或放弃受遗赠的表示。

②2009年**四川某继承纠纷案**,2003年,陈某立下遗嘱,将房产公证赠与儿媳罗某,其后去世。同年11月,公证处向罗某送达遗嘱公证书,罗某在2个月内未作出

是否接受的意思表示。2009年,陈某女儿王某起诉罗某,要求确认遗嘱无效,陈某名下房产由其继承。法院认为:公民立遗嘱处分个人财产,既可在法定继承人之内指定遗嘱继承人,亦可将财产遗赠给法定继承人以外的人。案涉房产1/4应由王某在其父死亡后继承,其余3/4房产为陈某遗产。对此双方无异议,法院予以确认。罗某非陈某法定继承人,王某之母陈某所立公证遗嘱系陈某将其个人享有的上述财产,即本案诉争房产3/4份额遗赠与罗某。依《继承法》第25条第2款"受遗赠人应当在知道受遗赠后两个月内,作出接受或者放弃受遗赠的表示。到期没有表示的,视为放弃受遗赠"规定,罗某在2003年11月收到公证处向其送达的遗嘱公证书时,即已知道本案遗赠事实,但罗某未在两个月内明确作出是否接受或放弃遗赠的意思表示,应视为罗某已放弃接受遗赠,陈某遗产应按法定继承处理。本案遗产至今未实际分割,不存在权利人权利被侵害事实,故王某提出罗某主张继承遗产权利已超过诉讼时效的抗辩理由,依法不能成立。王某作为陈某法定第一顺序继承人,且无丧失继承权之法定情形,故王某对陈某所留遗产依法享有继承权;罗某多年来照顾陈某生活,对陈某尽了主要扶养义务,依《继承法》第14条"……继承人以外的对被继承人扶养较多的人,可以分给他们适当的遗产"规定,罗某应适当分得陈某所留遗产。由于王某与其母陈某关系未能改善等原因,王某在客观上对陈某未尽主要赡养义务,依《继承法》第13条第4款"有扶养能力和有扶养条件的继承人,不尽扶养义务的,分配遗产时应当不分或者少分"规定,王某应当少分得陈某遗产。综合本案情况,酌情确定对陈某遗产,由王某享有70%,罗某享有30%。

③2006年**广西某继承纠纷案**,1996年,黄某在妻子李某去世后将夫妻共有房产遗赠给孙子。2000年,黄某去世。2003年,黄某三个已出嫁女儿主张对价值1万余元的房屋平均分割,黄某长女执笔在填报私人旧房改建申请表上,将黄某孙子列为共同申请人之一。法院认为:依相关继承法律规定:受遗赠人应当在知道受遗赠后两个月内,作出接受或者放弃受遗赠的表示。到期没有表示的,视为放弃受遗赠。最高人民法院《关于贯彻执行〈中华人民共和国民法通则〉若干问题的意见(试行)》第129条规定:"赠与人明确表示将赠与物赠给未成年人个人的,应当认定该赠与物为未成年人的个人财产。"最高人民法院《关于贯彻执行〈中华人民共和国继承法〉若干问题的意见》第8条规定:"法定代理人代理被代理人行使继承权、受遗赠权,不得损害被代理人的利益。法定代理人一般不能代理被代理人放弃继承权、受遗赠权。明显损害被代理人利益的,应认定其代理行为无效。"涉案房屋属黄某、李某夫妻共同财产,黄某所立遗嘱中将自有部分处分行为有效,同时该遗嘱亦为遗赠。长女在其执笔填报的旧房改建申请表上清楚地填上黄某孙子为申请人之一,表明三女在发生纠纷前并未排除黄某孙子为诉争房屋权利人,可印证双方当事人已知黄某孙子已接受了遗赠。诉争房屋原属黄某产权部分,在黄某去世后

应为黄某孙子个人财产,即享有该房产至少一半份额。依《民法通则》及《继承法》有关未成年人接受赠与的规定,即使黄某孙子未在2个月内表示接受遗赠,其法定代理人代为放弃行为因明显损害其利益,亦不应视为放弃接受遗赠,故诉争房屋应由黄某儿子及孙子、三女共有,其中孙子占6/10,儿子、三女各占1/10。

【典型类案实务要点】

1.**【遗赠给婚外同居者,非属违反公序良俗而无效情形】**遗赠人将其财产赠与婚外同居关系的有夫之妇,虽为《婚姻法》所否定,但并不当然属于因违反公序良俗而导致遗赠无效情形。

2.**【对遗赠公证行为有争议,起诉公证处的,应予驳回】**公证行为本身并不设立、变更或终止当事人、公证利害关系人之间的民事权利义务关系,当事人可就公证事项争议起诉主张权利,而非起诉请求撤销公证书。

3.**【婚外情遗赠,违反法律规定和公序良俗,应为无效】**婚外情遗赠行为虽系真实意思表示,但内容和目的违反法律规定和公序良俗,损害社会公德,破坏公共秩序,应属无效。

4.**【受遗赠除斥期间,最早应从被继承人死亡之日起算】**受遗赠人接受遗赠除斥期间,应从受遗赠人知道遗赠之日起两个月内开始计算,最早应从被继承人死亡之日起算。

5.**【受遗赠人未在法定期限内接受遗赠的,应视为放弃】**受遗赠人未在知道受遗赠后两个月内,作出接受或放弃受遗赠表示的,视为放弃受遗赠,遗产应按法定继承处理。

6.**【未成年人作为受遗赠人,未明确表示接受,亦有效】**未成年人作为遗赠财产受赠人,即使法定代理人在知道受遗赠后2个月内未作出接受表示,该遗赠亦应认定有效。

【类案裁判一般规则】

遗嘱继承或遗赠附义务的,继承人或受遗赠人应履行义务。无正当理由不履行义务的,经利害关系人或有关组织请求,法院可取消其接受附义务部分遗产的权利。

【典型参考案例索引】

主旨案例:辽宁沈阳中院(2004)沈民(1)合终字第237号"潘某与董某等遗赠纠纷案",见《潘邓氏诉董丽男及第三人段艳萱、沈阳市东陵区汪家镇李巴彦村民委员会遗赠、被继承人债务清偿案(遗赠)》(宋宁),载《中国审判案例要览》(2005民:445)。

其他案例：

（1）遗赠效力。①广东湛江中院（2007）湛中法民一终字第170号"梁某诉某公证处撤销公证案"，见《梁小翎诉湛江市公证处公证纠纷案（公证书的撤销）》（李汉），载《中国审判案例要览》（2008民：506）。②四川泸州中院2001年12月28日"张某与蒋某遗赠纠纷案"，见《张学英依与其同居人所立遗嘱诉遗嘱人之妻蒋伦芳给付受遗赠的财产案》（杨丽），载《人民法院案例选》（200202/40：77）。

（2）视为放弃。①见《如何认定受遗赠人"知道受遗赠后两个月内"的起算点》（《民事审判指导与参考》研究组），载《民事审判指导与参考·民事审判信箱》（201102/46：245）。②四川屏山法院（2009）屏山民初字第615号"王某与罗某继承纠纷案"，见《王家珍诉罗玉英继承案（继承）》（罗强），载《中国审判案例要览》（2010民：392）。③广西梧州中院（2006）梧民再字第17号"黄某等诉黄金某等房屋继承权纠纷案"，见《黄远志等诉黄金英等房屋继承权确认案（房屋继承权确认）》（余力），载《中国审判案例要览》（2007民：485）。

98. 遗赠扶养效力与解除

——遗赠签协议，扶养怎履行？

【遗赠扶养】

【案情简介及争议焦点】

1999年11月，刘某夫妇与杨某夫妇签订"收养协议"，确立了双方遗赠扶养关系。其间因屡生矛盾，2007年，刘某诉请要求解除协议。

争议焦点：1. 协议性质及效力？2. 协议解除后如何处理？

【裁判要点】

1. 协议解除。本案双方自愿签订的"收养协议"实质是遗赠扶养协议。该协议签订后，虽相处生活数年，但期间双方多次闹矛盾。因刘某夫妇是身患残疾的老年人，杨某夫妇不常在家与刘某夫妇相处生活，双方之间必然会产生矛盾。现刘某夫妇认为双方之间已无法继续一起相处生活，结合现在实际情况，对刘某夫妇要求解除遗赠扶养关系请求应予支持。

2. 适当补偿。因双方签订协议形成遗赠扶养关系后，已断断续续在一起共同生活了近十年，根据杨某夫妇支付了刘某夫妇部分医疗费、给付了家中水电费、农业税等情况，刘某夫妇应给予杨某夫妇适当经济补偿。判决解除协议，杨某夫妇收到刘某夫妇电视机、沙发等大件归杨某夫妇所有，双方共同建盖的厨房、共同购买的机器、共同饲养的牲口归刘某夫妇所有，刘某夫妇给付杨某夫妇已产生的扶养费和双方共同财产补偿费共3000元。

【裁判依据或参考】

1. 法律规定。《**民法典**》(2021年1月1日)第158条："民事法律行为可以附条件，但是根据其性质不得附条件的除外。附生效条件的民事法律行为，自条件成就时生效。附解除条件的民事法律行为，自条件成就时失效。"第159条："附条件的民事法律行为，当事人为自己的利益不正当地阻止条件成就的，视为条件已经成就；不正当地促成条件成就的，视为条件不成就。"第464条："合同是民事主体之间设立、变更、终止民事法律关系的协议。婚姻、收养、监护等有关身份关系的协议，适用有关该身份关系的法律规定；没有规定的，可以根据其性质参照适用本编规定。"第1123条："继承开始后，按照法定继承办理；有遗嘱的，按照遗嘱继承或者遗赠办理；有遗赠扶养协议的，按照协议办理。"第1158条："自然人可以与继承人以外的组织或者个人签订遗赠扶养协议。按照协议，该组织或者个人承担该自然人生养死葬的义务，享有受遗赠的权利。"《**老年人权益保障法(2018修正)**》(2018年12月29日)第20条："经老年人同意，赡养人之间可以就履行赡养义务签订协议。赡养协议的内容不得违反法律的规定和老年人的意愿。基层群众性自治组织、老年人组织或者赡养人所在单位监督协议的履行。"

2. 行政法规。国务院《**农村五保供养工作条例(2006)**》(2006年3月1日)第17条："乡、民族乡、镇人民政府应当与村民委员会或者农村五保供养服务机构签订供养服务协议，保证农村五保供养对象享受符合要求的供养。村民委员会可以委托村民对分散供养的农村五保供养对象提供照料。"

3. 最高人民法院司法解释及其他司法性文件/解读文章。最高人民法院《**关于如何处理农村五保对象遗产问题的批复**》(2000年8月3日　法释〔2000〕23号，2021年1月1日起废止)："……农村五保对象死亡后，其遗产按照国务院《农村五保供养工作条例》第十八条、第十九条的有关规定处理。"最高人民法院民事审判庭《**关于招远县陆许氏遗产应由谁继承的电话答复**》(1985年10月28日　〔85〕民他字第24号)："……根据报告查明的情况，经我们研究认为，原则上以承认陆许氏为'五保户'比较合适，其遗产应按最高人民法院《关于贯彻执行民事政策法律若干问题的意见》第47条有关规定处理。入社前，被继承人依靠女儿陆玉芳生活，入社后一个月病故尽管遗产分割多年，陆玉芳要求继承是有道理的。我们的意见：一、承认陆玉芳有继承权；二、原房已卖掉，现只能将陆家村所售房屋价款作为遗产归陆玉芳继承;三、陆家村为陆许氏所花丧葬费和医药费,从卖房款中扣除。并请作好双方当事人的调解工作。此意见系根据本案的特殊情况提出来的变通处理办法,请参照此意见,妥善处理。”最高人民法院**《关于贯彻执行〈中华人民共和国继承法〉若干问题的意见》**(1985 年 9 月 11 日　法〔民〕发〔1985〕22 号,2021 年 1 月 1 日起废止)第 55 条:“集体组织对‘五保户’实行‘五保’时,双方有扶养协议的,按协议处理;没有抚养协议,死者有遗嘱继承人或法定继承人要求继承的,按遗嘱继承或法定继承处理,但集体组织有权要求扣回‘五保’费用。”第 56 条:“扶养人或集体组织与公民订有遗赠扶养协议,扶养人或集体组织无正当理由不履行,致协议解除的,不能享有受遗赠的权利,其支付的供养费用一般不予补偿;遗赠人无正当理由不履行,致协议解除的,则应偿还扶养人或集体组织已支付的供养费用。”第 4 条:“对《意见》第 5 条、第 55 条的理解。集体组织对‘五保户’实行‘五保’时,双方无遗赠协议,而‘五保户’生前又将财产遗赠给他人,受遗赠人要求受赠时,集体组织有权要求扣回‘五保’费用。剩余的遗产可按遗嘱执行遗赠。”

【参考类案】

(1)协议效力。①2010 年**上海某遗赠扶养纠纷案**,2009 年,张某妹被宣告为无民事行为能力人,张某被指定为监护人。因监护纠纷,张某与张某兄均不愿担任监护人,法庭上一致表示放弃对张某妹遗产继承权,由自愿担任监护人的张某子即黄某继承。2010 年,张某妹死亡。张某兄起诉张某,要求继承张某妹名下房产。黄某作为有独立请求权第三人参与诉讼。法院认为:继承开始后,按法定继承办理;有遗嘱的,按遗嘱继承或遗赠办理;有遗赠扶养协议的,按协议办理。本案中,被继承人系无民事行为能力人,其父母和丈夫早已死亡,又无子女,张某兄、张某作为其成年兄弟姐妹,系法定监护人,且必然成为张某妹遗产的第二顺序法定继承人,但法律并未规定成年兄弟姐妹之间有相互扶养义务,故张某兄、张某将张某妹交由黄某监护及扶养,并同意由黄某继承遗产行为并不违反法律规定。张某兄、张某在庭审中作出了上述意思表示,黄某予以同意,各方当事人在庭审笔录上均签字确认,可认定张某兄、张某作为监护人,为被监护人利益而代表被监护人与黄某签订了遗赠扶养协议,该协议符合法律规定,依法成立并生效。遗赠扶养协议与遗赠属不同法律关系,不适用两个月内作出接受或放弃受遗赠意思表示的法律规定。黄某履行了遗赠扶养协议中约定的对被继承人张某妹的扶养义务,应取得对张某妹所有遗产继承权。判决诉争房屋产权归第三人黄某所有。

②2010 年**某交通事故责任纠纷案**,2010 年,朱某雇请驾驶员张某驾驶挂靠物流公司货车将横过马路行人黎某撞伤致死。交警认定张某、黎某分负主、次责任。黎某自 2004 年 8 月被镇政府确定为五保户,并于 2009 年 8 月由镇政府与敬老院

签订供养协议,约定"五保户在敬老院期间死亡,其遗产归敬老院或按继承法选一处理。"黎某无第一、二顺序近亲属。法院认为:受害人黎某无第一、二顺序近亲属,其生前以五保户身份入住敬老院,并与敬老院签订协议,虽本案道路交通事故损害赔偿所得不属遗产范围,法律亦未明确规定五保户遭受人身损害时赔偿权利主体,但根据相关规定和协议约定,该赔偿所得可参照遗产处理,故敬老院有权作为原告主体主张赔偿。判决保险公司赔偿敬老院 7 万余元。

③2008 年**北京某继承纠纷案**,1987 年,经李某父在场同意,并经乡、村干部在场证明,李某与祖母签订遗赠扶养协议。1990 年,李某祖母去世。1996 年,李某父立遗嘱,将前述遗赠房产赠与李某弟。1999 年,李某父去世。2008 年,李某诉请确认前述遗嘱无效。法院认为:《继承法》规定,遗赠扶养协议是指遗赠人与扶养人(包括组织)签订的,遗赠人的全部或部分财产在其死亡后按协议规定转移给扶养人所有,扶养人承担对遗赠人生养死葬义务的协议。扶养人享有在遗赠人死亡后取得遗赠财产的权利;承担扶养照顾遗赠人并在遗赠人死亡后将其安葬的义务。李某与祖母所签遗赠扶养协议,经李某父在场同意,并经乡、村干部在场证明,是双方真实意思表示,符合法律规定,该协议合法有效,双方应按协议约定,履行各自义务。李某已按约定,履行了对祖母生养死葬义务,根据法律规定,李某对协议中约定房屋享有所有权。李某父无权处分他人财产,判决案涉遗嘱无效。

④1997 年**天津某遗赠纠纷案**,1987 年,杨某离婚后搬出独居,逐渐与子女疏远而与保姆刘某关系融洽。1994 年,杨某与刘某签订遗赠扶养协议并经公证。一年后,刘某因刑事犯罪入狱两年。1996 年,杨某因车祸死亡。杨某子女获得赔偿款 4 万元,并变卖杨某部分遗产。1997 年,刘某诉请杨某子女返还遗产及死亡赔偿款。法院认为:刘某发扬敬老、养老传统精神,与杨某签订遗赠扶养协议,并履行了一定生养义务,应享有受遗赠权利,对此应予保护和褒倡。刘某除死葬未履行有正当理由外,并未完全按遗赠扶养协议履行生养义务,只能受遗赠部分遗产。被告系杨某亲生子女,理应对杨某尽法定赡养义务,但对杨某与刘某签订遗赠扶养协议一事,时间长达二年之久,却全然不知,可见未对杨某尽到赡养义务。杨某死亡后,被告擅自变卖占有其全部遗产和事故责任单位一次性给付的赔偿款,侵犯了刘某受遗赠权利,应承担返还责任。至于事故责任单位一次性给付的赔偿款,除合理丧葬费用及被告料理丧事误工损失外,其余为死亡补偿金,系对受害人杨某赡养人或扶养人经济补偿和精神慰藉,刘某作为遗赠人杨某扶养人,亦应按其对遗赠人所尽扶养义务给予补偿。遗赠人杨某其余遗产和死亡补偿金,由其法定继承人继受。判决杨某子女返还刘某受遗赠遗产 5800 余元、死亡补偿费 1.7 万余元。

(2)协议解除。①2013 年**河南某遗赠扶养纠纷案**,2010 年,贾某与寇某签订遗赠扶养协议并进行了公证,约定寇某负责贾某生养死葬并垫付移民房款差价,贾某将全部财产赠与寇某。2011 年,贾某通过公证处向寇某送达解除通知书。1 个月后,贾某死亡。张某向贾某养女主张行使对贾某的房屋物权。法院认为:《合同法》第 2 条规定,本法所称的合同是平等主体的自然人、法人、其他组织之间设立、变更、终止民事权利义务关系的协议。婚姻、收养、监护等有关身份关系的协议,适用其他法律的规定。扶养关系属于身份关系的一种,遗赠扶养协议具有极强的人身属性,故遗赠扶养协议不应适用《合同法》相关规定。最高人民法院《关于贯彻执行〈中华人民共和国继承法〉若干问题的意见》第 56 条规定,扶养人或集体组织与公民订有遗赠扶养协议,扶养人或集体组织无正当理由不履行,致协议解除的,不能享有受遗赠的权利,其支付的供养费用一般不予补偿;遗赠人无正当理由不履行,致协议解除的,则应偿还扶养人或集体组织已支付的供养费用。据此,遗赠扶养协议签订后,在被扶养人死亡前,扶养人和被抚养人对遗赠扶养协议均具有任意解除权。本案中,贾某于 2011 年通过公证处向寇某送达解除通知书,已表明了贾某对寇某履行的生养义务不满意,在此情况下,再维持遗赠扶养协议效力已背离了协议签订初衷。贾某通过行使任意解除权,已解除遗赠扶养协议,依前述司法解释规定,判决贾某偿还扶养人已支付的移民房款差价以及已支付的供养费用。

②2004 年**福建某赠与合同纠纷案**,1986 年,孤寡老人倪某将唯一房产公证赠与李某,并口头约定扶养义务,随后办理房产过户手续。2003 年春节后,因李某拒绝赡养倪某,倪某诉请撤销赠与。法院认为:倪某是位孤寡老人,无儿无女,没有经济收入,家中唯一值钱的财产就是房屋一幢,平时靠出租房屋收取租金、捡拾废品和村里发放的低保补贴维持生活。倪某将房产赠与他人主观目的是为今后生活上有人照顾,老有所养,其并不富有,不可能将赖以生存的、唯一值钱的房产无偿赠送他人,而自己却靠捡拾废品、领取低保补贴维持生活,故李某认为案涉房产是倪某无偿赠与的辩称,法院不予采信。倪某与李某订立赠与合同后至 2003 年春节,李某每年均有给付倪某扶养费,之后才未履行扶养义务,2003 年 10 月倪某即因此事向有关部门反映,要求调解处理,故其撤销权应从 2003 年 10 月起计算,倪某行使撤销权未超过除斥期间。判决撤销案涉赠与合同。

③2004 年**福建某遗赠扶养纠纷案**,2001 年,吕某与陈某签订遗赠扶养协议,约定陈某赡养吕某,每月陈某应支付生活费 500 元,吕某将其所有财产作为遗赠财产。3 个月后,双方因家庭琐事拌嘴发生纠纷,陈某终止照料,吕某诉请解除遗赠扶养协议,陈某则要求赔偿误工损失及供养费 1 万元。法院认为:遗赠扶养协议有效,但后来双方因家庭琐事争吵,相不谅解,最终导致吕某诉请解除协议,为维护老人合法权益,可判决扶养协议解除。在依法保护老人权益基础上,依据公平原则,由吕某给予陈某适当补偿。经调解,双方协议解除,由吕某补偿陈某 2500 元。

【典型类案实务要点】

1.【遗赠扶养协议解除时,已履行部分,应予适当补偿】遗赠扶养协议因纠纷导致提前解除时,扶养人已履行部分扶养义务的,应由被扶养人给予扶养人适当的经济补偿。

2.【无民事行为能力人的监护人,可代订遗赠扶养协议】遗赠扶养协议本质是合同,应有条件地认可无民事行为能力人的监护人为被监护人利益而代为订立的遗赠扶养协议效力。

3.【五保户被撞身亡,生前供养的养老机构可依约索赔】无近亲属五保户与养老机构所签供养协议视为遗赠扶养协议,养老机构依扶养关系取得近亲属法律地位,其有权就五保户死亡所获人身损害赔偿向法院起诉。

4.【遗赠扶养协议生效后,他人遗嘱处分的,遗嘱无效】遗赠扶养协议签订并生效后,扶养人第一顺序继承人将遗赠财产又以遗嘱方式进行处分的,该遗嘱应认定为无效。

5.【未完全依约履行生养义务的,只能受遗赠部分遗产】衡量生养义务是否履行,主要看扶养人是否按遗赠扶养协议约定扶养方式和内容履行,从而达致约定遗赠人受扶养程度。

6.【遗赠扶养协议的双方当事人,均应享有任意解除权】遗赠扶养协议不适用《合同法》规定。遗赠扶养协议签订后,被扶养人死亡前,双方当事人均应具有任意解除权。

7.【口头约定的扶养义务未履行的,房产赠与仍可撤销】公证赠与合同虽载明自愿、无偿赠与房产,有证据证明受赠人应承担扶养义务而拒绝履行时,赠与人可撤销赠与。

8.【遗赠扶养协议解除时,对扶养人可予酌情经济补偿】遗赠扶养协议无法履行时可以解除,依据公平原则,解除扶养协议时对扶养人误工损失及供养费可酌情予以补偿。

【类案裁判一般规则】

衡量生养义务是否履行,主要看扶养人是否按遗赠扶养协议约定扶养方式和内容履行,从而达致约定遗赠人受扶养程度。遗赠扶养协议因纠纷导致提前解除时,扶养人已履行部分扶养义务的,应由被扶养人给予扶养人适当的经济补偿。

【典型参考案例索引】

主旨案例:云南富民法院(2007)富民初字第227号"刘某等诉杨某等遗赠扶养

纠纷案”，见《刘文聪等诉杨世银等遗赠扶养协议案（遗赠扶养协议）》（段志能），载《中国审判案例要览》（2008 民:404）。

其他案例：

（1）协议效力。①上海二中院（2010）沪二中民一（民）终字第 2498 号“张道根与张琴娣等遗赠扶养协议纠纷上诉案”，见《监护人代为订立的遗赠扶养协议之效力》（姚卫民、尹灿），载《人民司法·案例》（201114:14）。②重庆江津区法院（2010）津法民初字第 4097 号“重庆市江津区塘河镇中心敬老院诉朱某等交通事故责任纠纷案”，见《养老机构可作为五保户死亡损害赔偿纠纷的原告》（蔚琼琼、夏娇），载《人民司法·案例》（201204:73）。③北京延庆法院（2008）延民初字第 01281 号“李某与李某弟遗嘱继承纠纷案”，见《李树林诉李树春遗嘱继承案（遗赠扶养协议）》（贾月友），载《中国审判案例要览》（2009 民:502）。④天津河东区法院 1997 年 4 月 9 日“刘某与杨某等遗赠纠纷案”，见《刘恩凤等诉杨胜利等追索遗赠扶养协议下遗赠的财产案》（崔陟峰），载《人民法院案例选》（200001/31:65）。

（2）协议解除。①河南淅川法院（2013）淅民初字第 115－1 号“寇海军、张会平与贾来娣遗赠扶养协议纠纷案”，见《遗赠扶养协议的当事人具有任意解除权》（陈志伟、闫莉），载《人民司法·案例》（201422:95）。②福建将乐法院（2004）将民初字第 179 号“倪某与李某赠与合同纠纷案”，见《倪观生诉倪永金赠与合同案（赠与合同的撤销）》（丁建康），载《中国审判案例要览》（2005 民:140）。③福建安溪法院判决“吕某诉陈某遗赠扶养协议案”，见《吕清英诉陈水滨遗赠扶养协议纠纷案》（林山鸿、梁文农），载《人民法院案例选》（2004 年民事/48:44）。

99. 继承权放弃效力认定

——继承权放弃，效力怎认定？

【放弃继承】

【案情简介及争议焦点】

1999 年，卢某姐以卢某父母去世后，其他兄弟姐妹放弃继承权为由办理了继承房屋过户至自己名下的变更登记手续。2011 年，卢某姐去世，卢某妻子依遗嘱办理了该房屋过户至卢某儿子名下的变更登记手续。卢某以 1999 年变更登记时放弃继承权声明上其签字系伪造为由，起诉房管局,要求撤销两次变更登记。

争议焦点:1. 本案法律适用? 2. 放弃继承房产权利书合法性如何认定?

【裁判要点】

1. 法律适用。《城市房地产管理法》(1994年)、1997年《城市房屋权属登记管理办法》(当时有效,2016年7月5日废止——编者注)等上述法律、部门规章并未明确规定继承房屋转移登记需要提交公证机关出具的继承公证书。依《行政诉讼法》第52条、第53条规定,人民法院审理行政案件,以法律和行政法规、地方性法规为依据,参照国务院部、委根据法律和国务院的行政法规、决定、命令制定、发布的规章。1991年司法部、建设部《关于房产登记管理中加强公证的联合通知》(当时有效,2016年7月5日废止——编者注)属于规章以下规范性文件,不应作为认定转移登记程序违法依据。

2. 诉讼程序。房管局对争议房产办理转移登记,已按当时有效的《城市房屋权属登记管理办法》(1997年)第17条规定,履行了审慎审查义务。对于卢某辩称其放弃继承房产权利书是否合法有效,其应通过民事诉讼予以解决。房管局对争议房产办理转移登记并无不当,基于该转移登记,其后办理的转移登记亦无不当。判决驳回卢某诉请。

【裁判依据或参考】

1. 法律规定。《民法典》(2021年1月1日)第1124条:"继承开始后,继承人放弃继承的,应当在遗产处理前,以书面形式作出放弃继承的表示;没有表示的,视为接受继承。受遗赠人应当在知道受遗赠后六十日内,作出接受或者放弃受遗赠的表示;到期没有表示的,视为放弃受遗赠。"第1154条:"有下列情形之一的,遗产中的有关部分按照法定继承办理:(一)遗嘱继承人放弃继承或者受遗赠人放弃受遗赠;(二)遗嘱继承人丧失继承权或者受遗赠人丧失受遗赠权;(三)遗嘱继承人、受遗赠人先于遗嘱人死亡或者终止;(四)遗嘱无效部分所涉及的遗产;(五)遗嘱未处分的遗产。"**《老年人权益保障法(2018修正)》**(2018年12月29日)第19条:"赡养人不得以放弃继承权或者其他理由,拒绝履行赡养义务。赡养人不履行赡养义务,老年人有要求赡养人付给赡养费等权利。赡养人不得要求老年人承担力不能及的劳动。"

2. 最高人民法院司法解释及其他司法性文件/解读文章。最高人民法院**《关于适用〈中华人民共和国民事诉讼法〉的解释》**(2015年2月4日　法释〔2015〕5号,2020年修正)第475条:"作为被执行人的公民死亡,其遗产继承人没有放弃继承的,人民法院可以裁定变更被执行人,由该继承人在遗产的范围内偿还债务。继承人放弃继承的,人民法院可以直接执行被执行人的遗产。”最高人民法院吴晓芳法官**《关于婚姻家庭纠纷审理热点难点问答》**〔载《民事法律文件解读》2012 年第 6 辑(总第 90 辑)〕第 11 条:“婚姻关系存续期间,一方作为继承人依法可以继承遗产,但继承之间尚未进行遗产分割,离婚时另一方要求分割该遗产的,应当如何处理?答:在婚姻关系存续期间,夫妻一方作为继承人根据继承法的有关规定可以继承遗产,但继承人之间尚未对该遗产进行分割。比如一方的父亲或母亲死亡,按照中国人的习惯,父母一方尚健在的,为尊重老人的感情,兄弟姐妹之间一般不进行遗产分割。夫妻离婚时另一方主张按照夫妻共同财产分割一部分遗产,由于继承人在继承开始后、遗产分割前都可以作出放弃继承的意思表示,而继承人因放弃继承权致其不能履行法定义务的,放弃继承权的行为才归于无效,故夫妻另一方对部分遗产作为夫妻共同财产的分割权只是一种期待权,离婚诉讼中不予处理,但可以保留其诉权,由当事人在其权利条件具备时再主张分割。”最高人民法院吴晓芳法官**《关于婚姻家庭纠纷审理热点难点问答》**〔载《民事法律文件解读》2011 年第 11 辑(总第 83 辑)〕第 72 条:“继承开始后继承人未表示放弃继承且未分割遗产的,应按析产处理吗?答:根据《继承法》第二十五条的规定:‘继承开始后,继承人放弃继承的,应当在遗产处理前,作出放弃继承的表示。没有表示的,视为接受继承。’本条规定充分考虑了国人的传统习惯,一般父母一方死亡时,子女们出于对健在父母一方的敬重,很少会在悲痛时分直接提出分割遗产的要求,否则会被认为太不近人情。而在父母同时死亡时,兄弟姐妹也可能碍于情面、出于各种原因而不便提出遗产继承的事宜,故《继承法》规定‘没有表示的,视为接受继承’非常契合实际,用默示的方式表达自己的意愿更容易被老百姓所接受。针对审判实践中经常出现的被继承人死亡多年仍没有分割遗产的情形,《最高人民法院关于贯彻执行〈中华人民共和国民法通则〉若干问题的意见(试行)》第 177 条规定:‘继承的诉讼时效按继承法的规定执行。但继承开始后,继承人未明确表示放弃继承的,视为接受继承,遗产未分割的,即为共同共有。诉讼时效的中止、中断、延长,均适用民法通则的有关规定。’1990 年 11 月 15 日《最高人民法院关于向某某与叶学枝房屋纠纷案的复函》更进一步明确了这个问题,即:宁某锋夫妇于 1929 年、1946 年先后死亡,所遗房屋由三子宁某祥一家一直居住至今,其他子女宁某英、宁某冰、宁某贤于 1986 年以前先后死亡,他们生前均未表示放弃继承。根据《继承法》第二十五条和《最高人民法院关于贯彻执行〈中华人民共和国民法通则〉若干问题的意见(试行)》第一百七十七条的规定和该案具体情况,宁氏姐弟对其父母所遗房产可视为接受继承,并对未分割的房产享有共有权。据此,我们基本同意你院的第二种意见,即宁某冰之妻向某某提出分割共有房屋;可按分割共同财产的诉讼请求处理。”

第73条:“继承人放弃遗产继承属于放弃继承权还是放弃所有权?继承人放弃继承是否侵害了其配偶的权利?答:……继承是继承人取得被继承人遗产所有权的基础,失去了这个基础,继承人的所有权就无法存在。抛开继承权谈所有权,所有权就是无源之水、无本之木。继承权的接受和放弃取决于继承人的意志。继承权作为一项民事权利,从继承开始到遗产分割前,继承人可以根据自己的意志决定接受还是放弃继承权,其他人不得干涉,故继承人的配偶无权左右继承人作出是否放弃继承的决定。根据《最高人民法院关于贯彻执行〈中华人民共和国继承法〉若干问题的意见》第四十六条的规定:‘继承人因放弃继承权,致其不能履行法定义务的,放弃继承权的行为无效’,即禁止继承人以放弃继承权为条件而不履行法定义务,如不清偿个人债务,不承担抚养、扶养、赡养义务等。如果继承人放弃继承权不会影响其履行法定义务的,这种放弃就是有效的。只有当继承人继承遗产后,作为配偶的一方才能依据《婚姻法》第十七条的规定,成为继承人因继承而取得财产的共有人。配偶对遗产的共有权利是建立在继承人继承遗产之基础上,故继承人放弃继承并没有损害配偶的合法权益。”最高人民法院民一庭《**民事审判实务问答(婚姻家庭继承纠纷一般问题)**》(2005年4月)第21条:“债权人追索被继承人生前债务的案件,如法定继承人明确表示放弃继承的,法院应如何判决?答:《中华人民共和国继承法》第三十二条、第三十三条规定:‘无人继承又无人受遗赠的遗产,归国家所有;死者生前是集体所有制组织成员的归集体所有制组织所有。继承遗产应当清偿被继承人依法应当缴纳的税款和债务,缴纳税款和清偿债务以他的遗产实际价值为限。超过遗产实际价值部分,继承人自愿偿还的不在此限’。《最高人民法院关于贯彻执行〈中华人民共和国继承法〉若干问题的意见》第四十六条规定:‘继承人因放弃继承权,致其不能履行法定义务的,放弃继承权的行为无效。’对债务人死亡留有一定遗产,但继承人明确表示放弃继承的,如人民法院准许继承人放弃继承,则会导致没有适格的被告,债权人又不能擅自处分遗产,导致债权人无法主张权利,且继承人往往实际占有遗产坐收渔利而无需清偿被继承人生前债务。为保护债权人的合法权益,人民法院应当认定放弃继承无效,通知继承人参加诉讼,并依法判决继承人以被继承人的实际财产价值为限清偿债务。”最高人民法院《**关于继承开始时继承人未表示放弃继承遗产又未分割的可按析产案件处理的批复**》(1987年10月17日 〔1987〕民他字第12号):“……我们研究认为,双方当事人诉争的房屋,原为费宝珍与费翼臣的夫妻共有财产,1958年私房改造所留自住房,仍属于原产权人共有。费翼臣病故后,对属于费翼臣所有的那一份遗产,各继承人都没有表示过放弃继承,根据《继承法》第二十五条第一款的规定,应视为均已接受继承。诉争的房屋应属各继承人共同共有,他们之间为此发生之诉讼,可按析产案件处理,并参照财产来源、管理使用及实际需要等情况,进行具体分割。”

3. 部门规章。司法部公证司《**关于如何处理当事人申请撤销继承权等公证书的复函**》(1991年1月10日 〔91〕司公字第7号):"……经研究答复如下:一、关于继承权公证书问题。由于被继承人何妙根的妻子沈云秀和女儿已经在公证处作了放弃继承权的真实意思表示,公证处为何妙根和沈云秀的四个儿子出具的继承权公证书真实合法,因此,对沈云秀放弃继承权的反悔不予支持,不能撤销继承权公证书。现何的四个儿子同意将何的遗产转归沈云秀一人所有,可由他们商得其各自配偶的同意后,将继承的房产赠与沈云秀,公证处可为他们办理赠与公证。二、关于赠与公证书问题。赠与人沈云秀将自己的房产赠与四个儿子后反悔,要求撤销赠与公证书,鉴于赠与公证后,当事人未办理房产转移登记手续,且未实际改变房产的占有使用,因此,可由赠与人发表一份变更原赠与的声明书,连同原赠与公证书一并交公证处存档。三、关于析产协议公证书问题。公证处办理析产协议公证书并无错误,因此公证书不能撤销。但由于赠与人反悔后,经公证的析产协议内容发生了变化,可由原协议人共同发表协议书无效的声明,连同原公证书一并交公证处存档。"

4. 地方司法性文件。江苏高院《**家事纠纷案件审理指南(婚姻家庭部分)**》(2019年7月18日)第45条:"作为继承人的夫妻一方放弃继承权,夫妻另一方能否主张放弃继承权无效或者赔偿损失?继承人在继承开始后遗产处理前可以根据自己的意志决定接受继承还是放弃继承权,作为继承人的夫妻一方对继承权的处分无需征得夫妻另一方的同意。夫妻另一方主张放弃继承权无效或者赔偿损失的,不予支持。但如果夫妻另一方举证证明作为继承人的夫妻一方放弃继承权致使不能履行法定义务导致其获得经济帮助、扶养等权益受到损害的,其关于放弃继承权无效或者赔偿损失的主张,应予支持。"北京高院《**关于审理继承纠纷案件若干疑难问题的解答**》(2018年6月11日)第13条:"离婚时尚未处理的一方遗产,另一方能否主张权利?离婚时一方在婚姻关系存续期间取得但尚未实际处理的遗产,配偶方请求确认并分割该遗产中的权利,人民法院不予支持,配偶方可待遗产实际处理后另行主张。配偶方以侵害夫妻共同财产权利为由请求确认另一方放弃遗产继承的行为无效、或请求损害赔偿的,人民法院不予支持。"第16条:"继承开始前放弃继承期待权的承诺是否有效?继承纠纷中,当事人以继承人在继承开始前已明确表示放弃继承期待权为由,请求确认继承权丧失的,人民法院不予支持;但该放弃表示系在分家析产等合意行为中作出,涉及继承权之外其他权利义务安排,继续享有继承权有违相关习俗并导致显失公平的,人民法院对作出放弃表示方请求继承遗产的请求不予支持。"第25条:"继承人均明确表示放弃继承权,债权人能否起诉继承人要求履行被继承人生前所负债务?继承人均明确表示放弃继承权,但存在继承人实际占有、使用、收益、处分遗产情形的。债权人起诉实际占有、使用、收益、处分遗产的继承人，请求配合履行被继承人生前债务的，法院可根据案件情况予以支持。”浙江高院民一庭**《关于印发〈关于审理婚姻家庭案件若干问题的解答〉的通知》**（2016年6月27日　浙高法民一〔2016〕2号）第18条：“婚姻关系存续期间发生继承事实，作为继承人的夫或妻一方放弃继承的，另一方可否主张放弃无效或请求赔偿？答：根据《继承法》第二十五条规定，继承开始后，继承人可以在遗产处理前放弃继承。作为继承人的夫或妻一方对继承权利的处分，无需征得另一方的同意。另一方主张对方放弃继承无效或者以对方放弃继承为由请求赔偿的，不予支持。有证据证明作为继承人的夫或妻一方放弃继承系虚假意思表示，其实际取得继承财产的，另一方可以根据《婚姻法》第四十七条的规定，请求分割夫妻共同财产。”浙江杭州中院民一庭**《关于涉及婚姻家庭纠纷案件若干疑难问题的解答》**（2013年1月1日）第11条：“夫妻一方在婚姻关系存续期间，因发生遗产继承取得继承人资格，但遗产分割发生在离婚后，如该继承人一方放弃继承遗产的，另一方可否请求赔偿？如该继承人一方继承取得了遗产，另一方可否请求分割？答：继承人对于继承的处分权利是基于特定身份而享有的人格权利，是否继承以及继承多少是继承人的权利，无需征得夫妻另一方的同意，其放弃继承亦不属于转移、隐匿、毁损夫妻共有财产的行为，故另一方无权请求赔偿。如继承人一方在其离婚后取得遗产的，则因该财产系在夫妻关系存续期间是以各继承人共有方式存在，只是具体范围、数额明确在离婚后，不改变夫妻共有财产的性质，故另一方可以针对该项财产是否被处分、转移等具体情形，按照相应的时效期间规定，提出财产分割或者损害赔偿请求。”上海高院**《物权民事纠纷办案要件指南（总则部分）》**（2012年7月9日）第8条：“……通过继承或者受遗赠等行为取得标的物物权。物权法第二十九条规定：‘因继承或者受遗赠取得物权的，自继承或者受遗赠开始时发生效力。’这里继承或者受遗赠的发生，自被继承人死亡或受遗赠开始时开始，均不以继承或者受遗赠的意思表示必备要素，而是依法律规定产生法律后果，继承人或者受遗赠人不需要具有相应的民事行为能力，因此继承或者受遗赠属于事件引发的物权变动。对于上述规定，关键是要正确认识物权变动的时间如何确定。第一，在继承情形下，物权变动节点为被继承人死亡之时。根据我国继承法第二条的规定，继承开始的时间为被继承人死亡时的时间。因此，被继承人死亡时即发生物权的变动效力。所谓‘死亡’，既包括事实死亡，也包括宣告死亡，宣告死亡的自判决所确定的死亡之时继承开始。第二，在遗赠的情形下，对物权变动节点存在不同认识。有人认为，物权变动则始于遗赠人死亡之后、受遗赠人作出接受遗赠的意思表示之时；如果受遗赠人不愿接受遗赠，则不发生物权变动。另一种观点认为，被继承人死亡时即发生物权变动的效果，变动后的权利人是被继承人的法定继承人，之后在受遗赠人表示接受遗赠时，法定继承人已经继承的财产权利再一次发生变动,即从法定继承人处转移到受遗赠人处。我们认为,在第一种观点之下,会导致自遗赠人死亡之后到受遗赠人表示接受期间,遗赠物及孳息权利主体缺位的状态,不利于对物权的固定和保护;在第二种观点之下,从法定继承人到受遗赠人的所谓二次物权变动,既无法律依据,又无法理基础,并且会徒增法定继承人与受遗赠人之间的矛盾纠纷。根据我们的理解,遗赠作为一种单方法律行为,只要遗嘱的形式及内容合法,即可发生法律效力,无需受遗赠人同意。由于遗赠是一种死因行为,遗赠在遗赠人死亡时发生法律效力,故受遗赠开始的时间通常为遗赠人死亡的时间。此外,继承法第二十五条第二款规定:'受遗赠人应当在知道受遗赠后两个月内作出接受或者放弃受遗赠的表示,到期没有表示的,视为放弃受遗赠。'据此规定,即使受遗赠人已经依物权法的规定取得遗赠的物权,但如果其在两个月内未明确表示接受遗赠,则应视为放弃已取得的物权,归法定继承人继承。”重庆高院**《关于审理道路交通事故损害赔偿案件适用法律若干问题的指导意见》**(2006 年 11 月 1 日)第 35 条:“加害人在道路交通事故中死亡,其继承人放弃继承或者没有继承人的,以其财产管理人为被告。”江苏高院**《关于审理附带民事诉讼案件若干问题的意见(试行)》**(2005 年 9 月 16 日)第 13 条:“刑事被告人或者其他共同致害人死亡的,其遗产继承人可以作为附带民事诉讼被告人。但遗产继承人放弃遗产继承权的,可以不作为附带民事诉讼被告人。刑事诉讼因被告人死亡依法终止的,附带民事诉讼原告人可以另行提起民事诉讼。”上海高院**《对贯彻〈最高人民法院关于执行继承法若干意见〉的通知》**(1985 年 11 月 21 日)第 15 条:“对《意见》第 51 条的理解。放弃继承是指放弃继承权。因此,不能放弃部分继承权。继承人可以放弃部分可以取得的遗产,但不能因此而免除其应承担的义务。”

【参考类案】

①2011 年**广西某债务纠纷案**,2011 年,李某与邱某离婚,李某名下房产归李某所有,李某补偿邱某 11 万元。2010 年,李某母亲彭某以 2006 年其转让该房产给李某时,约定有 10 万元房款及 2 万元过户手续费,李某出具欠条但一直未还为由,诉请李某与邱某偿还。诉讼中,彭某去世,李某妹妹作为继承人被追加作为原告参加诉讼,李某承诺放弃继承权。法院认为:遗产继承是一项权利,继承权放弃是继承人单方法律行为,继承人在继承开始后、遗产处理前,可作出放弃继承表示。李某和邱某离婚前,李某母亲彭某去世,继承事实发生在李某与邱某婚姻关系存续期间,但继承事实发生后一直未析产,故彭某遗产处于其法定继承人共同共有状态,李某作为法定继承人之一,在离婚时并未实际取得遗产财产权利。根据我国《婚姻法》及相关司法解释规定,夫妻婚姻关系存续期间所得财产为夫妻共同财产,它指双方已实际取得的财产,夫妻共同财产中包括的“一方或双方因继承、受赠而取得

的财产”,亦应是已实际取得的财产。李某放弃继承表示是在彭某死亡后法院依法追加继承人参加诉讼过程中作出的,为法律所允许,应作为其真实意思表示予以确认;且李某放弃继承并未影响到离婚时邱某可主张的夫妻共同财产权利,因离婚判决生效时李某虽享有继承份额但并未实际取得彭某在本案中主张的债权,亦即本案争议债权并不属于李某、邱某离婚时共同所有的财产权利,就算李某在本案中不放弃权利,也是在本案判决后才能实际取得债权,由此才可产生其个人债权债务相冲抵的法律后果,但该权利义务冲抵无法律溯及力,显然,李某放弃继承本案债权只是对自己继承权利的处分,不涉及对邱某法定义务的履行,即李某是否继承其母亲债权,不属于对邱某应尽的法律义务,故其放弃继承并没有违法性,应有效成立。本案房屋系以买卖方式依法办理过户的,且彭某已以提起本案诉讼行为明确了其对于购房款的主张,并无任何证据能证明房屋“名为买卖实为赠与”。李某在与邱某婚姻关系存续期间欠母亲彭某房屋转让款及过户费事实清楚,证据充分,最高人民法院《关于适用〈中华人民共和国婚姻法〉若干问题的解释(二)》(已于2021年1月1日起废止)第24条规定,本案债务应作为夫妻共同债务予以确认,且该债务在李某于2006年12月书写欠条给彭某收执时已确定,之后并无任何还款事实,不论李某在本案中是否放弃继承,本案债务数额都不会改变,李某、邱某作为本案债务人身份亦不会改变,判决本案债务12万元,应由李某、邱某各偿还6万元,且互负连带清偿责任。

②2011年**辽宁某继承权纠纷案**,2009年,杨某去世后,杨某子、杨某女起诉继母,调解协议约定杨某子取得杨某名下房产,杨某子补偿继母5万元。2010年,杨某子、杨某女达成协议,约定杨某子取得杨某名下房产,杨某子补偿杨某女10万元。2011年,因杨某子以2009年调解协议已确定其取得房产所有权为由拒绝支付杨某女补偿款致诉。法院认为:在2009年本案杨某子、杨某女起诉继母艾某诉讼中,根据相关调解笔录记载,杨某女将其应继承份额赠与杨某子,调解结果为由杨某子一人继承房屋并向继母艾某支付房屋折价款5万元。但2009年调解诉讼,系以本案原、被告为被继承人子女一方,相对于继母艾某作为被继承人配偶另一方。其实质,系本案原、被告作为一个整体与继母的外部诉讼,结合实际履行情况,系由杨某子给付继母5万元,应认定2009年的继承诉讼中杨某女将应继承份额赠与杨某子是将杨某子作为继承人代表,杨某子以表象权利人身份继承该房屋后,作出了给付杨某女10万元的内部另行分配行为。从公平诚信原则分析,应认定2010年协议系杨某女以现金形式继承被继承人杨某房产,即以房屋折价款形式进行继承。该协议系作为被继承人子女之间的财产分割内部协议。协议签订后,杨某子取得了诉争房屋所有权,杨某女实际已将其应继承份额赠与杨某子,即杨某女已履行了协议书中“放弃继承房产”的主义务,虽客观事实上无需履行相关手续,致使杨某女

未能实际履行“办理相关手续”的从义务,但不能免除杨某子支付杨某女10万元的义务。判决杨某子支付杨某女10万元及相应利息。

③2011年**重庆某继承纠纷案**,1942年,范某父与谢某、龙某组建一夫多妻家庭。1987年,三人先后去世。1993年,继承人范某兄作为兄弟姊妹3人代表与开发商签订安置补偿协议,约定范某兄取得价值4万余元的安置房,由范某兄一人补交了62%即3万余元的建房费。范某妹及妹夫随后表示不放弃继承权。1997年,范某妹去世。1998年,范某兄与患有精神病的限制民事行为能力人范某签订产权协议,约定范某放弃继承权。2011年,范某起诉范某兄及范某妹子女,诉请分配安置房。法院认为:范某于1983年8月起患有精神病,至2010年6月7日领取精神二级残疾人证,其间并无证据证明其已治愈,故应视作限制行为能力人,且在签订房产协议时亦无医学证据证明其是在精神清醒状态下所作意思表示行为。依《继承法》第6条第2款规定,限制行为能力人的继承权、受遗赠权,由其法定代理人代为行使,或征得法定代理人同意后行使。同时最高人民法院《关于贯彻执行〈中华人民共和国继承法〉若干问题的意见》第8条规定,法定代理人代理被代理人行使继承权、受遗赠权,不得损害被代理人的利益;法定代理人一般不能代理被代理人放弃继承权、受遗赠权。明显损害被代理人利益的,应认定其代理行为无效。范某作为限制行为能力人,是在无法定代理人监护情况下所签房产协议,其并不知道自己行为性质,不能预见其后果,亦不知道其放弃继承房屋系价值较大财产,故范某在所签协议中放弃产权条款无效。另外,范某妹在继承开始后并未明示放弃继承,其在遗产分割前死亡,其所继承遗产应转移给其合法继承人继承。范某妹夫虽明确表示放弃范某妹应继承份额,但其五个子女即田某等并未明示放弃继承,该协议亦无范某妹五个子女签字,故诉争房产协议中针对范某放弃产权以及针对范某妹五个子女继承权部分均应无效。最高人民法院《关于贯彻执行〈中华人民共和国继承法〉若干问题的意见》第20条规定,对于在旧社会形成的一夫多妻家庭中,子女与生母以外的父亲的其他配偶之间形成扶养关系的,互有继承权。范某父与谢某、龙某去世后均未留有遗嘱,亦未与他人签订遗赠扶养协议,故三人遗产应适用法定继承处理。诉争房屋继承问题除范某明示放弃继承有效外,其余部分不能按前述协议进行分割,该套房屋应由范某、范某妹、范某兄各继承1/3产权份额。拆迁安置房屋当时价款共计4万余元,范某兄补交建房费3万余元所对应房屋部分不应作为其父母遗产范围处理,故范某父母遗产房屋价值占安置房屋价值比例为14.62%,该部分才应由范某、范某妹、范某兄各继承1/3即4.87%份额。判决范某对诉争安置房享有4.87%所有权份额。

④2010年**北京某分家析产纠纷案**,2003年,刘父去世。刘子作为继承人之一,在家庭会议上同意并签字放弃继承权。2008年,刘子配偶白某以丈夫未经其同

意，放弃继承无效为由主张刘父遗产份额，同时主张与刘子婚后自建房屋所有权。法院认为：《继承法》第 2 条规定，继承从被继承人死亡时开始。本案中，刘父死亡时，刘子即开始享有对其父遗产的继承权。最高人民法院《关于贯彻执行〈中华人民共和国继承法〉若干问题的意见》第 49 条规定，继承人放弃继承的意思表示，应当在继承开始后、遗产分割前作出。遗产分割后表示放弃的不再是继承权，而是所有权。在遗产分割未作出前，继承人享有的仅系对被继承人遗产份额的继承权而非所有权。只有当遗产分割开始后，法律赋予的依附于身份关系而享有的继承权才能转化为对遗产份额的所有权。本案中，刘子作出放弃继承权意思表示发生在其父死亡后、遗产分割前。刘子系基于其与刘父之间的父子关系而享有继承权，该权利系法律赋予其单独享有和支配，其放弃对刘父遗产继承权行为符合《继承法》规定。《婚姻法》第 17 条规定，夫妻在婚姻关系存续期间继承所得的财产为夫妻共同财产。夫妻一方在处分夫妻共同财产时应获得另一方的同意。但本案中，刘子所享有的继承权并未转化为其享有遗产份额的所有权，即刘子对遗产份额并未实际取得，刘父遗产并未转化为刘子与白某夫妻共同财产，故刘子放弃对其父遗产继承权行为，并未侵害白某合法权益。无证据证明白某与刘子婚后所增添财产已取得相关批准手续，故判决该增添财产部分由二人共同使用。

⑤2009 年**四川某法定继承纠纷案**，1970 年，黄某死亡，名下房产由长子罗某一家居住。此前的 1958 年，黄某次子罗银某去世。1973 年，罗某提交仅加盖妹妹罗芙某、罗福某私章的放弃继承证明将前述房产产权办理登记在自己名下，后因其他继承人提出异议，房管局收回产权证并加盖注销章。1994 年，罗银某女儿罗国某死亡。2009 年，罗芙某、罗福某以罗某妻子王某及三子女、罗银某女儿罗惠某、罗国某儿子宋某为被告，诉请分割遗产房屋。法院认为：依我国行为习惯，私章不具有识别个人身份法律特征，亦不具有代表本人意思的法律效力，仅加盖私章而无本人签名且本人提出异议的放弃继承证明，形式上不符合继承人放弃继承的法律要件，故罗某提交其他继承人放弃产权的证明不能认定为放弃继承的意思表示。况且，由于颁发给罗某的房屋产权证已由房管局收回并加盖注销章后，罗某未补具关于继承该房屋的书面协议重新办理登记手续，故该房屋权属已恢复至罗某办理变更登记前状态，即仍属黄某所有。现房屋尚未分割处理，目前其他继承人亦未表示放弃继承，故即使其他继承人曾在罗某申请办理房屋变更登记时有过同意放弃继承意思表示，亦不影响其他继承人在房屋分割前所享有的继承权。继承开始后，在继承人均未表示放弃继承且遗产亦未进行分割情况下，不存在继承人权利被侵犯问题，遗产归全体继承人共有，任何共有人随时均可提出分割共有物请求，该权利实质为形成权而非请求权，不适用诉讼时效规定，故本案黄某其他继承人即遗产共有人起诉要求分割共有财产，符合法律规定，本案不适用诉讼时效规定。相反，如

认为本案已过诉讼时效,将导致案涉房屋始终属于死亡多年的黄某所有情况出现,从而产生所有权缺位问题,实际上剥夺了各继承人权利。因黄某配偶和父母均先于其死亡,故其第一顺序继承人应为黄某四子女,继承份额各为 25%。因罗某在黄某死亡后、遗产分割前死亡,其继承份额应依法由其配偶王某及其子女转继承。黄某死亡时继承开始,黄某未立遗嘱,罗某因继承房屋取得的房屋所有权份额,系罗某与王某婚姻关系存续期间所得夫妻共同财产,罗某死亡后,其继承份额一半应归王某所有,剩余一半再由王某等四继承人均等分割,即各分得房屋产权的 3.125%。因罗银某先于黄某死亡,而罗银某生育两子女,其中罗国某 1994 年死亡,生前生育一子宋某,故罗银某继承 25% 份额,应依法由罗惠某、宋某代位继承,各享有 12.5% 份额。判决案涉房屋由罗芙某、罗福某各享有 25% 份额,王某享有 15.625% 份额,王某子女各享有 3.125% 份额,罗惠某、宋某各享有 12.5% 份额。

⑥2008 年**北京某继承权纠纷案**,1992 年,白某与刘某结婚,并对刘家祖屋进行了扩建。2008 年,刘某要求与白某离婚,并放弃了对刘某父母房产的继承权。白某起诉刘某及其他继承人,要求分割刘家房屋。法院认为:依《继承法》第 5 条、第 10 条规定,刘某父去世后,刘某作为第一顺序继承人有权利放弃继承权,在家庭会议上刘某同意并签字放弃继承权,该放弃继承权行为符合法律规定。刘某与白某婚后对居住房屋进行扩建,但未举证履行了相关批准手续,故判决确认扩建房屋由刘某与白某共同使用。

⑦2008 年**四川某撤销权纠纷案**,2005 年,邓某欠张某借款 7 万元本息案进入执行程序。2006 年,邓某母亡,邓某与其余 5 名继承人办理公证,邓某承诺放弃继承邓某父母名下两套房产。2007 年,张某诉请确认该放弃行为无效,其他继承人返还邓某放弃的财产。法院认为:撤销权设立目的在于防止因债务人财产不当减少造成债权的不能实现,因而撤销权标的应为以财产为标的的民事行为。本案中,邓某能取得法定继承人资格,无疑系基于其特定身份关系,但继承发生时,其放弃继承行为直接指向的是财产权利,倘若因此损害债权,债权人可依法行使撤销权。邓某在明知不能清偿债务情况下放弃继承财产,明显影响其清偿债务能力,亦有悖诚信原则,故张某要求确认邓某放弃继承行为无效的诉请成立。本案中,因其他继承人均未向邓某支付其放弃继承部分的对价,故邓某行为应属无偿处分财产,此时债权人行使撤销权不以债务人和第三人恶意为要件,故其他继承人是否系善意取得邓某放弃继承份额与本案无关。判决确认邓某放弃继承两套房屋行为无效,邓某对两套诉争房屋各享有 1/12 房屋产权。

【典型类案实务要点】

1.**【放弃继承声明签字是否伪造,应通过民事诉讼解决】**继承公证不是办理房产继承登记法定要件，利害关系人以放弃继承权声明上签字系伪造为由，诉请房管部门撤销房产继承转移登记的，应通过民事诉讼解决。

2.【**夫妻一方离婚后，有权放弃未实际取得的房屋遗产**】夫妻一方作为法定继承人，在离婚时并未实际取得房屋遗产财产权利，在离婚后作出放弃继承的意思表示，应为有效。

3.【**继承人代表继承房产后，内部所做分配约定应有效**】部分继承人作为一个整体由其中一人作为表象权利人继承房产后，再在内部之间另行分配继承房产份额约定，应为有效。

4.【**法定代理人代理被代理人放弃继承权的，应为无效**】法定代理人代理被代理人行使继承权、受遗赠权，不得损害被代理人的利益；法定代理人一般不能代理被代理人放弃继承权、受遗赠权。明显损害被代理人利益的，应认定其代理行为无效。

5.【**遗产分割前，继承人放弃继承，无需经其配偶同意**】被继承人死亡后，遗产分割前，继承人放弃继承的，因放弃继承权对应的遗产尚未形成夫妻共同财产，故继承人配偶无权主张放弃继承行为无效。

6.【**放弃继承证明仅加盖私章而无本人签名，应不生效**】依我国行为习惯，私章不具有识别个人身份法律特征，仅加盖私章而无本人签名且本人提出异议的放弃继承证明，形式上不符合继承人放弃继承的法律要件。

7.【**夫妻一方放弃应继承财产，不得作为夫妻共同财产**】夫妻一方放弃应继承的财产，另一方以该财产系共有财产、放弃行为未经共有财产人同意为由主张无效的，不予支持。

8.【**债务人放弃继承危及债权的，债权人可行使撤销权**】债务人在明知不能清偿债务情况下放弃继承的财产，其放弃继承行为直接指向的是财产权利，倘若因此损害债权人债权，债权人可依法行使撤销权。

【类案裁判一般规则】

继承开始后，继承人放弃继承的，应在遗产处理前，以书面形式作出放弃继承的表示；未表示的，视为接受继承。受遗赠人应在知道受遗赠后60日内，作出接受或放弃受遗赠的表示；到期未表示的，视为放弃受遗赠。

【典型参考案例索引】

主旨案例：江西赣州中院(2012)赣行终字第13号“杨伏英等与卢建华等房产继承转移登记纠纷上诉案”，见《继承公证不是办理房产继承转移登记的法定要件》(曾照旭、王锋)，载《人民司法·案例》(201212:101)。**其他案例：**①广西柳州中院(2011)柳市民一终字第818号“李某与邱某等债务纠纷案”,见《李萍诉李林、邱忆债权案》(吴媚媚),载《中国审判案例要览》(2012民:426)。②辽宁沈阳皇姑区法院(2011)皇民一初字第1067号“杨秀某与杨某等继承纠纷案”,见《杨秀琴诉杨明、杨杰继承案》(宁妍),载《中国审判案例要览》(2012民:433)。③重庆永川区法院(2011)永民初字第02862号“范世某与范某等继承纠纷案”,见《范世贵诉范春等法定继承案》(冉毅、徐毅强),载《中国审判案例要览》(2012民:436)。④北京一中院(2010)一中民再终字第1954号“白某诉刘某等分家析产纠纷案”,见《白海侠诉刘永等分家析产纠纷案》(赵玉东),载《人民法院案例选》(201203/81:135)。⑤四川成都锦江区法院(2009)锦江民初字第3298号“罗某与王某等法定继承纠纷案”,见《罗芙蓉、罗福玉诉王昌雅等法定继承纠纷案》(徐捷),载《人民法院案例选》(201102/76:91)。⑥北京一中院(2008)一中民终字第15317号“白某与刘某等继承纠纷案”,见《白海侠诉王淑琴等析产继承案(放弃继承权)》(郝从宇),载《中国审判案例要览》(2009民:519)。⑦四川成都中院(2008)成民终字第1129号“张某与邓某等撤销权纠纷案”,见《债务人放弃继承危及债权的,债权人可行使撤销权》(杨塞兰),载《人民司法·案例》(201002:58)。

100. 继承权瑕疵法律后果

——权利有瑕疵,可否仍继承?

【权利瑕疵】

【案情简介及争议焦点】

1994年,许某出资以许某母工龄购买公房并登记在许某名下。2009年,许某去世,生前在病床上手写遗嘱,许某兄交给父母,后被父母销毁。因对前述房产权属产生争议,许某父母起诉许某妻女要求析产继承。

争议焦点:1. 销毁遗嘱认定及法律后果? 2. 案涉承租公房如何分割?

【裁判要点】

1. 销毁遗嘱,丧失继承权。依最高人民法院《关于民事诉讼证据的若干规定》,有证据证明一方当事人持有证据无正当理由拒不提供,如果对方当事人主张该证据的内容不利于证据持有人,可以推定该主张成立。现许某父母自认被继承人许某生前自书文书交其保管,又称该份文书并非遗嘱,而许某妻女对此毫不知情,故除非许某父母提供该份文书以证明并非遗嘱,否则法院推定该份文书系被继承人的自书遗嘱且内容有利于许某妻女。《继承法》规定,伪造、篡改或者销毁遗嘱,情节严重的,丧失继承权。许某父母在未告知被继承人妻女情况下销毁遗嘱,不尊重被继承人真实意思表示,应认定许某父母已丧失继承权。

2. 本案承租公房分割原则。案涉房屋系购买的承租公房,且当时成年同住人为许某母和被继承人许某,故依有关法律规定该房屋应确认为该两人共有。许某父户籍在购买公房时并不在该房内,不享有购买人资格。许某母享有该房一半产权,被继承人许某名下一半产权归妻、女继承所有。另外许某妻已证明购房款系其出资,并据此要求许某母按其产权份额返还相应折价款,该主张于法有据,应予支持。

【裁判依据或参考】

1. 法律规定。《民法典》(2021 年 1 月 1 日)第 1125 条:"继承人有下列行为之一的,丧失继承权:(一)故意杀害被继承人;(二)为争夺遗产而杀害其他继承人;(三)遗弃被继承人,或者虐待被继承人情节严重;(四)伪造、篡改、隐匿或者销毁遗嘱,情节严重;(五)以欺诈、胁迫手段迫使或者妨碍被继承人设立、变更或者撤回遗嘱,情节严重。继承人有前款第三项至第五项行为,确有悔改表现,被继承人表示宽恕或者事后在遗嘱中将其列为继承人的,该继承人不丧失继承权。受遗赠人有本条第一款规定行为的,丧失受遗赠权。"第 1154 条:"有下列情形之一的,遗产中的有关部分按照法定继承办理:(一)遗嘱继承人放弃继承或者受遗赠人放弃受遗赠;(二)遗嘱继承人丧失继承权或者受遗赠人丧失受遗赠权;(三)遗嘱继承人、受遗赠人先于遗嘱人死亡或者终止;(四)遗嘱无效部分所涉及的遗产;(五)遗嘱未处分的遗产。"

2. 最高人民法院司法解释及其他司法性文件/解读文章。最高人民法院**《关于适用〈中华人民共和国保险法〉若干问题的解释(三)》**(2015 年 12 月 1 日　法释〔2015〕21 号)第 16 条:"保险合同解除时,投保人与被保险人、受益人为不同主体,被保险人或者受益人要求退还保险单的现金价值的,人民法院不予支持,但保险合同另有约定的除外。投保人故意造成被保险人死亡、伤残或者疾病,保险人依照保险法第四十三条规定退还保险单的现金价值的,其他权利人按照被保险人、被保险人继承人的顺序确定。"最高人民法院**《关于贯彻执行〈中华人民共和国继承法〉若干问题的意见》**(1985 年 9 月 11 日　法〔民〕发〔1985〕22 号,2021 年 1 月 1 日起废止)第 9 条:"在遗产继承中,继承人之间因是否丧失继承权发生纠纷,诉讼到人民法院的,由人民法院根据继承法第七条的规定,判决确认其是否丧失继承权。"第

10条:“继承人虐待被继承人情节是否严重,可以从实施虐待行为的时间、手段、后果和社会影响等方面认定。虐待被继承人情节严重的,不论是否追究刑事责任,均可确认其丧失继承权。”第11条:“继承人故意杀害被继承人的,不论是既遂还是未遂,均应确认其丧失继承权。”第12条:“继承人有继承法第七条第(一)项或第(二)项所列之行为,而被继承人以遗嘱将遗产指定由该继承人继承的,可确认遗嘱无效,并按继承法第七条的规定处理。”第13条:“继承人虐待被继承人情节严重的,或者遗弃被继承人的,如以后确有悔改表现,而且被虐待人、被遗弃人生前又表示宽恕,可不确认其丧失继承权。”第14条:“继承人伪造、篡改或者销毁遗嘱,侵害了缺乏劳动能力又无生活来源的继承人的利益,并造成其生活困难的,应认定其行为情节严重。”第28条:“继承人丧失继承权的,其晚辈直系血亲不得代位继承。如该代位继承人缺乏劳动能力又没有生活来源,或对被继承人尽赡养义务较多的,可适当分给遗产。”最高人民法院《**关于高春荣虐待其妻致死高妻的财产应由何人继承的问题的解答**》(1952年10月13日　法办字第3686号):“……高春荣虐待其妻致死,不但要负刑事责任,同时也应剥夺他继承其妻财产的权利。高妻所遗财产,如有子女、由其子女继承,无子女则由其父母继承,如果父母也没有,应查明当地有无兄弟姊妹互相继承的习惯;如有此习惯可由其兄弟姊妹继承;否则,高妻的财产,应判决归公,交当地政府处理。再如当地虽无姊弟互相继承的习惯,而死者的同胞生活确有困难,或死者的夫家还有其他同居亲属生活也有困难,则根据实际情况就应归公的遗产酌情对他们或她们给予适当照顾,也是可以的。”

3. 地方司法性文件。北京高院《**关于审理继承纠纷案件若干疑难问题的解答**》(2018年6月11日)第24条:“继承人具有继承法第七条外严重损害被继承人、其他被继承人权益情形时,如何承担责任?继承人以争夺遗产为目的严重损害被继承人、其他继承人权益,未构成《继承法》第七条规定情形的,人民法院可酌情减少其应继承的遗产。”

【参考类案】

①2010年**浙江某继承权纠纷案**,1975年,高某与史某父分家,约定史某父与再婚后所生子史某居住,高某与史某弟、妹及高某跟前夫所生史某兄、史某姐共同居住。1979年,史某父去世。1996年,史某与兄弟姐妹协商,由史某其他兄弟姐妹赡养母亲高某。2004年,高某去世。2010年,因高某村集体身份,史某兄弟姐妹获得村集体分配两套商品房及相应补偿款。史某诉请继承1/5份额即12万余元。法院认为:同一顺序继承人继承遗产份额,一般应均等。对被继承人尽了主要扶养义务或与被继承人共同生活的继承人,分配遗产时,可多分。有扶养能力和有扶养条件的继承人,不尽扶养义务的,分配遗产时,应当不分或少分。本案被继承人高某

去世后，其名下有可分配两套商品房和土地征用款8500元可继承。高某从1975年分家后与史某父分开居住，未与史某共同生活，从1975年到高某2004年去世前后长达30年，史某未对高某承担任何赡养义务。虽然1975年史某与其他兄弟姐妹分家后，史某与父亲共同生活，但父亲早在1979年已去世，在1996年史某与兄弟姐妹协商赡养母亲事宜时，史某作为高某儿子理应与其他兄弟姐妹一起承担赡养高某义务，但1996年达成的关于赡养老人及居住协议书可反映出，史某未对高某承担任何赡养义务，史某亦未提供证据证明对高某承担过赡养义务。综上，根据被继承人高某遗产及史某所尽赡养义务等实际情况，酌情考虑史某继承高某遗产价值为1万元。因高某遗产已被继承，故应由史某兄弟姐妹支付史某可继承高某的遗产价款。史某兄、史某弟表示，由他们分别支付史某5000元，法院予以准许。判决史某兄、史某弟分别支付史某可继承高某的遗产价款5000元。

②2000年**浙江某继承权纠纷案**，1991年，孟某被杀，其女由孟某兄代为抚养，孟某与丈夫安某财产亦由孟某兄保管、支配。10天后，杀人嫌犯安某自杀。安某父母起诉安某女要求继承。法院认为：孟某去世后所形成的抚养协议，因安某尚未死亡，该协议却对安某与孟某财产做了处分，显属无效。在被继承人孟某去世后，因安某故意杀害妻子孟某，故对孟某遗产丧失继承权，孟某遗产份额由女儿继承。安某去世后，女儿、父母为第一顺序继承人。依法律规定，同一顺序继承人继承遗产份额一般应均等，对生活有特殊困难的缺乏劳动能力的继承人分配遗产时，应予照顾。安某父母尚有劳动能力，也有其他经济来源，而安某女儿年幼，缺乏劳动能力，又无其他经济来源，依法应照顾。判决安某、孟某遗产由安某女继承4万余元、安某父母继承1万余元。

【典型类案实务要点】

1.**【继承人销毁遗嘱，情节严重的，应认定丧失继承权】**继承人之一在未告知其他继承人情况下销毁遗嘱，不尊重被继承人真实意思表示的，应依《继承法》规定认定其丧失继承权。

2.**【未尽赡养义务，可构成继承权瑕疵，应不分或少分】**子女之间达成协议分别赡养父母的，对父亲或母亲一方去世后所遗留个人财产，有赡养能力但未实际承担赡养义务的子女在继承遗产时应不分或少分。

3.**【夫妻间故意杀人，继承人因故意杀害而丧失继承权】**故意杀害被继承人的，继承人丧失继承权。同一顺序继承人继承遗产份额一般应均等，对生活有特殊困难的缺乏劳动能力的继承人分配遗产时，应予照顾。

【类案裁判一般规则】

继承人有下列行为之一的，丧失继承权：(1)故意杀害被继承人；(2)为争夺遗产而杀害其他继承人;(3)遗弃被继承人,或者虐待被继承人情节严重;(4)伪造、篡改、隐匿或者销毁遗嘱,情节严重;(5)以欺诈、胁迫手段迫使或者妨碍被继承人设立、变更或者撤回遗嘱,情节严重。继承人有前款第三项至第五项行为,确有悔改表现,被继承人表示宽恕或者事后在遗嘱中将其列为继承人的,该继承人不丧失继承权。受遗赠人有本条第一款规定行为的,丧失受遗赠权。

【典型参考案例索引】

主旨案例:上海浦东新区法院(2009)浦民一(民)初字第23387号“王某与阎某等继承纠纷案”,见《王林妹等诉阎崇红等继承析产案(继承权丧失)》(黄赟),载《中国审判案例要览》(2011民:454)。**其他案例:**①浙江宁波镇海区法院(2010)甬镇民初字第968号“史永远诉史永其等继承纠纷案”,见《未尽赡养义务可构成继承权瑕疵》(戴盈盈),载《人民司法·案例》(201318:17)。②浙江嵊州法院(2000)嵊民初字第9号“谢某等诉安某继承纠纷案”,见《安香岳等诉安婧案(继承)》(朱干平),载《中国审判案例要览》(2001民:30)。

附　录

婚姻家庭继承纠纷相关法律规范性文件

（本书主要引用法条来源）

一、法律规定

《宪法(2018 修正)》(2018 年 3 月 11 日)

《民法典》(2021 年 1 月 1 日)

《未成年人保护法(2020 年修订)》(2021 年 6 月 1 日)

《农村土地承包法(2018 修正)》(2019 年 1 月 1 日)

《老年人权益保障法(2018 修正)》(2018 年 12 月 29 日)

《妇女权益保障法(2018 修正)》(2018 年 10 月 26 日)

《民事诉讼法(2017 修正)》(2017 年 7 月 1 日)

《保险法(2015 修正)》(2015 年 4 月 24 日)

全国人大常委会《关于〈中华人民共和国民法通则〉第九十九条第一款、〈中华人民共和国婚姻法〉第二十二条的解释》(2014 年 11 月 1 日)

《涉外民事关系法律适用法》(2011 年 4 月 1 日)

《著作权法(2010 修正)》(2010 年 4 月 1 日)

《合伙企业法(2006 修订)》(2007 年 6 月 1 日)

《个人独资企业法》(2000 年 1 月 1 日)

全国人大常委会办公厅秘书组《关于麻风病患者治愈后能否准予结婚问题的复函》(1975 年 10 月 8 日)

二、行政法规

国务院《关于农村集体产权制度改革情况的报告》(2020 年 4 月 26 日)

国务院《住房公积金管理条例(2019 修订)》(2019 年 3 月 24 日)

国务院《不动产登记暂行条例(2019 修订)》(2019 年 3 月 24 日)

国务院《中国公民收养子女登记办法》(2019 年 3 月 2 日修订)

国务院《母婴保健法实施办法(2017 修订)》(2017 年 11 月 17 日)

国务院《城镇集体所有制企业条例(2016 修订)》(2016 年 2 月 6 日)

国务院《公司登记管理条例(2016 修订)》(2016 年 2 月 6 日)

国务院办公厅《关于解决无户口人员登记户口问题的意见》(2015 年 12 月 31

日　国办发〔2015〕96号)

国务院《关于机关事业单位工作人员养老保险制度改革的决定》(2014年10月1日)

国务院《关于建立统一的城乡居民基本养老保险制度的意见》(2014年2月21日　国发〔2014〕8号)

国务院《著作权法实施条例(2013修订)》(2013年3月1日)

国务院《计算机软件保护条例(2013修订)》(2013年3月1日)

国务院《企业债券管理条例(2011修订)》(2011年1月8日)

国务院《农村五保供养工作条例(2006)》(2006年3月1日)

《婚姻登记条例》(2003年10月1日)

国务院《集成电路布图设计保护条例》(2001年10月1日)

国务院《台湾同胞投资保护法实施细则》(1999年12月5日)

国务院《关于建立城镇职工基本医疗保险制度的决定》(1998年12月14日)

国务院《关于建立统一的企业职工基本养老保险制度的决定》(1997年7月16日)

国务院《中华人民共和国公民出入境管理法实施细则(1994修订)》(1994年7月15日,2013年7月1日已废止)

国务院《对〈外经贸股份有限公司内部职工持股试点暂行办法〉的批复》(1994年6月18日　国函〔1994〕54号)

国务院办公厅《转发民政部等部门〈关于加强婚姻管理制止早婚早育意见〉的通知》(1992年9月12日　国办发〔1992〕51号)

国务院《关于鼓励华侨和香港澳门同胞投资的规定》(1990年8月19日)

国务院《城镇国有土地使用权出让和转让暂行条例》(1990年5月19日)

国务院《批转〈外国留学生管理办法〉》(1985年10月14日　国发〔1985〕121号)

国务院办公厅《转发民政部、外交部、公安部、国家安全部〈关于涉外婚姻几个问题的请示〉的通知》(1984年8月3日　国办发〔1984〕63号)

国务院《关于安置复员建设军人工作的决议》(1955年5月31日)

中央法制委员会《对内务部〈关于结婚登记后未同居要求撤销登记应按离婚办理〉的复函》(1954年7月24日)

中央法制委员会《关于"婚姻法"所规定之"革命军人"范围的解答》(1953年7月1日)

三、司法解释及最高人民法院司法性文件/最高人民法院法官解读文章

最高人民法院《关于适用〈中华人民共和国民法典〉婚姻家庭编的解释(一)》

(2021 年 1 月 1 日　法释〔2020〕22 号)

最高人民法院法官郑学林、刘敏、王丹《〈关于适用民法典婚姻家庭编的解释(一)〉的若干重点问题的理解与适用》(载《人民司法》2021 年第 13 期)

最高人民法院《关于人民法院加强民事审判工作依法服务保障经济社会持续健康发展情况的报告》(2020 年 10 月 15 日)

最高人民法院《关于审理民间借贷案件适用法律若干问题的规定(2020 修正)》(2020 年 8 月 20 日)

最高人民法院《关于民事诉讼证据的若干规定(2019 修正)》(2020 年 5 月 1 日)

最高人民法院《关于立案是否要提供被告人身份证信息的答复》(2019 年 9 月 16 日)

最高人民法院、全国妇联《关于进一步加强合作建立健全妇女儿童权益保护工作机制的通知》(2019 年 8 月 16 日　法发〔2019〕21 号)

最高人民法院《关于为实施乡村振兴战略提供司法服务和保障的意见》(2018 年 10 月 23 日　法发〔2018〕19 号)

最高人民法院、最高人民检察院《关于办理虚假诉讼刑事案件适用法律若干问题的解释》(2018 年 10 月 1 日　法释〔2018〕17 号)

最高人民法院《关于进一步深化家事审判方式和工作机制改革的意见(试行)》(2018 年 7 月 18 日　法发〔2018〕12 号)

最高人民法院《关于办理涉夫妻债务纠纷案件有关工作的通知》(2018 年 2 月 7 日　法明传〔2018〕71 号)

最高人民法院《关于审理涉及夫妻债务纠纷案件适用法律有关问题的解释》(2018 年 1 月 18 日　法释〔2018〕2 号,2021 年 1 月 1 日起废止)

最高人民法院《关于适用〈中华人民共和国公司法〉若干问题的规定(四)》(2017 年 9 月 1 日　法释〔2017〕16 号)

最高人民法院《关于审理彩礼纠纷案件中能否将对方当事人的父母列为共同被告的答复》/又名:最高人民法院《对十二届全国人大五次会议第 1385 号建议的答复》(2017 年 8 月 26 日)

最高人民法院《关于建立家事审判方式和工作机制改革联席会议制度的意见》(2017 年 7 月 19 日　法〔2017〕18 号)

最高人民法院《关于适用〈中华人民共和国婚姻法〉若干问题的解释(二)的补充规定》(2017 年 3 月 1 日　法释〔2017〕6 号,2021 年 1 月 1 日起废止)

最高人民法院《关于内地与香港特别行政区法院就民商事案件相互委托提取证据的安排》(2017 年 3 月 1 日　法释〔2017〕4 号)

最高人民法院《关于依法妥善审理涉及夫妻债务案件有关问题的通知》(2017年2月28日　法〔2017〕48号)

最高人民法院《关于民事执行中变更、追加当事人若干问题的规定(2020年修正)》(2021年1月1日　法释〔2020〕21号)

最高人民法院《关于民事执行中变更、追加当事人若干问题的规定(2020年修正)》(2021年1月1日　法释〔2020〕21号)

最高人民法院《第八次全国法院民事商事审判工作会议(民事部分)纪要》(2016年11月30日)

最高人民法院《关于人民法院进一步深化多元化纠纷解决机制改革的意见》(2016年6月28日　法发〔2016〕14号)

最高人民法院《关于防范和制裁虚假诉讼的指导意见》(2016年6月20日　法发〔2016〕13号)

最高人民法院《关于开展家事审判方式和工作机制改革试点工作的意见》(2016年6月1日　法〔2016〕128号)

最高人民法院《关于在部分法院开展家事审判方式和工作机制改革试点工作的通知》(2016年6月1日　法〔2016〕129号)

最高人民法院《关于"撤销婚姻法司法解释(二)第24条的建议"的答复》(2016年3月17日)

最高人民法院《关于适用〈中华人民共和国物权法〉若干问题的解释(一)》(2016年3月1日　法释〔2016〕5号,已于2021年1月1日起废止)

最高人民法院、最高人民检察院《关于办理刑事赔偿案件适用法律若干问题的解释》(2016年1月1日　法释〔2015〕24号)

最高人民法院民一庭负责人《关于当前民事审判工作中的若干具体问题》(2015年12月24日)

最高人民法院《关于适用〈中华人民共和国保险法〉若干问题的解释(三)》(2015年12月1日　法释〔2015〕21号)

最高人民法院《关于认可和执行台湾地区法院民事判决的规定》(2015年7月1日　法释〔2015〕13号)

最高人民法院《2015年全国民事审判工作会议纪要》(2015年4月20日)

最高人民法院、最高人民检察院、公安部、司法部《印发〈关于依法办理家庭暴力犯罪案件的意见〉的通知》(2015年3月2日　法发〔2015〕4号)

最高人民法院《关于适用〈中华人民共和国民事诉讼法〉的解释》(2015年2月4日　法释〔2015〕5号,2020年修正)

最高人民法院民一庭《关于夫妻一方对外担保之债能否认定为夫妻共同债务

的复函》(2015 年 1 月 1 日 〔2015〕民一他字第 9 号)

最高人民法院**《对“关于解决在裁判文书上隐藏个人信息”问题的答复》**(2014 年 12 月 12 日)

最高人民法院**《关于婚姻关系存续期间夫妻一方以个人名义所负债务性质如何认定的答复》**(2014 年 7 月 12 日 〔2014〕民一他字第 10 号)

最高人民法院**《对离婚财产分割案件中有关法官行为规范的建议问题的答复》**(2014 年 4 月 11 日)

最高人民法院**《“关于出台司法解释,加强对子女权益保护建议”的答复》**(2014 年 3 月 28 日)

最高人民法院**《关于适用〈中华人民共和国涉外民事关系法律适用法〉若干问题的解释(一)》**(2013 年 1 月 7 日 法释〔2012〕24 号)

最高人民法院**《贯彻实施新民事诉讼法(三):关于调解协议司法确认程序的理解和适用》**(2012 年 12 月 8 日)

最高人民法院**《关于军事法院管辖民事案件若干问题的规定》**(2012 年 9 月 17 日 法释〔2012〕11 号,2020 年修正)

最高人民法院**《关于未经我国驻外使领馆认证的域外形成的证据效力问题的请示的复函》**(2012 年 6 月 14 日 〔2012〕民四他字第 15 号)

最高人民法院**《关于能否在执行程序中确认夫妻共同债务的答复》**(2012 年 6 月 12 日 〔2012〕执他字第 8 号)

最高人民法院**《关于充分发挥民事审判职能,依法维护妇女、儿童和老年人合法权益的通知》**(2012 年 2 月 28 日 法〔2012〕57 号)

最高人民法院**《关于于某申请承认与执行外国法院民事判决一案的请示的复函》**(2012 年 2 月 23 日 〔2012〕民四他字第 3 号)

最高人民法院**《关于当前形势下加强民事审判切实保障民生若干问题的通知》**(2012 年 2 月 12 日 法〔2012〕40 号)

最高人民法院吴晓芳法官**《关于婚姻家庭纠纷审理热点难点问答》**〔载《民事法律文件解读》2012 年第 8 辑(总第 92 辑)〕

最高人民法院吴晓芳法官**《关于婚姻家庭纠纷审理热点难点问答》**〔载《民事法律文件解读》2012 年第 6 辑(总第 90 辑)〕

最高人民法院吴晓芳法官**《关于婚姻家庭纠纷审理热点难点问答》**〔载《民事法律文件解读》2012 年第 5 辑(总第 89 辑)〕

最高人民法院研究室**《关于代书遗嘱虽不符合法定形式要件但确系遗嘱人真实意思表示能否认定有效问题的答复》**(2011 年 12 月 6 日)

最高人民法院办公厅**《关于印发〈全国民事审判工作会议纪要〉的通知》**(2011

年10月9日 法办〔2011〕442号)

最高人民法院《关于适用〈中华人民共和国婚姻法〉若干问题的解释(三)》(2011年8月13日 法释〔2011〕18号)

最高人民法院《关于进一步规范人民法院涉港澳台调查取证工作的通知》(2011年8月7日 法〔2011〕243号)

最高人民法院《关于人民调解协议司法确认程序的若干规定》(2011年3月30日 法释〔2011〕5号)

最高人民法院《关于审理涉台民商事案件法律适用问题的规定》(2011年1月1日 法释〔2010〕19号)

最高人民法院吴晓芳法官《关于婚姻家庭纠纷审理热点难点问答》〔载《民事法律文件解读》2011年第11辑(总第83辑)〕

最高人民法院《关于审理房屋登记案件若干问题的规定》(2010年11月18日 法释〔2010〕14号)

最高人民法院《关于中国公民申请承认外国法院和解权告决定书等法律文书的请示的复函》(2010年9月29日 〔2010〕民四他字第56号)

最高人民法院《关于进一步加强人民法院涉军案件审判工作的通知》(2010年7月28日 法〔2010〕254号)

最高人民法院《印发〈关于进一步贯彻"调解优先、调判结合"工作原则的若干意见〉的通知》(2010年6月7日 法发〔2010〕16号)

最高人民法院《印发〈关于贯彻宽严相济刑事政策的若干意见〉的通知》(2010年2月8日 法发〔2010〕9号)

最高人民法院《关于人民法院民事调解工作若干问题的规定(2020修正)》(2021年1月1日 法释〔2020〕20号)

最高人民法院《关于审理民事案件适用诉讼时效制度若干问题的规定》(2008年9月1日 法释〔2008〕11号)

最高人民法院民一庭《关于做好二〇〇八年全国法院民一庭系统民事审判工作的通知》(2008年5月1日 法民一字〔2008〕第2号)

最高人民法院民事审判第一庭庭长纪敏《在全国民事审判工作座谈会上的总结讲话——公正司法、一心为民、廉洁自律、一生平安》(2007年4月10日)

最高人民法院副院长曹建明《在第七次全国民事审判工作会议上的讲话——当前民事审判工作中的若干问题》(2007年1月5日)

最高人民法院行政审判庭《关于婚姻登记行政案件原告资格及判决方式有关问题的答复》(2005年10月8日 法〔2005〕行他字第13号)

最高人民法院《关于审理涉及农村土地承包纠纷案件适用法律问题的解释》

(2005年9月1日　法释〔2005〕6号)

最高人民法院民一庭《**民事审判实务问答(婚姻家庭继承纠纷一般问题)**》(2005年4月)

最高人民法院《**关于空难死亡赔偿金能否作为遗产处理的复函**》(2005年3月22日　〔2005〕民一他字第26号)

最高人民法院《**关于审理人身损害赔偿案件适用法律若干问题的解释**》(2004年5月1日　法释〔2003〕20号)

最高人民法院《**关于行政诉讼中台湾地区居民能否以个人名义担任诉讼代理人等有关问题的答复**》(2004年4月9日　〔2004〕行他字第4号)

最高人民法院《**关于适用〈中华人民共和国婚姻法〉若干问题的解释(二)**》(2004年4月1日　法释〔2003〕19号,已于2021年1月1日起废止)

最高人民法院《**关于刘立民与赵淑华因离婚诉讼涉及民办私立学校校产分割一案的复函**》(2003年8月7日　〔2002〕民监他字第13号)

最高人民法院办公厅《**关于人民法院对台湾海基金会委托送达台湾地区有关法院诉讼文书暂不予接受的通知**》(2002年10月24日　法办〔2002〕302号)

最高人民法院《**关于符合结婚条件的男女在登记结婚之前曾公开同居生活能否连续计算婚姻关系存续期间并依此分割财产问题的复函**》(2002年9月19日　〔2002〕民监他字第4号)

最高人民法院《**关于适用〈中华人民共和国婚姻法〉若干问题的解释(一)**》(2001年12月27日　法释〔2001〕30号,已于2021年1月1日起废止)

最高人民检察院《**人民检察院民事行政抗诉案件办案规则**》(2001年10月11日　高检发〔2001〕17号)

最高人民法院《**关于确定民事侵权精神损害赔偿责任若干问题的解释(2020年修正)**》(2021年1月1日　法释〔2020〕17号)

最高人民法院《**关于当事人持台湾地区有关行政或公证部门确认的离婚协议书向人民法院申请认可人民法院是否受理的复函**》(2000年12月26日　〔2000〕民他字第29号)

最高人民法院副院长李国光《**在全国民事审判工作会议上的讲话**》(2000年10月28日)

最高人民法院《**关于如何处理农村五保对象遗产问题的批复**》(2000年8月3日　法释〔2000〕23号,2021年1月1日起废止)

最高人民法院《**关于人民法院受理申请承认外国法院离婚判决案件有关问题的规定**》(2000年3月1日　法释〔2000〕6号)

最高人民法院《**关于印发〈全国民事案件审判质量工作座谈会纪要〉的通知**》

(1999年11月29日 法〔1999〕231号)

最高人民法院《关于内地与香港特别行政区法院相互委托送达民商事司法文书的安排》(1999年3月30日 法释〔1999〕9号)

最高人民法院《关于认真贯彻执行〈关于人民法院认可台湾地区有关法院民事判决的规定〉的通知》(1998年6月17日 法〔1998〕54号)

最高人民法院《关于转发外交部、司法部、民政部〈关于驻外使、领馆就中国公民申请人民法院承认外国法院离婚判决事进行公证、认证的有关规定〉的通知》(1997年7月16日 法〔1997〕152号)

最高人民法院《申请确认在台湾离婚协议效力问题的函》(1996年8月29日)

最高人民法院《印发〈关于审理离婚案件中公房使用、承租若干问题的解答〉的通知》(1996年2月5日 法发〔1996〕4号,已于2021年1月1日起废止)

最高人民法院《关于王娟婷与王万福、陈玉兰继承纠纷一案的函》(1994年12月7日 〔1994〕民他字第10号)

最高人民法院《对国务院宗教事务局一司关于僧人遗产处理意见的复函》(1994年10月13日)

最高人民法院《关于杨杰遗产继承一案的函》(1994年5月11日)

最高人民法院《关于印发〈全国民事审判工作座谈会纪要〉的通知》(1993年11月24日 法发〔1993〕37号)

最高人民法院《关于人民法院审理离婚案件处理子女抚养问题的若干具体意见》(1993年11月3日 法发〔1993〕30号,已于2021年1月1日起废止)

最高人民法院《关于人民法院审理离婚案件处理财产分割问题的若干具体意见》(1993年11月3日 法发〔1993〕32号,已于2021年1月1日起废止)

最高人民法院《关于曹彩凤等诉许莉债务案如何适用法律问题的复函》(1993年3月12日 〔1993〕民他字第3号)

最高人民法院《关于毛玉堂与毛新国的收养关系能否成立的复函》(1993年1月30日 〔92〕民他字第44号)

最高人民法院民事审判庭《关于美籍华人曹信宝与我公民王秀丽结婚登记有关问题的复函》(1993年1月22日 〔93〕法民字第2号)

最高人民法院研究室《关于重婚案件中受骗的一方当事人能否作为被害人向法院提起诉讼问题的电话答复》(1992年11月7日)

最高人民法院《关于被继承人死亡后没有法定继承人分享遗产人能否分得全部遗产的复函》(1992年9月16日 〔92〕民他字第25号,2021年1月1日起废止)

最高人民法院《关于李丽云与丁克义离婚一案可否进行再审的复函》(1992年

6月8日 〔91〕民他字第52号）

最高人民法院《**关于夫妻关系存续期间男方受欺骗抚养非亲生子女离婚后可否向女方追索抚养费的复函**》（1992年4月2日 〔1991〕民他字第63号）

最高人民法院《**关于蒋秀蓉诉彭润明、邱家乐、朱翠莲继承清偿债务纠纷一案的批复**》（1991年1月26日 〔90〕民他字第23号）

最高人民法院《**关于辛克伟与张晓杰抚养子女纠纷申请再审案的函**》（1992年1月24日）

最高人民法院《**关于印发〈马原副院长在部分高级人民法院讨论如何办理检察院抗诉的再审案件座谈会上的讲话〉的通知**》（1991年11月20日 法〔民〕发〔1991〕41号）

最高人民法院《**关于我国公民周芳洲向我国法院申请承认香港地方法院离婚判决效力我国法院应否受理问题的批复**》（1991年9月20日 〔91〕民他字第43号）

最高人民法院《**关于臧海仙与黄士明离婚申诉案的函**》（1991年8月19日 〔91〕民他字第24号）

最高人民法院《**关于中国公民申请承认外国法院离婚判决程序问题的规定**》（1991年8月13日 法〔民〕发〔1991〕21号，2020年修正）

最高人民法院《**关于购房人之一在购房时不完全具备条件，但购房后长期共同居住管理使用，纠纷时已具备完全购房条件的应认定产权共有的复函**》（1991年8月7日 〔1991〕民他字第14号）

最高人民法院《**关于夫妻离婚后人工授精所生子女的法律地位如何确定的复函**》（1991年7月8日 〔91〕民他字第12号，2021年1月1日起废止）

最高人民法院《**关于向勋珍与叶学枝房屋纠纷一案的复函**》（1990年11月15日 〔90〕民他字第45号）

最高人民法院民事审判庭《**关于贯彻执行最高人民法院〈关于人民法院审理未办结婚登记而以夫妻名义同居生活案件的若干意见〉有关问题的电话答复**》（1990年10月11日 〔90〕法民字11号）

最高人民法院《**关于许秀英夫妇与王青芸间是否已事实解除收养关系的复函**》（1990年8月24日 〔90〕民他字第14号）

最高人民法院民事审判庭《**关于王敌民诉胡宁声房屋继承案的复函**》（1990年8月13日 〔90〕民他字第6号）

最高人民法院《**关于违反计划生育政策的超生子女可否列为职工的供养直系亲属等问题的复函**》（1990年8月13日 〔90〕法民字第17号，2021年1月1日起废止）

最高人民法院民事审判庭《关于对周德兴诉周阿金、杭根娣解除收养关系一案的电话答复》(1990年6月25日 〔90〕民他字第20号)

最高人民法院《关于对从香港调回的被继承人的遗产如何处理的函》/又名:最高人民法院《关于林泽莘等诉林丛析产纠纷案的复函》(1990年4月12日 民他字〔1990〕第9号)

最高人民法院《关于对土改时祖遗房产填写土地房产证后的产权确认问题的复函》(1990年2月5日 〔89〕民他字第46号)

最高人民法院《关于未成年的侵权人死亡其父母作为监护人能否成为诉讼主体的复函》(1990年1月20日 〔1989〕民他字第41号)

最高人民法院《印发〈关于人民法院审理离婚案件如何认定夫妻感情确已破裂的若干具体意见〉的通知》(1989年12月13日 法〔民〕发〔1987〕38号,已于2021年1月1日起废止)

最高人民法院《印发〈关于人民法院审理未办结婚登记而以夫妻名义同居生活案件的若干意见〉的通知》(1989年12月13日 法〔民〕发〔1987〕38号,已于2021年1月1日起废止)

最高人民法院民事审判庭《关于雷俊文诉张秋花、马国归还亲生子一案的电话答复》(1989年10月10日 〔1989〕民他字第15号)

最高人民法院民事审判庭《关于单位担任监护人是否承担赔偿责任的电话答复》(1989年8月30日 〔89〕法民字第23号)

最高人民法院研究室《关于重婚案件的被告人长期外逃法院能否中止审理和是否受追诉时效限制问题的电话答复》(1989年8月16日)

最高人民法院《关于中国公民接受外侨遗赠法院程序问题的批复》/又名:最高人民法院《关于中国公民宁俊华申请接受苏侨比斯阔·维克托尔·帕夫洛维赤遗赠案件的批复》(1989年6月12日 〔88〕民他字第26号)

最高人民法院《关于共同经商、共同生活期间购置的房产应认定为共有的复函》(1989年6月9日 〔1989〕民他字第10号)

最高人民法院民事审判庭《关于汤真发诉刘天权继承案的复函》(1989年2月21日 〔88〕民他字第53号)

最高人民法院民事审判庭《关于田海和诉田莆民、田长友扶养费一案的电话答复》(1988年11月14日 〔88〕民他字第43号)

最高人民法院民事审判庭《关于吴乱能否与养孙之间解除收养关系的请示的电话答复》(1988年8月30日 〔88〕民他字第32号)

最高人民法院《关于赵汝湜被没收发还的财产应如何认定和继承问题的批复》/又名:《关于莫曼玲等人与赵新民等人继承纠纷的批复》(1988年8月17日

〔1988〕民他字第 47 号）

最高人民法院副院长马原《**关于人民法院处理涉台民事案件的几个法律问题**》（1988 年 8 月 9 日，已于 2021 年 1 月 1 日起废止）

最高人民法院《**印发〈处理涉台刑事申诉、民事案件座谈会纪要〉的通知**》（1988 年 8 月 5 日　法〔办〕发〔1988〕18 号，已于 2021 年 1 月 1 日起废止）

最高人民法院《**关于孙大鲲等人与孙大成等人房产确权继承案的批复**》（1988 年 7 月 12 日）

最高人民法院《**关于刘士庚诉定州市东赵庄乡东赵庄村委会白银纠纷一案的批复**》/又名：最高人民法院《**关于挖掘埋藏白银归属问题的批复**》/又名：最高人民法院《**关于掘获的白银应归埋藏人所有一案的批复**》（1988 年 4 月 20 日　〔1988〕民他字第 12 号）

最高人民法院《**关于掘获过去地主埋藏的银元归谁所有问题的批复**》/又名：最高人民法院《**关于掘获的银元应归埋藏人所有一案的批复**》（1988 年 4 月 1 日　〔88〕民他字第 5 号）

最高人民法院《**关于金瑞仙与黄宗廉等房产纠纷一案的批复**》（1988 年 2 月 4 日　〔1987〕民他字第 59 号）

最高人民法院民事审判庭《**关于王安贵诉王景斋继承案的电话答复**》（1987 年 12 月 16 日　〔1987〕民他字第 68 号）

最高人民法院《**关于生母已将女儿给人收养而祖母要求收回抚养孙女应否支持问题的批复**》（1987 年 11 月 17 日　〔1987〕民他字第 45 号）

最高人民法院《**关于方巧娣赠与不能成立应否按法定继承处理问题的函**》（1987 年 11 月 5 日　〔1983〕民监字第 1502 号）

最高人民法院《**关于继承开始时继承人未表示放弃继承遗产又未分割的可按析产案件处理的批复**》（1987 年 10 月 17 日　〔1987〕民他字第 12 号）

最高人民法院民事审判庭《**关于钱伯春能否继承和尚钱定安遗产的电话答复**》（1987 年 10 月 16 日　〔1986〕民他字第 63 号）

最高人民法院民事审判庭《**关于盲人刘春和生前从事“算命”所积累的财产死后可否视为非法所得加以没收的电话答复**》（1987 年 10 月 14 日　〔1987〕民他字第 22 号）

最高人民法院《**关于按中国婚姻法离婚的父母对子女的权利义务的规定应如何理解的函**》（1987 年 8 月 21 日　〔87〕民他字第 43 号）

最高人民法院《**关于王棣华等人与王庆贞等人房屋继承案的批复**》/《**关于夫妻一方未经对方同意将共有房屋赠与他人属于夫妻另一方的部分应属无效的批复**》（1987 年 8 月 5 日　〔1987〕民他字第 14 号）

最高人民法院《关于涉外离婚诉讼中子女归谁抚养问题如何处理的批复》(1987 年 8 月 3 日 〔1987〕民他字第 36 号)

最高人民法院民事审判庭《关于未经结婚登记以夫妻名义同居生活一方死亡后另一方有无继承其遗产权利的答复》(1987 年 7 月 25 日 〔1987〕民他字第 40 号)

最高人民法院《关于产权人生前已处分的房屋死后不应认定为遗产的批复》(1987 年 6 月 24 日 〔1987〕民他字第 31 号)

最高人民法院《关于冯钢百遗留的油画等应如何处理的批复》(1987 年 6 月 17 日 〔1987〕民他字第 17 号)

最高人民法院《关于父母的房屋遗产由兄弟姐妹中一人领取了房屋产权证并视为己有发生纠纷应如何处理问题的批复》(1987 年 6 月 15 日 〔1987〕民他字第 16 号)

最高人民法院《关于土改时部分确权、部分未确权的祖遗房产应如何继承问题的批复》(1987 年 4 月 25 日 〔1987〕民他字第 48 号)

最高人民法院《关于产权从未变更过的祖遗房下掘获祖辈所埋的白银归谁所有问题的批复》(1987 年 2 月 21 日 〔1986〕民他字第 38 号)

最高人民法院《关于三代以内的旁系血亲之间的婚姻关系如何处理问题的批复》(1987 年 1 月 14 日 〔1987〕民他字第 36 号)

最高人民法院《关于李桂莲诉夏传叶房屋纠纷案管辖问题的批复》(1986 年 11 月 14 日 〔1986〕民他字第 50 号)

最高人民法院《关于财产共有人立遗嘱处分自己的财产部分有效处分他人的财产部分无效的批复》(1986 年 6 月 20 日 〔1986〕民他字第 24 号)

最高人民法院《关于韩荷敏等人与宁桂兰等人房屋继承案的批复》(1986 年 6 月 10 日 〔1986〕民他字第 25 号)

最高人民法院《关于未成年的养子女,其养父在国外死亡后回生母处生活,仍有权继承其养父的遗产的批复》(1986 年 5 月 19 日 〔1986〕民他字第 22 号)

最高人民法院《关于确认继承权的申请是否适用民事诉讼程序问题的批复》(1986 年 4 月 3 日)

最高人民法院《关于土改后不久被收养的子女能否参加分割土改前的祖遗房产的批复》(1986 年 2 月 13 日 〔1986〕民他字第 6 号)

最高人民法院《对我国留学生夫妻双方要求离婚如何办理离婚手续的通知》(1985 年 12 月 31 日 〔85〕民他字第 38 号)

最高人民法院《关于对分家析产的房屋再立遗嘱变更产权,其遗嘱是否有效的批复》(1985 年 11 月 28 日 〔1985〕民他字第 12 号)

最高人民法院《**关于张寿朋、张惜时与王素卿继承案的批复**》(1985 年 11 月 20 日 〔85〕法民字第 39 号)

最高人民法院民事审判庭《**关于招远县陆许氏遗产应由谁继承的电话答复**》(1985 年 10 月 28 日 〔85〕民他字第 24 号)

最高人民法院《**关于熊碧华与杨万福婚姻纠纷一案的处理意见的电话答复**》(1985 年 10 月 5 日 民他字第 34 号)

最高人民法院《**关于我国法院有权受理旅居外国的中国公民同时向两国法院起诉的案件的批复**》(1985 年 9 月 18 日 〔1985〕民他字第 27 号)

最高人民法院《**关于贯彻执行〈中华人民共和国继承法〉若干问题的意见**》(1985 年 9 月 11 日 法〔民〕发〔1985〕22 号,2021 年 1 月 1 日起废止)

最高人民法院《**关于叶莉莉与委内瑞拉籍华人梁文锐离婚问题的批复**》(1985 年 6 月 24 日 〔1985〕民他字第 14 号)

最高人民法院《**关于利显乾与利潮良房屋纠纷案的批复**》(1985 年 5 月 2 日 〔1985〕法民字第 9 号)

最高人民法院《**关于朱秀珍继承张裕仁遗产案的批复**》(1985 年 3 月 28 日)

最高人民法院《**关于顾月华诉孙怀英房产继承案的批复**》(1985 年 2 月 27 日 法民复〔1985〕15 号)

最高人民法院《**关于兄妹间抚养问题的批复**》(1985 年 2 月 16 日)

最高人民法院《**关于孟宪明、李瑞玲离婚案的批复**》(1985 年 2 月 16 日 法〔民〕复〔1985〕7 号)

最高人民法院《**关于杨志武由台湾回大陆定居,起诉与在台湾的配偶离婚,人民法院是否受理问题的批复**》(1984 年 12 月 6 日)

最高人民法院《**关于旅居阿根廷的中国公民按阿根廷法律允许的方式达成的长期分居协议我国法院是否承认其离婚效力问题的复函**》(1984 年 12 月 5 日 〔84〕民他字第 14 号)

最高人民法院《**关于给在台湾的当事人送达法律文书的批复**》(1984 年 8 月 29 日,已于 2013 年 1 月 18 日起废止)

最高人民法院《**关于在台湾的合法继承人其继承权应否受到保护问题的批复**》(1984 年 7 月 30 日 〔84〕民他字第 8 号)

最高人民法院《**关于高原生活补助费能否作为夫妻共同财产继承的批复**》(1983 年 9 月 3 日 〔83〕民他字第 22 号)

最高人民法院民事审判庭《**关于冯群英与覃国义、覃国伦房屋继承纠纷申诉案的复函**》(1983 年 8 月 25 日 〔82〕民他字第 28 号)

最高人民法院《**关于黄翠英申请与在台人员李幼梅复婚问题的请示的批复**》

(1982年10月8日 〔82〕民他字第34号)

最高人民法院《**关于归国华侨要求与越南籍配偶离婚问题如何处理的批复**》(1982年9月25日 〔82〕民他字第38号)

最高人民法院民事审判庭《**关于李玲与王景年婚姻纠纷案的复函**》(1982年8月9日 〔82〕民他字第13号)

最高人民法院复外交部领事司《**关于外侨的不动产继承问题的函**》(1982年6月2日 〔82〕民他字第22号)

最高人民法院《**关于私房改造后留给房主自住房产权归谁所有问题的批复**》(1982年4月5日 〔82〕民他字第7号)

最高人民法院《**关于张阿凤遗嘱公证部分有效问题的批复**》(1981年12月24日 〔81〕民他字第17号)

最高人民法院《**关于蔡茂松提出与居住在台湾的吴琴离婚应如何处理问题的复函**》(1981年10月10日 〔1981〕民他字第26号)

最高人民法院《**关于变更子女姓氏问题的复函**》(1981年8月14日 〔81〕法民字第11号)

最高人民法院《**关于对年老无子女的人能否按照婚姻法第二十三条类推判决有负担能力的兄弟姐妹承担扶养义务的复函**》(1981年9月1日 〔81〕民他字第21号)

最高人民法院《**关于变更子女姓氏问题的复函**》(1981年8月14日 〔81〕法民字第11号)

最高人民法院《**关于离婚时协议一方不负担子女抚养费经过若干时间他方提起要求对方负担抚养费的诉讼法院如何处理问题的复函**》(1981年7月30日 〔81〕法民字第09号)

最高人民法院民事审判庭《**关于对晋秀月与李小香、李五常继承一案的处理意见的电话答复**》(1981年3月13日)

最高人民法院《**关于旅荷华侨离婚问题的复函**》(1981年3月2日 〔81〕法研字第1号)

最高人民法院、国务院宗教事务局《**关于寺庙、道观房屋产权归属问题的复函**》(1981年1月27日 〔81〕法民字第2号)

最高人民法院《**关于处理配偶一方在港澳台或国外,人民法院已经判决离婚,现当事人要求复婚问题的复函**》(1980年8月28日 〔80〕法民字第9号)

最高人民法院《**关于林依娇与陈铿官房屋继承纠纷的答复**》(1980年8月5日 〔80〕民他字第22号)

最高人民法院《**关于非婚生子抚养问题的复函**》(1980年5月26日)

最高人民法院《**关于郭淡清与苏联籍的妻子离婚问题的函**》(1980年5月5日 〔80〕民他字第8号)

最高人民法院《**关于陈建英诉张海平“假离婚”案的请示报告的复函**》(1979年12月31日 〔79〕反监字第2029号)

最高人民法院《**关于处理破坏援外人员的婚姻家庭案件的批复**》(1978年2月10日)

最高人民法院《**关于处理破坏正在服刑的军人的婚姻家庭问题的批复**》(1978年1月13日)

最高人民法院《**关于复员军人的复员费能否作为家庭共同财产处理的批复**》(1977年11月7日 〔77〕法民字第6号)

最高人民法院《**关于谭明江遗产处理问题的批复**》(1976年2月14日 〔76〕法民字第3号)

最高人民法院《**对两个遗产继承问题的批复**》(1975年7月4日 法民字第10号)

最高人民法院《**转发公安部、外交部〈关于处理外籍人来华同中国公民结婚问题的规定〉的函**》(1975年2月4日)

最高人民法院办公室《**关于办理曹瑞群继承权证明书问题的函**》(1974年7月9日)

最高人民法院民事审判庭《**关于委托朝鲜法院征求离婚案件在朝一方当事人意见等问题的函**》(1974年6月19日 〔74〕法民字第4号)

最高人民法院《**关于处理破坏援外职工婚姻家庭案件的复函**》(1974年6月1日 〔1974〕法办研字第10号)

最高人民法院《**关于香港法院的离婚判决是否承认问题的复函**》(1974年5月17日 〔74〕法民字第3号)

最高人民法院、外交部《**关于继承法问题的复函**》(1973年10月19日 法司字第128号)

最高人民法院《**关于郑灿煌与已回日本14年无联系的妻子要求离婚的批复**》(1967年6月15日)

最高人民法院《**关于美国法院无权判决我国公民离婚案件的批复**》(1967年4月26日 〔67〕民他字第6号)

最高人民法院、外交部《**关于印侨绒巴仁增遗产处理问题的批复**》(1966年5月25日 〔64〕民他字第34号)

最高人民法院《**关于县一级主要负责干部的民事案件和涉及香港台湾的离婚案件管辖问题的批复**》/又名:最高人民法院《**关于涉及香港、台湾的离婚案件管辖**

问题的批复》(1965年4月15日)

最高人民法院《**关于马娜萍离婚问题的批复**》(1965年1月31日 〔65〕民他字第4号)

最高人民法院《**关于破坏军人婚姻案件的代诉人范围和处理代诉案件征求军人意见的复函**》(1965年1月13日)

最高人民法院《**关于外国人与中国公民以夫妻关系同居多年现外国人提出离婚应如何处理的批复**》(1964年12月17日 〔64〕民他字第62号)

最高人民法院研究室《**关于处理重婚案件判处原配夫妻离婚同时对非法婚姻关系在法律文书上如何表述问题的电话答复**》(1964年10月20日)

最高人民法院《**关于妨害婚姻家庭罪犯在缓刑期间要求与原通奸人结婚不应允许问题的批复**》(1964年9月11日 〔64〕法研字第74号)

最高人民法院《**关于下放职工高乃春与汪家敏离婚案件中退职金如何处理问题的批复**》(1964年4月25日 〔64〕法研字第32号)

最高人民法院司法行政厅《**关于侄子女代位继承权问题的复函**》(1964年2月10日 〔64〕法司字第28号)

最高人民法院《**关于处理破坏军人婚姻案件的意见的报告**》(1963年11月29日)

最高人民法院办公厅《**关于买卖婚姻非法所得不应称为"暴利"问题的函**》(1963年11月28日 〔63〕法研字第165号)

最高人民法院《**关于与现役革命军人未婚妻非法结婚问题的批复**》(1963年10月12日 〔63〕法研字第130号)

最高人民法院《**关于贯彻执行民事政策几个问题的意见(修正稿)**》(1963年8月28日)

最高人民法院办公厅《**关于发给杨格非遗产继承权证明书问题的批复**》(1963年7月16日 〔63〕法司字第163号)

最高人民法院《**关于自幼送人抚养的女儿对其生父赡养义务问题的复函**》(1963年7月4日 〔63〕法研字第84号)

最高人民法院《**关于如何正确理解婚姻法第十七条规定的复函**》(1963年6月22日)

最高人民法院办公厅、外交部领事司《**关于西德人赖伦继承其中国籍母亲的房产问题的批复**》(1963年5月14日 法司字第103号)

最高人民法院《**关于男方居住苏联女方提出离婚可以缺席判决等问题的批复**》(1963年4月28日 〔63〕法研字第41号)

最高人民法院《**关于学习婚姻法第十七条所遇到的问题的复函**》(1962年10

月17日 〔62〕法民字17号）

最高人民法院《**关于检查和总结军人婚姻案件的通知**》（1962年6月21日）

最高人民法院《**关于劳教分子配偶提出离婚案件管辖问题的批复**》（1962年2月3日）

最高人民法院《**关于因不通音讯而请求离婚问题的复函**》（1961年12月2日 法研字第41号）

最高人民法院、华侨事务委员会《**关于修改给国外华侨的婚姻诉讼文件寄递办法的暂行规定的通知**》（1958年9月5日）

最高人民法院《**关于离婚案件当事人对已经发生法律效力的判决提出申诉后可否通知他方当事人暂勿结婚问题的复函**》（1958年4月5日 法研字第56号）

最高人民法院《**关于婚姻法第十七条的规定在审判工作中如何适用的问题的复函**》（1958年3月26日）

最高人民法院《**关于对前中央法制委员会“关于一般人民因不通音讯而请求离婚的年限应如何规定问题”的解答应如何理解问题的批复**》（1958年3月4日）

最高人民法院《**关于“事实上的婚姻关系”应如何予以保护和一方提出离婚应如何处理等问题的复函**》（1958年3月3日 法研字第31号）

最高人民法院《**关于黄少亭重婚问题的批复**》（1957年12月24日）

最高人民法院《**对几年来未与配偶或家庭通讯又查无下落的劳改犯人提出离婚应如何处理问题的函复**》（1957年10月16日 法研字第21054号）

最高人民法院《**关于复员军人在服现役期间因其配偶与人通奸要求人民法院处理应作为破坏革命军人婚姻案件受理的批复**》（1957年8月23日）

最高人民法院《**关于劳改犯婚姻问题的批复**》（1957年8月15日 法研字第17140号）

最高人民法院《**关于离婚登记后又恢复同居的是否承认其为事实婚问题的批复**》（1957年6月22日 法研字第12574号）

最高人民法院《**关于经乡人民委员会调解成立的离婚协议是否具有法律效力问题的批复**》（1957年5月23日 法研字第4017号）

最高人民法院《**关于婚姻法实施后和贯彻婚姻法运动后的重婚经群众检举人民法院应否直接受理问题的批复**》（1957年5月16日）

最高人民法院《**关于未达婚龄欺骗婚姻登记机关登记结婚的婚姻关系在法律上的效力问题的复函**》（1957年3月26日）

最高人民法院《**关于在缓刑期间或者取保监外执行的犯人可以依法结婚等问题的批复**》（1957年3月9日 法研字第5431号）

最高人民法院《**关于男女双方已达婚龄未进行登记而结婚的一方提出离婚时**

应如何处理问题的批复》(1957 年 3 月 6 日　研字第 4691 号)

最高人民法院《关于离婚案件在上诉期间当事人一方与第三者结婚应如何处理等问题的批复》(1957 年 2 月 21 日　研字第 3580 号)

最高人民法院《关于未登记的婚姻关系在法律上的效力问题的复函》(1956 年 11 月 14 日　研字第 11633 号)

最高人民法院《关于徐秀梅所生的小孩应如何断定生父问题的复函》(1956 年 9 月 25 日　研字第 9555 号)

最高人民法院《关于被继承人的配偶子女是否为同一顺位继承人能否同时继承财产问题的批复》(1956 年 9 月 18 日　研字第 9310 号)

最高人民法院《关于林嘉秀与在美国居住的华侨康继光离婚问题的批复》(1956 年 3 月 15 日　法研字第 2288 号)

最高人民法院《关于〈十四个大城市高、中级人民法院刑、民事案件审理程序初步总结〉的试行总结和今后在全国试行的意见》(1956 年 2 月 19 日)

最高人民法院《关于对义务兵役军人婚姻案件应如何处理问题的批复》(1955 年 12 月 25 日　法研字第 17625 号)

最高人民法院《关于已判处徒刑的一般刑事犯的配偶提出离婚应如何处理问题的复函》(1955 年 12 月 6 日　法研字第 1667 号)

最高人民法院《关于中国籍朝鲜族公民离婚问题的批复》(1955 年 12 月 3 日　法行字第 16648 号)

最高人民法院《关于辈分不同的旁系血亲能否结婚等问题的批复》(1955 年 11 月 26 日　法行字第 16441 号)

最高人民法院《关于外孙女是否有权继承外祖父遗产问题的复函》(1955 年 11 月 12 日　法研字第 15830 号)

最高人民法院《关于婚姻案件中手工业者的家庭财产应如何处理问题的批复》(1955 年 11 月 8 日　法行字第 1659 号)

最高人民法院《关于日籍妇女林枫叶和我国公民王秉珍离婚后发生的子女抚养问题的函》(1955 年 10 月 25 日　民一字第 15331 号)

最高人民法院《关于印度在中国的侨民和非印度籍公民结婚是否被承认及夫妇一方遗弃他方是否即被认为离婚等问题的函》(1955 年 10 月 6 日　法行字第 14546 号)

最高人民法院《关于被告系南朝鲜籍的离婚案件应如何处理的函》(1955 年 9 月 27 日　法研字第 14223 号)

最高人民法院《对小孩抚养问题的解答》(1955 年 9 月 22 日　法行字第 13970 号)

最高人民法院办公厅《**关于五代以内旁系血亲可否结婚问题的复函**》(1955年7月15日 法行字第10607号)

最高人民法院、内务部、中国人民解放军总政治部《**关于处理军属寻找革命军人问题的规定的联合通知**》(1955年6月25日 法行字第9017号)

最高人民法院《**关于住东北之朝鲜人民军军人配偶提出离婚或解除婚约的处理等问题的批复**》(1955年4月4日)

最高人民法院办公厅《**关于华侨眷属与华侨离婚问题的处理办法的复函**》(1955年3月25日 法研字第165号)

最高人民法院《**关于何子兰与志愿军军人陈金标离婚案应如何处理的批复**》(1955年2月23日 法行字第2885号)

最高人民法院《**关于兄弟民族离婚纠纷问题的批复**》(1955年2月18日 法行字第2606号)

最高人民法院《**关于赴朝担架队人员的婚姻处理问题的函**》(1955年2月14日 法行字第2298号)

最高人民法院《**关于"驻华俄国东正教会"离婚证件是否有效问题的复函**》(1955年1月18日 法行字第741号)

最高人民法院、内务部、司法部、中国人民解放军总政治部《**关于处理革命军人两年以上与家庭无通讯关系的离婚问题的联合通知**》(1955年1月5日)

最高人民法院《**关于中国籍朝鲜族的朝鲜人民军军人婚姻处理问题的复函**》(1954年12月28日 法行字第1368号)

最高人民法院《**关于英籍公民诉请与英侨离婚问题的复函**》(1954年12月18日 法行字第13272号)

最高人民法院《**关于由部队转业到地方机关工作的人员的婚姻问题应如何处理的批复**》(1954年12月14日 法行字第13002号)

最高人民法院《**关于康甲武妨害革命军人栾国栋的婚约案件如何处理的复函**》(1954年11月11日 法行字第11245号)

最高人民法院《**关于复员军人婚姻处理问题的批复**》(1954年10月29日 法行字第10584号)

最高人民法院《**关于外侨继承中国人遗产(不动产)问题的复函**》(1954年10月28日 法行字第10482号)

最高人民法院《**关于军人石贵章、张新志婚约问题的复函**》(1954年10月7日 法行字第9147号)

最高人民法院办公厅《**关于对军人婚姻问题处理办法的复函**》(1954年9月30日 法行字第9019号)

最高人民法院、外交部《**颁布“外人在华遗产继承问题处理原则”的指示**》(1954 年 9 月 28 日　法行密字第 5 号)

最高人民法院《**关于贯彻革命军人提出离婚必须附有团以上政治机关证明规定的函**》(1954 年 9 月 21 日　法行字第 8517 号)

最高人民法院《**关于华侨离婚处理手续问题的复函**》(1954 年 7 月 27 日　法行字第 6647 号)

最高人民法院《**关于抄转中央华侨事务委员会对粤东分院处理华侨婚姻问题报告所提意见的复函**》(1954 年 6 月 2 日　法行字第 5133 号)

最高人民法院《**关于本国人与外侨婚姻问题处理手续的批复**》(1954 年 5 月 21 日　法行字第 4682 号)

最高人民法院《**关于中国人与日侨离婚的处理问题的复函**》(1954 年 5 月 20 日　法行字第 4671 号)

最高人民法院《**对丹麦驻华使馆询问婚姻问题提出意见的复函**》(1954 年 4 月 30 日　法行字第 3471 号)

最高人民法院《**对六个外侨继承案件的批复**》(1954 年 4 月 14 日　法行字第 6329 号)

最高人民法院《**对六个外侨继承案件的批复**》(1954 年 4 月 14 日　法行字第 6329 号)

最高人民法院《**关于本国人与越侨婚姻纠纷案意见的复函**》(1954 年 3 月 25 日　法行字第 2602 号)

最高人民法院《**关于颜佩宽与德留信子离婚问题的批复**》(1954 年 3 月 6 日　法行字第 2079 号)

最高人民法院《**关于三起军人婚姻案件如何处理的解答**》(1954 年 1 月 27 日　法行字第 756 号)

最高人民法院《**关于革命军人离婚后的财产处理等问题的函**》(1953 年 11 月 19 日　法行字第 9161 号)

最高人民法院华北分院《**关于一方患精神病另一方提请离婚可否批准的问题希参照最高人民法院的指示审慎处理的复函**》(1953 年 10 月 16 日)

最高人民法院《**关于重婚纳妾几点意见的复函**》(1953 年 9 月 8 日　法行字第 6544 号)

最高人民法院《**关于婚姻问题的复函**》(1953 年 8 月 20 日　法行字第 5875 号)

最高人民法院华东分院《**关于赡养问题的批复**》(1953 年 8 月 6 日　法行字第 4380 号)

最高人民法院华东分院《**关于天主教徒结婚问题的批复**》(1953 年 8 月 3 日　东法行字第 4162 号)

最高人民法院华东分院《**关于贯彻婚姻法运动后不登记结婚者请求离婚是否按离婚办理问题的批复**》(1953 年 7 月 29 日)

最高人民法院中南分院《**关于“绝户财产”如何解释问题的批复**》(1953 年 7 月 14 日)

最高人民法院《**关于已离婚的妇女补请带产问题的处理意见**》(1953 年 7 月 11 日　法行字第 4517 号)

最高人民法院《**关于徐建珠与李静一离婚问题的函**》(1953 年 7 月 8 日　法行字第 4498 号)

最高人民法院《**关于革命军人与转业军人离婚问题的函**》(1953 年 6 月 12 日　法行字第 3739 号)

最高人民法院办公厅《**关于离婚后妇女带产问题的批复**》(1953 年 5 月 25 日　法行字第 3329 号)

最高人民法院《**关于转业军人婚姻问题的批复**》(1953 年 5 月 19 日　法行字第 3176 号)

最高人民法院华东分院《**对有关继承问题的批复意见**》(1953 年 5 月 14 日)

最高人民法院《**关于兄弟姊妹互相继承问题的复函**》(1953 年 4 月 8 日　法行字第 1934 号)

最高人民法院《**对吴中输与养女吴凤兰请求结婚问题意见的复函**》(1953 年 1 月 31 日　法办字第 228 号)

最高人民法院华北分院《**关于妇女离婚带产问题处理意见的批复**》(1953 年 1 月 23 日)

最高人民法院、司法部《**关于法院错误处理革命军人婚姻问题的通报**》(1953 年 1 月 23 日　〔53〕司行字第 150 号)

最高人民法院、司法部《**关于将〈关于处理在朝鲜战争中被俘或失踪之革命军人婚姻案件的联合通报〉转达所属有关机构以便遵行的函**》(1953 年 1 月 17 日　〔53〕法办字第 97 号)

最高人民法院华东分院《**关于妇女离婚带产问题之处理意见的批复**》(1952 年 12 月 24 日　东法审字第 5050 号)

最高人民法院《**关于瑞典使馆所询有关婚姻法问题的意见的复函**》(1952 年 11 月 16 日　法编字第 10730 号)

最高人民法院院长办公室《**关于解答魏如甫有关现役革命军人婚姻问题的函**》(1952 年 10 月 20 日　法办字第 3754 号)

最高人民法院院长办公室《**关于妇女分娩后婴儿死亡产妇已恢复健康男方仍须满一年后始可提出离婚问题的函**》(1952 年 10 月 16 日　法办字第 3755 号)

最高人民法院《**关于高春荣虐待其妻致死高妻的财产应由何人继承的问题的解答**》(1952 年 10 月 13 日　法办字第 3686 号)

最高人民法院《**解答法律问题十则**》(1952 年 7 月 28 日　法办字第 3344 号)

最高人民法院《**关于适用婚姻法第十八条规定的答复**》(1952 年 7 月 19 日　法办字第 3051 号)

最高人民法院《**有关婚姻问题的指示**》(1952 年 7 月 19 日　法办字第 3050 号)

最高人民法院中南分院《**关于终止收养关系问题的答复**》(1952 年 7 月 7 日　法审字第 43 号)

最高人民法院《**关于离婚后如何分产及民事原告专凭书面诉讼可否酌情不受理两问题的复函**》(1952 年 5 月 16 日)

最高人民法院西南分院《**关于处理瘫痪、白痴、聋哑者离婚问题的批复**》(1952 年 4 月 21 日)

最高人民法院《**关于对外侨遗产继承的代管处理原则等问题的复函**》(1951 年 12 月 13 日　法编字第 2612 号)

最高人民法院《**关于聘金或聘礼的几个疑义及早婚如何处理的问题的复函**》(1951 年 12 月 3 日　法编字第 11230 号)

最高人民法院《**关于四个继承问题的批复**》(1951 年 12 月 2 日　法编字第 11345 号)

最高人民法院西南分院《**关于婚姻案件被告现住国外或台湾无法传讯如何处理问题的批复**》(1951 年 12 月 1 日　院编字第 427 号)

最高人民法院《**关于失踪多年的人的财产是否须经过死亡宣告程序继承人始得开始继承问题的复函**》(1951 年 11 月 23 日　法编字第 10996 号)

最高人民法院西南分院《**关于女方因通奸经判决离婚是否可请男方再给予生活费的答复**》(1951 年 11 月 1 日)

最高人民法院《**关于两个外侨婚姻案件的处理问题的复函**》(1951 年 9 月 22 日　法编字第 9790 号)

最高人民法院《**关于继承权问题意见的复函**》(1951 年 9 月 20 日　法编字第 9199 号)

最高人民法院《**关于在婚姻关系存续中能否以妻之婚前财产供其夫偿债之用等三个问题的答复**》(1951 年 8 月 25 日　法编字第 8468 号)

最高人民法院西南分院《**关于赘婿要求继承岳父母财产问题的批复**》(1951 年 7 月 18 日　院编字第 213 号)

最高人民法院《**关于因病残废的婚姻案件的处理问题的答复**》(1951 年 7 月 17 日 法编字第 7147 号)

最高人民法院《**关于对司法部就中南司法部请示继承权三个问题的答复的意见的复函**》(1951 年 6 月 25 日 法编字第 6266 号)

最高人民法院《**对于婚姻法第二十五条规定生活费问题的意见**》(1951 年 6 月 25 日 法编字第 6264 号)

最高人民法院《**关于在离婚诉讼进行中一方参军应如何处理问题的意见**》(1951 年 6 月 16 日)

最高人民法院《**关于代位继承问题的批复**》(1951 年 6 月 15 日 法编字第 5950 号)

最高人民法院《**关于军人婚约和聘礼问题的复函**》(1951 年 6 月 1 日 法编字第 5556 号)

最高人民法院《**对于婚姻继承等有关问题的来问之解答**》(1951 年 5 月 31 日 法编字第 5528 号)

最高人民法院《**对婚姻法第十九条的解释意见之答复**》(1951 年 5 月 25 日 法编字第 5456 号)

最高人民法院《**关于收养诸问题的复函**》(1951 年 5 月 17 日 法秘字第 5113 号)

最高人民法院《**对辽西省人民法院有关解放前女子继承问题的复函**》(1951 年 5 月 16 日 法编字 5348 号)

最高人民法院《**关于唐邑县岳景林与岳氏请求结婚案的批复**》(1951 年 5 月 1 日)

最高人民法院《**关于县公安部队之公安队员其婚姻问题应否按现役革命军人婚姻问题处理的复函**》(1951 年 4 月 29 日 法编字第 1313 号)

最高人民法院《**关于处理现役革命军人婚姻问题的指示**》(1951 年 4 月 21 日)

最高人民法院华东分院《**关于亲属继承等问题的批复**》(1951 年 4 月 17 日 东法编字第 1727 号)

最高人民法院《**对于已进行结婚登记后又翻悔不结婚问题的答复**》(1951 年 3 月 27 日 法编字第 3389 号)

最高人民法院《**关于子女姓氏问题的批复**》(1951 年 2 月 28 日)

最高人民法院华东分院《**关于继承等问题的批复**》(1951 年 1 月 18 日 东法编字第 230 号)

最高人民法院《**关于革命军人婚约等问题的答复**》(1951 年 1 月 9 日 法编字第 326 号)

最高人民法院《**关于收养关系诸问题的几点意见**》(1951 年 1 月 1 日)

最高人民法院《**关于契约及继承问题解释的复函**》(1950 年 12 月 2 日　法秘字第 12237 号)

最高人民法院《**对孟力生所提婚姻问题及其处理意见的答复**》(1950 年 10 月 31 日)

最高人民法院《**解答群众日报读者胡汉文所询继承问题的意见**》(1950 年 10 月 24 日　法编字第 12974 号)

最高人民法院《**关于魏诚与张平生婚姻案的处理意见**》(1950 年 9 月 22 日　法编字第 190 号)

最高人民法院《**关于陪审婚姻案件办法的通令**》(1950 年 9 月 18 日　法秘字第 413 号)

最高人民法院《**关于继承案件处理意见的指令**》(1950 年 7 月 6 日　法秘字第 302 号)

最高人民法院《**关于继承问题的复函**》(1950 年 3 月 9 日　法编字第 126 号)

最高人民法院《**关于军人婚约问题的指示**》(1950 年 3 月 8 日　法编字第 2 号)

最高人民法院华东分院《**对苏南人民法院关于养子女如已继承了养父母遗产,是否还可以继承其生父母的遗产的批复**》(1950 年 1 月 1 日)

最高人民法院西南分院《**对外侨不动产之继承及遗赠问题应怎样处理的意见**》(1950 年 1 月 1 日)

四、行政规章

民政部《**关于贯彻落实〈中华人民共和国民法典〉中有关婚姻登记规定的通知**》(2021 年 1 月 1 日　民发〔2020〕116 号)

自然资源部《**对十三届全国人大三次会议第 3226 号建议的答复**》(2020 年 9 月 9 日)

农业农村部《**对十三届全国人大三次会议第 6469 号建议的答复**》(2020 年 9 月 7 日　农办议〔2020〕159 号)

自然资源部办公厅《**关于印发〈宅基地和集体建设用地使用权确权登记工作问答〉的函**》(2020 年 7 月 22 日　自然资办函〔2020〕1344 号)

农业农村部《**对十三届全国人大二次会议第 5523 号建议的答复**》(2019 年 8 月 30 日)

农业农村部《**对十三届全国人大二次会议第 6227 号建议的答复**》(2019 年 8 月 23 日　农办议〔2019〕407 号)

农业农村部《**十三届全国人大二次会议第 8760 号建议答复摘要**》(2019 年 8

月14日)

司法部办公厅《关于规范司法鉴定机构开展亲子鉴定业务有关工作的通知》(2016年7月6日 司办通〔2016〕40号)

民政部《关于印发〈婚姻登记工作规范〉的通知》(2016年2月1日)

财政部、国家税务总局《关于夫妻之间房屋土地权属变更有关契税政策的通知》(2013年12月31日 财税〔2014〕4号)

司法部、中国银监会《关于在办理继承公证过程中查询被继承人名下存款等事宜的通知》(2013年3月19日 司发通〔2013〕78号)

民政部《中国边民与毗邻国边民婚姻登记办法》(2012年10月1日)

民政部《关于做好出具(无)婚姻登记记录证明服务工作的指导意见》(2012年6月18日 民发〔2012〕99号)

民政部《关于士官婚姻管理有关问题的通知》(2011年12月28日 民发〔2011〕219号)

民政部办公厅《关于暂未领取居民身份证军人办理婚姻登记问题的处理意见》(2010年4月13日 民办函〔2010〕80号)

国家税务总局《关于明确个人所得税若干政策执行问题的通知》(2009年8月17日 国税发〔2009〕121号)

民政部办公厅《关于婚姻登记中"婚姻状况证明"中文翻译问题的复函》(2008年12月31日 民办函〔2008〕276号)

民政部办公厅《关于持中国护照在台工作人员办理结婚登记所需证件、证明材料问题的复函》(2008年8月20日 民办函〔2008〕181号)

民政部《关于解决国内公民私自收养子女有关问题的通知》(2008年9月5日 民发〔2008〕132号)

民政部《关于外国人、华侨提供的无配偶证明认定问题的通知》(2008年2月15日 民函〔2008〕49号)

民政部《关于进一步加强涉外、涉港澳台居民及华侨婚姻登记管理工作的通知》(2007年11月14日 民函〔2007〕314号)

民政部办公厅《关于香港居民霍志斌与内地居民童国兵婚姻问题的答复》(2007年10月9日 民函〔2007〕269号)

民政部办公厅《关于华侨余静申请办理结婚登记有关问题的复函》(2007年4月17日 民办函〔2007〕88号)

民政部办公厅《关于请予纠正庆安县婚姻登记机关违规填写婚姻登记证件问题的函》(2007年3月5日 民办函〔2007〕42号)

民政部《关于变更涉韩结婚登记证明材料有关问题的通知》(2007年4月9日

民办函〔2007〕81号)

民政部办公厅《**关于补发婚姻登记证中相关字段填写问题的复函**》(2007年1月9日 民办函〔2007〕3号)

民政部办公厅《**关于李××婚姻登记问题的复函**》(2006年7月27日 民办函〔2006〕128号)

民政部办公厅《**关于申请在华结婚登记的外国人委托办理的无配偶证明是否有效问题的复函**》(2005年12月15日 民办函〔2005〕239号)

民政部办公厅《**关于出国人员在港工作期间办理结婚登记所需证件、证明问题的复函**》(2005年11月4日 民办函〔2005〕209号)

民政部《**关于刘明与侨胞吕春蓉办理婚姻登记的答复**》(2005年8月12日 民函〔2005〕209号)

民政部《**关于张志仁申请撤销结婚登记问题的答复**》(2005年6月28日 民函〔2005〕149号)

民政部办公厅《**关于规范补领婚姻证件字号的复函**》(2005年4月15日 民办函〔2005〕70号)

民政部办公厅《**关于对〈关于婚姻登记工作中涉及户籍问题的请示〉的复函**》(2005年3月16日 民办函〔2005〕47号)

民政部《**关于按法定婚龄办理结婚登记问题的函**》(2004年10月26日 民函〔2004〕268号)

国家税务总局《**关于继承土地、房屋权属有关契税问题的批复**》(2004年9月2日 国税函〔2004〕1036号)

民政部《**关于贯彻执行〈婚姻登记条例〉若干问题的意见**》(2004年3月29日 民函〔2004〕76号)

民政部办公厅《**关于出具无婚姻登记记录证明的答复**》(2004年2月20日 民办函〔2004〕32号)

民政部办公厅《**关于退伍军人待安置期间办理结婚登记问题的答复**》(2004年1月20日 民办函〔2004〕17号)

民政部办公厅《**关于暂时调整涉外未婚未再婚公证办证方式问题的通知**》(2004年1月15日 民办通〔2004〕第7号)

民政部办公厅《**关于王某、张某某婚姻登记案的意见**》(2003年7月3日 民办函〔2003〕99号)

民政部办公厅《**关于能否撤销李某与张某离婚登记问题的复函**》(2003年5月22日 民办函〔2003〕71号)

民政部办公厅《**关于涉外婚姻登记机构设置问题的答复**》(2003年5月21日

民办函〔2003〕70号）

公安部《关于父母离婚后子女姓名变更有关问题的批复》（2002年5月21日 公治〔2002〕74号）

司法部律师公证工作指导司《关于公证处能否为离婚后的一方当事人办理事实收养公证的复函》（2001年8月31日 〔2001〕司律公函048号）

卫生部《人类辅助生殖技术管理办法》（2001年8月1日）

卫生部《人类精子库管理办法》（2001年8月1日）

司法部《关于国外外国机构要求核查我公证书应如何处理的通知》（2000年11月24日 〔2000〕司律公字095号）

民政部《国境内外国人宗教活动管理规定实施细则》（2000年9月26日）

国家税务总局《关于离婚后房屋权属变化是否征收契税的批复》（1999年6月3日 国税函〔1999〕391号）

民政部《外国人在中华人民共和国收养子女登记办法》（1999年5月25日）

民政部《华侨以及居住在港澳台地区的中国公民办理收养登记的管辖以及所需出具证明材料的规定》（1999年5月25日）

建设部《关于唐民悦房改房产权认定问题的复函》（1999年4月7日 建住房市函〔1999〕005号）

民政部办公厅《关于驻外使、领馆办理香港中国公民婚姻登记有关问题的通知》（1998年11月13日 厅办函〔1998〕206号）

民政部办公厅《关于居民身份证编号纠错后涉及婚姻管理问题的复函》（1998年8月27日 厅办函〔1998〕148号）

民政部办公厅《关于未落户口大学毕业生结婚问题的复函》（1998年5月11日 厅办函〔1998〕70号）

民政部办公厅《关于外国驻香港领事机构出具的公证文书在内地使用问题的复函》（1997年9月29日 厅办函〔1997〕259号）

民政部办公厅《关于如何确定离婚当事人李玲是否具有民事行为能力的复函》（1997年8月19日 厅办函〔1997〕215号）

民政部办公厅《关于侨居第三国的外国人与中国公民结婚所需证明有关问题的复函》（1997年6月23日 厅办函〔1997〕167号）

民政部办公厅《关于对结婚登记当事人申请更改所持结婚证上姓名问题的复函》（1997年5月4日 厅办函〔1997〕122号）

民政部办公厅《关于对请求办理结婚委托书的意见》（1997年5月4日 厅办函〔1997〕121号）

外交部、司法部、民政部《关于驻外使、领馆就中国公民申请人民法院承认外国

法院离婚判决事进行公证、认证的有关规定》(1997年3月27日　外领八函〔1997〕5号)

民政部办公厅**《对具有双重国籍的章恭财申请办理结婚登记处理意见的复函》**(1997年3月26日　厅办函〔1997〕71号)

司法部公证司**《复〈关于能否为当事人马益标办理结婚公证的请示〉的函》**(1997年3月26日　〔97〕司公字009号)

民政部办公厅**《关于对贵州省民政厅关于为流动人口出具未婚证明的答复》**(1997年3月4日　厅办函〔1997〕41号)

民政部办公厅**《关于被撤销结婚登记的当事人再次申请登记结婚须重新提供婚姻状况证明等问题的复函》**(1997年3月5日　厅办函〔1997〕44号)

民政部办公厅**《关于对涉外婚姻婚前医学检查问题请示的复函》**(1997年2月25日　厅办函〔1997〕34号)

民政部办公厅**《对〈关于为应聘来港留学人员出具婚姻状况证明事〉的复函》**(1996年11月8日　厅办函〔1996〕219号)

民政部办公厅**《关于地区行政公署的民政部门办理婚姻登记有关问题的复函》**(1996年11月5日　厅办函〔1996〕212号)

司法部公证司**《关于发往韩国使用的婚姻公证文书认证事的通知》**(1996年11月4日　〔96〕司公函059号)

民政部办公厅**《关于中韩双方公民婚姻文书办理恢复领事认证的通知》**(1996年10月9日　厅办函〔1996〕217号)

司法部**《关于为已故去台老兵的继承人办理遗产继承公证的通知》**(1996年6月20日　司办字〔1996〕39号)

司法部公证司**《对〈关于对巴西籍华人蒋秉南遗产继承人范围问题的请示〉的复函》**(1996年3月4日　〔96〕司公函019号)

民政部、外交部、司法部、公安部、全国妇联**《关于加强涉韩婚姻管理的意见》**(1996年2月27日　外函〔1996〕61号)

司法部**《关于涉韩公证若干问题的通知》**(1996年1月4日　〔96〕司公字01号)

民政部办公厅**《关于李清民与潘淑伟离婚登记是否合法有效问题的复函》**(1995年11月30日　民办函〔1995〕297号)

司法部公证司**《关于涉台继承时效的通知》**(1995年7月28日　〔95〕司公函058号)

司法部公证司**《关于公证处可以为在我驻外使、领馆登记结婚的我国公民办理结婚公证的通知》**(1995年5月4日　〔95〕司公函019号)

民政部、外交部《关于做好涉外婚姻登记管理工作有关问题的通知》(1995年2月9日 民事函〔1995〕25号)

司法部公证司《关于涉台老兵遗产继承公证中有关问题的函》(1995年1月20日 〔95〕司公函005号)

司法部公证司《关于办理涉台继承亲属关系公证书时应记明被继承人父母姓名事的通知》(1994年10月19日 〔94〕司公函094号)

司法部公证司《关于台湾当局延长大陆继承人继承在台湾遗产期限的通知》(1994年10月7日 〔94〕司发电88号)

司法部公证司《关于为彭振荣办理“继承系统表”公证的复函》(1993年10月6日 〔93〕司公函125号)

司法部《关于为已故去台老兵的继承人办理遗产继承公证的紧急通知》(1994年8月1日 司发通〔1994〕056号)

民政部《关于出国留学生申请与台湾居民办理结婚登记问题的复函》(1994年5月7日)

司法部《关于中华人民共和国各公证机构出具的公证书效力的证明》(1994年3月2日)

司法部《关于涉港雇员死亡申请赔偿时可办理继承权公证书的通知》(1993年4月7日 〔93〕司公函034号)

民政部《关于纠正处理发放未婚证件的通知》(1993年3月31日 民婚函〔1993〕82号)

民政部《关于海峡两岸婚姻、收养证书使用的通知》(1993年6月17日 民婚函〔1993〕43号)

司法部公证司《关于为未婚同居者办理婚姻状况等公证书的复函》(1992年5月23日 〔92〕司公函076号)

司法部公证司《关于为取得澳门合法居留权者办理公证的复函》(1992年5月15日 〔92〕司公函073号)

民政部婚姻司《港澳同胞、台湾居民及华侨收养子女的条件和登记程序》(1992年5月1日)

司法部公证司《关于为何天祥办理认领亲子公证的复函》(1992年4月21日 〔92〕司公函064号)

司法部公证司《关于办理“同意结婚声明书”公证的复函》(1992年4月2日 〔92〕司公函047号)

民政部婚姻司《对〈收养法〉的解答》(1992年4月1日)

公安部《关于颁发〈监狱、劳改队管教工作细则〉的通知》(1992年2月18日)

司法部公证司《“关于能否为李超媛赴台继承办理亲属关系公证的复函”》（1992年2月15日 〔92〕司公函024号）

司法部公证司《关于不办理婚前婚姻状况公证书的复函》（1992年1月27日 〔92〕司公函015号）

司法部《关于办理涉台遗产继承公证若干问题的通知》（1991年11月29日 司发〔1991〕085号）

民政部办公厅《关于民政部门在婚姻登记管理中有关职权范围的复函》（1991年11月2日 民办函〔1991〕238号）

司法部公证司、国家教委留学生司《关于公派自费留学人员为在国外结婚申办有关公证的复函》（1991年10月17日 〔91〕司公字第106号）

司法部公证司《关于转发〈有关办理继承和外派人员遗港动产需予注意的问题〉的函》（1991年8月14日 〔91〕司公函字第58号）

司法部公证司《关于为继承在港遗产申办有关公证书及收取公证费的通知》（1991年5月29日 〔91〕司公字第98号）

司法部公证司《关于不办理〈打算结婚声明书〉公证的复函》（1991年3月25日 〔91〕司公字第57号）

司法部《关于不能由比尼公司等单位代办台属继承遗产事的通知》（1991年2月26日 司发〔1991〕第033号）

司法部公证司《关于如何处理当事人申请撤销继承权等公证书的复函》（1991年1月10日 〔91〕司公字第7号）

司法部公证司《关于不办理夫妻一方未与他人结婚公证的复函》（1990年11月5日 〔90〕司公字第173号）

司法部公证司《关于发往澳门使用的公证书二个问题的复函》（1990年9月28日 〔90〕司公字第148号）

司法部公证司《关于在港登记结婚的内地居民申办夫妻关系证明的复函》（1990年8月22日 〔90〕司公字第122号）

司法部公证司《关于为赴日自费留学人员的父母办理同意送养声明公证的复函》（1990年7月27日 〔90〕司公字第96号）

司法部公证司《关于不能为“事实婚姻”当事人出具夫妻关系公证书的复函》（1990年7月13日 〔90〕司公字第82号）

建设部房地产业司《关于印发〈部分城市房地产仲裁工作经验交流会会议纪要〉的通知》（1990年6月13日 建房管字〔1990〕第39号）

司法部公证司《关于为申请加入外籍的当事人办理其已死亡的父母的结婚公证书的复函》（1990年4月17日 〔90〕司公字第43号）

司法部公证司**《关于转发〈关于自费留学生婚姻的有关问题〉的通知》**（1990 年 2 月 27 日 〔90〕司公字第 20 号）

司法部公证司**《关于办理认领亲子公证的复函》**（1989 年 6 月 22 日 〔89〕司公字第 64 号）

外交部**《关于如何为我自费留学生出具未婚证明事》**（1989 年 5 月 12 日 领四函〔1989〕98 号）

司法部、建设部、外交部、国务院侨办**《关于办理华侨、港澳同胞、台湾同胞以及外国人房屋产权事宜中如何确认公文书效力的通知》**（1989 年 2 月 24 日 司发公字〔1989〕24 号）

司法部公证司、民政部婚姻管理司**《关于已形成“事实婚姻”的当事人申办未婚公证问题的复函》**（1989 年 1 月 31 日 〔89〕司公字第 13 号）

司法部公证司**《关于办理继承权公证和赠与公证等问题的复函》**（1989 年 1 月 18 日 〔89〕司公字第 10 号）

司法部**《关于台湾同胞回大陆收养子女公证事的批复》**（1988 年 12 月 14 日 〔88〕司发公函字第 334 号）

司法部**《关于建立外国人在我国收养子女登记备案制度的通知》**（1988 年 11 月 21 日 〔88〕司发公字 303 号）

司法部公证律师司、外交部领事司**《关于印尼华侨、华人为继承在我国内遗产申办继承权公证事的复函》**（1988 年 10 月 28 日 〔88〕司公字第 104 号）

司法部公证律师司**《关于以遗嘱方式将遗产指定给已婚子女个人所有的遗嘱能否办理公证事的复函》**（1988 年 10 月 26 日 〔88〕司公字第 102 号）

司法部公证律师司**《关于为未达法定婚龄的人出具未婚证明事的函》**（1988 年 9 月 10 日 〔88〕司公字第 75 号）

司法部公证律师司**《关于办理黄兆源遗嘱继承公证的复函》**（1988 年 6 月 16 日 〔88〕司公字第 60 号）

民政部、司法部**《关于去台人员与其留在大陆的配偶之间婚姻关系问题处理意见的通知》**（1988 年 4 月 16 日 民〔1988〕民字 14 号，已于 2021 年 4 月 9 日起废止）

司法部公证律师司**《关于为台属去台定居办理有关公证证明事的复函》**（1988 年 3 月 9 日 〔88〕司公字第 24 号）

司法部公证律师司**《关于威海市公证处请示涉港遗产继承问题的复函》**（1987 年 7 月 22 日 〔87〕司公字第 88 号）

公安部、司法部、民政部、商业部、全国妇联**《关于解决被干涉婚姻自由的当事人户口、粮食关系问题的联合通知》**（1987 年 7 月 14 日 妇字〔1987〕18 号）

司法部公证律师司《关于涉外遗嘱继承公证中如何确认遗嘱效力问题的复函》(1987年6月16日 〔87〕司公字第65号)

司法部公证律师司《关于办理未婚证明书的通知》(1987年6月11日 〔87〕司公字第63号)

公安部《中国公民因私事往来香港地区或者澳门地区的暂行管理办法》(1986年12月25日)

民政部民政司《关于无户籍居民办理结婚登记手续问题的复函》(1986年10月25日 〔86〕民民字第153号)

民政部办公厅《关于正在劳改的犯人及正在接受劳教的人员申请结婚问题的通知》(1986年9月11日 〔86〕民办字第84号)

民政部《关于婚姻登记若干问题的解答》(1986年9月11日 民〔1986〕民29号)

民政部民政司《关于香港政务总署出具的〈未婚声明书〉是否有效的复函》(1986年7月18日 〔86〕民民字第95号)

民政部民政司《关于普通高等学校学生、民航空勤人员和国家队运动员结婚年龄问题的函》(1986年7月9日 〔86〕民民字第87号)

司法部公证律师司《关于澳门同胞回内地处理民事法律事务办理证明事的通知》(1986年6月25日 〔86〕司公字第87号)

民政部《关于对持外国护照的中国血统香港居民同我国内地公民结婚问题的批复》(1986年5月18日 民〔1986〕民18号)

民政部民政司《关于表姨和表外甥能否结婚的复函》(1986年3月26日 〔86〕民民字第42号)

司法部公证律师司《关于严格按照〈婚姻登记办法〉出具婚姻状况证明的通知》(1986年3月13日 〔86〕司公字第38号)

民政部《关于堂姐、堂弟的子女能否结婚问题的复函》(1986年1月18日 〔86〕民民字第9号)

司法部公证律师司《对〈关于继母子间权利义务关系是否可以终止的请示报告〉的批复》(1986年1月13日 〔86〕司公字第3号)

司法部公证律师司《关于涉外遗产继承的公证书如何出具事的复函》(1985年8月3日 〔85〕司公字第124号)

民政部办公厅《关于婚姻状况证明的认证等几个问题的函》(1985年5月22日 〔85〕民民字第73号)

司法部公证律师司《关于办理涉外继承公证中注意的几个问题》(1984年8月8日 〔84〕司公字第161号)

司法部公证律师司《关于申请去阿根廷定居办理公证书及认证的有关注意事

项》(1984 年 8 月 4 日 〔84〕司公字第 185 号)

司法部公证律师司**《关于为进口遗物出具继承权公证书事的通知》**(1984 年 6 月 1 日 〔84〕司公字第 103 号)

司法部公证律师司**《关于为吴精惠出具结婚证明书的复函》**(1984 年 5 月 18 日 〔84〕司公字第 100 号)

司法部公证律师司**《关于为徐雅云出具监护人证明书事的复函》**(1984 年 5 月 5 日 〔84〕司公字第 92 号)

司法部公证律师司**《关于无人继承财产是否由公证处受理的复函》**(1984 年 3 月 23 日 〔84〕司公字第 54 号)

民政部**《关于办理婚姻登记中几个涉外问题处理意见的批复》**(1983 年 12 月 9 日 民〔1983〕民 133 号)

外交部、最高人民法院、民政部、司法部、国务院侨务办公室**《关于驻外使领馆处理华侨婚姻问题的若干规定》**(1983 年 11 月 28 日 〔83〕部领二字第 261 号)

司法部**《关于解释和公证婚姻状况问题的通知》**(1983 年 7 月 16 日 〔83〕司发公字第 257 号)

外交部领事司**《复华侨及外籍人办理在华遗产继承手续事》**(1980 年 9 月 12 日 〔1980〕领二字第 421 号)

司法部公证律师司**《对办理继承权公证等问题的批复》**(1980 年 7 月 28 日 〔80〕司公字第 84 号)

外交部领事司、最高人民法院司法行政厅**《关于外人在华遗产案件国外申请继承人应呈交什么证件问题的函》**(1963 年 11 月 5 日 〔63〕领二字第 4/78 号|〔63〕法司专第 254 号)

内务部、公安部**《为纠正婚姻登记未达婚龄私自同居等问题的联合通知》**(1958 年 3 月 1 日)

司法部**《关于不同民族男女结婚后所生子女应属何族问题的复函》**(1953 年 6 月 15 日)

司法部、最高人民法院、军委总政治部**《关于处理在朝鲜战争中被俘或失踪之革命军人婚姻案件的联合通报》**(1952 年 10 月 17 日 沈办字第 3714 号)

五、地方司法性文件

上海一中院**《类案裁判方法|共有房屋买卖合同纠纷案件的审理思路和裁判要点》**(2020 年 9 月 25 日)

上海一中院**《类案裁判方法|夫妻共同债务类案件的审理思路和裁判要点》**(2020 年 9 月 9 日)

河南商丘中院**《关于审理婚约财产纠纷案件的裁判指引》**(2020 年 8 月 4 日

商中法〔2020〕106 号)

山东高院《执行疑难法律问题解答(二)》(2020 年 7 月 29 日)

山东高院《执行疑难法律问题解答(一)》(2020 年 5 月 8 日)

山东泰安中院民一庭《法官会议纪要(家事部分)》(2020 年)

上海一中院《类案裁判方法|继承纠纷中涉宅基地房屋拆迁案件的审理思路和裁判要点》(2019 年 1 月 29 日)

天津高院《关于印发〈天津法院民间借贷案件审理指南(试行)〉的通知》(2020 年 1 月 28 日　津高法〔2020〕22 号)

重庆高院《人身安全保护令工作指引》(2019 年 11 月 25 日)

北京高院《关于立案审判适用法律若干问题的解答(二)》(2019 年 11 月 20 日)

上海高院《房屋征收补偿利益分割民事纠纷研讨会纪要》(2019 年 11 月)

四川高院《关于印发〈四川省高级人民法院机动车交通事故责任纠纷案件审理指南〉的通知》(2019 年 9 月 20 日　川高法〔2019〕215 号)

广东深圳中院《关于为优化营商环境提供司法保障的意见》(2019 年 8 月 8 日)

江苏高院《家事纠纷案件审理指南(婚姻家庭部分)》(2019 年 7 月 18 日)

山西晋城中院《印发〈关于在审理离婚案件中实行离婚冷静期的指导意见(试行)〉的通知》(2019 年 4 月 28 日　晋市法〔2019〕28 号)

广东深圳中院《关于印发〈深圳市中级人民法院民间借贷纠纷案件审理要点和裁判标准〉的通知》(2019 年 4 月 11 日　深中法发〔2019〕4 号)

广东深圳中院《关于实行离婚案件财产申报制度的工作指引》(2019 年 3 月 14 日)

江苏高院《执行异议及执行异议之诉案件审理指南(二)》(2019 年 2 月 26 日)

北京高院《北京市法院执行局局长座谈会(第九次会议)纪要》(2018 年 12 月 25 日)

吉林高院《关于审理执行异议之诉案件若干疑难问题的解答(二)》(2018 年 12 月 24 日)

北京高院《关于立案审判适用法律若干问题的解答(一)》(2018 年 12 月 4 日)

上海一中院《类案裁判方法|民商事管辖权异议案件的审理思路和裁判要点》(2018 年 12 月 3 日)

山东高院《家事案件审理规程》(2018 年 8 月 30 日)

江苏高院《关于执行疑难问题的解答》(2018 年 8 月 22 日)

江苏高院、省住建厅《印发〈关于建立住房公积金执行联动机制的指导意见〉

的通知》(2018年8月17日)

山东济南中院《发布〈关于保险合同纠纷案件94个法律适用疑难问题解析〉》(2018年7月27日)

广东高院《广东法院审理离婚案件程序指引》(2018年7月16日)

湖南高院《关于涉夫妻债务纠纷案件再审审查工作的若干意见(试行)》(2018年6月28日)

江苏高院《关于印发〈关于执行疑难问题的解答〉的通知》(2018年6月12日 苏高法〔2018〕86号)

北京高院《关于审理继承纠纷案件若干疑难问题的解答》(2018年6月11日)

浙江高院《关于妥善审理涉夫妻债务纠纷案件的通知》(2018年5月23日 浙高法〔2018〕89号)

北京高院《北京法院速裁案件要素式审判若干规定(试行)》(2018年3月19日 京高法发〔2018〕135号)

北京高院《北京法院执行办案规范——债权及收入的执行》(2018年2月13日)

山东高院《民事审判会议纪要二(民间借贷部分)》(2018年)

江苏高院《执行异议及执行异议之诉案件审理指南(一)》(2017年12月28日)

天津高院《关于印发〈关于民事审判工作中加强民生保障的实施意见〉的通知》(2017年12月25日 津高法〔2017〕268号)

江苏高院《关于执行内容不明确如何执行有关问题的通知》(2017年11月24日)

吉林高院《关于审理执行异议之诉案件若干疑难问题的解答》(2017年11月13日)

江苏高院副院长李玉生《当前民事审判中的30个热点难点问题》(2017年11月3日)

重庆高院《关于民事诉讼管辖若干问题的解答》(2017年10月11日 渝高法〔2017〕256号)

四川高院《关于解决民事诉讼"送达难"若干问题的意见》(2017年9月26日)

广东高院《印发〈关于审理房屋买卖合同纠纷案件的指引〉的通知》(2017年9月12日 粤高法〔2017〕191号,已于2021年1月1日起废止)

江西高院《关于审理人身侵权赔偿案件指导意见(试行)》(2017年9月1日)

四川成都中院《二〇一七年全市法院民商事审判工作会会议纪要》(2017年8月11日)

山东高院《民事审判会议纪要》(2017 年 8 月)

四川成都中院《关于机动车交通事故责任纠纷案件审理指南(试行)》(2017 年 7 月 5 日　成中法发〔2017〕116 号)

北京高院、市劳动人事争议仲裁委员会《关于审理劳动争议案件法律适用问题的解答》(2017 年 4 月 24 日)

海南高院《关于参照执行〈全省民事审判工作会议(2016 年)纪要〉的通知》(2017 年 3 月 24 日　琼高法〔2017〕53 号)

江西高院执行局《民事执行实务疑难问题解答(一)》(2017 年)

北京三中院民二庭《婚姻家庭案件法律适用疑难问题研讨会意见》(2016 年 11 月 2 日)

北京高院《北京法院立案阶段多元调解工作的规定(婚姻家庭继承部分)》(2016 年 8 月 12 日　京高法发〔2016〕369 号)

北京高院民一庭《关于审理婚姻纠纷案件若干疑难问题的参考意见》(2016 年 8 月 4 日)

江苏高院民一庭庭长俞灌南《在全省民事审判工作例会上的讲话》(2016 年 8 月)

四川高院《关于审理民间借贷纠纷案件若干问题的指导意见》(2016 年 7 月 27 日)

浙江宁波中院、市公安局、市民政局、市妇联《关于印发〈关于联合实施人身安全保护令的意见〉的通知》(2016 年 7 月 13 日)

湖北武汉中院《关于加强立案、审判与执行工作协调配合的若干意见(试行)》(2016 年 7 月 10 日)

上海高院民一庭《全市法院民事审判工作季度庭长例会研讨意见纪要》(2016 年 7 月　〔2016〕27 号)

浙江高院民一庭《关于印发〈关于审理婚姻家庭案件若干问题的解答〉的通知》(2016 年 6 月 27 日　浙高法民一〔2016〕2 号)

安徽滁州中院《关于审理农村土地承包纠纷案件会议纪要》(2016 年 6 月 22 日　滁中法〔2016〕99 号)

北京高院民一庭《关于审理第三人撤销之诉案件适用法律若干问题的研讨纪要》(2016 年 4 月 19 日)

辽宁沈阳中院《全市法院民商事审判实务相关疑难问题解答》(2016 年 4 月)

上海高院《关于房产案件若干争议问题的处理意见》(2016 年 3 月 8 日)

河北衡水中院《关于审理涉及家庭暴力婚姻案件指导意见(试行)》(2016 年 1 月 20 日)

上海高院《全市法院继承及婚姻家庭纠纷审判适法统一研讨会综述》(2016年民一庭调研与参考〔2016〕3号)

上海高院《关于恋爱期间购房处理等婚姻家庭案件若干争议问题指导意见》(2016年民一庭调研与参考〔2016〕3号)

北京高院《关于印发〈关于民事诉讼管辖若干问题的规定(试行)〉的通知》(2015年12月31日)

江苏高院执行局《关于统一夫妻共同债务、出资人未依法出资、股权转让、一人公司等四类案件追加当事人及适用程序问题的通知》(2015年12月15日)

福建高院《关于婚姻关系存续期间夫妻一方以个人名义对外借款责任承担问题的会议纪要》(2015年12月4日　闽高法〔2015〕426号)

浙江宁波海曙区法院《关于印发〈家事案件审理规程〉的通知》(2015年10月19日　甬海法发〔2015〕76号)

广东深圳中院《关于审理民间借贷纠纷案件的裁判指引》(2015年10月15日)

江苏苏州中院民四庭《法官会议讨论纪要》(2015年9月29日　苏中法民四〔2015〕1号)

江苏高院《执行异议之诉案件审理指南》(2015年7月2日)

浙江宁波中院《关于民商事纠纷管辖异议疑难问题的解答(二)》(2015年5月19日)

浙江宁波中院《非诉行政审查和执行若干问题解答(二)》(2015年5月19日)

山东高院《关于保全担保若干问题的规定(试行)》(2015年2月15日　鲁高法〔2015〕6号)

江苏常州天宁区法院《家事案件诉讼指南》(2015年1月)

江苏常州天宁区法院《关于审理家事案件的若干规定》(2015年1月)

上海高院《全市法院民事审判工作庭长例会研讨意见纪要(婚姻家庭部分)》(2015年)

山东临沂中院《关于当前民事审判工作中的一些疑难问题会谈纪要(婚姻家庭部分)》(2015年)

北京高院《关于审理房屋买卖合同纠纷案件若干疑难问题的会议纪要》(2014年12月16日　京高法发〔2014〕489号)

北京高院民一庭《关于明确离婚时房屋补偿计算标准的通知》(2014年11月17日)

北京高院《关于民事案件立案材料要求的规范意见》(2014年11月15日)

江苏高院《关于当前商事审判若干问题的解答(二)》(2014年9月2日)

广东深圳中院《关于房屋买卖合同纠纷案件的裁判指引(2014修订)》(2014年8月28日)

广东深圳中院《关于执行程序中追加、变更被执行人的裁判指引》(2014年8月14日)

广东深圳中院《关于规范被执行人配偶或原配偶债务承担及政策性住房异议审查的裁判指引(2014修订)》(2014年8月14日)

浙江温州中院《关于适当提高精神损害抚慰金数额的意见》(2014年5月22日)

浙江宁波中院《民事审判若干问题解答(第四辑)》(2014年5月22日)

广东深圳中院《关于婚姻家庭纠纷案件的裁判指引(2014修订)》(2014年5月21日)

重庆高院民一庭《关于当前民事审判疑难问题的解答》(2014年4月3日)

安徽淮南中院《关于审理离婚纠纷案件若干问题的指导意见》(2014年3月13日)

浙江高院《关于执行生效法律文书确定夫妻一方为债务人案件的相关问题解答》(2014年2月26日　浙高法〔2014〕38号)

广东高院《关于执行法律适用疑难问题的解答意见》(2014年2月)

浙江高院民四庭《关于印发〈涉外商事审判疑难问题解答(一)〉的通知》(2014年1月7日　浙高法民四〔2014〕3号)

安徽高院《关于审理民间借贷纠纷案件若干问题的指导意见》(2014年1月1日　皖高法〔2013〕370号)

北京高院《关于印发修订后的〈北京市法院执行工作规范〉的通知》(2014年1月1日)

安徽高院《关于审理道路交通事故损害赔偿纠纷案件若干问题的指导意见》(2014年1月1日)

上海高院《民事法律适用问答》(2014年第1期)

福建三明中院《民事审判若干实务问题探讨》(2014年)

上海高院《公房居住权纠纷研讨会综述》(民一庭调研与参考〔2014〕11号)

北京高院《关于审理民间借贷案件若干问题的会议纪要》(2013年12月27日)

江苏高院《关于执行疑难若干问题的解答》(2013年12月18日)

浙江宁波中院《关于审理涉未成年人民事案件中适用社会观护制度的若干规定(试行)》(2013年12月1日)

湖北高院《民事审判工作座谈会会议纪要》(2013年9月1日)

安徽滁州中院《**关于审理婚姻家庭纠纷案件座谈会纪要**》(2013年8月2日)

辽宁高院民一庭《**传统民事案件审判问题解答**》(2013年8月)

江苏高院、省检察院、省公安厅、省妇联《**关于印发〈江苏省家庭暴力告诫制度实施办法(试行)〉的通知**》(2013年7月24日　苏公通〔2013〕244号)

江苏高院《**关于民间借贷纠纷案件审理中若干问题的会议纪要**》(2013年6月13日　审委会会议纪要〔2013〕1号)

广东深圳中院《**关于进一步完善离婚证明书制度的若干意见**》(2013年5月16日)

安徽高院《**关于在审理房地产案件中认真贯彻"新国五条"精神的通知**》(2013年5月9日)

浙江高院《**关于印发〈关于服务金融改革大局依法妥善审理民间借贷纠纷案件的若干意见〉的通知**》(2013年2月20日　浙高法〔2013〕37号)

浙江温州中院《**关于审理民间借贷纠纷案件若干问题的会议纪要**》(2013年1月24日)

江苏高院《**关于人民法院审理确认调解协议案件若干问题的讨论纪要**》(2013年1月1日　苏高法审委〔2012〕12号)

北京高院《**关于审理人民调解协议司法确认案件若干问题的意见**》(2013年1月1日)

浙江杭州中院民一庭《**关于涉及婚姻家庭纠纷案件若干疑难问题的解答**》(2013年1月1日)

上海高院《**民事法律适用问答**》(2013年第1期)

江苏高院《**关于在民事审判中防范和查处虚假诉讼若干问题的讨论纪要**》(2012年12月25日　苏高法审委〔2012〕14号)

广东深圳中院《**关于进一步推进家事纠纷案件审理方式改革的若干意见(试行)**》(2012年11月1日)

浙江温州中院《**关于审理民间借贷纠纷案件若干问题的意见**》(2012年8月7日　温中法〔2012〕143号)

上海高院《**物权民事纠纷办案要件指南(总则部分)**》(2012年7月9日)

广东高院《**全省民事审判工作会议纪要**》(2012年6月26日　粤高法〔2012〕240号,2021年1月1日起废止)

浙江温州中院《**民间借贷疑难问题解答纪要**》(2012年3月10日)

山东青岛中院《**关于婚姻家庭案件中实施家庭暴力"禁止令"的意见**》(2012年3月8日)

广东高院《**关于民商事审判实践中有关疑难法律问题的解答意见**》(2012年3

月1日)

江苏高院《涉外商事案件审理指南》(2012年1月1日)

江苏高院《涉家庭暴力婚姻家庭案件审理指南》(2012年1月1日)

山东高院《2011年民事审判工作会议纪要》(2011年11月30日　鲁高法〔2011〕297号)

上海高院《关于印发〈立案问题解答(三)〉的通知》(2011年9月23日　沪高法立〔2011〕7号)

广东高院《关于印发〈关于审理保险合同纠纷案件若干问题的指导意见〉的通知》(2011年9月20日　粤高法发〔2011〕44号)

重庆高院《关于审理民间借贷纠纷案件若干问题的指导意见》(2011年8月23日)

河北石家庄中院《民事审判指导意见之五(婚姻家庭纠纷案件)》(2011年7月)

浙江宁波中院《关于印发〈民事审判若干问题解答(第三辑)〉的通知(婚姻家庭类)》(2011年5月11日)

山东临沂中院《关于审理民事案件的若干指导意见(试行)/婚姻家庭部分》(2011年3月29日　临中法〔2011〕55号)

江苏高院《关于认定和处理规避执行行为若干问题的规定》(2011年2月25日)

广东佛山中院、市劳动争议仲裁委员会《关于审理劳动争议案件若干问题的指导意见》(2011年2月25日)

浙江高院行政审判庭《关于审理婚姻登记行政案件具体适用法律若干问题的指导意见(试行)》(2011年2月23日　浙民事〔2011〕40号)

浙江高院行政审判庭《关于审理婚姻登记行政案件具体适用法律若干问题的指导意见(试行)》(2010年12月29日　浙高法行〔2010〕8号)

北京高院《关于审理房屋买卖合同纠纷案件适用法律若干问题的指导意见(试行)》(2010年12月21日　京高法发〔2010〕458号)

广东高院《人身安全保护裁定适用指引》(2010年12月1日)

广东高院《家事审判合议庭操作指引》(2010年12月1日)

北京市高、中级法院《执行局(庭)长座谈会(第二次会议)纪要——关于变更或追加执行当事人若干问题的意见》(2010年9月17日)

贵州高院《关于妥善化解婚姻家庭纠纷切实预防极端事件发生的指导意见》(2010年7月27日)

江苏南京中院《关于审理民间借贷纠纷案件若干问题的指导意见》(2010年7月7日　宁中法审委〔2010〕4号)

重庆高院《关于涉家庭暴力婚姻案件人身安全保护裁定有关问题的解答》(2010年6月29日)

浙江高院民二庭《关于印发〈商事审判若干疑难问题理解〉的通知》(2010年6月25日 浙法民二〔2010〕15号)

上海高院《婚姻家庭纠纷办案要件指南(三)》(2010年6月22日 沪高法民一〔2010〕8号)

江苏高院、省公安厅、省妇联《关于依法处理涉及家庭暴力婚姻家庭案件若干问题的指导意见(试行)》(2010年6月5日 苏高法〔2010〕280号)

江苏高院《婚姻家庭案件审理指南(2010年)》(2010年5月18日)

广东广州中院《民事审判若干问题的解答(婚姻家庭部分)》(2010年4月)

河北邢台中院《关于审理农村集体经济组织收益分配纠纷案件若干问题的意见》(2010年1月1日)

浙江高院《关于规范民商事案件中法官释明的若干规定(试行)》(2009年12月1日 浙高法〔2009〕419号)

山东临沂中院《民事审判工作座谈会纪要(婚姻家庭部分)》(2009年11月10日 临中法〔2009〕109号)

浙江高院《关于审理民间借贷纠纷案件若干问题的指导意见》(2009年9月8日 浙高法〔2009〕297号)

广东高院《关于婚前取得的股票期权,离婚后行权所得能否确认为夫妻共同财产问题的批复》(2009年7月20日 粤高法民一复字〔2009〕5号)

上海高院《关于处理道路交通事故纠纷若干问题的解答》(2009年6月20日 沪高法民一〔2009〕9号)

辽宁高院《关于印发〈全省法院民事审判工作座谈会会议纪要〉的通知》(2009年6月1日 辽高法〔2009〕120号)

重庆高院《关于农村集体经济组织成员资格认定问题的会议纪要》(2009年5月31日)

北京高院《关于印发〈北京市高级人民法院关于审理刑事附带民事诉讼案件若干问题的解答(试行)〉的通知》(2009年5月27日 京高法发〔2009〕226号)

浙江温州中院民四庭《关于贯彻执行〈婚姻法〉的指导意见》(2009年5月1日)

四川泸州中院《关于印发〈关于民商审判实践中若干具体问题的座谈纪要(二)〉的通知》(2009年4月17日 泸中法〔2009〕68号)

湖南高院《关于加强对家庭暴力受害妇女司法保护的指导意见(试行)》(2009年4月14日)

山西太原中院《关于审理单位内部房产纠纷案件的处理意见》(2009年3月25日)

辽宁大连中院《当前民事审判(一庭)中一些具体问题的理解与认识(婚姻家庭部分)》(2008年12月5日　大中法〔2008〕17号)

山东高院《2008年民事审判工作会议纪要》(2008年10月13日　鲁高法〔2008〕243号)

江西高院《关于审理婚姻家庭纠纷案件适用法律若干问题的解答》(2008年10月10日)

江西赣州中院《审理离婚案件财产分割适用法律若干问题解答》(2008年10月)

甘肃定西中院《关于审理婚姻家庭案返还彩礼问题的若干意见(试行)》(2008年9月24日)

湖南常德中院民一庭《关于当前民事审判工作中应当注意的几个问题》(2008年8月7日)

陕西高院《关于审理道路交通事故损害赔偿案件若干问题的指导意见(试行)》(2008年1月1日　陕高法〔2007〕258号)

河南周口中院《关于审理涉及婚约彩礼纠纷案件的指导意见(试行)》(2008年1月1日)

山东潍坊中院《民事审判工作会议纪要(婚姻家庭部分)》(2008年)

重庆高院《关于当前民事审判若干法律问题的指导意见》(2007年11月22日)

江苏高院、省妇联《关于委托、邀请妇联组织和特邀调解员调解婚姻家庭纠纷的意见(试行)》(2007年11月14日　苏高法〔2007〕410号)

山东济南中院《关于当前民商事审判若干法律适用问题的解答(五)》(2007年11月9日　济中法发〔2007〕14号)

山东济南中院《印发〈关于当前民商事审判若干法律适用问题的解答〉的通知》(2007年11月9日　济中法发〔2007〕14号)

北京高院《关于在立案工作中适用〈诉讼费用交纳办法〉的指导意见》(2007年9月28日)

上海高院《关于审理分家析产案件若干问题的意见》(2007年9月20日　沪高法民一〔2007〕20号)

广东高院《关于暂时不予承认香港特别行政区法院离婚判决法律效力的批复》(2007年6月8日　粤高法民一复字〔2007〕6号)

北京高院《关于印发〈关于行政审判适用法律问题的解答(二)〉的通知》(2007

年4月11日　京高法发〔2007〕113号）

上海高院《关于审理婚姻家庭纠纷若干问题的意见》（2007年3月15日　沪高法民一〔2007〕5号）

上海高院《关于审理民间借贷合同纠纷案件若干意见》（2007年1月11日　沪高法民一〔2007〕第18号）

广东高院《关于审理婚姻纠纷案件若干问题的指导意见》（2006年11月14日　粤高法发〔2006〕39号,2021年1月1日起废止）

重庆高院《关于审理道路交通事故损害赔偿案件适用法律若干问题的指导意见》（2006年11月1日）

安徽亳州中院《审理婚约彩礼纠纷案件若干问题的指导意见》（2006年10月1日）

北京高院、市建委《关于规范房产执行和协助执行有关问题的通知》（2006年10月1日　京高法发〔2006〕319号|京建法〔2006〕880号）

广东高院《关于进一步提高人民法庭司法能力为建设社会主义新农村提供公正、高效司法保障的意见》（2006年9月1日　粤高法发〔2006〕34号）

广东高院《关于在审判工作中认真贯彻实施〈归侨侨眷权益保护法〉的通知》（2006年7月27日　粤高法〔2006〕268号）

天津高院《关于审理刑事附带民事诉讼案件有关问题的意见》（2006年7月13日　津高法〔2006〕103号）

上海高院《关于下发〈关于规范民事裁判文书若干问题的意见〉的通知》（2006年6月22日　沪高法〔2006〕192号）

上海高院《关于印发〈关于审理与股份合作制企业相关的公司纠纷案件若干问题的解答〉的通知》（2006年6月20日　沪高法民二〔2006〕10号）

江苏高院《关于当前民事审判中需要明确的若干具体问题（婚姻家庭部分）》（2006年4月26日）

江苏无锡中院《全市民事审判疑难问题研讨会纪要（婚姻家庭部分）》（2006年3月14日）

江西赣州中院《民事审判若干问题解答》（2006年2月27日）

上海高院《民事法律适用问答》（2006年第2期）

上海高院《民事法律适用问答》（2006年第1期）

北京高院《关于印发〈北京市高级人民法院关于按照第一审程序审理民事再审案件若干程序问题的解答〉的通知》（2005年12月31日　京高法发〔2005〕364号）

安徽高院《审理人身损害赔偿案件若干问题的指导意见》（2005年12月26日）

上海高院《关于下发〈关于审理“二手房”买卖案件若干问题的解答〉的通知》(2005年12月16日)

山东高院《关于印发〈全省民事审判工作座谈会纪要〉的通知》(2005年11月23日　鲁高法〔2005〕201号)

北京高院《关于涉农纠纷受理问题的指导意见》(2005年10月18日　京高法发〔2005〕264号)

上海高院《婚姻家庭纠纷办案要件指南(二)》(2005年10月14日　沪高法民一〔2005〕18号)

江苏高院《关于审理附带民事诉讼案件若干问题的意见(试行)》(2005年9月16日)

浙江温州中院《当前民事审判中应注意的几个问题》(2005年8月)

江苏高院民一庭《婚姻家庭案件疑难问题法律适用研讨会综述》(2005年5月)

上海高院《关于执行夫妻个人债务及共同债务案件法律适用若干问题的解答》(2005年4月20日　沪高法执〔2005〕9号)

上海高院《婚姻家庭纠纷办案要件指南(一)》(2005年3月4日　沪高发民一〔2005〕2号)

北京高院《关于印发〈关于审理农村土地承包纠纷案件若干问题的指导意见(试行)〉的通知》(2005年1月27日)

安徽高院《关于处理农村土地纠纷案件的指导意见》(2005年1月1日)

上海高院《民事法律适用问答》(2005年第3期)

江西高院《民事审判工作座谈会纪要》(2004年12月16日　赣高法〔2005〕52号)

辽宁沈阳中院《关于审理房地产案件若干问题的处理意见(之二)》(2004年12月2日　沈中法〔2004〕31号)

内蒙古包头中院《关于〈关于解决民事审判中若干问题的具体意见〉》(2004年11月15日)

湖北高院《民事审判若干问题研讨会纪要(婚姻家庭部分)》(2004年11月8日)

江苏姜堰法院《婚约返还彩礼纠纷案件裁判规范意见》(2004年10月28日)

上海高院《关于审理公房承租权确定及使用权转让纠纷案件若干问题的意见》(2004年9月28日　沪高法民一〔2004〕44号)

上海高院《〈关于适用最高人民法院婚姻法司法解释(二)若干问题〉的解答二》(2004年9月7日　沪高法民一〔2004〕26号)

上海高院《〈关于适用最高人民法院婚姻法司法解释(二)若干问题〉的解答一》(2004年9月7日　沪高法民一〔2004〕25号)

辽宁沈阳中院《关于审理房地产案件若干问题的处理意见(之一)》(2004年3月27日)

上海高院《关于审理涉及公司诉讼案件若干问题的处理意见(三)》(2004年3月18日　沪高法民二〔2004〕2号)

北京高院《关于印发〈关于审理公司纠纷案件若干问题的指导意见(试行)〉的通知》(2004年2月24日　京高法发〔2004〕50号)

江苏高院《关于印发〈关于审理劳动争议案件若干问题的意见〉的通知》(2004年2月3日　苏高法审委〔2004〕4号)

天津高院《关于印发〈关于审理劳动争议案件有关问题的通知〉的通知》(2004年2月3日　津高法〔2004〕13号)

上海高院《关于房屋动拆迁补偿款分割民事案件若干问题的解答》(2004年1月12日　沪高法民一〔2004〕3号)

上海高院《民事法律适用问答》(2004年第2期)

上海高院《民事法律适用问答》(2004年第1期)

上海高院《关于印发〈上海法院民事办案要件指南〉的通知》(2003年11月25日　沪高法民一〔2003〕10号)

河南高院民一庭《关于当前民事审判若干问题的指导意见》(2003年11月)

广东高院《关于对已经发生法律效力的离婚判决可否申请再审的批复》(2003年10月29日　粤高法民一复字〔2003〕38号)

江苏高院《全省民事审判工作座谈会纪要(2003年修改)》(2003年7月17日)

上海高院《关于审理涉及公司诉讼案件若干问题的处理意见(一)》(2003年6月12日　沪高法〔2003〕216号)

上海高院《民事法律适用问答》(2003年第4期)

上海高院《民事法律适用问答》(2003年第3期)

上海高院《民事法律适用问答》(2003年第2期)

上海高院《民事法律适用问答》(2003年第1期)

辽宁沈阳中院《关于审理婚姻家庭案件若干问题意见》(2003年)

广东高院《关于当事人持台湾地区法院公证处认证的离婚协议书向人民法院申请认可人民法院不予受理的批复》(2002年9月25日　粤高法〔2001〕31号)

上海高院《民事法律适用问答》(2002年第3期)

上海高院《民事法律适用问答》(2002年第2期)

上海高院《民事法律适用问答》(2002 年第 1 期)

广东高院《关于海事审判若干问题的意见》(2001 年 12 月 27 日　粤高法发〔2001〕49 号)

广东高院《关于审理婚姻案件若干问题的指导意见》(2001 年 11 月 9 日　粤高法发〔2001〕44 号,2021 年 1 月 1 日起废止)

江苏高院《2001 年全省民事审判工作座谈会纪要》(2001 年 10 月 30 日　苏高法〔2001〕319 号)

云南高院《关于执行中实施债权凭证制度的规定(试行)》(2001 年 10 月 16 日)

上海高院《关于下发〈关于在民事审判中实施"中华人民共和国婚姻法"的暂行意见〉的通知》(2001 年 6 月 7 日　沪高法〔2001〕263 号)

山东高院《关于审理人身损害赔偿案件若干问题的意见》(2001 年 2 月 22 日)

上海高院《民事法律适用问答》(2001 年第 1 期)

上海高院《关于印发〈关于民事案件审理的几点具体意见〉的通知》(2000 年 8 月 15 日　沪高法民〔2000〕44 号)

北京高院、市检察院、市公安局、市司法局《关于刑事案件被害人遗体处理问题的通知》(2000 年 7 月 7 日　京公法字〔2000〕547 号)

广东高院、省检察院、省公安厅、省司法厅《关于印发〈关于处理婚姻关系中违法犯罪行为及财产等问题的意见〉的通知》(2000 年 5 月 30 日　粤高法〔2000〕18 号)

上海高院《关于印发〈几类民事案件的处理意见〉的通知》(1999 年 9 月 27 日　沪高法〔1999〕528 号)

广东广州中院《关于印发〈广州市法院审理离婚(房改房)、劳动争议、损害赔偿三类案件研讨会综述〉的通知》(1999 年 5 月 7 日　穗中法发〔1999〕49 号)

山东高院《关于审理劳动争议案件若干问题的意见》(1998 年 10 月 15 日)

上海高院《关于审理抚育费、赡养费等案件若干问题的研讨纪要》(1998 年 8 月 27 日)

上海高院《关于印发〈处理公有住房出售后纠纷的若干意见〉的通知》(1996 年 10 月 31 日　沪高法〔1996〕250 号)

广东高院、省公安厅《关于处理道路交通事故案件若干具体问题的通知》(1996 年 7 月 13 日)

广东高院《关于人民法院审理离婚案件处理房改购买房、公房使用、承租若干问题的意见(试行)》(1996 年 1 月 12 日　粤高法〔1996〕6 号,已于 2021 年 1 月 1 日起废止)

江苏高院**《关于印发〈关于审理离婚案件处理住房问题的意见〉的通知》**(1995年1月3日　苏高法发〔1995〕1号)

上海高院**《关于印发〈关于审理房产纠纷案件若干疑难问题的讨论纪要〉的通知》**(1993年10月27日　沪高法〔1993〕148号)

北京高院**《关于印发〈关于处理婚姻案件中子女抚育、财产分割及住房安置问题的几点意见〉的通知》**(1990年8月30日　京高法字〔1990〕第161号)

北京高院**《对审理离婚案件适用法律政策的几点意见》**(1986年8月12日)

上海高院**《对贯彻〈最高人民法院关于执行继承法若干意见〉的通知》**(1985年11月21日)

六、地方规范性文件

海南三亚市**《关于印发〈三亚市农村宅基地管理办法〉的通知》**(2018年12月26日　三府〔2018〕272号)

海南省文昌市**《关于印发〈文昌市农村集体经济组织成员资格认定指导意见〉的通知》**(2018年12月17日　文府〔2018〕201号)

山西省公证协会**《关于办理事实收养和抚养事实公证的指导意见》**(2016年6月30日)

山东省公安厅**《关于夫妻离婚后一方及其子女户口迁移有关问题的通知》**(2014年8月8日　鲁公治〔2014〕103号,已失效)

上海市政府办公厅**《印发〈关于经济适用住房申请家庭成员死亡后相关事宜处理意见〉的通知》**(2011年4月7日)

河南省**《实施〈中华人民共和国妇女权益保障法〉办法》**(2008年11月1日)

北京市国土资源和房屋管理局**《关于为房改房产权人办理夫妻更名请示的批复》**(2002年10月21日　京国土房管方〔2002〕906号)

图书在版编目(CIP)数据

婚姻家庭继承纠纷疑难案件裁判要点与依据：上下册／陈枝辉编著. -- 北京：法律出版社，2021
ISBN 978-7-5197-5483-9

Ⅰ. ①婚… Ⅱ. ①陈… Ⅲ. ①婚姻家庭纠纷－案例－中国②继承法－民事纠纷－案例－中国 Ⅳ. ①D923.905②D925.105

中国版本图书馆 CIP 数据核字(2021)第 053884 号

婚姻家庭继承纠纷疑难案件裁判要点与依据(上下册)
HUNYIN JIATING JICHENG JIUFEN YI'NAN ANJIAN CAIPAN YAODIAN YU YIJU(SHANG XIA CE)

陈枝辉 编著

策划编辑 许 睿
责任编辑 许 睿
装帧设计 李 瞻

出版发行 法律出版社
编辑统筹 司法实务出版分社
责任校对 朱轶佳
责任印制 胡晓雅
经　　销 新华书店

开本 787 毫米×1092 毫米 1/16
印张 100 **字数** 1899 千
版本 2021 年 9 月第 1 版
印次 2021 年 9 月第 1 次印刷
印刷 固安华明印业有限公司

地址:北京市丰台区莲花池西里 7 号(100073)
网址:www.lawpress.com.cn
投稿邮箱:info@lawpress.com.cn
举报盗版邮箱:jbwq@lawpress.com.cn
销售电话:010-83938349
客服电话:010-83938350
咨询电话:010-63939796

书号:ISBN 978-7-5197-5483-9
定价:368.00 元